Goebel/Walter

AnwaltFormulare Zivilprozessrecht

AnwaltFormulare

Zivilprozessrecht

4. Auflage 2019

herausgegeben von
VRiOLG **Frank-Michael Goebel**,
Koblenz
und
RiOLG **Dr. Alexander Walter**,
Koblenz

Zitiervorschlag:
Goebel/Walter/*Bearbeiter*, AnwaltFormulare Zivilprozessrecht, § 1 Rn 1

Hinweis
Die Ausführungen in diesem Werk wurden mit Sorgfalt und nach bestem Wissen erstellt. Sie stellen jedoch lediglich Arbeitshilfen und Anregungen für die Lösung typischer Fallgestaltungen dar. Die Eigenverantwortung für die Formulierung von Verträgen, Verfügungen und Schriftsätzen trägt der Benutzer. Herausgeber, Autoren und Verlag übernehmen keinerlei Haftung für die Richtigkeit und Vollständigkeit der in diesem Buch enthaltenen Ausführungen.

Anregungen und Kritik zu diesem Werk senden Sie bitte an
kontakt@anwaltverlag.de
Autoren und Verlag freuen sich auf Ihre Rückmeldung.

Copyright 2019 by Deutscher Anwaltverlag, Bonn
Satz: Cicero Computer GmbH, Bonn
Druck: Kösel GmbH & Co.KG, Krugzell
Umschlaggestaltung: gentura, Holger Neumann, Bochum
ISBN 978-3-8240-1369-2

Das Werk einschließlich aller seiner Teile ist urheberrechtlich geschützt. Jede Verwertung außerhalb der engen Grenzen des Urheberrechtsgesetzes ist ohne Zustimmung des Verlages unzulässig und strafbar. Das gilt insbesondere für Vervielfältigungen, Übersetzungen, Mikroverfilmungen und die Einspeicherung und Verarbeitung in elektronische Systeme.

Bibliografische Information der Deutschen Nationalbibliothek
Die Deutsche Nationalbibliothek verzeichnet diese Publikation in der Deutschen Nationalbibliografie; detaillierte bibliografische Daten sind im Internet über http://dnb.d-nb.de abrufbar.

Vorwort zur 4. Auflage

Seit der 3. Auflage sind nun neun Jahre vergangen. Das mag als Ausdruck der großen Stabilität des Zivilprozessrechtes verstanden werden. Kleine und größere gesetzliche Änderungen, es sei nur der elektronische Rechtsverkehr genannt, und die Fülle an Rechtsprechung haben Verlag und Herausgeber nun veranlasst, die 4. Auflage des Hand- und Formularbuches zum Zivilprozessrecht anzugehen.

Ein solch langer Zeitraum bringt auch personelle Umbrüche mit sich. Herr Dr. Alexander Walter konnte als weiterer Herausgeber gewonnen werden und hat sogleich die wesentlichen Arbeiten für die Neuauflage übernommen. Wie das Autorenverzeichnis zeigt, hat sich auch der Kreis der Autoren verändert, ohne dass sich an dem Grundsatz „Von Praktikern für Praktiker" etwas geändert hat. Zugleich wurde das Werk auch inhaltlich um ein neues Kapitel zum obligatorischen außergerichtlichen Streitverfahren nach § 15a EGZPO erweitert.

Der Richter mag im Zivilprozess das letzte Wort haben. Worüber gesprochen wird, bestimmen aber die Parteien und mit Ihnen ihre Bevollmächtigten. Weder der Gerichtssaal noch der Zivilprozess gehören dem Gericht. Der Zivilprozess muss vielmehr in der Auseinandersetzung zwischen den Parteien und in Achtung vor der Rolle des Gerichtes als (Schieds-)Richter von den Bevollmächtigten gestaltet werden. Diese Gestaltung geschieht durch Anträge der Bevollmächtigten. Dabei darf ihre Aufgabe im Rechtsstaat, gleichermaßen für Rechtsfrieden, Rechtssicherheit und Gerechtigkeit zu sorgen, von den Bevollmächtigten als selbständigen Organen der Rechtspflege nicht vernachlässigt werden.

Die Zivilprozessordnung lässt in diesem Spannungsfeld Gestaltungsspielraum für Rechtsanwendung und Taktik. Vor dem Hintergrund eines an enge Voraussetzungen geknüpften Rechtsmittelrechtes muss der Bevollmächtigte um seine prozessualen Möglichkeiten und ihre Wirkungen wissen, Chancen und Risiken eines bestimmten Vorgehens abschätzen und den Mandanten an den richtigen Stellen führen, warnen und ermutigen. Wie Schachspieler müssen die Bevollmächtigten wechselseitig schon die denkbaren Züge des Prozessgegners kennen und bedenken.

In diesem Sinne soll das Werk weiterhin dem jungen Rechtsanwalt Anregungen für taktische Überlegungen geben und dem erfahrenen Praktiker Hilfestellungen geben, um sein taktisches Verständnis auf der Höhe von Rechtsprechung und Literatur fortzubilden. Die Zahl der Muster und taktischen Hinweise ist so erneut gestiegen. Mit den inzwischen bereits in 5. Auflage erschienenen Anwaltformularen Zwangsvollstreckungsrecht vernetzen sich so auch die vorgerichtliche Forderungsbeitreibung mit der gerichtlichen Titulierung und der nachfolgenden effektiven Zwangsvollstreckung.

Die Neuauflage berücksichtigt nicht nur die Rechtsprechung bis Mitte 2018 und teilweise darüber hinaus, sondern insbesondere auch viele gesetzliche Änderungen. Zu nennen sind die Gesetze zur Einführung des elektronischen Rechtsverkehrs, die Reform des

Vorwort zur 4. Auflage

Bauvertragsrechtes und des Arzthaftungsrechtes mit ihren zivilprozessualen Auswirkungen, das Gesetz zur Änderung des Sachverständigenrechts und zur weiteren Änderung des Gesetzes über das Verfahren in Familiensachen und in den Angelegenheiten der freiwilligen Gerichtsbarkeit sowie zur Änderung des Sozialgerichtsgesetzes, der Verwaltungsgerichtsordnung, der Finanzgerichtsordnung und des Gerichtskostengesetzes (SachVRÄndG), das Gesetz zur Änderung des Prozesskostenhilfe- und des Beratungshilferechtes, das Gesetz zur Intensivierung des Einsatzes von Videokonferenztechnik in gerichtlichen und staatsanwaltschaftlichen Verfahren (VidVerfG), das Gesetz zur Einführung einer Rechtsbehelfsbelehrung im Zivilprozess und zur Änderung anderer Vorschriften (RechtsBehEG), das Gesetz zur Reform der Sachaufklärung, das 2. Kostenrechtsmodernisierungsgesetz, das Gesetz zur Förderung der Mediation und anderer Verfahren der außergerichtlichen Konfliktbeilegung (MediationsGEG) oder auch das Gesetz über den Rechtsschutz bei überlangen Gerichtsverfahren und strafrechtlichen Ermittlungsverfahren (ÜVerfBesG).

Das vorliegende Werk folgt weiter dem Ziel, als Handbuch und Formularbuch in einem, ein wichtiges Arbeitsmittel im Alltag des Praktikers zu sein. Die sich in der täglichen Prozesspraxis stellenden Fragen sollen schnell und konzentriert beantwortet und die für die Bewältigung der gestellten Aufgaben notwendigen Muster zur Verfügung gestellt werden.

Das vorliegende Werk dient und lebt von der täglichen Prozesspraxis. Insoweit sind Verlag, Herausgeber und Autoren für Hinweise, Anregungen und Wünsche der Praxis dankbar. In diesem Sinne hoffen wir, dass auch die 4. Auflage von der Praxis angenommen wird. Abschließend gilt es den Mitarbeitern des Verlages, allen voran unserer unermüdlichen Triebfeder und Lektorin, Frau Stöcker-Pritz, sowie den Autoren und ihren immer verständnisvollen Familien zu danken. Ein solches Werk ist ohne viele helfende Hände nicht möglich.

Koblenz, im November 2018

Frank-Michael Goebel
Dr. Alexander Walter

Aus dem Vorwort zur 1. Auflage

Die Führung des Zivilprozesses ist ein Kernbereich der anwaltlichen Tätigkeit. Gleichwohl zeigt die Praxis des universitären Studiums und des juristischen Vorbereitungsdienstes, dass der junge Jurist hierauf nur unzureichend vorbereitet wird. Hieran wird – so zeigt sich immer stärker – auch die Reform der juristischen Ausbildung im Jahre 2002 mit einer deutlicheren Orientierung auf das Berufsbild der rechtsberatenden Berufe nur wenig ändern.

Demgegenüber bietet der Zivilprozess vielfältige Facetten, deren Kenntnis dem Mandanten bei der Durchsetzung seiner Rechte oder der Abwehr unberechtigter Ansprüche hilft. Das vorliegende Werk will hier die rechtlichen Grundlagen aufzeigen und mit der rechtlichen und taktischen Erfahrung von zehn Praktikern verbinden, die allesamt mitten in ihrem Berufsleben stehen. Umgesetzt in Musterformulare, Checklisten und andere Arbeitshilfen kann diese Erfahrung durch den Anwender schnell und effizient genutzt werden.

Das Werk soll von seiner Konzeption her vor allem den jungen Rechtsanwälten einen kompetenten und an den täglichen Bedürfnissen orientierten Zugang zur Rechtsmaterie bieten. Zugleich wird aber auch der erfahrene Praktiker noch den einen oder anderen hilfreichen Hinweis finden. Dies gilt insbesondere im Hinblick auf die ZPO-Reform, das OLG-Vertretungsänderungsgesetz, das Zustellungsreformgesetz, das Gesetz zur Anpassung von Formvorschriften des Privatrechts an den modernen Rechtsgeschäftsverkehr, aber etwa auch die Schuldrechtsreform mit ihrer gänzlichen Neufassung des Verjährungsrechtes oder die Schadensersatzrechtsreform mit den auch prozessrechtlich relevanten Eingriffen in das System des immateriellen Schadensersatzes – um nur einige Beispiele zu nennen – und die dadurch erfolgten Änderungen in den rechtlichen Voraussetzungen und der Praxis des Zivilprozesses. Die Autoren hoffen, dass der Praktiker insbesondere die Vielzahl taktischer und praktischer Hinweise und die deutlichen Verweise – mit Lösungshinweisen – auf die immer mehr zunehmende Haftungsrechtsprechung der Obergerichte zu schätzen weiß. In diesem Sinne bieten die AnwaltFormulare Zivilprozessrecht weit mehr als nur Formulare.

Die einzelnen Kapitel geben zu Beginn eine praxisnahe Literaturübersicht, bevor eine Feingliederung – neben der Gesamtgliederung und dem Stichwortverzeichnis, – die gezielte Suche nach einzelnen Fragestellungen erleichtert. Das den Kapiteln vorangestellte Literaturverzeichnis soll jeweils einen vertiefenden Einstieg in die Materie erleichtern, wenn im Einzelfall Sonderprobleme zu Tage treten. Es folgt die „auf den Punkt gebrachte" Darstellung der jeweiligen Prozesssituation mit ihren rechtlichen Grundlagen und in der Folge mit allen für die unmittelbare Mandatsbearbeitung und Prozessführung notwendigen Musterformularen, Checklisten und Arbeitshilfen. Dabei waren die Autoren bemüht, so weit wie möglich Formulare aufeinander abzustimmen, so dass Ihr Handeln und Ihr Vortrag auch bei einem mehrstufigen Vorgehen in sich schlüssig ist. Es wurde deshalb auch weitgehend auf Querverweise verzichtet, um die Anwendungsfreundlichkeit des Werkes zu erhalten. Wiederholungen innerhalb der Kapitel und über diese hinweg wurden so bewusst in Kauf genommen.

Die Autoren haben die gängigen Kommentare zum Zivilprozessrecht ausgewertet und versucht, die dortigen Darstellungen in den Formularen, Mustern, Checklisten und sonstigen Arbeitshilfen umzusetzen und dort, wo Streitfragen bleiben, dem Rechtsanwalt auf der Grundlage des „Grundsatzes des sichersten Weges" Lösungsmöglichkeiten aufzuzeigen. Auch die AnwaltFormulare Zivilprozessrecht stellen sich damit dar als ein notwendiger Unterbau der Kommentare und der sonstigen Fachliteratur sowie der Grundsätze der höchstrichterlichen Rechtsprechung.

Dem Mandanten ist nicht nur die erfolgreiche Prozessführung, sondern auch die anschließende Realisierung seines Anspruchs, notfalls auch im Wege der Zwangsvollstreckung,

Vorwort zur 4. Auflage

wichtig. Das vorliegende Werk versucht deshalb, an den Stellen, wo die Zwangsvollstreckung im Erkenntnisverfahren vorbereitet wird, die Querverbindungen zu den AnwaltFormularen Zwangsvollstreckungsrecht herzustellen.

Ein solches Werk wäre heute nicht mehr vollständig, wenn Sie die Formulare nicht zugleich auch auf einer CD-ROM finden würden, die dem Buch beigefügt ist. Über die Vorlagenfunktion der gängigen Textverarbeitungsprogramme können diese so in Ihre tägliche Arbeit unmittelbar Eingang finden und müssen nicht immer wieder mühevoll abdiktiert und abgeschrieben werden.

Als Herausgeber habe ich den Autoren dieses Werkes zu danken, die einerseits als Praktiker in der anwaltlichen und gerichtlichen Praxis, aber auch als vielfach bewährte Referenten und Autoren von Fachbeiträgen und Büchern ihr Wissen um die rechtlichen Fragen, gepaart mit taktischen Überlegungen, in dieses Buch eingebracht haben. Der gemeinsame Dank gilt dem Lektor, Herrn Dr. Miroslav Gwozdz, der dem Herausgeber und den Autoren nicht nur mit Rat und Tat zur Seite gestanden hat, sondern auch immer Triebfeder für die fristgerechte Vorlage des Buches war. In den Dank einzuschließen sind die Familien aller Beteiligten, die in den letzten Wochen und Monaten – nicht zuletzt nach der ebenso arbeitsreichen und zeitintensiven Vorlage der AnwaltFormulare Zwangsvollstreckungsrecht kurz zuvor – immer wieder Verständnis aufbringen und zurückstecken mussten.

Das Zivilprozessrecht, vor allem aber die Prozesswirklichkeit, ist einem ständigen Wandel unterworfen. So zeigt sich für den Herausgeber als Referent in vielen Teilen Deutschlands, dass die Praxis der ZPO-Reform von der Ignorierung bis zur konsequenten Umsetzung noch ein breites Spektrum hat. Auch die veröffentlichte Rechtsprechung zeigt hier noch ein breites Feld. Aber nicht alle Probleme und Lösungsansätze finden sich in der veröffentlichten Rechtsprechung wieder, so dass die Autoren für Hinweise, Anregungen und Kritik aus dem Kreise der Leser und Nutzer jederzeit dankbar sind.

Ich wünsche mir, dass am Ende dieses Projektes steht, dass die AnwaltFormulare Zivilprozessrecht Ihre Formulare im Zivilprozessrecht sind.

Rhens im Oktober 2003
Frank-Michael Goebel
Richter am Landgericht

Inhaltsübersicht

§ 1 Das obligatorische außergerichtliche Schlichtungsverfahren nach § 15a EGZPO 121
Dr. Christian Deckenbrock/Dr. Roman Jordans
   A. Ziele des Gesetzgebers 123
   B. Anwendungsbereich 124
   C. Voraussetzungen für die Durchführung eines Schlichtungsverfahrens im Einzelnen 136
   D. Prozessuale Fragestellungen 143
   E. Verjährung 151
   F. Kostenfragen 153
   G. Abgrenzung der obligatorischen vorgerichtlichen Streitschlichtung nach § 15a EGZPO von anderen Arten der Streitbeilegung 155

§ 2 Das Mandatsverhältnis und die Vorbereitung des Zivilprozesses 163
Jochen H. Schatz
   A. Einleitung 168
   B. Rechtliche Grundlagen 169
   C. Muster 217

§ 3 Prozesskosten- und Beratungshilfe 237
Tamara Henkes/Björn Folgmann
   1. Teil: Prozesskostenhilfe 242
   2. Teil: Die Vergütung des im Rahmen der Prozesskostenhilfe beigeordneten Rechtsanwalts 325
   3. Teil: Beratungshilfe 353
   4. Teil: Muster 365

§ 4 Mahnverfahren und Vollstreckungsbescheid 399
Uwe Salten
   A. Einleitung 401
   B. Rechtliche Grundlagen 403
   C. Muster 449

§ 5 Klageerhebung 507
Herbert Krumscheid
   A. Einleitung 510
   B. Rechtliche Grundlagen 511
   C. Notwendiger Inhalt der Klageschrift 517
   D. Muster 571

Inhaltsübersicht

§ 6 Die Klageerwiderung 613
Frank-Michael Goebel/Thorsten Lühl
  A. Einleitung 616
  B. Rechtliche Grundlagen 617
  C. Muster 669

§ 7 Die Streitverkündung 713
Bernhard M. Schiffers/Dr. Alexander Walter
  A. Einleitung 715
  B. Rechtliche Grundlagen 716
  C. Muster 728

§ 8 Die Widerklage und die Aufrechnung im Prozess 737
Frank-Michael Goebel/Thorsten Lühl
  A. Einleitung 740
  B. Rechtliche Grundlagen 740
  C. Muster 784

§ 9 Der Urkunden- und Wechselprozess 821
Frank-Michael Goebel/Thorsten Lühl
  A. Einleitung 824
  B. Rechtliche Grundlagen 826
  C. Muster 869

§ 10 Das Zustellungsrecht im Zivilprozess 889
Frank-Michael Goebel/Regine Förger
  A. Einleitung 891
  B. Rechtliche Grundlagen 892
  C. Muster 956

§ 11 Das Beweisrecht 975
Frank-Michael Goebel/Regine Förger
  A. Einleitung 982
  B. Rechtliche Grundlagen 983
  C. Muster 1112

§ 12 Das selbstständige Beweisverfahren 1177
Bernhard M. Schiffers/Dr. Alexander Walter
  A. Einleitung 1180
  B. Rechtliche Grundlagen 1181
  C. Muster 1207

Inhaltsübersicht

§ 13 Sondersituationen im Prozessverlauf 1217
Frank-Michael Goebel/Regine Förger
A. Einleitung 1228
B. Rechtliche Grundlagen 1229
C. Muster 1348

§ 14 Das Verfahren vor den Amtsgerichten und das Fortsetzungsverfahren nach § 321a ZPO 1429
Peter Mönnig
A. Einleitung 1430
B. Rechtliche Grundlagen 1432
C. Muster 1454

§ 15 Verfahrensanträge nach Urteilserlass 1469
Frank-Michael Goebel/Regine Förger
A. Einleitung 1471
B. Rechtliche Grundlagen 1472
C. Muster 1508

§ 16 Vorläufiger Rechtsschutz 1541
Dr. Hans-Joachim David
A. Einleitung 1545
B. Rechtliche Grundlagen 1547
C. Muster 1613

§ 17 Das Berufungsrecht 1649
Dr. Michael Thielemann/Dr. Alexander Walter
A. Einleitung 1657
B. Rechtliche Grundlagen 1657
C. Muster 1773

§ 18 Das Beschwerderecht 1821
Frank-Michael Goebel/Martina Kohlmeyer
A. Einleitung 1824
B. Rechtliche Grundlagen 1825
C. Muster 1864

§ 19 Das Revisionsrecht – die Übergabe an den Revisionsanwalt 1911
Dr. Michael Thielemann/Dr. Hans-Joachim David
A. Einleitung 1913
B. Rechtliche Grundlagen 1914
C. Muster 1935

Inhaltsübersicht

§ 20 Wiedereinsetzung in den vorigen Stand 1953
Frank-Michael Goebel/Regine Förger
    A. Einleitung 1955
    B. Rechtliche Grundlagen 1956
    C. Muster 1998

§ 21 Die Wiederaufnahme des Verfahrens 2021
Dr. Michael Thielemann/Dr. Alexander Walter
    A. Einleitung 2023
    B. Rechtliche Grundlagen 2024
    C. Muster 2049

§ 22 Das familiengerichtliche Verfahren 2061
Dr. Birgit Wilhelm-Lenz/Jochem Schausten
    1. Teil: Mandatierung in der Trennungssituation 2066
    2. Teil: Das Scheidungsverfahren 2149
    3. Teil: Elterliche Sorge und Umgangsrecht 2227
    4. Teil: Haushaltsgegenstände und Ehewohnung 2251
    5. Teil: Gewaltschutzsachen 2278

§ 23 Die Kostenfestsetzung 2289
Frank-Michael Goebel
    A. Einleitung 2292
    B. Das Kostenfestsetzungsverfahren 2293
    C. Muster 2335

Stichwortverzeichnis 2343

Installations- und Benutzerhinweise CD-ROM 2381

Inhaltsverzeichnis

Vorwort 5

Vorwort zur 1. Auflage 7

Inhaltsübersicht 9

Musterverzeichnis 75

Bearbeiterverzeichnis 97

Allgemeines Literaturverzeichnis 99

Abkürzungsverzeichnis 103

§ 1 Das obligatorische außergerichtliche Schlichtungsverfahren nach § 15a EGZPO 121
A. Ziele des Gesetzgebers 123
B. Anwendungsbereich 124
    I. Überblick über die bundesrechtlichen Vorgaben 124
    II. Überblick über die landesrechtlichen Ausführungsgesetze 126
C. Voraussetzungen für die Durchführung eines Schlichtungsverfahrens im Einzelnen 136
    I. Vermögensrechtliche Streitigkeiten 136
    II. Nachbarstreitigkeiten 136
    III. Ehrverletzungsstreitigkeiten 140
    IV. Anwendungsbereich im Rahmen des AGG 142
D. Prozessuale Fragestellungen 143
    I. Keine Nachholbarkeit eines Schlichtungsverfahrens ... 144
    II. Klagehäufung 146
    III. Klageerweiterung und -änderung 147
    IV. Besonderheiten bei Verweisung des Rechtsstreits wegen sachlicher Unzuständigkeit 150
E. Verjährung 151
F. Kostenfragen 153
G. Abgrenzung der obligatorischen vorgerichtlichen Streitschlichtung nach § 15a EGZPO von anderen Arten der Streitbeilegung 155
    I. Gerichtliche Maßnahmen 155
        1. Gütliche Einigung nach § 278 Abs. 1 ZPO 155
        2. Obligatorischer Gütetermin nach § 278 Abs. 2 ZPO 155
        3. Exkurs: Sonderfall gerichtsinterne Mediation 155
        4. Exkurs: Schuldnerberatung/Verbraucherinsolvenzverfahren 156
    II. Freiwillige Schlichtung 156
        1. Auf gesetzlicher Basis 156
            a) Schiedsamt 156
            b) Sonstige gesetzesgemäß verordnete Schlichtungen 156
                aa) ODR-VO 157

Inhaltsverzeichnis

	bb) ADR-Richtlinie	157
	cc) VSBG	157
	2. Auf privater Basis	159
	a) Ombudsmann-Verfahren	159
	aa) Ombudsmann privater Banken	159
	bb) Schlichtungsstelle DSGV	159
	cc) Schlichtungsstelle Volksbanken Raiffeisenbanken	159
	dd) Schlichtungsstelle der Deutschen Bundesbank	160
	ee) Ombudsmann für private Versicherungen	160
	ff) Ombudsmann in der PKV	160
	b) Weitere verbraucherschützende Stellen	160
III.	Freiwillige Streitbeilegung ohne Entscheidungsbefugnis – Mediation	160
IV.	Freiwillige Streitbeilegung mit Entscheidungsbefugnis – Schiedsgerichtsbarkeit	161

§ 2 Das Mandatsverhältnis und die Vorbereitung des Zivilprozesses 163

A.	Einleitung	168
B.	Rechtliche Grundlagen	169
	I. Der Anwaltsvertrag	169
	1. Die Ziele und Interessen des Mandanten klären	169
	2. Zwang und Ausschluss der Mandatsübernahme	171
	3. Der eigentliche Anwaltsvertrag	180
	4. Die anwaltliche Vergütung und der Abschluss einer Honorarvereinbarung	188
	II. Die Vollmacht des Rechtsanwaltes	193
	III. Die Haftung des Rechtsanwaltes und deren Beschränkung	199
	1. Besondere Anforderungen an die Fristenkontrolle	199
	2. Die Beratungspflichten des Rechtsanwaltes	202
	3. Zwei Möglichkeiten der Haftungsbeschränkung	205
	IV. Die Niederlegung des Mandates	208
	V. Der Kontakt des Rechtsanwaltes mit der Rechtsschutzversicherung	213
C.	Muster	217
	I. Muster: Mandatsbestätigung gegenüber dem Mandanten	217
	II. Muster: Antrag auf Aufhebung der Pflichtbeiordnung	218
	III. Muster: Mandatsablehnung aufgrund widerstreitender Interessen	219
	IV. Muster: Honorarvereinbarung – Vereinbarung eines höheren Streitwertes	219
	V. Muster: Honorarvereinbarung – Pauschalvergütung	220
	VI. Muster: Honorarvereinbarung – Zeithonorar	221
	VII. Muster: Honorarvereinbarung – prozentualer Aufschlag auf die gesetzlichen Gebühren	222
	VIII. Muster: Grundmuster einer allgemeinen Vollmacht	222
	IX. Muster: Einfache Vollmacht in Mietstreitigkeiten	223
	X. Muster: Vollmacht zur Beendigung eines Arbeitsverhältnisses	223
	XI. Muster: Allgemeine Prozessvollmacht	224

XII. Muster: Erweiterte Vollmacht unter Einschluss einer Geldempfangsvollmacht, des Rechtes zur Bestellung eines Unterbevollmächtigten und der Vollmacht zur Abgabe materiell-rechtlicher Erklärungen 224
XIII. Muster: Einfache Geldempfangsvollmacht 225
XIV. Muster: Auf die außergerichtliche Interessenwahrnehmung beschränkte Vollmacht 225
XV. Muster: Untervollmacht 226
XVI. Muster: Terminsvollmacht 226
XVII. Muster: Mitteilung Terminsvertretung an Gericht 227
XVIII. Muster: Individualvereinbarung über eine Haftungsbeschränkung nach § 51a Abs. 1 BRAO 227
XIX. Muster: Haftungsbeschränkung in vorformulierten Vertragsbedingungen .. 228
XX. Muster: Haftungsbeschränkung auf einzelne Mitglieder der Sozietät 228
XXI. Muster: Mandatsniederlegung gegenüber dem Mandanten 229
XXII. Muster: Anzeige der Mandatsniederlegung gegenüber dem Gericht 230
XXIII. Muster: Anzeige der Niederlegung an den Gegner 231
XXIV. Muster: Mitteilung an den bisherigen Mandanten nach der Niederlegung des Mandates 231
XXV. Muster: Anzeige der Mandatsaufnahme durch einen neuen Rechtsanwalt 232
XXVI. Muster: Anforderung der Handakten von dem bisherigen Bevollmächtigten durch den neuen Bevollmächtigten 232
XXVII. Muster: Deckungsschutzanfrage an die Rechtsschutzversicherung des Mandanten 233
XXVIII. Muster: Stichentscheid nach Ziffer 3.5 ARB 2012 234

§ 3 Prozesskosten- und Beratungshilfe 237
1. Teil: Prozesskostenhilfe 242
A. Allgemeines 242
B. Prozesskostenhilfe als Grundrecht in der gesamten Europäischen Union 243
   I. Ausgehende Ersuche 245
   II. Eingehende Ersuche 245
C. Sachlicher Anwendungsbereich 247
D. Persönlicher Anwendungsbereich 257
   I. Parteien 257
      1. Streitgenossenschaft 258
      2. Ehegatten als Streitgenossen 259
      3. Zession 260
      4. Prozessstandschaft 261
      5. Parteien kraft Amtes 262
   II. Wirtschaftliche Leistungsvoraussetzungen 264
      1. Einsatz von Einkommen 264
      2. Einsatz von Vermögen 274
         a) Allgemeines 274
         b) Verwertbarkeit 274
         c) Schonvermögen 275

Inhaltsverzeichnis

	3. Schmerzensgeld	282
	III. Erfolgsaussicht	282
	IV. Mutwilligkeit	285
E.	Antrag	289
F.	Besonderheit: Gerichtskostenvorschussbefreiung	291
G.	Umfang der Prozesskostenhilfebewilligung	293
H.	Prozesskostenhilfe in der Zwangsvollstreckung	295
	I. Erfolgsaussicht	295
	II. Grundsätzlich keine Pauschalbewilligung	295
	III. Prozesskostenhilfe für den Schuldner	297
	IV. Beiordnung eines Rechtsanwalts ist umstritten	297
	V. Zuständigkeiten	300
I.	Wirkungen der Prozesskostenhilfe	301
	I. Wirkungen im Verhältnis zur Partei	301
	II. Anwaltsbeiordnung	301
	1. Parteiprozess	301
	2. Anwaltsprozess	302
	3. Einschränkungen der Beiordnung	303
	a) Beiordnung für bestimmte Funktionen bzw. Prozesshandlungen	303
	b) Beiordnung für bestimmte Verfahrensabschnitte	306
	c) Teil-Prozesskostenhilfe	306
	III. Gerichts- und Gerichtsvollzieherkosten	306
	IV. Übergegangene Ansprüche der beigeordneten Rechtsanwälte	308
	V. Befreiung von einer Sicherheitsleistung	308
	VI. Kostenerstattungsanspruch des Gegners	308
	VII. Wirkungen im Verhältnis zum beigeordneten Anwalt	309
	1. Ansprüche des beigeordneten Rechtsanwalts gegen die PKH-Partei	309
	2. Ansprüche des beigeordneten Rechtsanwalts gegen den unterlegenen Gegner	310
	VIII. Wirkungen im Verhältnis zum Gegner	310
	1. Kläger	310
	2. Beklagter	311
J.	Entscheidungsmöglichkeiten im Rahmen der Prozesskostenhilfe	312
	I. Prozesskostenhilfe ohne Ratenzahlung	312
	II. Anordnung von Ratenzahlungen	313
K.	Nachträgliche Änderung der Verhältnisse	313
	I. Allgemeines	313
	II. Änderung bei Verbesserung der persönlichen und wirtschaftlichen Verhältnisse	315
	III. Vorläufige Einstellung der Zahlungen	316
	IV. Änderung bei Verschlechterung der Verhältnisse	318
	V. Aufhebung der Bewilligung	318
	1. Aufhebungstatbestände	318
	2. Folgen der Aufhebung	321

L. Verfahrenskostenhilfe nach dem FamFG 322
      I. Allgemeines 322
      II. Voraussetzungen 323
      III. Beiordnung des Rechtsanwalts 324
      IV. Rechtsmittel 325
2. Teil: Die Vergütung des im Rahmen der Prozesskostenhilfe beigeordneten Rechtsanwalts 325
A. Mindestanspruch gegen die Staatskasse nach § 49 RVG 325
B. Weitere Vergütung, § 50 RVG 326
      I. Allgemeines 326
      II. Höhe des Vergütungsanspruchs 327
      III. Antrag 328
      IV. Vorgehensweise bei Fristversäumnis 328
      V. Einfluss der Ratenanzahl auf Vergütungsanspruch 329
C. Ansprüche gegen den unterlegenen Gegner 330
D. Anrechnung von Vorschüssen und sonstigen Zahlungen 332
E. Anrechnung der Geschäftsgebühr 334
      I. Allgemeines 334
      II. Anrechnung im Rahmen des § 15a RVG bei bewilligter Prozesskostenhilfe 335
      III. Anwendung der Regelung auf sog. „Altfälle" 339
F. Teil-Prozesskostenhilfe 341
      I. Allgemeines 341
      II. Meinungsstand 342
          1. § 15 Abs. 3 RVG analog 342
          2. Differenz zwischen Wahlanwaltsvergütung aus Gesamtstreitwert und Prozesskostenhilfe-Vergütung aus Prozesskostenhilfe-Wert 343
          3. Differenz zwischen Wahlanwaltsvergütung aus Gesamtwert und Wahlanwaltsvergütung aus Prozesskostenhilfe-Wert 344
G. Prozesskostenhilfe-Prüfungsverfahren 344
      I. Allgemeines 344
      II. Verfahrensgebühr 346
      III. Terminsgebühr 346
      IV. Einigungsgebühr 346
      V. Vergütung bei anschließender Tätigkeit in der Hauptsache 347
          1. Uneingeschränkte Prozesskostenhilfe-Bewilligung 347
          2. Teilweise Prozesskostenhilfe-Bewilligung 347
              a) Die Partei führt den Rechtsstreit in vollem Umfang, obwohl Prozesskostenhilfe nur teilweise bewilligt worden ist 347
              b) Nach teilweiser Prozesskostenhilfe-Bewilligung wird der Rechtsstreit nur im Rahmen der bewilligten Prozesskostenhilfe durchgeführt . . . 348
      VI. Mehrere Prozesskostenhilfe-Verfahren 350
      VII. Gegenstandswert 350
          1. Allgemeines 350
          2. Hauptsachewert bei Verfahren nach § 124 Nr. 1 ZPO 351

            3. Fälle § 124 Nr. 2–4 ZPO 352
            4. Keine Wertaddition 353
3. Teil: Beratungshilfe 353
A. Allgemeines 354
B. Gegenstand der Beratungshilfe 354
C. Voraussetzungen 355
      I. Mittellosigkeit 355
     II. Keine andere Möglichkeit zur Hilfe 355
    III. Besonderheiten in Berlin, Hamburg, Bremen 358
     IV. Keine Mutwilligkeit 359
D. Antrag 359
      I. Unmittelbare Antragstellung beim Amtsgericht 359
     II. Nachträgliche Antragstellung durch Rechtsanwalt 360
E. Anwaltliche Vergütungsansprüche 360
      I. Beratungshilfegebühr (Nr. 2500 VV) 360
     II. Beratungsgebühr (Nr. 2501 VV) 361
         1. Entstehen 361
         2. Anrechnung 362
         3. Tätigkeit im Rahmen der Schuldenbereinigung (Nr. 2502 VV) 362
    III. Geschäftsgebühr (Nr. 2503 VV) 363
         1. Entstehen 363
         2. Anrechnung 363
            a) Gerichtliches oder behördliches Verfahren 363
            b) Anschließendes Verfahren auf Vollstreckbarerklärung eines
               Vergleichs 363
            c) Mehrere Auftraggeber 363
            d) Tätigkeit im Rahmen der Schuldenbereinigung (Nr. 2504–2507 VV) 363
     IV. Einigungs- und Erledigungsgebühr (Nr. 2508 VV) 364
      V. Schutzgebühr 365
4. Teil: Muster 365
      I. Muster: Anträge auf Prozesskostenhilfe in einem anderen Mitgliedstaat der
         Europäischen Union 365
     II. Muster: Übermittlung eines Antrags auf Prozesskostenhilfe 372
    III. Muster: Antrag auf Bewilligung von Prozesskostenhilfe bei Klageentwurf . . 374
     IV. Muster: Antrag auf Bewilligung von Prozesskostenhilfe bei gleichzeitiger
         Klageerhebung 375
      V. Muster: Antrag auf Bewilligung von Prozesskostenhilfe bei Klage-
         änderung 376
     VI. Muster: Antrag auf Verfahrenskostenstundung im Verbraucherinsolvenz-
         verfahren 376
    VII. Muster: Antrag auf Zustellung der Klage ohne Zahlung eines Kosten-
         vorschusses (§ 14 GKG) 377
   VIII. Muster: Isolierter Antrag auf Bewilligung von Prozesskostenhilfe bei
         Widerklage 378

IX. Muster: Antrag auf Bewilligung von Prozesskostenhilfe bei Widerklage und gleichzeitiger Klageerwiderung 379
X. Muster: Antrag auf Bewilligung von Prozesskostenhilfe bei Klageerweiterung 379
XI. Muster: Antrag auf Bewilligung von Prozesskostenhilfe durch Berufungskläger 380
XII. Muster: Antrag auf Bewilligung von Prozesskostenhilfe durch Berufungsbeklagten 380
XIII. Muster: Antrag auf Prozesskostenhilfe bei Antrag auf einstweilige Einstellung der Zwangsvollstreckung (§ 707 ZPO) 381
XIV. Muster: Antrag auf Prozesskostenhilfe bei Antrag auf einstweilige Einstellung der Zwangsvollstreckung bei eingelegtem Rechtsmittel/Einspruch (§ 719 Abs. 1 ZPO) 382
XV. Muster: Antrag auf Bewilligung von Prozesskostenhilfe für nicht rechtshängige Ansprüche bei Vergleichsabschluss 383
XVI. Muster: Ermittlung der Ratenhöhe bei Prozesskostenhilfe 383
XVII. Muster: Antrag auf Feststellung der Erforderlichkeit von Reisekosten (§ 46 Abs. 2 RVG) 385
XVIII. Muster: Antrag auf Abänderung der Ratenzahlung nach § 120 Abs. 4 ZPO wegen Verschlechterung der Verhältnisse 386
XIX. Muster: Antrag auf Beratungshilfe 387
XX. Muster: Antrag auf Vergütungsfestsetzung im Rahmen der Beratungshilfe .. 389
XXI. Muster: Antrag auf Festsetzung der Kosten im Rahmen der Prozesskostenhilfe 391
XXII. Muster: Erklärung über die persönlichen und wirtschaftlichen Verhältnisse im Rahmen eines Prozesskostenhilfeantrages 393
XXIII. Muster: Erklärung über die persönlichen und wirtschaftlichen Verhältnisse im Rahmen eines Verfahrenskostenhilfeantrages 395
XXIV. Muster: Antrag auf Prozesskostenhilfe bei Antrag auf einstweilige Anordnung nach § 769 Abs. 2 ZPO 397

§ 4 Mahnverfahren und Vollstreckungsbescheid 399
A. Einleitung 401
B. Rechtliche Grundlagen 403
   I. Allgemeines 403
  II. Zuständigkeit 404
     1. Allgemeines 404
     2. Die örtliche Zuständigkeit 404
       a) Ausnahmen 405
         aa) Auslandsverfahren 405
         bb) WEG-Verfahren 406
         cc) Arbeitsgerichtliches Verfahren 406
         dd) Europäisches Mahnverfahren und Europäischer Vollstreckungstitel 406
       b) Zentrale Mahngerichte – Automatisiertes Mahnverfahren 406
 III. Die Anträge und Formvorschriften 413
     1. Die wichtigsten Anträge im Mahnverfahren 413

2. Der Antrag auf Erlass des Mahnbescheids ... 413
3. Der Antrag auf Erlass des Vollstreckungsbescheids ... 414
4. Die Neuzustellungsanträge ... 414
5. Der Widerspruch ... 414
6. Der Einspruch ... 414
IV. Das Ausfüllen des Antrages auf Erlass eines Mahnbescheids ... 415
  1. Allgemeines ... 415
  2. Einzelheiten ... 416
    a) Die Daten ... 416
    b) Die Parteien ... 416
    c) Gesamtschuldnerschaft ... 419
    d) Bezeichnung des Anspruches ... 419
    e) Abgetretene Ansprüche ... 421
    f) Abhängigkeit von einer Gegenleistung ... 421
    g) Das Mahngericht ... 421
    h) Das Streitgericht ... 421
    i) Die Unterschrift ... 422
    j) Die Vollmacht ... 423
V. Das Prüfungsverfahren ... 424
  1. Allgemeines ... 424
  2. Monierung ... 424
  3. Die Zurückweisung ... 426
  4. Der Erlass des Mahnbescheids ... 427
VI. Der Widerspruch ... 430
  1. Frist ... 430
  2. Ausnahmen ... 431
  3. Form ... 431
  4. Begründung ... 432
  5. Wirkung des Widerspruchs ... 432
  6. Streitantrag ... 433
    a) Grundsatz ... 433
    b) Erste Ausnahme ... 433
    c) Zweite Ausnahme ... 433
  7. Abgabe an das Streitgericht ... 434
  8. Das Verfahren beim Streitgericht ... 435
    a) Begründung des Anspruchs ... 435
    b) Frist ... 435
VII. Der Antrag auf Erlass des Vollstreckungsbescheids ... 437
  1. Frist ... 437
  2. Antragsinhalt ... 438
  3. Teilwiderspruch ... 438
  4. Das Prüfungsverfahren ... 439
  5. Die Zustellung ... 439
    a) Zustellung von Amts wegen ... 439
    b) Zustellung im Parteibetrieb ... 439

        c) Öffentliche Zustellung 440
        d) Zustellung im Ausland 440
    6. Zurückweisung des Antrages 440
    7. Der Erlass des Vollstreckungsbescheids 440
 VIII. Der Einspruch 441
    1. Frist 441
    2. Ausnahmen 441
    3. Form 442
    4. Unterschrift 442
    5. Die Abgabe an das Streitgericht 442
    6. Das Verfahren bei dem Streitgericht 442
  IX. Die Kosten 445
    1. Allgemeines 445
    2. Gerichtskosten 445
    3. Anwaltskosten des Antragstellers 446
        a) Mahnbescheid 446
        b) Vollstreckungsbescheid 447
    4. Anwaltskosten des Antragsgegners 447
    5. Prozesskostenhilfe 448
C. Muster 449
   I. Muster: Antrag auf Erlass eines Mahnbescheids im maschinellen Verfahren (grün) – nicht für Rechtsanwälte und registrierte Inkassounternehmen 449
  II. Muster: Online-Mahnantrag – auch für Rechtsanwälte und registrierte Inkassounternehmen 454
 III. Muster: Neuzustellungsantrag zum Mahnbescheid 481
 IV. Muster: Widerspruch 482
  V. Muster: Antrag auf Erlass eines Vollstreckungsbescheids im maschinellen Verfahren (blau) 484
 VI. Muster: Neuzustellungsantrag zum Vollstreckungsbescheid 486
 VII. Muster: Einspruch gegen den Vollstreckungsbescheid 487
VIII. Muster: Antrag auf Abgabe an das Streitgericht 487
 IX. Muster: Europäisches Mahnverfahren 488

§ 5 Klageerhebung 507
A. Einleitung 510
B. Rechtliche Grundlagen 511
   I. Schriftformerfordernis 511
  II. Vorliegen von Prozessvoraussetzungen 516
C. Notwendiger Inhalt der Klageschrift 517
   I. Bezeichnung des angerufenen Gerichts 517
  II. Angabe der Parteien 522
    1. Parteifähigkeit 524
        a) Natürliche Personen 524
        b) Juristische Personen des Privatrechts 524
        c) Vereine 526
        d) Juristische Personen des öffentlichen Rechts 526

e) Personengesellschaften/GbR 526
f) Politische Parteien und Verbände 527
g) Gemeinschaften 528
h) Partei kraft Amtes 528
2. Prozessfähigkeit 529
3. Prozessführungsbefugnis 530
   a) Gesetzliche Prozessstandschaft 530
   b) Gewillkürte Prozessstandschaft 531
4. Ordnungsgemäße Vertretung 535
5. Angabe des Prozessbevollmächtigten des Beklagten 536
6. Streitgenossenschaft 536

III. Bestimmte Angabe des Gegenstandes und des Grundes des erhobenen Anspruchs 538
IV. Bestimmte Anträge 540
1. Leistungsklage 540
2. Feststellungsklage 540
3. Gestaltungsklage 541
V. Einzelne Anträge 541
1. Zahlungsantrag 541
2. Unbezifferter Zahlungsantrag 542
3. Antrag auf Leistung Zug-um-Zug 543
4. Sonstige Leistungsanträge 544
5. Fristbestimmung im Urteil 545
6. Klage auf künftige Leistung 546
7. Teilklage 546
8. Stufenklage 547
9. Haupt- und Hilfsanträge 548
10. Feststellungsantrag 549
11. Besondere Klageart: Urkunden-, Wechsel- und Scheckprozess 551
VI. Anträge zu Nebenforderungen und sonstige prozessuale Anträge 552
1. Zinsantrag 552
2. Anwaltsgebühren für außergerichtliche Anwaltstätigkeit 553
3. Kostenantrag 556
4. Anträge zur vorläufigen Vollstreckbarkeit und Vollstreckungsschutz- anträge 556
5. Anträge auf Anerkenntnis- bzw. Versäumnisurteil im schriftlichen Vorverfahren 557
6. Weitere Anträge 557
VII. Eventueller Inhalt einer Klageschrift 557
1. Angabe des Wertes des Streitgegenstandes 557
2. Äußerung zur Übertragung der Sache auf den Einzelrichter 558
   a) Die originäre Zuständigkeit des Einzelrichters 559
   b) Die originäre Zuständigkeit der Kammer 560
   c) Die wesentliche Änderung der Prozesslage 561

        3. Hinweise zur Durchführung der außergerichtlichen Streitschlichtung gem. § 15a EGZPO 561
        4. Anregung auf Absehen von der Güteverhandlung 563
        5. Gerichtskostenvorschuss 564
        6. Erforderliche Anzahl von Abschriften 566
   VIII. Klageerweiterung, Klageänderung, Parteiänderung 566
        1. Klageerweiterung 566
        2. Klageermäßigung 567
        3. Klageänderung 567
        4. Parteiwechsel und Parteierweiterung 568
           a) Parteiwechsel auf Klägerseite 569
           b) Parteiwechsel auf Beklagtenseite 569
           c) Parteierweiterung 570
D. Muster 571
   I. Muster: Gerichtsstandsvereinbarung (für den Einzelfall) 571
   II. Muster: Formularklausel Gerichtsstandsvereinbarung in Verkaufs- oder Lieferbedingungen 571
   III. Muster: Antrag auf gerichtliche Bestimmung der Zuständigkeit 572
   IV. Muster: Abwandlungen des Parteirubrums, insbesondere bei juristischen Personen 572
        1. Gesellschaft bürgerlichen Rechts 572
        2. Klage für eine GbR 573
        3. Klage gegen eine OHG 573
        4. Klage gegen eine KG 573
        5. Klage gegen eine GmbH 574
        6. Klage gegen eine GmbH & Co. KG 574
        7. Klage gegen eine AG 574
        8. Klagen eines Aktionärs gem. §§ 246, 249 AktG 574
        9. Klage gegen einen Verein 574
        10. Klage gegen eine Partnerschaftsgesellschaft 575
        11. Klage gegen eine Wohnungseigentümergemeinschaft 575
        12. Klage eines minderjährigen Kindes 575
   V. Muster: Antrag auf Registerauskunft (Handelsregister oder Grundbuch) .. 576
   VI. Muster: Antrag auf Erzwingung der Vorlage von Jahresabschlüssen 576
   VII. Muster: Antrag auf Einleitung des Betreuungsverfahrens 577
   VIII. Muster: Antrag auf Bestellung eines Prozesspflegers 577
   IX. Muster: Klage in Prozessstandschaft 578
   X. Muster: Leistungsklage mit beziffertem Zahlungsantrag 579
   XI. Muster: Abwandlungen des Zinsantrages in Muster X 581
        1. Zinsstaffel 581
        2. Zinsstaffelantrag bei erfolgter Teilzahlung 582
        3. Zahlungsantrag mit Begründung für Zinssatz gem. § 288 Abs. 2 BGB 582
   XII. Muster: Leistungsklage mit unbeziffertem Antrag 583
   XIII. Muster: Leistungsklage bei Zug-um-Zug-Leistung 585

XIV. Muster: Leistungsklage auf Vornahme einer Handlung 586
XV. Muster: Klage auf Vornahme einer Handlung (bei Wahlrecht des Schuldners) 587
XVI. Muster: Klage auf Unterlassung 589
XVII. Muster: Klage auf Herausgabe (verbunden mit Antrag auf Fristsetzung gem. § 255 ZPO und Klage auf Leistung von zukünftigem Schadensersatz gem. § 259 ZPO) 590
XVIII. Muster: Klage auf Räumung 592
XIX. Muster: Klage auf Abgabe einer Willenserklärung 593
XX. Muster: Klage auf Duldung 595
XXI. Muster: Klage auf künftige Leistung 596
XXII. Muster: Teilklage 597
XXIII. Muster: Stufenklage 598
XXIV. Muster: Haupt- und Hilfsantrag 600
XXV. Muster: Positive Feststellungsklage 602
XXVI. Muster: Negative Feststellungsklage 603
XXVII. Muster: Zwischenfeststellungsklage 604
XXVIII. Muster: Klage im Urkundenprozess 605
XXIX. Muster: Klage im Wechselprozess 607
XXX. Muster: Antrag auf vorläufige Streitwertbestimmung 608
XXXI. Muster: Äußerung zur Übertragung des Rechtsstreites auf den Einzelrichter (Textbausteine) 609
    1. Anregung der Übertragung des Rechtsstreites auf die Kammer 609
    2. Einverständnis mit Übertragung auf den Einzelrichter 609
XXXII. Muster: Anregung zum Absehen von der Güteverhandlung (Textbaustein) 610
XXXIII. Muster: Anregung, vom persönlichen Erscheinen zu entbinden (Textbaustein) 610
XXXIV. Muster: Klageerweiterung 610
XXXV. Muster: Klageänderung 611
XXXVI. Muster: Parteiänderung (Auswechselung auf Beklagtenseite) 612

§ 6 Die Klageerwiderung 613
A. Einleitung 616
B. Rechtliche Grundlagen 617
  I. Taktische Überlegungen zur Klageerwiderung 617
    1. Die Klärung der Erfolgsaussichten der Rechtsverteidigung 617
    2. Das Anerkenntnis des Klageanspruchs 619
    3. Der Verzicht auf die Verteidigungsanzeige und der Erlass eines Versäumnisurteils im schriftlichen Vorverfahren 624
    4. Gerichtliche und außergerichtliche Vergleichsverhandlungen 626
    5. Die Verzögerung des Verfahrens 629
  II. Prozesserklärungen des Beklagten vor und mit der Klageerwiderung 634
    1. Die Bestimmung eines frühen ersten Termins 634
      a) Die Rüge der Unzuständigkeit des angerufenen Gerichts 635
      b) Die Güteverhandlung vor dem frühen ersten Termin 635
      c) Der Antrag auf Verlegung des frühen ersten Termins 636

2. Die Anordnung des schriftlichen Vorverfahrens 637
   a) Die Verteidigungsanzeige 637
   b) Die Klageerwiderungsfrist und deren Verlängerung 639
III. Prozessuale Anträge des Beklagten vor oder mit der Klageerwiderung . . . 640
   1. Die Verweisung an die Kammer für Handelssachen 640
   2. Die Verweisung von der Kammer für Handelssachen an die Zivilkammer 642
   3. Anträge betreffend die Zuständigkeit des Einzelrichters 643
      a) Die originäre Zuständigkeit des Einzelrichters 643
      b) Die originäre Zuständigkeit der Kammer 645
      c) Die wesentliche Änderung der Prozesslage 645
   4. Die Rüge der örtlichen oder sachlichen Unzuständigkeit 646
   5. Die Rüge der nicht ordnungsgemäßen Klageerhebung 648
   6. Der Einwand der fehlenden Prozesskostensicherheit 648
   7. Die Einrede des Schiedsvertrages 651
   8. Vollstreckungsschutzanträge 653
   9. Die Beschränkung der Haftung des Beklagten 654
   10. Der Hilfsantrag zur Zug-um-Zug-Verurteilung 656
   11. Klageerwiderung bei ganzer oder teilweiser Erfüllung 657
       a) Die Erfüllung der Klageforderung zwischen Anhängigkeit und Rechtshängigkeit 657
       b) Die Erfüllung nach Rechtshängigkeit 659
IV. Inhalt und Aufbau der Klageerwiderung 659
   1. Die Formalien und die Struktur der Klageerwiderung 659
   2. Angriffe gegen die Zulässigkeit der Klage 661
   3. Einwände gegen das tatsächliche Vorbringen des Klägers 663
   4. Rechtsausführungen zum Klageanspruch und zu den Einwendungen und Einreden des Beklagten 668
C. Muster 669
   I. Muster: Rüge der Unzuständigkeit des angerufenen Gerichts 669
   II. Muster: Rüge der sachlichen Unzuständigkeit in Amtshaftungssachen gem. § 71 Abs. 2 Nr. 2 GVG 671
   III. Muster: Uneingeschränktes Anerkenntnis 672
   IV. Muster: Anerkenntnis unter Verwahrung gegen die Kostenlast 672
   V. Muster: Anerkenntnis nach gewandelter Prozesssituation 673
   VI. Muster: Teilanerkenntnis 674
   VII. Muster: Anerkenntnis mit der Einschränkung der Zug-um-Zug-Verurteilung 676
   VIII. Muster: Mitteilung der Einigungsbereitschaft in der Güteverhandlung . . . 677
   IX. Muster: Bestellung bei Bestimmung des frühen ersten Termins 678
   X. Muster: Isolierter Antrag auf Verlegung des frühen ersten Termins . . . 679
   XI. Muster: Bestellungsschriftsatz mit Antrag auf Anberaumung einer Güteverhandlung 680
   XII. Muster: Vertretungs- und Verteidigungsanzeige im schriftlichen Vorverfahren gem. § 276 ZPO 681

XIII. Muster: Wiedereinsetzungsantrag für die Frist zur Abgabe der Verteidigungsanzeige im schriftlichen Vorverfahren 682
XIV. Muster: Isolierter Antrag auf Verlängerung der Klageerwiderungsfrist ... 684
XV. Muster: Verweisungsantrag an die Kammer für Handelssachen nach § 98 GVG 684
XVI. Muster: Antrag auf Übertragung des Rechtsstreites auf die Kammer nach § 348 Abs. 3 ZPO 685
XVII. Muster: Antrag auf Übertragung des Rechtsstreites auf den Einzelrichter gem. § 348a ZPO 687
XVIII. Muster: Antrag auf Übertragung der Sache auf die Kammer nach § 348a Abs. 2 ZPO wegen der Änderung der Prozesslage 688
XIX. Muster: Klageerwiderung wegen Verjährung oder einer Ausschlussfrist wegen einer nicht ordnungsgemäßen Klageschrift 689
XX. Muster: Verlangen auf Prozesskostensicherheit nach § 110 ZPO 692
XXI. Muster: Antrag auf Feststellung der Klagerücknahme gem. § 113 S. 2 ZPO 693
XXII. Muster: Einrede der Schiedsvereinbarung 693
XXIII. Muster: Vollstreckungsschutzantrag nach § 712 Abs. 1 S. 1 ZPO 694
XXIV. Muster: Vollstreckungsschutzantrag nach § 712 Abs. 1 S. 2 ZPO 696
XXV. Muster: Klageerwiderung mit dem Vorbehalt der Beschränkung der Haftung auf den Nachlass 698
XXVI. Muster: Isolierter Antrag auf Vorbehalt der Erbenhaftung nach dem Erbfall während des Erkenntnisverfahrens 701
XXVII. Muster: Klageerwiderung mit dem hilfsweisen Vorbehalt der Zug-um-Zug-Einrede 701
XXVIII. Muster: Kostenantrag des Beklagten bei Erfüllung zwischen Anhängigkeit und Rechtshängigkeit 703
XXIX. Muster: Klageerwiderung mit dem Hinweis auf ganze oder teilweise Erfüllung nach Anhängigkeit aber vor Rechtshängigkeit der Klage 705
XXX. Muster: Klageerwiderung nach ganzer oder teilweiser Erfüllung nach Rechtshängigkeit 707
XXXI. Muster: Grundmuster einer materiellen Klageerwiderung 710

§ 7 Die Streitverkündung 713
A. Einleitung 715
B. Rechtliche Grundlagen 716
    I. Zulässigkeit der Streitverkündung 716
        1. Gesetzliche Voraussetzungen 716
        2. Anhängigkeit eines Rechtsstreits; besondere Verfahren 719
        3. Exkurs: Streitverkündungsvereinbarung 719
    II. Form der Streitverkündung 720
    III. Wirkung der Streitverkündung 721
        1. Bindungswirkung 721
            a) Grundlagen 721
            b) Umfang der Bindung im Folgeprozess 721
            c) Grenzen der Bindungswirkung 722

      2. Verbot widersprechender Handlungen zur Hauptpartei 722
      3. Hemmung der Verjährung 723
      4. Stellung des Streitverkündungsempfängers 724
  IV. Beitritt oder Nichtbeitritt 724
  V. Kosten der Streitverkündung 726
      1. Gesonderte Kostenentscheidung im Urteil 726
      2. Berichtigung falscher Kostenentscheidungen 727
      3. Streitwert 727
C. Muster 728
  I. Muster: Streitverkündungsschrift des Klägers 728
  II. Muster: Streitverkündungsschrift des Beklagten 729
  III. Muster: Streitverkündungsschrift im selbstständigen Beweisverfahren 730
  IV. Muster: Ablehnung des Sachverständigen durch den Streithelfer 731
  V. Muster: Berufung durch den Streithelfer 732
  VI. Muster: Streitverkündungsvereinbarung 733
  VII. Muster: Rüge der unzulässigen Streitverkündung im Folgeprozess 734
  VIII. Muster: Antrag auf Urteilsergänzung wegen fehlerhafter Kostenentscheidung 735

§ 8 Die Widerklage und die Aufrechnung im Prozess 737

A. Einleitung 740
B. Rechtliche Grundlagen 740
  I. Die Widerklage und die Aufrechnung als prozesstaktische Instrumente . . . 740
      1. Die Vorteile der Widerklage 741
      2. Die Vorteile der Aufrechnung im Prozess 747
      3. Die hilfsweise Aufrechnung und Widerklage 749
  II. Die Widerklage im Prozess 749
      1. Der zulässige zeitliche Rahmen für die Erhebung der Widerklage 749
      2. Die Bestimmung des Gerichtsstandes der Widerklage 750
        a) Die örtliche Zuständigkeit für die Widerklage 750
        b) Die sachliche Zuständigkeit für die Widerklage 753
        c) Die internationale Zuständigkeit für die Widerklage 756
      3. Der Gegenstand der Widerklage 757
        a) Die allgemeinen Voraussetzungen der Widerklage 757
        b) Die Widerklage gegen einen Dritten 757
        c) Die Hilfs- oder Eventualwiderklage 761
      4. Die Kosten bei der Widerklage 763
      5. Die Widerklage in der Berufungsinstanz 764
  III. Die Aufrechnung im Prozess 766
      1. Die Erklärung der Aufrechnung im Prozess 767
      2. Kein Einwand der anderweitigen Rechtshängigkeit 769
      3. Die Voraussetzungen der Aufrechnung im Prozess 770
        a) Die Aufrechnungslage 770
        b) Das Vorliegen und die Wirkung von Aufrechnungsverboten 772
      4. Besondere prozessuale Situationen 773
        a) Die Verspätung der Aufrechnungserklärung 773
        b) Die Aufrechnung im Urkundenprozess 773

        c) Die Vorbehaltsentscheidung über die Klage 774
        d) Die Präklusion der Aufrechnung gegen den titulierten Anspruch . . . 775
        e) Die Aufrechnung gegenüber einem ausländischen Kläger 776
    5. Das Verhältnis der Aufrechnung zu anderen Verteidigungsmitteln 777
    6. Die Kombination von (Hilfs-)Aufrechnung und Hilfswiderklage 778
    7. Die Aufrechnung mit mehreren Forderungen 779
    8. Die Folgen der Aufrechnung im Prozess für die Verjährung 781
    9. Die erstmalige Aufrechnung in der Berufungsinstanz 782
C. Muster 784
    I. Muster: Klageerwiderung und Widerklage 784
    II. Muster: Verweisungsantrag nach Rüge der sachlichen Zuständigkeit durch den Widerbeklagten 787
    III. Muster: Klageerwiderung und Hilfswiderklage 787
    IV. Muster: Klageerwiderung, Hilfsaufrechnung und Hilfswiderklage 790
    V. Muster: Klageerwiderung, Widerklage und Hilfswiderklage 792
    VI. Muster: Klageerwiderung, Widerklage und Drittwiderklage 795
    VII. Muster: Replik und Widerklageerwiderung bei einem örtlich oder sachlich unzuständigen Gericht für die Widerklage 798
    VIII. Muster: Drittwiderklageerwiderung bei Einbeziehung des Dritten am nicht zuständigen Gerichtsstand 799
    IX. Muster: Antrag des Beklagten und Widerklägers auf Trennung des Verfahrens und Verweisung des Rechtsstreites bei unzulässiger Drittwiderklage . . 800
    X. Muster: Antrag des Beklagten und Widerklägers auf Trennung des Verfahrens und Verweisung des Rechtsstreites bei ausschließlicher Zuständigkeit für die Widerklage 801
    XI. Muster: Klageerwiderung und negative Feststellungswiderklage 801
    XII. Muster: Klageerwiderung mit Abweisungsantrag allein aufgrund einer erklärten Aufrechnung 804
    XIII. Muster: Klageerwiderung mit Hilfsaufrechnung 805
    XIV. Muster: Klageerwiderung mit Hilfsaufrechnung und Hilfswiderklage 807
    XV. Muster: Klageerwiderung und Widerklage bei einer Zug-um-Zug-Klage . . . 810
    XVI. Muster: Anerkenntnis und Widerklage bei einem Zug-um-Zug-Anspruch . . 813
    XVII. Muster: Antrag auf Aussetzung des Verfahrens wegen der anderweitigen Aufrechnung mit der Forderung 814
    XVIII. Muster: Erklärung der Hauptsache für erledigt nach erfolgreicher Aufrechnung mit der Klageforderung in einem anderen Verfahren 815
    XIX. Muster: Antrag auf Trennung der Verfahren nach § 145 Abs. 3 ZPO 816
    XX. Muster: Schadensersatzklage nach § 302 Abs. 4 S. 4 ZPO im Nachverfahren 817

§ 9 Der Urkunden- und Wechselprozess 821
A. Einleitung 824
B. Rechtliche Grundlagen 826
    I. Der Urkundenprozess 826
        1. Der Gegenstand eines Urkundenprozesses 826
        2. Praxisnahe Anwendungsfelder für den Urkundenprozess 828
            a) Durchsetzung von Mietzinsansprüchen im Urkundenprozess 828

- b) Zahlungsansprüche aus Hypotheken, Grundschulden, Rentenschulden und einer Schiffshypothek 831
- c) Zahlungsansprüche aus einer Bürgschaft 831
- 3. Die Formalien im Urkundenprozess 832
  - a) Die Bezeichnung der Klage 832
  - b) Der Urkundenbeweis 833
  - c) Die Vorlage der Urkunde 837
  - d) Die Ausnahmen vom Urkundenbeweis 839
  - e) Die weiteren Formalien der Klage 840
  - f) Die Folgen des missglückten Urkundenbeweises 841
- 4. Die Klageerwiderung im Urkundenprozess 842
  - a) Die Verteidigungsmöglichkeiten des Beklagten 842
  - b) Die Beschränkung der Verteidigungsmöglichkeiten 846
  - c) Die Widerklage und die Aufrechnung im Urkundenprozess . 847
  - d) Der Vorbehalt der Rechte für das Nachverfahren 847
- 5. Der eigentliche Urkundenprozess 849
  - a) Einwendungen des Beklagten in der Sache 849
  - b) Das Bestreiten der Echtheit der vorgelegten Urkunden ... 849
  - c) Der Übergang in das ordentliche Erkenntnisverfahren 850
  - d) Die Wirkungen des Vorbehaltsurteils 852
  - e) Die Klageabweisung im Urkundenprozess 853
  - f) Die Säumnis des Beklagten 855
  - g) Die Kosten des Verfahrens 856
- 6. Das Nachverfahren zum Urkundenprozess 857
  - a) Die Einleitung des Nachverfahrens 857
  - b) Die einstweilige Einstellung der Zwangsvollstreckung ... 859
  - c) Das eigentliche Nachverfahren und die Bindung des Gerichts an das Vorverfahren 860
  - d) Die Kosten des Nachverfahrens 863
- II. Die Besonderheiten des Scheck- und Wechselprozesses 863
  - 1. Gegenstand des Scheck- und Wechselprozesses 864
    - a) Gegenstand des Wechselprozesses 864
    - b) Gegenstand des Scheckprozesses 864
  - 2. Die Formalien der Klage 864
  - 3. Der Scheck- und Wechselprozess im Mahnverfahren 865
  - 4. Die örtliche und sachliche Zuständigkeit 865
  - 5. Die abgekürzte Ladungsfrist und die Einlassungsfrist 866
  - 6. Beweiserleichterungen und Verfahren im Scheck- und Wechselprozess . . 867
- C. Muster 869
  - I. Muster: Klage im Urkundenprozess 869
  - II. Muster: Klageerwiderung im Urkundenprozess mit Einwendungen 870
  - III. Muster: Antrag auf Ergänzung des Urteils im Urkundenprozess nach §§ 599 Abs. 2, 321 ZPO 872

IV.	Muster: Einspruch gegen ein Versäumnisurteil mit gleichzeitigem Vorbehalt der Rechte für das Nachverfahren und Antrag auf Einleitung des Nachverfahrens	873
V.	Muster: Schriftsatz zur Überleitung des Urkundenverfahrens in das ordentliche Erkenntnisverfahren nach § 596 ZPO	874
VI.	Muster: Schriftsatz zur Durchführung des Nachverfahrens auf Antrag des Beklagten	876
VII.	Muster: Schriftsatz zum Verzicht auf das Nachverfahren	877
VIII.	Muster: Schriftsatz zur Durchführung des Nachverfahrens auf Antrag des Klägers	878
IX.	Muster: Isolierter Antrag auf Einstellung der Zwangsvollstreckung nach § 707 ZPO nach Überleitung des Prozesses in das Nachverfahren	879
X.	Muster: Klage im Wechselprozess oder Scheckprozess	880
XI.	Muster: Antrag auf Abkürzung der Einlassungsfrist nach § 226 ZPO	882
XII.	Muster: Vorbehalt der Rechte im Nachverfahren im Wechselprozess	883
XIII.	Muster: Widerspruch gegen den Wechsel mit begründeten Einwendungen	883
XIV.	Muster: Erwiderung des Klägers im Wechselprozess auf den nicht mit Urkunden belegten Widerspruch des Beklagten	885
XV.	Muster: Überleitung der Wechselklage in das ordentliche Erkenntnisverfahren	885
XVI.	Muster: Vorbehalt im Scheckprozess ohne Einwendungen	886
XVII.	Muster: Vorbehalt im Scheckprozess mit Einwendungen	887
XVIII.	Muster: Überleitung der Scheckklage in das ordentliche Erkenntnisverfahren	888

§ 10 Das Zustellungsrecht im Zivilprozess 889
A. Einleitung 891
B. Rechtliche Grundlagen 892
    I. Die Zustellung von Amts wegen 894
        1. Der Begriff der Zustellung 894
        2. Der Gegenstand der Zustellung 894
        3. Der Adressat der Zustellung 896
        4. Die Zustellung an den Adressaten 903
            a) Die Veranlassung und Durchführung der Zustellung 903
            b) Zustellung an der Amtsstelle 903
            c) Zustellung durch Übergabe per Zustellungsurkunde 904
            d) Zustellung per Einschreiben mit Rückschein 906
            e) Zustellung per Empfangsbekenntnis 907
            f) Telefaxübersendung im Zustellungsrecht 910
            g) Die Zustellung als elektronisches Dokument 910
        5. Die Ersatzzustellung 914
            a) Die Ersatzzustellung an einen Empfänger 914
            b) Keine Ersatzzustellung an Gegner des Adressaten 920
            c) Die Ersatzzustellung durch Einlegen in den Briefkasten 922
        6. Die Annahmeverweigerung 925
        7. Die Niederlegung 927

Inhaltsverzeichnis

       8. Die öffentliche Zustellung 929
       9. Die Zustellung im Ausland 937
          a) Die Zustellung nach § 183 Abs. 1 ZPO außerhalb der Europäischen Union 939
          b) Die Zustellung nach der EU-Zustellungsverordnung in der Europäischen Union 941
          c) Die Aufgabe der Bestellung eines inländischen Zustellungsbevollmächtigten 943
      10. Der Nachweis der Zustellung 944
   II. Die Zustellung im Parteibetrieb 946
       1. Anwendungsfälle der Zustellung im Parteibetrieb 946
       2. Die Zustellung durch den Gerichtsvollzieher 947
       3. Die Zustellung von Anwalt zu Anwalt 949
       4. Die Zustellung im Ausland im Parteibetrieb 950
   III. Die Heilung von Zustellungsmängeln 951
   IV. Checkliste zur Zustellung 954
C. Muster 956
   I. Muster: Anschriftenanfrage an das Einwohnermeldeamt für Zustellungszwecke 956
   II. Muster: Anschriftenanfrage an das Handelsregister für Zustellungszwecke 957
   III. Muster: Anschriftenanfrage an das Gewerberegister für Zustellungszwecke 958
   IV. Muster: Antrag auf Bestellung eines Prozesspflegers nach § 57 ZPO 958
   V. Muster: Zustimmung zur Zustellung von elektronischen Dokumenten an einen sonstigen Verfahrensbeteiligten 959
   VI. Muster: Antrag auf Wiedereinsetzung in den vorigen Stand nach Zustellung durch Niederlegung wegen des Nichterhaltens eines Benachrichtigungsscheins 960
   VII. Muster: Antrag auf öffentliche Zustellung bei unbekanntem Aufenthalt des Adressaten, § 185 Nr. 1 ZPO 961
   VIII. Muster: Antrag auf öffentliche Zustellung, wenn bei juristischen Personen, die zur Anmeldung einer inländischen Geschäftsanschrift zum Handelsregister verpflichtet sind, eine Zustellung weder unter der eingetragenen Anschrift noch unter einer im Handelsregister eingetragenen Anschrift einer für Zustellungen empfangsberechtigten Person oder einer ohne Ermittlungen bekannten anderen inländischen Anschrift möglich ist, § 185 Nr. 2 ZPO 963
   IX. Muster: Antrag auf öffentliche Zustellung, wenn eine Zustellung im Ausland nicht möglich ist oder keinen Erfolg verspricht, § 185 Nr. 3 ZPO 964
   X. Muster: Antrag auf öffentliche Zustellung, weil der Ort der Zustellung der deutschen Gerichtsbarkeit nicht unterliegt 965
   XI. Muster: Antrag auf Erteilung einer Zustellbescheinigung 966
   XII. Muster: Antrag auf Zustellung an den Gerichtsvollzieher am Wohnsitz des Adressaten 967
   XIII. Muster: Antrag auf Zustellung an den Gerichtsvollzieher am Wohnsitz der zustellenden Partei 968
   XIV. Muster: Empfangsbekenntnis 969

XV. Muster: Zustellbescheinigung nach § 195 Abs. 2 S. 3 ZPO 969
XVI. Muster: Antrag auf Auslandszustellung verbunden mit dem Antrag von einer Verfahrensweise nach § 184 ZPO abzusehen 970
XVII. Muster: Ersuchen auf Zustellung eines Schriftstückes im Parteibetrieb im Ausland 971
XVIII. Muster: Antrag auf Zustellung eines Schriftstückes im Parteibetrieb nach der EU-Zustellungsverordnung 972

§ 11 Das Beweisrecht 975
A. Einleitung 982
B. Rechtliche Grundlagen 983
    I. Die Beweislast 983
       1. Die Darlegungslast steht vor der Beweislast 983
       2. Die Grundzüge der Beweislastverteilung 984
       3. Die Erörterung der Beweislastverteilung mit dem Mandanten 986
    II. Maßnahmen zur Verbesserung der Beweislage und taktische Möglichkeiten bei Prozessrisiken aufgrund der Beweislage 991
       1. Die Geltendmachung von Auskunftsansprüchen 991
       2. Die gerichtliche Anordnung auf Vorlage von Urkunden, Akten und Augenscheinsobjekten, §§ 142 ff. ZPO 992
       3. Die Führung von Vergleichsgesprächen 997
       4. Die Erhebung einer Teilklage zur Verminderung des Kostenrisikos . . 998
       5. Zeugen des Gegners ausschalten 1000
       6. Prozessstandschaft als taktisches Element für die Beweisführung . . . 1002
       7. Die richtige aktive Prozesspartei bestimmen 1004
    III. Die Beweismittel im Einzelnen 1004
       1. Der Zeugenbeweis 1004
          a) Wer kann Zeuge sein? 1007
          b) Die Geeignetheit des Zeugen als Beweismittel 1012
          c) Der Beweisantrag 1014
             aa) Die Bezeichnung des Zeugen 1015
             bb) Die Bezeichnung der in das Wissen des Zeugen gestellten Tatsachen 1018
             cc) Der Hinweis auf einzusehende und mitzuführende Unterlagen 1021
             dd) Die Anregung der schriftlichen Beantwortung der Beweisfrage 1022
             ee) Der fremdsprachige Zeuge 1024
             ff) Der sachverständige Zeuge 1026
          d) Die Zeugenladung und die Unerreichbarkeit des Zeugen 1028
          e) Der Auslagenvorschuss für den Zeugen 1029
          f) Das Ausbleiben des Zeugen im Termin zur Beweisaufnahme und die Ordnungsmittel gegen den Zeugen 1031
          g) Die Vernehmung des Zeugen durch den gesetzlichen Richter . . . 1038
             aa) Die Vernehmung des Zeugen vor dem beauftragten Richter . . 1038
             bb) Die Vernehmung des Zeugen vor einem ersuchten Richter . . 1039

h) Die Vernehmung des Zeugen 1041
  aa) Die Belehrung und Vernehmung des Zeugen durch das Gericht 1041
  bb) Die Zeugnisverweigerungsrechte 1042
  cc) Die Geltendmachung des Zeugnisverweigerungsrechtes 1047
  dd) Die Vernehmung des Zeugen und das Fragerecht der Parteien 1049
2. Der Sachverständigenbeweis 1050
  a) Die Anordnung der Einholung eines Sachverständigengutachtens 1051
  b) Die Auswahl des Sachverständigen 1054
  c) Der Auslagenvorschuss für das Sachverständigengutachten 1058
  d) Die formalen Anforderungen an den Begutachtungsvorgang und das Sachverständigengutachten 1060
  e) Mündliches oder schriftliches Gutachten 1066
  f) Ordnungsmittel gegen den Sachverständigen bei nicht fristgerechter Erstattung des Gutachtens 1067
  g) Die Stellungnahme zum Gutachten des Sachverständigen einschließlich der Erläuterung des Gutachtens und des Antrages auf ein neues Gutachten (oft als „Obergutachten" bezeichnet) 1068
  h) Die Ablehnung des Sachverständigen 1074
3. Der Urkundenbeweis 1077
  a) Der Begriff der Urkunde 1078
  b) Die Beweiskraft von Urkunden 1079
  c) Der Beweisantritt 1081
    aa) Die Urkunde im Besitz des Beweisführers 1081
    bb) Die Urkunde im Besitz des Beweisgegners 1083
    cc) Die Verpflichtung zur Vorlage von Urkunden durch Dritte .. 1085
    dd) Die Beiziehung von Akten anderer Gerichte oder Behörden 1088
    ee) Schriftvergleichung 1090
  d) Die Echtheit von Urkunden 1090
4. Der Beweis durch Augenschein 1092
  a) Der Augenschein nach den §§ 371, 144 ZPO 1093
  b) Die Duldung der Untersuchung zur Feststellung der Abstammung nach § 372a ZPO 1096
  c) Die Augenscheinnahme eines elektronischen Dokumentes 1096
5. Die Parteivernehmung 1097
  a) Die Vernehmung des Beweisgegners auf Antrag nach § 445 ZPO 1098
  b) Die Vernehmung des Beweisführers als Partei 1100
  c) Die Parteivernehmung von Amts wegen 1101
  d) Die Anhörung nach § 141 ZPO 1103
  e) Das Verfahren der Parteivernehmung 1106
  f) Besondere Fälle der Parteivernehmung 1108

        6. Der Freibeweis nach dem Justizmodernisierungsgesetz 1110
    IV. Die Anordnung der Beweisaufnahme 1111
C. Muster 1112
     I. Muster: Antrag auf Vernehmung von Zeugen 1112
    II. Muster: Antrag auf Vernehmung von Zeugen mit der Aufforderung nach
        § 378 Abs. 1 ZPO 1113
   III. Muster: Antrag auf Vernehmung eines Zeugen mit der Möglichkeit, die
        Beweisfrage schriftlich zu beantworten 1114
   IV. Muster: Antrag des Zeugen, die Beweisfrage schriftlich beantworten zu
        dürfen 1115
    V. Muster: Antrag auf Vernehmung eines Zeugen, der der deutschen
        Sprache nicht mächtig ist 1116
   VI. Muster: Antrag auf Vernehmung eines sachverständigen Zeugen 1117
  VII. Muster: Antrag auf Vernehmung eines Zeugen, dessen Bezeichnung dem
        Beweisführer nicht möglich ist 1118
 VIII. Muster: Anregung an das Gericht, dem Beweisführer gem. § 356 ZPO
        eine Ausschlussfrist zur ordnungsgemäßen Benennung eines Zeugen zu
        setzen 1119
   IX. Muster: Antrag auf Vernehmung eines Zeugen im Wege der Rechts-
        hilfe 1120
    X. Muster: Protest gegen die Auslagenvorschusspflicht wegen der Bewilli-
        gung von PKH 1121
   XI. Muster: Gegenvorstellung gegen die Anordnung der Auslagenvorschuss-
        pflicht nach § 379 ZPO 1122
  XII. Muster: Antrag auf Vorführung eines Zeugen 1123
 XIII. Muster: Auslagen- und Gebührenverzichtserklärung des Zeugen 1123
  XIV. Muster: einverständlicher Vorschlag eines Sachverständigen 1124
   XV. Muster: Schweigepflichtentbindungserklärung 1124
  XVI. Muster: Antrag gem. § 18 Abs. 2 2. Hs BNotO 1125
 XVII. Muster: Vorherige Entschuldigung des Zeugen für einen Beweis-
        aufnahmetermin 1126
XVIII. Muster: Nachträgliche Entschuldigung des Zeugen wegen seines Fern-
        bleibens zu einem Beweisaufnahmetermin 1127
  XIX. Muster: Sofortige Beschwerde des Zeugen gegen die Auferlegung der
        Kosten und die Verhängung von Ordnungsmitteln nach § 380
        Abs. 3 ZPO 1128
   XX. Muster: Antrag auf Entscheidung über ein Zeugnisverweigerungsrecht
        nach § 387 ZPO 1130
  XXI. Muster: Sofortige Beschwerde des Zeugen nach § 387 Abs. 3 ZPO gegen
        ein Zwischenurteil über das Bestehen eines Zeugnisverweigerungs-
        rechtes 1131
 XXII. Muster: Sofortige Beschwerde des Beweisführers nach § 387
        Abs. 3 ZPO gegen ein Zwischenurteil über das Bestehen eines Zeugnis-
        verweigerungsrechtes 1133

XXIII. Muster: Antrag auf Einholung eines Sachverständigengutachtens – Grundmuster 1135
XXIV. Muster: Antrag auf Einholung eines ärztlichen Sachverständigengutachtens mit Schweigepflichtentbindungserklärung 1136
XXV. Muster: Antrag auf Einholung eines Sachverständigengutachtens unter Erteilung von gerichtlichen Weisungen 1137
XXVI. Muster: Antrag auf Einholung eines Sachverständigengutachtens mit dem Erfordernis besonderer Spezialkenntnis 1138
XXVII. Muster: Antrag auf Einholung eines Sachverständigengutachtens in Form einer amtlichen Auskunft (Behördenauskunft) 1139
XXVIII. Muster: Antrag auf Ladung des Sachverständigen zur Erläuterung seines Gutachtens 1139
XXIX. Muster: Antrag auf Erläuterung des gerichtlichen Sachverständigengutachtens nach Vorlage eines Privatgutachtens 1140
XXX. Muster: Antrag auf Einholung eines weiteren Gutachtens 1141
XXXI. Muster: Sachstandsanfrage an das Gericht nach Ablauf der Frist zur Erstattung des schriftlichen Gutachtens 1142
XXXII. Muster: Antrag auf Fristsetzung für die Vorlage des Sachverständigengutachtens 1143
XXXIII. Muster: Antrag auf Festsetzung einer gerichtlichen Nachfrist zur Erstattung des Gutachtens 1144
XXXIV. Muster: Antrag auf Festsetzung eines Ordnungsgeldes gegen den Sachverständigen 1145
XXXV. Muster: Sofortige Beschwerde des Sachverständigen gegen die Festsetzung eines Ordnungsgeldes nach §§ 411 Abs. 2, 409 Abs. 2 ZPO 1146
XXXVI. Muster: Antrag auf Entziehung des Gutachtenauftrages und Beauftragung eines neuen Gutachters wegen der fehlenden Vorlage des Gutachtens 1148
XXXVII. Muster: Ablehnungsantrag gegen den Sachverständigen 1149
XXXVIII. Muster: Antrag auf Ablehnung des Sachverständigen bei nachträglichem Ablehnungsgrund 1150
XXXIX. Muster: Antrag auf Ablehnung des Sachverständigen und Versagung der Vergütung 1151
XL. Muster: Sofortige Beschwerde gegen die Zurückweisung des Antrages auf Ablehnung des Sachverständigen 1152
XLI. Muster: Beweisantritt durch Urkunden 1154
XLII. Muster: Antrag auf Vorlegung der Urkunde durch den Beweisgegner .. 1155
XLIII. Muster: Antrag auf Vernehmung des Beweisgegners über den Verbleib der vorzulegenden Urkunde nach § 426 ZPO 1156
XLIV. Muster: Antrag zur Vorlegung einer Urkunde durch einen Dritten ... 1157
XLV. Muster: Antrag auf ein Ersuchen an eine Behörde oder ein anderes Gericht zur Vorlage einer Beweisurkunde nach § 432 ZPO 1158
XLVI. Muster: Antrag auf Einholung eines schriftvergleichenden Gutachtens nach § 441 ZPO 1159
XLVII. Muster: Antrag auf Beweiserhebung durch Augenschein 1160

XLVIII. Muster: Antrag auf Anordnung der Vorlage eines Augenscheinsobjektes durch den Gegner 1161
XLIX. Muster: Antrag auf Anordnung der Vorlage eines Augenscheinsobjektes durch einen Dritten 1162
L. Muster: Antrag auf Anordnung der Duldung, Verpflichtung zur Untersuchung zur Feststellung der Abstammung 1163
LI. Muster: Antrag auf Entscheidung über die Berechtigung zur Verweigerung der Herausgabe eines Augenscheinsobjektes durch einen Dritten . . 1164
LII. Muster: Sofortige Beschwerde gegen die Verpflichtung zur Vorlage eines Augenscheinsobjektes nach §§ 371, 144, 387 Abs. 3 ZPO 1165
LIII. Muster: Antrag auf Festsetzung eines Ordnungsgeldes wegen der unberechtigten Verweigerung der Vorlage eines Augenscheinsobjektes ... 1167
LIV. Muster: Antrag auf Festsetzung eines Ordnungsgeldes wegen der Weigerung, eine Untersuchung zur Feststellung der Abstammung zu dulden . . 1168
LV. Muster: Antrag auf Anwendung unmittelbaren Zwangs zum Zwecke der Untersuchung zur Feststellung der Abstammung 1169
LVI. Muster: Antrag auf Vernehmung des Beweisgegners als Partei 1170
LVII. Muster: Antrag auf Vernehmung des Beweisführers als Partei 1171
LVIII. Muster: Zustimmung zur Erhebung des Freibeweises nach § 284 S. 2 ZPO 1172
LIX. Muster: Eingeschränkte Zustimmung zur Erhebung des Freibeweises nach § 284 S. 2 und 3 ZPO 1173
LX. Muster: Gegenvorstellung gegen einen Beweisbeschluss 1174

§ 12 Das selbstständige Beweisverfahren 1177
A. Einleitung 1180
B. Rechtliche Grundlagen 1181
   I. Gesetzliche Voraussetzungen 1181
      1. Das Eilverfahren gem. § 485 Abs. 1 ZPO 1182
         a) Antrag 1182
         b) Voraussetzungen 1182
      2. Das isolierte Beweisverfahren gemäß § 485 Abs. 2 ZPO 1183
         a) Ausgangslage 1183
         b) Antrag 1184
         c) Voraussetzungen 1186
         d) Beweisanordnung des Gerichts 1186
      3. Zuständiges Gericht 1188
      4. Sonstige Verfahrensfragen 1190
         a) Anwaltszwang 1190
         b) Beweisverfahren gegen Unbekannt 1191
         c) Mitwirkung und Beweisanträge des Antragsgegners 1191
         d) Sachverständigenbeweis 1192
         e) Verbindung, Ruhen, Unterbrechung und Aussetzung des Verfahrens . . 1194
         f) Antragsänderung, Rücknahme und Parteiwechsel 1194
         g) Prozesskostenhilfe 1195
         h) Rechtsmittel 1195

II. Hemmung der Verjährung 1195
　　　　　1. Eintritt und Umfang der Hemmung 1195
　　　　　2. Ende der Hemmung 1196
　　III. Prozessrechtliche Wirkungen 1198
　　IV. Die Streitverkündung im selbstständigen Beweisverfahren 1199
　　　V. Die Insolvenz im selbstständigen Beweisverfahren 1200
　　VI. Streitwertberechnung 1200
　　VII. Die Kosten im selbstständigen Beweisverfahren 1201
　　　　　1. Rechtsanwaltskosten 1201
　　　　　2. Gerichtskosten 1203
　　VIII. Entscheidung über die Kosten des selbstständigen Beweisverfahrens 1203
　　　　　1. Kostenausspruch nach § 494 Abs. 2 ZPO 1203
　　　　　2. Kostenausspruch im Hauptsacheprozess 1205
　　　　　3. Sonstige Fälle 1205
　　　　　　　a) Vollständige Zurückweisung des Antrags 1205
　　　　　　　b) Rücknahme des Antrags/einseitige Erledigungserklärung 1205
　　　　　　　c) Übereinstimmende Erledigungserklärung 1206
C. Muster 1207
　　　I. Muster: Antrag im Eilverfahren gem. § 485 Abs. 1 ZPO während eines
　　　　　Rechtsstreites 1207
　　　II. Muster: Antrag im Eilverfahren gem. § 485 Abs. 1 ZPO außerhalb eines
　　　　　Rechtsstreites 1208
　　III. Muster: Antrag auf Anordnung des isolierten Beweisverfahrens gem. § 485
　　　　　Abs. 2 ZPO 1209
　　IV. Muster: Antragserwiderung und Streitverkündungsschrift im selbstständigen
　　　　　Beweisverfahren 1211
　　　V. Muster: Antrag auf Anordnung einer Frist zur Klageerhebung gem. § 494a
　　　　　ZPO 1212
　　VI. Muster: Antrag auf Verwerfung des Antrages gem. § 494a ZPO bei fehlendem
　　　　　Rechtsschutzbedürfnis des Antragsgegners 1213
　　VII. Muster: Sofortige Beschwerde gegen den ablehnenden Beschluss des Gerichts
　　　　　nach einem Antrag auf selbstständiges Beweisverfahren 1214
　　VIII. Muster: Ablehnung eines Sachverständigen wegen Befangenheit 1215
　　IX. Muster: Antrag auf Anhörung des Sachverständigen 1216

§ 13 Sondersituationen im Prozessverlauf 1217
A. Einleitung 1228
B. Rechtliche Grundlagen 1229
　　　I. Klagerücknahme und Verzicht 1229
　　　　　1. Die Klagerücknahme bei Erledigung der Hauptsache zwischen An-
　　　　　　　hängigkeit und Rechtshängigkeit der Klage 1238
　　　　　2. Die Klagerücknahme nach Rechtshängigkeit und vor der mündli-
　　　　　　　chen Verhandlung 1241
　　　　　3. Die Klagerücknahme nach mündlicher Verhandlung 1243
　　　　　　　a) Das Erfordernis der Zustimmung des Beklagten zur Klagerück-
　　　　　　　　　nahme 1243

      b) Die Fiktion der Zustimmung des Beklagten 1244
      c) Die Folgen der verweigerten Zustimmung zur Klagerücknahme 1245
II. Die Erledigung in der Hauptsache 1246
  1. Die Erledigungserklärung des Klägers 1247
  2. Die Reaktion des Beklagten 1250
  3. Die Kostenentscheidung des Gerichts und weitere Folgen 1252
  4. Streitentscheidungen aus der Rechtsprechung 1255
III. Das Versäumnisverfahren 1257
  1. Das Versäumnisurteil gegen den Beklagten im schriftlichen Vorverfahren nach § 331 ZPO 1258
  2. Die Säumnis im Termin zur mündlichen Verhandlung 1262
  3. Das Versäumnisurteil gegen den Kläger 1266
  4. Besondere Problemlagen beim Erlass eines Versäumnisurteils 1269
      a) Versäumnisurteil gegen einen Streitgenossen 1269
      b) Die Stufenklage 1270
      c) Die Säumnis in Ehesachen 1270
      d) Beide Parteien bleiben säumig 1270
      e) Versäumnisurteil im Berufungsverfahren 1271
      f) Die Anwaltsgebühren und die sonstigen Kosten bei Erlass eines Versäumnisurteils 1272
  5. Der Einspruch gegen das Versäumnisurteil 1273
  6. Das zweite Versäumnisurteil 1278
IV. Entscheidung nach Lage der Akten 1281
V. Anerkenntnis 1285
  1. Die drei Möglichkeiten eines Anerkenntnisses 1286
  2. Die Kostenentscheidung nach einem Anerkenntnis 1289
  3. Die Kosten des Verfahrens bei Erlass eines Anerkenntnisurteils . . . 1291
  4. Das Rechtsmittel gegen die Kostenentscheidung im Anerkenntnisurteil 1293
VI. Prozessvergleich 1293
  1. Die Vorteile eines Prozessvergleichs 1294
  2. Zu beachtende Kriterien beim Vergleichsabschluss 1296
  3. Das Verfahren zum Abschluss des Prozessvergleichs 1298
  4. Der Vorbehalt des Widerrufs des Vergleichs 1301
  5. Der Vergleich im schriftlichen Verfahren nach § 278 Abs. 6 ZPO . . 1304
  6. Der (mögliche) Inhalt eines Vergleichs 1306
  7. Die Kosten eines Vergleichs 1310
VII. Aussetzung, Unterbrechung und Ruhen des Verfahrens 1311
  1. Die Unterbrechung des Verfahrens 1312
      a) Die Unterbrechung des Verfahrens wegen des Todes einer Partei, § 239 ZPO 1312
      b) Die Unterbrechung wegen der Eröffnung des Insolvenzverfahrens, § 240 ZPO 1313
      c) Weitere Fälle der Verfahrensunterbrechung 1317

  2. Die Aussetzung des Verfahrens 1318
   a) Die Aussetzung des Verfahrens nach § 148 ZPO 1318
   b) Die Aussetzung des Verfahrens bei Verdacht einer Straftat nach
    § 149 ZPO 1321
   c) Die Aussetzung des Verfahrens nach § 246 ZPO 1323
   d) Die Aussetzung des Hauptprozesses nach § 65 ZPO 1325
  3. Das Ruhen des Verfahrens 1326
  4. Die Rechtsmittel gegen die Anordnung der Aussetzung oder des
   Ruhens des Verfahrens 1329
 VIII. Richterablehnung 1330
  1. Der Ausschluss des Richters kraft Gesetzes 1331
  2. Die Ablehnung des Richters wegen Besorgnis der Befangenheit ... 1332
   a) Enge Beziehungen des Richters zu einer Partei als Ablehnungs-
    grund 1333
   b) Die Ablehnung des Richters wegen richterlicher Hinweise 1334
   c) Die Besorgnis der Befangenheit wegen der Verfahrensführung .. 1336
   d) Die Ablehnung des Richters wegen Unsachlichkeit 1338
   e) Besorgnis der Befangenheit wegen Meinungsäußerungen des
    Richters 1339
  3. Das Ablehnungsverfahren 1340
 IX. Das Recht auf Akteneinsicht 1344
  1. Die Akteneinsicht nach § 299 Abs. 1 ZPO durch die Prozessparteien 1344
  2. Die Akteneinsicht nach § 299 Abs. 2 ZPO durch Dritte 1345
  3. Das Verfahren zur Gewährung von Akteneinsicht 1346

C. Muster 1348
 I. Muster: Klagerücknahme (Grundmuster) 1348
 II. Muster: Klagerücknahme wegen der Erledigung der Hauptsache
  zwischen Anhängigkeit und Rechtshängigkeit 1349
 III. Muster: Klagerücknahme bei Erledigung der Hauptsache zwischen An-
  hängigkeit und Rechtshängigkeit bei noch nicht zugestellter Klage mit
  Kostenantrag des Klägers nach § 269 Abs. 3 S. 3 ZPO 1350
 IV. Muster: Kostenantrag des Beklagten nach Erledigung der Hauptsache
  zwischen Anhängigkeit und Rechtshängigkeit bei noch nicht zugestell-
  ter Klage, § 269 Abs. 3 S. 3 ZPO 1351
 V. Muster: Klageänderung nach Erledigung zwischen Anhängigkeit und
  Rechtshängigkeit 1352
 VI. Muster: Klagerücknahme mit dem Antrag der gesonderten Kostenent-
  scheidung wegen einer vorherigen Säumnis des Beklagten 1353
 VII. Muster: Kostenantrag des Beklagten nach Klagerücknahme 1354
 VIII. Muster: Erwiderung des Klägers auf den Kostenantrag des Beklagten
  bei vorheriger Säumnis des Beklagten 1354
 IX. Muster: Kostenantrag des Beklagten und Stellungnahme zur Kosten-
  tragungspflicht im Fall des § 269 Abs. 3 S. 3 ZPO 1355

X. Muster: Antrag auf Erklärung eines vor der Klagerücknahme ergangenen Urteils als wirkungslos 1356
XI. Muster: Klagerücknahme nach mündlicher Verhandlung mit gleichzeitigem Klageverzicht 1357
XII. Muster: Wiedereinsetzungsantrag nach der Versäumung der Notfrist zur Verweigerung der Zustimmung zur Klagerücknahme 1357
XIII. Muster: Verweigerung der Einwilligung des Beklagten in die Klagerücknahme 1358
XIV. Muster: Einwilligung des Beklagten in die Klagerücknahme nach Klageverzicht 1359
XV. Muster: Klagerücknahme nach mündlicher Verhandlung 1360
XVI. Muster: Klageverzicht nach § 306 ZPO 1360
XVII. Muster: Antrag des Beklagten auf Erlass eines Verzichturteils 1361
XVIII. Muster: Schriftliche Ankündigung des Klageverzichtes nach § 306 ZPO 1361
XIX. Muster: Sofortige Beschwerde gegen die Kostenentscheidung nach § 269 Abs. 3 S. 3 ZPO 1362
XX. Muster: Antrag des Beklagten auf Durchführung des streitigen Verfahrens 1364
XXI. Muster: Erledigungserklärung des Klägers 1366
XXII. Muster: Erledigungserklärung des Klägers mit dem Antrag auf Wiedereröffnung der mündlichen Verhandlung 1367
XXIII. Muster: Erklärung des Beklagten über die Anschließung zur Erledigungserklärung 1368
XXIV. Muster: Antrag auf Wiedereinsetzung in den vorigen Stand bezüglich der Widerspruchsfrist 1369
XXV. Erklärung des Beklagten, dass er der Erledigungserklärung widerspricht 1370
XXVI. Muster: Klageumstellung nach Widerspruch des Beklagten zur Erledigungserklärung des Klägers 1371
XXVII. Muster: Sofortige Beschwerde nach § 91a Abs. 2 ZPO 1372
XXVIII. Muster: Antrag auf Erlass eines Versäumnisurteils im schriftlichen Vorverfahren 1374
XXIX. Muster: Anzeige der Verteidigungsbereitschaft nach Versäumung der Frist des § 276 Abs. 1 S. 1 ZPO 1374
XXX. Muster: Ankündigung eines Antrags auf Erlass eines Versäumnisurteils 1375
XXXI. Muster: Sofortige Beschwerde gegen die Vertagung des Rechtsstreits und die Zurückweisung des Antrags auf Erlass eines Versäumnisurteils 1376
XXXII. Muster: Einspruch des Beklagten gegen ein Versäumnisurteil 1377
XXXIII. Muster: Antrag auf Wiedereinsetzung in den vorigen Stand bei Versäumung der Einspruchsfrist gegen ein Versäumnisurteil 1378
XXXIV. Muster: Vollständiges Anerkenntnis im schriftlichen Vorverfahren ... 1380

XXXV.	Muster: Vollständiges Anerkenntnis unter Verwahrung gegen die Kostenlast	1381
XXXVI.	Muster: Teilanerkenntnis im schriftlichen Vorverfahren	1381
XXXVII.	Muster: Anerkenntnis Zug um Zug	1382
XXXVIII.	Muster: Anerkenntnis im weiteren Verfahrensablauf mit Hinweis auf § 307 S. 2 ZPO	1383
XXXIX.	Muster: Ankündigung eines Versäumnisurteils statt Anerkenntnisses aus Kostengründen	1384
XL.	Muster: Schriftsatz des Klägers nach Anerkenntnis des Beklagten	1384
XLI.	Muster: Schriftsatz des Klägers nach Ankündigung des Anerkenntnisses durch den Beklagten mit der Anregung, nach § 307 S. 2 ZPO zu verfahren	1385
XLII.	Muster: Sofortige Beschwerde nach § 99 Abs. 2 ZPO	1386
XLIII.	Muster: Antrag auf Erlass eines Anerkenntnisurteils mit Tatbestand und Entscheidungsgründen nach § 313b Abs. 3 ZPO	1387
XLIV.	Muster: Antrag auf Erklärung der Wirkungslosigkeit eines Urteils nach einem Prozessvergleich	1388
XLV.	Muster: Protokollberichtigungsantrag	1389
XLVI.	Muster: Antrag auf Bestimmung eines Termins zur mündlichen Verhandlung nach einem unwirksamen Prozessvergleich	1390
XLVII.	Muster: Vergleich mit Widerrufsvorbehalt	1391
XLVIII.	Muster: Verlängerung der Widerrufsfrist	1391
XLIX.	Muster: Widerrufserklärung	1392
L.	Muster: Antrag auf Protokollierung oder Feststellung eines außergerichtlich ausgehandelten Vergleichs	1393
LI.	Muster: Vergleichstext mit Kostenregelung	1394
LII.	Muster: Prozessvergleich unter Einbeziehung der Kosten des Nebenintervenienten	1394
LIII.	Muster: Vergleich und Übertragung der Kostenentscheidung auf das Gericht	1395
LIV.	Muster: Vergleich mit Ratenzahlungsabrede	1396
LV.	Muster: Vergleich mit Ratenzahlungsabrede und einer Verfallsklausel	1396
LVI.	Muster: Vergleich mit Verfallsklausel	1397
LVII.	Muster: Vergleich mit einer Grundstücksübertragung	1398
LVIII.	Muster: Endgültiger Abfindungsvergleich in Verkehrsunfallsachen	1399
LIX.	Muster: Vergleich über eine Zahlungsverpflichtung Zug-um-Zug gegen Erbringung einer Gegenleistung	1400
LX.	Muster: Vergleich über eine Verpflichtung zur Herausgabe	1401
LXI.	Muster: Vergleich nach Beendigung eines Arbeits- oder Dienstverhältnisses	1401
LXII.	Muster: Vergleich zur Beendigung eines Mietverhältnisses	1402
LXIII.	Muster: Vergleich über die Unterlassung einer Handlung mit gleichzeitiger Vereinbarung einer Vertragsstrafe	1404
LXIV.	Muster: Vergleichsweise Regelung einer Duldungsverpflichtung	1405
LXV.	Muster: Vergleich zur Abgabe einer Willenserklärung	1405

LXVI.	Muster: Beitrittserklärung eines Dritten zum Abschluss eines Vergleichs	1406
LXVII.	Muster: Vergleich in der Berufungsinstanz unter Verzicht auf die Rechte aus einem noch nicht rechtskräftigen Urteil erster Instanz	1407
LXVIII.	Muster: Anzeige der Unterbrechung des Verfahrens nach § 239 ZPO	1407
LXIX.	Muster: Antrag auf Fortsetzung des Verfahrens im Fall des § 241 ZPO	1408
LXX.	Muster: Antrag auf Aufnahme des Verfahrens nach § 244 Abs. 2 ZPO	1409
LXXI.	Muster: Erklärung über die Aufnahme des Verfahrens durch den Kläger gegen den (beklagten) Insolvenzverwalter	1410
LXXII.	Muster: Antrag auf Bestimmung eines Termins zur mündlichen Verhandlung bei verzögerter Aufnahme des Rechtsstreits durch den Insolvenzverwalter	1411
LXXIII.	Muster: Antrag auf Streitwertfestsetzung nach Aufnahme des Rechtsstreites durch den Insolvenzverwalter	1412
LXXIV.	Muster: Antrag auf Aussetzung des Verfahrens nach § 148 ZPO i.V.m. §§ 152 ff. ZPO	1412
LXXV.	Muster: Antrag auf Aussetzung des Verfahrens wegen Aufrechnung	1413
LXXVI.	Muster: Antrag auf Aussetzung des Verfahrens nach § 149 ZPO	1414
LXXVII.	Muster: Antrag auf Wiederaufnahme eines Verfahrens nach § 149 Abs. 2 ZPO	1415
LXXVIII.	Muster: Antrag auf Aufnahme des gem. § 149 ZPO ausgesetzten Verfahrens nach dem Ende der strafrechtlichen Ermittlungen	1416
LXXIX.	Muster: Antrag auf Aussetzung des Verfahrens nach § 246 ZPO	1417
LXXX.	Muster: Anzeige der Aufnahme des Rechtsstreits gem. § 246 Abs. 2 ZPO	1417
LXXXI.	Muster: Aussetzungsantrag nach § 65 ZPO	1418
LXXXII.	Muster: Antrag auf Ruhen des Verfahrens unter gleichzeitiger Beantragung der Verlängerung der Berufungsbegründungsfrist	1419
LXXXIII.	Muster: Antrag auf Ruhen des Verfahrens nach § 251 ZPO	1420
LXXXIV.	Muster: Antrag auf Wiederaufnahme des Verfahrens nach dem Ruhen des Verfahrens gem. § 251 ZPO	1420
LXXXV.	Muster: Sofortige Beschwerde gegen eine Entscheidung nach §§ 239 ff., 148 ff. ZPO	1421
LXXXVI.	Muster: Ablehnung eines Richters wegen Besorgnis der Befangenheit in der Frist des § 43 ZPO	1423
LXXXVII.	Muster: Ablehnungsgesuch aufgrund eines Ablehnungsgrundes nach mündlicher Verhandlung, § 44 Abs. 4 ZPO	1424
LXXXVIII.	Muster: Sofortige Beschwerde gegen die Zurückweisung eines Ablehnungsgesuches	1425
LXXXIX.	Muster: Beschwerde nach § 23 EGGVG eines Dritten wegen verweigerter Akteneinsicht	1427

§ 14 Das Verfahren vor den Amtsgerichten und das Fortsetzungsverfahren nach § 321a ZPO 1429

A. Einleitung 1430
B. Rechtliche Grundlagen 1432
   I. Die Abweichungen des amtsgerichtlichen Verfahrens vom landgerichtlichen Verfahren 1432
      1. Verfahrenserleichterungen 1432
         a) Besonderheiten bei der Einreichung von Schriftsätzen und der Erklärung zu Protokoll (§§ 496, 498 ZPO) 1432
         b) Besonderheiten bei der Ladung zum Termin 1433
      2. Besondere Hinweispflichten des Gerichts 1434
         a) Belehrungen nach § 499 ZPO 1434
         b) Hinweis bei Unzuständigkeit des Amtsgerichts (§ 504 ZPO) 1434
         c) Erklärung über Urkunden (§ 510 ZPO) 1435
      3. Sonstige Besonderheiten 1436
         a) Auswirkungen einer nachträglichen sachlichen Unzuständigkeit (§ 506 ZPO) 1436
         b) Inhalt des Protokolls (§ 510a ZPO) 1438
         c) Besonderheiten bei einem Urteil auf Vornahme einer Handlung (§ 510b ZPO) 1438
   II. Das Verfahren nach billigem Ermessen (§ 495a ZPO) 1440
      1. Verfahrensvoraussetzungen 1441
      2. Verfahrensbesonderheiten 1442
      3. Rechtsmittel 1444
         a) Berufung 1444
         b) Außerordentliche Berufung 1445
         c) Gehörsrüge nach § 321a ZPO 1446
         d) Verfassungsbeschwerde 1446
      4. Gebühren 1446
   III. Die Gehörsrüge (§ 321a ZPO) 1447
      1. Entstehungsgeschichte 1447
      2. Zulässigkeit der Gehörsrüge 1447
         a) Zulässigkeit nach dem Wortlaut 1447
         b) Analoge Anwendung des § 321a ZPO 1451
      3. Begründetheit der Gehörsrüge 1451
         a) Verstoß gegen den Anspruch auf rechtliches Gehör 1452
            aa) Pannenfälle 1452
            bb) Präklusionsfälle 1452
            cc) Hinweisfälle 1452
            dd) Nichtberücksichtigungsfälle 1453
         b) Entscheidungserheblichkeit 1453
      4. Rechtsfolgen der Gehörsrüge 1454
      5. Gebühren 1454

C. Muster 1454
  I. Muster: Anregung einer abgesonderten Verhandlung über die Zuständigkeit (§ 280 ZPO) 1454
  II. Muster: Klage auf Vornahme einer Handlung und Zahlung einer Entschädigung (§ 510b ZPO) 1455
  III. Muster: Sofortige Beschwerde nach § 793 ZPO bei Vollstreckung der Erfüllungshandlung des Gläubigers aus einem Urteil nach § 510b ZPO 1456
  IV. Muster: Vollstreckungsgegenklage nach Urteil über die Vornahme einer Handlung und Zahlung einer Entschädigung nach § 510b ZPO 1458
  V. Muster: Anregung auf Durchführung eines Verfahrens nach billigem Ermessen gem. § 495a ZPO 1460
  VI. Muster: Anregung, von einem Verfahren nach § 495a ZPO Abstand zu nehmen 1461
  VII. Muster: Streitwertbeschwerde nach Bestimmung des Zuständigkeitsstreitwertes im Verfahren nach § 495a ZPO 1462
  VIII. Muster: Antrag auf mündliche Verhandlung nach § 495a S. 2 ZPO 1463
  IX. Muster: Einlegung einer „Willkürrüge" bei Verstößen gegen das Willkürverbot 1463
  X. Muster: Gehörsrüge nach § 321a ZPO 1465
  XI. Muster: Berichtigungsantrag nach § 319 ZPO mit hilfsweiser Erhebung der Gehörsrüge 1466
  XII. Muster: Gehörsrüge gegen Kostenfestsetzungsbeschluss 1467
  XIII. Muster: Gehörsrüge gegen einen Beschluss nach § 522 Abs. 2 ZPO 1467

§ 15 Verfahrensanträge nach Urteilserlass 1469
A. Einleitung 1471
B. Rechtliche Grundlagen 1472
  I. Der Rechtsmittelverzicht nach § 313a Abs. 2 ZPO – Kosten sparen 1472
  II. Der Antrag auf Hinausschieben der Urteilszustellung nach § 317 ZPO ... 1475
  III. Antrag auf Erteilung der vollstreckbaren Ausfertigung 1477
    1. Die Voraussetzungen der Erteilung einer vollstreckbaren Ausfertigung 1477
    2. Die anwaltlichen Gebühren und die Kosten 1479
  IV. Der Antrag auf Erteilung einer Zustellbescheinigung 1480
  V. Die Beantragung eines Rechtskraft- oder Notfristzeugnisses 1481
  VI. Die Berichtigung des Urteils nach § 319 ZPO 1484
    1. Der Anwendungsbereich von § 319 ZPO 1485
    2. Die offensichtliche Unrichtigkeit als Berichtigungsvoraussetzung 1486
    3. Das Verfahren zur Entscheidung über den Berichtigungsantrag 1488
    4. Rechtsmittel gegen die Entscheidung nach § 319 ZPO 1488
    5. Die Wirkungen des Berichtigungsbeschlusses 1489
    6. Die anwaltlichen Gebühren und die gerichtlichen Kosten 1490
  VII. Der Antrag auf Tatbestandsberichtigung nach § 320 ZPO 1490
    1. Die Wirkung des Tatbestands 1490
    2. Der Begriff des Tatbestands 1492
    3. Die Frist des § 320 ZPO 1493

4. Die weiteren Formalien des Antrags und das Verfahren 1494
5. Rechtsmittel gegen die Entscheidung des Gerichts 1496
6. Die anwaltlichen Gebühren und die gerichtlichen Kosten 1497
VIII. Antrag auf Ergänzung des Urteils nach § 321 ZPO 1497
   1. Die Voraussetzungen der Urteilsergänzung 1498
   2. Der Urteilsergänzungsantrag ist fristgebunden 1501
   3. Das Verfahren nach § 321 ZPO 1502
   4. Rechtsmittel gegen die Entscheidung über den Urteilsergänzungs-
      antrag 1503
   5. Die anwaltlichen Gebühren und die Kosten bei der Urteilsergänzung . . 1504
IX. Die Rückgabe der Sicherheitsleistung 1504
   1. Die Rückgabe der Sicherheitsleistung nach § 109 ZPO 1504
   2. Die Rückgabe der Sicherheitsleistung nach § 715 ZPO 1507
   3. Die anwaltlichen Gebühren und die gerichtlichen Kosten 1508

C. Muster 1508
  I. Muster: Ankündigung eines Rechtsmittelverzichtes 1508
 II. Muster: Nachträglicher Rechtsmittelverzicht nach § 313a Abs. 2 ZPO . . 1509
III. Muster: Verspäteter Rechtsmittelverzicht nach §§ 313a Abs. 2, 283
    S. 2 ZPO 1509
IV. Muster: Antrag auf Urteilsberichtigung nach § 319 ZPO 1510
 V. Muster: Protokollberichtigung nach § 164 ZPO bei einer offensichtlichen
    Unrichtigkeit in einem Prozessvergleich 1511
VI. Muster: Sofortige Beschwerde nach § 319 Abs. 3 ZPO 1512
VII. Muster: Tatbestandsberichtigungsantrag nach § 320 ZPO 1514
VIII. Muster: Tatbestandsberichtigungsantrag kombiniert mit einem Antrag auf
    Urteilsergänzung 1515
IX. Muster: Antrag auf Urteilsergänzung nach § 321 ZPO – Grundmuster . . . 1517
 X. Muster: Antrag auf Ergänzung des Urteils wegen fehlender Entscheidung
    über die vorläufige Vollstreckbarkeit 1518
XI. Muster: Antrag auf Ergänzung eines Urteils wegen unterlassener Entschei-
    dung über die Kosten der Nebenintervention 1519
XII. Muster: Antrag auf Ergänzung des Urteils wegen unterlassener Zins-
    entscheidung 1520
XIII. Muster: Urteilsergänzung wegen eines unterlassenen Vorbehaltes 1521
XIV. Muster: Antrag auf Ergänzung des Urteils über den Vorbehalt im Urkun-
    denverfahren 1521
XV. Muster: Antrag auf Hinausschieben der Zustellung eines verkündeten
    Urteils nach § 317 Abs. 1 S. 3 ZPO 1522
XVI. Muster: Antrag auf Hinausschieben des Termins zur Verkündung einer
    Entscheidung 1523
XVII. Muster: Antrag auf Zustellung des Urteils nach dessen Hinausschieben . . 1524
XVIII. Muster: Sofortige Beschwerde gegen die Ablehnung der Hinausschiebung
    der Urteilszustellung nach § 317 Abs. 1 S. 3 ZPO 1525
XIX. Muster: Antrag auf Erteilung einer vollstreckbaren Ausfertigung 1527

XX. Muster: Antrag auf Erteilung einer um Tatbestand und Entscheidungsgründe ergänzten vollstreckbaren Ausfertigung 1527
XXI. Muster: Antrag auf Erteilung einer weiteren vollstreckbaren Ausfertigung gem. § 733 ZPO 1528
XXII. Muster: Antrag auf Erteilung einer weiteren vollstreckbaren Ausfertigung unter Rückgabe der bisherigen Ausfertigung 1529
XXIII. Muster: Erinnerung nach § 573 ZPO gegen die Verweigerung der Erteilung einer vollstreckbaren Ausfertigung 1529
XXIV. Muster: Aufforderung an den Schuldner zum Ausgleich der Forderung aus einem verkündeten Urteil 1530
XXV. Muster: Antrag auf Erteilung einer Zustellbescheinigung 1531
XXVI. Muster: Antrag auf Erteilung eines Rechtskraftzeugnisses 1532
XXVII. Muster: Antrag auf Erteilung eines Rechtskraftzeugnisses nach der Berufungsrücknahme 1532
XXVIII. Muster: Antrag auf Erteilung eines Notfristzeugnisses 1533
XXIX. Muster: Erinnerung nach § 573 ZPO gegen die Verweigerung des Rechtskraftzeugnisses 1534
XXX. Muster: Antrag auf Fristbestimmung nach § 109 Abs. 1 ZPO 1535
XXXI. Muster: Antrag auf Anordnung der Rückgabe der Sicherheitsleistung nach § 109 Abs. 2 ZPO 1536
XXXII. Muster: Antrag auf Anordnung des Erlöschens der zur Sicherheit erbrachten Bürgschaft nach § 109 Abs. 2 ZPO 1537
XXXIII. Muster: Antrag auf Anordnung der Rückgabe der Sicherheit nach § 715 ZPO 1537
XXXIV. Muster: Sofortige Beschwerde gegen die Ablehnung des Antrags auf Fristsetzung nach § 109 Abs. 1 ZPO 1539

§ 16 Vorläufiger Rechtsschutz 1541
A. Einleitung 1545
B. Rechtliche Grundlagen 1547
    I. Streitgegenstand von Arrest und einstweiliger Verfügung 1547
   II. Eingeschränkte Rechtskraft 1547
  III. Streitwert 1548
  IV. Verjährung 1548
   V. Verfahrensgang des Arrestverfahrens 1549
     1. Zuständigkeit bei Anordnung 1549
     2. Schutzschrift 1550
     3. Verfahrenseröffnender Antrag 1553
        a) Arrestanspruch 1553
        b) Arrestgrund 1554
           aa) Besonderheiten bei dinglichem Arrest 1554
           bb) Besonderheiten bei persönlichem Arrest 1555
           cc) Besonderheiten bei Vollstreckung im Ausland 1556
        c) Keine anderweitige Sicherung 1556
     4. Mündliche Verhandlung 1556
     5. Sachvortrag und Nachweis 1557

		a) Sachvortrag 1557
		b) Beweismaß 1558
		c) Beweislast, Beweisverfahren und Beweiswürdigung 1559
		d) Keine Entscheidung besonders schwieriger Sachverhalts-konstellationen im Eilverfahren 1561
	6.	Vollziehung des Arrests 1561
		a) Häufige Fehlerquellen bei der Vollziehung 1562
		aa) Monatsfrist nach § 929 Abs. 2 ZPO 1562
		bb) Zustellungsart 1562
		cc) Zustellungsgegenstand 1563
		(1) Zustellung der Ausfertigung 1563
		(2) Zustellung einer beglaubigten Abschrift der Ausfertigung 1565
		dd) Zustellungsadressat 1565
		b) Heilung von Vollziehungsmängeln 1566
	7.	Rechtsbehelfe des Antragstellers 1568
	8.	Rechtsbehelfe des Antragsgegners 1569
		a) Entscheidung durch Urteil 1569
		b) Entscheidung durch Beschluss 1570
		aa) Widerspruch nach § 924 ZPO 1570
		bb) Arrestanordnung durch Beschwerdegericht 1572
		cc) Aufhebung des Arrestes wegen Versäumung der Klagefrist nach § 926 Abs. 1 ZPO 1572
		dd) Aufhebung des Arrestes wegen veränderter Umstände nach § 927 ZPO 1573
		c) Rechtsbehelfe im Rahmen der Vollziehung 1575
VI.	Schadensersatzrisiko (§ 945 ZPO) 1575
VII.	Haftung der Vollstreckungsorgane bei der Vollziehung 1578
VIII.	Besonderheiten der einstweiligen Verfügung 1578
	1.	Anwendung der Arrestvorschriften 1578
	2.	Abmahnung 1579
		a) Bedeutung 1579
		b) Inhalt der Abmahnung 1580
		c) Form der Abmahnung 1580
	3.	Unterlassungserklärung 1582
	4.	Verfügungsarten 1583
		a) Sicherungsverfügung 1583
		aa) Konkurrierende obligatorische Ansprüche 1584
		bb) Erwerbsverbot 1584
		b) Regelungsverfügung 1584
		c) Leistungsverfügung 1585
		aa) Zahlungsverfügung 1586
		bb) Vornahme einer sonstigen Handlung 1586
		cc) Unterlassung 1586
		dd) Herausgabe 1587
		ee) Abgabe einer Willenserklärung 1587

		ff) Auskunftsansprüche 1587

           ff) Auskunftsansprüche 1587
           gg) Räumung 1588
    5. Zuständigkeit 1588
    6. Verfügungsgesuch 1589
       a) Verfügungsanspruch 1589
       b) Verfügungsgrund 1589
    7. Mündliche Verhandlung 1590
    8. Vollziehung der einstweiligen Verfügung 1591
    9. Rechtsbehelfe 1592
    10. Abschlussschreiben 1593
    11. Abschluss- und strafbewehrte Unterlassungserklärung als Reaktion auf
        das Abschlussschreiben 1596
IX. Spezialregelungen des einstweiligen Rechtsschutzes 1598
    1. Einstweilige Anordnungen im Familienrecht 1598
       a) Allgemeine Regelungen 1598
       b) Familienstreitsachen 1598
       c) Kindschaftssachen 1599
       d) Gewaltschutzsachen 1599
       e) Unterhaltssachen 1599
       f) Versorgungsausgleichssachen 1600
       g) Betreuungssachen und Unterbringungssachen 1600
       h) Freiheitsentziehungssachen 1600
    2. Selbstständiges Beweisverfahren und Zwangsvollstreckungsverfahren 1601
    3. Vorläufiger Rechtsschutz im Arbeitsgerichtsverfahren 1601
       a) Prozessuale Fragen 1601
       b) Materiell-rechtliche Ansprüche 1602
    4. Vorläufiger Rechtsschutz im WEG-Verfahren 1603
    5. Vorläufiger Rechtsschutz im Gesellschaftsrecht 1604
       a) Vorläufiger Rechtsschutz bei der Anfechtung von Gesellschafter-
          beschlüssen 1605
       b) Mitwirkung bei der Auflösung der Gesellschaft 1605
       c) Ausschließung eines Gesellschafters 1605
          aa) AG 1605
          bb) GmbH 1606
          cc) Personenhandelsgesellschaften 1607
          dd) GbR 1607
          ee) Zwei-Personen-Gesellschaft 1607
       d) Abberufung eines Vorstands/Geschäftsführers 1608
          aa) AG 1608
          bb) Personenhandelsgesellschaften 1608
          cc) GbR 1609
          dd) GmbH 1609
       e) Durchsetzung von Gesellschafter-Informationsrechten 1610
          aa) AG, KGaA 1610
          bb) GmbH 1611

cc) Personengesellschaften 1611
6. Vorläufiger Rechtsschutz im Mietrecht 1611
C. Muster 1613
  I. Muster: Wettbewerbsrechtliche Abmahnung 1613
  II. Muster: Schutzschrift zur Verhinderung des Erlasses einer einstweiligen Verfügung 1614
  III. Muster: Vordruck einer strafbewehrten Unterlassungserklärung 1617
  IV. Muster: Eidesstattliche Versicherung 1617
  V. Muster: Antrag auf dinglichen Arrest 1618
  VI. Muster: Antrag auf dinglichen Arrest und Arrestpfändung 1619
  VII. Muster: Antrag auf persönlichen Arrest 1620
  VIII. Muster: Antrag auf Versteigerung arrestgepfändeter Sachen 1621
  IX. Muster: Antrag auf Eintragung einer Arresthypothek 1622
  X. Muster: Antrag auf Erlass einer einstweiligen Verfügung mit Herausgabeanordnung 1623
  XI. Muster: Antrag auf Erlass einer auf Grundbucheintragung gerichteten einstweiligen Verfügung 1624
  XII. Muster: Antrag auf Erlass einer Sicherungsverfügung mit Erwerbsverbot 1625
  XIII. Muster: Antrag auf Erlass einer auf Leistung gerichteten einstweiligen Verfügung 1627
  XIV. Muster: Antrag auf Erlass einer einstweiligen Verfügung auf Abgabe einer Erklärung 1628
  XV. Muster: Antrag auf Erlass einer einstweiligen Verfügung auf Unterlassung beleidigender Äußerungen 1630
  XVI. Muster: Antrag auf Erlass einer einstweiligen Verfügung auf Untersagung der Geschäftsführung und Vertretung 1632
  XVII. Muster: Antrag auf Erlass einer einstweiligen Verfügung auf Untersagung der Geschäftsführung und Vertretung – Gegenantrag 1634
  XVIII. Muster: Auskunfts- und Einsichtserzwingungsverfahren nach § 51b GmbHG 1635
  XIX. Muster: Antrag auf Erlass einer einstweiligen Verfügung auf Unterlassung der Betriebseinstellung 1637
  XX. Muster: Zustellungsauftrag an den Gerichtsvollzieher 1639
  XXI. Muster: Abschlussschreiben 1639
  XXII. Muster: Abschlusserklärung 1640
  XXIII. Muster: Widerspruch gegen einstweilige Verfügung 1641
  XXIV. Muster: Kostenwiderspruch 1642
  XXV. Muster: Antrag auf Ladung zum Rechtfertigungsverfahren 1643
  XXVI. Muster: Antrag auf Fristsetzung zur Erhebung der Hauptsacheklage nach § 926 Abs. 1 ZPO 1644
  XXVII. Muster: Antrag auf Aufhebung der einstweiligen Verfügung wegen Nichterhebung der Hauptsacheklage 1645
  XXVIII. Muster: Antrag auf Aufhebung der einstweiligen Verfügung wegen veränderter Umstände gem. § 927 Abs. 1 ZPO 1645

XXIX. Muster: Antrag auf Aufhebung des Arrestvollzugs wegen Hinterlegung . . 1647

§ 17 Das Berufungsrecht 1649
A. Einleitung 1657
B. Rechtliche Grundlagen 1657
    I. Sicht des Berufungsklägers 1657
        1. Statthaftigkeit der Berufung 1658
            a) Angriffsfähiges Urteil 1658
                aa) Ausgangspunkt: Verkündetes Endurteil 1658
                bb) Berufung gegen ein Versäumnisurteil 1659
                cc) Berufung gegen als Endurteil bezeichnetes Zwischenurteil 1660
                dd) Keine Berufung gegen die Kostenentscheidung 1660
                ee) Berufung gegen eine Kostenentscheidung im Schlussurteil bei gleichzeitiger Berufung gegen das vorangegangene Teilurteil 1660
                ff) Berufung gegen Scheinurteile 1661
            b) Wert des Beschwerdegegenstands 1661
                aa) Ausgangslage 1661
                bb) Persönliche Beschwer 1661
                cc) Gegenstand der Beschwer 1662
                dd) Maßgeblicher Zeitpunkt 1663
                ee) Wert des Beschwerdegegenstands 1664
                ff) Berufung bei Streitgenossenschaft 1667
                gg) Berufung des Streithelfers 1667
            c) Zulassung der Berufung 1668
                aa) Allgemeines 1668
                bb) Voraussetzungen 1669
                cc) Angriff gegen die Nichtzulassung 1670
        2. Sonstige Vorüberlegungen zur Zulässigkeit 1671
            a) Grundlagen 1671
            b) Neue Tatsachen in der Berufungsinstanz 1672
            c) Beweisaufnahme in der Berufungsinstanz 1673
        3. Fristenkontrolle 1673
            a) Allgemeines 1673
            b) Tatbestandsberichtigungsfrist 1674
                aa) Beweiskraft des Tatbestandes 1674
                bb) Dauer der Tatbestandsberichtigungsfrist 1675
                cc) Ablauf der Berufungsbegründungsfrist vor Entscheidung über den Tatbestandsberichtigungsantrag 1676
                dd) Rechtsbehelfe gegen die Antragszurückweisung 1676
                ee) Anwaltsgebühren 1676
            c) Urteilsergänzungsfrist 1677
                aa) Anwendungsbereich 1677
                bb) Dauer der Urteilsergänzungsfrist 1678
                cc) Urteilsergänzung und Berufungsverfahren 1678
                dd) Anwaltsgebühren 1679

d) Anhörungsrügefrist gem. § 321a ZPO 1679
   aa) Bedeutung der Anhörungsrüge für das Berufungsverfahren 1679
   bb) Bedeutung der Anhörungsrüge für eine Verfassungs-
       beschwerde 1679
   cc) Dauer der Rügefrist 1680
   dd) Anwaltsgebühren 1680
e) Berufungsfrist 1680
   aa) Dauer der Berufungsfrist 1680
   bb) Beginn der Berufungsfrist 1680
   cc) Ende der Berufungsfrist 1682
   dd) Anwaltsgebühren 1683
f) Berufungsbegründungsfrist 1683
   aa) Dauer der Berufungsbegründungsfrist 1683
   bb) Beginn und Ende der Berufungsbegründungsfrist 1683
g) Vorabentscheidung über die vorläufige Vollstreckbarkeit 1684
   aa) Bedeutung der Vorabentscheidung in der Berufungsinstanz 1684
   bb) Zeitrahmen für die Antragstellung 1684
   cc) Entscheidung 1684
h) Antrag auf einstweilige Einstellung der Zwangsvollstreckung .. 1684
   aa) Bedeutung für die Berufungsinstanz 1684
   bb) Zeitrahmen für die Antragstellung 1685
   cc) Erfolgsaussichten der eingelegten Berufung 1685
   dd) Subsidiarität 1685
   ee) Erfordernis der Sicherheitsleistung 1685
   ff) Einstweilige Einstellung der Zwangsvollstreckung ohne
       Sicherheitsleistung 1686
i) Anwaltsgebühren 1686

4. Der Prozesskostenhilfeantrag 1686
   a) Notwendigkeit des Prozesskostenhilfegesuchs 1686
   b) Form und Inhalt des Prozesskostenhilfegesuchs 1686
      aa) Isolierter Prozesskostenhilfeantrag 1686
      bb) Kombination von Berufungseinlegung und Prozesskosten-
          hilfeantrag 1688
   c) Auswirkungen des Prozesskostenhilfeverfahrens auf die
      Berufungsfrist 1689
      aa) Beginn der Wiedereinsetzungsfrist bei Bewilligung von
          Prozesskostenhilfe 1689
      bb) Beginn der Wiedereinsetzungsfrist bei Versagung der
          Prozesskostenhilfe 1690
      cc) Wiedereinsetzung beim unverschuldeten verspäteten Eingang
          des Prozesskostenhilfeantrags 1691
      dd) Besonderheiten der Fristenkontrolle bei Beantragung von
          Prozesskostenhilfe in der Berufungsinstanz 1691
      ee) Fortfall des Hindernisses unabhängig von der Entscheidung
          über die Prozesskostenhilfe 1691

ff) Rechtsmittel 1691
d) Auswirkungen des Prozesskostenhilfeverfahrens auf die
   Berufungsbegründungsfrist 1692
   aa) Entscheidung über die Prozesskostenhilfe nach wirksam
       eingelegter Berufung 1692
   bb) Entscheidung über die Prozesskostenhilfe ohne zuvor wirk-
       sam eingelegte Berufung 1693
   cc) Rechtsmittel 1694
5. Die Deckungsschutzanfrage 1694
   a) Versicherungsrechtliche Vorgaben 1694
   b) Folgen bei nicht rechtzeitiger Abstimmung oder Zustimmungs-
      einholung 1695
   c) Folgen bei Deckungsablehnung 1695
6. Die Berufungsschrift 1696
   a) Adressat der Berufung 1696
      aa) Berufungen gegen amtsgerichtliche Urteile 1697
      bb) Berufungen gegen landgerichtliche Urteile 1697
      cc) Eingang der Berufung beim zuständigen Gericht und
          Wiedereinsetzung 1698
          (1) Eingang 1698
          (2) Kenntnis des zuständigen Gerichts 1699
          (3) Weiterleitung an das zuständige Gericht 1700
   b) Parteibezeichnung 1701
   c) Bezeichnung der Prozessbevollmächtigten des Berufungs-
      beklagten 1702
   d) Sonstige Angaben 1702
   e) Berufungseinlegung „nur zur Fristwahrung" 1703
   f) Anwaltszwang und Unterzeichnung; Prozessvollmacht 1705
   g) Beifügung einer Urteilsausfertigung/-abschrift 1706
   h) Berufungseinlegung durch moderne Kommunikationsmittel 1707
      aa) Telegramm, Fernschreiber und Telex 1707
      bb) Telefax 1707
      cc) Elektronisches Dokument 1708
      dd) Computer-Fax 1709
7. Antrag auf Wiedereinsetzung in den vorigen Stand bei Versäumung
   der Berufungsfrist 1710
   a) Ausgangslage 1710
   b) Wiedereinsetzungsgründe 1710
   c) Wiedereinsetzungsfrist 1711
   d) Wiedereinsetzungsantrag 1711
   e) Wiedereinsetzungsbegründung 1711
   f) Glaubhaftmachung 1712
   g) Berufungseinlegung 1712
   h) Umdeutung 1712

8. Verlängerung der Berufungsbegründungsfrist 1712
   a) Ausgangslage 1712
   b) Antragserfordernis 1713
   c) Verlängerungsgründe 1713
      aa) Einwilligung des Gegners 1713
      bb) Keine Verzögerung des Rechtsstreits 1714
      cc) Erheblicher Grund 1714
   d) Entscheidung 1715
   e) Wirksamkeit und Vertrauensschutz 1716
   f) Fristberechnung 1717
9. Antrag auf Wiedereinsetzung in den vorigen Stand bei Versäumung der Berufungsbegründungsfrist 1717
   a) Ausgangslage und Fallgruppen 1717
      aa) Wiedereinsetzung bei Versagung der Fristverlängerung ... 1718
      bb) Wiedereinsetzung bei falscher Fristennotierung 1718
      cc) Wiedereinsetzung bei Übermittlungsproblemen 1720
   c) Wiedereinsetzungsfrist 1720
   d) Wiedereinsetzungsantrag 1720
   e) Wiedereinsetzungsbegründung 1721
   f) Nachholen der Berufungsbegründung 1721
   g) Umdeutung 1721
10. Berufungsbegründung 1722
    a) Ausgangslage 1722
    b) Berufungsanträge 1724
       aa) Bedeutung des Sachantrags 1724
       bb) Sachantrag 1725
       cc) Zurückverweisungsantrag 1726
       dd) Kostenantrag und Anregung der Zulassung der Revision ... 1728
       ee) Vollstreckungsschutzanträge 1728
    c) Begründung der Berufung mit einer Rechtsverletzung gem. § 520 Abs. 3 S. 2 Nr. 2 ZPO 1729
       aa) Ausgangslage 1729
       bb) Verstoß gegen verfahrensrechtliche Vorschriften 1729
       cc) Verstoß gegen materiellrechtliche Bestimmungen 1732
    d) Begründung der Berufung wegen fehlerhafter Tatsachenfeststellung gem. § 520 Abs. 3 S. 2 Nr. 3 ZPO 1733
       aa) Ausgangslage 1733
       bb) Berufungsangriff gegen die tatsächlichen Feststellungen ... 1735
       cc) Berufungsangriff gegen die Beweiswürdigung 1736
    e) Begründung der Berufung mit neuen Angriffs- und Verteidigungsmitteln gem. § 520 Abs. 3 S. 2 Nr. 4 ZPO 1737
       aa) Ausgangslage 1737
       bb) Ausschluss rechtmäßig zurückgewiesener Angriffs- und Verteidigungsmittel 1738
       cc) Neue Angriffs- und Verteidigungsmittel 1738

dd) Erstinstanzlich übersehenes oder für unerheblich gehaltenes Vorbringen (§ 531 Abs. 2 S. 1 Nr. 1 ZPO) 1740
ee) Infolge eines Verfahrensmangels nicht gehaltenes Vorbringen (§ 531 Abs. 2 S. 1 Nr. 2 ZPO) 1741
ff) Ohne Nachlässigkeit erstinstanzlich unterlassenes Vorbringen (§ 531 Abs. 2 S. 1 Nr. 3 ZPO) 1742
f) Klageänderung, Aufrechnung und Widerklage 1744
aa) Ausgangslage 1744
bb) Keine isolierte Klageänderung, Aufrechnung oder Widerklage 1745
cc) Ausnahmefälle 1745
dd) Zulässigkeitsanforderungen 1745
ee) Wirkungslosigkeit 1747
g) Bezugnahmeverbot 1747
h) Unterschrift des Berufungsanwalts 1748
i) Angabe des Beschwerdewertes und Stellungnahme zur Übertragung des Rechtsstreits auf den entscheidenden Einzelrichter . . . 1748
11. Schriftsätzlicher Vortrag nach der Berufungsbegründungsschrift . . . 1749
a) Ausgangslage 1749
b) Präklusion in der Berufungsinstanz 1749
aa) Unzureichende Berufungsbegründung 1749
bb) Neues unstreitiges Vorbringen 1749
cc) Zurückweisung von Angriffs- und Verteidigungsmitteln . . . 1749
c) Stellungnahme zum Hinweis nach § 522 Abs. 2 ZPO 1752
aa) Ausgangslage 1752
bb) Auseinandersetzung mit den Hinweisen 1752
cc) Anfechtbarkeit 1753
d) Stellungnahme zur Berufungserwiderung 1754
e) Stellungnahme zum Ergebnis einer Beweisaufnahme 1754
f) Stellungnahme aufgrund eines Schriftsatzrechts 1755
g) Flucht in die Säumnis 1755
h) Berufungsrücknahme 1756
i) Erledigungserklärung 1756
II. Sicht des Berufungsbeklagten 1757
1. Ausgangssituation 1757
2. Fristenkontrolle 1758
a) Ausgangslage 1758
b) Berufungserwiderungsfrist und Anschlussberufungsfrist 1758
aa) Fristsetzung 1758
bb) Ausbleibende Fristsetzung 1759
cc) Anwaltsgebühren bei Anschlussberufung 1759
c) Klagefrist für die Wiederaufnahmeklage 1759
3. Prozesskostenhilfeantrag 1760
4. Deckungsschutzanfrage 1761

5. Berufungserwiderung 1761
   a) Berufungserwiderungsfrist 1761
      aa) Fristsetzung 1761
      bb) Ausbleibende Fristsetzung 1762
   b) Anträge in der Berufungserwiderung 1762
      aa) Anträge zur Sache 1762
      bb) Nebenanträge 1762
   c) Begründung der Berufungserwiderung 1762
      aa) Rechtliche Ausführungen 1763
      bb) Tatsachenvortrag 1764
   d) Bezugnahme auf erstinstanzlichen Vortrag 1765
   e) Unterschrift 1765
6. Einlegung und Begründung der Anschlussberufung 1766
   a) Statthaftigkeit und Parteien der Anschlussberufung . 1766
   b) Anschlussberufungsfrist 1767
   c) Anschlussberufungsschrift 1768
      aa) Inhalt 1768
      bb) Klageänderung und Widerklage 1768
      cc) Hilfsweise Einlegung 1768
   d) Akzessorietät der Anschlussberufung 1769
   e) Kosten der Anschlussberufung 1770
      aa) Unzulässigkeit der Hauptberufung 1770
      bb) Zurückweisung der Hauptberufung nach § 522 Abs. 2 ZPO 1770
      cc) Berufungsrücknahme vor Einlegung der Anschlussberufung 1771
      dd) Berufungsrücknahme nach Einlegung der Anschlussberufung 1771
      ee) Verwerfung oder Zurückweisung der Anschlussberufung . . 1771
   f) Verhältnis von Anschlussberufung und Nichtigkeits- bzw. Wiederaufnahmeklage 1771
7. Schriftsätzlicher Vortrag nach der Anschlussberufungs- und der Berufungsbegründungsschrift 1772

C. Muster 1773
  I. Muster: Isolierter Antrag auf Bewilligung von Prozesskostenhilfe für ein Berufungsverfahren 1773
 II. Muster: Mit der Berufungseinlegung kombinierter Antrag auf Bewilligung von Prozesskostenhilfe 1773
III. Muster: Wiedereinsetzungsantrag nach der Bewilligung von Prozesskostenhilfe nach Ablauf der Berufungsfrist und vor Ablauf der Berufungsbegründungsfrist 1774
 IV. Muster: Wiedereinsetzungsantrag bei Bewilligung von Prozesskostenhilfe nach Ablauf der Berufungsbegründungsfrist für die versäumte Berufungseinlegung 1775

V. Muster: Wiedereinsetzungsantrag bei Bewilligung von Prozesskostenhilfe nach Ablauf der Berufungsbegründungsfrist für die versäumte Berufungsbegründung 1776
VI. Muster: Deckungsschutzanfrage für die Einlegung der Berufung 1777
VII. Muster: Deckungsschutzanfrage für die Durchführung des Berufungsverfahrens 1778
VIII. Muster: Stichentscheidung des Rechtsanwaltes bei Verneinung der Leistungspflicht des Versicherers 1778
IX. Muster: Antrag auf Durchführung eines Schiedsgutachterverfahrens bei Verneinung der Leistungspflicht des Versicherers 1779
X. Muster: Berufungsschrift des Klägers 1780
XI. Muster: Schreiben an den erstinstanzlichen Bevollmächtigten des Berufungsbeklagten vor Berufung zur Fristwahrung (Stillhalteabkommen) .. 1781
XII. Muster: Mitteilung zur Durchführung des Berufungsverfahrens 1781
XIII. Muster: Berufungsschrift des Beklagten „zur Fristwahrung" 1782
XIV. Muster: Berufungsschrift einzelner Streitgenossen (auf Klägerseite) ... 1782
XV. Muster: Berufungsschrift bei notwendiger Streitgenossenschaft (auf Klägerseite) 1783
XVI. Muster: Berufungsschrift des erstinstanzlich unberücksichtigten notwendigen Streitgenossen 1784
XVII. Muster: Berufungsschrift des bereits erstinstanzlich beigetretenen nichtselbstständigen Streithelfers zur Fristwahrung 1785
XVIII. Muster: Berufungsschrift des in der ersten Instanz noch nicht beigetretenen unselbstständigen Streithelfers bei vorangegangener Streitverkündung zur Fristwahrung 1786
XIX. Muster: Nebeninterventions- und Berufungsschrift des erstinstanzlich noch nicht beigetretenen unselbstständigen Streithelfers ohne vorangegangene Streitverkündung zur Fristwahrung 1787
XX. Muster: Antrag auf Vorabentscheidung über die vorläufige Vollstreckbarkeit gem. § 718 ZPO 1788
XXI. Muster: Antrag auf einstweilige Einstellung der Zwangsvollstreckung gem. § 719 Abs. 1 ZPO i.V.m. § 707 ZPO 1789
XXII. Muster: Wiedereinsetzungsantrag bei versäumter Berufungsfrist, wenn nicht auch der Gegner selbstständige Berufung eingelegt hat 1789
XXIII. Muster: Wiedereinsetzungsantrag bei Versäumung der Berufungsfrist, wenn auch der Gegner selbstständige Berufung eingelegt hat 1790
XXIV. Muster: Erster Antrag auf Verlängerung der Berufungsbegründungsfrist mit Einwilligung des Gegners 1791
XXV. Muster: Erster Antrag auf Verlängerung der Berufungsbegründungsfrist ohne Einwilligung des Berufungsbeklagten 1792
XXVI. Muster: Zweiter Antrag auf Verlängerung der Berufungsbegründungsfrist 1793
XXVII. Muster: Berufungsbegründung und Wiedereinsetzungsantrag, wenn die Gegenseite keine selbstständige Berufung eingelegt hat 1793

XXVIII. Muster: Berufungsbegründung und Wiedereinsetzungsantrag, wenn auch der Berufungsbeklagte selbstständige Berufung eingelegt hat 1794
XXIX. Muster: Berufungsbegründung des Klägers (Antragsalternativen) 1795
XXX. Muster: Berufungsbegründung des Klägers (Beispiel) 1796
XXXI. Muster: Berufungsbegründung des Beklagten (Antragsalternativen) . . . 1798
XXXII. Muster: Berufungsbegründung mit dem (Hilfs-)Antrag auf Aufhebung und Zurückverweisung 1799
XXXIII. Muster: Berufungsbegründung mit dem Antrag auf Aufhebung und Zurückverweisung 1801
XXXIV. Muster: Fristverlängerungsantrag zum Hinweis nach § 522 Abs. 2 ZPO 1802
XXXV. Muster: Stellungnahme zum Hinweis nach § 522 Abs. 2 ZPO 1802
XXXVI. Muster: Stellungnahme zur Berufungserwiderung 1804
XXXVII. Muster: Stellungnahme zum Ergebnis der Beweisaufnahme 1804
XXXVIII. Muster: Stellungnahme aufgrund eines Schriftsatznachlasses 1805
XXXIX. Muster: Einspruch gegen das Versäumnisurteil durch den Beklagten . . . 1805
XL. Muster: Einspruch gegen das Versäumnisurteil durch den Kläger . . . 1806
XLI. Muster: Einspruch gegen ein Versäumnisurteil und Antrag auf Fristverlängerung 1807
XLII. Muster: Berufungszurückweisungsantrag mit Antrag auf Bewilligung von Prozesskostenhilfe 1808
XLIII. Muster: Berufungserwiderung mit Antrag auf Bewilligung von Prozesskostenhilfe 1808
XLIV. Muster: Deckungsschutzanfrage des Berufungsbeklagten 1809
XLV. Muster: Anschlussberufung des Beklagten bei teilweise erfolgreicher Klage 1810
XLVI. Muster: Anschlussberufung des Beklagten zur Widerklageerhebung . . . 1810
XLVII. Muster: Anschlussberufung des Klägers bei teilweise erfolgreicher Klage 1811
XLVIII. Muster: Anschlussberufung des Klägers bei Klageerweiterung 1812
XLIX. Muster: Hilfsanschlussberufung 1813
L. Muster: Anschlussberufung gegen die Kostenentscheidung 1814
LI. Muster: Antrag auf Verlängerung der Berufungserwiderungsfrist 1814
LII. Muster: Berufungserwiderung des Klägers (Antragsalternativen) 1815
LIII. Muster: Berufungserwiderung des Beklagten (Antragsalternativen) 1816
LIV. Muster: Berufungserwiderung mit (Hilfs-)Aufhebungs- und Zurückverweisungsantrag des Klägers oder des Beklagten 1817
LV. Muster: Äußerungen zur Stellungnahme auf die Berufungserwiderung . . . 1817
LVI. Muster: Einspruch des Berufungsbeklagten gegen ein Versäumnisurteil und Antrag auf Fristverlängerung 1818
LVII. Muster: Einspruch des Berufungsbeklagten gegen ein Versäumnisurteil mit Einspruchsbegründung 1818

§ 18 Das Beschwerderecht 1821
A. Einleitung 1824
B. Rechtliche Grundlagen 1825

Inhaltsverzeichnis

I. Die sofortige Beschwerde nach der ZPO 1825
  1. Die Statthaftigkeit der sofortigen Beschwerde 1825
    a) Die Zulassung der sofortigen Beschwerde im Gesetz 1826
    b) Die Statthaftigkeit aufgrund der Zurückweisung eines Antrags ... 1828
  2. Die Zuständigkeit für die Entscheidung über die sofortige Beschwerde 1830
  3. Die Frist der sofortigen Beschwerde 1831
  4. Die Form der sofortigen Beschwerde 1833
  5. Sofortige Beschwerde setzt Beschwer voraus 1835
    a) Die allgemeine Beschwer 1835
    b) Die Beschwer bei Kostensachen 1835
    c) Die Beschwer bei Beschränkung der Rechtsmittel in der Hauptsache 1837
  6. Das Abhilfeverfahren 1837
  7. Der Prüfungsumfang und die Entscheidung des Beschwerdegerichts 1840
    a) Neues Vorbringen ist möglich 1840
    b) Sofortige Beschwerde hat keine aufschiebende Wirkung 1841
    c) Die Möglichkeiten des Beschwerdegegners 1842
    d) Die Entscheidung über die sofortige Beschwerde 1843
  8. Die Besonderheiten der Beschwerde im Prozesskostenhilfeverfahren 1844
  9. Die Anschlussbeschwerde 1846
  10. Keine außerordentliche Beschwerde wegen greifbarer Gesetzwidrigkeit 1847
  11. Die Kosten des sofortigen Beschwerdeverfahrens 1848
    a) Die Gerichtsgebühren 1848
    b) Die Rechtsanwaltsgebühren 1848
II. Die Rechtsbeschwerde 1849
  1. Die Statthaftigkeit der Rechtsbeschwerde 1849
    a) Die grundsätzliche Bedeutung der Sache 1852
    b) Die Fortbildung des Rechts oder die Sicherung einer einheitlichen Rechtsprechung 1853
    c) Keine Zulassung bei Unanfechtbarkeit 1853
  2. Die Zuständigkeit für die Rechtsbeschwerde 1854
  3. Form und Frist der Rechtsbeschwerde 1855
  4. Das Rechtsbeschwerdeverfahren 1856
  5. Einstweiliger Rechtsschutz im Rechtsbeschwerdeverfahren 1856
  6. Die Kosten des Rechtsbeschwerdeverfahrens 1857
III. Grundzüge des Beschwerdeverfahrens nach dem FamFG 1857
  1. Einleitung 1857
  2. Der Instanzenzug 1858
  3. Die Beschwerde nach dem FamFG 1858
    a) Die Statthaftigkeit der Beschwerde 1858
    b) Die Beschwerdeberechtigten 1859
    c) Die notwendige Beschwer und die Zulassung der Beschwerde ... 1859

        d) Die Beschwerdefrist 1860
        e) Die Einlegung der Beschwerde und das Verfahren 1860
    4. Die Anschlussbeschwerde 1861
    5. Die Rechtsbeschwerde 1861
    6. Sonderregelungen in Ehe- und Familienstreitsachen 1862

C. Muster 1864
    I. Muster: Sofortige Beschwerde gegen eine amtsgerichtliche Entscheidung zum Landgericht – Grundmuster 1864
    II. Muster: Sofortige Beschwerde gegen eine landgerichtliche Entscheidung zum Oberlandesgericht – Grundmuster 1866
    III. Muster: Anschlussbeschwerde des Beschwerdegegners 1868
    IV. Muster: Sofortige Beschwerde gegen die Zurückweisung eines Ablehnungsgesuchs gem. § 46 Abs. 2 ZPO 1870
    V. Muster: Sofortige Beschwerde nach § 91a Abs. 2 ZPO 1872
    VI. Muster: Sofortige Beschwerde nach § 99 Abs. 2 ZPO 1873
    VII. Muster: Sofortige Beschwerde gegen die Ablehnung des Antrags auf Fristsetzung nach § 109 Abs. 1 ZPO 1875
    VIII. Muster: Sofortige Beschwerde nach § 252 ZPO gegen eine Entscheidung nach §§ 239 ff., 148 ff. ZPO 1877
    IX. Muster: Sofortige Beschwerde gegen die Kostenentscheidung nach § 269 Abs. 3 S. 3 ZPO 1878
    X. Muster: Sofortige Beschwerde gegen die Ablehnung der Hinausschiebung der Urteilszustellung nach § 317 Abs. 1 S. 3 ZPO 1881
    XI. Muster: Sofortige Beschwerde nach § 319 Abs. 3 ZPO gegen einen Berichtigungsbeschluss 1883
    XII. Muster: Sofortige Beschwerde des Zeugen gegen die Auferlegung der Kosten und die Verhängung von Ordnungsmitteln nach § 380 Abs. 3 ZPO 1885
    XIII. Muster: Sofortige Beschwerde nach § 387 Abs. 3 ZPO gegen ein Zwischenurteil über das Bestehen eines Zeugnisverweigerungsrechts 1887
    XIV. Muster: Sofortige Beschwerde des Beweisführers nach § 387 Abs. 3 ZPO gegen ein Zwischenurteil über das Bestehen eines Zeugnisverweigerungsrechts 1889
    XV. Muster: Sofortige Beschwerde gegen die Verpflichtung zur Vorlage eines Augenscheinsobjekts nach §§ 371, 144, 387 Abs. 3 ZPO 1891
    XVI. Muster: Sofortige Beschwerde gegen die Zurückweisung des Antrags auf Ablehnung eines Sachverständigen nach § 406 Abs. 5 ZPO 1893
    XVII. Muster: Sofortige Beschwerde des Sachverständigen gegen die Auferlegung eines Ordnungsgeldes nach §§ 411 Abs. 2 S. 4, 409 Abs. 2 ZPO ... 1895
    XVIII. Muster: Isolierter Antrag auf Übertragung der Beschwerdeentscheidung auf die Kammer oder den Senat nach § 568 S. 2 ZPO 1897
    XIX. Muster: Isolierter Antrag auf Aussetzung der Vollziehung der angefochtenen Entscheidung nach § 570 Abs. 2 ZPO 1898
    XX. Muster: Antrag auf Erlass einer einstweiligen Anordnung nach § 570 Abs. 3 ZPO 1899

XXI. Muster: Sofortige Beschwerde bei Vorliegen eines Nichtigkeits- oder Restitutionsgrundes 1900
XXII. Muster: Beschwerde im Prozesskostenhilfeverfahren 1903
XXIII. Muster: Anschreiben an einen beim BGH zugelassenen Rechtsanwalt zur Einlegung der Rechtsbeschwerde 1905
XXIV. Muster: Befristete Beschwerde gegen eine amtsgerichtliche Endentscheidung nach §§ 58 ff. FamFG – Grundmuster 1906
XXV. Muster: Befristete Beschwerde gegen eine amtsgerichtliche Endentscheidung in Ehe- und Familienstreitverfahren 1908
XXVI. Muster: Fristverlängerungsgesuch Beschwerdebegründung ohne Zustimmung des Gegners 1908
XXVII. Muster: Weiteres Fristverlängerungsgesuch Beschwerdebegründung mit Zustimmung des Gegners 1909
XXVIII. Muster: Beschwerdebegründung im Sinne des § 117 FamFG 1910

§ 19 Das Revisionsrecht – die Übergabe an den Revisionsanwalt 1911
A. Einleitung 1913
B. Rechtliche Grundlagen 1914
   I. Die Revision aus der Sicht des Revisionsklägers 1914
     1. Vorüberlegungen 1914
       a) Die Revisionszulassung 1914
       b) Die inhaltlichen Mindestanforderungen 1915
       c) Neue Tatsachen in der Revisionsinstanz 1919
       d) Das Revisionsgericht 1919
     2. Die Zulassung der Revision durch das Berufungsgericht 1919
       a) Die anwaltliche Vorgehensweise 1919
       b) Die Zulassungskompetenz des Berufungsgerichts 1920
       c) Beschränkte Revisionszulassung 1920
       d) Risiken bei beschränkter Zulassung der Revision durch das Berufungsgericht 1921
       e) Vortrag zu den Zulassungsgründen in der Berufungsinstanz 1922
       f) Rechtsbehelfe gegen die Nichtzulassung der Revision 1922
     3. Die Fristenkontrolle 1923
       a) Ausgangslage 1923
       b) Die Tatbestandsberichtigungsfrist 1923
       c) Die Urteilsergänzungsfrist 1924
       d) Die Revisionsfrist bei Zulassung der Revision 1924
       e) Die Einlegungsfrist für die Nichtzulassungsbeschwerde ... 1924
       f) Der Antrag auf einstweilige Einstellung der Zwangsvollstreckung ... 1925
     4. Die Übergabe an den Revisionsanwalt 1925
       a) Vorüberlegungen 1925
       b) Prozesshandlungen zur Vorbereitung der Revision vor dem Berufungsgericht 1925
       c) Der maßgebliche Zeitpunkt für die Beauftragung des Revisionsanwalts 1926

  d) Die Mitwirkung bei der zur Durchführung des Revisionsverfahrens erforderlichen Entscheidungsfindung 1927
  e) Die Rechtsanwaltsgebühren für die Stellungnahme zu den Erfolgsaussichten der Revision 1927
  f) Das Auftragsschreiben an den Revisionsanwalt 1927
  g) Die Entlassung aus der Fristenkontrolle 1928
 5. Die Sprungrevision 1928
  a) Ausgangslage 1928
  b) Die Einwilligung des Gegners 1928
  c) Die Zulassung der Sprungrevision durch das Revisionsgericht 1929
II. Die Revision aus der Sicht des Revisionsbeklagten 1929
 1. Vorüberlegungen 1929
  a) Präventiver Schutz durch Revisionszulassung 1929
  b) Die Einwilligungsverweigerung gegen die Verlängerung der Frist zur Begründung der Nichtzulassungsbeschwerde 1929
  c) Die Gelegenheit zur Stellungnahme auf die Nichtzulassungsbeschwerde 1930
  d) Die Einwilligungsverweigerung für die Verlängerung der Revisionsbegründungsfrist 1930
  e) Die Revisionserwiderung 1930
  f) Die Anschlussrevision 1930
  g) Der Antrag, das Berufungsurteil im nicht angefochtenen Umfang für vorläufig vollstreckbar zu erklären 1930
  h) Die Säumnis des Revisionsbeklagten in der Revisionsinstanz 1931
 2. Die Fristenkontrolle 1931
  a) Ausgangslage 1931
  b) Die Tatbestandsberichtigungsfrist 1931
  c) Die Urteilsergänzungsfrist 1931
  d) Die Frist zur Stellungnahme auf die Nichtzulassungsbeschwerde . . . 1932
  e) Abhilfefrist bei Revisionszulassung ohne vorherige Möglichkeit zur Stellungnahme 1932
  f) Die Frist zur Einlegung und Begründung der Anschlussrevision 1932
  g) Die Revisionserwiderungsfrist 1932
  h) Der Antrag auf vorläufige Vollstreckbarkeit 1932
 3. Die Übergabe an den Revisionsanwalt 1933
  a) Ausgangslage 1933
  b) Prozesshandlungen zur Vorbereitung der Revisionserwiderung vor dem Berufungsgericht 1933
  c) Die Beauftragung des Revisionsanwalts zur Abgabe einer Stellungnahme auf die Nichtzulassungsbeschwerde 1933
  d) Die Übergabe an den Revisionsanwalt nach Zustellung der Revisionsbegründung 1934
 4. Die Sprungrevision aus der Sicht des Revisionsbeklagten 1934

C. Muster 1935
    I. Muster für den Revisionskläger: Urteilsübersendung an die Partei bei Revisionszulassung durch das Berufungsgericht 1935
    II. Muster für den Revisionskläger bei rechtmäßigerweise teilweiser Revisionszulassung durch das Berufungsgericht 1935
    III. Muster für den Revisionskläger: Urteilsübersendung bei zweifelhafter Beschränkung der Revisionszulassung durch das Berufungsgericht 1936
    IV. Muster für den Revisionskläger: Urteilsübersendung ohne Revisionszulassung 1937
    V. Muster für den Revisionskläger: Gutachten über die Erfolgsaussichten der Revision 1938
    VI. Muster für den Revisionskläger: Revisionsauftrag bei uneingeschränkter Revisionszulassung durch das Revisionsgericht 1938
    VII. Muster für den Revisionskläger: Revisionsauftrag bei beschränkter Revisionszulassung durch das Revisionsgericht 1939
    VIII. Muster für den Revisionskläger: Auftrag zur Anfertigung der Nichtzulassungsbeschwerde gegen Urteile ohne Revisionszulassung 1940
    IX. Muster für den Revisionskläger: Anschreiben an den Gegner mit der Bitte, in die Übergehung des Berufungsverfahrens einzuwilligen 1940
    X. Muster für den Revisionskläger: Auftrag zur Anfertigung des Antrags auf Zulassung der Sprungrevision 1941
    XI. Muster für den Revisionsbeklagten: Urteilsübersendung bei Revisionszulassung 1942
    XII. Muster für den Revisionsbeklagten: Urteilsübersendung ohne Revisionszulassung 1942
    XIII. Muster für den Revisionsbeklagten: Die Übersendung der Nichtzulassungsbeschwerde an den Mandanten 1943
    XIV. Muster für den Revisionsbeklagten: Die Übersendung der Beschwerdebegründung bei offensichtlich fehlenden Erfolgsaussichten 1943
    XV. Muster für den Revisionsbeklagten: Die Übersendung der Beschwerdebegründung bei nicht auszuschließenden Erfolgsaussichten 1945
    XVI. Muster für den Revisionsbeklagten: Übersendung der Revisionszulassung ohne vorherige Gelegenheit zur Stellungnahme nach § 544 Abs. 3 ZPO ... 1946
    XVII. Muster für den Revisionsbeklagten: Die Übersendung der Revisionszulassung, wenn noch kein Revisionsanwalt eingeschaltet worden ist 1947
    XVIII. Muster für den Revisionsbeklagten: Übersendung der Revisionsbegründung (oder des Schriftsatzes, mit dem zur Begründung der Revision auf die Begründung der Nichtzulassungsbeschwerde Bezug genommen wird), wenn Anschlussrevision eingelegt werden soll 1948
    XIX. Muster für den Revisionsbeklagten: Die Beauftragung des Revisionsanwalts zur Abgabe einer Stellungnahme auf die Begründung der Nichtzulassungsbeschwerde 1948
    XX. Muster für den Revisionsbeklagten: Die Beauftragung des Revisionsanwalts bei Revisionszulassung ohne vorherige Möglichkeit zur Stellungnahme gem. § 544 Abs. 3 ZPO 1949

XXI. Muster für den Revisionsbeklagten: Die Beauftragung eines Revisionsanwalts zur Anfertigung der Anschlussrevision 1950
XXII. Muster für den Revisionsbeklagten: Die Beauftragung des Revisionsanwalts nach Vorlage der Revisionsbegründung (oder Bezugnahme auf die Begründung der Nichtzulassungsbeschwerde) 1950
XXIII. Muster für den Revisionsbeklagten: Anschreiben an den Mandanten vor Einwilligung in die Übergehung der Berufungsinstanz bei der Sprungrevision 1951

§ 20 Wiedereinsetzung in den vorigen Stand 1953
A. Einleitung 1955
B. Rechtliche Grundlagen 1956
    I. Folgen einer Fristversäumung 1956
    II. Versäumung einer Frist i.S.d. § 233 ZPO 1959
    III. Die Säumnis 1963
        1. Einwendungen gegen den Fristbeginn 1963
        2. Einwendungen gegen die Säumnis 1965
    IV. Das fehlende Verschulden 1966
        1. Einleitung 1966
        2. Das eigene Verschulden der Partei 1968
        3. Das Verschulden eines Vertreters der Partei 1969
        4. Schuldhaftes Verhalten des Hilfspersonals des Vertreters und sonstiger Dritter 1971
    V. Die fehlende Kausalität der verschuldeten Säumnis 1973
    VI. Einzelfälle 1974
        1. Verstöße bei der Fristenbearbeitung 1974
        2. Die versäumte Berufungs- und Berufungsbegründungsfrist 1978
        3. Die Beantragung von Prozesskostenhilfe zur Einlegung eines Rechtsmittels 1980
        4. Die versäumte Berufungsfrist – Anschlussberufung 1985
    VII. Das Wiedereinsetzungsverfahren 1986
        1. Form der Wiedereinsetzung 1986
        2. Die Frist für das Wiedereinsetzungsgesuch 1987
        3. Die Begründung des Wiedereinsetzungsgesuchs 1989
        4. Die Vornahme der versäumten Prozesshandlung 1993
        5. Die Kosten des Wiedereinsetzungsverfahrens 1994
    VIII. Rechtsmittel im Verfahren über die Wiedereinsetzung in den vorigen Stand .. 1995
C. Muster 1998
    I. Muster: Darlegung der fehlenden Säumnis mangels laufender Frist 1998
    II. Muster: Darlegung der fehlenden Säumnis wegen rechtzeitiger Vornahme der fristgebundenen Prozesshandlung 1999
    III. Muster: Wiedereinsetzungsantrag für die Frist zur Abgabe der Verteidigungsanzeige nach Erlass eines Versäumnisurteils 2000
    IV. Muster: Antrag auf Wiedereinsetzung in die Frist zur Abgabe der Verteidigungsanzeige vor Erlass eines Versäumnisurteils 2003

V. Muster: Antrag auf Wiedereinsetzung in den vorigen Stand bei Versäumung der Einspruchsfrist gegen ein Versäumnisurteil 2004
VI. Muster: Stellungnahme des Antragsgegners zum Wiedereinsetzungsantrag in die Einspruchsfrist gegen ein Versäumnisurteil 2006
VII. Muster: Antrag auf Wiedereinsetzung in den vorigen Stand bezüglich der Berufungs- und der Berufungsbegründungsfrist 2008
VIII. Muster: Antrag auf Wiedereinsetzung in den vorigen Stand allein bezüglich der Berufungsbegründungsfrist 2010
IX. Muster: Antrag auf Wiedereinsetzung in den vorigen Stand bezüglich der Berufungsfrist bei einem Antrag auf Prozesskostenhilfe 2011
X. Muster: Belehrung des Mandanten über Mitteilung von Veränderungen der wirtschaftlichen und persönlichen Verhältnisse 2013
XI. Muster: Antrag auf Wiedereinsetzung in die Berufungsfrist nach Rücknahme des Prozesskostenhilfeantrags wegen veränderter Umstände 2014
XII. Muster: Wiedereinsetzungsantrag nach der Versäumung der Notfrist zur Verweigerung der Zustimmung zur Klagerücknahme 2016
XIII. Muster: Wiedereinsetzungsantrag nach der Versäumung der Notfrist zur Erklärung der Erledigung der Hauptsache 2018
XIV. Muster: Sofortige Beschwerde gegen die durch besonderen Beschluss des Gerichts verweigerte Wiedereinsetzung in den vorigen Stand 2019

§ 21 Die Wiederaufnahme des Verfahrens 2021
A. Einleitung 2023
B. Rechtliche Grundlagen 2024
  I. Überblick 2024
    1. Abgrenzungen 2024
      a) Abgrenzung gegenüber der Anhörungsrüge nach § 321a ZPO 2024
      b) Abgrenzung gegenüber der Vollstreckungsabwehrklage gem. § 767 ZPO 2024
      c) Abgrenzung gegenüber der Klage aus § 826 BGB 2025
      d) Abgrenzung gegenüber einem aus § 79 BVerfGG abgeleiteten Vollstreckungsverbots 2025
    2. Die Dreistufigkeit des Wiederaufnahmeverfahrens 2026
      a) Prüfung der verfahrensrechtlichen Zulässigkeit (1. Stufe) 2026
      b) Die Begründetheit der Wiederaufnahmeklage (2. Stufe) 2026
      c) Die Fortsetzung und Beendigung des alten Prozesses (3. Stufe) 2026
    3. Der Tatsachenvortrag im Wiederaufnahmeverfahren 2027
    4. Das für die Wiederaufnahme zuständige Gericht 2027
    5. Versäumnisurteil im Wiederaufnahmeverfahren 2028
  II. Erste Stufe: Zulässigkeitsvoraussetzungen 2028
    1. Ausgangslage 2028
    2. Die Statthaftigkeit der Wiederaufnahme 2029
    3. Notwendige Form der Wiederaufnahmeklageschrift 2030
    4. Die Klagefrist 2031
      a) Ausgangslage 2031
      b) Fristbeginn 2031

    c) Fristende 2031
    d) Die Unstatthaftigkeit der Wiederaufnahmeklage nach Ablauf der
       Fünfjahresfrist 2032
  5. Die Klagebefugnis 2032
  6. Die Beschwer 2033
  7. Die Subsidiarität 2033
 III. Zweite Stufe: Die Begründetheit der Wiederaufnahmeklage als Nichtigkeits-
      klage 2034
  1. Ausgangslage 2034
  2. Die Ungesetzlichkeit der Richterbank 2034
  3. Mitwirkung eines ausgeschlossenen Richters 2035
  4. Ablehnung eines Richters 2035
  5. Vertretungsmängel 2035
 IV. Zweite Stufe: Die Wiederaufnahmeklage als Restitutionsklage ... 2037
  1. Ausgangslage 2037
  2. Die falsche eidliche Parteiaussage 2037
  3. Die Urkundenfälschung 2038
  4. Falsches Zeugnis oder Gutachten 2038
  5. Die Urteilserschleichung 2038
  6. Die Amtspflichtverletzung eines Richters 2039
  7. Die Urteilsaufhebung 2040
  8. Das Auffinden eines früheren Urteils 2040
  9. Das Auffinden einer anderen Urkunde 2041
  10. Verletzung der Europäischen Menschenrechtskonvention .. 2044
  V. Die im Wiederaufnahmeverfahren zu stellenden Anträge 2045
  1. Ausgangslage 2045
  2. Der Aufhebungsantrag 2045
  3. Die Anträge im Wiederaufnahmeverfahren vor dem erstinstanzlichen
     Gericht 2045
  4. Die Anträge im Wiederaufnahmeverfahren vor dem Berufungsgericht ... 2046
  5. Die Anträge im Wiederaufnahmeverfahren vor dem Revisionsgericht ... 2046
 VI. Der notwendige Inhalt der Wiederaufnahmeschrift 2046
  1. Ausgangslage 2046
  2. Die für alle Wiederaufnahmeklagen zu beachtenden Mindestanforde-
     rungen 2047
  3. Besonderheiten für Restitutionsklagen im Allgemeinen ... 2047
  4. Besonderheiten für Restitutionsklagen nach § 580 Nr. 1–5 ZPO 2047
  5. Besonderheiten für die Restitutionsklage nach § 580 Nr. 7b ZPO ... 2048
  6. Besonderheiten für die Restitutionsklage nach § 580 Nr. 8 ZPO ... 2048
 VII. Die Rechtsanwaltsgebühren im Wiederaufnahmeverfahren 2048
C. Muster 2049
  I. Muster: Nichtigkeitsklage bei ausschließlicher Zuständigkeit des erstinstanz-
     lichen Gerichts 2049
  II. Muster: Nichtigkeitsklage bei ausschließlicher Zuständigkeit des Berufungs-
      gerichts 2051

III. Muster: Restitutionsklage bei ausschließlicher Zuständigkeit des erstinstanzlichen Gerichts 2053
IV. Muster: Restitutionsklage bei ausschließlicher Zuständigkeit des Berufungsgerichts 2055
V. Muster: Wiederaufnahmeklage bei notwendiger Streitgenossenschaft 2056
VI. Muster: Wiederaufnahmeklage beim unberücksichtigt gebliebenen notwendigen Streitgenossen 2057
VII. Muster: Wiederaufnahmeklage des bereits erstinstanzlich beigetretenen, nichtselbstständigen Streithelfers 2058
VIII. Muster: Wiederaufnahmeklage des noch nicht beigetretenen unselbstständigen Streithelfers, dem der Streit bereits verkündet wurde 2059
IX. Muster: Wiederaufnahmeklage des erstinstanzlich noch nicht beigetretenen unselbstständigen Streithelfers ohne vorangegangene Streitverkündung 2060

§ 22 Das familiengerichtliche Verfahren 2061
1. Teil: Mandatierung in der Trennungssituation 2066
A. Einleitung 2066
B. Rechtliche Grundlagen 2066
    I. Aufklärung des Mandanten über die rechtlichen Folgen der Trennung 2066
    II. Allgemeine Checkliste für die Mandatsaufnahme in der Trennungssituation 2069
    III. Der Unterhaltsprozess 2070
       1. Materiell-rechtliche Grundzüge des Unterhaltsrechts 2070
         a) Unterhaltstatbestände 2070
         b) Der Bedarf des Unterhaltsgläubigers 2071
         c) Die Bedürftigkeit des Unterhaltsgläubigers 2073
         d) Leistungsfähigkeit des Unterhaltsschuldners 2074
         e) Die Berechnung des Ehegattenunterhalts 2078
         f) Neue Partnerbeziehung des Unterhaltsberechtigten 2080
         g) Verwirkung des Unterhaltsanspruchs 2080
       2. Prozessführung in Trennungsunterhaltsverfahren außerhalb des Scheidungsverbundes 2081
         a) Inverzugsetzen des Unterhaltsschuldners 2081
         b) Welches Gericht ist zuständig? 2082
         c) Die Unterhaltsverfahrensarten außerhalb des Scheidungsverbundverfahrens 2083
           aa) Leistungsantrag zur Geltendmachung von Trennungsunterhalt .. 2083
           bb) Stufenantrag zur Geltendmachung von Trennungsunterhalt 2084
           cc) Abänderungsverfahren zum Trennungsunterhalt, §§ 238 ff. FamFG 2085
              (1) Ziel des Abänderungsverfahrens 2085
              (2) Abänderbare Trennungsunterhaltstitel 2086
              (3) Identität der Beteiligten 2087
              (4) Abänderung gerichtlicher Endentscheidungen, § 238 FamFG 2087
              (5) Abänderung von Vergleichen und Urkunden, § 239 FamFG 2089

    (6) Abänderung von Entscheidungen nach §§ 237 und 253
     FamFG 2090
    (7) Zuständigkeit des Gerichts 2090
    (8) Weitere notwendige Maßnahmen des unterhaltsverpflichteten
     Abänderungsantragstellers 2090
  dd) Das Vollstreckungsabwehrverfahren gegen den Trennungsunter-
    haltstitel 2091
    (1) Ziel des Vollstreckungsabwehrantrags 2091
    (2) Anwendbarkeit auf folgende Vollstreckungstitel 2092
    (3) Nachträglich entstandene Einwendungen, § 767
     Abs. 2 ZPO 2092
    (4) Zuständigkeit des Gerichts 2093
  ee) Bereicherungsantragsverfahren zur Rückforderung zu viel ge-
    zahlten Trennungsunterhalts 2093
    (1) Ziel des Bereicherungsantragsverfahrens 2093
    (2) Materiell-rechtliche Besonderheiten 2093
  ff) Negatives Feststellungsverfahren, § 256 ZPO 2094
    (1) Ziel des Verfahrens 2094
    (2) Unzulässigkeit des Feststellungsverfahrens 2094
    (3) Verfahrensantrag 2094
 d) Vorläufiger Rechtsschutz wegen Trennungsunterhalts außerhalb des
  Scheidungsverfahrens 2094
  aa) Einstweilige Anordnung zur Zahlung von Trennungsunterhalt
    nach §§ 49 ff., 246 FamFG 2095
    (1) Verfahren der einstweiligen Anordnung 2095
    (2) Inhalt der einstweiligen Anordnung 2096
    (3) Geltungsdauer der einstweiligen Anordnung 2096
    (4) Abänderbarkeit der einstweiligen Anordnung 2096
    (5) Erzwingung eines Hauptsacheverfahrens, § 52 FamFG 2097
  bb) Einstweilige Anordnung zur Geltendmachung des Verfahrens-
    kostenvorschussanspruchs im isolierten Trennungsunterhalts-
    verfahren 2098
  cc) Einstweilige Verfügung zur Geltendmachung von Trennungs-
    unterhalt außerhalb des Scheidungsverfahrens 2098
 e) Rechtsmittel im Trennungsunterhaltsverfahren 2098
IV. Steuerrechtliche Probleme in der Trennungszeit 2099
 1. Wahl der Veranlagungsart nach § 26 Abs. 1 EStG 2099
 2. Steuerliche Berücksichtigung von Unterhaltszahlungen an den dauernd
  getrennt lebenden Ehegatten 2101
 3. Das staatliche Kindergeld 2103
V. Das Kindesunterhaltsverfahren 2103
 1. Materiell-rechtliche Grundlagen 2103
  a) Bedarf des Kindes, § 1610 Abs. 2 BGB 2104
   aa) Elementarunterhalt 2105
   bb) Mehrbedarf 2106

cc) Sonderbedarf 2106
b) Bedürftigkeit des unterhaltsberechtigten Kindes, § 1602 BGB 2107
c) Ermittlung des relevanten Einkommens – Leistungsfähigkeit des Unterhaltsverpflichteten, § 1603 BGB 2110
d) Verwirkung 2111
2. Prozessführung in Kindesunterhaltsstreitigkeiten 2111
a) Inverzugsetzen des Unterhaltsschuldners 2111
b) Prozessführung 2112
c) Unterhaltsverfahrensarten im Kindesunterhaltsprozess 2115

C. Muster 2115
  I. Muster: Stufenmahnung 2115
  II. Muster: Außergerichtliche Abwehr von Unterhaltsansprüchen wegen mangelnder Leistungsfähigkeit (Mangelfall) 2116
  III. Muster: Außergerichtliche Geltendmachung von Elementar- und Altersvorsorgeunterhalt in der Trennungszeit 2117
  IV. Muster: Geltendmachung von Trennungsunterhalt bei sehr guten Einkommensverhältnissen (Darlegung des konkreten Bedarfs) 2118
  V. Muster: Trennungsunterhaltsantrag (Leistungsantrag) 2121
  VI. Muster: Stufenantrag zur Geltendmachung von Trennungsunterhalt 2124
  VII. Muster: Negative Mahnung zwecks Herabsetzung des titulierten Trennungsunterhalts 2126
  VIII. Muster: Abänderungsantrag zur Herabsetzung/Aufhebung des Trennungsunterhalts 2127
  IX. Muster: Abänderungsstufenantrag zur Erhöhung des Trennungsunterhalts .. 2129
  X. Muster: Vollstreckungsabwehrantrag mit Antrag auf einstweilige Einstellung der Zwangsvollstreckung 2131
  XI. Muster: Negativer Feststellungsantrag 2133
  XII. Muster: Antrag auf einstweilige Anordnung wegen Trennungsunterhalts außerhalb des Scheidungsverbundes 2134
  XIII. Muster: Antrag auf Aufhebung der einstweiligen Anordnung 2137
  XIV. Muster: Antrag auf einstweilige Anordnung wegen Verfahrenskostenvorschusses im Trennungsunterhaltsverfahren 2138
  XV. Muster: Antrag auf Zustimmung zur gemeinsamen Veranlagung 2140
  XVI. Muster: Antrag auf Zustimmung zum begrenzten Realsplitting 2142
  XVII. Muster: Antrag auf Zahlung von Kindesunterhalt nach der Trennung der Eltern 2144
  XVIII. Muster: Stufenantrag zur Geltendmachung von Kindesunterhalt 2146
  XIX. Muster: Abänderungsantrag zum Kindesunterhalt mit Hilfsantrag zur Rückzahlung zu viel gezahlten Unterhalts 2148

2. Teil: Das Scheidungsverfahren 2149
A. Einleitung 2149
B. Rechtliche Grundlagen 2150
  I. Folgen der Einreichung des Scheidungsantrags 2150
  II. Das Scheidungsverbundverfahren 2152
    1. Die formellen Scheidungsvoraussetzungen 2152

2. Die materiell-rechtlichen Scheidungsvoraussetzungen 2156
   a) Getrenntleben 2156
   b) Scheidung nach einjähriger Trennung 2157
   c) Scheidung nach dreijähriger Trennung 2158
   d) Scheidung vor Ablauf des Trennungsjahres oder ohne Trennung . . . 2158
3. Aussetzung des Antrags auf Ehescheidung 2159
4. Familiensachen mit Auslandsbezug 2159
   a) Ehesachen mit Auslandsbezug 2159
   b) Folgesachen mit Auslandsberührung 2162
      (1) Unterhaltssachen 2163
      (2) Güterrechtssachen 2164
      (3) Versorgungsausgleichssachen 2165
      (4) Kindschaftssachen 2166
5. Der Scheidungsverbund 2168
6. Die Auflösung des Scheidungsverbundes 2170
7. Folgesache Versorgungsausgleich 2172

III. Der Trennungsunterhaltsprozess während der Dauer des Scheidungs-
     verfahrens 2174
     1. Materiell-rechtliche Besonderheiten 2174
        a) Altersvorsorgeunterhalt 2174
        b) Leistungsfähigkeit überprüfen! 2175
     2. Prozessuale Besonderheiten des Trennungsunterhalts nach Rechtshängig-
        keit des Scheidungsverfahrens 2175
        a) Trennungsunterhaltsverfahren 2175
        b) Einstweiliger Rechtsschutz 2175

IV. Der Unterhaltsprozess zur Geltendmachung nachehelichen Unterhalts . . . 2176
    1. Materiell-rechtliche Grundlagen 2176
       a) Unterhaltstatbestände 2177
       b) Der Bedarf des Unterhaltsgläubigers 2182
       c) Die Bedürftigkeit des Unterhaltsberechtigten, § 1577 BGB 2182
       d) Berechnung des Unterhalts 2182
       e) Leistungsfähigkeit des Unterhaltsschuldners 2182
       f) Erlöschen des Unterhaltsanspruchs 2182
       g) Maß des nachehelichen Unterhalts, § 1578 BGB 2183
       h) Beschränkung oder Wegfall, § 1579 BGB 2183
    2. Prozessführung zur Geltendmachung nachehelichen Unterhalts 2183
       a) Inverzugsetzen des Unterhaltsschuldners 2183
       b) Welches Gericht ist zuständig? 2183
       c) Unterhaltsantragsarten 2184

V. Die güterrechtliche Auseinandersetzung der Eheleute 2184
   1. Materiell-rechtliche Grundlagen 2184
      a) Allgemeines 2184
      b) Abgrenzung des Zugewinnausgleichsverfahrens von anderen Aus-
         gleichsverfahren 2185
         aa) Haushaltsgegenstände (vorm. Hausrat) 2185

Inhaltsverzeichnis

            bb) Gegenstände des persönlichen Gebrauchs 2186
            cc) Versorgungsausgleich 2186
        c) Ermittlung des Zugewinns 2186
            aa) Anfangsvermögen 2186
            bb) Endvermögen 2188
            cc) Ausgleichsforderung, § 1378 BGB 2189
            dd) Checkliste zur Ermittlung des Zugewinns 2190
    2. Vorbereitung des Prozesses 2197
        a) Auskunftsanspruch, § 1379 Abs. 1 BGB 2197
        b) Schutz vor Vermögensmanipulationen 2197
        c) Wie und wann soll der Ausgleich geltend gemacht werden? 2198
    3. Örtliche Zuständigkeit, § 262 FamFG 2200
C. Muster 2200
    I. Muster: Antrag auf einverständliche Ehescheidung 2200
    II. Muster: Antrag auf streitige Scheidung nach Ablauf des Trennungsjahres . . 2203
    III. Muster: Antrag auf Ehescheidung nach Ablauf von drei Trennungsjahren . . 2203
    IV. Muster: Antrag auf Härtefallscheidung 2204
    V. Muster: Abweisung der Scheidung wegen unzumutbarer Härte 2204
    VI. Muster: Antrag auf Scheidung nach türkischem Recht 2206
    VII. Muster: Antrag auf Feststellung der Trennung nach italienischem Recht . . . 2208
    VIII. Muster: Antrag auf Scheidung nach italienischem Recht 2210
    IX. Muster: Antrag auf Abtrennung der Folgesachen 2212
    X. Muster: Außergerichtliche Geltendmachung von Elementar- und Krankenvorsorgeunterhalt in der Trennungszeit nach Rechtshängigkeit des Scheidungsantrags 2213
    XI. Muster: Leistungsantrag auf Ehegatten- und Kindesunterhalt im Verbundverfahren 2213
    XII. Muster: Antrag zur Geltendmachung von Scheidungsunterhalt außerhalb des Scheidungsverbundverfahrens 2216
    XIII. Muster: Auskunftsanspruch zur Berechnung des Zugewinns 2218
    XIV. Muster: Zugewinnausgleich als Folgesache im Scheidungsverfahren 2219
    XV. Muster: Stufenantrag zur Geltendmachung des Zugewinnausgleichsanspruchs außerhalb des Scheidungsverbundes 2224
    XVI. Muster: Antrag auf vorzeitigen Zugewinnausgleich 2226
3. Teil: Elterliche Sorge und Umgangsrecht 2227
A. Rechtliche Grundlagen 2227
    I. Allgemeine Verfahrensgrundsätze 2227
    II. Gemeinsame elterliche Sorge 2231
    III. Alleinige elterliche Sorge 2232
    IV. Elterliche Sorge nicht miteinander verheirateter Eltern 2234
    V. Kindesherausgabe 2235
    VI. Umgangsrecht 2235
    VII. Auskunftsanspruch gem. § 1686 BGB 2237
    VIII. Umgangsrecht mit anderen Bezugspersonen 2238

B. Muster ... 2238
    I. Muster: Antrag auf Übertragung der alleinigen Entscheidungsbefugnis ... 2238
    II. Muster: Antrag auf Übertragung der elterlichen Sorge mit Zustimmung des anderen Elternteils ... 2240
    III. Muster: Streitiger Sorgerechtsantrag nach § 1671 Abs. 2 Nr. 2 BGB ... 2241
    IV. Muster: Antrag auf Übertragung des Aufenthaltsbestimmungsrechts ... 2242
    V. Muster: Antrag auf Regelung des Umgangs ... 2244
    VI. Muster: Antrag auf Kindesherausgabe ... 2245
    VII. Muster: Antrag auf Auskunft nach § 1686 BGB ... 2246
    VIII. Muster: Einstweilige Anordnung zur elterlichen Sorge ... 2248
    IX. Muster: Einstweilige Anordnung zum Umgang eines Elternteils ... 2250
4. Teil: Haushaltsgegenstände und Ehewohnung ... 2251
A. Einleitung ... 2251
B. Rechtliche Grundlagen ... 2252
    I. Allgemeine Verfahrensfragen ... 2253
    II. Die Verteilung der Haushaltsgegenstände ... 2254
        1. Einleitung ... 2254
        2. Verfahrensrechtliche Besonderheiten ... 2256
        3. Vorläufige Nutzungsregelungen während der Trennungszeit ... 2257
        4. Rückschaffung eigenmächtig entfernter Haushaltsgegenstände ... 2258
        5. Endgültige Regelung für die Zeit nach Scheidung der Ehe ... 2259
    III. Die Zuweisung der Ehewohnung ... 2260
        1. Einleitung ... 2260
        2. Verfahrensrechtliche Besonderheiten ... 2261
        3. Zuweisung der Ehewohnung an einen Ehegatten zur alleinigen Nutzung während der Trennungszeit ... 2261
        4. Regelung bzgl. der Ehewohnung für die Zeit nach rechtskräftiger Scheidung ... 2263
C. Muster ... 2267
    I. Muster: Antrag auf vorläufige Nutzung von Haushaltsgegenständen während der Trennungszeit ... 2267
    II. Muster: Antrag auf Zuteilung von Haushaltsgegenständen für die Zeit nach der Trennung ... 2269
    III. Muster: Antrag auf vorläufige Zuweisung der Ehewohnung während der Trennungszeit ... 2271
    IV. Muster: Antrag auf Überlassung der Ehewohnung für die Zeit nach der Scheidung ... 2272
    V. Muster: Antrag auf einstweilige Anordnung wegen Haushaltsgegenständen ... 2274
    VI. Muster: Einstweilige Anordnung wegen Überlassung der Ehewohnung ... 2276
5. Teil: Gewaltschutzsachen ... 2278
A. Rechtliche Grundlagen ... 2278
    I. Verfahrensfragen ... 2278
    II. Materiell-rechtliche Fragen ... 2280

B. Muster 2283
   I. Muster: Antrag auf Erlass einer einstweiligen Anordnung nach § 1 Gewaltschutzgesetz 2283
   II. Muster: Antrag auf Erlass einer einstweiligen Anordnung nach § 2 Gewaltschutzgesetz 2285

§ 23 Die Kostenfestsetzung 2289

A. Einleitung 2292
B. Das Kostenfestsetzungsverfahren 2293
   I. Die Voraussetzungen der Kostenfestsetzung 2293
      1. Vollstreckungstitel mit Kostengrundentscheidung 2293
      2. Prozesskosten 2295
         a) Notwendigkeit 2295
         b) Praxisrelevante Einzelfälle 2295
            aa) Anrechnung der Geschäftsgebühr 2295
            bb) Ablichtungen 2299
            cc) Reisekosten des Rechtsanwalts 2300
            dd) Rechtsmittel zur Fristwahrung 2301
            ee) Privatgutachten 2302
            ff) Detektivkosten 2304
            gg) Dolmetscherkosten 2305
            hh) Vorbereitungskosten 2306
            ii) Zwangsvollstreckung 2307
               (1) Einleitung 2307
               (2) Anwaltliches Aufforderungsschreiben 2308
            jj) Inkassokosten 2309
               (1) Außergerichtliche Beauftragung 2309
               (2) Gerichtliches Mahnverfahren 2310
               (3) Inkassokosten in der Zwangsvollstreckung 2310
            kk) Mehrere Schuldner 2311
            ll) Drittschuldnerklage 2312
            mm) Ratenzahlungsvergleich 2313
   II. Das formelle Kostenfestsetzungsverfahren 2315
      1. Die Beteiligten des Kostenfestsetzungsverfahrens 2315
      2. Der Kostenfestsetzungsantrag 2316
         a) Einleitung 2316
         b) Die Antragsberechtigung des Gläubigers und seines Rechtsnachfolgers 2316
         c) Der Prozessbevollmächtigte als Antragsteller 2317
         d) Die Antragstellung mehrerer Streitgenossen 2317
         e) Antrag bei Prozesskostenhilfe 2320
         f) Die notwendigen Anlagen des Antrages 2320
         g) Besonderheiten der Kostenausgleichung 2321
         h) Rückfestsetzung von Kosten 2324
            aa) Einleitung 2324
            bb) Die Voraussetzungen der Rückfestsetzung 2324
         i) Kostenfestsetzung nach § 11 RVG 2326

    III. Die Rechtsbehelfe 2330
        1. Sofortige Beschwerde/Erinnerung gegen die Kostenfestsetzung 2330
        2. Beschwerde gegen die Wertfestsetzung für Gerichtsgebühren
           (§ 68 Abs. 1 GKG) 2332
        3. Beschwerde gegen die Wertfestsetzung für Anwaltsgebühren
           (§ 33 Abs. 3 RVG) 2333
C. Muster 2335
    I. Muster: Kostenfestsetzungsantrag nach §§ 104, 126 ZPO, § 11 RVG 2335
    II. Muster: Kostenausgleichungsantrag 2337
    III. Muster: Antrag auf öffentliche Zustellung des Kostenfestsetzungsantrages nach
        § 11 RVG 2338
    IV. Muster: Sofortige Beschwerde gegen Kostenfestsetzung des Rechtsanwalts
        nach § 126 ZPO in eigenem Namen 2339
    V. Muster: Sofortige Erinnerung gegen Kostenfestsetzung des Rechtsanwalts nach
        § 11 Abs. 2 RpflG in eigenem Namen 2340
    VI. Muster: Sofortige Beschwerde gegen Kostenfestsetzung nach
        § 104 Abs. 3 ZPO 2340
    VII. Muster: Sofortige Erinnerung gegen Kostenfestsetzung nach
        § 11 Abs. 2 RpflG 2341

Stichwortverzeichnis 2343

Benutzerhinweise CD-Rom 2381

Musterverzeichnis

§ 1 Das obligatorische außergerichtliche Schlichtungsverfahren nach § 15a EGZPO

1.1 Antrag auf Einleitung eines Schlichtungsverfahrens nach § 15a Abs. 1 S. 1 Nr. 2 EGZPO i.V.m. § 53 Abs. 1 Nr. 1 JustG NRW 129

§ 2 Das Mandatsverhältnis und die Vorbereitung des Zivilprozesses

2.1 Mandatsbestätigung gegenüber dem Mandanten 217
2.2 Antrag auf Aufhebung der Pflichtbeiordnung 218
2.3 Mandatsablehnung aufgrund widerstreitender Interessen 219
2.4 Honorarvereinbarung – Vereinbarung eines höheren Streitwertes 219
2.5 Honorarvereinbarung – Pauschalvergütung 220
2.6 Honorarvereinbarung – Zeithonorar 221
2.7 Honorarvereinbarung – prozentualer Aufschlag auf die gesetzlichen Gebühren 222
2.8 Grundmuster einer allgemeinen Vollmacht 222
2.9 Einfache Vollmacht in Mietstreitigkeiten 223
2.10 Vollmacht zur Beendigung eines Arbeitsverhältnisses 223
2.11 Allgemeine Prozessvollmacht 224
2.12 Erweiterte Vollmacht unter Einschluss einer Geldempfangsvollmacht, des Rechtes zur Bestellung eines Unterbevollmächtigten und der Vollmacht zur Abgabe materiell-rechtlicher Erklärungen 224
2.13 Einfache Geldempfangsvollmacht 225
2.14 Auf die außergerichtliche Interessenwahrnehmung beschränkte Vollmacht . . . 225
2.15 Untervollmacht 226
2.16 Terminsvollmacht 226
2.17 Mitteilung Terminsvertretung an Gericht 227
2.18 Individualvereinbarung über eine Haftungsbeschränkung nach § 51a Abs. 1 BRAO 227
2.19 Haftungsbeschränkung in vorformulierten Vertragsbedingungen 228
2.20 Haftungsbeschränkung auf einzelne Mitglieder der Sozietät 228
2.21 Mandatsniederlegung gegenüber dem Mandanten 229
2.22 Anzeige der Mandatsniederlegung gegenüber dem Gericht 230
2.23 Anzeige der Niederlegung an den Gegner 231
2.24 Mitteilung an den bisherigen Mandanten nach der Niederlegung des Mandates 231
2.25 Anzeige der Mandatsaufnahme durch einen neuen Rechtsanwalt 232
2.26 Anforderung der Handakten von dem bisherigen Bevollmächtigten durch den neuen Bevollmächtigten 232
2.27 Deckungsschutzanfrage an die Rechtsschutzversicherung des Mandanten . . . 233
2.28 Stichentscheid nach Ziffer 3.5 ARB 2012 234

§ 3 Prozesskosten- und Beratungshilfe

3.1 Anträge auf Prozesskostenhilfe in einem anderen Mitgliedstaat der Europäischen Union 365

Musterverzeichnis

3.2	Übermittlung eines Antrags auf Prozesskostenhilfe.	372
3.3	Antrag auf Bewilligung von Prozesskostenhilfe bei Klageentwurf	374
3.4	Antrag auf Bewilligung von Prozesskostenhilfe bei gleichzeitiger Klageerhebung	375
3.5	Antrag auf Bewilligung von Prozesskostenhilfe bei Klageänderung	376
3.6	Antrag auf Verfahrenskostenstundung im Verbraucherinsolvenzverfahren	376
3.7	Antrag auf Zustellung der Klage ohne Zahlung eines Kostenvorschusses (§ 14 GKG).	377
3.8	Isolierter Antrag auf Bewilligung von Prozesskostenhilfe bei Widerklage	378
3.9	Antrag auf Bewilligung von Prozesskostenhilfe bei Widerklage und gleichzeitiger Klageerwiderung	379
3.10	Antrag auf Bewilligung von Prozesskostenhilfe bei Klageerweiterung	379
3.11	Antrag auf Bewilligung von Prozesskostenhilfe durch Berufungskläger	380
3.12	Antrag auf Bewilligung von Prozesskostenhilfe durch Berufungsbeklagten	380
3.13	Antrag auf Prozesskostenhilfe bei Antrag auf einstweilige Einstellung der Zwangsvollstreckung (§ 707 ZPO).	381
3.14	Antrag auf Prozesskostenhilfe bei Antrag auf einstweilige Einstellung der Zwangsvollstreckung bei eingelegtem Rechtsmittel/Einspruch (§ 719 Abs. 1 ZPO).	382
3.15	Antrag auf Bewilligung von Prozesskostenhilfe für nicht rechtshängige Ansprüche bei Vergleichsabschluss	383
3.16	Ermittlung der Ratenhöhe bei Prozesskostenhilfe.	383
3.17	Antrag auf Feststellung der Erforderlichkeit von Reisekosten (§ 46 Abs. 2 RVG)	385
3.18	Antrag auf Abänderung der Ratenzahlung nach § 120 Abs. 4 ZPO wegen Verschlechterung der Verhältnisse	386
3.19	Antrag auf Beratungshilfe.	387
3.20	Antrag auf Vergütungsfestsetzung im Rahmen der Beratungshilfe	389
3.21	Antrag auf Festsetzung der Kosten im Rahmen der Prozesskostenhilfe	391
3.22	Erklärung über die persönlichen und wirtschaftlichen Verhältnisse im Rahmen eines Prozesskostenhilfeantrages	393
3.23	Erklärung über die persönlichen und wirtschaftlichen Verhältnisse im Rahmen eines Verfahrenskostenhilfeantrages	395
3.24	Antrag auf Prozesskostenhilfe bei Antrag auf einstweilige Anordnung nach § 769 Abs. 2 ZPO	397
§ 4	**Mahnverfahren und Vollstreckungsbescheid**	
4.1	Einspruch gegen den Vollstreckungsbescheid	487
4.2	Antrag auf Abgabe an das Streitgericht	487
§ 5	**Klageerhebung**	
5.1	Gerichtsstandsvereinbarung (für den Einzelfall)	571
5.2	Formularklausel Gerichtsstandsvereinbarung in Verkaufs- oder Lieferbedingungen	571
5.3	Antrag auf gerichtliche Bestimmung der Zuständigkeit	572

Musterverzeichnis

5.4	Abwandlungen des Parteirubrums, insbesondere bei juristischen Personen – Klage für eine GbR	573
5.5	Abwandlungen des Parteirubrums, insbesondere bei juristischen Personen – Klage gegen eine OHG	573
5.6	Abwandlungen des Parteirubrums, insbesondere bei juristischen Personen – Klage gegen eine KG	573
5.7	Abwandlungen des Parteirubrums, insbesondere bei juristischen Personen – Klage gegen eine GmbH	574
5.8	Abwandlungen des Parteirubrums, insbesondere bei juristischen Personen – Klage gegen eine GmbH & Co. KG	574
5.9	Abwandlungen des Parteirubrums, insbesondere bei juristischen Personen – Klage gegen eine AG	574
5.10	Abwandlungen des Parteirubrums, insbesondere bei juristischen Personen – Klagen eines Aktionärs	574
5.11	Abwandlungen des Parteirubrums, insbesondere bei juristischen Personen – Klage gegen einen Verein	574
5.12	Abwandlungen des Parteirubrums, insbesondere bei juristischen Personen – Klage gegen eine Parnerschaftsgesellschaft	575
5.13	Abwandlungen des Parteirubrums, insbesondere bei juristischen Personen – Klage gegen eine WEG	575
5.14	Abwandlungen des Parteirubrums, insbesondere bei juristischen Personen – Klage eines minderjährigen Kindes	575
5.15	Antrag auf Registerauskunft (Handelsregister oder Grundbuch)	576
5.16	Antrag auf Erzwingung der Vorlage von Jahresabschlüssen	576
5.17	Antrag auf Einleitung des Betreuungsverfahrens	577
5.18	Antrag auf Bestellung eines Prozesspflegers	577
5.19	Klage in Prozessstandschaft	578
5.20	Leistungsklage mit beziffertem Zahlungsantrag	579
5.21	Abwandlungen des Zinsantrages in Muster X – Zinsstaffel	581
5.22	Abwandlungen des Zinsantrages in Muster X – Zinsstaffelantrag bei erfolgter Teilzahlung	582
5.23	Abwandlungen des Zinsantrages in Muster X – Zahlungsantrag mit Begründung für Zinssatz	582
5.24	Leistungsklage mit unbeziffertem Antrag	583
5.25	Leistungsklage bei Zug-um-Zug-Leistung	585
5.26	Leistungsklage auf Vornahme einer Handlung	586
5.27	Klage auf Vornahme einer Handlung (bei Wahlrecht des Schuldners)	587
5.28	Klage auf Unterlassung	589
5.29	Klage auf Herausgabe (verbunden mit Antrag auf Fristsetzung gem. § 255 ZPO und Klage auf Leistung von zukünftigem Schadensersatz gem. § 259 ZPO)	590
5.30	Klage auf Räumung	592
5.31	Klage auf Abgabe einer Willenserklärung	593
5.32	Klage auf Duldung	595
5.33	Klage auf künftige Leistung	596

Musterverzeichnis

5.34	Teilklage	597
5.35	Stufenklage	598
5.36	Haupt- und Hilfsantrag	600
5.37	Positive Feststellungsklage	602
5.38	Negative Feststellungsklage	603
5.39	Zwischenfeststellungsklage	604
5.40	Klage im Urkundenprozess	605
5.41	Klage im Wechselprozess	607
5.42	Antrag auf vorläufige Streitwertbestimmung	608
5.43	Äußerung zur Übertragung des Rechtsstreites auf den Einzelrichter – Anregung der Übertragung des Rechtsstreits auf die Kammer	609
5.44	Äußerung zur Übertragung des Rechtsstreites auf den Einzelrichter – Einverständnis mit der Übertragung auf den Einzelrichter	609
5.45	Anregung zum Absehen von der Güteverhandlung (Textbaustein)	610
5.46	Anregung, vom persönlichen Erscheinen zu entbinden (Textbaustein)	610
5.47	Klageerweiterung	610
5.48	Klageänderung	611
5.49	Parteiänderung (Auswechselung auf Beklagtenseite)	612

§ 6 Die Klageerwiderung

6.1	Rüge der Unzuständigkeit des angerufenen Gerichts	669
6.2	Rüge der sachlichen Unzuständigkeit in Amtshaftungssachen gem. § 71 Abs. 2 Nr. 2 GVG	671
6.3	Uneingeschränktes Anerkenntnis	672
6.4	Anerkenntnis unter Verwahrung gegen die Kostenlast	672
6.5	Anerkenntnis nach gewandelter Prozesssituation	673
6.6	Teilanerkenntnis	674
6.7	Anerkenntnis mit der Einschränkung der Zug-um-Zug-Verurteilung	676
6.8	Mitteilung der Einigungsbereitschaft in der Güteverhandlung	677
6.9	Bestellung bei Bestimmung des frühen ersten Termins	678
6.10	Isolierter Antrag auf Verlegung des frühen ersten Termins	679
6.11	Bestellungsschriftsatz mit Antrag auf Anberaumung einer Güteverhandlung	680
6.12	Vertretungs- und Verteidigungsanzeige im schriftlichen Vorverfahren gem. § 276 ZPO	681
6.13	Wiedereinsetzungsantrag für die Frist zur Abgabe der Verteidigungsanzeige im schriftlichen Vorverfahren	682
6.14	Isolierter Antrag auf Verlängerung der Klageerwiderungsfrist	684
6.15	Verweisungsantrag an die Kammer für Handelssachen nach § 98 GVG	684
6.16	Antrag auf Übertragung des Rechtsstreites auf die Kammer nach § 348 Abs. 3 ZPO	685
6.17	Antrag auf Übertragung des Rechtsstreites auf den Einzelrichter gem. § 348a ZPO	687
6.18	Antrag auf Übertragung der Sache auf die Kammer nach § 348a Abs. 2 ZPO wegen der Änderung der Prozesslage	688
6.19	Klageerwiderung wegen Verjährung oder einer Ausschlussfrist wegen einer nicht ordnungsgemäßen Klageschrift	689

Musterverzeichnis

6.20	Verlangen auf Prozesskostensicherheit nach § 110 ZPO	692
6.21	Antrag auf Feststellung der Klagerücknahme gem. § 113 S. 2 ZPO.	693
6.22	Einrede der Schiedsvereinbarung.	693
6.23	Vollstreckungsschutzantrag nach § 712 Abs. 1 S. 1 ZPO	694
6.24	Vollstreckungsschutzantrag nach § 712 Abs. 1 S. 2 ZPO	696
6.25	Klageerwiderung mit dem Vorbehalt der Beschränkung der Haftung auf den Nachlass	698
6.26	Isolierter Antrag auf Vorbehalt der Erbenhaftung nach dem Erbfall während des Erkenntnisverfahrens	701
6.27	Klageerwiderung mit dem hilfsweisen Vorbehalt der Zug-um-Zug-Einrede	701
6.28	Kostenantrag des Beklagten bei Erfüllung zwischen Anhängigkeit und Rechtshängigkeit	703
6.29	Klageerwiderung mit dem Hinweis auf ganze oder teilweise Erfüllung nach Anhängigkeit aber vor Rechtshängigkeit der Klage.	705
6.30	Klageerwiderung nach ganzer oder teilweiser Erfüllung nach Rechtshängigkeit	707
6.31	Grundmuster einer materiellen Klageerwiderung	710

§ 7 Die Streitverkündung

7.1	Streitverkündungsschrift des Klägers.	728
7.2	Streitverkündungsschrift des Beklagten	729
7.3	Streitverkündungsschrift im selbstständigen Beweisverfahren.	730
7.4	Ablehnung des Sachverständigen durch den Streithelfer.	731
7.5	Berufung durch den Streithelfer	732
7.6	Streitverkündungsvereinbarung.	733
7.7	Rüge der unzulässigen Streitverkündung im Folgeprozess.	734
7.8	Antrag auf Urteilsergänzung wegen fehlerhafter Kostenentscheidung	735

§ 8 Die Widerklage und die Aufrechnung im Prozess

8.1	Klageerwiderung und Widerklage	784
8.2	Verweisungsantrag nach Rüge der sachlichen Zuständigkeit durch den Widerbeklagten	787
8.3	Klageerwiderung und Hilfswiderklage.	787
8.4	Klageerwiderung, Hilfsaufrechnung und Hilfswiderklage	790
8.5	Klageerwiderung, Widerklage und Hilfswiderklage	792
8.6	Klageerwiderung, Widerklage und Drittwiderklage.	795
8.7	Replik und Widerklageerwiderung bei einem örtlich oder sachlich unzuständigen Gericht für die Widerklage.	798
8.8	Drittwiderklageerwiderung bei Einbeziehung des Dritten am nicht zuständigen Gerichtsstand	799
8.9	Antrag des Beklagten und Widerklägers auf Trennung des Verfahrens und Verweisung des Rechtsstreites bei unzulässiger Drittwiderklage	800
8.10	Antrag des Beklagten und Widerklägers auf Trennung des Verfahrens und Verweisung des Rechtsstreites bei ausschließlicher Zuständigkeit für die Widerklage	801
8.11	Klageerwiderung und negative Feststellungswiderklage	801

Musterverzeichnis

8.12	Klageerwiderung mit Abweisungsantrag allein aufgrund einer erklärten Aufrechnung	804
8.13	Klageerwiderung mit Hilfsaufrechnung	805
8.14	Klageerwiderung mit Hilfsaufrechnung und Hilfswiderklage	807
8.15	Klageerwiderung und Widerklage bei einer Zug-um-Zug-Klage	810
8.16	Anerkenntnis und Widerklage bei einem Zug-um-Zug-Anspruch	813
8.17	Antrag auf Aussetzung des Verfahrens wegen der anderweitigen Aufrechnung mit der Forderung	814
8.18	Erklärung der Hauptsache für erledigt nach erfolgreicher Aufrechnung mit der Klageforderung in einem anderen Verfahren	815
8.19	Antrag auf Trennung der Verfahren nach § 145 Abs. 3 ZPO	816
8.20	Schadensersatzklage nach § 302 Abs. 4 S. 4 ZPO im Nachverfahren	817

§ 9 Der Urkunden- und Wechselprozess

9.1	Klage im Urkundenprozess	869
9.2	Klageerwiderung im Urkundenprozess mit Einwendungen	870
9.3	Antrag auf Ergänzung des Urteils im Urkundenprozess nach §§ 599 Abs. 2, 321 ZPO	872
9.4	Einspruch gegen ein Versäumnisurteil mit gleichzeitigem Vorbehalt der Rechte für das Nachverfahren und Antrag auf Einleitung des Nachverfahrens	873
9.5	Schriftsatz zur Überleitung des Urkundenverfahrens in das ordentliche Erkenntnisverfahren nach § 596 ZPO	874
9.6	Schriftsatz zur Durchführung des Nachverfahrens auf Antrag des Beklagten	876
9.7	Schriftsatz zum Verzicht auf das Nachverfahren	877
9.8	Schriftsatz zur Durchführung des Nachverfahrens auf Antrag des Klägers	878
9.9	Isolierter Antrag auf Einstellung der Zwangsvollstreckung nach § 707 ZPO nach Überleitung des Prozesses in das Nachverfahren	879
9.10	Klage im Wechselprozess oder Scheckprozess	880
9.11	Antrag auf Abkürzung der Einlassungsfrist nach § 226 ZPO	882
9.12	Vorbehalt der Rechte im Nachverfahren im Wechselprozess	883
9.13	Widerspruch gegen den Wechsel mit begründeten Einwendungen	883
9.14	Erwiderung des Klägers im Wechselprozess auf den nicht mit Urkunden belegten Widerspruch des Beklagten	885
9.15	Überleitung der Wechselklage in das ordentliche Erkenntnisverfahren	885
9.16	Vorbehalt im Scheckprozess ohne Einwendungen	886
9.17	Vorbehalt im Scheckprozess mit Einwendungen	887
9.18	Überleitung der Scheckklage in das ordentliche Erkenntnisverfahren	888

§ 10 Das Zustellungsrecht im Zivilprozess

10.1	Anschriftenanfrage an das Einwohnermeldeamt für Zustellungszwecke	956
10.2	Anschriftenanfrage an das Handelsregister für Zustellungszwecke	957
10.3	Anschriftenanfrage an das Gewerberegister für Zustellungszwecke	958
10.4	Antrag auf Bestellung eines Prozesspflegers nach § 57 ZPO	958
10.5	Zustimmung zur Zustellung von elektronischen Dokumenten an einen sonstigen Verfahrensbeteiligten	959

10.6	Antrag auf Wiedereinsetzung in den vorigen Stand nach Zustellung durch Niederlegung wegen des Nichterhaltens eines Benachrichtigungsscheins	960
10.7	Antrag auf öffentliche Zustellung bei unbekanntem Aufenthalt des Adressaten, § 185 Nr. 1 ZPO	961
10.8	Antrag auf öffentliche Zustellung, wenn eine Zustellung im Ausland nicht möglich ist oder keinen Erfolg verspricht, bei juristischen Personen, die zur Anmeldung einer inländischen Geschäftsanschrift zum Handelsregister verpflichtet sind, eine Zustellung weder unter der eingetragenen Anschrift noch unter einer im Handelsregister eingetragenen Anschrift einer für Zustellungen empfangsberechtigten Person oder einer ohne Ermittlungen bekannten anderen inländischen Anschrift möglich ist, § 185 Nr. 2 ZPO	963
10.9	Antrag auf öffentliche Zustellung, wenn eine Zustellung im Ausland nicht möglich ist oder keinen Erfolg verspricht, § 185 Nr. 3 ZPO	964
10.10	Antrag auf öffentliche Zustellung, weil der Ort der Zustellung der deutschen Gerichtsbarkeit nicht unterliegt	965
10.11	Antrag auf Erteilung einer Zustellbescheinigung	966
10.12	Antrag auf Zustellung an den Gerichtsvollzieher am Wohnsitz des Adressaten	967
10.13	Antrag auf Zustellung an den Gerichtsvollzieher am Wohnsitz der zustellenden Partei	968
10.14	Empfangsbekenntnis	969
10.15	Zustellbescheinigung nach § 195 Abs. 2 S. 3 ZPO	969
10.16	Antrag auf Auslandszustellung verbunden mit dem Antrag von einer Verfahrensweise nach § 184 ZPO abzusehen	970
10.17	Ersuchen auf Zustellung eines Schriftstückes im Parteibetrieb im Ausland	971
10.18	Antrag auf Zustellung eines Schriftstückes im Parteibetrieb nach der EU-Zustellungsverordnung	972

§ 11 Das Beweisrecht

11.1	Antrag auf Vernehmung von Zeugen	1112
11.2	Antrag auf Vernehmung von Zeugen mit der Aufforderung nach § 378 Abs. 1 ZPO	1113
11.3	Antrag auf Vernehmung eines Zeugen mit der Möglichkeit, die Beweisfrage schriftlich zu beantworten	1114
11.4	Antrag des Zeugen, die Beweisfrage schriftlich beantworten zu dürfen	1115
11.5	Antrag auf Vernehmung eines Zeugen, der der deutschen Sprache nicht mächtig ist	1116
11.6	Antrag auf Vernehmung eines sachverständigen Zeugen	1117
11.7	Antrag auf Vernehmung eines Zeugen, dessen Bezeichnung dem Beweisführer nicht möglich ist	1118
11.8	Anregung an das Gericht, dem Beweisführer gem. § 356 ZPO eine Ausschlussfrist zur ordnungsgemäßen Benennung eines Zeugen zu setzen	1119
11.9	Antrag auf Vernehmung eines Zeugen im Wege der Rechtshilfe	1120
11.10	Protest gegen die Auslagenvorschusspflicht wegen der Bewilligung von PKH	1121

Musterverzeichnis

11.11	Gegenvorstellung gegen die Anordnung der Auslagenvorschusspflicht nach § 379 ZPO	1122
11.12	Antrag auf Vorführung eines Zeugen	1123
11.13	Auslagen- und Gebührenverzichtserklärung des Zeugen	1123
11.14	Einverständlicher Vorschlag eines Sachverständigen	1124
11.15	Schweigepflichtentbindungserklärung	1124
11.16	Antrag gem. § 18 Abs. 2 2. Hs BNotO	1125
11.17	Vorherige Entschuldigung des Zeugen für einen Beweisaufnahmetermin	1126
11.18	Nachträgliche Entschuldigung des Zeugen wegen seines Fernbleibens zu einem Beweisaufnahmetermin	1127
11.19	Sofortige Beschwerde des Zeugen gegen die Auferlegung der Kosten und die Verhängung von Ordnungsmitteln nach § 380 Abs. 3 ZPO	1128
11.20	Antrag auf Entscheidung über ein Zeugnisverweigerungsrecht nach § 387 ZPO	1130
11.21	Sofortige Beschwerde des Zeugen nach § 387 Abs. 3 ZPO gegen ein Zwischenurteil über das Bestehen eines Zeugnisverweigerungsrechtes	1131
11.22	Sofortige Beschwerde des Beweisführers nach § 387 Abs. 3 ZPO gegen ein Zwischenurteil über das Bestehen eines Zeugnisverweigerungsrechtes	1133
11.23	Antrag auf Einholung eines Sachverständigengutachtens – Grundmuster	1135
11.24	Antrag auf Einholung eines ärztlichen Sachverständigengutachtens mit Schweigepflichtentbindungserklärung	1136
11.25	Antrag auf Einholung eines Sachverständigengutachtens unter Erteilung von gerichtlichen Weisungen	1137
11.26	Antrag auf Einholung eines Sachverständigengutachtens mit dem Erfordernis besonderer Spezialkenntnis	1138
11.27	Antrag auf Einholung eines Sachverständigengutachtens in Form einer amtlichen Auskunft (Behördenauskunft)	1139
11.28	Antrag auf Ladung des Sachverständigen zur Erläuterung seines Gutachtens	1139
11.29	Antrag auf Erläuterung des gerichtlichen Sachverständigengutachtens nach Vorlage eines Privatgutachtens	1140
11.30	Antrag auf Einholung eines weiteren Gutachtens	1141
11.31	Sachstandsanfrage an das Gericht nach Ablauf der Frist zur Erstattung des schriftlichen Gutachtens	1142
11.32	Antrag auf Fristsetzung für die Vorlage des Sachverständigengutachtens	1143
11.33	Antrag auf Festsetzung einer gerichtlichen Nachfrist zur Erstattung des Gutachtens	1144
11.34	Antrag auf Festsetzung eines Ordnungsgeldes gegen den Sachverständigen	1145
11.35	Sofortige Beschwerde des Sachverständigen gegen die Festsetzung eines Ordnungsgeldes nach §§ 411 Abs. 2, 409 Abs. 2 ZPO	1146
11.36	Antrag auf Entziehung des Gutachtenauftrages und Beauftragung eines neuen Gutachters wegen der fehlenden Vorlage des Gutachtens	1148
11.37	Ablehnungsantrag gegen den Sachverständigen	1149
11.38	Antrag auf Ablehnung des Sachverständigen bei nachträglichem Ablehnungsgrund	1150
11.39	Antrag auf Ablehnung des Sachverständigen und Versagung der Vergütung	1151

Musterverzeichnis

11.40 Sofortige Beschwerde gegen die Zurückweisung des Antrages auf Ablehnung des Sachverständigen 1152
11.41 Beweisantritt durch Urkunden 1154
11.42 Antrag auf Vorlegung der Urkunde durch den Beweisgegner 1155
11.43 Antrag auf Vernehmung des Beweisgegners über den Verbleib der vorzulegenden Urkunde nach § 426 ZPO 1156
11.44 Antrag zur Vorlegung einer Urkunde durch einen Dritten 1157
11.45 Antrag auf ein Ersuchen an eine Behörde oder ein anderes Gericht zur Vorlage einer Beweisurkunde nach § 432 ZPO 1158
11.46 Antrag auf Einholung eines schriftvergleichenden Gutachtens nach § 441 ZPO 1159
11.47 Antrag auf Beweiserhebung durch Augenschein 1160
11.48 Antrag auf Anordnung der Vorlage eines Augenscheinsobjektes durch den Gegner 1161
11.49 Antrag auf Anordnung der Vorlage eines Augenscheinsobjektes durch einen Dritten 1162
11.50 Antrag auf Anordnung der Duldung, Verpflichtung zur Untersuchung zur Feststellung der Abstammung 1163
11.51 Antrag auf Entscheidung über die Berechtigung zur Verweigerung der Herausgabe eines Augenscheinsobjektes durch einen Dritten 1164
11.52 Sofortige Beschwerde gegen die Verpflichtung zur Vorlage eines Augenscheinsobjektes nach §§ 371, 144, 387 Abs. 3 ZPO 1165
11.53 Antrag auf Festsetzung eines Ordnungsgeldes wegen der unberechtigten Verweigerung der Vorlage eines Augenscheinsobjektes 1167
11.54 Antrag auf Festsetzung eines Ordnungsgeldes wegen der Weigerung, eine Untersuchung zur Feststellung der Abstammung zu dulden 1168
11.55 Antrag auf Anwendung unmittelbaren Zwangs zum Zwecke der Untersuchung zur Feststellung der Abstammung 1169
11.56 Antrag auf Vernehmung des Beweisgegners als Partei 1170
11.57 Antrag auf Vernehmung des Beweisführers als Partei 1171
11.58 Zustimmung zur Erhebung des Freibeweises nach § 284 S. 2 ZPO 1172
11.59 Eingeschränkte Zustimmung zur Erhebung des Freibeweises nach § 284 S. 2 und 3 ZPO 1173
11.60 Gegenvorstellung gegen einen Beweisbeschluss 1174

§ 12 Das selbständige Beweisverfahren

12.1 Antrag im Eilverfahren gem. § 485 Abs. 1 ZPO während eines Rechtsstreites. . 1207
12.2 Antrag im Eilverfahren gem. § 485 Abs. 1 ZPO außerhalb eines Rechtsstreites 1208
12.3 Antrag auf Anordnung des isolierten Beweisverfahrens gem. § 485 Abs. 2 ZPO 1209
12.4 Antragserwiderung und Streitverkündungsschrift im selbstständigen Beweisverfahren 1211
12.5 Antrag auf Anordnung einer Frist zur Klageerhebung gem. § 494a ZPO 1212
12.6 Antrag auf Verwerfung des Antrages gem. § 494a ZPO bei fehlendem Rechtsschutzbedürfnis des Antragsgegners 1213

Musterverzeichnis

12.7	Sofortige Beschwerde gegen den ablehnenden Beschluss des Gerichts nach einem Antrag auf selbstständiges Beweisverfahren	1214
12.8	Ablehnung eines Sachverständigen wegen Befangenheit	1215
12.9	Antrag auf Anhörung des Sachverständigen	1216

§ 13 Sondersituationen im Prozessverlauf

13.1	Klagerücknahme (Grundmuster)	1348
13.2	Klagerücknahme wegen der Erledigung der Hauptsache zwischen Anhängigkeit und Rechtshängigkeit	1349
13.3	Klagerücknahme bei Erledigung der Hauptsache zwischen Anhängigkeit und Rechtshängigkeit bei noch nicht zugestellter Klage mit Kostenantrag des Klägers nach § 269 Abs. 3 S. 3 ZPO	1350
13.4	Kostenantrag des Beklagten nach Erledigung der Hauptsache zwischen Anhängigkeit und Rechtshängigkeit bei noch nicht zugestellter Klage, § 269 Abs. 3 S. 3 ZPO	1351
13.5	Klageänderung nach Erledigung zwischen Anhängigkeit und Rechtshängigkeit	1352
13.6	Klagerücknahme mit dem Antrag der gesonderten Kostenentscheidung wegen einer vorherigen Säumnis des Beklagten	1353
13.7	Kostenantrag des Beklagten nach Klagerücknahme	1354
13.8	Erwiderung des Klägers auf den Kostenantrag des Beklagten bei vorheriger Säumnis des Beklagten	1354
13.9	Kostenantrag des Beklagten und Stellungnahme zur Kostentragungspflicht im Fall des § 269 Abs. 3 S. 3 ZPO	1355
13.10	Antrag auf Erklärung eines vor der Klagerücknahme ergangenen Urteils als wirkungslos	1356
13.11	Klagerücknahme nach mündlicher Verhandlung mit gleichzeitigem Klageverzicht	1357
13.12	Wiedereinsetzungsantrag nach der Versäumung der Notfrist zur Verweigerung der Zustimmung zur Klagerücknahme	1357
13.13	Verweigerung der Einwilligung des Beklagten in die Klagerücknahme	1358
13.14	Einwilligung des Beklagten in die Klagerücknahme nach Klageverzicht	1359
13.15	Klagerücknahme nach mündlicher Verhandlung	1360
13.16	Klageverzicht nach § 306 ZPO	1360
13.17	Antrag des Beklagten auf Erlass eines Verzichturteils	1361
13.18	Schriftliche Ankündigung des Klageverzichtes nach § 306 ZPO	1361
13.19	Sofortige Beschwerde gegen die Kostenentscheidung nach § 269 Abs. 3 S. 3 ZPO	1362
13.20	Antrag des Beklagten auf Durchführung des streitigen Verfahrens	1364
13.21	Erledigungserklärung des Klägers	1366
13.22	Erledigungserklärung des Klägers mit dem Antrag auf Wiedereröffnung der mündlichen Verhandlung	1367
13.23	Erklärung des Beklagten über die Anschließung zur Erledigungserklärung	1368
13.24	Antrag auf Wiedereinsetzung in den vorigen Stand bezüglich der Widerspruchsfrist	1369
13.25	Erklärung des Beklagten, dass er der Erledigungserklärung widerspricht	1370

Musterverzeichnis

13.26	Klageumstellung nach Widerspruch des Beklagten zur Erledigungserklärung des Klägers	1371
13.27	Sofortige Beschwerde nach § 91a Abs. 2 ZPO	1372
13.28	Antrag auf Erlass eines Versäumnisurteils im schriftlichen Vorverfahren	1374
13.29	Anzeige der Verteidigungsbereitschaft nach Versäumung der Frist des § 276 Abs. 1 S. 1 ZPO	1374
13.30	Ankündigung eines Antrags auf Erlass eines Versäumnisurteils	1375
13.31	Sofortige Beschwerde gegen die Vertagung des Rechtsstreits und die Zurückweisung des Antrags auf Erlass eines Versäumnisurteils	1376
13.32	Einspruch des Beklagten gegen ein Versäumnisurteil	1377
13.33	Antrag auf Wiedereinsetzung in den vorigen Stand bei Versäumung der Einspruchsfrist gegen ein Versäumnisurteil	1378
13.34	Vollständiges Anerkenntnis im schriftlichen Vorverfahren	1380
13.35	Vollständiges Anerkenntnis unter Verwahrung gegen die Kostenlast	1381
13.36	Teilanerkenntnis im schriftlichen Vorverfahren	1381
13.37	Anerkenntnis Zug um Zug	1382
13.38	Anerkenntnis im weiteren Verfahrensablauf mit Hinweis auf § 307 S. 2 ZPO	1383
13.39	Ankündigung eines Versäumnisurteils statt Anerkenntnisses aus Kostengründen	1384
13.40	Schriftsatz des Klägers nach Anerkenntnis des Beklagten	1384
13.41	Schriftsatz des Klägers nach Ankündigung des Anerkenntnisses durch den Beklagten mit der Anregung, nach § 307 S. 2 ZPO zu verfahren	1385
13.42	Sofortige Beschwerde nach § 99 Abs. 2 ZPO	1386
13.43	Antrag auf Erlass eines Anerkenntnisurteils mit Tatbestand und Entscheidungsgründen nach § 313b Abs. 3 ZPO	1387
13.44	Antrag auf Erklärung der Wirkungslosigkeit eines Urteils nach einem Prozessvergleich	1388
13.45	Protokollberichtigungsantrag	1389
13.46	Antrag auf Bestimmung eines Termins zur mündlichen Verhandlung nach einem unwirksamen Prozessvergleich	1390
13.47	Vergleich mit Widerrufsvorbehalt	1391
13.48	Verlängerung der Widerrufsfrist	1391
13.49	Widerrufserklärung	1392
13.50	Antrag auf Protokollierung oder Feststellung eines außergerichtlich ausgehandelten Vergleichs	1393
13.51	Vergleichstext mit Kostenregelung	1394
13.52	Prozessvergleich unter Einbeziehung der Kosten des Nebenintervenienten	1394
13.53	Vergleich und Übertragung der Kostenentscheidung auf das Gericht	1395
13.54	Vergleich mit Ratenzahlungsabrede	1396
13.55	Vergleich mit Ratenzahlungsabrede und einer Verfallsklausel	1396
13.56	Vergleich mit Verfallsklausel	1397
13.57	Vergleich mit einer Grundstücksübertragung	1398
13.58	Endgültiger Abfindungsvergleich in Verkehrsunfallsachen	1399
13.59	Vergleich über eine Zahlungsverpflichtung Zug-um-Zug gegen Erbringung einer Gegenleistung	1400

Musterverzeichnis

13.60	Vergleich über eine Verpflichtung zur Herausgabe	1401
13.61	Vergleich nach Beendigung eines Arbeits- oder Dienstverhältnisses	1401
13.62	Vergleich zur Beendigung eines Mietverhältnisses	1402
13.63	Vergleich über die Unterlassung einer Handlung mit gleichzeitiger Vereinbarung einer Vertragsstrafe	1404
13.64	Vergleichsweise Regelung einer Duldungsverpflichtung	1405
13.65	Vergleich zur Abgabe einer Willenserklärung	1405
13.66	Beitrittserklärung eines Dritten zum Abschluss eines Vergleichs	1406
13.67	Vergleich in der Berufungsinstanz unter Verzicht auf die Rechte aus einem noch nicht rechtskräftigen Urteil erster Instanz	1407
13.68	Anzeige der Unterbrechung des Verfahrens nach § 239 ZPO	1407
13.69	Antrag auf Fortsetzung des Verfahrens im Fall des § 241 ZPO	1408
13.70	Antrag auf Aufnahme des Verfahrens nach § 244 Abs. 2 ZPO	1409
13.71	Erklärung über die Aufnahme des Verfahrens durch den Kläger gegen den (beklagten) Insolvenzverwalter	1410
13.72	Antrag auf Bestimmung eines Termins zur mündlichen Verhandlung bei verzögerter Aufnahme des Rechtsstreits durch den Insolvenzverwalter	1411
13.73	Antrag auf Streitwertfestsetzung nach Aufnahme des Rechtsstreites durch den Insolvenzverwalter	1412
13.74	Antrag auf Aussetzung des Verfahrens nach § 148 ZPO i.V.m. §§ 152 ff. ZPO	1412
13.75	Antrag auf Aussetzung des Verfahrens wegen Aufrechnung	1413
13.76	Antrag auf Aussetzung des Verfahrens nach § 149 ZPO	1414
13.77	Antrag auf Wiederaufnahme eines Verfahrens nach § 149 Abs. 2 ZPO	1415
13.78	Antrag auf Aufnahme des gem. § 149 ZPO ausgesetzten Verfahrens nach dem Ende der strafrechtlichen Ermittlungen	1416
13.79	Antrag auf Aussetzung des Verfahrens nach § 246 ZPO	1417
13.80	Anzeige der Aufnahme des Rechtsstreits gem. § 246 Abs. 2 ZPO	1417
13.81	Aussetzungsantrag nach § 65 ZPO	1418
13.82	Antrag auf Ruhen des Verfahrens unter gleichzeitiger Beantragung der Verlängerung der Berufungsbegründungsfrist	1419
13.83	Antrag auf Ruhen des Verfahrens nach § 251 ZPO	1420
13.84	Antrag auf Wiederaufnahme des Verfahrens nach dem Ruhen des Verfahrens gem. § 251 ZPO	1420
13.85	Sofortige Beschwerde gegen eine Entscheidung nach §§ 239 ff., 148 ff. ZPO	1421
13.86	Ablehnung eines Richters wegen Besorgnis der Befangenheit in der Frist des § 43 ZPO	1423
13.87	Ablehnungsgesuch aufgrund eines Ablehnungsgrundes nach mündlicher Verhandlung, § 44 Abs. 4 ZPO	1424
13.88	Sofortige Beschwerde gegen die Zurückweisung eines Ablehnungsgesuches	1425
13.89	Beschwerde nach § 23 EGGVG eines Dritten wegen verweigerter Akteneinsicht	1427

§ 14 Das Verfahren vor den Amtsgerichten und das Fortsetzungsverfahren nach § 321a ZPO

14.1	Anregung einer abgesonderten Verhandlung über die Zuständigkeit (§ 280 ZPO)	1454
14.2	Klage auf Vornahme einer Handlung und Zahlung einer Entschädigung (§ 510b ZPO)	1455
14.3	Sofortige Beschwerde nach § 793 ZPO bei Vollstreckung der Erfüllungshandlung des Gläubigers aus einem Urteil nach § 510b ZPO	1456
14.4	Vollstreckungsgegenklage nach Urteil über die Vornahme einer Handlung und Zahlung einer Entschädigung nach § 510b ZPO	1458
14.5	Anregung auf Durchführung eines Verfahrens nach billigem Ermessen gem. § 495a ZPO	1460
14.6	Anregung, von einem Verfahren nach § 495a ZPO Abstand zu nehmen	1461
14.7	Muster: Streitwertbeschwerde nach Bestimmung des Zuständigkeitsstreitwertes im Verfahren nach § 495a ZPO	1462
14.8	Antrag auf mündliche Verhandlung nach § 495a S. 2 ZPO	1463
14.9	Einlegung einer „Willkürrüge" bei Verstößen gegen das Willkürverbot	1463
14.10	Gehörsrüge nach § 321a ZPO	1465
14.11	Berichtigungsantrag nach § 319 ZPO mit hilfsweiser Erhebung der Gehörsrüge	1466
14.12	Gehörsrüge gegen Kostenfestsetzungsbeschluss	1467
14.13	Gehörsrüge gegen einen Beschluss nach § 522 Abs. 2 ZPO	1467

§ 15 Verfahrensanträge nach Urteilserlass

15.1	Ankündigung eines Rechtsmittelverzichtes	1508
15.2	Nachträglicher Rechtsmittelverzicht nach § 313a Abs. 2 ZPO	1509
15.3	Verspäteter Rechtsmittelverzicht nach §§ 313a Abs. 2, 283 S. 2 ZPO	1509
15.4	Antrag auf Urteilsberichtigung nach § 319 ZPO	1510
15.5	Protokollberichtigung nach § 164 ZPO bei einer offensichtlichen Unrichtigkeit in einem Prozessvergleich	1511
15.6	Sofortige Beschwerde nach § 319 Abs. 3 ZPO	1512
15.7	Tatbestandsberichtigungsantrag nach § 320 ZPO	1514
15.8	Tatbestandsberichtigungsantrag kombiniert mit einem Antrag auf Urteilsergänzung	1515
15.9	Antrag auf Urteilsergänzung nach § 321 ZPO – Grundmuster	1517
15.10	Antrag auf Ergänzung des Urteils wegen fehlender Entscheidung über die vorläufige Vollstreckbarkeit	1518
15.11	Antrag auf Ergänzung eines Urteils wegen unterlassener Entscheidung über die Kosten der Nebenintervention	1519
15.12	Antrag auf Ergänzung des Urteils wegen unterlassener Zinsentscheidung	1520
15.13	Urteilsergänzung wegen eines unterlassenen Vorbehaltes	1521
15.14	Antrag auf Ergänzung des Urteils über den Vorbehalt im Urkundenverfahren	1521
15.15	Antrag auf Hinausschieben der Zustellung eines verkündeten Urteils nach § 317 Abs. 1 S. 3 ZPO	1522
15.16	Antrag auf Hinausschieben des Termins zur Verkündung einer Entscheidung	1523
15.17	Antrag auf Zustellung des Urteils nach dessen Hinausschieben	1524

15.18	Sofortige Beschwerde gegen die Ablehnung der Hinausschiebung der Urteilszustellung nach § 317 Abs. 1 S. 3 ZPO	1525
15.19	Antrag auf Erteilung einer vollstreckbaren Ausfertigung	1527
15.20	Antrag auf Erteilung einer um Tatbestand und Entscheidungsgründe ergänzten vollstreckbaren Ausfertigung	1527
15.21	Antrag auf Erteilung einer weiteren vollstreckbaren Ausfertigung gem. § 733 ZPO	1528
15.22	Antrag auf Erteilung einer weiteren vollstreckbaren Ausfertigung unter Rückgabe der bisherigen Ausfertigung	1529
15.23	Erinnerung nach § 573 ZPO gegen die Verweigerung der Erteilung einer vollstreckbaren Ausfertigung	1529
15.24	Aufforderung an den Schuldner zum Ausgleich der Forderung aus einem verkündeten Urteil	1530
15.25	Antrag auf Erteilung einer Zustellbescheinigung	1531
15.26	Antrag auf Erteilung eines Rechtskraftzeugnisses	1532
15.27	Antrag auf Erteilung eines Rechtskraftzeugnisses nach der Berufungsrücknahme	1532
15.28	Antrag auf Erteilung eines Notfristzeugnisses	1533
15.29	Erinnerung nach § 573 ZPO gegen die Verweigerung des Rechtskraftzeugnisses	1534
15.30	Antrag auf Fristbestimmung nach § 109 Abs. 1 ZPO	1535
15.31	Antrag auf Anordnung der Rückgabe der Sicherheitsleistung nach § 109 Abs. 2 ZPO	1536
15.32	Antrag auf Anordnung des Erlöschens der zur Sicherheit erbrachten Bürgschaft nach § 109 Abs. 2 ZPO	1537
15.33	Antrag auf Anordnung der Rückgabe der Sicherheit nach § 715 ZPO	1537
15.34	Sofortige Beschwerde gegen die Ablehnung des Antrags auf Fristsetzung nach § 109 Abs. 1 ZPO	1539

§ 16 Vorläufiger Rechtsschutz

16.1	Wettbewerbsrechtliche Abmahnung	1613
16.2	Schutzschrift zur Verhinderung des Erlasses einer einstweiligen Verfügung	1614
16.3	Vordruck einer strafbewehrten Unterlassungserklärung	1617
16.4	Eidesstattliche Versicherung	1617
16.5	Antrag auf dinglichen Arrest	1618
16.6	Antrag auf dinglichen Arrest und Arrestpfändung	1619
16.7	Antrag auf persönlichen Arrest	1620
16.8	Antrag auf Versteigerung arrestgepfändeter Sachen	1621
16.9	Antrag auf Eintragung einer Arresthypothek	1622
16.10	Antrag auf Erlass einer einstweiligen Verfügung mit Herausgabeanordnung	1623
16.11	Antrag auf Erlass einer auf Grundbucheintragung gerichteten einstweiligen Verfügung	1624
16.12	Antrag auf Erlass einer Sicherungsverfügung mit Erwerbsverbot	1625
16.13	Antrag auf Erlass einer auf Leistung gerichteten einstweiligen Verfügung	1627
16.14	Antrag auf Erlass einer einstweiligen Verfügung auf Abgabe einer Erklärung	1628

16.15	Antrag auf Erlass einer einstweiligen Verfügung auf Unterlassung beleidigender Äußerungen	1630
16.16	Antrag auf Erlass einer einstweiligen Verfügung auf Untersagung der Geschäftsführung und Vertretung	1632
16.17	Antrag auf Erlass einer einstweiligen Verfügung auf Untersagung der Geschäftsführung und Vertretung – Gegenantrag	1634
16.18	Auskunfts- und Einsichtserzwingungsverfahren nach § 51b GmbHG	1635
16.19	Antrag auf Erlass einer einstweiligen Verfügung auf Unterlassung der Betriebseinstellung	1637
16.20	Zustellungsauftrag an den Gerichtsvollzieher	1639
16.21	Abschlussschreiben	1639
16.22	Abschlusserklärung	1640
16.23	Widerspruch gegen einstweilige Verfügung	1641
16.24	Kostenwiderspruch	1642
16.25	Antrag auf Ladung zum Rechtfertigungsverfahren	1643
16.26	Antrag auf Fristsetzung zur Erhebung der Hauptsacheklage nach § 926 Abs. 1 ZPO	1644
16.27	Antrag auf Aufhebung der einstweiligen Verfügung wegen Nichterhebung der Hauptsacheklage	1645
16.28	Antrag auf Aufhebung der einstweiligen Verfügung wegen veränderter Umstände gem. § 927 Abs. 1 ZPO	1645
16.29	Antrag auf Aufhebung des Arrestvollzugs wegen Hinterlegung	1647

§ 17　Das Berufungsrecht

17.1	Isolierter Antrag auf Bewilligung von Prozesskostenhilfe für ein Berufungsverfahren	1773
17.2	Mit der Berufungseinlegung kombinierter Antrag auf Bewilligung von Prozesskostenhilfe	1773
17.3	Wiedereinsetzungsantrag nach der Bewilligung von Prozesskostenhilfe nach Ablauf der Berufungsfrist und vor Ablauf der Berufungsbegründungsfrist	1774
17.4	Wiedereinsetzungsantrag bei Bewilligung von Prozesskostenhilfe nach Ablauf der Berufungsbegründungsfrist für die versäumte Berufungseinlegung	1775
17.5	Wiedereinsetzungsantrag bei Bewilligung von Prozesskostenhilfe nach Ablauf der Berufungsbegründungsfrist für die versäumte Berufungsbegründung	1776
17.6	Deckungsschutzanfrage für die Einlegung der Berufung	1777
17.7	Deckungsschutzanfrage für die Durchführung des Berufungsverfahrens	1778
17.8	Stichentscheidung des Rechtsanwaltes bei Verneinung der Leistungspflicht des Versicherers	1778
17.9	Antrag auf Durchführung eines Schiedsgutachterverfahrens bei Verneinung der Leistungspflicht des Versicherers	1779
17.10	Berufungsschrift des Klägers	1780
17.11	Schreiben an den erstinstanzlichen Bevollmächtigten des Berufungsbeklagten vor Berufung zur Fristwahrung (Stillhalteabkommen)	1781
17.12	Mitteilung zur Durchführung des Berufungsverfahrens	1781
17.13	Berufungsschrift des Beklagten „zur Fristwahrung"	1782
17.14	Berufungsschrift einzelner Streitgenossen (auf Klägerseite)	1782

Musterverzeichnis

17.15	Berufungsschrift bei notwendiger Streitgenossenschaft (auf Klägerseite)	1783
17.16	Berufungsschrift des erstinstanzlich unberücksichtigten notwendigen Streitgenossen	1784
17.17	Berufungsschrift des bereits erstinstanzlich beigetretenen nichtselbstständigen Streithelfers zur Fristwahrung	1785
17.18	Berufungsschrift des in der ersten Instanz noch nicht beigetretenen unselbstständigen Streithelfers bei vorangegangener Streitverkündung zur Fristwahrung	1786
17.19	Nebeninterventions- und Berufungsschrift des erstinstanzlich noch nicht beigetretenen unselbstständigen Streithelfers ohne vorangegangene Streitverkündung zur Fristwahrung	1787
17.20	Antrag auf Vorabentscheidung über die vorläufige Vollstreckbarkeit gem. § 718 ZPO	1788
17.21	Antrag auf einstweilige Einstellung der Zwangsvollstreckung gem. § 719 Abs. 1 ZPO i.V.m. § 707 ZPO	1789
17.22	Wiedereinsetzungsantrag bei versäumter Berufungsfrist, wenn nicht auch der Gegner selbstständige Berufung eingelegt hat	1789
17.23	Wiedereinsetzungsantrag bei Versäumung der Berufungsfrist, wenn auch der Gegner selbstständige Berufung eingelegt hat	1790
17.24	Erster Antrag auf Verlängerung der Berufungsbegründungsfrist mit Einwilligung des Gegners	1791
17.25	Erster Antrag auf Verlängerung der Berufungsbegründungsfrist ohne Einwilligung des Berufungsbeklagten	1792
17.26	Zweiter Antrag auf Verlängerung der Berufungsbegründungsfrist	1793
17.27	Berufungsbegründung und Wiedereinsetzungsantrag, wenn die Gegenseite keine selbstständige Berufung eingelegt hat	1793
17.28	Berufungsbegründung und Wiedereinsetzungsantrag, wenn auch der Berufungsbeklagte selbstständige Berufung eingelegt hat	1794
17.29	Berufungsbegründung des Klägers (Antragsalternativen)	1795
17.30	Berufungsbegründung des Klägers (Beispiel)	1796
17.31	Berufungsbegründung des Beklagten (Antragsalternativen)	1798
17.32	Berufungsbegründung mit dem (Hilfs-)Antrag auf Aufhebung und Zurückverweisung	1799
17.33	Berufungsbegründung mit dem Antrag auf Aufhebung und Zurückverweisung	1801
17.34	Fristverlängerungsantrag zum Hinweis nach § 522 Abs. 2 ZPO	1802
17.35	Stellungnahme zum Hinweis nach § 522 Abs. 2 ZPO	1802
17.36	Stellungnahme zur Berufungserwiderung	1804
17.37	Stellungnahme zum Ergebnis der Beweisaufnahme	1804
17.38	Stellungnahme aufgrund eines Schriftsatznachlasses	1805
17.39	Einspruch gegen das Versäumnisurteil durch den Beklagten	1805
17.40	Einspruch gegen das Versäumnisurteil durch den Kläger	1806
17.41	Einspruch gegen ein Versäumnisurteil und Antrag auf Fristverlängerung	1807
17.42	Berufungszurückweisungsantrag mit Antrag auf Bewilligung von Prozesskostenhilfe	1808

17.43	Berufungserwiderung mit Antrag auf Bewilligung von Prozesskostenhilfe	1808
17.44	Deckungsschutzanfrage des Berufungsbeklagten	1809
17.45	Anschlussberufung des Beklagten bei teilweise erfolgreicher Klage	1810
17.46	Anschlussberufung des Beklagten zur Widerklageerhebung	1810
17.47	Anschlussberufung des Klägers bei teilweise erfolgreicher Klage.	1811
17.48	Anschlussberufung des Klägers bei Klageerweiterung	1812
17.49	Hilfsanschlussberufung	1813
17.50	Anschlussberufung gegen die Kostenentscheidung	1814
17.51	Antrag auf Verlängerung der Berufungserwiderungsfrist.	1814
17.52	Berufungserwiderung des Klägers (Antragsalternativen)	1815
17.53	Berufungserwiderung des Beklagten (Antragsalternativen)	1816
17.54	Berufungserwiderung mit (Hilfs-)Aufhebungs- und Zurückverweisungsantrag des Klägers oder des Beklagten.	1817
17.55	Äußerungen zur Stellungnahme auf die Berufungserwiderung	1817
17.56	Einspruch des Berufungsbeklagten gegen ein Versäumnisurteil und Antrag auf Fristverlängerung.	1818
17.57	Einspruch des Berufungsbeklagten gegen ein Versäumnisurteil mit Einspruchsbegründung.	1818

§ 18 Das Beschwerderecht

18.1	Sofortige Beschwerde gegen eine amtsgerichtliche Entscheidung zum Landgericht – Grundmuster.	1864
18.2	Sofortige Beschwerde gegen eine landgerichtliche Entscheidung zum Oberlandesgericht – Grundmuster.	1866
18.3	Anschlussbeschwerde des Beschwerdegegners	1868
18.4	Sofortige Beschwerde gegen die Zurückweisung eines Ablehnungsgesuchs gem. § 46 Abs. 2 ZPO.	1870
18.5	Sofortige Beschwerde nach § 91a Abs. 2 ZPO	1872
18.6	Sofortige Beschwerde nach § 99 Abs. 2 ZPO	1873
18.7	Sofortige Beschwerde gegen die Ablehnung des Antrags auf Fristsetzung nach § 109 Abs. 1 ZPO.	1875
18.8	Sofortige Beschwerde nach § 252 ZPO gegen eine Entscheidung nach §§ 239 ff., 148 ff. ZPO.	1877
18.9	Sofortige Beschwerde gegen die Kostenentscheidung nach § 269 Abs. 3 S. 3 ZPO.	1878
18.10	Sofortige Beschwerde gegen die Ablehnung der Hinausschiebung der Urteilszustellung nach § 317 Abs. 1 S. 3 ZPO	1881
18.11	Sofortige Beschwerde nach § 319 Abs. 3 ZPO gegen einen Berichtigungsbeschluss.	1883
18.12	Sofortige Beschwerde des Zeugen gegen die Auferlegung der Kosten und die Verhängung von Ordnungsmitteln nach § 380 Abs. 3 ZPO.	1885
18.13	Sofortige Beschwerde nach § 387 Abs. 3 ZPO gegen ein Zwischenurteil über das Bestehen eines Zeugnisverweigerungsrechts	1887
18.14	Sofortige Beschwerde des Beweisführers nach § 387 Abs. 3 ZPO gegen ein Zwischenurteil über das Bestehen eines Zeugnisverweigerungsrechts	1889

18.15	Sofortige Beschwerde gegen die Verpflichtung zur Vorlage eines Augenscheinsobjektes nach §§ 371, 144, 387 Abs. 3 ZPO	1891
18.16	Sofortige Beschwerde gegen die Zurückweisung des Antrags auf Ablehnung eines Sachverständigen nach § 406 Abs. 5 ZPO	1893
18.17	Sofortige Beschwerde des Sachverständigen gegen die Auferlegung eines Ordnungsgeldes nach §§ 411 Abs. 2 S. 4, 409 Abs. 2 ZPO	1895
18.18	Isolierter Antrag auf Übertragung der Beschwerdeentscheidung auf die Kammer oder den Senat nach § 568 S. 2 ZPO	1897
18.19	Isolierter Antrag auf Aussetzung der Vollziehung der angefochtenen Entscheidung nach § 570 Abs. 2 ZPO	1898
18.20	Antrag auf Erlass einer einstweiligen Anordnung nach § 570 Abs. 3 ZPO	1899
18.21	Sofortige Beschwerde bei Vorliegen eines Nichtigkeits- oder Restitutionsgrundes	1900
18.22	Beschwerde im Prozesskostenhilfeverfahren	1903
18.23	Anschreiben an einen beim BGH zugelassenen Rechtsanwalt zur Einlegung der Rechtsbeschwerde	1905
18.24	Befristete Beschwerde gegen eine amtsgerichtliche Endentscheidung nach §§ 58 ff. FamFG – Grundmuster	1906
18.25	Befristete Beschwerde gegen eine amtsgerichtliche Endentscheidung in Ehe- und Familienstreitverfahren	1908
18.26	Fristverlängerungsgesuch Beschwerdebegründung ohne Zustimmung des Gegners	1908
18.27	Weiteres Fristverlängerungsgesuch Beschwerdebegründung mit Zustimmung des Gegners	1909
18.28	Beschwerdebegründung im Sinne des § 117 FamFG	1910

§ 19 Das Revisionsrecht – die Übergabe an den Revisionsanwalt

19.1	Muster für den Revisionskläger: Urteilsübersendung an die Partei bei Revisionszulassung durch das Berufungsgericht	1935
19.2	Muster für den Revisionskläger bei rechtmäßigerweise teilweiser Revisionszulassung durch das Berufungsgericht	1935
19.3	Muster für den Revisionskläger: Urteilsübersendung bei zweifelhafter Beschränkung der Revisionszulassung durch das Berufungsgericht	1936
19.4	Muster für den Revisionskläger: Urteilsübersendung ohne Revisionszulassung	1937
19.5	Muster für den Revisionskläger: Gutachten über die Erfolgsaussichten der Revision	1938
19.6	Muster für den Revisionskläger: Revisionsauftrag bei uneingeschränkter Revisionszulassung durch das Revisionsgericht	1938
19.7	Muster für den Revisionskläger: Revisionsauftrag bei beschränkter Revisionszulassung durch das Revisionsgericht	1939
19.8	Muster für den Revisionskläger: Auftrag zur Anfertigung der Nichtzulassungsbeschwerde gegen Urteile ohne Revisionszulassung	1940
19.9	Muster für den Revisionskläger: Anschreiben an den Gegner mit der Bitte, in die Übergehung des Berufungsverfahrens einzuwilligen	1940

19.10	Muster für den Revisionskläger: Auftrag zur Anfertigung des Antrags auf Zulassung der Sprungrevision	1941
19.11	Muster für den Revisionsbeklagten: Urteilsübersendung bei Revisionszulassung.	1942
19.12	Muster für den Revisionsbeklagten: Urteilsübersendung ohne Revisionszulassung	1942
19.13	Muster für den Revisionsbeklagten: Die Übersendung der Nichtzulassungsbeschwerde an den Mandanten.	1943
19.14	Muster für den Revisionsbeklagten: Die Übersendung der Beschwerdebegründung bei offensichtlich fehlenden Erfolgsaussichten	1943
19.15	Muster für den Revisionsbeklagten: Die Übersendung der Beschwerdebegründung bei nicht auszuschließenden Erfolgsaussichten	1945
19.16	Muster für den Revisionsbeklagten: Übersendung der Revisionszulassung ohne vorherige Gelegenheit zur Stellungnahme nach § 544 Abs. 3 ZPO	1946
19.17	Muster für den Revisionsbeklagten: Die Übersendung der Revisionszulassung, wenn noch kein Revisionsanwalt eingeschaltet worden ist	1947
19.18	Muster für den Revisionsbeklagten: Übersendung der Revisionsbegründung (oder des Schriftsatzes, mit dem zur Begründung der Revision auf die Begründung der Nichtzulassungsbeschwerde Bezug genommen wird), wenn Anschlussrevision eingelegt werden soll	1948
19.19	Muster für den Revisionsbeklagten: Die Beauftragung des Revisionsanwalts zur Abgabe einer Stellungnahme auf die Begründung der Nichtzulassungsbeschwerde.	1948
19.20	Muster für den Revisionsbeklagten: Die Beauftragung des Revisionsanwalts bei Revisionszulassung ohne vorherige Möglichkeit zur Stellungnahme gem. § 544 Abs. 3 ZPO	1949
19.21	Muster für den Revisionsbeklagten: Die Beauftragung eines Revisionsanwalts zur Anfertigung der Anschlussrevision	1950
19.22	Muster für den Revisionsbeklagten: Die Beauftragung des Revisionsanwalts nach Vorlage der Revisionsbegründung (oder Bezugnahme auf die Begründung der Nichtzulassungsbeschwerde).	1950
19.23	Muster für den Revisionsbeklagten: Anschreiben an den Mandanten vor Einwilligung in die Übergehung der Berufungsinstanz bei der Sprungrevision . . .	1951

§ 20 Wiedereinsetzung in den vorigen Stand

20.1	Darlegung der fehlenden Säumnis mangels laufender Frist	1998
20.2	Darlegung der fehlenden Säumnis wegen rechtzeitiger Vornahme der fristgebundenen Prozesshandlung.	1999
20.3	Wiedereinsetzungsantrag für die Frist zur Abgabe der Verteidigungsanzeige nach Erlass eines Versäumnisurteils	2001
20.4	Antrag auf Wiedereinsetzung in die Frist zur Abgabe der Verteidigungsanzeige vor Erlass eines Versäumnisurteils.	2003
20.5	Antrag auf Wiedereinsetzung in den vorigen Stand bei Versäumung der Einspruchsfrist gegen ein Versäumnisurteil.	2004
20.6	Stellungnahme des Antragsgegners zum Wiedereinsetzungsantrag in die Einspruchsfrist gegen ein Versäumnisurteil	2006

20.7	Antrag auf Wiedereinsetzung in den vorigen Stand bezüglich der Berufungs- und der Berufungsbegründungsfrist	2008
20.8	Antrag auf Wiedereinsetzung in den vorigen Stand allein bezüglich der Berufungsbegründungsfrist	2010
20.9	Antrag auf Wiedereinsetzung in den vorigen Stand bezüglich der Berufungsfrist bei einem Antrag auf Prozesskostenhilfe	2011
20.10	Belehrung des Mandanten über Mitteilung von Veränderungen der wirtschaftlichen und persönlichen Verhältnisse	2013
20.11	Antrag auf Wiedereinsetzung in die Berufungsfrist nach Rücknahme des Prozesskostenhilfeantrags wegen veränderter Umstände	2014
20.12	Wiedereinsetzungsantrag nach der Versäumung der Notfrist zur Verweigerung der Zustimmung zur Klagerücknahme	2016
20.13	Wiedereinsetzungsantrag nach der Versäumung der Notfrist zur Erklärung der Erledigung der Hauptsache	2018
20.14	Sofortige Beschwerde gegen die durch besonderen Beschluss des Gerichts verweigerte Wiedereinsetzung in den vorigen Stand	2019

§ 21 Die Wiederaufnahme des Verfahrens

21.1	Nichtigkeitsklage bei ausschließlicher Zuständigkeit des erstinstanzlichen Gerichts	2049
21.2	Nichtigkeitsklage bei ausschließlicher Zuständigkeit des Berufungsgerichts	2051
21.3	Restitutionsklage bei ausschließlicher Zuständigkeit des erstinstanzlichen Gerichts	2053
21.4	Restitutionsklage bei ausschließlicher Zuständigkeit des Berufungsgerichts	2055
21.5	Wiederaufnahmeklage bei notwendiger Streitgenossenschaft	2056
21.6	Wiederaufnahmeklage beim unberücksichtigt gebliebenen notwendigen Streitgenossen	2057
21.7	Wiederaufnahmeklage des bereits erstinstanzlich beigetretenen, nichtselbstständigen Streithelfers	2058
21.8	Wiederaufnahmeklage des noch nicht beigetretenen unselbstständigen Streithelfers, dem der Streit bereits verkündet wurde	2059
21.9	Wiederaufnahmeklage des erstinstanzlich noch nicht beigetretenen unselbstständigen Streithelfers ohne vorangegangene Streitverkündung	2060

§ 22 Das familiengerichtliche Verfahren

22.1	Stufenmahnung	2115
22.2	Außergerichtliche Abwehr von Unterhaltsansprüchen wegen mangelnder Leistungsfähigkeit (Mangelfall)	2116
22.3	Außergerichtliche Geltendmachung von Elementar- und Altersvorsorgeunterhalt in der Trennungszeit	2117
22.4	Geltendmachung von Trennungsunterhalt bei sehr guten Einkommensverhältnissen (Darlegung des konkreten Bedarfs)	2118
22.5	Trennungsunterhaltsantrag (Leistungsantrag)	2121
22.6	Stufenantrag zur Geltendmachung von Trennungsunterhalt	2124
22.7	Negative Mahnung zwecks Herabsetzung des titulierten Trennungsunterhalts	2126
22.8	Abänderungsantrag zur Herabsetzung/Aufhebung des Trennungsunterhalts	2127

Musterverzeichnis

22.9	Abänderungsstufenantrag zur Erhöhung des Trennungsunterhalts.	2129
22.10	Vollstreckungsabwehrantrag mit Antrag auf einstweilige Einstellung der Zwangsvollstreckung	2131
22.11	Negativer Feststellungsantrag.	2133
22.12	Antrag auf einstweilige Anordnung wegen Trennungsunterhalts außerhalb des Scheidungsverbundes	2134
22.13	Antrag auf Aufhebung der einstweiligen Anordnung.	2137
22.14	Antrag auf einstweilige Anordnung wegen Verfahrenskostenvorschusses im Trennungsunterhaltsverfahren.	2138
22.15	Antrag auf Zustimmung zur gemeinsamen Veranlagung	2140
22.16	Antrag auf Zustimmung zum begrenzten Realsplitting.	2142
22.17	Antrag auf Zahlung von Kindesunterhalt nach der Trennung der Eltern	2144
22.18	Stufenantrag zur Geltendmachung von Kindesunterhalt	2146
22.19	Abänderungsantrag zum Kindesunterhalt mit Hilfsantrag zur Rückzahlung zu viel gezahlten Unterhalts	2148
22.20	Antrag auf einverständliche Ehescheidung	2200
22.21	Antrag auf streitige Scheidung nach Ablauf des Trennungsjahres.	2203
22.22	Antrag auf Ehescheidung nach Ablauf von drei Trennungsjahren.	2203
22.23	Antrag auf Härtefallscheidung	2204
22.24	Abweisung der Scheidung wegen unzumutbarer Härte.	2204
22.25	Antrag auf Scheidung nach türkischem Recht.	2206
22.26	Antrag auf Feststellung der Trennung nach italienischem Recht	2208
22.27	Antrag auf Scheidung nach italienischem Recht	2210
22.28	Antrag auf Abtrennung der Folgesachen.	2212
22.29	Außergerichtliche Geltendmachung von Elementar- und Krankenvorsorgeunterhalt in der Trennungszeit nach Rechtshängigkeit des Scheidungsantrags . . .	2213
22.30	Leistungsantrag auf Ehegatten- und Kindesunterhalt im Verbundverfahren . . .	2214
22.31	Antrag zur Geltendmachung von Scheidungsunterhalt außerhalb des Scheidungsverbundverfahrens.	2216
22.32	Auskunftsanspruch zur Berechnung des Zugewinns	2218
22.33	Zugewinnausgleich als Folgesache im Scheidungsverfahren.	2219
22.34	Stufenantrag zur Geltendmachung des Zugewinnausgleichsanspruchs außerhalb des Scheidungsverbundes	2224
22.35	Antrag auf vorzeitigen Zugewinnausgleich	2226
22.36	Antrag auf Übertragung der alleinigen Entscheidungsbefugnis	2238
22.37	Antrag auf Übertragung der elterlichen Sorge mit Zustimmung des anderen Elternteils.	2240
22.38	Streitiger Sorgerechtsantrag nach § 1671 Abs. 2 Nr. 2 BGB	2241
22.39	Antrag auf Übertragung des Aufenthaltsbestimmungsrechts.	2242
22.40	Antrag auf Regelung des Umgangs	2244
22.41	Antrag auf Kindesherausgabe.	2245
22.42	Antrag auf Auskunft nach § 1686 BGB	2246
22.43	Einstweilige Anordnung zur elterlichen Sorge	2248
22.44	Einstweilige Anordnung zum Umgang eines Elternteils	2250

Musterverzeichnis

22.45	Antrag auf vorläufige Nutzung von Haushaltsgegenständen während der Trennungszeit	2267
22.46	Antrag auf Zuteilung von Haushaltsgegenständen für die Zeit nach der Trennung.	2269
22.47	Antrag auf vorläufige Zuweisung der Ehewohnung während der Trennungszeit.	2271
22.48	Antrag auf Überlassung der Ehewohnung für die Zeit nach der Scheidung . . .	2272
22.49	Antrag auf einstweilige Anordnung wegen Haushaltsgegenständen.	2274
22.50	Einstweilige Anordnung wegen Überlassung der Ehewohnung	2276
22.51	Antrag auf Erlass einer einstweiligen Anordnung nach § 1 Gewaltschutzgesetz	2283
22.52	Antrag auf Erlass einer einstweiligen Anordnung nach § 2 Gewaltschutzgesetz	2285

§ 23 Die Kostenfestsetzung

23.1	Kostenfestsetzungsantrag nach §§ 104, 126 ZPO, § 11 RVG	2335
23.2	Kostenausgleichungsantrag	2337
23.3	Antrag auf öffentliche Zustellung des Kostenfestsetzungsantrages nach § 11 RVG.	2338
23.4	Sofortige Beschwerde gegen Kostenfestsetzung des Rechtsanwalts nach § 126 ZPO in eigenem Namen	2339
23.5	Sofortige Erinnerung gegen Kostenfestsetzung des Rechtsanwalts nach § 11 Abs. 2 RpflG in eigenem Namen	2340
23.6	Sofortige Beschwerde gegen Kostenfestsetzung nach § 104 Abs. 3 ZPO.	2340
23.7	Sofortige Erinnerung gegen Kostenfestsetzung nach § 11 Abs. 2 RpflG	2341

Bearbeiterverzeichnis

David, Dr. Hans-Joachim
Rechtsanwalt, Fachanwalt für Steuerrecht und Notar, Münster

Deckenbrock, Dr. Christian
Akademischer Rat, Universität zu Köln

Förger, Regine
Richterin am Landgericht Koblenz

Folgmann, Björn
Rechtsanwalt und Fachanwalt für Arbeitsrecht, Düren

Goebel, Frank-Michael
Vorsitzender Richter am Oberlandesgericht Koblenz

Jordans, Dr. Roman, LL.M. (NZ)
Rechtsanwalt und Fachanwalt für Bank- und Kapitalmarktrecht sowie Syndikus eines Kreditinstituts, Aachen/Würselen

Kohlmeyer, Martina
Richterin am Oberlandesgericht Koblenz

Krumscheid, Herbert
Rechtsanwalt und Fachanwalt für Versicherungsrecht, Bonn

Lühl, Thorsten
Rechtsanwalt und Fachanwalt für Bau- und Architektenrecht, Köln

Mönnig, Peter
Richter am Amtsgericht Andernach

Salten, Uwe, Dipl.-Rpfl.
Rechtspfleger und Mitglied der Verfahrenspflegestelle „Automatisiertes gerichtliches Mahnverfahren in NRW I", Amtsgericht Hagen, Zentrale Mahnabteilung

Schatz, Jochen H.
Rechtsanwalt, Berlin

Schausten, Jochem
Rechtsanwalt und Fachanwalt für Familienrecht, Krefeld

Walter, Dr. Alexander
Richter am Oberlandesgericht Koblenz

Wilhelm-Lenz, Dr. Birgit
Rechtsanwältin und Fachanwältin für Familienrecht, Koblenz

Allgemeines Literaturverzeichnis

Balzer, Beweisaufnahme und Beweiswürdigung im Zivilprozess, 3. Auflage 2011

Baumbach/Hueck, GmbHG, 21. Auflage 2017

Baumbach/Lauterbach/Albers/Hartmann, Zivilprozessordnung: ZPO, Kommentar, 76. Auflage 2018, zitiert: B/L/A/H-*Hartmann*

Baumgärtel/Laumen/Prütting, Handbuch der Beweislast – Grundlagen, 3. Auflage 2009

Bayerlein, Praxishandbuch Sachverständigenrecht, 5. Auflage 2015

Beck'scher Online-Kommentar RVG, 40. Edition, Stand: 1.6.2018

Beck'scher Online-Kommentar ZPO, 29. Edition, Stand: 1.7.2018

Börger/Bosch/Heuschmid, AnwaltFormulare Familienrecht, 6. Auflage 2016

Crückeberg, AnwaltFormulare Vorläufiger Rechtsschutz, 5. Auflage 2015

Crückeberg, Zivilprozessrecht, Anwaltliche Prozessführung in erster Instanz, 2. Auflage 2002

Doukoff, Beck'sches Mandatshandbuch Zivilrechtliche Berufung, 6. Auflage 2018

Dürbeck/Gottschalk, Prozess- und Verfahrenskostenhilfe, Beratungshilfe, 8. Auflage 2016

Eichele/Hitz/Oberheim, Berufung im Zivilprozess, 5. Auflage 2017

Eichele/Klinge, Das Beweisbuch für den Anwalt, 1997

v. Eicken/Hellstab/Dörndorfer/Asperger, Die Kostenfestsetzung, 23. Auflage 2017

Finke/Ebert, Bonner Fachanwaltshandbuch für Familienrecht, 7. Auflage 2010

Fölsch, Das neue FamFG in Familiensachen, 2. Auflage 2009

Gehrlein, Zivilprozessrecht, 2. Auflage 2003

Germelmann/Matthes/Prütting, ArbGG, 9. Auflage 2017

Gerold/Schmidt, Rechtsanwaltsvergütungsgesetz: RVG, Kommentar, 23. Auflage 2017

Goebel, AnwaltFormulare Zwangsvollstreckung, 5. Auflage 2016

Goebel, Inkassokosten, 2. Auflage 2016

Goebel, Das Beschwerderecht im Zivilprozessrecht, 2006

Groß, Anwaltsgebühren in Ehe- und Familiensachen, 4. Auflage 2014

Groß, I., Beratungshilfe, Prozesskostenhilfe, Verfahrenskostenhilfe – Kommentar, 14. Auflage 2018

Hannich/Meyer-Seitz, ZPO, Reform 2002 mit Zustellreformgesetz, 2002

Harte-Bavendamm/Henning-Bodewig, Gesetz gegen den unlauteren Wettbewerb (UWG), 4. Auflage 2016

Hartmann, Kostengesetze, 48. Auflage 2018

Allgemeines Literaturverzeichnis

Heidinger/Leible/Schmidt, GmbHG, 3. Auflage 2017

Henssler/Strohn, Gesellschaftsrecht, 3. Auflage 2016

Hüffer/Koch, Aktiengesetz, 13. Auflage 2018

Jäckel, Das Beweisrecht der ZPO, 2. Auflage 2015

Jauernig/Hess, Zivilprozessrecht, 30. Auflage 2011

Kemper, FamFG/FGG/ZPO, 2. Auflage 2009

Kilian/Offermann-Burckart/vom Stein, Praxishandbuch Anwaltsrecht, 3. Auflage 2018

Köhler/Bornkamm/Feddersen, Gesetz gegen den unlauteren Wettbewerb: UWG, 36. Auflage 2018

Kroiß, Das neue Zivilprozeßrecht, 2002

Kroiß/Seiler, Das neue FamFG, 2. Auflage 2009

Kummer, Wiedereinsetzung in den vorigen Stand, 2003

Lepa, Typische Probleme im Haftpflichtprozess, 2007

Lüke, Zivilprozessrecht, 10. Auflage 2011

Meyer-Rahe, Anwaltstätigkeit im Falle des Obsiegens im Zivilprozeß in erster Instanz, 2004

Meyke/Saueressig, Darlegen und Beweisen im Zivilprozess, 3. Auflage 2016

Michel/von der Seipen, Der Schriftsatz des Anwalts im Zivilprozess, 6. Auflage 2004

Münchener Handbuch des Gesellschaftsrechts, Bd. 1, 4. Auflage 2014

Münchener Kommentar zum Aktiengesetz, Bd. 4, 4. Auflage 2016

Münchener Kommentar zum BGB, Bd. 1, 7. Auflage 2015

Münchener Kommentar zum BGB, Bd. 7, 7. Auflage 2017

Münchener Kommentar zum FamFG, 2. Auflage 2013

Münchener Kommentar zum GmbHG, Bd. 2, 2. Auflage 2016

Münchener Kommentar zum HGB, Bd. 2, 4. Auflage 2016

Münchener Kommentar zum Lauterkeitsrecht (UWG), 2. Auflage 2014

Münchener Kommentar zur ZPO, Bd. 1, 5. Auflage 2016

Münchener Kommentar zur ZPO, Bd. 2, 5. Auflage 2016

Münchener Kommentar zur ZPO, Bd. 3, 5. Auflage 2017

Musielak/Borth, FamFG, 6. Auflage 2018

Musielak/Voit, Kommentar zur Zivilprozessordnung, 15. Auflage 2018

Ohly/Sosnitza, Gesetz gegen den unlauteren Wettbewerb: UWG, 7. Auflage 2016

Palandt, Bürgerliches Gesetzbuch, Kommentar, 77. Auflage 2018

Rehberg/Asperger/Vogt/Feller/Hellstab/Jungbauer/Bestelmeyer/Frankenberg, Rechtsanwaltsvergütungsgesetz: RVG, Kommentar, 7. Auflage 2018

Allgemeines Literaturverzeichnis

Rödel/Dahmen, Rechtsmittel in der anwaltlichen Praxis, 3. Auflage 2006

Saenger, Zivilprozessrecht, Handkommentar, 7. Auflage 2017

Salten/Gräve, Gerichtliches Mahnverfahren und Zwangsvollstreckung, 6. Auflage 2016

Schellhammer, Zivilprozess, 15. Auflage 2016

Schilken, Zivilprozessrecht, 7. Auflage 2014

Schneider, N., Fälle und Lösungen zum RVG, 4. Auflage 2015

Schneider/Gronemann, Befangenheitsablehnung im Zivilprozess, 4. Auflage 2017

Schneider/Thiel, Das neue Gebührenrecht für Rechtsanwälte, 2. Auflage 2014

Schneider/Thiel, Zivilprozessuales Beweisrecht, 2008

Schneider/Wolf, AnwaltKommentar RVG, 8. Auflage 2016

Schuschke/Walker, Vollstreckung und einstweiliger Rechtsschutz, Kommentar, 6. Auflage 2016

Stein/Jonas, Kommentar zur Zivilprozessordnung: ZPO, 22. Auflage seit 2002 bzw. 23. Auflage seit 2014

Thomas/Putzo, Zivilprozessordnung: ZPO, Kommentar, 39. Auflage 2018

Vorwerk, Das Prozessformularbuch, 10. Auflage 2015

Wicke, GmbHG, 3. Auflage 2016

Wieczorek/Schütze, ZPO, Bd. 11, 4. Auflage 2014

Zöller, Zivilprozessordnung, Kommentar, 32. Auflage 2018

Zuck, Die Anhörungsrüge im Zivilprozess, 2008

Abkürzungsverzeichnis

a.A.	anderer Ansicht
a.a.O.	am angegebenen Ort
AblEG	Amtsblatt der Europäischen Gemeinschaften
Abs.	Absatz
Abschn.	Abschnitt
abw.	abweichend
AcP	Archiv für die civilistische Praxis
a.E.	am Ende
a.F.	alte Fassung
AfP	Archiv für Presserecht
AG	Aktiengesellschaft; Amtsgericht; Arbeitgeber; Auftraggeber; Ausführungsgesetz
AGB	Allgemeine Geschäftsbedingungen
AGGVG	Gesetz zur Ausführung des GVG
AGH	Anwaltsgerichtshof
AGS	Anwaltsgebühren Spezial
AHB	Allgemeine Versicherungsbedingungen für die Haftpflicht-Versicherung
AKB	Allgemeine Bedingungen für die Kraftfahrtversicherung
ALB	Allgemeine Lebensversicherungsbedingungen, Musterbedingungen für die Großlebensversicherung
allg.	allgemein
allg.M.	allgemeine Meinung
Alt.	Alternative
a.M.	anderer Meinung
Anh.	Anhang
Anm.	Anmerkung
AnwBl	Anwaltsblatt
AnwF	AnwaltFormulare
AnwK	AnwaltKommentar
AO	Abgabenordnung
AöR	Archiv des öffentlichen Rechts
AP	Arbeitsrechtliche Praxis

Abkürzungsverzeichnis

ARB	Allgemeine Rechtsschutzbedingungen
ArbG	Arbeitsgericht
ArbGG	Arbeitsgerichtsgesetz
Art.	Artikel
AS	Amtliche Sammlung
ASt	Antragsteller
Aufl.	Auflage
AVAG	Anerkennungs- und Vollstreckungsausführungsgesetz
AVBl	Amts- und Verordnungsblatt
Az	Aktenzeichen
AZR	Ausländerzentralregister
B/L/A/H	Baumbach/Lauterbach/Albers/Hartmann (siehe Lit.-Verzeichnis)
BABl	Bundesarbeitsblatt
BAG	Bundesarbeitsgericht
BAGE	Entscheidungen des Bundesarbeitsgerichts
BAnz	Bundesanzeiger
BauR	Baurecht (Zeitschrift)
BayAGBGB	(Bayerisches) Gesetz zur Ausführung des Bürgerlichen Gesetzbuchs
BayJMBl	Justizministerialblatt für Bayern
BayObLG	Bayerisches Oberstes Landesgericht
BayObLGR	Rechtsprechungsreport des BayObLG
BayObLGZ	Entscheidungen des BayObLG in Zivilsachen
BaySchlG	Bayerisches Gesetz zur obligatorischen außergerichtlichen Streitschlichtung in Zivilsachen (Bayerisches Schlichtungsgesetz)
BayVerfGH	Sammlung von Entscheidungen des Bayerischen Verwaltungsgerichtshofs mit Entscheidungen des Bayerischen Verfassungsgerichtshofs
BayVGH	Sammlung von Entscheidungen des bayerischen Verwaltungsgerichtshofs
BB	Betriebs-Berater
BbgSchlG	Gesetz zur Einführung einer obligatorischen außergerichtlichen Streitschlichtung im Land Brandenburg (Brandenburgisches Schlichtungsgesetz)

Bd.	Band
BDO	Bundesdisziplinarordnung
BDSG	Bundesdatenschutzgesetz
BeamtVG	Beamtenversorgungsgesetz
BeckRS	Beck-Rechtsprechung
BEG	Bundesentschädigungsgesetz
BerH	Beratungshilfe
BerHG	Beratungshilfegesetz
BerHVV	BeratungshilfevordruckVO
BerlAnwBl	Berliner Anwalts-Blatt
BErzGG	Bundeserziehungsgeldgesetz
BetrVG	Betriebsverfassungsgesetz
BeurkG	Beurkundungsgesetz
BfA	Bundesversicherungsanstalt für Angestellte
BFH	Bundesfinanzhof
BFH/NV	Sammlung amtlich nicht veröffentlichter Entscheidungen des Bundesfinanzhofes
BFHE	Entscheidungen des Bundesfinanzhofs
BG	Berufungsgericht; Beamtengesetz
BGB	Bürgerliches Gesetzbuch
BGBl I; II; III	Bundesgesetzblatt – Teil I; Teil II; Teil III
BGH	Bundesgerichtshof
BGHR	BGH-Rechtsprechung
BGHZ	Entscheidungen des Bundesgerichtshofs in Zivilsachen
BinnSchVerfG	Gesetz über das gerichtliche Verfahren in Binnenschifffahrtssachen
BKGG	Bundeskindergeldgesetz
Bl	Blatt
BO	Berufsordnung
BORA	Berufsordnung für Rechtsanwälte
BPatG	Bundespatentgesetz
BR	Bundesrat
BRAGO	Bundesrechtsanwaltsgebührenordnung
BRAGO prof.	BRAGO professionell (Zeitschrift)

Abkürzungsverzeichnis

BRAK	Bundesrechtsanwaltskammer
BRAK-Mitt	Bundesrechtsanwaltskammer-Mitteilungen
BRAO	Bundesrechtsanwaltsordnung
BR-Drucks	Bundesrats-Drucksache
BSG	Bundessozialgericht
BSGE	Entscheidungen des Bundessozialgerichts
BSHG	Bundessozialhilfegesetz
bspw.	beispielsweise
BStBl	Bundessteuerblatt
BT	Bundestag
BT-Drucks	Bundestags-Drucksache
Buchst.	Buchstabe
BVerfG	Bundesverfassungsgericht
BVerfGE	Entscheidungen des Bundesverfassungsgerichts
BVerfGG	Gesetz über das Bundesverfassungsgericht
BVerwG	Bundesverwaltungsgericht
BVerwGE	Entscheidungen des Bundesverwaltungsgerichts
BVerfGK	Kammerentscheidungen des Bundesverfassungsgerichts
BVFG	Bundesvertriebenengesetz
BVG	Bundesversorgungsgesetz
BvR	Bundesverfassungsrichter
BwNotZ	Zeitschrift für das Notariat in Baden-Württemberg
bzgl.	bezüglich
bzw.	beziehungsweise
ca.	circa
ChemG	Chemikaliengesetz
CoR	Computer und Recht (Zeitschrift)
CR	Computer und Recht
DAR	Deutsches Autorecht (Zeitschrift)
DAVorm	Der Amtsvormund (Zeitschrift)
DB	Der Betrieb
DB-PKHG	Durchführungsbestimmungen zum Gesetz über die Prozesskostenhilfe
ders.	derselbe

DGVZ	Deutsche Gerichtsvollzieherzeitung
d.h.	das heißt
DIN	Deutsche Industrienorm
DJ	Deutsche Justiz
DJZ	Deutsche Juristen-Zeitung
DM	Deutsche Mark
DNotIR	Informationsdienst des Deutschen Notarinstituts-Report
DNotV	Zeitschrift des Deutschen Notarvereins (1.1901–33.1933,5; dann Deutsche Notar-Zeitschrift)
DNotZ	Deutsche Notarzeitschrift
DÖV	Die Öffentliche Verwaltung
DR	Deutsches Recht
DRiG	Deutsches Richtergesetz
DRiZ	Deutsche Richterzeitung
Drucks	Drucksache
DRV	Deutsche Rentenversicherung (Zeitschrift)
DRZ	Deutsche Rechtszeitschrift (ab 1946)
DStR	Deutsches Steuerrecht
DStRE	DStR-Entscheidungsdienst
DStZ	Deutsche Steuer-Zeitung
DVBl	Deutsches Verwaltungsblatt
DVP	Deutsche Verwaltungspraxis (Loseblatt-Sammlung)
DWW	Deutsche Wohnungswirtschaft
DZWir	Deutsche Zeitschrift für Wirtschaftsrecht
EA	Einstweilige Anordnung
EBE	Eildienst Bundesgerichtliche Entscheidungen
EDV	Elektronische Datenverarbeitung
EG	Einführungsgesetz; Europäische Gemeinschaften
EGBGB	Einführungsgesetz zum Bürgerlichen Gesetzbuch
EGGVG	Einführungsgesetz zum Gerichtsverfassungsgesetz
EGMR	Entscheidungen des Europäischen Gerichtshofs für Menschenrechte
EGZPO	Gesetz betreffend die Einführung der Zivilprozessordnung
EheG	Ehegesetz

EheVO	Eheverordnung
EigZulG	Eigenheimzulagengesetz
Einf.	Einführung
EinglVO	Eingliederungs-Verordnung
EMRK	Konvention zum Schutze der Menschenrechte und Grundfreiheiten
Entw.	Entwurf
EStG	Einkommensteuergesetz
EStR	Einkommensteuer-Richtlinien
etc.	et cetera
EU	Europäische Union
EuGH	Europäischer Gerichtshof
EuGVVO	Verordnung (EG) Nr. 44/2001 des Rates vom 22.12.2000 über die gerichtliche Zuständigkeit und die Anerkennung und Vollstreckung von Entscheidungen in Zivil- und Handelssachen
EuR	Europarecht (Zeitschrift)
e.V.	eidesstattliche Versicherung
evtl.	eventuell
EWiR	Entscheidungen zum Wirtschaftsrecht
EWIV	Europäische Wirtschaftliche Interessenvereinigung
EWS	Europäisches Währungssystem; Europäisches Wirtschafts- und Steuerrecht (Zeitschrift)
EzFamR	Entscheidungssammlung zum Familienrecht (CD-ROM)
f., ff.	folgende, fortfolgende
FA	Finanzamt; Fachanwalt Arbeitsrecht (Zeitschrift)
FamFG	Gesetz über das Verfahren in Familiensachen und in den Angelegenheiten der freiwilligen Gerichtsbarkeit
FamGKG	Gesetz über Gerichtskosten in Familiensachen
FamRB	Familien-Rechts-Berater (Zeitschrift)
FamRZ	Zeitschrift für das gesamte Familienrecht
FamS	Familiensache
FAZ	Frankfurter Allgemeine Zeitung
FEVS	Fürsorgerechtliche Entscheidungen der Verwaltungs- und Sozialgerichte
FF	Forum Familienrecht

FG	Finanzgericht
FGG	Gesetz über die Angelegenheiten der Freiwilligen Gerichtsbarkeit
FGO	Finanzgerichtsordnung
FK	Familienrecht kompakt
Fn	Fußnote
FPR	Familie, Partnerschaft, Recht (Zeitschrift)
FuR	Familie und Recht (Zeitschrift)
GA	Goltdammer's Archiv für Strafrecht
GB	Gesetzbuch; Grundbuch
GBl	Gesetzblatt
GBO	Grundbuchordnung
GbR	Gesellschaft des bürgerlichen Rechts
GebrMG	Gebrauchsmustergesetz
gem.	gemäß
GenG	Gesetz betreffend die Erwerbs- und Wirtschaftsgenossenschaften
GeschmacksmusterG	Geschmacksmustergesetz
GesR	Gesundheitsrecht
GewO	Gewerbeordnung
GewSchG	Gewaltschutzgesetz
GG	Grundgesetz
ggf.	gegebenenfalls
GKG	Gerichtskostengesetz
Gl.	Gläubiger
GmbH	Gesellschaft mit beschränkter Haftung
GmbH i. Gr.	GmbH in Gründung
GmbHG	Gesetz betreffend die Gesellschaft mit beschränkter Haftung
GmbHR	GmbH-Rundschau
GmS	Gemeinsamer Senat
GoA	Geschäftsführung ohne Auftrag
GRUR	Gewerblicher Rechtsschutz und Urheberrecht
GRURInt	GRUR Internationaler Teil
GV	Gerichtsvollzieher
GVBl	Gesetz- und Verordnungsblatt

Abkürzungsverzeichnis

GVG	Gerichtsverfassungsgesetz
GVGA	Gerichtsvollziehergeschäftsanweisung
GvKostG	Gerichtsvollzieherkostengesetz
GVO	Gerichtsvollzieherordnung
GVoBl	Gesetz- und Verordnungsblatt
GWB	Gesetz gegen Wettbewerbsbeschränkungen
HBG	Hessisches Beamtengesetz
HessVGH	Hessischer Verfassungsgerichtshof
HG	Gesetz über die Hochschulen des Landes Nordrhein-Westfalen
HGB	Handelsgesetzbuch
HHG	Häftlingshilfegesetz
HK	Handelskammer
h.L.	herrschende Lehre
h.M.	herrschende Meinung
HR	Handelsregister
HReg	Handelsregister
HRR	Höchstrichterliche Rechtsprechung (Zeitschrift)
hrsg.	herausgegeben
Hs.	Halbsatz
HSchlichtG	(Hessisches) Gesetz zur Regelung der außergerichtlichen Streitschlichtung
HwK	Handwerkskammer
HWS	Halswirbelschleudertrauma
i.A.	im Auftrag
IBR	Immobilien & Baurecht
i.d.F.	in der Fassung
i.d.R.	in der Regel
i.d.S.	in diesem Sinne
i.E.	im Ergebnis
IHK	Industrie- und Handelskammer
inkl.	inklusive
insb.	insbesondere
insg.	insgesamt
InsO	Insolvenzordnung

Abkürzungsverzeichnis

InVo	Insolvenz und Vollstreckung
IPRax	Praxis des Internationalen Privat- und Verfahrensrechts
i.S.d.	im Sinne des
ISO	International Organization for Standardization
i.S.v.	im Sinne von
i.Ü.	im Übrigen
i.V.m.	in Verbindung mit
JA	Juristische Arbeitsblätter
JBl	Justizblatt
Jg.	Jahrgang
JMBl	Justiz-Ministerialblatt
JP	Juristische Praxis (Zeitschrift)
JR	Juristische Rundschau
Jura	Juristische Ausbildung
JurBüro	Juristisches Büro
JuS	Juristische Schulung
JustG NRW	Gesetz über die Justiz im Land Nordrhein-Westfalen (Justizgesetz Nordrhein-Westfalen)
Justiz	Die Justiz
JVBl	Justizverwaltungsblatt
JVEG	Justizvergütungs- und -entschädigungsgesetz
JW	Juristische Wochenschrift
JWG	Jugendwohlfahrtsgesetz
JZ	Juristenzeitung
K&R	Kommunikation und Recht
Kap.	Kapitel
KfH	Kammer für Handelssachen
Kfz	Kraftfahrzeug
KG	Kommanditgesellschaft; Kammergericht
KGR	Kammergerichtsrechtsprechung
KG-Rp/KGR	Rechtsprechungsreport des Kammergerichts Berlin
KGRspr	Kammergerichtsrechtsprechung
Kind-Prax	Kindschaftsrechtliche Praxis
KJ	Kritische Justiz

Abkürzungsverzeichnis

KJHG	Kinder- und Jugendhilfegesetz
KKZ	Kommunal-Kassen-Zeitschrift
KostO	Kostenordnung
KostRsp	Kostenrechtsprechung
KostVfg	Kostenverfügung
KSchG	Kündigungsschutzgesetz
KTS	Konkurs-, Treuhand- und Schiedsgerichtswesen (ab 50. 1998 Zeitschrift für Insolvenzrecht /vorher Konkurs- und Treuhandwesen)
KV	Kostenverzeichnis
KVGKG	Kostenverzeichnis (Anlage zum GKG)
KVGvKostG	Kostenverzeichnis (Anlage zum GvKostG)
LAG	Landesarbeitsgericht; Lastenausgleichsgesetz
LAGE	Entscheidungen der Landesarbeitsgerichte
LArbG	Landesarbeitsgericht
lfd.	laufend
LG	Landgericht
Lit.	Literatur
LM	Nachschlagewerk des Bundesgerichtshofs, hrsg. von Lindenmaier, Möhring u.a.
LPartG	Lebenspartnerschaftsgesetz
LS	Leitsatz
LSchlG S-H	(Schleswig-Holsteinisches) Gesetz zur Ausführung von § 15a des Gesetzes betreffend die Einführung der Zivilprozessordnung (Landesschlichtungsgesetz)
LSG	Landessozialgericht
LVA	Landesversicherungsanstalt
LWVG	Landeswohlfahrtsverbändegesetz
MarkenG	Markengesetz
MB	Marburger Bund
MDP	Mitteilungen der deutschen Patentanwälte
MDR	Monatsschrift für Deutsches Recht
m.E.	meines Erachtens
MediationsG	Mediationsgesetz
MedR	Medizinrecht (Zeitschrift)

MinBl	Ministerialblatt
mind.	mindestens
MittBayNot	Mitteilungen des Bayerischen Notarvereins, der Notarkasse und der Landesnotarkasse Bayern
MittdtschPatAnw	Mitteilungen der Deutschen Patentanwälte (Zeitschrift)
MK	Mietrecht kompakt
MMR	MultiMedia und Recht
m.N.	mit Nachweisen
MSA	Minderjährigenschutzübereinkommen
MünchKomm	Münchener Kommentar
MuW	Markenschutz und Wettbewerb
m.w.H.	mit weiteren Hinweisen
m.w.N.	mit weiteren Nachweisen
MwSt	Mehrwertsteuer
m.W.v.	mit Wirkung vom
NachbG NRW	(Nordrhein-westfälisches) Nachbarrechtsgesetz
NachbG S-H	Nachbarrechtsgesetz für das Land Schleswig-Holstein
NdsRpfl	Niedersächsische Rechtspflege (Zeitschrift)
NDV	Nachrichtendienst des Deutschen Vereins für öffentliche und private Fürsorge
n.F.	neue Fassung
NJ	Neue Justiz
NJOZ	Neue Juristische Online-Zeitschrift
NJW	Neue Juristische Wochenschrift
NJW-COR	NJW-Computerreport
NJWE	NJW-Entscheidungsdienst
NJWE-FER	NJW-Entscheidungsdienst-Familien- und Erbrecht
NJWE-MietR	NJW-Entscheidungsdienst-Miet- und Wohnungsrecht
NJWE-VHR	NJW-Entscheidungsdienst-Versicherungs- und Haftungsrecht
NJWE-WettbR	NJW-Entscheidungsdienst-Wettbewerbsrecht
NJW-RR	NJW-Rechtsprechungsreport
N.N.	nomen nescio (lat.)
NNachbG	Niedersächsisches Nachbarrechtsgesetz
NotBZ	Zeitschrift für die notarielle Beratungs- und Beurkundungspraxis

Abkürzungsverzeichnis

Nr.	Nummer
NSchlG	Niedersächsisches Gesetz zur obligatorischen außergerichtlichen Streitschlichtung (Niedersächsisches Schlichtungsgesetz)
NStZ	Neue Zeitschrift für Strafrecht
n.v.	nicht veröffentlicht
NVersZ	Neue Zeitschrift für Versicherung und Recht
NVwZ	Neue Zeitschrift für Verwaltungsrecht
NWB	Neue Wirtschaftsbriefe
NWVBl	Nordrhein-Westfälische Verwaltungsblätter
NZA	Neue Zeitschrift für Arbeitsrecht
NZA-RR	NZA-Rechtsprechungs-Report Arbeitsrecht
NZBau	Neue Zeitschrift für Baurecht und Vergaberecht
NZG	Neue Zeitschrift für Gesellschaftsrecht
NZI	Neue Zeitschrift für Insolvenzrecht
NZM	Neue Zeitschrift für Miet- und Wohnungsrecht
NZV	Neue Zeitschrift für Verkehrsrecht
o.a.	oben angegeben
o.g.	oben genannt
OGH	Oberster Gerichtshof (Österreich)
OHG	Offene Handelsgesellschaft
OLG	Oberlandesgericht
OLGE	Entscheidungssammlung der Oberlandesgerichte
OLGR	OLG Report
OLGReport	Zivilrechtsprechung der Oberlandesgerichte
OLGRspr	Die Rechtsprechung der Oberlandesgerichte auf dem Gebiete des Zivilrechts
OLGZ	Entscheidungen der Oberlandesgerichte in Zivilsachen
OVG	Oberverwaltungsgericht
PA	Prozessrecht aktiv (Zeitschrift)
PartGG	Partnerschaftsgesetz
PatG	Patentgesetz
PflVG	Pflichtversicherungsgesetz
PKH	Prozesskostenhilfe
Pkw	Personenkraftwagen

PLZ	Postleitzahl
PostG	Gesetz über das Postwesen
PStG	Personenstandsgesetz
PVR	Praxis Verkehrsrecht (Zeitschrift)
RA	Rechtsanwalt
RAin	Rechtsanwältin
RdA	Recht der Arbeit
Rdn	Randnummer innerhalb dieses Werkes
RDV	Recht der Datenverarbeitung
RegBetrVO	Regelbetrags-Verordnung
RegBl	Regierungsblatt
RenoR	Reno-Report (Zeitschrift)
RG	Reichsgericht
RGBl	Reichsgesetzblatt
RGZ	Entscheidungen des RG in Zivilsachen
RhPfLSchlG	Landesgesetz zur Ausführung des § 15a des Gesetzes betreffend die Einführung der Zivilprozessordnung (Landesschlichtungsgesetz)
RiStBV	Richtlinien für das Strafverfahren und das Bußgeldverfahren
RIW	Recht der internationalen Wirtschaft
RKEG	Gesetz über die religiöse Kindererziehung
Rn	Randnummer in anderen Veröffentlichungen
Rpfleger	Der Deutsche Rechtspfleger
RpflG	Rechtspflegergesetz
RpflJb	Rechtspfleger-Jahrbuch
RpflStud	Rechtspfleger-Studienhefte
RR	Rechtsprechungsreport
Rspr.	Rechtsprechung
RVG	Rechtsanwaltsvergütungsgesetz
RWS	Kommunikationsforum Recht-Wirtschaft-Steuern
s.	siehe
s.a.	siehe auch
SAE	Sammlung Arbeitsrechtlicher Entscheidungen
SchadPrax	Schadenpraxis (Zeitschrift)

Abkürzungsverzeichnis

SchAG NRW	Gesetz über das Schiedsamt in den Gemeinden des Landes Nordrhein-Westfalen (Schiedsamtsgesetz)
ScheckG	Scheckgesetz
SchiffsRegO	Schiffsregisterverordnung
SchlGNRW	Gütestellen- und Schlichtungsgesetz des Landes NRW
SchlHA	Schleswig-Holsteinische Anzeigen
SchlHOLG	Schleswig-Holsteinisches Oberlandesgericht
SchStG M-V	Schiedsstellen- und Schlichtungsgesetz (des Landes Mecklenburg-Vorpommern)
SchStG S-A	Schiedsstellen- und Schlichtungsgesetz (des Landes Sachsen-Anhalt)
SchuModG	Schuldrechtsmodernisierungsgesetz
SG	Sozialgericht
SGB	Sozialgesetzbuch
SGG	Sozialgerichtsgesetz
SigG	Signaturgesetz
s.o.	siehe oben
sog.	sogenannte/r/s
SozR	Sozialrechtliche Rechtsprechung und Schrifttum (Loseblatt-Sammlung)
SP	Schadenpraxis
StA	Staatsanwaltschaft
StAZ	Zeitschrift für Standesamtswesen
StB	Der Steuerberater
StGB	Strafgesetzbuch
StPO	Strafprozessordnung
st.Rspr.	ständige Rechtsprechung
str.	streitig
StV	Strafverteidiger (Zeitschrift)
StVG	Straßenverkehrsgesetz
StVollzG	Gesetz über den Vollzug der Freiheitsstrafe und der freiheitsentziehenden Maßregeln der Besserung und Sicherung
StW	Steuer-Warte (Zeitschrift)
s.u.	siehe unten
SZ	Süddeutsche Zeitung

ThürSchStG	Thüringer Gesetz über die Schiedsstellen in den Gemeinden (Thüringer Schiedsstellengesetz)
TzBfG	Teilzeit- und Befristungsgesetz
u.a.	unter anderem
u.E.	unseres Erachtens
UFITA	Archiv für Urheber-, Film-, Funk- und Theaterrecht
UKlaG	Unterlassungsklagengesetz
umstr.	umstritten
unstr.	unstreitig
UR	Umsatzsteuer-Rundschau (Zeitschrift)
UrhG	Urhebergesetz
urspr.	ursprünglich
Urt.	Urteil
USt	Umsatzsteuer
usw.	und so weiter
u.U.	unter Umständen
UVG	Unterhaltsvorschussgesetz
UWG	Gesetz gegen den unlauteren Wettbewerb
VA	Verwaltungsakt
VAHRG	Gesetz zur Regelung von Härten im Versorgungsausgleich
VE	Vollstreckungsrecht effektiv (Zeitschrift)
Verf.	Verfassung; Verfasser
VerlG	Gesetz über das Verlagsrecht
VersPrax	Versicherungspraxis
VersR	Versicherungsrecht
Verz.	Verzeichnis
VG	Verwaltungsgericht
VGH	Verfassungsgerichtshof; Verwaltungsgerichtshof
vgl.	vergleiche
v.H.	vom Hundert
VIZ	Zeitschrift für Vermögens- und Investitionsrecht
VKH	Verfahrenskostenhilfe
VMBl	Ministerialblatt des Bundesministers für Verteidigung
VN	Versicherungsnehmer

Abkürzungsverzeichnis

VO	Verordnung
VOBl	Verordnungsblatt
VRS	Verkehrsrechts-Sammlung (Zeitschrift)
VuR	Verbraucher und Recht (Zeitschrift)
VV	Vergütungsverzeichnis (Anlage zum RVG)
VVG	Gesetz über den Versicherungsvertrag
VwGO	Verwaltungsgerichtsordnung
VwVfG	Verwaltungsverfahrensgesetz
VwZG	Verwaltungszustellungsgesetz
WEG	Wohnungseigentumsgesetz
WettbR	Wettbewerbsrecht
WEZ	Zeitschrift für Wohnungseigentumsrecht
WF	Wertermittlungsforum (Zeitschrift)
WG	Wechselgesetz
WiB	Wirtschaftsrechtliche Beratung
WiR	Wirtschaftsrecht
wistra	Zeitschrift für Wirtschaft, Steuer, Strafrecht
WM	Wertpapier-Mitteilungen
WoBauG	Wohnungsbaugesetz
WoGG	Wohngeldgesetz
WRP	Wettbewerb in Recht und Praxis
WuB	Entscheidungssammlung zum Wirtschafts- und Bankrecht
WuM	Wohnungswirtschaft und Mietrecht
WuW	Wirtschaft und Wettbewerb
WuW/E	Wirtschaft und Wettbewerb/Entscheidungssammlung zum Kartellrecht
ZAP	Zeitschrift für die Anwaltspraxis
ZAR	Zeitschrift für Ausländerrecht und Ausländerpolitik
z.B.	zum Beispiel
ZEV	Zeitschrift für Erbrecht und Vermögensnachfolge
ZfA	Zeitschrift für Arbeitsrecht
ZfBR	Zeitschrift für deutsches und internationales Baurecht
ZfF	Zeitschrift für Fürsorgewesen
ZFIR	Zeitschrift für Immobilienrecht

zfs	Zeitschrift für Schadensrecht
ZfSH	Zeitschrift für Sozialhilfe
ZfStrVO	Zeitschrift für Strafvollzug und Straffälligenhilfe
ZGB	Schweizerisches bzw. türkisches Zivilgesetzbuch
ZGR	Zeitschrift für Unternehmens- und Gesellschaftsrecht
ZGS	Zeitschrift für das gesamte Schuldrecht
ZHR	Zeitschrift für das gesamte Handels- und Wirtschaftsrecht
Ziff.	Ziffer
ZInsO	Zeitschrift für das gesamte Insolvenzrecht
ZIP	Zeitschrift für Wirtschaftsrecht und Insolvenzpraxis
zit.	zitiert
ZKJ	Zeitschrift für Kindschaftsrecht und Jugendhilfe
ZMR	Zeitschrift für Miet- und Raumrecht
ZNotP	Zeitschrift für die Notarpraxis
ZPO	Zivilprozessordnung
ZRHO	Rechtshilfeordnung für Zivilsachen
ZRP	Zeitschrift für Rechtspolitik
ZS	Zivilsenat
z.T.	zum Teil
ZUM	Zeitschrift für Urheber- und Medienrecht
ZustDG	EG-Zustellungsdurchführungsgesetz
ZustRG	Zustellungsreformgesetz
ZVG	Gesetz über die Zwangsversteigerung und Zwangsverwaltung
ZVI	Zeitschrift für Verbraucher-Insolvenzrecht
zzgl.	zuzüglich
ZZP	Zeitschrift für Zivilprozess

ZfS	Zeitschrift für Schadensrecht
ZfSH	Zeitschrift für Sozialhilfe
ZfSVO	Zeitschrift für Strafvollzug und Straffälligenhilfe
ZGB	Schweizerisches bzw. türkisches Zivilgesetzbuch
ZHR	Zeitschrift für Unternehmens- und Gesellschaftsrecht
ZfS	Zeitschrift für das gesamte Schuldrecht
ZHR	Zeitschrift für das gesamte Handels- und Wirtschaftsrecht
ZiffZiff.	Ziffer
ZInsO	Zeitschrift für das gesamte Insolvenzrecht
ZIP	Zeitschrift für Wirtschaftsrecht und Insolvenzpraxis
zit.	zitiert
ZKF	Zeitschrift für Kindschaftsrecht und Jugendhilfe
ZMR	Zeitschrift für Miet- und Raumrecht
ZNotP	Zeitschrift für die Notarpraxis
ZPO	Zivilprozessordnung
ZRHO	Rechtshilfeordnung für Zivilsachen
ZRP	Zeitschrift für Rechtspolitik
ZS	Zivilsenat
z. T.	zum Teil
ZUM	Zeitschrift für Urheber- und Medienrecht
ZustDG	EG-Zustellungsdurchführungsgesetz
ZustRG	Zustellungsreformgesetz
ZVG	Gesetz über die Zwangsversteigerung und Zwangsverwaltung
ZVI	Zeitschrift für Verbraucher-Insolvenzrecht
zzgl.	zuzüglich
ZZP	Zeitschrift für Zivilprozess

§ 1 Das obligatorische außergerichtliche Schlichtungsverfahren nach § 15a EGZPO

Dr. Christian Deckenbrock/Dr. Roman Jordans

Inhalt

	Rdn
A. Ziele des Gesetzgebers	1
B. Anwendungsbereich	4
I. Überblick über die bundesrechtlichen Vorgaben	4
II. Überblick über die landesrechtlichen Ausführungsgesetze	11
C. Voraussetzungen für die Durchführung eines Schlichtungsverfahrens im Einzelnen	26
I. Vermögensrechtliche Streitigkeiten	26
II. Nachbarstreitigkeiten	28
III. Ehrverletzungsstreitigkeiten	40
IV. Anwendungsbereich im Rahmen des AGG	47
D. Prozessuale Fragestellungen	49
I. Keine Nachholbarkeit eines Schlichtungsverfahrens	53
II. Klagehäufung	62
III. Klageerweiterung und -änderung	65
IV. Besonderheiten bei Verweisung des Rechtsstreits wegen sachlicher Unzuständigkeit	72
E. Verjährung	74
F. Kostenfragen	81
G. Abgrenzung der obligatorischen vorgerichtlichen Streitschlichtung nach § 15a EGZPO von anderen Arten der Streitbeilegung	88
I. Gerichtliche Maßnahmen	91
1. Gütliche Einigung nach § 278 Abs. 1 ZPO	91
2. Obligatorischer Gütetermin nach § 278 Abs. 2 ZPO	92
3. Exkurs: Sonderfall gerichtsinterne Mediation	93
4. Exkurs: Schuldnerberatung/Verbraucherinsolvenzverfahren	94
II. Freiwillige Schlichtung	95
1. Auf gesetzlicher Basis	95
a) Schiedsamt	95
b) Sonstige gesetzesgemäß verordnete Schlichtungen	97
aa) ODR-VO	100
bb) ADR-Richtlinie	102
cc) VSBG	103
2. Auf privater Basis	108
a) Ombudsmann-Verfahren	108
aa) Ombudsmann privater Banken	110
bb) Schlichtungsstelle DSGV	112
cc) Schlichtungsstelle Volksbanken Raiffeisenbanken	113
dd) Schlichtungsstelle der Deutschen Bundesbank	114
ee) Ombudsmann für private Versicherungen	115
ff) Ombudsmann in der PKV	116
b) Weitere verbraucherschützende Stellen	117
III. Freiwillige Streitbeilegung ohne Entscheidungsbefugnis – Mediation	120
IV. Freiwillige Streitbeilegung mit Entscheidungsbefugnis – Schiedsgerichtsbarkeit	122

Literatur:

Baldringer, Obligatorische außergerichtliche Streitschlichtung vor Klageerhebung – zugleich Anmerkung zu BGH, Urt. v. 23.11.2004 – VI ZR 336/03, VuR 2005, 285; *Basedow*, Rechtsdurchsetzung und Streitbeilegung, JZ 2018, 1; *Becker/Nicht*, Einigungsversuch und Klagezulässigkeit, ZZP 120 (2007), 159; *Bitter*, Die Crux mit der obligatorischen Schlichtung nach § 15a EGZPO – Zulässige und unzulässige Strategien zur Vermeidung eines Schlichtungsverfahrens, NJW 2005, 1235; *Beunings*, Die obligatorische Streitschlichtung im Zivilprozess, AnwBl 2004, 82; *Deckenbrock/Jordans*, Auswirkungen der obligatorischen Streitschlichtung nach § 15a EGZPO auf den Zivilprozess, JA 2004, 913; *dies.*, Novellierung der Ausführungsgesetze zu § 15a EGZPO, MDR 2006, 421; *dies.*, Neue Entwicklungen bei der obligatorischen Streitschlichtung nach § 15a EGZPO, MDR 2009, 1202; *dies.*, Die obligatorische Streitschlichtung nach § 15a EGZPO, MDR 2013, 945; *dies.*, Aktuelle Entwicklungen bei der obligatorischen außergerichtlichen Streitschlichtung nach § 15a EGZPO, MDR 2017, 376; *Duchstein*, Die Bestimmtheit des Güteantrags zur Verjährungshemmung, NJW 2014, 342; *Eidenmüller*, Obligatorische außergerichtliche Streitbeilegung: Eine contradictio in adiecto?, JZ 2015, 539; *Feix*, Die Verankerung einvernehmlicher Streitbeilegung im deutschen Zivilprozessrecht – Grundfragen zum Nutzen zivilverfahrensrechtlicher Regelungen für die Förderung einer konsensorientierten Streitkultur, 2004; *Fischer/Schmidtbleicher*, Lieber schlichten als richten, AnwBl 2005, 233; *Friedrich*, Aktuelle Entscheidungen zu § 15a EGZPO, NJW 2002, 3223; *ders.*, Aktuelle Entscheidungen zum obligatorischen außergerichtlichen Schlichtungsverfahren, NJW 2003, 3534; *Greger*, Die von der Landesjustizverwaltung anerkannten Gütestellen: Alter Zopf mit Zukunftschancen, NJW 2011, 1478; *Grziwotz/Peter*, Die einvernehmliche Streitbeilegung im Nachbarschaftsrecht, MDR 2017, 617; *Jenkel*, Der Streitschlichtungsversuch als Zulässigkeitsvoraussetzung in Zivilsachen, 2002; *Jordans*, Der rechtliche Charakter von Ombudsmann-Systemen und ihren Entscheidungen, VuR 2003, 253; *ders.*, Außergerichtliche Streitbeilegung – ein Überblick, VuR 2004, 92; *ders.*, Das neue Mediationsgesetz – Chancen und Anforderungen für Rechtsanwälte, MDR 2013, 65; *Klocke*, Über Schlichtungsverfahren zum Zwecke der Verjährungshemmung gem. § 204 Abs. 1 Nr. 4 BGB, FS Prütting, 2018, S. 869; *Klose*, Entwicklungen bei der außergerichtlichen Streitbeilegung, NJ 2018, 12; *Knodel/Winkler*, Obligatorische Streitschlichtung – hilfreich oder lästig?, ZRP 2008, 183; *Lauer*, Erfahrungen mit der außergerichtlichen Schlichtung in Ausführung des § 15a EGZPO, NJW 2004, 1280; *May/Moser*, Anerkannte Gütestellen in der anwaltlichen Praxis – Verjährungshemmung und Konfliktmanagement durch Güteanträge, NJW 2015, 1637; *Prütting*, Außergerichtliche Streitschlichtung, 2002; *Röhl/Weiß*, Die obligatorische Streitschlichtung in der Praxis, 2005; *Schilken*, Probleme der außergerichtlichen obligatorischen Streitschlichtung aufgrund der Öffnungsklausel nach § 15a EGZPO, FS Ishikawa, 2001, 471; *Steike/Borowski*, Verjährungshemmung in Gütestellenverfahren, VuR 2017, 218; *Stöber*, Das obligatorische Schlichtungsverfahren nach § 15a EGZPO, JA 2014, 607; *Thewes*, Geschäftstätigkeit der Schiedspersonen, NJW-aktuell 19/2018, 17; *Wesche*, Obligatorische Schlichtung für kleine Streitwerte – Eine kritische Zwischenbilanz aus der Praxis, MDR 2003, 1029; *ders.*, Zwangsschlichtung oder Schlichtungsanreiz, ZRP 2004, 49.

A. Ziele des Gesetzgebers

Seit dem 1.1.2000 eröffnet der mit dem Gesetz zur Förderung der außergerichtlichen Streitbeilegung[1] neu geschaffene § 15a EGZPO den Bundesländern die Möglichkeit, für bestimmte Fälle (dazu Rdn 4 ff., 26 ff.) ein obligatorisches außergerichtliches Schlichtungsverfahren vor Klageerhebung vorzuschreiben. Mit dieser Verlagerung der Konfliktregelung von den Gerichten auf alternative Streitschlichtungsstellen versprach sich der Bundesgesetzgeber zum einen eine **Entlastung der Justiz**. Zum anderen verband er damit die Hoffnung, dass durch eine Inanspruchnahme solcher Stellen **Konflikte rascher und kostengünstiger bereinigt** werden. Schließlich könnten konsensuale Lösungen in manchen Fallgestaltungen eher **dauerhaften Rechtsfrieden** stiften als eine gerichtliche Entscheidung. In einem Schlichtungsverfahren könnten nämlich Tatsachen berücksichtigt werden, die für die Lösung des Konflikts der Parteien von wesentlicher oder ausschlaggebender Bedeutung, rechtlich jedoch irrelevant seien.[2]

1

Die Einführung der obligatorischen Streitschlichtung ist dabei nur als Teil einer Reihe von Maßnahmen zu sehen, die die Entlastung der Gerichte bezwecken und eine rasche und kostengünstige Konfliktbereinigung ermöglichen sollen. Dabei wurden **sowohl freiwillige als auch zwangsweise Modelle** verfolgt. Neben der gerichtsnahen und gerichtsinternen Mediation sowie der Förderung des Vergleichsschlusses durch Änderungen in der ZPO und im RVG sind weitere Maßnahmen der außer- und vorgerichtlichen Streitbeilegung zu nennen wie beispielsweise zahlreiche Ombudsverfahren verschiedener Branchen der Wirtschaft. Die erforderliche Abgrenzung dieser anderen Schlichtungsarten zur hier primär behandelten obligatorischen Streitschlichtung nach § 15a EGZPO wird unter VII. (Rdn 88 ff.) vorgenommen.

2

Hinweis:

3

Das BVerfG hat die **Verfassungsmäßigkeit des § 15a EGZPO** und der entsprechenden landesrechtlichen Ausführungsvorschriften bestätigt. Das Erfordernis, ein außergerichtliches Schlichtungsverfahren vor Erhebung einer Klage durchzuführen, verstoße weder gegen Art. 19 Abs. 4 GG noch gegen den allgemeinen Justizgewährungsanspruch. Der Gesetzgeber sei nicht gehalten, nur kontradiktorische Verfahren vorzusehen. Er könne auch Anreize für eine einverständliche Streitbewältigung schaffen, etwa um die Konfliktlösung zu beschleunigen, den Rechtsfrieden zu fördern oder die staatlichen Gerichte zu entlasten. Ergänzend müsse allerdings der Weg zu einer Streitentscheidung durch die staatlichen Gerichte eröffnet bleiben. Die Regelung belaste den Rechtsuchenden daher nicht unangemessen, zumal sie auf Fälle eher geringer wirtschaftlicher Bedeutung begrenzt sei. Eine restriktive Auslegung der Norm dahingehend, dass bei erkennbarer Aussichtslosigkeit die Durchführung des Schlichtungsverfahrens entbehrlich werde, sei verfassungsrechtlich nicht geboten.

---

1 V. 15.12.1999, BGBl I, S. 2400.
2 RegE BT-Drucks 14/980, S. 5.

§ 1 Das obligatorische außergerichtliche Schlichtungsverfahren nach § 15a EGZPO

Der Gesetzgeber habe typisierend davon ausgehen dürfen, dass der erfolglose Verlauf vorprozessualer Gespräche zwischen den Parteien nicht zwingend auf die Aussichtslosigkeit eines Schlichtungsverfahrens hindeute.[3]

B. Anwendungsbereich

I. Überblick über die bundesrechtlichen Vorgaben

4 Die **Öffnungsklausel des § 15a EGZPO ist beschränkt auf**
1. vermögensrechtliche Streitigkeiten vor dem Amtsgericht über Ansprüche, deren Gegenstand an Geld oder Geldeswert die Summe von 750 EUR nicht übersteigt,
2. Streitigkeiten über Ansprüche aus dem Nachbarrecht nach den §§ 910, 911, 923 BGB und nach § 906 BGB sowie nach den landesgesetzlichen Vorschriften i.S.d. Art. 124 EGBGB, sofern es sich nicht um Einwirkungen von einem gewerblichen Betrieb handelt,
3. Streitigkeiten über Ansprüche wegen Verletzung der persönlichen Ehre, die nicht in Presse oder Rundfunk begangen worden sind, sowie
4. – nach einer 2006 erfolgten Änderung –[4] Streitigkeiten über Ansprüche nach Abschnitt 3 des AGG.

5 Eine **weitere Begrenzung erfolgt durch § 15a Abs. 2 S. 1 EGZPO**, der verschiedene Streitigkeiten streitwertunabhängig vom Anwendungsbereich ausnimmt. Hierbei handelt es sich um Verfahren, in denen die Vorschaltung eines Schlichtungsverfahrens zu praktischen Schwierigkeiten führen würde.[5] Im Einzelnen bedarf es der vorherigen Durchführung eines außergerichtlichen Streitschlichtungsverfahrens nicht bei Klagen nach den §§ 323, 323a, 324, 328 ZPO, Widerklagen und Klagen, die binnen einer gesetzlichen oder gerichtlich angeordneten Frist zu erheben sind (Nr. 1), bei Wiederaufnahmeverfahren (Nr. 3), bei Ansprüchen, die im Urkunden- oder Wechselprozess geltend gemacht werden (Nr. 4), bei der Durchführung des streitigen Verfahrens, wenn ein Anspruch im Mahnverfahren geltend gemacht worden ist (Nr. 5), und bei Klagen wegen vollstreckungsrechtlicher Maßnahmen, insbesondere nach dem Achten Buch der Zivilprozessordnung (Nr. 6). Ein Schlichtungsverfahren ist nach § 15a Abs. 2 S. 2 EGZPO zudem entbehrlich, wenn die Parteien nicht in demselben Bundesland wohnen oder dort ihren Sitz oder eine Niederlassung haben.

6 Ein vorgeschaltetes **selbstständiges Beweisverfahren** entbindet nicht per se von der Durchführung eines Schlichtungsverfahrens. Zwar finde das obligatorische Streitschlichtungsverfahren – wie von § 15a Abs. 2 S. 1 Nr. 1 EGZPO vorgegeben – keine Anwendung auf Klagen nach den §§ 323, 323a, 324, 328 ZPO, Widerklagen und schließlich „Klagen, die binnen einer gesetzlichen oder gerichtlich angeordneten Frist zu erheben

---

[3] BVerfG, Beschl. v. 14.2.2007 – 1 BvR 1351/01, BVerfGK 10, 275, 278 ff. = NJW-RR 2007, 1073 f.
[4] Mit Wirkung v. 18.8.2006 durch Art. 3 Abs. 16 des Gesetzes zur Umsetzung europäischer Richtlinien zur Verwirklichung des Grundsatzes der Gleichbehandlung v. 14.8.2006, BGBl I, S. 1897, 1910.
[5] BGH, Urt. v. 8.12.2017 – V ZR 16/17, NJW-RR 2018, 394 Rn 13 unter Verweis auf RegE BT-Drucks 14/980, S. 7.

sind". Mit der für fristgebundene Klagen geschaffenen Ausnahme wollte der Gesetzgeber Friktionen mit der Einhaltung der Frist für die Klageerhebung verhindern. Allerdings folgt einem selbstständigen Beweisverfahren nicht automatisch und fristgebunden das Klageverfahren, sondern das Gericht kann gem. § 494a Abs. 1 ZPO nur auf Antrag des Beklagten hin eine Frist für die Klageerhebung bestimmen. Fehlt es an einem solchen Antrag des Beklagten und damit auch an einer Anordnung des Gerichts, die Klage innerhalb einer bestimmten Frist zu erheben, verbleibt es damit bei dem Erfordernis der Durchführung des Schlichtungsverfahrens.[6]

Entsprechendes gilt auch für den Fall, dass vor Klageerhebung ein **einstweiliges Verfügungsverfahren** durchgeführt wurde. Ist die Hauptsache nicht anhängig, so kann auch hier das zuständige Gericht nach § 936 ZPO i.V.m. § 926 ZPO nur auf Antrag des Verfügungsgegners anordnen, dass die Partei, die die einstweilige Verfügung erwirkt hat, binnen einer zu bestimmenden Frist Klage in der Hauptsache zu erheben hat. Fehlt es an einer tatsächlich gesetzten Frist aufgrund gerichtlicher Anordnung, ist die Durchführung des obligatorischen Schlichtungsverfahrens nicht entbehrlich.[7]

Schließlich bietet § 15a Abs. 2 S. 1 Nr. 5 EGZPO in vermögensrechtlichen Streitigkeiten eine gesetzliche Umgehungsmöglichkeit: Wird ein Anspruch im **Mahnverfahren** geltend gemacht, ist die vorherige Durchführung eines Schlichtungsverfahrens entbehrlich.

Streitigkeiten **über Ansprüche wegen Nachbarrechten**, die innerhalb einer gesetzlich angeordneten materiell-rechtlichen Ausschlussfrist mit der Klage geltend zu machen sind, unterliegen der obligatorischen Streitschlichtung; die nachbarrechtlichen Ausschlussfristen stellen nach einer Entscheidung des V. Zivilsenats keinen Fall des § 15a Abs. 2 S. 1 Nr. 1 EGZPO dar.[8] Hiermit seien allein Klagen gemeint, die aufgrund ihrer Eilbedürftigkeit innerhalb einer kurzen prozessualen Frist erhoben werden müssen. Als Beispiele benennt der Senat die Klage nach § 878 Abs. 1 ZPO (Widerspruchsklage im Verteilungsverfahren), die innerhalb von einem Monat zu erheben ist,[9] und die Klage nach § 558b Abs. 2 S. 1 BGB (Klage auf Erteilung der Zustimmung zur Mieterhöhung), für die die Klagefrist nach § 558b Abs. 2 S. 2 BGB drei Monate beträgt.[10]

Hinweis:

Weiterhin ist ein Schlichtungsverfahren nach § 15a Abs. 3 EGZPO dann nicht erforderlich, wenn die Parteien einvernehmlich einen **Einigungsversuch vor einer sonstigen Gütestelle**, die Streitbeilegungen betreibt, unternommen haben (siehe zu anderen Formen der außergerichtlichen Schlichtung Rdn 88 ff.).

---

6 OLG Saarbrücken, Urt. v. 22.1.2015 – 4 U 34/14, BeckRS 2015, 06193; LG Wiesbaden, Urt. v. 10.7.2015 – 1 O 204/14, BeckRS 2016, 08630.
7 OLG Saarbrücken, Urt. v. 20.5.2015 – 1 U 131/14, BeckRS 2015, 10748.
8 BGH, Urt. v. 8.12.2017 – V ZR 16/17, NJW-RR 2018, 394 Rn 8 ff. (zum NachbG S-H); ebenso AG Königstein, Beschl. v. 12.5.2003 – 21 C 491/03 (12), NJW 2003, 1954, 1955; MüKo-ZPO/*Gruber*, § 15a EGZPO Rn 40 Fn 109.
9 BGH, Urt. v. 8.12.2017 – V ZR 16/17, NJW-RR 2018, 394 Rn 13 unter Verweis auf RegE BT-Drucks 14/980, S. 7.
10 BGH, Urt. v. 8.12.2017 – V ZR 16/17, NJW-RR 2018, 394 Rn 13.

II. Überblick über die landesrechtlichen Ausführungsgesetze

11 Der Bundesgesetzgeber hat von einer bundeseinheitlichen Einführung der obligatorischen Streitschlichtung unter Hinweis auf das **Fehlen eines flächendeckenden Netzes an Gütestellen** und die deshalb zu erwartenden Verzögerungen des Zugangs zu den Gerichten abgesehen.[11] Vielmehr gibt die bundesrechtliche Regelung des § 15a EGZPO nur den Rahmen vor, in dem sich die verschiedenen Bundesländer bewegen können. Die Länder dürfen keine Regelungen treffen, die über die Grenzen dieser Öffnungsklausel hinausgehen. Sie sind aber nicht gezwungen, diese vollständig auszunutzen oder von der Ermächtigung überhaupt Gebrauch zu machen. In der Tat enthalten die einzelnen Ausführungsgesetze zum Teil signifikante Unterschiede. Der Rechtsanwender muss daher neben § 15a EGZPO auch stets – wenn überhaupt vorhanden – das jeweilige Ausführungsgesetz des Landes im Blick haben.

12 Nach Inkrafttreten des § 15a EGZPO hatten mit Baden-Württemberg, Bayern, Brandenburg, Hessen, Nordrhein-Westfalen, dem Saarland, Sachsen-Anhalt und Schleswig-Holstein zunächst acht Bundesländer von der Ermächtigung des § 15a EGZPO Gebrauch gemacht. Um nach einer gewissen Zeit zu überprüfen, ob die obligatorische Streitschlichtung die in sie gesetzten Hoffnungen erfüllt, hat eine **Bund-Länder-Arbeitsgruppe** den **Erfolg und die Praxistauglichkeit der außergerichtlichen obligatorischen Streitbeilegung** unter dem Thema „Umsetzung des § 15a EGZPO" unter die Lupe genommen. Sie ist in ihrem Abschlussbericht 2007 u.a. zu folgenden Feststellungen gelangt:[12]

- *„In ihrer Struktur soll die Regelung des § 15a EGZPO als länderoffene Regelung beibehalten werden.*
- *Ungeachtet des Umstandes, dass der rein streitwertbezogene Ansatz des § 15a Abs. 1 Nr. 1 EGZPO in der Praxis auf heftige Kritik stößt, wird von einer Streichung der Regelung abgeraten. Als Option für die Länder sollte diese Möglichkeit durch § 15a Abs. 1 Nr. 1 EGZPO offen gehalten werden.*
- *Die in § 15a Abs. 1 Nrn. 2 und 3 EGZPO enthaltenen Sachgebiete (Nachbarrecht, Ehrverletzung) haben sich bewährt und sollten als Option für die Länder unverändert fortgelten. Reformbedarf besteht insoweit nicht.*
- *Auf der Grundlage der Ergebnisse der Praxisbefragung und der Auswertung der statistischen Erkenntnisse lassen sich keine abstrakt-generell abgrenzbaren Sachgebiete identifizieren, die den Anwendungsbereich des § 15a EGZPO über die gegenwärtige Rechtslage hinaus sachgebietsbezogen ergänzen könnten.*

---

11 So RegE BT-Drucks 14/980, S. 5.
12 Vgl. LT-Drucks NRW 14/4975, S. 6. Der Abschlussbericht ist von der 78. Konferenz der Justizministerinnen und Justizminister am 28.6.2007 zur Kenntnis genommen worden, abrufbar unter https://www.mj.niedersachsen.de/download/7776/Top_I.4_-_Abschlussbericht_der_Bund-Laender-Arbeitsgruppe_Umsetzung_des_15a_EGZPO_.pdf (zuletzt abgerufen am 12.10.2018).

B. Anwendungsbereich

■ *Die Ausnahme für eine Anwendung des § 15a Abs. 1 EGZPO in den Fällen eines Mahnverfahrens (§ 15a Abs. 2 Nr. 5 EGZPO) soll beibehalten werden. Die Möglichkeit der schnellen und einfachen Titulierung unbestrittener Forderungen ist weiterhin zu gewährleisten. Die aufgrund der Ausnahme zu beobachtende ‚Flucht ins Mahnverfahren' führt zu einer mittelbaren Entlastung der Gerichte."*

Auch wenn etwa auf dem 67. Deutschen Juristentag 2008 in Erfurt erneut die Aufhebung des § 15a EGZPO gefordert worden ist,[13] hat die Anzahl der landesrechtlichen Schlichtungsgesetze insgesamt zugenommen. Die oben beschriebene Evaluation haben die Bundesländer aber einheitlich zum Anlass genommen, das **Erfordernis, bei vermögensrechtlichen Streitigkeiten ein Schlichtungsverfahren durchzuführen, zu streichen**, weil bei diesen Streitigkeiten eine Umgehung der Streitschlichtung durch das Mahnverfahren möglich sei und weil viele dieser Klageverfahren für eine Streitschlichtung ungeeignet seien.[14] Dagegen haben sie an dem Erfordernis, in Nachbar- und Ehrverletzungsstreitigkeiten eine Streitschlichtung durchzuführen, festgehalten, auch weil die Vergleichsquote bei den Streitigkeiten am höchsten sei.[15] Bayern, Brandenburg und Niedersachsen verlangen die vorherige Durchführung eines obligatorischen Streitschlichtungsverfahrens allerdings allein bei Sachverhalten, die in die Zuständigkeit eines Amtsgerichts fallen (Rdn 30, 41).[16]

Inzwischen haben mit Bayern, Brandenburg, Hessen, Mecklenburg-Vorpommern, Niedersachsen, Nordrhein-Westfalen, Rheinland-Pfalz, dem Saarland, Sachsen-Anhalt und Schleswig-Holstein **zehn der 16 Bundesländer ein Ausführungsgesetz zu § 15a EGZPO** erlassen. Dabei ist zu beachten, dass das hessische Ausführungsgesetz bis zum 31.12.2025 (vgl. § 16 S. 2 HSchlichtG) befristet ist; die saarländische Regelung läuft aktuell bis zum 31.12.2020 (vgl. Art. 6 Abs. 1 S. 2 LSchlG). Baden-Württemberg hat sein Schlichtungsgesetz allerdings mit Wirkung vom 1.5.2013 aufgehoben, die anderen fünf Bundesländer (Berlin, Bremen, Hamburg, Sachsen und Thüringen) haben für die Einführung verpflichtender Streitschlichtungsverfahren bislang keine Notwendigkeit gesehen.

Die Landesschlichtungsgesetze enthalten zudem Vorschriften zu ihrem **örtlichen Anwendungsbereich**. Zur Vermeidung großer Kosten, insbesondere Reisekosten, verlangen sie in aller Regel die Durchführung eines Schlichtungsverfahrens nur dann, wenn die Parteien im gleichen Landgerichtsbezirk wohnen bzw. ihren Sitz haben.[17] Solche Erleichterungen tragen dem – auch verfassungsrechtlich gebotenen – Interesse des Ge-

---

13 Beschluss Nr. 32 der Abteilung Mediation, vgl. Ständige Deputation des Deutschen Juristentages, Verhandlungen des 67. Deutschen Juristentages, Bd. II/1, 2008, O 81; für eine ersatzlose Abschaffung auch *Knodel/Winkler*, ZRP 2008, 183 ff. und jüngst *Thewes*, NJW-aktuell 19/2018, 17.
14 So etwa die Begründung in LT-Drucks Hessen 16/4132, S. 10.
15 Vgl. BGH, Urt. v. 19.2.2016 – V ZR 96/15, NJW-RR 2016, 823 Rn 14.
16 Vgl. etwa Art. 1 BaySchlG, § 1 Abs. 1 BbgSchlG, § 1 Abs. 1 NSchlG.
17 Nach § 2 RhPfLSchlG genügt es aber auch, wenn die Parteien in benachbarten Landgerichtsbezirken wohnen bzw. ihren Sitz haben.

schädigten, das Verfahren nach Möglichkeit in der Nähe seines Wohnorts betreiben zu können, Rechnung.[18]

16 Nach dem BGH soll diese Einschränkung – wenn es keine entsprechende gesetzliche Klarstellung gibt – nur auf die Parteien, nicht auf die Gütestellen bezogen sein. Es sei daher dem späteren Kläger (der im Streitfall wie der spätere Beklagte seinen Wohnsitz im Landgerichtsbezirk Bonn hatte) nicht verwehrt, eine Gütestelle in einem anderen Landgerichtsbezirk (im Streitfall Hamm) anzurufen. Das in § 55 Abs. 1 S. 2 JustG NRW normierte Recht auf **freie Auswahl der Gütestelle** sei nicht beschränkt.[19] Überwiegend schreiben die landesrechtlichen Ausführungsgesetze allerdings vor, dass die Gütestelle in dem entsprechenden Landgerichtsbezirk liegen muss.[20]

17 § 15a Abs. 1 S. 1, Abs. 6 S. 1 EGZPO weist den einzelnen Bundesländern auch die Kompetenz zu, zu regeln, wer **Gütestelle** ist („durch die Landesjustizverwaltung eingerichtete oder anerkannte Gütestelle"). Während die meisten Bundesländer eine Schiedsleutetradition kennen, kann in Bayern etwa jeder Rechtsanwalt, der nicht Parteivertreter ist, und jeder Notar (vgl. Art. 3 Abs. 1 BaySchlG) agieren.

18 Zudem finden sich in den verschiedenen landesrechtlichen Ausführungsgesetzen Vorschriften zum **Verfahrensablauf**.[21] Das Schlichtungsverfahren wird auf **Antrag einer Partei** eingeleitet. Der Antrag kann in aller Regel bei der Schiedsperson schriftlich eingereicht oder mündlich zu Protokoll gegeben werden (vgl. etwa § 20 Abs. 1 SchAG NRW). Er muss dabei die Namen und Anschriften der Parteien und ihrer gesetzlichen Vertretung angeben, den Gegenstand des Streits allgemein bezeichnen und von der antragstellenden Partei unterschrieben sein. Einem schriftlichen Antrag sollen die für die Zustellung erforderlichen Abschriften beigefügt werden. Dem Antrag können weitere „Hilfsmittel" wie Fotos und Lagepläne beigefügt werden.[22] Angaben zum Streitwert sind sinnvoll, wenn das entsprechende Landesschlichtungsgesetz die obligatorische Streitschlichtung nur vor Verfahren vor dem Amtsgericht kennt (Rdn 13, 30, 41).[23]

19 Das folgende Muster eines Antrags auf Einleitung eines Schlichtungsverfahrens nach § 15a Abs. 1 S. 1 Nr. 2 EGZPO i.V.m. § 53 Abs. 1 Nr. 1 JustG NRW[24] ist angelehnt an den Tatbestand von AG Ahrensburg, Urt. v. 2.6.2016 – 42 C 1480/15, BeckRS 2016, 130233 (Vorinstanz von BGH, Urt. v. 8.12.2017 – V ZR 16/17, NJW-RR 2018, 394).

---

18 BVerfG, Beschl. v. 14.2.2007 – 1 BvR 1351/01, BVerfGK 10, 275, 281 f. = NJW-RR 2007, 1073, 1075.
19 BGH, Urt. v. 8.7.2008 – VI ZR 221/07, NJW-RR 2008, 1662 Rn 16 ff. zu § 12 GüSchlG NRW a.F.
20 Siehe etwa Art. 6 S. 2 BaySchlG („Bestehen in dem Amtsgerichtsbezirk, in dem der Antragsgegner seinen Wohnsitz, seinen Sitz oder seine Niederlassung hat, Gütestellen, so kann die antragstellende Partei nur unter diesen auswählen."), § 4 S. 1 HSchlichtG („Das Schlichtungsverfahren ist bei der Gütestelle einzuleiten, in deren Bezirk die Gegenpartei wohnt."), § 2 S. 1 NSchlG („Für die obligatorische Streitschlichtung ist das Schiedsamt örtlich zuständig, in dessen Bezirk die Antragsgegnerin oder der Antragsgegner eine Wohnung oder ihren oder seinen Sitz oder eine Niederlassung hat."), § 15 SchStG S-A („Zuständig ist die Schiedsstelle, in deren Bezirk der Antragsgegner oder die Antragsgegnerin wohnen.").
21 Siehe dazu *Grziwotz/Peter*, MDR 2017, 617, 619 f., die die einzelnen Stadien eines Schlichtungsverfahrens (Ermittlung der Interessen, Aufzeigen von Entscheidungsalternativen, Ausloten der Einigungschancen) näher beschreiben.
22 *Grziwotz/Peter*, MDR 2017, 617, 619.
23 *Grziwotz/Peter*, MDR 2017, 617, 619.
24 Bzw. der entsprechenden landesgesetzlichen Vorschrift.

B. Anwendungsbereich

An das Schiedsamt/Gütestelle [25]

In dem Rechtsstreit des ▓▓▓▓ [Name und ladungsfähige Anschrift], Antragstellers, gegen den ▓▓▓▓ [Name und ladungsfähige Anschrift], Antragsgegner,

beantrage ich namens und in Vollmacht des Antragstellers die Durchführung eines außergerichtlichen Streitschlichtungsverfahrens.

Der Antragsteller begehrt den Rückschnitt von fünf Hainbuchen auf dem Grundstück des Antragsgegners. Die Parteien sind Nachbarn. Der Antragsteller ist Eigentümer des Grundstücks ▓▓▓▓. Der Antragsgegner ist Eigentümerin des Grundstücks ▓▓▓▓. Auf dem Grundstück des Antragsgegners an der Grundstücksgrenze zum Grundstück des Antragstellers befinden sich Bäume und Sträucher, unter anderem fünf Hainbuchen. Die Hainbuchen sind im Herbst 2017 gepflanzt worden und haben eine Höhe von 2,20 m bis 2,50 m. Die Hainbuchen befinden sich auf dem Grundstück des Antragsgegners in einem Abstand von ca. 35–45 cm zur Grundstücksgrenze des Antragstellers. Die erste Pflanze ist ca. 40 cm, die zweite Pflanze ca. 38 cm, die dritte Pflanze ca. 30 cm, die vierte Pflanze ca. 44 cm und die fünfte Pflanze ca. 40 cm von der Grundstücksgrenze entfernt. Die aktuelle Situation ist in den anliegenden Fotos und Skizzen näher dargestellt.

Der Antragsteller begehrt vom Antragsgegner die fünf Hainbuchen, die an der südwestlichen Grenze des Grundstücks ▓▓▓▓ zum Grundstück ▓▓▓▓, dort konkret: seitlich zur Auffahrt, stehen – Standort der Hecke im Auszug aus dem Liegenschaftskataster orangefarbig markiert – bis auf eine Höhe von 1,20 m zurückzuschneiden. Trotz mehrfacher Aufforderungen hat der Antragsgegner mitgeteilt, dass keinerlei Arbeiten zur Einhaltung irgendwelcher Grenzabstände mehr erforderlich seien.

Rechtsanwalt

Nach Antragseingang wird der Schlichter zunächst seine Zuständigkeit prüfen. Zudem wird er eine **Abschrift des Antrags dem Antragsgegner zuleiten** (vgl. dazu auch Rdn 74), in aller Regel aber erst nach Zahlung des Kostenvorschusses (vgl. etwa Art. 10 Abs. 1 S. 1 BaySchlG; § 43 Abs. 2 S. 1 SchAG NRW; zur Höhe der Kosten Rdn 81). 20

Die jeweiligen Landesschlichtungsgesetze kennen überwiegend auch Regelungen zu den **Pflichten des Schlichters**, durch die insbesondere die Neutralität, Unabhängigkeit und Rechtsstaatlichkeit des Verfahrens sichergestellt werden sollen. Hierzu zählt auch die Pflicht zur Verschwiegenheit des Schlichters und ein Zeugnisverweigerungsrecht in einem späteren gerichtlichen Verfahren (vgl. etwa Art. 8 Abs. 2 S. 1 BaySchlG; § 10 SchAG NRW). Auch wenn eine landesrechtliche Regelung keine ausdrückliche gesetzliche Regelung enthält, kann im außergerichtlichen Schlichtungsverfahren die Schiedsamtsperson stets wegen **Besorgnis der Befangenheit** abgelehnt werden. Die aus dem Rechtsstaatsprinzip abzuleitende Rechtsschutzgarantie beinhaltet das Instrument der Richterablehnung.[26] 21

---

[25] Zur örtlichen Zuständigkeit in Nordrhein-Westfalen siehe etwa § 44 JustG NRW i.V.m. § 14 SchAG NRW.
[26] OLG Oldenburg, Beschl. v. 10.8.2016 – 4 VA 4/16, NJW-RR 2016, 1408.

22   Was den Ablauf der Verhandlung angeht, ist der Schlichter weitgehend frei. Die Landesschlichtungsgesetze enthalten insoweit nur rudimentäre Regelungen. Die Schlichtungsverhandlung erfolgt **nichtöffentlich** (vgl. etwa Art. 10 Abs. 2 BaySchlG; § 24 Abs. 1 S. 1 SchAG NRW). In der Regel lädt der Schlichter keine Zeugen und Sachverständigen. Die Parteien haben im Schlichtungstermin in aller Regel **persönlich zu erscheinen** (vgl. nur Art. 11 Abs. 1 BaySchlG; § 21 Abs. 1 SchAG NRW). Allerdings können **Zeugen und Sachverständige**, die freiwillig erscheinen bzw. von den Parteien auf deren Kosten herbeigeschafft werden, angehört werden; auch kann unter Umständen ein **Augenschein** eingenommen werden (siehe insoweit etwa Art. 10 Abs. 3 BaySchlG; § 25 Abs. 1 SchAG NRW).

23   In den landesrechtlichen Ausführungsgesetzen können sich auch Regelungen zur **Protokollierung** der Verhandlung finden (vgl. etwa § 26 Abs. 1 SchAG NRW). In jedem Fall ist eine etwaige Vereinbarung, die vor dem Schlichter zur Konfliktbeilegung geschlossen wird, unter Angabe des Tages ihres Zustandekommens schriftlich niederzulegen (vgl. etwa Art. 12 BaySchlG; § 26 Abs. 2 Nr. 4 SchAG NRW). Nach § 15a Abs. 6 S. 2 EGZPO i.V.m. § 794 Abs. 1 Nr. 1 ZPO kommt einem vor einer durch die Landesjustizverwaltung eingerichteten oder anerkannten Gütestelle abgeschlossenen Vergleich die Qualität eines **Vollstreckungstitels** zu.[27]

24   Scheidet eine Einigung aus, wirkt der Antragsgegner am Schlichtungsverfahren nicht mit oder kann es innerhalb von drei Monaten seit Antragstellung nicht durchgeführt werden, hat der Schlichter eine **Erfolglosigkeitsbescheinigung** auszustellen (Rdn 49 ff.). Manche Schlichtungsgesetze sehen die Ausstellung eines solchen Zeugnisses auch dann vor, wenn der Schlichter den sachlichen oder örtlichen Anwendungsbereich als nicht einschlägig oder er die Angelegenheit für eine Schlichtung aus rechtlichen oder tatsächlichen Gründen von vornherein für ungeeignet erachtet (vgl. etwa Art. 4 Abs. 2 BaySchlG).

25   Die nachfolgende tabellarische Übersicht stellt heraus, inwieweit Bundesländer von der Öffnungsklausel des § 15a EGZPO Gebrauch gemacht haben:

Bundesland	Name des Ausführungsgesetzes	Fundstelle	Sachlicher Anwendungsbereich (Abweichungen von § 15a EGZPO)	Räumlicher Anwendungsbereich	Zuständigkeit
Baden-Württemberg	Das frühere Gesetz zur obligatorischen außergerichtlichen Streitschlichtung (Schlichtungsgesetz – SchlG) vom 28.6.2000 (GBl S. 470) wurde durch Art. 1 des Gesetzes zur Aufhebung des Schlichtungsgesetzes vom 16.4.2013 (GBl S. 53) aufgehoben.				

---

27 Zum möglichen Inhalt einer Einigung im Schlichtungsverfahren siehe *Grziwotz/Peter*, MDR 2017, 617, 621.

B. Anwendungsbereich § 1

Bundesland	Name des Ausführungsgesetzes	Fundstelle	Sachlicher Anwendungsbereich (Abweichungen von § 15a EGZPO)	Räumlicher Anwendungsbereich	Zuständigkeit
Bayern	Bayerisches Gesetz zur obligatorischen außergerichtlichen Streitschlichtung in Zivilsachen (Bayerisches Schlichtungsgesetz – BaySchlG)	vom 25.4.2000 (GVBl. S. 268); zuletzt geändert durch § 2 Abs. 15 des Gesetzes vom 8.4.2013 (GVBl. S. 174)	Art. 1: – keine Streitschlichtung in vermögensrechtlichen Streitigkeiten erforderlich – erfasst sind ausschließlich Streitigkeiten vor den Amtsgerichten	Art. 2: Parteien haben ihren Wohnsitz, ihren Sitz oder ihre Niederlassung in demselben Landgerichtsbezirk (Bezirke der Landgerichte München I und München II gelten insoweit als ein Landgerichtsbezirk)	Art. 5: Jeder Notar, jeder als Gütestelle zugelassene Rechtsanwalt und weitere anerkannte Schlichtungsstellen
Berlin	Kein Ausführungsgesetz				
Brandenburg	Gesetz zur Einführung einer obligatorischen außergerichtlichen Streitschlichtung im Land Brandenburg (Brandenburgisches Schlichtungsgesetz – BbgSchlG)	vom 5.10.2000 (GVBl. I S. 134); zuletzt geändert durch Art. 3 Gesetzes zur Änderung des Brandenburgischen Gütestellengesetzes und weiterer Gesetze vom 8.3.2018 (GVBl. I Nr. 4)	§ 1 Abs. 1: – keine Streitschlichtung in vermögensrechtlichen Streitigkeiten erforderlich – keine AGG-Streitigkeiten erfasst – erfasst sind ausschließlich Streitigkeiten vor den Amtsgerichten	§ 2: Parteien haben ihren Wohnsitz, ihren Sitz oder ihre Niederlassung in demselben Landgerichtsbezirk	§ 3: Schiedsstelle i.S.d. des Schiedsstellengesetzes (ehrenamtliche Schiedspersonen) oder Gütestelle nach § 794 Abs. 1 Nr. 1 ZPO

§ 1 Das obligatorische außergerichtliche Schlichtungsverfahren nach § 15a EGZPO

Bundesland	Name des Ausführungsgesetzes	Fundstelle	Sachlicher Anwendungsbereich (Abweichungen von § 15a EGZPO)	Räumlicher Anwendungsbereich	Zuständigkeit
Bremen	Kein Ausführungsgesetz				
Hamburg	Kein Ausführungsgesetz				
Hessen	Gesetz zur Regelung der außergerichtlichen Streitschlichtung	vom 6.2.2001 (GVBl. I S. 98); zuletzt geändert durch Art. 1 des zwölften Gesetzes zur Verlängerung der Geltungsdauer und Änderung befristeter Rechtsvorschriften vom 22.8.2018 (GVBl. S. 362) nach § 16 S. 2 befristet bis zum 31.12.2025	§ 1 Abs. 1: – keine Streitschlichtung in vermögensrechtlichen Streitigkeiten erforderlich – keine AGG-Streitigkeiten erfasst	§ 2: Parteien haben ihren Wohnsitz, ihren Sitz oder ihre Niederlassung in Hessen	§ 3: Schiedsamt oder anerkannte Gütestelle
Mecklenburg-Vorpommern	Schiedsstellen- und Schlichtungsgesetz – SchStG M-V	vom 13.9.1990 (GBl S. 1527), zuletzt geändert durch Art. 2 des Gesetzes zur Änderung des Landesjustizkostengesetzes und des Schiedsstellen- und Schlichtungsgesetzes vom 11.11.2015 (GVOBl. M-V S. 462)	§ 34a Abs. 1: – keine Streitschlichtung in vermögensrechtlichen Streitigkeiten erforderlich – keine AGG-Streitigkeiten erfasst	§ 34a Abs. 2: – Nachbarrechtsverhältnis besteht auf dem Gebiet des Landes Mecklenburg-Vorpommern – bei Ehrverletzungsstreitigkeiten: Parteien haben ihren Wohnsitz, Sitz oder Niederlassung in Mecklenburg-Vorpommern	§ 34b: Schiedsstelle

B. Anwendungsbereich § 1

Bundes-land	Name des Ausführungs-gesetzes	Fundstelle	Sachlicher Anwendungs-bereich (Abweichungen von § 15a EGZPO)	Räumlicher Anwendungs-bereich	Zuständigkeit
Nieder-sachsen	Niedersächsisches Gesetz zur obligatorischen außergerichtlichen Streit-schlichtung (Niedersächsisches Schlichtungsgesetz – NSchlG)	vom 17.12.2009 (Nds. GVBl. S. 482), geändert durch Art. 2 des Gesetzes über die Neuordnung von Vorschriften über die Justiz vom 16.12.2014 (Nds. GVBl. S. 436)	§ 1 Abs. 1: – keine Streit-schlichtung in vermögensrecht-lichen Streitig-keiten erforder-lich – erfasst sind ausschließlich Streitigkeiten vor den Amts-gerichten	§ 1 Abs. 4: Parteien haben ihren Sitz oder ihre Niederlas-sung in demsel-ben Landgerichtsbezirk	§ 1 Abs. 5: Schiedsamt oder anerkannte Gü-testelle
Nord-rhein-Westfa-len	Gesetz über die Justiz im Land Nordrhein-Westfalen (Justizgesetz Nordrhein-Westfalen – JustG NRW)	vom 26.1.2010 (GV. NRW. S. 30), zuletzt geändert durch Art. 7 Entfesse-lungspaket I vom 22.3.2018 (GV. NRW. S. 172)	§ 53 Abs. 1: keine Streit-schlichtung in vermögensrecht-lichen Streitig-keiten erforder-lich	§ 54: Parteien haben ihren Wohnsitz, ihren Sitz oder ihre Niederlassung in demselben Landgerichts-bezirk	§ 55 Abs. 1: Schiedsamt oder anerkannte Gü-testelle
Rhein-land-Pfalz	Landesgesetz zur Ausführung des § 15a des Gesetzes be-treffend die Ein-führung der Zivilprozess-ordnung (Landesschlich-tungsgesetz – LSchlG)	vom 10.9.2008 (GVBl. S. 204)	§ 1 Abs. 1: – keine Streit-schlichtung in vermögensrecht-lichen Streitig-keiten erforder-lich – keine AGG-Streitigkeiten erfasst	§ 2: Parteien ha-ben ihren Wohn-sitz, ihren Sitz oder ihre Nieder-lassung in Rheinland-Pfalz in demselben oder in benach-barten Land-gerichtsbezirken	§ 3: nach der Schiedsamts-ordnung (SchO) bestellte Schied-spersonen oder andere Güte-stellen

Deckenbrock/Jordans 133

§ 1 Das obligatorische außergerichtliche Schlichtungsverfahren nach § 15a EGZPO

Bundesland	Name des Ausführungsgesetzes	Fundstelle	Sachlicher Anwendungsbereich (Abweichungen von § 15a EGZPO)	Räumlicher Anwendungsbereich	Zuständigkeit
Saarland	Gesetz zur Ausführung bundesrechtlicher Justizgesetze (AGJusG)	vom 5.2.1997 (ABl S. 258), zuletzt geändert durch Art. 3 des Gerichtsstrukturreformgesetzes vom 30.11.2016 (ABl 2017 I S. 79) Die §§ 37a–37c AGJusG treten nach Art. 6 Abs. 1 S. 2 des Gesetzes zur Ausführung des § 15a des Gesetzes betreffend die Einführung der Zivilprozessordnung und zur Änderung von Rechtsvorschriften (Landesschlichtungsgesetz – LSchlG) v. 21.2.2001 (ABl I S. 532), zuletzt geändert durch Art. 12 des Gesetzes zur Verlängerung der Geltungsdauer von Vorschriften vom 26.10.2010 (ABl I S. 1406) mit Ablauf des 31.12.2020 außer Kraft	§ 37a Abs. 1: – keine Streitschlichtung in vermögensrechtlichen Streitigkeiten erforderlich – keine AGG-Streitigkeiten erfasst	§ 37a Abs. 1: Parteien haben ihren Wohnsitz, ihren Sitz oder ihre Niederlassung im Saarland	§ 37b: nach der Saarländischen Schiedsordnung bestellte Schiedspersonen

B. Anwendungsbereich § 1

Bundesland	Name des Ausführungsgesetzes	Fundstelle	Sachlicher Anwendungsbereich (Abweichungen von § 15a EGZPO)	Räumlicher Anwendungsbereich	Zuständigkeit
Sachsen	Das Gesetz über die Schiedsstellen in den Gemeinden des Freistaates Sachsen und über die Anerkennung von Gütestellen im Sinne des § 794 Abs. 1 Nr. 1 der Zivilprozessordnung (Sächsisches Schieds- und Gütestellengesetz – SächsSchiedsGütStG) vom 27.5.1999 (SächsGVBl. S. 247), zuletzt geändert durch Art. 2 des Gesetzes zur Änderung von Gesetzen mit Bezug zur Justiz vom 15.11.2017 (SächsGVBl. S. 598), sieht keine Verpflichtung zur Durchführung eines obligatorischen Streitschlichtungsverfahrens vor Klageerhebung vor.				
Sachsen-Anhalt	Schiedsstellen- und Schlichtungsgesetz (SchStG)	in der Fassung der Bekanntmachung vom 22.6.2001 (GVBl. LSA S. 214); zuletzt geändert durch Art. 2 des Gesetzes zur Änderung des Justizkostengesetzes und anderer Gesetze vom 5.12.2014 (GVBl. LSA S. 512)	§ 34a Abs. 1: – keine Streitschlichtung in vermögensrechtlichen Streitigkeiten erforderlich – keine AGG-Streitigkeiten erfasst	§ 34a Abs. 3: Parteien haben ihren Wohnsitz, ihren Sitz oder ihre Niederlassung in Sachsen-Anhalt	§ 34b: Schiedsstellen nach § 1; Schlichtungsstellen (Notar oder Rechtsanwalt)
Schleswig-Holstein	Gesetz zur Ausführung von § 15a des Gesetzes betreffend die Einführung der Zivilprozessordnung (Landesschlichtungsgesetz – LSchliG)	vom 11.12.2001 (GVOBl. S. 361, ber. 2002 S. 218), zuletzt geändert durch Art. 1 des Änderungsgesetzes vom 16.12.2008 (GVOBl. Schl.-H. S. 831)	§ 1 Abs. 1: keine Streitschlichtung in vermögensrechtlichen Streitigkeiten erforderlich	§ 1 Abs. 2 S. 2: Parteien haben ihren Wohnsitz, ihren Sitz oder ihre Niederlassung in demselben Landgerichtsbezirk	§ 3: Gütestellen sind allgemeine Gütestellen, Schiedsämter und anwaltliche Gütestellen (§ 6)
Thüringen	Das Thüringer Gesetz über die Schiedsstellen in den Gemeinden (Thüringer Schiedsstellengesetz – ThürSchStG) in der Fassung der Bekanntmachung vom 17.5.1996 (GVBl. S. 61), zuletzt geändert durch Art. 5 des Landesrechtsanpassungsgesetzes-Änderungsgesetzes vom 9.9.2010 (GVBl. S. 291) sieht keine Verpflichtung zur Durchführung eines obligatorischen Streitschlichtungsverfahrens vor Klageerhebung vor.				

C. Voraussetzungen für die Durchführung eines Schlichtungsverfahrens im Einzelnen

I. Vermögensrechtliche Streitigkeiten

26 Der Gesetzgeber hat die Sinnhaftigkeit eines vorgerichtlichen Güteverfahrens bei diesen Streitigkeiten damit begründet, dass hier die Bedeutung der Sache in keinem angemessenen Verhältnis zu dem Kosten- und Zeitaufwand eines gerichtlichen Verfahrens stehe und sich deshalb die Einschaltung einer kostengünstigen Gütestelle anbiete.[28] Nachdem zunächst zahlreiche Bundesländer auch oder gerade in vermögensrechtlichen Streitigkeiten mit geringem Streitwert ein Streitschlichtungsverfahren für obligatorisch erklärt haben, ist diese Variante der außergerichtlichen Streitschlichtung heute **praktisch ohne jede Bedeutung** (zu Einzelheiten Rdn 13, 25).

27 Nach der Rechtsprechung des BGH muss der Kläger auch dann einen außergerichtlichen Schlichtungsversuch nicht durchführen, wenn er einen Zahlungsanspruch auf eine nachbarrechtliche Streitigkeit i.S.d. § 15a Abs. 1 S. 1 Nr. 2 EGZPO oder eine ehrverletzende Äußerung i.S.d. § 15a Abs. 1 S. 1 Nr. 3 EGZPO stützt (Rdn 37 ff., 46).

II. Nachbarstreitigkeiten

28 Dagegen haben alle Länder, die ein Ausführungsgesetz verabschiedet haben, von der Ermächtigung des § 15a Abs. 1 S. 1 Nr. 2 EGZPO, nach der bestimmte nachbarrechtliche Streitigkeiten Gegenstand eines obligatorischen Schlichtungsverfahrens sein können, Gebrauch gemacht (Rdn 13, 25).[29] Wie die Statistiken zeigen, hat das Erfordernis der obligatorischen Streitschlichtung heutzutage sogar die größte Relevanz in nachbarrechtlichen Streitigkeiten.[30] **Im Einzelnen** ist ein Streitschlichtungsverfahren möglich bei Streitigkeiten wegen
- Überwuchses nach § 910 BGB, Hinüberfalls nach § 911 BGB sowie wegen eines Grenzbaumes nach § 923 BGB,
- der in § 906 BGB geregelten Einwirkungen auf das Nachbargrundstück,
- der landesgesetzlichen Vorschriften nach Art. 124 EGBGB, die das Eigentum an Grundstücken zugunsten der Nachbarn noch anderen als den im Bürgerlichen Gesetzbuch bestimmten Beschränkungen unterwerfen,

sofern es sich nicht um Einwirkungen von einem gewerblichen Betrieb handelt.

29 Nach Ansicht des Gesetzgebers handelt es sich bei diesen Fällen um Streitigkeiten, bei deren Beilegung es das primäre Ziel sei, die Sozialbeziehung zwischen den Parteien wiederherzustellen und zu erhalten. Ein solcher „**sozialer Friede**" sei eher durch eine einverständlich getroffene zukunftsorientierte Regelung als durch eine kontradiktorische gerichtliche Entscheidung zu erreichen.[31]

---

[28] RegE BT-Drucks 14/980, S. 6.
[29] Allgemein zum Ablauf der Streitschlichtung im Nachbarschaftsrecht *Grziwotz/Peter*, MDR 2017, 617 ff.
[30] Siehe etwa die Zahlen bei LT-Drucks Baden-Württemberg 15/3024, S. 5 ff.
[31] RegE BT-Drucks 14/980, S. 6.

C. Voraussetzungen für die Durchführung eines Schlichtungsverfahrens im Einzelnen § 1

Der Landesgesetzgeber kann die Zulässigkeit der Klage von der Durchführung eines obligatorischen Streitschlichtungsverfahrens **ohne Rücksicht auf die Höhe des Streitwerts und die Zuständigkeit von Amts- oder Landgericht** abhängig machen. Bayern, Brandenburg und Niedersachsen beschränken das Schlichtungserfordernis aber auf Sachverhalte, für die die Zuständigkeit eines Amtsgerichts gegeben ist (Rdn 13, 41).[32]

30

Vor diesem Hintergrund eignen sich Streitigkeiten nach Ansicht des Gesetzgebers wegen der in § 906 BGB geregelten Immissionen nicht für ein obligatorisches vorgerichtliches Güteverfahren, wenn sie von einem **gewerblichen Betrieb** ausgehen. In diesen Fällen fehle es an den persönlich geprägten nachbarlichen Beziehungen zwischen den Parteien, die der wesentliche Grund für die Geeignetheit eines Schlichtungsverfahrens sind. Im Übrigen seien in solchen Verfahren häufig die Einschaltung von Sachverständigen und die Klärung schwieriger Rechtsfragen notwendig. Sie seien daher für ein obligatorisches Schlichtungsverfahren vor einer allgemeinen Gütestelle nicht geeignet.[33]

31

Der BGH hält eine Rechtsstreitigkeit über Ansprüche wegen im Nachbarrechtsgesetz geregelter Rechte immer dann für gegeben, wenn dieses Gesetz Regelungen enthält, die für den Interessenkonflikt der Nachbarn im konkreten Fall von Bedeutung sind. Erst durch die **Zusammenschau aller gesetzlichen Regelungen des Nachbarrechts**, das sich als Bundesrecht im BGB findet (§§ 906 ff. BGB) und in den Rechtsvorschriften der landesrechtlichen Nachbargesetze enthalten ist, würden nämlich Inhalt und Schranken der Eigentümerstellung bestimmt. Nur in dem hiernach gegebenen Rahmen könne ein Eigentümer sich gegen eine von dem Nachbargrundstück ausgehende Beeinträchtigung zur Wehr setzen oder verpflichtet sein, diese zu dulden.[34] Das OLG Köln hat auf diesen Grundsätzen aufbauend entschieden, dass die auf §§ 1004, 826 BGB oder eine schuldrechtliche Duldungsvereinbarung gestützten nachbarrechtlichen Ansprüche der Notwendigkeit der Durchführung eines außergerichtlichen Streitschlichtungsversuchs unterliegen. Diese Ansprüche seien eng mit den nachbarschaftlichen Vorschriften verbunden.[35]

32

> *Beispiele:*
>
> In diesem Zusammenhang ist instanzgerichtlich entschieden worden, dass bei einem Streit unter Wohnungseigentümergemeinschaften darüber, ob eine **Kaminbefestigung** verbleiben kann, die Durchführung eines außergerichtlichen Schlichtungsverfahrens notwendig ist, da Anspruchsgrundlage die §§ 1004, 823 BGB i.V.m. – im konkreten Fall – § 26 NachbG NRW sind.[36] Gleiches gilt, wenn es um **Abrissarbeiten** des Beklagten **an einer Mauer** geht, die jedenfalls vor ihrem Abriss eine Nachbarwand i.S.d. § 7 NachbG NRW darstellte.[37] Die Klage ist ohne vorherige Durchführung

33

---

32 Vgl. etwa Art. 1 BaySchlG, § 1 Abs. 1 BbgSchlG, § 1 Abs. 1 NSchlG.
33 RegE BT-Drucks 14/980, S. 6.
34 BGH, Urt. v. 22.10.2004 – V ZR 47/04, NJW-RR 2005, 501, 503.
35 OLG Köln, Beschl. v. 18.1.2006 – 2 U 113/05, BeckRS 2006, 04116; ebenso OLG Zweibrücken, Beschl. v. 10.10.2016 – 2 U 11/16, BeckRS 2016, 123414.
36 AG Düsseldorf, Urt. v. 30.6.2010 – 291a C 1995/10, BeckRS 2010, 27144.
37 OLG Hamm, Urt. v. 26.3.2012 – I-5 U 177/11, BeckRS 2012, 10498.

eines Schlichtungsverfahrens ebenfalls unzulässig beim Antrag eines Nachbarn, eine entlang der Grundstücksgrenze verlaufende **Mauer zu entfernen**, hilfsweise ihre Höhe zu reduzieren,[38] und beim klägerischen Verlangen, der Beklagte möge den **Hund** so halten, dass das Bellen in den Mittags- und in den Nachtstunden nicht zu hören ist.[39] Auch das Begehren, dass der Nachbar **Hainbuchen zurückschneiden** möge, muss zunächst in einem Schlichtungsverfahren verfolgt werden.[40] Schlichtungsbedürftig ist auch das Begehren, dem Nachbarn die Nutzung des unter dem Grundbesitz verlegten **Abwasserrohrs** zu untersagen.[41]

34 Verlangt eine Partei von ihrem Nachbarn die Beseitigung von Bäumen, weil ihr Luft und Licht durch Anpflanzungen auf dem Nachbargrundstück entzogen würden, bedarf es nach der Rechtsprechung des V. Zivilsenats nicht der vorherigen Durchführung eines Schlichtungsverfahrens. Dies gelte auch dann, wenn der Kläger seinen Anspruch maßgeblich auf §§ 1004, 906 BGB gestützt habe. Die Karlsruher Richter haben insoweit auf die gefestigte höchstrichterliche Rechtsprechung verwiesen, nach der der **Entzug von Luft und Licht** als sog. negative Einwirkung jedoch gerade nicht zu den Einwirkungen i.S.v. § 906 BGB zähle. Dieser Einwirkungsbegriff sei maßgeblich für die Auslegung von § 53 Abs. 1 Nr. 1a JustG NRW, und zwar selbst dann, wenn die Klage gerade deren Änderung herbeiführen soll. Aus dem Gebot der Rechtsstaatlichkeit (Art. 19 Abs. 4, 20 Abs. 3 GG) folge, dass Inhalt und Reichweite eines zwingenden Zulässigkeitserfordernisses bei Klageerhebung verlässlich und vorhersehbar festzustellen seien.[42]

35 Überhaupt gilt, dass allein der Umstand, dass es sich um eine Streitigkeit zwischen Nachbarn handele, nicht die Notwendigkeit der Durchführung eines außergerichtlichen Streitschlichtungsversuchs begründet. Insoweit kommt es darauf an, ob es sich gerade um eine der im jeweiligen Landesschlichtungsgesetz genannten Streitigkeiten handelt. So kann etwa unmittelbar Klage erhoben werden, wenn Ursache der Streitigkeit eine **öffentlich-rechtliche Verpflichtung nach der Landesbauordnung** ist.[43] Ein Streitschlichtungsverfahren soll ebenfalls nicht durchzuführen sein, wenn sich der Streit um reine Hof- und Gartenmauern drehe, denn diese seien keine Nachbarwände i.S.d. Landesnachbarrechtsgesetzes.[44]

36 Die Regelung des § 15a Abs. 1 S. 1 Nr. 2 EGZPO sowie die sie umsetzenden landesrechtlichen Ausführungsgesetze gelten grundsätzlich auch in **Wohnungseigentumsverfahren**.[45] So ist in der instanzgerichtlichen Rechtsprechung etwa die Frage, ob die Abwehr

---

38 BGH, Urt. v. 18.6.2010 – V ZR 9/10, NJW-RR 2010, 1726 Rn 6 f.; vgl. auch BGH, Urt. v. 22.10.2004 – V ZR 47/04, NJW-RR 2005, 501.
39 BGH, Urt. v. 20.11.2009 – V ZR 94/09, NJW-RR 2010, 357 Rn 6.
40 BGH, Urt. v. 8.12.2017 – V ZR 16/17, NJW-RR 2018, 394 Rn 5.
41 OLG Saarbrücken, Urt. v. 20.5.2015 – 1 U 131/14, BeckRS 2015, 10748.
42 BGH, Urt. v. 10.7.2015 – V ZR 229/14, NJW-RR 2015, 1425 Rn 5 ff.
43 OLG Zweibrücken, Urt. v. 4.11.2016 – 2 U 12/16, BeckRS 2016, 19569; *Grziwotz/Peter*, MDR 2017, 617, 618.
44 OLG Hamm, Urt. v. 4.2.2016 – 5 U 148/14, NJOZ 2016, 1363, 1364.
45 LG Dortmund, Urt. v. 11.7.2017 – 1 S 282/16, NJW-RR 2017, 1292, 1293 m.w.N.; AG Düsseldorf, Urt. v. 30.6.2010 – 291a C 1995/10, BeckRS 2010, 27144; a.A. dagegen etwa LG Frankfurt a.M., Urt. v. 15.3.2018 – 2–13 S 102/17, BeckRS 2018, 4155 (kein Schlichtungsverfahren bei Streit zwischen zwei Wohnungseigentümern über die „Grenzbepflanzung").

störender Wohngeräusche aus der Nachbarwohnung während allgemeiner Ruhezeiten (z.B. „laute" Musik, Fernsehgeräusche, Möbelrücken, Herunterlassen von Rollläden, Umherlaufen mit Stöckelschuhen) der landesrechtlichen obligatorischen Streitschlichtung unterliegt, bejaht worden.[46]

Eine besonders weite Auslegung des § 15a Abs. 1 S. 1 Nr. 2 EGZPO bzw. der entsprechenden landesrechtlichen Ausführungsgesetze haben einige Instanzgerichte vorgenommen, indem sie in den Anwendungsbereich der Regelungen auch **Bereicherungs- und Schadensersatzansprüche** einbezogen haben, soweit diese ihre Grundlage darin finden, dass Äste oder Wurzeln über eine Grundstücksgrenze hinausgewachsen sind. Die Beschränkung auf Ansprüche aus § 910 BGB als Anspruchsgrundlage sei vom Wortsinn her nicht veranlasst.[47] Das BVerfG hat eine derartige Auslegung nicht als objektiv willkürliche Anwendung des § 522 Abs. 2 S. 1 Nr. 2 ZPO angesehen.[48] 37

In der Tat lassen sich solche vermögensrechtlichen Ansprüche im Nachbarrechtsverhältnis grundsätzlich unter § 15a Abs. 1 S. 1 Nr. 2 EGZPO subsumieren, wenn sie auf eine Nachbarrechtsstreitigkeit zurückgehen. Die Regelung ist nicht allein auf nachbarrechtliche Beseitigungs- und Unterlassungsansprüche zugeschnitten. Denn auch bei der Geltendmachung von Zahlungsansprüchen, die auf eine Nachbarrechtsstreitigkeit zurückgehen, kann die Wiederherstellung und Erhaltung der Sozialbeziehung der Nachbarn besondere Bedeutung erlangen. Es wäre daher grundsätzlich denkbar, in den verschiedenen Ausführungsgesetzen für solche Zahlungsansprüche eine Verpflichtung zur Durchführung eines Streitschlichtungsverfahrens vorzusehen, ohne dass die Streitwertgrenze des § 15a Abs. 1 S. 1 Nr. 1 EGZPO zu beachten ist.[49] 38

Der BGH hat gleichwohl in mehreren Entscheidungen für die Streitschlichtungsgesetze von Hessen (§ 1 Nr. 1 HessSchlG),[50] von Nordrhein-Westfalen (§ 53 Abs. 1 Nr. 1 JustG NRW),[51] von Rheinland-Pfalz (§ 1 RhPfLSchlG)[52] und vom Saarland (§ 37a Abs. 1 Nr. 1 AGJusG)[53] ausgeführt, dass sie keine auf nachbarrechtliche Streitigkeiten zurückgehende Zahlungsansprüche erfassen. Allerdings hat der V. Zivilsenat die Frage, ob die Öffnungsklausel des § 15a Abs. 1 S. 1 Nr. 2 EGZPO die Einführung eines obligatorischen Schlich- 39

---

46 LG Dortmund, Urt. v. 11.7.2017 – 1 S 282/16, NJW-RR 2017, 1292, 1293 f.
47 Siehe etwa OLG Frankfurt a.M., Urt. v. 6.3.2008 – 4 U 41/07, NJOZ 2008, 1996 ff.; OLG Saarbrücken, Urt. v. 14.12.2006 – 8 U 724/05, NJW 2007, 1292, 1293; LG Karlsruhe, Urt. v. 16.10.2002 – 1 S 103/02, 1 S 103/02; AG Nürnberg, Urt. v. 9.4.2002 – 14 C 8577/01, MittBayNot 2003, 152; AG Rosenheim, Urt. v. 11.4.2001 – 18 C 65/01, NJW 2001, 2030, 2031.
48 BVerfG, Beschl. v. 25.2.2009 – 1 BvR 3598/08, BVerfGK 15, 127, 131 ff. = NJW-RR 2009, 1026 (zu § 1 Abs. 1 Nr. 2 BbgSchlG).
49 Zöller/*Heßler*, § 15a EGZPO Rn 7; MüKo-ZPO/*Gruber*, § 15a EGZPO Rn 32.
50 BGH, Urt. v. 10.7.2009 – V ZR 69/08, NJW-RR 2009, 1238 Rn 10 ff.; vgl. auch OLG Frankfurt a.M., Hinweisbeschl. v. 16.4.2018 – 8 U 108/17, BeckRS 2018, 19149.
51 BGH, Urt. v. 2.3.2012 – V ZR 169/11, NZM 2012, 435 Rn 6 ff.; a.A. noch die Vorinstanz OLG Köln, Urt. v. 28.6.2011 – 24 U 128/10, BeckRS 2012, 08246.
52 BGH, Urt. v. 19.2.2016 – V ZR 96/15, NJW-RR 2016, 823 Rn 9 ff.; a.A. noch die Vorinstanz OLG Zweibrücken, Urt. v. 9.4.2015 – 6 U 3/14, BeckRS 2015, 09230 sowie OLG Zweibrücken, Urt. v. 9.7.2012 – 7 U 302/11, BeckRS 2012, 16867.
53 BGH, Urt. v. 27.1.2017 – V ZR 120/16, NJW-RR 2017, 443 Rn 7 ff.; a.A. noch die Vorinstanz LG Saarbrücken, Urt. v. 15.4.2016 – 5 S 40/14, BeckRS 2016, 115703 sowie OLG Saarbrücken, Urt. v. 22.1.2015 – 4 U 34/14, BeckRS 2015, 06193.

tungsversuchs auch für Zahlungsansprüche, die auf die in der Norm genannten nachbarrechtlichen Streitigkeiten gestützt werden, unabhängig vom Streitwert erlauben würde, offengelassen. Er hat vielmehr in den konkreten Fällen ein Schlichtungserfordernis jeweils mit der Begründung verneint, dass sich jedenfalls aus der Entstehungsgeschichte der Schlichtungsgesetze ergebe, dass der jeweilige Gesetzgeber für Zahlungsklagen aller Art keine obligatorische Streitschlichtung vorsehen wollte.[54]

III. Ehrverletzungsstreitigkeiten

40 § 15a Abs. 1 S. 1 Nr. 3 EGZPO erstreckt den Anwendungsbereich des obligatorischen Schlichtungsverfahrens auf Ansprüche wegen **Verletzungen der persönlichen Ehre**, soweit diese **nicht in Presse oder Rundfunk** begangen werden. Bei Ehrverletzungen im privaten Bereich ohne presserechtlichen Bezug handelt es sich in aller Regel um in rechtlicher und tatsächlicher Hinsicht einfache Konflikte, die durch eine persönliche Erörterung mit den Parteien beigelegt werden können. Ihre Einbeziehung erscheint auch deshalb sachgerecht, weil für die strafrechtliche Verfolgung ebenfalls ein Sühneverfahren vorgeschaltet ist (§ 380 Abs. 1 StPO) und damit eine gewisse Gleichwertigkeit des zivil- und strafprozessualen Vorgehens erreicht wird.[55]

41 Die Öffnungsklausel des § 15a Abs. 1 S. 1 Nr. 3 EGZPO umfasst Unterlassungs- und Widerrufsansprüche grundsätzlich **unabhängig vom Streitwert und der Zuständigkeit von Amts- oder Landgericht**. Einige landesrechtliche Ausführungsgesetze beschränken das Schlichtungserfordernis aber auf Sachverhalte, für die die Zuständigkeit eines Amtsgerichts gegeben ist (Rdn 13, 30).[56]

42 Werden Ansprüche **im einstweiligen Verfügungsverfahren** geltend gemacht, besteht von vornherein kein Schlichtungserfordernis. Nach dem Wortlaut des § 15a Abs. 1 S. 1 EGZPO kann ein außergerichtlicher Schlichtungsversuch allein Zulässigkeitsvoraussetzung der „Klage", nicht aber eines Antrags auf Erlass einer einstweiligen Verfügung sein.[57]

43 *Beispiele:*

Der Durchführung eines vorherigen Schlichtungsverfahrens bedarf es daher insbesondere bei der Geltendmachung von Unterlassungsansprüchen infolge von Beleidigungen und unwahren Tatsachenbehauptungen sowie bei Widerrufsansprüchen im Fall von unwahren Tatsachenbehauptungen.[58] Dazu zählt die Geltendmachung eines Anspruchs auf Unterlassung, „die Klägerin als Asoziale oder in ähnlicher Weise zu betiteln oder zu beleidigen"[59] sowie dahingehend, die Klägerin sei eine „dreckige alte

---

54 BGH, Urt. v. 19.2.2016 – V ZR 96/15, NJW-RR 2016, 823 Rn 10 ff.; BGH, Urt. v. 27.1.2017 – V ZR 120/16, NJW-RR 2017, 443 Rn 8 ff.; a.A. *Stöber*, JA 2014, 607, 608.
55 RegE BT-Drucks 14/980, S. 6.
56 Vgl. etwa Art. 1 BaySchlG, § 1 Abs. 1 BbgSchlG, § 1 Abs. 1 NSchlG.
57 OLG Hamm, Beschl. v. 11.5.2007 – 9 U 37/07, NJOZ 2007, 5720, 5722 f.
58 BGH, Urt. v. 8.7.2008 – VI ZR 221/07, NJW-RR 2008, 1662 Rn 12.
59 BGH, Urt. v. 8.7.2008 – VI ZR 221/07, NJW-RR 2008, 1662 Rn 12.

C. Voraussetzungen für die Durchführung eines Schlichtungsverfahrens im Einzelnen § 1

Schlampe", eine „Lügnerin", eine „Betrügerin" oder sie sei „vorbestraft".[60] Erfasst ist auch die Klage gegen die geschiedene Ehegattin, sie habe ihm 40.000 EUR gestohlen oder unterschlagen.[61] Gleiches gilt, wenn ein Mitglied einer Wohnungseigentümergemeinschaft ein anderes auf Unterlassung von Äußerungen, die in einem an die übrigen Wohnungseigentümer gerichteten Schreiben enthalten sind, in Anspruch nehmen möchte.[62] Begehrt jemand die Unterlassung der Behauptung, er würde seinen Nachbarn mittels einer installierten Kamera in seiner Privatsphäre überwachen, ist dies ebenfalls eine Ehrverletzungsstreitigkeit i.S.d. § 15a Abs. 1 S. 1 Nr. 3 EGZPO.[63] Schlichtungsbedürftig können auch Ehrverletzungen sein, die in sozialen Netzwerken begangen werden.[64]

Zu weit geht dagegen die Auffassung, es seien alle Ansprüche erfasst, die das **allgemeine Persönlichkeitsrecht** gewähre.[65] Denn dieses schützt umfassend das Recht des Einzelnen auf Achtung seiner individuellen Persönlichkeit. Der bei der obligatorischen Streitschlichtung angesprochene zivilrechtliche Ehrenschutz bezieht sich hingegen vor allem auf den Schutz der Persönlichkeit vor herabsetzenden Werturteilen und vor unwahren Tatsachenbehauptungen und betrifft somit nur einen Teil des allgemeinen Persönlichkeitsrechts.[66] Begehrt jemand von seinem Nachbarn Unterlassung, ihn oder seine Kinder gegen seinen Willen zu fotografieren, bedarf es daher nicht der vorherigen Durchführung eines Schlichtungsverfahrens.[67] Gleiches gilt, wenn der Beklagte künftig unterlassen soll zu behaupten, dass der Hund des Klägers im Eigenjagdbezirk des Beklagten gewildert habe.[68]   44

Eine weitere Ausnahme sieht das Gesetz für Ehrverletzungen vor, die in **Presse oder Rundfunk** begangen wurden. Während der Begriff der „Presse" den „Druckwerken" in den Landespressegesetzen entspricht, umfasst der Begriff „Rundfunk" alle öffentlich übertragenen Ton- und Fernseh-Rundfunksendungen einschließlich des Internets. Diese Ausnahme greift indes nur dann, wenn sich der Schuldner mit seiner Verletzungshandlung ein Forum gesucht hat, das zu einer Veröffentlichung seiner Ehrverletzung in den Medien führt, nicht dagegen, wenn es ohne nachweisbares Hinzutun des Ehrverletzers zu einer Veröffentlichung kommt.[69] Die Ausnahmeregel für Ehrverletzungen, die in Presse und Rundfunk begangen wurden, kann aber schon nach ihrem Wortlaut nicht dahin verstanden werden, dass medien-öffentliche Ehrkränkungen lediglich ein Regelbeispiel für schwerwiegende Ehrverletzungen sind und dass ein Schlichtungsverfahren   45

---

60 LG München I, Urt. v. 15.9.2014 – 1 S 1836/13, BeckRS 2015, 07218; vgl. auch (zum Unterlassen der Bezeichnung „Lügner") BGH, Urt. v. 7.7.2009 – VI ZR 278/08, NJW-RR 2009, 1239 Rn 5.
61 Vgl. BGH, Urt. v. 30.4.2013 – VI ZR 151/12, NJOZ 2013, 1816.
62 BGH, Urt. v. 18.7.2014 – V ZR 287/13, NJW-RR 2014, 1358 Rn 5.
63 BGH, Urt. v. 8.7.2008 – VI ZR 221/07, NJW-RR 2008, 1662 Rn 12; OLG Saarbrücken, Urt. v. 10.8.2011 – 5 U 533/10, BeckRS 2011, 139276; LG Frankfurt a.M., Urt. v. 2.9.2015 – 2–16 S 16/15, NJW-RR 2016, 302.
64 *Grziwotz/Peter*, MDR 2017, 617, 621.
65 Stein/Jonas/*Schlosser*, § 15a EGZPO Rn 8.
66 LG Frankfurt a.M., Urt. v. 2.9.2015 – 2–16 S 16/15, NJW-RR 2016, 302.
67 BGH, Urt. v. 8.7.2008 – VI ZR 221/07, NJW-RR 2008, 1662 Rn 12.
68 OLG Saarbrücken, Urt. v. 10.8.2011 – 5 U 533/10, BeckRS 2011, 139276.
69 LG Duisburg, Urt. v. 2.9.2008 – 13 S 140/08, BeckRS 2008, 20179.

bei **„bedeutenden" Eingriffen in die Ehre** ebenfalls nicht Zulässigkeitsvoraussetzung sei.[70]

46 Zwar hat der BGH in einer früheren Entscheidung einmal die Auffassung vertreten, dass ein im Anschluss an eine Ehrverletzung geltend gemachter **Anspruch auf Schadensersatz in Geld** auch i.S.d. § 15a Abs. 1 S. 1 Nr. 3 EGZPO schlichtungsbedürftig sein könne.[71] Diese Rechtsprechung stammt aber aus einer Zeit, als die Landesschlichtungsgesetze allgemein für vermögensrechtliche Streitigkeiten (bis zu einem bestimmten Streitwert) noch die verpflichtende Durchführung eines Schlichtungsverfahrens vorsahen. Inzwischen geht die Rechtsprechung aber aufgrund der flächendeckend erfolgten Abkehr von obligatorischen Schlichtungsverfahren in vermögensrechtlichen Streitigkeiten davon aus, dass unmittelbar Klage erhoben werden kann, wenn wegen einer Verletzung der Ehre Geldentschädigung verlangt wird (Rdn 37 ff.).[72]

IV. Anwendungsbereich im Rahmen des AGG

47 Mit dem im Rahmen des zum 18.8.2006 in Kraft getretenen Gesetzes zur Umsetzung europäischer Richtlinien zur Verwirklichung des Grundsatzes der Gleichbehandlung[73] eingeführten § 15a Abs. 1 S. 1 Nr. 4 EGZPO ist den Bundesländern zudem die Möglichkeit eröffnet worden, eine verpflichtende außergerichtliche Schlichtung für Streitigkeiten über Ansprüche nach Abschnitt 3 des AGG vorzusehen.[74] Hierunter fallen insbesondere die in § 21 Abs. 1 AGG geregelten Primäransprüche auf Beseitigung (S. 1) und Unterlassung (S. 2) einer Benachteiligung sowie der Schadensersatzanspruch nach § 21 Abs. 2 AGG. Der Gesetzgeber hat mit dieser Erweiterung die „Entlastung sämtlicher Beteiligter" bezweckt. Streitigkeiten über Benachteiligungen seien in besonderer Weise für ein obligatorisches Streitschlichtungsverfahren geeignet, wie die Sachnähe zu den Ehrverletzungsstreitigkeiten zeige.[75]

48 Von dieser Öffnungsklausel haben mit Bayern, Niedersachsen, Nordrhein-Westfalen und Schleswig-Holstein bislang nur vier der zehn Länder, die überhaupt eine obligatorische Streitschlichtung kennen, Gebrauch gemacht. Rechtsprechung zu Streitschlichtungsverfahren im Zusammenhang mit AGG-Ansprüchen ist bislang allerdings noch nicht bekannt geworden. Der BGH hat aber in einer nachbarrechtlichen Streitigkeit beiläufig zum Ausdruck gebracht, dass die Landesgesetze vor dem Hintergrund ihrer Entstehungsgeschichte auch in AGG-Streitigkeiten nur solche Ansprüche erfassen dürften, die nicht auf Geldzahlung gerichtet sind (vgl. bereits Rdn 37 ff., 46).[76] Folgt man dieser Rechtspre-

---

70 OLG Saarbrücken, Urt. v. 26.11.2003 – 1 U 146/03, BeckRS 2005, 00355; a.A. OLG Saarbrücken Beschl. v. 28.1.2005 – 4 W 300/04, BeckRS 2005, 08073.
71 BGH, Urt. v. 8.7.2008 – VI ZR 221/07, NJW-RR 2008, 1662 Rn 12.
72 BGH, Urt. v. 10.7.2009 – V ZR 69/08, NJW-RR 2009, 1238 Rn 13 (zum HSchlichtG); a.A. LG Kiel, Urt. v. 2.4.2009 – 7 S 72/08, BeckRS 2009, 10257; *Stöber*, JA 2014, 607, 608.
73 Gesetz v. 14.8.2006, BGBl I, S. 1897, 1910.
74 BGBl I, S. 1897, 1910.
75 RegE BT-Drucks 16/1780, S. 58.
76 BGH, Urt. v. 2.3.2012 – V ZR 169/11, NZM 2012, 435 Rn 121; a.A. noch die Vorinstanz OLG Köln, Urt. v. 28.6.2011 – 24 U 128/10, BeckRS 2012, 08246.

chung, dürften aktuell Schadensersatzansprüche nach § 21 Abs. 2 AGG auch ohne vorherige Durchführung eines außergerichtlichen Schlichtungsverfahrens eingeklagt werden können.[77]

D. Prozessuale Fragestellungen

Der Versuch einer gütlichen Einigung im Rahmen eines außergerichtlichen Schlichtungsverfahrens stellt eine **Prozessvoraussetzung** dar, die vom Gericht **von Amts wegen** zu prüfen ist.[78] Dabei ist eine Klage, der ein obligatorisches Streitschlichtungsverfahren vorauszugehen hat, stets dann als zulässig anzusehen, wenn der Kläger mit der Klageschrift eine von der Gütestelle ausgestellte **Bescheinigung** über einen erfolglosen Einigungsversuch eingereicht hat.

49

In den landesrechtlichen Vorschriften finden sich zum Teil nähere Anforderungen an den **Inhalt** der Bescheinigung. So muss die Bescheinigung nach § 53 Abs. 2 JustG NRW Name und Anschrift der Parteien sowie Angaben über den Gegenstand des Streits, insbesondere die Anträge, enthalten; außerdem sollen Beginn und Ende des Verfahrens vermerkt werden. Nach Art. 4 Abs. 3 BaySchlG hat das Zeugnis die Namen und die Anschriften des Antragstellers und des Antragsgegners, eine kurze Darstellung des Streitgegenstands, Angaben zum Streitwert sowie den Zeitpunkt, zu dem das Verfahren beendet ist, zu enthalten; wird das Zeugnis ausgestellt, weil der Schlichter die Angelegenheit für eine Schlichtung für ungeeignet erachtet, sind die Gründe dafür im Zeugnis anzugeben.[79] Diese Bescheinigung ist auf Antrag auch auszustellen, wenn binnen einer Frist von drei Monaten das von ihm **beantragte Einigungsverfahren nicht durchgeführt** worden ist (§ 15a Abs. 1 S. 3 EGZPO).

50

Das Prozessgericht ist bei der Prüfung dieser Prozessvoraussetzung an die ihm vorgelegte Bescheinigung auch dann gebunden, wenn es vor der Gütestelle zu einem **Verfahrensverstoß** gekommen ist. Es ist daher ohne Bedeutung, wenn die Schiedsperson entgegen der landesgesetzlichen Durchführungsbestimmungen aufgrund „erkennbarer Aussichtslosigkeit" des Schlichtungsversuchs von einem Schlichtungsgespräch abgesehen hat, da solche Verfahrensfehler nicht zulasten des Klägers gehen dürfen.[80] Ebenso wenig führt der Umstand, dass der Sohn des Klägers während des eigentlich nichtöffentlichen Schlichtungsverfahrens anwesend war, zur Unzulässigkeit der Klage.[81]

51

Die Rechtspraxis musste sich aber gleichwohl immer wieder mit den **Rechtsfolgen eines nicht durchgeführten Schlichtungsverfahrens** beschäftigen. Angesichts des eingeschränkten Anwendungsbereichs des § 15a EGZPO sowie der verschiedenen landes-

52

---

77 A.A. *Stöber*, JA 2014, 607, 609.
78 Zöller/*Heßler*, § 15a EGZPO Rn 24.
79 Zum Inhalt einer Bescheinigung über die erfolglose Durchführung eines Schlichtungsverfahrens siehe *Grziwotz/Peter*, MDR 2017, 617, 622.
80 BGH, Urt. v. 20.11.2009 – V ZR 94/09, NJW-RR 2010, 357 Rn 6 ff.; *Grziwotz/Peter*, MDR 2017, 617, 622.
81 AG Karlsruhe, Urt. v. 31.5.2013 – 4 C 482/12, BeckRS 2013, 13746.

rechtlichen Regelungen und des Umstands, dass Anwälte gemäß § 78 ZPO vor allen Gerichten (mit Ausnahme des BGH in Zivilsachen) postulationsfähig sind und daher bundesweit auftreten können, ist es keine Seltenheit, dass das Schlichtungsverfahren einfach vergessen wird. Daneben gibt es Versuche, das Verfahren bewusst zu umgehen.

Hierzu wurden folgende Leitlinien entwickelt:

I. Keine Nachholbarkeit eines Schlichtungsverfahrens

53 Der VI. Zivilsenat des BGH hat den Wortlaut der Norm so interpretiert, dass der in den jeweiligen landesrechtlichen Ausführungsgesetzen vorgeschriebene **Einigungsversuch zwingend der Klageerhebung vorausgehen muss** und nicht nach der Klageerhebung nachgeholt werden kann. Eine ohne den Einigungsversuch erhobene Klage sei als **unzulässig** abzuweisen, da die Durchführung des Schlichtungsverfahrens nicht nur eine besondere Prozessvoraussetzung sei, die (erst) zum Zeitpunkt der letzten mündlichen Verhandlung vorliegen müsse, sondern Voraussetzung einer wirksamen Klageerhebung.[82]

54 Der BGH begründet seine Auffassung nicht nur mit dem Wortlaut der Norm, sondern auch mit dem **Sinn und Zweck des obligatorischen Schlichtungsverfahrens**. Die vom Gesetzgeber verfolgten Ziele, die Justiz zu entlasten und Konflikte rascher und kostengünstiger zu bereinigen, könnten nur erreicht werden, wenn § 15a EGZPO konsequent derart ausgelegt werde, dass die Rechtsuchenden und die Anwaltschaft in den durch Landesgesetz vorgegebenen Fällen vor Anrufung der Gerichte auch tatsächlich den Weg zu den Schlichtungsstellen beschreiten müssen. Könnte ein Schlichtungsversuch noch nach Klageerhebung problemlos nachgeholt werden, ohne dass Rechtsnachteile befürchtet werden müssten, so wäre das Vorgehen der Rechtsuchenden vielfach schon von vornherein auf ein paralleles Vorgehen abgestellt mit dem festen Willen, eine Schlichtung scheitern zu lassen.[83]

55 Aus diesen Gründen überzeuge der Hinweis der Gegenmeinung[84] auf den Gesichtspunkt der Prozessökonomie nicht. **Prozessökonomische Überlegungen** dürfen sich angesichts der aufgezeigten Problemlage nicht nur auf den gerichtlichen Prozess beziehen, sondern

---

[82] BGH, Urt. v. 23.11.2004 – VI ZR 336/03, BGHZ 161, 145, 148 ff. = NJW 2005, 437, 438 f. mit kritischer Anm. *Deckenbrock/Dötsch*, AnwBl 2005, 294 f.; *Jordans*, MDR 2005, 286 f.; siehe nachfolgend auch BGH, Urt. v. 8.7.2008 – VI ZR 221/07, NJW-RR 2008, 1662 Rn 10; BGH, Urt. v. 7.7.2009 – VI ZR 278/08, NJW-RR 2009, 123 Rn 7; BGH, Urt. v. 13.7.2010 – VI ZR 111/09, NJW-RR 2010, 1725 Rn 9 u. 11; BGH, Urt. v. 30.4.2013 – VI ZR 151/12, NJOZ 2013, 1816 Rn 4; BGH, Urt. v. 18.7.2014 – V ZR 287/13, NJW-RR 2014, 1358 Rn 5; BGH, Urt. v. 10.7.2015 – V ZR 229/14, NJW-RR 2015, 1425 Rn 4. Zur entsprechenden Anwendung dieser Rechtsprechung auf die Durchführung eines vertraglich vereinbarten Schlichtungsverfahrens als Prozessvoraussetzung für eine Feststellungsklage gegen AG-Gesellschafterbeschlüsse siehe OLG Frankfurt a.M., Urt. v. 6.5.2014 – 5 U 116/13, BeckRS 2014, 09185 (Suhrkamp-Streit).
[83] BGH, Urt. v. 23.11.2004 – VI ZR 336/03, BGHZ 161, 145, 149 f. = NJW 2005, 437, 438 f.
[84] Siehe etwa (vor der BGH-Entscheidung) OLG Saarbrücken, Urt. v. 26.11.2003 – 1 U 146/03, BeckRS 2005, 00355; OLG Hamm, Urt. v. 11.4.2002 – 5 U 167/01, BeckRS 2002, 13244; LG Duisburg, Urt. v. 11.11.2003 – 13 S 245/03, BeckRS 2003, 14880; LG Essen, Urt. v. 22.7.2003 – 15 S 31/03, NJOZ 2004, 1730 f.; LG München II, Urt. v. 6.11.2001 – 2 S 5384/01, NJW-RR 2003, 355 f.; LG Kassel, Urt. v. 18.4.2002 – 1 S 640/01, NJW 2002, 2256; *Deckenbrock/Jordans*, JA 2004, 913, 914 f.

müssten im vorliegenden Zusammenhang auch die vom Gesetzgeber angestrebte Neuregelung des Verfahrensgangs unter Einschluss des zwingend vorgeschalteten Schlichtungsverfahrens in den Blick nehmen. Bei dieser Sichtweise erweise sich die Zulassung einer Nachholung des Verfahrens als geradezu kontraproduktiv und damit ersichtlich nicht prozessökonomisch.[85]

> *Hinweis:* 56
>
> Eine **Aussetzung des Rechtsstreits** zur Nachholung des Schlichtungsverfahrens analog § 148 ZPO kommt damit nicht in Betracht.[86] Etwas anderes gilt auch nicht, weil die Parteien bereits zwischenzeitlich einen **gerichtlichen Vergleichsvorschlag abgelehnt** haben.[87]

Konsequenz dieses BGH-Beschlusses ist es, dass die Klage in der **Berufungs- oder** 57 **Revisionsinstanz** auch dann als unzulässig abzuweisen ist, wenn vorinstanzlich ein Sachurteil ergangen ist. Ein anderes Ergebnis widerspräche den mit der Einführung des Schlichtungsverfahrens vor allem im öffentlichen Interesse verfolgten gesetzgeberischen Zielen. Diese ließen sich nicht verwirklichen, wenn das Unterbleiben der Prüfung der Zulässigkeitsvoraussetzung der vorangegangenen Durchführung des Schlichtungsverfahrens durch das erstinstanzliche Gericht oder die durch dieses zu Unrecht erfolgte Verneinung des Erfordernisses einer vorhergehenden erfolglosen Streitschlichtung zur Folge hätte, dass den übergeordneten Instanzen die diesbezügliche Rechtskontrolle verwehrt wäre. Die fehlende Kontrolle in den Rechtsmittelinstanzen würde gerade verhindern, dass sich die gebotene Prüfung des Erfordernisses der obligatorischen Streitschlichtung im Bewusstsein sowohl der erstinstanzlich tätigen Gerichte als auch der Rechtsuchenden und ihrer Rechtsanwälte verankere.[88]

Etwas anderes ergibt sich auch nicht aus den **§§ 513 Abs. 2, 545 Abs. 2 ZPO**, nach 58 denen die Berufung bzw. Revision nicht darauf gestützt werden kann, dass das Gericht des ersten Rechtszugs seine Zuständigkeit zu Unrecht angenommen hat. Nach dem Sinn und Zweck dieser Vorschriften, Rechtsmittelstreitigkeiten auszuschließen, die allein die Frage der Zuständigkeit des erstinstanzlichen Gerichts zum Gegenstand haben, schränken sie die Nachprüfung der angefochtenen Entscheidung nämlich nur ein, soweit allein der Festlegung des zuständigen Gerichts dienende Vorschriften in Rede stehen. Die Anwendung sonstiger Normen, die einen anderen Zweck verfolgen und dabei an die

---

85 BGH, Urt. v. 23.11.2004 – VI ZR 336/03, BGHZ 161, 145, 150 f. = NJW 2005, 437, 439. Siehe aber den Sonderfall BGH, Urt. v. 13.12.2006 – VIII ZR 64/06, NJW 2007, 519 Rn 11 ff.: Wird ein Schlichtungserfordernis während eines bereits anhängigen Rechtsstreits aufgehoben, so steht der Umstand, dass vor Klageerhebung kein Schlichtungsverfahren stattgefunden hat, der Zulässigkeit der Klage nicht mehr entgegen.
86 OLG Saarbrücken, Beschl. v. 16.12.2013 – 2 W 19/13, BeckRS 2014, 04661.
87 LG Dortmund, Urt. v. 11.7.2017 – 1 S 282/16, BeckRS 2017, 124179.
88 BGH, Urt. v. 22.10.2004 – V ZR 47/04, NJW-RR 2005, 501, 502 ff.; OLG Saarbrücken, Urt. v. 14.12.2006 – 8 U 724/05, NJW 2007, 1292 ff.; OLG Saarbrücken, Urt. v. 30.8.2011 – 4 U 424/10, BeckRS 2011, 22368; OLG Saarbrücken, Urt. v. 22.1.2015 – 4 U 34/14, BeckRS 2015, 06193; OLG Saarbrücken, Urt. v. 20.5.2015 – 1 U 131/14, BeckRS 2015, 10748; OLG Frankfurt a.M., Urt. v. 6.3.2008 – 4 U 41/07, NJOZ 2008, 1996, 1999; LG Frankfurt a.M., Urt. v. 2.9.2015 – 2–16 S 16/15, NJW-RR 2016, 302; *Rimmelspacher/Arnold*, NJW 2006, 17 ff.; a.A. LG Marburg, Urt. v. 13.4.2005 – 5 S 81/04, NJW 2005, 2866, 2867; *Bausch*, JR 2007, 444 ff.

Zuständigkeit eines bestimmten Gerichts lediglich anknüpfen, ist dagegen nach allgemeinen Grundsätzen zu überprüfen.[89] Ein Kläger kann daher auch nicht mit Erfolg geltend machen, dass ein Beklagter, der in zweiter Instanz erstmals die fehlende Durchführung des Streitschlichtungsverfahrens gerügt hat, mit seinem Vortrag präkludiert sei bzw. „rechtsmissbräuchlich" handele.[90]

59 *Hinweis:*

Ebenso wenig kommt eine **Anwendung des § 97 Abs. 2 ZPO** in Betracht, nach dem die Kosten des Rechtsmittelverfahrens der obsiegenden Partei ganz oder teilweise aufzuerlegen sind, wenn sie aufgrund eines neuen Vorbringens obsiegt, das sie in einem früheren Rechtszug geltend zu machen imstande war. Denn bei der Durchführung des obligatorischen Schlichtungsverfahrens handelt es sich um eine von Amts wegen zu prüfende, unverzichtbare besondere Prozessvoraussetzung (Rdn 49), weshalb das erstinstanzliche Gericht auch ohne einen entsprechenden Vortrag der Beklagten ohne Weiteres die Klage als unzulässig hätte abweisen müssen.[91]

60 Von diesen strikten Grundsätzen hat der BGH für den Fall des **Erlasses eines Anerkenntnisurteils** nach § 307 ZPO allerdings eine Ausnahme anerkannt. Für die Durchführung eines Streitschlichtungsverfahrens fehle ein Bedürfnis, wenn der Streit durch die vollumfängliche Anerkennung des Klageanspruchs gerade beigelegt wurde. Insoweit gelte Entsprechendes wie für den Abschluss eines Prozessvergleichs, der ebenfalls nicht die vorherige Durchführung eines obligatorischen Schlichtungsverfahrens voraussetze, sondern auch dann wirksam sei, wenn die Klage unzulässig war.[92] Dieser Rechtsprechung ist uneingeschränkt zuzustimmen. Dem Rechtsfrieden wäre nicht gedient, wenn ein Anerkenntnis und damit die von beiden Seiten gewollte Verfahrensbeendigung ausscheiden müsste, sondern stattdessen das Gericht gezwungen wäre, die Klage durch ein streitiges Urteil als derzeit unzulässig abzuweisen und die Parteien auf ein zunächst erforderliches Streitschlichtungsverfahren zu verweisen.[93]

61 Ist nach dem oben Gesagten die Klage unzulässig, so **kann sie erneut erhoben werden**, sobald das Schlichtungsverfahren nachgeholt ist. Kommt es aufgrund der Unzulässigkeit der Klage zur Klagerücknahme, kann der Beklagte entsprechend **§ 269 Abs. 6 ZPO** die Durchführung des Streitschlichtungsverfahrens verweigern, bis die Kosten erstattet sind.[94]

II. Klagehäufung

62 Nach der Rechtsprechung des VI. Zivilsenats entfällt ein vorhandenes Schlichtungserfordernis auch dann nicht, wenn ein schlichtungsbedürftiger Antrag im Wege der anfängli-

---

89 Vgl. BGH, Urt. v. 22.10.2004 – V ZR 47/04, NJW-RR 2005, 501 f.
90 OLG Saarbrücken, Urt. v. 22.1.2015 – 4 U 34/14, BeckRS 2015, 06193.
91 OLG Saarbrücken, Urt. v. 22.1.2015 – 4 U 34/14, BeckRS 2015, 06193.
92 BGH, Urt. v. 18.7.2014 – V ZR 287/13, NJW-RR 2014, 1358 Rn 6 ff.
93 *Deckenbrock/Jordans*, MDR 2017, 376, 378.
94 LG Karlsruhe, Urt. v. 16.10.2002 – 1 S 103/02, BeckRS 2002, 13594.

chen **objektiven Klagehäufung** (§ 260 ZPO) mit einem nicht schlichtungsbedürftigen Antrag verbunden wird. Bei einer Klagehäufung seien grundsätzlich die Prozessvoraussetzungen für jeden einzelnen Antrag gesondert zu prüfen. Die Gegenauffassung[95] würde eine Möglichkeit zur einfachen Umgehung des Einigungsversuchs eröffnen, die der Zielsetzung des Gesetzgebers widerspräche, durch die Inanspruchnahme von Schlichtungsstellen die Gerichte zu entlasten und Konflikte rascher und kostengünstiger zu bereinigen. Deshalb hätte es für den Gesetzgeber nahe gelegen, wie bei den §§ 5, 25 ZPO eine Abweichung vom oben genannten Grundsatz zu regeln, wenn er eine solche für den Fall des obligatorischen Schlichtungsverfahrens gewollt hätte.[96] Von der anfänglichen Klagehäufung ist der Fall der **nachträglichen Klagehäufung** zu unterscheiden, die grundsätzlich nicht die Durchführung eines (weiteren) Schlichtungsverfahrens erfordert (Rdn 71).

Entsprechende Grundsätze gelten nach VI. Senat auch für den Fall der **subjektiven** **63** **Klagehäufung**. Hier sei aus denselben Gründen wie bei der objektiven Klagehäufung die vorherige Durchführung eines Schlichtungsverfahrens grundsätzlich erforderlich, weil zu den verschiedenen Beklagten jeweils ein gesondertes Prozessrechtsverhältnis bestehe. Wird daher der im Mahnverfahren nur gegen den Kfz-Haftpflichtversicherer geltend gemachte Anspruch mit der Anspruchsbegründung im Klageverfahren auf den Versicherungsnehmer erweitert, ist die gegen diesen erhobene Klage als unzulässig abzuweisen, wenn vor der Parteierweiterung das grundsätzlich erforderliche Schlichtungsverfahren nicht durchgeführt worden ist.[97]

Bislang nicht höchstrichterlich geklärt ist das Schicksal einer Klage, bei der **im Wege** **64** **der Klagehäufung zwei schlichtungsbedürftige Anträge verbunden** worden sind, aber nur hinsichtlich des einen Antrags ein Schlichtungsverfahren durchgeführt worden ist. Nach einer Entscheidung des LG Dortmund soll es nicht sachgerecht sein, die Kläger auf ein weiteres zeit- und kostenaufwendiges Schlichtungsverfahren zu verweisen. Denn das Ziel des § 15a EGZPO und der entsprechenden Landesschlichtungsgesetze, die Zivilgerichte durch ein vorgeschaltetes obligatorisches Schlichtungsverfahren zu entlasten, ist in diesem Fall, in dem die Schlichtung jedenfalls hinsichtlich eines konnexen Antrages bereits erfolglos geblieben und die Streitigkeit bei Gericht anhängig geworden ist, nur noch in unwesentlichem Maße zu erreichen. Hierin liege ein entscheidender Unterschied zu den vom BGH entschiedenen Sachverhalten.[98]

III. Klageerweiterung und -änderung

Sofern das erforderliche Schlichtungsverfahren vor Klageerhebung durchgeführt worden **65** war, soll eine **im Verlauf des Rechtsstreits erfolgte zulässige Klageerweiterung oder**

---

95 Siehe (vor der BGH-Entscheidung) etwa LG Aachen, Beschl. v. 11.3.2002 – 6 T 6/02, NJW-RR 2002, 1439; *Bitter*, NJW 2005, 1235, 1237 f.; *Deckenbrock/Jordans*, JA 2004, 913, 915; *Friedrich*, NJW 2002, 3223 f.
96 BGH, Urt. v. 7.7.2009 – VI ZR 278/08, NJW-RR 2009, 1239 Rn 10 ff.; siehe auch schon BGH, Urt. v. 8.7.2008 – VI ZR 221/07, NJW-RR 2008, 1662 Rn 14 f., wo der Senat die Frage im Ergebnis noch offenlassen konnte.
97 BGH, Urt. v. 13.7.2010 – VI ZR 111/09, NJW-RR 2010, 1725 Rn 10 ff.
98 LG Dortmund, Urt. v. 8.6.2017 – 1 S 451/15, NZM 2018, 251, 252.

§ 1 Das obligatorische außergerichtliche Schlichtungsverfahren nach § 15a EGZPO

-änderung einen neuen außergerichtlichen Schlichtungsversuch nicht erforderlich machen. Das durch § 15a EGZPO und die entsprechenden Landesgesetze verfolgte Ziel der Entlastung der Gerichte lasse sich nicht mehr erreichen, wenn die Schlichtung erfolglos geblieben und die Streitigkeit bei Gericht anhängig geworden sei. Das Gerichtsverfahren sei deshalb wie jedes andere Verfahren nach den allgemeinen Vorschriften durchzuführen. Insbesondere könne die klagende Partei die Klage erweitern (§ 264 Nr. 2 ZPO) oder nach Maßgabe von § 263 ZPO ändern, ohne dass hierdurch die Zulässigkeit der Klage nachträglich entfiele. Dies folge im Übrigen auch daraus, dass § 15a EGZPO die Länder in den in Abs. 1 Nr. 1 bis 3 genannten Fällen nur ermächtige, die Klageerhebung, nicht aber auch eine Klageerweiterung oder -änderung von der vorherigen Durchführung eines Schlichtungsverfahrens abhängig zu machen.[99]

66 Der V. Senat betont daher, dass **maßgeblicher Zeitpunkt für die Beurteilung der Zulässigkeit der Klage grundsätzlich der der Klageerhebung** (= Zustellung, §§ 253 Abs. 1, 261 Abs. 1 ZPO) ist. Dies bedeutet, dass nachträglich ein Schlichtungserfordernis nicht mehr entstehen kann. Dementsprechend wird die Durchführung eines außergerichtlichen Schlichtungsverfahrens auch dann nicht erforderlich, wenn während eines gerichtlichen Verfahrens eine Klage **teilweise zurückgenommen** und so die für die Durchführung eines Schlichtungsverfahrens relevante Streitwertgrenze unterschritten wird.[100] Im Einzelfall bleibt den Gerichten die Möglichkeit der **Rechtsmissbrauchskontrolle** (§ 242 BGB).[101]

67 Etwas anderes ergibt sich für den Fall der Klageänderung auch nicht aus § 263 ZPO, wonach eine Klageänderung gegen den Willen des Beklagten nur bei **Sachdienlichkeit** zulässig ist. Sachdienlich ist eine Klageänderung nach der Rechtsprechung des BGH, wenn die Zulassung der Klageänderung den sachlichen Streitstoff im Rahmen des anhängigen Rechtsstreits ausräumt und einen andernfalls zu gewärtigenden weiteren Rechtsstreit vermeidet.[102] Die Tatsache, dass auf diesem Weg das Erfordernis des Schlichtungsverfahrens quasi ausgehebelt wird, spielt in diesem Zusammenhang dagegen keine Rolle.[103]

68 Auch ein im Verlauf des gerichtlichen Verfahrens zulässigerweise vorgenommener **Parteiwechsel** auf Klägerseite soll keinen neuen Schlichtungsversuch erforderlich machen, wenn vor Klageerhebung bereits (vom früheren Kläger) ein Schlichtungsverfahren durchgeführt worden war.[104] Etwas anderes könne auch hier allenfalls bei rechtsmissbräuchlichem Verhalten des Klägers gelten.[105]

---

99 BGH, Urt. v. 22.10.2004 – V ZR 47/04, NJW-RR 2005, 501, 503.
100 *Deckenbrock/Jordans*, MDR 2009, 1202, 1207. Auch nachdem alle Bundesländer auf die Durchführung außergerichtlicher Streitschlichtungsverfahren in vermögensrechtlichen Streitigkeiten verzichtet haben (Rdn 13), kann eine solche Konstellation nach wie vor in den Bundesländern, die eine Streitschlichtung in Nachbar- und Ehrverletzungsstreitigkeiten nur vor den Amtsgerichten kennen (Rdn 13, 30, 41), eintreten.
101 BGH, Urt. v. 22.10.2004 – V ZR 47/04, NJW-RR 2005, 501, 503.
102 Siehe nur BGH, Urt. v. 30.11.1999 – VI ZR 219/98, NJW 2000, 800, 802 f.
103 So aber AG Brakel, Urt. v. 6.6.2001 – 7 C 219/01, NJW-RR 2002, 935, 936.
104 BGH, Urt. v. 18.6.2010 – V ZR 9/10, NJW-RR 2010, 1726 Rn 9 ff.
105 BGH, Urt. v. 18.6.2010 – V ZR 9/10, NJW-RR 2010, 1726 Rn 13.

Die Fälle der Klageerweiterung und -änderung und die der Klagehäufung (Rdn 62 ff.) werden nur auf den ersten Blick ohne Sachgrund unterschiedlich behandelt. Eine **Vergleichbarkeit** scheidet schon deshalb aus, weil die Parteien vor Klageerhebung in den hier vorgestellten Sachverhalten der Klageerweiterung und -änderung bereits ein erfolgloses Schlichtungsverfahren durchgeführt haben.[106] Dies war in den Sachverhalten zur Klagehäufung entweder nicht der Fall gewesen oder aber das Schlichtungsverfahren war über die Einleitung eines gerichtlichen Mahnverfahrens umgangen worden (vgl. § 15a Abs. 2 S. 1 Nr. 5 EGZPO).

69

Demgegenüber ist unsicher, ob eine **Klageerweiterung**, mit der die für die Durchführung eines Schlichtungsverfahrens relevante Streitwertgrenze **überschritten wird**,[107] die Unzulässigkeit der Klage vermeiden kann, auch wenn das zum Zeitpunkt der Klageerhebung an sich erforderliche Schlichtungsverfahren nicht durchgeführt worden ist. An einer höchstrichterlichen Entscheidung dieser Konstellation fehlt es bislang. Auf den ersten Blick spricht vieles dafür, die Klage für unzulässig zu halten, da das – zum grundsätzlich maßgeblichen Zeitpunkt der Klageerhebung – notwendige Schlichtungsverfahren nicht stattgefunden hat.[108] Richtigerweise sollte man aber nicht beim Wortlaut der Norm stehenbleiben. Anders als in den Fällen, in denen es – wie in der Grundsatzentscheidung des BGH v. 23.11.2004[109] – um die Nachholbarkeit eines Schlichtungsverfahrens im Prozess ging, wäre im Fall einer Klageerweiterung vor Erhebung einer neuen Klage ein Verfahren nach § 15a EGZPO erst gar nicht mehr durchzuführen. Die vom BGH geäußerte Sorge, es könnte kaum erwartet werden, dass ein ausschließlich zum Zwecke der Herbeiführung der Zulässigkeit eingeleitetes Schlichtungsverfahren von dem ernsthaften Willen der Beteiligten getragen wäre, das bereits kostenträchtig eingeleitete Klageverfahren nicht fortzusetzen, besteht nicht: Vielmehr könnte die Erhebung einer neuen Klage – mit der dann gleich eine Summe, die über der relevanten Streitwertgrenze liegt, eingefordert werden kann – bereits am gleichen Tag wieder erfolgen.[110] Dass der Sinn und Zweck des § 15a EGZPO und der ihn umsetzenden Landesgesetze in diesen Fällen keine Klageabweisung verlangt, hat der BGH letztlich in der bereits erwähnten Entscheidung vom 13.12.2006 anerkannt. Dort hatte der Senat sich nicht an der ursprünglichen Unzulässigkeit der Klage gestoßen, weil nach einer Änderung des Landesschlichtungsgesetzes die vorherige Durchführung eines Schlichtungsverfahrens in vermögensrechtlichen Streitigkeiten nicht mehr notwendig war.[111] Auch wenn der Kläger eine

70

---

106 Siehe insoweit auch BGH, Urt. v. 7.7.2009 – VI ZR 278/08, NJW-RR 2009, 1239 Rn 11; BGH, Urt. v. 13.7.2010 – VI ZR 111/09, NJW-RR 2010, 1725 Rn 11.
107 Solange kein Bundesland von der Öffnungsklausel gemäß § 15a Abs. 1 S. 1 Nr. 1 EGZPO (vermögensrechtliche Streitigkeiten) Gebrauch macht, ist diese Frage in der Praxis ohne Bedeutung.
108 So etwa LG Kiel, Urt. v. 27.4.2006 – 1 S 278/05, BeckRS 2007, 07938 (zu einem Fall, in dem der Beklagte nach Klageerhebung aus dem Landgerichtsbezirk verzog); AG München, Urt. v. 30.9.2002 – 453 C 7515/02, NJW-RR 2003, 515; *Beunings*, AnwBl 2004, 82, 85.
109 BGH, Urt. v. 23.11.2004 – VI ZR 336/03, BGHZ 161, 145, 148 ff. = NJW 2005, 437, 438 f.
110 Siehe bereits *Deckenbrock/Dötsch*, AnwBl 2005, 294 f.; *Deckenbrock/Jordans*, MDR 2009, 1202, 1207 sowie LG Baden-Baden, Urt. v. 28.6.2001 – 3 S 24/01, NJW-RR 2002, 935; *Zöller/Heßler*, § 15a EGZPO Rn 25; *Bitter*, NJW 2005, 1235, 1237.
111 BGH, Urt. v. 13.12.2006 – VIII ZR 64/06, NJW 2007, 519 Rn 11 ff.

Erweiterung mit Ansprüchen vornimmt, die materiell-rechtlich jeglicher Grundlage entbehren, scheint eine andere Beurteilung nicht gerechtfertigt, trägt er doch insoweit das Kostenrisiko.[112] In extremen Fällen kann zudem eine Missbrauchskontrolle nach § 242 BGB erfolgen.[113]

71 Unter diesen Voraussetzungen dürfte auch eine Klage zulässig sein, in der der Kläger im Wege der **nachträglichen Klagehäufung** neben einem kraft Gesetzes nicht schlichtungsbedürftigen einen schlichtungsbedürftigen Antrag stellt.[114]

IV. Besonderheiten bei Verweisung des Rechtsstreits wegen sachlicher Unzuständigkeit

72 Wird die Klage aufgrund einer **unzutreffenden Ermittlung des Streitwerts** zunächst vor dem Landgericht erhoben und verweist dieses den Rechtsstreit wegen fehlender sachlicher Zuständigkeit gemäß § 281 Abs. 1 ZPO an das Amtsgericht, ist nach einer Entscheidung des VI. Senats die Klage auch ohne Durchführung eines Schlichtungsverfahrens als zulässig zu behandeln. Eine andere Auslegung liefe dem Sinn und Zweck des § 281 Abs. 1 ZPO zuwider, der darin bestehe, im Interesse der Prozessökonomie einer Verzögerung und Verteuerung der Verfahren durch Zuständigkeitsstreitigkeiten vorzubeugen und die Vorteile der Rechtshängigkeit zu sichern.[115] Diese Entscheidung ist insoweit bemerkenswert, als sie sich (bezogen auf § 281 Abs. 1 ZPO) auf prozessökonomische Gründe stützt.[116] Immerhin hat der BGH ansonsten fortwährend betont, dass prozessökonomische Überlegungen die gesetzlich vorgeschriebene Durchführung eines Schlichtungsverfahrens selbst dann nicht entbehrlich machen, wenn bereits Klage erhoben ist.[117]

73 Zu beachten ist allerdings, dass sich der vom BGH entschiedene Sachverhalt auf ein Schlichtungsgesetz bezog, das auch bei Nachbar- und Ehrverletzungsstreitigkeiten allein für die **Verfahren vor den Amtsgerichten** die vorherige Durchführung eines Schlichtungsverfahrens als obligatorisch ansah (§ 1 Abs. 1 BWSchlG a.F.). Sieht ein Schlichtungsgesetz wegen Verletzungen der Ehre oder in nachbarrechtlichen Streitigkeiten dagegen auch vor dem Landgericht ein Schlichtungsverfahren vor (vgl. Rdn 13, 30, 41), wäre die Klage als unzulässig abzuweisen gewesen.

---

112 *Deckenbrock/Jordans*, MDR 2009, 1202, 1207 f.
113 Vgl. LG Kassel, Urt. v. 18.4.2002 – 1 S 640/01, NJW 2002, 2256; LG München I, Urt. v. 9.7.2003 – 15 S 2004/03, MDR 2003, 1313; LG Konstanz, Urt. v. 10.11.2006 – 11 S 55/06, BeckRS 2007, 11197; AG Schleswig, Urt. v. 16.9.2005 – 2 C 93/05, SchlHA 2006, 60.
114 *Deckenbrock/Jordans*, MDR 2009, 1202, 1207.
115 BGH, Urt. v. 30.4.2013 – VI ZR 151/12, NJOZ 2013, 1816 Rn 6 ff.; a.A. noch die Vorinstanz LG Stuttgart, Urt. v. 7.3.2012 – 3 S 91/11, BeckRS 2012, 09265.
116 *Deckenbrock/Jordans*, MDR 2013, 945, 947.
117 Siehe insbesondere BGH, Urt. v. 23.11.2004 – VI ZR 336/03, BGHZ 161, 145, 150 f. = NJW 2005, 437, 439.

E. Verjährung

Nach § 204 Abs. 1 Nr. 4a BGB wird die Verjährung nicht erst mit der Erhebung der **74** Klage auf Leistung oder auf Feststellung des Anspruchs, sondern bereits durch die **Veranlassung der Bekanntgabe** eines Antrags, mit dem der Anspruch bei einer staatlichen oder staatlich anerkannten Streitbeilegungsstelle geltend gemacht wird,[118] gehemmt (zur Wirkung der Hemmung vgl. § 209 BGB).[119] Die Anknüpfung an die formlose Bekanntgabe des Güteantrags anstelle der förmlichen Zustellung beruht darauf, dass § 15a Abs. 5 EGZPO die nähere Ausgestaltung des Güteverfahrens dem Landesrecht überlässt und dieses nicht notwendigerweise die Zustellung des Güteantrags verlangen muss.[120] Die Veranlassung der Bekanntgabe ist erfolgt, wenn die Streitbeilegungsstelle Maßnahmen unternommen hat, durch die das Streitbeilegungsverfahren dem Schuldner bekannt werden wird; dies ist in aller Regel die Aufgabe eines Briefes an den Schuldner zur Post. Es kommt also allein auf die aktenmäßig überprüfbare *Veranlassung* der Bekanntgabe, nicht dagegen auf den Zeitpunkt der Bekanntgabe bzw. der Zustellung des entsprechenden Schreibens an.[121] Soweit der Schuldner den Zugang eines Schreibens von der Gütestelle bestreitet, hilft ihm das nicht weiter.[122]

Bei der Beurteilung der Frage, ob eine Bekanntgabe „demnächst" i.S.d. § 204 Abs. 1 **75** Nr. 4a BGB veranlasst worden ist, kann auf die zu **§ 167 ZPO entwickelten Grundsätze** zurückgegriffen werden. Verzögerungen bei der Bekanntgabe des Güteantrags, die auf einer Arbeitsüberlastung der Gütestelle beruhen, sind dem Antragsteller grundsätzlich nicht zuzurechnen.[123]

Damit die Hemmungswirkung eintreten kann, muss der Güteantrag zum einen die forma- **76** len Anforderungen erfüllen, die von den für die Tätigkeit der jeweiligen Gütestelle maßgeblichen Verfahrensvorschriften gefordert werden.[124] Zum anderen muss der Güteantrag für den Schuldner erkennen lassen, welcher Anspruch gegen ihn geltend gemacht werden soll, damit er prüfen kann, ob eine Verteidigung Erfolg versprechend ist und ob er in das Güteverfahren eintreten möchte. Dementsprechend muss der Güteantrag einen bestimmten Rechtsdurchsetzungswillen des Gläubigers unmissverständlich kundgeben und hierzu die Streitsache darstellen sowie das konkrete Begehren erkennen lassen.[125]

---

118 Beachte aber auch etwa § 4 Abs. 3 BbgSchlG: „Droht die Verjährung oder das Erlöschen eines Anspruchs, so kann bei Nichterreichbarkeit der Gütestelle ein an diese gerichteter Antrag auf Einleitung des Schlichtungsverfahrens auch bei dem im Bezirk der Gütestelle gelegenen Amtsgericht oder bei dem nächstgelegenen Amtsgericht eingereicht werden. Das Amtsgericht leitet den Antrag an die angerufene Gütestelle weiter. Mit Eingang des Antrags bei dem Amtsgericht gilt der Anspruch als geltend gemacht."
119 Allgemein zu den Voraussetzungen für eine Verjährungshemmung *Klocke*, FS Prütting, S. 869 ff.; *Duchstein*, NJW 2014, 342 ff.; *Steike/Borowski*, VuR 2017, 218 ff.
120 BT-Drucks 14/6040, S. 114. Siehe aber § 21 Abs. 3 SchAG NRW.
121 BT-Drucks 14/7052, S. 181; BeckOGK-BGB/*Meller-Hannich*, Stand: 1.9.2018, § 204 Rn 175 f.; *Klocke*, FS Prütting, S. 869, 873 f.
122 BT-Drucks 14/7052, S. 181.
123 BGH, Urt. v. 22.9.2009 – XI ZR 230/08, NJW 2010, 222 Rn 14 ff.; vgl. auch BGH, Urt. v. 28.10.2015 – IV ZR 526/14, NJW 2016, 233 Rn 30.
124 BGH, Urt. v. 18.6.2015 – III ZR 198/14, NJW 2015, 2407 Rn 21 m.w.N.
125 BGH, Urt. v. 18.6.2015 – III ZR 198/14, NJW 2015, 2407 Rn 22 m.w.N.

77 Der verfolgte Anspruch ist **hinreichend genau zu bezeichnen**.[126] Freilich sind insoweit keine allzu strengen Anforderungen zu stellen. Denn das Güteverfahren zielt – anders als die Klageerhebung oder das Mahnverfahren – auf eine außergerichtliche gütliche Beilegung des Rechtsstreits ab und führt erst im Falle einer Einigung der Parteien zur Schaffung eines dieser Einigung entsprechenden vollstreckbaren Titels; auch besteht keine strikte Antragsbindung wie im Mahn- oder Klageverfahren. Andererseits ist zu berücksichtigen, dass der Güteantrag an die Gütestelle als neutralen Schlichter und Vermittler gerichtet wird und diese zur Wahrnehmung ihrer Funktion ausreichend über den Gegenstand des Verfahrens informiert werden muss.[127]

78 Die **Reichweite der Hemmungswirkung** beurteilt sich nicht nach dem einzelnen materiell-rechtlichen Anspruch, sondern nach dem den Streitgegenstand bildenden prozessualen Anspruch. Dieser erfasst alle materiell-rechtlichen Ansprüche, die sich im Rahmen des Rechtsschutzbegehrens aus dem zur Entscheidung unterbreiteten Lebenssachverhalt herleiten lassen.[128]

79 Im Rahmen der obligatorischen Streitschlichtung tritt die Hemmungswirkung auch dann ein, wenn beim Einreichen des Güteantrags bereits feststeht, dass der Gegner nicht bereit ist, an dem Güteverfahren mitzuwirken. Soweit der BGH die Auffassung vertreten hat, dass der Gläubiger in einem solchen Fall i.S.d. § 242 BGB **rechtsmissbräuchlich** handele, wenn er sich auf die Hemmung der Verjährung durch den Güteantrag berufe,[129] gilt diese nur für Verfahren vor sonstigen Gütestellen i.S.d. § 15a Abs. 3 EGZPO (Rdn 88 ff.).[130] Der Kläger hat in den Fällen obligatorischer Streitschlichtung kein Wahlrecht, ob er zunächst einen Antrag auf Durchführung eines Streitschlichtungsverfahrens stellt oder direkt Klage erhebt. Im Gegenteil wäre eine unmittelbar erhobene Klage als unzulässig abzuweisen (Rdn 53 ff.).

80 *Hinweis:*
Die Einleitung eines Schlichtungsverfahrens hemmt in entsprechender Anwendung von § 204 Abs. 1 Nr. 4a BGB den Lauf **materiell-rechtlicher nachbarrechtlicher Ausschlussfristen**.[131] *Sinn und Zweck solcher Ausschlussfristen (etwa für Ansprüche auf Zurückschneiden von Anpflanzungen, die über die nach dem Nachbarrechtsgesetz zulässige Höhe oder den zulässigen Abstand hinausgewachsen sind),*[132] *ist es, innerhalb eines Zeitraums, der die Interessen des Nachbarn und des Eigentümers der Bäume gleichermaßen berücksichtigt, eine abschließende Klärung der nachbarlichen Verhältnisse in Bezug auf das Höhenwachstum herbeizuführen.*[133] *Der Nachbar er-*

---

126 BGH, Urt. v. 18.6.2015 – III ZR 198/14, NJW 2015, 2407 Rn 23 m.w.N.; vgl. dazu auch *Duchstein*, NJW 2014, 342 ff.
127 BGH, Urt. v. 18.6.2015 – III ZR 198/14, NJW 2015, 2407 Rn 24 m.w.N.
128 BGH, Urt. v. 18.6.2015 – III ZR 198/14, NJW 2015, 2407 Rn 15 m.w.N.
129 BGH, Urt. v. 28.10.2015 – IV ZR 526/14, NJW 2016, 233 Rn 34.
130 A.A. offenbar *Klose*, NJ 2018, 12, 14.
131 BGH, Urt. v. 8.12.2017 – V ZR 16/17, NJW-RR 2018, 394 Rn 19 ff.
132 Siehe etwa § 54 Abs. 1 NNachbG; § 47 Abs. 1 NachbG NRW; § 40 Abs. 1 NachbG S-H. In Art. 52 BayAGBGB findet sich dagegen eine Verjährungsregelung.
133 BGHZ 157, 33, 37 = NJW 2004, 1037 zu § 54 Abs. 2 NNachbG.

halte eine angemessene Bedenkzeit, ob er die langsam immer größer und dichter werdenden Anpflanzungen auf Dauer dulden will. Eine zeitliche Begrenzung sei auch für den Eigentümer der Pflanzen zumutbar, denn dann seien Umpflanzungen oder Rückschnitte noch ohne ernstliche Schädigung der Pflanzen möglich. Damit dienten materiell-rechtliche Ausschlussfristen – ebenso wie die Einrede der Verjährung – dem Rechtsfrieden. Darin zeigt sich die Nähe zu der Verjährung, durch die ebenfalls Rechtsfrieden geschaffen werden soll. Das rechtfertigt die analoge Anwendung von § 204 Abs. 1 Nr. 4a BGB.[134]

F. Kostenfragen

Für die Durchführung eines Schlichtungsverfahrens entstehen nach den jeweiligen Landesgesetzen regelmäßig **Kosten**.[135] Für ein Schlichtungsverfahren in Nordrhein-Westfalen wird etwa nach § 45 Abs. 1 SchAG NRW eine Gebühr von 10 EUR erhoben; kommt ein Vergleich zustande, so beträgt die Gebühr 25 EUR. Die Gebühr kann nach § 45 Abs. 2 SchAG NRW unter Berücksichtigung der Verhältnisse der Parteien und der Schwierigkeit des Falles bis auf 40 EUR erhöht werden. Sind auf der Seite einer Partei oder beider Parteien mehrere Personen am Schlichtungsverfahren beteiligt oder ist bei wechselseitigen Anträgen die antragstellende Partei zugleich Antragsgegnerin, so wird die Gebühr gemäß § 45 Abs. 3 SchAG NRW nur einmal erhoben. In Bayern beträgt die Gebühr für das Schlichtungsverfahren nach Art. 13 Abs. 2 BaySchlG 50 EUR, wenn das Verfahren ohne Schlichtungsgespräch endet, bzw. 100 EUR, wenn ein Schlichtungsgespräch durchgeführt wurde. Werden Schlichter im Rahmen des Vollzugs der Vereinbarung zur Konfliktbewältigung im Auftrag beider Parteien tätig, entsteht gemäß Art. 13 Abs. 3 BaySchlG eine weitere Gebühr in Höhe von 50 EUR. Darüber hinaus kann der Schlichter nach Art. 13 Abs. 4 S. 2 BaySchlG für Post- und Telekommunikationsdienstleistungen sowie Schreibauslagen einen Pauschsatz von 20 EUR fordern.

Hinweis:

Für **bedürftige Parteien** sind jedoch Ausnahmen verankert. So kann etwa nach § 45 Abs. 4 SchAG NRW die Schiedsperson von der Erhebung von Kosten ganz oder teilweise absehen, wenn dies mit Rücksicht auf die wirtschaftlichen Verhältnisse der zahlungspflichtigen Person geboten erscheint.[136] Art. 15 Abs. 1 BaySchlG befreit eine Partei, die die Voraussetzungen für die Gewährung von Beratungshilfe nach den Vorschriften des Beratungshilfegesetzes erfüllt, von der Verpflichtung zur Zahlung der Vergütung.

---

134 BGH, Urt. v. 8.12.2017 – V ZR 16/17, NJW-RR 2018, 394 Rn 19 ff.
135 Das brandenburgische, saarländische und das rheinland-pfälzische Schlichtungsgesetz enthalten keine Kostenregelung. Auch das hessische und nordrhein-westfälische Schlichtungsgesetz (s. aber § 45 SchAG NRW) kennen keine Regelungen zu den Kosten des Schlichtungsverfahrens, sondern lediglich zu den Kosten der Zulassung als Gütestelle.
136 Siehe auch Art. 15 BaySchlG; § 52 Abs. 1 SchStG S-A; § 9 Abs. 4 LSchlG S-H.

§ 1 Das obligatorische außergerichtliche Schlichtungsverfahren nach § 15a EGZPO

83 Lässt sich eine Partei in einem Schlichtungsverfahren von einem **Rechtsanwalt** vertreten, kann dieser nach § 2 Abs. 2 S. 1 RVG i.V.m. Nr. 2303 Nr. 1 VV RVG eine **1,5-fache Gebühr** abrechnen. Diese Gebühr wird nach Vorbemerkung 3 Abs. 4 VV RVG auf die einem nachfolgenden Rechtsstreit entstehende Verfahrensgebühr – nach § 17 Nr. 7a RVG stellen das gerichtliche Verfahren und das außergerichtliche Streitschlichtungsverfahren verschiedene (gebührenrechtliche) Angelegenheiten dar – nur hälftig angerechnet. Der Gesetzgeber will auf diese Weise dem Umstand Rechnung tragen, dass in den Fällen, die der obligatorischen Streitschlichtung unterliegen, ein besonderer Einsatz des Anwalts notwendig ist, um die Streitparteien zur gütlichen Einigung zu veranlassen. Bei den betroffenen Angelegenheiten seien die Streitwerte regelmäßig so gering, dass fast jedes dieser Verfahren für den Anwalt nicht zu kostendeckenden Gebühren führe und eine vollständige Anwendung daher nicht gerechtfertigt sei.[137]

84 Für die Einschaltung eines Anwalts kann unter den Voraussetzungen des § 1 BerHG **Beratungshilfe** gewährt werden. Das AG Nürnberg hat diese allerdings restriktiv ausgelegt und die Auffassung vertreten, dass es der Partei eines obligatorischen Schlichtungsverfahrens zuzumuten sei, die Schlichtung ohne anwaltliche Vertretung durchzuführen, wenn auch die Gegenseite ohne Anwalt auftritt (Grundsatz der Waffengleichheit).[138]

85 Verläuft das Schlichtungsverfahren erfolglos, kann einer bedürftigen Partei unter den Voraussetzungen der §§ 114 ff. ZPO **Prozesskostenhilfe** gewährt werden. Ist das erforderliche Schlichtungsverfahren dagegen noch nicht durchgeführt worden, scheidet eine Bewilligung wegen mangelnder Erfolgsaussicht der Klage aus.[139]

86 Nach § 15a Abs. 4 EGZPO und § 91 Abs. 3 ZPO gehören die durch ein erfolgloses Einigungsverfahren entstandenen **Kosten der Gütestelle** zu den **Kosten des nachfolgenden Rechtsstreits** i.S.v. § 91 Abs. 1 und 2 ZPO, wenn nicht zwischen der Beendigung des Güteverfahrens und der Klageerhebung mehr als ein Jahr verstrichen ist, und sind als solche von der unterlegenen Partei zu tragen.

87 Von diesen gesetzlichen Regelungen sind jedoch ausdrücklich nur die für die Anrufung der Gütestelle selbst anfallenden Kosten, nicht aber die einer Partei ansonsten erwachsenen Kosten wie etwa **Anwaltskosten** erfasst. Aus dem Umstand, dass es in § 91 ZPO an einer entsprechenden Regelung zu den Anwaltskosten fehlt, kann aber nicht gefolgert werden, dass diese Kosten stets von jeder Partei selbst zu tragen seien. Vielmehr können Anwaltskosten, die in einem gescheiterten obligatorischen außergerichtlichen Schlichtungsverfahren entstanden sind, im nachfolgenden Klageverfahren als **Vorbereitungskosten** erstattungsfähig sein. Voraussetzung hierfür sei, dass im Einzelfall die Inan-

---

137 BT-Drucks 15/1971, S. 207 f.
138 AG Nürnberg, Beschl. v. 26.11.2001 – 24 BE 22003/01, JurBüro 2002, 147.
139 Vgl. LG Itzehoe, Beschl. v. 20.12.2002 – 1 T 238/02, NJW-RR 2003, 352.

spruchnahme eines Anwalts im vorgeschriebenen Schlichtungsverfahren erforderlich war.[140]

G. Abgrenzung der obligatorischen vorgerichtlichen Streitschlichtung nach § 15a EGZPO von anderen Arten der Streitbeilegung

Neben der obligatorischen vorgerichtlichen Streitschlichtung nach § 15a EGZPO i.V.m den landesrechtlichen Ausführungsgesetzen gibt es zahlreiche andere Arten der alternativen Streitbeilegung. Manche davon beruhen vollständig auf Freiwilligkeit, bei manchen ist jedenfalls für die Anbieterseite die Teilnahme verpflichtend und bei wieder anderen ist ggf. die Bindungswirkung nur für eine Seite gegeben. 88

Dabei sind manche dieser Verfahren solche i.S.d. § 15a Abs. 3 EGZPO, deren – erfolglose – Nutzung einen obligatorischen Schlichtungsversuch überflüssig macht. 89

Im Folgenden sollen einige der relevanten Verfahren zur Streitbeilegung in Abgrenzung zu den Verfahren nach § 15a EGZPO aufgezeigt werden. 90

I. Gerichtliche Maßnahmen

1. Gütliche Einigung nach § 278 Abs. 1 ZPO

Die ZPO kennt seit Inkrafttreten ein eigenes richterliches Bemühen um gütliche Erledigung des Rechtsstreits.[141] Auch während eines Rechtsstreits kann es also zu einer gütlichen Einigung kommen. 91

2. Obligatorischer Gütetermin nach § 278 Abs. 2 ZPO

Noch weiter geht § 278 Abs. 2 ZPO, nach dem ein obligatorischer Gütetermin vorgesehen ist. Der Gütetermin ist nicht erforderlich im Falle einer anderweitig erfolglosen Schlichtung oder wenn die Güteverhandlung erkennbar aussichtslos erscheint.[142] 92

3. Exkurs: Sonderfall gerichtsinterne Mediation

Für eine Zeit lang gab es die Möglichkeit der sogenannten gerichtsnahen oder gerichtsinternen Mediation: Speziell ausgebildete, staatliche Richter übernahmen die Streitsache zur Mediation; währenddessen ruhte der Prozess. Dieser Ansatz ist als Modell jedoch 93

---

140 BayObLG, Beschl. v. 29.6.2004 – 1Z BR 36/04, NJW-RR 2005, 724 f.; OLG Karlsruhe, Urt. v. 23.11.2007 – 14 U 188/06, NJOZ 2008, 4073, 4076; OLG Köln, Beschl. v. 7.10.2009 – 17 W 209/09, NJW-RR 2010, 431 f.; LG Freiburg, Beschl. v. 12.11.2008 – 9 T 68/08, BeckRS 2010, 04775; AG Schwäbisch Gmünd, Beschl. v. 24.8.2009 – 2 C 214/09, NJW 2009, 3441 f.
141 MüKo-ZPO/*Münch*, vor § 1025 Rn 32a.
142 MüKo-ZPO/*Münch*, vor § 1025 Rn 35.

durch die Vorgaben des § 9 MediationsG[143] ausgelaufen.[144] Nunmehr kann das in § 278 Abs. 5 ZPO verankerte sogenannte „erweiterte" Güterichtermodell genutzt werden, das prozessual „Güteversuche vor einem bestimmten und nicht entscheidungsbefugten Richter" (S. 1) auch unter Einbeziehung von Mediation ermöglicht.[145]

4. Exkurs: Schuldnerberatung/Verbraucherinsolvenzverfahren

94 Mit der Einführung der InsO wurde zum 1.1.1999 auch das Verbraucherinsolvenzverfahren[146] geschaffen, das die Möglichkeit der Restschuldbefreiung für den redlichen Schuldner bietet. Voraussetzung hierfür ist, dass der Schuldner innerhalb der letzten 6 Monate vor dem Eröffnungsantrag zunächst eine außergerichtliche Einigung mit seinen Gläubigern auf der Grundlage eines Schuldenbereinigungsplanes vergeblich versucht hat.[147] Das Verhandlungsgebot ist gleichfalls ein verordnetes vorgeschaltetes Zulässigkeitserfordernis.[148]

II. Freiwillige Schlichtung

1. Auf gesetzlicher Basis

a) Schiedsamt

95 Verschiedene Bundesländer haben neben oder an Stelle der Ausführungsgesetze zu § 15a EGZPO eingerichtete vorprozessuale Schlichtungsstellen aufgrund sogenannter Schiedsmannsordnungen.[149]

96 Dort werden private, ehrenamtlich tätige Personen eingesetzt. Neben einer strafrechtlichen Funktion haben diese zivilrechtlich die Funktion einer landesrechtlich anerkannten Gütestelle i.S.v. § 794 Abs. 1 Nr. 1 ZPO. Ein möglicher Vergleich ist damit zugleich Vollstreckungstitel und ein Antrag hemmt die Verjährung (§ 204 Abs. 1 Nr. 4 BGB).[150]

b) Sonstige gesetzesgemäß verordnete Schlichtungen

97 Es gibt vermehrt gesetzesgemäß verordnete Schlichtungen, die entweder unmittelbar behördlich organisiert sind oder eine Vorhaltepflicht für die Unternehmensseite vorsehen.

98 Die Regelungen schaffen allerdings für den Kunden lediglich Möglichkeiten der Streitschlichtung und keine Verpflichtungen zur Inanspruchnahme (sog fakultative Schlich-

---

143 Mediationsgesetz vom 21.7.2012, BGBl I S. 1577; dazu *Henssler/Deckenbrock*, DB 2012, 159 ff.
144 § 9 Übergangsbestimmung:
 (1) Die Mediation in Zivilsachen durch einen nicht entscheidungsbefugten Richter während eines Gerichtsverfahrens, die vor dem 26.7.2012 an einem Gericht angeboten wird, kann unter Fortführung der bisher verwendeten Bezeichnung (gerichtlicher Mediator) bis zum 1.8.2013 weiterhin durchgeführt werden.
145 MüKo-ZPO/*Münch*, vor § 1025 Rn 36.
146 §§ 304 ff. InsO.
147 § 305 Abs. 1 Nr. 1 InsO.
148 MüKo-ZPO/*Münch*, vor § 1025 Rn 37.
149 Siehe hierzu aktuell *Thewes*, NJW-aktuell 19–2018, 17.
150 MüKo-ZPO/*Münch*, vor § 1025 Rn 38.

tung). Der Begriff „verordnet" meint also die Errichtung (Angebot), nicht etwa die Benutzung (Annahme). Der Zugang zu Gericht bleibt konsequent mithin unberührt.

Beispiele für solche Schlichtungsstellen sind etwa im Versicherungsrecht, Bankrecht oder Luftverkehrsrecht zu finden.[151] 99

aa) ODR-VO

Die Verordnung über Online-Streitbeilegung in Verbraucherangelegenheiten (ODR-VO)[152] schafft eine alternative Streitbeilegung für den elektronischen Geschäftsverkehr zur Förderung des Wachstums und des Vertrauens in den Binnenmarkt. 100

Dadurch wurde eine unabhängige, unparteiische, transparente, effektive, schnelle und faire außergerichtliche Möglichkeit zur Beilegung von Streitigkeiten zur Verfügung gestellt, die sich aus dem grenzüberschreitenden Online-Verkauf von Waren oder der Bereitstellung von Dienstleistungen innerhalb der gesamten Union ergeben. Die ODR-VO gilt seit dem 9.1.2016 für die außergerichtliche Beilegung von Streitigkeiten, bei denen die in der Union wohnhaften Verbraucher gegen in der Union niedergelassene Unternehmer und umgekehrt vorgehen können. Voraussetzung ist, dass die Streitigkeit unter die ADR-Richtlinie[153] fällt. Die ODR-VO soll nicht gerichtliche Verfahren ersetzen. 101

bb) ADR-Richtlinie

Die Richtlinie über alternative Streitbeilegung in Verbraucherangelegenheiten[154] (ADR-RL) ermöglicht eine unabhängige, unparteiische, transparente, effektive, schnelle und faire außergerichtliche Möglichkeit zur Beilegung von Streitigkeiten, die sich aus dem inländischen und grenzüberschreitenden Verkauf von Waren oder der Bereitstellung von Dienstleistungen ergeben. 102

cc) VSBG

Das Verbraucherstreitbeilegungsgesetz (VSBG)[155] hat – in Umsetzung der EU-Richtlinie über die alternative Beilegung verbraucherrechtlicher Streitigkeiten (ADR-Richtlinie)[156] – zum Ziel, neben den bereits bestehenden Schlichtungsstellen etwa bei Banken und Versicherungen Verbraucherschlichtungsstellen für alle **Streitigkeiten aus Verbraucherverträgen** zu etablieren.[157] Insbesondere sollen Verbrauchern durch die Schlich- 103

---

151 Siehe hierzu die weiteren Nachweise bei MüKo-ZPO/*Münch*, vor § 1025 Rn 45 ff.
152 Verordnung (EU) Nr. 524/2013 des Europäischen Parlaments und des Rates vom 21.5.2013 über die Online-Beilegung verbraucherrechtlicher Streitigkeiten und zur Änderung der Verordnung (EG) Nr. 2006/2004 und der Richtlinie 2009/22/EG (Verordnung über Online-Streitbeilegung in Verbraucherangelegenheiten).
153 Richtlinie 2013/11/EU des Europäischen Parlaments und des Rates vom 21.5.2013 über die alternative Beilegung verbraucherrechtlicher Streitigkeiten.
154 Richtlinie 2013/11/EU des Europäischen Parlaments und des Rates vom 21.5.2013 über die alternative Beilegung verbraucherrechtlicher Streitigkeiten und zur Änderung der Verordnung (EG) Nr. 2006/2004 und der Richtlinie 2009/22/EG (Richtlinie über alternative Streitbeilegung in Verbraucherangelegenheiten).
155 Gesetz über die alternative Streitbeilegung in Verbrauchersachen (Verbraucherstreitbeilegungsgesetz) vom 19.2.2016 (BGBl I S. 254, ber. S. 1039).
156 RL 2013/11/EU v. 21.5.2013, ABl. 2013 L 165, S. 63.
157 Siehe hierzu den Überblick bei *Althammer/Lohr*, DRiZ 2017, 354 ff.; *Gössl*, NJW 2016, 838 ff.

tungsstellen außergerichtliche Lösungen für Beschwerden über Waren oder Dienstleistungen, die online oder in einem Laden erworben wurden, angeboten werden.

104 Die **Schlichtungsstellen** können privat, etwa von Wirtschaftsverbänden, getragen werden und sich auf eine bestimmte Branche spezialisieren; ergänzend sind staatliche Auffangschlichtungsstellen vorgesehen. Das Gesetz regelt Kriterien und Verfahren zur Anerkennung als Streitbeilegungsstelle. Der Gesetzgeber verlangt dabei, dass der Streitmittler entweder über die Befähigung zum Richteramt verfügt oder zertifizierter Mediator ist (§ 6 Abs. 2 S. 2 VSBG). Einheitlich zuständige Stelle ist nach § 27 Abs. 1 VSBG das Bundesamt für Justiz (BfJ). Zu den anerkannten Verbraucherschlichtungsstellen zählen beispielsweise die **Schlichtungsstelle für gewerbliche Versicherungs-, Anlage- und Kreditvermittlung**.[158] Hier handelt es sich um eine vom BfJ anerkannte Verbraucherschlichtungsstelle i.S.d. § 14 Abs. 3 UKlaG sowie des § 11 Finanzschlichtungsstellenverordnung.[159] Ähnliches gilt für die **Ombudsstelle für Sachwerte und Investmentvermögen e.V.**[160] Eine Liste der vom BfJ anerkannten Schlichtungsstellen ist online einsehbar.[161] Ein erster Bericht des BMJV über Erfahrungen mit dem VSBG ist ebenfalls online abrufbar.[162]

105 Die Streitigkeiten vor den Schlichtungsstellen sollen in höchstens 90 Tagen beigelegt werden (§ 20 VSBG). Für Verbraucher ist die Tätigkeit der Schlichtungsstelle – anders als für Unternehmer – i.d.R. kostenlos; bei missbräuchlich gestellten Anträgen kann ihnen aber eine Gebühr i.H.v. 30 EUR auferlegt werden (§ 31 Abs. 3 VSGB). Zwar sind Unternehmer nicht verpflichtet, an Verfahren vor Verbraucherschlichtungsstellen teilzunehmen. Haben sie sich jedoch grundsätzlich für eine Teilnahme entschieden, müssen sie ihre Käufer über die Möglichkeit der Anrufung der Schlichtungsstelle informieren und nach Entstehen der Streitigkeit den Hinweis von sich aus wiederholen (§§ 36 f. VSBG).

106 Der Eingang des Antrags bei der Streitbeilegungsstelle hemmt die Verjährung des fraglichen Anspruchs (§ 204 Nr. 4 BGB). Das außergerichtliche Streitbeilegungsverfahren schließt den Zugang zu den staatlichen Gerichten nicht aus (§ 5 Abs. 2 VSBG). Ist jedoch durch Landesgesetz bestimmt, dass eine Klage erst nach einem erfolglosen Vermittlungsversuch erhoben werden kann (obligatorisches Güteverfahren nach § 15a Abs. 3 S. 3 EGZPO, siehe dazu oben Rdn 10), muss der Kläger die Bescheinigung über den erfolglosen Einigungsversuch mit der Klage einreichen.

107 Hier ist vom Anwalt zu prüfen, welche landesrechtlichen Vorgaben einschlägig sind. Da es in keinem Landesgesetz mehr ein Schlichtungserfordernis für Geldforderungen gibt, dürfe der Anwendungsbereich dieser Regelung überschaubar sein.

---

158 https://www.schlichtung-finanzberatung.de/.
159 Verordnung über die Verbraucherschlichtungsstellen im Finanzbereich nach § 14 des Unterlassungsklagegesetzes und ihr Verfahren (Finanzschlichtungsstellenverordnung – FinSV), BGBl 2016 I, S. 2140.
160 https://ombudsstelle.com/.
161 https://www.bundesjustizamt.de/DE/Themen/Buergerdienste/Verbraucherschutz/Verbraucherstreitbeilegung/Verbraucherschlichtungsstellen/Uebersicht_node.html.
162 https://www.bmjv.de/SharedDocs/Artikel/DE/2018/070918_Verbraucherschlichtung.html.

2. Auf privater Basis

a) Ombudsmann-Verfahren

Bei den Ombudsmann-Verfahren handelt es sich üblicherweise um Verfahren, die auf privater Basis, in der Regel auf Initiative von Verbänden der jeweiligen Branchen initiiert wurden. Nach dem Inkrafttreten des VSBG sind zahlreiche dieser Verfahren zugleich Verbraucherschlichtungsstellen geworden (siehe hierzu oben Rdn 103 ff.) 108

Sie existieren namentlich bei Geschäftsbanken (siehe dazu unten Rdn 110 ff.) und Versicherungen (siehe dazu unten Rdn 115 ff.), nunmehr aber auch in der Energiewirtschaft[163] und bei Beförderung im Luftverkehr.[164] 109

aa) Ombudsmann privater Banken

Die privaten Banken haben das Streitbeilegungsverfahren der Verbraucherschlichtungsstelle „Ombudsmann der privaten Banken".[165] Dort hat der Verbraucher die Möglichkeit, zur Beilegung einer Streitigkeit mit der Bank den Ombudsmann der privaten Banken anzurufen. Betrifft der Beschwerdegegenstand eine Streitigkeit über einen Zahlungsdienstevertrag (§ 675f BGB), können auch Kunden, die keine Verbraucher sind, den Ombudsmann der privaten Banken anrufen. Näheres regelt die „Verfahrensordnung für die Schlichtung von Kundenbeschwerden im deutschen Bankgewerbe", die auf Wunsch zur Verfügung gestellt wird oder im Internet unter www.bankenverband.de abrufbar ist. 110

Der Schlichtungsspruch ist für die Bank bei einem streitigen Betrag (Streitwert) von unter 5.001 EUR bindend. Er entfaltet für den beschwerdeführenden Kunden selbst jedoch keine Bindungswirkung. 111

bb) Schlichtungsstelle DSGV

Die Kreditinstitute der Sparkassen-Finanzgruppe haben ein eigenes Schlichtungssystem, nämlich die Schlichtungsstelle beim Deutschen Sparkassen- und Giroverband e.V. Anders als bei den privaten Banken unterbreitet der Schlichter hier lediglich einen Schlichtungsvorschlag, der für keine Partei bindend ist.[166] 112

cc) Schlichtungsstelle Volksbanken Raiffeisenbanken

Auch die Volksbanken und Raiffeisenbanken haben ein eigens Schlichtungssystem, nämlich die Kundenbeschwerdestelle beim BVR. Auch hier unterbreitet der Schlichter lediglich einen Schlichtungsvorschlag, der für keine Partei bindend ist.[167] 113

---

163 § 111b EnWG – „Verfahrensordnung des Vereins Schlichtungsstelle Energie e.V."
164 §§ 57–57d LuftVG.
165 www.bankenombudsmann.de; siehe hierzu allgemein *Schimansky/Bunte/Lwowski-Höche*, Bankrechts-Handbuch, 5. Aufl. 2017, § 3.
166 https://www.dsgv.de/de/ueber-uns/schlichtungsstelle/verfahrensordnung.html.
167 https://www.bvr.de/p.nsf/0/C68C615FD93FB10FC1257CEC003C79B7/$file/Verfahrensordnung.pdf.

dd) Schlichtungsstelle der Deutschen Bundesbank

114 Weiterhin gibt es noch die Schlichtungsstelle der Deutschen Bundesbank, die dann zuständig ist, wenn keine andere private Verbraucherschlichtungsstelle zuständig ist.[168]

ee) Ombudsmann für private Versicherungen

115 Seit dem 1.10.2001 hat der Gesamtverband der Deutschen Versicherungswirtschaft e.V. einen eingesetzten Ombudsmann.[169]

ff) Ombudsmann in der PKV

116 Daneben existiert ein (eigener) Ombudsmann für alle privat Kranken- und Pflegeversicherten.[170]

b) Weitere verbraucherschützende Stellen

117 Daneben gibt es weitere verbraucherschützenden Schlichtungsangebote, die sich nicht in die bisher aufgeführten Kategorien einordnen lassen.

118 Hierzu zählen etwa die Gütestellen der Handwerkskammern aufgrund § 91 Abs. 1 Nr. 11 HandwO, die institutionalisierten Schlichtungsstellen im Kfz-Gewerbe, die Einigungsstellen der Industrie- und Handelskammern nach § 15 UWG und weitere Stellen für diverse andere Verbraucherbeschwerden – und zwar auch bei (Verbraucherschutz-)Vereinen, Verbänden und Innungen. Zu erwähnen ist noch die Schiedsstelle nach § 14 Nr. 3 PflVG beim Entschädigungsfond für Kfz-Unfallabwicklung.

119 In ähnlicher Weise haben die Kammern der freien Berufe Gütestellen etabliert. So gibt es z.B. das Vermittlungsverfahren vor den Rechtsanwaltskammern (§ 73 Abs. 2 Nr. 3 BRAO), Schlichtungsstellen der Architektenkammern, der Landesapothekerkammern sowie der (Landes-)Ärztekammern oder auch das obligatorische vorgerichtliche Schlichtungsverfahren nach § 17c Abs. 4b des Krankenhausfinanzierungsgesetzes. Der ordentliche Rechtsweg ist insoweit nicht verwehrt.[171]

III. Freiwillige Streitbeilegung ohne Entscheidungsbefugnis – Mediation

120 „Mediation" bezeichnet alle Verfahren unabhängig von ihrer Bezeichnung, in denen zwei oder mehrere Streitparteien von einer dritten Partei unterstützt werden, damit sie eine Vereinbarung über die Streitschlichtung erzielen, und unabhängig davon, ob das Verfahren von den Parteien eingeleitet, von einem Gericht vorgeschlagen oder vom innerstaatlichen Recht eines Mitgliedstaats vorgeschrieben wird.

---

168 https://www.bundesbank.de/Navigation/DE/Service/Schlichtungsstelle/schlichtungsstelle.html.
169 Siehe hierzu etwa *Römer*, NJW 2005, 1251 ff.
170 „Statut des Ombudsmanns Privaten Kranken- und Pflegeversicherung", www.pkv-ombudsmann.de.
171 MüKo-ZPO/*Münch*, vor § 1025 Rn 47–49.

Durch das MediationsG[172] hat der deutsche Gesetzgeber[173] die Mediations-Richtlinie[174] umgesetzt. Mediationsspezifisch regelt das Gesetz Verfahrensfragen (§ 2 MediationsG), Offenbarungspflichten (§ 3 MediationsG) und Verschwiegenheitsgebote (§ 4 MediationsG); prozessrechtlich wird eine autonome Vertraulichkeitsgarantie eröffnet.[175]

IV. Freiwillige Streitbeilegung mit Entscheidungsbefugnis – Schiedsgerichtsbarkeit

Hierbei handelt es sich um die Entscheidung bürgerlicher oder vergleichbarer Rechtsstreitigkeiten aufgrund privater Willenserklärungen durch private Personen oder Gremien (Schiedsgerichte). Maßgeblich ist die volle Entscheidungsbefugnis eines Schiedsgerichts mit Rechtskraftfolge (§ 1055 ZPO) und notfalls mit staatlichem Vollstreckungszwang (§§ 1060 f. ZPO mit § 794 Abs. 1 Nr. 4a ZPO). Das zählt zum „Wesen" schiedsgerichtlicher Streitentscheidung.[176]

Die Schiedsgerichtsbarkeit ist insbesondere im internationalen Wirtschaftsverkehr eine oft genutzte Form der Streitbeilegung. Unter Schiedsgerichtsbarkeit ist zu verstehen, dass die Parteien eines Vertrags unter Ausschluss der ordentlichen Gerichtsbarkeit einen von ihnen ernannten Dritten damit beauftragen, den zwischen ihnen bestehenden Streit bindend zu entscheiden.[177]

Im internationalen Bereich kann die Vereinbarung eines Schiedsgerichts über Zuständigkeitsprobleme staatlicher Gerichte hinweghelfen, da es kein internationales Gericht gibt.[178] Darüber hinaus kann die internationale Schiedsgerichtsbarkeit unterschiedliche Rechtskulturen überwinden,[179] und die internationale Vollstreckung eines Schiedsspruchs fällt aufgrund des UN-Übereinkommens von 1958, welches weltweit von einer Mehrzahl der Staaten unterzeichnet wurde, leichter als die internationale Vollstreckung eines Urteils eines staatlichen Gerichts.[180]

---

172 *Jordans*, MDR 2013, 65 ff.
173 „[Artikel-]Gesetz zur Förderung der Mediation und anderer Verfahren der außergerichtlichen Konfliktbeilegung" vom 21.7.2012, BGBl I Nr. 35 S. 1577 [in Kraft ab 26.7.2012].
174 Richtlinie 2008/52/EG über bestimmte Aspekte der Mediation in Zivil- und Handelssachen.
175 MüKo-ZPO/*Münch*, vor § 1025 Rn 69, 70.
176 MüKo-ZPO/*Münch*, vor § 1025 Rn 1.
177 *Raeschke-Kessler*, NJW 1988, 3041.
178 Dies gilt jedenfalls für private Streitigkeiten, vgl. *Herrmann*, Bedeutung der Schiedsgerichtsbarkeit, S. 13.
179 MüKo-ZPO/*Münch*, vor § 1025 Rn 34; *Raeschke-Kessler*, NJW 1988, 3041, 3042; *Kröll*, ZBB 1999, 367.
180 *Kröll*, ZBB 1999, 367.

§ 2 Das Mandatsverhältnis und die Vorbereitung des Zivilprozesses

Jochen H. Schatz

Inhalt

	Rdn
A. Einleitung	1
B. Rechtliche Grundlagen	7
I. Der Anwaltsvertrag	7
1. Die Ziele und Interessen des Mandanten klären	10
2. Zwang und Ausschluss der Mandatsübernahme	19
3. Der eigentliche Anwaltsvertrag	55
4. Die anwaltliche Vergütung und der Abschluss einer Honorarvereinbarung	91
II. Die Vollmacht des Rechtsanwaltes	107
III. Die Haftung des Rechtsanwaltes und deren Beschränkung	137
1. Besondere Anforderungen an die Fristenkontrolle	140
2. Die Beratungspflichten des Rechtsanwaltes	144
3. Zwei Möglichkeiten der Haftungsbeschränkung	154
IV. Die Niederlegung des Mandates	169
V. Der Kontakt des Rechtsanwaltes mit der Rechtsschutzversicherung	196
C. Muster	211
I. Muster: Mandatsbestätigung gegenüber dem Mandanten	211
II. Muster: Antrag auf Aufhebung der Pflichtbeiordnung	212
III. Muster: Mandatsablehnung aufgrund widerstreitender Interessen	213
IV. Muster: Honorarvereinbarung – Vereinbarung eines höheren Streitwertes	214
V. Muster: Honorarvereinbarung – Pauschalvergütung	215
VI. Muster: Honorarvereinbarung – Zeithonorar	216
VII. Muster: Honorarvereinbarung – prozentualer Aufschlag auf die gesetzlichen Gebühren	217
VIII. Muster: Grundmuster einer allgemeinen Vollmacht	218
IX. Muster: Einfache Vollmacht in Mietstreitigkeiten	219
X. Muster: Vollmacht zur Beendigung eines Arbeitsverhältnisses	220
XI. Muster: Allgemeine Prozessvollmacht	221
XII. Muster: Erweiterte Vollmacht unter Einschluss einer Geldempfangsvollmacht, des Rechtes zur Bestellung eines Unterbevollmächtigten und der Vollmacht zur Abgabe materiell-rechtlicher Erklärungen	222
XIII. Muster: Einfache Geldempfangsvollmacht	223
XIV. Muster: Auf die außergerichtliche Interessenwahrnehmung beschränkte Vollmacht	224
XV. Muster: Untervollmacht	225
XVI. Muster: Terminsvollmacht	226
XVII. Muster: Mitteilung Terminsvertretung an Gericht	227
XVIII. Muster: Individualvereinbarung über eine Haftungsbeschränkung nach § 51a Abs. 1 BRAO	228
XIX. Muster: Haftungsbeschränkung in vorformulierten Vertragsbedingungen	229
XX. Muster: Haftungsbeschränkung auf einzelne Mitglieder der Sozietät	230

XXI. Muster: Mandatsniederlegung gegenüber dem Mandanten . . 231	XXV. Muster: Anzeige der Mandatsaufnahme durch einen neuen Rechtsanwalt 235
XXII. Muster: Anzeige der Mandatsniederlegung gegenüber dem Gericht 232	XXVI. Muster: Anforderung der Handakten von dem bisherigen Bevollmächtigten durch den neuen Bevollmächtigten 236
XXIII. Muster: Anzeige der Niederlegung an den Gegner 233	
XXIV. Muster: Mitteilung an den bisherigen Mandanten nach der Niederlegung des Mandates 234	XXVII. Muster: Deckungsschutzanfrage an die Rechtsschutzversicherung des Mandanten 237
	XXVIII. Muster: Stichentscheid nach Ziffer 3.5 ARB 2012 238

Literatur

Bälz/Moelle/Zeidler, Rechtsberatung pro bono publico in Deutschland – eine Bestandaufnahme, NJW 2008, 3383; *Bauer,* Deckungsprozesse in der Rechtsschutzversicherung, NJW 2015, 1329; *Bauer,* Rechtsentwicklung bei den Allgemeinen Bedingungen für die Rechtsschutzversicherung bis Anfang 2009, NJW 2009, 1564; *Bauer,* Rechtsentwicklung bei den Allgemeinen Bedingungen für die Rechtsschutzversicherung bis Anfang 2005, NJW 2005, 1472; *Beck/Diller,* Neuregelung der Verjährung für Anwaltshaftung – Der Irrgarten der Übergangsregelungen, ZIP 2005, 976; *Berger,* Rechtliche Rahmenbedingungen anwaltlicher Dienstleistungen über das Internet, NJW 2001, 1530; *von Bernstorff,* International ausgeübte Vollmacht, AW-Prax 2016, 262; *Beschl,* Einwand der Nichtigkeit des Anwaltsvertrags im Kostenfestsetzungsverfahren, AGS 2018, 39; *Borgmann/Jungk/Schwaiger,* Anwaltshaftung, Systematische Darstellung der Rechtsgrundlagen für die anwaltliche Berufstätigkeit, Verlag C.H.Beck, 5. Auflage 2014; *Blattner,* Risikomanagement durch Haftungsvereinbarungen im Anwaltsvertrag, AnwBl 2103, 300; *Borgmann,* Die Rechtsprechung des BGH zum Anwaltshaftungsrecht von Ende 2005 bis Ende 2007, NJW 2008, 412; *Borgmann,* Rechtsprechung des BGH zum Anwaltshaftungsrecht in der Zeit von Mitte 2002 bis Ende 2004, NJW 2005, 22; *Borgmann,* Die Rechtsprechung des BGH zum Anwaltshaftungsrecht in der Zeit von Mitte 2000 bis 2002, NJW 2002, 2145; *Borgmann,* Die Rechtsprechung des BGH zum Anwaltshaftungsrecht in der Zeit von Mitte 1991 bis Mitte 2000, NJW 2000, 2953; *Borgmann,* Fehler bei Verhandlungen und Vergleichsabschluss, FF 2002, 82; *Borgmann,* Haftpflichtfragen, AnwBl 1995, 190; *Borgmann,* Die Rechtsprechung des BGH zum Anwaltshaftungsrecht von Ende 2004 bis Ende 2005, NJW 2006, 415; *Bräuer,* Haftungssituation im Familienrecht, AnwBl 2002, 231 und 292; *Brodski,* Anwaltshaftung: Zu den Pflichten eines mit der Zwangsvollstreckung mandatierten Rechtsanwalts, DB 2017, 2470; *Brückner,* Original oder Fälschung?, DGVZ 2017, 49–51; *Bruns,* Die vertragliche Haftung des Rechtsanwaltes gegenüber dem Mandanten nach neuer Rechtslage, VersR 2002, 524; *Burhoff,* Vorschuss vom Auftraggeber, RVGreport 2011, 365; *Burkiczak,* Kein Prozessurteil mehr bei fehlender Vollmacht des Anwalts, SGb 2009, 400; *Chab/Grams/Jungk,* Pflichten und Haftung des Anwalts, BRAK-Mitt 2005, 72 und 179;

Dahns, Der Notanwalt, NJW-Spezial 2014, 510–511; *Dahns*, Annahme, Ablehnung und Kündigung von Anwaltsverträgen, NJW-Spezial, 2007, 333–334; *Deckenbrock*, Anmerkung zu einer Entscheidung des BGH IX ZR 165/16 – Zur freien Kündbarkeit von Anwaltsverträgen und etwaig bestehenden Vergütungspflichten, JZ 2017, 848; *Deckenbrock*, Interessenkollision und gemeinschaftliche Berufsausübung – was gilt?, AnwBl 2009, 170; *Deckenbrock*, Kostenerstattung bei Beauftragung mehrerer Rechtsanwälte, MDR 2005, 1321; *Deckenbrock*, Tätigkeitsverbote bei nichtanwaltlicher Vorbefassung, AnwBl 2009, 16; *Deckenbrock*, Tätigkeitsverbote wegen nichtanwaltlicher Vorbefassung und ihre Sozietätserstreckung, NJW 2015, 522; *Dux*, Anwaltliche pro bono-Tätigkeit in Deutschland, AnwBl 2011, 90–96; *Dux*, Anwaltliche pro bono-Tätigkeit in Deutschland, AnsBl 2011, 90; *Edenfeld*, Anwaltshaftung – Beratungspflichten beim Vergleich, MDR 2001, 972; *Elzer*, Muss ein Faxgerät ständig auf seine Funktionsfähigkeit hin überprüft werden?, IBR 2017, 58; *Enders*, Reisekosten des Prozessbevollmächtigten, JurBüro 2012, 225; *Enders*, Die Kosten des Terminvertreters in der Kostenfestsetzung, JurBüro 2012, 1; *Enders*, Verbraucher im ersten Beratungsgespräch, JurBüro 2005, 57; *Fahrendorf*, Vertragliche Anwaltspflichten – überspanntes Haftungsrisiko?, NJW 2006, 1911; *Frenzel*, Zu Fragen der Anwaltswerbung, EWiR 2004, 1079; *Ganter*, Die Rechtsprechung des IX. Senats des Bundesgerichtshofes zur Anwaltshaftung seit 1984, WM 2001, Beilage 6, 1; *Goebel*, Die Fälligkeit der anwaltlichen Vergütung, RVG-Berater 2005, 27; *Grunewald*, Anwaltshaftung bei gemeinschaftlicher Berufsausübung, ZAP Fach 23, 551; *Grunewald*, Befangenheit wegen Vorbefassung des Sozius?, NJW 2009, 1563; *Grunewald*, Die Entwicklung der Rechtsprechung zum anwaltlichen Berufsrecht in den Jahren 2006–2008, NJW 2008, 3621; *Grunewald*, Die Entwicklung der Rechtsprechung zum anwaltlichen Berufsrecht in den Jahren 2004 und 2005, NJW 2006, 230; *Grunewald*, Die Haftung des Anwalts für fehlerhafte Beratung des Mandanten nach neuem Recht, AnwBl 2002, 258; *Härting/Thiess*, Anwälte müssen dazulernen: Vorsicht Verbraucherschutz, AnwBl 2014, 906; *Hansens*, Erstberatung eines Arbeitnehmers, RVGreport 2004, 426; *Hansens*, Bestrittene Auftragserteilung trotz vorliegender Vollmacht, RVGreport 2012, 253; *Hansens*, Anwaltsdienstvertrag als Voraussetzung für den Vergütungsanspruch des im Wege der Prozesskostenhilfe beigeordneten Rechtsanwalts, RVGreport 2012, 290–292; *Härting/Thiess*, Anwälte müssen dazulernen: Vorsicht Verbraucherschutz, AnwBl 2014, 906–907; *Harms*, Das rechtsschutzversicherte Mandat und die Haftung des Rechtsanwalts, VersR 1990, 818; *Harsch*, Die Anwaltshaftung und deren Verjährung im Mietrecht, MietRB 2014, 369; *Harsch*, Anwaltsfehler bei mietrechtlicher Beratung, WuM 2012, 63; *Hartung*, Zur Mandatsniederlegung nach einem Sozietätswechsel, MDR 2001, 718; *Henkel*, Rechtsschein der Prozessvollmacht, NJW 2003, 1692; *Henseler*, Zu Fragen der Rechtsanwaltswerbung, EWiR 2004, 1081; *Henssler/Deckenbrock*, Der (Teil-)Vergütungsanspruch des Rechtsanwalts im Falle vorzeitiger Mandatsbeendigung im Normgefüge des § 628 BGB, NJW 2005, 1 *Henssler/Deckenbrock*, Neue anwaltliche Betätigungsverbote bei Interessenkonflikten, NJW 2008, 1275; *Hering*, Die Leistungsablehnung in der Rechtsschutzversicherung, SVR 2004, 49; *Hermanns*, Einführung in das Anwaltshaftungsrecht, Jura 2014, 365; *Hommerich/Kilian*,

§ 2 Das Mandatsverhältnis und die Vorbereitung des Zivilprozesses

Ein Jahr Erfolgshonorar – Empirische Ergebnisse zu einer erzwungenen Reform, AnwBl 2009, 541; *Hung/Jansen*, Insolvenzbekanntmachungen.de – Eine neue Haftungsfalle für den Rechtsanwalt?, NJW 2004, 3379; *Huss*, Zur anwaltlichen Werbung im Internet, EWiR 2002, 155; *Jansen*, Umgang der Versicherungen mit dem RVG, AnwBl 2004, 469; *Jüdt*, Vergleichsreue vs. Anwaltshaftung, FuR 2015, 193; *Jungk/Chab/Grams*, Pflichten und Haftung des Anwalts – eine Rechtsprechungsübersicht, BRAK-Mitt 2014, 132; *Jungk*, Wege zur Beendigung des Mandats und ihre Konsequenzen, AnwBl 2011, 62; *Jungk*, Aktuelle Tendenzen im Anwaltshaftungsrecht, AnwBl 2004, 374; *Jungk*, Die Haftung des Rechtsanwalts in der Partnerschaftsgesellschaft, AnwBl 2005, 283; *Jungk*, Pflichten und Haftung des Anwalts, BRAK-Mitt 2001, 17; *Kargl*, Die Verletzung von Mandatsgeheimnissen bei der Mitwirkung Dritter, StV 2017, 482; *Kilian*, Das Gesetz zur Neuregelung des Verbots der Vereinbarung von Erfolgshonoraren, NJW 2008, 1905; *Kleine-Cosack*, Bundesrechtsanwaltsordnung, 5. Aufl. 2008; *Kleine-Cosack*, Vom regulierten zum frei verhandelbaren (Erfolgs)Honorar, NJW 2007, 1405; *Klinger/Ruby*, Die Rechtsschutzversicherung im erbrechtlichen Mandat, ZEV 2004, 319; *Knöfel*, Anwaltshaftung und Verfassungsrecht, AnwBl 2004, 76; *Krahns*, Möglichkeiten der Haftungsbeschränkung für Rechtsanwälte, AnwBl 2001, 233; *Kreße*, Die neue Partnerschaftsgesellschaft mit beschränkter Berufshaftung im Kontext der Rechtsanwaltshaftung, NJ 2013, 45; *Laschke*, Die Sternsozietät – Auswirkung auf die Haftung und Versicherung, AnwBl 2009, 546; *Lersch/Wagner*, Mandatsgeheimnis im Internet?, NJW-CoR 1996, 380; *Lewinski*, Anwaltliches Berufsrecht und Mandatsvertrag, JuS 2004, 396–401; *Luckey*, Haftungsrisiken beim Abfindungsvergleich, DAR 2013, 772; *Madert*, Androhung der Mandatsniederlegung zur Herbeiführung einer Honorarvereinbarung – rechtliche Beurteilung nach den Gegebenheiten des Einzelfalls, AGS 2003, 17; *Magnus*, Strafbarkeitsrisiken für Anwälte im Rahmen von Abmahnungen und Deals, JR 2017, 628; *Maier-Reimer*, Widerstreitende Interessen und Anwaltssozietät, NJW 2006, 3601; *Mankowski*, Anwendbares Recht beim Mandatsverhältnis einer internationalen Anwaltssozietät, AnwBl 2001, 249; *Mathy*, Aktuelle Fragen zum Versicherungsvertragsrechtsschutz in der Rechtsschutzversicherung, VersR 2005, 872; *Mayer*, Neues bei Beratungshilfe, pro bono und Erfolgshonorar, AnwBl 2013, 894; *Medicus*, Das Bundesverfassungsgericht und die Anwalthaftung, AnwBl 2004, 257; *Müller/von Münchow*, Rechtliche Vorgaben zu Inhalt und Form von Vollmachten, NotBZ 2010, 31; *ohne Autor*, Notwendige Anlagen zum Vollstreckungsauftrag, FoVo 2015, 64; *Offermann-Burckart*, Interessenkollision – Jeder Fall ist anders, AnwBl 2009, 729; *Otten*, Zum Verjährungsbeginn bei der Anwaltshaftung und zur Belehrungspflicht gegenüber rechtskundigen Mandanten, MDR 2000, 482; *Prechtel*, Prozesstaktische Pflichten des Anwalts, MDR 2010, 549; *Prölss*, Risikoausschlüsse in der Rechtsschutzversicherung, RuS 2005, 225 und 269; *Prütting*, 20 Jahre anwaltliches Berufsrecht in Deutschland AnwBl 2009, 9; *Puschkins*, Anwaltliche Werbung mit der Gebührenhöhe, JurBüro 2001, 342; *Quaas*, Verbot widerstreitender Interessen und Sternsozietät – Hat sich durch die Änderung des § 59a BRAGO etwas geändert?, NJW 2008, 1697; *Ramm*, Die Einbeziehung Dritter in den Anwaltsvertrag: Der Fall Mappus und die Folgen, BRAK-Mitt 2016, 211; *Richter*, Der Verwalter als

Prozessbevollmächtigter, ZWE 2009, 298; *Richter,* Der Verwalter als Prozessbevollmächtigter, ZWE 2009, 298; *Riechert,* Haftung des Anwalts als Insolvenzverwalter, AnwBl 2016, 350; *Richter,* Der Verwalter als Prozessbevollmächtigter, ZWE 2009, 298; *Ritter,* Stolpersteine der Mandatsniederlegung, NW 2015, 2008; *Römermann,* Neues und immer noch offene Fragen zur Haftung in der gemischten Sozietät, NJW 2009, 1560; *Römermann,* Spezialist für Erbrecht – Anwaltswerbung mit erbrechtlichen Schwerpunkten, ZERB 2004, 338; *Sarres,* Die Angst der Advokaten, eine Honorarvereinbarung abzuschließen, FuR 2000, 14; *Schaaf/Steinkraus,* Zur Einführung – das Berufsrecht der Rechtsanwälte, JuS 2001, 275; *Schäder,* Die Vergütungsvereinbarung im Arbeitsrecht, ArbRB 2008, 283; *Schaefer,* Belehrungspflichten des Anwalts beim Abschluss einer Honorarvereinbarung, AGS 2003, 191; *Schaefer,* Die Notwendigkeit von Honorarvereinbarungen, AGS 2003, 237; *Schnabl,* Die Internationalisierung des Rechts der anwaltlichen Praxis, AnwBl 2017, 713; *Schneider,* Zur Höhe eines angemessenen Vorschusses, DAR 2015, 355; *Schneider,* Wegfall der Beratungsgebühren zum 1.7.2006, NJW 2006, 1905; *Schneider,* Entwicklung bei den Allgemeinen Bedingungen für die Rechtsschutzversicherung bis Frühjahr 2017, NJW 2017, 2160; *Schneider,* Zur Belehrungspflicht des Rechtsanwalts gegenüber dem Mandanten in Bezug auf diesem entstehende Kosten, AGS 2003, 70; *Schneider,* Wegfall der Beratungsgebühren zum 1.7.2006, NJW 2006, 1905; *Schons,* Rückforderung des Vorschusses bei unwirksamer Vergütungsvereinbarung, AGS 2008, 109; *Schons,* Das RVG und die Rechtsschutzversicherer oder: Das Imperium schlägt zurück!, NJW 2004, 2952; *Schulz,* Die Strafbarkeit des Scheidungsanwalts nach § 256 StGB, AnwBl 2009, 743; *Seltmann/Dahns,* Pro Bono-Tätigkeit, NJW-Spezial 2012, 702; *Seltmann,* Anwaltliche Werbung mit pauschalen Gebührenbeispielen, BRAK-Mitt 2004, 287; *Suilmann,* Vertretungsbefugnis des Verwalters in WEG-Verfahren, MietRB 2014, 156; *Terriuolo,* Einholung der Deckungszusage durch den Rechtsanwalt, AnwBl 2017, 44; *Thiele,* Rechtsschutzversicherung, SVR 2004, 266; *Tillner,* Der Auskunftsanspruch im rechtsschutzversicherten Mandat, AGS 2016, 53; *van Bühren,* Das rechtsschutzversicherte Mandat – ein Vertrag mit Schutzwirkung für Dritte?, VersR 2014, 148; *Valdini,* Die Anwaltshaftung für Honorarforderungen ausländischer Anwälte, MDR 2016, 677; *Viefhues,* Schuldnerverzug und Anwaltshaftung, FPR 2013, 541; *Winkler,* Die fehlerhafte Vergütungsvereinbarung und die Hinweispflicht gem. § 49b Abs. 5 BRAO, AGS 2014, 57–58; *Wirtz,* Die Erstberatung, AnwBl 2001, 173; *Zimmermann,* Fehlerquellen und Haftungsrisiken für den Anwalt beim Prozessvergleich, ZAP Fach 13, 2135; *Zimmermann,* Haftungsbeschränkung statt Versicherung? – zur Reichweite des § 51a BRAO, NJW 2005, 177; *Zuck,* Allgemeine Anwaltsrechte und Berufspflichten aus dem BDSG, AnwBl 1996, 549; *Zugehör,* Anwaltsverschulden, Gerichtsfehler und Anwaltshaftung, NJW 2003, 3225.

§ 2 Das Mandatsverhältnis und die Vorbereitung des Zivilprozesses

A. Einleitung

1 Für den Rechtsanwalt beginnt die Befassung mit zivilprozessualen Fragestellungen nicht erst mit der Einreichung einer Klage, sondern bereits dann, wenn der Mandant ihn zur Beratung aufsucht, um ihn nachfolgend auch mit seiner Interessenwahrnehmung zu beauftragen.

2 Für den Rechtsanwalt stellt sich hier zunächst die Frage nach dem Abschluss eines Anwaltsvertrages.[1] Dabei muss berücksichtigt werden, welche Ziele und Interessen der Mandant verfolgt, wann der Abschluss eines Anwaltsvertrages dem Rechtsanwalt kraft Gesetzes nicht möglich ist, welche Fragen in einem Anwaltsvertrag zu regeln sind und wie sich die Frage der Vergütung beantwortet.[2] Im nachfolgenden Abschnitt B.I. (siehe Rdn 7 ff.) sollen hierzu rechtliche Grundlagen aufgezeigt werden, ohne dass eine erschöpfende Darstellung in dem Rahmen der AnwaltFormulare Zivilprozessrecht möglich wäre. Die erforderlichen Muster finden sich dann in Abschnitt C (siehe Rdn 211 ff.).

3 Ist der Anwaltsvertrag geschlossen, so liegt die Frage nach der Vollmacht des Mandanten nahe. Hierbei ist zu unterscheiden, welche Vollmacht das Gesetz dem Rechtsanwalt als Außenvollmacht gibt und welchen Modifikationen diese im Innenverhältnis unterworfen ist. In diesem Umfeld ist zu klären, welche Einschränkungen und Erweiterungen für den Rechtsanwalt sinnvoll sind. In Abschnitt B.II. (siehe Rdn 107 ff.) sollen wesentliche Fragen hierzu aufgeworfen und möglichst viele Antworten gegeben werden. Muster diverser Vollmachten finden sich dann in Abschnitt C (siehe Rdn 218 ff.).

4 Es ist heute keine juristische Zeitung und nahezu keine Ausgabe einer solchen Zeitung zu finden, in denen keine Entscheidung eines Gerichts zu einer Frage der anwaltlichen Haftung[3] enthalten ist. Die Anforderungen an die Qualität der anwaltlichen Beratung und Interessenwahrnehmung sind immens. Abschnitt B.III. (siehe Rdn 137) zeigt die Grundlagen der anwaltlichen Haftung auf und legt dar, wo Möglichkeiten der Haftungsbeschränkung bestehen und welchen Regeln diese unterliegen. Formulierungshilfen finden sich auch hier in Abschnitt C (siehe Rdn 228 ff.).

5 Aus den unterschiedlichsten Gründen kann es erforderlich sein, das Mandatsverhältnis zu beenden. Sei es, dass der Mandant seinen Zahlungsverpflichtungen nicht nachkommt, sei es, dass der Mandant notwendige Informationen nicht erteilt und sich nicht meldet. Auch kann das Vertrauensverhältnis zwischen Rechtsanwalt und Mandant gestört sein. In Abschnitt B.IV. (siehe Rdn 169) soll erläutert werden, welche Aspekte der Rechtsanwalt im Hinblick auf den Zivilprozess zu beachten hat und welche Maßnahmen er hier ergreifen muss. Die notwendigen und vollständigen Muster finden sich dann in Abschnitt C (siehe Rdn 231).

---

1 Hierzu ausführlich auch Kilian/vom Stein/*vom Stein*, Praxishandbuch für Anwaltskanzlei und Notariat, 2005, Teil 3, Kap. 8, § 25.
2 S. hierzu insbesondere *Schneider/Wolf* (Hrsg.), AnwaltKommentar RVG, 8. Aufl. 2016, § 1.
3 Zur Vermeidung von Haftungsfällen muss bei Fristversäumung immer die Wiedereinsetzung in den vorigen Stand geprüft werden, die allerdings ebenfalls fristgebunden ist; s. hierzu die ausführlichen Darlegungen in § 20 Rdn 1 ff.

Hat der Rechtsanwalt das Mandat übernommen und verfügt der Mandant über eine Rechtsschutzversicherung, so wird dem Rechtsanwalt regelmäßig auch der Kontakt mit der Rechtsschutzversicherung überlassen. In Abschnitt B.V. (siehe Rdn 196) werden die Grundzüge des Kontaktes mit der Rechtsschutzversicherung, die Obliegenheiten und die zu beachtenden Fristen auf der Grundlage der ARB 2009 dargestellt. Die erforderlichen Muster für den Kontakt finden sich in Abschnitt C (siehe Rdn 237).

B. Rechtliche Grundlagen

I. Der Anwaltsvertrag

Ein Mandant, der einen Rechtsanwalt beauftragt, verbindet damit regelmäßig das Ziel, dass sich dieser intensiv und sorgfältig seinen Interessen widmet und über die Beurteilung der Sach- und Rechtslage hinaus in der Lage ist, wirtschaftliche und persönliche Zusammenhänge zu erkennen, zu bewerten und in die Interessenvertretung einzubinden.

Für den Anwalt ergeben sich daraus verschiedene Fragestellungen:
- Welche Ziele und Interessen verfolgt der Mandant?
- Bestehen aufgrund der Ziele, Interessen und der sonst beteiligten Personen Hindernisse für den Abschluss eines Anwaltsvertrages und die Übernahme der Interessenvertretung?
- Nach welchen Regeln wird der Anwaltsvertrag geschlossen und welche Sorgfaltspflichten sollte der Rechtsanwalt in diesem Zusammenhang bedenken?
- Welchen Regeln unterliegt die Vergütung des Rechtsanwaltes und welche Gestaltungsmöglichkeiten bieten sich hier?

Die vorstehenden Fragen müssen im Rahmen der Anbahnung des Mandatsverhältnisses, d.h. in Zusammenhang mit dem ersten Kontakt, etwa während der Erstberatung, geklärt werden.

1. Die Ziele und Interessen des Mandanten klären

Im Rahmen des ersten Kontaktes mit dem Mandanten und der dabei regelmäßig stattfindenden Erstberatung ist es eine zentrale Aufgabe des Rechtsanwaltes, die konkreten Ziele und Interessen des Mandanten zu erfassen. Nur wenn der Rechtsanwalt klärt, welches Ziel der Mandant tatsächlich verfolgt, kann er bewerten, wie sich diesbezüglich die Sach- und Rechtslage darstellt und mit welchen Risiken die Durchsetzung des Zieles/ der Interessen behaftet ist. Erst in Kenntnis der Interessen des Mandanten kann der Rechtsanwalt überhaupt beurteilen, ob er mit der Übernahme des Mandates nicht unkalkulierbare Haftungsrisiken eingeht.

> *Hinweis*
> Dies gilt in jedem Fall auch dann, wenn mehrere Personen als Auftraggeber auftreten. In diesem Fall ist nicht ausgeschlossen, dass unterschiedliche, zum Teil sich auch widersprechende Ziele verfolgt werden sollen. Der Rechtsanwalt muss insoweit also

auch eine Abstimmung über die Ziele und die dahin verfolgten Wege unter den Auftraggebern herbeiführen. Sinnvoll kann es dabei sein, dass vereinbart wird, dass gegenüber dem Rechtsanwalt nur einer der Auftraggeber weisungsbefugt wird. Soweit hier Interessenkonflikte zutage treten, muss der Rechtsanwalt beachten, dass er nach § 43a Abs. 4 BRAO von der Interessenvertretung ausgeschlossen sein kann.[4]

12 Die Wahrnehmung der Interessen des Mandanten erfasst daher mehr als die isolierte Rechtsanwendung. Der Bevollmächtigte muss beachten, dass der Mandant in seinen Zielen über die Verwirklichung der objektiven Rechtslage hinaus auch von der Verfolgung wirtschaftlicher und persönlicher Interessen geprägt ist.

13 *Beispiel*

Gegen den Mandanten werden verschiedene Forderungen erhoben. Der Mandant bestreitet nicht, dass diese begründet sind. Aufgrund aktueller Liquiditätsengpässe und einer weitgehend ausgeschöpften Kreditlinie möchte er mit dem Gläubiger jedoch eine Ratenzahlungsvereinbarung treffen, sodass hier faktisch eine Finanzierung ohne Sicherheiten außerhalb des Bankverkehrs stattfindet. Gleichzeitig ist es ihm aber auch wichtig, die Geschäftsbeziehung zum Gläubiger aufrechtzuerhalten. Aufgabe des Rechtsanwaltes ist es in diesem Fall, dem Gläubiger Zweifel zu vermitteln, ob er seine Forderung rechtlich und tatsächlich durchsetzen kann, und ihn von der Werthaltigkeit einer Ratenzahlungsvereinbarung auch im Hinblick auf eine dauerhafte Zusammenarbeit zu überzeugen. Der Gläubiger muss erkennen können, dass er mit der Aufrechterhaltung der Geschäftsbeziehung die Grundlage dafür schaffen kann, dass seine Forderungen letztlich beglichen werden.

14 Verfolgt der Mandant mehrere Ziele und Interessen, muss der Bevollmächtigte darüber hinaus klären, welchen Interessen die größere Priorität zukommt. Dies ist insbesondere dann der Fall, wenn es sich um familiäre Belange handelt, die auch einen steuerlichen und/oder wirtschaftlichen Hintergrund haben.

15 *Hinweis*

Auch wenn diese Klärung häufig mühsam und zeitaufwendig ist, kann im Rahmen der Begründung des Mandatsverhältnisses hierauf nicht verzichtet werden. Der Mandant wird den Erfolg des Rechtsanwaltes im Hinblick auf die Vertretung nämlich an seinen ursprünglichen Interessen und Zielen messen. Auch die Frage, inwieweit der Rechtsanwalt für die fehlerhafte Beratung und Interessenwahrnehmung haftet, bestimmt sich im Wesentlichen danach, welchen Auftrag der Mandant mit welchem Ziel erteilt hat.

16 Da der Definition des Auftrages zwischen Rechtsanwalt und Bevollmächtigten eine zentrale Bedeutung zukommt, sollte es sich der Rechtsanwalt zur Regel machen, die Übernahme des Mandatsverhältnisses, die damit verfolgten Ziele und Interessen, den hierzu mitgeteilten Sachverhalt einschließlich aller Beweismittel und die weiter getroffe-

---

4 Hierzu nachfolgend unter Rdn 19.

nen Vereinbarungen in einem **Bestätigungsschreiben** festzuhalten. Dies wird in einer Vielzahl von Fällen spätere Streitfragen vermeiden.[5]

Tipp 17

Dies sollte auch während des Mandatsverhältnisses wiederholt werden, wenn sich aus einem oder mehreren Ereignissen und einer damit einhergehenden neuen Bewertung der Sach- und Rechtslage eine neue Definition der Ziele und Interessen oder der Möglichkeit der Durchsetzung der ursprünglichen Ziele ergibt und anderweitige Absprachen getroffen werden.

Sind die Ziele und Interessen des Mandanten geklärt, so muss der Rechtsanwalt mit diesem auch klären, ob sich die Interessenwahrnehmung auf die isolierte Beratung beschränken oder auch die außergerichtliche Interessenwahrnehmung umfassen soll. Ebenso ist zu bestimmen, ob der Mandant es auf der Passivseite auf eine gerichtliche Auseinandersetzung ankommen lassen möchte bzw. auf der Aktivseite auch gerichtliche Hilfe zur Durchsetzung seiner Ziele und Interessen in Anspruch zu nehmen gewillt ist. Dabei müssen neben der Sach- und Rechtslage sowie den persönlichen und wirtschaftlichen Gesichtspunkten auch die möglichen Kosten einer Rechtsverfolgung in die Beratung einbezogen werden.[6] 18

2. Zwang und Ausschluss der Mandatsübernahme

Grundsätzlich ist der Rechtsanwalt nicht verpflichtet, ein Mandat zu übernehmen. Der Rechtsanwalt ist freier Unternehmer und kann deshalb frei entscheiden, welche Interessen und welchen Mandanten er vertreten möchte. Dabei wird der Rechtsanwalt die Übernahme eines konkreten Mandats aber auch immer an seinen persönlichen Fähigkeiten und seinen sachlichen und personellen Ressourcen zu messen haben, will er unkalkulierbare Haftungsrisiken vermeiden. 19

Ein **Zwang zur Interessenvertretung** eines bestimmten Mandanten kann sich aus § 48 BRAO ergeben, wonach der Rechtsanwalt im gerichtlichen Verfahren zur Übernahme der Prozessvertretung oder der Beistandschaft verpflichtet ist, wenn 20
- er der Partei aufgrund des § 121 ZPO, § 4a Abs. 2 InsO, des § 11a ArbGG oder aufgrund einer anderen gesetzlichen Regelung vorläufig zur Wahrnehmung ihrer Rechte beigeordnet worden ist;
- er der Partei nach den §§ 78b, 78c ZPO als Notanwalt beigeordnet worden ist;
- er einem Antragsgegner nach § 138 FamFG beigeordnet worden ist.

Hinweis 21

In diesen drei Fällen kann der Rechtsanwalt lediglich beantragen,[7] dass seine einmal erfolgte Beiordnung aufgehoben wird, wenn hierfür wichtige Gründe vorliegen. Als

---

5 Muster eines Mandatsbestätigungsschreibens unter Rdn 211.
6 AGH Hamm BRAK-Mitt 2002, 94.
7 Muster eines Antrages auf Aufhebung der Beiordnung unter Rdn 212.

wichtige Gründe kommen neben den Ausschlussgründen zur Wahrnehmung einer Interessenvertretung nach den §§ 45 bis 47 BRAO insbesondere in Betracht, dass das Vertrauensverhältnis[8] zum beigeordneten Anwalt durch fachlich nicht gerechtfertigtes und mutwilliges Verhalten der Partei zerstört worden ist. Allerdings soll es hierfür nicht genügen, dass der Mandant mit barschen Worten die fachliche Qualifikation des Rechtsanwaltes in Zweifel zieht[9] oder der Mandant auf die Schreiben des Rechtsanwalts nicht reagiert,[10] wohl aber eine unbehebbare Störung des Vertrauensverhältnisses.[11]

22 Trotz der gerichtlichen Beiordnung kann auch der Mandant selbst das Mandat jederzeit kündigen.[12] Eine Beiordnung kann nicht gegen den Willen des bedürftigen Mandanten erfolgen.[13] Allerdings muss dann der das Mandat übernehmende Bevollmächtigte überprüfen, ob die Mandatsbeendigung darauf beruht, dass dem Mandanten ohne sein Verschulden eine Zusammenarbeit mit dem bisherigen Bevollmächtigten nicht mehr zumutbar ist und der Staatskasse durch den Anwaltswechsel keine höheren Kosten entstehen.[14] Die Bestellung eines weiteren Notanwalts kommt aber nur dann in Betracht, wenn der Mandant die Beendigung des Mandats nicht zu vertreten hat.[15] Anderenfalls kann, um unnötige Mehrkosten der Staatskasse zu vermeiden,[16] die Beiordnung nur mit einer Beschränkung der Vergütung erfolgen oder scheidet ganz mit der Folge aus, dass der Mandant die Kosten seiner Beauftragung selbst zu tragen hat. Einer Bestellung zum Notanwalt steht auch entgegen, wenn der Rechtsanwalt sogleich seine Entpflichtung aus wichtigem Grund verlangen könnte, etwa weil der Mandant ihm „zwingende" Vorgaben zum Schriftsatzentwurf vorgibt.[17]

23 Ist die Aufhebung der Beiordnung dadurch sachlich gerechtfertigt, dass ein anderes Gericht mit erheblicher Entfernung zum bisherigen Gerichtsort zuständig wird, so ist eine nachfolgende Beiordnung eines anderen Rechtsanwaltes am neuen Gerichtsstand ohne Weiteres möglich.[18]

Die Beiordnung wirkt bis zur Entpflichtung durch das Gericht fort, eine einseitige Mandatsniederlegung seitens des Rechtsanwalts ist nicht möglich.[19]

24 Ist der Rechtsanwalt nicht kraft Gesetzes dem Mandanten beigeordnet worden mit der Folge, dass eine Übernahme des Mandates nach § 48 BRAO verpflichtend wäre, so ist der Rechtsanwalt in der Übernahme des Mandates grundsätzlich frei.

---

8 BGH NJW-RR 1992, 189 = VersR 1992, 721; BVerwG, Beschl. v. 9.8.2001 – 8 PKH 10/00.
9 OLG Dresden MDR 1998, 1379 = NJW-RR 1999, 643.
10 OLG FamRZ 2017, 637.
11 BGH v. 15.9.2010, IV ZR 240/08 = RVGreport 2011, 37; OLG Hamm v. 14.11.2011, II-8 F 256/11.
12 OLG Nürnberg MDR 2003, 712; OLG Brandenburg FamRZ 2002, 39; OLG Frankfurt/M. FamRZ 2001, 237.
13 OLG Koblenz MDR 2015, 1077.
14 OLG Nürnberg MDR 2003, 712; OLG Brandenburg FamRZ 2002, 39; OLG Frankfurt/M. FamRZ 2001, 237.
15 BGH v. 16.9.2015, V ZR 81/15 = NJW 2016, 81 = MDR 2016, 47.
16 OLG Hamm v.13.6.2012, II-8 WF 131/12 = FamRZ 2013, 393–394.
17 BGH v. 13.9.2015, V ZR 136/13 = AnwBl 2013, 826; BGH v. 4.7.2013, V ZR 1/13 = NJW-Spezial 2013, 703.
18 OLG Bamberg FamRZ 2001, 633.
19 OLG Karlsruhe v. 2.6.2017 – 18 WF 302/14 = FamRZ 2017, 1702; LG Saarbrücken v. 2.1.2012, 5 T 30/12 = FamRZ 2012, 1658.

B. Rechtliche Grundlagen § 2

Möchte der Rechtsanwalt – aus welchen Gründen auch immer – das Mandat nicht übernehmen, so legt § 44 BRAO ihm die Pflicht auf, dass er die Ablehnung eines Auftrages unverzüglich mitzuteilen hat. Dem gilt es immer dann besondere Aufmerksamkeit zu widmen, wenn nicht schon im Rahmen der Erstberatung sicher festgestellt werden kann, ob eine Interessenvertretung möglich ist. Zu beachten ist in diesem Zusammenhang, dass ein Anwaltsvertrag auch durch schlüssiges Verhalten zustande kommen kann, sodass – z.B. bei wiederkehrenden gleichartigen Beauftragungen desselben Mandanten – vertragliche Vorkehrungen zu treffen sind. An ein Zustandekommen durch nicht ausdrücklich erklärte Erklärungen sind aber im Interesse der Rechtssicherheit strenge Anforderungen zu stellen.[20]

25

Hinweis

26

Nach § 44 S. 2 BRAO hat der Rechtsanwalt den Schaden zu ersetzen, der daraus entsteht, dass er schuldhaft die Erklärung über die Ablehnung des Auftrages verzögert, etwa wenn nachfolgend zu beachtende Fristen durch den Mandanten nicht mehr eingehalten werden können[21] oder die Forderung verjährt.[22]

Tipp

27

Allein die verspätete Mitteilung der Auftragsablehnung ist nicht ausreichend, um eine Haftung des Rechtsanwaltes zu begründen. Die schuldhaft verzögerte Mitteilung der Auftragsablehnung muss vielmehr auch kausal für den eingetretenen Schaden geworden sein. Ist eine Frist versäumt worden, so fehlt es an der Kausalität zwischen Pflichtwidrigkeit und Schaden, wenn auch bei fristgerechtem Handeln keine günstigere Entscheidung für den abgelehnten Mandanten hätte herbeigeführt werden können.[23]

Die Ablehnung eines Auftrages kann in den Versagungsgründen der §§ 43a, 45–47 BRAO ihre Ursache haben. Die §§ 45–47 BRAO umschreiben dabei unmittelbare **gesetzliche Vertretungsverbote**.

28

Nach § 45 Abs. 1 BRAO darf der Rechtsanwalt nicht tätig werden, wenn

29

- er in derselben Rechtssache als Richter, Schiedsrichter, Staatsanwalt, Angehöriger des öffentlichen Dienstes,[24] Notar,[25] Notarvertreter oder Notariatsverwalter bereits tätig geworden ist (Nr. 1);
- er als Notar, Notarvertreter oder Notariatsverwalter eine Urkunde aufgenommen hat und deren Rechtsbestand oder Auslegung streitig ist oder die Vollstreckung aus ihr betrieben wird (Nr. 2);

---

20 OLG Hamm v. 30.6.2015, I-28 U 123/14.
21 OLG Karlsruhe, v. 10.11.1994 – 11 U 87/93.
22 OLG Hamm, v. 30.6.2015 – 28 U 124/14.
23 OLG Karlsruhe v. 10.11.1994 – 11 U 87/93.
24 AnwGH Hamm v. 28.4.2017 – 1 AGH 66/16.
25 AGH Celle BRAK-Mitt 2005, 87.

- er gegen den Träger des von ihm verwalteten Vermögens vorgehen soll in Angelegenheiten, mit denen er als Insolvenzverwalter, Nachlassverwalter, Testamentsvollstrecker, Betreuer oder in ähnlicher Funktion bereits befasst war (Nr. 3);
- er in derselben Angelegenheit außerhalb seiner Anwaltstätigkeit oder einer sonstigen Tätigkeit i.S.d. § 59a Abs. 1 S. 1 BRAO bereits beruflich tätig war; dies gilt nicht, wenn die berufliche Tätigkeit beendet ist (Nr. 4).

30 Weiter ist es dem Rechtsanwalt nach § 45 Abs. 2 BRAO untersagt,
- in Angelegenheiten, mit denen er bereits als Rechtsanwalt gegen den Träger des zu verwaltenden Vermögens befasst war, als Insolvenzverwalter, Nachlassverwalter, Testamentsvollstrecker, Betreuer oder in ähnlicher Funktion tätig zu werden (Nr. 1),[26]
- und in Angelegenheiten, mit denen er bereits als Rechtsanwalt befasst war, außerhalb seiner Anwaltstätigkeit oder einer sonstigen Tätigkeit i.S.d. § 59a Abs. 1 S. 1 BRAO beruflich tätig zu werden (Nr. 2).[27] So ist es ihm untersagt, den Beschwerdeausschuss einer Ärzte- und Krankenkasse in sozialgerichtlichen Verfahren zu vertreten, wenn er zugleich als Vorsitzender des Beschwerdeausschusses an der Entscheidung mitgewirkt hatte.[28]

31 Das Tätigkeitsverbot des § 45 Abs. 1 Nr. 1 BRAO gilt selbst dann, wenn ein konkreter Interessenkonflikt nicht besteht.[29] Es reicht abstrakt aus, wenn der Rechtsanwalt eine naheliegende Möglichkeit hat, die aus seiner rechtlichen Beratung erlangten Kenntnisse in seinem eigenen z.B. vertrieblichen Interesse für den Zweitberuf zu verwenden.[30] Der BGH nimmt eine solche nicht zu bannende Gefahr einer Interessenkollision beispielsweise bei der Zweittätigkeit als Versicherungsmakler,[31] als angestellter Vermögensberater einer Bank,[32] als Vermittler von Finanzdienstleistungen, als Grundstücksmakler[33] und als Berater und Akquisiteur[34] oder als Immobilienhändler und -entwickler[35] an. Die Vorschrift des § 45 Abs. 1 Nr. 1 BRAO dient etwa der Gewährleistung einer strikten Trennung anwaltlicher und notarieller Berufsausübung, sodass ein Notar, der mit einer Rechtssache befasst war, unabhängig von der Art der Amtstätigkeit nicht mehr als Anwalt tätig werden kann.[36]

32 *Hinweis*

Gerichte, Behörden und sonstige Dritte sind im Interesse der Rechtssicherheit der anderen Verfahrensbeteiligten[37] nicht berechtigt, den gegen ein Tätigkeitsverbot gem.

---

26 AG Hamburg v.18.4.2017, 67c IN 332/14 = ZInsO 2017, 985 = ZIP 2017, 1079.
27 Zur Tätigkeit in Anwaltsgerichten: *Grunewald*, Befangenheit wegen Vorbefassung als Sozius?, NJW 2009, 1563.
28 AGH Hamm v. 11.9.2015 – 1 AGH 2/15.
29 AGH Celle BRAK-Mitt 2005, 87.
30 BGH v. 12.5.2016 – IX ZR 241/14 = AnwBl 2016, 594.
31 BGH v. 14.6.1993 – AnwZ (B) 15/93 = BRAK-Mitt 1994, 43.
32 BGH v. 15.5.2006 – AnwZ (B) 41/05 = NJW 2006, 2488.
33 BGH v. 13.10.2003 – AnwZ (B) 79/02 = NJW 2004, 212.
34 BGH v. 26.11.2007 – AnwZ (B) 111/06 = NJW 2008, 467.
35 BGH v. 11.1.2016 – AnwZ (Brfg) 35/16 = NJW-RR 2016, 814.
36 AGH Celle BRAK-Mitt 2005, 87.
37 BGH v. 19.3.1993 – V ZR 36/92 = NJW 1993, 1926.

§ 45 BRAO verstoßenden Rechtsanwalt zurückzuweisen. § 156 Abs. 2 BRAO ist auf Fälle beschränkt, in denen ein berufsgerichtliches Vertretungsverbot oder ein vorläufiges Berufs- oder Vertretungsverbot verhängt worden ist. Eine weitergehende analoge Anwendung scheidet aus, weil die Überwachung der Einhaltung anwaltlicher Berufspflichten ausschließlich der Berufsaufsicht der Rechtsanwaltskammern und der Anwaltsgerichtsbarkeit unterliegt.[38] Auch eine Unterbrechung des Verfahrens aus diesem Grunde kommt nicht in Betracht.[39] Ein Verstoß gegen das Vertretungsverbot des § 45 Abs. 1 Nr. 1 BRAO hat weder die Unwirksamkeit der dem Rechtsanwalt erteilten Vollmacht noch die Unwirksamkeit der von ihm vorgenommenen Verfahrenshandlungen zur Folge.[40] Allerdings soll der Verstoß gegen das Vertretungsverbot im Verhältnis zu dem Mandanten zur Nichtigkeit des Anwaltsvertrages führen mit der Folge, dass der Rechtsanwalt keinen Anspruch auf Vergütung hat.[41]

33 Auch hier gilt allerdings, dass ein Verstoß gegen § 46 BRAO lediglich zur Nichtigkeit des Geschäftsbesorgungsvertrages zwischen Anwalt und Mandant führt, nicht aber auch zur Unwirksamkeit der prozessualen Handlungen des Anwalts.[42]

34 Dem Rechtsanwalt ist es – entgegen der früheren Rechtslage – nicht mehr verboten, für seinen Arbeitgeber anwaltlich tätig zu werden. § 46 BRAO hat insofern eine Änderung erfahren, als dass nunmehr klargestellt wird, dass der Rechtsanwaltsberuf sowohl selbstständig als auch in angestellter Tätigkeit ausgeübt werden kann.[43] Der Begriff des Syndikusrechtsanwalts ist nun legal definiert (§ 46 Abs. 2 S. 1 BRAO). Der Rechtsanwalt kann seine anwaltliche Tätigkeit als Angestellter eines anderen Rechtsanwalts (§ 46 Abs. 1 BRAO) oder als Angestellter eines nicht anwaltlichen Arbeitgebers (Syndikusrechtsanwalt nach § 46 Abs. 2 BRAO) ausüben. Dessen Vertretungsbefugnis beschränkt sich allerdings auf die Rechtsangelegenheiten des Arbeitgebers, sodass hinsichtlich anderer Rechtsangelegenheiten er einem Tätigkeitsverbot unterliegt. Um dem Leitbild als unabhängiges Organ der Rechtspflege zu entsprechen, muss sichergestellt sein, dass der angestellte Syndikusrechtsanwalt keinen Weisungen unterliegt, nach denen eine eigenständige Analyse der Rechtslage und eine einzelfallorientierte Rechtsberatung ausgeschlossen ist. § 46 Abs. 4 S. 2 BRAO regelt dahingehend, dass die fachliche Unabhängigkeit der Berufsausübung vertraglich und tatsächlich zu gewährleisten ist. Das Vertretungsverbot bleibt jedoch teilweise erhalten. Der Syndikusrechtsanwalt darf seinen Arbeitgeber nicht in zivil- oder arbeitsgerichtlichen oder in Verfahren der freiwilligen Gerichtsbarkeit vertreten, auch darf er für seinen Arbeitgeber nicht in Straf- oder Bußgeldverfahren tätig werden, § 46c BRAO.

---

38 OLG Koblenz OLGR 2002, 209 = MDR 2002, 1025.
39 KG Berlin KGR 1999, 278 = MDR 1999, 1402 = NJW-RR 2000, 799.
40 BGH v. 19.3.1993 – V ZR 36/92 = NJW 1993, 1926; OLG Frankfurt v. 21.4.2016 – 1 U 222/15 = FA 2016, 209; OVG Lüneburg DVBl 2002, 715, a.A.: OLG Hamm v. 8.2.2013 – 26 U 54/12.
41 LG Bielefeld JurBüro 2004, 612.
42 KG Berlin KGR 2003, 300 = Grundeigentum 2003, 1276; KG Berlin ZMR 2003, 835.
43 BT-Drucks 18/5201, S. 18.

35 *Hinweis*

Ist ein Rechtsanwalt Gesellschafter und Geschäftsführer einer GmbH, darf er diese vor Gerichten und Schiedsgerichten nicht vertreten. Maßgebend für das Tätigkeitsverbot ist allein, ob der Rechtsanwalt bei seiner Tätigkeit generell in der Lage ist, in persönlicher Unabhängigkeit seinen Standespflichten Genüge zu tun oder ob allein rechtlich die denkbare Möglichkeit besteht, dass er über diese Unabhängigkeit nicht uneingeschränkt verfügt, weil er gleichzeitig in einem Beschäftigungsverhältnis tätig wird, das entgegen § 46 Abs. 4 BRAO sachliche Weisungen an ihn zulässt.

Der Syndikusrechtsanwalt kann seinen Arbeitgeber in verwaltungs- finanz- und sozialgerichtlichen Verfahren vertreten. Eine Vergütung für dessen Tätigkeit nach dem RVG fällt allerdings im Hinblick auf dessen Arbeitsentgelt nicht an.

36 Diese Verbote gelten auch für die mit dem Rechtsanwalt in Sozietät oder in sonstiger Weise zur gemeinschaftlichen Berufsausübung verbundenen oder verbunden gewesenen Rechtsanwälte und Angehörigen anderer Berufe.[44]

37 § 47 BRAO unterwirft dann den im öffentlichen Dienst als Beamter oder Richter tätigen Rechtsanwalt einem Berufsausübungsverbot, soweit er nicht ehrenamtlich tätig wird. Wird der Rechtsanwalt für eine Kirche tätig, die als öffentlich-rechtliche Körperschaft organisiert ist, oder von einer solchen Kirche in ein von ihr begründetes Kirchenbeamtenverhältnis berufen, so ist er auch insoweit i.S.v. § 47 Abs. 1 S. 1 BRAO im öffentlichen Dienst tätig.[45]

38 *Tipp*

Wird ein solches Amt auf Zeit bekleidet, führt dies nicht zwingend dazu, dass der Rechtsanwalt seine Kanzlei aufgeben muss. Vielmehr kann er sich nach § 47 Abs. 2 BRAO einen amtlichen Vertreter bestellen lassen.

39 Die wichtigste Ursache für die Ablehnung der Übernahme eines Mandates liegt in § 43a Abs. 4 BRAO begründet, wonach es dem Anwalt verwehrt ist, **widerstreitende Interessen** zu vertreten. Dabei kommt es auf eine rein objektive Beurteilung der möglichen Interessen der Beteiligten an.

40 Inwieweit widerstreitende Interessen vorliegen, bedarf der sorgfältigen Prüfung. In größeren Kanzleien ist insbesondere zunächst zu prüfen, ob sich nicht etwa schon der Gegner an den Bevollmächtigten gewandt hat.[46] Besonders im Rahmen der heutzutage zulässigen sog. „Sternsozietäten" sind entsprechende Überlegungen virulent.[47]

41 *Beispiel*

Die Eheleute M und F haben sich derart zerstritten, dass sie sich nun trennen und dann scheiden lassen wollen. Beide wenden sich an die Kanzlei Streit & Zank, die

---

[44] *Römermann*, Neues und immer noch offene Fragen zur Haftung in der gemischten Sozietät, NJW 2009, 1560.
[45] AGH Berlin BRAK-Mitt 2003, 180.
[46] *Deckenbrock*, Interessenkollision und gemeinschaftliche Berufsausübung – was gilt?, AnwBl 2009, 170; *Maier-Reimer*, Widerstreitende Interessen und Anwaltssozietät, NJW 2006, 3601.
[47] *Laschke*, Die Sternsozietät – Auswirkungen auf Haftung und Versicherung, AnwBl 2009, 546.

allgemein als gute Adresse für familienrechtliche Interessenwahrnehmungen gilt. Da M und F anlässlich der Eheschließung jeweils ihren Geburtsnamen behalten haben, fällt dies nicht unmittelbar auf. M erhält einen Termin bei Rechtsanwalt Streit, F einen Termin bei Rechtsanwältin Zank.

Hier muss kanzleiintern sichergestellt werden, dass spätestens bei der Erfassung der Stammdaten des Mandates die Interessenkollision auffällt. Sodann muss unverzüglich reagiert und das Mandant niedergelegt werden. Erforderlich ist es dabei, dass beide Mandate niedergelegt werden, sofern in zwei unabhängigen Erstberatungen jeweils bereits der Sachverhalt sowie die Ziele und Interessen der jeweiligen Partei geklärt wurden.

Tipp 42

Um einen unnötigen Aufwand und die damit verbundenen Zeit- und Kostennachteile für den Mandanten wie den Rechtsanwalt zu vermeiden, sollte das Büro des Rechtsanwaltes angewiesen werden, schon bei der Terminsvereinbarung nach dem Namen und der Anschrift des Gegners zu fragen und sodann durch eine Kontrolle der schon geführten Mandate zu prüfen, ob der Gegner bereits Mandant ist. In diesem Fall kann ohne weitere Erklärungen eine Terminsvereinbarung verweigert werden. Dies sichert, dass zumindest der zuerst beratene Mandant auch weiter vertreten werden kann.

Sollen mehrere Personen vertreten werden, bedarf die Beurteilung der Frage, ob widerstreitende Interessen vorliegen, besonderer Beachtung. 43

Widerstreitende Interessen können sich insbesondere daraus ergeben, dass zwischen den Beteiligten Regressansprüche bestehen, deren Begründung und Umfang auch vom Verhalten in der primären Rechtsstreitigkeit abhängt. Auch wenn mehrere Geschädigte in einer Unfallsache durch denselben Rechtsanwalt vertreten werden, kann es aufgrund der unterschiedlichen Interessenlagen zu Interessengegensätzen der Geschädigten kommen, sodass sich die Vertretung als Verstoß gegen § 43a Abs. 4 BRAO darstellt.[48] 44

Eine Interessenkollision liegt nicht schon dann vor, wenn ein Rechtsanwalt für verschiedene Personen gegen ein und denselben Gegner vorgeht und nicht nur mit der Titulierung der Forderung, sondern auch ihrer späteren zwangsweisen Durchsetzung beauftragt wird. Da sich die Rangverhältnisse in der Zwangsvollstreckung nach § 804 Abs. 3 ZPO und damit nach der Reihenfolge der Pfändungen bestimmen, besteht zwar eine Interessenkollision zwischen den verschiedenen Mandanten im Hinblick auf den Zugriff auf das Vermögen des gemeinsamen Gegners. Das wäre aber nicht anders, wenn die Mandanten von unterschiedlichen Rechtsanwälten vertreten werden würden.[49] 45

Die Vertretung einer Partei ist auch dann unzulässig, wenn der Rechtsanwalt zunächst mit beiden Parteien eine Mediation durchgeführt hat. In diesem Fall ist es ihm generell untersagt, eine der Parteien später zu vertreten.[50] 46

---

48 LG Saarbrücken v. 16.1.2015 – 13 S 124/14 = BRAK-Mitt 2015, 142–144.
49 BGH v. 7.9.2017 – IX ZR 71/16 = AnwBl 2017, 866 = ZVI 2017, 459.
50 OLG Karlsruhe NJW 2001, 3197 = FamRZ 2002, 37.

§ 2 Das Mandatsverhältnis und die Vorbereitung des Zivilprozesses

47 Eine Interessenkollision liegt danach insbesondere in folgenden Fällen vor:
- Wenn der Rechtsanwalt dann gegen § 43a Abs. 4 BRAO verstößt, indem er es unterlässt, die Parteien dahingehend zu beraten, dass generell ein Anwalt nur eine Seite beraten kann und im Falle einer eines aufkommenden unauflöslichen Interessenwiderstreits er das Mandat komplett niederlegen muss mit der Folge, dass die Eheleute jeweils neue Rechtsanwälte suchen müssen. Unterbleibt eine solche Aufklärung, sieht der BGH hierin einen Verstoß gegen die Vertretung widerstreitender Interessen mit der Folge der Nichtigkeit nach § 134 BGB und des Verlusts des Anspruchs auf das Anwaltshonorar. Die reine Beratung beider scheidungswilliger Ehegatten führt noch nicht zwingend zur Annahme eines Verstoßes gegen § 43a Abs. 4 BRAO,[51]

  > *Tipp*
  >
  > Bei Beginn einer Besprechung mit beiden Ehegatten sollte der Rechtsanwalt stets klarstellen, dass er als einseitiger Parteivertreter nur des Ehemannes oder nur der Ehefrau tätig ist.

- Wenn der Bevollmächtigte des Berufungsführers im Ausgangsverfahren den Gegner vertreten hat.[52]

  > *Hinweis*
  >
  > Auch hier gilt, dass die Prozesshandlung als solche, also etwa die Berufungseinlegung, wirksam ist, jedoch der Anwaltsvertrag nichtig. Der entgegen § 43a Abs. 4 BRAO tätige Rechtsanwalt verliert also seinen Vergütungsanspruch.

- Eine Interessenkollision liegt immer zwischen einfachen Streitgenossen vor, sofern ein Ausgleichsanspruch im Innenverhältnis, etwa aus einer gesamtschuldnerischen Haftung, nicht ausgeschlossen werden kann.

48 War ein aus einer Berufsausübungs- oder Bürogemeinschaft ausgeschiedener Rechtsanwalt nicht mit der Sachbearbeitung befasst und übernimmt in dessen neuer Berufsausübungs- oder Bürogemeinschaft ein anderer Rechtsanwalt die Vertretung des vormaligen Gegners in derselben Rechtssache ausschließlich, liegt kein Fall widerstreitender Interessen vor.[53]

49 Ebenso liegt kein Fall widerstreitender Interessen vor, wenn der Rechtsanwalt lediglich beim Postversand, als reine Schreibhilfe oder als Bote der Gegenpartei des von ihm vertretenen Mandanten tätig ist und er keinerlei Einfluss auf die inhaltliche Gestaltung eines von den Parteien selbst ausgehandelten Vertrags ausübt.[54]

50 Das Bundesverfassungsgericht[55] hat festgelegt, dass § 43a Abs. 4 BRAO eine der Verfassung entsprechende Auslegung und Anwendung ermöglicht. Unter dem Gesichtspunkt

---

51 BGH v. 19.9.2013 – IX ZR 322/12 = BRAK-Mitt 2013, 281–283 = NJW 2013, 3725–2727; a.A.: LG Hildesheim AGS 2005, 143.
52 OLG Brandenburg MDR 2003, 1024 = OLGR 2003, 482.
53 AnwGH München v. 24.4.2012 – BayAGH II – 16/11 = BRAK-Mitt 2012, 176–180.
54 BGH v. 11.5.2017 – I ZB 63/16.
55 BVerfG, Beschl. v. 3.7.2003 – 1 BvR 238/01. Die Entscheidung zum einstweiligen Verfügungsverfahren findet sich in NJW 2001, 1562 = MDR 2001, 718; a.A. zuvor BGH NJW 2001, 1572 = MDR 2001, 419 = AnwBl 2001, 362.

der Berufsfreiheit sei eine dem Einzelfall gerecht werdende Einzelabwägung aller Belange unter besonderer Berücksichtigung der konkreten Mandanteninteressen erforderlich. Im Interesse der Rechtspflege sowie eindeutiger und gradliniger Rechtsbesorgung müsse lediglich im konkreten Fall die Vertretung widerstreitender Interessen vermieden werden. Allein ein Sozietätswechsel vermag daher in einem laufenden Mandat eine Interessenkollision nicht zu begründen, wenn der wechselnde Rechtsanwalt weder zuvor den Gegner vertreten hat noch den jetzigen Mandanten vertritt.

Tipp 51

Bei der Ablehnung der Übernahme des Mandates[56] nach § 44 BRAO muss der Rechtsanwalt seine Verschwiegenheitspflichten gegenüber den Parteien beachten, sodass es sich regelmäßig empfiehlt, die Ablehnung des Mandates allein formelhaft unter Hinweis auf den gesetzlichen Hinderungsgrund zu begründen.

Die Prüfung, ob und inwieweit Ausschlussgründe für die Mandatsübernahme bestehen 52
oder Interessenkollisionen in Betracht kommen, lassen sich häufig nicht im ersten Beratungsgespräch ohne weitere Prüfung klären.[57] Insoweit sollte im Beratungsgespräch immer ein Vorbehalt hinsichtlich der Mandatsübernahme gemacht werden, zumal ein Verstoß gegen das Verbot widerstreitender Interessen durch § 356 StGB (Parteiverrat) strafrechtlich abgesichert ist.[58]

Verstößt der Rechtsanwalt gegen ein gesetzliches Vertretungsverbot, führt dies in Fällen, 53
in denen der Schutz des Vertrauens in die Rechtspflege und die Eindämmung der Interessenkollision gefährdet wären,[59] zur Nichtigkeit des Anwaltsvertrags. Gleiches gilt, wenn der Rechtsanwalt gegen das Verbot der Vertretung widerstreitender Interessen nach § 43a Abs. 4 BRAO handelt, da hier das Interesse der Rechtspflege an der gebotenen Gradlinigkeit der anwaltlichen Berufsausübung im Vordergrund steht.[60] Das soll allerdings dann nicht gelten, wenn das Verbot von den Parteien einvernehmlich abbedungen werden kann. Im Kostenfestsetzungsverfahren ist die wegen Verstoß gegen das Vertretungsverbot eintretende Nichtigkeit des Anwaltsvertrags zu beachten.[61] Die behauptete Nichtigkeit des Anwaltsvertrages sei aber dann nicht zu prüfen, wenn sich der Verstoß gegen das Vertretungsverbot nicht ohne nähere Prüfung ergibt.[62]

Lehnt der Rechtsanwalt in der Folge das Mandat ab, so obliegen ihm aus der erfolgten 54
Erstberatung und dem Mandantengespräch besondere Sorgfaltspflichten. Dies gilt insbesondere im Hinblick auf zu beachtende Fristen. Mit der Mandatsablehnung sollte deshalb immer der Hinweis auf möglicherweise kurzfristig ablaufende Fristen verbunden wer-

---

56 Muster einer Mandatsablehnung aufgrund widerstreitender Interessen unter Rdn 213.
57 *Offermann-Burckart*, Interessenkollision – Jeder Fall ist anders, AnwBl 2009, 729; *Henssler/Deckenbrock*, Neue anwaltliche Betätigungsverbote bei Interessenkonflikten, NJW 2008, 1275.
58 Zur tatbestandlichen Struktur des § 356 StGB vgl. *Schulz*, Die Strafbarkeit des Scheidungsanwalts nach § 356 StGB, AnwBl 2009, 743 (743).
59 BGH v. 12.5.2016, IX ZR 241/14 = NJW 2016, 2561–2564 = AnwBl 2016, 594–595.
60 BGH v. 12.5.2016, IX ZR 241/14 = NJW 2016, 2561–2564 = AnwBl 2016, 594–595.
61 OLG Celle v. 19.1.2017 – 2 W 12/17 = NJW 2017, 1557–1558.
62 LG Frankfurt v. 31.7.2017 – 2-13 T 76/17 = Rpfleger 2018, 113–114.

den, d.h. der Hinweis, ob und in welchem Zeitraum der abgelehnte Mandant für eine anderweitige Interessenvertretung sorgen muss.

3. Der eigentliche Anwaltsvertrag

55 Der Anwaltsvertrag stellt regelmäßig einen Geschäftsbesorgungsvertrag mit Dienstleistungscharakter nach §§ 675 ff. i.V.m. 611 ff. BGB dar.[63]

56 Wird der Rechtsanwalt lediglich mit einer gutachterlichen Stellungnahme, Erstellung von Vertragsentwürfen[64] oder AGB beauftragt, kann im Einzelfall auch ein Werkvertrag angenommen werden. Wenn der Rechtsanwalt den Eintritt eines Verhandlungserfolgs garantiert, begründet dies jedoch kein Garantieversprechen im Hinblick auf einen versprochenen Erfolg, soweit nicht erkennbar ist, dass der Rechtsanwalt auch die Verpflichtung übernehmen will, den Mandanten schadlos zu halten. Dies entspreche dem grundsätzlich dienstvertraglichen Charakter des Anwaltsvertrages.[65]

57 Der Gegenstand des Anwaltsvertrags muss auf eine rechtliche Beratung ausgerichtet sein. Tritt die rechtsberatende Tätigkeit des Anwalts neben anderen Tätigkeiten völlig in den Hintergrund und erscheint deshalb als unwesentlich, liegt keine anwaltliche, sondern eine berufsfremde Tätigkeit vor. Im Zweifel ist jedoch von einem Anwaltsvertrag auszugehen.[66] Ein Anwaltsvertrag im vorstehenden Sinne kann auch anwaltsfremde Maßnahmen umfassen, falls diese in einem engen inneren Zusammenhang mit der rechtlichen Beistandspflicht stehen und auch Rechtsfragen aufwerfen können.

58 *Hinweis*

Liegt eine berufsfremde Tätigkeit vor, besteht mangels Anwendung des RVG kein Vergütungsanspruch nach dem RVG, die kurze Verjährung nach § 51b BRAO scheidet aus und ggf. besteht kein Versicherungsschutz für die berufsfremde Tätigkeit.

59 Bei einer Sozietät wird der Anwaltsvertrag zwischen dem Auftraggeber einerseits und den Sozien andererseits geschlossen.[67] Etwas anderes kann allerdings ausdrücklich vereinbart werden.

60 *Hinweis*

Soweit damit alle Mitglieder der Sozietät Gebührengläubiger sind, muss gleichwohl gesichert sein, dass ein Sozietätsmitglied die Gebühren alleine geltend macht. Eine Erhöhungsgebühr nach Nr. 1008 VV fällt in solchen Gebühreneinziehungsverfahren nicht an.[68]

---

63 BGH. v. 10.7.2003 – IX ZR 5/00; BGH NJW-RR 2003, 1212.
64 BGH v. 20.6.1996 – IX ZR 106/95 = NJW 1996, 2929.
65 OLG Frankfurt v. 14.2.2007 – 19 U 1757/16 = NJW 2007, 1467–1469.
66 BGH v. 2.7.1998 – IX ZR 63/97 = NJW-RR 1999, 334.
67 BGH v. 10.5.2012 – IX ZR 125/10 = NJW 2012, 2435; BGH NJW 1996, 2308 = AnwBl 1996, 471 = MDR 1996, 966.
68 BGH AnwBl 2004, 251 = NJW-RR 2004, 489 = FamRZ 2004, 623 = AGS 2004, 143 = MDR 2004, 600 = JurBüro 2004, 375 noch zur entsprechenden Regelung in § 6 BRAGO.

B. Rechtliche Grundlagen § 2

Die Haftung aus dem Mandat erstreckt sich im Zweifel auch auf künftig neu hinzukommende Sozien[69] bzw. Partner einer Partnerschaftsgesellschaft nach §§ 8 Abs. 1 S. 2 PartGG, 130 HGB.[70] 61

Soweit der Auftraggeber und die Person, deren Interessen wahrgenommen werden sollen, nicht identisch sind, muss der Rechtsanwalt klären, ob die Person, deren Interessen wahrgenommen werden, berechtigt sein soll, die Leistung selbst von dem Rechtsanwalt zu fordern, mithin ein echter Vertrag zugunsten Dritter im Sinne des § 328 Abs. 1 BGB geschlossen werden soll. Auch muss der Umfang der Verschwiegenheitspflicht mit dem Dritten geklärt werden. Grundsätzlich unterliegt der Rechtsanwalt im Fall eines Vertrages nach § 328 Abs. 1 BGB auch gegenüber dem Auftraggeber der Verschwiegenheitspflicht. Dies ist dem Auftraggeber und dem Dritten als juristischen Laien in der Regel nicht bewusst, weshalb hierzu eine Vereinbarung erforderlich erscheint, die auch ausdrücklich schriftlich fixiert werden sollte. 62

> *Hinweis* 63
> Soweit die Voraussetzungen des § 328 BGB nicht vorliegen, sich aus dem Inhalt des Anwaltsvertrages aber ergibt, dass auch die Vermögensinteressen eines Dritten wahrzunehmen sind, kann der Dritte hieraus ggf. einen Schadenersatzanspruch gegen den Anwalt haben.[71]

Für das Zustandekommen des Vertrages gelten die allgemeinen Vorschriften des BGB, insbesondere die §§ 145 ff. BGB. Neben den Vorschriften des BGB sind auch die §§ 43 ff. BRAO und die Bestimmungen der anwaltlichen Berufsordnung (BORA)[72] zu beachten. 64

Da der Anwaltsvertrag zu seiner Wirksamkeit grundsätzlich keiner Form bedarf, kann er auch durch schlüssiges Verhalten der Vertragsparteien zustande kommen.[73] Selten wird ein auf die Beratung in einer konkreten Angelegenheit bezogener Anwaltsvertrag schriftlich niedergelegt. Als äußeres Zeichen des Vertragsabschlusses dient vielfach die Unterzeichnung einer entsprechenden Vollmacht, welche oftmals den Umfang der Beauftragung nicht ausreichend dokumentiert. 65

Im Interesse der Rechtssicherheit sind an die Annahme eines Vertragsschlusses durch schlüssiges Verhalten allerdings erhöhte Anforderungen zu stellen. Eine solche Annahme ist – sofern es an einem Erklärungsbewusstsein fehlt – nur gerechtfertigt, wenn das Verhalten eines Beteiligten von dem anderen bei Anwendung der im Verkehr erforderlichen Sorgfalt nach Treu und Glauben mit Rücksicht auf die Verkehrssitte eindeutig und 66

---

69 BGH v. 5.11.1993 – V ZR 1/93 = NJS 1994, 257.
70 BGH v. 19.11.2009 – IX ZR 12/09 = NJW 2016, 3432.
71 BGH v. 19.11.2009 – IX ZR 12/09 = NJW 2016, 3432–3437.
72 Zu finden unter https://www.brak.de/w/files/02_fuer_anwaelte/berufsrecht/bora-stand-01.07.15.pdf.
73 BGH v. 22.7.2004 – IX ZR 132/03 = NJW 2004, 3630–3632; BGH NJW 1991, 2084 = VersR 1981, 460, 461; OLG Celle JurBüro 1973; OLG Stuttgart AnwBl 1976, 439, 441.

zweifelsfrei als eine auf den Abschluss eines Anwaltsvertrages gerichtete Willenserklärung aufzufassen ist.[74]

67 Für den Anwalt muss insbesondere hinsichtlich Haftung und seiner Vergütung deutlich erkennbar sein, womit und in welchem Umfang er beauftragt wird. Dies kann bei einem konkludenten Abschluss eines Anwaltsvertrages unklar sein. Für den Mandanten muss erkennbar sein, dass die Beauftragung eine Vergütungspflicht auslöst und es sich mithin nicht um eine Gefälligkeit handelt (welche allerdings nur in seltenen Fällen angenommen werden kann). Allerdings steht eine Unentgeltlichkeit einem Anwaltsvertrag nicht entgegen. Entscheidend ist immer, dass die Angelegenheit für den Rechtsuchenden erkennbar von erheblicher Bedeutung ist und er sie zur Grundlage wesentlicher Entschlüsse machen will.[75]

68 Kommt der Anwaltsvertrag unter ausschließlicher Verwendung von Fernkommunikationsmitteln zustande und ist der Mandant ein Verbraucher, so handelt es sich um einen Fernabsatzvertrag im Sinne von § 312c Abs. 1 BGB. Dies ist immer dann der Fall, wenn das Mandat beispielsweise telefonisch oder per E-Mail erteilt wird und der Rechtsanwalt seine Tätigkeit daraufhin aufnimmt. In solchen Fällen wird widerleglich vermutet, dass der Vertragsschluss im Rahmen eines für den Fernabsatz organisierten Vertriebs- oder Dienstleistungssystems erfolgt.[76] Die Folge ist, dass der Mandant – wenn eine Widerrufsbelehrung nicht erfolgt war – den Anwaltsvertrag widerrufen kann. Der Rechtsanwalt hätte dann keinen Anspruch auf seine Vergütung.

69 Bestreitet die Partei, dass ein Anwaltsvertrag zustande gekommen ist, so trägt der Rechtsanwalt nach allgemeinen Grundsätzen die Beweislast für das Zustandekommen eines solchen Anwaltsvertrages.[77] Dafür reicht es grundsätzlich nicht aus, dass der Rechtsanwalt anwaltliche Tätigkeiten entfaltet hat. In der Praxis ist zu beachten, dass häufig zwar nicht das Zustandekommen eines Anwaltsvertrages bestritten wird, sehr wohl jedoch der Umfang des tatsächlich erteilten Auftrages.

70 Die Tätigkeit des Rechtsanwalts ist regelmäßig auf eine umfassende rechtliche Prüfung und Beratung gerichtet. Ein erhebliches Problem in der Praxis kann sich ergeben, wenn der Anwaltsvertrag und darin der Umfang der zu erbringenden Beratung nicht schriftlich fixiert sind. Eine Beschränkung des Mandats ist aber generell nicht anzunehmen. Daher empfiehlt es sich, die Beratung des Mandanten und den Umfang der Beauftragung im Bestätigungsschreiben an den Mandanten zu fixieren.

71 Die gegenseitigen Rechte und Pflichten der Vertragsparteien ergeben sich aus § 675 i.V.m. 611 ff. BGB in Verbindung mit dem aus dem Anwaltsvertrag oder zumindest aus der Vollmacht ersichtlichen Beauftragungsumfang. Gerade wenn kein schriftlicher Anwaltsvertrag geschlossen wird, sollte darauf geachtet werden, dass der Auftragsum-

---

74 BGH NJW 1991, 2084; BGHZ 91, 324; BGHZ 109, 171, 177.
75 BGH v. 18.12.2008 – IX ZR 12/05 = NJS 2009, 1141–1143.
76 BGH v. 23.11.2017 – IX ZR 204/16 = NSW BGB § 312b F.: 2004–12–02; AG Brandenburg v. 13.10.2017 – 31 C 244/16 = AGS 2017, 595–600.
77 OLG Düsseldorf AnwBl 1986, 400.

fang in der Vollmacht und ggf. im Mandatsbestätigungsschreiben möglichst exakt beschrieben wird. Bei der Verwendung von automatisiert durch Anwaltssoftware ausgefüllten Vollmachten ist hierauf besonders zu achten.

Aufgrund eines Anwaltsvertrages ist der Rechtsanwalt seinem Auftraggeber grundsätzlich zu einer umfassenden und erschöpfenden Beratung verpflichtet.[78] Der Anwalt muss prüfen, ob der ihm vorgetragene Sachverhalt geeignet ist, den vom Auftraggeber erstrebten Erfolg herbeizuführen. Den Mandanten muss der Rechtsanwalt vor Nachteilen bewahren, soweit solche voraussehbar und vermeidbar sind; Zweifel und Bedenken, zu denen die Sachlage Anlass gibt, muss der Anwalt darlegen und mit seinem Auftraggeber erörtern.[79]

72

Aufgrund seiner umfassenden Betreuungspflicht hat der Rechtsanwalt im Rahmen eines unbeschränkten Mandates also den Sachverhalt zu klären, den er seiner fachlichen Tätigkeit zugrunde legen soll. Dabei darf er in der Regel auf die Richtigkeit tatsächlicher Angaben seines Mandanten ohne eigene Nachforschungen vertrauen, solange er die Unrichtigkeit oder Unvollständigkeit weder kennt noch erkennen muss. Dieser Grundsatz gilt jedoch nicht für die Mitteilung von Rechtstatsachen und rechtlichen Wertungen, da solche Angaben des regelmäßig rechtsunkundigen Auftraggebers unzuverlässig sein können. Insoweit muss der Anwalt die zugrunde liegenden, für die rechtliche Prüfung bedeutsamen Umstände und Vorgänge klären, indem er seinen Mandanten befragt und von diesem einschlägige Unterlagen erbittet; lässt dies keine verlässliche Klärung erwarten, können weitere zumutbare Ermittlungen erforderlich sein.[80]

73

Im Prozess hat der Anwalt rechtzeitig vorzutragen und muss verhindern, dass einzelne Angriffs- oder Verteidigungsmittel als verspätet zurückgewiesen werden. Er hat, wenn mehrere Maßnahmen in Betracht kommen, diejenige zu treffen, welche die sicherste und gefahrloseste ist, und, wenn mehrere Wege möglich sind, um den angestrebten Erfolg zu erreichen, den zu wählen, auf dem dieser am sichersten erreichbar ist.[81]

74

Soweit der Rechtsanwalt behauptet, keinen in diesem Sinne unbeschränkten Auftrag erhalten zu haben, d.h. gerade nicht zu einer umfassenden Prüfung veranlasst gewesen zu sein, obliegt es dem Mandanten, den unbeschränkten Auftrag zu beweisen.[82] Ein starkes Indiz gegen eine solche unbeschränkte Beauftragung ist aber gerade die nachweisbar zugegangene Mandatsbestätigung des Rechtsanwaltes, wenn sich aus dieser keine Beschränkung des Auftrages ergibt.

75

Tipp

76

Schon weil die Prozessvollmacht regelmäßig keine Einzelheiten über das konkrete Rechtsverhältnis und die verfolgten Ziele und Interessen des Mandanten enthält,

---

78 *Fahrendorf*, Vertragliche Anwaltspflichten – überspanntes Haftungsrisiko?, NJW 2006, 1911.
79 BGH NJW 1996, 2929 = MDR 1997, 100 = AnwBl 1996, 637.
80 BGH v. 13.6.2013 – IX ZR 155/11 = WM 2013, 1754; BGH NJW 1996, 2929 = MDR 1997, 100 = AnwBl 1996, 637.
81 BGH v. 13.6.2013 – IX ZR 155/11 = WM 2013, 1754.
82 BGH NJW 1996, 2929 = MDR 1997, 100 = AnwBl 1996, 637.

sollte der Rechtsanwalt den Auftragsumfang durch ein entsprechendes **Bestätigungsschreiben** nach der Erstberatung konkretisieren.[83] Dies gilt insbesondere dann, wenn einzelne Tätigkeiten, wie etwa die Fristenkontrolle, derzeit noch nicht übernommen werden. Dabei sollte durch geeignete Maßnahmen sichergestellt werden, dass im Streitfall auch nachgewiesen werden kann, dass dieses Bestätigungsschreiben den Mandanten erreicht hat. Während sich hierzu eine förmliche Zustellung oder ein Einschreiben/Rückschein oder Ähnliches gegenüber einem neu begründeten und auf einem Vertrauensverhältnis basierenden Mandatsverhältnis nicht empfiehlt, hat sich in der Praxis durchgesetzt, den Mandanten den Erhalt des Schreibens auf einer Abschrift bestätigen und diese dann mittels eines beigefügten Freiumschlags, per Fax oder auch per E-Mail zurücksenden zu lassen.

77 *Tipp*

Auch wenn auf den ersten Blick mit einer solchen **Mandatsbestätigung** ein erheblicher Aufwand verbunden zu sein scheint, hat diese den Vorteil, dass der wesentliche Sach- und Streitstand in den Handakten festgehalten ist, sodass auch in Vertretungsfällen – etwa wegen Krankheit oder Urlaub – oder auch nach einer längeren Nichtbearbeitung des Mandates eine schnelle und rationale Bearbeitung durch einen Vertreter oder den Bevollmächtigten selbst möglich ist. Der wichtigste Vorteil liegt allerdings darin, dass der Rechtsanwalt bei der Geltendmachung von Haftungsansprüchen durch den Mandanten belegen kann, in welchem Umfang er beauftragt war und inwieweit damit der gerügte Vertretungs- oder Beratungsmangel überhaupt in seinen Auftrag fiel. Auch wird so dokumentiert, dass und in welcher Weise über Risiken aufgeklärt wurde. Das Mandatsbestätigungsschreiben gibt dem Rechtsanwalt damit auch Gelegenheit, die Beratung über solche Problemstellungen zu dokumentieren, die der Mandant nicht auf den ersten Blick als Gefahren erkannt hat.

78 Der Abschluss eines schriftlichen Anwaltsvertrages kommt insbesondere dann in Betracht, wenn
- eine Vereinbarung über eine von dem Rechtsanwaltsvergütungsgesetz abweichende Vergütung nach § 3a RVG getroffen werden soll;
- Haftungsbeschränkungen in den Anwaltsvertrag aufgenommen werden sollen;[84]
- ein dauerhaftes Beratungs- oder Vertretungsverhältnis begründet werden soll;

   Hinweis

   Der Rechtsanwalt darf nach § 43a Abs. 1 BRAO keine Bindungen eingehen, die seine berufliche Unabhängigkeit gefährden.

- der Umfang und die Bedeutung der Sache, insbesondere auch das Haftungsrisiko, eine schriftliche Vereinbarung mit den gegenseitigen Rechten und Pflichten sinnvoll erscheinen lässt.

---

83 Muster eines Bestätigungsschreibens unter Rdn 211.
84 Hierzu nachfolgend Rdn 137 ff.

Soweit der Mandant nicht eindeutig zu erkennen gibt, dass er des Rates nur in einer 79
bestimmten Richtung bedarf, ist der Anwalt zur allgemeinen, umfassenden und möglichst erschöpfenden Belehrung des Auftraggebers verpflichtet. Unkundige muss er über die Folgen ihrer Erklärungen belehren und vor Irrtümern bewahren. In den Grenzen des Mandats hat er dem Mandanten diejenigen Schritte anzuraten, die zu dem erstrebten Ziel zu führen geeignet sind, und Nachteile für den Auftraggeber zu verbinden, soweit solche voraussehbar und vermeidbar sind. Dazu hat er dem Auftraggeber den sichersten und gefahrlosesten Weg vorzuschlagen und ihn über mögliche Risiken aufzuklären, damit der Mandant zu einer sachgerechten Entscheidung in der Lage ist.[85]

Der Rechtsanwalt ist nach § 43a Abs. 2 BRAO insbesondere aufgrund des Anwaltsver- 80
trages zur **Verschwiegenheit** verpflichtet. Diese Pflicht bezieht sich auf alles, was ihm in Ausübung seines Berufes bekannt geworden ist. Dies gilt jedoch nicht für Tatsachen, die offenkundig sind oder ihrer Bedeutung nach keiner Geheimhaltung bedürfen. Eine Tatsache verliert die Natur eines Geheimnisses, wenn sie allgemein bekannt oder jedermann ohne Weiteres zugänglich ist. Sie ist daher nicht mehr geheim, wenn sie in öffentlicher Verhandlung erörtert wurde, wobei es nicht darauf ankommt, ob Zuhörer anwesend waren.[86] Vorauszusetzen sei jedoch, dass die Verhandlung überhaupt von der Öffentlichkeit wahrgenommen wurde.[87] Allein der Umstand, dass eine Tatsache bereits Gegenstand einer öffentlichen Gerichtsverhandlung war, soll nicht ausreichen.[88]

Die Verpflichtung zur absoluten Verschwiegenheit ist nach §§ 203, 204 StGB **strafrecht-** 81
lich sanktioniert und gibt dem Rechtsanwalt nach § 383 Abs. 1 Nr. 6 ZPO ein **Zeugnisverweigerungsrecht**. Soweit der Rechtsanwalt von seinem Zeugnisverweigerungsrecht nicht Gebrauch macht, ist er verpflichtet, zu dem zu seiner Vernehmung bestimmten Termin zu erscheinen, § 386 Abs. 3 ZPO. Aber selbst dann soll das Gericht nur solche Fragen stellen bzw. zulassen, durch deren Beantwortung der Zeuge nicht erkennbar gegen Verschwiegenheitspflichten verstößt. Die Vorschrift beschränkt damit regelmäßig allein den Kreis der in Frage kommenden Fragen.[89]

> *Hinweis* 82
> Soll der Rechtsanwalt zu einem das Mandatsverhältnis betreffenden Umstand oder sonst zu einer Tatsache, die ihm im Zusammenhang hiermit zur Kenntnis gelangt ist, vernommen werden, bedarf er einer Entbindung von der Schweigepflicht durch den betroffenen Mandanten.

Mit der im Anwaltsvertrag wurzelnden Verpflichtung zur Verschwiegenheit nach § 43a 83
Abs. 2 BRAO des Bevollmächtigten steht die Regelung in § 49b Abs. 4 BRAO, welcher die Abtretung anwaltlicher Vergütungsforderungen regelt, in engem Zusammenhang. Wegen § 402 BGB ist der bisherige Gläubiger zur Auskunftserteilung gegenüber dem

---

85 BGH NJW 2008, 2041 n. m. M.
86 BGH Urt. v. 25.3.1993 – IX ZR 192/92 = NJW 1993, 1638.
87 BeckOK BORA/*Römermann*, § 43a Rn 72, Stand 1.12.2017.
88 Anwaltsgericht Freiburg, Beschluss v. 28.1.2002 = BRAK-Mitt 2002, 94.
89 BGH, Beschluss v. 5.7.2016 – VI ZR 330/15.

neuen Gläubiger verpflichtet, was eine Offenbarung der Mandatsgeheimnisse beinhaltet. Diese Auskunftspflicht würde mit der Verschwiegenheitspflicht des Rechtsanwalts kollidieren.

Die Zulässigkeit der Abtretung an Rechtsanwälte ist durch § 49b Abs. 4 S. 1 BRAO ausdrücklich erlaubt. Der Rechtsanwalt, der eine Gebührenforderung im Wege der Abtretung erwirbt, unterliegt dabei in gleicher Weise der Verschwiegenheit wie der beauftragte Rechtsanwalt, dem die Gebühren zunächst zugestanden haben, § 49b Abs. 2 S 4 BRAO.

84 Die Abtretung von Gebührenforderungen oder die Übertragung ihrer Einziehung an einen nicht als Rechtsanwalt zugelassen Dritten ist unzulässig, es sei denn, die Forderung ist rechtskräftig festgestellt oder der Rechtsanwalt hat die ausdrückliche, schriftliche Einwilligung des Mandanten eingeholt. Im Falle der Einwilligung hat der Rechtsanwalt den Mandanten darüber aufzuklären, dass der neue Gläubiger von dem Rechtsanwalt oder dem Einziehungsberechtigen entsprechend über die Forderung informiert werden muss.

85 *Hinweis*

Als problematisch wurde es auf Grundlage des § 49b Abs. 4 BRAO in der bis zum 18.12.2007 geltenden Fassung angesehen, wenn der Rechtsanwalt zum Ausgleich der Rechtsanwaltsgebührenforderung die Zahlung per Kreditkarte anbot, da dies aufgrund des gewählten Abrechnungsverfahrens die Abtretung der Forderung beinhaltete. Nach altem Recht war eine Abtretung an andere als Rechtsanwälte nur nach Titulierung, erfolglosem Vollstreckungsversuch und schriftlicher Einwilligung – alles kumulativ – des Mandanten zulässig. Bereits damals war die Kreditkartenzahlung in der Rechtsprechung aber als zulässig betrachtet worden.[90] Nach dem § 49b Abs. 4 BRAO n.F. ist die Abtretung aufgrund ausdrücklicher, schriftlicher Einwilligung des Mandanten ausdrücklich zulässig. Dies ist nur konsequent, da der Mandant den Rechtsanwalt von der Schweigepflicht entbinden kann und somit auch entscheiden kann, ob seine Daten bei Zahlung per Kreditkarte an einen Dritten weitergegeben werden sollen. Allerdings hat der Rechtsanwalt den Mandanten darüber aufzuklären, dass mit Zahlung per Kreditkarte die Forderungsdaten an das Abrechnungsunternehmen übermittelt werden.

86 Aus dem Anwaltsvertrag in Verbindung mit § 50 BRAO folgt, dass der Rechtsanwalt durch das Führen von Handakten ein geordnetes und zutreffendes Bild über die Bearbeitung seiner Aufträge geben können muss. Dies ist Ausfluss seiner Pflicht zur gewissenhaften Berufsausübung nach § 43 BRAO. Die Handakten können auch elektronisch geführt werden, dies wird § 50 Abs. 4 BRAO entnommen.[91] Wird die Handakte allein elektronisch geführt, muss sie ihrem Inhalt nach der herkömmlich geführten Handakte entsprechen.[92]

---

90 LG Hamburg NJW-RR 2001, 1075 = MMR 2001, 546.
91 *Tauchert/Dahns*, in Gaier/Wolf/Göcken, Anwaltliches Berufsrecht, § 50 BRAO Rn 24, 2. Auflage, 2015.
92 BGH v. 9.7.2014 – XII ZB 709/13 = NJW 2014, 3102–3104.

Die Handakten sind nach § 50 Abs. 1 BRAO für die Dauer von sechs Jahren nach Beendigung des Auftrags aufzubewahren. Die Frist beginnt mit Ende des Kalenderjahres, in dem der Auftrag beendet wurde. Diese Verpflichtung erlischt regelmäßig nach § 50 Abs. 2 S. 3 BRAO schon vor Beendigung dieses Zeitraumes, wenn der Rechtsanwalt den Auftraggeber aufgefordert hat, die Handakten in Empfang zu nehmen, und der Auftraggeber dieser Aufforderung binnen sechs Monaten, nachdem er sie erhalten hat, nicht nachgekommen ist. Ausgenommen von dieser Verkürzung der Aufbewahrungsfrist sind allerdings die Korrespondenz zwischen Rechtsanwalt und dem Mandant sowie die Dokumente, welche der Mandant bereits in Urschrift oder Abschrift erhalten hat, § 50 Abs. 2 S. 4 BRAO. Auf diese Folge wird der Rechtsanwalt mit der Aktenübersendung hinzuweisen haben. 87

Der Rechtsanwalt ist dem Mandanten berufsrechtlich nach § 43 BRAO in Verbindung mit §§ 675, 667 BGB zur Herausgabe der Handakte verpflichtet. Unter die Herausgabepflicht nach § 50 Abs. 4 BRAO aber nur die Schriftstücke, die der Rechtsanwalt aus Anlass seiner beruflichen Tätigkeit von dem Auftraggeber oder für ihn erhalten hat. Hierunter fällt alles, was der Rechtsanwalt aus der „Geschäftsbesorgung erlangt" hat, insbesondere alle dem Rechtsanwalt zugegangenen Schriftstücke als auch die Kopien eigener Schreiben des Rechtsanwalts, Notizen über Besprechungen, die der Anwalt im Rahmen der Besorgung des Geschäfts mit Dritten geführt hat,[93] nicht aber der Briefwechsel zwischen dem Rechtsanwalt und seinem Auftraggeber und die Schriftstücke, die dieser bereits in Urschrift oder Abschrift erhalten hat. 88

Der Rechtsanwalt kann seinem Auftraggeber die Herausgabe der Handakten verweigern, bis er wegen seiner Gebühren und Auslagen befriedigt ist. Soweit nur geringfügige Rückstände bestehen, kann die Ausübung des Zurückbehaltungsrechts sich als Verletzung der allgemeinen Berufspflicht darstellen.[94] Dies gilt nicht, soweit die Vorenthaltung der Handakten oder einzelner Schriftstücke nach den Umständen unangemessen wäre (§ 50 Abs. 3 BRAO). 89

Ferner hat der Rechtsanwalt dem Mandanten über den Stand des Geschäfts Auskunft zu geben und nach der Ausführung des Auftrags Rechenschaft abzulegen, § 666 BGB. Dabei bezieht sich die „Rechenschaft" nicht nur auf eine mit Einnahmen und Auslagen verbundene Verwaltung, sondern umfasst allgemein die Pflicht des Beauftragten, in verkehrsüblicher Weise die wesentlichen Einzelheiten seines Handels zur Auftragsausführung darzulegen und dem Auftraggeber die notwendige Übersicht über das besorgte Geschäft zu verschaffen.[95] 90

---

[93] BGH v. 30.11.1989 – III ZR 112/88 = BRAK-Mitt 1990, 55.
[94] BGH v. 3.11.2014 – AnwZ (Brfg) 72/13 = BRAK-Mitt 2015, 39–42; BGH v. 3.11.2014 – AnwSt (R) 5/14.
[95] BGH v. 30.11.1989 – III ZR 112/88 = BRAK-Mitt 1990, 55.

4. Die anwaltliche Vergütung und der Abschluss einer Honorarvereinbarung

91 Die Vergütung des Rechtsanwaltes richtet sich vorbehaltlich einer anderweitigen Vereinbarung der Parteien für alle **nach dem 30.6.2004** erteilten unbedingten Aufträge nach dem Rechtsanwaltsvergütungsgesetz (RVG),[96] für die **vor dem 1.7.2004** erteilten unbedingten Aufträge nach der Bundesgebührenordnung für Rechtsanwälte (BRAGO). Die nachfolgenden Ausführungen orientieren sich nur an der durch das Rechtsanwaltsvergütungsgesetz zum 1.7.2004 geschaffenen Rechtslage.

92 Nach § 49b Abs. 1 S. 1 BRAO ist der Rechtsanwalt grundsätzlich verpflichtet, zumindest die Gebühren nach dem Rechtsanwaltsvergütungsgesetz zu verlangen (sog. Gebührenunterschreitungsverbot).

93 Nach § 49b Abs. 1 S. 2 BRAO darf der Rechtsanwalt allenfalls im Einzelfall besonderen Umständen in der Person des Auftraggebers, insbesondere dessen Bedürftigkeit, durch eine Ermäßigung oder den Erlass von Gebühren oder Auslagen nach Erledigung des Auftrages Rechnung tragen.

94 *Tipp*

Soweit der Mandant finanzielle Schwierigkeiten zur Durchsetzung seines Rechtsstandpunktes oder zur Rechtsverteidigung geltend macht, ist immer zu prüfen, inwieweit ein Anspruch gegen Dritte auf Prozesskostenvorschuss, auf Prozesskostenhilfe[97] gegen den Staat oder auch auf eine Deckungszusage einer privaten Rechtsschutzversicherung besteht. Auf diese Möglichkeiten, eine Kostentragungslast Dritter in Anspruch zu nehmen, ist der Mandant regelmäßig hinzuweisen.

95 Im Übrigen ist eine Abweichung vom Gebührenunterschreitungsverbot nur in den im RVG ausdrücklich vorgesehenen Fällen zulässig. Danach bestehen zwei Ausnahmetatbestände:

- Zum einen das in § 4a Abs. 1 S. 2 RVG geregelte Erfolgshonorar, wonach im Misserfolgsfall eine geringere als die gesetzliche Gebühr dann vereinbart werden kann, wenn für den Erfolgsfall eine angemessene Erhöhung der gesetzlichen Gebühr vereinbart wird.
- Zum anderen können nach § 4 Abs. 1 RVG im außergerichtlichen Bereich niedrigere als die gesetzlichen Gebühren vereinbart werden, soweit dies einer Angemessenheitskontrolle standhält.[98] Soweit das RVG für eine Tätigkeit keine bestimmte Gebühr und damit auch keine Mindestgebühr vorsieht, wie z.B. für eine außergerichtliche

---

[96] Hierzu das umfassende Literaturangebot aus dem Deutschen Anwaltverlag: *Schneider/Wolf* (Hrsg.), AnwaltKommentar RVG, 8. Aufl. 2016; *Schneider*, Fälle und Lösungen zum RVG – Erfahrungen und Abrechnungsbeispiele, 4. Aufl. 2014; RVG, Textausgabe mit Tabellen, 35. Aufl. 2017; Kostentafeln, 34. Aufl. 2017; hierzu auch *Goebel/Gottwald*, Berliner Kommentar zum Rechtsanwaltsvergütungsgesetz, 2004.
[97] Siehe hierzu § 3 Rdn 1 ff.
[98] Zur Problematik von Dumpingpreisen vgl. Schneider/Wolf/*Onderka*, AnwaltKommentar RVG, § 4 Rn 15 ff.; OLG Stuttgart NJW 2007, 924.

Erstberatung, darf diese kostenlos erbracht werden. Der Rechtsanwalt soll dann auf eine Gebührenvereinbarung nach § 34 RVG hinwirken, wobei die Vereinbarung nicht der Angemessenheitskontrolle des § 4 Abs. 1 RVG unterliegt.[99]

Kein Verstoß gegen das Gebührenunterschreitungsverbot liegt im Übrigen vor, wenn die Honorierung eines anwaltlichen Terminsvertreters hinter den gesetzlichen Gebühren zurückbleibt.[100] Dies setzt voraus, dass Terminsvertreter als Erfüllungsgehilfe des Hauptbevollmächtigten tätig wird.

Auch sog. „Rationalisierungsabkommen" der Rechtsschutzversicherer, die regelmäßig Gebührensätze unterhalb der gesetzlichen Gebühren festlegen, erscheinen im Hinblick auf das Gebührenunterschreitungsverbot problematisch.[101]

Eine Rechtsberatung pro bono ist demgegenüber gebührenrechtlich zulässig, zumal ein Verbot anwaltlicher pro bono-Tätigkeit schon nicht im Einklang mit der Verfassung stünde, da eine solche Tätigkeit bereits tatbestandlich der Regelung des § 49 Abs. 1 S. 1 BRAO nicht unterfällt.[102]

Eine höhere als die gesetzliche Gebühr kann der Rechtsanwalt bei Vorliegen einer rechtswirksamen Honorar- bzw. Vergütungsvereinbarung nach § 3a RVG beanspruchen.

> *Hinweis*
> Diese Frage, unter welchen rechtlichen Voraussetzungen eine Honorarvereinbarung geschlossen werden kann, ist von der Problematik zu unterscheiden, ob eine solche Zusatzvergütung auch tatsächlich durchsetzbar ist. Dies wird regelmäßig nur dann der Fall sein, wenn die konkrete Auseinandersetzung einen Aufwand erfordert, der in keinem Verhältnis zu den gesetzlichen Gebühren steht, oder wenn die Bedeutung des Mandats deutlich über den konkreten Streitgegenstand hinausgeht.

Die Androhung eines Rechtsanwalts, bei Nichtzustandekommen einer Honorarvereinbarung das Mandat zu kündigen, ist nicht grundsätzlich gesetz- oder vertragswidrig. Das Verlangen eines Rechtsanwalts nach einem Sonderhonorar ist vielmehr gerechtfertigt, wenn der mit dem Auftrag verbundene Aufwand den Umfang, den die gesetzliche Gebührenbemessung als durchschnittlich voraussetzt, deutlich überschreitet.[103] Dies ist dann im Einzelfall zu klären.

Die Vergütungsvereinbarung ist in § 3a RVG geregelt. Sie bedarf der Textform (§ 126b BGB) und muss als Vergütungsvereinbarung oder in gleicher Weise bezeichnet sein. Sie muss von anderen Vereinbarungen deutlich abgesetzt sein, darf insbesondere nicht in der Vollmacht enthalten sein. Mit der Auftragserteilung darf sie jedoch verbunden sein. Wesentlich ist das Regelungsziel, den Mandanten auf die Vergütungsvereinbarung klar

---

99 BGH v. 3.7.2017 – AnwZ (Brfg) 42/16 = NJW 2017, 2554–2555.
100 BGH NJW 2006, 3569.
101 Schneider/Wolf/*Onderka*, AnwaltKommentar RVG, § 3a Rn 21 m.w.N.
102 *Bälz/Moelle/Zeidler*, Rechtsberatung pro bono publico in Deutschland – eine Bestandaufnahme, NJW 2008, 3383, 3386 f.
103 BGH AGS 2003, 15 = NJW 2002, 1182 = MDR 2002, 1182.

erkennbar hinzuweisen. „Deutlich abgesetzt" ist sie, wenn sie optisch eindeutig von anderen im Vertragstext enthaltenen Bestimmungen abgegrenzt ist – etwa durch einen gesonderten und entsprechend gekennzeichneten Abschnitt oder Paragrafen.[104] Danach ist es möglich, dass die Vergütungsvereinbarung auch eine Gerichtsstandsvereinbarung, weitere Mandatsbedingungen oder auch Haftungsbeschränkungen enthält. Die Formerfordernisse des § 3a RVG gelten grundsätzlich auch für einen Schuldbeitritt zur Vergütungsvereinbarung.[105]

100 *Hinweis*

§ 3a RVG verlangt allein die Textform. Der Rechtsanwalt muss die Honorarvereinbarung also nicht unterzeichnet haben, um hieraus Rechte herleiten zu können. Auch reicht es aus, wenn der Rechtsanwalt dem Auftraggeber schriftlich seine Honorarvorstellungen mitteilt und dieser das Schriftstück gegengezeichnet zurückreicht. Die Vergütungsvereinbarung kann auch per Mail zustande kommen.

101 Genügt die Honorarvereinbarung den formellen Anforderungen des § 3a Abs. 1 S. 1 und S. 2 RVG nicht, ist die die Vergütungsvereinbarung dennoch wirksam. Aus ihr kann gem. § 4b RVG lediglich die vereinbarte Vergütung bis zur Höhe der gesetzlichen Gebühr gefordert werden.[106] Eine höhere als die gesetzliche Vergütung kann in diesen Fällen nur verlangt werden, wenn Gegenstand des Auftrags die in § 34 Abs. 1 RVG genannte Beratung ist und diese nicht mit einer anderen gebührenpflichtigen Tätigkeit zusammenhängt.[107] Eine Nichtbeachtung der Formvorschrift stellt auch keinen berufsrechtlichen Verstoß dar.[108]

102 *Hinweis*

Wegen § 4b S. 2 RVG kann, wenn der Auftraggeber vorbehaltlos geleistet hat, das geleistete Honorar nicht deshalb zurückgefordert werden, weil die Formvorschriften nicht eingehalten sind.

103 Weiterhin grundsätzlich verboten ist nach § 49 Abs. 2 BRAO die Vereinbarung eines Erfolgshonorars. Verfassungsrechtliche Bedenken gegen § 49b BRAO sah die Rechtsprechung ursprünglich nicht.[109] Dies wird aber partiell schon durch das RVG in Frage gestellt. Nach § 4 Abs. 2 S. 2 RVG ist es in Mahnverfahren und Verfahren der Zwangsvollstreckung auch möglich, dass der Rechtsanwalt einen Teil der Vergütung in Form der Abtretung des Erstattungsanspruchs des Mandanten als Gläubiger gegen den Gegner als Schuldner erhält, wenn dieser Anspruch nicht beigetrieben werden kann. Es handelt sich insoweit um eine Form des Erfolgshonorars, da der Rechtsanwalt in diesen Fällen den abgetretenen Anspruch regelmäßig nicht – jedenfalls nicht zeitnah – wird realisieren

---

104 BGH v. 3.12.2015 – IX ZR 40/15 = AGS 2016, 164–166 = NJW 2016, 1596–1598.
105 BGH v. 12.5.2016 – IX ZR 208/15 = AGS 2016, 692–693 = NJW-RR 2017, 124–126.
106 BGH v. 5.6.2014 – IX ZR 137/12 = NJW 2014, 2653–2656 = BRAK-Mitt 2014, 1663–1666.
107 BGH v. 3.12.2015 – IX ZR 40/15 = AGS 2016, 164–166 = NJW 2016, 1596–1598.
108 AnwGH Hamm v. 11.5.2017 – 2 AnwG 52/2016 = AGS 2017, 494.
109 Zuletzt OLG Celle AGS 2005, 107 = OLGR Celle 2005, 217 = NJW 2005, 2160; OLG Celle BRAK-Mitt 2005, 94 = NdsRpfl 2005, 151 = RVG professionell 2005, 79.

können. In der Entscheidung vom 12.12.2006 hat das BVerfG das Verbot eines Erfolgshonorars in bestimmten Fällen (besondere Umstände in der Person des Auftraggebers, die diesen sonst davon abhielten, seine Rechte zu verfolgen) als Verstoß gegen die Berufsausübungsfreiheit bewertet.[110] Daraufhin wurde das Verbot des Erfolgshonorars in §§ 4a RVG, 49 Abs. 2 BRAO entsprechend modifiziert,[111] jedoch grundsätzlich aufrecht erhalten. Das BVerfG hat die Annahme des Gesetzgebers, dass die zur Wahrung der Unabhängigkeit gebotene kritische Distanz des Rechtsanwalts bei Vereinbarung eines erfolgsabhängigen Honorars Schaden nehmen könne, nicht beanstandet. Unzulässig ist es jedenfalls, wenn der Rechtsanwalt damit wirbt, sich seine Inkassotätigkeit mit einem nach § 49b Abs. 2 BRAO verbotenen Erfolgshonorar vergüten zu lassen.[112]

Im Übrigen kann durchaus zweifelhaft sein, wann eine Honorarvereinbarung eine unzulässige Vereinbarung über ein Erfolgshonorar darstellt. Hat ein Rechtsanwalt die zuvor erzielte Einigung der Abkömmlinge des Erblassers über eine Nachlassvereinbarung in eine angemessene juristische Form zu bringen und erhält er hierfür ein Honorar, welches an die Höhe des Erbteilsanspruchs anknüpft, so soll hierin kein unzulässiges Erfolgshonorar zu sehen sein.[113] Auch wenn der Rechtsanwalt und Mandant vereinbaren, dass nach Erledigung des Mandats das ursprünglich vereinbarte Honorar erhöht wird, liegt kein unzulässiges Erfolgshonorar vor.[114] Dagegen liegt ein unzulässiges Erfolgshonorar etwa vor, wenn das Honorar von der Erzielung eines bestimmten Inhalts eines Aufhebungsvertrages zwischen kündigendem Arbeitgeber und dem anwaltlich vertretenen Arbeitnehmer abhängig gemacht wird.[115] **104**

Das Verbot nach § 49b Abs. 2 BRAO kann nicht dadurch umgangen werden, dass der Rechtsanwalt eine Prozessfinanzierungs-GmbH gründet, die dann mit dem Mandanten des Rechtsanwaltes einen Prozessfinanzierungsvertrag schließt. Ein solcher Vertrag ist nach § 134 BGB nichtig, da er das in § 49b Abs. 2 BRAO festgelegte gesetzliche Verbot umgeht.[116] **105**

Im Rahmen dieser Einschränkungen kommen unterschiedliche Gestaltungen einer Honorarvereinbarung in Betracht: **106**
- Der Mandant und der Rechtsanwalt können vereinbaren, dass für die Gebühren ein höherer als der gesetzliche Gebührenstreitwert zugrunde gelegt wird.[117]
- Der Mandant und der Bevollmächtigte können vereinbaren, dass die Tätigkeit des Rechtsanwaltes durch ein Zeithonorar abgegolten wird.[118]

---

110 BVerfG, AnwBl 2007, 297 = NJW 2007, 979.
111 *Hommerich/Kilian*, Ein Jahr Erfolgshonorare – Empirische Ergebnisse zu einer erzwungen Reform, AnwBl 2009, 541; *Kleine-Cosack*, Vom regulierten zum frei verhandelbaren (Erfolgs-)Honorar, NJW 2007, 1405.
112 BGH v. 9.6.2008 – AnwSt (R) 5/05 = AnwBl 2008, 880–883 = NJW 2009, 534–536.
113 BGH MDR 2003, 836 = FamRZ 2003, 1096 = AGS 2003, 341.
114 OLG Düsseldorf v. 6.4.2006, I-24 U 191/05 = AGS 2006, 480.
115 AG Charlottenburg v. 27.1.2004 – 223 C 8/03 – ArbRB 2004, 178.
116 KG KGR 2003, 75 = MDR 2003, 599.
117 Muster einer Honorarvereinbarung auf der Grundlage eines vereinbarten höheren Streitwertes unter Rdn 214.
118 Muster einer Honorarvereinbarung auf der Grundlage eines Zeithonorars unter Rdn 216.

> *Hinweis*
> Es sollte dabei vereinbart werden, ob die Vergütung je angefangene oder je vollendete Zeiteinheit gezahlt wird. Auch ist klarzustellen, ob die Zeitvergütung auch für Reisezeiten gilt und wie der Einsatz von Mitarbeitern, wie angestellten Rechtsanwälten, Rechtsreferendaren oder Rechtsanwaltsfachangestellten, vergütet wird. Letztlich sollten Regelungen über die Form der Dokumentation und des Nachweises des zeitlichen Aufwandes nicht fehlen. Bei Vereinbarung eines Zeithonorars erscheint zudem eine Regelung darüber sachgerecht, in welchen Zeitabständen das Zeithonorar abzurechnen ist.[119]
>
> Für die angemessene Vergütung je Stunde werden in der Literatur 125 EUR bis 500 EUR genannt.[120] Als tatsächliche – widerlegbare – Vermutung für eine Unangemessenheit des Honorars wird ein 5-faches Übersteigen der gesetzlichen Gebühren gesehen,[121] die Vereinbarung des Zweifachen der gesetzlichen Vergütung stellt keine überraschende Klausel in der Vergütungsvereinbarung dar.[122]

- Bei Festlegung der Zeiteinheit ist zu beachten, dass sich gerade bei kurzen Zeittakten erhebliche Rundungseffekte zugunsten des Rechtsanwaltes ergeben können. Eine Abrechnung im Viertelstundentakt wird u.a. wegen des Risikos, dass diese Einheit zu einer „eigensüchtigen Aufblähung des Zeitaufwandes" führen könnte, als Verstoß gegen § 307 BGB bewertet.[123]

  Der BGH hat eine Stellungnahme zur generellen Unangemessenheit einer entsprechenden Regelung offengelassen.[124]

  Es kann vereinbart werden, dass ein prozentualer Aufschlag auf die gesetzlichen Gebühren geschuldet sein soll.[125]

- Letztlich kann vereinbart werden, dass für die Interessenwahrnehmung des Mandanten ein Pauschalhonorar geschuldet wird.[126]

  Ein Pauschalhonorar bringt zwar eine vermeintliche Kalkulierbarkeit der entstehenden Kosten, zeitigt aber gerade für den Anwalt auch Risiken. So muss sehr deutlich vereinbart werden, welche Tätigkeiten das Pauschalhonorar umfasst. Auch lässt sich nicht immer vorhersehen, welchen Aufwand die Interessenwahrnehmung letztlich tatsächlich verursacht. Damit ist auch schwer bestimmbar, ob ein pauschales Honorar für den Rechtsanwalt auskömmlich ist. Gerade bei der Vereinbarung eines Pauschalhonorars muss auch die Beschränkung des § 49b BRAO beachtet werden, wonach kein niedrigeres Honorar als das nach den gesetzlichen Vorschriften vereinbart werden darf. Ggf. muss dem Mandanten deshalb auf dieser Grundlage eine Nachforde-

---

119 *Schneider*, Wegfall der Beratungsgebühren seit 1.7.2006, NJW 2006, 1905, 1908.
120 OLG Karlsruhe v. 28.8.2014 – 2 U 2 /14 = AGS 2015, 9–16: 300,00 EUR Stundensatz nicht unangemessen.
121 BGH v. 10.11.2016 – IX ZR 119/14 = AnwBl 2017, 208 = AGS 2017, 63–68.
122 OLG München v. 7.7.2016 – 15 U 1298/16.
123 OLG Karlsruhe v. 28.8.2014 – 2 U 2 /14 = AGS 2015, 9–16; OLG Düsseldorf RVG Report 2006, 420, so auch LG Köln v. 18.10.2016 – 11 S 302/15 = AnwBl 2017, 560.
124 Zur Problematik vgl. Schneider/Wolf/*Onderka*, AnwaltKommentar RVG, § 3a Rn 60 f.
125 Muster einer Honorarvereinbarung mit einem prozentualen Aufschlag auf die gesetzlichen Gebühren unter Rdn 217.
126 Muster einer Honorarvereinbarung über ein Pauschalhonorar unter Rdn 215.

rung erläutert und sollte die Möglichkeit der Nachforderung in die Vergütungsvereinbarung aufgenommen werden.

> *Tipp*
>
> Um § 49b Abs. 1 BRAO in jedem Fall Rechnung zu tragen, sollte im Rahmen der Honorarvereinbarung grundsätzlich geregelt werden, dass „der Rechtsanwalt in jedem Fall die gesetzlichen Gebühren nach dem Rechtsanwaltsvergütungsgesetz zu erhalten hat, da anderenfalls ein Verstoß gegen § 49b Abs. 1 BRAO vorliegt."

Wurde diese Regelung unterlassen und unterschreiten die vertraglich vereinbarten Gebühren die gesetzlichen Gebühren nach dem RVG, wird zum Teil angenommen, dass der Rechtsanwalt nicht berechtigt ist, den Differenzbetrag von dem Mandanten nachzufordern. Dies würde einen Verstoß gegen § 242 BGB darstellen.

Besonders hinzuweisen ist darauf, dass nach § 49 Abs. 5 BRAO der Rechtsanwalt dann, wenn sich seine Gebühren nach dem Gegenstandswert richten (§ 2 Abs. 1 RVG), seinen Mandanten vor Übernahme des Auftrages hierauf hinweisen muss.

- Der Rechtsanwalt ist nicht verpflichtet – auch nach Nachfrage des Mandanten –, über die voraussichtliche Höhe der Vergütung aufzuklären, wenn eine seriöse Berechnung nicht möglich war.[127] Die Folge des Verstoßes gegen die Hinweispflicht ist ein Schadenersatzanspruch des Mandanten gegen den Rechtsanwalt.[128]
- Die Beweislast für einen Verstoß gegen diese Hinweispflicht trifft den Mandanten. Der Rechtsanwalt muss die behauptete Fehlberatung ggf. substantiiert bestreiten und konkret darlegen, wie im Einzelnen beraten bzw. aufgeklärt worden ist.[129]

II. Die Vollmacht des Rechtsanwaltes

Der Rechtsanwalt ist gewillkürter Vertreter der Partei und bedarf als solcher der Vollmacht.[130] Die Bevollmächtigung wird im Innenverhältnis grundsätzlich bereits durch den Anwaltsvertrag erteilt.

Dies reicht für die Interessenvertretung regelmäßig aber nicht aus, da der Rechtsanwalt sowohl für die außergerichtliche als auch für die gerichtliche Vertretung des Mandanten darauf angewiesen sein kann, eine Vollmacht vorzulegen.

Der Umfang der Prozessvollmacht[131] innerhalb des Zivilprozesses ist dabei als Außenvollmacht in § 81 ZPO normiert, sie gilt für die Hauptintervention, einen Arrest oder ein einstweilige Verfügung betreffendes Nebenverfahren, § 82 ZPO.

> *Hinweis*
>
> Wesentlich zu beachten ist, dass § 81 ZPO dem Rechtsanwalt als Prozessbevollmächtigten keine Befugnis gibt, eine Geldleistung als Hauptsache für den Mandanten in

---

127 OLG München v. 30.11.2016 – 15 U 1298/16 Rae = NJW 2017, 2127–2132.
128 BGH v. 24.5.2007 – IX ZR 89/06 = NJW 2007, 2332–2334.
129 BGH NJW 2008, 371, 372.
130 Muster einer einfachen Vollmacht unter Rdn 219.
131 Muster einer allgemeinen Prozessvollmacht unter Rdn 221.

Empfang zu nehmen. Die Vollmacht nach § 81 ZPO umfasst lediglich die Entgegennahme solcher Geldleistungen, die vom Gegner oder der Staatskasse zu erstattende Kosten betreffen. Dies bedeutet, dass der Rechtsanwalt einer gesonderten Geldempfangsvollmacht[132] bedarf, wenn er über den Anwendungsbereich von § 81 ZPO hinaus Zahlungen des Schuldners auf die Hauptsache entgegennehmen möchte.

111 Die Prozessvollmacht für einen **Räumungsstreit** umfasst die Vollmacht zur Abgabe einer erneuten Kündigung; eine Zurückweisung durch den Mieter mangels Vollmacht ist ausgeschlossen.[133] Auch eine Vollstreckungsgegenklage ist von der Prozessvollmacht umfasst. Dies gilt auch dann, wenn sich diese aufgrund einer zwischenzeitlichen Titelumschreibung nicht mehr gegen den ursprünglichen Gegner richtet.[134] Die Prozessvollmacht berechtigt auch zur Bestellung eines Prozessbevollmächtigten für die nächsthöheren Instanzen.[135] Bei Einlegung der Berufung durch den erstinstanzlich bevollmächtigten Anwalt haftet der Berufungskläger für die Kosten des Rechtsmittelverfahrens, er kann nicht vorbringen, dass der Rechtsanwalt hierfür keinen Auftrag hatte.[136]

112 Im Prozess gilt nach § 88 Abs. 2 ZPO die Vollmacht eines Rechtsanwaltes als vermutet und wird nur auf Rüge des Prozessgegners durch das Gericht überprüft. Ist sie nachzuweisen, so ist sie nach § 80 ZPO schriftlich zu den Akten zu reichen. Dabei reicht eine Kopie, selbst eine notariell beglaubigte Kopie nicht aus.[137] Hat das Prozessgericht auf die Rüge des Gegners einen Mangel der Vollmacht verneint, kann der Gegner im Kostenfestsetzungsverfahren nicht erneut den Mangel mit derselben Begründung rügen.[138]

113 Anders muss im außergerichtlichen Rechtsverkehr die Vollmacht jeweils nachgewiesen werden. In diesem Zusammenhang ist § 174 S. 1 BGB zu beachten, wonach ein einseitiges Rechtsgeschäft und damit insbesondere die Vornahme einer Kündigung[139] unwirksam ist, wenn der Bevollmächtigte eine Vollmachtsurkunde nicht vorlegt und der andere das Rechtsgeschäft aus diesem Grunde unverzüglich zurückweist. Dabei wird regelmäßig übersehen, dass die Vollmacht stets im Original vorzulegen ist. Auch eine beglaubigte Abschrift der Vollmacht genügt nicht.[140] Übersieht der Rechtsanwalt dies und wird dadurch etwa eine vertragliche Ausschlussfrist oder eine Kündigungsfrist versäumt, so haftet der Rechtsanwalt dem Mandanten für den daraus entstandenen Schaden.[141] Zu prüfen wäre dann aber auch, ob der zurückweisende Rechtsanwalt seinerseits seine Vollmacht ordnungsgemäß nachgewiesen hat.

---

132 Muster einer gesonderten Geldempfangsvollmacht unter Rdn 223.
133 LG Duisburg v. 23.8.2012 – 7 T 80/12 = DGVZ 2013, 38–39; LG Berlin Grundeigentum 2003, 1081.
134 OLG Nürnberg OLGR 2003, 266.
135 BGH v. 27.7.2017 – V ZR 67/17; BGH, Beschluss v. 13.9.2012 – I ZR 12/12.
136 OLG Koblenz v. 3.7.2015 – 14 W 423/15 = AGS 2015, 453.
137 LG Duisburg v. 22.2.2012 – 7 T 185/11.
138 BGH v. 14.7.2011 – V ZB 237/10 = NJW 2011, 3722.
139 Muster einer Vollmacht in Mietstreitigkeiten unter Rdn 219 und Muster einer Vollmacht zur Beendigung eines Arbeitsverhältnisses unter Rdn 220.
140 BGH NJW 1994, 1472; BGH NJW 1994, 2298.
141 BGH NJW 1994, 1472.

Tipp 114

Ist nicht ausgeschlossen, dass mehrere einseitige Rechtsgeschäfte vorzunehmen sind oder Erklärungen gegenüber einer Mehrzahl von Personen abgegeben werden müssen, sollte der Rechtsanwalt bei Mandatserteilung darauf achten, dass ihm eine ausreichende Anzahl an Originalvollmachten zur Verfügung gestellt wird. Dies vermeidet spätere zeitliche Verzögerungen, wenn solche zusätzlichen Vollmachten erst angefordert werden müssen.

Die Vollmacht muss konkret erkennen lassen, für welche Rechtsgeschäfte der Rechtsanwalt bevollmächtigt wird. So ist auch möglich, die Vollmacht auf die außergerichtliche Interessenwahrnehmung zu beschränken.[142] 115

Hinweis 116

Dies hat für den Rechtsanwalt den Vorteil, dass über die Vollmacht der Umfang der Beauftragung dokumentiert wird. Die tatsächliche und hinreichend bestimmte Angabe des Rechtsgeschäftes sollte deshalb nicht unbeachtet bleiben.

Nachdem der Rechtsanwalt bundesweit vor Gerichten auftreten kann, umfasst die Prozessvollmacht grundsätzlich die Möglichkeit, den Mandanten vor jedem Gericht in der Bundesrepublik Deutschland zu vertreten. Im Einzelfall wird der konkret beauftragte Rechtsanwalt hiervon aus Zeit- oder Kostengründen absehen und einen Rechtsanwalt am Ort des Prozessgerichts mit der Wahrnehmung des Verhandlungstermins oder einer Beweisaufnahme beauftragen wollen.[143] In diesem Fall ist es erforderlich, dass dem beauftragten Rechtsanwalt die Vollmacht eingeräumt wird, einen Unterbevollmächtigten zu bestellen.[144] Dies gilt in gleicher Weise, wenn ein anderer Dritter mit der Terminswahrnehmung beauftragt werden soll, ohne dass ein Anwaltszwang i.S.v. § 78 ZPO besteht. Dabei ist zu beachten, ob der Vertreter namens des Rechtsanwalts oder des Mandanten beauftragt wird. 117

Beispiel 118

In einer einfachen Verkehrsunfallsache sollen die unbeteiligten Unfallzeugen vernommen werden. Der Rechtsanwalt möchte den Termin vor dem Amtsgericht nicht selbst wahrnehmen, sondern dies auf seinen Bürovorsteher oder einen in der Ausbildung befindlichen Rechtsreferendar übertragen.

Ungeachtet des Umfangs der Prozessvollmacht nach § 81 ZPO ist der Mandant berechtigt, diese im Innenverhältnis zum Rechtsanwalt zu beschränken. Im Außenverhältnis hat diese Beschränkung allerdings nur insoweit Bedeutung, als diese im Abschluss eines Prozessvergleiches die Erklärung, dass auf den Streitgegenstand verzichtet werde, oder das Anerkenntnis des gegnerischen Anspruches betrifft, § 83 Abs. 1 ZPO. 119

---

142 Muster einer auf die außergerichtliche Interessenwahrnehmung beschränkten Vollmacht unter Rdn 224.
143 Muster einer Untervollmacht unter Rdn 225.
144 Muster einer Vollmacht mit der Möglichkeit zur Bestellung eines Unterbevollmächtigten unter Rdn 222.

120 *Hinweis*

Eine Überschreitung der im Innenverhältnis beschränkten Prozessvollmacht stellt für den beauftragten Rechtsanwalt einen Haftungsfall dar. Der Rechtsanwalt hat den dem Mandanten mithin durch die Überschreitung der Vollmacht im Innenverhältnis entstehenden Schaden zu ersetzen.

121 Soweit durch eine Prozessvollmacht mehrere Bevollmächtigte legitimiert werden, muss nach § 84 ZPO beachtet werden, dass diese sowohl gemeinschaftlich als auch einzeln berechtigt sind, Erklärungen für den Mandanten abzugeben und diesen zu vertreten. Dies trifft bei allen beauftragten Sozietäten zu. Nach § 84 S. 2 ZPO hat eine abweichende Bestimmung der Vollmacht dem Gegner gegenüber keine Wirkung.

122 Nach der Rechtsprechung des BGH umfasst die Prozessvollmacht auch die Ermächtigung zur Abgabe materiell-rechtlicher Willenserklärungen, sofern bei einer „vernünftigen wirtschaftlichen Betrachtungsweise" die Bevollmächtigung hierzu angemessen erscheint.[145]

123 Diese Formel des Bundesgerichtshofes kann zu Zweifelsfällen führen, sodass der Bevollmächtigte sich jeweils besser steht, wenn er sich insoweit für das materielle Rechtsgeschäft und in diesem Zusammenhang stehende Willenserklärungen eine gesonderte Vollmacht erteilen lässt oder die Prozessvollmacht entsprechend erweitert.[146]

124 Bestreitet der Gegner nach § 88 Abs. 1 ZPO, dass eine Prozessvollmacht vorliegt, so muss diese im Original zu den Gerichtsakten gereicht werden, weshalb der Bevollmächtigte sich immer zumindest zwei Vollmachtexemplare unterschreiben lassen sollte. Davon ausgenommen sind die Fälle, in welchen die Partei selbst in der Verhandlung anwesend ist und die prozessuale Vertretung genehmigt.[147]

125 *Hinweis*

Wird gegenüber einem als Parteivertreter auftretenden Rechtsanwalt im Prozess der Mangel der Vollmacht gerügt, weil keine Vollmachtsurkunde vorgelegt worden sei, so sind bis zur Behebung dieses Mangels Zustellungen an die Partei zu bewirken.[148]

126 Ist dies nicht möglich, etwa weil die Partei sich im Ausland aufhält und der Rechtsanwalt es versäumt hat, sich eine schriftliche Prozessvollmacht unterschreiben zu lassen, so kann er nach § 89 ZPO gegen oder ohne Sicherheitsleistung für die Kosten und Schäden einstweilen zur Prozessführung zugelassen werden.

127 *Hinweis*

Das Gericht wird dem Rechtsanwalt in diesem Fall eine Frist setzen, binnen der er die Vollmacht beizubringen hat. Der Rechtsanwalt sollte von Beginn an bemüht sein, dass diese Frist recht großzügig bemessen wird, da er regelmäßig nicht genau wird

---

145 BGH NJW 1992, 1963; AnwBl 1994, 480; NJW-RR 2000, 745.
146 Vgl. hierzu das Muster der erweiterten Prozessvollmacht unter Rdn 222.
147 OLGH Frankfurt v. 27.7.2017 – 2 U 174/16.
148 OLG Bremen OLGR 2004, 454.

abschätzen können, welchen Aufwand er betreiben muss, um tatsächlich eine unterzeichnete Prozessvollmacht zu erhalten.

Achtung! 128
Kann der Rechtsanwalt seine Bevollmächtigung nicht nachweisen, so sind ihm die Kosten des Verfahrens als Veranlasser grundsätzlich persönlich aufzuerlegen.[149] Bei Vertretung des Beklagten würde dieser als säumig behandelt, sodass gegen ihn ein Versäumnisurteil ergehen könnte. Die von dem vollmachtlosen Bevollmächtigten erhobene Klage würde dagegen als unzulässig abgewiesen.

Tipp 129
Rügt der Gegner erst in der mündlichen Verhandlung das Fehlen der Prozessvollmacht, sollte zunächst darauf hingewiesen werden, dass diese nicht mitgeführt wird und um Vertagung des Rechtsstreites gebeten werden. Dies vermeidet die unmittelbare persönliche Kostenhaftung nach § 89 ZPO.

Die Vollmachtsrüge unterliegt allerdings auch dem Missbrauchsverbot. So kann im Falle 130 einer erhobenen Widerklage der Kläger mit der Rüge bezüglich der Widerklage nicht solange zuwarten, bis zu seinen Gunsten eine Teilentscheidung fällt.[150]

Der Gegner kann nicht geltend machen, dass die Vollmacht eines zunächst für die 131 Gegenseite tätigen Rechtsanwaltes, der nun aufgrund einer ihm erteilten Prozessvollmacht durch die andere Partei Berufung einlegt, nichtig ist. Die Vollmacht bleibt von dem Vertretungsverbot unberührt, die Berufung ist wirksam eingelegt. Allein der Anwaltsvertrag ist nichtig.[151] Es gilt grundsätzlich, dass die Vollmacht von der Nichtigkeit des Anwaltsvertrages unberührt bleibt und erst durch den Widerruf des Mandanten erlischt.[152]

Die einfache Vollmacht erlischt grundsätzlich mit dem Tod des Mandanten.[153] Für die 132 Prozessvollmacht gilt § 86 ZPO, wonach diese fortbesteht. Das Verfahren wird aber gem. § 239 ZPO kraft Gesetzes unterbrochen oder bei anwaltlicher Vertretung nach § 246 ZPO auf Antrag ausgesetzt, sodass dem keine hohe praktische Bedeutung zukommen dürfte.

Kann der Rechtsanwalt im Prozess z.B. wegen der Entfernung zum Gericht einen Termin 133 nicht wahrnehmen, kann er einen anderen Rechtsanwalt mit der Wahrnehmung des Termins beauftragen. Es empfiehlt sich, dem Gericht die Wahrnehmung des Termins durch den Unterbevollmächtigten bzw. Terminsvertreter anzuzeigen.[154]

---

149 BGH NJW-RR 1998, 63; Landesarbeitsgericht Baden-Württemberg v. 31.3.2005 – 13 Sa 4/05.
150 KG Berlin v. 28.8.2003 = KGR Berlin 2004, 91.
151 OLG Brandenburg MDR 2003, 1024.
152 OLG Hamm NJW 1992, 1174.
153 OLG Düsseldorf AnwBl 1993, 352.
154 Muster für die Anzeige gegenüber dem Gericht unter Rdn 227.

Dabei hat er zwei Möglichkeiten:
- Der Rechtsanwalt beauftragt einen Unterbevollmächtigten im Namen des Mandanten.[155]

Dies setzt zunächst voraus, dass der Rechtsanwalt aufgrund der Vollmacht befugt ist, einen Unterbevollmächtigten im Namen des Mandanten zu beauftragen.

Zwischen dem Unterbevollmächtigten und dem Mandanten kommt dann ein Anwaltsvertrag zustande. Der Unterbevollmächtigte erbringt anwaltliche Dienstleistung für den Mandanten, der Mandant ist zur Zahlung der Vergütung nach dem RVG gegenüber dem Unterbevollmächtigten verpflichtet. In Folge muss der Unterbevollmächtigte seine Vergütung gegenüber dem Mandanten berechnen. Der Rechtsanwalt, welcher als Hauptbevollmächtigter im Verfahren dann auch die Kostenfestsetzung für den Mandanten beantragt, muss darauf achten, dass der Unterbevollmächtigte die Vergütung gegenüber dem Mandanten berechnet hat und kann diese dann entsprechend festsetzen lassen. Die Kosten des Unterbevollmächtigten sind dabei regelmäßig nur dann erstattungsfähig, wenn durch dessen Tätigkeit erstattungsfähige Reisekosten des Hauptbevollmächtigten erspart werden, die ansonsten bei der Wahrnehmung des Termins durch den Hauptbevollmächtigten entstanden wären.[156]

134 *Hinweis*

Wenn zur Verteilung der angefallenen Gebühren der Hauptbevollmächtigte und Unterbevollmächtigte sog. Gebührenteilung vereinbaren, werden die Vergütungsansprüche eines Rechtsanwalts damit verkürzt, was entgegen § 49b Abs. 1 BRAO eine unzulässige Gebührenunterschreitung darstellt.[157]

135
- Der Rechtsanwalt beauftragt in seinem Namen einen Terminvertreter.

Der Terminvertreter wird hier nicht für den Mandanten in dessen Namen tätig, sondern für den Rechtsanwalt als dessen Erfüllungsgehilfe. Der Prozessbevollmächtigte erteilt dem Terminvertreter im eigenen Namen den Auftrag zur Terminwahrnehmung. Der Rechtsanwalt erteilt hierfür dem Terminvertreter eine darauf ausgerichtete Vollmacht.[158] Dies begründet kein Vertragsverhältnis zwischen der Partei und dem Terminvertreter.

Vergütungsansprüche nach dem RVG entstehen dadurch nicht. Die Pflicht zur Entschädigung des Terminvertreters richtet sich nach der internen Vereinbarung zwischen dem Terminvertreter und dem Prozessbevollmächtigten, der für die Ansprüche des Terminvertreters einzustehen hat.[159] In der Kostenfestsetzung ist die Vergütung des Terminvertreters dann erstattungsfähig, wenn durch den Terminvertreter erstattungsfähige Reisekosten des Hauptbevollmächtigten erspart wurden.[160]

---

155 Muster für eine Untervollmacht unter Rdn 225.
156 BGH v. 10.7.2012 – VIII ZB 106/11.
157 BGH v. 1.6.2006 – I ZR 268/06; *Benkelberg*, Terminsvertretung namens und im Auftrag des Hauptbevollmächtigten, aber Rechnung an den Auftraggeber?, AGS 2008, 209.
158 Muster für eine Terminsvollmacht unter Rdn 226.
159 BGH v. 1.6.2006 – I Z 268/03 = AnwBl 2006, 672 = NJW 2006, 3569.
160 BGH v. 26.2.2014 – XII ZB 499/11.

Hinweis 136

Der Rechtsanwalt haftet persönlich für die Kosten des Terminvertreters, wenn er bei der Beauftragung nicht darauf achtet, den Auftrag im Namen des Mandanten zu erteilen.

III. Die Haftung des Rechtsanwaltes und deren Beschränkung

Erfüllt der Rechtsanwalt den Anwaltsvertrag in Form des Geschäftsbesorgungsvertrages 137 nicht ordnungsgemäß, d.h. unterlaufen ihm schuldhaft Fehler in der Interessenwahrnehmung, so haftet er dem Mandanten auf Ersatz des aus seiner fehlerhaften Mandatsbearbeitung entstehenden Schadens nach §§ 280 ff. BGB.

Dieses Haftungsrisiko des Rechtsanwaltes ist erheblich. Die Rechtsprechung hat eine 138 Vielzahl von Pflichten als Teil der anwaltlichen Interessenwahrnehmung normiert, die sich als Haftungsrisiko darstellen.

Der Rechtsanwalt hat den Mandanten in seiner Rechtssache grundsätzlich umfassend und 139 möglichst erschöpfend rechtlich zu beraten. Insbesondere sind Zweifel und Bedenken, zu denen die Sach- oder Rechtslage Anlass gibt, sowie mögliche mit der Einleitung eines Rechtsstreits verbundene Risiken darzulegen. Erscheint eine beabsichtigte Klage oder eine beabsichtigte Rechtsverteidigung wenig aussichtsreich, so muss der Rechtsanwalt hierauf sowie auf die damit verbundenen Gefahren hinweisen.[161] Für den Anwalt ist wesentlich, dass er die Erfüllung seiner Pflichten in besonderer Weise dokumentiert. Dies gilt insbesondere dann, wenn der Mandant auf einem bestimmten Vorgehen entgegen dem anwaltlichen Rat besteht.

1. Besondere Anforderungen an die Fristenkontrolle

Besondere Sorgfaltspflichten obliegen dem Anwalt im Bereich der Fristenkontrolle, 140 einschließlich der Verjährungsfristen des materiellen Rechtes. Insbesondere hinsichtlich der Verjährungsfristen muss berücksichtigt werden, dass nach § 204 Abs. 1 BGB die Rechtsverfolgung die Verjährungsfrist lediglich hemmt, aber nicht unterbricht.

Wie der Rechtsanwalt seine Fristenkontrolle organisiert, bleibt allein ihm überlassen. 141 Mit der Fristeintragung und -überwachung darf er nur voll ausgebildetes, als zuverlässig erprobtes und sorgfältig überwachtes Personal betrauen.[162] Dazu wird er allgemeine Anweisungen zu erlassen haben, wie die Fristenkontrolle zu organisieren ist und welche Kontrollmechanismen zu implementieren sind. Wird der Rechtsanwalt diesen Anforderungen an die Organisation der Fristenkontrolle nicht gerecht, so wird ihm dies und über § 85 Abs. 2 ZPO dann auch seinem Mandanten als Verschulden zugerechnet.

---

[161] BGHZ 97, 372; BGH WM 1995, 398; BGH WM 1997, 1392, 1393; BGH NJW 1998, 900, 901; BGH WM 2003, 1628 = MDR 2003, 928 = NJW-RR 2003, 1212 = BRAK-Mitt 2003, 165.
[162] BGH v. 11.11.2015 – XII ZB 407/12 = WM 2016, 182.

142 Es würde den Rahmen dieses Werkes sprengen, alle Anforderungen an die Organisation der Fristenkontrolle referieren zu wollen.[163] Auf besondere Aspekte aus der aktuellen Rechtsprechung soll allerdings hingewiesen werden:[164]

- Der Rechtsanwalt kann die Berechnung und Notierung einfacher[165] und in seinem Büro geläufiger Fristen einer gut ausgebildeten, als zuverlässig erprobten und sorgfältig überwachten Angestellten überlassen.[166] Er muss aber durch geeignete organisatorische Maßnahmen sicherstellen, dass die Fristen zuverlässig festgehalten und kontrolliert werden; unverzichtbar sind insoweit eindeutige Anweisungen an das Büropersonal, die Festlegung klarer Zuständigkeiten und die mindestens stichprobenartige Kontrolle des Personals.[167] Nur wenn diese Voraussetzungen erfüllt sind, darf der Anwalt darauf vertrauen, dass das zuständige Büropersonal die ihm übertragenen Aufgaben des Fristenwesens ordnungsgemäß erfüllt. Im Allgemeinen kann der Rechtsanwalt aber darauf vertrauen, dass eine sonst zuverlässige Büroangestellte auch mündliche Weisungen richtig befolgt.[168]
- Der Rechtsanwalt hat den Fristenlauf nicht bei jeder Vorlage der Handakten, sondern nur, aber auch immer dann eigenverantwortlich zu überprüfen, wenn ihm die Handakten im Zusammenhang mit einer fristgebundenen Prozesshandlung vorgelegt werden oder wenn sie ihm selbst bis zum Fristablauf oder einem ihm nahen Zeitpunkt vorliegen.[169]
- Der Rechtsanwalt muss in der Regel die Einhaltung der Fristenüberwachung durch organisatorische Maßnahmen sicherstellen. Ob eine Einzelanweisung ausreichend ist, hängt vom Inhalt der Einzelanweisung ab.[170]
- Unentbehrliches Hilfsmittel für die Fixierung der Fristen sind in erster Linie der elektronische oder in Papierform geführte **Fristenkalender** sowie die Notierung der Fristen auf den Handakten des Anwalts.[171]
- Die Eintragung der Frist im Fristenkalender ist von der damit beauftragten Angestellten durch einen Erledigungsvermerk – zweckmäßigerweise mit Handzeichen und Datumsangabe – an der Fristennotierung auf den Handakten kenntlich zu machen.[172] Bei Erfassung im elektronischen Kalender müssen die eingegeben Einzelvorgänge über den Drucker oder durch Ausgabe eines Fehlerprotokolls ausgedruckt werden,

---

163 Vgl. hierzu ausführlich Kilian/vom Stein/*Rick*, Praxishandbuch für Anwaltskanzlei und Notariat, 2005, Teil 3, Kap. 10, § 29 Rn 399 ff.
164 Vgl. hierzu auch § 20 Rdn 1 ff. (Wiedereinsetzung in den vorigen Stand).
165 BGH v. 5.11.2003 – XII ZB 140/02 = NJW-RR 2004, 350: Komplizierte Fristenberechnungen muss der Rechtsanwalt selbst durchführen.
166 BGH v. 11.11.2015 – XII ZB 407/12 = WM 2016, 182, BGH MDR 2003, 710 = NJW 2003, 1815 = BGH-Report 2003, 697; BGH VersR 1983, 988; BGH NJW-RR 1998, 1526 m.w.N.
167 Vgl. dazu zuletzt BGH NJW 2003, 1815; BGH NJW-RR 2001, 1072 = MDR 2001, 779 = VersR 2001, 1133; BGH NJW 2001, 2975 = VersR 2002, 334 = MDR 2001, 1183 jeweils m.w.N.
168 BGH v. 11.11.2015 – XII ZB 407/12 = WM 2016, 182.
169 BGH NJW 1964, 106; BGH NJW-RR 1999, 429; BGH NJW 2003, 1815.
170 BGH v. 3.12.2015 – V ZB 72/15 = WM 2016, 874; BGH Beschluss v. 25.2.2016 – III ZB 42/15 = WM 2016, 563.
171 St.Rspr. seit BGH VersR 1960, 406; zuletzt BGH NJW 2001, 2975.
172 BGH VersR 1964, 269; NJW 1971, 2269 = VersR 1971, 1125; BGH BRAK-Mitt 1998, 269.

damit die Richtigkeit der Erfassung kontrolliert werden kann, andernfalls ist im Nichtausdruck ein Organisationsverschulden zu sehen.[173]
- Die Streichung einer Frist darf erst dann erfolgen, wenn sichergestellt ist, dass die Frist erledigt ist. Bei per Fax übermittelten fristgebundenen Schriftsätzen muss anhand des Sendeberichts und ggf. dem Akteninhalt geprüft werden, ob die Übermittlung vollständig und an den richtigen Empfänger erfolgt ist.[174] Dabei hat der Rechtsanwalt mit der ordnungsgemäßen Nutzung des Sendegeräts und der korrekten Eingabe der Empfängernummer das seinerseits Erforderliche getan.[175]
- Fristverlängerungen dürfen erst dann eingetragen werden, wenn der Antrag auf solche durch das Gericht bewilligt worden ist.[176] Ist durch organisatorische Maßnahmen nicht gewährleistet, dass bei fehlender Bewilligung vor Ablauf der Frist bei Gericht nachgefragt wird, ist dies ein Organisationsverschulden.
- Nur im unmittelbaren Zusammenhang und Zusammenwirken stellen diese Maßnahmen, ggf. in Zusammenschau mit weiteren Vorkehrungen, sicher, dass fristgebundene Prozesshandlungen rechtzeitig vom Anwalt vorgenommen werden und bei Gericht eingehen.
- Sämtliche organisatorischen Maßnahmen müssen überdies so beschaffen sein, dass auch bei unerwarteten Störungen des Geschäftsablaufs, etwa durch Überlastung oder Erkrankung der zuständigen Angestellten, Verzögerungen der anwaltlichen Bearbeitung oder ähnlichen Umständen, bei Anlegung eines äußersten Sorgfaltsmaßstabes die Einhaltung der anstehenden Frist – zumindest durch ein rechtzeitiges Fristverlängerungsgesuch – gewährleistet ist. Insbesondere muss sichergestellt sein, dass die zur wirksamen Fristenkontrolle erforderlichen Handlungen zum frühest möglichen Zeitpunkt, d.h. unverzüglich nach Eingang des betreffenden Schriftstücks, und im unmittelbaren zeitlichen Zusammenhang vorgenommen werden.[177] Bei dem Wechsel des mit der Fristenkontrolle betrauten Personals bedarf es besonderer Sorgfalt und Kontrolle durch den Rechtsanwalt.[178]
- Die Rechtsprechung verlangt, dass der Bevollmächtigte dafür sorgen muss, dass ein an eine Frist gebundener Schriftsatz rechtzeitig hergestellt wird und innerhalb der Frist bei Gericht eingeht. Im Rahmen der dafür erforderlichen Fristenkontrolle[179] muss der Rechtsanwalt durch organisatorische Maßnahmen auch gewährleisten, dass für den Postversand vorgesehene Schriftstücke zuverlässig auf den Postweg gebracht werden. Das ist im Allgemeinen dann gewährleistet, wenn durch die Kanzleiorganisation sichergestellt wird, dass der fristwahrende Schriftsatz in ein Postausgangsfach der Kanzlei als „letzte Station auf dem Weg zum Adressaten" eingelegt und von dort

---

173 BGH v. 17.4.2012 – VI ZB 55/11 = NJW-RR 2012, 1085 (in dem zugrundeliegenden Fall hatte die Mitarbeiterin im Anwaltsprogramm versehentlich „Abbrechen" statt „OK" geklickt, was zu einer Nichteintragung führte).
174 BGH v. 10.8.2016 – VII ZB 17/16 = BRAK-Mitt 2016, 280.
175 BGH v. 14.9.2017 – IX ZB 81/16 = FamRZ 2017, 1946.
176 BGH v. 18.1.2018 – V ZB 166/17.
177 BGH MDR 2003, 710.
178 BFH v. 13.1.2003 – X B 118/02.
179 Vgl. dazu BGH NJW 2001, 1577 = VersR 2002, 380.

unmittelbar zum Briefkasten gebracht wird. Einer zusätzlichen Ausgangskontrolle bedarf es dann nicht mehr. Der Bundesgerichtshof hat in diesem Zusammenhang die allgemeine Anweisung eines Rechtsanwalts, die in einem solchen Postausgangsfach liegende Post von Mitarbeitern zweimal täglich frankieren und (ohne weiteren Zwischenschritt) am selben Tag zum Briefkasten bringen zu lassen, als ausreichend angesehen.[180]

- Nach der Rechtsprechung des Bundesgerichtshofs[181] ist für den Fall, dass eine Partei durch mehrere Prozessbevollmächtigte vertreten wird, für den Beginn des Laufs der Berufungsfrist auf die zeitlich erste Zustellung an einen der beiden Prozessbevollmächtigten abzustellen. Gleiches gilt für den Lauf der Frist zur Einlegung der Nichtzulassungsbeschwerde, denn gem. § 84 ZPO sind mehrere Prozessbevollmächtigte berechtigt, sowohl gemeinschaftlich als auch einzeln die Partei zu vertreten. Eine ordnungsgemäße Fristenkontrolle ist daher nur gewährleistet, wenn Vorkehrungen getroffen werden, dass für die Fristberechnung im Hinblick auf den Lauf der Berufungsfrist beachtet wurde, an wen zuerst zugestellt wird. Denn nur dadurch kann der Fristbeginn zutreffend berechnet werden.[182]

143 Kommt der Rechtsanwalt seinen Pflichten zur ordnungsgemäßen Organisation der Fristenkontrolle nach und wird gleichwohl eine Frist versäumt, kann er unter den dortigen Voraussetzungen **Wiedereinsetzung in den vorigen Stand**[183] nach den §§ 233 ff. ZPO beantragen und so vermeiden, dass es zu Rechtsnachteilen für den Mandanten und damit zugleich auch zu einem Haftungsfall für ihn selbst kommt.

2. Die Beratungspflichten des Rechtsanwaltes

144 Der Rechtsanwalt muss den Mandanten über alle Möglichkeiten einer rechtlichen Aktion oder Reaktion im Hinblick auf das streitige Rechtsverhältnis beraten und dabei jeweils den Stand der Gesetzgebung und Rechtsprechung voll umfänglich berücksichtigen.

145 Der Anwaltsvertrag verpflichtet den Rechtsanwalt, die Interessen seines Mandanten in jeder Richtung umfassend wahrzunehmen und sich so zu verhalten, dass Schädigungen des Mandanten möglichst vermieden werden.[184] Diese Verpflichtung besteht allerdings grundsätzlich nur in den Grenzen des erteilten Mandats.[185] Der Rechtsanwalt muss aber vor Gefahren, die ihm bekannt oder für ihn offenkundig sind, den Mandanten auch bei einem eingeschränkten Mandat warnen,[186] wenn er Grund zu der Annahme hat, dass sich der Mandant der ihm drohenden Nachteile nicht bewusst ist. Der Rechtsanwalt

---

180 BGH NJW-RR 2003, 569 = BRAK-Mitt 2003, 61 = BGHR 2003, 405.
181 BGHZ 112, 345, 347; ebenso BVerwG NJW 1984, 2115; Zöller/*Stöber*, § 172 Rn 9 m.w.N.
182 BGH NJW 2003, 2100 = MDR 2003, 840 = JurBüro 2003, 376.
183 Hierzu § 20 Rdn 1 ff.
184 Zuletzt BGH v. 7.9.2017 – X ZR 71/16 = AnwBl 2017, 1233.
185 BGH NJW 1993, 2045; BGH NJW 1996, 2648, 2649; zur gleich gelagerten Steuerberaterhaftung auch BGHZ 128, 358, 361.
186 BGH NJW 1997, 2168, 2169 = MDR 1998, 1378.

muss den Mandanten auf bereits erkennbare Gefahren hinweisen, welche aus der Beendigung der anwaltlichen Tätigkeit drohen.[187]

Dies setzt zunächst voraus, dass der Rechtsanwalt seiner **Aufklärungspflicht** nachkommt und alle für die rechtliche Beurteilung des Lebenssachverhaltes wesentlichen Gesichtspunkte von dem Mandanten erfragt. Der Rechtsanwalt muss daher auch nahe liegende Problemfelder abfragen. Kommt der Mandant hier seiner Mitwirkungspflicht nicht nach, kann dies allerdings nicht zulasten des Rechtsanwaltes Berücksichtigung finden. 146

Den Rechtsanwalt trifft grundsätzlich eine Pflicht zur Ermittlung des Beratungsbedarfs. Soweit sich der Rechtsanwalt dabei der Hilfsmittel auf seiner Homepage bedient, setzt er sich Haftungsrisiken aus. Bietet er an „Ehescheidungen ohne Anwaltsbesuch durchzuführen" und stellt zur Erfassung des Sachverhalts lediglich ein Onlineformular ein, sieht das LG Berlin darin einen Verstoß gegen die Pflicht zur Ermittlung des Beratungsbedarfs.[188]

Aus der Aufklärungspflicht folgt dann die **Rechtsprüfungs- und Rechtsberatungspflicht**. Der Rechtsanwalt muss den geklärten Sach- und Streitstand unter Berücksichtigung von Darlegungs- und Beweislasten anhand der neusten Rechtsprechung und Literatur prüfen. Jeder Rechtsirrtum stellt dabei grundsätzlich einen Haftungsfall für den Rechtsanwalt dar. 147

Aus der Klärung des Sach- und Streitstandes und dem Ergebnis der Rechtsprüfung ergibt sich dann die Verpflichtung, den Mandanten über das **Prozess- und das Kostenrisiko** zu belehren. Die Beratung über das Kostenrisiko umfasst dabei auch die Beratung über die Möglichkeiten der Prozesskostenhilfe und taktische Möglichkeiten der Kostenreduzierung und -vermeidung. 148

In jeder Lage des Verfahrens hat der Rechtsanwalt den Mandanten über **Prozessrisiken** aufzuklären. Dabei muss der Rechtsanwalt die einmal vorgenommene Risikoanalyse stetig überprüfen. Die Rechtsprüfungs- und Rechtsberatungspflicht ist daher kein einmaliger Vorgang, sondern ein fortlaufender Prozess, der das gerichtliche Streitverfahren begleitet und in einer Wechselwirkung zum Verhalten und Vortrag des Gegners steht. 149

Die Prozessführung und die diesbezügliche Beratung haben sich dabei am **Grundsatz des sichersten Weges** zu orientieren, d.h. der Rechtsanwalt hat den Weg zu wählen, der den Mandanten am sichersten zur Realisierung seines Zieles führt. Insbesondere unter mehreren möglichen Vorgehensweisen ist diejenige zu wählen, die am sichersten zum gewünschten Ziel führt, unter den gleich sicheren Wegen ist der schnellste und kostengünstigste zu wählen. Der Mandant ist über die möglichen Risiken aufzuklären, damit er eine sachgerechte Entscheidung treffen kann. Zweifel und Bedenken müssen mit dem Mandanten erörtert werden.[189] Sind bei der Beratung Kenntnisse ausländischen Rechts 150

---

[187] OLG Frankfurt v. 6.2.2017 – 29 U 146/17 = NJW-RR 2017, 1338 zu drohender Verjährung.
[188] LG Berlin v. 5.6.2014 – 14 O 395/13 = AnwBl 2014, 1059.
[189] BGH v. 1.3.2007 – IX ZR 261/03 = NJW 2007, 1410.

anzuwenden, hat sich der Rechtsanwalt Kenntnisse von einschlägigen Gesetzen zu verschaffen und über den Stand der Rechtsprechung zu informieren.[190]

Der Rechtsanwalt hat sich bei der Auslegung der einschlägigen Rechtsnormen an der höchstrichterlichen Rechtsprechung zu orientieren. Den Rechtsanwalt trifft jedoch keine Beratungspflicht zu den wirtschaftlichen Fragen vor Abschluss eines Vergleichs.[191] Ist die Rechtsfrage noch nicht Gegenstand der höchstrichterlichen Rechtsprechung gewesen, handelt der Rechtsanwalt nicht schuldhaft, wenn er sich für einen von mehreren Lösungswegen entscheidet.[192]

Schlägt das Gericht einen Vergleich vor, ist dies bei der Beratung ein wichtiger Faktor.[193] Rät das Gericht zur Rücknahme des Rechtsmittels, muss der Rechtsanwalt seinen Mandanten erst über die gegen die Auffassung des Gerichts sprechenden tatsächlichen und rechtlichen Gesichtspunkte aufklären.[194]

151 Der Umfang der Beratungspflicht ist allerdings in jedem Einzelfall anhand des tatsächlich erteilten Auftrages und der zu entfaltenden Tätigkeit des Rechtsanwaltes zu messen.[195] Ist der Mandant selbst eine Rechtsanwaltsgesellschaft, führt dies nicht zu einer Haftungserleichterung, die Beratungspflichten sind gleich zu beurteilen wie gegenüber einem nichtanwaltlichen Mandanten.[196] Gerade deshalb ist es erforderlich, im Rahmen des Anwaltsvertrages den Auftrag sowohl positiv, d.h. in der Bestimmung, was getan werden soll, als auch negativ, d.h. unter Konkretisierung, welche Leistung gerade nicht geschuldet wird (etwa die Beratung über die steuerlichen Auswirkungen), zu formulieren.

Nicht zu vernachlässigen ist die Dokumentation darüber, dass der Rechtsanwalt den Mandanten umfassend beraten und aufgeklärt hat, damit der Rechtsanwalt im Streitfall die umfassende Beratung auch darlegen kann. Telefonische Erörterungen mit dem Mandanten sollten – wenn sie wesentlich für die Entscheidung im konkreten Fall sind – mit wesentlichem Inhalt und Ergebnis dem Mandanten schriftlich nochmals bestätigt werden.

152 Wie bei der Fristenkontrolle muss auch bei der Beratung eines Mandanten durch zwei Bevollmächtigte, etwa einen Prozess- und einen Verkehrsanwalt, eine besondere Sorgfalt an den Tag gelegt werden. Die Kontrolle der Tätigkeit des jeweils anderen Rechtsanwaltes ist Teil der dem Mandanten geschuldeten Interessenvertretung. Wird der Rechtsanwalt dem nicht gerecht, haftet er ggf. neben dem Rechtsanwalt, dem eine Pflichtverletzung vorzuwerfen ist.

Anders ist es, wenn der zweite Bevollmächtigte ein ausländischer Rechtsanwalt, welcher für die nach ausländischem Recht zu beurteilenden Sachverhalte beauftragt wird. Durch

---

190 OLG Koblenz v. 9.6.1989 – 2 U 1907/87 = NJW 1989, 2699.
191 BGH v. 19.7.2012 – IX ZR 178/11 = BRAK-Mitt 2012, 262.
192 BGH v. 17.3.2016 – IX ZR 142/14 = AnwBl 2016, 524.
193 OLG Düsseldorf v. 12.2.2015 – I-24 U 35/14 = AnwBl 2016, 603.
194 BGH v. 11.4.2013 – IX ZR 94/10 = AnwBl 2013, 553.
195 BGH NJW 2003, 1146.
196 BGH v. 10.5.2012 – IX ZR 125/10 = NJW 2012, 2435.

die Beauftragung des ausländischen Rechtsanwalts wird klar, dass der deutsche Rechtsanwalt die Anwendung ausländischen Rechts gerade ausschließen will. Er braucht sich die ausländischen Rechtskenntnisse nicht zu verschaffen, um die Tätigkeit des anderen Rechtsanwalts zu kontrollieren.[197] Es empfiehlt sich dennoch auch hier im Anwaltsvertrag zu regeln, dass die Beratungsleistung auf die Anwendung deutschen Rechts beschränkt ist.

Zu den Pflichten des Rechtsanwalts gehört es auch, vorhersehbaren Fehlern des Gerichts entgegenzuwirken. Hieraus folgt bei Auftreten neuer rechtlicher Aspekte in der Berufungsinstanz die Pflicht des Rechtsanwalts, die Rechtslage zu prüfen und gegenüber dem Gericht darauf hinzuwirken, dass die sich hieraus ergebenden Rechtsfolgen umfassend berücksichtigt werden.[198]

> *Beispiel* 153
>
> Nach dem OLG Frankfurt/M.[199] ist auch der Prozessanwalt für den Inhalt einer vom Verkehrsanwalt des Mandanten entworfenen Berufungsbegründungsschrift voll verantwortlich.
>
> Er hat die Berufungsbegründung daraufhin zu überprüfen, ob sie die Anforderungen von § 520 ZPO, insbesondere diejenigen von Abs. 3 S. 2 Nr. 2–4 erfüllt. Der Prozessanwalt hat außerdem zu prüfen, ob die Begründung materiell-rechtlich schlüssig und den Erfolg der Berufung herbeizuführen geeignet ist. Gewinnt er den sicheren Eindruck, dass diese Voraussetzungen nicht gegeben sind und dass es auch nicht gelingen wird, diese innerhalb der Begründungsfrist herbeizuführen, hat er dem Mandanten die Rücknahme der Berufung anzuraten. Anderenfalls haftet auch er dem Mandanten für den entstandenen Schaden.

3. Zwei Möglichkeiten der Haftungsbeschränkung

Um seine Haftungsrisiken abzudecken, hat der Rechtsanwalt grundsätzlich zwei Möglichkeiten: 154

Einerseits kann und muss der Rechtsanwalt nach § 51 BRAO eine **Berufshaftpflichtversicherung** zur Deckung der sich aus seiner Berufstätigkeit ergebenden Haftpflichtgefahren unterhalten. Die Haftpflichtversicherung muss sich dabei auf diejenigen Vermögensschäden erstrecken, für die der Rechtsanwalt nach §§ 278 oder 831 BGB einzustehen hat. Für Partnerschaften mit beschränkter Berufshaftung enthält § 51a BRAO weitere Regelungen. Die Verpflichtung zum Abschluss einer Berufshaftpflichtversicherung besteht auch dann, wenn der Rechtsanwalt von seiner Kanzleipflicht im Inland befreit ist und nur im Ausland seine Kanzlei betreibt.[200] 155

---

197 OLG München v. 1.4.2016 – 15 U 3704/15 = BRAK-Mitt 2016, 122.
198 Hanseatisches OLG v. 11.7.2014 – 8 U 74/13 = AnwBl 2014, 962.
199 OLG Frankfurt/M. NJW 2003, 709.
200 BGH v. 10.5.2010 – AnwZ (B) 30/09 = BRAK-Mitt 2010, 213.

156 Nach § 51 Abs. 4 BRAO beträgt die Mindestversicherungssumme 250.000 EUR für jeden einzelnen Versicherungsfall, wobei die Versicherungssumme für ein Jahr auf das Vierfache dieser Mindestversicherungssumme, d.h. auf 1 Mio. EUR, begrenzt werden kann.

Die Nichtunterhaltung einer Versicherung führt regelmäßig zum Widerruf der Zulassung.[201]

Der Rechtsanwalt hat den Mandanten vor Abschluss des Anwaltsvertrages auf Angaben zur Haftpflichtversicherung, den Namen und Anschrift sowie räumlichen Geltungsbereich zu informieren, § 2 Abs. 1 Nr. 11 DL-InfoV. Diese Information kann z.B. entweder auf der Internetseite oder vor Mandatsentgegennahme gesondert dem Mandanten zur Verfügung gestellt werden. Unabhängig hiervon hat die Rechtsanwaltskammer einem Dritten zur Geltendmachung von Schadenersatzansprüchen Namen und Adresse sowie Versicherungsnummer der Berufshaftpflichtversicherung zu nennen, soweit der Rechtsanwalt kein schutzwürdiges Interesse an der Nichtbeauskunftung hat, § 51 Abs. 6 S. 2 BRAO.[202]

157 Selbstverständlich bieten die Berufshaftpflichtversicherer auch die Versicherung höherer Risiken an.

158 *Tipp*

> Der Rechtsanwalt muss darauf achten, dass er bei der zu treffenden Bemessung der Haftpflichtversicherungssumme nicht nur den möglichen Streitwert von übernommenen Mandaten bedenkt, sondern darüber hinaus erfasst, dass die Vermögensschäden durch eine fehlerhafte Beratung oder Interessenvertretung in der Sache weitaus höher liegen können. Soweit ein einzelnes Mandat besondere Risiken birgt und der Rechtsanwalt sich hiergegen besonders versichert, kann die Übertragung der Kostenlast für die Zusatzversicherung auf den Mandanten durchaus im Rahmen einer Honorarvereinbarung erfolgen.

159 Ungeachtet dieser Versicherung gegen Haftungsfälle hat der Rechtsanwalt **andererseits** nach § 52 BRAO auch die Möglichkeit, seine **Haftung gegenüber dem Mandanten** aus dem bestehenden Anwaltsvertrag zu **beschränken**, soweit der Schaden allein auf einer fahrlässigen Verursachung durch den Rechtsanwalt beruht.

160 Nach § 52 Abs. 1 Nr. 1 BRAO kann die Haftung im Einzelfall durch eine schriftliche Vereinbarung bis zur Höhe der Mindestversicherungssumme d.h. bis zu 250.000 EUR beschränkt werden.[203]

161 Das Schriftformerfordernis bedeutet, dass die Vertragsurkunde sowohl durch den Rechtsanwalt als auch durch seinen Mandanten zu unterzeichnen ist, wenn nicht die elektronische Form nach § 126 Abs. 3 i.V.m. § 126a ZPO gewählt wird.

---

[201] AnwGH Berlin v. 2.12.2015 – I AGH 16/15 = BRAK-Mitt 2016, 74.
[202] BGH v. 22.10.2012 – AnwZ (Brfg) 60/11 = BRAK-Mitt 2013, 39.
[203] Muster einer Individualvereinbarung über eine Haftungsbeschränkung nach § 51a Abs. 1 BRAO unter Rdn 228.

Die Haftungsbeschränkung nach § 52 Abs. 1 Nr. 1 BRAO als Individualvereinbarung darf sich dabei auf alle Formen der Fahrlässigkeit, d.h. auch auf Schäden, die durch ein grob fahrlässiges Verhalten des Rechtsanwaltes entstanden sind, beziehen.

162

Eine wirksame Vereinbarung im Einzelfall liegt allerdings nur vor, wenn diese individuell getroffen wird, d.h. die Haftungsbeschränkung im Einzelnen besprochen wurde und das Verhandlungsergebnis im Hinblick auf die Frage, ob und in welcher Weise die Haftung begrenzt wird, ernsthaft zur Disposition steht.

163

Verwendet der Rechtsanwalt vorformulierte Vertragsbedingungen[204] für die Haftungsbeschränkungen, so kann er seine Haftung nur für die Fälle einfacher Fahrlässigkeit beschränken. Darüber hinaus kann die Beschränkung nur auf den vierfachen Betrag der Mindestversicherungssumme, d.h. auf 1 Mio. EUR erfolgen.

164

> *Tipp*
>
> Da der Rechtsanwalt eine Vielzahl von Mandaten betreut, besteht die Gefahr, dass er trotz des Willens, eine individuelle Haftungsbeschränkung zu vereinbaren, immer wieder auf ein und denselben Text zurückgreift. Auch besteht die Gefahr, dass er bestimmte Fälle nur unter der Voraussetzung der Vereinbarung einer Haftungsbeschränkung übernimmt, d.h. diese gerade nicht mehr ernsthaft zur Disposition stellt. In diesem Fall wird es sich um eine vorformulierte Haftungsbeschränkung handeln, die den Bestimmungen des § 52 Abs. 1 Nr. 2 BRAO unterliegt. Aus diesem Grunde sollte der Rechtsanwalt bemüht sein, möglichst viele Einzelheiten des konkreten Auftragsverhältnisses in die Individualvereinbarung aufzunehmen.

165

> *Tipp*
>
> Der Rechtsanwalt muss insgesamt darauf achten, dass sein Versicherungsschutz einerseits und die vereinbarten Haftungsbeschränkungen andererseits keine Deckungslücke in seiner Haftung entstehen lassen, sodass kein persönliches Haftungsrisiko besteht.

166

Nach § 52 Abs. 2 BRAO haften die Mitglieder einer Anwaltssozietät aus dem zwischen ihr und einem Mandanten geschlossenen Anwaltsvertrag als Gesamtschuldner. Allerdings kann nach § 52 Abs. 2 S. 2 BRAO die persönliche Haftung auf Schadensersatz auf einzelne Mitglieder einer Sozietät, die das Mandat im Rahmen ihrer eigenen beruflichen Befugnis bearbeiten und namentlich bezeichnet sind, beschränkt werden.[205] Auch hier ist nach § 52 Abs. 2 S. 3 BRAO eine schriftliche Zustimmungserklärung erforderlich, die keine anderen Erklärungen enthalten darf und von den Mandanten unterschrieben sein muss. Bei besonders lukrativen, zugleich aber auch haftungsträchtigen Mandaten muss dies zwischen den Mitgliedern einer Sozietät besprochen werden, wenn allein der bearbeitende Rechtsanwalt von dem Mandat wirtschaftlich profitiert.

167

---

204 Muster einer Haftungsbeschränkung in vorformulierten Vertragsbedingungen unter Rdn 229.
205 Muster einer Haftungsbeschränkung auf einzelne Mitglieder einer Sozietät unter Rdn 230.

§ 2 Das Mandatsverhältnis und die Vorbereitung des Zivilprozesses

168 Die Möglichkeit der Haftungsbeschränkung nach § 52 BRAO besteht nach § 59m Abs. 2 BRAO auch für die Rechtsanwaltsgesellschaften nach §§ 59c ff. BRAO, wobei zu beachten ist, dass nach § 59j Abs. 2 BRAO die Mindestversicherungssumme für jeden Versicherungsfall 2,5 Mio. EUR beträgt.

Bei Partnerschaften mit beschränkter Berufshaftung beträgt die Mindestversicherungssumme nach § 51a Abs. 2 BRAO ebenfalls 2,5 Mio. EUR für jeden Versicherungsfall. Die Versicherungsleistung kann für alle innerhalb eines Versicherungsjahres verursachten Schäden auf den Betrag der Mindestversicherungssumme vervielfacht mit der Anzahl der Partner, jedoch mindestens dem Vierfachen der Mindestversicherungssumme, begrenzt werden.

IV. Die Niederlegung des Mandates

169 Regelmäßig handelt es sich bei dem Anwaltsvertrag um einen Geschäftsbesorgungsvertrag mit Dienstleistungscharakter, welcher nach §§ 675, 627 Abs. 1 BGB jederzeit gekündigt werden kann. Eines wichtigen Grundes bedarf es dafür grundsätzlich nicht. Gleiches gilt – da der Anwaltsvertrag aufgrund einer gegenseitigen Vertrauensstellung begründet wird – für Anwaltsverträge mit werkvertraglichem Charakter.

170 *Hinweis*

Wurde der Rechtsanwalt allerdings durch einen gerichtlichen Beschluss dem Mandanten beigeordnet, so kann er lediglich beantragen,[206] dass seine einmal erfolgte Beiordnung aufgehoben wird, wenn hierfür wichtige Gründe vorliegen.[207]

171 Allerdings darf die **Kündigung** dabei in Anwendung von § 627 Abs. 2 S. 1 BGB nicht zur Unzeit erfolgen, d.h. nicht zu einem Zeitpunkt, in dem es dem bisherigen Mandanten nicht mehr möglich ist, sich anderweitig anwaltlicher Hilfe zu bedienen. § 627 Abs. 2 S. 1 BGB findet Anwendung, weil § 675 Abs. 1 BGB nicht auf § 671 BGB verweist. Zur Unzeit darf danach nur aus wichtigem Grunde gekündigt werden.

172 *Hinweis*

Kündigt der Rechtsanwalt ohne wichtigen Grund zur Unzeit, so hat er dem Mandanten den daraus entstehenden Schaden nach § 627 Abs. 2 S. 2 BGB zu ersetzen.

173 Als wichtiger Grund für eine Kündigung des Anwaltsvertrages kommen vielfältige Möglichkeiten in Betracht. Ein wesentlicher Grund für die Mandatsniederlegung kann zunächst die unterlassene Zahlung eines angeforderten Vorschusses nach § 9 RVG sein. Auch wenn der Rechtsanwalt mehrfach Zahlungsfrist gesetzt und Mandatsniederlegung angedroht und unter Hinweis auf die anwaltliche Sorgepflicht dem Mandanten mitgeteilt hat, der Mandant möge sich um anderweitige anwaltliche Vertretung kümmern, erfolgt die darauffolgende Mandatsniederlegung nicht zur Unzeit.[208]

---

206 Muster eines Antrages auf Aufhebung der Beiordnung unter Rdn 212.
207 Hierzu oben Rdn 19 ff.
208 OLG Nürnberg v. 10.2.2016 – 11 U 1636/15 = FF 2016, 412.

174 Daneben kommt einer deutlich gestörten Vertrauensbeziehung zwischen dem Rechtsanwalt und dem Mandanten besondere Bedeutung zu. Dies ist insbesondere der Fall, wenn der Mandant dem Rechtsanwalt unbegründet vorwirft, er nehme seine Interessen nicht hinreichend wahr und berate ihn fehlerhaft. Dies gilt insbesondere dann, wenn solche Vorwürfe mit der Androhung unbegründeter Regressforderungen einhergehen.

175 Das Vertrauensverhältnis ist auch dann in einer die Kündigung aus wichtigem Grund rechtfertigenden Art und Weise gestört, wenn der Mandant einen anderen Rechtsanwalt beauftragt, ohne zuvor das Mandatsverhältnis beendet zu haben.

176 Eine Mandatskündigung aus wichtigem Grund kommt ebenfalls in Betracht, wenn der Mandant den Rechtsanwalt bewusst fehlerhaft und unvollständig informiert und diesem damit die Möglichkeit nimmt, sich entsprechend seiner Stellung als selbstständiges Organ der Rechtspflege zu verhalten.

> *Hinweis* **177**
> Droht der Rechtsanwalt bei Vorliegen eines wichtigen Grundes zur Unzeit mit der Mandatsniederlegung, kann diese Drohung nicht gerechtfertigt bzw. rechtswidrig sein. Ob eine Drohung mit einer Mandatsniederlegung gerechtfertigt ist, hängt von dem Verhältnis zwischen dem verfolgten Zweck und den dazu eingesetzten Mitteln ab.[209] Ungerechtfertigt in diesem Sinne ist es, wenn der Rechtsanwalt kurz vor dem Verhandlungstermin einen an sich berechtigten Haftungsausschluss erreichen möchte oder einen berechtigten Vergütungswunsch durchsetzen will. Hierin kann eine rechtswidrige oder arglistige Drohung gesehen werden. Daran fehlt es nur dann, wenn dies den Mandanten nicht unvorbereitet trifft, z.B. weil die Honorarvereinbarung einige Zeit vorher angekündigt worden war.[210]

178 Die Niederlegung des Mandates als Kündigung des Anwaltsvertrages ist gegenüber dem Mandanten zu erklären.[211]

179 Das Kündigungsschreiben soll den wichtigen Grund dokumentieren. Dies gilt insbesondere, wenn nicht ausgeschlossen werden kann, dass eine Kündigung zur Unzeit vorliegt, d.h. wenn die Schadensersatzpflicht des § 627 Abs. 2 S. 2 BGB ausgeschlossen werden muss. Der Rechtsanwalt trägt die Darlegungs- und Beweislast für das Vorliegen der Tatsachen, welche den wichtigen Grund gemäß § 627 Abs. 2 BGB begründen sollen.

180 Der Rechtsanwalt muss dafür Sorge tragen, dass den Mandanten das Kündigungsschreiben tatsächlich erreicht. Hierzu kann er auf vielfältige Möglichkeiten wie die förmliche Zustellung, die Übermittlung durch einen Boten oder per Telefax zurückgreifen. Einer besonderen Rücksichtnahme auf das Mandatsverhältnis wie noch bei dessen Begründung bedarf es nun nicht mehr.

---

209 BGH v. 4.7.2002 – IX ZR 153/01 = NJW 2002, 909.
210 BGH v. 7.2.2013 – IX ZR 138/11 = NJW 2013, 1591.
211 Muster einer Mandatsniederlegung gegenüber dem Mandanten unter Rdn 231.

181 Betrifft die Mandatsniederlegung einen anhängigen Rechtsstreit, so ist sie auch gegenüber dem Prozessgericht anzuzeigen.[212]

182 Handelt es sich bei dem anhängigen Rechtsstreit nicht um einen solchen, der nach § 78 ZPO dem Anwaltszwang unterliegt, führt die Mandatsniederlegung dazu, dass das Gericht den Schriftverkehr nunmehr unmittelbar mit dem bisherigen Mandanten führt und an diesen alle notwendigen Zustellungen zu veranlassen hat.

183 *Tipp*

Beachtet das Gericht die Niederlegung des Mandates in dieser Weise nicht, so sollte das Gericht hierauf ausdrücklich hingewiesen werden. Zur Wahrung aller nachvertraglichen Pflichten muss der Anwalt gleichwohl das übersandte oder zugestellte Schriftstück an den bisherigen Mandanten weiterleiten. Hierbei sollte der Hinweis erfolgen, dass damit keine erneute Mandatsaufnahme verbunden ist.[213]

184 Anders verhält sich die Situation allerdings, wenn die Mandatsniederlegung in einem anhängigen Rechtsstreit erfolgt, der dem Anwaltszwang nach § 78 Abs. 1 ZPO unterliegt. In der Praxis wird in diesem Fall vielfach die Regelung des § 87 Abs. 1 ZPO unbeachtet gelassen. Danach entfaltet die Mandatsniederlegung in Anwaltsprozessen erst durch die Anzeige der Bestellung eines anderen Anwaltes rechtliche Wirksamkeit.[214] Dies bedeutet, dass trotz der Niederlegung des Mandates die Übersendung von Schriftsätzen und die Veranlassung von förmlichen Zustellungen weiterhin an den Rechtsanwalt zu erfolgen haben, der sein Mandat niedergelegt hat. Dieser muss die Schriftstücke sodann ohne schuldhaftes Zögern unmittelbar dem bisherigen Mandanten übersenden. Auch hier ist der Hinweis sinnvoll, dass mit der Übersendung dieser Schriftstücke keine erneute Aufnahme des Mandatsverhältnisses verbunden ist.

185 Dies bedeutet allerdings nicht, dass der Rechtsanwalt im Verfahren auch tätig werden muss.

186 *Beispiel*

Legt der Rechtsanwalt in einem Prozess vor dem Landgericht sein Mandat nieder, muss er dies gegenüber dem Mandanten und dem Gericht anzeigen. Erhält er dann von dem Gericht nach § 87 Abs. 1 ZPO eine Ladung zur mündlichen Verhandlung, weil sich noch kein neuer Rechtsanwalt für den bisherigen Mandanten bestellt hat, so muss er diese Ladung lediglich an den Mandanten weiterleiten und diesen darauf hinweisen, dass dieser sich vor dem Landgericht nach § 78 ZPO nicht selbst vertreten kann und für den Fall, dass er nicht durch einen anderen bereiten Kollegen vertreten wird, Versäumnisurteil ergehen kann, selbst wenn er persönlich am Termin zur münd-

---

[212] Muster der Anzeige einer Mandatsniederlegung gegenüber dem Gericht unter Rdn 232.
[213] Muster einer Weiterleitung von trotz der Mandatsniederlegung zugestellten Schriftstücken an den früheren Mandanten unter Rdn 234.
[214] Muster einer Anzeige der Mandatsaufnahme durch einen neuen Rechtsanwalt unter Rdn 235; BGH v. 11.7.2017 – IV ZR 391/16.

lichen Verhandlung teilnimmt. Keinesfalls muss der Rechtsanwalt jetzt selbst diesen Termin wahrnehmen.

Hinweis 187
Eine Prozessvollmacht endet nicht von selbst und endet auch nicht ohne Weiteres durch die Bestellung eines – aus Sicht des Gerichts – weiteren Prozessbevollmächtigten. Kündigt deshalb der Mandant den Anwaltsvertrag und beauftragt einen neuen Rechtsanwalt, muss er als Vollmachtgeber das Gericht hiervon informieren. Bis dahin kann wirksam auch an den ersten Bevollmächtigten zugestellt werden.[215]

Auch der Gegner muss die Mandatsniederlegung so lange nicht berücksichtigen, wie ihm diese mit der Anzeige des Erlöschens der Vollmacht nicht angezeigt wurde. Auch insoweit sollte also dem Gegner in einem anhängigen Rechtsstreit ausdrücklich angezeigt werden, dass das Mandat niedergelegt und die Vollmacht erloschen ist.[216] 188

Tipp 189
Versäumt der bisherige Anwalt es, den bisherigen Mandanten über eingehende Schreiben, Ladungen oder Zustellungen zu unterrichten, und wird aus diesem Grunde eine Notfrist oder eine gesetzliche Frist, die die Wiedereinsetzung in den vorigen Stand nach §§ 233 ff. ZPO ermöglicht, versäumt, so kann der bisherige Mandant diese Wiedereinsetzung in den vorigen Stand beantragen. Durch die Mandatsniederlegung und das Erlöschen der Vollmacht findet § 85 Abs. 2 ZPO keine Anwendung mehr, da der bisherige Rechtsanwalt nicht mehr der Bevollmächtigte des Mandanten, sondern im Verhältnis zu diesem nunmehr Dritter ist. Dies wird ein neuer zu beauftragender Bevollmächtigter zu berücksichtigen haben. Ob und inwieweit Notfristen oder die Wiedereinsetzung in den vorigen Stand rechtfertigende gesetzliche Fristen in Gang gesetzt wurden, wird der neue Bevollmächtigte durch Einsichtnahme in die Gerichtsakte nach Anzeige der Mandatsübernahme zu kontrollieren haben.[217] Unterlässt er dies, so kann hierin ein schuldhaftes Verhalten des neuen Bevollmächtigten gesehen werden.

Mit der Mandatsniederlegung ist der bisherige Mandant darüber zu belehren, welche Fristen er aus dem der Auftragserteilung zugrunde liegenden Rechtsverhältnis zu beachten hat. 190

Dabei ist insbesondere auf vertragliche oder gesetzliche Ausschlussfristen, auf Verjährungsfristen sowie auf gesetzliche oder durch Anordnung des Gerichts gesetzte Fristen in einem laufenden Prozessverfahren hinzuweisen. 191

Für den neuen Bevollmächtigten ist es zweckmäßig, den bisherigen Bevollmächtigten um die Überlassung von dessen Handakte zu bitten.[218] Allerdings steht dem bisherigen 192

---

215 OLG Zweibrücken OLGR 2002, 416 m. Anm. *Chab*, BRAK-Mitt 2002, 214.
216 Muster der Anzeige einer Mandatsniederlegung gegenüber dem Prozessgegner unter Rdn 233.
217 Muster eines entsprechenden Akteneinsichtsgesuchs unter Rdn 235.
218 Muster eines Ersuchens an den bisherigen Bevollmächtigten zur Überlassung der Handakte unter Rdn 236.

Bevollmächtigten nach § 50 Abs. 3 BRAO ein Zurückbehaltungsrecht an den Handakten bis zum vollständigen Ausgleich seiner Auslagen und Gebühren zu, es sei denn, die Ausübung des Zurückbehaltungsrechtes wäre im Einzelfall unangemessen. Das Zurückbehaltungsrecht bezieht sich allerdings nur auf Honoraransprüche aus der konkreten Angelegenheit und umfasst nicht bei den Handakten befindliche Geschäftspapiere.[219] Allerdings kann sich ein weitergehendes Zurückbehaltungsrecht aus § 273 BGB ergeben, wobei auch hier die Einschränkung gilt, dass die Zurückbehaltung nicht unangemessen sein darf.

193 Unangemessen ist die Zurückbehaltung, wenn dem Mandanten hierdurch ein nachhaltiger Rechtsverlust droht, etwa ein sonst nicht durchsetzbares Recht verjährt oder die verweigerte Herausgabe von Inhaberpapieren den Mandanten in eine existenzielle Notlage stürzt.

194 Hat der Rechtsanwalt das Mandat gekündigt und endet damit das Vertragsverhältnis, bevor der Auftrag endgültig erledigt war, so hat dies nach § 15 Abs. 4 RVG keine Auswirkungen auf bereits entstandene Gebühren.

Der Rechtsanwalt behält auch grundsätzlich seinen entstandenen Vergütungsanspruch, § 628 Abs. 1 S. 1 BGB.

Ist der Rechtsanwalt der Auffassung, dass ein Rechtsmittel keine Erfolgsaussicht hat, besteht der Mandanten auf der Einlegung des Rechtsmittels trotz Hinweises auf die Erfolglosigkeit und kündigt der Rechtsanwalt deswegen, steht dem Rechtsanwalt die Vergütung davon unberührt zu.[220] Gleiches gilt, wenn der Mandant – ohne Absprache mit dem Rechtsanwalt – einen weiteren Rechtsanwalt hinzuzieht und dieser mit dem zuständigen Richter Kontakt aufgenommen hat.[221]

Kündigt der Rechtsanwalt, ohne durch vertragswidriges Verhalten des Mandanten dadurch veranlasst worden zu sein, oder veranlasst er durch sein vertragswidriges Verhalten die Kündigung des Mandanten, steht ihm der Vergütungsanspruch insoweit nicht zu, als dass die bisherigen Leistungen des Rechtsanwalts für den Mandanten in Folge der Kündigung ohne Interesse sind, § 628 Abs. 1 S. 2 1. und 2. Alt. BGB. Ein Vergütungsanspruch nach § 628 Abs. 2 1. Alt. BGB steht dem Rechtsanwalt dann nicht zu, insoweit der Mandant einen anderen Prozessbevollmächtigten neu bestellen muss, mit dessen Vergütung auch die Tätigkeit des kündigenden Anwalts abgegolten wäre.[222]

Ein vertragswidriges Verhalten des Mandanten kommt nur bei schwerwiegenden Pflichtverletzungen des Mandanten in Betracht. Dies ist nicht der Fall bei dem Vorwurf von Pflichtverletzungen gegenüber dem Rechtsanwalt oder wenn sich der Mandant über den

---

219 BGH MDR 1997, 1073 = VersR 1998, 851 = NJW 1997, 2944.
220 BGH v. 16.2.2017 – IX ZR 165/16 = ZInsO 2017, 1099; BGH Urt. v. 26.9.2013 – IX ZR 51/13 = NJW 2014, 317.
221 OLG Oldenburg v. 21.12.2016 – 2 U 85/16 = AA 2017, 94.
222 BGH v. 29.9.2011 – IX ZR 170/10 = WM 2011, 2110.

Rechtsanwalt bei dem Seniorpartner beschwert.[223] Wirft der Mandant über einen längeren Zeitraum dem Rechtsanwalt unbegründet systematische falsche Abrechnung und Abzocke vor, ist die Fortführung des Mandats für den Rechtsanwalt unzumutbar,[224] sodass der Vergütungsanspruch nicht gemindert ist.

Wurde eine **Pauschalgebühr** vereinbart, so ist diese anteilig zu kürzen.[225]

195

V. Der Kontakt des Rechtsanwaltes mit der Rechtsschutzversicherung

Die Rechtsschutzversicherung wird von vielen Mandanten als Versicherung gegen jedes Kostenrisiko gesehen. Über den Umfang des Versicherungsschutzes im Allgemeinen und Risikoausschlüsse im Besonderen herrscht häufig Unwissenheit.[226]

196

Es obliegt deshalb dem Rechtsanwalt, zunächst abzuklären, ob die Rechtsschutzversicherung des Mandanten im konkreten Fall eintrittspflichtig ist.

197

Da die Versicherungsbedingungen einem regelmäßigen Wandel unterliegen, muss jeweils geprüft werden, welche Bedingungen einschlägig sind. Dabei ist zu bedenken, dass es keine für alle verbindlich zu verwendenden Versicherungsbedingungen gibt. Die Versicherungsbedingungen beruhen in der Regel auf den Musterbedingungen, den „Allgemeinen Bedingungen für die Rechtsschutzversicherung", welche vom Gesamtverband der deutschen Versicherungswirtschaft e.V. zur Verfügung gestellt werden.[227]

Es ist genau zu klären, für welchen Lebensbereich Versicherungsschutz besteht. Oftmals wird nicht bedacht, dass nur Teilbereiche versichert sind und oft weiß der rechtsschutzversicherte Mandant selbst nicht, welche Bereiche er versichert hat. Der Rechtsanwalt sollte sich zu diesem Zwecke den Versicherungsvertrag und die diesbezüglichen Versicherungsbedingungen überreichen lassen.

Die Versicherungsbedingungen sind nach einem Bausteinprinzip aufgebaut und enthalten Klauseln für die einzelnen Vertragsarten Privat, Unternehmen, Verein, Landwirte, Beruf, Verkehr, Fahrzeug und Wohnen.

> *Hinweis*
> Auf jeden Fall benötigt der Rechtsanwalt Name und Anschrift des Versicherers, die Versicherungsnummer, Name und Anschrift des Versicherungsnehmers. Hilfreich ist es, sich den Versicherungsschein vorlegen zu lassen, um den Versicherungsumfang feststellen zu können.

198

---

223 OLG Karlsruhe v. 15.9.2009 – 4 U 192/07 = MDR 201, 415.
224 OLG München v. 10.12.2014 – 15 U 5006/12 Rae = AGS 2016, 214.
225 BGH NJW 1987, 315 = JurBüro 1987, 373 = MDR 1987, 297.
226 *Bauer*, Rechtsentwicklung bei den Allgemeinen Bedingungen für die Rechtsschutzversicherung bis Anfang 2009, NJW 2009, 1564.
227 www.gdv.de – ARB 2012 Stand Juni 2017.

199 *Tipp*

Der Rechtsanwalt muss mit seinem Mandanten auch unbedingt klären, ob seine Beauftragung nur für den Fall der Deckungszusage durch die Rechtsschutzversicherung erfolgen soll. Anderenfalls kann der Rechtsanwalt für die ohne uneingeschränkten Auftrag und ohne Deckungszusage veranlassten Kosten haftbar gemacht werden.[228]

200 Über die Ausschlusstatbestände in Ziffer 3.3 der ARB 2012 („Was ist nicht versichert?")[229] sollte der Rechtsanwalt allerdings orientiert sein, um dem Mandanten bereits bei Mandatsbeginn einen ersten Hinweis darauf geben zu können, welche Fälle voraussichtlich keinen Versicherungsschutz genießen.

Nach den ARB 2012 wird unterschieden nach zeitlichen (Ziffer 3.1) und inhaltlichen (Ziffer 3.2) Ausschlüssen.

Generell besteht während der Wartezeit der ersten drei Monate nach Vertragsschluss kein Versicherungsschutz, Ziffer 3.1.1 der ARB 2012. Es bestehen jedoch Ausnahmen in einigen Bereichen.

Inhaltliche Ausschlüsse sind – je nach versichertem Bereich – in Ziffer 3.2 der ARB 2012 genannt (Auszug):

Jede Interessenwahrnehmung in ursächlichem Zusammenhang mit
- Krieg, feindseligen Handlungen, Aufruhr, inneren Unruhen, Streik, Aussperrung oder Erdbeben,
- Nuklear- und genetischen Schäden, soweit diese nicht auf eine medizinische Behandlung zurückzuführen sind,
- Bergbauschäden an Grundstücken und Gebäuden,
- dem Kauf oder Verkauf eines Grundstücks, das bebaut werden soll,
- der Planung oder Errichtung eines Gebäudes oder Gebäudeteiles, das sich im Eigentum oder Besitz des Versicherungsnehmers befindet oder das dieser zu erwerben oder in Besitz zu nehmen beabsichtigt,
- der genehmigungspflichtigen baulichen Veränderung eines Grundstückes, Gebäudes oder Gebäudeteiles, das sich im Eigentum oder Besitz des Versicherungsnehmers befindet oder das dieser zu erwerben beabsichtigt,
- der Finanzierung eines der vorbezeichneten Vorhaben an einem Grundstück,
- der Abwehr von Schadenersatzansprüchen, es sei denn, dass diese auf einer Vertragsverletzung beruhen,
- kollektivem Arbeits- oder Dienstrecht,
- dem Recht der Handelsgesellschaften oder aus Anstellungsverhältnissen gesetzlicher Vertreter juristischer Personen,
- Patent-, Urheber-, Marken-, Domain-, Geschmacksmuster-, Gebrauchsmusterrechten oder sonstigen Rechten aus geistigem Eigentum,

---

228 OLG Nürnberg NJW-RR 1989, 1370 = zfs 1990, 43; OLG Düsseldorf MDR 1976, 315 = VersR 1975, 892.
229 ARB 2012 Stand 06/2017.

B. Rechtliche Grundlagen § 2

- dem Kartell- oder sonstigem Wettbewerbsrecht,
- Streitigkeiten in ursächlichem Zusammenhang mit dem Erwerb, der Veräußerung, der Verwaltung und der Finanzierung von Kapitalanlagen,
- Streitigkeiten in ursächlichem Zusammenhang mit der Vergabe von Darlehen, Spiel- oder Wettverträgen,
- dem Bereich des Familien-, Lebenspartnerschafts- und Erbrechtes, soweit nicht Beratungs-Rechtsschutz besteht,
- der steuerlichen Bewertung von Grundstücken, Gebäuden oder Gebäudeteilen sowie wegen Erschließungs- und sonstigen Anliegerabgaben, es sei denn, dass es sich um laufend erhobene Gebühren für die Grundstücksversorgung handelt,
- Verfahren vor Verfassungsgerichten,
- Verfahren vor internationalen oder supranationalen Gerichtshöfen, soweit es sich nicht um die Wahrnehmung rechtlicher Interessen von Bediensteten internationaler oder supranationaler Organisationen aus Arbeitsverhältnissen oder öffentlich-rechtlichen Dienstverhältnissen handelt,
- einem Insolvenzverfahren, das über das Vermögen des Versicherungsnehmers eröffnet wurde oder eröffnet werden soll,
- Enteignungs-, Planfeststellungs-, Flurbereinigungs- sowie im Baugesetzbuch geregelten Angelegenheiten,
- Ordnungswidrigkeiten- bzw. Verwaltungsverfahren wegen eines Halt- oder Parkverstoßes,
- Streitigkeiten zwischen den Versicherungsnehmern untereinander,
- Streitigkeiten sonstiger Lebenspartner untereinander, wenn diese Streitigkeiten in ursächlichem Zusammenhang mit der Partnerschaft stehen, auch nach Beendigung der Partnerschaft,
- Ansprüchen oder Verbindlichkeiten, die auf den Versicherungsnehmer übertragen oder übergegangen sind, nachdem ein Versicherungsfall eingetreten ist,
- der Geltendmachung von Ansprüchen eines anderen oder dem Einstehen für Verbindlichkeiten eines anderen,
- geplanten oder ausgeübten gewerblichen, freiberuflichen oder sonstigen selbstständigen Tätigkeiten, es sei denn, diese sind ausdrücklich mitversichert.

Der Rechtsanwalt muss beachten, dass er keinen eigenen Gebührenanspruch gegenüber der Rechtsschutzversicherung hat. Wird der Rechtsanwalt beauftragt, bei der Rechtsschutzversicherung bezüglich der Deckungszusage vorstellig zu werden, ist hierin allerdings zugleich das Einverständnis mit einer Auszahlung der dem Rechtsanwalt zustehenden Vergütung unmittelbar an diesen zu sehen.

Dabei zahlt die Rechtsschutzversicherung, soweit diese eintrittspflichtig ist, nach Ziffer 2.3.1.2 ARB 2012 nur die Vergütung eines einzigen Rechtsanwalts und maximal die Rechtsanwaltsgebühren in gesetzlicher Höhe. Schließt der Rechtsanwalt also eine Honorarvereinbarung mit dem Mandanten, muss er ihn sogleich darüber belehren, dass die

§ 2 Das Mandatsverhältnis und die Vorbereitung des Zivilprozesses

Differenz zwischen dem vereinbarten und dem gesetzlichen Honorar nach dem RVG auf jeden Fall von dem Mandanten selbst zu tragen ist.

203 Soll der Rechtsanwalt gegenüber dem Rechtsschutzversicherer des Mandanten den Kontakt führen, so hat er die Voraussetzungen für die Eintrittspflicht einschließlich des örtlichen Geltungsbereiches nach Ziffer 5 der ARB 2012 und den jeweiligen Umfang des Versicherungsschutzes nach Ziffer 2.3 der ARB 2012 zu prüfen.

204 Der Rechtsanwalt wird gegenüber der Rechtsschutzversicherung als Repräsentant des Versicherungsnehmers und Mandanten tätig und hat in dieser Rolle den Versicherer vollständig und wahrheitsgemäß über sämtliche Umstände des Rechtsschutzfalles zu unterrichten sowie Beweismittel anzugeben und Unterlagen auf Verlangen zur Verfügung zu stellen, Ziffer 4.1.1.2 der ARB 2012. Informiert der Rechtsanwalt die Rechtsschutzversicherung falsch, kann dies unter den Voraussetzungen des § 6 VVG nach Ziffer 4.1.5 ARB 2012 zum Verlust des Rechtsschutzes führen.

205 Der Rechtsschutzversicherer kann seine Eintrittspflicht nach Ziffer 3.4.1 der ARB 2012 ablehnen, wenn der durch die Wahrnehmung der rechtlichen Interessen voraussichtlich entstehende Kostenaufwand unter Berücksichtigung der berechtigten Belange der Versichertengemeinschaft in einem groben Missverhältnis zum angestrebten Erfolg steht oder wenn die Wahrnehmung der rechtlichen Interessen keine hinreichende Aussicht auf Erfolg hat.

206 Die Ablehnung ist dem Versicherungsnehmer bzw. dem beauftragten Rechtsanwalt gegenüber schriftlich anzuzeigen.

207 *Hinweis*

Der Rechtsanwalt muss beachten, dass die schriftliche Anzeige der Leistungsverweigerung nach Ziffer 3.4.1 der ARB 2012 zur Folge hat, dass der Versicherungsnehmer vom Versicherer die Einleitung eines Schiedsgutachterverfahrens nach Ziffer 3.4.2 der ARB 2012 verlangen kann. Hierbei zu beachten ist eine Monatsfrist.

208 Alternativ zum Schiedsgutachterverfahren kann der Versicherungsnehmer nach Ziffer 3.5.2 der ARB 2012 den Rechtsanwalt auf Kosten des Versicherers mit der Abgabe einer begründeten Stellungnahme zu den Verweigerungsgründen beauftragen. Die Entscheidung des Rechtsanwaltes ist dann für den Versicherungsnehmer und Mandanten ebenso wie für den Rechtsschutzversicherer bindend, wenn sie nicht erheblich von der wirklichen Sach- und Rechtslage abweicht.

209 *Hinweis*

Allein die Übersendung einer Klage- oder Rechtsmittelschrift stellt allerdings keine gutachterliche Stellungnahme dar.[230]

210 Der Versicherungsnehmer ist verpflichtet, den Versicherer binnen einer Frist von mindestens einem Monat vollständig und wahrheitsgemäß über die Sachlage zu unterrichten

---

230 LG Stuttgart VersR 1995, 1438.

und alle Beweismittel anzugeben, damit der Rechtsanwalt die Stellungnahme abgeben und der Versicherer diese überprüfen kann.

C. Muster

I. Muster: Mandatsbestätigung gegenüber dem Mandanten

▼

An ▓▓▓

Sehr geehrter Herr ▓▓▓,

Sehr geehrte Frau ▓▓▓,

bezugnehmend auf das am ▓▓▓ geführte Gespräch bestätige ich Ihnen, dass ich bereit bin, Ihre Interessen gegenüber ▓▓▓ zu vertreten. Die Vergütung meiner Tätigkeit richtet sich

☐ nach der gesetzlichen Vergütung, wie sie im Rechtsanwaltsvergütungsgesetz (RVG) geregelt ist.

☐ nach der gesonderten Honorarvereinbarung vom ▓▓▓, die Ihnen bereits vorliegt.

Nach Ihrer Mitteilung liegt dem Streitverhältnis folgender Sachverhalt zu Grunde, den ich zu Ihrer und meiner Sicherheit noch einmal wie folgt zusammenfasse: ▓▓▓

Bitte prüfen Sie den hier dargelegten und zu meinen Handakten erfassten Sachverhalt auf seine Vollständigkeit und Richtigkeit und teilen Sie gegebenenfalls notwendige weitere Informationen mit.

Als Beweismitteln hatten Sie als Zeugen ▓▓▓ genannt. Weiter verfügen Sie über schriftliche Unterlagen in Form von ▓▓▓.

Ich darf Sie bitten, die Namen und Anschriften der Zeugen noch einmal zu überprüfen und ggf. zu ergänzen. Weiterhin darf ich Sie bitten, die schriftlichen Unterlagen, soweit dies noch nicht geschehen ist, zu den hiesigen Handakten zu reichen. Dies vermeidet Nachteile, wenn die Benennung der Zeugen oder die Vorlage der Urkunden zu einem späteren Zeitpunkt unter gerichtlichen Fristsetzungen erfolgen muss.

Ausgehend von dem dargelegten Sachverhalt haben wir besprochen, dass Ihre Interessenvertretung dahingehen soll, dass ▓▓▓.

Ich hatte Sie darauf hingewiesen, dass insoweit das Risiko besteht, dass ▓▓▓.

Im Sinne dieser besprochenen Interessenwahrnehmung habe ich inzwischen ▓▓▓ veranlasst. Je nach Reaktion des Gegners wird das weitere Vorgehen erneut zu erörtern sein.

☐ In der Anlage überlasse ich eine Abschrift der von Ihnen unterzeichneten Vollmacht für Ihre Unterlagen.

☐ In der Anlage überlasse ich ▓▓▓ Vollmachtsformulare mit der Bitte, zwei im Original unterzeichnet an mich per Post zurückzusenden.

Damit ich sichergehen kann, dass alle meine Informationen in diesen zentralen Fragen Sie erreicht haben, bestätigen Sie bitte dies auf der beiliegenden Durchschrift und senden mir die Bestätigung mittels des ebenfalls beigefügten Freiumschlags zurück.

Mit freundlichen Grüßen

Rechtsanwalt

II. Muster: Antrag auf Aufhebung der Pflichtbeiordnung

An das

☐ Amtsgericht

☐ Landgericht

☐ Oberlandesgericht

in

In dem Rechtsstreit

Kläger ./. Beklagter
Az:

beantragt der Unterzeichner im eigenen Namen gemäß § 48 Abs. 2 ZPO, seine Beiordnung als   vom   nach

☐ § 121 ZPO

☐ § 4a Abs. 2 InsO

☐ § 11a ArbGG

☐ §§ 78b, 78c ZPO

☐ § 625 ZPO

aufzuheben.

Zur **Begründung** wird Folgendes vorgetragen:

Mit Beschluss des erkennenden Gerichts vom   wurde der Unterzeichner dem   gemäß §   beigeordnet, sodass nach § 48 Abs. 1 ZPO die Verpflichtung zur Vertretung der Partei im Verfahren bzw. zur Beistandschaft besteht.

Die Beiordnung ist jedoch aufzuheben, da hierfür im Sinne von § 48 Abs. 2 BRAO ein wichtiger Grund vorliegt.

Der Unterzeichner ist an der Vertretung des   gehindert, weil

☐ ein Vertretungshindernis nach §§ 45 bis 47 BRAO vorliegt, nämlich   .

☐ aufgrund eines sachlich nicht gerechtfertigten und mutwilligen Verhaltens des   weder dessen Beratung noch dessen Vertretung sachgerecht möglich ist. Dies ergibt sich im Einzelnen daraus, dass   .

Es wird um antragsgemäße Entscheidung gebeten.

Rechtsanwalt

III. Muster: Mandatsablehnung aufgrund widerstreitender Interessen

▼

An

Sehr geehrte Frau ,

Sehr geehrter Herr ,

ich nehme Bezug auf die am durchgeführte Besprechung.

Ich bedaure, Ihnen nunmehr mitteilen zu müssen, dass ich mich nicht in der Lage sehe, Ihre Interessen in der vorgetragenen Angelegenheit wahrzunehmen.

Die Überprüfung, inwieweit gesetzliche Hinderungsgründe einer Mandatsübernahme entgegenstehen, hat ergeben, dass ich aus berufsrechtlichen Gründen daran gehindert bin, den Auftrag zu übernehmen.

Ich darf Sie deshalb bitten, sich an einen anderen Kollegen oder eine andere Kollegin zu wenden. Hilfe bei der Suche eines geeigneten Rechtsanwaltes bietet Ihnen die Rechtsanwaltskammer Tel.: an.

Zur Vermeidung von Rechtsnachteilen darf ich Sie darauf hinweisen, dass Ihrerseits folgende Fristen zu überwachen sind:

In der Anlage darf ich Ihnen die mir überlassenen Unterlagen zurückreichen. Ich darf Sie bitten, den Erhalt der Unterlagen und meiner Mitteilung auf der Durchschrift dieses Schreibens zu bestätigen und mit dem in der Anlage ebenfalls beigefügten Freiumschlag zurückzusenden.

Ich schließe mit dem ehrlichen Bedauern, Ihre Interessen in dieser Angelegenheit nicht wahrnehmen zu dürfen. In anderweitigen Angelegenheiten stehe ich Ihnen künftig gerne wieder zur Verfügung.

Mit freundlichen Grüßen

Rechtsanwalt

▲

IV. Muster: Honorarvereinbarung – Vereinbarung eines höheren Streitwertes

▼

Honorarvereinbarung

Zwischen

– Rechtsanwalt und Auftragnehmer –

und

– Auftraggeber –

wird vereinbart, dass der Auftragnehmer für seine Tätigkeit als eine Vergütung nach dem Rechtsanwaltsvergütungsgesetz unter Zugrundelegung eines hiermit vereinbarten Streitwertes von erhält.

Sofern der gesetzliche oder durch eine gerichtliche Entscheidung festgesetzte Gegenstandswert den vereinbarten Streitwert übersteigt, sind die Gebühren aus dem gesetzlichen oder gerichtlich festgesetzten Streitwert zu berechnen.

Dem Auftraggeber ist bekannt, dass er im Fall des vollständigen Obsiegens auch für den Fall, dass der Gegner alle Kosten zu tragen hat, einen Erstattungsanspruch gegen den Gegner nur in Höhe der gesetzlichen Gebühren hat.

Ort, Datum und Unterschrift des Auftraggebers

Ort, Datum und Unterschrift des Auftragnehmers

V. Muster: Honorarvereinbarung – Pauschalvergütung

215

Honorarvereinbarung

Zwischen

– Rechtsanwalt und Auftragnehmer –

und

– Auftraggeber –

Der Auftragnehmer erhält für die vorbezeichnete Tätigkeit ein Pauschalhonorar in Höhe von   EUR.

Sofern die gesetzlichen Gebühren nach dem Rechtsanwaltsvergütungsgesetz das Pauschalhonorar übersteigen, sind sich die Parteien darüber einig, dass die gesetzlichen Gebühren nach dem Rechtsanwaltsvergütungsgesetz geschuldet sein sollen.

Neben dem Pauschalhonorar erhält der Auftragnehmer seine Auslagen nach Maßgabe des Rechtsanwaltsvergütungsgesetzes ersetzt.

Auf das Gesamthonorar ist die gesetzliche Mehrwertsteuer geschuldet.

Dem Auftraggeber ist bekannt, dass er im Fall des vollständigen Obsiegens auch für den Fall, dass der Gegner alle Kosten zu tragen hat, einen Erstattungsanspruch gegen den Gegner nur in Höhe der gesetzlichen Gebühren hat.

Ort, Datum und Unterschrift des Auftraggebers

Ort, Datum und Unterschrift des Auftragnehmers

VI. Muster: Honorarvereinbarung – Zeithonorar

▼

Honorarvereinbarung

Zwischen

▓▓▓▓

– Rechtsanwalt und Auftragnehmer –

und

▓▓▓▓

– Auftraggeber –

Der Auftragnehmer erhält für seine Tätigkeit als ▓▓▓▓ ein Zeithonorar in Höhe von ▓▓▓▓ EUR je Zeitstunde zzgl. der gesetzlichen Mehrwertsteuer und der gesetzlichen Auslagen nach dem Rechtsanwaltsvergütungsgesetz. Der Zeitaufwand wird in Einheiten zu ▓▓▓▓ Minuten abgerechnet.[231]

Der zeitliche Aufwand ist dergestalt zu dokumentieren, dass ▓▓▓▓.

Der Auftragnehmer ist berechtigt, seine Honoraransprüche in zweimonatlichem Rhythmus abzurechnen.

Sofern das nach der vorstehenden Vereinbarung geschuldete Honorar die gesetzlichen Gebühren nach dem Rechtsanwaltsvergütungsgesetz unterschreitet, sind die Parteien sich einig, dass die gesetzlichen Gebühren nebst Auslagen geschuldet sein sollen (§ 49b Abs. 1 BRAO).

Dem Auftraggeber ist bekannt, dass er gegenüber dem Gegner auch für den Fall des vollständigen Obsiegens und einer dementsprechenden Kostengrundentscheidung einen Erstattungsanspruch nur in Höhe der gesetzlichen Gebühren hat.

▓▓▓▓

Ort, Datum und Unterschrift des Auftraggebers

▓▓▓▓

Ort, Datum und Unterschrift des Auftragnehmers

▲

---

[231] Hier ist zu beachten, dass Abrechnungen in zu langen Zeitabständen (z.B. 15-Minuten-Takt) als unzulässig angesehen werden.

VII. Muster: Honorarvereinbarung – prozentualer Aufschlag auf die gesetzlichen Gebühren

217

Honorarvereinbarung

Zwischen

– Rechtsanwalt und Auftragnehmer –

und

– Auftraggeber –

Der Auftragnehmer erhält für seine Tätigkeit als ▓▓▓▓ die gesetzlichen Gebühren nach dem Rechtsanwaltsvergütungsgesetz nebst einem Aufschlag in Höhe von ▓▓▓▓ % sowie die gesetzlichen Auslagen nach dem Rechtsanwaltsvergütungsgesetz jeweils zzgl. der gesetzlichen Mehrwertsteuer.

Dem Auftraggeber ist bekannt, dass er für den Fall des vollständigen Obsiegens mit einer dementsprechenden Kostengrundentscheidung gegen den Gegner einen Erstattungsanspruch nur in Höhe der gesetzlichen Gebühren hat.

Ort, Datum und Unterschrift des Auftraggebers

Ort, Datum und Unterschrift des Auftragnehmers

VIII. Muster: Grundmuster einer allgemeinen Vollmacht

218

Vollmacht

Den Rechtsanwälten ▓▓▓▓ wird hiermit in Sachen

▓▓▓▓ ./. ▓▓▓▓

wegen ▓▓▓▓ uneingeschränkte Vollmacht zur gerichtlichen und außergerichtlichen Vertretung erteilt. Die Vollmacht umfasst die Ermächtigung zur Bestellung von Unterbevollmächtigten und zur Entgegennahme von Geldern, Wertsachen und sonstigen Sachen.

Die Vollmacht berechtigt zugleich zur Abgabe von Willenserklärungen, insbesondere zum Ausspruch von ordentlichen und außerordentlichen Kündigungen.

Ort, Datum und Unterschrift

IX. Muster: Einfache Vollmacht in Mietstreitigkeiten

▼

Vollmacht

Den Rechtsanwälten ▬▬▬ wird hiermit in Sachen

▬▬▬ ./. ▬▬▬

wegen aller Ansprüche aus dem Mietverhältnis zwischen den zuvor genannten Parteien aus dem Mietvertrag vom ▬▬▬ einschließlich der Beendigung dieses Mietverhältnisses uneingeschränkte Vollmacht zur gerichtlichen und außergerichtlichen Vertretung erteilt. Die Vollmacht umfasst die Ermächtigung zur Bestellung von Unterbevollmächtigten und zur Entgegennahme von Geldern, Wertsachen und sonstigen Sachen einschließlich der Übergabe der Mietsachen.

Die Vollmacht berechtigt zugleich zur Abgabe aller einseitigen Willenserklärungen, einschließlich der ordentlichen und außerordentlichen Kündigung sowie sonstiger Formen der Beendigung des Mietverhältnisses.

▬▬▬

Ort, Datum und Unterschrift

▲

X. Muster: Vollmacht zur Beendigung eines Arbeitsverhältnisses

▼

Vollmacht

Den Rechtsanwälten ▬▬▬ wird hiermit in Sachen

▬▬▬ ./. ▬▬▬

wegen aller vergangenen und zukünftigen Ansprüche aus dem Arbeitsverhältnis zwischen ▬▬▬ und ▬▬▬ einschließlich Beendigung des Arbeitsverhältnisses und aller nachvertraglichen Rechte und Pflichten uneingeschränkte Vollmacht zur Vertretung erteilt.

Die Vertretung umfasst die Ermächtigung zur Bestellung eines Unterbevollmächtigten und zur Entgegennahme von Geldern, Wertsachen oder sonstigen Sachen und Erklärungen.

Die Vollmacht berechtigt zugleich zur Abgabe von Willenserklärungen, insbesondere zum Ausspruch von ordentlichen und außerordentlichen Kündigungen oder einer sonstigen Beendigung des Arbeitsverhältnisses.

▬▬▬

Ort, Datum und Unterschrift

▲

XI. Muster: Allgemeine Prozessvollmacht

221

Vollmacht

Den Rechtsanwälten ▇ wird hiermit in Sachen

▇ ./. ▇

wegen ▇

Prozessvollmacht gemäß § 81 ZPO erteilt.

Die Vollmacht umfasst insbesondere:
1. das Recht, alle den Rechtsstreit betreffenden Prozesshandlungen, einschließlich derjenigen, die durch eine Widerklage, eine Wiederaufnahme des Verfahrens und die Zwangsvollstreckung veranlasst werden, vorzunehmen;
2. das Recht, einen Vertreter sowie einen Bevollmächtigten für die höheren Instanzen zu bestellen;
3. das Recht, alle zur Beseitigung des Rechtsstreites durch Vergleich erforderlichen Erklärungen abzugeben;
4. die Ermächtigung, den Verzicht auf den Streitgegenstand zu erklären;
5. das Recht, den von dem Gegner geltend gemachten Anspruch anzuerkennen;
6. das Recht der Empfangnahme von dem Gegner oder aus der Staatskasse zu erstattenden Kosten.

Ort, Datum und Unterschrift

XII. Muster: Erweiterte Vollmacht unter Einschluss einer Geldempfangsvollmacht, des Rechtes zur Bestellung eines Unterbevollmächtigten und der Vollmacht zur Abgabe materiellrechtlicher Erklärungen

222

Vollmacht

Den Rechtsanwälten ▇ wird hiermit in Sachen

▇ ./. ▇

wegen ▇

Vollmacht erteilt.

Die Vollmacht ermächtigt zu allen die Rechtsangelegenheit betreffenden Handlungen, insbesondere:
1. zur Prozessführung,
2. zur Stellung von Anträgen auf Scheidung der Ehe und Anträgen in Folgesachen,
3. zur Erhebung einer Widerklage,
4. zur Vornahme und Entgegennahme von Zustellungen,
5. zur Bestellung eines Vertreters und zur Bestimmung von Unterbevollmächtigten,
6. zur Bestellung eines Bevollmächtigten für die höheren Instanzen,
7. zur Beseitigung des Rechtsstreites durch Vergleich,

8. zur Erklärung des Verzichtes auf den Streitgegenstand,
9. zur Erklärung des Anerkenntnisses des vom Gegner geltend gemachten Anspruches,
10. zur Einlegung und Zurücknahme von Rechtsmitteln einschließlich des Verzichtes auf solche,
11. zur Vornahme aller erforderlichen Maßnahmen der Zwangsvollstreckung,
12. zur Beantragung eines Arrestes oder einer einstweiligen Verfügung,
13. zur Betreibung des Kostenfestsetzungsverfahrens.

Weiterhin ermächtigt die Vollmacht zur Entgegennahme von Geldern, Wertsachen und sonstigen Sachen, insbesondere des Streitgegenstandes und der vom Gegner, der Justizkasse oder sonstigen Dritten zu erstattenden Kosten sowie zur Verfügung darüber ohne die Beschränkung des § 181 BGB.

Die Vollmacht berechtigt weiter zur Abgabe aller das streitige Rechtsverhältnis betreffenden Willenserklärungen, insbesondere von einseitigen Willenserklärungen wie ordentliche und außerordentliche Kündigungen, und von Erklärungen zur Begründung und Aufhebung des streitigen Rechtsverhältnisses.

Ort, Datum und Unterschrift

XIII. Muster: Einfache Geldempfangsvollmacht

Geldempfangsvollmacht

Den Rechtsanwälten wird hiermit in Sachen

./.

wegen

in Erweiterung der allgemeinen Vollmacht die Ermächtigung erteilt, Gelder und Wertsachen sowie sonstige Sachen in Empfang zu nehmen.

Ort, Datum und Unterschrift

XIV. Muster: Auf die außergerichtliche Interessenwahrnehmung beschränkte Vollmacht

Vollmacht

Den Rechtsanwälten wird hiermit in Sachen

./.

wegen

Vollmacht zur außergerichtlichen Vertretung erteilt. Die Vollmacht ermächtigt auch zur Abgabe aller einseitigen Willenserklärungen einschließlich des Ausspruches ordentlicher und außerordentlicher Kündigungen sowie der sonstigen Beendigung des Rechtsverhältnisses zwischen den Parteien.

Die Vollmacht ermächtigt zugleich zur Entgegennahme von Geldern, Wertsachen und sonstigen Sachen.

Des Weiteren ermächtigt die Vollmacht zur Bestellung von Untervollmachten sowie zur Einsicht in alle in Zusammenhang mit dem Rechtsverhältnis stehenden Akten.

Die Vollmacht umfasst ausdrücklich nicht ▨.

Ort, Datum und Unterschrift

XV. Muster: Untervollmacht

Vollmacht

Den Rechtsanwälten ▨ wird hiermit in Sachen

▨ ./. ▨

wegen ▨

Untervollmacht für ▨ einschließlich der Befugnis, weitergehende Untervollmacht zu begründen, erteilt.

Ort, Datum und Unterschrift

XVI. Muster: Terminsvollmacht

Vollmacht

Den Rechtsanwälten ▨ wird hiermit in Sachen

▨ ./. ▨

wegen ▨

Vollmacht erteilt, mich in dem für den am ▨ anberaumten Termin zu vertreten.

Ort, Datum und Unterschrift

XVII. Muster: Mitteilung Terminsvertretung an Gericht

▼

An das
☐ Amtsgericht
☐ Landgericht
☐ Oberlandesgericht

in

In dem Rechtsstreit

Kläger ./. Beklagter
Az:

teile ich mit, dass mich im Termin am   um
Rechtsanwalt   vertreten wird.

Rechtsanwalt

▲

XVIII. Muster: Individualvereinbarung über eine Haftungsbeschränkung nach § 51a Abs. 1 BRAO

▼

Vereinbarung einer Haftungsbeschränkung

Zwischen

– Rechtsanwalt und Auftragnehmer –

und

– Auftraggeber –

wird im Rahmen des erteilten Auftrages zur Interessenwahrnehmung in der Angelegenheit   folgende haftungsbeschränkende Vereinbarung getroffen:

1. Die Haftung der Rechtsanwälte für eine schuldhafte Verletzung des Anwaltsvertrages wird im Einzelfall auf 250.000 EUR beschränkt, soweit die Haftung nicht auf Vorsatz beruht.
2. Der Auftraggeber wurde darüber aufgeklärt, dass unter diese Haftungsbeschränkung auch grob fahrlässiges Verhalten der Rechtsanwälte fällt.
3. Die Parteien vereinbaren, dass alle Ersatzansprüche des Auftraggebers gegen die beauftragten Rechtsanwälte in drei Jahren von dem Zeitpunkt an verjähren, in dem der Anspruch entstanden ist, spätestens jedoch in drei Jahren nach der Beendigung des Auftrages.

Ort, Datum und Unterschrift des Auftraggebers

Ort, Datum und Unterschrift des Auftragnehmers

▲

XIX. Muster: Haftungsbeschränkung in vorformulierten Vertragsbedingungen

▼

Vereinbarung weiterer Mandatsbedingungen

Zwischen

– Rechtsanwalt und Auftragnehmer –

und

– Auftraggeber –

werden in Ergänzung des geschlossenen Anwaltsvertrages folgende allgemeine Mandatsbedingungen vereinbart:
1. .
2. Die Haftung der beauftragten Rechtsanwälte ist auf den Betrag von 1 Million EUR beschränkt, soweit die Haftung nicht auf Vorsatz oder grober Fahrlässigkeit beruht.
3. Ersatzansprüche gegen die beauftragten Rechtsanwälte verjähren in drei Jahren von dem Zeitpunkt an, in dem der Anspruch entstanden ist, spätestens jedoch in drei Jahren nach der Beendigung des Mandatsverhältnisses.
4. .

Ort, Datum und Unterschrift des Auftraggebers

Ort, Datum und Unterschrift des Auftragnehmers

▲

XX. Muster: Haftungsbeschränkung auf einzelne Mitglieder der Sozietät

▼

Vereinbarung einer Haftungsbeschränkung

Zwischen

– Rechtsanwalt und Auftragnehmer –

und

– Auftraggeber –

wird vereinbart, dass für die Durchführung des Anwaltsvertrages wegen der Vertretung in Sachen

 ./.

wegen

die persönliche Haftung der bevollmächtigten Anwälte
☐ auf den das Mandat bearbeitenden Rechtsanwalt

☐ auf die das Mandat bearbeitenden Rechtsanwälte ▓▓▓ und ▓▓▓ beschränkt wird.
▓▓▓

Ort, Datum und Unterschrift des Auftraggebers

Ort, Datum und Unterschrift des Auftragnehmers
▲

XXI. Muster: Mandatsniederlegung gegenüber dem Mandanten
▼

An ▓▓▓

Sehr geehrte Frau ▓▓▓,
Sehr geehrter Herr ▓▓▓,

leider sehe ich mich außerstande, das Mandatsverhältnis für Sie weiter fortzuführen. Hiermit lege ich daher das erteilte Mandat nieder.

Die Mandatsniederlegung rechtfertigt sich daraus, dass
☐ Sie die diesseitige Kostenvorschussrechnung vom ▓▓▓ nach § 9 RVG trotz der Mahnung vom ▓▓▓ und der zweiten Mahnung mit Androhung der Mandatsniederlegung vom ▓▓▓ unbeachtet gelassen und bisher keine Zahlung geleistet haben.
☐ das notwendige Vertrauensverhältnis zwischen Mandant und Rechtsanwalt im vorliegenden Fall nachhaltig gestört ist, weil ▓▓▓.

Eine Fortsetzung des Mandatsverhältnisses ist auf der Grundlage eines solch gestörten Vertrauensverhältnisses nicht möglich, da
☐ Sie trotz der Aufforderungen vom ▓▓▓ und vom ▓▓▓ die angeforderten Informationen nicht erteilt haben, sodass eine mit den anwaltlichen Berufspflichten zu vereinbarende Interessenwahrnehmung nicht möglich ist.
☐ Sie den Unterzeichner bewusst unrichtig und unvollständig über den tatsächlichen Sachverhalt informiert haben, was sich daraus ergibt, dass ▓▓▓.

Im Hinblick auf die bisher wahrzunehmende Angelegenheit weise ich auf Folgendes hin:
☐ Das Gericht hat Termin zur mündlichen Verhandlung auf den ▓▓▓ bestimmt. Wir werden diesen Termin aufgrund der Mandatsniederlegung nicht für Sie wahrnehmen.
☐ Sofern Sie keinen anderen bei dem Gericht zugelassenen Anwalt beauftragen, müssen Sie damit rechnen, dass gegen Sie ein Versäumnisurteil erlassen wird. Eine persönliche Wahrnehmung des Termins zur mündlichen Verhandlung durch Sie ist nicht möglich, da der anhängige Rechtsstreit nach § 78 ZPO dem Anwaltszwang unterliegt.
☐ Wenn weder Sie noch ein neu von Ihnen zu beauftragender Rechtsanwalt den Termin zur mündlichen Verhandlung wahrnehmen, müssen Sie damit rechnen, dass ein Versäumnisurteil gegen Sie erlassen wird.
☐ Der von Ihnen verfolgte Anspruch verjährt am ▓▓▓.
☐ Sie müssen sich folgende Fristen notieren: ▓▓▓

§ 2 Das Mandatsverhältnis und die Vorbereitung des Zivilprozesses

Im Übrigen verweise ich auf alle übersandten Schreiben und Verfügungen, die Ihnen einen vollständigen Überblick zum bisherigen Stand Ihrer Interessenwahrnehmung einschließlich des Sach- und Streitstandes in dem anhängigen Rechtsstreit vor dem ▆ Az: ▆ geben.

Ungeachtet der Mandatsniederlegung sind Sie verpflichtet, die bisher entstandenen Kosten, wie sie sich aus der anliegenden Kostennote ergeben, auszugleichen. Ich darf Sie auffordern, den aus der Kostennote ersichtlichen Betrag von ▆ EUR bis zum ▆

auf einem der angegebenen Konten auszugleichen. Nach fruchtlosem Ablauf der vorgenannten Frist müssten Sie mit der zwangsweisen Durchsetzung der Gebührenansprüche rechnen.

Mit freundlichen Grüßen

Rechtsanwalt

▲

XXII. Muster: Anzeige der Mandatsniederlegung gegenüber dem Gericht

▼

232 An das
☐ Amtsgericht
☐ Landgericht
☐ Oberlandesgericht

in ▆

In dem Rechtsstreit

Kläger ./. Beklagter
Az: ▆

zeige ich an, dass ich das

Mandat niedergelegt

habe.

Es wird gebeten, die Mandatsniederlegung bei der Notwendigkeit der zukünftigen Übersendung von Schriftstücken, Verfügungen oder förmlichen Zustellungen zu beachten. Das vorliegende Verfahren unterliegt nicht dem Anwaltszwang nach § 78 ZPO, sodass auch die Vorschrift des § 87 ZPO keine Anwendung findet. Die Übersendung von Schriftstücken, Verfügungen oder förmlichen Zustellungen hat mithin unmittelbar an den bisher vertretenen ▆ in ▆ zu erfolgen.

Rechtsanwalt

XXIII. Muster: Anzeige der Niederlegung an den Gegner

▼

Herrn/Frau

Rechtsanwalt

in

In der Angelegenheit

./.

zeige ich hiermit an, dass ich das Mandatsverhältnis mit der bisher vertretenen Partei mit sofortiger Wirkung gekündigt habe, sodass auch die dem Mandatsverhältnis zugrunde liegende Vollmacht erloschen ist.

Mit freundlichen kollegialen Grüßen

Rechtsanwalt

▲

XXIV. Muster: Mitteilung an den bisherigen Mandanten nach der Niederlegung des Mandates

▼

An

Sehr geehrte Frau ,

Sehr geehrter Herr ,

in Ihrer Rechtssache gegen habe ich das Mandat mit Schreiben vom niedergelegt. Dies habe ich mit Schreiben vom gleichen Tag gegenüber dem Gericht und dem Prozessbevollmächtigten des Gegners angezeigt.

Aufgrund der Regelung des § 87 ZPO hat das Gericht jedoch Zustellungen weiterhin an mich zu veranlassen, bis Sie einen neuen Bevollmächtigten bestellt und dieser seine Bestellung gegenüber dem Gericht angezeigt hat. Dies ist offenbar bisher nicht geschehen, da das Gericht mir mit Verfügung vom folgende Schriftsätze zugestellt hat:

Die Schriftstücke sind am eingegangen, sodass die aus den Schriftstücken ersichtlichen Fristen am begonnen haben und damit am enden.

Ich weise Sie darauf hin, dass aufgrund der bereits erfolgten Mandatsniederlegung diesseits keine Maßnahmen zur Wahrung der Fristen ergriffen werden. Zur Vermeidung von Rechtsnachteilen sollten Sie daher im eigenen Interesse unverzüglich einen zur Vertretung bereiten neuen Kollegen beauftragen.

Nur rein vorsorglich weise ich darauf hin, dass mit diesem Schreiben und der Übermittlung der beigefügten Schriftstücke keine Wiederaufnahme des Mandatsverhältnisses verbunden ist.

Mit freundlichen Grüßen

Rechtsanwalt

XXV. Muster: Anzeige der Mandatsaufnahme durch einen neuen Rechtsanwalt

235 An das
☐ Amtsgericht
☐ Landgericht
☐ Oberlandesgericht

in ▓▓▓

In dem Rechtsstreit

Kläger ./. Beklagter

Az: ▓▓▓

zeige ich an, dass der Unterzeichner nunmehr die Vertretung des ▓▓▓ übernommen hat. Es wird davon ausgegangen, dass der bisherige Bevollmächtigte des ▓▓▓, Herr Rechtsanwalt ▓▓▓, bereits angezeigt hat, dass sein Mandat niedergelegt wurde. Anderenfalls wird dies hiermit dem Gericht angezeigt.

Namens und in Vollmacht des ▓▓▓ wird beantragt,

Es wird gebeten,

dem Unterzeichner die Gerichtsakten zur Einsicht zu überlassen und zukünftig alle Übersendungen von Schriftstücken und Verfügungen sowie förmliche Zustellungen an den Unterzeichner zu veranlassen.

Soweit das Gericht Fristen gesetzt hat, wird schon jetzt rein vorsorglich beantragt, die Fristen angemessen zu verlängern und dem Unterzeichner hiervon Mitteilung zu machen, damit diese ordnungsgemäß notiert und überwacht werden können.

Rechtsanwalt

XXVI. Muster: Anforderung der Handakten von dem bisherigen Bevollmächtigten durch den neuen Bevollmächtigten

236 Herrn/Frau
Rechtsanwalt
▓▓▓

in ▓▓▓

In der Rechtssache

▓▓▓ ./. ▓▓▓

zeige ich an, dass mich ▓▓▓ nunmehr mit seiner Interessenwahrnehmung beauftragt hat. Die mich legitimierende Vollmacht darf ich in der Anlage beifügen.

Nachdem Sie das Mandat mit Schreiben vom ▓▓▓ niedergelegt haben, gehe ich davon aus, dass keine Bedenken gegen die diesseitige Mandatsaufnahme bestehen.

Anderenfalls wird um Mitteilung der Gründe gebeten, die einer Mandatsaufnahme entgegenstehen sollten.

Zur sachgerechten Interessenwahrnehmung wird gebeten, dem Unterzeichner die bisherigen Handakten, zumindest denjenigen Schriftverkehr, der sich auf den anhängigen Rechtsstreit vor dem ▓▓▓ Az: ▓▓▓ bezieht, im Original, zumindest jedoch in Abschrift zu überlassen.

Weiterhin wird gebeten, die laufenden und dort bisher überwachten Fristen unverzüglich nach hier mitzuteilen, damit deren Kontrolle hier sichergestellt werden kann.

Mit freundlichen kollegialen Grüßen

Rechtsanwalt

XXVII. Muster: Deckungsschutzanfrage an die Rechtsschutzversicherung des Mandanten

▼

An die

▓▓▓-Rechtsschutzversicherung

in ▓▓▓

Versicherungsnummer: ▓▓▓

VN: ▓▓▓

Mitversicherte Person:

Versicherungsfall ▓▓▓ ./. ▓▓▓ wegen ▓▓▓

Sehr geehrte Damen und Herren,

in der vorbezeichneten Angelegenheit hat mich
☐ Ihr Versicherungsnehmer ▓▓▓
☐ die mitversicherte ▓▓▓

damit beauftragt, wegen ▓▓▓ gegen ▓▓▓ tätig zu werden. Zur weiteren dortigen Information über den infrage stehenden Sachverhalt überlasse ich in der Anlage Kopien folgender Unterlagen: ▓▓▓
☐ mein Forderungsschreiben vom ▓▓▓ an ▓▓▓.
☐ das gegnerische Forderungsschreiben vom ▓▓▓ an meinen Mandanten.
☐ den Entwurf einer Klageschrift.
☐ die Klageschrift des Gegners vom ▓▓▓.
☐ die diesseitige Klageerwiderung vom ▓▓▓.
☐ ▓▓▓

Ausweislich des mir vorliegenden Versicherungsvertrages besteht für diesen Schadensfall Versicherungsschutz. Ich bitte Sie deswegen namens und im Auftrag des Versicherungsnehmers um die Erteilung von Deckungsschutz zur ▓▓▓.

Zugleich darf ich um einen angemessenen Kostenvorschuss gemäß § 9 RVG gemäß meiner in der Anlage beigefügten Kostennote bitten.

Mit freundlichen Grüßen

Rechtsanwalt

XXVIII. Muster: Stichentscheid nach Ziffer 3.5 ARB 2012

An die

▓▓▓▓-Rechtsschutzversicherung

in ▓▓▓▓

Versicherungsnummer: ▓▓▓▓

Schadensnummer ▓▓▓▓

VN: ▓▓▓▓

Mitversicherte Person: ▓▓▓▓

Sehr geehrte Damen und Herren,

mit Ihrem Schreiben vom ▓▓▓▓ haben Sie Ihrem Versicherungsnehmer und meinem Mandanten die Deckungsschutzzusage verweigert.

Ihr Versicherungsnehmer hat mich nunmehr beauftragt, Ihnen gegenüber eine begründete Stellungnahme darüber abzugeben, ob und inwieweit die Wahrnehmung der rechtlichen Interessen hinreichende Erfolgsaussicht bietet und nicht mutwillig erscheint.

Nach nochmaliger Überprüfung der Sach- und Rechtslage bin ich nach Maßgabe der nachfolgenden Überlegungen zu dem Ergebnis gelangt, dass

☐ hinreichende Erfolgsaussichten bestehen und

☐ die Wahrnehmung der rechtlichen Interessen nicht mutwillig erscheint, insbesondere der voraussichtlich entstehende Kostenaufwand unter Berücksichtigung der berechtigten Interessen der Versichertengemeinschaft in keinem groben Missverhältnis zum angestrebten Erfolg steht.

Zur **Begründung** darf ich Folgendes ausführen:

1.

Die Sachlage stellt sich nach Darstellung Ihres Versicherungsnehmers und unter Berücksichtigung der vorliegenden schriftlichen Unterlagen wie folgt dar: ▓▓▓▓.

2.

Aus dem vorstehend dargestellten Sachverhalt ergibt sich folgende rechtliche Bewertung: ▓▓▓▓.

3.

Unter Berücksichtigung der prozessualen Wahrheitspflicht der gegnerischen Partei und der zur Verfügung stehenden Beweismittel, nämlich ▓▓▓▓, ist auch zu erwarten, dass der dargestellte Anspruch durchgesetzt werden kann.

4.

Die vorliegende Stellungnahme ist für Sie wie für meinen Mandanten bindend, sodass ich nunmehr abschließend um die Erteilung der Deckungszusage und den Ausgleich meiner bereits am ▉ übersandten Kostennote bitten darf.

5.

Die Kosten dieser gutachterlichen Stellungnahme trägt der Versicherer. Ich bitte deshalb um Ausgleich der beigefügten Kostenrechnung, mit der ich – ausgehend von dem mit ▉ EUR angenommenen Kostenrisiko – eine Geschäftsgebühr gemäß Nr. 2400 VV abrechne. Auch hier darf ich um einen alsbaldigen Ausgleich bitten.

Mit freundlichen Grüßen

Rechtsanwalt

§ 3 Prozesskosten- und Beratungshilfe

Tamara Henkes/Björn Folgmann

Inhalt

	Rdn
1. Teil: Prozesskostenhilfe	1
A. Allgemeines	1
B. Prozesskostenhilfe als Grundrecht in der gesamten Europäischen Union	3
I. Ausgehende Ersuche	7
II. Eingehende Ersuche	9
C. Sachlicher Anwendungsbereich	14
D. Persönlicher Anwendungsbereich	38
I. Parteien	38
1. Streitgenossenschaft	40
2. Ehegatten als Streitgenossen	42
3. Zession	43
4. Prozessstandschaft	48
5. Parteien kraft Amtes	50
II. Wirtschaftliche Leistungsvoraussetzungen	54
1. Einsatz von Einkommen	54
2. Einsatz von Vermögen	69
a) Allgemeines	69
b) Verwertbarkeit	71
c) Schonvermögen	73
3. Schmerzensgeld	91
III. Erfolgsaussicht	93
IV. Mutwilligkeit	99
E. Antrag	101
F. Besonderheit: Gerichtskostenvorschussbefreiung	106
G. Umfang der Prozesskostenhilfebewilligung	112
H. Prozesskostenhilfe in der Zwangsvollstreckung	113
I. Erfolgsaussicht	113
II. Grundsätzlich keine Pauschalbewilligung	114
III. Prozesskostenhilfe für den Schuldner	119

	Rdn
IV. Beiordnung eines Rechtsanwalts ist umstritten	122
V. Zuständigkeiten	126
I. Wirkungen der Prozesskostenhilfe	127
I. Wirkungen im Verhältnis zur Partei	127
II. Anwaltsbeiordnung	129
1. Parteiprozess	130
2. Anwaltsprozess	134
3. Einschränkungen der Beiordnung	136
a) Beiordnung für bestimmte Funktionen bzw. Prozesshandlungen	137
b) Beiordnung für bestimmte Verfahrensabschnitte	145
c) Teil-Prozesskostenhilfe	146
III. Gerichts- und Gerichtsvollzieherkosten	147
IV. Übergegangene Ansprüche der beigeordneten Rechtsanwälte	154
V. Befreiung von einer Sicherheitsleistung	156
VI. Kostenerstattungsanspruch des Gegners	157
VII. Wirkungen im Verhältnis zum beigeordneten Anwalt	158
1. Ansprüche des beigeordneten Rechtsanwalts gegen die PKH-Partei	158
2. Ansprüche des beigeordneten Rechtsanwalts gegen den unterlegenen Gegner	164
VIII. Wirkungen im Verhältnis zum Gegner	165
1. Kläger	165
2. Beklagter	168

J. Entscheidungsmöglichkeiten im Rahmen der Prozesskostenhilfe 174
  I. Prozesskostenhilfe ohne Ratenzahlung 174
  II. Anordnung von Ratenzahlungen 175
K. Nachträgliche Änderung der Verhältnisse 176
  I. Allgemeines 176
  II. Änderung bei Verbesserung der persönlichen und wirtschaftlichen Verhältnisse 182
  III. Vorläufige Einstellung der Zahlungen 184
  IV. Änderung bei Verschlechterung der Verhältnisse 192
  V. Aufhebung der Bewilligung 195
    1. Aufhebungstatbestände 195
    2. Folgen der Aufhebung 197
L. Verfahrenskostenhilfe nach dem FamFG 199
  I. Allgemeines 199
  II. Voraussetzungen 202
  III. Beiordnung des Rechtsanwalts 204
  IV. Rechtsmittel 207
2. Teil: Die Vergütung des im Rahmen der Prozesskostenhilfe beigeordneten Rechtsanwalts 208
A. Mindestanspruch gegen die Staatskasse nach § 49 RVG 208
B. Weitere Vergütung, § 50 RVG 214
  I. Allgemeines 214
  II. Höhe des Vergütungsanspruchs 216
  III. Antrag 219
  IV. Vorgehensweise bei Fristversäumnis 221
  V. Einfluss der Ratenanzahl auf Vergütungsanspruch 225
C. Ansprüche gegen den unterlegenen Gegner 227
D. Anrechnung von Vorschüssen und sonstigen Zahlungen 232
E. Anrechnung der Geschäftsgebühr 235
  I. Allgemeines 235
  II. Anrechnung im Rahmen des § 15a RVG bei bewilligter Prozesskostenhilfe 238
  III. Anwendung der Regelung auf sog. „Altfälle" 250
F. Teil-Prozesskostenhilfe 253
  I. Allgemeines 253
  II. Meinungsstand 255
    1. § 15 Abs. 3 RVG analog 255
    2. Differenz zwischen Wahlanwaltsvergütung aus Gesamtstreitwert und Prozesskostenhilfe-Vergütung aus Prozesskostenhilfe-Wert 257
    3. Differenz zwischen Wahlanwaltsvergütung aus Gesamtwert und Wahlanwaltsvergütung aus Prozesskostenhilfe-Wert 259
G. Prozesskostenhilfe-Prüfungsverfahren 261
  I. Allgemeines 261
  II. Verfahrensgebühr 267
  III. Terminsgebühr 271
  IV. Einigungsgebühr 273
  V. Vergütung bei anschließender Tätigkeit in der Hauptsache 278
    1. Uneingeschränkte Prozesskostenhilfe-Bewilligung 278
    2. Teilweise Prozesskostenhilfe-Bewilligung 279
      a) Die Partei führt den Rechtsstreit in vollem Umfang, obwohl Prozesskostenhilfe nur teilweise bewilligt worden ist 280
      b) Nach teilweiser Prozesskostenhilfe-Bewilligung wird der Rechtsstreit nur im Rahmen der bewilligten Prozesskostenhilfe durchgeführt 281
  VI. Mehrere Prozesskostenhilfe-Verfahren 282

VII. Gegenstandswert 287
   1. Allgemeines 287
   2. Hauptsachewert bei Verfahren nach § 124 Nr. 1 ZPO .. 288
   3. Fälle § 124 Nr. 2–4 ZPO .. 291
   4. Keine Wertaddition 294

3. Teil: Beratungshilfe 295
A. Allgemeines 295
B. Gegenstand der Beratungshilfe .. 298
C. Voraussetzungen 302
   I. Mittellosigkeit 302
   II. Keine andere Möglichkeit zur Hilfe 303
   III. Besonderheiten in Berlin, Hamburg, Bremen 313
   IV. Keine Mutwilligkeit 317
D. Antrag 318
   I. Unmittelbare Antragstellung beim Amtsgericht 319
   II. Nachträgliche Antragstellung durch Rechtsanwalt 320
E. Anwaltliche Vergütungsansprüche 321
   I. Beratungshilfegebühr (Nr. 2500 VV) 322
   II. Beratungsgebühr (Nr. 2501 VV) 324
      1. Entstehen 325
      2. Anrechnung 327
      3. Tätigkeit im Rahmen der Schuldenbereinigung (Nr. 2502 VV) 328
   III. Geschäftsgebühr (Nr. 2503 VV) 329
      1. Entstehen 329
      2. Anrechnung 330
         a) Gerichtliches oder behördliches Verfahren ... 331
         b) Anschließendes Verfahren auf Vollstreckbarerklärung eines Vergleichs .. 332
         c) Mehrere Auftraggeber .. 334
         d) Tätigkeit im Rahmen der Schuldenbereinigung (Nr. 2504–2507 VV) ... 335
   IV. Einigungs- und Erledigungsgebühr (Nr. 2508 VV) 336
   V. Schutzgebühr 337

4. Teil: Muster 340
   I. Muster: Anträge auf Prozesskostenhilfe in einem anderen Mitgliedstaat der Europäischen Union 340
   II. Muster: Übermittlung eines Antrags auf Prozesskostenhilfe 341
   III. Muster: Antrag auf Bewilligung von Prozesskostenhilfe bei Klageentwurf 342
   IV. Muster: Antrag auf Bewilligung von Prozesskostenhilfe bei gleichzeitiger Klageerhebung .. 343
   V. Muster: Antrag auf Bewilligung von Prozesskostenhilfe bei Klageänderung 344
   VI. Muster: Antrag auf Verfahrenskostenstundung im Verbraucherinsolvenzverfahren 345
   VII. Muster: Antrag auf Zustellung der Klage ohne Zahlung eines Kostenvorschusses (§ 14 GKG) 346
   VIII. Muster: Isolierter Antrag auf Bewilligung von Prozesskostenhilfe bei Widerklage 347
   IX. Muster: Antrag auf Bewilligung von Prozesskostenhilfe bei Widerklage und gleichzeitiger Klageerwiderung 348
   X. Muster: Antrag auf Bewilligung von Prozesskostenhilfe bei Klageerweiterung 349
   XI. Muster: Antrag auf Bewilligung von Prozesskostenhilfe durch Berufungskläger 350
   XII. Muster: Antrag auf Bewilligung von Prozesskostenhilfe durch Berufungsbeklagten 351
   XIII. Muster: Antrag auf Prozesskostenhilfe bei Antrag auf einstweilige Einstellung der Zwangsvollstreckung (§ 707 ZPO) ... 352
   XIV. Muster: Antrag auf Prozesskostenhilfe bei Antrag auf einstweilige Einstellung der Zwangsvollstreckung bei eingelegtem Rechtsmittel/Einspruch (§ 719 Abs. 1 ZPO) 353

XV. Muster: Antrag auf Bewilligung von Prozesskostenhilfe für nicht rechtshängige Ansprüche bei Vergleichsabschluss 354
XVI. Muster: Ermittlung der Ratenhöhe bei Prozesskostenhilfe .. 355
XVII. Muster: Antrag auf Feststellung der Erforderlichkeit von Reisekosten (§ 46 Abs. 2 RVG) ... 356
XVIII. Muster: Antrag auf Abänderung der Ratenzahlung nach § 120a Abs. 1 ZPO wegen Verschlechterung der Verhältnisse 357
XIX. Muster: Antrag auf Beratungshilfe 358
XX. Muster: Antrag auf Vergütungsfestsetzung im Rahmen der Beratungshilfe 359
XXI. Muster: Antrag auf Festsetzung der Kosten im Rahmen der Prozesskostenhilfe 360
XXII. Muster: Erklärung über die persönlichen und wirtschaftlichen Verhältnisse im Rahmen eines Prozesskostenhilfeantrages ... 361
XXIII. Muster: Erklärung über die persönlichen und wirtschaftlichen Verhältnisse im Rahmen eines Verfahrenskostenhilfeantrages 362
XXIV. Muster: Antrag auf Prozesskostenhilfe bei Antrag auf einstweilige Anordnung nach § 769 Abs. 2 ZPO 363

Literatur

Atzler, Zur Berücksichtigung des Kindergeldes bei der Berechnung von Ratenzahlungen im Rahmen der Prozesskostenhilfe, FamRZ 2001, 630 f.; *Bachmann*, Zur Prozesskostentragung durch einen später vermögend werdenden Prozesskostenhilfebegünstigten bei der Teilungsversteigerung und Zwangsversteigerung, Rpfleger 2001, 194 f.; *Baronin von König*, Die Anrechnung von Rechtsanwaltsgebühren nach der Einführung des § 15a RVG, Rpfleger 2009, 487 f.; *Becker*, Bewilligung von PKH im sozialgerichtlichen Verfahren – Prüfung der wirtschaftlichen Verhältnisse, SGb 2002, 428–438; *Bißmaier*, Der Prozesskostenvorschuss in der familiengerichtlichen Praxis, FamRZ 2002, 863–866; *Bißmaier*, Prozesskostenvorschuss und Prozesskostenhilfe, FamRB 2003, 66 f.; *Büttner*, Die Beschwerde gegen eine Prozesskostenhilfe-Entscheidung und Prozesskostenhilfe in der Rechtsmittelinstanz, FÜR 2002, 498 ff.; *Dick*, Entschuldung jetzt auch für brave Arme, FoR 2002, 14–17; *Enders*, Vorschuss von PKH-Mandanten, JurBüro 2003, 225–229; *Fischer*, Praxistipps zur Prozesskostenhilfe, ZAP Fach 13, 975 ff.; *Fischer*, Prozesskostenhilfe – Anwaltsbeiordnung und Mehrkostenverbot, MDR 2002, 729–733; *Fölsch*, Die dem PKH-Anwalt drohende Verjährungsfalle, BRAGOreport 2001, 20 f.; *Fölsch*, Die entsprechende Anwendung des § 6 Abs. 1 S. 2 BRAGO für den PKH-Anwalt, BRAGOreport 2001, 85 f.; *Fölsch*, Kostenerstattung – §§ 126 Abs. 1, 104 Abs. 2 S. 3 ZPO – Festsetzung der Umsatzsteuer für den PKH-Anwalt bei vorsteuerabzugsberechtigter Partei, BRAGOreport 2001, 174 f.; *Fölsch*, Prozesskostenhilfe – ZPO § 123, GKG §§ 54 Nr. 1 u. Nr. 2, 58 Abs. 2 S. 2 – Festsetzung der Gerichtskosten gegen den bedürftigen Beklagten, BRAGOreport 2001, 177 f.; *Fölsch*, Rechtsbeschwerde im PKH-Verfahren, MDR 2002, 1388 f.; *Fritsche*, Zur Einlegung der Rechtsbeschwerde und zur Beantragung von Prozesskostenhilfe in der Insolvenz, DZWir 2002, 511 ff.; *Gerhard*, Aufhebung und einschränkende Änderung der Prozesskosten-Bewilligung, FÜR 2002, 494 ff.; *Gerhardt*,

Prozesskostenhilfe im Insolvenzverfahren, JR 2001, 193 f.; *Götsche*, Die neue Verfahrenskostenhilfe nach dem FamFG, FamRZ 2009, 383 ff.; *Groß*, Prozesskostenhilfe – insbesondere die Gebühren des beigeordneten Anwalts, FÜR 2002, 513 ff.; *Grote*, Die Entscheidung über den Antrag auf Kostenstundung nach § 4a InsO, ZinsO 2002, 179–182; *Gsell*, Der Regress des Gegners bei vergleichsweiser Übernahme von Gerichtskosten durch die Prozesskostenhilfe-Partei, ZZP 114, 473 ff.; *Gsell/Mehring*, Kompetenzkonflikte bei Prozesskostenhilfeverfahren vor Zivilgerichten, NJW 2002, 1991–1994; *Hansens*, Der zu spät gestellte PKH-Antrag, BRAGOreport 2002, 161 ff.; *Hellstab*, Die Entwicklung des Prozesskosten- und Beratungshilferechts seit 2004, Rpfleger 2004, 246 ff.; *Hellstab*, Die Entwicklung des Prozesskosten- und Beratungshilferechts seit 2006, Rpfleger 2008, 181 ff.; *Hünnekens*, Vorschläge für die Kostenabrechnung bei bewilligter Prozesskostenhilfe, RpflStud 2002, 173 ff.; *Kogel*, Zur Frage der Prozesskostenhilfe für Vaterschaftsklagen, FamRB 2003, 151 f.; *Kramer*, ZPO-Reform-Prozesskostenhilfe und Berufungsfristen nach neuem Recht, MDR 2003, 434–438; *Krause*, § 1629 III BGB und Prozesskostenhilfe, FamRZ 2001, 1670 ff.; *Landmann*, Volle Gerichtskostenfreiheit für den unterlegenen PKH-Beklagten?, Rpfleger 2002, 62–67; *Lappe*, Zur Frage der Gewährung der Gebührenfreiheit im Rahmen der Prozesskostenhilfe auch nach der Beurkundung, NotBZ 2003, 153 f.; *Madert*, Zu den Auswirkungen der Abtrennung nach § 623 Abs. 2 ZPO auf die Prozesskostenhilfebewilligung, AGS 2003, 167; *Meyer*, Für eine entsprechende Anwendung des § 58 Abs. 2 S. 2 GKG bei gerichtlich protokollierten Vergleichen, JurBüro 2003, 242 f.; *Mitlehner*, Prozesskostenhilfe für den Insolvenzverwalter, NZI 2001, 617 ff.; *Mock*, Gesonderte Gebühren für einstweilige Anordnungen nach § 621g ZPO nicht vergessen, BRAGO prof. 2003, 78 ff.; *Mock*, PKH-Mandat: So sichern Sie sich die vollen Reisekosten, BRAGO prof. 2000, 89 f.; *Neußner*, Zur Verjährungshemmung bei Durchführung eines PKH-Verfahrens, EWiR 2002, 299 f.; *Nickel*, Die Haftung des Anwalts im PKH-Verfahren, FamRZ 2003, 86–92; *Niclas*, Prozesskostenhilfe und Übersetzungskosten, JAmt 2001, 213 f.; *Pape*, Zur Prozesskostenhilfe für den Insolvenzverwalter, EWiR 2003, 139 f.; *Pape*, Zur Prozesskostenhilfe und Insolvenzanfechtung; EWiR 2002, 255 f.; *Philippi*, Bedürftigkeit, Erfolgsaussicht und fehlende Mutwilligkeit als Voraussetzungen für die Bewilligung von Prozesskostenhilfe in Familiensachen, FÜR 2002, 479 ff.; *Schneider, N.*, §§ 91, 128 Abs. 2 S. 4, 127 Abs. 4 ZPO – Kein Erstattungsanspruch der obsiegenden hilfsbedürftigen Partei, BRAGOreport 2001, 159 f.; *Schneider, N.*, Altes oder neues Gebührenrecht für Prozesskostenhilfevergütung, BRAGOreport 2002, 114 f.; *Schneider, N.*, Gebührenberechnung bei teilweiser Prozesskostenhilfebewilligung, BRAGOreport 2001, 1 ff.; *Schneider, N.*, Zur Prozesskostenhilfe für den Berufungsbeklagten bei geplanter Zurückweisung nach § 522 Abs. 2 ZPO, AGS 2003, 214; *Schoreit/Dehn*, Beratungshilfe/Prozesskostenhilfe, 8. Aufl. 2004; *Schwab*, Zumutbarer Einsatz von 10 Prozent der Kündigungs- oder Sozialplanabfindung, LAGReport 2003, 126 f.; *Smid*, Rechtsschutz gegenüber Prozesskostenhilfeentscheidungen im Insolvenzverfahren, JZ 2001, 307 f.; *Smid*, Zur Hemmung der Verjährung durch Einlegung der Beschwerde gegen eine ablehnende Prozesskostenhilfeentscheidung, WuB VI B § 41 KO 1.01; *Vester*, Für eine analoge

§ 3 Prozesskosten- und Beratungshilfe

Anwendung von § 58 II 2 GKG auf vom Gericht vorgeschlagene Vergleiche, NJW 2002, 3225 ff.; *Vogel*, Ausgesuchte praxisrelevante Entscheidungen zur Prozesskostenhilfe, FÜR 2002, 505 ff.; *Wax*, Einzelfragen der Prozesskostenhilfe für familiengerichtliche Verfahren, FÜR 2002, 471 ff.; *Wax*, Keine Vorverlagerung von Entscheidungen über schwierige Rechtsfragen in das Prozesskostenhilfeverfahren, LMK 2003, 73 f.; *Werner*, Prozesskostenhilfe nach Abschluss des Hauptsacheverfahrens?, NordÖR 2003, 52–54; *Zieroth*, Zur Gewährung von Prozesskostenhilfe bei einer Klage gegen einen völlig vermögenslosen Beklagten, FamRZ 2001, 235; *Zieroth*, Zur Versagung der Prozesskostenhilfe beim Bestehen erheblicher Unterhaltsrückstände, FamRZ 2001, 1467; *Zimmermann*, Die Anwaltsbeiordnung bei Prozesskosten-Bewilligung, FÜR 2002, 486 ff.; *Zimmermann*, Das neue FamFG, 1. Aufl. 2009.

1. Teil: Prozesskostenhilfe

A. Allgemeines

1 Das Recht zur Prozesskosten- und Verfahrenskostenhilfe nimmt in der anwaltlichen Praxis – gerade im arbeitsrechtlichen und familienrechtlichen Bereich – eine besondere Stellung ein. Das Gesetz über die Prozesskostenhilfe vom 13.6.1980[1] bezweckte zunächst die Verwirklichung des sozialstaatlichen Gebots einer Gleichstellung wirtschaftlich starker und schwacher Bürger im Rechtsschutzbereich.[2] Mit dem am 25.9.2009 bzw. 1.9.2009 in Kraft getretenen Gesetz über das Verfahren in Familiensachen und in Angelegenheiten der freiwilligen Gerichtsbarkeit (FamFG) wurden jedoch die in zahlreichen Einzelgesetzen verstreuten Vorschriften **zum Familienverfahrensrecht zusammengefasst**. Der Gesetzgeber nahm dies ebenfalls zum Anlass, die Prozesskostenhilfe für familiengerichtliche Verfahren als „Verfahrenskostenhilfe" in den §§ 76 bis 78 FamFG zu regeln. § 76 FamFG verweist dabei auf die Vorschriften zur Prozesskostenhilfe, die Anwendung finden, sofern sich aus dem FamFG nichts anderes ergibt.

2 Die Prozesskostenhilfe hat für die Anwaltschaft insbesondere folgende Bedeutungen:
- Die Gebührenabrechnung erfolgt über die Tabelle nach § 49 RVG, die dem Rechtsanwalt ab einem Streitwert von mehr als 4.000,00 EUR ein geringeres Einkommen beschert als nach der Regeltabelle zu § 13 RVG.
- Die Zahlung aus der Staatskasse bedeutet für die Anwaltschaft ein sicheres Einkommen.
- Der Rechtsanwalt ist grundsätzlich nicht schlechter zu stellen als ein sogenannter Wahlanwalt, der keine Prozesskostenhilfe beantragt; er kann unter Umständen eine sogenannte weitere Vergütung fordern (§§ 50, 55 Abs. 6 RVG). Der Anwalt kann und sollte deshalb vorsorglich seine Wahlanwaltsvergütung als weitere Vergütung festsetzen lassen. Dies vor allen Dingen vor dem Hintergrund, dass das Gericht

---
[1] BGBl I 1980 S. 677.
[2] *Mock*, FPR 1996, 294; *Mümmler*, FPR 1996, 289.

für einen Zeitraum von bis zu vier Jahren die einmal bewilligte Prozesskosten-/ Verfahrenskostenhilfe einer Überprüfung hinsichtlich des nachträglichen Eintritts der Leistungsfähigkeit des Berechtigten unterziehen kann. Sollte der Berechtigte leistungsfähig werden, so können gegen ihn die geleisteten Zahlungen der Staatskasse und die weitere Wahlanwaltsvergütung festgesetzt werden. Der Vorteil für den Anwalt liegt auf der Hand. Für diesen Fall treibt der Staat die weiteren Gebühren des Anwalts bei und zahlt die weitere Wahlanwaltsvergütung an den Anwalt aus, sobald die verauslagten Kosten der Justizkasse (Gerichtskosten und bereits geleistete Vergütung auf Prozesskostenhilfebasis) durch den Berechtigten erfüllt wurden.

- Als eindeutiger Nachteil muss allerdings die aktuelle Rechtsprechung zur Hilfeleistung des beauftragten Rechtsanwalts bei der nachträglichen Überprüfung der Leistungsfähigkeit des Antragsstellers benannt werden. Die Mandatierung des Anwalts für das Bewilligungsverfahren in Prozesskostenhilfe (PKH)- oder Verfahrenskostenhilfe (VKH)-Sachen endet nämlich nicht automatisch mit der gerichtlichen Bewilligungsentscheidung. Der Anwalt bleibt auch im Nachprüfungsverfahren verantwortlich und muss dem Gericht etwaige Veränderungen der Bewilligungsvoraussetzungen mitteilen (OLG Brandenburg, 15.11.2013. 9 WF 209/1).

- Nach § 120a Abs. 1 S. 4 ZPO kann eine Überprüfung der Bewilligungsvoraussetzungen bis zu vier Jahre nach rechtskräftiger Entscheidung oder sonstiger Verfahrensbeendigung erfolgen. Als Basis der Einbeziehung des Anwalts auch im Nachprüfungsverfahren sind die Entscheidungen des BGH XII ZB 38/09 und vom 8.12.2010 und VII ZB 63/10 vom 8.9.2011 zu nennen. Hiernach müssen Zustellungen im PKH-Prüfungsverfahren auch nach dem formellen Abschluss des Hauptsacheverfahrens entsprechend § 172 Abs. 1 ZPO an den Prozessbevollmächtigten erfolgen, wenn dieser die Partei auch im Bewilligungsverfahren vertreten hat. Diese Auslegung der Norm und die damit verbundene Verfahrensweise ist zwar konsequent, fordert dem im Prozesskostenhilfeverfahren tätigen Anwalt allerdings weitere Arbeit ab.

B. Prozesskostenhilfe als Grundrecht in der gesamten Europäischen Union

Die Charta der Grundrechte der Europäischen Union sieht in Art. 47 Abs. 3 vor, dass Personen, die nicht über ausreichende Mittel verfügen, Prozesskostenhilfe bewilligt wird, soweit diese Hilfe erforderlich ist, um den Zugang zu den Gerichten wirksam zu gewährleisten.

Am 27.1.2003 hat der Rat der Europäischen Union die Richtlinie 2002/8/EG zur Verbesserung des Zugangs zum Recht bei Streitsachen mit grenzüberschreitendem Bezug durch Festlegung gemeinsamer Mindestvorschriften für die Prozesskostenhilfe in derartigen Streitsachen verabschiedet.[3] Diese ist am 31.1.2003 in Kraft getreten und musste bis zum 30.11.2004 bzw. 30.5.2006 in nationales Recht umgesetzt werden (Art. 21 Abs. 1).

---

3 AblEG L 26/41.

5   Das Gesetz zur Umsetzung gemeinschaftlicher Vorschriften über die grenzüberschreitende Prozesskostenhilfe in Zivil- oder Handelssachen in den Mitgliedsstaaten (EG–Prozesskostenhilfegesetz) vom 15.12.2004[4] regelt die zur Umsetzung der vorbezeichneten Richtlinie erforderlichen Bestimmungen als neuen Abschnitt 3 im 11. Buch der ZPO (§§ 1076, 1077, 1078 ZPO). Die Gerichte des Wohnsitzstaates tragen hierbei für eine ordnungsgemäße Antragstellung Sorge und leiten die Ersuchen nebst den zur Rechtsverfolgung erforderlichen Unterlagen sowie Nachweisen über die persönlichen und wirtschaftlichen Verhältnisse des Antragstellers an die für die Bearbeitung zuständigen Stellen des Empfangsstaates weiter.

Darüber hinaus stellt § 116 S. 1 Nr. 2 ZPO juristische Personen, die in einem anderen Mitgliedsstaat der Europäischen Union oder einem anderen Vertragsstaat des Abkommens über den europäischen Wirtschaftsraum gegründet und dort ansässig sind, im Bereich des Prozesskostenhilferechts mit inländischen juristischen Personen gleich. Der Gesetzgeber formuliert hierzu:

[...]
2. eine juristische Person oder parteifähige Vereinigung, die im Inland, in einem anderen Mitgliedstaat der Europäischen Union oder einem anderen Vertragsstaat des Abkommens über den Europäischen Wirtschaftsraum gegründet und dort ansässig ist, wenn die Kosten weder von ihr noch von den am Gegenstand des Rechtsstreits wirtschaftlich Beteiligten aufgebracht werden können und wenn die Unterlassung der Rechtsverfolgung oder Rechtsverteidigung allgemeinen Interessen zuwiderlaufen würde.
[...]

6   Grenzüberschreitende Prozesskostenhilfe im Sinne der Richtlinie umfasst auch die vorprozessuale Rechtsberatung im Hinblick auf eine außergerichtliche Streitbeilegung.

Mit der EG-Prozesskostenhilfevordruckverordnung (EG-PKHVV) hat das BMJ die von der Europäischen Kommission erarbeiteten Standardformulare[5] des Antrags auf grenzüberschreitende Prozesskostenhilfe und des zugehörigen Vordrucks zur Übermittlung der Anträge gem. § 1077 Abs. 2 ZPO verbindlich eingeführt.[6] Zuständig ist das Amtsgericht, in dessen Bezirk der Antragsteller seinen Wohnsitz oder seinen gewöhnlichen Aufenthalt hat.

Von den Bestimmungen des EG-Prozesskostenhilfegesetzes sind alle mit Zivil- und Handelssachen befassten Gerichte – einschließlich der Rechtsmittelgerichte – betroffen; nach § 11a Abs. 3 ArbGG gelten sie in Verfahren vor den Arbeitsgerichten entsprechend.

Für die Bearbeitung ein- und ausgehender Ersuchen auf grenzüberschreitende Prozesskostenhilfe ergibt sich im Wesentlichen folgendes Verfahren:

---

4 BGBl I 2004, 3392.
5 Muster Rdn 340.
6 Http://bundesrecht.juris.de/eg-pkhvv und httm://www.internationale-rechtshilfe.nrw.de.

I. Ausgehende Ersuche

Anträge auf grenzüberschreitende Prozesskostenhilfe können gem. Art. 13 der Richtlinie: 7
- entweder bei der zuständigen Behörde des Mitgliedstaates eingereicht werden, in dem der Antragsteller seinen Wohnsitz oder seinen gewöhnlichen Aufenthalt hat (Übermittlungsbehörde),
- oder bei der zuständigen Behörde des Mitgliedstaates des Gerichtsstands,
- oder des Vollstreckungsmitgliedstaates (Empfangsbehörde).

In der Bundesrepublik Deutschland nehmen die Aufgaben der Übermittlungsstellen 8 **sachlich** die **Amtsgerichte** (§ 1077 Abs. 1 S. 1 ZPO), **funktionell** der **Rechtspfleger** (§ 20 Nr. 6 RpflG) wahr.

Die Übermittlungsstelle prüft nach § 1077 Abs. 4 ZPO die Vollständigkeit des Antrags und wirkt gegebenenfalls darauf hin, dass erforderliche Anlagen beigefügt werden. Ferner fertigt sie von Amts wegen die entsprechenden Übersetzungen der Eintragungen in den Standardformularen in der Amtssprache des ersuchten Staates oder in der Sprache, die der Mitgliedsstaat soweit zugelassen hat, an.[7]

Ist der Antrag offensichtlich unbegründet, oder fällt er offensichtlich nicht in den Anwendungsbereich der o.g. Richtlinie 2003/8/EG, kann die Übermittlungsstelle die Übermittlung durch Beschluss vollständig oder teilweise ablehnen (§ 1077 Abs. 3 S. 1 ZPO).

Die Übermittlungsstelle hat die vorgesehenen Übersetzungen auf ihre Kosten von Amts wegen zu beschaffen (§ 1077 Abs. 4 S. 1 ZPO). Eine Rückforderung der Kosten ist möglich, wenn der Antrag auf Bewilligung von Prozesskostenhilfe von der Empfangsbehörde abgelehnt wird, wenn der Antragsteller den Antrag zurücknimmt, oder wenn die Übermittlung des Antrags nach § 1077 Abs. 3 ZPO abgelehnt wird (§ 28 Abs. 3 GKG, § 2 Nr. 1a KostO).

Die Anträge nebst Anlagen sind innerhalb von 14 Tagen nach Vorliegen der Übersetzungen an die zuständige Empfangsstelle zu übersenden (§ 1077 Abs. 5 S. 2 ZPO).

Für den Fall, dass dem Antragsteller aufgrund seiner persönlichen und wirtschaftlichen Verhältnisse nach deutschem Recht zwar Prozesskostenhilfe zu bewilligen wäre, der Antrag in dem ersuchten Mitgliedstaat jedoch wegen niedrigerer Lebenshaltungskosten und entsprechend niedrigerer Schwellenwerte für die Bewilligung von Prozesskostenhilfe abgelehnt wird, kann auf Antrag eine Bescheinigung über seine Bedürftigkeit erteilt werden (§ 1077 Abs. 6 ZPO). Diese wird durch die Übermittlungsstelle ausgestellt.

II. Eingehende Ersuche

Die Bearbeitung eingehender Ersuchen um grenzüberschreitende Prozesskostenhilfe ob- 9 liegt gem. § 1078 Abs. 1 ZPO dem nach deutschem Recht zuständigen **Prozess-** bzw. **Vollstreckungsgericht**.

---

[7] Die entsprechenden Erklärungen der Mitgliedsstaaten können der folgenden Internetseite entnommen werden: http//www.internationale-rechtshilfe.nrw.de.

§ 3 Prozesskosten- und Beratungshilfe

Die Eintragungen in die Standardformulare und die Anlagen zu den Ersuchen müssen in deutscher Sprache abgefasst bzw. in die deutsche Sprache übersetzt sein (§ 1078 Abs. 1 S. 2 ZPO). Das Formblatt[8] für die Übermittlung eines Antrags auf Prozesskostenhilfe sieht die Erteilung einer Empfangsbestätigung vor.

Das zuständige Gericht entscheidet nach Maßgabe der §§ 114–116 ZPO über das Ersuchen und übersendet der Übermittlungsstelle eine Abschrift seiner Entscheidung (§ 1078 Abs. 2 ZPO). Der Antragsteller ist gem. Art. 15 Abs. 1 der Richtlinie über die Bearbeitung des Antrags zu unterrichten.

Die Bewilligung von Prozesskostenhilfe erfolgt zwar für jeden Rechtszug gesondert, nach § 1078 Abs. 4 S. 1 ZPO gilt im Falle einmal bewilligter Prozesskostenhilfe jedoch auch für jeden weiteren Rechtszug ein neuerliches Ersuchen als gestellt.

Soweit die Zuständigkeit des **Vollstreckungsgerichts** begründet ist, entscheidet der **Rechtspfleger** über eingehende Ersuchen um Bewilligung grenzüberschreitender Prozesskostenhilfe für die Zwangsvollstreckung. Er ist hier gemäß den allgemeinen Regeln zuständig. Hiervon ausgenommen sind Fälle, in denen Prozesskostenhilfe für eine Rechtsverfolgung oder Rechtsverteidigung beantragt wird, die eine richterliche Handlung erfordert (§ 20 Nr. 6 RpflG).

Für eingehende Ersuchen um grenzüberschreitende **Beratungshilfe** ist das **Amtsgericht** zuständig, in dessen Bezirk ein Bedürfnis für Beratungshilfe auftritt (§ 10 Abs. 4 BerHG). Die funktionelle Zuständigkeit obliegt insoweit dem **Rechtspfleger** (§ 24a Abs. 1 Nr. 1 RpflG).

10 Die Richtlinie findet auf grenzüberschreitende Zivilsachen Anwendung, bei denen der Antragsteller auf Prozesskostenhilfe seinen Wohnsitz nicht in dem Mitgliedstaat hat, in dem das Verfahren stattfinden oder die gerichtliche Entscheidung vollstreckt werden wird.

11 In der Richtlinie wird der Grundsatz aufgestellt, dass Personen, die nicht über ausreichende Mittel verfügen, um ihre Rechte vor Gericht geltend zu machen, Anspruch auf eine angemessene Prozesskostenhilfe haben. Danach werden in Art. 3 Leistungen aufgeführt, die für eine angemessene Prozesskostenhilfe erforderlich sind:
- vorprozessuale Rechtsberatung
- Rechtsbeistand und rechtliche Vertretung vor Gericht durch einen Rechtsanwalt
- Befreiung von den Gerichtskosten und den mit dem grenzüberschreitenden Charakter des Rechtsstreits verbundenen Kosten.

12 Ferner werden in der Richtlinie 2002/8/EG darüber hinaus, insbesondere in Art. 5, die Voraussetzungen für die finanziellen Verhältnisse des Antragstellers und die Begründetheit der Streitsache genannt, die von den Mitgliedstaaten verlangt werden können, damit ein Anspruch auf Prozesskostenhilfe besteht. Jedoch erfolgt die gesamte Bewertung der Voraussetzungen von der jeweils zuständigen Behörde des Mitgliedsstaats gesondert.

---

[8] Muster s. Rdn 341.

Der Mitgliedsstaat ist berechtigt, entsprechende Schwellenwerte festzusetzen. Zudem ist vorgesehen, dass die Prozesskostenhilfe unter bestimmten Bedingungen auch für alternative Verfahren der Streitbeilegung zu gewähren ist.

In der Richtlinie werden schließlich bestimmte Verfahren der justiziellen Zusammenarbeit zwischen den Behörden der Mitgliedstaaten aufgeführt, mit denen die Übermittlung und Bearbeitung von Anträgen auf Prozesskostenhilfe erleichtert werden soll. Es ist insbesondere vorgesehen, dass der Antrag auf Prozesskostenhilfe bei der zuständigen Behörde des Mitgliedstaats gestellt werden kann, in dem der Antragsteller seinen Wohnsitz hat. Diese Behörde übermittelt den Antrag danach ohne Verrechnung eines Entgelts rasch an die zuständige Behörde des Staates, in dem die Prozesskostenhilfe gewährt wird.

C. Sachlicher Anwendungsbereich

Die Vorschriften der Beiordnung eines Rechtsanwalts im Rahmen der Verfahrenskosten-/Prozesskostenhilfe sind bei allen zivilrechtlichen Verfahren anzuwenden, in denen ein Gesetz die Beiordnung eines Rechtsanwalts im Rahmen der Prozesskostenhilfe vorsieht.[9] Hierunter fallen:

- Zwangsversteigerungsverfahren
- Zwangsverwaltungsverfahren
- Zwangsvollstreckungsverfahren
- Arrest und einstweilige Verfügung
- Schutzschrift zur Abwehr einer drohenden einstweiligen Verfügung[10]
- Das familiengerichtliche Verfahren nach FamFG
- Das arbeitsgerichtliche Verfahren nach ArbGG
- Mahnverfahren.[11]

Hinweis

Auch zur Durchführung des Mahnverfahrens ist die Bewilligung von Prozesskostenhilfe möglich.[12] Diese erstreckt sich auch nicht automatisch auf ein sich anschließendes streitiges Verfahren. Denn eine gerichtliche Entscheidung kann nicht über ihren Entscheidungsausspruch hinaus ausgedehnt werden. Hierfür ist im nachfolgenden Streitverfahren daher eine erneute Bewilligung durch den Richter erforderlich. Hierbei bietet es sich für den Anwalt für den Fall des streitigen Verfahrens nach Abgabe an das Streitgericht an, bereits mit Anspruchsbegründung den Antrag auf Prozesskostenhilfe zu verbinden.

---

9 AnwK-RVG/*Schnapp*, § 12 Rn 6, 7.
10 Zöller/*Philippi*, § 114 Rn 2; auch wenn ein Verfahren, betreffend den Erlass einer einstweiligen Verfügung, nicht eingeleitet wird LG Lübeck, Beschl. v. 7.2.2005–10 O 40/05, JurBüro 2005, 265 m. Anm. *Fölsch*.
11 Allerdings kann dies an der Vier-Raten-Grenze nach § 115 Abs. 4 ZPO scheitern; LG Stuttgart, Beschl. v. 3.9.2004 – 10 T 340/04, AGS 2005, 125 f. = Rpfleger 2005 32 f.; LAG Niedersachsen, Beschl. v. 4.6.2004 – 10 Ta 241/04, LAGE § 114 ZPO 2002 Nr. 2.
12 OLG München MDR 1997, 891 (LS 1) m.w.N. = OLGR München 1997, 132; LG Berlin NJW 1972, 2312; OLG Oldenburg MDR 1999, 384; a.A. B/L/A/H/*Hartmann*, § 119 Rn 40.

Wichtig ist, dass das Beschwerde- oder Rechtsmittelgericht über die Erfolgssichten nicht gesondert zu entscheiden hat, wenn der Gegner den Rechtsbehelf oder das Rechtsmittel eingelegt hat (§ 119 Abs. 1 S. 2 ZPO).

▪ Zwangsvollstreckung:

Die vom Schuldner im Zwangsversteigerungsverfahren beantragte Beiordnung eines Rechtsanwalts setzt wie bei jedem Antrag auf Bewilligung von Prozesskostenhilfe voraus, dass die beabsichtigte Rechtsverfolgung hinreichend Aussicht auf Erfolg hat. Die Erfolgsaussicht lässt sich nur beurteilen, wenn der Schuldner darlegt, gegen welche vollstreckungsgerichtliche Maßnahme er sich im Einzelnen wenden oder wie er sich sonst konkret am Verfahren beteiligen möchte; die pauschale Bewilligung von Prozesskostenhilfe für das Verfahren insgesamt kommt bei der Immobiliarvollstreckung in Betracht. Im § 119 Abs. 2 ZPO hat sich der Gesetzgeber der Meinung angeschlossen, dass jedes Gericht im Umfang seiner Zuständigkeit pauschal Prozesskostenhilfe für die Vollstreckung bewilligen darf.[13] Hierzu formuliert der Gesetzgeber seinen ausdrücklichen Willen durch die Formulierung: *„Die Bewilligung von Prozesskostenhilfe für die Zwangsvollstreckung in das bewegliche Vermögen umfasst alle Vollstreckungshandlungen im Bezirk des Vollstreckungsgerichts einschließlich des Verfahrens auf Abgabe der Vermögensauskunft und der eidesstattlichen Versicherung."* Für die sonstige (Immobiliar-) Zwangsvollstreckung bleibt es bei der bisherigen Rechtslage, d.h. Prozesskostenhilfe kann nur für einzelne Verfahrensziele, nicht z.B. für das gesamte Zwangsversteigerungsverfahren bewilligt werden.[14] Die Einzelbewilligung außerhalb des § 119 Abs. 2 ZPO bezieht sich immer auf einen einheitlichen Vollstreckungsabschnitt, dazu gehören alle Maßnahmen, die für einen bestimmten Zugriff erforderlich sind.[15]

16 ### ▪ Amtsgerichtliches Verfahren:[16]

Hinweis

Der Partei eines Arbeitsrechtsstreits, die außerstande ist, ohne Beeinträchtigung des für sie und ihre Familie notwendigen Unterhalts die Kosten des Prozesses zu bestreiten, und die nicht durch eine Gewerkschaft oder einen Arbeitgeberverband vertreten werden kann, hat der Vorsitzende des Arbeitsgerichts auf ihren Antrag einen Rechtsanwalt beizuordnen, wenn die Gegenseite ebenfalls durch einen Rechtsanwalt vertreten ist (§ 11a Abs. 1 S. 1 ArbGG) oder wenn die Rechtsverfolgung nicht offensichtlich mutwillig ist (§ 11a Abs. 2 ArbGG).

In jedem Antrag auf Prozesskostenhilfe ist auch zugleich ein solcher auf eine anwaltschaftliche Beiordnung zu sehen. Wenn also der Antrag einer Partei auf Bewilligung von Prozesskostenhilfe an den Voraussetzungen nach §§ 114 ff. ZPO scheitert, hat von Amts wegen eine Prüfung dahingehend stattzufinden, ob nach § 11a ArbGG eine

---

13 Zöller/*Philippi*, § 119 Rn 33, RegE der 2. ZwVRNovelle, BT-Drs 13/341 S 13.
14 BGH NJW-RR 2004, 787, 788; LG Münster MDR 1994, 1254 F.
15 *Fischer*, Rpfleger 2004, 190,193.
16 LAG Niedersachsen, Beschl. v. 4.6.2004 – 10 Ta 241/04, LAGE § 114 ZPO 2002 Nr. 2.

Beiordnung und damit Befreiung von den Kosten erfolgen kann. Etwas anderes gilt nur dann, wenn eine unstreitige Lohnforderung lediglich tituliert werden soll. Besonderheiten gelten bei **gewerkschaftlich organisierten Antragstellern**. Da diese durch die Gewerkschaft Rechtsschutz genießen und ein solcher Anspruch zum Vermögen nach § 115 ZPO zählt, wenn eine Inanspruchnahme zumutbar ist, steht dies der Gewährung von Prozesskostenhilfe entgegen.[17] Diese werden insoweit in der Praxis rechtsschutzversicherten Antragstellern gleichgestellt. Ebenso ist eine Anwaltsbeiordnung dann nicht zu gewähren, wenn der Antragsteller durch einen Mitarbeiter der Gewerkschaft vertreten werden kann.[18]

■ **Verfahren nach dem FamFG (Verfahrenskostenhilfe), vormals FGG-Verfahren:** 17
Gesonderte Ausführungen hierzu siehe Rdn 199 ff.

■ **Insolvenzverfahren:** 18

Bei einem **Antrag eines Gläubigers** dürfte es von wesentlicher Bedeutung sein, dass die komplexen Regelungen es mit sich bringen, dass das Verfahren sehr undurchschaubar ist. Dadurch ist es möglich, dem Gläubiger, um ihn vor rechtlichen Nachteilen zu schützen, einen Rechtsanwalt im Rahmen der Prozesskostenhilfe beizuordnen. Insbesondere ist dies der Fall, wenn ein Gläubiger unfähig ist, sich schriftlich oder mündlich angemessen auszudrücken, oder die Glaubhaftmachung der Forderung oder des Insolvenzgrundes sich als besonders schwierig darstellt.

In den §§ 4a–4d InsO ist geregelt, dass seit dem 1.12.2001[19] ein **Schuldner als natürliche Person**, der die Möglichkeit der **Restschuldbefreiung** in Anspruch nehmen möchte, „berechtigt ist, für das Verfahren Stundung zu beantragen".[20] Hierbei ist für den für den Schuldner antragstellenden Anwalt von Bedeutung, dass der Antrag auf Verfahrenskostenstundung zwingend mit dem Antrag auf Eröffnung des Insolvenzverfahrens und dem Antrag auf Restschuldbefreiung zu verbinden ist. Verfahrenskostenstundung wird dem Schuldner als natürliche Person nämlich nur für den Fall gewährt, dass er auch die Restschuldbefreiung erlangen kann. Hierzu ist wiederum zwingend das Durchlaufen des originären Insolvenzverfahrens als „Hauptsacheverfahren" erforderlich.

Die Bewilligung von Prozesskostenhilfe für den antragstellenden Schuldner sieht das Gesetz indes nicht vor, da der Gesetzgeber davon ausgeht, dass der Schuldner in der Lage ist, notfalls unter Hilfe der zuständigen Rechtsantragsstelle die erforderlichen Anträge selbst zu stellen.

Aus vergleichbarem Grund lehnen die Rechtsantragsstellen nahezu sämtlicher Amtsgerichte die Bewilligung von Beratungshilfe zum Zwecke der Durchführung der obligatori-

---

17 LAG Rheinland-Pfalz, Beschl. v. 18.8.2004 – 2 Ta 187/04, ArbuR 2005, 166.
18 *Bromman*, RdA 1984, 342.
19 Für Verfahren, welche vor Verkündung im BGBl bereits anhängig waren, gilt die bisherige Rechtslage; OLG Celle NZI 2001, 603.
20 Muster unter Rdn 345.

schen außergerichtlichen Schuldenregulierung eines Schuldners zur Vorbereitung eines Verbraucherinsolvenzverfahrens ab.

Das Gericht ordnet gleichwohl einen Rechtsanwalt nur dann bei, wenn dies trotz der gesetzlich normierten Fürsorgepflicht des Gerichts für erforderlich gehalten werden darf (§ 4a Abs. 2 S. 1 InsO).

19 Im Insolvenzverfahren ist es regelmäßig nur dann erforderlich, dem Gläubiger im Wege der Prozesskostenhilfe einen Rechtsanwalt beizuordnen, wenn eine wirtschaftlich denkende vermögende Partei vernünftigerweise einen Rechtsanwalt beauftragen würde.

Grundsätzlich ist für jeden Verfahrensabschnitt, der besondere Kosten verursacht, zu prüfen, ob die Beiordnung erforderlich ist.[21] Notwendig ist, dass die persönlichen Voraussetzungen der §§ 114, 115 ZPO vorliegen, die Rechtsverfolgung Aussicht auf Erfolg hat und nicht mutwillig erscheint (§ 114 ZPO). Der Gläubiger muss zumindest mit einer Quote auf seine Forderung rechnen können.[22] Dies trifft nicht zu, wenn das Vermögen des Schuldners voraussichtlich nicht ausreicht, um die Kosten des Verfahrens zu decken, und kein Massekostenvorschuss gem. § 26 Abs. 1 S. 2 InsO geleistet wird.[23] Insbesondere dürften sich die notwendigen Erfolgsaussichten spätestens dann verneinen lassen, wenn das Verfahren als massearm gilt. Massearmut ist spätestens mit Anzeige der Masseunzulänglichkeit durch den Insolvenzverwalter anzunehmen (§ 208 InsO). Hierdurch zeigt der Insolvenzverwalter nämlich an, dass die Insolvenzmasse zwar noch die Verfahrenskosten deckt, aber nicht mehr die sonstigen Masseverbindlichkeiten. Sind allerdings diese nicht mehr gedeckt, haben zwangsläufig die Insolvenzgläubiger mit keiner Quote mehr zu rechnen.

20 Dem Gläubiger kann im Insolvenzverfahren auf seinen Antrag ein zur Vertretung bereiter Rechtsanwalt beigeordnet werden, wenn die Vertretung durch einen Rechtsanwalt erforderlich erscheint (§ 4 InsO i.V.m. § 121 Abs. 2 Fall 1 ZPO). Im Insolvenzverfahren ist die Vertretung der Gläubiger durch Anwälte nicht vorgeschrieben. § 121 Abs. 1 ZPO findet deshalb keine Anwendung. Die Wertgrenzen zum sonst üblichen Instanzenzug sind nicht zu beachten. Der Umstand, dass der Schuldner im Insolvenzverfahren durch einen Rechtsanwalt vertreten ist, gibt keine Veranlassung, einem Gläubiger einen Rechtsanwalt beizuordnen. § 121 Abs. 2 Fall 2 ZPO ist auf das Insolvenzverfahren nicht anwendbar. Ist der Gläubiger durch einen Rechtsanwalt vertreten, hat der Schuldner nach § 4a Abs. 2 InsO nicht allein deshalb Anspruch darauf, ebenfalls einen Anwalt beigeordnet zu erhalten.[24] Für den Gläubiger kann umgekehrt nichts anderes gelten. Im Insolvenzverfahren gibt es keinen Gegner i.S.d. § 121 Abs. 2 Alt. 2 ZPO. Das Verfahren nach der InsO ist grundlegend anders ausgestaltet als das kontradiktorische Verfahren nach der ZPO. Es ist vom Amtsermittlungsgrundsatz (§ 5 Abs. 1 InsO) geprägt sowie von gericht-

---

21 BGH, Beschl. v. 8.7.2004 – IX ZB 565/02, WM 2004, 1738 = Rpfleger 2004, 582 f.
22 LG Freiburg ZInsO 2003, 954 und 1006; LG Potsdam ZInsO 2002, 1149; *Vallender*, MDR 1999, 598, 600; FK-InsO/*Schmerbach*, a.a.O. § 13 Rn 82.
23 Vgl. MüKo-InsO/*Ganter*, § 4 Rn 24.
24 BGH, Beschl. v. 5.12.2002 – IX ZA 20/02, NZI 2003, 270; v. 18.12.2002 – IX ZA 22/02, ZInsO 2003, 124.

lichen Kontroll- und Fürsorgepflichten. Deshalb fordert auch Art. 3 Abs. 1 GG unter dem Gesichtspunkt der prozessualen Waffengleichheit nicht die entsprechende Anwendung des § 121 Abs. 2 Fall 2 ZPO.[25]

In der Rechtsprechung und Literatur wird zwar ohne nähere Begründung die Meinung vertreten, angesichts der komplizierten Materie sei für das Insolvenzverfahren die Beiordnung eines Rechtsanwalts in der Regel erforderlich.[26] Zum Teil wird dies nur für die Anmeldung einer Insolvenzforderung angenommen[27] oder für den Gläubiger als Antragsteller für das Insolvenzverfahren.[28] Nach anderer Auffassung wird sowohl für die Anmeldung einer Insolvenzforderung als auch für das eröffnete Verfahren im Regelfall die Beiordnung eines Rechtsanwalts abgelehnt.[29] Diese Ansicht erscheint folgerichtig. Wenn bereits die anwaltliche Vertretung des Insolvenzschuldners im Insolvenzeröffnungs- und Insolvenzverfahren grundsätzlich nicht angezeigt ist, so ist im Zweifel eine regelmäßige Vertretung eines Gläubigers als Beteiligter eines Insolvenzverfahrens ebenfalls nicht geboten. Als Maßstab kommt hierbei nach Ansicht des Bundesgerichtshofs die Beantwortung der Frage in Betracht, ob eine wirtschaftlich vernünftig denkende Partei einen Rechtsanwalt mit der Vertretung beauftragen würde.[30]

Für den **Schuldner** ist über die Stundung der Verfahrenskosten für jeden Verfahrensabschnitt besonders zu entscheiden (§ 4a Abs. 3 S. 2 InsO). Dementsprechend ist auch jeweils zu entscheiden, ob dem Schuldner gem. § 4a Abs. 2 S. 1 InsO ein Rechtsanwalt beizuordnen ist.[31] Der Gesetzgeber geht davon aus, dass sich die Notwendigkeit der Stundung der Verfahrenskosten und der Beiordnung eines Rechtsanwalts für die verschiedenen Verfahrensabschnitte unterschiedlich darstellen kann. Aus der Praxis heraus ist jedoch zu beobachten, dass Schuldnern durch das Insolvenzgericht so gut wie nie ein Rechtsanwalt zur Verfolgung ihrer Interessen beigeordnet wird. Anwälte sollten zudem darauf achten, dass sie für ihren Mandanten als Schuldner für jeden einzelnen Verfahrensabschnitt bei Vorliegen der Voraussetzungen Verfahrenskostenhilfe beantragen, da sonst in Ermangelung einer Verfahrenskostendeckung der Schuldner die Zahlung eines Vorschusses unter Fristsetzung aufgegeben bekommt. Leistet der Schuldner diesen Vorschuss nicht, so kann das Verfahren mangels Verfahrenskostendeckung vorzeitig und damit ohne Erteilung der Restschuldbefreiung eingestellt werden.

21

Im Insolvenzverfahren ist es regelmäßig nur dann erforderlich, dem Gläubiger im Wege der Prozesskostenhilfe einen Rechtsanwalt beizuordnen, wenn eine wirtschaftlich denkende, vermögende Partei vernünftigerweise einen Rechtsanwalt beauftragen würde. Grundsätzlich ist für jeden Verfahrensabschnitt, der besondere Kosten verursacht, zu prüfen, ob die Beiordnung erforderlich ist.

---

25 BVerfG NJW 1989, 3271.
26 Zöller/*Philippi*, § 121 Rn 8a; *Hess/Weis/Wienberg*, InsO, 2. Aufl., § 4 Rn 90; LG Konstanz NJW-RR 2000, 54, 56, BGH, MDR 2005, 50 f.
27 MüKo-ZPO/*Wax*, 2. Aufl., § 121 Rn 33; LG Hannover AnwBl 1985, 596.
28 FK-InsO/*Schmerbach*, a.a.O., § 13 Rn 77.
29 LG Oldenburg ZIP 1991, 115; LG Duisburg Rpfleger 2000, 294.
30 BGH NJW 2004, 3260.
31 Vgl. BGH, Beschl. v. 25.9.2003 – IX ZB 459/02, ZInsO 2003, 990, 992 = 1041, 142.

22 Für den **Gläubiger** fehlt eine ausdrücklich entsprechende Regelung in der Insolvenzordnung. Nach § 119 Abs. 1 S. 1 ZPO erfolgt die Bewilligung jedoch für jeden Rechtszug besonders. Der Begriff des Rechtszuges ist kostenrechtlich zu verstehen. Rechtszug ist jeder Verfahrensabschnitt, der besondere Kosten verursacht.[32] Im Insolvenzverfahren erhält der Anwalt des Gläubigers Gebühren im Verfahren über einen Antrag auf Eröffnung nach Nr. 3314 VV, im Verfahren über den Schuldenbereinigungsplan nach Nr. 3316 VV, für die Vertretung im Insolvenzverfahren nach Nr. 3317 VV, die Tätigkeit im Verfahren über den Antrag auf Restschuldbefreiung und im Verfahren über einen Insolvenzplan, außerdem nach Aufhebung des Insolvenzverfahrens im Verfahren auf Versagung oder Widerruf der Restschuldbefreiung (Nr. 3318, 3321 VV). Beschränkt sich die Tätigkeit des Anwalts auf die Anmeldung einer Insolvenzforderung, bemisst sich die Gebühr nach Nr. 3320 VV.

Mehrere dieser gebührenrechtlich selbstständigen Verfahrensabschnitte bilden einen einheitlichen Rechtszug i.S.d. § 119 ZPO nur, soweit sie nach ihrem Sinn und Zweck nicht voneinander getrennt werden können.[33] Im Insolvenzverfahren ist daher bei der Bewilligung von Prozesskostenhilfe und bei der Beiordnung eines Rechtsanwalts für den Gläubiger jeweils zu prüfen, in welchem der genannten Verfahrensabschnitte die Beiordnung eines Rechtsanwalts erforderlich ist.

23 Eine **anwaltliche Beiordnung** – auch im Eröffnungsverfahren ist allerdings nur unter der Voraussetzung möglich, dass die Vertretung erforderlich erscheint (§ 4 Abs. 2 InsO). Dies ist nur dann der Fall, wenn die Sach- und Rechtslage besondere Schwierigkeiten aufweist.[34] Insofern genügt es – entgegen § 121 Abs. 2 ZPO – nicht, dass der Gegner anwaltlich vertreten ist,[35] ebenso wenig fehlende Deutschkenntnisse, sowie die Absicht, einen Insolvenzplan vorzulegen,[36] bzw. wenn die Mehrheit der Gläubiger einem Schuldenbereinigungsplan nicht zustimmt und eine Zustimmungsersetzung nicht in Betracht kommt.[37] Denn bei Schaffung der Regelungen der §§ 4a ff. InsO ging der Gesetzgeber davon aus, dass ein Schuldner im Insolvenzverfahren regelmäßig selbst seine Rechte wahrnehmen kann. Zwar obliegt es dem Gericht aufgrund seiner Fürsorgepflicht, insbesondere im Verbraucherinsolvenzverfahren, den oftmals rechtsunkundigen Schuldner zu beraten. Nur dies berechtigt letztlich dann bei besonders schwieriger Rechts- und Sachlage eine Anwaltsbeiordnung. Eine solche ist nicht schon dann gegeben, wenn eine Reihe von Gläubigern vorhanden ist, wenn die Einlegung eines Widerspruchs gegen eine Forderung aus vorsätzlich unerlaubter Handlung nach § 175 Abs. 2 InsO[38] erfolgen soll, ebenso wenig bei Durchführung eines Regelinsolvenzverfahrens. Insofern hat der

---

32 Zöller/*Philippi*, § 119 Rn 1; Musielak/*Fischer*, ZPO 7. Aufl., § 119 Rn 2; MüKo-ZPO/*Wax*, a.a.O, § 119 Rn 2.
33 MüKo-ZPO/*Wax*, a.a.O., § 119 Rn 2.
34 LG Koblenz, Beschl. v. 13.2.2002, BRAK-Mitt 2002, 200 = NZI 2002, 215 ff.
35 BT-Drucks 14/5680, 21; LG Bochum ZInsO 2003, 131 (LS 3), denn § 4a Abs. 2 InsO verweist gerade nicht auf § 121 Abs. 2 ZPO.
36 LG Bochum ZInsO 2003, 89, 91; hingegen nur, wenn der Schuldner Pflichtaufgaben im Rahmen des Insolvenzverfahrens zu erfüllen hat.
37 LG Göttingen DZWir 2001, 481.
38 AG Göttingen ZInsO, 2003, 241; a.A. FK-InsO/*Kothe*, § 4a Rn 39.

Gesetzgeber die Beiordnung eines Anwalts im Insolvenzverfahren bewusst unter erheblich engere Voraussetzungen gestellt, als dies in einem normalen, kontradiktorischen Verfahren nach der ZPO der Fall ist. Eine Anwaltsbeiordnung kommt daher in Betracht, wenn sich Schuldner und Gläubiger wie Parteien in einem streitigen Zivilverfahren gegenüberstehen, z.B. bei einem Antrag auf Versagung der Restschuldbefreiung gem. §§ 290, 296 ff. InsO. Hierbei ist zu beachten, dass das Insolvenzgericht den Anwalt dem Schuldner auf Antrag nur dann beiordnen wird, wenn es nach summarischer Prüfung bereits von einer Zulässigkeit des Antrags auf Versagung der Restschuldbefreiung ausgeht. Viele Anträge scheitern allerdings bereits daran, dass sie sich auf Gründe berufen, mit welchen der antragstellende Gläubiger präkludiert ist. So kann sich der Gläubiger nicht mehr auf Gründe des § 290 InsO berufen, wenn das Insolvenzverfahren bereits aufgehoben und durch vorherigen Beschluss der Ankündigung der Restschuldbefreiung in das Verfahren zur Erteilung der Restschuldbefreiung übergeleitet wurde. Für diesen Fall ist der Gläubiger als Antragssteller der Versagung der Restschuldbefreiung ausschließlich auf die Regelung des § 295 InsO verwiesen. Nur wenn ein dort benannter Versagungsgrund glaubhaft gemacht werden kann, ist der Antrag überhaupt statthaft und nur für diesen Fall besteht die Notwendigkeit der Vertretung eines Schuldners durch einen Rechtsanwalt.

Im Falle einer eventuellen Beiordnung besteht für den Rechtsanwalt dann wie für einen Prozesskostenhilfe-Anwalt einen Vergütungsanspruch gegen die Staatskasse gem. § 45 RVG.

Der Vergütungsanspruch des beigeordneten Rechtsanwalts ist nach der Zielsetzung des Gesetzgebers allerdings sekundär. Dies bedeutet, dass zuerst zu überprüfen ist, ob der Schuldner die Kosten aus seinem Vermögen leisten kann. Da nach § 35 Abs. 1 InsO auch der Neuerwerb während des Insolvenzverfahrens zur Masse gehört, ist zu ermitteln, ob das in diesem Zeitraum erlangte pfändbare Einkommen zur Deckung der Kosten ausreicht. Erst wenn dies nicht der Fall ist, kommt eine Beiordnung in Betracht, wenn diese ausnahmsweise erforderlich ist. Bei einer schwierigen Sach- und Rechtslage dürfte dies regelmäßig der Fall sein. Da es sich gerade im Verbraucherinsolvenzverfahren meist um unkundige Schuldner handelt, ist eine eingehende Beratung durch einen Rechtsanwalt stets geboten. In jedem Fall hat nach dem Willen des Gesetzgebers eine Beiordnung dann zu erfolgen, wenn der Schuldner um die Restschuldbefreiung kämpft, d.h. eine Versagung nach §§ 290, 296 InsO droht. Dies allerdings wiederum nur unter der Voraussetzung, dass das Insolvenzgericht den Antrag auf Versagung der Restschuldbefreiung bereits für statthaft erachtet.

Die gewährte **Stundung** und Beiordnung hat **dieselben Auswirkungen wie eine bewilligte Prozesskostenhilfe** nach § 122 ZPO, insbesondere bewirkt sie, dass der Anwalt während der Dauer der Stundung keinerlei Gelder vom Schuldner verlangen darf (vgl. § 4a Abs. 3 Nr. 1b InsO).

§ 3 Prozesskosten- und Beratungshilfe

27 Nach § 4a Abs. 3 S. 2 InsO erfolgt die Stundung für jeden Verfahrensabschnitt gesondert erfolgen.[39] Dies bedeutet, dass **jeder** Verfahrensabschnitt, der besondere Kosten verursacht, hiervon umfasst ist, somit das:
- gerichtliche Schuldenbereinigungsverfahren,
- das Regel- bzw. Verbraucherinsolvenzverfahren und
- das Restschuldbefreiungsverfahren.

28 *Hinweis*
Ein Rechtsanwalt darf ab Beantragung der Stundung bis zu deren Bewilligung keine Vorschüsse vom Schuldner einfordern, denn ab Antragstellung treten die Wirkungen der Stundung zunächst einstweilen ein (§ 4a Abs. 3 S. 3 InsO). Insofern kann – im Gegensatz zur Prozesskostenhilfebewilligung – die weitere Vergütung nach § 50 RVG, d.h. die Differenz zwischen dem Gebührenanspruch des beigeordneten Rechtsanwalts und des Wahlanwalts, nicht vorschussweise sichergestellt werden. Diese Misslichkeit lässt sich auch nicht durch Forderung von Gebühren gegenüber dem Rechtssuchenden ausgleichen, da der Anwalt von diesem keine Vorschüsse verlangen darf.

29 Obwohl die weitere Vergütung durch Vorschusszahlung nicht sichergestellt werden kann, besteht ein Anspruch hierauf. Die Regelung des § 4b InsO regelt die Rückzahlung der dem Schuldner gestundeten Kosten. Das Gericht prüft nach Erteilung der Restschuldbefreiung, ob der Schuldner in der Lage ist, die gestundeten Beträge aus seinem Einkommen und Vermögen zu zahlen. Es hat sodann die Möglichkeit, entweder die Stundung zu verlängern oder aber bei wesentlicher Änderung der Schuldnerverhältnisse Ratenzahlungen anzuordnen (§ 4b Abs. 2 InsO). Diese Regelung wendet die für die Prozesskostenhilfe in Betracht kommenden Bestimmungen der §§ 115 Abs. 1 und 2, 120a Abs. 1 S. 2 und 3 ZPO an. Dies bedeutet nichts anderes, als dass der Anwalt sich über die Höhe der Ratenzahlung letztlich die Differenz zur Insolvenzkostenvergütung aus der Staatskasse nach §§ 45, 49 RVG bis zur Wahlanwaltsvergütung nach § 50 RVG sichern kann. Der Rechtsanwalt erhält demnach seine Vergütung wie ein Wahlanwalt, soweit die vorgenannten Voraussetzungen erfüllt sind. Sind die Verfahrenskosten aufgrund der Masse ebenso gesichert wie die weiteren Masseverbindlichkeiten, so hat der Schuldner gegen die Insolvenzmasse den Anspruch auf Freistellung wegen der sonst drohenden Anordnung der Ratenzahlung mit Abschluss des Insolvenzverfahrens

30 Durch die Anwendbarkeit des § 115 ZPO ist klargestellt, dass die Ratenzahlung – wie im Falle der Prozesskostenhilfebewilligung – höchstens 48 Monate betragen darf. Ein Unterschied zu den Prozesskostenhilfe-Vorschriften besteht allerdings darin, dass der Schuldner verpflichtet ist, jede Änderung seiner Verhältnisse unverzüglich anzuzeigen. Hierdurch soll es dem Gericht ermöglicht werden, eventuell Ratenzahlungen anzuordnen, allerdings begrenzt auf einen vierjährigen Zeitraum seit Verfahrensbeendigung. Erklärt sich der Schuldner trotz Aufforderung nicht, so kann die Stundungsbewilligung

---

39 BGH, Beschl. v. 8.7.2004 – IX ZB 565/02, WM 2004, 1738 f.

widerrufen werden (§ 4c Abs. 1 Nr. 1 InsO), was dazu führt, dass eine Kostenfestsetzung gem. § 11 RVG hinsichtlich der weiteren Vergütung nach § 50 RVG gegen den Schuldner zulässig wird.

Der Insolvenzverwalter kann als Partei kraft Amtes nach § 116 Abs. 1 Ziff. 1 ZPO zu den dortigen Voraussetzungen Prozesskostenhilfe erhalten:

Prozesskostenhilfe erhalten auf Antrag
1. eine Partei kraft Amtes, wenn die Kosten aus der verwalteten Vermögensmasse nicht aufgebracht werden können und den am Gegenstand des Rechtsstreits wirtschaftlich Beteiligten nicht zuzumuten ist, die Kosten aufzubringen;
[...]

Insolvenzverwalter sind nach allgemeiner Ansicht Partei kraft Amtes. Zu prüfen ist also, ob die Kosten aus der verwalteten Masse aufgebracht werden können.

Zudem ist zu prüfen, ob den wirtschaftlich Beteiligten (hier: Gläubiger) eine Aufbringung der voraussichtlichen Kosten des Rechtsstreits zumutbar ist.

Das Oberlandesgericht Hamm stellt in seinem Beschl. v. 31.7.2007[40] bereits umfassend auf Kriterien ab, ab wann es einem Insolvenzgläubiger zumutbar sein soll, einen Kostenvorschuss zu leisten.[41]

■ **Strafverfahren:** 31

Für die unterschiedlichen Beteiligten kann auch im Strafverfahren Prozesskostenhilfe bewilligt werden. Beteiligte sind der Privatkläger (§ 379 Abs. 3 StPO),[42] der Widerkläger (§ 388 StPO), der Nebenkläger (§ 397a StPO), der Verletzte und Angeschuldigte im Adhäsionsverfahren (§ 404 Abs. 5 StPO) und der Antragsteller im Klageerzwingungsverfahren (§ 172 Abs. 3 StPO). Der **Nebenkläger** hat allerdings keinen Anspruch auf Bewilligung von Prozesskostenhilfe für oder gegen eine offensichtlich unbegründete Revision.[43] Der Gesetzgeber verweist hierzu pauschal auf die Voraussetzungen der Prozesskostenhilfe.

■ **Verwaltungsgerichtsverfahren:** 32

Einer Prüfung, ob die beabsichtigte Rechtsverfolgung oder Rechtsverteidigung hinreichende Aussicht auf Erfolg bietet und nicht mutwillig erscheint (§ 114 Abs. 1 S. 1 ZPO, § 166 VwGO), bedarf es dann nicht, wenn der Gegner das Rechtsmittel eingelegt hat. In diesem Fall sind in einem höheren Rechtszug diese zusätzlichen Grundvoraussetzungen der Bewilligung von Prozesskostenhilfe nicht zu prüfen (§ 119 Abs. 1 S. 2 ZPO, § 166 VwGO).[44] Auch hier verweist der Gesetzgeber pauschal auf die Regelungen zur Prozesskostenhilfe.

---

40 OLG Hamm v. 31.7.2007 – 27 W 31/07.
41 Vgl. auch ZinsO 2010, 1078 f.
42 *Meyer*, JurBüro 1983, 1601.
43 BGH, Beschl. v. 13.7.2004 – 4 StR 178/04, StraFo 2004, 399.
44 OVG Nordrhein-Westfalen, Beschl. v. 20.1.2004 – 1 B 2009/04 n.v.

33 Nach § 166 VwGO sind die Vorschriften der §§ 114–127 ZPO anwendbar. Die Beiordnung eines Rechtsanwalts ist aber nicht schon dann erforderlich, wenn das Gericht die Streitsache mit den Beteiligten auch rechtlich erörtern will.[45] **Ausnahmen** ergeben sich auch in Verfahren vor den **Sozialkammern/-senaten** nach § 188 S. 1 VwGO. Hiernach werden Gebühren und Auslagen nicht erhoben, sodass Prozesskostenhilfe nicht bewilligt werden kann, wenn eine Beiordnung eines Rechtsanwalts nach § 121 ZPO nicht in Frage kommt.[46] Auch in **Disziplinarverfahren** nach der BDO ist Prozesskostenhilfe nicht zu bewilligen.[47]

34 ▪ **Sozialgerichtsverfahren:**

Da die ZPO-Vorschriften auch im sozialgerichtlichen Verfahren Gültigkeit haben (§ 73a Abs. 1 S. 1 SGG), kann hier ebenfalls Prozesskostenhilfe bewilligt werden. Ein Rechtsbeistand oder Rentenberater kann jedoch nicht beigeordnet werden.[48] Macht der Beteiligte, dem Prozesskostenhilfe bewilligt ist von seinem Recht, einen Rechtsanwalt zu wählen, keinen Gebrauch, so wird auf Antrag des Beteiligten der beizuordnende Rechtsanwalt vom Gericht gem. § 73a Abs. 1 S. 2 SGG ausgewählt. Allerdings wird Prozesskostenhilfe nicht bewilligt, wenn der Beteiligte durch einen Gewerkschafts- oder Verbandsvertreter vertreten ist (§ 73a Abs. 2 SGG). Hier ergeben sich Parallelen zum arbeitsgerichtlichen Verfahren.

Ist für ein Nichtzulassungsbeschwerdeverfahren Prozesskostenhilfe bewilligt worden, gilt diese Entscheidung nur für den betreffenden Rechtszug (vgl. § 73a Abs. 1 SGG i.V.m. § 119 Abs. 1 S. 1 ZPO). Dazu gehört das Wiederaufnahmeverfahren nach § 179 SGG i.V.m. §§ 578 ff. ZPO nicht. Es handelt sich bei entsprechenden Anträgen um außerordentliche Rechtsbehelfe zur Beseitigung der Rechtskraftwirkung von Entscheidungen.[49]

35 ▪ **Prozesskostenhilfebewilligungsverfahren:**

Befindet sich das Verfahren noch im Stadium des **Prozesskostenhilfeprüfungsverfahrens**, kann dem Gegner in diesem Verfahrensstadium auch keine Prozesskostenhilfe unter Beiordnung eines Rechtsanwalts bewilligt werden.

36 Eine **Ausnahme** ist aus prozessökonomischen Gründen allerdings dann gegeben, wenn das Gericht innerhalb des Bewilligungsverfahrens zugleich die Hauptsache in einem **Vergleich** erledigt.[50] Umstritten ist in diesem Zusammenhang allerdings, ob dabei nur für den Abschluss des Vergleichs oder für das gesamte Prozesskostenhilfe-Prüfungsver-

---

45 BVerwGE 51, 111= DVBl 1977, 206.
46 BVerwG NVwZ-RR 1989, 665.
47 BVerwG NVwZ-RR 1997, 664.
48 LSG Rheinland-Pfalz NZA 1985, 299.
49 BSG, Beschl. v. 2.3.2004 – B 9 V 7/04 B, RegNr. 26514 (BSG-Intern).
50 OLG Nürnberg FamRZ 2000, 838; OLG Braunschweig NdsRpfl 1999, 362 = FamRZ 2000, 756; OLG Düsseldorf FamRZ 1996, 416; OLG Bamberg JurBüro 1995, 423; OLG Hamburg JurBüro 1996, 26; *Schoreit/Dehn*, § 114 ZPO Rn 3 m.w.N.; a.A. LG Aachen MDR 1986, 504 m. Anm. *Schneider*.

fahren Prozesskostenhilfe zu bewilligen ist.[51] Zumindest im Falle des Abschlusses eines Vergleichs im Erörterungstermin gemäß § 118 Abs. 1 S. 3 ZPO kann Prozesskostenhilfe nur für den Vergleich, nicht aber für das gesamte Prozesskostenhilfeverfahren bewilligt werden.[52]

Der die Prozesskostenhilfebewilligung ablehnenden Ansicht ist nicht zu folgen. Sie verkennt den Zweck des Prozesskostenhilfe-Verfahrens, der unter anderem darin besteht, eine bedürftige Partei von den Kosten – nicht nur – des Prozessbevollmächtigten zu entlasten. Bei Erstreckung nur auf den Vergleichsabschluss ergäbe sich für die Prozesskostenhilfe-Partei die Folge, dass diese die regelmäßig bei einem Vergleichsabschluss anfallende **Verfahrensgebühr** nach Nr. 3335 VV in Höhe von 1,0 selbst zu tragen hätte. Dies würde dazu führen, dass eine Partei auf Anraten ihres Anwalts einen Vergleichsabschluss im Prozesskostenhilfebewilligungsverfahren ablehnen müsste, um dieser Kostentragungspflicht zu entgehen. Der beratende Anwalt müsste diese Vorgehensweise auch anempfehlen, um sich nicht selbst einem Schadensersatzanspruch seines Mandanten in Höhe des weiteren Vergütungsanspruches auszusetzen. Die Konsequenz wäre, den im Bewilligungsverfahren ausgearbeiteten Vergleich zum Gegenstand eines gerichtlichen Verfahrens zu machen, für welches dann in vollem Umfang, d.h. nicht nur für den Vergleich, Prozesskostenhilfe bewilligt werden müsste. Diese Folgen liegen weder im Interesse der Parteien noch – angesichts der angespannten finanziellen Lage der öffentlichen Kassen – im Interesse der Staatskasse. Insofern umfasst die Prozesskostenhilfebewilligung für den Abschluss eines Vergleichs im Prozesskostenhilfebewilligungsverfahren das gesamte Verfahren, einschließlich einer Erörterung vor Vergleichsabschluss.[53]

D. Persönlicher Anwendungsbereich

I. Parteien

Kann der Antragsteller – egal, ob Ausländer oder Staatenloser[54] – nach seinen persönlichen und wirtschaftlichen Verhältnissen die Kosten der Prozessführung nicht, nur zum Teil oder nur in Raten aufbringen, so sind subjektiv die Voraussetzungen für die Bewilligung von Prozesskostenhilfe erfüllt. Als berechtigte Parteien kommen in Betracht:
- Kläger,
- Beklagter,
- Streitgenosse,
- Nebenintervenient.[55]

---

51 Vgl. zum Meinungsstand Zöller/*Philippi*, § 118 Rn 8.
52 BGH NJW 2004, 2595.
53 OLG Celle, Beschl. v. 17.5.1999 – 10 WF 62/99, Rpfleger 1999, 451 m.w.N.
54 BT-Drucks 8/3694, S. 17.
55 OLG Köln, Beschl. v. 22.2.2002 – 14 WF 19/02, MDR 2002, 660 f. = FamRZ 2002, 1198 f.; OLG Hamm DAV 1991, 772; OLG Koblenz FamRZ 1986, 1233.

39 Es ist erforderlich, dass die antragstellende Partei die sog. „Kosten der Prozessführung nicht oder nur zum Teil oder nur in Raten aufbringen kann". Im Folgenden sind allerdings Eigenarten zu beachten:

1. Streitgenossenschaft

40 Sowohl notwendige als auch einfache Streitgenossen können bei Vorliegen der Voraussetzungen Prozesskostenhilfe beantragen und auch bewilligt erhalten. Fraglich ist lediglich der Umfang der Bewilligung und Beiordnung eines gemeinsamen Rechtsanwalts. Wenn nämlich einer der Streitgenossen aufgrund Vermögens durchaus in der Lage ist, die Kosten des gemeinsamen Anwalts zu zahlen, die anderen jedoch nicht, so erstreckt sich die Prozesskostenhilfebewilligung lediglich auf den nach Nr. 1008 VV aus der Staatskasse zu zahlenden Erhöhungsbetrag.[56] Denn der mittellosen Partei soll durch die Prozesskostenhilfebewilligung lediglich eine Rechtsverfolgung bzw. Rechtsverteidigung insoweit gewährt werden, ohne dass dadurch ein Streitgenosse, der selbst über die notwendigen Mittel verfügt, begünstigt wird. Aufgrund der Subsidiarität staatlicher Hilfe soll somit die Prozesskostenhilfe-Partei aus der Staatskasse nur den Betrag erhalten, in dessen Höhe sie tatsächlich in Anspruch genommen werden kann. Dies betrifft daher nur die Erhöhungsgebühr nach Nr. 1008 VV. Der BGH lehnt es ausdrücklich ab, Prozesskostenhilfe in Höhe der Kopfteilquote zu bewilligen, die im Innenverhältnis auf den bedürftigen Genossen entfällt. Ist Prozesskostenhilfe unbeschränkt bewilligt worden und werden dann von der Staatskasse unter Berufung auf die Entscheidung des BGH lediglich die Erhöhungsbeträge festgesetzt, so kann dem entgegengehalten werden, dass diese Gestaltung jedenfalls nicht von der Entscheidung des BGH erfasst ist.[57] Konsequenz daraus ist: Die Prozesskostenhilfe schützt den bedürftigen Streitgenossen nicht dagegen, dass der nicht bedürftige Streitgenosse von ihm nach § 426 Abs. 1 BGB die Bezahlung eines höheren Anteils der Anwaltskosten verlangt, als die Staatskasse für ihn, den Bedürftigen zahlt. Der Zweck der Prozesskostenhilfe beschränkt sich allein darauf, dem Bedürftigen die Prozessführung zu ermöglichen.[58]

41 Allerdings dürfen solche Überlegungen bei einer uneingeschränkten Bewilligung keine Rolle spielen. Denn § 7 RVG, der im Zusammenhang mit Nr. 1008 VV zu sehen ist, erlaubt es einem Anwalt zu wählen, auf welchen seiner Mandanten er mit welchen Ansprüchen zugreifen will. Daher ist für den Rechtsanwalt nicht vorhersehbar, dass er im Festsetzungsverfahren mit seinen Ansprüchen gegen die Staatskasse eingeschränkt wird. Insofern besteht bei uneingeschränkter Prozesskostenhilfebewilligung ein Vertrauensschutz. Dieser gilt auch zugunsten der mittellosen Partei. Nach im Ergebnis richtiger Auffassung ist demnach bereits eine beschränkte Bewilligung und Beiordnung unzuläs-

---

56 BGH NJW 1993, 1715; AG Andernach AGS 2003, 259 m. Anm. *Benkelberg*; OLG Celle JurBüro 1984, 1248; a.A. OLG Düsseldorf MDR 1997, 1071 m.w.N.; LAG Rheinland Pfalz MDR 1997, 1166 f.; OLG Köln OLGReport 1998, 438; OLG Stuttgart JurBüro 1997, 200; SchlHOLG OLGReport Bremen 1998, 234; LG Frankenthal JurBüro 1997, 91 f.
57 So *Rönnebeck*, NJW 1994, 2273; *Wax*, NJW 1994, 2333; *Notthoff*, AnwBl 1996, 612; *Hartmann*, KostG, 48. Auflage, Rn 65 zu § 122 BRAGO.
58 Zöller/*Philippi*, § 114 Rn 8.

sig und für das Festsetzungsverfahren nicht bindend. Deshalb kann natürlich erst recht bei einer unbeschränkten Bewilligung und Beiordnung der Vergütungsanspruch nicht auf die Erhöhungsbeträge begrenzt werden.[59] Denn diese kann unter Umständen nach § 426 BGB in nicht unerheblicher Höhe mit Ausgleichsansprüchen des anderen Streitgenossen konfrontiert werden, wenn nämlich dieser vom Rechtsanwalt auf Zahlung der Kosten in Anspruch genommen wurde. Diese Folge soll gerade durch die Prozesskostenhilfe vermieden werden.

2. Ehegatten als Streitgenossen

Entgegen der früheren Rechtslage,[60] die davon ausging, dass das sogenannte Familieneinkommen, d.h. das Einkommen beider Ehegatten, maßgeblich sei, ist seit der Novellierung der Regelung des § 115 ZPO zum 1.1.1995 nunmehr das Einkommen des bedürftigen Ehegatten maßgeblich. Eine Addition beider Einkünfte findet somit nicht statt.[61] In diesem Zusammenhang spielt allerdings der sogenannte **Prozesskostenvorschuss** (§ 1360a Abs. 4 S. 1 BGB) eine zentrale Rolle. Ist ein Ehegatte nicht in der Lage, die Kosten eines Rechtsstreits zu tragen, der eine persönliche Angelegenheit betrifft, so ist der andere Ehegatte verpflichtet, ihm diese Kosten vorzuschießen, soweit dies der Billigkeit entspricht. Das Gleiche gilt für die Kosten der Verteidigung in einem Strafverfahren, das gegen einen Ehegatten gerichtet ist. Denn Ansprüche auf Prozesskostenvorschüsse gehören zum Vermögen. Das Bestehen eines Prozesskostenvorschussanspruches ist vor der Bewilligung der Prozesskostenhilfe zu prüfen.[62] Hierunter versteht man den Anspruch des unterhaltsberechtigten – bedürftigen – Ehegatten[63] gegen den anderen Ehegatten auf Zahlung eines Vorschusses zur Führung persönlicher prozessualer Angelegenheiten. Hierbei spielt es keine Rolle, ob die Ehegatten getrennt leben. Allerdings ist es dem Antragsteller nicht zumutbar, zunächst gegenüber dem unwilligen Ehepartner einen „Deckungsrechtstreit" zu führen. Diese Umstände wären allerdings dem Streitgericht durch Vorlage geeigneter Belege glaubhaft zu machen. Hiervon besteht auch eine Ausnahme dann, wenn dem Gericht bekannt ist, dass ein Anspruch auf Prozesskostenvorschuss nicht realisierbar ist, weil der Ehegatte nicht leistungsfähig ist, da ihm z.B. in einem anderen Verfahren Prozesskostenhilfe gegen Ratenzahlung bewilligt worden ist.[64] Ein solcher Anspruch gegen den Ehegatten stellt zumutbar einzusetzendes Vermögen i.S.d. § 115 Abs. 2 ZPO dar.[65] Insoweit kann die Bewilligung von Prozesskostenhilfe

42

---

59 Vgl. OLG München JurBüro 1997, 89 =
  MDR 1996, 857 = Rpfleger 1996, 478; OLG Stuttgart JurBüro 1997, 200; Gerold/Schmidt/v. Eicken/*Madert*, 23. Auflage, § 6 Rn 23; § 122 Rn 24.
60 OLG Hamburg FamRZ 1986, 187.
61 OLG Köln FamRZ 1993, 1333; OLG Celle FamRZ 1992, 702.
62 BAG FamRZ 2006, 1117, 1118, BGH NJW-RR 2008, 1531 f.; OVG Münster NJW-RR 1999, 1235; OLG Bamberg JurBüro 1989, 414, 415.
63 Bzw. Eltern; BVerwG JurBüro 1988, 1537; OLG Koblenz FamRZ 1997, 679.
64 BFH, Beschl. v. 3.6.2004 – VIII S 5/04 (PKH) n.v.
65 OLG Naumburg OLGReport 1998. 64; *Kalthoener/Büttner/Wrobel-Sachs*, Rn 354 m.w.N.; LG Düsseldorf FÜR 2002, 546; AG Hamburg FPR 2002, 548; AG Hamburg ZIB 2001, 2241 = ZVI 2002, 26.

ausgeschlossen sein.[66] Auf Kinder wird die Vorschrift des § 1360a Abs. 4 BGB analog angewendet.[67] Dies ist insbesondere dann der Fall, wenn die Partei einen nicht mehr durchsetzbaren Prozesskostenvorschuss trotz gerichtlichen Hinweises mutwillig herbeigeführt hat.[68]

3. Zession

43 Teilweise kommt es vor, dass vorprozessual Rechte an eine „arme" Partei abgetreten werden, damit diese auf Prozesskostenhilfe-Basis prozessieren kann. Um hier einen Rechtsmissbrauch zu verhindern, ist es gerechtfertigt, die Leistungsfähigkeit nicht nur beim Zedenten, sondern auch beim Zessionar zu überprüfen.[69] Gleiches gilt bei einer lediglich treuhänderisch erworbenen Forderung.[70]

44 **Ausnahmen** ergeben sich, wenn beispielsweise triftige Gründe für eine Abtretung vorliegen.[71] Dies ist der Fall, wenn z.B. auf Seiten des materiell Berechtigten aufgrund genügender Sicherheiten kein Interesse an der Geltendmachung der Forderung besteht, sodass der Zedent als Prozessstandschafter klagt.[72]

Der BGH[73] hat sich ganz ausdrücklich dieser Rechtsansicht angeschlossen:

„Zwar ist im Ausgangspunkt zutreffend, dass im Rahmen eines Antrages auf Bewilligung von Prozesskostenhilfe bei der Geltungsmachung eines fremden Rechts im Wege der Prozessstandschaft von dem Antragsteller auch die Bedürftigkeit des Rechtsinhabers darzulegen ist (BGH, Beschl. v. 9.8.2006 – IX ZB 200/05, NZI 2006, 580 Rn 10; BGH, Beschl. v. 16.9.1991 – VIII ZR 264/90, VersR 1992, 594; BGH, Urt. v. 24.10.1985 – VII ZR 337/84, BGHZ 96, 151, 153).

Etwas anderes gilt aber dann, wenn – wie in den Fällen der Sicherungsabtretung – der Rechtsinhaber kein Interesse an der Rechtsverfolgung hat und der Prozessstandschafter in eigenem Interesse handelt (vgl. OLG Celle, NJW 1987, 783; BeckOK ZPO/Reichling, Edition 11, § 114 Rn 22; MüKo-ZPO/Motzer, 4. Aufl. 2013, § 114 Rn 48; Musielak/Frank O. Fischer, ZPO, 10. Aufl., § 114 Rn 5; Thomas/Putzo/Seiler, ZPO, 34. Aufl., § 114 Rn 12; Zöller/Geimer, ZPO, 30. Aufl., § 114 Rn 11)."

Der beratende Anwalt sollte in solchen Konstellationen also stets das klare eigene Interesse des Antragsstellers gegenüber dem Prozessgericht herausarbeiten, um auf diesem Wege Prozesskostenhilfe für seine Partei dennoch zu erlangen.

---

66 OLG Frankfurt/M. Beschl. v. 18.11.2004 – 19 W 33/04, OLGR Frankfurt 2005, 16 f.; OLG Koblenz FamRZ 1997, 679; OLG Oldenburg MDR 1994, 618.
67 BGH NJW-RR 2004, 1662; NJW 2005, 1722.
68 OLGR Koblenz 1997, 291.
69 BGH VersR 1992, 594; OLGR Celle 1999, 31; OLG Köln NJW-RR 1995, 1405; *Kalthoener/Büttner/Wrobel-Sachs*, Rn 36.
70 OLG Koblenz MDR 1999, 831.
71 OLG Koblenz MDR 1999, 831; Musielak/*Fischer*, § 114 Rn 5.
72 OLG Celle NJW 1987, 783.
73 BGH v. 16.2.2014 – V ZB 12/13; BGH NJW RR 2014, 526.

Ist dagegen die Abtretung von vornherein aufgrund Sittenwidrigkeit nach §§ 134, 138 BGB oder anderen Gründen, z.B. §§ 399, 400 BGB, unwirksam, scheidet Prozesskostenhilfe wegen nicht vorhandener Erfolgsaussicht aus.[74]

45

Hinweis

46

Zu beachten ist, dass nach § 94 Abs. 5 SGB XII, § 37 BAföG, § 7 Abs. 4 S. 2 UVG **übergegangene Unterhaltsansprüche** vom zuständigen Leistungsträger wieder **zurückübertragen** werden können. Dies bewirkt, dass der Hilfeempfänger bzw. Unterhaltsberechtigte wiederum aus eigenem Recht zivilrechtliche Ansprüche herleiten kann. Hierfür anfallende Kosten hat der Sozialhilfeträger zu übernehmen (§ 94 Abs. 5 S. 2 SGB XII). Insofern scheidet eine Bewilligung von Prozesskostenhilfe aus, was in Anbetracht der eigenen Möglichkeiten der Verwaltung zur Geltendmachung der Forderung nur folgerichtig ist.

Etwas anderes gilt lediglich in den Fällen, in denen der Hilfeberechtigte neben den rückübertragenen Ansprüchen weitere rückständige oder laufende Ansprüche geltend macht. Für diese kommt es dann allein auf die Leistungsfähigkeit der Partei an.[75]

47

4. Prozessstandschaft

Sowohl bei der gesetzlichen als auch bei der gewillkürten Prozessstandschaft ist der Prozessstandschafter berechtigt, im eigenen Namen einen Prozess über ein fremdes Recht zu führen. Somit fallen Prozess- und Sachbefugnis auseinander.

48

Ebenso wie bei der Abtretung kommt es hierbei auf die Einkommens- und Vermögensverhältnisse des früheren und jetzigen Gläubigers an.[76] **Ausnahmen** ergeben sich:

49

- wenn der Prozessstandschafter die Klageforderung sicherungshalber an eine Bank abgetreten hat. In einem solchen Fall ist es nicht rechtsmissbräuchlich, dass dieser daran interessiert ist, die Forderung selbst einzuziehen;[77]
- wenn ein Pfändungsgläubiger des Klägers sich die Forderung zur Einziehung überweisen lässt. Das Interesse an einem positiven Ausgang des Rechtsstreits bleibt weiterhin beim Kläger. Denn dieser wird dann durch Leistung des Beklagten an den Pfändungsgläubiger diesem gegenüber befreit;[78]
- wenn ein sorgeberechtigter Elternteil in Prozessstandschaft für sein Kind Kindesunterhalt einklagt. Für die Prozesskostenhilfebewilligung kommt es allein auf die Vermögenslage des Prozessstandschafters und nicht auf diejenige des Kindes an.[79]

---

74 *Kalthoener/Büttner/Wrobel-Sachs*, Rn 36 m.w.N.
75 OLG Koblenz FamRZ 1997, 1086; OLGR Karlsruhe 1999, 158.
76 BGH VersR 84, 989; OLG Hamm NJW 1990 1053.
77 OLG Hamm VersR 1982, 1068; OLG Celle NJW 1987, 783.
78 BGHZ 36, 380; *Zöller/Philippi*, § 114 Rn 11.
79 BGH, Beschl. v. 11.5.2005 – XII ZB 242/03, MDR 2005, 928 f. = FamRZ 2005, 1164 ff.; Schleswig-Holsteinisches Oberlandesgericht, Beschl. v. 21.1.2005 – 15 WF 305/04, OLGR Schleswig 2005, 180.

5. Parteien kraft Amtes

50 Nach § 116 Nr. 1 ZPO erhalten sogenannte Parteien kraft Amtes Prozesskostenhilfe bewilligt, wenn die Kosten aus der verwalteten Vermögensmasse nicht aufgebracht werden können und den am Gegenstand des Rechtsstreits wirtschaftlich Beteiligten nicht zuzumuten ist, die Kosten aufzubringen.[80] Unter den Begriff der Partei kraft Amtes fallen:
- Testamentsvollstrecker,
- Nachlassverwalter,
- Zwangsverwalter,
- Insolvenzverwalter,
- vorläufiger Insolvenzverwalter (§§ 21 Abs. 2 Nr. 1, 22 Abs. 1 Nr. 2 InsO),
- Nachlasspfleger,
- der Pfleger für Sammelvermögen (§ 1914 BGB),
- der Pfleger für ein ungeborenes Kind (§ 1912 BGB).

51 Die Kenntnis der Voraussetzungen, zu welchen eine Partei kraft Amtes Prozesskostenhilfe bewilligt bekommen kann, ist auch für den Vertreter der gegnerischen Partei von höchstem Interesse, da einige Instanzgerichte dazu neigen, fast ungeprüft die Voraussetzungen zur Bewilligung von Prozesskostenhilfe zu bejahen. Häufig endet allerdings der Streit für die Partei kraft Amtes bereits mit der rechtskräftigen Ablehnung der beantragten Prozesskostenhilfe.

52 Wie sich aus dem Gesetzestext herleitet, sind die für eine Prozessführung benötigten Mittel zunächst aus der verwalteten Vermögensmasse zu entnehmen. Die verwaltete Vermögensmasse ist unzulänglich i.S.v. § 116 Abs. 1 Nr. 1 ZPO, wenn die Kosten (Gerichtskosten und außergerichtliche Kosten) weder aus den vorhandenen Barmitteln noch aus kurzfristig liquidierbaren Mitteln des Anlage- oder Umlaufvermögens aufgebracht werden können. Jedoch dürfen der Masse nicht die Mittel entzogen werden, die zur ordnungsgemäßen Abwicklung des Insolvenzverfahrens anderweitig benötigt werden.[81]

Hier ordnen die Verfahrensvorschriften der §§ 54, 55 InsO einen Vorrang der dort näher bezeichneten Verbindlichkeiten an. Erst wenn diese Kosten gedeckt sind, ergibt sich eine mögliche freie Masse zur Führung des Prozesses, wobei dem Insolvenzverwalter gesicherte Prognosen zugestanden werden.

Dies zu ermitteln, lässt sich anhand einer Bilanz nachvollziehen. Übersteigt hiernach das Passivvermögen das Aktivvermögen, so ist die Masse unzulänglich.[82] In diesem Zusammenhang spielt es eine Rolle, ob eventuell Massevermögen kurzfristig zu verwerten ist.[83] Nicht erforderlich hingegen ist, dass der Insolvenzverwalter zunächst andere Schuldner in Anspruch nimmt, um auf diese Weise ausreichend Masse zur Durchführung

---

80 OLG Hamm OLGReport 2007, 321 = ZIP 2007, 147.
81 BAG, Beschl. v. 28.4.2003 – 2 AZB 78/02, ZVI 2003, 556 ff., BAGReport 2005, 27.
82 OLG Hamm MDR 1998, 300.
83 OLGR Köln 2003, 14 (LS 1).

eines Rechtsstreits zur Verfügung zu haben.[84] Hierbei ist es unerheblich, ob der Einsatz des Vermögens wie nach § 115 ZPO zumutbar ist. Dies zu beurteilen, verlangt stets eine Betrachtung des Einzelfalls.

Allerdings kann es erforderlich sein, dass der Insolvenzverwalter darlegt, dass eine Vorschussleistung einzelnen Gläubigern nicht zumutbar ist.

Erst wenn die Masse nicht ausreicht, um die Kosten des Prozesses aufzubringen, ist zu prüfen, ob nicht die wirtschaftlich Beteiligten zur Zahlung herangezogen werden können, wenn dies zumutbar ist. Die Darlegung der fehlenden Zumutbarkeit spielt vor allen Dingen dann eine Rolle, wenn der Gläubiger aufgrund der Höhe der Forderung und der Wahrscheinlichkeit der Durchsetzbarkeit der Forderung mit einer erheblichen erhöhten Quotenzahlung zu rechnen hat. Hierdurch soll verhindert werden, dass die Kosten des Verfahrens auf die Allgemeinheit abgewälzt werden, wenn einzelne „Hauptgläubiger", wie z.B. Banken und Versicherungen ein übergeordnetes Interesse an der Durchsetzung der streitigen Forderung haben. Das OLG Hamm 27 W 31/07 formulierte hierzu bereits frühzeitig: Die Aufbringung eines Prozesskostenvorschusses ist für einen Insolvenzgläubiger – unabhängig von sonstigen Vergleichsrechnungen – auch dann zumutbar, wenn der infolge der Prozessführung für ihn zu erwartende Mehrerlös ein Vielfaches (hier das Sechsfache) des erforderlichen Vorschusses beträgt.

53

In diesem Zusammenhang hat der **BGH**[85] im Rahmen einer **Insolvenz** entschieden, dass eine wirtschaftliche Beteiligung nur dann besteht, wenn sich die Befriedigungsaussichten der Insolvenzgläubiger im Falle eines Klageerfolges erheblich – mittelbar[86] – verbessern. Etwas anderes gilt nur in den Fällen, in denen der Kostenbeitrag der Gläubiger hauptsächlich dazu beitragen würde, die Befriedigung von Massegläubigern oder von – nicht zur Kostentragung heranziehbaren – Großgläubigern sicherzustellen.[87] Die Zumutbarkeit einer Vorschussleistung besteht jedoch nur für solche Gläubiger,[88] welche die erforderlichen Mittel unschwer[89] aufbringen können und deren zu erwartender Nutzen bei vernünftiger, auch das Eigeninteresse und Prozessrisiko angemessen berücksichtigender Betrachtungsweise bei einem Erfolg der Rechtsverfolgung voraussichtlich größer sein wird.[90] Dies scheidet bei solchen Gläubigern aus, denen nur verhältnismäßig niedrige Einzelforderungen zustehen oder deren Quote sich nur geringfügig erhöht, sodass der potentielle Gewinn durch den anteiligen Kostenbeitrag nahezu aufgezehrt oder sogar

---

84 OLG Frankfurt/M. InVo 2000, 202; OLG Naumburg ZInsO 2002, 540: Vorhandensein werthaltiger Forderungen ist ausreichend.
85 NJW 1991, 40 und MDR 1997, 969 = NJW 1997, 3318; OLG Frankfurt/M. OLGReport 2001, 153 f.
86 OLGR Köln 2003, 14.
87 OLG Frankfurt 2001, 153 f. = InVo 2001, 231 f.
88 Hierunter fällt auch eine übersichtliche Gläubigergesamtheit, OLGR Köln 2003, 14 (LS 3).
89 BAG, Beschl. v. 28.4.2003 – 2 AZB 78/02, ZVI 2003, 556 ff. (LS 2) = Arbeitnehmer-Gläubigern ist eine Beteiligung an den Prozesskosten meist unzumutbar, BVerwG Buchholz 303 § 116 ZPO Nr. 1; OLG Celle OLGReport 2007, 122.
90 OLG Dresden InVo 2002, 229; OLGR Celle 2001, 141; OLG Köln 2003, 14.

überstiegen wird.[91] Bei ausländischen Gläubigern kann nicht pauschal unterstellt werden, dass ihnen eine Beteiligung an den Prozesskosten nicht zumutbar sei.[92]

Nach der Rechtsprechung des **BFH** ist auch einem Insolvenzverwalter, der selbst Rechtsanwalt ist, im Rahmen der Gewährung von Prozesskostenhilfe dann ein Rechtsanwalt oder eine sonst zur Vertretung berechtigte Person beizuordnen, wenn bei dem betreffenden Gericht Vertretungszwang besteht.[93]

Der **BGH** geht indes noch weiter. Nach seiner Auffassung ist dem Insolvenzverwalter für einen die Masse betreffenden Aktivprozess (Anfechtung von Rechtshandlungen nach Maßgabe der §§ 130 ff. InsO) grundsätzlich Prozesskostenhilfe zu bewilligen. Für diesen Fall scheidet allerdings von vornherein auch die vorschussweise Beteiligung von Gläubigern zur Verfahrenskostendeckung bereits aus. Der Ansicht des BGH ist zu folgen, denn der Insolvenzverwalter nimmt eine im öffentlichen Interesse liegende Aufgabe wahr, mit der es unvereinbar ist, wenn ihm die Führung eines solchen Prozesses auf eigenes Kostenrisiko zugemutet werden würde. Dies gilt auch dann, wenn der Erfolg des Prozesses vornehmlich eigene Vergütungsansprüche des Insolvenzverwalters befriedigen würde, denn auch diese gehören zu den vorrangigen Kosten gemäß § 54 Ziff. 2 InsO.[94]

Das **BAG**[95] sieht es im Rahmen des § 121 Abs. 2 ZPO in aller Regel geboten, dem Insolvenzverwalter unter den Voraussetzungen des § 5 InsVV einen Rechtsanwalt beizuordnen. Ist der Insolvenzverwalter nämlich als Rechtsanwalt zugelassen, so kann er für Tätigkeiten, die ein nicht als Rechtsanwalt zugelassener Verwalter angemessenerweise einem Rechtsanwalt übertragen hätte, nach Maßgabe des Rechtsanwaltsvergütungsgesetzes Gebühren und Auslagen gesondert aus der Insolvenzmasse entnehmen.

II. Wirtschaftliche Leistungsvoraussetzungen

1. Einsatz von Einkommen

54 Die Partei hat gem. § 115 Abs. 1 ZPO ihr Einkommen einzusetzen, soweit es ihr zumutbar ist.[96]

55 Einzusetzen sind alle Einkünfte – gleichgültig ob aus selbstständiger oder nicht selbstständiger Arbeit – in Geld oder in Geldeswert (z.B. freie Unterkunft und Verpflegung,[97] Deputate, sonstige Sachbezüge,[98] Taschengeld des Ehegatten[99]), unabhängig davon, woher sie stammen, welcher Art sie sind und ob sie steuerpflichtig oder unpfändbar sind. Hierzu zählen auch fiktive Einkünfte, wenn die antragstellende Partei nicht arbeitet,

---

91 OLGR Köln 2003, 14; OLG Hamburg NJW 2002, 1054 f.; OLG Dresden InVo 2002, 229 f.; OLG Naumburg ZInsO 2002, 540 f.; OLG Frankfurt/M. 2001, 153 f.; OLGR Celle 2001, 141; OLG Jena ZIP 2001, 579; OLGR Koblenz 2001, 97 = MDR 2000, 1396; OLG Hamm MDR 1998, 1498.
92 Schl.-Holst. OLG OLGReport 2007, 533.
93 BFH, Beschl. v. 9.12.2004 – VII S 29/03 (PKH) n.v.
94 BGH ZInsO 2003, 941; BGH ZIP 1998, 297.
95 BAG, Beschl. v. 28.4.2003 – 2 AZB 78/02, ZVI 2003, 556 ff.
96 Vgl. die Checkliste Rdn 355; zum Einkommensbegriff vgl. auch §§ 77, 83 SGB XII und BGH FamRZ 2005, 605 f.
97 LG Koblenz FamRZ 1995, 941.
98 Bewertungsrichtlinie kann hierbei die Sachbezugsverordnung sein.
99 OLG Stuttgart OLG-Report 2008, 36.

obwohl sie arbeiten könnte.[100] Zu beachten ist, dass sich das Einkommen grundsätzlich am persönlichen Bedarf der Partei zu orientieren hat. Insofern muss eine Gleichartigkeit von Einkommen und Bedarf sowie zwischen Bedarfs- und Leistungszeitraum vorliegen.[101]

Einkommen in diesem Sinne schließt auch **Sozialhilfeleistungen nach dem SGB**[102] ein wie z.B. Blindenhilfe,[103] Leistungen nach dem SGB II. Dazu gehört auch der Mehrbedarfszuschlag für Alleinerziehende.[104] Maßgeblich ist stets das monatliche Einkommen, wobei wöchentliche Einnahmen mit dem Faktor 4 1/3 zu multiplizieren sind. Hingegen werden bei einmaligen Leistungen wie z.B. Urlaubs- und Weihnachtsgeld jeweils die auf den Monat entsprechenden Beträge angerechnet.[105]   56

Streitig ist, ob **Kindergeld** zum Einkommen zählt und somit einzusetzen ist. Da Kindergeld gem. § 299 S. 1 SGB VI nicht zu einer Minderung anderer Sozialleistungen führt und diese Leistung letztendlich dem Berechtigten ohne Einschränkungen zugutekommen soll, ist der zustimmenden Ansicht zuzustimmen.[106] Kindergeld, das die um PKH nachsuchende Partei bezieht, ist als deren Einkommen i.S.d. § 115 Abs. 1 S. 2 ZPO zu berücksichtigen, soweit es nicht zur Bestreitung des notwendigen Lebensunterhalts eines minderjährigen Kindes zu verwenden ist.[107]   57

Nach § 115 Abs. 1 S. 2 ZPO gehören zum Einkommen alle Einkünfte in Geld oder Geldeswert. Diese Definition stimmt wörtlich mit der entsprechenden Bestimmung des § 82 Abs. 1 SGB XII überein. Auch hinsichtlich der vom Einkommen vorzunehmenden Abzüge wird in § 115 Abs. 1 Nr. 1a ZPO auf § 82 Abs. 2 SGB XII verwiesen. Daraus wird deutlich, dass der Einkommensbegriff des § 115 Abs. 1 ZPO an denjenigen des Sozialhilferechts anknüpft. Dies erklärt sich auch daraus, dass Prozesskostenhilfe eine Form der Sozialhilfe im Bereich der Rechtspflege darstellt. Für die Bemessung der Prozesskostenhilfe finden daher die sozialrechtlichen und nicht unterhalts- oder steuerrechtlichen Regeln der Einkommensermittlung Anwendung.

Nach der Rechtsprechung des Bundesverwaltungsgerichts ist Kindergeld grundsätzlich sozialhilferechtlich anrechenbares Einkommen. Das gilt auch nach der steuerrechtlichen Regelung des Kindergeldes in §§ 62 ff. EStG und nach dem Bundeskindergeldgesetz.[108] Diese Beurteilung war durch die seit dem 1.1.2000 vorgeschriebene Absetzung des Kinderfreibetrages vom Einkommen (§ 76 Abs. 2 Nr. 5 BSHG) bestätigt worden, durch

---

100 OLG Köln FamRZ 2007, 1338.
101 BVerwGE 29, 295; *Kalthoener/Büttner/Wrobel-Sachs*, Rn 315 m.w.N.
102 Str., OLG Hamm JurBüro 1986, 767; OLG Celle NdsRpfl 1985, 311; *Schoreit/Dehn*, a.a.O., § 115 ZPO Rn 6.
103 OLG Saarbrücken JurBüro 1988, 1217; OVG NRW JurBüro 1991, 1371; a.A. *Wax*, FamRZ 1980, 976; *Eylert*, JurBüro 1992, 369; OLG Köln FamRZ 1990, 642; OLG Koblenz FamRZ 1992, 966; OLG München FamRZ 1996, 42: Sozialhilfeempfänger müssen grds. keine Raten zahlen.
104 OLG Stuttgart OLGReport 2007, 968; a.A. OLG Karlsruhe MDR 2007, 294 = OLGReport 2006, 875.
105 OLG Frankfurt/M. FamRZ 1982, 418.
106 OLG Hamm FamRZ 2000, 1093; OLG Brandenburg MDR 2001, 648 = FamRZ 2001, 1085 f.; HessVGH JurBüro 1988, 1216; AG Altona FamRZ 1989, 1314; OLG Bamberg FamRZ 1990, 298; vgl. *Schoreit/Dehn*, § 115 ZPO Rn 7.
107 BGH FamRZ 2005, 605 f.; SchlHOLG OLGR Schleswig 2005, 180.
108 BGBl I S. 1450; BVerwGE 114, 339, 340 m.w.N.

die der Gesetzgeber zum Ausdruck gebracht hatte, dass das Kindergeld grundsätzlich zum Einkommen gehören sollte.[109]

Die gesetzgeberische Bewertung hat inzwischen in eingeschränktem Umfang eine Änderung erfahren. Nach § 82 Abs. 1 S. 2 SGB XII ist bei Minderjährigen das Kindergeld dem jeweiligen Kind als Einkommen zuzurechnen, soweit es bei diesem zur Deckung des notwendigen Lebensunterhalts benötigt wird. Nur in Höhe des darüber hinausgehenden Betrages ist Kindergeld demzufolge Einkommen der Eltern, und zwar aus sozialhilferechtlicher Sicht, die mit der unterhaltsrechtlichen nicht deckungsgleich ist, desjenigen Anspruchsberechtigten, dem es gem. § 64 EStG, § 3 BKGG zufließt. Diese Zurechnung des Kindergeldes beim minderjährigen Kind, das typischerweise in einem gemeinsam wirtschaftenden Familienhaushalt lebt, hat zum Ziel, die Sozialhilfebedürftigkeit möglichst vieler Kinder zu beseitigen.[110]

Der vorgenannten gesetzlichen Änderung kommt wegen der Bezogenheit des Einkommensbegriffs des § 115 Abs. 1 ZPO auf denjenigen des Sozialhilferechts auch für die Prüfung der wirtschaftlichen Voraussetzungen der Prozesskostenhilfe Bedeutung zu. Kindergeld ist danach lediglich insoweit zum Einkommen eines Elternteils zu rechnen, als es nicht zur Bestreitung des notwendigen Lebensunterhalts eines minderjährigen Kindes zu verwenden ist. Anders stellt sich die Rechtslage für den Fall des Kindergeldes des erwachsenen Kindes dar. Dieses ist dem Einkommen des Kindes hinzuzurechnen und grundsätzlich nicht bei der Berechnung des Proesskostenhilfeanspruchs des Elternteils zu berücksichtigen. Der gesamte Bedarf des notwendigen Lebensunterhalts (außerhalb von Einrichtungen) mit Ausnahme von Leistungen für Unterkunft und Heizung sowie Sonderbedarf nach den §§ 30–34 SGB XII wird nach Regelsätzen erbracht (§ 28 Abs. 1 S. 1 SGB XII). Die Landesregierungen setzen durch Rechtsverordnung zum 1.7. eines jeden Jahres die Höhe der monatlichen Regelsätze im Rahmen der Rechtsverordnung nach § 40 SGB XII fest (§ 28 Abs. 2 S. 1 SGB XII). Gem. § 115 Abs. 1 S. 3 Nr. 2a ZPO sind für die Partei 110 % des jeweiligen Regelsatzes für den Haushaltsvorstand des sog. Eckregelsatzes abzuziehen. Mit einer solchen Regelung wird die Prozesskostenhilfe den Regelsätzen der Sozialhilfe angepasst. Das Bundesministerium der Justiz gibt den abzuziehenden Betrag jährlich bekannt, vgl. § 115 Abs. 1 S. 3 Nr. 2 S. 1 ZPO. Für Ehegatten oder Lebenspartner ist gem. der vorgenannten Vorschrift der gleiche Betrag abzuziehen. Für Personen, denen die Partei kraft Gesetzes Unterhalt schuldet und gewährt, nämlich für Kinder, sind 70 % des Freibetrages für die Partei abzuziehen. Dies sind 77 % des Eckregelsatzes.[111] Die Regelung wird den Anforderungen gerecht, die das Bundesverfassungsgericht an eine Typisierung des Existenzminimums gestellt hat.[112] Mit der Wahrung des Existenzminimums im Rahmen der Bewilligung von Prozesskos-

---

109 Vgl. *Brühl* in LPK-BSHG, 6. Aufl., § 77 Rn 47.
110 Vgl. BT-Drucks 15/1514, S. 65.
111 *Zöller/Philippi*, § 115 Rn 19, 29, 30.
112 BVerfGE 87, 153, 172.

tenhilfe ist zugleich sichergestellt, dass auch der bedürftigen Partei die Prozessführung nicht unmöglich gemacht wird, selbst wenn sie sich an den Kosten zu beteiligen hat.[113]

Das Kindergeld wird in der Regel zwischen den Ehegatten aufgeteilt.[114] Daher besagt die Gegenmeinung, dass das Kindergeld jeweils **hälftig** dem betreffenden Elternteil und dem Kind anzurechnen ist, dieses somit zur Hälfte zu berücksichtigen ist.[115]

58

Hingegen ist das Kindergeld einem Elternteil als Einkommen dann zuzurechnen, wenn der andere Elternteil keinen Unterhalt zahlt.[116] Bei der Prozesskostenhilfeentscheidung – hier: für die Geltendmachung einer Ausgleichsforderung unter geschiedenen Ehegatten – ist, sofern kein Anspruch auf Prozesskostenvorschuss gegen den (geschiedenen) Ehegatten (§ 1360a Abs. 4 BGB) besteht, allein das Einkommen des Antragstellers (durchschnittliches Monatseinkommen im zurückliegenden Kalenderjahr plus – nicht verrechnetes – hälftiges Kindergeld) maßgebend, hingegen nicht ein etwaiges Familieneinkommen nach Wiederverheiratung.

59

Probleme ergeben sich auch im Zusammenhang mit der **willentlichen Herbeiführung einer Kostenarmut**, z.B. wenn:

60

- die Arbeitsstelle grundlos und schuldhaft aufgegeben wird,
- zwischen Mitbewohnern eine Vereinbarung getroffen wird, die zu einer unangemessenen Belastung der Staatskasse führt,[117]
- in Kenntnis eines bevorstehenden Prozesses das Konto leergeräumt wird,[118]
- erhebliche Geldmittel zuvor vergeudet werden,[119]
- zuvor der Pkw bzw. die Musikanlage verkauft wird,[120]
- Spielschulden verursacht werden,[121]
- vorhandene Mittel verschenkt werden.[122]

Die Folge ist dann die Versagung von Prozesskostenhilfe.[123] Dies ist z.B. auch dann der Fall, wenn die Partei Verbindlichkeiten zu einem Zeitpunkt eingeht, in dem die Notwendigkeit einer Prozessführung bereits feststeht,[124] oder die Partei sich weigert,

61

---

113 BVerfGE 78, 104, 117 f.
114 OLG Köln FamRZ 1993, 1333, 1334, OLG Stuttgart FamRZ 2000, 1586, OLG Frankfurt/M FamRZ 2002, 402.
115 OLG Stuttgart, Beschl. v. 15.10.2004–8 WF 107/04, OLGR Stuttgart 2005, 102 f.; OLG Frankfurt/M. AGS 2003, 259 und OLGR Frankfurt 2002, 294 = FamRZ 2002, 402; *Wax*, FamRZ 1985, 12; *Mümmler*, JurBüro 1985, 1441, 1443; OLG Bamberg JurBüro 1987, 1414; KG FamRZ 1982, 625; LSG Berlin MDR 1984, 612 und LG Kaiserslautern JurBüro 1993, 617: Zurechnung im Verhältnis des Anteils am erzielten Familieneinkommen.
116 OLG Köln FamRZ 1993, 1333; OLG Nürnberg, Beschl. v. 20.5.1999–10 WF 1588/99: Kindergeld ist Einkommen i.S.v. § 115 ZPO.
117 OLG Koblenz AGS 2000, 96 = FamRZ 2000, 1093.
118 OLG Koblenz FamRZ 1985, 301.
119 OLG Karlsruhe FamRZ 1985, 414.
120 OLG Koblenz Rpfleger 1989, 417.
121 OLG Bamberg JurBüro 1991, 843.
122 OLG Hamm MDR 2000, 297.
123 OLG Köln MDR 1997, 651; OLG Koblenz FamRZ 1986, 1014; OLG Bamberg JurBüro 1990, 635; OLG Hamm FamRZ 1994, 1396; OLG Bamberg FamRZ 1995, 37; OLG Köln FamRZ 1995, 942; a.A., Anrechnung von Einkünften, welche die Partei schuldhaft unterlässt zu erzielen, ist nicht möglich: OLG Karlsruhe NJW 1985, 1787; OLG Hamm FamRZ 1986, 1013; OLG Düsseldorf FamRZ 1987, 398.
124 OLG Frankfurt/M. FamRZ 1982, 416; OLG Karlsruhe FamRZ 1985, 414; OLG Bamberg JurBüro 1990, 635.

zumutbar ihre Arbeitskraft einzusetzen.[125] Insofern ist ein Prozesskostenhilfegesuch rechtsmissbräuchlich.[126]

62 *Hinweis*

Durch die Änderung des § 115 ZPO entspricht der Gesetzgeber den Vorgaben des BVerfG hinsichtlich der Unantastbarkeit des Existenzminimums,[127] indem die Anpassung an die steigenden Lebensverhältnisse durch eine jährlich zum 1.7. eines Jahres durchzuführende Erhöhung der Freibeträge vorgenommen wird, die sich nach dem SGB XII richten. Hierzu verweist die Regelung des § 115 ZPO auf die Vorschriften des SGB XII (§§ 82 Abs. 2, 28 Abs. 2 S. 1), die daher für die täglich Anwendung von Bedeutung sind.

63 Die aktuelle Fassung des § 115 ZPO sieht nunmehr vor:

§ 115 Einsatz von Einkommen und Vermögen

(1) ¹Die Partei hat ihr Einkommen einzusetzen. ²Zum Einkommen gehören alle Einkünfte in Geld oder Geldeswert. ³Von ihm sind abzusetzen:

1. a) *die in § 82 Abs. 2 des Zwölften Buches Sozialgesetzbuch bezeichneten Beträge;*

   b) *bei Parteien, die ein Einkommen aus Erwerbstätigkeit erzielen, ein Betrag in Höhe von 50 vom Hundert des höchsten Regelsatzes, der für den alleinstehenden oder alleinerziehenden Leistungsberechtigten gemäß der Regelbedarfsstufe 1 nach der Anlage zu § 28 des Zwölften Buches Sozialgesetzbuch festgesetzt oder fortgeschrieben worden ist;*

2. a) *für die Partei und ihren Ehegatten oder ihren Lebenspartner jeweils ein Betrag in Höhe des um 10 vom Hundert erhöhten höchsten Regelsatzes, der für den alleinstehenden oder alleinerziehenden Leistungsberechtigten gemäß der Regelbedarfsstufe 1 nach der Anlage zu § 28 des Zwölften Buches Sozialgesetzbuch festgesetzt oder fortgeschrieben worden ist;*

   b) *bei weiteren Unterhaltsleistungen aufgrund gesetzlicher Unterhaltspflicht für jede unterhaltsberechtigte Person jeweils ein Betrag in Höhe des um 10 vom Hundert erhöhten höchsten Regelsatzes, der für eine Person ihres Alters gemäß den Regelbedarfsstufen 3 bis 6 nach der Anlage zu § 28 des Zwölften Buches Sozialgesetzbuch festgesetzt oder fortgeschrieben worden ist;*

3. *die Kosten der Unterkunft und Heizung, soweit sie nicht in einem auffälligen Missverhältnis zu den Lebensverhältnissen der Partei stehen;*

4. *Mehrbedarfe nach § 21 des Zweiten Buches Sozialgesetzbuch und nach § 30 des Zwölften Buches Sozialgesetzbuch;*

---

125 *Künzl*, AnwBl 1991, 121, 126.
126 OLG Bamberg FamRZ 1985, 1068; OLG Zweibrücken JurBüro 1986, 289.
127 BVerfGE 78, 104, 177 f., 120; vgl. *Mock*, FPR 1996, 294.

5. weitere Beträge, soweit dies mit Rücksicht auf besondere Belastungen angemessen ist; § 1610a des Bürgerlichen Gesetzbuchs gilt entsprechend.

[4]*Maßgeblich sind die Beträge, die zum Zeitpunkt der Bewilligung der Prozesskostenhilfe gelten.*[5]*Das Bundesministerium der Justiz und für Verbraucherschutz gibt bei jeder Neufestsetzung oder jeder Fortschreibung die maßgebenden Beträge nach Satz 3 Nummer 1 Buchstabe b und Nummer 2 im Bundesgesetzblatt bekannt.* [6]*Diese Beträge sind, soweit sie nicht volle EUR ergeben, bis zu 0,49 EUR abzurunden und von 0,50 EUR an aufzurunden.* [7]*Die Unterhaltsfreibeträge nach Satz 3 Nr. 2 vermindern sich um eigenes Einkommen der unterhaltsberechtigten Person.* [8]*Wird eine Geldrente gezahlt, so ist sie anstelle des Freibetrages abzusetzen, soweit dies angemessen ist.*

(2) [1]*Von dem nach den Abzügen verbleibenden Teil des monatlichen Einkommens (einzusetzendes Einkommen) sind Monatsraten in Höhe der Hälfte des einzusetzenden Einkommens festzusetzen; die Monatsraten sind auf volle EUR abzurunden.* [2]*Beträgt die Höhe einer Monatsrate weniger als 10 EUR, ist von der Festsetzung von Monatsraten abzusehen.* [3]*Bei einem einzusetzenden Einkommen von mehr als 600 EUR beträgt die Monatsrate 300 EUR zuzüglich des Teils des einzusetzenden Einkommens, der 600 EUR übersteigt.* [4]*Unabhängig von der Zahl der Rechtszüge sind höchstens 48 Monatsraten aufzubringen.*

(3) [1]*Die Partei hat ihr Vermögen einzusetzen, soweit dies zumutbar ist.* [2]*§ 90 des Zwölften Buches Sozialgesetzbuch gilt entsprechend.*

(4) Prozesskostenhilfe wird nicht bewilligt, wenn die Kosten der Prozessführung der Partei vier Monatsraten und die aus dem Vermögen aufzubringenden Teilbeträge voraussichtlich nicht übersteigen.

Auf der Grundlage des Einkommens wird somit eine **Einkommensbereinigung** durchgeführt. Vom **Brutto**einkommen der antragstellenden Partei sind deswegen daher gewisse Leistungen in Abzug zu bringen. Folgende Beträge werden abgesetzt (§ 115 Abs. 1 S. 3 ZPO):

- ein angemessener Betrag für Erwerbstätige und hier insbesondere solche mit Leistungseinschränkungen, Sehbehinderte, Blinde und Behinderte, die mit Beschädigten mit Pflegezulage i.S.d. Bundesversorgungsgesetzes gleichzusetzen sind,
- auf das Einkommen entrichtete Steuern,
- Pflichtbeiträge zur Sozialversicherung einschließlich der Beiträge zur Arbeitsförderung,
- Beiträge zu öffentlichen oder privaten Versicherungen oder ähnlichen Einrichtungen, soweit diese Beiträge gesetzlich vorgeschrieben oder nach Grund und Höhe angemessen sind, sowie geförderte Altersvorsorgebeiträge nach § 82 EStG, soweit sie den Mindesteigenbetrag nach § 86 EStG nicht überschreiten,
- die mit der Erzielung des Einkommens verbundenen notwendigen Ausgaben, das Arbeitsförderungsgeld und Erhöhungsbeträge des Arbeitsentgelts i.S.d. SGB IX.

65 **§ 82 EStG** lautet in der aktuellen Fassung:

(1) ¹*Geförderte Altersvorsorgebeiträge sind im Rahmen des in § 10a Absatz 1 Satz 1 genannten Höchstbetrags*
1. *Beiträge,*
2. *Tilgungsleistungen,*
die der Zulageberechtigte (§ 79) bis zum Beginn der Auszahlungsphase zugunsten eines auf seinen Namen lautenden Vertrags leistet, der nach § 5 des Altersvorsorgeverträge-Zertifizierungsgesetzes zertifiziert ist (Altersvorsorgevertrag). ²Die Zertifizierung ist Grundlagenbescheid im Sinne des § 171 Absatz 10 der Abgabenordnung. ³Als Tilgungsleistungen gelten auch Beiträge, die vom Zulageberechtigten zugunsten eines auf seinen Namen lautenden Altersvorsorgevertrags im Sinne des § 1 Absatz 1a Satz 1 Nummer 3 des Altersvorsorgeverträge-Zertifizierungsgesetzes erbracht wurden und die zur Tilgung eines im Rahmen des Altersvorsorgevertrags abgeschlossenen Darlehens abgetreten wurden. ⁴Im Fall der Übertragung von gefördertem Altersvorsorgevermögen nach § 1 Absatz 1 Satz 1 Nummer 10 Buchstabe b des Altersvorsorgeverträge-Zertifizierungsgesetzes in einen Altersvorsorgevertrag im Sinne des § 1 Absatz 1a Satz 1 Nummer 3 des Altersvorsorgeverträge-Zertifizierungsgesetzes gelten die Beiträge nach Satz 1 Nummer 1 ab dem Zeitpunkt der Übertragung als Tilgungsleistungen nach Satz 3; eine erneute Förderung nach § 10a oder Abschnitt XI erfolgt insoweit nicht. ⁵Tilgungsleistungen nach den Sätzen 1 und 3 werden nur berücksichtigt, wenn das zugrunde liegende Darlehen für eine nach dem 31.12.2007 vorgenommene wohnungswirtschaftliche Verwendung im Sinne des § 92a Absatz 1 Satz 1 eingesetzt wurde. ⁶Bei einer Aufgabe der Selbstnutzung nach § 92a Absatz 3 Satz 1 gelten im Beitragsjahr der Aufgabe der Selbstnutzung auch die nach der Aufgabe der Selbstnutzung geleisteten Beiträge oder Tilgungsleistungen als Altersvorsorgebeiträge nach Satz 1. ⁷Bei einer Reinvestition nach § 92a Absatz 3 Satz 9 Nummer 1 gelten im Beitragsjahr der Reinvestition auch die davor geleisteten Beiträge oder Tilgungsleistungen als Altersvorsorgebeiträge nach Satz 1. ⁸Bei einem beruflich bedingten Umzug nach § 92a Absatz 4 gelten
1. *im Beitragsjahr des Wegzugs auch die nach dem Wegzug und*
2. *im Beitragsjahr des Wiedereinzugs auch die vor dem Wiedereinzug*
geleisteten Beiträge und Tilgungsleistungen als Altersvorsorgebeiträge nach Satz 1.
(2) ¹*Zu den Altersvorsorgebeiträgen gehören auch*
a) die aus dem individuell versteuerten Arbeitslohn des Arbeitnehmers geleisteten Beiträge an einen Pensionsfonds, eine Pensionskasse oder eine Direktversicherung zum Aufbau einer kapitalgedeckten betrieblichen Altersversorgung und
b) Beiträge des Arbeitnehmers und des ausgeschiedenen Arbeitnehmers, die dieser im Fall der zunächst durch Entgeltumwandlung (§ 1a des Betriebsrentengesetzes) finanzierten und nach § 3 Nummer 63 oder § 10a und diesem Abschnitt geförderten kapitalgedeckten betrieblichen Altersversorgung nach Maßgabe des § 1a Absatz 4 und § 1b Absatz 5 Satz 1 Nummer 2 des Betriebsrentengesetzes selbst erbringt,

wenn eine Auszahlung der zugesagten Altersversorgungsleistung in Form einer Rente oder eines Auszahlungsplans (§ 1 Absatz 1 Satz 1 Nummer 4 des Altersvorsorgeverträge-Zertifizierungsgesetzes) vorgesehen ist. ²Die §§ 3 und 4 des Betriebsrentengesetzes stehen dem vorbehaltlich des § 93 nicht entgegen.

(3) Zu den Altersvorsorgebeiträgen gehören auch die Beitragsanteile, die zur Absicherung der verminderten Erwerbsfähigkeit des Zulageberechtigten und zur Hinterbliebenenversorgung verwendet werden, wenn in der Leistungsphase die Auszahlung in Form einer Rente erfolgt.

(4) Nicht zu den Altersvorsorgebeiträgen zählen
1. Aufwendungen, die vermögenswirksame Leistungen nach dem Fünften Vermögensbildungsgesetz in der jeweils geltenden Fassung darstellen,
2. prämienbegünstigte Aufwendungen nach dem Wohnungsbau-Prämiengesetz in der Fassung der Bekanntmachung vom 30.10.1997 (BGBl I S. 2678), zuletzt geändert durch Artikel 5 des Gesetzes vom 29.7.2008 (BGBl I S. 1509), in der jeweils geltenden Fassung,
3. Aufwendungen, die im Rahmen des § 10 als Sonderausgaben geltend gemacht werden,
4. Zahlungen nach § 92a Absatz 2 Satz 4 Nummer 1 und Absatz 3 Satz 9 Nummer 2 oder
5. Übertragungen im Sinne des § 3 Nummer 55 bis 55c.

(5) ¹Der Zulageberechtigte kann für ein abgelaufenes Beitragsjahr bis zum Beitragsjahr 2011 Altersvorsorgebeiträge auf einen auf seinen Namen lautenden Altersvorsorgevertrag leisten, wenn
1. der Anbieter des Altersvorsorgevertrags davon Kenntnis erhält, in welcher Höhe und für welches Beitragsjahr die Altersvorsorgebeiträge berücksichtigt werden sollen,
2. in dem Beitragsjahr, für das die Altersvorsorgebeiträge berücksichtigt werden sollen, ein Altersvorsorgevertrag bestanden hat,
3. im fristgerechten Antrag auf Zulage für dieses Beitragsjahr eine Zulageberechtigung nach § 79 Satz 2 angegeben wurde, aber tatsächlich eine Zulageberechtigung nach § 79 Satz 1 vorliegt,
4. die Zahlung der Altersvorsorgebeiträge für abgelaufene Beitragsjahre bis zum Ablauf von zwei Jahren nach Erteilung der Bescheinigung nach § 92, mit der zuletzt Ermittlungsergebnisse für dieses Beitragsjahr bescheinigt wurden, längstens jedoch bis zum Beginn der Auszahlungsphase des Altersvorsorgevertrages erfolgt und
5. der Zulageberechtigte vom Anbieter in hervorgehobener Weise darüber informiert wurde oder dem Anbieter seine Kenntnis darüber versichert, dass die Leistungen aus diesen Altersvorsorgebeiträgen der vollen nachgelagerten Besteuerung nach § 22 Nummer 5 Satz 1 unterliegen.

²Wurden die Altersvorsorgebeiträge dem Altersvorsorgevertrag gutgeschrieben und sind die Voraussetzungen nach Satz 1 erfüllt, so hat der Anbieter der zentralen Stelle

(§ 81) die entsprechenden Daten nach § 89 Absatz 2 Satz 1 für das zurückliegende Beitragsjahr nach einem mit der zentralen Stelle abgestimmten Verfahren mitzuteilen. ³Die Beträge nach Satz 1 gelten für die Ermittlung der zu zahlenden Altersvorsorgezulage nach § 83 als Altersvorsorgebeiträge für das Beitragsjahr, für das sie gezahlt wurden. ⁴Für die Anwendung des § 10a Absatz 1 Satz 1 sowie bei der Ermittlung der dem Steuerpflichtigen zustehenden Zulage im Rahmen des § 2 Absatz 6 und des § 10a sind die nach Satz 1 gezahlten Altersvorsorgebeiträge weder für das Beitragsjahr nach Satz 1 Nummer 2 noch für das Beitragsjahr der Zahlung zu berücksichtigen.

66 Die Freibeträge gem. § 115 Abs. 1 S. 3 Nr. 1b und Nr. 2 ZPO betragen derzeit gemäß Bundesgesetzblatt vom 22.12.2017 veröffentlicht (BGBl 2017, 4012) und bringt folgende bundeseinheitliche Veränderungen:

- **Einkommensfreibetrag für Rechtsuchende**
  (110 % der Regelbedarfsstufe 1 – vgl. Rechenschritt 2.5.1)
  2017: 473 EUR
  2018: 481 EUR
- **Freibetrag, falls Rechtsuchender erwerbstätig ist**
  (50 % der Regelbedarfsstufe 1 – vgl. Rechenschritt 2.5.2)
  2017: 215 EUR
  2018: 219 EUR
- **Unterhaltsfreibetrag für Ehegatte/Ehegattin oder eingetragene/n Lebenspartnerin/Lebenspartner**
  (110 % der Regelbedarfsstufe 1 – vgl. Rechenschritt 2.5.3)
  2017: 473 EUR
  2018: 481 EUR
- **Unterhaltsfreibetrag für Erwachsene im Haushalt**
  (110 % der Regelbedarfsstufe 3 – vgl. Rechenschritt 2.5.4)
  2017: 377 EUR
  2018: 383 EUR
- **Unterhaltsfreibetrag für Jugendliche von Beginn des 15. bis zur Vollendung des 18. Lebensjahres (14 bis 17 Jahre)**
  (110 % der Regelbedarfsstufe 4 – vgl. Rechenschritt 2.5.5)
  2017: 359 EUR
  2018: 364 EUR
- **Unterhaltsfreibetrag für Kinder von Beginn des siebten bis zur Vollendung des 14. Lebensjahres (6 bis 13 Jahre)**
  (110 % der Regelbedarfsstufe 5 – vgl. Rechenschritt 2.5.6)
  2017: 333 EUR
  2018: 339 EUR

- **Unterhaltsfreibetrag für Kinder bis zur Vollendung des sechsten Lebensjahres (bis 5 Jahre)**
(110 % der Regelbedarfsstufe 6 – vgl. Rechenschritt 2.5.7)
2017: 275 EUR
2018: 275 EUR (unverändert)

Von dem nach den Abzügen verbleibenden Teil des monatlichen Einkommens (einzusetzendes Einkommen) sind Monatsraten in Höhe der Hälfte des **einzusetzenden Einkommens** festzusetzen; die Monatsraten sind auf volle EUR abzurunden. Beträgt die Höhe einer Monatsrate weniger als 10 EUR, ist von der Festsetzung von Monatsraten abzusehen. Bei einem einzusetzenden Einkommen von mehr als 600 EUR beträgt die Monatsrate 300 EUR zuzüglich des Teils des einzusetzenden Einkommens, der 600 EUR übersteigt. Unabhängig von der Zahl der Rechtszüge sind höchstens 48 Monatsraten aufzubringen (§ 115 Abs. 2 ZPO).

Demnach hat der Rechtsanwalt bereits in der Beratung, ob auf Basis von Prozesskostenhilfe geklagt werden soll, umfassend anhand der Angaben des Mandanten zu prüfen, ob sich die Führung eines solchen Rechtsstreits auf Basis von Prozesskostenhilfe überhaupt lohnt. Sollte der beratende Anwalt zum Ergebnis gelangen, dass eventuell Raten in erheblicher Höhe durch das Gericht anzuordnen sind, sollte er seinen Mandanten auf diesen Umstand hinweisen, damit der Mandant die schlussendliche Entscheidung treffen kann, ob er bereit ist, die voraussichtlich ratenweise zu zahlenden Beträge zu tragen, oder ob er lieber Abstand vom Verfahren nehmen möchte.

Soweit der Mandant passiv legitimiert ist, sollte der befasste Rechtsanwalt auf die möglichen Kosten bei Verteidigung in der Sache ohnehin hinweisen, da bei Verlust des Rechtsstreits der Mandant sodann nicht nur die Kosten der angeordneten Ratenzahlung, sondern auch je nach Quote die ganzen oder die anteiligen Kosten der Gegenseite zu tragen hat.

Hinweis

Nach § 115 Abs. 4 ZPO wird **Prozesskostenhilfe nicht bewilligt**, wenn die anfallenden Kosten des Rechtsstreits, d.h. gerichtliche sowie außergerichtliche (Anwalts)kosten,[128] voraussichtlich **vier Monatsraten** und die aus dem Vermögen zu zahlenden Beträge nicht übersteigen. Es kann der Partei in diesem Fall zugemutet werden, die erforderlichen Mittel auf andere Weise zu beschaffen, z.B. durch Überziehung des Girokontos.[129] Hierbei ist gem. § 115 Abs. 4 i.V.m. Nr. 1.3 DB-Prozesskostenhilfe der Kostenvoranschlag der dortigen Tabelle zu entnehmen. Insofern dürfte es dem Anwalt nicht schwer fallen zu erkennen, ob diese Ausnahme greift.

---

128 Zöller/*Philippi*, § 115, Rn 79.
129 Zöller/*Philippi*, § 115 Rn 77.

2. Einsatz von Vermögen

a) Allgemeines

69 Bei der Beurteilung der wirtschaftlichen Verhältnisse ist auch das vorhandene und verwertbare[130] Vermögen in zumutbarer Weise zu berücksichtigen. Hierbei verzichtet der Gesetzgeber auf eine eigene Definition des Vermögens[131] und nimmt in § 115 Abs. 3 ZPO auf § 90 SGB XII Bezug, soweit dies dem Prozesskostenhilferecht entspricht.

Zum Vermögen zählen grundsätzlich Bargeld und geldwerte Mittel, ebenso Eigentumsrechte, sonstige Vermögenswerte und Nutzungsrechte. Unter den Vermögensbegriff fallen somit alle Gegenstände (Güter), die nicht zur Bestreitung des gegenwärtigen (Sozialhilfe-)Bedarfs vorgesehen sind.

70 Im Einzelnen gehören dazu:
- Geld- oder Geldeswerte, soweit sie nicht dem Einkommen zuzurechnen sind, d.h. nicht zur laufenden Deckung des Sozialhilfebedarfs verwandt werden müssen (Lottogewinne, Nachlässe, Entschädigungszahlungen, Abfindungen[132] etc.);
- sonstige geldwerte Sachen, z.B. bebaute und unbebaute Grundstücke sowie bewegliche Sachen wie Kraftfahrzeuge, Schmuck, Kunstgegenstände, Sammlungen, Pkw der Ober- oder Mittelklasse[133] etc.;
- Forderungen und sonstige Rechte, soweit sie nicht Einkommen sind, z.B. Aktien, Wechsel, Bankguthaben, Nießbrauchrechte, Urheberrechte etc. Eine Verwertung von Forderungen scheidet allerdings aus, wenn diese noch nicht tituliert oder realisierbar sind. Dies zu beweisen, ist Sache der Partei.[134]

b) Verwertbarkeit

71 Vermögen braucht nicht eingesetzt zu werden, wenn es nicht verwertbar ist oder dies für die Partei und deren unterhaltsberechtigte Angehörigen eine Härte darstellen würde (§ 90 Abs. 2, 3 SGB XII). Zum nicht verwertbaren Vermögen gehören insbesondere sog. Riesterverträge und alle Arten von Versicherungen nach dem Altersvermögenszertifizierungsgesetz. Dies hat zur Folge, dass im Prozesskostenhilfe-Formular solch unverwertbares Vermögen nicht anzugeben ist.[135] D.h. nur das Vermögen ist verwertbar, über das auch tatsächlich verfügt werden kann.[136] Nicht verwertbar kann Vermögen z.B. aus

---

130 Dies sind unpfändbare Sachen, unerreichbare Vermögensteile (z.B. Festgelder) sowie Gegenstände, die nicht unbeschränkt der Verfügungsgewalt der Partei unterliegen (BT-Drucks 8/3068, S. 23 f.).
131 Grundlegend *Burgard*, NJW 1990, 3240; *Groß*, § 115 ZPO Rn 37.
132 Eine Abfindung für den Verlust des Arbeitsplatzes ist Vermögen, BAG AGS 2006, 390 = JurBüro 2006, 486 = MDR 2006, 1416; LAG Kiel NZA-RR 2006, 356. Das Vermögen des Antragstellers ist nach § 115 Abs. 2 S. 1 ZPO nur einzusetzen, soweit es ihm zumutbar ist. Geht die gezahlte Abfindung über den sozialhilferechtlichen Selbstbehalt nach § 90 Abs. 2 Nr. 9 SGB XII hinaus, muss der Arbeitnehmer grundsätzlich den das Schonvermögen übersteigenden Teil einer Abfindung als Vermögen einsetzen. Die Anordnung eines Vermögenseinsatzes von 10 % des Nennwerts der Abfindung als generelle Höchstgrenze erscheint nicht überzeugend nachvollziehbar (BAG, Beschl. v. 22.12.2003–2 AZB 23/03, RVG-Report 2004, 196–197).
133 OLG Brandenburg, FamRZ 2006, 1045.
134 BGH FamRZ 2002, 1704 f.
135 BGH FamRZ 2004, 177.
136 VGH Baden-Württemberg FEVS 42, 423 ff.

wirtschaftlichen bzw. rechtlichen Gründen sein, wenn etwa ein Hilfesuchender über sein Erbe nicht verfügen kann, weil es unter der Verwaltung eines Testamentsvollstreckers steht. Darüber hinaus muss eine Verwertung unter wirtschaftlichen Gesichtspunkten vertretbar sein. Wenn eine Verwertung z.B. nur unter erheblichen Verlusten möglich ist (Verkauf eines überschuldeten Grundstücks,[137] Verkauf von Wertpapieren etc.), kann sie nicht verlangt werden.

Die Prozesskostenhilfe-Partei ist auch nicht verpflichtet, zur vorübergehenden Behebung einer Notlage ihr Vermögen zu geringwertigen Erfolg zu veräußern. Wenn der zzt. erzielbare Preis sehr ungünstig ist (bei Kursschwankungen eines Wertpapiers, Bauerwartungsland mit steigender Tendenz, besonders Wertverluste im Rahmen der Finanzkrise etc.), hat das Sozialamt von der Verwertung abzusehen und die Hilfe in Form eines Darlehens zu gewähren (§ 93 SGB XII). Ausdrücklich ist diese Regelung im § 115 ZPO jedoch nicht enthalten, sodass deren Anwendbarkeit im Prozesskostenhilfe-Recht ausscheidet. Allerdings hat die Partei zur Finanzierung der Prozesskosten nur kurzfristig verfügbares Vermögen einzusetzen. Neben den wirtschaftlichen Gründen kann die Verwertung auch aus rechtlichen Gründen ausgeschlossen sein. Nicht verwertbar sind unter diesem Gesichtspunkt Gegenstände, die der Sicherung eines menschenwürdigen Daseins dienen, soweit sie ihrer Art und ihrem Umfang nach angemessen sind. Dazu gehören Sachen, zum persönlichen Gebrauch, die der Hilfesuchende zu einer bescheidenen Lebens- und Haushaltsführung benötigt (Kleidung, Wäsche, Betten, Haus- und Küchengeräte, Nahrungsmittel und Heizungsmaterial). Ebenso wenig sind Nutzungsrechte, die ausschließlich an die Person des Inhabers gebunden sind, verwertbar (z.B. Wohnrechte, Altenteilsrechte etc.). Der Einsatz eines Hausgrundstücks kann nicht verlangt werden, wenn die voraussichtlichen Prozesskosten verhältnismäßig gering sind oder der Einsatz dieses Grundstücks voraussichtlich zu Einbußen führen würde, die die Kostenlast um ein Vielfaches übersteigen.[138]

c) Schonvermögen

Im Folgenden werden Vermögensgegenstände aufgelistet, von deren Einsatz die Sozialhilfe nicht abhängig gemacht werden darf (§ 90 SGB XII):

§ 90 SGB XII lautet:

Einzusetzendes Vermögen
(1) Einzusetzen ist das gesamte verwertbare Vermögen.
(2) Die Sozialhilfe darf nicht abhängig gemacht werden vom Einsatz oder von der Verwertung
1. eines Vermögens, das aus öffentlichen Mitteln zum Aufbau oder zur Sicherung einer Lebensgrundlage oder zur Gründung eines Hausstandes erbracht wird,

---

137 VGH Baden-Württemberg FEVS 42, 423 ff.
138 LAG Berlin AR-Blattei ES 1290 Nr. 43 = RVG Report 2005, 360.

2. eines Kapitals einschließlich seiner Erträge, das der zusätzlichen Altersvorsorge im Sinne des § 10a oder des Abschnitts XI des Einkommensteuergesetzes dient und dessen Ansammlung staatlich gefördert wurde,[139]
3. eines sonstigen Vermögens, solange es nachweislich zur baldigen Beschaffung oder Erhaltung eines Hausgrundstücks im Sinne der Nummer 8 bestimmt ist, soweit dieses Wohnzwecken behinderter (§ 53 Abs. 1 Satz 1 und § 72) oder pflegebedürftiger Menschen (§ 61) dient oder dienen soll und dieser Zweck durch den Einsatz oder die Verwertung des Vermögens gefährdet würde,[140]
4. eines angemessenen Hausrats; dabei sind die bisherigen Lebensverhältnisse der nachfragenden Person zu berücksichtigen,
5. von Gegenständen, die zur Aufnahme oder Fortsetzung der Berufsausbildung oder der Erwerbstätigkeit unentbehrlich sind,[141]
6. von Familien- und Erbstücken, deren Veräußerung für die nachfragende Person oder ihre Familie eine besondere Härte bedeuten würde,
7. von Gegenständen, die zur Befriedigung geistiger, insbesondere wissenschaftlicher oder künstlerischer Bedürfnisse dienen und deren Besitz nicht Luxus ist,
8. eines angemessenen Hausgrundstücks, das von der nachfragenden Person oder einer anderen in den § 19 Abs. 1 bis 3 genannten Person allein oder zusammen mit Angehörigen ganz oder teilweise bewohnt wird und nach ihrem Tod von ihren Angehörigen bewohnt werden soll. Die Angemessenheit bestimmt sich nach der Zahl der Bewohner, dem Wohnbedarf (zum Beispiel behinderter, blinder oder pflegebedürftiger Menschen), der Grundstücksgröße, der Hausgröße, dem Zuschnitt und der Ausstattung des Wohngebäudes sowie dem Wert des Grundstücks einschließlich des Wohngebäudes,
9. kleinerer Barbeträge oder sonstiger Geldwerte; dabei ist eine besondere Notlage der nachfragenden Person zu berücksichtigen.
(3) Die Sozialhilfe darf ferner nicht vom Einsatz oder von der Verwertung eines Vermögens abhängig gemacht werden, soweit dies für den, der das Vermögen einzusetzen hat, und für seine unterhaltsberechtigten Angehörigen eine Härte bedeuten würde. Dies ist bei der Leistung nach dem Fünften bis Neunten Kapitel insbesondere der Fall, soweit eine angemessene Lebensführung oder die Aufrechterhaltung einer angemessenen Alterssicherung wesentlich erschwert würde.

74 ■ **§ 90 Abs. 2 Nr. 1 SGB XII:**

Existenzaufbau- oder Sicherungsmittel betreffen Vermögen, das aus öffentlichen Mitteln zum Aufbau oder zur Sicherung einer Lebensgrundlage oder zur Gründung eines Hausstands gewährt wird. Hierher gehört z.B. auch die sog. Riester-Rente.

Dem Aufbau und der Sicherung der Lebensgrundlage dienen alle Zuwendungen, die ausdrücklich dazu bestimmt sind, dem Empfänger eine eigene Tätigkeit zu ermöglichen,

---

[139] Bargeld ist unantastbar, wenn es tatsächlich zur Altersvorsorge eingesetzt wird, OLG Karlsruhe FamRZ 2004, 1122.
[140] Grundsätzlich ist nunmehr das angesammelte Vermögen einzusetzen.
[141] Hier kann auf die in § 811 Abs. 1 ZPO aufgeführten unpfändbaren Gegenstände zurückgegriffen werden.

aus der später der Lebensunterhalt aufgebracht werden kann. Beispiele: Aufbaudarlehen nach dem Lastenausgleichsgesetz (LAG), Leistungen der Berufsfürsorge (nach § 26 BVG), Eingliederungshilfe für ehem. Häftlinge nach § 9a HHG.

Der Gründung eines Hausstandes dienen alle Leistungen, die für die Erst- bzw. Wiederbeschaffung des Hausrats gewährt werden. Dazu gehören z.B. die Hauptentschädigungen nach dem LAG und Kapitalabfindungen nach dem BVG, sofern sie mit entsprechender Zweckbestimmung ausbezahlt werden, sowie die Wohnraum- und Hausrathilfe nach dem LAG und HHG.

- **Angemessener Hausrat (§ 90 Abs. 2 Nr. 4 SGB XII):** 75

Dabei sind die bisherigen Lebensverhältnisse zu berücksichtigen. Angemessen ist der Hausrat dann, wenn er dem Lebenszuschnitt vergleichbarer Bevölkerungsgruppen entspricht. Luxusgegenstände (z.B. kostbare Teppiche oder Bilder) sind auch dann ausgenommen, wenn ihr Besitz den bisherigen Lebensverhältnissen des Hilfesuchenden entspricht. Beispiele für angemessenen Hausrat: Möbel, Fernsehgerät, Haushaltsgeräte, Wäsche, Bücher etc.

- **Angemessenes Hausgrundstück (§ 90 Abs. 2 Nr. 3, 8 SGB XII). Darunter fallen:** 76
- bebaute Grundstücke, die im Allein- oder Miteigentum stehen,
- Häuser, die aufgrund eines Erbbaurechts errichtet sind,
- Eigentumswohnungen, sofern sie überwiegend Wohnzwecken dienen.

Voraussetzung ist, dass der/die Hilfesuchende oder eine andere Person der Familiengemeinschaft das Hausgrundstück selbst ganz oder teilweise bewohnt.

Nach der Neuregelung muss dem Hilfsbedürftigen das zur Beschaffung eines kleinen Hausgrundstücks angesammelte Vermögen nicht mehr belassen werden.[142]

Ein Hausgrundstück, auch wenn es angemessen ist, ist nur dann geschützt, wenn es vom Antragsteller selbst oder einem Familienangehörigen bewohnt wird. Das bedeutet z.B., dass das Haus nicht mehr verwertet werden muss, wenn der Antragsteller in ein Pflegeheim kommt, der Ehepartner bzw. Lebenspartner oder minderjährige Kinder aber noch im Haus leben. Anders herum gilt: Lebt nicht der Antragsteller, sondern ein volljähriges Kind oder der Ehepartner im Haus, so ist es nicht geschützt. Gleiches gilt, wenn Brüder, Schwestern, Enkel, Tanten oder Onkel darin wohnen.

Es stellt sich die Frage, was unter den Begriff der **Angemessenheit** fällt. Sie bestimmt 77
sich nach:
- der Zahl der Bewohner,
- dem Wohnbedarf,
- der Grundstücksgröße,
- der Hausgröße,
- dem Zuschnitt,

---

142 OLG Nürnberg FamRZ 2002, 759 Nr. 471; Zöller/*Philippi*, § 115 Rn 54.

- der Ausstattung des Wohngebäudes sowie
- dem Wert des Grundstücks einschließlich des Wohngebäudes.

Angemessen ist ein Familienheim, wenn ein Haushalt mit bis zu vier Personen bis zu 130 m² **Wohnfläche** und bei Eigentumswohnungen bis zu 120 m² Wohnfläche hat.[143] Die angemessene Größe einer Eigentumswohnung ist weiterhin bundeseinheitlich nach den Vorgaben des WoBauG 2 zu bestimmen. Der dort enthaltene Grenzwert von 120 m² ist bei einer Bewohnerzahl von weniger als vier grundsätzlich um 20 m² pro Person bis zu einer Mindestgröße von 80 m² zu mindern.[144] Dies hat das Sozialgericht Detmold (Az.: S18 AS 924/14) nochmals bestätigt. Wenn mehr Personen im Haushalt leben oder besondere persönliche (z.B. Behinderung) oder berufliche Bedürfnisse vorliegen, kann die Wohnfläche überschritten werden (§ 39 Abs. 2 Nr. 1 und 2 WoBauG). Ebenso bei einer wirtschaftlich notwendigen Grundrissgestaltung (§ 39 Abs. 2 Nr. 3 WoBauG). Bei Pflegebedürftigen gilt dasselbe. Nur dass für jede Person über vier Personen im Haushalt zusätzlich 20 m² anerkannt werden (§ 82 Abs. 3 WoBauG). Rollstuhlfahrer haben einen zusätzlichen Flächenbedarf von 15 m².[145] Die Grenzen von 120 bzw. 130 m² sind Obergrenzen, die nur für Vier-Personen-Haushalte gelten.

78 *Hinweis*

Aber auch wenn ein Hausgrundstück angemessen groß ist, kann es trotzdem teilweise ungeschützt sein, wenn sein Verkehrswert unangemessen hoch ist. Diese Unangemessenheit wird vor allen Dingen in Ballungsräumen und im Zuge der momentan explodierenden Grundstückspreise in bevorzugten Großstädten künftig eine nicht unbeachtliche Rolle spielen. Als Maßstab für die Angemessenheit des Verkehrswertes müssen die Verhältnisse am „Ort des Bedarfs", also am Wohnort genommen werden. Der Verkehrswert muss sich hierbei im unteren Bereich der Verkehrswerte vergleichbarer Häuser am Wohnort halten.[146] Als Anhalt können pro qm anzuerkennende Wohn- und Grundstücksfläche die im Bereich des örtlichen Trägers der Sozialhilfe üblichen Baukosten je qm Wohnfläche im Sozialen Wohnungsbau (Gesamtkosten ohne Baugrundstück) und die aus der einschlägigen Kaufpreissammlung ersichtlichen Bodenrichtwerte herangezogen werden.[147] Die üblichen Baukosten können beim Bauamt erfragt werden.

79 - **Gegenstände zur Berufsausbildung/Erwerbstätigkeit § 90 Abs. 2 Nr. 5 SGB XII:**
Der notwendige Lebensunterhalt umfasst grds. nicht den Besitz und den Unterhalt eines **Kraftfahrzeuges**. Es stellt deshalb grundsätzlich verwertbares Vermögen dar. Auch eine Sonderregelung wie im Pfändungsschutzrecht kennt das Prozesskostenhilferecht grundsätzlich nicht. Ein Pkw ist nicht geschützt, wenn die Benutzung lediglich gewünscht wird oder durch diesen unangenehmen Verkehrsanbindungen ausgewichen wer-

---

143 OLG Koblenz 11 WF 442/99, Beschl. v. 23.7.1999.
144 BSG, 7.11.2006, Lexetius.com/2006, 3772.
145 BVerwG NDV 1993, 238.
146 BVerwG NDV 1993, 237.
147 Empfehlungen des Deutschen Vereins für den Einsatz des Vermögens, NDV 1992, 145.

den soll. Ein Kraftfahrzeug soll nur benutzt werden, wenn ein öffentliches Verkehrsmittel nicht vorhanden oder dessen Benutzung im Einzelfall (Individualisierungsprinzip) nicht zumutbar ist.

Ausnahmen ergeben sich aus § 90 Abs. 2 Nr. 5 SGB XII.

Ein Kraftfahrzeug kann allerdings zum Schonvermögen gehören:
- als Gegenstand, der zur Aufnahme oder zur Fortsetzung einer Ausbildung oder einer Erwerbstätigkeit notwendig ist, z.B. für Fahrten zwischen dem Wohnort und dem Arbeitsplatz,
- als kleinerer Barbetrag oder als sonstiger Geldwert.

Ein Pkw ist im Rahmen der Prozesskostenhilfe als einzusetzendes Vermögen i.S.v. § 115 III ZPO anzusehen, sofern er weder nach § 90 II Nr. 5 SGB XII unverwertbar ist, noch ein Härtefall nach § 90 III SGB XII vorliegt, noch bei einer Verwertung die Schongrenze nach § 90 II Nr. 9 SGB XII erreicht wird.

Selbst, wenn das Fahrzeug zur Fortsetzung der Ausbildung oder Erwerbstätigkeit erforderlich ist, ist es dann einzusetzen, wenn das Auto einen unangemessenen Vermögenswert zum Vermögenszuschnitt des Rechtssuchenden darstellt (Stichwort: Auszubildender, welcher ein fabrikneues Premiumfahrzeug fährt). Auch hier gilt wieder der Grundsatz, dass bei Mutwilligkeit der Herbeiführung der Mittellosigkeit nicht die Allgemeinheit für die Kosten des Antragsstellers aufkommen soll.

Notwendige Aufwendungen für Fahrten zwischen Wohnung und Arbeitsplatz werden in der Regel in Höhe der Kosten der öffentlichen Verkehrsmittel (tariflich günstigste Zeitkarte) angesetzt. Ist ein öffentliches Verkehrsmittel nicht vorhanden oder dessen Benutzung nicht zumutbar und deshalb die Benutzung eines Kraftfahrzeuges notwendig, werden monatliche Pauschalbeträge für jeden vollen Kilometer einfacher Fahrt anerkannt, den die Wohnung vom Arbeitsplatz entfernt liegt. Das trifft zu z.B. bei Schichtarbeit, bei Montagearbeiten oder wenn die Fahrtzeit zwischen Wohnung und Arbeitsplatz mit öffentlichen Verkehrsmitteln übermäßig lang ist. Unzumutbar können öffentliche Verkehrsmittel auch für Behinderte sein.

Die **Aufwendungen für die (täglichen) Fahrten zwischen Wohnung und Arbeitsstätte** unter Zurücklegung mit dem privaten Kfz können nach der Rechtsprechung unterschiedlich als Belastung für die Partei in Abzug gebracht werden.

Es kann u.a. nach folgender Formel berechnet werden: **je km x 0,30 EUR x 2 (Hin- u. Rückfahrt) x 220 (Arbeitstage im Jahr) / 12 (Monate)**. Hierbei wird nicht hinsichtlich des Fahrzeuges unterschieden. Die Formel gilt daher auch bspw. bei Klein- oder Gebrauchtwagen. Daneben sind nach dieser Auffassung die Kosten für Benzinverbrauch, Steuern, Versicherung, Wartung, Kosten für eine Finanzierung des Erwerbs oder ähnliches nicht mehr gesondert ansetzbar.[148] Unerheblich ist bei dieser Berechnung, welche Kosten der Partei überhaupt und tatsächlich entstehen. Je nach Sachlage kann die Berech-

---

148 OLG Koblenz MDR 2002, 965.

nung daher vorteilhaft oder nachteilig sein. Hier wird sich wohl diejenige Partei besserstellen, die keine Kreditkosten für das Kfz aufzuweisen hat.

82 Eine andere Auffassung vertritt die Meinung, dass zur Berechnung der Fahrtkosten bei Benutzung eines Pkw der Partei eine Pauschale in Höhe von 5,20 EUR je Kilometer monatlich einkommensmindernd berücksichtigt werden sollte bis zu einer Entfernung von (teilw. bis maximal 40 km). Bei der Benutzung eines Motorrades oder Motorrollers 2,30 EUR je Kilometer. Hierbei sind alle Fahrzeugnebenkosten enthalten und können nicht gesondert als Belastung geltend gemacht werden. Diese Regelung wird § 3 Abs. 6 Nr. 2 der DVO zu § 82 SGB XII (vormals § 3 VI Nr. a DVO zu § 76 BSHG) entnommen.[149] Dies wird damit begründet, dass die Prozesskostenhilfe-Vorschriften vielerorts auf die sozialhilferechtlichen Vorschriften verweisen und daher durchaus die für die Bemessung der Sozialhilfe geltenden Bestimmungen für die Prozesskostenhilfe herangezogen werden können. Bei dieser Alternative werden die Finanzierungskosten des Kraftfahrzeugs allerdings gem. § 115 Abs. 2 Nr. 4 ZPO gesondert abgezogen, sofern sie für die Partei bestehen. Bei dieser Berechnungsmethode werden alle Parteien gleichermaßen behandelt, sodass keine Ungerechtigkeiten hinsichtlich der Belastungen entstehen. Allerdings ist bei den Finanzierungskosten des Kfz zu berücksichtigen, ob die Anschaffung eines neuen Pkw erforderlich war und was mit dem bisherigen Fahrzeug geschehen ist. Ferner wäre auch zu überlegen, ob eine andere Finanzierung in Betracht kommen würde sowie ob der Kaufpreis angemessen war.

83 Bei Benutzung von öffentlichen Verkehrsmitteln der Partei für den täglichen Weg zur Arbeit, wird die günstigste Fahrkarte berücksichtigt.

Die Benutzung eines Pkw kann auch damit gerechtfertigt sein, wenn die Partei im Schichtdienst arbeitet oder die Arbeitsstelle nicht mit öffentlichen Verkehrsmitteln zu erreichen ist, was häufig bei PKH-Parteien gegeben ist, die in ländlichen Regionen mit ungünstiger Infrastruktur leben.

Ferner können die Werbungskosten zusätzlich zu den Freibeträgen der Erwerbstätigen abgezogen werden. Die Höhe der Kosten muss stets glaubhaft gemacht werden.

84 Wenn der Antragsteller ein behindertes Kind hat, das er selbst zum Arzt, zur Schule oder in eine stationäre Einrichtung fahren muss, kann der Sozialhilfeträger die Verwertung des Autos nicht verlangen. Gleiches muss für die Prüfung der Zumutbarkeit der vorrangigen Verwertung dieses Vermögensgegenstandes für den Antragsteller gelten, wobei hier wiederum die Grenze der Lebenszuschnitt des Rechtssuchenden ist.

85 Für Vorstellungstermine ist in der Regel kein Kraftfahrzeug erforderlich.[150] Hierzu können nämlich auch öffentliche Verkehrsmitteln benutzt werden.

86 Zu beachten ist, dass der Besitz eines Autos als unwirtschaftliches Verhalten gewertet werden kann. Da nämlich die Kosten eines Autos nicht im Regelsatz enthalten sind,

---

149 LArbG Schleswig-Holstein, B. v. 23.1.2004 – 2 Ta 6/04, auch OLG Zweibrücken FamRZ 2006, 799, OLG Düsseldorf FamRZ 2007, 644; OLG Bamberg FamRZ 2007, 1339; OLG Brandenburg FamRZ 2008, 158 f.
150 OVG Münster NVwZ 1993, 701 = NJW 1993, 1412.

steht man generell unter dem Verdacht, nicht hilfsbedürftig zu sein (§ 26 Abs. 1 Nr. 2 SGB XII). Der Regelsatz kann darauf hin gekürzt werden, wenn Unwirtschaftlichkeit nachgewiesen wird.[151] Dabei werden die Kosten, die ein Pkw verursacht, den im Regelsatz veranschlagten Beträgen für die Nutzung von öffentlichen Verkehrsmitteln gegenübergestellt.[152]

Hinsichtlich der Hilfe in besonderen Lebenslagen kommt eine Gewährung von Sozialhilfemitteln zum Kauf oder zur Unterhaltung eines Pkw in folgenden Situationen in Betracht (§ 54 SGB XII):
- als Hilfe zum Aufbau und Sicherung der Lebensgrundlage
- bei der Eingliederungshilfe für Behinderte.

Wenn man das Kraftfahrzeug zur Aufnahme oder Fortführung der Erwerbstätigkeit benötigt, ist es nach § 90 SGB XII geschützt. Als Taxifahrer, Vertreter usw. kann man also ein Auto behalten. Ebenso, wenn man es benötigt, um zur Arbeit zu fahren, falls öffentliche Verkehrsmittel nicht vorhanden sind oder ihre Benutzung unzumutbar ist. Ein Pkw kann auch bei Arbeitslosen geschütztes Vermögen sein, wenn dies die Chancen einer Arbeitsaufnahme verbessert. Ein Berufskraftfahrer, der von Sozialhilfe lebt, darf sein Auto behalten.[153]

Bezüglich der Eingliederungshilfe kommt die Finanzierung eines Pkw in Betracht, wenn dadurch der Behinderte in das Arbeitsleben eingegliedert werden kann. Die Fähigkeit des Behinderten, das Fahrzeug selbst zu führen, ist gem. § 8 Abs. 3 Eingliederungsverordnung (EinglVO) von zentraler Bedeutung. Hinzu kommen Hilfen zur Beschaffung von behindertengerechten Bedienungsvorrichtungen, zur Instandhaltung (Inspektionen) oder für den Erwerb eines Führerscheines.

Kosten für notwendige Arbeitsmittel wie Berufskleidung, Werkzeug und Fachliteratur, aber auch notwendiger Fortbildungsaufwand:

Bei jedem nicht selbstständig Erwerbstätigen mit eigenem Einkommen ist ein Werbungskosten-Pauschbetrag von monatlich 1/60 der steuerrechtlichen Werbungskostenpauschale nach § 9a Abs. 1 Satz 1 Nr. 1 Buchstabe a des Einkommensteuergesetzes (vgl. § 6 Abs. 1 Nr. 3a ALG II–V) abzusetzen.

---

151 A.A. OVG Lüneburg FEVS 34, 426 f.; OVG Bremen FEVS 37, 471: Erst wenn durch das Halten des Kfz sich Schwierigkeiten in der Lebenshaltung des Hilfeempfängers und seiner Familie oder zusätzliche Belastungen des Trägers der Sozialhilfe ergeben, kann man evtl. von Unwirtschaftlichkeit sprechen. Solange jemand durch die Haltung eines Pkw nicht zusätzliche Sozialhilfe beantragt, verhält er sich also nicht unwirtschaftlich; ebenso OVG Lüneburg, 13.9.99 – 12 L 2523/99 –: Hält ein Hilfeempfänger einen Personenkraftwagen, muss das nicht auf verschwiegenes Einkommen oder Vermögen hindeuten und nicht unwirtschaftliches Verhalten darstellen, wenn der Hilfeempfänger für die Kosten der Autohaltung frei verfügbare Mittel einsetzen kann, sei es aus nicht einzusetzendem Einkommen, sei es aus frei verfügbaren Sozialhilfeleistungen – etwa aus dem Hilfeanteil für persönliche Bedürfnisse des täglichen Lebens. BVerwG, 29.12.00 – 5 B 217/99 –: Autohaltung kein unwirtschaftliches Verhalten nach § 25 Abs. 2 BSHG: Die Haltung eines Kraftfahrzeugs ist kein unwirtschaftliches Verhalten i.S.v. § 25 Abs. 2 Nr. 2 BSHG, wenn sie, wie im Streitfall, mit Sozialhilfemitteln für die persönlichen Bedürfnisse des täglichen Lebens des Haushaltsvorstandes bis zu ein Halb und des Ehegatten und der haushaltsangehörigen Kinder unter zehn Jahren bis zu 30 v.H. finanziert werden kann.
152 Ca. 25 DM: VGH Baden-Württemberg FEVS 28, 170 f.; OVG Bremen FEVS 37, 471.
153 VG Wiesbaden, 15.2.1984 – VII/2 E 910/82.

89 ▪ **Familien- und Erbstücke (§ 90 Abs. 2 Nr. 6 SGB XII):**

Hierzu gehören z.B. Schmuck- bzw. Kunstgegenstände, Sammlungen, Möbel, deren Veräußerung für den Hilfesuchenden oder seine Familie eine besondere Härte darstellen würde, d.h. es müssen schon schwerwiegende Gründe gegen eine Verwertung sprechen (wenn z.B. das letzte Erinnerungsstück an Mutter oder Vater veräußert werden müsste). Diese schwerwiegenden Gründe müssen durch den Antragssteller gegenüber dem Gericht glaubhaft gemacht werden.

90 ▪ **Kleinere Barbeträge und sonstige Geldwerte (§ 90 Abs. 2 Nr. 9 SGB XII):**

§ 1 der VO zu § 90 Abs. 2 Nr. 9 SGB XII:

[1]Kleinere Barbeträge oder sonstige Geldwerte im Sinne des § 90 Absatz 2 Nummer 9 des Zwölften Buches Sozialgesetzbuch sind:
1. für jede in § 19 Absatz 3, § 27 Absatz 1 und 2, § 41 und § 43 Absatz 1 Satz 2 des Zwölften Buches Sozialgesetzbuch genannte volljährige Person sowie für jede alleinstehende minderjährige Person, 5.000 EUR,
2. für jede Person, die von einer Person nach Nummer 1 überwiegend unterhalten wird, 500 EUR.
[2]Eine minderjährige Person ist alleinstehend im Sinne des Satzes 1 Nummer 1, wenn sie unverheiratet und ihr Anspruch auf Leistungen nach dem Zwölften Buch Sozialgesetzbuch nicht vom Vermögen ihrer Eltern oder eines Elternteils abhängig ist.

3. Schmerzensgeld

91 Wenn Schmerzensgeld nicht dem Ausgleich eines Vermögensschadens dient, ist es „nicht als Einkommen zu berücksichtigen", sondern als Vermögen (§ 90 SGB XII). Am günstigsten ist demnach, wenn Schmerzensgeld in Form einer laufenden Rente gezahlt wird. Es kann dann nicht als Einkommen angerechnet werden. Hierauf sollten Rechtsanwälte ihre Mandanten bereits bei der Kapitalisierung eines Schmerzensgeldanspruches gesondert hinweisen.

92 Wird das Schmerzensgeld als Abfindung in Form einer einmaligen Zahlung gezahlt, gilt es ebenfalls als Vermögen. Eine Verwertung kann nur mit der Härtefallregelung (§ 83 Abs. 2 SGB XII BSHG) verhindert werden. Dies ist dann der Fall, wenn die Partei durch den Einsatz des Schmerzensgeldes als Vermögen ihren Nachholbedarf, der durch die „Schmerzen" entstanden ist, nicht mehr oder nur wesentlich erschwert befriedigen kann.[154] Eine Entschädigung, die wegen eines Schadens, der nicht Vermögensschaden ist, nach § 253 Abs. 2 BGB geleistet wird, ist nicht als Einkommen zu berücksichtigen.

III. Erfolgsaussicht

93 Nach dem Gesetzestext muss die mit der Prozesskostenhilfebewilligung beabsichtigte Rechtsverfolgung bzw. Rechtsverteidigung hinreichende Aussicht auf – tatsächlichen

---

154 BVerwGE 45, 135.

und rechtlichen – Erfolg haben (§ 114 ZPO).[155] Dies bedingt eine gewisse Wahrscheinlichkeit und daher keine Erfolgsgewissheit.[156] Es ist zwar unbedenklich, die Bewilligung von Prozesskostenhilfe von der hinreichenden Erfolgsaussicht der beabsichtigten Rechtsverfolgung abhängig zu machen. Die Prüfung der Erfolgsaussicht soll jedoch nicht dazu dienen, die Rechtsverfolgung selbst in das Nebenverfahren der Prozesskostenhilfe vorzuverlagern und dieses an die Stelle des Hauptsacheverfahrens treten zu lassen. Diese Tendenz ist bei vielen Gerichten erkennbar, sodass der Antragssteller darauf achten sollte, dass über sein Prozesskostenhilfegesuch bereits vor dem Termin zur mündlichen Verhandlung entschieden wurde, da einige Gerichte auch dazu neigen, auf dem Wege der noch nicht bewilligten Prozesskostenhilfe Druck auf den Antragsteller dahingehend auszuüben, dass bei Abschluss eines bestimmen Vergleiches die Bewilligung von Prozesskostenhilfe noch in Betracht komme. Das Prozesskostenhilfeverfahren will hingegen den Rechtsschutz, den der Rechtsstaatsgrundsatz fordert, nicht selbst bieten, sondern nur zugänglich machen. Auslegung und Anwendung des § 114 ZPO obliegen allerdings in erster Linie den Fachgerichten. Verfassungsrecht wird nur verletzt, wenn die angegriffene Entscheidung Fehler erkennen lässt, die auf einer grundsätzlich unrichtigen Anschauung von der Bedeutung der Rechtsschutzgleichheit beruhen. Die Gerichte überschreiten insoweit den Entscheidungsspielraum, der ihnen bei der Auslegung des Tatbestandsmerkmals der hinreichenden Erfolgsaussicht zukommt, wenn sie einen Auslegungsmaßstab verwenden, durch den einer weniger bemittelten Partei im Vergleich zur bemittelten die Rechtsverfolgung unverhältnismäßig erschwert wird. Das ist namentlich dann der Fall, wenn durch eine Überspannung der Anforderungen an die Erfolgsaussicht der Zweck der Prozesskostenhilfe deutlich verfehlt wird.[157] Eine solche Überspannung ist nicht schon gegeben, wenn die Fachgerichte annehmen, eine Beweisantizipation sei im Prozesskostenhilfeverfahren in eng begrenztem Rahmen zulässig.[158] Kommt jedoch eine Beweisaufnahme ernsthaft in Betracht und liegen keine konkreten und nachvollziehbaren Anhaltspunkte dafür vor, dass sie mit großer Wahrscheinlichkeit zum Nachteil des Beschwerdeführers ausgehen würde, läuft es dem Gebot der Rechtsschutzgleichheit zuwider, dem weniger Bemittelten wegen fehlender Erfolgsaussichten seines Rechtsschutzbegehrens Prozesskostenhilfe zu verweigern.[159]

Besteht Erfolgsaussicht nur hinsichtlich eines Teils des Gegenstandes, so ist auch nur hierfür PKH zu bewilligen, im Übrigen ist sie zu versagen.[160] Dem Antragsteller, der z.B. die Erhebung einer Klage beim Landgericht beabsichtigt, kann Prozesskostenhilfe nicht bewilligt werden, wenn das Landgericht für die streitige Entscheidung sachlich nicht zuständig ist. Sind die Erfolgsaussichten der beabsichtigten Klage nur für eine Teilforderung zu bejahen, für deren Geltendmachung die sachliche Zuständigkeit des

---

155 § 114 S. 2 ZPO: Eingef. durch Art. 1 Nr. 2 G v. 15.12.2004, BGBl I 2004, 3392 m.W.v. 21.12.2004.
156 Musielak/*Fischer*, § 114 Rn 19 m.w.N.
157 BVerfGE 81, 347, 357 f.
158 BVerfG, NJW 1997, 2745 f.
159 BVerfG NJW-RR 2002, 1069; NJW 2003, 2976 f.
160 BVerfGE 81, 347, 357; BVerfG, Kammerbeschl. v. 29.9.2004 – 1 BvR 1281/04, NJW-RR 2005, 140 f.; OLG Düsseldorf FamRZ 1993, 1217.

Amtsgerichts begründet ist, hat das Landgericht die Bewilligung von Prozesskostenhilfe insgesamt zu verweigern, sofern nicht die Klage in einem die sachliche Zuständigkeit des Landgerichts begründenden Umfang (wegen des Restbetrages auf eigene Kosten des Antragstellers) erhoben werden soll (bzw. bereits erhoben ist). Zunächst ist also stets zu prüfen, ob eine Abgabe des Prozesskostenhilfeverfahrens an das Amtsgericht in Betracht kommt. Auf diese Möglichkeit, einen Verweisungsantrag zu stellen, hat das befasste Gericht hinzuweisen.[161]

95 Insofern dürfen schwierige Rechtsfragen im Bewilligungsverfahren nicht entschieden werden.[162] Dies deshalb, weil die Prozesskostenhilfe ja gerade den Zugang zur Wahrung der rechtlichen Interessen gewähren soll. Etwas anderes würde dazu führen, dass der Zweck der Prozesskostenhilfe verfehlt werden würde.

Bei der Bewilligung von Prozesskostenhilfe darf daher bei der Beurteilung der Erfolgsaussicht der Rechtsverfolgung lediglich geprüft werden, ob die Klage im Zeitpunkt der Entscheidungsreife hinreichend erfolgversprechend war.[163] Andererseits wird gefordert, dass in tatsächlicher Hinsicht mindestens von der Möglichkeit der Beweisführung auszugehen ist.[164] Letzteres ist nicht der Fall, wenn der Antragsteller nicht in der Lage ist, konkrete Angriffe gegen zwei von der Gegenseite beauftragte Privatgutachten vorzubringen.[165] Andererseits wird auch die Ansicht vertreten, dass das Gericht den Rechtsstandpunkt der antragsstellenden Partei aufgrund ihrer Sachdarstellung und der vorhandenen Unterlagen für zutreffend oder zumindest vertretbar hält.[166] Gleiches gilt, wenn der Antragsteller bereits nicht in der Lage ist, geeignete Beweismittel überhaupt bereitzustellen.

Für eine einzulegende **Beschwerde** muss der Antragsteller den Antrag auf PKH innerhalb der Beschwerdefrist stellen, damit ihm wegen der Versäumung der Beschwerdefrist Wiedereinsetzung in den vorigen Stand gewährt werden kann und damit die beabsichtigte Rechtsverfolgung hinreichende Aussicht auf Erfolg bietet.[167]

96 Im Umkehrschluss führt dies dazu, dass beim Auftreten schwieriger[168] Rechtsfragen, stets Prozesskostenhilfe zu bewilligen ist,[169] es sei denn, zwischenzeitlich ist hierüber eine höchstrichterliche Entscheidung ergangen.[170] Prüfen kann das Gericht dieses Erfordernis nur unter genauer Angabe des Streitverhältnisses und der dazu gehörigen Beweismittel. Hierfür hat der Antragsteller Sorge zu tragen (§ 117 Abs. 1 S. 2 ZPO). Hierbei ist zu beachten, dass eine verzögerte Entscheidung über den Antrag nicht zu Lasten der Partei gehen kann, sodass maßgeblicher Zeitpunkt derjenige ist, in dem das Gericht hätte

---

161 BGH ProzRB 2005, 34 m. Anm. *Fischer.*
162 BVerfG NJW 2003, 1857; NJW 2000, 1936 und 1991, 413.
163 OLG Saarbrücken, Beschl. v. 7.1.2005 – 8 W 263/04, 8 W 263/04 – 39 n.v.
164 OLG Naumburg, Beschl. v. 13.9.2004 – 4 W 22/04, OLGReport 2005, 292.
165 OLG Naumburg, Beschl. v. 13.9.04 – 4 W 22/04, OLGReport 2005, 292.
166 OLG Naumburg, Beschl. v. 5.11.2005 – 14 WF 210/04, OLGReport 2005, 479.
167 BFH, Beschl. v. 7.1.2005 – V B 191/04, V S 31/04 (PKH) n.v.
168 Gilt somit nicht bei einfachen und daher unstreitigen Rechtsfragen, BGH NJW 1998, 1154.
169 OLGR Frankfurt 1993, 252 f.
170 BGH NJW 1982, 1104.

entscheiden können.[171] Insofern ist es äußerst wichtig, dem Antrag alle erforderlichen Unterlagen beizufügen. Dies auch vor dem Hintergrund, dass der Gegner hierüber anzuhören ist und ggf. das Klägervorbringen bestreitet. Insofern ist es wichtig, dass die Erfolgsprognose sich nicht nur auf die Schlüssigkeit des Vorbringens, sondern auch auf dessen Beweisbarkeit erstreckt (s.o.).[172]

Allgemein kann davon ausgegangen werden, dass eine Erfolgsaussicht besteht, wenn der Kläger sein Vorbringen schlüssig vorträgt und zulässige Beweismittel für seine Behauptungen benennen kann. Eine Beweisprognose darf das Gericht nicht anstellen.[173] Dasselbe gilt in Bezug auf den Beklagten, falls dieser das Klagevorbringen substantiiert bestreitet.[174] In beiden Fällen reicht es somit aus, dass eine Beweisaufnahme ernsthaft in Betracht kommt. 97

Hinweis 98

Die bisherige Besonderheit bei **unanfechtbaren einstweiligen Anordnungen** ist seit Einführung des FamFG zum 1.9.2009 nicht mehr gegeben. Die Vorschriften der §§ 49–57 FamFG regeln für das gesamte Recht der freiwilligen Gerichtsbarkeit den einstweiligen Rechtsschutz, damit werden insbesondere die Vorschriften §§ 620, 620a, 621f, 621g, 644 ZPO abgelöst. Gegen die Entscheidung der Verfahrenskostenhilfe im Verfahren über die einstweilige Anordnung gelten daher die Vorschriften der ZPO, §§ 76 Abs. 2 FamFG i.V.m. 567–572, 127 Abs. 2–4 ZPO.

IV. Mutwilligkeit

Die Bewilligung von Prozesskostenhilfe darf nicht mutwillig erscheinen (§ 114 ZPO). Von einer Mutwilligkeit kann ausgegangen werden, wenn die Rechtsverfolgung mit Rücksicht auf die für die Beitreibung des Anspruchs bestehenden Aussichten durch eine nicht das Armenrecht beanspruchende Partei nicht stattfinden oder diese nur einen Teil des Anspruchs geltend machen würde. Diese Definition geht zurück auf die Regelung des § 114 Abs. 1 S. 2 ZPO a.F. Wenn also eine „normale" nicht hilfsbedürftige Partei unter objektiven Gesichtspunkten bei der sich darstellenden Rechts- und Sachlage einen Prozess nicht führen würde, ist Mutwilligkeit gegeben.[175] Darüber hinaus hat das OLG Koblenz entschieden, dass die beabsichtigte Rechtsverfolgung nur dann mutwillig ist, wenn die Partei den von ihr verfolgten Zweck auch auf einem billigeren als dem von ihr eingeschlagenen Weg erreichen kann.[176] 99

---

171 OVG Mecklenburg-Vorpommern JurBüro 1996, 253; LG Aachen JurBüro 1993, 614.
172 Musielak/*Fischer*, § 117 Rn 15 m.w.N.
173 OLG Koblenz JurBüro 1990, 100 = AnwBl 1990, 327.
174 *Schneider*, MDR 1977, 620.
175 OLG Düsseldorf FamRZ 1998, 758; OLGR Bremen 1996, 106 f.; OLG Karlsruhe FamRZ 1995, 1504; OLG Frankfurt/M. NJW-RR 1993, 327.
176 EzFamR aktuell 2003, 1, auch OLG Köln FamRZ 2005, 743.

100 Rechtsprechungsübersicht zur Mutwilligkeit:
- Scheinehe, wenn aus dem Entgelt für die Ehe keine Rücklagen gebildet werden,[177]
- Vollstreckungsabwehrklage, wenn der Beklagte eindeutig nicht mehr vollstrecken will und vom Kläger bislang nicht aufgefordert wurde, den Titel herauszugeben; anders allerdings, wenn die Gegenseite lediglich behauptet, den Titel nicht herausgeben zu können, da dieser abhandengekommen sei.[178]
- Vermögenslosigkeit des Gegners, da dann eine eventuelle Vollstreckung sinnlos wäre,[179]
- Umgangsrechtserweiterung, wenn Antragsteller diesbezüglich keinen Kontakt mit Antragsgegner bzw. Jugendamt aufgenommen hat,[180]
- Zwangsvollstreckung, obwohl Schuldner beanstandungslos leistet,[181]
- Unterhaltsgläubiger, der dauerhaft Sozialhilfe in Anspruch nimmt, ist nicht klageberechtigt,[182]
- einstweilige Verfügung auf Unterhalt bei laufendem Sozialhilfebezug,[183]
- Scheidungsfolgesache(n), wenn diese im kostengünstigeren Verbund geltend gemacht werden können.[184]
Die Geltendmachung einer zivilprozessualen Scheidungsfolgensache außerhalb des Verbundverfahrens ist nach Ansicht des BGH grundsätzlich jedoch nicht mutwillig i.S.d. § 114 ZPO;[185] bei Folgesachen kommt es jedoch oftmals auf die konkreten Erfolgsaussichten im Einzelfall an.
- nach rechtskräftigem Abschluss des Scheidungsverbundverfahrens ist Prozesskostenhilfe nur insofern zu bewilligen, als die Mehrkosten, die sich bei vergleichender Gegenüberstellung isolierter Rechtsverfolgung zur Rechtsverfolgung im Verbund ergeben, von der Prozesskostenhilfebewilligung ausgenommen werden,[186]
- kein Titulierungsanspruch eines Unterhaltsgläubigers besteht, wenn dem Schuldner nur der Selbstbehalt verbleibt,[187]

---

177 OLG Sachsen-Anhalt FamRZ 2004, 548 f.; OLG Nürnberg NJW-RR 1995, 901; OLG Stuttgart FamRZ 1992, 195; OLG Schleswig OLGR 1997, 10 f.
178 OLG Bamberg FamRZ 1992, 456.
179 OLG Köln MDR 1990, 1020; KG JW 35, 2292; OLG Düsseldorf MDR 1982, 59; OLG Köln JurBüro 1991, 275; Vollstreckung muss endgültig für alle Zeiten aussichtslos sein: OLG Hamm ZIP 1997, 248; gleichfalls bei Fällen mit Auslandsberührung: OLG Hamm NJW-RR 1999, 1737 f.
180 AG Holzminden FamRZ 1995, 372.
181 LG Schweinfurt DAVorm 1985, 507.
182 OLG Frankfurt/M. NJW-RR 1994, 1223 f; a.A. *Seetzen*, NJW 1994, 2505 f. (für Rechtslage vor dem 1.8.1996); ab dem 1.8.1996 besteht gegenüber dem Sozialhilfeträger durch die Novellierung des § 91 Abs. 4 BSHG eine Kostenübernahmepflicht.
183 OLG Bamberg FamRZ 1995, 623.
184 Musielak-*Fischer*, § 114 Rn 27; OLG Jena FamRZ 2000, 100 (bei Geltendmachung von Kindes- und Ehegattenunterhalt); Musielak-*Borth*, § 76 FamFG Rn 4 ff.
185 BGH, Beschl. v. 10.3.2005 – XII ZB 20/04.
186 OLG Köln NJW-RR 1994, 1093; keine Prozesskostenhilfe: OLG Schleswig FamRZ 2000, 430.
187 OLG Nürnberg NJW-RR 1994, 327.

- im Falle einer vollstreckbaren Urkunde hat der Unterhaltsgläubiger bei einer erhöhten Unterhaltszahlung keinen Anspruch auf Prozesskostenhilfe für den gesamten geltend gemachten Unterhaltsbetrag, sondern lediglich für die geltend gemachte Differenz,[188]
- Beschwerde gegen Entscheidung über Versorgungsausgleich, wenn der Versorgungsträger ebenfalls Rechtsmittel mit demselben Ziel eingelegt hat,[189]
- Zahlungsklage statt Auskunftsklage,[190]
- Antrag auf Erlass einer einstweiligen Verfügung auf Notunterhalt,[191]
- mehrere Scheidungsanträge innerhalb kurzer Abstände,[192]
- Stellung eines eigenen Scheidungsantrages, statt Zustimmung zum Antrag der Gegenseite,[193]
- bei Insolvenz einer klagenden GmbH, wenn der Insolvenzverwalter die Nichtaufnahme des Prozesses erklärt,[194]
- hat die Rechtsschutzversicherung zutreffend Deckungszusage wegen Erfolglosigkeit versagt, ist es der Partei zumutbar, das kostenlose Verfahren des Stichentscheides zu betreiben,[195]
- bei unbestrittenen Ansprüchen muss zunächst das kostengünstigere Mahnverfahren betrieben werden,[196] es sei denn, aufgrund des Verhaltens des Schuldners wird offenkundig, dass dieser jedenfalls Widerspruch gegen den Mahnbescheid einlegen wird. Dieser Umstand wäre allerdings dem Streitgericht durch Vorlage geeigneter Unterlagen, z.B. Stellungnahmen der Gegenseite, keinesfalls zahlen zu wollen, glaubhaft zu machen,
- Patentanmeldung.

Eine Patentanmeldung ist mutwillig, wenn ein Verständiger, nicht mittelloser Anmelder, der für die Verfahrenskosten selbst aufkommen müsste, bei vernünftiger Würdigung der Umstände auf die konkret beabsichtigte Rechtsverfolgung auch dann verzichten würde, wenn diese für sich gesehen erfolgversprechend wäre. Maßgeblich ist der Nutzen der Entscheidung überhaupt. Auch bei hinreichender Erfolgsaussicht ist das Betreiben eines Erteilungsverfahrens mutwillig, dessen Kosten in keinem vernünftigen Verhältnis zu dem zu erwartenden wirtschaftlichen Nutzen stehen. Ebenso ist Verfahrenskostenhilfe wegen Mutwilligkeit zu versagen, wenn eine kostengünstigere Möglichkeit besteht, Schutz zu erreichen.

Mutwilligkeit ist insbesondere anzunehmen, wenn festgestellt werden kann, dass die Patentanmeldung (im Falle der Patenterteilung) keine Aussicht auf eine wirtschaftliche Verwertung – insbesondere Lizenzerlöse – bietet. Dazu reicht eine Vielzahl

---

188 OLG Karlsruhe NJW-RR 1994, 68; a.A. OLG Frankfurt/M. NJW-RR 1986, 944.
189 OLG Zweibrücken FamRZ 1988, 415.
190 OLG Düsseldorf FamRZ 1998, 758.
191 OLG Zweibrücken OLGR 1999, 60 f.; Musielak/*Fischer*, § 644 Rn 5.
192 OLG Köln NJW-RR 1988, 1477.
193 AG Syke NJW-RR 1993, 1479.
194 OLG Koblenz OLGZ 1988, 123 f.
195 BGH-NJW-RR 1987, 1343.
196 OLG Düsseldorf NJW-RR 1998, 503 m.w.N.; hierfür kann ebenfalls Prozesskostenhilfe bewilligt werden; vgl. auch Rdn 16.

vorangegangener Schutzrechtsanmeldungen, die derselbe Anmelder bereits auf dem gleichen Sachgebiet ohne Verwertungserfolg vorgenommen hat, zwar für sich allein nicht aus, sie kann aber ein beachtliches Indiz dafür sein, dass auch die weitere Anmeldung keine Verwertungsaussicht aufweist. Im Übrigen bedarf die Beurteilung der Verwertungsaussicht einer umfassenden Würdigung des Einzelfalles unter Berücksichtigung der wirtschaftlichen und persönlichen individuellen Gesamtumstände.[197]

Versagung von Prozesskostenhilfe bei Eintritt die Mutwilligkeit begründender Umstände im Verfahrensverlauf; Kostenentscheidung bei sofortigem Anerkenntnis des geforderten Unterhalts,[198]

- Mutwilligkeit der Rechtsverfolgung bei Ablehnung eines Mediationsangebotes für Umgangsregelungsverfahren,[199]

Geltendmachung von Unterhaltsansprüchen im Ausland: Ablehnung eines Weiterleitungsgesuchs wegen Mutwilligkeit[200]

Ablehnung wegen Mutwilligkeit bei Vermeidbarkeit der zweiten Instanz,[201]

- Mutwilligkeit der Rechtsverfolgung – Entfernung eines medizinischen Gutachtens aus den Verwaltungsakten,[202]
- Mutwilligkeit der Klage auf Vaterschaftsfeststellung,[203]
- eine Rechtsverfolgung durch den **klagenden Insolvenzverwalter**, die durch das öffentliche Interesse an der geordneten Abwicklung masseloser Verfahren nicht gedeckt wird, ist mutwillig. Die Rechtsverfolgung liegt nicht im öffentlichen Interesse, wenn auch eine anteilsmäßige Befriedigung der sonstigen Massegläubiger (§ 55 InsO) voraussichtlich nicht erreicht werden kann, sondern bestenfalls ein Teil der Massekosten (§ 54 InsO) erlöst wird. Dann ist dem Insolvenzverwalter Prozesskostenhilfe für die beabsichtigte Klage zu versagen;[204]
- keine Prozesskostenhilfe für eigenständigen Baumängelprozess bei Möglichkeit der Widerklage,[205]
- Mutwilligkeit der Rechtsverfolgung durch einen Sozialhilfeempfänger bei Leistungsunfähigkeit des Unterhaltspflichtigen,[206]
- Versagung wegen Mutwilligkeit bei Verzögerung des Versorgungsausgleichsverfahrens,[207]
- Mutwilligkeit einer Unterhaltsklage bei Zuwarten mit der Klageerhebung.[208]

---

197 BPatG BPatGE 2004, 249 f.
198 OLG Köln, Beschl. v. 30.5.2003 – 26 WF 123/03, NJW-RR 2004, 64 f.
199 OLG Hamm, Beschl. v. 20.3.2003 – 3 WF 44/03, FamRZ 2003, 1758 f.
200 OLG Stuttgart, Beschl. v. 29.10.2003 – 19 VA 6/03, FamRZ 2004, 894 f.
201 OLG Hamm, Beschl. v. 2.12.2003 – 1 UF 220/03, ZFE 2004, 59.
202 LSG Berlin, Beschl. v. 17.12.2003 – L 11 B 28/03 SB n.v.
203 OLG Hamm FamRZ 2004, 549 f.
204 OLG Sachsen-Anhalt, Beschl. v. 4.6.2003 – 5 W 43/03, DZWIR 2003, 388.
205 OLG Koblenz, Beschl. v. 26.1.2005 – 14 W 57/05, JurBüro 2005, 266.
206 OLG Koblenz, Beschl. v. 12.12.2003 – 13 WF 978/03, FamRZ 2004, 1118 f.
207 OLG Karlsruhe, Beschl. v. 29.3.2004 – 16 WF 24/04 n.v.
208 OLG Zweibrücken, Beschl. v. 1.7.2004 – 5 WF 104/04, FPR 2004, 630.

- Geltendmachung von rückübertragenen Unterhaltsansprüchen gegen den Sozialhilfeträger, hier steht der Partei ein Anspruch auf Prozesskostenvorschuss zu,[209]
- Mutwilligkeit liegt auch vor, wenn die Erfolgsaussichten der Klage höchst zweifelhaft sind und die Prozesskosten (z.B. durch Gutachterkosten) den Streitwert mehrfach übersteigen,[210]
- Mutwillig ist es, eine Widerklage zu erheben, anstatt gegen die Klageforderung aufzurechnen oder eine neue Klage anstatt einer Hilfswiderklage,[211]
- Ist eine Zwangsvollstreckung im **Ausland** erforderlich, ist die Klage hier mutwillig, wenn das hiesige Urteil im Ausland nicht anerkannt würde.[212]

E. Antrag

Der Antrag[213] auf Bewilligung von Prozesskostenhilfe ist mittels schriftlicher und unterschriebener[214] Erklärung – auch per Telefax[215] – durch die Partei selbst, ihren gesetzlichen Vertreter oder einen Bevollmächtigten (z.B. einen Rechtsanwalt) zu stellen. Eine Verpflichtung, dies durch einen Rechtsanwalt vorzunehmen, besteht allerdings nicht (§ 78 Abs. 3 ZPO). Hierzu kann auch die Geschäftsstelle des Amtsgerichts in Anspruch genommen werden (§§ 117 Abs. 1 S. 1 Hs. 2, 129a ZPO).[216] Diese leitet, nach beratender Hilfe,[217] sodann den Antrag an das zuständige Gericht weiter. Es ist auch möglich, den Antrag noch während der mündlichen Verhandlung, aber vor Beendigung des Rechtsstreits[218] zu stellen. In diesem Falle wird der Antrag ins Protokoll mit aufgenommen.

101

Dem Antrag sind eine Erklärung der Partei über die persönlichen und wirtschaftlichen Verhältnisse (Familienverhältnisse, Beruf, Vermögen, Einkommen und Lasten) sowie entsprechende Belege beizufügen (§ 117 Abs. 2 ZPO). Es ist Sache und eine Obliegenheit des Antragstellers, die notwendige Erklärung und alle entsprechenden Belege vor Instanz- oder Verfahrensende vorzulegen.[219] Hat der Kläger die für die Gewährung von Prozesskostenhilfe erforderlichen Unterlagen und Belege nicht rechtzeitig vorgelegt, kann die versagte Prozesskostenhilfe nicht durch Nachreichung der Unterlagen und Belege erst in der Beschwerdeinstanz korrigiert werden.[220] Spätestens auf Hinweis des

102

---

209 BGH, Beschl. v. 2.4.2008 – XII ZB 266/03.
210 LG Ulm NJW-RR 1990, 637 f.
211 2 OLG Karlsruhe FuR 2006, 322; OLG Hamm MDR 2005, 350; OLG Celle OLGR 2009, 275, 278.
212 *Fischer*, Rpfleger 1994, 190, 191 und § 119 Rn 8; OLG Celle NJW 1997, 532.
213 Muster s. Rdn 361.
214 BGH FamRZ 1994, 1098 f.
215 BGH FamRZ 1994, 1098 f.
216 § 117 Abs. 3 u. 4: i.d.F. d. Art. 1 Nr. 3 G v. 22.3.2005, BGBl I 2005, 837 m.W.v. 1.4.2005.
217 BGH NJW 1984, 2106.
218 Nach Beendigung der Instanz ist eine Erfolg versprechende Rechtsverfolgung nicht mehr möglich; ebenso wenn die erforderlichen Unterlagen bezüglich der persönlichen und wirtschaftlichen Verhältnisse nach Beendigung vorgelegt werden, KG FamRZ 2000, 839; OLG Karlsruhe FamRZ 1999, 305. Für die Beschwerde gegen die Nichtzulassung der Revision kann grundsätzlich nur dann Prozesskostenhilfe bewilligt werden, wenn der Antragsteller bis zum Ablauf der Begründungsfrist den amtlichen Vordruck für die Erklärung über seine persönlichen und wirtschaftlichen Verhältnisse bei Gericht eingereicht hat (BGH, Beschl. v. 28.10.2004 – III ZR 381/03, FamRZ 2005, 196 f.).
219 LAG Hamm, 19.2.2003 – 18 Ta 58/03.
220 BAG, Beschl. v. 3.12.2003–2 AZB 19/03, MDR 2004, 415.

Gerichtes, dass bestimmte Vermögens- und Einkommenspositionen noch nicht hinreichend glaubhaft gemacht sind, sind die Angaben durch Vorlage von geeigneten Belegen sorgfältig zu vervollständigen. Wirkt der Antragssteller nicht hinreichend mit und wird ihm deshalb die Bewilligung von Prozesskostenhilfe abschließend versagt, kann der beauftragte Rechtsanwalt seine Vergütung nach RVG geltend machen und notfalls auch festsetzen lassen. Der beauftragte Rechtsanwalt kann für diesen Fall auch angemessene Vorschüsse von seinem Auftraggeber verlangen. Mit einer Bewilligung der Prozesskostenhilfe kann die Partei nämlich lediglich dann rechnen, wenn sie die persönlichen und wirtschaftlichen Voraussetzungen für die Gewährung der Prozesskostenhilfe in ausreichender Weise dargetan hat.[221] Hierbei kann der Antragsteller auch auf bereits zu den Akten gereichten Vordrucke oder Unterlagen Bezug nehmen, wenn sich seine Verhältnisse nicht erheblich verändert haben.[222]

Zur Verfahrensvereinfachung hat der Gesetzgeber in § 117 Abs. 3 ZPO geregelt, dass durch Rechtsverordnung Formulare für die Erklärung eingeführt werden können. Soweit dies der Fall ist, müssen[223] diese verwendet und lückenlos ausgefüllt werden, ansonsten wurde der Antrag nicht formgerecht gestellt (§ 117 Abs. 4 ZPO).[224] Auf diese Umstände hat allerdings das Prozessgericht hinzuweisen und auf sachgerechte Vervollständigung hinzuwirken.

103 Ferner ist zu beachten, dass aus Gründen der Prozess- und Verfahrensökonomie zum 1.9.2009 eine Neuregelung des § 117 Abs. 2 S. 2–4 ZPO eingeführt wurde. Hiernach kann das Gericht nunmehr die eingereichten Unterlagen auch ohne Zustimmung dem Gegner zugänglich machen, wenn dieser einen Anspruch auf Auskunft über die Einkünfte und das Vermögen hat (insbesondere §§ 1379 Abs. 1 BGB im Vermögensrecht; 1361 Abs. 4 S. 4, 1580, 1605 BGB im Unterhaltsrecht kennen solche Auskunftsansprüche des Gegners). Vor der Übersendung hat das Gericht jedoch dem Prozesskostenhilfe-Antragsteller seine Absicht anzukündigen und ihm Gelegenheit zur Stellungnahme zu geben. Die Übersendung ist ihm mitzuteilen. Hierdurch sollen Auskunftsverfahren vermieden werden.

104 *Hinweis*

Allerdings ist der „Vordruckzwang" nur so zu verstehen, dass ein solcher lediglich zur Entlastung der Gerichte beitragen soll, sodass es zulässig ist, die notwendigen Angaben bzw. Ausfüllungsmängel anderweitig hinreichend und übersichtlich darzulegen,[225] so z.B. durch eidesstattliche Erklärung.[226] Verlangt allerdings das Gericht,

---

221 BGH FamRZ 2004, 99 f.; BGH NStZ-RR 2003, 369 (für Nebenklage); BGH, Beschl. v. 12.2.2003 – XII ZR 232/02, FamRZ 2003, 668 hinsichtlich Wiedereinsetzung in versäumte Rechtsmittelfrist nach Versagung von Prozesskostenhilfe; BFH, Beschl. v. 8.7.2003 – III S 6/03 (bei Nichtzulassung der Beschwerde) – nicht amtlich veröffentlicht.
222 BGH FamRZ 2004, 1961.
223 A.A. OLG München FamRZ 1996, 418; BGH FamRZ 1985, 1018.
224 LAG Hamm LAGE § 117 ZPO Nr. 9 = AE 2001, 141.
225 OLG Hamm FamRZ 1995, 374; vgl. Prozesskostenhilfe-Vordruckverordnung v. 17.10.1994, BGBl I 1994, 3001.
226 LAG Hamm, 27.2.2003 – 4 Ta 27/03, LAG Hamm MDR 1982, 83.

dass sich die Partei eines solchen Vordrucks bedient, so ist dieser zu verwenden, andernfalls das Gesuch um Prozesskostenhilfe zurückzuweisen ist, zumindest wenn zuvor eine gerichtliche Auflage erfolgte.[227] Die Verwendung des Vordrucks „Erklärung über die persönlichen und wirtschaftlichen Verhältnisse" soll das Gericht in die Lage versetzen, sich aufgrund der gemachten Angaben und vorgelegten Belege eine ausreichende Gewissheit über die Verhältnisse zu verschaffen. Dazu bedarf es Erklärungen, welche in dem Vordruck gefordert werden, einschließlich der Versicherung über die Vollständigkeit und Richtigkeit der gemachten Angaben.[228]

Der Antrag auf Prozesskostenhilfe kann zugleich mit der Klage[229] oder auch isoliert,[230] d.h. mit einem als **Klageentwurf** bezeichneten Klageantrag, eingereicht werden. Im ersteren Fall ist darauf zu achten, ob die Klage als prozessuale Maßnahme unter der Bedingung der vorherigen Bewilligung von Prozesskostenhilfe Wirksamkeit entfalten soll oder ob dies nicht unbedingt der Fall ist. Im Zweifel[231] sollte die Wirksamkeit der prozessualen Maßnahme unabhängig von der Prozesskostenhilfebewilligung erfolgen. Der Bevollmächtigte sollte also eindeutig in seiner Antragsschrift darauf hinweisen, ob die Klageerhebung von der Bewilligung der Prozesskostenhilfe abhängig gemacht wird. **105**

Ist dem Antrag auf Prozesskostenhilfe kein Klageentwurf beigefügt, so hat der Antragsteller nach § 118 Abs. 2 S. 1 ZPO die tatsächlichen Angaben ggf. durch eidesstattliche Erklärung glaubhaft zu machen.

F. Besonderheit: Gerichtskostenvorschussbefreiung

Gem. § 12 Abs. 1 GKG soll eine Klage erst nach Zahlung der erforderlichen Gebühr für das Verfahren im Allgemeinen zugestellt werden (Nr. 1210 KVGKG als Anlage zu § 2 GKG). Die Regelung des § 14 GKG beinhaltet bei **kurzfristiger**[232] **Illiquidität** des Antragstellers hierzu Ausnahmen: **106**

1. wenn dem Antragsteller Prozesskostenhilfe bewilligt ist,
2. wenn dem Antragsteller Gebührenfreiheit zusteht,
3. wenn die beabsichtige Rechtsverfolgung nicht aussichtslos oder mutwillig erscheint und wenn glaubhaft gemacht wird, dass
   a) dem Antragsteller die alsbaldige Zahlung der Kosten mit Rücksicht auf seine Vermögenslage oder aus sonstigen Gründen Schwierigkeiten bereiten würde oder

---

227 LAG Hamm LAGE § 117 Nr. 10 = AE 2001, 141 = BuW 2002, 264 = EnoR 2001, 270; LAG Hamm MDR 1982, 83; differenzierter: OLG Oldenburg NdsRpfl 1981, 167; OLG Köln MDR 1982, 152.
228 BSG, Beschl. v. 29.3.2004 – B 13 RJ 55/04 B, RegNr. 26555 (BSG-Intern); BSG, Beschl. v. 13.4.1981 – 11 BA 46/81, SozR 1750 § 117 Nr. 1 und BSG, Beschl. v. 30.4.1982 – 7 BH 10/82, SozR 1750 § 117 Nr. 3.; BSG, Beschl. v. 5.6.2003 – B 8 KN 5/03 B, RegNr. 26374 (BSG-Intern).
229 Muster s. Rdn 343.
230 Muster unter Rdn 342.
231 Z.B. bei drohender Verjährung.
232 Bei längerer Illiquidität sollte demnach zugleich ein Antrag auf Prozesskostenhilfe gestellt werden.

b) eine Verzögerung dem Antragsteller einen nicht oder nur schwer zu ersetzenden Schaden bringen würde; zur Glaubhaftmachung genügt in diesem Fall die Erklärung des zum Prozessbevollmächtigten bestellten Rechtsanwalts.

107 Nicht von der Vorschusszahlung bzw. Vorauszahlung ist der Antragsteller zu befreien, wenn die beabsichtigte **Rechtsverfolgung aussichtslos oder mutwillig** erscheint. Für diesen Fall wird ihm schließlich auch keine Prozesskostenhilfe bewilligt (s.o.).

108 Die beschriebenen Fälle kommen dann in Betracht, wenn die PKH beantragende Partei außerstande ist, den Kostenvorschuss zu zahlen, die Klagezustellung aber z.B. im Hinblick auf eine verjährungshemmende Maßnahme nötig ist. Denn nach § 204 Nr. 14 BGB wird die Verjährung durch die Veranlassung der Bekanntgabe des erstmaligen Antrages auf Gewährung von Prozesskostenhilfe gehemmt; wird die Bekanntgabe demnächst nach der Einreichung des Antrages veranlasst, so tritt die Hemmung der Verjährung bereits mit der Einreichung ein.[233] Der Antragssteller sollte zu diesem Zeitpunkt allerdings zwingend einen vollständigen Antrag auf Bewilligung von Prozesskostenhilfe nebst aller notwendigen Belege vorlegen, damit nicht die alsbaldige Zustellung an einem ihm zurechenbaren Fehlverhalten scheitert, da es an der notwendigen Glaubhaftmachung i.S.d. § 294 ZPO fehlt.

109 Gleiches gilt bezüglich einer Rückwirkungsmöglichkeit nach § 270 Abs. 3 ZPO mit oder ohne Antrag auf Prozesskostenhilfebewilligung bei Ausschluss der Klagemöglichkeit. Der Antragsteller hat also lediglich mit den Mitteln des § 294 ZPO, bei anwaltlicher Vertretung sogar nur durch Erklärung des zum Bevollmächtigten bestellten Rechtsanwalts, glaubhaft zu machen, dass bei einer eventuellen Verzögerung der Klagezustellung ein Schaden droht. Vor diesem Hintergrund ist kein Gesuch um Prozesskostenhilfe notwendig bzw. ein unvollständiges genügt.

110 Liegen die Voraussetzungen der Vorschrift des § 14 GKG vor, so treffen bei einer verzögerten Sachbehandlung durch das Gericht die Wirkungen nicht die Partei.[234]

111 *Hinweis*

In den beschriebenen Fällen ist es somit möglich, auf ausdrücklichen **Antrag**[235] hin die Klage ohne Zahlung eines Kostenvorschusses zustellen zu lassen. Hierauf sollte unbedingt geachtet werden, da das Gericht nicht verpflichtet ist, ohne entsprechenden Antrag die Klage sofort zuzustellen.[236] Es fordert vielmehr ohne einen entsprechenden Antrag die Kosten an, gleichgültig ob diese letztlich von der Partei gezahlt werden oder nicht. Hiermit bieten sich Chancen, aber auch Risiken der Falschberatung für den tätigen Rechtsanwalt, welcher die Partei bei Vorliegen der Voraussetzungen hierauf gesondert hinweisen sollte.

---

233 Wegen der Einzelheiten vgl. Palandt/*Heinrichs*, § 204 Rn 29–32 m.w.N.
234 BGH VersR 1995, 361.
235 Muster unter Rdn 346.
236 BGH 1994, 57.

G. Umfang der Prozesskostenhilfebewilligung

Die Bewilligung der Prozesskostenhilfe erfolgt nach § 119 Abs. 1 ZPO für **jeden Rechtszug als Ganzes**[237] **gesondert**. Dies bedeutet, dass aus kostenrechtlicher Sicht[238] zu prüfen ist, ob ggf. gesonderte Verfahrensabschnitte auch gesonderte Kosten entstehen lassen und diesbezüglich eine Rechtsverfolgung bzw. Rechtsverteidigung gleichfalls nicht mutwillig bzw. aussichtslos ist. Insofern erstreckt sich die Bewilligung der Prozesskostenhilfe nicht automatisch auf

- eine Widerklage,[239]
- eine Widerklage und Klageerweiterung,[240]
- eine Klageerweiterung,[241]
- eine Klageänderung,[242]
- das Rechtsmittelverfahren,[243]

112

> *Hinweis*
>
> Hierbei gilt es zu beachten, dass bei Einlegung eines **Rechtsmittels durch den Gegner**[244] nicht zu überprüfen ist, ob die Rechtsverfolgung oder Rechtsverteidigung hinreichende Aussicht auf Erfolg bietet oder mutwillig erscheint (§ 119 Abs. 1 S. 2 ZPO). Anderer Ansicht ist allerdings das **BAG**.[245] Dem Rechtsmittelgegner ist nach dessen Auffassung gem. § 119 Abs. 1 S. 2 ZPO Prozesskostenhilfe grundsätzlich erst zu gewähren, wenn das Rechtsmittel begründet worden ist und die Voraussetzungen für eine Verwerfung des Rechtsmittels nicht gegeben sind. Wegen des eindeutigen Wortlauts der Regelung des § 119 Abs. 1 S. 2 ZPO ist die Versagung von Prozesskostenhilfe mangels Erfolgsaussichten für eine erstinstanzlich erfolgreiche Partei jedenfalls dann willkürlich, wenn die angegriffene Entscheidung keinen Grund nennt, aus dem sich das Übergehen der Vorschrift ausnahmsweise rechtfertigen ließe.[246]
>
> Hat die Prozesskostenhilfe-Partei das Rechtsmittel hingegen selbst eingelegt, so kann hinsichtlich der persönlichen und wirtschaftlichen Verhältnisse auf die Vorinstanz verwiesen werden, soweit sich keine Änderung ergibt.[247] Antrag und Begründung – nicht die erforderlichen Belege[248] – müssen innerhalb der Rechtsmit-

---

237 *Fischer*, JurBüro 1999, 341.
238 *Zöller/Philippi*, § 119 Rn 1.
239 Muster s. Rdn 347.
240 Muster unter Rdn 348.
241 OLG Karlsruhe AnwBl 1987, 340; Muster unter Rdn 349.
242 Muster s. Rdn 344.
243 Muster s. Rdn 350.
244 Muster s. Rdn 351.
245 BAG, Beschl. v. 15.2.2005 – 5 AZN (A), NJW 2005, 1213 f.
246 BVerfG, Kammerbeschl. v. 4.10.2004 – 1 BvR 964/04, NJW 2005, 409; BVerfGE 71, 122, 133 und BVerfG, Beschl. v. 9.1.1990 – 2 BvR 1631/88.
247 BGH FamRZ 1997, 547.
248 A.A. BAG, Beschl. v. 3.12.2003 – 2 AZB 19/03, MDR 2004, 415; BGH, Beschl. v. 12.2.2003 – XII ZR 232/02, FamRZ 2003, 668 hinsichtlich Wiedereinsetzung in versäumte Rechtsmittelfrist nach Versagung von Prozesskostenhilfe; BFH, Beschl. v. 8.7.2003 – III S 6/03 (bei Nichtzulassung der Beschwerde) – nicht amtlich veröffentlicht.

telfrist eingereicht sein.[249] Dies ist dann von Bedeutung, wenn die Durchführung des Rechtsmittels von einer Bewilligung der Prozesskostenhilfe abhängig gemacht werden soll. Prozesskostenhilfe kann allerdings nicht für eine außergerichtliche Tätigkeit des Rechtsanwalts „zwischen den Instanzen" (Prüfung der Erfolgsaussichten eines Rechtsmittels") bewilligt werden.[250] Für nachfolgende Verfahren muss daher ein gesonderter Antrag gestellt werden. Das Gericht hat dabei die Voraussetzungen nach § 114 ZPO zu prüfen.

- Arreste und einstweilige Verfügungen,
- einstweilige Anordnungen in Ehesachen,
- Beschwerdeverfahren,[251]
- Antrag auf Einstellung der Zwangsvollstreckung nach §§ 707,[252] 719,[253] 769 ZPO,
- Insolvenzverfahren,
- das Nachverfahren im Urkunden- und Wechselprozess, wenn die Bewilligung der Prozesskostenhilfe bis zum Vorbehaltsurteil beschränkt wird,
- eine Beiordnung für bestimmte Verfahrensabschnitte bzw. Funktionen,

  Hinweis

  Unter den Voraussetzungen des § 121 Abs. 3 ZPO kann eine Beiordnung eines nicht beim Prozessgericht zugelassenen Rechtsanwalts erfolgen, wenn hierdurch keine Mehrkosten entstehen. In der Regel fällt hierunter der Verkehrsanwalt bzw. Terminsvertreter. Wenn besondere Umstände dies erfordern, kann zudem der Partei auf ihren Antrag ein zur Vertretung bereiter Rechtsanwalt ihrer Wahl zur Wahrnehmung eines Termins zur Beweisaufnahme vor dem ersuchten Richter oder zur Vermittlung des Verkehrs mit dem Prozessbevollmächtigten beigeordnet werden.

- einen Vergleich, soweit Gegenstände erfasst werden, die nicht Gegenstand des gerichtlichen Verfahrens sind,[254]

  Hinweis

  Gerade im familienrechtlichen Bereich beim Abschluss einer Scheidungsfolgenvereinbarung, kommt einem solchen Antrag enorme wirtschaftliche Bedeutung zu, da hierbei oftmals hohe Streitwerte existieren.

- die Vollstreckungsabwehrklage,
- das Wiederaufnahmeverfahren,
- das Selbstständige Beweisverfahren.

---

249 BGH NJW-RR 1993, 451 = JurBüro 1993, 51; OLG Saarbrücken NJW-RR 2000, 664; Zöller/*Philippi*, § 119 Rn 53.
250 BGH AGS 2007, 360 = Rpfleger 2007 476 = RVGReport 2007, 353 mit Anm. *Hansens*.
251 OLG Hamm Rpfleger 1981, 322.
252 Muster unter Rdn 352.
253 Muster unter Rdn 353.
254 *Schneider*, MDR 1985, 814; Muster unter Rdn 354.

H. Prozesskostenhilfe in der Zwangsvollstreckung

I. Erfolgsaussicht

Die Voraussetzung der **„hinreichenden Aussicht auf Erfolg"** (§ 114 ZPO) ist im Verfahren der Zwangsvollstreckung – anders als im Erkenntnisverfahren – **differenzierter** zu betrachten:

113

Zunächst kann sie keine Rolle spielen, da sich in der Zwangsvollstreckung ein Erfolg der Vollstreckung kaum prognostizieren lässt. So sind sich die Rechtsprechung und Literatur darin einig, dass dieses Kriterium an sich ungeeignet ist. Das kann aber nicht allgemein gesagt werden. Die Rechtsprechung ist vielmehr auf den **Einzelfall** abgestellt. Der BGH[255] hat hierzu allgemein erklärt, dass eine hinreichende Aussicht auf Erfolg i.S.d. § 114 ZPO im Regelfall bereits dann zu bejahen ist, wenn die Entscheidung zur Hauptsache von der Beantwortung schwieriger Tat- oder Rechtsfragen abhängt. So hat die Rechtsprechung beispielsweise entschieden:

- Die Rechtsfrage, ob und unter welchen Voraussetzungen z.B. eine höchstrichterliche Grundsatzentscheidung nach §§ 850d Abs. 1 S. 2, 850g ZPO die Änderung der festgesetzten Pfändungsfreigrenze rechtfertigt, ist in der Rechtsprechung bislang ungeklärt und als schwierig anzusehen, sodass bei Vorliegen der sonstigen Voraussetzungen Prozesskostenhilfe zu bewilligen ist.[256]
- Darüber hinaus kann eine Vollstreckungsgegenklage nicht mit Erfolg darauf gestützt werden, dass der Gläubiger die titulierte Forderung in einem anderen Rechtsstreit hilfsweise zur Aufrechnung gestellt hat, solange über die zur Aufrechnung gestellte Forderung noch nicht entschieden worden ist.[257]

II. Grundsätzlich keine Pauschalbewilligung

Grundsätzlich scheidet eine pauschale Bewilligung für die (gesamte) Zwangsvollstreckung aus. Für **jeden Vollstreckungsabschnitt** ist daher Prozesskostenhilfe gesondert zu bewilligen, was daraus folgt, dass die Zuständigkeit für die Bewilligung von Prozesskostenhilfe der Zuständigkeit für die beabsichtigte Vollstreckungsmaßnahme folgt und für die einzelnen Maßnahmen der Zwangsvollstreckung unterschiedliche Zuständigkeiten gegeben sind (siehe Rdn 126). Der Umstand, dass in einem zeitnahen Erkenntnisverfahren Prozesskostenhilfe bewilligt worden ist, beseitigt aber nicht die Notwendigkeit für das Vollstreckungsverfahren ein vollständiges Prozesskostenhilfegesuch zu stellen oder zumindest den Bewilligungsbeschluss des Erkenntnisverfahrens sowie die Erklärung, dass sich an den wirtschaftlichen und persönlichen Verhältnissen des Antragstellers nichts geändert hat, vorzulegen.[258] Dennoch bezieht sich die Einzelbewilligung außerhalb des Abs. 2 immer auf einen einheitlichen Vollstreckungsabschnitt, dazu gehören

114

---

255 BGH, Beschl. v. 24.9.2004 – IXa ZB 58/04, FamRZ 2005, 28 f.
256 BGH, Beschl. v. 24.9.2004 – IXa ZB 58/04, FamRZ 2005, 28 f.
257 Saarländisches OLG, Beschl. v. 15.7.2004 – 4 W 146/04–21, 4 W 146/04, OLGR Saarbrücken 2005, 323 f.
258 AG Gifhorn, Beschl. v. 26.5.2004 – 24 M 1000/04, InVo 2004, 419 f.

alle Maßnahmen, die für einen bestimmten Zugriff erforderlich sind.[259] Für die sonstige Zwangsvollstreckung kann für bestimmte Teilverfahren insgesamt Prozesskostenhilfe bewilligt werden,[260] z.B. für die Zwangsvollstreckung in Unterhaltssachen. Die Prozesskostenhilfe sollte dann jedoch zeitlich befristet werden.[261]

Außerdem ist die Erfolgsaussicht einer jeden einzelnen Vollstreckungsmaßnahme zu prüfen: Hierunter fallen sämtliche Maßnahmen, die zur Durchführung des konkreten Vollstreckungszugriffs erforderlich werden, wie etwa bei der Sachpfändung die Pfändung und Verwertung des Gegenstandes einschließlich aller vorbereitenden sowie begleitenden Maßnahmen.

115 Die Bewilligung von Prozesskostenhilfe für die Zwangsvollstreckung in das bewegliche Vermögen umfasst alle Vollstreckungshandlungen im Bezirk des Vollstreckungsgerichts einschließlich des Verfahrens auf Abgabe der Vermögensauskunft und der eidesstattlichen Versicherung.

116 *Hinweis*

Eine **Ausnahme** sieht das Gesetz bei der Zwangsvollstreckung in das bewegliche Vermögen vor. Hier ist eine **beschränkte Pauschalbewilligung** möglich (§ 119 Abs. 2 ZPO) und zwar:

- sachlich auf die Zwangsvollstreckung in das **bewegliche Vermögen** (§§ 803–863 ZPO) und
- örtlich auf das **Amtsgericht**, in dessen Bezirk das Vollstreckungsverfahren stattfinden soll (= Vollstreckungsgericht).

117 Die **Pauschalbewilligung** (§ 119 Abs. 2 ZPO) **erfasst** daher:
- die **Zwangsvollstreckung** in **körperliche Sachen** durch den Gerichtsvollzieher (§§ 808 ff. ZPO) sowie in **Forderungen** und **andere Rechte** durch das **Vollstreckungsgericht** (§§ 828 ff. ZPO) und
- das Verfahren auf **Abgabe der eidesstattlichen Versicherung** (§§ 899 ff. ZPO).

Die Pauschalbewilligung kann isoliert oder im Zusammenhang mit dem Gesuch um Erlass einer bestimmten Vollstreckungsmaßnahme bei dem zuständigen Vollstreckungsgericht beantragt werden. Für die Entscheidung über den Antrag ist funktionell der Rechtspfleger zuständig (§ 20 Nr. 17 RpflG). In dem stattgebenden Beschluss ist auf den beschränkten Umfang der Bewilligung nach Maßgabe des § 119 Abs. 2 ZPO hinzuweisen.

118 Wechselt der Schuldner jedoch seinen Wohnsitz in den Bezirk eines anderen Amtsgerichts, erstreckt sich die Bewilligung nicht auf Vollstreckungshandlungen im Bezirk des nunmehr zuständigen Vollstreckungsgerichts, vielmehr ist ein neuer Antrag auf Pauschalbewilligung für die Zwangsvollstreckung erforderlich.

---

259 *Fischer*, Rpfleger 2004, 190, 193.
260 LG Frankenthal MDR 1982, 585.
261 *Drischler/Oestreich/Winter*, vor § 49 GKG Rn 8.

III. Prozesskostenhilfe für den Schuldner

Auch dem Schuldner kann im Einzelfall und ausnahmsweise im Zwangsvollstreckungsverfahren Prozesskostenhilfe bewilligt werden, wie z.B. für Einstellungsanträge nach den § 765a ZPO, §§ 30a, 180 Abs. 2 ZVG oder im Hinblick auf die Einlegung von Rechtsbehelfen wie Erinnerung (§ 766 ZPO) oder sofortige Beschwerde (§ 793 ZPO), des Weiteren für Anträge nach §§ 813b Abs. 1, 825 Abs. 1, 850f Abs. 1, 850g S. 1, 850i Abs. 1, 850k Abs. 1, 2 ZPO.

119

In allen diesen Fällen ist – neben den persönlichen und wirtschaftlichen Verhältnissen des Schuldners – darauf abzustellen, ob der von ihm gestellte Antrag oder eingelegte Rechtsbehelf hinreichende Aussicht auf Erfolg bietet und nicht mutwillig ist. Eine hinreichende Erfolgsaussicht wird sich spätestens dann bejahen lassen, wenn der Schuldner die Einrede der Erfüllung erheben kann und einen entsprechenden Beleg vorlegt. Die Erfolgsaussicht in einem Zwangsversteigerungsverfahren lässt sich z.B. nur beurteilen, wenn der Schuldner darlegt, gegen welche vollstreckungsgerichtliche Maßnahme er sich im Einzelnen wenden oder wie er sich sonst konkret am Verfahren beteiligen möchte; die pauschale Bewilligung von Prozesskostenhilfe für das Verfahren insgesamt kommt bei der Immobiliarvollstreckung nicht in Betracht.[262]

120

> *Hinweis*
>
> Eine Pauschalbewilligung scheidet allerdings – anders als beim Gläubiger nach § 119 Abs. 2 ZPO – völlig aus.

121

IV. Beiordnung eines Rechtsanwalts ist umstritten

Es bleibt immer noch umstritten, unter welchen Voraussetzungen den Beteiligten bei Bewilligung von Prozesskostenhilfe ein Rechtsanwalt beizuordnen ist. Es ist deshalb zu prüfen, ob die Beiordnung eines Rechtsanwalts erforderlich ist. Nach der Rechtsprechung wird die Erforderlichkeit der Beiordnung eines Rechtsanwalts im Zwangsvollstreckungsverfahren teils nach objektiven, teils nach subjektiven Merkmalen bemessen, wobei keine allgemeinen Aussagen getroffen werden können und stets auf den Einzelfall abgestellt wird. Gefordert wird das Bestehen eines sachlichen und persönlichen Bedürfnisses nach anwaltlicher Unterstützung.[263] Maßgebend sind Umfang, Schwierigkeit und Bedeutung der Sache[264] sowie die Fähigkeit des Antragstellers, sich mündlich oder schriftlich auszudrücken.[265]

122

Nach § 121 Abs. 2 S. 1 ZPO wird einer Partei ein zur Vertretung bereiter Rechtsanwalt beigeordnet, wenn eine Vertretung durch Rechtsanwälte zwar nicht vorgeschrieben ist, jedoch die Vertretung durch einen Rechtsanwalt erforderlich erscheint oder der Gegner durch einen Rechtsanwalt vertreten wird (Grundsatz der „Waffengleichheit"). Ist der

123

---

262 BGH, Beschl. v. 31.10.2003 – IXa ZB 197/03, InVo 2004, 207.
263 OLG Zweibrücken FamRZ 1986, 287.
264 KG FamRZ 1995, 629.
265 LG Koblenz, Beschl. v. 25.11.2004 – 2 T 884/04 n.v.; OLG München FamRZ 1999, 792.

Gegner durch einen Rechtsanwalt vertreten, so treten auch im Zwangsvollstreckungsverfahren keine Probleme bei der Beiordnung auf. Ist dies allerdings nicht der Fall, ist stets eine **Erforderlichkeit** zu prüfen. Hierbei spielen sowohl **objektive** als auch **subjektive** Merkmale eine Rolle, wobei allerdings keine allgemein gültigen Aussagen getroffen werden können und stets auf den Einzelfall abzustellen ist.

Gefordert wird im Allgemeinen das Bestehen eines **sachlichen und persönlichen Bedürfnisses** nach anwaltlicher Unterstützung.[266] Maßgebend sind hierbei Umfang, Schwierigkeit und Bedeutung der Sache[267] sowie die Fähigkeit des Antragstellers, sich mündlich oder schriftlich auszudrücken.[268] Im Erkenntnisverfahren wird nach weit verbreiteter Auffassung das Regel-Ausnahme-Verhältnis des § 121 Abs. 2 S. 1 ZPO umgekehrt und es soll der Grundsatz gelten, dass der Partei in der Regel ein Rechtsanwalt beizuordnen ist, es sei denn, dass der Einzelfall so einfach und der Antragsteller so geschäftsgewandt ist, dass anwaltliche Unterstützung entbehrlich erscheint.[269]

124 Was das Verfahren der Zwangsvollstreckung betrifft, hat sich in der Rechtsprechung eine recht umfangreiche Kasuistik herausgebildet. Teils unter Abwägung der o.a. allgemeinen Kriterien wurde die Erforderlichkeit der **Beiordnung eines Rechtsanwalts bejaht**:
- Für die Vollstreckung aus Unterhaltstiteln:[270]
  Bei einer **Unterhaltsvollstreckung** (hier: Kindesunterhalt) ist jedoch im Einzelfall zu prüfen, ob die Beiordnung eines Rechtsanwalts nach § 121 Abs. 2 ZPO erforderlich erscheint. Die Notwendigkeit der Beiordnung hängt einerseits von der Schwierigkeit der im konkreten Fall zu bewältigenden Rechtsmaterie und andererseits von den persönlichen Fähigkeiten und Kenntnissen gerade des Antragstellers ab.[271] Nicht entscheidend ist hierbei, dass bei der Vollstreckung aus Unterhaltstiteln erfahrungsgemäß in vielen Fällen tatsächliche oder rechtliche Schwierigkeiten auftreten, für deren Bewältigung der Gläubiger anwaltlicher Hilfe bedarf.[272]
  Bei einfacher Berechnung der Unterhaltsrückstände kann diese zumindest mit der Unterstützung der Rechtsantragstelle oder vom der Gläubiger selbst vorgenommen werden. Allerdings darf die Beiordnung eines Rechtsanwalts nicht mit der Begründung abgelehnt werden, es bestehe die Möglichkeit, die Beistandschaft des Jugendamtes zu beantragen,[273] wobei einige Familiengerichte noch immer diese Argumentation anführen.

---

266 PfälzOLG Zweibrücken FamRZ 1986, 287; BGH, Beschl. v. 18.7.2003 – IX a ZB 124/03, BGH-LS 681/03.
267 KG FamRZ 1995, 629.
268 OLG München FamRZ 1999, 792; 1355.
269 Zöller/*Philippi*, § 121 Rn 4 m.w.N.; Musielak/*Fischer*, § 121 Rn 11; MüKo-ZPO/*Wax*, § 121 Rn 30.
270 LG Verden, Beschl. v. 16.3.2003 – 1 T 32/03, FamRZ 2003, 1938; LG Augsburg 5, Beschl. v. 13.2.2003 – 5 T 432/03, FF 2003, 69; LG Arnsberg FamRZ 2000, 1226; LG Siegen Rpfleger 1988, 41; LG Kassel JurBüro 1988, 904; LG Aachen JurBüro 1993, 688; LG Koblenz VE 4/02, 48, LG Bad Kreuznach AGS 2007, 585 = MDR 2007, 736.
271 BGH, Beschl. v. 25.9.2003 – IXa ZB 192/03, ZVI 2003, 592; Festhaltung BGH, 18.7.2003 – IXa ZB 124/03, ZVI 2003, 457; LG Koblenz, Beschl. v. 25.11.2004 – 2 T 884/04 n.v.
272 BGH ZVI 2003, 592.
273 BGH FamRZ 2006, 481 = Rpfleger 2006, 207.

- Für die Vollstreckung in Bankkonten:[274]
  Dem **Schuldner** ist Prozesskostenhilfe zu bewilligen. Auch ist ihm ein Rechtsanwalt beizuordnen, sofern auch der Gegner anwaltlich vertreten ist.[275]
- Für die Taschenpfändung,[276]
- bei kombiniertem Sachpfändungsauftrag (z.B. bei einer Austauschpfändung),[277]
- bei einfachem Sachpfändungsauftrag,[278]
- bei Rechtsmittelverfahren jeglicher Art,[279]
- bei **rechtlichen Schwierigkeiten** im Laufe eines Vollstreckungsverfahrens,[280] etwa Erinnerungen, Einstellungs- oder Schutzanträge,[281] – hier ist die Beiordnung eines Rechtsanwalts auch im Insolvenzverfahren mit Wirkung zugunsten des Schuldners denkbar,
- im Rahmen der Bewilligung von Prozesskostenhilfe für die Mobiliarzwangsvollstreckung ist es erforderlich, einem **Ausländer** mit mangelhaften Deutschkenntnissen einen Rechtsanwalt beizuordnen, der dessen Muttersprache beherrscht,[282]
- die vom Schuldner im **Zwangsversteigerungsverfahren** beantragte Beiordnung eines Rechtsanwalts setzt voraus, dass die beabsichtigte Rechtsverfolgung hinreichende Aussicht auf Erfolg hat. Die Erfolgsaussicht lässt sich nur beurteilen, wenn der Schuldner darlegt, gegen welche vollstreckungsgerichtliche Maßnahme er sich im Einzelnen wenden oder wie er sich sonst konkret am Verfahren beteiligen möchte; die pauschale Bewilligung von Prozesskostenhilfe für das Verfahren insgesamt kommt bei der Immobiliarvollstreckung nicht in Betracht;[283]
- im Verfahren der Zwangsvollstreckung wegen Verstoß gegen die Anordnungen nach dem Gewaltschutzgesetz;[284]
- für Lohnpfändungen,[285] wenn es sich bei den Pfändungen nur um Standardformularanträge handelt, kann eine Beiordnung auch unterbleiben,[286]
- auch für die Taschengeldpfändung kann die Beiordnung eines Rechtsanwaltes bewilligt werden.[287]

---

[274] LG Aachen JurBüro 1999, 664; LG Heidelberg AnwBl 1986, 211, LG Koblenz FamRZ 2005, 529.
[275] LG Mainz, Beschl. v. 21.3.2003 – 8 T 289/02, JurBüro 2004, 42 f.
[276] LG Zweibrücken JurBüro 1997, 665.
[277] LG Koblenz, Beschl. v. 11.4.2001 – 2 T 232/01– und v. 19.11.2001 – 2 T 761/01.
[278] LG Bayreuth Rpfleger 99, 336.
[279] Musielak/*Fischer*, § 121 Rn 17.
[280] LG Rostock, Beschl. v. 31.7.2003 – 2 T 264/03 n.v.
[281] LG Freiburg, JurBüro 86, 129, LG Saarbrücken Rpfleger 86, 69.
[282] LG Duisburg, Beschl. v. 17.12.2003 – 7 T 312/03, MDR 2004, 538.
[283] BGH, Beschl. v. 31.10.2003 – IXa ZB 197/03, InVo 2004, 207, BGH NJW-RR 2004, 787, 788; LG Münster MDR 1994, 1254 f.
[284] LG Brandenburg OLGReport 2006, 918.
[285] Vgl. BGH FamRZ 2004, 789 f.
[286] LG Stade FamRZ 2008, 2292 f.
[287] Z.B. LG Zweibrücken JurBüro 1997, 665.

125 Demgegenüber wird die **Beiordnung** für **nicht erforderlich** erachtet:
- für den Antrag auf Erlass eines „normalen Pfändungs- und Überweisungsbeschlusses",[288]
- für den „normalen Antrag" auf Abnahme der eidesstattlichen Versicherung,[289]
- für die Mobiliarvollstreckung einschließlich des Antrags auf Abnahme der eidesstattlichen Versicherung, sog. Kombiauftrag,[290]
- einem **Gläubiger** kann bei Stellung eines Prozesskostenhilfeantrages für **einen Antrag auf Erlass eines Pfändungs- und Überweisungsbeschlusses** nicht ohne Weiteres ein Rechtsanwalt beigeordnet werden. Dies ergibt sich schon aus dem Gesetz, § 121 Abs. 1 und Abs. 2 ZPO,
- für **Pfändungsschutzanträge** gem. §§ 850 ff. ZPO kommt die Beiordnung eines Rechtsanwaltes (nach § 121 Abs. 2 ZPO bzw. § 4a Abs. 2 InsO) grundsätzlich nicht in Betracht. Etwas anderes kann gelten, wenn es um die Klärung bislang nicht entschiedener bzw. grundsätzlicher Rechtsfragen geht,[291]
- für das Verfahren auf Eintragung einer Zwangssicherungshypothek im Grundbuch braucht kein Rechtsanwalt beigeordnet werden.[292]
- In einfachen Fällen kann unter Umständen auch auf die Mithilfe der Rechtsantragstelle des für die Partei örtlich zuständigen Amtsgerichts verwiesen werden.

V. Zuständigkeiten

126 Der Antrag auf Prozesskostenhilfe ist bei dem Prozessgericht zu stellen (§ 117 Abs. 1 S. 1 ZPO). Gemeint ist damit das Gericht, bei dem der Prozess anhängig ist bzw. anhängig gemacht werden soll. In der **Zwangsvollstreckung** gilt es jedoch § 117 Abs. 1 S. 3 ZPO zu beachten. Danach richtet sich die Zuständigkeit, sowohl sachlich als auch örtlich, nach der beabsichtigten Vollstreckungsmaßnahme. Insofern ergeben sich folgende Zuständigkeiten:
- das **Vollstreckungsgericht** für die ihm zugewiesenen Verfahren (§ 764 Abs. 1 ZPO), so u.a. für die **Zwangsvollstreckung** in **Forderungen** und andere **Vermögensrechte** (§ 828 Abs. 1, 2 ZPO) und für die **Mobiliarvollstreckung** einschließlich der Anträge auf Abnahme der **eidesstattlichen Versicherung**, die in seinem Bezirk stattfinden soll (§ 764 Abs. 2 ZPO). Funktionell zuständig ist der Rechtspfleger (§ 20 Nr. 5 RpflG);
- das **Grundbuchamt** bzw. **Schiffsregistergericht** (§ 1 GBO, § 4 SchiffsRegO) für die **Zwangsvollstreckung** in ein **Grundstück** bzw. **eingetragenes Schiff** durch Sicherungs- bzw. Schiffshypothek (§§ 866 Abs. 1, 870a Abs. 1 ZPO). Funktionell zuständig ist der Rechtspfleger (§ 3 Nr. 1h RpflG);

---

[288] LG Bayreuth JurBüro 1993, 546.
[289] LG Düsseldorf JurBüro 1993, 361.
[290] LG Bayreuth DGVZ 1999, 138; LG Kleve JurBüro 2001, 156; LG Ulm AnwBl 2000, 62; LG Trier, Beschl. v. 30.11.2001 – 5 T 137/01.
[291] AG Göttingen, Beschl. v. 7.7.2003 – 74 IK 144/00 n.v.
[292] LG Detmold Rpfleger 2005, 33.

- das **Amtsgericht als Vollstreckungsgericht**, in dessen Bezirk das Grundstück liegt (§ 1 Abs. 1 ZVG), für das Verfahren der **Zwangsversteigerung** und **Zwangsverwaltung**. Funktionell zuständig ist der Rechtspfleger (§ 3 Nr. 1i RpflG);
- das **Prozessgericht** für die **Zwangsvollstreckung** von **Handlungen** und **Unterlassungen** (§§ 887, 888, 890 ZPO). Funktionell zuständig ist der Richter.

I. Wirkungen der Prozesskostenhilfe

I. Wirkungen im Verhältnis zur Partei

Wurde der antragstellenden Partei Prozesskostenhilfe bewilligt, so entfaltet die Prozesskostenhilfe nur Wirkungen zur Partei und nicht auch gegenüber einem Rechtsnachfolger, Streitgenossen oder Nebenintervenienten der Partei. Diese müssen daher im Zweifel selbst einen Antrag auf Prozesskostenhilfe stellen. Demnach stellt dieser Anspruch auch keinen Vermögenswert erbrechtlicher Natur dar. **127**

Die einmal bewilligte Prozesskostenhilfe wirkt auch nur für den dahin gestellten Antrag, sodass für eventuelle Klageänderungen, -erweiterungen, Widerklagen etc., ein gesonderter Antrag gestellt werden muss. Hierauf müssen Rechtsanwälte bei der abschließenden Formulierung eines gerichtlich protokollierten Vergleichs achten und die Wirkung des Antrags auch ausdrücklich auf den Vergleichsschluss herbeiführen. **128**

II. Anwaltsbeiordnung

Ist die Prozesskostenhilfe-Partei anwaltlich vertreten, so ist zu unterscheiden: **129**

1. Parteiprozess

Ist die Vertretung durch einen Rechtsanwalt **nicht** vorgeschrieben (§ 79 Abs. 1 ZPO), so kann der Partei ein zur Vertretung bereiter[293] Rechtsanwalt ihrer Wahl beigeordnet werden, wenn die Vertretung durch einen Rechtsanwalt erforderlich erscheint oder der Gegner durch einen Rechtsanwalt vertreten ist (§ 121 Abs. 2 ZPO). Erforderlich ist die Beiordnung dann, wenn ein sachliches und persönliches Bedürfnis hierfür besteht.[294] Insofern entscheidet stets der Einzelfall, da Umfang, Schwierigkeit, Bedeutung der Sache sowie die Fähigkeiten der Partei, sich schriftlich bzw. mündlich auszudrücken, unterschiedlich zu beurteilen sind.[295] Der Begriff der Erforderlichkeit ist daher weit auszulegen und die Regel-Ausnahme-Fassung in der Praxis umzukehren. Aufgrund der heutzutage immer diffiziler werdenden Rechtsstreitigkeiten ist eine regelmäßige Beiordnung allerdings verfassungsmäßig geboten.[296] Vor diesem Hintergrund scheidet eine Beiordnung eher selten aus. **130**

---

[293] Zu beachten ist das Vertretungshindernis nach § 45 BRAO.
[294] Zöller/*Philippi*, § 121 Rn 4 m.w.N.
[295] OLG Düsseldorf AGS 2003, 258 f.; BGH v. 18.7.03 – IX a ZB 124/03, BGH-LS 681/03.
[296] Zöller/*Philippi*, § 121 Rn 4; BVerfGE 7, 53.

131 *Hinweis*

Ist zunächst keine der Parteien anwaltlich vertreten, bestellt sich aber im Laufe des Verfahrens ein vertretungsberechtigter Anwalt, so ist aus Gründen der Waffengleichheit der mittellosen Partei Gelegenheit zu geben, nachträglich die Beiordnung eines Rechtsanwalts zu beantragen.[297]

132 Eingeschränkt wird eine freie Anwaltswahl der Partei durch die Regelung des § 121 Abs. 3 ZPO. Hiernach kann ein nicht bei dem Prozessgericht zugelassener Rechtsanwalt nur beigeordnet werden, wenn dadurch weitere Kosten nicht entstehen. Hierzu hat sich der bereite Rechtsanwalt zu erklären.

133 Diese Regelung hat durch das Rechtsanwaltsberufsneuordnungsgesetz mit Wirkung zum 1.1.2000[298] sowie durch das Gesetz zur Änderung des Rechts der Vertretung durch Rechtsanwälte vor den Oberlandesgerichten (OLGVertRÄndG) mit Wirkung zum 1.8.2001[299] etwas an Bedeutung verloren, da nach den Novellierungen fast alle Rechtsanwälte vor den Landgerichten bzw. – eingeschränkt – Oberlandesgerichten auftreten dürfen. Das in § 121 Abs. 3 ZPO manifestierte Mehrkostenverbot gilt aber dennoch überall dort, wo zu Lasten der Staatskasse unnötige Reisekosten entstehen können.

2. Anwaltsprozess

134 Ist eine Vertretung durch einen Rechtsanwalt **vorgeschrieben** (vgl. § 78 Abs. 1 ZPO), so ist der Partei – mangels Postulationsfähigkeit – ein zur Vertretung bereiter Rechtsanwalt beizuordnen. Dies gilt auch, wenn die antragstellende Partei selbst Rechtsanwalt ist.[300] Für diesen gilt:

Nach dem hier einschlägigen § 121 Abs. 1 ZPO wird der Partei ein zur Vertretung bereiter Rechtsanwalt seiner Wahl beigeordnet, wenn – wie hier – eine Vertretung durch Anwälte vorgeschrieben ist. Dies ist in Rechtsprechung und Schrifttum nicht umstritten.[301] Nur in dem hier nicht in Rede stehenden Anwendungsbereich des § 121 Abs. 2 ZPO kann sich überhaupt die Frage stellen, ob von der Beiordnung eines Anwalts abgesehen werden kann, weil die Partei oder ihr gesetzlicher Vertreter ein bei dem Prozessgericht zugelassener Rechtsanwalt ist.[302] Eine solche Einschränkung ist aber regelmäßig abzulehnen.

Inzwischen ist nahezu unumstritten, dass z.B. eine Partei kraft Amtes (z.B. Insolvenzverwalter) einen Anspruch auf Beiordnung eines Rechtsanwalts auch dann hat, wenn der Insolvenzverwalter selbst zugelassener Rechtsanwalt ist.

---

297 BVerfG NJW 1988, 2597; OLG Köln FamRZ 1998, 1522.
298 BGBl I 2000, 2448.
299 BGBl I 2001, 2850.
300 BGH, Beschl. v. 25.4.2002 – IX ZB 106/02, NJW 2002, 2179 = MDR 2002, 1142.
301 Vgl. OLG Brandenburg Report 1995, 23; Stein/Jonas/*Bork*, ZPO 21. Aufl. § 121 Rn 3.
302 Vgl. KG FamRZ 1994, 1397, 1398; Thüringer LAG MDR 2000, 231 f.

Hinweis 135

Die Beiordnung eines Rechtsanwalts wirkt auf den Zeitpunkt der Antragstellung, wenn nichts anderes durch den Bewilligungsbeschluss verlautbart wird. Dies gilt aber nur dann, wenn zu diesem Zeitpunkt die Voraussetzungen für eine Bewilligung vorgelegen haben.

3. Einschränkungen der Beiordnung

Der im Rahmen der Prozesskostenhilfe beigeordnete Anwalt kann unter Umständen Einschränkungen hinzunehmen haben, die sich aufgrund des Bewilligungsbeschlusses ergeben. Dies wirkt sich konsequenterweise dann auch auf seine Vergütungsansprüche aus. Insofern ist besondere Beachtung nötig, um gegebenenfalls unnötige Honorareinbußen zu vermeiden.[303] 136

a) Beiordnung für bestimmte Funktionen bzw. Prozesshandlungen

Eine Zulässigkeit hierfür ergibt sich bereits aus § 121 Abs. 3, 4 ZPO. 137

Im Rahmen einer bewilligten Prozesskostenhilfe ist allerdings bei der Beiordnung eines nicht bei dem Prozessgericht niedergelassenen Rechtsanwalts grundsätzlich stets zu prüfen, ob besondere Umstände für die Beiordnung eines zusätzlichen Verkehrsanwalts i.S.v. § 121 Abs. 4 ZPO vorliegen. Nur wenn dies nicht der Fall ist, darf der auswärtige Rechtsanwalt „zu den Bedingungen eines ortsansässigen Rechtsanwalts" i.S.v. § 46 Abs. 1 RVG beigeordnet werden.[304] Diese besonderen Umstände sind u.a. die Partei ist schreibungewandt und auch ist ihr die Informationsreise zu einem Prozessbevollmächtigen am Prozessgericht nicht zuzumuten und eine mündliche Information ist nicht möglich. Ebenso hat der BGH entschieden, dass ein besonderer Umstand auch dann vorliegt, wenn die Kosten des weiter beizuordnenden Anwalts die sonst entstehenden Reisekosten des nicht am Prozessgericht zugelassenen Hauptbevollmächtigten nicht wesentlich übersteigen. Diese Wesentlichkeitsgrenze dürfte bei 10 % angesiedelt werden können.[305] Ferner ist hier jedoch der besondere Umstand zu berücksichtigen, dass das BVerfG die Angleichung von Bemittelten und Unbemittelten bei der Verwirklichung ihres Rechtsschutzes fordert.[306] Der BGH knüpft an die Rechtsprechung zur Erstattungsfähigkeit im Rahmen des § 91 Abs. 1 S. 1 ZPO an. Daraus resultiert wohl auch, dass die Prozesskostenhilfe-Partei fast überwiegend einen Anspruch darauf hat, einen an ihrem Wohnort ansässigen Prozessbevollmächtigten beigeordnet zu bekommen.[307]

Die Beiordnung eines beim Prozessgericht zugelassenen Rechtsanwalts, der seinen Wohnsitz oder Kanzleisitz nicht am Ort des Prozessgerichts hat, kann seit Inkrafttreten 138

---

303 Zu den Vergütungsansprüchen bei einer Beschränkung und zur Frage, ob dies im Bewilligungsbeschluss bzw. im Festsetzungsverfahren zu beachten ist, vgl. auch Rdn 209, 143.
304 OLG Karlsruhe Rpfleger 2006, 26 = NJW 2005, 2718, vgl. auch BGH NJW 2004, 2749.
305 Musielak/*Fischer*, § 121 Rn 18; BGH NJW 2004 2949.
306 Gerold/Schmidt/*Müller-Rabe*, § 46 Rn 8.
307 OLG Hamm NJW 2005, 1724; OLG Stuttgart NJOZ 2008, 2006 f.; *Enders*, JurBüro 2005, 337, *Eberhardt*, Rpfleger 2006, 661.

des RVG nicht dahingehend eingeschränkt werden, dass sie nur zu den Bedingungen eines ortsansässigen Rechtsanwalts erfolgt.[308]

139 Ein nicht beim Prozessgericht zugelassener Anwalt kann einerseits nur beigeordnet werden, wenn hierdurch zu Lasten der Staatskasse weitere Kosten vermieden werden. Dieser Antrag auf Beiordnung enthält regelmäßig ein konkludentes Einverständnis mit einer dem Mehrkostenverbot des § 121 Abs. 3 ZPO entsprechenden Einschränkung der Beiordnung nur zu den Bedingungen eines am Prozessgericht zugelassenen Rechtsanwalts.[309] Andernfalls hat der Rechtsanwalt deutlich zu machen, dass ein Einverständnis mit einer eingeschränkten Beiordnung nicht besteht. Folglich ist, wenn keine Erklärung des Rechtsanwalts vorliegt eine eingeschränkte Beiordnung durch das Gericht möglich. Dieser Beschluss ist für das Festsetzungsverfahren natürlich bindend. Denn bei einem **Rechtsanwalt** ist die Kenntnis des Mehrkostenverbots des § 121 Abs. 3 ZPO vorauszusetzen. Wenn nun ein **auswärtiger Anwalt** seine Beiordnung beantragt, muss er davon ausgehen, dass seinem Antrag nur im gesetzlich zulässigen Umfang stattgegeben werden kann. Die Norm des § 121 Abs. 3 ZPO betrifft solche Rechtsanwälte, die nicht beim zu entscheidenden Prozessgericht zugelassen sind, also insbesondere solche Anwälte, die bei einem AG, LG oder OLG zugelassen und damit an jedem anderen AG, LG oder OLG postulationsfähig sind und deshalb die Beiordnung beantragen. Die Einschränkung ergibt sich daher schon aus dem Gesetz. Gegen die eingeschränkte Beiordnung kann der Rechtsanwalt, die sofortige Beschwerde gem. § 127 ZPO einlegen. Unterlässt er dies, gilt er als zu den Bedingungen eines Rechtsanwalts vor Ort als beigeordnet.

140 *Hinweis*

Für Fälle ab dem **1.7.2007** gibt es eine Besonderheit. Durch das Gesetz zur Stärkung der Selbstverwaltung der Rechtsanwaltschaft[310] wurde § 121 Abs. 3 geändert:

„Ein nicht in dem Bezirk des Prozessgerichts niedergelassener Rechtsanwalt darf nur beigeordnet werden, wenn dadurch weitere Kosten nicht entstehen."

141 Folge dieser Gesetzesänderung ist, dass wenn der Rechtsanwalt seinen Sitz nicht am Ort des Prozessgerichts, aber in dessen Bereich hat, darf die Einschränkung der Beiordnung „zu den Bedingungen eines ortsansässigen Anwalts" **nicht** erfolgen.[311] Dies bedeutet, dass nunmehr für alle im Bezirk des Prozessgerichts niedergelassenen und beigeordneten Anwälte die Reisekosten aus der Staatskasse zu erstatten sind und eine Einschränkung der Beiordnung nur noch mit ausdrücklicher Einwilligung des Rechtsanwalts erfolgen kann, ausgenommen sind die Anwälte, die ihre Kanzlei am Sitz des Prozessgerichts haben. Dies ergibt sich aus Vorbemerkung 7 Abs. 2 VV-RVG.

Soll nun ein **nicht im Bezirk** des Prozessgerichts niedergelassener Rechtsanwalt beigeordnet werden, so ist zunächst zu prüfen, ob Reisekosten in diesem Verfahren überhaupt

---

308 OLG Oldenburg AnwBl. 2006, 219.
309 BGH AGS 2007, 16 = Rpfleger 2007, 83.
310 BGBl I 2007, 358 f.
311 OLG Celle JurBüro 2008, 261.

entstehen können. Ist dies zu bejahen, so ist in einem weiteren Schritt die Entfernung vom Sitz der Kanzlei des gewählten Rechtsanwalts bis zum Gerichtsort und vergleichbar die Entfernung zwischen dem Ort im Gerichtsbezirk, der am weitesten vom Prozessgericht entfernt ist zu vergleichen. Nur wenn diese Entfernung dann geringer ist, als diejenige zwischen dem Sitz der Rechtsanwaltskanzlei und dem Prozessgericht, können höhere Reisekosten entstehen, als bei der Beiordnung eines im Bezirk des Prozessgerichts niedergelassenen Rechtsanwalts.

Dies bedeutet nun, dass § 121 Abs. 3 ZPO nicht greift, bei einem im Bezirk des Prozessgerichts niedergelassenen Rechtsanwalt. Dessen Reisekosten sind grundsätzlich zu erstatten.[312]

Die Beiordnung eines nicht im Bezirk des Prozessgerichts niedergelassenen Rechtsanwalts ist immer dann zulässig, wenn die Beiordnung eines Verkehrsanwalts noch höhere, als die anfallenden Reisekosten des Hauptanwaltes, verursachen würde. Hier ist u.a. wiederum auf die möglichen Kosten einer Informationsreise abzustellen.

142 Besondere Umstände für eine Beiordnung eines **Verkehrsanwalts** ergeben sich regelmäßig, wenn Gebrechlichkeit, Rechtsunerfahrenheit, schwierige Sach- und Rechtslage sowie Schreibungewandtheit vorliegt.[313] Ebenso können aber auch die tatsächlichen familiären Verhältnisse eine Beiordnung aus besonderen Umständen erforderlich machen, so zum Beispiel, wenn minderjährige Kinder unbeaufsichtigt wären.[314]

143 Die Praxis lehrt, dass sich die Gerichte oftmals weigern, die durch einen Distanzanwalt entstehenden Mehrkosten der Staatskasse aufzubürden. Stattdessen wird der Anwalt oftmals „genötigt" zu den Bedingungen eines im Bezirk ansässigen Rechtsanwalts tätig zu werden. Wonach sich die Verpflichtung der Erstattung der angefallenen Reisekosten aus der Staatskasse zum Teil vermindert.

Ein Schutz hiervor könnte eine Vergütungsvereinbarung zwischen Anwalt und Partei bilden. Die Regelungen zur Vergütungsvereinbarung wurden mit den Vorschriften der §§ 3a-4a RVG neu geregelt. Gem. § 3a Abs. 5 RVG ist eine Vereinbarung über eine höhere als die gesetzliche Vergütung für einen Prozesskostenhilfe-Anwalt, nichtig. Unter gesetzlicher Vergütung versteht man die Vergütung des Wahlanwalts gem. § 13 RVG. Wird daher eine Vergütungsvereinbarung geschlossen, die die gesetzliche Vergütung nicht übersteigt, ist sie somit wirksam.[315] Allerdings ist die PKH-Partei während der der Dauer der Prozesskostenhilfebewilligung aufgrund der Sperrwirkung des § 122 Abs. 1 Nr. 3 ZPO geschützt. Wird die Prozesskostenhilfe aufgehoben, entfällt diese Wirkung. Damit könnte der befasste Rechtsanwalt die weiteren Beträge gegenüber seinem Mandanten als Auftraggeber geltend machen und auch durch das Streitgericht festsetzen lassen.

---

312 Zöller/*Philippi*, § 121 Rn 13 ff.; Gerold/Schmidt/*Müller-Rabe*, § 46 Rn 5.
313 OLG Hamm FamRZ 2000, 763; OLG Karlsruhe FamRZ 1999, 304 f., OLG Köln FamRZ 2005, 208 f.
314 OLG Karlsruhe a.a.O.
315 Gerold/Schmidt/*Mayer*, RVG Rn 36 § 3a RVG.

144 *Hinweis*

Wird ein auswärtiger Rechtsanwalt im Rahmen der Prozesskostenhilfe ohne ausdrückliche Beschränkung i.S.d. § 121 Abs. 3 ZPO beigeordnet, sind dessen Terminsreisekosten aus der Staatskasse zu vergüten, da sich der Umfang des Vergütungsanspruchs gem. § 48 I RVG nach dem Prozesskostenhilfe- und Beiordnungsbeschluss bestimmt. Daran hat die Entscheidung des 11. Zivilsenats des BGH vom 10.10.2006 (siehe Rdn 139) nichts geändert.[316] Ist der bedürftigen Partei ein auswärtiger RA „zu den Bedingungen eines im Gerichtsbezirks ansässigen" RA beigeordnet worden gem. § 121 Abs. 3 ZPO kann dieser aus der Staatskasse seine tatsächliche entstandenen Reisekosten für die Teilnahme an der mündlichen Verhandlung bis zur höchstmöglichen Entfernung eines noch im Gerichtsbezirks gelegenen Ortes zum Gerichtssitz berechnen.[317]

b) Beiordnung für bestimmte Verfahrensabschnitte

145 Zulässig ist eine anwaltliche Beiordnung nur für bestimmte Abschnitte eines Verfahrens, so z.B. nur für das Beweissicherungsverfahren, Nachverfahren im Urkunden-/Wechselprozess, Streitverfahren nach vorausgegangenem Mahnverfahren.

c) Teil-Prozesskostenhilfe

146 Oftmals geschieht es, dass ein Teil der Klage begründet, der andere Teil dagegen unbegründet ist. Insofern kann Prozesskostenhilfe beschränkt auf den begründeten Teil gewährt werden. Für den nicht von der Prozesskostenhilfe umfassten Teil des Streitgegenstandes greifen daher die Wirkungen des § 122 ZPO nicht, sodass der Rechtsanwalt nicht gehindert ist, diesbezüglich Ansprüche gegenüber der Partei geltend zu machen.[318] Eine Sperrwirkung aufgrund Prozesskostenhilfebewilligung ergibt sich also für den Rechtsanwalt immer nur im bewilligten Umfange. Der Rechtsanwalt kann auch für den Teilbereich die Fortsetzung seiner diesbezüglichen Tätigkeit von der Zahlung eines Vorschusses durch den Antragssteller abhängig machen.

III. Gerichts- und Gerichtsvollzieherkosten

147 Die Bewilligung von Prozesskostenhilfe hat zur Folge, dass die rückständigen[319] und entstehenden Gerichtskosten, d.h. Gerichtsgebühren und Auslagen der Staatskasse jeder Art (so z.B. Reisekosten[320]), und Gerichtsvollzieherkosten nur insoweit durch die Staatskasse geltend gemacht werden können, wie dies im Prozesskostenhilfe-Bewilligungsbeschluss angeordnet wurde bzw. gem. § 120a Abs. 1 ZPO nachträglich angeordnet werden kann (§ 122 Abs. 1 Nr. 1 Buchst. a ZPO). Bei einer **teilweisen Bewilligung** von Prozess-

---

316 OLGR Celle 2007, 423.
317 VG Oldenburg BeckRS 34548.
318 Zur Berechnung der anwaltlichen Vergütung bei Teil-PKH vgl. auch Rdn 279 ff.
319 D.h. bereits fällig, aber noch nicht gezahlt zum Zeitpunkt der wirksamen Prozesskostenhilfe-Bewilligung; OLG Düsseldorf JurBüro 1990, 299.
320 Dies gilt vor allem, wenn das persönliche Erscheinen der Partei oder ihre Vernehmung angeordnet wurde; das Ziel des § 122 Abs. 1 Nr. 1 Buchst. a ZPO ist es, der Partei vollen Rechtsschutz zu gewähren.

kostenhilfe gilt dies nur für den Teil der für den Gesamtstreitwert angefallenen Gerichtsgebühr, der dem Verhältnis der Teilstreitwerte, für die Prozesskostenhilfe bewilligt ist, zum Gesamtstreitwert entspricht.[321]

> *Hinweis* **148**
>
> Zu beachten ist in diesem Zusammenhang, dass, wenn die Kosten bereits vor einer Bewilligung angesetzt und der Gerichtskasse zu Einziehung überwiesen waren, die Kostenforderung von Amts wegen zu löschen ist, soweit eine Überweisung noch nicht erfolgt ist. Ist dies nicht der Fall, so ist eine Rückzahlung anzuordnen, wenn die Zahlung nach dem Zeitpunkt erfolgt ist, in dem die Bewilligung wirksam geworden ist (§ 9 KostVfg i.V.m. Nr. 3.2 DB-PKH). Dies kann im Falle der Klageeinreichung bei gleichzeitiger Zahlung des Kostenvorschusses bedeutsam sein, wenn der Antrag auf Bewilligung von Prozesskostenhilfe erst später gestellt wird. In diesem Fall ist der geleistete Vorschuss bei nachträglicher Prozesskostenhilfe-Bewilligung nicht zurückzuerstatten.[322]

Ebenfalls ist eine Rückzahlung geleisteter Gerichtskostenvorschüsse anzuordnen, wenn die Zahlung gleichzeitig mit dem Hauptsacheantrag und dem vollständigen Antrag auf Bewilligung von Prozesskostenhilfe eingezahlt wurde, um die unverzügliche Zustellung des Hauptsacheantrages zu bewirken.[323] In einem solchen Fall handelt es sich nämlich um eine Zahlung unter dem Vorbehalt der Bewilligung von Prozesskostenhilfe. Wird diese bewilligt, so entfällt nachträglich, auf den Zeitpunkt der Antragstellung gesehen, der Rechtsgrund der unter Vorbehalt geleisteten Zahlung. **149**

Dagegen erfolgt die Einziehung von Kosten zu Lasten der Prozesskostenhilfe-Partei nur nach einer Aufhebung der Prozesskostenhilfe. Beim Gegner der Prozesskostenhilfe-Partei ist dies erst möglich, wenn eine rechtskräftige Verurteilung in die Kosten erfolgte oder der Rechtsstreit in sonstiger Weise beendet wurde (§ 125 ZPO, Nr. 3.3.2, 4.7 DB-PKH). **150**

Im Falle einer **Ratenzahlungsanordnung** werden die Monatsraten bzw. die aus dem Vermögen angeordneten Zahlungen mittels einer sogenannten Kostennachricht eingefordert. Die rechtzeitigen Zahlungseingänge überwacht die Geschäftsstelle (Nr. 2.3 DB-PKH) (in manchen Bundesländern wurde die bloße Ratenüberwachung auf die jeweilige Landesjustizkasse übertragen). Diese legt nach Eingang der ersten Zahlung die Akte dem Rechtspfleger vor, der sodann die Gesamtkosten bzw. die zu erwartenden Kosten ermittelt und der Prozesskostenhilfe-Partei mitteilt. Bei einem Zahlungsrückstand von mehr als drei Monaten mit einer Rate entscheidet der Rechtspfleger, ob er die bewilligte Prozesskostenhilfe widerruft (§ 124 Abs. 1 Nr. 5 ZPO). **151**

---

321 OLG München JurBüro 1988, 905; *Schoreit/Dehn*, § 122 ZPO Rn 1; a.A. Zöller/*Philippi*, § 121 Rn 45.
322 OLG Hamburg MDR 1999, 1287.
323 OLG Stuttgart Rpfleger 2003, 200; OLG Hamburg MDR 1999, 1287.

152 Im Falle einer Prozesskostenhilfe mit **Zahlungsbestimmungen** ist zu beachten, dass die Zahlungen maximal 48 monatlichen Raten betragen dürfen, gleichgültig, wie hoch die angefallenen Kosten sind.

153 Eingehende Zahlungen werden zunächst verbucht auf:
- Gerichtskosten – Erstschuldnerhaftung,
- Prozesskostenhilfe –Vergütung nach § 49 RVG,
- Gerichtskosten – Zweitschuldnerhaftung,
- weitere Vergütung nach § 50 RVG.

IV. Übergegangene Ansprüche der beigeordneten Rechtsanwälte

154 Ebenfalls nach den gesetzlichen Bestimmungen dürfen die Ansprüche der beigeordneten Rechtsanwälte, welche nach einer Zahlung auf die Staatskasse gem. § 59 RVG übergehen, geltend gemacht werden (§ 122 Abs. 1 Nr. 1 Buchst. b ZPO). Dies hat zur Folge, dass nur eine Verrechnung bzw. Einziehung über eine angeordnete Ratenzahlung – nach § 115 Abs. 1 Nr. 4 ZPO begrenzt auf 48 Monate – stattfinden kann.

155 Nach dem Wortlaut der Regelung sind die beigeordneten „Rechtsanwälte" gemeint. Dies umfasst auch einen nach § 59 RVG übergegangenen Anspruch des gegnerischen Anwalts, soweit auch diesem Prozesskostenhilfe bewilligt wurde. Diese Konstellation tritt dann auf, wenn der Gegner gegen die andere Prozesskostenhilfe-Partei neben dem Anspruch auf Vergütung aus der Staatskasse auch einen Kostenerstattungsanspruch nach § 91 ZPO hat.

V. Befreiung von einer Sicherheitsleistung

156 Nach § 122 Abs. 1 Nr. 2 ZPO befreit die Bewilligung von Prozesskostenhilfe die Partei zur Leistung einer Sicherheit für die Prozesskosten. Nach § 110 Abs. 1 ZPO hat nämlich ein Kläger, der seinen gewöhnlichen Aufenthalt nicht in einem Mitgliedstaat der Europäischen Union oder einem Vertragsstaat des Abkommens über den Europäischen Wirtschaftsraum hat, auf Verlangen des Beklagten wegen der Prozesskosten Sicherheit zu leisten.

VI. Kostenerstattungsanspruch des Gegners

157 Die bewilligte Prozesskostenhilfe hat auf die Verpflichtung, dem obsiegenden Gegner die Kosten des Rechtsstreits zu erstatten, keinen Einfluss (§ 123 ZPO). Insofern ist dieser berechtigt, seine Kosten notfalls gem. §§ 103 ff. ZPO gegen die Prozesskostenhilfe-Partei festsetzen zu lassen. Der Antragsteller ist durch den befassten Rechtsanwalt vor Antragstellung hinzuweisen, um sich nicht einer Schadensersatzpflicht auszusetzen. Besonderheiten gelten im arbeitsgerichtlichen Verfahren I. Instanz, wo eine Kostenerstattung der unterliegenden Partei nicht in Betracht kommt (§ 12a ArbGG).

VII. Wirkungen im Verhältnis zum beigeordneten Anwalt

1. Ansprüche des beigeordneten Rechtsanwalts gegen die PKH-Partei

Die Vorschrift des § 122 Abs. 1 Nr. 3 ZPO verbietet es dem beigeordneten Rechtsanwalt, ab dem Zeitpunkt der wirksamen Bewilligung und Beiordnung Vergütungsansprüche gegen die Partei geltend zu machen. Er ist hinsichtlich seiner Vergütung auf die Geltendmachung gegenüber der Staatskasse angewiesen (§§ 45 ff. RVG). Dieses Verbot gilt auch in den Fällen, in denen der Anspruch gegenüber der Staatskasse verjährt ist.[324] Erst im Falle einer Aufhebung der Bewilligung nach § 124 ZPO endet diese Forderungssperre. Ab diesem Zeitpunkt kann eine gegen den Mandanten bestehende Forderung gegebenenfalls nach § 11 RVG geltend gemacht werden. Gleiches gilt für die Teile des Rechtsstreits, zu welchen die Partei keine Prozesskostenhilfe bewilligt bekommen hat.

158

Bedeutsam ist die Regelung vor allem bei einer getroffenen **Vergütungsvereinbarung**. Diese ist aufgrund der Regelung des § 122 Abs. 1 Nr. 3 ZPO im Falle einer Bewilligung von Prozesskostenhilfe bei einer Vereinbarung von einer höheren als der gesetzlichen Vergütung nichtig (§ 3a Abs. 3 RVG). Gleichgültig ist es dabei, ob eine solche Vereinbarung vor oder nach der anwaltlichen Beiordnung zustande kam.

159

Gleiches gilt im Falle der Gewährung von **Beratungshilfe** (§ 8 BerHG).

160

Hinweis

161

Keine Wirksamkeit entfaltet allerdings das Forderungsverbot gegenüber dem beigeordneten Rechtsanwalt, im Falle einer Bewilligung von **Teil-Prozesskostenhilfe**[325] In einem solchen Fall darf aufgrund eine Vergütungsvereinbarung oder ohne diese der nicht von der Prozesskostenhilfe erfasste Teilwert des Streitgegenstandes zu einer Abrechnung gegenüber dem Mandanten führen. Gleiches gilt auch für die Gebühren, welche außerhalb der Prozesskostenhilfe-Bewilligung und Beiordnung entstanden sind. Gebühren, die demnach vor der Beiordnung entstanden sind, kann der Anwalt von der Partei fordern.[326]

Hinweis

162

Eine Vergütungsvereinbarung gem. § 3a Abs. 3 RVG darf bei Bewilligung von Prozesskostenhilfe nicht über eine höhere als die gesetzliche Vergütung abgeschlossen werden. Hierbei ist als gesetzliche Vergütung wohl die sog. Wahlanwaltsvergütung gem. § 13 RVG und nicht die Vergütung des Prozesskostenhilfe-Anwalts gem. § 45 RVG gemeint.[327] Nach Aufhebung der Prozesskostenhilfe entfällt die Sperrwirkung des § 121 Abs. 1 Nr. 3 ZPO und der Anwalt kann seine aufgrund der Honorarvereinbarung geschlossene Vergütung gegen die Partei geltend machen. Wurde eine Vergütung über eine höhere als die gesetzliche Vergütung geschlossen kann der Auftraggeber

---

324 OLG Köln FamRZ 1995, 239 f.
325 Vgl. hierzu Rdn 279 ff.
326 OLG Zweibrücken Rpfleger 1994, 352.
327 Gerold/Schmidt/*Mayer*, § 3a RVG Rn 36.

das zum Zwecke der Erfüllung dieser Vergütungsvereinbarung Geleistete nicht zurückfordern, wenn er wusste, dass er zur Leistung nicht verpflichtet ist.

163 *Hinweis*

Die oben genannten Einschränkungen gelten allerdings nach dem Gesetzeswortlaut nicht im Falle einer Beiordnung eines **Pflichtverteidigers**. Vielmehr lässt der Wortlaut des § 3a RVG ausdrücklich eine Honorarvereinbarung zu. Insofern darf der Rechtsanwalt Zahlungen des Mandanten vereinnahmen. Allerdings hat eine Anrechnung auf die aus der Staatskasse zu zahlende Vergütung zu erfolgen (§ 58 Abs. 3 S. 1 RVG). Darüber hinaus sind Zahlungen aufgrund einer getroffenen Honorarvereinbarung **nach** Zahlung der gesetzlichen Vergütung aus der Staatskasse anzeigepflichtig (§ 55 Abs. 5 RVG).

2. Ansprüche des beigeordneten Rechtsanwalts gegen den unterlegenen Gegner

164 Wurde der Rechtsanwalt im Rahmen der Prozesskostenhilfe beigeordnet, so ist er berechtigt, im **eigenen Namen** seine **Wahlanwaltsvergütung** – soweit diese nach § 91 ZPO notwendig war – gegen die unterlegene Partei festsetzen zu lassen, auch wenn dieser ihrerseits Prozesskostenhilfe bewilligt wurde (§§ 103 ff., 123, 126 ZPO). Dies muss er in einem eindeutigen Antrag[328] zum Ausdruck bringen. Bevor eine Festsetzung durch Beschluss erfolgt, hat das Kostenfestsetzungsorgan zunächst zu prüfen, ob dem Anwalt in Bezug auf das Prozesskostenhilfe-Mandat bereits Gelder aus der Staatskasse nach § 49 RVG gewährt wurden und eine Anrechnung zu erfolgen hat. Somit kann allenfalls noch die Differenz zwischen dem Betrag, den der Anwalt aus der Staatskasse erhalten hat, und der Wahlanwaltsvergütung festgesetzt werden. Dieser sogenannte **Übergang nach § 59 RVG** ist von Amts wegen festzustellen.

VIII. Wirkungen im Verhältnis zum Gegner

1. Kläger

165 Wurde dem Kläger, dem Berufungskläger oder dem Revisionskläger Prozesskostenhilfe bewilligt und ist nicht bestimmt worden, dass Zahlungen an die Bundes- oder Landeskasse zu leisten sind, so hat dies für den Gegner die einstweilige Befreiung von den in Abs. 1 Nr. 1 Buchst. a bezeichneten Kosten zur Folge (§ 122 Abs. 2 ZPO).

166 Die Vorschrift des § 122 Abs. 2 ZPO schützt den Beklagten bei einem verlorenen Prozess davor, von dem Kläger,[329] dem uneingeschränkt[330] Prozesskostenhilfe ohne Zahlungsbestimmungen bewilligt worden ist, wegen dessen Anspruch bezüglich der entstehenden bzw. rückständigen Gerichts- bzw. Gerichtsvollzieherkosten in Anspruch genommen zu werden. Denn genauso wie der Kläger, dem Prozesskostenhilfe ohne Ratenzahlung bewilligt wurde, bei einem gewonnenen Rechtsstreit von solchen Kosten über die Rege-

---

328 Muster in § 23 Rdn 178.
329 Gilt nur für den „angegriffenen" Gegner; greift dieser somit selbst an, tritt für sein Angriffsmittel (z.B. Widerklage) die Befreiung nicht ein; vgl. auch *Schoreit/Dehn*, § 122 ZPO Rn 12 m.w.N.
330 Im Falle von Ratenzahlungen gilt dies nicht, sodass der Beklagte die Auslagenvorschüsse zu zahlen hat.

lung des § 122 Abs. 1 Buchst. a ZPO befreit ist, muss dies auch für den Beklagten gelten. Andernfalls läge ein Widerspruch vor.[331]

Hinweis 167
Da die Regelung davon ausgeht, dass dem Kläger, Berufungskläger oder dem Revisionskläger Prozesskostenhilfe ohne Zahlungsbestimmungen bewilligt wurde, gilt im Umkehrschluss, dass bei Nichtvorliegen dieser Voraussetzungen die beklagte Partei wegen der genannten Kosten in Anspruch genommen werden kann.

2. Beklagter

Ebenfalls findet die Vorschrift des § 122 ZPO expressis verbis keine Anwendung, falls 168 dem **Beklagten Prozesskostenhilfe ohne Zahlungsbestimmungen** bewilligt wurde. Bei verlorenem Prozess würde er zunächst über § 122 Abs. 1 Buchst. a ZPO von den entstehenden bzw. rückständigen Gerichts- bzw. Gerichtsvollzieherkosten befreit werden. Dies nützt ihm allerdings wenig. Denn die Staatskasse würde sich in einem solchen Fall beim Kläger nach § 31 GKG schadlos halten. Dies hätte wiederum zur Folge, dass dieser sodann seine Forderung über den Kostenerstattungsanspruch nach § 91 ZPO (vgl. § 123 ZPO) realisieren würde. Eine solche Konsequenz würde dem Gesetz zuwiderlaufen. Deshalb wird die beklagte Partei über die Regelung des § 31 GKG geschützt. Hiernach soll nämlich ein anderer Kostenschuldner nicht in Anspruch genommen werden, wenn dem nach § 29 Nr. 2 GKG haftenden Entscheidungsschuldner Prozesskostenhilfe bewilligt wurde.

Da § 122 Abs. 2 ZPO i.V.m. § 122 Abs. 1 Buchst. a ZPO von „entstehenden" bzw. 169 „rückständigen" Gerichts- und Gerichtsvollzieherkosten ausgeht, ist zunächst fraglich, was geschieht, wenn dies nicht der Fall ist. Dies ist dann gegeben, wenn bereits bei Klageeinreichung der erforderliche dreifache Verfahrensvorschuss geleistet wurde. Bislang wurde von der herrschenden Ansicht davon ausgegangen, dass der Kläger sich diesbezüglich an den Prozesskostenhilfe-Beklagten halten könne.[332] Das BVerfG[333] hat eine solche Folge jedoch für verfassungswidrig erklärt. Vielmehr ist die Staatskasse verpflichtet, dem Kläger die entsprechenden Vorschüsse zurückzuerstatten. Dies gilt auch dann, wenn der Beklagte nach dem Prozesskostenhilfebewilligungsbeschluss **monatliche Raten** zu erbringen hat.

Schließen allerdings die Parteien einen **Prozessvergleich**, so gilt dies nicht. Vielmehr 170 muss die beklagte Partei, der Prozesskostenhilfe bewilligt wurde, einen Gerichtskostenanteil zahlen. Dies führt dazu, dass der Kläger, der die Gerichtskosten **in voller Höhe** gezahlt hat, entsprechend den nach der vereinbarten Quote dem Beklagten zufallenden Anteil gegen diesen festsetzen lassen kann.[334] Insofern hat die Prozesskostenhilfe-Bewil-

---

331 Zöller/*Philippi*, § 122 Rn 21.
332 BGH-NJW-RR 1989, 1277.
333 NJW 1999, 3187 = FamRZ 2000, 474 f.
334 BGH, Beschl. v. 23.10.2003 – III ZB 11/03, RVG-B 2004, 20 m. Anm. *Mock*; OLG Düsseldorf BRAGO prof. 2/2001, 14.

ligung daher keinen Nutzen. Dieser Verpflichtung des Beklagten steht auch die zitierte Entscheidung des Bundesverfassungsgerichts nicht entgegen. Denn dieser Fall ist nur bei einer gerichtlichen Entscheidung anwendbar und nicht, wenn der Rechtsstreit durch Parteivereinbarung, z.B. durch einen Vergleich, beendet wird.

171 *Hinweis*

Eine Nichtbeachtung dieser – zwischenzeitlich durch den BGH entschiedenen – Grundsätze kann für einen Anwalt zu Regressansprüchen der von diesem vertretenen Prozesskostenhilfe-Partei führen. Insofern besteht vor einem Vergleichsabschluss eine Aufklärungsverpflichtung hinsichtlich des Kostenrisikos.

172 *Tipp*

Taktisch sinnvoll ist es daher für den Prozesskostenhilfe-Beklagtenvertreter, den Vergleichsabschluss zunächst nur auf die Hauptsache zu beschränken und sodann die Hauptsache nach erfolgter Protokollierung des Vergleiches für erledigt zu erklären, um das Gericht zu einer Kostenentscheidung „zu zwingen". Eine Regelung zur Kostentragung darf in diesem Fall nicht in den Vergleich aufgenommen werden. Die Folge ist, dass dann die Regelung des § 31 GKG wieder greift, da eine „Entscheidung" im Sinne dieser Regelung gegeben ist. Hieraus folgt wiederum, dass eine Festsetzung durch die Gegenseite ausscheidet.[335]

173 *Hinweis*

Für die **Nicht-Prozesskostenhilfe-Partei** gilt es darüber hinaus zu beachten, dass diese Lösung auf deren Seite allerdings ebenfalls zu Regressansprüchen führen kann. Denn bei einer Entscheidung nach § 91a ZPO entstehen insgesamt drei Gerichtsgebühren nach Nr. 1210 KVGKG, während nach einem endgültig das Verfahren beendenden Vergleich nur eine Gebühr nach Nr. 1211 Nr. 4 KVGKG anfällt. Dies lässt sich nur vermeiden, wenn die Kostenentscheidung nach § 91a ZPO keine Begründung enthält.

J. Entscheidungsmöglichkeiten im Rahmen der Prozesskostenhilfe

I. Prozesskostenhilfe ohne Ratenzahlung

174 Ergibt eine Überprüfung der persönlichen und wirtschaftlichen Verhältnisse, dass die Partei nicht in der Lage ist, die anfallenden Kosten zu zahlen, so gewährt ihr das Gericht Prozesskostenhilfe ohne Zahlungsbestimmungen, und zwar für jeden Rechtszug gesondert (§ 119 ZPO). Zum Nachweis der Vermögensverhältnisse für andere anhängig gemachte Verfahren genügt bei unveränderten Verhältnissen die Verweisung auf eine Erklärung, die in der Vorinstanz bzw. in dem anderen anhängigen Verfahren abgegeben wurde.[336]

---

335 *Schütt*, MDR 2004, 296.
336 OLG Bamberg, Beschl. v. 7.4.2000 – 7 WF 54/00, AGS 2001, 208.

II. Anordnung von Ratenzahlungen

Kommt das Gericht zum Entschluss, dass die Partei in der Lage ist, aus dem einzusetzenden Einkommen und Vermögen die anfallenden Kosten zu zahlen, so setzt es zugleich mit der Prozesskostenhilfebewilligung die monatlich zu zahlenden Raten fest (§ 120 Abs. 1 ZPO).[337] Mittels dieser Raten zahlt die Partei die entstehenden Anwalts- und Gerichtskosten an die Staatskasse (Bundes- oder Landeskasse) zurück (§ 120 Abs. 2 ZPO). Die Ratenzahlungsanordnung hat somit praktisch die Funktion eines zinslosen Darlehens. Die **Höchstzahl** der Raten beträgt **48 Monate** (§ 115 Abs. 2 ZPO), egal ob für die erste oder zweite Instanz Prozesskostenhilfe bewilligt wurde.

175

K. Nachträgliche Änderung der Verhältnisse

I. Allgemeines

Die zunächst uneingeschränkte Bewilligung von Prozesskostenhilfe hat nicht zur Folge, dass die Partei nicht noch nachträglich zur Zahlung herangezogen werden kann. Ebenso kann bei angeordneter Ratenzahlung diese auf „Nullraten" herabgesetzt werden. In diesem Fall hat die Prozesskostenhilfe-Partei daher zunächst keine Zahlungen mehr zu erbringen. Die eingetretenen Veränderungen werden nicht lediglich auf Antrag berücksichtigt. Vielmehr ergibt sich aus Nr. 5.1 der DB-PKH, dass bei Bekanntwerden von Tatsachen, welche eine Änderung herbeiführen können, die Akten dem Rechtspfleger zwecks weiterer Ermittlung vorzulegen sind. Hierbei ist der Rechtspfleger in seiner Entscheidung frei, sodass es z.B. dem Bezirksrevisor als Vertreter der Staatskasse untersagt ist, den Rechtspfleger zwecks Überprüfung zu einer Fristbestimmung anzuweisen.[338]

176

Das Gericht[339] soll die Entscheidung über die zu leistenden Zahlungen ändern, wenn sich die für die Prozesskostenhilfe maßgebenden persönlichen oder **wirtschaftlichen Verhältnisse wesentlich verändert** haben (§ 121a Abs. 1 S. 1 ZPO).

177

Hatte der Gesetzgeber noch in der alten Fassung des § 120 Abs. 4 ZPO formuliert, dass das Gericht die zu leistenden Zahlungen ändern kann, ordnet er in der Neufassung des § 121a Abs. 1 S. 1 ZPO an, dass das Gericht die zu leistenden Zahlungen unter den dortigen Bedingungen ändern **soll**.

Dies hat in der Praxis dazu geführt, dass die Gerichte erfahrungsgemäß häufiger und mit mehr Nachdruck die Veränderungen der wirtschaftlichen Verhältnisse der antragstellenden Parteien im Nachgang der Bewilligung überprüfen. Auf Verlangen des Gerichts muss die Partei jederzeit erklären, ob eine Veränderung der Verhältnisse eingetreten ist (§ 120a Abs. 1 S. 3 ZPO).

---

[337] I.d.F. d. Art. 1 Nr. 3a G v. 22.3.2005, BGBl I, 2005, 837 m.W.v. 1.4.2005, durch Justizkommunikationsgesetz geändert.
[338] OLG Köln Rpfleger 2000, 398.
[339] Ob der Richter oder der Rechtspfleger zu einer solchen Entscheidung berufen ist, hängt davon ab, ob das Verfahren noch läuft oder die Instanz bereits beendet ist. Läuft das Verfahren noch, so bleibt der Richter für Abänderungsanträge berufen. Erst ab Beendigung der Instanz kommt es zu einer Zuständigkeit des Rechtspflegers (§ 20 Nr. 4c RpflG), *Kalthoener/Büttner/Wrobel-Sachs*, Rn 382, 387 m.w.N.

Nach § 124 Abs. 1 Nr. 2 ZPO i.V.m. § 120a Abs. 1 S. 3 ZPO muss eine Partei, soweit sie durch das Gericht unter Fristsetzung zur Auskunftserteilung aufgefordert wird, mit der Aufhebung der Prozesskostenhilfe rechnen, wenn sie nicht die erforderlichen Auskünfte vollständig erteilt. Die Partei verstößt nämlich in einem solchen Fall gegen die bestehenden Mitwirkungspflichten. Zur Aufhebung kann es dabei nach Willen des Gesetzgebers bereits dann kommen, wenn die Partei nur ungenügende Auskünfte macht.

Eine Änderung der Entscheidung, z.B. eine nachträgliche Ratenanordnung kommt nach § 120a Abs. 3 ZPO auch insbesondere dann in Betracht, wenn die Partei infolge des Rechtsstreits etwas erlangt hat.

> *Eine wesentliche Verbesserung der wirtschaftlichen Verhältnisse kann insbesondere dadurch eintreten, dass die Partei durch die Rechtsverfolgung oder Rechtsverteidigung etwas erlangt. Das Gericht soll nach der rechtskräftigen Entscheidung oder der sonstigen Beendigung des Verfahrens prüfen, ob eine Änderung der Entscheidung über die zu leistenden Zahlungen mit Rücksicht auf das durch die Rechtsverfolgung oder Rechtsverteidigung Erlangte geboten ist. Eine Änderung der Entscheidung ist ausgeschlossen, soweit die Partei bei rechtzeitiger Leistung des durch die Rechtsverfolgung oder Rechtsverteidigung Erlangten ratenfreie Prozesskostenhilfe erhalten hätte.*

Entgegen der alten Fassung des § 120 ZPO reicht auch nicht eine irgendwie geartete Auskunftserteilung aus. Vielmehr hat die Partei das nach § 117 Abs. 3 ZPO eingeführte Formular zu verwenden.

Insoweit besteht zwischenzeitlich strenger Formzwang.

Hebt das Gericht die einmal bewilligte Prozesskostenhilfe infolge fehlender Mitwirkung der Partei auf, so wird die errechnete Restsumme zugunsten der Justizkasse zur sofortigen Zahlung fällig und kann auch zwangsweise beigetrieben werden.

178 *Hinweis*

Bei der Erklärungspflicht der Partei ist zu beachten, dass aufgrund der Entscheidung des LAG Hamm vom 5.7.2013, 5 Ta 254/13 und gemäß zwischenzeitlich ständiger Rechtsprechung des Bundesgerichtshofs (Beschl. v. 8.12.2010, XII B 38/09, FamRZ 2011, 463 ff., 8.12.2010, XII ZB 151/10, FF 2011, 219, 8.9.2011, VII ZB 63/10) insbesondere die Aufforderungsschreiben nach § 120a Abs. 1 S. 3 ZPO, aber auch die Entscheidungen nach § 124 ZPO ausschließlich an den Bevollmächtigten zu richten sind, der die Partei im Prozesskostenhilfeprüfungsverfahren vertreten hat.

Die Gerichte gehen daher dazu über, die Aufforderungsschreiben ausschließlich an die Bevollmächtigten im Prozesskostenhilfeprüfungsverfahren zu übersenden.

Nach Ansicht des LG Saarbrücken ändert zudem die Niederlegung des Mandats nichts an der Verantwortlichkeit des Bevollmächtigten, da dieser nicht im Rahmen einer Vollmacht, sondern im Rahmen der erfolgten Beiordnung angeschrieben werde (LG Saarbrücken, Beschl. v. 20.1.2012, 5 T 30/12, FamRZ 2012, 1658).

Eine zum Nachteil der Partei vorgenommene Änderung ist allerdings ausgeschlossen, wenn seit der **rechtskräftigen Entscheidung** oder **sonstigen Beendigung** des Verfahrens **vier Jahre** vergangen sind (§ 120a Abs. 1 S. 4 ZPO).

179

Durch die Gesetzesformulierung ist damit eindeutig zum Ausdruck gebracht, dass zweierlei Möglichkeiten eine nachträgliche Änderung herbeiführen können:

180

- Zum einen kann eine **Verbesserung** der persönlichen und wirtschaftlichen Verhältnisse zu einer erstmaligen[340] Anordnung oder Erhöhung[341] bereits zu zahlender Raten führen. Möglich ist auch, dass ein Einmalbetrag[342] zu erbringen ist;
- zum anderen führt eine **Verschlechterung** der persönlichen und **wirtschaftlichen Situation** dazu, dass eine Ermäßigung der Raten bis auf Null oder eine zeitliche Verschiebung in Betracht kommt.[343]

Hinweis

181

Verbessern sich vor dem in Abs. 1 S. 4 genannten Zeitpunkt die wirtschaftlichen Verhältnisse der Partei allerdings wesentlich oder ändert sich ihre Anschrift, hat sie dies dem Gericht unverzüglich mitzuteilen. Bezieht die Partei ein laufendes monatliches Einkommen, ist eine Einkommensverbesserung nur wesentlich, wenn die Differenz zu dem bisher zugrunde gelegten Bruttoeinkommen nicht nur einmalig 100 EUR übersteigt. S. 2 gilt entsprechend, soweit abzugsfähige Belastungen entfallen. Hierüber und über die Folgen eines Verstoßes ist die Partei bei der Antragstellung in dem gemäß § 117 Abs. 3 ZPO eingeführten Formular zu belehren.

II. Änderung bei Verbesserung der persönlichen und wirtschaftlichen Verhältnisse

Kommt es zu einer wesentlichen Verbesserung der wirtschaftlichen Verhältnisse, so kann das Gericht entweder

182

- erstmalig Raten anordnen,
- die Höhe der monatlichen Raten heraufsetzen oder
- Einmalzahlungen anordnen.

Zu beachten ist, dass erst eine **wesentliche Änderung** zu einer abändernden Entscheidung führen darf. Dies bedeutet, dass sich hierdurch eine Auswirkung auf den Lebensstandard der Partei ergeben muss.[344] Folgende Fälle wurden von der Rechtsprechung als wesentliche Vermögensverbesserung angesehen:

183

- Sozialhilfeempfänger wird wieder in seinem erlernten Beruf tätig,[345]

---

340 OLG Bamberg JurBüro 1993, 28 und 1991, 255; OLG Karlsruhe FamRZ 1994, 1268; OLG Nürnberg Rpfleger 1994, 421 = AnwBl 94, 430.
341 OLG Bamberg JurBüro 1993, 28.
342 OLG Celle OLGReport 2005, 295 m.w.N.; OLG Köln AnwBl 1993, 291 m.w.N.
343 LAGE Rheinland Pfalz ZPO § 127 Nr. 16.
344 LAG Bremen JurBüro 1994, 48 f.; OLG Hamm OLGZ 1991, 232; Musielak/*Fischer*, § 120 Rn 17; Zöller/*Philippi*, Rn 21 m.w.N.
345 Zöller/*Philippi*, Rn 21 § 120.

- Hilfsbedürftigen fließen erhebliche Geldbeträge aus der Veräußerung eines Grundstücks zu,[346]
- Partei stehen durch Rechtsstreit erhebliche Geldmittel zur Verfügung,[347]
- Erwerb von Unterhaltsansprüchen,[348]
- erheblicher Vermögenszuwachs,[349] z.B. in Form von Alleineigentum eines Hauses,
- Abfindungen bei Vergleich im Kündigungsschutzprozess,[350]
- fällige Lebensversicherungen, Bausparverträge, soweit sie nicht unter Schonvermögen fallen,[351]
- verbraucht die Prozesskostenhilfe-Partei zwischenzeitlich erlangtes Vermögen für unnötige Dinge, so ist sie so zu behandeln, als ob ihr das Vermögen noch zusteht,[352]
- Erwerb durch einen Erbfall.[353]

III. Vorläufige Einstellung der Zahlungen

184 Nach § 120 Abs. 3 ZPO soll das Gericht die vorläufige Einstellung der Zahlungen bestimmen:

- wenn abzusehen ist, dass die Zahlungen der Partei die Kosten decken (§ 120 Abs. 3 Nr. 1 ZPO).

185 Oftmals ist es in der Praxis so, dass ein Verfahren sich über lange Zeit erstreckt. Wenn dann die Verfahrensakte dem zuständigen Rechtspfleger zwecks Kostenfestsetzung vorgelegt wird, ergibt sich, dass die PKH-Partei bereits überzahlt hat. Dies bedeutet, sie hat letztlich mehr gezahlt, als sie zu zahlen hätte. In einem solchen Fall hat eine sofortige vorläufige Einstellung der Ratenzahlung und Zurückzahlung der überzahlten Raten zu erfolgen.

186 Gleiches gilt, wenn die Partei mehr als 48 Monatsraten gezahlt hat. Denn mehr als vier Jahre darf nach § 115 Abs. 2 ZPO die Ratenzahlung nicht andauern. Dies unabhängig

---

346 OLG Bamberg JurBüro 1978, 1407.
347 Z.B. Zugewinn, Vergleich; KG NJW-RR 1989, 511; OLG Koblenz Rpfleger 1996, 206; OLG Zweibrücken JurBüro 1998, 478 f.; OLG Celle OLGReport 2005, 295 m.w.N.
348 OLG Nürnberg FamRZ 1995, 1593; OLG Bamberg NJW-RR 1996, 69; einschränkend: OLG München FamRZ 1998, 631: wenn der Unterhaltspflichtige leistungsfähig ist. Für die Frage, ob ein Vermögenserwerb nach Erfüllung aus abgeschlossenem Vergleich im streitigen Verfahren i.S.d. § 120a ZPO als wesentlicher Vermögenserwerb in Betracht kommt, ist auch darauf abzustellen, ob der Betrag deutlich über der Freigrenze von § 1 Abs. 1 Nr. 1 DVO zu § 90 Abs. 2 Nr. 9 SGB XII liegt, vgl. OLG Celle FamRZ 2007, 296.
349 OLG Hamm FamRZ 1997, 682; OLG Celle JurBüro 1990 1192; OLG München JurBüro 1990, 1311.
350 LAG Mainz NZA 1995, 863 m.w.N.; LAG Hamm AGS 2003, 241 m. Anm. *Schaefer*; grundsätzlicher Einsatz von 10 % des Nennwerts der Abfindungssumme, wenn das Schonvermögen überschritten wird; erst wenn die Abfindung eine akute Notlage abdecken soll, kann der Kostenbeitrag reduziert oder erlassen werden.
351 Musielak-*Fischer*, § 120 Rn 16.
352 OLG Koblenz Rpfleger 1969, 206; OLG Zweibrücken MDR 1997, 885; einschränkend: OLG Frankfurt/M. JurBüro 1990, 597: Aus dem Gesichtspunkt des Rechtsmissbrauchs könnte dies gerechtfertigt sein, wenn die Partei in Kenntnis ihrer Kostentragungspflicht das erlangte Vermögen aufbraucht. Dies sei nur in krassen Ausnahmefällen gegeben.
353 OLG Düsseldorf Rpfleger 2001.

von der Zahl der Rechtszüge. Ebenso fallen freiwillige Zahlungen vor dem Wirksamwerden der Prozesskostenhilfebewilligung hierunter (Nr. 4.3 DB-PKH).

Gedeckt sind die Kosten im Sinne dieser Regelung nur dann, wenn die angefallenen Gerichtskosten und die aus der Staatskasse nach §§ 49, 50 RVG gezahlten bzw. noch zu zahlenden Kosten vollständig gezahlt sind.[354]

187

Hinweis

188

Stellt sich im Nachhinein heraus, dass eine Kostendeckung nicht vorgelegen hat, so kann die einstweilige Einstellung aufgehoben und eine Wiederaufnahme der Zahlungen angeordnet werden. Praktische Bedeutung erlangt dies, wenn der im Wege der Prozesskostenhilfe beigeordnete Rechtsanwalt obsiegt und nunmehr seine Vergütung nach § 126 ZPO gegen den Unterlegenen festsetzen lässt und sich herausstellt, dass dieser zahlungsunfähig ist. In diesem Fall wird der Prozesskostenhilfe-Anwalt seine Vergütung – zumindest nach § 49 RVG – von der Staatskasse fordern (können), soweit nicht eine Verjährung eingetreten ist. Der Anspruch des beigeordneten Rechtsanwalts gegenüber der Staatskasse verjährt innerhalb von drei Jahren gem. § 195 BGB.[355]

- wenn die Partei, ein ihr beigeordneter Rechtsanwalt oder die Bundes- oder Landeskasse die Kosten gegen einen anderen am Verfahren Beteiligten geltend machen kann (§ 120 Abs. 3 Nr. 2 ZPO).

189

Hat die Prozesskostenhilfe-Partei obsiegt, ist der unterlegene Gegner regelmäßig verpflichtet, als Entscheidungsschuldner die Kosten zu tragen. Der beigeordnete Rechtsanwalt kann dann seine Kosten gegen den Gegner festsetzen lassen.[356] Aufseiten der Prozesskostenhilfe-Partei hat dann eine vorläufige einstweilige Einstellung der angeordneten Zahlungen zu erfolgen. Erst wenn sich herausstellt, dass der in die Kosten verurteilte Gegner nicht zahlungsfähig ist bzw. die Kosten nicht beigetrieben werden können oder diesem ebenfalls Prozesskostenhilfe ohne Zahlungsbestimmungen bewilligt wurde, ist die Einstellung der Zahlungen wieder aufzuheben.

190

Hinweis

191

Der im Rahmen der Prozesskostenhilfe tätige Rechtsanwalt sollte die Möglichkeit einer nachträglichen Ratenzahlungsanordnung[357] auf jeden Fall beachten, da dies zur Realisierung weiterer Vergütungsansprüche führen kann (sog. weitere Vergütung nach § 50 RVG[358]). Bessern sich nämlich die Vermögens- bzw. Einkommensverhältnisse der Partei nach einer Prozesskostenhilfebewilligung, so sollte er dies dem Gericht mitteilen, welches dann aufgrund einer vorzunehmenden Prüfung erstmals Raten bzw. höhere Raten anordnen kann.

---

354 OLG Düsseldorf JurBüro 1992, 565 (LS 2).
355 OLG Celle JurBüro 1983, 699; OLG München JurBüro 1984, 1830; OLG Braunschweig JurBüro 2000, 475.
356 OLG Düsseldorf JurBüro 1992, 565 (LS 3).
357 Zur Ermittlung der Raten vgl. Muster unter Rdn 355.
358 Vgl. auch Rdn 360.

Auch dürfte es der anwaltlichen Beratungspflicht unterliegen, wenn im Falle einer Zahlungsklage der Prozesskostenhilfe-Partei größere Geldmittel zufließen, dass diese unter Umständen als einzusetzendes Vermögen im Sinne von § 115 ZPO zu behandeln sind und daher ggf. eine Rückforderung der im Wege der Prozesskostenhilfe geleisteten Beträge durch die Staatskasse in Betracht kommt. Praktische Bedeutung hat dies insbesondere im familienrechtlichen Bereich, wenn es zur Ausgleichung von Zugewinnansprüchen kommt.

IV. Änderung bei Verschlechterung der Verhältnisse

192 Eine Verschlechterung der persönlichen und wirtschaftlichen Verhältnisse ist bereits dann gegeben, wenn eine Prüfung ergibt, dass die Partei eine geringere monatliche Rate zu erbringen hat. Denn sie hat Anspruch darauf, nur insoweit belastet zu werden, wie das Gesetz dies vorsieht.[359] Als Verschlechterungstatbestände kommen in Betracht:
- Verlust des Arbeitsplatzes und dadurch bedingte Einkommensverminderung,
- Hinzutreten weiterer Unterhaltsverpflichtungen, z.B. durch Geburt, Heirat,
- Belastung mit zu berücksichtigenden Schulden.

193 Dieser Gesichtspunkt ist vor allem dann bedeutsam, wenn die beklagte PKH-Partei den Rechtsstreit verliert und daher gegebenenfalls den eingeklagten Betrag an den Gegner zu zahlen hat.

194 *Hinweis*

Das Gericht kann sogar, soweit nach erfolgter Beweisaufnahme ernsthafte Zweifel am Erfolg einer Rechtsverfolgung entstehen oder der Beweisantritt mutwillig erscheint, die einmal bewilligte Prozesskostenhilfe nachträglich aufheben (§ 124 Abs. 2 ZPO).

V. Aufhebung der Bewilligung

1. Aufhebungstatbestände

195 Das Gericht kann die Bewilligung der Prozesskostenhilfe – abschließend[360] – aufheben, wenn (§ 124 ZPO)
- die Partei durch unrichtige Darstellung des Streitverhältnisses die für die Bewilligung der Prozesskostenhilfe maßgebenden Verhältnisse vorgetäuscht hat (Nr. 1). Hierunter fallen:
  - der Vortrag falscher Tatsachen, was auch in einem Verschweigen offenbarungspflichtiger Fakten begründet sein kann,[361]
  - dass die Sache außergerichtlich durch Vergleich erledigt ist,[362]

---

359 Zöller/*Philippi*, § 120 Rn 31.
360 OLG Frankfurt/M. JurBüro 1990, 1193; LAG Bremen MDR 1990, 471 = JurBüro 1990, 1194.
361 LAG Mainz NZA 1997, 115; KG MDR 1990, 1020: z.B. dass Sache außergerichtlich durch Vergleich erledigt ist; OLG Hamm FamRZ 1995, 374.
362 OLG Hamm FamRZ 1995, 374.

- dass die Vollstreckung dauerhaft aussichtslos ist,[363]
- dass sich der Gegner vorprozessual auf Verjährung berufen hat,[364]
- die Angabe falscher bzw. untauglicher Beweismittel,[365]
- Verschweigen einer Miterbschaft eines Mehrfamilienhauses,[366]
- Zins-Bareinkünfte werden falsch angegeben,[367]
- die Partei absichtlich oder aus grober Nachlässigkeit unrichtige Angaben über die persönlichen und wirtschaftlichen Verhältnisse gemacht hat (§ 124 Abs. 1 Nr. 2 ZPO) oder eine Erklärung nach § 120a Abs. 1 Satz 3 ZPO oder nur ungenügend abgegeben hat; verletzt die Prozesskostenhilfe-Partei ihre Mitwirkungspflicht aus § 120a Abs. 2 Sätze 1 bis 3 ZPO, dann kann die Aufhebung der Prozesskostenhilfe gem. § 124 Abs. 1 Nr. 4 ZPO erfolgen. Die Feststellung eines solchen Fehlverhaltens setzt regelmäßig voraus, dass der ergebnislosen Aufforderung zur Vorlage einer aktuellen Erklärung über die persönlichen und wirtschaftlichen Verhältnisse noch eine Mahnung folgt, die im Prozesskostenhilfe-Beiheft zu dokumentieren ist.[368]
- Der Sanktionscharakter einer wegen unrichtiger Angaben erfolgten Aufhebung der Bewilligung von Prozess- bzw. Verfahrenskostenhilfe hindert jedoch nicht deren anschließende erneute Beantragung mit zutreffenden Angaben (Fortführung von Senatsbeschluss vom 19.8.2015 – XII ZB 208/15 – FamRZ 2015, 1874). Die erneute Bewilligung kann in diesem Fall nur mit Wirkung ab der erneuten Antragstellung erfolgen (Leitsatz zu BGH XII ZB 287/17).
- Die Regelung des § 124 Abs. 1 Nr. 2 ZPO, wonach das Gericht die Bewilligung der Prozesskosten- bzw. Verfahrenskostenhilfe aufheben soll, wenn der Antragsteller absichtlich oder aus grober Nachlässigkeit unrichtige Angaben über die persönlichen oder wirtschaftlichen Verhältnisse gemacht hat, ist im Bewilligungsverfahren der Prozess- oder Verfahrenskostenhilfe nicht analog anzuwenden (Leitsatz BGH XII ZB 208/15, Beschl. v. 19.8.2015).

Die Regelung enthält zwei Aufhebungsgründe:

- Derjenige handelt in **Absicht**, der mit Wissen und Wollen mittels falscher Angaben auch eine falsche Bewilligungsentscheidung herbeiführt. **Grob fahrlässig** handelt derjenige, der aus Gedankenlosigkeit[369] eine falsche Bewilligungsentscheidung herbeiführt; Für die grobe Nachlässigkeit reicht grobe Fahrlässigkeit aus.[370] Die Vorschrift des § 124 Abs. 1 Nr. 2 ZPO ist auch bei nicht vollständiger Darlegung der persönlichen und wirtschaftlichen Verhältnisse oder bei Nichtvorlage wichtiger Unterlagen anwendbar.[371]

---

363 OLG Köln MDR 1990, 1020.
364 Musielak/*Fischer*, § 124 Rn 4 m.w.N.
365 Musielak/*Fischer*, § 124 Rn 4 m.w.N.
366 OLG Düsseldorf JurBüro 1986, 296.
367 OLG Bamberg JurBüro 1989, 423.
368 LAG Hamm, Beschl. v. 3.9.2004 – 4 Ta 575/04 (LS4) n.v.; OLGR Hamm 2005, 37 f.; a.A. OLGR Karlsruhe 2004, 317.
369 Z.B. Außerachtlassung bei Zusammenstellung und Überprüfung von Angaben; OLG Bamberg JurBüro 1989, 424.
370 Musielak/*Fischer*, § 124 Rn 5.
371 Musielak/*Fischer*, § 124 Rn 5.

- Als Sanktion[372] der Nichtabgabe einer angeforderten Erklärung über die persönlichen und wirtschaftlichen Verhältnisse nach § 120a Abs. 1 S. 3 ZPO sieht § 124 Abs. 1 Nr. 2 ZPO ebenfalls einen Aufhebungsgrund. Der Rechtspfleger hat vor einer Anwendung zunächst die Partei unter Fristsetzung aufzufordern eine Erklärung abzugeben.[373] Zwischenzeitlich ist es aufgrund Anordnung des Gesetzgebers auch zulässig, die Vorlage des vollständig ausgefüllten und unterschriebenen Vordrucks zu verlangen. Die Partei kann die Folge der Aufhebung im Beschwerdeverfahren rückgängig machen, wenn die erforderliche Erklärung nachgeholt wird.[374]
- Wenn die persönlichen oder wirtschaftlichen Voraussetzungen für die Prozesskostenhilfe nicht vorgelegen haben; in diesem Falle ist die Aufhebung ausgeschlossen, wenn seit der rechtskräftigen Entscheidung oder sonstigen Beendigung des Verfahrens vier Jahre vergangen sind (Nr. 3).

  Anzuwenden ist diese Vorschrift, wenn die Partei fahrlässig falsche Angaben über ihre persönlichen und wirtschaftlichen Verhältnisse gemacht hat. Insofern sind hierbei Umstände zu beachten, die nach bewilligter Prozesskostenhilfe hinzugetreten sind, die zum Zeitpunkt der Bewilligung allerdings nicht erkennbar bzw. bekannt waren.[375] Dies ist beispielsweise der Fall, wenn sich herausstellt, dass die Partei Grundvermögen hat[376] oder aber mutwillig Bedürftigkeit herbeigeführt hat.[377] Ein Rechtsirrtum des Gerichts rechtfertigt die Aufhebung der Prozesskostenhilfe unter Anwendung des § 120a Abs. 2 S. 1 bis 3 ZPO nicht. Die Partei soll auf die Entscheidungen des Gerichts vertrauen dürfen. Ebenso darf keine Aufhebung erfolgen, wenn sich die Zuständigkeit des bearbeitenden Rechtspflegers ändert und nunmehr eine andere Auffassung vertreten wird.[378]
- Wenn die Partei länger als drei[379] Monate mit der Zahlung einer Monatsrate oder mit der Zahlung eines sonstigen Betrages im Rückstand ist.

  Bei der Entscheidung über die Aufhebung der Bewilligung von Prozesskostenhilfe wegen Zahlungsrückstands ist dann insbesondere zu berücksichtigen, ob der Rückstand unverschuldet ist, ob nur noch ein geringer Teil der Raten aussteht und ob die Aufhebung eine besondere Härte für den Kostenschuldner darstellen würde.[380] Diesbezüglich ist die Partei daher vorher unbedingt anzuhören. Im Verfahren über die Aufhebung der Prozesskostenhilfebewilligung wegen Ratenrückstands gem. § 124 Nr. 5 ZPO ist ein Hinweis der Partei auf eine Verschlechterung ihrer wirtschaftlichen

---

372 OLG Koblenz FamRZ 2000, 104 Nr. 64, 65, 66; OLG Brandenburg FamRZ 1998, 837.
373 LAG Hamm, Beschl. 27.2.2003 – 4 Ta 27/03 n.v.
374 OLG Hamm FamRZ 2000, 1225; LAG Köln MDR 2001, 236.
375 OLG Saarbrücken Rpfleger 1987, 217.
376 OLG Bamberg JurBüro 1989, 423.
377 OLG Düsseldorf JurBüro 1987, 1715.
378 Musielak/*Fischer*, § 124 Rn 7.
379 Bei der Drei-Monats-Frist des § 124 Nr. 5 ZPO handelt es sich nicht um eine vom Rechtspfleger erst zu setzende Frist, sondern um eine gesetzliche Frist, die bei analoger Anwendung in den Fällen des § 124 Abs. 1 Nr. 2 ZPO mit dem „Verlangen des Gerichts" (§ 120a Abs. 1 S. 3 ZPO) beginnt; LAG Hamm, Beschl. v. 3.9.2004 – 4 Ta 575/04 (LS 1) n.v.
380 BFH, Beschl. v. 25.2.2003 – X S 8/98, BFH/NV 2003, 812.

Lage als Antrag auf Abänderung der Ratenzahlungsanordnung auszulegen. In diesem Falle muss vor Aufhebung der Prozesskostenhilfebewilligung die Bedürftigkeit der Partei erneut geprüft werden.[381] Ein Rückstand kann nicht dadurch entstehen, dass sich zwischenzeitlich die persönlichen und wirtschaftlichen Verhältnisse der Partei geändert haben oder über das Vermögen das Insolvenzverfahren eröffnet wurde.[382]
Eine Aufhebung der Prozesskostenbewilligung schließt jedoch eine Neubewilligung für dasselbe Verfahren nicht aus, wenn nunmehr wegen einer Verschlechterung der persönlichen und wirtschaftlichen Verhältnisse die Anordnung von Ratenzahlungen nicht (mehr) in Betracht kommt. Dies gilt allerdings nur dann, wenn die Instanz noch nicht beendet ist.[383]
Ist der Zahlungspflichtige mit einem angeforderten Betrag zunächst länger als einen Monat im Rückstand, so wird er durch die Geschäftsstelle des Gerichts unter Hinweis auf die Folgen nach § 124 Abs. 1 Nr. 5 ZPO an die Zahlung erinnert (Nr. 2.3 DB-PKH). Erst nach dreimonatigem Rückstand erfolgt die Vorlage der Akten an den Rechtspfleger (Nr. 2.5.2 DB-PKH). Dieser fordert die Partei in der Regel unter Fristsetzung zur Zahlung des Rückstandes auf. Hierbei ist auf die Konsequenzen für den Fall der Nichtzahlung ausdrücklich hinzuweisen, da sonst der PKH-Partei kein Verschulden vorzuwerfen ist.[384]

2. Folgen der Aufhebung

Die Aufhebung – unter voller Rückwirkung –[385] der Prozesskostenhilfe bewirkt, dass die Wirkungen nach § 122 ZPO entfallen. Das Gericht berechnet sämtliche bis zu diesem Zeitpunkt angefallenen Kosten gegebenenfalls unter Einbeziehung der nach § 55 RVG auf die Staatskasse übergegangenen Ansprüche der Rechtsanwälte und überweist sie der Gerichtskasse zur Einziehung (Nr. 3.3.1, 9.1 DB-PKH). Etwas anderes gilt nur, wenn das dauernde Unvermögen des Kostenschuldners zur Zahlung offenkundig oder aus anderen Vorgängen bekannt ist, oder wenn sich der Kostenschuldner dauernd an einem Ort aufhält, an dem eine Beitreibung keinen Erfolg verspricht (§ 10 KostVfg).

197

Der beigeordnete Anwalt darf unter Anrechnung bereits aus der Staatskasse erhaltener bzw. noch zu erhaltender Gelder seinen Anspruch auf die weitere Vergütung (§ 55 RVG), notfalls nach § 11 RVG, gegen die Partei geltend machen und diese auch zum Zwecke der Zwangsvollstreckung titulieren lassen. Gleichzeitig bewirkt die Aufhebung, dass der Gegner Kosten, von deren Zahlung er nach § 122 Abs. 2 ZPO zunächst einstweilen befreit war, zu zahlen hat. Es führt allerdings nicht zum Wegfall des Anspruches der bereits entstandenen Vergütung des Rechtsanwaltes gegenüber der Staatskasse.[386]

198

---

381 OLG Nürnberg, Beschl. v. 5.1.2005 – 9 WF 4134/04, Rpfleger 2005, 268.
382 Musielak/*Fischer*, § 124 Rn 9.
383 OLG Zweibrücken, Beschl. v. 8.4.2002 – 5 WF 15/02, FamRZ 2002, 1418; OLG Zweibrücken, Beschl. v. 7.5.2003 – 6 WF 51/03 n.v.; a.A. OLG Köln, Beschl. v. 11.5.1998 –14 WF 67/98, FamRZ 1998, 1524.
384 BGH NJW 1997, 1077; LAG Hamm, Beschl. v. 19.3.2003 – 18 Ta 60/03 n.v.
385 OLG Karlsruhe FamRZ 1990, 1120 f.
386 OLG Köln JurBüro 2005, 544, 545. *Enders*, JurBüro 1995, 169, 172 m.w.N.

Für die Gegenseite der Prozesskostenhilfe-Partei entfällt die Vergünstigung gem. § 122 Abs. 2 ZPO sowie die Wirkung des § 31 Abs. 3 GKG.

L. Verfahrenskostenhilfe nach dem FamFG

I. Allgemeines

199 Durch Art. 1 des Gesetzes zur Reform des Verfahrens in Familiensachen und in den Angelegenheiten der freiwilligen Gerichtsbarkeit (FGG-RG) vom 17.12.2008[387] wurde zum 1.9.2009 das Gesetz über das Verfahren in Familiensachen und in den Angelegenheiten der freiwilligen Gerichtsbarkeit, kurz auch **Familienverfahrensgesetz (FamFG)**, eingeführt. Das FamFG ersetzt insbesondere das FGG und Teile der ZPO, soweit diese familienrechtliche Verfahren (wie Vaterschaftsfeststellung, Unterhalt oder Adoptionsangelegenheiten) regeln. Daneben sind im Rahmen dieser umfangreichen Reform mehr als 100 weitere Gesetze geändert worden. Ziel war die Neuordnung des familiengerichtlichen Verfahrens, das den praktischen Bedürfnissen der Verfahrensbeteiligten gerecht werden und nach Inhalt, Aufbau und Sprache auch für den interessierten Laien verständlich sein soll sowie die Beseitigung des Dualismus zwischen ZPO und FGG. Wesentliche und hervorzuhebende Änderung ist die Einführung des sog. großen Familiengerichts bei den Amtsgerichten. Die Aufgaben des Familiengerichts, die eine Abteilung des Amtsgerichts sind gem. § 23b Abs. 1 S. 1 GVG, sind hierdurch wesentlich erweitert worden. Hinzu gekommen sind die Aufgaben des nunmehr im Rahmen der Reform abgeschafften Vormundschaftsgerichts und die der Zivilgerichte übertragenen Aufgaben. Daher sind die Familiengerichte nun zuständig für alle aus der Ehe herrührenden Streitigkeiten, für Vormundschaften und Adoptionsverfahren. Die übrigen Aufgaben des Vormundschaftsgerichts, die nicht vom Familiengericht wahrgenommen werden, sind auf das neu geschaffene Betreuungsgericht, § 23c Abs. 1 GVG übertragen worden.

200 Die Prozesskostenhilfe wird in den Verfahren nach dem FamFG teils durch den Begriff **Verfahrenskostenhilfe (VKH)** ersetzt, § 113 Abs. 5 Nr. 1 FamFG. Dies entspricht dem Sprachgebrauch des FamFG.

Die VKH ist in den Vorschriften §§ 76–78 FamFG geregelt. Sie nimmt im Wesentlichen in § 76 Abs. 1 FamFG Bezug auf die Vorschriften der §§ 114 ff. ZPO. Dies bedeutet, dass für die VKH überwiegend die Vorschriften der Prozesskostenhilfe Anwendung finden, sofern in den vorgenannten Vorschriften §§ 76–78 FamFG keine abweichende Regelung getroffen wurde. Ebenso kann hier im gleichen Rahmen auch die Literatur und Rechtsprechung zur Prozesskostenhilfe herangezogen werden. Im Übrigen sind die §§ 114 ff. ZPO so umzugestalten, dass sie ohne Systembruch den allgemeinen Vorschriften des FamFG entsprechen.[388]

201 Bezüglich des persönlichen Anwendungsbereichs der VKH kann dieser durch die Vorschrift über die Beteiligten § 7 FamFG genauer bestimmt werden. Demnach können alle

---

387 BGBl I 2586.
388 Vgl. auch zum FGG FamRZ 2006, 939.

Beteiligten, egal ob sog. Muss- oder Kann-Beteiligte, gem. § 7 Abs. 1–4 Verfahrenskostenhilfe erhalten. Ebenso können Parteien kraft Amtes § 76 Abs. 1 FamFG i.V.m. § 116 ZPO, VKH erhalten.

Keine Verfahrenskostenhilfe können dagegen Zeugen, Personen, die nur anzuhören sind oder Auskunft möchten, erhalten.

Bezüglich des sachlichen Anwendungsbereichs kann die VKH für sämtliche, die dem FamFG unterliegenden Verfahren gewährt werden.

Die Verfahrenskostenhilfe kann u.a. gewährt werden für:
- Antragsverfahren § 23 FamFG
- Amtsverfahren § 24 FamFG
- einstweilige Anordnung gem. §§ 49 ff. FamFG[389]
- Beschwerde/Rechtsbeschwerdeverfahren § 165 FamFG
- Vermittlungsverfahren § 165 FamFG[390]
- Zwangsvollstreckungsverfahren, § 77 Abs. 2 i.V.m. § 86 ff. FamFG[391]
- nur für den Abschluss eines Vergleiches im Verfahrenskostenhilfeverfahren[392]
- für Vergleichsverhandlungen, wenn schwierige Tat- oder Rechtsfragen zu erörtern sind.[393]

Im Antragsverfahren ist die Rechtsbeeinträchtigung für Antragsteller sowie Antragsgegner schon automatisch gegeben. In einem Amtsverfahren muss dies stets gesondert geprüft werden.

II. Voraussetzungen

Für die Bewilligung ist, im Amts- sowie Antragsverfahren, stets ein Antrag erforderlich. Auch hier können die nach § 117 ZPO eingeführten Vordrucke[394] verwendet werden, §§ 76 Abs. 1, 117 Abs. 4 ZPO. Des Weiteren kann die Partei gem. ihren persönlichen und wirtschaftlichen Verhältnissen die Kosten des Verfahrens nicht oder nur zum Teil in Raten aufbringen, §§ 76 Abs. 1 FamFG, 114, 115 ZPO. Auch hier muss die Rechtsverteidigung Aussicht auf Erfolg besitzen und darf nicht mutwillig sein.

Durch die Einführung des § 36 FamFG sind die Gerichte gehalten zunächst in den Verfahren, in denen ein Vergleichsabschluss zulässig ist, auf eine gütliche Einigung hinzuwirken. Dies ist auch bei der Beurteilung der Mutwilligkeit zu beachten. Der Abschluss von Vergleichen sollte im Hinblick auf die teils sensible Materie der FamFG-Verfahren großzügig behandelt werden.[395]

Das weitere Verfahren nach Prüfung des VKH-Antrages richtet sich gem. § 77 FamFG. Die Vorschrift verdrängt § 118 Abs. 1 S. 1 ZPO, die Anhörung der Beteiligten und § 119 Abs. 2 ZPO, die Vollstreckung in das bewegliche Vermögen. Im Übrigen bleiben aber

---

[389] OLG Brandenburg FamRZ 2006, 1775.
[390] OLG Frankfurt FamRZ 2007, 566.
[391] OLG Brandenburg FamRZ 2006, 1776.
[392] BGH FamRZ 2004, 1708.
[393] OLG Karlsruhe FamRZ 2008, 1354.
[394] Muster unter Rdn 362.
[395] *Götsche*, FamRZ 2009, 385.

§ 118 Abs. 1 S. 2–5, Abs. 2 und 3 ZPO sowie § 119 Abs. 1 ZPO über § 76 Abs. 1 FamFG weiter anwendbar.

Vor der Bewilligung kann das Gericht den übrigen Beteiligten Gelegenheit zur Stellungnahme geben, § 77 Abs. 1 S. 1 FamFG. Es steht hierbei im Ermessen des Gerichts welche Beteiligte hier im Einzelfall angehört werden. Jedenfalls sollte diesen Beteiligten rechtliches Gehört gewährt werden, deren verfahrensrechtliche Stellung durch die Gewährung von VKH berührt werden würde (u.a. Verfahren nach § 113 Abs. 3 BGB, Güterrechtssachen nach § 261 Abs. 2 FamFG). Für die Übermittlung der Erklärung der persönlichen und wirtschaftlichen Verhältnisse gilt §§ 76 Abs. 1 FamFG, 117 Abs. 2 S. 2–4 ZPO entsprechend.[396]

Die VKH beginnt ebenso wie die Prozesskostenhilfe mit dem Wirksamwerden des bewilligenden Beschlusses. Für die Vollstreckung in das bewegliche Vermögen umfasst die Bewilligung gem. § 77 Abs. 2 FamFG alle Vollstreckungshandlungen im Bezirk des Vollstreckungsgerichts einschließlich des Verfahrens auf Abgabe der eidesstattlichen Versicherung. Für Vollstreckungsmaßnahmen, die sich nicht nur auf das bewegliche Vermögen beziehen, muss VKH für jede Maßnahme besonders beantragt werden.[397]

III. Beiordnung des Rechtsanwalts

204 Die Voraussetzungen der Beiordnung eines Rechtsanwalts regelt § 78 FamFG. Die Vorschrift verdrängt die Regelung des § 121 ZPO.

Für die Beiordnung ist zu unterscheiden, ob ein Verfahren mit Anwaltszwang oder ohne vorliegt. Die anwaltliche Vertretung ist in § 10 FamFG geregelt.

In Verfahren mit Anwaltszwang erfolgt die Beiordnung ohne besonderen Antrag von Amts wegen.[398] Der Beteiligte hat sich allerdings vorher einen vertretungsbereiten Rechtsanwalt zu suchen.

205 In den Verfahren in denen kein Anwaltszwang besteht, ist ein Rechtsanwalt gem. § 78 Abs. 2 FamFG beizuordnen, wenn die Vertretung durch einen Rechtsanwalt wegen der Schwierigkeit der Sach- und Rechtslage erforderlich erscheint. Hiermit wird der Grundsatz der Waffengleichheit gem. § 121 Abs. 2 ZPO ausgeschlossen. Diese Regelung wurde in die Vorschriften des FamFG nicht übernommen, um Kosten zu vermeiden. Die amtliche Begründung[399] weist ausdrücklich darauf hin, dass enge Voraussetzungen für die Beiordnung eines Rechtsanwalts bestehen.[400]

Der Verfahrensgegenstand muss rechtlich und tatsächlich so schwierig sein, dass eine anwaltliche Vertretung hier zwingend notwendig erscheint. Liegen diese Voraussetzungen vor, so ist sie gegenüber der Bestellung eines Verfahrenspflegers grundsätzlich vorrangig.[401] Auf die Schwere des Eingriffs in die Rechte eines Beteiligten kommt es

---

396 S. Rdn 101 ff.
397 BGH NJW-RR 2004, 787.
398 OLG Karlsruhe FamRZ 2008, 524, 525; OLG Naumburg FamRZ 2007, 916.
399 BT-Drucks 16/6308, 214.
400 *Götsche*, FamRZ 2009, 383 ff.
401 BT-Drucks 16/6308, 213.

hier nicht an, ebenso begründen persönliche Gründe des Antragstellers noch keine Beiordnungspflicht. Alleiniger Maßstab ist die rechtliche und tatsächliche Schwierigkeit.[402]

Zu beachten ist, dass § 78 Abs. 2 FamFG auf die Familienstreit- und Ehesachen keine Anwendung findet. Hier bleibt es weiterhin bei der Regelung des § 121 Abs. 2 ZPO. Also gilt hier auch der Grundsatz der Waffengleichheit fort.

Gem. § 78 Abs. 3 FamFG (in Übereinstimmung mit § 121 Abs. 3 ZPO)[403] kann ein nicht in dem Bezirk des Verfahrensgerichts niedergelassener Rechtsanwalt nur beigeordnet werden, wenn dadurch keine besonderen Mehrkosten entstehen

206

Gem. § 78 Abs. 4 FamFG kann auch ein Anwalt zur Wahrnehmung eines Termins oder ein Verkehrsanwalt beigeordnet werden. Die Beiordnung findet nach Auswahl durch den Richter statt, wenn der Beteiligte selbst nicht in der Lage ist, einen Anwalt seiner Wahl zu benennen. Der nach § 78 Abs. 5 FamFG beigeordnete Rechtsanwalt muss grundsätzlich nach § 48 BRAO das Mandat übernehmen.

IV. Rechtsmittel

Die Beschlüsse im VKH-Verfahren sind mit der sofortigen Beschwerde gem. §§ 76 Abs. 2 FamFG, 567–572 ZPO anfechtbar. Die Frist beträgt in Abweichung von § 569 Abs. 1 S. 1 ZPO einen Monat, § 127 Abs. 2 S. 3 ZPO. Bei unverschuldeter Fristversäumung ist dann die Wiedereinsetzung in den vorigen Stand möglich, da hier die Monatsfrist nicht als Notfrist gesehen wird.[404]

207

2. Teil: Die Vergütung des im Rahmen der Prozesskostenhilfe beigeordneten Rechtsanwalts

A. Mindestanspruch gegen die Staatskasse nach § 49 RVG

Der im Wege der Prozesskostenhilfe, nach § 4a Abs. 2 InsO oder nach § 11a ArbGG beigeordnete Rechtsanwalt erhält seine gesetzliche Vergütung auf **Antrag**[405] aus der Bundes- oder Landeskasse (§§ 12, 49 RVG).

208

Zunächst bestimmt sich der Gebührenanspruch des Rechtsanwalts nach den Beschlüssen, durch die Prozesskostenhilfe bewilligt (vgl. § 119 ZPO, § 48 Abs. 1 RVG) und der Anwalt beigeordnet wurde. In erster Linie ist demnach der Prozesskostenhilfebewilligungsbeschluss maßgeblich,[406] auch wenn dieser fehlerhaft ist. Er bindet demnach das Kostenfestsetzungsorgan,[407] sodass Zweifel oder eine abweichende Beurteilung im Fest-

209

---

402 *Götsche*, FamRZ 2009, 383 ff.
403 S. Rdn 140.
404 *Götsche*, FamRZ 2009, 383 ff.
405 S. Rdn 360.
406 OLG München AnwBl 1987, 340.
407 OLG Stuttgart MDR 1989, 651.

setzungsverfahren nicht mehr möglich sind.[408] Vielmehr gebietet die Trennung von Prozesskostenhilfe-Bewilligung und anschließender Kostenfestsetzung eine Überprüfung der Bewilligung von Prozesskostenhilfe im Gebührenfestsetzungsverfahren. Der Bewilligungsbeschluss ist somit Grundlage für das sich anschließende Kostenfestsetzungsverfahren, in dem der Gebührenanspruch des beigeordneten Rechtsanwalts gegen die Staatskasse konkretisiert wird.[409] Dies gilt nach herrschender Ansicht nur dann, wenn der Beiordnungsbeschluss keine besonderen Bestimmungen zum Umfang der Beiordnung enthält. Dies ist der Regelfall, sodass der Bewilligungsbeschluss maßgebend ist.[410] Die Bindung des Urkundsbeamten an den ergangenen Bewilligungsbeschluss ist insbesondere bei angeordneten Beschränkungen bedeutsam. Hieraus ergibt sich die Konsequenz, dass, wenn eine solche Einschränkung nicht besteht, der beigeordnete Rechtsanwalt in voller Höhe einen Anspruch gegen die Staatskasse hat.

210 Genau wie der sog. Wahlanwalt erhält der im Rahmen der Prozesskostenhilfe beigeordnete Rechtsanwalt seine Vergütung wertbezogen nach der Tabelle zu § 13 RVG (§ 49 RVG). Da die Gebührentabelle nach **§ 49 RVG** bis einschließlich des Gegenstandswerts von 4.000,00 EUR der des § 13 RVG entspricht, ist die Vergütung des Prozesskostenhilfe-Anwalts ebenso hoch wie die des Wahlanwalts.

211 Erst ab einem Betrag von über 4.000,00 EUR bis zu 30.000,00 EUR steht sich der im Rahmen der Prozesskostenhilfe beigeordnete Rechtsanwalt gegenüber dem Wahlanwalt honorarmäßig schlechter. Denn innerhalb der Beträge findet eine Degression statt, die dem Anwalt nur eine **Grundvergütung** gegenüber der Staatskasse sichern soll.[411]

212 Liegt der Gegenstandswert allerdings über 30.000 EUR, so erhält der Prozesskostenhilfe-Anwalt eine **Festgebühr** von einheitlich 447,00 EUR je Gebühr. Diese kann nur im Fall der Nr. 1008 VV (mehrere Auftraggeber) überschritten werden. Dies gilt auch, wenn in einem Vergleich noch nicht anhängige Gegenstände mitverglichen werden.

213 Ist dem Anwalt eine **Satz-Rahmengebühr** z.B. nach Nr. 3102 VV entstanden, dann muss er ebenso wie ein Wahlanwalt die Höhe dieser Gebühr nach den in § 14 Abs. 1 RVG genannten Kriterien eigenmächtig unter dem dort jeweils aufgeführten Rahmen bestimmen.

B. Weitere Vergütung, § 50 RVG

I. Allgemeines

214 Der im Rahmen der Prozesskostenhilfe beigeordnete Rechtsanwalt hat grundsätzlich die gleichen Gebührenansprüche wie ein sogenannter Wahlanwalt, der seine Vergütung nach der Regeltabelle des § 13 RVG berechnen darf.

---

408 *Waldner*, JurBüro 1996, 536.
409 *Fischer*, JurBüro 1999, 341.
410 LG Coburg JurBüro 2003, 196; *Schoreit/Dehn*, § 122 Rn 2 m.w.N.
411 AnwK-RVG/*Schnapp*, § 49 Rn 9.

2. Teil: Die Vergütung des im Rahmen der Prozesskostenhilfe beigeordneten Rechtsanwalts § 3

Die zunächst gebührenmäßige Schlechterstellung eines im Rahmen der Prozesskostenhilfe beigeordneten Rechtsanwalts im Vergleich zu einem Wahlanwalt ohne Prozesskostenhilfe-Beiordnung soll durch die Vorschrift des § 50 RVG beseitigt bzw. gemildert werden. Diese Regelung gewährt dem beigeordneten Anwalt bei **Streitwerten über 4.000,00 EUR** einen Anspruch auf die sog. **„weitere Vergütung"**. Dadurch steht der **beigeordnete Anwalt** finanziell mindestens ebenso gut da, wie wenn der Auftraggeber ihn außerhalb der Prozesskostenhilfe eingeschaltet hätte. Er kann allerdings auch besser dastehen als ein Wahlanwalt, denn Gebührenschuldner des beigeordneten Anwalts ist die Staatskasse, die stets zahlungsfähig und auch zahlungswillig ist. Somit braucht der Prozesskostenhilfe-Anwalt nicht auf etwaige Zahlungen eines erstattungspflichtigen Gegners des Auftraggebers zu warten.

II. Höhe des Vergütungsanspruchs

Auszuzahlen ist der Betrag, den die Staatskasse tatsächlich über die in § 122 Abs. 1 Nr. 1 ZPO bezeichneten Kosten und Ansprüche hinaus erhalten hat. Sind demnach

- die rückständigen oder entstehenden Gerichtskosten und Gerichtsvollzieherkosten sowie
- die auf die Staatskasse übergegangenen Ansprüche (vgl. § 59 RVG) beigeordneter Anwälte gedeckt

und ist zusätzlich ein **Überschuss entstanden**, dann ist der Ausgleichsanspruch des beigeordneten Anwalts zu berücksichtigen und zwar bis zur Höhe der Regelgebühren.[412]

Der auszuzahlende Betrag beträgt jedoch höchstens die Differenz zwischen den nach § 49 RVG errechneten Gebühren und den Regelgebühren nach § 13 RVG. Dies bedeutet, dass die Auszahlung der weiteren Vergütung nur bei einer nachträglich angeordneten Ratenzahlung in Betracht kommen kann (§ 120a Abs. 1 ZPO), ebenso, wenn die Prozesskostenhilfebewilligung nach § 124 ZPO aufgehoben wird.[413]

> *Hinweis*
>
> Die Ratenzahlung der Prozesskostenhilfe-Partei hat also hier die Wirkung eines vom Staat gewährten zinslosen Darlehns (sog. Justizdarlehn), durch welches die Prozesskostenhilfe-Partei die Kosten bis zur Höhe der Wahlanwaltsvergütung abzahlt. Im obigen Beispiel könnte der Rechtsanwalt demnach nach ca. 31 Monaten die weitere Vergütung von 610 EUR aus der Staatskasse beanspruchen. Die Staatskasse zieht demnach über eine angeordnete Ratenzahlung für den Anwalt die weitere Vergütung ein.

---

412 OLG Düsseldorf JurBüro 1991, 236.
413 *Mümmler*, JurBüro 1992, 786.

III. Antrag

219 Der Antrag[414] auf Festsetzung der weiteren Vergütung ist spätestens nach Aufforderung durch den Urkundsbeamten **innerhalb einer Frist von einem Monat** einzureichen (**§ 55 Abs. 6 RVG**). Diese kann nicht verlängert werden. Es handelt sich hierbei auch nicht um eine Notfrist, sodass eine **Wiedereinsetzung nicht möglich** ist.[415]

220 Um hier Nachteile zu vermeiden, sollte der Anwalt seine Berechnung der Regelvergütung unverzüglich zu der Akte reichen (§ 50 Abs. 2 RVG). Versäumt er dies, so löst dies jedoch keine Sanktionen wie z.B. bei § 55 Abs. 6 RVG aus.

IV. Vorgehensweise bei Fristversäumnis

221 Wegen der weit reichenden Folgen des Versäumens der Frist ist **unbedingt darauf zu achten, dass der Antrag rechtzeitig eingeht**. § 55 Abs. 6 RVG bestimmt, dass der Anwalt seine **sämtlichen Ansprüche bei Fristversäumnis verliert**, und zwar sowohl gegen die Staatskasse nach § 49 RVG als auch diejenigen, die er nach § 11 RVG gegen seinen Mandanten hätte.[416] Dieser Folge ist allerdings nicht zuzustimmen, da die Wirkungen der Prozesskostenhilfe nach § 122 Abs. 1 Nr. 3 ZPO nicht entfallen sind. Im Zweifel bleibt der Rechtsanwalt bei Fristversäumnis ohne irgendeine Vergütung. Auch berufsrechtlich dürfte es sich verbieten, dass der Rechtsanwalt bei eigenem Verschulden die weiteren Kosten bei seinem Mandanten anfordert. Begründet wird diese Ansicht damit, dass das Gesetz von „Ansprüchen" spricht, sodass hiervon auch die Regelvergütung nach § 49 RVG betroffen ist. Zudem ist der Anwalt nicht mehr verpflichtet, nach § 55 Abs. 6 RVG die Berechnung seiner Regelvergütung unverzüglich zu den Prozessakten zu reichen.[417] Er soll dies lediglich tun. Das Wort „kann" in § 55 Abs. 6 RVG legt lediglich die Zuständigkeit des Urkundsbeamten fest. Es gibt ihm keinen Ermessensspielraum.

222 Sollte der Anwalt einmal in die missliche Lage geraten, dass seine Gebührenansprüche gegenüber der Staatskasse aufgrund eines Fristversäumnisses verwirkt sind, empfiehlt es sich, zunächst die entsprechende Gerichtsakte einzusehen. Denn an eine wirksame Fristsetzung, die zum Erlöschen der Ansprüche führt, sind strenge Anforderungen zu stellen.

223 Denn die **Aufforderung des Urkundsbeamten** an den Rechtsanwalt, seine Ansprüche anzumelden, setzt die Monatsfrist des § 55 Abs. 6 RVG nur in Lauf, wenn diese Aufforderung **unterschrieben** ist. Eine Paraphierung ist unzureichend.[418] Dies ergibt sich aus

---

414 Muster unter Rdn 360.
415 OLG Bamberg JurBüro 1993, 89.
416 PfälzOLG Zweibrücken Rpfleger 1998, 434 m.w.N.; JP 1998, 614; AnwK/*Schnapp*, § 55 Rn 37, 31; LG Bayreuth JurBüro 1992, 743; *Gerold/Schmidt/v. Eicken/Madert*, § 55 Rn 32.
417 KG JurBüro 1984, 1692.
418 OLG Düsseldorf MDR 1989, 556; KG NJW 1988, 2807; JurBüro 2007, 42.

§ 12 RpflG. Danach muss der Rechtspfleger im Schriftverkehr seiner Unterschrift das Wort „Rechtspfleger" beifügen. Was zu Verfügungen des Rechtspflegers angeordnet ist, gilt auch zu solchen des Urkundsbeamten. Denn der Rechtspfleger kann ein Geschäft des Urkundsbeamten wirksam wahrnehmen (§ 8 Abs. 5 RpflG). Deshalb muss die Verfügung bzw. der Beschluss mit dem vollen Namen unterzeichnet sein.[419] Ohne Unterschrift ist eine Entscheidung des Rechtspflegers oder Urkundsbeamten nicht existent.[420] Zudem muss eine Zustellung der Aufforderung an den im Prozesskostenhilfe-Beschluss beigeordneten Anwalt erfolgen (§ 329 Abs. 2 S. 2 ZPO). Die zu übergebende beglaubigte Abschrift der Aufforderung muss dem Original vollständig gleichen. Es genügt daher nicht, dass das paraphierte Original durch die mit einem vollen Namen versehene beglaubigte Abschrift ersetzt wird. Denn was für richterliche Verfügungen gilt, muss auch für solche des Urkundsbeamten gelten.[421]

> *Hinweis* 224
>
> Sollten dem Anwalt die Vergütungsansprüche wegen Nichteinhaltens der Monatsfrist nach § 55 Abs. 6 RVG versagt werden, kann er gegen den ablehnenden Beschluss unbefristete Erinnerung einlegen (§ 56 Abs. 1 S. 1 RVG). Der Urkundsbeamte kann der Erinnerung abhelfen. Ansonsten legt er die Entscheidung dem Gericht (Richter) vor (§ 56 RVG). Es entscheidet das Gericht (Abteilungsrichter), bei dem die Vergütungsfestsetzung erfolgt ist, durch Beschluss. Gegen einen ablehnenden Beschluss kann binnen zwei Wochen nach der Zustellung der Entscheidung Beschwerde eingereicht werden (§§ 56 Abs. 2, 33 Abs. 3–8 RVG). Voraussetzung dafür ist, dass der Beschwerdewert von 200 EUR übersteigt. Beschwerdegegenstand ist derjenige Vergütungsbetrag, gegen dessen Ablehnung oder Zubilligung sich der Beschwerdeführer wendet.[422] Beschwerdegericht ist das Gericht, bei dem die Vergütung festgesetzt worden ist.

V. Einfluss der Ratenanzahl auf Vergütungsanspruch

Da die Höchstanzahl der durch die Prozesskostenhilfe-Partei monatlich zu zahlenden Raten insgesamt 48 Monate nicht überschreiten darf (§ 115 Abs. 1 ZPO), sind nicht einziehbare Beträge durch die Staatskasse nicht zu erstatten. Dies betrifft vor allem die Fälle, in denen die monatlichen Raten nur ausreichen, die Regelvergütung teilweise oder gar nicht zu decken. 225

---

419 OLG Bamberg JurBüro 1993, 89; OLG Koblenz EzFamR aktuell 2002, 142.
420 *Herrmann*, RpflG, 6. Aufl., § 12 Rn 4 m.w.N.
421 BGH MDR 1980, 572.
422 *Gerold/Schmidt/v. Eicken/Madert*, § 55 Rn 37.

226 *Beispiel*

Streitwert: 10.000 EUR; angefallen sind eine 1,3 Verfahrens- und 1,2 Termingebühr Gerichts- und Sachverständigenkosten 500 EUR; monatliche Rate 30 EUR.

An Kosten werden ratenweise getilgt:

1.	Gerichtskosten	723,00 EUR
2.	Prozesskostenhilfe-Vergütung, § 49 RVG	767,50 EUR
3.	Weitere Vergütung, § 50 RVG	627,50 EUR
Summe		**2.118,00 EUR**

Die Partei hat allerdings höchstens 48 × 30 EUR = 1.440 EUR zu zahlen. Somit kann lediglich noch eine weitere Vergütung von 50,50 EUR aus der Staatskasse an den Rechtsanwalt als Überschuss ausgezahlt werden.

C. Ansprüche gegen den unterlegenen Gegner

227 Wurde der Gegner zur Zahlung von Prozesskosten verurteilt, so ist der Prozesskostenhilfe-Anwalt berechtigt, seine **notwendigen Gebühren und Auslagen** gegen den verurteilten Gegner **im eigenen Namen** beizutreiben (§§ 126 Abs. 1, 103 ff., 91 ZPO). Dieser Direktanspruch[423] besteht neben dem Anspruch gegen die Staatskasse (§ 49 RVG) und gegen den Mandanten aus Anwaltsvertrag im Falle der Prozesskostenhilfe-Aufhebung bzw. bei Teil-Prozesskostenhilfe.[424] Der in § 59 RVG ausgesprochene Übergang des Vergütungsanspruchs betrifft auch den Kostenerstattungsanspruch eines beigeordneten Rechtsanwalts gem. § 126 Abs. 1 ZPO. Dieser Forderungsübergang lässt Grund und Höhe des übergehenden Anspruchs unberührt und führt zu keiner Haftungserweiterung des Kostenschuldners.[425] Die sich dann aus § 126 Abs. 2 S. 1 ZPO ergebende Verstrickung des Kostenerstattungsanspruchs zugunsten eines im Wege der Prozesskostenhilfe beigeordneten Rechtsanwalts tritt außer Kraft, wenn auf den Namen der von ihm vertretenen Partei ein Kostenfestsetzungsbeschluss ergangen ist, und zwar solange, bis dieser Kostenfestsetzungsbeschluss aufgehoben oder durch einen zweiten, auf den Namen des Anwalts erlassenen ersetzt worden ist.[426]

228 Der im Rahmen der Prozesskostenhilfe beigeordnete Rechtsanwalt hat daher folgende **Wahlmöglichkeiten:**

- Er kann zunächst seine (verminderte) Vergütung nach § 49 RVG aus der Staatskasse beanspruchen; diese treibt die auf sie übergegangenen Ansprüche nach § 59 RG vom Gegner bei; **daneben** kann der Anwalt seine weitere Vergütung bis zur Höhe der Wahlanwaltsvergütung nach § 13 RVG im eigenen Namen nach § 126 Abs. 1 ZPO vom verurteilten Gegner verlangen.

---

423 *Kronenbitter/Klotz*, 15/7.3 S. 1.
424 BGHZ 5, 251, 255; a.A. OLG Hamburg JurBüro 1986, 773 m. abl. Anm. *Mümmler*; *Schoreit/Dehn*, § 126 Rn 2.
425 BGH Beschl. v. 28.9.1995 – III ZR 51/94, AGS 1997, 46 f.
426 BGH, Urt. v. 22.6.1994 – XII ZR 39/93, MDR 1995, 99 ff.

2. Teil: Die Vergütung des im Rahmen der Prozesskostenhilfe beigeordneten Rechtsanwalts § 3

- Er kann seine gesamte Wahlanwaltsvergütung nach § 13 RVG gegen den Gegner gem. §§ 103 ff. ZPO festsetzen lassen.
- Hat die Prozesskostenhilfe-Partei an die Staatskasse Zahlungen zu leisten und ist durch diese Raten die weitere Vergütung gedeckt, so kann der Rechtsanwalt bei Erreichen der Zahlungen bis zur Höhe der Wahlanwaltsvergütung die Differenz zur Prozesskostenhilfe-Vergütung ebenfalls aus der Staatskasse verlangen. In einem solchen Fall ist die Prozesskostenhilfe-Partei berechtigt, diesen Betrag nach §§ 103 ff. ZPO gegen den unterlegenen Gegner festsetzen zu lassen. Dies gilt auch, wenn der Auftraggeber an den Rechtsanwalt auf dessen Verlangen gegenüber dem Gegner auf eine erstattungsfähige Wahlanwaltsvergütung (Teil-)Zahlung leistet. Insoweit geht der Direktanspruch des Anwalts gegen den Gegner unter. Der Mandant kann dann ebenfalls diese Zahlungen vom Gegner erstattet verlangen.[427]

Beispiel 229

Klage über 10.000 EUR; dem Kläger wird unter Beiordnung von Rechtsanwalt R in vollem Umfang Prozesskostenhilfe bewilligt. Nach mündlicher Verhandlung wird der Beklagte zur Zahlung verurteilt. Ihm werden zugleich die Kosten auferlegt. An Anwaltskosten sind entstanden:

	Wahlanwaltsvergütung	PKH-Vergütung (§ 49 RVG)
Verfahrensgebühr	725,40 EUR	399,10 EUR
Terminsgebühr	669,60 EUR	368,40 EUR
Auslagen	20,00 EUR	20,00 EUR
19 % USt	268,85 EUR	149,63 EUR
Summe	**1.683,85 EUR**	**937,13 EUR**
Differenz = weitere Vergütung		**746,72 EUR**

R hat folgende Möglichkeiten, um seine Vergütungsansprüche zu realisieren:

- Er lässt sich 937,13 EUR an Prozesskostenhilfe-Vergütung aus der Staatskasse auszahlen; diese zieht den Betrag nach § 59 RVG vom Beklagten ein; daneben lässt sich R seine weitere Vergütung nach §§ 126 Abs. 1, 103 ff. ZPO in Höhe von 746,72 EUR gegen den Gegner festsetzen und versucht, diese im Rahmen der Zwangsvollstreckung beizutreiben (empfehlenswert).
- Er lässt sich seine gesamte Wahlanwaltsvergütung von 1.683,85 EUR nach §§ 126 Abs. 1, 103 ff. ZPO gegen den Beklagten festsetzen und beansprucht zunächst keine Vergütung aus der Staatskasse; beantragt er jedoch später doch noch seine Prozesskostenhilfe-Vergütung aus der Staatskasse, so muss er etwaige Zahlungen seitens des Gegners aufgrund der vorherigen Kostenfestsetzung gegenüber der Staatskasse angeben (§ 55 Abs. 5 RVG; nicht empfehlenswert).

---

427 OLG Saarbrücken JurBüro 1986, 1876; *Mümmler*, JurBüro 1989, 759.

- Der Mandant zahlt – trotz Prozesskostenhilfebewilligung – in Höhe der Wahlanwaltsvergütung (1.683,85 EUR) an R; R beantragt daher im Namen der Partei die Kostenfestsetzung nach §§ 103 ff. ZPO.

Abwandlung

Der Kläger hat monatlich 60 EUR an Raten zu zahlen.

In einem solchen Fall beantragt R die Prozesskostenhilfe-Vergütung in Höhe von 746,72 EUR aus der Staatskasse; nach ca. 25 Monaten (25 × 60 EUR = 1.500,00 EUR) ist durch die Ratenzahlung auch die weitere Vergütung gedeckt, sodass R auch noch diesen Betrag nach §§ 50, 55 RVG aus der Staatskasse erhält. Diese weitere Vergütung kann sich der Mandant gegen den Beklagten festsetzen lassen (§§ 103 ff. ZPO).

230 *Hinweis*

Nach § 120 Abs. 3 Nr. 2 ZPO wird das Gericht die von der Prozesskostenhilfe-Partei zu erbringenden Ratenzahlungen einstweilen einstellen, da der Beklagte in die Kosten verurteilt wurde; stellt sich allerdings heraus, dass dieser zahlungsunfähig ist, so hebt das Gericht die einstweilige Einstellung wieder auf. In diesem Fall hat die Prozesskostenhilfe-Partei Zahlungen bis zur Höhe der Wahlanwaltsvergütung zu leisten. Es ist dann Sache der Partei, die weitere Vergütung im Rahmen der Kostenfestsetzung vom Gegner beizutreiben (§§ 103 ff. ZPO).

231 Wichtig und für den Anwalt dringend zu empfehlen ist, dass der **Antrag** auf Festsetzung der Vergütung **im eigenem Namen** klar aus dem Antrag hervorgeht.[428] Andernfalls gilt der Antrag im Namen der Partei nach §§ 103 ff. ZPO gestellt.[429] Dies bedeutet, dass der Rechtsanwalt auf sein Antragsrecht nach § 126 Abs. 1 ZPO verzichtet.

D. Anrechnung von Vorschüssen und sonstigen Zahlungen

232 Nach § 55 Abs. 5 S. 2 RVG hat der Rechtsanwalt Zahlungen der Partei oder eines Dritten **nach** Prozesskostenhilfebewilligung unverzüglich dem Gericht anzuzeigen. Der Grund liegt darin, dass solche Zahlungen in erster Linie auf die **weitere Vergütung** nach § 50 RVG **anzurechnen** sind (§ 58 Abs. 2 RVG). Ist die Zahlung höher als die weitere Vergütung, dann ist der Überschuss auf die Prozesskostenhilfe-Vergütung nach § 49 RVG anzurechnen. Hierdurch soll einerseits vermieden werden, dass der Anwalt letztlich nicht mehr an Vergütung erhält, als ihm nach der Regeltabelle des § 13 RVG als Wahlanwalt zusteht. Andererseits entspricht die Regelung des § 58 Abs. 2 RVG dem Grundgedanken des § 366 Abs. 2 BGB, wonach unter anderem mangels abweichender Bestimmung des Schuldners durch seine nicht völlig ausreichende Zahlung zunächst diejenige Forderung getilgt werden soll, die dem Rechtsanwalt als Gläubiger eine geringere Sicherheit bietet.

---

[428] OLG Hamm NJW 1968, 405; *Mümmler*, JurBüro 1996, 19.
[429] OLG Bamberg JurBüro 1978, 1401; OLG Düsseldorf AnwBl 1980, 376; OLG Koblenz JurBüro 1982, 775.

Von der Anrechnungspflicht werden insbesondere Vorschusszahlungen oder Zahlungen auf eventuelle Erstattungsansprüche nach § 126 ZPO gegen den Gegner erfasst. Wichtig ist, dass die Zahlungen als **Vergütung** für das Verfahren geleistet worden sein müssen, für welches Prozesskostenhilfe bewilligt wurde. Dementsprechend fallen hierunter nicht nur zur Weiterleitung bestimmte Gelder oder verbrauchte Gerichtskostenvorschüsse.

233

Beispiel

234

In einer Scheidungssache erhält Rechtsanwalt R vom Mandanten vor PKH-Bewilligung und Beiordnung einen Vorschuss von 300 EUR; nach mündlicher Verhandlung und Parteianhörung gem. §§ 128, 116 FamFG ergeht ein Scheidungsurteil; Streitwerte: Scheidung (10.000 EUR), VA (2.000 EUR).

R beantragt aus der Staatskasse (§ 49 RVG):

1,3-Verfahrensgebühr aus 12.000 EUR	417,30 EUR
1,2-Terminsgebühr aus 12.000 EUR	385,20 EUR
Auslagenpauschale	20,00 EUR
19 % USt	156,28 EUR
Summe	**978,78 EUR**

Als Wahlanwalt könnte R beantragen (§ 13 RVG):

1,3-Verfahrensgebühr	725,40 EUR
1,2-Terminsgebühr	669,60 EUR
Auslagenpauschale	20,00 EUR
19 % USt	268,85 EUR
Summe	**1.683,85 EUR**
Differenz = weitere Vergütung	**705,07 EUR**

Der Vorschuss von 300 EUR ist nach § 58 Abs. 2 RVG auf die weitere Vergütung anzurechnen, sodass R noch ein Restbetrag von 405,07 EUR an weiterer Vergütung zustehen würde. Voraussetzung wäre allerdings, dass durch eine eventuell anzuordnende Ratenzahlung die weitere Vergütung gedeckt ist.

Abwandlung

Im obigen Beispiel beträgt der Vorschuss 1.000 EUR. In diesem Fall ist die weitere Vergütung von 705,07 EUR durch den Vorschuss gänzlich gedeckt. Da R allerdings nicht mehr an Vergütung erhalten darf als ein Wahlanwalt, nämlich 1.683,85 EUR, ist die Differenz von 294,93 EUR auf die Vergütung nach § 49 RVG anzurechnen, sodass er aus der Staatskasse lediglich einen Restbetrag von 683,85 EUR (978,78 EUR abzgl. 294,93 EUR) erhalten würde.

E. Anrechnung der Geschäftsgebühr

I. Allgemeines

235 War der Rechtsanwalt bereits außergerichtlich für die Partei tätig, entsteht ihm eine **Geschäftsgebühr** gem. Nr. 2300 VV. Nach Vorbemerkung 3 Abs. 4 VV ist die außergerichtlich entstandene Geschäftsgebühr Nr. 2300 VV (nachfolgend Geschäftsgebühr genannt) bis zur Hälfte, höchstens jedoch zu einem Gebührensatz von 0,75 auf eine im gerichtlichen Verfahren entstandene Verfahrensgebühr Nr. 3100 VV (nachfolgend Verfahrensgebühr genannt) anzurechnen.

Der BGH hat am 7.3.2007[430] entschieden, dass die im gerichtlichen Verfahren entstandene Verfahrensgebühr Nr. 3100 VV um die außergerichtlich angefallene Geschäftsgebühr auch im Kostenfestsetzungsverfahren nach §§ 103 ff. ZPO zu ermäßigen ist. Dies war vorher unbeachtlich, da in diesem Verfahren keine außergerichtlichen Ansprüche tituliert wurden, was sich wiederum aus § 91 ZPO ergibt. Die vorgenannte Entscheidung löste danach eine Flut an Rechtsprechung[431] und Diskussion in der Praxis zu dieser Thematik aus. Ferner wurde das Kostenfestsetzungsverfahren mit materiellen Problemen belastet, für welche dieses Verfahren nicht geeignet ist. Ebenso wurde danach durch die Rechtsprechung entschieden, dass die Geschäftsgebühr auch bei der Vergütungsfestsetzung zugunsten eines im Rahmen der Prozesskostenhilfe beigeordneten Rechtsanwalts zu beachten ist.[432]

236 Um diese Problematik zu bereinigen hat der Gesetzgeber zum **5.8.2009** die Vorschrift des § 15a RVG eingefügt:

§ 15a Anrechnung einer Gebühr

(1) Sieht dieses Gesetz die Anrechnung einer Gebühr auf eine andere Gebühr vor, kann der Rechtsanwalt beide Gebühren fordern, jedoch nicht mehr als den um den Anrechnungsbetrag verminderten Gesamtbetrag der beiden Gebühren.

(2) Ein Dritter kann sich auf die Anrechnung nur berufen, soweit er den Anspruch auf eine der beiden Gebühren erfüllt hat, wegen eines dieser Ansprüche gegen ihn ein Vollstreckungstitel besteht oder beide Gebühren in demselben Verfahren gegen ihn geltend gemacht werden.

237 Es wird in Absatz 1 das **Innenverhältnis** zwischen dem Anwalt und dem Auftraggeber geregelt. Hier wird klargestellt, dass die anzurechnenden Gebühren erstmal unabhängig voneinander in voller Höhe entstehen. Dies bedeutet, dass der Anwalt zunächst auch jede der Gebühren in voller Höhe gelten machen kann. Eine Zahlung der Geschäftsgebühr bewirkt jedoch, dass im Rahmen der Anrechnung die weitere Verfahrensgebühr in dieser Höhe erlischt. Somit kann der Anwalt nicht beide Gebühren gleichzeitig und in

---

430 NZM 2007, 397.
431 *Jungbauer* in Bischof, VV 2300 Rn 234 ff.
432 OLG Koblenz NJOZ 2009, 2626; OLG Frankfurt am Main NJW-RR 2009, 1006; OLG Düsseldorf BeckRS 2009, 05374; OLG Braunschweig NJW-RR 2009, 558; OLG Koblenz BeckRS 2009, 08389.

voller Höhe erhalten, sondern nur den Gesamtbetrag, der um die entsprechende Anrechnung vermindert ist.

II. Anrechnung im Rahmen des § 15a RVG bei bewilligter Prozesskostenhilfe

Die Problematik der Anrechnung der Geschäftsgebühr stellt sich auch dem Anwalt, der im Rahmen der Prozess- bzw. Verfahrenskostenhilfe beigeordnet wurde. 238

Die Rechtsprechung[433] hat bereits vor der Einführung des § 15a RVG entschieden, dass die Anrechnung der außergerichtlich entstandenen Geschäftsgebühr auch für den im Wege der Prozesskostenhilfe beigeordneten Rechtsanwalt zu beachten ist. Dies ist jetzt ebenfalls durch § 15a RVG geregelt, denn im Zuge der Einführung der vorgenannten Bestimmung wurde gleichzeitig auch die Vorschrift des § 55 Abs. 5 RVG über das Festsetzungsverfahren der aus der Staatskasse zu gewährenden Vergütung, insbesondere Sätze 2–4 wie folgt geändert:

§ 55 Abs. 5 RVG:

> *(5) § 104 Abs. 2 der Zivilprozessordnung gilt entsprechend. Der Antrag hat die Erklärung zu enthalten, ob und welche Zahlungen der Rechtsanwalt bis zum Tag der Antragstellung erhalten hat. Bei Zahlungen auf eine anzurechnende Gebühr sind diese Zahlungen, der Satz oder der Betrag der Gebühr und bei Wertgebühren auch der zugrunde gelegte Wert anzugeben. Zahlungen, die der Rechtsanwalt nach der Antragstellung erhalten hat, hat er unverzüglich anzuzeigen.*

Durch diese neu eingeführte Anzeigepflicht der tatsächlichen Zahlung der Geschäftsgebühr ist nunmehr bei der Festsetzung der aus der Staatskasse zu zahlenden Vergütung für den Urkundsbeamten der Geschäftsstelle die Möglichkeit gegeben, den genauen Umfang der anzurechnenden Zahlung auf die festzusetzende Gebühr festzustellen. Darüber hinaus spart dies in der Praxis auch ein weiteres, ggf. unnötiges Nachfragen des Gerichts, ob eine außergerichtliche Gebühr tatsächlich geleistet ist und beschleunigt somit auch das Vergütungsfestsetzungsverfahren. Die Anzeigepflicht ergibt sich, ebenso wie bei Vorschüssen, nunmehr ausdrücklich aus dem Gesetz. 239

Ferner hat dies auch zur Folge, dass eine Anrechnung nur erfolgt, wenn der Rechtsanwalt seitens der Prozesskostenhilfe-Partei die Geschäftsgebühr auch von dieser erhalten hat, also tatsächlich gezahlt wurde. Es kommt im Rahmen des Vergütungsfestsetzungsverfahrens im Rahmen der Prozesskostenhilfe nicht darauf an, ob die Geschäftsgebühr „nur" entstanden ist. Ein Erstattungsanspruch für die Geschäftsgebühr aus der Staatskasse besteht nicht, da diese außerhalb des gerichtlichen Verfahrens und daher nicht im Bereich der Prozesskostenhilfe entstanden ist. Deshalb kann eine Verfahrensgebühr in einem solchen Fall auch nicht gekürzt werden.[434]

Hat der Rechtsanwalt von der Prozesskostenhilfe-Partei zuvor eine Wahlanwaltsgeschäftsgebühr erhalten, dann hat eine Anrechnung zu erfolgen, wenn dieselbe Angele- 240

---

[433] BGH NJW 2008, 1323; OLG Koblenz NJOZ 2009, 2626; OLG Frankfurt/Main NJW-RR 2009, 1006.
[434] Bisher auch so *Hansens*, RVGReport 2008, 1 ff.

genheit betroffen ist. Der im Wege der Prozesskostenhilfe beigeordnete Rechtsanwalt soll nicht besser gestellt werden als ein Wahlanwalt. Die Anrechnung hat nach § 15a Abs. 1 zu erfolgen. Dies bedeutet also, dass beide Gebühren in vollem Rahmen entstanden sind, jedoch nicht mehr als der um den Anrechnungsbetrag geminderte Gesamtbetrag beider Gebühren von der Staatskasse gefordert werden kann.

Allerdings lässt sich aus beiden Vorschriften §§ 15a, 55 Abs. 5 S. 2–4 RVG nicht entnehmen, wie die Geschäftsgebühr auf die Verfahrensgebühr für den im Wege der PKH/VKH beigeordneten Rechtsanwalt anzurechnen ist.

241 Bei einem Streitwert bis zu 3.000 EUR ist die Anrechnung der Geschäftsgebühr auf die Verfahrensgebühr unproblematisch, da hier die Wahlanwalts- und die Prozesskostenhilfe-Gebühren gem. der Anlage zu § 13 RVG berechnet werden und keine Gebührendifferenzen vorliegen.

242 *Beispiel*

Rechtsanwalt vertritt seinen Mandanten außergerichtlich bei der Geltendmachung einer Schadensersatzforderung in Höhe von 3.000 EUR. Im anschließenden gerichtlichen Verfahren wird der vorgenannte Rechtsanwalt im Wege der Prozesskostenhilfe beigeordnet.[435]

Außergerichtlich angefallen:

1,3 Geschäftsgebühr aus 3.000 EUR	261,30 EUR

Gerichtliches Verfahren angefallen und von der Staatskasse zu erstatten:

1,3 Verfahrensgebühr aus 3.000 EUR	261,30 EUR
abzüglich 0,65 Geschäftsgebühr	130,65 EUR
Rest der Verfahrensgebühr	130,65 EUR

Der Betrag in Höhe von 130,65 EUR ist demnach aus der Staatskasse zu erstatten.

243 Problematisch ist die Anrechnung der Gebühr, sobald der Streitwert über 3.000 EUR liegt und somit die Prozesskostenhilfe-Gebühren gem. der Tabelle zu § 49 RVG[436] zu entnehmen sind. Denn hier sind die seitens der Staatskasse zu erstattenden Gebühren niedriger, als die des Wahlanwalts. Dies kann dazu führen, dass nach Anrechnung von der entstandenen Verfahrensgebühr nichts mehr übrig bleibt.

244 *Beispiel*

Rechtsanwalt vertritt seinen Mandanten außergerichtlich bei der Geltendmachung einer Kaufpreisforderung in Höhe von 30.000 EUR. Im anschließenden gerichtlichen Verfahren wird der vorgenannte Rechtsanwalt im Wege der Prozesskostenhilfe beigeordnet.[437]

---

[435] Der Einfachheit wurde auf die Angabe von MwSt. und Auslagenpauschale verzichtet.
[436] S.a. Rdn 210.
[437] Der Einfachheit wurde auf die Angabe von MwSt. und Auslagenpauschale verzichtet.

2. Teil: Die Vergütung des im Rahmen der Prozesskostenhilfe beigeordneten Rechtsanwalts § 3

Außergerichtlich gem. § 13 RVG angefallen:

1,3 Geschäftsgebühr aus 30.000 EUR	1.121,90 EUR
Anzurechnende Geschäftsgebühr	560,95 EUR

Gerichtliches Verfahren angefallen (§ 49 RVG) und von der Staatskasse zu erstatten:

1,3 Verfahrensgebühr aus 30.000 EUR	535,60 EUR
abzüglich 0,65 Geschäftsgebühr	560,95 EUR
Rest der Verfahrensgebühr	0,00 EUR

Demnach wäre zunächst die Verfahrensgebühr nicht aus der Staatskasse zu erstatten. Wie die Geschäftsgebühr nun anzurechnen ist, war bereits vor der Änderung und Ergänzung des § 55 Abs. 5 S. 2–4 RVG schon höchst streitig und wurde von der Rechtsprechung unterschiedlich gehandhabt. Einige Beispiele hierzu:

Das OLG Düsseldorf[438] ist der Ansicht, dass auch dann eine Kürzung um die vorgerichtliche Geschäftsgebühr zu erfolgen hat, wenn die Prozesskostenhilfe-Partei bereits zum Zeitpunkt der vorprozessualen Tätigkeit bedürftig war und die Voraussetzungen für die Beratungshilfe an sich vorlagen, die Tätigkeit des Rechtsanwalts aber nicht als Beratungshilfe erfolgt bzw. diese nicht in Anspruch genommen wurde. Die Kürzung erfolgt dadurch, dass die aus der Prozesskostenhilfe-Gebührentabelle zu § 49 RVG bestimmende Verfahrensgebühr um eine ebenfalls aus dieser Tabelle, hälftige Geschäftsgebühr zu kürzen ist.[439]

Beispiel

Außergerichtlich gem. § 13 RVG angefallen:

1,3 Geschäftsgebühr aus 30.000 EUR	1.121,90 EUR
Anzurechnende Geschäftsgebühr	560,95 EUR

Gerichtliches Verfahren angefallen (§ 49 RVG) und von der Staatskasse zu erstatten:

1,3 Verfahrensgebühr aus 30.000 EUR	535,60 EUR
abzüglich 0,65 Geschäftsgebühr	267,80 EUR
Rest der Verfahrensgebühr	**267,80 EUR**

Demnach wäre zunächst die Verfahrensgebühr in Höhe von 267,80 EUR aus der Staatskasse zu erstatten.

---

438 OLG Düsseldorf BecksRS 2009, 05347.
439 BeckOK Rn 10g § 55 RVG.

247 Eine andere Auffassung wird durch das OLG Hamm sowie das OLG Oldenburg[440] vertreten, wenn die Beratungshilfe zwar nicht beantragt, aber die Prozesskostenhilfe-Partei bei der vorgerichtlichen Tätigkeit bereits bedürftig war und deren Voraussetzungen vorgelegen haben, dass die Verfahrensgebühr dann nicht um die Geschäftsgebühr Nr. 2300 VV zu kürzen ist, sondern stattdessen um die Beratungshilfegeschäftsgebühr Nr. 2503 VV. Wenn das Unterlassen der Beantragung von Beratungshilfe der Partei aus besonderen Gründen nicht vorgeworfen werden kann, so erfolgt gar keine Anrechnung der Geschäftsgebühr.

Das Kammergericht[441] hat entschieden, dass die Geschäftsgebühr Nr. 2300 VV zunächst gezahlt und dies dann wie die Zahlung eines Vorschusses der Partei zu behandeln ist. Die Anrechnung betrifft zunächst die Wahlanwaltsvergütung, für welche ein Anspruch gegen die Staatskasse nicht oder nur unter den Voraussetzungen des § 50 RVG besteht. Das Kammergericht rechtfertigt hier die Anwendung des § 58 Abs. 2 RVG damit, dass eine auf die Geschäftsgebühr geleistete Zahlung der Partei oder eines Dritten, infolge der Anrechnungsvorschrift Vorb. 3 Abs. 4 VV zugleich als Vorschuss auf die Gebühr Nr. 3100 VV zu werten ist und als solcher daher der Anrechnung nach § 58 Abs. 2 RVG unterliegt. Die Anrechnung hat daher zunächst auf die Differenz von Wahlanwalts- und Prozesskostenhilfe-Vergütung, die sog. **Deckungslücke** zu erfolgen.

248 *Beispiel*

Außergerichtlich gem. § 13 RVG angefallen:

1,3 Geschäftsgebühr aus 30.000 EUR	1.121,90 EUR
Geschäftsgebühr	560,95 EUR

Gerichtliches Verfahren angefallen (§ 49 RVG) und von der Staatskasse zu erstatten:

1,3 Verfahrensgebühr aus 30.000 EUR	535,60 EUR
Deckungslücke (Wahlanwalts-PKH-Gebühren)	525,20 EUR
Anzurechnende Geschäftsgebühr	560,95 EUR
Rest (zur Anrechnung auf die Verfahrensgebühr)	27,50 EUR
1,3 Verfahrensgebühr aus 30.000 EUR	535,60 EUR
Rest (zur Anrechnung auf die Verfahrensgebühr)	27,50 EUR
festzusetzende Verfahrensgebühr	**432,70 EUR**

Demnach wäre zunächst die Verfahrensgebühr in Höhe von 432,70 EUR aus der Staatskasse zu erstatten.

249 Nach der Änderung des § 55 Abs. 5 S. 2–4 RVG wird wohl auch der schon bisher vertretenen Meinung des Kammergerichts zu entsprechen sein und die gezahlte Ge-

---

440 OLG Hamm BeckRS 2009 12082; OLG Oldenburg NJW-RR 2009, 431.
441 KG NJOZ 2009, 1255.

schäftsgebühr zunächst auf die Deckungslücke anzurechnen sein. Dies ergibt sich auch aus der Gesetzesbegründung[442] zur Änderung der vorgenannten Vorschrift. Hier wird nochmals klargestellt, dass die allgemeinen Vorschriften zur Anrechnung auch für die Prozesskostenhilfe-Vergütung des im Wege der Prozesskostenhilfe beigeordneten Rechtsanwalts gelten. Aus der Begründung heißt es weiter: Im Rahmen der geänderten Anzeigepflicht stehen somit dem Urkundsbeamten alle für die Festsetzung erforderlichen Daten zur Verfügung, die er benötigt um zu ermitteln, in welchem Umfang die Zahlungen nach § 58 Abs. 1 und 2 RVG auf die anzurechnende Gebühr als Zahlung auf die festzusetzende Gebühr zu behandeln sind. Die eben genannte. Begründung verweist also ausdrücklich auf die Anwendbarkeit des § 58 Abs. 1, 2 RVG.[443]

Hier ergibt sich allerdings noch eine Systemwidrigkeit, da die Geschäftsgebühr gem. der Anrechnungsvorschrift Vorb. 3 Abs. 4 VV nicht auf eine Deckungslücke, sondern auf die Verfahrensgebühr angerechnet werden soll. Dies ist jedoch hinzunehmen, da die Geschäftsgebühr nur angerechnet wird, wenn sie gezahlt worden ist und diese dann wie eine Vorschusszahlung zu behandeln ist.[444]

III. Anwendung der Regelung auf sog. „Altfälle"

Fraglich ist, ob die Vorschriften §§ 15a, 55 Abs. 5 S. 2–4 RVG auch für solche Fälle Anwendung finden, die **vor der Gesetzesänderung 5.8.2009** liegen, sog. **„Altfälle"**.

250

Hierzu gibt es in der Rechtsprechung bislang unterschiedliche Meinungen. Es ist fraglich, ob hier § 60 RVG als allgemeine abgrenzende Norm für Übergangsvorschriften, Anwendung findet. Gemäß § 60 Abs. 1 S. 1 RVG ist die Rechtsanwaltsvergütung nach bisherigem Recht zu berechnen, wenn der unbedingte Auftrag zur Erteilung derselben Angelegenheit i.S.d. § 15 RVG vor dem Inkrafttreten einer Gesetzesänderung erteilt oder der Rechtsanwalt vor diesem Zeitpunkt gerichtlich bestellt oder beigeordnet worden ist.

Die Meinung,[445] die sich für eine Anwendbarkeit der neuen Anrechnungsvorschriften auch auf Altfälle ausspricht, argumentiert u.a., dass für diese gesetzliche Neuregelung in Art. 7 Abs. 4 Nr. 3 des Gesetzes zur Modernisierung von Verfahren im anwaltlichen und notariellen Berufsrecht, zur Errichtung einer Schlichtungsstelle der Rechtsanwaltschaft sowie zur Änderung sonstiger Vorschriften[446] keine Übergangsvorschrift geschaffen worden ist und dass die in § 60 RVG enthaltene Übergangsvorschrift auf diesen Fall keine Anwendung findet.

Denn diese Voraussetzungen sind vorliegend deshalb nicht erfüllt, weil die Regelung des § 15a RVG **keine** Gesetzesänderung in diesem Sinne darstellt, sondern eine von dem Gesetzgeber im Hinblick auf die Rechtsprechung des BGH[447] für erforderlich gehaltene

---

442 BT Drucks. 16/12717 S. 58,59.
443 Auch so NJW-Spezial 2009, 349.
444 *Baronin von König*, Rpfleger 2009, 487 ff.
445 OLG Stuttgart Beschl. v. 11.8.2009 – 8 W 339/09; OLG Koblenz Beschl. v. 1.9.2009 – 14 W 553/09; BGH 2.9.2009 – II ZB 35/07, LG Saarbrücken Beschl. v. 3.9.2009 – 5 T 434/09; OLG Köln BeckRS 2009 25242.
446 Vgl. BGBl I 2009 S. 2449.
447 BGH NJW 2008, 1323.

Klarstellung der bereits zuvor geltenden Rechtslage hinsichtlich der Anrechnung von Rechtsanwaltsgebühren gehalten wird. Dies hat der BGH.[448] auch so nochmals ausdrücklich entschieden und klargestellt. Ferner hat der BGH festgestellt, dass sich die Anrechnungsvorschrift auf das Innenverhältnis zwischen Mandant und Anwalt beschränkt, aber § 15a Abs. 2 RVG sicherstellen soll, dass ein Dritter nicht über den Betrag hinaus auf Ersatz und Erstattung in Anspruch genommen werden kann, den der Anwalt von seinem Mandanten verlangen kann.

251 Die Gegenmeinung[449] hierzu spricht sich für die Anwendbarkeit des § 60 RVG aus, denn den Gesetzesmaterialien lässt sich nicht entnehmen, dass der Gesetzgeber die bisher bestehende Anrechnungsregelung lediglich klarstellend korrigieren wollte. Dies ist aus der Entscheidung des Kammgerichts entnommen und sicher so auch zutreffend.

252 Der II. Zivilsenat des BGH hat jedoch mit seiner vorgenannten **Entscheidung vom 2.9.2009** entschieden, dass es sich bei der Einfügung des § 15a RVG um eine **Klarstellung und Anerkennung** der bisherigen Rechtslage durch den Gesetzgeber gehandelt hat, daher sind die Argumente der Gegenmeinung der Anwendbarkeit der neuen Vorschrift wohl kaum haltbar.

Der X. Zivilsenat des BGH[450] weist allerdings darauf hin, dass erhebliche Zweifel an der Rechtsauffassung des II. Senates bestehen.

Darüber hinaus hat das Kammgericht[451] weiter entschieden, dass sich für die „Altfälle" nach der bisherigen Rechtslage nichts ändere, weil insoweit § 60 Abs. 1 RVG Anwendung findet. Die Berechnung der Vergütung findet dann nach bisherigem Recht statt, wenn der unbedingte Auftrag zur Erledigung derselben Angelegenheit i.S.d. § 15 RVG vor Inkrafttreten einer Gesetzesänderung erteilt wurde. Ferner hat das Kammergericht[452] auch entschieden, dass durch die Entscheidung des II. Zivilsenates des BGH vom 2.9.2009 die Anwendung des § 15a RVG noch nicht abschließend geklärt ist, weil andere Senate des BGH die vor der Einführung der Vorschrift bestehende Rechtslage abweichend beurteilen und der Große Senat für Zivilsachen insoweit noch nicht entschieden hat. Dies hat danach ebenfalls auch das OLG Hamm[453] ebenso entschieden.

Es wird daher noch eine abschließende Entscheidung zur Klarstellung der Anwendung auf sog. „Altfälle" des Großen Zivilsenats des BGH abzuwarten sein. Die bisherige überwiegende Meinung hält § 15a RVG auf „Altfälle" nicht bzw. nur bei noch nicht abgeschlossenen Kostenfestsetzungsverfahren anwendbar.[454]

---

448 BGH Beschl. v. 2.9.2009 – II ZB 35/07, NJW 2009, 3101.
449 OLG Bamberg Beschl. v. 15.9.2009 – 4 W 139/09; OLG Celle, Beschl. v. 26.8.2009 – 2 W 240/09; OLG Hamm, Beschl. v. 25.9.2009 – 25 W 333/09 in Übereinstimmung mit OLG Celle Beschl. v. 26.8.2009 – 2 W 240/09), OLG Frankfurt Beschl. v. 10.8.2009 – 12 W 91/09, KG Beschl. v.13.8.2009 – 2 W 128/09.
450 BGH Beschl. v. 29.9.2009 – X ZB 1/09.
451 KG Beschl. v. 10.9.2009 – 27 W 68/09, Rpfleger 2009, 648.
452 KG Beschl. v. 13.10.2009 – 27 W 98/09.
453 OLG Hamm, Beschl. v. 27.10.2009 – 25 W 444/09.
454 OLG Stuttgart, Beschl. v. 4.12.2009 – 8 W 439/09; OLG Nürnberg, Beschl. v. 15.10.2009 – 13 W 1952/09; OLG Oldenburg, Beschl. v. 7.10.2009 – 13 W 43/09.

F. Teil-Prozesskostenhilfe

I. Allgemeines

Gerade in (Unterhalts-)Familiensachen kommt es häufiger vor, dass Prozesskostenhilfe nur für einen Teilbetrag bewilligt wird. Da sich die Vergütung des Anwalts aus der Staatskasse stets danach bestimmt, für welchen Wert er beigeordnet wurde (§ 48 Abs. 1 RVG), kann es durchaus zu wirtschaftlichen Verlusten kommen, wenn der Anwalt für den von der Prozesskostenhilfe nicht umfassten Wert darüber hinaus gegen die Partei keinerlei Ansprüche mehr geltend macht. Diese können notfalls nach § 11 RVG festgesetzt werden.[455] In Literatur und Rechtsprechung besteht allerdings Uneinigkeit darüber, wie sich die Gebührenansprüche des Rechtsanwalts errechnen, dem lediglich für einen Teil des Streitgegenstands Prozesskostenhilfe bewilligt und der beigeordnet wurde.

253

Beispiel

254

Der durch den Rechtsanwalt R vertretene Kläger erhebt Unterhaltsklage gegen B auf Zahlung von monatlich 500 EUR.[456] Gleichzeitig beantragt er für das Verfahren Prozesskostenhilfe. Das Gericht gewährt jedoch lediglich Prozesskostenhilfe für einen Anspruch in Höhe von 300 EUR und ordnet in diesem Umfang R bei. Nach streitiger Verhandlung und Beweisaufnahme gibt das Gericht der Klage in Höhe von 300 EUR monatlich statt. Das Gericht setzt den Streitwert auf 3.600 EUR fest (300 EUR × 12; § 51 FamGKG); der nicht von der Prozesskostenhilfe umfasste Teilstreitwert beträgt 2.400 EUR (500 EUR × 12 ./. 300 EUR × 12).

Anspruch gegen die Staatskasse:

Nach § 45 Abs. 1 RVG erhält der im Rahmen der Prozesskostenhilfe beigeordnete Anwalt die gesetzliche Vergütung aus der Staatskasse. Die Höhe seines Anspruchs bestimmt sich hierbei nach § 49 RVG. Da A nur hinsichtlich eines Teils – nämlich 3.600 EUR – beigeordnet wurde, erhält er demzufolge seine Vergütung aus der Staatskasse nur hinsichtlich dieses Betrages.[457]

Somit erhält A aus der Staatskasse folgende Vergütung:

1,3-Verfahrensgebühr	327,60 EUR
1,2-Terminsgebühr	302,40 EUR
Pauschale	20,00 EUR
19 % USt	123,50 EUR
Summe	**773,50 EUR**

---

455 *Mock*, Tipps + Taktik, Rn 1554 ff.
456 *Mock*, Tipps + Taktik, Rn 1555.
457 *Gerold/Schmidt/v. Eicken/Madert*, § 48 Rn 61; JurBüro 1988, 145, 746; BGHZ 13, 37.

Anspruch gegen die eigene Partei:

Die Bewilligung der Prozesskostenhilfe bewirkt, dass der beigeordnete Anwalt seinen Anspruch auf die Vergütung gegen die Partei nicht geltend machen kann (§ 122 Abs. 1 Nr. 3 ZPO). Dies gilt aber nur hinsichtlich des von der Prozesskostenhilfe umfassten Teils, also vorliegend hinsichtlich 3.600 EUR. Insofern greift die Vorschrift des § 122 Abs. 1 Nr. 3 ZPO nicht hinsichtlich des Differenzbetrages von 2.400 EUR, für den keine Prozesskostenhilfe bewilligt wurde. Wie sich dieser Anspruch auf die Wahlanwaltsvergütung berechnet, ist umstritten.

II. Meinungsstand

1. § 15 Abs. 3 RVG analog

255 Eine Meinung wendet in entsprechender Anwendung § 15 Abs. 3 RVG analog an.[458] Hiernach berechnet sich die von der Partei allein geschuldete Vergütung nach dem von der Prozesskostenhilfe nicht umfassten Wert, allerdings mit der Einschränkung, dass der Rechtsanwalt insgesamt höchstens die Wahlanwaltsvergütung aus dem Gesamtstreitwert beanspruchen darf.

256 *Beispiel*

Auf den Fall (Rdn 254) angewendet, könnte A folgendermaßen abrechnen:

Anspruch gegen die Staatskasse aus 3.600 EUR:

1,3-Verfahrensgebühr	327,60 EUR
1,2-Terminsgebühr	302,40 EUR
Pauschale	20,00 EUR
19 % USt	123,50 EUR
Summe	**773,50 EUR**

Anspruch gegen die eigene Partei nach der Tabelle zu § 13 RVG:

1,3-Verfahrensgebühr aus 2.400 EUR	261,30 EUR
1,2-Terminsgebühr aus 2.400 EUR	241,20 EUR
Pauschale	20,00 EUR
19 % USt	99,28 EUR
Summe	**621,78 EUR**

Jedoch nach **§ 15 Abs. 3 RVG** nicht mehr als:

1,3-Verfahrensgebühr aus 6.000 EUR nach § 13 RVG	460,20 EUR

---

[458] OLG München JurBüro 1969, 514 m. abl. Anm. *Schneider*; OLG Köln JurBüro 1981, 1011 m. abl. Anm. *Mümmler*; OLG München JurBüro 1983, 1205.

1,2-Terminsgebühr aus 6.000 EUR nach § 13 RVG	424,80 EUR
Pauschale	20,00 EUR
19 % USt	171,95 EUR
Summe	**1.076,95 EUR**

Somit könnte A zusätzlich zur Vergütung aus der Staatskasse von seinem Mandaten beanspruchen

(1.076,95 EUR ./. 773,50 EUR)	303,45 EUR

2. Differenz zwischen Wahlanwaltsvergütung aus Gesamtstreitwert und Prozesskostenhilfe-Vergütung aus Prozesskostenhilfe-Wert

Eine andere Meinung berechnet die Differenz zwischen der Wahlanwaltsvergütung nach dem Gesamtwert und der Prozesskostenhilfe-Vergütung nach dem Wert der Beiordnung.[459]

257

Beispiel

258

Danach errechnet sich der Anspruch des Rechtsanwalts A im Ausgangsfall (siehe Rdn 254) wie folgt:

1. Wahlanwaltsvergütung nach dem Gesamtstreitwert:

1,3-Verfahrensgebühr aus 6.000 EUR nach § 13 RVG	460,20 EUR
1,2-Terminsgebühr aus 6.000 EUR nach § 13 RVG	424,80 EUR
Pauschale	20,00 EUR
19 % USt	171,95 EUR
Summe	**1.076,95 EUR**

abzüglich

2. Prozesskostenhilfe Vergütung nach dem Teilwert der Prozesskostenhilfe von 3.600 EUR:

1,3-Verfahrensgebühr	327,60 EUR
1,2-Terminsgebühr	302,40 EUR
Pauschale	20,00 EUR
19 % USt	123,50 EUR
Summe	**773,50 EUR**
Somit hätte A weiterhin von seiner Mandantschaft zu beanspruchen	303,45 EUR

---

459 OLG Köln JurBüro 1981, 1011; OLG Bremen JurBüro 1989, 1689 m. abl. Anm. *Mümmler*.

3. Differenz zwischen Wahlanwaltsvergütung aus Gesamtwert und Wahlanwaltsvergütung aus Prozesskostenhilfe-Wert

259 Die herrschende Meinung[460] berechnet jedoch den weiteren Anspruch des Anwalts aus der Differenz zwischen der Wahlanwaltsvergütung für den gesamten Auftrag und der Wahlanwaltsvergütung für den von der Prozesskostenhilfe umfassten Teil. Somit ergibt sich folgende Berechnung:

260

1. Wahlanwaltsvergütung nach dem Gesamtstreitwert von 6.000 EUR:

1,3-Verfahrensgebühr aus 6.000 EUR nach § 13 RVG	460,20 EUR
1,2-Terminsgebühr aus 6.000 EUR nach § 13 RVG	424,80 EUR
Pauschale	20,00 EUR
19 % USt	171,95 EUR
Summe	**1.076,95 EUR**

abzüglich

2. Wahlanwaltsvergütung nach dem Teilwert der Prozesskostenhilfe von 3.600 EUR:

1,3-Verfahrensgebühr	327,60 EUR
1,2-Terminsgebühr	302,40 EUR
Pauschale	20,00 EUR
19 % USt	123,50 EUR
Summe	**773,50 EUR**
Somit hätte A einen weiteren Anspruch von	303,45 EUR

G. Prozesskostenhilfe-Prüfungsverfahren

I. Allgemeines

261 Das Verfahren über die Prozesskostenhilfe zählt zum Gebührenrechtszug (§ 16 Nr. 2 RVG). Hinsichtlich der Vergütung sind **drei Fälle** auseinander zu halten:

262 1. Der Anwalt hat von vornherein den Auftrag, in der Hauptsache tätig zu werden – unabhängig davon, ob der Mandant Prozesskostenhilfe erhält oder nicht.
Es sind von vornherein nur die Gebühren der Hauptsache nach Nr. 3100 ff. VV anzuwenden.

2. Der Anwalt hat den Auftrag, zunächst Prozesskostenhilfe zu beantragen und nur für den Fall, dass diese bewilligt wird, auch in der Hauptsache tätig zu werden.
Es liegen zwei Aufträge vor, nämlich: ein unbedingter Auftrag für das Prozesskostenhilfe-Verfahren und ein bedingter Auftrag zur Hauptsache. Der Anwalt erhält zu-

---

[460] BGHZ 13, 373; BGH JurBüro 1988, 145; *Riedel/Sußbauer*, A 31 zu § 13; *Gerold/Schmidt/v. Eicken/Madert*, § 48 Rn 61.

nächst die Gebühren für das Prozesskostenhilfe-Verfahren und für den Fall des Bedingungseintritts, also der Prozesskostenhilfe-Bewilligung, die Gebühren der Hauptsache. Insgesamt erhält er die Gebühren gem. §§ 16 Nr. 2, 15 Abs. 2 RVG aber nur einmal. Die bisherigen Gebühren im Prozesskostenhilfe-Verfahren gehen dann in den Gebühren der Hauptsache auf.

3. Der Anwalt hat nur den Auftrag, im Prozesskostenhilfe-Verfahren tätig zu werden. Er erhält lediglich die Gebühren für das Prozesskostenhilfe-Verfahren. Die Frage nach der Vergütung im Prozesskostenhilfe-Verfahren stellt sich also nur dann, wenn der Anwalt nicht von vornherein in der Hauptsache beauftragt ist.

Das Verfahren über die Prozesskostenhilfe gehört also im Umfang der späteren Bewilligung zum gebührenrechtlichen Rechtszug. Dies hat zur Folge, dass eine auf Bewilligung der Prozesskostenhilfe gerichtete Tätigkeit des **Prozessbevollmächtigten** durch die Verfahrensgebühr nach Nr. 3100 VV abgegolten ist.[461]

Beispiel

Der Anwalt reicht auftragsgemäß für den Mandanten Klage ein und beantragt zugleich unter seiner Beiordnung Prozesskostenhilfe. Nach Prüfung der Voraussetzungen lehnt das Gericht mangels Erfolgsaussicht die Prozesskostenhilfe ab. Der Rechtsanwalt führt das Mandat aufgrund dessen nicht weiter fort.

Dem Anwalt steht eine 1,3-Verfahrensgebühr nach Nr. 3100 VV zu. Das Verfahren über die Bewilligung der Prozesskostenhilfe gehört zum Rechtszug und ist nicht zu vergüten, da dem Rechtsanwalt der unbedingte Klageauftrag erteilt wurde.

Dies gilt unabhängig davon, ob das Prozesskostenhilfe-Prüfungsverfahren dem Prozess vorgeschaltet ist oder zusammen mit der Klage behandelt wird. Eine weitere **Terminsgebühr** kann dem Rechtsanwalt erwachsen, wenn diese nur im Prozesskostenhilfe-Prüfungsverfahren anfällt. Wenn der Rechtsanwalt nämlich nicht zum Prozessbevollmächtigten bestellt wird, erhält er bei **Wertgebühren** eine Verfahrensgebühr von 1,0 nach Nr. 3335 VV und gegebenenfalls eine 1,2-Terminsgebühr nach Nr. 3104 VV.[462] Zusätzlich kann auch noch eine **Einigungsgebühr** anfallen.

In Verfahren betreffend die Prozesskostenhilfe bezüglich der **Tätigkeiten vor den Sozialgerichten**, wenn im gerichtlichen Verfahren Betragsrahmengebühren entstehen (§ 3 RVG), erhielt der Rechtsanwalt einen Gebührenrahmen von 30 bis 320 EUR für die **Verfahrensgebühr** (Nr. 3336 VV). Hinsichtlich der **Terminsgebühr** kam ein Rahmen in Höhe von 40 bis 460 EUR in Betracht.[463] Beide Vorschriften wurden zwischenzeitlich ersatzlos aufgehoben.

---

461 OLG München Rpfleger 1961, 491.
462 Vgl. auch Vorb. 3.3.6 VV.
463 Vgl. auch Vorb. 3.3.6 VV.

II. Verfahrensgebühr

267 Die Verfahrensgebühr richtet sich nach Nr. 3335 VV, wenn der Rechtsanwalt einen – zunächst – auf das Prozesskostenhilfe-Verfahren beschränkten Auftrag hat. Ihre Höhe beträgt 1,0. Diese kann sich im Falle einer Vertretung **mehrerer Auftraggeber wegen desselben Gegenstands um 0,3 je weiteren Auftraggeber erhöhen**, wobei mehrere Erhöhungen **maximal** einen Satz von **2,0** ausmachen dürfen (Nr. 1008 VV).

268 Im Falle einer **vorzeitigen Erledigung des Auftrages** vor Einreichung des Prozesskostenhilfe-Antrages reduziert sich die Gebühr auf **0,5** (Nr. 3337 VV). Hiervon betroffen ist allerdings nicht die 0,3-Erhöhung bei der Vertretung mehrerer Auftraggeber. Diese bleibt bestehen, da Nr. 3337 VV nur auf die Regelung Nr. 3335 VV Bezug nimmt.

269 Soweit in der Hauptsache die Verfahrensgebühr **unter** einem Satz von **1,0** liegt, so z.B. in der Zwangsvollstreckung (0,3 nach Nr. 3309 VV) greift § 15 Abs. 6 RVG. Insofern erhält der der im Prozesskostenhilfe-Verfahren beauftragte Rechtsanwalt nicht mehr als der mit der Hauptsache beauftragte Rechtsanwalt, für den das Verfahren zur Instanz zählt und der daher nur die Gebühren der Hauptsache erhält.

270 Findet das Prozesskostenhilfe-Prüfungsverfahren im **Berufungs- oder Revisionsverfahren** statt, bleibt es bei der 1,0-Verfahrensgebühr nach VV 3335. Eine Erhöhung findet im Gegensatz zur alten Rechtslage aufgrund des Wegfalls des Erhöhungstatbestandes nach § 11 Abs. 1 S. 4 BRAGO nicht mehr statt.

III. Terminsgebühr

271 Kommt es im Prozesskostenhilfe-Verfahren zu einem **Termin i.S.d. Vorb. 3 Abs. 3 VV**, so erhält der Rechtsanwalt gemäß Vorb. 3.3.6 VV die Terminsgebühr nach Nr. 3104 VV, also in Höhe von 1,2. Eine Reduzierung auf 0,5 ist nicht vorgesehen, da die Regelung in Nr. 3332 VV nicht auf Nr. 3335 VV verweist.

272 Die Terminsgebühr erhält der Rechtsanwalt auch, wenn ein **Vergleich nach § 278 Abs. 6 S. 2 ZPO protokolliert** wird.[464]

IV. Einigungsgebühr

273 Soweit im Prozesskostenhilfe-Prüfungsverfahren eine Einigung getroffen wird, entsteht eine **1,0-Einigungsgebühr** nach Nr. **1003 VV**, da die Anhängigkeit im Prozesskostenhilfe-Prüfungsverfahren bereits für die Gebührenreduzierung ausreicht. In der **Rechtsmittelinstanz** erhöht sich die Einigungsgebühr auf **1,3** nach Nr. 1004 VV.

274 Soweit **nicht rechtshängige Ansprüche** im PKH-Prüfungsverfahren **miteinbezogen** werden, entsteht zusätzlich eine Einigungsgebühr nach **Nr. 1000 VV in Höhe von 1,5**. Das für den Abschluss der Einigung insoweit ebenfalls PKH beantragt wird, führt nicht zu einer Reduzierung nach Nr. 1003 VV (Anm. zu Nr. 1003 VV).

---

[464] LG Bonn AGS 2005, 288 m. Anm. *N. Schneider*; a.A. OLG Nürnberg RVG-B 2005, 81 m. Anm. *Mock*.

Werden nicht anhängige Gegenstände mitverglichen, darf der Rechtsanwalt insgesamt jedoch nicht mehr als eine 1,5-Einigungsgebühr aus dem Gesamtwert berechnen (§ 15 Abs. 3 RVG). 275

Neben den Einigungsgebühren entsteht aus dem **Mehrwert** der nicht anhängigen Ansprüche nach Nr. 3337 Ziff. 2 VV eine **Differenzverfahrensgebühr** in Höhe von **0,5**. Auch hierbei ist die Begrenzung nach § 15 Abs. 3 RVG zu beachten, sodass nicht mehr als eine Verfahrensgebühr von 1,0 aus dem Gesamtwert berechnet werden darf. 276

Soweit eine Terminsgebühr anfällt, erhöht sich durch die Einbeziehung der weiteren nicht rechtshängigen Ansprüche der Gegenstandswert (vgl. Vorb. 3 Abs. 3 S. 1 3. Alt. VV), sodass auch hieraus eine 1,2-Terminsgebühr anfällt. Zur Sicherheit sollte beantragt werden, dass sich die Prozesskostenhilfe-Bewilligung auch auf diesen Mehrwert erstreckt. In diesem Fall stehen dem RA sämtliche Vergütungsansprüche aus der Staatskasse zu.[465] 277

V. Vergütung bei anschließender Tätigkeit in der Hauptsache

1. Uneingeschränkte Prozesskostenhilfe-Bewilligung

Wird Prozesskostenhilfe bewilligt und der Rechtsanwalt anschließend auch im weiteren Verfahren als Prozessbevollmächtigter tätig, gehen die bereits entstandenen Verfahrens- und Terminsgebühren, u.U. auch eine Einigungsgebühr – etwa für einen Zwischenvergleich –, in den entsprechenden Gebühren des Rechtsstreits nach Nr. 3100 ff., 1003 VV auf, da das Prozesskostenhilfe-Prüfungsverfahren und der nachfolgende Rechtsstreit gem. § 16 Nr. 2 RVG nach wie vor eine einzige Angelegenheit darstellen und der Rechtsanwalt die Vergütung nur einmal erhält (§ 15 Abs. 2 S. 1 RVG). 278

2. Teilweise Prozesskostenhilfe-Bewilligung

Umstritten ist die Berechnung, wenn der Partei nur teilweise Prozesskostenhilfe bewilligt worden ist. Hier ist wiederum zu differenzieren: 279

a) Die Partei führt den Rechtsstreit in vollem Umfang, obwohl Prozesskostenhilfe nur teilweise bewilligt worden ist

> *Beispiel* 280
>
> Der Beklagte will seinen Anwalt mit der Abwehr einer gegen ihn gerichteten Klage in Höhe von 20.000 EUR beauftragen und bittet ihn zunächst, hierfür Prozesskostenhilfe zu beantragen. Dem Beklagten wird Prozesskostenhilfe lediglich zur Abwehr eines Teilbetrages in Höhe von 12.000 EUR bewilligt. Im Übrigen wird die Prozesskostenhilfe mangels hinreichender Erfolgsaussichten abgelehnt. Die bedürftige Partei beauftragt den Anwalt ungeachtet dessen, das Verfahren in voller Höhe durchzuführen. Nach mündlicher Verhandlung ergeht ein Urteil.

---

465 H.M.: OLG München NJW-RR 2004, 65 f. m.w.N.; vgl. Rdn 36 ff.

Der Anwalt erhält zunächst die volle Prozesskostenhilfe-Vergütung im Umfang der Bewilligung, also nach dem Wert von 12.000 EUR:

1,3-Verfahrensgebühr, Nr. 3100 VV	417,30 EUR
1,2-Terminsgebühr, Nr. 3104 VV	385,20 EUR
Auslagenpauschale, Nr. 7002 VV	20,00 EUR
Zwischensumme	**822,50 EUR**
19 % USt, Nr. 7008 VV	156,28 EUR
Summe	**978,78 EUR**

Darüber hinaus erhält er die Differenz zwischen der Wahlanwaltsvergütung aus dem vollen Wert (20.000 EUR) und aus dem Wert der PKH-Bewilligung (12.000 EUR):

1,3-Verfahrensgebühr, Nr. 3100 VV (Wert: 20.000 EUR)	964,60 EUR
./. 1,3-Verfahrensgebühr, Nr. 3100 VV (Wert: 12.000 EUR)	– 785,20 EUR
1,2-Terminsgebühr, Nr. 3104 VV (Wert: 20.000 EUR)	890,40 EUR
./. 1,2-Terminsgebühr, Nr. 3104 VV (Wert: 12.000 EUR)	– 724,80 EUR
Auslagenpauschale, Nr. 7002 VV	20,00 EUR
./. Auslagenpauschale, Nr. 7002 VV	– 20,00 EUR
Zwischensumme	**345,00 EUR**
19 % USt, Nr. 7008 VV	65,55 EUR
Summe	**410,55 EUR**

Insgesamt erhält der Anwalt also:

Prozesskostenhilfe-Vergütung aus der Staatskasse	978,78 EUR
Wahlanwaltsgebühren vom Mandanten	410,55 EUR
Summe	**1.389,33 EUR**

b) Nach teilweiser Prozesskostenhilfe-Bewilligung wird der Rechtsstreit nur im Rahmen der bewilligten Prozesskostenhilfe durchgeführt

281 *Beispiel*
Der Anwalt wird von der bedürftigen Partei beauftragt, für eine beabsichtigte Klage in Höhe von 25.000 EUR Prozesskostenhilfe zu beantragen. Das Gericht ordnet einen Termin im Prozesskostenhilfe-Prüfungsverfahren an und bewilligt nach mündlicher Verhandlung im Prüfungsverfahren Prozesskostenhilfe lediglich in Höhe von 20.000 EUR; in Höhe der weiteren 5.000 EUR sieht das Gericht keine hinreichenden Erfolgsaussichten und lehnt den Antrag ab. Der Anwalt wird daraufhin beauftragt, das Verfahren lediglich nach einem Wert von 20.000 EUR durchzuführen, nach dem dann anschließend auch verhandelt und eine Einigung geschlossen wird.

2. Teil: Die Vergütung des im Rahmen der Prozesskostenhilfe beigeordneten Rechtsanwalts §3

Aus der Staatskasse erhält der Anwalt seine Vergütung nach den §§ 45, 48 RVG aus dem Wert der Beiordnung, also aus 20.000 EUR, und zwar nach den Gebührenbeträgen des § 49 RVG:

1,3-Verfahrensgebühr, Nr. 3100 VV	471,90 EUR
1,2-Terminsgebühr, Nr. 3104 VV	435,60 EUR
1,0-Einigungsgebühr, Nr. 1003 VV	363,00 EUR
Auslagenpauschale, Nr. 7002 VV	20,00 EUR
Zwischensumme	**1.290,50 EUR**
19 % USt, Nr. 7008 VV	245,20 EUR
Gesamt	**1.535,70 EUR**

Auch hier kann der Anwalt den Mandanten wegen der weiter gehenden Vergütung in Anspruch nehmen, nämlich insoweit, als der Anwalt im Prüfungsverfahren tätig geworden ist, ohne dass der Auftraggeber die beantragte Prozesskostenhilfe bewilligt erhalten hat. Hier ist zunächst die tatsächliche Wahlanwaltsvergütung unter Berücksichtigung von § 15 Abs. 3 RVG zu berechnen und dann die Wahlanwaltsvergütung nach dem Wert, zu dem PKH bewilligt worden ist, wieder abzuziehen:

1,3-Verfahrensgebühr, Nr. 3100 VV (Wert 20.000 EUR)	964,60 EUR
1,0-Verfahrensgebühr, Nr. 3334 VV (Wert 5.000 EUR)	303,00 EUR
gem. § 15 Abs. 3 RVG nicht mehr als 1,3 aus 25.000 EUR	1.024,40 EUR
./. 1,3-Verfahrensgebühr, Nr. 3100 VV (Wert 20.000 EUR)	– 964,60 EUR
1,2-Terminsgebühr, Nr. 3104 VV (Wert 25.000 EUR)	945,60 EUR
./. 1,2-Terminsgebühr, Nr. 3104 VV (Wert 20.000 EUR)	– 890,40 EUR
1,0-Einigungsgebühr, Nr. 1003 VV (Wert 25.000 EUR)	742,00 EUR
./. 1,0-Einigungsgebühr, Nr. 1003 VV (Wert 20.000 EUR)	– 742,00 EUR
Auslagenpauschale, Nr. 7002 VV	20,00 EUR
Zwischensumme	**135,00 EUR**
19 % USt, Nr. 7008 VV	25,65 EUR
Summe	**160,65 EUR**
Insgesamt erhält der Anwalt also:	
Prozesskostenhilfe-Vergütung aus der Staatskasse	1.535,70 EUR
Wahlanwaltsgebühren vom Mandanten	160,65 EUR
Summe	**1.696,35 EUR**

VI. Mehrere Prozesskostenhilfe-Verfahren

282 Mehrere Verfahren über die Bewilligung der Prozesskostenhilfe (§ 118 ZPO), über die Aufhebung der Prozesskostenhilfe (§ 124 ZPO) oder die Abänderung der Prozesskostenhilfe-Raten (§ 120a Abs. 1 ZPO) in demselben Rechtszug gehören zu derselben Angelegenheit (§ 16 Nr. 3 RVG). Der Anwalt erhält die Gebühren insgesamt nur einmal.

Eine Ausnahme gilt nach § 15 Abs. 5 RVG, wenn seit Erledigung des vorangegangenen Verfahrens **mehr als zwei Kalenderjahre** vergangen sind.

283 *Beispiel*

Im November 2003 ist ein Verfahren abgeschlossen worden. Im August 2007 schreibt das Gericht den Mandanten zum Zweck der Überprüfung der wirtschaftlichen Verhältnisse an. Der Mandant beauftragt seinen früheren Prozessbevollmächtigten.

284 Da zwischenzeitlich zwei Kalenderjahre vergangen sind, gilt der neue Auftrag nach § 15 Abs. 5 S. 2 RVG als neue Angelegenheit. § 16 Nr. 3 RVG ist nicht anwendbar. Der Anwalt erhält für das Abänderungsverfahren die Vergütung nach Nr. 3335 VV.

285 Mit Rechtszug i.S.d. § 16 Nr. 3 RVG ist derjenige Rechtszug i.S.d. § 119 ZPO gemeint, für den die bewilligte Prozesskostenhilfe gilt. Soweit nach § 119 ZPO für eine neue Instanz ein neuer Antrag gestellt werden muss, löst dieser eine neue Angelegenheit aus, die allerdings nach § 16 Nr. 2 RVG wiederum mit der Hauptsache eine Angelegenheit bildet. Bedeutsam wird dies etwa, wenn für ein Rechtsmittel Prozesskostenhilfe beantragt wird, das Gericht die Bewilligung ablehnt und es daher nicht zur Einlegung des Rechtsmittels kommt.

286 *Beispiel*

Nach erstinstanzlicher Verurteilung beantragt der Anwalt für seine Partei zur Durchführung der Berufung Prozesskostenhilfe, die nicht bewilligt wird. Neben den Gebühren für das erstinstanzliche Verfahren erhält der Anwalt für den Prozesskostenhilfe-Antrag im Berufungsverfahren die Gebühr nach Nr. 3335 VV.

VII. Gegenstandswert

1. Allgemeines

287 Das Gericht hat nach einer rechtskräftigen Entscheidung oder sonstigen Verfahrensbeendigung vier Jahre lang Zeit, die Prozesskostenhilfe-Bewilligung unter den Voraussetzungen des § 120a Abs. 1 ZPO zu ändern. In dieser Zeit kann das Gericht z.B. eine erstmalige Ratenzahlung anordnen oder die Ratenzahlung erhöhen. Darüber hinaus kann das Gericht die Prozesskostenhilfe-Bewilligung aufheben, wenn
- die Partei durch unrichtige Darstellung des Streitverhältnisses die für die Prozesskostenhilfe-Bewilligung maßgebenden Voraussetzungen vorgetäuscht hat (§ 124 Abs. 1 Nr. 1 ZPO),
- die Partei absichtlich oder aus grober Nachlässigkeit unrichtige Angaben über ihre persönlichen oder wirtschaftlichen Verhältnisse gemacht oder eine vom Gericht gefor-

derte Erklärung über eine Änderung der Verhältnisse nach § 120a Abs. 1 S. 3 ZPO nicht abgegeben hat (§ 124 Abs. 1 Nr. 2 ZPO),
- die persönlichen und wirtschaftlichen Voraussetzungen für eine Prozesskostenhilfe-Bewilligung nicht vorgelegen haben (§ 124 Abs. 1 Nr. 3 ZPO),
- die Partei entgegen § 120a Abs. 2 S. 1-3 ZPO dem Gericht wesentliche Verbesserungen ihrer Einkommens- und Vermögensverhältnisse oder Änderungen ihrer Anschrift absichtlich oder aus grober Nachlässigkeit unrichtig oder nicht unverzüglich mitgeteilt hat (§ 124 Abs. 1 Nr. 4 ZPO),
- die Partei länger als drei Monate mit der Zahlung einer Monatsrate oder mit der Zahlung eines sonstigen Betrags im Rückstand ist (§ 124 Abs. 1 Nr. 5 ZPO).

2. Hauptsachewert bei Verfahren nach § 124 Abs. 1 Nr. 1 ZPO

Im Verfahren über die **Bewilligung** der Prozesskostenhilfe oder **Aufhebung** der Bewilligung **nach § 124 Abs. 1 Nr. 1 ZPO** bestimmt sich der Gegenstandswert nach dem für die Hauptsache maßgebenden Wert.[466]

288

Beispiel
Der Rechtsanwalt beantragt für seinen Mandanten Prozesskostenhilfe für die Hauptsache und das einstweilige Anordnungsverfahren, mit dem er monatlichen Unterhalt von 600 EUR geltend macht. Hierbei versichert der Mandant an Eides Statt, dass er sich ohne Unterhaltszahlung in einer Notlage befinden würde. In der mündlichen Verhandlung stellt sich heraus, dass der Mandant ein Sparvermögen von 13.000 EUR nicht angegeben hatte. Das Gericht hebt die Prozesskostenhilfe-Bewilligung daher unter Berufung auf § 124 Abs. 1 Nr. 1 ZPO auf. Der Rechtsanwalt legt hiergegen Beschwerde ein. Der Aufhebungsbeschluss wird rückgängig gemacht, weil der RA glaubhaft macht, dass die Nichtangabe versehentlich unterblieb.
Der Gegenstandswert richtet sich nach der Hauptsacheforderung und beträgt 600 EUR × 6 (Monate) = 3.600 EUR (§§ 51 Abs. 1, 41 FamGKG). R kann für seine Tätigkeit eine 1,0-Verfahrensgebühr aus diesem Wert geltend machen.

289

Wird nur für einen Teil der Hauptsache Prozesskostenhilfe beantragt, so ist auch nur dieser Teil maßgebend. Die Wertbestimmung im Beschwerdeverfahren richtet sich ebenfalls nach dem Wert der Hauptsache.[467] Das OLG Frankfurt/M.[468] führt dazu aus:

290

„*Das Gesetz macht keine Einschränkung dergestalt, dass etwa das Beschwerdeverfahren von dieser Streitwertregelung ausgenommen sei. Es erfasst vielmehr mit dieser den Streitwert betreffenden Sonderregelung das Prozesskostenhilfeverfahren insgesamt.*"

---

[466] Gerold/Schmidt/*Müller-Rabe*, Nr. 3335 VV Rn 73.
[467] OLG Karlsruhe JurBüro 1980, 1853 m. Anm. *Mümmler* = Justiz 1980, 1853 = KostRsp. BRAGO § 51 Nr. 3 m. Anm. *E. Schneider* und *Lappe*; OLG Frankfurt/M. AnwBl 1992, 93 = JurBüro 1992, 98 m. Anm. *Mümmler* = MDR 1992, 524 = Rpfleger 1992, 166 = KostRsp. BRAGO § 51 Nr. 8; OLG Oldenburg OLGR 1994, 111 = KostRsp. BRAGO § 51 Nr. 9 m.w.N.; a.M. BayObLG JurBüro 1990, 1640 = KostRsp. BRAGO § 51 Nr. 6.; VGH München NJW 2007, 861.
[468] OLG Frankfurt/M. AnwBl 1992, 93 = JurBüro 1992, 98 m. Anm. *Mümmler* = MDR 1992, 524 = Rpfleger 1992, 166 = KostRsp. BRAGO § 51 Nr. 8.

3. Fälle § 124 Abs. 1 Nr. 2–5 ZPO

291 Im Übrigen ist das **Kosteninteresse** nach billigem Ermessen zu bestimmen. Gemeint sind hiermit die Fälle des § 124 Abs. 1 Nr. 2–5 ZPO. Legt der Anwalt also beispielsweise Beschwerde gegen einen Prozesskostenhilfe-Aufhebungsbeschluss ein, der sich auf die Gründe des § 124 Abs. 1 Nr. 2–5 ZPO stützt, bestimmt sich der Wert nach dem Kosteninteresse. Dasselbe gilt in den Fällen der Abänderung der zu leistenden Zahlungen.

292 *Beispiel*

Für einen Rechtsstreit auf Zahlung von 10.000 EUR erhält der Mandant Prozesskostenhilfe mit Ratenzahlung unter Beiordnung des RA bewilligt. Die Klage wird nach der Beweisaufnahme abgewiesen. Der Mandant hat bisher sieben Raten zu 90 EUR gezahlt. Nachdem er aber seit mehr als drei Monaten mit der Zahlung weiterer Raten in Verzug ist, wird die Prozesskostenhilfe-Bewilligung aufgehoben (§ 124 Abs. 1 Nr. 5 ZPO). Der Mandant beauftragt jetzt einen anderen RA. Dieser legt gegen die Aufhebung der Prozesskostenhilfe Beschwerde ein.

Zunächst muss der Gegenstandswert ermittelt werden. Dieser bemisst sich nach dem Kosteninteresse (Nr. 3335 Abs. 1 Hs. 2 VV). Das Kosteninteresse entspricht den Kosten, von denen der Mandant letztlich befreit werden möchte. Dazu zählen:

1. Die Prozesskostenhilfe-Gebühren, die die Staatskasse aus einem Wert von 10.000 EUR bereits an den Prozessbevollmächtigten R nach § 49 RVG ausgezahlt hat, hier:

1,3-Verfahrensgebühr, Nr. 3100 VV	399,10 EUR
1,2-Terminsgebühr, Nr. 3104 VV	368,40 EUR
Auslagenpauschale, Nr. 7002 VV	20,00 EUR
19 % USt, Nr. 7008 VV	149,63 EUR
Summe	**937,13 EUR**

R kann die Differenz der Prozesskostenhilfe Vergütung zur Wahlanwaltsvergütung (weitere Vergütung, § 50 RVG) nach Aufhebung der Prozesskostenhilfe-Bewilligung nunmehr von M verlangen, da die Forderungssperre des § 122 Abs. 1 Nr. 3 ZPO weggefallen ist:

1,3-Verfahrensgebühr, Nr. 3100 VV	725,40 EUR
1,2-Terminsgebühr, Nr. 3104 VV	669,60 EUR
Auslagenpauschale, Nr. 7002 VV	20,00 EUR
19 % USt, Nr. 7008 VV	268,85 EUR
Summe	**1.683,85 EUR**
Weitere Vergütung somit (1.683,85 EUR ./. 937,13 EUR)	746,72 EUR

2. Gerichtskosten, die M als Unterlegener zahlen muss:

Nr. 1210 KVGKG, 3-fache Verfahrensgebühr	723,00 EUR
./. bereits gezahlter 7 Raten zu je 90 EUR	– 630,00 EUR
	1.776,85 EUR

Ausgehend von einem Gegenstandswert von 1.776,85 EUR kann der Rechtsanwalt eine 1,0-Verfahrensgebühr beanspruchen.

Im Beschwerdeverfahren im Rahmen eines Prozesskostenhilfegesuchs über die Höhe von zu zahlenden Raten richtet sich der Wert ebenfalls nach dem Kosteninteresse.[469] 293

4. Keine Wertaddition

Wenn auch die Gebühren in dem Prozesskostenhilfe-Verfahren nach dem Wert der Hauptsache zu bestimmen sind, so bleiben es dennoch unterschiedliche Gegenstände. Nach Absatz 2 findet aber eine Wertaddition nach § 22 Abs. 1 RVG nicht statt, wenn der Rechtsanwalt Prozessbevollmächtigter ist. Denn in der Regel wird schon aus Gründen der Rationalisierung der Klageentwurf gefertigt, mit dem dann ggf. nach Bewilligung der Prozesskostenhilfe die Klage erhoben wird. Häufig wird der Klageentwurf eingereicht mit dem Bemerken, dass die Klage nur in dem Umfange erhoben werden solle, wie PKH bewilligt wird. 294

3. Teil: Beratungshilfe

Literatur

Bayer/Fuchs, Beratungshilfe im außergerichtlichen Teil des Verbraucherinsolvenzverfahrens, Rpfleger 2000, 1 ff.; *Braun*, Rechtsberatung und -vertretung für Bürger mit geringem Einkommen, Die Kanzlei 2000, 25 ff.; *Eckert*, Der nachträgliche Beratungshilfeantrag, FamRZ 2001, 536 f.; *Enders*, Bedeutung der Anrechnung im Falle der Beratungshilfe und der anschließenden weiteren Tätigkeit, JurBüro 2001, 169 ff.; *Enders*, Die „gebührenrechtliche" Angelegenheit in der Beratungshilfe, JurBüro 2000, 337 ff.; *Ewig*, Beratungshilfe, RenoR 2001, 65 f.; *Hansens*, Vergütung für Beratungshilfe in Angelegenheiten des Sozialrechts, BRAGOreport 2003, 6 ff.; *Hartung/Römermann*, Beratungshilfe zu Dumpingpreisen – verfassungswidrig?, ZRP 2003, 149 ff.; *Huth*, Beratungshilfe für Insolvenzberatung, Rpfleger 2007, 125 ff.; *Klein*, Die Aufklärungsverpflichtung und Antragstellung des Anwalts bei Beratungshilfe, JurBüro 2001, 172 ff.; *Kothe*, Zur Gewährung von Beratungshilfe für die außergerichtliche Schuldenbereinigung im Vorfeld eines Verbraucherinsolvenzverfahrens, VuR 2000, 23 f.; *Kreppel*, Der nachträgliche Beratungshilfeantrag, FamRZ 2001, 1511; *Landmann*, Beratungshilfe zur Vorbereitung und Durchführung des außergerichtlichen Einigungsversuchs nach der InsO?, Rpfleger 2000, 196 ff.; *Landmann*, Rechtsmittel in Beratungshilfesachen, Rpfle-

---

469 OLG Frankfurt/M. JurBüro 1988, 1375 = MDR 1988, 786 = KostRsp. BRAGO § 51 Nr. 4.

ger 2000, 337 ff.; *Lissner*, Versagung der Beratungshilfe im Widerspruchsverfahren, Rpfleger 2009, 571 ff.; *Madert*, Beratungshilfe für die gleichzeitige Geltendmachung von Kindesunterhalt und für ein Umgangsrecht – dieselbe Angelegenheit oder mehrere Angelegenheiten?, AGS 2003, 77; *Schneider, E.*, Der Antrag auf Beratungshilfe, ZAP Fach 24, 623 f.; *Schneider, N.*, Dieselbe oder mehrere Angelegenheiten bei Beratungshilfe in Familiensachen, FamRB 2003, 162 ff.; *Volpert*, Bei außergerichtlicher Schuldenbereinigung keine Anwaltsvergütung verschenken, BRAGO prof. 2003, 55.

A. Allgemeines

295 Die Beratungshilfe[470] (BerH), als staatliche Hilfe zur Wahrung der Chancengleichheit einkommensschwacher Bevölkerungsschichten, ist mit der Prozesskostenhilfe aufgrund ihrer Entstehungsgeschichte, gesetzestechnischer Verweisungen und des mit ihr verfolgten rechtspolitischen Anliegens eng verbunden. Die BerH verfolgt das Ziel, unabhängig von der Parteirolle, sich **vorgerichtlich** über die Erfolgsaussicht eines eventuell zu führenden Prozesses zu informieren. Sie tritt zu anderen Beratungsmöglichkeiten hinzu und wird dort wirksam, wo weitere Hilfe für den Beratungssuchenden nicht vorhanden ist.

296 Für die Anwaltschaft (vgl. § 3 Abs. 1 BerHG[471]) bedeutet diese außergerichtliche Hilfestellung keine neue Einnahmequelle und stellt sich oftmals – unter wirtschaftlichen Gesichtspunkten berechtigterweise – als unrentabel dar.

297 Jedoch ist nach § 49a BRAO der Anwalt verpflichtet, die Beratung und Vertretung Rechtssuchender im Rahmen der Beratungshilfe zu übernehmen; nur aus wichtigem Grund ist eine Ablehnung im Einzelfall möglich. Ob als wichtiger Grund auch die Arbeitsauslastung in Betracht kommt, ist umstritten.

B. Gegenstand der Beratungshilfe

298 § 2 Beratungshilfegesetz (BerHG) regelt, welche Angelegenheiten unter den Begriff der Beratungshilfe fallen. Gem. § 2 Abs. 2 BerHG gilt dies für Angelegenheiten des:
- des Zivilrechts, einschließlich der Angelegenheiten, für deren Entscheidung die Gerichte für Arbeitssachen zuständig sind,
- des Verwaltungsrechts,
- des Verfassungsrechts,
- des Sozialrechts.

299 *Hinweis*

§ 2 Abs. 2 BerHG war mit Art. 3 Abs. 1 GG unvereinbar, soweit er die Gewährung von Beratungshilfe nicht auch in Angelegenheiten des Steuerrechts ermöglichte. Für die Übergangszeit bis zu einer gesetzlichen Neuregelung darf die Gewährung von

---

470 BerHG v. 18.6.1980, BGBl I 1980, 689.
471 Zu den Besonderheiten in den Ländern Hamburg und Bremen vgl. Rdn 313 ff.

Beratungshilfe in Angelegenheiten, die den Finanzgerichten zugewiesen sind, nicht deshalb versagt werden, weil diese Angelegenheiten nicht zu den in § 2 Abs. 2 aufgeführten Rechtsgebieten zählen.[472]

Die Verfassungswidrigkeit des § 2 Abs. 2 BerHG führt nicht zur Nichtigkeit, da dem Gesetzgeber hier verschiedene Möglichkeiten zur Verfügung stehen, den Gleichheitsverstoß zu beseitigen.

Zwischenzeitlich wurde § 2 Abs. 2 BerHG geändert und ordnet nun an:

Beratungshilfe nach diesem Gesetz wird in allen rechtlichen Angelegenheiten gewährt.

In Angelegenheiten des **Straf-** und **Ordnungswidrigkeitenrechts** wird hingegen nur **Beratung** gewährt (§ 2 Abs. 2 S. 2 BerHG). 300

Ausgeschlossen ist BerH in solchen Angelegenheiten, in denen das Recht anderer Staaten anzuwenden ist (§ 2 Abs. 3 BerHG) und die Sache auch keinen Inlandsbezug aufweist. 301

C. Voraussetzungen

I. Mittellosigkeit

Erste Bewilligungsvoraussetzung ist nach § 1 Abs. 1 Nr. 1 BerHG die Mittellosigkeit, welche dann vorliegt, wenn der Rechtssuchende die erforderlichen Mittel nach seinen persönlichen und wirtschaftlichen Verhältnissen nicht aufbringen kann. In dem sachlich dazugehörigen Absatz 2 heißt es: „Die Voraussetzungen des Abs. 1 Nr. 1 sind gegeben, wenn dem Rechtssuchenden Prozesskostenhilfe nach den Vorschriften der ZPO ohne einen eigenen Beitrag zu den Kosten zu gewähren wäre". Hierdurch erfolgt eine Bezugnahme auf bestimmte Voraussetzungen für die Gewährung von Prozesskostenhilfe.[473] Es ist auf die Einkommens- und Vermögenslage zur Zeit der Entscheidung über die Beratungshilfe abzustellen.[474] 302

II. Keine andere Möglichkeit zur Hilfe

Nach dem Gesetz darf keine andere Möglichkeit zur Hilfe zur Verfügung stehen, deren Inanspruchnahme dem Rechtsuchenden zuzumuten ist (§ 1 Abs. 1 Nr. 2 BerHG). 303

Hier spielen vor allem Berufsverbände, Gewerkschaften, Arbeitgeberverbände, Fachverbände, Haus- und Grundbesitzervereine, Mietervereine, Verbraucherzentralen etc., Behörden und Körperschaften des öffentlichen Rechts im Rahmen ihrer Zuständigkeiten wie z.B. Jugendämter (§ 18 SGB VIII), Finanzämter (§ 89 AO), Anstaltsleitungen (§§ 5, 73, 108 StVollzG) eine große Rolle. 304

---

472 BVerfG Beschl. 1 v. 14.10.2008 – BvR 2310/06 – (BGBl I S. 2180).
473 *Schoreit/Dehn*, § 1 BerHG Rn 20; *Finger*, MDR 1982, 361, 36.; *Mock*, Tipps + Taktik, Rn 1601.
474 AG Eschweiler Rpfleger 1991, 322.

Dies kann z.B. im Einzelfall bei der Durchführung einer außergerichtlichen obligatorischen Schuldenregulierung zum Zwecke der Vorbereitung eines Verbraucherinsolvenzverfahrens auch die Inanspruchnahme der Tätigkeit einer Schuldnerberatungsstelle oder einer Verbraucherzentrale sein. Diese bieten in der Regel kostengünstigere Hilfemöglichkeiten an. Ebenso liegt eine andere Hilfemöglichkeit vor, wenn eine Mutter als Rechtsanwältin Beratung leisten kann.[475] Eine andere Möglichkeit für Hilfe bietet ein Mediator grundsätzlich nicht. Es ist hier streitig, ob der Mediator immer Rechtsberatung ausübt und ausüben darf.[476]

305 In diesem Zusammenhang wird von Teilen der Rechtsprechung restriktiv auch die **Selbstvertretung** angesehen. Hiernach soll Beratungshilfe nur dann gewährt werden, wenn der Antragsteller nicht in der Lage ist, in der betreffenden Angelegenheit seine Rechte selbst wahrzunehmen. Die Beratungshilfe ist keine Lebenshilfe.[477] Ferner ist sie nicht dazu da, um einem Antragsteller lästige Behördengänge zu ersparen.[478] Als Maßstab wird darauf abgestellt, welche Angelegenheit man in der Regel selbst einer Erledigung zuführt und bei welcher Konstellation ein verständiger Rechtssuchender bei eigener Kostentragungspflicht einen Rechtsanwalt mit seiner Interessenvertretung beauftragte.

306 Das Bundesverfassungsgericht[479] hat entschieden, dass ein unbemittelter Rechtsuchender, einem solch Bemittelten gleichzustellen ist, der bei seiner Inanspruchnahme von Rechtsberatung auch die hierdurch entstehenden Kosten berücksichtigt und vernünftig abwägt. Es kann auch für das Widerspruchsverfahren im Sozialrecht zur Durchsetzung von Ansprüchen des Bürgers Anlass bestehen, einen Anwalt hinzuzuziehen.

Ob der bemittelte Rechtsuchende von diesem Recht für das Widerspruchsverfahren vernünftigerweise Gebrauch macht, kann nicht pauschal verneint werden, sondern hängt von den Umständen des Einzelfalls ab. Ein kostenbewusster Rechtsuchender wird dabei insbesondere prüfen, inwieweit er fremde Hilfe zur effektiven Ausübung seiner Verfahrensrechte braucht oder selbst dazu in der Lage ist.

In dieser Entscheidung wird die Versagung von Beratungshilfe für einen Widerspruch gegen die Kürzung von Leistungen nach dem SGB II als grundgesetzwidrig erachtet. Diese Grundgesetzwidrigkeit wird gem. der Pressemitteilung des Bundesverfassungsgerichts vom 11.5.2009 u.a. damit begründet, die Ablehnung verletzt die Beschwerdeführerin in ihrem Anspruch auf Rechtswahrnehmungsgleichheit (Art. 3 Abs. 1 GG i.V.m. Art. 20 Abs. 1 GG und Art. 20 Abs. 3 GG), wonach eine weitgehende Angleichung der Situation von Bemittelten und Unbemittelten auch im außergerichtlichen Rechtsschutz geboten ist. Vergleichsmaßstab ist das Handeln eines Bemittelten.

307 Das BVerfG hat mit dieser Entscheidung nicht zum Ausdruck gebracht, dass nun grundsätzlich für alle Widerspruchsverfahren in sozialrechtlichen Angelegenheiten Beratungs-

---

475 AG Koblenz AGS 2005, 350.
476 *Schoreit/Dehn*, Rn 17 b § 1.
477 BVerfG, Beschl. v. 12.6.2007 – 1 BvR 1014/07.
478 AG Koblenz, Beschl. v. 30.10.1995 – 3 UR II 226/95.
479 BVerfG, Beschl. v. 11.5.2009 – 1 BvR 1517/08, Rpfleger 2009, 571 m. Anm. *Lissner*.

hilfe bewilligt werden soll. Zunächst verbleibt es dabei, dass der Rechtsuchende auf zumutbare andere Möglichkeiten für eine fachkundige Hilfe bei der Rechtswahrnehmung verwiesen werden kann.[480] Allerdings wird der Begriff der Zumutbarkeit von den Fachgerichten überdehnt, wenn ein Rechtsuchender für das Widerspruchsverfahren zur Beratung an dieselbe Behörde verwiesen wird, gegen die er sich mit dem Widerspruch richtet.[481] Ein solcher Hinweis verkürzt die Rechte des Rechtssuchenden und erschüttert vielmehr das Vertrauen in die Rechtspflege.

Hier ist in der Praxis der Einzelfall zu prüfen. Der Unbemittelte braucht auch weiterhin nur einem solchen Bemittelten gleichgestellt zu werden, der bei seiner Entscheidung für die Inanspruchnahme von Rechtsrat auch die hierdurch entstehenden Kosten berücksichtigt und vernünftig abwägt. In sozialrechtlichen Angelegenheiten kann die Hinzuziehung eines Rechtsanwalts dann erforderlich sein, wenn sich vergleichsweise ein bemittelter Bürger ebenfalls aktiv am Verfahren beteiligt hätte und hierzu ein Rechtsanwalt notwendig wäre. Notwendig ist die Zuziehung nach der Rechtsprechung dann, wenn es der Partei nach ihren persönlichen und wirtschaftlichen Verhältnissen sowie wegen der Schwierigkeit der Sache nicht zuzumuten ist, das Verfahren selbst zu führen. Ob der bemittelte Bürger von diesem Recht Gebrauch machen würde, kann nicht pauschal angenommen werden, sondern ist für den Einzelfall konkret zu prüfen.[482] Der Antragsteller hat dies gegenüber der Beratungshilfestelle glaubhaft zu machen. Zum Nachteil kann dem Rechtsuchenden nicht gehalten werden, dass es sich um ein gebührenfreies Verfahren handelt oder Anwaltszwang besteht.

Ferner ist stets zu beachten, dass die Beratungshilfe gem. § 1 Abs. 1 Nr. 3 BerHG nicht mutwillig sein darf. Auch das ist vorliegend zu prüfen. Allein schon deshalb kann eine pauschale Bewilligung von Beratungshilfe für sozialrechtliche Angelegenheiten ohne nähere Prüfung der Umstände nicht erfolgen. Wegen der Beantwortung der Frage der Mutwilligkeit ist auf die Ausführungen zur Bewilligung von Prozesskostenhilfe zu verweisen. Es gilt im Ergebnis der gleiche Maßstab.

Liegt ein konkretes rechtliches Problem vor und hat der Antragsteller einen ebenso konkreten Entschluss Widerspruch gegen die Entscheidung einzulegen und wird dies durch ihn glaubhaft gemacht, so ist ihm Beratungshilfe zu bewilligen.

In Bezug auf einen Unterhaltsanspruch, bei dem die Höhe immer ungewiss sein kann, kann nicht verlangt werden, dass der Ratsuchende erst versucht, den Anspruch selbst geltend zu machen.[483] Insbesondere riskiert hier der Rechtssuchende unmittelbare, nicht widerrufliche Nachteile, wenn er z.B. wegen Unterhalt gegen den Ehegatten diesen nicht gehörig in Verzug setzt.

Im außergerichtlichen Schuldenbereinigungsverfahren gem. § 305 InsO im Vorfeld des Insolvenzverfahrens ist der Verweis auf eine Schuldnerberatungsstelle grundsätzlich

---

480 BVerfG NJW 2009, S. 209.
481 BVerfG, Beschl. v. 11.5.2009 – 1 BvR 1517/08; Beschl. v. 30.8.09 – 1 BvR 470/09.
482 *Lissner*, Rpfleger 2009, 571.
483 *Schoreit/Dehn*, § 1 BerHG Rn 40; a.A. AG Ulm Rpfleger 1987, 461; 1988, 109 m. abl. Anm. *Meyer*.

geboten.[484] Allerdings ist von einem Verweis auf die Schuldnerberatungsstellen Abstand zu nehmen, wenn dort überlange Wartezeiten gegeben sind, was in der Praxis oft der Fall ist.[485] Hier ist eine Hinnahme von sechs bis neun Monaten nicht zumutbar. Allerdings hat der Rechtssuchende auf Anforderung einen entsprechenden Beleg gegenüber der Rechtsantragsstelle beizubringen. Dies hat auch so das BVerfG entschieden, das hier keine Willkür in der Auslegung der Vorschriften besteht.[486] Es sollte hierbei jedoch grundsätzlich immer auf den jeweiligen Einzelfall abgestellt werden.

Wenn für die bloße Ausarbeitung eines außergerichtlichen Schuldenbereinigungsplans sowie das Ausfüllen der Formulare für das Verbraucherinsolvenzverfahren hinaus, noch eine rechtliche Beratung erforderlich ist, kann auch hierfür nicht pauschal auf die Schuldnerberatungsstellen verwiesen werden.[487] Die konkreten Umstände der Beratung sind allerdings zu prüfen.

Beantragt der Schuldner selbst Insolvenz nebst Verfahrenskostenstundung und Restschuldbefreiung, kann ihm zur Vorbereitung hierfür kein Rechtsanwalt beigeordnet werden, hier kommt ausschließlich die Beratungshilfe in Betracht.[488]

Wenn der Schuldner durch eigenes Verschulden die Sechs-Monatsfrist zur Stellung des Insolvenzantrags nach erfolgloser Schuldenbereinigung versäumt, ist der Antrag auf Beratungshilfe für ein erneutes außergerichtliches Schuldenbereinigungsverfahren jedenfalls mutwillig.[489]

312 *Greißinger* vertritt die Ansicht, dass die Selbstvertretung keine „andere Möglichkeit" i.S.d. § 1 BerHG ist.[490] Dies ergebe sich bereits aus der Begründung des Regierungsentwurfs[491] zu § 1 Nr. 4 BerHG (entsprechend § 1 Abs. 1 Nr. 2 BerHG), denn dort sind lediglich die Beratungstätigkeit von Organisationen, Ansprüche auf Beratung im Bereich der öffentlichen Verwaltung aufgrund von Rechtsvorschriften und kommunale Beratungsstellen für rechtliche Betreuung, die bereits bestehen oder noch einzurichten sind, genannt. Solche Beratungsstellen sind etwa der Mieterbund, Behörden, welche im Rahmen ihrer Zuständigkeit Rechtsberatung ausüben (Sozial-, Arbeitsämter vgl. § 14 SGB I), oder auch Gewerkschaften oder Schuldnerberatungsstellen.

III. Besonderheiten in Berlin, Hamburg, Bremen

313 In den Ländern **Hamburg** und **Bremen** tritt **an die Stelle der Beratungshilfe** die eingeführte **öffentliche Rechtsberatung**,[492] soweit das Landesrecht nichts anderes be-

---

484 BVerfG NZI 2007, 119.
485 AG Bad Sobernheim Rpfleger 2007, 207; AG Lübeck JurBüro 2007, 435.
486 BVerfG NJW 2007, 347.
487 AG Kaiserslautern ZInso 2007, 896.
488 BGH, Beschl. v. 22.3.2007 – IX ZB 94/06.
489 AG Hannover JurBüro 2006, 380.
490 AnwBl 1989, 574; LG München JurBüro 1984, 447, 449; MDR 1984, 529 f.; LG Göttingen AnwBl 1984, 516.
491 BT-Drucks 8/3311 S. 11.
492 Vgl. hierzu eingehend *Schoreit/Dehn*, § 14 BerHG Rn 8 ff.

stimmt (§ 12 Abs. 1 BerHG). Insofern scheidet eine Gewährung durch die Anwaltschaft nach § 3 Abs. 1 BerHG aus.

Im Land **Berlin** hat der Rechtssuchende ein **Wahlrecht**: 314

Entweder kann er die **öffentliche Rechtsberatung** oder **anwaltliche Beratungshilfe** in Anspruch nehmen (§ 12 Abs. 2 BerHG). 315

Auf jeden Fall ist erforderlich, dass in allen Ländern die Berater über die Befähigung zum Richteramt verfügen (§ 12 Abs. 3 BerHG). 316

IV. Keine Mutwilligkeit

Schließlich darf die Wahrnehmung der Rechte nicht mutwillig sein (§ 1 Abs. 1 Nr. 3 BerHG). Dies ist dann der Fall, wenn eine verständige, nicht bedürftige Partei ihre Rechte nicht in gleicher Weise verfolgen würde, wo ein sachlich gerechtfertigter Wunsch nach Aufklärung über die Rechtslage und nach rechtlichem Beistand nicht zu erkennen ist.[493] Insofern scheidet eine allgemeine Lebensberatung aus, auch wenn viele Rechtssuchende sowohl gegenüber der Rechtsantragsstelle als auch gegenüber Rechtsanwälten genau dies unter Hinweis auf ihr Recht von Beratungshilfe zunehmend einfordern. Darüber hinaus gilt, dass die bedürftigen Rechtsuchenden zwar den nicht Bedürftigen gleichgestellt, aber keinesfalls bessergestellt sein dürfen.[494] Der Rechtsanwalt wird durch die grundsätzliche Bedürftigkeit eben nicht zum Sekretär des Hilfebedürftigen. Auch kann hier zur Klärung der Begriff der Mutwilligkeit in § 114 S. 1 ZPO herangezogen werden. Ferner sollte immer das allgemeine Rechtsschutzinteresse geprüft werden, so kann es dem Bürger auch teils selbst möglich sein, in der betreffenden Angelegenheit tätig zu werden. Pauschale Bewertungen hierzu sind jedoch fehl am Platz. Es ist immer der Einzelfall entscheidend. 317

D. Antrag

Die Gewährung von Beratungshilfe setzt einen Antrag voraus (§ 1 Abs. 1 BerHG).[495] Hierbei sind folgende Alternativen möglich: 318

I. Unmittelbare Antragstellung beim Amtsgericht

Begibt sich die antragstellende Partei unmittelbar zum **Amtsgericht** ihres allgemeinen Gerichtsstandes (§§ 12 ff. ZPO), so kann sie dort mündlich oder schriftlich zu Protokoll der Geschäftsstelle (Rechtsantragsstelle – § 4 Abs. 1, 2 BerHG) einen Antrag auf Gewährung von Beratungshilfe stellen. Existiert kein allgemeiner Gerichtsstand, so ist das Amtsgericht zuständig, in dessen Bezirk ein Bedürfnis für Beratungshilfe auftritt (§ 4 319

---

493 LG Münster JurBüro 1984, 447; AG Marburg JurBüro 1985, 595; AG Gelden JurBüro 1987, 142; AG Northeim JurBüro 1990, 1447, 1447; *Mock*, Tipps + Taktik, Rn 1606.
494 AG Warburg JurBüro 1985, 594; *Mümmler*, Anm. zu AG Coburg JurBüro 87, 609; Kalthoener/Büttner/Wrobel-Sachs, Rn 957 m.w.N.
495 Muster unter Rdn 358; vgl. auch Beratungshilfeverordnung – BerHVV.

Abs. 1 S. 2 BerHG). Im Antrag ist der Sachverhalt, für den Beratungshilfe beantragt wird, anzugeben. Hierbei sind die persönlichen und wirtschaftlichen Verhältnisse des Rechtsuchenden glaubhaft zu machen (z.B. durch eidesstattliche Versicherung, Vorlage entsprechender Unterlagen etc.). Der Rechtspfleger (§ 24a RpflG) hat diese Voraussetzungen zu prüfen. Sind diese gegeben, so erteilt er einen Beratungshilfeschein, mittels dessen sich der Rechtsuchende an einen Rechtsanwalt seiner Wahl wenden kann. Der Beratungshilfeschein kann bei Vorliegen aller Voraussetzungen dem Berichtigten sofort erteilt werden.

II. Nachträgliche Antragstellung durch Rechtsanwalt

320 Wendet sich die rechtsuchende Person unmittelbar an einen Rechtsanwalt ihrer Wahl, so kann der Antrag auf Gewährung von Beratungshilfe auch nachträglich, d.h. nach Beratung bzw. Vertretung beim Amtsgericht gestellt werden (§ 4 Abs. 2 S. 3 BerHG). Regelmäßig wird ein solcher auch zugleich mit dem entsprechenden Vergütungsantrag eingereicht. Die nachträgliche Beantragung ist an die Frist des § 6 Abs. 2 S. 2 BerHG gebunden (4-Wochen-Frist). In diesem Fall ist der Antrag spätestens vier Wochen nach Beginn der Beratungshilfetätigkeit zu stellen.

E. Anwaltliche Vergütungsansprüche

321 Die Vergütungsregelungen für die anwaltliche Tätigkeit im Bereich der Beratungshilfe ist in Abschnitt 5 des 2. Teils des Vergütungsverzeichnisses abschließend geregelt.

Für die Tätigkeit im Rahmen der Beratungshilfe erhält der Rechtsanwalt eine Vergütung nach dem RVG aus der Landeskasse, soweit nicht für die Tätigkeit in Beratungsstellen nach § 3 Abs. 1 BerHG besondere Vereinbarungen getroffen sind (§ 44 S. 1 RVG). Für die Geltendmachung der Gebühren gegenüber der Staatskasse ist ebenfalls ein Antrag[496] erforderlich unter Vorlage der seitens des Gerichts ausgestellten Beratungshilfescheine und sonstiger Nachweise, bspw. Abschriften der gefertigten Schreiben.

Es sind **vier Gebührentatbestände** als **Festgebühren** zu unterscheiden:

I. Beratungshilfegebühr (Nr. 2500 VV)

322 Nach Nr. 2500 VV steht dem Rechtsanwalt eine Beratungshilfegebühr in Höhe von 15,00 EUR zu.

Zu dieser Gebühr wird weder die **Auslagenpauschale nach Nr. 7002 VV** noch **Umsatzsteuer nach Nr. 7008 VV** erhoben (VV 2500 Anm.). Der in der Regel umsatzsteuerpflichtige Rechtsanwalt muss somit aus dem Betrag von 15 EUR noch die Umsatzsteuer abführen. Bei dem derzeit geltenden Umsatzsteuersatz (19 %) werden ihm noch 13,00 EUR netto verbleiben.

---

[496] Muster unter Rdn 359.

Die Gebühr kann erlassen werden, was sich aus der Anmerkung zu Nr. 2500 VV ergibt. 323
Die Beratungshilfegebühr schuldet nur der Rechtsuchende (§ 44 S. 2 RVG).

II. Beratungsgebühr (Nr. 2501 VV)

Erteilt der Rechtsanwalt nur eine Beratung und sonst keine weitere gebührenpflichtige 324
Tätigkeit, so entsteht die Beratungsgebühr gem. Nr. 2501 VV in Höhe von 35 EUR.

1. Entstehen

Für einen mündlichen oder schriftlichen Rat oder Auskunft erhält der Anwalt die Gebühr 325
nach **Nr. 2501 VV**. Was unter Beratung zu verstehen ist, ergibt sich aus der Legaldefinition des § 34 Abs. 1 RVG. Hierunter fällt die Erteilung eines mündlichen oder schriftlichen Rats oder einer Auskunft. Dies ist nicht zahlenmäßig zu verstehen. Auch für mehrere Besprechungen in denen Rat oder Auskunft erteilt werden, entsteht die vorgenannte Gebühr nur einmal.

Berät der Anwalt **mehrere Personen** in **einer Angelegenheit**, erhält er, wenn der **Gegenstand** der anwaltlichen Beratung **derselbe** ist, noch zusätzlich die Erhöhung nach **Nr. 1008** VV um **30 % pro weiteren Auftraggeber** (10,50 EUR). Mehrere Erhöhungen dürfen allerdings das Doppelte der Festgebühr von insgesamt 70,00 EUR nicht überschreiten.

Liegen **unterschiedliche Gegenstände** vor, so kann **mehrfach abgerechnet** werden. 326
Hierbei ist für die Frage, ob es sich bei verschiedenen Beratungen um dieselbe Angelegenheit handelt entscheidend, ob für das gesamte zu besorgende Geschäft
- ein einheitlicher Auftrag vorliegt,
- der RA bei der Verfolgung mehrerer Ansprüche den gleichen Rahmen einhält und
- zwischen den einzelnen Ansprüchen ein innerer Zusammenhang besteht.[497]

Der Rat oder die Auskunft darf **nicht in Zusammenhang mit einer anderen gebührenpflichtigen Tätigkeit** stehen. Ein Zusammenhang mit einer anderen gebührenpflichtigen Tätigkeit liegt insbesondere in folgenden Fällen vor:
- Der Rechtsuchende lässt sich zugleich vom Anwalt vertreten.

> *Beispiel*
> Der Anwalt verfasst für den Rechtsuchenden ein Schreiben, in dem die Anfechtung eines Kaufvertrages erklärt wird. Gleichzeitig berät er den Rechtsuchenden, wie er sich weiterhin zu verhalten habe.
> Die Beratung geschieht hier anlässlich einer anderen gebührenpflichtigen Tätigkeit, nämlich der Vertretung. Eine Gebühr nach Nr. 2501 VV fällt somit nicht an. Der Anwalt erhält vielmehr nur die Gebühr nach Nr. 2503 VV.

- Gleiches gilt, wenn der Anwalt für den Rechtsuchenden bereits gerichtlich tätig ist und er ihn anlässlich des gerichtlichen Verfahrens berät. Auch hier steht die beratende

---

[497] *Hansens*, JurBüro 1987, 23, 25 m.N.; *Schoreit/Dehn*, § 132 BRAGO Rn 6; BayVGH JurBüro 1992, 536; AnwBl 1994, 376.

Tätigkeit mit einer anderen gebührenpflichtigen Tätigkeit, nämlich der Führung des Rechtsstreits, in Zusammenhang, sodass nicht nach Nr. 2503 VV abgerechnet werden kann, abgesehen davon, dass die Beratungshilfe ohnehin nur für Tätigkeiten außerhalb eines gerichtlichen Verfahrens erteilt werden darf (§ 1 Abs. 1 BerHG).

- Ändern sich die Vermögensverhältnisse das Rechtssuchenden nachträglich oder erhält er aufgrund der Tätigkeit des Anwaltes ein Vermögen, welches er nach Grundsätzen der Prozesskostenhilfe einsetzen müsste, kommt eine nachträgliche weitere Vergütung des Rechtsanwalts nach derzeitiger Rechtslage nicht in Betracht. Dies begründet sich damit, dass das Recht zur Beratungshilfe, trotz der Reformbemühungen, bis heute keine nachträgliche Aufhebung der Beratungshilfe wegen veränderter Vermögensverhältnisse kennt. Auch darf der Anwalt keine weiteren Gebühren mit der nun vermögenden Person abrechnen.

2. Anrechnung

327 Die Ratsgebühr ist nach Nr. 2501 Abs. 2 VV in voller Höhe auf Gebühren einer nachfolgenden Tätigkeit anzurechnen, also insbesondere auf eine Gebühr nach Nr. 2503 VV, auf die Gebühren nach Nr. 2300–2303 VV, wenn keine Beratungshilfe gewährt wird, und auf die Gebühren der Nr. 3100 f. VV, unabhängig davon, ob der Rechtsuchende im nachfolgenden Rechtsstreit Prozesskostenhilfe erhält oder nicht. Daraus folgt, dass bei der Beratungshilfe entweder nur eine Ratsgebühr gem. Nr. 2501 VV oder eine Geschäftsgebühr gem. Nr. 2503 VV entstehen kann.

Erhält der Rechtsuchende im nachfolgenden Rechtsstreit Prozesskostenhilfe, so ist die Ratsgebühr auf die **Prozesskostenhilfevergütung** anzurechnen, die der Anwalt aus der Landeskasse erhält. Er darf sie nicht etwa analog § 58 Abs. 2 RVG auf die sog. Differenzkosten verrechnen.[498]

Angerechnet wird nur die **Gebühr**; **Auslagen** nach § 46 RVG sind nicht anzurechnen, ebenso nicht die **Auslagenpauschale** – soweit entstanden – nach Nr. 7002 VV. Die Auslagenpauschale kann also bei einer nachfolgenden Vertretungstätigkeit (Nr. 2503 VV) gegebenenfalls zweimal anfallen.[499]

3. Tätigkeit im Rahmen der Schuldenbereinigung (Nr. 2502 VV)

328 In Nr. 2502 VV ist die Vergütung des Anwalts geregelt, der im Rahmen der Beratungshilfe nur **mit dem Ziel einer außergerichtlichen Einigung mit den Gläubigern über die Schuldenbereinigung auf der Grundlage eines Plans (§ 305 Abs. 1 Nr. 1 InsO)** tätig wird.

Die **Beratungsgebühr** nach Nr. 2501 VV erhöht sich auf das Doppelte, also auf **70,00 EUR**.

---

498 LG Berlin JurBüro 1983, 1060 = AnwBl 1983, 478.
499 Gerold/Schmidt/*Müller-Rabe*, Nr. 7002 Rn 36 f.

III. Geschäftsgebühr (Nr. 2503 VV)

1. Entstehen

Für das Betreiben eines Geschäfts einschließlich der Information oder der Mitgestaltung an einem Vertrag erhält der Rechtsanwalt eine Geschäftsgebühr gem. Nr. 2503 VV in Höhe von 85,00 EUR. Hier erfolgt die Abgrenzung zur Ratsgebühr. Die Gebühr entsteht, sobald der Rechtsanwalt für den Ratsuchenden tätig geworden ist bzw. ihn nach außen hin vertreten hat, z.B. durch Aufnahme eines schriftlichen, mündlichen oder fernmündlichen Kontakts mit der Gegenpartei, Abfassung von Schreiben und Vertragsentwürfen oder schriftlichen Erklärungen, Führung von Einigungs- oder Vergleichsgesprächen.

329

2. Anrechnung

Auch hinsichtlich der Gebühr nach Nr. 2503 VV ist eine **Anrechnung** angeordnet (Nr. 2503 Abs. 2 VV). Anzurechnen ist auch hierbei nur die Gebühr; Auslagen bleiben anrechnungsfrei. Dies gilt auch für die Auslagenpauschale nach Nr. 7002 VV. Der **Umfang** der Anrechnung hängt von der nachfolgenden Angelegenheit ab.

330

a) Gerichtliches oder behördliches Verfahren

Schließt sich an die Tätigkeit des Anwalts ein gerichtliches oder behördliches Verfahren an, so ist die Gebühr nach Abs. 2 S. 1 **zur Hälfte** anzurechnen.

331

b) Anschließendes Verfahren auf Vollstreckbarerklärung eines Vergleichs

Handelt es sich bei dem nachfolgenden Verfahren um ein Verfahren auf Vollstreckbarerklärung eines Vergleichs nach den §§ 796a, 796b und 796c Abs. 2 S. 2 ZPO, so wird die Gebühr nur **zu einem Viertel angerechnet**.

332

Auch im Rahmen der Beratungshilfe können die Parteien einen Anwaltsvergleich schließen, der anschließend vom Gericht für vollstreckbar erklärt werden kann. In dem nachfolgenden Verfahren auf Vollstreckbarerklärung erhält der Anwalt die Vergütung nach Nr. 3100 VV. Auf diese Gebühren ist die Gebühr nach Abs. 2 S. 1 nur zu einem Viertel anzurechnen.

333

c) Mehrere Auftraggeber

Nach allgemeiner Ansicht tritt auch hier eine **Erhöhung** nach Nr. 1008 VV ein, sodass sich die Gebühr für jeden weiteren Auftraggeber, den der RA in derselben Angelegenheit vertritt um **30 %** erhöht. Da es sich um eine Festgebühr handelt, beträgt der Mehrvertretungszuschlag **pro weiteren Auftraggeber 25,50** bis zu dem in Nr. 1008 Abs. 3 VV festgesetzten Höchstbetrag vom Doppelten der Festgebühr von 85,00 EUR, mithin höchstens 170,00 EUR.

334

d) Tätigkeit im Rahmen der Schuldenbereinigung (Nr. 2504–2507 VV)

In Nr. 2504 VV ist die Vergütung des Anwalts geregelt, der im Rahmen der Beratungshilfe nur **mit dem Ziel einer außergerichtlichen Einigung mit den Gläubigern über**

335

die **Schuldenbereinigung auf der Grundlage eines Plans** (§ 305 Abs. 1 Nr. 1 InsO) tätig wird. Hierdurch wird § 132 Abs. 4 Nr. 1 BRAGO übernommen.

Die **Geschäftsgebühr** nach Nr. 2504 VV beläuft sich als Grundgebühr auf 270 EUR. Sie erhöht sich jeweils **um 112 EUR**, wenn der Anwalt gegenüber mehr als fünf, mehr als zehn oder mehr als fünfzehn Gläubigern tätig wird. Doppelt aufgeführte Gläubiger können nur einmal berücksichtigt werden und solche mit einer Forderung von 0 EUR überhaupt nicht.[500]

Die Gebühren belaufen sich daher wie folgt:

- bis fünf Gläubiger   270,00 EUR
- sechs bis zehn Gläubiger   405,00 EUR
- elf bis fünfzehn Gläubiger   540,00 EUR
- sechzehn Gläubiger und mehr   675,00 EUR

IV. Einigungs- und Erledigungsgebühr (Nr. 2508 VV)

336 Wenn die Tätigkeit des Rechtsanwalts zu einer Einigung oder Erledigung führt, erhält er zusätzlich zu der angefallenen Geschäftsgebühr, eine Einigungs- und Erledigungsgebühr gem. Nr. 2508 VV in Höhe von 150,00 EUR.

Aus Abs. 1 der Anmerkung ergibt sich, dass für das Entstehen der Gebühren dieselben Voraussetzungen gelten wie für das Entstehen der Einigungsgebühr nach Nr. 1000 VV und der Erledigungsgebühr nach Nr. 1002 VV. Aus Abs. 2 der Anmerkung ist zu entnehmen, dass die Gebühr auch für die Mitwirkung bei einer außergerichtlichen Einigung mit den Gläubigern über die Schuldenbereinigung auf der Grundlage eines Plans nach § 305 Abs. 1 Nr. 1 InsO entsteht.

Es genügt für das Entstehen der Gebühr, dass der Rechtsanwalt beim Abschluss des Vergleichs oder Vertrages der den Streit oder die Ungewissheit beseitigt, mitgewirkt hat. Eine Protokollierung der Einigung ist nicht erforderlich, auch nicht, dass der Vergleich tatsächlich entsteht. Die Gebühr gilt nicht für einen Vertrag oder Einigung, die sich ausschließlich auf ein Anerkenntnis oder einen Verzicht beschränkt.[501]

Wird allerdings der Vergleich lediglich auf eine ratenweise Rückzahlung beschränkt ohne an der Verpflichtung zur vollständigen Zahlung eine Änderung herbeizuführen, dann ist darin nur ein Anerkenntnis zu sehen, welches die Einigungsgebühr nicht auslöst.[502]

---

500 OLG Stuttgart JurBüro 2007, 434.
501 LG Mönchengladbach Rpfleger 2007, 478.
502 AG Koblenz, Beschl. v. 7.7.2007 – 40 UR IIa 1315/06.

V. Schutzgebühr

Nach der Anmerkung zu Nr. 2500 VV kann der Rechtsanwalt zusätzlich zu allen anderen anfallenden Vergütungsansprüchen vom Rechtsuchenden eine Beratungsgebühr („Schutzgebühr") von **15,00 EUR** fordern, die er nach dessen Verhältnissen jedoch erlassen kann. Auslagen zu dieser Gebühr dürfen nicht erhoben werden. Die Gebühr schuldet nicht die Staatskasse, sondern der Rechtssuchende (§ 44 S. 2 RVG). Dieser weitere Gebührenanspruch sollte in der Praxis gegenüber dem Mandanten auf jeden Fall geltend gemacht werden, denn mit dieser Regelung wird der Zweck verfolgt, Missbrauch und Querulantentum abzuwehren.[503]

337

Da es an einem rechtsgeschäftlichen Auftrag fehlt, kann diese Gebühr allerdings nicht nach § 11 RVG festgesetzt werden.

338

Gem. § 3a Abs. 4 RVG bleibt § 8 BerHG unberührt. Nach § 8 BerHG sind Vergütungsvereinbarungen im Bereich der Beratungshilfe **nichtig**. Diese Regelung entspricht der vorigen Regelung des § 4 Abs. 6 RVG a.F. Der Rechtsanwalt kann lediglich die Schutzgebühr von dem Mandanten verlangen. Erkennt der Rechtsanwalt erst nach Abschluss der Vergütungsvereinbarung, dass die Voraussetzungen der Gewährung von Beratungshilfe vorliegen, ist die Vergütungsvereinbarung ex nunc nichtig. Das bloße Bestehen eines Anspruchs auf Beratungshilfe führt nicht zur Nichtigkeit einer Vergütungsvereinbarung. Hat der Mandant einen Anspruch auf Gewährung von Beratungshilfe und nimmt sie trotz der Kenntnis von der Möglichkeit nicht in Anspruch, so ist eine Vergütungsvereinbarung nicht nichtig.[504]

339

4. Teil: Muster

I. Muster: Anträge auf Prozesskostenhilfe in einem anderen Mitgliedstaat der Europäischen Union

▼ Anleitung

340

1. Bitte lesen Sie diese Anleitung sorgfältig durch, bevor Sie das Antragsformular ausfüllen.
2. Alle in diesem Formular verlangten Angaben müssen erteilt werden.
3. Ungenaue, unzutreffende oder unvollständige Angaben können die Bearbeitung Ihres Antrags verzögern.
4. Falsche oder unvollständige Angaben in diesem Antrag auf Prozesskostenhilfe können negative Rechtsfolgen haben, d.h. der Antrag kann abgelehnt werden oder Sie können strafrechtlich verfolgt werden.
5. Bitte fügen Sie alle Unterlagen zur Stützung Ihres Antrags bei.

---

503 Vgl. auch *Langner*, BT-Prot. v. 27.4.1978, 6989.
504 Beck'scher Online-Kommentar RVG, Rn 22–24 § 3a.

§ 3 Prozesskosten- und Beratungshilfe

6. Dieser Antrag lässt Fristen für die Einleitung eines Gerichtsverfahrens oder Einbringung eines Rechtsmittels unberührt.
7. Bitte datieren und unterzeichnen Sie den ausgefüllten Antrag und senden Sie ihn an folgende Behörde:

☐ **7.a.** Sie können Ihren Antrag an die **zuständige Übermittlungsbehörde des Mitgliedstaats senden, in dem Sie Ihren Wohnsitz haben.** Diese Behörde wird Ihren Antrag dann an die zuständige Behörde des betreffenden Mitgliedstaats weiterleiten. Wenn Sie diese Option wählen, geben Sie bitte Folgendes an:

Name der zuständigen Behörde Ihres Wohnsitzmitgliedstaats:

Anschrift:

Telefon/Fax/E-Mail:

☐ **7.b.** Sie können diesen Antrag direkt an die **zuständige Behörde eines anderen Mitgliedstaats** senden, wenn Sie wissen, welche Behörde zuständig ist. Wenn Sie diese Option wählen, geben Sie bitte Folgendes an:

Name der Behörde:

Anschrift:

Telefon/Fax/E-Mail:

Verstehen Sie die Amtssprache oder eine der Amtssprachen dieses Mitgliedstaats?

☐ ja ☐ nein

Wenn dies nicht der Fall ist, in welchen Sprachen kann sich die zuständige Behörde mit Ihnen für die Zwecke der Prozesskostenhilfe verständigen?

A. Angaben über die Person, die Prozesskostenhilfe beantragt

A.1. Geschlecht: ☐ männlich ☐ weiblich

Nachname und Vorname (gegebenenfalls Firmenname):

Datum und Ort der Geburt:

Staatsangehörigkeit:

Nummer des Personalausweises:

Anschrift:

Telefon:

Fax:

E-Mail:

A.2. Gegebenenfalls Angaben über die Person, die den Antragsteller vertritt, wenn dieser minderjährig oder nicht prozessfähig ist:

Nachname und Vorname:

Anschrift:

Telefon:

Fax:

E-Mail:

A.3. Gegebenenfalls Angaben über den Rechtsbeistand des Antragstellers (Rechtsanwalt, Prozessbevollmächtigter usw.):

☐ im Wohnsitzmitgliedstaat des Antragstellers:

Nachname und Vorname:

Anschrift:

Telefon:

Fax:

E-Mail:

☐ in dem Mitgliedstaat, in dem die Prozesskostenhilfe gewährt werden soll:

Nachname und Vorname:

Anschrift:

Telefon:

Fax:

E-Mail:

B. Angaben über die Streitsache, für die Prozesskostenhilfe beantragt wird

Bitte fügen Sie Kopien allfälliger Unterlagen zur Stützung Ihres Antrags bei.

B.1. Art der Streitsache (z.B. Scheidung, Sorgerecht für ein Kind, Arbeitsverhältnis, handelsrechtliche Streitsache, Verbraucherstreitigkeit):

B.2. Streitwert, wenn der Gegenstand der Streitsache in Geld ausgedrückt werden kann, unter Angabe der Währung:

B.3. Beschreibung der Umstände der Streitsache unter Angabe von Ort und Datum sowie allfälliger Beweise (z.B. Zeugen):

C. Angaben zum Verfahren

Bitte fügen Sie Kopien allfälliger Unterlagen zur Stützung Ihres Antrags bei.

C.1. Sind Sie Kläger oder Beklagter?

Beschreiben Sie Ihre Klage oder die gegen Sie erhobene Klage:

Name und Kontaktangaben der Gegenpartei:

C.2. Etwaige Gründe für eine beschleunigte Behandlung dieses Antrags, z.B. Fristen für die Einleitung eines Verfahrens:

C.3. Beantragen Sie Prozesskostenhilfe in vollem Umfang oder nur teilweise?

Wenn Sie nur teilweise Prozesskostenhilfe beantragen, geben Sie bitte an, auf welchen Teil sich diese erstrecken soll:

C.4. Die Prozesskostenhilfe wird beantragt für:

☐ vorprozessuale Rechtsberatung

☐ Beistand (Beratung und/oder Vertretung) im Rahmen eines außergerichtlichen Verfahrens

☐ Beistand (Beratung und/oder Vertretung) im Rahmen eines geplanten Gerichtsverfahrens

☐ Beistand (Beratung und/oder Vertretung) im Rahmen eines laufenden Gerichtsverfahrens. In diesem Fall sind anzugeben:

§ 3 Prozesskosten- und Beratungshilfe

- ☐ Nummer der Rechtssache:
- ☐ Datum der Verhandlungen:
- ☐ Bezeichnung des Gerichts:
- ☐ Anschrift des Gerichts:
- ☐ Beistand und/oder Vertretung im Rahmen eines Rechtsstreits über eine bereits ergangene gerichtliche Entscheidung?

In diesem Fall sind anzugeben:
- ☐ Name und Anschrift des Gerichts:
- ☐ Datum der Entscheidung:
- ☐ Art des Rechtsstreits:
- ☐ Rechtsbehelf gegen die Entscheidung
- ☐ Vollstreckung der Entscheidung

C.5. Angabe der voraussichtlichen Zusatzkosten aufgrund des grenzüberschreitenden Bezugs der Rechtssache (z.B. Übersetzungen, Reisekosten):

C.6. Verfügen Sie über eine Versicherung oder sonstige Rechte und Ansprüche, die eine Gesamt- oder Teilabdeckung der Prozesskosten bieten könnten? Wenn ja, machen Sie bitte nähere Angaben dazu:

D. Familiäre Situation

Wie viele Personen leben mit Ihnen im selben Haushalt?

In welchem Verhältnis stehen diese zu Ihnen (dem Antragsteller):

Nachname und Vorname	Verhältnis zum Antragsteller	Geburtsdatum (bei Kindern)	Ist diese Person vom Antragsteller finanziell abhängig?	Ist der Antragsteller von dieser Person finanziell abhängig?
			Ja/Nein	Ja/Nein
			Ja/Nein	Ja/Nein
			Ja/Nein	Ja/Nein
			Ja/Nein	Ja/Nein
			Ja/Nein	Ja/Nein
			Ja/Nein	Ja/Nein
			Ja/Nein	Ja/Nein

Ist eine Person, die nicht mit Ihnen im selben Haushalt lebt, von Ihnen finanziell abhängig? Wenn ja, machen Sie bitte folgende Angaben:

Nachname und Vorname	Verhältnis zum Antragsteller	Geburtsdatum (bei Kindern)

Sind Sie von einer Person, die nicht in Ihrem Haushalt lebt, finanziell abhängig? Wenn ja, machen Sie bitte folgende Angaben:

Nachname und Vorname	Verhältnis zum Antragsteller

E. Finanzielle Situation

Bitte erteilen Sie alle Angaben *Sie selbst* betreffend (I), über Ihren *Ehegatten* oder *Partner* (II), *Personen, die von Ihnen finanziell abhängig sind* und mit Ihnen *im selben Haushalt* leben (III) oder *Personen, von denen Sie finanziell abhängig sind*, die mit Ihnen *im selben Haushalt* leben (IV).

Wenn Sie andere Finanzmittel als Unterhalt von einer Person bekommen, von der Sie finanziell abhängig sind und mit der Sie *nicht* im selben Haushalt leben, geben Sie diese Mittel unter *„Sonstiges Einkommen"* in E.1. an.

Wenn Sie andere Finanzmittel als Unterhalt an eine Person zahlen, die von Ihnen finanziell abhängig ist und *nicht* mit Ihnen im selben Haushalt lebt, geben Sie diese Mittel unter *„Sonstige Ausgaben"* in E.3. an.

Fügen Sie entsprechende Unterlagen wie Ihre Einkommenssteuererklärung, eine Bestätigung über Ihren Anspruch auf staatliche Leistungen usw. bei.

Bitte geben Sie in der nachstehenden Tabelle an, auf welche Währung die Beträge lauten.

E.1. Angaben über das durchschnittliche Monatseinkommen	I. Antragsteller	II. Ehegatte oder Partner	III. Abhängige Personen	IV. Personen, die den Antragsteller unterstützen
– Bezüge:				
– Gewinn aus Geschäftstätigkeit:				
– Pensionszahlungen:				

E.1. Angaben über das durchschnittliche Monatseinkommen	I. Antragsteller	II. Ehegatte oder Partner	III. Abhängige Personen	IV. Personen, die den Antragsteller unterstützen
– Unterhaltszahlungen:				
– Angabe staatlicher Zahlungen: 1. Familien- und Wohnungsbeihilfe: 2. Arbeitslosengeld und Sozialhilfe:				
– Einkommen aus Kapitalvermögen (aus beweglichem Vermögen und Immobilien):				
– Sonstiges Einkommen:				
Gesamt:				
E.2. Vermögen	I. Antragsteller	II. Ehegatte oder Partner	III. Abhängige Personen	IV. Personen, die den Antragsteller unterstützen
– Immobilien, die als ständiger Wohnsitz genutzt werden:				
– Sonstige Immobilien:				
– Grundbesitz:				
– Spareinlagen:				
– Aktien:				
– Kraftfahrzeuge:				
– Sonstiges Vermögen:				
Gesamt:				

E.3. Monatliche Ausgaben	I. Antragsteller	II. Ehegatte oder Partner	III. Abhängige Personen	IV. Personen, die den An- tragsteller unterstützen
– Einkommensteuer:				
– Sozialversicherungs- beiträge:				
– Kommunalsteuern:				
– Hypothekenzahlung:				
– Miet- und Wohnungs- kosten:				
– Schulgebühren:				
– Kosten für die Ob- sorge für Kinder:				
– Schuldenzahlung:				
– Kreditrückzahlung:				
– gesetzlich vorge- schriebene Unter- haltszahlungen:				
– Sonstige Ausgaben:				
Gesamt:				

Ich erkläre, dass die Angaben richtig und vollständig sind, und verpflichte mich, der antragsprüfenden Behörde etwaige Änderungen meiner finanziellen Situation unverzüglich mitzuteilen.

Ort und Datum:

Unterschrift:

§ 3 Prozesskosten- und Beratungshilfe

II. Muster: Übermittlung eines Antrags auf Prozesskostenhilfe
▼

341 Ggf. Angabe von Gründen, die eine besonders zügige Antragsbearbeitung rechtfertigen:

Aktenzeichen:

Übermittlung von: Datum der Übermittlung:

Angaben zur Übermittlungsbehörde:

Bezeichnung der Übermittlungsbehörde:

Mitgliedstaat:

Sachbearbeiter:

Anschrift:

Telefon:

Fax:

E-Mail:

an:

Angaben zur Empfangsbehörde:

Bezeichnung:

Mitgliedstaat:

Anschrift:

Telefon:

Fax:

E-Mail:

Angaben zum Antragsteller auf Prozesskostenhilfe:

Name und Vorname bzw. Firmenbezeichnung:

Name und Vorname des Vertreters des Antragstellers, sofern Letzterer minderjährig oder prozessunfähig ist:

Name und Vorname eines etwaigen Vertreters des Antragstellers, sofern Letzterer volljährig und prozessfähig ist

(Anwalt, Rechtsbeistand usw.):

Anschrift:

Telefon:

Fax:

E-Mail:

Vom Antragsteller verstandene Sprache(n):

4. Teil: Muster § 3

Angaben zum Verfahren:
1. Handelt es sich beim Antragsteller auf Prozesskostenhilfe um Kläger oder Beklagten?

2. Die Prozesskostenhilfe wird beantragt für:
   - ☐ vorprozessuale Rechtsberatung
   - ☐ Beistand (Beratung und/oder Vertretung) im Rahmen eines außergerichtlichen Verfahrens
   - ☐ Beistand (Beratung und/oder Vertretung) im Rahmen eines geplanten Gerichtsverfahrens
   - ☐ Beistand (Beratung und/oder Vertretung) im Rahmen eines laufenden Gerichtsverfahrens
     In diesem Fall sind anzugeben:
     - ☐ Nummer der Rechtssache:
     - ☐ Datum der Verhandlungen:
     - ☐ Bezeichnung des Gerichts:
     - ☐ Anschrift des Gerichts:
   - ☐ Beistand und/oder Vertretung im Rahmen eines Rechtsstreits über eine bereits ergangene gerichtliche Entscheidung?
     In diesem Fall sind anzugeben:
     - ☐ Name und Anschrift dieses Gerichts:
     - ☐ Datum der Entscheidung:
     - ☐ Gegenstand des Rechtsstreits:
     - ☐ Rechtsbehelf gegen die Entscheidung
     - ☐ Vollstreckung der Entscheidung

3. Gegenpartei:

4. Kurze Beschreibung des Streitgegenstands sowie in den Fällen unter Ziffer 2 Buchstabe a, b und c Angaben zur Ermittlung des wahrscheinlich zuständigen Gerichts:

Empfangsbestätigung

Die Empfangsbehörde:

Bezeichnung:

Mitgliedstaat:

Aktenzeichen:

Empfangsdatum:

Sachbearbeiter:

Anschrift:

Telefon:

Fax:

E-Mail:

Gegebenenfalls Übermittlung des Antrags an:

Bezeichnung:

Sachbearbeiter:

Anschrift:

Telefon:
Fax:
E-Mail:

bestätigt den Empfang des von der folgenden Übermittlungsbehörde übersandten Antrags:

Übermittlungsbehörde:

Bezeichnung:

Mitgliedstaat:

Aktenzeichen:

Sachbearbeiter:

Ort:

Datum:

Unterschrift:

III. Muster: Antrag auf Bewilligung von Prozesskostenhilfe bei Klageentwurf

342 An das

gericht

in

Klage und Prozesskostenhilfeantrag

des

– Kläger –

Prozessbevollmächtigte: RAe

gegen

den

– Beklagter –

Prozessbevollmächtigte: RAe

In vorbezeichneter Angelegenheit bestelle ich mich laut anliegender Vollmacht für den Kläger und beantrage,

> für die in der Anlage als Klageentwurf bezeichnete Klage dem Kläger Prozesskostenhilfe unter Beiordnung des Unterzeichnenden zu bewilligen.

Zugleich füge ich dem Antrag auf Bewilligung von Prozesskostenhilfe die Erklärung über die persönlichen und wirtschaftlichen Verhältnisse des Klägers bei.

Sollte das Gericht weitere Darlegungen zum Antrag auf Prozesskostenhilfe für erforderlich halten, so wird um einen Hinweis gebeten.

Rechtsanwalt

Anlage: Klageentwurf

IV. Muster: Antrag auf Bewilligung von Prozesskostenhilfe bei gleichzeitiger Klageerhebung

▼

An das

gericht

in

Klage und Prozesskostenhilfeantrag

des

– Kläger –

Prozessbevollmächtigte: RAe

gegen

den

– Beklagter –

Prozessbevollmächtigte: RAe

In vorbezeichneter Angelegenheit bestelle ich mich laut anliegender Vollmacht für den Kläger und beantrage:
1. Der Beklagte wird verurteilt, an den Kläger   EUR nebst Zinsen in Höhe von fünf Prozentpunkten über dem Basiszinssatz seit dem   zu zahlen.
2. Dem Kläger wird Prozesskostenhilfe unter Beiordnung des Unterzeichnenden bewilligt.

Gründe:

Der Kläger hat gegen den Beklagten einen Anspruch aus Darlehensvertrag.

   Beweis: Kopie des Darlehensvertrages vom

Das Darlehen ist fällig seit   . Insofern wird verwiesen auf Ziffer   des Vertrages. Der Beklagte hat bislang – trotz Mahnung – noch keinerlei Zahlung erbracht, sodass Klage geboten ist.

Zugleich füge ich dem Antrag auf Bewilligung von Prozesskostenhilfe die Erklärung über die persönlichen und wirtschaftlichen Verhältnisse des Klägers bei.

Sollte das Gericht weitere Darlegungen zum Antrag auf Prozesskostenhilfe für erforderlich halten, so wird um einen Hinweis gebeten.

Rechtsanwalt

§ 3 Prozesskosten- und Beratungshilfe

V. Muster: Antrag auf Bewilligung von Prozesskostenhilfe bei Klageänderung

344 An das
Amts-/Landgericht

In Sachen
des

– Kläger –

Prozessbevollmächtigte: RAe

gegen

den

– Beklagter –

Prozessbevollmächtigte: RAe

Namens und in Vollmacht des/der Klägers/in beantrage ich:

> Dem Kläger wird für die nachfolgende Klageänderung Prozesskostenhilfe unter Beiordnung des Unterzeichners bewilligt.

Gründe:

Rechtsanwalt

VI. Muster: Antrag auf Verfahrenskostenstundung im Verbraucherinsolvenzverfahren

345 An das
Amtsgericht
– Insolvenzgericht –

Antragsteller/in

Name:

Vorname:

Straße:

PLZ und Ort:

Namens und in Vollmacht des/der Schuldners/in beantrage ich

> für das Verbraucherinsolvenzverfahren bis zur Erteilung der Restschuldbefreiung die Stundung der Verfahrenskosten nach § 4a Abs. 1 InsO.

Zugleich beantrage ich,

    den Unterzeichner als Rechtsanwalt beizuordnen.

Begründung:

Das Vermögen des Schuldners reicht aller Voraussicht nach nicht aus, um die Verfahrenskosten über den Schuldenbereinigungsplan, des gerichtlichen Insolvenzverfahrens und des Verfahrens zur Restschuldbefreiung zu decken.

Nach § 4a Abs. 1 InsO erklärt der Schuldner in der **Anlage**, dass Gründe zur Versagung der Restschuldbefreiung nach § 290 Abs. 1 Nr. 1 und 3 InsO nicht vorliegen. Er ist weder wegen einer Insolvenzstraftat nach §§ 283–283c StGB rechtskräftig verurteilt, noch ist ihm die Restschuldbefreiung in den letzten 10 Jahren erteilt bzw. nach §§ 296, 297 InsO versagt worden.

Dem Schuldner ist bekannt, dass die Stundung nur dann bewilligt werden kann, wenn die entstehenden Verfahrenskosten weder aus seinem Vermögen gezahlt werden können, noch ein Dritter zur Übernahme der entstehenden Verfahrenskosten bereit ist.

Die Verfahrenskosten können aus dem Schuldnervermögen nicht erbracht werden.

☐ Siehe beiliegende Unterlagen

Die Verfahrenskosten können von einer dritten Person (Stelle) *[z.B. Verwandte]* übernommen werden:

☐ Nein
☐ Ja, in voller Höhe
☐ Ja, in Höhe von ▮▮▮▮ EUR.

Ein Restschuldbefreiungsantrag
☐ ist bereits gestellt.
☐ ist beigefügt.

Die Beiordnung des Unterzeichners als Rechtsanwalt ist erforderlich, weil ▮▮▮▮.

Rechtsanwalt

Anlage: Versicherung des Schuldners über die Vollständigkeit und Richtigkeit der Angaben.

▲

VII. Muster: Antrag auf Zustellung der Klage ohne Zahlung eines Kostenvorschusses (§ 14 GKG)

▼

An das

    ▮▮▮gericht

in ▮▮▮▮

In dem Rechtsstreit

des ▮▮▮▮

                    – Kläger –

Prozessbevollmächtigte: RAe ▮▮▮▮

gegen

den ▇

– Beklagter –

Prozessbevollmächtigte: RAe ▇

bestelle ich mich laut anliegender Vollmacht für den Kläger und beantrage

> die Zustellung der sich in der Anlage befindlichen Klage an den Beklagten ohne Zahlung eines Kostenvorschusses (§ 14 GKG).

Gründe:

Die Zahlung eines Kostenvorschusses würde dem Kläger einen nicht bzw. schwer zu ersetzenden Schaden zufügen. Insofern versichere ich dieses an Eides statt nach § 14 Nr. 3b GKG.

Der Beklagte hat den Kläger vorsätzlich körperlich verletzt. Der hieraus entstehende Schadensersatz- und Schmerzensgeldanspruch wird mit der anliegenden Klage verfolgt.

Die Parteien haben versucht, sich über diese Ansprüche außergerichtlich zu einigen. Diese Verhandlungen sind allerdings gescheitert, sodass nach § 203 S. 2 BGB am eine Verjährung der Ansprüche eintritt.

> Beweis: ▇

Um die Verjährung der Ansprüche zu verhindern, ist eine umgehende Zustellung der Klage an den Beklagten erforderlich (§ 204 Abs. 1 Nr. 1 BGB).

Dem Kläger bereitet die Zahlung eines Kostenvorschusses zurzeit Schwierigkeiten. Er ist nach seinen persönlichen und wirtschaftlichen Verhältnissen nicht in der Lage, die fälligen Zahlungen zu erbringen. Insofern verweise ich auf die der Klageschrift als Anlage beigefügte Erklärung über die persönlichen und wirtschaftlichen Verhältnisse zum Antrag auf Prozesskostenhilfe.

Rechtsanwalt

Anlage: Klageschrift

▲

VIII. Muster: Isolierter Antrag auf Bewilligung von Prozesskostenhilfe bei Widerklage

▼

347 An das

▇gericht

in ▇

Kläger ./. Beklagter

Az: ▇

In vorbezeichneter Angelegenheit bestelle ich mich laut anliegender Vollmacht für den Beklagten und beantrage,

> für die sich in der Anlage befindliche Widerklage Prozesskostenhilfe unter Beiordnung des Unterzeichnenden zu bewilligen.

Zur Darlegung der persönlichen und wirtschaftlichen Verhältnisse der Partei wird Bezug genommen auf die zur Klageerwiderung vom ▬▬ bereits abgegebene Erklärung vom ▬▬.

Rechtsanwalt

IX. Muster: Antrag auf Bewilligung von Prozesskostenhilfe bei Widerklage und gleichzeitiger Klageerwiderung

An das

▬▬ gericht

in ▬▬

Kläger ./. Beklagter

Az: ▬▬

In vorbezeichneter Angelegenheit bestelle ich mich laut anliegender Vollmacht für den Beklagten und beantrage,

> sowohl für die sich in der Anlage befindliche Klageerwiderung als auch für die Widerklage Prozesskostenhilfe unter Beiordnung des Unterzeichnenden zu bewilligen.

Zur Darlegung der persönlichen und wirtschaftlichen Verhältnisse der Partei wird auf die sich gleichfalls in der Anlage befindliche amtliche Erklärung Bezug genommen.

Rechtsanwalt

Anlagen:

Klageerwiderung vom ▬▬

Widerklage vom ▬▬

X. Muster: Antrag auf Bewilligung von Prozesskostenhilfe bei Klageerweiterung

An das

▬▬ gericht

in ▬▬

Kläger ./. Beklagter

Az: ▬▬

In vorbezeichneter Angelegenheit beantrage ich,

> für die sich aus anliegendem Schriftsatz ergebende Klageerweiterung dem Kläger Prozesskostenhilfe unter Beiordnung des Unterzeichnenden zu bewilligen.

§ 3 Prozesskosten- und Beratungshilfe

Zur Darlegung der persönlichen und wirtschaftlichen Verhältnisse der Partei wird auf die sich in der Akte bereits befindlichen amtlichen Erklärungen Bezug genommen.

Rechtsanwalt

Anlage: Klageerweiterung

XI. Muster: Antrag auf Bewilligung von Prozesskostenhilfe durch Berufungskläger

350   An das

   gericht

in

Berufungskläger ./. Berufungsbeklagter

Az:

In vorbezeichneter Angelegenheit bestelle ich mich laut anliegender Vollmacht für den Berufungskläger und beantrage,

> für die sich in anliegendem Schriftsatz befindliche Berufung Prozesskostenhilfe unter Beiordnung des Unterzeichnenden zu bewilligen.

Zur Darlegung der persönlichen und wirtschaftlichen Verhältnisse der Partei wird auf die sich gleichfalls in der Anlage befindlichen amtlichen Erklärungen Bezug genommen.

Rechtsanwalt

Anlage:

Berufungsschriftsatz

Erklärung über die persönlichen und wirtschaftlichen Verhältnisse

XII. Muster: Antrag auf Bewilligung von Prozesskostenhilfe durch Berufungsbeklagten

351   An das

   gericht

in

Berufungskläger ./. Berufungsbeklagter

Az:

In vorbezeichneter Angelegenheit bestelle ich mich laut anliegender Vollmacht für den Berufungsbeklagten und beantrage,

> für das Berufungsverfahren Prozesskostenhilfe unter Beiordnung des Unterzeichnenden zu bewilligen.

Zur Darlegung der persönlichen und wirtschaftlichen Verhältnisse der Partei wird auf die sich in der Anlage befindlichen amtlichen Erklärungen Bezug genommen.

Der Form halber wird darauf hingewiesen, dass sich im Hinblick auf § 119 Abs. 1 S. 2 ZPO eine Prüfung der Erfolgsaussicht bzw. Mutwilligkeit erübrigt.

Rechtsanwalt

Anlage: Erklärung über die persönlichen und wirtschaftlichen Verhältnisse

XIII. Muster: Antrag auf Prozesskostenhilfe bei Antrag auf einstweilige Einstellung der Zwangsvollstreckung (§ 707 ZPO)

▼

An das

▓▓▓▓gericht

in ▓▓▓▓

Kläger ./. Beklagter

Az: ▓▓▓▓

In vorbezeichneter Angelegenheit bestelle ich mich laut anliegender Vollmacht für den Beklagten und beantrage:
1. Die Zwangsvollstreckung aus dem ▓▓▓▓ *[Titelbezeichnung]* des ▓▓▓▓ gerichts ▓▓▓▓ vom ▓▓▓▓, Az: ▓▓▓▓, wird ohne *[ggf. gegen]* Sicherheitsleistung einstweilen eingestellt.
2. Dem Beklagten wird für das Verfahren Prozesskostenhilfe bewilligt.

Gründe:

Durch ▓▓▓▓ *[Titelbezeichnung]* des ▓▓▓▓ gerichts vom ▓▓▓▓ wurde der Beklagte dazu verpflichtet, an den Kläger ▓▓▓▓ EUR nebst Zinsen in Höhe von fünf Prozentpunkten über dem Basiszinssatz seit dem ▓▓▓▓ zu zahlen. *[Ggf.: Der Titel ist gegen Sicherheitsleistung von ▓▓▓▓ EUR zugunsten des/der Kläger/in vorläufig vollstreckbar.]*

    Beweis: Vorlage des ▓▓▓▓ *[Titels]* in Kopie

Der Kläger betreibt die Zwangsvollstreckung aus dem vorbezeichneten Titel. So hat der Gerichtsvollzieher am ▓▓▓▓ folgende Gegenstände gepfändet: ▓▓▓▓ *[genaue Auflistung]*.

Die Verwertung dieser Gegenstände würde dem Schuldner *[Beklagten]* einen nicht zu ersetzenden Nachteil bringen, weil ▓▓▓▓.

Der Beklagte, der unverschuldet die Einspruchsfrist/Berufungsfrist versäumt hat, hat Wiedereinsetzung/Wiederaufnahme beantragt/ bzw. beantragt, dass der Rechtsstreit im Nachverfahren fortgesetzt wird.

    Beweis: Wiedereinsetzungsantrag/Wiederaufnahmeantrag vom ▓▓▓▓ nebst Anlagen/Antrag auf Fortsetzung im Nachverfahren vom ▓▓▓▓ nebst Anlagen *[alternativ: Beiziehung der Akte ▓▓▓▓]*

Zur Darlegung der persönlichen und wirtschaftlichen Verhältnisse wird Bezug genommen auf die anliegende Erklärung vom ▓▓▓▓. Hieraus ist ersichtlich, dass der Beklagte zur Zahlung der Kosten nicht in der Lage ist, sodass der Antrag auf Einstellung der Zwangsvollstreckung ohne Sicherheitsleistung begründet ist (§ 707 Abs. 1 S. 2 ZPO).

Rechtsanwalt

Anlagen:

XIV. Muster: Antrag auf Prozesskostenhilfe bei Antrag auf einstweilige Einstellung der Zwangsvollstreckung bei eingelegtem Rechtsmittel/Einspruch (§ 719 Abs. 1 ZPO)

353 An das

gericht

in

Kläger ./. Beklagter

Az:

In vorbezeichneter Angelegenheit bestelle ich mich laut anliegender Vollmacht für den Beklagten und beantrage:
1. Die Zwangsvollstreckung aus dem   *[Titelbezeichnung]* des   gerichts vom   , Az: , wird ohne *[ggf. gegen]* Sicherheitsleistung einstweilen eingestellt.
2. Dem Beklagten wird für das Verfahren Prozesskostenhilfe bewilligt.

Gründe:

Durch   *[Titelbezeichnung]* des   gerichts vom   wurde der Beklagte dazu verpflichtet, an den Kläger   EUR nebst Zinsen in Höhe von fünf Prozentpunkten über dem Basiszinssatz seit dem   zu zahlen. *[Ggf.: Der Titel ist gegen Sicherheitsleistung von   EUR zugunsten des/der Kläger/in vorläufig vollstreckbar.]*

Beweis: Vorlage des   *[Titels]* in Kopie

Der Kläger betreibt die Zwangsvollstreckung aus dem vorbezeichneten Titel. So hat der Gerichtsvollzieher am   folgende Gegenstände gepfändet: *[genaue Auflistung]*

Die Verwertung dieser Gegenstände würde dem Schuldner *[Beklagten]* einen nicht zu ersetzenden Nachteil bringen, weil

Der Beklagte hat gegen   *[Titelbezeichnung]* frist- und formgerecht Rechtsmittel/Einspruch eingelegt.

Beweis: Rechtsmittel-/Einspruchsschriftsatz vom   nebst Anlagen *[alternativ: Beiziehung der Akte   ]*

Zur Darlegung der persönlichen und wirtschaftlichen Verhältnisse wird Bezug genommen auf die anliegende Erklärung vom   . Hieraus ist ersichtlich, dass der Beklagte zur Zahlung der Kosten nicht in der Lage ist, sodass der Antrag auf Einstellung der Zwangsvollstreckung ohne Sicherheitsleistung begründet ist (§§ 719 Abs. 1, 707 Abs. 1 S. 2 ZPO).

Rechtsanwalt

Anlagen:

XV. Muster: Antrag auf Bewilligung von Prozesskostenhilfe für nicht rechtshängige Ansprüche bei Vergleichsabschluss

An das

_____gericht

in _____

Kläger ./. Beklagter

Az:

beantrage ich,

die Bewilligung der Prozesskostenhilfe auf den sich aus der Anlage befindlichen Vergleich, den die Parteien in der mündlichen Verhandlung am _____ gerichtlich protokollieren lassen wollen, zu erweitern.

In dem Vergleich erfolgt eine Einigung über Gegenstände, welche nicht Gegenstand des gerichtlichen Verfahrens sind.

Rechtsanwalt

XVI. Muster: Ermittlung der Ratenhöhe bei Prozesskostenhilfe

Nettoeinkommen normaler Monat

(brutto abzgl. Steuern, Sozialversicherungsbeiträge)   EUR

zzgl. Durchschnittseinkommen aus selbst. Tätigkeit   EUR

zzgl. sonstiges Durchschnittseinkommen z.B. Arbeitslosengeld,   EUR
-hilfe pro Woche x 4,3, Wohngeld, Unterhalt, Rente, Miete, Zinsen etc.

zzgl. geldwertes Einkommen z.B. freie Kost und Logis[505] (§ 115   EUR
Abs. 1 S. 2 ZPO)

---

[505] Vgl. hierzu auch die Sachbezugsverordnung; die Finanzämter können hierüber Auskünfte erteilen.

abzüglich:

berufsbedingte Aufwendungen (Arbeitsmittel, Beitrag zu Berufsverbänden; konkret oder 5 %[506] Nettoeinkommen pauschal, § 115 Abs. 1 Nr. 1a ZPO, § 82 Abs. 2 SGB XII	EUR
Werbungskosten[507] (Fahrtkosten 0,25 EUR/km * 2 * 220/12, oder 5,20 EUR/km monatlich) angemessene Kosten Unterkunft und Heizung[508] (§ 115 Abs. 1 S. 3 Nr. 3 ZPO)	EUR
angemessener Abschlag für Erwerbstätige[509] (§ 115 Abs. 1 Nr. 1a ZPO)	EUR
unzumutbare Tätigkeit (§ 115 Abs. 1 Nr. 4 ZPO, § 82 Abs. 2 SGB XII)	EUR
Behinderte (§ 115 Abs. 1 Nr. 4 ZPO, § 82 Abs. 2 SGB XII)	EUR
angemessene Versicherungsbeiträge[510] (§ 115 Abs. 1 Nr. 1a ZPO, § 82 Abs. 2 Nr. 3 SGB XII)	EUR
angemessene Zins- und Tilgungsraten[511] (§ 115 Abs. 1 Nr. 3 ZPO)	EUR
Grundfreibetrag für Prozesskostenhilfe beantragende Partei	EUR
Grundfreibetrag für zusammenlebende Ehegatten	EUR
Grundfreibetrag für jede weitere Person, die naturalunterhaltsberechtigt ist abzgl. jeweils eig. Einkommen	EUR
soweit angemessen gezahlter Barunterhalt (§ 115 Abs. 1 S. 7 ZPO)	EUR
einzusetzendes Einkommen	EUR
zu zahlende monatliche Raten nach Tabelle zu § 115 ZPO	**EUR**

▲

---

506 Ohne Nachweis z.B. AG Hannover FamRZ 1996, 212.
507 Bei Vermietung und Verpachtung, z.B. Schuldzinsen, Steuern vom Grundbesitz, öffentliche Abgaben, Versicherungsbeiträge.
508 Hierzu zählen auch die vertraglich vereinbarten Neben- und Betriebskosten, nicht jedoch Kosten für Strom und Gas zum Kochen.
509 Bei (selbstständigen und unselbstständigen) Erwerbstätigen sind 50 % des höchstens durch RVO festgesetzten Eckregelsatzes (= Regelsatz für den Haushaltsvorstand) vom Einkommen abzusetzen. Den Betrag, der vom 1.7. bis 30.6. des Folgejahres abgezogen werden kann, gibt das BMJ jährlich im BGBl bekannt, § 115 Abs. 1 S. 5 ZPO. Dieser beträgt seit dem 1.6.2009 180 EUR (PKHB 2009, BGBl I 2009, 1340), vgl. auch Musielak-*Philippi*, Rn 16, 17 § 115 ZPO.
510 Hierunter fallen üblicherweise Kranken-, Sterbe-, Lebens-, Sach- und Haftpflichtversicherungen; bei Selbstständigen Krankenhaustagegeldversicherung; ebenso Gebäudehaftpflicht bei Hauseigentümern.
511 Eventuelle Kredite müssen allerdings vor Prozesskostenhilfe-Beantragung aufgenommen sein. Werden Kredite nach Bewilligung der Prozesskostenhilfe aufgenommen, so müssen diese dringend notwendig sein.

XVII. Muster: Antrag auf Feststellung der Erforderlichkeit von Reisekosten (§ 46 Abs. 2 RVG)

▼

An das

gericht

in

Az:

In Sachen

./.

nehme ich Bezug auf den Beschl. v. , wonach der Unterzeichner im Rahmen der Prozesskostenhilfe beigeordnet wurde.

Es wird beantragt,

festzustellen, dass die Reisekosten in Höhe von EUR für die am beabsichtigte Reise nach § 46 Abs. 2 RVG erforderlich sind.

Gründe:

Durch Beschl. v. hat das Gericht zur Beweiserhebung am einen Beweistermin in angesetzt. Dass der Unterzeichner die PKH-Partei hierbei vertritt, ist erforderlich, da die Angelegenheit sich sowohl in sachlicher als auch in rechtlicher Hinsicht als äußerst schwierig erweist.

Hinzu kommt, dass die anfallenden Reisekosten zum Termin unter den Kosten eines hierfür im Rahmen des PKH-Mandats erforderlich werdenden Beweisanwalts liegen.

Rechtsanwalt

▲

XVIII. Muster: Antrag auf Abänderung der Ratenzahlung nach § 120a Abs. 1 ZPO wegen Verschlechterung der Verhältnisse

▼

An das

▓▓▓gericht

in ▓▓▓

Az: ▓▓▓

In Sachen

▓▓▓ ./. ▓▓▓

beantrage ich namens und in Vollmacht des Klägers,

die Herabsetzung der monatlichen Raten.

Gründe:

Die persönlichen und wirtschaftlichen Verhältnisse der Partei haben sich nach der Bewilligung der Prozesskostenhilfe wesentlich verschlechtert. Dies resultiert daraus, dass die Partei ihre Arbeitsstelle verloren hat und seit dem ▓▓▓ Arbeitslosengeld bezieht.

Beweis: Kopie des Arbeitslosenbescheids vom ▓▓▓

Zudem ist durch die Geburt des Kindes ▓▓▓ eine weitere unterhaltsberechtigte Person hinzugetreten, sodass sich das einzusetzende Einkommen nochmals um den nunmehr zu berücksichtigenden Grundfreibetrag von ▓▓▓ EUR nach § 115 Abs. 1 S. 3 Nr. 2b ZPO vermindert.

Beweis: Kopie der Geburtsurkunde vom ▓▓▓

Rechtsanwalt

▲

XIX. Muster: Antrag auf Beratungshilfe

Stempel des Rechtsanwalts

Geschäftsnummer des Amtsgerichts

Eingangsstempel des Amtsgerichts

An das

Amtsgericht ....

Postleitzahl, Ort

Die Beratungshilfe wird beantragt von (Name, Vorname, ggf. Geburtsname)	Beruf, Erwerbstätigkeit	Geburtsjahr	Familienstand
Anschrift (Straße, Hausnummer, Postleitzahl, Wohnort)		Tagsüber telefonisch erreichbar unter Nr.	

Ⓐ Es wird Beratungshilfe in folgender Angelegenheit beantragt:

Ⓑ Eine Rechtsschutzversicherung tritt für den vorliegenden Fall nicht ein.
Eine andere Möglichkeit, kostenlose Beratung und Vertretung in Anspruch zu nehmen (z. B. als Mitglied eines Mietervereins, einer Gewerkschaft oder einer anderen Organisation) besteht in dieser Angelegenheit nicht.

Wenn Sie laufende Leistungen zum Lebensunterhalt nach dem Bundessozialhilfegesetz beziehen und den letzten Bescheid des Sozialamtes beifügen, sind Angaben zu Ⓒ bis Ⓖ entbehrlich, sofern das Gericht nicht etwas anderes anordnet.

Ⓒ Meine monatlichen Einkünfte belaufen sich auf brutto .... EUR, netto: .... EUR
Mein Ehegatte oder Lebenspartner hat monatliche Einkünfte von netto: .... EUR

Ⓓ Die Wohnkosten für die von mir gemeinsam mit .... Personen bewohnte Wohnung in Größe von .... m²
betragen monatlich insgesamt .... EUR.

Ⓔ
Angehörige, denen Sie Unterhalt gewähren	Geburtsdatum	Familienverhältnis (z. B. Ehegatte, Lebenspartner, Kind, Schwiegermutter)	Wenn Sie den Unterhalt ausschließlich durch Zahlung gewähren: Monatsbetrag in EUR	Haben die Angehörigen eigene Einnahmen? (z. B. Ausbildungsvergütung, Unterhaltszahlungen vom anderen Elternteil)	
Name, Vorname (Anschrift nur, wenn sie von Ihrer Anschrift abweicht)				Nein	Ja, EUR mtl. netto
1					
2					
3					
4					
5					

§3 Prozesskosten- und Beratungshilfe

(F) Ist **Vermögen** vorhanden? ☐ Nein ☐ Ja, in diesem Fall bitte nachstehende weitere Angaben:

		Verkehrswert oder Guthabenbetrag
Grundvermögen ☐ Nein ☐ Ja	Bezeichnung nach Lage, Größe, Nutzungsart	
Bank-, Spar-, Bauspar- guthaben, Wertpapiere ☐ Nein ☐ Ja	Bezeichnung der Bank, Sparkasse oder des sonstigen Kreditinstituts. Bei Bausparguthaben bitte Auszahlungstermin und Verwendungszweck angeben	
Sonstige Vermögenswerte (einschließlich Bargeld); Haushalt, Kleidung, Berufs- gegenstände, soweit nicht Luxus, bleiben außer Betracht	Bezeichnung des Gegenstandes	
Verbindlichkeiten (bitte nur ausfüllen, wenn Vermögenswerte angegeben)		Restbetrag in EUR
Art der Verbindlichkeit, Bezeichnung des Gläubigers, Verwendungszweck		

(G) Als besondere Belastung mache ich geltend: Besondere Belastung (z. B. Mehrausgaben für körperbehinderten Angehörigen) bitte begründen. Die Angaben sind zu belegen.

In der Angelegenheit, für die ich Beratungshilfe beantrage, ist mir bisher Beratungshilfe weder gewährt noch durch das Amtsgericht versagt worden.

Ein gerichtliches Verfahren war oder ist nicht anhängig.

Ich versichere, dass meine Angaben vollständig und wahr sind.

Das Hinweisblatt zu diesem Vordruck habe ich erhalten.

Belege zu folgenden Angaben haben vorgelegen:

☐ Bewilligungsbescheid für laufende Hilfe zum Lebensunterhalt

☐ Einkünfte

☐ Sonstiges:

....

....

Ort, Datum   Ort, Datum

....

(Unterschrift des Antragstellers)   (Unterschrift des Rechtspflegers/Rechtsanwalts)

▲

XX. Muster: Antrag auf Vergütungsfestsetzung im Rahmen der Beratungshilfe

Antragsteller/in
(Stempel des Rechtsanwalts/der Rechtsanwältin)

Geschäftsnummer des Amtsgerichts
(Berechtigungsschein)

Eingangsstempel des Amtsgerichts

An das

Amtsgericht ....

Postleitzahl, Ort

| Bitte zweifach einreichen |
| Stark umrandetes Feld nicht ausfüllen |
| Zutreffendes ankreuzen |

Ich habe Beratungshilfe gewährt Herrn/Frau .... in der Zeit vom/am

Anschrift (Straße, Hausnummer, Postleitzahl, Ort)

☐ Berechtigungsschein ist beigefügt.   ☐ Antrag auf nachträgliche Bewilligung der Beratungshilfe ist beigefügt.

Über die in RVG-VV Nr. 2500 bestimmte Gebühr hinaus habe ich Zahlungen von einer/einem Dritten ☐ nicht,
☐ in Höhe von .... EUR erhalten.

Angaben zu § 9 BerHG:
Der Gegner/Die Gegnerin ist verpflichtet, die Kosten zu erstatten: ☐ nein; ☐ ja; Name und Anschrift sowie die Begründung der Erstattungspflicht ergeben sich aus der Anlage.

Die Beratung ist in ein gerichtliches/behördliches Verfahren in meinem Mandat übergegangen (RVG-VV Nr. 2501 Abs. 1, 2503 Abs. 2): ☐ nein; ☐ ja, bei

| Gericht, Behörde | Ort | Aktenzeichen |

Ich beantrage, nachstehend berechnete Gebühren und Auslagen, deren Entstehung ich versichere, festzusetzen und auszuzahlen durch Überweisung auf folgendes Konto: Konto-Nr.: ....

bei: .... BLZ: .... zum Geschäftszeichen: ....

Ort, Datum   Rechtsanwalt/Rechtsanwältin

Kostenberechnung	VV RVG Nr.	Betrag EUR	Festzusetzen auf EUR
1) Beratungsgebühr	2501		
2) Geschäftsgebühr Meine Tätigkeit bestand in:	2503		
3) Einigungs- u. Erledigungsgebühr Vergleichsinhalt bzw. Darstellung der Erledigung ergeben sich aus der Anlage	2508		
4) Entgelte für Post- und Telekommunikationsdienstleistungen	Einzelberechnung 7001 Pauschale 7002		
5) Dokumentenpauschale	7000		
6)			
Summe			0,00
Umsatzsteuer	7008		
Summe			0,00
abzüglich Zahlungen gem. § 9 Beratungshilfegesetz i.V.m. § 58 Abs. 1 RVG			
Zu zahlender Betrag			0,00

§ 3 Prozesskosten- und Beratungshilfe

Gericht

....

Nur bei Antrag auf nachträgliche Bewilligung der Beratungshilfe:

Bewilligung
(Urschrift)

Frau/Herrn .... (Anschrift umseitig)

wird auf den Antrag vom .... für die folgende Angelegenheit Beratungshilfe bewilligt:

....

Datum .... Rechtspfleger/in

Festsetzung
(Urschrift)

Die der Rechtsanwältin/ .... aus der Staatskasse zu zahlenden
dem Rechtsanwalt

Gebühren und Auslagen werden festgesetzt auf .... EUR .... Cent,

der bereits gezahlte Betrag/Vorschuss in Höhe von .... EUR (Datum der Zahlungsanordnung: ....) wurde berücksichtigt.

Der/Dem Berechtigten steht nach dem ☐ obigen Beschluss ☐ anliegenden Berechtigungsschein Beratungshilfe zu.

Die vorgenannte Rechtsanwältin/Der vorgenannte Rechtsanwalt hat glaubhaft gemacht, dass sie/er der/dem Berechtigten Beratungshilfe in dem sich aus umseitiger Rechnung ergebenden Umfang gewährt hat.

Eine Erstattungspflichtige/Ein Erstattungspflichtiger (§ 9 Beratungshilfegesetz) ☐ ist vorhanden. ☐ konnte nicht ermittelt werden.

Begründung von Absetzungen: ....
....
....
....

Datum .... als Urkundsbeamtin/Urkundsbeamter der Geschäftsstelle

Vfg.

1. **Vermerk:**
   a) Der festgesetzte Beitrag wurde auf dem Beiordnungsbeschluss vermerkt.

) Eine Mitteilung zu den Verfahrensakten ist ergangen (RVG-VV Nr. 2503, Anm. Abs. 2).

) Die Wiedereinziehung von der/dem Erstattungspflichtigen _____

   ☐ wird veranlasst.   ☐ wird noch geprüft.

   ☐ unterbleibt wegen Unvermögens der Schuldnerin/des Schuldners.

2. Auszahlungsanordnung über den oben festgesetzten Betrag an „Zentrale Stelle".
3.

(Ort und Datum)	(Name, Amtsbezeichnung)

XXI. Muster: Antrag auf Festsetzung der Kosten im Rahmen der Prozesskostenhilfe

▼

[Anwaltsstempel nebst Bankverbindung]

An das

Amtsgericht

in

Az:

In dem Verfahren

– Antragsteller/in –

gegen

– Antragsgegner/in –

beantrage ich nachstehend berechnete Gebühren und Auslagen, deren Entstehung ich versichere, festzusetzen und auszuzahlen durch Überweisung auf mein Konto bei der ▇, Konto-Nr.: ▇, BLZ: ▇ zum Geschäftszeichen ▇.

Ich versichere, dass
- ☐ die Auslagen und Gebühren unter meiner Beiordnung entstanden sind,
- ☐ der/die Antragsgegner/in mit der Zahlung der Vergütung in Verzug ist (§ 45 Abs. 2 RVG),
- ☐ ich Vorschüsse und sonstige Zahlungen nach § 47 RVG in Höhe von ▇ EUR erhalten/nicht erhalten habe,
- ☐ ich aus der Staatskasse Vorschüsse nach § 58 RVG in Höhe von ▇ EUR erhalten/nicht erhalten habe,
- ☐ ich Gebühren im Rahmen der Beratungshilfe nach § 44 RVG, Nr. 2501, 2503 VV in Höhe von ▇ EUR erhalten/nicht erhalten habe.
- ☐ ich für eine außergerichtliche Vertretung desselben Gegenstandes/Teil des Gegenstandes nach § 15a RVG, Nr. 2300–2303 VV eine Geschäftsgebühr in Höhe von ▇ erhalten/nicht erhalten habe.
- ☐ sofern Einzelberechnung vorliegt, mir die Auslagen gem. Nr. 7001 VV während meiner Beiordnung entstanden sind.

Ich versichere, dass ich alle späteren Zahlungen unverzüglich anzeigen werde (§ 55 Abs. 5 S. 4 RVG).

§ 3 Prozesskosten- und Beratungshilfe

Kostenberechnung nach dem RVG

Gegenstandswert	PKH-Vergütung §§ 45, 49 RVG	Regelvergütung §§ 13, 50 RVG
☐ 1,3-Verfahrensgebühr, VV 3100	EUR	EUR
☐ 1,6-Verfahrensgebühr, VV 3200	EUR	EUR
☐ Erhöhung gem. VV 1008	EUR	EUR
☐ 0,8-Verfahrensgebühr, VV 3101	EUR	EUR
☐ 1,1-Verfahrensgebühr, VV 3201	EUR	EUR
☐ Erhöhung gem. VV 1008	EUR	EUR
höchstens nach § 15 Abs. 3:		
☐ 1,2-Terminsgebühr, VV 3104, 3202	EUR	EUR
☐ 0,5-Terminsgebühr, VV 3105, 3203	EUR	EUR
☐ 1,5-Einigungsgebühr, VV 1000	EUR	EUR
☐ 1,0-Einigungsgebühr, VV 1003	EUR	EUR
☐ 1,3-Einigungsgebühr, VV 1004	EUR	EUR
höchstens nach § 15 Abs. 3:		
☐ Kopierkosten, VV 7000	EUR	EUR
☐ Entgelte für Post- und Telekommunikationsentgelte, VV 7001	EUR	EUR
☐ Pauschale für Entgelte für Post- und Telekommunikationsentgelte, VV 7002	EUR	EUR
☐ Fahrtkosten, VV 7003, 7004	EUR	EUR
☐ Tage- Abwesenheitsgelder, VV 7005	EUR	EUR
☐ sonstige Auslagen anlässlich Geschäftsreise, VV 7006	EUR	EUR
Zwischensumme =	**EUR**	**EUR**
19 % USt., VV 7008	EUR	EUR
Zwischensumme	**EUR**	**EUR**
abzüglich erhaltener Vorschüsse und sonstiger Zahlungen (§§ 15a, 44, 47, 58 RVG)	EUR	EUR
Zu erstattender Betrag	**EUR**	
Weitere Vergütung nach § 50 RVG	**EUR**	

Rechtsanwalt

▲

4. Teil: Muster § 3

XXII. Muster: Erklärung über die persönlichen und wirtschaftlichen Verhältnisse im Rahmen eines Prozesskostenhilfeantrages

Erklärung über die persönlichen und wirtschaftlichen Verhältnisse
– Anlage zum Antrag auf Bewilligung der Prozesskostenhilfe; **die notwendigen Belege sind beizufügen** –

Geschäftsnummer des Gerichts

(A) Die Prozesskostenhilfe wird beantragt von (Name, Vorname, ggf. Geburtsname): | Beruf, Erwerbstätigkeit | Geburtsdatum | Familienstand

Anschrift (Straße, Hausnummer, Postleitzahl, Wohnort) — Tagsüber telefonisch erreichbar unter Nr.

Antragstellende Partei wird gesetzlich vertreten von (Name, Vorname, Anschrift, Telefon):

(B) Trägt eine **Rechtsschutzversicherung** oder **andere Stelle / Person** (z. B. Gewerkschaft, Arbeitgeber, Mieterverein) die Kosten Ihrer Prozessführung?
Nein □ Ja, in voller Höhe □ Ja, in Höhe von EUR □

(C) Beziehen Sie **Unterhaltsleistungen** (z. B. Unterhaltszahlungen; Versorgung im elterlichen Haushalt; Leistungen des Partners einer eheähnlichen Lebensgemeinschaft)?
Nein □ Ja, von Eltern/Vater/Mutter (bitte zu Zweitstück dieses Vordrucks Angaben über deren/dessen Verhältnisse – s. Hinweise) □ Ja, von getrennt lebenden/geschiedenen Ehegatten □ Ja, von anderer Person □

Beleg-Nr.

(D) **Angehörige**, denen Sie Unterhalt gewähren

Name, Vorname (Anschrift nur, wenn sie von Ihrer Anschrift abweicht)	Geburtsdatum	Familienverhältnis (z. B. Ehegatte, Kind, Schwiegermutter)	Wenn Sie den Unterhalt ausschließlich durch Zahlung gewähren: Monatsbetrag in EUR	Haben die Angehörigen eigene Einnahmen? (z. B. Ausbildungsvergütung, Unterhaltszahlungen vom anderen Elternteil)	Beleg-Nr.
1				Nein □ Ja, EUR mtl. netto □	
2				Nein □ Ja, EUR mtl. netto □	
3				Nein □ Ja, EUR mtl. netto □	
4				Nein □ Ja, EUR mtl. netto □	
5				Nein □ Ja, EUR mtl. netto □	

Wenn Sie laufende Leistungen zum Lebensunterhalt nach dem Zwölften Buch Sozialgesetzbuch oder Leistungen zur Sicherung des Lebensunterhalts nach dem Zweiten Buch Sozialgesetzbuch beziehen **und den letzten hierfür erhaltenen Bescheid beifügen**, sind Angaben zu **(E)** bis **(J)** entbehrlich, sofern das Gericht nicht etwas anderes anordnet.

(E) Bruttoeinnahmen

Bitte unbedingt beachten:
Die notwendigen Belege (z. B. Lohnbescheinigung der Arbeitsstelle) **müssen beigefügt werden.**

Bitte Art und Bezugszeitraum angeben:
z. B.
Unterhaltsrente mtl.
Altersrente mtl.
Weihnachtsgeld jährl.
Urlaubsgeld jährl.
Arbeitslosengeld mtl.
Arbeitslosengeld II mtl.
Sozialgeld mtl.
Ausbildungsfördg. mtl.
Krankengeld mtl.

Haben **Sie** Einnahmen aus			Hat Ihr **Ehegatte** Einnahmen aus			Beleg-Nr.
nichtselbständiger Arbeit?	Nein □	Ja, EUR mtl. brutto	nichtselbständiger Arbeit?	Nein □	Ja, EUR mtl. brutto	
selbständiger Arbeit / Gewerbebetrieb / Land-, Forstwirtschaft?	Nein □	Ja, EUR mtl. brutto	selbständiger Arbeit / Gewerbebetrieb / Land-, Forstwirtschaft?	Nein □	Ja, EUR mtl. brutto	
Vermietung und Verpachtung?	Nein □	Ja, EUR mtl. brutto	Vermietung und Verpachtung?	Nein □	Ja, EUR mtl. brutto	
Kapitalvermögen?	Nein □	Ja, EUR mtl. brutto	Kapitalvermögen?	Nein □	Ja, EUR mtl. brutto	
Kindergeld?	Nein □	Ja, EUR mtl. brutto	Kindergeld?	Nein □	Ja, EUR mtl. brutto	
Wohngeld?	Nein □	Ja, EUR mtl. brutto	Wohngeld?	Nein □	Ja, EUR mtl. brutto	
Andere Einnahmen (auch einmalige oder unregelmäßige)?	Nein □	Ja, EUR mtl. brutto	Andere Einnahmen (auch einmalige oder unregelmäßige)?	Nein □	Ja, EUR mtl. brutto	
		EUR mtl. brutto			EUR mtl. brutto	
		EUR mtl. brutto			EUR mtl. brutto	
		EUR mtl. brutto			EUR mtl. brutto	

Falls zu den Einnahmen alle Fragen verneint werden: Auf welche Umstände ist dies zurückzuführen? Wie bestreiten Sie Ihren Lebensunterhalt?

(F) Abzüge

Bitte kurz bezeichnen, z. B.
① Lohnsteuer
② Pflichtbeiträge Lebensversicherung
④ Fahrt zur Arbeit, ... km einfache Entfernung

Die notwendigen Belege müssen beigefügt werden.

Welche Abzüge haben **Sie**?		Welche Abzüge hat ihr **Ehegatte**?		Beleg-Nr.
① Steuern	EUR mtl.	① Steuern	EUR mtl.	
② Sozialversicherungsbeiträge	EUR mtl.	② Sozialversicherungsbeiträge	EUR mtl.	
③ Sonstige Versicherung	EUR mtl.	③ Sonstige Versicherung	EUR mtl.	
④ Werbungskosten, Betriebsausgaben	EUR mtl.	④ Werbungskosten, Betriebsausgaben	EUR mtl.	

Allgemeine Fassung

ZP 3 I Erklärung bei Prozesskostenhilfe (§ 117 Abs. 2 ZPO) (VB 1.05)

§ 3 Prozesskosten- und Beratungshilfe

(G) Ist Vermögen vorhanden? — A, B oder C — In dieser Spalte mit Großbuchstaben bitte jeweils angeben, wem der Gegenstand gehört: A = mir allein · B = meinem Ehegatten allein · C = meinem Ehegatten und mir gemeinsam — Verkehrswert, Guthabenhöhe, Betrag in EUR — Beleg-Nr.

Grundvermögen? (z. B. Grundstück, Familienheim, Wohnungseigentum, Erbbaurecht) — Nein ☐ Ja ☐ — Nutzungsart, Lage, Größe, Grundbuchbezeichnung, Jahr der Bezugsfertigkeit, Einheits-, Brandversicherungswert:

Bausparkonten? — Nein ☐ Ja ☐ — Bausparkasse, voraussichtlicher oder feststehender Auszahlungstermin, Verwendungszweck:

Bank-, Giro-, Sparkonten und dergleichen? — Nein ☐ Ja ☐ — Kreditinstitut, Guthabenart:

Kraftfahrzeuge? — Nein ☐ Ja ☐ — Fahrzeugart, Marke, Typ, Bau-, Anschaffungsjahr:

Sonstige Vermögenswerte, Lebensversicherung, Wertpapiere, Bargeld, Wertgegenstände, Forderungen, Außenstände? — Nein ☐ Ja ☐ — Bezeichnung der Gegenstände:

(H) Wohnkosten — Angaben sind zu belegen — Größe des Wohnraums, den Sie mit Ihren oben unter (D) bezeichneten Angehörigen bewohnen: — Größe in m² — Art der Heizung (z. B. „Zentrale Ölheizung") — Beleg-Nr.

Wenn Sie den Raum als Mieter oder in einem ähnlichen Nutzungsverhältnis bewohnen — Miete ohne Mietnebenkosten EUR mtl. — Heizkosten EUR mtl. — Übrige Nebenkosten EUR mtl. — Gesamtbetrag EUR mtl. — Ich zahle darauf EUR mtl. — Ehegatte zahlt EUR mtl.

Wenn Sie den Raum als Eigentümer, Miteigentümer, Erbbauberechtigter o. dgl. bewohnen — Belastung aus Fremdmitteln EUR mtl. — Heizkosten EUR mtl. — Übrige Nebenkosten EUR mtl. — Gesamtbetrag EUR mtl. — Ich zahle darauf EUR mtl. — Ehegatte zahlt EUR mtl.

Genaue Einzelangaben zu der Belastung aus Fremdmitteln (z. B. „ ...% Zinsen, ...% Tilgung aus Darlehen der Sparkasse ... für Kauf des Eigenheims; Zahlungen laufen bis ..."): — Restschuld EUR — Ich zahle darauf EUR mtl. — Ehegatte zahlt EUR mtl.

(I) Bitte angeben, an wen, wofür, seit wann die Zahlungen geleistet werden und bis wann sie laufen (z. B. „Ratenkredit der ... Bank vom ... für Kauf eines Pkw, Raten laufen bis ..."): — Restschuld EUR — Ich zahle darauf EUR mtl. — Ehegatte zahlt EUR mtl. — Beleg-Nr.

(J) Als besondere Belastung mache ich geltend: Besondere Belastung (z. B. Mehrausgaben für körperbehinderten Angehörigen) bitte begründen. **Die Angaben sind zu belegen.** — Ich bringe dafür auf EUR mtl. — Ehegatte bringt dafür auf EUR mtl. — Beleg-Nr.

Ich versichere hiermit, dass meine Angaben vollständig und wahr sind.

Anzahl **Belege**

(K) Ort, Datum

XXIII. Muster: Erklärung über die persönlichen und wirtschaftlichen Verhältnisse im Rahmen eines Verfahrenskostenhilfeantrages

Erklärung über die persönlichen und wirtschaftlichen Verhältnisse
- Anlage zum Antrag auf Bewilligung der Verfahrenskostenhilfe; **die notwendigen Belege sind beizufügen.** -

Geschäftsnummer des Gerichts

A Die Verfahrenskostenhilfe wird beantragt von (Name, Vorname, ggf. Geburtsname): | Beruf, Erwerbstätigkeit | Geburtsdatum | Familienstand

Anschrift (Straße, Hausnummer, Postleitzahl, Wohnort) | Tagsüber telefonisch erreichbar unter Nr.

Antragstellender Beteiligter wird gesetzlich vertreten von (Name, Vorname, Anschrift, Telefon):

B Trägt eine **Rechtsschutzversicherung** oder **andere Stelle / Person** (z. B. Gewerkschaft, Arbeitgeber, Mieterverein) die Kosten Ihrer Verfahrensführung?
Nein ☐ | Ja, in voller Höhe ☐ | Ja, in Höhe von EUR ☐

C Beziehen Sie **Unterhaltsleistungen** (z. B. Unterhaltszahlungen; Versorgung im elterlichen Haushalt; Leistungen des Partners einer eheähnlichen Lebensgemeinschaft?)
Nein ☐ | Ja, von Eltern/Vater/Mutter (Bitte auf Zweitstück dieses Vordrucks Angaben über deren/dessen Verhältnisse – s. Hinweise) ☐ | Ja, von getrenntlebenden / geschiedenen Ehegatten ☐ | Ja, von anderer Person ☐

Beleg-Nr.

D Angehörige, denen Sie Unterhalt gewähren

Name, Vorname (Anschrift, nur wenn sie von Ihrer Anschrift abweicht)	Geburtsdatum	Familienverhältnis (z. B. Ehegatte, Kind, Schwiegermutter)	Wenn Sie den Unterhalt ausschließlich durch Zahlung gewähren: Monatsbetrag in Euro	Haben die Angehörigen eigene Einnahmen? (z. B. Ausbildungsvergütung, Unterhaltszahlungen vom anderen Elternteil)		Beleg-Nr.
1				Nein ☐	Ja, EUR mtl. netto	
2				Nein ☐	Ja, EUR mtl. netto	
3				Nein ☐	Ja, EUR mtl. netto	
4				Nein ☐	Ja, EUR mtl. netto	
5				Nein ☐	Ja, EUR mtl. netto	

Wenn Sie die laufenden Leistungen zum Lebensunterhalt nach dem Zwölften Buch Sozialgesetzbuch oder Leistungen zur Sicherung des Lebensunterhalts nach dem Zweiten Buch Sozialgesetzbuch beziehen **und den letzten hierüber erhaltenen Bescheid beifügen** sind Angaben zu (E) bis (J) entbehrlich, sofern das Gericht nicht etwas anderes anordnet.

E Bruttoeinnahmen
Bitte unbedingt beachten:
Die notwendigen Belege (z. B. Lohnbescheinigung der Arbeitsstelle) müssen beigefügt werden.

	Haben **Sie** Einnahmen aus			Hat Ihr Ehepartner Einnahmen aus?			Beleg-Nr.
	nichtselbständiger Arbeit?	Nein ☐	Ja, EUR mtl. brutto	nicht selbständiger Arbeit?	Nein ☐	Ja, EUR mtl. brutto	
	selbständiger Arbeit / Gewerbebetrieb / Land-, Forstwirtschaft?	Nein ☐	Ja, EUR mtl. brutto	selbständiger Arbeit / Gewerbebetrieb / Land-, Forstwirtschaft?	Nein ☐	Ja, EUR mtl. brutto	
	Vermietung und Verpachtung?	Nein ☐	Ja, EUR mtl. brutto	Vermietung und Verpachtung?	Nein ☐	Ja, EUR mtl. brutto	
	Kapitalvermögen?	Nein ☐	Ja, EUR mtl. brutto	Kapitalvermögen?	Nein ☐	Ja, EUR mtl. brutto	
	Kindergeld?	Nein ☐	Ja, EUR mtl.	Kindergeld?	Nein ☐	Ja, EUR mtl.	
	Wohngeld	Nein ☐	Ja, ☐	Wohngeld	Nein ☐	Ja, EUR mtl.	

Bitte Art und Bezugszeitraum angeben: z. B.: Unterhaltsrente mtl.	Andere Einnahmen (auch einmalige oder unregelmäßige	Nein ☐	Ja, und zwar ☐	Andere Einnahmen (auch einmalige oder unregelmäßige	Nein ☐	Ja, und zwar ☐	
Altersrente mtl.							
Weihnachts- / Urlaubsgeld jährl.			EUR brutto			EUR brutto	
Arbeitslosengeld mtl.			EUR brutto			EUR brutto	
Arbeitslosengeld II mtl.							
Sozialgeld mtl.			EUR brutto			EUR brutto	
Ausbildungsfördg. mtl.							

Falls zu den Einnahmen alle Fragen verneint werden: Auf welche Umstände ist dies zurückzuführen? Wie bestreiten Sie Ihren Lebensunterhalt?

F Abzüge:

Bitte kurz bezeichnen:
z. B. (1) Steuern
(2) Pflichtbeiträge
(3) Lebensversicherung
(4) Fahrt zur Arbeit
.... km einfache Entfernung
Die notwendigen Belege müssen beigefügt werden.

	Welche Abzüge haben **Sie**?	EUR mtl.	Welche Abzüge hat Ihr Ehegatte?	EUR mtl.	Beleg-Nr.
	(1) Steuern	EUR mtl.	(1) Steuern	EUR mtl.	
	(2) Sozialversicherungsbeiträge	EUR mtl.	(2) Sozialversicherungsbeiträge	EUR mtl.	
	(3) Sonstige Versicherung	EUR mtl.	(3) Sonstige Versicherung	EUR mtl.	
	(4) Werbungskosten, Betriebsausgaben	EUR mtl.	(4) Werbungskosten, Betriebsausgaben	EUR mtl.	

Vorläufige FamFG-Fassung

§ 3 Prozesskosten- und Beratungshilfe

G Ist **Vermögen** vorhanden? | A, B oder C | ◀ In dieser Spalte mit Großbuchstaben bitte jeweils angeben, wem der Gegenstand gehört: A = mir allein, B = meinem Ehegatten allein, C = meinem Ehegatten und mir gemeinsam | Verkehrswert, Guthabenhöhe, Betrag in EUR | Beleg-Nr.

Grundvermögen? (z. B. Grundstück, Familienheim, Wohnungseigentum, Erbbaurecht)
Nein ☐ Ja ☐
Nutzungsart, Lage, Größe, Grundbuchbezeichnung, Jahr der Bezugsfertigkeit, Einheits-, Brandversicherungswert:

Bausparkonten?
Nein ☐ Ja ☐
Bausparkasse, voraussichtlicher oder feststehender Auszahlungstermin, Verwendungszweck:

Bank-, Giro-, Sparkonten u. dgl.?
Nein ☐ Ja ☐
Kreditinstitut, Guthabenwert:

Kraftfahrzeuge?
Nein ☐ Ja ☐
Fahrzeugart, Marke, Typ, Bau-, Anschaffungsjahr;

Sonstige Vermögenswerte, (Lebensversicherung, Wertpapiere, Bargeld, Wertgegenstände, Forderungen, Außenstände?
Nein ☐ Ja ☐
Bezeichnung der Gegenstände:

H **Wohnkosten**
Angaben sind zu belegen | Größe des Wohnraumes, den Sie mit Ihren oben unter (D) bezeichneten Angehörigen bewohnen | Größe in m² | Art der Heizung (z. B. „Zentrale Ölheizung") | | | | | Beleg-Nr.

Wenn Sie den Raum als **Mieter** oder in einem ähnlichen Nutzungsverhältnis bewohnen | Miete ohne Mietnebenkosten EUR mtl. | Heizungskosten EUR mtl. | Übrige Nebenkosten EUR mtl. | Gesamtbetrag EUR mtl. | Ich zahle darauf EUR mtl. | Ehegatte zahlt EUR mtl.

Wenn Sie den Raum als **Eigentümer,** Miteigentümer, Erbbauberechtigter o. dgl. bewohnen | Belastung aus Fremdmitteln EUR mtl. | Heizungskosten EUR mtl. | Übrige Nebenkosten EUR mtl. | Gesamtbetrag EUR mtl. | Ich zahle darauf EUR mtl. | Ehegatte zahlt EUR mtl.

Genaue Einzelangaben zur Belastung aus Fremdmitteln (z. B. „... % Zinsen, ... % Tilgung aus Darlehn der Sparkasse ... für den Kauf des Eigenheims; Zahlungen laufen bis ..."): | Restschuld EUR | Ich zahle darauf EUR mtl. | Ehegatte zahlt EUR mtl.

I **Sonstige Zahlungsverpflichtungen**
Bitte angeben, an wen, wofür, seit wann die Zahlungen geleistet werden und bis wann sie laufen (z. B. „Ratenkredit der ... Bank vom ... für den Kauf eines PKW, Raten laufen bis ..."): | Restschuld EUR | Ich zahle darauf EUR mtl. | Ehegatte zahlt EUR mtl. | Beleg-Nr.

J **Als besondere Belastung mache ich geltend:**
Besondere Belastung (z. B. Mehrausgaben für körperbehinderte Angehörige) bitte begründen.
Die Angaben sind zu belegen. | Ich bringe dafür auf EUR mtl. | Ehegatte bringt dafür auf EUR mtl. | Beleg-Nr.

K **Ich versichere hiermit, dass meine Angaben vollständig und wahr sind.** Das Hinweisblatt zu diesem Vordruck habe ich erhalten.

Anzahl .... **Belege** füge ich bei | Aufgenommen:

Ort, Datum | Unterschrift des Beteiligten oder der Person, die ihn gesetzlich vertritt | Unterschrift, Amtsbezeichnung

XXIV. Muster: Antrag auf Prozesskostenhilfe bei Antrag auf einstweilige Anordnung nach § 769 Abs. 2 ZPO

▼

An das
Vollstreckungsgericht

in ▇

Antrag auf einstweilige Anordnung nach § 769 Abs. 2 ZPO
und auf
Prozesskostenhilfe

des ▇

– Gläubiger –

gegen

den ▇

– Schuldner –

In vorbezeichneter Angelegenheit bestelle ich mich laut anliegender Vollmacht für den Schuldner und beantrage:
1. Die Zwangsvollstreckung aus dem ▇ *[Titelbezeichnung]* des ▇ gerichts ▇ vom ▇, Az: ▇, wird ohne *[ggf. gegen]* Sicherheitsleistung einstweilen eingestellt.
2. Die laut Pfändungsprotokoll des Gerichtsvollziehers ▇ in ▇ vom ▇ (DR Nr. ▇) erfolgte Pfändung wird gegen *[ggf. ohne]* Sicherheitsleitung einstweilen eingestellt.
3. Dem Schuldner wird für das Verfahren Prozesskostenhilfe bewilligt.

Begründung:

Durch ▇ *[Titelbezeichnung]* des ▇ gerichts vom wurde der Schuldner dazu verpflichtet, an den Gläubiger *[Kläger]* ▇ EUR nebst ▇ Zinsen in Höhe von fünf Prozentpunkten über dem Basiszinssatz seit dem ▇ zu zahlen.

> Beweis: Vorlage des *[Titels]* in Kopie

Der Gläubiger betreibt die Zwangsvollstreckung aus dem vorbezeichneten Titel. So hat der Gerichtsvollzieher am ▇ folgende Gegenstände gepfändet: ▇ *[genaue Auflistung]*

Die Verwertung dieser Gegenstände würde dem Schuldner *[Beklagten]* einen nicht zu ersetzenden Nachteil bringen, weil ▇

Der Schuldner hat mit Schriftsatz vom ▇ beim zuständigen Prozessgericht in ▇ Klage nach § 767 ZPO erhoben. Danach ist die Zwangsvollstreckung aus dem zugrunde liegenden Titel nicht mehr berechtigt.

> Beweis: Kopie der Klage vom ▇

Eine Entscheidung des Prozessgerichts kann wegen der anstehenden Verwertung nicht mehr in der Kürze der Zeit erreicht werden.

§ 3 Prozesskosten- und Beratungshilfe

Zur Darlegung der persönlichen und wirtschaftlichen Verhältnisse wird Bezug genommen auf die anliegende Erklärung vom . Hieraus ist ersichtlich, dass der Schuldner zur Zahlung der Kosten nicht in der Lage ist, sodass der Antrag auf Einstellung der Zwangsvollstreckung ohne Sicherheitsleistung begründet ist.

Die vorstehenden Angaben werden durch den Schuldner an Eides Statt versichert. Insofern wird Bezug genommen auf die eidesstattliche Versicherung des Schuldners vom .

Rechtsanwalt
▲

§ 4 Mahnverfahren und Vollstreckungsbescheid

Uwe Salten

Inhalt

	Rdn
A. Einleitung	1
B. Rechtliche Grundlagen	16
I. Allgemeines	16
II. Zuständigkeit	24
1. Allgemeines	24
2. Die örtliche Zuständigkeit	26
a) Ausnahmen	35
aa) Auslandsverfahren	35
bb) WEG-Verfahren	40
cc) Arbeitsgerichtliches Verfahren	41
dd) Europäisches Mahnverfahren und Europäischer Vollstreckungstitel	42
b) Zentrale Mahngerichte – Automatisiertes Mahnverfahren	45
III. Die Anträge und Formvorschriften	52
1. Die wichtigsten Anträge im Mahnverfahren	54
2. Der Antrag auf Erlass des Mahnbescheids	55
3. Der Antrag auf Erlass des Vollstreckungsbescheids	56
4. Die Neuzustellungsanträge	59
5. Der Widerspruch	60
6. Der Einspruch	61
IV. Das Ausfüllen des Antrages auf Erlass eines Mahnbescheids	65
1. Allgemeines	65
2. Einzelheiten	72
a) Die Daten	72
b) Die Parteien	75
c) Gesamtschuldnerschaft	95
d) Bezeichnung des Anspruches	98
e) Abgetretene Ansprüche	118
f) Abhängigkeit von einer Gegenleistung	119
g) Das Mahngericht	120
h) Das Streitgericht	122
i) Die Unterschrift	132
j) Die Vollmacht	136
V. Das Prüfungsverfahren	137
1. Allgemeines	137
2. Monierung	141
3. Die Zurückweisung	154
4. Der Erlass des Mahnbescheids	162
VI. Der Widerspruch	189
1. Frist	190
2. Ausnahmen	195
3. Form	197
4. Begründung	204
5. Wirkung des Widerspruchs	208
6. Streitantrag	212
a) Grundsatz	215
b) Erste Ausnahme	217
c) Zweite Ausnahme	219
7. Abgabe an das Streitgericht	220
8. Das Verfahren beim Streitgericht	226
a) Begründung des Anspruchs	227
b) Frist	228
VII. Der Antrag auf Erlass des Vollstreckungsbescheids	243
1. Frist	245
2. Antragsinhalt	249
3. Teilwiderspruch	250
4. Das Prüfungsverfahren	253
5. Die Zustellung	254
a) Zustellung von Amts wegen	254
b) Zustellung im Parteibetrieb	258
c) Öffentliche Zustellung	263
d) Zustellung im Ausland	264
6. Zurückweisung des Antrages	265
7. Der Erlass des Vollstreckungsbescheids	268
VIII. Der Einspruch	274
1. Frist	276
2. Ausnahmen	281
3. Form	282
4. Unterschrift	284
5. Die Abgabe an das Streitgericht	287
6. Das Verfahren bei dem Streitgericht	290

- IX. Die Kosten 306
  1. Allgemeines 306
  2. Gerichtskosten 310
  3. Anwaltskosten des Antragstellers 319
     a) Mahnbescheid 319
     b) Vollstreckungsbescheid .. 325
  4. Anwaltskosten des Antragsgegners 333
  5. Prozesskostenhilfe 338

C. Muster 339
  I. Muster: Antrag auf Erlass eines Mahnbescheids im maschinellen Verfahren (grün) – nicht für Rechtsanwälte und registrierte Inkassounternehmen 340
  II. Muster: Online-Mahnantrag – auch für Rechtsanwälte und registrierte Inkassounternehmen .. 343
  III. Muster: Neuzustellungsantrag zum Mahnbescheid 345
  IV. Muster: Widerspruch 346
  V. Muster: Antrag auf Erlass eines Vollstreckungsbescheids im maschinellen Verfahren (blau) .. 348
  VI. Muster: Neuzustellungsantrag zum Vollstreckungsbescheid ... 349
  VII. Muster: Einspruch gegen den Vollstreckungsbescheid 350
  VIII. Muster: Antrag auf Abgabe an das Streitgericht 351
  IX. Muster: Europäisches Mahnverfahren 352

Literatur

Ahrens, Vollstreckungsbescheid ohne Vollstreckungsprivileg, NJW-Spezial 2008, 501; *Conrad*, Das zivilprozessuale Mahnverfahren, JuS 2009, 12; *Draznin*, Überblick über das neue elektronische Mahnverfahren, ZAP Fach 14, 591; *Freitag/Leible*, Erleichterung der grenzüberschreitenden Forderungsbeitreibung in Europa: Das europäische Mahnverfahren, BB 2008, 2750; *Goebel*, Der zukünftige prozessuale Kostenerstattungsanspruch für Inkassounternehmen im Mahnverfahren, MDR 2008, 542; *Hähnchen*, Das Mahnverfahren für Rechtsanwälte nur noch elektronisch, AnwBl 2008, 779; *Kloiber*, Das europäische Mahnverfahren, ZfRV 2009, 68; *Messias*, Das elektronische Mahnverfahren seit dem 1.12.2008, JurBüro 2008, 571; *Meyer-Berger*, Mahnverfahren und Vollstreckung, Diss. 2007; *Pacius*, Gerichtliches Mahnverfahren, FoVo 2008, 109; *Rellermeyer*, Grundzüge des europäischen Mahnverfahrens; *Ruess*, Die Erstattung der Kosten des Mahnverfahrens, NJW 2006, 1915; *Salten/Gräve*, Gerichtliches Mahnverfahren und Zwangsvollstreckung, 6. Auflage 2016; *Salten*, Die Bezeichnung der Hauptforderung im Mahnverfahren, MDR 1998, 1144; *Salten*, Das europäische Mahnverfahren MDR 2008, 1141; *Salten*, Anforderungen an die Forderungsbezeichnung im gerichtlichen Mahnverfahren, MDR 2009, 549; *Salten*, Neues Recht im Mahn- und Vollstreckungsverfahren, JurBüro 2017, 619 ff.; *Salten*, Rechtsnachfolgeklauseln im Massen-Inkasso, MDR 2018, 4; *Schimrick*, Das europäische Mahnverfahren NJ 2008, 491; *Schneider*, Die Entstehung der Terminsgebühr im Mahnverfahren, AGS 2007, 448;. *Schneider*, Einigungs- und Terminsgebühr im Mahnverfahren, ZAP Fach 24, 1157; *Sujecki*, Zu der Frage, ob die Einspruchsfrist auch bei Zustellung eines Vollstreckungsbescheids an eine prozessunfähige Partei in Gang gesetzt wird, NJW 2008, 2126; *Volpert*, Änderungen im Mahnverfahren zum 1.12.2008 durch das 2. Justizmodernisierungsgesetz, RVGreport 2008, 441.

A. Einleitung

Wenn sich Ihr Mandant entschieden hat, den ihm zustehenden Zahlungsanspruch nicht nur außergerichtlich durch Sie anmahnen zu lassen, stellt sich die Frage der weiteren Vorgehensweise.

Der Gesetzgeber stellt zwei Möglichkeiten zur Verfügung, und zwar das gerichtliche Mahnverfahren sowie das Klageverfahren.

Das gerichtliche Mahnverfahren hat den Vorteil, besonders einfach, schnell und kostengünstig zu sein. Dieses Ergebnis wird erreicht, weil es formalisiert und schriftlich abläuft, mithin keiner mündlichen Verhandlung und Beweisaufnahme bedarf. Neben der Zeitersparnis hat dies für Ihren Mandanten auch unter Kostengesichtspunkten Relevanz.

Auch die verjährungshemmende Wirkung des Verfahrens ist häufig ein Grund, sich für das „schnelle" Mahnverfahren zu entscheiden.

Inzwischen ist das maschinelle Mahnverfahren bundesweit eingeführt. Welches Mahngericht in den Bundesländern zuständig ist, entnehmen Sie der Tabelle Rdn 50.

Für die Beantragung von Mahnbescheiden wurde ein bundesweit verwendbares Formular eingeführt, das allerdings seit dem 1.12.2008 von Rechtsanwälten und registrierten Inkassodienstleistern nicht mehr verwendet werden darf. Diese Prozessbevollmächtigten dürfen ihre Mahnbescheidsanträge sowie auch die Vollstreckungsbescheids- und Neuzustellungsanträge nur noch „nur maschinell lesbar" stellen, d.h. entweder im Wege des elektronischen Datenaustauschs aus Fachsoftwareprodukten (online übermittelt über einen sicheren Übermittlungsweg gem. § 130a Abs. 4 ZPO oder ein EGVP-Drittprodukt – http://www.egvp.de/Drittprodukte/index.php) oder online bzw. per Ausdruck aus dem Justizportal „Online-Mahnantrag" (www.online-mahnantrag.de) als Barcodeantrag auf Papier, § 702 Abs. 2 ZPO. Seit dem 1.1.2018 ist beim Online-Mahnantrag darüber hinaus auch die Antragstellung unter Nutzung des neuen Personalausweises oder des elektronischen Aufenthaltstitels (elektronischer Identitätsnachweis nach § 18 des Personalausweisgesetzes oder § 78 Absatz 5 des Aufenthaltsgesetzes) möglich. Hierzu benötigen Sie einen Personalausweis oder einen elektronischen Aufenthaltstitel mit freigeschalteter Online-Ausweisfunktion (eID-Funktion), einen Kartenleser für die Online-Ausweisfunktion und die AusweisApp2.

Die Ausfüllmodalitäten können hinsichtlich des Formulars aus den amtlichen Ausfüllhinweisen, hinsichtlich des elektronischen Datenaustauschs aus Fachsoftwareprodukten bzw. aus dem Online-Mahnantrag aus den jeweiligen Hilfefunktionen entnommen werden. Einheitlich ist darauf zu achten, dass die jeweiligen begrenzten Eintragungsfelder eingehalten werden.

Das maschinelle Verfahren ist sehr stark auf die Automation der Bearbeitung ausgerichtet. Dies macht sich z.B. besonders bei der Hauptforderungsbezeichnung bemerkbar. Die genaue Angabe des Rechtsgrundes, auf dem der Anspruch beruht, erfolgt grundsätzlich mithilfe von sogenannten Katalognummern (vgl. Rdn 100).

7 Soweit eine katalogisierte Anspruchsbezeichnung im Einzelfall nicht möglich ist, besteht daneben aber auch die Möglichkeit, den Anspruch frei als sog. „Sonstigen Anspruch" zu formulieren. Dies sollte aber möglichst nur in Ausnahmefällen genutzt werden, da hier beim Gericht verstärkte manuelle Prüfungen stattfinden, die auch zu vermeidbaren Verfahrensverzögerungen führen können.

So oder so unterliegt man allerdings immer den darüber hinaus bestehenden Einschränkungen des automatisierten Verfahrens, da Feldanzahl und darin mögliche Zeichenangaben immer begrenzt sind. Um im Einzelfall aber für Ihren Mandanten kein Risiko einzugehen, sollte ein Anspruch, der nicht eindeutig der Anspruchsbezeichnung einer Katalognummer zugeordnet werden kann, immer in den Bereich des „Sonstigen Anspruchs" eingetragen und dort näher konkretisiert werden.

8 Unabhängig davon, ob die Anspruchsbezeichnung katalogisiert oder als „Sonstiger Anspruch" erfolgt, werden vom Mahngericht als Minimalanforderungen an die Anspruchsbezeichnung in der Regel – neben der Benennung des materiell-rechtlichen Anspruchsgrundes – ein Datum und selbstverständlich ein Forderungsbetrag gefordert. Zu beachten ist insoweit aber, dass u.U. auch weitergehende Informationen (z.B. Rechnungs- oder Vertragsnummer oder Bezugnahme auf andere dem Schuldner vorliegende Unterlagen) von den Prozessgerichten für eine „ausreichende Forderungsindividualisierung" bzw. auch zur Sicherstellung der materiell-rechtlichen Rechtshängigkeit verlangt werden.

9 Legt der Antragsgegner gegen den Mahnbescheid nicht innerhalb der vorgesehenen Frist Widerspruch ein, können Sie einen Antrag auf Erlass eines Vollstreckungsbescheids stellen, der gem. § 700 Abs. 1 ZPO einem für vorläufig vollstreckbar erklärten Versäumnisurteil gleichsteht. Aus diesem **Titel** können Sie unverzüglich die Zwangsvollstreckung einleiten.

10 Bei günstigem Verlauf vergeht zwischen Beantragung des Mahnbescheids und Erlass des Vollstreckungsbescheids ein Zeitraum von nur wenigen Wochen. Bei einem Klageverfahren wäre innerhalb dieser Zeitspanne allenfalls die Klage zugestellt. Bis zum Erlass des erstinstanzlichen Urteils vergehen meist mehrere Monate.

11 Diesen sehr schnellen „Prozesserfolg" können Sie für Ihren Mandanten allerdings nur dann erzielen, wenn der Gegner „mitspielt". Macht er von seinem Widerspruchsrecht Gebrauch (s. Rdn 191 ff.) oder legt er Einspruch ein (s. Rdn 274 ff.), schließt sich u.U. gleichwohl noch ein streitiges Klageverfahren an.

12 Sie müssen dann zwar zur Vorbereitung des Klageverfahrens die Schlichtungsvorschriften (die in einigen Ländern zeitweise zwingend vorgegeben waren) nicht mehr beachten.[1] Trotzdem haben Sie evtl. für Ihren Mandanten wichtige Zeit verloren, weil ein streitiges Verfahren nach Beantragung des Mahnbescheids natürlich genauso lange dauert, wie ein von Anfang an durchgeführtes Klageverfahren.

---

[1] *Hartmann*, NJW 1999, 3748; *Zöller/Grummer*, § 15a EGZPO Rn 13; aber AG Rosenheim NJW 2001, 2030: dies gilt nicht bei unzulässigem oder erschlichenem Mahnverfahren.

Die Entscheidung zwischen gerichtlichem Mahnverfahren einerseits und Klageverfahren andererseits muss also sehr sorgfältig getroffen werden. Steht von vornherein fest, dass der Antragsgegner gegen den Mahnescheid Widerspruch einlegen wird, stellt das Mahnverfahren eher ein Umweg dar, den man vermeiden sollte.

Tipp

Sie müssen die Empfehlung, die Sie Ihrem Mandanten geben, davon abhängig machen, welcher Art die Einwendungen des Gegners sind. Ergibt sich daraus, dass mit hoher Wahrscheinlichkeit Widerspruch erhoben werden wird, sollten Sie – soweit nicht vorgerichtliche Streitschlichtung zwingend vorgeschrieben ist – zur unmittelbaren Klageerhebung raten. Erhebt der Gegner in der außergerichtlichen Korrespondenz gegen den Grund und die Höhe des Anspruches keine Einwendungen und beruft er sich beispielsweise nur darauf, wegen eines finanziellen Engpasses nicht zahlen zu können, ist das Mahnbescheids- und Vollstreckungsbescheidsverfahren für Sie in der Regel der richtige Weg, damit die Forderung schnell tituliert werden kann. Dieser Titel kann dann später beispielsweise auch die Grundlage für eine Ratenzahlungsvereinbarung mit dem Gegner sein.

Die nachfolgenden Ausführungen geben Ihnen in Abschnitt B (s. Rdn 16 ff.) die rechtlichen Grundlagen dieses Verfahrens an die Hand. In Abschnitt C (s. Rdn 339 ff.) finden Sie zur Veranschaulichung die im Mahnverfahren verwendeten Muster. Hierbei ist zu berücksichtigen, dass für Rechtsanwälte und registrierte Inkassodienstleister die Verpflichtung zur nur maschinell lesbaren Antragstellung besteht, die Nutzung der amtlichen Formulare folglich verboten ist (vgl. Rdn 5).

B. Rechtliche Grundlagen

I. Allgemeines

Das gerichtliche Mahnverfahren ist in seiner zivilprozessualen Ausgestaltung in den §§ 688–703d ZPO geregelt.

Daneben gibt es in § 46a ArbGG (arbeitsgerichtliches Mahnverfahren), § 43 WEG (Zuständigkeit bei Wohnungseigentümergemeinschaft als Antragsteller) und § 182a SGG (Mahnverfahren für private Pflegeversicherungsbeiträge) spezielle Vorschriften für die dort geregelten Rechtsgebiete, die grundsätzlich den gleichen Anforderungen unterliegen wie das hier dargestellte zivilprozessuale Mahnverfahren.[2]

Nach § 688 Abs. 1 ZPO muss es sich bei der im zivilprozessualen gerichtlichen Mahnverfahren geltend zu machenden Forderung um einen Zahlungsanspruch (grundsätzlich) in EUR handeln.

Die Forderung darf nach § 688 Abs. 2 Nr. 2 ZPO nicht von einer noch nicht erbrachten Gegenleistung abhängen.

---

2 B/L/A/H/*Hartmann*, Grundzüge § 688 Rn 3.

20 Sie muss fällig sein oder innerhalb der Widerspruchsfrist fällig werden, da vom Antragsgegner Befriedigung innerhalb der Widerspruchsfrist verlangt wird, sofern er nicht widerspricht (§ 692 Abs. 1 Nr. 3 ZPO).

21 Nach § 688 Abs. 2 Nr. 3 und Abs. 3 ZPO i.V.m. §§ 1, 32 Abs. 1 Nr. 1 AVAG[3] findet das Mahnverfahren nur statt, wenn der Mahnbescheid im Inland, ohne Inanspruchnahme öffentlicher Zustellungen oder in einem ausländischen Staat zugestellt werden kann, mit dem das Mahnverfahren durch zwischenstaatliche Abkommen vereinbart ist.

22 Nach § 688 Abs. 2 Nr. 1 ZPO findet das Mahnverfahren auf Ansprüche des Unternehmers aus Verbraucherdarlehensverträgen und Teilzahlungsgeschäften nicht statt, wenn der nach den §§ 492, 502 BGB anzugebende effektive oder anfängliche effektive Jahreszins den bei Vertragsschluss geltenden Basiszinssatz nach § 247 BGB um mehr als zwölf Prozentpunkte übersteigt.

23 Für Urkunden-, Wechsel- oder Scheckforderungen hat der Gesetzgeber in § 703a ZPO ein besonderes Verfahren vorgesehen.

II. Zuständigkeit

1. Allgemeines

24 Nach § 689 Abs. 1 S. 1 ZPO wird das Mahnverfahren ausschließlich von den Amtsgerichten durchgeführt.

25 Dort ist nach § 20 Abs. 1 Nr. 1 RPflG der Rechtspfleger funktionell zuständig.

2. Die örtliche Zuständigkeit

26 Die örtliche Zuständigkeit ergibt sich grundsätzlich aus § 689 Abs. 2 und Abs. 3 ZPO; ausnahmsweise aus § 703d ZPO (zu den Ausnahmen s. Rdn 35 ff.).

27 Nach § 689 Abs. 2 ZPO ist das Amtsgericht ausschließlich zuständig, bei dem der **Antragsteller** seinen allgemeinen Gerichtsstand hat.

28 Diese Regelung gilt nach § 689 Abs. 2 S. 3 ZPO auch dann, wenn in anderen Vorschriften eine andere ausschließliche Zuständigkeit für den geltend zu machenden Anspruch bestimmt ist.

29 § 689 Abs. 2 ZPO setzt voraus, dass der **Antragsgegner** seinen allgemeinen Gerichtsstand im Inland hat (§ 703d ZPO).

30 Wollen mehrere Antragsteller mit verschiedenen allgemeinen Gerichtsständen einen gemeinsamen Mahnbescheid erwirken, können sie zwischen den für sie bestehenden allgemeinen Gerichtsständen wählen.[4]

---

[3] Anerkennungs- und VollstreckungsausführungsG vom 19.2.2001, BGBl I 2001, 288, Neugefasst durch Bekanntmachung v. 30.11.2015, BGBl I 2015, 2146.
[4] BGH NJW 1978, 321; Zöller/*Vollkommer*, § 689 Rn 3.

B. Rechtliche Grundlagen § 4

Der Sitz wird bei Kapitalgesellschaften und Genossenschaften durch das Statut bestimmt (§ 5 Abs. 1 AktG, § 3 Abs. 1 Nr. 1 i.V.m. § 4a GmbHG, § 6 Nr. 1 GenG). 31

Der Sitz der OHG und der KG ergibt sich aus § 106 Abs. 2 Nr. 2 HGB. 32

Bei juristischen Personen und Handelsgesellschaften mit unselbstständigen Zweigniederlassungen ist nur das Amtsgericht am Gesellschaftssitz zuständig,[5] wenn nicht durch das Statut ausnahmsweise ein echter Nebensitz begründet ist.[6] 33

Hat der Antragsteller im Inland keinen allgemeinen Gerichtsstand, so ist das Amtsgericht Wedding in Berlin ausschließlich zuständig, § 689 Abs. 2 S. 2 ZPO. 34

a) Ausnahmen

aa) Auslandsverfahren

Hat der Antragsgegner im Inland keinen allgemeinen Gerichtsstand, gilt die Sondervorschrift des § 703d Abs. 2 ZPO. Danach ist das Amtsgericht zuständig, welches für ein streitiges Verfahren zuständig sein würde, wenn die Amtsgerichte im ersten Rechtszug sachlich unbeschränkt zuständig wären. 35

§ 703d ZPO regelt also die Zuständigkeit für das Mahnverfahren abweichend von § 689 Abs. 2 ZPO für den Fall, dass der Antragsgegner im Inland keinen allgemeinen Gerichtsstand hat, aber im Inland ein ausschließlicher Gerichtsstand oder wenigstens ein besonderer Gerichtsstand nach §§ 20 ff., 32 ZPO oder ein wirksam vereinbarter Gerichtsstand nach § 38 ZPO besteht. 36

Wenn also die deutschen Gerichte für ein streitiges Verfahren international zuständig sind, sind sie es auch für das Mahnverfahren. Es kommt dann nicht mehr darauf an, wo der Antragsteller seinen allgemeinen Gerichtsstand hat. 37

Voraussetzung für die Zulässigkeit des Mahnverfahrens bleibt aber selbstverständlich, dass der Mahnbescheid im Inland oder in einem Staat, mit dem ein entsprechendes Abkommen besteht, zugestellt werden kann (§ 688 Abs. 2 und 3 ZPO).[7] 38

Soweit der Mahnbescheid im Ausland zuzustellen ist (§ 703c Abs. 1 Nr. 3 ZPO), gelten nach § 32 AVAG einige **Besonderheiten**: 39

- In diesem Falle kann der Anspruch auch die Zahlung einer bestimmten Geldsumme in ausländischer Währung zum Gegenstand haben, § 32 Abs. 1, S. 2 AVAG.
- Wenn sich der Antragsteller auf einen vereinbarten Gerichtsstand beruft, muss er dem Antrag die schriftlichen Unterlagen über die Vereinbarung beifügen (vgl. § 32 Abs. 2 AVAG).
- Die Widerspruchsfrist beträgt nach § 32 Abs. 3 AVAG einen Monat.

---

[5] BGH NJW 1978, 321; BGH NJW 1998, 1322.
[6] Zöller/*Vollkommer*, § 689 Rn 3.
[7] Mit welchem Land ein nach dem AVAG durchzuführendes Abkommen besteht, entnimmt man der Aufzählung in § 1 dieses Gesetzes.

§ 4 Mahnverfahren und Vollstreckungsbescheid

bb) WEG-Verfahren

40 Als weitere Ausnahme zur grundsätzlichen Zuständigkeit des Amtsgerichts am Sitz des Antragstellers ist nach § 43 Nr. 6 WEG das Gericht, in dessen Bezirk das Grundstück liegt, ausschließlich zuständig, wenn die Gemeinschaft der Wohnungseigentümer Antragstellerin ist. Insoweit ist § 689 Abs. 2 ZPO nicht anzuwenden.

cc) Arbeitsgerichtliches Verfahren

41 Im arbeitsgerichtlichen Mahnverfahren ist das Arbeitsgericht zuständig, das für die im Urteilsverfahren erhobene Klage zuständig sein würde (§ 46a Abs. 2 ArbGG).

dd) Europäisches Mahnverfahren und Europäischer Vollstreckungstitel

42 Das europäische Mahnverfahren ist lt. Verordnung (EG) Nr. 1896/2006 des Europäischen Parlaments und des Rates vom 12.12.2006 zur Einführung eines Europäischen Mahnverfahrens seit dem 12.12.2008 zusätzlich neben das nationale gerichtliche Mahnverfahren getreten. Das Verfahren ist zweistufig ausgestaltet und steht mit gewissen Einschränkungen zur Geltendmachung von grenzüberschreitenden Zahlungsansprüchen zur Verfügung. In Deutschland ist das Amtsgericht Wedding zentral zuständig, § 1087 ZPO. Einen detaillierten Überblick über das Verfahren finden Sie im Internet unter www.orderforpayment.eu. Einen Überblick über die gebräuchlichen Formulare finden Sie als IX. Muster unter Rdn 352–357.

43 Auf Antrag ergeht ohne Sachprüfung ein europäischer Zahlungsbefehl. Verteidigt sich der Antragsgegner nicht, wird der Zahlungsbefehl für vollstreckbar erklärt und stellt dann einen europäischen Vollstreckungstitel dar. Legt der Antragsgegner Einspruch ein, wird das Verfahren von Amts wegen weitergeführt.

44 Der Vollstreckungsbescheid aus einem innerdeutschen Mahnverfahren fällt in den Anwendungsbereich der europäischen Verordnung zur Einführung eines europäischen Vollstreckungstitels für unbestrittene Forderungen. Zuständiges Gericht für die erforderliche Bestätigung als europäischer Vollstreckungstitel ist das Amtsgericht als Gericht des ersten Rechtszuges i.S.d. §§ 1079, 724 ZPO. Funktionell zuständig ist der Rechtspfleger.[8]

b) Zentrale Mahngerichte – Automatisiertes Mahnverfahren

45 Käme es grundsätzlich auf das Wohnsitzgericht des Antragstellers an, wären die jeweils zuständigen Mahngerichte natürlich über das Bundesgebiet weit verstreut. Deshalb hat der Gesetzgeber in § 689 Abs. 3 ZPO – zwecks schnellerer und rationellerer Erledigung – eine **Zentralisierung der Mahnverfahren** ermöglicht.

46 Außerdem ist den Gerichten gem. § 689 Abs. 1 S. 2 ZPO eine maschinelle Bearbeitung der Mahnverfahren gestattet worden.

47 Inzwischen haben alle Bundesländer von der Zentralisierungs- und Automatisierungsmöglichkeit Gebrauch gemacht.

---

8 Vgl. Zöller/Vollkommer, § 700 Rn 1a.

B. Rechtliche Grundlagen § 4

Die Zuständigkeit dieser zentralen Mahngerichte, die teilweise über Landesgrenzen 48
hinausgeht, hat Vorrang vor anderen als ausschließlich bezeichneten Zuständigkeiten.
Sie erfasst auch die sog. Auslandsmahnverfahren nach § 703d ZPO.[9]

Von der Ermächtigung gem. § 689 Abs. 3 S. 1 ZPO haben die nachfolgend genannten 49
Bundesländer in der jeweils beschriebenen Form Gebrauch gemacht und bei den genannten Amtsgerichten zentrale Mahnabteilungen eingerichtet:[10]

Bundesland	Gericht	Zuständigkeit/Besonderheiten	50
Baden-Württemberg	Amtsgericht Stuttgart – Zentrales Mahngericht – Hauffstr. 5 70190 Stuttgart Telefon (Auskunft/Hotline): 0711/921-3567 Telefax: 0711/921-3400 E-Mail: poststelle@mahngstuttgart.justiz.bwl.de Homepage: www.amtsgericht-stuttgart.de	Landesweit zuständig; alle länderübergreifenden Kennziffern – einschl. Einzugsermächtigung und Ausbaugrad – werden akzeptiert.	
Bayern	Amtsgericht Coburg – Zentrales Mahngericht – Heiligkreuzstr. 22 96450 Coburg Telefon (Zentrale): 09561/878-5 Telefax: 09561/87866-66 u. -65 E-Mail: poststelle.zentrales.mahngericht@ag-co.bayern.de Homepage: www.justiz.bayern.de/gericht/ag/co-zema	Landesweit zuständig; Antragsformen: alle länderübergreifenden Kennziffern – einschl. Einzugsermächtigung und Ausbaugrad – werden akzeptiert.	

---

9 Zöller/*Vollkommer*, § 689 Rn 4 m.w.N.
10 Aktuelle Zuständigkeitsänderungen finden Sie im Internet auf den jeweiligen Justizseiten der Länder und unter www.mahnverfahren-aktuell.de.

§ 4 Mahnverfahren und Vollstreckungsbescheid

Bundesland	Gericht	Zuständigkeit/Besonderheiten
Brandenburg	Amtsgericht Wedding – Zentrales Mahngericht Berlin-Brandenburg – (Kooperation zwischen Brandenburg und Berlin) Schönstedtstr. 5 13357 Berlin Telefon (Zentrale): 030 90156-0 Telefax: 030 90156-203/233/402 E-Mail: poststelle@aumav.berlin.de Homepage: www.berlin.de/ag-wedding	– vgl. Berlin –
Berlin	Amtsgericht Wedding – Zentrales Mahngericht Berlin-Brandenburg – (Kooperation zwischen Brandenburg und Berlin) Schönstedtstr. 5 13357 Berlin Telefon (Zentrale): 030 90156-0 Telefax: 030 90156-203/233/402 E-Mail: poststelle@aumav.berlin.de Homepage: www.berlin.de/ag-wedding	Landesweit zuständig; alle länderübergreifenden Kennziffern – einschl. Einzugsermächtigung und Ausbaugrad – werden akzeptiert. Außerdem ist das Amtsgericht Wedding auch für alle gerichtlichen Mahnverfahren in Deutschland ausschließlich zuständig, in denen der Antragsteller im Inland keinen allgemeinen Gerichtsstand besitzt. Schließlich ist auch das Europäische Mahnverfahren in Deutschland beim Amtsgericht Wedding zentralisiert (bitte beachten Sie hier die besonderen internationalen Zuständigkeitsregelungen).
Bremen	Amtsgericht Bremen – Mahnabteilung – Ostertorstr. 25–31 28195 Bremen Telefon: 0421/3616115 Telefax: 0421/4964851 E-Mail: mahnabteilung@amtsgericht.bremen.de Homepage: www.amtsgericht.bremen.de	Landesweit zuständig; alle länderübergreifenden Kennziffern – einschl. Einzugsermächtigung und Ausbaugrad – werden akzeptiert.

B. Rechtliche Grundlagen § 4

Bundesland	Gericht	Zuständigkeit/Besonderheiten
Hamburg	Amtsgericht Hamburg-Altona – gemeinsames Mahngericht der Länder Hamburg und Mecklenburg-Vorpommern – Max-Brauer-Allee 89 22765 Hamburg Telefon: 040/42811-1462 Telefax: 040/4279-83264 Homepage: justiz.hamburg.de/mahnsachen	Landesweit zuständig; Antragsformen: alle länderübergreifenden Kennziffern – einschl. Einzugsermächtigung und Ausbaugrad – werden akzeptiert.
Hessen	Amtsgericht Hünfeld – Mahnabteilung – Stiftstr. 6 36088 Hünfeld Telefon (Zentrale): 06652/600-01 Telefax: 06652/600-222 Homepage: www.ag-huenfeld-justiz.hessen.de	Landesweit zuständig; alle länderübergreifenden Kennziffern – einschl. Einzugsermächtigung und Ausbaugrad – werden akzeptiert.
Mecklenburg-Vorpommern	Amtsgericht Hamburg-Altona – gemeinsames Mahngericht der Länder Hamburg und Mecklenburg-Vorpommern – Max-Brauer-Allee 89 22765 Hamburg Telefon: 040/42811-1462 Telefax: 040/4279-83264 Homepage: justiz.hamburg.de/mahnsachen	– vgl. Hamburg –
Niedersachsen	Amtsgericht Uelzen – Zentrales Mahngericht – Rosenmauer 2 29525 Uelzen Telefon (Zentrale): 0581/8851-0 Telefax: 0581/8851-200 E-Mail: ague-poststellezema@justiz.niedersachsen.de Homepage: www.amtsgericht-uelzen.niedersachsen.de	Landesweit zuständig; Kennziffern anderer Bundesländer/Mahngerichte werden *nicht* akzeptiert.

§ 4 Mahnverfahren und Vollstreckungsbescheid

Bundesland	Gericht	Zuständigkeit/Besonderheiten
Nordrhein-Westfalen	Amtsgericht Hagen – ZEMA I – Hagener Str. 145 58099 Hagen Telefon (Zentrale): 02331/967-5 Telefax: 02331/967-700 E-Mail: poststelle.zema@ag-hagen.nrw.de Homepage: www.ag-hagen.nrw.de	Zuständig für die OLG-Bezirke Hamm und Düsseldorf; alle länderübergreifenden Kennziffern – einschl. Einzugsermächtigung und Ausbaugrad – werden akzeptiert.
	Amtsgericht Euskirchen – ZEMA II – Kölner Str. 40–42 53879 Euskirchen Telefon (Zentrale): 02251/951-0 Telefax: 02251/951-2900 E-Mail: poststelle@ag-euskirchen.nrw.de Homepage: www.ag-euskirchen.nrw.de	Zuständig für den OLG-Bezirk Köln; alle länderübergreifenden Kennziffern – einschl. Einzugsermächtigung und Ausbaugrad – werden akzeptiert.
Rheinland-Pfalz	Amtsgericht Mayen – Gemeinsames Mahngericht der Länder Rheinland-Pfalz und Saarland – (Kooperation zwischen dem Saarland und Rheinland-Pfalz) St.-Veit-Str. 38 56727 Mayen Telefon (Zentrale): 02651/403-0 Telefax: 02651/403-100 E-Mail: amtsgericht.mayen@ko.jm.rlp.de Homepage: www.agmy.justiz.rlp.de	Landesweit zuständig; alle länderübergreifenden Kennziffern – einschl. Einzugsermächtigung und Ausbaugrad – werden akzeptiert.

B. Rechtliche Grundlagen § 4

Bundesland	Gericht	Zuständigkeit/Besonderheiten
Saarland	Amtsgericht Mayen – Gemeinsames Mahngericht der Länder Rheinland-Pfalz und Saarland – (Kooperation zwischen dem Saarland und Rheinland-Pfalz) St.-Veit-Str. 38 56727 Mayen Telefon (Zentrale): 02651/403-0 Telefax: 02651/403-100 E-Mail: amtsgericht.mayen@ko.jm.rlp.de Homepage: www.agmy.justiz.rlp.de	– vgl. Rheinland-Pfalz –
Sachsen	Amtsgericht Aschersleben Dienstgebäude Staßfurt – Zentrales Mahngericht der Länder Sachsen-Anhalt, Sachsen und Thüringen – (Kooperation zwischen Sachsen-Anhalt, Sachsen und Thüringen) Lehrter Str. 15 39418 Staßfurt Telefon: 03925/876-0 Telefax: 03925/876-252 E-Mail: Mahngericht@Justiz.sachsen-anhalt.de	– vgl. Sachsen-Anhalt –
Sachsen-Anhalt	Amtsgericht Aschersleben Dienstgebäude Staßfurt – Zentrales Mahngericht der Länder Sachsen-Anhalt, Sachsen und Thüringen – (Kooperation zwischen Sachsen-Anhalt, Sachsen und Thüringen) Lehrter Str. 15 39418 Staßfurt Telefon: 03925/876-0 Telefax: 03925/876-252 E-Mail: Mahngericht@Justiz.sachsen-anhalt.de	Landesweit zuständig in Sachsen-Anhalt, Sachsen, und Thüringen; alle länderübergreifenden Kennziffern – einschl. Einzugsermächtigung und Ausbaugrad – werden akzeptiert.

Salten

Bundesland	Gericht	Zuständigkeit/Besonderheiten
Schleswig-Holstein	Amtsgericht Schleswig – Zentrales Mahngericht – Lollfuß 78 24837 Schleswig Telefon (Postzentrale Mahngericht): 04621/815-325 Telefax: 04621/815-333 E-Mail: verwaltung@ag-schleswig.landsh.de Homepage: www.mahngericht.schleswig-holstein.de	Landesweit zuständig; alle länderübergreifenden Kennziffern werden mit dem vereinbarten Ausbaugrad akzeptiert. Einzugsermächtigungen werden nur beachtet, wenn diese als „bundesweit gültig" erteilt wurden.
Thüringen	Amtsgericht Aschersleben Dienstgebäude Staßfurt – Zentrales Mahngericht der Länder Sachsen-Anhalt, Sachsen und Thüringen – (Kooperation zwischen Sachsen-Anhalt, Sachsen und Thüringen) Lehrter Str. 15 39418 Staßfurt Telefon: 03925/876-0 Telefax: 03925/876-252 E-Mail: Mahngericht@Justiz.sachsen-anhalt.de	– vgl. Sachsen-Anhalt –

Quelle: aktualisierter Auszug aus „Gerichtliches Mahnverfahren und Zwangsvollstreckung", 6. Aufl. 2016, von *Salten*, *Gräve*, Verlag Dr. Otto Schmidt, Köln

51 Das automatisierte Verfahren bietet auch die Möglichkeit des elektronischen Datenaustauschs, d.h. die Anträge können zum Teil (s. die entsprechenden Einträge in der obigen Tabelle) im Wege des Datenträgeraustauschs oder elektronisch signiert online über das Internet gestellt werden. Zu diesem Zweck sind verschiedene Projekte gegründet worden wie z.B. der „Online-Mahnantrag" (www.online-mahnantrag.de) oder das „EGVP" (Elektronisches Gerichts- und Verwaltungspostfach) bzw. der Governikus Communicator Justiz Edition. Für Rechtsanwälte und registrierte Inkassodienstleister ist gem. § 702 Abs. 2 ZPO seit dem 1.12.2008 nur noch die „nur maschinell lesbare Antragstellung" des Mahnbescheidsantrags und seit dem 1.1.2018 auch nur noch die „nur maschinell lesbare Antragstellung" von Folgeanträgen (Vollstreckungsbescheidsantrag, Neuzustellungsanträge) erlaubt, was faktisch ein Verbot der Verwendung des Mahnbescheidsantragsformulars bedeutet. Von der nur maschinell lesbaren Antragstellung ausgenommen bleibt bis zum 31.12.2019 noch der Widerspruch. Ab dem 1.1.2020 wird die Verpflichtung zur „nur maschinell lesbaren Antragstellung" dann auch auf die Einlegung des Widerspruchs im Mahnverfahren ausgeweitet, § 702 Abs. 2 ZPO.

III. Die Anträge und Formvorschriften

Nach § 690 ZPO wird der Mahnbescheid nur auf Antrag erlassen. Für die Anträge des Antragstellers ist die Benutzung der eingeführten Vordrucke gem. § 703c Abs. 2 Nr. 1 und 2 ZPO vorgeschrieben, soweit sie nicht gem. § 702 Abs. 2 ausgeschlossen ist (vgl. Rdn 5).[11]

52

Lediglich die Reaktionen des Schuldners, also der Widerspruch gegen den Mahnbescheid und der Einspruch gegen den Vollstreckungsbescheid, sind – zumindest noch bis zum 31.12.2019 – formfrei möglich, i.d.R. wird jedoch dem Mahnbescheid ein Widerspruchsformular beiliegen, dessen Verwendung der Vereinfachung und Beschleunigung des Verfahrens dient (s. Rdn 60), sodass die Vordruckverwendung auch hier dringend angeraten wird. Ab dem 1.1.2020 wird die Verpflichtung zur „nur maschinell lesbaren Antragstellung" dann – zumindest für Rechtsanwälte und registrierte Inkassodienstleister – auch auf die Einlegung des Widerspruchs im Mahnverfahren ausgeweitet, § 702 Abs. 2 ZPO.

53

1. Die wichtigsten Anträge im Mahnverfahren

Die wichtigsten Anträge im Mahnverfahren sind:
- der Antrag auf Erlass eines Mahnbescheids,
- der Antrag auf Erlass eines Vollstreckungsbescheids,
- die Anträge auf Neuzustellung des Mahn- bzw. Vollstreckungsbescheids.

54

2. Der Antrag auf Erlass des Mahnbescheids

Der Inhalt des Antrags auf Erlass des Mahnbescheids ergibt sich aus § 690 ZPO. Hiernach muss der Antrag folgende Angaben zwingend enthalten:
- die Bezeichnung der Parteien, ihrer gesetzlichen Vertreter oder der Prozessbevollmächtigten,
- die Bezeichnung des Gerichts, bei dem der Antrag gestellt wird,
- die Bezeichnung des Anspruches
- unter bestimmter Angabe der verlangten Leistung,
- Haupt- und Nebenforderungen sind gesondert und einzeln zu bezeichnen,
- Ansprüche aus Verträgen gem. §§ 491–504 BGB auch unter Angabe des Datums des Vertragsschlusses und des nach den §§ 492, 502 BGB anzugebenden effektiven oder anfänglichen effektiven Jahreszinses,
- die Erklärung, dass der Anspruch nicht von einer Gegenleistung abhängig oder dass die Gegenleistung erbracht ist,

55

---

11 Vgl. die Musterabdrucke unten Rdn 340 ff.

- die Bezeichnung des Gerichts, das für ein streitiges Verfahren zuständig ist,
- die handschriftliche Unterzeichnung.[12]

3. Der Antrag auf Erlass des Vollstreckungsbescheids

56 Der notwendige Inhalt des Antrages auf Erlass eines Vollstreckungsbescheids ergibt sich aus § 699 ZPO. Hier sind weniger Voraussetzungen zu erfüllen. Es ist nur anzugeben, ob und welche Zahlungen auf den Mahnbescheid geleistet worden sind. Zusätzlich ist das Datum des Antrages angeben, um dem Rechtspfleger die Prüfung des Ablaufes der Mindestwartefrist (zwei Wochen seit dem Tage der Zustellung des Mahnbescheids) zu ermöglichen.

57 Grundsätzlich ist auch ausdrücklich zu erklären, ob die Zustellung des Vollstreckungsbescheids im Wege der Amts- oder Parteizustellung gewünscht wird. Fehlt ausnahmsweise diese Angabe, erfolgt regelmäßig keine diesbzgl. Beanstandung, sondern es wird vom Regelfall der Amtszustellung ausgegangen.

58 **Fakultativ** kann beantragt werden, dass die Kosten des Verfahrens gem. § 104 Abs. 1 S. 2 ZPO mit 5 %-Punkten über dem Basiszinssatz verzinst werden.

4. Die Neuzustellungsanträge

59 Auch für die Beantragung der Neuzustellung des Mahn- bzw. Vollstreckungsbescheids wurden zwingend zu verwendende Formulare bzw. streng formalisierte elektronische Anträge eingeführt.

5. Der Widerspruch

60 Der Antragsgegner kann sich für die Einlegung des Widerspruchs eines entsprechenden Erklärungsvordruckes bedienen. Die Benutzung dieses Vordrucks ist jedoch nicht zwingend (vgl. § 692 Abs. 1 Nr. 5 ZPO). Trotzdem empfiehlt es sich natürlich, bei Erhalt eines Mahnbescheids den in der Regel beiliegenden Widerspruchsvordruck zu benutzen, da hierin die anzugebenden Daten nur einzutragen sind und dies im Endeffekt zur Beschleunigung der Bearbeitung beim Mahngericht führt. Ab dem 1.1.2020 wird für Rechtsanwälte und registrierte Inkassodienstleister die Verpflichtung zur „nur maschinell lesbaren Antragstellung" auch auf die Einlegung des Widerspruchs im Mahnverfahren ausgeweitet, § 702 Abs. 2 ZPO.

6. Der Einspruch

61 Für die Einlegung des Einspruchs gegen einen Vollstreckungsbescheid existiert kein Vordruck. Grundsätzlich gilt § 340 Abs. 1 und 2 ZPO. Danach muss die Einspruchsschrift

---

12 Ausnahme: § 702 Abs. 2 S. 4 ZPO, wenn in anderer Weise gewährleistet ist, dass der Antrag nicht ohne den Willen des Antragstellers oder Erklärenden übermittelt wird.

B. Rechtliche Grundlagen § 4

konkret bezeichnen, gegen welchen Vollstreckungsbescheid der Einspruch (ganz oder teilweise) gerichtet wird.

Allerdings sind an die Form des Einspruches keine strengeren Anforderungen zu stellen als an den Widerspruch.[13] 62

Bei schriftlicher Einlegung ist daher eigenhändige Unterschrift nicht unerlässlich; auch die Einlegung durch Telegramm oder Fax wird regelmäßig als zulässig angesehen. Der Widerspruchsversand per E-Mail wird von den Mahngerichten regelmäßig nicht anerkannt. Im Rahmen der Einführung des elektronischen Rechtsverkehrs ist seit dem 1.1.2018 auch die Übermittlung qualifiziert signierter elektronischer Erklärungen oder auch signierter und über sichere Übermittlungswege (§ 130a Abs. 3 und 4 ZPO) versandter Einsprüche zulässig. 63

Nach § 702 Abs. 1 ZPO können Widerspruch und Einspruch auch zur Niederschrift der Geschäftsstelle erklärt werden. Eine fernmündliche Einlegung des Widerspruchs- bzw. Einspruchs ist in der Regel nicht möglich. 64

IV. Das Ausfüllen des Antrages auf Erlass eines Mahnbescheids

1. Allgemeines

Der Antragsteller kann den Vordruck selbst (mit einer Schreibmaschine oder handschriftlich) ausfüllen und einreichen. Rechtsanwälte (auch bei eigenen „privaten" Forderungen) und registrierte Inkassodienstleister dürfen das Mahnbescheidsantragsformular nicht mehr verwenden, sondern müssen ihre Anträge „nur maschinell lesbar" stellen (z.B. als Barcode-Mahnbescheidsantrag oder online über das Internetportal www.online-mahnantrag.de oder im elektronischen Datenaustausch mit Hilfe einer Fachsoftware). 65

Soweit Antragsformulare verwendet werden dürfen, steht i.d.R. der Formularzwang der Verwendung technischer Erleichterungen (z.B. Telefax) entgegen, da zumindest die Belegfarben beim Fax nicht mit übertragen werden. 66

Ein nicht mittels des richtigen Vordrucks (auch auf Kopie oder per Telefax) oder ansonsten unzulässigerweise auf einem Formular anstelle „nur maschinell lesbarer" Antragsformen gestellter Mahnantrag ist zu beanstanden (§ 691 Abs. 1 Nr. 1 ZPO). Eine heilende Mangelbehebung in der korrekten Antragsform ist u.U. möglich. 67

> *Vorsicht!* 68
> Die Verjährungshemmung hängt zurückbezogen auf den Zeitpunkt des Antragseinganges von der Mahnbescheidszustellung „demnächst" ab (vgl. § 204 Abs. 1 BGB, §§ 167 und 691 Abs. 2 ZPO). Eine fehlerhafte Antragstellung, die zu einer nicht nur unwesentlichen Verzögerung der Zustellung führt, kann hier die Hemmung des Verjährungseintritts verhindern.[14]

---

[13] S. Muster Rdn 346.
[14] BGH, Beschl. v. 30.11.2006 – III ZB 23/06, NJW 2007, 441.

69 Aus technischen Gründen dürfen – wenn überhaupt – nur die im Handel erhältlichen Originalvordrucke verwendet werden; andernfalls besteht das Risiko, dass der Antrag aufgrund von Farbabweichungen oder nicht exakter Größe nicht maschinell lesbar und damit unzulässig ist.

70 Aktuell ist für den Mahnbescheidsantrag die Vordruckfassung vom 1.7.2017 (Fassung „C" in der Zeile 1) gültig.

71 *Tipp*

Die Mahnbescheidsanträge sind in einer von der Koordinierungsstelle für das Mahnverfahren verbindlich festgelegten hellgrünen Farbe bedruckt. Die Einhaltung genau dieser Farben ist für die zentralen Mahngerichte unabdingbar, weil die Hintergrundfarben im Rahmen der Scanning-Datenerfassung herausgefiltert werden. Deshalb sollte beim handschriftlichen Ausfüllen eines Antrages auf Erlass eines Mahnbescheids auch bei der Unterschrift kein grüner Stift verwendet werden, weil die so eingetragenen Daten verloren gehen könnten.

Gleiches gilt beim Ausfüllen und Unterschreiben des Antrages auf Erlass eines Vollstreckungsbescheids, der eine blaue Hintergrundfarbe hat. Es empfiehlt sich also, bei allen Antragsformularen möglichst eine schwarze Druckfarbe bzw. einen schwarzen Kugelschreiber zu verwenden.

2. Einzelheiten

a) Die Daten

72 Das Formular des Mahnbescheidsantrages beginnt (links oben) mit dem Datum des Antrages und (rechts oben) mit dem Raum für Vermerke des Gerichts.

73 Auf der linken Seite trägt der Antragsteller das Datum selbst ein. Maßgeblich ist im Endeffekt aber das Eingangsdatum beim Gericht, welches rechts oben vom Mahngericht eingestempelt wird.

74 Gleichzeitig erhält jeder Antrag sofort eine Geschäftsnummer, die jedes Mahnverfahren eindeutig individualisiert.

b) Die Parteien

75 In den darunter liegenden Zeilen sind die oder der Antragsteller und die oder der Antragsgegner einzutragen. Hier ist zur Vermeidung späterer Monierungen besondere Sorgfalt vonnöten.

76 Die Anforderungen an die Bezeichnung der Beteiligten entsprechen im Wesentlichen der Klageschrift (§ 253 Abs. 2 S. 1 ZPO). Die genauen Angaben sind erforderlich, weil sie im weiteren Verfahrensablauf in den Vollstreckungsbescheid übernommen werden und deshalb den an ein Urteilsrubrum (§ 313 Abs. 1 Nr. 1 ZPO) zu stellenden Anforderungen genügen müssen.

Die Bezeichnung der Parteien muss so genau sein, dass Zweifel an der Identität ausgeschlossen sind. Unzureichende Angaben führen zu zeitraubenden Rückfragen bzw. zur Verzögerung bzw. Unmöglichkeit der Zustellung des Mahnbescheids.

Außerdem kann durch eine falsche oder zweifelhafte Bezeichnung des Antragsgegners die Eignung eines späteren Vollstreckungsbescheids als Vollstreckungstitel infrage gestellt werden. Zwar hat auch der Rechtspfleger auf Klarheit der Antragsangaben zu achten, trotzdem gehört es zu der ureigensten Pflicht des Antragstellers bzw. seines Prozessbevollmächtigten, die Angaben von vornherein klar und eindeutig einzutragen.

Gerade wenn der Mahnbescheid zum Zwecke der Verjährungshemmung beantragt wird, hängt diese Wirkung natürlich davon ab, dass auch der richtige Antragsgegner benannt worden ist. Hier besteht ein hohes **Regressrisiko** für den Prozessbevollmächtigten!

Handelt es sich bei dem Antragsteller oder bei dem Antragsgegner um eine natürliche Person, sind der Vor- und der Nachname, ggf. mit einem weiter individualisierenden Zusatz (Karl Müller jun. bzw. Karl Müller sen.) einzutragen.

Sofern weitere Individualisierungskriterien bekannt sind (akademische Titel, Beruf) sind diese zwar nicht vorgeschrieben, erleichtern aber unter Umständen die konkrete persönliche Zuordnung.

Außerdem sind im Adressfeld die Straße mit Hausnummer, der Wohnort mit Postleitzahl anzugeben. Die Angabe eines Postfaches genügt als Zustellanschrift nicht.

Hinweis

Da (auch beim Antragsteller) kein Postfach angegeben werden darf, muss zum Zeitpunkt der Antragstellung also bzgl. der beteiligten Parteien nicht nur der Name und die jeweilige Rechtsform, mit Vertretereigenschaft, bekannt sein, sondern auch die genaue Adresse mit Hausnummer sowie der Wohnort oder Sitz mit Postleitzahl.

Sind der Antragsteller oder der Antragsgegner nicht selbst handlungsfähig, benötigt man im jeweiligen Eintragungsfeld zusätzlich die genauen Daten der gesetzlichen Vertreter sowie die Angabe der Funktion, in der sie tätig sind.

Bei eingetragenen Kaufleuten genügt die Angabe der Firma (§ 17 Abs. 2 HGB).

Tipp

Die Einzelfirma sollte immer so angegeben werden, wie sie im Handelsregister eingetragen ist. Der Inhaber-Zusatz sollte nur dann aufgenommen werden, wenn er tatsächlich Firmenbestandteil ist. Da eine „Firma" nur der Name des Kaufmanns ist, mit dem er im Rechtsverkehr auftritt, kommt hier eine „gesetzliche Vertretung" durch den Inhaber nicht in Betracht.

Ist ein Gewerbetreibender nicht im Handelsregister eingetragen, kann man ihn auch nicht mit seiner „Geschäftsbezeichnung" benennen, sondern muss das Verfahren für oder gegen ihn als natürliche Person betreiben.

87 Vorsicht ist bei reinen Fantasiebezeichnungen geboten (bspw. Pension Morgenrot). Es handelt sich dabei nicht um eine Firma, hier muss im Mahnbescheidsantrag der Name der unter diesem Namen tätigen natürlichen Person eingetragen werden.

88 Die OHG und die KG können unter ihrer Firma in Anspruch genommen werden. Gleiches gilt für die BGB-Außengesellschaft, soweit sie eine entsprechende Bezeichnung führt. Da der Gesellschaftsname in keinem öffentlichen Register eingetragen ist, ist grundsätzlich zu prüfen, ob die BGB-Gesellschafter anstelle oder neben der Gesellschaft (auch) persönlich in Anspruch genommen werden.

89 Bei juristischen Personen ist darauf zu achten, dass nicht nur die Person als solche, sondern auch ihr gesetzlicher Vertreter anzugeben ist, wobei es nicht unbedingt auf eine namentliche Bezeichnung ankommt, sondern die Kennzeichnung des Zustellungsadressaten durch Angabe der Organstellung genügt,[15] also bspw. bei der GmbH & Co. KG „vertreten durch den Geschäftsführer".[16]

90 Sollte der im Mahnbescheidsantrag zur Verfügung stehende Raum nicht ausreichen, können die weiteren Angaben, soweit sie unverzichtbar sind, ggf. auf einem Ergänzungsblatt oder in einem Anschreiben gemacht werden.

91 *Tipp*

Bitte verwenden Sie anstelle eines Ergänzungsblattes niemals einen weiteren (grünen) Antragsvordruck. Es besteht nämlich die Gefahr, dass diese Ergänzung vom Gericht als neuer Antrag gewertet und mit einem eigenen Aktenzeichen versehen wird. Dies führt zu unnötigen Rückfragen und einer zeitlichen Verzögerung.

92 Sind an einem Mahnverfahren mehrere Antragsteller oder Antragsgegner beteiligt, kommt es bei Überleitung ins Streitverfahren nur beim gemeinsamen Streitgericht zur einheitlichen Verfahrensfortführung. Ansonsten kommt es nach § 696 ZPO zu einer Verfahrenstrennung.

93 Wenn der Mahnbescheid gegen mehrere Antragsgegner gerichtet war, für die im Mahnantrag verschiedene Gerichtsstände angegeben sind, wird das Verfahren getrennt.[17] Die Sache wird dann bzgl. eines jeden Antragsgegners an das im Mahnantrag für ihn angegebene Gericht abgegeben.[18]

94 *Tipp*

Die Wiederverbindung kann dann im Wege des § 36 Abs. 1 Nr. 3 ZPO herbeigeführt werden.

---

15 BGH, Urt. v. 29.6.1993, Rpfleger 1993, 499.
16 Zöller/*Vollkommer*, § 690 Rn 9.
17 Zöller/*Vollkommer*, § 690 Rn 23, § 696 Rn 5.
18 OLG Hamm Rpfleger 1983, 177.

c) Gesamtschuldnerschaft

Eine Besonderheit stellt die (gelegentlich übersehene) Eintragung in Zeile 17 des Mahnbescheidsantrages dar. Dort muss angegeben werden, ob der Antragsgegner als Gesamtschuldner (d.h. neben anderen Gesamtschuldnern) in Anspruch genommen wird.

Dieses Ankreuzfeld entscheidet also im Endeffekt darüber, ob der Antragsteller im Falle der Titulierung seinen Anspruch nach Kopfteilen verteilt von jedem der Gegner verlangen muss oder ob er den Gesamtbetrag von einem der Gegner nach seiner Wahl verlangen kann.

> *Hinweis*
>
> Letzteres stellt für den Antragsteller einen echten Vorteil dar, wenn bei den Gesamtschuldnern unterschiedliche Vermögensverhältnisse anzutreffen sind. Er kann sich dann den zahlungskräftigsten Antragsgegner heraussuchen und bei ihm die gesamte Forderung beitreiben. Welche Ausgleichsansprüche die Gesamtschuldner danach untereinander besitzen, kann ihm gleichgültig sein.

d) Bezeichnung des Anspruches

Im Forderungsbereich des Antrages muss der Anspruch nach Haupt-, Nebenforderungen und Auslagen getrennt, konkret und einzeln bezeichnet werden. Dies ergibt sich aus § 690 Abs. 1 Nr. 3 ZPO.

Die Hauptforderungsbezeichnung ist im automatisierten gerichtlichen Mahnverfahren sehr stark formalisiert.[19]

Zum Anspruchsgrund ist eine Katalognummer einzutragen, die dem Hauptforderungskatalog im Merkblatt zum Ausfüllen des Mahnbescheids (bzw. dem Dropdown-Menü des Online-Mahnantrags) entnommen werden kann.

Sofern diese eingetragen werden, erscheint im Mahn- bzw. Vollstreckungsbescheid dann jeweils der Langtext, der durch die Katalognummer repräsentiert wird.

Über die Katalognummern des Merkblattes hinaus wurden im Laufe der Anwendung des automatisierten Verfahrens weitere Sonderkatalognummern entwickelt, die teilweise bereits in die offiziellen, amtlichen Ausfüllhinweise aufgenommen wurden.

Auch hier ist höchste Sorgfalt erforderlich, weil beispielsweise von der Konkretisierung des Anspruches in diesem Feld die Frage abhängen kann, für welche zwischen den Parteien bestehende Forderung eine verjährungshemmende Wirkung nach § 204 Abs. 1 Nr. 3 BGB eingetreten ist.

Die Bezeichnung des Anspruches muss eine hinreichende Individualisierung und Abgrenzung von anderen in Betracht kommenden Ansprüchen ermöglichen. Dies ist erforderlich, um im Falle des Erlasses eines Vollstreckungsbescheids konkret feststellen zu können, was Gegenstand des Vollstreckungstitels ist. Außerdem muss dem Antragsgeg-

---

19 *Salten*, MDR 1998, 1144 und MDR 2009, 549.

ner natürlich sehr frühzeitig bekannt sein, welchen Anspruch der Antragsteller erhebt, damit er entscheiden kann, ob er Widerspruch einlegen muss oder nicht.

105 Die Anforderungen können nicht global beurteilt werden. Sie hängen von den Kriterien des Einzelfalles, insbesondere dem zwischen den Parteien bestehenden Rechtsverhältnis und der Art des konkreten Anspruches ab.

106 I.d.R. reicht es aus, wenn der Antragsteller auf eine der typischen Anspruchsbezeichnungen aus dem Katalog des Merkblattes zurückgreift. Sicherheitshalber sollten als Minimalangaben zumindest genannt werden:
- der Anspruchsgrund,
- Zusatzangaben zur Individualisierung des Anspruchs (Bestellung, Vertrag, Rechnung, die der Gegner erhalten hat, Vertrags- oder Rechnungsnummer etc.),
- das Datum (der Entstehungs-, Fälligkeits-, Verzugsdatum o.ä.) oder der Zeitraum des Anspruchs sowie
- die Betragsangabe.

107 Der geforderte **Geldbetrag muss in EUR (ohne Währungsangabe) angegeben werden**. Ausländische Währung kommt nach § 688 Abs. 1, 3 i.V.m. § 32 Abs. 1 S. 2 AVAG nur äußerst ausnahmsweise in Betracht.

108 Bei einer aus einer Mehrzahl von Einzelforderungen zusammengesetzten Gesamtforderung ist jede Einzelforderung zu bezeichnen und nach dem jeweiligen Anspruchsgrund (s.o. Rdn 98 ff.) zu konkretisieren.

109 Macht der Antragsteller eine Teilforderung, bspw. aus mehreren zusammengesetzten Ansprüchen einer Gesamtsumme, geltend, ist korrekterweise immer eine Aufteilung auf die Einzelansprüche vorzunehmen.

110 Sind bei einem Gesamtanspruch die erforderlichen Angaben in einer Anlage zum Mahnbescheid enthalten, müsste diese Anlage zum Zwecke der Individualisierung eigentlich mit an den Antragsgegner zugestellt werden. Unterbleibt dies, können Zweifel an der ausreichenden Individualisierung bestehen. Hierdurch kann der Mahnbescheid seine verjährungshemmende Wirkung verlieren[20] oder der Vollstreckungsbescheid sogar keine materielle Rechtskraft erlangen.[21] Rein praktisch ist es jedoch im automatisierten gerichtlichen Mahnverfahren – wegen der Vollautomation des Verfahrens – nur in absoluten Ausnahmefällen möglich, dem Mahn- und Vollstreckungsbescheid Anlagen beizufügen.

111 Sicherer ist es, wenn dem Antragsgegner das Anlageschreiben nachweisbar bereits vorher übermittelt worden war und auf dieses vorgerichtliche Schreiben dann im Mahnbescheidsantrag Bezug genommen wird.[22]

112 Bei den Haupt- und Nebenforderungen sind die einzelnen Posten genau zu bezeichnen, z.B. Bearbeitungsgebühren, Inkassokosten, Mahnkosten oder Kontoführungskosten.

---

20 *Salten*, MDR 2009, 549.
21 OLG Zweibrücken, Urt. v. 30.10.2008 – 4 U 41/08, NJW-RR 2010, 285.
22 BGH, Urt. v. 10.7.2008 – IX ZR 160/07, NJW 2008, 3498.

Geforderte Zinsen brauchen nicht ausgerechnet zu werden. Es genügt die Angabe von 113
Zinssatz und Laufzeit. Ausdrücklich erklärt werden muss aber, ob die Zinsen isoliert
aus der Hauptsache oder zusätzlich aus den Nebenforderungen verlangt werden.[23]

Für die Ansprüche aus **Verbraucherdarlehensverträgen und -finanzierungshilfen** 114
gem. §§ 491–504 BGB sind folgende Zusatzangaben zu machen:
- Datum des Vertragsschlusses und
- des effektiven oder anfänglich effektiven Jahreszinses, soweit dieser nach §§ 492, 502 BGB notwendiger Bestandteil der Vertragsurkunde ist.

Die Angabe des (anfänglichen) effektiven Jahreszinses entfällt, soweit – etwa beim 115
Überziehungskredit – materiell-rechtlich kein entsprechendes Formgebot besteht. Dann
genügt die Angabe: „Anspruch aus Vertrag gem. den §§ 491–504 BGB".

Die Angaben zum Effektivzins sind wegen § 688 Abs. 2 Nr. 1 ZPO und für die Frage 116
einer etwaigen Erschleichung des Mahnverfahrens unerlässlich.

Hier hat der Gesetzgeber den Erkenntnissen aus der Sittenwidrigkeit von Kreditverträgen 117
Rechnung getragen. Die betroffenen Kreditinstitute hatten die Prüfung der Sittenwidrigkeit umgangen, indem sie ihre vermeintlichen Forderungen im Mahnverfahren titulieren ließen.[24]

e) Abgetretene Ansprüche

Die Geltendmachung eines Anspruches aus abgetretenem oder fremdem Recht muss 118
erkennbar sein.[25]

f) Abhängigkeit von einer Gegenleistung

Der Antragsteller muss weiter versichern, dass der Anspruch nicht von einer Gegenleis- 119
tung abhängt, bzw. dass er die ihm obliegende Gegenleistung bereits erbracht hat.

g) Das Mahngericht

In dem Mahnbescheidsantrag ist das Amtsgericht anzugeben, das den Mahnbescheid 120
erlassen soll. Dies ist i.d.R. das Amtsgericht, bei dem der Antrag eingereicht wird.

Der Antrag darf nur an das nach §§ 689 Abs. 2 und 3 bzw. 703d Abs. 2 ZPO für das 121
spezielle Mahnverfahren zuständige Amtsgericht gerichtet werden. Ist das angerufene
Amtsgericht nicht zuständig, kann der Rechtspfleger die Angabe nicht von sich aus
durch die nach seiner Meinung zutreffende ersetzen.

h) Das Streitgericht

Nach § 690 Abs. 1 Nr. 5 ZPO hat der Antragsteller das Gericht zu bezeichnen, welches 122
für die Entscheidung im Streitfall endgültig örtlich und sachlich zuständig wäre.

---

23 Zöller/*Vollkommer*, § 690 Rn 14.
24 Zöller/*Vollkommer*, § 688 Rn 5 zum Stichpunkt Mahnverfahrenssperre.
25 Zöller/*Vollkommer*, § 690 Rn 13.

123 Der Antragsteller soll schon im Mahnverfahren das Gericht eines besonderen oder vereinbarten Gerichtsstandes benennen.

124 Durch die Neufassung der §§ 690 Abs. 1 Nr. 5, 696 ZPO ist die automatische Abgabe an den allgemeinen Gerichtsstand des Antragsgegners aufgehoben worden. Der Antragsteller muss daher schon im Mahnantrag von seinem Wahlrecht nach § 35 ZPO Gebrauch machen.

125 Nach Zustellung des Mahnbescheids kann das Wahlrecht nicht mehr ausgeübt werden. Eine Korrektur des angegebenen Gerichtsstands ist dann nur aufgrund eines übereinstimmenden Verlangens beider Parteien möglich (§§ 696 Abs. 1 S. 1, 700 Abs. 3 S. 1 ZPO).[26]

126 Ausnahme: Bei Ermäßigung der Hauptsache nach Zustellung des Mahnbescheids auf einen Betrag unter 5.000 EUR (vgl. § 23 Abs. 1 GVG) kann u.U. auf (einseitigen) Antrag des Antragstellers – anstelle des im Mahnbescheid genannten Landgerichts – an das Amtsgericht als zuständiges Streitgericht abgegeben werden (streitig).[27]

127 Hat der Antragsteller eine ausschließliche Zuständigkeit nicht beachtet, gilt § 281 ZPO.

128 Beim Streitgericht kann schon im Mahnbescheidsantrag angegeben werden, dass
- das streitige Verfahren vor der Kammer für Handelssachen des Landgerichts durchgeführt werden soll,
- in zivilprozessualen Familiensachen das Familiengericht entscheiden soll,
- bei Beitragsansprüchen zur privaten Pflegeversicherung das nach § 182a SGG zuständige Sozialgericht angerufen wird.

129 Wird der Anspruch gegenüber mehreren Gegnern erhoben, bestehen keine Besonderheiten.

130 Für jeden Antragsgegner ist in den jeweiligen Antrag das jeweils für ihn zuständige Streitgericht anzugeben. Die Sache wird dann bzgl. eines jeden Antragsgegners an das im Mahnantrag für ihn angegebene Gericht abgegeben.

131 Die Wiederverbindung kann im Wege des § 36 Abs. 1 Nr. 3 ZPO herbeigeführt werden.[28]

i) Die Unterschrift

132 Grundsätzlich ist der Mahnbescheidsantrag handschriftlich zu unterzeichnen. Im Falle der Teilnahme am elektronischen Rechtsverkehr mit den Gerichten müssen elektronische Dokumente gem. § 130a Abs. 3 ZPO mit einer qualifizierten elektronischen Signatur der verantwortenden Person versehen sein oder von der verantwortenden Person signiert und auf einem sicheren Übermittlungsweg (§ 130a Abs. 4 ZPO) eingereicht werden.

133 Die Unterzeichnung kann u.U. dann entfallen, wenn sichergestellt ist, dass der Antrag mit Willen des Antragstellers oder seines Prozessbevollmächtigten übermittelt wurde.

---

26 Zöller/*Vollkommer*, § 696 Rn 5.
27 OLG Frankfurt/M. OLGZ 93, 91; Zöller/*Vollkommer*, § 696 Rn 5.
28 Zöller/*Vollkommer*, § 696 Rn 5.

Von diesen Ausnahmen abgesehen, stellt das Fehlen der Unterschrift nach § 691 ZPO einen Zurückweisungsgrund dar, soweit überhaupt vom Vorliegen eines Antrags ausgegangen wird.

Das Fehlen der Unterschrift ist aber unschädlich, wenn der Mahnbescheid erlassen wurde und kein Zweifel an der Identität des Antragstellers und seinem Willen, das Mahnverfahren in Gang zu bringen, besteht.[29]

j) Die Vollmacht

Gem. § 79 Abs. 2 ZPO können sich die Parteien durch einen Rechtsanwalt als Bevollmächtigten vertreten lassen. Darüber hinaus sind als Bevollmächtigte vertretungsbefugt nur:
1. Beschäftigte der Partei oder eines mit ihr verbundenen Unternehmens (§ 15 des Aktiengesetzes); Behörden und juristische Personen des öffentlichen Rechts einschließlich der von ihnen zur Erfüllung ihrer öffentlichen Aufgaben gebildeten Zusammenschlüsse können sich auch durch Beschäftigte anderer Behörden oder juristischer Personen des öffentlichen Rechts einschließlich der von ihnen zur Erfüllung ihrer öffentlichen Aufgaben gebildeten Zusammenschlüsse vertreten lassen,
2. volljährige Familienangehörige (§ 15 der Abgabenordnung, § 11 des Lebenspartnerschaftsgesetzes), Personen mit Befähigung zum Richteramt und Streitgenossen, wenn die Vertretung nicht im Zusammenhang mit einer entgeltlichen Tätigkeit steht,
3. Verbraucherzentralen und andere mit öffentlichen Mitteln geförderte Verbraucherverbände bei der Einziehung von Forderungen von Verbrauchern im Rahmen ihres Aufgabenbereichs,
4. Personen, die Inkassodienstleistungen erbringen (registrierte Personen nach § 10 Abs. 1 S. 1 Nr. 1 des Rechtsdienstleistungsgesetzes) im Mahnverfahren bis zur Abgabe an das Streitgericht, bei Vollstreckungsanträgen im Verfahren der Zwangsvollstreckung in das bewegliche Vermögen wegen Geldforderungen einschließlich des Verfahrens zur Abnahme der eidesstattlichen Versicherung und des Antrags auf Erlass eines Haftbefehls, jeweils mit Ausnahme von Verfahrenshandlungen, die ein streitiges Verfahren einleiten oder innerhalb eines streitigen Verfahrens vorzunehmen sind.

Bevollmächtigte, die keine natürlichen Personen sind, handeln durch ihre Organe und mit der Prozessvertretung beauftragten Vertreter.

Gem. § 79 Abs. 3 ZPO weist das Gericht Bevollmächtigte, die nach vorstehenden Regelungen nicht vertretungsbefugt sind, durch unanfechtbaren Beschluss zurück.

Prozesshandlungen eines nicht vertretungsbefugten Bevollmächtigten und Zustellungen oder Mitteilungen an diesen Bevollmächtigten sind bis zu seiner Zurückweisung wirksam. Das Gericht kann den vorstehend unter Nr. 1–3 bezeichneten Bevollmächtigten durch unanfechtbaren Beschluss die weitere Vertretung untersagen, wenn sie nicht in der Lage sind, das Sach- und Streitverhältnis sachgerecht darzustellen.

---

[29] Zöller/Vollkommer, § 690 Rn 2.

Der Bevollmächtigte hat seine ordnungsgemäße Bevollmächtigung zu versichern (§ 703 ZPO). Eine Vollmacht muss er allerdings nicht beifügen.

V. Das Prüfungsverfahren

1. Allgemeines

137 Ist der Mahnbescheidsantrag in dieser Art und Weise vollständig ausgefüllt und unterschrieben beim Gericht eingereicht worden, erfolgt im automatisierten Mahnverfahren eine maschinelle Prüfung des Antrages. Das gerichtliche Verarbeitungsprogramm sieht hier mehr als 2000 Vollständigkeits- und Plausibilitätsprüfungen vor.

138 In diesem Verfahrensstadium werden die allgemeinen Prozessvoraussetzungen[30] und die besonderen Zulässigkeitsvoraussetzungen des Mahnverfahrens geprüft.[31]

139 Werden Fehler oder unvollständige Angaben festgestellt, erfolgt eine Zwischenverfügung (Monierung, vgl. Rdn 141 ff.).

140 Es handelt sich hierbei um eine echte Prüfungspflicht, die sich allerdings im Allgemeinen nur anhand der im Mahnantrag gemachten Angaben durchführen lässt. Geprüft wird also nur, ob die Angaben vollständig und keine offensichtlichen Widersprüche und Unrichtigkeiten enthalten sind; eine Schlüssigkeitsprüfung hinsichtlich der Berechtigung zur Geltendmachung des Anspruchs erfolgt nicht.

2. Monierung

141 Werden allerdings Mängel festgestellt, veranlasst das Gericht geeignete Maßnahmen zu ihrer Behebung, z.B.:
- offenbare Unrichtigkeiten von Amts wegen zu berichtigen,
- telefonische Rückfrage zu halten,
- eine Zwischenverfügung (Monierung) zu treffen oder, als Ultima Ratio,
- den Antrag nach § 691 ZPO zurückzuweisen.

142 Die Auswahl zwischen diesen Möglichkeiten trifft der Rechtspfleger nach pflichtgemäßem Ermessen. Er richtet sich dabei an den Zielen aus, die der Gesetzgeber mit der Einführung und der konkreten Ausgestaltung des Mahnverfahrens verfolgt hat. Er wird also alles versuchen, den Mahnbescheidsantrag „zu retten".

143 Werden die von ihm gerügten Mängel allerdings vom Antragsteller nicht behoben, wird der Antrag gem. § 691 ZPO zurückgewiesen.

144 Da es sich beim Mahnbescheidsverfahren um ein formalisiertes Verfahren handelt und der Mahnantrag nicht begründet werden muss, entfällt grundsätzlich die Prüfung, ob der geltend gemachte Anspruch unter materiellen Gesichtspunkten zu Recht erhoben wird, die Angaben des Antragstellers also „schlüssig" sind.

---

30 Zöller/*Vollkommer*, § 688 Rn 1.
31 Zöller/*Vollkommer*, § 688 Rn 2 ff.

B. Rechtliche Grundlagen § 4

Das Gericht prüft: 145
- das Vorliegen der allgemeinen Prozessvoraussetzungen,
- die besonderen Zulässigkeitsvoraussetzungen des Mahnverfahrens (§ 688 ZPO),
- die Zuständigkeit des angerufenen Gerichts (§ 689 ZPO) sowie
- die Einhaltung der Antragsform und des Inhaltes (§§ 702, 703c Abs. 2 ZPO).

Grundsätzlich wird dem Antragsteller immer rechtliches Gehör gewährt. Werden die fehlenden Angaben dann trotzdem nicht gemacht oder die falschen Angaben nicht berichtigt, wird der Antrag durch Beschluss des Rechtspflegers mit der Kostenfolge des § 91 ZPO zurückgewiesen. 146

Zurückweisungsgrund kann ausnahmsweise auch einmal die Geltendmachung einer offensichtlich unbegründeten oder gerichtlich nicht durchsetzbaren (z.B. sittenwidrigen) Forderung sein. 147

Da nach Wegfall der Schlüssigkeitsprüfung dem Rechtspfleger nur noch ein außerordentlich eng begrenztes Prüfungsrecht zusteht, dürfte angesichts der Masse von Mahnbescheidsanträgen die Offenkundigkeit nur selten gegeben sein. 148

In Betracht kommen beispielsweise folgende Fallgestaltungen: 149
- die Geltendmachung von Zinseszinsen (§ 248 BGB),
- wucherähnliche Ratenkredite,
- nichteinklagbare (z.B. sittenwidrige) Ansprüche
- nichteinklagbare Spiel- und Wettschulden.

Im Übrigen wird das Gericht auf das Verbot der Zusammenfassung von Haupt- und Nebenleistungen sowie auf die betragsmäßig richtige Ermittlung der Verfahrenskosten achten, nicht zuletzt, weil es diese – ohne vorherige Berechnung durch den Antragsteller – selbst in zutreffender Höhe festsetzt. Allein wegen der Geltendmachung überhöhter Verfahrenskosten kommt eine Zurückweisung des Antrages daher kaum in Betracht. Problematisch sind an dieser Stelle aber häufiger überhöhte Auslagen und Nebenforderungen. 150

Bei maschineller Bearbeitung kann der elektronisch (online) übermittelte Antrag nach § 691 Abs. 3 ZPO zurückgewiesen werden, wenn er für die maschinelle Bearbeitung durch das Gericht nicht geeignet erscheint. 151

Vor der Zurückweisung des Antrages ist bei Zulässigkeitsmängeln stets ein Beanstandungs- und Verbesserungsverfahren durchzuführen. Dem Antragsteller soll Gelegenheit gegeben werden, behebbare Mängel zu beseitigen, um sich so die Wirkungen der Verfahrenseinlegung zu erhalten. Meist wird der Rechtspfleger zu einer Zwischenverfügung (sog. Monierungsschreiben) greifen, die i.d.R. mit einer Fristsetzung verbunden wird. 152

Alle behebbaren Mängel von Form und Inhalt des Mahnbescheidsantrages sind der Verbesserung zugängig. Ein Verschulden des Antragstellers ist unerheblich. Die Verbesserung erfolgt i.d.R. durch ergänzende oder berichtigende Angaben mit einem Monierungsantwortvordruck oder durch Verwendung des richtigen Vordrucks. 153

Salten 425

3. Die Zurückweisung

154 Bleibt die Monierung allerdings erfolglos, hat ein Zurückweisungsbeschluss zu ergehen. Dieser Beschluss ist dem Antragsteller nach § 691 Abs. 2 ZPO zuzustellen, denn er setzt die Monatsfrist zur Klageerhebung in Gang.

155 Der Beschluss ist grundsätzlich unanfechtbar (§ 691 Abs. 3 S. 2 ZPO). Der Antragsteller wird auf den Klageweg verwiesen. Erhebt er innerhalb eines Monats nach Zustellung der Zurückweisung des Mahnantrages Klage und wird die Klage demnächst[32] zugestellt, so werden die Wirkungen der Fristwahrung[33] und Verjährungshemmung (§ 204 Abs. 1 S. 1 BGB) auf den Zeitpunkt der Antragseinreichung zurückbezogen.

156 *Vorsicht!*

Ein neu eingereichter, korrigierter Mahnbescheidsantrag hat diese Wirkungen **nicht!**

157 § 691 Abs. 2 ZPO soll sicherstellen, dass dem Antragsteller durch die Wahl des Mahnverfahrens keine Nachteile entstehen. Ohne diese Regelung wäre mit rechtskräftiger Zurückweisung des Antrages das Mahnverfahren beendet. Mangels Zustellung des Mahnbescheids wäre dann eine Fristwahrung oder eine Verjährungsunterbrechung nicht erfolgt.

158 *Tipp*

Nach einer Zurückweisung des Mahnbescheidsantrags muss die einmonatige Klagefrist notiert werden, um die „Gnade" des § 691 ZPO zu erhalten.

159 Kommt es nicht zur Zurückweisung, weil der Zulässigkeitsmangel im Mahnverfahren nach Monierung behoben worden ist, ist die Frist des § 691 Abs. 2 ZPO im Rahmen des § 167 ZPO entsprechend anzuwenden. Das bedeutet, dass die Frist gewahrt bzw. die Verjährung gehemmt wird, wenn Verbesserung innerhalb von höchstens 14 Tagen nach Zugang der Beanstandung erfolgt.[34]

160 Oben (siehe Rdn 153) wurde auf die grundsätzliche Unanfechtbarkeit des Zurückweisungsbeschlusses hingewiesen. Ausnahmsweise kommt eine Anfechtung der Zurückweisung durch sofortige Beschwerde nach § 691 Abs. 3 S. 1 ZPO in Betracht, wenn der Antrag mit der Begründung zurückgewiesen worden ist, dass die nur maschinell lesbare Form des Antrages dem Gericht für seine maschinelle Bearbeitung nicht geeignet erschien.

161 *Hinweis*

Die Zurückweisung des Mahnantrages hindert nicht seine Erneuerung, wenn die bisherigen Mängel vermieden werden. Dann greift allerdings § 691 Abs. 2 ZPO **nicht** ein.[35] Die fristwahrende bzw. verjährungsunterbrechende/verjährungshemmende Wir-

---

32 BGH, Beschl. v. 30.11.2006 – III ZB 23/06, NJW 2007, 441, und Beschl. v. 28.2.2008 – III ZB 76/07, NJW 2008, 1672.
33 Zöller/*Greger*, § 167 Rn 10.
34 BGH, Beschl. v. 30.11.2006 – III ZB 23/06, NJW 2007, 441, und Beschl. v. 28.2.2008 – III ZB 76/07, NJW 2008, 1672.
35 Zöller/*Vollkommer*, § 691 Rn 11.

kung greift dann frühestens mit Stellung dieses erneuten Mahnantrages, wenn die Zustellung wiederum demnächst erfolgt (§ 167 ZPO).

4. Der Erlass des Mahnbescheids

Wird der Mahnantrag weder nach § 691 ZPO zurückgewiesen noch wegen Unzuständigkeit an ein anderes Gericht weitergeleitet, ist der Mahnbescheid ohne vorherige Anhörung des Gegners (§ 702 Abs. 2 ZPO) zu erlassen.

Dieser Bescheid ist ein im schriftlichen Verfahren ergangener Beschluss (§ 329 ZPO).

Diese Natur hat er auch, wenn er ohne Eingreifen des Rechtspflegers im Wege des elektronischen Datenaustauschs (§§ 702 Abs. 2, 703b ZPO) ergeht.

In dem Mahnbescheid werden die vollständigen Angaben des Mahnantrages nach § 690 Abs. 1 Nr. 1–5 ZPO übernommen.

Des Weiteren enthält der Mahnbescheid:
- den Hinweis, dass das Gericht nicht geprüft hat, ob dem Antragsteller der geltend gemachte Anspruch zusteht und
- die Aufforderung an den Antragsgegner, innerhalb von zwei Wochen seit der Zustellung des Mahnbescheids zu zahlen, soweit der geltend gemachte Anspruch als begründet angesehen wird oder
- mitzuteilen, ob und in welchem Umfang dem geltend gemachten Anspruch widersprochen wird.

Mit diesen Hinweisen soll der Eindruck vermieden werden, das Gericht habe nach konkreter Prüfung die Forderung für gerechtfertigt gehalten.

Nach dem Erlass wird dem Antragsgegner der Mahnbescheid nach § 693 ZPO zugestellt.

> *Exkurs*
>
> Diese Regelung hat durch das Zustellungsreformgesetz eine maßgebliche Änderung erfahren. An die Stelle des § 693 Abs. 2 ZPO a.F., wonach eine fristwahrende oder verjährungsunterbrechende Wirkung einer Zustellung bereits mit der Einreichung oder Anbringung des Antrages auf Erlass des Mahnbescheids eintrat, ist stattdessen die allgemeine Norm des § 167 ZPO getreten. Diese Norm lautet wie folgt:
>
> „§ 167 ZPO
>
> *Soll durch die Zustellung eine Frist gewahrt werden oder die Verjährung neu beginnen oder nach § 204 BGB gehemmt werden, tritt diese Wirkung bereits mit Eingang des Antrages oder der Erklärung ein, wenn die Zustellung demnächst erfolgt."*

Da es bei der Entscheidung für die Durchführung des Mahnverfahrens häufig zeitliche Gründe gibt und es auch darum geht, die Verjährung nach § 204 Abs. 1 Nr. 3 BGB zu hemmen, ist es also wichtig, die zeitliche Begrenzung („demnächst") unbedingt einzuhalten.

171 Die Regelung des § 167 ZPO dient der Rechtssicherheit in zweifacher Weise: Sie gibt dem Antragsteller die Möglichkeit, die Fristwahrung durch eigenes Handeln sicherzustellen und sie schützt das Vertrauen des Adressaten, eine durch Fristablauf erlangte Rechtsposition nicht zeitlich unbegrenzt wieder verlieren zu können.

172 Problematisch ist allerdings die Definition des Kriteriums „demnächst". Die Rückwirkung ist wegen des gebotenen Vertrauensschutzes für den Antragsgegner im Mahnverfahren nur dann gerechtfertigt, wenn die Zustellung nicht in erheblichem zeitlichen Abstand zum Fristablauf erfolgt. Hier liegt neben der zeitlichen eine wertende Komponente zugrunde. Der Antragsteller muss alles ihm Zumutbare für eine alsbaldige Zustellung getan haben und der Rückwirkung dürfen keine schutzwürdigen Belange des Gegners entgegenstehen.[36]

173 Die Frage, welche zeitliche Obergrenze bei dieser Regelung zu beachten ist, hat der BGH inzwischen in zwei Entscheidungen mit „innerhalb von 14 Tagen" näher konkretisiert. Für den Fall einer nicht erfolgten vorgerichtlichen Anschriftenprüfung hat das Amtsgericht Düsseldorf – in entsprechende Anwendung von § 691 Abs. 2 ZPO – die Verzögerungen der Zustellung des Mahnbescheides von nicht mehr als einem Monat unbeanstandet gelassen.[37]

174 Die Annahme, dass die Regelung des § 691 Abs. 2 ZPO hier als eine Art „Grundsatzregelung" gewertet werden kann, taucht immer wieder auf. Andere Entscheidungen stellen aber auch fest, die hier normierte Monatsfrist (die auch in § 204 Abs. 1 Nr. 9 BGB zu finden ist) gelte hier nicht.

175 **Wie oben** (siehe Rdn 172) **bereits dargestellt, spielen aber auch wertende Faktoren eine Rolle**. Kommt es beispielsweise zu Verzögerungen im gerichtlichen Geschäftsbetrieb, die der Antragsteller nicht zu vertreten hat, oder gibt es Besonderheiten des Zustellverfahrens (insbesondere bei Auslandszustellungen), kann auch eine Zustellung nach mehreren Monaten noch „demnächst" sein.[38]

176 *Tipp*

Wichtig ist, dass der Antragsteller alles Zumutbare für die alsbaldige Zustellung getan hat. Die Zustellung ist dagegen nicht mehr „demnächst" erfolgt, wenn die Partei, der die Fristwahrung obliegt, oder ihr Prozessbevollmächtigter durch nachlässiges – auch leicht fahrlässiges – Verhalten zu einer nicht bloß geringfügigen Zustellungsverzögerung beigetragen hat.[39]

177 Die Verfahrenskosten werden im automatisierten Verfahren erst nach dem Mahnbescheidserlass und dem Absenden zur Zustellung vom Antragsteller angefordert, sodass hierdurch – anders als im alten, konventionellen Mahnverfahren – keine Zustellungsverzögerung mehr resultieren kann.

---

36 BGH a.a.O.
37 AG Düsseldorf, Urt. v. 22.9.2015 – 57 C 10602/14.
38 BGH VersR 1983, 831, 832; Zöller/*Greger*, § 167 Rn 12.
39 BGH, Beschl. v. 30.11.2006 – III ZB 23/06, NJW 2007, 441.

Die Fristwahrung durch demnächst erfolgende Zustellung setzt grundsätzlich die Identität des eingereichten mit dem zugestellten Schriftstück voraus. Änderungen im Rahmen des § 691 ZPO auf Monierung des Rechtspflegers sind insoweit aber unschädlich. Durch die Zustellung des Mahnbescheids wird die Verjährung nach § 204 Abs. 1 Nr. 3 BGB gehemmt. Die **Hemmung** endet bei Nichtbetreiben des Verfahrens mit einer sechsmonatigen Nachfrist (§§ 204 Abs. 2 S 1 und 2, 209 BGB).

178

> *Vorsicht!*
>
> Der Zustellung des Mahnbescheids kommt dann keine verjährungsunterbrechende Wirkung mehr zu. § 204 Abs. 2 BGB ersetzt die abweichende Regelung der bisherigen §§ 211, 212, 213 BGB a.F.!

179

Lässt sich die formgerechte Zustellung eines Dokuments nicht nachweisen oder ist das Dokument unter Verletzung zwingender Zustellungsvorschriften zugegangen, so gilt es in dem Zeitpunkt als zugestellt, in dem das Dokument der Person, an die die Zustellung dem Gesetz gemäß gerichtet war oder gerichtet werden konnte, tatsächlich zugegangen ist. (§ 189 ZPO).

180

Der Antragsteller wird von der erfolgten Zustellung unterrichtet. Diese Mitteilung enthält den Zeitpunkt der Zustellung, damit der Antragsteller den Ablauf der zweiwöchigen Wartefrist bzw. den richtigen Zeitpunkt für die Stellung des Antrages auf Erteilung des Vollstreckungsbescheids berechnen kann. Erhält der Antragsteller oder sein Prozessbevollmächtigter die Nachricht nicht elektronisch, ist der schriftlichen Nachricht seit dem 1.1.2018 kein vorbereitetes Formular zur Beantragung des Vollstreckungsbescheids mehr beigefügt, da Rechtsanwälte und registrierte Inkassodienstleister diese nicht mehr verwenden dürfen (Pflicht zur nur maschinell lesbaren Antragstellung). Der Vollstreckungsbescheidsantrag ist dann entweder elektronisch aus der eigenen Fachsoftware oder elektronisch oder als Barcodeausdruck unter www.online-mahnantrag.de zu erstellen (vgl. Muster Rdn 348).

181

Sollte der Mahnbescheid nicht zugestellt werden können, erhält der Antragsteller eine Nichtzustellungsnachricht. Wird die Nachricht nicht elektronisch übermittelt, ist der schriftlichen Nachricht ebenfalls seit dem 1.1.2018 kein vorbereitetes Formular zur Beantragung der Neuzustellung beigefügt (Pflicht zur nur maschinell lesbaren Antragstellung). Der Neuzustellungsantrag ist dann entweder elektronisch aus der eigenen Fachsoftware oder elektronisch oder als Barcodeausdruck unter www.online-mahnantrag.de zu erstellen (vgl. Muster Rdn 345). Hier hat der Antragsteller auch die Möglichkeit, die neue Anschrift des Antragsgegners sowie weitere Änderungen und zusätzliche Auslagen mitzuteilen.

182

■ Exkurs: Materiell-rechtliche Wirkungen der Anhängigkeit im Mahnverfahren

183

Die Zustellung des Mahnbescheids bewirkt den Eintritt des Verzuges (§ 286 Abs. 1 S. 2 BGB). Sie hemmt die Verjährung (§ 204 Abs. 1 Nr. 3 BGB).

184 Über den Umfang der Verjährungshemmung entscheidet der Streitgegenstand des Mahnverfahrens, also der im Mahnbescheid bezeichnete materiell-rechtliche Anspruch. Nach herrschender Rechtsprechung soll bei fehlender (ungenügender) Individualisierung auch dann **keine** Verjährungshemmung eintreten, wenn der Mahnbescheid zugestellt worden ist.

185 *Tipp*

Nach Zustellung des Mahnbescheids eingereichte Klageerweiterungs-(Widerklage-)schriftsätze können die Verjährung bezogen auf den Einreichungszeitpunkt ggf. hemmen, wenn die Mahnsache alsbald gem. § 696 Abs. 3 ZPO abgegeben wurde und die Erweiterungsschriftsätze gem. § 167 ZPO **auch** demnächst zugestellt werden.[40]

186 Die Dauer der Hemmung ergibt sich aus § 204 BGB.

187 Im Falle eines Widerspruchs ist der Antragsteller allerdings gehalten, nach Mitteilung des Widerspruchs ohne schuldhafte Verzögerung die Abgabe an das Streitgericht zu veranlassen. In der Regel ist von ihm binnen eines Zeitraums von zwei Wochen nach Zugang der Mitteilung des Widerspruchs zu erwarten, dass er die restlichen Gerichtsgebühren einzahlt und den Antrag auf Durchführung des streitigen Verfahrens stellt.[41]

188 Die Rechtswirkungen der Zustellung enden:
- bei Zurücknahme des Mahnantrages,
- bei ungenütztem Ablauf der Sechs-Monats-Frist für den Antrag auf Erlass eines Vollstreckungsbescheids (§ 701 S. 1 ZPO) und
- bei endgültiger Ablehnung des beantragten Vollstreckungsbescheids (§ 701 S. 2 ZPO).

VI. Der Widerspruch

189 Entschließt sich der Antragsgegner Widerspruch einzulegen, ist Folgendes zu beachten:

1. Frist

190 Häufig wird von einer zweiwöchigen Widerspruchsfrist ausgegangen, die aber vom Gesetz her gar nicht existiert. Die Zwei-Wochen-Frist verbietet es ausschließlich dem Antragsteller, das Verfahren vor Ablauf dieser zwei Wochen mit der Beantragung des Vollstreckungsbescheids fortzusetzen. Innerhalb dieser Frist kann sich der Antragsgegner also sicher sein.

191 Der Antragsgegner kann Widerspruch erheben, solange der Vollstreckungsbescheid nicht verfügt ist, § 694 ZPO.

192 Geht der Widerspruch allerdings erst nach zwischenzeitlichem Erlass des Vollstreckungsbescheids ein, erhält er – ohne dass der Antragsgegner darauf Einfluss hätte oder

---

[40] BGH NJW 1988, 1980.
[41] BGH, Beschl. v. 28.2.2008 – III ZB 76/07, NJW 2008, 1672.

haben müsste – eine andere Qualität. Er wird als Einspruch gegen den Vollstreckungsbescheid behandelt (vgl. § 694 Abs. 2 S. 1 ZPO).

Der Antragsgegner erhält eine Mitteilung über diese Umdeutung. Er hat dann die Möglichkeit zu entscheiden, ob er den Einspruch zurücknimmt. 193

Anders als im Widerspruchsverfahren, in dem die Abgabe an das Streitgericht nur auf Antrag erfolgt, erfolgt die Abgabe nach Einspruch gem. § 700 Abs. 3 ZPO von Amts wegen. Sofern der Antragsgegner ein streitiges Verfahren also nicht wünscht, kann er dies durch Zurücknahme des Einspruches bewirken/beeinflussen. 194

2. Ausnahmen

Im arbeitsgerichtlichen Mahnverfahren beträgt die Widerspruchsfrist nach § 46a Abs. 3 ArbGG nur eine Woche. 195

Bei Auslandszustellung beträgt die Widerspruchsfrist nach § 32 Abs. 3 AVAG einen Monat. 196

3. Form

Wie bereits ausgeführt, ist für den Widerspruch ein amtlicher Vordruck eingeführt, der dem Antragsgegner mit dem Mahnbescheid zugestellt wird (vgl. Muster Rdn 346). Anders als beim Mahnantrag und dem Antrag auf Erlass des Vollstreckungsbescheids ist die Verwendung dieses Vordruckes nicht zwingend vorgeschrieben, gleichwohl aber dringend zu empfehlen! Ab dem 1.1.2020 sind Rechtsanwälte und registrierte Inkassodienstleister auch zur „nur maschinell lesbaren" Widerspruchseinlegung verpflichtet; der Widerspruchsvordruck darf dann nicht mehr von ihnen verwendet werden, sondern es muss entweder eine elektronische Widerspruchserklärung per Datensatzversand erfolgen oder es muss unter www.online-mahnantrag.de ein Barcode-Widerspruch erstellt werden. 197

Nach § 692 Abs. 1 Nr. 4 und 6 ZPO ist der Antragsgegner darauf hinzuweisen, wie das Verfahren bei Einlegung bzw. Unterlassung des Widerspruches weitergeht. Er wird des Weiteren darauf hingewiesen, dass evtl. Zahlungen nicht an das Gericht, sondern nur an den Antragsteller zu leisten sind. 198

Bei Auslandszustellung bedarf es zusätzlich der Aufforderung an den Antragsgegner, einen im Gerichtsbezirk wohnenden Zustellungsbevollmächtigten (§ 184 ZPO) zu benennen. 199

Legt der Antragsgegner Widerspruch ein, muss er angeben, ob sich der Widerspruch gegen die gesamte Forderung richtet oder nur auf einen Teilanspruch beschränkt (§ 694 Abs. 1 ZPO). Der Widerspruch kann auch auf Nebenforderungen (Zinsen, Kosten, Auslagen) beschränkt werden. 200

Der Widerspruch ist grundsätzlich schriftlich zu erheben. Das Schriftstück sollte eigenhändig unterschrieben werden, damit die Person des Widerspruchsführers ermittelt werden kann. Ein Wirksamkeitserfordernis stellt die Unterschrift allerdings nicht dar. Es 201 genügt im Ergebnis, wenn bei der Einreichung eines nicht unterschriebenen Widerspruchsvordruckes kein ernsthafter Zweifel daran besteht, dass der Antragsgegner ihn willentlich ausgefüllt hat. Im Falle der Teilnahme am elektronischen Rechtsverkehr mit den Gerichten kann der Widerspruch als elektronisches Dokument gem. § 130a Abs. 3 ZPO mit einer qualifizierten elektronischen Signatur der verantwortenden Person versehen sein oder von der verantwortenden Person signiert und auf einem sicheren Übermittlungsweg (§ 130a Abs. 4 ZPO) eingereicht werden.

202 Der Widerspruchsführer kann sich auch an den Urkundsbeamten des Mahngerichts wenden und dort den Widerspruch zu Protokoll erklären (vgl. § 702 ZPO).

203 Er kann mit der Einlegung des Widerspruches gleichzeitig auch einen Antrag auf Durchführung des Streitverfahrens stellen. Dies wird aber nur in Ausnahmefällen sinnvoll sein.

4. Begründung

204 Eine Begründung des Widerspruches ist nicht erforderlich.

205 Teilweise wird eine Begründung für nützlich gehalten, damit der Antragsteller in seiner Klagebegründung auf die Einwendungen des Antragsgegners eingehen oder auch ggf. eine außergerichtliche Einigung oder Verfahrensbeendigung in Erwägung ziehen kann.

206 Der Antragsteller wird sowohl von der Erhebung und dem Inhalt des Widerspruches als auch vom Zeitpunkt des Einganges beim Gericht benachrichtigt (§ 695 ZPO).

207 Dies hat Bedeutung für § 696 Abs. 3 ZPO. Die Streitsache gilt nur dann als mit Zustellung des Mahnbescheids rechtshängig geworden, wenn sie „alsbald" nach der Erhebung des Widerspruches abgegeben wird.

5. Wirkung des Widerspruchs

208 Der rechtzeitig eingelegte Widerspruch führt dazu, dass ein Vollstreckungsbescheid nicht mehr erlassen werden kann. Das Verfahren geht nur dann weiter, wenn wenigstens eine der Parteien nach § 696 Abs. 1 S. 1 ZPO Antrag auf Durchführung des streitigen Verfahrens stellt. Ansonsten kommt das Mahnverfahren zum Stillstand. Die Akten werden nach § 7 Abs. 3c Aktenordnung nach sechs Monaten weggelegt.

209 Wird der Widerspruch auf einen Teil des Anspruches beschränkt, kann der Antragsteller wegen des Restes einen Vollstreckungsbescheid beantragen.

210 Im Übrigen ist Abgabe ans Streitgericht zu beantragen, wenn der Antragsgegner seinen Widerspruch nicht zurücknimmt.

211 Die Zurücknahme bewirkt, dass der Mahnbescheid wieder Grundlage eines Vollstreckungsbescheids sein kann.

6. Streitantrag

Soweit Widerspruch gegen den Mahnbescheid eingelegt worden ist, können beide Parteien gem. § 696 Abs. 1 ZPO Antrag auf Durchführung des streitigen Verfahrens stellen. Die Beantragung ist – anders als nach Einspruch gegen den Vollstreckungsbescheid – notwendig. Dieser Antrag kann schriftlich gestellt oder mündlich beim Urkundsbeamten der Geschäftsstelle angebracht werden (§ 702 ZPO). 212

Der sog. Streitantrag kann bis zum Beginn der mündlichen Verhandlung des Antragsgegners zurückgenommen werden. Auch die Rücknahme kann schriftlich oder mündlich beim Urkundsbeamten der Geschäftsstelle erklärt werden. Die Zurücknahme des Streitantrages durch den Antragsteller bedeutet allerdings nicht gleichzeitig die Zurücknahme des Mahnantrages. Das Verfahren bleibt vielmehr anhängig. 213

> *Tipp* 214
> Im Falle der Zurücknahme des Streitantrages ist § 269 Abs. 3 S. 2 ZPO für die Kostenentscheidung **nicht** anwendbar, da das Verfahren anhängig bleibt. Auch eine entsprechende Anwendung von § 91a ZPO kommt nicht in Betracht, weil der Antragsteller jederzeit in das streitige Verfahren zurückkehren kann.

a) Grundsatz

Nach Stellung des Streitantrages hat der Rechtspfleger die Sache von Amts wegen an das gem. § 690 Abs. 1 Nr. 5 ZPO im Mahnantrag bezeichnete Prozessgericht abzugeben. Der Rechtspfleger macht keine Zuständigkeitsprüfung. Diese ist dem Gericht vorbehalten, an das abgegeben wird. 215

Wenn das im Mahnantrag bezeichnete Empfangsgericht mit dem Gericht identisch ist, bei dem der Mahnantrag gestellt wurde, wird die Akte an die Prozessabteilung (sog. Streitgericht) abgegeben, § 698 ZPO. 216

b) Erste Ausnahme

Eine Ausnahme gilt nur dann, wenn Antragsteller und Antragsgegner vor der Abgabe übereinstimmend die Abgabe an ein anderes, nicht im Mahnantrag bezeichnetes Gericht wünschen. 217

Ein solcher Antrag ist allerdings nur zu berücksichtigen, solange die Abgabe an das im Mahnbescheid bezeichnete Gericht noch nicht vollzogen ist. 218

c) Zweite Ausnahme

Eine weitere Ausnahme gilt bei einer Mehrheit von Antragsgegnern. Auch hier kann unabhängig von einer bei den Empfangsgerichten eingetretene Rechtshängigkeit nachträglich ein anderer, gemeinsamer Gerichtsstand entstehen und zwar, wenn der Kläger gem. § 36 Abs. 1 Nr. 3 ZPO Antrag auf Bestimmung eines für die gemeinsame Verhandlung und Entscheidung zuständigen Gerichts gestellt hat.[42] 219

---

42 BGH NJW 1978, 1982.

7. Abgabe an das Streitgericht

220 Mit der Abgabe endet das Mahnverfahren. Mit Eingang der Akten beim Empfangsgericht wird die Sache dort anhängig.

221 Die Rechtshängigkeit wird auf den Zeitpunkt der Zustellung des Mahnbescheids zurückbezogen, wenn die Sache „alsbald" nach Widerspruchseinlegung in das Streitverfahren gegeben wird. Bei der Definition des Wortes „alsbald" gibt es ähnliche Abgrenzungsprobleme wie bei der Definition des Wortes „demnächst" i.S.d. § 167 ZPO (s. Rdn 170 ff.).

222 Die Abgabe an das Streitgericht hat nach § 696 Abs. 5 ZPO nicht die gleichen Rechtswirkungen wie eine Verweisung nach § 281 ZPO. Hier tritt also keine Bindungswirkung ein. Das Streitgericht hat die allgemeinen Prozessvoraussetzungen und seine sachliche und örtliche Zuständigkeit von Amts wegen zu prüfen (§ 692 Abs. 1 Nr. 6 ZPO).

223 Ergibt sich dabei die Unzuständigkeit, wird die Sache auf Antrag des Klägers an das zuständige Gericht verwiesen.

224 *Vorsicht!*

Da seit dem 1.1.1992 schon im Mahnantrag das für das streitige Verfahren örtlich und sachlich zuständige Gericht zu bezeichnen ist, also insbesondere ein ausschließlicher Gerichtsstand anzugeben ist,[43] wird eine Weiterverweisung nur noch in Ausnahmefällen in Betracht kommen. Der Gesetzgeber hat seinerzeit ausdrücklich das Ziel verfolgt, das sog. „Verweisungskarussell" abzuschaffen. Es ist also ganz wichtig, dass sich der Prozessbevollmächtigte bereits bei Stellung des Mahnantrages im Hinblick auf die Zuständigkeit des Streitgerichts kundig macht und die Stellung des Mahnbescheidsantrages nicht nur seinem Personal überlässt.

Es kommt noch Folgendes hinzu: Meist gibt es für einen Rechtsstreit mehrere in Betracht kommende Gerichtsstände (neben dem allgemeinen Gerichtsstand auch besondere oder sogar ausschließliche Gerichtsstände). Der Mitarbeiter wählt im Zweifel das Wohnsitzgericht des Antragsgegners aus. Dies führt im Streitverfahren häufig dazu, dass der Prozessbevollmächtigte lange Wege bis zum Gericht zurücklegen muss, obwohl bei sorgfältiger Prüfung evtl. auch ein Gerichtsort in Betracht gekommen wäre, der in unmittelbarer Nähe zum Kanzleisitz liegt. Hier können durch Vermeidung von Fehlern bei der Antragsstellung zeitlich und finanziell Kapazitäten geschont werden.

225 Liegt eine eigene Zuständigkeit des im Mahnbescheid genannten Empfangsgerichts vor, kommt es nicht mehr darauf an, ob es noch einen konkurrierenden besonderen oder einen anderen wirksam vereinbarten Gerichtsstand gibt. Der Kläger hat im Mahnverfahren eine Zuständigkeitswahl. Sein Wahlrecht gem. § 35 ZPO erlischt mit Zustellung des Mahnbescheids.[44] Es kommt also grundsätzlich nur dann eine Abgabe an ein anderes

---

43 Zöller/*Vollkommer*, § 690 Rn 18.
44 BGH NJW 1993, 1273; Zöller/*Vollkommer*, § 696 Rn 5.

Streitgericht in Betracht, wenn beide Parteien die Abgabe verlangen (vgl. § 696 Abs. 1 S. 1, letzter Hs. ZPO).

8. Das Verfahren beim Streitgericht

Nachdem die Akten beim Streitgericht eingegangen sind, hat die Geschäftsstelle dieses Gerichts dem Antragsteller unverzüglich aufzugeben, seinen Anspruch zu begründen. 226

a) Begründung des Anspruchs

Diese Anspruchsbegründung soll den Mahnbescheid, der keine Begründung enthält, zu einer vollwertigen Klage machen. Die Begründung muss nach Form und Inhalt den Anforderungen einer Klageschrift (§§ 253, 130, 131 ZPO) genügen. 227

b) Frist

Die Anspruchsbegründung soll innerhalb von zwei Wochen vorgelegt werden. 228

Das Setzen der Zwei-Wochen-Frist durch den Urkundsbeamten der Geschäftsstelle markiert im Prinzip den Eintritt des Verfahrensstillstandes gem. § 204 Abs. 2 S. 2 BGB, falls das Verfahren danach nicht weiter betrieben wird. 229

Nach dem Eingang der Anspruchsbegründung verfährt das Gericht wie nach dem Eingang einer Klage. 230

> *Hinweis* 231
> Abweichend von der früheren Rechtslage kann aufgrund der allgemeinen Verweisung des § 697 Abs. 2 S. 1 ZPO auch im schriftlichen Vorverfahren ein Versäumnisurteil gem. § 331 Abs. 3 ZPO oder ein Anerkenntnisurteil nach § 307 ZPO ergehen. Die Widerspruchseinlegung gilt nach der Neufassung nicht mehr als vorweggenommene Anzeige der **Verteidigungsabsicht**. Der Beklagte muss seine Verteidigungsabsicht also im streitigen Verfahren – selbst oder durch einen postulationsfähigen Rechtsanwalt – erklären.[45]

> *Hinweis* 232
> Eine weitere Gefahr beinhaltet § 697 Abs. 2 S. 2 ZPO. Danach können nämlich die Frist für die Verteidigungsanzeige und die Frist für die Vorlage der Klageerwiderung zusammenfallen und damit insgesamt nur zwei Wochen betragen. Der Gesetzgeber hat dies als unproblematisch angesehen, da der Beklagte schon im Mahnverfahren Gelegenheit gehabt habe, sich mit dem Streitgegenstand zu befassen.[46] Hier ist also besondere Sorgfalt bei dem Notieren der Fristen erforderlich! Ggf. muss die Verlängerung der Frist beantragt werden.

Hat der Antragsteller innerhalb der ihm gesetzten Zwei-Wochen-Frist seinen Anspruch nicht begründet, tritt Verfahrensstillstand ein. Das Gericht bestimmt nur dann Termin 233

---

[45] Zöller/*Vollkommer*, ZPO, § 697 Rn 9; OLG Düsseldorf OLGR 2000, 360.
[46] BT-Drucks 11/3621, 49.

zur mündlichen Verhandlung, wenn der Beklagte dies beantragt. Wird dieser Antrag gestellt, setzt das Gericht (und zwar der Richter) noch einmal eine Frist zur Anspruchsbegründung. Diese Aufforderung wird förmlich zugestellt. Versäumt der Kläger auch diese Frist, sind dafür dann erstmals die Verspätungsfolgen des § 296 Abs. 1 und 4 ZPO anwendbar.

234 *Tipp*

In diesem Fall kann der Kläger allerdings die „Flucht in die Säumnis" antreten, um einen endgültigen Anspruchsverlust zu vermeiden.

235 Bleibt die Klagebegründung endgültig aus, ist die Klage zwar unschlüssig und könnte auf die mündliche Verhandlung als unbegründet abgewiesen werden. Nach richtiger Ansicht ist die Klage aber als unzulässig abzuweisen, da es an einer zwingenden Prozessvoraussetzung fehlt.[47] Soweit der Kläger auch im Termin zur mündlichen Verhandlung nicht erscheint, erfolgt dies durch Versäumnisurteil.

236 Bleibt die Klagebegründung aus und kommt es – mangels Antrages des Beklagten – auch nicht zu einem Verhandlungstermin, tritt Verfahrensstillstand mit der Folge von § 204 Abs. 2 BGB ein. Die Verjährungshemmung endet sechs Monate nach dem Zugang der Aufforderung zur Klagebegründung.

237 *Tipp für den Klägervertreter*

Nach Eingang der Aufforderung zur Klagebegründung muss deshalb grundsätzlich eine sechsmonatige Frist mit Vorfrist notiert werden.

238 *Tipp für den Beklagtenvertreter*

Der Antrag auf Durchführung des Verhandlungstermins nach § 697 Abs. 3 S. 1 ZPO kann zugunsten des Gegners zu einer Aufrechterhaltung einer Verjährungshemmung führen. Dieser Antrag sollte also nur gestellt werden, wenn es dafür zwingende Gründe gibt (etwa die Notwendigkeit der Auflösung von Rückstellungen) und mit einem Obsiegen im Prozess sicher gerechnet werden kann. Anderenfalls sollte der Aufruf erst nach dem Eintritt der Verjährung erfolgen und der Antrag auf Klageabweisung ggf. mit der Verjährungseinrede begründet werden.

239 Der Anspruchsgegner kann seinen Widerspruch vor Abgabe ins streitige Verfahren jederzeit zurücknehmen. Danach ist eine Rücknahme noch möglich, solange der Beklagte nicht zur Hauptsache verhandelt hat.

240 Die Zurücknahme kann schriftlich oder zu Protokoll der Geschäftsstelle erfolgen. Ist die Sache an das Landgericht abgegeben worden, unterliegt die Zurücknahme nicht dem Anwaltszwang.

241 Die Zurücknahme bewirkt, dass das streitige Verfahren endet und die Rechtshängigkeit entfällt. Der Mahnbescheid kann dann wieder Grundlage eines Vollstreckungsbescheids sein.

---

47 LG Kaiserslautern v. 16.7.2004 – 3 O. 127/03 n.v.; OLG München NJW-RR 1989, 1495.

Zur Vermeidung von Verzögerungen wird das Mahnverfahren allerdings nun nicht mehr an das Mahngericht zurückgegeben, sondern von dem Empfangsgericht weiterbetrieben (§ 699 Abs. 1 S. 3 ZPO).

VII. Der Antrag auf Erlass des Vollstreckungsbescheids

Legt der Antragsgegner gegen den Mahnbescheid keinen Widerspruch ein, kann der Antragsteller nach Ablauf der Widerspruchsfrist einen Antrag auf Erlass eines Vollstreckungsbescheids stellen. Er hat dabei – soweit er nicht am elektronischen Datenaustausch teilnimmt bzw. zur nur maschinell lesbaren Antragstellung verpflichtet ist (Rechtsanwälte/registrierte Inkassodienstleister) – nach § 703c Abs. 2 ZPO den dafür vorgesehenen Vordruck zwingend zu verwenden. Eine eigenhändige Unterzeichnung ist im Gegensatz zum Mahnantrag (vgl. § 690 Abs. 2 ZPO) zwar nicht ausdrücklich vorgeschrieben, jedoch gehört die Unterschrift gleichwohl unverzichtbar zur Vordruckausfüllung. Im Falle der Antragsübermittlung in nur maschinell lesbarer Form (z.B. Barcodeanträge) bedarf es der handschriftlichen Unterzeichnung gem. § 702 Abs. 2 S. 4 ZPO nicht, wenn in anderer Weise gewährleistet ist, dass die Anträge oder Erklärungen nicht ohne den Willen des Antragstellers oder Erklärenden übermittelt wurden. Außerdem können Anträge und Erklärungen seit dem 1.1.2018 auch gem. § 702 Abs. 2 S. 3 ZPO unter Nutzung des elektronischen Identitätsnachweises nach § 18 des Personalausweisgesetzes oder § 78 Abs. 5 des Aufenthaltsgesetzes gestellt werden.

Der Antrag kann auch im Wege des elektronischen Datenaustauschs übermittelt werden Bei Online-Übermittlung ist grundsätzlich auch weiterhin die qualifizierte elektronische Signatur vorgeschrieben. Im Rahmen der Einführung des elektronischen Rechtsverkehrs ist seit dem 1.1.2018 auch die Übermittlung anders (also einfach bzw. fortgeschritten) signierter und über sichere Übermittlungswege (§ 130a Abs. 3 und 4 ZPO) versandter Anträge zulässig.

1. Frist

Der Antragsteller muss selbst darauf achten, den Vollstreckungsbescheid nicht zu früh zu beantragen. Da er von der erfolgten Zustellung des Mahnbescheids benachrichtigt wird, kann er den Fristablauf selbst berechnen.

> *Tipp*
>
> - Da ein verfrüht gestellter Antrag auf Erlass eines Vollstreckungsbescheids zurückzuweisen ist und neu gestellt werden muss, sollte die Wartefrist des § 699 Abs. 1 S. 1 ZPO sorgfältig notiert werden. In dem Antrag ist (s. Rdn 52 ff.) die Erklärung des Antragstellers aufzunehmen, inwieweit der Antragsgegner Zahlungen geleistet hat und zwar bis zur tatsächlichen Beantragung des Vollstreckungsbescheids.
> - Damit Zahlungen, die der Antragsgegner kurz vor Fristablauf durch Banküberweisung leistet, im Antrag auf Erlass des Vollstreckungsbescheids noch berücksichtigt werden können, sollte der Antrag nicht sofort nach Ablauf der Wartefrist gestellt

§ 4 Mahnverfahren und Vollstreckungsbescheid

werden, um nicht unnötig einen Einspruch des Antragsgegners (wegen der Teilerfüllung) zu provozieren.

- Für den Verfahrensbevollmächtigten des Antragsgegners: Im Vollstreckungsbescheid nicht berücksichtigte Zahlungen müssen sofort mit dem Einspruch geltend gemacht werden und nicht erst im Rahmen der Zwangsvollstreckung.

247 Eine weitere zeitliche Grenze für den Antrag auf Erlass des Vollstreckungsbescheids ergibt sich aus § 701 S. 1 ZPO. Danach verliert der Mahnbescheid seine Wirkungen, wenn der Antragsteller nicht innerhalb einer Frist von sechs Monaten seit dem Tage der Zustellung des Mahnbescheids den Erlass des Vollstreckungsbescheids beantragt. Maßgeblich für die Einhaltung der Frist ist der rechtzeitige Eingang beim zuständigen Mahngericht.

248 *Hinweis*

Auch hier ist es unabdingbar, ab dem Tag der Zustellung des Mahnbescheids einen Termin vor Ablauf der Sechs-Monats-Frist zu notieren, weil danach die Wirkungen des Mahnbescheids entfallen.

2. Antragsinhalt

249 Der Antrag auf Erlass des Vollstreckungsbescheids muss Angaben darüber enthalten, inwieweit der Antragsgegner Zahlungen geleistet hat, die sich auf die Höhe des im Mahnbescheid geltend gemachten Anspruches auswirken.

3. Teilwiderspruch

250 Hat der Antragsgegner Teilwiderspruch eingelegt, kann bezüglich des nicht widersprochenen Teiles Antrag auf Erlass eines Vollstreckungsbescheids gestellt werden. Im Übrigen kann der Antragsteller Streitantrag stellen. Beide Verfahren, also das Mahnverfahren bzgl. des nicht-widersprochenen Teils und das Klageverfahren wegen des widersprochenen Teils laufen dann unabhängig voneinander parallel nebeneinander.

251 Im Vollstreckungsbescheid kann im Prinzip nicht mehr verlangt werden als im Mahnbescheid. Eine Ausnahme gilt für die Kosten. Die seit dem Mahnbescheid angefallenen weiteren Kosten für Auskünfte etc. können im Antrag auf den Vollstreckungsbescheid zusätzlich beansprucht werden. Ist dies allerdings unterblieben, können die Kosten ggf. nur nachträglich gem. §§ 103 ff. ZPO festgesetzt werden.

252 Später anfallende Kosten, etwa für die Zustellung des Vollstreckungsbescheids im Parteibetrieb, können nach § 788 Abs. 1 ZPO bei der Zwangsvollstreckung mit beigetrieben werden. Für die gesamten Kosten des Mahnverfahrens kann ab Erlass des Vollstreckungsbescheids – entsprechend § 104 Abs. 1 S. 2 ZPO – Verzinsung in Höhe von 5 %-Punkten über dem Basiszinssatz verlangt werden. Die Gerichts- und Anwaltskosten setzt das Gericht von Amts wegen mit in den Vollstreckungsbescheid.

4. Das Prüfungsverfahren

Der Vollstreckungsbescheid wird durch das Amtsgericht erlassen, von dem auch der Mahnbescheid stammt, wenn dieses zuständig war. Die durch den Mahnbescheid erfolgte stillschweigende Bejahung der Zuständigkeit und Zulässigkeitsvoraussetzungen bindet für den Vollstreckungsbescheid nicht. Trotzdem wird in aller Regel der Vollstreckungsbescheid auf der Grundlage des Mahnbescheids ohne weitere Zwischenschritte erlassen, wenn kein Widerspruch vorliegt, die Wartefrist abgelaufen, der Antrag rechtzeitig vor Ablauf der 6-Monatsfrist gestellt worden ist und der Antrag auf Erlass des Vollstreckungsbescheids alle erforderlichen Angaben enthält. 253

5. Die Zustellung

a) Zustellung von Amts wegen

Der Vollstreckungsbescheid wird – wenn der Antragsteller nichts anderes wünscht – vom Gericht von Amts wegen zugestellt. Der Antragsteller erhält eine mit Zustellungsbescheinigung versehene Ausfertigung des Vollstreckungsbescheids, mit der er die Zwangsvollstreckung einleiten kann. Eine Vollstreckungsklausel ist nur ausnahmsweise nötig (vgl. § 796 Abs. 1 ZPO und § 31 AVAG). 254

Nach § 700 Abs. 2 ZPO gilt die Sache rückwirkend auf den Zeitpunkt der Zustellung des Mahnbescheids als rechtshängig geworden, wenn der Vollstreckungsbescheid erlassen wird. 255

Ab diesem Zeitpunkt steht dem Antragsgegner der Einspruch zu (s. Rdn 274 ff.). 256

Wird der Vollstreckungsbescheid formell rechtskräftig, kann er auch in (beschränkter) materieller Rechtskraft erwachsen.[48] 257

b) Zustellung im Parteibetrieb

Unterbleibt die Amtszustellung, wird dem Antragsteller die Ausfertigung des Vollstreckungsbescheids ausgehändigt, damit er diesen im Parteibetrieb durch Beauftragung eines Gerichtsvollziehers veranlassen kann. 258

Im Übrigen steht die Parteizustellung in ihren Wirkungen der Amtszustellung völlig gleich. 259

Insbesondere wird die Einspruchsfrist gleichermaßen in Gang gesetzt. 260

Stellt der Antragsteller, der auf Amtszustellung verzichtet, den Vollstreckungsbescheid allerdings nicht kurzfristig zu, liegt ggf. ein Fall des Verfahrensstillstandes nach § 204 Abs. 2 BGB vor. 261

---

48 Zöller/*Vollkommer*, § 699 Rn 14 a.E.

§ 4 Mahnverfahren und Vollstreckungsbescheid

262 *Tipp*

Sofern der Antragsteller auf die Amtszustellung verzichtet, sollte ab dem Tag des Erhalts der Ausfertigung des Vollstreckungsbescheids eine sechsmonatige Frist notiert werden.

c) Öffentliche Zustellung

263 Anders als beim Mahnbescheid ist beim Vollstreckungsbescheid auch eine öffentliche Zustellung möglich. Bewilligt das mit dem Mahnverfahren befasste Gericht die öffentliche Zustellung, so wird die Benachrichtigung nach § 186 Abs. 2 S. 2 und 3 an die Gerichtstafel des Gerichts angeheftet oder in das Informationssystem des Gerichts eingestellt, das in dem Mahnbescheid gem. § 692 Abs. 1 Nr. 1 bezeichnet worden ist, § 699 Abs. 4, S. 3 ZPO.

d) Zustellung im Ausland

264 Der Vollstreckungsbescheid kann auch im Ausland zugestellt werden und zwar unabhängig davon, ob sich die Zustellung auf einen der Staaten bezieht, auf die das AVAG anwendbar ist. Hier ist § 339 Abs. 2 ZPO zu beachten, wonach das Gericht die Einspruchsfrist durch besonderen Beschluss zu bestimmen hat.

6. Zurückweisung des Antrages

265 Ergibt die Prüfung des Mahngerichts, dass der Vollstreckungsbescheid nicht erlassen werden kann, wird der Antrag zurückgewiesen. Der Beschluss wird dem Antragsteller i.d.R. förmlich zugestellt. Dagegen steht dem Antragsteller die sofortige Beschwerde nach § 11 Abs. 1 RPflG i.V.m. § 567 ZPO zu.

266 *Tipp*

Mit Erhalt des Beschlusses muss die zweiwöchige Notfrist notiert werden.

267 Bei endgültiger Zurückweisung des Antrages auf Erlass des Vollstreckungsbescheids verliert der Mahnbescheid seine Wirkungen.

7. Der Erlass des Vollstreckungsbescheids

268 Wird der Vollstreckungsbescheid erlassen, steht er nach § 700 Abs. 1 ZPO einem für vorläufig vollstreckbaren erklärten Versäumnisurteil gleich. Er ist nach § 750 ZPO ab der Zustellung ohne Weiteres vollstreckbar (vgl. §§ 794 Abs. 1 Nr. 4, 796 Abs. 1 ZPO).

269 Legt der Antragsgegner Einspruch ein, kann auf seinen Antrag hin die Zwangsvollstreckung einstweilen eingestellt werden.

270 Der Vollstreckungsbescheid bedarf nur ausnahmsweise einer Vollstreckungsklausel (vgl. § 796 ZPO, § 31 AVAG).

271 Legt der Antragsgegner gegen den Vollstreckungsbescheid nicht fristgemäß Einspruch ein, wird dieser formell rechtskräftig.

Er unterliegt der Vollstreckungsgegenklage (§§ 794 Abs. 1 Nr. 4, 795, 767 Abs. 2, 796 Abs. 2 ZPO) und der Wiederaufnahmeklage (§ 584 Abs. 2 ZPO).

Die gesetzliche Regelung geht damit von der materiellen Rechtskraft des Vollstreckungsbescheids aus.

VIII. Der Einspruch

Gegen den Vollstreckungsbescheid steht dem Antragsgegner nur der Einspruch zu. Die Rechtspflegererinnerung ist ausgeschlossen (vgl. § 11 Abs. 3 S. 2 RPflG).

Hinweis

Grundsätzlich ist gegen den Vollstreckungsbescheid der Einspruch geboten. Nach seiner Rechtskraft können Einwendungen nur noch geltend gemacht werden, wenn sie **nach** Zustellung des Vollstreckungsbescheids entstanden sind oder wenn eine Durchbrechung der Rechtskraft aus materiell-rechtlichen Gründen, z.B. wegen Sittenwidrigkeit oder wegen mangelnder Individualisierung des Anspruchs, erforderlich ist.

1. Frist

Der Einspruch ist innerhalb einer Notfrist von zwei Wochen ab Zustellung einzulegen (§ 339 Abs. 1 ZPO).

Gegen die Versäumung der Einspruchsfrist ist Wiedereinsetzung nach § 233 i.V.m. § 339 Abs. 1, 2. Hs. ZPO möglich.

Tipp

Nach Erhalt des Vollstreckungsbescheids muss eine Notfrist von zwei Wochen notiert werden.

Besonderheiten gelten, wenn die Zustellung
- im Ausland oder
- durch öffentliche Bekanntmachung

erfolgen muss.

Dann wird die Einspruchsfrist nach § 339 Abs. 2 ZPO durch richterlichen Beschluss bestimmt.

2. Ausnahmen

Im **arbeitsgerichtlichen Mahnverfahren** beträgt die Frist nur eine Woche (§§ 46a Abs. 1, 59 ArbGG i.V.m. § 700 Abs. 1 ZPO).

3. Form

282 Bei der Einspruchsschrift ist die gleiche Form zu wahren wie beim Einspruch gegen ein Versäumnisurteil. Ein amtliches Formular hierfür existiert nicht. Die Einspruchsschrift muss enthalten:
- die Bezeichnung des Vollstreckungsbescheids, gegen den der Einspruch gerichtet wird,
- die Erklärung, dass gegen den Vollstreckungsbescheid Einspruch eingelegt wird,
- den Umfang der Anfechtung, wenn nur ein Teil des Vollstreckungsbescheids angefochten werden soll.

283 Die Einspruchsschrift ist bei dem Gericht einzureichen, das den Vollstreckungsbescheid erlassen hat.

4. Unterschrift

284 Ob bei schriftlicher Einlegung des Einspruches eine eigenhändige Unterzeichnung erforderlich ist, ist umstritten. Einige Instanzgerichte verneinen dies, sodass eine Einlegung durch Telegramm, Fernschreiben oder Computerfax ohne Weiteres zulässig wäre.[49] Nach herrschender Meinung ist die Unterzeichnung allerdings unabdingbar.[50]

285 Die Erleichterungen des § 702 ZPO finden Anwendung. Deshalb kann ein Einspruch zur Niederschrift der Geschäftsstelle erklärt werden.

286 *Tipp*
Hier sollten sie stets den sichersten Weg wählen und den Einspruch immer schriftlich und korrekt unterschrieben beim Gericht einreichen.

5. Die Abgabe an das Streitgericht

287 Nach dem Einspruch wird die Sache ins Streitverfahren übergeleitet, und zwar ohne dass es eines Antrages bedürfte (§ 700 Abs. 3 ZPO). Hier unterscheidet sich der Einspruch vom Widerspruch (§ 696 Abs. 1 S. 1 ZPO).

288 Das Mahngericht gibt die Akte an das im Mahnbescheid gem. §§ 692 Abs. 1 Nr. 1, 690 Abs. 1 Nr. 5 ZPO bezeichnete Prozessgericht ab.

289 Nur wenn die Parteien übereinstimmend ein anderes Gericht benennen, ist an dieses abzugeben.

6. Das Verfahren bei dem Streitgericht

290 Die Zulässigkeit des Einspruches wird vor der Abgabe der Sache an das Streitgericht vom Rechtspfleger nicht geprüft. Sie obliegt vielmehr dem Streitgericht. Dort ist die Sache mit Eingang anhängig.

---

[49] LG Karlsruhe VersR 1973, 852; LG Heidelberg NJW-RR 1987, 1213.
[50] BGHZ 101, 134; LG Hamburg NJW 1986, 1997.

Das Streitgericht hat die Einspruchsschrift dem bisherigen Antragsteller von Amts wegen zuzustellen (§ 340a S. 1 ZPO) und die Zulässigkeit des Einspruches zu prüfen (§ 341 ZPO).

Wird die Zulässigkeit bejaht, erfolgt eine Benachrichtigung des Antragstellers (des nunmehrigen Klägers) wie nach dem Widerspruch gegen den Mahnbescheid.

Nach dem Eingang der Anspruchsbegründung verfährt das Gericht wie nach dem Eingang einer Klage. Der Vorsitzende trifft vorbereitende Verfügungen und entscheidet, ob er den frühen ersten Termin durchführen oder das schriftliche Vorverfahren anordnen will.

Nach § 700 Abs. 4 S. 2 ZPO ist die Anwendung von § 276 Abs. 1 S. 1 ZPO in diesem Fall ausdrücklich ausgeschlossen, sodass nach der Einlegung des Einspruches im schriftlichen Vorverfahren kein (zweites) Versäumnisurteil ergehen kann. Von dem Beklagten kann auch keine Verteidigungsanzeige gefordert werden. Diese liegt im Einspruch.[51]

Bei dem Vollstreckungsbescheid, der einem für vorläufig vollstreckbar erklärten Versäumnisurteil gleichsteht, handelt es sich um einen Titel, gegen den der Beklagte durch den Einspruch bereits vorgegangen ist. Darin liegt konkludent auch die Anzeige seiner Verteidigungsbereitschaft.

Außerdem hätte ein Versäumnisurteil in diesem Verfahrensstadium den Charakter eines zweiten Versäumnisurteils und könnte nur noch sehr eingeschränkt nach § 345 ZPO angegriffen werden. Ein weiterer Einspruch wäre nicht möglich. Es gäbe auch nur noch die eingeschränkte Berufungsmöglichkeit nach § 514 Abs. 2 ZPO.

Der Beklagte soll aber die Möglichkeit haben, seine Rechte in der mündlichen Verhandlung geltend zu machen und sich zu verteidigen. Deshalb setzt das Gericht dem Beklagten im schriftlichen Vorverfahren eine Frist von mindestens zwei Wochen zur Klageerwiderung und bestimmt nach Ablauf dieser Frist Termin zur mündlichen Verhandlung. Wenn der Beklagte dann allerdings nicht erscheint, wird der Einspruch durch zweites Versäumnisurteil gem. § 700 Abs. 1 i.V.m. § 345 ZPO verworfen.

Lässt der Kläger die ihm gesetzte Frist zur Anspruchsbegründung ungenutzt verstreichen, bestimmt der Vorsitzende einen Termin zur Verhandlung über den Einspruch und die Hauptsache.

Mit der Terminsbestimmung wird dem Kläger eine erneute Frist zur Anspruchsbegründung gesetzt, bei deren Versäumung dann § 296 Abs. 1 und 4 ZPO Anwendung findet.

Bleibt der Einspruchsführer in der mündlichen Verhandlung über den Einspruch und die Hauptsache aus, kommt der Erlass eines zweiten Versäumnisurteils in Betracht, wenn die allgemeinen Prozessvoraussetzungen und die besonderen Voraussetzungen des Mahn-/ Vollstreckungsbescheidsverfahrens eingehalten sind.

Außerdem holt das Gericht die bisher unterbliebene Schlüssigkeitsprüfung nach. Bei diesbezüglichen Bedenken trifft das Gericht allerdings eine Hinweispflicht nach § 139

---

51 Zöller/*Vollkommer*, § 700 Rn 13.

§ 4 Mahnverfahren und Vollstreckungsbescheid

ZPO, auf die der Kläger durch ergänzenden Vortrag, bei einem Hinweis in der mündlichen Verhandlung durch einen vorherigen Antrag auf Schriftsatznachlass nach § 139 Abs. 5 ZPO reagieren muss.

302 Fehlt es an einer der genannten Voraussetzungen, ist der Vollstreckungsbescheid aufzuheben *und* die Klage abzuweisen. Hiergegen steht dem Kläger unter den Voraussetzungen des § 511 ZPO die Berufung zu.

303 Liegen die Voraussetzungen vor, ist der Einspruch durch ein echtes (zweites) Versäumnisurteil zu verwerfen. Dagegen steht den Beklagten dann nur noch die Berufung i.S.d. § 514 Abs. 2 ZPO zu, wenn sich der Beklagte darauf beruft, tatsächlich nicht säumig gewesen zu sein (z.B. weil er nicht ordnungsgemäß geladen wurde).

304 Wie weit die Auslegung des Begriffs „Fall der Versäumung" ausgedehnt werden kann, ist fraglich. Nach dem BGH[52] kann die Berufung gegen ein den Einspruch verwerfendes Versäumnisurteil auch auf die verfahrensrechtliche Unzulässigkeit des Vollstreckungsbescheids gestützt werden und darauf, dass das zweite Versäumnisurteil nicht ergehen durfte.[53]

305 *Exkurs*

Die ZPO geht von der materiellen Rechtskraft des Vollstreckungsbescheids aus. Der BGH hat die volle materielle Rechtskraft des Vollstreckungsbescheids bestätigt.[54] Trotzdem haben sich Fallgruppen der **Rechtskraftdurchbrechung** herausgebildet. Es geht dabei z.B. um **sittenwidrige Kreditverträge**.

Der BGH lässt die Rechtskraftdurchbrechung nach § 826 BGB u.U. unter erleichterten Voraussetzungen zu, wenn eine wegen Sittenwidrigkeit nicht bestehende Ratenkreditforderung tituliert wurde. Dies gilt, wenn der Gläubiger sich durch die Wahl des Mahnverfahrens einen Titel erschlichen hat, dessen Erlass ansonsten an der gerichtlichen Schlüssigkeitsprüfung gescheitert wäre.

Diese Grundsätze sind heute besonders relevant für Forderungen aus sittenwidrigen Finanzierungs- und Sicherungsverträgen, für die keine Mahnverfahrenssperre nach § 688 Abs. 2 Nr. 1 ZPO besteht. Hierunter fallen auch:

- sittenwidrige Finanzierungsleasingverträge,
- sittenwidrige Bürgschafts- und Mithaftungsübernahmeverträge mit vermögenslosen, nahen Verwandten als Bürgen oder Mitschuldnern,
- Verbraucherdarlehensverträge und -finanzierungshilfen, die unter Umgehung des § 688 Abs. 2 Nr. 1 ZPO zum Gegenstand eines Mahnverfahrens gemacht wurden, obwohl sie davon grundsätzlich ausgeschlossen sind,
- Ansprüche aus Partnerschaftsvermittlungsverträgen, wenn damit die allgemeine Klagbarkeitssperre gem. § 656 BGB umgangen wird.

---

52 BGHZ 73, 87; BGH NJW 1983, 633; 1999, 2599.
53 BGH NJW 1991, 45.
54 BGH NJW 1987, 3256.

IX. Die Kosten

1. Allgemeines

Die Gerichts- und Rechtsanwaltskosten für den Mahn- und Vollstreckungsbescheid werden vom Mahngericht maschinell ausgerechnet und in den Mahn- bzw. Vollstreckungsbescheid automatisch aufgenommen. Der Antragsteller braucht diese Kosten also nicht mehr auszurechnen und in den Antrag einzutragen. 306

Für registrierte Inkassodienstleister befindet sich im Gesetz lediglich die Feststellung, dass gem. Art. 2 des Einführungsgesetzes zum Rechtsdienstleistungsgesetz (RDGEG) ihre Vergütung für die Vertretung im gerichtlichen Mahnverfahren bis zu einem Betrag von 25 EUR nach § 91 der Zivilprozessordnung erstattungsfähig ist. 307

Diese Inkassovergütung ist vom antragstellenden Inkassodienstleister immer konkret im Mahnbescheidsantrag anzugeben und wird vom Mahngericht nicht automatisch festgesetzt.

Auch wenn die Ungerechtigkeit und sachliche Unbegründetheit der Regelung immer wieder kritisiert wird, sieht die Regelung weder ein Hinzusetzen von weitergehenden Auslagen noch von Mehrwertsteuer vor. Nicht ausgeschlossen wird die Geltendmachung einer Vergütung nach den Grundsätzen des materiellen Schadensersatzrechts.[55]

Bei den Rechtsanwalts- und Rechtsbeistandskosten braucht der Prozessbevollmächtigte des Antragstellers nur noch von der Pauschale abweichende Auslagen im Antrag anzugeben. 308

> *Hinweis* 309
>
> Die Mehrwertsteuer auf die Gebühr und die Auslagen wird nur noch dann in den Mahnbescheid bzw. Vollstreckungsbescheid aufgenommen, wenn der Prozessbevollmächtigte im Mahnbescheidsantrag ausdrücklich erklärt hat, dass der Antragsteller nicht zum Vorsteuerabzug berechtigt ist.

2. Gerichtskosten

Für das Verfahren über den Antrag auf Erlass eines Mahnbescheids wird eine Verfahrensgebühr erhoben und zwar unabhängig davon, ob der Antrag aufrecht erhalten bleibt oder später zurückgenommen wird. 310

Es handelt sich um eine pauschale Verfahrensgebühr nach Hauptabschnitt 1, Abschnitt 1, Nr. 1100 KVGKG. 311

Die Gebühr beträgt 0,5 der Gebühr nach § 34 GKG, mindestens jedoch 32 EUR. 312

Die Gebühr wird fällig mit Einreichung des Antrages (§ 6 GKG). 313

---

[55] Begründung zum Regierungsentwurf, BR-Drucks 623/06, S. 176, vgl. auch Forderungsmanagement professionell, 2009, 116.

314 Ausnahmen ergeben sich insoweit aus § 14 GKG, insbesondere, wenn dem Antragsteller Prozesskostenhilfe bewilligt ist oder ihm Gebührenfreiheit zusteht.

315 Die hälftige Gebühr bemisst sich nach dem Betrag des bei der Antragstellung geltend gemachten Hauptanspruchs. Nachträgliche Betragsreduzierungen sind unbeachtlich; Erhöhungen sind kostenrelevant.

316 Der Mahnbescheid soll grundsätzlich erst nach Entrichtung der Gebühr erlassen werden (§ 12 Abs. 1 GKG).

317 Bei maschineller Bearbeitung entfällt im Mahnverfahren das Erfordernis, einen Vorschuss auf die Gerichtskosten zu leisten. Dies ergibt sich aus § 12 Abs. 3 S. 2 Hs. 1 GKG.

318 In diesem Fall wird allerdings dann der Erlass des Vollstreckungsbescheids von der Zahlung der vorgesehenen Gebühr abhängig gemacht. Dies folgt aus § 12 Abs. 3 S. 2 Hs. 2 GKG.

3. Anwaltskosten des Antragstellers

a) Mahnbescheid

319 Der Anwalt des Antragstellers verdient für die Vertretung des Antragstellers eine 1,0 Verfahrensgebühr gem. Nr. 3305 VV. Diese Gebühr fällt an, sobald der Antrag auf Erlass des Mahnbescheids beim Gericht eingereicht wird. Als Berechnungsgrundlage für diese Gebühr dient der mit dem Mahnbescheidsantrag geltend gemachte Hauptanspruch.

320 Endet der dem Rechtsanwalt erteilte Auftrag, bevor er seinen Antrag bei Gericht eingereicht hat, ermäßigt sich die Verfahrensgebühr auf 0,5. Dies ergibt sich aus Nr. 3306 VV.

321 Legt der Antragsgegner gegen den Mahnbescheid Widerspruch ein, geht das Mahnverfahren in das streitige Verfahren über. In dem sich anschließenden Rechtsstreit erhält der Rechtsanwalt für seine Tätigkeit als Prozessbevollmächtigter eine 1,3 Verfahrensgebühr nach Nr. 3100 VV.

322 Der Rechtsanwalt kann allerdings zu der 1,3 Verfahrensgebühr nicht zusätzlich noch die 1,0 Verfahrensgebühr nach Nr. 3305 VV für seine Tätigkeit im Mahnverfahren erzielen.

323 Nach der Anmerkung zu Nr. 3305 VV ist nämlich die 1,0 Verfahrensgebühr für die Tätigkeit im Mahnverfahren auf die 1,3 Verfahrensgebühr für einen nachfolgenden Rechtsstreit in voller Höhe anzurechnen. Daraus folgt im Ergebnis, dass der Rechtsanwalt die 1,0 Verfahrensgebühr nach Nr. 3305 VV dann nicht mehr verlangen kann, wenn ihm in derselben Angelegenheit für die Tätigkeit in einem nachfolgenden Rechtsstreit die 1,3 Verfahrensgebühr der Nr. 3100 VV zusteht.

324 *Hinweis*

Nach § 17 Nr. 2 RVG sind das Mahnverfahren einerseits und das nach Widerspruch gegen den Mahnbescheid folgende Streitverfahren andererseits verschiedene Angelegenheiten. Wegen der zuvor dargestellten Anrechnung der Verfahrensgebühren bleibt für eine gesonderte Geltendmachung nur die Pauschale für Entgelte für Post- und Telekommunikationsdienstleistungen übrig.

Nach der Anmerkung zu Nr. 7002 VV kann diese Pauschale in dieser Angelegenheit gesondert verlangt werden. Somit ergibt sich aus dem Gesetz eindeutig, dass der Rechtsanwalt, der sowohl im Mahnverfahren als auch im nachfolgenden Streitverfahren tätig ist, diese Pauschale zweimal ansetzen darf.

b) Vollstreckungsbescheid

Für seine Tätigkeit im Verfahren über den Antrag auf Erlass des Vollstreckungsbescheids verdient der Rechtsanwalt eine 0,5 Verfahrensgebühr nach Nr. 3308 VV. Auch diese Gebühr berechnet sich nach dem Wert der Hauptforderung. 325

Hat der Antragsgegner allerdings nach Erlass des Mahnbescheids einen Teil der Forderung bezahlt, ermäßigt sich der Gegenstandswert für die 0,5 Verfahrensgebühr entsprechend (vgl. Nr. 3308 VV). 326

Die vorbeschriebene Verfahrensgebühr entsteht i.d.R. durch Einreichung des Antrages auf Erlass des Vollstreckungsbescheides bei Gericht. Zu beachten ist aber, dass der Antrag nicht vor Ablauf der Widerspruchsfrist gestellt werden kann (vgl. § 699 Abs. 1 S. 2 ZPO). 327

Ein vor Ablauf dieser Widerspruchsfrist gestellter Antrag auf Erlass eines Vollstreckungsbescheids löst deshalb die 0,5 Verfahrensgebühr nicht aus. 328

Im Übrigen entsteht diese Gebühr nicht, wenn der Antragsgegner Widerspruch eingelegt hat (vgl. Anmerkung zu Nr. 3308 VV). Die 0,5 Verfahrensgebühr nach Nr. 3308 VV entsteht zusätzlich zu der 1,0 Verfahrensgebühr nach Nr. 3305 VV. 329

Anders als die 1,0 Verfahrensgebühr für den Antrag auf Erlass des Mahnbescheids wird die 0,5 Verfahrensgebühr nach Nr. 3308 VV nicht auf andere Gebühren angerechnet. Sie bleibt auch dann bestehen, wenn sich dem Mahnverfahren – nach einem Einspruch – ein ordentlicher Zivilprozess anschließt. 330

Die Pauschale für Entgelte für Post- und Telekommunikationsdienstleistungen nach Nr. 7002 VV, die bereits im Mahnverfahren Berücksichtigung gefunden hat, errechnet sich beim Erlass des Vollstreckungsbescheids einheitlich aus der Summe der Gebühren Nr. 3305 und 3308 VV und kann im Zusammenhang mit dem Antrag auf Erlass eines Vollstreckungsbescheids nicht zum zweiten Mal entstehen. 331

Es können also nicht 20 EUR auf die Verfahrensgebühr nach Nr. 3305 VV erhoben werden und zusätzlich noch weitere 20 EUR auf die Verfahrensgebühr nach Nr. 3308 VV, sondern die Pauschale errechnet sich auf der Basis der Summe der beiden Gebühren. 332

4. Anwaltskosten des Antragsgegners

Für die Vertretung des Antragsgegners im gerichtlichen Mahnverfahren verdient der Rechtsanwalt eine 0,5 Verfahrensgebühr gem. Nr. 3307 VV. 333

334 Meistens wird der Rechtsanwalt für den Antragsgegner erstmals im gerichtlichen Mahnverfahren tätig, indem er Widerspruch gegen den Mahnbescheid einlegt.

Auch hier bestimmt sich die Berechnungsgrundlage für die Gebühr nach dem Wert des mit dem Mahnbescheid geltend gemachten Hauptanspruches. Wird nur gegen einen Teil der im Mahnbescheid enthaltenen Forderungen Widerspruch erhoben, richtet sich die Gebühr auch nur nach diesem Teil.

335 Die 0,5 Verfahrensgebühr ist – wie beim Antragsteller – auf die in dem sich anschließenden Zivilprozess entstehende 1,3 Verfahrensgebühr nach Nr. 3100 VV anzurechnen (vgl. Anmerkung zu Nr. 3307 VV).

336 Ist der Rechtsanwalt nur beauftragt, Widerspruch gegen den Mahnbescheid einzulegen, kann er nur die vorbeschriebene Verfahrensgebühr verdienen. Die weitergehende 1,3 Verfahrensgebühr nach Nr. 3100 VV wird ihm erst dann zustehen, wenn ihm über die Vertretung im Mahnverfahren hinaus auch der Auftrag erteilt wird, den Mandanten im nachfolgenden Rechtsstreit zu vertreten.

Dieser Auftrag kann isoliert erteilt werden. Meist wird er allerdings direkt mit dem Auftrag zur Einlegung des Widerspruches gegen den Mahnbescheid erteilt werden. Wird der Auftrag zur Vertretung vom Mandanten umfassend erteilt, kann der Rechtsanwalt mit dem Widerspruch bereits einen Sachantrag auf Abweisung der Klage verbinden. In diesem Fall entsteht die 1,3 Verfahrensgebühr nach Nr. 3100 VV.

337 *Hinweis*

Unabhängig von der Entstehung der Gebühr ist die Frage zu beurteilen, ob diese Gebühr im Falle eines Obsiegens von der unterlegenen Partei zu erstatten ist. Nimmt beispielsweise der Kläger in einem sehr frühen Verfahrensstadium seinen Antrag/die Klage zurück, ohne dass es zu einer weiteren Antragstellung seinerseits gekommen ist, erweist sich der (verfrüht) gestellte Antrag des Beklagten auf Klageabweisung als überflüssig. Zu Zeiten der BRAGO tendierte die Rechtsprechung dahin, dass in diesen Fällen nur eine 3/10 Gebühr zu erstatten war.

Überträgt man diesen Gedanken ins aktuelle Recht, wird dem Antragsgegner bei einer derartigen Fallgestaltung ggf. nur eine 0,5 Verfahrensgebühr nach Nr. 3307 VV zu erstatten sein.

5. Prozesskostenhilfe

338 Ein Prozesskostenhilfe-Antrag für das Mahnverfahren ist grundsätzlich statthaft. Da keine Schlüssigkeitsprüfung stattfindet, beschränkt sich die Prüfung des Gerichts regelmäßig auf die Prüfung der wirtschaftlichen Voraussetzungen und die Frage der offensichtlichen Mutwilligkeit der Rechtsverfolgung. Eine Anwaltsbeiordnung kommt im Regelfall – wegen der Einfachheit des Verfahrens und der Möglichkeit der Antragserklärung zu Protokoll der Geschäftsstelle – nicht in Betracht.

C. Muster

Hinweis 339

Die folgenden Antragsmuster des Gläubigers sind nicht auf der beiliegenden CD-ROM verfügbar, da aus technischen Gründen im automatisierten Mahnverfahren sicherheitshalber nur die im Handel erhältlichen Originalvordrucke verwendet werden sollten;[56] oder die Anträge mit spezieller Software – z.B. über den Online-Mahnantrag im Internet – in nur maschinell lesbarer Form erstellt werden müssen. Zur Veranschaulichung ihres Inhaltes werden die Vordrucke an dieser Stelle jedoch gleichwohl abgedruckt. Die abgebildeten Antragsformulare wurden in der Bekanntmachung zur Änderung der Vordrucke für das automatisierte gerichtliche Mahnverfahren vom 29.1.2018 im Bundesanzeiger vom 1.2.2018 AT B1 veröffentlicht der Abdruck der abgebildeten Eingabemasken des Online-Mahnantrags (www.online-mahnantrag.de) erfolgt mit freundlicher Genehmigung der Firma Abit GmbH, Meerbusch (www.abit.de) als Urheber und Lizenzgeber. Für den Einspruch gegen den Vollstreckungsbescheid (Muster Rdn 350) existiert kein amtlicher Vordruck. Deshalb ist das Muster auf der CD-ROM verfügbar.

I. Muster: Antrag auf Erlass eines Mahnbescheids im maschinellen Verfahren (grün) – nicht für Rechtsanwälte und registrierte Inkassounternehmen

(Modifizierte Fassung C gültig ab 1.7.2017; zuletzt inhaltlich angepasst durch die Bekanntmachung zur Änderung der Vordrucke für das automatisierte gerichtliche Mahnverfahren vom 29.1.2018 mit Wirkung ab 1.7.2017) 340

---

56 S. dazu oben Rdn 70 und 71

§ 4 Mahnverfahren und Vollstreckungsbescheid

C. Muster § 4

Bezeichnung des Anspruchs

I. Hauptforderung – siehe Katalog in den Hinweisen –

Katalog-Nr.	Rechnung/Aufstellung/Vertrag oder ähnliche Bezeichnung	Nr. der Rechng./des Kontos u. dgl.	Datum bzw. Zeitraum (TT.MM.JJ) vom / bis	Betrag EUR

Zeilen-Nummer: 32, 33, 34

Zeile 35: Postleitzahl | Ort als Zusatz bei Katalog-Nr. 17, 19, 20, 90 | Ausl. Kz. | Vertragsart als Zusatz bei Katalog-Nr. 28 | -Vertrag

Sonstiger Anspruch – nur ausfüllen, wenn im Katalog nicht vorhanden – mit Vertrags-/Lieferdatum/Zeitraum vom ... bis ...

Zeile 36
Zeile 37: Fortsetzung von Zeile 36 | vom | bis | Betrag EUR

Datum

Nur bei Abtretung oder Forderungsübergang:
Früherer Gläubiger – Vor- und Nachname, Firma (Kurzbezeichnung) | Postleitzahl | Ort | Seit diesem Datum ist die Forderung an den Antragsteller abgetreten/auf ihn übergegangen. | Ausl. Kz.

Zeile 38, 39

IIa. Laufende Zinsen

Zeilen-Nr. der Hauptforderung | Zinssatz % | oder %-Punkte über Basiszinssatz | 1 = jährl. 2 = mtl. 3 = tägl. | Betrag EUR nur angeben, wenn abweichend vom Hauptforderungsbetrag. | Ab Zustellung des Mahnbescheids, wenn kein Datum angegeben. ab oder vom | bis

Zeile 40, 41, 42

IIb. Ausgerechnete Zinsen
Gemäß dem Antragsgegner mitgeteilter Berechnung für die Zeit
vom | bis | Betrag EUR

III. Auslagen des Antragstellers für dieses Verfahren
Vordruck/Porto Betrag EUR | Sonstige Auslagen Betrag EUR | Bezeichnung

Zeile 43

IV. Andere Nebenforderungen
Mahnkosten Betrag EUR | Auskünfte Betrag EUR | Bankrücklastkosten Betrag EUR | Inkassokosten Betrag EUR | Anwaltsvergütung für vorgerichtl. Tätigkeit Betrag EUR | Sonstige Nebenforderung Betrag EUR | Bezeichnung

Zeile 44

Ein streitiges Verfahren wäre durchzuführen vor dem
1 = Amtsgericht
2 = Landgericht
3 = Landgericht – KfH
6 = Amtsgericht – Familiengericht
8 = Sozialgericht
Postleitzahl | Ort | in

Im Falle eines Widerspruchs beantrage ich die Durchführung des streitigen Verfahrens.

Zeile 45

Prozessbevollmächtigter des Antragstellers

3 = Rechtsbeistand
4 = Herr, Frau
9 = Verbraucherzentrale, -verband
Vor- und Nachname/Bezeichnung | Betrag EUR

Ordnungsgemäße Bevollmächtigung versichere ich.
Bei Rechtsbeistand: Anstelle der Auslagenpauschale (Nr. 7002 VV RVG) werden die nebenstehenden Auslagen verlangt, deren Richtigkeit versichert wird.

Der Antragsteller ist nicht zum Vorsteuerabzug berechtigt.

Zeile 46

Zeile 47: Straße, Hausnummer – bitte kein Postfach! – | Postleitzahl | Ort | Ausl. Kz.

Zeile 48: IBAN | BIC (Bank Identifier Code)

Zeile 49

Von Kreditgebern (auch Zessionar) zusätzlich zu machende Angaben bei Anspruch aus Verbraucherdarlehensvertrag (§§ 491 ff BGB):

Zeilen-Nr. der Hauptforderung	Vertragsdatum	Effektiver Jahreszins	Zeilen-Nr. der Hauptforderung	Vertragsdatum	Effektiver Jahreszins	Zeilen-Nr. der Hauptforderung	Vertragsdatum	Effektiver Jahreszins

Zeile 50

Geschäftszeichen des Antragstellers/Prozessbevollmächtigten

Zeile 51

Ich erkläre, dass der Anspruch von einer Gegenleistung abhängt, die bereits erbracht wurde oder nicht von einer Gegenleistung abhängt. Ich beantrage, einen Mahnbescheid zu erlassen und in diesen die Kosten des Verfahrens aufzunehmen.

An das
Amtsgericht Stuttgart
– Zentrales Mahngericht –

Zeile 52

Unterschrift des Antragstellers/Vertreters/Prozessbevollmächtigten

Zeile 53: 70154 Stuttgart
Postleitzahl, Ort

Fassung 01. 07. 2017

EMA1 /2 BW   EMA1 /2R

342

Hinweise zum Vordruck für den Antrag auf Erlass eines Mahnbescheids (Ausfüllhinweise)

Rechtsanwälte und registrierte Inkassodienstleister dürfen diesen Vordruck **nicht** verwenden (§ 702 Abs. 2 ZPO).

Im gerichtlichen Mahnverfahren können Sie schnell und einfach einen Vollstreckungstitel (Vollstreckungsbescheid) über eine Geldforderung erwirken, wenn Einwendungen Ihres Antragsgegners nicht zu erwarten sind. Bevor Sie einen Mahnbescheid beantragen, sollten Sie prüfen, ob Sie dem Antragsgegner Ihre Forderungen in klarer, übersichtlicher Form in Rechnung gestellt haben. Holen Sie dies nötigenfalls nach. Sonst könnte der Antragsgegner dem Mahnbescheid allein deshalb widersprechen, weil er nicht nachprüfen kann, welche Beträge für welche Leistungen im Einzelnen Sie von ihm verlangen.

Die im Vordruck vorgesehenen Angaben entsprechen den gesetzlichen Erfordernissen. Nähere Angaben können im automatisierten Verfahren nicht berücksichtigt werden: Fügen Sie deshalb dem Antrag auf Erlass eines Mahnbescheids **keine Beweismittel** (z.B. Belege) bei, **sie müssten Ihnen ungeprüft zurückgesandt** werden.

Wenn der im Vordruck vorgesehene Raum nicht ausreicht, können Sie weitere *Antragsteller, Antragsgegner, gesetzliche Vertreter, Hauptforderungen, Zinsen, Nebenforderungen* und *Prozessgerichte bei mehreren Antragsgegnern sowie einen Prozessbevollmächtigten des Antragsgegners* auf einem gesonderten Blatt aufführen. Machen Sie die Angaben in der Reihenfolge und Systematik des Vordrucks und verwenden Sie bitte zur jeweiligen Kennzeichnung die im Vordruck enthaltenen Abschnittsüberschriften. Ergänzungsblatt mit dem Vordruck bitte *fest* verbinden.

Antragsteller, Antragsgegner *(Zeilen 2 bis 31, 49)*

In den mit *Spalte 1 und 2* überschriebenen Feldern können jeweils zwei *natürliche Personen (Herr, Frau)* als Antragsteller (Zeilen 3 bis 7) bzw. Antragsgegner (Zeilen 18 bis 22) bezeichnet werden. Das mit *Spalte 3* überschriebene Feld ist der Bezeichnung von *Firmen, juristischen Personen u. dgl.* als Antragsteller (Zeilen 8 bis 11) bzw. Antragsgegner (Zeilen 23 bis 26) vorbehalten. Ist für den Antragsteller eine *Kennziffer* erteilt worden, ist diese in Zeile 9 einzutragen. Weitere Angaben zum Antragsteller dürfen in diesem Fall nicht gemacht werden.

Nur für Ehegatten: Bei gleichem Namen und gleicher Anschrift genügen zur Bezeichnung des anderen Ehegatten in Spalte 2 die Angabe Herr bzw. Frau und die Eintragung des Vornamens.

Nur für Firma, juristische Person u. dgl.: In Spalte 3 dient die Angabe in der jeweils ersten Zeile (Zeile 8 bzw. 23) der maschinellen Unterscheidung der Firma des Einzelkaufmanns *(eingetragenen Kaufmann)* von der **GmbH u. Co KG** und von sonstigen mit ihrer **Rechtsform** zu bezeichnenden Parteien. Bitte verwenden Sie bei Angabe der Rechtsform die gebräuchlichen Abkürzungen: *e. V., OHG, KG, GmbH, AG, e. G, VVaG usw.*

Nur für eingetragenen Kaufmann: Bitte geben Sie in Zeile 9, 10 bzw. 24, 25 die im Handelsregister eingetragene Bezeichnung *mit dem Zusatz »eingetragener Kaufmann« oder »e. K.«* an. Ohne Eintragung im Handelsregister beim Amtsgericht muss die Eintragung als natürliche Personen *(Herr, Frau)* in Zeilen 3 bis 7 bzw. 18 bis 22 erfolgen, bei Bedarf mit einem auf das Gewerbe hinweisenden Zusatz hinter dem Nachnamen.

Nur für GmbH u. Co KG u. ä.: Bitte tragen Sie die **KG** in Spalte 3, die **GmbH** (ohne die Angabe Herr/Frau) in Spalte 1 oder 2 und den **gesetzlichen Vertreter der GmbH** (Geschäftsführer) in Zeile 12 bis 16 bzw. 27 bis 31 ein. Verfahren Sie in gleicher Weise bei AG u. Co KG, bei OHG u. Co KG usw.; tragen Sie jedoch in diesen Fällen die Rechtsform bitte in Zeile 8 bzw. 23 ein.

Nur für Partei kraft Amtes: Bitte die Partei kraft Amtes in Spalte 1 oder 2, das betreute Vermögen in Zeile 9 bis 11 bzw. Zeile 24 bis 26, die Funktion (z. B. Insolvenzverwalter, Nachlassverwalter) in Zeile 8 bzw. Zeile 23 unter Rechtsform eintragen.

Nur bei gesetzlicher Vertretung: Bitte geben Sie in Zeile 15, 16 bzw. Zeile 30, 31 Straße und Ort nur an, wenn diese Angaben von der Anschrift des Vertretenen abweichen. Bei mehreren Antragstellern oder Antragsgegnern bitte in Zeile 12 bzw. Zeile 27 die Nummer der Spalte eintragen, in der der Vertretene bezeichnet ist.

Nur bei mehreren Antragstellern: Soll abweichend von der vorgedruckten Erklärung in Zeile 2 keiner der Antragsteller zur Vertretung der weiteren Antragsteller berechtigt sein, so teilen Sie dies bitte auf einem besonderen, mit dem Vordruck fest verbundenen Blatt mit.

Zusatzabkommen zum NATO-Truppenstatut
Das Zusatzabkommen zum NATO-Truppenstatut gilt für Mitglieder einer Truppe, eines zivilen Gefolges oder Angehörige, der Staaten Belgien, Frankreich, Kanada, Niederlande, Großbritannien und Nordirland und der USA. Hier muss das Gericht besondere Zustellverfahren beachten. Sofern der Antragsgegner unter das Zusatzabkommen fällt, teilen Sie uns dies bitte auf einem besonderen Blatt mit. Dort können Sie auch weitere, Ihnen bekannte Angaben zum Entsendestaat, die zuständige Verbindungsstelle oder die Personalnummer oder Sozialversicherungsnummer (SSN) des Antragsgegners mitteilen.

Wohnungseigentumssachen. Sie können Ihre Rechte als *Gemeinschaft der Wohnungseigentümer*, als *Wohnungseigentümer* oder durch den *Verwalter als Prozessstandschafter* geltend machen:

Wohnungseigentümergemeinschaft als Antragsteller: Die Wohnungseigentümergemeinschaft als solche mit genauer Angabe des Grundstücks, auf dem die Wohnanlage sich befindet (z. B. Straße, Hausnummer, PLZ und Ort) unter Angabe der Rechtsform »Wohnungseigentümergemeinschaft« **stets** in **Spalte 3** bezeichnen und den gesetzlichen Vertreter (Verwalter/Eigentümer) bitte in Zeile 12–16 eintragen. Ist der Verwalter eine juristische Person, tragen Sie bitte die Verwaltungsgesellschaft in **Spalte 1**, Zeile 4–7 ein und den gesetzlichen Vertreter der Verwaltungsgesellschaft in Zeile 12–16. Ergänzen Sie bitte in diesem Fall in Zeile 8 die Angabe »WEG« um den Zusatz »vertreten durch Verwalter-<Rechtsform>«, z. B. »WEG, vertreten durch Verwalter-GmbH«.

Wohnungseigentümer als Antragsteller: Ersten und zweiten Wohnungseigentümer bitte in Spalte 1, 2 bezeichnen, die weiteren in einer mit dem Antrag fest verbundenen Liste. Den *zur gerichtlichen Geltendmachung des Anspruchs ermächtigten* Verwalter (nat. oder jur. Person) **stets** in Spalte 3 eintragen, und zwar in Zeile 8 unter Rechtsform seine Funktion *(Verwalter, Verwalterin)*, ggf. zusammen mit der Rechtsform *(z. B. GmbH-Verwalterin)*, in Zeile 9, 10 Vor- und Nachnamen bzw. vollständigen Namen der jur. Person, in Zeile 11 die Anschrift und in Zeile 12 bis 16 den gesetzlichen Vertreter einer in Spalte 3 bezeichneten Verwaltungsgesellschaft.

Ansprüche Dritter gegen eine Wohnungseigentümergemeinschaft/gegen Wohnungseigentümer: Geben Sie bitte in Zeile 45 den gemeinsamen Gerichtsstand für ein etwaiges streitiges Verfahren an. Bezeichnen Sie im Antrag eine *Wohnungseigentümergemeinschaft* oder *Wohnungseigentümer* so unter »**Antragsgegner**«, wie oben unter »Wohnungseigentümergemeinschaft als Antragsteller« bzw. »Wohnungseigentümer als Antragsteller« entsprechend beschrieben.

Angabe akademischer Titel: Akademische Titel können dem Vornamen (Zeilen 4, 19) vorangestellt werden.

Nur für Antragsteller mit Wohnsitz/Sitz im Ausland: In Zeile 7, 11, 16 bitte das Nationalitätskennzeichen im internationalen Kraftfahrzeugverkehr angeben. Bitte beachten Sie die Zuständigkeit des Amtsgerichts *Wedding* in Berlin.

Nur für Antragsgegner mit Wohnsitz/Sitz im Ausland: In Zeile 22, 26, 31 bitte das Nationalitätskennzeichen (s. beim Antragsteller) angeben. Die besondere Zuständigkeit des Mahngerichts (§ 703 d ZPO) ist zu begründen.

Zusatz zum Nachnamen des Antragsgegners: In Zeile 20 können dem Nachnamen nach einem Komma der *Beruf* oder andere Zusätze wie *sen., jun.* hinzugefügt werden, soweit dies zur Vermeidung von Personenverwechselungen bei der Zustellung nötig ist.

Bankverbindung (Zeile 49): Ihre Bankverbindung können Sie, wenn kein Prozessbevollmächtigter vorhanden ist, in der Zeile 49 angeben.

Bezeichnung des Anspruchs *(Zeilen 32 bis 44)*

Haupt- und Nebenforderungen müssen gesondert und einzeln bezeichnet werden.

Hauptforderung *(Zeilen 32 bis 39)*

Zur Bezeichnung Ihrer Hauptforderung tragen Sie bitte aus dem Hauptforderungskatalog (siehe Rückseite dieser Hinweise) die zutreffende **Katalog-Nr.** in die erste Spalte der Zeile 32 ein. In der zweiten Spalte geben Sie an, in welcher Form Sie Ihre Forderung dem Antragsgegner mitgeteilt haben (z. B. »Rechnung«, »Mahnung«, »Kontoauszug«). Sie können eine allgemein verständliche Abkürzung eintragen. Für eine etwaige Rechnungs-oder Kontonummer ist in der Zeile die dritte Spalte und für das Datum die vierte Spalte vorgesehen. Wenn Sie einen Anspruch für einen bestimmten Zeitraum geltend machen (z. B. Miete für die Zeit vom ... bis ...), ist in der vierten Spalte (»vom«) der Beginn dieses Zeitraums und in der vorletzten Spalte (»bis«) dessen Ende einzutragen. In der letzten Spalte folgt der Betrag der Hauptforderung. Die Zeilen 33 und 34 sind für weitere Hauptforderungen vorgesehen. In Zeile 36, 37 soll nur eine Hauptforderung eingetragen werden, die im Katalog nicht aufgeführt ist.
Wird nur ein **Teil** oder nach Teilzahlung nur noch ein **Rest** geltend gemacht, können Sie den Begriff »Teil« oder »Rest« im Feld »Bis-Datum« eintragen, die Bezeichnung wird dann in die Bescheide übernommen.
Der Anspruch muss schon im Antrag auf Erlass des Mahnbescheids so genau bezeichnet sein, dass dem Schuldner die Beurteilung ermöglicht wird, ob er sich gegen den Anspruch zur Wehr setzen will.

Nur für Urkundenmahnverfahren: Tragen Sie bitte bei Wahl dieser besonderen Verfahrensart in Zeile 36 das Wort *»Urkundenmahnverfahren«* ein und bezeichnen Sie anschließend die Urkunde sowie die Hauptforderung mit Datum und Betrag.

Nur für Scheck-und Wechselmahnverfahren: Die Hauptforderung in Zeile 32 bis 34 bitte mit entsprechender Nummer des Hauptforderungskatalogs (Nr. 30 bis 32) bezeichnen und zusätzlich in Zeile 36 das Wort *»Scheckmahnverfahren«* bzw. *»Wechselmahnverfahren«* eintragen.

Laufende Zinsen *(Zeilen 40 bis 42)*

Machen Sie Zinsen geltend, so tragen Sie bitte die **Zeilennummer** (32, 33, 34 oder 36) der Hauptforderung, für die Sie Zinsen fordern, in die dafür vorgesehenen Spalten ein. In der gleichen Weise ist zu verfahren, wenn Sie für eine Hauptforderung oder einen Teil davon unterschiedliche Zinssätze geltend machen wollen; wiederholen Sie für jeden Zinssatz die **Zeilen-Nr.** der betreffenden Hauptforderung.
In die Spalte »ab oder vom« ist dann eine Datumsangabe einzutragen, wenn Sie Zinsen geltend machen wollen, die vor der Zustellung des Mahnbescheids entstanden sind. Wenn Sie die Spalte »ab oder vom« nicht ausfüllen, wird vom Zustellungsdatum des Mahnbescheids als Zeitpunkt des Zinsbeginns ausgegangen. Zusätzlich ist eine Datumsangabe »bis« nur erforderlich, wenn Sie Zinsen von verschiedenen Hauptforderungsteilen oder mit unterschiedlichen Prozentsätzen über mehrere Zeiträume geltend machen wollen.
Aus den von Ihnen in Zeile 40, 41 und 42 gemachten Angaben werden die Zinsbeträge grundsätzlich maschinell errechnet, und zwar bis zum Tage des Erlasses des Mahnbescheids.

Ausgerechnete Zinsen *(Zeile 43 erste Hälfte)*

Sie können die Zinsen auch für verschiedene Zeiträume, verschiedene Hauptforderungen und unterschiedliche Zinssätze ausrechnen und hier eintragen.
Bitte teilen Sie die Berechnung – falls nicht bereits geschehen – dem Antragsgegner mit (siehe allg. Hinweis oben erster Absatz).

Auslagen des Antragstellers für dieses Verfahren

(Zeile 43 zweite Hälfte)

Die in den Mahnbescheid aufzunehmenden Gerichts- und Anwaltskosten (Rechtsbeistandskosten) berechnet das Gericht. Hier sind daher *nur andere Auslagen* des Antragstellers anzugeben, und zwar *nur solche, die in unmittelbarem Zusammenhang mit der Vorbereitung und Durchführung des Mahnverfahrens stehen und zur zweckentsprechenden Rechtsverfolgung notwendig sind.*

EHI1 /1

Fassung 01. 07. 2017

Bitte nächste Seite beachten!

C. Muster § 4

Andere Nebenforderungen *(Zeile 44)*
Hier können Sie insbes. durch den Verzug des Antragsgegners entstandene vorgerichtliche Kosten angeben.

Bezeichnung des für ein streitiges Verfahren zuständigen Gerichts *(Zeile 45)*
Die im Kästchen am Zeilenbeginn anzugebende Schlüssel-Nr. bezeichnet das Gericht nach der **sachlichen**, die Ortsangabe in dem folgenden Feld nach der **örtlichen** Zuständigkeit. *Sachlich* zuständig ist für Ansprüche bis 5000 EUR, für Ansprüche aus Wohnraummietverhältnissen und für Unterhaltsansprüche das Amtsgericht, sonst grundsätzlich das Landgericht. *Örtlich* ist grundsätzlich das Gericht zuständig, in dessen Bezirk der Antragsgegner wohnt bzw. seinen Sitz hat. Abweichend von diesen Grundsätzen kann eine *besondere oder ausschließliche* Zuständigkeit begründet sein. Hierzu sollten Sie im Einzelfall *Rechtsrat* einholen. Haben Sie ein unzuständiges Gericht angegeben, drohen Ihnen *Kostennachteile*.

Prozessbevollmächtigter *(Zeilen 46 bis 49)*
Nur für Rechtsbeistand: Ihre in den Mahnbescheid aufzunehmende gesetzliche Vergütung berechnet das Gericht.
Nur für juristische Person als Prozessbevollmächtigter: Bitte beantragen Sie eine Kennziffer bei dem für das Mahnverfahren zuständigen Gericht.

Anspruch aus Verbraucherdarlehensvertrag nach den §§ 491 ff des Bürgerlichen Gesetzbuchs
(Zeile 50)
In der Zeile muss sich nur der Kreditgeber, bei abgetretenem Anspruch der Zessionar, erklären. Einzutragen sind die Zeilen-Nr. der Hauptforderung, der anzugebende effektive Jahreszins und das Datum des Vertrages, bei Überziehungskredit nur die Zeilen-Nr. der Hauptforderung.

Zuständigkeit für das Mahnverfahren *(Zeile 53)*
Zuständig ist in der Regel das Amtsgericht, welchem die Mahnverfahren für den Wohnsitz/Sitz des Antragstellers zugewiesen wurden (Zentrales Mahngericht). Für Antragsteller mit Wohnsitz/Sitz im Ausland ist das Amtsgericht Wedding in Berlin zuständig.

Prozesskostenhilfe (PKH)
Einer Partei, die nach ihren persönlichen und wirtschaftlichen Verhältnissen die Kosten der Prozessführung nicht, nur zum Teil oder nur in Raten aufbringen kann, kann auf Antrag PKH gewährt werden. D. h., dass die Gerichtskosten erst später, nur in Raten oder gar nicht gezahlt werden müssen. Dazu dürfen die Einkünfte bestimmte Grenzen nicht überschreiten, ggfs. muss die Partei ihr vorhandenes Vermögen einsetzen, d. h. verwerten und aus dem Erlös die Gerichtskosten bezahlen. Wenn Sie PKH beantragen möchten, füllen Sie unbedingt das Formular »Erklärung über die persönlichen und wirtschaftlichen Verhältnisse« aus und fügen Sie es, zusammen mit geeigneten Belegen, dem Mahnbescheidsantrag bei. Sie erhalten das Formular bei jedem Amtsgericht.

Hauptforderungs-Katalog

(Die Hinweise in Klammern bitte unbedingt beachten.)

Bezeichnung	Katalog-Nr.	Bezeichnung	Katalog-Nr.
Anzeigen in Zeitungen u. a.	1	**R**echtsanwalts-/Rechtsbeistandshonorar	24
Ärztliche oder zahnärztliche Leistung	2	Reisevertrag	75
Beiträge zur privaten Pflegeversicherung	95	Rentenrückstände	25
(Zuständigkeit des Sozialgerichts für das streitige Verfahren.)		Reparaturleistung	26
Bürgschaft	3	Rückgriff aus Bürgschaft oder Garantie	80
		Rückgriff aus Versicherungsvertrag wegen Unfall/Vorfall	27
Darlehensrückzahlung	4	**S**chadenersatz aus -Vertrag	28
Dienstleistungsvertrag	5	(Die Vertragsart ist im Vordruck Zeile 35 zweite Hälfte einzutragen.)	
(Keine Ansprüche aus Arbeitsvertrag – Zuständigkeit des Arbeitsgerichts.)		Schadenersatz aus Unfall/Vorfall	29
Frachtkosten	6	Scheck/Wechsel	30
		(Fügen Sie bitte keine Scheck-/Wechselabschrift bei.)	
Geschäftsbesorgung durch Selbständige	7	Scheck-/Wechselprovision (¹/₃ %)	31
(z. B. Rechtsanwälte, Steuerberater.)		Scheck-/Wechselunkosten – Spesen/Protest –	32
Handwerkerleistung	8	Schuldanerkenntnis	33
Hausgeld – siehe Wohngeld		Speditionskosten	34
Heimunterbringung	9		
Hotelkosten	10	**T**elekommunikationsleistungen	76
(z. B. Übernachtung, Verzehr, Getränke.)		Tierärztliche Leistung	78
		Tilgungs-/Zinsraten	35
Kaufvertrag	11		
Kindertagesstättenbeitrag	70	**Ü**berziehung des Bankkontos	36
(Zeitraum vom – bis angeben)		(Konto-Nr. in Zeile 32–34 in der 3. Spalte angeben.)	
Kontokorrentabrechnung	12	Ungerechtfertigte Bereicherung	37
Krankenhauskosten – Pflege/Behandlung –	13	Unterhaltsrückstände	38
Krankentransportkosten	77		
Kreditkartenvertrag	74	**V**ergleich, außergerichtlicher	39
		Vermittlungs-/Maklerprovision	40
Lagerkosten	14	(nicht aus Ehemaklervertrag)	
Leasing/Mietkauf	15	Verpflegungskosten	79
Lehrgangs-/Unterrichtskosten	16	Versicherungsprämie/-beitrag	41
		(ohne Beiträge zur privaten Pflegeversicherung, vgl. Nr. 95.)	
Miete für Geschäftsraum einschl. Nebenkosten	17	Versorgungsleistung – Strom, Wasser, Gas, Wärme –	42
(PLZ und Ort des Geschäftsraums sind im Vordruck in Zeile 35 einzutragen.)		(Abn./Zähler-Nr. in Zeile 32–34 in der 3. Spalte eintragen.)	
Miete für Kraftfahrzeug	18	**W**ahlleistungen bei stationärer Behandlung	61
Miete für Wohnraum einschl. Nebenkosten	19	(Art der Wahll. in Zeile 32–34 in der 2. Spalte eintragen.)	
(PLZ und Ort der Wohnung sind im Vordruck Zeile 35 einzutragen. Wollen Sie die Nebenkosten getrennt geltend machen, siehe Katalog-Nr. 20.)		Warenlieferung-en	43
		Wechsel – siehe Scheck	
Mietnebenkosten – auch Renovierungskosten –	20	Werkvertrag/Werklieferungsvertrag	44
(nur für Wohnraum; falls keine Miete geltend gemacht wird, sind PLZ und Ort der Wohnung im Vordruck Zeile 35 einzutragen.)		Wohngeld/Hausgeld für Wohnungseigentümergemeinschaft	90
		(PLZ und Ort des Wohnungseigentums sind im Vordruck in Zeile 35 einzutragen.)	
Miete (sonstige)	21		
Mitgliedsbeitrag	22	**Z**eitungs-/Zeitschriftenbezug	45
		Zinsrückstände/Verzugszinsen	46
Pacht	23	(Gilt grundsätzlich für Zinsen, bei denen die zugrunde liegende Forderung nicht gleichzeitig geltend gemacht wird. Zinsen in diesen Fällen nicht in Zeile 40–43 bezeichnen.)	
Pflegeversicherung – siehe Beiträge zur privaten Pflegevers.			

Fassung 01. 07. 2017

II. Muster: Online-Mahnantrag – auch für Rechtsanwälte und registrierte Inkassounternehmen

343 Alternativ zu Beantragung des Mahnbescheids mithilfe des amtlichen Formulars besteht die Möglichkeit – für Rechtsanwälte oder registrierte Inkassodienstleister auch die Verpflichtung – der Antragstellung im Wege des elektronischen Datenaustauschs (Online) über ca. 25 Fachsoftwareprogrammen (Übersicht unter www.mahnverfahren-aktuell.de) oder als Online-Mahnantrag in der Form des Barcodeausdrucks oder per Onlineversand über das Internetportal www.online-mahnantrag.de.

Der Online-Mahnantrag führt den Antragsteller oder Prozessbevollmächtigten über eine Vielzahl von Masken durch die notwendigen Angaben eines Mahnbescheidsantrags. Häufig werden Ausklapp-Menüs (Dropdown-Menüs) zur vereinfachten Auswahl der notwendigen Angaben zur Verfügung gestellt. Beim Abschluss jeder Eingabeseite durch den „Weiter-Schalter"

oder den nach rechts zeigenden Pfeil

werden die auf dieser Seite vorhandenen Angaben einer Plausibilitätsprüfung unterzogen, die – bei Fehlern oder Unklarheiten zu „Warnungen" oder „Fehler"-Meldungen führen können. „Warnungen" können – mit dem Risiko der späteren Monierung – durch nochmaliges Anklicken des „Weiter-Schalters" oder des nach rechts zeigenden Pfeils übergangen werden. Wurde allerdings ein Fehler festgestellt, kann die Seite nicht abgeschlossen werden, bevor der Fehler nicht beseitigt wurde.

1. Zuständiges Bundesland

344

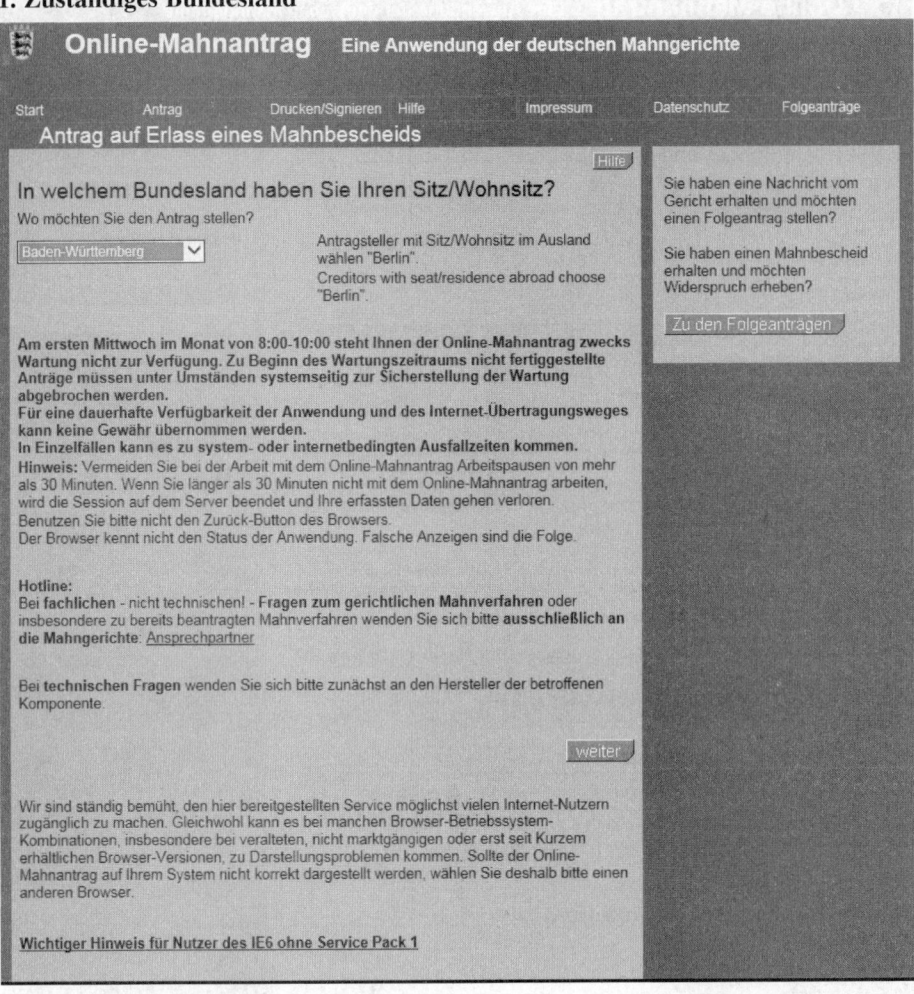

§ 4 Mahnverfahren und Vollstreckungsbescheid

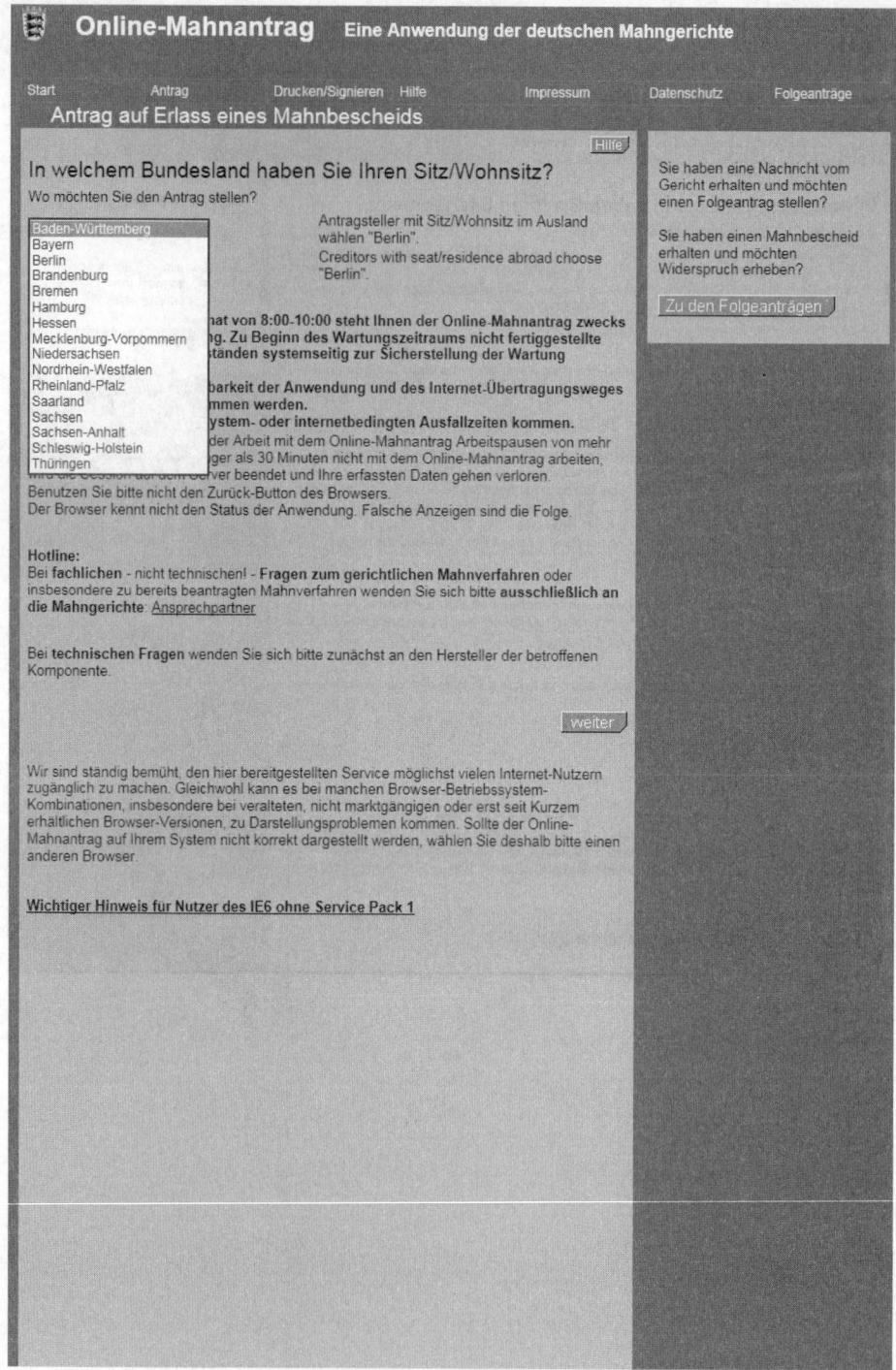

C. Muster § 4

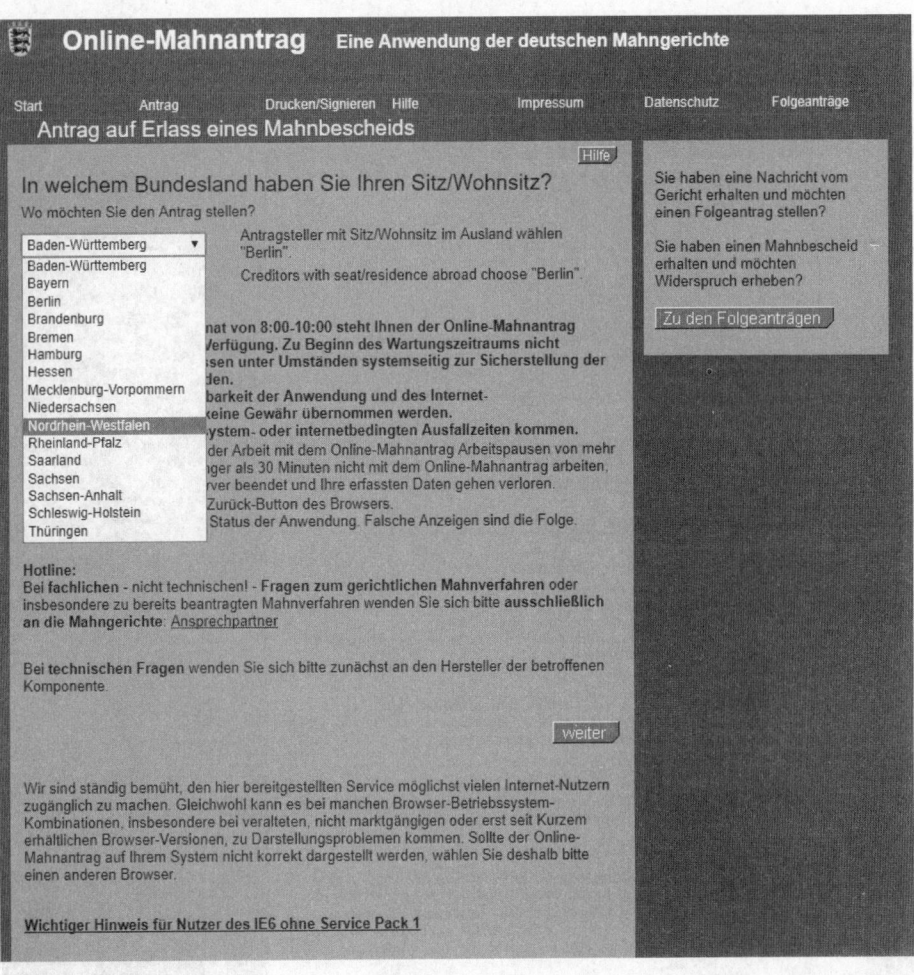

§ 4 Mahnverfahren und Vollstreckungsbescheid

2. Versandart

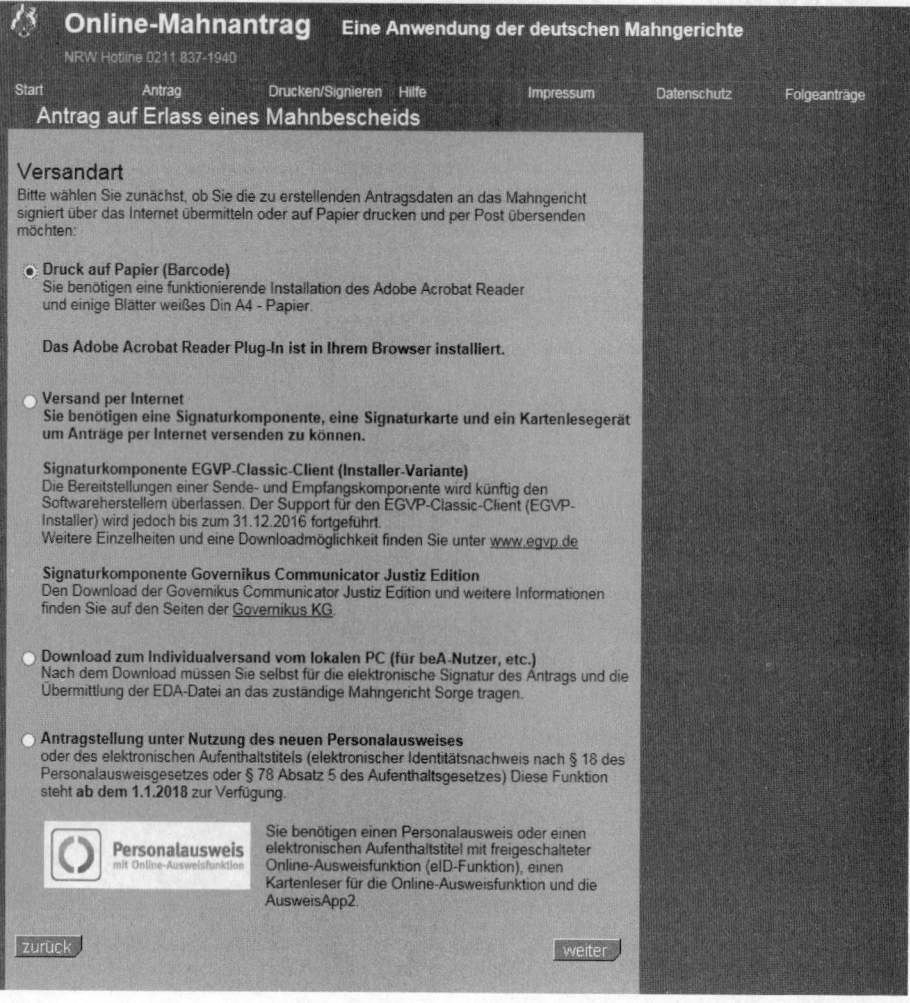

3. Übersicht der einzelnen Eingabeschritte

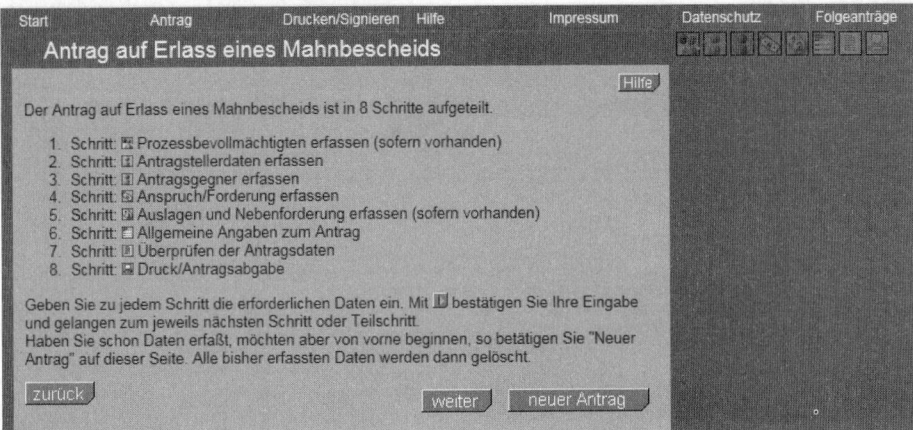

4. Für wen erfassen Sie den Antrag

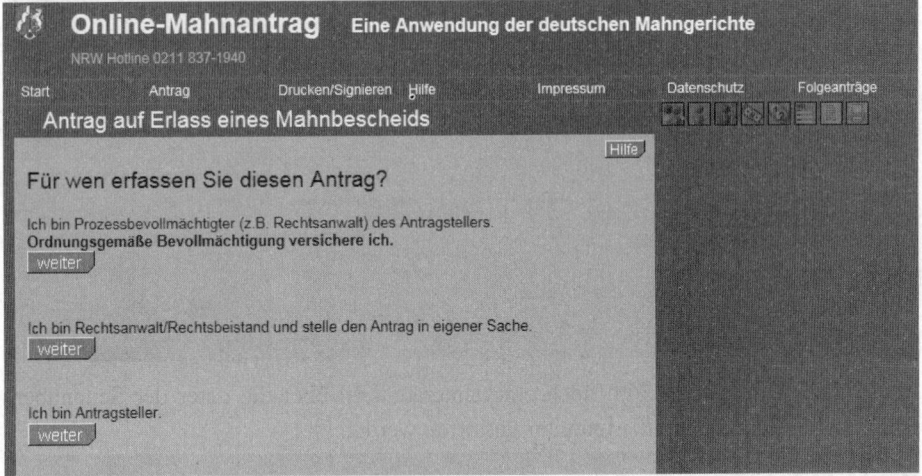

§ 4 Mahnverfahren und Vollstreckungsbescheid

5. Prozessbevollmächtigte des Antragstellers

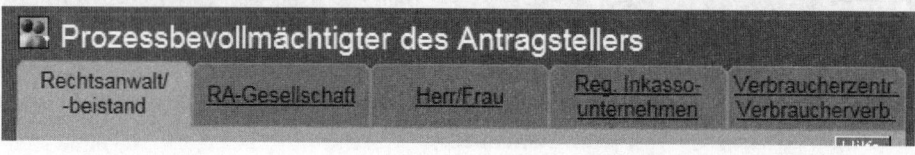

Auf einigen Seiten muss ggf. noch eine Unterauswahl über die unter der Seitenüberschrift befindlichen Karteikartenreiter getroffen werden:

Die jeweils geforderten Angaben ändern sich dementsprechend je nach Auswahl, z.B. bei registrierten Inkassounternehmen:

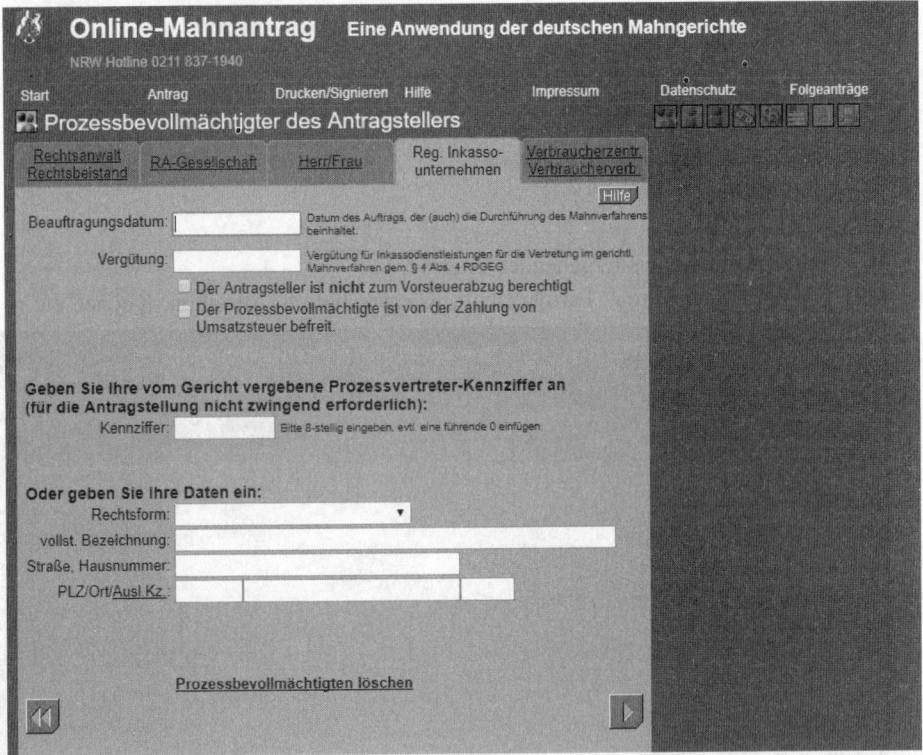

§ 4 Mahnverfahren und Vollstreckungsbescheid

6. Antragsteller

Auch hier existieren wieder Unterauswahlmenüs über die Karteikartenreiter
- Herr/Frau
- Firma
- Kennziffer
- Sonstige
(dort mit der weitergehenden Auswahl)
- Partei kraft Amtes
- WEG
- Weitere (dort mit der weitergehenden Auswahl)
(z.B. Eingetragener Verein, Partnerschaft, Körperschaften, Anstalten, Kirchen etc.)

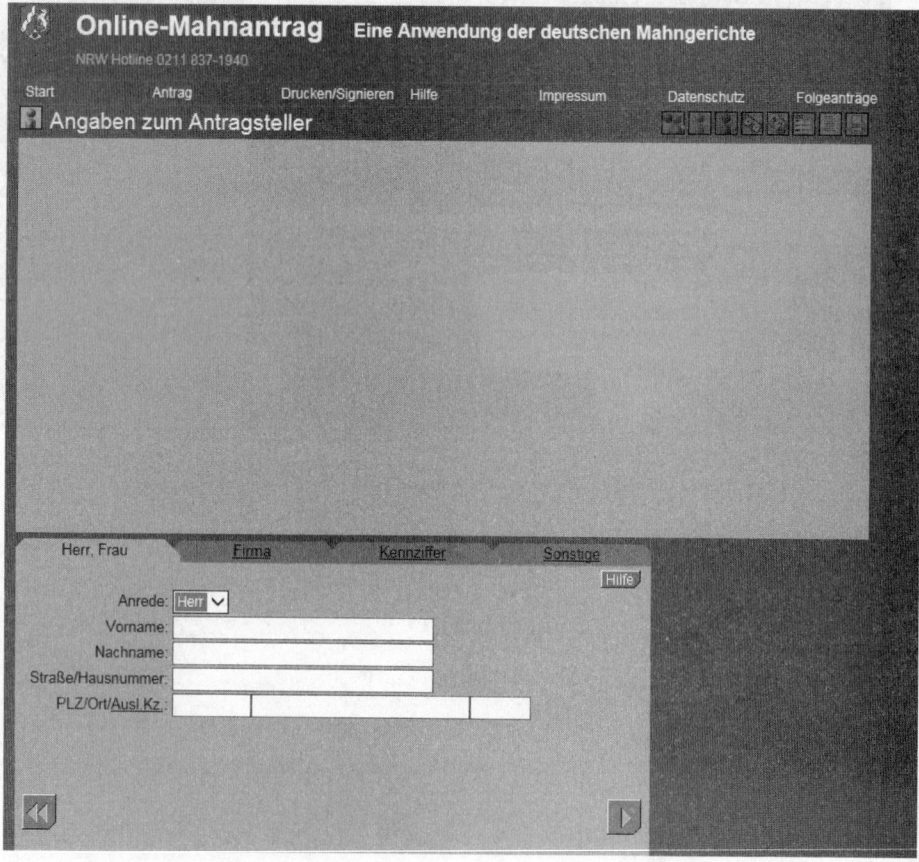

7. Antragsgegner (mit Unterauswahlmenüs)

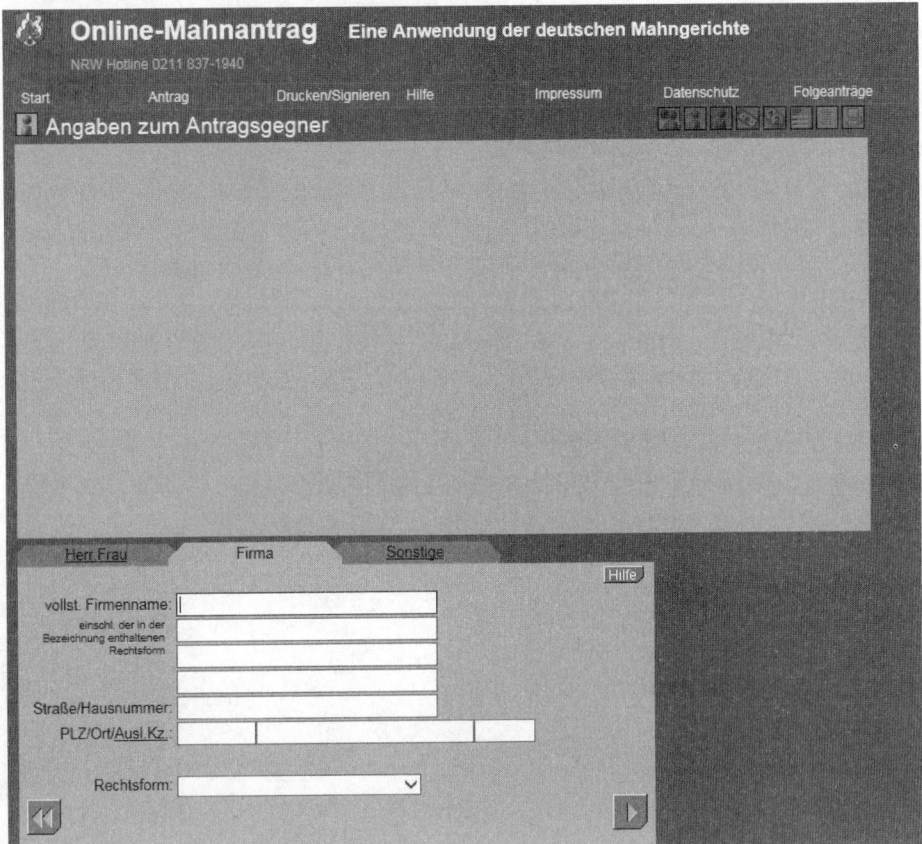

8. Verfahrensart

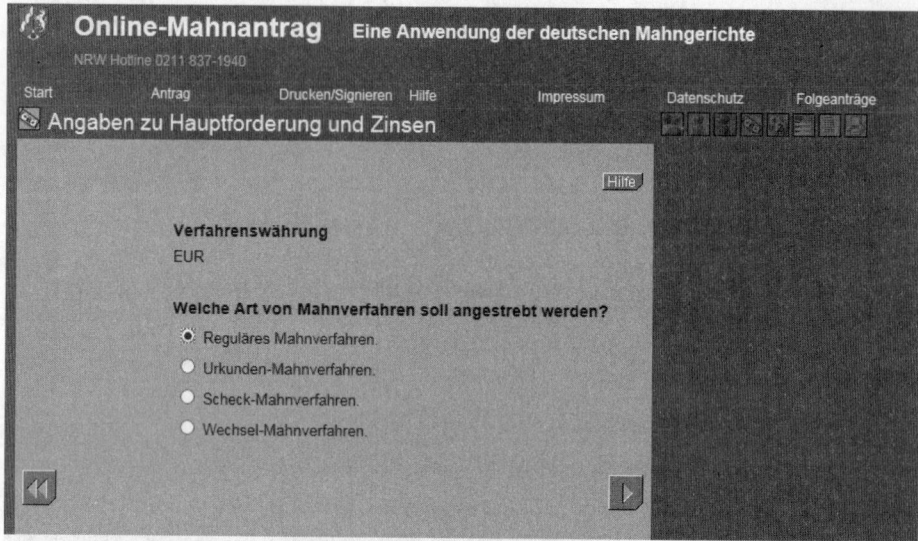

9. Hauptforderung (mit Unterauswahlmenüs)

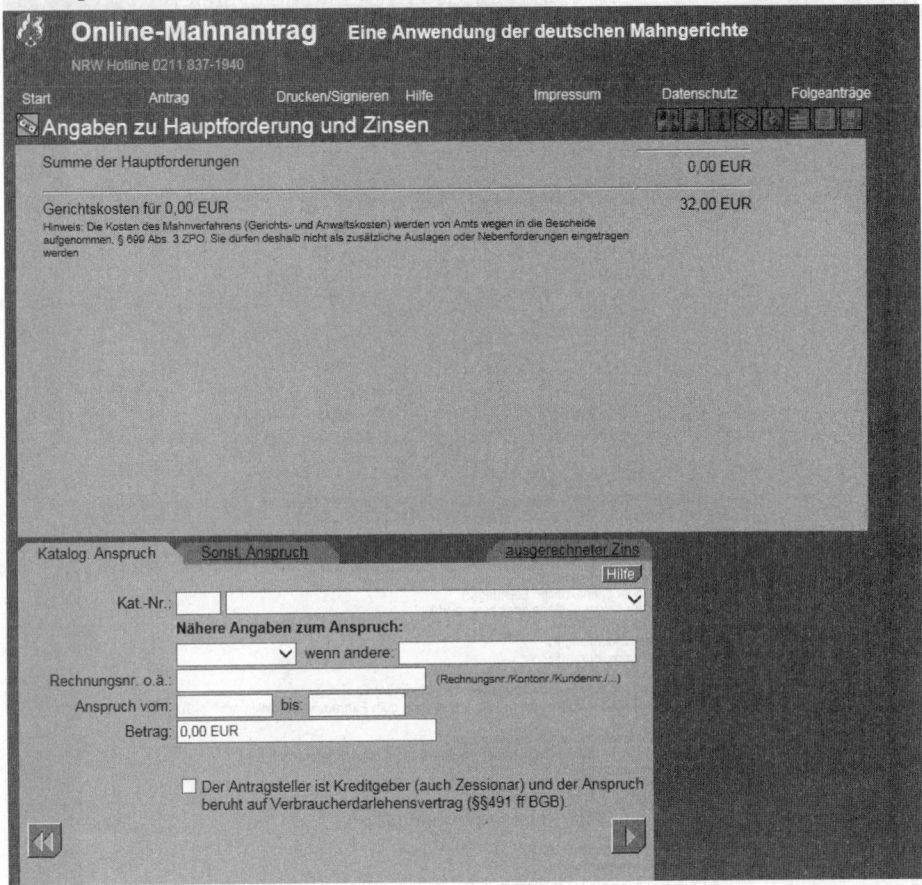

§ 4 Mahnverfahren und Vollstreckungsbescheid

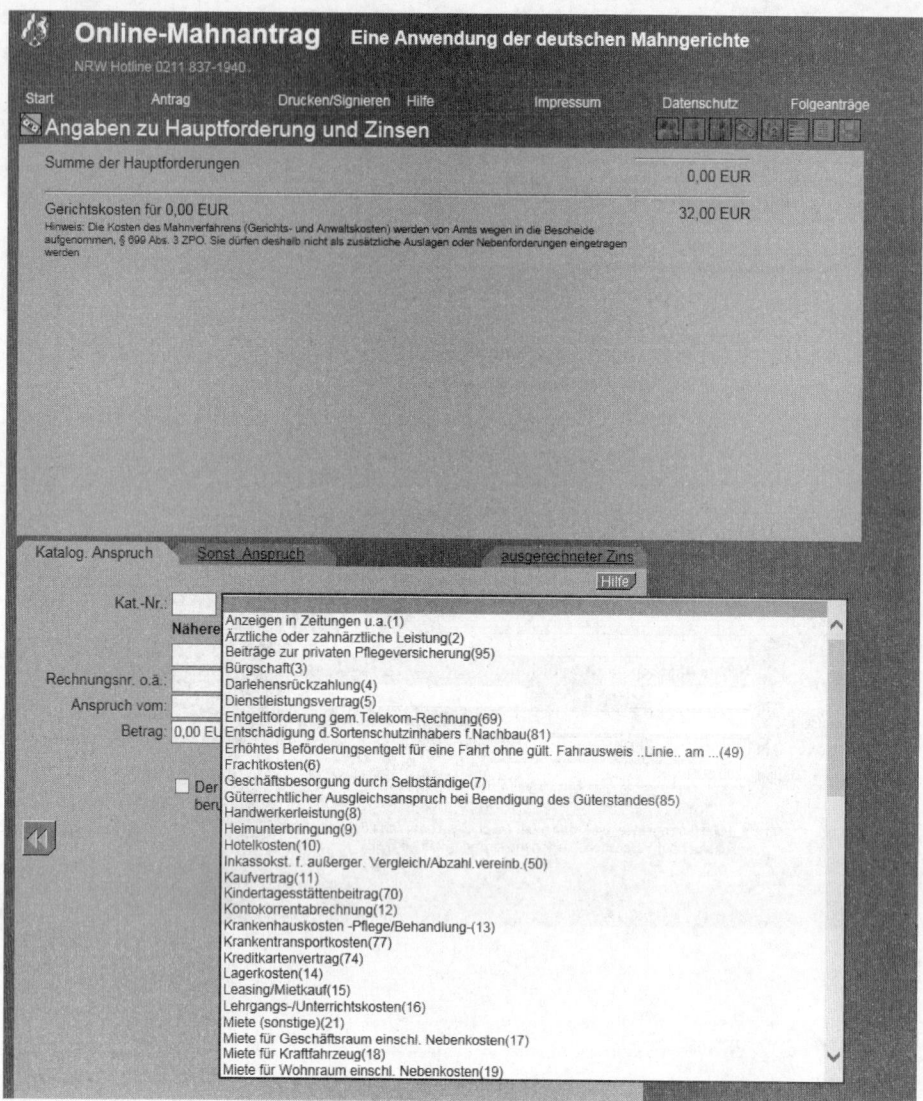

10. Fortsetzung

Nach jeder Eingabe im Hauptforderungs-, Abtretungs- oder Zinsbereich kann hier entschieden werden, welche Eingabe nun als nächstes folgen soll. Wichtig ist es hier, jede Forderung immer erst zu Ende zu bearbeiten, d.h., erst die Forderung, dann ggf. die dazu gehörige Abtretung bzw. die Zinsen und erst dann die nächste Hauptforderung usw.:

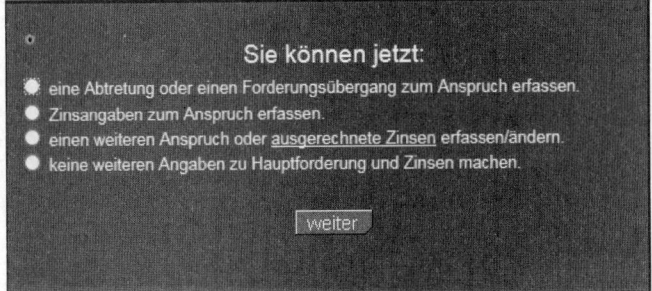

11. Vorschlag des zuständigen Prozessgerichts im Falle eines Widerspruchs

Nun ermittelt das Gerichtssystem automatisiert – auf der Basis der bisherigen Eingaben – das im Widerspruchsfall vermutlich zuständige Prozessgericht. Hierbei wird in der Regel vom allgemeinen Gerichtsstand des Antragsgegners ausgegangen, sofern nicht ein ausschließlicher Gerichtsstand (z.B. Mietsachen) zwingend erkennbar ist. Es handelt es sich hierbei allerdings nur um einen unverbindlichen Vorschlag des Gerichts, der vom Antragsteller über die „bearbeiten"-Auswahl problemlos geändert werden kann.

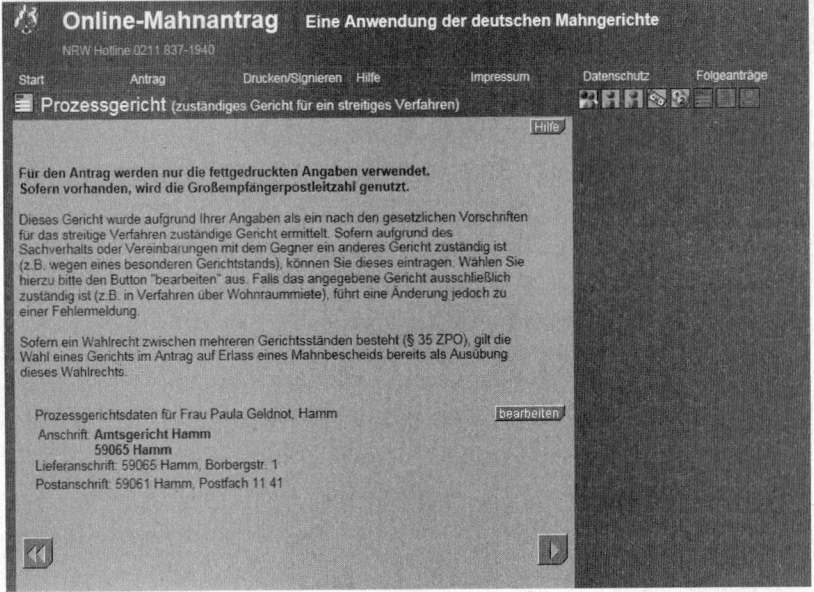

§ 4 Mahnverfahren und Vollstreckungsbescheid

12. Zinsen

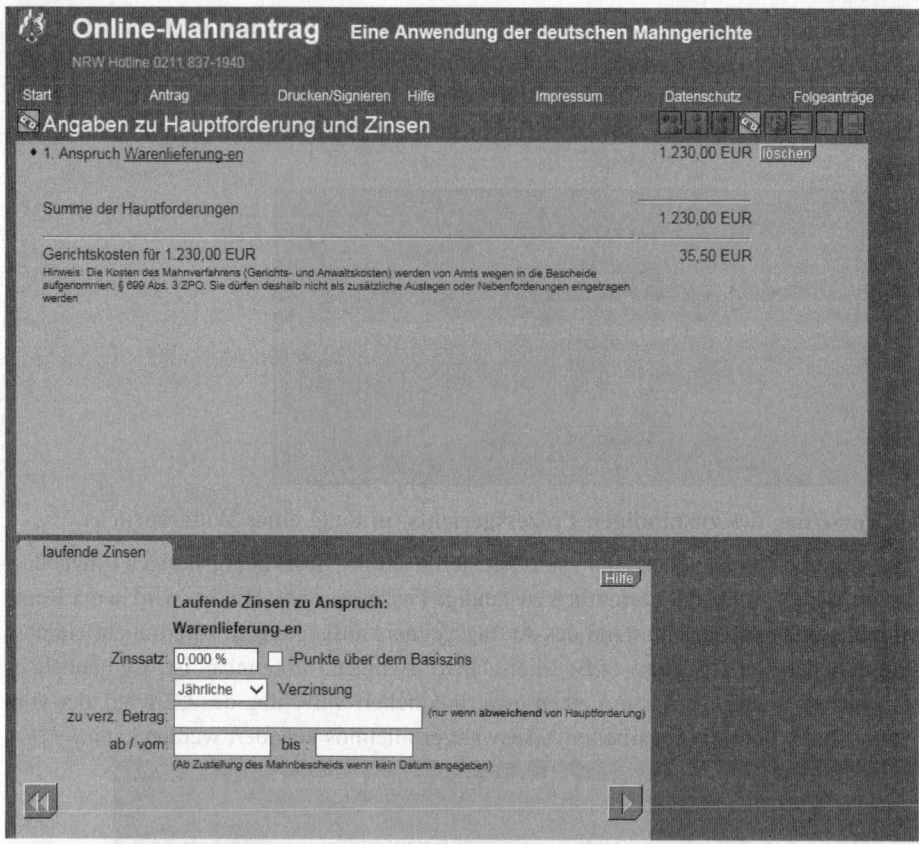

13. Auslagen und Nebenforderungen

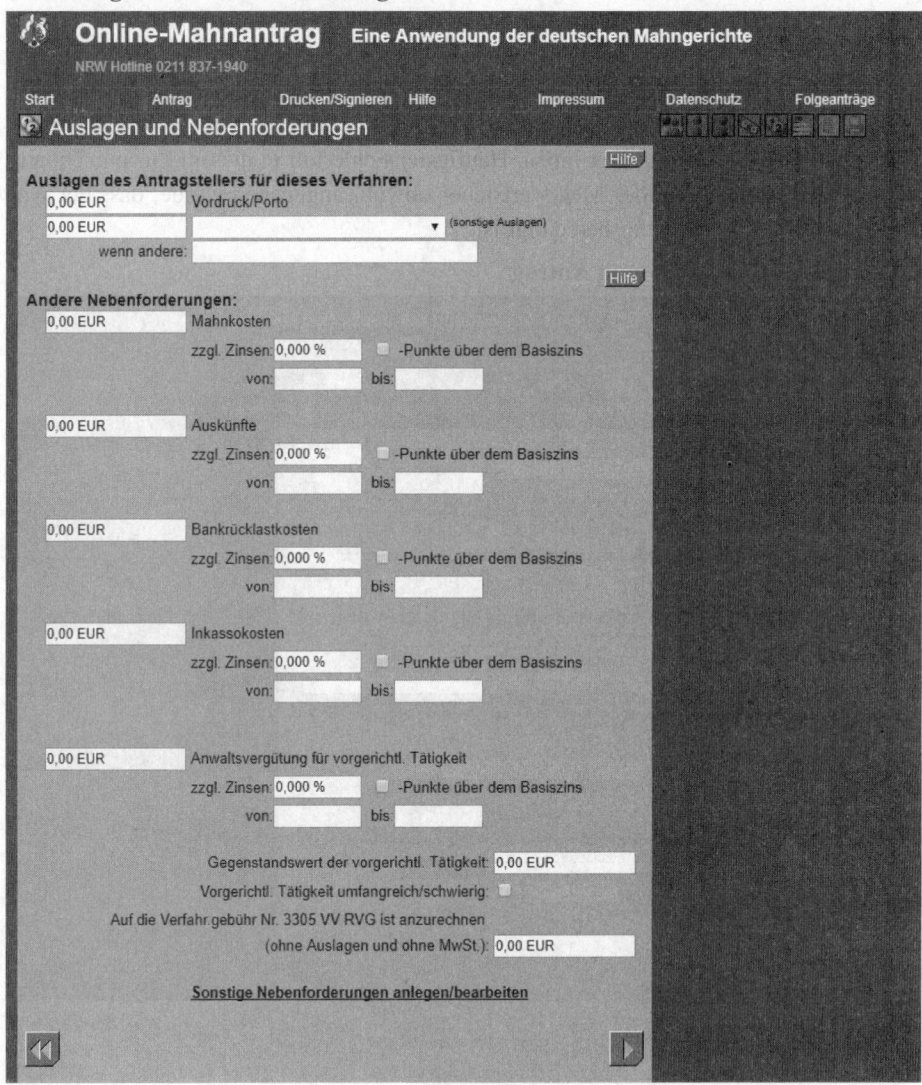

Hinweis

Auch wenn eine Schlüssigkeitsprüfung der Hauptforderung im Mahnverfahren nicht stattfindet, hat der bearbeitende Rechtspfleger bzgl. der Auslagen und Nebenforderungen ein Prüfungsrecht und eine Prüfungspflicht, da es sich insoweit um Kostenfestsetzung handelt. Im Regelfall prüft das Gericht pauschaliert und automatisiert nach festgelegten Höchstbeträgen. Bei überhöht erscheinenden Auslagen sind diese ggf. durch den Antragsteller zu belegen.

§ 4 Mahnverfahren und Vollstreckungsbescheid

Bei der Geltendmachung von vorgerichtlichen Inkassokosten wird von den Mahngerichten grundsätzlich eine Vergleichsrechnung in Bezug auf eine 13/10 RVG-Gebühr nach dem zugrunde liegenden Streitwert zuzüglich der darauf entfallenden Auslagenpauschale (20 % der Gebühren, maximal 20 EUR) angestellt. Sollte der Antragsteller nicht zum Vorsteuerabzug berechtigt sein, kommt zu den obigen Beträgen noch zurzeit 19 % Mehrwertsteuer hinzu. Häufigster Fehlerfall in diesem Zusammenhang ist die Hinzurechnung der Mehrwertsteuer obwohl angegeben wurde, dass der Antragsteller vorsteuerabzugsberechtigt ist.

14. Allgemeine Angaben zum Antrag

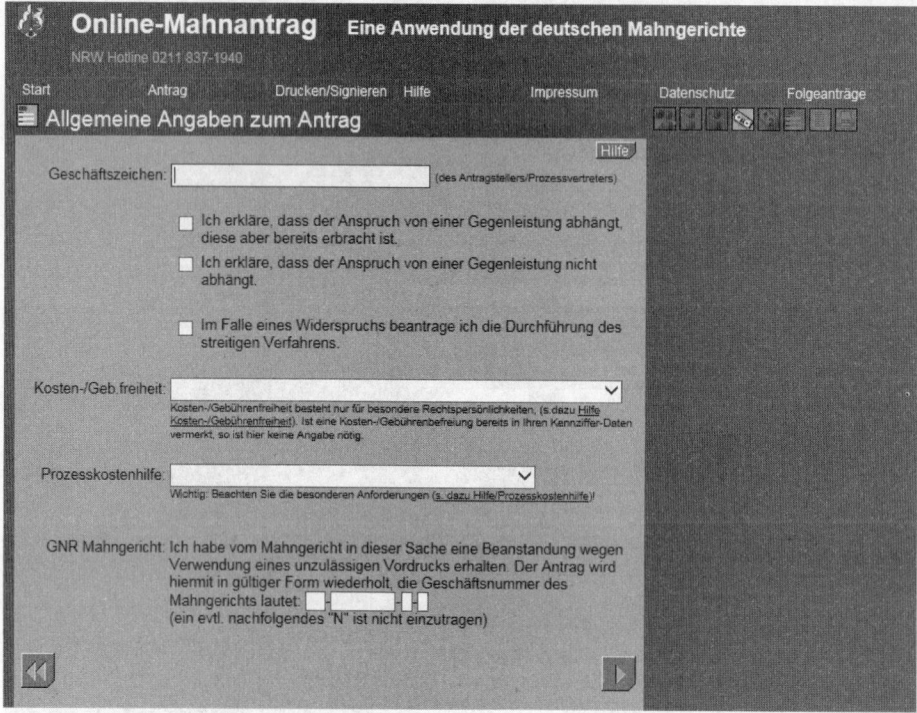

15. Druck-Menü

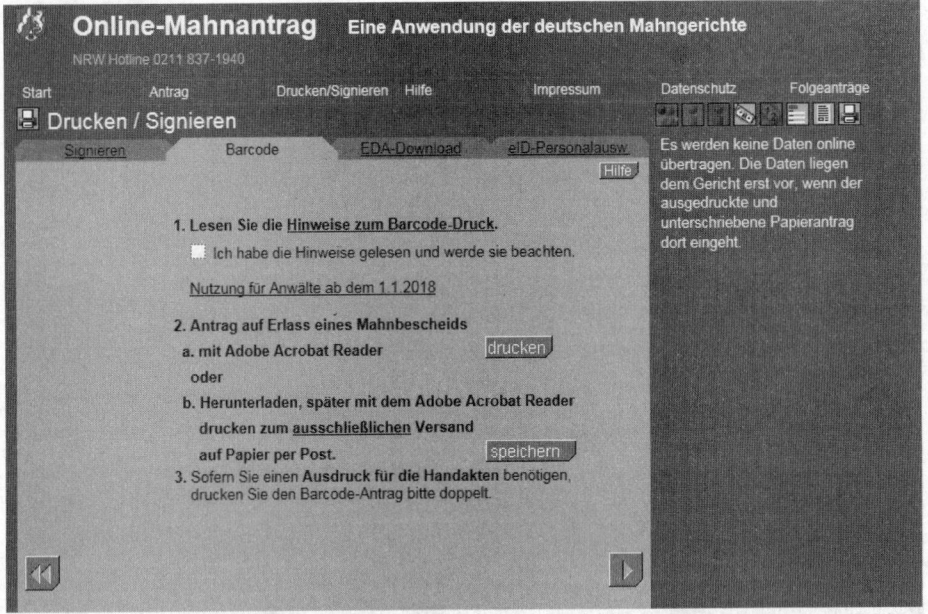

§ 4 Mahnverfahren und Vollstreckungsbescheid

16. Hinweise zum Barcode-Druck

Barcodeausdruck (PDF)

Für den Druck des Barcode-Antrags benötigen Sie den Acrobat-Reader. Der in neueren Browsern eingebaute PDF-Betrachter eignet sich nicht für den korrekten Ausdruck des Barcode-Antrags. Jede Barcodeseite des Antrags besteht aus einem Linearbarcode im Seitenkopf, aus einem oder mehreren Barcodeblocken im Mittelteil und auf der letzten Seite einem Bereich für Vermerke des Gerichts.

Hinweis: Wenn Sie den Browser Google Chrome verwenden und den Barcode-Antrag nutzen möchten, lesen Sie bitte den Hinweis zu Google Chrome.

Hinweis: Wenn Sie den Browser Mozilla Firefox verwenden und den Barcode-Antrag nutzen möchten, lesen Sie bitte den Hinweis zu Mozilla Firefox.

Je nach Browser- und Acrobat-Reader-Unterstützung haben Sie die Möglichkeit den Barcode-Antrag zu drucken (der Barcode-Antrag öffnet sich im Browser) und/oder zu speichern. Wenn Sie den Antrag speichern, dann fragt Ihr Browser nach, wie Sie mit der heruntergeladenen PDF-Datei verfahren möchten. Sie können sie sofort oder später mit dem Acrobat-Reader öffnen. Die heruntergeladenen Dateien finden Sie in Ihrem Browser jederzeit im Menü unter dem Punkt Downloads oder dem Punkt Extras → Downloads. Heruntergeladene Barcode-Antragsdateien **müssen von Ihnen ausgedruckt**, unterschrieben und **per Post** geschickt werden. Eine elektronisch übermittelte pdf-Datei würde bei den Gerichten eine Reihe manueller Eingriffe in die Abläufe erforderlich machen und wäre deshalb für die maschinelle Bearbeitung i.S.d. § 690 Abs. 3 Satz 1 ZPO (seit 1.1.2018: § 702 Abs. 2 ZPO) ungeeignet. Ein so übermittelter Antrag würde **kostenpflichtig zurückgewiesen**.

Klicken Sie auf das Druckersymbol in der Bedienungsleiste des Adobe Readers um alle Seiten zu drucken.

Haben Sie den Barcode-Ausdruck hiernach zur Post gegeben, übersenden Sie den Antrag **keinesfalls** zusätzlich über das Internet (EGVP), anderenfalls entstehen zusätzliche Kosten.

Achtung!
Beachten Sie auch im eigenen Interesse folgende Hinweise zum Ausdruck des Barcode-Mahnbescheidsantrages. Die Nichtbeachtung dieser Hinweise kann die Bearbeitung des Antrages verzögern, zu Beanstandungen und sogar zur kostenpflichtigen Zurückweisung des Antrages insgesamt führen (§§ 691, 690 Abs. 3 ZPO / seit 1.1.2018: § 702 Abs. 2 ZPO).

- Benutzen Sie ausschließlich Standard-Druck/Kopier-Papier der Größe DIN A4 in weiß mit der Flächenmasse 80g/qm (DIN 6730).
- Verwenden Sie schwarze Druckerfarbe, andere Farben sind nicht immer maschinell lesbar.
  Die Druckoption "Farbe schwarz ausgeben" im Acrobat-Druckmenü darf **nicht** gewählt sein.
- Benutzen Sie eine Druckereinstellung, die mit normaler Druckqualität arbeitet (kein Eco-, Entwurf- oder Optimaldruck); Mindestdruckauflösung: 300 dpi.
- Achten Sie auf einen Ausdruck in 100% Größe (keine automatische Anpassung).
- Verwenden Sie keinen beidseitigen Druck!
- Verwenden Sie nur Adobe Reader ab Version 6.0 aufwärts (www.adobe.com)!
- Vermeiden Sie nach dem Ausdruck ein Verwischen der Druckfarbe!
- Verbinden Sie nach dem Ausdruck die Einzelseiten fest miteinander (Heften/Klammern)!
- Vermeiden Sie Knicke oder Falze des ausgedruckten Barcodes bei Kuvertierung o.ä.!
- Senden Sie nur ein Exemplar des Antrages ein!
- Beachten Sie die weiteren Hinweise im Deckblatt des Ausdruckes!

Zum Verständnis sei das Vorgehen bei Gericht kurz beschrieben: Die Heftung wird entfernt, es werden Stapel von mehreren Anträgen gebildet und alle Blätter (Deckblatt, Klarschriftausdruck und Barcode) werden im Scanner eingelesen.

17. Anzeige des auszudruckenden Barcode-Mahnbescheidsantrags

Nach Bestätigung, dass die Hinweise gelesen wurden, und nach Anklicken des Drucken-Knopfs wird der mehrseitige Barcode-Mahnbescheidsantrag entweder unmittelbar im Programm Adobe Reader angezeigt und ist von hieraus mit normaler Druckqualität und auf weißem Papier auszudrucken oder der Antrag ist zunächst herunterzuladen und zu speichern, um ihn danach wiederum im Adobe Reader zu öffnen und auszudrucken. Das Öffnen und Ausdrucken mithilfe eines anderen PDF-Anzeigeprogramms als dem Adobe Reader ist möglichst zu vermeiden, da hierdurch immer wieder auch nicht lesbare Ausdrucke erzeugt werden. Der ausgedruckte Barcode-Mahnbescheidsantrag hat dann mindestens drei Seiten (Deckblatt, Klarschriftseite, Barcodeseite), je nach Datenmenge können es aber auch beliebig viele Klarschrift und Barcodeseiten sein (im nachstehenden Beispiel z.B. 1 Deckblatt, 2 Klarschriftseiten, 1 Barcodeseite).

Nach dem Ausdruck ist der Antrag auf der 1. Seite (Deckblatt) zu unterschreiben und mit allen anderen Seiten des Antrags zusammen an das Mahngericht zu senden.

§ 4 Mahnverfahren und Vollstreckungsbescheid

Antrag auf Erlass eines Mahnbescheids   **- Deckblatt -**   **Seite 1 von 4**

Herbert Forderer
gegen Paula Geldnot
- maschinell lesbarer Antrag für das automatisierte Verfahren -

001 BARC0003 316050 E691C2B

B

An das
Amtsgericht Hagen
Zentrale Mahnabteilung
58081 Hagen

09.02.2018

Ich beantrage, aufgrund der im beigefügten Barcode verschlüsselten Daten einen Mahnbescheid zu erlassen und in diesen die Kosten des Verfahrens aufzunehmen. Die unten aufgeführten Hinweise des Gerichts habe ich beachtet.

Geschäftszeichen des Antragstellers/Prozessbevollmächtigten:
Fordere ./. Geldnot 77/18

Absender (Antragsteller / ges. Vertreter / Prozessbevollmächtigter):

Rechtsanwalt
Andreas Advokat
Para-Str. 2
58099 Hagen

Ordnungsgemäße Bevollmächtigung versichere ich.

_____   _____   _____
Ort   Datum   Unterschrift des Antragstellers/Vertreters/Prozessbevollm.

Hinweise des Gerichts:

1. Dieses Anschreiben muss unterschrieben und zusammen mit dem Kontrollausdruck (Seiten 2 bis 3) sowie dem anschließenden Barcode-Ausdruck (Seiten 4 bis 5) beim zuständigen Mahngericht eingereicht werden. Verwenden Sie zum Druck ausschließlich weißes Standardpapier der Größe DIN A 4 (80g/qm) und versenden Sie den **Original**ausdruck in **einfacher** Ausführung auf dem Postweg, **ohne** ihn zu knicken.
2. Übermitteln Sie den Antrag **nicht per Fax!** Dadurch kommt es in der Regel zu einem technisch bedingten Qualitätsverlust. Der Antrag ist danach regelmäßig nicht mehr maschinell lesbar.
3. Die rechts oben angegebene Nummer (001 BARC0003 316050 E691C2B) muss auf allen Seiten identisch sein, der Antrag darf nur aus 4 Seiten bestehen. Nachträgliche Ergänzungen, Veränderungen oder Streichungen des Textes oder Barcodes sind unzulässig. Bei erforderlichen Änderungen geben Sie bitte die Daten neu ein und drucken den Antrag für das Gericht erneut aus.
4. Ist eine Druckseite fehlerhaft gedruckt, verschmutzt oder nicht lesbar, so drucken Sie bitte den gesamten Antrag erneut aus.
5. Beachten Sie auch die Hinweise in der Internetanwendung www.online-mahnantrag.de zu Papier, Druck und Versand.

Die Nichtbeachtung der Hinweise gefährdet die maschinelle Lesbarkeit (§ 702 Abs. 2 ZPO) und kann damit die Bearbeitung des Antrags verzögern, zu Beanstandungen oder zur kostenpflichtigen Zurückweisung führen (§ 691 ZPO).

Antrag auf Erlass eines Mahnbescheids Seite 2 von 4
Herbert Forderer
gegen Paula Geldnot
- maschinell lesbarer Antrag für das automatisierte Verfahren -   001 BARC0003 316050 E691C2B

Verfahrenswährung: **EUR**

Prozessbevollmächtigter
                        Der Antragsteller ist nicht zum Vorsteuerabzug berechtigt.
    Beauftragungsdatum: **09.02.2018**
    Funktion: **Rechtsanwalt**
    Name/Bezeichnung: **Andreas Advokat**
    Straße: **Para-Str. 2**
    PLZ/Ort/Nation: **58099 Hagen**

Antragsteller
  1. Antragsteller
    Anrede: **Herr**
    Vorname: **Herbert**
    Nachname: **Forderer**
    Straße: **Gute-Hoffnung-Allee 11**
    PLZ/Ort/Nation: **58638 Iserlohn**

Antragsgegner
  1. Antragsgegner
    Anrede: **Frau**
    Vorname: **Paula**
    Nachname: **Geldnot**
    Straße: **Parkbank 6**
    PLZ/Ort/Nation: **59065 Hamm**

  Prozessgericht
    Anschrift: **Amtsgericht Hamm**
               59065 Hamm

Ansprüche
  Summe der Hauptforderungen: **1.234,00 EUR**
  1. Katalogisierbarer Anspruch
    Anspruch: **Kaufvertrag**
              (Katalog-Nr. 11)
    Mitteilungsform: **Vertrag**
    Rechnungsnummer: **2136446**
    ab/vom: **09.01.2018**
    Betrag: **1.234,00 EUR**

    1.1 Zinsangaben: Laufende Zinsen
      Zinssatz: **5,000 %-Punkte jährlich über dem Basiszinssatz**
      aus Betrag: **1.234,00 EUR**
      ab/vom: **ab Zustelldatum des Mahnbescheids**

  Auslagen/Nebenforderungen
    Andere Nebenforderungen
      Mahnkosten: **6,00 EUR**
      Auskunftskosten: **12,00 EUR**

§ 4 Mahnverfahren und Vollstreckungsbescheid

Antrag auf Erlass eines Mahnbescheids Seite 3 von 4
 Herbert Forderer
gegen Paula Geldnot
- maschinell lesbarer Antrag für das automatisierte Verfahren - 001 BARC0003 316050 E691C2B

Allgemeine Angaben
 Geschäftszeichen: **Fordere ./. Geldnot 77/18**
 Ich erkläre, dass der Anspruch von einer Gegenleistung abhängt, diese aber bereits erbracht ist.

Zuständiges Mahngericht
 Amtsgericht Hagen
 Zentrale Mahnabteilung
 58081 Hagen

C. Muster § 4

Antrag auf Erlass eines Mahnbescheids   Seite 4 von 4
     Herbert Forderer
gegen   Paula Geldnot
- maschinell lesbarer Antrag für das automatisierte Verfahren -   001 BARC0003 316050 E691C2B

001BARC0003316050E691C2B001001001004

Vermerke des Gerichts:
Dezernat   Eingangsdatum (TT.MM.JJ)   Bearbeitungsdatum

Bearbeitungsschlüssel   Zusatzschl.

Betrag EUR (Schlüssel 16/17)   Früheres Eingangsdatum (Schl. 52)

18. Elektronischer Versand des Mahnbescheidsantrags

Alternativ kann man den im Online-Mahnantrag erstellten Mahnbescheidsantrag auch als elektronische Datei über das besondere elektronische Anwaltspostfach (beA), den Governikus Communicator Justiz Edition (Nachfolgeprodukt des EGVP) oder andere von der Justiz zugelassene Produkte (z.B. besonderes elektronisches Notar- oder Behördenpostfach o.ä.) versenden. Hierzu wählt man die Registerkarten „Signieren" für den unmittelbaren Versand über das EGVP) oder die Registerkarte „EDA-Download" (zur eigenen Auswahl des verfügbaren Übermittlungsweges) aus

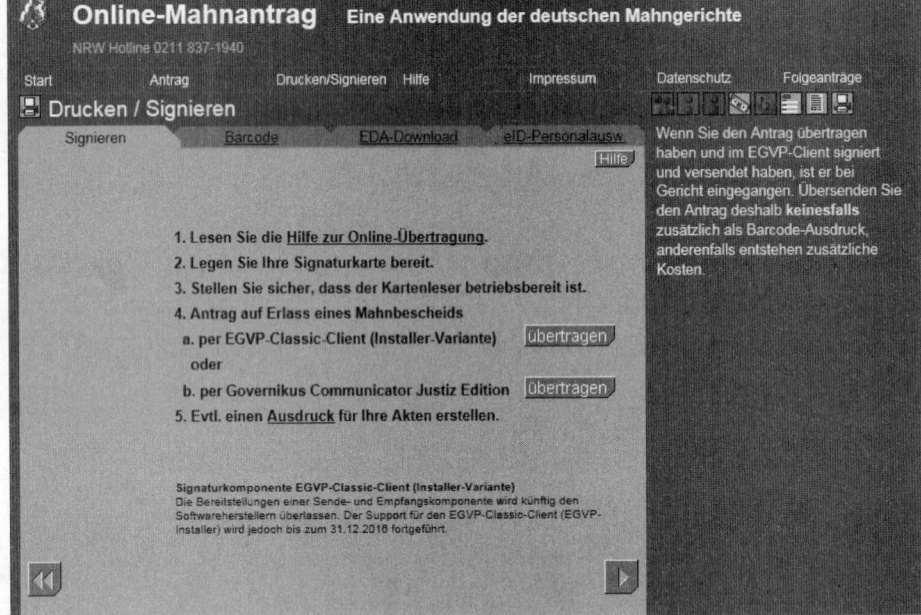

C. Muster § 4

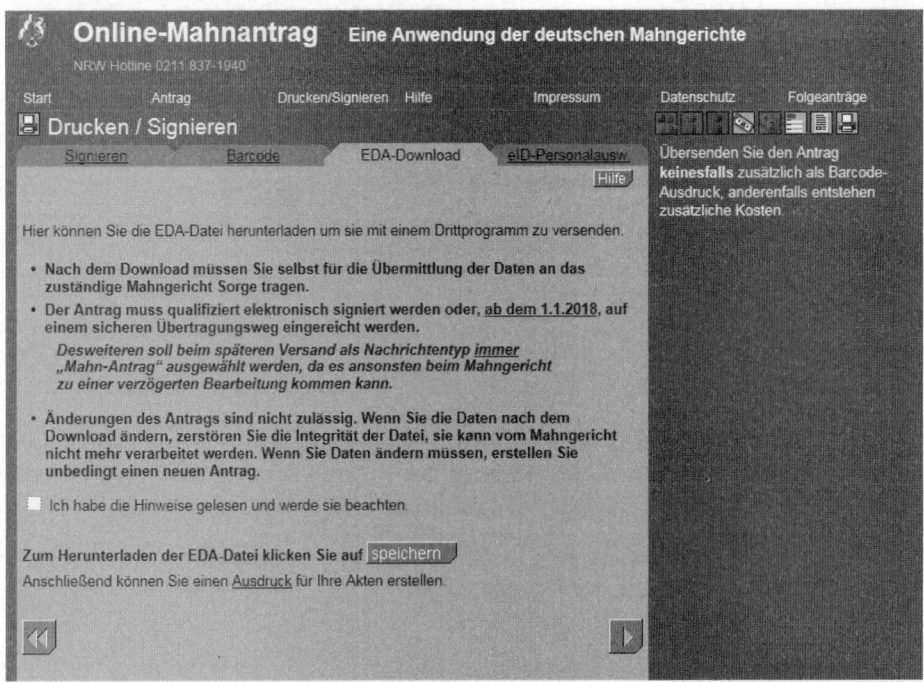

19. Schließlich existiert seit dem 1.1.2018 gem. § 702 Abs. 2, S. 3 ZPO auch die Möglichkeit, Anträge unter Nutzung des elektronischen Identitätsnachweises nach § 18 Personalausweisgesetz oder § 78 Abs. 5 Aufenthaltsgesetz zu stellen.

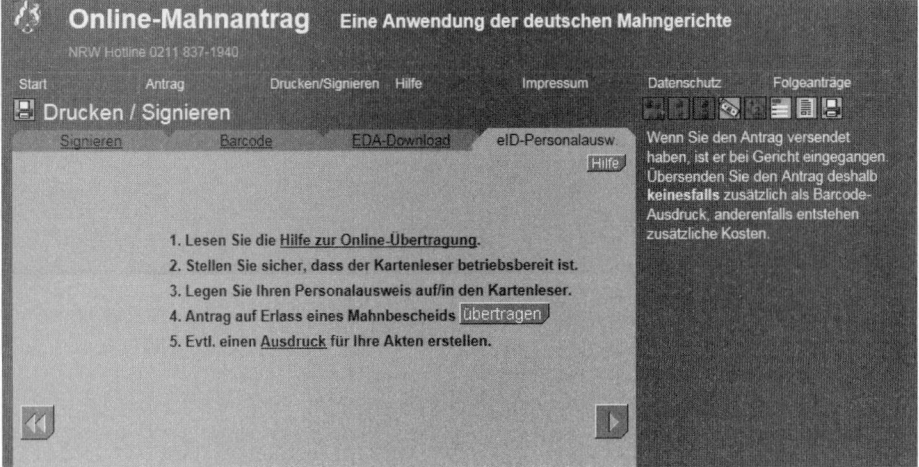

Online-Übertragung mit eID

Voraussetzungen für die Online-Übertragung unter Nutzung des neuen Personalausweises oder des elektronischen Aufenthaltstitels

 Sie benötigen einen Personalausweis oder einen elektronischen Aufenthaltstitel mit freigeschalteter Online-Ausweisfunktion (eID-Funktion), einen Kartenleser für die Online-Ausweisfunktion und die AusweisApp2.

Hinweis: Erklärungen und Prozesshandlungen können in einem Verfahren nach der Zivilprozessordnung nur von volljährigen Personen abgegeben oder vorgenommen werden, §52 ZPO. Diese Funktion steht daher Minderjährigen nicht zur Verfügung.

Der Online-Mahnantrag verwendet zur Übermittlung der Daten die Anwendung Autent ID Connect der Governikus KG. Autent ID Connect übermittelt die ausgelesenen Daten aus der AusweisApp2 an den Online-Mahnantrag. Bitte wählen sie dort die AusweisApp-Funktion und folgenden Sie den weiteren Anweisungen.

Nach der Übermittlung Ihrer Ausweisdaten können Sie die AusweisApp schließen. Im Online-Mahnantrag geben Sie noch an, ob Sie der Antragsteller, der gesetzliche Vertreter oder ein Bevollmächtigter des Antragstellers sind. Durch betätigen der Versenden-Schaltfläche wird Ihr Antrag an das zuständige Mahngericht versendet.

Neuer Personalausweis

Seit 1. November 2010 gibt es den Personalausweis in einem anderen Format und mit neuen Funktionen. Die Online-Ausweisfunktion können Sie, sofern noch nicht geschehen, bei Ihrem Bürgeramt aktivieren lassen.
Weitere Einzelheiten finden Sie im
Personalausweisportal des Bundesinnenministeriums.

AusweisApp2

Die AusweisApp2 ist eine Software, die Sie auf Ihrem Computer installieren, um sich mit Ihrem Personalausweis bzw. Ihrem elektronischen Aufenthaltstitel online auszuweisen.

Weitere Informationen und die AusweisApp2 erhalten Sie unter: https://www.ausweisapp.bund.de.

nach oben

III. Muster: Neuzustellungsantrag zum Mahnbescheid

An das
Amtsgericht Stuttgart
– Zentrales Mahngericht –

70154 Stuttgart

Antrag auf Neuzustellung eines Mahnbescheids

Ich beantrage, den Mahnbescheid nunmehr unter Berücksichtigung folgender Angaben zuzustellen:

Alternativ zur Beantragung der Neuzustellung des Mahnbescheids mithilfe des amtlichen Formulars besteht die Möglichkeit – für Rechtsanwälte oder registrierte Inkassodienstleister sogar seit dem 1.1.2018 die Verpflichtung – der Antragstellung im Wege des elektronischen Datenaustauschs (Online) über ca. 25 Fachsoftwareprogrammen (Übersicht unter www.mahnverfahren-aktuell.de) oder als Online-Mahnantrag in der Form

§ 4 Mahnverfahren und Vollstreckungsbescheid

des Barcodeausdrucks oder per Onlineversand über das Internetportal www.online-mahnantrag.de.

Auch bei den Folgeanträgen führt der Online-Mahnantrag den Antragsteller oder Prozessbevollmächtigten über eine Vielzahl von Masken durch die notwendigen Angaben eines Neuzustellungsantrags.

IV. Muster: Widerspruch

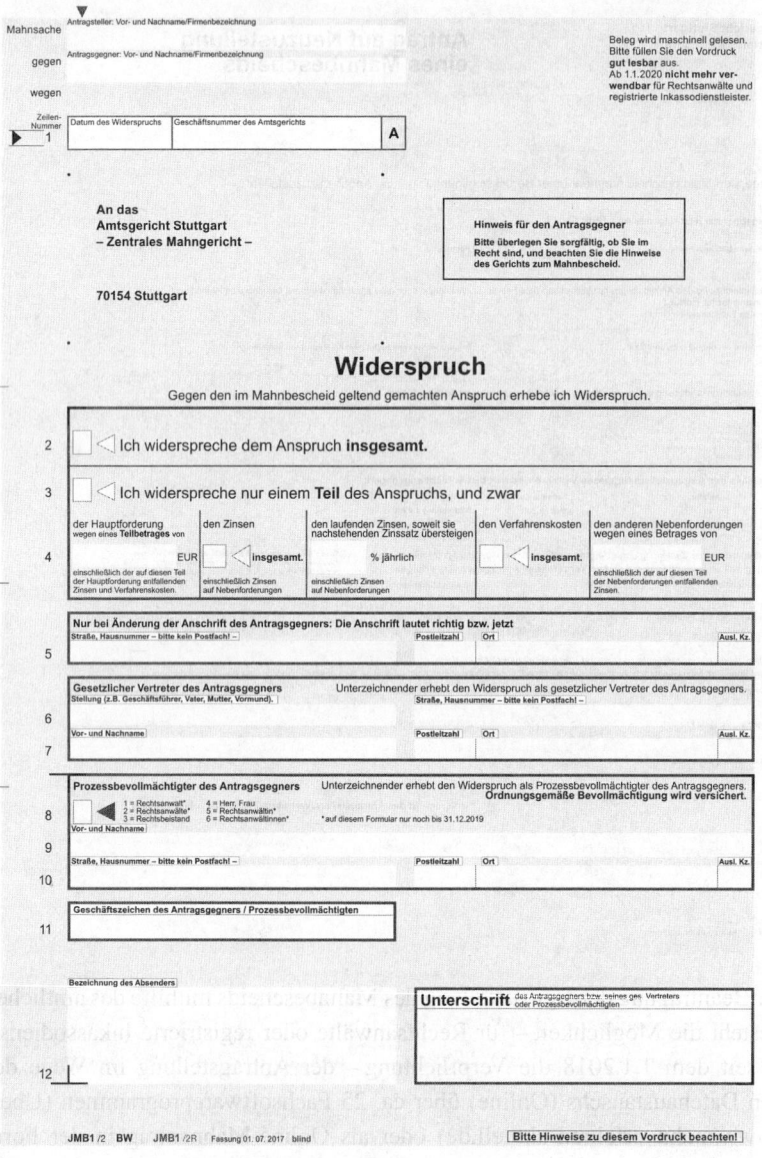

Hinweise zum Vordruck für den Widerspruch

Bitte lesen Sie zunächst die **Hinweise des Gerichts** zu dem Mahnbescheid.

Beim **Ausfüllen** bitte auf Lesbarkeit der Angaben achten. In die **Kästchen** mit **weißem Pfeil** soll zutreffendenfalls ein X, in das Kästchen mit **braunem** Pfeil die zutreffende Nummer eingetragen werden. Eine versehentlich unrichtige Eintragung bitte eindeutig ungültig machen oder unmissverständlich berichtigen.

Datum des Widerspruchs, Geschäftsnummer des Gerichts
(Zeile 1)

In dem mit dem Mahnbescheid übersandten Vordruck ist die Geschäftsnummer bereits ausgedruckt. Falls Sie einen anderen Vordruck benutzen, vergessen Sie nicht in diesen die Geschäftsnummer einzutragen.

Gesamtwiderspruch *(Zeile 2)*

Wenn Sie gegen den Anspruch insgesamt Widerspruch erheben wollen (Gesamtwiderspruch), kreuzen Sie **nur** das Kästchen in Zeile 2 an. Die Felder der Zeilen 3 und 4 (Teilwiderspruch) dürfen Sie in diesem Fall nicht ausfüllen.

Der von Ihnen unterschrieben eingereichte Vordruck wird auch dann als Gesamtwiderspruch behandelt, wenn Sie die Zeilen 2 bis 4 gänzlich unausgefüllt lassen.

Teilwiderspruch *(Zeilen 3 und 4)*

Bei Teilwiderspruch bitte außer Zeile 3 auch das zutreffende Feld in Zeile 4 ausfüllen. In dem dritten Feld der Zeile 4 können Sie zur Bezeichnung des *nichtbestrittenen* Teils des Zinsfußes auch einen vom jeweiligen Basiszinssatz der Deutschen Bundesbank abhängigen Zinssatz in der Kurzschreibweise *B+x* (Beispiel: B+2 = 2% über Basiszinssatz) angeben.

Soweit sich der Teilwiderspruch durch Angaben in der Zeile 4 nicht zutreffend darstellen lässt, bezeichnen Sie bitte den Teil des Anspruchs, dem Sie widersprechen wollen, **genau** auf einem **besonderen Blatt**. Dieses mit dem Vordruck bitte **fest verbinden**.

Anschrift des Antragsgegners *(Zeile 5)*

Nur ausfüllen, wenn Ihre Anschrift im Mahnbescheid nicht richtig angegeben ist.

Gesetzlicher Vertreter des Antragsgegners *(Zeilen 6 und 7)*

Nur ausfüllen, wenn der Antragsgegner nicht prozessfähig ist. Bei im übrigen richtiger Bezeichnung im Mahnbescheid genügt Angabe des Vor- und Nachnamens des gesetzlichen Vertreters.

Prozessbevollmächtigter des Antragsgegners *(Zeilen 8 bis 10/11)*

Nur ausfüllen, wenn sich der Antragsgegner durch einen Prozessbevollmächtigten vertreten lässt. **Ab 1.1.2020 dürfen Rechtsanwälte und registrierte Inkassodienstleister** dieses Formular nicht mehr verwenden und müssen Widerspruch in einer nur maschinell lesbaren Form erheben.

Unterschrift, Absender *(Zeile 12)*

Bitte vergessen Sie nicht, den Vordruck in dieser Zeile zu unterschreiben. **Ohne Unterschrift ist der Widerspruch unwirksam.** Für die Absenderangabe können Sie einen Stempel verwenden.

Alternativ zur Erklärung des Widerspruchs mit Hilfe des amtlichen Formulars besteht die Möglichkeit – für Rechtsanwälte oder registrierte Inkassodienstleister ab dem 1.1.2020 auch die Verpflichtung – der Antragstellung in nur maschinell lesbarer Form, d.h. über ca. 25 Fachsoftwareprogrammen (Übersicht unter www.mahnverfahren-aktu-

§ 4 Mahnverfahren und Vollstreckungsbescheid

ell.de) oder als Online-Mahnantrag in der Form des Barcodeausdrucks oder per Onlineversand über das Internetportal www.online-mahnantrag.de.

Auch beim Widerspruch führt der Online-Mahnantrag den Antragsgegner oder seinen Prozessbevollmächtigten über eine Vielzahl von Masken durch die notwendigen Angaben eines Widerspruchs.

V. Muster: Antrag auf Erlass eines Vollstreckungsbescheids im maschinellen Verfahren (blau)

348

Alternativ zu Beantragung des der Vollstreckungsbescheids mit Hilfe des amtlichen Formulars besteht die Möglichkeit – für Rechtsanwälte oder registrierte Inkassodienstleister auch die Verpflichtung – der Antragstellung im Wege des elektronischen Datenaustauschs (Online) über ca. 25 Fachsoftwareprogrammen (Übersicht unter www.mahnverfahren-aktuell.de) oder als Online-Mahnantrag in der Form des Barcodeausdrucks oder per Onlineversand über das Internetportal www.online-mahnantrag.de.

Auch bei den Folgeanträgen führt der Online-Mahnantrag den Antragsteller oder Prozessbevollmächtigten über eine Vielzahl von Masken durch die notwendigen Angaben eines Neuzustellungsantrags.

VI. Muster: Neuzustellungsantrag zum Vollstreckungsbescheid

349

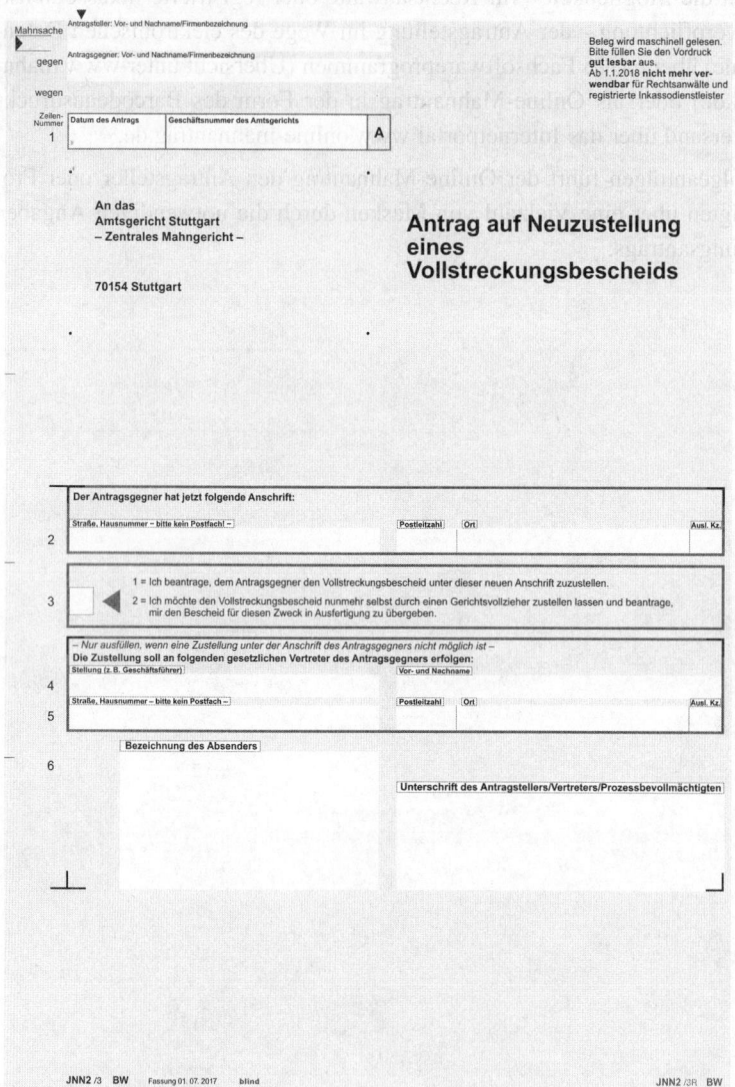

Alternativ zu Beantragung des der Neuzustellung des Vollstreckungsbescheids mithilfe des amtlichen Formulars besteht die Möglichkeit – für Rechtsanwälte oder registrierte Inkassodienstleister auch die Verpflichtung – der Antragstellung im Wege des elektronischen Datenaustauschs (Online) über ca. 25 Fachsoftwareprogrammen (Übersicht unter www.mahnverfahren-aktuell.de) oder als Online-Mahnantrag in der Form des Barcodeausdrucks oder per Onlineversand über das Internetportal www.online-mahnantrag.de.

Auch bei den Folgeanträgen führt der Online-Mahnantrag den Antragsteller oder Prozessbevollmächtigten über eine Vielzahl von Masken durch die notwendigen Angaben eines Neuzustellungsantrags.

VII. Muster: Einspruch gegen den Vollstreckungsbescheid

▼

An das Datum **350**
Amtsgericht
– Mahnabteilung –
In dem Mahnverfahren

./.

Az:

bestellen wir uns, ordnungsgemäße Bevollmächtigung versichernd, zu Prozessbevollmächtigten des Antragsgegners.

Namens des Antragsgegners legen wir gegen den Vollstreckungsbescheid vom , dem Antragsgegner zu gestellt am ,

Einspruch

ein.

Eine **Begründung** werden wir im Rahmen der Klageerwiderung abgeben, falls eine Anspruchsbegründung des Antragstellers eingeht.

Rechtsanwalt

▲

VIII. Muster: Antrag auf Abgabe an das Streitgericht

▼

An das Datum **351**
Amtsgericht
– Mahnabteilung –
In dem Mahnverfahren

./.

Az:

bitten wir, nachdem der Antragsgegner am Widerspruch gegen den Mahnbescheid vom eingelegt hat, um Abgabe an das im Mahnbescheidsantrag genannte Amts-/Landgericht als Streitgericht.

Dort werden wir im Termin zur mündlichen Verhandlung den Antrag aus dem Mahnbescheid stellen.

Rechtsanwalt

▲

IX. Muster: Europäisches Mahnverfahren

352 Quelle: Verordnung (EU) der Kommission Nr. 936/2012 vom 4.10.2012 (seit 14.7.2017 mit neuem Formblatt A)

Antrag auf Erlass eines Europäischen Zahlungsbefehls (Formblatt A)

L 182/22 　DE　 Amtsblatt der Europäischen Union 　13.7.2017

ANHANG

„ANHANG I

Antrag auf Erlass eines Europäischen Zahlungsbefehls
Formblatt A — Artikel 7 Absatz 1 der Verordnung (EG) Nr. 1896/2006 des Europäischen Parlaments und des Rates zur Einführung eines Europäischen Mahnverfahrens

Bitte lesen Sie zum besseren Verständnis dieses Formblatts zuerst die Leitlinien auf der letzten Seite!
Dieses Formblatt ist in der Sprache oder in einer der Sprachen auszufüllen, die das zu befassende Gericht anerkennt.
Das Formblatt ist in allen Amtssprachen der Europäischen Union erhältlich, sodass Sie es in der verlangten Sprache ausfüllen können.

1. Gericht
- Gericht
- Anschrift
- PLZ | Ort | Land

Aktenzeichen (vom Gericht auszufüllen)
Eingang beim Gericht (Tag/Monat/Jahr)
Unterschrift und/oder Stempel

2. Parteien und ihre Vertreter
Codes:
- 01 Antragsteller
- 02 Antragsgegner
- 03 Vertreter des Antragstellers *
- 04 Vertreter des Antragsgegners *
- 05 Gesetzlicher Vertreter des Antragstellers **
- 06 Gesetzlicher Vertreter des Antragsgegners **

Code	Name der Firma oder Organisation	(ggf.) Identifikationsnummer
	Name	Vorname
	Anschrift / PLZ / Ort / Land	
	Telefon *** / Fax *** / E-Mail ***	
	Beruf ***	Sonstige Angaben ***

Code	Name der Firma oder Organisation	(ggf.) Identifikationsnummer
	Name	Vorname
	Anschrift / PLZ / Ort / Land	
	Telefon *** / Fax *** / E-Mail ***	
	Beruf ***	Sonstige Angaben ***

Code	Name der Firma oder Organisation	(ggf.) Identifikationsnummer
	Name	Vorname
	Anschrift / PLZ / Ort / Land	
	Telefon *** / Fax *** / E-Mail ***	
	Beruf ***	Sonstige Angaben ***

Code	Name der Firma oder Organisation	(ggf.) Identifikationsnummer		
	Name		Vorname	
	Anschrift	PLZ	Ort	Land
	Telefon ***	Fax ***	E-Mail ***	
	Beruf ***	Sonstige Angaben ***		

* z. B. Rechtsanwalt   ** z. B. Elternteil, Vormund, Geschäftsführer   *** fakultativ

3. Begründung der gerichtlichen Zuständigkeit

Codes:
- 01 Wohnsitz des Antragsgegners oder eines Mitantragsgegners
- 02 Erfüllungsort
- 03 Ort des schädigenden Ereignisses
- 04 Wenn es sich um Streitigkeiten aus dem Betrieb einer Zweigniederlassung, einer Agentur oder einer sonstigen Niederlassung handelt, Ort, an dem sich diese befindet
- 05 Ort, an dem der Trust seinen Sitz hat
- 06 Wenn es sich um eine Streitigkeit wegen der Zahlung von Berge- und Hilfslohn handelt, der für Bergungs- und Hilfeleistungsarbeiten gefordert wird, die zugunsten einer Ladung oder einer Frachtforderung erbracht worden sind, der Ort des Gerichts, in dessen Zuständigkeitsbereich diese Ladung oder die entsprechende Frachtforderung mit Arrest belegt worden ist oder mit Arrest hätte belegt werden können
- 07 In Versicherungssachen Wohnsitz des Versicherungsnehmers, des Versicherten oder des Begünstigten
- 08 Wohnsitz des Verbrauchers
- 09 Ort, an dem der Arbeitnehmer seine Arbeit verrichtet
- 10 Ort der Niederlassung, die den Arbeitnehmer eingestellt hat
- 11 Ort, an dem die unbewegliche Sache belegen ist
- 12 Gerichtsstandsvereinbarung
- 13 Wohnsitz des Unterhaltsgläubigers
- 14 Sonstiger Zuständigkeitsgrund (bitte näher erläutern)

Code	Erläuterungen (gilt nur für Code 14)

4. Gründe dafür, dass die Sache als grenzüberschreitend anzusehen ist

Codes:
01 Belgien	06 Griechenland	11 Italien	16 Ungarn	21 Portugal	26 Schweden
02 Bulgarien	07 Spanien	12 Zypern	17 Malta	22 Rumänien	27 Vereinigtes Königreich
03 Tschechische Republik	08 Frankreich	13 Lettland	18 Niederlande	23 Slowenien	28 Sonstige (bitte näher erläutern)
04 Deutschland	09 Kroatien	14 Litauen	19 Österreich	24 Slowakei	
05 Estland	10 Irland	15 Luxemburg	20 Polen	25 Finnland	

Wohnsitz oder gewöhnlicher Aufenthaltsort des Antragstellers	Wohnsitz oder gewöhnlicher Aufenthaltsort des Antragsgegners	Land des Gerichts

5. Bankverbindung (fakultativ)

5.1. Zahlung der Gerichtsgebühren durch den Antragsteller

Codes:
- 01 Überweisung
- 02 Kreditkarte
- 03 Einziehung vom Bankkonto des Antragstellers durch das Gericht
- 04 Prozesskostenhilfe
- 05 Sonstige (bitte näher erläutern)

Bei Code 02 oder 03 bitte die Bankverbindung in Anlage 1 eintragen

Code	Im Falle von Code 05 bitte näher erläutern

5.2. Zahlung der zuerkannten Summe durch den Antragsgegner

Kontoinhaber	Bankadresse (BIC) oder andere anwendbare Bankkennung

Kontonummer	Internationale Bankkontonummer (IBAN)

§ 4 Mahnverfahren und Vollstreckungsbescheid

L 182/24   DE   Amtsblatt der Europäischen Union   13.7.2017

EUR	Euro	BGN	Bulgarischer Lew	CZK	Tschechische Krone	GBP	Britisches Pfund	HUF	Ungarischer Forint
HRK	Kroatische Kuna	PLN	Polnischer Zloty	RON	Rumänischer Leu	SEK	Schwedische Krone		
							Sonstige (gemäß internationalem Bankcode)		

6. Hauptforderung		Währung:	Gesamtwert der Hauptforderung, ohne Zinsen und Kosten

Anspruchsgrundlage (Code 1)

- 01 Kaufvertrag
- 02 Mietvertrag über bewegliche Sachen
- 03 Miet-/Pachtvertrag über Immobilien
- 04 Mietvertrag über Betriebs-/Büroräume
- 05 Vertrag über Dienstleistungen - Elektrizität, Gas, Wasser, Telefon
- 06 Vertrag über Dienstleistungen - medizinische Versorgung
- 07 Vertrag über Dienstleistungen - Beförderungsleistungen
- 08 Vertrag über Dienstleistungen - rechtliche, steuerliche oder technische Beratung
- 09 Vertrag über Dienstleistungen - Hotel- und Gaststättengewerbe
- 10 Vertrag über Dienstleistungen - Reparaturen
- 11 Vertrag über Dienstleistungen - Maklerleistungen
- 12 Vertrag über Dienstleistungen - Sonstiges (bitte näher erläutern)
- 13 Bauvertrag
- 14 Versicherungsvertrag
- 15 Darlehen
- 16 Bürgschaft oder sonstige Sicherheit
- 17 Außervertragliche Schuldverhältnisse, sofern sie einer Vereinbarung zwischen den Parteien oder einer Schuldanerkenntnis unterliegen (z.B. Schadensbegleichung, ungerechtfertigte Bereicherung)
- 18 Aus dem gemeinsamen Eigentum an Vermögensgegenständen erwachsende Forderungen
- 19 Schadensersatz aus Vertragsverletzung
- 20 Abonnement (Zeitung, Zeitschrift)
- 21 Mitgliedsbeitrag
- 22 Arbeitsvertrag
- 23 Außergerichtlicher Vergleich
- 24 Unterhaltsvertrag
- 25 Sonstige Forderungen (bitte näher erläutern)

Umstände, mit denen die Forderung begründet wird (Code 2)

- 30 Ausgebliebene Zahlung
- 31 Unzureichende Zahlung
- 32 Verspätete Zahlung
- 33 Ausgebliebene Lieferung von Waren/Erbringung von Dienstleistungen
- 34 Lieferung schadhafter Waren/Erbringung mangelhafter Dienstleistungen
- 35 Erzeugnis bzw. Dienstleistung entspricht nicht der Bestellung
- 36 Sonstige Probleme (bitte näher erläutern)

Sonstige Angaben (Code 3)

- 40 Ort des Vertragsabschlusses
- 41 Ort der Leistung
- 42 Zeitpunkt des Vertragsabschlusses
- 43 Zeitpunkt der Leistung
- 44 Art der betreffenden Ware(n) oder Dienstleistung(en)
- 45 Adresse einer Liegenschaft oder eines Gebäudes
- 46 Bei Darlehen, Zweck des Darlehens: Verbraucherkredit
- 47 Bei Darlehen, Zweck des Darlehens: Hypothekendarlehen
- 48 Sonstige Angaben (bitte näher erläutern)

ID 1	Code 1	Code 2	Code 3	Erläuterungen	Datum* (oder Zeitraum)	Betrag
ID 2	Code 1	Code 2	Code 3	Erläuterungen	Datum* (oder Zeitraum)	Betrag
ID 3	Code 1	Code 2	Code 3	Erläuterungen	Datum* (oder Zeitraum)	Betrag
ID 4	Code 1	Code 2	Code 3	Erläuterungen	Datum* (oder Zeitraum)	Betrag

* Datumsformat: Tag/Monat/Jahr

Die Forderung ist dem Antragsteller von folgendem Gläubiger abgetreten worden (falls zutreffend)

Name der Firma oder Organisation	(ggf.) Identifikationsnummer
Name	Vorname
Anschrift	PLZ	Ort	Land

Zusätzliche Angaben für Forderungen, die sich auf einen Verbrauchervertrag beziehen (falls zutreffend)

Die Forderung bezieht sich auf einen Verbrauchervertrag	Der Antragsgegner ist der Verbraucher	Der Antragsgegner hat einen Wohnsitz im Sinne von Artikel 59 der Verordnung (EG) Nr. 44/2001 des Rates in dem Mitgliedstaat, dessen Gerichte angerufen werden
ja nein	ja nein	ja ja

7. Zinsen

Codes (bitte die entsprechende Ziffer und den entsprechenden Buchstaben einsetzen):

| 01 Gesetzlicher Zinssatz | 02 Vertraglicher Zinssatz | 03 Kapitalisierung der Zinsen | 04 Zinssatz für ein Darlehen ** | 05 Vom Antragsteller berechneter Betrag | 06 Sonstige *** |

| A jährlich | B halbjährlich | C vierteljährlich | D monatlich | E sonstige *** |

ID *	Code	Zinssatz (%)	% über dem Basissatz der EZB	auf (Betrag)	Ab	bis
ID *	Code	Zinssatz (%)	% über dem Basissatz der EZB	auf (Betrag)	Ab	bis
ID *	Code	Zinssatz (%)	% über dem Basissatz der EZB	auf (Betrag)	Ab	bis
ID *	Code	Zinssatz (%)	% über dem Basissatz der EZB	auf (Betrag)	Ab	bis
ID *	Bitte näher erläutern im Falle von Code 6 und/oder E					

* Bitte die entsprechende Forderungskennung (ID) einsetzen   ** vom Antragsteller mindestens in der Höhe der Hauptforderung aufgenommen   *** Bitte näher erläutern

8. Vertragsstrafe (falls zutreffend)

Betrag	Bitte näher erläutern

9. Kosten (falls zutreffend)

Codes: 01 Antragsgebühren   02 Sonstige (bitte näher erläutern)

Code	Erläuterungen (gilt nur für Code 02)	Währung	Betrag
Code	Erläuterungen (gilt nur für Code 02)	Währung	Betrag
Code	Erläuterungen (gilt nur für Code 02)	Währung	Betrag
Code	Erläuterungen (gilt nur für Code 02)	Währung	Betrag

10. Vorhandene Beweismittel, auf die sich die Forderung stützt

Codes: 01 Urkundsbeweis   02 Zeugenbeweis   03 Sachverständigengutachten   04 Inaugenscheinnahme eines Gegenstands oder Orts   05 Sonstige (bitte näher erläutern)

ID *	Code	Bezeichnung der Beweismittel	Datum (Tag/Monat/Jahr)
ID *	Code	Bezeichnung der Beweismittel	Datum (Tag/Monat/Jahr)
ID *	Code	Bezeichnung der Beweismittel	Datum (Tag/Monat/Jahr)
ID *	Code	Bezeichnung der Beweismittel	Datum (Tag/Monat/Jahr)

* Bitte die entsprechende Forderungskennung (ID) einsetzen

§ 4 Mahnverfahren und Vollstreckungsbescheid

11. Zusätzliche Erklärungen und weitere Angaben (falls erforderlich)

Ich beantrage hiermit, dass das Gericht den/die Antragsgegner anweist, die Hauptforderung in der oben genannten Höhe, gegebenenfalls zuzüglich Zinsen, Vertragsstrafen und Kosten, an den/die Antragsteller zu zahlen.

Ich erkläre, dass die obigen Angaben nach bestem Wissen und Gewissen gemacht wurden.

Mir ist bekannt, dass falsche Angaben zu Sanktionen nach dem Recht des Ursprungsmitgliedstaats führen können.

Ort	Datum (Tag/Monat/Jahr)	Unterschrift und/oder Stempel

Anlage 1 zum Antrag auf Erlass eines Europäischen Zahlungsbefehls
Bankverbindung für die Zahlung der Gerichtsgebühren durch den Antragsteller

Codes: 02 Kreditkarte 03 Einziehung vom Bankkonto des Antragstellers durch das Gericht

Code	Kontoinhaber	Bankadresse (BIC) oder andere anwendbare Bankkennung/Kreditkartenunternehmen
Kontonummer/Kreditkartennummer		Internationale Bankkontonummer (IBAN)/Gültigkeit und Kartenprüfnummer der Kreditkarte

Anlage 2 zum Antrag auf Erlass eines Europäischen Zahlungsbefehls
Weiteres Verfahren im Falle eines Einspruchs

Codes:

01. Im Falle eines Einspruchs des Antragsgegners beantrage ich die **Einstellung** des Verfahrens.

02. Im Falle eines Einspruchs des Antragsgegners beantrage ich die
Fortsetzung des Verfahrens nach Maßgabe des europäischen Verfahrens für geringfügige Forderungen, falls anwendbar.

03. Im Falle eines Einspruchs des Antragsgegners beantrage ich die
Überleitung des Verfahrens in ein geeignetes nationales Zivilverfahren.

Aktenzeichen (auszufüllen, falls die Anlage dem Gericht gesondert vom Antragsformblatt übermittelt wird)

Name der Firma oder Organisation	Name	Vorname
Code	Sollte meine Forderung nicht in den Anwendungsbereich des europäischen Verfahrens für geringfügige Forderungen (Code 02) fallen, beantrage ich, das Verfahren	
	einzustellen	in ein geeignetes nationales Zivilverfahren überzuleiten
Ort	Datum (Tag/Monat/Jahr)	Unterschrift und/oder Stempel

§ 4 Mahnverfahren und Vollstreckungsbescheid

ANLEITUNG ZUM AUSFÜLLEN DES ANTRAGSFORMBLATTS

Wichtiger Hinweis

Dieses Formblatt ist in der Sprache oder in einer der Sprachen auszufüllen, die das zu befassende Gericht anerkennt. Das Formblatt ist in allen Amtssprachen der Europäischen Union erhältlich, sodass Sie es in der verlangten Sprache ausfüllen können.

Legt der Antragsgegner Einspruch gegen Ihre Forderung ein, so wird das Verfahren vor den zuständigen Gerichten gemäß den Regeln eines ordentlichen Zivilprozesses weitergeführt. Wünschen Sie diese Weiterführung nicht, so füllen Sie bitte auch Anlage 2 zu diesem Formblatt aus. Diese Anlage muss beim Gericht eingehen, bevor der Europäische Zahlungsbefehl ausgestellt wird.

Betrifft der Antrag eine Forderung gegen einen Verbraucher, die sich auf einen Verbrauchervertrag bezieht, so ist er bei dem zuständigen Gericht des Mitgliedstaats einzureichen, in dem der Verbraucher seinen Wohnsitz hat. Anderenfalls ist er bei dem gemäß der Verordnung (EG) Nr. 44/2001 (*) zuständigen Gericht einzureichen. Informationen über die Vorschriften für die gerichtliche Zuständigkeit finden Sie im Europäischen Gerichtsatlas (https://e-justice.europa.eu/content_jurisdiction-85-en.do).

Vergessen Sie bitte nicht, das Formblatt auf der letzten Seite ordnungsgemäß zu unterzeichnen und zu datieren.

Leitlinien

Bei jedem Abschnitt sind spezifische Codes aufgeführt, die gegebenenfalls in die entsprechenden Felder einzutragen sind.

1. **Gericht** Bei der Auswahl des Gerichts ist auf die gerichtliche Zuständigkeit zu achten.

2. **Parteien und ihre Vertreter** In diesem Feld sind die Parteien und gegebenenfalls ihre Vertreter unter Verwendung der im Formblatt vorgegebenen Codes anzugeben. Das Kästchen [Identifikationsnummer] bezieht sich gegebenenfalls auf die besondere Nummer, über die die Sachwalter in einigen Mitgliedstaaten für Zwecke der elektronischen Kommunikation mit dem Gericht verfügen (vgl. Artikel 7 Absatz 6 Unterabsatz 2 der Verordnung (EG) Nr. 1896/2006), auf die Registrierungsnummer von Unternehmen oder Organisationen oder auf sonstige Identifikationsnummern von natürlichen Personen. Das Kästchen [Sonstige Angaben] kann weitere Informationen enthalten, die der Identifizierung der Person dienen (z.B. Geburtsdatum, Stellung der betreffenden Person in dem jeweiligen Unternehmen oder der jeweiligen Organisation). Sind mehr als vier Parteien und/oder Vertreter beteiligt, verwenden Sie bitte das Feld [11].

3. **Begründung der gerichtlichen Zuständigkeit** Siehe „Wichtiger Hinweis".

4. **Grenzüberschreitende Bezüge der Rechtssache** Damit dieses Europäische Mahnverfahren in Anspruch genommen werden kann, müssen sich mindestens zwei Kästchen in diesem Feld auf unterschiedliche Staaten beziehen.

5. **Bankverbindung (fakultativ)** In Feld [5.1] können Sie dem Gericht die zur Begleichung der Gerichtsgebühren gewünschte Zahlungsart mitteilen. Bitte beachten Sie, dass bei dem befassten Gericht nicht unbedingt alle in diesem Feld aufgeführten Zahlungsarten möglich sind. Vergewissern Sie sich, welche Zahlungsart das Gericht akzeptiert. Sie können sich dazu mit dem betreffenden Gericht in Verbindung setzen oder die Webseite des Europäischen Justiziellen Netzes für Zivil- und Handelssachen konsultieren (http://ec.europa.eu/civiljustice/). Falls Sie per Kreditkarte zahlen oder dem Gericht eine Einzugsermächtigung erteilen wollen, tragen Sie bitte in Anlage 1 zu diesem Formblatt die nötigen Angaben zur Kreditkarten-/Bankkontoverbindung ein.

Bitte geben Sie im Feld [5.2] die erforderlichen Informationen für die Zahlung des geschuldeten Betrags durch den Antragsgegner an. Falls Sie eine Überweisung wünschen, geben Sie bitte die entsprechende Bankverbindung an.

6. **Hauptforderung** Dieses Feld muss anhand der vorgegebenen Codes eine Beschreibung der Hauptforderung und der Umstände, auf denen die Forderung beruht, enthalten. Für jede Forderung ist eine Identifikationsnummer („ID") von 1 bis 4 zu verwenden. Jede Forderung ist in der Zeile neben dem ID-Nummer-Kästchen mit den entsprechenden Codenummern 1, 2 und 3 zu beschreiben. Brauchen Sie mehr Platz, so verwenden Sie bitte das Feld [11]. Das Kästchen [Datum (oder Zeitraum)] bezieht sich beispielsweise auf den Zeitpunkt des Vertragsabschlusses oder des schädigenden Ereignisses oder auf den Zeitraum der Miete/Pacht.

7. **Zinsen** Werden Zinsen gefordert, so ist dies für jede aufgeführte Forderung mit den entsprechenden Codes anzugeben. Der Code muss sowohl die entsprechende Ziffer (erste Reihe der Codes) als auch den entsprechenden Buchstaben (zweite Reihe der Codes) enthalten. Wurde der Zinssatz beispielsweise mit jährlich vertraglich vereinbart, so lautet der Code 02A. Entscheidet das Gericht über die Höhe der Zinsen, so ist das letzte Kästchen [bis] leer zu lassen und der Code 06E anzugeben. Code 01 bezieht sich auf einen gesetzlichen Zinssatz. Code 02 bezieht sich auf einen vertraglichen Zinssatz. Bei Code 03 (Kapitalisierung der Zinsen) bildet der vermerkte Betrag die Grundlage für die restliche Laufzeit. Die Kapitalisierung der Zinsen betrifft den Fall, dass die aufgelaufenen Zinsen der Hauptforderung zugerechnet werden und für die Berechnung der weiteren Zinsen berücksichtigt werden. Beim Geschäftsverkehr im Sinne der Richtlinie 2000/35/EG des Europäischen Parlaments und des Rates (**) ergibt sich der gesetzliche Zinssatz aus der Summe des Zinssatzes, der von der Europäischen Zentralbank auf ihr letztes Hauptrefinanzierungsgeschäft angewendet wurde, das vor dem ersten Kalendertag des betreffenden Halbjahres durchgeführt wurde („Bezugszinssatz"), zuzüglich mindestens sieben Prozentpunkten. Für Mitgliedstaaten, die nicht an der dritten Stufe der Wirtschafts- und Währungsunion teilnehmen, ist der Bezugszinssatz der auf nationaler Ebene (z. B. von ihrer Zentralbank) festgesetzte entsprechende Zinssatz. In beiden Fällen findet der Bezugszinssatz, der am ersten Kalendertag in dem betreffenden Halbjahr in Kraft ist, für die folgenden sechs Monate Anwendung (vgl. Artikel 3 Absatz 1 Buchstabe d der Richtlinie 2000/35/EG). Der „Basissatz der EZB" bezieht sich auf den von der Europäischen Zentralbank für ihre Hauptrefinanzierungsgeschäfte angewandten Zinssatz.

8. **Vertragsstrafe (falls zutreffend)**

9. **Kosten (gegebenenfalls)** Wird eine Erstattung der Kosten gefordert, so sind diese anhand der vorgegebenen Codes zu beschreiben. Das Kästchen [Erläuterungen] ist nur für Code 02 auszufüllen, d. h. wenn eine Erstattung außergerichtlicher Kosten gefordert wird. Diese sonstigen Kosten können z. B. Honorare des Vertreters des Antragstellers oder vorprozessuale Kosten umfassen. Wenn Sie eine Erstattung der Gerichtsgebühren beantragen, aber deren genauen Betrag nicht kennen, tragen Sie in das Kästchen [Code] (01) ein und lassen das Kästchen [Betrag] leer; dieses wird dann vom Gericht ausgefüllt. Die Kosten sind in derselben Währung anzugeben wie die Hauptforderung.

10. **Vorhandene Beweismittel, auf die sich die Forderung stützt** In diesem Feld sind mithilfe der dort vorgegebenen Codes die Beweismittel anzugeben, auf die sich die Forderung stützt. In das Kästchen [Bezeichnung der Beweismittel] sind z. B. der Titel, die Bezeichnung, das Datum und auch das Aktenzeichen des betreffenden Dokuments, der darin angegebene Betrag und/oder der Name des Zeugen oder Sachverständigen einzutragen.

11. **Zusätzliche Erklärungen und weitere Angaben (falls erforderlich)** Sie können dieses Feld verwenden, wenn der Platz bei einem der vorgenannten Felder nicht ausreicht, oder um dem Gericht — falls erforderlich — zusätzliche nützliche Informationen zu geben. Sind beispielsweise mehrere Antragsgegner jeweils für einen Teil der Forderung haftbar, sind hier die Beträge einzutragen, die jeweils von den einzelnen Antragsgegnern geschuldet werden.

Anlage 1 Hier ist die Kreditkarten- oder Bankkontoverbindung anzugeben, falls Sie die Gerichtsgebühren per Kreditkarte zahlen oder dem Gericht eine Einzugsermächtigung erteilen. Bitte beachten Sie, dass bei dem befassten Gericht nicht unbedingt alle in diesem Feld aufgeführten Zahlungsarten möglich sind. Die Angaben in Anlage 1 werden dem Antragsgegner nicht mitgeteilt.

Anlage 2 Hier ist dem Gericht mitzuteilen, wie weiter verfahren werden soll, falls der Antragsgegner Einspruch erhebt und Sie das Verfahren nicht fortsetzen wollen. Bitte verwenden Sie den zutreffenden Code. Eine Option ist die Überleitung des Verfahrens in ein europäisches Verfahren für geringfügige Forderungen (***). Dieses Verfahren ist jedoch nur möglich, wenn Ihre Forderung nicht mehr als 5 000 EUR beträgt. Welche anderen Voraussetzungen für dieses Verfahren noch erfüllt sein müssen, sagt Ihnen das Europäische Justizportal: https://e-justice.europa.eu/content_small_claims-42-en.do Entscheiden Sie sich für dieses Verfahren, geben Sie bitte auch an, wie weiter vorgegangen werden soll, wenn dieses Verfahren nicht anwendbar ist. Kreuzen Sie bitte das zutreffende Kästchen an. Wenn Sie diese Informationen an das Gericht übermitteln, nachdem Sie das Antragsformblatt abgeschickt haben, vergewissern Sie sich bitte, dass Sie das vom Gericht vergebene Aktenzeichen angegeben haben. Die Angaben in Anlage 2 werden dem Antragsgegner nicht mitgeteilt.

(*) Verordnung (EG) Nr. 44/2001 des Rates vom 22. Dezember 2000 über die gerichtliche Zuständigkeit und die Anerkennung und Vollstreckung von Entscheidungen in Zivil- und Handelssachen (ABl. L 12 vom 16.1.2001, S. 1).
(**) Richtlinie 2000/35/EG des Europäischen Parlaments und des Rates vom 29. Juni 2000 zur Bekämpfung von Zahlungsverzug im Geschäftsverkehr (ABl. L 200 vom 8.8.2000, S. 35).
(***) Verordnung (EG) Nr. 861/2007 des Europäischen Parlaments und des Rates vom 11. Juli 2007 zur Einführung eines europäischen Verfahrens für geringfügige Forderungen (ABl. L 199 vom 31.7.2007, S. 1)."

§ 4 Mahnverfahren und Vollstreckungsbescheid

353 Aufforderung zur Vervollständigung und/oder Berichtigung eines Antrags auf Erlass eines Europäischen Zahlungsbefehls (Formblatt B)

Aufforderung zur Vervollständigung und/oder Berichtigung eines Antrags auf Erlass eines Europäischen Zahlungsbefehls
Formblatt B — Artikel 9 Absatz 1 der Verordnung (EG) Nr. 1896/2006 des Europäischen Parlaments und des Rates zur Einführung eines Europäischen Mahnverfahrens

1. Gericht

Gericht				Aktenzeichen		
Anschrift				Ort		Datum (Tag/Monat/Jahr)
PLZ	Ort		Land	Unterschrift und/oder Stempel		

2. Parteien und ihre Vertreter

Codes:
- 01 Antragsteller
- 02 Antragsgegner
- 03 Vertreter des Antragstellers *
- 04 Vertreter des Antragsgegners *
- 05 Gesetzlicher Vertreter des Antragstellers **
- 06 Gesetzlicher Vertreter des Antragsgegners **

Code	Name der Firma oder Organisation		(ggf.) Identifikationsnummer	
	Name		Vorname	
	Anschrift	PLZ	Ort	Land
	Telefon ***	Fax ***	E-Mail ***	
	Beruf ***	Sonstige Angaben ***		

Code	Name der Firma oder Organisation		(ggf.) Identifikationsnummer	
	Name		Vorname	
	Anschrift	PLZ	Ort	Land
	Telefon ***	Fax ***	E-Mail ***	
	Beruf ***	Sonstige Angaben ***		

Code	Name der Firma oder Organisation		(ggf.) Identifikationsnummer	
	Name		Vorname	
	Anschrift	PLZ	Ort	Land
	Telefon ***	Fax ***	E-Mail ***	
	Beruf ***	Sonstige Angaben ***		

C. Muster §4

Code	Name der Firma oder Organisation		(ggf.) Identifikationsnummer	
	Name		Vorname	
	Anschrift	PLZ	Ort	Land
	Telefon ***	Fax ***	E-Mail ***	
	Beruf ***		Sonstige Angaben ***	

* z.B. Rechtsanwalt   ** z.B. Elternteil, Vormund, Geschäftsführer   *** fakultativ

Nachdem Ihr Antrag auf Erlass eines Europäischen Zahlungsbefehls geprüft worden ist, werden Sie gebeten, den beiliegenden Antrag in Bezug auf die nachstehenden Angaben so schnell wie möglich zu vervollständigen und/oder zu berichtigen, spätestens aber bis zum:

/ /

Ihr ursprünglicher Antrag ist in der Sprache oder in einer der Sprachen des befassten Gerichts zu vervollständigen und/oder zu berichtigen.
Bei Nichteinhaltung der vorgenannten Frist für die Vervollständigung und/oder Berichtigung wird der Antrag vom Gericht nach Maßgabe der Verordnung zurückgewiesen.

Ihr Antrag wurde nicht in der richtigen Sprache ausgefüllt. Bitte füllen Sie ihn in einer der folgenden Sprachen aus:

01 Bulgarisch	06 Griechisch	11 Litauisch	16 Portugiesisch	21 Schwedisch
02 Tschechisch	07 Französisch	12 Ungarisch	17 Rumänisch	22 Englisch
03 Deutsch	08 Kroatisch	13 Maltesisch	18 Slowakisch	23 Sonstige (bitte angeben)
04 Estnisch	09 Italienisch	14 Niederländisch	19 Slowenisch	
05 Spanisch	10 Lettisch	15 Polnisch	20 Finnisch	

Sprachcode	Angabe der Sprache (gilt nur für Code 20)

Ihr Antrag ist in folgenden Punkten zu vervollständigen oder zu berichtigen:

Codes:
01 Parteien und ihre Vertreter	04 Bankverbindung	07 Vertragsstrafe	10 Zusätzliche Erklärungen
02 Begründung der gerichtlichen Zuständigkeit	05 Hauptforderung	08 Kosten	11 Unterschrift
03 Grenzüberschreitender Bezug der Streitsache	06 Zinsen	09 Beweismittel	

Code	Erläuterungen
Code	Erläuterungen
Code	Erläuterungen
Code	Erläuterungen
Code	Erläuterungen

Salten

§ 4   Mahnverfahren und Vollstreckungsbescheid

354 Vorschlag an den Antragsteller zur Änderung seines Antrags auf Erlass eines Europäischen Zahlungsbefehls (Formblatt C)

Vorschlag an den Antragsteller zur Änderung seines Antrags auf Erlass eines Europäischen Zahlungsbefehls

Formblatt C — Artikel 10 Absatz 1 der Verordnung (EG) Nr. 1896/2006 des Europäischen Parlaments und des Rates zur Einführung eines Europäischen Mahnverfahrens

1. Gericht

Gericht				Aktenzeichen		
				Ort		Datum (Tag/Monat/Jahr)
Anschrift				Unterschrift und/oder Stempel		
PLZ	Ort		Land			

2. Parteien und ihre Vertreter

Codes:
- 01 Antragsteller
- 02 Antragsgegner
- 03 Vertreter des Antragstellers *
- 04 Vertreter des Antragsgegners *
- 05 Gesetzlicher Vertreter des Antragstellers **
- 06 Gesetzlicher Vertreter des Antragsgegners **

Code	Name der Firma oder Organisation		(ggf.) Identifikationsnummer	
	Name		Vorname	
	Anschrift	PLZ	Ort	Land
	Telefon ***	Fax ***	E-Mail ***	
	Beruf ***		Sonstige Angaben ***	

Code	Name der Firma oder Organisation		(ggf.) Identifikationsnummer	
	Name		Vorname	
	Anschrift	PLZ	Ort	Land
	Telefon ***	Fax ***	E-Mail ***	
	Beruf ***		Sonstige Angaben ***	

Code	Name der Firma oder Organisation		(ggf.) Identifikationsnummer	
	Name		Vorname	
	Anschrift	PLZ	Ort	Land
	Telefon ***	Fax ***	E-Mail ***	
	Beruf ***		Sonstige Angaben ***	

C. Muster §4

Code	Name der Firma oder Organisation		(ggf.) Identifikationsnummer	
	Name		Vorname	
	Anschrift	PLZ	Ort	Land
	Telefon ***	Fax ***	E-Mail ***	
	Beruf **	Sonstige Angaben ***		

* z.B. Rechtsanwalt   ** z.B. Elternteil, Vormund, Geschäftsführer   *** fakultativ

Nach Prüfung Ihres Antrags auf Erlass eines Europäischen Zahlungsbefehls ist das Gericht zu der Auffassung gelangt, dass nur ein Teil der Forderung die erforderlichen Voraussetzungen erfüllt. Daher schlägt das Gericht vor, den Antrag wie folgt zu ändern

Bitte übermitteln Sie dem Gericht Ihre Antwort so schnell wie möglich und spätestens bis zum

/ /

Bei Nichteinhaltung der vorgenannten Frist für die Rücksendung Ihrer Antwort oder bei Ablehnung dieses Vorschlags wird das Gericht Ihren Antrag auf Erlass eines Europäischen Zahlungsbefehls gemäß den in der Verordnung festgelegten Voraussetzungen insgesamt zurückweisen.
Bei Annahme des Vorschlags wird das Gericht den Europäischen Zahlungsbefehl für diesen Teil der Forderung erlassen. Die Möglichkeit, den verbleibenden Teil Ihrer ursprünglichen Forderung, der nicht durch den Europäischen Zahlungsbefehl abgedeckt ist, in weiteren Verfahren zu betreiben, richtet sich nach dem Recht des Mitgliedstaats, dessen Gerichte befasst werden.

Ich nehme den vorgenannten Vorschlag des Gerichts an		Ich lehne den vorgenannten Vorschlag des Gerichts ab	
Name der Firma oder Organisation		Name	Vorname
Ort	Datum (Tag/Monat/Jahr) / /	Unterschrift und/oder Stempel	

§ 4 Mahnverfahren und Vollstreckungsbescheid

355 Europäischer Zahlungsbefehl (Formblatt E)

Europäischer Zahlungsbefehl

Formblatt E — Artikel 12 Absatz 1 der Verordnung (EG) Nr. 1896/2006 des Europäischen Parlaments und des Rates zur Einführung eines Europäischen Mahnverfahrens

---

1. Gericht

Gericht		
Anschrift		
PLZ	Ort	Land

Aktenzeichen		
Ort		Datum (Tag/Monat/Jahr)
Unterschrift und/oder Stempel		

2. Parteien und ihre Vertreter

Codes:
- 01 Antragsteller
- 02 Antragsgegner
- 03 Vertreter des Antragstellers *
- 04 Vertreter des Antragsgegners *
- 05 Gesetzlicher Vertreter des Antragstellers **
- 06 Gesetzlicher Vertreter des Antragsgegners **

Code	Name der Firma oder Organisation	(ggf.) Identifikationsnummer
	Name	Vorname
	Anschrift / PLZ / Ort / Land	
	Telefon *** / Fax *** / E-Mail ***	
	Beruf *** / Sonstige Angaben ***	

Code	Name der Firma oder Organisation	(ggf.) Identifikationsnummer
	Name	Vorname
	Anschrift / PLZ / Ort / Land	
	Telefon *** / Fax *** / E-Mail ***	
	Beruf *** / Sonstige Angaben ***	

Code	Name der Firma oder Organisation	(ggf.) Identifikationsnummer
	Name	Vorname
	Anschrift / PLZ / Ort / Land	
	Telefon *** / Fax *** / E-Mail ***	
	Beruf *** / Sonstige Angaben ***	

C. Muster § 4

Code	Name der Firma oder Organisation		(ggf.) Identifikationsnummer	
	Name		Vorname	
	Anschrift	PLZ	Ort	Land
	Telefon ***	Fax ***	E-Mail ***	
	Beruf ***		Sonstige Angaben ***	

* z.B. Rechtsanwalt   ** z.B. Elternteil, Vormund, Geschäftsführer   *** fakultativ

EUR	Euro	BGN	Bulgarischer Lev	CZK	Tschechische Krone	GBP	Britisches Pfund	HRK	Kroatische Kuna
HUF	Ungarischer Forint	LTL	Litauischer Litas	LVL	Lettischer Lats	PLN	Polnischer Zloty	RON	Rumänischer Leu
SEK	Schwedische Krone								
					Sonstige (gemäß internationalem Bankcode)				

Das Gericht hat diesen Europäischen Zahlungsbefehl nach Artikel 12 der Verordnung (EG) Nr. 1896/2006 auf der Grundlage des beigefügten Antrags erlassen. Mit dieser Entscheidung wird die Begleichung des folgenden Betrags zugunsten des Antragstellers angeordnet:

Antragsgegner 1	Name	Vorname	Name der Firma oder Organisation
	Währung	Betrag	Datum (Tag/Monat/Jahr)
Hauptforderung			
Zinsen (ab ...)			
Vertragsstrafe			
Kosten			
Gesamtbetrag*			
Antragsgegner 2	Name	Vorname	Name der Firma oder Organisation
	Währung	Betrag	Datum (Tag/Monat/Jahr)
Hauptforderung			
Zinsen (ab ...)			
Vertragsstrafe			
Kosten			
Gesamtbetrag*			
☐ Gesamtschuldnerische Haftung			

* Siehe Buchstabe f unter „Wichtige Hinweise für den Antragsgegner"

§ 4 Mahnverfahren und Vollstreckungsbescheid

WICHTIGE HINWEISE FÜR DEN ANTRAGSGEGNER

Wir teilen Ihnen Folgendes mit:

a. Sie haben die Möglichkeit,

　　i. den in diesem Zahlungsbefehl angegebenen Betrag an den Antragsteller zu zahlen oder

　　ii. Einspruch einzulegen, indem Sie innerhalb der unter Buchstabe b vorgesehenen Frist Einspruch bei dem Gericht einlegen, das den Zahlungsbefehl erlassen hat.

b. Der Einspruch muss innerhalb von 30 Tagen, nachdem Ihnen dieser Zahlungsbefehl zugestellt wurde, an das Gericht versandt werden. Die Frist von 30 Tagen beginnt ab dem auf die Zustellung des Zahlungsbefehls folgenden Tag, Samstage, Sonntage und Feiertage eingerechnet. Fällt der letzte Tag einer solchen Frist auf einen Samstag, Sonntag oder Feiertag, so endet die Frist am darauffolgenden Arbeitstag (vgl. Verordnung Nr. 1182/71 (EWG, Euratom) des Rates vom 3. Juni 1971*). Es werden die Feiertage desjenigen Mitgliedstaates zugrunde gelegt, in dem das Gericht seinen Sitz hat.

c. Dieser Zahlungsbefehl wurde ausschließlich auf der Grundlage der Angaben des Antragstellers erlassen. Diese Angaben werden vom Gericht nicht nachgeprüft.

d. Der Zahlungsbefehl wird vollstreckbar, wenn nicht bei dem Gericht innerhalb der unter Buchstabe b vorgesehenen Frist Einspruch eingelegt wird.

e. Im Falle eines Einspruchs wird das Verfahren von den zuständigen Gerichten des Mitgliedstaats, in dem dieser Zahlungsbefehl erlassen wurde, gemäß den Regeln eines ordentlichen Zivilprozesses weitergeführt, es sei denn, der Antragsteller hat ausdrücklich beantragt, das Verfahren in diesem Fall einzustellen.

f. Es können nach einzelstaatlichem Recht bis zur Vollstreckung dieses Zahlungsbefehls Zinsen anfallen. In diesem Fall erhöht sich der zu zahlende Gesamtbetrag.

* ABl. L 124 vom 8.6.1971, S. 1 (de, fr, it, nl)
Englische Sonderausgabe: Reihe I Kapitel 1971(II) S. 354
Griechische Sonderausgabe: Kapitel 01 Band 1 S. 131
Portugiesische und spanische Sonderausgaben: Kapitel 01 Band 1, S. 149.
Finnische und schwedische Sonderausgabe: Kapitel 1 Band 1, S. 71
Tschechische, estnische, ungarische, lettische, litauische, maltesische, polnische, slowakische und slowenische Sonderausgaben: Kapitel 01 Band 1, S. 51.
Bulgarische und rumänische Sonderausgaben: Kapitel 01 Band 01, S. 16

Einspruch gegen einen Europäischen Zahlungsbefehl (Formblatt F)

Einspruch gegen einen Europäischen Zahlungsbefehl
Formblatt F

Artikel 16 Absatz 1 der Verordnung (EG) Nr. 1896/2006 des Europäischen Parlaments und des Rates zur Einführung eines Europäischen Mahnverfahrens

1. Gericht
- Gericht
- Anschrift
- PLZ | Ort | Land

Aktenzeichen (vom Gericht auszufüllen)
Eingang beim Gericht (Tag/Monat/Jahr) / /
Unterschrift und/oder Stempel

2. Parteien und ihre Vertreter

Codes:
- 01 Antragsteller
- 02 Antragsgegner
- 03 Vertreter des Antragstellers *
- 04 Vertreter des Antragsgegners *
- 05 Gesetzlicher Vertreter des Antragstellers **
- 06 Gesetzlicher Vertreter des Antragsgegners **

| Code | Name der Firma oder Organisation | (ggf.) Identifikationsnummer |

Name | Vorname
Anschrift | PLZ | Ort | Land
Telefon *** | Fax *** | E-Mail ***
Beruf *** | Sonstige Angaben ***

| Code | Name der Firma oder Organisation | (ggf.) Identifikationsnummer |

Name | Vorname
Anschrift | PLZ | Ort | Land
Telefon *** | Fax *** | E-Mail ***
Beruf *** | Sonstige Angaben ***

| Code | Name der Firma oder Organisation | (ggf.) Identifikationsnummer |

Name | Vorname
Anschrift | PLZ | Ort | Land
Telefon *** | Fax *** | E-Mail ***
Beruf *** | Sonstige Angaben ***

§ 4 Mahnverfahren und Vollstreckungsbescheid

Code	Name der Firma oder Organisation		(ggf.) Identifikationsnummer	
	Name		Vorname	
	Anschrift	PLZ	Ort	Land
	Telefon ***	Fax ***	E-Mail ***	
	Beruf ***	Sonstige Angaben ***		

* z.B. Rechtsanwalt   ** z.B. Elternteil, Vormund, Geschäftsführer   *** fakultativ

Hiermit lege ich Einspruch ein gegen den Europäischen Zahlungsbefehl vom

/ /

Name der Firma oder Organisation	Name	Vorname
Ort	Datum (Tag/Monat/Jahr)	Unterschrift und/oder Stempel

504   *Salten*

C. Muster § 4

Vollstreckbarerklärung eines Europäischen Zahlungsbefehls (Formblatt G) 357

Vollstreckbarerklärung

Formblatt G — Artikel 18 Absatz 1 der Verordnung (EG) Nr. 1896/2006 des Europäischen Parlaments und des Rates zur Einführung eines Europäischen Mahnverfahrens

1. Gericht

Gericht	Aktenzeichen	
	Ort	Datum (Tag/Monat/Jahr)
Anschrift	Unterschrift und/oder Stempel	
PLZ	Ort	Land

2. Parteien und ihre Vertreter

Codes:
- 01 Antragsteller
- 02 Antragsgegner
- 03 Vertreter des Antragstellers *
- 04 Vertreter des Antragsgegners *
- 05 Gesetzlicher Vertreter des Antragstellers **
- 06 Gesetzlicher Vertreter des Antragsgegners **

Code	Name der Firma oder Organisation	(ggf.) Identifikationsnummer
	Name / Vorname	
	Anschrift / PLZ / Ort / Land	
	Telefon *** / Fax *** / E-Mail ***	
	Beruf *** / Sonstige Angaben ***	

Code	Name der Firma oder Organisation	(ggf.) Identifikationsnummer
	Name / Vorname	
	Anschrift / PLZ / Ort / Land	
	Telefon *** / Fax *** / E-Mail ***	
	Beruf *** / Sonstige Angaben ***	

Code	Name der Firma oder Organisation	(ggf.) Identifikationsnummer
	Name / Vorname	
	Anschrift / PLZ / Ort / Land	
	Telefon *** / Fax *** / E-Mail ***	
	Beruf *** / Sonstige Angaben ***	

§ 4 Mahnverfahren und Vollstreckungsbescheid

Code	Name der Firma oder Organisation	(ggf.) Identifikationsnummer	
	Name	Vorname	
	Anschrift	PLZ	Ort	Land
	Telefon ***	Fax ***	E-Mail ***	
	Beruf ***	Sonstige Angaben ***		

* z.B. Rechtsanwalt   ** z.B. Elternteil, Vormund, Geschäftsführer   *** fakultativ

Hiermit erklärt das Gericht, dass der beigefügte Europäische Zahlungsbefehl der ausgestellt wurde am

/ /

gegen

und zugestellt wurde am

/ /

gemäß Artikel 18 der Verordnung (EG) Nr. 1896 /2006 vollstreckbar ist.

Wichtiger Hinweis

Dieser Europäische Zahlungsbefehl ist in allen Mitgliedstaaten der Europäischen Union, mit Ausnahme Dänemarks, von Rechts wegen vollstreckbar, ohne dass es einer weiteren Vollstreckbarerklärung im Vollstreckungsmitgliedstaat bedarf und ohne dass seine Anerkennung angefochten werden kann. Sofern in der Verordnung nichts anderes vorgesehen ist, unterliegen die Vollstreckungsverfahren dem Recht des Vollstreckungsmitgliedstaats.

§ 5 Klageerhebung

Herbert Krumscheid

Inhalt

	Rdn
A. Einleitung	1
B. Rechtliche Grundlagen	8
I. Schriftformerfordernis	9
II. Vorliegen von Prozessvoraussetzungen	29
C. Notwendiger Inhalt der Klageschrift	32
I. Bezeichnung des angerufenen Gerichts	32
II. Angabe der Parteien	46
1. Parteifähigkeit	53
a) Natürliche Personen	55
b) Juristische Personen des Privatrechts	59
c) Vereine	64
d) Juristische Personen des öffentlichen Rechts	66
e) Personengesellschaften/GbR	68
f) Politische Parteien und Verbände	72
g) Gemeinschaften	73
h) Partei kraft Amtes	75
2. Prozessfähigkeit	78
3. Prozessführungsbefugnis	85
a) Gesetzliche Prozessstandschaft	88
b) Gewillkürte Prozessstandschaft	90
4. Ordnungsgemäße Vertretung	94
5. Angabe des Prozessbevollmächtigten des Beklagten	102
6. Streitgenossenschaft	103
III. Bestimmte Angabe des Gegenstandes und des Grundes des erhobenen Anspruchs	116
IV. Bestimmte Anträge	123
1. Leistungsklage	127
2. Feststellungsklage	128
3. Gestaltungsklage	130
V. Einzelne Anträge	134
1. Zahlungsantrag	134
2. Unbezifferter Zahlungsantrag	141
3. Antrag auf Leistung Zug-um-Zug	147
4. Sonstige Leistungsanträge	151
5. Fristbestimmung im Urteil	154
6. Klage auf künftige Leistung	159
7. Teilklage	162
8. Stufenklage	167
9. Haupt- und Hilfsanträge	172
10. Feststellungsantrag	174
11. Besondere Klageart: Urkunden-, Wechsel- und Scheckprozess	186
VI. Anträge zu Nebenforderungen und sonstige prozessuale Anträge	190
1. Zinsantrag	190
2. Anwaltsgebühren für außergerichtliche Anwaltstätigkeit	201
3. Kostenantrag	208
4. Anträge zur vorläufigen Vollstreckbarkeit und Vollstreckungsschutzanträge	209
5. Anträge auf Anerkenntnis- bzw. Versäumnisurteil im schriftlichen Vorverfahren	214
6. Weitere Anträge	217
VII. Eventueller Inhalt einer Klageschrift	218
1. Angabe des Wertes des Streitgegenstandes	218
2. Äußerung zur Übertragung der Sache auf den Einzelrichter	222
a) Die originäre Zuständigkeit des Einzelrichters	225

§ 5 Klageerhebung

- b) Die originäre Zuständigkeit der Kammer ... 233
- c) Die wesentliche Änderung der Prozesslage ... 237
3. Hinweise zur Durchführung der außergerichtlichen Streitschlichtung gem. § 15a EGZPO ... 240
4. Anregung auf Absehen von der Güteverhandlung ... 248
5. Gerichtskostenvorschuss ... 255
6. Erforderliche Anzahl von Abschriften ... 261

VIII. Klageerweiterung, Klageänderung, Parteiänderung ... 262
1. Klageerweiterung ... 263
2. Klageermäßigung ... 267
3. Klageänderung ... 268
4. Parteiwechsel und Parteierweiterung ... 276
   - a) Parteiwechsel auf Klägerseite ... 280
   - b) Parteiwechsel auf Beklagtenseite ... 284
   - c) Parteierweiterung ... 288

D. Muster ... 290
- I. Muster: Gerichtsstandsvereinbarung (für den Einzelfall) ... 290
- II. Muster: Formularklausel Gerichtsstandsvereinbarung in Verkaufs- oder Lieferbedingungen ... 291
- III. Muster: Antrag auf gerichtliche Bestimmung der Zuständigkeit ... 292
- IV. Muster: Abwandlungen des Parteirubrums, insbesondere bei juristischen Personen ... 293
  1. Gesellschaft bürgerlichen Rechts ... 293
  2. Klage für eine GbR ... 295
  3. Klage gegen eine OHG ... 296
  4. Klage gegen eine KG ... 297
  5. Klage gegen eine GmbH ... 298
  6. Klage gegen eine GmbH & Co. KG ... 299
  7. Klage gegen eine AG ... 300
  8. Klagen eines Aktionärs gem. §§ 246, 249 AktG ... 301
  9. Klage gegen einen Verein ... 302
  10. Klage gegen eine Partnerschaftsgesellschaft ... 303
  11. Klage gegen eine Wohnungseigentümergemeinschaft ... 304
  12. Klage eines minderjährigen Kindes ... 305
- V. Muster: Antrag auf Registerauskunft (Handelsregister oder Grundbuch) ... 306
- VI. Muster: Antrag auf Erzwingung der Vorlage von Jahresabschlüssen ... 307
- VII. Muster: Antrag auf Einleitung des Betreuungsverfahrens ... 308
- VIII. Muster: Antrag auf Bestellung eines Prozesspflegers ... 309
- IX. Muster: Klage in Prozessstandschaft ... 310
- X. Muster: Leistungsklage mit beziffertem Zahlungsantrag ... 311
- XI. Muster: Abwandlungen des Zinsantrages in Muster X ... 312
  1. Zinsstaffel ... 312
  2. Zinsstaffelantrag bei erfolgter Teilzahlung ... 313
  3. Zahlungsantrag mit Begründung für Zinssatz gem. § 288 Abs. 2 BGB ... 314
- XII. Muster: Leistungsklage mit unbeziffertem Antrag ... 315
- XIII. Muster: Leistungsklage bei Zug-um-Zug-Leistung ... 316
- XIV. Muster: Leistungsklage auf Vornahme einer Handlung ... 317
- XV. Muster: Klage auf Vornahme einer Handlung (bei Wahlrecht des Schuldners) ... 318
- XVI. Muster: Klage auf Unterlassung ... 319
- XVII. Muster: Klage auf Herausgabe (verbunden mit Antrag auf Fristsetzung gem. § 255 ZPO und Klage auf Leistung von zukünftigem Schadensersatz gem. § 259 ZPO) ... 320
- XVIII. Muster: Klage auf Räumung ... 321

XIX. Muster: Klage auf Abgabe einer Willenserklärung 322
XX. Muster: Klage auf Duldung 323
XXI. Muster: Klage auf künftige Leistung 324
XXII. Muster: Teilklage 325
XXIII. Muster: Stufenklage 326
XXIV. Muster: Haupt- und Hilfsantrag 327
XXV. Muster: Positive Feststellungsklage 328
XXVI. Muster: Negative Feststellungsklage 329
XXVII. Muster: Zwischenfeststellungsklage 330
XXVIII. Muster: Klage im Urkundenprozess 331
XXIX. Muster: Klage im Wechselprozess 332
XXX. Muster: Antrag auf vorläufige Streitwertbestimmung 333
XXXI. Muster: Äußerung zur Übertragung des Rechtsstreites auf den Einzelrichter (Textbausteine) 334
1. Anregung der Übertragung des Rechtsstreites auf die Kammer 334
2. Einverständnis mit Übertragung auf den Einzelrichter 335
XXXII. Muster: Anregung zum Absehen von der Güteverhandlung (Textbaustein) ... 336
XXXIII. Muster: Anregung, vom persönlichen Erscheinen zu entbinden (Textbaustein) 337
XXXIV. Muster: Klageerweiterung .. 338
XXXV. Muster: Klageänderung 339
XXXVI. Muster: Parteiänderung (Auswechselung auf Beklagtenseite) 340

Literatur

Baumbach/Hueck, GmbH-Gesetz, 21. Aufl. 2017; *Dauner-Lieb/Heidel/Lepa/Ring*, AnwaltKommentar Schuldrecht, 2. Aufl. 2016; *Deckenbrock/Jordans*, Novellierung des § 15a EGZPO, MDR 2006, 421; *Foerste*, Die Güteverhandlung im zukünftigen Zivilprozess, NJW 2001, 3103; *Friedrich*, Aktuelle Entscheidungen zu § 15a EGZPO, NJW 2002, 3223; *Goebel* (Hrsg.), AnwaltFormulare Zwangsvollstreckungsrecht, 5. Aufl. 2016; *Gottwald*, ZPO-Lexikon, 2004; *Hacks/Wellner/Hecker*, Schmerzensgeld-Beträge 2018, 36. Aufl. 2018; *Hansen*, Drei berichtigende Absätze des Gesetzgebers zur Gebührenanrechnung, AnwBl 2009, 535; *Hansens*, Der Spuk ist vorbei: Die Neuregelung der Gebührenanrechnung in §§ 15a, 55 Abs. 5 RVG, zfs 2009, 428; *Heidel*, Aktienrecht, und Kapitalmarktrecht, 4. Aufl. 2014; *Heidel/Pauly/Amend*, AnwaltFormulare, 9. Aufl. 2018; *Hörstel*, Wird die „actio pro socio" unzulässig, sobald ein Gesellschafter aus der BGB-Gesellschaft ausscheidet?, NJW 1995, 1271, *Müller-Rabe*, § 15a RVG, NJW 2009, 2913; *Musielak/Voit*, Kommentar zur Zivilprozessordnung, 14. Aufl. 2017; *Roth*, Höchstrichterliche Rechtsprechung zum Zivilprozessrecht – Teil 1 und 2, JZ 2009, 194, 237; *Ruess*, Anwaltsvergütung – Die Geltendmachung vorgerichtlicher Rechtsverfolgungskosten als Nebenforderungen, MDR 2005, 313; *Schmidt, Karsten*, Die BGB-Außengesellschaft: rechts- und parteifähig, NJW 2001, 993, 1001; *Schneider/Wolf*, AnwaltKommentar, Rechtsanwaltsvergütungsgesetz, 8. Aufl. 2016; *Scholz*, Kommentar zum GmbH-Recht, Bd. II, 11. Aufl. 2014; *Wassermann*, Zur Anatomie des rechtlichen Gehörs oder: Zwischen Labyrinth, Paukenhöhle und Schneckengang, in: Das wahre Verfassungsrecht, Gedächtnisschrift für F.G. Nagelmann, 1984.

§ 5 Klageerhebung

A. Einleitung

1 Wenn die Bemühungen um eine außergerichtliche Durchsetzung der Ziele des Mandanten gescheitert sind oder von vornherein aussichtslos erscheinen, sind prozessuale Maßnahmen zu ergreifen, um eine gerichtliche Entscheidung herbeizuführen. In der Regel wird dann Klage zu erheben sein. Auch in den Fällen, in denen ein Mahnbescheid beantragt wird, muss der Antragsteller nach Übergang in das Streitverfahren seinen Anspruch in einer der Klageschrift entsprechenden Form begründen.

2 Infolge des ZPO-Reformgesetzes kann neuer Sachvortrag in der zweiten Instanz nur noch eingeschränkt vorgebracht werden.[1] Mithin erfordert die Vorbereitung einer Klageschrift sowohl in rechtlicher als auch tatsächlicher Hinsicht bereits im Vorfeld eine sorgfältige Aufarbeitung des Sachverhaltes.

3 Da der Anwalt die rechtliche Verpflichtung hat, seinen Mandanten umfassend und erschöpfend zu beraten,[2] den für ihn sichersten Weg zu wählen[3] und die im Rahmen der Prozessführung notwendigen Maßnahmen zu treffen, muss er im Vorfeld bereits prüfen, wie er das vom Mandanten verfolgte Rechtsschutzziel am besten erreichen kann. Er muss hierbei die ihm erteilten Informationen in tatsächlicher und rechtlicher Hinsicht daraufhin prüfen, ob der ihm unterbreitete Sachverhalt tatsächlich geeignet ist, die gewünschte Rechtsfolge auszulösen.[4] Dabei hat er auch die Darlegungs- und Beweislast zu berücksichtigen.

4 Grundsätzlich darf der Anwalt den Angaben seines Mandanten vertrauen.[5] Sind diese lückenhaft oder oberflächlich, muss er – abhängig von dessen Erfahrungen und Vorkenntnissen – auf Vervollständigung drängen.[6] Werden ihm Rechtstatsachen mitgeteilt, muss er die zugrunde liegenden Tatsachen ermitteln.[7] Er muss klären, ob und welche Beweismittel der Partei zur Verfügung stehen. Der Anwalt hat die ihm übergebenen Unterlagen auf Vollständigkeit und Widersprüchlichkeit zu prüfen. Gegebenenfalls wird der Anwalt durch Einsicht in das Register (Handelsregister, Grundbuch u.Ä.) oder Einholung amtlicher Auskünfte den Sachverhalt erst aufhellen müssen. In Fällen, in denen keine Beweismittel zur Verfügung stehen, hat der Anwalt auch darüber zu beraten, wie solche Beweisschwierigkeiten gegebenenfalls überbrückt werden können, z.B. ist hier an die Abtretung der verfolgten Forderung zu denken, um die Vernehmung der Partei als Zeugen zu ermöglichen.

5 Wenn mehrere prozessuale Möglichkeiten der Geltendmachung der Klageforderung bestehen (z.B. Mahnbescheid oder sofortige Klage im Urkundenprozess), wird je nach

---

1 Vgl. § 529 ZPO.
2 Vgl. BGH NJW 1988, 566; 1991, 2029; NJW-RR 2008, 1235 f.
3 Vgl. BGH NJW 1981, 2742; 1988, 487; 2015, 3519.
4 Zusammenfassend zu den Pflichten des Anwalts: Palandt/*Grüneberg*, § 280 Rn 66 ff.; vgl. auch Heidel/Pauly/Amend/*Ramm*, § 22 Rn 22 ff.
5 Vgl. BGH NJW 1994, 2293.
6 Vgl. BGH NJW 1982, 437.
7 Vgl. BGH NJW 1994, 2299; 1996, 2971.

Einzelfall darüber zu entscheiden sein, welcher prozessuale Weg eingeschlagen werden soll, um dem Mandanten auf möglichst effektive Weise zur Durchsetzung des verfolgten Rechtsschutzzieles zu verhelfen.

Der Rechtsanwalt muss dabei die Erfolgsaussichten der beabsichtigten Rechtsverfolgung sorgfältig prüfen und den Mandanten über das Bestehen von Prozessrisiken – insbesondere Zweitrisiken[8] – informieren. Ist im hohen Maße wahrscheinlich oder sicher, dass die Klage keine Aussicht auf Erfolg hat, muss der Anwalt hierauf nachdrücklich hinweisen.[9]   6

Grundsätzlich gilt dies auch bei rechtsschutzversicherten Mandanten,[10] wenn auch der Mandant bei geringerem Kostenrisiko eher geneigt sein wird, den Rechtsstreit trotz verminderter Erfolgsaussichten durchzuführen. Wenn sich Anhaltspunkte dafür ergeben, ist auch auf die Möglichkeit der Beantragung von Prozesskostenhilfe hinzuweisen (vgl. hierzu § 3 Rdn 1 ff.).   7

B. Rechtliche Grundlagen

Mit der Erhebung der Klage leitet der Kläger ein kontradiktorisches Verfahren ein, das zu einer die Parteien bindenden Entscheidung des Gerichts führen soll. Sie begründet ein prozessuales Rechtsverhältnis zwischen den Parteien. Durch die Klageschrift wird auch der Gegenstand des Rechtsstreites zwischen den Parteien bestimmt, so dass dieser Gegenstand für die gerichtliche Entscheidung maßgeblich ist[11] und bei keinem anderen Gericht mehr anhängig gemacht werden kann.[12] Darüber hinaus hat die Klageerhebung auch materiell-rechtliche Auswirkungen, wie z.B. die Hemmung von Verjährung[13] und Ausschlussfristen,[14] Herausgabe- und Ersatzpflichten[15] sowie Haftungsverschärfungen für den Schuldner[16] und Unterbrechung der Ersitzung.[17]   8

I. Schriftformerfordernis

Grundsätzlich erfolgt die Klageerhebung durch Einreichung einer Klageschrift bei dem angerufenen Gericht. Lediglich vor dem Amtsgericht ist gem. § 496 ZPO auch die Erhebung der Klage mündlich zu Protokoll der Geschäftsstelle zulässig.[18] In diesen Fällen ist dann das Protokoll anstelle der Klageschrift zuzustellen.   9

---

8 OLG Frankfurt/M. VersR 1980, 289.
9 BGH NJW 1997, 397, 2168.
10 OLG Köln NJW-RR 1994, 956.
11 Vgl. § 308 ZPO.
12 Vgl. § 261 Abs. 3 Nr. 1 ZPO.
13 Vgl. § 204 BGB.
14 Wie z.B. §§ 561 Abs. 2 S. 2, 864 Abs. 1, 1002 Abs. 1 und 1613 Abs. 2 S. 2 BGB; § 12 Abs. 3 VVG.
15 Wie z.B. §§ 291 f., 818 Abs. 4, 997, 989, 991 Abs. 1, 994 Abs. 2, 1316 Abs. 1 und 2023 BGB.
16 Vgl. §§ 818 Abs. 4, 897, 889 BGB.
17 Vgl. § 939 BGB.
18 Gem. § 42 ArbGG gelten die Vorschriften über das Verfahren vor dem Amtsgericht sowie für Urteilsverfahren erster Instanz vor den Arbeitsgerichten, so dass auch hier die Klageerhebung zu Protokoll der Geschäftsstelle möglich ist.

§ 5 Klageerhebung

10 Als bestimmender Schriftsatz bedarf die Klage grundsätzlich einer **eigenhändigen Unterschrift**,[19] die wenigstens individuelle Züge aufweisen muss. Bei Behörden und öffentlich-rechtlichen Körperschaften reicht der maschinengeschriebene Name des Verfassers mit einem Beglaubigungsvermerk.[20] Die Klage ist vom Kläger bzw. dessen gesetzlichem Vertreter oder dessen Prozessbevollmächtigten zu unterzeichnen. In den Fällen, in denen Anwaltszwang besteht (vgl. § 78 ZPO), muss die Klage durch einen beim angerufenen Gericht postulationsfähigen Anwalt unterzeichnet sein. Die Unterschrift muss grundsätzlich im Original auf dem beim Gericht eingereichten[21] Schriftsatz unter dem Schluss des Textes angebracht sein, um Zweifel an der Urheberschaft des Schriftsatzes auszuschließen.[22]

11 Grundsätzlich macht eine fehlende Unterschrift die Klage unwirksam und führt nicht zu den prozessualen und materiellen Wirkungen der Klageschrift, wie z.B. derjenigen der Hemmung der Verjährung.[23] In Einzelfällen hat jedoch die Rechtsprechung es auch trotz einer nicht unterzeichneten Klageschrift als ordnungsgemäß angesehen, wenn sich aus sonstigen Umständen die Urheberschaft des Schriftsatzes und der Wille der Klageerhebung ergeben; so wenn ein Kläger eine nicht unterzeichnete Klage samt Begleitschreiben persönlich eingereicht hat, oder wenn ein Anwalt zusammen mit einer nicht unterzeichneten Klage Abschriften mit Beglaubigungsvermerk oder eine zweite Urschrift einreicht, die unterzeichnet war, ihm aber zurückgegeben wurde.[24] Mängel der Unterschrift sind nur für die Zukunft behebbar durch Nachholung, Genehmigung durch einen postulationsfähigen Anwalt oder durch Heilung, wie z.B. rügeloses Einlassen.[25] Lediglich in Fällen einer Klage nach § 4 KSchG wird eine rückwirkende Heilung angenommen.[26]

12 Im Zuge des technischen Fortschritts im Fernmeldeverkehr verzichtet die Rechtsprechung bei fernmeldetechnischer Übermittlung auf das Erfordernis einer Original-Unterschrift auf dem eingereichten Schriftsatz, wenn aus dem bestimmenden Schriftsatz allein oder in Verbindung mit den ihn begleitenden Umständen die Urheberschaft des Schriftsatzes und der Wille, diesen in den Verkehr zu bringen, hinreichend sicher gestellt ist. So hat die Rechtsprechung die Übermittlung fristwahrender Schriftsätze mittels **Telegramm, Fernschreiben oder Telefax** genügen lassen, da hierbei durch die maschinenschriftliche Wiedergabe, bzw. beim Telefax durch die Wiedergabe des Schriftbildes der Unterschrift der Urheber und der Wille, das Schreiben in den Verkehr zu bringen, in ausreichender Weise erkennbar sind.[27] Für die Rechtzeitigkeit des Einganges eines

---

[19] Vgl. Zöller/*Greger*, § 253 ZPO Rn 5 und § 130 ZPO Rn 7 ff. sowie Musielak/Voit/*Foerste*, ZPO § 253 Rn 8.
[20] Vgl. GmS-OGB 30.4.1979 = NJW 1980, 172.
[21] Vgl. zur Frage des Einganges eines Schriftsatzes bei Gericht auch *Wassermann*, Gedächtnisschrift für F.G. Nagelmann.
[22] Vgl. BGH NJW 1981, 487.
[23] BGHZ 92, 251 ff. = NJW 1985, 328; OLG Braunschweig MDR 1957, 425, 426.
[24] BVerfGE 15, 288, 291 = NJW 1963, 755; BAGE 28, 1 = NJW 1976, 1285; BGHZ 92, 251 = NJW 1985, 328.
[25] BGHZ 90, 249 = NJW 1984, 1559; BGHZ 92, 251 = NJW 1985, 328; BGHZ 111, 339 = NJW 1990, 3085.
[26] BAG MDR 1986, 1053.
[27] Vgl. Zöller/*Greger*, § 130 ZPO Rn 18.

Telefax kommt es hierbei auf den Zeitpunkt des Empfanges und nicht auf den Zeitpunkt des Ausdruckes an.[28]

Bei Übermittlung einer Klageschrift per Telefax mit dem Hintergrund der Fristwahrung muss das Telefax einschließlich der Wiedergabe der Unterschrift daher rechtzeitig beim Gericht eingehen.[29]   13

Bei Übermittlung eines Schriftsatzes durch Btx (jetzt: T-Online) hat das Bundesverwaltungsgericht es als ausreichend angesehen, dass der Inhalt der Mitteilung und die Codenummer des Absenders eine Absendung durch Dritte oder aus Versehen als ausgeschlossen erscheinen lassen.[30] Mit Beschl. v. 15.10.1996 hat das Bundessozialgericht die Übermittlung einer Berufungsschrift aus einem Computer über ein Fax-Modem direkt und ohne eigenhändige Unterschrift als ausreichend angesehen, wenn der Urheber klar erkennbar ist und sich aus dem übermittelten Fax ergibt, dass es sich um ein Computerfax handelt, das anerkanntermaßen auch ohne Unterschrift gültig ist.[31]   14

Auch hat der Gemeinsame Senat der obersten Gerichtshöfe des Bundes entschieden, dass in Prozessen mit Vertretungszwang bestimmende Schriftsätze formwirksam durch elektronische Übertragung einer Textdatei mit eingescannter Unterschrift auf ein Faxgerät des Gerichts übermittelt werden können (sog. Computerfax).[32]   15

Besondere Anforderungen stellt § 130a ZPO[33] an Schriftsätze, die als elektronisches Dokument eingereicht werden. Der Absender muss diese entweder mit einer „qualifizierten elektronischen Signatur" gemäß Art. 3 Nr. 12 eIDAS-VO versehen, oder signiert auf einem sicheren Übermittlungsweg einreichen. Als solch sicheren Übermittlungsweg bezeichnet § 130a Abs. 4 ZPO u.a. das in § 31a BRAO geregelte besondere elektronische Anwaltspostfach (kurz beA). Ein solches richtet die Bundesrechtsanwaltskammer für jedes im Gesamtverzeichnis eingetragene Mitglied einer Rechtsanwaltskammer ein. Das Mitglied muss die für die Nutzung erforderlichen technischen Einrichtungen vorhalten und Zustellungen und den Zugang von Mitteilungen zur Kenntnis nehmen.[34]   16

Nachdem der Softwareentwickler Sicherheitsbedenken weitgehend ausgeräumt hat, wurde das beA nunmehr am 3.9.2018 wieder freigeschaltet. Es besteht aber bisher nur eine passive Nutzungspflicht; ab dem 1.1.2022 gilt auch eine aktive Nutzungsplicht.

---

28 Vgl. BGHZ 167, 214 = NJW 2006, 2263.
29 BGH NJW 1994, 2097; 2001, 1581; Ein Schriftstück geht bei Gericht ein, wenn es Gewahrsam daran erlangt, dazu zuletzt BGH, Beschluss vom 6.6.2018 – IV ZB 10/17: Ls.: „Eine Berufung kann rechtzeitig eingelegt sein, wenn die Berufungsschrift vor Fristablauf an einem Telefaxgerät der Referendarabteilung des Berufungsgericht eingeht." Offen gelassen für den Fall, dass das Gericht den Zugang fristwahrender Schriftsätze unter der verwendeten Faxnummer ausdrücklich ausgeschlossen oder einen anderen Faxanschluss als für solche Eingänge allein bestimmt bezeichnet hat.
30 Vgl. BVerwG NJW 1995, 2121 sowie BFH DB 1995, 557.
31 Vgl. BSG v. 15.10.1996 – 14 BEg 9/96; EWiR 1997, 235 = NJW 1997, 1254.
32 GmS-O GB, 5.4.2000; NJW 2000, 2340; vgl. für den Fall einer Berufung auch BGH NJW 2005, 2086.
33 § 130a neu gefasst m.W.v. 1.1.2018 durch Gesetz vom 10.10.2013, BGBl I S. 3786.
34 Der BGH hat zwei Anträge auf Zulassung der Berufung abgelehnt. Mit dem ersten versuchte ein Rechtsanwalt, die Einführung des beA zu verhindern, da die Nutzungspflicht ihn in seinen Grundrechten verletze (Beschluss v. 28.6.2018 – AnwZ (Brfg) 5/18). Mit dem zweiten wollte ein Rechtsanwalt die Umlage der Einrichtungskosten abwenden (Beschluss v. 25.6.2018 – AnwZ (Brfg) 23/18).

Ab diesem Zeitpunkt müssen vorbereitende Schriftsätze als elektronisches Dokument eingereicht werden. In der Zwischenzeit ist bei der Einreichung von Schriftsätzen jeweils zu prüfen, ob das betreffende Gericht schon am elektronischen Rechtsverkehr teilnimmt.

17 Auf elektronischem Weg eingereichte Dokumente müssen gemäß § 130a Abs. 2 S. 1 ZPO für die Bearbeitung durch das Gericht geeignet sein. Dazu müssen sie den technischen Rahmenbedingungen genügen, die nunmehr bundeseinheitlich durch Rechtsverordnung der Bundesregierung mit Zustimmung des Bundesrates geregelt werden. Diese finden sich in Kap. 2 der Elektronischer-Rechtsverkehr-VO (ERVV) v. 24.11.2017 (BGBl I 3803) und den auf ihrer Grundlage erfolgenden Bekanntmachungen im Bundesanzeiger und auf der Internetseite www.justiz.de.

18 Während des laufenden Prozesses ist die Klageerhebung (z.B. durch die Anbringung eines neuen Antrages) entweder durch Geltendmachung in der mündlichen Verhandlung oder Einreichung eines Schriftsatzes, der den Erfordernissen einer Klageschrift entspricht, möglich.

19 § 253 ZPO regelt die grundsätzlichen Förmlichkeiten einer Klageschrift. § 253 Abs. 2 ZPO enthält dabei eine Aufzählung von Erfordernissen, die eine Klageschrift enthalten muss. Das Fehlen dieser Erfordernisse macht die Klage unzulässig. Des Weiteren soll die Klage gem. § 253 Abs. 3 ZPO noch weitere (siehe Rdn 21 ff.) Angaben enthalten. Darüber hinaus gelten die allgemeinen Vorschriften über vorbereitende Schriftsätze, § 253 Abs. 4 ZPO. Hier ist insbesondere auf § 130 ZPO zu verweisen, der entgegen dem „Soll-Wortlaut" eine Mussvorschrift darstellt.[35]

20 Die Klageschrift **muss** enthalten die Bezeichnung der Parteien und des Gerichts sowie die bestimmte Angabe des Gegenstandes und des Grundes des erhobenen Anspruches sowie einen bestimmten Antrag. Ferner **soll** die Klageschrift Angaben über den Wert des Streitgegenstandes enthalten, wenn hiervon die Zuständigkeit des Gerichts abhängt und der Streitgegenstand nicht in einer bestimmten Geldsumme besteht sowie eine Äußerung dazu, ob einer Entscheidung der Sache durch den Einzelrichter Gründe entgegenstehen. Ergänzend sollen die Beweismittel, derer sich eine Partei zum Nachweis ihrer tatsächlichen Behauptungen oder zur Widerlegung der tatsächlichen Behauptungen des Gegners bedienen will, angegeben werden. Diese Angaben sind aber nicht zwingend; sie stellen vielmehr lediglich eine Ordnungsmaßnahme dar.

21 Gem. § 12 Abs. 1 GKG soll die Klage erst zugestellt werden, wenn der erforderliche Gebührenvorschuss eingezahlt ist. Demnach ist es förderlich, wenn die Klageschrift auch einen Hinweis über die Einzahlung des Gerichtskostenvorschusses oder eine Befreiungsmöglichkeit für die Partei enthält, um Verzögerungen bei der Zustellung der Klageschrift zu vermeiden.

---

35 Vgl. BVerfG NJW 1993, 1319.

Checkliste Inhalt einer Klageschrift

Notwendiger Inhalt:
- Bezeichnung der Parteien und ihrer gesetzlichen Vertreter, mit Namen und zustellungsfähiger Anschrift
- Bezeichnung des angerufenen Gerichts
- Bestimmter Klageantrag
- Bestimmte Angaben des Gegenstandes und des Grundes des erhobenen Anspruches mit einer Angabe der zur Begründung dienenden Tatsachen (materielle Klagebegründung)

Schriftformerfordernis:
- Unterzeichnung durch einen beim angegangenen Gericht zugelassenen Anwalt
- Bei Übermittlung per Telefax: Wiedergabe der Unterschrift in Kopie
- Bei Einreichung als elektronisches Dokument: Qualifizierte elektronische Signatur oder Unterschrift und sicherer Übermittlungsweg

Erwünschter Inhalt:
- Angabe des Wertes des Streitgegenstandes
- Beifügung von Urkunden § 131 ZPO
- Erforderliche Anzahl von Abschriften § 133 ZPO
- Äußerung dazu, ob einer Entscheidung der Sache durch den Einzelrichter Gründe entgegenstehen
- Gegebenenfalls: Hinweis auf Einigungsversuch (§ 15a EGZPO)
- Beifügung des Gerichtskostenvorschusses oder Hinweis auf Befreiungsmöglichkeiten nach § 14 GKG, wie z.B. Bewilligung von Prozesskostenhilfe oder Glaubhaftmachung der Voraussetzungen des § 14 Nr. 3 GKG

Die Einreichung der Klageschrift bei Gericht bewirkt nur die **Anhängigkeit** des Rechtsstreites. Die **Rechtshängigkeit** tritt gem. §§ 253, 261 Abs. 1, 2 ZPO entweder mit **Zustellung der Klageschrift** an den Beklagten oder mit der Geltendmachung des Anspruches in der mündlichen Verhandlung ein. Mit Eintritt der Rechtshängigkeit kann der Streitgegenstand nicht mehr anderweitig anhängig gemacht werden und die Zuständigkeit des Prozessgerichts durch Änderung der sie begründenden Umstände nicht mehr berührt werden. Da der Kläger wegen des Amtsbetriebes der Zustellung keinen Einfluss auf den Zeitpunkt der Zustellung hat, verlegt § 167 ZPO die Verjährung entsprechend durch Wirkung der Klage auf den Zeitpunkt der Einreichung zurück, sofern die Zustellung „demnächst" erfolgt. Voraussetzung ist jedoch, dass der Kläger bzw. sein Bevollmächtigter alles unter Berücksichtigung der Gesamtsituation Zumutbare für die alsbaldige Zustellung getan hat.[36]

Hierzu gehören insbesondere die richtige Adressierung der Klageschrift und der rechtzeitige Eingang bei dem angegangenen Gericht. Nicht erforderlich ist, dass der Kläger den

---

36 Vgl. BGH NJW 1992, 1820; zur Frage, in welchem Zeitrahmen die Zustellung nach angefordertem Gerichtskostenvorschuss noch „demnächst" erfolgt, BGH, Urt. v. 27.9.2017 – V ZR 103/16; für die vergleichbaren Regelungen im Mahnverfahren vgl. §§ 693 Abs. 2, 696 Abs. 3 ZPO.

Gerichtskostenvorschuss bereits der Klageschrift beigefügt hat. Er darf vielmehr die Anforderung der Gerichtskosten durch das Gericht abwarten, muss dann aber den Gerichtskostenvorschuss unverzüglich einzahlen.[37] Auch Verzögerungen durch die Einzahlung des Gerichtskostenvorschusses durch Scheck wirken nicht zum Nachteil des Klägers.[38]

27 Die Einreichung der Klage bei einem unzuständigen Gericht ist unschädlich, wenn Verweisung erfolgt.[39] Gem. § 281 Abs. 1 ZPO erklärt sich das angegangene Gericht für unzuständig und verweist den Rechtsstreit an das zuständige Gericht. Dies erfolgt aber nicht von Amts wegen, sondern nur auf Antrag.

28 Die Rechtshängigkeit vor einem **Gericht der besonderen Gerichtsbarkeit** (z.B. Verwaltungsgericht oder Sozialgericht) richtet sich nach der jeweiligen Verfahrensordnung und wirkt fort, wenn dieses Gericht die Sache wegen Unzuständigkeit an das ordentliche Gericht verweist.[40] Da bei Gerichten der Verwaltungs-, Sozial-, Finanz- oder Strafgerichtsbarkeit die Rechtshängigkeit bereits durch die bloße Einreichung der Klage bei Gericht begründet wird,[41] eröffnet dies die Möglichkeit, eine aus materiell-rechtlichen Gründen beabsichtigte vorgezogene Rechtshängigkeit durch Klageeinreichung auch bei einem an sich unzuständigen Gericht der Sondergerichtsbarkeit zu erreichen.[42]

II. Vorliegen von Prozessvoraussetzungen

29 Neben den Formalien in der Klageschrift müssen sämtliche **Prozess- bzw. Sachurteilsvoraussetzungen** vorliegen, um die Klage zulässig zu machen. Dies sind die sachlichen, persönlichen und formellen Bedingungen, deren Erfüllung das Gericht erst in die Lage versetzt, sachlich über das Klagebegehren zu verhandeln und zu entscheiden.[43] Hierzu gehören z.B. die Parteifähigkeit (§ 50 ZPO), Prozessfähigkeit (§§ 51–57 ZPO), ordnungsgemäße gesetzliche Vertretung (§ 56 ZPO) und Prozessführungsbefugnis, Zuständigkeit des Gerichts, Zulässigkeit des Rechtswegs (§ 13 GVG) und gegebenenfalls das Rechtsschutzbedürfnis. Auf die jeweiligen Voraussetzungen wird unten jeweils gesondert eingegangen. In der Regel sind in der Klageschrift Ausführungen zu den Prozessvoraussetzungen nicht erforderlich, soweit sich nicht aus dem jeweiligen Fall Besonderheiten ergeben, wie z.B. bei der Klage als Prozessstandschafter.

---

37 Vgl. BGH NJW 1986, 1347.
38 BGH NJW-RR 1993, 429; vgl. zusammenfassend zu diesem Problemkreis Zöller/*Greger*, § 167 ZPO Rn 15; B/L/A/H/*Hartmann*, § 167 Rn 24.
39 Vgl. BGHZ 35, 375; BGH NJW 1983, 1052.
40 Vgl. BGH NJW 1983, 1052.
41 Vgl. §§ 81 Abs. 1, 90 Abs. 1 VwGO; §§ 90, 94 Abs. 1 SGG; §§ 64 Abs. 1, 66 Abs. 1 FGO; § 404 Abs. 1 StPO.
42 Vgl. Zöller/*Greger*, § 261 ZPO Rn 3a; nicht jedoch beim offensichtlichen Missbrauch, z.B. Einreichen eines Scheidungsantrags beim Sozialgericht, KG Berlin NJW-RR 2008, 744.
43 Vgl. Zöller/*Greger*, vor § 253 ZPO Rn 9 ff.

- **Checkliste Sachurteilvoraussetzungen** 30

Persönliche Prozessvoraussetzungen:
- Parteifähigkeit, § 50 ZPO
- Prozessfähigkeit, § 51 ZPO
- ordnungsgemäße Vertretung
- Prozessführungsbefugnis

Sachliche Prozessvoraussetzungen: 31

Allgemeine Prozessvoraussetzungen:
- Ordnungsmäßigkeit der Klageerhebung
- Jurisdiktionsgewalt des Gerichts über den Streitgegenstand oder die Parteien
- Zulässigkeit des Rechtswegs
- Zuständigkeit des Gerichts in internationaler, örtlicher und sachlicher Zuständigkeit
- Rechtsschutzbedürfnis
- Klagbarkeit des Anspruches
- Fehlen des Prozesshindernisses der anderweitigen Rechtsanhängigkeit oder Rechtskraft
- Nichtvorliegen prozesshindernder Einreden (§§ 113, 269 Abs. 6, 1032 ZPO)

Besondere Prozessvoraussetzungen:
- für einzelne Klagearten jeweils vom Gesetz bestimmt
- Einigungsversuch vor Gütestelle (§ 15a EGZPO)

C. Notwendiger Inhalt der Klageschrift

I. Bezeichnung des angerufenen Gerichts

Die Klageschrift muss die Bezeichnung des angegangenen Gerichts enthalten. Somit ist das Gericht anzugeben, bei welchem die Klage erhoben werden soll. 32

Bei der Bezeichnung des anzurufenden Gerichts ist das Gericht auszuwählen, welches für die Entscheidung des Rechtsstreites in internationaler, sachlicher und örtlicher Hinsicht zuständig ist. 33

Grundsätzlich hat bei Zuständigkeit mehrerer Gerichte der Kläger Wahlrecht, vgl. §§ 35, 281 Abs. 1 S. 1 ZPO. Hierbei können für die Auswahl eines Gerichts verschiedene Motive ausschlaggebend sein: 34
- So kann es für den Rechtsanwalt rein örtlich sinnvoll sein, den Rechtsstreit vor dem heimischen Amtsgericht oder Landgericht zu führen, da für den Kläger und für ihn selbst so kürzere Wege zu bewältigen sind.
- Je nach Zuständigkeit des Gerichts ergeben sich auch Unterschiede in der Verfahrensdauer.

- Aus unterschiedlichen örtlichen Zuständigkeiten können sich auch Auswirkungen auf die Entscheidung des Rechtsstreites ergeben, wenn die jeweiligen Instanzen oder die darüber stehenden Berufungsgerichte unterschiedliche Rechtsauffassungen zu der zu entscheidenden Frage haben.
- In gleicher Weise kann es Einfluss auf die Entscheidung des Rechtsstreites haben, ob die Berufungskammer des Landgerichts nach einer erstinstanzlichen Entscheidung durch das Amtsgericht oder aber der Senat des Oberlandesgerichts nach einer erstinstanzlichen Entscheidung des Landgerichts über eine Berufung zu entscheiden haben, soweit sich hier die Rechtsprechung der Berufungskammern unterscheidet oder das Bedürfnis nach einer obergerichtlichen Klärung besteht, ohne dass eine Revision in Betracht kommt.[44]

35 Die Wahl eines unzuständigen Gerichts kann zum Verlust des Rechtsstreites führen, führt aber regelmäßig mindestens zu Verzögerungen und kann zu zusätzlichen Kosten führen.

36 Die Anrufung des unzuständigen Gerichts führt nicht zur Unzulässigkeit des Verfahrens. Wenn kein ausschließlicher Gerichtsstand gegeben ist, kann das zunächst unzuständige Gericht nachträglich durch rügelose Einlassung des Gegners gem. §§ 39, 295 ZPO zuständig werden (beachte § 504 ZPO), oder das unzuständige Gericht verweist das Verfahren an das zuständige Gericht gem. § 281 Abs. 1 S. 1 ZPO. Im Falle der Verweisung wird das Verfahren vor dem aufnehmenden Gericht fortgesetzt. Die frühere Rechtshängigkeit und die sich hieraus ergebenden Wirkungen bleiben erhalten.[45] Insbesondere bleibt die verjährungsunterbrechende Wirkung erhalten.

37 Gem. § 281 Abs. 3 S. 2 ZPO sind dem Kläger die durch die Verweisung entstandenen Mehrkosten auch dann aufzuerlegen, wenn er später in der Hauptsache obsiegt.

38 Nachdem zwischenzeitlich die Singularzulassung der Anwaltschaft – mit Ausnahme der weiterhin bestehenden Singularzulassung der Rechtsanwälte beim BGH in Zivilsachen – aufgehoben wurde, ist dies jedoch weitestgehend bedeutungslos geworden.[46]

39 Anzugeben ist lediglich das Gericht als solches, nicht die einzelne Spruchabteilung. Nur bei der Zuständigkeit der Kammer für Handelssachen ist dies gem. § 96 GVG in der Klageschrift anzugeben.

40 Die Zuständigkeit bestimmt sich nach dem verfolgten Rechtsschutzziel (vgl. hierzu § 2). Insoweit sei hier nur auf die nachstehende Checkliste verwiesen.

---

44 Eine solche Revision kommt als Zulassungsrevision gem. § 543 ZPO oder über die Nichtzulassungsbeschwerde gem. § 544 ZPO seit der ZPO-Reform sowohl gegen Berufungsurteile des Landesgerichts als auch solche des Oberlandesgerichts in Betracht; hierzu § 19 Rdn 1 ff.
45 Vgl. BGHZ 35, 375 = NJW 1961, 2259; BGHZ 63, 313 = NJW 1983, 1050.
46 Bezüglich des eventuellen Entstehens zusätzlicher Gebühren vgl. § 20 RVG, § 4 GKG.

C. Notwendiger Inhalt der Klageschrift § 5

■ **Checkliste: Zuständigkeit** 41
1. **Internationale Zuständigkeit**
   – im Bereich der EU z.B. nach der EuGVVO[47] oder der EuEheVO oder der EuErbVO[48] und den hierzu erlassenen Ausführungsgesetzen.
2. **Zuständigkeit der Zivilgerichtsbarkeit, § 13 GVG; Abgrenzung der Zuständigkeit der Verwaltungs-, Finanz-, Sozial- und Arbeitsgerichte**
3. **Sachliche Zuständigkeit**
   a) **Amtsgericht – § 23 GVG:**
      – Allgemeine Zuständigkeit für Ansprüche, deren Gegenstand an Geld oder Geldeswert die Summe von 5.000 EUR nicht übersteigt;
      – Streitigkeiten über Ansprüche aus Wohnraummietverhältnissen oder über den Bestand eines solchen Mietverhältnisses; **ausschließlicher Gerichtsstand!**
      – Streitigkeit zwischen Reisenden und Wirten, Vorleuten, Schiffern und Auswanderungsexpedienten aus einer Reise;
      – Streitigkeiten wegen Wildschadens;
      – Ansprüche aus einem mit der Überlassung eines Grundstückes in Verbindung stehenden Leibgedings-, Leibzuchts-, Altenteils- oder Auszugsvertrag;
      – Streitigkeiten in Kindschafts-, Unterhalts-, Ehe- und Lebenspartnerschaftssachen einschließlich Streitigkeiten nach dem Gewaltschutzgesetz (vgl. §§ 23a, 6 GVG).
   b) **Landgericht – § 71 GVG:**
      – Generelle Zuständigkeit in erster Instanz für alle bürgerlich-rechtlichen Streitigkeiten, die nicht den Amtsgerichten zugewiesen sind (vgl. § 71 GVG).
      – Ausschließliche Zuständigkeit ohne Rücksicht auf den Wert des Streitgegenstandes:
         – für Ansprüche, die aufgrund der Beamtengesetze gegen den Fiskus erhoben werden;
         – für Ansprüche gegen Richter und Beamte wegen Amtspflichtverletzung;
         – aufgrund landesgesetzlicher Vorschriften für Ansprüche gegen den Staat oder eine Körperschaft des öffentlichen Rechts wegen Verfügungen der Verwaltungsbehörden sowie Ansprüche wegen öffentlicher Abgaben (§ 71 Abs. 3 GVG);
         – für Klagen nach dem Unterlassungsklagengesetz (vgl. § 6 UKlaG).
4. **Funktionale Zuständigkeit des jeweiligen Spruchkörpers**
   a) **bei Amtsgerichten:**
      – allgemeine Zivilabteilung/Mietabteilung/Familiengericht
   b) **bei Landgerichten:**
      – allgemeine Zivilkammer/Kammer für Handelssachen

---

[47] Hier sind insbesondere die ausschließlichen Gerichtsstände des Art. 24 zu beachten.
[48] Dort Art. 4 ff.

5. Örtliche Zuständigkeit

a) **Allgemeiner Gerichtstand:**
- grundsätzlich bestimmt durch den Wohnsitz (§ 13 ZPO);
- bei wohnsitzlosen Personen: Aufenthaltsort oder letzter Wohnsitz im Inland (§ 16 ZPO);
- bei Exterritorialen: letzter inländischer Wohnsitz bzw. Sitz der Bundesregierung (vgl. § 15 ZPO);
- bei juristischen Personen: Ort der Verwaltung (§ 17 ZPO);
- des Fiskus: Sitz der Behörde, die berufen ist, den Fiskus im Rechtsstreit zu vertreten (vgl. §§ 18, 19 ZPO);
- allgemeiner Gerichtsstand für Klagen des Insolvenzverwalters in Bezug auf die Insolvenzmasse: Sitz des jeweiligen Insolvenzgerichts (vgl. § 19a ZPO).

b) **Besondere Gerichtsstände:**
- des Aufenthaltsorts (vgl. § 20 ZPO);
- der Niederlassung (vgl. § 21 ZPO);
- der Mitgliedschaft (vgl. § 22 ZPO);
- des Vermögens oder des Gegenstandes (vgl. § 23 ZPO); nur bei vermögensrechtlichen Auseinandersetzungen;
- für Unterhaltssachen (vgl. §§ 23a, 35a ZPO a.F./ § 232 FamFG);
- dinglicher Gerichtsstand (vgl. § 24 ZPO); **ausschließlicher Gerichtsstand!**
- der Erbschaft (vgl. §§ 27, 28 ZPO);
- des Erfüllungsortes (vgl. § 29 ZPO);[49]
- für Miet- und Pachtsachen (vgl. § 29a ZPO); **ausschließlicher Gerichtsstand!**
- des Wohnungseigentums (vgl. § 29b ZPO);
  - für Haustürgeschäfte (vgl. § 29c ZPO); für Klagen der Verbraucher ist dieses Gericht **ausschließlich** zuständig;
  - Die Norm des § 29c ZPO ist nicht anwendbar, wenn ein Makler an der Haustür einen Versicherungsvertrag verkauft. Es gilt seit dem 1.1.2008 der durch die Reform des VVG eingeführte besondere Gerichtsstand des § 215 VVG. Dieser begründet für Klagen aus einem Versicherungsvertrag oder einer Versicherungsvermittlung einen besonderen Gerichtsstand am Wohnsitz des Versicherungsnehmers. Dieser besondere Gerichtsstand ist fakultativ soweit er Klagen gegen den Versicherer betrifft (§ 215 Abs. 1 S. 1 VVG). Für Klagen gegen den Versicherungsnehmer begründet § 215 Abs. 1 S. 2 VVG einen ausschließlichen Gerichtsstand.
  - Zu beachten ist jedoch, dass § 215 VVG auf sogenannte Altfälle – Vertragsschluss vor dem 1.1.2009 – erst ab dem 1.1.2009 anzuwenden ist.[50]
- Der Güter- bzw. Personenbeförderung (vgl. § 30 ZPO);
- der Vermögensverwaltung (vgl. § 31 ZPO);

---

[49] Eine Vereinbarung über den Erfüllungsort begründet die Zuständigkeit nur, wenn die Vertragsparteien Kaufleute, juristische Personen des öffentlichen Rechts oder öffentlich-rechtliche Sondervermögen sind.
[50] Vgl. LG Berlin VersR 2009, 386; LG Stendal v. 30.4.2009 – Az. 23 O 432/08.

- der unerlaubten Handlung (vgl. § 32 ZPO);
- der Umwelteinwirkung (vgl. § 32a ZPO);
- der Widerklage (vgl. § 33 ZPO);
- des Hauptprozesses (vgl. § 34 ZPO);
- in Versicherungssachen (vgl. § 215 VVG), dieser gilt auch international;
- in Wettbewerbssachen (vgl. § 24 UWG);
- in gesellschaftsrechtlichen Auseinandersetzungen (vgl. §§ 132, 246, 249, 275 AktG; § 61 Abs. 3 GmbHG; § 51 Abs. 3 GenG ausschließliche Gerichtsstände in örtlicher und sachlicher Hinsicht!).

c) **Gerichtsstandsvereinbarung:**
- Ein an sich unzuständiges Gericht des ersten Rechtszuges kann durch ausdrückliche oder stillschweigende Vereinbarung der Parteien zuständig werden, wenn die Vertragsparteien Kaufleute, juristische Personen des öffentlichen Rechts oder öffentlich-rechtliche Sondervermögen sind, § 38 Abs. 1 ZPO. Die Zuständigkeit eines Gerichts des ersten Rechtszuges kann ebenfalls vereinbart werden, wenn mindestens eine der Vertragsparteien keinen allgemeinen Gerichtsstand im Inland hat, § 38 Abs. 2 ZPO. Die Gerichtsstandsvereinbarung muss **schriftlich** abgeschlossen oder bestätigt werden. Dies kann auch im Rahmen von Allgemeinen Geschäftsbedingungen geschehen. Hat eine der Parteien einen inländischen allgemeinen Gerichtsstand, so kann gem. § 38 Abs. 2 S. 3 ZPO für das Inland nur ein Gericht gewählt werden, bei dem diese Partei ihren allgemeinen Gerichtsstand hat oder ein besonderer Gerichtsstand begründet ist. Darüber hinaus sind Gerichtsstandsvereinbarungen nur dann zulässig, wenn sie ausdrücklich und schriftlich nach dem Entstehen der Streitigkeit oder für den Fall geschlossen werden, dass die im Klageweg in Anspruch zu nehmende Partei nach Vertragsschluss ihren Wohnsitz oder gewöhnlichen Aufenthalt aus dem Geltungsbereich der ZPO verlegt oder ihr Wohnsitz oder gewöhnlicher Aufenthalt zum Zeitpunkt der Klageerhebung nicht bekannt ist. Eine solche Gerichtsstandvereinbarung ist unwirksam, wenn sie sich nicht auf ein bestimmtes Rechtsverhältnis und die daraus entspringenden Rechtsstreitigkeiten bezieht. Eine Vereinbarung ist unzulässig, wenn sich der Rechtsstreit auf nicht vermögensrechtliche Ansprüche bezieht, die den Amtsgerichten ohne Rücksicht auf den Wert des Streitgegenstandes zugewiesen sind, oder für die Klage ein ausschließlicher Gerichtsstand begründet ist.
- Zuständigkeit infolge **rügeloser Einlassung:** Die Zuständigkeit eines Gerichts des ersten Rechtszuges wird auch dadurch begründet, dass der Beklagte sich gem. § 39 ZPO – gegebenenfalls i.V.m. § 504 ZPO – rügelos zur Sache einlässt.

Hinweis

In den Fällen, in denen nicht vermögensrechtliche Ansprüche betroffen sind, die den Amtsgerichten ohne Rücksicht auf den Streitwert zugewiesen sind, oder in denen ein ausschließlicher Gerichtsstand besteht, ist gem. § 40 Abs. 2 ZPO die Begründung der Zuständigkeit durch rügelose Einlassung nicht möglich. Derartige Vereinbarungen sind in jedem Fall unzulässig.

§ 5 Klageerhebung

43 *Tipp*

Bei der Bestimmung der örtlichen Zuständigkeit sind vielfach bestehende Zuständigkeitskonzentrationen zu beachten. Häufig bestehen solche für kartell- oder presserechtliche Ansprüche sowie für WEG- oder Landwirtschafts-Sachen. Bei Passivklagen gegen Insolvenzverwalter ist ebenfalls zu beachten, dass nicht jedes Amtsgericht auch Insolvenzgericht ist und sich auch hier vielfach Zuständigkeitskonzentrationen finden.

Unter mehreren zuständigen Gerichten hat der Kläger die Wahl, soweit nicht ein ausschließlicher Gerichtsstand gegeben ist, vgl. §§ 35, 281 Abs. 1 S. 2 ZPO!

In den Fällen, in denen ein Mahnverfahren vorgeschaltet war, gilt die Wahl mit der Angabe des Streitgerichts im Mahnverfahren allerdings als erfolgt.[51]

44 **Exkurs – Gerichtliche Bestimmungen der Zuständigkeit:** In den in § 36 ZPO genannten Fällen kann das zuständige Gericht durch das im Rechtszug nächsthöhere Gericht bestimmt werden. Gem. § 37 ZPO ergeht die Entscheidung durch Beschluss. Dieser ist unanfechtbar. § 36 ZPO befasst sich in seinem Wortlaut nur mit der Bestimmung des örtlich zuständigen Gerichts, wird jedoch auch entsprechend angewandt auf die Bestimmung der sachlichen und funktionellen Zuständigkeit, wie die Bestimmung der Zuständigkeit einer Sondergerichtsbarkeit zeigt. Die Bestimmung der Zuständigkeit erfolgt durch das im Rechtszuge nächsthöhere gemeinsame Gericht, z.B. das Landgericht ist für die Amtsgerichte seines Bezirkes zuständig, das Oberlandesgericht für die Landgerichte und/oder für Amtsgerichte aus mehreren Landgerichtsbezirken seines Bezirkes. Soweit das nächsthöhere gemeinschaftliche Gericht der Bundesgerichtshof ist, wird das zuständige Gericht durch das Oberlandesgericht bestimmt, zu dessen Bezirk das zuerst mit der Sache befasste Gericht gehört; will das Oberlandesgericht bei der Bestimmung des zuständigen Gerichts in einer Rechtsfrage von der Entscheidung eines anderen Oberlandesgerichts oder des Bundesgerichtshofes abweichen, so hat es die Sache unter Begründung seiner Rechtsauffassung dem Bundesgerichtshof vorzulegen. In diesem Falle entscheidet dieser, vgl. § 36 Abs. 3 S. 2 ZPO.[52]

45 Für das Verfahren der gerichtlichen Bestimmung der Zuständigkeit entstehen keine besonderen Gerichtskosten. Gem. § 19 Abs. 1 S. 2 Nr. 3 RVG gehört die Bestimmung des zuständigen Gerichts zum Rechtszug; somit entsteht hierdurch keinerlei gesonderte Gebühr. Wenn der Anwalt nicht als Prozessbevollmächtigter tätig wird, entsteht eine 0,8-Gebühr gem. Nr. 3403 VV.

II. Angabe der Parteien

46 In der Klageschrift sind die Parteien des Rechtsstreites anzugeben, § 253 Abs. 2 Nr. 1 ZPO. Partei ist, wer aus der Sicht des Empfängers der Klage objektiv Partei sein soll. Es ist Sache des Klägers, die Parteien zu bestimmen. Die Benennung der Parteien

---

51 BayObLG JB 1997, 153.
52 S. Muster Rdn 292.

C. Notwendiger Inhalt der Klageschrift § 5

hat in der Klageschrift zu erfolgen. Die Parteibezeichnung ist auslegungsfähig. Bei mehrdeutiger Bezeichnung ist derjenige als Partei anzusehen, der erkennbar durch die Parteibezeichnung betroffen werden soll.[53] Gegebenenfalls ist in solchen Fällen einer unklaren oder mehrdeutigen Parteibezeichnung eine Präzisierung oder Parteiberichtigung möglich. Richtet sich die Klage jedoch gegen eine Person, gegen die der Kläger überhaupt keinen Rechtsstreit führen wollte, ist für eine Berichtigung kein Raum, da dann eine Parteiauswechslung vorliegt. In diesen Fällen ist die Klage zurückzunehmen.

Gem. § 130 Nr. 1 ZPO sollen die Parteien dabei nach ihrem Namen, Stand, Gewerbe, Wohnort und Parteistellung bezeichnet werden. In der Regel sind Name und Vorname sowie ladungsfähige Anschrift der Parteien anzugeben. Bei Firmen ist die Rechtsform anzugeben.[54]

47

Tipp

48

Wenn die genaue Gesellschaftsform, der Sitz oder die Vertretungsverhältnisse nicht bekannt sind, sind diese durch Einsicht in das Handelsregister zu klären.[55] Ist aufgrund der Angaben des Mandanten noch nicht einmal bekannt, in welchem Ort der potentielle Beklagte seinen Sitz hat, kann vielfach eine Auskunft über eine Wirtschaftsauskunftei, z.B. über Creditreform, hierüber Klarheit schaffen. Ergeben sich bei der Vorbereitung der Klage Zweifel darüber, ob der potentielle Beklagte überhaupt noch zahlungsfähig ist, kann insoweit durch eine Anfrage beim Schuldnerregister oder eine Creditreform-Auskunft Klarheit geschaffen werden, um der eigenen Partei zumindest unnötige Kosten zu ersparen.

Gem. § 325 HGB sind bei Kapitalgesellschaften Jahresabschlüsse zum Handelsregister einzureichen. Auch hieraus können Rückschlüsse auf die Liquidität eines potentiellen Beklagten gezogen werden. Kommt eine Kapitalgesellschaft dieser Verpflichtung nicht nach, können die Mitglieder der vertretungsberechtigten Organe gem. § 335a HGB durch ein Zwangsgeld zur rechtzeitigen Offenlegung gegenüber dem Registergericht angehalten werden. Das Registergericht schreitet insoweit allerdings nur auf Antrag ein.[56]

Soweit der potentielle Beklagte Antrag auf Eröffnung des Insolvenzverfahrens gestellt hat, bestehen auch Ansprüche auf Einsicht in die Akten des Insolvenzverfahrens. Hieraus können sich Anhaltspunkte für eine Eigenhaftung des Geschäftsführers ergeben.

In Ausnahmefällen lässt die Rechtsprechung auch Klagen gegen Beklagte zu, deren Namen der Kläger nicht kennt. Dies gilt insbesondere bei Räumungsklagen gegen Haus-

49

---

53 Vgl. BGH NJW-RR 1995, 764; BGHZ 172, 42.
54 S. Muster Rdn 293 ff.
55 Vgl. Muster für Handelsregisterauskunft, Rdn 306.
56 Vgl. hierzu Muster Rdn 307.

besetzer.[57] Hier reicht es aus, dass die Identität der Beklagten durch Aufenthaltsort und Anzahl eingegrenzt ist.[58]

50 Soweit gesetzliche Vertretung besteht (bei Minderjährigen und bei juristischen Personen), sind Name und Anschrift des gesetzlichen Vertreters anzugeben, da die Zustellung dorthin zu erfolgen hat.

51 Bei Parteien kraft Amtes (z.B. Insolvenz- oder Nachlassverwalter, Testamentsvollstrecker) sollte die Funktion, in der sie klagen oder verklagt werden, klargestellt werden.

52 Die Partei muss parteifähig, prozessfähig und ggf. ordnungsgemäß vertreten sein.

1. Parteifähigkeit

53 Die Parteifähigkeit gehört zu den von Amts wegen zu prüfenden Prozessvoraussetzungen.

54 Partei eines Rechtsstreites kann nur sein, wer nach bürgerlichem Recht rechtsfähig ist (§ 50 Abs. 1 ZPO).

a) Natürliche Personen

55 Parteifähig sind natürliche Personen. Die Rechtsfähigkeit – und damit auch die Parteifähigkeit – einer natürlichen Person beginnt mit Vollendung der Geburt und endet mit dem Tod (oder der Todeserklärung), vgl. § 1 BGB.

56 Der Leibesfrucht (Nasciturus) räumt das bürgerliche Recht bestimmte Rechte ein, die unter der Bedingung der Lebendgeburt stehen (vgl. z.B. §§ 844 Abs. 2 S. 2, 1923 Abs. 2, 2043, 2108 Abs. 1 und 2178 BGB). Dem Nasciturus steht insoweit auch Parteifähigkeit zu.

57 Ein Einzelkaufmann kann auch unter seinem bürgerlichen Namen klagen und verklagt werden (vgl. argumentum e contrario § 17 Abs. 2 HGB).[59]

58 *Tipp*

Soweit Gegenstand der Klage Ansprüche aus der Geschäftstätigkeit sind, ist Klage gegen die Firma zu empfehlen unter zusätzlicher Angabe des Inhabers, um Unklarheiten und Zweifel bei der Zwangsvollstreckung zu vermeiden.

Ist zweifelhaft wer Inhaber ist, empfiehlt sich zunächst eine Klage gegen die Firma. Der Inhaber kann dann noch nachbenannt werden.

b) Juristische Personen des Privatrechts

59 Gleichfalls rechtsfähig – und damit parteifähig – sind juristische Personen des Privatrechts (GmbHs, Aktiengesellschaften). Auch ausländische juristische Personen sind par-

---

57 OLG Oldenburg NJW-RR 1995, 1164.
58 Musielak/Voit/*Foerste*, ZPO § 253 Rn 18 sowie *Crückeberg*, Zivilprozessrecht, § 3 Nr. 7.
59 Vgl. BVerfGE 39, 41.

teifähig. Die Rechtsfähigkeit richtet sich nach dem Recht des jeweiligen Heimatstaates (Art. 7 EGBGB).

Streitig war, inwieweit nach ausländischem Recht rechtsfähige juristische Personen, die den Sitz ihrer Geschäftsleitung in die Bundesrepublik Deutschland verlegt hatten, rechtsfähig blieben. Die Rechtsprechung hat unter Berufung auf die sogenannte Sitztheorie die Rechtsfähigkeit dieser Gesellschaften (in der Regel englische Ltd. oder niederländische B.V.) früher abgelehnt. 60

Zwischenzeitlich hat der BGH in Folge der Rechtsprechung des EuGH[60] mit Urt. v. 13.3.2003[61] die Rechtsfähigkeit dieser Gesellschaften anerkannt, soweit sie aus dem EU-Gebiet stammen. Mit Urt. v. 19.9.2005[62] hat der BGH ebenfalls die Rechtsfähigkeit von Kapitalgesellschaften, die nach dem Recht eines EFTA-Staates gegründet sind, auch bei Sitz der Verwaltung in Deutschland anerkannt. Demgegenüber hat der BGH jedoch für eine in der Schweiz gegründete Aktiengesellschaft mit Verwaltungssitz im Inland an seiner Rechtsprechung festgehalten, dass diese nur dann rechts- und parteifähig sei, wenn sie im deutschen Handelsregister eingetragen ist, was eine Neugründung voraussetzt. Sie ist aber auch ohne eine solche Eintragung als rechtsfähige – und damit parteifähige – Personengesellschaft zu behandeln, hat im Geschäftsverkehr also die Möglichkeit, Rechte zu begründen und klageweise geltend zu machen.[63] 61

Die Entstehung juristischer Personen vollzieht sich in einem zeitlich gestreckten Verfahren, das mit dem Abschluss eines wirksamen Gesellschaftsvertrages beginnt und mit der Registereintragung endet. In der Zwischenzeit besteht eine sogenannte Vorgesellschaft, die weitgehend dem GmbH-Recht untersteht. Die Vorgesellschaft wird daher als passiv parteifähig angesehen, wenn sie im Rechtsverkehr bereits wie eine juristische Person aufgetreten ist.[64] Demgegenüber gilt für eine vor Abschluss des Gründungsvertrages schon bestehende, die spätere Tätigkeit vorbereitende Personenvereinigung (sogenannte Vorgründungsgesellschaft) das GmbH-Recht noch nicht.[65] Die Vorgründungsgesellschaft ist aber unabhängig davon, ob sie eigenständige Gesellschaft bürgerlichen Rechts oder offene Handelsgesellschaft ist, parteifähig. 62

Der Verlust der Parteifähigkeit einer juristischen Person tritt nicht bereits mit der Auflösung der Gesellschaft durch Beschluss der Gesellschafter oder gerichtliches Urteil ein, sondern erst mit Vollbeendigung der juristischen Person.[66] Vollbeendigung liegt erst dann vor, wenn das gesamte Vermögen verteilt, kein weiterer Abwicklungsbedarf mehr besteht und die Löschung im Handelsregister erfolgt ist. 63

---

60 Vgl. EuGH ZIP 2002, 2037 = NJW 2002, 3614 = NZG 2002, 1164 („Überseering").
61 Vgl. BGH NJW 2003, 1461.
62 BGH ZIP 2005, 1869 = DB 2005, 2345.
63 BGH NJW 2009, 289 und BGH BB 2008, 2413.
64 Allgemeine Ansicht, vgl. BGHZ 72, 45 = NJW 1978; 78 ff.; BGHZ 79, 239, 241 = NJW 1981, 873.
65 Vgl. BGH NJW 1989, 1079.
66 Vgl. BGH NJW 1996, 2035.

c) Vereine

64 Rechtsfähige Vereine sind ebenfalls parteifähig. Nicht rechtsfähige Vereine sind gem. § 50 Abs. 2 ZPO nur passiv parteifähig. Allerdings ist der nicht rechtsfähige Verein nicht nur darauf beschränkt, eine Klage zu bekämpfen. Vielmehr darf er grundsätzlich alle Prozesshandlungen eines Beklagten vornehmen. Er kann also aufrechnen, Prozessvergleiche schließen, Widerklage, Zwischenfeststellungs- und Zwischenfeststellungswiderklage erheben, das Verfahren nach Erlass eines Vorbehaltsurteils fortsetzen, Schadensersatzansprüche nach §§ 945, 302 Abs. 4 S. 3, 600 Abs. 2, 717 Abs. 2, 3 ZPO im anhängigen Rechtsstreit geltend machen, Aufhebung des Arrestes oder einer einstweiligen Verfügung und Kostenfestsetzung beantragen, Rechtsmittel einlegen, Wiederaufnahmeklage gem. § 578 ZPO oder Vollstreckungsabwehrklage gem. § 766 ZPO erheben sowie Zwangsvollstreckung bezüglich Widerklage-, Schadensersatz- und Kostenerstattungsansprüchen betreiben.[67] Da auf den nicht rechtsfähigen Verein gem. § 54 S. 1 BGB die Vorschriften über die Gesellschaft anzuwenden sind, wird allerdings vertreten, dass nicht rechtsfähige Vereine in der Konsequenz der neueren BGH-Rechtsprechung, mit der auch einer BGB-Außengesellschaft Parteifähigkeit zuerkannt wird, nunmehr auch selbst klagen können.[68]

65 Obwohl Gewerkschaften als nicht rechtsfähige Vereine organisiert sind, ist ihnen von der Rechtsprechung unter Hinweis auf Art. 9 Abs. 3 GG auch die aktive Parteifähigkeit zuerkannt worden.[69]

d) Juristische Personen des öffentlichen Rechts

66 Juristische Personen des öffentlichen Rechts sind ebenso wie juristische Personen des Privatrechts parteifähig. Parteifähigkeit besitzen daher die Gebietskörperschaften der Bundesrepublik Deutschland (Bund, Länder, kommunale Gebietskörperschaften), nicht dagegen einzelne Behörden, soweit diese nicht Kraft besonderer gesetzlicher Bestimmungen parteifähig sind.

67 Teilrechtsfähigkeit besitzen auch sonstige Körperschaften (wie z.B. Fraktionen im Bundestag und den Landtagen[70]) sowie Anstalten und Stiftungen des öffentlichen Rechts und Sondervermögen des Bundes.

e) Personengesellschaften/GbR

68 Die OHG ist gem. § 124 Abs. 1 HGB und die KG gem. § 161 Abs. 2 i.V.m. § 124 Abs. 1 HGB parteifähig. Da aus einem Urteil gegen die Gesellschaft nicht gegen die Gesellschafter vollstreckt werden kann (vgl. § 129 Abs. 4 HGB), ist bei Passivprozessen zu erwägen, die Gesellschafter bzw. Kommanditisten persönlich mit in Anspruch zu nehmen, um gegebenenfalls mehrere Prozesse zu vermeiden. Die Gesellschaft und ihre

---

67 Musielak/Voit/*Weth*, ZPO § 50 Rn 27.
68 Vgl. *Karsten Schmidt*, Die BGB-Außengesellschaft: rechts- und parteifähig, NJW 2001, 993, 1001 sowie Musielak/Voit/*Weth*, ZPO, § 50 Rn 29.
69 BGHZ 42, 210 = NJW 1965, 156; BGHZ 50, 325.
70 Vgl. LG Bremen NJW-RR 1992, 447.

persönlich haftenden Gesellschafter werden im Prozess wie Gesamtschuldner behandelt. Die europäische wirtschaftliche Interessenvereinigung (EWIV) ist gem. Art. 1 Hs. 2 EWIV-AG, Art. 1 Abs. 2 EWIV-VO parteifähig.

Mit Urt. v. 29.1.2001[71] hat der BGH der Außengesellschaft bürgerlichen Rechts, soweit sie durch Teilnahme am Rechtsverkehr eigene Rechte und Pflichten begründet hat, Rechtsfähigkeit – und damit Parteifähigkeit – zuerkannt. Auch hier ist bei Passivprozessen zu erwägen, die Gesellschafter mit in Anspruch zu nehmen. 69

Tipp 70

Ist zweifelhaft, ob eine GbR im Rechtsverhältnis nach außen aufgetreten ist oder ob es sich um eine bloße Innengesellschaft handelt, sollten die Gesellschafter vorsorglich gemeinschaftlich verklagt werden. Soweit die Klage einer GbR vorliegt, kann zur Durchsetzung des Kostenfestsetzungsanspruches eine Drittwiderklage gegen die Gesellschafter in Erwägung gezogen werden.[72]

Wenn die Klage für eine GbR erhoben wird, bei der die Geschäftsführungsbefugnis abweichend von § 709 BGB geregelt ist, z.B. Einzelgeschäftsführung, sollte eine Kopie des Gesellschaftsvertrages oder der Gesellschafterbeschlüsse, aus dem/denen sich die Vertretungsbefugnis des einzelnen geschäftsführenden Gesellschafters ergibt, beigefügt werden.

Hinweis 71

Bei Vertretung nur der GbR fällt keine Mehrvertretungsgebühr gem. Nr. 1008 VV RVG an!

f) Politische Parteien und Verbände

Politische Parteien sind gem. § 3 PartG parteifähig, ebenso ihre Gebietsverbände der höchsten Stufe, also die Landesverbände (§ 3 S. 2 PartG). Andere Unterorganisationen wie Kreis- und Ortsverbände sind nicht aktiv parteifähig.[73] Sie können aber unter Umständen gem. § 50 Abs. 2 ZPO passiv parteifähig sein.[74] Gewerkschaften sind im Arbeitsgerichtsverfahren gem. § 10 ArbGG parteifähig. Für den Zivilprozess hat die Rechtsprechung die Parteifähigkeit mit Hinweis auf Art. 9 Abs. 3 GG anerkannt.[75] Die Unterorganisationen der Gewerkschaften sind nicht aktiv, aber gem. § 50 Abs. 2 ZPO passiv parteifähig. Sie sind jedoch aktiv parteifähig, soweit sie eine körperschaftliche Verfassung haben und eigenständig tätig sind.[76] 72

---

71 BGHZ 146, 341 = NJW 2001, 1056; ebenso BVerfG NJW 2002, 3533; BFH DB 2004, 1705; BAG NJW 2005, 1004 = NZA 2005, 318.
72 *Karsten Schmidt*, Die BGB-Außengesellschaft: rechts- und parteifähig, NJW 2001, 993 ff.
73 BGH MDR 1972, 859; abl. MüKo-ZPO/*Lindacher* ZPO § 50 Rn 34.
74 LG München I Rpfleger 2006, 483.
75 BGHZ 90, 331 = NJW 1984, 2223; BGH NJW 1990, 905; NJW 2006, 3715.
76 OLG Düsseldorf NJW 86, 1506; auch Heidel/Pauly/Amend/*Krumscheid*, § 55 Rn 96.

g) Gemeinschaften

73 Bruchteilsgemeinschaften i.S.d. §§ 741 ff. BGB sind nach h.M. als solche nicht rechts- und damit auch nicht parteifähig.[77] Jedoch ließ die Rechtsprechung insoweit Erleichterung bei der Parteibezeichnung zu.[78]

Mit Beschl. v. 2.6.2005[79] hat der BGH einer Gemeinschaft von Wohnungseigentümern Rechtsfähigkeit zuerkannt, soweit sie bei der Verwaltung des gemeinschaftlichen Eigentums am Rechtsverkehr teilnimmt.[80] Dem trägt zwischenzeitlich § 44 WEG Rechnung. Gem. § 44 Abs. 1 S. 1 reicht bei einer Klage durch oder gegen alle Wohnungseigentümer mit Ausnahme des Gegners für die nähere Bezeichnung der Wohnungseigentümergemeinschaft die bestimmte Angabe des gemeinschaftlichen Grundstücks aus.

Neben der Haftung der teilrechtsfähigen Wohnungseigentümergemeinschaft kommt eine akzessorische gesamtschuldnerische Haftung der Wohnungseigentümer nur in Betracht, wenn diese sich neben dem Verband auch klar und eindeutig persönlich verpflichtet haben. Gläubiger der Gemeinschaft können nur auf deren Verwaltungsvermögen zugreifen, das auch die Ansprüche der Gemeinschaft gegen die Wohnungseigentümer und gegen Dritte umfasst. Zu den pfändbaren Ansprüchen der Gemeinschaft gehören der Anspruch, die finanzielle Grundlage zur Begleichung der laufenden Verpflichtungen durch Beschlussfassung über den Wirtschaftsplan, seine Ergänzung (Deckungsumlage) oder die Jahresabrechnung zu verschaffen, sowie Ansprüche aus Verletzung dieser Verpflichtung.

74 Demgegenüber hat der BGH mit Beschl. v. 17.10.2006 sowohl die (Teil-) Rechtsfähigkeit als auch die Parteifähigkeit für die Erbengemeinschaft verneint. Die Grundsätze zur Rechtsfähigkeit der Gesellschaft bürgerlichen Rechts und zur Gemeinschaft der Wohnungseigentümer sind nicht auf die Erbengemeinschaft zu übertragen.[81]

h) Partei kraft Amtes

75 Testamentsvollstrecker, Insolvenzverwalter, Zwangsverwalter sind sogenannte Partei kraft Amtes in dem für oder gegen das von ihnen verwaltete Vermögen geführten Rechtsstreits.[82]

76 Im laufenden Rechtsstreit wird der Insolvenzverwalter mit der Eröffnung des Insolvenzverfahrens Partei.

77 In der Klage ist jedoch die Parteistellung mit einem klarstellenden Zusatz zu versehen. Die Prozessführungsbefugnis der Partei kraft Amtes ist beschränkt durch die materiellen Grenzen des jeweiligen Auftrages.[83]

---

77 Vgl. BGH NJW 1990, 2553; BFH DStR 2014, 2386; MüKo-BGB/*Karsten Schmidt*, § 741 Rn 3, beck-online.
78 Vgl. Zöller/*Vollkommer*, § 50 ZPO Rn 27 m.w.N.
79 Az. V ZB 32/05, NJW 2005, 2061.
80 Vgl. auch §§ 44 und 46 WEG.
81 Vgl. BGH NJW 2006, 3715.
82 Vgl. Zöller/*Vollkommer*, vor § 50 ZPO Rn 21.
83 Vgl. BGH NJW 1992, 287.

2. Prozessfähigkeit

Von der Parteifähigkeit zu unterscheiden ist die Prozessfähigkeit. Dies ist die Befugnis, Prozesshandlungen vor Gericht selbst oder durch einen selbst bestimmten Vertreter geltend machen zu dürfen. Die Prozessfähigkeit ist geregelt in den §§ 51–53 ZPO und knüpft an die Geschäftsfähigkeit des bürgerlichen Rechts an. Ist eine Person nicht prozessfähig, wird sie im Prozess von ihrem gesetzlichen Vertreter vertreten. Ein Verschulden des gesetzlichen Vertreters wird gem. § 51 Abs. 2 ZPO der Partei zugerechnet. 78

Wer gesetzlicher Vertreter ist, bestimmt sich nach dem materiellen Recht. Minderjährige werden gem. § 1629 Abs. 1 S. 2 BGB durch beide Elternteile vertreten (Gesamtvertretung); die GmbH gem. § 35 GmbHG durch ihren Geschäftsführer; die AG gem. § 78 AktG durch ihren Vorstand bzw. Vorstandsvorsitzenden; die GmbH & Co. KG durch die Komplementär-GmbH, diese wiederum durch ihren Geschäftsführer. Die OHG wird gem. § 125 HGB vertreten durch die Gesellschafter, soweit sie nicht von der Geschäftsführung ausgeschlossen sind; rechtsfähige Vereine gem. § 26 Abs. 2 BGB durch den Vorstand. Die gesetzliche Vertretung juristischer Personen des öffentlichen Rechts ergibt sich aus der Organisationsnorm der jeweiligen Körperschaft. 79

Trotz der gesetzlichen Vertretung bleibt der Vertretene Partei des Zivilprozesses. In der Klageschrift sind die Namen der gesetzlichen Vertreter sowie deren Anschrift anzugeben. Diese Angabe ist schon wegen der Zustellungsvorschrift des § 170 ZPO von Bedeutung, weil ohne vollständige Anschrift eine Zustellung unmöglich ist. Darüber hinaus wäre die Klage wegen Fehlens einer Sachurteilsvoraussetzung unzulässig. 80

Tipp 81
Ergibt sich während der Vorbereitung der Klage, dass eine Partei partiell prozessunfähig ist, hat der Anwalt zur Behebung dieses Prozesshindernisses erforderliche Maßnahmen zu ergreifen. Hier ist an die Anleitung eines Betreuungsverfahrens mit dem Aufgabenkreis der Vermögenssorge oder an die Bestellung eines Prozesspflegers gem. § 57 ZPO zu denken.[84]

Ergeben sich während des Verfahrens berechtigte Zweifel an der Prozessfähigkeit einer Partei, so sind diese gem. § 56 ZPO vom Gericht von Amts wegen in jedem Stadium des Verfahrens zu berücksichtigen. Bei Fehlen der Prozessfähigkeit ist die Klage durch Prozessurteil abzuweisen; bevor ein solches Urteil ergeht, sollte jedoch Gelegenheit zur Behebung der Prozessunfähigkeit gegeben werden.[85] 82

Ein in Verkennung der Prozessunfähigkeit ergangenes Urteil ist durch die Nichtigkeitsklage gem. § 579 Abs. 1 Nr. 4 ZPO anfechtbar. 83

---

84 S. Muster Rdn 308 und 309.
85 Vgl. Musielak/Voit/*Weth*, ZPO, § 56 Rn 3.

84 § 57 ZPO ist auch anwendbar, wenn die Prozessunfähigkeit oder das Fehlen der gesetzlichen Vertretung des Beklagten sich erst während des Laufes des Prozesses herausstellt.

3. Prozessführungsbefugnis

85 Prozessführungsbefugnis ist die Befugnis, ein Recht im eigenen Namen geltend zu machen. Sie gibt Auskunft darüber, wer die richtige Partei ist.[86]

86 Die Prozessführungsbefugnis ist von der (materiellen) Aktiv- oder Passivlegitimation zu unterscheiden. Die Begriffe der Aktiv- und Passivlegitimation beschreiben die materielle Sachbefugnis und gehören damit zur Begründetheit der Klage, nicht jedoch zur Zulässigkeit. Die Prozessführungsbefugnis regelt demgegenüber, ob jemand ein eigenes oder fremdes Recht im eigenen Namen gerichtlich geltend machen kann und gehört daher zur Zulässigkeitsvoraussetzung einer Klage. Der formelle Parteibegriff ermöglicht die Begründung von Prozessverhältnissen zwischen Personen, die materiell-rechtlich in keinerlei Beziehung zueinander stehen. Um der Gefahr von Popularklagen vorzubeugen, muss die Prozessführungsbefugnis vorliegen. Sie ist von Amts wegen zu prüfen. Bei fehlender Prozessführungsbefugnis ist die Klage als **unzulässig** abzuweisen.[87]

87 Die Geltendmachung fremder Rechte im eigenen Namen wird als **Prozessstandschaft** bezeichnet. Sie kann kraft gesetzlicher Ermächtigung – als sogenannte **gesetzliche** Prozessstandschaft – oder aufgrund der Ermächtigung auf Seiten des Inhabers des Rechts – als **gewillkürte** Prozessstandschaft – vorkommen.

a) Gesetzliche Prozessstandschaft

88 Bei der gesetzlichen Prozessstandschaft erfolgt die Geltendmachung fremder Rechte im eigenen Namen aufgrund besonderer gesetzlicher Ermächtigung.

89 **Fälle der gesetzlichen Prozessstandschaft sind:**
- **Prozessführung kraft Amtes:** Z.B. Insolvenzverwalter (§ 80 InsO), vorläufiger Insolvenzverwalter (§ 22 Abs. 1 InsO), Zwangsverwalter (§ 152 ZVG), Testamentsvollstrecker (§§ 2197 ff. BGB) oder Nachlassverwalter (§§ 1981 ff. BGB).
- **Prozessführung kraft prozessrechtlicher Ermächtigung:** Gem. § 265 ZPO bleibt bei einer Veräußerung oder Abtretung der streitbefangenen Sache während eines Rechtsstreits der Veräußerer zur Prozessführung weiter berechtigt, wenn nicht der Erwerber in den Prozess eintritt. Dies gilt in gleicher Weise bei Verpfändung, Nießbrauchbestellung oder Pfändung und Überweisung eines streitbefangenen Gegenstandes nach Rechtshängigkeit.[88]

---

86 Vgl. Zöller/*Vollkommer*, vor § 50 ZPO Rn 18; Musielak/Voit/*Weth*, ZPO, § 51 Rn 14.
87 Vgl. Musielak/Voit/*Weth* ZPO § 51 Rn 15 sowie Zöller/*Vollkommer*, vor § 50 ZPO Rn 19.
88 Vgl. BGH NJW 1986, 3206.

- **Prozessführung kraft materiell-rechtlicher Ermächtigung – Fälle:**
- Der das Gesamtgut verwaltende Ehegatte bei der Gütergemeinschaft (§ 1422 BGB). Bei fortgesetzter Gütergemeinschaft hat der überlebende Ehegatte die Prozessführungsbefugnis hinsichtlich des Gesamtgutes (§§ 1422, 1487 Abs. 1 BGB); der nicht bzw. nicht allein verwaltende Ehegatte ist in den Fällen der §§ 1429, 1454, 1428, 1455 Nr. 8 BGB gesetzlicher Prozessstandschafter.
- Bei der Erbengemeinschaft gibt § 2039 BGB den einzelnen Miterben die Prozessführungsbefugnis zur Durchsetzung von Nachlassansprüchen gegen Dritte. § 2039 BGB gilt nicht für Gestaltungsklagen.[89]
- Bei Personengesellschaften können Ansprüche der Gesellschaft aus dem Gesellschaftsverhältnis gegen Mitgesellschafter (sogenannte Sozialansprüche) auch von einzelnen Gesellschaftern in eigenem Namen mit dem Ziel der Leistung an die Gesellschaft geltend gemacht werden (sog. actio pro socio).[90] Ansprüche der Gesellschaft gegen Dritte können grundsätzlich **nicht** im Wege der actio pro socio durchgesetzt werden.[91] Eine Ausnahme gilt allerdings in den Fällen des kollusiven Zusammenwirkens zwischen einzelnen Mitgesellschaftern und dem Dritten.[92] Scheidet der im Wege des actio pro socio klagende Gesellschafter während des Rechtsstreites aus der Gesellschaft aus, so führt dies zur Unzulässigkeit der actio pro socio. § 265 ZPO findet keine Anwendung.[93]
- Klagen eines Mitgläubigers nach § 432 Abs. 1 S. 2 BGB.
- Bei Bruchteilsgemeinschaften ist im Rahmen der Notprozessführung gem. § 744 Abs. 2 BGB der einzelne Mitberechtigte ebenfalls gesetzlicher Prozessstandschafter.[94]
- Ebenfalls ist bei einer Klage eines von mehreren Miteigentümern aus dem Eigentum gegenüber einem Dritten dieser gesetzlicher Prozessstandschafter.[95]
- Prozessführung des WEG-Verwalters gem. § 27 Abs. 2 Nr. 2 und 3 WEG.

b) Gewillkürte Prozessstandschaft

Bei der gewillkürten Prozessstandschaft beruht die Prozessführungsbefugnis auf einer Ermächtigung durch den Rechtsinhaber. Zulässig ist hierbei grundsätzlich die gewillkürte aktive Prozessstandschaft, nicht aber eine gewillkürte passive Prozessstandschaft.

Voraussetzungen sind eine wirksame Ermächtigung des Prozessstandschafters sowie ein schutzwürdiges Eigeninteresse des Ermächtigten an der Prozessführung im eigenen

---

89 Vgl. Musielak/Voit/*Weth*, ZPO, § 51 Rn 21.
90 Vgl. BGHZ 25, 49; BGH NJW 1973, 2199; 1985, 2830; 1992, 1892; 2001, 1210.
91 Vgl. BGH NJW 1973, 2198; 1988, 1585.
92 Vgl. BGHZ 17, 340 = NJW 1955, 1393; BGHZ 39, 14 = NJW 1963, 461; BGHZ 102, 152 = NJW 1988, 558.
93 Vgl. OLG Karlsruhe NJW 1995, 1296; abl. *Hörstel*, NJW 1995, 1271.
94 Vgl. BGHZ 94, 117 = NJW 1985, 1826; BGHZ 110, 220 = NJW 1999, 1106.
95 Vgl. BGHZ 79, 245 = NJW 1981, 1079; BGH NJW 1985, 2825; Musielak/Voit/*Weth*, ZPO § 51 Rn 23; abl. Zöller/*Vollkommer*, vor § 50 ZPO Rn 26 m.w.N.

Namen.[96] An diese Voraussetzung dürfen allerdings keine allzu strengen Anforderungen gestellt werden. Ein schutzwürdiges Eigeninteresse fehlt allerdings, wenn die gezielte Verschiebung der Prozessrollen zu einer unbilligen Beeinträchtigung der Belange des Prozessgegners führen kann.[97]

92 **Einzelfälle für das Vorliegen eines schutzwürdigen Interesses:**
- Klage aus einer abgetretenen Forderung durch den Verkäufer der Forderung;[98]
- Klage des Zedenten bei der Sicherungszession;[99]
- Klage des Sicherungsgebers mit Ermächtigung des Sicherungsnehmers auf Herausgabe sicherungsübereigneter Gegenstände;[100]
- Klage des nicht verwaltenden Ehegatten bei Alleinverwaltung durch den anderen im Rahmen der Gütergemeinschaft;[101]
- Klage auf Grundbuchberichtigung aus § 894 BGB durch den Verkäufer eines lastenfrei verkauften Grundstückes für den Käufer gegen den eingetragenen Dritten;[102]
- Klage des Pflichtteilberechtigten für den Erben im Einverständnis des Erben;[103]
- Klage des Pächters mit Zustimmung des Eigentümers gem. § 985 BGB auf Herausgabe an sich selbst;[104]
- Klage des Bauträgers, der seine Gewährleistungsansprüche gegen Bauhandwerker an den Erwerber abgetreten hat und dann auf Verlangen des Erwerbers die Mängelbeseitigung doch selbst in die Hand genommen hat;[105]
- Klage des Versicherungsnehmers nach Forderungsübergang (vgl. § 67 VVG);
- Klage eines BGB-Gesellschafters, der von den übrigen Gesellschaftern ermächtigt ist, einen Anspruch der Gesellschaft im eigenen Namen und auf eigene Rechnung geltend zu machen;[106]
- Klage des herrschenden Gesellschafters einer GmbH wegen Schadensersatzansprüchen der GmbH;[107]

---

96 st. Rspr. des BGH: vgl. zuletzt NJW 2017, 487; BGHZ 92, 349; 96, 152 = NJW 86, 850; BGHZ 100, 218 = NJW 1987, 1210; BGHZ 107, 389 = NJW 1990, 1987; BGHZ 108, 56 = NJW 1989, 2751; BGHZ 119, 242 = BGH NJW 1993, 919; 1993, 3073; 1994, 1866; 1999, 717; Abtretbarkeit des geltend gemachten Rechts ist nicht Voraussetzung, BGH NJW 2017, 486.
97 Vgl. BGHZ 1996, 151 = NJW 1986, 850 m.w.N.
98 Vgl. BGH NJW 1979, 924, 925; 1989, 1932, 1933.
99 Vgl. BGH NJW 1989, 1932, 1933; 1990, 1117; NJW-RR 1992, 61; OLG Hamm WM 1992, 1649; OLG Karlsruhe WM 1993, 357. Vor Offenlegung der Zession kann der Sicherungsgeber auf Leistung an sich selbst klagen, nach Offenbarung der Zession muss allerdings auf Leistung an den Zessionar geklagten werden; vgl. BGH NJW-RR 1992, 61.
100 Vgl. BGHZ 96, 182, 185 = NJW 1986, 1375.
101 Vgl. Zöller/*Vollkommer*, vor § 50 ZPO Rn 63.
102 Vgl. BGH NJW 1986, 1676.
103 Vgl. BGH NJW-RR 1988, 126, 127; WM 1966, 1224.
104 Vgl. BGH NJW-RR 1986, 158.
105 Vgl. BGHZ 70, 389; BGH NJW 1978, 1375.
106 Vgl. BGH NJW 1988, 1585; 1987, 3121; OLG Düsseldorf ZIP 1985, 1000, 1001; LG Saarbrücken NJW-RR 1992, 782.
107 Vgl. BGH NJW 1965, 1962; NJW-RR 1987, 57; weitergehend: OLG Saarbrücken WRP 1990, 198, 199.

- Klage des Geschädigten aus dem Anspruch des Vertragspartners bei der Drittschadensliquidation;[108]
- Klage eines Miteigentümers eines Grundstückes mit Zustimmung der anderen Miteigentümer gem. § 1011 BGB;[109]
- Klage einzelner Wohnungseigentümer wegen Mängeln am Gemeinschafts- und Sondereigentum;[110]
- Klage des Verwalters einer Wohnungseigentümergemeinschaft über die Befugnisse nach § 27 WEG hinaus wegen Ansprüchen von oder gegen Wohnungseigentümer nach Mehrheitsbeschluss;[111]
- Klagen einzelner Wohnungseigentümer mit Zustimmung der Eigentümergemeinschaft wegen Mängeln am Gemeinschaftseigentum, die auf das Sondereigentum ausstrahlen, auf Minderung[112] oder Schadensersatz[113] gegen den Veräußerer;
- Klage eines Kindes auf Herausgabe von beigetriebenen Unterhaltsbeträgen bei Ermächtigung durch den gem. § 1629 Abs. 3 BGB als Kläger aufgetretenen Elternteil;[114]
- Rückermächtigung des Insolvenzverwalters an den Schuldner zur Geltendmachung eines zur Masse gehörenden Rechts;[115]
- Ermächtigung des Erben zur Geltendmachung von Nachlassansprüchen im eigenen Namen durch den Nachlassverwalter;[116]
- Ermächtigung des Gläubigers durch den Pfändungsgläubiger, dem die gepfändete Forderung zur Einziehung überwiesen wurde.[117]

Einzelfälle für das Fehlen eines schutzwürdigen Interesses:

- missbräuchliche Verwendung der Ermächtigung, wie z.B. bei gezieltem Verschieben der Prozessrollen zur unbilligen Beeinträchtigung des Prozessgegners, etwa um das gleiche Kostenrisiko auszuschließen oder zu mindern,[118] dagegen nicht bei einer reinen Gefährdung von Kostenerstattungsansprüchen, da niemand einen Anspruch darauf hat, von einem zahlungskräftigen Kläger verklagt zu werden;[119]

---

108 Vgl. BGHZ 25, 250, 259 f. = NJW 1957, 1838; BGH NJW 1981, 2640.
109 Vgl. BGH NJW 1985, 2825.
110 Vgl. BGHZ 100, 391, 393 = NJW-RR 1987, 1046; OLG Hamm ZMR 1989, 99.
111 Vgl. BGHZ 74, 258, 267 = NJW 1979, 2207; BGHZ 81, 35 = NJW 1981, 1841; BGHZ 100 393; BGH NJW 1992, 1883; 1994, 1866, aber nicht bei Mietzinsklagen gegen Mieter, vgl. AG Neuss NJW-RR 1989, 269.
112 Vgl. BGHZ 110, 258, 260 = NJW 1990, 1663; BGH NJW 1983, 453.
113 Vgl. BGHZ 114, 383, 387 = NJW 1991, 2480.
114 Vgl. BGH NJW 1991, 840.
115 Vgl. zur KO BGHZ 100, 217, 218 = NJW 1987, 2018; OLG Hamm WM 1988, 1543; WM 1992, 1649, a.A. OLG Nürnberg MDR 1957, 683.
116 Vgl. BGHZ 38, 281, 283 = NJW 1963, 297.
117 Vgl. BGH NJW 1986, 423; OLG Hamm NJW-RR 1992, 763.
118 Vgl. BGHZ 35, 180, 183 = NJW 1961, 1528; OLG Hamm NJW-RR 1992, 763; BGHZ 96, 151, 155 = NJW 1986, 850; BGH NJW 1989, 1933; 1990, 1117.
119 Vgl. BGHZ 100, 217, 221 = NJW 1987, 2019; BGH NJW 1999, 1717, 1718; OLG Hamm NJW 1989, 463 464; BGH WM 1992, 1650; NJW-RR 1992, 763.

- bei bloßem Interesse der Prozesswirtschaftlichkeit oder technischen Erleichterung der Prozessführung, so etwa bei Durchsetzung von Ansprüchen mehrerer Mitberechtigter durch einen von ihnen;[120]
- Geltendmachung von abgetretenen Kundenforderungen für die Hausbank mit deren Ermächtigung, wenn die Zedentin eine überschuldete vermögenslose GmbH ist und keine Aussicht auf Geschäftsfortführung besteht;[121] anders bei nachträglichem Eintritt der Vermögenslosigkeit und wenn es sich um eine natürliche Person handelt;[122]
- Klage eines Arbeitgeberverbandes für seine Mitglieder gegen eine Gewerkschaft aus Unterlassungsansprüchen wegen bestimmter Arbeitskampfmaßnahmen;[123]
- für Vorstandsmitglieder eines Vereins zur Geltendmachung von Ansprüchen des Vereins;[124]
- für einen Unterhaltsgläubiger zur Geltendmachung von Ansprüchen, die nach § 91 Abs. 1 S. 1 BSGH a.F. (jetzt: § 94 Abs. 1 SGB XII), § 7 Abs. 1 S. 1 UVG auf den Träger der öffentlichen Leistung übergegangen sind;[125]
- bei Rückermächtigung durch den Insolvenzverwalter, wenn dieser eine Gemeinschuldnerin ermächtigt, die eine juristische Person ist und keine Aussicht auf Betriebsfortführung nach Prozessende besteht.[126] Dasselbe gilt bei Rückermächtigung des Pfändungsgläubigers an einen vermögenslosen ursprünglichen Forderungsinhaber bei drohender Beklagtenbenachteiligung.
- Der Prozessstandschafter muss sich grundsätzlich auf die Ermächtigung berufen und kenntlich machen, wessen Rechte er einklagt, um es der Gegenseite zu ermöglichen, sich auf die besondere Art des prozessualen Vorgehens einzustellen und ihre Verteidigung entsprechend einzurichten. Die Offenlegung ist dann entbehrlich, wenn allen Beteiligten klar ist, welche Rechte geltend gemacht werden,[127] oder bei Fällen der stillen Sicherungszession.[128]

93 **Rechtsfolge** der Prozessstandschaft ist, dass Partei allein der Prozessstandschafter ist; als solche ist er prozessual Herr des Verfahrens. Der Rechtsträger kann daher als Zeuge vernommen werden. Allerdings kann bei gewillkürter Prozessstandschaft Prozesskostenhilfe nur dann bewilligt werden, wenn weder Prozessstandschafter noch Rechtsinhaber im Stande sind, die Prozesskosten aufzubringen.[129]

---

120 Vgl. BGHZ 78, 14 = NJW 1980, 2462; BGH NJW 11988, 1210.
121 Vgl. BGHZ 96, 151, 152 = WM 1986, 850.
122 Vgl. BGH NJW 1999, 1717.
123 Vgl. BAG NJW 1983, 1750; DB 1984, 2563.
124 Vgl. BGH NJW 1989, 2477.
125 Vgl. BGH NJW-RR 1996, 134 = MDR 1996, 1152.
126 Vgl. BGHZ 35, 180,184 = NJW 1961, 1528; BGHZ 38, 281, 287 = NJW 1963, 297; BGHZ 96, 151, 152 = WM 1986, 57.
127 Vgl. BGHZ 94, 117 = NJW 1985, 1826.
128 Vgl. BGH NJW 1978, 689.
129 Vgl. BGHZ 96, 151 = NJW 1986, 850; BGH NJW-RR 1988, 127; s. Muster Rdn 305.

4. Ordnungsgemäße Vertretung

Gem. § 130 Abs. 1 ZPO ist in den Fällen gesetzlicher Vertretung neben der Bezeichnung der Parteien die Bezeichnung ihrer gesetzlichen Vertreter nach Namen, Stand, Gewerbe und Wohnort erforderlich. Die Angabe der gesetzlichen Vertreter ist bereits deshalb erforderlich, weil an diese die Zustellung gem. § 170 ZPO zu veranlassen ist.

Wer gesetzlicher Vertreter ist, bestimmt sich nach dem materiellen Recht.

Minderjährige Kinder werden gem. § 1629 Abs. 1 S. 2 BGB durch beide Elternteile vertreten (Gesamtvertretung).

Eine GmbH wird gem. § 35 GmbHG durch ihren Geschäftsführer, eine Aktiengesellschaft gem. § 78 AktG durch ihren Vorstand bzw. Vorstandsvorsitzenden vertreten.

Hinweis

Bei Klagen einer Aktiengesellschaft gegen den Vorstand wird diese gem. § 112 AktG vom Aufsichtsrat vertreten. Bei einer Klage einer GmbH gegen den Geschäftsführer bzw. ehemalige oder zukünftige Geschäftsführer sowie gegenüber sonstigen Personen, z.B. der Witwe eines ehemaligen Geschäftsführers, wenn Rechte aus dem Organverhältnis oder dem Anstellungsvertrag eines Geschäftsführers betroffen sind, wird diese gem. § 46 Nr. 8 GmbHG von den Gesellschaftern vertreten, wenn kein Aufsichtsrat besteht; bei Bestehen eines gem. § 77 BetrVG, § 25 MitbestG oder §§ 1 Abs. 1, 2 i.V.m. § 3 MontanMitbestG obligatorischen oder eines gem. § 52 Abs. 1 GmbHG fakultativen Aufsichtsrates vertritt gem. § 112 AktG analog der Aufsichtsrat die GmbH.[130] Die Vertretungsmacht steht dann nur dem gesamten Aufsichtsrat als Organ zu.[131] Beim fakultativen Aufsichtsrat ist eine Abweichung von dieser gesetzlichen Regelung durch Satzung oder durch Beschluss der Gesellschafterversammlung möglich, wobei die Satzung diese Möglichkeit vorsehen muss.[132] Bei Anfechtungs- und Nichtigkeitsklagen eines Aktionärs gegen Beschlüsse der Hauptversammlung wird die Aktiengesellschaft gem. §§ 249, 246 Abs. 2 AktG von Vorstand und Aufsichtsrat gemeinsam vertreten. Dies ist wegen der einmonatigen Klagefrist besonders zu beachten![133]

Bei Anfechtungs- und Nichtigkeitsklagen eines GmbH-Gesellschafters gegen Beschlüsse der Gesellschafterversammlung wird die GmbH durch die Geschäftsführer vertreten,[134] abweichend von § 246 Abs. 2 S. 2 AktG kommt dem Aufsichtsrat einer GmbH jedoch keine gesetzliche Mitvertretung zu.[135] Für die Anfechtungsklage gegen die GmbH gilt nicht die strikte Monatsfrist des § 246 Abs. 1 AktG. Diese Vorschrift ist aber insoweit entsprechend heranzuziehen, als die Anfechtungsklage durch den

---

130 Vgl. BGHZ 103, 213 ff.; BGH WM 1991, 941 ff.; 1990, 630f.; AG 1982, 247 ff.; *Schuldner*, WM 1993, 1630, 1632.
131 Vgl. BGH ZIP 1999, 1669 f.; OLG Karlsruhe WM 1996, 161 ff.; OLG Hamburg AG 1986, 259 f.; a.A.: OLG Stuttgart AG 1993, 85 f.
132 Vgl. die h.M.: Baumbach/Hueck/*Zöllner*, § 46 Rn 69; Scholz/*Schmidt*, § 46 Rn 165.
133 Vgl. hierzu AnwaltKommentar Aktienrecht/*Heidel*, § 246 Rn 43 ff.
134 Vgl. BGH NJW 1981, 1041.
135 BGH GmbHR 1962, 134; Baumbach/Hueck/*Zöllner*, Anh. § 47 Rn 141; Scholz/*Schmidt*, § 45 Rn 149.

§ 5 Klageerhebung

Kläger mit aller diesem billigerweise zumutbaren Beschleunigung innerhalb einer angemessenen Frist zu erheben ist,[136] die nicht vor einem Monat nach Beschlussfassung verstrichen sein kann.[137]

99 Eine GmbH & Co. KG wird durch die Komplementär-GmbH, diese wiederum durch ihren Geschäftsführer vertreten. Eine OHG wird gem. § 125 HGB vertreten durch die Gesellschafter, soweit diese nicht von der Geschäftsführung ausgeschlossen sind. Rechtsfähige Vereine werden gem. § 26 Abs. 2 BGB durch den Vorstand vertreten. BGB-Gesellschaften, die nach der Rechtsprechung des BGH parteifähig sind, soweit sie am Rechtsverkehr teilnehmen,[138] werden im Zweifel durch alle Gesellschafter gemeinschaftlich vertreten (§ 714 BGB).

100 *Tipp*

Erhebt nur ein Gesellschafter Klage für die GbR, sollte der Klageschrift der Gesellschaftsvertrag oder ein Gesellschafterbeschluss beigefügt werden, aus dem sich seine Alleinvertretungsbefugnis ergibt.

101 Die gesetzliche Vertretung von juristischen Personen des öffentlichen Rechts ergibt sich aus den jeweiligen Gesetzen, Verordnungen oder Satzungen, die die Organisation der jeweiligen juristischen Person regeln. Hier genügt in der Regel die Angabe der Dienstbezeichnung.

5. Angabe des Prozessbevollmächtigten des Beklagten

102 Ist in der vorangegangenen außergerichtlichen Tätigkeit ein Anwalt für den Beklagten aufgetreten, folgt daraus noch nicht zweifelsfrei, dass er auch als Prozessbevollmächtigter für einen späteren Rechtsstreit bestellt ist. Eine Zustellung an einen nicht zur Entgegennahme einer Klageschrift bevollmächtigten Anwalt wäre unwirksam und führt zumindest zu Verzögerungen. Daher sollte ein Anwalt für den Beklagten nur aufgeführt werden, wenn z.B. durch vorherige Vorlage einer umfassenden Vollmacht zweifelsfrei feststeht, dass dieser auch für den anschließenden Prozess bevollmächtigt ist.

6. Streitgenossenschaft

103 Sowohl auf Kläger- als auch auf Beklagtenseite können Personenmehrheiten im Rahmen einer sogenannten **Streitgenossenschaft** auftreten. Hierbei ist zu unterscheiden zwischen einfacher und notwendiger Streitgenossenschaft.

104 Bei der **einfachen Streitgenossenschaft** besteht nur eine äußere Verbindung mehrerer Kläger oder Beklagter durch das Prozessrechtsverhältnis. Hierbei können bereits Zweckmäßigkeitserwägungen, Kostengründe oder prozesstaktische Aspekte mit darüber entscheiden, ob eine Mehrheit von Personen klagt oder verklagt werden sollte.

---

136 Vgl. RGZ 170, 358, 380; BGH ZIP 1995, 182; Baumbach/Hueck/*Zöllner*, Anh. § 47 Rn 146 m.w.N.
137 Vgl. BGH WM 1989, 63, 66.
138 BGHZ 146, 341 = NJW 2001, 1056.

Für die Erhebung in Streitgenossenschaft können einerseits Kostenerwägungen eine Rolle spielen. Da gem. § 45 Abs. 1 GKG mehrere in einer Klage geltend gemachte Ansprüche wertmäßig zusammengerechnet werden, entstehen infolge der degressiv gestalteten Gebührentabellen kostenmäßige Vorteile gegenüber einer Geltendmachung in verschiedenen Prozessen. Bei der Vertretung mehrerer Kläger durch einen Rechtsanwalt entsteht lediglich die Mehrvertretungsgebühr gem. Nr. 1008 VV RVG, so dass sich auch hierdurch ein Kostenvorteil gegenüber der Geltendmachung in separaten Klagen ergibt. **105**

Prozesstaktischer Gesichtspunkt für die Erhebung einer Klage gegen mehrere Beklagte ist die Möglichkeit, hierdurch die Mitverklagten als Zeugen auszuschließen. Klassischer Fall ist hierbei die Klageerhebung nach einem Verkehrsunfall auch gegen den Fahrer des unfallverursachenden Fahrzeuges, um diesen als Zeugen auszuschließen. **106**

> *Hinweis* **107**
> Für ein Beweisthema, das nur einen von mehreren Streitgenossen betrifft, können andere Streitgenossen als Zeugen gehört werden.[139]

Voraussetzung für eine Streitgenossenschaft ist jedoch gem. § 59 ZPO, dass die Streitgenossen bezüglich des Streitgegenstandes in einer Rechtsgemeinschaft stehen (Alt. 1) oder sie aus demselben tatsächlichen oder rechtlichen Grunde berechtigt oder verpflichtet sind (Alt. 2). Darüber hinaus kommt gem. § 60 ZPO eine Streitgenossenschaft bei Gleichartigkeit der Ansprüche in Betracht. **108**

Fälle der Rechtsgemeinschaft gem. § 59 1. Alt. ZPO können Gemeinschaften von Miteigentümern, Gesamthandsgemeinschaften, Gesamtschuldner oder Gesamtgläubigerschaften sein. Eine Rechtsgemeinschaft liegt ebenfalls vor in den Fällen der akzessorischen Haftung, wie z.B. zwischen Bürgen und Hauptschuldner, sowie in den Fällen anteiliger Haftung. Eine Streitgenossenschaft gem. § 59 2. Alt. ZPO liegt z.B. vor bei Ansprüchen aus einem gemeinsamen Vertrag oder aus derselben deliktischen Handlung, wie z.B. nach einem Verkehrsunfall oder bei Ansprüchen der Mutter und des nichtehelichen Kindes auf Unterhalt gegen den Vater. **109**

Die Streitgenossenschaft gem. § 60 ZPO erfordert gleichartige Ansprüche und einen im Wesentlichen gleichartigen Tatsachenstoff. (Hierzu ist es nicht erforderlich, dass der Tatsachenstoff auch nur teilweise identisch ist.) Bei Ansprüchen aus einer Mehrzahl von gleichartigen selbstständigen Lebenssachverhalten muss auf Beklagtenseite ein innerer Zusammenhang bestehen.[140] Im Interesse der Prozesswirtschaftlichkeit sind die Voraussetzungen des § 60 ZPO extensiv auszulegen.[141] Das Vorliegen der Voraussetzungen einer Streitgenossenschaft gem. § 60 ZPO ist immer dann zu bejahen, wenn eine gemeinsame Verhandlung und Entscheidung zweckmäßig ist.[142] Beispiele sind: Ansprüche mehrerer Geschädigter aus dem gleichen Schadensereignis oder verschiedenen im inneren **110**

---

139 Vgl. BGH NJW-RR 1991, 256; MDR 1994, 47.
140 Vgl. KG MDR 2000, 1394.
141 Vgl. BGH NJW 1975, 1228; BGH NJW 1986, 3209; BGH NJW 1992, 981.
142 Vgl. OLG Hamm NJW 2000, 1347.

Zusammenhang stehenden Schadensereignissen,[143] Ansprüche aus gleichartigem Vertragstypus, Ansprüche mehrerer Unterhaltsgläubiger gegen den gleichen Unterhaltschuldner,[144] Klagen von geschädigten Kapitalanlegern gegen verschiedene Gegner.[145]

111 Von der einfachen Streitgenossenschaft zu unterscheiden ist die **notwendige Streitgenossenschaft** gem. § 62 ZPO, bei der die Sachentscheidungen gegenüber mehreren Personen aus prozessrechtlichen oder materiell-rechtlichen Gründen einheitlich ergehen muss.

112 Fälle der notwendigen Streitgenossenschaft aus prozessrechtlichen Gründen liegen dann vor, wenn bei getrennt geführten Prozessen die in dem einen Verfahren zu treffenden Entscheidungen Rechtskraft- oder Gestaltungswirkung auch für das andere Verfahren entfalten. Häufige Fälle sind z.B. Gestaltungsklagen.

113 Die notwendige Streitgenossenschaft besteht zwischen Testamentsvollstrecker und Erben, wenn die Voraussetzungen des § 2213 BGB vorliegen,[146] oder bei Rechtskrafterstreckung gem. § 856 Abs. 4 ZPO im Rahmen einer Klage mehrerer Pfändungsgläubiger gegen einen Drittschuldner.[147]

114 Häufigster Fall der notwendigen Streitgenossenschaft aus materiell-rechtlichen Gründen sind Aktiv- und Passivprozesse von Gesamthandgemeinschaften oder anderen Gemeinschaften von Mitberechtigten, bei denen sich bereits aus dem Fehlen einer Einzelprozessführungsbefugnis die Notwendigkeit eines gemeinschaftlichen Prozesses ergibt.[148]

115 **Rechtsfolge** der notwendigen Streitgenossenschaft ist, dass einzelne säumige Streitgenossen im Prozess durch die nicht säumigen Streitgenossen vertreten werden und mithin gegen sie kein Versäumnisurteil ergehen kann. Im Übrigen führt jeder Streitgenosse seinen Prozess selbstständig.

III. Bestimmte Angabe des Gegenstandes und des Grundes des erhobenen Anspruchs

116 Gem. § 253 Abs. 2 Nr. 2 ZPO muss die Klageschrift die bestimmte Angabe des Gegenstandes und des Grundes des erhobenen Anspruches enthalten. Nach § 130 ZPO sollen in bestimmenden Schriftsätzen die zur Begründung der Anträge dienenden tatsächlichen Verhältnisse angegeben und die Beweismittel, derer sich der Kläger zum Nachweis seiner tatsächlichen Behauptungen bedienen will, bezeichnet werden. Durch die Angabe von Gegenstand und Grund des erhobenen Anspruches wird der Gegenstand der Klage eingegrenzt. Nach dem herrschenden zweigliedrigen Streitgegenstandsbegriff wird der Streitgegenstand durch den Klageantrag und dem der Klage zugrunde liegenden Lebens-

---

143 Vgl. KG MDR 2000, 1394.
144 Vgl. BGH NJW 1998, 685.
145 Vgl. BGH NJW 1992, 981 = MDR 1992, 709.
146 Musielak/Voit/*Weth*, ZPO, § 62 Rn 4.
147 Vgl. Musielak/Voit/*Weth*, ZPO § 62 Rn 4; Zöller/*Vollkommer*, § 62 ZPO Rn 3, des Weiteren bei Klagen auf Feststellung der Nichtigkeit eines Hauptversammlungsbeschlusses gem. § 249 i.V.m. § 248 AktG sowie Klagen nach §§ 246, 275 AktG, § 75 GmbHG und §§ 1496, 2342 BGB, vgl. Musielak/Voit/*Weth*, ZPO § 62 Rn 4, m.w.N.
148 Vgl. zu Einzelfällen Musielak/Voit/*Weth*, ZPO § 62 Rn 10 m.w.N. sowie Zöller/*Vollkommer*, § 62 ZPO Rn 11 ff.

sachverhalt bestimmt.¹⁴⁹ Klagegrund ist der der Klage zugrunde liegende Lebenssachverhalt. Der Grund ist konkretisierter darzulegen, allerdings genügt es für die Ordnungsmäßigkeit – und damit Zulässigkeit der Klage –, nur so viel vorzutragen, dass der Klageanspruch eindeutig individualisiert werden kann. Der Streitstoff ist nach Beteiligten, Ort und Zeit zu konkretisieren, so dass eine Unterscheidung von ähnlichen Gegebenheiten möglich ist.¹⁵⁰

Die Klagegründe müssen dem jeweiligen Klageantrag zugeordnet sein. Dies gilt insbesondere bei einer Mehrheit von Anträgen und bei Teilklagen, die auf eine Mehrzahl von Ansprüchen gestützt werden. Hier ist einzeln darzustellen, inwieweit welcher Anspruch geltend gemacht wird.¹⁵¹ Gleiches gilt bei dem Abzug von Teilleistungen.¹⁵² Die Zuordnung kann auch konkludent, z.B. durch eine bestimmte Reihenfolge der vorgetragenen Ansprüche, erfolgen.¹⁵³   **117**

Keine Frage der Zulässigkeit der Klage, sondern der Schlüssigkeit der Klage ist, ob der Kläger alles das vorzutragen hat, was zur Rechtfertigung seines Klagebegehrens erforderlich ist. Da nach der Neufassung der Zivilprozessordnung in Folge des Zivilprozessreformgesetzes vom 27.7.2001 ein grundsätzlicher Funktionswandel der Instanzen eingetreten ist, so dass grundsätzlich nur noch die erste Instanz als Tatsacheninstanz fungiert, ist es ratsam, bereits in der Klageschrift umfassend und vollständig vorzutragen.   **118**

Zweckmäßigerweise sollte der Kläger bei der Darstellung von der materiell-rechtlichen Anspruchsgrundlage ausgehen und anhand derjenigen Tatbestandsmerkmale vorgehen. Hierbei genügen bloße Rechtsbehauptungen nur in einfach gelagerten Fällen, die auch von einem Laien erkennbar sind (z.B. der Vortrag, dass die Parteien am ... einen Kauf-/oder Mietvertrag geschlossen haben, wenn dies nicht streitig ist). Ansonsten ist substantiiert darzulegen, wann, zwischen welchen Parteien, auf welche Weise, was vereinbart worden ist.   **119**

Für den Kläger ist es aber grundsätzlich ausreichend, wenn er nur die Tatsachen vorträgt, die in Verbindung mit einem Rechtssatz geeignet sind, das geltend gemachte Recht als in seiner Person entstanden erscheinen zu lassen. Weiterer Vortrag kann dann nur verlangt werden, wenn dieser im Hinblick auf das Vorbringen des Gegners für die Rechtsfolgen von Bedeutung ist.¹⁵⁴   **120**

Eine rechtliche Einordnung des Anspruches ist in der Regel nicht erforderlich. Ebenso sind in der Regel Ausführungen in der Klagebegründung zu den Sachurteilsvoraussetzungen nicht erforderlich, soweit nicht aufgrund der Besonderheiten des Einzelfalles das Vorliegen einzelner Sachurteilsvoraussetzungen zweifelhaft sein kann, so z.B. bei der Klage an einem von mehreren zuständigen Gerichten, bei der Erhebung der Feststel-   **121**

---

149 Vgl. BGHZ 117, 1 = NJW 1992, 1172; BGHZ 168, 179 sowie Musielak/Voit/*Weth*, ZPO Einl. Rn 69; Zöller/*Vollkommer*, Einl. Rn 62 ff. m.w.N.
150 Vgl. BGH WM 1982, 1327; 1983, 2247.
151 Vgl. BGH NJW 1984, 2346.
152 Vgl. BGH NJW-RR 1997, 441.
153 Vgl. BGHZ 124, 164 = NJW 1994, 460.
154 St. Rspr., z.B. BGH NJW-RR 1998, 1409; NJW 1999, 1859.

lungsklage, wenn eventuell bereits Leistungsklage erhoben werden könnte, sowie bei der Klage in Prozessstandschaft.

122 Gem. § 130 ZPO sollen vorbereitende Schriftsätze Angaben der zur Begründung der Anträge dienenden tatsächlichen Verhältnisse sowie die Bezeichnung der Beweismittel, derer sich die Partei bedienen will, enthalten. Ob bereits in der Klageschrift auf mögliche Einwendungen des Beklagten einzugehen ist, ist eine Frage des Einzelfalles.[155]

IV. Bestimmte Anträge

123 Gem. § 253 Abs. 2 Nr. 2 ZPO muss die Klage einen bestimmten Antrag enthalten. Durch das Erfordernis eines bestimmten Antrages wird der Streitgegenstand festgelegt sowie dem Entscheidungsspielraum des Gerichts gem. § 308 ZPO Grenzen gesetzt. Dieses Bestimmtheitserfordernis ist Ausfluss der den Zivilprozess beherrschenden Dispositionsmaxime, wonach es den Parteien vorbehalten bleibt, den Umfang eines Prozesses durch die gestellten Anträge selbst zu bestimmen. Das Fehlen eines bestimmten Antrages macht die **Klage unzulässig**.

124 Ein **Klageantrag ist hinreichend bestimmt**, wenn er den erhobenen Anspruch konkret bezeichnet, den Rahmen der gerichtlichen Entscheidungsbefugnis erkennbar abgrenzt, Inhalt und Umfang der materiellen Rechtskraft der begehrten Entscheidung erkennen lässt, das Risiko des Unterliegens des Klägers nicht durch vermeidbare Ungenauigkeiten auf den Beklagten abwälzt und die Zwangsvollstreckung aus dem Urteil ohne eine Fortsetzung des Streits im Vollstreckungsverfahren erwarten lässt.[156]

125 Die Formulierung des Antrages hat sich an dem verfolgten Rechtsschutzziel zu orientieren.

126 Abhängig vom jeweiligen Rechtsschutzziel unterscheidet man nach verschiedenen Klagearten:

1. Leistungsklage

127 In der Praxis am häufigsten ist die Leistungsklage. Sie dient zur Durchsetzung eines materiell-rechtlichen Anspruches des Klägers mittels der Zwangsvollstreckung. Die geschuldete Handlung kann in einem Tun, wie z.B. einer Geldzahlung, der Abgabe einer Willenserklärung, der Herausgabe einer Sache bzw. sonstigen Handlungen, oder in einem Unterlassen bestehen.

2. Feststellungsklage

128 Feststellungsklagen sind auf die Feststellung des Bestehens oder Nichtbestehens eines Rechtsverhältnisses, auf Anerkennung oder auf Feststellung der Unechtheit einer Urkunde gerichtet. Im Gegensatz zum Leistungsurteil enthält das Feststellungsurteil keinen

---

155 *Crückeberg*, Zivilprozessrecht, S. 57; im Übrigen vgl. § 253 Abs. 2 Nr. 2 ZPO.
156 Vgl. BGH MDR 1991, 505; Beispiele bei *Roth*, JZ 2009, 194.

unmittelbaren Leistungsbefehl an den Schuldner, sondern erschöpft sich in einer deklaratorischen Feststellung. Es ist daher – mit Ausnahme der Kostenentscheidung – der Zwangsvollstreckung nicht zugänglich. Voraussetzung für eine Feststellungsklage ist ein besonderes Feststellungsinteresse (vgl. hierzu Rdn 176). Das festzustellende Rechtsverhältnis muss so genau bezeichnet werden, dass über dessen Identität und Umfang der Rechtskraft des Begehrens keine Ungewissheit herrschen kann.[157]

Hinweis 129

Der Übergang von der Feststellungsklage zur Leistungsklage stellt keine Klageänderung dar, § 264 Nr. 2 ZPO.[158]

3. Gestaltungsklage

Durch eine Gestaltungsklage strebt der Kläger die Begründung oder Änderung eines Rechtsverhältnisses durch Urteil an. 130

Diese Einwirkung ist oft den Parteien alleine nicht möglich, sondern dem Gericht vorbehalten, wie z.B. Anträge auf Scheidungen oder Aufhebungen der Ehe (§§ 1314, 1564 BGB), Vaterschaftsanfechtung (§ 1599 Abs. 1 BGB) und Erbunwürdigkeit (§ 2340 BGB). In anderen Fällen ist die umgestaltende Wirkung dem Gericht dort überlassen, wo ihr Ergebnis privatautonom zwar erreichbar wäre, aber verweigert wird, z.B. bei Bestimmung der Leistung (§§ 315 Abs. 3 S. 2, 319 Abs. 1 S. 2, 2048 S. 3 BGB), bei Herabsetzung von Vertragsstrafe oder Maklerlohn (§§ 343 Abs. 1 S. 1, 655 S. 1 BGB), bei Auflösung von OHG und KG (§§ 133 Abs. 1, 161 Abs. 2 HGB), bei Klagen auf Ausschluss eines Gesellschafters (§ 140 Abs. 1 HGB) und bei der Anfechtung von Beschlüssen der Hauptversammlung einer AG (vgl. § 241 Nr. 5 AktG) bzw. von solchen der Generalversammlung einer Genossenschaft (§ 51 GenG). 131

Eine weitere Gruppe der Gestaltungsklagen bilden die prozessualen Gestaltungsklagen, z.B. auf Erklärung der Unzulässigkeit der Zwangsvollstreckung (§§ 767, 771 ZPO) und auf Beseitigung der Vollstreckungsklausel (§ 768 ZPO).[159] 132

Da das Urteil auf eine unmittelbare Änderung der Rechtsverhältnisse gerichtet ist, wirkt es im Gegensatz zu Leistungs- und Feststellungsurteilen nicht nur unter den Parteien, sondern gegenüber jedermann. 133

V. Einzelne Anträge

1. Zahlungsantrag

Eine Leistungsklage kann auf jede Art eines Tuns oder Unterlassens gehen, so u.a. auf Zahlung, Herausgabe, Räumung. Der in der Praxis häufigste Fall ist der der Zahlungsklage.[160] 134

---

[157] Vgl. BGHZ 173, 71; *Roth*, JZ 2009, 194.
[158] Vgl. BGH NJW 1992, 2296; 1994, 2896.
[159] Vgl. hierzu *Goebel*, AnwaltFormulare Zwangsvollstreckung.
[160] S. dazu Muster Rdn 311.

135 Die Formulierung des Klageantrages ist bei Zahlungsklagen i.d.R. unproblematisch; Schwierigkeiten können sich insoweit aber bei Klagen auf Herausgabe, Vornahme einer Handlung oder Feststellung ergeben. Aus dem Erfordernis eines bestimmten Antrages ergibt sich, dass Zahlungsansprüche grundsätzlich vom Kläger zu beziffern sind.

136 Der Zahlungsantrag muss den Betrag angeben, den der Kläger geltend macht. Ein eventuelles Bestimmungsrecht wie z.B. gem. §§ 315, 316 BGB muss der Kläger selbst ausüben und den geforderten Betrag im Klageantrag angeben.[161]

137 Für Zinsanträge reicht es grundsätzlich aus, den Prozentsatz und die Laufzeit anzugeben.[162] Bei Anträgen auf Mehrwertsteuer genügt die Angabe des Steuersatzes.

138 Klagen auf Lohn oder Gehalt können sowohl auf laufende Nettozahlungen als auch auf Bruttolohn lauten. In diesem Falle hat der Arbeitgeber im Rahmen der Vollstreckung die Abführung von Steuern und Sozialabgaben nachzuweisen (§ 775 Nr. 4 ZPO).[163] Bei Unterhaltsklagen müssen gemeinsame Anträge nach dem jeweiligen Recht aufgeschlüsselt werden.[164] Bei Klagen gem. § 1629 Abs. 3 ZPO muss zwischen Kindes- und Trennungsunterhalt differenziert werden.[165]

139 Bei der gemeinschaftlichen Klage mehrerer Kläger oder gegen mehrere Beklagte ist genau zu spezifizieren, was welcher Kläger fordert bzw. was von welchem Beklagten gefordert ist. Bei der Geltendmachung von Ansprüchen im Rahmen der Gesamtgläubiger- oder der Gesamtschuldnerschaft ist dies anzugeben.

140 Bei Schulden in ausländischer Währung ist der Klagenantrag auf Verurteilung zur Zahlung des geforderten Betrages in der fremden Währung zu richten.[166]

2. Unbezifferter Zahlungsantrag

141 Die Rechtsprechung lässt jedoch Ausnahmen vom Erfordernis der Bezifferung eines Zahlungsantrages zu, wenn die Bestimmung des Betrages von einer gerichtlichen Schätzung oder vom billigen Ermessen des Gerichts abhängig ist.[167] Von besonderer praktischer Bedeutung ist hier der **unbezifferte Schmerzensgeldantrag**.[168] Hier muss der Kläger in der Klagebegründung die Berechnungs- bzw. Schätzgrundlagen umfassend darlegen und die Größenordnung seiner Vorstellung angeben.[169] Diese kann seiner Streitwertangabe entnommen werden.[170]

142 Fehlt es an der Angabe einer solchen Vorstellung und stellt der Kläger die geltend gemachte Forderung damit vollständig in das Ermessen des Gerichts, obsiegt er in

---

161 Vgl. BGH JZ 1973, 61.
162 Vgl. unten Rdn 190 ff. sowie Muster Rdn 312 ff.
163 Vgl. BAG NJW 1964, 338.
164 Vgl. BGH NJW-RR 1995, 1217.
165 Vgl. OLG München FamRZ 1994, 136.
166 Vgl. BGH NJW 1980, 2017.
167 Vgl. BGHZ 4, 138 ff.
168 S. Muster Rdn 315.
169 Vgl. Zöller/*Greger*, § 253 ZPO Rn 14.
170 BGH NJW 1982, 340.

vollem Umfange, auch wenn das Gericht ganz erheblich von seiner inneren Vorstellung abweicht. Ihm würde es daher für ein Rechtsmittel an der erforderlichen Beschwer fehlen. Als Anhaltspunkt für die Entwicklung einer Berechnungsgrundlage haben sich für den in der Praxis häufigsten Fall des unbezifferten Antrages auf Schmerzensgeld die gängigen Schmerzensgeldtabellen[171] bewährt.

Trotz des sich aus § 308 ZPO ergebenden Grundsatzes „ne ultra petita" kann das Gericht die vom Kläger genannte Größenordnung überschreiten, wenn der Kläger für sein Begehren keine Obergrenze angibt.[172] Die Angabe einer Größenordnung des begehrten Schmerzensgeldes stellt noch keine Begrenzung des Klagebegehrens dar. Sie ist mithin nicht bindend. Der Kläger ist daher nicht gehindert, in der zweiten Instanz eine höhere Größenordnung geltend zu machen.[173] Es handelt sich hierbei nicht um eine Klageerhöhung mit entsprechenden verjährungsrechtlichen Auswirkungen.[174] **143**

Da der unbezifferte Schmerzensgeldantrag nicht dazu missbraucht werden darf, eigenes Mitverschulden und das damit verbundene Kostenrisiko auf den Beklagten zu überbürden, hat der Kläger auch im Rahmen einer unbezifferten Schmerzensgeldklage ein eventuelles Mitverschulden zu berücksichtigen und Umstände, die auf ein Mitverschulden schließen lassen, dem Gericht mitzuteilen. **144**

Unterlässt er dies, kommt ihm die Privilegierung des § 92 Abs. 2 Nr. 2 ZPO nicht zugute. In diesem Falle kann auch eine für ihn nachteilige Kostenentscheidung ergehen, wenn das Gericht sich im Ausspruch der Schmerzensgeldhöhe zwar in dem vom Kläger vorgegebenen Rahmen hält, bei der Schmerzensgeldbemessung aber nicht nur Ermessenserwägungen ausschlaggebend waren, sondern auch das Durchgreifen von Einwendungen des Beklagten.[175] **145**

Im Arbeitsrecht sind die Anträge auf Abfindung gem. § 9 KSchG und § 113 BetrVG ebenfalls nicht zu beziffern.[176] **146**

3. Antrag auf Leistung Zug-um-Zug

In Fällen, in denen die Leistung entweder ganz oder teilweise von einer Gegenleistung des Gläubigers abhängt oder dem Gläubiger eventuell ein Zurückbehaltungsrecht (§ 273 BGB) oder die Einrede des nicht erfüllten Vertrages (§ 320 BGB) zusteht, kann der Kläger eine Zug-um-Zug-Verurteilung beantragen.[177] In diesem Falle muss er die von ihm zu erbringende Leistung so genau beschreiben, dass auch diese für den Fall einer Vollstreckung genau bestimmbar ist.[178] **147**

---

171 Vgl. z.B. *Hacks/Wellner/Hecker*.
172 Vgl. BGHZ 132, 341 = NJW 1996, 2425; BGHZ 140, 335 = NJW 1999, 1339.
173 Vgl. BGH NJW 2002, 3769 = VersR 2002, 152.
174 Vgl. BGH, NJW 2002, 3769.
175 Vgl. Zöller/*Greger*, § 253 ZPO Rn 14.
176 Vgl. BAG BB 1984, 61.
177 S. Muster Rdn 317.
178 Vgl. BGH NJW 1993, 324.

148 Der Zug-um-Zug-Antrag ist in diesen Fällen deshalb erforderlich, da bei einem uneingeschränkten Antrag auf Verurteilung die Klage wegen der bestehenden Gegenrechte des Beklagten zum Teil mit einer für den Kläger nachteiligen Kostenfolge teilweise abzuweisen wäre.

149 *Tipp*

In Fällen, in denen sich der Beklagte mit der Entgegennahme der Leistung im Verzug befindet, kann der Gläubiger den Antrag auf Zug-um-Zug-Verurteilung mit einem Antrag auf Feststellung, dass sich der Beklagte mit der Leistung, wegen derer er das Zurückbehaltungsrecht oder die Einrede des nicht erfüllten Vertrages geltend machen kann, im Annahmeverzug befindet, verbinden, um so gem. §§ 756, 765 ZPO die Zwangsvollstreckung zu erleichtern.

Infolge einer entsprechenden Verurteilung wird der für die Vollstreckung erforderliche Nachweis, dass der Schuldner sich im Verzug der Annahme befinde, bereits durch das Urteil selbst erbracht.

150 *Hinweis*

In Fällen, in denen die Leistung noch von einer Gegenleistung abhängig ist, ist eine Klage auf künftige Leistung gem. § 257 ZPO nicht zulässig!

4. Sonstige Leistungsanträge

151 Auch die sonstigen Leistungsanträge sind derart genau zu fassen, dass eine Zwangsvollstreckung aus dem Urteil möglich ist.[179] Bei Anträgen auf Vornahme einer Handlung muss lediglich der erstrebte Erfolg konkretisiert werden, da der Schuldner unter mehreren geeigneten und zumutbaren Mitteln das ihm Genehme auswählen darf.[180] So muss bei Klagen auf Herausgabe oder Räumung das Objekt, z.B. nach Adresse, Lage im Haus, eindeutig identifiziert werden.[181]

152 Anträge auf Abgabe einer Willenserklärung müssen so präzise gefasst sein, dass die Fiktion des § 894 ZPO hieran anknüpfen kann.[182]

153 Ebenfalls müssen Unterlassungsanträge genau bestimmt werden.[183] Unterlassungsanträge im Wettbewerbsrecht müssen sich daher möglichst genau an der konkreten Verletzungsform orientieren. Dies begründet – insbesondere im Wettbewerbsrecht – die Gefahr, dass ein konkret gefasster Unterlassungstitel durch ähnliche Handlungen umgangen wird. Daher lässt die Rechtsprechung des BGH in gewissem Rahmen Verallgemeinerungen bei der Formulierung des Antrages zu, wenn das Charakteristische der konkreten Verletzungshandlung zum Ausdruck kommt.[184] Im Übrigen müssen die Anträge derart

---

179 S. Muster Rdn 319–324.
180 Vgl. BGH NJW 1978, 1584; 1996, 2725; 1983, 751; s. Muster Rdn 318.
181 S. Muster Rdn 322.
182 Vgl. BGH NJW 1985, 479.
183 S. Muster Rdn 320.
184 Vgl. BGHZ 5, 189 = NJW 1952, 665; BGH GRUR 1961, 288.

5. Fristbestimmung im Urteil

Gem. § 255 Abs. 1 ZPO kann der Kläger für den Fall, dass der Beklagte nicht vor Ablauf einer ihm zu bestimmenden Frist den erhobenen Anspruch befriedigt (er das Recht hat, Schadenersatz wegen Nichterfüllung zu fordern oder die Aufhebung des Vertrages herbeizuführen), verlangen, dass eine solche Frist bereits im Urteil bestimmt wird. Das Gleiche gilt gem. § 255 Abs. 2 ZPO, wenn dem Kläger das Recht, die Anordnung einer Verwaltung zu verlangen, für den Fall zusteht, dass der Beklagte nicht vor dem Ablauf einer ihm zu bestimmenden Frist die beanspruchte Sicherheit leistet, sowie im Falle des § 2193 Abs. 2 BGB für die Bestimmung einer Frist zur Vollziehung einer Auflage.

Die Stellung eines solchen Antrages auf Fristbestimmung im Urteil ist sinnvoll in den Fällen, in denen der Kläger nicht sicher ist, ob dem Beklagten die Herausgabe der Sache noch möglich ist oder ob er Schadensersatzansprüche geltend machen muss. Durch die Bestimmung einer Frist im Urteil kann sich der Gläubiger eine weitere zusätzliche Fristsetzung ersparen. Sinn dieser Vorschrift ist es einerseits, den Schuldner zur Erfüllung anzuhalten, andererseits, dem Kläger die Schadloshaltung zu erleichtern in Fällen, in denen er nach Ablauf einer zu setzenden Leistungsfrist weitere Sekundäransprüche hat.[185]

Materiell-rechtlich werden die §§ 250, 281 Abs. 1, 527, 910 Abs. 1 S. 2, 1003 Abs. 2, 1133 BGB, § 375 Abs. 2 HGB, § 37 VerlG erfasst. Dagegen ist § 255 ZPO unanwendbar bei § 264 Abs. 2 BGB, da hier mangels Anspruchs auf Ausübung der Wahl auch eine Klage ausscheidet.[186]

Der Antrag auf Fristbestimmung ist ein Sachantrag. Nach herrschender Auffassung reicht es aus, wenn die Bestimmung einer angemessenen Frist beantragt wird.[187] Die gerichtliche Fristsetzung präjudiziert nicht den Sekundäranspruch selber. Die Klage wegen des Sekundäranspruches wird durch § 255 ZPO nicht erleichtert. Eine Verbindung einer Schadensersatzklage mit Leistungs- und Fristsetzungsanträgen ist bei der Verpflichtung auf Vornahme einer Handlung gem. § 510b ZPO bei Rechtsstreiten vor den Amtsgerichten und gem. § 61 Abs. 2 ArbGG bei Klagen vor den Arbeitsgerichten ausdrücklich zugelassen.

Ansonsten ist die Verbindung einer Leistungsklage mit Fristsetzungsantrag mit einer Schadensersatzklage nur als Klage auf zukünftige Leistung gem. § 259 ZPO (vgl. hierzu Rdn 263 ff.) möglich.[188] Zulässig ist z.B. die Verbindung einer Herausgabeklage mit

---

185 Vgl. z.B. § 283 BGB a.F. und Muster Rdn 321.
186 Musielak/Voit/*Foerste*, ZPO, § 255 Rn 2.
187 Vgl. Musielak/Voit/*Foerste*, ZPO, § 255 Rn 3.
188 Vgl. OLG Köln NJW-RR 1998, 1682.

einer Klage auf Schadensersatz[189] bzw. einer Klage auf Nutzungsentschädigung bis zur Ausgabe.[190]

6. Klage auf künftige Leistung

159 Unter den Voraussetzungen der §§ 257–259 ZPO kann auch bereits Klage auf künftige Leistung erhoben werden. Eine solche Klage ist insbesondere dann zweckmäßig, wenn der Kläger Anlass zu der Annahme hat, dass der Beklagte bei Fälligkeit die geschuldete Leistung nicht erbringen wird. Gem. § 257 ZPO besteht daher für den Kläger die Möglichkeit, sich bereits vor Fälligkeit einen Titel zu verschaffen, um bei Fälligkeit sofort vollstrecken zu können. § 257 ZPO gilt nur für Geldforderungen, die nicht von einer Gegenleistung abhängen oder für Räumungsansprüche bei anderen als zu Wohnzwecken dienenden Räumen.[191]

160 Da Mietzahlungen von einer Gegenleistung, nämlich der Überlassung einer Mietsache zum Gebrauch, abhängen, ist § 257 ZPO nicht für Forderungen auf Miete oder Nutzungsentgelt anwendbar. Hier kann jedoch Klage gem. § 259 ZPO erhoben werden, wenn die Besorgnis besteht, dass der Mieter seinen künftigen Zahlungsverpflichtungen nicht nachkommt.[192]

161 Gem. § 258 ZPO kann auch bei wiederkehrenden Leistungen Klage auf künftige Entrichtung wegen erst nach Erlass des Urteils fällig werdenden Leistungen erhoben werden. Wiederkehrende Leistungen sind dabei Leistungen, die sich als Folge aus einem Rechtsverhältnis ergeben, wobei der einzelne Anspruch nur noch vom Zeitablauf abhängt.[193] Die Leistungspflicht muss hierbei einseitig sein.[194] Fälle sind die Geltendmachung von Unterhalt,[195] Renten- und Zinsansprüchen, Versicherungsprämien und Ruhegehaltsansprüchen.

7. Teilklage

162 Der Kläger kann auch nur bestimmte Teile der ihm zustehenden Ansprüche geltend machen. Eine nur teilweise Geltendmachung von Ansprüchen kann sich anbieten, um das Prozesskostenrisiko gering zu halten und Kosten zu sparen, oder wenn an der Liquidität des Beklagten Zweifel bestehen.[196]

163 Ebenfalls durch eine Teilklage kann erreicht werden, dass der Prozess u.U. beim Amtsgericht zu führen ist und der Kläger damit ohne Anwalt prozessieren kann.

---

189 OLG Schleswig NJW 1966, 1929.
190 Vgl. BGH NJW 1999, 954.
191 S. Muster Rdn 322.
192 Vgl. BGH NJW 1999, 954.
193 Vgl. BGH NJW 1986, 3142.
194 Vgl. BGH a.a.O.
195 Vgl. BGHZ 82, 246 = NJW 1982, 578.
196 S. Muster Rdn 326.

Bei der Teilklage ist zu beachten, dass die Verjährung nur hinsichtlich des eingeklagten 164
Teilbetrages gehemmt wird, nicht jedoch bezüglich des weitergehenden Anspruches.[197]
Wenn sich der geltend gemachte Anspruch aus mehreren Forderungen zusammensetzt,
ist genau zu bestimmen, wie sich der eingeklagte Teilbetrag berechnet. Es sollte in der
Klage deutlich gemacht werden, dass nur ein Teilanspruch geltend gemacht wird, sowie
die Gründe, die den Kläger veranlassen, um Rechtsnachteile zu vermeiden. Wird nur
ein Teilanspruch geltend gemacht, ohne dies kenntlich zu machen (sog. verdeckte Teilklage), kann eine nachfolgende Klage wegen des Rechtsanspruches bereits aus Rechtskraftgründen unzulässig sein.[198] Eine Teilklage, mit der mehrere prozessual selbstständige Ansprüche geltend gemacht werden, genügt dem Bestimmtheitserfordernis des
§ 253 Abs. 2 Nr. 2 ZPO nur, wenn der Kläger die Reihenfolge angibt, in der das Gericht
seine Ansprüche prüfen soll,[199] andernfalls lassen sich der Streitgegenstand und damit
die materielle Rechtskraft nicht bestimmen.

Formulierungsbeispiel 165

„Geltend gemacht werden die Ansprüche in folgender Reihenfolge – jeweils zu (...)."

oder:

„Der Kläger stellt die geltend gemachten Ansprüche in folgender Reihenfolge
– jeweils zu (...) – zur Prüfung: (...)."

Hinweis 166

Bei Erhebung einer Teilklage muss der Kläger damit rechnen, dass der Beklagte mit
einer negativen Feststellungs(-wider-)klage antwortet. In diesem Fall kann der Kläger
der Feststellungswiderklage durch eine Klageerhöhung das für die Widerklage erforderliche Rechtsschutzbedürfnis entziehen. Diese Möglichkeit ist insbesondere dann
zu beachten, wenn durch die Feststellungswiderklage Dritte in den Rechtsstreit einbezogen werden, die der Kläger als Zeuge benannt hat.

8. Stufenklage

Mit der Stufenklage gem. § 254 ZPO wird es dem Kläger ermöglicht, einen Anspruch 167
auf Rechnungslegung, Vorlegung eines Vermögensverzeichnisses oder Abgabe einer
eidesstattlichen Versicherung und einen noch unbestimmten Leistungsantrag zu verbinden.[200] Mit der Erhebung der Stufenklage erreicht der Kläger bereits die Rechtshängigkeit des noch unbestimmten Leistungsantrages, so dass hierdurch bereits die Hemmung
der Verjährung herbeigeführt werden kann.[201]

In der Praxis wichtige Fälle der Stufenklage bestehen bei Unterhalts- und Erbschaftsansprüchen, bei gesellschaftsrechtlichen Auseinandersetzungen, für die Herausgabepflich- 168

---

197 Vgl. BGH NJW 1988, 1854; 2002, 2167.
198 Vgl. BGH NJW 1994, 3156; 1997, 1590.
199 Vgl. BGH NJW 2000, 3718.
200 S. Muster Rdn 327.
201 Vgl. BGH NJW-RR 1995, 513.

ten aus Geschäftsbesorgungsverträgen sowie bei Schadensersatzansprüchen, bei denen der Verpflichtete, nicht aber der Berechtigte, die zur Berechnung des Anspruches erforderlichen Umstände kennt. Im Prozess wird zunächst der Auskunftsantrag gestellt. Erst wenn über ihn entschieden oder er sonst wie erledigt ist, kann der Antrag der nächsten Stufe gestellt werden. Wird die begehrte Auskunft vor oder während des Prozesses in formell ordnungsgemäßer Weise erteilt, kann ein Antrag der ersten Stufe nicht mehr gestellt werden, auch wenn die Auskunft nach Meinung des Klägers unvollständig und unrichtig ist. Der Streit hierüber ist mit dem Antrag auf eidesstattliche Versicherung zu führen.

169 *Tipp*

Bereits mit der Klage kann der Antrag auf Abgabe einer eidesstattlichen Versicherung[202] gestellt werden. Zur Abgabe der eidesstattlichen Versicherung ist der Beklagte allerdings nur verpflichtet, wenn ein begründeter Verdacht besteht, dass die Auskunft fehlerhaft ist oder nicht mit der erforderlichen Sorgfalt erteilt wurde.

170 Über jede Stufe wird gesondert und nacheinander verhandelt und durch Teilurteil ohne Kostenentscheid entschieden. Über die letzte Stufe ergeht ein Schlussurteil. Wird der Beklagte durch Teilurteil zur Erteilung der Auskunft verurteilt, ist die Vollstreckung gem. § 888 ZPO zu betreiben. Nach Abschluss einer Stufe geht das Verfahren auf der nächsten Stufe erst dann weiter, wenn der Kläger dies beantragt. Das Gericht ist in der nächsten Stufe nicht an sein vorheriges Urteil gebunden. Es kann z.B. den Zahlungsanspruch trotz eines vorherigen Auskunftsurteils mangels Rechtsgrundes abweisen.[203]

171 Ergibt die ordnungsgemäße Auskunft, dass kein Anspruch besteht, kann der Kläger versuchen, eine übereinstimmende Erledigungserklärung zu erreichen; anderenfalls muss er die Klage zurücknehmen. Wird nach negativer Auskunft der Leistungsantrag unverzüglich zurückgenommen, ist über die Kosten nach billigem Ermessen zu entscheiden. Hierbei ist zu berücksichtigen, ob die Leistungsklage durch Säumnis des Beklagten provoziert war.

9. Haupt- und Hilfsanträge

172 Als Prozesshandlungen sind Klageanträge bedingungsfeindlich. Zulässig sind jedoch echte Hilfsanträge, die nur von einer innerprozessualen Bedingung abhängig sind. Insoweit ist es möglich, mehrere Anträge als Haupt- und Hilfsanträge gestaffelt zu stellen. Der Hilfsantrag wird dabei nur für den Fall gestellt, dass der Hauptantrag keinen Erfolg hat (z.B. Klage auf Schadensersatz, hilfsweise auf Minderung).[204] Darüber hinaus können auch Hilfsanträge im Rahmen einer Antragsstaffelung gestellt werden für den Fall, dass der Hauptantrag Erfolg hat, z.B. im Rahmen einer Kündigungsschutzklage der

---

202 Vgl. Zöller/*Greger*, § 254 ZPO Rn 10.
203 Vgl. BGH NJW 1985, 1349.
204 S. Muster Rdn 328.

Antrag auf Weiterbeschäftigung für den Fall, dass die Kündigungsschutzklage Erfolg hat.[205]

Hinweis

Gem. § 45 Abs. 1 S. 2 GKG wird der Streitwert des hilfsweise geltend gemachten Anspruchs zu dem des Hauptanspruchs hinzugerechnet, soweit über diesen eine Entscheidung ergeht. Dies gilt nach § 45 Abs. 1 S. 2 GKG nicht, wenn die Ansprüche denselben Gegenstand betreffen. In einem solchem Fall ist nur der Wert des höheren Anspruchs maßgebend.

10. Feststellungsantrag

Für Fälle, in denen ein bestimmter bezifferter Antrag noch nicht möglich ist, steht dem Kläger gem. § 256 ZPO die Feststellungsklage zur Verfügung.[206]

Hiermit kann der Kläger das Bestehen oder Nichtbestehen eines Rechtsverhältnisses, die Anerkennung einer Urkunde oder die Echtheit einer Urkunde durch ein Gericht bindend feststellen lassen. Durch die Feststellungsklage wird es den Parteien ermöglicht, ihre Rechtsbeziehungen bereits frühzeitig klären zu lassen. Durch die Rechtskraft des Feststellungsurteils ist dieses auch für spätere Prozesse auf Erfüllung, Rückgewähr oder Schadensersatz vorgreiflich.

Voraussetzung für eine Feststellungsklage nach § 256 Abs. 1 ZPO ist allerdings ein besonderes Feststellungsinteresse im Rahmen eines konkreten Rechtsverhältnisses. Ein solches rechtliches Interesse an einer alsbaldigen Feststellung des Bestehens oder Nichtbestehens eines Rechtsverhältnisses ist dann gegeben, wenn im Recht oder der Rechtslage des Klägers eine gegenwärtige Gefahr der Unsicherheit droht, und wenn das erstrebte Urteil geeignet ist, die Unsicherheit zu beseitigen.[207] Ein Interesse an der bloßen Abklärung allgemeiner Rechtsfragen oder der Vorfragen eines Rechtsverhältnisses genügt allerdings nicht.

Das Feststellungsinteresse fehlt ebenfalls, wenn Leistungsklage erhoben werden könnte.[208] Hiervon lässt der BGH jedoch dann Ausnahmen zu, wenn damit gerechnet werden kann, dass die Feststellungsklage zu einer sachgemäßen Erledigung der aufgetretenen Streitpunkte führt, und davon auszugehen ist, dass das Feststellungsurteil ausreicht, um die begehrte Leistung auch ohne vollstreckbaren Ausspruch zu erlangen.[209] Daher lässt der BGH die Feststellungsklage trotz der Möglichkeit einer Leistungsklage gegen öffentlich-rechtliche Körperschaften und Anstalten,[210] Versicherungen,[211] Banken[212] und

---

205 Vgl. BAG NZA 1988, 781.
206 S. Muster Rdn 329.
207 Vgl. BGH NJW 1984, 1109.
208 Vgl. BGH NJW 1984, 118; 1995, 1097; OLG Naumburg, NJW-RR 2008, 385.
209 Vgl. BGH NJW 1995, 1097.
210 Vgl. BGHZ 28, 123 = NJW 1958, 1681; 2001, 445.
211 Vgl. BGH NJW 1999, 3774.
212 Vgl. BGH MDR 1997, 863.

Insolvenzverwalter[213] zu. Das Feststellungsinteresse liegt auch dann vor, wenn das Bestehen eines Anspruches feststeht, die Höhe aber noch nicht bezifferbar ist.

178 In der Praxis häufige Fälle sind Klagen auf Feststellung, dass der Beklagte zum Ersatz zukünftig entstehender Schäden, deren Höhe noch nicht vorhersehbar ist, verpflichtet wird. Auch wenn im Laufe des Rechtsstreites solche Schäden eintreten und damit beziffert werden könnten, ist der Kläger nicht gezwungen, insoweit von der Feststellungsklage Abstand zu nehmen und diese Ansprüche teilweise zu beziffern; er darf vielmehr bei der Feststellungsklage bleiben.[214]

179 Zur Zulässigkeit der Feststellungsklage hat sich eine umfangreiche Kasuistik gebildet, so dass insoweit auf die entsprechenden Kommentarstellen verwiesen wird.[215]

180 Die Feststellungsklage hemmt die Verjährung.[216] Ist ein bestimmter Anspruch rechtskräftig festgestellt, so greift die 30jährige Verjährungsfrist des § 197 Abs. 1 Nr. 3 BGB ein.

181 Ein Sonderfall der Feststellungsklage ist die **negative** Feststellungsklage, bei der das Rechtschutzziel die Feststellung ist, dass ein bestimmter Anspruch, dessen sich ein anderer berühmt, nicht besteht. Durch die negative Feststellungsklage ändert sich die Beweislast nicht. Dies bedeutet, dass in der Regel derjenige, der sich des Bestehens einer Forderung berühmt, auch deren Bestehen zu beweisen hat.[217]

182 *Hinweis*

Einer negativen Feststellungsklage fehlt das Rechtschutzinteresse, wenn Leistungsklage oder eine positive Feststellungsklage erhoben werden können, da diese vorgehen. Nur diese können nämlich die Verjährung hemmen und sind daher trotz der Rechtshängigkeit der negativen Feststellungsklage zulässig.[218]

183 Gem. § 256 Abs. 2 ZPO kann auch während eines laufenden Verfahrens eine Zwischenfeststellungsklage erhoben werden, um ein im Rahmen des Prozesses streitig gewordenes vorgreifliches Verhältnis rechtskräftig feststellen zu lassen.[219] Ein besonderes Feststellungsinteresse ist hierfür nicht erforderlich. Durch die Zwischenfeststellungsklage kann z.B. erreicht werden, dass bei einer Vindikationsklage nicht nur über den Herausgabeanspruch entschieden wird, sondern bindend auch Eigentums- oder Besitzrecht festgestellt wird.

184 Da die positive Feststellungsklage – mit Ausnahme des Kostenausspruches – keinen vollstreckungsfähigen Ausspruch enthält, trägt die Rechtsprechung dem bei der Streitwertfestsetzung durch einen Abschlag von 20 % Rechnung.[220] Demgegenüber ist bei

---

213 Vgl. RG JW 1938, 892.
214 Vgl. BGH NJW 1984, 1552; 1997, 338; 1997, 870; 1996, 2725; NJW-RR 2008, 1520.
215 Vgl. z.B. Musielak/Voit/*Weth* ZPO § 256 Rn 18.
216 Vgl. § 204 Abs. 1 Nr. 1 BGB.
217 S. Muster Rdn 331.
218 Vgl. KG NJW 1961, 33; das Feststellungsinteresse für die nicht entscheidungsreife negative Feststellungsklage entfällt, wenn der Beklagte Leistungsklage erhebt und er diese nicht mehr einseitig zurücknehmen kann, *Roth*, JZ 2009, 194; BGHZ 165, 305.
219 S. Muster Rdn 331.
220 Vgl. BGH NJW 1965, 2298.

einer negativen Feststellungsklage der volle Betrag, dessen sich der Beklagte berühmt, zugrunde zu legen, da dem Beklagten bei erfolgter Klage auch eine Leistungsklage versagt ist.[221] Der Streitwert einer Zwischenfeststellungsklage ist gem. § 5 ZPO der Hauptsache zuzurechnen.

Auch wenn im Laufe des Rechtsstreites solche Schäden eintreten und damit beziffert werden können, ist der Kläger nicht gezwungen, insoweit von der Feststellungsklage Abstand zu nehmen und diese Ansprüche teilweise zu beziffern. Er darf vielmehr bei der Feststellungsklage verbleiben.

11. Besondere Klageart: Urkunden-, Wechsel- und Scheckprozess

Um dem Kläger, der die Voraussetzung seines Anspruchs urkundlich belegen kann, schnell einen vollstreckbaren Titel zu verschaffen, geben die §§ 592 ff. ZPO die Möglichkeit, bei Ansprüchen auf Zahlung einer bestimmten Geldsumme oder Leistung einer bestimmten Menge vertretbarer Sachen, oder von Wertpapieren im Urkundenprozess zu klagen.[222] In diesem Verfahren sind die **Beweismittel beschränkt: Die Widerklage ist ausgeschlossen.** Durch Verkürzung der Ladungsfrist und Erleichterungen der Beweisführung tritt eine weitere Beschleunigung ein.[223] Das Urteil kann jedoch gem. §§ 597 Abs. 2, 599 ZPO durch ein Nachverfahren, in dem sämtliche Beweismittel zugelassen sind, wieder aufgehoben werden. Bei Vollstreckung aus dem **Vorbehaltsurteil** besteht die Gefahr der Schadenersatzpflicht für den Fall der Aufhebung im Nachverfahren.[224]

Die wichtigste Besonderheit des Urkundenprozesses ist, dass der Kläger sämtliche klagebegründenden Tatsachen, sofern sie streitig sind, durch **Urkundenvorlage** zu beweisen hat. Andere Beweismittel sind unzulässig. Gem. § 595 Abs. 2 ZPO ist Parteivernehmung nur bezüglich der Frage der Echtheit und Unechtheit einer Urkunde sowie anderer, nicht anspruchsbegründender Tatsachen, z.B. rechtsvernichtender Einwendungen, zulässig. Gem. § 596 ZPO kann der Kläger vom Urkundenprozess Abstand nehmen, z.B. wenn ihm der Beweis der klagebegründenden Tatsachen durch Urkunden nicht gelingt. Der Prozess geht sodann in das normale Verfahren über. Eine Unterart des Urkundenprozesses ist der Wechsel- und Scheckprozess, für den grundsätzlich die Vorschriften des Urkundenprozesses gleichfalls gelten, vgl. §§ 602, 605a ZPO.[225]

Mit Urt. v. 1.6.2005[226] hat der BGH auch die Geltendmachung von Ansprüchen auf Miete aus Wohnraummietverträgen im Urkundsprozess zugelassen, auch wenn der Mieter der Wohnung Mängel der Mietsache behauptet. Die Mangelfreiheit der Mietsache gehöre nicht zu den zur Begründung des Anspruches auf Miete erforderlichen Tatsachen. Die infolge einer Mangelhaftigkeit der Mietsache eintretende Mietminderung führe zu mate-

---

221 Vgl. BGH NJW 1997, 1778.
222 Vgl. hierzu § 9 Rdn 1 ff.
223 Vgl. § 640 Abs. 2 und 3 ZPO.
224 Vgl. § 600 Abs. 2 ZPO.
225 S. Muster Rdn 332 und 333.
226 BGH NJW 2005, 2701 = NZM 2005, 661.

riell-rechtlichen Einwendungen des Mieters gegen die Forderung auf Mietzahlung, die im Prozess von dem Mieter darzulegen und zu beweisen ist. Soweit er diesen Beweis nicht mit im Urkundsverfahren zulässigen Beweismitteln erbringen kann, bleibt er auf das Nachverfahren verwiesen.

189 Gem. § 46 Abs. 2 S. 2 ArbGG gelten die Vorschriften über den Urkunden- und Wechselprozess im **arbeitsgerichtlichen Verfahren** nicht (vgl. im Einzelnen § 9 Rdn 1 ff.).

VI. Anträge zu Nebenforderungen und sonstige prozessuale Anträge

1. Zinsantrag

190 Als häufigster Nebenantrag bei Zahlungsklagen findet sich der Zinsantrag.

191 Hier sind die vom Kläger geltend gemachten Zinsen entsprechend der jeweiligen Anspruchsgrundlage genau zu spezifizieren. Für die Bestimmung des Zinsantrages genügt allerdings die Angabe des geltend gemachten Zinssatzes und zur Definition des geltend gemachten Zinssatzes auch die Bezugnahme auf den Basiszinssatz.

192 Der Antrag lautet dann: „Nebst Zinsen in Höhe von ... Prozentpunkten über dem Basiszinssatz seit dem ....".[227]

193 Neben vertraglich vereinbarten Zinsen können Anspruchsgrundlage für Zinsansprüche sein §§ 280 Abs. 1, 2, 286, 288 BGB (Verzugszinsen) sowie § 291 BGB (Prozesszinsen).

194 Gem. § 288 Abs. 1 S. 2 BGB beträgt der Verzugszinssatz regelmäßig 5 Prozentpunkte p. a. über dem Basiszinssatz.

195 Gem. § 288 Abs. 2 BGB beträgt der Zinssatz bei Rechtsgeschäften, bei denen ein Verbraucher nicht beteiligt ist, für Entgeltforderungen 9 Prozentpunkte über dem Basiszinssatz. § 288 Abs. 2 BGB beruht auf der Umsetzung der EG Richtlinie 2000/35 EG zur Bekämpfung von Zahlungsverzug im Geschäftsverkehr.[228] Der Verbraucherbegriff bestimmt sich hierbei nach § 13 BGB.[229] Verbraucher ist hiernach jede natürliche Person, die ein Rechtsgeschäft zu einem Zweck abschließt, der weder ihrem gewerblichen noch ihrer selbstständigen beruflichen Tätigkeit zugerechnet werden kann. Demgegenüber sind gem. § 14 BGB alle natürlichen und juristischen Personen oder rechtsfähige Personengesellschaften, die in Ausübung ihrer gewerblichen oder selbstständigen beruflichen Tätigkeit handeln, Unternehmer. Vom Unternehmerbegriff umfasst werden auch Freiberufler und die öffentliche Hand.

196 Haften ein Unternehmer und ein Verbraucher als Gesamtschuldner, so gelten für die Beteiligten unterschiedliche Zinssätze.[230]

---

227 S. Muster Rdn 312 ff. Die in der Praxis noch anzutreffende Formulierung „5 % Zinsen über dem Basiszinssatz" ist dahin auszulegen, dass der Antragsteller in Anlehnung an § 288 Abs. 1 S. 2 BGB eine Verzinsung in Höhe von 5 Prozentpunkten über dem Basiszinssatz begehrt.
228 Vgl. ABl.EG L 2000 v. 8.8.2000, 35.
229 Vgl. Dauner-Lieb/u.a.-AnwK-SchuldR/*Schulte-Nölke*, § 288 Rn 8.
230 Vgl. Palandt/*Grüneberg*, § 288 Rn 9.

Entgeltforderungen sind alle Forderungen, die auf Zahlung eines Entgeltes für die Lieferung von Gütern oder die Erbringung von Dienstleistungen gerichtet sind.[231]   197

Gem. § 288 Abs. 3 BGB ist die Geltendmachung eines weitergehenden Schadens nicht ausgeschlossen. Ein solcher weitergehender Schaden kann im Verlust von Anlagezinsen oder Aufwendungen für Kreditzinsen liegen. Für die Geltendmachung eines höheren als des gesetzlichen Zinssatzes trägt der Kläger die Beweislast. Macht der Kläger Kreditkosten geltend, genügt zunächst die allgemeine Behauptung, er habe einen mit x % verzinslichen Bankkredit in Anspruch genommen, den er bei fristgerechter Begleichung zurückgeführt hätte. Erst bei Bestreiten ist eine konkrete Darlegung erforderlich.[232]   198

> *Tipp*   199
> Auch wenn eine Bankbescheinigung nicht sofort vorgelegt werden muss, empfiehlt sich die Vorlage bereits mit der Klageschrift, da dies in der Regel dazu führt, dass dieser Punkt gar nicht mehr bestritten wird, so dass eine Aktualisierung der Bankbescheinigung bis zur letzten mündlichen Verhandlung unterbleiben kann. Dies wird jedoch von den Gerichten regelmäßig verlangt, wenn der weitergehende Schaden bestritten wird.

Unabhängig vom Bestehen eines Verzuges hat gem. § 291 BGB der Schuldner eine Geldschuld bereits ab Rechtshängigkeit zu verzinsen. Wird die Schuld nach Rechtshängigkeit fällig, so ist sie ab dem Zeitpunkt der Fälligkeit zu verzinsen. Die Höhe der Prozesszinsen entspricht der des Verzugszinses. Der Kläger kann sich bei Entgeltforderungen daher einen Zinsanspruch sichern, ohne dass er zuvor die Frist des § 286 Abs. 3 BGB verstreichen lassen muss. Darüber hinaus kann der Kläger in den Fällen, in denen der geltend zu machende Anspruch vor dem Inkrafttreten des Schuldrechtsreformgesetzes entstanden ist, unter Verweis auf § 291 BGB n.F. neben dem nach der alten Rechtslage geschuldeten (niedrigeren) Verzugszins ab Rechtshängigkeit den höheren Zinssatz gem. § 288 Abs. 2 BGB n.F. fordern.[233]   200

2. Anwaltsgebühren für außergerichtliche Anwaltstätigkeit

Infolge der Ersetzung der BRAGO durch das RVG ist die Vorschrift des § 118 Abs. 2 BRAGO, wonach die für die außergerichtliche Tätigkeit angefallene Geschäftsgebühr auf die in einem anschließenden gerichtlichen Verfahren entstehende Prozessgebühr anzurechnen war, durch VV Vorbemerkung 3 Abs. 4 ersetzt worden. Danach wird, soweit wegen desselben Gegenstandes eine Geschäftsgebühr nach den Nummern 2300 bis 2303 VV entstanden ist, diese Gebühr zur Hälfte, jedoch höchstens mit einem Gebührensatz von 0,75 auf die Verfahrensgebühr des gerichtlichen Verfahrens angerechnet. Sind mehrere Gebühren entstanden, ist für die Anrechnung die zuletzt entstandene Gebühr maßgebend. Die Anrechnung erfolgt nach dem Wert des Gegenstandes, der in das gerichtliche   201

---

231 Vgl. Palandt/*Grüneberg*, § 286 Rn 27.
232 Vgl. BGH DB 1977, 582.
233 Vgl. Dauner-Lieb/u.a.-AnwK-SchuldR/*Schulte-Nölke*, § 291 Rn 5.

Verfahren übergegangen ist. Durch diese Regelung soll auch die Tätigkeit eines Anwaltes, der zunächst außergerichtlich tätig war, auch entsprechend vergütet werden. Da nur eine teilweise Anrechnung der außergerichtlich entstandenen Gebühren nach VV 2300 bis 2303 erfolgt, bleibt die Partei bei dem Rechtsstreit vorhergehender außergerichtlicher Tätigkeit des Anwaltes immer mit einem Gebührenanteil belastet. Dieser Gebührenanteil ist auch bei späterem Obsiegen der Partei nicht im Rahmen der Kostenfestsetzung festsetzbar, sondern muss, wenn eine vollständige Erstattung aller entstandenen Gebühren vom Gegner erzielt werden soll, als materiell-rechtlicher Kostenerstattungsanspruch gerichtlich geltend gemacht werden. Anspruchsgrundlagen können hierbei sein Schadensersatzansprüche wegen Verzuges oder der Verletzung von Schutzpflichten[234] oder – bei Verletzung absoluter Rechte – § 826 Abs. 1 BGB[235] sowie – insbesondere in Wettbewerbssachen –Geschäftsführung ohne Auftrag.

202 Nach der Rechtsprechung des 8. Zivilsenates des BGH sollte abweichend von der bis dahin feststehenden Rechtsprechung[236] in Fällen, in denen ein nach Vorbemerkung 3 (4) zu VV 3100 wegen desselben Gegenstandes entstandene Geschäftsgebühr aus die im gerichtlichen Verfahren entstehende Geschäftgebühr anzurechnen war, die im anschließenden gerichtlichen Verfahren anfallende Verfahrensgebühr nur in verminderter Höhe entstehen.[237] Der Gesetzeswortlaut in den Vorbemerkungen 3 (4) lasse nur die Minderung der Verfahrensgebühr und nicht der Geschäftsgebühr zu, nur soweit keine Anrechnung erfolge gehörte der verbleibende Teil der Verfahrensgebühren zu den Prozesskosten. Allein aus Gründen der Prozessökonomie könne nichts anderes gelten.

203 Wegen der hiergegen vielfältig erhobenen Kritik hat der Gesetzgeber zwischenzeitlich mit dem Erlass des § 15a RVG, der am 5.8.2009 in Kraft getreten ist, reagiert. § 15a Abs. 1 RVG, regelt, dass sich die Anrechnung der Geschäftsgebühr auf die Verfahrensgebühr nur im Innenverhältnis (Mandant – Rechtsanwalt) nicht aber auf Dritte wie z.B. – Verfahrensgegner – auswirkt. Das heißt, beide Gebühren entstehen erst einmal unabhängig von einander in voller Höhe, insgesamt kann der Anwalt jedoch nicht mehr als den um den Anrechnungsbetrag verminderten Gesamtbetrag der Gebühren geltend machen. In der Kostenfestsetzung muss eine entstandene Verfahrensgebühr danach grundsätzlich in voller Höhe festgesetzt werden und zwar auch für die § 15a Abs. 2 RVG Fälle, dass eine Geschäftsgebühr entstanden ist, die auf sie angerechnet werden muss, es sei denn, es würde zu einer Doppeltitulierung i.S.d. § 15a Abs. 2 RVG kommen. § 15a Abs. 2 RVG betrifft das Außenverhältnis und regelt, dass sich ein Dritter nur dann wirksam auf eine Anrechnung berufen kann, wenn er die anzurechnende Gebühr bereits gezahlt oder zumindest gegen ihn tituliert wurde und beide Gebühren im selben Verfahren geltend gemacht werden.[238]

---

[234] Eine solche kann im sich Berühmen einer unbegründeten Forderung liegen, AG Dülmen MDR 2002, 146.
[235] LG Zweibrücken MDR 1998, 524.
[236] BGH NJW-RR 2006, 501, NJW 2006, 3560, 2007, 3289.
[237] BGH NJW 2007, 2049; 2008, 1323.
[238] Vgl. zum Ganzen *Hansens*, zfs 2009, 428 mit den abgedruckten Normen; *Hansens*, AnwBl 2009, 535; sowie *Müller-Rabe*, NJW 2009, 2914.

C. Notwendiger Inhalt der Klageschrift § 5

Damit ist dem Rechtsanwalt ein Wahlrecht eingeräumt worden, welche Gebühren er fordert. Soweit es die Geltendmachung außergerichtlicher Anwaltsgebühren anbelangt, empfiehlt es sich nunmehr im Grundsatz, eine verminderte Geschäftsgebühr und dafür eine volle Verfahrensgebühr geltend zu machen. Sollte die volle Geschäftsgebühr eingeklagt werden sowie die volle Verfahrensgebühr und der Beklagte beruft sich auf § 15a RVG, würde dies wiederum dazu führen, dass nur die verminderte Verfahrensgebühr im Kostenfestsetzungsverfahren berücksichtigt wird. 204

Zwischenzeitlich ist durch Beschluss des BGH[239] vom 2.9.2009 bestätigt worden, dass § 15a RVG nur eine Klarstellung der bereits unter Geltung des § 118 BRAGO und nachfolgend Vorbemerkungen 3(4) bestehenden Gesetzeslage darstellt, sodass § 15a RVG ab seinem Inkrafttreten auf alle noch nicht abgeschlossenen Verfahren anzuwenden ist. 205

> *Hinweis* 206
>
> In den Fällen, in denen die außergerichtlichen Rechtsanwaltsgebühren als Nebenforderung im Rahmen des Prozesses geltend gemacht werden, tritt gem. § 4 Abs. 1 ZPO, § 43 Abs. 1 GKG keine Streitwerterhöhung ein, so dass hierdurch im Rechtsstreit keine zusätzlichen Kosten entstehen.[240]

Ein entsprechender Antrag lautet dann: „Der Beklagte wird verurteilt, (...) EUR[241] zzgl. außergerichtlicher Rechtsverfolgungskosten in Höhe von (...) EUR nebst Zinsen in Höhe von 5 Prozentpunkten über dem Basiszinssatz ab (...) zu zahlen. (...)." 207

Eine Begründung könnte lauten: „Zur Durchsetzung der streitgegenständlichen Forderung hat sich der Kläger vom Unterzeichner zunächst außergerichtlich vertreten lassen, um den Kläger zur Zahlung zu bewegen. Die Kosten für die außergerichtliche Tätigkeit des Unterzeichners berechnen sich wie folgt (wobei diese Geschäftsgebühr aufgrund des. § 15a Abs. 1 RVG nur in Höhe der Hälfte in Ansatz gebracht wird):

Gegenstandswert	(...) EUR
1,3 Geschäftsgebühr gem. Nr. 2300 VV	(...) EUR
abzgl. der Anrechnung gem. Vorb. 3 Abs. 4 VV i.V.m. § 15a Abs. 1 RVG 0,65 Gebühr	(...) EUR
Zwischensumme	(...) EUR
Pauschale für Post- und Telekommunikationsdienstleistungen gem. Nr. 7002 VV[242]	20,00 EUR

---

239 BGH NJW 2009, 3101 = WM 2009, 2009 = MDR 2009, 1311, AnwBl 2009, 876; ebenso OLG Stuttgart, beide vom 11.8.2009 – 8 W 339/09, zitiert nach Juris, OLG Dresden, JurBüro 2009, 582; abl. BGH AnwBl. 2009, 876.
240 Vgl. hierzu *Ruess*, MDR 2005, 313; Schneider/Wolf-AnwK-RVG/*Onderka*/*Wahlen* VV Vorb. 2.3, Rn 52; BGH NJW 2007, 3289.
241 Hauptforderung.
242 Da nach der Anrechnungsvorschrift Vorb. 3 Abs. 4 VV nur die Geschäftsgebühr nach den Nummern 2300 bis 2303 anzurechnen sind, bleibt die Pauschale für Post- und Telekommunikationsdienstleistungen bei der außergerichtlichen Tätigkeit stets anrechnungsfrei.

Zwischensumme	(...) EUR
19 % Mehrwertsteuer gem. Nr. 7008 RVG-VV	(...) EUR
Summe	(...) EUR

Diese Kosten hatten die Prozessbevollmächtigten des Klägers diesem unter dem (...) in Rechnung gestellt.

Der Kläger hat diese Rechnung am (...) bezahlt.

Die Kosten des außergerichtlichen Tätigwerdens des Unterzeichners werden vom Beklagten unter dem Gesichtspunkt des Verzugsschadens ebenfalls geschuldet."

3. Kostenantrag

208 Über die Verpflichtung, die Prozesskosten zu tragen, hat das Gericht gem. § 308 Abs. 2 ZPO auch ohne Antrag zu entscheiden, so dass dieser Antrag entbehrlich ist. Der Antrag hat sich in der Praxis gleichwohl eingebürgert.

4. Anträge zur vorläufigen Vollstreckbarkeit und Vollstreckungsschutzanträge

209 Über die vorläufige Vollstreckbarkeit hat das Gericht gem. § 708 ZPO ohne Antrag zu entscheiden. Soweit besondere Anträge, z.B. das Urteil ohne Sicherheitsleistung für vollstreckbar zu erklären, gestellt werden sollen, sollten diese bereits in der Klageschrift aufgeführt werden. Die tatsächlichen Voraussetzungen hierfür müssen glaubhaft gemacht werden.

210 Anträge auf Vollstreckbarerklärung eines Urteils ohne Sicherheitsleistung oder Vollstreckungsschutzanträge müssen gem. § 714 ZPO jedenfalls vor Schluss der letzten mündlichen Verhandlung gestellt werden.

211 Der früher übliche Antrag auf Zulassung der Sicherheitsleistung durch Bankbürgschaft ist durch die Änderung des § 108 Abs. 1 S. 2 ZPO in der Folge des Zivilprozessreformgesetzes vom 27.7.2001 obsolet geworden.

212 Wird die Zulassung einer besonderen Art der Sicherheitsleistung gewünscht, die nicht im Katalog des § 108 ZPO aufgeführt ist, muss dies spätestens in der letzten mündlichen Verhandlung beantragt werden, da die Entscheidung über die Art der Sicherheitsleistung unanfechtbar ist, wenn kein Parteiantrag gestellt ist.[243]

213 *Tipp*

In Fällen, in denen die Beklagte eine Bank ist, sollte beantragt werden, dass eine eventuelle Sicherheitsleistung nicht durch Bürgschaft der Beklagten selber gestellt werden kann.

---

[243] Zöller/*Herget*, § 108 ZPO Rn 16; Musielak/Voit/*Foerste*, ZPO, § 108 Rn 20.

5. Anträge auf Anerkenntnis- bzw. Versäumnisurteil im schriftlichen Vorverfahren

Zur Beschleunigung empfiehlt es sich, bereits in der Klageschrift für den Fall, dass das schriftliche Verfahren angeordnet wird, Antrag auf Erlass des Versäumnisurteils bei Versäumung der Frist zur Anzeige der Verteidigungsbereitschaft durch den Beklagten gem. § 331 Abs. 3 ZPO oder Anerkenntnisurteil für den Fall, dass der Beklagte den Anspruch anerkennt, zu stellen. 214

Durch die Neufassung des § 307 ZPO ist der Antrag auf Erlass eines Anerkenntnisurteils zwar nicht mehr erforderlich, da der Beklagte auch ohne entsprechenden Antrag zu verurteilen ist. Gleichwohl schadet der Hinweis auf § 307 ZPO nicht. Der Antrag ist als Eventualantrag, der lediglich von einer innerprozessualen Bedingung abhängt, zulässig. 215

Tipp 216

Gem. § 331 Abs. 3 S. 3 ZPO ist der Erlass eines Versäumnisurteils ohne mündliche Verhandlung auch insoweit zulässig, als das Vorbringen des Klägers den Klageantrag in einer Nebenforderung nicht rechtfertigt, soweit der Kläger vor der Entscheidung auf diese Möglichkeit hingewiesen worden ist.

6. Weitere Anträge

Bereits in der Klageschrift kann beantragt werden, nach Erlass des Urteils eine Zustellungsbescheinigung sowie eine vollstreckbare Ausfertigung der Entscheidung zu erteilen. Allerdings ist in der Praxis häufig zu beobachten, dass diese Anträge, die nach Urteilserlass von der Geschäftsstelle zu bearbeiten sind, regelmäßig übersehen werden. 217

VII. Eventueller Inhalt einer Klageschrift

1. Angabe des Wertes des Streitgegenstandes

Gem. § 253 Abs. 3 Nr. 2 ZPO soll die Klageschrift, in der der Streitgegenstand nicht in einer bestimmten Geldsumme besteht, Angaben zum Wert des Streitgegenstandes enthalten, wenn hiervon die Zuständigkeit des Gerichts abhängt. 218

Vom Wert des Streitgegenstandes hängt – soweit keine Zuweisung der Zuständigkeit unabhängig vom Streitwert gegeben ist – die Zuständigkeit des Amts- oder des Landgerichts ab.[244] Der Streitwert wird durch den Streitgegenstand bestimmt. Wertangaben der Parteien binden insoweit das Gericht nicht. Gem. § 3 ZPO kann der Wert vom Gericht nach freiem Ermessen festgesetzt werden. 219

Für die Berechnung des Zuständigkeitsstreitwertes gelten die Grundsätze der §§ 4–9 ZPO i.V.m. §§ 39 ff. GKG. Hinweise zur Bestimmung des Streitwertes finden sich 220

---

244 Vgl. oben Rdn 41.

in den gängigen ZPO-Kommentaren.[245] Im Folgenden sollen nur einige Beispiele der Streitwertbestimmung in häufig vorkommenden Fällen wiedergegeben werden:

- Unproblematisch ist die Bestimmung des Streitwertes bei bezifferten Ansprüchen. Früchte, Nutzung und Zinsen bleiben bei der Wertbestimmung gem. § 4 ZPO, § 43 GKG unberücksichtigt.
- Bei unbezifferten Zahlungsanträgen ist der Streitwert nach dem Betrag zu beziffern, den der Kläger aufgrund seiner Forderung als angemessen erachtet. Bei Schmerzensgeldrenten ist § 42 Abs. 2 GKG zu berücksichtigen.
- Bei Ansprüchen, die nicht auf Geldzahlungen gerichtet sind, kommt es auf das Interesse des Klägers an.
- Bei Klagen auf Herausgabe und Leistung von Sachen bestimmt sich der Wert nach dem Verkehrswert der Sache bei Klageeinreichung, soweit die Sache einen eigenen Verkehrswert hat. Bei sonstigen Gegenständen, die keinen eigenen Sachwert haben (z.B. Urkunden), kommt es entscheidend darauf an, was mit dem Besitz angestrebt wird.[246]
- Bei Ansprüchen auf wiederkehrende Leistung berechnet sich der Streitwert gem. § 9 ZPO.
- Bei Leistungen Zug-um-Zug bleibt die Gegenleistung unberücksichtigt.[247]
- Bei Teilklagen bestimmt sich der Streitwert nur nach dem eingeklagten Teil der Forderung.
- Bei der Geltendmachung mehrerer Ansprüche werden diese zusammengerechnet. Bei Stufenklagen gilt die Berechnung des Zuständigkeitswertes gem. § 5 ZPO. Der Gebührenstreitwert richtet sich nach § 44 GKG und ist nach dem höchsten Wert der verbundenen Ansprüche zu berechnen.
- Haupt- und Hilfsanträge werden gem. § 45 Abs. 1 S. 2 GKG nur dann zusammengerechnet, wenn über den hilfsweise geltend gemachten Anspruch eine Entscheidung ergeht. Betreffen die Ansprüche denselben Gegenstand, ist nur der Wert des höheren Anspruches maßgebend.

221 Bei Unklarheiten über den zutreffenden (Zuständigkeits-)Streitwert besteht die Möglichkeit, eine vorläufige Streitwertbestimmung durch das Gericht zu beantragen.[248] Das Fehlen dieser Angabe hat keinen Einfluss auf die Zulässigkeit der Klage, sondern kann allenfalls zu Verzögerungen der Zustellung führen.

2. Äußerung zur Übertragung der Sache auf den Einzelrichter

222 Die Klageschrift soll gem. § 253 Abs. 3 Nr. 3 ZPO Äußerungen dazu enthalten, ob der Entscheidung der Sache durch den Einzelrichter Gründe entgegenstehen.

---

245 Vgl. Zöller/*Herget*, § 3 ZPO Rn 16; Musielak/Voit/*Heinrich*, ZPO, § 3 Rn 23.
246 Vgl. im Einzelnen Zöller/*Herget*, § 3 ZPO Rn 16: Stichwort „Herausgabeklagen"; für die Herausgabe eines Kindes ist § 12 Abs. 2 GKG anwendbar.
247 Vgl. Zöller/*Herget*, § 3 ZPO Rn 16: Stichwort „Zug-um-Zug-Leistungen".
248 S. Muster Rdn 334.

Hinweis 223

Nach der Änderung der ZPO durch das Zivilprozessreformgesetz ist gem. § 348 ZPO auch bei den Landgerichten der originäre Einzelrichter eingeführt worden. Lediglich in den Fällen, in denen das potentiell zuständige Mitglied Richter auf Probe ist und noch nicht über einen Zeitraum von einem Jahr geschäftsplanmäßig Rechtsprechungsaufgaben in bürgerlichen Rechtsstreitigkeiten wahrzunehmen hatte oder nach dem Geschäftsverteilungsplan eine Spezialzuständigkeit nach dem Katalog des § 348 Abs. 1 Nr. 2 ZPO gegeben ist, bleibt die Kammer originär zuständig. Allerdings soll nach der Maßgabe des § 348a ZPO auch in den Fällen, in denen keine originäre Zuständigkeit des Einzelrichters gegeben ist, die Sache von der Kammer durch Beschluss an eines ihrer Mitglieder als Einzelrichter übertragen werden.

Der Kläger hat daher zu prüfen, ob aus seiner Sicht einer der Gründe vorliegt, der gegen eine Entscheidung des Rechtsstreites durch den Einzelrichter spricht. 224

a) Die originäre Zuständigkeit des Einzelrichters

Ist der Einzelrichter originär zuständig, so gibt § 348 Abs. 3 ZPO den Parteien die Möglichkeit, anzuregen, dass der Rechtsstreit der Kammer zur Entscheidung vorgelegt wird.[249] 225

Dies setzt voraus, dass die Sache besondere Schwierigkeiten tatsächlicher oder rechtlicher Art aufweist, oder aber, dass die Rechtssache von grundsätzlicher Bedeutung ist. 226

Hinweis 227

Verbleibt die Sache beim Einzelrichter, so beschneidet sich der Beklagte grundsätzlich seine weiteren Rechtsschutzmöglichkeiten:

- Wird gegen eine Entscheidung des Einzelrichters sofortige Beschwerde nach §§ 567 ff. ZPO eingelegt, so entscheidet das Beschwerdegericht nach § 568 ZPO grundsätzlich auch durch eines seiner Mitglieder als Einzelrichter. Dies hat zur Folge, dass dieser Einzelrichter beim Beschwerdegericht die Rechtsbeschwerde nach § 574 ZPO nicht zulassen kann, ohne die Sache zuvor auf den Senat übertragen zu haben, was regelmäßig unterlassen wird. Entscheidet nämlich der Einzelrichter in einer Sache, der er rechtsgrundsätzliche Bedeutung beimisst, über die Beschwerde und lässt in der Folge die Rechtsbeschwerde zu, so ist zwar die Zulassung der Rechtsbeschwerde wirksam, die Entscheidung unterliegt jedoch auf die Rechtsbeschwerde wegen der fehlerhaften Besetzung des Beschwerdegerichts der Aufhebung von Amts wegen und der Zurückweisung.[250]
- Auch die Revision ist nach § 543 Abs. 2 ZPO nur zuzulassen, wenn die Rechtssache grundsätzliche Bedeutung hat oder die Fortbildung des Rechts oder die Sicherung einer einheitlichen Rechtsprechung eine Entscheidung des Revisionsgerichts erfordert. Hat der Beklagte darauf verzichtet, nach § 348 Abs. 3 ZPO zu

---

249 S. Muster Rdn 335.
250 Vgl. BGH NJW 2003, 1254 = MDR 2003, 588 = WM 2003, 701.

beantragen, die Rechtssache vom Einzelrichter auf die Kammer wegen grundsätzlicher Bedeutung der Sache zu übertragen, so wird es ihm schwer fallen, zur Begründung der Revision jetzt die rechtsgrundsätzliche Bedeutung der Sache darzulegen.

228 Ungeachtet der vorstehenden Erwägungen des Rechtsmittelwegs kann eine Entscheidung durch die Kammer auch aus anderen Gründen geboten sein.

229 **Besondere Schwierigkeiten tatsächlicher und rechtlicher Art** können bei schwierigen Beweiswürdigungen, etwa im Rahmen der Behauptung eines fingierten Unfallereignisses, vorliegen.

230 *Tipp*

Hat der Rechtsstreit für die Parteien eine hohe wirtschaftliche Bedeutung, so begründet sich hieraus nicht zwingend eine besondere Schwierigkeit tatsächlicher oder rechtlicher Art oder gar die grundsätzliche Bedeutung der Sache. Ungeachtet dessen zeigt die Praxis, dass eine Übertragung auf die Kammer erfolgt, wenn in diesen Fällen beide Parteien die entsprechende Übertragung beantragen. Auch zeigt sich in der Praxis, dass eine Übertragung einer originär dem Einzelrichter zustehenden Sache auf die Kammer dann sinnvoll sein kann, wenn es außerhalb der Sach- und Rechtslage liegende Motive der Parteien zu überwinden gilt, die einer gütlichen Einigung entgegenstehen. Letztlich gilt es für den Rechtsanwalt wie für das Gericht, diese Fragen mit der notwendigen Sensibilität für den Einzelfall zu beantworten.

231 Die **grundsätzliche Bedeutung** der Sache ist gegeben, wenn dem konkret zu entscheidenden Rechtsstreit eine über den Einzelfall hinausgehende Bedeutung zukommt.

232 Insbesondere kommt die Zulassung also in Betracht bei Musterprozessen oder Prozessen über die Auslegung typischer Vertragsbestimmungen, wie z.B. von Tarifen, Formularverträgen oder AGB. In Betracht kommen hier insbesondere:
- Miet- oder Nachbarstreitigkeiten, wenn etwa in einer Vielzahl von Verfahren immer wieder ein bestimmter Umlegungsmaßstab bei den Nebenkosten angegriffen wird oder die Berechnungsweise für eine Überbauentschädigung umstritten ist.
- Auch beim Angriff gegen eine ständig verwandte Allgemeine Geschäftsbedingung der örtlichen Bank kann eine Entscheidung des Berufungsgerichts herbeigeführt werden.

b) Die originäre Zuständigkeit der Kammer

233 Fällt der konkrete Rechtsstreit in die Zuständigkeit der Kammer nach § 348 Abs. 1 S. 2 ZPO, so gibt § 348a ZPO die Möglichkeit, dass die Zivilkammer die Sache durch Beschluss einem ihrer Mitglieder als Einzelrichter überträgt, wobei die Voraussetzungen genau gegenläufig zur Übertragung vom Einzelrichter auf die Kammer sind. Auch dieses Verfahren kann durch die Parteien angeregt werden.[251]

---

251 Vgl. Muster einer solchen Anregung unter Rdn 336.

Die Übertragung von der Kammer auf die Einzelrichter kommt mithin in Betracht, wenn die Sache **keine besonderen Schwierigkeiten tatsächlicher oder rechtlicher Art** aufweist oder die Sache **keine grundsätzliche Bedeutung** hat.   234

Weitere Voraussetzung ist, dass nicht bereits im Haupttermin vor der Zivilkammer zur Hauptsache verhandelt worden ist, es sei denn, dass die Kammer einen Teil des Rechtsstreites bereits durch ein Vorbehalts-, Teil- oder Zwischenurteil entschieden hat und der verbleibende Teil die genannten Voraussetzungen erfüllt.   235

> *Hinweis*   236
>
> Eine Übertragung von der Kammer auf den Einzelrichter kann insbesondere zur Verfahrensbeschleunigung sinnvoll sein, da die Einzelrichter häufig schneller terminieren, als dies bei der Kammer der Fall ist.

c) Die wesentliche Änderung der Prozesslage

Wurde der Rechtsstreit gem. § 348a ZPO von der Kammer auf den Einzelrichter übertragen, ist diese Entscheidung nicht endgültig. Zeigt sich eine wesentliche Änderung der Prozesslage und ergibt sich hieraus nunmehr eine besondere tatsächliche rechtliche Schwierigkeit der Sache oder deren grundsätzlichen Bedeutung, so hat der Einzelrichter gem. § 348a Abs. 2 ZPO den Rechtsstreit der Kammer zur erneuten Übernahme vorzulegen. Das Gleiche gilt, wenn die Parteien dies übereinstimmend beantragen.   237

> *Hinweis*   238
>
> Allein der Antrag beider Parteien genügt jedoch nicht, um die Kammer zu verpflichten, den Rechtsstreit tatsächlich zu übernehmen. Vielmehr muss die Kammer zu der Überzeugung gelangen, dass der Rechtsstreit grundsätzliche Bedeutung hat oder aber nunmehr rechtliche oder tatsächliche Schwierigkeiten besonderer Art aufweist.

Auf eine erfolgte oder unterlassene Übertragung, Vorlage oder Übernahme kann ein Rechtsmittel nicht gestützt werden.[252]   239

3. Hinweise zur Durchführung der außergerichtlichen Streitschlichtung gem. § 15a EGZPO

In Fällen, in denen eine außergerichtliche Streitschlichtung gem. § 15a EGZPO vorgeschrieben ist, macht deren Fehlen die Klage unzulässig.[253] Daher ist in diesen Fällen auf die Durchführung des Streitschlichtungsverfahrens hinzuweisen.   240

Durch das Gesetz zur Förderung der außergerichtlichen Streitbeilegung vom 15.12.1999[254] wurde § 15a EGZPO im Vorgriff auf die ZPO-Reform mit Wirkung ab dem 1.1.2000 eingeführt. Hierdurch wurde, um eine Entlastung der Justiz herbeizuführen, den Landesregierungen die Möglichkeit eingeräumt, die Anrufung der staatlichen Ge-   241

---

252 Vgl. §§ 348 Abs. 4, 348a Abs. 3 ZPO.
253 BGHZ 161, 145 = NJW 2005, 437 = AnwBl 2005, 292.
254 BGBl I 1999, 2004.

richte von der vorherigen Durchführung einer **obligatorischen Streitschlichtung** abhängig zu machen.

242 Gem. § 15a Abs. 1 EGZPO kann die obligatorische Streitschlichtung vorhergesehen werden für:
- vermögensrechtliche Streitigkeiten vor dem Amtsgericht über Ansprüche, deren Gegenstand an Geld oder Geldeswert die Summe von 750 EUR nicht übersteigt,
- Streitigkeiten über Ansprüche aus dem Nachbarrecht nach den §§ 910, 911, 923 BGB und nach § 906 BGB sowie nach den landesgesetzlichen Vorschriften im Sinne des Art. 124 EGBGB, sofern es sich nicht um Einwirkung von einem gewerblichen Betrieb handelt,
- Streitigkeiten über Ansprüche wegen der Verletzung der persönlichen Ehre, die nicht in Presse und Rundfunk begangen worden ist.

243 Ein außergerichtliches Streitschlichtungsverfahren ist **nicht durchzuführen** bei:
- Klagen nach den §§ 323 und 324, 328 ZPO;
- Widerklagen und Klagen, die binnen einer gesetzlichen oder gerichtlichen Frist zu erheben sind;
- Streitigkeiten in Familiensachen;
- Wiederaufnahmeverfahren;
- Ansprüchen, die im Urkunden- oder Wechselprozess geltend gemacht werden;
- Durchführung des streitigen Verfahrens, wenn ein Anspruch im Mahnverfahren geltend gemacht worden ist;
- Klagen wegen vollstreckungsrechtlicher Maßnahmen, insbesondere nach dem 8. Buch der ZPO.
- Ebenfalls braucht ein außergerichtliches Streitverfahren nicht durchgeführt zu werden, wenn die Parteien nicht in demselben Land wohnen oder ihren Sitz oder Niederlassung dort haben.

244 Die Bundesländer haben von der Ermächtigung des § 15a EGZPO in unterschiedlichem Maße Gebrauch gemacht. Schlichtungsgesetze haben folgende Länder erlassen:[255]
- Baden Württemberg (außer Kraft seit 1.5.2013)
- Bayern[256]
- Brandenburg[257]
- Hessen[258]
- Nordrhein-Westfalen[259]

---

[255] Vgl. Schönfelder Ergänzungsband Ordnungsnummer 104–104h; vgl. auch *Deckenbrock/Jordans*, MDR 2006, 421.
[256] Bayerisches Schlichtungsgesetz (BaySchlG) vom 25.4.2000 (GVBl. S. 268, BayRS 300–1-5-J), das zuletzt durch § 2 Abs. 15 des Gesetzes vom 8.4.2013 (GVBl. S. 174) geändert worden ist.
[257] Gesetz zur Einführung einer obligatorischen außergerichtlichen Streitschlichtung im Land Brandenburg (Brandenburgisches Schlichtungsgesetz – BbgSchlG) vom 5.10.2000.
[258] Gesetz zur Regelung der außergerichtlichen Streitschlichtung (HSchlG) vom 6.2.2001.
[259] Gesetz über die Anerkennung von Gütestellen im Sinne des § 794 Abs. 1 Nr. 1 der Zivilprozeßordnung und die obligatorische außergerichtliche Streitschlichtung in Nordrhein-Westfalen (Gütestellen- und Schlichtungsgesetz – GüSchlG NRW) vom 9.5.2000.

- Rheinland-Pfalz[260]
- Saarland (außer Kraft seit 31.12.2010)
- Sachsen-Anhalt[261]
- Schleswig-Holstein[262]
- Niedersachsen[263]

Soweit die Durchführung eines außergerichtlichen Streitschlichtungsverfahrens erforderlich ist, ist der Anspruch zunächst vor einer nach dem jeweiligen Landesrecht eingerichteten oder anerkannten Gütestelle geltend zu machen. Hierfür kann eine Anspruchsbegründungsschrift nach dem Muster einer Klageschrift verwandt werden. Das Unterlassen einer vorgeschriebenen außergerichtlichen Streitschlichtung führt zur Unzulässigkeit der eingereichten Klage.[264]

Tipp

In der Praxis kann das Erfordernis eines Schlichtungsverfahrens durch die Einleitung eines Mahnverfahrens umgangen werden.[265]

Gebühren und Kosten:
- Die Gebühren für die Durchführung des Schlichtungsverfahrens ergeben sich aus dem jeweiligen Landesgesetz.
- Anwaltsgebühren: Der im obligatorischen Streitschlichtungsverfahren tätige Anwalt erhält eine 1,5-Geschäftsgebühr gem. Nr. 2303 VV. Diese Geschäftsgebühr ist in einem eventuell nachfolgenden gerichtlichen Verfahren zu berücksichtigen. Denn auch diese Gebühr entsteht für die außergerichtliche Tätigkeit,[266] wenn sie auch im Güte- und Schlichtungsverfahren anfällt.

Im Falle einer Einigung vor der Gütestelle entsteht eine 1,5-Einigungsgebühr nach Nr. 1000 VV.

4. Anregung auf Absehen von der Güteverhandlung

Gem. § 278 Abs. 2 ZPO geht der mündlichen Verhandlung zum Zwecke der gütlichen Beilegung des Rechtsstreites eine Güteverhandlung voraus, es sei denn, es hat bereits ein Einigungsversuch vor einer außergerichtlichen Gütestelle stattgefunden oder die Güteverhandlung erscheint erkennbar aussichtslos.

---

260 Landesgesetz zur Ausführung des § 15a des Gesetzes betreffend die Einführung der Zivilprozessordnung (Landesschlichtungsgesetz – LSchlG) vom 10.9.2008.
261 Schiedsstellen- und Schlichtungsgesetz (SchStG) in der Fassung der Bekanntmachung vom 22.6.2001.
262 Gesetz zur Ausführung von § 15a des Gesetzes betreffend die Einführung der Zivilprozessordnung (Landesschlichtungsgesetz – LSchliG) vom 11.12.2001.
263 Niedersächsisches Gesetz zur obligatorischen außergerichtlichen Streitschlichtung (Niedersächsisches Schlichtungsgesetz – NSchlG) vom 17.12.2009.
264 BGH AnwBl 2005, 292.
265 Vgl. § 15a Abs. 2 Nr. 5 EGZPO; sowie *Friedrich*, NJW 2002, 3223.
266 Schneider/Wolf-AnwK-RVG/ *Onderka/N. Schneider/Wahlen*, VV 2303 Rn 25.

249 In diesen Fällen bedarf es eines entsprechenden Hinweises in der Klageschrift, um das Gericht von der obligatorischen Güteverhandlung Abstand nehmen zu lassen.

250 Bei der Frage, ob eine Güteverhandlung „erkennbar aussichtslos" ist, reicht der bloße Hinweis darauf, dass außergerichtliche Vergleichsgespräche ohne Ergebnis stattgefunden hätten, nicht zwangsläufig aus. Vielmehr sollten in diesem Falle auch die Gründe für das Scheitern außergerichtlicher Einigungsbemühungen mitgeteilt werden, da häufig die unabhängige neutrale Position des Gerichts geeignet ist, verhärtete Fronten aufzuweichen.

251 In Fällen, in denen auf eine Güteverhandlung verzichtet werden soll, ist darzulegen, warum keine Chance auf eine gütliche Streitbeilegung besteht. Dies kann in folgenden Fällen der Fall sein:[267]
- wenn die Parteien einen Musterprozess führen wollen oder es ihnen darum geht, eine bedeutende Rechtsfrage rechtskräftig klären zu lassen;
- wenn die Parteien übereinstimmend erklären, dass sie eine gütliche Beilegung nicht wünschen;
- wenn der Beklagte sich seiner begründeten Zahlungspflicht erkennbar entziehen will;
- wenn die Entscheidung des Rechtsstreites von der Klärung einer tatsächlichen Frage abhängt, die zunächst durch ein Sachverständigengutachten geklärt werden muss.

252 Nur in Ausnahmefällen ist das persönliche Erscheinen der Parteien entbehrlich, so z.B. in Rechtsstreitigkeiten zwischen einem Großunternehmer mit Verbrauchern oder wenn einer Partei das Erscheinen aus wichtigem Grunde – insbesondere wegen großer Entfernung – nicht zumutbar ist.[268]

253 *Tipp*

Bei der Vertretung von Großunternehmen (wie z.B. Versicherungen) sollte bereits in der Klageschrift der Hinweis aufgenommen werden, vom persönlichen Erscheinen der Parteien Abstand zu nehmen, zumal der als Partei zu ladende Vorstand bei Auseinandersetzungen mit einzelnen Kunden in der Regel nicht über entsprechende Detailkenntnis verfügt.

254 Zu der Güteverhandlung soll das persönliche Erscheinen der Parteien angeordnet werden. Die Partei kann sich jedoch gem. § 141 Abs. 1 S. 2, Abs. 2 und Abs. 3 ZPO vertreten lassen. Ob hier eine Vertretung durch den Prozessbevollmächtigten ausreicht, ist eine Frage des Einzelfalles. Der Prozessbevollmächtigte muss dann auch zur Aufklärung des Sachverhaltes in der Lage sein.

5. Gerichtskostenvorschuss

255 Für das Prozessverfahren erster Instanz entsteht nach KV Nr. 1210 eine dreifache Gerichtsgebühr. Diese entsteht bereits mit der Einreichung der Klage. Für die Wertberech-

---

[267] Vgl. *Foerste*, NJW 2001, 3103; s. Muster Rdn 337.
[268] S. Muster Rdn 338.

nung ist gem. § 40 GKG der zum Zeitpunkt der die Instanz einleitende Antrag maßgeblich. Spätere Reduzierungen sind – anders als Erhöhungen – für die bereits entstandenen Kosten unerheblich. Die dreifache Gebühr ermäßigt sich auf eine einfache Gebühr, wenn sich das Verfahren vor dem Ende der mündlichen Verhandlung insgesamt durch Rücknahme der Klage, Anerkenntnis- oder Gerichtsurteil oder Vergleich erledigt, ohne dass ein Urteil vorausgegangen ist oder ein Urteil gem. § 313a ZPO ohne Tatbestand und Entscheidungsgründe ergeht. Ein Versäumnisurteil führt nicht zu einer Ermäßigung der Gebühr.

256 Gem. § 12 Abs. 1 GKG soll in bürgerlichen Rechtsstreitigkeiten die Klage erst nach Zahlung der erforderlichen Gebühr für das Verfahren zugestellt werden. Gleichfalls soll bei einer Erweiterung des Klageantrages vor der Zahlung der erforderlichen Gebühr keine gerichtliche Handlung vorgenommen werden. Die Zahlung des Gerichtskostenvorschusses ist keine Voraussetzung für die Zulässigkeit der Klage, jedoch riskiert der Kläger bei einer Nichteinzahlung der Gerichtskosten Verzögerungen bei der Zustellung der Klage. Dies kann sich namentlich dann für ihn negativ auswirken, wenn durch die Klage Verjährungen gehemmt werden oder Fristen eingehalten werden müssen (z.B. § 12 Abs. 3 VVG).

257 Zwar tritt gem. § 167 ZPO die Wirkung der Zustellung bereits mit Eingang der Klageschrift ein, wenn die Zustellung demnächst erfolgt, Voraussetzung ist allerdings, dass der Kläger alles Erforderliche getan hat. Hierfür ist es gerade nicht erforderlich, den Gerichtskostenvorschuss von sich aus auszurechnen und einzuzahlen. Vielmehr kann der Kläger hier die Anforderung durch das Gericht abwarten.[269] Nach Anforderung der Gerichtskosten muss er dann jedoch den Gerichtskostenvorschuss unverzüglich einzahlen. Hierfür ist dem Kläger nach Auffassung des BGH eine Erledigungsfrist von einer Woche zuzugestehen.[270] Bleibt eine gerichtliche Anforderung des Gebührenvorschusses aus, darf der Kläger nicht länger als angemessen untätig bleiben, sondern muss bei Gericht nachfragen.[271] Hier wird eine Frist von länger als drei Wochen nicht mehr angemessen sein.

258 Bei Einzahlung der Gerichtskosten durch Scheck veranlasst das Gericht in der Regel die Zustellung erst nach Einlösung des Schecks. Sich hieraus ergebende Verzögerungen gehen nicht zu Lasten des Klägers.[272] Die Einzahlung eines Gerichtskostenvorschusses kann vermieden werden, wenn gleichzeitig ein Antrag auf Prozesskostenhilfe oder ein Antrag gem. § 14 Nr. 3 GKG gestellt wird.

259 *Tipp*

In Fällen, in denen an einer schnellen Zustellung der Klageschrift gelegen ist, sollte der Gerichtskostenvorschuss bereits mit der Klageschrift in Gerichtskostenmarken oder per Gebührenfreistempler eingezahlt werden.

---

269 BGH NJW 1986, 13; 1993, 2811.
270 BGH, Urt. v. 29.9.2017 – V ZR 103/16 -, juris Tz. 9.
271 Vgl. BGHZ 69, 361 = NJW 1987, 215; BGH VersR 1992, 433.
272 BGH NJW-RR 1993, 429.

In Fällen, in denen der Kläger nicht in der Lage ist, den Gerichtskostenvorschuss aufzubringen, sollte je nach Fallgestaltung Prozesskostenhilfe beantragt oder ein Antrag gem. § 14 Nr. 3 GKG gestellt werden.

260 *Hinweis*

Gem. § 12 Abs. 2 GKG gilt die Vorschusspflicht nicht für die Widerklage,[273] für europäische Verfahren über geringfügige Forderungen sowie für Rechtsstreitigkeiten über Erfindungen von Arbeitnehmern, soweit gem. § 39 des Gesetzes über Arbeitnehmererfindungen die für Patentstreitsachen zuständigen Gerichte eine ausschließliche Zuständigkeit haben.

6. Erforderliche Anzahl von Abschriften

261 Gem. § 133 ZPO sollen Schriftsätze – und damit auch die Klageschrift – die erforderliche Anzahl von Abschriften und deren Anlagen beigefügt werden. Das Fehlen der erforderlichen Kopien führt zwar nicht zur Unzulänglichkeit der Klage, kann aber zu Verzögerungen bei der Zustellung führen. Für jeden Beklagten ist eine beglaubigte und einfache Abschrift beizufügen. Nur der beglaubigten Abschrift sind auch Kopien der Anlagen beizufügen.

VIII. Klageerweiterung, Klageänderung, Parteiänderung

262 Im Laufe eines Rechtsstreites können sich verschiedentlich Situationen ergeben, in denen eine Änderung des Klageantrages, des Klagegrundes und der Parteien erforderlich ist.

1. Klageerweiterung

263 Gem. § 264 Nr. 2 ZPO ist eine Klageerweiterung in erster Instanz immer zulässig. Der Kläger kann z.B. die Klage erweitern, indem er von einer Teilklage nunmehr auf den vollen Anspruch übergeht, weitere Ansprüche, wie z.B. Zinsen oder Schadensersatz, aus dem gleichen Verpflichtungsgrund geltend macht, von Feststellungs- zu Leistungsklage,[274] von Auskunfts- zu Leistungsklage[275] oder von Freistellungs- zur Zahlungsklage[276] übergeht.[277]

264 *Hinweis*

Durch den erweiterten Klageantrag entsteht eine neue Kostenvorschusspflicht gem. § 12 Abs. 1 S. 2 GKG. In Fällen, in denen, z.B. um die Verjährung zu hemmen, eine schnelle Zustellung erforderlich ist, sollte daher ein Gerichtskostenvorschuss beigefügt werden.

---

273 Zur Widerklage vgl. § 8 Rdn 1 ff.
274 Vgl. BGH NJW 1994, 2896.
275 Vgl. BGH NJW 1999, 925.
276 Vgl. BGH NJW 1994, 944.
277 S. Muster Rdn 339.

Entfällt durch die Klageerweiterung die Zuständigkeit einer zunächst beim Amtsgericht erhobenen Klage, so ist der Rechtsstreit auf Antrag einer der Parteien gem. § 506 Abs. 1 ZPO an das Landgericht zu verweisen. Die Begründung der Zuständigkeit des Amtsgerichts durch rügelose Einlassung ist nur möglich, wenn dieses gem. § 504 ZPO auf seine Unzuständigkeit und die Folge einer rügelosen Einlassung zur Hauptsache hingewiesen hat.

In der zweiten Instanz ist eine Klageerweiterung nur nach Maßgabe des § 533 ZPO zulässig.

2. Klageermäßigung

Gem. § 264 Nr. 2 ZPO ist ebenfalls eine Klageermäßigung in der ersten Instanz jederzeit zulässig. Der Kläger muss bei einer Ermäßigung seiner Forderung klarstellen, wie der nicht mehr verfolgte Anspruch behandelt werden soll. Insoweit kommt eine teilweise Klagerücknahme gem. § 269 ZPO oder eine teilweise Erledigungserklärung gem. § 91a ZPO in Betracht. Die nachträgliche Reduzierung des Streitwertes hat gem. § 261 Abs. 3 Nr. 2 ZPO keine Auswirkung auf die Zuständigkeit des angerufenen Gerichts.

3. Klageänderung

Ändert der Kläger nachträglich den Klageantrag oder den Klagegrund, ohne dass eine bloße Erweiterung oder Ermäßigung des Klageantrages vorliegt, handelt es sich um eine Klageänderung.[278] Dies gilt auch bei gleichbleibendem Antrag, wenn der Kläger sich nunmehr auf einen anderen Sachverhalt stützt, z.B. bei der Geltendmachung aus unterschiedlichen Verträgen, aus abgetretenem statt eigenem Recht,[279] aus Wechseln oder Schecks einerseits und dem Grundgeschäft andererseits[280] sowie beim Ersatz materieller statt immaterieller Schäden beim Übergang von einer Forderung auf eine Abschlagszahlung zur Forderung aus der Schlusszahlung.[281]

Eine Klageänderung ist gem. § 263 ZPO nur zulässig, wenn der Beklagte einwilligt oder das Gericht sie für sachdienlich erachtet. Die Einwilligung des Beklagten wird gem. § 267 ZPO vermutet, wenn er ohne der Änderung zu widersprechen sich in der mündlichen Verhandlung auf die abgeänderte Klage eingelassen hat. Sachdienlichkeit einer Klageänderung liegt vor, wenn hierdurch ein weiterer Prozess vermieden und der Streitstoff nicht völlig verändert wurde.[282] Die bisherigen Prozessergebnisse müssen allerdings teilweise nutzbar bleiben, so dass die Klageänderung nicht auf einem entscheidungserheblichen neuen Sachverhalt beruhen darf.[283] Entsprechend ist eine Klageänderung vor

---

[278] S. Muster Rdn 340.
[279] Vgl. OLG Hamm NJW-RR 1992, 1279; BGH NJW 2005, 2004; *Roth*, JZ 2009, 194.
[280] Vgl. BGH NJW-RR 1987, 58; 1992, 117.
[281] Vgl. BGH NJW 1999, 713.
[282] Vgl. BGH NJW-RR 1987, 58.
[283] Vgl. BGH NJW 1977, 49; 1985, 1841; NJW-RR 1994, 1143.

der ersten mündlichen Verhandlung immer und später in der Regel sachdienlich, solange noch keine Beweisaufnahme stattgefunden hat.

270 *Tipp*
Da in der Regel ungewiss ist, ob der Beklagte einer Klageänderung zustimmen wird, sollte der Kläger hierzu gleich begründen, warum er sie für sachdienlich hält.

271 Uneingeschränkt zulässig ist gem. § 264 Nr. 3 ZPO eine Klageänderung, wenn statt des ursprünglich geforderten Gegenstandes wegen einer später eingetretenen Änderung ein anderer Gegenstand oder das Interesse gefordert wird.

272 Erhöht sich durch die Klageänderung der Streitwert, ist die Zahlung eines weiteren Vorschusses gem. § 12 Abs. 1 S. 2 GKG erforderlich. Wird durch die Streitwerterhöhung das Amtsgericht unzuständig, ist an das Landgericht zu verweisen. Die Zuständigkeit des ursprünglich angerufenen Landgerichts entfällt jedoch nicht dadurch, dass die geänderte Klage einen geringeren Streitwert hat.

273 Ist die Klageänderung zulässig, endet die Rechtshängigkeit des Altantrages, sobald entweder der Beklagte in die Änderung eingewilligt hat oder die Klageänderung rechtskräftig zugelassen wurde.

274 Soweit die Klage infolge der Beschränkung eines Klageantrages gleichzeitig eine Klagerücknahme enthält und bereits mündlich verhandelt worden war, bleibt der alte Antrag in den Fällen der Zulassung wegen Sachdienlichkeit nach wie vor anhängig, weil es gem. § 269 ZPO einer Einwilligung des Beklagten bedarf.

275 Eine Klageänderung ist bis zum Schluss der letzten mündlichen Verhandlung zulässig. Sie ist ein neuer Angriff und kein Angriffsmittel, so dass die Präklusionsvorschriften hierauf keine Anwendung finden.

4. Parteiwechsel und Parteierweiterung

276 Während des Laufes des Prozesses kann sich aus verschiedenen Gründen eine Situation ergeben, die eine Auswechselung der Parteien erforderlich macht. Für bestimmte Fälle, z.B. bei Tod einer Partei, Eröffnung des Insolvenzverfahrens, bei Veräußerung oder bei Abtretung der Streitsache, Veräußerung eines Grundstückes, trifft die ZPO hierfür spezielle Regelungen.[284]

277 Darüber hinaus kommt ein sogenannter gewillkürter Parteiwechsel in Betracht, z.B. wenn andernfalls die Klage zu scheitern droht, weil sich herausstellt, dass z.B. nicht der Kläger, sondern ein Dritter Inhaber des eingeklagten Anspruches ist, oder wenn der Kläger eine falsche Partei verklagt hat. Ein solcher gewillkürter Parteiwechsel liegt vor, wenn **anstelle** der bisherigen Partei eine neue Person als Partei in den Prozess eintritt.[285]

---

[284] Vgl. §§ 239, 240, 265, 266, 75 ff. ZPO.
[285] S. Muster Rdn 340.

Hinweis 278

Von einem Parteiwechsel ist eine **Parteiberichtigung** zu unterscheiden. Soweit eine der Parteien nur ungenau oder falsch bezeichnet wurde, kann dies im Laufe des Rechtsstreites ohne Weiteres berichtigt werden. An eine Parteiberichtigung ist vor allem zu denken, wenn in der Klageschrift Vornamen oder Firmenbezeichnungen oder die Rechtsform einer Gesellschaft falsch angegeben waren.[286] Die in der Klageschrift bezeichnete Partei muss jedoch mit der tatsächlich gemeinten Partei identisch sein.[287] Da eine Parteiberichtigung lediglich zur Richtigstellung der Parteibezeichnung führt, wird hierdurch die Einhaltung von Fristen, z.B. zur Verjährungshemmung nicht berührt.

Eine gewillkürte Parteiänderung wird von der Rechtsprechung grundsätzlich als **Klageänderung** behandelt.[288] Hierbei ergeben sich folgende Fallkonstellationen: 279

a) Parteiwechsel auf Klägerseite

Der Parteiwechsel auf Klägerseite erfolgt durch eine Anzeige des bisherigen Klägers 280 sowie die Erklärung des neuen Klägers, dass er den Prozess fortführt. Der alte Kläger scheidet nach den Grundsätzen der Klagerücknahme aus dem Rechtsstreit aus. Soweit bereits eine mündliche Verhandlung stattgefunden hat, ist die Zustimmung des Beklagten gem. § 269 Abs. 1 ZPO erforderlich.

Tipp 281

Verweigert der Beklagte die erforderliche Zustimmung, kann sich der alte Kläger am billigsten aus der Affäre ziehen, indem er auf den eingeklagten Anspruch gem. § 306 ZPO verzichtet.

Alternativen zum Klägerwechsel können je nach der Fallgestaltung eine Abtretung der 282 Forderung an den Kläger oder eine Ermächtigung des Klägers zur Prozessführung sein.

Hinweis 283

Der neue Kläger übernimmt den Prozess in der Lage, in dem ihn der frühere Kläger hinterlassen hat. An Geständnisse des früheren Klägers ist er gebunden, verspätetes Vorbringen bleibt verspätet, Beweisaufnahmen werden nicht wiederholt. Soweit sich hieraus Nachteile für den neuen Kläger ergeben, ist zur Klagerücknahme und der Erhebung einer neuen Klage zu raten.

b) Parteiwechsel auf Beklagtenseite

Der Wechsel des Beklagten erfordert eine entsprechende Erklärung des Klägers. Wenn 284 bereits mündlich verhandelt wurde, bedarf es gem. § 269 Abs. 1 ZPO der Zustimmung des alten Beklagten.[289]

---

[286] Vgl. BGH NJW 1993, 2448.
[287] Vgl. BGH NJW 1988, 1585.
[288] Vgl. BGHZ 65, 264.
[289] Vgl. BGH NJW 1981, 989.

285 Der neue Beklagte tritt in erster Instanz unmittelbar in den Rechtsstreit ein, ohne dass es seiner Zustimmung bedarf. In der zweiten Instanz bedarf es einer Zustimmung des neuen Beklagten. Die Verweigerung der Zustimmung des neuen Beklagten ist unbeachtlich, wenn sie rechtsmissbräuchlich ist.[290]

286 Der neue Beklagte ist an die bisherige Prozesslage nur gebunden, wenn er dem Beklagtenwechsel zugestimmt hat. Widerspricht er und lässt das Gericht den Beklagtenwechsel als sachdienlich zu, so ist er in seinen Verteidigungsmitteln nicht beschränkt.

287 *Hinweis*

Als Alternative zum Beklagtenwechsel kommen die Klagerücknahme und eine neue Klage gegen den neuen Beklagten in Betracht.

c) Parteierweiterung

288 Darüber hinaus kommen Parteierweiterungen, in dem neue Parteien **neben** den bisherigen Parteien mit in den Rechtsstreit einbezogen werden, in Betracht. Eine solche Parteierweiterung ist grundsätzlich zulässig. Eine Parteierweiterung auf Klägerseite erfolgt durch Erklärung des bisherigen Klägers und Beitrittserklärung des neuen Klägers. Einer Zustimmung des Beklagten bedarf es in der ersten Instanz nicht. Ebenso kann der Kläger ohne Weiteres eine weitere Person verklagen. Der alte und der neue Beklagte brauchen in der ersten Instanz nicht zuzustimmen. In der zweiten Instanz ist eine Parteierweiterung nur nach Maßgabe des § 533 ZPO zulässig.

289 *Tipp*

An Parteierweiterungen ist z.B. zu denken, wenn ein Titel gegen mehrere Personen erwirkt werden kann (z.B. bei bestehender Mithaftung) oder um vom Prozessgegner benannten Zeugen die Zeugenstellung zu nehmen (z.B. im Verkehrsunfallprozess, bei Klageerweiterung gegen den Fahrzeugführer). Die Parteierweiterung ist auch im Wege der Drittwiderklage möglich!

---

290 Vgl. BGH NJW 1976, 239; 1981, 989.

D. Muster

I. Muster: Gerichtsstandsvereinbarung (für den Einzelfall)

▼

Gerichtsstandvereinbarung

290

Zwischen

▬▬▬

vertreten durch ▬▬▬

und

▬▬▬

vertreten durch ▬▬▬

wird für die streitige Auseinandersetzung hinsichtlich ▬▬▬ *[genaue Bezeichnung des Streitgegenstands, z.B.: „hinsichtlich des Vertrages vom ▬▬▬ "]* die örtliche Zuständigkeit des ▬▬▬ gerichts ▬▬▬ vereinbart.

Unterschrift   Unterschrift

II. Muster: Formularklausel Gerichtsstandsvereinbarung in Verkaufs- oder Lieferbedingungen

▼

Erfüllungsort und Gerichtsstand

291

Erfüllungsort ist ▬▬▬.[291]

Gerichtsstand

für sämtliche Streitigkeiten einschließlich Scheck- und Wechselprozessen ist, soweit der Vertragspartner Kaufmann, juristische Person des öffentlichen Rechts oder öffentlich-rechtliches Sondervermögen ist oder er keinen allgemeinen Gerichtsstand im Inland hat, ▬▬▬.[292]

Hiervon unberührt bleibt das Recht, Klage gegen den Vertragspartner auch an dessen allgemeinem Gerichtsstand zu erheben.

---

[291] Eine Vereinbarung über den Erfüllungsort begründet die Zuständigkeit eines Gerichts nur, wenn die Vertragsparteien Kaufleute, juristische Personen des öffentlichen Rechts oder öffentlich-rechtliche Sondervermögen sind. Vgl. § 29 Abs. 2 ZPO.
[292] Vgl. § 38 Abs. 1 und Abs. 2 S. 1 ZPO.

§ 5 Klageerhebung

III. Muster: Antrag auf gerichtliche Bestimmung der Zuständigkeit

292 An das

Oberlandesgericht[293]

In der Sache

gegen
1.
2.

wird beantragt,

    das zuständige Gericht zu bestimmen.

Begründung:

Der Kläger nimmt mit der beigefügten – beim Landgericht Bonn eingereichten – Klage[294] die Beklagten als Gesamtschuldner in Anspruch. Der Beklagte zu 1. hat seinen Wohnsitz in Meckenheim (Landgerichtsbezirk Bonn, Oberlandesgerichtsbezirk Köln). Der Beklagte zu 2. hat seinen Wohnsitz in Bad Neuenahr (Landgerichtsbezirk Koblenz, Oberlandesgerichtsbezirk Koblenz). Ein gemeinschaftlicher besonderer Gerichtsstand für den Rechtsstreit ist nicht begründet.

Es wird daher gebeten, das zuständige Gericht zu bestimmen.

Rechtsanwalt

IV. Muster: Abwandlungen des Parteirubrums, insbesondere bei juristischen Personen

1. Gesellschaft bürgerlichen Rechts

293 Mit seiner Entscheidung vom 29.1.2001[295] hat der BGH für eine Außengesellschaft bürgerlichen Rechts die Rechtsfähigkeit anerkannt, soweit diese durch die Teilnahme am Rechtsverkehr eigene Rechte und Pflichten begründet. In diesem Rahmen hat der BGH einer GbR im Zivilprozess auch die aktive und passive Parteifähigkeit zuerkannt. Soweit die Gesellschafter für Verbindlichkeiten der GbR persönlich haften, entspricht hierbei das Verhältnis zu der Verbindlichkeit der Gesellschaft demjenigen bei der OHG, so dass hier die gleichen Grundsätze angewandt werden können.[296]

---

293 Die Vorlagepflicht des § 36 Abs. 3 ZPO greift nur in den Fällen, in denen das Oberlandesgericht gem. § 36 Abs. 2 ZPO anstelle des BGH zuständig ist, vgl. Zöller/*Vollkommer*, § 36 ZPO Rn 10. Bei ausschließlicher Beteiligung bayerischer Gerichte aus verschiedenen bayerischen Oberlandesgerichtsbezirken ist das Bayerische Oberste Landesgericht zuständig.

294 Die Bestimmung des zuständigen Gerichts ist bereits vor Klageerhebung, aber auch noch im Laufe eines Rechtsstreits möglich.

295 Az: II ZR 331 = BGHZ 146, 341 = NJW 2001, 1056.

296 Vgl. BGH NJW 2001, 1056.

Bei der Klage einer GbR kann diese mithin unter ihrem eigenen Namen klagen. Bei 294
einer Klage gegen eine GbR empfiehlt es sich wegen der daneben bestehenden persönlichen Haftung der Gesellschafter, auch diese persönlich mit zu verklagen. Insoweit kann auf das unten stehende Rubrum-Muster einer Klage gegen eine OHG verwiesen werden.[297] Die Klage gegen die Gesellschaft hemmt auch die Verjährung gegenüber den Gesellschaftern.[298]

2. Klage für eine GbR

▼

Die Rechtsanwälte ▨▨▨ GbR, vertreten durch deren alleinvertretungsberechtigte Ge- 295
sellschafter, die Herren ▨▨▨, ▨▨▨ und ▨▨▨

gegen
1. ▨▨▨
2. ▨▨▨

▲

3. Klage gegen eine OHG

▼

▨▨▨

296

gegen
1. die Manfred Müller OHG,[299] ▨▨▨, vertreten durch den Gesellschafter Manfred Müller,
2. die persönlich haftenden Gesellschafter
   a) Manfred Müller, ▨▨▨
   b) Marion Müller, ▨▨▨

▲

4. Klage gegen eine KG

▼

▨▨▨

297

gegen
1. die Kommanditgesellschaft Firma Alberich Zwerg KG, ▨▨▨, vertreten durch ihren persönlich haftenden Gesellschafter Alberich Zwerg;[300]
2. den persönlich haftenden Gesellschafter Alberich Zwerg, ▨▨▨ [301]

▲

---

[297] Bei Tätigwerden nur für die GbR aus dem eigenen Recht fällt kein Mehrvertretungszuschlag gem. Nr. 1008 RVG-VV an; auch können in einem solche Falle die Gebühren nicht gegen die Gesellschafter persönlich festgesetzt werden, vgl. OLG Koblenz NJW 2003, 1130.
[298] Vgl. BGHZ 80, 227.
[299] Vgl. §§ 234, 235 HGB.
[300] Die Gesellschaft und ihre persönlich haftenden Gesellschafter werden im Prozess wie Gesamtschuldner behandelt.
[301] Vgl. §§ 170, 161 Abs. 2 HGB.

§ 5 Klageerhebung

5. Klage gegen eine GmbH

5.7

298

gegen die Ulrich Schwarz GmbH, ▬▬▬, vertreten durch den alleinvertretungsberechtigten Geschäftsführer Hermann Weiß, daselbst.

▲

6. Klage gegen eine GmbH & Co. KG

5.8

299

gegen
1. die Hinz GmbH & Co. KG, vertreten durch ihre Komplementärin, die Hinz GmbH, ▬▬▬, diese vertreten durch ihren Geschäftsführer Karl Kunz, daselbst,
2. die Hinz GmbH, ▬▬▬, vertreten durch ihren Geschäftsführer Karl Kunz, daselbst.

▲

7. Klage gegen eine AG

5.9

300

gegen die Nieten und Nägel AG, ▬▬▬, vertreten durch ihren Vorstand, die Herren ▬▬▬, diese vertreten durch den Vorstandsvorsitzenden Eduard Stahl, daselbst.[302]

▲

8. Klagen eines Aktionärs gem. §§ 246, 249 AktG

5.10

301

gegen die ▬▬▬ AG, ▬▬▬, vertreten durch ihren Vorstand, die Herren ▬▬▬, geschäftsansässig ▬▬▬, und den Aufsichtsrat, Herrn ▬▬▬, als dessen Vorsitzenden, wohnhaft ▬▬▬, sowie die Herren ▬▬▬.

▲

9. Klage gegen einen Verein

5.11

302

gegen den 1. FC Michelstadt, ▬▬▬, vertreten durch den Vorstand Heinz Meier, daselbst.[303]

▲

---

[302] Vgl. § 78 AktG; für Prozesse von Vorstandsmitgliedern gegen sie wird die AG vom Aufsichtsrat vertreten; bei Klagen gem. §§ 246, 249 AktG wird die AG durch Vorstand *und* Aufsichtsrat vertreten, § 246 Abs. 2 AktG.
[303] Vgl. § 26 Abs. 2 BGB.

10. Klage gegen eine Partnerschaftsgesellschaft

▼

gegen die Rechtsanwälte Klug & Partner, ▬▬▬, vertreten durch ihren alleinvertretungsberechtigten Gesellschafter Karl Klug, ▬▬▬.[304]

▲

11. Klage gegen eine Wohnungseigentümergemeinschaft

▼

gegen die Wohnungseigentümergemeinschaft ▬▬▬, ▬▬▬, vertreten durch den Verwalter ▬▬▬, ▬▬▬.[305]

▲

12. Klage eines minderjährigen Kindes

▼

des minderjährigen Kindes Uwe Blau, gesetzlich vertreten durch die erziehungsberechtigten Eltern Hans und Gisela Blau, ▬▬▬.[306]

▲

---

[304] Vgl. § 7 Abs. 3 PartGG.
[305] Nach dem Beschluss des BGH v. 2.6.2005, (NJW 2005, 2064) ist eine Wohnungseigentümergemeinschaft insoweit rechtsfähig, soweit sie bei der Verwaltung des gemeinschaftlichen Eigentums am Rechtsverkehr teilnimmt. Neben der Haftung der teilrechtsfähigen Wohnungseigentümergemeinschaft kommt danach eine akzessorische gesamtschuldnerische Haftung der Wohnungseigentümer nur insoweit in Betracht, als diese sich neben dem Verband persönlich verpflichtet haben. Die Gläubiger der Gemeinschaft können auf das Verwaltungsvermögen zugreifen, das auch Ansprüche der Gemeinschaft gegen die einzelnen Wohnungseigentümer und gegen Dritte umfasst. Zu den pfändbaren Ansprüchen der Wohnungseigentümergemeinschaft gehört hierbei auch der Anspruch, ihr die finanzielle Grundlage zur Begleichung der laufenden Verpflichtung durch Beschlussfassung über den Wirtschaftsplan seine Ergänzung oder die Jahresabrechnung zu verschaffen sowie Ansprüche zur Verletzung dieser Verpflichtung.
[306] Vgl. § 1629 BGB.

§ 5 Klageerhebung

V. Muster: Antrag auf Registerauskunft (Handelsregister oder Grundbuch)

▼

306 An das

Amtsgericht
– Handelsregister/Grundbuchamt –

Auskunft aus dem Handelsregister

Betr.: GmbH HR

Sehr geehrte Damen und Herren,

ich bitte um Übersendung eines unbeglaubigten Handelsregisterauszuges betreffend die oben genannte GmbH.

Des Weiteren bitten wir um Übersendung des letzten zum Handelsregister eingereichten Jahresabschlusses sowie der letzten Gesellschafterliste der Gesellschaft.

Für die entstehenden Kosten sagen wir uns stark.

Mit freundlichen Grüßen

Rechtsanwalt

▲

VI. Muster: Antrag auf Erzwingung der Vorlage von Jahresabschlüssen

▼

307 An das

Amtsgericht
– Handelsregister –

Betr.: GmbH HR

Sehr geehrter Damen und Herren,

mit Schreiben vom hatten wir gebeten, uns den letzten eingereichten Jahresabschluss der GmbH zu übermitteln.

Wir haben hierauf den Jahresabschluss vom für das Geschäftsjahr erhalten. Für das Geschäftsjahr hat die Gesellschaft noch keinen Jahresabschluss vorgelegt.

Wir dürfen Sie daher bitten, gem. § 335a HGB die Geschäftsführer gegebenenfalls durch Verhängung eines Ordnungsgeldes zur Einreichung des Jahresabschlusses für das Jahr anzuhalten.

Für den Fall, dass der Jahresabschluss bei Ihnen eingeht, bitten wir um Übersendung einer Abschrift.

Für die anfallenden Kosten sagen wir uns stark.

Mit freundlichen Grüßen

Rechtsanwalt

▲

D. Muster § 5

VII. Muster: Antrag auf Einleitung des Betreuungsverfahrens

▼

An das

Amtsgericht

– Vormundschaftsgericht –

Namens und im Auftrag des Herrn ▓▓▓ regen wir an, für Herrn ▓▓▓ einen Betreuer mit dem Aufgabengebiet der Vermögenssorge zu bestellen.

Herr ▓▓▓ und Herr ▓▓▓ befinden sich in folgender Rechtsbeziehung zueinander:

Hieraus schuldet Herr ▓▓▓ unserem Mandanten noch ▓▓▓ EUR.

Im Rahmen der außergerichtlichen Bemühungen, Herrn ▓▓▓ zur Begleichung seiner Schuld zu bewegen, ergaben sich ernsthafte Zweifel an der Prozessfähigkeit des Herrn ▓▓▓. Diese ergeben sich insbesondere aus folgenden Umständen: ▓▓▓

Da ernsthafte nicht behebbare Zweifel an der Prozessfähigkeit des Herrn ▓▓▓ bestehen, regen wir an, einen Betreuer für den Aufgabenkreis der Vermögenssorge zu bestellen.

Rechtsanwalt

▲

VIII. Muster: Antrag auf Bestellung eines Prozesspflegers

▼

An das

Landgericht ▓▓▓

▓▓▓

In dem beabsichtigten Rechtsstreit

des Herrn ▓▓▓

– Kläger –

Prozessbevollmächtigte: RAe ▓▓▓

gegen

Herrn ▓▓▓

– Beklagter –

bestellen wir uns für den Kläger und beantragen,

zunächst gem. § 57 ZPO einen Prozesspfleger für den Beklagten zu bestellen.

Begründung:

Der künftige Beklagte war Mieter der im Eigentum des Klägers stehenden Wohnung ▓▓▓. Das Mietverhältnis endete zum ▓▓▓. Der Beklagte hat die Wohnung geräumt, ohne seiner Verpflichtung zur Durchführung von Schönheitsreparaturen nachzukommen. Der Kläger hat dem Beklagten zur Durchführung von Schönheitsreparaturen aufgefordert und ihm hierzu eine angemessene Frist bis zum ▒▒▒ gesetzt. Hierauf hat der Kläger nicht reagiert.

Der Kläger hat daraufhin die Schönheitsreparaturen durch ein Fachunternehmen durchführen lassen und macht nunmehr Schadensersatzansprüche geltend. Da der Beklagte seinen Zahlungsverpflichtungen nie nachgekommen ist, ist Klage geboten.

Im Rahmen der außergerichtlichen Bemühungen des Klägers, den Beklagten zur Zahlung von Schadensersatz zu bewegen, sind ernsthafte nicht überbrückbare Zweifel an der Geschäfts- und Prozessfähigkeit des Klägers aufgetreten.

Diese ergeben sich aus folgenden Umständen: ▒▒▒

Da die Ansprüche des Klägers gem. § 548 BGB der Verjährungsfrist von 6 Monaten ab Rückgabe des Mietobjektes unterliegen, ist für den Beklagten gem. § 57 ZPO ein Prozesspfleger zu bestellen, da anderenfalls für den Kläger die Gefahr besteht, dass eine Klage mit verjährungsunterbrechender Wirkung innerhalb der gesetzlichen Verjährungsfrist nicht ordnungsgemäß zugestellt werden könnte.

Rechtsanwalt

IX. Muster: Klage in Prozessstandschaft

An das

Landgericht ▒▒▒

▒▒▒

Klage

der ▒▒▒

– Klägerin –

Prozessbevollmächtigte: RAe ▒▒▒

gegen

▒▒▒

– Beklagte –

wegen: ▒▒▒

Streitwert: ▒▒▒

Namens und im Auftrag der Klägerin erheben wir Klage mit dem Antrag,

1. die Beklagte zu verurteilen, an die ▒▒▒ Bank AG 10.000,00 EUR nebst Zinsen in Höhe von 5 Prozentpunkten über dem Basiszinssatz seit dem ▒▒▒ zu zahlen;
2. dem Beklagten die Kosten des Rechtsstreites aufzuerlegen;
3. dem Kläger nachzulassen, eine gegebenenfalls zu stellende Sicherheit auch durch Bankbürgschaft erbringen zu dürfen;
4. gegen den Beklagten im Fall des § 331 Abs. 3 ZPO i.V.m. § 276 Abs. 1 S. 1, Abs. 2 ZPO Versäumnisurteil ohne mündliche Verhandlung zu erlassen;

5. gegen den Beklagten im Fall des § 307 ZPO Anerkenntnis- oder Teilanerkenntnisurteil ohne mündliche Verhandlung zu erlassen;
6. dem Kläger eine vollstreckbare Ausfertigung des Urteils zu erteilen;
7. den Zeitpunkt der Zustellung des Urteils zu bescheinigen.

Begründung:

Die Klägerin betreibt ein Installateurunternehmen.

Mit Vertrag vom   wurde sie von dem Beklagten beauftragt, auf dessen Neubau   umfangreiche Installationsarbeiten vorzunehmen. Die Klägerin nimmt ständig einen Bankkredit bei der   Bank in Anspruch. Zur Sicherung dieses Darlehens hat die Klägerin die ihr gegen den Beklagten zustehende Werklohnforderung an die   Bank abgetreten mit der Ermächtigung, die Werklohnforderung im eigenen Namen einzuziehen.

Beweis: Vorlage der Abtretungserklärung mit Einziehungsermächtigung vom

Das rechtliche Interesse der Klägerin an der gerichtlichen Geltendmachung der sicherungsübertragenen Forderung im eigenen Namen ist von der Rechtsprechung anerkannt (vgl. BGH NJW 1989, 1932; 1990, 1190).

Im Übrigen wird zur Begründung der geltend gemachten Forderung ausgeführt:

Einfache und beglaubigte Abschrift anbei.

Rechtsanwalt

X. Muster: Leistungsklage mit beziffertem Zahlungsantrag

▼

An das

Landgericht

– Zivilkammer –[307]

Klage

des unter der Firma   handelnden Kaufmannes   [308]

– Klägers –

Prozessbevollmächtigte: RAe

---

[307] Die genaue Bezeichnung des angerufenen Gerichts gehört gem. § 253 Abs. 2 Nr. 1 ZPO zu den Essentialia einer Klageschrift. – Bei Klagen, die in die Zuständigkeit der Kammern für Handelssachen fallen, ist gem. § 96 Abs. 1 GVG bereits in der Klageschrift die Verhandlung vor der Kammer für Handelssachen zu beantragen. – Soweit bei den angerufenen Gerichten für bestimmte Sachverhalte eine Zuweisung an bestimmte Spruchkörper besteht (z.B. für Wettbewerbs-, Bau-, Versicherungs- oder Arzthaftungssachen), sollte hierauf bereits in der Klageschrift hingewiesen werden. Dies ist den Ländern insbesondere durch die seit dem 25.4.2006 in Kraft getretene Öffnungsklausel des § 13a GVG, die für das gesamte Bundesgebiet gilt, möglich.
[308] Gem. § 130 Nr. 1 ZPO sind die Parteien und ihre gesetzlichen Vertreter genau zu bezeichnen. Die genaue Bezeichnung des Beklagten ist ausschlaggebend für Zustellung und eventuelle Zwangsvollstreckung.

§ 5 Klageerhebung

gegen

▆▆▆▆▆ – Beklagten –

Prozessbevollmächtigte:[309] RAe ▆▆▆▆▆

wegen: Kaufpreisforderung[310]

Streitwert: 6.500,00 EUR[311]

Namens des Klägers erheben wir Klage mit dem Antrag,

1. den Beklagten zu verurteilen, an den Kläger 6.500,00 EUR nebst Zinsen in Höhe von 10,5 % seit dem 3.12.2017 zu zahlen;[312]
2. dem Beklagten die Kosten des Rechtsstreits aufzuerlegen;[313]
3. das Urteil – notfalls gegen Sicherheitsleistung – für vorläufig vollstreckbar zu erklären;[314]
4. hilfsweise – für den Fall des Unterliegens – dem Kläger Vollstreckungsschutz zu gewähren.[315]

Es wird angeregt, das schriftliche Vorverfahren anzuordnen. Insoweit wird beantragt,

den Beklagten für den Fall der Versäumung der Frist zur Anzeige der Verteidigungsbereitschaft oder des Anerkenntnisses durch Versäumnis- oder Anerkenntnisurteil im schriftlichen Verfahren zu verurteilen.[316]

Begründung:[317]

Der Kläger, der einen Handel mit Büroausstattung und Büromöbeln betreibt, verfolgt mit der Klage einen Kaufpreisanspruch für an den Beklagten gelieferte Büromöbel.

Mit Kaufvertrag vom 14.10.2017 kaufte der Beklagte beim Kläger eine Schreibtischanlage Modell XY zum Kaufpreis von 6.500,00 EUR.

---

309 Die Angabe eines Prozessbevollmächtigten, der sich vorgerichtlich bestellt hat, ist nur sinnvoll, wenn dieser sich zweifelsfrei auch für den Prozess bestellt hat. Wenn mit der Erhebung der Klage eine Frist gewahrt werden soll, sollte ein Prozessbevollmächtigter nicht benannt werden, da die Vollmacht zum Zeitpunkt der Klage erloschen bzw. entzogen sein könnte.
310 Die schlagwortartige Kurzbezeichnung ist üblich, aber nicht notwendig.
311 Gem. § 253 Abs. 3 ZPO soll die Klage die Angabe des Wertes des Streitgegenstandes enthalten, soweit hiervon die Zuständigkeit abhängt. Bei bezifferten Anträgen ist diese Angabe nicht erforderlich. Bei fristwahrenden Klagen sollte der Streitwert immer angegeben werden, um Verzögerungen der Zustellung zu vermeiden, vgl. BGH NJW 1994, 1073.
312 Vgl. § 253 Abs. 2 Nr. 2 ZPO, § 288 Abs. 4 BGB.
313 Über die Verpflichtung, die Prozesskosten zu tragen, hat das Gericht auch ohne Antrag zu entscheiden, vgl. § 308 Abs. 2 ZPO. Der Antrag hat sich gleichwohl eingebürgert.
314 Über die vorläufige Vollstreckbarkeit hat das Gericht ohne Antrag zu entscheiden. Soweit besondere Anträge, z.B. das Urteil ohne Sicherheitsleistung für vorläufig vollstreckbar zu erklären, gestellt werden sollen, sollten diese bereits in der Klageschrift aufgeführt werden. Die tatsächlichen Voraussetzungen müssen jedoch glaubhaft gemacht werden. Anträge auf Vollstreckbarerklärung eines Urteils ohne Sicherheitsleistung oder Vollstreckungsschutzanträge müssen gem. § 714 ZPO jedenfalls vor Schluss der letzten mündlichen Verhandlung gestellt werden. Die früher üblichen Anträge auf Zulassung der Sicherheitsleistung durch Bankbürgschaft sind durch die Änderung des § 108 Abs. 1 S. 2 ZPO obsolet geworden.
315 Vgl. §§ 712, 718 ZPO.
316 Vgl. § 331 Abs. 3 S. 2 ZPO; der Erlass eines Anerkenntnisurteils bedarf keines Antrages des Klägers mehr, der Antrag hat sich aber in der Praxis eingebürgert.
317 Vgl. § 253 Abs. 2 Nr. 2 ZPO.

Beweis: Vorlage des Kaufvertrags vom 14.10.2017 in Kopie als **Anlage K 1**

Der Kaufpreis war entsprechend den Regelungen des Kaufvertrags binnen 10 Tagen nach Lieferung ohne Abzüge an den Kläger zu zahlen. Die Schreibtischanlage wurde dem Beklagten am 28.10.2017 geliefert und übergeben. Da der Beklagte den Kaufpreis nicht beglich, wurde er durch Mahnschreiben vom 18.11.2017 zur Zahlung unter Fristsetzung bis zum 2.12.2017 aufgefordert.

Beweis: Vorlage des Mahnschreibens vom 18.11.2017 als **Anlage K 2**

Da der Beklagte auch hierauf keine Zahlung leistete, ist Klage geboten.

Der Zinsanspruch steht dem Kläger unter dem Gesichtspunkt des Verzugs zu. Der Beklagte hat die mit Mahnschreiben vom 18.11.2017 gesetzte Zahlungsfrist fruchtlos verstreichen lassen. Der Kläger nimmt ständig Bankkredit in die Klageforderung übersteigender Höhe in Anspruch, den er mit dem geltend gemachten Zinsanspruch zu verzinsen hat und den er bei rechtzeitiger Zahlung entsprechend zurückgeführt hätte.

Beweis im Bestreitensfall: Zinsbescheinigung der X-Bank

Der Entscheidung der Sache durch den Einzelrichter stehen keine Gründe entgegen.[318]

552,‚00 EUR als Gerichtskostenvorschuss sind in Gerichtskostenmarken beigefügt.[319]

Beglaubigte und einfache Abschriften anbei.

Rechtsanwalt

XI. Muster: Abwandlungen des Zinsantrages in Muster X

1. Zinsstaffel

Namens des Klägers erheben wir Klage mit dem Antrag,

1. den Beklagten zu verurteilen, an den Kläger 7.000,00 EUR nebst Zinsen in Höhe von 5 Prozentpunkten über dem Basiszinssatz aus 1.000,00 EUR seit dem 5.12.2017, aus weiteren 1.000,00 EUR seit dem 4.1.2018, aus weiteren 1.000,00 EUR seit dem 6.2.2018, aus weiteren 1.000,00 EUR seit dem 6.3.2018, aus weiteren 1.000,00 EUR seit dem 4.4.2018, aus weiteren 1.000,00 EUR seit dem 6.5.2018 sowie aus weiteren 1.000,00 EUR seit dem 5.6.2018 zu zahlen;
2. dem Beklagten die Kosten des Rechtsstreites aufzuerlegen.

---

[318] Vgl. § 253 Abs. 3 ZPO. Zur Zuständigkeit des Einzelrichters vgl. §§ 348, 348a ZPO.
[319] Vgl. § 12 GKG; es ist ein Vorschuss in Höhe von drei Gerichtsgebühren zu leisten; zu den Anwaltsgebühren vgl. Nr. 3100 ff. VV.

§ 5 Klageerhebung

2. Zinsstaffelantrag bei erfolgter Teilzahlung

An das

▬▬▬▬ gericht ▬▬▬▬

In dem Rechtsstreit

▬▬▬▬ ./. ▬▬▬▬

Az: ▬▬▬▬

beantragen wir,

> den Beklagten zu verurteilen, an die Klägerin 3.257,00 EUR nebst Zinsen in Höhe von 5 Prozentpunkten über dem Basiszinssatz seit dem ▬▬▬▬ abzgl. einer am ▬▬▬▬ geleisteten Zahlung in Höhe von 1.500,00 EUR zu zahlen.

Begründung:

Die Klägerin macht Ansprüche wegen ▬▬▬▬ geltend.

Die klageweise geltend gemachte Forderung war seit dem ▬▬▬▬ fällig. Mit Schreiben vom ▬▬▬▬ mahnte der Kläger nochmals und setzte dem Beklagten eine letzte Zahlungsfrist bis zum ▬▬▬▬.

Da auch hierauf keine Zahlung erfolgte, befand sich der Beklagte seit dem ▬▬▬▬ im Verzug. Am ▬▬▬▬ erschien der Beklagte im Ladenlokal der Klägerin und zahlte bar einen Betrag in Höhe von 1.500,00 EUR. Diese Zahlung ist gem. § 367 BGB anzurechnen.

Einfache und beglaubigte Abschrift anbei.

Rechtsanwalt

▲

3. Zahlungsantrag mit Begründung für Zinssatz gem. § 288 Abs. 2 BGB

▼

Namens des Klägers erheben wir Klage mit dem Antrag,

> den Beklagten zu verurteilen, an den Kläger ▬▬▬▬ EUR nebst Zinsen in Höhe von 9 Prozentpunkten über dem Basiszinssatz seit dem ▬▬▬▬ zu zahlen.

Begründung:

▬▬▬▬

Die geltend gemachte Zinsforderung ist gerechtfertigt aus § 288 Abs. 2 BGB. Der Beklagte ist Unternehmer im Sinne von § 14 BGB. Die Klägerin hat die Leistung, die Gegenstand der Klageforderung ist, am ▬▬▬▬ erbracht und mit Rechnung vom ▬▬▬▬ abgerechnet. Diese Rechnung ist dem Beklagten am ▬▬▬▬ übergeben worden.

> Beweis: ▬▬▬▬

Mithin lagen die Voraussetzungen des § 286 Abs. 3 BGB – Fälligkeit der Forderung und Zugang der Rechnung – am ▬▬▬ vor. Die in § 286 Abs. 3 BGB gesetzte Dreißig-Tage-Frist lief mithin am ▬▬▬ ab, so dass die Klageforderung ab diesem Zeitpunkt mit dem Zinssatz des § 288 Abs. BGB zu verzinsen ist.

Einfache und beglaubigte Abschrift anbei.

Rechtsanwalt

XII. Muster: Leistungsklage mit unbeziffertem Antrag

▼

An das
Landgericht ▬▬▬
– Zivilkammer –

▬▬▬

Klage

des ▬▬▬

– Kläger –

Prozessbevollmächtigte: RAe ▬▬▬

gegen
1. Herrn ▬▬▬
2. Herrn ▬▬▬
3. die XY Haftpflichtversicherungs-AG, ▬▬▬, vertreten durch den Vorstand ▬▬▬, daselbst,

– Beklagte –

Prozessbevollmächtigte: RAe ▬▬▬

wegen: Schmerzensgeldes.

Namens und im Auftrag des Klägers erheben wir Klage mit dem Antrag,

1. die Beklagten als Gesamtschuldner zu verurteilen, an den Kläger ein angemessenes Schmerzensgeld nebst Zinsen in Höhe von 5 Prozentpunkten über dem jeweiligen Basiszinssatz seit dem ▬▬▬ zu zahlen;
2. dem Beklagten die Kosten des Rechtsstreites aufzuerlegen;
3. gegen den Beklagten im Fall des § 331 Abs. 3 ZPO i.V.m. § 276 Abs. 1 S. 1, Abs. 2 ZPO Versäumnisurteil ohne mündliche Verhandlung zu erlassen;
4. gegen den Beklagten im Fall des § 307 ZPO Anerkenntnis- oder Teilanerkenntnisurteil ohne mündliche Verhandlung zu erlassen;
5. dem Kläger eine vollstreckbare Ausfertigung des Urteils zu erteilen;
6. den Zeitpunkt der Zustellung des Urteils zu bescheinigen.

§ 5 Klageerhebung

Begründung:

Der Kläger wollte am 1.5.2018 als Fußgänger die Clemens-August-Straße an der in Höhe des Hauses Nr. 53 befindlichen Fußgängerampel überqueren. Die Ampel zeigte dabei für ihn als Fußgänger grün. Als er die Straße zur Hälfte überquerte, wurde er von dem vom Beklagten zu 1) geführten, dem Beklagten zu 2) gehörenden, bei der Beklagten zu 3) versicherten Pkw VW Golf mit dem amtlichen Kennzeichen: ▓▓▓▓ erfasst. Der Unfall kam alleine aufgrund der Unachtsamkeit des Führers des Fahrzeuges zu Stande.

Aufgrund des Unfalles erlitt der Beklagte einen Bruch des Oberschenkels und musste sich in stationäre Krankenhausbehandlung begeben. Der Beklagte befand sich in der Zeit vom 1.5.2018 bis 17.5.2018 in stationärer Behandlung in der Universitätsklinik Bonn.

Beweis:
1. Vorlage des ärztlichen Berichtes der Universitätsklinik Bonn vom ▓▓▓▓ als **Anlage K1**
2. sachverständiges Zeugnis des Herrn Oberarztes ▓▓▓▓, zu laden über die Universitätsklinik Bonn
3. Sachverständigengutachten.

An langfristigen Schäden wird der Beklagte eine ca. 25 cm lange Operationsnarbe am rechten Oberschenkel als Dauerschaden zurückbehalten. Der Beklagte zu 1. haftet als Kraftfahrzeugführer gem. § 18 StVG, der Beklagte zu 2. als Halter gem. § 7 StVG. Die Beklagte zu 3. haftet gem. § 3 Pflichtversicherungsgesetz für die dem Kläger entstandenen Schäden. Die Beklagten haften dem Kläger als Gesamtschuldner auf Ersatz sämtlicher ihm entstandener – auch immaterieller – Schäden inkl. Schmerzensgeld. Aufgrund der erlittenen Verletzungen steht dem Kläger ein angemessenes Schmerzensgeld zu, welches der Kläger in das Ermessen des Gerichts stellt.

Aufgrund der erlittenen Verletzungen geht der Kläger jedoch davon aus, dass ein Schmerzensgeld nicht unter 6.000,00 EUR angemessen ist. Zur Angemessenheit der Höhe des begehrten Schmerzensgeldes verweisen wir auf *Hacks/Wellner/Hecker*, Schmerzensgeld-Beträge, 36. Aufl.

Da die Beklagten bisher trotz mehrfacher Aufforderung keine Regulierung geleistet haben, ist nunmehr Klage geboten.

Der Entscheidung durch den Einzelrichter stehen keine Bedenken entgegen.

495,00 EUR Gerichtskostenvorschuss per Gerichtskostenstempler anbei.

Einfache und beglaubigte Abschriften anbei.

Rechtsanwalt
▲

XIII. Muster: Leistungsklage bei Zug-um-Zug-Leistung

▼

An das
Amtsgericht

Klage

des

— Kläger —

Prozessbevollmächtigte: RAe

gegen

— Beklagte —

wegen:
Streitwert: EUR

Erheben wir Klage mit dem Antrag,

1. den Beklagten zu verurteilen, an den Kläger 1.300,00 EUR nebst Zinsen in Höhe von 5 Prozentpunkten über dem jeweiligen Basiszinssatz Zug um Zug gegen Herausgabe und Übereignung eines Spannringes, Gelbgold, mit Solitär 0,1 Karat zu zahlen;
2. dem Beklagten die Kosten des Rechtsstreites aufzuerlegen;
3. gegen den Beklagten im Fall des § 331 Abs. 3 ZPO i.V.m. § 276 Abs. 1 S. 1, Abs. 2 ZPO Versäumnisurteil ohne mündliche Verhandlung zu erlassen;
4. gegen den Beklagten im Fall des § 307 ZPO Anerkenntnis- oder Teilanerkenntnisurteil ohne mündliche Verhandlung zu erlassen;
5. dem Kläger eine vollstreckbare Ausfertigung des Urteils zu erteilen;
6. den Zeitpunkt der Zustellung des Urteils zu bescheinigen.

Begründung:

Der Kläger ist Juwelier. Am suchte ihn der Beklagte auf und ließ sich verschiedene Ringe vorführen, da er ein Geschenk für seine Lebensgefährtin suchte. Der Beklagte suchte dabei einen Spannring mit einem Diamantsolitär 0,1 Karat zum Preis von 1.450,00 EUR aus. Da er nicht genug Bargeld dabei hatte, leistete er eine Anzahlung in Höhe von 150,00 EUR. Die Parteien vereinbarten, dass der Beklagte den Ring einige Tage später gegen Zahlung des Restkaufpreises in Höhe von 1.300,00 EUR abholen sollte. Dem Beklagten wurde eine Quittung über die Anzahlung ausgestellt.

Beweis: Vorlage der Quittung

Einige Tage später erschien der Beklagte sodann und erklärte, dass er den Ring nicht mehr abnehmen wolle, da er sich von seiner Lebensgefährtin getrennt habe.

Mit der vorliegenden Klage fordert der Kläger die Zahlung des Restkaufpreises Zug um Zug gegen Herausgabe und Übereignung des vom Beklagten erworbenen Ringes.

Der Zinsantrag ist gerechtfertigt gem. § 291 BGB.

§ 5 Klageerhebung

_____ EUR Gerichtskostenvorschuss sind per Gerichtskostenstempler beigefügt.

Einfache und beglaubigte Abschrift anbei.

Rechtsanwalt

XIV. Muster: Leistungsklage auf Vornahme einer Handlung

317 An das

Amtsgericht _____

Klage

des _____

– Kläger –

Prozessbevollmächtigte: RAe _____

gegen

_____

– Beklagter –

wegen: Entfernung von Bäumen

Streitwert: 2.000,00 EUR[320]

Namens und im Auftrag des Klägers erheben wir Klage mit dem Antrag,

1. den Beklagten zu verurteilen, die auf den Grundstück des Beklagten an der Grenze zum Grundstück Von-Halbberg-Str. 10 stehenden zwei Buchen zu entfernen;[321]
2. dem Beklagten die Kosten des Rechtsstreites aufzuerlegen;
3. gegen den Beklagten im Fall des § 331 Abs. 3 ZPO i.V.m. § 276 Abs. 1 S. 1, Abs. 2 ZPO Versäumnisurteil ohne mündliche Verhandlung zu erlassen;
4. gegen den Beklagten im Fall des § 307 ZPO Anerkenntnis- oder Teilanerkenntnisurteil ohne mündliche Verhandlung zu erlassen;
5. dem Kläger eine vollstreckbare Ausfertigung des Urteils zu erteilen;
6. den Zeitpunkt der Zustellung des Urteils zu bescheinigen.

Des Weiteren wird beantragt,

von einer Güteverhandlung gem. § 278 ZPO abzusehen.

---

[320] Der Streitwert richtet sich nach dem Interesse des Klägers bei Vornahme der Handlung unter Berücksichtigung des Kostenaufwandes hierfür; vgl. Zöller/*Herget*, § 3 Rn 16 (Stichwort „Vornahme von Handlungen").

[321] Bei Formulierung des Antrages ist darauf zu achten, dass die geforderte Handlung so präzise beschrieben ist, dass es bei der Zwangsvollstreckung nicht zu Unklarheiten oder Verwechslungen kommt.

Begründung:

Der Kläger legt in der Anlage die Bescheinigung der Gütestelle vor, aus der sich ergibt, dass zwischen den Parteien ein Verfahren auf außergerichtliche Streitschlichtung gem. § 15a EGZPO i.V.m. § 10 GüSchlGNRW stattgefunden hat.[322]

Die Parteien sind Nachbarn. Im Frühjahr 2018 pflanzte der Beklagte unmittelbar an der Grundstücksgrenze zum Grundstück des Klägers zwei Buchen im Abstand von einem Meter.

Der Anspruch des Klägers auf Beseitigung ergibt sich aus § 1004 BGB.

Der Beklagte hat dabei die Mindestpflanzabstände des Nordrhein-Westfälischen Nachbarschaftsgesetzes nicht eingehalten. Da bereits ein außergerichtliches Streitschlichtungsverfahren stattgefunden hat, ist eine erneute Güteverhandlung obsolet.

EUR Gerichtskostenvorschuss per Gerichtskostenstempler anbei.

Einfache und beglaubigte Abschriften anbei.

Rechtsanwalt

XV. Muster: Klage auf Vornahme einer Handlung (bei Wahlrecht des Schuldners)

An das

gericht

Klage

des

– Kläger –

Prozessbevollmächtigte: RAe

gegen

– Beklagter –

Namens und im Auftrag des Klägers erheben wir Klage mit dem Antrag,

1. den Beklagten zu verurteilen, an der im Hause gelegenen Wohnung, Dachgeschoss, eine Wärmedämmung entsprechend den anerkannten Regeln der Baukunst anzubringen;
2. dem Beklagten die Kosten des Rechtsstreites aufzuerlegen;
3. gegen den Beklagten im Fall des § 331 Abs. 3 ZPO i.V.m. § 276 Abs. 1 S. 1, Abs. 2 ZPO Versäumnisurteil ohne mündliche Verhandlung zu erlassen;
4. gegen den Beklagten im Fall des § 307 ZPO Anerkenntnis- oder Teilanerkenntnisurteil ohne mündliche Verhandlung zu erlassen;

---

[322] Vgl. § 15a EGZPO.

§ 5 Klageerhebung

5. dem Kläger eine vollstreckbare Ausfertigung des Urteils zu erteilen;
6. den Zeitpunkt der Zustellung des Urteils zu bescheinigen.

Begründung:

Der Kläger ist Mieter, der Beklagte Vermieter der streitgegenständlichen Wohnung.

Bei der Wohnung handelt es sich um eine Dachgeschosswohnung, die der Beklagte durch Ausbau des Dachgeschosses erst nachträglich erstellt hat. Der Kläger ist der erste Mieter.

Aufgrund der Witterungsverhältnisse in den vergangenen heißen Sommermonaten, so hat der Kläger festgestellt, heizte sich die Wohnung exorbitant auf.

Er hat die Wohnung durch einen Energieberater der Stadt Bonn überprüfen lassen. Hierbei stellte sich heraus, dass die streitgegenständliche Wohnung über keinerlei Wärmedämmung zur Dachaußenhaut hin verfügt.

Der Beklagte hat vielmehr lediglich Rigipsplatten von unten an den Dachbalken angebracht, ohne vorher für eine Dämmung zu sorgen.

Beweis: 1. Bericht des Dipl. Ing. ▬▬▬, Wärmeberater der Stadtwerke Bonn
2. Sachverständigenzeugnis des Herrn Dipl. Ing. ▬▬▬, zu laden über die Stadtwerke Bonn

Der Kläger hat die streitgegenständliche Wohnung zu Wohnzwecken angemietet. Die Wohnung war dem Kläger angeboten worden als „neu erstellte Wohnung". Er hat einen Anspruch auf eine den anerkannten Regeln der Baukunst entsprechende Wärmedämmung, da andernfalls er auch mit unangemessenen Heizkosten belastet würde.

Der Kläger hat den Beklagten zur Beseitigung des Mangels aufgefordert. Hierauf reagierte der Beklagte nicht. Der Kläger verfolgt daher sein Begehren nunmehr im Klagewege weiter. Die Art und Weise der vorzunehmenden Wärmedämmung ist dem Beklagten überlassen.

▬▬▬ EUR Gerichtskostenvorschuss sind per Gerichtskostenstempler beigefügt.

Einfache und beglaubigte Abschriften anbei.

Rechtsanwalt

XVI. Muster: Klage auf Unterlassung

▼

An das
Amtsgericht ▮▮▮▮[323]

Klage

des ▮▮▮▮

– Kläger –

Prozessbevollmächtigte: RAe ▮▮▮▮

gegen

Frau ▮▮▮▮

– Beklagte –

wegen: Unterlassung der vertragswidrigen Nutzung von Wohnraum.

Namens des Klägers erheben wir Klage mit dem Antrag,

1. die Beklagte zu verurteilen, es zu unterlassen, in der von ihr angemieteten Wohnung Kölnstraße 20, Bonn ein Reisebüro zu betreiben;[324]
2. der Beklagten für jeden Fall der Zuwiderhandlung ein Ordnungsgeld bis zur Höhe von 250.000,00 EUR oder Ordnungshaft von bis zu sechs Monaten im Einzelfall anzudrohen;[325]
3. der Beklagten die Kosten des Rechtsstreites aufzuerlegen;
4. gegen den Beklagten im Fall des § 331 Abs. 3 ZPO i.V.m. § 276 Abs. 1 S. 1, Abs. 2 ZPO Versäumnisurteil ohne mündliche Verhandlung zu erlassen.
5. gegen den Beklagten im Fall des § 307 ZPO Anerkenntnis- oder Teilanerkenntnisurteil ohne mündliche Verhandlung zu erlassen.

Begründung:

Der Kläger ist Eigentümer und Vermieter der in dem Hause ▮▮▮▮straße ▮▮▮▮, Hochparterre, belegenen Räume. Aufgrund der Teilungsanordnung ist für diese Räume lediglich eine Nutzung zu Wohnzwecken zulässig. Mit Mietvertrag vom ▮▮▮▮ mietete die Beklagte die streitgegenständlichen Räume als Wohnung an.

Beweis: Vorlage des Mietvertrages vom ▮▮▮▮ als **Anlage K1**

Der Kläger wurde jedoch von verschiedenen Miteigentümern darauf hingewiesen, dass die Beklagte in den von ihr zu Wohnzwecken angemieteten Räume zwischenzeitlich ein Reisebüro mit erheblichem Publikumsverkehr betreibe.

Der Kläger wurde von der Wohnungseigentümerversammlung aufgefordert, die Nutzung der angemieteten Wohnung zu Gewerbezwecken zu unterbinden. Der Kläger hat die

---

323 Zuständigkeit gem. § 23 Nr. 2a GVG.
324 Bei der Formulierung der zu unterlassenden Handlung ist darauf zu achten, dass es im Rahmen der Zwangsvollstreckung nicht zu Unklarheiten kommt.
325 Vgl. § 890 Abs. 2 ZPO.

§ 5 Klageerhebung

Beklagte mit Schreiben vom ▮▮▮ aufgefordert, den vertragswidrigen Gebrauch der Mietsache abzustellen.

Beweis: Vorlage des Anwaltsschreibens vom ▮▮▮ als **Anlage K2**

Da die Beklagte nicht reagierte, ist Klage geboten. Der Anspruch auf Unterlassung des vertragswidrigen Gebrauches ergibt sich aus der im Mietvertrag enthaltenen Zweckbestimmung in Verbindung mit § 542 BGB.

▮▮▮ EUR Gerichtskostenvorschuss per Gerichtskostenstempler anbei.

Einfache und beglaubigte Abschriften anbei.

Rechtsanwalt

XVII. Muster: Klage auf Herausgabe (verbunden mit Antrag auf Fristsetzung gem. § 255 ZPO und Klage auf Leistung von zukünftigem Schadensersatz gem. § 259 ZPO)

5.29

320

An das

Landgericht ▮▮▮

Klage

der Firma XY Leasing GmbH, vertreten durch ihren Geschäftsführer ▮▮▮

– Klägerin –

Prozessbevollmächtigte: RAe ▮▮▮

gegen

Herrn ▮▮▮

– Beklagter –

wegen: Herausgabe[326] eines Kraftfahrzeuges

Streitwert: 50.000,00 EUR

Namens des Klägers erheben wir Klage mit dem Antrag,

1. den Beklagten zu verurteilen, den Pkw Mercedes Benz ML 420, mit dem amtlichen Kennzeichen ▮▮▮, Fahrgestellnummer ▮▮▮ nebst sämtlichen Schlüsseln an die Klägerin herauszugeben;[327]
2. dem Beklagten eine Frist zur Herausgabe von zwei Wochen nach Rechtskraft des Urteils zu setzen;[328]

---

[326] Vgl. hierzu oben Rdn 151.
[327] Die herauszugebende Sache ist so genau zu bezeichnen, dass der Gerichtsvollzieher sie zweifelsfrei identifizieren kann.
[328] Vgl. §§ 255 ZPO, 281 Abs. 1 BGB. Soweit der Kläger allein am Erhalt der Sache, nicht jedoch an Schadensersatz interessiert ist, ist nur der Antrag zu 1 zu stellen. Gem. § 281 Abs. 4 BGB kann die ursprüngliche Leistung nicht mehr gefordert werden, wenn der Gläubiger Schadensersatz statt der Leistung geltend macht.

3. den Beklagten zu verurteilen, nach fruchtlosem Fristablauf 50.000,00 EUR nebst Zinsen in Höhe von 5 Prozentpunkten über dem jeweiligen Basiszinssatz seit Fristablauf an die Klägerin zu zahlen;
4. dem Beklagten die Kosten des Rechtsstreites aufzuerlegen;
5. gegen den Beklagten im Fall des § 331 Abs. 3 ZPO i.V.m. § 276 Abs. 1 S. 1, Abs. 2 ZPO Versäumnisurteil ohne mündliche Verhandlung zu erlassen;
6. gegen den Beklagten im Fall des § 307 ZPO Anerkenntnis- oder Teilanerkenntnisurteil ohne mündliche Verhandlung zu erlassen.

Begründung:

Die Klägerin betreibt ein Leasingunternehmen und befasst sich insbesondere mit dem Verleasen von Kraftfahrzeugen. Mit Leasingvertrag vom ▒▒▒▒▒ leaste der Beklagte bei der Klägerin den im Rubrum genannten Pkw.

    Beweis: Vorlage des Leasingvertrages vom ▒▒▒▒▒ als Anlage K1

Der Leasingvertrag endete mit Ablauf des ▒▒▒▒▒. Gleichwohl gab der Beklagte das Fahrzeug nicht zurück. Daher ist Klage geboten.

Die Klägerin hat zwischenzeitlich erfahren, dass sich der Beklagte in Geldschwierigkeiten befindet. Sie hält es daher für möglich, dass er das Fahrzeug nicht mehr in Besitz hat. Die Klägerin verlangt in erster Linie Herausgabe des Fahrzeuges. Sie macht allerdings bereits jetzt von dem Recht Gebrauch, dem Beklagten schon im Urteil eine Frist zur Herausgabe zu setzen und bei fruchtlosem Verstreichen dieser Frist Schadensersatz statt der Leistung zu verlangen.

Nach den Regelungen des Leasingvertrages hatten die Parteien einen Restwert des Fahrzeuges bei Beendigung des Leasingvertrages von ▒▒▒▒▒ EUR vereinbart. Dieser Betrag wird als Schadensersatz geltend gemacht.

Der Entscheidung des Rechtsstreits durch einen Einzelrichter stehen keine Bedenken gegenüber.

▒▒▒▒▒ EUR Gerichtskostenvorschuss per Gerichtskostenstempler anbei.

Einfache und beglaubigte Abschriften anbei.

Rechtsanwalt

§ 5 Klageerhebung

XVIII. Muster: Klage auf Räumung

▼

321   An das
Amtsgericht [329]
– Mietabteilung –

Klage

der Eheleute

– Kläger –

Prozessbevollmächtigte: RAe

gegen

die Eheleute

– Beklagte –

wegen: Räumung

Streitwert: 12.000,00 EUR[330]

Namens und in Vollmacht der Kläger erheben wir Klage mit dem Antrag,

1. die Beklagten zu verurteilen, die von ihnen bewohnte Wohnung Bahnhofstr. 27, 53111 Bonn, bestehend aus 3 Zimmern, Küche, Diele, Bad und WC sowie zugehörigen Kellerraum, geräumt an die Kläger herauszugeben;[331]
2. die Beklagten die Kosten des Rechtsstreites aufzuerlegen;
3. gegen die Beklagten im Fall des § 331 Abs. 3 ZPO i.V.m. § 276 Abs. 1 S. 1, Abs. 2 ZPO Versäumnisurteil ohne mündliche Verhandlung zu erlassen;
4. gegen den Beklagten im Fall des § 307 ZPO Anerkenntnis- oder Teilanerkenntnisurteil ohne mündliche Verhandlung zu erlassen.

Begründung:

Die Kläger sind Vermieter, die Beklagten Mieter der streitgegenständlichen Wohnung.

Das Mietverhältnis ist auf unbestimmte Zeit abgeschlossen.

Mit Schreiben vom   haben die Kläger das Mietverhältnis zum   gekündigt.

Beweis: Vorlage des Kündigungsschreibens vom   als **Anlage K1**

Die Kündigung ist damit begründet, dass die Kläger ihre Wohnung für ihre 24-jährige Tochter benötigen, die die Wohnung beziehen will, um dort mit ihrem Lebensgefährten einen eigenen Hausstand zu gründen.[332]

---

329 Zuständigkeit gem. § 23 Nr. 2a GVG.
330 In der Regel Mietzins für ein Jahr, vgl. § 41 Abs. 1 GKG.
331 Das zu räumende Objekt ist genau zu bezeichnen, so dass es vom Gerichtsvollzieher zweifelsfrei identifiziert werden kann.
332 Vgl. § 573 Abs. 2 Nr. 2 BGB.

Außergerichtlich haben die Beklagten vorgetragen, die Kläger schützten den Eigenbedarf nur vor, um die Wohnung anderweitig zu einem höheren Mietzins neu vermieten zu können. Dies ist jedoch unzutreffend.

Die Kläger wollen die Wohnung ihrer Tochter und deren Lebensgefährten, Herrn ▓▓▓▓, zur Gründung eines gemeinsamen Hausstandes zur Verfügung stellen. Die Tochter der Kläger bewohnt derzeit ein ca. 20 qm großes Zimmer im elterlichen Haus.

    Beweis: Zeugnis der Tochter der Kläger, Frau ▓▓▓▓, Anschrift: ▓▓▓▓

Der Lebensgefährte der Tochter der Kläger, der kurz vor der Abschlussprüfung zum Diplom-Ingenieur steht, bewohnt ein 18 qm großes Zimmer im Studentenwohnheim, welches er nach Abschluss des Studiums räumen muss.

    Beweis: Zeugnis des Herrn ▓▓▓▓, Anschrift: ▓▓▓▓

Damit ist nachgewiesen, dass ein vernünftiger nachvollziehbarer Grund der Kläger für Beendigung des Mietverhältnisses vorliegt.

Die Beklagten sind daher gem. § 573 Abs. 2 Nr. 2 BGB zur Räumung zu verurteilen.

Gründe für einen Kündigungswiderspruch gem. § 574 BGB haben die Beklagten in der Frist des § 574b Abs. 2 BGB nicht vorgetragen, obwohl im Kündigungsschreiben auf die Möglichkeit eines Kündigungswiderspruches hingewiesen worden war.[333]

Die Beklagten sind daher als Gesamtschuldner zur Räumung und Herausgabe der streitgegenständlichen Wohnung zu verurteilen.

▓▓▓▓ EUR Gerichtskostenvorschuss per Gerichtskostenstempler anbei.

Zwei beglaubigte und zwei einfache Abschriften anbei.

Rechtsanwalt

▲

XIX. Muster: Klage auf Abgabe einer Willenserklärung

▼

An das

Landgericht ▓▓▓▓

▓▓▓▓

                                Klage

des ▓▓▓▓

                                – Kläger –

Prozessbevollmächtigte: RAe ▓▓▓▓

gegen

▓▓▓▓

                                – Beklagter –

---

[333] Vgl. zum sogenannten Sozialwiderspruch des Mieters § 574 BGB.

§ 5 Klageerhebung

Namens und im Auftrag der Kläger erheben wir Klage mit dem Antrag,

1. den Beklagten zu verurteilen, zu erklären, dass das Eigentum an dem Pkw Mercedes Benz MB 320, mit dem amtlichen Kennzeichen ▇▇▇, Fahrgestellnummer ▇▇▇ auf den Kläger übergeht;[334]
2. dem Beklagten die Kosten des Rechtsstreites aufzuerlegen;
3. gegen den Beklagten im Fall des § 331 Abs. 3 ZPO i.V.m. § 276 Abs. 1 S. 1, Abs. 2 ZPO Versäumnisurteil ohne mündliche Verhandlung zu erlassen;
4. gegen den Beklagten im Fall des § 307 ZPO Anerkenntnis- oder Teilanerkenntnisurteil ohne mündliche Verhandlung zu erlassen.

Begründung:

Der Kläger war ursprünglich Eigentümer des im Rubrum genannten Pkw.

Der Kläger hat zur Sicherung einer Darlehensforderung über ▇▇▇ EUR den oben näher bezeichneten Pkw dem Beklagten sicherheitsübereignet und den Kraftfahrzeugbrief ausgehändigt. Die Parteien haben einen schriftlichen Sicherungsvertrag geschlossen, nach dessen § 5 der Beklagte verpflichtet ist, das Sicherungsgut nach Rückzahlung des Darlehens an den Kläger zurück zu übereignen.

    Beweis: Vorlage des Sicherungsvertrages vom ▇▇▇ als **Anlage K1**

Zwischenzeitlich hat der Kläger das Darlehen vollständig getilgt.

    Beweis: Vorlage von Überweisungsformularen und entsprechenden Abbuchungsmitteilungen als **Anlagenkonvolut K 2**

Der Beklagte weigerte sich gleichwohl, das Fahrzeug rück zu übereignen und den Kraftfahrzeugbrief herauszugeben.

Somit ist Klage geboten.

Der Übertragung des Rechtsstreits auf den Einzelrichter stehen keine Bendenken entgegen.

▇▇▇ EUR Gerichtskostenvorschuss sind per Gerichtkostenstempler **beigefügt**.

Einfache und beglaubigte Abschriften anbei.

Rechtsanwalt

▲

---

[334] Bei Klagen auf Abgabe einer Willenserklärung gilt die Willenserklärung mit der Rechtskraft des Urteils als abgegeben (§ 894 ZPO).

XX. Muster: Klage auf Duldung

▼

An das

Landgericht ▓▓▓

▓▓▓

Klage

des ▓▓▓

– Kläger –

Prozessbevollmächtigte: RAe ▓▓▓

gegen

Herrn ▓▓▓

– Beklagter –

wegen: Duldung eines Notrechts[335]

Streitwert: ▓▓▓ EUR

Namens und im Auftrag des Klägers erheben wir Klage mit dem Antrag,

1. den Beklagten zu verurteilen, zu dulden, dass der Kläger einen Notweg über das Grundstück ▓▓▓ des Beklagten zu der Bahnhofstraße in einer vom Gericht zu bestimmenden Richtung verlegt und unterhält;[336]
2. dem Beklagten die Kosten des Rechtsstreites aufzuerlegen;
3. gegen den Beklagten im Fall des § 331 Abs. 3 ZPO i.V.m. § 276 Abs. 1 S. 1, Abs. 2 ZPO Versäumnisurteil ohne mündliche Verhandlung zu erlassen;
4. gegen den Beklagten im Fall des § 307 ZPO Anerkenntnis- oder Teilanerkenntnisurteil ohne mündliche Verhandlung zu erlassen.

Begründung:

Der Kläger ist Eigentümer des im Grundbuch vom ▓▓▓ eingetragenen Grundstückes. Hierbei handelt es sich um ein sogenanntes Hinterliegergrundstück.

Der Kläger plant, sein Grundstück zu bebauen.

Der Beklagte ist Eigentümer des davor liegenden Grundstückes. Das Grundstück des Klägers verfügt über keine unmittelbare Verbindung zu der Bahnhofstraße. Eine Verbindung ist nur über das Grundstück des Beklagten möglich.

Beweis: Vorlage eines Katasterauszuges

Der Beklagte ist daher gem. § 917 BGB zur Duldung des Notwegerechts verpflichtet.[337]

---

[335] Vgl. § 917 BGB.
[336] Die zu erduldende Handlung ist genau anzugeben, so dass im Rahmen der Zwangsvollstreckung keine Unklarheiten auftreten. Die Zwangsvollstreckung geschieht gem. § 890 ZPO durch Verhängung eines Ordnungsgeldes oder Ordnungshaft durch das Prozessgericht des ersten Rechtszuges.
[337] Im Gegenzug ist der Verpflichtete durch eine Geldrente zu entschädigen, vgl. § 917 Abs. 2 i.V.m. §§ 912 Abs. 2, 913, 914, 916 BGB.

§ 5 Klageerhebung

Auf Nachfrage konnte der Beklagte sich nicht bereit finden, an einer einvernehmlichen Regelung mitzuwirken. Der Kläger hat dabei angeboten, entweder eine Notwegerente zu zahlen oder den Beklagten einen Teil seines Grundstückes abzukaufen. Somit ist nunmehr Klage geboten.

▓▓▓ EUR Gerichtskostenvorschuss per Gerichtskostenstempler anbei.

Beglaubigte und einfache Abschrift anbei.

Rechtsanwalt

▲

XXI. Muster: Klage auf künftige Leistung

▼

An das

Landgericht ▓▓▓

▓▓▓

Klage

des ▓▓▓

– Kläger –

Prozessbevollmächtigte: RAe ▓▓▓

gegen

▓▓▓

– Beklagter –

Namens und im Auftrag des Klägers erheben wir Klage mit dem Antrag,

1. den Beklagten zu verurteilen, an den Kläger jeweils 1.500,00 EUR, zahlbar jeweils am dritten Werktag eines jeden Monats, beginnend ab dem ▓▓▓ bis zum ▓▓▓ nebst Zinsen in Höhe von 5 Prozentpunkten über dem Basiszinssatz seit dem jeweiligen Fälligkeitstag zu zahlen;
2. dem Beklagten die Kosten des Rechtsstreites aufzuerlegen;
3. gegen den Beklagten im Fall des § 331 Abs. 3 ZPO i.V.m. § 276 Abs. 1 S. 1, Abs. 2 ZPO Versäumnisurteil ohne mündliche Verhandlung zu erlassen;
4. gegen den Beklagten im Fall des § 307 ZPO Anerkenntnis- oder Teilanerkenntnisurteil ohne mündliche Verhandlung zu erlassen;
5. dem Kläger eine vollstreckbare Ausfertigung des Urteils zu erteilen;
6. den Zeitpunkt der Zustellung des Urteils zu bescheinigen.

Begründung:

Der Kläger hat an den Beklagten mit Kaufvertrag vom ▓▓▓ den Pkw Mercedes Benz MB 320 mit dem amtlichen Kennzeichen ▓▓▓, Fahrgestellnummer ▓▓▓ verkauft. Die Parteien haben einen Kaufpreis in Höhe von 36.000,00 EUR vereinbart, den der Beklagte in monatlichen Raten à 1.500,00 EUR beginnend ab dem ▓▓▓ bis zum ▓▓▓

begleichen sollte. Die monatlichen Raten sind jeweils am dritten Werktag eines jeden Monats fällig.

Beweis: Vorlage des Kaufvertrages vom ▓▓▓▓ als **Anlage K1**

Der Kläger hat das Fahrzeug am ▓▓▓▓ an den Beklagten übergeben.

Bereits in der Vergangenheit hat der Beklagte die monatlichen Raten teilweise nur mit erheblicher zeitlicher Verzögerung bezahlt. Der Beklagte hat daher Anlass zu der Befürchtung, dass der Kläger auch künftig die monatlichen Raten nur verspätet erbringen wird. Er macht daher von der gem. §§ 257, 259 ZPO gegebenen Möglichkeit auch zukünftige fällig werdende Zahlungen titulieren zu lassen, Gebrauch.

Der geltend gemachte Zinsanspruch ergibt sich aus §§ 280 Abs. 1, 2, 286, 288 BGB.

Der Entscheidung des Rechtsstreites durch einen Einzelrichter stehen keine Gründe entgegen.

▓▓▓▓ EUR Gerichtskostenvorschuss per Gerichtskostenstempler anbei.

Einfache und beglaubigte Abschriften anbei.

Rechtsanwalt

XXII. Muster: Teilklage

5.34

An das

Amtsgericht ▓▓▓▓

▓▓▓▓

Klage

des ▓▓▓▓

– Kläger –

Prozessbevollmächtigte: RAe ▓▓▓▓

gegen

1. ▓▓▓▓

– Beklagter zu 1. –

2. ▓▓▓▓

– Beklagter zu 2. –

3. die XY Versicherungs-AG, vertreten durch ihren Vorstand ▓▓▓▓

– Beklagte zu 3. –

Namens und im Auftrag des Klägers erheben wir Klage mit dem Antrag,

1. die Beklagten als Gesamtschuldner zu verurteilen, an den Kläger 2.500 EUR nebst Zinsen in Höhe von 5 Prozentpunkten über dem Basiszinssatz seit dem ▓▓▓▓ zu zahlen;
2. den Beklagten die Kosten des Rechtsstreites aufzuerlegen;
3. gegen die Beklagten im Fall des § 331 Abs. 3 ZPO i.V.m. § 276 Abs. 1 S. 1, Abs. 2 ZPO Versäumnisurteil ohne mündliche Verhandlung zu erlassen;

§ 5 Klageerhebung

4. gegen die Beklagten im Fall des § 307 ZPO Anerkenntnis- oder Teilanerkenntnisurteil ohne mündliche Verhandlung zu erlassen;

Begründung:

Der Kläger macht gegen die Beklagten als Gesamtschuldner Schadensersatzansprüche aus einem Verkehrsunfall vom ▒▒▒▒ geltend.

▒▒▒▒ *[weitere Ausführungen]*

Durch den Unfall sind dem Kläger folgende Schäden entstanden:

1. Reparaturkosten gem. Rechnung des Autohauses ▒▒▒▒ ▒▒▒▒ EUR
2. Merkantiler Minderwert ▒▒▒▒ EUR
3. Nutzungsausfall ▒▒▒▒ EUR
4. Verdienstausfall ▒▒▒▒ EUR
5. Kostenpauschale ▒▒▒▒ EUR
6. Schmerzensgeld ▒▒▒▒ EUR

Gesamtschaden: ▒▒▒▒ **EUR**

Dem Kläger steht ein Erstattungsanspruch in Höhe von 50 % = ▒▒▒▒ EUR zu.

Hiervon verlangt der Kläger aus Kostengründen zunächst nur 2.500 EUR.

Geltend gemacht werden die Ansprüche in folgender Reihenfolge (jeweils zur Hälfte des genannten Schadensbetrages):

- zunächst der Schmerzensgeldanspruch,
- dann der Ersatz des merkantilen Minderwertes,
- der Verdienstausfall,
- die Nutzungsentschädigung,
- die Reparaturkosten
- und zuletzt die Unkostenpauschale.

▒▒▒▒ EUR Gerichtskostenvorschuss per Gerichtskostenstempler anbei.

Einfache und beglaubigte Abschriften anbei.

Rechtsanwalt

XXIII. Muster: Stufenklage

An das

Landgericht ▒▒▒▒

– Kammer für Handelssachen –

▒▒▒▒

Klage

des ▒▒▒▒

– Kläger –

Prozessbevollmächtigte: RAe ▒▒▒▒

gegen

– Beklagter –

wegen: Auskunft

Streitwert: vorläufig 20.000,00 EUR

Erheben wir Klage mit dem Antrag,[338]

1. den Beklagten zu verurteilen, Auskunft über die von ihm im Namen der ehemals unter der Firma Müller & Meyer handelnden Handelsgesellschaft abgeschlossene Geschäfte und vereinnahmten Gelder zu geben;
2. eine Auseinandersetzungsbilanz zu erstellen und das sich hieraus ergebende Auseinandersetzungsguthaben an den Kläger auszuzahlen;[339]
3. dem Beklagten die Kosten des Rechtsstreites aufzuerlegen;
4. gegen den Beklagten im Fall des § 331 Abs. 3 ZPO i.V.m. § 276 Abs. 1 S. 1, Abs. 2 ZPO Versäumnisurteil ohne mündliche Verhandlung zu erlassen;
5. gegen den Beklagten im Fall des § 307 ZPO Anerkenntnis- oder Teilanerkenntnisurteil ohne mündliche Verhandlung zu erlassen;
6. dem Kläger eine vollstreckbare Ausfertigung des Urteils zu erteilen;
7. den Zeitpunkt der Zustellung des Urteils zu bescheinigen.

Begründung:

Die Parteien waren zu gleichen Teilen Gesellschafter der ehemals unter der Firma Mayer und Müller betriebenen OHG.

Am 12.2.2017 erlitt der Kläger einen Herzinfarkt. Er musste sich in der Folge zunächst in stationäre Krankenhausbehandlung und anschließend in eine Rehabilitationsmaßnahme begeben. Diese zog sich wegen verschiedener Komplikationen bis in den Oktober 2017 hin.

Auch nach Rückkehr aus der Rehabilitation war der Kläger krankheitsbedingt nicht in der Lage, die Geschäftsführung der Gesellschaft wieder aufzunehmen.

Mit Schreiben vom 25.6.2017 – dem Kläger zugestellt am 27.6.2017 – kündigte der Beklagte die Gesellschaft.

  Beweis: Vorlage des Kündigungsschreibens vom 25.6.2017 als **Anlage K1**

Der Beklagte hatte seit der Erkrankung des Klägers die Geschäfte der Gesellschaft alleine weitergeführt und hierbei auch der Gesellschaft zustehende Forderungen eingezogen. Er verweigert dem Kläger die Einsichtnahme in die Geschäftsbücher.

Der Beklagte wurde durch Anwaltschreiben vom 3.7.2017 aufgefordert, entsprechende Auskunft zu erteilen, eine Auseinandersetzungsbilanz zu erstellen und das sich hieraus ergebende Auseinandersetzungsguthaben an den Kläger auszuzahlen.

  Beweis: Vorlage des Schreibens der Rechtsanwälte vom 3.7.2017 als **Anlage K2**

---

338 Vgl. oben Rdn 167 ff.
339 Vgl. § 254 ZPO.

§ 5 Klageerhebung

Da der Beklagte hierauf nicht reagierte, ist nunmehr Klage geboten.

▬▬▬▬ EUR Gerichtskostenvorschuss per Gerichtskostenstempler anbei.

Einfache und beglaubigte Abschriften anbei.

Rechtsanwalt

▲

XXIV. Muster: Haupt- und Hilfsantrag

▼

327 An das

Landgericht ▬▬▬▬

Klage

des ▬▬▬▬

– Kläger –

Prozessbevollmächtigte: RAe ▬▬▬▬

gegen

▬▬▬▬

– Beklagter –

wegen: ▬▬▬▬

Streitwert: ▬▬▬▬ EUR

Namens und im Auftrag der Klägerin erheben wir Klage mit dem Antrag,

1. den Beklagten zu verurteilen, einer Grundbuchberichtigung dahingehend zuzustimmen, dass der Kläger Eigentümer des Grundstückes ▬▬▬▬ ist;
2. hilfsweise, den Beklagten zu verurteilen, das Grundstück ▬▬▬▬ an den Kläger aufzulassen;
3. dem Beklagten die Kosten des Rechtsstreites aufzuerlegen;
4. gegen den Beklagten im Fall des § 331 Abs. 3 ZPO i.V.m. § 276 Abs. 1 S. 1, Abs. 2 ZPO Versäumnisurteil ohne mündliche Verhandlung zu erlassen;
5. gegen den Beklagten im Fall des § 307 ZPO Anerkenntnis- oder Teilanerkenntnisurteil ohne mündliche Verhandlung zu erlassen;
6. dem Kläger eine vollstreckbare Ausfertigung des Urteils zu erteilen;
7. den Zeitpunkt der Zustellung des Urteils zu bescheinigen.

Begründung:

Der Beklagte ist als Eigentümer des Grundstückes ▬▬▬▬ im Grundbuch eingetragen.

    Beweis: Vorlage eines Grundbuchauszuges

Der Beklagte hat das Grundstück durch notariellen Übertragungsvertrag des Notars ▬▬▬▬ unentgeltlich von der am ▬▬▬▬ verstorbenen Frau ▬▬▬▬ erworben.

    Beweis: Vorlage des notariellen Übertragungsvertrages des Notars ▬▬▬▬ vom ▬▬▬▬

Diese unentgeltliche Verfügung der Frau ▓▓▓ ist unwirksam, da diese das Grundstück nur im Wege der Vorerbschaft erworben hat. Der Kläger ist der Bruder der verstorbenen Frau ▓▓▓.

Die Eltern des Klägers und der verstorbenen Frau ▓▓▓ hatten am ▓▓▓ vor dem damaligen Notar ▓▓▓ unter der Urkundsrolle ▓▓▓ einen Erbvertrag geschlossen. Hierin setzten sie als Erben des Erst- und Letztversterbenden die gemeinsamen Kinder Frau ▓▓▓ und den Kläger, ein. In einer Tilgungsanordnung bestimmten sie, dass das zum Nachlass gehörende Grundstück die Schwester des Klägers und den zum Nachlass gehörenden Gewerbebetrieb der Kläger erhalten sollten. Dem überlebenden Ehegatten wurde nur ein Nießbrauch am Erbe eingeräumt.

Des Weiteren bestimmte der Erbvertrag, dass die als Erben eingesetzten Kinder lediglich befreite Vorerben sein sollten, falls diese ohne die Hinterlassung von Abkömmlingen versterben sollten, Nacherbe sollte für diesen Fall das jeweils andere Kind, ersatzweise dessen Abkömmlinge sein.

  Beweis: Vorlage des Erbvertrages vom ▓▓▓

Die Verfügung der Verstorbenen zugunsten des Beklagten ist daher gem. § 2113 BGB unwirksam.

Versehentlich wurde ein Nacherbenvermerk für das streitgegenständliche Grundstück nicht in das Grundbuch eingetragen.

Die verstorbene Frau ▓▓▓ hat keine Kinder hinterlassen. Somit ist der Nacherbfall eingetreten. Der Beklagte kann sich insoweit auch nicht auf einen gutgläubigen Erwerb berufen, da ihm die Vorerbenstellung der verstorbenen Frau ▓▓▓ positiv bekannt war. Dies ergibt sich aus folgenden Umständen: ▓▓▓

Für den Fall, dass das Gericht den Eigentumserwerb des Beklagten gem. § 2113 Abs. 3 BGB für wirksam hält, wäre der Beklagte jedoch gem. § 816 Abs. 1 S. 1 BGB gemäß dem Hilfsantrag zu verurteilen.

▓▓▓ EUR Gerichtskosten sind per Gerichtskostenstempler beigefügt.

Einfache und beglaubigte Abschrift anbei.

Rechtsanwalt

▲

§ 5 Klageerhebung

XXV. Muster: Positive Feststellungsklage

An das

Landgericht ▬▬▬

Klage

des ▬▬▬

– Kläger –

Prozessbevollmächtigte: RAe ▬▬▬

gegen

die A-Versicherungs-AG, ▬▬▬, vertreten durch den Vorstand ▬▬▬, daselbst,

– Beklagte –

wegen: Feststellung[340]

Streitwert: vorläufig ▬▬▬ EUR

Namens und im Auftrag des Klägers erheben wir Klage mit dem Antrag,

1. festzustellen, dass die Beklagte verpflichtet ist, dem Kläger alle materiellen und immateriellen Schäden zu ersetzen, die dem Kläger aus dem Verkehrsunfall mit dem Versicherungsnehmer ▬▬▬ der Beklagten am ▬▬▬ in ▬▬▬ entstanden sind bzw. noch entstehen werden, soweit der Anspruch nicht auf einen Sozialversicherungsträger oder einen Dritten übergegangen ist;
2. der Beklagten die Kosten des Rechtsstreites aufzuerlegen;
3. gegen die Beklagte im Fall des § 331 Abs. 3 ZPO i.V.m. § 276 Abs. 1 S. 1, Abs. 2 ZPO Versäumnisurteil ohne mündliche Verhandlung zu erlassen;
4. gegen die Beklagte im Fall des § 307 ZPO Anerkenntnis- oder Teilanerkenntnisurteil ohne mündliche Verhandlung zu erlassen.

Begründung:

Der Kläger macht gegen die Beklagte als Haftpflichtversicherung Ansprüche wegen ihm zukünftig entstehender, derzeit noch nicht bezifferbarer Schäden geltend.

Der Kläger erlitt am ▬▬▬ einen Verkehrsunfall, der durch das alleinige Verschulden des Versicherungsnehmers ▬▬▬ der Beklagten verursacht wurde.

▬▬▬ [näher ausführen]

Die Verursachung durch den Versicherungsnehmer der Beklagten und die Eintrittspflicht der Beklagten sind unstreitig.

Die Beklagte hat die dem Kläger entstandenen bisher bezifferbaren Schäden bereits vollständig ausgeglichen.

Der Kläger befindet sich jedoch aufgrund der bei dem Unfall erlittenen Verletzungen noch in einer Rehabilitationsmaßnahme. Es ist derzeit noch nicht abzusehen, welche

---

340 Vgl. oben Rdn 174 ff.

langfristigen Dauerbeeinträchtigungen der Kläger von dem Unfall davontragen wird und wie sich dies auf seinen beruflichen Werdegang auswirkt.

Der Übertragung des Rechtsstreites auf den Einzelrichter stehen keine Bedenken entgegen.

▨ EUR Gerichtskostenvorschuss sind per Gerichtkostenstempler beigefügt.

Einfache und beglaubigte Abschriften anbei.

Rechtsanwalt

XXVI. Muster: Negative Feststellungsklage

▼

An das

Landgericht ▨

▨

Klage

des ▨

– Kläger –

Prozessbevollmächtigte: RAe ▨

gegen

▨

– Beklagter –

Namens und im Auftrag des Klägers erheben wir Klage mit dem Antrag,

1. festzustellen, dass dem Beklagten ein Anspruch auf Bezahlung in Höhe von mindestens 100.000 EUR nicht zusteht;[341]
2. dem Beklagten die Kosten des Rechtsstreites aufzuerlegen;
3. gegen den Beklagten im Fall des § 331 Abs. 3 ZPO i.V.m. § 276 Abs. 1 S. 1, Abs. 2 ZPO Versäumnisurteil ohne mündliche Verhandlung zu erlassen;
4. gegen den Beklagten im Fall des § 307 ZPO Anerkenntnis- oder Teilanerkenntnisurteil ohne mündliche Verhandlung zu erlassen.

Begründung:

Durch notarielles Testament des Notars ▨ vom ▨ setzte der Vater der Parteien diese zu gleichen Teilen zu Erben ein und ordnete Testamentsvollstreckung bezüglich des Nachlasses durch den Kläger bis zum Abschluss eines berufsqualifizierenden Hochschulstudiums des Beklagten an.

Beweis: Vorlage des Testamentes vom ▨

Im Frühjahr 2018 legte der Beklagte an der RWTH Aachen seine Prüfung zum Diplom-Ingenieur ab.

---

341 Vgl. oben Rdn 181 ff.

§ 5 Klageerhebung

Im Anschluss kehrte der Kläger den auf den Beklagten entfallenden Teil des Nachlasses an diesen aus. Es handelt sich hierbei um ▬▬. Der Beklagte hat sich mehrfach öffentlich – auch gegenüber gemeinsamen Bekannten der Parteien – berühmt, dass ihm „noch mindestens" 100.000 EUR mehr zustünden.

Beweis: Zeugnis des Herrn ▬▬

Da der Beklagte sich ständig das Bestehen von weitergehenden Forderungen aus dem Erbfall gegenüber dem Kläger berühmt und er diese Forderungen gegenüber Dritten ständig wiederholt, ist nunmehr Klage auf Feststellung, dass solche Forderungen nicht bestehen, geboten.

Der Beklagte trägt die volle Darlegungs- und Beweislast für das Bestehen der Forderungen, derer er sich berühmt.[342]

▬▬ EUR Gerichtskostenvorschuss per Gerichtskostenstempler anbei.

Einfache und beglaubigte Abschriften anbei.

Rechtsanwalt

▲

XXVII. Muster: Zwischenfeststellungsklage

▼

An das

Landgericht ▬▬

In dem Rechtsstreit

▬▬ ./. ▬▬ [343]

Az: ▬▬

erweitere ich die Klage mit dem Antrag,

> festzustellen, dass der zwischen den Parteien unter der Versicherungsscheinnummer: ▬▬ bestehende Krankenversicherungsvertrag nicht durch den von der Beklagten mit Schreiben vom ▬▬ ausgesprochenen Rücktritt vom Vertrag beendet wurde.

Begründung:

Die Parteien streiten über die Verpflichtung der Beklagten zur Erstattung von Heilbehandlungskosten für eine am ▬▬ durchgeführte Operation des Klägers. Die Beklagte verweigert die Übernahme dieser Kosten mit der Behauptung, dass es sich bei der durchgeführten Operation nicht um ein medizinisch anerkanntes Heilverfahren für die beim Kläger vorhandene Erkrankung handele.

Darüber hinaus hat die Beklagte mit Schreiben vom ▬▬ den Rücktritt vom Vertrag wegen angeblicher Verletzung vertraglicher Anzeigepflichten ausgesprochen. Diesen begründet sie damit, dass der Kläger einen vor der Antragstellung durchgeführten stationären Krankenhausaufenthalt wegen ▬▬ angeblich nicht angegeben habe. Dies ist jedoch unzutreffend. Der im Antragsformular enthaltene Fragebogen zu den gesundheitli-

---

342 Vgl. BGH NJW 1977, 1637; 1993, 1716.
343 Eine Zwischenfeststellungsklage ist nur im Rahmen eines laufenden Rechtsstreites möglich, vgl. § 256 Abs. 2 ZPO.

chen Fragen, der sich auch über Vorerkrankungen und durchgeführte Vorbehandlungen verhält, war seinerzeit von dem Agenten der Beklagten ▓▓▓ vorgelesen worden. Er füllte sodann den Fragebogen aus. Hierbei hat der Kläger den im Jahre ▓▓▓ durchgeführten Krankenhausaufenthalt sehr wohl angegeben. Der Agent hat ihn jedoch nicht in den Fragebogen aufgenommen mit der Begründung, dies läge schon zu lange zurück.

Beweis: Zeugnis der ▓▓▓ (Ehefrau des Klägers).

Nach der feststehenden Rechtsprechung des BGH erfüllt der Versicherungsnehmer durch bloße mündliche Angaben gegenüber dem Agenten seine vorvertraglichen Aufklärungspflichten. Das Wissen des Agenten ist dem Versicherer zuzurechnen. Der Agent ist sozusagen Auge und Ohr des Versicherers (vgl. BGHZ 102, 194; 107, 322). Eine Einschränkung dieser Empfangszuständigkeit ist nicht möglich. Der Kläger hat somit durch seine mündlichen Angaben gegenüber dem Versicherungsagenten seine Aufklärungsobliegenheit erfüllt, so dass die Beklagte nicht zum Rücktritt berechtigt ist.

Das rechtliche Interesse an der Feststellung, dass der zwischen den Parteien bestehende Krankenversicherungsvertrag durch den ausgesprochen Rücktritt nicht aufgelöst wurde, ergibt sich daraus, dass der Kläger sich weiteren medizinischen Behandlungen unterziehen muss. Wegen der zwischenzeitlich eingetretenen Verschlechterung des Gesundheitszustandes des Klägers ist es ihm auch nicht möglich, einen anderweitigen Versicherungsschutz zu erlangen.

▓▓▓ EUR Gerichtskostenvorschuss sind per Gerichtskostenstempler beigefügt.[344]

Einfache und beglaubigte Abschrift anbei.

Rechtsanwalt

XXVIII. Muster: Klage im Urkundenprozess

An das
Landgericht ▓▓▓
– Zivilkammer –

▓▓▓

Klage

im Urkundenprozess[345]

der ▓▓▓

– Klägerin –

Prozessbevollmächtigte: RAe ▓▓▓

gegen

▓▓▓

– Beklagter –

---

344 Vgl. § 12 Abs. 1 S. 2 GKG. Der Streitwert der Zwischenfeststellungsklage wird gem. § 5 ZPO dem Streitwert der Hauptsacheklage hinzugerechnet.
345 Vgl. § 593 Abs. 1 ZPO.

§ 5 Klageerhebung

Streitwert (vorläufig): 25.000,00 EUR

Namens und in Vollmacht der Klägerin erheben wir Klage im Urkundenprozess mit dem Antrag,
1. den Beklagten zu verurteilen, an die Klägerin 25.000,00 EUR nebst Zinsen in Höhe von 5 % für die Zeit vom 1.1.2015 bis zum 31.12.2017 sowie weitere Zinsen in Höhe von 5 Prozentpunkten über dem Basiszinssatz des Deutschen Bundesbank ab dem 1.1.2018 zu zahlen;
2. dem Beklagten die Kosten des Rechtsstreits aufzuerlegen;
3. das Urteil ohne Sicherheitsleistung für vorläufig vollstreckbar zu erklären.

Begründung:

Die Klägerin ist die frühere Lebensgefährtin des Beklagten. Um diesem eine Existenzgründung zu ermöglichen, gewährte ihm die Klägerin am ein Darlehen in Höhe von 25.000,00 EUR, welches mit Zinsen ab dem 1.1.2015 zu verzinsen ist. Der Beklagte sollte das Darlehen zum 31.12.2017 zurückzahlen.

Nachdem die Parteien sich getrennt hatten, unterzeichnete der Beklagte das in der Anlage beigefügte Schuldanerkenntnis.[346]

    Beweis für die Echtheit der Unterschrift: Vernehmung des Beklagten als Partei.

Da der Beklagte keinerlei Zahlung geleistet hat, ist nunmehr Klage geboten.

Die Höhe des Zinsanspruchs ergibt sich für die Zeit der vereinbarten Darlehenslaufzeit aus dem Schuldanerkenntnis, für die Zeit ab dem 1.1.2018 aus § 288 BGB.

Der Entscheidung der Sache durch den Einzelrichter stehen keine Bedenken entgegen.

EUR Gerichtskostenvorschuss per Gerichtskostenstempler anbei.

Beglaubigte und einfache Abschrift der Klage liegen anbei.

Rechtsanwalt

---

[346] Vgl. § 593 Abs. 2 ZPO. Hiernach müssen die Urkunden, aus denen sich der Anspruch ergibt, im Original oder in beglaubigter Abschrift beigefügt werden; vgl. OLG Düsseldorf MDR 1988, 504 sowie Zöller/*Greger*, § 593 ZPO Rn 7. Um der Gefahr des Verlustes der Urkunde vorzubeugen, sollte daher nur eine beglaubigte Abschrift eingereicht und die Original-Urkunde im Termin vorgelegt werden.

XXIX. Muster: Klage im Wechselprozess

An das

Landgericht [347]

– Kammer für Handelssachen –

[348]

Klage im Wechselprozess[349]

der Firma

– Klägerin –

Prozessbevollmächtigte: RAe

gegen

die Firma

– Beklagte –

Streitwert: 10.000,00 EUR

Namens unserer Mandantin erheben wir Klage im Wechselprozess mit dem Antrag,

1. die Beklagten zu verurteilen, an die Klägerin 10.000,00 EUR nebst Zinsen in Höhe von 2 Prozentpunkten über dem jeweiligen Basiszinssatz der Deutschen Bundesbank, mindestens jedoch 6 Prozentpunkten p.a., für die Zeit vom bis zum sowie weitere Zinsen in Höhe von 5 Prozentpunkten über dem Basiszinssatz der Deutschen Bundesbank ab sowie Wechselkosten in Höhe von und Wechselprovision in Höhe von 30,00 EUR zu zahlen;[350]
2. der Beklagten die Kosten des Rechtsstreits aufzuerlegen;
3. das Urteil – ohne Sicherheitsleistung – für vorläufig vollstreckbar zu erklären.[351]

Es wird des Weiteren beantragt,

> die Einlassungsfrist auf ein Mindestmaß zu kürzen und einen möglichst nahen Termin zur mündlichen Verhandlung vor dem Vorsitzenden zu bestimmen.[352]

Begründung:

Die Klägerin ist Inhaberin des als **Anlage K1** in beglaubigter Abschrift beigefügten Wechsels über 10.000,00 EUR, den die Beklagte am 2003 ausgestellt hat.

> Beweis für die Echtheit der Unterschrift als Aussteller: Vernehmung des Geschäftsführers der Beklagten als Partei

---

[347] Zur örtlichen Zuständigkeit vgl. § 603 ZPO; der Gerichtsstand gem. § 603 ZPO ist ein zusätzlicher Gerichtsstand, so dass auch eine Klage an einem vereinbarten Gerichtsstand zulässig ist, vgl. Zöller/*Greger*, § 603 ZPO Rn 3.
[348] Vgl. § 95 Abs. 1 Nr. 2, 3 GVG.
[349] Vgl. § 604 Abs. 1 ZPO.
[350] Vgl. Art. 48 WG.
[351] Vgl. § 708 Nr. 4 ZPO.
[352] Vgl. § 604 Abs. 2 ZPO; die Abkürzung der Einlassungsfrist des § 274 Abs. 3 ZPO ist gem. § 226 ZPO möglich.

§ 5 Klageerhebung

Der Wechsel wurde der Beklagten am Verfallstag, dem ▓▓▓, zur Zahlung vorgelegt, jedoch nicht eingelöst. Die Klägerin hat am folgenden Werktag Protest mangels Zahlung erhoben.

> Beweis: Vorlage der Protesturkunde vom ▓▓▓ in beglaubigter Abschrift als **Anlage K 2** beigefügt.

Hierdurch sind ihr Auslagen in Höhe von ▓▓▓ entstanden.

> Beweis: Vorlage der Belastungsaufgabe der XY-Bank vom ▓▓▓ als **Anlage K 3**.
> Der Wechsel sowie die Protesturkunde werden im Termin im Original vorgelegt werden.[353]

Außer der Wechselsumme und den Protestkosten macht die Klägerin 1/3 % Provision und Wechselzinsen auf die Wechselsumme gem. Art. 48 WG geltend. Der weitergehende Zinsanspruch ist begründet aus § 288 BGB.

Der Antrag, die Einlassungsfrist zu verkürzen, ist geboten, da die Beklagte sich offenbar in Vermögensverfall befindet.

▓▓▓ EUR Gerichtskostenvorschuss sind in Gerichtskostenmarken beigefügt.[354]

Beglaubigte und einfache Abschrift anbei.

Rechtsanwalt

XXX. Muster: Antrag auf vorläufige Streitwertbestimmung

An das
▓▓▓ gericht ▓▓▓

In dem Rechtsstreit

▓▓▓ ./. ▓▓▓

Az: ▓▓▓

bitten wir um Bestimmung des vorläufigen Streitwertes. Dieser beläuft sich nach diesseitiger Auffassung auf ▓▓▓ EUR.

Dies ergibt sich aus folgenden Erwägungen:

Mit der Klage werden Ansprüche auf Rentenleistungen und Beitragsbefreiung aus einer Berufsunfähigkeitszusatzversicherung geltend gemacht. Nach den vertraglichen Vereinbarungen hat die Beklagte für die Zahlung der Berufsunfähigkeit – längstens bis zum Ende der Laufzeit des Vertrages – Berufsunfähigkeitsrenten in Höhe von 700,00 EUR zu leisten. Hinzu kommt die Beitragsbefreiung um dem Vertrage zugrunde liegenden Lebensversicherungsvertrag beitragsfrei weiterzuführen. Der monatliche Beitrag beläuft sich derzeit auf 102,00 EUR.

---

[353] Der Wechsel muss im Termin im Original vorgelegt werden, OLG Frankfurt/M. ZIP 1981, 1192.
[354] Vgl. § 12 GKG.

Der Streitwert ist gem. § 9 ZPO nach dem dreieinhalbfachen Wert des einjährigen Bezuges zu berechnen. Hinzuzurechnen sind die bis zur Klageerhebung fälligen Beträge der Vergangenheit.

Da der Kläger bereits seit Juni 2016 berufsunfähig ist, berechnet sich der Streitwert wie folgt:

Monatliche Berufsunfähigkeitsrente 700,00 EUR × 12 × 3,5	29.400,00 EUR
Beitragsbefreiung 102,00 EUR × 12 × 3,5	4.248,00 EUR
Berufsunfähigkeitsrente Juni 2016 bis Oktober 2017	
700,00 EUR × 14	9.800,00 EUR
Beitragsbefreiung Juni 2016 bis Oktober 2017	1.734,00 EUR
Gesamt	**45.182,00 EUR**

Einfache und beglaubigte Abschrift anbei.

Rechtsanwalt

XXXI. Muster: Äußerung zur Übertragung des Rechtsstreites auf den Einzelrichter (Textbausteine)

1. Anregung der Übertragung des Rechtsstreites auf die Kammer

▼

Es wird angeregt, den Rechtsstreit gem. § 348 Abs. 3 ZPO auf die Kammer zu übertragen.
- Die Rechtssache weist Schwierigkeiten tatsächlicher und rechtlicher Art auf, wie sich aus der vorstehenden Klageerwiderung ergibt.
oder:
- Die Rechtssache hat grundsätzliche Bedeutung, wie sich aus vorstehenden Erwägungen ergibt.

▲

2. Einverständnis mit Übertragung auf den Einzelrichter

▼

Gegen die Übertragung des Rechtsstreites auf den Einzelrichter bestehen keine Bedenken, da die Sache keine Schwierigkeiten in rechtlicher und tatsächlicher Hinsicht aufweist.

▲

§ 5 Klageerhebung

XXXII. Muster: Anregung zum Absehen von der Güteverhandlung (Textbaustein)

5.45

336 Es wird gebeten, von einer Güteverhandlung abzusehen, da diese erkennbar aussichtslos ist. Außergerichtliche Vergleichsgespräche sind gescheitert. Grund hierfür ist, dass zwischen den Parteien bereits Streit über die tatsächliche Vorfrage besteht, ob überhaupt ein Mangel an der gelieferten Sache vorliegt. Diese Frage ist erst durch ein Sachverständigengutachten vorab zu klären.

[weitere Ausführungen]

XXXIII. Muster: Anregung, vom persönlichen Erscheinen zu entbinden (Textbaustein)

5.46

337 Es wird beantragt, die Klägerin oder einen ihrer Vertreter vom persönlichen Erscheinen zu entbinden.

Ein persönliches Erscheinen der Klägerin oder eines Vertreters ist dieser wegen der großen Entfernung zum Prozessort nicht zumutbar. Die Klägerin wird daher den Prozessbevollmächtigten gem. § 141 Abs. 3 S. 2 ZPO entsprechend informieren und bevollmächtigen.

XXXIV. Muster: Klageerweiterung

5.47

338 An das

Landgericht

In dem Rechtsstreit

./.

Az:

erweitere ich die Klage und werde nunmehr beantragen,

> den Beklagten zu verurteilen, an den Kläger 6.860,00 EUR nebst Zinsen in Höhe von 5 Prozentpunkten über Basiszinssatz aus 2.500,00 EUR seit dem   zu zahlen.

Begründung:

Der Kläger hat aus Kostengründen lediglich einen Teilbetrag in Höhe von 2.500,00 EUR geltend gemacht. Da in Höhe des nicht eingeklagten Teiles nunmehr Verjährung droht, macht der Kläger nunmehr den ihm entstanden Schaden in voller Höhe geltend. Zur Begründung wird auf die Klageschrift vom   , in der der gesamte Schaden dargelegt ist, verwiesen.

Nachdem nunmehr der gesamte Schaden rechtshängig ist, wird die im Rahmen der Teilklage abgegebene Erklärung, in welcher Reihenfolge die geltend gemachten Forderungen zur Entscheidung gestellt wurden, fallen gelassen.

Den weitergehenden Kostenvorschuss in Höhe von ▨ EUR zahlen wir per Gerichtskostenstempler ein.[355]

Einfache und beglaubigte Abschrift anbei.

Rechtsanwalt

XXXV. Muster: Klageänderung

▼

An das

Landgericht ▨

Klageänderung

In dem Rechtsstreit

▨ ./. ▨

Az: ▨

ändern wir die Klage.

Wir werden nunmehr beantragen,

    den Beklagten zu verurteilen, an den Kläger ▨ EUR zu zahlen.

Begründung:

Der Kläger hat den Beklagten zunächst auf Herausgabe einer chinesischen Vase aus der Zeit der Ming-Dynastie, deren Eigentümer er ist, in Anspruch genommen. Nachdem der Beklagte nunmehr mitgeteilt hat, dass er nicht mehr im Besitz der Vase sei, sondern er diese zu einem Preis in Höhe von ▨ EUR veräußert habe, stellt der Kläger den Klageantrag um. Der Beklagte ist gem. § 816 Abs. 1 BGB zur Herausgabe des Erlangten verpflichtet. Dem trägt die Klageänderung Rechnung.

Die Klageänderung ist gem. § 264 Nr. 3 ZPO zulässig.

Einfach und beglaubigte Abschrift anbei.

Rechtsanwalt

---

[355] Vgl. § 12 Abs. 1 S. 2 GKG.

§ 5 Klageerhebung

XXXVI. Muster: Parteiänderung (Auswechselung auf Beklagtenseite)

▼

An das
Landgericht

In dem Rechtsstreit

./.

Az:

ändern wir die Klage dahingehend, dass sie sich nicht mehr gegen Herrn Bernhard Müller, wohnhaft , sondern gegen

Herrn Bernd Müller, ebenfalls wohnhaft ,

richtet.

Die gegen Herrn Bernhard Müller gerichtete Klage wird zurückgenommen. Es wird gebeten, die Klage Herrn Bernd Müller zuzustellen.

Der Beklagte hat den streitgegenständlichen Auftrag zur Auswechslung einer Badewanne nur mit B. Müller unterzeichnet. Nachdem der Beklagte auf die Rechnungsstellung der Klägerin keinerlei Zahlung leistete, hat diese auf dem Klingelschild des Hauses Bahnhofstr. 27 nachgesehen und dort nur den Namen Bernhard Müller feststellen können, gegen den sich die Klage zunächst richtete. Erst durch die Klageerwiderung erhielt die Klägerin davon Kenntnis, dass es sich offensichtlich um eine Personenverwechslung handelte und der Auftrag vom Sohn des ursprünglichen Beklagten Bernhard Müller, Herrn Bernd Müller, erteilt worden war, gegen den sich die Klage richtigerweise zu richten hat. Entsprechend wird nunmehr die Klage umgestellt.

Einfache und beglaubigte Abschrift anbei.

Rechtsanwalt

▲

§ 6 Die Klageerwiderung

Frank-Michael Goebel/Thorsten Lühl

Inhalt

	Rdn
A. Einleitung	1
B. Rechtliche Grundlagen	10
I. Taktische Überlegungen zur Klageerwiderung	12
1. Die Klärung der Erfolgsaussichten der Rechtsverteidigung	13
2. Das Anerkenntnis des Klageanspruchs	21
3. Der Verzicht auf die Verteidigungsanzeige und der Erlass eines Versäumnisurteils im schriftlichen Vorverfahren	47
4. Gerichtliche und außergerichtliche Vergleichsverhandlungen	56
5. Die Verzögerung des Verfahrens	74
II. Prozesserklärungen des Beklagten vor und mit der Klageerwiderung	99
1. Die Bestimmung eines frühen ersten Termins	100
a) Die Rüge der Unzuständigkeit des angerufenen Gerichts	103
b) Die Güteverhandlung vor dem frühen ersten Termin	105
c) Der Antrag auf Verlegung des frühen ersten Termins	111
2. Die Anordnung des schriftlichen Vorverfahrens	115
a) Die Verteidigungsanzeige	116
b) Die Klageerwiderungsfrist und deren Verlängerung	125
III. Prozessuale Anträge des Beklagten vor oder mit der Klageerwiderung	129
1. Die Verweisung an die Kammer für Handelssachen	130
2. Die Verweisung von der Kammer für Handelssachen an die Zivilkammer	141
3. Anträge betreffend die Zuständigkeit des Einzelrichters	144
a) Die originäre Zuständigkeit des Einzelrichters	147
b) Die originäre Zuständigkeit der Kammer	155
c) Die wesentliche Änderung der Prozesslage	159
4. Die Rüge der örtlichen oder sachlichen Unzuständigkeit	161
5. Die Rüge der nicht ordnungsgemäßen Klageerhebung	169
6. Der Einwand der fehlenden Prozesskostensicherheit	173
7. Die Einrede des Schiedsvertrages	187
8. Vollstreckungsschutzanträge	192
9. Die Beschränkung der Haftung des Beklagten	207
10. Der Hilfsantrag zur Zug-um-Zug-Verurteilung	217
11. Klageerwiderung bei ganzer oder teilweiser Erfüllung	220
a) Die Erfüllung der Klageforderung zwischen Anhängigkeit und Rechtshängigkeit	221
b) Die Erfüllung nach Rechtshängigkeit	230
IV. Inhalt und Aufbau der Klageerwiderung	233
1. Die Formalien und die Struktur der Klageerwiderung	235
2. Angriffe gegen die Zulässigkeit der Klage	249
3. Einwände gegen das tatsächliche Vorbringen des Klägers	254
4. Rechtsausführungen zum Klageanspruch und zu den Einwendungen und Einreden des Beklagten	287
C. Muster	295
I. Muster: Rüge der Unzuständigkeit des angerufenen Gerichts	295
II. Muster: Rüge der sachlichen Unzuständigkeit in Amtshaftungssachen gem. § 71 Abs. 2 Nr. 2 GVG	296

§ 6 Die Klageerwiderung

III. Muster: Uneingeschränktes Anerkenntnis 297
IV. Muster: Anerkenntnis unter Verwahrung gegen die Kostenlast 298
V. Muster: Anerkenntnis nach gewandelter Prozesssituation 299
VI. Muster: Teilanerkenntnis ... 300
VII. Muster: Anerkenntnis mit der Einschränkung der Zug-um-Zug-Verurteilung 301
VIII. Muster: Mitteilung der Einigungsbereitschaft in der Güteverhandlung 302
IX. Muster: Bestellung bei Bestimmung des frühen ersten Termins 303
X. Muster: Isolierter Antrag auf Verlegung des frühen ersten Termins 304
XI. Muster: Bestellungsschriftsatz mit Antrag auf Anberaumung einer Güteverhandlung 305
XII. Muster: Vertretungs- und Verteidigungsanzeige im schriftlichen Vorverfahren gem. § 276 ZPO 306
XIII. Muster: Wiedereinsetzungsantrag für die Frist zur Abgabe der Verteidigungsanzeige im schriftlichen Vorverfahren .. 307
XIV. Muster: Isolierter Antrag auf Verlängerung der Klageerwiderungsfrist 308
XV. Muster: Verweisungsantrag an die Kammer für Handelssachen nach § 98 GVG 309
XVI. Muster: Antrag auf Übertragung des Rechtsstreites auf die Kammer nach § 348 Abs. 3 ZPO 310
XVII. Muster: Antrag auf Übertragung des Rechtsstreites auf den Einzelrichter gem. § 348a ZPO 311
XVIII. Muster: Antrag auf Übertragung der Sache auf die Kammer nach § 348a Abs. 2 ZPO wegen der Änderung der Prozesslage 312
XIX. Muster: Klageerwiderung wegen Verjährung oder einer Ausschlussfrist wegen einer nicht ordnungsgemäßen Klageschrift 313
XX. Muster: Verlangen auf Prozesskostensicherheit nach § 110 ZPO 314
XXI. Muster: Antrag auf Feststellung der Klagerücknahme gem. § 113 S. 2 ZPO 315
XXII. Muster: Einrede der Schiedsvereinbarung 316
XXIII. Muster: Vollstreckungsschutzantrag nach § 712 Abs. 1 S. 1 ZPO 317
XXIV. Muster: Vollstreckungsschutzantrag nach § 712 Abs. 1 S. 2 ZPO 318
XXV. Muster: Klageerwiderung mit dem Vorbehalt der Beschränkung der Haftung auf den Nachlass 319
XXVI. Muster: Isolierter Antrag auf Vorbehalt der Erbenhaftung nach dem Erbfall während des Erkenntnisverfahrens 320
XXVII. Muster: Klageerwiderung mit dem hilfsweisen Vorbehalt der Zug-um-Zug-Einrede 321
XXVIII. Muster: Kostenantrag des Beklagten bei Erfüllung zwischen Anhängigkeit und Rechtshängigkeit 322
XXIX. Muster: Klageerwiderung mit dem Hinweis auf ganze oder teilweise Erfüllung nach Anhängigkeit aber vor Rechtshängigkeit der Klage 323
XXX. Muster: Klageerwiderung nach ganzer oder teilweiser Erfüllung nach Rechtshängigkeit 324
XXXI. Muster: Grundmuster einer materiellen Klageerwiderung 325

Literatur

Arz, Das sofortige Anerkenntnis im Rahmen von Zug-um-Zug-Verurteilungen, NJW 2014, 2828; *Bohlander*, Anerkenntnis im schriftlichen Vorverfahren nach Verteidigungsanzeige?, NJW 1997, 35; *Breckerfeld*, Kostentragung bei sofortigem Anerkenntnis nach Räumungsklage, NZM 2000, 328; *Büßer*, Die Flucht des Beklagten vor der Präklusion seiner Prozessaufrechnung, Jus 2009, 319; *Deichfuß*, Das sofortige Anerkenntnis im schriftlichen Vorverfahren, MDR 2004, 190; *Fischer*, Anerkenntnisse im materiellen Recht und im Prozessrecht, JuS 1999, 998 und JuS 1999, 1214; *Fischer*, Sofortiges Anerkenntnis – Ausschluss im Streitverfahren nach Widerspruch im Mahnverfahren?, MDR 2001, 1336; *Fischer*, Anerkenntnis- und Versäumnisurteil ohne mündliche Verhandlung, NJW 2004, 909; *Frohn*, Substantiierungspflicht der Parteien und richterliche Hinweispflicht nach § 139 ZPO, JuS 1996, 243; *Heinemann*, Rechtswidrig erlangter Tatsachenvortrag im Zivilprozess, MDR 2001, 137; *Jungbauer*, Anerkenntnis oder Versäumnisurteil – die kostengünstigere Variante, FuR 2005, 155; *Kapitza/Kammer*, Aus der Praxis: Anerkennen oder Versäumnisurteil dulden, Jus 2008, 882; *Klaes/Schöne*, Verlängerung der Klageerwiderungsfrist der §§ 275 Abs. 1 S. 1, 224 Abs. 2 ZPO auf Antrag der klagenden Partei im erstinstanzlichen Verfahren vor den Landgerichten?, ProzRB 2003, 225; *König*, Gerichtskostenanerkenntnis, Versäumnisurteil, nur teilweise Fortführung im streitigen Verfahren, AGS 2002, 194; *König*, Anerkenntnis statt Säumnis – Nach dem RVG vielfach ein anwaltlicher Kunstfehler, NJW 2005, 1243; *Lange*, Bestreiten mit Nichtwissen, NJW 1990, 3233; *Leube*, Das sofortige Anerkenntnis, JA 2015, 768; *Meiski*, Das sofortige Anerkenntnis im schriftlichen Vorverfahren, NJW 1993, 1904; *Nicoli*, Die Erklärung mit Nichtwissen, JuS 2000, 584; *Nicknig*, Der substantiierte Schriftsatz im Zivilprozess, ZAP Fach 13, 501; *Orfanides*, Probleme des gerichtlichen Geständnisses, NJW 1990, 3174; *Pawlowski*, Keine Bindung an „Geständnisse" im Zivilprozess?, MDR 1997, 7; *Prechtel*, Substantiierung mittels Beweisaufnahme im Mietmängelprozess, ZMR 2017, 368; *Schneider*, Gerichtskosten bei Anerkenntnis unter Verwahrung der Kostenlast, BRAGOreport 2002, 73; *Schneider*, Kostenentscheidung nach Klagerücknahme bei vorherigem Versäumnisurteil, AGS 2004, 264; *Schultz*, Substantiierungsanforderungen an den Parteivortrag in der BGH-Rechtsprechung, NJW 2017, 16; *Schumacher*, Zum sofortigen Anerkenntnis des Konkursverwalters nach Prozessaufnahme, EWiR 2002, 777; *Schwarz*, Anerkenntnis und Vorbehalt im Urkundenprozess, JR 1995, 1; *Seutemann*, Die Anforderungen an den Sachvortrag der Parteien, MDR 1997, 615; *Seutemann*, Die kostengünstige Beendigung des Zivilprozesses, MDR 1996, 555; *Vossler*, Das sofortige Anerkenntnis im Zivilprozess nach Inkrafttreten des Ersten Justizmodernisierungsgesetzes, NJW 2006, 1034; *Werner*, Zur Darlegungslast des Prozessgegners gegenüber der beweisbelasteten Partei in Bezug auf Umstände aus dem eigenen Einflussbereich, JR 1999, 331; *Willmerdinger*, Verlängerung der Klageerwiderungsfrist und Verweisungsantrag, MDR 2003, 231.

§ 6 Die Klageerwiderung

A. Einleitung

1 Die Klageerwiderung ist der zentrale Ausdruck der Verteidigung des Beklagten gegen die gegen ihn gerichtete Klage.

2 Der Beklagte ist zur Vermeidung der Präklusion von Angriffs- und Verteidigungsmitteln und unter Beachtung seiner eigenen Prozessförderungspflicht weitgehend gezwungen, alle erheblichen, d.h. den Klageanspruch zu Fall bringenden Gesichtspunkte, in der Klageerwiderung vorzubringen. Die formalen Anforderungen der ZPO an die Klageerwiderung werden in Abschnitt B (siehe Rdn 10 ff.) dargestellt und in Abschnitt C (siehe Rdn 287 ff.) mit den notwendigen Mustern für die praktische Tätigkeit des Beklagtenvertreters unterlegt.

3 Gleichwohl bleibt auch dem Beklagten Raum für prozesstaktisches Vorgehen. In ihren prozesstaktischen Möglichkeiten ist die Klageerwiderung jedoch zunächst durch zwei äußere Umstände, die vom Beklagten nicht zu beeinflussen sind, bestimmt:
- Der Streitgegenstand wird zunächst allein durch die Klageschrift vorgegeben.
- Die Klageerwiderung muss der prozessleitenden Verfügung des Gerichts, insbesondere der Anordnung des frühen ersten Termins oder des schriftlichen Vorverfahrens und der damit verbundenen Fristsetzung genügen.

4 Innerhalb dieses vom Kläger und dem Gericht gesetzten Rahmens bleiben jedoch Spielräume für taktische Überlegungen des Beklagten. So kommt in Betracht, dass
- die Klageerhebung zum Anlass für gerichtliche oder außergerichtliche Vergleichsverhandlungen genommen wird,
- die Forderung anerkannt wird,
- der Klage im Wege des Versäumnisurteils kostengünstig Rechnung getragen wird,
- im Wege des Gegenangriffs Widerklage erhoben wird oder Gegenforderungen zur Haupt- oder Hilfsaufrechnung gestellt werden.

5 Zu erwägen ist auch, dass der Beklagte allein ein Interesse an der zeitlichen Verzögerung einer gerichtlichen Entscheidung hat.

6 Die jeweiligen Voraussetzungen und Folgen dieser taktischen Überlegungen werden im Abschnitt B (siehe Rdn 10 ff.) in ihren rechtlichen Grundlagen vorgestellt.

7 Will der Beklagte sich in der Sache auf die Klage einlassen und dieser entgegentreten, so kommen hierfür verfahrensrechtliche und inhaltliche Einwendungen in Betracht. Die wesentlichen Einwendungen werden dabei ebenfalls in Abschnitt B vorgestellt.

8 Soweit der Beklagte erwägt, über die Verteidigung gegen die Klage hinaus selbst zum „Angriff" überzugehen und Widerklage zu erheben oder gegenüber der Klageforderung aufzurechnen, wird demgegenüber auf die Ausführungen in § 7, Widerklage und Aufrechnung im Prozess, verwiesen.

9 In Abschnitt C (siehe Rdn 295 ff.) werden die erforderlichen Musterschriftsätze zur Verfügung gestellt, um auf die Zustellung der Klageschrift und die hierbei ergehenden

prozessleitenden Verfügungen sachgerecht zu reagieren, um eigene Verfahrensrechte wahrzunehmen und um auf die Klageschrift sachgerecht zu erwidern.

B. Rechtliche Grundlagen

Die wesentliche Bestimmung über die Klageerwiderung findet sich im § 277 ZPO. Danach hat der Beklagte in der Klageerwiderung seine Verteidigungsmittel vorzubringen, soweit es nach der Prozesslage einer sorgfältigen und auf die Förderung des Verfahrens bedachten Prozessführung entspricht. Zugleich bestimmt § 138 Abs. 1 ZPO, dass jede Partei sich über die tatsächlichen Umstände vollständig und der Wahrheit gemäß erklären muss.

Aus den §§ 272–276 ZPO ergibt sich darüber hinaus, dass das erkennende Gericht dem Beklagten insoweit Fristen zur Klageerwiderung setzen kann. Im Weiteren verzahnen sich die Bestimmungen über die Klageschrift und die Klageerwiderung in den Bestimmungen über das Verfahren bis zum Urteil in erster Instanz in den §§ 253–299a ZPO.

I. Taktische Überlegungen zur Klageerwiderung

Schon in der Erstberatung des Mandanten ist es die Aufgabe des Rechtsanwaltes, mit diesem zu klären, welches Ziel die Rechtsverteidigung haben soll. Soweit die Rechtsverteidigung darauf abzielt, den geltend gemachten Anspruch formal mit Verfahrensrügen oder aber inhaltlich in der Sache zu Fall zu bringen, wird der Rechtsanwalt die Zulässigkeit und Begründetheit der Klage zu prüfen und die diesbezüglichen Erfolgsaussichten mit seinem Mandanten zu erörtern haben.

1. Die Klärung der Erfolgsaussichten der Rechtsverteidigung

Nicht anders als der Klägervertreter hat also auch der Beklagtenvertreter den **Sachverhalt vollständig zu klären**. Dabei sind:
- die Sachverhaltsdarstellung des eigenen Mandanten,
- die diesem zur Verfügung stehenden Beweismittel und
- die Tauglichkeit dieser Beweismittel

zu prüfen.

Aber auch die möglichen Einwendungen des Klägers über die bereits vorliegende Klageschrift hinaus müssen erörtert und eine diesbezügliche Gegenstrategie muss geplant werden.

Es ist also zu prüfen, inwieweit der Vortrag und die Beweisführung des Klägers durch Gegenbeweise erschüttert werden können, mit welcher Gegenreaktion des Klägers zu rechnen ist und wie hierauf wiederum reagiert werden kann. Dabei bedürfen auch die Kosten einer möglichen Beweisaufnahme, das Risiko solcher Beweisaufnahmen, das Risiko rechtlich unterschiedlicher Auffassungen und das sich daraus ergebende Gesamtprozesskostenrisiko einer Betrachtung.

16 Verspricht nach einer solchen tatsächlichen und rechtlichen Prüfung sowie der Abwägung möglicher Risiken die Rechtsverteidigung hinreichende Aussicht auf Erfolg, kann der Beklagte seine Verteidigungsbereitschaft anzeigen und die Abweisung der Klage verfolgen. Dabei kommt die Abweisung als unzulässig oder als unbegründet in Betracht. Hiermit beschäftigt sich Abschnitt IV (siehe Rdn 233 ff.).

17 Nicht selten ist es jedoch festzustellen, dass dem Klageanspruch mit hinreichender Aussicht auf Erfolg nicht entgegengetreten werden kann. Insoweit ist zu prüfen, inwieweit der Beklagte mit einer möglichst geringen Kostenbelastung das Verfahren zu Ende bringen kann. Hier ist an ein Anerkenntnis oder ein Versäumnisurteil zu denken. Hiermit beschäftigten sich die nachfolgenden Abschnitte B. I. 2 und 3 (siehe Rdn 21 ff.). Insoweit wird aber auch auf die Ausführungen in § 13 Rdn 137 ff., 304 ff. verwiesen, da Fragen des Anerkenntnisses oder der Säumnis sich nicht nur in Verbindung mit der Klageerwiderung, sondern auch im weiteren Prozessverlauf stellen können.

18 Ist der Anspruch nicht ohne Weiteres begründet, allerdings die Rechtsverteidigung des Beklagten aufgrund der Beweislastverteilung und der zur Verfügung stehenden Beweismittel auch nicht ohne Weiteres erfolgversprechend, kann die Erhebung der Klage für den Beklagten auch Anlass sein, außergerichtliche Vergleichsverhandlungen zu forcieren. Hiermit beschäftigt sich Abschnitt B. I. 4 (siehe Rdn 56 ff.).

19 In diesem Zusammenhang ist auch zu berücksichtigen, dass das Ziel des Mandanten sein kann, den Rechtsstreit und damit die Titulierung seiner Zahlungspflicht lediglich zu verzögern, da er im Zeitpunkt der Erstberatung bzw. der Klageerhebung nicht über die notwendigen Mittel zur Begleichung der Klageforderung verfügt. Neben Fristverlängerungsgesuchen muss hier auch Fragen der Erhebung von Verfahrensrügen Beachtung geschenkt werden. Hiermit beschäftigt sich der nachfolgende Abschnitt B. I. 5 (siehe Rdn 74 ff.).

20 *Praxistipp*
Insbesondere dann, wenn der Rechtsanwalt nicht davon ausgeht, dass die Rechtsverteidigung in der Sache hinreichende Aussicht auf Erfolg bietet und der Mandant letztlich auch andere Ziele verfolgt, sollten die Zielsetzungen ausdrücklich schriftlich gegenüber dem Mandanten festgehalten werden.[1] Für die Praxis lässt sich durchaus feststellen, dass Mandanten später hinsichtlich des vereinbarten Vorgehens reuig werden, insbesondere, wenn die Tragung der Prozesskosten auf sie zu kommt. Dann wird bestritten, dass mit dem Rechtsanwalt die Verfolgung bestimmter Ziele vereinbart wurde und der Rechtsanwalt über die möglichen Kosten aufgeklärt hat. Zugleich wird behauptet, dass man bei einer entsprechenden Belehrung einen anderen, kostengünstigeren Weg gewählt hätte. Die Mehrkosten sollen dann von dem Rechtsanwalt aus Haftungsgesichtspunkten getragen werden. Hier hat der Rechtsanwalt schlechte Aussichten für seine Rechtsverteidigung, wenn er den Inhalt seines Auftrages nicht nachweisen kann.

---

1 Vgl. hierzu das Muster C-I in § 2 Rdn 211.

2. Das Anerkenntnis des Klageanspruchs

Ist die Klageforderung aus Sicht des Beklagten begründet, so kommen grundsätzlich drei Reaktionsformen in Betracht: Der Beklagte kann die Klageforderung anerkennen[2] oder er kann ein Versäumnisurteil gegen sich im frühen ersten Termin oder aber im schriftlichen Vorverfahren ergehen lassen.[3]

Das Anerkenntnis muss dabei unter zwei Aspekten betrachtet werden:
- Das Anerkenntnisurteil ist gegenüber dem Versäumnisurteil in Anwendung der Bestimmungen des RVG i.d.R. die teurere Alternative.

> *Hinweis*
>
> Für das Anerkenntnisurteil ist grundsätzlich *eine* Gerichtsgebühr nach Nr. 1211 Ziff. 2 KVGKG zu zahlen. Daneben fällt jeweils eine 1,3 Verfahrensgebühr nach Nr. 3100 VV und eine 1,2 Terminsgebühr nach Nr. 3104 VV für den eigenen und den gegnerischen Rechtsanwalt an. Da beim Anerkenntnisurteil immer die volle 1,3 Verfahrensgebühr und die 1,2 Terminsgebühr anfällt, während beim Versäumnisurteil für den Anwalt der klagenden Partei neben der 1,3 Verfahrensgebühr nur eine 0,5 Terminsgebühr anfällt und für den Beklagtenvertreter überhaupt nur eine 0,8 Verfahrensgebühr entsteht, ist das Versäumnisurteil nunmehr meist kostengünstiger. Für den Fall, dass der Beklagte die Kosten des Verfahrens zu tragen hat, muss deshalb der Weg über ein Versäumnisurteil in die Überlegung einbezogen werden. Eine andere Verfahrensweise würde sich als Haftungsfall darstellen. Noch günstiger kann es sein, wenn der Beklagte hinreichend liquide ist und die Klageforderung ausgleichen kann. Hierauf muss der Kläger die Hauptsache für erledigt erklären. Entscheidend ist allerdings, dass er die Zahlung nicht nur ankündigt, sondern auch wirklich vornimmt. Durch diese Verfahrensweise entstehen lediglich zwei Verfahrensgebühren bei den beiden Rechtsanwälten. Allerdings bleibt es aufgrund der dann nach § 91a ZPO erforderlichen begründeten Kostenentscheidung des Gerichts bei drei Gerichtsgebühren. Dies kann allerdings nach Nr. 1211 Ziff. 4 KVGKG vermieden werden, wenn der Beklagte die Kosten übernimmt und dies dem Gericht mitteilt. In diesem Fall entsteht nur eine Gebühr.

- Das Anerkenntnis kommt allerdings insbesondere auch dann in Betracht, wenn der Beklagte keinen Anlass für die Klageerhebung gegeben hat.

Hat der Beklagte keinen Anlass für die Klageerhebung gegeben und erkennt er die Klageforderung sofort an, so gibt § 93 ZPO die Möglichkeit, dem Kläger die Kosten des Verfahrens aufzuerlegen.[4]

Wird seitens des erkennenden Gerichts **früher erster Termin** bestimmt, so muss das Anerkenntnis, um ein sofortiges Anerkenntnis i.S.v. § 93 ZPO darzustellen, innerhalb

---

[2] Muster eines Anerkenntnisses unter Rdn 297 ff.
[3] Vgl. hierzu ausführlich auch § 13 Rdn 304 ff.
[4] Muster eines Anerkenntnisses unter Verwahrung gegen die Kostenlast unter Rdn 298.

der Klageerwiderungsfrist erfolgen.[5] Wurde keine Klageerwiderungsfrist gesetzt, muss das Anerkenntnis vor der streitigen Verhandlung und vor einer eventuellen Erörterung durch das Gericht erfolgen.[6]

27 Ist das **schriftliche Vorverfahren nach § 276 ZPO** angeordnet worden, so ist sehr genau darauf zu achten, in welchem Verfahrensstadium das Anerkenntnis abgegeben wird, um ein sofortiges Anerkenntnis i.S.v. § 93 ZPO darzustellen.

28 Nach der Entscheidung des BGH v. 30.5.2006 ist geklärt, wann ein Anerkenntnis im schriftlichen Vorverfahren ein sofortiges Anerkenntnis im Sinne des § 93 ZPO darstellt. Selbstverständlich liegt ein sofortiges Anerkenntnis immer dann vor, wenn der Beklagte anstelle der Anzeige der Verteidigungsbereitschaft innerhalb der Notfrist des § 276 Abs. 1 ZPO das Anerkenntnis erklärt.

Die Verteidigungsanzeige hindert ein sodann noch innerhalb der Klageerwiderungsfrist erklärtes sofortiges Anerkenntnis dann nicht, wenn sie ohne Ankündigung eines Klageabweisungsantrages erfolgt ist.[7] Demnach ist eine reine Anzeige der Verteidigungsbereitschaft nicht schädlich. Der BGH begründet seine Auffassung damit, dass es eine Ungleichbehandlung darstelle, wenn der Beklagte im Falle der Verteidigung gegen die Klage eine längere Frist zur Prüfung der Erfolgsaussichten habe als bei der Frage, ob er den Klageanspruch anerkennt.[8]

29 Dem sofortigen Anerkenntnis steht dabei nicht entgegen, dass der Beklagte in einem vorausgegangenen Verfahren über ein Prozesskostenhilfegesuch des Klägers keine Stellungnahme abgegeben hat.[9] Der Insolvenzverwalter muss nach Unterbrechung des Verfahrens (§ 240 ZPO) den Prozess in der Lage aufnehmen, in der er sich vor der Unterbrechung befunden hat. Ein sofortiges Anerkenntnis ist dem aufnehmenden Insolvenzverwalter daher nur dann möglich, wenn auch der Schuldner noch anerkennen könnte.[10]

30 Allerdings kann auch ein **späteres Anerkenntnis** noch ein „sofortiges" Anerkenntnis i.S.d. § 93 ZPO darstellen, wenn

- die den Klageanspruch begründenden Tatsachen erst nach Rechtshängigkeit vorliegen,[11]
- das Anerkenntnis erfolgt erst, nachdem die Erben des Gläubigers ihre Erbenstellung nachgewiesen haben,[12]
- die Klage vor Fälligkeit des Klageanspruches erhoben wurde,[13]

---

5 BGH NJW 2006, 2490, 2492; Zöller/*Herget*, § 93 Rn 4.
6 OLG Zweibrücken OLGR 2008, 76 = MDR 2008, 354 = FamRZ 2008, 1643.
7 BGH NJW 2016, 572, 574; BGH NJW 2006, 2490, 2492; OLG Saarbrücken NJW-RR 2017, 697, 700; Zöller/*Herget*, § 93, Rn 4; Musielak/*Flockenhaus*, § 93, Rn 5; a.A. B/L/A/H, § 93, Rn 97.
8 BGH NJW 2006, 2490, 2492.
9 OLG Bremen NJW 2009, 2318 = OLGR 2009, 272.
10 BGH NJW-RR 2007, 397 = MDR 2007, 428 = InVo 2007, 145.
11 OLGR Frankfurt 2004, 314; OLG Schleswig, Beschl. v. 12.12.2002 – 8 WF 236/02.
12 KG Berlin JurBüro 2009, 264 = MDR 2009, 523 = KGR 2009, 402.
13 OLG Nürnberg, Beschl. v. 25.6.2004 – 13 W 1749/04, IBR 2004, 515.

- Klage erhoben wurde, bevor eine gesetzte und angemessene Zahlungsfrist verstrichen ist,[14]
- die zunächst unzulässige Klage erst im Laufe des Rechtsstreites zulässig wird,[15]
- die Voraussetzungen für ein Anerkenntnis erst nach Rechtshängigkeit, etwa durch eine Klageänderung, gegeben sind,[16]
- der Kläger in seinem Klageantrag ein Zurückbehaltungsrecht des Beklagten nicht berücksichtigt hat,[17]
- das Anerkenntnis sofort erklärt wird, nachdem eine bis dahin unschlüssige Klage schlüssig gemacht wird[18] und
- das Anerkenntnis unmittelbar nach der neuen Prozesssituation erklärt wird.[19]

Hinweis 31

Um in den vorstehend beschriebenen Fällen ein sofortiges Anerkenntnis in einem bereits laufenden Verfahren zu bewirken, muss der Beklagte es innerhalb derjenigen Frist abgeben, die das Gericht ihm zur Stellungnahme auf denjenigen Schriftsatz gesetzt hat, der nach einer Klagänderung den begründeten Klagantrag enthält, oder, falls keine Frist gesetzt ist, in dem ersten Schriftsatz, in welchem er zu dem geänderten Antrag Stellung bezieht.[20]

Tipp 32

Wird das Anerkenntnis erst nach Ablauf der Frist des § 276 Abs. 1 S. 1 ZPO im schriftlichen Vorverfahren erklärt, bedarf es gem. § 307 ZPO weder einer mündlichen Verhandlung noch eines Antrags des Klägers auf Erlass eines Anerkenntnisurteils. In der Praxis bietet es sich aus Klägersicht an, hierauf hinzuweisen, um das Gericht zu einem schnellstmöglichen Erlass eines Anerkenntnisurteils zu bewegen. Wenn die Bevollmächtigten die Frage der Kostentragungspflicht nach § 91 bzw. § 93 ZPO erörtern möchten, kann allerdings eine mündliche Verhandlung stattfinden. I.d.R. wird hierzu jedoch schriftlicher Vortrag ausreichen, allerdings auch erforderlich sein.

Möglich ist auch, dass der Beklagte den Klageanspruch nur teilweise anerkennt.[21] Wesentlich ist dabei, dass bei der Geltendmachung mehrerer Ansprüche mit der Klage das Anerkenntnis des Beklagten unzweifelhaft erkennen lässt, welche einzelnen Forderungen in welcher Höhe anerkannt werden. Dies gilt umso mehr, als das Gericht nach § 307 S. 1 ZPO nun ein Teilanerkenntnisurteil ohne ausdrücklichen Antrag des Klägers erlassen kann. 33

---

14 OLG Düsseldorf v. 11.4.2008 – I-23 W 16/08 n.v.; KG Berlin ZMR 2008, 447 = Grundeigentum 2008, 603 = KGR Berlin 2008, 523.
15 OLG Rostock OLGR 2009, 389 = NZI 2008, 750.
16 KG Berlin MDR 2008, 164 = KGR 2008, 123 = JurBüro 2008, 266.
17 BGH BB 2005, 1302.
18 BGH NJW-RR 2004, 999 = AGS 2004, 304 = MDR 2004, 896; OLG Brandenburg v. 2.11.2007 – 13 W 71/07 n.v.; OLG Bremen NJW 2005, 228 = OLGR 2004, 413.
19 Muster eines Anerkenntnisses nach gewandelter Prozesssituation unter Rdn 299.
20 OLG Celle OLGR 2009, 319.
21 Muster eines Teilanerkenntnisses unter Rdn 300.

34 Auch ist nicht erforderlich, dass der Beklagte den Klageanspruch ganz oder teilweise vorbehaltlos anerkennt. Vielmehr ist es auch möglich, dass er vorbehaltlich einer Gegenleistung des Klägers den Klageanspruch anerkennt[22] und sich dementsprechend einer Zug-um-Zug-Verurteilung beugt.[23]

35 *Hinweis 1*

Für ein Anerkenntnisurteil ist dann allerdings erforderlich, dass der Kläger seinen Sachantrag der Einschränkung anpasst, d.h. den Klageanspruch Zug um Zug gegen Erbringung der Gegenleistung begehrt und damit das Gegenrecht des Beklagten anerkennt.[24]

36 *Hinweis 2*

Kommt der Kläger dem nicht nach, so kann der Beklagte zwar nicht auf sein Anerkenntnis verurteilt werden, er ist an dieses jedoch als Geständnis der den Klageanspruch begründenden Tatsachen gebunden. Das erkennende Gericht hat danach nur noch zu prüfen, ob dem Beklagten das Gegenrecht zusteht, das lediglich eine Zug-um-Zug-Verurteilung rechtfertigt.

37 *Tipp für den Kläger*

Ist der Kläger der Auffassung, dass das Gegenrecht tatsächlich existiert, der Beklagte jedoch mit der Entgegennahme der Gegenleistung in Verzug ist, so kann er seinen Hauptklageantrag auf eine Zug-um-Zug-Verurteilung umstellen und zur Erleichterung der Zwangsvollstreckung nach den §§ 756, 765 ZPO die Klage um den Feststellungsantrag erweitern, dass der Beklagte mit dem Empfang der Gegenleistung im Annahmeverzug ist.

38 Ein uneingeschränktes Anerkenntnis hat grundsätzlich zur Folge, dass der Beklagte gem. § 91 ZPO auch die Kosten des Verfahrens zu tragen hat.

39 Ist der Beklagte dagegen der Auffassung, dass den Kläger die Kosten des Verfahrens nach § 93 ZPO treffen, weil er keine Veranlassung zur Klageerhebung gegeben hat und ein sofortiges Anerkenntnis vorliegt, muss er dies ausdrücklich geltend machen. Dies gilt auch, soweit der Klageanspruch nur teilweise anerkannt wird.

40 *Hinweis*

Muss in diesem Fall die Kostenentscheidung in dem Anerkenntnisurteil begründet werden, stellt sich die Frage, ob gleichwohl noch die Kostenprivilegierung nach Nr. 1211 Ziff. 2 KVGKG gewährt werden kann, d.h. nur eine statt drei Gerichtsgebüh-

---

[22] Muster eines Anerkenntnisses mit der Maßgabe einer Zug-um-Zug-Verurteilung unter Rdn 301.
[23] BGHZ 107, 142 = NJW 1989, 1934 = MDR 1989, 803 = FamRZ 1989, 847; OLG Düsseldorf BauR 2008, 1941 (Anerkenntnis bei Nachlieferung und Montage, während der Unternehmer nur die Nachlieferung angeboten hatte).
[24] BGH MDR 1989, 803.

ren anfallen. Die überwiegende Auffassung in der Rechtsprechung geht hiervon aus.[25] Allerdings gibt es auch abweichende Auffassungen.[26] Da zu diesen abweichenden Auffassungen der bei den Gerichten gängige Kommentar von *Zöller* gehört, sollte auf die überwiegende obergerichtliche Rechtsprechung ausdrücklich hingewiesen, möglicherweise Abschriften der Urteile mitgesandt werden. Das OLG Stuttgart stellt zu Recht entscheidend darauf ab, dass bei der Neufassung des Nr. 1211 KVGKG durch das am 1.7.2004 in Kraft getretene Kostenrechtsmodernisierungsgesetz der Streit darüber, ob ein Anerkenntnis unter Verwahrung gegen die Kostenlast zur Ermäßigung der Gerichtsgebühren führt, bekannt war. Anders als für den Fall der Klagerücknahme und der Erledigung, bei denen die Frage einer Ermäßigung ebenfalls streitig war und für die nunmehr nach dem verbliebenen Arbeitsaufwand für das Gericht differenziert wird, wird das Anerkenntnis ohne Einschränkung privilegiert. Im Hinblick hierauf erscheint es ihm nicht gerechtfertigt, den hinter der Neuregelung stehenden Gedanken, dass eine Ermäßigung nicht eintreten soll, wenn das Gericht auch nur über die Kosten noch eine u.U. aufwendig zu begründende Entscheidung zu treffen hat, auf das Anerkenntnis zu übertragen, ohne dass der Wortlaut der Norm hierzu einen Anhalt gibt.

Neben dem sofortigen Anerkenntnis ist Voraussetzung der Kostentragungspflicht des Klägers nach § 93 ZPO, dass der Beklagte keinen Anlass zur Klageerhebung gegeben hat. Der Beklagte darf daher zur Zeit der Klageerhebung hinsichtlich der Klageforderung nicht im Verzug gewesen sein. **41**

Anlass zur Klageerhebung hat der Beklagte gegeben, wenn der Kläger annehmen muss, dass dieser lediglich mit gerichtlicher Hilfe seinen Anspruch durchsetzen kann. **42**

Anlass zur Klageerhebung hat der Beklagte etwa gegeben, wenn **43**
- er auf außergerichtliche Mahnschreiben nicht reagiert,
- er den geltend gemachten Anspruch vorprozessual ohne sachlichen Grund zurückgewiesen hat,
- der Beklagte den fälligen Anspruch trotz Aufforderung des Klägers nicht erfüllt hat.

Für die fehlende Veranlassung zur Klageerhebung trifft die Darlegungs- und Beweislast im Prozess grundsätzlich den Beklagten.[27] **44**

---

25 OLG Stuttgart AGS 2009, 248 = OLGR 2009, 454; mit ausführlicher Begründung OLG Rostock JurBüro 2007, 323; OLG Hamm JurBüro 2007, 151 (anders noch AGS 2002, 183); OLG Naumburg JurBüro 2004, 324; OLG Köln FamRZ 2003, 1766; OLG Nürnberg NJW-RR 2003, 1511; OLG Bremen JurBüro 2001, 373; OLG Dresden, Beschl. v. 6.9.2001 – 3 W 1117/01; OLG Karlsruhe (13. Senat) Justiz 1997, 533; OLG München MDR 1998, 242; *Hartmann*, Kostengesetze, GKG/KV 1211 Rn 13; Stein/Jonas/*Leipold*, ZPO 1998, § 307 Rn 56.
26 OLG Karlsruhe (6. Senat) JurBüro 2001, 374; OLG Frankfurt NJW-RR 2001, 717; OLG Hamburg MDR 2000, 111; *Meyer*, GKG, KV 1211 Rn 39; Zöller/*Herget*, § 93 Rn 7 und Zöller/*Vollkommer*, § 307 Rn 14; Oestreich/Winter/ Hellstab, KV Nr. 1211 Rn 3.
27 BGH MDR 2007, 1162; Musielak/*Flockenhaus*, § 93 Rn 2; OLG Düsseldorf NJW-RR 1993, 74.

45 *Hinweis*

Soweit der Klageanspruch teilweise anerkannt wird, muss beachtet werden, dass der dann streitig bleibende Teil gegebenenfalls die Berufungssumme nach § 511 Abs. 1 Nr. 1 ZPO mit 600,01 EUR nicht mehr erreicht.

Will sich der Beklagte also den Weg in die Rechtsmittelinstanz offen halten, so muss er das Risiko einer entsprechenden Kostenlast gegebenenfalls auf sich nehmen oder sicher sein, dass er eine Zulassung der Berufung nach § 511 Abs. 1 Nr. 2 ZPO erreicht.

46 Streitig ist, ob unmittelbar mit dem sofortigen Anerkenntnis der Klageanspruch auch erfüllt werden muss, um eine Kostenentscheidung nach § 93 ZPO zu rechtfertigen,[28] oder ob die Frage des Zeitpunktes der Erfüllung bei der Kostenentscheidung nach § 93 ZPO unberücksichtigt bleibt.[29]

3. Der Verzicht auf die Verteidigungsanzeige und der Erlass eines Versäumnisurteils im schriftlichen Vorverfahren

47 Soweit der Beklagte die mit der Klage geltend gemachte Forderung für begründet erachtet, kommt neben dem Anerkenntnis unter Verwahrung gegen die Kostenlast in Betracht, dass der Beklagte sich gegen die Klage nicht zur Wehr setzt und entweder im frühen ersten Termin oder im schriftlichen Vorverfahren ein Versäumnisurteil[30] ergehen lässt. Neben der Erledigung in der Hauptsache durch die unmittelbare Erfüllung der eingeklagten Verpflichtung ist dies die kostengünstigste Art der Streiterledigung.

48 *Tipp*

Auch wenn eine Verteidigung gegen den materiellen Klageanspruch nicht Erfolg versprechend erscheint, so ergeben sich gleichwohl regelmäßig Anhaltspunkte für eine außergerichtliche vergleichsweise Regelung. Dies gilt insbesondere dann, wenn dem Kläger bekannt ist, dass die Liquidität des Beklagten sehr beschränkt ist. In diesen Fällen lässt sich regelmäßig entweder ein Ratenzahlungsvergleich oder aber auch eine niedrigere Vergleichssumme bei sofortiger Zahlung aus einer „stillen Reserve" oder durch die Hilfe Dritter erzielen, d.h. mit einer Verfallsklausel.[31] Auch diese außerhalb der rechtlichen Anspruchsberechtigung stehenden Aspekte sollte der Rechtsanwalt mit seinem Mandanten auf jeden Fall erörtern. Die mangelnde Leistungsfähigkeit kann dabei insbesondere dadurch dokumentiert werden, dass ein Prozesskostenhilfegesuch gestellt wird.

49 Ist der Klageanspruch begründet und lässt sich auch eine für den Beklagten günstigere außergerichtliche Vergleichsregelung nicht erzielen, so wird im Wesentlichen unter Kostengesichtspunkten entscheidend sein, ob der Beklagte den Klageanspruch anerkennt, er

---

28 So OLG Nürnberg MDR 2003, 287 = NJW-RR 2003, 352.
29 BGH NJW 1979, 2040, 2041; OLG Hamburg ZMR 2008, 714; OLG München MDR 2003, 1134; KG Berlin MDR 2006, 949; Musielak/*Flockenhaus*, § 93 Rn 19.
30 Vgl. umfassend zum Versäumnisverfahren und zum Versäumnisurteil § 12 Rdn 137 ff.
31 Sogenannter „Druckvergleich". Durch die Verfallsklausel mit der höheren Vollstreckungsforderung, wenn der Schuldner nicht innerhalb der vereinbarten Frist zahlt, soll der Druck für eine fristgerechte Zahlung erhöht werden.

ein Versäumnisurteil gegen sich ergehen lässt oder durch die Möglichkeit der Erfüllung der streitgegenständlichen Verpflichtung die Erledigung der Hauptsache erreicht werden kann.

Der Kläageranwalt erhält auf jeden Fall die 1,3 Verfahrensgebühr nach Nr. 3100 VV und zusätzlich eine 0,5 Terminsgebühr nach Nr. 3105 VV. Hinsichtlich des Beklagten kommt es darauf an, ob er den Rechtsanwalt lediglich mit einer Beratung oder auch der Vertretung beauftragt hat. Soweit dieser mit der Prozessvertretung beauftragt wurde, erhält er eine 0,8 Verfahrensgebühr nach Nr. 3101 Ziff. 1 VV. Beide Anwälte erhalten daneben die Auslagenpauschale nach Nr. 7002 VV sowie die Umsatzsteuer nach Nr. 7008 VV. 50

> *Hinweis* 51
>
> Die Kostenfolgen, insbesondere die Möglichkeit, von einer Prozessvertretung Abstand zu nehmen, sind dem Beklagten jeweils darzulegen, damit dieser auf sachgerechter Grundlage über das weitere Vorgehen entscheiden kann.

Den Erlass eines Versäumnisurteils gegen sich wird der Beklagte allerdings auch dann in Betracht zu ziehen haben, wenn er zwar die Verteidigungsanzeige rechtzeitig abgegeben hat, jedoch die Klageerwiderungsfrist schuldhaft versäumt hat. Will er in diesem Fall eine Zurückweisung seines Klageerwiderungsvorbringens als verspätet vermeiden, so bleibt ihm lediglich die „Flucht in die Säumnis".[32] 52

> *Hinweis* 53
>
> Eine solche Situation sollte jedoch nicht leichtfertig hergestellt werden. Der Bevollmächtigte muss immer beachten, dass dies dazu führt, dass der Kläger zunächst einen ohne Sicherheitsleistung vollstreckbaren Titel gegen den Beklagten erhält. Zwar ist die grundsätzliche Möglichkeit gegeben, dass das Prozessgericht die Zwangsvollstreckung einstweilen nach den §§ 719, 707 ZPO einstellen wird. Dabei muss der Bevollmächtigte aber einerseits in Rechnung stellen, dass es sich hierbei um eine Ermessensentscheidung des Gerichts handelt, die im Wesentlichen auch von den Erfolgsaussichten der Rechtsverteidigung in der Hauptsache geprägt wird. Darüber hinaus stellt alleine die Notwendigkeit, zur Vermeidung der Zwangsvollstreckung eine Sicherheit beizubringen, eine Belastung des Beklagten dar. Letztlich hat der Beklagte gesondert die Kosten der Säumnis auch dann zu tragen, wenn er in der Hauptsache später obsiegt, § 344 ZPO.

Ordnet das Gericht das schriftliche Vorverfahren nach § 276 Abs. 1 S. 1 ZPO an, so muss der Beklagte, der ein Versäumnisurteil ergehen lassen will, nichts veranlassen. Auf den notwendigen Antrag des Klägers ergeht dann nach § 331 Abs. 3 ZPO im schriftlichen Verfahren ein Versäumnisurteil. Dieses wird ihm nach § 317 Abs. 1 ZPO von Amts wegen zugestellt, sodass damit die Einspruchsfrist nach § 339 ZPO von zwei Wochen als Notfrist beginnt. 54

---

32 Hierzu in § 13 Rdn 137.

55 *Hinweis*

Der Mandant ist auch darauf hinzuweisen, dass mit der Zustellung die Voraussetzungen der Zwangsvollstreckung nach § 750 ZPO geschaffen sind, sodass er jederzeit auch mit Vollstreckungsversuchen des Klägers und Gläubigers rechnen muss. Auch bei einer außerordentlichen fristlosen Kündigung wegen Zahlungsverzugs kann im schriftlichen Vorverfahren eines Räumungsprozesses ein Versäumnisurteil nach Ablauf der Frist zur Anzeige der Verteidigungsbereitschaft ergehen, ohne dass der Ablauf der Schonfrist des § 569 BGB (zwei Monate nach Rechtshängigkeit) abgewartet werden muss.[33]

4. Gerichtliche und außergerichtliche Vergleichsverhandlungen

56 Kommt der Bevollmächtigte des Beklagten nach einer Prüfung der Sach- und Rechtslage zu dem Ergebnis, dass die Rechtsverteidigung keine hinreichende Aussicht auf Erfolg verspricht, weil

- der Anspruch tatsächlich besteht,
- der vom Beklagten vorgetragene Sachverhalt zwar der Anspruchsberechtigung des Klägers entgegensteht, jedoch aufgrund der Beweislastverteilung und der zur Verfügung stehenden Beweismittel davon ausgegangen werden muss, dass der Beklagte seinen Sachvortrag nicht wird beweisen können,
- die überwiegende Rechtsprechung und Literatur einen anderen Rechtsstandpunkt einnimmt,

so kann diese für den Beklagten ungünstige Ausgangslage gleichwohl Grundlage für außergerichtliche oder gerichtliche Vergleichsverhandlungen darstellen, da vor der Vorlage der Klageerwiderung auch der Kläger und sein Bevollmächtigter die Risiken des Prozesses nicht sicher abschätzen können.

57 Dabei kommen zunächst außergerichtliche Vergleichsverhandlungen in Betracht, mit dem Ziel, dass die Klage nach einer außergerichtlichen Einigung zurückgenommen wird. Auch dies führt hinsichtlich der Gerichtsgebühren zur Absenkung auf eine Gebühr nach Nr. 1211 Ziff. 1 KVGKG. Allerdings kann auch eine 1,0 Einigungsgebühr nach Nr. 1003 VV entstehen. Ggf. kann in einem solchen Fall auch eine Terminsgebühr in Höhe von 1,2 entstehen. Dies folgt aus Vorb. 3 Abs. 3 Nr. 2 zu Teil 3 VV RVG.

58 *Praxistipp*

In diesem Fall kann es hilfreich sein, nach der Anordnung des schriftlichen Vorverfahrens zunächst die Vertretungs- und Verteidigungsanzeige in der Notfrist des § 276 Abs. 1 S. 1 ZPO abzugeben und in Absprache mit dem Klägervertreter eine Verlängerung der Klageerwiderungsfrist oder gar ein Ruhen des Verfahrens nach § 251 Abs. 1 S. 1 ZPO wegen schwebender Vergleichsverhandlungen[34] zu beantragen. Eine kurze fernmündliche Absprache mit dem Klägervertreter zur Einholung von dessen Zustim-

---

[33] LG Berlin Grundeigentum 2004, 1395; LG Hamburg NJW-RR 2003, 1231 = NZM 2003, 432.
[34] Hierzu § 13 Rdn 516 ff.

B. Rechtliche Grundlagen § 6

mung ist allerdings erforderlich. Dies hat den Vorteil, dass der Beklagte durch die Klageerwiderung noch nicht „alle Karten auf den Tisch" legen muss.

Ziel außergerichtlicher Vergleichsverhandlungen kann es sein, einerseits den Ausgleich der Klageforderung in zeitlicher Hinsicht zu strecken und so die dauerhafte Liquidität des Beklagten zu erhalten. Ziel kann es aber auch sein, durch das Angebot eines sofortigen Ausgleiches der Klageforderung Abschläge auf diese zu erreichen. Auch unter dem Gesichtspunkt des klägerischen Prozesskostenrisikos und des Risikos, seine Prozesskosten nicht erstattet zu erhalten, kann nicht selten eine Verminderung der an sich gerechtfertigten streitgegenständlichen Forderung erreicht werden. 59

Hinweis 60

Die Praxis zeigt, dass vielen Parteien „der Spatz in der Hand weitaus lieber ist als die Taube auf dem Dach". Der Kläger sollte in diesem Fall allerdings darauf achten, dass ein möglicher Vergleich eine Strafklausel für den Fall enthält, dass der Beklagte dieser Forderung nicht nachkommt.

Formulierungsbeispiel

„1. Zum Ausgleich der streitgegenständlichen Forderung zahlt der Beklagte an den Kläger 7.500 EUR in monatlichen Raten von 150 EUR beginnend mit dem 1.12.2009 und sodann jeweils fällig zum 1. Werktag jeden folgenden Monats.
2. Soweit der Beklagte mit mehr als einer monatlichen Rate in Rückstand gerät, zahlt er dem Kläger einen Betrag von 10.000 EUR abzüglich der bis zu diesem Zeitpunkt geleisteten Raten zuzüglich Zinsen in Höhe von … %, mindestens 5 Prozentpunkten über dem jeweiligen Basiszinssatz seit der Fälligkeit der ersten säumigen Rate.
3. …"

Dabei spricht zugunsten des Beklagten, dass auch der Kläger nicht sicher sein kann, ob er bei unklarer Sach- und Rechtslage sich mit seinem Anspruch gänzlich durchsetzt. Der Beklagte wird zu seinen Gunsten auch anführen können, dass die klageweise Durchsetzung des Anspruches erhebliche Zeit und gegebenenfalls im Wege des Vorschusses auch weitere Geldmittel in Anspruch nehmen kann. 61

Hinweis 62

Gerade in Verfahren wegen Baumängeln, Mängeln der Mietsache oder Schäden nach dem Auszug des Mieters ist der Zeitfaktor sehr wesentlich, da die Baumaßnahme fortschreiten oder die Wohnung bewohnbar oder wieder vermietbar werden soll, was angesichts der notwendigen Beweissicherung im Verfahren häufig nicht unmittelbar möglich ist, sodass auch erhebliche Verzögerungsschäden drohen. Der Kläger muss aus diesem Grunde erwägen, zunächst im Wege des selbstständigen Beweisverfahrens die notwendigen Beweise zu sichern. Hinzukommt, dass regelmäßig erhebliche Kosten für einzuholende gerichtliche Sachverständigengutachten anfallen, die die Verfahrenskosten beträchtlich in die Höhe treiben.

§ 6 Die Klageerwiderung

63 Letztlich wird der Kläger immer zu berücksichtigen haben, dass er nicht sicher sein kann, ob die Liquidität des Beklagten über den gesamten Prozess erhalten bleibt. Insbesondere auch das Risiko, dass der Schuldner bei einer Vielzahl von Gläubigern letztlich die Möglichkeit der Restschuldbefreiung nutzt, muss dem Kläger vor Augen geführt werden. Diese Aspekte werden also jeweils gegenüber dem Bevollmächtigten des Klägers geltend zu machen sein.

64 *Hinweis*

Der Bevollmächtigte des Beklagten muss mit diesem das Ziel der außergerichtlichen Vergleichsverhandlungen klären und dabei auch sicher feststellen, wie groß der Verhandlungsspielraum ist, d.h. welche Vergleichsforderungen der beklagte Mandant auch tatsächlich erfüllen kann. Dies ist insbesondere dann wichtig, wenn mit der Restschuldbefreiung „gedroht" wird, da der Kläger dann konsequenterweise auf einer sofortigen Erfüllung bestehen wird. Zur Vermeidung späterer Haftungsstreitigkeiten sollte der Rechtsanwalt die vereinbarte Strategie von Vergleichsverhandlungen mit dem Ziel, dem Weg und den jeweiligen Vor- und Nachteilen schriftlich fixieren.[35]

65 Für beide Parteien hat die vergleichsweise Regelung in diesem frühen Stadium des Verfahrens den Vorteil, dass die Kosten im Verhältnis zu einem vollständig durchgeführten Verfahren noch niedrig sind und auch Folgeschäden vermieden werden. Die vergleichsweise Regelung kann dabei schriftlich erfolgen, aber auch im Wege des Anwaltsvergleiches nach § 796a ZPO oder des gerichtlichen Vergleiches nach § 278 Abs. 6 ZPO, sodass zugleich ein Vollstreckungstitel geschaffen wird. Letzteres wird allerdings vorwiegend im Interesse des Klägers, nicht jedoch im Interesse des Beklagten liegen.

66 Eine vergleichsweise Regelung kann auch in der Güteverhandlung nach § 278 Abs. 2 ZPO, die der mündlichen Verhandlung regelmäßig vorauszugehen hat, erfolgen. Die Praxis zeigt allerdings, dass mit diesem Instrument sehr unterschiedlich gearbeitet wird.

67 Nach § 278 Abs. 2 ZPO ist die Güteverhandlung nur entbehrlich, wenn bereits ein Einigungsversuch vor einer außergerichtlichen Gütestelle stattgefunden hat oder die Güteverhandlung erkennbar aussichtslos erscheint.

68 Soweit ein Güteversuch vor einer außergerichtlichen Gütestelle nicht stattgefunden hat, kann der Beklagte der zweiten Voraussetzung dadurch die Grundlage entziehen, dass er selbst anzeigt, dass eine gütliche Einigung möglich erscheint.[36]

69 *Hinweis*

Dabei sind viele Richter durchaus – auch fernmündlichen – Hinweisen zugänglich, in welcher Weise eine vergleichsweise Regelung tatsächlich auch möglich erscheint. Dabei sollte dem Richter mitgeteilt werden, wo die eigene Partei die Prozessrisiken für den Kläger sieht, welche Abschläge auf die Klageforderung hieraus hergeleitet werden und welche Möglichkeiten der Beklagte hat, die verbleibende Forderung

---

35 Siehe hierzu das Muster einer Mandatsbestätigung in § 2 Rdn 211.
36 Muster einer entsprechenden Erklärung unter Rdn 302.

tatsächlich auszugleichen, insbesondere ob und inwieweit es möglich erscheint, Einmalzahlungen oder Ratenzahlungen zu erbringen.

In der Güteverhandlung wird der Sach- und Streitstand dann unter freier Würdigung aller Umstände mit den Parteien erörtert, das Gericht soll darüber hinaus Fragen stellen und die Parteien, deren persönliches Erscheinen nach § 278 Abs. 3 ZPO angeordnet werden soll, anhören. Im Beisein der Parteien spielen dann häufig auch wirtschaftliche und emotionale Gesichtspunkte eine Rolle.

Hinweis

Ob ein Vergleich in der mündlichen Verhandlung oder im Beschlusswege über § 278 Abs. 6 ZPO zustande kommt, ist für die entstehenden Kosten irrelevant. Bei den Prozessbevollmächtigten fallen jeweils die Verfahrens-, Termins- und Einigungsgebühr an. Für die Terminsgebühr folgt dies aus Ziff. 3104 Abs. 1 Nr. 1 VV RVG. Die gerichtlichen Gebühren reduzieren sich von 3,0 auf 1,0.

Im Rahmen dieser Anhörung können auch über den eigentlichen Sach- und Streitstand hinausgehende Hindernisse für einen Forderungsausgleich, Prozessrisiken, Fragen der Beweislastverteilung und der Beweismittel sowie Risiken im Rechtsmittelzug im Hinblick auf eine vergleichsweise Regelung erörtert werden.

Hinweis

In einer Güteverhandlung ist allerdings im Gegensatz zu den außergerichtlichen Vergleichsverhandlungen damit zu rechnen, dass das Gericht von seinem Hinweisrecht und seiner Hinweispflicht nach § 139 ZPO Gebrauch macht, sodass nicht auszuschließen ist, dass bei einer begründeten Klageforderung die Gesamtstellung des Klägers in der Güteverhandlung gegenüber außergerichtlichen Vergleichsverhandlungen gestärkt wird.

Andererseits kann ein Richter, der i.S.v. § 278 Abs. 1 ZPO in jeder Lage des Verfahrens, insbesondere aber in der Güteverhandlung, auf eine gütliche Einigung hinwirkt, auch ein starres Festhalten des Klägers an Rechtspositionen moderierend überwinden. Dies wird eine Frage sein, die der Bevollmächtigte aufgrund seiner Erfahrungen mit dem konkret zuständigen Richter beantworten muss.

5. Die Verzögerung des Verfahrens

Insbesondere wenn der Beklagte unter Liquiditätsschwierigkeiten leidet, kann sein wirtschaftliches Interesse allein dahin gehen, die Klageforderung nicht sofort ausgleichen zu müssen, um seine Liquidität zu erhalten. In der rechtlichen Beratung muss hier natürlich auch die Durchführung eines Insolvenzverfahrens, bei natürlichen Personen insbesondere das Verfahren zur Restschuldbefreiung erörtert werden.

Auch gänzlich außerhalb der rechtlichen Beurteilung liegende Gesichtspunkte wie emotionale Beziehungen, etwa bei der Auseinandersetzung einer nichtehelichen Lebensgemeinschaft, Ehe- und Familiensachen oder auch Erbschaftsstreitigkeiten, aber auch der

Wille durch die Verzögerung eines Prozesses eine Gesamtrechtsbereinigung, etwa die Trennung von Gesellschaftern einer GbR oder einer juristischen Person zu erreichen, können hier eine Rolle spielen.

76 Ob und inwieweit eine allein auf Verzögerung angelegte Prozesstaktik mit der Funktion des Bevollmächtigten als selbstständiges Organ der Rechtspflege und seinen Berufspflichten nach § 43 BRAO vereinbar ist, muss im Einzelfall entschieden werden, sollte aber nicht gänzlich außerhalb der Betrachtungen bleiben.

77 Erste Überlegung des Bevollmächtigten in diesem Zusammenhang muss sein, ob mit dem Gegner ein Ratenzahlungsvergleich geschlossen werden kann. Reicht auch hierfür zunächst die Liquidität des Mandanten nicht aus, kann nicht ausgeschlossen werden, dass sich der Mandant trotz der mangelnden Aussicht auf Erfolg bei seiner Rechtsverteidigung unter Berücksichtigung des Kostenrisikos auf das streitige Verfahren einlassen will.

78 *Praxistipp*

Auch hier gilt es für den Bevollmächtigten zur Vermeidung späterer Haftungsstreitigkeiten und ehrengerichtlicher Verfahren,[37] das Ziel und den Weg der Verfahrensverzögerung ebenso gegenüber dem Mandanten schriftlich zu fixieren wie die sich daraus möglicherweise ergebenden weiteren Ansprüche Dritter aus Verzug oder anderen Anspruchsgrundlagen. Der Bevollmächtigte sollte in schriftlicher Form den Mandanten auch darüber unterrichten, dass und warum er der Rechtsverteidigung keine hinreichende Aussicht auf Erfolg beimisst, damit spätere Regressforderungen schon im Ansatz verhindert werden.[38]

Diese schriftliche Belehrung sollte verbunden werden mit einer vollständigen Aufstellung der durch den Prozess veranlassten Gerichtskosten sowie der außergerichtlichen Kosten des Gegners und der eigenen Kosten.

Nur bei dieser ausdrücklichen Belehrung, die als solche auch in der Sache und in ihrem Zugang dokumentiert werden sollte, vermeidet der Bevollmächtigte spätere Haftungsstreitigkeiten.

79 Für die Verzögerung des Rechtsstreites stehen verschiedene Möglichkeiten zur Verfügung:
- Wird das schriftliche Vorverfahren angeordnet, kann der Bevollmächtigte des Beklagten zunächst im Rahmen der Notfrist des § 276 Abs. 1 S. 1 ZPO die Verteidigungsbereitschaft anzeigen. Unmittelbar vor Ablauf der gesetzten Klageerwiderungsfrist kann dann erstmals um Verlängerung der Klageerwiderungsfrist gebeten werden. Diese wird in der Praxis ohne Weiteres gewährt. Weitere Fristverlängerungen können dann beantragt werden, die je nach Belastung des Gerichts und der Verhaltensweise des Klägers gewährt werden können. Der Mandant sollte aber bereits im Vorfeld darauf

---

37 Vgl. etwa Anwaltsgerichtshof Saarbrücken NJW 2003, 1537.
38 Vgl. das Muster in § 2 Rdn 211.

hingewiesen werden, dass weitere Fristverlängerungen nicht zwingend gewährt werden. Denn es handelt sich gem. § 225 Abs. 1 ZPO um eine Ermessensentscheidung. Im Falle einer weiteren Fristverlängerung ist gem. § 225 Abs. 2 ZPO zusätzlich die Anhörung des Klägers vorgeschrieben.

> *Praxistipp für den Kläger* 80
>
> Hat der Kläger – womöglich aufgrund des außergerichtlichen Verhaltens des Beklagten – Anhaltspunkte dafür, dass der Beklagte das Verfahren lediglich verzögern möchte, sollte er der Verlängerung der Klageerwiderungsfrist, jedenfalls einer zweiten Verlängerung, unmittelbar widersprechen und dabei die Anhaltspunkte für eine auf Verfahrensverzögerung angelegte Prozesstaktik offenlegen. Dabei können insbesondere auch entsprechende vorgerichtliche Verzögerungen angeführt werden.

- Wird eine weitere Fristverlängerung für die Klageerwiderung nicht mehr gewährt, 81
kann die Klageerwiderung zunächst mit allein verfahrensrechtlichen Rügen vorgelegt werden.

Für solche verfahrensrechtlichen Rügen bietet eine Vielzahl von Klageschriften Anlass, 82
die den gesetzlichen Anforderungen[39] nicht genügen. Die Checklisten über die Anforderungen an eine Klageschrift, wie sie in „§ 4 – Die Klageschrift" dargestellt sind, kann daher auch der Beklagte für sich nutzbar machen.

So ergeben sich insbesondere bei mehreren möglichen Gerichtsständen zunächst Anhaltspunkte dafür, die sachliche, örtliche und funktionelle Zuständigkeit des angerufenen Gerichts zu rügen.[40] 83

> *Praxistipp* 84
>
> Hat der Kläger die Wahl unter mehreren Gerichtsständen und leitet er zunächst ein Mahnverfahren ein, so ist etwa in der Angabe des Streitgerichts im Mahnbescheidsantrag eine Wahl zu sehen, die nicht mehr korrigiert werden kann.[41] Gleichwohl zeigt die Praxis, dass Kläger immer wieder versuchen, noch eine Verweisung an einen anderen Wahlgerichtsstand zu erreichen, der ihnen insbesondere örtlich günstiger erscheint.

Darüber hinaus sollte die Klage auf ihre Förmlichkeiten geprüft werden. So lässt sich 85
feststellen, dass die Klageschrift häufig nicht mit einer den rechtlichen Anforderungen entsprechenden Unterschrift versehen ist. Dies kann der Rechtsanwalt durch Einsichtnahme der Gerichtsakte im Original feststellen. So hat der BGH[42] entschieden, dass die in Computerschrift erfolgte Wiedergabe des Vor- und Nachnamens des Prozessbevollmächtigten unter einem als Computerfax übermittelten Schriftsatz keine den Anforderungen des § 130 Nr. 6 Hs. 2 ZPO genügende Wiedergabe der Unterschrift darstellt. Die

---

[39] Vgl. hierzu § 5 Rdn 1 ff.
[40] Muster der Rügen der Unzuständigkeit des angerufenen Gerichts unter Rdn 295, 296.
[41] OLG Hamm NJW-RR 2016, 639; BGH BGH-Report 2003, 42; BayObLG MDR 2002, 661 = PA 2002, 176.
[42] BGH, Urt. v. 10.5.2005 – XI ZR 128/04, BB 2005, 1470 ff.

Verwendung einer eingescannten Unterschrift, die unter den Schriftsatz „gesetzt" wird, ist hingegen zulässig.⁴³

86 *Praxistipp*

Allein der Antrag auf Einsichtnahme in die Gerichtsakten führt zu einer weiteren Verfahrensverzögerung. Sollen auf Antrag des Klägers Beiakten beigezogen werden, ist es auch nicht zu beanstanden, wenn der Beklagte vor der Fertigung der Klageerwiderung die Gerichtsakten nebst den in Bezug genommenen Beiakten einsehen möchte. Durch den Antrag, andere Akten beizuziehen und diese sodann zur Einsichtnahme zur Verfügung zu stellen, kann also eine weitere – zum Teil erhebliche – Verfahrensverzögerung angelegt werden.

87 Nach der Rechtsprechung ist als Unterschrift ein aus Buchstaben einer üblichen Schrift bestehendes Gebilde zu fordern, das allerdings nicht lesbar zu sein braucht. Erforderlich, aber auch genügend ist das Vorliegen eines die Identität des Unterschreibenden ausreichend kennzeichnenden Schriftzuges, der individuelle und entsprechend charakteristische Merkmale aufweist, die die Nachahmung erschweren, sich als Wiedergabe eines Namens darstellen und die Absicht einer vollen Unterschriftsleistung erkennen lässt, selbst wenn diese nur flüchtig niedergelegt und von einem starken Abschleifungsprozess gekennzeichnet ist. Insoweit kann selbst ein vereinfachter, nicht lesbarer Namenszug als Unterschrift anzuerkennen sein, wobei insbesondere von Bedeutung ist, ob der Unterzeichner auch sonst in gleicher oder ähnlicher Weise unterschreibt.⁴⁴ Gleichwohl ist in der Praxis immer wieder festzustellen, dass Unterschriften selbst diesen Anforderungen nicht genügen.

88 Der Beklagte kann auch rügen, dass ihm die Anlagen der Klageschrift nicht in der entsprechenden beglaubigten Form zur Verfügung gestellt wurden, oder diese nicht vollständig waren, sodass ihm auch eine sachgerechte Klageerwiderung nicht möglich ist. I.d.R. gewähren die Gerichte in diesem Fall die volle Klageerwiderungsfrist erneut, beginnend mit dem Zugang der Anlagen.

89 Letztlich kann eingewandt werden, dass der Klageanspruch nicht schlüssig begründet ist. Dabei kann der Beklagte sich darauf beschränken, die Schlüssigkeit anzugreifen und die insoweit fehlenden Voraussetzungen der Anspruchsgrundlage zu benennen. Der Beklagte ist nicht verpflichtet, die zur Schlüssigkeit fehlenden Tatsachen vorzutragen.

90 *Hinweis*

Unzulässig ist es allerdings, wider besseres Wissen vorzutragen. Dies stellt einen Verstoß gegen § 138 Abs. 1 ZPO dar und erfüllt darüber hinaus mindestens den Tatbestand des versuchten Prozessbetrugs.

91 Will der Beklagte ohne jeden sachlichen Vortrag das Verfahren zeitlich verzögern oder bietet ihm die Klageschrift keine Möglichkeiten für formelle Einwendungen, so kann er

---

43 BGH NJW-RR 2015, 624, 625.
44 BGH, Beschl. V. 9.2.2010 – VIII ZB 71/09, Rn 10 bei juris, n.v.; BGH VersR 1997, 988; NJW 1994, 55.

in gleicher Weise zunächst seine Verteidigungsbereitschaft anzeigen und in der Folge die Vorlage einer Klageerwiderung wie dargestellt hinauszögern.

Sofern eine Verlängerung der Klageerwiderungsfrist durch das Gericht – ggf. auch nach Intervention des Klägers – nicht mehr gewährt wird, führt die Nichtvorlage der Klageerwiderung regelmäßig zur Bestimmung eines Termins zur mündlichen Verhandlung durch das erkennende Gericht. Hierbei kann sich bereits eine weitere Verzögerung des Rechtsstreites ergeben, soweit das erkennende Gericht erheblich belastet ist und deshalb nicht ein zeitnaher oder erst ein einige Wochen oder Monate später liegender Termin bestimmt wird. 92

Im Termin zur mündlichen Verhandlung kann der Beklagte dann säumig bleiben, sodass es zu einem Versäumnisurteil kommt. Hiergegen steht ihm dann die Möglichkeit des Einspruchs offen, was das Verfahren weiter verzögert. Das Gericht muss dann erneut terminieren, um zu einer Schlussentscheidung, ggf. in Form eines zweiten Versäumnisurteils zu gelangen. 93

> *Hinweis* 94
> Allerdings verfügt ab diesem Zeitpunkt der Kläger über einen ohne Sicherheitsleistung vollstreckbaren Titel. Wenn überhaupt, wird eine Einstellung der Zwangsvollstreckung nur nach Vorlage einer Klageerwiderung und nur gegen Sicherheitsleistung nach den §§ 719, 707 ZPO in Betracht kommen. Die Frage, ob die Zwangsvollstreckung überhaupt eingestellt wird, ist dabei auch davon abhängig, dass der Antrag und damit die Rechtsverteidigung in einer Weise begründet wird, die einen Erfolg der Rechtsverteidigung zumindest nicht ausgeschlossen erscheinen lässt. Letztlich ist zu bedenken, dass der Beklagte in jedem Fall die Kosten der Säumnis zu tragen hat, § 95 ZPO.

Vermag der Beklagte dem geltend gemachten Anspruch des Klägers nicht entgegenzutreten, berühmt sich aber eigener Ansprüche, so hat er die Möglichkeit, diese im Wege der Aufrechnung oder Widerklage in den Rechtsstreit einzuführen.[45] 95

> *Hinweis* 96
> Auch wenn die Klage begründet ist und durch Teilurteil über diese entschieden oder aber die Klagen nach § 145 ZPO getrennt werden könnten, zeigt sich in der Praxis, dass viele Gerichte diesen Weg meiden, sodass die Verhandlung und der Streit über die Widerklage regelmäßig auch die Entscheidung über die Klage verzögert. Die Widerklage kann dabei auch noch in der mündlichen Verhandlung vorgelegt werden, ohne dass diese als verspätet zurückgewiesen werden kann, weil es sich nicht um ein Angriffs- oder Verteidigungs*mittel* handelt, sondern um den (Gegen-)Angriff selbst.

---

45 Hierzu § 8 Rdn 1 ff.

97 *Praxistipp*

Durch eine taktisch geprägte Klageerwiderung mit einer Aufrechnung oder Hilfsaufrechnung kombiniert mit einer Hilfswiderklage kann aber auch rechtlich ein Teilurteil bzw. eine Prozesstrennung vermieden werden.

98 Soweit andere Verfahren bei anderen Gerichten anhängig sind, etwa in Verkehrsunfallsachen ein Ermittlungs- oder Bußgeldverfahren oder ein Verwaltungs- bzw. verwaltungsgerichtliches Verfahren, kann zur Verfahrensverzögerung auch eine Aussetzung des Prozesses nach § 148 ZPO beantragt werden. Allein das Verfahren zur Einholung der diesbezüglichen Stellungnahmen verzögert nach der Praxiserfahrung das Verfahren wieder um einige Wochen.

II. Prozesserklärungen des Beklagten vor und mit der Klageerwiderung

99 Wird die Klage vorgelegt, hat das erkennende Gericht nach § 277 Abs. 2 ZPO zwei Möglichkeiten. Es kann entweder frühen ersten Termin zur mündlichen Verhandlung gem. § 275 ZPO bestimmen oder aber das schriftliche Vorverfahren nach § 276 ZPO anordnen.

1. Die Bestimmung eines frühen ersten Termins

100 Bestimmt der Vorsitzende des Prozessgerichts einen frühen ersten Termin, so wird dem Beklagten regelmäßig aufgegeben, binnen einer gerichtlichen Frist eine Klageerwiderung vorzulegen. Regelmäßig endet diese Frist erst kurz vor dem Termin zur mündlichen Verhandlung. Wird dann erst in der mündlichen Verhandlung vorgetragen, darf dieses Vorbringen dann nicht als verspätet zurückgewiesen werden, wenn nach der Sach- und Rechtslage eine Streitbeendigung in diesem Termin von vornherein ausscheidet,[46] etwa weil es sich erkennbar um einen Durchlaufertermin[47] oder um einen offensichtlich schwierigen Prozess handelt.[48]

101 Damit weitere Übersendungen von Schriftstücken oder Zustellungen unmittelbar an den Bevollmächtigten erfolgen, was im Hinblick auf den frühen ersten Termin zeitliche Verzögerung vermeidet, sollte unmittelbar nach Beauftragung dem Gericht die Vertretung angezeigt und ggf. auch bereits angekündigt werden, welche Anträge gestellt werden sollen.[49] Letzteres ist nicht zwingend und von Gesetzes wegen auch nicht notwendig. Insbesondere sollte immer im Blick gehalten werden, ob nicht ggf. noch ein sofortiges Anerkenntnis gem. § 93 ZPO als prozessuale Handlungsmöglichkeit in Betracht kommt. In diesem Fall würde ein angekündigter Klageabweisungsantrag die Anwendbarkeit des § 93 ZPO verhindern.

---

[46] BGH NJW-RR 2005, 1296 = MDR 2005, 1366 = BGHR 2005, 1347.
[47] BGH NJW 1983, 575.
[48] BGH NJW 1987, 500.
[49] Muster der Verteidigungsanzeige unter Rdn 303.

In der Klageerwiderung müssen dann alle vorzubringenden Verteidigungsmittel einschließlich aller Beweisangebote unverzüglich bezeichnet werden. Zugleich muss sich der Beklagte nach § 138 Abs. 1 ZPO über alle tatsächlichen Umstände vollständig und wahrheitsgemäß erklären. Verschiedene Rügen können sich allerdings schon vor der Vorlage der Klageerwiderung empfehlen.

a) Die Rüge der Unzuständigkeit des angerufenen Gerichts

Hält der Beklagte das angerufene Gericht für örtlich oder sachlich unzuständig, so sollte der Bevollmächtigte dies unmittelbar rügen, um einen unnötigen Termin zur Güteverhandlung oder einen frühen ersten Termin zur mündlichen Verhandlung zu vermeiden.[50] Die Verweisung muss dann nach § 281 ZPO der Kläger beantragen. Dies ist insbesondere bei Amtshaftungsklagen immer wieder festzustellen, die bei einem Streitwert von nicht mehr als 5.000 EUR entgegen der Zuständigkeitsbestimmung des § 71 Abs. 2 BGB beim Amtsgericht erhoben werden. Auch werden immer wieder Gerichtsstandsvereinbarungen übersehen. In der Sache muss der Rechtsanwalt des Beklagten dann noch nicht vortragen.

> *Hinweis*
>
> Reagiert der Beklagte auf die Klageschrift mit einer Widerklage, so führt dies nach § 5 ZPO nur dann zur Unzuständigkeit des vom Kläger angerufenen Amtsgerichts, wenn der Streitwert der Widerklage für sich allein genommen die sachliche Zuständigkeit des Landgerichts begründet. Dies wird in der Praxis immer wieder übersehen. Eine Zusammenrechnung von Klage und Widerklage findet mithin zur Bestimmung des zuständigen Gerichts nicht statt.

b) Die Güteverhandlung vor dem frühen ersten Termin

Auch dem frühen ersten Termin soll nach § 278 Abs. 2 i.V.m. § 272 Abs. 3 ZPO ein Termin zur Güteverhandlung vorausgehen. Die Bestimmung eines Termins zur Durchführung einer Güteverhandlung soll nur unterbleiben, wenn ein Einigungsversuch vor einer außergerichtlichen Gütestelle bereits stattgefunden hat oder die Güteverhandlung erkennbar aussichtslos erscheint.

Eine Güteverhandlung dürfte schon dann nicht mehr als erkennbar aussichtslos erscheinen, wenn der Beklagte ausdrücklich auf die Möglichkeit der Güteverhandlung und seine Vergleichsbereitschaft hinweist.[51] Dies wird der Bevollmächtigte mit seinem Mandanten zu erörtern haben. Dabei werden die Ziele einer möglichen gütlichen Einigung zu bestimmen sein. Zur Vermeidung von Haftungsfällen sollten diese Ziele gegenüber dem Mandanten schriftlich fixiert werden.[52]

Dabei muss der Prozessbevollmächtigte berücksichtigen, dass es für den Beklagten Gründe geben kann, außerhalb der tatsächlichen und rechtlichen Berechtigung des Kla-

---

50 Musterrüge unter Rdn 295, 296.
51 Muster einer diesbezüglichen Erklärung unter Rdn 302.
52 Vgl. hierzu das Muster in § 2 Rdn 211.

geanspruches den Weg einer gütlichen Einigung zu suchen. So kann es für den „geschäftlichen Ruf" nachteilig sein, ein Prozessverfahren durchstehen zu müssen. Auch kann die emotionale, familiäre oder wirtschaftliche Bindung der Prozessparteien eine solche Einigung nahe legen.

108 *Beispiel*

Die Klägerin macht gegenüber der Beklagten, die einen kleinen Friseurladen in einer ländlichen Region betreibt, geltend, durch die fehlerhafte Auswahl und Verwendung eines Dauerwellenmittels eine Körperverletzung und infolgedessen einen weitergehenden Schaden erlitten zu haben. Die Beklagte führt die Hautreizungen auf eine für sie nicht erkennbare allergische Reaktion zurück. Hier kann der Beklagten mehr an einer schnellen und gütlichen Einigung „ohne Anerkennung" einer Rechtspflicht bei gleichzeitiger Vereinbarung, dass die Klägerin die Behauptung, sie sei fehlerhaft bedient worden, unterlässt, gelegen sein, um nicht andere Kunden abzuschrecken.

109 Auch im Sinne einer fortdauernden Geschäftsbeziehung kann der Beklagte bereit sein, auch aus seiner Sicht rechtlich nicht bestehende Ansprüche zum Teil zu erfüllen. Letztlich kann es sinnvoll sein, zur Vermeidung von Rückstellungen und damit der Blockade von liquiden Mitteln einen schnellen Abschluss des Streitverfahrens zu suchen oder auch weil die zeitliche und kostenintensive Inanspruchnahme durch den Prozess insgesamt unwirtschaftlich erscheint. So sind Versicherungen häufig zu gewissen Zugeständnissen bereit, wenn damit eine schnelle und endgültige Regelung gefunden werden kann.

110 Unabhängig von der Erklärung des Klägers zur Durchführung einer Güteverhandlung sollte daher der Beklagte sich dazu äußern, ob ihm eine Güteverhandlung aussichtsreich erscheint oder nicht. Dabei kann durch die Andeutung von Möglichkeiten einer vergleichsweisen Einigung auch der Boden für eine entsprechende Initiative des Gerichts gelegt werden. Dies gilt insbesondere dann, wenn auch außerhalb des Streitverfahrens stehende Fragen in eine Gesamtregelung Eingang finden sollen.

c) Der Antrag auf Verlegung des frühen ersten Termins

111 Ist ersichtlich, dass sich der Beklagte auf den frühen ersten Termin nicht sachgerecht vorbereiten kann, etwa weil eine Besprechung mit seinem Bevollmächtigten aus gegenseitigen Terminschwierigkeiten nicht möglich ist, oder weil notwendige Informationen zur sachgerechten Rechtsverteidigung noch eingeholt werden müssen oder auch notwendige Beweismittel, insbesondere Urkunden, nicht rechtzeitig beschafft werden können, so kann der Beklagte einen Antrag auf Terminsverlegung nach § 227 Abs. 1 ZPO stellen.[53] Ein Anwaltswechsel stellt dagegen nur dann einen wichtigen Grund dar, wenn die Partei glaubhaft macht, dass der Anwalt den Vertrauensverlust verschuldet hat.[54]

---

53 Musterantrag unter Rdn 304.
54 BGH NJW-RR 2008, 876.

Hinweis

Nach § 227 Abs. 2 ZPO kann der Vorsitzende bzw. das Gericht die Glaubhaftmachung erheblicher Gründe für den Antrag auf Terminsaufhebung bzw. Terminsverlegung verlangen. Es sollte daher immer darauf geachtet werden, auch entsprechend vortragen zu können, da man sich andernfalls dem Vorwurf aussetzt, lediglich auf eine Verzögerung des Verfahrens bedacht zu sein.

Praxistipp

Ist früher erster Termin im Zeitraum vom 1.7. bis zum 31.8. eines Jahres bestimmt, so ist der Termin auf Antrag einer Partei zu verlegen, ohne dass es für den Verlegungsantrag besonderer Gründe bedarf. Ausgenommen sind allerdings eilbedürftige Verfahren nach § 227 Abs. 3 S. 2 ZPO.

Beachtet werden muss, dass der Verlegungsantrag ohne Begründung im Zeitraum vom 1.7. bis 31.8. eines Jahres nur innerhalb einer Woche nach Zugang der Ladung bzw. Terminsbestimmung gestellt werden kann. Dies wird in der Praxis immer wieder übersehen. Den zu spät gestellten Verlegungsantrag kann das Gericht also zurückweisen.

Darüber hinaus muss das Gericht dem Verlegungsantrag dann nicht entsprechen, wenn das Verfahren besonderer Beschleunigung bedarf. Dies wird jedoch regelmäßig der Kläger darzulegen haben.

2. Die Anordnung des schriftlichen Vorverfahrens

Wird gem. § 276 ZPO vom Vorsitzenden des Prozessgerichts das schriftliche Vorverfahren angeordnet, so werden dem Beklagten hiermit zwei Fristen gesetzt.

a) Die Verteidigungsanzeige

Zunächst ist er verpflichtet, binnen einer Frist von zwei Wochen ab Zustellung der Klageschrift dem Gericht schriftlich seine Verteidigungsbereitschaft anzuzeigen.[55] Hierbei handelt es sich um eine **Notfrist**, die gem. § 224 ZPO nicht verlängerbar ist. Diese Frist ist direkt nach Zugang der Klageschrift beim Bevollmächtigten durch die gerichtliche Zustellung der Klageschrift an ihn als aufgrund der vorgerichtlichen Korrespondenz benannten Zustellungsbevollmächtigten oder die Übergabe der Klageschrift durch den Beklagten nach gerichtlicher Zustellung an diesen zu berechnen und neben einer Vorfrist, die die sachgerechte Bearbeitung zulässt, zu notieren.

Die Frist zur Anzeige der Verteidigungsbereitschaft ist in jedem Fall mit einer Vorfrist zu notieren. Dies gilt auch dann, wenn diese unmittelbar diktiert wird, weil zum Fristablauf zu kontrollieren ist, ob diese auch tatsächlich dem Gericht zugeleitet wurde. Entsprechend ist die Klageerwiderungsfrist mit einer Vorfrist festzuhalten. Soweit nicht ausgeschlossen werden kann, dass wegen noch zu beschaffender Unterlagen ein Fristverlänge-

---

55 Muster unter Rdn 304, 305.

rungsgesuch erforderlich ist, sollte auch eine normale Wiedervorlagefrist notiert werden, um festzustellen, ob die Unterlagen eingegangen sind oder anderenfalls das Fristverlängerungsgesuch zu stellen.

118 Läuft die Frist ab, ohne dass der Beklagte seine Verteidigungsbereitschaft angezeigt hat, kann im schriftlichen Vorverfahren auf Antrag des Klägers, der bereits regelmäßig in der Klageschrift enthalten ist, ein Versäumnisurteil, d.h. ohne mündliche Verhandlung, nach § 331 Abs. 3 S. 1 ZPO ergehen. Soll der Prozess in diesem Stadium kostengünstig zu Ende gebracht werden, ist im Einzelfall zu beachten, dass eine unmittelbare Erfüllung der Klageforderung und das weitere Vorgehen über § 91a ZPO kostengünstiger sein können.

119 *Praxistipp*

Ist die Frist für die Verteidigungsanzeige versäumt worden, so kann die Verteidigungsanzeige gleichwohl noch vorgelegt werden. Dies muss auf dem schnellsten Wege, d.h. per Telefax geschehen. Ist das Versäumnisurteil vom Richter nämlich noch nicht unterzeichnet und zur Geschäftsstelle gegeben worden, so kann mit dem Eingang der Verteidigungsanzeige, trotz deren Verspätung, kein Versäumnisurteil mehr ergehen, § 331 Abs. 3 ZPO. Je nach Belastung der Geschäftsstelle und des Richters ist das durchaus nicht ungewöhnlich.

120 Da regelmäßig nach Ablauf der Frist zur Vorlage der Verteidigungsanzeige zunächst die Akte dem zuständigen Einzelrichter oder dem Vorsitzenden vorgelegt wird und dieser erst die Erstellung des Versäumnisurteils verfügt, die sodann wiederum zunächst von der zuständigen Kanzlei auszuführen ist, liegen zwischen dem Fristablauf für die Verteidigungsanzeige (§ 276 Abs. 1 S. 1 ZPO) und der tatsächlichen Unterzeichnung des Versäumnisurteils durch die Mitglieder des Prozessgerichts bzw. den zuständigen Einzelrichter aber auch im regelmäßigen Verlauf einige Tage.

121 Der Bevollmächtigte sollte diese Möglichkeit auf jeden Fall nutzen, um zu vermeiden, dass nach der Versäumung der Notfrist dem Beklagten weitere Nachteile dadurch entstehen, dass er während des laufenden Prozesses sich der Vollstreckung aus einem Versäumnisurteil ausgesetzt sieht oder aber zur Abwendung dieser Vollstreckung eine Sicherheitsleistung erbringen muss.

122 Differenziert zu betrachten ist der Anwendungsbereich des § 233 ZPO bei Versäumung der Frist zur Anzeige der Verteidigungsbereitschaft. Soweit ein Versäumnisurteil bereits ergangen ist, ist nach der h.M. ein Antrag auf Wiedereinsetzung bis zur Zustellung möglich.[56]

Ist bereits ein Versäumnisurteil zugestellt, so ist streitig, ob der Bevollmächtigte des Beklagten noch nach den §§ 233 ff. ZPO wegen der unverschuldet versäumten Verteidigungsanzeige Wiedereinsetzung in den vorigen Stand beantragen kann.[57] Damit wäre

---

[56] KG NJW-RR 1997, 56; Musielak/*Foerste*, § 276, Rn 9.
[57] Zum Streitstand *Kummer*, Wiedereinsetzung in den vorigen Stand, 2003, Rn 26.

zugleich die versäumte Prozesshandlung, d.h. die Verteidigungsanzeige zu verbinden.[58] Auch der Wiedereinsetzungsantrag ist fristgebunden. Die Wiedereinsetzung muss binnen einer Notfrist von zwei Wochen ab Wegfall des Hindernisses beantragt werden.[59]

Die Anwendung von § 233 ZPO auf die Frist zur Anzeige der Verteidigungsbereitschaft wird mit der Begründung bestritten, dass gegen das ergangene und zugestellte Versäumnisurteil der Einspruch zulässig sei und es deshalb schon der Wiedereinsetzung nicht bedürfe.[60]

Die Auffassung kann im Ergebnis jedoch nicht überzeugen. Die Wiedereinsetzung hat sowohl vor Erlass des Versäumnisurteils als auch danach Bedeutung. Durch den Wiedereinsetzungsantrag vor Erlass des Versäumnisurteils wird vermieden, dass der Gegner einen ohne Sicherheitsleistung vollstreckbaren Titel erhält. Auch nach Erlass des Versäumnisurteils verdrängt der Einspruch deshalb nicht die Wiedereinsetzung in den vorigen Stand, da er nicht die Wirkungen des Versäumnisurteils entfallen lässt.[61] Wird die Wiedereinsetzung nämlich gewährt, ist das Versäumnisurteil gesetzwidrig ergangen und wirkungslos, sodass hieraus auch keine Vollstreckung betrieben werden darf.[62] Diese weitere Folge übersieht die Gegenansicht.

Hinweis

Im Hinblick auf die zitierten Entscheidungen des OLG Celle und des KG Berlin sollte trotz eines Wiedereinsetzungsantrags immer auch gegen das zugestellte Versäumnisurteil Einspruch eingelegt werden; verbunden mit einem Antrag auf einstweilige Einstellung der Zwangsvollstreckung gem. § 719 ZPO. Die Einstellung der Zwangsvollstreckung erfolgt sodann ohne Sicherheitsleistung, weil das Versäumnisurteil nicht in gesetzlicher Weise ergangen ist. Dies ist immer dann der Fall, wenn die Säumnis unverschuldet war.[63]

b) Die Klageerwiderungsfrist und deren Verlängerung

Nach § 276 Abs. 1 S. 2 ZPO ist dem Beklagten mit der Anordnung des schriftlichen Vorverfahrens zugleich eine Frist von mindestens zwei weiteren Wochen, d.h. unter Einbeziehung der Notfrist zur Abgabe der Verteidigungsanzeige insgesamt mindestens vier Wochen, zur schriftlichen Klageerwiderung zu setzen.

Hierbei handelt es sich nicht um eine Notfrist, sodass diese nach § 224 Abs. 2 ZPO durch das Prozessgericht verlängert werden kann.

---

58 Muster eines Wiedereinsetzungsantrages unter Rdn 307.
59 Hierzu im Einzelnen § 20 Rdn 1 ff.
60 OLGR Celle 1994, 271; KG MDR 1996, 634; *Rastätter*, NJW 1978, 95; ihm folgend: Thomas/Putzo/*Reichold*, § 276 Rn 5; *Kramer*, ZZP 91 (1978), 71; a.A. die ganz h.M., vgl. nur MüKo-ZPO/*Feiber*, § 233 Rn 11; Stein/Jonas/*Leipold*, § 276 Rn 39, 11; *Diettmar*, AnwBl 1979, 166; *Unnützer*, NJW 1978, 985.
61 So aber OLGR Celle 1994, 271; KG MDR 1996, 634; Zöller/*Greger*, § 276 Rn 10a.
62 So auch MüKo-ZPO/*Feiber*, § 233 Rn 11; widersprüchlich insoweit *Vorwerk*, Das Prozessformularbuch, wo in der 8. Aufl. in Kap. 71 Rn 4 die hier dargelegte Auffassung von *Jaspersen* geteilt wird, während in Kap. 20 Rn 4 von *Müller* eine solche Möglichkeit verneint wird.
63 Musielak/*Lackmann*, § 719 Rn 6; OLG Brandenburg, NJW-RR 2002, 285, 286.

127 *Praxistipp*

Soweit der Beklagte absehen kann, dass im Rahmen der nach § 276 Abs. 1 S. 2 ZPO gesetzten Frist eine Erwiderung auf die Klageschrift nicht möglich ist, da in dieser Frist die notwendigen Informationen oder aber auch die notwendigen Unterlagen und Beweismittel nicht beschafft werden können, sollte auf jeden Fall frühzeitig ein Antrag[64] auf Fristverlängerung unter Darlegung der Gründe gestellt werden.

128 *Hinweis*

Der Bevollmächtigte sollte immer den Weg zur Verlängerung der Klageerwiderungsfrist wählen, da dies regelmäßig großzügiger gehandhabt wird als die Entschuldigung verspäteten Vorbringens nach § 296 Abs. 1 ZPO.

Die meisten Gerichte verlangen eine Begründung für die erstmalige und jede weitere Verlängerung der Klagebegründungsfrist. Diese muss umso stichhaltiger sein, je mehr der Eindruck entsteht, dass sich der Beklagte lediglich der Erfüllung einer begründeten Zahlungsverpflichtung entziehen will.

III. Prozessuale Anträge des Beklagten vor oder mit der Klageerwiderung

129 Auch wenn der Kläger die treibende Kraft des Streitverfahrens ist und dessen äußeren Rahmen aufgrund der Klageschrift bestimmt, kann der Beklagte unter weiteren Voraussetzungen Einfluss darauf nehmen, ob der Rechtsstreit z.B. vor der Kammer für Handelssachen oder vor der Zivilkammer oder auch vor der Kammer oder dem Einzelrichter verhandelt wird. Auch muss der Beklagte prüfen, inwieweit ihm das Verfahren betreffende Rügen zustehen, die er vor oder mit der Klageerwiderung erheben muss, damit nicht eine rügelose Einlassung i.S.d. § 295 ZPO und damit ein Rechtsverlust vorliegt.

1. Die Verweisung an die Kammer für Handelssachen

130 Handelt es sich bei der Streitsache um eine Handelssache i.S.v. § 95 GVG, ohne dass der Kläger gem. § 96 Abs. 1 GVG die Verhandlung vor der Kammer für Handelssachen beantragt hat, so kann nach § 98 Abs. 1 S. 1 GVG der Beklagte die Verhandlung vor der Kammer für Handelssachen beantragen.[65]

131 Nach § 101 GVG ist der Antrag in der ersten[66] Klageerwiderungsfrist zu stellen, sofern eine solche gesetzt wurde. Nach anderer Ansicht soll der Antrag bis zum Ablauf der verlängerten Klageerwiderungsfrist gestellt werden können.[67] Dem Grundsatz des sichersten Weges folgend sollte der Bevollmächtigte des Beklagten sich auf diese Streitfrage allerdings nicht einlassen und den Antrag unmittelbar stellen, zumal es sich um eine regelmäßig schnell zu beantwortende Frage handelt. Wird der Antrag erst zu einem

---

64 Muster eines Fristverlängerungsantrags unter Rdn 308.
65 Musterantrag unter Rdn 309.
66 LG München MDR 2009, 647; LG Heilbronn MDR 2003, 231.
67 OLG München v. 12.6.2009 – 31 AZR 332/09 n.v.; LG Düsseldorf MDR 2005, 709; Zöller/*Lückemann*, § 101, Rn 1, B/L/A/H, § 101, Rn 3.

späteren Zeitpunkt gestellt, kann dies nur zu einer Verweisung führen, wenn die Verspätung hinreichend entschuldigt wird, § 101 Abs. 1 S. 3 GVG, § 296 Abs. 3 ZPO. Die absolute zeitliche Grenze für einen Verweisungsantrag ist allerdings die Verhandlung der Beteiligten. Haben diese gleich über welche Frage verhandelt, kann ein Verweisungsantrag auch dann nicht mehr gestellt werden, wenn die Verspätung hinreichend entschuldigt wird.

Voraussetzung des Antrages ist, dass es sich bei dem Rechtsstreit um eine Handelssache handelt. Der Begriff der Handelssachen ist im § 95 GVG im Einzelnen definiert. 132

Soweit der Beklagte seinen Verweisungsantrag nach § 95 Abs. 1 Nr. 1 GVG damit rechtfertigt, dass er zum Zeitpunkt der Klageerhebung Kaufmann war, so muss er im Handelsregister oder im Genossenschaftsregister gem. § 98 Abs. 1 S. 2 GVG eingetragen sein. Den Nachweis über die Eintragung sollte der Beklagte schon mit der Klageerwiderung durch Vorlage eines beglaubigten Handels- oder Genossenschaftsregisterauszuges führen. 133

Hinweis 134

Nach einer Entscheidung des OLG Frankfurt/M.[68] soll die Verweisung zunächst die gesetzten Fristen, insbesondere die Klageerwiderungsfrist unberührt lassen. Ungeachtet der notwendigen Verweisung müsste dann also auf die Klage erwidert werden.

Dies erscheint jedoch nicht überzeugend, da die Frist durch ein unzuständiges Gericht gesetzt wurde. Auf jeden Fall sollte der Rechtsanwalt diese Frage aber klären und hilfsweise eine Verlängerung der Klageerwiderungsfrist beantragen, um Rechtsnachteile zu vermeiden.

Hinweis 135

Ist die Verweisung des Rechtsstreits von der Zivilkammer an die Kammer für Handelssachen auf einen Antrag erfolgt, den der Beklagte entgegen § 101 Abs. 1 S. 2 GVG nach Ablauf der ihm eingeräumten Klageerwiderungsfrist gestellt hat, steht dies allerdings der Bindungswirkung des Verweisungsbeschlusses nach § 102 S. 2 GVG regelmäßig nicht entgegen, sodass der Antrag auch noch später gestellt werden kann.[69] Erklärt sich darauf aber auch die Kammer für Handelssachen für unzuständig, ist dieser Umstand in einem Gerichtsstandsbestimmungsverfahren nach § 36 Abs. 1 Nr. 6 ZPO[70] unter dem Gesichtspunkt des Willkürverbotes zu berücksichtigen.[71]

Praxistipp für den Kläger 136

Etwas anderes kann dann gelten, wenn die Zivilkammer seitens des Klägers auf die Überschreitung der Frist nach § 101 Abs. 1 S. 2 GVG hingewiesen worden oder sonst

---

68 NJW-RR 1993, 1084.
69 OLG Brandenburg NJW-RR 2018, 23, 24; OLG Brandenburg NJW-RR 2001, 63; a.A.: OLGR Frankfurt 2001, 242.
70 Zur Zulässigkeit siehe KG Berlin NJW-RR 2008, 1023 = KGR 2008, 626.
71 KG Berlin KGR 2008, 963; OLG München v. 18.7.2007 – 31 AR 180/07 n.v.; a.A.: OLG Brandenburg NJW-RR 2001, 63.

> ein Anhalt dafür gegeben ist, dass sich die Zivilkammer leichtfertig der Erkenntnis verschlossen hat, dass die Antragsfrist nach § 101 Abs. 1 S. 2 GVG unentschuldigt versäumt worden ist.[72] Will der Kläger das Verfahren also bei der Zivilkammer belassen, sollte er auf die Verweisungsfrist des § 101 GVG ausdrücklich hinweisen. Wurde der Kläger zum Verweisungsantrag nicht gehört, fehlt diesem die Bindungswirkung.[73]

137 Liegt mit der Klage eine objektive Klagehäufung vor, wobei ein Teil der Ansprüche sich als Handelssache darstellt, während der andere Teil der Ansprüche als allgemeine Zivilsache zu gelten hat, so kann grundsätzlich gem. § 145 ZPO eine Prozesstrennung in Betracht kommen. In der Folge kann dann ein Teil vor der Zivilkammer und der andere Teil nach entsprechender Verweisung vor der Kammer für Handelssachen verhandelt und entschieden werden.

138 *Praxistipp*

Durch ein solches Vorgehen kann der Beklagte zunächst die Entscheidung des Rechtsstreites verzögern. Dabei kann sich aus der Prozesstrennung auch für die rein zivilrechtlichen Ansprüche, die nicht vor die Kammer für Handelssachen gehören, eine Zuständigkeit der Amtsgerichte ergeben. Letztlich kann eine Trennung der Ansprüche dazu führen, dass dem Kläger hinsichtlich eines Teils der Ansprüche die Berufungsmöglichkeit als Streitwertberufung abgeschnitten wird. Zu beachten ist allerdings, dass durch die Trennung der Ansprüche regelmäßig in der Addition der dann folgenden beiden Prozesse höhere Kosten entstehen. Hierauf ist der Mandant ausdrücklich hinzuweisen.

139 Stellt sich die Klage für einen von mehreren Beklagten nicht als Handelssache dar, so kann auch dieser isoliert einen Verweisungsantrag mit der Rüge der Unzuständigkeit der Kammer für Handelssachen stellen. In diesem Fall wirkt der Antrag nur für ihn, wenn eine Prozesstrennung nach § 145 ZPO möglich ist. Ist eine solche Trennung nicht möglich, ist das Verfahren grundsätzlich insgesamt vor der Zivilkammer des Landgerichts zu verhandeln.

140 Wird der Rechtsstreit an die Kammer für Handelssachen durch Beschluss verwiesen, ist dieser nach § 102 S. 1 GVG nicht anfechtbar.

2. Die Verweisung von der Kammer für Handelssachen an die Zivilkammer

141 Soweit der Kläger die Klage vor dem Landgericht und hier vor der Kammer für Handelssachen erhoben hat, kann der Beklagte geltend machen, dass keine Handelssache vorliegt, und nach § 97 Abs. 1 GVG beantragen, die Sache an eine Zivilkammer des Landgerichts zu verweisen.

---

72 OLG Brandenburg NJW-RR 2001, 63; OLG Karlsruhe MDR 1998, 558; OLG Nürnberg NJW 1993, 3208.
73 OLG München v. 18.7.2007 – 31 AR 180/07 n.v.; KG Berlin KGR 2000, 127.

Das Gleiche gilt nach § 99 GVG, wenn die Kammer für Handelssachen durch eine 142
Klageerweiterung oder eine Widerklage nicht mehr funktionell zuständig ist. In diesem
Fall kann der Gegner die Verweisung an die allgemeine Zivilkammer beantragen.

Liegt eine subjektive Klagehäufung vor und beantragt nur einer von mehreren Beklagten 143
die Verweisung an die allgemeine Zivilkammer, so entfaltet der Antrag nur für ihn
Wirkung. Das Verfahren ist mithin nach § 145 ZPO zu trennen und nur insoweit an die
allgemeine Zivilkammer zu verweisen, wie dies beantragt wurde.

3. Anträge betreffend die Zuständigkeit des Einzelrichters

Hat der Kläger die Klage beim Landgericht erhoben, so kann für das Verfahren nach 144
§ 348 Abs. 1 ZPO
- entweder ein Mitglied einer Kammer als Einzelrichter originär zuständig sein oder
- aufgrund des Kataloges der Spezialzuständigkeit nach § 348 Abs. 1 S. 2 Nr. 2 ZPO oder aufgrund des noch geringen Dienstalters des potenziellen Einzelrichters nach § 348 Abs. 1 S. 2 Nr. 1 ZPO die Kammer als Kollegium.

Hat der Beklagte aufgrund der gesetzlichen Regelung nach § 348 ZPO und der internen 145
Geschäftsverteilung des angerufenen Landgerichts, insbesondere der Frage, ob das Gericht von dem Katalog der Spezialzuständigkeiten nach § 348 Abs. 1 S. 2 Nr. 2 ZPO
Gebrauch gemacht hat, festgestellt, ob der Einzelrichter oder die Kammer zuständig ist,
muss er sich entscheiden, ob er es hierbei belassen will.

> *Hinweis* 146
>
> Solchen Anträgen kann auch unter taktischen Gesichtspunkten, insbesondere als
> Möglichkeit der Verfahrensverzögerung, Bedeutung zukommen. Es kann aber auch
> sinnvoll sein, eine Sache vor der Kammer zu verhandeln, weil bekannt ist, dass der
> Einzelrichter eine von der Kammerauffassung abweichende Auffassung zu einer
> entscheidungserheblichen Rechtsfrage vertritt oder weil entweder der Einzelrichter
> oder aber die Kammer bei der Bemessung von Schmerzensgeld besonders großzügig
> oder besonders zurückhaltend sind.

a) Die originäre Zuständigkeit des Einzelrichters

Ist der Einzelrichter originär zuständig, so gibt § 348 Abs. 3 ZPO dem Beklagten die 147
Möglichkeit anzuregen,[74] dass der Rechtsstreit der Kammer zur Entscheidung vorgelegt
wird. Die Übernahme durch die Kammer muss durch Beschluss erfolgen. Anderenfalls
liegt ein nicht heilbarer Verstoß gegen das Gebot des gesetzlichen Richters vor, der zur
Aufhebung aller nachfolgenden Entscheidungen führen muss.[75]

Dies setzt voraus, dass die Sache besondere Schwierigkeiten tatsächlicher oder rechtli- 148
cher Art aufweist oder aber dass die Rechtssache grundsätzliche Bedeutung hat.

---

74 Muster einer solchen Anregung unter Rdn 310, 312.
75 OLGR Celle 2003, 8 = MDR 2003, 523.

149 *Hinweis*

Verbleibt die Sache beim Einzelrichter, so beschneidet sich der Beklagte grundsätzlich seine weiteren Rechtsschutzmöglichkeiten:

- Wird gegen eine Entscheidung des Einzelrichters sofortige Beschwerde nach den §§ 567 ff. ZPO eingelegt, so entscheidet das Beschwerdegericht nach § 568 ZPO grundsätzlich auch durch eines seiner Mitglieder als Einzelrichter. Dies hat zur Folge, dass dieser Einzelrichter beim Beschwerdegericht die Rechtsbeschwerde nach § 574 ZPO nicht zulassen kann, ohne die Sache zuvor auf den Senat übertragen zu haben, was regelmäßig unterlassen wird. Entscheidet nämlich der Einzelrichter in einer Sache, der er rechtsgrundsätzliche Bedeutung beimisst, über die Beschwerde und lässt in der Folge die Rechtsbeschwerde zu, so ist zwar die Zulassung der Rechtsbeschwerde wirksam, die Entscheidung unterliegt jedoch auf die Rechtsbeschwerde wegen der fehlerhaften Besetzung des Beschwerdegerichts der Aufhebung von Amts wegen und der Zurückweisung.[76]
- Auch die Berufung nach § 511 Abs. 4 Nr. 1 ZPO und die Revision nach § 543 Abs. 2 ZPO sind nur zuzulassen, wenn die Rechtssache grundsätzliche Bedeutung hat oder die Fortbildung des Rechtes oder die Sicherung einer einheitlichen Rechtsprechung eine Entscheidung des Revisionsgerichts fordert. Hat der Beklagte darauf verzichtet, nach § 348 Abs. 3 ZPO zu beantragen, die Rechtssache vom Einzelrichter auf die Kammer wegen grundsätzlicher Bedeutung der Sache zu übertragen, so wird es ihm schwer fallen, zur Begründung der Zulassung der Berufung oder der Revision jetzt die rechtsgrundsätzliche Bedeutung der Sache zu begründen.

150 Ungeachtet der vorstehenden Erwägungen des Rechtsmittelweges kann eine Entscheidung durch die Kammer auch aus anderen Gründen geboten sein.

Besondere Schwierigkeiten tatsächlicher und rechtlicher Art können bei schwierigen Beweiswürdigungen etwa im Rahmen der Behauptung eines fingierten Unfallereignisses vorliegen.

151 *Praxistipp*

Hat der Rechtsstreit für die Parteien eine hohe wirtschaftliche Bedeutung, so begründet sich hieraus zwar nicht zwingend eine besondere Schwierigkeit tatsächlicher oder rechtlicher Art oder gar die grundsätzliche Bedeutung der Sache. Ungeachtet dessen zeigt die Praxis, dass eine Übertragung auf die Kammer erfolgt, wenn in diesen Fällen beide Parteien die entsprechende Übertragung beantragen. Auch zeigt sich in der Praxis, dass eine Übertragung einer originär dem Einzelrichter zustehenden Sache auf die Kammer dann sinnvoll sein kann, wenn es außerhalb der Sach- und Rechtslage liegende Motive der Parteien zu überwinden gilt, die einer gütlichen Einigung entge-

---

[76] BGH WuM 2012, 332, 333; BGH NJW-RR 2012, 125, 126; BGH NJW 2003, 1254 = MDR 2003, 588 = WM 2003, 701.

genstehen. Letztlich gilt es für den Rechtsanwalt wie für das Gericht, diese Fragen mit der notwendigen Sensibilität für den Einzelfall zu beantworten.

Die **grundsätzliche Bedeutung** der Sache ist gegeben, wenn der konkret zu entscheidende Rechtsstreit eine über den Einzelfall hinausgehende Bedeutung hat. 152

Insbesondere kommt die Zulassung also in Betracht bei Musterprozessen oder Prozessen über die Auslegung typischer Vertragsbestimmungen, von Tarifen, Formularverträgen oder AGB. 153

In Betracht kommen hier insbesondere: 154
- Miet- oder Nachbarstreitigkeiten, wenn etwa in einer Vielzahl von Verfahren immer wieder ein bestimmter Umlegungsmaßstab bei den Nebenkosten angegriffen wird oder die Berechnungsweise für eine Überbauentschädigung umstritten ist.
- Auch beim Angriff gegen eine ständig verwandte allgemeine Geschäftsbedingung der örtlichen Bank kann eine Entscheidung des Berufungsgerichts herbeigeführt werden.

b) Die originäre Zuständigkeit der Kammer

Fällt der konkrete Rechtsstreit in die Zuständigkeit der Kammer nach § 348 Abs. 1 S. 2 ZPO, so gibt § 348a ZPO die Möglichkeit, dass die Zivilkammer die Sache durch Beschluss einem ihrer Mitglieder als Einzelrichter überträgt, wobei die Voraussetzungen genau gegenläufig zur Übertragung vom Einzelrichter auf die Kammer sind. Auch dieses Verfahren kann durch den Beklagten angeregt werden.[77] 155

Die Übertragung von der Kammer auf die Einzelrichter kommt mithin in Betracht, wenn die Sache **keine besonderen Schwierigkeiten tatsächlicher oder rechtlicher Art** aufweist oder die Sache **keine grundsätzliche Bedeutung** hat. 156

Weitere Voraussetzung ist, dass nicht bereits im Haupttermin vor der Zivilkammer zur Hauptsache verhandelt worden ist, es sei denn, dass die Kammer einen Teil des Rechtsstreites bereits durch ein Vorbehalts-, Teil- oder Zwischenurteil entschieden hat und der verbleibende Teil die genannten Voraussetzungen erfüllt. 157

> *Hinweis* 158
>
> Eine Übertragung von der Kammer auf den Einzelrichter kann insbesondere zur Verfahrensbeschleunigung sinnvoll sein, da die Einzelrichter häufig schneller terminieren, als dies bei der Kammer der Fall ist.

c) Die wesentliche Änderung der Prozesslage

Wurde der Rechtsstreit gem. § 348a ZPO von der Kammer auf den Einzelrichter übertragen, ist diese Entscheidung nicht endgültig. Zeigt sich eine wesentliche Änderung der Prozesslage und ergibt sich hieraus nunmehr eine besondere tatsächliche rechtliche Schwierigkeit der Sache oder deren grundsätzliche Bedeutung, so hat der Einzelrichter gem. § 348a Abs. 2 ZPO den Rechtsstreit der Kammer zur erneuten Übernahme vorzule- 159

---

[77] Muster einer solchen Anregung unter Rdn 311.

gen. Das Gleiche gilt, wenn die Parteien diese übereinstimmend beantragen.[78] Alternativ hierzu kann die Kammer aber auch die Durchführung von Teilen der Beweisaufnahme nach § 361 ZPO auf ein Kammermitglied – regelmäßig den Berichterstatter – übertragen.

160 *Hinweis*

Allein der Antrag beider Parteien genügt jedoch nicht, um die Kammer zu verpflichten, den Rechtsstreit tatsächlich zu übernehmen. Vielmehr muss die Kammer zu der Überzeugung gelangen, dass der Rechtsstreit grundsätzliche Bedeutung hat oder aber nunmehr rechtliche oder tatsächliche Schwierigkeiten besonderer Art aufweist. Auch hier zeigt sich aber bei den meisten Gerichten in der täglichen Praxis eine pragmatische Handhabung.

4. Die Rüge der örtlichen oder sachlichen Unzuständigkeit

161 Ist das erkennende Gericht örtlich oder sachlich unzuständig, so muss der Beklagte dies ausdrücklich rügen,[79] da anderenfalls eine rügelose Einlassung gem. den §§ 39, 295 ZPO vorliegt. Im Prozess wie in weiteren Rechtsmittelverfahren ist dieser Aspekt dann nicht mehr zu berücksichtigen.

162 Eine Ausnahme gilt nach § 40 Abs. 2 S. 2 ZPO nur dann, wenn der Rechtsstreit einen nicht vermögensrechtlichen Anspruch betrifft, der den Amtsgerichten ohne Rücksicht auf den Wert des Streitgegenstandes zugewiesen ist, oder für die Klage ein ausschließlicher Gerichtsstand begründet ist. Eine rügelose Einlassung ist dann nicht möglich.

163 *Hinweis*

Hinsichtlich der Zuständigkeit des angerufenen Gerichts wird auf die Ausführungen in § 5 Rdn 32 ff. zur Klageschrift verwiesen.

164 Für die Frage, ob die örtliche oder sachliche Zuständigkeit des angerufenen Gerichts gerügt wird, können unterschiedliche Motive relevant sein:
- So kann es für den Rechtsanwalt rein örtlich sinnvoll sein, den Rechtsstreit vor dem Amtsgericht oder dem Landgericht zu führen, da für den Beklagten und für ihn selbst so kürzere Wege zu bewältigen sind.
- Je nach Zuständigkeit des Landgerichts oder des Amtsgerichts oder auch verschiedener Amtsgerichte ergeben sich auch Unterschiede in der Verfahrensdauer, die je nach dem Ziel der Rechtsverteidigung und im Interesse des Beklagten an der Klärung der Rechtsfragen von Bedeutung sein können.
- Aus unterschiedlichen örtlichen Zuständigkeiten können sich auch Auswirkungen auf die Entscheidung des Rechtsstreites ergeben, wenn die jeweiligen Instanzen oder die darüber stehenden Berufungsgerichte unterschiedliche Rechtsauffassungen zu der zu entscheidenden Frage haben.

---

78 Muster eines Antrages auf Übertragung des Rechtsstreites auf die Kammer wegen einer geänderten Prozesssituation unter Rdn 311.
79 Muster von Rügen zur Zuständigkeit des Gerichts unter Rdn 295, 296.

B. Rechtliche Grundlagen § 6

- In gleicher Weise kann es Einfluss auf die Entscheidung des Rechtsstreites haben, ob die Berufungskammer des Landgerichts nach einer erstinstanzlichen Entscheidung durch das Amtsgericht oder aber der Senat des Oberlandesgerichts nach einer erstinstanzlichen Entscheidung des Landgerichts über eine Berufung zu entscheiden haben, soweit sich hier die Rechtsprechung der Berufungskammern unterscheidet oder das Bedürfnis nach einer obergerichtlichen Klärung besteht, ohne dass eine Revision in Betracht kommt.[80]
- Allein durch die Rüge der sachlichen oder örtlichen Unzuständigkeit und der danach ggf. notwendigen Verweisung des Rechtsstreites ergibt sich regelmäßig eine Verzögerung, die mit den Zielsetzungen des Beklagten im Rahmen seiner Rechtsverteidigung in Einklang stehen kann.

Hinweis 165

Besonders häufig ist festzustellen, dass eine Klage gegen eine Kommune, das Land oder den Bund in Amtshaftungssachen, insbesondere in Streitigkeiten über Verkehrssicherungspflichten der öffentlichen Hand, aber auch in Verkehrsunfallsachen mit Beteiligung eines Fahrzeuges der genannten Institutionen beim Amtsgericht erhoben wird, obwohl insoweit nach § 71 Abs. 2 Nr. 2 GVG die Landgerichte sachlich zuständig sind. Da es sich insoweit um einen ausschließlichen Gerichtsstand i.S.v. § 40 Abs. 2 ZPO handelt, muss hier bereits die Unzuständigkeit von Amts wegen berücksichtigt werden, sodass auch eine rügelose Einlassung nicht möglich ist.

Praxistipp 166

In den Fällen, in denen eine rügelose Einlassung möglich ist, können die Bevollmächtigten aber auch ganz bewusst im Sinne einer Gerichtsstandsvereinbarung auf eine Zuständigkeitsrüge verzichten, um vor dem für sie örtlich besser erreichbaren Gericht zu verhandeln. § 38 ZPO gibt unter bestimmten Voraussetzungen die Möglichkeit, eine Gerichtsstandsvereinbarung zu treffen.

In der Bezeichnung eines nicht zuständigen Gerichts als das für das streitige Verfahren 167 zuständige Gericht nach § 690 Abs. 1 Nr. 5 ZPO im Mahnbescheidsantrag liegt kein Angebot auf Abschluss eines Prorogationsvertrages – auch wenn ersichtlich unter keinem Gesichtspunkt das bezeichnete Gericht für das Verfahren zuständig sein könnte. Vielmehr soll im Fall der Angabe eines offensichtlich nicht zuständigen Gerichts nach § 690 Abs. 1 Nr. 5 ZPO der Antrag auf Erlass eines Mahnbescheids zurückgewiesen werden. Weitergehende Rechtsfolgen sind der „Falschangabe" nicht beizumessen, sodass der Kläger die Verweisung an ein tatsächlich örtlich und sachlich zuständiges Gericht betreiben und der Beklagte dies nicht durch die „Annahme des Angebotes auf Abschluss einer Gerichtsstandsvereinbarung" unterlaufen kann.[81]

---

80 Eine solche Revision kommt als Zulassungsrevision oder über die Nichtzulassungsbeschwerde seit der ZPO-Reform sowohl gegen Berufungsurteile des Landesgerichts als auch solche des Oberlandesgerichts in Betracht; hierzu § 19 Rdn 1 ff.
81 OLG Karlsruhe Rpfleger 2005, 270 = OLGR 2005, 254.

168 Der Beklagte kann sich darauf beschränken, die sachliche oder örtliche Zuständigkeit des angerufenen Gerichts zu rügen, ohne dass er das sachliche oder örtliche tatsächlich zuständige Gericht im Einzelnen bezeichnen muss.

5. Die Rüge der nicht ordnungsgemäßen Klageerhebung

169 Soweit die Klageschrift an Mängeln leidet, auf deren Einhaltung eine Partei wirksam verzichten kann, werden auch diese Mängel durch rügelose Einlassung gem. § 295 Abs. 1 ZPO geheilt.

170 Mit einer solchen Heilung können Rechtsverluste des Beklagten verbunden sein. Wird die Klage etwa erst unmittelbar vor Ablauf der Verjährungsfrist oder einer materiell-rechtlichen Ausschlussfrist erhoben, kann der wirksame Angriff gegen die Klageschrift oder deren Zustellung den Ablauf der Verjährungsfrist oder der materiell-rechtlichen Ausschlussfrist nach sich ziehen und damit zum Erfolg der Rechtsverteidigung führen.

171 Als Rügen gegen die Klageschrift und deren Zustellung kommen in Betracht:
- die Rüge der unterbliebenen Zustellung der Klageschrift,[82]
- die nicht ordnungsgemäße Zustellung der Klageschrift,
- das Fehlen einer Unterschrift,
- eine Unterschrift, die nicht den Anforderungen der Rechtsprechung genügt,
- unbestimmte oder sonst unzulässige Klageanträge.

172 Wird der Mangel der Klageschrift gerügt und erfolgt sodann eine Heilung durch den Kläger, so gilt der Mangel erst mit dem Zeitpunkt seiner Behebung als geheilt.[83] Zu diesem Zeitpunkt kann der mit der Klage geltend gemachte Anspruch jedoch aufgrund einer materiell-rechtlichen Ausschlussfrist bereits ausgeschlossen oder auch wegen der nicht rechtzeitigen Hemmung der Verjährung verjährt sein.[84]

6. Der Einwand der fehlenden Prozesskostensicherheit

173 Im Rahmen zunehmender Mobilität und international wirtschaftlicher Verflechtungen nehmen Rechtsstreitigkeiten mit ausländischen Prozessparteien zu.

174 *Hinweis*

Allerdings zeigt die Rechtsprechung hier auch zunehmend Beispielsfälle in Alltagsgeschäften etwa bei Verkehrsunfällen,[85] Mietstreitigkeiten,[86] Versicherungsansprüchen[87] oder Auseinandersetzungen im Rahmen von Dienstleistungs- und Werkverträgen zwischen In- und Ausländern.

---

[82] BGH NJW 1995, 1032.
[83] BGH NJW 1996, 1351; BGHZ 22, 254; OLG Hamm IBR 2014, 518.
[84] Muster einer entsprechenden Rüge unter Rdn 313.
[85] BGH NJW 2003, 2686 = BGHR 2003, 892.
[86] BGH, Beschl. v. 15.7.2003 – VIII ZB 30/02, Mietrecht kompakt 10/03.
[87] BGH MDR 2003, 707 = NJW 2003, 1672.

Nach § 110 ZPO kann der Beklagte von einem Kläger, der seinen gewöhnlichen Aufenthalt nicht in einem Mitgliedstaat der Europäischen Union oder einem Vertragsstaat des Abkommens über den europäischen Wirtschaftsraum hat, wegen der Prozesskosten Sicherheit verlangen.[88] Es kommt also nicht darauf an, ob es sich um einen Deutschen, einen EU-Bürger oder einen Ausländer außerhalb der EU handelt. Entscheidend ist allein der außerhalb des umschriebenen Raums liegende gewöhnliche Aufenthalt.[89]

175

Hinweis

176

Hat eine britische Limited mit geringem Haftungskapital als Klägerin eine zustellfähige Adresse in Großbritannien, sodass eine Vollstreckung der Form nach möglich ist, ist keine Prozesskostensicherheit i.S.v. § 110 ZPO stellen. Außer Betracht zu bleiben hat dabei sowohl der Umstand, dass Alleingesellschafter und Director der Limited ggf. ihren Wohnsitz in den USA haben, als auch der Umstand, dass ggf. für Verbindlichkeiten der Klägerin die Grundsätze des Haftungsdurchgriffs auf einen Alleingesellschafter Anwendung finden, da Letzteres ausschließlich die Problematik der Forderungsrealisierung betrifft.[90]

Nach § 110 Abs. 2 ZPO ist dieses Verlangen nur dann beschränkt, wenn

177

- völkerrechtliche Verträge das Verlangen einer Sicherheit ausschließen,
- die Entscheidung über die Erstattung der Prozesskosten an den Beklagten aufgrund völkerrechtlicher Verträge vollstreckt würde,

Hinweis

Ein solcher Vertrag besteht insbesondere mit den Vereinigten Staaten von Amerika nicht.[91]

- der Kläger im Inland über ein zur Deckung der Prozesskosten hinreichendes Grundvermögen verfügt oder dinglich gesicherte Forderungen besitzt,
- bei Widerklagen und bei Klagen aufgrund öffentlicher Aufforderung.

Wesentlich ist hier für die Praxis insbesondere der Ausschluss der Prozesskostensicherheit durch völkerrechtliche Verträge. Dies ist im Einzelfall zu prüfen.[92]

178

Auch das Verlangen nach Prozesskostensicherheiten nach § 110 ZPO stellt eine nach § 295 ZPO durch rügelose Einlassung verzichtbare Verfahrensrüge dar. Auch diese muss mithin vor der ersten mündlichen Verhandlung geltend gemacht werden.[93]

179

Hinweis

180

Die Einrede der mangelnden Prozesskostensicherheit muss sich dabei grundsätzlich auf alle Rechtszüge beziehen,[94] sodass der Bevollmächtigte auf jeden Fall vermeiden

---

88 Muster eines solchen Verlangens unter Rdn 306.
89 Hierzu OLG Frankfurt/M., Urt. v. 3.2.2005 – 6 U 181/04.
90 LG München ZInsO 2009, 1318.
91 OLG Frankfurt/M., Urt. v. 3.2.2005 – 6 U 181/04.
92 Vgl. insoweit die Aufstellung bei B/L/A/H, ZPO, Anhang zu § 110 Rn 5 ff.
93 BGH NJW-RR 190, 378; BGHZ 37, 264; BGH NJW 1981, 2646.
94 BGH NJW 1981, 2646.

muss, diesbezügliche Einschränkungen zu machen. Im Gegenteil wird er ausdrücklich darauf hinzuweisen haben, dass die nach § 112 ZPO festzusetzende Prozesskostensicherheit alle Rechtszüge umfasst.

181 *Hinweis*

Dies kann dazu führen, dass aufgrund der Höhe der zu leistenden Prozesskostensicherheit der Kläger aus finanziellen Gründen nicht mehr in der Lage ist, den Rechtsstreit zu betreiben.

182 Über das Verlangen auf Prozesskostensicherheit ist nach mündlicher Verhandlung durch ein Zwischenurteil zu entscheiden,[95] was den Rechtsstreit weiter verzögert. Auch hier bleibt es den Parteien allerdings unbenommen, das schriftliche Verfahren nach § 128 Abs. 2 ZPO anzuregen. Die so ergehende Entscheidung kann auch nicht über das Antragsverfahren nach § 109 ZPO, der für die allgemeine Sicherheitsleistung nach § 108 ZPO gilt, rückgängig gemacht werden.[96]

Das Zwischenurteil, welches den Antrag auf Leistung der Prozesskostensicherheit zurückweist, ist nach § 280 Abs. 2 S. 1 ZPO als Endurteil anzusehen und insoweit mit der Berufung nach §§ 511 ff. ZPO anfechtbar. Inwieweit auch das Urteil, welches die Sicherheitsleistung anordnet, anfechtbar ist, ist umstritten. Während die überwiegende Auffassung diese Entscheidung für unanfechtbar hält,[97] soll nach anderer – jedoch vor der Entscheidung des BGH ergangenen – Auffassung auch in diesem Fall die Berufung statthaft sein.[98] Die h.M. hält dementsprechend auch das Zwischenurteil, welches zwar eine Prozesskostensicherheit anordnet, jedoch der Höhe nach unter dem Antrag des Beklagten bleibt, für unanfechtbar. Entscheidet das Gericht über eine Prozesskostensicherheit zu Unrecht durch Beschluss anstatt durch Zwischenurteil, ist gleichwohl ein isoliertes Rechtsmittel gegen die Entscheidung nicht gegeben.[99]

183 *Praxistipp*

Liegen die entsprechenden Voraussetzungen nach §§ 114 ff. ZPO vor, kann allerdings Prozesskostenhilfe beantragt werden, was zur Folge hat, dass nach § 122 Abs. 1 Nr. 2 ZPO die Verpflichtung zur Sicherheitsleistung für Prozesskosten entfällt.

184 Die Prozesskostensicherheit ist nach § 112 ZPO der Höhe nach von dem Gericht nach freiem Ermessen festzusetzen. Dabei wird sich das Gericht regelmäßig von der von dem Beklagten vorzulegenden Berechnung der möglichen Prozesskosten für alle Rechtszüge leiten lassen.

---

[95] OLGR Oldenburg 2004, 594; OLGR Stuttgart 2003, 387; 1998, 128.
[96] OLG Karlsruhe, Beschl. v. 3.5.2005 – 12 W 125/04.
[97] BGHR ZPO § 112; BGH MDR 1988, 298 = NJW 1988, 1733; OLG Saarbrücken NJW-RR 1998, 1771; Zöller/*Herget*, § 110 Rn 5; *Demharter*, MDR 1986, 186.
[98] OLG Bremen NJW 1982, 2737; OLG Karlsruhe MDR 1986, 593.
[99] OLG Jena OLGR 2008, 480.

Praxistipp 185

Ergibt sich im Laufe des Rechtsstreites, dass die von dem Beklagten so berechnete Sicherheitsleistung nicht ausreichen wird, weil etwa deutlich höhere Kosten in einer Beweisaufnahme für mehrere Gutachten anfallen, so kann der Beklagte nach § 112 Abs. 3 ZPO die Leistung einer ergänzenden Sicherheit verlangen.[100]

Nach § 113 S. 1 ZPO hat das Prozessgericht dem Kläger eine Frist zur Erbringung der Prozesskostensicherheit zu bestimmen. Nach Ablauf der Frist ist auf Antrag des Beklagten[101] die Klage für zurückgenommen zu erklären, wenn die Sicherheit nicht geleistet ist. Betrifft der Rechtsstreit ein Rechtsmittel des ausländischen Klägers, ist diese zu verwerfen, wenn die Prozesskostensicherheit nicht rechtzeitig geleistet wurde. 186

Kostenrechtlich muss beachtet werden, dass ein Zwischenurteil über die Prozesskostensicherheit die spätere Ermäßigung der Gerichtsgebühren von drei Gebühren auf eine Gebühr nach Nr. 1211 KVGKG ausschließt.[102]

Aus der Formulierung „Kläger" und „Beklagter" wird abgeleitet, dass Prozesskostensicherheit nur im Hauptsacheverfahren verlangt werden kann, nicht aber in vorausgehenden Eilverfahren.[103] § 110 ZPO sei insoweit weder unmittelbar noch analog auf Eilverfahren anwendbar.

7. Die Einrede des Schiedsvertrages

Haben die Parteien eine Schiedsvereinbarung getroffen, nach der der ordentliche Gerichtsweg ausgeschlossen ist, und wird gleichwohl von einer der Schiedsvertragsparteien Klage eingereicht, so hat das Prozessgericht die Klage als unzulässig abzuweisen, wenn der Beklagte vor Beginn der mündlichen Verhandlung zur Hauptsache die Einrede des Schiedsvertrages nach § 1032 BGB erhebt. 187

Auch hier ist also festzustellen, dass die Einrede der Schiedsvereinbarung ausdrücklich erhoben werden muss.[104] Allerdings wird nicht verlangt, dass die Einrede schon in der Klageerwiderung oder innerhalb der Klageerwiderungsfrist erhoben wird.[105] § 1032 Abs. 1 ZPO ist eine Sondervorschrift, die den allgemeinen Regelungen der §§ 282 Abs. 3, 296 Abs. 2 ZPO vorgeht.[106] Der letztmögliche Zeitpunkt zur Erhebung der Einrede gem. § 1032 Abs. 1 liegt somit vor Stellung der Sachanträge.[107] Auch der Insolvenzverwalter ist an eine Schiedsabrede gebunden.[108] 188

---

100 BGH NJW-RR 2005, 148 = BGH-Report 2004, 1648.
101 Antragsmuster unter Rdn 315.
102 OLG Düsseldorf MDR 1999, 764; Zöller/*Herget*, § 110 Rn 8; a.A.: OLG München MDR 2003, 115.
103 OLGR Köln 2005, 139 unter ausdrücklicher Aufgabe der früheren anders lautenden Rechtsprechung.
104 Muster der Einrede des Schiedsvertrages unter Rdn 316.
105 BGH NJW 2001, 2176 = MDR 2001, 1071.
106 Musielak/*Voit*, § 1032 Rn 7.
107 Zöller/*Geimer*, § 1032 Rn 1.
108 BGH ZInsO 2004, 88.

189 *Praxistipp*

In diesem Zusammenhang gilt es ausdrücklich mit dem Beklagten abzuwägen, ob die Einrede des Schiedsvertrages erhoben werden soll. Es ist mit dem Mandanten zu besprechen, auf wessen Verlangen und in wessen Interesse die Schiedsabrede ursprünglich vereinbart wurde und welche Folgen die konkret vereinbarten Verfahrensregelungen in der Schiedsvereinbarung, insbesondere auch die Zusammensetzung des Schiedsgerichts, für den Beklagten haben.

Dabei kann auch relevant sein, inwieweit der Beklagte selbst Wert darauf legt, dass die zu entscheidenden Rechtsfragen einer Überprüfung in einem Rechtsmittelzug zugänglich sind. Insbesondere bei länger zurückliegenden Schiedsvereinbarungen kann die Frage, ob ein Schiedsverfahren sinnvoll ist, durch den Beklagten abweichend beurteilt werden.

190 Die Partei, die in dem Verfahren vor dem staatlichen Gericht mit Erfolg die Einrede des Schiedsverfahrens erhoben hat, ist nach dem Grundsatz von Treu und Glauben gehindert, gegenüber dem von dem Gegner daraufhin eingeleiteten Schiedsverfahren mit dem Antrag gem. § 1032 Abs. 2 ZPO geltend zu machen, das staatliche Gericht sei doch zuständig.[109] Insoweit kommt der Einrede etwas Abschließendes zu.

191 Der Abschluss einer Schiedsvereinbarung kommt aber auch noch nach Klageerhebung unter gleichzeitiger Vereinbarung der Klagerücknahme in Betracht, sodass auch in diesem Stadium die Vorteile der Schiedsvereinbarung noch genutzt werden können.

Fraglich ist, ob die Einrede des Schiedsvertrages auch im Urkundenprozess erhoben werden kann. Das OLG Bamberg[110] ist der Auffassung, dass der Zweck des Urkundenprozesses darin besteht, dem Kläger die Möglichkeit zu verschaffen, schneller als im ordentlichen Verfahren zu einem vollstreckbaren Titel zu kommen. Dem ist der BGH entgegengetreten. Hiernach schließe eine Vereinbarung, welche Streitigkeiten aus bestimmten Rechtsverhältnissen den staatlichen Gerichten entziehe, eben auch ein Vorgehen im Urkundenprozess aus.[111] Zur Begründung führt der BGH aus, dass der für den Wechselprozess geltende Ausschluss des § 1032 Abs. 1 ZPO nicht auch für den „normalen" Urkundenprozess gelte, da dieser eben nicht von den besonderen Bedürfnissen des Zahlungsverkehrs geprägt sei wie der Wechselprozess.[112] Eine Schiedsgerichtsvereinbarung wird undurchführbar i.S.d. § 1032 Abs. 1 ZPO, wenn sich die Parteien in einer Schiedsgerichtsvereinbarung auf eine bestimmte Institution als Schiedsgericht geeinigt haben, diese ersatzlos weggefallen ist und die Parteien die Neubestellung eines Schiedsrichters bzw. eines Schiedsgerichts ausgeschlossen haben.[113]

---

109 BGH v. 30.4.2009 – III ZB 91/07.
110 OLGR Bamberg 2005, 79.
111 BGH NJW 2006, 779, 780.
112 BGH NJW 2006, 779, 780; Musielak/*Voit*, § 592 Rn 15.
113 OLG Hamm RdL 2003, 251 = AUR 2003, 379.

8. Vollstreckungsschutzanträge

Grundsätzlich muss der Beklagte keinen besonderen Vollstreckungsschutzantrag für den Fall stellen, dass er mit seiner Rechtsverteidigung unterliegt und die Klage Erfolg hat. Die Entscheidung hierüber trifft das Gericht von Amts wegen.

Nach § 709 ZPO gilt der Grundsatz, dass Urteile nur gegen Sicherheitsleistung für vorläufig vollstreckbar erklärt werden.

Soweit aufgrund der Höhe des Hauptsachewertes oder der Kosten oder in einem sonstigen Fall des § 708 Nr. 4–11 ZPO eine vorläufige Vollstreckbarkeit ohne Sicherheitsleistung für den Kläger in Betracht kommt, hat das Gericht von Amts wegen nach § 711 ZPO dem Beklagten die Möglichkeit einzuräumen, zur Abwendung der Zwangsvollstreckung Sicherheit zu leisten, wenn nicht der Kläger zuvor Sicherheit in gleicher Höhe leistet.

Die Rechtsposition des Beklagten, in einem möglichen Rechtsmittelverfahren mit seiner Rechtsverteidigung durchzudringen, ist also durch die Sicherheitsleistung, die den Schadensersatzanspruch nach § 717 Abs. 2 ZPO neben der Hauptleistung und den Prozesskosten sichert, hinreichend geschützt.

> *Hinweis*
>
> Da in § 108 ZPO neben der möglichen Hinterlegung von Geld oder mündelsicheren Wertpapieren auch die Möglichkeit der Sicherheitsleistung durch die schriftliche, unwiderrufliche, unbedingte und unbefristete Bürgschaft eines im Inland-Geschäftsbetrieb zugelassenen Kreditinstituts vorgesehen ist, bedarf es auch insoweit keiner besonderen Antragstellung.

Anders stellt sich die Situation allerdings dar, wenn die Zwangsvollstreckung eines für vorläufig vollstreckbar erklärten Urteils
- dem Beklagten einen nicht zu ersetzenden Nachteil bringen würde oder
- der Beklagte zu einer Sicherheitsleistung nicht in der Lage ist.

In diesen Fällen hat er die Möglichkeit nach § 712 ZPO, um besonderen Vollstreckungsschutz nachzusuchen.[114]

Der Vollstreckungsschutz des § 712 ZPO erfasst dabei in der ersten Alternative sowohl die Vollstreckungen nach § 709 ZPO als auch nach § 708 Nr. 4–11 ZPO, in der zweiten Alternative nur die Zwangsvollstreckungen nach §§ 708 Nr. 4–11, 711 ZPO.

Ein nicht zu ersetzender Nachteil droht dem Schuldner insbesondere dann, wenn die vorläufige Vollstreckung eines Urteils dem Schuldner die wirtschaftliche Existenz entziehen und ihn in die Insolvenz drängen würde.

Nicht ausreichend sind mithin die regelmäßig mit der Zwangsvollstreckung einhergehenden Nachteile für den Schuldner. Vielmehr muss dessen Belastung durch die vorläufige Vollstreckbarkeit des Urteils darüber hinausgehen.

---

114 Muster eines Vollstreckungsschutzantrages unter Rdn 317, 318.

202 Der Beklagte muss als Schuldner die Tatsachen, die einen nicht zu ersetzenden Nachteil durch die Vollstreckung begründen oder die seine Unfähigkeit zur Erbringung einer Sicherheitsleistung begründen, gem. § 714 Abs. 2 ZPO glaubhaft machen (§ 294 ZPO).

203 Auch wenn die Zwangsvollstreckung dem Schuldner einen nicht zu ersetzenden Nachteil bringt, ist dem Antrag des Schuldners nach § 712 Abs. 2 ZPO nicht zu entsprechen, wenn ein überwiegendes Interesse des Gläubigers entgegensteht. Auch hier gilt, dass der Gläubiger ein über die reine Befriedigung hinausgehendes Interesse geltend machen muss, welches ebenfalls nach § 714 Abs. 2 ZPO glaubhaft zu machen ist.

204 *Hinweis*

In der Praxis wird regelmäßig übersehen, dass es sich bei dem Schutzantrag des Schuldners nach § 712 ZPO um einen Sachantrag handelt, der in der mündlichen Verhandlung gestellt werden muss. Ein etwa erst im Berufungsverfahren gestellter Antrag, die Zwangsvollstreckung aus dem erstinstanzlichen Urteil einstweilen einzustellen, ersetzt einen Schutzantrag nach § 712 ZPO nicht.[115] Der Bevollmächtigte muss aus diesem Grunde schon in der Beratung mit dem Mandanten klären, ob Gründe vorliegen, die einen Antrag nach § 712 ZPO rechtfertigen.

205 Umstritten ist, ob die Einstellung der Zwangsvollstreckung im Berufungsverfahren schon allein deshalb ausscheidet, weil der Schuldner erstinstanzlich keinen Antrag nach § 712 ZPO gestellt hat[116] oder ob die Rechtsprechung des BGH zur Einstellung im Revisionsverfahren[117] insoweit nicht auf das Berufungsverfahren übertragbar ist.[118]

206 *Praxistipp*

Wird dieser Antrag mit der Klageerwiderung gestellt, im Urteil dann aber übergangen und nicht beschieden, kann eine Urteilsergänzung nach § 321 ZPO beantragt werden.[119]

9. Die Beschränkung der Haftung des Beklagten

207 Wird der Beklagte als Erbe von einem Nachlassgläubiger in Anspruch genommen, so muss das Interesse des Beklagten ungeachtet eines weitergehenden Antrages auf Klageabweisung jedenfalls dahin gehen, seine Haftung auf den Nachlass des Erblassers zu beschränken, wenn er mit seinem Klageabweisungsantrag nicht durchdringt.[120] Eine ungeprüfte Aufnahme des Vorbehalts der Beschränkung der Haftung des Erben auf den Nachlass ist dabei geboten, wenn eine sachliche Entscheidung über die Haftungsbe-

---

115 BGH FamRZ 2003, 598; BGH NJW-RR 2002, 1650.
116 So OLG Koblenz FamRZ 2000, 1165.
117 BGH WuM 2017, 606, 607.
118 So OLG Frankfurt NJW-RR 2015, 519; OLG Hamburg, MDR 2013, 674; OLG Köln MDR 2005, 117; KG Berlin KGR 2003, 313.
119 Hierzu in § 15 Rdn 1 ff.
120 Muster unter Rdn 319, 320.

schränkung sowohl zu einer erheblichen zeitlichen Verzögerung als auch zu einer erheblichen Verteuerung des Rechtsstreites führen würde.[121]

Unterlässt der Beklagte als Erbe diese Haftungsbeschränkung, so führt dies gem. § 780 Abs. 1 ZPO, § 1967 BGB dazu, dass der Beklagte als Erbe nicht nur mit dem Nachlass, sondern auch mit seinem Eigenvermögen für die Nachlassverbindlichkeiten haftet. 208

> *Praxistipp* 209
>
> Soweit der Erbfall erst nach der Titulierung des Anspruchs durch den Gläubiger eintritt, steht dem Erben die besondere Vollstreckungsgegenklage (§ 785 ZPO) zu.[122]

Ist der Erbfall während des ordentlichen Erkenntnisverfahrens eingetreten oder im Hinblick auf eine Nachlassverbindlichkeit bereits vor der klageweisen Geltendmachung, so muss der Beklagte als Erbe die Beschränkung seiner Haftung auf den Nachlass als Einrede im Prozess geltend machen. 210

> *Hinweis* 211
>
> Durch den Tod einer Partei während des Prozesses tritt kraft Gesetzes eine Unterbrechung nach § 239 ZPO ein, es sei denn, es handelt sich um einen Anwaltsprozess. Im Anwaltsprozess wird das Verfahren lediglich auf Antrag des Bevollmächtigten nach § 246 ZPO ausgesetzt.[123]

Grundsätzlich ist die Beschränkung der Haftung bis zum Schluss der letzten mündlichen Verhandlung zu erklären. Schon aus Gründen der anwaltlichen Fürsorge und dem Grundsatz des sichersten Weges folgend sollte dies jedoch möglichst schon in der Klageerwiderung, jedenfalls in dem auf den Erbfall folgenden Schriftsatz geschehen und dabei in besonderer Weise hervorgehoben werden. 212

> *Praxistipp* 213
>
> Einigen sich die Parteien im Wege des Prozessvergleiches gütlich, so muss der Vorbehalt der Beschränkung der Haftung auf den Nachlass auch in den Prozessvergleich aufgenommen werden.[124] Versäumt der Bevollmächtigte dies, kann er sich haftbar machen.

Dem Erben ist es möglich, zunächst in der Sache dem mit der Klage geltend gemachten Anspruch entgegenzutreten und nur hilfsweise zu beantragen, ihm die Beschränkung der Haftung auf den Nachlass zu gewähren. 214

Ist in einem Urteil dem vom Schuldner erhobenen Einwand der Dürftigkeit des Nachlasses nicht durch Ausspruch eines entsprechenden Vorbehalts Rechnung getragen worden, kann neben der Möglichkeit, die Aufnahme des Vorbehalts durch eine Urteilsergänzung 215

---

121 AG Hoyerswerda, Urt. v. 1.10.2004 – 1 C 439/04.
122 Vgl. hierzu *Goebel*, AnwaltFormulare Zwangsvollstreckung, 5. Aufl., § 16.
123 Hierzu ausführlich in § 13 Rdn 442 ff.
124 BGH MDR 1992, 195 = FamRZ 1991, 1286 = NJW 1991, 2839 = WM 1991, 1812.

nach § 321 ZPO zu erreichen, auch ein Rechtsschutzbedürfnis für eine Anfechtung im Wege der Berufung nach den §§ 511 ff. ZPO bestehen.[125]

216 Beachtet werden muss, dass die Dürftigkeitseinrede auch in der Kostengrundentscheidung Berücksichtigung finden muss. Erhebt der Erbe der Prozesspartei als Kostenschuldner gegen den Gerichtskostenansatz nämlich die Einrede der Dürftigkeit des Nachlasses gem. § 1990 BGB, ist diese nach Auffassung des BGH nur beachtlich, wenn sie bereits bei der Kostengrundentscheidung im Hauptsacheverfahren berücksichtigt worden ist.[126]

10. Der Hilfsantrag zur Zug-um-Zug-Verurteilung

217 Wird der Beklagte auf unbeschränkte Leistungen in Anspruch genommen, obwohl ihm jedenfalls die Einrede eines Zurückbehaltungsrechtes nach den §§ 273, 1000, 2022 BGB, § 369 HGB oder der Einwand des nicht erfüllten Vertrages nach § 320 BGB zusteht, so kann der Beklagte sich auch hier in erster Linie gegen den geltend gemachten Klageanspruch zur Wehr setzen.

218 Hat der Kläger jedoch die uneingeschränkte Verurteilung ungeachtet des bestehenden Zurückbehaltungsrechts beantragt, kann der Beklagte weiter hilfsweise beantragen, dass eine Verurteilung nur Zug um Zug gegen Erbringung der Gegenleistung erfolgt.[127]

219 *Beispiel*

Der Beklagte hat an den Kläger ein näher bezeichnetes Fahrzeug zu einem Kaufpreis von 10.000 EUR veräußert. Der Kläger macht geltend, dass das Fahrzeug an erheblichen Mängeln leidet und ein Fall arglistiger Täuschung vorliegt, da diese Mängel auf einem nicht offenbarten, jedoch offenbarungspflichtigen Unfall des Fahrzeuges beruhen. Der Kläger nimmt den Beklagten auf Rückzahlung des Kaufpreises von 10.000 EUR in Anspruch.

Hier kann der Beklagte sich zunächst damit zur Wehr setzen, dass das Fahrzeug nicht an Mängeln leidet, dass ihm solche Mängel zu keinem Zeitpunkt bekannt oder erkennbar waren, dass das Fahrzeug kein Unfallereignis erlitten hat oder auch, dass ihm ein solches Unfallereignis weder positiv bekannt war noch hätte bekannt sein müssen.

Sollte das Gericht seiner Rechtsverteidigung nicht folgen, kann er sich für den Fall der Verurteilung vorbehalten, dass er die Rückzahlung des Kaufpreises nur Zug um Zug gegen Rückübertragung des Eigentums an dem Fahrzeug und dessen Übergabe dulden muss.

---

125 OLG Schleswig MDR 2005, 350 = OLGR 2004, 534.
126 BGH, Beschl. v. 13.1.2004 – XI ZR 35/01, RVG-Report 2004, 199.
127 Muster unter Rdn 321.

11. Klageerwiderung bei ganzer oder teilweiser Erfüllung

Hat der Beklagte die Klageforderung ganz oder teilweise **erfüllt**, ist zu differenzieren, wann und in welcher Weise dies geschehen ist:

a) Die Erfüllung der Klageforderung zwischen Anhängigkeit und Rechtshängigkeit

Hat der Beklagte die Klageforderung ganz oder teilweise vor deren Anhängigkeit erfüllt, kann er die ganze oder teilweise Abweisung der Klage im Umfang der Erfüllung beantragen. Der Kläger hätte diese Erfüllungshandlung im Rahmen seiner Klageschrift berücksichtigen müssen.

Hat die Erfüllungshandlung nach Einreichung der Klage, d.h. nach Anhängigkeit, aber vor deren Rechtshängigkeit stattgefunden, so muss der Kläger die Klage in diesem Umfange zurücknehmen.

Folge hiervon ist, dass nach § 269 Abs. 3 S. 3 ZPO über die Kosten des Rechtsstreites bzgl. des erfüllten Anspruches unter Berücksichtigung des bisherigen Sach- und Streitstandes nach billigem Ermessen zu entscheiden ist. Die Sachlage ist mithin nicht anders als bei einer Erledigung der Hauptsache nach Rechtshängigkeit, sodass auf die zu § 91a ZPO entwickelten Grundsätze zurückgegriffen werden kann.

> *Hinweis*
>
> Die Praxis zeigt, dass die Regelung des § 269 Abs. 3 S. 3 ZPO noch immer nicht jedem Rechtsanwalt bekannt ist, sodass trotz einer vollständigen oder teilweisen Erfüllung des Klageanspruches nach Anhängigkeit aber vor Rechtshängigkeit keine Klagerücknahme erfolgt. War dies bis zum Justizmodernisierungsgesetz mit der Folge verbunden, dass eine spätere Klagerücknahme nicht ohne schuldhaftes Zögern nach § 269 Abs. 3 S. 2 ZPO zur vollen Kostentragungspflicht des Klägers geführt hat, ist seitdem das Erfordernis der „unverzüglichen" Klagerücknahme entfallen.

Die Frage, ob eine Kostenentscheidung nach § 269 Abs. 3 S. 3 ZPO voraussetzt, dass die Klage schon zugestellt worden ist, hat der Gesetzgeber mit dem Justizmodernisierungsgesetz ebenfalls entschieden und § 269 Abs. 3 S. 3 ZPO um einen weiteren Halbsatz ergänzt, wonach über die Kosten nach billigem Ermessen auch dann zu entscheiden ist, wenn die Klage nicht zugestellt wird.

> *Hinweis*
>
> Ungeachtet der Frage, ob die Erfüllung nach Anhängigkeit dafür spricht, dass die Forderung von Anfang an begründet war, kann dem Beklagten unter Umständen ein Kostenerstattungsanspruch nach materiellem Recht zustehen. Dies wird darzulegen sein. Auch kann sich ergeben, dass die Klage etwa vor Fälligkeit erhoben wurde.

> *Praxistipp*
>
> Hat der Beklagte nach Anhängigkeit die Klageforderung ganz oder teilweise erfüllt und zwingt er damit den Kläger zur Zurücknahme der Klage, muss er neben der Darlegung seiner Erfüllungshandlung sogleich darlegen, warum es dem Sach- und

Streitstand nach billigem Ermessen entspricht, dass die Kosten des Verfahrens dem Kläger auferlegt werden.[128]

Dies dürfte jedenfalls dann der Fall sein, wenn der Beklagte entweder keinen Anlass zur Klageerhebung gegeben hat (Rechtsgedanke des § 93 ZPO) oder noch nicht im Verzug mit der Leistung war. Anders dagegen sieht es aus, wenn der Beklagte die Klageerhebung provoziert hat und nach Klageandrohung nicht unmittelbar seine Leistungsbereitschaft deutlich macht.[129]

228 *Beispiel*

In Verkehrsunfallsachen, in denen es sehr häufig zu frühen Klageerhebungen mit anschließenden Zahlungen des Versicherers kommt, ist dem Haftpflichtversicherer, jedenfalls dann, wenn die Haftungslage nicht absolut eindeutig ist, eine gewisse Regulierungsfrist zubilligen, die je nach rechtlicher und tatsächlicher Schwierigkeit des Falles mit vier bis acht Wochen[130] insgesamt zu bemessen ist. Nach Vorlage aller erforderlichen Unterlagen wird regelmäßig eine Bearbeitungsfrist von weiteren zwei Wochen für angemessen gehalten.[131]

Wird die Klage vor Ablauf dieses Zeitraumes anhängig gemacht und leistet dann der Haftpflichtversicherer für die Beklagten ganz oder teilweise nach Anhängigkeit, aber vor Rechtshängigkeit und innerhalb der im zuzubilligenden Regulierungsfrist, so muss der Kläger die Kosten des Verfahrens nach § 269 Abs. 3 S. 3 ZPO tragen, wenn er daraufhin die Klage in Höhe der Erfüllungsleistung zurücknimmt.

Hierauf muss der Beklagte jedoch ausdrücklich hinweisen.

229 Eine Kostenentscheidung nach § 269 Abs. 3 S. 3 ZPO nach billigem Ermessen unter Berücksichtigung des Sach- und Streitstandes soll auch dann in Betracht kommen, wenn der Anlass zur Klageeinreichung schon vor der Anhängigkeit weggefallen ist, dies dem Kläger aber ohne sein Verschulden nicht bekannt war.[132]

Nach § 269 Abs. 3 S. 3 ZPO ist auch dann zu verfahren, wenn ein Prozesskostenhilfegesuch mit einer unbedingten Klageerhebung verbunden wird und sich die Sache dann vor Zustellung der Klage und des Prozesskostenhilfegesuchs erledigt.[133]

Ist der Kläger im Wege des Mahnverfahrens vorgegangen und hat der Beklagte nach Anhängigkeit des Mahnantrages die begehrte Leistung erbracht, so kann auch in diesem Verfahren eine Kostenentscheidung nach § 269 Abs. 3 S. 3 ZPO ergehen. Dabei muss beachtet werden, dass nach der Rücknahme des Mahnantrages durch den Antragsteller, für eine Kostenentscheidung nach § 269 Abs. 3 S. 3 ZPO nicht das Mahngericht zuständig ist, sondern das für die Durchführung des streitigen Verfahrens zuständige Gericht.

---

128 Muster eines Kostenantrages des Beklagten nach § 269 Abs. 3 S. 3 ZPO unter Rdn 322.
129 OLG München AGS 2005, 171 = OLGR 2005, 57.
130 OLG Rostock MDR 2001, 935; LG Aachen SP 1999, 199; LG Landau SP 1993, 29; LG München I zfs 1990, 230; OLG München VersR 1979, 479; LG Bielefeld zfs 1988, 282; LG Zweibrücken zfs 1986, 75.
131 LG Mönchengladbach Schaden-Praxis 2008, 407 = zfs 2009, 155.
132 LG Düsseldorf NJW-RR 2003, 213.
133 BGH AGS 2005, 170 = FamRZ 2005, 794.

An dieses ist auch nach Rücknahme des Mahnantrags auf Antrag einer Partei das Verfahren vom Mahngericht zur Entscheidung über die Kosten abzugeben.[134]

b) Die Erfüllung nach Rechtshängigkeit

Hat der Beklagte den Klageanspruch nach Rechtshängigkeit ganz oder teilweise erfüllt, so liegt ein Fall der Erledigung der Hauptsache vor, § 91a ZPO.

230

Die entsprechende Erledigungserklärung hat der Kläger auszusprechen, wobei sich der Beklagte dann dieser Erledigungsklärung anzuschließen hat, soweit tatsächlich ein erledigendes Ereignis zu einer zulässigen und begründeten Klage vorlag. Verweigert der Beklagte die Erklärung, muss der Kläger seine Leistungsklage auf eine Feststellungsklage umstellen. Das Gericht prüft dann, ob die Klage ursprünglich zulässig und begründet war und sodann ein erledigendes Ereignis eingetreten ist. Dagegen wird die Klage mit Kostentragungspflicht des Klägers abgewiesen, wenn sie ursprünglich nicht begründet war, etwa weil die Leistung vor der Fälligkeit verlangt wurde.

231

Soweit tatsächlich die Voraussetzungen eines erledigenden Ereignisses gegeben sind, muss das Prozessgericht sodann über die Kosten des Verfahrens gem. § 91a ZPO unter Berücksichtigung des bisherigen Sach- und Streitstandes nach billigem Ermessen entscheiden.[135] Soweit der Beklagte erstrebt, dass ihm die Kosten nicht oder jedenfalls nicht vollständig auferlegt werden, muss er hierzu Stellung nehmen und darlegen, aus welchen Gründen dem Kläger die Kosten des Verfahrens ganz oder jedenfalls teilweise auferlegt werden sollten. Dies kann etwa der Fall sein, wenn sich die Parteien außergerichtlich geeinigt haben.

232

IV. Inhalt und Aufbau der Klageerwiderung

Ziel der Klageerwiderung in der Sache ist es, die Rechtsverteidigung des Beklagten zur Geltung kommen zu lassen. Die Praxis lehrt, dass ein klarer und strukturierter Aufbau eines Schriftsatzes, der den Richter in dessen eigener Denkweise durch den Fall „führt" erfolgversprechender ist, als die vielfach anzutreffenden „Nacherzählungen". Dies hat für den Anwalt den weiteren Vorteil, dass er sich auf die Fragen konzentriert, die tatsächlich erheblich sind und zugleich keine wesentlichen Aspekte übersieht, was Haftungsfälle reduziert.

233

Die Rechtsverteidigung kann sich auf die Unzulässigkeit der Klage oder aber die Unbegründetheit beziehen. Im Ergebnis hat damit der Bevollmächtigte zunächst keine andere Prüfung zu vollziehen wie der Bevollmächtigte des Klägers und das Gericht.

234

1. Die Formalien und die Struktur der Klageerwiderung

Der Form nach handelt es sich bei der Klageerwiderung um einen bestimmenden und vorbereitenden Schriftsatz i.S.d. §§ 129 ff. ZPO, sodass für seine äußere Form, d.h.

235

---

[134] BGH InVo 2005, 147 = NJW 2005, 513 = MDR 2005, 411.
[135] Einzelheiten hierzu in § 13 Rdn 93 ff.

insbesondere die Schriftform, die Unterschriftsleistung und den Anwaltszwang, keine anderen Bestimmungen gelten als für die Klageschrift. Insoweit kann auf die Ausführung in § 5 Rdn 9 ff. verwiesen werden.

236 Soweit der Klageanspruch bestritten werden soll, verfolgt der Beklagte dies mit dem einleitenden Antrag auf Klageabweisung. Diesbezügliche Einschränkungen und Ergänzungen durch besondere Anträge, wie etwa eines Teilanerkenntnisses, wurden bereits in Abschnitt B. III. (siehe Rdn 123 ff.) dargestellt.

237 Soweit der Beklagte über die reine Rechtsverteidigung hinausgehend zum Gegenangriff übergehen will, insbesondere Widerklage erheben oder gegen die Klageforderung aufrechnen möchte, wird auf die insoweit gesonderten Darlegungen in § 8 Rdn 1 ff. verwiesen.

238 Der Streitgegenstand wird durch die Klageanträge und den vom Kläger geschilderten Lebenssachverhalt und damit durch die Klageschrift bestimmt. Dies zwingt den Bevollmächtigten des Beklagten allerdings nicht, sich im Aufbau und der Darstellung der Klageerwiderung an der Klageschrift zu orientieren.

239 Vielmehr empfiehlt es sich einleitend, zunächst die wesentlichen Schwerpunkte der Rechtsverteidigung aufzuzeigen, sodass für das Prozessgericht unmittelbar der Streitstand fokussiert wird.

240 *Hinweis*

Die Praxis zeigt immer wieder, dass eine klar strukturierte Prozessführung und Gedankenführung, wie sie sich im Wesentlichen in den Schriftsätzen niederschlägt, gerade dann zum Erfolg führen kann, wenn unterschiedliche Entscheidungen aufgrund von rechtlichen Streitfragen durchaus möglich und vertretbar sind. Hier muss das Gericht von Anfang an „an die Hand" genommen und mit einer klaren Darstellung durch die eigene Argumentationskette geführt werden.

241 Hierbei gibt es **unterschiedliche Möglichkeiten**:

242 Der Beklagte sollte zunächst deutlich machen, ob er die Klage für unzulässig oder unbegründet erachtet.

243 Soweit er die Klage für unzulässig erachtet, ist im Einzelnen darzulegen, welche Zulässigkeitsvoraussetzung bestritten wird. Wenn der Beklagte die Klage für unbegründet erachtet, sollte deutlich werden, ob er den vom Kläger dargelegten Sachverhalt bestreitet oder aber aus einem unstreitigen Sachverhalt andere Rechtsfolgen zieht.

244 Geht der Beklagte von einem anderen Sachverhalt als der Kläger aus, was den Regelfall darstellen dürfte, so sollte zunächst zusammengefasst werden, welche Tatsachenbehauptungen des Klägers bestritten werden, welche anderen Tatsachenbehauptungen richtig sind und wie sich der Sachverhalt demgemäß im Zusammenhang darstellt. Auf diese Weise wird sichergestellt, dass der Bearbeiter selbst tatsächlich den gesamten Sach- und Streitstand erfasst hat und nicht versehentlich „vergessen" wird, eine entscheidungserhebliche Tatsache zu bestreiten.

Beispiel 245

„Der tatsächliche Sachverhalt hat sich anders zugetragen, als vom Kläger behauptet. Unrichtig ist die Behauptung des Klägers, dass

- […]
- […]

Richtig ist vielmehr, dass

- […]
- […]

Damit stellt sich der Sachverhalt insgesamt wie folgt dar: […]"

Dabei ist zu beachten, für welche Tatsachenbehauptungen der Beklagte beweispflichtig 246 ist und wo er aufgrund von Beweisantritten des Klägers ein Gegenbeweismittel anbieten muss.

Praxistipp 247

Um die vom Gericht angenommene Beweislastverteilung zu klären, sollte ausdrücklich dargelegt werden,

- welche Beweise originär,
- welche Beweise unter Protest gegen die Beweislast, also vorsorglich als Gegenbeweis für ein Beweisangebot des Klägers, und
- welche Beweise allein gegenbeweislich angeboten

werden. Geht das Gericht von einer anderen Beweislastverteilung aus, muss es dann nach § 139 ZPO hierauf hinweisen. Ein solcher Hinweis kann sich allerdings mittelbar auch aus der Struktur eines Beweisbeschlusses ergeben, nämlich, ob es die Beweisaufnahme über eine Tatsache als Beweisaufnahme über die Behauptung des Klägers oder des Beklagten anordnet. Auch wenn der Beweisbeschluss nicht selbstständig anfechtbar ist (§ 355 Abs. 2 ZPO), kann doch zumindest im Wege der Gegenvorstellung deutlich gemacht werden, dass die Partei von einer anderen Beweislastverteilung ausgeht. Hiermit hat sich das Gericht dann auseinanderzusetzen. Anderseits kann sich hieraus auch der Anlass zu weiterem Vortrag und weiteren Beweisangeboten ergeben.

Soweit der Beklagte davon ausgeht, dass der Klageanspruch ursprünglich begründet 248 war, zwischenzeitlich jedoch untergegangen ist, sollte er dies unter Bezeichnung der rechtsvernichtenden oder rechtshindernden Einwendungen bzw. der zu erhebenden Einreden schon einleitend deutlich machen. Dies gilt auch, wenn diese Einwendungen oder Einreden nur hilfsweise erhoben werden.

2. Angriffe gegen die Zulässigkeit der Klage

Ungeachtet der Tatsache, dass die Zulässigkeit als Voraussetzung der Klage grundsätz- 249 lich, wenn auch nicht durchgängig von Amts wegen zu prüfen ist, sollte der Beklagte sie selbstständig überprüfen und mögliche Unzulänglichkeiten ausdrücklich rügen.

§ 6 Die Klageerwiderung

250 Bereits in Abschnitt B.II.1 (siehe Rdn 99 ff.) und B.III.1–6 (siehe Rdn 130 ff.) wurde darauf hingewiesen, dass einzelne Mängel der Zulässigkeit der Klage nur berücksichtigt werden, wenn sie auch seitens des Beklagten gerügt werden.

251 Auch folgende Aspekte wird der Bevollmächtigte des Beklagten insbesondere zu beachten haben:

252 ■ **Checkliste: Mögliche Zulässigkeitsrügen**
  ■ **Das angerufene Gericht betreffende Zulässigkeitsvoraussetzung**:
  ▪ Das Vorliegen der deutschen Gerichtsbarkeit

  > *Hinweis*
  >
  > Gehört der Beklagte zu dem in den §§ 18–20 GVG geschützten Personenkreis, so kann die Klage vor einem deutschen Gericht nur dann gegen ihn erhoben werden, wenn er sich der deutschen Gerichtsbarkeit unterworfen hat.

  ▪ Zulässigkeit des Rechtsweges zu den Zivilgerichten als bürgerlich rechtliche Streitigkeit des § 13 GVG oder kraft besonderer Zuweisung
  ▪ Die internationale Zuständigkeit des angerufenen Gerichts
  ▪ Die örtliche, sachliche und funktionelle Zuständigkeit des angerufenen Gerichts[136]
  ▪ Einwand der Schiedsvereinbarung nach § 1032 ZPO
  ▪ Notwendigkeit der vorherigen außergerichtlichen gütlichen Einigung nach § 15a EGZPO
  ▪ Das Vorliegen einer Gerichtsstandsvereinbarung

  > *Praxistipp*
  >
  > Ist für beide Bevollmächtigte ein anderer als der gesetzlich vorgesehene Gerichtsstand vorteilhaft, kann schon während der außergerichtlichen Auseinandersetzung eine Gerichtsstandsvereinbarung getroffen werden, soweit eine solche nach den §§ 38 ff. ZPO zulässig ist.

  ■ **Zulässigkeitsvoraussetzung, die die Parteien betreffen**:
  ▪ Parteifähigkeit gem. § 50 ZPO von Kläger und Beklagten
  ▪ Prozessfähigkeit gem. § 51 ZPO bei Kläger und Beklagten

  > *Hinweis*
  >
  > Fehlt es dem Kläger oder dem Beklagten an der Prozessfähigkeit, ist zu prüfen, ob eine ordnungsgemäße gesetzliche Vertretung vorliegt. Liegt diese im Ergebnis zwar vor, ohne dass dies in der Klageschrift ausgewiesen ist, liegen regelmäßig Zustellungsmängel vor. In diesem Zusammenhang stellt sich die Frage, ob etwa im Hinblick auf eine Verjährungseinrede oder die Einrede einer materiell-rechtlichen Ausschlussfrist gegen den klagebegründeten Anspruch auch Einwendungen in der Begründetheit möglich sind.[137]

---

136 Vgl. insoweit Rdn 103 und Rdn 161 ff.
137 Muster unter Rdn 313.

- Die wirksame Vertretung des Klägers gem. § 78 ZPO
- Prozessführungsbefugnis

    Hinweis

    Hier wird zu prüfen sein, ob derjenige, der ein fremdes Recht im eigenen Namen als Kläger geltend macht, hierzu aufgrund einer gesetzlichen oder gewillkürten Prozessstandschaft befugt ist. Erforderlich ist entweder die Einräumung der Prozessführungsbefugnis kraft gesetzlicher Anordnung, wie etwa die Prozessführungsbefugnis des Miterben nach § 2039 BGB. Anderenfalls ist erforderlich, dass der Kläger vom eigentlichen Rechtsinhaber gem. § 185 ZPO zur Führung des Prozesses ermächtigt wurde und dass er ein eigenes rechtlich geschütztes Interesse an der Prozessführung hat.[138]

- **Die ordnungsgemäße Klageerhebung bzgl. des Streitgegenstandes**:
- Ordnungsgemäße Klageerhebung gem. §§ 129 ff., 253 ff. ZPO
- Rechtsschutzbedürfnis
- Feststellungsinteresse

    Hinweis

    Insbesondere bei einer ungewissen Schadensentwicklung in der Zukunft werden häufig Feststellungsklagen hinsichtlich des immateriellen und materiellen Zukunftsschadens erhoben. Diesen fehlt jedoch häufig das Rechtsschutzbedürfnis, weil diese bereits außergerichtlich in einer einem Feststellungsurteil entsprechenden Art und Weise anerkannt worden sind.

- Rüge der anderweitigen Rechtshängigkeit gem. § 261 Abs. 3 Nr. 1 ZPO
- Einwand der Rechtskraft einer Entscheidung über den Streitgegenstand
- Einwand der fehlenden Prozesskostensicherheit.[139]

Die Rügen gegen die Zulässigkeit der Klage sind grundsätzlich in die Klageerwiderung aufzunehmen. Soweit es sich um verzichtbare Rügen gegen die Zulässigkeit der Klage handelt, ist anderenfalls nicht auszuschließen, dass es zu einer rügelosen Einlassung i.S.v. § 295 ZPO kommt und damit der Beklagte seiner diesbezüglichen Rechtsposition verlustig geht.

253

3. Einwände gegen das tatsächliche Vorbringen des Klägers

Gem. § 138 Abs. 1 ZPO hat sich jede Partei über die tatsächlichen Umstände vollständig und wahrheitsgemäß zu erklären. Insbesondere muss sich nach § 138 Abs. 2 ZPO jede Partei über die vom Gegner behaupteten Tatsachen erklären. Eine Nichterklärung kann dazu führen, dass eine vom Kläger vorgetragene und entscheidungserhebliche Tatsache als zugestanden behandelt wird, § 138 Abs. 3 ZPO.[140]

254

---

138 BGH NJW 2000, 738.
139 S.o. unter Rdn 173 ff.
140 S. hierzu etwa OLG Brandenburg v. 20.11.2008 – 12 U 113/08.

§ 6 Die Klageerwiderung

255 Die Verpflichtung nach § 138 Abs. 1 ZPO, sich über die tatsächlichen Umstände vollständig zu erklären, hindert es grundsätzlich auch, aus taktischen Gründen tatsächliches Vorbringen zurückzuhalten.

256 Insoweit läuft der Bevollmächtigte Gefahr, zu einem späteren Zeitpunkt mit diesem Vorbringen nach §§ 296 ff. ZPO präkludiert zu werden. Der Rechtsanwalt kann nicht darauf vertrauen, dass der Vortrag noch nachgeholt werden kann, wenn das Gericht auf fehlende Erklärungen gem. § 139 ZPO hinweist.[141]

257 Stehen dem Beklagten gegen den mit der Klage geltend gemachten Anspruch mehrere Einwendungen zu, so kann es allerdings ausreichen, eine Einwendung substantiiert vorzutragen, soweit der Bevollmächtigte sicher davon ausgehen kann, dass diese bereits durchgreift.

258 *Hinweis*
Einer Partei soll jedoch Prozesskostenhilfe nicht zu bewilligen sein, solange sie sich entgegen § 138 Abs. 1 ZPO nicht vollständig erklärt. Unvollständig ist nach der Entscheidung des OLG Celle ein Vortrag u.a. stets dann, wenn sich die Partei darauf beschränkt, darzulegen, wie es nicht gewesen sei. Wird erst zu einem späteren Zeitpunkt substantiiert bestritten, ist der PKH-Antrag erst entscheidungsreif, nachdem die Gegenseite Stellung nehmen und Beweis antreten konnte.[142]

259 *Praxistipp*
Ungeachtet dessen sollten die weiteren Einwendungen zumindest angedeutet und darauf hingewiesen werden, dass hierzu weiterer Vortrag erst dann erfolgen soll, wenn das erkennende Gericht nicht schon die primär erhobene Einwendung durchgreifen lässt.

260 Der Beklagte muss beachten, dass er nicht wider besseres Wissen den vom Kläger dargelegten Sachverhalt bestreiten darf. Dies stellt einen (versuchten) Prozessbetrug dar.

261 Auch darf der Beklagte nicht der Wahrheit zuwider selbst Tatsachen behaupten, die ein Gegenrecht begründen könnten.[143] Auch dies stellt einen versuchten Prozessbetrug dar. Zugleich muss bedacht werden, dass naheliegt, dass der Kläger diesen Vortrag bestreitet, er mithin bewiesen werden müsste, was dann nicht, jedenfalls nicht auf einem anerkennenswerten Weg, gelingen kann.

262 Auch der Bevollmächtigte ist kraft seiner Stellung als selbstständiges Organ der Rechtspflege gehindert, von ihm als eindeutig unwahr erkannte Informationen an das Gericht weiterzugeben.[144]

263 Anders verhält es sich allerdings dann, wenn der Bevollmächtigte Informationen zwar für unrichtig hält, hierfür aber keinen Beleg hat.

---

141 Vgl. insoweit etwa den Fall BGH NJW-RR 1990, 1241 = VersR 1991, 422.
142 OLG Celle, Urt. v. 1.3.2005 – 16 U 12/05.
143 BGH NJW 2003, 69 = MDR 2003, 45 = BGH-Report 2003, 38 m.w.N. aus der bisherigen Rechtsprechung.
144 OLG Köln WRP 2003, 123.

B. Rechtliche Grundlagen § 6

Praxistipp 264

In diesen Fällen empfiehlt es sich allerdings, den Mandanten im Einzelnen darauf hinzuweisen, dass aufgrund einzelner zu benennender Umstände Zweifel an der Richtigkeit der Behauptung bestehen könnten und dass für den Fall, dass das erkennende Gericht von der Unrichtigkeit der Behauptung ausgeht, Rechtsnachteile in der Sache[145] und auch strafrechtliche Konsequenzen drohen. Der Bevollmächtigte kann zur Pflege seines Mandatsverhältnisses darauf hinweisen, dass die von ihm als zweifelhaft erkannten Umstände voraussichtlich auch vom Gericht und vom Gegner als solche erkannt und problematisiert werden und deshalb schon vor dem Vortrag zu klären ist, wie diese Tatsachenbehauptung zu untermauern ist, damit keine Zweifel verbleiben.

Werden danach Tatsachen nicht ausdrücklich bestritten, so werden diese gem. § 138 Abs. 3 ZPO von dem Gericht als zugestanden angenommen. 265

Hinweis 266

Schon aus der Regelung des § 138 Abs. 3 ZPO ergibt sich, dass die allgemeine Floskel, dass das gesamte Vorbringen des Klägers grundsätzlich bestritten wird, soweit es nicht ausdrücklich zugestanden wird, unzureichend ist, da das Vorbringen konkret und ausdrücklich bestritten werden muss. Aus diesem Grunde sollte immer aufgezählt werden, welche konkreten Tatsachenbehauptungen des Klägers bestritten werden. Dies hilft dem Bevollmächtigten des Beklagten zugleich bei der „Abarbeitung" der strittigen Punkte.

Bestreitet der Beklagte eine Behauptung des Klägers zunächst nicht, so wird diese als unstreitig behandelt. Eine Beweisaufnahme ist damit entbehrlich. Dies hindert den Beklagten nicht, zu einem späteren Zeitpunkt diese Tatsache zu bestreiten. 267

Hinweis 268

Dabei muss der Beklagte allerdings berücksichtigen, dass ein späteres Bestreiten als in der Klageerwiderung als verspätet gem. § 296 ZPO zurückgewiesen werden könnte. Dabei darf das Gericht einen Vortrag nur dann als verspätet zurückweisen, wenn die Verfahrensverzögerung allein auf der Verspätung beruht, sie also hierfür kausal war. Soweit ohnehin eine Beweisaufnahme erforderlich war, kann also späterer Vortrag, der zu einer Ergänzung der Beweisaufnahme führt, nicht als verspätet zurückgewiesen werden. Insoweit führt auch nicht jeder Vortrag nach dem Ablauf einer gerichtlich gesetzten Frist zu einer Zurückweisung als verspätet.[146] Aufgrund des insoweit eindeutigen Wortlauts des § 296 Abs. 1 ZPO ist das Gericht zu der Prüfung verpflichtet, ob bei Zulassung des verspäteten Vortrags eine Verzögerung des Rechtsstreits eintritt.[147]

---

145 Vgl. etwa OLGR Köln 2003, 157.
146 OLG Bremen OLGR 2009, 351 = MDR 2009, 827; OLG Brandenburg ZOV 2009, 131; OLG Frankfurt OLGR 2009, 542.
147 BGH BauR 2013, 1441, 1442.

269 Gesteht der Beklagte eine Tatsache ausdrücklich zu, so kommt diesem Zugeständnis eine weitergehende Folge nach den §§ 288 ff. ZPO zu. Ein solches Geständnis hat nämlich die Wirkung, dass es nur widerrufen werden kann, wenn der Beklagte die Unrichtigkeit seines Geständnisses beweist und nachweist, dass die Abgabe des Geständnisses nur durch einen Irrtum veranlasst war.[148]

270 *Praxistipp*
Aus Sicht des Beklagten bringt ein Geständnis grundsätzlich nur prozessuale Nachteile mit sich, sodass ein solches grundsätzlich vermieden werden sollte. In Schriftsätzen sollte die Abgrenzung zwischen dem Geständnis und dem Bestreiten dadurch geschehen, dass darauf hingewiesen wird, dass „zunächst nicht bestritten werden soll ..."

271 In welcher Form und Tiefe das Bestreiten geschehen muss, hängt vom Einzelfall, insbesondere davon ab, in welcher Art und Weise der Kläger seiner Darlegungs- und Beweislast genügt.

272 Je substantiierter der Kläger vorgetragen hat, umso substantiierter muss auch der Beklagte die abweichenden Tatsachen darstellen und unter Beweis stellen. Dies gilt insbesondere, wenn es sich um tatsächliche Verhältnisse handelt, die in der Sphäre des Beklagten liegen.

273 Nach § 138 Abs. 4 ZPO dürfen nur solche Tatsachen mit Nichtwissen bestritten werden, die weder auf eigenen Handlungen des Beklagten beruhen noch Gegenstand ihrer eigenen Wahrnehmung gewesen sind.

274 *Hinweis*
Die Möglichkeit des Bestreitens mit Nichtwissen findet allerdings dort seine Grenze, wo der Beklagte eine ihm günstige Tatsache selbst darzulegen und notfalls zu beweisen hat. In diesem Fall muss er die Tatsache unabhängig davon vortragen, ob sie auf eine eigene Handlung zurückgeht oder Gegenstand seiner eigenen Wahrnehmung war.[149] Ein Bestreiten mit Nichtwissen kommt also nur dort in Betracht, wo der Kläger die Darlegungs- und Beweislast für die mit Nichtwissen zu bestreitende Tatsache trägt. Dies wird in der Praxis immer wieder übersehen.

275 Auch wenn eine Tatsache nicht auf der eigenen Wahrnehmung des Beklagten beruht und auch nicht auf eine eigene Handlung des Beklagten zurückgeht, ist ein Bestreiten mit Nichtwissen nach § 138 Abs. 4 ZPO unzulässig, wenn es dem Beklagten möglich ist, sich die ihm zugänglichen Informationen, etwa in einem Unternehmen, zu beschaffen. Dies gilt insbesondere dann, wenn die notwendigen Informationen Personen vorliegen, die unter seiner Anleitung, Aufsicht oder Verantwortung tätig geworden sind.[150]

---

148 BGHZ 37, 145.
149 BGH MDR 1988, 1399 = WM 1988, 1494.
150 BGH NJW-RR 2002, 612 = BB 2001, 2187; OLG Düsseldorf IPRspr 2015, Nr. 185, 417, 422.

Um keine Missverständnisse über den tatsächlichen Sach- und Streitstand und die Kernpunkte der Rechtsverteidigung des Beklagten in tatsächlicher Hinsicht aufkommen zu lassen, sollte der Bevollmächtigte des Beklagten an den Anfang seiner Sachdarstellung diejenigen Behauptungen des Klägers stellen, die er für unzutreffend hält. 276

Beispiel 277
„Unrichtig sind die Behauptungen des Klägers, dass …"

Anschließend sollte er die Kernpunkte seiner tatsächlichen Behauptungen korrespondierend (§ 138 Abs. 2 ZPO) zu den bestrittenen Behauptungen des Klägers hervorheben: 278

Beispiel 279
„Richtig ist vielmehr, dass …"

Anschließend wird es regelmäßig zum Verständnis des gesamten Sach- und Streitstandes erforderlich sein, dass der Beklagte das tatsächliche Geschehen aus seiner Sicht zusammengefasst darstellt. 280

Beispiel 281
„Tatsächlich ist mithin von folgendem Sachverhalt auszugehen: …"

In diesem Zusammenhang sind dann auch alle Beweisangebote hinsichtlich der vom Beklagten zu beweisenden Tatsachen und alle gegenbeweislichen Angebote hinsichtlich der bestrittenen, vom Kläger jedoch unter Beweis gestellten Tatsachen aufzuführen. 282

Der Beklagte sollte sich dabei bemühen, diese erste tatsächliche Darstellung noch von rechtlichen Wertungen freizuhalten. Dies sichert, dass der Bevollmächtigte nach Abschluss der Instanz ohne größere Mühen überprüfen kann, ob der von dem erstinstanzlichen Gericht festgestellte Tatbestand dem tatsächlichen Vorbringen entspricht und im Hinblick auf ein mögliches Berufungsverfahren und die hier zu beachtenden Einschränkungen des tatsächlichen Vorbringens nach § 529 ZPO akzeptiert werden kann. In den Fällen der klaren Trennung von Sachverhalt und rechtlicher Wertung ist sogar häufig feststellbar, dass das Gericht den Sachverhalt aus den Schriftsätzen „abschreibt". 283

Mit einer klar gegliederten Klageerwiderung erleichtert sich mithin der Bevollmächtigte bereits die abschließende Prüfung des ergehenden Urteils im Hinblick auf mögliche Rechtsmittelverfahren und die diesbezügliche Beratung und Belehrung des Mandanten. 284

Hinweis 285
Dabei muss berücksichtigt werden, dass etwa ein Tatbestandsberichtigungsantrag nach § 320 ZPO[151] an eine Notfrist von zwei Wochen gebunden ist. Auch muss der Bevollmächtigte der obsiegenden Partei den Tatbestand überprüfen, da er zum Zeitpunkt des Ablaufes der Notfrist noch nicht zwingend weiß, ob der Gegner Berufung einlegen wird, da die Berufungsfrist nach § 517 ZPO einen Monat beträgt.

---

151 Hierzu § 15 Rdn 47 ff.

§ 6 Die Klageerwiderung

286 Im Rahmen der eigenen Sachverhaltsdarstellung hat der Beklagte dann auch die notwendigen Tatsachen darzulegen, die rechtsvernichtende oder rechtshemmende Einwendungen des Beklagten gegen die Klageforderung oder sonstige Einreden begründen.

4. Rechtsausführungen zum Klageanspruch und zu den Einwendungen und Einreden des Beklagten

287 Ausgehend von dem bestrittenen tatsächlichen Vortrag des Klägers, den eigenen Darlegungen zu dem Sachverhalt, der der Klageforderung zugrunde liegt, und den eigenen Darlegungen zu möglichen Einwendungen und Einreden, sollte dann in einem gesonderten Teil der Klageerwiderung dargelegt werden, welche rechtlichen Folgen sich aus dem vom Beklagten dargelegten und dem Gericht nach einem prognostizierten Ergebnis der Beweisaufnahme zugrunde zu legenden Sachverhalt ergeben.

288 Hinsichtlich der logischen Reihenfolge sollte dabei zunächst dargelegt werden, dass und aus welchen Gründen die Klageforderung nicht besteht.

289 Soweit die Klageforderung ursprünglich bestanden hat, ist darzulegen, aus welchen Gründen ihre Durchsetzung gehemmt oder dauerhaft gehindert ist, wobei in Betracht kommen etwa die Einwendung
- der Erfüllung,
- des Rücktritts,
- der Aufrechnung,
- der Anfechtung,
- der Verjährung,
- einer materiell-rechtlichen Ausschlussfrist.

290 Aus Sicht der Praxis hat es sich bewährt, wenn auch der Bevollmächtigte des Beklagten den Klageanspruch im Hinblick auf alle in Betracht kommenden Anspruchsgrundlagen überprüft und im Einzelnen darlegt, warum deren Voraussetzungen nicht vorliegen.

291 *Praxistipp*

Soweit einzelne Voraussetzungen eines Anspruches in Rechtsprechung und Literatur umstritten sind, empfiehlt es sich für den Bevollmächtigten, immer die seiner Auffassung entsprechenden Entscheidungen aus der Rechtsprechung oder Stimmen aus der Literatur als Kopie seinen Schriftsätzen, d.h. insbesondere auch der Klageerwiderung, beizufügen.

Vielfach lässt sich feststellen, dass insbesondere kleine Amtsgerichte nicht mehr über eine Ausstattung oder auch zeitliche Möglichkeiten verfügen, die es dem Richter erlauben, in erster Instanz tatsächlich den gesamten Streitstand auf der Höhe von Rechtsprechung und Literatur aufzuarbeiten, weil aktuelle Kommentare und Zeitschriften, vor allem aber der Zugriff auf aktuelle juristische Datenbanken fehlen oder als zu zeitaufwendig angesehen werden. Selbst wenn solche Systeme zur Verfügung stehen, scheitert deren Nutzung teilweise auch immer noch an der mangelnden Bereitschaft oder Fähigkeit von einzelnen Richtern, hiermit umzugehen.

Gleichwohl wird das Gericht gezwungen sein, sich mit den schriftlich vorgelegten Entscheidungen und den Stimmen aus der Literatur auseinanderzusetzen. In der Praxis zeigt sich, dass diese Verfahrensweise häufig die Erfolgsaussichten der Rechtsverteidigung stärkt, wenn der Kläger nicht in gleicher Weise verfährt.

Diese Verfahrensweise der eigenen Anspruchsprüfung und der ausdrücklichen Darstellung der nicht vorliegenden Voraussetzung des Anspruches kann auch als Instrument der Selbstkontrolle und damit als Möglichkeit zur Vermeidung von Haftungsfällen aufgefasst werden. Dies gilt insbesondere dann, wenn der Bevollmächtigte sich selbst „zwingt", die jeweils relevanten Normen zu bezeichnen („Wo steht das?"). 292

Beispiel 293

In der Praxis wird immer wieder die Parteivernehmung des Gegners (§ 445) oder die Vernehmung der eigenen Partei (§§ 447, 448 ZPO) beantragt, ohne dass die Normen benannt und geprüft werden. Insoweit wird zur Subsidiarität nichts ausgeführt. Dies lässt sich dann in der Berufungsinstanz nicht nachholen. Solche Fehler werden vermieden, wenn die Normen in jedem Schriftsatz konsequent benannt, die Voraussetzungen dargestellt werden und die notwendige Subsumtion geleistet wird.

Vielfach scheitert eine Rechtsverteidigung im Ergebnis daran, dass zwar über den tatsächlichen Sachverhalt intensiv gestritten wird, die Relevanz der jeweiligen tatsächlichen Ausführungen im Hinblick auf den Streitgegenstand jedoch nicht hinreichend bedacht und erst recht nicht dargestellt wird. 294

C. Muster

I. Muster: Rüge der Unzuständigkeit des angerufenen Gerichts

▼

An das 295
☐ Amtsgericht
☐ Landgericht

in

In dem Rechtsstreit

         Kläger ./. Beklagter

         Az:

zeige ich an, den Beklagten zu vertreten. Dieser beabsichtigt, sich gegen die Klage zu verteidigen.

Zur Klagebegründung ist es derzeit ausreichend, darauf hinzuweisen, dass die Klage zurzeit unzulässig ist.

Es wird die
☐ sachliche
☐ örtliche
Unzuständigkeit des angerufenen Gerichts gerügt.

§ 6 Die Klageerwiderung

Das angerufene Gericht ist
- [ ] sachlich
- [ ] örtlich

nicht zuständig.

- [ ] Der Kläger hat in der Klageschrift die örtliche und sachliche Zuständigkeit des angerufenen Gerichts nicht ausdrücklich begründet. Ein bei dem angerufenen Gericht begründeter Gerichtsstand ist diesseits nicht ersichtlich.
- [ ] Schon aus der Klageschrift ist ersichtlich, dass der Beklagte nicht im Bezirk des angerufenen Gerichts wohnt, sodass hier kein Gerichtsstand nach §§ 12, 13 ZPO begründet ist. Ein anderer Gerichtsstand im Bezirk des angerufenen Gerichts ist vorliegend nicht erkennbar.
- [ ] Wie sich aus den Klageanträgen ergibt, liegt der Streitwert vorliegend über 5.000 EUR, sodass die sachliche Zuständigkeit des Landgerichts nach §§ 23, 71 GVG begründet ist. Zur Bemessung des Streitwertes ist darauf hinzuweisen, dass ▬▬▬
- [ ] Der vom Kläger angegebene Streitwert mit ▬▬▬ ist sichtlich überzogen. Unter Berücksichtigung der Rechtsprechung ist der Streitwert mit lediglich ▬▬▬ EUR anzusetzen. Dies ergibt sich daraus, dass ▬▬▬. Ausgehend hiervon wird die Streitwertgrenze nach §§ 23, 71 GVG mit 5.000,01 EUR nicht erreicht, sodass das Amtsgericht sachlich zuständig ist.
Sollte das erkennende Gericht hier anderer Auffassung sein, wird um ausdrückliche Streitwertfestsetzung gebeten.
- [ ] Es handelt sich um eine Streitigkeit aus einem Mietverhältnis über Wohnraum, sodass ungeachtet der Überschreitung der Streitwertgrenze der §§ 23, 71 GVG nach § 23 Nr. 1 GVG das Amtsgericht sachlich ausschließlich zuständig ist.
- [ ] ▬▬▬

Soweit das erkennende Gericht der Auffassung ist, dass es sowohl örtlich als auch sachlich zuständig ist, wird um einen entsprechenden rechtlichen Hinweis gem. § 139 ZPO mit der Bitte um Gelegenheit zur Stellungnahme gebeten. Zugleich wird für diesen Fall um eine angemessene Verlängerung der Klageerwiderungsfrist gemäß nachfolgendem Antrag gebeten.

Sofern der Kläger die Verweisung an das sachlich und örtlich zuständige Gericht beantragt, wird dem schon jetzt zugestimmt.

Es wird gebeten, für diesen Fall über die Verweisung nach § 281 Abs. 1 i.V.m. § 128 Abs. 4 ZPO im schriftlichen Verfahren ohne mündliche Verhandlung zu beschließen.

Schon jetzt wird **beantragt**,

> dem Kläger gem. § 281 Abs. 3 S. 2 ZPO die durch die notwendige Verweisung veranlassten Kosten aufzuerlegen.

Es wird davon ausgegangen, dass es bis zu einer Fristsetzung durch das örtlich und sachlich zuständige Gericht keiner Vorlage einer Klageerwiderung bedarf.

Anderenfalls wird um einen ausdrücklichen gerichtlichen Hinweis gebeten. Zugleich wird gebeten, die Klageerwiderungsfrist für diesen Fall
> um vier Wochen ab dem Zugang der gerichtlichen Mitteilung zu verlängern.

Nach erfolgter Verweisung wird der Beklagte sich in der Sache gegen den mit der Klage geltend gemachten Anspruch verteidigen.

Rechtsanwalt

II. Muster: Rüge der sachlichen Unzuständigkeit in Amtshaftungssachen gem. § 71 Abs. 2 Nr. 2 GVG

▼

An das

Amtsgericht

in

In dem Rechtsstreit

           Kläger ./. Beklagter

           Az:

zeige ich an, dass der Beklagte vom Unterzeichner vertreten wird. Namens und in Vollmacht des Beklagten wird mitgeteilt, dass dieser sich gegen die Klage verteidigen will.

Vorab wird die sachliche Unzuständigkeit des angerufenen Gerichts gerügt. Die Klage richtet sich gegen

☐ die Gemeinde
☐ das Land
☐ die Bundesrepublik Deutschland
☐

Der geltend gemachte Anspruch wird dabei aus § 839 BGB, Art. 34 GG mithin der behaupteten Verletzung einer Amtspflicht geltend gemacht.

Damit ist nach § 71 Abs. 2 Nr. 2 GVG die ausschließliche sachliche Zuständigkeit der Landgerichte begründet. Auf die Höhe des Streitwertes kommt es nicht an.

Die bei dem angerufenen Amtsgericht eingelegte Klage ist mithin derzeit unzulässig.

Sofern der Kläger die Verweisung an das sachlich und örtlich zuständige Gericht beantragt, wird dem zugestimmt.

Es wird gebeten, für diesen Fall über die Verweisung nach § 281 Abs. 1 i.V.m. § 128 Abs. 4 ZPO im schriftlichen Verfahren ohne mündliche Verhandlung zu beschließen.

Schon jetzt wird **beantragt**,

    dem Kläger gem. § 281 Abs. 3 S. 2 ZPO die durch die notwendige Verweisung veranlassten Kosten aufzuerlegen.

Es wird davon ausgegangen, dass es bis zu einer Fristsetzung durch das örtlich und sachlich zuständige Gericht keiner Vorlage einer Klageerwiderung bedarf.

Anderenfalls wird um einen ausdrücklichen gerichtlichen Hinweis gebeten. Zugleich wird gebeten, die Klageerwiderungsfrist für diesen Fall

    um vier Wochen ab dem Zugang der gerichtlichen Mitteilung zu verlängern.

§ 6 Die Klageerwiderung

Nach erfolgter Verweisung wird der Beklagte sich in der Sache gegen mit der Klage geltend gemachten Anspruch verteidigen.

Rechtsanwalt

▲

III. Muster: Uneingeschränktes Anerkenntnis

▼

297 An das
☐ Amtsgericht
☐ Landgericht

in ▬

In dem Rechtsstreit

                Kläger ./. Beklagter

                Az: ▬

zeige ich an, den Beklagten zu vertreten.

Namens und in Vollmacht des Beklagten wird der Klageanspruch **anerkannt**.

Rechtsanwalt

▲

IV. Muster: Anerkenntnis unter Verwahrung gegen die Kostenlast

▼

298 An das
☐ Amtsgericht
☐ Landgericht

in ▬

In dem Rechtsstreit

                Kläger ./. Beklagter

                Az: ▬

zeige ich an, den Beklagten zu vertreten. Namens und in Vollmacht des Beklagten wird die Klageforderung

unter Verwahrung gegen die Kostenlast anerkannt.

Zur **Begründung** wird Folgendes ausgeführt:

Die Klageforderung ist zum Zeitpunkt dieses Anerkenntnisses berechtigt, sodass diese gem. § 307 ZPO anerkannt wird.

Der Beklagte wehrt sich jedoch gem. § 93 ZPO gegen die Kostenlast, da er keinen Anlass zur Klageerhebung gegeben hat und die Klageforderung vorliegend sofort anerkannt wird.

Anlass zur Klageerhebung hätte der Beklagte nur dann gegeben, wenn der Kläger vernünftigerweise davon hätte ausgehen müssen, dass er seinen der Klageforderung zugrunde liegenden Anspruch nur mit gerichtlicher Hilfe hätte durchsetzen können.

Eine solche Annahme konnte der Kläger berechtigterweise nicht treffen, weil ▮.
Es liegt auch ein sofortiges Anerkenntnis vor (OLG Düsseldorf BauR 2008, 1941; OLG Brandenburg v. 20.11.2007 – 5 W 51/07 n.v.; OLGR Schleswig 1997, 300; OLG Bamberg NJW-RR 1996, 392; LG Mannheim v. 9.6.2009 – 2 O 200/08), weil
☐ das Anerkenntnis noch vor der Abgabe und in der Frist für die Verteidigungsanzeige erfolgt;
☐ das Anerkenntnis nach der Verteidigungsanzeige jedoch innerhalb der ersten Klageerwiderungsfrist erfolgt und mit der Verteidigungsanzeige noch kein Sachantrag verbunden war;
☐ ▮;
sodass die Kosten des Verfahrens gem. § 93 ZPO dem Kläger aufzuerlegen sind.
Rechtsanwalt

▲

V. Muster: Anerkenntnis nach gewandelter Prozesssituation

▼

An das
☐ Amtsgericht
☐ Landgericht
in ▮
In dem Rechtsstreit

        Kläger ./. Beklagter
        Az: ▮

wird namens und in Vollmacht des Beklagten die Klageforderung nunmehr

    unter Verwahrung gegen die Kostenlast anerkannt.

Es wird gebeten, das Anerkenntnisurteil nach § 307 ZPO im schriftlichen Verfahren zu erlassen und dabei dem Kläger die Kosten des Verfahrens aufzuerlegen.
Zur **Begründung** wird Folgendes ausgeführt:
I.
Der Klageanspruch war nunmehr anzuerkennen, nachdem während des Prozesses, d.h. nach Rechtshängigkeit, die den Anspruch begründenden Voraussetzungen eingetreten sind.
Dies ergibt sich daraus, dass
☐ die den Klageanspruch begründenden Tatsachen erst nach Rechtshängigkeit eingetreten sind, weil ▮;
☐ die Klage vor Fälligkeit des Klageanspruches erhoben wurde, weil ▮;
☐ die Voraussetzungen für ein Anerkenntnis erst durch die Klageänderung vom ▮ gegeben sind, weil ▮;
☐ ▮.
Aus den vorstehenden Ausführungen ergibt sich zugleich, dass der Kläger die Klage zur Unzeit erhoben und der Beklagte hierfür keinen Anlass gegeben hat. Da vorliegend unmittelbar nach dem Eintritt der Voraussetzungen für den Klageanspruch dieser auch

anerkannt wurde, sind dem Kläger nach § 93 ZPO die Kosten des Verfahrens aufzuerlegen.

II.

Eine mündliche Verhandlung erscheint nach dem Anerkenntnis nicht mehr notwendig, sodass gebeten wird, das Anerkenntnisurteil und die Kostenentscheidung nach § 307 S. 2 ZPO im schriftlichen Verfahren zu erlassen.

Rechtsanwalt

▲

VI. Muster: Teilanerkenntnis

▼

An das
☐ Amtsgericht
☐ Landgericht

in

In dem Rechtsstreit

      Kläger ./. Beklagter
      Az:

zeige ich an, dass der Beklagte vom Unterzeichner vertreten wird.

Der Beklagte erkennt den Anspruch in Höhe von   EUR nebst Zinsen in Höhe von 5 Prozentpunkten über dem jeweiligen Basiszinssatz seit dem
☐ unter Verwahrung gegen die Kostenlast
 an.

Soweit der Anspruch nicht anerkannt wurde, zeigt der Beklagte an, dass er sich gegen die Klage verteidigen will.

Insoweit wird beantragt:

  Die Klage wird abgewiesen, soweit der Klageanspruch nicht anerkannt wurde.

Zur **Begründung** wird Folgendes ausgeführt:

I.

Der Klageanspruch war in Höhe von   EUR nebst Zinsen in Höhe von 5 Prozentpunkten über dem Basiszinssatz seit dem   anzuerkennen. Nur in diesem Umfange ist die Klage begründet.

II.

Soweit das Anerkenntnis reicht, hat der Beklagte keinen Anlass zur Klageerhebung gegeben. Anlass zur Klageerhebung hätte der Beklagte nur dann gegeben, wenn der Kläger vernünftigerweise davon hätte ausgehen müssen, dass er seinen der Klageforderung zugrunde liegenden Anspruch nur mit gerichtlicher Hilfe hätte durchsetzen können.

Eine solche Annahme konnte der Kläger berechtigterweise nicht treffen, weil .

Der Beklagte hat mit dem vorliegenden Schriftsatz die Klageforderung im begründeten Umfange auch sofort anerkannt (OLG Düsseldorf BauR 2008, 1941; OLG Brandenburg

v. 20.11.2007 – 5 W 51/07 n.v.; OLGR Schleswig 1997, 300; OLG Bamberg NJW-RR 1996, 392; LG Mannheim v. 9.6.2009 – 2 O 200/08), weil

☐ das Anerkenntnis noch vor der Abgabe und in der Frist für die Verteidigungsanzeige erfolgt;

☐ das Anerkenntnis nach der Verteidigungsanzeige jedoch innerhalb der ersten Klageerwiderungsfrist erfolgt und mit der Verteidigungsanzeige noch kein Sachantrag verbunden war;

☐ .

Der Kläger hat aus diesem Grunde gem. § 93 ZPO die Kosten des Verfahrens zu tragen, soweit das Anerkenntnis reicht.

III.

Soweit der Klageanspruch nicht anerkannt werden kann, ist der geltend gemachte Anspruch unbegründet und die Klage abzuweisen.

1.

Der Kläger trägt vor, dass

Dieser Sachverhalt ist in tatsächlicher Hinsicht zu bestreiten.

Unrichtig ist, dass

Richtig ist vielmehr, dass
    Beweis:

Damit ergibt sich im Zusammenhang folgender Sachverhalt:

2.

Unter Berücksichtigung des von dem Beklagten dargelegten Sachverhalts und den hierzu unterbreiteten Beweisangeboten ist der vom Kläger geltend gemachte Anspruch nicht gegeben.

Dies ergibt sich daraus, dass § als mögliche Anspruchsgrundlage verlangt, dass .

Diese Voraussetzungen sind nach dem dargestellten Sachverhalt nicht gegeben, weil .

Soweit § als weitere Anspruchsgrundlage in Betracht zu ziehen wäre, sind auch dessen Voraussetzungen nicht gegeben, weil .

Die über das Anerkenntnis hinausgehende Klage ist damit unbegründet und abzuweisen.

Rechtsanwalt

▲

§ 6 Die Klageerwiderung

VII. Muster: Anerkenntnis mit der Einschränkung der Zug-um-Zug-Verurteilung

6.7

▼

301

An das
☐ Amtsgericht
☐ Landgericht

in ▓▓▓▓

In dem Rechtsstreit

Kläger ./. Beklagter

Az: ▓▓▓▓

zeige ich an, dass der Beklagte vom Unterzeichner vertreten wird.

Der Beklagte erkennt den Anspruch
☐ unter Verwahrung gegen die Kostenlast
☐ mit der Maßgabe an, dass die Verurteilung lediglich Zug um Zug gegen ▓▓▓▓ erfolgt.

Der Kläger mag seinen Klageantrag entsprechend anpassen und die Klage im Übrigen zurücknehmen, soweit sie auf eine uneingeschränkte Verurteilung gerichtet ist.

Zur **Begründung** wird Folgendes ausgeführt:

I.

Der geltend gemachte Klageanspruch ist in der anerkannten Form, nämlich Zug um Zug gegen ▓▓▓▓ begründet.

Der Kläger hat mit seiner Klage erkennbar übersehen, dass dem Beklagten hinsichtlich der begehrten Leistung ein Zurückbehaltungsrecht nach § ▓▓▓▓ zusteht,
☐ obwohl der Beklagte hierauf bereits außergerichtlich hingewiesen hat.

Der Beklagte ist zur Leistung lediglich Zug um Zug gegen Erfüllung der bezeichneten Gegenleistung verpflichtet.

II.

Der Beklagte verwehrt sich gem. § 93 ZPO gegen die Kostenlast, da er keinen Anlass zur Klageerhebung gegeben hat und die Klageforderung in der berechtigten Form vorliegend sofort anerkannt wurde.

Anlass zur Klageerhebung hätte der Beklagte nur dann gegeben, wenn der Kläger vernünftigerweise davon hätte ausgehen müssen, dass er seinen der Klageforderung zugrunde liegenden Anspruch nur mit gerichtlicher Hilfe hätte durchsetzen können.

Eine solche Annahme konnte der Kläger berechtigterweise nicht treffen, weil
☐ der Kläger das außergerichtliche Angebot, die begehrte Leistung Zug um Zug gegen ▓▓▓▓ zu erfüllen, nicht angenommen hat.
Beweis: ▓▓▓▓
Zur unbedingten Vorleistung war der Beklagte aber nicht verpflichtet, weil ▓▓▓▓
☐ ▓▓▓▓

Soweit der Klageanspruch anerkannt wurde, hat der Kläger danach die Kosten des Verfahrens gem. § 93 ZPO zu tragen.

III.

Soweit der Kläger entsprechend dem Anerkenntnis seine Klageanträge anpasst und die Klage im Übrigen zurücknimmt, wird schon jetzt beantragt, ihm insoweit die Kosten nach § 269 Abs. 3 ZPO aufzuerlegen.

IV.

Eine mündliche Verhandlung erscheint nach dem Anerkenntnis nicht mehr erforderlich, soweit der Kläger seine Klageanträge anpasst und die Klage im Übrigen zurücknimmt, sodass im schriftlichen Verfahren nach § 307 S. 2 ZPO ohne mündliche Verhandlung entschieden werden kann.

Rechtsanwalt

VIII. Muster: Mitteilung der Einigungsbereitschaft in der Güteverhandlung

An das
☐ Amtsgericht
☐ Landgericht

in

In dem Rechtsstreit

Kläger ./. Beklagter

Az:

zeige ich an, dass der Beklagte vom Unterzeichner vertreten wird. Namens und in Vollmacht des Beklagten wird mitgeteilt, dass dieser sich gegen die Klage verteidigen will.

Die Klageerwiderung erfolgt in einem gesonderten Schriftsatz im Rahmen der gesetzten Frist.

Der Beklagte hält eine gütliche Einigung der Parteien im vorliegenden Fall für möglich und erstrebenswert.

☐ Dies gilt insbesondere vor dem Hintergrund der familiären Verbindung der Parteien.
☐ Eine gütliche Einigung erscheint schon aus rein wirtschaftlichen Gründen erstrebenswert, da der Beklagte die geschäftliche Beziehung mit dem Kläger fortsetzen möchte.
☐ Eine vergleichsweise Regelung der Angelegenheit erscheint unter Kostengesichtspunkten für beide Seiten zwingend. Die durch eine Beweisaufnahme veranlassten Kosten stehen in keinem Verhältnis zum Wert des Streitgegenstandes.
☐ Beide Parteien dürften ein Interesse an einer schnellen Regelung der Angelegenheit haben, da das vorliegende Verfahren die weitere Nutzung des Streitgegenstandes einschränkt. Eine solche schnelle Regelung wird aber nur im Wege einer gütlichen Einigung zu erzielen sein.
☐

Es erscheint sachgerecht, dass der Versuch einer gütlichen Einigung zeitnah erfolgen sollte, sodass gebeten wird,

kurzfristig Termin zur Durchführung einer Güteverhandlung gem. § 278 Abs. 2 ZPO zu bestimmen und das persönliche Erscheinen der Parteien gem. § 278 Abs. 3 ZPO anzuordnen.

§ 6 Die Klageerwiderung

Im Rahmen der Güteverhandlungen werden ungeachtet der jeweiligen Rechtsstandpunkte die Prozessrisiken für beide Parteien aufzuarbeiten und zu bewerten sowie dann ins Verhältnis zur Klageforderung zu stellen sein. Dabei wird insbesondere zu berücksichtigen sein, dass

Die Güteverhandlung sollte allerdings auch unter dem Gesichtspunkt der eingeschränkten Leistungsfähigkeit des Beklagten gesehen werden.

☐ Soweit der Kläger im Prozess obsiegen sollte und dann auf dem vollständigen Ausgleich der Forderung besteht, ist nicht ausgeschlossen, dass der Beklagte den Weg eines Insolvenzverfahrens mit Restschuldbefreiung wird wählen müssen, da sich seine Einkommens- und Vermögenssituation zuletzt dramatisch verschlechtert hat.

☐ Soweit der Kläger im Prozess ganz oder teilweise obsiegen sollte, muss er bedenken, dass er in der Zwangsvollstreckung wohl keine Möglichkeiten hat, seine Befriedigung zu finden. Der Beklagte hat Prozesskostenhilfe, d.h. eine besondere Form der staatlichen Sozialhilfe beantragt. Dies zeigt, dass er über kein wesentliches pfändbares Vermögen verfügt.

Rechtsanwalt

▲

IX. Muster: Bestellung bei Bestimmung des frühen ersten Termins

▼

303 An das
☐ Amtsgericht
☐ Landgericht
in

In dem Rechtsstreit

Kläger ./. Beklagter

Az:

zeige ich an, dass der Beklagte vom Unterzeichner vertreten wird.

☐ Der auf den   ,   Uhr, bestimmte Termin zur Güteverhandlung gem. § 278 Abs. 2 ZPO und der auf den   ,   Uhr, bestimmte Termin zur mündlichen Verhandlung wurde hier notiert.

☐ Schon jetzt wird mitgeteilt, dass der Beklagte nicht beabsichtigt an einer Güteverhandlung teilzunehmen. Eine gütliche Einigung erscheint aussichtslos, weil

Namens und in Vollmacht des Beklagten kündige ich an, folgenden Antrag zu stellen:

   Die Klage wird abgewiesen.

☐ Der Übertragung des Rechtsstreites auf den Einzelrichter stehen keine Gründe entgegen.

☐ Es wird gebeten, die Angelegenheit bei der Kammer zu belassen, weil

☐ Es wird gebeten, gem. § 348 Abs. 3 BGB den Rechtsstreit der Kammer zur Übernahme vorzulegen, weil,
   ☐ die Sache besondere Schwierigkeiten tatsächlicher oder rechtlicher Art aufweist.
   ☐ die Rechtssache grundsätzliche Bedeutung hat.

Die Klageerwiderung und die Begründung des Klageabweisungsantrages werden innerhalb der seitens des Gerichts zum ▩ gesetzten Frist vorgelegt.

Rechtsanwalt

▲

X. Muster: Isolierter Antrag auf Verlegung des frühen ersten Termins

▼

An das
☐ Amtsgericht
☐ Landgericht

in ▩

In dem Rechtsstreit

     Kläger ./. Beklagter
     Az: ▩

wird Bezug genommen auf den Bestellungsschriftsatz vom ▩. Namens und in Vollmacht des Beklagten wird beantragt,

den frühen ersten Termin zur mündlichen Verhandlung am ▩ aufzuheben und auf einen späteren Zeitpunkt nicht vor dem ▩ zu verlegen.

Zur **Begründung** wird wie folgt vorgetragen:
☐ Das erkennende Gericht hat mit Verfügung vom ▩ frühen Termin zur mündlichen Verhandlung auf den ▩ bestimmt. Gleichzeitig wurde dem Beklagten aufgegeben, bis zum ▩ auf die Klage zu erwidern.

Dem Beklagten ist weder eine fristgerechte Klageerwiderung noch eine sachgerechte Vorbereitung auf den frühen ersten Termin zur mündlichen Verhandlung möglich.
☐ Sowohl die Vorbereitung auf den frühen ersten Termin zur mündlichen Verhandlung als auch die Fertigung der Klageschrift setzen eine Besprechung des Beklagten mit dem Unterzeichner voraus. Diese ist frühestens am ▩ möglich, weil ▩
☐ Der Beklagte ist zur Fertigung der Klageerwiderung und zur Vorbereitung auf den Termin zur mündlichen Verhandlung auf die Beschaffung weiterer Unterlagen, insbesondere ▩ angewiesen. Diese Unterlagen können im Rahmen der gesetzten Klageerwiderungsfrist bzw. bis zum bestimmten Termin nicht beschafft werden, weil ▩
☐ Der frühe erste Termin wurde im Zeitraum vom 1.7.–31.8. des Jahres bestimmt, obwohl eine besondere Eilbedürftigkeit der Sache i.S.v. § 227 Abs. 3 S. 2 und 3 ZPO nicht vorliegt. Es handelt sich bei diesem Zeitraum um die Urlaubszeit. Eine Terminswahrnehmung durch den Beklagten und den Unterzeichner ist aus diesem Grunde nicht gewährleistet. Es wird deshalb gebeten, den Termin antragsgemäß aufzuheben und auf einen Zeitpunkt nach dem 31.8. zu bestimmen.

Es wird um antragsgemäße Entscheidung gebeten.

Rechtsanwalt

▲

§ 6 Die Klageerwiderung

XI. Muster: Bestellungsschriftsatz mit Antrag auf Anberaumung einer Güteverhandlung

▼

305 An das
☐ Amtsgericht
☐ Landgericht

in ▒

In dem Rechtsstreit

Kläger ./. Beklagter

Az: ▒

zeige ich an, dass der Beklagte vom Unterzeichner vertreten wird. Der Termin zur Durchführung der mündlichen Verhandlung am ▒, ▒ Uhr, wurde hier notiert.

Im Termin zur mündlichen Verhandlung ist beabsichtigt, zu beantragen:

Die Klage wird abgewiesen.

Weiter wird beantragt,

noch vor der mündlichen Verhandlung Termin zur Güteverhandlung gem. § 278 Abs. 2 ZPO zu bestimmen.

Zum Antrag auf Durchführung der Güteverhandlung wird darauf hingewiesen, dass die Güteverhandlung nach § 278 Abs. 2 ZPO obligatorisch ist. Ein Einigungsversuch vor einer anerkannten Gütestelle hat bisher nicht stattgefunden. Der Beklagte ist zu einer solchen gütlichen Streitbeilegung bereit. Der Beklagte ist weiter überzeugt, dass bei Anordnung des persönlichen Erscheinens der Parteien nach § 278 Abs. 3 ZPO unter der Moderation des Prozessgerichts eine solche gütliche Einigung erzielt werden kann.

Der Beklagte hält eine gütliche Einigung der Parteien im vorliegenden Fall für möglich und erstrebenswert.

☐ Dies gilt insbesondere vor dem Hintergrund der familiären Verbindung der Parteien.
☐ Eine gütliche Einigung erscheint schon aus rein wirtschaftlichen Gründen erstrebenswert, da der Beklagte die geschäftliche Beziehung mit dem Kläger fortsetzen möchte.
☐ Eine vergleichsweise Regelung der Angelegenheit erscheint unter Kostengesichtspunkten zwingend. Die durch eine Beweisaufnahme veranlassten Kosten stehen in keinem Verhältnis zum Wert des Streitgegenstandes.
☐ Beide Parteien dürften ein Interesse an einer schnellen Regelung der Angelegenheit haben, da das vorliegende Verfahren die weitere Nutzung des Streitgegenstandes einschränkt. Eine solch schnelle Regelung wird aber nur im Wege einer gütlichen Einigung zu erzielen sein.
☐ ▒

Zur **Klageerwiderung** wird in der Sache wie folgt vorgetragen:

I.

Der Kläger geht zur Begründung seines Anspruches in tatsächlicher Hinsicht davon aus, dass ▒

Dieser vom Kläger vorgetragene Sachverhalt ist unzutreffend. Unzutreffend ist, dass ▓▓▓

Richtig ist vielmehr, dass ▓▓▓
   Beweis: ▓▓▓

Damit ergibt sich zusammenfassend folgender Sachverhalt: ▓▓▓

II.
Unter Berücksichtigung des von dem Beklagten dargelegten und unter Beweis gestellten Sachverhaltes ist der klägerische Anspruch unbegründet, weil ▓▓▓

III.
Ungeachtet der vorstehenden Ausführungen, wonach der Beklagte davon ausgeht, dass der klägerische Anspruch unbegründet ist, will sich der Beklagte aus Gründen, die außerhalb der hier zu beurteilenden Sach- und Rechtslage liegen, einer gütlichen Einigung nicht verschließen.

Rechtsanwalt

▲

XII. Muster: Vertretungs- und Verteidigungsanzeige im schriftlichen Vorverfahren gem. § 276 ZPO

▼

An das
☐ Amtsgericht
☐ Landgericht

in ▓▓▓

In dem Rechtsstreit

              Kläger ./. Beklagter

              Az: ▓▓▓

zeige ich an, dass der Beklagte vom Unterzeichner vertreten wird. Namens und in Vollmacht des Beklagten wird mitgeteilt, dass dieser sich gegen die Klage verteidigen will.
☐ Die Anordnung des schriftlichen Vorverfahrens gem. § 276 ZPO wurde dem Unterzeichner am ▓▓▓ zugestellt, sodass die mit ▓▓▓ Wochen bestimmte Klageerwiderungsfrist, beginnend mit dem Ablauf der Notfrist zur Verteidigungsanzeige am ▓▓▓, damit am ▓▓▓ abläuft. Es ist beabsichtigt, die Klageerwiderung in dieser Frist vorzulegen.
☐ Mit der Anordnung des schriftlichen Vorverfahrens wurde Frist zur Klageerwiderung binnen einer Frist von weiteren ▓▓▓ Wochen gesetzt. Die Klageerwiderungsfrist endet damit am ▓▓▓. Dem Unterzeichner ist es nicht möglich, die Klageerwiderung in dieser Frist vorzulegen, weil ▓▓▓

Es wird deswegen gebeten, die Klageerwiderungsfrist bis zum ▓▓▓ zu verlängern.

Rechtsanwalt

▲

XIII. Muster: Wiedereinsetzungsantrag für die Frist zur Abgabe der Verteidigungsanzeige im schriftlichen Vorverfahren

307 An das
☐ Amtsgericht
☐ Landgericht

in ▓▓▓▓

In dem Rechtsstreit[152]

des ▓▓▓▓

– Kläger –

Prozessbevollmächtigte: RAe ▓▓▓▓

gegen

den ▓▓▓▓

– Beklagter –

Prozessbevollmächtigte: RAe ▓▓▓▓

bestelle ich mich für den Beklagten und zeige in dessen Namen und Vollmacht an, dass dieser sich gegen die Klage verteidigen wird.

Es wird zugleich beantragt,

1. dem Beklagten wegen der Versäumung der Frist zur Anzeige seiner Verteidigungsbereitschaft nach § 276 Abs. 1 S. 1 ZPO Wiedereinsetzung in den vorigen Stand zu gewähren,
2. die Zwangsvollstreckung aus dem Versäumnisurteil vom ▓▓▓▓ ohne, hilfsweise gegen Sicherheitsleistung, einzustellen,
3. unter Aufhebung des Versäumnisurteils vom ▓▓▓▓ die Klage abzuweisen.

Hilfsweise wird gegen des Versäumnisurteil vom ▓▓▓▓, Az.: ▓▓▓▓ **Einspruch** eingelegt.

Zur **Begründung** wird Folgendes vorgetragen:

I.

Durch das Versäumnisurteil des erkennenden Gerichts vom ▓▓▓▓ ist der Beklagte im schriftlichen Vorverfahren wegen der fehlenden Anzeige seiner Verteidigungsbereitschaft in der Frist des § 276 Abs. 1 S. 1 ZPO nach § 331 ZPO verurteilt worden, ▓▓▓▓

Die Frist zur Anzeige der Verteidigungsbereitschaft wurde durch den Beklagten unverschuldet versäumt, was sich daraus ergibt, dass ▓▓▓▓

Zur Glaubhaftmachung gem. § 294 ZPO wird hierzu vorgelegt ▓▓▓▓

Nach dem dargestellten Sachverhalt trifft weder die Partei noch den Unterzeichner als Prozessbevollmächtigten ein Verschulden an der Fristversäumnis, sodass die beantragte Wiedereinsetzung in den vorigen Stand zu gewähren ist.

---

152 War der Prozessbevollmächtigte schon bestellt, ist ein abgekürztes Rubrum ausreichend.

Die Wiedereinsetzungsfrist nach § 234 Abs. 1 ZPO ist gewahrt, da das Hindernis am ▭ weggefallen ist. Dies ergibt sich daraus, dass ▭

Zur Glaubhaftmachung gem. § 294 ZPO wird hierzu vorgelegt ▭

II.

Die Zwangsvollstreckung aus dem Versäumnisurteil ist ohne Sicherheitsleistung einzustellen, weil das Versäumnisurteil durch die gewährte Wiedereinsetzung in den vorigen Stand wirkungslos ist, da es für diesen Fall ohne Vorliegen der Voraussetzungen des § 331 Abs. 3 ZPO ergangen ist (MüKo/ZPO-Feiber, § 233 Rn 11 m.w.N.).

Hilfsweise ist die Zwangsvollstreckung ohne oder gegen Sicherheitsleistung nach § 707 Abs. 1 ZPO vorläufig einzustellen.

Sollte das erkennende Gericht eine Wiedereinsetzung in den vorigen Stand entgegen der ganz herrschenden Meinung (MüKo/ZPO-Feiber, § 233 Rn 11; Stein/Jonas-Leipold, § 276 Rn 39; 11; Diettmar, AnwBl 1979, 166; Unnützer, NJW 1978, 985) für nicht möglich halten, wäre das vorliegende Gesuch als Einspruch gegen das ergangene Versäumnisurteil zu behandeln.

Die Zwangsvollstreckung ist dann nach § 707 Abs. 1 S. 2 ZPO auch ohne Sicherheitsleistung einzustellen, weil ▭
- der Schuldner nicht in der Lage ist, die Sicherheitsleistung zu erbringen, weil ▭ Zur Glaubhaftmachung werden insoweit vorgelegt: ▭
- die Vollstreckung für den Schuldner einen nicht zu ersetzenden Nachteil mit sich bringen würde, nämlich ▭ Zur Glaubhaftmachung werden insoweit vorgelegt ▭
- ein Sachverhalt vorliegt, der bei Anwendung der Regelungen über die Wiedereinsetzung in den vorigen Stand zu einer stattgebenden Entscheidung führen müsste. Auf die vorstehenden Ausführungen darf verwiesen werden. Zur Glaubhaftmachung werden insoweit vorgelegt ▭

III.

▭

Das Versäumnisurteil ist aufzuheben und die Klage abzuweisen, weil dem Kläger der geltend gemachte Anspruch nicht zusteht.
- Insoweit wird zur Begründung zunächst auf die bisherigen Schriftsätze nebst den hiermit zu den Akten gereichten Urkunden Bezug genommen.

Ergänzend wird hierzu noch vorgetragen, dass ▭

Zur Begründung des Klageabweisungsantrages ist Folgendes auszuführen: ▭

IV.

Es wird gebeten, zunächst kurzfristig über den Antrag auf Einstellung der Zwangsvollstreckung ohne Sicherheitsleistung bzw. nach § 707 ZPO zu entscheiden.

Rechtsanwalt

§ 6 Die Klageerwiderung

XIV. Muster: Isolierter Antrag auf Verlängerung der Klageerwiderungsfrist

308 An das
☐ Amtsgericht
☐ Landgericht

in

In dem Rechtsstreit

Kläger ./. Beklagter

Az:

wird Bezug genommen auf die Vertretungs- und Verteidigungsanzeige vom

In der ursprünglichen prozessleitenden Verfügung des Gerichts vom wurde dem Beklagten eine Frist zur Klageerwiderung bis zum gesetzt.

Wie sich nunmehr zeigt, ist die Vorlage einer sachgerechten Klageerwiderung in der gesetzten Frist nicht möglich, weil

☐ die notwendige Besprechung der Angelegenheit zwischen dem Unterzeichner und dem Beklagten aus terminlichen Gründen frühestens am stattfinden kann und in der Folge es einer angemessenen Frist zur Fertigung der Klageerwiderung bedarf.

☐ der Beklagte zur Fertigung der Klageerwiderung darauf angewiesen ist, von weitere Unterlagen in Form von zu erhalten. Ist der Beklagte ursprünglich davon ausgegangen, diese Unterlagen kurzfristig beschaffen zu können, hat sich diese Hoffnung nicht realisiert. Die Unterlagen werden nach dem derzeitigen Stand frühestens am hier vorliegen.

☐

Aus den vorstehenden Gründen wird gebeten, die Klageerwiderungsfrist vorerst bis zum

zu verlängern.

Rechtsanwalt

XV. Muster: Verweisungsantrag an die Kammer für Handelssachen nach § 98 GVG

309 An das

Landgericht

in

In dem Rechtsstreit

Kläger ./. Beklagter

Az:

zeige ich an, dass der Beklagte vom Unterzeichner vertreten wird. Namens und in Vollmacht des Beklagten wird mitgeteilt, dass dieser sich gegen die Klage verteidigen will.

Es wird insoweit beantragt,

die Klage kostenpflichtig abzuweisen.

Von einer Vorlage der Klageerwiderung wird einstweilen abgesehen. Vielmehr wird beantragt,

den Rechtsstreit gem. § 98 GVG an die zuständige Kammer für Handelssachen zu verweisen.

Zur **Begründung** wird Folgendes vorgetragen:

Es handelt sich vorliegend um eine Handelssache nach § 95 Abs. 1 Nr. GVG, weil

Beweis:

Nach § 98 Abs. 1 S. 1 GVG ist der Beklagte berechtigt, die Verhandlung der Handelssache vor der Kammer für Handelssachen zu beantragen. Von diesem Recht macht der Beklagte Gebrauch.

Der Unterzeichner geht davon aus, dass das erkennende Gericht den Rechtsstreit an die Kammer für Handelssachen verweist und aus diesem Grunde die vom angerufenen Gericht gesetzte Klageerwiderungsfrist einstweilen erledigt und von der Kammer für Handelssachen neu gesetzt wird.

Anderenfalls wird um einen ausdrücklichen gerichtlichen Hinweis gebeten. Zugleich wird gebeten, die Klageerwiderungsfrist für diesen Fall

um vier Wochen ab dem Zugang der gerichtlichen Mitteilung zu verlängern.

Um antragsgemäße Entscheidung wird gebeten.

Rechtsanwalt

▲

XVI. Muster: Antrag auf Übertragung des Rechtsstreites auf die Kammer nach § 348 Abs. 3 ZPO

▼

An das

Landgericht

in

In dem Rechtsstreit

      Kläger ./. Beklagter

      Az:

zeige ich an, dass der Beklagte vom Unterzeichner vertreten wird. Namens und in Vollmacht des Beklagten wird mitgeteilt, dass dieser sich gegen die Klage verteidigen will.

Namens und in Vollmacht des Beklagten werde ich in der mündlichen Verhandlung beantragen,

die Klage abzuweisen.

§ 6 Die Klageerwiderung

Schon jetzt wird beantragt,

> den Rechtsstreit gem. § 348 Abs. 3 ZPO auf die Kammer zu übertragen.

Die Rechtssache
- ☐ weist besondere Schwierigkeiten tatsächlicher und rechtlicher Art auf, wie sich aus der nachfolgenden Klageerwiderung ergibt.
- ☐ hat grundsätzliche Bedeutung, wie sich aus den Ausführungen in der nachfolgenden Klageerwiderung ergibt.

Zur **Klageerwiderung** wird wie folgt vorgetragen:

I.

Dem Kläger steht der geltend gemachte Anspruch nicht zu, weil
- ☐ der von ihm dargestellte Sachverhalt nicht dem tatsächlichen Geschehen entspricht
- ☐ der von dem Kläger dargestellte Sachverhalt teilweise nicht dem tatsächlichen Geschehen entspricht und unter Berücksichtigung des tatsächlichen Geschehensablaufes der geltend gemachte Anspruch nicht begründet werden kann
- ☐ der vom Kläger geltend gemachte Sachverhalt zwar den Tatsachen entspricht, der geltend gemachte Anspruch hieraus jedoch nicht hergeleitet werden kann
- ☐ der mit der Klage geltend gemachte Anspruch zwar ursprünglich bestanden hat, jedoch jetzt nicht mehr besteht, weil
  - ☐

Im Einzelnen ist hierzu Folgendes vorzutragen:

1.
- ☐ Die Klage ist bereits unzulässig, weil
  - ☐ das angerufene Gericht nicht zuständig ist, weil
  - ☐ der Klage der Einwand der anderweitigen Rechtshängigkeit gem. § 161 ZPO entgegensteht, nämlich
  - ☐ der Klage der Einwand der anderweitigen Rechtskraft entgegensteht, weil
    - ☐
- ☐ Einwände gegen die Zulässigkeit der Klage werden nicht erhoben.

2.

Die zulässige Klage ist unbegründet, weil dem Kläger der geltend gemachte Anspruch nicht zusteht.

a)

Der tatsächliche Sachverhalt hat sich anders zugetragen, als vom Kläger behauptet.

Unrichtig ist die Behauptung des Klägers, dass

Richtig ist vielmehr, dass
- ☐
- ☐

Damit stellt sich der Sachverhalt insgesamt wie folgt dar:
  Beweis:

b)

Ausgehend von dem vorstehend dargestellten und unter Beweis gestellten Sachverhalt besteht der geltend gemachte Anspruch nicht.

Soweit der Kläger seinen Anspruch aus § ▇▇▇ herleiten will, fehlt es an der Voraussetzung, dass ▇▇▇
  Beweis: ▇▇▇

Auch soweit § ▇▇▇ als weitere Anspruchsgrundlage in Betracht gezogen werden sollte, sind dessen Voraussetzungen nicht gegeben. Dies ergibt sich im Einzelnen daraus, dass ▇▇▇
  Beweis: ▇▇▇

c)
Selbst wenn das erkennende Gericht entgegen den vorstehenden Ausführungen davon ausgehen sollte, dass der geltend gemachte Anspruch ursprünglich bestanden hat, kann die Klage keinen Erfolg haben. Aus dem dargestellten Sachverhalt ergibt sich, dass dem Kläger die Einwendung der ▇▇▇ zusteht. Diese ergibt sich aus § ▇▇▇, danach ist erforderlich, dass ▇▇▇
Diese Voraussetzungen sind vorliegend gegeben, da ▇▇▇
  Beweis: ▇▇▇

II.
Soweit das Gericht, der diesseitigen Auffassung nicht folgend, den Vortrag als unzureichend oder unsubstantiiert ansieht, um dem Klageanspruch erheblich entgegenzutreten, oder wenn sonst Bedenken gegen die gefassten Anträge, die Erheblichkeit und Substantiierung des Vortrages und die hiesige Sicht der Beweislast bestehen, wird um einen entsprechenden Hinweis nach § 139 ZPO oder eine prozessleitende Verfügung nach § 273 Abs. 2 Nr. 1 ZPO gebeten. Nur aus anwaltlicher Fürsorge wird darauf hingewiesen, dass die gerichtliche Hinweis- und Aufklärungspflicht nach der neueren Rechtsprechung (BGH NJW 2001, 2548; OLG Köln NJW-RR 2001, 1724) auch gegenüber der anwaltlich vertretenen Partei uneingeschränkt besteht.

Rechtsanwalt

▲

XVII. Muster: Antrag auf Übertragung des Rechtsstreites auf den Einzelrichter gem. § 348a ZPO

▼

An das

Landgericht

in ▇▇▇

In dem Rechtsstreit

                  Kläger ./. Beklagter

                        Az: ▇▇▇

zeige ich an, dass der Beklagte vom Unterzeichner vertreten wird. Namens und in Vollmacht des Beklagten wird mitgeteilt, dass dieser sich gegen die Klage verteidigen will.

In der mündlichen Verhandlung werde ich beantragen,

    die Klage abzuweisen.

§ 6 Die Klageerwiderung

Schon jetzt wird beantragt,

> die Sache gem. § 348a ZPO auf den Einzelrichter zu übertragen, da die Sache keine besonderen Schwierigkeiten tatsächlicher und rechtlicher Art aufweist und auch keine grundsätzliche Bedeutung hat.

Die Begründung der vorstehenden Anträge erfolgt in der Klageerwiderung, die im Rahmen der seitens des Gerichts bis zum ▓▓▓ gesetzten Klageerwiderungsfrist vorgelegt werden wird.

Rechtsanwalt

▲

XVIII. Muster: Antrag auf Übertragung der Sache auf die Kammer nach § 348a Abs. 2 ZPO wegen der Änderung der Prozesslage

▼

312 An das

Landgericht

in ▓▓▓

In dem Rechtsstreit

Kläger ./. Beklagter
Az: ▓▓▓

beantrage ich namens und in Vollmacht des Beklagten,

den Rechtsstreit gem. § 348a Abs. 2 Nr. 1 ZPO der Kammer zur Übernahme vorzulegen.

Zur **Begründung** wird Folgendes ausgeführt:

Nach § 348a Abs. 2 ZPO ist die Sache seitens des Einzelrichters der Kammer zur Übernahme vorzulegen, wenn aufgrund einer Änderung der Prozesslage der Rechtsstreit grundsätzliche Bedeutung erhält oder aber die Sache nunmehr besondere tatsächliche oder rechtliche Schwierigkeiten aufweist. Unter den gleichen Voraussetzungen hat die Kammer den Rechtsstreit zur Entscheidung zu übernehmen.

Diese Voraussetzungen liegen hier vor. Die Prozesslage hat sich durch

☐ die Klageänderung im Schriftsatz vom ▓▓▓
☐ die nunmehr notwendige Widerklage vom ▓▓▓
☐ die nach den Hinweisen des Gerichts im Beschl. v. ▓▓▓ zur Begründetheit der Klageforderung notwendige Aufrechnung vom ▓▓▓
☐ ▓▓▓

geändert.

Anders als noch mit dem durch die ursprüngliche Klage bestimmten Streitgegenstand ist nunmehr darüber zu entscheiden, dass ▓▓▓

☐ Dies bringt besondere Schwierigkeiten tatsächlicher und rechtlicher Art mit sich, weil ▓▓▓

☐ Damit sind Fragen grundsätzlicher Bedeutung zu entscheiden, nämlich ▓▓▓

Es wird um antragsgemäße Entscheidung gebeten.

Rechtsanwalt

▲

XIX. Muster: Klageerwiderung wegen Verjährung oder einer Ausschlussfrist wegen einer nicht ordnungsgemäßen Klageschrift

An das
☐ Amtsgericht
☐ Landgericht

in ▬▬▬

In dem Rechtsstreit

Kläger ./. Beklagter

Az: ▬▬▬

zeige ich an, dass der Beklagte vom Unterzeichner vertreten wird. Namens und in Vollmacht des Beklagten wird mitgeteilt, dass dieser sich gegen die Klage verteidigen will.

Namens und in Vollmacht des Beklagten werde ich in der mündlichen Verhandlung beantragen,

> die Klage abzuweisen.

Zur **Klageerwiderung** wird wie folgt vorgetragen:

Der mit der Klage geltend gemachte Anspruch kann ungeachtet der Frage, ob dieser überhaupt besteht, nicht mehr geltend gemacht werden.

☐ Der Anspruch ist verjährt, wobei der Beklagte sich ausdrücklich auf die Einrede der Verjährung beruft.
☐ Der Anspruch ist ausgeschlossen, weil der Klageanspruch nur innerhalb einer materiell-rechtlichen Ausschlussfrist von ▬▬▬ geltend gemacht werden kann, die mit der vorliegenden Klageschrift nicht gewahrt wurde.

I.

1.

Der Kläger macht mit der vorliegenden Klage einen Anspruch auf ▬▬▬ geltend. Es kann dahinstehen, ob ein solcher Anspruch tatsächlich entstanden ist und heute noch dem Kläger zusteht.

Dieser Anspruch ist verjährt. Die Verjährungsfrist des geltend gemachten Anspruches hat am ▬▬▬ begonnen, was sich daraus ergibt, dass ▬▬▬

Die Verjährungsfrist endet damit gem. § ▬▬▬ am ▬▬▬

Die Verjährungsfrist ist damit zwischenzeitlich abgelaufen. Die Verjährung ist durch die vorliegende Klageschrift nach § 204 Abs. 1 ZPO auch nicht gehemmt worden.

Die Hemmung der Verjährung nach § 204 BGB setzt voraus, dass eine ordnungsgemäße Klageschrift dem Beklagten ordnungsgemäß zugestellt wurde. Dies ist vorliegend nicht der Fall, weil ▬▬▬

☐ die Klage dem Beklagten zwar zur Kenntnis gekommen ist, bisher jedoch nicht zugestellt wurde (BGH NJW 1995, 1032).
☐ die Klage dem Beklagten nicht wirksam zugestellt wurde, was sich daraus ergibt, dass ▬▬▬.

Diesen Umstand hat der Kläger auch zu vertreten, weil ▬▬▬

§ 6 Die Klageerwiderung

- ☐ weder die bei den Gerichtsakten befindliche noch die dem Beklagten zugestellte Klageschrift unterschrieben ist.
- ☐ weder die bei den Gerichtsakten befindliche noch die dem Beklagten zugestellte Klageschrift in einer den Anforderungen der Rechtsprechung entsprechenden Form unterzeichnet ist.
- ☐ ▬▬▬▬▬

Der Beklagte rügt ausdrücklich die nicht ordnungsgemäße Klageerhebung.

Schon jetzt wird darauf hingewiesen, dass dahingestellt bleiben kann, ob dem Kläger in der Zukunft eine Heilung dieses Mangels gelingt.

Da die Heilung jedenfalls erst mit der Behebung des Mangels ihre Wirkung entfalten kann und dieser Punkt jedenfalls nach der inzwischen bereits abgelaufenen Verjährungsfrist liegt und sich der Beklagte auf die Einrede der Verjährung ausdrücklich berufen hat, muss die Klage schon aus diesem Grunde der Abweisung unterliegen.

Einer Auseinandersetzung mit der Frage, ob der geltend gemachte Anspruch überhaupt besteht, bedarf es daher nicht.

Soweit das erkennende Gericht der diesseits dargelegten Rechtsauffassung nicht beitritt, weil der Unterzeichner einen rechtlichen und tatsächlichen Gesichtspunkt übersehen haben sollte, wird um einen ausdrücklichen Hinweis gem. § 139 ZPO gebeten.

2.

Nur aus anwaltlicher Fürsorge ist darauf hinzuweisen, dass der geltend gemachte Anspruch auch im Übrigen unbegründet ist. Hierzu darf Folgendes ausgeführt werden:

II.

Dem Kläger steht der geltend gemachte Anspruch nicht zu, weil
- ☐ der von ihm dargestellte Sachverhalt nicht dem tatsächlichen Geschehen entspricht.
- ☐ der von dem Kläger dargestellte Sachverhalt teilweise nicht dem tatsächlichen Geschehen entspricht und unter Berücksichtigung des tatsächlichen Geschehensablaufes, der geltend gemachte Anspruch nicht begründet werden kann.
- ☐ der vom Kläger geltend gemachte Sachverhalt zwar den Tatsachen entspricht, der geltend gemachte Anspruch hieraus jedoch nicht hergeleitet werden kann.
- ☐ der mit der Klage geltend gemachte Anspruch zwar ursprünglich bestanden hat, jedoch jetzt nicht mehr besteht, weil ▬▬▬▬▬
- ☐ ▬▬▬▬▬

Im Einzelnen ist hierzu Folgendes vorzutragen:

1.

- ☐ Die Klage ist bereits unzulässig, weil
    - ☐ das angerufene Gericht nicht zuständig ist, weil ▬▬▬▬▬
    - ☐ der Klage der Einwand der anderweitigen Rechtshängigkeit gem. § 161 ZPO entgegensteht, nämlich ▬▬▬▬▬
    - ☐ der Klage der Einwand der anderweitigen Rechtskraft entgegensteht, weil ▬▬▬▬▬
    - ☐ ▬▬▬▬▬
- ☐ Einwände gegen die Zulässigkeit der Klage werden nicht erhoben.

2.

Die zulässige Klage ist unbegründet, weil dem Kläger der geltend gemachte Anspruch nicht zusteht.

a)

Der tatsächliche Sachverhalt hat sich anders zugetragen, als vom Kläger behauptet.

Unrichtig ist die Behauptung des Klägers, dass

Richtig ist vielmehr, dass

☐

☐

Damit stellt sich der Sachverhalt insgesamt wie folgt dar:
   Beweis:

b)

Ausgehend von dem vorstehend dargestellten und unter Beweis gestellten Sachverhalt besteht der geltend gemachte Anspruch nicht.

Soweit der Kläger seinen Anspruch aus §   herleiten will, fehlt es an der Voraussetzung, dass

Auch soweit §   als weitere Anspruchsgrundlage in Betracht gezogen werden sollte, sind dessen Voraussetzungen nicht gegeben. Dies ergibt sich im Einzelnen daraus, dass

c)

Selbst wenn das erkennende Gericht entgegen den vorstehenden Ausführungen davon ausgehen sollte, dass der geltend gemachte Anspruch ursprünglich bestanden hat, kann die Klage keinen Erfolg haben. Aus dem dargestellten Sachverhalt ergibt sich, dass dem Kläger die Einwendung der   zusteht. Diese ergibt sich aus §   , danach ist erforderlich, dass

Diese Voraussetzungen sind vorliegend gegeben, da

3.

Soweit das Gericht, der diesseitigen Auffassung folgend, den Vortrag als unzureichend oder unsubstantiiert ansieht, um dem Klageanspruch erheblich entgegenzutreten, oder wenn sonst Bedenken gegen die gefassten Anträge, die Erheblichkeit und Substantiierung des Vortrages und die hiesige Sicht der Beweislast bestehen, wird um einen entsprechenden Hinweis nach § 139 ZPO oder eine prozessleitende Verfügung nach § 273 Abs. 2 Nr. 1 ZPO gebeten. Nur aus anwaltlicher Fürsorge wird darauf hingewiesen, dass die gerichtliche Hinweis- und Aufklärungspflicht nach der neueren Rechtsprechung (BGH NJW 2001, 2548; OLG Köln NJW-RR 2001, 1724) auch gegenüber der anwaltlich vertretenen Partei uneingeschränkt besteht.

Rechtsanwalt

§ 6 Die Klageerwiderung

6.20 XX. Muster: Verlangen auf Prozesskostensicherheit nach § 110 ZPO

▼

314 An das
☐ Amtsgericht
☐ Landgericht

in ▬

In dem Rechtsstreit

Kläger ./. Beklagter

Az: ▬

zeige ich an, dass der Beklagte vom Unterzeichner vertreten wird. Namens und in Vollmacht des Beklagten wird mitgeteilt, dass dieser sich gegen die Klage verteidigen will.

In der mündlichen Verhandlung werde ich beantragen,

die Klage abzuweisen.

Bevor zur materiellen Klageerwiderung Stellung genommen wird, wird namens und in Vollmacht des Klägers beantragt,

dem Kläger eine Frist zu bestimmen, innerhalb der er eine Prozesskostensicherheit in einer in das Ermessen des erkennenden Gerichts gestellten Höhe von zumindest jedoch ▬ EUR zu leisten hat.

Zur **Begründung** wird Folgendes vorgetragen:

Der Kläger hat seinen gewöhnlichen Aufenthalt weder in einem Mitgliedstaat der Europäischen Union noch einem Vertragsstaat des Abkommens über den europäischen Wirtschaftsraum.

Insoweit ist der Kläger nach § 110 Abs. 1 ZPO verpflichtet, auf den hier erfolgten Antrag des Beklagten wegen der voraussichtlichen Prozesskosten Sicherheit zu leisten.

Einer der Ausnahmetatbestände des § 110 Abs. 2 ZPO liegt hier nicht vor.

Die Höhe der Prozesskostensicherheit ist nach § 112 Abs. 1 ZPO von dem erkennenden Gericht nach freiem Ermessen festzusetzen. Dabei ist grundsätzlich von den Prozesskosten auszugehen, die der Beklagte voraussichtlich aufwenden hat, wenn alle Rechtszüge durchlaufen werden (BGH NJW 1981, 2646).

Danach betragen die voraussichtlich dem Beklagten entstehenden Prozesskosten ▬ EUR; insoweit wird auf die in der Anlage beigefügte Berechnung verwiesen.

Bis zur Leistung der Prozesskostensicherheit ist der Beklagte berechtigt, die materielle Klageerwiderung zurückzustellen. Sollte das erkennende Gericht hier anderer Auffassung sein, wird ausdrücklich um einen rechtlichen Hinweis gem. § 139 ZPO sowie um die Verlängerung der Klageerwiderungsfrist um drei Wochen nach Zugang des entsprechenden Hinweises gebeten.

Um antragsgemäße Entscheidung wird gebeten.

Rechtsanwalt

XXI. Muster: Antrag auf Feststellung der Klagerücknahme gem. § 113 S. 2 ZPO

▼

An das
☐ Amtsgericht
☐ Landgericht
in ▭
In dem Rechtsstreit

      Kläger ./. Beklagter

      Az: ▭

wird namens und in Vollmacht des Beklagten beantragt,

> festzustellen, dass die von dem Kläger am ▭ erhobene und dem Beklagten am ▭ zugestellte Klage als zurückgenommen gilt.

Zur **Begründung** wird Folgendes vorgetragen:

Auf Antrag des Beklagten vom ▭ hat das erkennende Gericht mit Beschl. v. ▭ dem Kläger gem. §§ 110, 112 ZPO aufgegeben, bis zum ▭ Prozesskostensicherheit in Höhe von ▭ EUR zu leisten.

Im Rahmen der vorbezeichneten Frist hat der Kläger die aufgegebene Prozesskostensicherheit nicht geleistet, sodass die Klage gem. § 113 S. 2 ZPO als zurückgenommen gilt. Dies ist durch das Prozessgericht auf den hier gestellten Antrag des Beklagten ausdrücklich festzustellen.

Es wird um antragsgemäße Entscheidung gebeten.

Rechtsanwalt

▲

XXII. Muster: Einrede der Schiedsvereinbarung

▼

An das
☐ Amtsgericht
☐ Landgericht
in ▭
In dem Rechtsstreit

      Kläger ./. Beklagter

      Az: ▭

zeige ich an, dass der Beklagte vom Unterzeichner vertreten wird. Namens und in Vollmacht des Beklagten wird mitgeteilt, dass dieser sich gegen die Klage verteidigen will.

In der mündlichen Verhandlung werde ich beantragen,

> die Klage als unzulässig abzuweisen.

Zur **Klageerwiderung** wird Folgendes ausgeführt.

§ 6 Die Klageerwiderung

Die Klage ist unzulässig. Dieser steht die zwischen den Parteien am ▓▓▓ getroffene Schiedsvereinbarung entgegen, in der ausdrücklich der Rechtsweg zu den ordentlichen Gerichten ausgeschlossen worden ist.

Beweis: Schiedsvereinbarung vom ▓▓▓ ; anliegend in beglaubigter Abschrift.

Der Beklagte erhebt insoweit ausdrücklich die Einrede der Schiedsvereinbarung nach § 1032 ZPO, welche zwingend zur Unzulässigkeit der Klage führt.

Schon jetzt wird das Einverständnis mit einer Entscheidung im schriftlichen Verfahren gem. § 128 Abs. 2 ZPO erklärt, soweit der Kläger aus der Rüge der Schiedsvereinbarung nicht seinerseits prozessuale Konsequenzen zieht.

Soweit der Kläger die Klage zurücknimmt, wird schon jetzt beantragt,

dem Kläger gem. § 269 Abs. 3 ZPO die Kosten des Verfahrens aufzuerlegen.

Um antragsgemäße Entscheidung wird gebeten.

Rechtsanwalt

XXIII. Muster: Vollstreckungsschutzantrag nach § 712 Abs. 1 S. 1 ZPO

An das
☐ Amtsgericht
☐ Landgericht

in ▓▓▓

In dem Rechtsstreit

Kläger ./. Beklagter

Az: ▓▓▓

zeige ich an, dass der Beklagte vom Unterzeichner vertreten wird. Namens und in Vollmacht des Beklagten wird mitgeteilt, dass dieser sich gegen die Klage verteidigen will.

Namens und in Vollmacht des Beklagten werde ich in der mündlichen Verhandlung beantragen,
1. die Klage abzuweisen.
2. dem Beklagten gem. § 712 Abs. 2 S. 1 ZPO zu gestatten, die Vollstreckung durch Sicherheitsleistung oder Hinterlegung, ohne Rücksicht auf eine Sicherheitsleistung des Gläubigers, abzuwenden.

Zur **Klageerwiderung** wird wie folgt vorgetragen:

I.

Dem Kläger steht der geltend gemachte Anspruch nicht zu, weil
☐ der von ihm dargestellte Sachverhalt nicht dem tatsächlichen Geschehen entspricht.
☐ der von dem Kläger dargestellte Sachverhalt teilweise nicht dem tatsächlichen Geschehen entspricht und unter Berücksichtigung des tatsächlichen Geschehensablaufes, der geltend gemachte Anspruch nicht begründet werden kann.
☐ der vom Kläger geltend gemachte Sachverhalt zwar den Tatsachen entspricht, der geltend gemachte Anspruch hieraus jedoch nicht hergeleitet werden kann.

C. Muster §6

☐ der mit der Klage geltend gemachte Anspruch zwar ursprünglich bestanden hat, jedoch jetzt nicht mehr besteht, weil ▓▓▓
☐ ▓▓▓

Im Einzelnen ist hierzu Folgendes vorzutragen:

1.
☐ Die Klage ist bereits unzulässig, weil
  ☐ das angerufene Gericht nicht zuständig ist, weil ▓▓▓
  ☐ der Klage der Einwand der anderweitigen Rechtshängigkeit gem. § 161 ZPO entgegensteht, nämlich ▓▓▓
  ☐ der Klage der Einwand der anderweitigen Rechtskraft entgegensteht, weil ▓▓▓
  ☐ ▓▓▓
☐ Einwände gegen die Zulässigkeit der Klage werden nicht erhoben.

2.
Die zulässige Klage ist unbegründet, weil dem Kläger der geltend gemachte Anspruch nicht zusteht.

a)
Der tatsächliche Sachverhalt hat sich anders zugetragen, als vom Kläger behauptet.
Unrichtig ist die Behauptung des Klägers, dass ▓▓▓
Richtig ist vielmehr, dass ▓▓▓
☐ ▓▓▓
☐ ▓▓▓
Damit stellt sich der Sachverhalt insgesamt wie folgt dar: ▓▓▓
  Beweis: ▓▓▓

b)
Ausgehend von dem vorstehend dargestellten und unter Beweis gestellten Sachverhalt besteht der geltend gemachte Anspruch nicht.
Soweit der Kläger seinen Anspruch aus § ▓▓▓ herleiten will, fehlt es an der Voraussetzung, dass ▓▓▓
Auch soweit § ▓▓▓ als weitere Anspruchsgrundlage in Betracht gezogen werden sollte, sind dessen Voraussetzungen nicht gegeben. Dies ergibt sich im Einzelnen daraus, dass ▓▓▓

c)
Selbst wenn das erkennende Gericht entgegen den vorstehenden Ausführungen davon ausgehen sollte, dass der geltend gemachte Anspruch ursprünglich bestanden hat, kann die Klage keinen Erfolg haben. Aus dem dargestellten Sachverhalt ergibt sich, dass dem Kläger die Einwendung der ▓▓▓ zusteht. Diese ergibt sich aus § ▓▓▓ ; danach ist erforderlich, dass ▓▓▓
Diese Voraussetzungen sind vorliegend gegeben, da ▓▓▓

II.
Soweit das Gericht, der diesseitigen Auffassung nicht folgend, den Vortrag als unzureichend oder unsubstantiiert ansieht, um dem Klageanspruch erheblich entgegenzutreten, oder wenn sonst Bedenken gegen die gefassten Anträge, die Erheblichkeit und Substanti-

ierung des Vortrages und die hiesige Sicht der Beweislast bestehen, wird um einen entsprechenden Hinweis nach § 139 ZPO oder eine prozessleitende Verfügung nach § 273 Abs. 2 Nr. 1 ZPO gebeten. Nur aus anwaltlicher Fürsorge wird darauf hingewiesen, dass die gerichtliche Hinweis- und Aufklärungspflicht nach der neueren Rechtsprechung (BGH NJW 2001, 2548; OLG Köln NJW-RR 2001, 1724) auch gegenüber der anwaltlich vertretenen Partei uneingeschränkt besteht.

III.

Soweit der Beklagte entgegen den vorstehenden Ausführungen entsprechend den Klageanträgen verurteilt würde, ist ihm auf Antrag gem. § 712 Abs. 2 S. 1 ZPO zu gestatten, die Vollstreckung durch Sicherheitsleistung oder Hinterlegung, ohne Rücksicht auf eine Sicherheitsleistung des Gläubigers, abzuwenden. Dieser Antrag wird allein aus anwaltlicher Fürsorge schon jetzt gestellt.

Rechtsanwalt

XXIV. Muster: Vollstreckungsschutzantrag nach § 712 Abs. 1 S. 2 ZPO

An das
☐ Amtsgericht
☐ Landgericht

in

In dem Rechtsstreit

                Kläger ./. Beklagter

                Az:

zeige ich an, dass der Beklagte vom Unterzeichner vertreten wird. Namens und in Vollmacht des Beklagten wird mitgeteilt, dass dieser sich gegen die Klage verteidigen will.

Namens und in Vollmacht des Beklagten werde ich in der mündlichen Verhandlung beantragen:

1. Die Klage wird abgewiesen.
2. Das Urteil wird gem. § 712 Abs. 1 S. 2 ZPO **nicht** für vorläufig vollstreckbar erklärt.

   Hilfsweise:

   Das Urteil wird gem. § 712 Abs. 1 S. 2 ZPO auf die in § 720a Abs. 1, 2 ZPO bezeichneten Maßregeln beschränkt, da der Beklagte zur Sicherheitsleistung nicht in der Lage ist.

Zur **Klageerwiderung** wird wie folgt vorgetragen:

I.

Dem Kläger steht der geltend gemachte Anspruch nicht zu, weil
☐ der von ihm dargestellte Sachverhalt nicht dem tatsächlichen Geschehen entspricht.
☐ der von dem Kläger dargestellte Sachverhalt teilweise nicht dem tatsächlichen Geschehen entspricht und unter Berücksichtigung des tatsächlichen Geschehensablaufes der geltend gemachte Anspruch nicht begründet werden kann.

- ☐ der vom Kläger geltend gemachte Sachverhalt zwar den Tatsachen entspricht, der geltend gemachte Anspruch hieraus jedoch nicht hergeleitet werden kann.
- ☐ der mit der Klage geltend gemachte Anspruch zwar ursprünglich bestanden hat, jedoch jetzt nicht mehr besteht, weil
- ☐

Im Einzelnen ist hierzu Folgendes vorzutragen:

1.
- ☐ Die Klage ist bereits unzulässig, weil
  - ☐ das angerufene Gericht nicht zuständig ist, weil
  - ☐ der Klage der Einwand der anderweitigen Rechtshängigkeit gem. § 161 ZPO entgegensteht, nämlich
  - ☐ der Klage der Einwand der anderweitigen Rechtskraft entgegensteht, weil
  - ☐
- ☐ Einwände gegen die Zulässigkeit der Klage werden nicht erhoben.

2.
Die zulässige Klage ist unbegründet, weil dem Kläger der geltend gemachte Anspruch nicht zusteht.

a)
Der tatsächliche Sachverhalt hat sich anders zugetragen, als vom Kläger behauptet.
Unrichtig ist die Behauptung des Klägers, dass
Richtig ist vielmehr, dass
- ☐
- ☐

Damit stellt sich der Sachverhalt insgesamt wie folgt dar:
  Beweis:

b)
Ausgehend von dem vorstehend dargestellten und unter Beweis gestellten Sachverhalt besteht der geltend gemachte Anspruch nicht.
Soweit der Kläger seinen Anspruch aus § herleiten will, fehlt es an der Voraussetzung, dass
Auch soweit § als weitere Anspruchsgrundlage in Betracht gezogen werden sollte, sind dessen Voraussetzungen nicht gegeben. Dies ergibt sich im Einzelnen daraus, dass

c)
Selbst wenn das erkennende Gericht entgegen den vorstehenden Ausführungen davon ausgehen sollte, dass der geltend gemachte Anspruch ursprünglich bestanden hat, kann die Klage keinen Erfolg haben. Aus dem dargestellten Sachverhalt ergibt sich, dass dem Kläger die Einwendung der zusteht. Diese ergibt sich aus § ; danach ist erforderlich, dass
Diese Voraussetzungen sind vorliegend gegeben, da .

II.
Soweit das Gericht, der diesseitigen Auffassung nicht folgend, den Vortrag als unzureichend oder unsubstantiiert ansieht, um dem Klageanspruch erheblich entgegenzutreten,

§ 6 Die Klageerwiderung

oder wenn sonst Bedenken gegen die gefassten Anträge, die Erheblichkeit und Substantiierung des Vortrages und die hiesige Sicht der Beweislast bestehen, wird um einen entsprechenden Hinweis nach § 139 ZPO oder eine prozessleitende Verfügung nach § 273 Abs. 2 Nr. 1 ZPO gebeten. Nur aus anwaltlicher Fürsorge wird darauf hingewiesen, dass die gerichtliche Hinweis- und Aufklärungspflicht nach der neueren Rechtsprechung (BGH NJW 2001, 2548; OLG Köln NJW-RR 2001, 1724) auch gegenüber der anwaltlich vertretenen Partei uneingeschränkt besteht.

III.

Soweit der Beklagte entgegen den vorstehenden Ausführungen entsprechend den Klageanträgen verurteilt würde, wäre er nicht in der Lage, eine Sicherheitsleistung zu erbringen, um eine Zwangsvollstreckung, die für den Beklagten mit einem nicht zu ersetzenden Nachteil verbunden wäre, abzuwenden.

Entsprechend ist gem. § 712 Abs. 1 S. 2 ZPO zu verfahren.

Die Zwangsvollstreckung würde für den Beklagten als Schuldner einen nicht zu ersetzenden Nachteil erbringen, nämlich dazu führen, dass

Zur Glaubhaftmachung gem. §§ 714 Abs. 2, 294 ZPO wird auf die in der Anlage in beglaubigten Abschriften beigefügten Urkunden sowie die eidesstattliche Versicherung des Beklagten vom , die in der Anlage im Original beigefügt ist, verwiesen.

Der Beklagte wäre für den Fall der vorläufig vollstreckbaren Verurteilung auch nicht in der Lage, die Zwangsvollstreckung mittels einer Sicherheitsleistung oder durch die Hinterlegung von Geld oder mündelsicheren Wertpapieren abzuwenden. Dies ergibt sich daraus, dass

Insoweit wird schon jetzt aus rein anwaltlicher Fürsorge beantragt,

> ein der Klage ganz oder teilweise stattgebendes Urteil nicht für vorläufig vollstreckbar zu erklären.

Rechtsanwalt

XXV. Muster: Klageerwiderung mit dem Vorbehalt der Beschränkung der Haftung auf den Nachlass

An das
☐ Amtsgericht
☐ Landgericht

in

In dem Rechtsstreit

     Kläger ./. Beklagter
     Az:

zeige ich an, dass der Beklagte vom Unterzeichner vertreten wird. Namens und in Vollmacht des Beklagten wird mitgeteilt, dass dieser sich gegen die Klage verteidigen will.

Namens und in Vollmacht des Beklagten werde ich in der mündlichen Verhandlung beantragen,

> die Klage abzuweisen.

Hilfsweise wird namens und in Vollmacht des Beklagten beantragt,

> dem Beklagten vorzubehalten, für den Fall seiner Verurteilung, seine Haftung auf den Nachlass des am ▒ verstorbenen ▒ zu beschränken.

Zur **Klageerwiderung** und Begründung der vorstehenden Anträge wird Folgendes ausgeführt:

I.

Dem Kläger steht der geltend gemachte Anspruch nicht zu, weil
- ☐ der von ihm dargestellte Sachverhalt nicht dem tatsächlichen Geschehen entspricht.
- ☐ der von dem Kläger dargestellte Sachverhalt teilweise nicht dem tatsächlichen Geschehen entspricht und unter Berücksichtigung des tatsächlichen Geschehensablaufes der geltend gemachte Anspruch nicht begründet werden kann.
- ☐ der vom Kläger geltend gemachte Sachverhalt zwar den Tatsachen entspricht, der geltend gemachte Anspruch hieraus jedoch nicht hergeleitet werden kann.
- ☐ der mit der Klage geltend gemachte Anspruch zwar ursprünglich bestanden hat, jedoch jetzt nicht mehr besteht, weil ▒
- ☐ ▒

Im Einzelnen ist hierzu Folgendes vorzutragen:

1.
- ☐ Die Klage ist bereits unzulässig, weil
  - ☐ das angerufene Gericht nicht zuständig ist, weil ▒
  - ☐ der Klage der Einwand der anderweitigen Rechtshängigkeit gem. § 161 ZPO entgegensteht, nämlich ▒
  - ☐ der Klage der Einwand der anderweitigen Rechtskraft entgegensteht, weil ▒
  - ☐ ▒
- ☐ Einwände gegen die Zulässigkeit der Klage werden nicht erhoben.

2.

Die zulässige Klage ist unbegründet, weil dem Kläger der geltend gemachte Anspruch nicht zusteht.

a)

Der tatsächliche Sachverhalt hat sich anders zugetragen, als vom Kläger behauptet.

Unrichtig ist die Behauptung des Klägers, dass ▒

Richtig ist vielmehr, dass ▒
- ☐ ▒
- ☐ ▒

Damit stellt sich der Sachverhalt insgesamt wie folgt dar: ▒

> Beweis: ▒

§ 6 Die Klageerwiderung

b)
Ausgehend von dem vorstehend dargestellten und unter Beweis gestellten Sachverhalt besteht der geltend gemachte Anspruch nicht.

Soweit der Kläger seinen Anspruch aus § ▮ herleiten will, fehlt es an der Voraussetzung, dass ▮

Auch soweit § ▮ als weitere Anspruchsgrundlage in Betracht gezogen werden sollte, sind dessen Voraussetzungen nicht gegeben. Dies ergibt sich im Einzelnen daraus, dass ▮

c)
Selbst wenn das erkennende Gericht entgegen den vorstehenden Ausführungen davon ausgehen sollte, dass der geltend gemachte Anspruch ursprünglich bestanden hat, kann die Klage keinen Erfolg haben. Aus dem dargestellten Sachverhalt ergibt sich, dass dem Kläger die Einwendung der ▮ zusteht. Diese ergibt sich aus § ▮ ; danach ist erforderlich, dass ▮

Diese Voraussetzungen sind vorliegend gegeben, da ▮ .

II.
Der mit der Klage geltend gemachte Anspruch stellt eine Nachlassverbindlichkeit des am ▮ in ▮ verstorbenen ▮ dar. Der Beklagte wird insoweit als Erbe des Erblassers in Anspruch genommen.

Der Beklagte ist berechtigt, seiner Haftung für die Nachlassverbindlichkeit gem. § 780 ZPO i.V.m. §§ 1975, 1990–1992 ZPO auf den Nachlass zu beschränken.

Dieser Haftungsbeschränkung ist dem Beklagten auf die hiermit erhobene Einrede im Urteil vorzubehalten, soweit die Klage nicht entsprechend vorstehenden Ausführungen ohnehin der Abweisung unterliegen muss.

III.
Soweit das Gericht, der diesseitigen Auffassung nicht folgend, den Vortrag als unzureichend oder unsubstantiiert ansieht, um dem Klageanspruch erheblich entgegenzutreten, oder wenn sonst Bedenken gegen die gefassten Anträge, die Erheblichkeit und Substantiierung des Vortrages und die hiesige Sicht der Beweislast bestehen, wird um einen entsprechenden Hinweis nach § 139 ZPO oder eine prozessleitende Verfügung nach § 273 Abs. 2 Nr. 1 ZPO gebeten. Nur aus anwaltlicher Fürsorge wird darauf hingewiesen, dass die gerichtliche Hinweis- und Aufklärungspflicht nach der neueren Rechtsprechung (BGH NJW 2001, 2548; OLG Köln NJW-RR 2001, 1724) auch gegenüber der anwaltlich vertretenen Partei uneingeschränkt besteht.

Rechtsanwalt

▲

XXVI. Muster: Isolierter Antrag auf Vorbehalt der Erbenhaftung nach dem Erbfall während des Erkenntnisverfahrens

▼

An das
☐ Amtsgericht
☐ Landgericht

in ▓▓▓

In dem Rechtsstreit

      Kläger ./. Beklagter
        Az: ▓▓▓

zeigt der Unterzeichner an, nunmehr die Erben des bisherigen Beklagten, nämlich ▓▓▓ zu vertreten.

Auf den in der Anlage in beglaubigter Abschrift beigefügten Erbschein wird Bezug genommen.

Namens und in Vollmacht des neuen Beklagten wird der Antrag auf Abweisung der Klage unter Bezugnahme auf das bisherige Vorbringen aufrechterhalten und das Verfahren aufgenommen.

Ergänzend wird namens und in Vollmacht der Beklagten beantragt:

Den Beklagten bleibt für den Fall der Verurteilung vorbehalten, ihre Haftung auf den Nachlass des am ▓▓▓ in ▓▓▓ verstorbenen ▓▓▓ zu beschränken.

Ergänzend wird in der Sache noch Folgendes vorgetragen: ▓▓▓

Rechtsanwalt

▲

XXVII. Muster: Klageerwiderung mit dem hilfsweisen Vorbehalt der Zug-um-Zug-Einrede

▼

An das
☐ Amtsgericht
☐ Landgericht

in ▓▓▓

In dem Rechtsstreit

      Kläger ./. Beklagter
        Az: ▓▓▓

zeige ich an, dass der Beklagte vom Unterzeichner vertreten wird. Namens und in Vollmacht des Beklagten wird mitgeteilt, dass dieser sich gegen die Klage verteidigen will.

Namens und in Vollmacht des Beklagten werde ich beantragen,

 die Klage abzuweisen.

§ 6 Die Klageerwiderung

Hilfsweise werde ich beantragen, den Beklagten nur Zug um Zug gegen

- ☐ die Rückübertragung des Eigentums an dem Fahrzeug _____, mit der Fahrgestellnummer _____ und dem letzten amtl. Kennzeichen _____ nebst der Herausgabe des Fahrzeugbriefes, des Fahrzeugscheins und _____ schlüssel an den Beklagten zu verurteilen.
- ☐ _____ zu verurteilen.

Zur **Klageerwiderung** wird wie folgt vorgetragen:

Dem Kläger steht der geltend gemachte Anspruch nicht zu, weil

- ☐ der von ihm dargestellte Sachverhalt nicht dem tatsächlichen Geschehen entspricht.
- ☐ der von dem Kläger dargestellte Sachverhalt teilweise nicht dem tatsächlichen Geschehen entspricht und unter Berücksichtigung des tatsächlichen Geschehensablaufes der geltend gemachte Anspruch nicht begründet werden kann.
- ☐ der vom Kläger geltend gemachte Sachverhalt zwar den Tatsachen entspricht, der geltend gemachte Anspruch hieraus jedoch nicht hergeleitet werden kann.
- ☐ der mit der Klage geltend gemachte Anspruch zwar ursprünglich bestanden hat, jedoch jetzt nicht mehr besteht, weil _____
- ☐ _____

Im Einzelnen ist hierzu Folgendes vorzutragen:

I.

- ☐ Die Klage ist bereits unzulässig, weil
  - ☐ das angerufene Gericht nicht zuständig ist, weil _____
  - ☐ der Klage der Einwand der anderweitigen Rechtshängigkeit gem. § 161 ZPO entgegensteht, nämlich _____
  - ☐ der Klage der Einwand der anderweitigen Rechtskraft entgegensteht, weil _____
  - ☐ _____
- ☐ Einwände gegen die Zulässigkeit der Klage werden nicht erhoben.

II.

Die zulässige Klage ist unbegründet, weil dem Kläger der geltend gemachte Anspruch nicht zusteht.

1.

Der tatsächliche Sachverhalt hat sich anders zugetragen, als vom Kläger behauptet.

Unrichtig ist die Behauptung des Klägers, dass _____

Richtig ist vielmehr, dass _____

- ☐ _____
- ☐ _____

Damit stellt sich der Sachverhalt insgesamt wie folgt dar: _____

  Beweis: _____

2.

Ausgehend von dem vorstehend dargestellten und unter Beweis gestellten Sachverhalt besteht der geltend gemachte Anspruch nicht.

Soweit der Kläger seinen Anspruch aus § _____ herleiten will, fehlt es an der Voraussetzung, dass _____

Auch soweit § als weitere Anspruchsgrundlage in Betracht gezogen werden sollte, sind dessen Voraussetzungen nicht gegeben. Dies ergibt sich im Einzelnen daraus, dass

3.

Selbst wenn das erkennende Gericht entgegen den vorstehenden Ausführungen davon ausgehen sollte, dass der geltend gemachte Anspruch ursprünglich bestanden hat, kann die Klage keinen Erfolg haben. Aus dem dargestellten Sachverhalt ergibt sich, dass dem Kläger die Einwendung der zusteht. Diese ergibt sich aus § ; danach ist erforderlich, dass

Diese Voraussetzungen sind vorliegend gegeben, da

III.

Selbst wenn das erkennende Gericht zu der Auffassung gelangen sollte, dass der Kläger mit seinem Anspruch durchdringt, kommt lediglich eine Verurteilung des Beklagten Zug um Zug gegen in Betracht.

Dies ergibt sich daraus, dass .

IV.

Soweit das Gericht, der diesseitigen Auffassung nicht folgend, den Vortrag als unzureichend oder unsubstantiiert ansieht, um dem Klageanspruch erheblich entgegenzutreten, oder wenn sonst Bedenken gegen die gefassten Anträge, die Erheblichkeit und Substantiierung des Vortrages und die hiesige Sicht der Beweislast bestehen, wird um einen entsprechenden Hinweis nach § 139 ZPO oder eine prozessleitende Verfügung nach § 273 Abs. 2 Nr. 1 ZPO gebeten. Nur aus anwaltlicher Fürsorge wird darauf hingewiesen, dass die gerichtliche Hinweis- und Aufklärungspflicht nach der neueren Rechtsprechung (BGH NJW 2001, 2548; OLG Köln NJW-RR 2001, 1724) auch gegenüber der anwaltlich vertretenen Partei uneingeschränkt besteht.

Rechtsanwalt

XXVIII. Muster: Kostenantrag des Beklagten bei Erfüllung zwischen Anhängigkeit und Rechtshängigkeit

▼

An das
☐ Amtsgericht
☐ Landgericht

in

In dem Rechtsstreit

               Kläger ./. Beklagter

               Az:

wird nach der Rücknahme der Klage namens und in Vollmacht des Beklagten beantragt,
    dem Kläger nach § 269 Abs. 3 S. 3 ZPO aufzuerlegen.

§ 6 Die Klageerwiderung

Zur **Klageerwiderung** wird wie folgt vorgetragen:

Die Darstellung des Klägers, dass der Beklagte nach Anhängigkeit der vom ▓▓▓ stammenden Klage am ▓▓▓ den Klageanspruch in Höhe von ▓▓▓ EUR erfüllt hat, ist zutreffend.

Soweit der Kläger nun eine Kostenentscheidung nach § 269 Abs. 3 S. 3 ZPO zu Lasten des Beklagten erstrebt, kann dem nicht gefolgt werden.

Entfällt der Anlass zur Klageerhebung zwischen Anhängigkeit und Rechtshängigkeit der Klage, so ist nach § 269 Abs. 3 S. 3 ZPO über die Kosten des Verfahrens nach billigem Ermessen unter Berücksichtigung des bisherigen Sach- und Streitstandes zu entscheiden.

Danach sind dem Kläger die Kosten des Verfahrens aufzuerlegen. Insoweit ist zu berücksichtigen, dass

☐ der Beklagte keinen Anlass zur Klageerhebung gegeben hat und die berechtigte Forderung unverzüglich ausgeglichen wurde.

☐ die Klage erhoben wurde, obwohl eine angemessene Frist zur Prüfung des Schadensfalles von 4 bis 8 Wochen vorliegend noch nicht abgelaufen war (OLG Rostock MDR 2001, 935; LG Aachen SP 1999, 199; LG Landau SP 1993, 29; LG München I zfs 1990, 230; OLG München VersR 1979, 479; LG Bielefeld zfs 1988, 282; LG Zweibrücken zfs 1986, 75). Der Beklagte hat schon am ▓▓▓ deutlich gemacht, dass eine Regulierung erfolgen wird, wenn die Prüfung ergibt, dass die geltend gemachte Forderung dem Grunde nach berechtigt ist.
Beweis: Schreiben vom ▓▓▓

☐ der Beklagte schon mit Schreiben vom ▓▓▓ angekündigt hat, die Klageforderung bis zum ▓▓▓ auszugleichen, weil ▓▓▓ Die gleichwohl erfolgte Klageerhebung ist insoweit mutwillig und allein in dem Willen vorgenommen worden, dem Beklagten weiteren Schaden zuzufügen.
Beweis: Schreiben vom ▓▓▓

☐ ▓▓▓
Beweis: Schreiben vom ▓▓▓

Es wird um antragsgemäße Entscheidung gebeten.

Rechtsanwalt

▲

XXIX. Muster: Klageerwiderung mit dem Hinweis auf ganze oder teilweise Erfüllung nach Anhängigkeit aber vor Rechtshängigkeit der Klage

▼

An das
☐ Amtsgericht
☐ Landgericht

in

In dem Rechtsstreit

Kläger ./. Beklagter

Az:

zeige ich an, dass der Beklagte vom Unterzeichner vertreten wird. Namens und in Vollmacht des Beklagten wird mitgeteilt, dass dieser sich gegen die Klage verteidigen will.

Namens und in Vollmacht des Beklagten werde ich beantragen,

die Klage abzuweisen.

Zur **Klageerwiderung** wird wie folgt vorgetragen:

I.

Zunächst ist darauf hinzuweisen, dass der Beklagte nach Anhängigkeit der vom stammenden Klage am den Klageanspruch in Höhe von EUR erfüllt hat. Der Kläger wird in diesem Umfange die Klage zurückzunehmen haben.

Selbst wenn man dem nicht folgen wollte, wären dem Kläger die Kosten des Verfahrens nach § 269 Abs. 3 S. 3 ZPO unter Berücksichtigung des Sach- und Streitstandes nach billigem Ermessen aufzuerlegen. Insoweit ist zu berücksichtigen, dass

☐ der Beklagte keinen Anlass zur Klageerhebung gegeben hat und die berechtigte Forderung unverzüglich ausgeglichen wurde.

☐ die Klage erhoben wurde, obwohl eine angemessene Frist zur Prüfung des Schadensfalles von 4 bis 8 Wochen vorliegend noch nicht abgelaufen war (OLG Rostock MDR 2001, 935; LG Aachen SP 1999, 199; LG Landau SP 1993, 29; LG München I zfs 1990, 230; OLG München VersR 1979, 479; LG Bielefeld zfs 1988, 282; LG Zweibrücken zfs 1986, 75). Der Beklagte hat schon am deutlich gemacht, dass eine Regulierung erfolgen wird, wenn die Prüfung ergibt, dass die geltend gemachte Forderung dem Grunde nach berechtigt ist.

☐ der Beklagte schon mit Schreiben vom angekündigt hat, die Klageforderung bis zum auszugleichen, weil Die gleichwohl erfolgte Klageerhebung ist insoweit mutwillig und allein in dem Willen vorgenommen worden, dem Beklagten weiteren Schaden zuzufügen.

☐

II.

Soweit die Klageforderung nicht erfüllt worden ist, ist der geltend gemachte Anspruch nicht gegeben und die Klage damit unbegründet. Die Sach- und Rechtslage stellt sich anders als vom Kläger dargestellt dar.

§ 6 Die Klageerwiderung

Dem Kläger steht der geltend gemachte Anspruch nicht zu, weil
- ☐ der von ihm dargestellte Sachverhalt nicht dem tatsächlichen Geschehen entspricht.
- ☐ der von dem Kläger dargestellte Sachverhalt teilweise nicht dem tatsächlichen Geschehen entspricht und unter Berücksichtigung des tatsächlichen Geschehensablaufes der geltend gemachte Anspruch nicht begründet werden kann.
- ☐ der vom Kläger geltend gemachte Sachverhalt zwar den Tatsachen entspricht, der geltend gemachte Anspruch hieraus jedoch nicht hergeleitet werden kann.
- ☐ der mit der Klage geltend gemachte Anspruch zwar ursprünglich bestanden hat, jedoch jetzt nicht mehr besteht, weil ▓▓▓
- ☐ ▓▓▓

Im Einzelnen ist hierzu Folgendes vorzutragen:

1.
- ☐ Die Klage ist bereits unzulässig, weil
  - ☐ das angerufene Gericht nicht zuständig ist, weil ▓▓▓
  - ☐ der Klage der Einwand der anderweitigen Rechtshängigkeit gem. § 161 ZPO entgegensteht, nämlich ▓▓▓
  - ☐ der Klage der Einwand der anderweitigen Rechtskraft entgegensteht, weil ▓▓▓
  - ☐ ▓▓▓
- ☐ Einwände gegen die Zulässigkeit der Klage werden nicht erhoben.

2.
Die zulässige Klage ist unbegründet, weil dem Kläger der geltend gemachte Anspruch nicht zusteht.

a)
Der tatsächliche Sachverhalt hat sich anders zugetragen, als vom Kläger behauptet.

Unrichtig ist die Behauptung des Klägers, dass ▓▓▓

Richtig ist vielmehr, dass ▓▓▓
- ☐ ▓▓▓
- ☐ ▓▓▓

Damit stellt sich der Sachverhalt insgesamt wie folgt dar: ▓▓▓

  Beweis: ▓▓▓

b)
Ausgehend von dem vorstehend dargestellten und unter Beweis gestellten Sachverhalt besteht der geltend gemachte Anspruch nicht.

Soweit der Kläger seinen Anspruch aus § ▓▓▓ herleiten will, fehlt es an der Voraussetzung, dass ▓▓▓

Auch soweit § ▓▓▓ als weitere Anspruchsgrundlage in Betracht gezogen werden sollte, sind dessen Voraussetzungen nicht gegeben. Dies ergibt sich im Einzelnen daraus, dass ▓▓▓

c)
Selbst wenn das erkennende Gericht entgegen den vorstehenden Ausführungen davon ausgehen sollte, dass der geltend gemachte Anspruch ursprünglich bestanden hat, kann die Klage keinen Erfolg haben. Aus dem dargestellten Sachverhalt ergibt sich, dass dem

Kläger die Einwendung der ▌ zusteht. Diese ergibt sich aus § ▌ ; danach ist erforderlich, dass ▌

Diese Voraussetzungen sind vorliegend gegeben, da ▌.

3.

Soweit das Gericht, der diesseitigen Auffassung nicht folgend, den Vortrag als unzureichend oder unsubstantiiert ansieht, um dem Klageanspruch erheblich entgegenzutreten, oder wenn sonst Bedenken gegen die gefassten Anträge, die Erheblichkeit und Substantiierung des Vortrages und die hiesige Sicht der Beweislast bestehen, wird um einen entsprechenden Hinweis nach § 139 ZPO oder eine prozessleitende Verfügung nach § 273 Abs. 2 Nr. 1 ZPO gebeten. Nur aus anwaltlicher Fürsorge wird darauf hingewiesen, dass die gerichtliche Hinweis- und Aufklärungspflicht nach der neueren Rechtsprechung (BGH NJW 2001, 2548; OLG Köln NJW-RR 2001, 1724) auch gegenüber der anwaltlich vertretenen Partei uneingeschränkt besteht.

Rechtsanwalt

XXX. Muster: Klageerwiderung nach ganzer oder teilweiser Erfüllung nach Rechtshängigkeit

▼

An das
☐ Amtsgericht
☐ Landgericht

in ▌

In dem Rechtsstreit

     Kläger ./. Beklagter
     Az: ▌

zeige ich an, dass der Beklagte vom Unterzeichner vertreten wird. Namens und in Vollmacht des Beklagten wird mitgeteilt, dass dieser sich gegen die Klage verteidigen will.

Der Beklagte hat den mit der Klage geltend gemachten Anspruch am ▌, d.h. nach der am ▌ begründeten Rechtshängigkeit, in Höhe von ▌ EUR erfüllt.

Der Beklagte geht davon aus, dass der Kläger in diesem Umfang die Hauptsache für erledigt erklären wird. Der Beklagte schließt sich dieser Erledigungserklärung schon jetzt
☐ mit dem Antrag, dem Kläger gem. § 91a ZPO die insoweit entstandenen Kosten aufzuerlegen

an.

Soweit die Klageforderung nicht erfüllt wurde, werde ich namens und in Vollmacht des Beklagten beantragen,

  die Klage abzuweisen.

§ 6 Die Klageerwiderung

Zur **Klageerwiderung** wird wie folgt vorgetragen:

I.

Der Beklagte hat die Klageforderung am ▓▓▓ in Höhe von ▓▓▓ EUR erfüllt. Damit ist die Hauptsache in diesem Umfang erledigt und lediglich über die Kosten gem. § 91a ZPO zu entscheiden.

- ☐ Dabei entspricht es unter Berücksichtigung des Sach- und Streitstandes, wie er sich aus den nachfolgenden Ausführungen ergibt, billigem Ermessen, die Kosten dem Kläger aufzuerlegen, weil ▓▓▓
- ☐ der Beklagte keinen Anlass zur Klageerhebung gegeben hat und die berechtigte Forderung unverzüglich ausgeglichen wurde.
- ☐ die Klage erhoben wurde, obwohl eine angemessene Frist zur Prüfung des Schadensfalles von 4 bis 8 Wochen vorliegend noch nicht abgelaufen war (OLG Rostock MDR 2001, 935; LG Aachen SP 1999, 199; LG Landau SP 1993, 29; LG München I zfs 1990, 230; OLG München VersR 1979, 479; LG Bielefeld zfs 1988, 282; LG Zweibrücken zfs 1986, 75). Der Beklagte hat schon am ▓▓▓ deutlich gemacht, dass eine Regulierung erfolgen wird, wenn die Prüfung ergibt, dass die geltend gemachte Forderung dem Grunde nach berechtigt ist.
- ☐ der Beklagte schon mit Schreiben vom ▓▓▓ angekündigt hat, die streitgegenständliche Forderung in der erfolgten Höhe bis zum ▓▓▓ auszugleichen, weil ▓▓▓ Die gleichwohl erfolgte Klageerhebung ist insoweit mutwillig und allein in dem Willen vorgenommen worden, dem Beklagten weiteren Schaden zuzufügen.
- ☐ ▓▓▓

II.

Soweit die Klageforderung nicht erfüllt worden ist, ist der geltend gemachte Anspruch nicht gegeben und die Klage damit unbegründet. Die Sach- und Rechtslage stellt sich anders als vom Kläger dargestellt dar.

Dem Kläger steht der geltend gemachte Anspruch nicht zu, weil
- ☐ der von ihm dargestellte Sachverhalt nicht dem tatsächlichen Geschehen entspricht.
- ☐ der von dem Kläger dargestellte Sachverhalt teilweise nicht dem tatsächlichen Geschehen entspricht und unter Berücksichtigung des tatsächlichen Geschehensablaufes der geltend gemachte Anspruch nicht begründet werden kann.
- ☐ der vom Kläger geltend gemachte Sachverhalt zwar den Tatsachen entspricht, der geltend gemachte Anspruch hieraus jedoch nicht hergeleitet werden kann.
- ☐ der mit der Klage geltend gemachte Anspruch zwar ursprünglich bestanden hat, jedoch jetzt nicht mehr besteht, weil ▓▓▓
- ☐ ▓▓▓

Im Einzelnen ist hierzu Folgendes vorzutragen:

1.
- ☐ Die Klage ist bereits unzulässig, weil
   - ☐ das angerufene Gericht nicht zuständig ist, weil ▓▓▓
   - ☐ der Klage der Einwand der anderweitigen Rechtshängigkeit gem. § 161 ZPO entgegensteht, nämlich ▓▓▓
   - ☐ der Klage der Einwand der anderweitigen Rechtskraft entgegensteht, weil ▓▓▓
   - ☐ ▓▓▓
- ☐ Einwände gegen die Zulässigkeit der Klage werden nicht erhoben.

2.

Die zulässige Klage ist unbegründet, weil dem Kläger der geltend gemachte Anspruch nicht zusteht.

a)

Der tatsächliche Sachverhalt hat sich anders zugetragen, als vom Kläger behauptet.

Unrichtig ist die Behauptung des Klägers, dass

Richtig ist vielmehr, dass

☐

☐

Damit stellt sich der Sachverhalt insgesamt wie folgt dar:

    Beweis:

b)

Ausgehend von dem vorstehend dargestellten und unter Beweis gestellten Sachverhalt besteht der geltend gemachte Anspruch nicht.

Soweit der Kläger seinen Anspruch aus § herleiten will, fehlt es an der Voraussetzung, dass

Auch soweit § als weitere Anspruchsgrundlage in Betracht gezogen werden sollte, sind dessen Voraussetzungen nicht gegeben. Dies ergibt sich im Einzelnen daraus, dass

c)

Selbst wenn das erkennende Gericht entgegen den vorstehenden Ausführungen davon ausgehen sollte, dass der geltend gemachte Anspruch ursprünglich bestanden hat, kann die Klage keinen Erfolg haben. Aus dem dargestellten Sachverhalt ergibt sich, dass dem Kläger die Einwendung der zusteht. Diese ergibt sich aus § ; danach ist erforderlich, dass

Diese Voraussetzungen sind vorliegend gegeben, da

III.

Soweit das Gericht, der diesseitigen Auffassung nicht folgend, den Vortrag als unzureichend oder unsubstantiiert ansieht, um dem Klageanspruch erheblich entgegenzutreten, oder wenn sonst Bedenken gegen die gefassten Anträge, die Erheblichkeit und Substantiierung des Vortrages und die hiesige Sicht der Beweislast bestehen, wird um einen entsprechenden Hinweis nach § 139 ZPO oder eine prozessleitende Verfügung nach § 273 Abs. 2 Nr. 1 ZPO gebeten. Nur aus anwaltlicher Fürsorge wird darauf hingewiesen, dass die gerichtliche Hinweis- und Aufklärungspflicht nach der neueren Rechtsprechung (BGH NJW 2001, 2548; OLG Köln NJW-RR 2001, 1724) auch gegenüber der anwaltlich vertretenen Partei uneingeschränkt besteht.

Rechtsanwalt

§ 6 Die Klageerwiderung

XXXI. Muster: Grundmuster einer materiellen Klageerwiderung

6.31

▼

325 An das
☐ Amtsgericht
☐ Landgericht

in ▓▓▓▓

In dem Rechtsstreit

Kläger ./. Beklagter

Az: ▓▓▓▓

zeige ich an, dass der Beklagte vom Unterzeichner vertreten wird. Namens und in Vollmacht des Beklagten wird mitgeteilt, dass dieser sich gegen die Klage verteidigen will.

Namens und in Vollmacht des Beklagten werde ich in der mündlichen Verhandlung beantragen,

die Klage abzuweisen.

Zur **Klageerwiderung** wird wie folgt vorgetragen:

Die Klage ist
☐ bereits unzulässig, ungeachtet dessen aber auch unbegründet.
☐ zwar zulässig, nicht jedoch begründet.

Dem Kläger steht der geltend gemachte Anspruch nicht zu, weil
☐ der von ihm dargestellte Sachverhalt nicht dem tatsächlichen Geschehen entspricht.
☐ der von dem Kläger dargestellte Sachverhalt teilweise nicht dem tatsächlichen Geschehen entspricht und unter Berücksichtigung des tatsächlichen Geschehensablaufes der geltend gemachte Anspruch nicht begründet werden kann.
☐ der vom Kläger geltend gemachte Sachverhalt zwar den Tatsachen entspricht, der geltend gemachte Anspruch hieraus jedoch nicht hergeleitet werden kann.
☐ der mit der Klage geltend gemachte Anspruch zwar ursprünglich bestanden hat, jedoch jetzt nicht mehr besteht, weil ▓▓▓▓
☐ ▓▓▓▓

Im Einzelnen ist hierzu Folgendes vorzutragen:

I.
☐ Die Klage ist bereits unzulässig, weil
  ☐ das angerufene Gericht nicht zuständig ist, weil ▓▓▓▓
  ☐ der Klage der Einwand der anderweitigen Rechtshängigkeit gem. § 161 ZPO entgegensteht, nämlich ▓▓▓▓
  ☐ der Klage der Einwand der anderweitigen Rechtskraft entgegensteht, weil ▓▓▓▓
  ☐ der Klage die Einrede der Zuständigkeit der Schiedsgerichtsbarkeit entgegensteht, weil ▓▓▓▓
  ☐ die Klägerin nicht parteifähig ist, weil ▓▓▓▓
  ☐ die Klägerin nicht prozessfähig ist, weil ▓▓▓▓
  ☐ der Klage das Rechtsschutzbedürfnis fehlt, weil ▓▓▓▓
  ☐ ▓▓▓▓
☐ Einwände gegen die Zulässigkeit der Klage werden nicht erhoben.

II.
Die zulässige Klage ist unbegründet, weil dem Kläger der geltend gemachte Anspruch nicht zusteht.

1.
Der tatsächliche Sachverhalt hat sich anders zugetragen, als vom Kläger behauptet.

Unrichtig ist die Behauptung des Klägers, dass

Richtig ist vielmehr, dass

☐

☐

Damit stellt sich der Sachverhalt insgesamt wie folgt dar:

> Beweis:

2.
Ausgehend von dem vorstehend dargestellten und unter Beweis gestellten Sachverhalt besteht der geltend gemachte Anspruch nicht.

Soweit der Kläger seinen Anspruch aus § herleiten will, fehlt es an der Voraussetzung, dass

Auch soweit § als weitere Anspruchsgrundlage in Betracht gezogen werden sollte, sind dessen Voraussetzungen nicht gegeben. Dies ergibt sich im Einzelnen daraus, dass

3.
Selbst wenn das erkennende Gericht entgegen den vorstehenden Ausführungen davon ausgehen sollte, dass der geltend gemachte Anspruch ursprünglich bestanden hat, kann die Klage keinen Erfolg haben. Aus dem dargestellten Sachverhalt ergibt sich, dass dem Kläger die Einwendung der zusteht. Diese ergibt sich aus § ; danach ist erforderlich, dass

Diese Voraussetzungen sind vorliegend gegeben, da

III.
Soweit das Gericht, der diesseitigen Auffassung nicht folgend, den Vortrag als unzureichend oder unsubstantiiert ansieht, um dem Klageanspruch erheblich entgegenzutreten, oder wenn sonst Bedenken gegen die gefassten Anträge, die Erheblichkeit und Substantiierung des Vortrages und die hiesige Sicht der Beweislast bestehen, wird um einen entsprechenden Hinweis nach § 139 ZPO oder eine prozessleitende Verfügung nach § 273 Abs. 2 Nr. 1 ZPO gebeten. Nur aus anwaltlicher Fürsorge wird darauf hingewiesen, dass die gerichtliche Hinweis- und Aufklärungspflicht nach der neueren Rechtsprechung (BGH NJW 2001, 2548; OLG Köln NJW-RR 2001, 1724) auch gegenüber der anwaltlich vertretenen Partei uneingeschränkt besteht.

Rechtsanwalt

▲

§ 7 Die Streitverkündung

Bernhard M. Schiffers/Dr. Alexander Walter

Inhalt

	Rdn		Rdn
A. Einleitung	1	2. Berichtigung falscher Kostenentscheidungen	57
B. Rechtliche Grundlagen	6	3. Streitwert	59
I. Zulässigkeit der Streitverkündung	6	**C. Muster**	60
1. Gesetzliche Voraussetzungen	6	I. Muster: Streitverkündungsschrift des Klägers	60
2. Anhängigkeit eines Rechtsstreits; besondere Verfahren	17	II. Muster: Streitverkündungsschrift des Beklagten	61
3. Exkurs: Streitverkündungsvereinbarung	20	III. Muster: Streitverkündungsschrift im selbstständigen Beweisverfahren	62
II. Form der Streitverkündung	24		
III. Wirkung der Streitverkündung	29	IV. Muster: Ablehnung des Sachverständigen durch den Streithelfer	63
1. Bindungswirkung	29		
a) Grundlagen	29	V. Muster: Berufung durch den Streithelfer	64
b) Umfang der Bindung im Folgeprozess	31		
c) Grenzen der Bindungswirkung	34	VI. Muster: Streitverkündungsvereinbarung	65
2. Verbot widersprechender Handlungen zur Hauptpartei	37	VII. Muster: Rüge der unzulässigen Streitverkündung im Folgeprozess	66
3. Hemmung der Verjährung	43		
4. Stellung des Streitverkündungsempfängers	47	VIII. Muster: Antrag auf Urteilsergänzung wegen fehlerhafter Kostenentscheidung	67
IV. Beitritt oder Nichtbeitritt	48		
V. Kosten der Streitverkündung	55		
1. Gesonderte Kostenentscheidung im Urteil	55		

Literatur

Althammer/Würdinger, Die verjährungsrechtlichen Auswirkungen der Streitverkündung, NJW 2008, 2620; *Bischoff*, Praxisprobleme der Streitverkündung, MDR 1999, 787; *Bereska*, Streitverkündung im Nichtzulassungsbeschwerdeverfahren, jurisPR-PrivBauR 3/2009; *Böckermann*, Ablehnung eines Sachverständigen oder Richters durch Streitverkündung oder Klageerhebung, MDR 2002, 1348; *Boldt*, Streitverkündung: Rechte des Nebenintervenienten, BauR 2013, 287; *Bräuer*, Streitverkündung und Verjährung, AnwBl 2006, 350; *Chab*, Streitverkündung im Anwaltsregress, AnwBl. 2008, 290; *Cuypers*, Die Streitverkündung im Bauprozess und selbstständigen Beweisverfahren, ZfBR 1998, 163; *Deckers*, Der Gegenstandswert der Nebenintervention, ZfBR 2017, 315; *Fischer*, Zur Frage der Wirksamkeit einer Streitverkündung zur Unterbrechung der Verjährung, LMK 2008, 254201; *Flache/Schrader*, Die Interventionswirkung der Streitverkündung im Bauprozess, NJW-Spezial 2014, 492; *Freund*, Zur Streitverkündung: Zulässigkeit, Zwischenstreit und Gegenstandswert, NZBau 2010, 83; *Ghassemi-*

§ 7 Die Streitverkündung

Tabar/Eckner, Streitverkündung – Rechtsprechungsüberblick zu Möglichkeiten, Wirkungen und Kosten, MDR 2012, 1136; *Giesen*, Streitverkündung und Nebenintervention im Kapitalanleger-Musterverfahren, NJW 2017, 3691; *Göbel*, Streitverkündung und Aussetzung im Bauprozess, BauR 2004, 1533; *Gottwald/Malterer*, Zur Streitverkündung im selbstständigen Beweisverfahren, JZ 1998, 261; *Gruschwitz*, Streitverkündung gegenüber dem Prozessbevollmächtigten, 2015; *Haertlein*, Beteiligung Dritter am Rechtsstreit – Streithilfe und Streitverkündung, JA 2007, 10; *Hirtz*, Chancen und Grenzen von Schiedsvereinbarungen, ZAP Fach 23, 837; *Kappelhoff*, Verjährungsverhinderung bei potenziellem Innenregress von Baubeteiligten, NJW 2014, 2775; *Karwatzki*, Der Streitbeitritt durch schlüssiges Verhalten, ZAP Fach 13, 1617; *Kießling*, Die Kosten der Nebenintervention im selbstständigen Beweisverfahren der §§ 485 ff. ZPO außerhalb des Hauptsacheverfahrens, NJW 2001, 3668; *Klose*, Chancen und Risiken der Streitverkündung, NJW 2008, 249; *Klose*, Die Streitverkündung als notwendiges Werkzeug im prozessualen Arsenal für einen erfolgreichen Zivilprozess, NJ 2011, 491; *Köper*, Die Streitverkündung, JA 2004, 741; *Krüger/Rahlmeyer*, Die Streitverkündung im Zivilprozess, JA 2014, 202; *Louven*, Die Beteiligung Dritter an einem Rechtsstreit, ZAP Fach 19, 757; *Lühl*, Die Streitverkündung in der Rechtsanwaltsklausur im Zivilrecht, JA 2017, 700; *Mansel*, Gerichtsstandsvereinbarungen und Ausschluss der Streitverkündung durch Prozessvertrag, ZZP 109, 61; *Meier*, Zwischenstreit über Nebeninterventionen und Interventionswirkung, NZBau 2016, 270; *Müller*, Umfang der Interventionswirkung, JuS 1992, 535; *Oberthür*, Die Streitverkündung im arbeitsgerichtlichen Verfahren, ArbRB 2006, 29; *Parmentier*, Förmliche Zustellung der Streitverkündungsschrift, BauR 2001, 888; *Peters*, Zur Hemmung der Verjährung durch die Streitverkündung, JR 2008, 465; *Peters*, Die Streitverkündung und das Gebot der Waffengleichheit der Beteiligten, ZZP 123 (2010), 321; *Petersen*, Die Streitverkündung, Jura 2017, 1285; *Prechtel*, Kostenrisiken für den Streithelfer, ZAP Fach 13, 1665; *Prechtel*, Anwaltszwang für den Streithelfer, DRiZ 2008, 84; *Regenfus*, Die „weitere Streitverkündung" (§ 72 III ZPO), NZM 2010, 226; *Reinelt*, Streitverkündung bei alternativen Haftungsereignissen, ZAP Fach 13, 2055; *Reinelt*, Voraussetzung und Folgen der Streitverkündung, jurisPR-BGHZivilR 3/2008; *Rickert/König*, Die Streitverkündung gegenüber dem gerichtlich bestellten Sachverständigen, NJW 2005, 1829; *Schilling*, Die beschränkte Streitverkündung – ein Mittel zur effizienteren und kostengünstigeren Führung von Bauprozessen?, BauR 2001, 147; *Schmitt/Wagner*, Die Beteiligung Dritter am Zivilprozess, Jura 2014, 372; *Schreiber*, Nebenintervention, Streitverkündung, Hauptintervention, Jura 2011, 503; *Schröder*, Folgen der Streitverkündung, BauR 2007, 1324; *Schulz*, Förmliche Zustellung der Streitverkündungsschrift, BauR 2001, 327; *Schwaiger*, Zivilprozess: Der richtige Umgang mit der Streitverkündung, AnwBl 2017, 1226; *Segger*, Prozessuale Fragen des Regresses in der Leistungskette, NZBau 2017, 397; *Seggewiße*, Streitverkündung Mahnverfahren, NJW 2006, 3037; *Seibel*, Müssen einer Streitverkündigungsschrift zur Angabe der „Lage des Rechtsstreits" Ablichtungen aus den Gerichtsakten beigefügt werden?, BauR 2014, 456; *Sohn*, Haftungsfalle Streitverkündung, BauR 2007, 1308; *Stretz*, Die Streitverkündung im staatlichen Gerichtsverfahren und ihre Interventionswirkung im anschließenden

Schiedsverfahren, SchiedsVZ 2013, 193; *Ulrich,* Zur Reichweite der Streitverkündung, BauR 2013, 9; *Wehrberger,* Besonderheiten der Streitverkündung, AnwBl 2001, 638 und 2002, 51; *Weingart,* Die Nebenintervention – ein missverstandenes Instrument, insbesondere nach vorausgegangener Streitverkündung, BauR 2016, 1692; *Wilke,* Zur Streitverkündung und Nebenintervention im Bauprozess, BauR 1995, 465; *Wintermeier,* Die Streitverkündung im selbstständigen Beweisverfahren, JA 2016, 528; *Wust,* Streitverkündung und Streithilfe im selbstständigen Beweisverfahren am Beispiel eines Werkvertrags, NJW 2017, 2886.

A. Einleitung

Die Beteiligung eines Dritten an einem Rechtsstreit, um diesen an das Prozessergebnis zu binden, ist eine äußerst wichtige Prozesshandlung. Bereitet der Rechtsanwalt eine Klageerhebung vor, kommen oft **alternativ** verschiedene Anspruchsgegner in Betracht. Dann muss die Erforderlichkeit einer Streitverkündung geprüft werden. Entsprechendes gilt für den Prozessvertreter eines Beklagten bei Abfassung der Klageerwiderung bei der Möglichkeit eines Regresses. Die Rechtskraft einer das Prozessrechtsverhältnis zwischen Kläger und Beklagtem betreffenden Entscheidung wirkt grundsätzlich nur „inter partes" (Ausnahme: Rechtskrafterstreckung) und nur auf den Urteilsspruch bezogen. Daher besteht die Gefahr widerstreitender Urteile, wenn der Sachverhalt eines Rechtsstreites noch einmal im Verhältnis zu einem **Dritten** (selbst wenn es der eigene Streitgenosse ist[1]) eine Rolle spielt. Es droht dann der „doppelte Prozessverlust", wenn Kläger oder Beklagter aus demselben Sachverhalt auch Rechte gegen Dritte herleiten oder deren Ansprüche befürchten. Diese Gesichtspunkte sind frühzeitig zu beachten. 1

Mit der Streitverkündung soll ein bisher nicht beteiligter **Dritter an das Prozessergebnis gebunden** werden (sog. Interventionswirkung nach §§ 74, 68 ZPO). Weiterhin wird durch die Streitverkündung die Verjährung der Ansprüche des Streitverkünders gegenüber dem Streitverkündungsadressaten gehemmt (§ 204 Abs. 1 Nr. 6 BGB). Vereinzelt schreibt das Gesetz auch eine Pflicht zur Streitverkündung vor (wenn z.B. der Pfändungsgläubiger gegen den Drittschuldner klagt, muss er dem Schuldner gem. § 841 ZPO regelmäßig den Streit verkünden). 2

Auch der **Streitverkündungsempfänger** muss bei seiner **Entscheidung über einen Beitritt** abwägen. Die Möglichkeiten des Streitverkündungsadressaten, mit einem Beitritt etwa zu taktieren, um seinen Sachvortrag erst zu gegebener Zeit im Prozessverlauf vorzutragen, werden durch die Präklusionsvorschriften bzw. die begrenzte Zulassung neuen Vorbringens in der Berufungsinstanz begrenzt. Im Zweifel ist es auch geboten, den Streit (ggf. auch mehreren Dritten) zu verkünden. 3

Maßgebliche gesetzliche Vorschriften für die Streitverkündung sind die §§ 72–74 ZPO. In ihrer prozessrechtlichen Wirkung weist die Streitverkündung erhebliche Überschnei- 4

---

1 Zur komplexen Lage bei notwendigen Streitgenossen BGH NJW-RR 2014, 903.

dungen zur **Nebenintervention** auf. Während bei einer Streitverkündung (§§ 72 ff. ZPO) ein nicht beteiligter Dritter in den Prozess eingebunden werden soll, wird der Nebenintervenient (§§ 66 ff. ZPO) von vornherein selbst initiativ und erklärt seinen Beitritt. Beide eint die sog. **Interventionswirkung** nach § 68 ZPO (vgl. § 74 ZPO), die weiter als die Rechtskraftwirkung reicht. Im Wege der Nebenintervention kann sich also ein Dritter (ohne eine ausgesprochene Streitverkündung) an einem zwischen zwei anderen Personen anhängigen Rechtsstreit beteiligen und eine Partei, an deren Obsiegen er ein rechtliches Interesse hat, unterstützen. Der **Begriff des rechtlichen Interesses** in § 66 Abs. 1 ZPO ist weit auszulegen. Erforderlich ist, dass der Nebenintervenient zu der unterstützten Partei oder dem Gegenstand des Rechtsstreits in einem Rechtsverhältnis steht, auf das die Entscheidung des Rechtsstreits durch ihren Inhalt oder ihre Vollstreckung unmittelbar oder auch nur mittelbar rechtlich einwirkt. Der bloße Wunsch der Nebenintervenienten, der Rechtsstreit möge zugunsten einer Partei entschieden werden, und die Erwartung, dass die damit befassten Gerichte auch in einem künftigen eigenen Rechtsstreit mit einer Partei an einem einmal eingenommenen Standpunkt festhalten und zu einer ihnen günstigen Entscheidung gelangen sollten, stellen lediglich Umstände dar, die ein tatsächliches Interesse am Obsiegen einer Partei zu erklären vermögen. Auch der denkbare Umstand, dass in beiden Fällen dieselben Ermittlungen angestellt werden müssen oder über gleichgelagerte Rechtsfragen zu entscheiden ist, genügt nicht.[2]

5 *Beispiel*

*Der **Krankenversicherer des Patienten** hat lediglich ein tatsächliches Interesse am Ausgang eines Arzthaftungsprozesses zwischen Patient und Arzt bzw. Krankenhaus. Er ist unabhängig vom Ausgang des Rechtsstreits im Umfang seiner Einstandspflicht gegenüber dem Patienten eintrittspflichtig. Allein die Unterstützung des Patienten mit dem Ziel, in einem späteren Prozess selbst erfolgreich zu regressieren, genügt nicht für ein rechtliches Interesse.[3]*

B. Rechtliche Grundlagen

I. Zulässigkeit der Streitverkündung

1. Gesetzliche Voraussetzungen

6 Nach § 72 ZPO ist die Streitverkündung zulässig, wenn eine Partei (Kläger, Beklagter, Antragsteller oder Antragsgegner) meint, für den Fall des ihr ungünstigen Ausganges des Rechtsstreites einen Anspruch auf Gewährleistung oder Schadloshaltung gegen einen **Dritten** (Dritter kann auch der eigene/fremde Streitgenosse sein[4]) zu haben („**Sicherungsstreitverkündung**") oder den Anspruch eines Dritten besorgen zu müssen („**Abwehrstreitverkündung**"). Die **Zulässigkeit der Streitverkündung** ist grundsätzlich

---

[2] Zum Ganzen BGH NJW-RR 2011, 907, 908.
[3] OLG Koblenz NJW-RR 2009, 963.
[4] BGH NJW 1953, 420, 421.

B. Rechtliche Grundlagen §7

nicht im Erstprozess, in dem der Streit verkündet wird, sondern erst im **Folgeverfahren** zwischen dem Streitverkünder und dem Streitverkündungsempfänger zu prüfen.[5]

Der **Wortlaut** der gesetzlichen Vorschriften erfasst nicht alle zulässigen Fallgestaltungen und ist begrifflich **zu eng gefasst**. Eine Streitverkündung ist immer dann zulässig, wenn der Streitverkünder zu der Annahme berechtigt ist, dass durch die im Vorprozess zu treffenden Feststellungen ein Folgeprozess ganz oder teilweise entbehrlich werden könnte.[6] Die Vorschrift ist also weit auszulegen.[7] Es kommt darauf an, dass der Anspruch, welcher den Grund für die Streitverkündung bildet, mit dem Anspruch, welcher den Gegenstand des Hauptprozesses darstellt, in einem **Verhältnis der wechselseitigen Ausschließung** steht.[8] Maßgeblich ist hierbei allein die „subjektive Sicht des Streitverkünders", weshalb unerheblich ist, ob der Drittanspruch nach der objektiven Rechtslage wirklich besteht.[9] 7

> *Beispiele* 8
>
> Beispiele für die Zulässigkeit der Streitverkündung sind etwa folgende Konstellationen:
>
> - Klage aus Gewährleistung gegen den Bauunternehmer und dessen Streitverkündung gegenüber dem von ihm beauftragten Subunternehmer;
> - Klage auf Schadensersatz gegen den Verkäufer und dessen Streitverkündung gegenüber dem Lieferanten der Sache;
> - Klage auf Schadensersatz gegen den haftpflichtversicherten Versicherungsnehmer und dessen Streitverkündung gegenüber dem Versicherer für den Deckungsprozess.
>
> In allen genannten Fällen glaubt der Streitverkünder im Fall des ihm ungünstigen Ausgangs des Rechtsstreites gegen den Streitverkündungsadressaten einen Anspruch zu haben, der zu dem eingeklagten Anspruch in einem bestimmten Abhängigkeitsverhältnis steht.

Im Fall der sog. **tatsächlichen Alternativität**, d.h. wenn der Geschädigte weiß, dass er entweder von A oder von B geschädigt wurde, ist die Streitverkündung ebenfalls zulässig.[10] 9

Unzulässig ist die Streitverkündung dagegen in den Fällen der sog. **kumulativen Haftung** von Partei und dem Dritten, also z.B. bei der echten Gesamtschuldnerschaft. Haften Beklagter und Streitverkündungsadressat gesamtschuldnerisch nebeneinander, fehlt es an einem berechtigten Interesse an den Wirkungen der Streitverkündung, da beide von 10

---

5 BGH NJW 2011, 1078.
6 BGH NJW 2009, 1488.
7 BGH NJW 2009, 1488.
8 BGH NJW 1989, 522; BGH VersR 1997, 1363; OLG Köln NJW-RR 1991, 1535.
9 BGH NJW 1987, 643.
10 OLG Celle DAR 2008, 648; OLG Köln NJW-RR 1991, 1535.

dem Anspruchsinhaber nebeneinander verklagt werden können.[11] Die Haftung des einen Schuldners hängt nicht vom Ausgang des Prozesses gegen den anderen Schuldner ab.[12]

11 *Hinweis*

Allerdings kann der in Anspruch genommene Gesamtschuldner dem nicht verklagten Gesamtschuldner zur **Absicherung des Gesamtschuldnerausgleichs nach § 426 BGB** den Streit verkünden.[13] Im Ergebnis ist also eine Streitverkündung des Geschädigten gegen einen mutmaßlichen weiteren Gesamtschuldner unzulässig, während der in Anspruch genommene Schuldner dem vermeintlich mithaftenden Gesamtschuldner wegen des Ausgleichsanspruchs den Streit verkünden kann.[14]

12 Besteht dagegen die **Haftung zwischen den Gesamtschuldnern nur zum Teil kumulativ**, dann wird die Streitverkündung ausnahmsweise als zulässig angesehen.[15]

13 Eine Streitverkündung gegenüber dem streitentscheidenden **Richter**[16] oder dem gerichtlich bestellten **Sachverständigen** ist gem. § 72 Abs. 2 ZPO **unzulässig**.[17] Hingegen ist eine Streitverkündung sowohl gegenüber dem eigenen **Prozessbevollmächtigten** als auch gegenüber dem gegnerischen Prozessbevollmächtigten **möglich**, wenn ein Streitverkündungsgrund gegeben ist.[18]

14 Glaubt der Beklagte nach einer Streitverkündung durch den Kläger, seinerseits gegenüber dem Dritten einen Anspruch zu haben, kann auch er ihm den Streit verkünden (sog. **doppelte Streitverkündung** gegenüber dem Dritten). Gerade in Bausachen ist dies im Verhältnis der Beteiligten (Bauherr, Unternehmer, Subunternehmer oder Bauherr, Unternehmer, Architekt) anzutreffen. Der Streitverkündungsempfänger kann auch dann frei entscheiden, ob und auf welcher Seite er beitritt.

15 Dem Dritten ist nach § 74 Abs. 3 ZPO eine **weitere Streitverkündung** möglich (insbesondere bei Kettenverträgen), auch wenn er nicht beigetreten ist. Entscheidend ist sein Interesse und nicht, ob die Streitverkündung auch im Interesse der Hauptpartei liegt.[19]

16 Die Streitverkündung ist eine **förmliche Prozesshandlung**. Es müssen daher die allgemeinen Prozesshandlungsvoraussetzungen vorliegen (zur Form im Übrigen Rdn 24 ff.). Die Erklärung ist **bedingungsfeindlich**.[20] Unzulässig ist daher die (Eventual-)Streitverkündung für den Fall des Obsiegens des Streitverkünders.[21]

---

11 BGH BauR 1982, 514.
12 Vgl. etwa BGH VersR 2016, 1208; BGH NJW 2008, 519, 520.
13 BGH VersR 2016, 1208; MüKo-ZPO/*Schultes*, § 72 ZPO Rn 11.
14 BGH VersR 2016, 1208.
15 BGH NJW 1978, 643; OLG Saarbrücken VersR 2000, 987.
16 *Böckermann*, MDR 2002, 1350.
17 *Rickert/König*, NJW 2005, 1829.
18 BGH NJW 2011, 1078.
19 BGH VersR 1997, 1363.
20 BGH NJW-RR 1989, 766, 767.
21 OLG Düsseldorf NJW-RR 1995, 1122.

2. Anhängigkeit eines Rechtsstreits; besondere Verfahren

Die Streitverkündung erfordert einen **anhängigen**, nicht zwingend aber einen rechtshängigen Rechtsstreit.[22] Sie ist möglich **bis zur rechtskräftigen Entscheidung** des Rechtsstreits. Eine Streitverkündung kann auch noch im Verfahren der Nichtzulassungsbeschwerde erklärt werden.[23] Auch für spezielle in der ZPO vorgesehene Verfahren ist die Anwendbarkeit der Regeln zur Streitverkündung anerkannt. So kommt eine Streitverkündung auch im **Mahnverfahren**,[24] im **Prozesskostenhilfeverfahren**[25] und im **einstweiligen Rechtsschutz**[26] in Betracht. 17

Besondere Bedeutung kommt der **Streitverkündung im selbstständigen Beweisverfahren** zu. Selbst wenn eine ausdrückliche gesetzliche Regelung fehlt, ist die Zulässigkeit der Streitverkündung in einem selbstständigen Beweisverfahren in der Rechtsprechung des BGH seit langem **anerkannt** (näher hierzu § 12 Rdn 75 ff.).[27] Der Beitritt des Streitverkündungsadressaten ist nur bis zur Verfahrensbeendigung möglich (hierzu § 12 Rdn 76). 18

Das **Musterverfahren nach dem KapMuG** ist hingegen **nicht interventionsfähig**. Ein auf den Verfahrensabschnitt des Musterverfahrens bezogener Beitritt und eine auf den Verfahrensabschnitt des Musterverfahrens bezogene Streitverkündung sind nicht statthaft; es erfolgt bereits keine Zustellung der Streitverkündungsschrift.[28] Auch in **Grundbuchsachen** kommt eine Streitverkündung nicht in Betracht.[29] In **FamFG-Sachen** ist eine Streitverkündung entsprechend §§ 72 ff. ZPO nur in Streitsachen eröffnet. 19

3. Exkurs: Streitverkündungsvereinbarung

In der Praxis kommt neben der prozessualen Streitverkündung häufig auch eine **außergerichtliche Streitverkündungsvereinbarung** vor. Die prozessuale Streitverkündung kann sich nicht nur als kostenträchtig erweisen, sondern auch die Gefahr bergen, dass der Streitverkündungsempfänger selbst bei einer etwaigen Vernehmung als Zeuge weniger glaubwürdig ist, da er für den Fall eines bestimmten Prozessausganges Regressansprüche zu befürchten hat. 20

Durch eine außergerichtliche Vereinbarung mit dem potenziellen Streitverkündungsadressaten verpflichtet sich dieser, das demnächst ergehende Urteil so gegen sich gelten zu lassen, als sei ihm der Streit verkündet worden. 21

Gleichzeitig ist unbedingt darauf zu achten, dass die **Vereinbarung die Hemmung der Verjährung umfasst**.[30] Der Streitverkündungsgegner wird durch Übersendung von 22

---

22 BGH NJW 1985, 328.
23 BGH MDR 2010, 323, 325.
24 Vgl. BGH NJW 2006, 773 (zur identischen Lage bei der Nebenintervention).
25 OLG Hamm NJW 1994, 203.
26 Zutreffend Musielak/Voit/*Weth*, § 72 Rn 1.
27 BGH NJW 1997, 859; BGHZ 134, 190.
28 BGH NJW 2017, 3718.
29 BayObLG Rpfleger 1980, 153.
30 *Bräuer*, AnwBl 2000, 312.

Abschriften aller prozessualen Unterlagen über den jeweiligen Stand des Rechtsstreites unterrichtet; auch dies sollte ausdrücklich vereinbart werden.

23 *Tipp*

Vor allem Haftpflichtversicherungen lassen sich auf solche Abreden ein, weil sie dadurch Kosten sparen. Gegenüber dem Gericht sollte auf die Bekanntgabe der Streitverkündungsvereinbarung jedoch verzichtet werden, da ansonsten Einschränkungen bei der Würdigung von Zeugenaussagen zu befürchten sind, falls der potenzielle Streitverkündungsadressat als Zeuge vernommen wird.

II. Form der Streitverkündung

24 Die Streitverkündung ist eine **Prozesshandlung**, für die sämtliche Prozesshandlungsvoraussetzungen gegeben sein müssen. Sie erfolgt durch einen **bestimmenden Schriftsatz**, der **nicht dem Anwaltszwang unterliegt**.[31]

25 Inhaltlich muss in der Streitverkündungsschrift der **Grund der Streitverkündung** angegeben werden (§ 73 S. 1 ZPO). Damit ist das Rechtsverhältnis gemeint, aus dem sich der Rückgriffsanspruch gegen den Empfänger der Streitverkündung ergeben soll. Eine Konkretisierung des Anspruchs der Höhe nach ist nicht erforderlich.[32] Bezogen auf die verjährungshemmende Wirkung der Streitverkündung liegt der Zweck der Vorschrift darin sicherzustellen, dass der Streitverkündungsempfänger mit Zustellung der Streitverkündung Kenntnis davon erlangt, welchen Anspruchs sich der Streitverkündende gegen ihn berühmt. Das Rechtsverhältnis muss deshalb unter Angabe der tatsächlichen Grundlagen so genau bezeichnet werden, dass der Streitverkündungsempfänger – gegebenenfalls nach Einsicht in die Prozessakten (§ 299 ZPO) – prüfen kann, ob es für ihn angebracht ist, dem Rechtsstreit beizutreten.[33]

26 Die Streitverkündung kann folglich **sachlich eingeschränkt** werden, wenn es angezeigt ist, den Streitverkündungsadressaten nur hinsichtlich eines bestimmten Teils des Streitstoffes einzubeziehen.

27 Zudem muss die **Lage des Rechtsstreits** angegeben werden. Hierzu gehört die Mitteilung über die Identität der Parteien, den anhängigen Streitgegenstand, den bisherigen Prozessverlauf (Beweisanordnungen, Beweiserhebungen und -ergebnisse, gerichtliche Fristsetzungen) und einen etwa bevorstehenden Termin. Sicherheitshalber sollte gegenüber dem Gericht angeregt werden, den ggf. bereits bestellten Sachverständigen über einen späteren Beitritt des Streitverkündungsadressaten in Kenntnis zu setzen, damit jener an einem künftigen Ortstermin teilnehmen kann.

28 Der Streitverkünder kann die Streitverkündung bis zur Beendigung des Rechtsstreits wieder **zurücknehmen**.[34] Eine Rücknahme soll aber keinen prozessualen Kostenerstat-

---

[31] BGH NJW 1985, 328.
[32] BGH NJW 2002, 1414.
[33] Zum Ganzen BGH MDR 2010, 323.
[34] Zöller/*Althammer*, § 73 Rn 1.

tungsanspruch des Streitverkündungsadressaten gegenüber dem Streitverkünder zur Folge haben.[35]

III. Wirkung der Streitverkündung

1. Bindungswirkung

a) Grundlagen

Zweck der Streitverkündung ist, im Verhältnis zu dem Dritten die sog. **Interventionswirkung** herbeizuführen (§§ 74 Abs. 3, 68 ZPO). Damit soll der Dritte/Streitverkündungsadressat an die gerichtliche Beurteilung des Sachverhaltes gebunden werden und somit zugleich die Gefahr widerstreitender Urteile im Vor- und Folgeprozess ausgeschlossen werden. Nur das **rechtskräftige Urteil des Vorprozesses** entfaltet eine Bindungswirkung. Im Falle einer Klagerücknahme oder eines Prozessvergleichs[36] wird eine Bindungswirkung nicht begründet. Die Streitverkündung im **selbstständigen Beweisverfahren** hat zur Folge, dass dem Streitverkündungsadressaten das Ergebnis der Beweisaufnahme entsprechend § 68 ZPO in einem nachfolgenden Hauptsacheprozess entgegengehalten werden kann.

> *Hinweis*
>
> Vor dem **Abschluss eines Vergleichs** sollte sorgfältig geprüft werden, ob für den Mandanten die Vorteile der Prozessbeendigung oder die im Falle einer Fortsetzung des Verfahrens bis zu einem Urteil gegebene Bindungswirkung günstiger sind. Hat die Partei in der Berufungsinstanz das **Rechtsmittel zurückgenommen**, kann eine Bindungswirkung hinsichtlich des erstinstanzlichen Urteils eintreten.[37]

b) Umfang der Bindung im Folgeprozess

Die Bindungswirkung der Streitverkündung bindet das Gericht in einem **Folgerechtsstreit** zwischen dem Streitverkünder und dem Streitverkündungsempfänger. Sie ist im Folgeprozess zwischen diesen Parteien[38] **von Amts wegen** zu beachten.[39] Der Streitverkündungsadressat (nur er[40]) muss dann die zugunsten des Streitverkünders getroffenen tatsächlichen Feststellungen und rechtlichen Beurteilungen gegen sich gelten lassen, auf denen das Urteil im Vorprozess beruht (§§ 74 Abs. 1, 68 ZPO). Die Bindungswirkung bezieht sich also nicht nur auf den Entscheidungssatz des Urteils, sondern auch auf die sog. tragenden Feststellungen.

Die **tragenden Feststellungen** des Urteils ergeben sich aus der im Tenor ausgesprochenen Rechtsfolge mit dem dazu im Tatbestand enthaltenen Tatsachenkomplex sowie den

---

35 OLG Köln NJW-RR 2002, 1726.
36 Vgl. etwa KG BeckRS 2015, 118954.
37 Für den Fall der vergleichsweisen Rücknahme des Rechtsmittels in der Berufungsinstanz vgl. BGH NJW 1988, 712.
38 Gegenüber dem früheren Prozessgegner der streitverkündenden Partei kann der Dritte ohne Einschränkungen einwenden, dass der Vorprozess falsch entschieden worden ist: BGH MDR 1990, 437.
39 BGH NJW 2015, 1824.
40 Vgl. BGH NJW 2015, 1824.

dazu in den Gründen enthaltenen tatsächlichen und rechtlichen Grundlagen. **Unmaßgebliche Hilfserwägungen**, obiter dicta und bloße Rechtsansichten, auf denen das Urteil nicht beruht, die also für seine Begründung nicht bedeutsam sind, gehören **nicht** dazu.

33 Ist die beweisbelastete Hauptpartei aus Gründen der **Beweislast (non-liquet)** unterlegen, weil eine Tatsache nicht aufzuklären war, kann der Streitverkündungsadressat im Folgeprozess nicht einwenden, dass der Beweis im Vorprozess doch hätte geführt werden können. Die Unaufklärbarkeit der Tatsache steht als tragende Feststellung des Urteils aufgrund der Bindungswirkung fest, soweit der Streitverkündungsempfänger im Folgeprozess die Beweislast trägt.[41] Ist der vormalige Streitverkündete im Folgeprozess nicht beweisbelastet, dann geht es nicht zu seinen Lasten, dass die streitige Tatsache im Vorprozess nicht bewiesen worden ist.[42]

c) Grenzen der Bindungswirkung

34 Die Bindungswirkung tritt nicht ein, soweit der Streitverkündungsadressat **gehindert war**, auf den Verlauf des Vorprozesses **Einfluss zu nehmen** (§ 68 ZPO). Konnte er auch im Falle seines Beitritts im Vorprozess seinen eigenen Standpunkt nicht zur Geltung bringen, weil er auf die Unterstützung der Hauptpartei beschränkt oder die Streitverkündung zu spät erfolgt ist, besteht für eine Bindungswirkung kein Raum.[43] Erfolgt der Beitritt verzögert bzw. überhaupt nicht, ist für die Beurteilung der Einflussnahmemöglichkeit auf den Zeitpunkt abzustellen, zu dem – nach einer gewissen Überlegungsfrist – eine Beitrittsentscheidung zu erwarten gewesen wäre.[44]

35 Abgesehen von dieser Begrenzung der Interventionswirkung beeinflusst die Unzulässigkeit der Streitverkündung die Bindungswirkung nicht, wenn ein **Beitritt** erfolgt ist und nicht im Zwischenstreit nach § 71 ZPO zurückgewiesen wurde. Die Zulässigkeit der Streitverkündung wird im Folgeprozess also nicht mehr geprüft.[45]

36 Anderes gilt, wenn im Vorprozess **kein Beitritt** (bzw. ein Beitritt aufseiten des Prozessgegners[46]) erfolgt ist: Dann erfordert die Interventionswirkung eine zulässige und wirksame Streitverkündung, was im Folgeprozess **auf Rüge** zu prüfen ist.[47] Der entsprechende Einwand muss zur Meidung einer Heilung nach § 295 ZPO in der ersten mündlichen Verhandlung des Folgeprozesses erfolgen.[48]

2. Verbot widersprechender Handlungen zur Hauptpartei

37 Tritt der Streitverkündungsadressat dem Rechtsstreit bei, um die Hauptpartei zu unterstützen, wird er zum **Streithelfer**. Als Streithelfer bleibt er zwar **Dritter** (er wird nicht

---

[41] BGH NJW 1983, 820.
[42] BGH NJW-RR 2014, 1379, 1381.
[43] BGH NJW 1982, 281 ff.
[44] Vgl. hierzu etwa MüKo-ZPO/*Schultes*, § 74 Rn 7 f.
[45] BGH NJW 2008, 519, 520.
[46] BGH NJW 1983, 820, 821.
[47] BGH NJW 2015, 559.
[48] BGH NJW 1976, 292, 293.

zur Partei des Rechtsstreits),[49] ist aber berechtigt, alle Angriffs- und Verteidigungsmittel (§§ 146 Abs. 1, 282 Abs. 1 ZPO) geltend zu machen und Prozesshandlungen vorzunehmen.

Soweit seine Handlungen und Erklärungen im **Widerspruch** zur Hauptpartei[50] stehen, sind sie **unwirksam** (§ 67 ZPO). Der **Sachvortrag der Partei geht vor.**[51] Ein ergänzender, aber widersprechender Beweisantrag des Streithelfers ist daher nicht zu berücksichtigen. Eine Klagerücknahme gegen den Willen der Hauptpartei ist unzulässig. Solange sich ein gegenteiliger Wille der Hauptpartei nicht feststellen lässt, darf der Streitverkündungsadressat Handlungen und Erklärungen vornehmen. 38

Der Streithelfer kann, wenn die Hauptpartei im Termin säumig ist, ein Versäumnisurteil verhindern. Außerdem kann er einen Befangenheitsantrag gegen den Richter oder den Sachverständigen[52] für die Hauptpartei stellen. Auch kann er **Rechtsmittel** einlegen. Das Rechtsmittel eines einfachen Streithelfers ist aber stets ein Rechtsmittel für die Hauptpartei.[53] 39

Weiterhin kann er einem Dritten seinerseits den Streit verkünden. Dieser Streitverkündungsadressat kann wiederum einem anderen Dritten den Streit verkünden. 40

> *Hinweis* 41
>
> Das Recht zu einer weiteren Streitverkündung ist unabhängig davon, ob der Streitverkündungsadressat dem Rechtsstreit beigetreten ist oder nicht.[54] Vor allem bei der Errichtung von Bauwerken sind regelmäßig eine ganze Reihe von Unternehmern, Fachleuten, Architekten und anderen Dritten beteiligt, die potenzielle Streitverkündungsadressaten sind.

Ein von der Hauptpartei erklärtes Tatsachengeständnis kann der Streitverkündungsadressat widerrufen (§ 290 ZPO). Dieser Widerruf ist wirksam, es sei denn, die Hauptpartei widerspricht dem Widerruf ausdrücklich.[55] 42

3. Hemmung der Verjährung

Das primäre Ziel fast jeder Streitverkündung ist die Hemmung der Verjährung gegenüber dem Streitverkündungsempfänger. Hier lauern mehrere Fallstricke. Nach der Rechtsprechung des BGH hemmt nur eine **zulässige Streitverkündung** die Verjährung (§ 204 Abs. 1 Nr. 6 BGB).[56] Dies gilt auch dann, wenn ein Beitritt im Vorprozess erfolgt ist.[57] 43

---

49 Vgl. nur BGH NJOZ 2017, 568.
50 Zu den Anforderungen an einen Widerspruch vgl. BGH NJOZ 2017, 568.
51 BGH MDR 1982, 314.
52 BGH NJW-RR 2006, 1312.
53 Vgl. nur BGH NJOZ 2017, 568.
54 Zöller/*Althammer*, § 72 Rn 10.
55 BGH MDR 1976, 213.
56 BGH NJW-RR 2015, 1058; BGH NJW 2008, 519.
57 BGH NJW 2008, 519, 520.

Die verjährungshemmende Wirkung tritt also nur dann ein, wenn der sachliche Grund für die Streitverkündung konkret angegeben wurde.[58]

44 Die Hemmung erfordert die Zustellung der Streitverkündung, wobei § 167 ZPO entsprechend anwendbar ist.[59] Sie tritt nur im Verhältnis **zwischen dem Streitverkünder und dem Streitverkündeten** ein; sie erstreckt sich also nicht auf das Verhältnis zwischen anderen Verfahrensbeteiligten und Streitverkündungsempfänger. Vom Ausgang des Vorprozesses ist die Hemmungswirkung unabhängig. Inhaltlich wird die verjährungshemmende Wirkung einer Streitverkündung nicht durch den Streitgegenstand des Vorprozesses, sondern durch das Erfordernis der Zulässigkeit der Streitverkündung und den **Inhalt der Streitverkündungsschrift** bestimmt.[60] Die Hemmungswirkung erstreckt sich also nicht auf Ansprüche, die von den Angaben in der Streitverkündungsschrift nicht umfasst sind.[61]

45 Nach § 204 Abs. 2 BGB endet die Hemmung sechs Monate nach rechtskräftigem Abschluss bzw. sonstiger Beendigung des Rechtsstreits. Eine Anhörungsrüge führt nicht zum Hinausschieben.[62]

46 *Hinweis*

Auf die (zu notierende) Sechs-Monats-Frist sollte der Mandant spätestens bei Übersendung der (möglicherweise rechtskräftig werdenden) Entscheidung ausdrücklich hingewiesen werden (Regressfalle!). Es muss also rechtzeitig für eine erneute Hemmung Sorge getragen werden. Eine solche kann auch durch Verhandlungen im Anschluss an die Entscheidung im Vorprozess begründet werden (§ 203 BGB).

4. Stellung des Streitverkündungsempfängers

47 Der Streitverkündungsadressat ist – auch nach einem Beitritt – nicht Partei des Rechtsstreites.[63] Er kann deshalb als Zeuge vernommen werden.

IV. Beitritt oder Nichtbeitritt

48 Der Streitverkündungsadressat muss nach Zustellung einer Streitverkündung prüfen, ob er dem Rechtsstreit beitritt. Im Regelfall wird zunächst Akteneinsicht angezeigt sein. Der Beitritt kann auf der Seite des Streitverkünders oder aber der Gegenseite erfolgen. Im Anwaltsprozess erfordert der Beitritt aber die **anwaltliche Vertretung**. Der Beitritt kann auch mit der Einlegung eines Rechtsmittels für die unterstützte Partei erfolgen (vgl. § 67 Abs. 2 ZPO). Im Verlaufe des Rechtsstreits kann der Beigetretene bei Vorliegen

---

58 BGH VersR 2001, 253.
59 Vgl. nur BGH MDR 2010, 587.
60 BGH NJW-RR 2015, 1058; BGH NJW 2012, 674 (zu § 209 Abs. 2 Nr. 4 BGB a.F.).
61 BGH MDR 2010, 323.
62 BGH NJW 2012, 3087.
63 BGH NJOZ 2017, 568.

eines entsprechenden rechtlichen Interesses auch die **Seiten wechseln**[64] oder den Beitritt **zurücknehmen**.

Die persönlichen **Prozesshandlungsvoraussetzungen** des Beitretenden sind **von Amts wegen** zu prüfen. Fehlt eine Prozessvoraussetzung, ist die Nebenintervention – unabhängig von einem parallel gestellten Zurückweisungsantrag einer Partei nach § 71 Abs. 1 ZPO – durch anfechtbaren Beschluss zurückzuweisen.[65] 49

Die **rechtliche Stellung des Beitretenden** bestimmt sich gem. § 74 Abs. 1 ZPO nach den Grundsätzen der Nebenintervention (§§ 66 ff. ZPO). Er kann nicht nur zur Sache vortragen und Beweisanträge stellen (Grenze: Widerspruch der unterstützten Partei), sondern auch Rechtsmittel einlegen und begründen. Da es sich hierbei um das Rechtsmittel der Hauptpartei handelt, ist auch deren Rechtsmittelfrist maßgebend.[66] Es kommt für den Fristbeginn auf die Zustellung des Urteils gegenüber der Hauptpartei (deren Datum bei der Geschäftsstelle erfragt werden kann) und nicht gegenüber dem Streitverkündungsadressaten an (Regressfalle!).[67] Solange nicht die Unzulässigkeit der Intervention rechtskräftig ausgesprochen ist, wird der Intervenient im Hauptverfahren zugezogen (§ 71 Abs. 3 ZPO). Die Parteien können aber nach § 71 ZPO einen **Zwischenstreit über den Beitritt** herbeiführen. Wird der Beitritt im Zwischenstreit nicht rechtskräftig zurückgewiesen, löst auch eine unzulässige Streitverkündung die Interventionswirkung des § 68 ZPO aus. 50

> *Hinweis* 51
> Hält der Streitverkündungsadressat selbst die Streitverkündung für unzulässig, muss er dies im anschließenden Folgeprozess rügen. Die Rüge muss frühzeitig zu Beginn des ersten Termins im Folgeprozess erhoben werden, sonst droht rügelose Einlassung (§ 295 ZPO).[68]

Ist während des Rechtsstreits über das Vermögen des beigetretenen Streitverkündungsadressaten das **Insolvenzverfahren eröffnet** worden, tritt die Unterbrechungswirkung des § 240 ZPO nicht ein.[69] 52

Erfolgt **kein Beitritt**, gilt § 74 Abs. 2 ZPO: Der Rechtsstreit wird ohne Rücksicht auf den Streitverkündungsempfänger fortgesetzt. Er ist also weder zu Terminen zu laden noch sind etwaige dennoch eingehende Schriftsätze zu berücksichtigen. 53

> *Hinweis* 54
> Dies wird in der Praxis häufig nicht berücksichtigt. Nicht selten kommt es nach Akteneinsicht ohne Beitritt zu Sachvortrag, dessen Berücksichtigung offenbar erwartet wird. Dies ist nach § 74 Abs. 2 ZPO gerade nicht vorgesehen.

---

64 Vgl. etwa OLG München NJW 2017, 3312.
65 BGH NZBau 2017, 236.
66 BGH NJW-RR 1997, 919.
67 Vgl. BGH NJW 2001, 1355.
68 BGH MDR 1987, 730.
69 Zöller/*Greger*, § 240 Rn 7 m.w.N.

V. Kosten der Streitverkündung

1. Gesonderte Kostenentscheidung im Urteil

55 Bei den **Kosten im Zusammenhang mit einer Streitverkündung** und einem sich ggf. anschließenden Beitritt ist zu unterscheiden. Die Streitverkündung selbst gehört für den Rechtsanwalt des Streitverkünders zum Rechtszug und wird daher durch die Gebühren nach Nr. 3100 ff. VV RVG mit abgegolten. Zustellungen an Streitverkündete fallen – ohne Rücksicht auf einen sich anschließenden Beitritt – unter die zehn auslagenfreien Zustellungen nach Nr. 9002 KV-GKG.[70] Im Übrigen sind die Kosten der Streitverkündung **keine Kosten des Rechtsstreits**, sondern fallen dem Streitverkünder zur Last, weil er seine Interessen gegenüber einem Dritten und nicht gegenüber dem Prozessgegner wahrnimmt.[71] Die Kosten des Zwischenstreits nach § 71 ZPO sollen bei Zulassung der Nebenintervention der widersprechenden und bei Zurückweisung des Beitritts dem Streitverkündungsempfänger zur Last fallen.[72]

56 Tritt der Streitverkündungsadressat bei, hat er grundsätzlich mit den **Kosten des Rechtsstreits** nichts zu tun. Die Kostengrundentscheidung ist nach allgemeinen Regeln zwischen den Parteien vorzunehmen. Es stellt sich lediglich die Frage, ob die **Kosten des beigetretenen Streithelfers** in der Kostengrundentscheidung einer der Parteien aufgegeben werden können. Dies beantwortet § 101 ZPO. Danach hat der Gegner der vom Streithelfer unterstützten (Haupt-)Partei die Kosten des Nebenintervenienten zu tragen hat, wenn und soweit er den Rechtsstreit verliert. Hingegen muss der Streithelfer seine Kosten selbst tragen, wenn die von ihm unterstützte Partei den Rechtsstreit verliert. Bei **Abschluss eines Vergleichs** aller Beteiligten muss der Streithelfer darauf achten, dass seine Kosten mitgeregelt werden. Anderenfalls ist zu differenzieren: Regelt ein Vergleich, dem der Nebenintervenient ausdrücklich zugestimmt hat, nur die Verteilung der Kosten des Rechtsstreits zwischen den Parteien des Rechtsstreits, ohne die Kosten der Nebenintervention zu erwähnen, schließt dies regelmäßig einen prozessualen Kostenerstattungsanspruch des Nebenintervenienten aus.[73] Beenden die Parteien den Rechtsstreit hingegen durch einen Vergleich ohne Beteiligung des Streithelfers, richtet sich dessen Kostenerstattungsanspruch nach der im Vergleich geregelten Kostentragungspflicht.[74] Werden die Kosten der Hauptparteien gegeneinander aufgehoben, so steht dem Nebenintervenienten gegen den Gegner der von ihm unterstützten Hauptpartei ein Anspruch auf Erstattung seiner Kosten nicht zu.[75]

---

70 OLG Hamburg JurBüro 2016, 643.
71 BGH NJW 2011, 1078, 1080.
72 Zöller/*Althammer*, § 71 Rn 7.
73 BGH NJW 2016, 1893.
74 BGH NJW 2011, 3721.
75 BGH NJW 2003, 1948.

2. Berichtigung falscher Kostenentscheidungen

Nach der Intention des Gesetzgebers sind die **Kosten der Nebenintervention** von den Kosten des Rechtsstreits zu unterscheiden. In Praxis werden in der Kostengrundentscheidung allerdings nicht selten nur die Kosten des Rechtsstreits verteilt bzw. auferlegt, nicht aber ein Ausspruch zu den Kosten der Streithilfe vorgenommen. Fehlt aber in der Kostengrundentscheidung des Gerichts der gesonderte Ausspruch über die Kosten der Nebenintervention nach § 101 ZPO (falls der Gegner den Rechtsstreit verliert), sind die Kosten des Streitverkündungsadressaten im Kostenfestsetzungsverfahren nicht zulasten des Gegners festsetzbar.

57

In derartigen Fällen muss sich der Streithelfer um eine Korrektur der Kostenentscheidung bemühen. Eine **Berichtigung** nach § 319 ZPO ist nur möglich, wenn das Versehen des Gerichts „offenbar" ist, mithin sich dies aus dem Zusammenhang der Entscheidung selbst oder zumindest aus den Vorgängen bei ihrem Erlass oder ihrer Verkündung nach außen deutlich ergibt und damit auch für Dritte ohne Weiteres erkennbar ist; die bloße Erwähnung der Streithilfe im Rubrum der Entscheidung genügt insoweit nicht.[76] Fehlt es an dieser Voraussetzung, kann die Unvollständigkeit nur durch ein **Ergänzungsurteil** gem. § 321 ZPO korrigiert werden. Der Antrag auf ein Ergänzungsurteil muss innerhalb von 14 Tagen nach Zustellung des Urteils (!) gestellt werden.

58

3. Streitwert

Der Streitwert einer durchgeführten Nebenintervention stimmt nach – zwar überwiegend angegriffener, aber beständiger – Rechtsprechung des BGH mit dem **Streitwert der Hauptsache** überein, wenn der Nebenintervenient am Prozess im gleichen Umfang beteiligt ist wie die Partei, der er beigetreten ist. Danach betreffen seine Angriffs- und Verteidigungsmittel den Erfolg der unterstützten Partei und zwar in voller Höhe des von ihr oder gegen sie geltend gemachten Klageanspruchs. Für den Wert der Hauptsache ist dabei ohne Bedeutung, ob der Nebenintervenient selbst Anträge gestellt hat, weshalb auch der Wert seiner Beteiligung nicht vom Stellen eines solchen Antrags abhängt.[77] Eine Festsetzung nach dem **Interesse des Beitretenden** am Obsiegen der Hauptpartei – wie generell von der Gegenauffassung angestrebt[78] – ist aber jedenfalls dann angezeigt, wenn der Beitritt des Streithelfers begrenzt erfolgt.

59

---

[76] BGH NJW 2016, 2754.
[77] Zuletzt BGH NJW-RR 2016, 831.
[78] Vgl. etwa Zöller/*Herget*, § 91 Rn 16 Stichwort „Nebenintervention".

C. Muster

I. Muster: Streitverkündungsschrift des Klägers

60 An das
Amts-/Landgericht ▇
Az: ▇

Klage und Streitverkündungsschrift

des ▇

– Kläger –

Prozessbevollmächtigte: RAe ▇

gegen

die ▇

– Beklagte –

wegen ▇

Streitwert: ▇

Namens und im Auftrag des Klägers erhebe ich Klage zum ▇gericht mit dem Antrag,

▇

Gleichzeitig verkünde ich hiermit namens und im Auftrag des Klägers dem Herrn ▇

gerichtlich den Streit mit der Aufforderung,

dem Rechtsstreit auf Seiten des Klägers beizutreten.

Begründung:

I.

Der Kläger macht mit der Klage gegenüber der Beklagten Ansprüche aus ▇ geltend. Dem liegt folgender Sachverhalt zugrunde: ▇

II.

Die Streitverkündung ist zulässig und begründet. Der Streitverkündungsadressat war bei Vertragsschluss als bevollmächtigter Vertreter der Beklagten tätig.

Sollte der Streitverkündungsadressat bei Abschluss des Vertrages als Vertreter ohne Vertretungsmacht gehandelt haben, was die Beklagte vorgerichtlich eingewandt hat, und der Kläger im vorliegenden Rechtsstreit ganz oder teilweise unterliegen, so hätte er gegen den Streitverkündungsadressaten einen Anspruch auf Schadloshaltung, Schadenersatz und Freistellung.

Zur Unterrichtung des Streitverkündungsadressaten über den vorliegenden Rechtsstreit sind beigefügt:

☐ die Klageschrift vom ▇ nebst Anlagen
☐ die Verfügung des Gerichts vom ▇[79]

---

[79] Mitteilung nur bei Streitverkündung im Nachgang zur Klageeinreichung.

Die der Beklagten zur Verteidigungsanzeige gesetzte Frist läuft ab am ▇, die der Beklagten zur Klageerwiderung gesetzte Frist läuft ab am ▇.[80]

Ein Termin zur mündlichen Verhandlung ist noch nicht bestimmt worden.

Rechtsanwalt

II. Muster: Streitverkündungsschrift des Beklagten

▼ An das

Amts-/Landgericht ▇

Az: ▇

Klageerwiderungs- und Streitverkündungsschrift

In Sachen

des ▇

– Kläger–

Prozessbevollmächtigte: RAe ▇

gegen

den ▇

– Beklagter–

Prozessbevollmächtigte: RAe ▇

bestelle ich mich zum Prozessbevollmächtigten des Beklagten und zeige an, dass sich der Beklagte gegen die Klage verteidigen will.

Ich beantrage,

die Klage abzuweisen.

Gleichzeitig verkünde ich hiermit namens und im Auftrag des Beklagten

der Firma ▇

gerichtlich den Streit mit der Aufforderung,

dem Rechtsstreit auf Seiten des Beklagten beizutreten.

Begründung:

I.

Der Kläger macht mit der Klage gegenüber dem Beklagten Ansprüche aus ▇ geltend. Die Klage ist unbegründet, weil ▇.

II.

Die Streitverkündung ist zulässig und begründet.

Die Streitverkündungsadressatin war dem Beklagten gegenüber aufgrund des übernommenen Auftrages verpflichtet, eine ordnungsgemäße Durchführung des Bauvorhabens ohne Schädigung Dritter zu gewährleisten.

---

[80] Mitteilung nur bei Streitverkündung im Nachgang zur Klageeinreichung.

§ 7 Die Streitverkündung

Sollte sie diese Pflichten verletzt haben und der Beklagte im vorliegenden Rechtsstreit ganz oder teilweise unterliegen, so hätte er gegen die Streitverkündungsadressatin einen Anspruch auf Schadloshaltung, Schadenersatz und Freistellung.

Zur Unterrichtung der Streitverkündungsadressatin über den vorliegenden Rechtsstreit sind beigefügt:
☐ die Klageschrift vom ▓▓▓▓ nebst Anlagen
☐ die Verfügung des Gerichts vom ▓▓▓▓

Die dem Beklagten gesetzte Frist zur Verteidigungsanzeige läuft ab am ▓▓▓▓, die Frist zur Vorlage der Klageerwiderung läuft ab am ▓▓▓▓.[81] Ein Termin zur mündlichen Verhandlung ist noch nicht bestimmt worden.

Rechtsanwalt

III. Muster: Streitverkündungsschrift im selbstständigen Beweisverfahren

An das

Amts-/Landgericht ▓▓▓▓

Az: ▓▓▓▓

Antragserwiderung im selbstständigen Beweisverfahren und Streitverkündungsschrift

In dem selbstständigen Beweisverfahren

des ▓▓▓▓

– Antragsteller –

Verfahrensbevollmächtigte: RAe ▓▓▓▓

gegen

den ▓▓▓▓

– Antragsgegner –

Verfahrensbevollmächtigte: RAe ▓▓▓▓

bestelle ich mich zum Verfahrensbevollmächtigten des Antragsgegners.

Ich beantrage,

den Antrag auf selbstständiges Beweisverfahren zurückzuweisen.

Gleichzeitig verkünde ich für den Antragsgegner

der Firma ▓▓▓▓

gerichtlich den Streit mit der Aufforderung,

dem Beweisverfahren auf Seiten des Antragsgegners beizutreten.

Begründung:

I.

Der Antrag auf selbstständiges Beweisverfahren ist bereits unzulässig, weil ▓▓▓▓.

---

81 Mitteilung nur bei Streitverkündung vor Ablauf der genannten Fristen.

II.

Die Streitverkündung ist zulässig und begründet. Die Streitverkündungsadressatin war von dem Antragsgegner als Subunternehmerin mit der Ausführung der von diesem Beweisverfahren betroffenen Dachkonstruktion beauftragt worden und führte diese auch aus. Sollte sie dabei ihre Pflichten verletzt haben und die vorliegende Beweisfrage gegen den Antragsgegner festgestellt werden, so hätte er gegen die Streitverkündungsadressatin einen Anspruch auf Schadloshaltung, Schadenersatz und Freistellung.

Zur Unterrichtung der Streitverkündungsadressatin über den Stand des vorliegenden Beweisverfahren sind – jeweils begl. Kopien – beigefügt:
- ☐ die Antragsschrift vom ▇ nebst Anlagen
- ☐ die Verfügung des Gerichts vom ▇

Die dem Antragsgegner vom Gericht gesetzte Frist zur Stellungnahme zu der Antragsschrift läuft ab am ▇.

Ein Sachverständiger ist vom Gericht noch nicht ernannt worden.

Rechtsanwalt

▲

IV. Muster: Ablehnung des Sachverständigen durch den Streithelfer

▼

An das

Amts-/Landgericht ▇

Az: ▇

In dem selbstständigen Beweisverfahren

▇

bestelle ich mich zum Prozessbevollmächtigten des Streitverkündungsadressaten, Firma ▇ und trete dem Rechtsstreit auf Seiten des Antragsgegners bei.

Weiterhin lehne ich für den Streithelfer den Sachverständigen ▇ als befangen ab und beantrage Folgendes:

1. Der Sachverständige ▇ wird von dem ihm erteilten gerichtlichen Gutachtenauftrag ohne Vergütung **befreit**.

2. Mit der Begutachtung des Beweisthemas aus dem Beschl. v. ▇ wird **ein anderer von dem Gericht auszuwählender Sachverständiger** beauftragt.

Gründe:

Der bisherige Sachverständige ▇ ist aufgrund seiner Befangenheit aus dem Verfahren ausgeschlossen.

Kurz nach der Erstellung seines schriftlichen Gutachtens hat der Sachverständige von der Antragstellerin einen Auftrag übernommen, Bauarbeiten an dem streitgegenständlichen Objekt fachlich zu überwachen. Er hat über diesen Auftrag am ▇ dem Mitarbeiter des Antragsgegners Herrn ▇ erzählt. Dieser hat am ▇ über das Gespräch dem Antragsgegner berichtet.

Glaubhaftmachung: eidesstattliche schriftliche Erklärung des Herrn ▇ (Anlage)

Die Übernahme des Auftrages zeitlich vor der Beendigung des selbstständigen Beweisverfahrens ist geeignet, die Parteilichkeit des Sachverständigen zu besorgen.

Es wird beantragt, den Wegfall des Vergütungsanspruchs des Sachverständigen festzustellen. Die Aufnahme geschäftlicher Beziehungen zu einer an dem noch nicht beendeten Beweisverfahren beteiligten Partei stellt eine grobe und den Vergütungsanspruch ausschließende Pflichtverletzung dar.

Das Ausscheiden des Sachverständigen ▓▓▓ führt zu der Unverwertbarkeit seiner sämtlichen gutachterlichen Äußerungen, sodass die Bestellung eines anderen Sachverständigen notwendig ist.

Rechtsanwalt

V. Muster: Berufung durch den Streithelfer

▼

An das

Land-/Oberlandesgericht ▓▓▓

Az: ▓▓▓

Berufungsschrift

In dem Rechtsstreit

– Kläger –

Prozessbevollmächtigte: RAe ▓▓▓

gegen

– Beklagte –

Prozessbevollmächtigte: RAe ▓▓▓

– Streithelferin –

Prozessbevollmächtigte: RAe ▓▓▓

bestelle ich mich zum Prozessbevollmächtigten der Streithelferin, der Firma ▓▓▓.

Namens und im Auftrag der Streithelferin trete ich hiermit dem Rechtsstreit auf Seiten der Beklagten bei und lege gegen das Urteil des Amts-/Landgerichts ▓▓▓ vom ▓▓▓, der Beklagten zugestellt am ▓▓▓,

Berufung

ein mit dem Antrag,

das Urteil des Amts-/Landgerichts vom ▓▓▓ abzuändern und die Klage abzuweisen.

Begründung:

Die Parteien streiten um Schadensersatzansprüche aus einem Unfallereignis vom ▓▓▓. Die Beklagte hat mit Schriftsatz vom ▓▓▓ der Firma ▓▓▓ gerichtlich den Streit verkündet.

Das Amts-/Landgericht hat der Klage nach Beweisaufnahme in vollem Umfang stattgegeben.

Hiergegen richtet sich die Berufung der Streithelferin. Das Urteil wird in vollem Umfang angefochten.

Das angefochtene Urteil ist fehlerhaft, weil ▬▬▬.

Sofern das Urteil rechtskräftig wird, kann die Streithelferin von der Beklagten auf Regress in Anspruch genommen werden.

Sie kann dann der Beklagten gegenüber nicht mehr einwenden, dass der Unfall nicht durch einen Materialfehler beim Einbau des Ersatzteils an dem Fahrzeug der Beklagten verursacht worden ist.

Rechtsanwalt

VI. Muster: Streitverkündungsvereinbarung

Streitverkündungsvereinbarung

65

Zwischen

▬▬▬

und

▬▬▬

wird Folgendes vereinbart:

Zwischen der Firma ▬▬▬ und dem Bauherrn ▬▬▬ ist beim Landgericht ▬▬▬ ein Rechtsstreit anhängig, bei dem es um Baumängel geht. Der Firma ▬▬▬ wird vorgeworfen, die Innentüren für das Bauvorhaben in ▬▬▬ mangelhaft geliefert und montiert zu haben.

Die Firma ▬▬▬ beruft sich darauf, dass die Türen von der Subunternehmerin ▬▬▬ hergestellt und von dieser auch montiert worden sind.

Falls die Türen tatsächlich mangelhaft hergestellt und montiert worden sein sollten, käme ein Schadenersatzanspruch der Firma ▬▬▬ gegenüber der Subunternehmerin ▬▬▬ in Betracht.

An sich wäre die Firma ▬▬▬ daher gehalten, ihrer Subunternehmerin ▬▬▬ in dem oben genannten Rechtsstreit den Streit zu verkünden. Die Parteien vereinbaren hiermit aber, dass die Firma ▬▬▬ auf die Streitverkündung verzichtet.

Die Subunternehmerin ▬▬▬ verpflichtet sich im Gegenzug, das Prozessergebnis gegen sich gelten zu lassen, als sei eine Streitverkündung gegen sie erfolgt.

Die Firma ▬▬▬ wird die Subunternehmerin ▬▬▬ dazu über den gesamten Prozessverlauf durch Übersendung von Abschriften aller Schriftsätze und Entscheidungen des Gerichts samt Anlagen unterrichten. Die Firma ▬▬▬ erklärt sich bereit, alles vorzutragen, was die Subunternehmerin ▬▬▬ zur Unterstützung des Rechtsstandpunktes der Firma ▬▬▬ beizutragen hat, soweit es nicht im Widerspruch zu dem eigenen Vorbringen steht.

§ 7 Die Streitverkündung

Die Parteien vereinbaren weiterhin, dass der Lauf der Verjährungsfrist wegen sämtlicher der Firma aus dem vorliegenden Sachverhalt zustehenden Ansprüche mit dieser Vereinbarung gehemmt ist. Die Hemmung endet mit Ablauf von sechs Monaten seit rechtskräftigem Abschluss des vorgenannten Prozesses.

Unterschriften

▲

VII. Muster: Rüge der unzulässigen Streitverkündung im Folgeprozess

▼

66 An das

Amts-/Landgericht

Az:

In dem Rechtsstreit

des

– Kläger –

Prozessbevollmächtigte: RAe

gegen

die

– Beklagte –

Prozessbevollmächtigter: RAe

bestelle ich mich für die Beklagte und zeige an, dass sich diese gegen die Klage verteidigen wird.

Ich beantrage,

die Klage abzuweisen.

Begründung:

Mit der Klage verlangt der Kläger .

Die Klage ist unbegründet, weil .

An die Feststellungen aus dem Urteil des Vorprozesses vom ist das Gericht nicht gebunden, weil die Streitverkündung **unzulässig** war.

Die Streitverkündungsschrift gab nicht den vollständigen Stand des Vorprozesses wieder, so dass die Beklagte nicht prüfen konnte, ob es für sie angezeigt war, dem Rechtsstreit beizutreten oder nicht. Insbesondere ist der für den etwaigen Regressanspruch maßgebliche Sachverhalt nicht hinreichend konkret vorgetragen worden.

Für die Bindungswirkung wäre Voraussetzung gewesen, dass die Streitverkündung im Vorprozess zulässig gewesen ist. Das war vorliegend nicht der Fall.

Rechtsanwalt

VIII. Muster: Antrag auf Urteilsergänzung wegen fehlerhafter Kostenentscheidung

▼

An das

Amts-/Landgericht

Az:

In dem Rechtsstreit

– Kläger –

Prozessbevollmächtigte: RAe

– Streithelfer –

Prozessbevollmächtigte: RAe

gegen

– Beklagte –

Prozessbevollmächtigte: RAe

beantrage ich für den Streithelfer,

das Urt. v. gem. § 321 ZPO dahingehend zu ergänzen, dass die Kosten der Streithilfe von der Beklagten zu tragen sind.

Begründung:

In dem vorliegenden Rechtsstreit ist dem Streithelfer vom Kläger der Streit verkündet worden; der Streithelfer ist dem Rechtsstreit auf Seiten des Klägers beigetreten.

Das Gericht hat in dem Urteil die Kosten des Rechtsstreits der Beklagten auferlegt. Eine gesonderte Entscheidung über die Kosten der Streithilfe gem. § 101 ZPO erfolgte nicht.

Das Urteil ist daher gem. § 321 ZPO zu ergänzen.

Es wird angeregt, im schriftlichen Verfahren zu entscheiden. Die Zustimmung für den Streithelfer wird hiermit erteilt.

Rechtsanwalt

§ 8 Die Widerklage und die Aufrechnung im Prozess

Frank-Michael Goebel/Thorsten Lühl

Inhalt

	Rdn
A. Einleitung	1
B. Rechtliche Grundlagen	5
I. Die Widerklage und die Aufrechnung als prozesstaktische Instrumente	5
1. Die Vorteile der Widerklage	8
2. Die Vorteile der Aufrechnung im Prozess	35
3. Die hilfsweise Aufrechnung und Widerklage	47
II. Die Widerklage im Prozess	49
1. Der zulässige zeitliche Rahmen für die Erhebung der Widerklage	50
2. Die Bestimmung des Gerichtsstandes der Widerklage	57
a) Die örtliche Zuständigkeit für die Widerklage	58
b) Die sachliche Zuständigkeit für die Widerklage	73
c) Die internationale Zuständigkeit für die Widerklage	87
3. Der Gegenstand der Widerklage	93
a) Die allgemeinen Voraussetzungen der Widerklage	93
b) Die Widerklage gegen einen Dritten	98
c) Die Hilfs- oder Eventualwiderklage	116
4. Die Kosten bei der Widerklage	124
5. Die Widerklage in der Berufungsinstanz	132
III. Die Aufrechnung im Prozess	142
1. Die Erklärung der Aufrechnung im Prozess	146
2. Kein Einwand der anderweitigen Rechtshängigkeit	155
3. Die Voraussetzungen der Aufrechnung im Prozess	159
a) Die Aufrechnungslage	161
b) Das Vorliegen und die Wirkung von Aufrechnungsverboten	170
4. Besondere prozessuale Situationen	176
a) Die Verspätung der Aufrechnungserklärung	176
b) Die Aufrechnung im Urkundenprozess	178
c) Die Vorbehaltsentscheidung über die Klage	181
d) Die Präklusion der Aufrechnung gegen den titulierten Anspruch	188
e) Die Aufrechnung gegenüber einem ausländischen Kläger	194
5. Das Verhältnis der Aufrechnung zu anderen Verteidigungsmitteln	196
6. Die Kombination von (Hilfs-)Aufrechnung und Hilfswiderklage	202
7. Die Aufrechnung mit mehreren Forderungen	210
8. Die Folgen der Aufrechnung im Prozess für die Verjährung	218
9. Die erstmalige Aufrechnung in der Berufungsinstanz	224
C. Muster	234
I. Muster: Klageerwiderung und Widerklage	234
II. Muster: Verweisungsantrag nach Rüge der sachlichen Zuständigkeit durch den Widerbeklagten	235
III. Muster: Klageerwiderung und Hilfswiderklage	236
IV. Muster: Klageerwiderung, Hilfsaufrechnung und Hilfswiderklage	237
V. Muster: Klageerwiderung, Widerklage und Hilfswiderklage	238
VI. Muster: Klageerwiderung, Widerklage und Drittwiderklage	239

VII. Muster: Replik und Widerklageerwiderung bei einem örtlich oder sachlich unzuständigen Gericht für die Widerklage ... 240
VIII. Muster: Drittwiderklageerwiderung bei Einbeziehung des Dritten am nicht zuständigen Gerichtsstand 241
IX. Muster: Antrag des Beklagten und Widerklägers auf Trennung des Verfahrens und Verweisung des Rechtsstreites bei unzulässiger Drittwiderklage 242
X. Muster: Antrag des Beklagten und Widerklägers auf Trennung des Verfahrens und Verweisung des Rechtsstreites bei ausschließlicher Zuständigkeit für die Widerklage 243
XI. Muster: Klageerwiderung und negative Feststellungswiderklage 244
XII. Muster: Klageerwiderung mit Abweisungsantrag allein aufgrund einer erklärten Aufrechnung 245
XIII. Muster: Klageerwiderung mit Hilfsaufrechnung 246
XIV. Muster: Klageerwiderung mit Hilfsaufrechnung und Hilfswiderklage 247
XV. Muster: Klageerwiderung und Widerklage bei einer Zug-um-Zug-Klage 248
XVI. Muster: Anerkenntnis und Widerklage bei einem Zug-um-Zug-Anspruch 249
XVII. Muster: Antrag auf Aussetzung des Verfahrens wegen der anderweitigen Aufrechnung mit der Forderung 250
XVIII. Muster: Erklärung der Hauptsache für erledigt nach erfolgreicher Aufrechnung mit der Klageforderung in einem anderen Verfahren 251
XIX. Muster: Antrag auf Trennung der Verfahren nach § 145 Abs. 3 ZPO 252
XX. Muster: Schadensersatzklage nach § 302 Abs. 4 S. 4 ZPO im Nachverfahren 253

Literatur

Widerklage im Prozess:

Baumstark, Drittwiderklage, 2008 (Diss); *Becker*, Zur Zulässigkeit der isolierten Drittwiderklage (Anm.), EWiR 2008, 733; *Beck*, Besonderer Gerichtsstand bei Drittwiderklagen – Kehrtwende des BGH, WRP 2011, 414; *Bethge/Schulze*, Isolierte Drittwiderklage bei Teilzession, ProzRB 2005, 103; *Bischof*, Hilfsantrag – Hilfsaufrechnung – Hilfswiderklage – Gebühren?, AGS 2008, 317; *Bork*, Die Widerklage, JA 1981, 385; *Büßer*, Die Flucht des Beklagten vor der Präklusion seiner Prozessaufrechnung, Jus 2009, 319; *Darau*, Die Widerklage gegen einen Miterben wegen Pflichtteilslasten, ZErbR 2009, 145; *Dräger*, Isolierte Drittwiderspruchsklage – Sinn und Unsinn von prozesstaktischen Abtretungen, MDR 2008, 1373; *Foerste*, Drittwiderklagen gegen unliebsame Zeugen?, MDR 2016, 1123: *Gounalakis*, Flucht in die Widerklage – Eine wirksame Umgehung der Präklusionsvorschriften?, MDR 1997, 216; *Hau*, Widerklageprivileg und Widerklagelast, ZZP 117 (2004), 38; *Huber*, Die Widerklage, Jus 2007, 1079; *Kirschstein-Freund*, Voraussetzungen und Grenzen der isolierten Drittwiderklage, KTS 2004, 41; *Koch*, Wider- und Drittwiderklage, JA 2013, 95; *Luckey*, Die Widerklage gegen Dritte – Zeugen zum Abschuss freigegeben?, MDR 2002, 743; *Lorff*, Die Widerklage, JuS 1979, 569; *Lühl*, Die Rechtsprechung des Bundesgerichtshof zur Drittwiderklage, JA 2015, 374; *Nieder*, Die Widerklage mit Drittbeteiligung, ZZP 85, 437; *Oehler*, Zur Beschwer von Klage und Widerklage, NJW 1992, 1667; *Ohlmannsiek*, Widerklage gegen Dritte – Zulässig trotz Zeugenausschaltung?, MDR 1996, 114; *Ohlmannsiek*, Die Anwendbarkeit der Privilegien der Widerklage auf die Drittwiderklage, JA 1996, 253; *Riehm*, Zur Zulässigkeit der Drittwiderklage gegen den Zedenten der Klageforderung, JZ 2007, 1001; *Remmerbach*, Zulässigkeit der Widerklage im Urkundenprozess, MDR 2002, 407; *Riehm/Bucher*, Die Drittwiderklage, ZZP 2010, 347; *Schneider*, Prozesstaktischer Einsatz der Widerklage, MDR 1998, 21; *Schneider*, Abrechnung bei Klage und Widerklage im Verkehrsunfallprozess, NZV 2009, 221; *Schneider*, Die Abrechnung von Klage und Widerklage im Haftpflichtprozess, DAR 2008, Extra 747; *Schneider*, Die anteilige Haftung mehrerer Auftraggeber bei Klage und Widerklage im Haftpflichtprozess, DAR 2007, 353; *Schneider*, Widerklage und materielle Beschwer, NJW 1992, 2680; *Schreiber*, Die Widerklage, JURA 2010, 31; *Schröder*, Widerklage gegen Dritte, AcP 164, 517; *Thöne*, Die isolierte Drittwiderklage – zwischen Prozessökonomie und materieller Gerechtigkeit, JR 2017, 53; *Toussaint*, Die Auswirkungen von Hilfsanträgen oder -widerklagen auf die sachliche Zuständigkeit des Amtsgerichtes, NJ 2006, 392; *Vossler*, Zur Gerichtsstandsbestimmung bei Drittwiderbeklagten (Anm.), BGHR 2008, 1033.

Aufrechnung im Prozess:

Bischof, Hilfsantrag – Hilfsaufrechnung – Hilfswiderklage – Gebühren?, AGS 2008, 317; *Bräuer*, Prozessaufrechnung, Fallen und Tricks, AnwBl 2008, 460; *Brückner*, Klägeraufrechnung im Prozess, Diss. 2006; *Büßer*, Die Flucht des Beklagten vor der Präklusion seiner Prozessaufrechnung, Jus 2009, 319; *Buß*, Prozessaufrechnung und materielles Recht, JuS 1994, 147; *Coester/Waltjen*, Die Aufrechnung im Prozess, Jura 1990, 27; *Feser*, Die Aufrechnung im Prozess – Eine Frage des Zeitpunktes, JA 2008, 525; *Foerste*, Lücken der Rechtskraft zivilgerichtlicher Entscheidungen über die Aufrechnung, NJW 1993, 1183; *Gaa*, Die Aufrechnung mit einer rechtswegfremden Gegenforderung, NJW 1997, 3343; *Greger*, Zur Aufrechnung mit einer rechtswegfremden Forderung, EWiR 2002, 19; *Hildebrandt*, Sachdienliche erstmalige Aufrechnung mit einer Gegenforderung in der Berufungsinstanz möglich?, IBR 2004, 469; *Hofmann*, Die Prozessaufrechnung mit einer rechtswegfremden Forderung, JR 2010, 328; *Kruse/Schäfers*, Aus der Praxis: Das Aufrechnungsverbot aus § 126 ZPO; *Löhnig*, Die Aufrechnung als erledigendes Ereignis, JA 2004, 10; *Lorenz*, Zur Prozessaufrechnung mit einem anderweitig rechtshängigen Anspruch, EWiR 1999, 383; *Luckey*, Die Aufrechnungserklärung als erledigendes Ereignis bei einer Aufrechnungslage vor Klagezustellung, VersR 2004, 128; *Musielak*, Die Aufrechnung des Beklagten im Zivilprozess, JuS 1994, 817; *Niederführ*, Verjährungshemmung bei Hilfsaufrechnung des Klägers gegen die Prozessaufrechnung des Beklagten, LMK 2008, 265420; *Niklas*, Die Klägeraufrechnung, MDR 1987, 96; *Pawlowski*, Die Gegenaufrechnung des Klägers im Prozess, ZZP 104 (1991), 249; *Prechtel*, Die Prozessaufrechnung in der Praxis, ZAP Fach 13, 1367; *Rupp*, Zur Aufrechnung mit rechtswegfremden Forderungen im Prozess, NJW 1992, 3274; *Saerbeck*, Prozessvergleich: keine Aufrechnung mit bekannten Gegenforderungen, IBR 2005, 123; *Schencke/Rothig*, Zur Aufrechnung mit rechtswegfremden Forderungen im Prozess,

NJW 1993, 1374; *Schmitz*, Zur Aufrechnung im Prozess mit einer Kostenerstattungsforderung aus demselben Verfahren, NJW 1994, 567; *Schneider*, Vergleich unter Einbeziehung einer Hilfsaufrechnung, NJW-Spezial 2008, 571; *Schneider*, Erledigung der Hauptsache bei Aufrechnung des Beklagten – Auswirkungen auf die Kostenentscheidung, MDR 2000, 507; *Schröcker*, Prozessaufrechnung als erledigendes Ereignis, NJW 2004, 2203; *Tiedtke*, Aufrechnung und Rechtskraft, NJW 1992, 1473; *Schwenker*, Unwirksames Aufrechnungsverbot in Architekten- und Ingenieurverträgen, ZfBR 2011, 425; *Voll*, Aufrechnung nach Abstandnahme vom Urkundenprozess in der Berufungsinstanz, NJW 2000, 1682; *Wolf*, Die Prozessaufrechnung, JA 2008, 673 und 753; *Wieser*, Zur Aufrechnung mit einer rechtswegfremden Forderung, MDR 2008, 785; *Zeiss*, Zur Zulässigkeit der Prozessaufrechnung mit bereits anderweitig rechtshängigen Forderungen, JR 1972, 337.

A. Einleitung

1 Lässt sich der vom Kläger geltend gemachte Anspruch nicht mit Einwendungen gegen diesen Anspruch zu Fall bringen, stehen dem Beklagten aber eigene Ansprüche gegen den Kläger zu, so kann er diese Ansprüche ggf. im Wege der Widerklage oder im Wege der Aufrechnung geltend machen.

2 Im sich anschließenden ersten Abschnitt soll unter Berücksichtigung der rechtlichen Grundlagen von Widerklage und Aufrechnung zunächst erläutert werden, wie diese prozessualen Instrumente prozesstaktisch eingesetzt werden können. Soweit Widerklage und Aufrechnung gleichermaßen zur Wahl stehen, gilt es abzuwägen, welche prozessualen Vor- und/oder Nachteile mit der jeweiligen Vorgehensweise verbunden sind.

3 Im dann folgenden zweiten Abschnitt werden die Voraussetzungen der Widerklage dargestellt. Die im Rahmen der Erhebung der Widerklage erforderlichen Muster finden sich in Abschnitt C (siehe Rdn 234).

4 In gleicher Weise werden im dritten Abschnitt der nachfolgenden Erläuterungen die formellen und materiellen Voraussetzungen der Aufrechnung dargelegt. Auch hier finden sich die erforderlichen Schriftsatzmuster in Abschnitt C.

B. Rechtliche Grundlagen

I. Die Widerklage und die Aufrechnung als prozesstaktische Instrumente

5 Soweit dem Beklagten gegen den Kläger seinerseits ein Anspruch zusteht, stellt sich die prozesstaktische Frage, in welcher Weise dieser Anspruch in die Rechtsverteidigung integriert werden kann.

6 *Hinweis*
Verfügt der Beklagte über vermeintliche Einwendungen gegen den klägerischen Anspruch, wird er seine eigene Forderung gegen den Kläger nur dann opfern wollen,

wenn er mit seinen Einwendungen nicht durchdringt. In diesem Fall muss der Prozessbevollmächtigte des Beklagten prüfen, ob und inwieweit er mit der Forderung des Beklagten nachrangig, d.h. hilfsweise agieren kann.

Liegen dabei die nachfolgend in den Abschnitten B.II. (siehe Rdn 49 ff.) und B.III. (siehe Rdn 142 ff.) dargestellten Voraussetzungen für eine Widerklage und eine Aufrechnung vor, muss der Bevollmächtigte die jeweiligen Vor- und Nachteile des Rechtsinstrumentes der Widerklage oder der Aufrechnung seinem Mandanten darstellen und mit diesem gemeinsam abwägen.

1. Die Vorteile der Widerklage

Die Widerklage kommt zunächst insbesondere dann in Betracht, wenn eine **Aufrechnung aufgrund vertraglicher Vereinbarungen**[1] **oder aufgrund des Gesetzes nicht möglich ist**. So findet sich in vertraglichen Abreden häufig eine Vereinbarung dahingehend, dass gegen die vertraglich begründeten Ansprüche eine Aufrechnung mit bestrittenen und/oder nicht rechtskräftig festgestellten Forderungen nicht möglich ist.

> *Hinweis*
>
> Soweit keine gesetzlichen Regelungen entgegenstehen, sind solche vertraglichen Aufrechnungsverbote grundsätzlich wirksam. Soweit diese in Allgemeinen Geschäftsbedingungen enthalten sind, sind die §§ 307, 309 Nr. 3 BGB zu beachten.[2] Hierbei ist insbesondere zu berücksichtigen, dass eine Klausel, welche die Aufrechnung mit synallagmatisch verknüpften Ansprüchen (z.B. Gewährleistungsansprüche aus Kauf-, Miet- oder Werkvertrag) ausschließt, gegen § 309 Nr. 3 BGB verstößt und daher unwirksam ist.[3] Dies gilt auch wenn eine Klausel eines Geschäftsraummietvertrags die Aufrechnung ausschließlich auf Gegenforderungen aus betroffenen Vertrag begrenzt.[4] Für die Beurteilung, ob sich ein Kläger auf ein Aufrechnungsverbot berufen kann, ist dabei das Regelwerk der Klageforderung und nicht dasjenige der zur Aufrechnung gestellten Gegenforderung maßgebend.[5]

Aufrechnungsverbote können dabei auch in bestimmten Klauseln verborgen sein:
- „netto Kasse gegen Rechnung und Verladepapiere",[6]
- „Kasse gegen Verladedokumente",[7]
- „binnen sieben Tagen rein netto Kasse ohne Abzug",[8]

---

1 Möglich ist dies auch aufgrund einer Schiedsvereinbarung, vgl. BGH MDR 2008, 461; Urt. des OLG Zweibrücken v. 2.8.2013, Az.: 2 U 6/13.
2 Vgl. etwa BGH Grundeigentum 2008, 113 = WuM 2008, 152; BGH NJW 2007, 321; BGH NJW-RR 2008, 121; OLG Frankfurt/M. NJW 2005, 1282 = OLGR 2005, 226 zur Wirksamkeit von Aufrechnungsverboten in Mietverträgen.
3 BGH ZfBR 2011, 472.
4 BGH NZM 2016, 585, 586
5 BGH NJW 1999, 3629 = MDR 2000, 38 = WM 1999, 1984.
6 BGHZ 23, 134; 14, 62.
7 BGH NJW 1976, 852.
8 OLG Düsseldorf NJW-RR 1996, 115.

- „Lieferung gegen Scheck",[9]
- „cash on delivery".[10]

11 Gesetzliche Aufrechnungsverbote können sich etwa aus §§ 390 ff. BGB ergeben. Darüber hinaus können Aufrechnungsverbote auch in den jeweils einschlägigen Normkomplexen enthalten sein, wie etwa die Aufrechnungsverbote des § 719 Abs. 2 BGB und des § 96 InsO.

12 Eine Widerklage ist insbesondere auch dann in Betracht zu ziehen, wenn der Beklagte und eigene Mandant davon ausgeht, dass ihm eine Forderung zusteht, die der Höhe nach die Klageforderung übersteigt. In diesem Fall kann eine Aufrechnung nur bis zur Höhe der Klageforderung erfolgen. Der überschießende Teil müsste sodann im Wege der Widerklage geltend gemacht werden. Geschieht dies nicht, besteht die Gefahr, dass der überschießende Betrag, der nicht von der Aufrechnung erfasst wird, verjährt.

13 *Hinweis*

In diesem Fall ist es möglich, dass der Beklagte zunächst seine Gegenforderung in Höhe der Klageforderung – ggf. hilfsweise – zur Aufrechnung stellt und nur hinsichtlich des überschießenden Betrages die Widerklage und hinsichtlich des hilfsweise zur Aufrechnung gestellten Betrages Hilfswiderklage erhebt.

14 Ein besonderer Vorteil der Widerklage kann in der **Kostengestaltung** liegen. So ist die Widerklage als ein Instrument zur endgültigen Erledigung eines streitigen Rechtsverhältnisses i.d.R. günstiger als die Erhebung einer gesonderten Einzelklage. Denn aufgrund der Degressivität der Gebührentabelle steigen die Gerichts- und Rechtsanwaltskosten nicht linear zum Gebührenstreitwert, sondern in geringerem Umfang. Obwohl nach § 45 Abs. 1 GKG der Wert der Klage und der Widerklage für die Feststellung des Gebührenstreitwertes zusammengerechnet werden, sind die 1,3 Verfahrensgebühr nach Nr. 3100 VV und die 1,2 Terminsgebühr nach Nr. 3104 VV aus dem so erhöhten Streitwert günstiger, als wenn je eine Verfahrensgebühr und eine Terminsgebühr aus dem niedrigeren Streitwert der Klage und eine entsprechende Gebühr aus dem ebenfalls niedrigeren Streitwert einer gesonderten Klage des Beklagten anfallen würden.

15 *Hinweis*

Auf diesen Umstand einer kostengünstigen Prozessführung muss der Rechtsanwalt den Mandanten hinweisen. Der Hinweis muss sich auch darauf erstrecken, dass bei einer Kombination aus Klage und Widerklage der weitere Vorteil besteht, dass regelmäßig nur eine Beweisaufnahme stattfindet und auch insoweit Kosten erspart werden. Dies gilt insbesondere bei der Notwendigkeit der Einholung eines Sachverständigengutachtens. Auch wenn die Beweisgebühr mit der Einführung des RVG entfallen ist, dürfen die sonstigen Kosten der Beweisaufnahme wie die Sachverständigenkosten und die Zeugenauslagen nicht vernachlässigt werden.

---

9 OLG Köln BB 1987, 432 = WM 1986, 1531.
10 BGH MDR 1985, 667.

16 Weiter ist zu berücksichtigen, dass bei einer Drittwiderklage sich der über die Widerklage in den Prozess einbezogene Dritte regelmäßig von dem Bevollmächtigten des Klägers vertreten lässt, also hinsichtlich des Drittwiderbeklagten lediglich die Erhöhungsgebühr der Nr. 1008 VV entsteht, nicht aber – wie in einem gesonderten Prozess – die volle Gebühr. Anders wäre dies allerdings in Fällen der isolierten Drittwiderklage, die sich ausschließlich gegen einen Dritten richtet. In einem solchen Fall wird der Dritte regelmäßig einen eigenen Prozessbevollmächtigten engagieren, sodass die Prozesskosten steigen.

17 Als weiterer Vorteil der Widerklage ist zu nennen, dass sie ein wirksames Instrument ist, um eine **endgültige Klärung des streitigen Rechtsverhältnisses** herbeizuführen. Dies gilt insbesondere dann, wenn der Kläger aufgrund der Unsicherheit im Hinblick auf die eigene Rechtsposition zunächst nur eine Teilklage erhoben hat. In diesem Fall ist es dem Beklagten möglich, über die negative Feststellungswiderklage auch den vom Kläger nicht rechtshängig gemachten Anspruch in den Prozess einzuführen und dessen rechtskräftige Zurückweisung zu erreichen. Da der Kläger mit der Teilklage sein Kostenrisiko minimieren will, kann der Beklagte mit der Drohung der Erhebung der Feststellungswiderklage den Kläger häufig auch an den Verhandlungstisch „zwingen". Unter dem Gesichtspunkt der drohenden Kostenlast lässt sich dann nicht selten aus wirtschaftlichen Gründen eine gütliche Einigung erzielen.

Darüber hinaus betrifft dies alle Fälle, in denen aus einem einheitlichen Lebenssachverhalt bzw. einem einheitlichen Rechtsverhältnis wechselseitige Ansprüche bestehen.

18 Auch in **prozessualer Hinsicht** zeigt die Widerklage eine Reihe von Vorteilen:

19 Zunächst kann der Beklagte über die Widerklage die **sachliche Zuständigkeit** zwischen Amtsgericht und Landgericht **beeinflussen**. Hierbei ist zu beachten, dass nach § 5 ZPO der Wert von Klage und Widerklage nicht zusammengerechnet wird. Der Zuständigkeitsstreitwert wird demnach dann nicht beeinflusst, wenn der Wert der Widerklage nicht über 5.000 EUR liegt.

> *Beispiel* **20**
>
> Der Kläger macht gegen den Beklagten eine restliche Werklohnforderung in Höhe von 4.000 EUR geltend. Der Beklagte wendet ein, dass die Leistung – auch nach mehreren Nachbesserungsversuchen – mangelhaft war, und macht Schadensersatzansprüche mit einem Betrag von 3.500 EUR geltend. Für die Klage war bei dem ursprünglichen Streitwert von 4.000 EUR nach §§ 23, 71 GVG das Amtsgericht sachlich zuständig. Auch nach Erhebung der Widerklage ändert sich an dieser Zuständigkeit nichts, da nach § 5 ZPO der Wert von Klage und Widerklage nicht zusammengerechnet wird.

21 Anders sieht es im Beispielfall jedoch für die Gebührenberechnung aus. Hier ist nach § 45 Abs. 1 GKG nun eine Zusammenrechnung von Klage und Widerklage vorzunehmen. Während es hinsichtlich des Zuständigkeitsstreitwertes beim höchsten Einzelwert von 4.000 EUR und damit bei der Zuständigkeit des Amtsgerichts verbleibt, erhöht sich der Gebührenstreitwert um den Wert der Widerklage von ursprünglich 4.000 EUR plus 3.500 EUR auf 7.500 EUR.

22 Wenn für die Widerklage jedoch das Landgericht sachlich zuständig ist, richtet sich das Verfahren nach § 506 ZPO. In diesem Fall ist der Rechtsstreit insgesamt auf Antrag einer Partei, i.d.R. des Beklagten und Widerklägers, an das nunmehr sachlich zuständige Landgericht zu verweisen.

23 *Beispiel*

Aus einem Verkehrsunfallereignis klagt der Kläger einen materiellen Schadensersatzanspruch von 4.000 EUR ein. Der bei dem Unfallereignis verletzte Beklagte bestreitet seine Einstandspflicht und macht im Wege der Widerklage seinerseits materiellen Schadensersatz in Höhe von 4.500 EUR und immateriellen Schadensersatz von 800 EUR geltend.

Zur Bestimmung des Wertes der Widerklage werden die einzelnen Streitwerte von 4.500 EUR und 800 EUR nach § 5 Hs. 1 ZPO zusammengerechnet, sodass sich ein Gesamtstreitwert für die Widerklage von 5.300 EUR ergibt. Der Wert der Klage und der Widerklage werden zur Bestimmung der Zuständigkeit dann zwar nach § 5 Hs. 2 ZPO nicht zusammengerechnet, jedoch begründet die Widerklage für sich allein nach §§ 23 Nr. 1, 71 GVG die Zuständigkeit des Landgerichts. Damit ist der Rechtsstreit auf Antrag einer Partei nach § 506 ZPO insgesamt an das Landgericht zu verweisen. Hier ist dann von einem Zuständigkeitsstreitwert von 5.300 EUR und einem Gebührenstreitwert nach § 45 GKG von 9.300 EUR (= 4.000 EUR + 4.500 EUR + 800 EUR) auszugehen.

24 *Praxistipp*

Da der Beklagte es bei der Geltendmachung eines der Höhe nach in das Ermessen des Gerichts gestellten immateriellen Schadensersatzanspruches über die Angabe der Mindestgröße „in der Hand hat", den Streitwert zu beeinflussen, kann hier schon eine geringfügige Anhebung oder auch Absenkung des zumindest für erforderlich gehaltenen Betrages Auswirkungen auf die Zuständigkeit des Gerichts haben. Senkt der Beklagte etwa den Mindestwert im vorherigen Beispiel auf 450 EUR ab, bleibt es bei der Zuständigkeit des Amtsgerichts, ohne dass dieses gehindert wäre, einen höheren Betrag zuzuerkennen.

25 *Hinweis*

Gegenüber der eigenständigen Klage hat die Widerklage auch den Vorteil, dass nach § 12 Abs. 2 Nr. 1 GKG ein **Gerichtskostenvorschuss** für die Zustellung der Klage und die Verhandlung des Gerichts hierüber **nicht zu zahlen** ist. Während der Widerkläger also bei einer eigenständigen Klage mit einem Streitwert von 5.300 EUR drei Gerichtsgebühren in Höhe von insgesamt 408 EUR nach § 12 Abs. 1 GKG als Vorschuss einzahlen muss, erspart er sich dies bei der Erhebung der Widerklage.

B. Rechtliche Grundlagen § 8

Durch die Widerklage und die Möglichkeit, eine Verweisung des Rechtsstreites vom Amtsgericht an das Landgericht zu erreichen, hat der Beklagte und Widerkläger damit zugleich auch die Möglichkeit, Einfluss auf das Berufungsgericht zu nehmen. Denn eine Verweisung ans Landgericht gemäß § 506 ZPO hätte zur Folge, dass die Berufung nun beim Oberlandesgericht eingelegt werden müsste. Auch dies kann im Einzelfall für den Mandanten relevant sein, wenn bekannt ist, dass die Rechtsprechung der Berufungskammer beim Landgericht und des Berufungssenates beim Oberlandesgericht voneinander abweichen.

26

Im Hinblick auf die **örtliche Zuständigkeit** hat die Widerklage den Vorteil, dass der Beklagte, der i.d.R. an seinem Gerichtsstand, d.h. an seinem Sitz oder seinem Wohnsitz verklagt worden ist, bei diesem Gericht die Widerklage erheben kann. Diese Möglichkeit eröffnet ihm § 33 ZPO. Die isolierte Klage hingegen müsste am Gerichtsstand des Klägers erhoben werden.

27

Die Widerklage erlaubt nicht zuletzt die **Einbeziehung eines Dritten in den Rechtsstreit** mit einer sogenannten Drittwiderklage, wenn zugleich auch der bisherige Kläger in die Widerklage einbezogen wird,[11] sowie in bestimmten Fallgruppen auch die isolierte Drittwiderklage.[12] Dies kann prozessual genutzt werden, um auf diese Weise die **Beweissituation des Klägers zu beeinträchtigen**.

28

Beispiel

29

Das klägerische Fahrzeug ist bei einem Verkehrsunfallereignis von seinem Mitarbeiter geführt worden. Der Kläger macht nun materiellen und immateriellen Schadensersatz in einem Prozess gegen den Fahrer, den Halter und die Haftpflichtversicherung des gegnerischen Fahrzeuges geltend. Als Zeugen für den von ihm behaupteten Unfallhergang benennt er seinen Mitarbeiter, d.h. den eigentlichen Fahrer des am Unfall beteiligten klägerischen Fahrzeuges. Die Beklagten bestreiten den vom Kläger dargestellten Unfallhergang und machen geltend, dass das Unfallereignis allein auf das Verschulden des Fahrers des klägerischen Fahrzeuges zurückgeht. Beweismittel in Form weiterer Zeugen können sie hierfür jedoch nicht anbieten.

Indem nunmehr der Eigentümer und Halter des beklagten Fahrzeuges seinerseits im Wege der Widerklage materiellen Schadensersatz geltend macht, kann er den Halter – d.h. bisherigen Kläger – im Verfahren nach § 7 Abs. 1 StVG, § 823 BGB in Anspruch nehmen. Im Wege der Drittwiderklage kann zugleich auch der Fahrer des klägerischen Fahrzeuges auf materiellen und immateriellen Schadensersatz in Anspruch genommen werden. Da dieser damit zur Partei im anhängigen Prozess wird, kommt seine Vernehmung als Zeuge nicht mehr in Betracht.

Mit dem Instrument der Widerklage hat der Beklagte damit eine prozessuale Waffengleichheit erreicht, da nunmehr die beteiligten Fahrer lediglich nach § 141 ZPO zum Unfallgeschehen durch das Gericht angehört werden können. Einer Parteivernehmung

---

11 BGH NJW 1991, 2838; 1996, 196.
12 BGH NJW 2011, 460; Hierzu etwa OLG Thüringen, Beschl. v. 20.9.2004 – 6 U 620/04, NJ 2005, 85.

nach § 447 ZPO wird regelmäßig nicht zugestimmt und die Voraussetzung für eine Parteivernehmung von Amts wegen § 448 ZPO liegt in dieser Konstellation grundsätzlich nicht vor. Häufig ist damit auch eine Prozesssituation hergestellt, in der keine Partei den Unabwendbarkeitsbeweis nach § 17 Abs. 3 S. 1 StVG mehr führen kann, sodass sich eine gütliche Einigung über die Haftungsquote anbietet. Dadurch, dass nun beide Parteien ein Kostenrisiko tragen, sind auch beide Parteien um eine sparsame Prozessführung bemüht, solange nicht mit einer Deckungszusage einer Versicherung prozessiert wird. Dass die mögliche Verschiebung der Haftungsquote durch eine Anhörung nach § 141 ZPO und eine verkehrsanalytische Untersuchung dann häufig in keinem vertretbaren Verhältnis zu den dadurch veranlassten Kosten stehen, erlangt so Bedeutung.

30 Allerdings muss beachtet werden, dass die Rechtsprechung in solchen Fällen sehr genau die notwendige Konnexität von Klage und Widerklage prüft. So hat das LG Aurich bei einer Klage auf Maklerlohn aus abgetretenem Recht, eine Widerklage gegen den Zedenten (Makler) auf 10 EUR Kostenerstattung für Kopien als unzulässig angesehen, da es am rechtlichen Zusammenhang fehle.[13] Auch wenn diese Argumentation in Zweifel gezogen werden kann und nicht überzeugt, muss sie doch bedacht werden. Der Makler bleibt allerdings auch solange Partei – und kann damit nicht Zeuge sein – bis über die Widerklage durch Teilurteil rechtskräftig entschieden ist. Die „Vorabentscheidung" über die Widerklage könnte wiederum ein Befangenheitsgesuch gegen den Richter begründen, wenn diese Entscheidung nur dazu dient, dem Kläger, der ja seinerseits durch die Abtretung einen Prozessvorteil erreicht hat, nun die Beweisführung zu ermöglichen.

31 Ein prozessualer Vorteil der Widerklage kann auch die so genannte **„Flucht in die Widerklage"** sein. War es dem Beklagten nicht möglich, in der vorgegebenen Klageerwiderungsfrist seine Einwendungen gegen die Klageforderung, gegebenenfalls auch die Erklärung einer Aufrechnung vorzutragen, so läuft er Gefahr, dass sein Vortrag nach dem Ablauf der von dem Gericht gesetzten Frist als verspätet zurückgewiesen wird, wenn die Zulassung seines verspäteten Vortrages den Rechtsstreit verzögern würde (§ 296 Abs. 1 ZPO).

32 Demgegenüber kann ihn die Widerklage in die Lage versetzen, bestimmte Einwendungen, insbesondere das Bestehen von Gegenforderungen in der Form der Widerklage bis zur letzten mündlichen Verhandlung vorzutragen. Eine Präklusion kommt in diesem Fall nicht in Betracht, da es sich bei der Widerklage nicht um ein Angriffs- oder Verteidigungsmittel im Sinne des § 296 ZPO handelt, sondern um einen Angriff.[14] Allerdings muss die Widerklage über die reine Negation der Klageforderung hinausgehen. Durch dieses prozessuale Vorgehen kann auch der Prozess verzögert werden, was das Fenster für weitergehenden Vortrag öffnet, weil der Vortrag dann zwar weiterhin verspätet ist, die Verspätung aber für die Verzögerung des Prozesses nicht kausal geworden ist.

---

13 LG Aurich NJW-RR 2007, 1713.
14 BGH NJW 2017, 491, 492; BGH NJW 2001, 2513;

Einen weiteren Vorteil bietet die Widerklage, wenn sich der Beklagte einem Klageanspruch, den er **Zug um Zug** gegen Gewährung einer Gegenleistung erbringen soll, ausgesetzt sieht und er selbst ein Interesse an der beschleunigten Erbringung der Gegenleistung hat. 33

> *Beispiel* 34
>
> Würde der Beklagte auf die Klage etwa zur Zahlung von 10.000 EUR Zug um Zug gegen Rückgabe eines näher bezeichneten Fahrzeuges verurteilt, so kann der Kläger zwar den Zahlungsanspruch Zug um Zug gegen Rückgabe des Fahrzeuges vollstrecken, verpflichtet ist er hierzu jedoch nicht. Da der Tenor zu der Entscheidung den Beklagten nicht als Titelgläubiger der Gegenleistung aufweist, ist der Beklagte nicht in der Lage, die Zurückgewährung des Fahrzeuges durchzusetzen. Hat aber der Beklagte selbst ein Interesse an dem Fahrzeug, so gibt ihm die Widerklage die Möglichkeit, sich einen eigenen vollstreckbaren Anspruch auf das Fahrzeug zu verschaffen.

2. Die Vorteile der Aufrechnung im Prozess

Der Vielzahl der dargestellten Vorteile einer Widerklage stehen eine Reihe von Vorteilen der Aufrechnung mit der bestehenden Gegenforderung im Prozess gegenüber. 35

Als wesentlicher Vorteil ist zu bezeichnen, dass die Aufrechnung gegen die Klageforderung **nicht** dazu führt, dass die Aufrechnungsforderung **rechtshängig** wird. Ist die Aufrechnungsforderung also bereits Gegenstand eines anderen Rechtsstreites, so ist wegen des Einwandes der anderweitigen Rechtshängigkeit nach § 261 ZPO zwar die Widerklage, nicht aber die Aufrechnung ausgeschlossen. 36

> *Hinweis* 37
>
> Um prozessuale Nachteile zu vermeiden, sollte allerdings der Versuch unternommen werden, das Klageverfahren über die Aufrechnungsforderung zum Ruhen zu bringen bzw. nach § 148 ZPO aussetzen zu lassen.[15] Hier ist allerdings zu beachten, dass eine Aussetzung nur in Betracht kommt, wenn mit einer Entscheidung über die zur Aufrechnung gebrachte Forderung zu rechnen ist.[16] Nichts anderes gilt dann, wenn der Beklagte mit ein und derselben Forderung in zwei Verfahren hilfsweise die Aufrechnung erklärt. Hier sollte das zweite Verfahren ausgesetzt werden.[17]

Ist für den Gegenanspruch kein eigener Gerichtsstand am Ort der Hauptklage begründet, so setzt § 33 ZPO für den **besonderen Gerichtsstand** der Widerklage voraus, dass Klage und Widerklage in einem rechtlichen Zusammenhang stehen. 38

---

15 Zöller/*Greger*, § 145 Rn 18a.
16 OLG Dresden NJW 1994, 139.
17 BGH NJW-RR 2004, 1000 = MDR 2004, 705 = BGH-Report 2004, 689.

39 Dieses Erfordernis besteht hinsichtlich der Aufrechnung nicht, sodass diese auch dann geltend gemacht werden kann, wenn die Aufrechnungsforderung als Gegenforderung des Beklagten in keinem rechtlichen Zusammenhang zu der Klageforderung steht.

40 Als weiterer Vorteil kann sich herausstellen, dass die Erklärung der Aufrechnung im Prozess jederzeit zurückgenommen werden kann, ohne dass es unter den Voraussetzungen des § 269 ZPO für diese der Zustimmung des Klägers bedarf.[18] § 269 ZPO findet nämlich nur auf Klagen, nicht aber auf zur Aufrechnung gestellte Gegenforderungen Anwendung. Dies bedeutet zugleich, dass die mit der Rücknahme einer Widerklage verbundene Kostentragungspflicht nach § 269 Abs. 3 S. 2 ZPO bei der Rücknahme der Aufrechnungserklärung nicht greift.

41 Außerdem ist die Aufrechnung kostenneutral. Denn eine Streitwerterhöhung greift gemäß § 45 Abs. 3 GKG lediglich bei der Hilfsaufrechnung, nicht hingegen bei der Primäraufrechnung.[19]

42 Einen besonderen prozesstaktischen Vorteil bringt die Aufrechnung auch, wenn der Kläger nur eine **Teilforderung** geltend macht, weil er die **Aufrechnungsforderung vermeintlich berücksichtigt**, ohne jedoch seinerseits die Aufrechnung ausdrücklich zu erklären.

43 *Beispiel*

Der Kläger hat gegen den Beklagten einen Anspruch in Höhe von 25.000 EUR aus einer ständigen Lieferbeziehung. Gleichzeitig hat der Beklagte Ansprüche gegen den Kläger in Höhe von 15.000 EUR aus Rücklieferungen. Der Kläger macht dementsprechend mit seiner Klage 10.000 EUR geltend. Eine Aufrechnung seiner Forderung von 25.000 EUR in Höhe von 15.000 EUR mit der Gegenforderung des Beklagten hat er zu keinem Zeitpunkt erklärt.

Der Beklagte kann nunmehr gegen die Klageforderung mit seiner Gegenforderung in Höhe von 15.000 EUR aufrechnen, sodass er den Prozess auch dann gewinnt, wenn ihm gegen die materiell rechtlich verbleibende Forderung von 10.000 EUR des Klägers keine Einwendungen zur Verfügung stehen.[20] Außergerichtlich muss er dann die Forderung ausgleichen, sodass der Kläger aber jedenfalls die Prozesskosten tragen muss.

44 *Praxistipp*

Diese Verfahrensweise kommt insbesondere dann in Betracht, wenn der Beklagte Anlass zur Klage gegeben hat oder ein Anerkenntnis nicht mehr als sofortiges Anerkenntnis i.S.d. § 93 ZPO anerkannt werden könnte.[21]

---

[18] BGH NJW 2009, 1071.
[19] Musielak/*Stadler*, § 145, Rn 28.
[20] BGH NJW-RR 1994, 1203; BGH NJW 1988, 2542.
[21] Siehe hierzu § 6 Rdn 1 ff.

Im Verhältnis zur Widerklage muss allerdings berücksichtigt werden, dass die **Aufrechnung** ein **echtes Verteidigungsmittel** ist und damit den Präklusionsvorschriften nach § 296 ZPO unterliegt.

Die Aufrechnungsforderung muss deshalb rechtzeitig, d.h. also regelmäßig bereits in der Klageerwiderung[22] substantiiert dargelegt werden. Gelingt dem Beklagten ein rechtzeitiger Vortrag diesbezüglich nicht, so ergeht auch über die Aufrechnungsforderung eine der Rechtskraft fähige Entscheidung, sodass die zur Aufrechnung gestellte Forderung in einem gesonderten Prozess nicht mehr geltend gemacht werden kann.[23] Deshalb muss in diesem Fall die Aufrechnung prozessual zurückgenommen werden.

3. Die hilfsweise Aufrechnung und Widerklage

Sowohl die Widerklage als auch die Aufrechnung lassen sich prozesstaktisch auch als Hilfswiderklage[24] oder Hilfsaufrechnung[25] einsetzen, sofern der Beklagte zunächst aussichtsreich anderweitige Einwendungen gegen den Klageanspruch geltend machen kann.

Aus Gründen des Sachzusammenhangs werden diese Fragen in die nachfolgenden Darlegungen über die jeweiligen prozessualen und materiellen Voraussetzungen der Widerklage und der Aufrechnung integriert.[26]

II. Die Widerklage im Prozess

Die Widerklage ist eine eigenständige Klage, für die die gleichen Anforderungen gelten wie für eine originär erhobene Klage. Insoweit kann auf die Ausführungen zur Klageschrift in § 5 Rdn 1 ff. verwiesen werden.

1. Der zulässige zeitliche Rahmen für die Erhebung der Widerklage

Aus der Natur der Klage als Widerklage ergibt sich darüber hinaus, dass die Widerklage erst erhoben werden kann, wenn die Hauptklage in der ersten Instanz rechtshängig ist.

Aus §§ 256 Abs. 2, 261 Abs. 2 ZPO ergibt sich, dass die Widerklage bis zum Schluss der letzten mündlichen Verhandlung über die Hauptklage erhoben werden kann.[27] Eine erst nach Schluss der mündlichen Verhandlung erhobene Widerklage ist dagegen unzulässig.[28]

Soweit über die Hauptklage im schriftlichen Verfahren nach § 128 Abs. 2 ZPO mit Zustimmung der Parteien verhandelt wird, kann die Widerklage durch Einreichung eines

---

22 BGH NJW 1984, 1964.
23 BGH WM 1987, 1086; 1986, 864.
24 Muster hierzu unter Rdn 237, 238 und 247.
25 Muster hierzu unter Rdn 246.
26 Siehe Rdn 116 ff., Rdn 202 ff.
27 OLG Köln MDR 2004, 962 = OLGR 2004, 137; BGH NJW 2000, 2513 = MDR 2000, 967; OLG Düsseldorf, BauR 2014, 283, 290.
28 BGH NJW 2000, 2513 = MDR 2000, 967; BGH NJW-RR 1992, 1085; NJW 1982, 1533; 1981, 1217.

Schriftsatzes bis zu dem Zeitpunkt erfolgen, bis zu dem nach § 128 Abs. 2 S. 2 ZPO Schriftsätze eingereicht werden können.

53 *Hinweis*

Soweit eine Widerklage in seltenen Fällen einmal außerhalb dieses Zeitkorridors erhoben wird, kann sie seitens des erkennenden Gerichts jedoch als eigenständige Hauptklage behandelt werden.[29] § 145 Abs. 2 ZPO analog kann dann zur Anwendung kommen und eine Prozesstrennung stattfinden. Hierauf sollte unbedingt hingewiesen werden, wenn das Gericht droht, die Widerklage als unzulässig abzuweisen. In diesem Fall ist zwar eine erneute Einreichung der Klage möglich, es fielen aber Gerichts- und Anwaltskosten zweifach an.

Die Zulässigkeitsvoraussetzungen dieser Klage, insbesondere die Zuständigkeit des angerufenen Gerichts, sind dann aber außerhalb von § 33 ZPO nach den allgemeinen Vorschriften zu beantworten. Hierauf kann der Widerkläger aber mit einem Verweisungsantrag reagieren.

54 Der Zeitraum, in dem Widerklage erhoben werden kann, wird verkürzt, wenn die Hauptklage

- nach § 269 ZPO zurückgenommen wird,
- der Rechtsstreit übereinstimmend in der Hauptsache für erledigt erklärt wird oder
- der Rechtsstreit durch einen Prozessvergleich endet.

55 In diesen Konstellationen entfällt mit der Klagerücknahme, der Erledigungserklärung oder dem Prozessvergleich die Rechtshängigkeit der Hauptklage, sodass nach diesem Zeitpunkt eine Erhebung der Widerklage nicht mehr möglich ist.

56 *Hinweis*

Demgegenüber bleibt die einmal erhobene Widerklage von dem Schicksal der Klage unberührt. Die Vorteile der Widerklage kann der Kläger also nicht dadurch beseitigen, dass er die Klage zurücknimmt.[30] In gleicher Weise führt die Unzulässigkeit der Klage nicht zugleich zur Unzulässigkeit der Widerklage.[31]

2. Die Bestimmung des Gerichtsstandes der Widerklage

57 Hinsichtlich der Zuständigkeit für die Klage und Widerklage ist zwischen der örtlichen und der sachlichen Zuständigkeit zu unterscheiden.

a) Die örtliche Zuständigkeit für die Widerklage

58 Soweit für die Widerklage am Ort der Klage ein eigenständiger Gerichtsstand begründet ist, ergeben sich hier gegenüber dem normalen Erkenntnisverfahren keine Unterschiede. Die Widerklage ist dann nach den §§ 12 ff. ZPO beim örtlich zuständigen Gericht zu

---

29 OLG Celle FamRZ 1981, 790.
30 Musielak/*Heinrich*, § 33 Rn 10.
31 OLG Celle MDR 2009, 989.

erheben, auf § 33 ZPO kommt es nicht an. Der Vorteil liegt darin begründet, dass damit auch die besonderen Voraussetzungen des § 33 ZPO nicht vorliegen müssen.

Beispiel 59

Der in Koblenz wohnhafte Kläger erhebt seine Zahlungsklage über 15.000 EUR beim Landgericht Koblenz gegen den ebenfalls in Koblenz wohnenden Beklagten.

Hier kann der Beklagte hinsichtlich eines ihm zustehenden Gegenanspruches Widerklage ohne Rücksicht auf § 33 ZPO erheben, da der Kläger nach §§ 12, 13 ZPO einen eigenen Gerichtsstand in Koblenz hat.[32]

Ein solcher Gerichtsstand für die Widerklage am Gerichtsstand der Klage kann sich beispielsweise ergeben aus: 60

- § 12 ZPO: Allgemeiner Gerichtsstand des Wohnortes,
- § 20 ZPO: Besonderer Gerichtsstand des Aufenthaltes,
- § 21 ZPO: Besonderer Gerichtsstand der Niederlassung,
- § 31 ZPO: Besonderer Gerichtsstand der Vermögensverwaltung,
- § 32 ZPO: Besonderer Gerichtsstand des Tatortes.

Die dem entgegenstehende ältere Rechtsprechung,[33] die einen Zusammenhang zwischen Klage und Widerklage fordert und § 33 ZPO insoweit als Zulässigkeitsvoraussetzung der Widerklage gesehen hat, dürfte inzwischen als überholt gelten, nachdem sie nahezu einhellig abgelehnt wird und die letzte Bestätigung dieser Rechtsprechung schon mehr als 25 Jahre zurückliegt.[34] Dies entspricht auch der Einschätzung der Kommentarliteratur.[35] In diesem Fall ist aber zu berücksichtigen, dass das Gericht gemäß § 145 Abs. 2 ZPO Klage und Widerklage durch Beschluss trennen kann.[36] 61

Praxistipp 62

Eine Zuständigkeit des mit der Klage angerufenen Gerichts für die Entscheidung über die Widerklage kann sich dementsprechend auch aus einer Gerichtsstandsvereinbarung oder aber auch einer rügelosen Einlassung nach §§ 39[37] oder 295 ZPO nach einer vorherigen Belehrung nach § 504 ZPO ergeben, ohne dass es dann auf die Frage der Konnexität ankommt.

Ist dagegen am Ort der Erhebung der Klage **kein eigenständiger Gerichtsstand** nach den §§ 12 ff. ZPO für die Widerklage gegeben, kommt es auf den besonderen Gerichtsstand nach § 33 ZPO an. 63

---

32 Muster unter Rdn 234.
33 BGH NJW 1981, 1217; BGHZ 40, 187; BGH NJW 1975, 1228; wohl noch zustimmend: *Crückeberg*, Zivilprozessrecht, § 3 Rn 138.
34 Stein/Jonas/*Schumann*, § 33 Rn 5–7; Musielak/*Heinrich*, § 33 Rn 3; MüKo-ZPO/*Patzina*, § 33 Rn 2; Zöller/*Schultzky*, § 33 Rn 1; *Jauernig*, Zivilprozessrecht, § 46 II; B/L/A/H/*Hartmann*, § 33 Rn 2; Thomas/Putzo/*Putzo*, § 33 Rn 1; a.A., d.h. der älteren Rechtsprechung zustimmend: *Crückeberg*, Zivilprozessrecht, § 3 Rn 138.
35 Zöller/*Schultzky*, § 33 Rn 1; Stein/Jonas/*Roth*, § 33 Rn 2; B/L/A/H/*Hartmann*, § 33 Rn 1; Thomas/Putzo/*Putzo*, § 33 Rn 1.
36 Musielak/*Smid*, § 145 Rn 8.
37 MüKo-ZPO/*Patzina*, § 33 Rn 2.

§ 8 Die Widerklage und die Aufrechnung im Prozess

64 § 33 ZPO erlaubt dem Widerkläger die Erhebung der Widerklage beim Gericht der Klage, obwohl für die Widerklage kein eigenständiger Gerichtsstand begründet ist, wenn der Widerklageanspruch mit dem Klageanspruch in einem Zusammenhang steht. Dies gilt aber nur für die Parteien, die aufgrund der Klage bereits am Prozessrechtsverhältnis beteiligt waren, nicht dagegen für Personen, die erst aufgrund der Widerklage in den Prozess einbezogen werden, d.h. ggf. bei der Drittwiderklage.[38] Inwieweit § 33 ZPO auch auf die Drittwiderklage anwendbar ist, hängt vom jeweiligen Einzelfall ab.[39]

65 Ein rechtlicher Zusammenhang ist gegeben, wenn der geltend gemachte Anspruch der Klage und der Gegenanspruch aus der Widerklage dem im Wesentlichen gleichen Lebenssachverhalt entstammen oder ihren Ursprung in demselben Rechtsverhältnis haben.[40] Nicht ausreichend ist dagegen ein rein tatsächlicher oder nur wirtschaftlicher Zusammenhang.[41]

66 Ein rechtlicher Zusammenhang besteht jedenfalls in folgenden Fällen:
- Klage auf Kaufpreiszahlung und Widerklage auf Schadensersatz wegen Schlechterfüllung,[42]
- Klage auf Mietzinszahlung und Widerklage auf Feststellung, dass ein Mietvertrag nicht besteht,
- Klage auf Mieterhöhung und Widerklage auf Mängelbeseitigung an der Mietsache,[43]
- Honorarklage des Architekten und Widerklage auf Schadensersatz wegen Planungsfehlern,[44]
- Klage auf Unterhalt und Widerklage auf Rückerstattung des Unterhaltsvorschusses und Feststellung des Nichtbestehens einer weiteren Vorschusspflicht,[45]
- Bei einer Klage und einer Widerklage wegen wechselseitiger Ansprüche aus einer ständigen Geschäftsbeziehung,[46]
- Klage auf Feststellung des Klägereigentums und Widerklage auf Feststellung des Beklagteneigentums an derselben Sache,

67 *Hinweis*
In solchen Fällen negiert die Widerklage nicht nur die Klageforderung, auch wenn mit der Abweisung der Klage feststeht, dass der Kläger nicht Eigentümer der Sache ist, jedoch nicht automatisch festgestellt ist, dass der Beklagte deren Eigentümer ist. In Betracht käme in diesem Fall auch Dritteigentum. Die Widerklage geht damit über den Streitgegenstand der Klage hinaus.

---

[38] BGH NJW-RR 2008, 1516 = MDR 2008, 1178 = FamRZ 2008, 1843.
[39] Hierzu nachfolgend noch unter Rdn 96 ff. und OLG München MDR 2009, 709.
[40] *Jauernig*, Zivilprozessrecht, § 46 II; MüKo-ZPO/*Patzina*, § 33 Rn 20; Musielak/*Heinrich*, § 33 Rn 2; umfassend zur Streitfrage, wann ein tatsächlicher und rechtlicher Zusammenhang besteht: *Ott*, Die Parteiwiderklage, 1999, S. 87 ff.
[41] LG Hamburg v. 20.4.2007 – 406 O 343/06; Zöller/*Schultzky*, § 33 Rn 4; Musielak/*Heinrich*, § 33 Rn 2.
[42] BGHZ 52, 34 = WM 1969, 571.
[43] KGR 2004, 91; AG Tiergarten v. 13.6.2007 – 5 C 130/07, MM 2007, 253.
[44] BGH NJW 2001, 2094 = MDR 2001, 952 = BauR 2001, 1288.
[45] OLG Frankfurt/M. FamRZ 1993, 1466.
[46] *Busse*, MDR 2001, 730.

- Klage auf materiellen und immateriellen Schadensersatz aus einem Verkehrsunfallereignis und Widerklage auf ebenfalls materiellen und immateriellen Schadensersatz aus dem gleichen Unfallereignis,
- Klage auf Zahlung des Restwerklohnes und Widerklage auf Nachbesserung, Mängelbeseitigung, Schadensersatz oder Vorschuss zur Mängelbeseitigung aus dem Werkvertrag.

Es ist allerdings umstritten, ob § 33 ZPO einen rechtlichen Zusammenhang zwischen Klage und Widerklage voraussetzt oder nur irgendein Zusammenhang, etwa ein wirtschaftlicher oder rein tatsächlicher Zusammenhang ausreichend ist.[47] Da die Rechtsprechung für die Konnexität gem. § 33 ZPO jedoch einen rechtlichen Zusammenhang fordert,[48] sollte bei der praktischen Rechtsanwendung, aus Gründen anwaltlicher Vorsicht, der erstgenannten Ansicht gefolgt werden.

Eine Einschränkung der örtlichen Zuständigkeit für die Entscheidung über die Widerklage nach § 33 Abs. 1 ZPO enthält § 33 Abs. 2 ZPO. Auch wenn ein rechtlicher und tatsächlicher Zusammenhang zwischen Klage und Widerklage in dem vorbezeichneten Sinne besteht, kann die Widerklage nicht am Ort der Klage erhoben werden, wenn eine ausschließliche Zuständigkeit der Amtsgerichte für den Widerklageanspruch nach §§ 33 Abs. 2, 40 Abs. 2 ZPO begründet ist.

Für die Widerklage ist dann ein bestimmtes anderes Gericht ausschließlich örtlich zuständig, sodass die Widerklage nach § 145 Abs. 2 ZPO zunächst abgetrennt werden muss.

Hinweis

Die Widerklage wird dann in einem gesonderten Klageverfahren geführt. Da ein anderweitiger ausschließlicher Gerichtsstand begründet ist, wäre die Widerklage bei dem tatsächlich angerufenen Gericht mangels eigener örtlicher Zuständigkeit als unzulässig abzuweisen. Der Widerkläger muss einen Verweisungsantrag[49] nach § 281 ZPO stellen, damit die Widerklage als selbstständige Klage an das örtlich und sachlich zuständige Gericht verwiesen wird. Die Ansprüche aus Klage und Widerklage werden dann in zwei getrennten Klageverfahren vor zwei unterschiedlichen Gerichten verfolgt.

b) Die sachliche Zuständigkeit für die Widerklage

Die sachliche Zuständigkeit des angerufenen Gerichts ist für die Klage wie für die Widerklage jeweils gesondert zu beantworten.

Eine Zusammenrechnung der Gegenstandswerte für Klage und Widerklage erfolgt nach § 5 Hs. 2 ZPO jedoch nicht. Maßgeblich für die Zuständigkeit des Gerichts ist grundsätzlich der höhere Streitwert von Klage oder Widerklage.

---

47 Vgl. hierzu einerseits Zöller/*Schultzky*, § 33 Rn 18, der dies nicht ausreichen lässt und andererseits MüKo-ZPO/*Heinrich*, § 33 Rn 4 und *Rosenberg/Schwab/Gottwald*, § 95 Rn 18, die auch einen solchen Zusammenhang ausreichen lassen wollen.
48 BGH NJW 1970, 425; OLG Frankfurt ZinsO 2013, 787.
49 Muster unter Rdn 242, 243.

75 Daraus ergeben sich drei Grundkonstellationen:
- Wurde bereits die Klage aufgrund eines 5.000 EUR übersteigenden Streitwertes nach §§ 23, 71 GVG beim Landgericht erhoben, führt die Widerklage, unabhängig von deren Streitwert, zu keiner Änderung der sachlichen Zuständigkeit. Dies folgt aus § 261 Abs. 3 Nr. 2 ZPO.
- Wurde die Klage dagegen ursprünglich beim Amtsgericht erhoben, so bleibt das Amtsgericht für den Rechtsstreit über Klage und Widerklage sachlich zuständig, solange der Wert der Widerklage für sich allein betrachtet ebenfalls den Wert von 5.000 EUR nach §§ 23, 71 GVG nicht übersteigt. Mehrere mit der Klage oder der Widerklage geltend gemachte Ansprüche, etwa solche auf materiellen und immateriellen Schadensersatz sind dabei nach § 5 S. 1 ZPO zusammenzurechnen.
- Wurde die Klage beim Amtsgericht wegen eines 5.000 EUR nicht übersteigenden Streitwertes der Klage erhoben und übersteigt nun der Wert der Widerklage diese nach §§ 23, 71 GVG maßgebliche Grenze, so ergibt sich über den nunmehr höheren Wert der Widerklage die Zuständigkeit des Landgerichts.[50] Die Parteien müssen einen entsprechenden Verweisungsantrag stellen. Anderenfalls kann die Zuständigkeit durch rügelose Einlassung begründet werden.

76 Nur in der letzten Konstellation ändert sich nun die sachliche Zuständigkeit weg vom Amtsgericht, hin zum Landgericht, mit der Folge, dass auch die Zuständigkeit für ein mögliches Berufungsverfahren vom Landgericht zum Oberlandesgericht wechselt.

77 Das Amtsgericht muss bei einem 5.000 EUR übersteigenden Streitwert der Widerklage nach § 504 ZPO die Parteien auf seine sachliche Unzuständigkeit hinweisen. Auf Antrag einer Partei, d.h. des Klägers und Widerbeklagten oder des Beklagten und Widerklägers hat es sich für sachlich unzuständig zu erklären und den Rechtsstreit dann nach § 506 ZPO an das örtlich und sachlich zuständige Landgericht zu verweisen.

78 *Hinweis*

Dies bedeutet, dass der Beklagte als Widerkläger auf die Zuständigkeit des Gerichts durch die Erhebung der Widerklage mit einem über 5.000 EUR liegenden Streitwert oder aber auch nur mit einer Teilwiderklage mit einem Streitwert unter 5.000 EUR auf die Zuständigkeit des Gerichts Einfluss nehmen kann.

Dabei erschöpft sich die Einflussnahme nicht nur in der Zuständigkeit des erstinstanzlichen Gerichts, sondern wirkt sich auch auf die sich daran anschließenden Zuständigkeit des Berufungsgerichts aus. Wird die Widerklage so erhoben, dass die Klage bei dem Amtsgericht verbleibt, so ist als Berufungsgericht das Landgericht zuständig. Wird dagegen die Widerklage so ausgestaltet, dass ihr eigenständiger Wert die Zuständigkeit des Landgerichts begründet, weil der Zuständigkeitswert 5.000 EUR übersteigt, so wird das Landgericht in erster Instanz und in der weiteren Folge das Oberlandesgericht als Berufungsgericht zuständig.

---

50 Muster eines Verweisungsantrages des Klägers unter Rdn 235.

Ein Problem ergibt sich allerdings dann, wenn das Amtsgericht gem. § 23 Nr. 2 GVG 79
ausschließlich sachlich zuständig ist und nunmehr eine Widerklage erhoben wird, die
schon für sich die sachliche Zuständigkeit des Landgerichtes nach §§ 23 Nr. 1, 71 GVG
begründet. In diesem Fall hält das OLG München[51] eine Verweisung nach § 506 ZPO
an das Landgericht nicht für möglich. In Betracht komme allein eine Trennung des
Prozesses und eine isolierte Verweisung der Widerklage an das sachlich zuständige
Landgericht, wenn sich nicht der Kläger rügelos auf die Widerklage einlässt. § 33
ZPO begründe nur eine besondere örtliche, nicht aber auch eine besondere sachliche
Zuständigkeit. In der Praxis muss diese Situation in Betracht gezogen werden. Es besteht
natürlich immer die Möglichkeit, dass sich der Kläger hinsichtlich der fehlenden sachlichen Zuständigkeit rügelos einlässt; beispielsweise aus prozessökonomischen oder kostenrechtlichen Gründen.

Ist die sachliche und örtliche Zuständigkeit im Sinne der vorstehenden Vorschriften bei 80
dem mit der Klage angerufenen Gericht begründet, so ergeben sich im Weiteren keine
Probleme.

Ist die Zuständigkeit nicht begründet und wird die Verweisung nicht beantragt, führt 81
dies allerdings nicht zwangsläufig zur Abweisung der Widerklage als unzulässig.

Vielmehr ist es möglich, dass sich der Kläger und Widerbeklagte gem. §§ 39, 295, 504 82
ZPO rügelos zur Sache einlässt, obwohl er auf die fehlende sachliche Zuständigkeit des
mit der Klage angerufenen Gerichts hingewiesen wurde.

> *Praxistipp* 83
> Insoweit kann der Beklagte sich auch darauf beschränken, die sachliche Unzuständigkeit anzusprechen, ohne zumindest hilfsweise einen ausdrücklichen Verweisungsantrag zu stellen und den Kläger insoweit aufzufordern, sich rügelos einzulassen. Für
> den Fall, dass eine rügelose Einlassung nicht erfolgen sollte, sichert die hilfsweise
> beantragte Verweisung des Rechtsstreites seine Rechte. Er kann die Verweisung dann
> aber auch isoliert beantragen.

Voraussetzung für eine Zuständigkeitsbegründung und rügelose Einlassung ist allerdings 84
immer, dass das mit der Klage angerufene Amtsgericht den Kläger und Widerbeklagten
gem. § 504 ZPO auf den Mangel der eigenen sachlichen Zuständigkeit hingewiesen hat;
anderenfalls droht dieser Einwand noch in der letzten mündlichen Verhandlung.

Weitere Voraussetzung ist auch hier, dass keine ausschließliche Zuständigkeit der Amts- 85
gerichte nach § 40 Abs. 2 Nr. 1 ZPO oder kein sonstiger ausschließlicher Gerichtsstand
nach § 40 Abs. 2 Nr. 2 ZPO begründet ist. In diesen Fällen ist nämlich eine Zuständigkeitsbegründung durch rügelose Einlassung nach § 40 Abs. 2 S. 2 ZPO nicht möglich.

Ist das mit der Klage angerufene Gericht aufgrund der Widerklage sachlich nicht mehr 86
zuständig und möchte sich der Kläger auch nicht rügelos einlassen, kann er auch selbst

---

51 OLG München v. 10.8.2008 – 31 AR 53/08, n.v.

die Verweisung des Rechtsstreites an das dann zuständige Landgericht beantragen.[52] Dies folgt aus § 506 ZPO, der jeder Partei das Recht einräumt, einen Verweisungsantrag zu stellen.

c) Die internationale Zuständigkeit für die Widerklage

87 Auch die internationale Zuständigkeit eines deutschen oder eines ausländischen Gerichts kann über § 33 ZPO begründet werden. Dies entspricht ständiger Rechtsprechung des Bundesgerichtshofes.[53]

88 Voraussetzung ist allerdings, dass der Gerichtsstand der Widerklage nicht vertraglich vereinbart worden ist. Dies kann negativ durch den Ausschluss der Widerklage am Ort der Klage erfolgen, aber auch positiv, wenn hinsichtlich der Widerklageforderung eine Gerichtsstandsvereinbarung vorliegt.[54]

89 Innerhalb des Anwendungsbereiches der Verordnung 1215/2012 vom 12.12.2012 des Rates über die gerichtliche Zuständigkeit und die Anerkennung und Vollstreckung von Entscheidungen in Zivil- und Handlungssachen (EUGVVO, Brüssel Ia) ergibt sich eine Spezialregelung aus Art. 8 Nr. 3 EUGVVO. Die Verordnung 1215/2012 ersetzt die Verordnung 44/2001 v. 22.12.2000.

90 Nach Art. 8 Nr. 3 EUGVVO kann eine Person, die ihren Wohnsitz im Hoheitsgebiet eines Mitgliedstaates hat, mit der Widerklage am Ort der Klage verklagt werden, wenn es sich um eine Widerklage handelt, die auf denselben Vertrag oder Sachverhalt wie die Klage selbst gestützt wird.[55] Diese Verordnung ist nach Art. 81 EUGVVO am 10.1.2015 in Kraft getreten. Nach den Vorbemerkungen der EUGVVO ist diese in allen Mitgliedstaaten der EU mit Ausnahme Dänemarks gültig.

91 *Hinweis*

Für Dänemark ergibt sich jedoch kein anderes Ergebnis über Art. 6 Nr. 3 EUGVÜ, das als Vorgänger der EUGVVO gegenüber Dänemark anwendbar bleibt.

92 *Praxistipp*

Ist für die Klage ein nationaler Gerichtsstand am Ort des angerufenen Gerichtes zunächst nicht begründet, jedoch für die auf die Klage erhobene Widerklage, so kann der Kläger die Klage auch zurücknehmen und Wider-Widerklage erheben, wenn ihm nun § 8 Nr. 3 EUGVVO einen nationalen Gerichtsstand verschafft.[56]

---

52 Muster unter Rdn 240.
53 BGH NJW 2002, 2182; BGHZ 52, 30; 33, 59; 116, 118; BGH NJW 1991, 2644.
54 BGH MDR 1985, 911.
55 EUGVVO ist abgedr. bei Zöller/*Geimer*, Anh. 1.
56 Zu einem solchen Sachverhalt vgl. OLG Koblenz v. 12.10.2007 – 8 U 430/06, OLGR 2008, 243.

3. Der Gegenstand der Widerklage

a) Die allgemeinen Voraussetzungen der Widerklage

Die Widerklage ist statthaft, wenn der Kläger mit ihr einen eigenständigen Anspruch verfolgt.

Wegen § 261 Abs. 3 Nr. 1 ZPO ist es dabei erforderlich, dass sich die Widerklage ihrem Streitgegenstand nach von der Klage unterscheidet. Die Widerklage darf sich also nicht allein in der Zurückweisung des Klageanspruches erschöpfen.

> *Beispiel*
>
> Der Kläger macht einen Zahlungsanspruch in Höhe von 15.000 EUR geltend. Der Beklagte kann mit der (Feststellungs-)Widerklage nicht geltend machen, dass der Zahlungsanspruch in dieser Höhe nicht besteht.

Die Widerklage muss weiterhin in derselben Prozessart erhoben werden können wie die Klage. Wurde die Klage im ordentlichen Erkenntnisverfahren erhoben, so ergeben sich hier für die Praxis regelmäßig keine Schwierigkeiten.

Unzulässig ist die Widerklage im Urkunden- und Wechselprozess nach § 595 Abs. 2 ZPO.[57] Erst in dem auf den eigentlichen Urkundenprozess folgenden Nachverfahren ist die Erhebung einer Widerklage möglich. Ebenso unstatthaft ist die Widerklage im Verfahren auf Herstellung des ehelichen Lebens, Scheidung und auf Aufhebung der Ehe (§ 610 Abs. 2 ZPO).

b) Die Widerklage gegen einen Dritten

Die Widerklage kann nicht nur gegen den Kläger erhoben werden, sondern auch dazu genutzt werden, neben dem Kläger einen Dritten in das Prozessrechtsverhältnis einzubeziehen.[58]

Nach der Rechtsprechung des Bundesgerichtshofes ist diese sogenannte Drittwiderklage grundsätzlich nur zulässig, wenn sie sich zugleich gegen den oder die bisherigen Kläger im Wege der Widerklage und zusätzlich gegen einen bisher nicht am Rechtsstreit beteiligten Dritten richtet. Kläger und Dritter müssen also Streitgenossen gem. der §§ 59, 60 ZPO sein.

> *Beispiel*
>
> Der Kläger macht materiellen Schadensersatz gegen seinen Unfallgegner als Fahrer und Halter und dessen Haftpflichtversicherung geltend. Da er selbst nur Halter des am Unfallereignis beteiligten klägerischen Fahrzeuges ist, kann er für den Hergang des Unfallereignisses den Fahrer seines Fahrzeuges als Zeugen benennen.
>
> Dies möchte der Beklagte verhindern, sodass er gegen den Kläger als bisher schon am Prozessrechtsverhältnis beteiligte Partei, den Fahrer des klägerischen Fahrzeuges

---

57 Vgl. § 9 Rdn 6.
58 Muster unter Rdn 239.

als Dritten und die Haftpflichtversicherung des klägerischen Fahrzeuges als weitere Dritte Widerklage und Drittwiderklage erhebt. Diese ist zulässig, weil der Halter, der Fahrer und über § 3 Nr. 1 und 2 PflVG auch die Haftpflichtversicherung des klägerischen Fahrzeuges Streitgenossen sind.

In gleicher Weise kann der Beklagte, der sich einer Klage auf Restwerklohn des Bauunternehmers ausgesetzt sieht, widerklagend den Bauunternehmer (= Kläger) und den Architekten (Dritter) wegen Baumängeln und Planungsfehlern in Anspruch nehmen.

101 Von der Unzulässigkeit der isolierten Drittwiderklage macht der BGH allerdings in Einzelfällen Ausnahmen. Etwa wenn dem Beklagten ein Gegenanspruch nicht nur gegen den Kläger, sondern auch gegen einen Dritten zusteht.[59]

102 *Beispiel*

Der in Koblenz wohnende Kläger macht gegenüber dem ebenfalls in Koblenz wohnenden Beklagten eine Forderung über 22.500 EUR geltend. Zum Nachweis dieser Forderung beruft sich der Kläger auf das Zeugnis des D.

Dem Beklagten steht wiederum gegen den Kläger und den Dritten D eine Forderung in gleicher Höhe zu. Der Beklagte tritt der Klageforderung entgegen und rechnet hilfsweise gegenüber dem Kläger mit seiner Gegenforderung auf. Gleichzeitig erhebt er gegenüber D die isolierte Drittwiderklage.

103 Denkbar ist auch, dass die GbR eine Klage gegen einen ihrer Gesellschafter erhebt, auf die dieser mit einer Widerklage gegen die übrigen Gesellschafter der GbR reagiert.[60] Eine weitere Ausnahme lässt der BGH bei der Klage des Zessionars und der darauf folgenden Drittwiderklage gegen den Zedenten zu.[61]

104 Voraussetzung der sogenannten „isolierten Drittwiderklage" ist, dass der Drittwiderbeklagte dieser Verfahrensweise entweder zustimmt, sich rügelos einlässt[62] oder deren Sachdienlichkeit nach § 263 ZPO durch das erkennende Gericht angenommen werden kann.[63]

105 *Praxistipp*

Der Kläger muss in diesem Fall darauf hinweisen, dass es an der Sachdienlichkeit fehlt, wenn die Widerklage allein dem Zweck dient, den D als seinen Zeugen auszuschalten. Der Beklagte und Widerkläger wiederum muss genau diesen Eindruck zerstreuen.

---

59 BGHZ 147, 220 = BGH NJW 2001, 2094 = MDR 2001, 952.
60 Zöller/*Schultzky*, § 33 Rn 28; LG Bonn NJW-RR 2002, 1399 = NZG 2002, 672.
61 BGH MDR 2016, 852; BGH WM 2016, 72, 73; BGH NJW 2011, 460.
62 OLG Düsseldorf MDR 1990, 728.
63 BGH NJW 1996, 196; BGH NJW 1991, 2838.

Beachtet werden muss bei der Drittwiderklage, dass für den Dritten der besondere **106** Gerichtsstand des § 33 ZPO grundsätzlich nicht gilt.[64] Für den Dritten muss also ein eigener Gerichtsstand am Ort des mit der Klage und der Widerklage angerufenen Gerichts begründet sein. Anderenfalls kann der Dritte die Unzulässigkeit der Widerklage geltend machen.[65] Der Widerkläger muss dann mit einem Antrag auf Gerichtsstandbestimmung nach § 36 Abs. 1 Nr. 3 ZPO reagieren.[66]

> *Hinweis* **107**
>
> Entgegen der früheren Rechtsprechung[67] kommt für den Fall, dass der Dritte am Gericht der Klage keinen Gerichtsstand hat, eine Gerichtsstandbestimmung nach §§ 36 Nr. 3, 37 ZPO dann allerdings nicht in Betracht, wenn der Kläger und der Dritte bei einem anderen als dem angerufenen Gericht einen gemeinsamen Gerichtsstand haben.[68]

> *Beispiel* **108**
>
> Die Klägerin hat ihren Sitz in Koblenz und klagt hier vor dem Amtsgericht gegen den in Koblenz wohnenden Beklagten. Die Klägerin, die auch noch Zweigniederlassungen in Hamburg, Stuttgart und München hat, beruft sich dabei auf den in Stuttgart wohnenden D als Zeugen. Der Beklagte möchte mit seiner Widerklage aufgrund eines vermeintlichen Anspruches gegen die Klägerin und den D gemeinsam, den D als Zeugen ausschalten. Dieser hat jedoch keinen Gerichtsstand in Koblenz.
>
> Hier scheidet die Widerklage gegen den Kläger und den D vor dem Amtsgericht Koblenz ohne Mitwirkung des Dritten D aus. Der D hat in Koblenz keinen Gerichtsstand, während an seinem allgemeinen Wohnsitz in Stuttgart auch die Klägerin nach § 21 ZPO noch einen Gerichtsstand hat, sodass eine Bestimmung des Gerichtsstandes Koblenz nach § 36 Nr. 3 ZPO ausscheidet.

Auch hier gilt allerdings, dass eine rügelose Einlassung des Dritten nach § 39 ZPO **109** möglich ist, wenn er zuvor nach § 504 ZPO auf die fehlende Zuständigkeit des angerufenen Gerichts hingewiesen wurde.

> *Praxistipp* **110**
>
> Der Beklagte und Widerkläger kann der bevorstehenden Problematik dadurch aus dem Weg gehen, dass er mit dem Dritten eine Gerichtsstandvereinbarung trifft, sodass das mit der Klage angerufene Gericht auch für die Klage gegen den Dritten zuständig ist.
>
> Allerdings wird eine solche Möglichkeit dann nicht gegeben sein, wenn sich aus der Erhebung der Widerklage besondere prozesstaktische Vorteile für den Beklagen

---

64 BGH NJW-RR 2008, 1516 = MDR 2008, 1178 = FamRZ 2008, 1843; BGH NJW 2000, 1871 = MDR 2000, 899; BGH NJW-RR 1993, 2120.
65 Muster unter Rdn 241.
66 OLG München MDR 2009, 709.
67 BGH NJW 1991, 2838.
68 BGH NJW 2000, 1871; BayObLG, Beschl. v. 13.11.2002 – 1 ZAR 154/02.

ergeben. Erreichbar wird dies nur dann sein, wenn alle Beteiligten ein besonderes Interesse an der endgültigen Klärung aller Streitfragen haben oder wenn die Gerichtsstandvereinbarung schon vor dem Streitfall geschlossen werden konnte.

111 Grundsätzlich unzulässig sind „Widerklagen" die sich ausschließlich gegen den Dritte richten.[69] Begründet wird dies damit, dass die entwickelten Voraussetzungen zur Zulässigkeit der Drittwiderklage, nämlich streitgenössische Inanspruchnahme des Dritten gemeinsam mit dem Kläger, bei einer isolierten Drittwiderklage nicht vorliegen.[70] Allerdings hat der BGH in Einzelfällen immer wieder Ausnahmen zugelassen; dies gilt insbesondere für Drittwiderklagen gegen den Zedenten.[71] Begründet hat der BGH diese Ausnahmen stets damit, dass durch Widerklagen die Vervielfältigung und Zersplitterung von Prozessen vermieden werden und zusammenhängende Ansprüche einheitlich verhandelt werden sollen. Dieses Ziel kann auch mit einer isolierten Drittwiderklage erreicht werden, wenn die wechselseitig geltend gemachten Ansprüche tatsächlich und rechtlich eng miteinander verknüpft sind und keine schutzwürdigen Interessen des Dritten verletzt werden.[72]

112 Hierbei hat der BGH sowohl Leistungs- als auch Feststellungsklagen gegen den Zedenten als Drittwiderbeklagten für zulässig erachtet. Gerade die Feststellungsklage gegen den Zedenten ist ein erfolgreiches Instrument, um den mittels Abtretung künstlich geschaffenen Zeugen als Partei in den Rechtsstreit einzubeziehen und dessen Vernehmung als Zeugen zu verhindern. In der maßgeblichen Entscheidung[73] hat der BGH die Widerklage auf Feststellung, dass dem Zedenten keine Ansprüche gegen den Beklagten zustehen mit der Begründung für zulässig im Sinne von § 256 Abs. 1 ZPO erachtet, dass der Beklagte nicht überblicken könne, ob die Abtretung wirksam gewesen sei und er insoweit ein Interesse an einer umfassenden Klärung habe.

113 Dass durch diese Vorgehensweise der Zedent als Zeuge ausgeschaltet wird, hat der BGH ausdrücklich für zulässig erachtet.[74] Denn hierdurch werde nur die Rechtslage wieder hergestellt, die bestünde, wenn der ursprüngliche Rechtsinhaber Klage erhoben hätte. Dieses Vorgehen ist aus dem Gesichtspunkt der Waffengleichheit zuzulassen. Dem ist die Literatur weitgehend gefolgt.[75]

114 Weiterhin wendet der BGH auf isolierte Drittwiderklagen gegen den Zedenten § 33 ZPO analog an.[76] Entgegen vereinzelt anderslautender Kommentierungen kann diese Entscheidung nicht dahingehend verstanden werden, dass der BGH die analoge Anwendung des § 33 ZPO für die Drittwiderklage insgesamt eröffnet hat.[77]

---

69 *Riehm/Buchner*, ZZP 2010, 347; *Zöller/Schultzky*, § 33 Rn 26.
70 BGH NJW 2014, 1670.
71 BGH NJW 2001, 2094; BGH NJW 2007, 1753; BGH NJW 2008, 2852, 2854.
72 BGH NJW 2007, 1753, 1754; BGH MDR 2016, 852, 853.
73 BGH NJW 2008, 2852, 2854.
74 BGH NJW 2007, 1753, 1754.
75 *Foerste*, MDR 2016, 1123; *Koch*, JA 2013, 95, 99; *Musielak/Heinrich*, § 33 Rn 26.
76 BGH NJW 2011, 460, 462.
77 *Musielak/Heinrich*, § 33 Rn 27; *Lühl*, JA 2015, 374, 376.

Zusammenfassend lässt sich daher festhalten, dass eine isolierte Drittwiderklage wohl 115
immer dann zulässig sein dürfte, wenn die Ansprüche aus Klage und Widerklage in
einem rechtlich und tatsächlich engen Zusammenhang stehen und schutzwürdige Interessen des Dritten nicht beeinträchtigt sind. Bereits aus Gründen anwaltlicher Vorsorge
sind hier strenge Maßstäbe anzulegen. Denn der BGH hat in seinem Urt. v. 7.11.2013
die Drittwiderklage eines vom Bauherrn in Anspruch genommenen Generalplaners gegen einen von ihm als Nachunternehmer beauftragten Fachplaner für unzulässig erachtet.
Zur Begründung führte er aus, dass die Ansprüche des beklagten Architekten gegen
dessen Nachunternehmer aus einem vollständig anderen Rechtsverhältnis herrühren. Es
sei dem klagenden Bauherrn nicht zumutbar, dass sein Prozess mit aus seiner Sicht
vertragsfremden Rechtsfragen belastet werde.[78]

c) Die Hilfs- oder Eventualwiderklage

Die Widerklage kann auch als so genannte Hilfs- oder Eventualwiderklage[79] für den 116
Fall erhoben werden, dass die Klage als unbegründet oder unzulässig beschieden wird.[80]
Dies ist darüber hinaus für den Fall denkbar, dass eine erklärte Aufrechnung unzulässig
ist. Damit ist dem Beklagten die Möglichkeit eingeräumt, sich primär gegen die Klageforderung zur Wehr zu setzen und seinen Anspruch zielgerichtet einzusetzen. Sollte die
Primärverteidigung gegen die Klageforderung durchgreifen und die Klage abweisungsreif sein, kommt die Widerklage zum Zug. Gleiches gilt, wenn die Aufrechnung unzulässig sein sollte.

> *Beispiel* 117
>
> Der Beklagte setzt sich zunächst mit dem Einwand, dass die Klageforderung nicht
> entstanden, jedenfalls nicht fällig sei, zur Wehr. Hilfsweise rechnet er mit einer die
> Klageforderung übersteigenden Gegenforderung auf.
>
> Insoweit rügt der Kläger, dass eine Aufrechnung mit Gegenansprüchen gegen seine
> begründete Forderung nur möglich ist, wenn diese unstreitig oder rechtskräftig festgestellt ist. Da er die Forderung bestreitet und es an einer rechtskräftigen Feststellung
> fehle, sei eine Aufrechnung nicht möglich.
>
> Der Beklagte macht geltend, dass diese Beschränkung der Aufrechnung unzulässig
> sei. Hilfsweise, nämlich für den Fall, dass das erkennende Gericht seiner Auffassung
> zur Zulässigkeit der Aufrechnung nicht folgt, erhebt er Hilfswiderklage mit dem
> Antrag, den Kläger zur Zahlung der zur Aufrechnung gestellten Forderung zu verurteilen.

---

78 BGH NJW 2014, 1670, 1671.
79 Muster unter Rdn 236, 237 und 238.
80 BGH NJW 1996, 2307 in ständiger Rechtsprechung.

§ 8 Die Widerklage und die Aufrechnung im Prozess

118 *Praxistipp*

> Mit dieser Vorgehensweise kann ein vertragliches oder gesetzliches Aufrechnungsverbot letztlich umgangen werden, da der Beklagte spätestens in der Zwangsvollstreckung die Aufrechnung jedenfalls faktisch durchsetzt, wenn der Kläger Zwangsvollstreckungsmaßnahmen des Beklagten gegen ihn vermeiden will.

119 Denkbar ist die Hilfswiderklage in folgenden Fällen:
- Die Klage ist auf die Feststellung der Nichtigkeit eines Vertragsverhältnisses gerichtet und der Beklagte tritt dem mit der hilfsweisen Widerklage entgegen, möchte aber für den Fall der erfolgreichen Klage seine bisher erbrachten Leistungen zurückerhalten.
- Der Kläger macht im Wege der Vollstreckungsgegenklage geltend, dass der als Vollstreckungstitel herangezogenen notariellen Urkunde die Vollstreckungsfähigkeit fehlt, sodass mit der Hilfswiderklage der Anspruch jedenfalls tituliert werden kann.
- Nur für den Fall der Abweisung der Teilklage wird hilfsweise Widerklage auf Feststellung erhoben, dass der nicht rechtshängige Teil des Anspruches nicht besteht.
- Bei einer Klage auf Rückzahlung des Kaufpreises Zug um Zug gegen Rückgabe der Kaufsache kann mit der hilfsweisen Widerklage der Anspruch auf Herausgabe der Gegenleistung, d.h. der Kaufsache geltend gemacht werden.

120 Voraussetzung der Hilfswiderklage ist allerdings in jedem Fall, dass sie von einer innerprozessualen Bedingung abhängig ist, d.h. in Abhängigkeit dazu gestellt wird, dass die Klage begründet,[81] unbegründet[82] oder unzulässig ist. Dies bedeutet gleichzeitig, dass eine Hilfswiderklage allein gegen einen Dritten nicht zulässig ist.[83]

121 Für den Widerkläger ergeben sich damit besondere Vorteile:
- Wird eine Aufrechnung wegen eines vertraglichen oder gesetzlichen Aufrechnungsverbotes für unzulässig gehalten, wie im Beispielfall, so kann jedenfalls im Ergebnis das gegenseitige Erlöschen der Forderungen gleichwohl durchgesetzt werden.
- Dringt der Beklagte mit seinen Einwendungen gegen die Klageforderung durch, so hat er seine Gegenforderung noch immer nicht vollstreckbar durchgesetzt, was er mit der Hilfswiderklage schnell und effektiv erreicht, ohne ein überhöhtes Prozesskostenrisiko einzugehen.
- Hängt der Gegenanspruch von dem Ergebnis der Klage ab, kann der Beklagte und Hilfswiderkläger über das Instrument der Hilfswiderklage sein Kostenrisiko minimieren, indem er den Gegenanspruch erst zur Entscheidung stellt, wenn die Klage erfolgreich oder erfolglos ist, d.h. die Frage der Abhängigkeit von Klage und Widerklage für ihn positiv oder negativ beantwortet ist.[84]

---

81 BGH NJW 1996, 2165.
82 BGH NJW-RR 1998, 1409.
83 BGH NJW 2001, 2094 = BGHZ 147, 220 = MDR 2001, 952 = BGH-Report 2001, 614; Zöller/*Schultzky*, § 33 Rn 34; hierzu auch oben Rdn 116.
84 *Kaiser*, Die Anwaltsklausur, S. 64.

Möglich ist auch eine Haupt- oder Eventualwider-Widerklage des Klägers, mit der er der Widerklage des Beklagten begegnet.[85] 122

Eine Hilfswiderklage ist ausgeschlossen, wenn diese auch auf einen bisher am Prozessrechtsverhältnis nicht beteiligten Dritten bezogen ist. Da die Widerklage eine selbstständige Klage ist, setzt sie ein zu begründendes Rechtsverhältnis voraus. Ein Eventualprozessrechtsverhältnis ist jedoch nicht zulässig, da die Frage, ob ein Prozessrechtsverhältnis begründet ist oder nicht, nicht in der Schwebe gelassen werden darf.[86] 123

Problematisch ist der Fall, dass die Klage die sachliche Zuständigkeit des Amtsgerichtes begründet, die Hilfswiderklage für sich allein aber die sachliche Zuständigkeit des Landgerichts. In diesem Fall wird teilweise eine analoge Anwendung des § 506 Abs. 1 ZPO angenommen.[87] Das OLG Celle hält eine Verweisung des Rechtsstreites vom Amtsgericht an das Landgericht nicht nur für nicht willkürlich, sondern sogar für zutreffend.[88] Dies erscheint richtig, da ein Teilurteil über eine Klage bei gleichzeitig erhobener Widerklage grundsätzlich unzulässig ist.[89] Hierfür spricht auch die Vorgehensweise bei Haupt- und Hilfsantrag. Denn die sachliche Zuständigkeit richtet sich immer nach dem Antrag mit dem höchsten Wert. Ist dies der Hilfsantrag, ist das Landgericht zuständig, selbst wenn die Bedingung zur Prüfung des Hauptantrags nicht eintritt.[90]

4. Die Kosten bei der Widerklage

Hinsichtlich der Kosten wurde bereits im Zusammenhang mit der Darstellung der sachlichen Zuständigkeit darauf hingewiesen, dass der Zuständigkeitsstreitwert sich nach dem höheren Wert von Klage oder Widerklage berechnet. 124

Das Zusammenrechnungsverbot des § 5 ZPO gilt insoweit aber nicht für die Bestimmung des Gebührenstreitwertes. Hier kommt § 45 Abs. 1 GKG zur Anwendung, wonach die in einer Klage und einer Widerklage geltend gemachten Ansprüche zusammengerechnet und dann der Bemessung der Gerichtsgebühren und auch der Verfahrensgebühr nach Nr. 3100 VV und der Terminsgebühr nach Nr. 3104 VV zugrunde gelegt werden. 125

Voraussetzung für die Zusammenrechnung ist allerdings, dass es sich bei Klage und Widerklage nicht um denselben Streitgegenstand handelt.[91] Soweit es sich um denselben Gegenstand handelt, findet § 45 Abs. 1 S. 3 GKG Anwendung, wonach lediglich der Wert des höheren Anspruchs maßgebend ist. Soweit negative Feststellungsklage erhoben wird, wird der Streitwert der Klage mit dem Wert der Ansprüche addiert, deren sich der Kläger berühmt, ohne diese rechtshängig gemacht zu haben und deren Nichtbestehen mit der negativen Feststellungswiderklage geltend gemacht wird. 126

---

85 BGH NJW-RR 1996, 65 = JA 1996, 534; BGH MDR 1959, 571.
86 MüKo-ZPO/*Patzina*, § 33 Rn 32; BGH NJW 2001, 2094 = BGHZ 147, 220 = MDR 2001, 952 = BGH-Report 2001, 614; Zöller/*Schultzky*, § 33 Rn 34.
87 Musielak/*Wittschier*, § 506 Rn 1.
88 OLG Celle v. 5.6.2009 – 4 AR 19/09, n.v.
89 Zöller/*Feskorn*, § 301 Rn 9.
90 Stein/Jonas/*Roth*, § 5 Rn 36.
91 *V. König*, Zivilprozess- und Kostenrecht, 2002, Rn 342.

127 *Beispiel*

Der Kläger hat mit seiner Klage eine Forderung von 4.000 EUR geltend gemacht, der Beklagte seinerseits eine Forderung von 8.500 EUR mit einer Widerklage.

Der Zuständigkeitsstreitwert richtet sich nach dem höheren Einzelstreitwert, d.h. mit 8.500 EUR ist die Zuständigkeit des Landgerichts begründet. Der Gebührenstreitwert setzt sich demgegenüber aus dem Wert der Klage und der Widerklage nach § 19 Abs. 1 GKG zusammen und beträgt danach 12.500 EUR. Hieraus berechnen sich sowohl die Gerichtsgebühren als auch die Gebühren des Rechtsanwaltes.

128 Wurde die Widerklage nur als Hilfswiderklage erhoben, so findet nach § 45 Abs. 1 S. 2 GKG eine Zusammenrechnung nur dann statt, wenn die prozessuale Bedingung der Widerklage eintritt und damit über die Widerklage entschieden wird.

129 Nach § 15 GKG ist mit der Einreichung der Widerklage der Gebührenstreitwert neu zu berechnen. Danach erhöhen sich mit der Widerklage der Gebührenstreitwert und damit auch die drei vom Kläger bereits gezahlten Gerichtsgebühren. Die Differenz zwischen den vom Kläger bereits gezahlten Gerichtsgebühren und den nunmehr berechneten Gerichtsgebühren wird allerdings nach § 12 Abs. 2 Nr. 1 GKG vom Beklagten nicht als Vorschuss und als Voraussetzung der Zustellung der Widerklage angefordert. Vielmehr wird sie dem Beklagten allein zum Soll gestellt.

130 Weiterhin kann der Prozessbevollmächtigte des Beklagten mit der Einreichung der Widerklage und auch der Bevollmächtigte des Klägers und Widerbeklagten nach seiner Bestellung auch für die Widerklage nach § 9 RVG i.V.m. § 45 Abs. 1 GKG die Differenz zwischen ihren Gebühren aus dem Wert der Klage und dem zusammengerechneten Wert aus Klage und Widerklage als Vorschuss fordern.

131 *Praxistipp*

Dabei ist der Rechtsanwalt nicht auf die Forderung der Verfahrensgebühr beschränkt. Vielmehr kann er diejenigen Gebühren als Vorschuss fordern, deren Anfall zu erwarten ist. Dies sind zumindest die Verfahrens- und die Terminsgebühr, je nach Anzahl der Auftraggeber auch die Erhöhungsgebühr. Hinzu kommen die voraussichtlichen Auslagen und die Umsatzsteuer.

5. Die Widerklage in der Berufungsinstanz

132 In der Berufungsinstanz ist die Erhebung der Widerklage nur unter den Voraussetzungen des § 533 ZPO zulässig. Dies ist dann der Fall, wenn
- der Gegner einwilligt oder das Gericht die Widerklage für sachdienlich hält **und**
- die Widerklage auf Tatsachen gestützt werden kann, die das Berufungsgericht seiner Verhandlung und Entscheidung über die Berufung ohnehin nach § 529 ZPO zugrunde zu legen hat.

133 Nach § 529 Abs. 1 ZPO hat das Berufungsgericht seiner Verhandlung und Entscheidung die vom Gericht des ersten Rechtszuges festgestellten Tatsachen zugrunde zu legen, soweit nicht konkrete Anhaltspunkte Zweifel an der Richtigkeit oder Vollständigkeit der entscheidungserheblichen Feststellungen begründen und deshalb eine erneute Tatsachenfeststellung erforderlich wird.[92] Hierzu zählt nach der Rechtsprechung des BGH der gesamte erstinstanzlich zur Akte gelangte Prozessstoff.[93]

Hinweis 134

Da nach § 33 ZPO für die Begründung der örtlichen Zuständigkeit des angerufenen Prozessgerichts erster Instanz ein rechtlicher und tatsächlicher Zusammenhang zwischen Klage und Widerklage erforderlich sein kann, sofern kein eigenständiger Gerichtsstand für die Widerklage am Ort der Klage begründet ist, wird in vielen Fällen die Widerklage auf die Tatsachen gestützt werden können, die auch der Klage zugrunde liegen.

Beispiel 135

Das erstinstanzliche Gericht hat einen Verkehrsunfall auf der Grundlage einer Haftungsquote von 60 % zu 40 % zulasten des Beklagten ausgeurteilt. Hiergegen richtet sich die Berufung des Klägers wie auch des Beklagten.
Ist der Schaden des Beklagten unstreitig, kann dieser nunmehr im Berufungsverfahren bei dem der Höhe nach unstreitigen Schaden auf der Grundlage der bereits in erster Instanz vorgetragenen und festgestellten Tatsachen zur Ursache und zum Hergang des Verkehrsunfallereignisses seinen Schaden im Wege der Widerklage geltend machen. Damit ist zugleich aber ausgedrückt, dass der Kläger der Widerklage im Berufungsverfahren die Grundlage entziehen kann, wenn er den neuen Vortrag ganz oder teilweise streitig stellt.

Möglich ist auch, die Widerklage gegen einen Dritten erstmals im Berufungsverfahren zu erheben, wenn dieser einwilligt und die weiteren Voraussetzungen für die Erhebung der Widerklage gegen den Dritten vorliegen. Es steht allerdings zu befürchten, dass sich nur in Ausnahmefällen ein Dritter auf eine solche erstmalig in der Berufungsinstanz erhobene Drittwiderklage einlässt, da dem Dritten so eine Instanz abschließend genommen wird. 136

Die Erhebung der Widerklage in der Berufungsinstanz setzt voraus, dass der Beklagte und Widerkläger selbst eine zulässige Berufung oder Anschlussberufung erhoben haben, da das Berufungsgericht nur im Rahmen der Berufungsanträge nach § 528 ZPO entscheiden kann, die wiederum voraussetzen, dass eine eigenständige Berufung oder Anschlussberufung vom Beklagten erhoben wurde. 137

Das Gericht wird die Sachdienlichkeit der erstmals in der Berufungsinstanz erhobenen Widerklage jedenfalls dann anzunehmen haben, wenn die Widerklage geeignet ist, den Streit zwischen den Parteien endgültig und alsbald abschließend zu entscheiden, es 138

---

92 Wann konkrete Anhaltspunkte Zweifel an der Richtigkeit oder Vollständigkeit der Tatsachenfeststellung in erster Instanz begründen, wird in § 16 Rn 23 ff. dargestellt. Auf die dortigen Ausführungen wird verwiesen.
93 BGH NJW-RR 2010, 1286, 1287; 2012, 429, 430.

im Wesentlichen auf die Beantwortung einer Rechtsfrage ankommt und auch für die Widerklage der Weg in die Berufungsinstanz eröffnet wäre, wenn diese schon in erster Instanz erhoben worden wäre. Für die Zulassung der Widerklage in der Berufungsinstanz spricht dementsprechend der Grundsatz der Prozessökonomie.

139 *Praxistipp*

Eine Widerklage in der Berufungsinstanz wird insbesondere auch dann in Betracht kommen, wenn der Kläger mit einer Teilklage in erster Instanz überwiegend abgewiesen wurde.

Verfolgt der Kläger mit der Berufung nunmehr sein Klagebegehren weiter, so kann der Beklagte zunächst – je nach Vorlage einer Beschwer – seinerseits eine selbstständige Berufung oder aber eine Anschlussberufung einlegen und auf der Grundlage des erstinstanzlichen Urteils eine negative Feststellungswiderklage mit dem Ziel erheben, den Kläger auch mit dem über die Teilklage hinausgehenden Anspruch, dessen er sich berühmt, abzuweisen, wenn nicht der alsbaldige Verjährungseintritt lockt.

Da dieser über die Klageforderung hinausgehende Anspruch regelmäßig von den gleichen entscheidungserheblichen Tatsachen abhängt wie der zur Entscheidung gestellte Teilklageanspruch, stellt § 533 Nr. 2 ZPO mit der Beschränkung des Tatsachenstoffes nach §§ 529, 531 ZPO dann kein erhebliches Hindernis dar.

140 Der BGH hat entschieden, dass eine erstmals in der Berufungsinstanz erhobene Widerklage jedenfalls dann zulässig ist, wenn der Gegner eingewilligt hat und die entscheidungserheblichen Tatsachen unstreitig sind.[94]

141 Ist die Widerklage unzulässig, so hindert dies das Berufungsgericht nicht, die Berufung nach § 522 Abs. 2 ZPO zurückzuweisen.[95] Geht das Gericht nach § 522 Abs. 2 ZPO vor, wird die gleichwohl erhobene Widerklage wirkungslos.[96]

III. Die Aufrechnung im Prozess

142 Wie sich aus den vorstehenden Ausführungen ergibt, hat die Widerklage in mehrfacher Hinsicht prozessuale Vorteile und ist darüber hinaus geeignet, die materielle Rechtsposition des Beklagten zu stärken, indem auch seine Forderung tituliert werden kann.

143 Andererseits unterliegt die Widerklage, wie in Abschnitt B.II. (siehe Rdn 49 ff.) dargestellt, weiter gehenden prozessualen Anforderungen. Darüber hinaus führt sie gem. § 45 Abs. 1 GKG regelmäßig zu einer Erhöhung der anfallenden Gerichts- und Anwaltsgebühren. Insoweit kann sich die Aufrechnung im Prozess als einfachere und leichtere Möglichkeit darstellen, eine Gegenforderung geltend zu machen.

---

[94] BGH NJW-RR 2005, 437 = Prozessrecht aktiv 2005, 66 = MDR 2005, 588 = BGH-Report 2005, 452.
[95] OLGR Köln 2004, 154; OLG Nürnberg MDR 2003, 770 = OLGR 2003, 242 = JurBüro 2003, 436.
[96] BGH NJW 2014, 151, 153; OLG Frankfurt/M. NJW 2004, 165 = OLGR 2004, 71.

144 Zur Erklärung der Aufrechnung ist weder erforderlich, dass ein rechtlicher Zusammenhang zwischen der Klageforderung und der Aufrechnungsforderung besteht, noch ist erforderlich, dass die Aufrechnungsforderung an dem mit der Klage begründeten Gerichtsstand streitig geltend gemacht werden könnte. Die Aufrechnung muss allein nach den materiell-rechtlichen Vorschriften der §§ 387 ff. BGB zulässig sein. Als solches muss sie aber auch nach den materiell-rechtlichen Vorschriften erklärt werden. Sodann müssen die die Aufrechnungslage begründenden Tatsachen ebenso wie der Umstand der Aufrechnungserklärung als Tatsachen in den Prozess eingeführt werden.

145 Hierbei ist zu berücksichtigen, dass die Aufrechnung ein Verteidigungsmittel i.S.d. § 296 ZPO darstellt, sodass sie den dortigen Präklusionsvorschriften unterliegt. Über die zur Aufrechnung gestellte Forderung wird auch dann rechtskräftig entschieden, wenn die Aufrechnung als verspätet zurückgewiesen wird.[97] Insoweit ist für den Anwalt hier besondere Vorsicht geboten, um Haftungsfälle zu vermeiden.

Einen Vorteil der Aufrechnung stellt es dar, dass sie die Verjährung der zur Aufrechnung gestellten Forderung nach § 204 Abs. 1 Nr. 5 BGB hemmt. Dabei sind allerdings zwei Aspekte zu beachten:

- Die Verjährung der Aufrechnungsforderung wird nur bis zur Höhe der Klageforderung gehemmt,[98] Insoweit allerdings unabhängig davon, ob über die Aufrechnung auch tatsächlich entschieden wird.[99] Übersteigt also die zur Aufrechnung gestellte Forderung die Klageforderung, müssen für den übersteigenden Teil bei drohender Verjährung andere verjährungshemmende Maßnahmen ergriffen werden. Hier bietet sich die Erhebung der Widerklage an, sodass prozessual auch eine Kombination von Aufrechnung und Widerklage in Betracht kommt.
- Die Hemmung der Verjährung endet nach § 204 Abs. 2 BGB sechs Monate nach dem rechtskräftigen Abschluss des Verfahrens, der anderweitigen Erledigung des Verfahrens oder ab dem Zeitpunkt, ab dem das Verfahren nicht mehr betrieben wird. Insbesondere wenn die Aufrechnung nur hilfsweise erklärt wird und über diese nicht entschieden wurde[100] oder die Aufrechnung unzulässig ist,[101] muss der Bevollmächtigte diesen Termin vor Augen haben und in seine Fristenverwaltung einbinden.

1. Die Erklärung der Aufrechnung im Prozess

146 Der Beklagte ist grundsätzlich gehalten, die Aufrechnung bereits innerhalb der vom Gericht gesetzten Klageerwiderungsfrist zu erklären[102] und zugleich die zur Aufrechnung gestellte Forderung substantiiert darzulegen und die zur Begründung der Aufrechnungsforderung erheblichen Tatsachen unter Beweis zu stellen.

---

97 BGH NJW-RR 1991, 972.
98 BGH NJW 1990, 2680; BGH MDR 2009, 793 = BGHR 2009, 741.
99 BGH WM 2008, 1329.
100 BGHZ 80, 222 = NJW 1981, 1953.
101 BGHZ 83, 260 = NJW 1982, 1516.
102 Muster unter Rdn 245.

§ 8 Die Widerklage und die Aufrechnung im Prozess

147 *Hinweis*

Der Bundesgerichtshof hat mit seinem grundlegenden Urt. v. 30.5.1984[103] ausgeführt, dass die Aufrechnung ein Verteidigungsmittel im Sinne der ZPO sei, da mit ihr bezweckt wird, den vom Kläger geltend gemachten Klageanspruch zu Fall zu bringen. Die Aufrechnung sei daher wie ein sonstiges Verteidigungsvorbringen zusammen mit den ihrer Rechtfertigung dienenden Tatsachen in der Klageerwiderung geltend zu machen, wenn für sie eine Frist nach § 276 Abs. 1 ZPO gesetzt worden ist und die Darstellung der Aufrechnungserklärung und der Aufrechnungsforderung nach der Prozesslage zum Zweck einer sorgfältigen und auf Förderung des Verfahrens bedachten Prozessführung erforderlich ist. Dem genügt es nach der Auffassung des Bundesgerichtshofes nicht, wenn die Klageerwiderung zwar die prozessuale Erklärung der Aufrechnung enthält, die zur Aufrechnung gestellte Gegenforderung aber nicht substantiiert darlegt.

148 Die Aufrechnung kann der Form nach schriftsätzlich oder in der mündlichen Verhandlung erfolgen. Im Hinblick auf die Präklusionsvorschrift des § 296 ZPO wird allerdings grundsätzlich nur die schriftliche Aufrechnungserklärung[104] in der Klageerwiderung oder aber der Vortrag der außergerichtlich erklärten Aufrechnung in Betracht kommen.

149 Beachtet werden muss dabei, dass die Aufrechnung sich als Prozesshandlung darstellt, sodass diese im Rahmen von § 78 ZPO von dem postulationsfähigen Prozessbevollmächtigten zu erklären sein wird.

150 Die Zulässigkeit der Aufrechnung setzt weiter voraus, dass eine wirksame Aufrechnungserklärung gem. § 388 BGB, d.h. in Form einer Erklärung gegenüber dem anderen Teil erfolgt ist. Im Zeitpunkt der Aufrechnungserklärung müssen dabei alle nachfolgend dargestellten Voraussetzungen der Aufrechnung nach § 387 BGB vorliegen.

151 *Hinweis*

Soweit § 388 S. 2 BGB die Aufrechnungserklärung für unwirksam erklärt, wenn sie unter einer Bedingung oder Zeitbestimmung abgegeben wird, hindert dies nicht, im Prozess hilfsweise aufzurechnen, da das Bestehen der Klageforderung als Hauptforderung keine echte Bedingung i.S.v. § 388 BGB ist, sondern eine so genannte Rechtsbedingung.[105]

152 Die Substantiierung der zur Aufrechnung gestellten Forderung folgt denselben Regeln wie die Substantiierung der Klageforderung. § 253 Abs. 2 Nr. 2 ZPO gilt gleichermaßen.[106] Dies leuchtet ein, wenn man sich vor Augen führt, dass über die zur Aufrechnung gebrachte Forderung gem. § 322 Abs. 2 ZPO gleichermaßen, wie über die Klageforderung in materieller Rechtskraft entschieden wird. Wird mit einer Mehrheit von Forderungen im Prozess aufgerechnet, so ist der Bestimmtheitsgrundsatz des § 253 Abs. 2 Nr. 2

---

103 BGH NJW 1981, 1964 = BGHZ 19, 293 = MDR 1984, 837 = JuS 1984, 975.
104 Muster unter Rdn 245, 247.
105 Palandt/*Grüneberg*, § 388 Rn 3.
106 BGH NJW 2002, 2182; OLG Köln, Urt. v. 30.9.2013, Az.: 7 U 49/13 n.v.

ZPO nur dann gewahrt, wenn die Forderungen in einer ganz bestimmten Reihenfolge benannt und im Einzelnen hinreichend genau bezeichnet sind.[107]

Hinweis 153

Dabei sollte der Beklagte die Forderungen an die erste Stelle setzen, von deren Bestehen sicher auszugehen ist, weil dies nach der herrschenden Meinung die Klageforderung am sichersten zu Fall bringt und der Beklagte anderenfalls an den Kosten des Rechtsstreites beteiligt wird. Je mehr Aufrechnungsforderungen erforderlich sind, um die Klageforderung zu Fall zu bringen, umso höher ist sein Kostenanteil. Folgt das konkret angerufene Gericht dagegen der Mindermeinung, wonach der Kläger in jedem Fall auch dann die Kosten trägt, wenn er wegen der Aufrechnung unterliegt, kann mit der unsichersten Forderung begonnen werden, da der Beklagte deren Berechtigung dann kostengünstig geklärt erhält.

Eine Änderung der einmal erklärten Reihenfolge der zur Aufrechnung gestellten Forderungen ist nicht mehr möglich.[108] 154

2. Kein Einwand der anderweitigen Rechtshängigkeit

Die Erklärung der Aufrechnung im Prozess wird nicht dadurch gehindert, dass die zur Aufrechnung gestellte Forderung im Wege der Klage anderweitig geltend gemacht wird. Da die zur Aufrechnung gestellte Forderung selbst nicht rechtshängig wird,[109] kann ihr der Einwand der anderweitigen Rechtshängigkeit nach § 261 Abs. 3 Nr. 1 ZPO nicht entgegengehalten werden.[110] 155

Hinweis 156

Erklärt der Beklagte die Aufrechnung mit einer Forderung, die er anderweitig im Klagewege verfolgt, so muss er in diesem anderen Klageverfahren die Aussetzung des Verfahrens nach § 148 ZPO beantragen, damit er sich nicht sein Verteidigungsmittel entzieht, wenn das andere Gericht die Forderung zurückweist. Auch werden auf diese Weise zusätzliche Kosten durch zwei parallele Beweisaufnahmen über die zur Aufrechnung bestellte Forderung vermieden.

Lässt das Gericht die Aufrechnung des Beklagten durchgreifen und entscheidet in diesem Sinne über die Aufrechnungsforderung, so muss er in dem anderen Verfahren die Hauptsache für erledigt erklären, da die Forderung durch die Aufrechnung erloschen ist. Über die Kosten des anderen Prozesses ist dann in Anwendung von § 91a ZPO nach billigem Ermessen unter Berücksichtigung des bisherigen Sach- und Streitstandes zu entscheiden. Dabei ist darauf hinzuweisen, dass das andere Gericht bei

---

107 BGH NJW 2002, 2182 = BGHZ 149, 120 = MDR 2002, 410 = JZ 2002, 605.
108 OLG Koblenz ZIP 2009, 770; OLG Koblenz OLGR 2007, 949.
109 BGH NJW 1972, 450.
110 BGH NJW-RR 1994, 379.

§ 8 Die Widerklage und die Aufrechnung im Prozess

der Entscheidung über die Aufrechnung die Forderung als bestehend angesehen hat, was dazu führen müsse, dass der Gegner die Kosten trage, wenn allein dies Streitgegenstand des Parallelverfahrens war.

157 Hat der Beklagte gegen die Klageforderung mit der von ihm behaupteten Gegenforderung aufgerechnet, so kann er allerdings nach der Aufrechnungserklärung die Forderung nicht mehr in einem eigenen Prozess geltend machen. Für eine solche Klage würde ihm das Rechtsschutzbedürfnis fehlen, da er mit der Aufrechnung mehr erhält, als er mit der Klage erhalten könnte. Durch die Aufrechnung wird seine zur Aufrechnung gestellte Forderung nämlich unmittelbar befriedigt.[111] Dies kann er nur durch eine Hilfsaufrechnung vermeiden.

158 *Praxistipp*

Hat der Beklagte gleichwohl seine Forderung in einem anderen Prozess rechtshängig gemacht, so kann er in diesem Prozess ebenfalls die Aussetzung nach § 148 ZPO beantragen.

Für den Fall, dass nämlich die Aufrechnung nicht zum Tragen kommt, weil die Klage aus anderen Gründen abgewiesen wird, entsteht das Rechtsschutzbedürfnis noch nachträglich. So vermeidet der Beklagte in dem von ihm betriebenen Prozess eine kostenträchtige Klageabweisung.

3. Die Voraussetzungen der Aufrechnung im Prozess

159 Die Aufrechnung im Prozess setzt neben der Einführung der Aufrechnung in den Prozess auch voraus, dass die materiellen Voraussetzungen der Aufrechnung vorliegen. Danach ist zu prüfen, ob
- die Aufrechnung wirksam erklärt worden ist (§ 388 BGB),
- kein Aufrechnungsverbot besteht,
- die Aufrechnungslage gem. § 387 BGB zu bejahen ist.

160 Soweit mehrere Forderungen zur Aufrechnung gestellt werden, ist zu beachten, dass genau anzugeben ist, in welcher Reihenfolge sie zur Aufrechnung gestellt werden. Dies verlangt das Bestimmtheitsgebot.

a) Die Aufrechnungslage

161 Eine wirksame prozessuale und materiell-rechtliche Aufrechnung setzt neben der bereits dargestellten Aufrechnungserklärung und dem Fehlen der nachfolgend angesprochenen Aufrechnungsverbote voraus, dass zum Zeitpunkt der Aufrechnungserklärung auch eine Aufrechnungslage gegeben ist. Diese liegt vor, wenn die Aufrechnungsforderung und die Klageforderung **gegenseitig** sind, d.h. die Parteien des Rechtsstreits wechselseitig Gläubiger und Schuldner sind;

---

[111] Zöller/*Greger*, § 145 Rn 18a.

- die Forderungen darüber hinaus **gleichartig** sind, wobei sich die Gleichartigkeit auf die Art der Leistungsverpflichtung bezieht und nicht etwa auf den Ursprung der Forderung, d.h. deren Rechtsgrund;

> *Hinweis* 162
>
> Unproblematisch ist die Gleichartigkeit bei währungsidentischen Geldforderungen, d.h. wenn sowohl die Klageforderung als auch die Aufrechnungsforderung in einem Zahlungsanspruch in derselben Währung bestehen.
>
> Bei währungsverschiedenen Forderungen kommt demnach eine Aufrechnung nicht in Betracht. In diesem Fall kann nur ein Zurückbehaltungsrecht geltend gemacht werden, sodass die Klageforderung Zug um Zug gegen Erfüllung der Gegenforderung zu erfüllen ist.[112] Hierbei ist allerdings zu berücksichtigen, dass ein Zurückbehaltungsrecht gem. § 273 BGB voraussetzt, dass die beiden Forderungen konnex sind, also zwischen ihnen ein innerer natürlicher und wirtschaftlicher Zusammenhang besteht.[113] Damit besteht hier eine Voraussetzung, die über die der Aufrechnung hinausgeht.

- die Aufrechnungsforderung fällig und durchsetzbar ist, was der Bevollmächtigte mit der Kontrollüberlegung feststellen kann, ob die Aufrechnungsforderung im Wege der Widerklage durchgesetzt werden könnte. Schließlich muss die Klageforderung, gegen die aufgerechnet wird, erfüllbar sein. Danach ist die Aufrechnung gegen einen aufschiebend bedingten und künftigen Anspruch unzulässig.[114] 163

Mit der erfolgten Aufrechnung erlöschen beide Forderungen in dem Umfange, in dem sie sich decken. Dabei bestimmt § 389 BGB, dass die Forderungen nicht erst in dem Zeitpunkt erlöschen, in dem die Aufrechnung erklärt wurde, sondern bereits in dem Zeitpunkt erloschen sind, in dem die Aufrechnungslage bestanden hat. 164

Hieraus leitet ein Teil der Literatur ab, dass die Klage im Falle des Durchgreifens der Aufrechnung von Anfang an unbegründet war, sodass der Kläger trotz unstreitiger Klageforderung im Hinblick auf die sich durchsetzende Aufrechnungsforderung in vollem Umfange die Kosten des Verfahrens zu tragen hat.[115] Dies gilt indes nur für die Primäraufrechnung. Bei der Hilfsaufrechnung hingegen sind die Kosten gemäß § 92 Abs. 1 ZPO verhältnismäßig zu teilen. 165

Die vorstehend dargestellten Kostenfolgen gelten für den Fall, dass über die zur Aufrechnung gebrachte Forderung des Beklagten entschieden wird. Anders ist der Fall zu beurteilen, wenn der Kläger die Forderung und die Aufrechnung des Beklagten anerkennt. In diesem Fall wird er den Rechtsstreit für erledigt erklären. Nach Auffassung des BGH[116] liegen die Voraussetzungen einer Erledigung des Rechtsstreits vor. Denn in 166

---

112 OLG Hamm, NJW-RR 1999, 1736.
113 Palandt/*Grüneberg*, § 273, Rn 10.
114 BGHZ 103, 67.
115 B/L/A/H/*Hartmann*, ZPO, § 91 Rn 24.
116 BGH NJW 2010, 2422, 2424; BGH NJW 2003, 3124 = BGHReport 2003, 1302 = FamRZ 2003, 1641; zustimmend *Billing*, Jus 2004, 186; *Luckey*, VersR 2004, 128; *Löhnig*, JA 2004, 10; kritisch *Lindacher*, LMK 2004, 13.

diesem Fall ist das erledigende Ereignis prozessual in der Aufrechnungserklärung zu sehen, sodass die Klage bis zu diesem Zeitpunkt zulässig und begründet war.

167 Dies ist bei der Entscheidung nach § 91a ZPO zu berücksichtigen.[117] Dies kann aber nur für den Fall gelten, dass der Beklagte erstmals im Prozess die Aufrechnung erklärt und insoweit ein erledigendes Ereignis vorliegt. Hat er die Aufrechnung schon vorgerichtlich erklärt und der Kläger ungeachtet dessen die Klage erhoben, weil er entweder die Aufrechnung unbeachtet gelassen hat oder die Aufrechnungsforderung dem Grunde oder der Höhe nach bestritten, ist anders zu verfahren.

168 *Hinweis*

Fordert der Kläger den Beklagten also vorprozessual nicht zur Zahlung auf, kann ihn die Kostenlast nach § 93 ZPO analog treffen. Ebenso kann bei der Billigkeitsentscheidung nach § 91a ZPO berücksichtigt werden, ob und ggf. welcher Partei es zuzumuten war, bereits vorgerichtlich die Aufrechnung zu erklären.[118] Hierzu werden die Parteien vorzutragen haben.

169 Nach § 322 Abs. 2 ZPO erwächst die Entscheidung über die zur Aufrechnung gebrachte Forderung in materielle Rechtskraft. Voraussetzung ist hierbei, dass über die Forderung selbst entschieden wird.

b) Das Vorliegen und die Wirkung von Aufrechnungsverboten

170 Ist die Aufrechnung schon bereits vom Grundsatz her unzulässig, so erwächst die Entscheidung über die Zulässigkeit der Aufrechnung nicht als Entscheidung über die Aufrechnungsforderung in Rechtskraft, mit der Konsequenz, dass diese Forderung noch gesondert geltend gemacht werden kann.

171 Unzulässig ist die Aufrechnung, wenn ein vertragliches oder gesetzliches Aufrechnungsverbot besteht.

172 Solche gesetzlichen Aufrechnungsverbote können sich aus den §§ 390–395 BGB ergeben. Dabei verweist § 394 BGB zusätzlich auf die Pfändungsvorschriften der ZPO, sodass die Aufrechnung gegen eine unpfändbare Forderung unzulässig ist. Im Übrigen sind Aufrechnungsverbote auch außerhalb der §§ 387 ff. BGB geregelt, wie z.B. in § 719 Abs. 2 oder in § 96 InsO.

173 Neben gesetzlichen Aufrechnungsverboten können sich solche insbesondere auch aus den vertraglichen Vereinbarungen der Parteien ergeben. So wird häufig in vertraglichen Vereinbarungen die Aufrechnung mit streitigen und nicht rechtskräftig festgestellten Forderungen ausgeschlossen. Derartige Klauseln können gegen § 309 Nr. 3 BGB verstoßen, wenn die Aufrechnung auf Ansprüche aus demselben Vertragsverhältnis beschränkt wird.[119]

---

117 BGH NJW 2003, 3134.
118 BGH NJW 2003, 3134.
119 BGH NZM 2016, 585, 586.

B. Rechtliche Grundlagen § 8

Hinweis 174

Die Zulässigkeit eines solchen vertraglichen Aufrechnungsverbotes ist an §§ 307, 309 Nr. 3 BGB zu messen, soweit sich dies in Allgemeinen Geschäftsbedingungen befindet.

Praxistipp 175

Dabei ist zu beachten, dass das vertragliche Aufrechnungsverbot die materiell-rechtliche Wirksamkeit der Aufrechnung und nicht nur die Geltendmachung im Rechtsstreit ausschließt, sodass ein solches Aufrechnungsverbot von Amts wegen zu beachten ist und damit etwa auch in der Berufungsinstanz zum Tragen kommen kann, wenn sich der Kläger auf ein solches Aufrechnungsverbot in erster Instanz nicht berufen hat.[120] Unter Berücksichtigung der geschilderten Problematik zur Kostentragungspflicht, kann dies erhebliche Auswirkungen haben.

4. Besondere prozessuale Situationen

a) Die Verspätung der Aufrechnungserklärung

Zu beachten ist, dass für den Fall, dass die Aufrechnung als verspätet zurückgewiesen wird, diese Entscheidung als Entscheidung über die Aufrechnungsforderung in Rechtskraft erwächst.[121] Die Forderung ist dem Beklagten dann materiell rechtskräftig aberkannt. Er kann diese Forderung nicht mehr in einem neuen Rechtsstreit klageweise geltend machen. Eine solche Klage wäre wegen entgegenstehender Rechtskraft bereits unzulässig. 176

Praxistipp 177

Weist das Gericht gem. § 139 ZPO auf die Verspätung des Aufrechnungseinwandes hin, so sollte dieser im Prozess zurückgenommen werden, wenn nicht die Aufrechnungsforderung die Klageforderung übersteigt und deshalb eine Widerklage in Betracht kommt. Durch die „Flucht in die Widerklage" kann dann der Verspätungseinwand beseitigt werden. Dies ist auch noch in der Berufungsinstanz zulässig, nachdem die Aufrechnungsforderung in erster Instanz als verspätet zurückgewiesen wurde, soweit die Widerklage in der Berufungsinstanz nach § 533 ZPO möglich ist. Da die Entscheidung über die Aufrechnungsforderung dem Beklagten regelmäßig die Möglichkeit der Berufung gibt, sollte auf diese Weise – wenn auch gegebenenfalls kostenträchtig – die Aufrechnungsforderung „gerettet" werden können.

b) Die Aufrechnung im Urkundenprozess

Wird die Aufrechnung im Urkundenprozess geltend gemacht, so kann der Kläger den Beklagten zunächst zwingen, die Aufrechnungsforderung mit Urkunden zu beweisen, wenn er sie bestreitet. Gelingt dies nicht, muss der Beklagte sich seine Rechte für das Nachverfahren vorbehalten (s. hierzu § 9 Rdn 1 ff.). 178

---

120 BGH NJW 2002, 2779 = WM 2002, 1654 = MDR 2002, 1202 = BB 2002, 2198 = BGHR 2002, 988.
121 BGH NJW-RR 1991, 973.

179 *Hinweis*

Bestreitet der Kläger die Aufrechnungsforderung allerdings wider besseres Wissen, so setzt er sich der Gefahr eines Schadensersatzanspruches nach § 600 Abs. 2 ZPO i.V.m. § 302 Abs. 4 S. 3 ZPO aus, wenn sich im Nachverfahren ergibt, dass der Anspruch des Klägers aufgrund der Aufrechnungsforderung unbegründet war und der Beklagte bereits vor der Erhebung der Klage im Urkundenprozess die Aufrechnung erklärt hatte.

180 Ist der ursprüngliche Bestand der Aufrechnungsforderung unstreitig, hat jedoch der Kläger hiergegen bereits anderweitig die Aufrechnung erklärt, so kann der Beklagte auf diese Weise den Kläger unmittelbar zum Übergang in das Nachverfahren gem. § 596 ZPO zwingen, wenn der Kläger nicht mit Urkunden beweisen kann, dass sein anderweitiger Anspruch bestand und er hiermit gegen die jetzige vermeintliche Aufrechnungsforderung des Beklagten bereits aufgerechnet hat, sodass diese erloschen ist.

c) Die Vorbehaltsentscheidung über die Klage

181 In prozessualer Hinsicht ist weiter § 145 Abs. 3 ZPO zu beachten. Stehen die Klageforderung und die zur Aufrechnung gestellte Forderung nicht in einem rechtlichen Zusammenhang, so kann das Gericht anordnen, dass über die Klage und über die Aufrechnung getrennt verhandelt wird.[122]

182 *Hinweis*

Von dieser Möglichkeit wird das Gericht regelmäßig dann Gebrauch machen, wenn die Klageforderung entscheidungsreif ist, während die streitige Aufrechnungsforderung erst im Rahmen einer umfänglichen Beweisaufnahme geklärt werden muss.

183 *Praxistipp*

Ist der Rechtsstreit über die Klageforderung entscheidungsreif und der Kläger überzeugt, dass sich die Aufrechnungsforderung in der Beweisaufnahme als unberechtigt herausstellen wird, sollte er eine entsprechende Trennung des Verfahrens auch ausdrücklich beantragen, um frühzeitig einen Vollstreckungstitel zu erlangen.

Auf diese Weise kann er dem Beklagten zeitliche Möglichkeiten der Vermögensverschiebung[123] nehmen und das Risiko einer sich verschlechternden Vermögenslage des Beklagten verringern.

184 Hat das Gericht nach § 145 Abs. 3 ZPO die Verhandlung über die Klageforderung und die Aufrechnungsforderung getrennt, kann es über die entscheidungsreife Klageforderung nach § 302 Abs. ZPO durch ein Vorbehaltsurteil entscheiden. Der Kläger kann dann aus dem Vorbehaltsurteil die Zwangsvollstreckung betreiben.

---

[122] Muster eines Antrages auf Trennung der Verhandlung nach § 145 Abs. 3 ZPO unter Rdn 252.
[123] Insoweit ist schon im Prozess zu beobachten, ob der Beklagte den Prozess nur deshalb verzögert, um den Ablauf von Anfechtungsfristen nach dem AnfG zu erreichen.

Der Kläger macht sich allerdings nach § 302 Abs. 4 S. 3 ZPO schadensersatzpflichtig, wenn das Vorbehaltsurteil aufgrund der durchgreifenden Aufrechnung später aufgehoben und die Klage in dieser Konsequenz abgewiesen wird. Als Schadenspositionen kommen insbesondere Finanzierungskosten oder die Kosten einer Sicherheitsleistung in Betracht.

Beispiel

Der Kläger hat eine Forderung in Höhe von 15.000 EUR geltend gemacht, gegen die der Beklagte Einwendungen erhoben hat. Hilfsweise rechnet der Beklagte mit mehreren Forderungen in einer im Einzelnen dargelegten Reihenfolge in Höhe von insgesamt 20.000 EUR auf. Ein rechtlicher Zusammenhang zwischen Klageforderung und den Aufrechnungsforderungen besteht nicht. Das Gericht erachtet die allein rechtlichen Einwendungen des Beklagten gegen die Klageforderung bei sonst unstreitigem Sachverhalt für unbegründet und trennt das Verfahren über die Klageforderung nach § 145 Abs. 3 ZPO ab.

Das Gericht gibt dann der Klage im Wege des Vorbehaltsurteils nach § 302 ZPO statt und behält dem Beklagten die Aufrechnung vor. Der Kläger betreibt nunmehr die Zwangsvollstreckung aus dem Vorbehaltsurteil. Im nachfolgenden Verfahren zeigt sich, dass der Beklagte zu Recht aufrechnen konnte.

Denkbar ist nun, dass der Beklagte zum Ausgleich der Klageforderung einen Kredit in Höhe von 15.000 EUR aufnimmt und an den Kläger zahlt. Der Beklagte kann nun von dem Kläger nach § 302 Abs. 4 S. 4 ZPO die Hauptforderung in Höhe von 15.000 EUR sowie die hierauf gezahlten Zinsen sowie die sonstigen Nebenkosten des Darlehens verlangen.

Der Beklagte kann allerdings auch, soweit dies ihm gestattet ist, die Zwangsvollstreckung des Klägers durch Sicherheitsleistung in Form einer Bankbürgschaft (§ 108 ZPO) abwenden. Für die Bankbürgschaft sind i.d.R. Avalzinsen zu zahlen. Wird das Vorbehaltsurteil später aufgehoben und die Klage wegen der Aufrechnung abgewiesen, so kann der Beklagte auch diese Avalzinsen von dem Kläger verlangen.[124]

Nach § 302 Abs. 4 S. 4 ZPO kann der Beklagte den Schadensersatzanspruch bereits in dem anhängigen Rechtsstreit über die noch verbliebene Aufrechnungsforderung geltend machen.[125] Nach dem ausdrücklichen Wortlaut von § 302 Abs. 4 S. 4 ZPO hat dies für den Beklagten den Vorteil, dass die Rechtshängigkeit dieses Schadensersatzanspruches mit dem Zeitpunkt der Zahlung als rechtshängig fingiert wird.

d) Die Präklusion der Aufrechnung gegen den titulierten Anspruch

Steht dem Beklagten eine Forderung zu, mit der er prinzipiell gegenüber der Klageforderung aufrechnen könnte, so zwingt ihn § 767 Abs. 2 ZPO, diese Aufrechnung zumindest

---

[124] Für die Festsetzung der Avalzinsen ist dann das Prozessgericht zuständig, wenn es nicht zur Vollstreckung gekommen ist, anderenfalls das Vollstreckungsgericht. Grundlegend hierzu BGH NJW-RR 2008, 515 = FoVo 2008, 119.
[125] Muster unter Rdn 253.

hilfsweise auch zu erklären, wenn er den Aufrechnungseinwand nicht endgültig verlieren will.

189 Unterlässt er die rechtzeitige Aufrechnungserklärung und wird der Klage später stattgegeben, so kann der Vollstreckung aus diesem Titel über die Klageforderung die Aufrechnung nicht mehr entgegengehalten werden.

190 Da es sich um eine materiell-rechtliche Einwendung gegenüber der titulierten Forderung handeln würde, könnte diese nur nach § 767 ZPO mit der Vollstreckungsgegenklage geltend gemacht werden. Nach § 767 Abs. 2 ZPO sind solche materiell-rechtlichen Einwendungen aber nur zulässig, wenn die Gründe, auf denen sie beruhen, erst nach dem Schluss der mündlichen Verhandlung, in der die Einwendung spätestens hätte geltend gemacht werden müssen, entstanden sind.[126]

191 Nach der ständigen Rechtsprechung wird hierbei auf den Zeitpunkt abgestellt, zu dem die Aufrechnungslage entstanden ist. Ob der Beklagte bereits die Aufrechnung erklärt hat, ist hiernach unerheblich. Präkludiert ist der Beklagte mit der Aufrechnung bereits dann, wenn die Aufrechnungslage schon im Prozess über die Klageforderung bestanden hat.[127] Dies wird dem Mandanten selten bewusst sein, weshalb der Rechtsanwalt grundsätzlich danach fragen muss, ob solche Gegenforderungen bestehen oder jedenfalls bestehen könnten.

192 Bestand die Aufrechnungslage zum Zeitpunkt der letzten mündlichen Verhandlung über die Klageforderung, so kann im Rahmen der Zwangsvollstreckung gegen die titulierte Forderung nicht mehr aufgerechnet werden und hierauf auch keine Vollstreckungsgegenklage gestützt werden.

193 *Praxistipp*

In diesem Fall muss der Rechtsanwalt unverzüglich die Aufrechnungsforderung selbst zur Titulierung führen und dann den Kläger und Vollstreckungsgläubiger zu einer Aufrechnung zwingen, wenn dieser sich nicht selbst der Zwangsvollstreckung ausgesetzt sehen will. Auf diese Weise lässt sich auch ein Haftungsfall vermeiden oder jedenfalls der Schaden begrenzen, wenn der Rechtsanwalt vergessen hat, den Mandanten nach Aufrechnungsforderungen zu befragen.

e) Die Aufrechnung gegenüber einem ausländischen Kläger

194 Für die Aufrechnung gegenüber einem ausländischen Kläger im Geltungsbereich des EUGVVO ist nicht eindeutig geklärt, ob diese auch geltend gemacht werden kann, wenn zwischen der Aufrechnungsforderung und der Klageforderung des ausländischen Klägers kein rechtlicher Zusammenhang besteht.

195 Der europäische Gerichtshof hat zu Art. 6 Nr. 3 EUGVÜ, der Art. 8 Nr. 3 EUGVVO (Brüssel Ia) entspricht, entschieden, dass die dortige Gerichtsstandsbestimmung für die

---

[126] Vgl. zur Problematik *Goebel*, AnwaltFormulare Zwangsvollstreckung, 3. Aufl. 2007, § 14.
[127] BGHZ 24, 97; 34, 274; 38, 122; BGH NJW 1980, 257; BGHZ 100, 222; BGH JuS 1991, 249; BGHZ 125, 351; MüKo-ZPO/*K. Schmidt*, § 767 Rn 82.

Widerklage nicht auch für die Aufrechnung gilt, sondern sich die Voraussetzungen der Aufrechnung als Verteidigungsmittel allein nach nationalem Recht richten.[128] Damit ist geklärt, dass Art. 8 Nr. 3 EUGVVO (Brüssel Ia)auf die Aufrechnung nicht anwendbar ist,[129] sodass sich jedenfalls hieraus kein Zwang ergibt, dass die Aufrechnungsforderung nur zulässigerweise eingebracht werden kann, wenn sie im rechtlichen Zusammenhang mit der Klageforderung steht. Gleichwohl ist umstritten, ob nicht eine internationale Zuständigkeit für die Aufrechnungsforderung gegeben sein muss.[130]

5. Das Verhältnis der Aufrechnung zu anderen Verteidigungsmitteln

Soweit dem Beklagten zunächst Einwendungen gegen die Klageforderung selbst zustehen, muss er seine Gegenforderung nicht „opfern", ohne diese Einwendungen geltend gemacht zu haben. In diesem Fall kann er die Aufrechnung hilfsweise erklären, für den Fall, dass das Gericht seine Einwendungen gegen die Klageforderung als nicht durchgreiflich erachtet.[131]   196

> *Hinweis*   197
>
> Beachtet werden muss allerdings, dass die Klageforderung aus Kostengründen nicht prinzipiell bestritten werden sollte. Denn nach § 45 Abs. 3 GKG erhöht sich bei der Hilfsaufrechnung der Streitwert um den Wert der Gegenforderung, soweit eine der Rechtskraft fähige Entscheidung über sie ergeht. Dies bedeutet, dass zum Streitwert der Klageforderung der Wert der Aufrechnungsforderung bis zur Höhe der Klageforderung hinzuaddiert wird, wenn zunächst über die streitige Klageforderung und anschließend über die streitige Gegenforderung entschieden werden muss. Verteidigt sich der Beklagte ausschließlich mit der Primäraufrechnung, greift § 45 Abs. 3 GKG nicht, sodass der Gebührenstreitwert unverändert bleibt.

Verteidigt sich der Beklagte lediglich mit der Aufrechnungsforderung,[132] so hat dies prozessual die Wirkung, dass alle den Klageanspruch begründenden Tatsachen nach § 288 ZPO als zugestanden gelten.[133] Hinsichtlich seiner weiteren Einwendungen gegen die Klageforderung unterliegt der Beklagte damit den Beschränkungen des § 290 ZPO. Der Beklagte muss dann beweisen, dass sein Geständnis nicht der Wahrheit entspricht und durch einen Irrtum veranlasst worden ist.   198

In Bezug auf die Substantiierungslast der Hilfsaufrechnung gelten dieselben Regeln wie auch für die Primäraufrechnung. Die Anforderungen des § 253 Abs. 2 Nr. 2 ZPO müssen vorliegen.   199

---

128 EuGH NJW 1996, 42.
129 So auch BGH MDR 2002, 410.
130 Vergleiche zur Streitfrage *Hess*, JZ 2002, 607; *Voll*, MDR 2002, 412.
131 Muster unter Rdn 246.
132 Muster unter Rdn 245.
133 BGH NJW-RR 1996, 699.

200 *Hinweis*

Wird der Bevollmächtigte diesen Anforderungen nicht gerecht, so hat dies einerseits zur Folge, dass das Gericht die Hilfsaufrechnung bei dem Durchgreifen der Klageforderung mangels substantiierten Vortrags rechtskräftig zurückweist und der Beklagte damit seine Gegenforderung verliert. Eine erneute Klage wäre wegen entgegenstehender Rechtskraft gemäß § 322 Abs. 2 ZPO unzulässig.

201 Ungeachtet dieser schon besonders nachteiligen Folge erhöht sich natürlich auch bei der unsubstantiierten Hilfsaufrechnung der Gebührenstreitwert, sodass sich die Kostentragungspflicht des Beklagten auch noch aus einem wesentlich höheren Streitwert berechnet.

6. Die Kombination von (Hilfs-)Aufrechnung und Hilfswiderklage

202 Verfügt der Beklagte über eine die Klageforderung übersteigende Gegenforderung, so kann es sachgerecht sein, sich nicht nur gegen die Klageforderung – zumindest hilfsweise – mit der Aufrechnungsforderung bis zur Höhe der Klageforderung zur Wehr zu setzen, sondern insoweit prozessökonomisch im gleichen Verfahren den überschießenden Anteil der Aufrechnungsforderung im Wege der Widerklage geltend zu machen.

203 *Praxistipp*

Berühmt sich der Beklagte einer über die Klageforderung hinausgehenden Aufrechnungsforderung und bestreitet der Kläger diese, so muss der Beklagte ohnehin mit der weiter gehenden (negativen) Feststellungsklage des Klägers rechnen, dass keine über die Klageforderung hinausgehende Aufrechnungsforderung besteht. In diesem Fall ist es für den Beklagten günstiger, wenn er sich über die eigene Zahlungswiderklage auch einen vollstreckbaren Titel beschafft.

204 *Praxistipp*

Erhebt der Kläger die negative Feststellungsklage, kann der Beklagte ihr das besondere Feststellungsinteresse entziehen, indem er selbst Zahlungswiderklage erhebt. Der Kläger muss dann die Feststellungsklage in der Hauptsache für erledigt erklären.

205 Der Beklagte kann also gegen die Klageforderung in deren Höhe aufrechnen und den überschießenden Betrag im Wege der Widerklage geltend machen.

206 *Praxistipp*

Diese Vorgehensweise hat für den Beklagten auch den Vorteil, dass die Verjährung der dem Beklagten zustehenden Forderungen sowohl im Hinblick auf die erklärte Aufrechnung als auch im Hinblick auf den mit der Widerklage verfolgten überschießenden Betrag gehemmt ist.[134]

Ohne die Widerklage würde die Verjährung des die Klageforderung übersteigenden Teils der Aufrechnungsforderung nicht gehemmt (§ 204 Abs. 1 Nr. 5 BGB).

---

134 Vgl. hierzu BGH MDR 2009, 793 = BGHR 2009, 741.

Kann der Beklagte nicht sicher sein, dass er mit seiner unstreitigen oder nachgewiesenen Aufrechnungsforderung durchdringt, weil zwischen den Parteien auch streitig ist, ob ein vertragliches oder gesetzliches Aufrechnungsverbot besteht, so kann der Beklagte auf diese Prozesssituation sachgerecht reagieren, indem er die Aufrechnungserklärung mit einer **Hilfswiderklage** verbindet und auf diese Weise jedenfalls die Verjährung der Aufrechnungsforderung verhindert.[135] 207

Hinweis 208
Auf diesem Weg umgeht der Beklagte zugleich auch das vertragliche oder gesetzliche Aufrechnungsverbot. Will der Kläger nämlich eine Vollstreckung des Beklagten vermeiden, so muss er gleichwohl die Aufrechnung akzeptieren oder aber die Aufrechnungsforderung ausgleichen.

Dieser Ausgleich durch den Kläger kann in der Weise geschehen, dass er selbst mit der für ihn titulierten Forderung aufrechnet oder aber dass er dem Beklagten die entsprechenden Geldmittel zur Verfügung stellt. Dann ist aber der Beklagte auch in der Lage, die Klageforderung auszugleichen. Damit hat zwar rechtlich ein gegenseitiges Austauschverhältnis stattgefunden, tatsächlich ist die Lage jedoch nicht anders, als sei es zur Aufrechnung gekommen.

Praxistipp 209
In gleicher Weise sollte der Bevollmächtigte verfahren, wenn er nicht ausschließen kann, dass die Aufrechnung von dem Gericht als verspätet angesehen und insoweit zurückgewiesen wird. Damit verhindert er eine in Rechtskraft erwachsende abweisende Entscheidung über die Aufrechnungsforderung. Allein durch die Erhebung der Widerklage wird so eine Zurückweisung als verspätet vermieden, da die Widerklage kein Verteidigungs**mittel**, sondern ein Angriff ist. Muss über die Widerklageforderung – eventuell auch als überschießenden Teil der Aufrechnungsforderung – Beweis erhoben werden, so kann auch die Aufrechnung nicht mehr als verspätet zurückgewiesen werden, da der Rechtsstreit hierdurch nicht mehr verzögert wird.

7. Die Aufrechnung mit mehreren Forderungen

Stehen dem Beklagten mehrere Forderungen zu, mit denen er gegen die Klageforderung aufrechnen will, so ist zunächst erforderlich, dass der Beklagte angibt, in welcher Reihenfolge er mit den ihm zustehenden Forderungen aufrechnen möchte. 210

Soweit über die Aufrechnungsforderung streitig entschieden wird, erhöht sich in diesem Umfange der Streitwert, was wiederum Auswirkungen auf die Kostenquote hat, sodass der Beklagte zunächst mit denjenigen Forderungen aufrechnen muss, die er am einfachsten, sichersten und aussichtsreichsten begründen kann. Auf die Kostenproblematik muss dabei geachtet werden. 211

---

135 Muster unter Rdn 247.

212 Denn gemäß § 45 Abs. 3 GKG hat der Beklagte nämlich auch dann einen Teil der Kosten zu tragen, wenn die Klageforderung nur deshalb abgewiesen wird, weil die hilfsweise erklärte Aufrechnung des Beklagten durchgreift. Der Beklagte ist dann kostenrechtlich so zu behandeln, als sei er mit der Klageforderung unterlegen und sei mit der Aufrechnungsforderung erfolgreich gewesen.

213 *Beispiel*

Der Kläger macht gegen den Beklagten eine Forderung in Höhe von 15.000 EUR geltend.

Der Beklagte macht primär geltend, dass das Grundgeschäft nicht wirksam zustande gekommen sei. Selbst wenn der den Klageanspruch begründende Vertrag zustande gekommen sei, sei dieser nachträglich durch die von ihm erklärte Anfechtung erloschen. Hilfsweise rechnet er mit einer Forderung in Höhe von 8.000 EUR, einer Forderung in Höhe von 3.000 EUR und einer Forderung in Höhe von 4.000 EUR gegen die Klageforderung auf.

Hält das Gericht die Klageforderung für begründet und weist die Einwendungen des Beklagten hiergegen zurück und erachtet es im Weiteren aber auch die Aufrechnungsforderungen des Beklagten für begründet, so ist die Klage abzuweisen und die Kosten gegeneinander aufzuheben. In diesem Fall hat nämlich der Kläger mit seiner Klageforderung in Höhe von 15.000 EUR obsiegt und der Beklagte mit seinen Aufrechnungsforderungen in gleicher Höhe. Lediglich in der Saldierung ergibt sich, dass die Klageforderung abzuweisen ist.

214 Stellt der Beklagte nun dem Kläger, nachdem er die Klageforderung als solche bestritten hat, hilfsweise mehrere Gegenforderungen entgegen, welche die Klageforderung in der Addition betragsmäßig übersteigen und wird er mit einzelnen Gegenforderungen abgewiesen, so erhöht sich sein Kostenanteil.

215 *Beispiel*

Der Kläger macht erneut eine vom Beklagten bestrittene Forderung in Höhe von 15.000 EUR geltend.

Der Beklagte rechnet hilfsweise mit Gegenforderung in Höhe von 8.000 EUR, 3.000 EUR, 5.000 EUR und 7.000 EUR auf. Das Gericht hält die Klageforderung unter Zurückweisung der Einwendungen des Beklagten für begründet und erachtet die zur Aufrechnung gestellte Forderung des Beklagten in Höhe von 8.000 EUR für unbegründet. Hinsichtlich der übrigen drei zur Aufrechnung gestellten Forderungen erachtet das Gericht diese für begründet.

Im Ergebnis ergibt sich, dass die Klageforderung aufgrund der Aufrechnung mit der zweiten, dritten und vierten Klageforderung abgewiesen wird. Hinsichtlich der Kosten ist allerdings zu berücksichtigen, dass nach § 45 Abs. 3 GKG der Streitwert auf 38.000 EUR festzusetzen ist, da über die Klageforderung von 15.000 EUR und

Gegenforderung in Höhe von insgesamt 23.000 EUR in einer der Rechtskraft fähigen Entscheidung entschieden wurde.

Im Hinblick auf diesen Gesamtstreitwert ist der Kläger in Höhe der zur Aufrechnung gestellten Forderungen von 15.000 EUR (3.000 EUR + 5.000 EUR + 7.000 EUR) unterlegen. Demgegenüber ist der Beklagte in Höhe der Klageforderung von 15.000 EUR und der zurückgewiesenen Aufrechnungsforderung von 8.000 EUR, d.h. insgesamt von 23.000 EUR unterlegen. Dies führt bei Klageabweisung zu einer Kostentragungspflicht des Beklagten in Höhe von 60,5 %, während der Kläger lediglich 39,5 % der Kosten zu tragen hat.

Der im vorstehenden Beispielsfall dargestellten Situation kann der Beklagte nur dadurch entgehen, dass er jeweils seine sicherste Aufrechnungsforderung an den Beginn der Aufrechnungsreihenfolge stellt.

Nach anderer Auffassung[136] soll der Kläger die Kosten nach § 91 ZPO immer in vollem Umfange tragen, wenn die Hilfsaufrechnung durchgreift, weil er selbst vorgerichtlich die Aufrechnung hätte erklären können. Unter Zugrundelegung dieser Ansicht wäre es unerheblich, in welcher Reihenfolge der Beklagte seine Forderungen zur Aufrechnung stellt, wenn nur im Endergebnis die Klageforderung wegen der hilfsweise erklärten Aufrechnung nicht durchgreift. Diese Auffassung ist ersichtlich nicht mit § 45 Abs. 3 GKG in Einklang zu bringen. Im Übrigen handelt es sich um eine in der Literatur vertretene Mindermeinung, der in der praktischen Rechtsanwendung keine zu große Beachtung geschenkt werden sollt.

8. Die Folgen der Aufrechnung im Prozess für die Verjährung

Als besonderer Vorteil in der Aufrechnung und auch der Hilfsaufrechnung[137] erweist sich, dass die Verjährung gem. § 204 Abs. 1 Nr. 5 BGB gehemmt wird.

Hinweis

Beachtet werden muss allerdings, dass die Hemmung der Verjährung nur in Höhe der Klageforderung greift. Übersteigt also die Aufrechnungsforderung die Klageforderung, so bleibt die Beurteilung der Verjährung des übersteigenden Anspruches von dem Klageverfahren unberührt.[138] Wegen des die Klageforderung übersteigenden Betrages der Aufrechnungsforderung kann die Verjährung dann aber im Wege der Widerklage verhindert werden.

Wird die Klage aus anderen Gründen als der Aufrechnung abgewiesen, so muss beachtet werden, dass die Hemmung der Verjährung nach § 204 Abs. 2 BGB mit Ablauf von sechs Monaten nach der Entscheidung endet.

---

136 B/L/A/H/*Hartmann*, ZPO, § 91 Rn 25.
137 BGH NJW 1990, 2680.
138 BGH MDR 2009, 793 = BGHR 2009, 741; BGH NJW 1990, 2680.

221 Wird nach der rechtskräftigen Beendigung des Prozesses oder einer anderweitigen Erledigung oder des Stillstandes des Prozesses nicht innerhalb von sechs Monaten die Klage auf Zahlung der zur Aufrechnung gestellten Forderung erhoben, so verjährt diese.

222 Dies gilt in gleicher Weise, wenn über die Hilfsaufrechnung nicht entschieden worden ist,[139] weil die Klage schon aus anderen Gründen abzuweisen war. Auch wenn die Aufrechnung aus prozessualen oder materiellen Gründen unzulässig ist,[140] verjährt die Aufrechnungsforderung binnen sechs Monaten, nachdem über diese Frage entschieden wurde.

223 *Hinweis*

Nimmt der Beklagte den Aufrechnungseinwand im Prozess zurück, weil die Zurückweisung des Aufrechnungseinwandes als verspätet droht, so ist zu beachten, dass die Frist des § 204 Abs. 2 BGB am auf die Erklärung folgenden Tag nach §§ 204 Abs. 2, 187 Abs. 1 BGB beginnt.

9. Die erstmalige Aufrechnung in der Berufungsinstanz

224 Besonderen Beschränkungen unterliegt die erstmals in der Berufungsinstanz erklärte Aufrechnung. Nach § 533 Nr. 1 ZPO ist diese nur zulässig, wenn der Gegner in die Aufrechnung in der Berufungsinstanz einwilligt oder das Gericht dies für sachdienlich hält und diese Aufrechnung auf Tatsachen gestützt werden kann, die das Berufungsgericht seiner Verhandlung und Entscheidung über die Berufung nach § 529 ZPO zugrunde zu legen hat. Liegen die Voraussetzungen des § 533 Nr. 1 ZPO indes vor, kann eine Aufrechnung nicht an § 531 Abs. 2 ZPO scheitern, da dieser nicht anwendbar ist.[141] Anders verhält es sich lediglich dann, wenn eine Partei gem. § 531 Abs. 2 Nr. 1, 2 ZPO gehindert war, bereits erstinstanzlich die Aufrechnung zu erklären. Denn in diesem Fall wurde die Aufrechnung aufgrund eines Fehlers des Gerichts nicht bereits erstinstanzlich geltend gemacht. Es wäre unbillig, diese fehlerhafte Rechtsanwendung in der Berufungsinstanz zu perpetuieren.[142]

225 *Hinweis*

Entscheidend für die Frage, ob die Aufrechnungserklärung erstmals in der Berufungsinstanz erhoben wird, ist die prozessuale Geltendmachung der Aufrechnung. Unerheblich bleibt also, ob die materiell-rechtliche Aufrechnungserklärung nach § 388 BGB schon vor der letzten mündlichen Verhandlung in erster Instanz abgegeben wurde, wenn die materiell-rechtliche Aufrechnungserklärung nicht durch eine entsprechende Aufrechnungserklärung im Prozess in diesen eingebracht wurde.[143]

---

[139] BGHZ 80, 222.
[140] BGHZ 83, 260.
[141] BGH, Urt. v. 30.3.2011, Az.: IZ ZR 137/08.
[142] Musielak/*Ball*, § 533 Rn 15.
[143] Musielak/*Ball*, § 533 Rn 9.

Die Aufrechnungserklärung ist nicht neu, wenn das Gericht in erster Instanz die hilfsweise erklärte Aufrechnung unbeachtet gelassen hat, weil es die Klage aus anderen Gründen abgewiesen hat. Kommt das Berufungsgericht zu dem Ergebnis, dass die Klageforderung als solche begründet ist und es deshalb auf die hilfsweise erklärte Aufrechnung ankommt, so unterliegt diese nicht den Beschränkungen des § 533 ZPO. 226

Die Zulassung der Aufrechnung in der Berufungsinstanz setzt zunächst voraus, dass 227
- der Gegner einwilligt;

> *Hinweis* 228
> Diese Einwilligung kann auch stillschweigend geschehen, wenn sich der Kläger rügelos auf die Aufrechnung einlässt.

> *Praxistipp* 229
> Der Berufungskläger sollte aus diesem Grunde grundsätzlich die Zulässigkeit einer erstmals in der Berufungsinstanz erhobenen Aufrechnung bestreiten und in der Sache nur hilfsweise und aus Gründen der anwaltlichen Fürsorge gegenüber seinem Mandanten die Berechtigung der Aufrechnung bestreiten.

- und die Aufrechnung sachdienlich ist.

> *Hinweis* 230
> Maßgebend für die Beurteilung der Sachdienlichkeit ist neben einer Abwägung der beiderseitigen Interessen in erster Linie der Gesichtspunkt der Prozesswirtschaftlichkeit. Dabei kommt es allein auf die objektive Beurteilung an, ob und inwieweit die Zulassung der Klageänderung den sachlichen Streitstoff im Rahmen des anhängigen Rechtsstreits ausräumt und einem anderenfalls zu gewärtigenden weiteren Rechtsstreit vorbeugt.[144] Die Aufrechnung wird grundsätzlich dann als sachdienlich anzusehen sein, wenn diese in rechtlichem Zusammenhang mit der Klageforderung steht und mit der Zulassung und Entscheidung über die Aufrechnungsforderung eine umfassende Beilegung eines Streites zwischen den Parteien erreicht werden kann.
>
> Die Sachdienlichkeit der Zulassung der Aufrechnung in der Berufungsinstanz kann nicht deswegen verneint werden, weil die Aufrechnung schon in erster Instanz hätte erklärt werden können.[145]

Allerdings ist die Sachdienlichkeit auch nicht schon dann anzunehmen, wenn die Aufrechnungsforderung rechtskräftig festgestellt ist. Die erstmalige Aufrechnung mit einer rechtskräftig festgestellten Gegenforderung in zweiter Instanz ist nach Ansicht des OLG Hamm nämlich dann nicht sachdienlich i.S.v. § 533 Nr. 1 ZPO, wenn die Wirksamkeit der Aufrechnung aus Gründen in Frage steht, die durch die Rechtskraft nicht bereits entschieden sind, und deshalb die Beurteilung eines völlig neuen Streitstoffs durch das Berufungsgericht erforderlich wird.[146] Dies ist etwa dann der Fall, wenn der Aufrech- 231

---

144 BGH WM 2009, 1199 = DB 2009, 1285.
145 BGH NJW 1977, 49; Musielak/*Ball*, § 533 Rn 15.
146 OLGR Hamm 2005, 94.

nende die Aufrechnungsforderung erst nach der rechtskräftigen Feststellung im Wege der Abtretung erworben haben will und die Wirksamkeit dieser Abtretung in Frage steht.

232 Im Einklang damit, dass die Berufungsinstanz nach der ZPO-Reform keine vollständige zweite Tatsacheninstanz, sondern lediglich eine Instanz zur Fehlerfeststellung und Fehlerbeseitigung sein soll, wird die Möglichkeit der Aufrechnung auf die Fälle beschränkt, in denen die Beurteilung der Aufrechnungsforderung und der in erster Instanz festgestellten Tatsachen und der nach § 529 ZPO in der Berufungsinstanz neu zugelassenen Tatsachen möglich ist. In diesem Sinne ist dem Bevollmächtigten die Möglichkeit abgeschnitten, über das Instrument der Aufrechnung neuen Tatsachenstoff in die Berufungsinstanz einzuführen.

233 *Praxistipp*

Dies macht es für den Beklagten notwendig, in jedem Fall die Richtigkeit und Vollständigkeit des Tatbestandes zu überprüfen, selbst wenn er in erster Instanz erfolgreich war. Enthält der Tatbestand nicht alle Tatsachen, um die Aufrechnung auf eine möglicherweise eingelegte Berufung des Klägers zu begründen, muss der Bevollmächtigte einen Tatbestandsberichtigungsantrag stellen.

C. Muster

I. Muster: Klageerwiderung und Widerklage

234 An das
☐ Amtsgericht
☐ Landgericht
in ▬▬▬
In dem Rechtsstreit

▬▬▬ ./. ▬▬▬

Az: ▬▬▬

bestelle ich mich für den Beklagten und zeige dessen Verteidigungsbereitschaft an. Namens und in Vollmacht des Beklagten werde ich in der mündlichen Verhandlung beantragen,

die Klage abzuweisen.

Weiterhin erhebe ich Widerklage und werde in der mündlichen Verhandlung beantragen,

den Kläger zu verurteilen, an den Beklagten ▬▬▬ EUR nebst Zinsen in Höhe ▬▬▬ %, mindestens von 5 Prozentpunkten über dem jeweiligen Basiszinssatz seit dem ▬▬▬ zu zahlen.

Zur **Begründung** der vorstehenden Anträge wird Folgendes ausgeführt:

I.

Der mit der Klage geltend gemachte Klageanspruch ist unbegründet.[147]

1.

Der Kläger stützt seinen Anspruch in tatsächlicher Hinsicht darauf, dass
Dieser Vortrag des Klägers ist unzutreffend.
Unzutreffend ist insbesondere:
- ☐
- ☐

Richtig ist vielmehr, dass
- ☐
- ☐

Der Sachverhalt stellt sich vielmehr zusammenfassend wie folgt dar:

    Beweis:

2.

Ausgehend von dem sich aus den vorstehenden Ausführungen ergebenden Sachverhalt ist der klägerische Anspruch nicht begründet. In rechtlicher Hinsicht ist dabei zu berücksichtigen, dass §   als hier in Betracht kommende Anspruchsgrundlage voraussetzt, dass
Diese Voraussetzungen liegen hier nicht vor, weil

II.

Dem Beklagten steht gegen den Kläger ein Gegenanspruch in dem aus dem Widerklageantrag ersichtlichen Umfang aus §   zu. Dieser Anspruch wird vorliegend im Wege der **Widerklage** geltend gemacht.

1.

Die Widerklage ist zunächst zulässig, da diese in derselben Prozessart vor dem örtlich und sachlich zuständigen Gericht erhoben wird.

Auch der Widerklageanspruch ist im ordentlichen Erkenntnisverfahren geltend zu machen. Hier bedarf es keiner weiteren Ausführungen.

Die örtliche Zuständigkeit des erkennenden Gerichts ergibt sich aus
- ☐ §   ZPO, wonach der Kläger am Ort des erkennenden Gerichts einen eigenständigen Gerichtsstand begründet hat, weil
- ☐ § 33 ZPO, da zwischen dem Klageanspruch und dem Widerklageanspruch ein tatsächlicher und rechtlicher Zusammenhang besteht. Dies ergibt sich daraus, dass

Die sachliche Zuständigkeit des angerufenen Gerichts ergibt sich aus §§ 23, 71 GVG.
- ☐ Da die Klage bereits aufgrund des ihr zukommenden Streitwertes die Zuständigkeit des angerufenen Landgerichts begründet, ergibt sich über die Widerklage keine abweichende Zuständigkeit. Dass die Widerklage für sich genommen die Zuständigkeit des Landgerichts nicht begründet, bleibt insoweit unerheblich.

---

147 Zur Klageerwiderung im Einzelnen siehe § 6 Rdn 1 ff.

§ 8 Die Widerklage und die Aufrechnung im Prozess

- ☐ Das angerufene Amtsgericht bleibt nach §§ 23, 71 GVG sachlich zuständig. Zwar ergibt sich aus der Addition der Streitwerte von Klage und Widerklage ein 5.000 EUR übersteigender Gesamtstreitwert. Dies ist jedoch für die Bestimmung des Zuständigkeitsstreitwerts gemäß § 5 ZPO unbeachtlich. Denn hiernach erfolgt eben keine Addition der Werte von Klage und Widerklage.
- ☐ Der Wert der Widerklage übersteigt den Zuständigkeitsstreitwert des angerufenen Amtsgerichts nach §§ 23, 71 GVG. Lediglich für den Fall, dass der Kläger die sachliche Zuständigkeit des angerufenen Gerichts rügen wird, beantragen wir schon jetzt, den Rechtsstreit an das sachlich und örtlich zuständige Landgericht in   zu verweisen.

2.

Dem mit der Widerklage geltend gemachten Anspruch liegt folgender Sachverhalt zugrunde:

3.

Aus dem unter Ziff. II. 2. geschilderten Sachverhalt rechtfertigt sich der von dem Beklagten mit der Widerklage geltend gemachte Anspruch aus §   . Dies ergibt sich daraus, dass

III.

Soweit das Gericht entgegen der diesseitigen Auffassung den Vortrag als unzureichend, unschlüssig oder unsubstantiiert ansieht, um den geltend gemachten Anspruch der Widerklage als schlüssig zu qualifizieren, oder Bedenken gegen die gefassten Anträge, die Schlüssigkeit und die Substantiierung des Vortrages und die hiesige Sichtweise in der Beweislast bestehen, wird um einen entsprechenden Hinweis nach § 139 ZPO bzw. eine prozessleitende Verfügung nach § 273 Abs. 2 Nr. 1 ZPO gebeten.

Der Unterzeichner weist allein aus Gründen der Vorsorge gegenüber seinem Mandanten darauf hin, dass die gerichtliche Hinweis- und Aufklärungspflicht nach der neueren Rechtsprechung auch gegenüber der anwaltlich vertretenen Partei uneingeschränkt besteht (BGH NJW 2001, 2548; OLG Köln NJW-RR 2001,1724).

IV.

Es wird gebeten, dem Kläger die Widerklage unverzüglich zuzustellen. Die Einzahlung eines Gerichtskostenvorschusses ist nicht notwendig, § 12 Abs. 2 Nr. 1 GKG.

Rechtsanwalt

▲

II. Muster: Verweisungsantrag nach Rüge der sachlichen Zuständigkeit durch den Widerbeklagten

▼

An das
☐ Amtsgericht
☐ Landgericht

in ▓▓▓

In dem Rechtsstreit

▓▓▓ ./. ▓▓▓

Az: ▓▓▓

beantrage ich namens und in Vollmacht des Beklagten,

> den Rechtsstreit an das örtlich und sachlich zuständige Landgericht in ▓▓▓ zu verweisen.

Zur **Begründung** wird darauf hingewiesen, dass der Wert der Widerklage nach § 3 ZPO mit ▓▓▓ EUR zu bestimmen ist.
☐ Dem liegen folgende Erwägungen zugrunde: ▓▓▓

Der Wert der Widerklage für sich allein genommen begründet damit die sachliche Zuständigkeit des Landgerichts nach §§ 23, 71 GVG.

Hierauf wurde mit der Klageerwiderung und Widerklage bereits hingewiesen. Auch das erkennende Gericht hat hierauf gem. § 504 ZPO hingewiesen.

Nachdem der Kläger nunmehr die sachliche Zuständigkeit des angerufenen Gerichts gerügt hat, ist der Rechtsstreit auf Antrag des Beklagten nach § 506 ZPO an das im Antrag genannte sachlich und örtlich zuständige Landgericht in ▓▓▓ zu verweisen.

Rechtsanwalt

▲

III. Muster: Klageerwiderung und Hilfswiderklage

▼

An das
☐ Amtsgericht
☐ Landgericht

in ▓▓▓

In dem Rechtsstreit

▓▓▓ ./. ▓▓▓

Az: ▓▓▓

bestelle ich mich für den Beklagten und zeige dessen Verteidigungsbereitschaft an. Namens und in Vollmacht des Beklagten werde ich in der mündlichen Verhandlung beantragen:

> Die Klage wird abgewiesen.

§ 8 Die Widerklage und die Aufrechnung im Prozess

Hilfsweise erhebe ich **Widerklage** und werde in der mündlichen Verhandlung beantragen,

den Kläger zu verurteilen, an den Beklagten ▓▓▓ EUR nebst Zinsen in Höhe ▓▓▓ %, mindestens von 5 Prozentpunkten über dem jeweiligen Basiszinssatz seit dem ▓▓▓ zu zahlen.

Zur **Klageerwiderung und Begründung der Hilfswiderklage** wird ausgeführt:

I.

Der mit der Klage geltend gemachte Klageanspruch ist unbegründet.

1.

Der Kläger stützt seinen Anspruch in tatsächlicher Hinsicht darauf, dass ▓▓▓
Dieser Vortrag des Klägers ist unzutreffend.
Unzutreffend ist insbesondere:
- ▓▓▓
- ▓▓▓

Richtig ist vielmehr, dass
- ▓▓▓
- ▓▓▓

Der Sachverhalt stellt sich damit zusammenfassend wie folgt dar: ▓▓▓

Beweis: ▓▓▓

2.

Ausgehend von dem sich aus den vorstehenden Ausführungen ergebenden Sachverhalt ist der klägerische Anspruch nicht begründet. In rechtlicher Hinsicht ist dabei zu berücksichtigen, dass § ▓▓▓ als hier in Betracht kommende Anspruchsgrundlage voraussetzt, dass ▓▓▓

Diese Voraussetzungen liegen hier nicht vor, weil ▓▓▓

II.

Dem Beklagten steht gegen den Kläger ein Gegenanspruch in der aus dem Klageantrag ersichtlichen Umfange aus § ▓▓▓ zu. Dieser Anspruch wird vorliegend **hilfsweise** im Wege der Widerklage für den Fall geltend gemacht, dass
- der Klage stattgegeben wird,
- die Klage als unbegründet abgewiesen wird,
- die Klage als unzulässig abgewiesen wird.

Die Zulässigkeit der Hilfswiderklage ist in der Rechtsprechung anerkannt (vgl. nur BGH NJW 1996, 2307 in ständiger Rechtsprechung). Sollte das erkennende Gericht hier weiter gehende Ausführungen für erforderlich halten, wird um einen entsprechenden Hinweis gebeten.

1.

Die Widerklage ist zunächst zulässig, da diese in derselben Prozessart vor dem örtlich und sachlich zuständigen Gericht erhoben wird.

Auch der Widerklageanspruch ist im ordentlichen Erkenntnisverfahren geltend zu machen. Hier bedarf es keiner weiteren Ausführungen.

C. Muster § 8

Die örtliche Zuständigkeit des erkennenden Gerichts ergibt sich aus
- § ▮▮▮ ZPO, wonach der Kläger am Ort des erkennenden Gerichts einen eigenständigen Gerichtsstand begründet hat, weil ▮▮▮
- § 33 ZPO, da zwischen dem Klageanspruch und dem Widerklageanspruch ein tatsächlicher und rechtlicher Zusammenhang besteht. Dies ergibt sich daraus, dass ▮▮▮

Die sachliche Zuständigkeit des angerufenen Gerichts ergibt sich aus §§ 23, 71 GVG.
- Da die Klage bereits aufgrund des ihr zukommenden Streitwertes die Zuständigkeit des angerufenen Landgerichts begründet, ergibt sich über die Widerklage keine abweichende Zuständigkeit. Das die Widerklage für sich genommen die Zuständigkeit des Landgerichts nicht begründet, bleibt insoweit unerheblich.
- Das angerufene Amtsgericht bleibt nach §§ 23, 71 GVG sachlich zuständig. Zwar ergibt sich aus der Addition der Streitwerte von Klage und Widerklage ein 5.000 EUR übersteigender Gesamtstreitwert. Dies ist jedoch für die Bestimmung des Zuständigkeitsstreitwerts gemäß § 5 ZPO unbeachtlich. Denn hiernach erfolgt eben keine Addition der Werte von Klage und Widerklage.
- Der Wert der Widerklage übersteigt den Zuständigkeitsstreitwert des angerufenen Amtsgerichts nach §§ 23, 71 GVG. Lediglich für den Fall, dass der Kläger die sachliche Zuständigkeit des angerufenen Gerichts rügen wird, beantragen wir schon jetzt, den Rechtsstreit an das sachlich und örtlich zuständige Landgericht in ▮▮▮ zu verweisen.

2.
Dem mit der Widerklage geltend gemachten Anspruch liegt folgender Sachverhalt zugrunde: ▮▮▮

3.
Aus dem unter Ziff. II.2. geschilderten Sachverhalt rechtfertigt sich der von dem Beklagten mit der Widerklage geltend gemachte Anspruch aus § ▮▮▮. Dies ergibt sich daraus, dass ▮▮▮

III.
Soweit das Gericht entgegen der diesseitigen Auffassung den Vortrag als unzureichend, unschlüssig oder unsubstantiiert ansieht, um den geltend gemachten Anspruch der Widerklage als schlüssig zu qualifizieren, oder wenn sonst Bedenken gegen die gefassten Anträge, die Schlüssigkeit und die Substantiierung des Vortrages und die hiesige Sichtweise in der Beweislast bestehen, wird um einen entsprechenden Hinweis nach § 139 ZPO bzw. eine prozessleitende Verfügung nach § 273 Abs. 2 Nr. 1 ZPO gebeten.

Der Unterzeichner weist allein aus Gründen der Vorsorge gegenüber seinem Mandanten darauf hin, dass die gerichtliche Hinweis- und Aufklärungspflicht nach der neueren Rechtsprechung auch gegenüber der anwaltlich vertretenden Partei uneingeschränkt besteht (BGH NJW 2001, 2548; OLG Köln NJW-RR 2001, 1724).

IV.
Es wird gebeten, dem Kläger die Widerklage unverzüglich zuzustellen.
Die Einzahlung eines Gerichtskostenvorschusses ist nicht notwendig, § 12 Abs. 2 Nr. 1 GKG.

Rechtsanwalt

IV. Muster: Klageerwiderung, Hilfsaufrechnung und Hilfswiderklage

237 An das
☐ Amtsgericht
☐ Landgericht
in ▇▇▇

In dem Rechtsstreit

▇▇▇ ./. ▇▇▇

Az: ▇▇▇

bestelle ich mich für den Beklagten und zeige dessen Verteidigungsbereitschaft an. Namens und in Vollmacht des Beklagten werde ich in der mündlichen Verhandlung beantragen:

> Die Klage wird abgewiesen.

Hilfsweise erhebe ich Widerklage und werde in der mündlichen Verhandlung beantragen,

> den Kläger zu verurteilen, an den Beklagten ▇▇▇ EUR nebst Zinsen in Höhe ▇▇▇ %, mindestens von 5 Prozentpunkten über dem jeweiligen Basiszinssatz seit dem ▇▇▇ zu zahlen.

Zur **Klageerwiderung und Begründung der Hilfswiderklage** wird ausgeführt:

I.

Der mit der Klage geltend gemachte Klageanspruch ist unbegründet.

1.

Der Kläger stützt seinen Anspruch in tatsächlicher Hinsicht darauf, dass ▇▇▇

Dieser Vortrag des Klägers ist unzutreffend.

Unzutreffend ist insbesondere:
☐ ▇▇▇
☐ ▇▇▇

Richtig ist vielmehr, dass
☐ ▇▇▇
☐ ▇▇▇

Der Sachverhalt stellt sich damit zusammenfassend wie folgt dar: ▇▇▇

> Beweis: ▇▇▇

2.

Ausgehend von dem sich aus den vorstehenden Ausführungen ergebenden Sachverhalt, ist der klägerische Anspruch nicht begründet. In rechtlicher Hinsicht ist dabei zu berücksichtigen, dass § ▇▇▇ als hier in Betracht kommende Anspruchsgrundlage voraussetzt, dass ▇▇▇

Diese Voraussetzungen liegen hier nicht vor, weil ▇▇▇

II.

Dem Beklagten steht gegen den Kläger ein Gegenanspruch in dem aus dem Klageantrag ersichtlichen Umfange aus § ▒ zu. Mit diesem Anspruch wird hilfsweise die Aufrechnung erklärt. Die Hilfsaufrechnung erfolgt unter der Bedingung, dass die Klageforderung ganz oder teilweise begründet ist.

Der Kläger hat außergerichtlich geltend gemacht, dass eine Aufrechnung mit der vorstehend begründeten Forderung nicht möglich sei, weil ▒

Die Auffassung des Klägers ist unzutreffend, weil ▒

III.

Soweit das Gericht die Hilfsaufrechnung für unzulässig erachtet, wird die Forderung weiter **hilfsweise** im Wege der Widerklage geltend gemacht. Die Hilfswiderklage mit dieser Forderung erfolgt auch für den Fall, dass die Klage ganz oder teilweise unzulässig oder unbegründet ist.

Die Zulässigkeit der Hilfswiderklage ist in der Rechtsprechung anerkannt (vgl. nur BGH NJW 1996, 2307 in ständiger Rechtsprechung). Sollte das erkennende Gericht hier weiter gehende Ausführungen für erforderlich halten, wird um einen entsprechenden Hinweis gebeten.

1.

Die Widerklage ist zunächst zulässig, da diese in derselben Prozessart vor dem örtlich und sachlich zuständigen Gericht erhoben wird.

Auch der Widerklageanspruch ist im ordentlichen Erkenntnisverfahren geltend zu machen. Hier bedarf es keiner weiteren Ausführungen.

Die örtliche Zuständigkeit des erkennenden Gerichts ergibt sich aus
- § ▒ ZPO, wonach der Kläger am Ort des erkennenden Gerichts einen eigenständigen Gerichtsstand gegründet hat, weil ▒
- § 33 ZPO, da zwischen dem Klageanspruch und dem Widerklageanspruch ein tatsächlicher und rechtlicher Zusammenhang besteht. Dies ergibt sich daraus, dass ▒

Die sachliche Zuständigkeit des angerufenen Gerichts ergibt sich aus §§ 23, 71 GVG.
- Da die Klage bereits aufgrund des ihr zukommenden Streitwertes die Zuständigkeit des angerufenen Landgerichts begründet, ergibt sich über die Widerklage keine abweichende Zuständigkeit. Dass die Widerklage für sich genommen die Zuständigkeit des Landgerichts nicht begründet, bleibt insoweit unerheblich.
- Das angerufene Amtsgericht bleibt nach §§ 23, 71 GVG sachlich zuständig. Zwar ergibt sich aus der Addition der Streitwerte von Klage und Widerklage ein 5.000 EUR übersteigender Gesamtstreitwert. Dies ist jedoch für die Bestimmung des Zuständigkeitsstreitwerts gemäß § 5 ZPO unbeachtlich. Denn hiernach erfolgt eben keine Addition der Werte von Klage und Widerklage.
- Der Wert der Widerklage übersteigt den Zuständigkeitsstreitwert des angerufenen Amtsgerichts nach §§ 23, 71 GVG. Lediglich für den Fall, dass der Kläger die sachliche Zuständigkeit des angerufenen Gerichts rügen wird, beantragen wir schon jetzt, den Rechtsstreit an das sachlich und örtlich zuständige Landgericht in ▒ zu verweisen.

§ 8 Die Widerklage und die Aufrechnung im Prozess

2.

Dem mit der Widerklage geltend gemachten Anspruch liegt folgender Sachverhalt zugrunde:

3.

Aus dem unter Ziff. II. 2. geschilderten Sachverhalt rechtfertigt sich der von dem Beklagten mit der Widerklage geltend gemachte Anspruch aus § ▭. Dies ergibt sich daraus, dass ▭

IV.

Soweit das Gericht entgegen der diesseitigen Auffassung den Vortrag als unzureichend, unschlüssig oder unsubstantiiert ansieht, um den geltend gemachten Anspruch der Widerklage als schlüssig zu qualifizieren, oder Bedenken gegen die gefassten Anträge, die Schlüssigkeit und die Substantiierung des Vortrages und die hiesige Sichtweise in der Beweislast bestehen, wird um einen entsprechenden Hinweis nach § 139 ZPO bzw. eine prozessleitende Verfügung nach § 273 Abs. 2 Nr. 1 ZPO gebeten.

Der Unterzeichner weist allein aus Gründen der Vorsorge gegenüber seinem Mandanten darauf hin, dass die gerichtliche Hinweis- und Aufklärungspflicht nach der neueren Rechtsprechung auch gegenüber der anwaltlich vertretenen Partei uneingeschränkt besteht (BGH NJW 2001, 2548; OLG Köln NJW-RR 2001, 1724).

V.

Es wird gebeten, dem Kläger die Widerklage unverzüglich zuzustellen.

Die Einzahlung eines Gerichtskostenvorschusses ist nicht notwendig, § 12 Abs. 2 Nr. 1 GKG.

Rechtsanwalt

V. Muster: Klageerwiderung, Widerklage und Hilfswiderklage

238 An das
□ Amtsgericht
□ Landgericht

in

In dem Rechtsstreit

 ./. ▭

Az: ▭

bestelle ich mich für den Beklagten und zeige dessen Verteidigungsbereitschaft an. Namens und in Vollmacht des Beklagten werde ich in der mündlichen Verhandlung beantragen:

> Die Klage wird abgewiesen.

Weiterhin erhebe ich **Widerklage** und werde in der mündlichen Verhandlung beantragen:
1. Der Kläger wird verurteilt, an den Beklagten ▒ EUR nebst Zinsen in Höhe ▒ %, mindestens von 5 Prozentpunkten über dem jeweiligen Basiszinssatz seit dem ▒ zu zahlen.

Hilfsweise, für den Fall, dass dem Widerklageantrag nicht stattgegeben wird,
2. den Kläger zu verurteilen, ▒

Zur **Begründung** wird Folgendes ausgeführt:

I.

Der mit der Klage geltend gemachte Klageanspruch ist unbegründet.

1.

Der Kläger stützt seinen Anspruch in tatsächlicher Hinsicht darauf, dass ▒

Dieser Vortrag des Klägers ist unzutreffend.

Unzutreffend ist insbesondere:
- ▒
- ▒

Richtig ist vielmehr, dass
- ▒
- ▒

Der Sachverhalt stellt sich damit zusammenfassend wie folgt dar: ▒

Beweis: ▒

2.

Ausgehend von dem sich aus den vorstehenden Ausführungen ergebenden Sachverhalt ist der klägerische Anspruch nicht begründet. In rechtlicher Hinsicht ist dabei zu berücksichtigen, dass § ▒ als hier in Betracht kommende Anspruchsgrundlage voraussetzt, dass ▒

Diese Voraussetzungen liegen hier nicht vor, weil ▒

II.

Dem Beklagten steht gegen den Kläger ein Gegenanspruch in dem aus dem Klageantrag ersichtlichen Umfange aus § ▒ zu.

1.

Die Widerklage ist zunächst zulässig, da diese in derselben Prozessart vor dem örtlich und sachlich zuständigen Gericht erhoben wird.

Auch der Widerklageanspruch ist im ordentlichen Erkenntnisverfahren geltend zu machen. Hier bedarf es keiner weiteren Ausführungen.

Die örtliche Zuständigkeit des erkennenden Gerichts ergibt sich aus
- § ▒ ZPO, wonach der Kläger am Ort des erkennenden Gerichts einen eigenständigen Gerichtsstand gegründet hat, weil ▒
- § 33 ZPO, da zwischen dem Klageanspruch und dem Widerklageanspruch ein tatsächlicher und rechtlicher Zusammenhang besteht. Dies ergibt sich daraus, dass ▒

§ 8 Die Widerklage und die Aufrechnung im Prozess

Die sachliche Zuständigkeit des angerufenen Gerichts ergibt sich aus §§ 23, 71 GVG.

- Da die Klage bereits aufgrund des ihr zukommenden Streitwertes die Zuständigkeit des angerufenen Landgerichts begründet, ergibt sich über die Widerklage keine abweichende Zuständigkeit. Dass die Widerklage für sich genommen die Zuständigkeit des Landgerichts nicht begründet, bleibt insoweit unerheblich.
- Das angerufene Amtsgericht bleibt nach §§ 23, 71 GVG sachlich zuständig. Zwar ergibt sich aus der Addition der Streitwerte von Klage und Widerklage ein 5.000 EUR übersteigender Gesamtstreitwert. Dies ist jedoch für die Bestimmung des Zuständigkeitsstreitwerts gemäß § 5 ZPO unbeachtlich. Denn hiernach erfolgt eben keine Addition der Werte von Klage und Widerklage.
- Der Wert der Widerklage übersteigt den Zuständigkeitsstreitwert des angerufenen Amtsgerichts nach §§ 23, 71 GVG. Lediglich für den Fall, dass der Kläger die sachliche Zuständigkeit des angerufenen Gerichts rügen wird, beantragen wir schon jetzt, den Rechtsstreit an das sachlich und örtlich zuständige Landgericht in ▒▒▒▒ zu verweisen.

Dem mit der Widerklage geltend gemachten Anspruch liegt folgender Sachverhalt zugrunde: ▒▒▒▒

3.

Aus dem unter Ziff. II. 2. geschilderten Sachverhalt rechtfertigt sich der von dem Beklagten mit der Widerklage geltend gemachte Anspruch aus § ▒▒▒▒ . Dies ergibt sich daraus, dass ▒▒▒▒

III.

Soweit das erkennende Gericht die unbedingt erhobene Widerklage für unzulässig oder unbegründet erachtet, wird die Widerklage hilfsweise auf einen Anspruch des Beklagen aus § ▒▒▒▒ gestützt.

Die Zulässigkeit der Hilfswiderklage ist in der Rechtsprechung anerkannt (vgl. nur BGH NJW 1996, 2307 in ständiger Rechtsprechung). Sollte das erkennende Gericht hier weiter gehende Ausführungen für erforderlich halten, wird um einen entsprechenden Hinweis gebeten.

Dem mit der Hilfswiderklage geltend gemachten Anspruch liegt folgender Sachverhalt zugrunde: ▒▒▒▒

Aus dem so geschilderten Sachverhalt rechtfertigt sich der von dem Beklagten mit der Hilfswiderklage geltend gemachte Anspruch aus § ▒▒▒▒ .

Dies ergibt sich daraus, dass ▒▒▒▒

IV.

Soweit das Gericht entgegen der diesseitigen Auffassung den Vortrag als unzureichend, unschlüssig oder unsubstantiiert ansieht, um den geltend gemachten Anspruch der Widerklage als schlüssig zu qualifizieren, oder Bedenken gegen die gefassten Anträge, die Schlüssigkeit und die Substantiierung des Vortrages und die hiesige Sichtweise in der Beweislast bestehen, wird um einen entsprechenden Hinweis nach § 139 ZPO bzw. eine prozessleitende Verfügung nach § 273 Abs. 2 Nr. 1 ZPO gebeten.

Der Unterzeichner weist allein aus Gründen der Vorsorge gegenüber seinem Mandanten darauf hin, dass die gerichtliche Hinweis- und Aufklärungspflicht nach der neueren Rechtsprechung auch gegenüber der anwaltlich vertretenen Partei uneingeschränkt besteht (BGH NJW 2001, 2548; OLG Köln NJW-RR 2001, 1724).

V.

Es wird gebeten, dem Kläger die Widerklage unverzüglich zuzustellen.

Die Einzahlung eines Gerichtskostenvorschusses ist nicht notwendig, § 12 Abs. 2 Nr. 1 GKG.

Rechtsanwalt

VI. Muster: Klageerwiderung, Widerklage und Drittwiderklage

▼

An das
☐ Amtsgericht
☐ Landgericht

in

In dem Rechtsstreit
1. des

— Kläger und Widerbeklagter zu 1) —

Prozessbevollmächtigter:
2. des

— (Dritt-)Widerbeklagter zu 2) —

gegen

den

— Beklagter und Widerkläger —

bestelle ich mich namens und in Vollmacht des Beklagten, zeige dessen Verteidigungsbereitschaft an und werde in der mündlichen Verhandlung beantragen:

> Die Klage wird abgewiesen.
>
> Weiterhin erhebe ich Widerklage und Drittwiderklage und werde in der mündlichen Verhandlung beantragen:
>
> Der Kläger und der Widerbeklagte zu 2) werden als Gesamtschuldner verurteilt, an den Beklagten ▓▓▓ EUR nebst Zinsen in Höhe ▓▓▓ %, mindestens von 5 Prozentpunkten über dem jeweiligen Basiszinssatz seit dem ▓▓▓ zu zahlen.

Zur **Begründung** der vorstehenden Anträge wird Folgendes ausgeführt:

I.

Der mit der Klage geltend gemachte Klageanspruch ist unbegründet.

1.

Der Kläger stützt seinen Anspruch in tatsächlicher Hinsicht darauf, dass

Dieser Vortrag des Klägers ist unzutreffend.

Unzutreffend ist insbesondere:
- ▢ ▬▬▬
- ▢ ▬▬▬

Richtig ist vielmehr, dass
- ▢ ▬▬▬
- ▢ ▬▬▬

Der Sachverhalt stellt sich damit zusammenfassend wie folgt dar: ▬▬▬

>Beweis: ▬▬▬

2.

Ausgehend von dem sich aus den vorstehenden Ausführungen ergebenden Sachverhalt ist der klägerische Anspruch nicht begründet. In rechtlicher Hinsicht ist dabei zu berücksichtigen, dass § ▬▬▬ als hier in Betracht kommende Anspruchsgrundlage voraussetzt, dass ▬▬▬

Diese Voraussetzungen liegen hier nicht vor, weil ▬▬▬

II.

Dem Beklagten steht gegen den Kläger und den Widerbeklagten zu 2) als Gesamtschuldner ein Gegenanspruch in dem aus dem Widerklageantrag ersichtlichen Umfange aus § ▬▬▬ zu.

Dieser Anspruch wird vorliegend im Wege der Widerklage und der Drittwiderklage geltend gemacht.

1.

Die Widerklage ist zunächst zulässig, da diese in derselben Prozessart vor dem örtlich und sachlich zuständigen Gericht erhoben wird.

Auch der Widerklageanspruch ist im ordentlichen Erkenntnisverfahren geltend zu machen. Hier bedarf es keiner weiteren Ausführungen.

Die örtliche Zuständigkeit des erkennenden Gerichts ergibt sich für den Kläger aus § ▬▬▬ ZPO, wonach dieser am Ort des erkennenden Gerichts einen eigenständigen Gerichtsstand gegründet hat, weil ▬▬▬

Auch der Drittwiderbeklagte hat einen eigenen Gerichtsstand im Bezirk des angerufenen Gerichts. Die örtliche Zuständigkeit ergibt sich insoweit aus § ▬▬▬ ZPO, weil ▬▬▬
- ▢ Zwar hat der Drittwiderbeklagte im Bezirk des angerufenen Gerichtes keinen eigenen Gerichtsstand, aber auf einen entsprechenden Gerichtsstandsbestimmungsantrag nach § 36 Abs. 1 Nr. 3 ZPO des Widerklägers hat das ▬▬▬ das angerufene Gericht für örtlich zuständig bestimmt.
  Beweis: Entscheidung des ▬▬▬ vom ▬▬▬ Az.: ▬▬▬

Die sachliche Zuständigkeit des angerufenen Gerichts ergibt sich aus §§ 23, 71 GVG.
- ▢ Da die Klage bereits aufgrund des ihr zukommenden Streitwertes die Zuständigkeit des angerufenen Landgerichts begründet, ergibt sich über die Widerklage keine abweichende Zuständigkeit. Dass die Widerklage für sich genommen die Zuständigkeit des Landgerichts nicht begründet, bleibt insoweit unerheblich.

☐ Das angerufene Amtsgericht bleibt nach §§ 23, 71 GVG sachlich zuständig. Zwar ergibt sich aus der Addition der Streitwerte von Klage und Widerklage ein 5.000 EUR übersteigender Gesamtstreitwert. Dies ist jedoch für die Bestimmung des Zuständigkeitsstreitwerts gemäß § 5 ZPO unbeachtlich. Denn hiernach erfolgt eben keine Addition der Werte von Klage und Widerklage.

☐ Der Wert der Widerklage übersteigt den Zuständigkeitsstreitwert des angerufenen Amtsgerichts nach §§ 23, 71 GVG. Lediglich für den Fall, dass der Kläger die sachliche Zuständigkeit des angerufenen Gerichts rügen wird, beantragen wir schon jetzt, den Rechtsstreit an das sachlich und örtlich zuständige Landgericht in ▨▨▨ zu verweisen.

2.
Dem mit der Widerklage geltend gemachten Anspruch liegt folgender Sachverhalt zugrunde: ▨▨▨

3.
Aus dem unter Ziff. II. 2. geschilderten Sachverhalt rechtfertigt sich der von dem Beklagten mit der Widerklage geltend gemachte Anspruch aus § ▨▨▨. Dies ergibt sich daraus, dass ▨▨▨

III.
Soweit das Gericht entgegen der diesseitigen Auffassung den Vortrag als unzureichend, unschlüssig oder unsubstantiiert ansieht, um den geltend gemachten Anspruch der Widerklage als schlüssig zu qualifizieren, oder Bedenken gegen die gefassten Anträge, die Schlüssigkeit und die Substantiierung des Vortrages und die hiesige Sichtweise in der Beweislast bestehen, wird um einen entsprechenden Hinweis nach § 139 ZPO bzw. eine prozessleitende Verfügung nach § 273 Abs. 2 Nr. 1 ZPO gebeten.

Der Unterzeichner weist allein aus Gründen der Vorsorge gegenüber seinem Mandanten darauf hin, dass die gerichtliche Hinweis- und Aufklärungspflicht nach der neueren Rechtsprechung auch gegenüber der anwaltlich vertretenen Partei uneingeschränkt besteht (BGH NJW 2001, 2548; OLG Köln NJW-RR 2001, 1724).

IV.
Es wird gebeten, dem Kläger und dem Drittwiderbeklagten die Widerklage unverzüglich zuzustellen. Die Einzahlung eines Gerichtskostenvorschusses ist nicht notwendig, § 12 Abs. 2 Nr. 1 GKG.

Rechtsanwalt

▲

VII. Muster: Replik und Widerklageerwiderung bei einem örtlich oder sachlich unzuständigen Gericht für die Widerklage

▼

240 An das
☐ Amtsgericht
☐ Landgericht
in ▓▓▓▓

In dem Rechtsstreit

▓▓▓▓ ./. ▓▓▓▓

Az: ▓▓▓▓

bestelle ich mich auch zum Prozessbevollmächtigten des Klägers sowie des Drittwiderbeklagten.

Namens und in deren Vollmacht beantrage ich,

den Rechtsstreit an das örtlich und sachlich zuständige Landgericht in ▓▓▓▓ zu verweisen.

Zur **Begründung** wird ausgeführt:

Mit der Klageerwiderung hat der Beklagte zugleich
☐ Widerklage
☐ Drittwiderklage
erhoben.

Die Widerklage ist mit einem Streitwert von ▓▓▓▓ EUR zu bewerten, sodass die Streitwertgrenze der §§ 23, 71 GVG überschritten wird. Der Kläger und die Widerbeklagten rügen insoweit die sachliche Zuständigkeit des angerufenen Gerichtes.

Ungeachtet der Tatsache, dass Klage- und Widerklagewert nach § 5 ZPO nicht zusammenzurechnen sind, ist allein aufgrund des 5.000 EUR übersteigenden Wertes der Widerklage damit die sachliche Zuständigkeit des Landgerichts begründet, sodass der Rechtsstreit an das nach § ▓▓▓▓ örtlich zuständige Landgericht in ▓▓▓▓ zu verweisen ist.

Im Hinblick auf den Verweisungsantrag wird derzeit davon abgesehen, zur Klageerwiderung und zur Widerklage Stellung zu nehmen. Dies wird nach entsprechender Aufforderung durch das nunmehr zuständige Landgericht in ▓▓▓▓ erfolgen.

Sollte das erkennende Gericht gleichwohl schon jetzt eine Stellungnahme für erforderlich halten, wird gebeten, dies gesondert aufzugeben und mit einer Frist zu versehen, die zumindest drei Wochen ab Zugang der Verfügung beträgt.

Rechtsanwalt

▲

VIII. Muster: Drittwiderklageerwiderung bei Einbeziehung des Dritten am nicht zuständigen Gerichtsstand

An das
☐ Amtsgericht
☐ Landgericht

in

In dem Rechtsstreit

./.

Az:

bestelle ich mich für den Drittwiderbeklagten und beantrage in dessen Namen und Vollmacht,

die Drittwiderklage gegen den Drittwiderbeklagten als unzulässig abzuweisen.

Zur **Begründung** wird Folgendes ausgeführt:

Einer Auseinandersetzung des Drittwiderbeklagten mit dem Widerklagebegehren bedarf es vorläufig nicht. Die Widerklage gegen den Drittwiderbeklagten ist unzulässig, da sie an einem für den Drittwiderbeklagten weder örtlich noch sachlich zuständigen Gericht erhoben wurde.

Der Drittwiderbeklagte hat am Gerichtsort des angerufenen Gerichts keinen Gerichtsstand nach den §§ 12, 13 ff. ZPO. Ein solcher wird von dem Kläger auch nicht dargelegt.

Der besondere Gerichtsstand des § 33 ZPO gilt für den Dritten grundsätzlich nicht (BGH NJW-RR 2008, 1516; BGH NJW-RR 1993, 2120).

Eine Gerichtsstandsbestimmung nach § 36 Abs. 1 Nr. 3 käme zwar grundsätzlich in Betracht (OLG München MDR 2009, 709). Sie kommt vorliegend aber nicht in Betracht, weil der Kläger und Widerbeklagte zu 1) und der Drittwiderbeklagte einen anderen gemeinsamen Gerichtsstand haben (vgl. hierzu BGH NJW 2000, 1871; BGH NJW-RR 2008, 1516).

Eine anderweitige Begründung des Gerichtstandes durch eine Gerichtsstandvereinbarung liegt nicht vor. Die Drittwiderklage ist damit derzeit unzulässig und muss der Abweisung unterliegen.

Aufgrund der Unzuständigkeit des Gerichts wird derzeit davon abgesehen, zur Widerklageforderung inhaltlich Stellung zu nehmen.

Sollte das erkennende Gericht die Frage der sachlichen und örtlichen Zuständigkeit für die Drittwiderklage abweichend beantworten wollen und aus diesem Grunde gleichwohl schon jetzt eine Stellungnahme für erforderlich halten, wird gebeten, dies gesondert aufzugeben und mit einer Frist zu versehen, die zumindest drei Wochen ab Zugang der Verfügung beträgt. Hilfsweise wird hiermit ein entsprechender Fristverlängerungsantrag gestellt.

Rechtsanwalt

§ 8 Die Widerklage und die Aufrechnung im Prozess

IX. Muster: Antrag des Beklagten und Widerklägers auf Trennung des Verfahrens und Verweisung des Rechtsstreites bei unzulässiger Drittwiderklage

8.9

▼

242 An das
☐ Amtsgericht
☐ Landgericht

in ▓▓▓

In dem Rechtsstreit

▓▓▓ ./. ▓▓▓

Az: ▓▓▓

wird namens des Beklagten beantragt,

> das Verfahren über die Widerklage nach § 145 Abs. 2 ZPO abzutrennen.

Nach der erfolgten Abtrennung des Verfahrens über die Widerklage wird in diesem Verfahren beantragt,

> das Verfahren nach § 281 ZPO an das sachlich und örtlich zuständige ▓▓▓ gericht in ▓▓▓ zu verweisen.

Zur **Antragsbegründung** wird ausgeführt:

Der Drittwiderbeklagte hat mit Schriftsatz vom ▓▓▓ darauf hingewiesen, dass an dem mit der Klage angerufenen Gericht für die Drittwiderklage kein Gerichtsstand begründet ist, da der Drittwiderbeklagte über keinen eigenen Gerichtsstand im Gerichtsbezirk des angerufenen Gerichts verfügt und eine Gerichtsstandbestimmung nach §§ 36, 37 ZPO nicht in Betracht kommt, weil der Kläger und Widerbeklagte zu 1) und die Drittwiderbeklagte bei dem im Verweisungsantrag genannten Gericht einen gemeinsamen Gerichtsstand haben.

☐ Der Beklagte vermag sich dem nicht anzuschließen. Auch für die Widerklage gegen den Drittwiderbeklagten ist das angerufene Gericht sachlich und örtlich zuständig. Die örtliche Zuständigkeit ergibt sich aus § ▓▓▓, weil ▓▓▓

☐ Der Beklagte vermag sich der Argumentation des Drittwiderbeklagten nicht zu verschließen. Nachdem sich der Drittwiderbeklagte auch nicht rügelos einlässt, wird nunmehr beantragt,

> das Verfahren über die Widerklage nach § 145 ZPO abzutrennen und das abgetrennte Verfahren über die Widerklage sodann an das nach § ▓▓▓ örtlich und § ▓▓▓ sachlich zuständige ▓▓▓ gericht in ▓▓▓ zu verweisen.

Rechtsanwalt

▲

X. Muster: Antrag des Beklagten und Widerklägers auf Trennung des Verfahrens und Verweisung des Rechtsstreites bei ausschließlicher Zuständigkeit für die Widerklage

▼

An das
☐ Amtsgericht
☐ Landgericht

in ▓▓▓▓▓▓▓

In dem Rechtsstreit

▓▓▓▓▓ ./. ▓▓▓▓▓

Az: ▓▓▓▓▓

wird namens des Beklagten beantragt,

> das Verfahren über die Widerklage nach § 145 Abs. 2 ZPO abzutrennen.

Nach der erfolgten Abtrennung des Verfahrens über die Widerklage wird in diesem Verfahren beantragt,

> das Verfahren nach § 281 ZPO an das sachlich und nach § ▓▓▓▓ örtlich zuständige ▓▓▓▓gericht in ▓▓▓▓ zu verweisen.

Zur **Antragsbegründung** wird ausgeführt:

Soweit das Gericht darauf hingewiesen hat, dass eine ausschließliche Zuständigkeit des Amtsgerichts nach § ▓▓▓▓ begründet sei und deshalb nach § 33 Abs. 2 ZPO eine Widerklage am Ort der Klage nicht möglich ist, wird nunmehr beantragt, das Verfahren über die Widerklage nach § 145 ZPO abzutrennen und das abgetrennte Verfahren über die Widerklage sodann an das nach § ▓▓▓▓ örtlich und § ▓▓▓▓ sachlich zuständige ▓▓▓▓gericht in ▓▓▓▓ zu verweisen.

Rechtsanwalt

▲

XI. Muster: Klageerwiderung und negative Feststellungswiderklage

▼

An das
☐ Amtsgericht
☐ Landgericht

in ▓▓▓▓▓▓▓

In dem Rechtsstreit

▓▓▓▓▓ ./. ▓▓▓▓▓

Az: ▓▓▓▓▓

bestelle ich mich für den Beklagten und zeige dessen Verteidigungsbereitschaft an. Namens und in Vollmacht des Beklagten werde ich in der mündlichen Verhandlung beantragen,

> die Klage abzuweisen.

§ 8 Die Widerklage und die Aufrechnung im Prozess

Weiterhin erhebe ich **Widerklage** und werde in der mündlichen Verhandlung beantragen,

festzustellen, dass dem Kläger über den mit der Klage geltend gemachte Anspruch von EUR hinaus kein weitergehender Anspruch in Höhe von ▬▬▬ aus ▬▬▬ zusteht.

Zur **Begründung** wird Folgendes ausgeführt:

I.

Der mit der zulässigen Klage geltend gemachte Klageanspruch ist unbegründet.

1.

Der Kläger stützt seinen Anspruch in tatsächlicher Hinsicht darauf, dass ▬▬▬

Dieser Vortrag des Klägers ist unzutreffend.

Unzutreffend ist insbesondere:

☐ ▬▬▬
☐ ▬▬▬

Richtig ist vielmehr, dass

☐ ▬▬▬
☐ ▬▬▬

Der Sachverhalt stellt sich damit zusammenfassend wie folgt dar: ▬▬▬

    Beweis: ▬▬▬

2.

Ausgehend von dem sich aus den vorstehenden Ausführungen ergebenden Sachverhalt ist der klägerische Anspruch nicht begründet. In rechtlicher Hinsicht ist dabei zu berücksichtigen, dass § ▬▬▬ als hier in Betracht kommende Anspruchsgrundlage voraussetzt, dass ▬▬▬

Diese Voraussetzungen liegen hier nicht vor, weil ▬▬▬

II.

Der Kläger macht mit der vorliegenden Klage lediglich einen Teilanspruch im Wege der Teilklage geltend. Der Kläger berühmt sich weiterer Ansprüche, nämlich

☐ ▬▬▬
☐ ▬▬▬

1.

Nach Klageerhebung wurde der Kläger aufgefordert, zu erklären, dass er die vorbezeichneten Ansprüche nicht weiter verfolgt.

    Beweis: Schreiben vom ▬▬▬ ; anliegend in beglaubigter Abschrift.

Dabei wurde ihm eine angemessene Frist zur Abgabe der Erklärung bis zum ▬▬▬ gesetzt.

    Beweis: wie vor.

☐ Mit Schreiben vom ▓▓▓ hat der Kläger jedoch abgelehnt, seinen Verzicht auf die eingangs bezeichneten weiteren Ansprüche zu erklären.
Beweis: Schreiben des Klägers vom ▓▓▓ ; anliegend in beglaubigter Abschrift.
☐ Der Kläger hat auf das ihm tatsächlich zugegangene Schreiben nicht reagiert.

Beweis: Rückschein vom ▓▓▓ ; ▓▓▓

Nachdem der Kläger sich weiter gehender Ansprüche berühmt, hat der Beklagte ein berechtigtes Interesse an der Feststellung, dass weiter gehende Ansprüche nicht bestehen.

Die Widerklage ist auch im Weiteren zulässig, da diese in derselben Prozessart vor dem örtlich und sachlich zuständigen Gericht erhoben wird.

Auch der Widerklageanspruch ist im ordentlichen Erkenntnisverfahren geltend zu machen. Hier bedarf es keiner weiteren Ausführungen.

Die örtliche Zuständigkeit des erkennenden Gerichts ergibt sich aus
☐ § ▓▓▓ ZPO, wonach der Kläger am Ort des erkennenden Gerichts einen eigenständigen Gerichtsstand gegründet hat, weil ▓▓▓
☐ § 33 ZPO, da zwischen dem Klageanspruch und dem Widerklageanspruch ein tatsächlicher und rechtlicher Zusammenhang besteht. Dies ergibt sich daraus, dass der Kläger lediglich eine Teilklage erhoben hat und die mit der Widerklage beantragte Feststellung sich auf die mit der Klage nicht rechtshängig gewordenen weiter gehenden vermeintlichen Ansprüche des Klägers bezieht.

Die sachliche Zuständigkeit des angerufenen Gerichts ergibt sich aus §§ 23, 71 GVG.
☐ Da die Klage bereits aufgrund des ihr zukommenden Streitwertes die Zuständigkeit des angerufenen Landgerichts begründet, ergibt sich über die Widerklage keine abweichende Zuständigkeit. Dass die Widerklage für sich genommen die Zuständigkeit des Landgerichts nicht begründet, bleibt insoweit unerheblich.
☐ Das angerufene Amtsgericht bleibt nach §§ 23, 71 GVG sachlich zuständig. Zwar ergibt sich aus der Addition der Streitwerte von Klage und Widerklage ein 5.000 EUR übersteigender Gesamtstreitwert. Dies ist jedoch für die Bestimmung des Zuständigkeitsstreitwerts gemäß § 5 ZPO unbeachtlich. Denn hiernach erfolgt eben keine Addition der Werte von Klage und Widerklage.
☐ Der Wert der Widerklage übersteigt den Zuständigkeitsstreitwert des angerufenen Amtsgerichts nach §§ 23, 71 GVG. Lediglich für den Fall, dass der Kläger die sachliche Zuständigkeit des angerufenen Gerichts rügen wird, beantragen wir schon jetzt, den Rechtsstreit an das sachlich und örtlich zuständige Landgericht in ▓▓▓ zu verweisen.

2.

Aus den tatsächlichen und rechtlichen Ausführungen zur Klageerwiderung ergibt sich bereits, dass dem Kläger weder die mit der Teilklage rechtshängig gewordenen Teilansprüche noch weiter gehende Ansprüche zustehen.

Ergänzend ist hinsichtlich der weiter gehenden vermeintlichen Ansprüche, deren sich der Kläger berühmt, Folgendes zu bemerken: ▓▓▓

Der Kläger wird nun zunächst substantiiert darzulegen und zu beweisen haben, aufgrund welcher tatsächlichen und rechtlichen Verhältnisse ihm die Ansprüche, deren er sich berühmt, zustehen sollen.

§ 8 Die Widerklage und die Aufrechnung im Prozess

Der Beklagte und Widerkläger behält sich insoweit ausdrücklich einen weiter gehenden Vortrag vor.

III.

Soweit das Gericht entgegen der diesseitigen Auffassung den Vortrag als unzureichend, unschlüssig oder unsubstantiiert ansieht, um den geltend gemachten Anspruch der Widerklage als schlüssig zu qualifizieren, oder wenn sonst Bedenken gegen die gefassten Anträge, die Schlüssigkeit und die Substantiierung des Vortrages und die hiesige Sichtweise in der Beweislast bestehen, wird um einen entsprechenden Hinweis nach § 139 ZPO bzw. eine prozessleitende Verfügung nach § 273 Abs. 2 Nr. 1 ZPO gebeten.

Der Unterzeichner weist allein aus Gründen der Vorsorge gegenüber seinem Mandanten darauf hin, dass die gerichtliche Hinweis- und Aufklärungspflicht nach der neueren Rechtsprechung auch gegenüber der anwaltlich vertretenen Partei uneingeschränkt besteht (BGH NJW 2001, 2548; OLG Köln NJW-RR 2001, 1724).

IV.

Es wird gebeten, dem Kläger die Widerklage unverzüglich zuzustellen. Die Einzahlung eines Gerichtskostenvorschusses ist nicht notwendig, § 12 Abs. 2 Nr. 1 GKG.

Rechtsanwalt

XII. Muster: Klageerwiderung mit Abweisungsantrag allein aufgrund einer erklärten Aufrechnung

245 An das
☐ Amtsgericht
☐ Landgericht

in ▌

In dem Rechtsstreit

▌ ./. ▌

Az: ▌

bestellt sich der Unterzeichner zum Prozessbevollmächtigten des Beklagten und zeigt dessen Verteidigungsbereitschaft an. Namens und in Vollmacht des Beklagten werde ich in der mündlichen Verhandlung beantragen,

die Klage abzuweisen.

Zur **Begründung** wird Folgendes vorgetragen:

I.

Der Beklagte macht gegen die ursprüngliche Berechtigung der Klageforderung selbst keine Einwendungen geltend.

II.

Die Klage kann jedoch gleichwohl keinen Erfolg haben, weil die Klageforderung durch die Aufrechnung des Beklagten mit einer die Klageforderung übersteigenden Gegenforderung untergegangen ist.

Dem Beklagten steht ein die Klageforderung übersteigender Gegenanspruch gegen den Kläger aus § ▓▓▓ zu.

1.

Der zur Aufrechnung gestellten Forderung liegt folgender Sachverhalt zu Grunde: ▓▓▓

    Beweis: ▓▓▓

2.

Aus dem vorstehend dargestellten Sachverhalt ergibt sich der zur Aufrechnung gestellte Anspruch aus § ▓▓▓. Dabei ist in rechtlicher Hinsicht darauf hinzuweisen, dass ▓▓▓

3.

Der Kläger hat außergerichtlich geltend gemacht, dass eine Aufrechnung mit der vorstehend begründeten Forderung nicht möglich sei, weil ▓▓▓

Die Auffassung des Klägers ist unzutreffend, weil ▓▓▓

4.

Nach alledem ist die Klage insgesamt abzuweisen. Ungeachtet des Umstandes, dass der Beklagte keine Einwendungen gegen die Klageforderung erhoben hat, kann dabei keine Kostenbelastung hergeleitet werden.

☐ Da der Beklagte die Aufrechnung bereits vorgerichtlich erklärt hat, hätte der Kläger sie bereits bei seiner Klageeinreichung berücksichtigen müssen.

☐ Der Kläger wusste um die Gegenansprüche des Beklagten und hätte die Klageeinreichung dadurch vermeiden können, dass er seinerseits vorgerichtlich aufrechnet.

Rechtsanwalt

▲

XIII. Muster: Klageerwiderung mit Hilfsaufrechnung

▼

An das
☐ Amtsgericht
☐ Landgericht

in ▓▓▓

In dem Rechtsstreit

        ▓▓▓ ./. ▓▓▓
        Az: ▓▓▓

bestellt sich der Unterzeichner zum Prozessbevollmächtigten des Beklagten und zeigt dessen Verteidigungsbereitschaft an. Namens und in Vollmacht des Beklagten werde ich in der mündlichen Verhandlung beantragen,

    die Klage abzuweisen.

§ 8 Die Widerklage und die Aufrechnung im Prozess

Zur **Begründung** wird Folgendes vorgetragen:

I.

Die Klage ist
- ☐ unzulässig,
- ☐ unbegründet,

sodass dem Kläger der mit der Klage geltend gemachte Anspruch nicht zusteht.

1.

Die Klage ist bereits unzulässig, weil

2.

Die Klage ist unbegründet, weil der von dem Kläger dargestellte Sachverhalt unzutreffend ist und dem Kläger aus dem zutreffenden Sachverhalt der mit der Klage geltend gemachte Anspruch nicht zusteht.

a)

Der von dem Kläger vorgetragene Sachverhalt ist unzutreffend. Der Kläger stützt seinen Anspruch in tatsächlicher Hinsicht darauf, dass

Dieser Vortrag des Klägers ist unzutreffend.

Unzutreffend ist insbesondere:
- ☐
- ☐

Richtig ist vielmehr, dass
- ☐
- ☐

Der Sachverhalt stellt sich damit zusammenfassend wie folgt dar:

  Beweis:

b)

Aus dem vorstehend dargestellten Sachverhalt ergibt sich, dass der Klageanspruch nicht besteht. Als Anspruchsgrundlage kommt insoweit allein § in Betracht. Dieser setzt voraus, dass

Diese Voraussetzungen liegen erkennbar nicht vor, weil

II.

Für den Fall, dass das erkennende Gericht der unter I. dargestellten Auffassung des Beklagten nicht folgt, insbesondere nach einem von den Erwartungen des Beklagten abweichenden Ergebnis der Beweisaufnahme, rechnet der Beklagte **hilfsweise** mit einer Gegenforderung in Höhe von EUR gegen den mit der Klage geltend gemachten Anspruch auf.

Dem Beklagten steht in dieser Höhe ein Anspruch gegen den Kläger aus § zu.

1.

Der hilfsweise zur Aufrechnung gestellten Forderung liegt folgender Sachverhalt zu Grunde:

  Beweis:

2.

Aus dem vorstehend dargestellten Sachverhalt ergibt sich der hilfsweise zur Aufrechnung gestellte Anspruch aus § ▢. Dabei ist in rechtlicher Hinsicht darauf hinzuweisen, dass ▢

3.

Der Kläger hat außergerichtlich geltend gemacht, dass eine Aufrechnung mit der vorstehend begründeten Forderung nicht möglich sei, weil ▢

Die Auffassung des Klägers ist unzutreffend, weil ▢

4.

Nach alledem ist die Klage insgesamt abzuweisen. Soweit das Gericht über die Aufrechnung entscheidet und aus diesem Grunde die Klage abweist, wird allein aus anwaltlicher Fürsorge darauf hingewiesen, dass der Beklagte keine Kosten des Rechtsstreites zu tragen hat. Der Kläger wusste um die aufrechenbaren Gegenansprüche des Beklagten und hätte die Klageeinreichung dadurch vermeiden können, dass er seinerseits vorgerichtlich aufrechnet.

Rechtsanwalt

▲

XIV. Muster: Klageerwiderung mit Hilfsaufrechnung und Hilfswiderklage

▼

An das
☐ Amtsgericht
☐ Landgericht

in ▢

In dem Rechtsstreit

▢ ./. ▢

Az: ▢

bestellt sich der Unterzeichner zum Prozessbevollmächtigten des Beklagten und zeigt dessen Verteidigungsbereitschaft an. Namens und in Vollmacht des Beklagten werde ich in der mündlichen Verhandlung beantragen,

die Klage abzuweisen.

Hilfsweise erhebe ich **Widerklage** und werde in der mündlichen Verhandlung beantragen,

den Kläger zu verurteilen, an den Beklagten ▢ EUR nebst Zinsen in Höhe von 5 Prozentpunkten über dem jeweiligen Basiszinssatz seit dem ▢ zu zahlen.

§ 8 Die Widerklage und die Aufrechnung im Prozess

Zur **Begründung** wird Folgendes vorgetragen:

I.

Die Klage ist
- ☐ unzulässig,
- ☐ unbegründet,

sodass dem Kläger der mit der Klage geltend gemachte Anspruch nicht zusteht.

1.

Die Klage ist bereits unzulässig, weil ▒▒▒

2.

Die Klage ist unbegründet, weil der von dem Kläger dargestellte Sachverhalt unzutreffend ist und dem Kläger aus dem zutreffenden Sachverhalt der mit der Klage geltend gemachte Anspruch nicht zusteht.

a)

Der von dem Kläger vorgetragene Sachverhalt ist unzutreffend. Der Kläger stützt seinen Anspruch in tatsächlicher Hinsicht darauf, dass ▒▒▒

Dieser Vortrag des Klägers ist unzutreffend.

Unzutreffend ist insbesondere:
- ☐ ▒▒▒
- ☐ ▒▒▒

Richtig ist vielmehr, dass
- ☐ ▒▒▒
- ☐ ▒▒▒

Der Sachverhalt stellt sich damit zusammenfassend wie folgt dar: ▒▒▒

> Beweis: ▒▒▒

b)

Aus dem vorstehend dargestellten Sachverhalt ergibt sich, dass der Klageanspruch nicht besteht. Als Anspruchsgrundlage kommt insoweit allein § ▒▒▒ in Betracht. Dieser setzt voraus, dass ▒▒▒

Diese Voraussetzungen liegen erkennbar nicht vor, weil ▒▒▒

II.

Für den Fall, dass das erkennende Gericht der unter I. dargestellten Auffassung des Beklagten nicht folgt, insbesondere nach einem von den Erwartungen des Beklagten abweichenden Ergebnis der Beweisaufnahme, rechnet der Beklagte hilfsweise mit einer Gegenforderung in Höhe von ▒▒▒ EUR gegen den mit der Klage geltend gemachten Anspruch auf.

Dem Beklagten steht in dieser Höhe ein Anspruch gegen den Kläger aus § ▒▒▒ zu.

1.

Der hilfsweise zur Aufrechnung gestellten Forderung liegt folgender Sachverhalt zu Grunde: ▒▒▒

> Beweis: ▒▒▒

2.

Aus dem vorstehend dargestellten Sachverhalt ergibt sich der hilfsweise zur Aufrechnung gestellte Anspruch aus § ▮▮▮. Dabei ist in rechtlicher Hinsicht darauf hinzuweisen, dass ▮▮▮

3.

Der Kläger hat außergerichtlich geltend gemacht, dass eine Aufrechnung mit der vorstehend begründeten Forderung nicht möglich sei, weil ▮▮▮

Die Auffassung des Klägers ist unzutreffend, weil ▮▮▮

III.

Für den Fall, dass das erkennende Gericht davon ausgehen sollte, dass der Beklagte gegenüber einer als begründet angenommenen Klageforderung nicht mit der unter II. dargestellten Forderung aufrechnen kann, weil ein vertragliches oder gesetzliches Aufrechnungsverbot besteht, wird diese Forderung mit der hilfsweise erhobenen Widerklage geltend gemacht.

1.

Der Bundesgerichtshof erkennt in ständiger Rechtsprechung an, dass die Widerklage auch als Hilfswiderklage in Abhängigkeit von einem innerprozessualen Ereignis geltend gemacht werden kann (vergleiche nur BHG NJW 1996, 2306).

Die Widerklage ist vorliegend von den innerprozessualen Ereignissen abhängig, dass das erkennende Gericht zunächst die erhobene Klage für zulässig und begründet erachtet und sodann davon ausgeht, dass die geltend gemachte Hilfsaufrechnung nicht durchgreifen kann.

Es ist ausdrücklich anerkannt, dass die Hilfswiderklage für den Fall erhoben werden kann, dass die Klage in diesem Sinne zunächst erfolgreich ist (BGH NJW 1996, 2165).

2.

Die Hilfswiderklage ist auch im Übrigen statthaft und zulässig. Die Hilfswiderklage wird in derselben Prozessart erhoben wie die Klage, nämlich im ordentlichen Erkenntnisverfahren.

Die örtliche Zuständigkeit zum angerufenen Gericht ergibt sich aus
- § ▮▮▮ ZPO, weil der Kläger einen eigenen Gerichtsstand im Bezirk des mit der Klage angerufenen Gerichts hat;
- § 33 ZPO, da der mit der Klage geltend gemachte Anspruch und der Widerklageanspruch in einem tatsächlichen und rechtlichen Zusammenhang stehen, was sich daraus ergibt, dass ▮▮▮

Die sachliche Zuständigkeit des angerufenen Gerichts ergibt sich aus §§ 23, 71 GVG.
- Da die Klage bereits aufgrund des ihr zukommenden Streitwertes die Zuständigkeit des angerufenen Landgerichts begründet, ergibt sich über die Hilfswiderklage keine abweichende Zuständigkeit. Dass die Widerklage für sich genommen die Zuständigkeit des Landgerichts nicht begründet, bleibt insoweit unerheblich.
- Das angerufene Amtsgericht bleibt nach §§ 23, 71 GVG sachlich zuständig. Zwar ergibt sich aus der Addition der Streitwerte von Klage und Widerklage ein 5.000 EUR übersteigender Gesamtstreitwert. Dies ist jedoch für die Bestimmung des Zuständigkeitsstreitwerts gemäß § 5 ZPO unbeachtlich. Denn hiernach erfolgt eben keine Addition der Werte von Klage und Widerklage.

☐ Der Wert der Widerklage übersteigt den Zuständigkeitsstreitwert des angerufenen Amtsgerichts nach §§ 23, 71 GVG. Lediglich für den Fall, dass der Kläger die sachliche Zuständigkeit des angerufenen Gerichts rügen wird, beantragen wir schon jetzt, den Rechtsstreit an das sachlich und örtlich zuständige Landgericht in ▓▓▓▓▓ zu verweisen.

3.
Das Bestehen der Widerklageforderung ergibt sich aus den Ausführungen zu Ziff. II.

Ergänzend ist hinsichtlich des Zinsantrages darauf hinzuweisen, dass sich dieser aus § ▓▓▓▓▓ rechtfertigt.

Rechtsanwalt

▲

XV. Muster: Klageerwiderung und Widerklage bei einer Zug-um-Zug-Klage
▼

An das
☐ Amtsgericht
☐ Landgericht

in ▓▓▓▓▓

In dem Rechtsstreit

▓▓▓▓▓ ./. ▓▓▓▓▓

Az: ▓▓▓▓▓

bestellt sich der Unterzeichner für den Beklagten und zeigt dessen Verteidigungsbereitschaft an. Namens und in Vollmacht des Beklagten werde ich in der mündlichen Verhandlung beantragen,

1. die Klage abzuweisen.

   Hilfsweise für den Fall, dass der Klage stattgegeben wird,

2. den Kläger zu verurteilen, Zug um Zug gegen Zahlung eines Betrages von ▓▓▓▓▓ EUR nebst Zinsen in Höhe von 5 Prozentpunkten über dem jeweiligen Basiszinssatz seit dem ▓▓▓▓▓ an den Beklagten das ▓▓▓▓▓ herauszugeben.

Zur Begründung wird vorgetragen:

I.

Der mit der Klage geltend gemachte Anspruch auf Zahlung von ▓▓▓▓▓ EUR Zug um Zug gegen Herausgabe des ▓▓▓▓▓ ist unbegründet, weil ▓▓▓▓▓

1.

Der von dem Kläger vorgetragene Sachverhalt ist unzutreffend. Der Kläger stützt seinen Anspruch in tatsächlicher Hinsicht darauf, dass ▓▓▓▓▓

Dieser Vortrag des Klägers ist unzutreffend.

Unzutreffend ist insbesondere:
- ▭
- ▭

Richtig ist vielmehr, dass
- ▭
- ▭

Der Sachverhalt stellt sich damit zusammenfassend wie folgt dar: ▭

    Beweis: ▭

2.
Aus dem vorstehend dargestellten Sachverhalt ergibt sich, dass der Klageanspruch nicht besteht. Als Anspruchsgrundlage kommt insoweit allein § ▭ in Betracht. Dieser setzt voraus, dass ▭
Diese Voraussetzungen liegen erkennbar nicht vor, weil ▭

II.
Für den Fall, dass das erkennende Gericht entgegen der Auffassung des Beklagten davon ausgeht, dass der mit der Klage geltend gemachte Anspruch besteht, wird die Hilfswiderklage erhoben.

1.
Die **örtliche Zuständigkeit** des angerufenen Gerichts ergibt sich unmittelbar aus § 33 ZPO, da der Hilfsantrag dazu dient, bei einer entsprechenden Verurteilung auf die Klage auch dem Beklagten einen eigenen vollstreckbaren Anspruch auf die Gegenleistung zu geben, und damit ein unmittelbarer rechtlicher und tatsächlicher Zusammenhang zwischen Klage und Widerklage gegeben ist.
Auf die Frage, ob der Kläger und Widerbeklagte im Bezirk des angerufenen Gerichts nicht ohnehin einen Gerichtsstand hat, kommt es danach nicht mehr an.
Die **sachliche Zuständigkeit** des angerufenen Gerichts ergibt sich aus §§ 23, 71 GVG.
- ▭ Da die Klage bereits aufgrund des ihr zukommenden Streitwertes die Zuständigkeit des angerufenen Landgerichts begründet, ergibt sich über die Widerklage keine abweichende Zuständigkeit. Dass die Widerklage für sich genommen die Zuständigkeit des Landgerichts nicht begründet, bleibt insoweit unerheblich.
- ▭ Das angerufene Amtsgericht bleibt nach §§ 23, 71 GVG sachlich zuständig. Zwar ergibt sich aus der Addition der Streitwerte von Klage und Widerklage ein 5.000 EUR übersteigender Gesamtstreitwert. Dies ist jedoch für die Bestimmung des Zuständigkeitsstreitwerts gemäß § 5 ZPO unbeachtlich. Denn hiernach erfolgt eben keine Addition der Werte von Klage und Widerklage.
- ▭ Der Wert der Widerklage übersteigt den Zuständigkeitsstreitwert des angerufenen Amtsgerichts nach §§ 23, 71 GVG. Lediglich für den Fall, dass der Kläger die sachliche Zuständigkeit des angerufenen Gerichts rügen wird, beantragen wir schon jetzt,

    den Rechtsstreit an das sachlich und örtlich zuständige Landgericht in ▭ zu verweisen.

§ 8 Die Widerklage und die Aufrechnung im Prozess

2.

Die hilfsweise erhobene Widerklage hat einen anderen Streitgegenstand als die Klage.

Wird der Beklagte auf die Klage verurteilt, so hat der Kläger einen Anspruch auf Zahlung Zug um Zug gegen Herausgabe des in der Klageschrift und dem Widerklageantrag bezeichneten Gegenstandes. Demgegenüber hat der Beklagte jedoch keinen Anspruch darauf, dass der Kläger den Zug um Zug zu leistenden Gegenstand auch tatsächlich an den Beklagten herausgibt.

Sollte es zu einer entsprechenden Verurteilung kommen, hat der Beklagte jedoch ein Interesse daran, dass das Austauschverhältnis unmittelbar vollzogen wird. Hierfür ist es erforderlich, dass der Beklagte einen eigenen Leistungsanspruch erhält, was nur im Wege der Widerklage zu erreichen ist.

Der Kläger und Widerbeklagte wurde außergerichtlich aufgefordert, sich rechtsverbindlich zu verpflichten, dass er für den Fall des Obsiegens im vorliegenden Verfahren den dann titulierten Anspruch auch tatsächlich unter Erbringung der Gegenleistung vollstreckt.

    Beweis: Schreiben vom ▮▮▮▮▮▮▮ ; anliegend in beglaubigter Abschrift.

Eine solche Erklärung hat der Kläger und Widerbeklagte ausweislich des in der Anlage in beglaubigter Abschrift beigefügten Schreibens vom ▮▮▮▮▮▮▮ verweigert.

    Beweis: Schreiben des Widerbeklagten vom ▮▮▮▮▮▮▮ ; anliegend in beglaubigter Abschrift.

Insoweit ist auch das erforderliche Rechtsschutzbedürfnis für die Widerklage gegeben.

3.

Die Widerklage ist auch begründet. Sollte die Klage Erfolg haben, steht zugleich fest, dass der Kläger in materiell-rechtlicher Hinsicht die Voraussetzungen für die Rückabwicklung des streitigen Rechtsgeschäftes geschaffen hat.

In diesem Fall hat auch der Beklagte selbst aus § ▮▮▮▮▮▮▮ einen Anspruch auf Rückgewähr des ▮▮▮▮▮▮▮

Dies ergibt sich daraus, dass ▮▮▮▮▮▮▮

Rechtsanwalt

▲

XVI. Muster: Anerkenntnis und Widerklage bei einem Zug-um-Zug-Anspruch

An das
☐ Amtsgericht
☐ Landgericht
in ▓▓▓▓▓

In dem Rechtsstreit

▓▓▓▓▓ ./. ▓▓▓▓▓

Az: ▓▓▓▓▓

bestellt sich der Unterzeichner als Prozessbevollmächtigter des Beklagten.

Namens und in Vollmacht des Beklagten erklären wir hinsichtlich des Klageanspruchs das **sofortige Anerkenntnis** und beantragen,

> dem Kläger die Kosten des Verfahrens gem. § 93 ZPO aufzuerlegen.

Sodann wird widerklagend beantragt,

> den Kläger und Widerbeklagten zu verurteilen, Zug um Zug gegen Zahlung eines Betrages von ▓▓▓▓▓ EUR das ▓▓▓▓▓ herauszugeben.

Zur **Begründung** wird Folgendes ausgeführt:

1.

Der Klageanspruch wird unter Verwahrung gegen die Kostenlast anerkannt.

Der Beklagte macht gegen die Zug um Zug zu erbringende Leistung, wie sie mit der Klage geltend gemacht wird, keine Einwendungen geltend.

Der Beklagte hat jedoch keinen Anlass zur Klageerhebung gegeben, sodass dem Kläger die Kosten des Verfahrens nach § 93 ZPO aufzuerlegen sind.

☐ Ein Anlass zur Klageerhebung ergibt sich aus dem Vortrag des Klägers in der Klageschrift nicht, sodass es insoweit keiner weiteren Ausführungen bedarf.

☐ Wie der Kläger zutreffend in der Klageschrift darstellt, hat er den jetzt mit der Klage geltend gemachten Anspruch mit Schreiben vom ▓▓▓▓▓ unter Fristsetzung zum ▓▓▓▓▓ außergerichtlich geltend gemacht. Der Beklagte hat hierauf gebeten, dass ihm die vom Kläger als Gegenleistung herauszugebende Sache zunächst zur Untersuchung zugänglich gemacht wird, damit er sich von der Berechtigung des Rückabwicklungsanspruches überzeugen kann. Zugleich wurde zugesagt, dem Rückabwicklungsbegehren zuzustimmen, wenn sich die Darlegungen des Klägers als richtig darstellen. Dies hat der Kläger – zu Unrecht – zum Anlass genommen, unmittelbar Klage zu erheben. Dem Beklagten kann es aber nicht verwehrt werden, sich zumindest von der Berechtigung des Anspruches zu überzeugen, nachdem der Kläger seinem Anspruchsschreiben hierfür keinerlei Belege beigefügt hat. Zwischenzeitlich hat der Beklagte den im Klageanspruch genannten Gegenstand besichtigt und gesteht die Berechtigung des Rückabwicklungsanspruches ein. Insoweit kann der Anspruch unmittelbar anerkannt werden. Die Kosten des Verfahrens sind jedoch dem Kläger nach § 93 ZPO aufzuerlegen.

2.

Der Beklagte hat den Kläger außergerichtlich mit Schreiben vom ▓▓▓ und Fristsetzung zum ▓▓▓ aufgefordert, zu erklären, dass er den mit der Klage geltend gemachten Anspruch durch Erbringung der Gegenleistung auch tatsächlich zu vollziehen gedenkt.

Beweis: Schreiben vom ▓▓▓ ; anliegend in beglaubigter Abschrift.

Innerhalb der festgesetzten Frist, die als solche angemessen ist, hat der Kläger keine entsprechende Erklärung abgegeben.

Nachdem der Kläger berechtigt ist, das ursprüngliche Vertragsverhältnis gegen Rückerstattung der erfolgten Zahlung bei gleichzeitiger Rückgewähr der übergebenen Sache rückabzuwickeln, und eine entsprechende Erklärung auch abgegeben hat, hat der Beklagte ein rechtliches Interesse, dass dies auch möglichst zeitnah geschieht, um einen weiteren Wertverlust der Sache zu vermeiden.

Da der Beklagte seinerseits keine Möglichkeit hat, aus dem nun möglichen Anerkenntnisurteil zugunsten des Klägers seinerseits die Herausgabe der Gegenleistung zu vollstrecken, kann er diesen Anspruch nur im Wege der Widerklage durchsetzen.

Aus den vorstehenden Ausführungen ergibt sich ohne weiteres, dass Klage und Widerklage in einem unmittelbaren rechtlichen und tatsächlichen Zusammenhang stehen, sodass sich die örtliche Zuständigkeit des angerufenen Gerichts aus § 33 ZPO ergibt.

Da Klage und Widerklage im Streitwert identisch sind und eine Zusammenrechnung von Klage und Widerklage nach § 5 ZPO nicht zu erfolgen hat, bleibt die sachliche Zuständigkeit des angerufenen Gerichts durch die vorliegende Widerklage unberührt.

Es wird gebeten, dem Kläger und Widerbeklagten die Widerklage unverzüglich zuzustellen. Dabei wird darauf hingewiesen, dass die Zustellung der Widerklage nicht von der Zahlung eines Gerichtskostenvorschusses abhängig ist, § 12 Abs. 2 Nr. 1 GKG.

Rechtsanwalt

XVII. Muster: Antrag auf Aussetzung des Verfahrens wegen der anderweitigen Aufrechnung mit der Forderung

250 An das
☐ Amtsgericht
☐ Landgericht

in ▓▓▓

In dem Rechtsstreit

▓▓▓ ./. ▓▓▓

Az: ▓▓▓

wird für den Kläger beantragt,

das Verfahren bis zum rechtskräftigen Abschluss des Verfahrens ▓▓▓ vor dem ▓▓▓gericht auszusetzen.

Zur **Begründung** wird Folgendes ausgeführt:

Der Kläger des vorliegenden Verfahrens wird von dem Beklagten in dem Verfahren mit dem Az ▓▓▓ vor dem ▓▓▓ gericht wegen einer behaupteten Forderung in Höhe von ▓▓▓ EUR in Anspruch genommen. Der Kläger des hiesigen Verfahrens hat die im hiesigen Verfahren geltend gemachte Forderung dort zur Aufrechnung gestellt.

Über die Forderung des Beklagten und die Aufrechnung des Klägers ist bisher noch nicht entschieden.

Sollte die Klage des Beklagten wegen der zur Aufrechnung gestellten Forderung des Klägers abgewiesen werden, findet das vorliegende Verfahren seine Erledigung.

Insoweit ist es gerechtfertigt, das vorliegende Verfahren nach § 148 ZPO bis zur Entscheidung über die Klage des Beklagten in dem Verfahren ▓▓▓ vor dem ▓▓▓ gericht in ▓▓▓ auszusetzen.

Es wird um antragsgemäße Entscheidung gebeten.

Rechtsanwalt

XVIII. Muster: Erklärung der Hauptsache für erledigt nach erfolgreicher Aufrechnung mit der Klageforderung in einem anderen Verfahren

An das
☐ Amtsgericht
☐ Landgericht

in ▓▓▓

In dem Rechtsstreit

▓▓▓ ./. ▓▓▓

Az: ▓▓▓

erklärt der Kläger den Rechtsstreit in der Hauptsache
☐ in Höhe eines Betrages von ▓▓▓ EUR
☐ in voller Höhe
für erledigt.

Zur **Begründung** wird Folgendes ausgeführt:

Wie bereits mit Schriftsatz vom ▓▓▓ mitgeteilt, hat der Kläger die in dem hiesigen Verfahren geltend gemachte Forderung in dem Verfahren ▓▓▓ vor dem ▓▓▓ gericht in ▓▓▓ zur Aufrechnung gestellt.

Zwischenzeitlich hat das genannte Gericht die Klage des hiesigen Beklagten aufgrund der zur Aufrechnung gestellten Forderung in Höhe von ▓▓▓ abgewiesen. Durch die dortige Aufrechnung ist die hier geltend gemachte Forderung
☐ in Höhe von ▓▓▓ EUR
☐ gänzlich
erloschen, sodass der vorliegende Rechtsstreit in der Hauptsache für erledigt zu erklären war.

§ 8 Die Widerklage und die Aufrechnung im Prozess

Die Kosten des Verfahrens sind – soweit die Hauptsache erledigt ist – nach § 91a ZPO dem Beklagten aufzuerlegen.

Wie sich aus dem als Anlage in beglaubigter Abschrift beigefügten Urteil des ▬▬▬ gerichtes in ▬▬▬ ergibt, war die hier geltend gemachte Forderung des Klägers gegen den Beklagten im vollem Umfange begründet.

> Beweis: Urteil des ▬▬▬ vom ▬▬▬ Az: ▬▬▬ ; anliegend in beglaubigter Abschrift.

Im Rahmen der nach § 91a ZPO zu treffenden Billigkeitsentscheidung kann das erkennende Gericht das Urteil als Urkunde bei der Beurteilung des derzeitigen Sach- und Streitstandes heranziehen.

Danach sind die Kosten des vorliegenden Verfahrens dem Beklagten aufzuerlegen.

Es wird demgemäß gebeten, antragsgemäß zu entscheiden.

Rechtsanwalt

XIX. Muster: Antrag auf Trennung der Verfahren nach § 145 Abs. 3 ZPO

8.19

▼

252 An das
☐ Amtsgericht
☐ Landgericht

in ▬▬▬

In dem Rechtsstreit

▬▬▬ ./. ▬▬▬

Az: ▬▬▬

beantrage ich namens und in Vollmacht des Klägers,

> über die Klage und über die zur Aufrechnung gestellte Forderung nach § 145 Abs. 3 ZPO getrennt zu verhandeln.

Weiterhin wird namens und in Vollmacht des Klägers beantragt,

> nach Trennung der Verhandlung über die Klage und die zur Aufrechnung gestellte Forderung gem. § 302 Abs. 1 ZPO über die Klageforderung durch Vorbehaltsurteil zu entscheiden.

Zur **Begründung** wird Folgendes ausgeführt:

1.

Wie sich aus den Ausführungen zur Klagebegründung sowie zur Klageerwiderung ergibt, stehen die Klageforderung und die zur Aufrechnung gestellte Forderung in keinem rechtlichen Zusammenhang, was sich daraus ergibt, dass ▬▬▬

2.

Nach dem derzeitigen Sach- und Streitstand ist der Rechtsstreit hinsichtlich der Entscheidung über die Klageforderung entscheidungsreif.

- ☐ Mit dem bisherigen Ergebnis der Beweisaufnahme kann nicht mehr ernsthaft bestritten werden, dass die Klageforderung begründet ist. Hierzu ist festzustellen, dass
- ☐ Der Beklagte hat sich gegen die Klageforderung lediglich mit Rechtsausführungen bei einem unstreitigen Sachverhalt verteidigt. Wie bereits dargestellt wurde, sind diese Einwendungen zurückzuweisen. Ergänzend ist darauf hinzuweisen, dass

3.
Demgegenüber ist die Entscheidung über die Aufrechnungsforderung noch nicht entscheidungsreif, weil

4.
Es benachteiligt den Kläger unbillig, dass der Beklagte allein durch die Geltendmachung der nach diesseitiger Auffassung unberechtigten Aufrechnungsforderung den berechtigten Ausgleich der Klageforderung beziehungsweise die zwangsweise Durchsetzung dieses Ausgleiches verhindert.

Dieser Interessenlage trägt das Gesetz nunmehr durch die beantragte Vorgehensweise nach §§ 145 Abs. 3, 302 Abs. 1 ZPO Rechnung.

Es wird mithin um antragsgemäße Entscheidung gebeten.

Rechtsanwalt

XX. Muster: Schadensersatzklage nach § 302 Abs. 4 S. 4 ZPO im Nachverfahren

An das
☐ Amtsgericht
☐ Landgericht

in

In dem Rechtsstreit
./.
Az:

hat das erkennende Gericht durch Vorbehaltsurteil gem. § 302 Abs. 1 ZPO vom die Klageforderung zuerkannt und dem Beklagten die Aufrechnung gegen die Klageforderung vorbehalten, nachdem zuvor das Verfahren gem. § 145 Abs. 3 ZPO getrennt wurde.

Namens und in Vollmacht des Beklagten wird demgemäß zunächst beantragt,

im Nachverfahren über die zur Aufrechnung gestellten Forderungen zu verhandeln und insoweit Termin zur mündlichen Verhandlung zu bestimmen.

Sodann werden wir beantragen,

1. die Klage unter Aufhebung des Vorbehaltsurteils vom im Verfahren abzuweisen;
2. den Kläger zu verurteilen, an den Beklagten EUR nebst Zinsen in Höhe von %, mindestens 5 Prozentpunkten über dem jeweiligen Basiszinssatz, seit dem zu zahlen;

§ 8 Die Widerklage und die Aufrechnung im Prozess

3. festzustellen, dass der Kläger verpflichtet ist, an den Beklagten ▓▓ % Zinsen aus ▓▓ EUR seit dem ▓▓ bis zur Rückgewähr der Sicherheitsleistung in Form der selbstschuldnerischen Bürgschaft der ▓▓ Bank vom ▓▓ zu zahlen.

Zur **Begründung** wird Folgendes ausgeführt:

1.

Zur Berechtigung der zur Aufrechnung gestellten Forderungen wurde bereits umfänglich vorgetragen. Hierauf kann Bezug genommen werden.

Ergänzend wird darauf hingewiesen, dass ▓▓

2.

Nachdem die Klageforderung nunmehr durch das Vorbehaltsurteil vom ▓▓ zuerkannt wurde, war der Klageabweisungsantrag so zu stellen, dass die Klageabweisung unter Aufhebung des bezeichneten Vorbehaltsurteils erfolgt.

3.

Wie sich im Rahmen des weiteren Verfahrens erweisen wird, ist der Anspruch des Klägers im Hinblick auf die zur Aufrechnung gestellten Forderungen unbegründet, sodass der Kläger nach § 302 Abs. 4 S. 3 ZPO verpflichtet ist, dem Beklagten den durch die Vollstreckung des Vorbehaltsurteils bzw. den durch eine zur Anwendung der Zwangsvollstreckung erbrachte Leistung entstandenen Schaden zu ersetzen.

Dieser Schaden kann nach § 302 Abs. 4 S. 4 ZPO in dem anhängigen Rechtsstreit geltend gemacht werden.

Der Kläger hat mit Schreiben vom ▓▓ die Zwangsvollstreckung aus dem Vorbehaltsurteil konkret angedroht, wenn nicht im Rahmen einer bis zum ▓▓ gesetzten Frist die Klageforderung ausgeglichen ist.

   Beweis: Schreiben vom ▓▓ ; anliegend in beglaubigter Abschrift.

Der Beklagte hat zur Abwendung der Zwangsvollstreckung die Klageforderung mit ▓▓ EUR an den Kläger gezahlt. Der Beklagte hat zunächst einen Anspruch auf Rückgewähr der zu Unrecht ausgeglichenen unberechtigten Klageforderung.
☐ Der Beklagte hat zur Finanzierung des gezahlten Betrages ein Darlehen in Höhe von ▓▓ EUR aufgenommen, welches er mit ▓▓ % zu verzinsen hat.

   Beweis: Darlehensvertrag vom ▓▓ ; anliegend in beglaubigter Abschrift.

Für die Darlehensaufnahme sind des Weiteren Nebenkosten in Höhe von ▓▓ EUR für ▓▓ entstanden.

   Beweis: Darlehensvertrag vom ▓▓ ; anliegend in beglaubigter Abschrift.

Auch diese Finanzierungskosten hat der Kläger nach § 302 Abs. 4 S. 3 ZPO als Schadensersatz auszugleichen.

☐ Der Beklagte hat zur Abwendung der Zwangsvollstreckung eine Sicherheitsleistung in Form der ihm nachgelassenen Bankbürgschaft gem. § 108 ZPO erbracht. Die Kosten der Bankbürgschaft belaufen sich auf ▬▬▬ % der Bürgschaftssumme von ▬▬▬ EUR.

Beweis: Bürgschaftsurkunde vom ▬▬▬ ; anliegend in beglaubigter Abschrift.

Nach § 302 Abs. 4 S. 4 ZPO kann der Anspruch auf Schadensersatz nach § 302 Abs. 4 S. 3 ZPO mit der Verhandlung über die zur Aufrechnung gestellten Forderung verbunden werden.

Hinsichtlich des Verzugseintrittes kann auf § 302 Abs. 4 S. 4 ZPO a.E. verwiesen werden. Danach gilt der Schadensersatz mit der Zahlung als rechtshängig, sodass sich ab diesem Zeitpunkt der Zinsanspruch nach §§ 288, 291 BGB ergibt.

Es wird um antragsgemäße Entscheidung gebeten.

Rechtsanwalt

§ 9 Der Urkunden- und Wechselprozess

Frank-Michael Goebel/Thorsten Lühl

Inhalt

	Rdn
A. Einleitung	1
B. Rechtliche Grundlagen	10
I. Der Urkundenprozess	11
1. Der Gegenstand eines Urkundenprozesses	11
2. Praxisnahe Anwendungsfelder für den Urkundenprozess	18
a) Durchsetzung von Mietzinsansprüchen im Urkundenprozess	18
b) Zahlungsansprüche aus Hypotheken, Grundschulden, Rentenschulden und einer Schiffshypothek	31
c) Zahlungsansprüche aus einer Bürgschaft	34
3. Die Formalien im Urkundenprozess	41
a) Die Bezeichnung der Klage	41
b) Der Urkundenbeweis	47
c) Die Vorlage der Urkunde	67
d) Die Ausnahmen vom Urkundenbeweis	79
e) Die weiteren Formalien der Klage	87
f) Die Folgen des missglückten Urkundenbeweises	91
4. Die Klageerwiderung im Urkundenprozess	98
a) Die Verteidigungsmöglichkeiten des Beklagten	98
b) Die Beschränkung der Verteidigungsmöglichkeiten	115
c) Die Widerklage und die Aufrechnung im Urkundenprozess	121
d) Der Vorbehalt der Rechte für das Nachverfahren	125
5. Der eigentliche Urkundenprozess	137
a) Einwendungen des Beklagten in der Sache	137
b) Das Bestreiten der Echtheit der vorgelegten Urkunden	140
c) Der Übergang in das ordentliche Erkenntnisverfahren	142
d) Die Wirkungen des Vorbehaltsurteils	154
e) Die Klageabweisung im Urkundenprozess	159
f) Die Säumnis des Beklagten	168
g) Die Kosten des Verfahrens	175
6. Das Nachverfahren zum Urkundenprozess	178
a) Die Einleitung des Nachverfahrens	178
b) Die einstweilige Einstellung der Zwangsvollstreckung	190
c) Das eigentliche Nachverfahren und die Bindung des Gerichts an das Vorverfahren	196
d) Die Kosten des Nachverfahrens	210
II. Die Besonderheiten des Scheck- und Wechselprozesses	213
1. Gegenstand des Scheck- und Wechselprozesses	215
a) Gegenstand des Wechselprozesses	215
b) Gegenstand des Scheckprozesses	217
2. Die Formalien der Klage	219
3. Der Scheck- und Wechselprozess im Mahnverfahren	224
4. Die örtliche und sachliche Zuständigkeit	228

5. Die abgekürzte Ladungsfrist und die Einlassungsfrist . . . 235
6. Beweiserleichterungen und Verfahren im Scheck- und Wechselprozess 239

C. Muster 252
   I. Muster: Klage im Urkundenprozess 252
   II. Muster: Klageerwiderung im Urkundenprozess mit Einwendungen 253
   III. Muster: Antrag auf Ergänzung des Urteils im Urkundenprozess nach §§ 599 Abs. 2, 321 ZPO 254
   IV. Muster: Einspruch gegen ein Versäumnisurteil mit gleichzeitigem Vorbehalt der Rechte für das Nachverfahren und Antrag auf Einleitung des Nachverfahrens 255
   V. Muster: Schriftsatz zur Überleitung des Urkundenverfahrens in das ordentliche Erkenntnisverfahren nach § 596 ZPO . . . 256
   VI. Muster: Schriftsatz zur Durchführung des Nachverfahrens auf Antrag des Beklagten 257
   VII. Muster: Schriftsatz zum Verzicht auf das Nachverfahren . . 258
   VIII. Muster: Schriftsatz zur Durchführung des Nachverfahrens auf Antrag des Klägers 259
   IX. Muster: Isolierter Antrag auf Einstellung der Zwangsvollstreckung nach § 707 ZPO nach Überleitung des Prozesses in das Nachverfahren 260
   X. Muster: Klage im Wechselprozess oder Scheckprozess . . 261
   XI. Muster: Antrag auf Abkürzung der Einlassungsfrist nach § 226 ZPO 262
   XII. Muster: Vorbehalt der Rechte im Nachverfahren im Wechselprozess 263
   XIII. Muster: Widerspruch gegen den Wechsel mit begründeten Einwendungen 264
   XIV. Muster: Erwiderung des Klägers im Wechselprozess auf den nicht mit Urkunden belegten Widerspruch des Beklagten . . . 265
   XV. Muster: Überleitung der Wechselklage in das ordentliche Erkenntnisverfahren 266
   XVI. Muster: Vorbehalt im Scheckprozess ohne Einwendungen . . 267
   XVII. Muster: Vorbehalt im Scheckprozess mit Einwendungen . . . 268
   XVIII. Muster: Überleitung der Scheckklage in das ordentliche Erkenntnisverfahren 269

Literatur

Becht, Der Beweis der Echtheit einer Urkunde im Urkundenprozess, NJW 1991, 1993; *Behringer*, Streitgegenstand und Bindungswirkung im Urkundenprozess (Diss.) 2009; *Bilda*, Zur Bindungswirkung von Urkundenvorbehaltsurteilen, NJW 1983, 142; *Börstinghaus*, Die Geltendmachung rückständiger Wohnraummiete im Urkundenprozess, NZM 1998, 89; *Brötzmann*, Zur Frage der Geltendmachung einer Abfindung aus einem Aufhebungsvertrag im Wege des Urkundenprozesses, GmbHR 2007, 46; *Both*, Ansprüche aus einem Mietverhältnis im Urkundenprozess, NZM 2007, 156; *Both*, Betriebskostennachzahlungen Im Urkundenprozess durchsetzen, NZM 2017, 425; *Bussmann*, Die Klage auf zukünftige Leistungen im Urkundenprozess, MDR 2004, 674; *Eickmann/Oelerich*, Grundzüge des Urkundenprozesses, JA 2007, 43; *Eisenhardt*, Mietzinsklage im Urkundenprozess bei Wohnraummiete, MDR 1999, 901; *Elsing*, Die Schiedseinrede im gewöhnlichen Urkundenprozess, JR 2007, 71; *Enders*, Geltendmachung von Mietrückständen im Urkundenprozess, JurBüro 2006, 57; *Fischer*, Geschäftsführerdienstverträge und Urkundenprozess, NJW 2003, 333; *Flatow*, Urkundenverfahren – Prozessrisiken und Praktikabilität, DWW 2008, 88; *Fritsche-Brandt*, Zur Unzulässigkeit von Sachverständigengutachten im Urkundenprozess, NJW 2008, 525; *Fröhlich*, Durchsetzung von Geschäftsführervergütungsansprüchen im Urkundenprozess, ArbRB 2007, 282; *Gloede*, Müssen im Urkundenprozess auch unstreitige klagebegründende Behauptungen urkundlich beweisbar sein?, MDR 1974, 895; *Goebel*, Die Vorteile des Urkundenprozesses nutzen, Prozessrecht aktiv 2003, 1; *Greiner*, Urkundenprozess und Einrede des nicht erfüllten Vertrages, NJW 2000, 1314; *Henke*, Abstandnahme vom Urkundenprozess im Berufungsverfahren, JurBüro 2008, 343; *Hövelberndt*, Grundzüge des Urkunden-, Wechsel- und Scheckprozesses, Jus 2003, 1105; *Keller*, Wohnraummietrecht und Urkundenprozess, Jura 2006, 443; *Klein*, Der Urkunden-, Wechsel- und Scheckprozess, JA 1982, 583; *Koch*, Statthaftigkeit des Urkundeprozesses: Beweisbarkeit unbestrittener Behauptungen, JR 2016, 159; *Korte*, Zur Zulässigkeit des Urkundenprozesses bei einer Schiedsvereinbarung, EWiR 2006, 607; *Kuzaj*, Der Beweis der anspruchsbegründenden Tatsachen im Urkundenprozess, (Diss), 2006; *Lang*, Rückforderung des auf eine Bürgschaft auf erstes Anfordern Geleisteten im Urkundenprozess, WM 1999, 2329; *Leidig/Jöbckes*, Sämtliche sind ausnahmslos alle – Zur Zulässigkeit des Urkundenprozesses, NJW 2014, 892; *Lembcke*, Urkundenprozess in Bausachen, BauR 2009, 19; *Lembcke*, Urkundenprozess – Zulässige Beweismittel und Darlegungslast, MDR 2008, 1016; *Leupertz*, Die Mietzinsklage im Urkundsverfahren, MK 1/03, S. 1; *Malitz*, Urkundenprozess bei Ansprüchen aus Wohnraummietverhältnissen, MDR 1997, 899; *Michalski*, Die Geltendmachung von Wohnraummietzinsansprüchen im Urkundenprozess, ZMR 1996, 637; *Nobbe*, Die neuere Rechtsprechung des Bundesgerichtshofes zum Wechsel- und Scheckrecht, WM 2000, Sonderbeilage 5; *Pauly*, Der Urkundenprozess in Bausachen, ZGS 2007, 43; *Pauly*, Durchsetzung von Werklohnansprüchen und Sicherheiten im Urkundenprozess, NZBau 2014, 145; *Probst*, Zur Frage, welche Streitverhältnisse in einem Urkundenprozess dem Streit im Nachverfahren entzogen sind; Bestreiten der Echtheit einer Urkunde im Nachverfahren, JR 2004, 500; *Pröpper*, Durchsetzung des Vergütungsanspruchs von Geschäftsführern und Vorständen nach fristloser Kündigung im Urkundenprozess, BB 2002, 202; *Schlie*, Belegloses Scheckeinzugsverfahren und Scheckprozess, WM 1990, 617; *Schmid*, Der Urkundenprozess für Mietnebenkosten, ZMR 2015, 184; *Schmid*, Urkundenprozess bei rückständigen Mietnebenkosten, MDR 2013, 1266; *Schmid*, Urkundenprozess für Mietnebenkosten und Wohngeldzahlungen, DWW 2007, 324; *Schönhöft*, Die Bruttozahlungsklage von Organmitgliedern im Urkundenprozess, GmbHR 2008, 95; *Schwarz*, Anerkenntnis und Vorbehaltsurteil im Urkundenprozess, JR 1995, 1; *Schwarz*, Die Verwahrung gegen die Kostenlast im Urkundenprozess ZZP 110 (1997), 181; *Schwarz*, Anerkenntnis und Vorbehalt im Urkundenprozess, JR 1995, 1; *Sommer/Wichert*, Miete, Nebenkosten und Nutzungsentschädigung im Urkundenprozess, ZMR 2009, 503; *Stürner*, Statthaftigkeit und Beweisbedürftigkeit im Urkundenprozess, NJW 1972, 1257; *Stürner*, Die Bindungswirkung des Vorbehaltsurteils im Urkundenprozess, ZZP 85 (1972), 424; *Sturhan*, Urkundsprozess über Wohnraummiete, NZM 2004, 441; *Teske*, Urkundenprozess und Beweislastverteilung im Anwaltshaftungsprozess, JZ 1995, 472; *van den Hövel*, Die Bauklage im Urkundenprozess, NZBau 2006, 6.

A. Einleitung

1 In vielen Fällen möchte der Mandant schnell zu einem Vollstreckungstitel kommen, auch wenn dieser zunächst nur vorläufigen Bestand hat und das weitere Verfahren bis zur endgültigen Klärung der Ansprüche offen bleibt.

2 Dies ist insbesondere dann der Fall, wenn der Mandant mit Einwendungen des Gegners rechnet, die allein der Verfahrensverzögerung dienen, von einer schnellen Verschlechterung der Vermögensverhältnisse des Gegners auszugehen ist oder aber bei Vermögensverschiebungen des Schuldners Anfechtungsfristen nach dem Anfechtungsgesetz (§§ 3–6a AnfG) gewahrt werden sollen.

3 In diesen Fällen kann die Klage im Urkundenprozess helfen, wenn der Mandant die den Anspruch begründenden Tatsachen mittels Urkunden und in Ausnahmefällen auch durch die Parteivernehmung nachweisen kann und davon auszugehen ist, dass der Beklagte seine Einwendungen nicht in gleicher Weise nachweisen kann. Der Kläger kann von der für den Urkundenprozess charakteristischen **Beschränkung der Beweismittel** profitieren.

4 Trotzdem zeigt die Praxis, dass der Urkundenprozess außerhalb von Wechseln und Schecks noch immer selten genutzt wird. Insbesondere bei Mietzins-, Darlehns-, Bürgschafts- oder sonstigen durch eine Urkunde belegten Zahlungsansprüchen bietet sich ein gegenüber der bisherigen Praxis erweiterter Einsatz an. Hierbei sollte man als Rechtsanwalt auch immer im Blick haben, dass auch schon das Mahnverfahren als Urkundenmahnverfahren geführt werden kann, § 703a ZPO.

5 Nach dem BGH[1] kann sich ein Rechtsanwalt gegenüber seinem Mandanten sogar dem Vorwurf der Pflichtverletzung mit der daraus resultierenden Konsequenz der Schadensersatzpflicht aussetzen, wenn er den möglichen Urkundenprozess nicht in seine Erwägungen einbezieht und wählt. Der Rechtsanwalt habe seinen Auftrag nämlich so zu erfüllen, dass die Belange des Auftraggebers in jeder Hinsicht gewahrt und Nachteile vermieden werden. Dies sei jedenfalls dann der Fall, wenn das Beschleunigungsinteresse des Mandanten die Gefahr der Schadensersatzpflicht bei Aufhebung des Vorbehaltsurteils im Nachverfahren überwiegt.

---

1 BGH NJW 1994, 3295 = BGHZ 126, 217 = JZ 1995, 467.

A. Einleitung §9

Der Urkundenprozess bringt aber auch in der Prozessführung und in der Zwangsvollstreckung besondere **Vorteile** mit sich, die der Rechtsanwalt bei der Wahl seines Vorgehens bedenken sollte:

- Die Klage im Urkundenprozess hat den Vorteil, dass eine Verzögerung des Rechtsstreites durch eine „Flucht in die Widerklage"[2] nicht möglich ist, da § 595 Abs. 1 ZPO Widerklagen im Urkundenprozess nicht erlaubt. Diese sind frühestens im Nachverfahren möglich.[3] Dies gilt auch dann, wenn der Widerklageanspruch allein mit Urkunden nachgewiesen werden kann.
- Der Beklagte wird seinerseits in der Beweisführung auf Urkunden und die Parteivernehmung beschränkt und kann mit anderen Beweismitteln erst im Nachverfahren, d.h. nach der Schaffung eines Vollstreckungstitels gehört werden.
- Das Urteil ist nach § 708 Nr. 4 ZPO ohne Sicherheitsleistung für vorläufig vollstreckbar zu erklären. Ergeht ein Versäumnisurteil oder Anerkenntnisvorbehaltsurteil, hat der Beklagte nicht einmal die Möglichkeit, die Zwangsvollstreckung nach § 711 ZPO abzuwenden, da die Entscheidung über die vorläufige Vollstreckbarkeit dann nach § 708 Nr. 1 bzw. Nr. 2 ZPO ergeht, die in § 711 ZPO nicht genannt sind.

Hinweis

Allerdings begründet § 600 Abs. 2 i.V.m. § 302 Abs. 4 S. 3 ZPO auch eine besondere Schadensersatzpflicht, wenn der Urkundenprozess missbraucht wird, um eine Forderung zunächst titulieren und dann vollstrecken zu lassen, obwohl der Forderung für den Kläger erkennbar begründete Einwendungen entgegenstehen.

- Die Durchführung eines Einigungsversuches als landesrechtliche Zulässigkeitsvoraussetzung der Klage im ordentlichen Erkenntnisverfahren entfällt nach § 15a Abs. 2 Nr. 4 EGZPO, wenn der Anspruch im Urkunden- oder Wechselprozess geltend gemacht wird.
- Eine Teilklage ist möglich – wenn etwa allein die Auslegung einer Urkunde streitig ist –, ohne dass – wegen § 595 Abs. 1 ZPO – die Gefahr einer negativen Feststellungswiderklage droht. Wird die Teilklage im Urkundenprozess abgewiesen, ist der Rechtsstreit beendet, anderenfalls stellt die negative Feststellungswiderklage keine Gefahr mehr dar.

Im nachfolgenden Abschnitt B.I. (siehe Rdn 10 ff.) werden die rechtlichen Grundlagen des Urkundenprozesses erläutert. In Abschnitt B.II. (siehe Rdn 213 ff.) werden diese Grundlagen um die Besonderheiten im Wechsel- und Scheckprozess ergänzt. Die notwendigen Musterformulare für den Urkunden- und Wechselprozess finden Sie dann in Abschnitt C (siehe Rdn 252 ff.).

---

2 Hierzu *Bach*, Prozessrecht aktiv 2002, 159.
3 Str. so wie hier MüKo-ZPO/*Braun*, § 595 Rn 1; a.A. Stein/Jonas/*Berger*, § 595 Rn 1.

B. Rechtliche Grundlagen

10 Die Regelungen über den Urkunden- und Wechselprozess finden sich in den §§ 592–605a ZPO. Dabei betreffen die §§ 602 ff. ZPO die Besonderheiten des Wechsel- und Scheckprozesses. Ergänzend finden die allgemeinen Bestimmungen der ZPO Anwendung.

I. Der Urkundenprozess

1. Der Gegenstand eines Urkundenprozesses

11 Im Urkundenprozess können nach § 592 Abs. 1 ZPO Ansprüche geltend gemacht werden auf
- Zahlung einer bestimmten Geldsumme,
- Zahlung einer bestimmten Geldsumme an einen Dritten,[4]
- Hinterlegung einer Geldsumme,[5]
- Zahlung einer Geldsumme Zug um Zug gegen Erbringung einer Gegenleistung,[6]
- künftige Leistung,[7] soweit diese nicht von einer Gegenleistung abhängt,[8]
- Leistung einer bestimmten Menge anderer vertretbarer Sachen,
- Leistung einer bestimmten Menge vertretbarer Wertpapiere,
- Honorar des Rechtsanwaltes,[9]
- Gehalt, Übergangsgeld und Abfindung eines Geschäftsführers,[10]
- Zahlung einer Vertragsstrafe,[11]
- den Mietzins,[12]
- Ablösung eines Gewährleistungseinbehalts sowie[13]
- Klage des Bestellers auf Rückzahlung überzahlter Abschläge erhoben werden.[14]

12 Damit ist der Urkundenprozess ausgeschlossen, wenn ein Anspruch geltend gemacht werden soll auf
- Abgabe einer Willenserklärung,[15]
- Herausgabe bestimmter Sachen,[16]
- Vornahme von Handlungen oder Unterlassungen,[17]

---

4 BGH NJW 1953, 1707; MüKo-ZPO/*Braun*, § 592 Rn 2.
5 BGH NJW 1953, 1707; Musielak/*Voit*, § 592 Rn 5.
6 MüKo-ZPO/*Braun*, § 592 Rn 2 m.w.N.; Musielak/*Voit*, § 592 Rn 4.
7 OGH-BrZ NJW 1950, 821; Musielak/*Voit*, § 592 Rn 4; Stein/Jonas/*Berger*, § 592 Rn 3.
8 MüKo-ZPO/*Braun*, § 592 Rn 2.
9 LG Köln NJW 1963, 306.
10 OLG Celle OLGR 2009, 473.
11 OLG Düsseldorf OLGR 2008, 70.
12 BGH NJW 2009, 3099; BGH NJW 2007, 1061 = NZM 2007, 161 = MDR 2007, 671.
13 Musielak/*Voit*, § 592 Rn 5.
14 LG Halle NZBau 2005, 521, 522.
15 OLG Köln MDR 1959, 1017.
16 OLGR Celle 1996, 32.
17 Zöller/*Greger*, § 592 Rn 4.

- die Rückzahlung einer Bürgschaftssumme nach der Inanspruchnahme aus einer Bürgschaft auf erste Anforderung,[18]
- die Übertragung eines GmbH-Anteils,[19]
- Feststellung.[20]

Hinweis 13

Dies gilt auch für die Klage auf Feststellung einer bestrittenen Insolvenzforderung, obwohl diese im Kern auf Zahlung gerichtet ist. Die mangelnde Anwendbarkeit ergibt sich aber daraus, dass im eröffneten Insolvenzverfahren die Notwendigkeit einer beschleunigten Rechtsdurchsetzung nicht mehr besteht.[21]

Hinweis 14

Der Ausschluss des Urkundenprozesses hindert allerdings nicht, den Anspruch im ordentlichen Erkenntnisverfahren so weit wie möglich auf Urkunden zu stützen und so das sicherste Beweismittel zu nutzen. Insoweit kann sich hier eine beschleunigte Verfahrensführung anbieten. Hierauf sollte unter Vorlage aller Urkunden in Abschrift das Gericht ausdrücklich hingewiesen werden.

Nach § 46 Abs. 2 S. 2 ArbGG ist **im arbeitsgerichtlichen Verfahren kein Urkundenprozess** möglich. Dies betrifft aber nur die gewählte Prozessart, nicht die Zuständigkeit. Wird also vor dem ordentlichen Gericht ein in die sachliche und funktionelle Zuständigkeit der Arbeitsgerichte fallender Anspruch geltend gemacht, ist das Verfahren zunächst an das Arbeitsgericht zu verweisen. Hier ist die Klage dann als in dieser Prozessart unstatthaft abzuweisen oder aber durch die Abstandnahme vom Urkundenprozess in ein ordentliches Erkenntnisverfahren zu überführen. 15

Hinweis 16

Zu beachten ist, dass für Rechtsstreitigkeiten des Auftraggebers mit seinem allein tätigen selbstständigen Handelsvertreter das Arbeitsgericht sachlich zuständig ist, sofern der Durchschnittsverdienst nicht über 1.000 EUR monatlich liegt, § 5 Abs. 3 ArbGG.[22] In diesem Fall ist dann nach § 46 ArbGG keine Klage im Urkundenprozess möglich. Bei einer Klage gegen einen Handelsvertreter aus dem Handelsvertreterverhältnis vor dem ordentlichen Zivilgericht sollte deshalb schon in der Klageschrift zum Durchschnittsverdienst vorgetragen werden, um zeitintensive Nachfragen des Gerichts zu vermeiden. Da es sich hier um die Frage der sachlichen Zuständigkeit und damit um eine Prozessvoraussetzung handelt, muss der durchschnittliche Verdienst nicht mit Urkunden belegt werden.

---

18 BGHZ 148, 283 = NJW 2001, 3549 = MDR 2002, 43; a.A. *Lang*, WM 1999, 2329, 2335, diesem – auch nach der Entscheidung des BGH – zustimmend: Musielak/*Voit*, § 592 Rn 15 Fn 72.
19 OLG Köln GmbHR 1995, 293.
20 BGHZ 16, 213; BGH WM 1979, 614.
21 Urt. des BGH v. 6.11.2012 – II ZR 176/12, Rn 40 bei juris; a.A. Stein/Jonas/*Berger*, § 592 Rn 4; Zöller/*Greger*, § 592 Rn 3.
22 *Baumbach/Hopt*, HGB, § 84 Rn 46.

17 Der Anspruch kann auch im Wege der Teilklage im Urkundenprozess verfolgt werden,[23] obwohl damit dem Beklagten die Möglichkeit abgeschnitten wird, der Teilklage mit der negativen Feststellungsklage entgegenzutreten. Der Beklagte behält nämlich die Möglichkeit der negativen Feststellungswiderklage im Nachverfahren, sodass eine unangemessene Benachteiligung zunächst nicht zu besorgen ist.

Die Frage, ob eine Klage im Urkundenprozess statthaft ist, wird von Amts wegen geprüft. Liegen die Voraussetzungen nicht vor, wird die Klage als im Urkundenprozess oder in dieser Prozessart unstatthaft abgewiesen. Dies gilt auch dann, wenn der Beklagte säumig geblieben ist oder sich aus der vorgelegten Urkunde ergibt, dass die Parteien den Urkundenprozess ausdrücklich ausgeschlossen haben.[24] Anders verhält es sich, wenn der Beklagte ein Anerkenntnis hinsichtlich eines im Urkundenverfahren nicht statthaften Anspruchs abgibt. In diesem Fall bedarf er keines Schutzes, sodass der Kläger nicht zunächst vom Urkundenprozess Abstand nehmen muss, um dann ein Anerkenntnisurteil nach § 307 ZPO zu erlangen.

2. Praxisnahe Anwendungsfelder für den Urkundenprozess

a) Durchsetzung von Mietzinsansprüchen im Urkundenprozess

18 Wenn auch nicht gänzlich unbestritten,[25] können auch Mietzinsforderungen im Urkundenprozess durch Vorlage des Mietvertrages geltend gemacht werden.[26] Dies gilt sowohl für gewerbliche Mietverhältnisse als auch für Mietverhältnisse über Wohnraum.[27]

19 Der BGH hat mit seiner Entscheidung vom 10.3.1999[28] zunächst anerkannt, dass der Urkundenprozess für gewerbliche Mietverhältnisse Anwendung finden kann.[29] Eine Abgrenzung zu den Wohnraummietverhältnissen hat er dabei nicht vorgenommen. Am 1.6.2005 und am 20.12.2006 hat er dann auch ausdrücklich anerkannt, dass Ansprüche auf Miete aus Wohnraummietverträgen jedenfalls dann im Urkundenprozess geltend gemacht werden können, wenn der Mieter die Wohnung in vertragsgemäßem Zustand erhalten hat und die Einrede des nicht erfüllten Vertrages darauf stützt, ein Mangel sei nachträglich eingetreten.[30] Differenziert ist die Rechtslage zu beurteilen, wenn der Mangel bereits bei Übergabe der Wohnung vorhanden war. Hat sich der Mieter hinsichtlich der vorhandenen Mängel sämtliche Rechte bei Übergabe vorbehalten, ist die Klage im Urkundenprozess unstatthaft.[31] Hat er die Wohnung jedoch, ohne vorhandene Mängel

---

23 Musielak/*Voit*, § 592 Rn 5; MüKo-ZPO/*Braun*, § 595 Rn 1a; a.A. *Beinert*, Der Umfang der Rechtskraft bei Teilklagen, 1999, S. 32, unter Hinweis auf den Ausschluss der Widerklage nach § 595 Abs. 1 ZPO.
24 Zöller/*Greger*, § 592 Rn 4.
25 KG NZM 1998, 402; LG Augsburg WuM 1986, 110.
26 BGH NJW 1999, 1408 = MDR 1999, 882 = WM 1999, 1298; LG München I NZM 2005, 63; LG Düsseldorf NZM 1998, 112; LG Bonn NJW 1986, 264.
27 BGH NJW-RR 2013, 1232; BGH NJW 2009, 3099; LG München I NZM 2005, 63; LG Düsseldorf NZM 1998, 112; LG Bonn NJW 1986, 264.
28 BGH NJW 1999, 1408.
29 Ebenso *Fischer*, in: Bub/Treier, Handbuch der Geschäfts- und Wohnraummiete, 3. Aufl., VIII 41 m.w.N.
30 BGH NJW 2005, 2701 = Mietrecht kompakt 2005, 152 = Prozessrecht aktiv 2005, 112; BGH NJW 2007, 671 = Mietrecht kompakt 2007, 41.
31 OLG Düsseldorf NJW-RR 2009, 157.

zu rügen, als Erfüllung angenommen, greift die Beweislastumkehr des § 363 BGB, sodass eine Klage im Urkundenprozess statthaft ist.[32]

Tipp 20

Um die Mangelfreiheit bei Übergabe im Zweifel durch Urkunde nachweisen zu können, sollte die vertragsgemäße Übergabe in die Mietvertragsurkunde oder ein von beiden Parteien zu unterzeichnendes Übergabeprotokoll aufgenommen werden.

Die Möglichkeit, dass der Mieter nach § 536 BGB (§ 537 Abs. 1 BGB a.F.) kraft Gesetzes 21 ganz oder teilweise von der Entrichtung des Mietzinses befreit sein kann, steht der Klage im Urkundenprozess nicht entgegen. Der BGH geht nämlich davon aus, dass der Vermieter im Rahmen der Mietzinsklage für die Mängelfreiheit der Mietsache nicht darlegungs- und beweispflichtig sei. Vielmehr liege die Darlegungs- und Beweislast hier allein beim Mieter. Daran ändere auch der Eintritt der Mietminderung kraft Gesetzes nichts.[33] Der Mieter kann dabei den Nachweis der Mangelhaftigkeit seinerseits nur mit Urkunden führen. Ein Nachweis etwa über ein Privatgutachten ist nicht möglich.[34]

Hinweis 22

Selbst wenn der Mieter berechtigt ist, die Miete zu mindern, kann sich der Vermieter insoweit in eine günstigere Lage bringen, als er zunächst den ungeminderten Mietzins titulieren und – ohne Sicherheitsleistung – vollstrecken kann. Insbesondere bei finanzierten Mietwohnungen wahrt der Vermieter so seine Liquidität.

Beispiel 23

Mieter M schuldet dem Vermieter V einen monatlichen Mietzins in Höhe von 500 EUR. Wegen diverser Mängel hat er seit sieben Monaten einen Betrag von jeweils 100 EUR einbehalten. V tritt der Mietminderung mit der Behauptung entgegen, die Mängel bestünden nicht oder seien vom Mieter schuldhaft herbeigeführt worden. V kann nunmehr unter Vorlage des Mietvertrages zunächst den vollen rückständigen Mietzins von 700 EUR im Urkundenprozess geltend machen. Soweit M die Mängel nicht durch Urkunden belegen kann, ist er mit der Mängeleinrede und dem Minderungsverlangen im Hauptverfahren ausgeschlossen und kann sich allein seine Rechte im Nachverfahren vorbehalten.

Die Anwendbarkeit des Urkundenprozesses auf Wohnraummietverhältnisse ist durch 24 das AG Göttingen[35] und in der Folge das LG Göttingen[36] in Zweifel gezogen worden, weil nach § 536 Abs. 4 BGB eine abweichende Vereinbarung zum Nachteil des Mieters von der gesetzlichen Mietminderung nicht zulässig sei. Die Verkürzung der Rechte des Mieters durch die Nutzung des Urkundenprozesses stelle eine solche abweichende und nachteilige Vereinbarung dar.

---

32 BGH NJW 2009, 3099, 3100.
33 BGH NJW 1999, 1408; a.A. LG München WuM 98, 558; *Sternel*, Mietrecht aktuell, 3. Aufl. 1996, Rn 1470.
34 OLG Düsseldorf v. 28.9.2006. – 10 U 115/05 n.v.
35 AG Göttingen NZM 2000, 236.
36 AG Göttingen NZM 2000, 1053.

25 Die Ansicht, die von vielen Mieteranwälten noch immer herangezogen wird, vermag jedoch nicht zu überzeugen, weil die Nutzung eines generell und kraft Gesetzes zulässigen Prozessverfahrens keine abweichende Vereinbarung darstellt[37] und der Mieter auch nicht gänzlich schutzlos ist, weil er sich seine Rechte für das Nachverfahren vorbehalten kann. Das zuständige OLG Braunschweig[38] hat die Frage in seinem Beschluss offen gelassen, während das LG München die Klage auf Mietzins auch bei einem Wohnraummietvertrag ausdrücklich zugelassen hat.[39] Durch die Entscheidungen des BGH vom 1.6.2005,[40] vom 20.12.2006[41] und vom 8.7.2009[42] sollte die Streitfrage abschließend geklärt sein.

26 Der BGH[43] geht davon aus, dass die Vorlage des schriftlichen Mietvertrages, aus der sich der geschuldete Mietzins dem Grunde und der Höhe nach ergibt, den Anforderungen der §§ 592 ff. ZPO genügt und deshalb die Klage im Urkundenverfahren statthaft ist.

27 *Tipp*

Bei Mieterhöhungen im Laufe des Mietverhältnisses sollte insoweit immer darauf gedrungen werden, dass diese auch vertraglich in Schriftform, d.h. in einer Urkunde festgehalten werden. Dem Mieter kann eine geänderte Mietvertragsurkunde oder ein Zusatz zum Mietvertrag zur Unterschrift und Rückreichung überlassen werden.

28 Soweit das Mietverhältnis beendet wurde und der Mieter die Mietsache weiter nutzt, stellt sich die Problematik, ob auch die Nutzungsentschädigung im Urkundenverfahren geltend gemacht werden kann. Das Landgericht Berlin zieht dies mit dem Argument in Zweifel, dass der Vermieter den Willen haben muss, die Mietsache zurückzunehmen. Diese innere Tatsache lasse sich keinesfalls durch Urkunden beweisen.[44] Die Argumentation überzeugt jedenfalls für den Fall nicht, dass der Mieter den Rücknahmewillen nicht zumindest substantiiert bestreitet und einen nachvollziehbaren Grund dafür darlegt, warum es an dem Rücknahmewillen fehlen sollte. Durch die Kündigung wird ein solcher Wille jedenfalls nach dem normalen Lauf der Dinge dokumentiert.

29 Der Mieter muss sich seine Rechte für das Nachverfahren vorbehalten. Trägt er hierzu in der Sache vor, muss darauf geachtet werden, dass die Einwendungen auch substantiiert sind, da das Gericht ansonsten die Einwendungen in der Sache als unsubstantiiert zurückweisen kann und einen Vorbehalt für das Nachverfahren ablehnt.[45]

---

37 So auch *Leupertz*, PA 01/03 S. 3.
38 AG Braunschweig WuM 2001, 186.
39 LG München I NZM 2005, 63.
40 BGH NJW 2005, 2701 = Mietrecht kompakt 2005, 152 = Prozessrecht aktiv 2005, 112.
41 BGH NJW 2007, 671 = Mietrecht kompakt 2007, 41.
42 BGH NJW 2009, 3099, 3100.
43 BGHZ 62, 286.
44 LG Berlin v. 20.11.2006 – 62 S 249/06, n.v.
45 Zöller/*Greger*, § 600 Rn 19.

Tipp 30

Will der Mieter vermeiden, dass seine prozessualen Rechte durch die Nutzung des Urkundenprozesses beschnitten werden, so hat er die Möglichkeit, im Mietvertrag zu vereinbaren, dass der Vermieter nicht berechtigt ist, seine Ansprüche im Urkundenverfahren geltend zu machen.[46]

b) Zahlungsansprüche aus Hypotheken, Grundschulden, Rentenschulden und einer Schiffshypothek

Im Urkundenprozess können auch Zahlungsansprüche aus einer Hypothek, einer Grundschuld, einer Rentenschuld oder einer Schiffshypothek geltend gemacht werden. Über § 1107 BGB findet § 592 S. 2 ZPO dann auch auf die Reallasten Anwendung.[47] 31

Hinweis 32

Neben dem Hauptanspruch können im Urkundenprozess auch die sich aus der Bestellungsurkunde regelmäßig ergebenden Nebenforderungen wie Zinsen und Kosten geltend gemacht werden.

Beachtet werden muss, dass der Gläubiger die Möglichkeit nutzen sollte, dass sich der Beklagte bereits in der Bestellungsurkunde der sofortigen Zwangsvollstreckung nach § 794 Abs. 1 Nr. 5 ZPO unterwirft. Er kann dann unmittelbar aus der vollstreckbaren notariellen Urkunde die Zwangsvollstreckung betreiben und bedarf des Urkundenprozesses nicht mehr. Einer gesonderten Klage würde dann das Rechtsschutzbedürfnis fehlen. 33

c) Zahlungsansprüche aus einer Bürgschaft

Hat sich der Beklagte in einer Urkunde verpflichtet, jeden Betrag bis zu der vereinbarten Gesamthöhe auf erstes Anfordern zu zahlen, so kann auch diese Forderung im Urkundenprozess geltend gemacht werden. 34

Die Bürgschaft auf erstes Anfordern wird in erster Linie im bankgeschäftlichen Verkehr verwendet. Eine solche Verpflichtung hat regelmäßig zur Folge, dass der Bürge sofort zahlen muss und alle Streitfragen tatsächlicher und rechtlicher Art grundsätzlich auf den Rückforderungsprozess verlagert werden.[48] 35

Hinweis 36

Dies hat für den Kläger den Vorteil, dass er zum Zeitpunkt des Urkundenprozesses bei einer Bürgschaft auf erstes Anfordern nicht einmal das Bestehen und die Fälligkeit der zugrunde liegenden – verbürgten – Forderung darlegen und beweisen muss. Allerdings muss die Schadensersatzpflicht nach § 600 Abs. 2 i.V.m. § 302 Abs. 4 S. 3 ZPO beachtet werden, wenn dies auch im weiteren Verfahren nicht gelingt.

Hat sich der Bürge in der Bürgschaftsurkunde, die dem Wortlaut des § 648a BGB folgt, zur Zahlung verpflichtet, soweit der Auftraggeber den Vergütungsanspruch des 37

---

46 RGZ 160, 241; Zöller/*Greger*, vor § 592 Rn 4.
47 BayObLGZ 1959, 83, 88; MüKo-ZPO/*Braun*, § 592 Rn 4.
48 BGH NJW 1994, 380, 381; BGH ZIP 1996, 2062, 2063; BGH ZIP 1997, 582, 583 f.

Unternehmers anerkennt, und hat der Auftraggeber ein eigenes Aufmaß und eine eigene Abrechnung erstellt und Zahlung angekündigt, so ist eine Klage gegen den Bürgen ebenfalls im Urkundenprozess zulässig, da das Anerkenntnis in Form der Abrechnung als einzige Zahlungsvoraussetzung in Urkundenform vorliegt.[49]

38 Der Urkundenprozess ist dagegen nicht statthaft für die Rückgriffsforderung des in Anspruch genommenen Bürgen oder des Hauptschuldners gegen den Bürgschaftsgläubiger.[50] Der BGH begründet dies damit, dass die innere Rechtfertigung des Urkundenprozesses und seines Vollstreckungsprivilegs in Form des Vorbehaltsurteils in der generell erhöhten Erfolgswahrscheinlichkeit des von Urkunden gestützten Rechtsschutzbegehrens und der erfahrungsgemäß seltenen Einleitung von Nachverfahren liegt. Diese Rechtfertigungsumstände würden in den Fällen der Rückgriffsforderung verfehlt und der Rechtsschutz des Rückforderungsbeklagten würde durch die Wirkungen der §§ 595 Abs. 2, 598 ZPO unangemessen beschränkt.

39 Der entgegenstehenden Auffassung im Schrifttum[51] ist der BGH mit dem zutreffenden Argument entgegengetreten, dass sich anderenfalls die An- und Rückforderung der Bürgschaft in einem Kreislauf ständig wiederholen könnten.

40 *Hinweis*

Der BGH hat in der zitierten Entscheidung allerdings offen gelassen, ob anderes dann gelten kann, wenn der Rückforderungskläger, auch soweit der Hauptschuldner aus eigenem Recht vorgeht, weitere Urkunden vorlegt, die den Eintritt des materiellen Bürgschaftsfalles – abweichend von der Beweislast – widerlegen können.

3. Die Formalien im Urkundenprozess

a) Die Bezeichnung der Klage

41 Die besonderen Formalien der Klage im Urkundenprozess sind in § 593 ZPO geregelt.[52] Soweit sich hieraus keine Besonderheiten ergeben, sind im Übrigen die §§ 253 ff. ZPO zur Bestimmung des notwendigen Inhaltes der Klageschrift heranzuziehen.

42 § 593 Abs. 1 ZPO verlangt zunächst die ausdrückliche Erklärung, dass die Klage im Urkundenprozess geführt werden soll. Fehlt es an einer entsprechenden Erklärung, führt dies dazu, dass die Klage im ordentlichen Verfahren anhängig wird.

43 *Hinweis*

Es reicht also für die Erhebung einer Klage im Urkundenprozess nicht aus, dass Sie jeglichen Beweisantritt mit Urkunden führen. Auch in diesem Verfahren würde also zunächst eine Klage im ordentlichen Erkenntnisverfahren der ZPO anhängig.

---

49 LG Dessau BauR 2006, 1518 = IBR 2006, 556.
50 BGH NJW 2001, 3549 = MDR 2002, 43 = BGHZ 148, 283; a.A. *Lang*, WM 1999, 2329, 2335, diesem – auch nach der Entscheidung des BGH – zustimmend: Musielak/*Voit*, § 592 Rn 15 Fn 72.
51 *Lang*, WM 1999, 2329, 2335, diesem – auch nach der Entscheidung des BGH – zustimmend: Musielak/*Voit*, § 592 Rn 15 Fn 72.
52 Antragsmuster unter Rdn 252.

Tipp 44

Ist die Klage im ordentlichen Verfahren erhoben worden, so kann der Kläger auch nach Rechtshängigkeit unter den Voraussetzungen der Klageänderung in erster Instanz nach § 263 ZPO die Klage auf eine solche im Urkundenprozess umstellen.[53] Voraussetzung ist danach, dass der Beklagte der Änderung der Verfahrensart zustimmt oder das Gericht dies für sachdienlich erachtet. Ersteres wird sich wohl selten erreichen lassen. Für die Annahme der Sachdienlichkeit durch das Gericht wird es regelmäßig erforderlich sein, dass es aufgrund des Vortrages des Klägers und der Replik des Beklagten davon ausgehen kann, dass die Einwendungen des Beklagten unbegründet sind. Insoweit wird auch diese Voraussetzung nur selten zu erreichen sein.

Der Zweck des Urkundsprozesses besteht darin, dem Kläger die Möglichkeit zu verschaffen, schneller als im ordentlichen Verfahren zu einem vollstreckbaren Titel zu kommen. 45

Hierauf soll nach einer Entscheidung des OLG Bamberg ein Gläubiger auch bei umfassender Schiedsverfahrensklausel nicht verzichten, weshalb diese Einrede – so das OLG – im Urkundsprozess noch nicht durchgreife, vielmehr werde erst im Nachverfahren das Schiedsgericht zuständig, falls die Schiedsverfahrenseinrede bis zum Beginn der mündlichen Verhandlung im Urkundsprozess erhoben worden sei.[54] Dem hat allerdings der BGH inzwischen widersprochen. Er hält in diesen Fällen auch den Urkundenprozess – nicht dagegen den Wechselprozess – für ausgeschlossen.[55] 46

b) Der Urkundenbeweis

Der Anspruch selbst muss sich nicht unmittelbar aus der vorzulegenden Urkunde ergeben. Diese muss also nicht konstitutiv sein.[56] Ausreichend ist, dass der Kläger alle zur Begründung seines Anspruchs erforderlichen **streitigen** Tatsachen durch die Urkunden beweisen kann. Maßgeblich ist, ob das Gericht im Rahmen seiner Beweiswürdigung bei Wertung der vorgelegten Urkunden zu dem Ergebnis gelangt, dass der Anspruch besteht.[57] Hinsichtlich der unstreitigen Tatsachen muss er hierzu in der Lage sein, wobei unstreitige Tatsachen geeignet sind, Lücken in der Beweisführung zu schließen. Diese Nachweispflicht durch Urkunden gilt auch für die Nebenansprüche. 47

Hinweis 48

Kann der Kläger verschiedene Nebenansprüche, insbesondere Zinsen und Kosten, nicht durch Urkunden beweisen, hat er die Möglichkeit, diese entweder gesondert im ordentlichen Erkenntnisverfahren oder aber auch im Nachverfahren durch eine Klageerweiterung geltend zu machen. Allein dies sollte den Kläger also nicht hindern,

---

53 BGH MDR 1977, 918 = BGHZ 69, 66; MüKo-ZPO/*Braun*, § 593 Rn 2; a.A. Musielak/*Voit*, § 593 Rn 3, der einen nachträglichen Übergang vom ordentlichen Erkenntnisverfahren in den Urkundenprozess nur bei einer Zustimmung des Beklagten für zulässig erachtet.
54 OLGR Bamberg 2005, 79.
55 BGH v. 31.5.2007 – III ZR 22/06, SchiedsVZ 2007, 215 = IHR 2007, 163.
56 BGH WM 2006, 691, 692.
57 Musielak/*Voit*, § 592, Rn 12.

das Urkundenverfahren zu wählen. Kommt es nicht zum Nachverfahren, weil der Beklagte hierauf letztlich doch verzichtet, können die Ansprüche auch ohne Weiteres in einem nachfolgenden Mahnverfahren kostenschonend verfolgt werden.

49 Welche Tatsachen dabei vom Kläger zu beweisen sind, richtet sich zunächst nach der Anspruchsnorm und nach den allgemeinen Darlegungs- und Beweisgrundsätzen. Keines Beweises bedarf es hinsichtlich solcher Tatsachen, die dem Gericht offenkundig sind oder vom Beklagten anerkannt oder zugestanden werden.[58] Hierbei kann es sich aber nur um Tatsachen handeln, die die Urkunde ergänzen und so „Lücken" im Urkundenbeweis schließen.[59] Ein Urkundenprozess ohne Urkunden, d.h. allein aufgrund unstreitiger Tatsachen ist mithin nicht möglich.[60] Für den Urkundenprozess ist also erforderlich, dass der Nachweis der den Hauptanspruch begründenden Tatsachen durch Urkunden geführt werden kann.

50 Unter Urkunden i.S.d. §§ 592 ff. ZPO sind alle schriftlichen Beweisstücke zu verstehen, die geeignet sind, dem Gericht gegenüber den Beweis für das Bestehen des geltend gemachten Anspruchs unmittelbar oder mittelbar zu erbringen.[61] Ein Urkundenprozess kann insoweit auch auf der Grundlage eines zwischen den Parteien vereinbarten Schiedsgutachtens geführt werden.[62]

51 In Betracht kommen damit Schuldversprechen und Schuldanerkenntnisse sowie schriftliche Verträge aller Art. So sollen etwa auch Abrechnungslisten mit darin enthaltenen Anerkenntnissen als Urkunden genügen.[63]

52 Auch einem Telefax[64] oder einem Telegramm[65] soll dabei die Urkundeneigenschaft zukommen.

53 Anerkannt wurde auch die Beweisführung durch Niederschriften der in einem Strafverfahren protokollierten Zeugenaussagen und Beschuldigtenvernehmungen.[66] Unzulässig ist hingegen die Vorlage einer schriftlichen Zeugenaussage oder eines Sachverständigen. Andernfalls wäre die im Urkundenprozess bestehende Beschränkung der Beweismittel wegen ihrer problemlosen Umgehung sinnlos.[67] Dies gilt auch dann, wenn der Zeuge eine eidesstattliche Versicherung abgegeben hat.[68]

---

58 BGH NJW 2008, 523; OLG Frankfurt v. 24.1.2007 – 13 U 168/05, n.v., die nachfolgende Nichtzulassungsbeschwerde war erfolglos, BGH v. 10.10.2007 – IV ZR 31/07; BGHZ 62, 286; 124, 263 = NJW 1994, 447; str. in der Literatur, vgl. einerseits MüKo-ZPO/*Braun*, § 592 Rn 12, und andererseits Musielak/*Voit*, § 592 Rn 11; siehe hierzu auch nachfolgend Rdn 74 ff.
59 BGH NJW 1974, 1199.
60 Zur Problematik *Timme*, ProzRB 2003, 192.
61 BGH WM 1983, 22.
62 OLG Brandenburg BauR 2005, 605.
63 LG Frankfurt BauR 2004, 1309.
64 OLG Köln MDR 1991, 900.
65 MüKo-ZPO/*Braun*, § 592 Rn 16.
66 OLG München OLGR 2007, 440.
67 Musielak/*Voit*, § 592 Rn 12; BGH ZIP 2012, 1599, 1602.
68 BGH NJW-RR 2012, 1242; Zöller/*Greger*, § 592 Rn 16.

Der Urkundenprozess kann dagegen nicht geführt werden, wenn der Kläger nur über 54
eine Kopie verfügt.[69] Nach bestrittener Ansicht[70] soll allerdings auch eine Kopie genügen, wenn sich auch aus dieser der Anspruch begründen lasse. Die Kopie selbst sei dann Urkunde. Ob diese zum Nachweis ausreicht, sei eine Frage der freien Beweiswürdigung. Zu Recht wird dies jedoch bestritten.[71] Soweit der Kläger nur über die Kopie, der Beklagte dagegen über das Original verfügt, kann es sachgerecht sein, dem Beklagten die Vorlage des Originals aufgeben zu lassen. Trägt das Gericht dem nicht Rechnung, muss der Kläger allerdings vom Urkundenprozess Abstand nehmen. Etwas anderes soll sich dann ergeben, wenn der Kläger lediglich die Kopie vorlegt und die Übereinstimmung mit dem Original unstreitig ist.[72]

Hinweis 55

Auch ein Urteil ist eine Urkunde im Sinne von § 417 ZPO, wobei sich aus dieser Urkunde zunächst nur die Tatsache beweisen lässt, dass eine solche Entscheidung ergangen ist.[73] Allerdings ist das Gericht im Urkundenverfahren nicht gehindert zu beurteilen, ob dem Urteil auch im Hinblick auf seine sachliche Richtigkeit Beweiskraft im Urkundenprozess zukommt.[74] Zumindest mag hierin auch ein weiteres Indiz für die Anspruchsbegründung im Zusammenhang mit weiteren Urkunden gesehen werden, sodass Lücken in der Beweisführung geschlossen werden können. In dieser Art und Weise ist auch das Protokoll einer mündlichen Verhandlung, etwa über die Vernehmung eines Zeugen, verwertbar.[75]

Nicht erforderlich ist, dass sich alle den Anspruch begründenden Tatsachen aus einer 56
Urkunde ergeben. Ausreichend ist vielmehr, dass sich diese durch mehrere Urkunden nachweisen lassen.

Hinweis 57

Nicht erforderlich ist auch, dass die Urkunde(n) vom Beklagten herrühren oder von ihm errichtet sind,[76] sodass auch nicht erforderlich ist, dass der Beklagte sich durch die Errichtung der Urkunde dem Urkundenprozess quasi „unterworfen" hat.

Tipp 58

Will der Beklagte, der eine Urkunde über einen Leistungsanspruch errichtet, verhindern, dass der Begünstigte später im Urkundenprozess gegen ihn vorgeht, so kann er

---

69 BGH VersR 1992, 1021 = MDR 1992, 806 = NJW 1992, 829; OLG Düsseldorf MDR 1988, 504; differenzierender: *Zoller*, Die Mikro-, Tele- und Fotokopie im Zivilprozess, NJW 1993, 429.
70 AG Saarbrücken DGVZ 1990, 43; Musielak/*Voit*, § 593 Rn 4.
71 BGH VersR 1992, 1021; OLGR Frankfurt 1995, 235; OLG Frankfurt/M. MDR 1982, 153; OLG Düsseldorf MDR 1988, 504.
72 OLG Koblenz MDR 2006, 888 = OLGR 2006, 460 = JurBüro 2006, 326.
73 OLG Naumburg, Urt. v. 14.5.2002 – 9 U 231/01, n.v.
74 OLG Naumburg a.a.O.; Stein/Jonas/*Leipold*, § 417 Rn 4; BGH NJW 1980, 1000 = MDR 1980, 31.
75 OLGR Rostock 2003, 171.
76 OLG Köln, MDR 2014, 1022, 1023; MüKo-ZPO/*Braun*, vor § 592 Rn 3.

diese Klageform durch Vereinbarung mit dem Begünstigten ausschließen.[77] Ein solcher Vertrag macht die Klage im Urkundenprozess dann unstatthaft mit der Folge, dass die Klage als im Urkundenprozess unstatthaft abzuweisen ist.[78]

59 Ein besonderes Augenmerk muss der Kläger auf die Qualität und die Beweiskraft der Urkunde legen. §§ 415 f. ZPO verlangen, dass eine Urkunde unterschrieben ist. Die Unterschrift gehört damit an das Ende der Urkunde. So hat der BGH[79] die Urkundeneigenschaft bei einem Namenszug am oberen Rand des Schriftstücks verneint. Nichts anderes soll auch für einen neben dem Text befindlichen Namenszug gelten.[80] Neben- und Oberschriften sind dementsprechend keine Unterschriften.

60 Die Echtheit bzw. Unechtheit der Urkunde kann nach § 595 Abs. 2 ZPO nur ihrerseits mit Urkunden oder aber im Wege der Parteivernehmung dargetan werden. Die Beweislast für die Echtheit der den Klageanspruch nachweisenden Urkunden trägt der Kläger.[81] Das Gericht hat hier sodann im Wege der freien Beweiswürdigung zu entscheiden.

61 Unstatthaft ist es dagegen, die Echtheit der Urkunde im Wege des Sachverständigengutachtens oder des Augenscheins nachweisen zu wollen.[82]

62 *Hinweis*

Allerdings reicht es nicht aus, dass der Beklagte allein formell die Echtheit der Urkunde bestreitet. Erforderlich ist vielmehr ein substantiiertes Bestreiten, das nach freier Würdigung[83] des erkennenden Gerichts dazu führt, dass die Echtheit der Urkunde nicht mehr mit hoher Wahrscheinlichkeit unterstellt werden kann.

63 Zu beachten ist weiter § 419 ZPO. Zeigt die Urkunde Durchstreichungen, Radierungen, Einschaltungen oder sonstige Mängel, so kann das Gericht nach freier Überzeugung entscheiden, ob dies die Beweiskraft einer Urkunde ganz oder teilweise aufhebt oder mindert.[84] Dies kann dann zu verneinen sein, wenn in einer maschinenschriftlichen Urkunde eine handschriftliche Eintragung in eine ersichtlich dafür gelassenen Lücke eingefügt wurde, nicht dagegen, wenn es sich erkennbar nicht um eine bewusst freigehaltene Passage handelt.[85]

64 *Tipp*

Sollte der Beklagte auf der Grundlage von § 419 ZPO Einwendungen gegen die Beweiskraft der Urkunde erheben, sollte der Kläger um einen Hinweis des Gerichts nach § 139 ZPO bitten. Soweit das Gericht zu erkennen gibt, der Ansicht des Beklag-

---

77 BGH NJW 2001, 3549, 3550; BGH WM 1973, 144; RGZ 160, 241.
78 BGH NJW 2001, 3549, 3550; MüKo-ZPO/*Braun*, § 592 Rn 8.
79 BGHZ 113, 48.
80 BGH VersR 1992, 1021.
81 BGH NJW 1995, 1683.
82 Zöller/*Greger*, § 595 Rn 7; Musielak/*Voit*, § 595 Rn 9 m.w.N.; a.A. *Becht*, NJW 1991, 1993; diesem zustimmend MüKo-ZPO/*Braun*, § 595 Rn 5.
83 OLG Köln ZIP 1982, 1424; LG Koblenz ZIP 1982, 165.
84 KG BauR 2009, 1178, die dagegen eingelegte Nichtzulassungsbeschwerde wurde später zurückgenommen, BGH v. 25.9.2008 – VII ZR 103/08.
85 OLG Schleswig OLGR 2006, 918 = SchlHA 2007, 192.

ten folgen zu wollen, kann der Kläger nach § 596 ZPO bis zum Schluss der mündlichen Verhandlung noch in das ordentliche Erkenntnisverfahren übergehen.

Ob die Urkunde sodann den geforderten Nachweis erbringt, hat das Gericht im Rahmen der freien Beweiswürdigung zu entscheiden.[86] Dabei kann es auf allgemeine Erfahrungssätze und die sich aus dem Akteninhalt, d.h. insbesondere dem Vortrag der Parteien, ergebenden Indizien zurückgreifen.[87] Auch weitere, dem Gericht bekannte Indizien können berücksichtigt werden.[88] Auf solche Indizien sollten die Bevollmächtigten allerdings ausdrücklich hinweisen, soweit sie nicht sicher davon ausgehen können, dass das erkennende Gericht diese tatsächlich ermittelt und berücksichtigt.

65

Hinweis

66

Die Notwendigkeit, den Beweis durch Urkunden zu führen, bezieht sich nur auf die den Anspruch begründenden Tatsachen, nicht aber auf die das Verfahren selbst betreffenden Tatsachen, sodass Prozessvoraussetzungen, die Prozesseinreden und sonstige prozessuale Tatsachen, wie etwa die Befangenheit eines erkennenden Richters, nicht allein mittels Urkunden bewiesen werden müssen.[89] Hier sind vielmehr auch die übrigen Beweismittel zulässig. Sind solche Tatsachen mit allgemeinen Beweismitteln nachzuweisen, muss der Kläger allerdings bedenken, dass dadurch der mit dem Urkundenprozess bezweckte Beschleunigungseffekt verloren gehen kann. Droht ohnehin ein Nachverfahren, kann es dann sinnvoller sein, unmittelbar das ordentliche Erkenntnisverfahren zu betreiben.

c) Die Vorlage der Urkunde

Die erforderliche Urkunde muss im Original vorhanden sein und im Termin zur mündlichen Verhandlung als solche vorgelegt werden können.[90]

67

Die Urkunden sind jedoch nach § 593 Abs. 2 ZPO schon der Klageschrift im Original oder in beglaubigter Abschrift beizufügen, damit der Beklagte seine Verteidigung hierauf einstellen kann.

68

Tipp

69

Schon wegen der Gefahr des Verlustes sollte immer nur eine beglaubigte Abschrift, nie aber das Original der Beweisurkunde beigefügt werden. Das Original ist nach § 595 Abs. 3 ZPO erst im Termin zur mündlichen Verhandlung vorzulegen. In der Praxis zeigt sich allerdings, dass hierauf meist verzichtet wird, wenn die beglaubigte Abschrift mit der Klageschrift vorgelegt wird und die Übereinstimmung mit dem Original nicht in Zweifel gezogen wird.

---

86 BGH NJW 1995, 1683 = MDR 1995, 628 = WM 1995, 1106; BGH NJW 1985, 2953; BGH WM 1983, 22.
87 BGH MDR 1995, 628.
88 BGH NJW 1974, 1199; MüKo-ZPO/*Braun*, § 592 Rn 16.
89 BGH MDR 1986, 130.
90 OLG Frankfurt/M. MDR 1982, 153 = BB 1982, 205; Zöller/*Greger*, § 597 Rn 10.

70 Handelt es sich bei den Urkunden um fremdsprachige Schriftstücke, kann das Gericht nach § 142 Abs. 3 ZPO anordnen, dass vom Kläger eine Übersetzung beigebracht wird. Um den Beschleunigungseffekt des Urkundenprozesses nicht zu behindern, sollte der Kläger diese Übersetzung für das Gericht und den Beklagten schon der Klageschrift beifügen. Auf ein Exemplar für den Beklagten wird allerdings dann verzichtet werden können, wenn die Urkunde in seiner Muttersprache abgefasst ist.

71 Die Urkunden müssen nicht nur dem für die Gerichtsakten bestimmten Exemplar der Klageschrift in beglaubigter Abschrift beigefügt sein, sondern auch der dem Gegner zuzustellenden Abschrift der Klageschrift.

72 *Hinweis*

Dies gilt auch dann, wenn die Urkunden dem Beklagten bekannt sind. Ein Angebot der Einsichtnahme nach § 131 Abs. 3 ZPO ist in diesem Fall nicht möglich, weil diese Regelung durch § 593 Abs. 2 ZPO verdrängt wird.[91]

73 Ist dies nicht geschehen, so kann dies zwar in einem weiteren Schriftsatz nachgeholt werden, jedoch nur bis zum Beginn der Einlassungsfrist nach § 274 Abs. 3 ZPO, d.h. bis zu zwei Wochen vor dem Termin zur mündlichen Verhandlung. Anderenfalls muss sich der Beklagte weder auf den Urkundenprozess einlassen noch kann ein Versäumnisurteil ergehen.[92]

74 *Tipp*

Wurden die beglaubigten Abschriften der Urkunden dem Beklagten nicht rechtzeitig vorgelegt und hat dieser den Klageanspruch weder anerkannt noch sich rügelos eingelassen,[93] so kann der Kläger nur noch die Vertagung der mündlichen Verhandlung beantragen. Bis zu einer neuen Verhandlung wird dann regelmäßig ein die Einlassungsfrist übersteigender Zeitraum vergehen.

Wird dies abgelehnt, muss er nach § 596 ZPO vom Urkundenprozess Abstand nehmen, wenn er eine Abweisung seiner Klage als im Urkundenprozess unstatthaft nach § 597 Abs. 2 ZPO vermeiden will.[94]

75 Zweifelhaft erscheint nach der ZPO-Reform und in Anwendung von § 531 Abs. 2 ZPO, ob nach der Abweisung der Klage als im Urkundenprozess unstatthaft, weil die Urkunden nicht vorgelegt wurden, diese auch noch in der Berufungsinstanz vorgelegt werden können.[95] Dies wird wohl nur innerhalb der Grenzen des § 531 Abs. 2 ZPO möglich sein.[96]

---

[91] So im Ergebnis auch Musielak/*Voit*, § 593 Rn 4.
[92] MüKo-ZPO/*Braun*, § 593 Rn 6.
[93] OLGR Celle 15, 271.
[94] MüKo-ZPO/*Braun*, § 593 Rn 6.
[95] So aber RGZ 56, 301 und RGZ 108, 389 für das alte Berufungsrecht; dem zustimmend MüKo-ZPO/*Braun*, § 593 Rn 5.
[96] Musielak/*Voit*, § 593 Rn 5.

Ausnahmsweise kann der Beweis auch durch den Antrag angetreten werden, Akten des erkennenden Gerichts – etwa eines vorausgegangenen oder parallelen Verfahrens – beizuziehen. Nicht erforderlich ist dabei, dass es sich um Akten des gleichen Spruchkörpers handelt.[97]

76

Ein Antrag, Urkunden von Dritten – etwa Behörden, anderen Gerichten oder sonstigen natürlichen oder juristischen Personen – beizuziehen, genügt dagegen nicht.[98]

77

> *Tipp*
>
> Hier sollte der Kläger vor der Erhebung der Klage im Urkundenprozess prüfen, ob er gegen den Dritten einen eigenen Anspruch auf Herausgabe von solchen Urkunden, zumindest die Erteilung beglaubigter Abschriften hat. Er sollte dann zunächst diesen Anspruch geltend machen, wenn dies auch in der Gesamtschau noch eine schnelle Prozessführung zulässt.

78

d) Die Ausnahmen vom Urkundenbeweis

Auch wenn der Kläger für die den Anspruch begründenden Tatsachen darlegungs- und beweispflichtig ist, bedarf es nicht in allen Fällen der Führung des Urkundenbeweises.

79

So kann auf die Vorlage einer Urkunde verzichtet werden, wenn die nachzuweisende **Tatsache** beim Prozessgericht **offenkundig** ist. Dies ergibt sich unmittelbar aus § 291 ZPO, der auch im Urkundenprozess Anwendung findet.

80

Eines Urkundenbeweises bedarf es auch dann nicht, wenn der **Beklagte** den Klageanspruch mit oder ohne Vorbehalt seiner Rechte im Nachverfahren **anerkennt**.[99] Insoweit darf der Urkundenprozess den Kläger nicht schlechter stellen, als er in einem ordentlichen Erkenntnisverfahren nach einem Anerkenntnis des Beklagten stehen würde. Der Kläger muss also in diesem Fall nicht zunächst vom Urkundenverfahren Abstand nehmen, um ein Anerkenntnisurteil zu erlangen.

81

Der Urkundenbeweis ist für solche Tatsachen auch im Urkundenprozess entbehrlich, die der Beklagte entweder im Sinne von § 288 ZPO ausdrücklich zugesteht oder jedenfalls im Sinne von § 138 Abs. 3 ZPO nicht bestritten hat.[100] Auf die obigen Darlegungen wird verwiesen. Auch hier gilt, dass der Kläger nicht schlechter zu stellen ist als im ordentlichen Erkenntnisverfahren, wo er zugestandene oder nicht bestrittene Tatsachen ebenfalls nicht beweisen muss. Allerdings darf damit kein Missbrauch des Urkundenprozess begründet werden, sodass ein Urkundenprozess ohne Urkunden weiter unzulässig bleibt. Hier scheitert die Klage schon im Rahmen der Zulässigkeit an der Statthaftigkeit.

82

---

97 BGH NJW 1998, 2280 = MDR 1998, 759.
98 BGH NJW 1994, 3295; BGH NJW 1998, 2280; *Teske*, JZ 1995, 473.
99 MüKo-ZPO/*Braun*, § 592 Rn 12.
100 BGH ZIP 1994, 24; BGH WM 1985, 738; BGHZ 62, 286; OLG Köln VersR 1993, 901; a.A. MüKo-ZPO/*Braun*, § 592 Rn 14; Musielak/*Voit*, § 592 Rn 11.

83 *Hinweis*

Gleichwohl zeigt die Praxis immer wieder Fälle, in denen der Kläger lediglich Kopien, nicht aber die Originale der Urkunden in Händen hält. Aufgrund der Möglichkeit, später noch vom Urkundenprozess Abstand zu nehmen, wird dann der Urkundenprozess betrieben, in dem der Beklagte aufgrund einer bewusst oder unbewusst für ihn nachteiligen Prozessführung die dort niedergelegten Tatsachen zugesteht. Aufgrund dessen wird dann in der mündlichen Verhandlung auf die Vorlage der Urkunden verzichtet. Letztlich hat dann ein Urkundenprozess ohne Urkunde stattgefunden. Es obliegt also dem Beklagten zu rügen, dass der Kläger nicht über das Original der Urkunde verfügt und deshalb die falsche Verfahrensart gewählt wurde. Dafür muss eine Erklärung zu der Frage abgegeben werden, ob die vorgetragenen Tatsachen und damit die Urkunde richtig oder falsch sind.

84 Vom Urkundenbeweis ausgenommen sind auch die Prozessvoraussetzungen, die keinen beweisrechtlichen Beschränkungen unterliegen, sodass deren Nachweis mit allen Beweismitteln geführt werden kann.[101]

85 *Tipp*

Soweit hier eine Beweisführung über Urkunden hinaus erforderlich ist, sollte sich diese auf die Stellung präsenter Zeugen im Termin zur mündlichen Verhandlung beschränken können, da anderenfalls der Beschleunigungseffekt des Urkundenprozesses verloren geht.

86 Wenn ausländisches Recht zur Anwendung kommen kann oder muss, gilt § 293 ZPO uneingeschränkt, sodass auch hier keine Beschränkung auf den Urkundenbeweis stattfindet. Das Gericht kann zur Klärung der ausländischen Rechtsfrage daher auch ein Sachverständigengutachten einholen.[102]

e) Die weiteren Formalien der Klage

87 Wie die Klage im ordentlichen Erkenntnisverfahren ist auch die Klage im Urkundenprozess an keine prozessuale **Frist** gebunden. Insoweit kann sich das Erfordernis, eine Frist zu wahren, allein aus dem materiellen Recht ergeben, etwa dem vertraglichen Ausschluss von Forderungen nach einem gewissen Zeitablauf.

88 Auch hinsichtlich des **Gerichtsstandes** ergeben sich keine Besonderheiten für die Prozessparteien. Anderes gilt lediglich im Wechsel- und Scheckprozess.[103]

89 Für die Frage des **Anwaltszwangs** gilt § 78 Abs. 1 ZPO uneingeschränkt, sodass er ab dem Landgericht als sachlich zuständigem Prozessgericht zu beachten ist.

90 Die **Kammer für Handelssachen** ist im einfachen Urkundenprozess im Rahmen von § 95 Abs. 1 GVG zuständig, wenn es sich bei beiden Prozessparteien um Kaufleute handelt und der Kläger nach § 96 GVG die Klage bei der Kammer für Handelssachen

---

101 Stein/Jonas/*Berger*, § 595 Rn 11; MüKo-ZPO/*Braun*, § 595 Rn 3.
102 BGH MDR 1997, 879 = NJW-RR 1997, 1154.
103 Dazu nachfolgend unter Rdn 213 ff., 228.

erhebt oder der Beklagte nach § 98 GVG die Verweisung der Sache an die Kammer für Handelssachen beantragt.

f) Die Folgen des missglückten Urkundenbeweises

Kann der Kläger den Beweis nicht mit Urkunden führen, ist der Prozess nach § 597 Abs. 2 ZPO „als im Urkundenprozess" oder „in der gewählten Prozessart"[104] unstatthaft abzuweisen. Hierdurch wird die Klage nur als unzulässig abgewiesen, sodass der Kläger nicht gehindert ist, den Anspruch erneut im Wege der ordentlichen Klage geltend zu machen. Insoweit muss der Bevollmächtigte auf die Kontrolle des Tenors besondere Aufmerksamkeit richten. Die Kosten des erfolglosen Urkundenprozesses verbleiben allerdings beim Kläger.

Der Kläger ist aufgrund dieses Urteils auch nicht gehindert, den materiellen Anspruch erneut im Urkundenprozess geltend zu machen, wenn er zu einem späteren Zeitpunkt über „bessere" oder nunmehr überhaupt zu allen anspruchsbegründenden Tatsachen über Urkunden verfügt.[105]

> *Tipp*
>
> Erkennt der Kläger – ggf. erst in der mündlichen Verhandlung und Beweisaufnahme –, dass er den Anspruch im Urkundenprozess nicht wird durchsetzen können, so kann er nach § 596 ZPO ohne Zustimmung des Beklagten vom Urkundenprozess Abstand nehmen und in den ordentlichen Prozess übergehen, sodass ihm dann alle Beweismittel der ZPO offen stehen.

Ist die Klage unzulässig, weil eine der allgemeinen Prozessvoraussetzungen fehlt, so ist diese entsprechend abzuweisen. Zum allgemeinen Verfahren ergeben sich hier keine Besonderheiten. Die Abweisung einer Klage als unzulässig hindert deren erneute Erhebung nicht, wenn der Mangel beseitigt werden kann.

Das Gericht kann die Klage aber auch gänzlich abweisen, wenn diese unschlüssig ist, d.h. wenn der Kläger noch nicht einmal alle anspruchsbegründenden Tatsachen vorgetragen hat. In diesem Fall kommt es auf eine wie auch immer geartete Beweisaufnahme überhaupt nicht an.[106]

> *Hinweis*
>
> Weist das Gericht nach § 139 ZPO darauf hin, dass es die Klage für unschlüssig hält, so muss der Vortrag auf jeden Fall in tatsächlicher und rechtlicher Hinsicht ergänzt werden. Soweit sich der ergänzende sachliche Vortrag als beweisbedürftig darstellt, jedoch nicht mittels Urkunden nachgewiesen werden kann, ist es angeraten, unmittelbar in das ordentliche Erkenntnisverfahren nach § 596 ZPO überzugehen[107] und weitere Beweismittel zu benennen.

---

104 Zöller/*Greger*, vor § 592 Rn 2.
105 MüKo-ZPO/*Braun*, § 592 Rn 17.
106 BGH NJW 1982, 523.
107 Antragsmuster unter Rdn 256.

97 Ob der Kläger im Berufungsverfahren noch vom Urkundenprozess Abstand nehmen kann, ist inzwischen durch den BGH insoweit geklärt, als dass eine Abstandnahme vom Urkundenprozess unter den Voraussetzungen einer Klageänderung möglich ist.[108] Ob darüber hinaus auch die zusätzlichen Voraussetzungen des § 533 Nr. 2 ZPO vorliegen müssen, hat der BGH bislang offen gelassen. In den zitierten Entscheidungen hat der BGH stets darauf verwiesen, dass die Voraussetzungen des § 533 Nr. 2 ZPO jeweils vorlagen.[109]

4. Die Klageerwiderung im Urkundenprozess

a) Die Verteidigungsmöglichkeiten des Beklagten

98 Die Rechtsverteidigung des Beklagten im Urkundenprozess hängt im Wesentlichen davon ab, wie er seine Verteidigung gestalten will.[110] Insoweit ist zu klären, ob und in welcher Weise die Verteidigung erfolgversprechend ist. Hier kann auf die Ausführungen in § 6 Rdn 1 ff. zur Klageerwiderung verwiesen werden.

99 *Hinweis*

Kommt der Beklagte zu dem Ergebnis, dass die Rechtsverteidigung in der Sache weder im Urkundenprozess noch im Nachverfahren Erfolg verspricht und auch keine anderweitigen Interessen für die Aufnahme des Prozesses sprechen, kann er den Anspruch umfänglich anerkennen. Kündigt der Beklagte schriftsätzlich als seinen Antrag im Termin zur mündlichen Verhandlung an, den Klageanspruch unter Verwahrung gegen die Kosten anzuerkennen und auf die Ausführung der Rechte im Nachverfahren zu verzichten, so ist er an diese Entscheidung auch gebunden und kann sie im Termin nicht widerrufen und Klageabweisung beantragen, wenn er nicht schriftsätzlich deutlich gemacht hat, dass er sich die endgültige Entscheidung bis zum Verhandlungstermin vorbehalten wolle.[111]

100 Dabei muss er grundsätzlich beachten, dass Einwendungen in der Sache im Urkundenprozess nach § 598 ZPO als in diesem unstatthaft zurückzuweisen sind, wenn der Beklagte die Einwendungen nicht im Sinne von § 595 Abs. 2 ZPO mit Urkunden oder im Wege der Parteivernehmung nachweisen kann. Der Beklagte unterliegt also den gleichen Beschränkungen wie der Kläger in der Beweisführung.[112]

101 Stehen dem Beklagten keine Einwendungen zu, die er mit den zugelassenen Beweismitteln belegen kann, so kann er sich seine Rechte für das Nachverfahren vorbehalten, ohne dass er im Einzelnen seine Einwendungen darlegen muss. Es genügt insoweit, dass er dem Klageanspruch ausdrücklich oder jedenfalls erkennbar widerspricht.[113]

---

108 BGH NJW 2012, 2662; BGH NJW 2011, 2796, 2797.
109 BGH NJW 2012, 2662; BGH NJW 2011, 2796, 2797.
110 Antragsmuster unter Rdn 253.
111 OLG Stuttgart OLGR 2005, 894.
112 KG Berlin NJW 1997, 1059; Zöller/*Greger*, § 595 Rn 6.
113 OLG Köln NJW 1954, 1085.

102 Der Widerspruch muss dabei entweder im schriftlichen Vorverfahren unter gleichzeitigem Anerkenntnis der Klageforderung mit dem Vorbehalt der Rechte für das Nachverfahren erfolgen, sodass nach § 307 ZPO ein Anerkenntnisvorbehaltsurteil ergehen kann, oder aber in der mündlichen Verhandlung erfolgen. Ein schriftlicher Widerspruch außerhalb des schriftlichen Vorverfahrens mit anschließender Säumnis im Termin zur mündlichen Verhandlung führt anderenfalls zur vorbehaltslosen Klagestattgabe durch Versäumnisurteil.[114]

Hinweis

103 Der Möglichkeit, ein Anerkenntnis allein für den Urkundenprozess abzugeben, kann nicht mit dem Argument entgegengetreten werden, dass das Anerkenntnis mit dem Vorbehalt der Rechte für das Nachverfahren gerade nicht unbedingt sei.[115] Der BGH hat diese Frage bisher offen gelassen.[116] Allerdings hat er dies in entsprechenden Verfahren auch nicht problematisiert, sondern allein in der Sache entschieden.[117] Es ist streng zwischen dem Urkundenprozess und dem Nachverfahren im ordentlichen Erkenntnisverfahren zu trennen. Diese folgen unterschiedlichen Regeln, sodass auch die Frage des Anerkenntnisses und der Säumnis für beide Verfahren gesondert zu betrachten ist. Für den Urkundenprozess erfolgt das Anerkenntnis uneingeschränkt.[118]

104 Beachtet werden muss allerdings, dass das Anerkenntnisvorbehaltsurteil nach § 708 Nr. 1 ZPO ohne Sicherheitsleistung für vorläufig vollstreckbar zu erklären ist und in diesem Fall – anders als nach § 708 Nr. 4 ZPO bei „streitigem" Vorbehaltsurteil – der Beklagte als Schuldner die Zwangsvollstreckung nicht nach § 711 ZPO durch Erbringung einer Sicherheitsleistung abwenden kann.

Tipp

105 Dieses Anerkenntnis unter Vorbehalt empfahl sich zu Zeiten der BRAGO, da sich die Gebühren des Rechtsanwalts bei einem Anerkenntnis reduzierten. Diese Ermäßigung ist mit Einführung des RVG ersatzlos weggefallen. Ein Anerkenntnis unter Vorbehalt führt auch nicht zu einer Reduzierung der Gerichtskosten, da sich der Rechtsstreit gerade nicht insgesamt erledigt, sondern vielmehr im Nachverfahren fortgesetzt werden soll. Demnach stehen dem Nachteil der fehlenden Abwendungsbefugnis keine kostenrechtlichen Vorteile gegenüber. Demzufolge ist von einem Anerkenntnis unter Vorbehalt **dringend abzuraten**. Ein Anerkenntnis kommt demnach nur in Betracht, wenn der Rechtsstreit insgesamt durch Anerkenntnis erledigt werden soll. Beachtet werden sollte hierbei aber immer, dass nach der Reform der Rechtsanwaltsgebühren das Versäumnisurteil i.d.R. insgesamt günstiger ist.[119] Noch günstiger

---

114 MüKo-ZPO/*Braun*, § 599 Rn 3; B/L/H/A/*Hartmann*, § 599 Rn 5.
115 So aber LG Hannover NJW-RR 1987, 384.
116 BGH NJW-RR 1992, 254.
117 Vgl. etwa BGH NJW 2008, 1153.
118 So auch OLG Koblenz MDR 1956, 560; OLG München MDR 1963, 603; MüKo-ZPO/*Braun*, § 599 Rn 4; *Schwarz*, JR 1995, 1; Zöller/*Greger*, § 599 Rn 8.
119 Siehe hierzu § 6 Rdn 21 ff., § 6 Rdn 47 ff.

kann sich die kostenrechtliche Seite darstellen, wenn der Beklagte den Klageanspruch erfüllt und in der Folge beide Parteien den Rechtsstreit in der Hauptsache für erledigt erklären. Beides kommt allerdings nur in Betracht, wenn der vom Kläger verfolgte Anspruch tatsächlich begründet ist, mithin ein Nachverfahren nicht in Betracht kommt.

Anders liegt der Fall nur dann, wenn Versäumnisurteil im Urkundsprozess ergangen ist und der Beklagte direkt ins Nachverfahren wechseln möchte. Ein Versäumnisurteil ist ohnehin gem. § 708 Nr. 2 vorläufig vollstreckbar ohne Sicherheitsleistung. Eine Abwendungsbefugnis gem. § 711 ZPO kommt nicht in Betracht. Allerdings fällt bei Säumnis für den Klägeranwalt nur eine 0,5-fache Termingebühr gem. Ziff. 3105 VV RVG an, die sich bei einem streitigen Nachverfahren auf eine volle Terminsgebühr erhöhen würde.

106 ■ **Checkliste der Prüfungsfolge für den Beklagten im Urkundenprozess**
Der Bevollmächtigte des Beklagten wird daher zunächst die verschiedenen Verteidigungsebenen zu prüfen haben:
- Wie bei jeder Klage, ist am Anfang zu prüfen, ob diese zulässig ist, d.h. die allgemeinen Prozessvoraussetzungen vorliegen.

107 *Hinweis*
Dabei werden insbesondere Fragen der Prozess- und Parteifähigkeit sowie der sachlichen und örtlichen Zuständigkeit des erkennenden Gerichts zu betrachten sein.

108 - Ist die Klage danach unzulässig, muss der Beklagte dies rügen, um eine Bindung des Gerichts an seine abweichende Entscheidung im Nachverfahren zu vermeiden.[120]
- Dann wird zu prüfen sein, ob der geltend gemachte Anspruch durch den Kläger schlüssig dargetan ist. Ist dies nicht der Fall, kann und muss die Klage unmittelbar mit dem Sachabweisungsantrag verfolgt werden,[121] um eine anderweitige Bindung des Gerichts für das Nachverfahren zu vermeiden.[122]

109 *Tipp*
Da die Möglichkeit besteht, dass das Gericht die Klage entgegen der Auffassung des Beklagten als schlüssig ansieht, sollte sich der Beklagte hilfsweise seine Rechte für das Nachverfahren vorbehalten.[123]

110 - Soweit die Klage schlüssig ist, ist zu prüfen, ob die von dem Kläger vorgelegten Urkunden die vom Beklagten zu bestreitenden Tatsachen zunächst nachweisen können. Ist dies nicht der Fall, kann ebenfalls unmittelbar die Klageabweisung verfolgt werden.[124] Zum Hilfsantrag gilt der vorstehende Praxistipp. Es bleibt dann abzuwarten, ob der Kläger vom Urkundenprozess Abstand nimmt.

---

120 Vgl. hierzu nachfolgend Rdn 178 ff., 196.
121 Antragsmuster unter Rdn 253.
122 Hierzu nachfolgend Rdn 178 ff., 196.
123 Hierzu nachfolgend Rdn 125 ff.
124 Antragsmuster unter Rdn 253.

☐ Sind die beiden vorstehenden Voraussetzungen gegeben, muss der Beklagte die Frage beantworten, ob Einwände gegen die Echtheit der Urkunde bestehen. In diesem Fall ist zu prüfen, ob die Unechtheit der Urkunde substantiiert behauptet, besser sogar durch andere Urkunden oder die Parteivernehmung des Klägers nachgewiesen werden kann.[125] Zwar ist der Kläger für die Echtheit der Urkunde beweispflichtig, jedoch muss der Beklagte deren Unechtheit substantiiert darlegen.[126]

> *Hinweis* 111
> Anderenfalls, d.h. wenn die Unechtheit nur mittels Sachverständigengutachten oder Augenschein nachgewiesen werden kann, kann sich der Beklagte darauf beschränken, die Echtheit der Urkunde zu bestreiten und den Nachweis der Unechtheit im Nachverfahren mit den dort zugelassenen Beweismitteln zu bestreiten.[127]

☐ Soweit der Klageanspruch nach den Vorprüfungen im Urkundenprozess begründet ist, ist zu erörtern, ob dem Beklagten Einwendungen gegen den Anspruch zustehen und diese Einwendungen durch Urkunden nachgewiesen werden können. Auch in diesem Fall kann die Klagabweisung in der Sache schon im Urkundenprozess verfolgt werden. 112

> *Hinweis* 113
> Auch hier gilt, dass die maßgeblichen Urkunden mit der Klageerwiderung in beglaubigter Abschrift und im Termin im Original vorzulegen sind.

☐ Stehen dem Beklagten zwar Einwendungen gegen den Klageanspruch zu, ohne dass er diese aber mit Urkunden nachweisen kann, hat er zwei Alternativen:[128] 114

  ☐ Er kann dem Anspruch des Klägers widersprechen und sich seine Rechte für das Nachverfahren vorbehalten.[129] Der Beklagte ist nämlich nicht verpflichtet, sich gegen den materiellen Klageanspruch zu verteidigen.[130] Der bloße Widerspruch genügt, um den Weg ins Nachverfahren offen zu halten.

> *Hinweis*
> In diesem Fall gewinnt der Gläubiger allerdings mit dem Vorbehaltsurteil einen Vollstreckungstitel, aus dem er nach Eintritt der Rechtskraft ohne Sicherheitsleistung vollstrecken kann. Da dem Anspruch lediglich widersprochen und nicht anerkannt wurde, wird das Gericht zugunsten des Beklagten gem. der §§ 708 Nr. 4, 711 ZPO eine Abwendungsbefugnis aussprechen.

  ☐ Er kann die Einwendungen bereits im Urkundenprozess erheben,[131] um den Kläger so zum substantiierten Bestreiten zu zwingen und eventuell unmittelbar durch den Kläger eine Überleitung des Urkundenverfahrens nach § 596 ZPO in das ordentli-

---

125 Antragsmuster unter Rdn 253.
126 BGH NJW 1995, 1683.
127 BGH NJW 1982, 183.
128 Im Einzelnen hierzu unter Rdn 125 ff.
129 Antragsmuster unter Rdn 255.
130 BGH NJW 1988, 1468.
131 Antragsmuster unter Rdn 253.

che Erkenntnisverfahren zu erreichen, was verhindern würde, dass der Kläger in den Besitz eines Vollstreckungstitels gelangt.

> *Hinweis*
>
> Auch in diesem Fall muss sich der Beklagte aber unbedingt seine Rechte für das Nachverfahren vorbehalten, weil er mit den nicht durch Urkunden nachweisbaren Einwendungen ansonsten vorbehaltlos zurückgewiesen wird.

b) Die Beschränkung der Verteidigungsmöglichkeiten

115 **Wird der Anspruch durch den Kläger** mit der Vorlage von Urkunden, die die den Anspruch begründenden Tatsachen beweisen, im Urkundenprozess **geführt**, so führt dies nach §§ 595 Abs. 2, 598 ZPO dazu, dass auch der Beklagte in seiner Beweisführung beschränkt ist.

116 Er kann den Nachweis der **streitigen**[132] Tatsachen, die seine Einwendungen begründen, nur mit Urkunden oder dem Antrag auf Parteivernehmung führen. Dies gilt auch, soweit der Beklagte die Einrede der Verjährung erhebt.[133]

117 *Beispiel*

Der Schuldner möchte gegen die durch Urkunden nachgewiesene Klageforderung aus Darlehen über 10.000 EUR mit einer eigenen – vom Kläger bestrittenen – Forderung in Höhe von 7.000 EUR aus einem Kaufvertrag über einen Pkw aufrechnen. Die Aufrechnung ist möglich, wenn er die Aufrechnungsforderung sowie die Erbringung der Zug-um-Zug-Leistung bzw. den Annahmeverzug bezüglich des Pkw mit Urkunden beweisen kann. Die Aufrechnung ist nämlich eine Einwendung i.S.d. § 598 ZPO.[134]

118 *Tipp*

Hilfsweise sollte sich der Beklagte immer seine Rechte für das Nachverfahren vorbehalten.[135] Werden seine Einwendungen nämlich zurückgewiesen, weil das erkennende Gericht den Nachweis als unzureichend erachtet, würde anderenfalls eine vorbehaltlose Verurteilung erfolgen.

119 Dem Beklagten werden allerdings seine Rechte nur insoweit für das Nachverfahren vorbehalten, wie seine Einwendungen – soweit er diese überhaupt vorträgt – auch schlüssig dargelegt sind. Einreden, die nicht schlüssig sind oder die der Kläger widerlegt hat, werden in den Entscheidungsgründen des (Vorbehalts-)Urteils mit Bindungswirkung für das Nachverfahren zurückgewiesen.[136]

---

132 Zum Umfang der Beweispflicht siehe unter Rdn 137 ff.
133 OLG Thüringen OLG-NL 1999, 68.
134 OLG Düsseldorf MDR 2009 465 = OLGR 2009, 259.
135 Siehe hierzu nachfolgend Rdn 125 ff.
136 BGH NJW 2004, 1159, 1160; BGH WM 1979, 272; BGH NJW 1973, 467; BGH NJW 1960, 576.

Hinweis

Im Nachverfahren kann diese Einrede nach h.M. daher nur noch insoweit berücksichtigt werden, wie der Beklagte neue Tatsachen vorträgt oder neue Beweismittel vorbringt. Dagegen hat die unzutreffende Zurückweisung einer Einrede Bindungswirkung.[137] Will sich der Beklagte gegen eine zu Unrecht zurückgewiesene Einwendung zur Wehr setzen, muss er gegen das Vorbehaltsurteil Berufung einlegen.

c) Die Widerklage und die Aufrechnung im Urkundenprozess

Die Widerklage ist im Urkundenprozess nach § 595 Abs. 1 ZPO grundsätzlich unstatthaft. Dies gilt auch dann, wenn der mit der Widerklage geltend gemachte Anspruch allein mit Urkunden nachgewiesen werden kann, d.h. eine Urkundenwiderklage erhoben werden soll.[138]

Tipp

Hat der Beklagte entgegen § 595 Abs. 1 ZPO Widerklage erhoben, so kann er nach § 145 Abs. 2 ZPO die Abtrennung der Widerklage und deren Verhandlung in einem gesonderten Prozess beantragen. Dabei muss beachtet werden, dass sich die Widerklage durch die Abtrennung zu einer gesonderten eigenständigen Klage wandelt, sodass der Gerichtsstand nicht mehr § 33 ZPO entnommen werden kann. Der Antrag auf Trennung des Verfahrens nach § 145 Abs. 2 ZPO ist deshalb mit einem Verweisungsantrag zu verbinden, wenn am Ort des Widerklagegerichtsstandes nach § 33 ZPO nicht auch ein anderer Gerichtsstand begründet ist.

Der Ausschluss der Widerklage nach § 595 Abs. 1 ZPO gilt nur für den eigentlichen Urkundenprozess, d.h. das Verfahren bis zum Vorbehaltsurteil. Im Nachverfahren kann die Widerklage dann erhoben werden, da es sich hierbei um das ordentliche Erkenntnisverfahren handelt.[139] Ebenso kann eine Urkundenwiderklage im normalen Erkenntnisverfahren erhoben werden, da für diesen Fall § 595 Abs. 1 ZPO nicht gilt.

Dagegen schließt § 595 Abs. 1 ZPO nicht aus, den mit der Widerklage geltend gemachten Anspruch im Wege der Aufrechnung der Klageforderung entgegenzustellen. Dies ist zulässig, solange der Beklagte die Aufrechnungsforderung mit Urkunden belegen kann, §§ 595 Abs. 2, 598 ZPO.[140]

d) Der Vorbehalt der Rechte für das Nachverfahren

Kann der Schuldner die Beweisführung für seine Einreden nicht seinerseits mit Urkunden oder dem Antrag auf Parteivernehmung führen, so ist es zur Wahrung seiner Rechte erforderlich, dass er dem im Urkundenprozess geltend gemachten Anspruch „widerspricht".[141]

---

137 Zum Streitstand vgl. MüKo-ZPO/*Braun*, § 599 Rn 4 m.w.N. und § 600 Rn 12 ff.
138 MüKo-ZPO/*Braun*, § 595 Rn 1.
139 OLG Brandenburg v. 25.4.2007 – 7 U 116/06, n.v.
140 OLG Düsseldorf MDR 2009 465 = OLGR 2009, 259; Zöller-*Greger*, § 595, Rn 3.
141 Antragsmuster unter Rdn 255, 253.

126 In diesem Fall muss das Gericht nach § 599 Abs. 1 ZPO dem Beklagten die „Ausführung seiner Rechte" im Urteil vorbehalten.

127 Ein Widerspruch muss dabei nicht ausdrücklich erklärt werden. Vielmehr ist jedes Verhalten ausreichend, das erkennen lässt, dass der im Urkundenprozess geltend gemachte Anspruch für unberechtigt gehalten wird, so der Klageabweisungsantrag[142] oder die Berufung auf ein Leistungsverweigerungsrecht.[143] Einer besonderen Begründung bedarf es nicht. Allerdings sollte sich ein Bevollmächtigter regelmäßig nicht auf die Auslegung durch das Gericht verlassen, sondern sich eindeutig erklären.

128 *Hinweis*

Fehlt es trotz Widerspruchs an einem solchen Vorbehalt im Urteil, kann der Beklagte nach § 599 Abs. 2 i.V.m. § 321 ZPO die Ergänzung des Urteils verlangen.[144] Beachtet werden muss dabei, dass der Antrag auf Ergänzung des Urteils nach § 321 Abs. 2 ZPO binnen einer Frist von zwei Wochen ab Zustellung des Urteils schriftlich gestellt werden muss.[145] Eine Wiedereinsetzung in den vorigen Stand nach §§ 233 ff. ZPO ist dabei möglich.[146]

129 *Tipp*

Ist die Frist des § 321 Abs. 2 ZPO, nicht aber die Berufungsfrist verstrichen und kommt eine Wiedereinsetzung in den vorigen Stand nicht in Frage, so kann der Beklagte auch Berufung gegen das Urteil mit dem Antrag einlegen, ihm seine Rechte für das Nachverfahren vorzubehalten.[147]

130 Der Beklagte ist auch berechtigt, den Klageanspruch unverzüglich anzuerkennen und sich zugleich seine Rechte für das Nachverfahren vorzubehalten. Die Kostenfolge des § 93 ZPO wird durch ein solches Anerkenntnis allerdings nicht ausgelöst, weil sich aus dem Vorbehalt seine fehlende Leistungsbereitschaft und damit der Anlass für die Klageerhebung ergibt. Die Kosten sind daher nur dann dem Kläger aufzuerlegen, wenn der Beklagte den Klageanspruch vorbehaltlos anerkennt und er zuvor keinen Anlass zur Klageerhebung gegeben hat. Allerdings hindert ein solches Anerkenntnisurteil nicht die Privilegierung hinsichtlich der Gerichtsgebühren nach Nr. 1211 KVGKG.[148]

131 *Hinweis*

Ein „sofortiges" Anerkenntnis im Nachverfahren ist daher nicht mehr möglich.[149]

---

142 OLG Hamm MDR 1982, 415.
143 MüKo-ZPO/*Braun*, § 599 Rn 2.
144 Siehe Antragsmuster unter Rdn 254.
145 Im Einzelnen zum Ergänzungsantrag nach § 321 ZPO siehe § 15 Rdn 86 ff.
146 Hierzu in § 20 Rdn 1 ff.
147 BGH NJW 2004, 1159 = MDR 2004, 825; OLG Schleswig MDR 2005, 350 = OLGR 2004, 534.
148 OLGR Hamburg 2004, 456.
149 OLG Frankfurt v. 1.9.2006 – 23 U 266/05, n.v.; OLG Düsseldorf MDR 1983, 496.

Durch das Anerkenntnis unter gleichzeitigem Vorbehalt aller Rechte für das Nachverfahren wird der Beklagte nicht gehindert, alle seine Einwendungen im Nachverfahren geltend zu machen. Dies gilt auch für die Verjährungseinrede.[150]

132

Der Beklagte kann sich aber auch in der Sache verteidigen und Einwendungen erheben, die den geltend gemachten Anspruch vorübergehend oder dauerhaft zu Fall bringen. Das Gericht muss sich mit diesem Vorbringen auch auseinandersetzen.

133

Soweit es das Vorbringen als unerheblich erachtet, ist dies – ungeachtet der Frage, ob dieses durch Urkunden belegt ist – als solches zurückzuweisen. Dies entfaltet dann auch für das Nachverfahren Bindungswirkung.[151]

134

> *Hinweis*
>
> Im Hinblick auf diese erheblichen Auswirkungen des Klageerwiderungsvorbringens muss auf dessen absolute Schlüssigkeit und Erheblichkeit geachtet werden. Der Rechtsanwalt sollte hier auf jeden Fall um einen dokumentierten Hinweis nach § 139 ZPO bitten, wenn das Gericht den Vortrag als für in der Sache nicht erheblich erachtet.

135

Der Vorbehalt bewirkt sodann nach § 600 Abs. 1 ZPO, dass der Rechtsstreit im ordentlichen Verfahren anhängig bleibt.

136

5. Der eigentliche Urkundenprozess

a) Einwendungen des Beklagten in der Sache

Erhebt der Beklagte substantiiert und schlüssige Einwendungen gegen den vom Kläger geltend gemachten Anspruch, so muss der Kläger hierzu seinerseits vortragen, um eine Klageabweisung zu vermeiden.

137

Der Beklagte muss nämlich – wie der Kläger – erst dann die seine Einwendungen begründenden Tatsachen mit den im Urkundenprozess zulässigen Beweismitteln belegen, wenn diese streitig sind.

138

> *Tipp*
>
> Hat der Beklagte die Einwendungen bereits außergerichtlich erhoben, kann es sich empfehlen, hierzu schon in der Klageschrift vorzutragen. Dem Beklagten, der die maßgeblichen Tatsachen nicht mit Urkunden belegen kann, werden so diese Einwendungen für das Ausgangsverfahren unmittelbar abgeschnitten. Eine zeitliche Verzögerung des Verfahrens wird vermieden.

139

b) Das Bestreiten der Echtheit der vorgelegten Urkunden

Sowohl der Beklagte als auch der Kläger können die **Echtheit der vorgelegten Urkunden** zum Nachweis der streitigen anspruchsbegründenden oder anspruchsvernichtenden Tatsachen, insbesondere die Echtheit der Unterschrift unter der Urkunde bestreiten. Der

140

---

150 BGH NJW 2004, 1159, 1160; BGH NJW-RR 1992, 254 = MDR 1992, 518.
151 BGH NJW 2004, 1159, 1160; *Crückeberg*, Zivilprozessrecht, § 5 Rn 18; a.A. Stein/Jonas/*Berger*, § 600 Rn 26.

Nachweis der Echtheit der Urkunden kann nach § 595 Abs. 2 ZPO dann nur seinerseits mit Urkunden oder aber mit dem Antrag auf Parteivernehmung des vermeintlichen Ausstellers der Urkunde geführt werden.

141 *Hinweis*

Im Nachverfahren kann der Nachweis der Echtheit oder Unechtheit der Urkunden dann auch im Wege des Sachverständigenbeweises durch ein graphologisches Gutachten oder durch einen Schriftvergleich im Wege des Augenscheins geführt werden. Zum Teil wird allerdings auch schon im Ausgangsverfahren der Nachweis der Echtheit der Urkunde durch ein schriftliches Sachverständigengutachten oder den gerichtlichen Schriftvergleich für zulässig erachtet, sofern der Beschleunigungseffekt des Verfahrens dem nicht entgegensteht.[152] Der Beklagte müsste in diesem Fall wohl ein entsprechendes Privatgutachten vorlegen, wobei dieses von einem öffentlich bestellten und vereidigten Sachverständigen stammen sollte. Die Gutachterkosten können als Kosten des Verfahrens im Kostenfestsetzungsverfahren geltend gemacht werden.

c) Der Übergang in das ordentliche Erkenntnisverfahren

142 Der Kläger[153] kann nach § 596 ZPO bis zum Schluss der mündlichen Verhandlung von der Durchführung des Urkundenprozesses in der Weise absehen, dass der Rechtsstreit als solcher im ordentlichen Erkenntnisverfahren anhängig bleibt.

143 Die Abstandnahme kann sich auch auf einen selbstständigen Teil des Anspruches beschränken.[154] Der Prozess ist dann nach § 145 ZPO zu trennen und einerseits im Urkundenprozess und andererseits im ordentlichen Erkenntnisverfahren fortzusetzen. Zum Teil wird die Auffassung vertreten, dass der Prozess zunächst nach § 145 ZPO zu trennen sei und dann erst eine Abstandnahme in dem einen Prozess möglich ist.[155] Dies würde die Zulässigkeit der teilweisen Abstandnahme von der im Ermessen stehenden Trennung des Verfahrens abhängig machen.

144 Eine hilfsweise erklärte Abstandnahme für den Fall, dass das Gericht die Klage als im Urkundenprozess unstatthaft erachtet, ist dagegen unzulässig.[156]

145 Die Erklärung, dass vom Urkundenprozess Abstand genommen wird, ist Prozesshandlung und deshalb nicht widerrufbar.[157] Grundsätzlich ist die Abstandnahme, insbesondere von einem Bevollmächtigten, deshalb auch ausdrücklich zu erklären und dem Gericht bei der Annahme einer konkludenten Abstandnahme außerordentliche Zurückhaltung auferlegt.[158]

---

152 *Becht*, NJW 1991, 1993; diesem zustimmend MüKo-ZPO/*Braun*, § 595 Rn 5.
153 Antragsmuster unter Rdn 256.
154 Hierzu BGH MDR 2003, 889 = NJW 2003, 2386 = AnwBl 2004, 61; Stein/Jonas/*Schlosser*, § 596 Rn 6; B/L/H/A/*Hartmann*, § 596 Rn 3 (allerdings unklar unter Rn 7); Musielak/*Voit*, § 596 Rn 4; MüKo-ZPO/*Braun*, § 596 Rn 5.
155 OLGR Karlsruhe 1998, 94; Zöller/*Greger*, § 596 Rn 2; a.A. Musielak/*Voit*, § 596 Rn 4.
156 Musielak/*Voit*, § 596 Rn 5 m.w.N.
157 BGH NJW 2011, 2796; Musielak/*Voit*, § 596 Rn 3; Zöller/*Greger*, § 596 Rn 10.
158 BGH NJW 1982, 2258.

Hinweis

146

Unter Berücksichtigung wirtschaftlicher Belange, insbesondere eines absehbaren Vermögensverfalls des Gegners, kann es allerdings sinnvoll sein, in der Weise wieder zum Urkundenverfahren überzugehen, dass die Klage im normalen Erkenntnisverfahren zurückgenommen wird und diese dann im Urkundenverfahren erneut erhoben wird, wenn der Beklagte einer Klageänderung nach § 263 ZPO nicht zustimmt und das Gericht dies auch nicht für sachdienlich erachtet. Allerdings trägt der Kläger insoweit jedenfalls die Mehrkosten der Klagerücknahme.

Der Zustimmung des Beklagten zur Abstandnahme vom Urkundenprozess bedarf es nicht. Dessen Rechte werden hinreichend dadurch gewahrt, dass der Prozess als solcher anhängig bleibt, der Kläger sich von seiner Klage also nicht – ohne Zustimmung des Beklagten und einer entsprechenden Kostentragungspflicht – gänzlich lösen kann. Der besondere Vorteil für den Kläger liegt also allein in der fortdauernden Rechtshängigkeit.

147

Hinweis

148

Eine Abstandnahme vom Urkundenprozess ist nach bestrittener Ansicht[159] auch noch in der Berufungsinstanz zulässig. Allerdings geht dann dem Beklagten eine Instanz verloren, sodass die Abstandnahme hier von der Zustimmung des Beklagten oder aber der Sachdienlichkeit abhängt.[160] In diesem Fall wird nämlich das in erster Instanz noch anhängige Nachverfahren gegenstandslos und der Prozess abschließend in der zweiten Instanz fortgesetzt.[161] Vorgeschlagen wird auch, die Abstandnahme im Berufungsverfahren zuzulassen, allerdings nur mit der Maßgabe, dass das Vorbehaltsurteil ohne Weiteres aufgehoben und der Rechtsstreit nach § 538 Abs. 2 Nr. 5 ZPO an die erste Instanz zurückverwiesen wird.[162]

Ein solches Absehen von einem im Urkundenprozess begonnenen Rechtsstreit wird insbesondere dann in Betracht kommen, wenn

149

- der Kläger die streitigen anspruchsbegründenden Tatsachen nicht mit Urkunden nachweisen kann,
- der Kläger die vom Beklagten erhobenen und durch Urkunden nachgewiesenen Einwendungen nicht seinerseits mit Urkunden zu Fall bringen kann,
- der Kläger zwar die anspruchsbegründenden Tatsachen mit Urkunden belegen kann, der Beklagte aber erhebliche Einwendungen erhoben hat und sich die Rechte für das Nachverfahren vorbehalten möchte, sodass der Kläger ernsthaft damit rechnen muss, seinen Anspruch am Ende nicht durchsetzen zu können.

---

159 OLG Celle OLGR 2005, 514 = MDR 2006, 111.
160 KG v. 18.12.2007 – 6 U 63/07, IBR 2008, 129 (Leitsatz); BGHZ 29, 337 = NJW 1959, 886; OLG Frankfurt/M. MDR 1988, 326; OLG Celle OLGR 1996, 32; MüKo-ZPO/*Braun*, § 596 Rn 3; ablehnend: Musielak/*Voit*, § 596 Rn 7, nach dem eine Abstandnahme in der Berufungsinstanz jederzeit, auch ohne Einhaltung der strengen Voraussetzungen des § 533 Nr. 2 ZPO, zulässig ist.
161 BGHZ 29, 337 = NJW 1959, 886.
162 MüKo-ZPO/*Braun*, 3. Aufl., § 596 Rn 3 m.w.N. aus der Literatur in Fn 9.

150 *Hinweis*

Wird vom Urkundenprozess nach § 596 ZPO Abstand genommen und das Verfahren dann im ordentlichen Erkenntnisverfahren fortgesetzt, so entstehen alle Gebühren erneut. Nach § 17 Nr. 5 RVG stellen das Urkundenverfahren einerseits und das Nachverfahren oder das ordentliche Verfahren nach der Abstandnahme vom Urkundenprozess verschiedene Angelegenheiten dar, in denen jeweils die 1,3 Verfahrensgebühr nach Nr. 3100 VV und ggf. die 1,2 Terminsgebühr nach Nr. 3104 VV anfällt. Allerdings ist die Verfahrensgebühr des Urkundenverfahrens nach der Bemerkung in Abs. 2 zu Nr. 3100 VV auf die Verfahrensgebühr für das nachfolgende Verfahren anzurechnen, sofern der Rechtsstreit anhängig bleibt. Insoweit ist eine sorgfältige Prüfung des Rechtsanwaltes angezeigt, ob tatsächlich alle Tatsachen durch Urkunden nachgewiesen werden können. Auch ist mit dem Mandanten zu erörtern, mit welchen Einwendungen des Beklagten zu rechnen ist und ob dieser in der Lage sein kann, diese mit Urkunden zu belegen. Anderenfalls besteht für den Rechtsanwalt bezüglich der zusätzlichen Kosten ein Haftungsrisiko. Auf jeden Fall sollte der Mandant bei der Belehrung über die Möglichkeiten und Chancen eines Urkundenverfahrens auf diese besonderen Kostenfolgen – schriftlich – hingewiesen werden.

151 Die Abstandnahme kann entweder durch eine entsprechende Erklärung in der mündlichen Verhandlung oder aber durch einen – vom Gericht dem Beklagten dann zuzustellenden – Schriftsatz[163] erfolgen.[164]

152 Nach der erfolgten Abstandnahme vom Urkundenprozess durch den Kläger wird das Verfahren im ordentlichen Erkenntnisverfahren unter Fortbestand der Rechtshängigkeit und der bisherigen Ergebnisse der Beweisaufnahme fortgesetzt.[165] Auch andere Prozesshandlungen und Entscheidungen haben grundsätzlich Bestand.

153 *Hinweis*

Erklärt der Kläger erst in der mündlichen Verhandlung die Abstandnahme vom Urkundenprozess und ist der Beklagte nicht erschienen, weil er die Klage in dieser Prozessart für unstatthaft gehalten hat, so darf nun gem. § 335 Abs. 1 Nr. 3 ZPO kein Versäumnisurteil gegen ihn ergehen.[166] Vielmehr ist der Rechtsstreit zu vertagen und dem Beklagten Gelegenheit zur Äußerung zu geben.[167]

d) Die Wirkungen des Vorbehaltsurteils

154 Das Vorbehaltsurteil führt dann dazu, dass ein Endurteil vorliegt, gegen das einerseits der Beklagte mit der Berufung vorgehen kann, aus dem andererseits der Kläger aber auch vollstrecken kann, § 599 Abs. 3 ZPO. Gleichzeitig bleibt der Rechtsstreit nach § 600 Abs. 1 ZPO im ordentlichen Verfahren anhängig.

---

163 Muster unter Rdn 256.
164 OLG Naumburg NZM 1999, 1007; Musielak/*Voit*, § 596 Rn 2; MüKo-ZPO/*Braun*, § 596 Rn 2 m.w.N.
165 Musielak/*Voit*, § 596 Rn 9.
166 MüKo-ZPO/*Braun*, § 596 Rn 6.
167 Musielak/*Voit*, § 596 Rn 9.

155 Das Urteil im Urkundenprozess ist nach § 708 Nr. 4 ZPO ohne Sicherheitsleistung für vorläufig vollstreckbar zu erklären. Der Beklagte kann die Vollstreckung lediglich über den Ausspruch des Gerichts nach § 711 ZPO seinerseits gegen Sicherheitsleistung abwenden.

156 Die vorläufige Vollstreckbarkeit endet mit der formellen Rechtskraft des Urteils. Dies gilt auch dann, wenn sich der Beklagte seine Rechte für das Nachverfahren vorbehalten hat, d.h. der Rechtsstreit über die Ansprüche aus dem Grundgeschäft fortgesetzt wird.

157
> *Tipp*
> Ist das Vorbehaltsurteil formell rechtskräftig, muss der Beklagte jedoch gleichwohl die Vollstreckung nicht ohne Weiteres uneingeschränkt dulden. Vielmehr kann er nach § 707 ZPO die einstweilige Einstellung der Zwangsvollstreckung gegen Sicherheitsleistung beantragen.[168] Ist der Beklagte zur Sicherheitsleistung nachweisbar nicht in der Lage und droht ihm ein irreparabler Schaden durch die Zwangsvollstreckung, so kann die Zwangsvollstreckung ausnahmsweise auch ohne Sicherheitsleistung eingestellt werden.

158 Ergeht ein Vorbehaltsurteil, verbleibt das Verfahren nach § 600 Abs. 1 ZPO in der gleichen Instanz anhängig und wird dort in das ordentliche „Nachverfahren" übergeleitet. Hierfür ist allerdings regelmäßig ein Antrag des Beklagten[169] oder aber ein solcher des Klägers[170] erforderlich.

e) Die Klageabweisung im Urkundenprozess

159 § 597 ZPO trifft besondere Regelungen für die Abweisung der Klage im Urkundenprozess. Dabei kommen drei Arten der Klageabweisung in Betracht, die jeweils unterschiedliche Rechtsfolgen nach sich ziehen:

- Die **Klage** kann als **unzulässig** abgewiesen werden, wenn die allgemeinen Prozessvoraussetzungen aufseiten des Klägers oder des Beklagten nicht vorliegen.
  Wird der Mangel beseitigt, kann der Kläger daher erneut Klage sowohl im Urkundenprozess als auch im ordentlichen Erkenntnisverfahren erheben.[171]
- Ist die **Klage** dagegen **unbegründet**, weil der mit der Klage verfolgte Anspruch nicht besteht, so ist die Klage abschließend abzuweisen.
  Erforderlich ist insoweit, dass die Klage ungeachtet der Einschränkungen des Urkundenprozesses keinen Erfolg haben kann, die Klage also entweder unschlüssig ist oder durch begründete und mit den zulässigen Beweismitteln nachgewiesene Einwendungen des Beklagten zu Fall gebracht wurde.
  In diesem Fall ist kein Raum für eine erneute Klage, da das Gericht abschließend in der Sache entschieden hat. Einer erneuten Klage würde der Einwand der Rechtskraft entgegenstehen.

---

168 Antragsmuster unter Rdn 260.
169 Antragsmuster unter Rdn 257, 259.
170 Antragsmuster unter Rdn 259.
171 MüKo-ZPO/*Braun*, § 597 Rn 2; Musielak/*Voit*, § 597 Rn 7.

160 *Hinweis*

Erscheint der Kläger in der mündlichen Verhandlung nicht, so ergeht auf Antrag des Beklagten auch insoweit ein die Klage in der Sache als unbegründet abweisendes Versäumnisurteil. Will der Kläger seinen Anspruch nicht abschließend verlieren, muss er also gegen das Versäumnisurteil Einspruch einlegen und bei einem Mangel an Urkunden als Beweismittel den Rechtsstreit in der mündlichen Verhandlung in das ordentliche Erkenntnisverfahren nach § 596 ZPO überleiten und die Vertagung beantragen.

161 *Tipp*

Will der Kläger bei Einwendungen des Beklagten, die mit den zulässigen Beweismitteln nachgewiesen sind, einer Abweisung in der Sache entgehen, weil er diesen nur mit im Urkundenprozess unzulässigen Beweismitteln wie etwa Zeugen oder einem Gutachten entgegentreten kann, so muss er den Einwendungen widersprechen und zugleich den Urkundenprozess in das ordentliche Erkenntnisverfahren überführen.[172] Ohne die Überführung ins ordentliche Erkenntnisverfahren würde die Klage nur als im Urkundenprozess unstatthaft nach § 597 Abs. 2 ZPO abgewiesen, sodass eine neue Klage möglich bleibt.

162
- Ergeht ein in der Sache die Klage abweisendes Urteil und erwächst dieses in Rechtskraft, kann eine neue Klage mit einem identischen Streitgegenstand weder im Urkundenprozess noch im ordentlichen Erkenntnisverfahren erhoben werden.
- Ist die Klage an sich schlüssig, **ohne** dass der Kläger aber alle erforderlichen streitigen und damit beweisbedürftigen Tatsachen **mit den zulässigen Beweismitteln, d.h. Urkunden oder der Parteivernehmung, nachweisen** kann, so ist er mit seiner Klage nach § 597 Abs. 2 ZPO als im Urkundenprozess unstatthaft abzuweisen. Anderes gilt also nur dann, wenn der Beklagte den Anspruch anerkennt oder die den Anspruch begründenden Tatsachen zugesteht oder deren Vorliegen gerichtsbekannt oder offenkundig ist.

Dies gilt auch für die Säumnis des Beklagten. In diesem Fall soll die Geständnisfiktion nach § 331 Abs. 1 S. 1 ZPO nicht gelten,[173] sodass die Urkundenklage nur dann zum Erfolg führen kann, wenn alle den Anspruch begründenden Tatsachen durch Urkunden belegt sind. Als zugestanden gilt allein die Echtheit der vorgelegten Urkunden.

Das Gleiche gilt, wenn der Kläger die vom Beklagten erhobenen und in der nach §§ 595 Abs. 2, 598 ZPO erforderlichen Form nachgewiesenen Einwendungen nicht seinerseits im Wege des Urkundenbeweises, sondern nur mit sonstigen Beweismitteln zu Fall bringen kann.

---

172 Antragsmuster unter Rdn 259.
173 BGH NJW 1974, 1199; Zöller/*Greger*, § 597 Rn 9.

Erforderlich ist in diesem Fall aber, dass er entweder den Gegenbeweis mit im Urkundenprozess unzulässigen Beweismitteln antritt[174] oder der Einwendung auch nur einfach widerspricht.[175] Anderenfalls würde die Klage als unbegründet abgewiesen und damit eine neue Klage ausgeschlossen sein.

Tipp 163

Der Kläger kann aber auch unmittelbar vom Urkundenprozess nach § 596 ZPO Abstand nehmen[176] und den Rechtsstreit im ordentlichen Erkenntnisverfahren fortsetzen und so gegenüber einem neuen Prozess zumindest die 1,3 Verfahrensgebühr durch die nach der Bemerkung in Abs. 2 zu Nr. 3100 VV notwendige Anrechnung sparen. Nimmt also der Kläger vom Urkundenverfahren Abstand, bevor die Termingebühr angefallen ist, bleibt dieser Wechsel der Verfahrensart gebührenrechtlich unerheblich.

Achtung! 164

Besondere Probleme können sich ergeben, wenn der Beklagte mit einer unstreitigen Gegenforderung aufrechnet. In diesem Fall muss der Kläger mit Urkunden nachweisen können, dass er die Gegenforderung auf eine andere ihm zustehende Forderung verrechnet hat, um der abschließenden Klageabweisung zu entgehen.[177]

- Wird die Klage als im Urkundenprozess unstatthaft abgewiesen, erwächst auch diese 165 Entscheidung in Rechtskraft. Sie schließt allerdings zunächst eine neue Klage allein im Urkundenprozess aus. Der Kläger ist also nicht gehindert, eine neue Klage mit identischem Streitgegenstand im ordentlichen Erkenntnisverfahren zu erheben.

Hinweis 166

Die Rechtskraft eines solchen Urteils steht auch einer erneuten Klage im Urkundenprozess nicht entgegen, wenn der Kläger neue zusätzliche Urkunden als Beweismittel vorlegen kann.[178]

- Treffen mehrere Abweisungsgründe zusammen, ist zunächst die Abweisung als unzu- 167 lässig in Betracht zu ziehen, nachfolgend die Abweisung als unbegründet in der Sache und erst an letzter Stelle die Abweisung als im Urkundenprozess unstatthaft.

f) Die Säumnis des Beklagten

Anders als im ordentlichen Erkenntnisverfahren hat die Säumnis im Urkundenprozess 168 nur eine eingeschränkte Geständnisfiktion. In diesem Fall soll § 331 Abs. 1 S. 1 ZPO nicht gelten,[179] sodass die Urkundenklage nur dann zum Erfolg führen kann, wenn alle den Anspruch begründenden Tatsachen durch Urkunden belegt sind.

---

174 BGHZ 50, 112 = NJW 1968, 1379.
175 MüKo-ZPO/*Braun*, § 597 Rn 4.
176 Antragsmuster unter Rdn 259.
177 Im Einzelnen zu diesem Problemkreis BGH NJW 1986, 2767.
178 MüKo-ZPO/*Braun*, § 597 Rn 8; a.A. Musielak/*Voit*, § 597 Rn 9, es sei denn, die neuen Beweismittel sind erst nach der Rechtskraft der Ausgangsentscheidung entstanden.
179 BGH NJW 1974, 1199.

169 Als zugestanden gelten bei der Säumnis des Beklagten daher nur die Echtheit der Urkunde und die Übereinstimmung der Abschrift mit dem Original. Keines Beweises bedarf es darüber hinaus der offenkundigen, gerichtsbekannten oder in früheren Verhandlungen zugestandenen Tatsachen.[180]

170 Das Gericht und auch der Rechtsanwalt müssen damit prüfen, ob der Anspruch schlüssig begründet ist und die den Anspruch begründenden Tatsachen mit den vorgelegten Urkunden zu beweisen sind.

171 *Hinweis*

Diese Auffassung stellt den Kläger im Urkundenprozess zu Unrecht schlechter als im ordentlichen Erkenntnisverfahren. Angesichts der entgegenstehenden Rechtsprechung wird dem jedoch nur mit einem nicht unerheblichen Prozesskostenrisiko entgegengetreten werden können. Angesichts des Alters der Entscheidungen erscheint dies aber nicht gänzlich aussichtslos.

172 Anderenfalls ergeht ein unechtes, die Klage abweisendes Versäumnisurteil, wenn der Kläger die den Anspruch begründenden Tatsachen nicht mit Urkunden nachweisen kann.

173 Ist der geltend gemachte Anspruch dagegen schlüssig dargetan und lassen sich die den Anspruch begründenden Tatsachen mittels Urkunden belegen, so ergeht ein – vorbehaltsloses – Versäumnisurteil[181] gegen den Beklagten.

174 *Hinweis*

Will sich der Beklagte hier seine Rechte für das Nachverfahren vorbehalten, so muss er zunächst gegen das Versäumnisurteil form- und fristgerecht Einspruch einlegen, um dann durch einen Widerspruch seine Rechte für das Nachverfahren vorzubehalten.[182]

g) Die Kosten des Verfahrens

175 Im Urkundenprozess fallen für den Rechtsanwalt zunächst die Gebühren der Nr. 3100 VV und Nr. 3104 VV, d.h. die 1,3 Verfahrensgebühr und die 1,2 Terminsgebühr an. In Betracht kommt auch der Anfall der Einigungsgebühr nach Nr. 1003 VV, sofern der Rechtsstreit auf diese Weise endgültig abgeschlossen wird, oder die Mehrvertretungsgebühr nach Nr. 1008 VV. Hinzu kommen jeweils die Auslagenpauschale und die Umsatzsteuer.

176 Kommt es später zum Nachverfahren oder nimmt der Kläger vom Urkundenverfahren Abstand und der Streit wird im ordentlichen Erkenntnisverfahren fortgesetzt, handelt es sich um zwei verschiedene Angelegenheiten, sodass alle Gebühren erneut entstehen. Allein die 1,3 Verfahrensgebühr aus dem Urkundenverfahren wird auf die 1,3 Verfahrensgebühr des nachfolgenden Verfahrens angerechnet, sodass diese im Ergebnis nur

---

180 Musielak/*Voit*, § 597 Rn 12.
181 Zöller/*Greger*, § 599 Rn 6; MüKo-ZPO/*Braun*, § 597 Rn 7; differenzierter: Musielak/*Voit*, § 597 Rn 13, wenn der Beklagte bereits in einer früheren Verhandlung widersprochen hat.
182 Antragsmuster unter Rdn 255.

einmal entsteht. Nicht angerechnet wird dagegen die Auslagenpauschale, sodass diese im Ergebnis zweimal anfällt. Die Praxis zeigt, dass dies immer wieder übersehen wird und der Rechtsanwalt sich so selbst schadet.

Für die Gerichtskosten handelt es sich um ein vollwertiges Prozessverfahren erster Instanz, sodass grundsätzlich nach Nr. 1210 KVGKG drei Gerichtsgebühren anfallen. Diese fallen für das Ausgangsverfahren im Urkundenprozess und das Nachverfahren nur einmal an.[183] Die Ermäßigungsmöglichkeiten der Nr. 1211 KVGKG, insbesondere bei der Klagerücknahme, einem Anerkenntnis und einem Vergleich, auf eine Gerichtsgebühr gelten dabei auch im Urkundenprozess. Eine Ermäßigung der Gerichtsgebühren findet auch dann statt, wenn das Anerkenntnis unter dem Vorbehalt der Rechte für das Nachverfahren erfolgt.[184] 177

6. Das Nachverfahren zum Urkundenprozess

a) Die Einleitung des Nachverfahrens

Wird dem Beklagten die Ausführung seiner Rechte im Nachverfahren im Urteil vorbehalten, bleibt der Rechtsstreit nach § 600 Abs. 1 ZPO im ordentlichen Verfahren anhängig. Fehlt es an einem solchen Vorbehalt, ist der Rechtsstreit abschließend erledigt. Voraussetzung des Nachverfahrens ist immer ein wirksames Vorbehaltsurteil.[185] 178

> *Tipp* 179
> Hat der Beklagte beantragt, ihm die Rechte für das Nachverfahren vorzubehalten und hat das Gericht diesen Antrag übergangen, so muss zunächst eine Urteilsergänzung in der zweiwöchigen Frist des § 321 ZPO beantragt[186] werden. Hat der Beklagte diese Frist versäumt, kommt nur die Berufung gegen das Vorbehaltsurteil in Betracht, in der die Beweisführung aber ebenfalls auf Urkunden beschränkt bleibt.

Wenn die Klage abgewiesen wird oder der Klage unter Zurückweisung des Vorbehaltes in vollem Umfange stattgegeben wird, kommt ein Nachverfahren nicht in Betracht. Das Urteil kann in diesem Fall vielmehr allein mit der Berufung angegriffen werden. 180

Der Rechtsstreit wird im Nachverfahren allerdings nicht von Amts wegen, sondern nur auf Antrag des Beklagten[187] oder des Klägers[188] fortgesetzt. Dies gilt jedenfalls dann, wenn nicht unmittelbar in der letzten mündlichen Verhandlung, die zum Vorbehaltsurteil führt, im Nachverfahren – was möglich ist[189] – weiterverhandelt wird.[190] Wird ein solcher Antrag nicht binnen sechs Monaten gestellt, legt das Gericht die Akte ab. Dies hat nach § 204 Abs. 2 ZPO zur Folge, dass die Verjährung möglicherweise durch das Urkunden- 181

---

183 Zöller/*Greger*, Vor § 592 Rn 8.
184 OLGR Hamburg 2004, 456.
185 KG KGR 2006, 916.
186 Antragsmuster hierzu unter Rdn 254.
187 Antragsmuster unter Rdn 257.
188 Antragsmuster unter Rdn 259.
189 BGH NJW 1973, 467.
190 NJW 1983, 1111 (II.3.); Musielak/*Voit*, § 600 Rn 2.

verfahren gehemmter Ansprüche wieder läuft. Das Verfahren muss dann also auch wieder aufgerufen werden.

182 Im Rahmen des Dispositionsgrundsatzes obliegt es den Parteien des Verfahrens, ob sie den Rechtsstreit aufgrund des zunächst als Endurteil existenten Vorbehaltsurteils auf sich beruhen lassen oder aber eine tatsächliche Fortsetzung im Nachverfahren anstreben.[191] Die Praxis zeigt, dass dieser Auffassung jedenfalls die Mehrheit der Gerichte rein tatsächlich folgt, wenn auch ohne ausdrückliche Begründung.

183 *Hinweis*
Auch der Kläger kann grundsätzlich ein Interesse an der Durchführung des Nachverfahrens haben, wenn er die Ansprüche aus dem Grundverhältnis endgültig geklärt wissen will, etwa um Rückstellungen für die Sicherung des möglichen Schadensersatzanspruches des Beklagten wegen der betriebenen Vollstreckung nach § 717 Abs. 2 ZPO zu vermeiden.

184 *Tipp*
Hat der Beklagte erkannt, dass seine vorbehaltenen Einwendungen gegen den im Vorbehaltsurteil titulierten Anspruch des Klägers nicht bestehen oder er diese jedenfalls nicht wird nachweisen können, so kann er die Einleitung des Nachverfahrens durch den Kläger und die damit entstehenden weiteren Kosten durch einen Verzicht auf das Nachverfahren und den Vorbehalt seiner Rechte[192] verhindern.[193] Die Erklärung ist dem Kläger zuzustellen. Das Gericht sollte hierüber informiert werden. Damit ist das Verfahren beendet. Weder durch den Kläger noch durch den Beklagten kann das Nachverfahren jetzt beantragt werden. Einer Änderung des Vorbehaltsurteils bedarf es nicht. Dieses erwächst vielmehr in materieller Rechtskraft.

185 Eine Frist für die Einleitung des Nachverfahrens wird allerdings abzulehnen sein. Insbesondere die Frist des § 339 ZPO[194] erscheint mit zwei Wochen zu kurz bemessen, um den Parteien tatsächlich eine abschließende Entscheidung abzuverlangen, ob die vorbehaltenen Rechte aufrechterhalten und weiter verfolgt werden sollen. Losgelöst davon wird es bereits aus dem Grundsatz des rechtlichen Gehörs schwierig, wenn nicht unmöglich sein, aus einer fristungebundenen Prozesshandlung im Wege einer Analogie eine fristgebundene Prozesshandlung zu kreieren, bei deren Ablauf ein Rechtsverlust eintritt. Allerdings kommt eine Verwirkung des Antragsrechtes in Betracht, wenn der Beklagte über einen längeren Zeitraum nicht zu erkennen gegeben hat, dass er seine Rechte im Nachverfahren noch weiter verfolgen möchte.[195] Der Tatbestand der Verwirkung ist allerdings zurückhaltend zur Anwendung zu bringen, da es dem Kläger offensteht, seinerseits den Beklagte zum Verzicht auf das Nachverfahren und den Vorbehalt

---

191 Wie hier Stein/Jonas/*Berger*, § 600 Rn 13; a.A. wohl MüKo-ZPO/*Braun*, § 600 Rn 4; OLG Celle WM 1993, 1958.
192 MüKo-ZPO/*Braun*, § 600 Rn 5; Stein/Jonas/*Berger*, § 600 Rn 13.
193 Schriftsatzmuster unter Rdn 258.
194 So Stein/Jonas/*Berger*, § 600 Rn 13.
195 OLG Frankfurt/M. MDR 1990, 256 bei einem Antrag auf Durchführung des Nachverfahrens nach fünf Jahren und zwischenzeitlichen Bitten des Beklagten auf Einräumung von Ratenzahlungsmöglichkeiten beim Kläger.

aufzufordern und für den Fall, dass der Beklagte hierauf nicht reagiert, die Durchführung des Nachverfahrens zu betreiben. Der Kläger kann sich also im Ergebnis die notwendige Sicherheit durch eigenes Tun verschaffen.

Beantragt der Beklagte die Durchführung des Nachverfahrens, so muss sein Antrag dahin gehen, das Vorbehaltsurteil aufzuheben und die Klage abzuweisen.[196]

Beantragt der Kläger die Durchführung des Nachverfahrens, so ist sein Antrag darauf gerichtet, das Vorbehaltsurteil für vorbehaltlos zu erklären[197] und so endgültige Sicherheit im Hinblick auf die abschließende Titulierung des geltend gemachten Anspruchs zu erlangen. Wenn das erstinstanzliche Gericht im Urkundenprozess die Klage im Nachverfahren für begründet hält und das Vorbehaltsurteil für vorbehaltlos erklärt, während der Urkundenprozess zur gleichen Zeit in der Rechtsmittelinstanz anhängig ist, wird das stattgebende Urteil im Nachverfahren nur unter der auflösenden Bedingung der Aufhebung des Vorbehaltsurteils rechtskräftig, was darauf beruht, dass der Beklagte im Nachverfahren die Bindungswirkung des Vorbehaltsurteils hinnehmen muss. Daher muss der Beklagte trotz des Urteils im Nachverfahren die Möglichkeit haben, sein Rechtsmittel gegen das Vorbehaltsurteil fortzuführen.[198]

> *Tipp*
>
> Die unmittelbare Einleitung des Nachverfahrens durch den Kläger selbst empfiehlt sich auch dann, wenn der Kläger weitere Ansprüche aus dem Grundverhältnis geltend machen kann, die er im Vorverfahren nur nicht mit Urkunden belegen konnte. Das Nachverfahren eröffnet ihm insoweit die Möglichkeit, die Klage zu erweitern oder zu ändern.

Für das Nachverfahren bleibt die örtliche und sachliche Zuständigkeit des Gerichts des Vorverfahrens zunächst unberührt. Dies gilt aufgrund der fortdauernden Rechtshängigkeit nach § 261 Abs. 3 S. 2 ZPO auch dann, wenn zwischenzeitlich eine Änderung der Verhältnisse eingetreten ist.

b) Die einstweilige Einstellung der Zwangsvollstreckung

Betreibt der Kläger tatsächlich die Zwangsvollstreckung aus dem nach § 708 Nr. 4 ZPO ohne Sicherheitsleistung vorläufig vollstreckbaren Vorbehaltsurteil, so kann der Beklagte die Zwangsvollstreckung nach § 711 ZPO durch Sicherheitsleistung abwenden, wenn nicht der Gläubiger zuvor seinerseits Sicherheit geleistet hat.

> *Tipp*
>
> Von dieser Möglichkeit sollte der Beklagte immer Gebrauch machen, wenn er sicher ist, dass er das Vorbehaltsurteil im Nachverfahren zu Fall bringt, jedoch nicht sicher ist, dass der Kläger auch tatsächlich in der Lage ist, den aus der Urteilsaufhebung folgenden Schadensersatzanspruch nach §§ 600 Abs. 2, 302 Abs. 4 S. 3 ZPO tatsäch-

---

[196] Vgl. Antragsmuster unter Rdn 257.
[197] Vgl. Antragsmuster unter Rdn 259.
[198] OLG Düsseldorf, Urt. v. 17.3.2004 – 15 U 16/03, n.v.

lich zu befriedigen. Wird der Kläger insolvent, trägt anderenfalls der Beklagte allein das Risiko eines der materiellen Rechtslage nicht entsprechenden, jedoch vollstreckten Vorbehaltsurteils.

192 Nach der formellen Rechtskraft des Vorbehaltsurteils kann der Beklagte die Vollstreckung nicht mehr durch Sicherheitsleistung nach § 711 ZPO abwenden. Allerdings kann der Beklagte im Nachverfahren einen Antrag auf einstweilige Einstellung der Zwangsvollstreckung nach § 707 ZPO stellen,[199] sodass die Zwangsvollstreckung aus dem im Urkundenprozess ergangenen Vorbehaltsurteil wiederum ohne oder gegen Sicherheitsleistung eingestellt werden kann.

193 *Hinweis*

Das Gleiche gilt, wenn ein Anerkenntnisvorbehaltsurteil ergangen ist, da dieses nach § 708 Nr. 1 ZPO für vorläufig vollstreckbar erklärt wird und deshalb die Zwangsvollstreckung nicht gegen Sicherheitsleistung nach § 711 ZPO abgewendet werden kann.

194 Auch können auf Antrag des Beklagten hin einzelne Vollstreckungsmaßnahmen gegen Sicherheitsleistung aufgehoben werden.

195 Nach § 707 Abs. 1 S. 2 ZPO darf die Zwangsvollstreckung jedoch nur dann ohne Sicherheitsleistung eingestellt werden, wenn der Beklagte als Schuldner zur Erbringung der Sicherheitsleistung nicht in der Lage ist und die Vollstreckung einen nicht zu ersetzenden Nachteil bringen würde. Diese Voraussetzungen werden regelmäßig nicht nachzuweisen sein. Insoweit sollte die Einstellung ohne Sicherheitsleistung und hilfsweise gegen Sicherheitsleistung beantragt werden.

c) Das eigentliche Nachverfahren und die Bindung des Gerichts an das Vorverfahren

196 Das Nachverfahren stellt sich zunächst als ordentliches Erkenntnisverfahren dar, in dem nun jedoch dem Beklagten alle Beweismittel der ZPO offen stehen, um den mit dem Vorbehaltsurteil titulierten Anspruch wieder zu Fall zu bringen. In gleicher Weise steht es dem Kläger offen, mit allen Möglichkeiten des Erkenntnisverfahrens den Einwendungen des Beklagten gegen den im Vorbehaltsurteil titulierten Anspruch entgegenzutreten.

197 Jedoch ergeben sich je nach dem Verlauf und der Prüfungen des Prozessgerichts im Vorverfahren bestimmte Besonderheiten. So sind einzelne Streitfragen durch das Vorverfahren zunächst auch für das Prozessgericht im Nachverfahren bindend entschieden. So hat der BGH[200] entschieden, dass ein Vorbehaltsurteil im Urkundenprozess insoweit Bindungswirkung für das Nachverfahren entfalte, als es nicht auf den eigentümlichen Beschränkungen der Beweismittel im Urkundenprozess beruhe. Daraus folge, dass diejenigen Teile des Streitverhältnisses, die im Vorbehaltsurteil beschieden werden mussten, damit es überhaupt ergehen konnte, als endgültig beschieden dem Streit im Nachverfahren entzogen seien.

---

199 Vgl. Antragsmuster unter Rdn 260.
200 BGH NJW 2004, 1159 = WM 2004, 650 = MDR 2004, 825 = BGH-Report 2004, 760.

B. Rechtliche Grundlagen § 9

Im Nachverfahren ist das Gericht an seine Entscheidung im Urkundenverfahren insoweit gebunden, als es die Zulässigkeit und die Schlüssigkeit der Klage angenommen hat.[201] Unzulässig sind damit im Nachverfahren die Einwendungen, **198**
- der Kläger habe den unrichtigen Rechtsweg gewählt,
- der Urkundenprozess sei nicht statthaft gewesen,
- der ordentliche Gerichtsweg sei aufgrund einer Schiedsgerichtsabrede ausgeschlossen,[202]
- dem Kläger oder dem Beklagten habe im Ausgangsverfahren die Prozessfähigkeit gefehlt,
- die Klage sei unschlüssig,
- die den Anspruch begründenden AGB seien unwirksam.

Der Bundesgerichtshof hat sodann anerkannt, dass ein Beklagter, der die Echtheit seiner Unterschrift im Urkundenprozess nicht bestritten hat, dies im Nachverfahren wirksam nachholen kann, weil im Urkundenprozess für das Gericht noch kein Anlass bestand, die Echtheit der Unterschrift zu prüfen.[203] Dasselbe gilt dann, wenn das Gericht im Urkundenprozess deshalb nicht in eine Prüfung der Echtheit der Unterschrift eingetreten ist, weil es das Bestreiten des Beklagten als nicht ausreichend und die Echtheit der Unterschrift daher als zugestanden angesehen hat.[204]

> *Hinweis* **199**
> Will der Beklagte in den Fällen der Bindung an den Ausgangsprozess eine Verurteilung vermeiden, so muss er das Vorbehaltsurteil im Wege der Berufung angreifen, da das Gericht seine diesbezüglichen Einwendungen im Nachverfahren wegen der Bindungswirkung des Vorbehaltsurteils sonst zurückweisen müsste.[205] Die Beschränkungen neuen Vorbringens im Berufungsverfahren nach §§ 529, 531 ZPO können sich hier allerdings als weitere Hindernisse bei der Reparatur eines unzureichenden Ausgangsvortrages darstellen.

Das Ausgangsgericht ist auch gebunden, soweit es Einwendungen des Beklagten im Vorbehaltsurteil bereits als unschlüssig oder unbegründet zurückgewiesen hat.[206] Auch in diesem Fall muss der Beklagte also zunächst Berufung gegen das Vorbehaltsurteil einlegen, um Rechtsnachteile zu vermeiden. Anderes gilt allerdings dann, wenn der Beklagte die Einrede auf neue Tatsachen oder aber auf neue Beweismittel stützen kann. **200**

> *Tipp* **201**
> Auch wenn der Beklagte gegen das Vorbehaltsurteil Berufung eingelegt hat, ist der Kläger nicht gehindert, das Nachverfahren in Gang zu setzen. Dies empfiehlt sich insbesondere dann, wenn neben den Berufungsgründen mit weiteren Einwendungen

---
201 BGH NJW 1993, 668; BGH NJW 1988, 1468.
202 MüKo-ZPO/*Braun*, § 600 Rn 9.
203 BGHZ 82, 115, 116 ff.
204 BGH NJW 2004, 1159 = WM 2004, 650 = MDR 2004, 825 = BGH-Report 2004, 760.
205 *Crückeberg*, Zivilprozessrecht, § 5 Rn 15.
206 BGH NJW 1993, 475.

des Beklagten zu rechnen ist, sodass dieser nicht nur im Berufungsverfahren eventuell eine Einstellung der Zwangsvollstreckung erreichen könnte, sondern nach der Zurückweisung der Berufung auch noch im Nachverfahren. Auch wird so die Frist verkürzt, in der der Gläubiger wegen der allein vorläufigen Vollstreckbarkeit des Vorbehaltsurteils mit einem möglichen Schadensersatzanspruch nach § 717 Abs. 2 ZPO rechnen und hierfür Vorsorge treffen muss.

202 Im Übrigen kann der Beklagte im Nachverfahren
- alle Einwendungen vorbringen, die im Vorverfahren wegen der Beschränkung der Beweismittel nach § 598 ZPO zurückgewiesen wurden;
- alle Einwendungen geltend machen, auf deren Vortrag er im Vorverfahren verzichtet hat;

203 *Hinweis*
„Neue" Angriffs- und Verteidigungsmittel können mithin als solche nicht als verspätet zurückgewiesen werden.[207]

204 - Widerklage erheben, da für das Nachverfahren die Sperre des § 595 Abs. 1 ZPO nicht mehr gilt.

205 *Tipp*
Die Erhebung der Widerklage empfiehlt sich – z.B. gegenüber der Aufrechnung – insbesondere dann, wenn auf diesem Wege auch Zeugen des Klägers als Drittwiderbeklagte ausgeschaltet werden können.[208]

206 Erweist sich der Klageanspruch auch im Nachverfahren als begründet, wird das Vorbehaltsurteil für vorbehaltslos erklärt. Dies kann auch durch ein Versäumnisurteil geschehen, §§ 600 Abs. 3, 331 ZPO. Auch dieses Urteil ist nun nach § 708 Nr. 5 ZPO ohne Sicherheitsleistung für vorläufig vollstreckbar zu erklären, sodass der Beklagte nur über § 711 ZPO geschützt ist.

207 Ist die ursprünglich im Urkundenprozess erhobene Klage nach dem Ergebnis des Nachverfahrens unzulässig oder unbegründet, so wird sie nach §§ 600 Abs. 2, 300 Abs. 4 S. 2 ZPO unter gleichzeitiger Aufhebung des Vorbehaltsurteils abgewiesen. Da auch die Kostenentscheidung vom Vorbehalt erfasst wird, hat in diesem Fall der Kläger sowohl die Kosten des Urkundenverfahrens als Vorverfahrens als auch die Kosten des Nachverfahrens zu tragen.

208 *Hinweis*
Beruht die Klageabweisung allerdings auf Einreden, die der Beklagte auch im Urkundenprozess schon hätte geltend machen können, wird teilweise[209] eine Anwendung von § 97 Abs. 2 ZPO befürwortet, wonach die Kosten des Nachverfahrens dann auch dem Beklagten auferlegt werden könnten.

---

207 BGH MDR 1992, 518.
208 Zu den taktischen Vorteilen der Widerklage siehe § 8 Rdn 1 ff.
209 MüKo-ZPO/*Braun*, § 600 Rn 25; Stein/Jonas/*Berger*, § 600 Rn 32; a.A. wohl Musielak/*Voit*, § 600 Rn 12.

Bleibt der Kläger im Nachverfahren säumig, wird die gleiche Folge nach §§ 600 Abs. 3, 330 ZPO durch Versäumnisurteil ausgesprochen. 209

d) Die Kosten des Nachverfahrens

Wird das Verfahren nach einem Vorbehaltsurteil oder nach einer Abstandnahme vom Urkundenprozess in das Nachverfahren oder in das ordentliche Erkenntnisverfahren übergeleitet, handelt es sich nach § 17 Nr. 5 RVG um zwei verschiedene Angelegenheiten, sodass die 1,3 Verfahrensgebühr nach Nr. 3100 VV, die 1,2 Terminsgebühr nach Nr. 3104 VV und die Mehrvertretungsgebühr nach Nr. 1008 VV neu entstehen. Lediglich die Verfahrensgebühr aus dem Urkundenprozess ist auf die Verfahrensgebühr im Nachverfahren anzurechnen, sodass diese insgesamt nur einmal entsteht, Nr. 3100 Abs. 2 VV RVG. 210

> *Tipp* 211
>
> Beachtet werden muss, dass sich im Nachverfahren höhere Gebühren dadurch ergeben können, dass der Kläger im Wege der Klageerweiterung weitere, den Streitwert erhöhende Ansprüche aus dem Grundverhältnis geltend machen kann, die er zuvor nicht mit Urkunden belegen konnte. Die Gebühren berechnen sich insoweit aus dem jeweiligen Streitwert für die einzelnen Verfahrensabschnitte. Gleiches gilt, wenn der Kläger im Urkundenverfahren nur eine Teilklage geltend gemacht hat und im Nachverfahren den gesamten Anspruch durchsetzen möchte oder aber der Beklagte mit der negativen Feststellungswiderklage den Gesamtanspruch rechtshängig macht. Insoweit hat der Rechtsanwalt auch einen Anspruch auf die Differenz zwischen der (niedrigeren) 1,3 Verfahrensgebühr des niedrigeren Streitwertes des Urkundenprozesses und der (höheren) 1,3 Verfahrensgebühr aus dem höheren Streitwert des Nachverfahrens. In jedem Fall wird die Auslagenpauschale zweimal zu erstatten sein.

Hinsichtlich der Gerichtsgebühren stellen sich das Vorverfahren und das Nachverfahren als Einheit dar, da das Verfahren nach dem Vorbehaltsurteil gem. § 600 Abs. 1 ZPO in der gleichen Instanz anhängig bleibt, sodass es grundsätzlich bei drei Gerichtsgebühren verbleibt. 212

II. Die Besonderheiten des Scheck- und Wechselprozesses

Im Wechsel- und Scheckprozess können Zahlungsansprüche aus einem Wechsel gegen den Aussteller, den Akzeptanten, den Indossanten, den Wechselbürgen oder den vollmachtlosen Unterzeichner des Wechsels oder Schecks geltend gemacht werden. 213

Die Vorschriften für den Urkundenprozess nach §§ 592 ff. ZPO gelten auch für den Scheck- und Wechselprozess unter Berücksichtigung der sich aus den §§ 602–605 ZPO ergebenden Besonderheiten. § 606 ZPO erklärt dann wiederum die Vorschriften über den Wechselprozess für den Scheckprozess für entsprechend anwendbar, sodass Wechsel- und Scheckprozess im Urkundenprozess gleichlaufend zu behandeln sind. 214

1. Gegenstand des Scheck- und Wechselprozesses

a) Gegenstand des Wechselprozesses

215 Nach § 602 ZPO können im Urkundenprozess in Form des Wechselprozesses nur Ansprüche „aus" dem Wechsel geltend gemacht werden, d.h. Ansprüche auf Zahlung und auf weitere Wechselausfertigung nach Art. 64 Abs. 3, 66 Abs. 1 S. 2, 68 Abs. 1 S. 2 WG.

216 Dagegen müssen Ansprüche auf die Wechselherausgabe nach Art. 16 Abs. 2, 50 WG, auf den Wechselschaden nach Art. 45 WG, auf Ehrenzahlung nach Art. 55 WG, auf Wechselbereicherung nach Art. 89 WG im ordentlichen Erkenntnisverfahren geltend gemacht werden, da sich diese Ansprüche nicht mit der Vorlage des Wechsels als Urkunde nachweisen lassen.

b) Gegenstand des Scheckprozesses

217 Nach § 605a ZPO finden die §§ 602–605 ZPO entsprechende Anwendung. Hierüber finden dann auch die §§ 592–600 ZPO wieder Anwendung, sodass die Regelungen des Urkundenprozesses auch hier umfänglich Anwendung finden.

218 Im Scheckprozess können Ansprüche aus dem Scheck geltend gemacht werden, d.h. Ansprüche auf Zahlung gegen den Scheckaussteller nach Art. 40, 12 ScheckG, Zahlungsansprüche gegen den Indossanten nach Art. 40, 18 Abs. 1, 20 ScheckG oder auch den Scheckbürgen nach Art. 40, 25, 27 ScheckG. Auch der Bereicherungsanspruch nach Art. 58 ScheckG kann im Scheckprozess geltend gemacht werden.[210]

2. Die Formalien der Klage

219 Nach § 604 Abs. 1 ZPO muss bereits die **Klageschrift**[211] die Erklärung enthalten, dass die Klage im Wechselprozess erhoben werden soll. Insoweit wird die Vorschrift des § 593 ZPO weiter präzisiert. Die Klageschrift[212] ist demnach mit „Klage im Wechselprozess" oder **„Wechselklage"** bzw. mit „Klage im Scheckprozess" oder **„Scheckklage"** zu **bezeichnen**.

220 *Hinweis*

Da § 604 ZPO die Ladungsfrist auf 24 Stunden und damit gegenüber § 217 ZPO mit drei Tagen oder einer Woche erheblich verkürzt, kann die Bezeichnung nicht mit einem späteren Schriftsatz nachgeholt werden. Der Kläger kann allenfalls aus dem dann zunächst anhängigen ordentlichen Erkenntnisverfahren unter den Voraussetzungen der Klageänderung in den Wechselprozess übergehen.[213]

221 Hinsichtlich des **Anwaltszwangs** gilt § 78 ZPO uneingeschränkt, sodass vor den Amtsgerichten kein Anwaltszwang besteht, während vor dem Landgericht eine anwaltliche Vertretung erforderlich ist.

---

210 BGH WM 1991, 1910.
211 Klagemuster unter Rdn 261.
212 Klagemuster unter Rdn 261.
213 RGZ 79, 69; MüKo-ZPO/*Braun*, § 604 Rn 1, § 593 Rn 2; a.A. Musielak/*Voit*, § 604 Rn 3.

Als Kläger kommen bei der Wechselklage neben dem eigentlichen Inhaber des Wechsels auch der aufgrund einer Abtretung berechtigte Zessionar und der Pfandrechtsgläubiger in Betracht. Entsprechendes gilt bei der Scheckklage.

222

Als **Klagegegner** kommen nicht nur Scheck- oder Wechselschuldner, sondern auch jeder kraft Gesetzes sonst Haftende in Betracht:

223

- der Erbe (§ 1967 Abs. 1 BGB),
- Ehegatten beim Gesamtgut (§ 1437 BGB),
- Gesellschafter der OHG und KG (§§ 128, 161, 171 HGB),
- der Geschäftsübernehmer (§ 25 HGB),
- der Vertreter ohne Vertretungsmacht nach Art. 8 WG,
- der Gesellschafter einer BGB-Gesellschaft, wenn die Gesellschafterstellung mit den zulässigen Beweismitteln nachgewiesen werden kann.[214]

3. Der Scheck- und Wechselprozess im Mahnverfahren

Der Scheck- und Wechselprozess kann auch mit dem Mahnverfahren eingeleitet werden. In diesem Fall ist nach § 703a ZPO die Bezeichnung des Mahnbescheides als „Wechselmahnbescheid" bzw. „Scheckmahnbescheid" erforderlich.

224

Die Forderung ist dann als Wechsel- oder Scheckforderung mit den einzelnen Daten zum Wechsel bzw. Scheck, dessen Vorlage und dem Protest zu bezeichnen.

225

Der Beifügung der Urkunden zum Mahnbescheidsantrag bedarf es nicht. Diese sind nach § 703a Abs. 2 Nr. 2 ZPO erst mit der Anspruchsbegründung in beglaubigter Abschrift und dann im Termin zur mündlichen Verhandlung im Original vorzulegen.

226

Der Beklagte kann seinen Widerspruch nach § 703a Abs. 2 Nr. 4 ZPO auf den Antrag beschränken, ihm seine Rechte für das Nachverfahren vorzubehalten. In diesem Fall erlässt das Mahngericht einen Vollstreckungsbescheid über die Wechselforderung unter dem Vorbehalt der Rechte für das Nachverfahren.

227

4. Die örtliche und sachliche Zuständigkeit

§ 603 ZPO trifft besondere Regelungen über die örtliche Zuständigkeit. Danach kann die Klage zunächst bei dem Gericht erhoben werden, bei dem der Beklagte nach §§ 12 ff. ZPO seinen allgemeinen Gerichtsstand hat. Daneben kann die Klage aber auch bei dem Gericht erhoben werden, in dessen Bezirk der Zahlungsort liegt.

228

> *Hinweis*
>
> Nach Art. 1 Nr. 5 WG ergibt sich der Zahlungsort aus dem Wechsel selbst. Fehlt es an einer solchen Angabe, so ist nach Art. 2 Abs. 3 WG der bei dem Namen des Bezogenen angegebene Ort als Zahlungsort anzusehen. Dies gilt nach Art. 75 Nr. 4, 76 Abs. 3 WG in gleicher Weise für den eigenen Wechsel. Auch Art. 1 Nr. 4 ScheckG

229

---

214 BGHZ 146, 341.

sieht vor, dass der Scheck den Zahlungsort ausweist. Ist dies nicht der Fall, gilt nach Art. 2 Abs. 2 ScheckG als Zahlungsort der bei dem Namen des Bezogenen angegebene Ort, ersatzweise nach Art. 2 Abs. 3 ScheckG der Ort der Hauptniederlassung.

230 Werden mehrere Wechselpflichtige gemeinschaftlich verklagt, ist nach § 603 Abs. 2 ZPO neben dem Gericht des Zahlungsortes jedes Gericht zuständig, in dessen Bezirk einer der Beklagten seinen allgemeinen Gerichtsstand hat. Dem Kläger kommt dabei nach § 35 ZPO die Wahl zu. Die Grundregel des § 36 Abs. 1 Nr. 3 ZPO, wonach in diesen Fällen das zuständige Gericht durch das nächsthöhere Gericht zu bestimmen ist, wird damit verdrängt.

231 Für die sachliche Zuständigkeit verbleibt es bei den allgemeinen Bestimmungen nach §§ 23, 71 GVG. Soweit das Landgericht sachlich zuständig ist, muss allerdings beachtet werden, dass es sich bei Klagen aus einem Wechsel oder einem Scheck um Handelssachen nach § 95 Abs. 1 Nr. 2 bzw. 3 GVG handelt, sodass die funktionelle Zuständigkeit der Kammer für Handelssachen begründet ist, soweit dies beantragt wird.

232 *Tipp*
Der Kläger sollte auf jeden Fall einen solchen Antrag in der Klageschrift stellen, da er anderenfalls dem Beklagten die Möglichkeit gibt, den Rechtsstreit durch einen Verweisungsantrag nach § 98 GVG zu verzögern und damit den gerade mit der Wahl des Urkundenprozesses verbundenen Beschleunigungseffekt zunichtemacht.

233 *Hinweis*
Ein Wechsel über Arbeitsentgelt muss nicht vor dem Arbeitsgericht, sondern kann vor dem Zivilgericht geltend gemacht werden, sodass der Wechselprozess möglich ist. Auch wenn sich dann im Nachverfahren herausstellt, dass es sich um eine Forderung auf Arbeitsentgelt handelt, bleibt das Zivilgericht zuständig.[215]

234 *Tipp*
Der Kläger sollte sich aus diesem Grunde jeder Darstellung des dem Wechsel zugrunde liegenden Grundgeschäftes enthalten, um die Prozessführung im Wechselprozess nicht zu gefährden.

5. Die abgekürzte Ladungsfrist und die Einlassungsfrist

235 § 604 Abs. 2 ZPO verkürzt die sonst drei Tage betragende Ladungsfrist auf 24 Stunden, wenn die Ladung am Ort des Prozessgerichts zugestellt wird. In Anwaltsprozessen wird die nach § 217 ZPO vorgesehene Ladungsfrist von einer Woche auf drei Tage abgekürzt.

236 Von der Abkürzung der Ladungsfrist bleibt allerdings die zweiwöchige Einlassungsfrist zwischen der Zustellung der Klage und dem Termin zur mündlichen Verhandlung nach § 274 Abs. 3 ZPO unberührt.

---

215 BGH MDR 1976, 206.

Tipp 237

Möchte der Kläger wegen der besonderen Eilbedürftigkeit der Sache eine Verkürzung der Einlassungsfrist erreichen, so kann er einen entsprechenden Antrag nach § 226 Abs. 1 ZPO stellen.

Hinweis 238

Im Juli und August kann der Beklagte die mündliche Verhandlung nicht durch einen Antrag auf Terminsaufhebung nach § 227 Abs. 1, Abs. 3 S. 1 ZPO verzögern. Der Anspruch auf Terminsverlegung gilt nach § 227 Abs. 3 S. 2 Nr. 4 ZPO nämlich nicht im Scheck- und Wechselprozess.

6. Beweiserleichterungen und Verfahren im Scheck- und Wechselprozess

Grundsätzlich sind auch im Wechsel- und Scheckprozess alle den Anspruch begründenden Tatsachen durch Urkunden nachzuweisen. So muss insbesondere ein erforderlicher Protest mit Urkunden nachgewiesen werden. 239

Im Scheckprozess ist mit der Klage eine beglaubigte Kopie des Schecks vorzulegen, auf dem sich die schriftliche, datierte und unterschriebene Erklärung nach Art. 40 Nr. 2 und 3 ScheckG ergibt, wann der Scheck vorgelegt und dass dieser nicht bezahlt wurde. Der Protest kann allerdings nach Art. 40 Nr. 1 ScheckG auch mittels einer gesonderten Urkunde nachgewiesen werden. Der Originalscheck ist dann im Termin zur mündlichen Verhandlung vorzulegen. 240

Hinweis 241

Die Klage ist im Wechselprozess schon allein mit der Vorlage des Wechsels begründet, wenn der Protest nach § 46 WG durch den Zusatz „ohne Protest" erlassen ist. Im Übrigen kann der Nachweis durch den Antrag auf Parteivernehmung erfolgen.

Alle Einwendungen aus dem Wechsel selbst, wie die Unterbrechung der Indossamentkette, der verspäteten Vorlage oder des verspäteten Protestes, müssen vom Beklagten im Wechselprozess erhoben werden, will er dieser Einwendungen nicht im Nachverfahren verlustig gehen. Da sich diese Einwendungen unmittelbar aus dem Wechsel bzw. der Protesturkunde ergeben, können diese auch vom Beklagten im Wechselprozess nachgewiesen werden. 242

Tipp 243

Soweit der Beklagte die Echtheit der Unterschrift auf dem Wechsel bestreiten möchte, sollte er dies schon im Wechselprozess tun, da der Kläger die Echtheit nachweisen muss[216] und damit regelmäßig gezwungen wird, unmittelbar vom Wechselprozess Abstand zu nehmen und die Forderung im ordentlichen Erkenntnisverfahren weiterzuverfolgen.

---

216 BGH MDR 1995, 628.

244 Hängt der Anspruch allerdings nach Art. 46 WG oder Art. 43 ScheckG nicht von einem rechtzeitigen Protest ab, kann nach § 605 Abs. 1 ZPO der Nachweis der Vorlage des Wechsels oder des Schecks auch mit dem Antrag auf Parteivernehmung geführt werden.

245 Der Beklagte wird im Scheckprozess insbesondere folgende Einwendungen[217] zu prüfen haben:
- Wurde der Scheck rechtzeitig vorgelegt?
- Ist das Vorlagedatum auf dem Scheck oder in der gesonderten Protesturkunde notiert?[218]
- Ist der Nichteinlösevermerk im vereinfachten Scheck- und Lastschrifteinzug der Deutschen Bank erfolgt und kann deswegen zurückgewiesen werden?[219]
- Ist der Bankvermerk unterschrieben? Ein Computerausdruck oder ein Stempel reichen nicht.[220]

246 Nebenforderungen müssen nach § 605 Abs. 2 ZPO nur glaubhaft gemacht werden. Für die Glaubhaftmachung greift insoweit § 294 ZPO.

247 Bleibt der Beklagte im Termin zur mündlichen Verhandlung säumig, so gilt die Vorlage des Wechsels oder des Schecks nach § 331 Abs. 1 ZPO als zugestanden.[221]

248 Einwendungen des Beklagten gegen die Wechselforderung sind mit Ausnahme der vorbezeichneten Darlegungen nur dann sinnvoll, wenn diese durch den Beklagten mit Urkunden nachgewiesen werden können. Anderenfalls kann der Kläger diese schon mit einfachem Bestreiten zu Fall bringen.

249 Kann der Beklagte Einwendungen gegen die Wechselforderung seinerseits mit Urkunden belegen und der Kläger diese nicht mittels Urkunden neutralisieren oder widerlegen, so muss der Kläger vom Wechselprozess Abstand nehmen, um eine Abweisung der Klage zu vermeiden.

250 Hinsichtlich des **Nachverfahrens** ergeben sich gegenüber dem Urkundenprozess keine Besonderheiten. Dieses kann auf Antrag des Beklagten[222] oder auf Antrag des Klägers[223] als Fortsetzung des durch die Klage anhängigen und dem Vorbehaltsurteil nicht abgeschlossenen Verfahrens eingeleitet werden.

251 Im Nachverfahren ist nunmehr der Beklagte verpflichtet, das Nichtbestehen der im Vorbehaltsurteil titulierten Wechsel- oder Scheckforderung substantiiert darzulegen und – nunmehr mit allen zulässigen Beweismitteln, d.h. auch Zeugen, dem Augenschein oder Sachverständigengutachten – seine Einwendungen zu beweisen.[224]

---

217 Muster eines Einwendungsschriftsatzes unter Rdn 264.
218 Hierzu BGH WM 1995, 49.
219 BGH WM 1985, 1391.
220 BGH WM 1995, 49.
221 *Crückeberg*, Zivilprozessrecht, § 5 Rn 33.
222 Antragsmuster unter Rdn 257.
223 Antragsmuster unter Rdn 259.
224 BGH WM 1994, 901; BGH WM 1993, 2005; BGH WM 1988, 1435.

C. Muster

I. Muster: Klage im Urkundenprozess

▼

An das
Amtsgericht/Landgericht
☐ Zivilkammer
☐ Kammer für Handelssachen[225]
in ▮

Klage im Urkundenprozess

In dem Rechtsstreit
des ▮

— Kläger —

Prozessbevollmächtigte: RAe ▮

gegen

den ▮

— Beklagter —

Prozessbevollmächtigte: RAe ▮

erhebe ich namens und in Vollmacht des Klägers **Klage im Urkundenprozess** und werde in der mündlichen Verhandlung beantragen,

den Beklagten zu verurteilen, an den Kläger ▮ EUR nebst Zinsen in Höhe von ▮ %,[226] mindestens jedoch 5 Prozentpunkten[227] über dem Basiszinssatz seit dem ▮ zu zahlen.

In prozessualer Hinsicht wird weiter beantragt,

für den Fall des schriftlichen Vorverfahrens bei Vorliegen der Voraussetzungen durch **Versäumnisurteil** zu entscheiden oder

durch **Anerkenntnisurteil** zu entscheiden, wenn der Beklagte den Klageanspruch ganz oder teilweise anerkennt.[228]

Zu **Klagebegründung** wird Folgendes ausgeführt:

Der Beklagte schuldet dem Kläger aus der ▮-Urkunde vom ▮ einen Betrag von ▮ EUR nebst Zinsen in Höhe von ▮ % seit dem ▮

    Beweis: Urkunde ▮; einstweilen in beglaubigter Abschrift, die im Termin im Original vorgelegt werden wird.

---

[225] Wenn beide Parteien Kaufleute sind, § 95 GVG.
[226] In der neueren Praxis wird immer häufiger übersehen, dass der Gläubiger nach § 288 Abs. 3 BGB seinen tatsächlichen Zinsschaden geltend machen kann. Dies ist insbesondere in den Zeiten wichtig, in denen der Basiszins sehr niedrig ist. Durch die Verknüpfung des tatsächlichen Zinsschadens mit dem Basiszins, erhält der Gläubiger immer den für ihn günstigeren höheren Zins.
[227] Handelt es sich um ein Rechtsverhältnis, an dem kein Verbraucher beteiligt ist, können auch Zinsen in Höhe von 8 Prozentpunkten über dem jeweiligen Basiszinssatz gefordert werden, § 288 Abs. 2 ZPO.
[228] Dieser Antrag ist seit der ZPO-Reform zum 1.1.2002 wegen § 307 Abs. 1 ZPO nicht mehr erforderlich. Gerade im Urkundenprozess kann sich der Antrag gleichwohl empfehlen, da es hier häufig zum Anerkenntnis unter dem Vorbehalt der Rechte im Nachverfahren kommt.

Der Beklagte hat auf die so begründete Forderung bisher keinerlei Zahlungen geleistet. Eine letzte Mahnung vom ▬ mit Fristsetzung zum ▬ hat er unbeachtet gelassen. Damit war nunmehr Klage geboten.

Einwendungen gegen die geltend gemachte Forderung stehen dem Beklagten nicht zu.

Das Urteil ist nach § 708 Nr. 4 ZPO ohne Sicherheitsleistung für vorläufig vollstreckbar zu erklären.

Der Klage sind die erforderlichen Abschriften nebst Anlagen **in beglaubigter Form** zur Zustellung an den Beklagten beigefügt.

Rechtsanwalt

II. Muster: Klageerwiderung im Urkundenprozess mit Einwendungen

253 An das

Amtsgericht/Landgericht
☐ Zivilkammer
☐ Kammer für Handelssachen[229]

in ▬

In dem Rechtsstreit

Kläger ./. Beklagter
Az: ▬

bestellt sich der Unterzeichner als Prozessbevollmächtigten für den Beklagten und zeigt namens und in Vollmacht des Beklagten

Verteidigungsbereitschaft

an.

Namens und in Vollmacht des Beklagten werde ich in der mündlichen Verhandlung beantragen,

die Klage

    ☐   als unzulässig abzuweisen;
    ☐   als unbegründet abzuweisen;
    ☐   als in der gewählten Prozessart unstatthaft abzuweisen;
    ☐
    ☐

Hilfsweise wird beantragt,

dem Beklagten die Ausführung seiner Rechte im Nachverfahren vorzubehalten.

---

[229] Wenn beide Parteien Kaufleute sind, § 95 GVG.

Zur **Klageerwiderung** wird Folgendes vorgetragen:
- ☐ Die Klage ist bereits unzulässig und damit als solche abzuweisen, weil
- ☐ Die Klage ist nach § 597 Abs. 2 ZPO als in der gewählten Form unstatthaft abzuweisen, da der Kläger den ihm obliegenden Beweis
  - ☐ nicht
  - ☐ nicht vollständig

  mit den im Urkundenprozess allein zulässigen Beweismitteln führen kann. Voraussetzung des geltend gemachten Anspruches ist nämlich, dass   . Diese Voraussetzung liegt nicht vor und kann auch mit den vom Kläger vorgelegten und dem Beklagten zugestellten Urkunden nicht nachgewiesen werden, weil
- ☐ Die Klage ist abzuweisen, weil diese unschlüssig ist. Der Vortrag des Klägers vermag ungeachtet der Frage des Beweises der anspruchsbegründenden Tatsachen den geltend gemachten Anspruch nicht zu begründen. Dies ergibt sich daraus, dass
- ☐ Der im Wege des Urkundenprozesses von dem Kläger geltend gemachten und nachgewiesenen Forderung stehen Einwendungen des Beklagten gegenüber, die dieser ebenfalls mit Urkunden nachweisen kann.
  - ☐ Die Forderung des Klägers ist am   durch   erfüllt worden.
    Beweis: Urkunde   ; einstweilen in beglaubigter Abschrift, die im Termin im Original vorgelegt werden wird.
  - ☐ Die Forderung ist dem Beklagten am   durch   erlassen worden.
    Beweis: Urkunde   ; einstweilen in beglaubigter Abschrift, die im Termin im Original vorgelegt werden wird.
  - ☐ Die Forderung ist durch Aufrechnung des Beklagten vom   mit einer Gegenforderung in Höhe von   EUR aus   untergegangen.
    Beweis: Urkunde   ; einstweilen in beglaubigter Abschrift, die im Termin im Original vorgelegt werden wird.
  - ☐

Die Klage hat damit der Abweisung zu unterliegen.

Für den Fall, dass das Gericht den Ausführungen des Beklagten nicht folgt, weil es den geforderten Nachweis als nicht mit den im Urkundenprozess zulässigen Beweismitteln geführt ansieht, wird hilfsweise beantragt,

> dem Beklagten die Ausführungen seiner Rechte für das Nachverfahren vorzubehalten, § 599 Abs. 1 ZPO.

Rechtsanwalt

▲

III. Muster: Antrag auf Ergänzung des Urteils im Urkundenprozess nach §§ 599 Abs. 2, 321 ZPO

254 An das

Amtsgericht/Landgericht
☐ Zivilkammer
☐ Kammer für Handelssachen[230]

in ▓▓▓▓▓

In dem Rechtsstreit

Kläger ./. Beklagter
Az: ▓▓▓▓▓

wird beantragt,

- ☐ den Tatbestand des Urteils des erkennenden Gerichts vom ▓▓▓▓▓ dahingehend zu ergänzen, dass sich der Beklagte seine Rechte für das Nachverfahren vorbehalten hat;
- ☐ den Tenor des Urteils des erkennenden Gerichts vom ▓▓▓▓▓ dahin gehend zu ergänzen, dass dem Beklagten seine Rechte für das Nachverfahren vorbehalten bleiben.

Zur **Antragsbegründung** wird ausgeführt:

Die Anträge auf Ergänzung des Tatbestandes und des Urteils des erkennenden Gerichts sind nach §§ 599 Abs. 2, 321 ZPO begründet.

Der Beklagte ist der vom Kläger im vorbezeichneten Verfahren erhobenen Klage im Urkundenprozess vom ▓▓▓▓▓ mit Schriftsatz vom ▓▓▓▓▓ entgegengetreten. Zugleich hat der Beklagte beantragt, ihm – hilfsweise[231] – seine Rechte für das Nachverfahren vorzubehalten.

Beweis: Schriftsatz vom ▓▓▓▓▓ S. ▓▓▓▓▓, Bl. ▓▓▓▓▓ GA

- ☐ Den Vorbehalt seiner Rechte für das Nachverfahren hat das erkennende Gericht nicht in den Tatbestand übernommen, sodass zunächst der Tatbestand zu berichtigen ist.
- ☐ Nachdem der Tatbestand berichtigt ist, enthält das Urteil eine Lücke, weil das angerufene Gericht über den Vorbehalt des Beklagten nicht entschieden hat. Dem Beklagten sind danach seine Rechte für das Nachverfahren vorzubehalten und der Tenor entsprechend zu ergänzen.

Der Beklagte ist mit einer Entscheidung im schriftlichen Verfahren gem. § 128 Abs. 2 ZPO einverstanden. Sollte der Kläger dem widersprechen, wird im Hinblick auf die drohende Zwangsvollstreckung ohne Sicherheitsleistung um kurzfristige Terminierung gebeten.

Es wird gebeten, antragsgemäß zu entscheiden.

Rechtsanwalt

---

230 Wenn beide Parteien Kaufleute sind, § 95 GVG.
231 Ggf. streichen.

IV. Muster: Einspruch gegen ein Versäumnisurteil mit gleichzeitigem Vorbehalt der Rechte für das Nachverfahren und Antrag auf Einleitung des Nachverfahrens

▼

An das

Amtsgericht/Landgericht
☐ Zivilkammer
☐ Kammer für Handelssachen[232]

in ▓▓▓

In dem Rechtsstreit

Kläger ./. Beklagter
Az: ▓▓▓

bestellt sich der Unterzeichner als Prozessbevollmächtigten für den Beklagten und legt hiermit gegen das vorbehaltlose Versäumnisurteil des erkennenden Gerichts im Urkundenverfahren vom ▓▓▓, dem Beklagten am ▓▓▓ zugestellt,

Einspruch

ein.

I.

Der Beklagte beabsichtigt, dem geltend gemachten Anspruch entgegenzutreten, und wird seine Einwendungen im Nachverfahren darlegen.

Allein für das Ausgangsverfahren im Urkundenprozess wird der Anspruch aus der Urkunde unter dem Vorbehalt seiner Rechte im Nachverfahren anerkannt.

Es mag insoweit unter Aufhebung des Versäumnisurteils vom ▓▓▓ nach § 307 ZPO Anerkenntnisurteil unter dem Vorbehalt der Rechte des Beklagten für das Nachverfahren ergehen.

II.

Sodann wird namens und in Vollmacht des Beklagten die unverzügliche Durchführung des Nachverfahrens beantragt, in dem weiter beantragt werden wird:

1. Unter Aufhebung des Vorbehaltsurteils des ▓▓▓ vom ▓▓▓ Az: ▓▓▓ wird die Klage abgewiesen.
2. Der Kläger trägt die Kosten des Verfahrens.[233]
3. Das Urteil wird für vorläufig vollstreckbar erklärt.[234]

Bereits vorab wird gebeten, über den Antrag des Beklagten zu entscheiden,

die Zwangsvollstreckung aus dem zu erlassenden Vorbehaltsurteil ohne, hilfsweise gegen Sicherheitsleistung einstweilen einzustellen.

---

[232] Wenn beide Parteien Kaufleute sind, § 95 GVG.
[233] Über die Kosten des Verfahrens entscheidet das Gericht von Amts wegen. Dem Antrag kommt damit nur deklaratorische Wirkung zu. Wegen des Kosteninteresses des Mandanten, dem die Klage in Abschrift zugeht, verzichtet die Praxis nur selten auf diesen Antrag.
[234] Über die vorläufige Vollstreckbarkeit des Urteils entscheidet das Gericht von Amts wegen. Insoweit kann auf diesen Antrag auch verzichtet werden.

Gegen die Übertragung des Rechtsstreites auf den Einzelrichter bestehen keine Bedenken.[235]

Zur **Begründung** des Klageabweisungsantrages wird Folgendes ausgeführt:

Der geltend gemachte Anspruch des Klägers besteht nicht, weil

    Beweis: Zeugnis

Zur Begründung des Antrages auf einstweilige Einstellung der Zwangsvollstreckung nach § 707 ZPO wird ausgeführt:

Obwohl dem Beklagten erhebliche Einwendungen gegen den Anspruch des Klägers zustehen und dem Kläger diese auch außergerichtlich bereits mitgeteilt wurden, betreibt der Kläger die Zwangsvollstreckung aus diesem Urteil.

☐ Der Gerichtsvollzieher hat ausweislich des in der Anlage beigefügten Vollstreckungsprotokolls vom Az bereits gepfändet. Es besteht nunmehr die Gefahr der Verwertung mit der Folge, dass dem Beklagten ein irreparabler Schaden entsteht, weil

☐

Es ist zu erwarten, dass der Kläger diese Zwangsvollstreckung aufgrund des notwendigerweise seitens des Beklagten zunächst zu akzeptierenden Anerkenntnisvorbehaltsurteils im Urkundenprozess fortsetzen wird.

Die Zwangsvollstreckung ist demgemäß nach § 707 ZPO ohne Sicherheitsleistung, hilfsweise jedoch zumindest gegen Sicherheitsleistung einzustellen.

☐ Die Zwangsvollstreckung kann ohne Sicherheitsleistung eingestellt werden, weil der Beklagte zur Erbringung der Sicherheitsleistung nicht in der Lage ist. Dies ergibt sich daraus, dass

Zur Glaubhaftmachung wird insoweit auf verwiesen.

Dass durch die Zwangsvollstreckung ein irreparabler Schaden entsteht, wurde eingangs bereits begründet.

Rechtsanwalt

▲

V. Muster: Schriftsatz zur Überleitung des Urkundenverfahrens in das ordentliche Erkenntnisverfahren nach § 596 ZPO

▼

An das

Amtsgericht/Landgericht
☐ Zivilkammer
☐ Kammer für Handelssachen[236]

in

In dem Rechtsstreit

---

[235] Hierzu ist eine Stellungnahme nur erforderlich, wenn die Sache noch bei der Kammer des Landgerichts nach § 348 Abs. 1 Nr. 2 ZPO anhängig wird.
[236] Wenn beide Parteien Kaufleute sind, § 95 GVG.

Kläger ./. Beklagter
Az:

erkläre ich namens und in Vollmacht des Klägers gem. § 596 ZPO,

> dass der Kläger von der Durchführung des Verfahrens im Urkundenprozess absieht und das Verfahren im ordentlichen Erkenntnisverfahren fortgeführt werden soll.

Zur **Begründung** wird Folgendes ausgeführt:

☐ Wenngleich die diesseitige Auffassung aufrechterhalten wird, dass der Anspruch im Wege des Urkundenprozesses geltend gemacht werden kann, soll hierauf im Hinblick auf die Bedenken des erkennenden Gerichts zur Vermeidung von Zeitverlusten verzichtet werden. Nach § 596 ZPO ist der Kläger insoweit berechtigt, vom Urkundenprozess Abstand zu nehmen und das Verfahren in das ordentliche Erkenntnisverfahren zu überführen.

☐ Der Beklagte hat – wider besseren Wissens – Tatsachen bestritten, von denen der Kläger ausgegangen ist, dass sie unstreitig bleiben und insoweit kein Beweis durch Urkunden zu führen ist. Hinsichtlich der nunmehr bestrittenen Tatsachen vermag der Kläger den erforderlichen Beweis nicht im Urkundenwege zu führen, sodass er nach § 596 ZPO vom Urkundenprozess Abstand nimmt. Der Prozess ist damit im ordentlichen Erkenntnisverfahren fortzuführen.

Rein vorsorglich wird darauf hingewiesen, dass nach § 596 ZPO für den Übergang vom Urkundenprozess in das ordentliche Erkenntnisverfahren die Einwilligung des Beklagten nicht erforderlich ist und die mit der Klage im Urkundenprozess begründete Rechtshängigkeit erhalten bleibt.

Zur Klageerwiderung ist ergänzend Folgendes vorzutragen:

> Beweis: Zeugnis

Abschließend wird um eine zeitnahe Terminierung oder aber um die Mitteilung von Hinderungsgründen gebeten. Zugleich wird gebeten, den Termin nach § 358a ZPO vorzubereiten, sodass das Verfahren in diesem Termin zur Entscheidungsreife geführt werden kann. Die Prozesstaktik des Beklagten ist auf die Verzögerung des Rechtsstreites angelegt, während der Kläger dringend auf die begehrte Leistung angewiesen ist, was sich daraus ergibt, dass

Rechtsanwalt

VI. Muster: Schriftsatz zur Durchführung des Nachverfahrens auf Antrag des Beklagten

▼

257 An das

Amtsgericht/Landgericht
☐ Zivilkammer
☐ Kammer für Handelssachen[237]

in

In dem Rechtsstreit

Kläger ./. Beklagter

Az:

wurde dem Beklagten im Urteil des angerufenen Gerichts vom   die Ausführung seiner Rechte im Nachverfahren vorbehalten.

Namens und in Vollmacht des Beklagten beantrage ich die Durchführung des Nachverfahrens und werde in der mündlichen Verhandlung beantragen:

1. Unter Aufhebung des Vorbehaltsurteils des   vom   Az   wird die Klage abgewiesen.
2. Der Kläger trägt die Kosten des Verfahrens.[238]
3. Das Urteil wird für vorläufig vollstreckbar erklärt.[239]

Weiterhin beantrage ich,

die Zwangsvollstreckung aus dem Vorbehaltsurteil des angerufenen Gerichts vom   ohne, hilfsweise gegen Sicherheitsleistung einstweilen einzustellen.

Gegen die Übertragung des Rechtsstreites auf den Einzelrichter bestehen keine Bedenken.[240]

Zur **Begründung** des Klageabweisungsantrages wird Folgendes ausgeführt:

Zunächst bezieht sich der Beklagte auf sein gesamtes Vorbringen im Ausgangsverfahren und wiederholt dieses.

Ergänzend macht der Beklagte geltend, dass

Beweis: Zeugnis

Zur Begründung des Antrages auf einstweilige Einstellung der Zwangsvollstreckung nach § 707 ZPO wird ausgeführt:

---

[237] Wenn beide Parteien Kaufleute sind, § 95 GVG.
[238] Über die Kosten des Verfahrens entscheidet das Gericht von Amts wegen. Dem Antrag kommt damit nur deklaratorische Wirkung zu. Wegen des Kosteninteresses des Mandanten, dem die Klage in Abschrift zugeht, verzichtet die Praxis nur selten auf diesen Antrag.
[239] Über die vorläufige Vollstreckbarkeit des Urteils entscheidet das Gericht von Amts wegen. Insoweit kann auf diesen Antrag auch verzichtet werden.
[240] Hierzu ist eine Stellungnahme nur erforderlich, wenn die Sache noch bei der Kammer des Landgerichts nach § 348 Abs. 1 Nr. 2 ZPO anhängig wird.

Obwohl dem Beklagten erhebliche Einwendungen gegen den Anspruch des Klägers zustehen – insoweit wird auf den Schriftsatz vom ▢ und die vorstehenden Ausführungen verwiesen –, die der Beklagte im Vorverfahren jedoch nicht mit den allein zugelassenen Mitteln des Urkundenbeweises und der Parteivernehmung beweisen konnte, betreibt der Kläger die Zwangsvollstreckung aus diesem Urteil.

☐ Der Gerichtsvollzieher ▢ hat ausweislich des in der Anlage beigefügten Vollstreckungsprotokolls vom ▢ Az ▢ bereits gepfändet. Es besteht nunmehr die Gefahr der Verwertung mit der Folge, dass dem Beklagten ein irreparabler Schaden entsteht, weil ▢

☐ ▢

Die Zwangsvollstreckung ist demgemäß nach § 707 ZPO ohne Sicherheitsleistung, hilfsweise jedoch zumindest gegen Sicherheitsleistung einzustellen.

☐ Die Zwangsvollstreckung kann ohne Sicherheitsleistung eingestellt werden, weil der Beklagte zur Erbringung der Sicherheitsleistung nicht in der Lage ist. Dies ergibt sich daraus, dass ▢
Zur Glaubhaftmachung wird insoweit auf ▢ verwiesen.
Dass durch die Zwangsvollstreckung ein irreparabler Schaden entsteht, wurde eingangs bereits begründet.

Rechtsanwalt

VII. Muster: Schriftsatz zum Verzicht auf das Nachverfahren

An das
☐ Amtsgericht
☐ Landgericht
  ☐ Zivilkammer
  ☐ Kammer für Handelssachen
in ▢

In dem Rechtsstreit

▢ ./. ▢

Az: ▢

wird namens und in Vollmacht des Beklagten erklärt:

Der Beklagte verzichtet auf die Durchführung des Nachverfahrens und den Vorbehalt seiner Rechte.

Zur **Begründung** wird ausgeführt:

Durch das oben bezeichnete Urteil des erkennenden Gerichts vom ▢ wurde der Beklagte im Urkundenprozess verurteilt, an den Kläger

☐ ▢ EUR nebst Zinsen in Höhe von fünf Prozentpunkten über dem Basiszinssatz gem. § 247 BGB seit dem ▢ zu zahlen.

☐ ▢

Das Urteil ist vorläufig vollstreckbar. Im Urteil wurden dem Beklagten seine Rechte für das Nachverfahren vorbehalten.
- Eine zwischenzeitliche Prüfung hat ergeben, dass der Beklagte mit seinen Einwendungen im Nachverfahren nicht wird durchdringen können. Insoweit wird auf den Vorbehalt der Rechte und die Durchführung des Nachverfahrens verzichtet.
- Der Beklagte möchte es aus Gründen, die nicht in Zusammenhang mit dem Rechtsstreit stehen, bei der Ausgangsentscheidung belassen. Insoweit wird auf den Vorbehalt der Rechte und die Durchführung des Nachverfahrens verzichtet.
-

Rechtsanwalt

VIII. Muster: Schriftsatz zur Durchführung des Nachverfahrens auf Antrag des Klägers

9.8

259 An das

Amtsgericht / Landgericht
☐ Zivilkammer
☐ Kammer für Handelssachen[241]

in

In dem Rechtsstreit

Kläger ./. Beklagter

Az:

wurde dem Beklagten im Urteil des angerufenen Gerichts vom   die Ausführung seiner Rechte im Nachverfahren vorbehalten. Bisher hat der Beklagte das Nachverfahren nicht aufgenommen. Am   hat der Kläger den Beklagten aufgefordert, auf den Vorbehalt der Rechte und die Durchführung des Nachverfahrens bis zum   zu verzichten. Hierauf hat der Beklagte
☐ nicht reagiert,
☐ mitgeteilt, dass er für einen solchen Verzicht keinen Anlass sieht.

Namens und in Vollmacht des Klägers wird deshalb die Durchführung des Nachverfahrens beantragt. In der mündlichen Verhandlung werde ich beantragen:

1. Das Vorbehaltsurteil des   vom   Az   wird für vorbehaltlos erklärt.
2. Der Beklagte trägt die weiteren Kosten des Verfahrens.[242]
3. Das Urteil wird ohne Sicherheitsleistung für vorläufig vollstreckbar erklärt.[243]

---

241 Wenn beide Parteien Kaufleute sind, § 95 GVG.
242 Über die Kosten des Verfahrens entscheidet das Gericht von Amts wegen. Dem Antrag kommt damit nur deklaratorische Wirkung zu. Wegen des Kosteninteresses des Mandanten, dem die Klage in Abschrift zugeht, verzichtet die Praxis nur selten auf diesen Antrag.
243 Über die vorläufige Vollstreckbarkeit des Urteils entscheidet das Gericht von Amts wegen. Insoweit kann auf diesen Antrag auch verzichtet werden.

Gegen die Übertragung des Rechtsstreites auf den Einzelrichter bestehen keine Bedenken.[244]

Zur **Begründung** wird vorgetragen:

Dem Beklagten stehen gegen den im Wege des Urkundenprozesses geltend gemachten und mit dem bezeichneten Vorbehaltsurteil titulierten Anspruch keine Einwendungen zu.

Die im Vorverfahren geltend gemachten Einwendungen sind unbegründet. Insoweit bezieht sich der Kläger zunächst auf seine Ausführungen im Ausgangsverfahren.

- ☐ Ergänzend wird darauf hingewiesen, dass die Einwendung des Beklagten, dass ▨, deshalb nicht durchgreifen kann, weil ▨.
- ☐ Unter Verwahrung gegen die Beweislast: Zeugnis ▨
- ☐ Ein vertiefender und ergänzender Vortrag wird für den Fall vorbehalten, dass der Beklagte seine Einwendungen im Nachverfahren wiederholen sollte.

Es wird um antragsgemäße Entscheidung gebeten.

Rechtsanwalt

▲

IX. Muster: Isolierter Antrag auf Einstellung der Zwangsvollstreckung nach § 707 ZPO nach Überleitung des Prozesses in das Nachverfahren

▼

An das
- ☐ Amtsgericht
- ☐ Landgericht
    - ☐ Zivilkammer
    - ☐ Kammer für Handelssachen

in ▨

In dem Rechtsstreit

▨ ./. ▨

Az: ▨

beantrage ich namens und mit Vollmacht des Beklagten,

die Zwangsvollstreckung aus dem Urteil des ▨ vom ▨, Az: ▨ ohne, hilfsweise gegen Sicherheitsleistung einstweilen einzustellen.

Zur **Begründung** wird ausgeführt:

Durch das oben bezeichnete Urteil des erkennenden Gerichts vom ▨ wurde der Beklagte im Urkundenprozess verurteilt, an den Kläger

- ☐ ▨ EUR nebst Zinsen in Höhe von fünf Prozentpunkten über dem Basiszinssatz gem. § 247 BGB seit dem ▨ zu zahlen.
- ☐ ▨

---

[244] Hierzu ist eine Stellungnahme nur erforderlich, wenn die Sache noch bei der Kammer des Landgerichts nach § 348 Abs. 1 Nr. 2 ZPO anhängig wird.

Das Urteil ist vorläufig vollstreckbar. Im Urteil wurden dem Beklagten seine Rechte für das Nachverfahren vorbehalten.

Inzwischen wurde das Verfahren durch
☐ den Kläger
☐ den Beklagten

in das Nachverfahren übergeleitet.

Obwohl dem Beklagten erhebliche Einwendungen gegen den Anspruch des Klägers zustehen – insoweit wird auf den Schriftsatz vom ▨▨▨▨ verwiesen –, die der Beklagte im Vorverfahren jedoch nicht mit den allein zugelassenen Mitteln des Urkundenbeweises und der Parteivernehmung beweisen konnte, betreibt der Kläger die Zwangsvollstreckung aus diesem Urteil.

☐ Der Gerichtsvollzieher ▨▨▨▨ hat ausweislich des in der Anlage beigefügten Vollstreckungsprotokolls vom ▨▨▨▨ Az ▨▨▨▨ bereits gepfändet. Es besteht nunmehr die Gefahr der Verwertung mit der Folge, dass dem Beklagten ein irreparabler Schaden entsteht, weil ▨▨▨▨

☐ ▨▨▨▨

Die Zwangsvollstreckung ist demgemäß nach § 707 ZPO ohne Sicherheitsleistung, hilfsweise jedoch zumindest gegen Sicherheitsleistung einzustellen.

☐ Die Zwangsvollstreckung kann ohne Sicherheitsleistung eingestellt werden, weil der Beklagte zur Erbringung der Sicherheitsleistung nicht in der Lage ist. Dies ergibt sich daraus, dass ▨▨▨▨
Zur Glaubhaftmachung wird insoweit auf ▨▨▨▨ verwiesen.
Dass durch die Zwangsvollstreckung ein irreparabler Schaden entsteht, wurde eingangs bereits begründet.

Es wird um antragsgemäße Entscheidung gebeten.

Rechtsanwalt

▲

X. Muster: Klage im Wechselprozess oder Scheckprozess

▼

261 An das

Amtsgericht/Landgericht
☐ Zivilkammer
☐ Kammer für Handelssachen[245]

in ▨▨▨▨

Klage im
☐ **Wechselprozess**
☐ **Scheckprozess**

In dem Rechtsstreit

des ▨▨▨▨

– Kläger –

---

[245] Wenn beide Parteien Kaufleute sind, § 95 GVG.

Prozessbevollmächtigte: RAe ▓▓▓▓

gegen

den ▓▓▓▓

– Beklagter –

Prozessbevollmächtigte: RAe ▓▓▓▓

bestelle ich mich für den Kläger und beantrage in dessen Namen und Vollmacht,

> den Beklagten zu verurteilen, an den Kläger ▓▓▓▓ EUR nebst Zinsen in Höhe von ▓▓▓▓ %,[246] mindestens jedoch 5 Prozentpunkten[247] über dem Basiszinssatz, mindestens jedoch 6 % Zinsen[248] seit dem ▓▓▓▓ sowie ▓▓▓▓ EUR Wechselkosten sowie eine Protestprovision von einem Drittel vom Hundert zu zahlen.

In prozessualer Hinsicht wird weiter beantragt,

> für den Fall des schriftlichen Vorverfahrens bei Vorliegen der gesetzlichen Voraussetzungen durch Versäumnisurteil zu entscheiden oder
>
> durch **Anerkenntnisurteil** zu entscheiden, wenn der Beklagte den Klageanspruch ganz oder teilweise anerkennt.[249]

Zur **Klagebegründung** wird Folgendes ausgeführt:

Der Beklagte schuldet dem Kläger als Aussteller und Inhaber aus dem Wechsel vom ▓▓▓▓ einen Betrag von ▓▓▓▓ EUR nebst Zinsen in Höhe von ▓▓▓▓ % seit dem ▓▓▓▓.

> Beweis: Wechsel ▓▓▓▓, einstweilen in beglaubigter Abschrift, der im Termin im Original vorgelegt werden wird.

Der Beklagte hat den Wechsel akzeptiert, ohne die Wechselforderung auszugleichen. Der Wechsel wurde trotz entsprechender und fristgerechter Vorlage am ▓▓▓▓ nicht eingelöst.

> Beweis: Protest vom ▓▓▓▓, einstweilen in beglaubigter Abschrift, der im Termin im Original vorgelegt werden wird.

Einwendungen gegen die geltend gemachte Forderung stehen dem Beklagten nicht zu.

Der Beklagte schuldet nach ▓▓▓▓ Zinsen in Höhe von ▓▓▓▓ Prozentpunkten über dem Basiszinssatz, zumindest jedoch nach Art. 48 Abs. 1 Nr. 2 WG sechs Prozent.

Weiterhin schuldet der Beklagte die Wechselkosten nach Art. 48 Abs. 1 Nr. 3 WG i.V.m. § 51 KostO.

Der Anspruch auf die Provision ergibt sich aus Art. 48 Abs. 1 Nr. 4 WG.

---

[246] Wenn beide Parteien Kaufleute sind, § 95 GVG.

[247] Nach § 288 Abs. 2 BGB kommen auch 8 Prozentpunkte über dem jeweiligen Basiszinssatz in Betracht, soweit an dem streitigen Rechtsverhältnis kein Verbraucher beteiligt ist.

[248] Art. 48 Abs. 1 Nr. 2 WG.

[249] Dieser Antrag ist seit der ZPO-Reform zum 1.1.2002 wegen § 307 Abs. 1 ZPO nicht mehr erforderlich. Gerade im Urkundenprozess kann sich der Antrag gleichwohl empfehlen, da es hier häufig zum Anerkenntnis unter dem Vorbehalt der Rechte im Nachverfahren kommt.

Das Urteil ist nach § 708 Nr. 4 ZPO ohne Sicherheitsleistung für vorläufig vollstreckbar zu erklären.

Der Klage sind die erforderlichen Abschriften nebst Anlagen **in beglaubigter Form** zur Zustellung an den Beklagten beigefügt.

Rechtsanwalt

XI. Muster: Antrag auf Abkürzung der Einlassungsfrist nach § 226 ZPO

262   An das

Amtsgericht/Landgericht

☐ Zivilkammer

☐ Kammer für Handelssachen[250]

in ▨▨▨

In dem Rechtsstreit

▨▨▨ ./. ▨▨▨

Az: ▨▨▨

wird beantragt,

die Einlassungsfrist des Beklagten nach § 274 Abs. 3 S. 1 ZPO wegen besonderer Eilbedürftigkeit auf ▨▨▨ zu verkürzen.

Zur **Begründung** wird Folgendes vorgetragen:

Der Antrag auf Abkürzung der Einlassungsfrist des Beklagten rechtfertigt sich aus § 226 ZPO.

Die Entscheidung im vorliegenden Verfahren ist besonders eilbedürftig, weil ▨▨▨

Im Hinblick auf die dargelegte Eilbedürftigkeit wird gebeten, über die Abkürzung der Einlassungsfrist gem. § 226 Abs. 3 ZPO ohne Anhörung des Beklagten zu entscheiden.

Sollte das Gericht weitere Ausführungen für erforderlich halten, wird um einen unverzüglichen Hinweis, der ausdrücklich auch fernmündlich erteilt werden kann, gebeten, damit eine weitere Verzögerung insoweit nicht eintritt.

Rechtsanwalt

---

250 Wenn beide Parteien Kaufleute sind, § 95 GVG.

XII. Muster: Vorbehalt der Rechte im Nachverfahren im Wechselprozess

▼

An das

Amtsgericht / Landgericht
☐ Zivilkammer
☐ Kammer für Handelssachen[251]

in ▓▓▓▓▓▓

In dem Rechtsstreit

Kläger ./. Beklagter

Az: ▓▓▓▓▓

bestellt sich der Unterzeichner als Prozessbevollmächtigten für den Beklagten und zeigt namens und in Vollmacht des Beklagten

Verteidigungsbereitschaft

an.

Der Beklagte tritt dem geltend gemachten Anspruch entgegen und wird seine Einwendungen im Nachverfahren darlegen.

Rechtsanwalt

▲

XIII. Muster: Widerspruch gegen den Wechsel mit begründeten Einwendungen

▼

An das

Amtsgericht/Landgericht
☐ Zivilkammer
☐ Kammer für Handelssachen

in ▓▓▓▓▓

In dem Rechtsstreit

Kläger ./. Beklagter

Az: ▓▓▓▓▓

bestellt sich der Unterzeichner als Prozessbevollmächtigten für den Beklagten und zeigt namens und in Vollmacht des Beklagten

Verteidigungsbereitschaft

an.

---

251 Wenn beide Parteien Kaufleute sind, § 95 GVG.

§ 9 Der Urkunden- und Wechselprozess

Namens und in Vollmacht des Beklagten werde ich in der mündlichen Verhandlung beantragen, die Klage

- ☐ als unzulässig abzuweisen;
- ☐ als unbegründet abzuweisen;
- ☐ als in der gewählten Prozessart unstatthaft abzuweisen;
- ☐ dem Kläger die Kosten des Verfahrens aufzuerlegen;
- ☐ das Urteil für vorläufig vollstreckbar zu erklären.

Hilfsweise werde ich beantragen,

dem Beklagten die Ausführung seiner Rechte im Nachverfahren vorzubehalten.

Zur **Klageerwiderung** wird Folgendes vorgetragen:
- ☐ Die Klage ist bereits unzulässig und damit als solche abzuweisen, weil
- ☐ Der Wechselforderung ist schon deshalb zu widersprechen, weil die angebliche Unterschrift unter dem Wechsel nicht von dem Beklagten stammt. Der Beklagte hat den Wechsel nicht akzeptiert. Nur aus Gründen der anwaltlichen Fürsorge erlaubt sich der Unterzeichner den Hinweis, dass der Kläger die Echtheit der Unterschrift wird nachzuweisen haben (BGH MDR 1995, 628).
- ☐ Der Wechselforderung ist zu widersprechen. Der Protest ist mangels Zahlung nicht durch den aus dem Wechsel ersichtlichen Inhaber erhoben worden, sodass dem Kläger der geltend gemachte Rückgriffsanspruch nicht zusteht. Nur aus Gründen der anwaltlichen Fürsorge erlaubt sich der Unterzeichner den Hinweis, dass die Legitimation nur durch eine ununterbrochene Kette von Indossamenten nachgewiesen werden kann. Dies ist hier nicht der Fall, weil
- ☐ Dem Kläger steht die Wechselforderung nicht zu, weil

Für den Fall, dass das Gericht den Ausführungen des Beklagten nicht folgt, weil es den geforderten Nachweis als nicht mit den im Wechselprozess zulässigen Beweismitteln geführt ansieht, wird hilfsweise beantragt, dem Beklagten die Ausführungen seiner Rechte für das Nachverfahren vorzubehalten, § 599 Abs. 1 ZPO.

Rechtsanwalt

▲

XIV. Muster: Erwiderung des Klägers im Wechselprozess auf den nicht mit Urkunden belegten Widerspruch des Beklagten

▼

An das
Amtsgericht/Landgericht
☐ Zivilkammer
☐ Kammer für Handelssachen[252]

in
In dem Rechtsstreit

Kläger ./. Beklagter
Az:

wird auf die Klageerwiderung des Beklagten wie folgt repliziert:

Der Kläger bestreitet die Einwendungen des Beklagten gegen die geltend gemachte Wechselforderung. Da der Beklagte seinen tatsächlichen Vortrag nicht mit den allein zulässigen Beweismitteln belegt, sind diese als nach § 598 ZPO unstatthaft zurückzuweisen. Näherer Ausführungen bedarf es insoweit nicht.

Soweit der Beklagte sich seine Rechte für das Nachverfahren vorbehalten lässt, wird der Kläger hier substantiiert zu den nicht durchgreifenden Einwendungen Stellung nehmen.

Es wird gebeten, nunmehr ohne weiteres Zögern Termin zur mündlichen Verhandlung zu bestimmen und den Beklagten antragsgemäß zu verurteilen. Eine weitere Verzögerung ist dem Kläger nicht zuzumuten und mit dem Beschleunigungsgrundsatz des Wechselklageverfahrens auch nicht vereinbar.

Rechtsanwalt

▲

XV. Muster: Überleitung der Wechselklage in das ordentliche Erkenntnisverfahren

▼

An das
Amtsgericht/Landgericht
☐ Zivilkammer
☐ Kammer für Handelssachen[253]

in
In dem Rechtsstreit

Kläger ./. Beklagter
Az:

erkläre ich namens und in Vollmacht des Klägers:

---

[252] Wenn beide Parteien Kaufleute sind, § 95 GVG.
[253] Wenn beide Parteien Kaufleute sind, § 95 GVG.

Der Kläger nimmt von der Wechselklage nach § 596 ZPO Abstand und geht in das ordentliche Erkenntnisverfahren über.

Zur **Begründung** wird Folgendes ausgeführt:

Der Kläger sieht hiermit von der Fortführung des Wechselprozesses ab und bittet, das Verfahren in das ordentliche Erkenntnisverfahren überzuleiten, nachdem der Beklagte mit Urkunden belegte Einwendungen gegen die Wechselforderung erhoben hat, denen der Kläger zwar entgegentreten kann, ohne jedoch die tatsächlichen Verhältnisse seinerseits mit Urkunden belegen zu können.

Die Einwendungen des Beklagten vermögen im Ergebnis nicht durchzugreifen:

Soweit der Beklagte vorträgt, dass ▯, ist dies unzutreffend. Richtig ist vielmehr ▯

    Beweis: Zeugnis ▯
                 Sachverständigengutachten ▯

Ungeachtet des Übergangs in das ordentliche Erkenntnisverfahren ist damit entsprechend den Anträgen in der Klageschrift vom ▯ zu erkennen.

Rechtsanwalt

▲

XVI. Muster: Vorbehalt im Scheckprozess ohne Einwendungen

267 An das

Amtsgericht/Landgericht
☐ Zivilkammer
☐ Kammer für Handelssachen[254]

in ▯

In dem Rechtsstreit

                 Kläger ./. Beklagter

                 Az: ▯

bestellt sich der Unterzeichner als Prozessbevollmächtigten für den Beklagten und zeigt namens und in Vollmacht des Beklagten

Verteidigungsbereitschaft

an.

Der Beklagte tritt dem geltend gemachten Anspruch aus dem vorgelegten Scheck entgegen und wird seine Einwendungen im Nachverfahren darlegen.

Rechtsanwalt

▲

---

[254] Wenn beide Parteien Kaufleute sind, § 95 GVG.

XVII. Muster: Vorbehalt im Scheckprozess mit Einwendungen

▼

An das
Amtsgericht/Landgericht
☐ Zivilkammer
☐ Kammer für Handelssachen[255]
in ▓▓▓▓

In dem Rechtsstreit

                Kläger ./. Beklagter
                Az: ▓▓▓▓

bestellt sich der Unterzeichner als Prozessbevollmächtigten für den Beklagten und zeigt namens und in Vollmacht des Beklagten

                Verteidigungsbereitschaft

an.

Für den Beklagten wird beantragt,

    die Klage abzuweisen.

Hilfsweise,

    dem Beklagten für das Nachverfahren seine Rechte vorzubehalten.

Zur **Begründung** wird Folgendes ausgeführt:

Der Beklagte tritt dem geltend gemachten Anspruch aus dem vorgelegten Scheck entgegen. Der vorgelegte Scheck vermag den Erlass eines stattgebenden Urteils im Scheckprozess nicht zu begründen.

Der Scheck ist wirkungslos, weil
- ☐ dieser ausweislich des aus dem Scheck ersichtlichen Vorlagedatums nicht rechtzeitig vorgelegt wurde;
- ☐ der Scheck nicht die nach Art. 40 Nr. 2 ScheckG erforderliche datierte und unterschriebene Erklärung des Bezogenen enthält, aus der auch der Tag der Vorlegung hervorgeht;
- ☐ die Erklärung nach Art. 40 Nr. 2 ScheckG von dem Bezogenen nicht unterzeichnet wurde. Ein Stempel bzw. ein Computerausdruck ist insoweit nicht ausreichend (BGH WM 1985, 635);
- ☐ nur ein Nichteinlösevermerk der deutschen Bundesbank im vereinfachten Scheck- und Lastschriftverfahren vorgelegt wurde, der als Protestnachweis nicht ausreichend ist (BGH WM 1985, 1391).

Schon jetzt wird allein aus anwaltlicher Fürsorge darauf hingewiesen, dass eine spätere Ergänzung des Schecks oder die Herstellung einer späteren Protesturkunde unzulässig ist (BGH WM 1995, 49).

---

[255] Wenn beide Parteien Kaufleute sind, § 95 GVG.

§ 9 Der Urkunden- und Wechselprozess

Danach kann die Klage im Scheckprozess keinen Erfolg haben. Sie ist abzuweisen. Sollte das Gericht hier anderer Auffassung sein, wird ausdrücklich um einen schriftlich dokumentierten Hinweis nach § 139 ZPO gebeten.

☐ Der Forderung aus dem Scheck stehen auch in der Sache begründete Einwendungen des Beklagten gegenüber. Solange der Kläger das Verfahren jedoch nicht nach §§ 605a, 596 ZPO in das ordentliche Erkenntnisverfahren übergeleitet hat, bedarf es diesbezüglich keiner Darlegungen. Sollte das Gericht hier anderer Auffassung sein, wird auch insoweit um einen Hinweis nach § 139 ZPO gebeten.

Nur vorsorglich und hilfsweise beantragt der Beklagte, ihm seine Rechte für das Nachverfahren vorzubehalten.

Rechtsanwalt

XVIII. Muster: Überleitung der Scheckklage in das ordentliche Erkenntnisverfahren

269 An das

Amtsgericht/Landgericht
☐ Zivilkammer
☐ Kammer für Handelssachen[256]

in

In dem Rechtsstreit

                Kläger ./. Beklagter

                Az:

erkläre ich namens und in Vollmacht des Klägers:

Der Kläger nimmt von der Scheckklage nach §§ 605, 596 ZPO Abstand und geht in das ordentliche Erkenntnisverfahren über.

Zur **Begründung** wird Folgendes ausgeführt:

Der Kläger sieht hiermit von der Fortführung des Scheckprozesses ab und bittet, das Verfahren in das ordentliche Erkenntnisverfahren überzuleiten, nachdem der Beklagte mit Urkunden belegte Einwendungen gegen die Scheckforderung erhoben hat, denen der Kläger zwar entgegentreten kann, ohne jedoch die tatsächlichen Verhältnisse seinerseits mit Urkunden belegen zu können.

Die Einwendungen des Beklagten vermögen im Ergebnis nicht durchzugreifen:

Soweit der Beklagte vorträgt, dass   , ist dies unzutreffend. Richtig ist vielmehr

Beweis: Zeugnis
            Sachverständigengutachten

Ungeachtet des Übergangs in das ordentliche Erkenntnisverfahren ist damit entsprechend den Anträgen in der Klageschrift vom   zu erkennen.

Rechtsanwalt

---

256 Wenn beide Parteien Kaufleute sind, § 95 GVG.

§ 10 Das Zustellungsrecht im Zivilprozess

Frank-Michael Goebel/Regine Förger

Inhalt

	Rdn			Rdn
A. Einleitung	1		10. Der Nachweis der Zustellung	286
B. Rechtliche Grundlagen	10	II.	Die Zustellung im Parteibetrieb	292
I. Die Zustellung von Amts wegen	17		1. Anwendungsfälle der Zustellung im Parteibetrieb	292
1. Der Begriff der Zustellung	18		2. Die Zustellung durch den Gerichtsvollzieher	296
2. Der Gegenstand der Zustellung	20		3. Die Zustellung von Anwalt zu Anwalt	305
3. Der Adressat der Zustellung	30		4. Die Zustellung im Ausland im Parteibetrieb	314
4. Die Zustellung an den Adressaten	63	III.	Die Heilung von Zustellungsmängeln	322
a) Die Veranlassung und Durchführung der Zustellung	64	IV.	Checkliste zur Zustellung	340
b) Zustellung an der Amtsstelle	69	C.	Muster	341
c) Zustellung durch Übergabe per Zustellungsurkunde	70	I.	Muster: Anschriftenanfrage an das Einwohnermeldeamt für Zustellungszwecke	341
d) Zustellung per Einschreiben mit Rückschein	87	II.	Muster: Anschriftenanfrage an das Handelsregister für Zustellungszwecke	342
e) Zustellung per Empfangsbekenntnis	94			
f) Telefaxübersendung im Zustellungsrecht	109	III.	Muster: Anschriftenanfrage an das Gewerberegister für Zustellungszwecke	343
g) Die Zustellung als elektronisches Dokument	112	IV.	Muster: Antrag auf Bestellung eines Prozesspflegers nach § 57 ZPO	345
5. Die Ersatzzustellung	130			
a) Die Ersatzzustellung an einen Empfänger	133	V.	Muster: Zustimmung zur Zustellung von elektronischen Dokumenten an einen sonstigen Verfahrensbeteiligten	346
b) Keine Ersatzzustellung an Gegner des Adressaten	165			
c) Die Ersatzzustellung durch Einlegen in den Briefkasten	171	VI.	Muster: Antrag auf Wiedereinsetzung in den vorigen Stand nach Zustellung durch Niederlegung wegen des Nichterhaltens eines Benachrichtigungsscheins	347
6. Die Annahmeverweigerung	185			
7. Die Niederlegung	197			
8. Die öffentliche Zustellung	210			
9. Die Zustellung im Ausland	248			
a) Die Zustellung nach § 183 Abs. 1 ZPO außerhalb der Europäischen Union	257	VII.	Muster: Antrag auf öffentliche Zustellung bei unbekanntem Aufenthalt des Adressaten, § 185 Nr. 1 ZPO	348
b) Die Zustellung nach der EU-Zustellungsverordnung in der Europäischen Union	269	VIII.	Muster: Antrag auf öffentliche Zustellung, wenn bei juristischen Personen, die zur Anmeldung einer inländischen	
c) Die Aufgabe der Bestellung eines inländischen Zustellungsbevollmächtigten	280			

Geschäftsanschrift zum Handelsregister verpflichtet sind, eine Zustellung weder unter der eingetragenen Anschrift noch unter einer im Handelsregister eingetragenen Anschrift einer für Zustellungen empfangsberechtigten Person oder einer ohne Ermittlungen bekannten anderen inländischen Anschrift möglich ist, § 185 Nr. 2 ZPO 349

IX. Muster: Antrag auf öffentliche Zustellung, wenn eine Zustellung im Ausland nicht möglich ist oder keinen Erfolg verspricht, § 185 Nr. 3 ZPO 350

X. Muster: Antrag auf öffentliche Zustellung, weil der Ort der Zustellung der deutschen Gerichtsbarkeit nicht unterliegt 351

XI. Muster: Antrag auf Erteilung einer Zustellbescheinigung . . . 352

XII. Muster: Antrag auf Zustellung an den Gerichtsvollzieher am Wohnsitz des Adressaten 353

XIII. Muster: Antrag auf Zustellung an den Gerichtsvollzieher am Wohnsitz der zustellenden Partei 354

XIV. Muster: Empfangsbekenntnis . . 355

XV. Muster: Zustellbescheinigung nach § 195 Abs. 2 S. 3 ZPO . . 356

XVI. Muster: Antrag auf Auslandszustellung verbunden mit dem Antrag, von einer Verfahrensweise nach § 184 ZPO abzusehen . . . 357

XVII. Muster: Ersuchen auf Zustellung eines Schriftstückes im Parteibetrieb im Ausland 358

XVIII. Muster: Antrag auf Zustellung eines Schriftstückes im Parteibetrieb nach der EU-Zustellungsverordnung 359

Literatur

Anders, Die Zustellung einstweiliger Verfügungen nach dem Zustellungsreformgesetz, WRP 2003, 204; *App*, Zur Zustellung im Ausland, zur öffentlichen Zustellung und zur Heilung von Zustellungsmängeln, KKZ 2003, 50; *Bauer/Diller*, Kündigung durch Einwurf-Einschreiben – ein Kunstfehler!, NJW 1998, 2795; *Bienwald/Sonnenfeld/Harm*, Betreuungsrecht, 6. Aufl., 2016; *Bilsdorfer*, Praxisfragen zum Empfangsbekenntnis bei der Zustellung gerichtlicher Entscheidungen an Steuerberater und Rechtsanwälte, Information StW2005, 664; *Brand*, Die Verjährungsunterbrechung nach § 167 ZPO bei der Auslandszustellung, NJW 2004, 1138; *Brinkmann*, Änderungen des Verfahrens bei Zustellungen nach der ZPO durch das Zustellungsreformgesetz – ZustRG, JurBüro 2002, 172 und JurBüro 2002, 230; *Coenen*, Übersicht und praktische Hinweise zu dem ab 1.7.2002 geltenden Zustellungsreformgesetz – ZustRG, DGVZ 2002, 5; *Coenen*, Das (nicht mehr ganz neue) Zustellungsrecht oder knappe Formulierung = klare Regelung?, DGVZ 2004, 69; *Fischer*, Die öffentliche Zustellung im Zivilprozess, ZZP 1994, 163, 167; *Goebel*, EU-Zustellungsverordnung ist am 31.5.2001 in Kraft getreten, VE 08/01, S. 102; *Gottschalk*, Das europäische Zustellungsrecht, EWS 2004, 303; *Gsell*, Direkte Postzustellung an Adressaten im EU-Ausland nach neuem Zustellungsrecht, EWS 2002, 115; *Häublein*, Zustellungsrecht – Zustellung von Anwalt zu Anwalt nach der Reform, MDR 2002, 563; *Heckel*, Die fiktive Inlandszustellung auf dem Rückzug – Rückwirkungen des europäischen Zustellungsrechtes, IPrax 2008, 218; *Hentzen*, Die förmliche Zustellung – Vorlage der Vollmacht nach § 171 S. 2 ZPO, MDR 2003, 361; *Heß*, Neues deutsches und europäisches Zustellungsrecht, NJW 2002, 2417; *Heß*, Die Zustellung von Schriftstücken im europäischen Justizraum, NJW 2001, 15; *Hornung*, Zustellung der Benachrichtigung des Schuldners vom Räumungstermin, DGVZ 2007, 58; *Hornung*, Zustellungsreformgesetz, Rpfleger 2002, 493; *Hornung*, Die Zustellung an den Schuldner im Ausland bei der Forderungspfändung, DGVZ 2004, 85; *Jastrow*, Auslandszustellung im Zivilverfahren – Erste Praxiserfahrungen mit der EG-Zustellungsverordnung, NJW 2002, 3382; *v. König*, Die Reform des Verfahrens bei Zustellungen im gerichtlichen Verfahren, RPflStud 2002, 61; *Krüger/Bütter*, „Justitia goes online" – Elektronischer Rechtsverkehr im Zivilprozess, MDR 2003, 181; *Nies*, Zustellungsreformgesetz – Ein Überblick über das neue Recht, MDR 2002, 69; *Oetker*, Die Zustellung von Unterlassungsverfügungen innerhalb der Vollziehungsfrist des § 929 Abs. 2 ZPO, GRUR 2003, 119; *Reichert*, Der Zugangsnachweis beim Einwurf-Einschreiben, NJW 2001, 2523; *Schach*, Zustellung an Scheinwohnung zählt auch, Grundeigentum 2002, 163; *Stackmann*, Ordnungsgemäße Zustellung als Grundelement des Zivilprozesses, Jus 2007, 634; *Stadler*, Neues europäisches Zustellungsrecht, IPrax 2001, 514; *Steffek*, Zustellungen und Zugang von Willenserklärungen nach dem Regierungsentwurf zum MoMiG, BB 2007, 2077; *Valentin*, Der übervolle Hausbriefkasten oder das Ende der Ersatzzustellung durch Niederlegung, DGVZ 1997, 1; *Wunsch*, Zustellungsreformgesetz – Vereinfachung und Vereinheitlichung des Zustellungswesens, JuS 2003, 276.

A. Einleitung

Der Rechtsanwalt kommt im Zivilprozess in unterschiedlichen Fallkonstellationen mit Zustellungsfragen in Berührung. 1

Schon im Vorfeld einer gerichtlichen Auseinandersetzung kann es erforderlich sein, aufgrund gesetzlicher Vorschriften, vertraglicher Vereinbarungen oder zu Beweiszwecken Zustellungen zu veranlassen. So kann es erforderlich sein, eine Kündigung eines Vertrages oder eine Optionserklärung zuzustellen. Dabei ist zu beachten, dass § 132 BGB den Zugang einer Willenserklärung nur dann fingiert, wenn diese durch den Gerichtsvollzieher zugestellt wurde. 2

> *Hinweis* 3
>
> Der Rechtsanwalt muss immer auch abwägen, inwieweit eine Zustellung von Willenserklärungen, etwa einer Aufrechnung oder einer Abtretungserklärung zur Vermeidung späterer Beweisschwierigkeiten sinnvoll erscheint. Im Zweifel sollte immer eine förmliche Zustellung veranlasst werden.[1]

> *Tipp* 4
>
> Für den Gläubiger kann es taktisch klug sein, eine Rechnung oder Mahnung durch den Gerichtsvollzieher zustellen zu lassen. Viele Schuldner, insbesondere Verbraucher beeindruckt dies, so dass es zur Zahlung kommt, ohne dass eine gerichtliche Auseinandersetzung gesucht werden muss.

---

1 *Goebel*, Unterschätzen Sie nicht die Bedeutung des Zugangsnachweises, Prozessrecht aktiv 2008, 170.

5 Betreibt der Rechtsanwalt dann aktiv den Prozess, so muss er auf eine ordnungsgemäße Zustellung seiner Klageschrift oder etwa des Mahnbescheides achten, wenn er in prozessualer Hinsicht Verzögerungen vermeiden und in materiell-rechtlicher Hinsicht eventuelle Nachteile, wie etwa die Verjährung eines Anspruches, verhindern will. Gerade im Rahmen des § 167 ZPO trifft ihn eine Erkundigungspflicht.

6 Umgekehrt muss der Rechtsanwalt auf der Passivseite genau nach solchen Fehlern suchen, um im Sinne seines Mandanten die Inanspruchnahme hinauszögern, bestenfalls sogar verhindern zu können und kurze Fristen bis zur Verjährung des Anspruchs ggf. noch überbrücken zu können.

7 Im Rechtsmittelzug richten sich der Beginn und das Ende von Rechtsmittelfristen in wesentlichen Fällen nach der Zustellung der anzufechtenden Entscheidung. Auch hier bedarf es der Überprüfung, wann und ob eine ordnungsgemäße Zustellung erfolgt ist, und der Beantwortung der Frage, wann Fristen ablaufen und welche Folgen ein Mangel der Zustellung nach sich zieht. Fehlerquellen ergeben sich hierbei bei einem Anwaltswechsel zwischen den Instanzen.

8 Auch zum Abschluss des Prozesses stellt das Zustellungsrecht einen wesentlichen Faktor dar, um ohne Verzögerung die Zwangsvollstreckung gem. § 750 ZPO beginnen zu können.[2] Im Konkurrenzkampf mehrerer Gläubiger stellt sich die Frage nach der Zustellung zur Bestimmung der Rangverhältnisse der Gläubiger untereinander nach § 804 Abs. 3 ZPO.

9 Zeigen sich in der Zustellung Mängel, so stellt sich letztlich die Frage, ob und wie diese geheilt werden können.

Die nachfolgenden Ausführungen sollen deshalb in Abschnitt B die rechtlichen Grundlagen des seit dem 1.7.2002 geltenden Zustellungsrechtes nach der ZPO darstellen und in Abschnitt C (Rdn 341 ff.) dann die notwendigen Praxishilfen, insbesondere die erforderlichen Musteranträge zur Verfügung stellen.

B. Rechtliche Grundlagen

10 Das Zustellungsrecht der Zivilprozessordnung wurde mit dem Zustellungsreformgesetz vom 25.6.2001, welches mit Wirkung zum 1.7.2002 in Kraft getreten ist,[3] gänzlich neu strukturiert und zugleich gestrafft. Aufgrund der langen Vorlaufzeit zwischen der Veröffentlichung und dem Inkrafttreten wurde auf eine Übergangsregelung verzichtet, so dass das neue Recht für alle ab dem 1.7.2002 bewirkten Zustellungen unmittelbar Anwendung findet.

---

2 Vgl. hierzu Goebel/*Geilen*, AnwF Zwangsvollstreckung, § 3 Rn 228.
3 BGBl I 2001, S. 1206, geändert durch Art. 5 Abs. 4 SchuModG v. 26.11.2001, BGBl I 2001, S. 3138.

B. Rechtliche Grundlagen § 10

Die früher in den §§ 166–213a ZPO a.F. enthaltenen Regelungen finden sich nunmehr in den §§ 166–195 ZPO.[4] Dabei wurde die in der Praxis wesentlich bedeutendere Zustellung von Amts wegen in den §§ 166–190 ZPO an den Anfang gestellt und die Zustellung im Parteibetrieb[5] nur noch mit ihren Abweichungen in den §§ 191–195 ZPO einer gesonderten Regelung zugeführt. Dies muss berücksichtigt werden, wenn ältere Rechtsprechung herangezogen wird. 11

Mit der Einführung der Zustellung durch Einschreiben/Rückschein sowie erleichterten Möglichkeiten der Ersatzzustellung und der Niederlegung hat die Reform wesentliche Erleichterungen gegenüber der alten Zustellungspraxis hervorgebracht. 12

Die Zustellung von Schriftstücken in den Mitgliedstaaten der Europäischen Union ist inzwischen durch die Verordnung (EG) Nr. 1393/2007 des Europäischen Parlaments und des Rates vom 13.11.2007 über die Zustellung gerichtlicher und außergerichtlicher Schriftstücke in Zivil- oder Handelssachen in den Mitgliedstaaten[6] geregelt, die die Verordnung (EG) Nr. 1348/2000 des Rates vom 29.5.2000 über die Zustellung gerichtlicher und außergerichtlicher Schriftstücke in Zivil- und Handelssachen,[7] abgelöst hat. Die geltende Verordnung stellt unmittelbares nationales Recht dar. 13

Die zivilprozessuale Regelung über die Zustellung von Amts wegen findet dabei auch in anderen Verfahrensordnungen mit zum Teil nur geringfügigen Abweichungen Anwendung: 14

- im Strafprozess, § 37 Abs. 1 S. 1 StPO,
- in Verfahren nach dem Gesetz über das Verfahren in Familiensachen und in den Angelegenheiten der freiwilligen Gerichtsbarkeit (FamFG), § 15 Abs. 2 FamFG,
- im Insolvenzverfahren, § 4 InsO,
- im Zwangsversteigerungsverfahren, § 3 ZVG,
- im Verwaltungsverfahren, § 3 Abs. 2 S. 1 VwZG,
- im verwaltungsgerichtlichen Verfahren, § 56 Abs. 2 VwGO,
- im arbeitsgerichtlichen Verfahren, § 50 Abs. 1 S. 1 ArbGG,
- im sozialgerichtlichen Verfahren, § 63 Abs. 2 SGG,
- im finanzgerichtlichen Verfahren, § 53 Abs. 2 FGO.

Letztlich wurde mit der Neuregelung der Weg für den Einzug der modernen Kommunikation in das Zustellungsrecht geebnet. Nicht nur das Telefax, sondern auch die **elektronische Versendung** eines Dokumentes können unter weiteren Voraussetzungen jetzt als Zustellungsmedien genutzt werden. Aufgrund des Gesetzes zur Förderung des elektronischen Rechtsverkehrs mit den Gerichten vom 10.10.2013 (BGBl I S. 3786) sind darüber hinaus die Vorschriften an die Bedürfnisse des elektronischen Rechtsverkehrs angepasst worden (§§ 130a, b, 174 Abs. 3, 4, 371 a, 416 a ZPO). 15

---

4 Eine Synopse der alten und neuen Regelungen findet sich bei *Hartmann*, NJW 2001, 2577, 2579. Die Rechtsprechung zu den §§ 166–213a ZPO a.F. kann insoweit weiter herangezogen werden, als die alten Regelungen in die Neufassung übernommen wurden.
5 Zur Frage, wann eine Zustellung im Parteibetrieb in Betracht kommt, vgl. die Checkliste unter Rdn 293 ff.
6 ABl L 324 vom 10.12.2007, S. 79.
7 AblEG 2001 L 160, S. 37.

Ergänzt werden die Regelungen über die Zustellung in der ZPO durch die Gerichtsvollziehergeschäftsanweisungen (GVGA), die Zustellungs- und Rechtshilfeverordnung (ZRHO), das Haager Zustellungsübereinkommen (HZÜ) sowie die Verordnung (EG) Nr. 1393/2007 des Europäischen Parlaments und des Rates vom 13.11.2007 über die Zustellung gerichtlicher und außergerichtlicher Schriftstücke in Zivil- oder Handelssachen in den Mitgliedstaaten,[8] i.d.F. der Verordnung (EU) Nr. 517/2013,[9] sowie das Abkommen zwischen der Europäischen Gemeinschaft und dem Königreich Dänemark vom 19.10.2005.[10]

16 In der nachfolgenden Darstellung wird auf die Regelung im alten Zustellungsrecht der ZPO insoweit verwiesen, als auf die hierzu ergangene Rechtsprechung auch in Zukunft zurückgegriffen werden kann, weil die bisherige Regelung ohne sachliche Änderung ins neue Recht übernommen worden ist.

I. Die Zustellung von Amts wegen

17 Entsprechend der „Zustellungswirklichkeit" regelt die ZPO in den §§ 166–190 ZPO die Zustellung von Amts wegen als häufigste Zustellungsart am Beginn und als gesetzliches Leitbild, welches bei anderen Zustellungsarten dann nur noch Modifikationen erfährt.

1. Der Begriff der Zustellung

18 Nach § 166 Abs. 1 ZPO ist die Zustellung die Bekanntgabe eines Schriftstücks an eine Person in der vorgeschriebenen Form.

19 Über diese gesetzliche Legaldefinition der Bekanntgabe hinaus hat die Zustellung allerdings die Wirkung, dass auch der Zeitpunkt der Bekanntgabe festgehalten wird. Dies stellt sich als wesentliche Grundlage für Fristberechnungen dar. Auch soll auf diese Weise der Zugang eines Schriftstückes nachweisbar gemacht werden. Gerade hier dient die Zustellung der Rechtssicherheit, etwa im Zusammenhang mit dem Lauf von Rechtsmittelfristen.

2. Der Gegenstand der Zustellung

20 Die §§ 166 ff. ZPO regeln zunächst nicht selbst, welche Schriftstücke in welcher Form zuzustellen sind. Dies muss sich aus den speziellen gesetzlichen oder vertraglichen Regelungen ergeben, etwa aus § 253 ZPO für die Klageschrift.

21 Ebenfalls enthalten die §§ 166 ff. ZPO keine Bestimmungen darüber, in welcher Form die Schriftstücke zuzustellen sind, d.h. ob das Original, eine Ausfertigung oder eine (beglaubigte) Abschrift zuzustellen ist. Auch hier ist auf die jeweiligen gesetzlichen und

---

8 ABl L 324 vom 10.12.2007, S. 79.
9 ABl L 158 v. 10.6.2013, S. 1.
10 ABl L 300 v. 17.11.2005, S. 55.

vertraglichen Regelungen abzustellen. Im finanzgerichtlichen Verfahren ersetzt eine Ausfertigung der gerichtlichen Entscheidung insoweit die Urschrift.[11]

> *Hinweis*
>
> Weicht die zugestellte Ausfertigung von dem bei den Akten befindlichen Original ab, ist die vorgenommene Zustellung unwirksam. Es bedarf keiner Beschlussberichtigung; vielmehr kann der Beschluss im richtigen Wortlaut nochmals zugestellt werden.[12]

Mangels anderer Bestimmungen ist es jeweils ausreichend, wenn eine Abschrift oder eine Ausfertigung des oder der Schriftstücke zugestellt wird. Insbesondere im gerichtlichen Verkehr genügt regelmäßig eine Abschrift bzw. Ausfertigung. 22

> *Hinweis* 23
>
> Beachtet werden muss aber, dass es bei einstweiligen Verfügungen zur Wahrung der Vollziehungsfrist nicht ausreicht, wenn lediglich eine beglaubigte Abschrift zugestellt wird.[13]

Umstritten ist allerdings, ob die Abschriften auch – für den Rechtsanwalt regelmäßig aufwendig – zu beglaubigen sind. § 170 ZPO a.F. hatte ausdrücklich angeordnet, dass Abschriften nur beglaubigt zugestellt werden konnten. In der Vorauflage wurde folgende Ansicht vertreten: Mit dem Willen des Gesetzgebers[14] sei davon auszugehen, dass die allgemeinen Vorschriften nunmehr keine Zustellung von beglaubigten Abschriften mehr verlangten. Nachdem der Gesetzgeber in der Begründung zu § 166 ZPO ausgeführt habe dass er keine Regelung über die Form treffen wollte, sondern dies den besonderen materiell-rechtlichen und prozessrechtlichen Bestimmungen vorbehalten bleiben sollte, könne anderes auch nicht aus § 169 Abs. 2 und § 192 Abs. 2 S. 2 ZPO hergeleitet werden.[15] Die §§ 169, 192 ZPO regelten also zukünftig nur die Zuständigkeit für die Beglaubigung, wenn sich ein entsprechendes Erfordernis für eine Beglaubigung aus dem materiellen Recht oder aus den besonderen Vorschriften der gewählten Verfahrensart ergebe. In diesem Fall werde die Beglaubigung nach § 169 Abs. 2 ZPO von der Geschäftsstelle vorgenommen, soweit von einem Anwalt eingereichte Schriftstücke nicht bereits von diesem beglaubigt worden seien. Nach § 192 Abs. 2 ZPO könne auch der Gerichtsvollzieher zuzustellende Schriftstücke beglaubigen. 24

Dies stelle für den Anwalt eine erhebliche Arbeitsentlastung dar, weil insbesondere § 253 ZPO für die Klageschrift und deren Anlagen nur von der Beifügung von Abschriften spreche und selbst keine Beglaubigung verlange. Gleiches gelte nach § 133 ZPO bezüglich der Vorlage der notwendigen Abschriften von Schriftsätzen nebst Anlagen. Auch hier werde eine Beglaubigung nach dem Wortlaut nicht verlangt. 25

---

11 BFH v. 1.7.2003 – IX B 13/03.
12 OLGR Nürnberg 2004, 38 = FamRZ 2004, 470.
13 Vgl. als Beispiel LG Hamburg GRUR-RR 2009, 65.
14 BT-Drucks 14/4554, 15, 16; wie hier auch Hannich/Meyer-Seitz/*Häublein*, § 166 Rn 5.
15 So aber MüKo-ZPO/*Häublein*, Vorauflage,§ 169 Rn 3.

Ungeachtet gesonderter Vorschriften sei eine Beglaubigung nur dort erforderlich, wo ein Bestreiten der Übereinstimmung des zugestellten Schriftstücks mit dem Original zu erwarten ist. Dort, wo üblicherweise die Übereinstimmung von Anlagen eines Schriftsatzes mit dem Original nicht bestritten werde, etwa in Verkehrsunfallsachen oder bei der Vorlage von AGB, bedürfe es dieser Sicherungsmaßnahme nicht.

26 Aufgrund der vorstehenden Ausführungen könne die bisherige Rechtsprechung des BGH, nach der eine fehlende Beglaubigung der zuzustellenden Schriftstücke zur Unwirksamkeit der Zustellung führe,[16] nicht auf das neue Zustellungsrecht übertragen werden.[17] Eine Übertragung sei nur dort möglich, wo sich aus prozessrechtlichen oder materiellrechtlichen Gründen das Erfordernis der Beglaubigung ergebe.

27 *Hinweis*

Liegt dem Gerichtsvollzieher das zuzustellende Schriftstück nur als Faxausdruck vor, stellt er diesen zu und verbindet die Zustellungsurkunde mit dem später nachgereichten Original des zuzustellenden Schriftstücks, so liegt eine wirksame Zustellung vor.[18]

28 Diesen Ausführungen und den Vertretern dieser Ansicht dürfte jedoch angesichts des Urteils des BGH vom 22.12.2015[19] die Grundlage entzogen sein. Der BGH führt in dem Urteil aus, dass, soweit keine gesetzliche Regelung getroffen sei, zumindest eine beglaubigte Abschrift zuzustellen sei.

29 *Checkliste von Fällen der notwendigen Beglaubigung*

- § 2261 BGB – Testament bei Eröffnung durch ein anderes Gericht als das zuständige Nachlassgericht,
- Personenstandsurkunden, §§ 54 Abs. 3, 56 PStG,[20]
- § 435 ZPO – Vorlegung **öffentlicher** Urkunden.

3. Der Adressat der Zustellung

30 Als Zustellungsadressat, d.h. als Person, der das zuzustellende Schriftstück bekannt gemacht werden soll, kommen prozessfähige natürliche und juristische Personen in Betracht.

31 Vom Adressaten zu unterscheiden sind mögliche andere Empfänger des zuzustellenden Schriftstückes. Adressat ist die Person, der das Schriftstück zugestellt werden soll. **Empfänger** ist die Person, die es tatsächlich entgegennimmt. Ob der Empfang des Schriftstückes durch eine andere Person als den Adressaten persönlich eine wirksame Zustellung darstellt, bestimmt sich danach, ob eine wirksame Ersatzzustellung vorliegt.[21]

---

16 BGHZ 24, 166 = NJW 1957, 951; BGHZ 55, 251 = NJW 1971, 659; BGH NJW 1995, 2230.
17 So aber Zöller/*Stöber*, Vorauflage, § 169 Rn 12.
18 OLGR Düsseldorf 2004, 438 = DGVZ 2004, 125.
19 BGH MDR 2016, 545 ff.; Zöller/*Schultzky*, § 166 Rn 9.
20 In der Fassung vom 1.1.2009.
21 Hierzu Rdn 130 ff.

Der Rechtsanwalt muss besondere Sorgfalt darauf verwenden, die Person als Adressat 32 zutreffend zu bezeichnen, d.h. die richtige Schreibweise des Namens wählen und die vollständige Bezeichnung der juristischen Person anbringen. Bei einer GmbH & Co. KG ist das Vertretungsverhältnis somit ausführlich darzustellen, im Einzelnen somit die Benennung der Komplementär-GmbH sowie deren Vertretungsverhältnisse.

> *Hinweis* 33
>
> Dies gilt auch dann, wenn der Gegner anwaltlich vertreten ist. Hier überdeckt die Zustellung an den Bevollmächtigten die sich später in der Zwangsvollstreckung ergebenden Probleme, wenn der tatsächliche Adressat der Zustellung als Schuldner nicht hinreichend bestimmt bezeichnet war, etwa ein Angehöriger gleichen Namens existiert.

Auch die Adresse muss zutreffend angegeben sein, damit später zweifelsfrei festgestellt 34 werden kann, ob eine wirksame Zustellung vorliegt. Auch bei einer Zustellung von Amts wegen gehen Mängel hier regelmäßig zulasten der Partei, da die Zustellung auf deren Angaben zum Adressaten, etwa die Bezeichnung in der Klageschrift, zurückgeht.

> *Hinweis* 35
>
> Eine unrichtige Zustellung setzt keine Rechtsmittelfrist in Gang.

> *Tipp* 36
>
> Eine Anfrage beim Einwohnermeldeamt[22] oder dem Handels-[23] bzw. Gewerberegister[24] kann hier helfen, Zweifel aufzuklären. Dieser – sichere – Weg sollte insbesondere dann beschritten werden, wenn durch eine fehlerhafte Zustellung erhebliche Rechtsnachteile drohen, etwa die Verjährung eines Anspruchs. Dabei sollte die Klärung schon parallel zu anderen Maßnahmen, etwa einer letzten Mahnung erfolgen, damit spätere Zeitnachteile vermieden werden.

Bei juristischen Personen ergibt sich aus § 170 Abs. 2 und 3 ZPO eine weitere Erleichterung. 37 So genügt bei juristischen Personen auch die Zustellung an den „Leiter", d.h. eine Person, die – ohne zwingend auch gesetzlicher Vertreter zu sein – für die juristische Person handeln darf. Sind mehrere solcher Personen vorhanden, zum Beispiel mehrere alleinvertretungsberechtigte Geschäftsführer, genügt die Zustellung an eine von ihnen, § 171 Abs. 3 ZPO.

Ist die Person, der das Schriftstück bekannt gegeben werden soll, nicht prozessfähig, so 38 ist Adressat der Zustellung der gesetzliche Vertreter der nicht prozessfähigen Person.

> *Hinweis* 39
>
> Dies bedeutet, dass nach § 170 Abs. 1 S. 1 ZPO der **gesetzliche Vertreter** auch **als Adressat** in der Zustellung zu **bezeichnen** ist. Ist die Zustellung an die nicht

---

22 Vgl. Antragsmuster Rdn 341.
23 Vgl. Antragsmuster Rdn 342.
24 Vgl. Antragsmuster unter Rdn 344.

prozessfähige Person gerichtet, so ist diese nach § 170 Abs. 1 S. 2 ZPO unwirksam! Allerdings beschränkt der BGH dies auf die Fälle, in denen die Prozessunfähigkeit der Partei bekannt ist. Wird an eine als prozessfähig behandelte Partei zugestellt, die jedoch objektiv prozessunfähig ist, bleibt die Zustellung wirksam.[25] In diesen Fällen muss später mit der Nichtigkeitsklage die Unwirksamkeit des Titels geltend gemacht werden.[26] Die Wiedereinsetzung in den vorigen Stand kommt ebenso in Betracht,[27] hilft aber in vielen Fällen nicht, weil die Jahresfrist des § 234 Abs. 3 ZPO als absolute Sperre für die Wiedereinsetzung bereits abgelaufen ist.

40 Als gesetzliche Vertreter einer prozessunfähigen, weil nicht geschäftsfähigen Partei kommen insbesondere[28] in Betracht:
- die Eltern des minderjährigen Kindes (§ 1629 Abs. 1 S. 2 BGB);

  Hinweis

  Eine Zustellung unmittelbar an das minderjährige Kind als Adressat hat jedoch in den Fällen der §§ 112, 113 BGB zu erfolgen, da insoweit eine partielle Geschäftsfähigkeit und damit auch eine korrespondierende Prozessfähigkeit vorliegt.
- der Betreuer einer nicht mehr geschäftsfähigen Person;

  Hinweis

  Betreuung bedeutet nicht automatisch Geschäftsunfähigkeit (vgl. § 1903 BGB).[29]
- der Nachtragsliquidator einer gelöschten Aktiengesellschaft nach § 264 Abs. 2 S. 2 AktG;
- der Nachtragsliquidator einer gelöschten GmbH nach § 66 Abs. 5 GmbHG;
- der Geschäftsführer oder – sofern ein Geschäftsführer, nicht vorhanden ist – ein Gesellschafter einer GbR.[30]

41 *Tipp*

Ist ein gesetzlicher Vertreter nicht vorhanden, so kann im gerichtlichen Verfahren nach § 57 ZPO auf Antrag[31] der klagenden Partei der Vorsitzende des Prozessgerichts einen Prozesspfleger bestellen, wenn sonst Gefahr in Verzug ist und deshalb ein Rechtsverlust droht. Anderenfalls muss sich der Kläger um die Bestellung eines Betreuers, Pflegers oder Nachtragsliquidators nach den besonderen Bestimmungen dieser Verfahrensarten bemühen.

42 *Hinweis*

Dieser Regelung kommt nach dem Willen des Gesetzgebers[32] nur klarstellender Charakter zu. Damit hat der Gesetzgeber die Streitfrage, ob eine Zustellung an

---

25 BGH NJW 2008, 2125; NJW 2014, 937 ff.
26 BGH NJW 2008, 2125; NJW 2014, 937 ff.
27 BGH FamRZ 2008, 680 = Grundeigentum 2008, 406.
28 I.E. Zöller/*Vollkommer*, ZPO, 31. Aufl., 2016, zu § 51 ZPO.
29 Vgl. *Bienwald/Sonnenfeld/Harm*, Betreuungsrecht, 6. Aufl., 2016, § 1902 Rn 28 BGB.
30 BGH NJW 2006, 2191 = InVo 2006, 394.
31 Vgl. Antragsmuster unter Rdn 349.
32 BT-Drucks 14/4554, 17.

eine **unerkannt prozessunfähige Partei** Rechtsmittel- und Einspruchsfristen in Lauf setzt, nicht selbst entschieden. Der BGH hat in der Vergangenheit der Rechtssicherheit den Vorrang eingeräumt und angenommen, dass die Fristen laufen, wenn auch das Gericht die Partei als prozessfähig behandelt hat.[33] Hieran hält er auch nach der Neuregelung fest.[34] Geheilt ist dieser Zustellungsmangel immer, wenn das Schriftstück dem gesetzlichen Vertreter im Wege der Ersatzzustellung zugestellt und so bekannt wird.[35]

Im **gerichtlichen Verfahren** ergibt sich eine weitere Modifikation, wenn ein Bevollmächtigter bestellt ist. Nach § 172 Abs. 1 ZPO haben Zustellungen in einem anhängigen Verfahren an den Bevollmächtigten zu erfolgen. Dieser ist also nicht nur Empfänger, sondern auch Adressat der Zustellung. 43

Hinweis 44

Damit beginnen Fristen nicht zu laufen, wenn das Gericht die entsprechende Verfügung oder den Beschluss unmittelbar der Partei und nicht deren Bevollmächtigten zugestellt hat. Gleiches gilt für andere Auflagen oder Rechtswirkungen.

Die bisherigen Regelungen in den §§ 176–178 ZPO a.F. sind entsprechend in § 172 ZPO n.F. zusammengefasst worden. Auf die bisherige Rechtsprechung kann jedoch weiter zurückgegriffen werden. 45

Hinweis 46

Das Gesetz spricht gegenüber der früheren Regelung jetzt in § 172 ZPO von „Verfahren" statt „Rechtsstreit". Damit wird klargestellt, dass diese Regelung in allen Verfahrensarten und allen Instanzen, insbesondere im Mahnverfahren und auch der Zwangsvollstreckung gilt. Die in § 172 Abs. 1 S. 2 ZPO aufgeführten Prozesshandlungen sind demgegenüber nur Beispiele. Die Regelung gilt jeweils ausschließlich für das eigentliche Verfahren i.d.S., nicht jedoch für die Nebenverfahren i.S.d. § 82 ZPO. So wird es im Prozesskostenhilfeüberprüfungsverfahren nach § 120a ZPO für zulässig erachtet, der Partei selbst zuzustellen, wenn sich nicht speziell für dieses Verfahren Bevollmächtigte gemeldet haben.

Wurde die Partei jedoch im Prozesskostenhilfeverfahren von einem Prozessbevollmächtigten vertreten, ist an diesen zuzustellen.[36]

§ 172 Abs. 2 ZPO verfeinert die Regelung dann für Rechtsmittelverfahren. Danach bleibt zunächst der Prozessbevollmächtigte der vorausgehenden Instanz Adressat des Rechtsmittelschriftsatzes. Anderes gilt nach § 172 Abs. 2 S. 2 ZPO nur dann, wenn für die Rechtsmittelinstanz bereits ein Bevollmächtigter bestellt ist. Ist noch kein Prozessbevollmächtigter bestellt, weil sich der Mandant etwa vor dem Amtsgericht selbst vertreten 47

---

33 BGH NJW 2014, 937 ff.
34 BGH NJW 2008, 2125.
35 Zöller/*Schultzky*, § 170 Rn 6.
36 BGH, MDR 2011, 183, AnwBl. 2011, 463 zu § 120 Abs. 4 ZPO a.F.

hat, so ist diesem als Adressaten der Schriftsatz zuzustellen. Dies ist dann nach § 78 ZPO mit der Aufforderung zu verbinden, einen Bevollmächtigten zu benennen.

48 Beachtet werden muss, dass die Bestellung als Bevollmächtigter im gerichtlichen Verfahren gegenüber dem Gericht oder der Partei angezeigt werden muss. Für die Annahme der Zustellungsbevollmächtigung im Prozess reicht es also nicht aus, dass außergerichtlich ein Bevollmächtigter tätig geworden ist, auch wenn es sich dabei um einen postulationsfähigen Rechtsanwalt gehandelt hat.[37] Die Bestellung eines Bevollmächtigten durch eine Anzeige des Prozessgegners ist i.d.R. für das Prozessgericht nur dann verbindlich, wenn die vertretene Partei oder der Vertreter dem Gegner vom Bestehen einer Prozessvollmacht Kenntnis gegeben hat.[38]

49 *Tipp*

Hat der gegnerische Rechtsanwalt nicht ausdrücklich mitgeteilt, dass er für die Zustellung einer Klageschrift zum Empfang bevollmächtigt ist, sollte auf dessen Bezeichnung in der Klageschrift verzichtet werden, da eine fehlerhafte Zustellung zulasten der eigenen Partei gehen würde.[39] Im anderen Fall sollte im Rubrum der Bevollmächtigten des Gegners ausdrücklich als „Zustellungsbevollmächtigter" bezeichnet werden.

50 *Hinweis*

Streitig ist, ob der im selbstständigen Beweisverfahren bestellte Rechtsanwalt damit zugleich auch für das nachfolgende Hauptverfahren mit identischem Streitgegenstand als Zustellungsbevollmächtigter angesehen werden kann.[40] Der Rechtsanwalt sollte den im Beweisverfahren bestellten gegnerischen Bevollmächtigten in diesen Fällen als Prozessbevollmächtigten benennen und gleichzeitig das Gericht auf die Problematik hinweisen und beantragen, die Zustellung nach der vom erkennenden Gericht vertretenen Auffassung an die gegnerische Partei oder ihren Bevollmächtigten aus dem selbstständigen Beweisverfahren zu veranlassen.

51 *Tipp*

Eine kurze Anfrage vorab bei dem gegnerischen Anwalt mit dessen schriftlicher Bestätigung vermeidet Unsicherheiten und initiiert u.U. Vergleichsgespräche auf der Basis des Ergebnisses des selbstständigen Beweisverfahrens.

52 Wird sowohl der Partei als auch dem Bevollmächtigten zugestellt, ist die Zustellung an den Prozessbevollmächtigten wegen § 172 ZPO maßgeblich.[41] Die Wirksamkeit der Zustellung wie die an die Zustellung geknüpften Folgen, wie etwa der Lauf einer Frist

---

[37] BGH NJW-RR 1986, 286; OLG Hamburg NJW-RR 1993, 958.
[38] LAG Nürnberg, Beschl. v. 8.5.2009, 2 Ta 36/09, DB 2009, 1604 (nur Leitsatz).
[39] BGH MDR 2011, 620 f..
[40] Bejahend: OLG Düsseldorf MDR 1991, 1197.
[41] OLG Brandenburg FamRZ 2009, 1426.

sind hieran zu messen. Allerdings kann im Einzelfall der Meistbegünstigungsgrundsatz zu berücksichtigen sein, so dass auf die spätere Zustellung abgestellt werden muss.[42]

Ist infolge Verlustes der Zulassung zur Anwaltschaft die Postulationsfähigkeit des (bisherigen) Prozessbevollmächtigten erloschen, kann an ihn nicht mehr mit Wirkung für die Partei zugestellt werden.[43]

> *Hinweis*
>
> In Anwaltsprozessen gilt im Falle des Anwaltswechsels der ursprüngliche Rechtsanwalt so lange als bevollmächtigt, als sich noch kein anderer bestellt hat, § 87 Abs. 1, 2. Hs. ZPO.

Nach § 171 ZPO **kann** die Zustellung (über § 173 ZPO a.F. hinaus) auch an eine **rechtsgeschäftlich bevollmächtigte Person** erfolgen. Der Zustellende hat also ein Wahlrecht. Im Unterschied zu den vorstehenden Fällen wird der rechtsgeschäftlich Bevollmächtigte außerhalb eines gerichtlichen Verfahrens damit aber nicht zum Adressaten, sondern bleibt Empfänger des zuzustellenden Schriftstückes.

Erforderlich ist für den Empfang des zuzustellenden Schriftstückes, dass die Bevollmächtigung zum Zeitpunkt der Zustellung schriftlich nachgewiesen werden kann. Diese Vorschrift dient allerdings nur dem Schutz des Zustellers.[44] Für ein anderes Verständnis gibt der Wortlaut der Vorschrift keinen Anhalt. Für die Wirksamkeit der Zustellung kommt es damit allein darauf an, ob die Bevollmächtigung materiell-rechtlich wirksam ist. Wird die schriftliche Vollmacht zwar nicht bei der Zustellung vorgelegt, aber später nachgewiesen, dass die Vollmacht zum Zustellungszeitpunkt bestanden hat, so ist die Zustellung wirksam.[45]

> *Hinweis*
>
> Die nach § 171 S. 1 ZPO gegebene Möglichkeit, die Zustellung eines Schriftstückes auch durch eine solche an den rechtsgeschäftlich bestellten Vertreter vorzunehmen, besteht nur dann, wenn dieser im Besitz einer Vollmacht ist, die sich auf die Entgegennahme von Postsendungen erstreckt oder sich hierin erschöpft. Eine solchermaßen verstandene Vollmacht, nämlich auch bei späteren Zustellungen, etwa im nachfolgenden Verfahren auf Erlass einer einstweiligen Verfügung, Vertreter des Vertretenen sein zu können, enthält die im Anschluss an eine Abmahnung erfolgte Beauftragung eines Rechtsanwalts mit der Wahrnehmung von rechtlichen Interessen aber regelmäßig gerade nicht. Diese Rechtslage hat sich durch das Zustellungsreformgesetz nicht geändert.[46]

Bei Mängeln der Zustellung ist weiterhin eine Heilung nach § 189 ZPO (früher § 187 ZPO) möglich. Hat überhaupt keine Bevollmächtigung vorgelegen und wird die Zustel-

---

42 OLG Bremen FamRZ 2008, 1545 = OLGR 2008, 411.
43 OLG Köln OLGR 2008, 571 = MDR 2008, 1300; a.A. OLG München NJW 1970, 1609.
44 A.A. Gesetzesbegründung BT-Drucks 14/4554, 17.
45 Zöller/*Schultzky*, § 171 Rn 3 ZPO.
46 OLG Köln GRUR-RR 2005, 143.

lung auch nicht nachträglich genehmigt, so kommt es dabei auf den Zugang des zuzustellenden Schriftsatzes beim Adressaten an. Wird die Bevollmächtigung später erteilt, so reicht der Zugang beim Empfänger, d.h. dem Bevollmächtigten, aus. Bei einer nachträglichen Genehmigung kann nach hiesiger Auffassung der Mangel der Zustellung allerdings nicht rückwirkend, sondern nur auf den Zeitpunkt der Genehmigung geheilt werden.

59 *Tipp*

In den erweiterten Möglichkeiten des § 171 ZPO liegt ein besonderer Vorteil für die Praxis, wenn der Prozessgegner außergerichtlich einen rechtsgeschäftlich bestellten Zustellungsbevollmächtigten benannt hat, der aber nicht zugleich auch Prozessvertreter ist. Kann die Klage dem Gegner wegen unbekannten Aufenthalts nicht zugestellt werden, ist nun die Zustellung der Klage, zum Beispiel an den zustellungsbevollmächtigten Nachbarn, möglich. Der Mandant sollte also immer dann, wenn der Gegner „viel auf Reisen ist", schon bei Vertragsabschluss oder während der Abwicklung auf die Benennung eines Zustellbevollmächtigten und die Vorlage einer schriftlichen Vollmacht achten.

60 Mit dem Zustellungsreformgesetz ist § 189 ZPO a.F. gestrichen und auch in keine andere Vorschrift aufgenommen worden. Darin war geregelt, wie viele Abschriften des zuzustellenden Schriftstückes zuzustellen sind, wenn mehrere Personen einen gesetzlichen, rechtsgeschäftlich bestellten oder einstweilen zugelassenen Vertreter hatten. In diesen Fällen genügte die Zustellung einer Abschrift. Hatten mehrere Beteiligte nur einen Zustellungsbevollmächtigten, d.h. keinen Vertreter, so mussten so viele Abschriften zugestellt werden, wie Beteiligte vorhanden waren. Problematisch ist nun, welche Bedeutung der Streichung zukommt. Der Gesetzgeber äußert sich in der Gesetzesbegründung hierzu nicht.

61 *Hinweis*

Sollte keine der Anzahl der Beteiligten entsprechende Anzahl an Abschriften beigefügt sein, kann die Zustellung zum Teil unwirksam sein, d.h. jedenfalls gegenüber den Personen, die keine Abschrift erhalten haben. Damit drohen erhebliche Rechtsnachteile, z.B. kein Eintritt der Hemmung der mit der Schuldrechtsreform erheblich verkürzten Verjährung.[47]

62 *Tipp*

Bevor die Rechtsprechung diese Frage geklärt hat, sollte der Rechtsanwalt schon aus Fürsorgegründen und um einen späteren Haftungsfall zu vermeiden, grundsätzlich eine Abschrift für jeden Beteiligten dem zuzustellenden Schriftstück beifügen.

---

47 Allgemein zu Verjährungsfragen und zur Verjährungshemmung durch Maßnahmen der Rechtsverfolgung vergleiche *Birr*, Verjährung und Verwirkung, 2006; *Mansel/Budzikiewicz*, Das neue Verjährungsrecht, 2002 sowie *Gottwald*, Die Verjährung im Zivilrecht, 2005. Zu den Änderungen des Verjährungsrechtes zum 1.1.2005 s. *Goebel*, Die neuen Verjährungsfristen, 2005.

4. Die Zustellung an den Adressaten

Es stehen unterschiedliche Formen der Zustellung von Amts wegen zur Verfügung, die dann nach Maßgabe der §§ 191 ff. ZPO auch entsprechend auf die Zustellung im Parteibetrieb Anwendung finden.

63

a) Die Veranlassung und Durchführung der Zustellung

Die Zustellung eines Schriftstückes von Amts wegen wird von der Geschäftsstelle des Gerichts durch Übergabe an die Post oder einen Justizbediensteten nach § 168 Abs. 1 ZPO veranlasst. Die Veranlassung der Zustellung gehört zu den Aufgaben der Geschäftsstelle, nicht zu den richterlichen Aufgaben.[48]

64

> *Hinweis*
>
> Der Begriff „Post" ist § 33 PostG entliehen, d.h. neben der Deutschen Post AG können auch sonstige privatrechtliche Beförderungsunternehmen diese Aufgabe wahrnehmen. Diese sind nach § 33 Abs. 1 PostG auch verpflichtet, Zustellungen vorzunehmen. Die Postbediensteten handeln als Beliehene und unterliegen der Amtshaftung nach § 35 PostG i.V.m. § 839 BGB, Art. 34 GG.[49]

65

Innerhalb des Gerichts ist die Zustellungsbevollmächtigung nach der Neuregelung nicht mehr auf die Gerichtswachtmeister beschränkt, sondern kann von jedem Bediensteten des Gerichts oder der Staatsanwaltschaft ausgeführt werden.

66

Auch bei der Zustellung von Amts wegen kann jetzt nach § 168 Abs. 2 ZPO der Gerichtsvollzieher mit der Zustellung beauftragt werden, wenn eine andere Zustellung keinen Erfolg verspricht.

67

> *Hinweis*
>
> Die Beauftragung des Gerichtsvollziehers ermöglicht eine Zustellung dort, wo eine Person zwar einen bekannten Aufenthaltsort hat, aber keinen festen Wohnsitz, zum Beispiel der Obdachlose unter der Brücke. Für die Beauftragung des Gerichtsvollziehers bedarf es allerdings der gerichtlichen Anordnung des Vorsitzenden des Prozessgerichts oder eines beauftragten Mitgliedes. Der Bevollmächtigte sollte auf diese Form der Zustellung auch dann hinweisen, wenn der Adressat zur üblichen Postzustellungszeit nie angetroffen werden kann.

68

b) Zustellung an der Amtsstelle

Die Zustellung kann an den Adressaten oder einen rechtsgeschäftlich Bevollmächtigten an der Amtsstelle durch unmittelbare körperliche Übergabe erfolgen, die dann auf dem Schriftstück und in den Akten festgehalten wird. Erfolgt die Übergabe an den Bevollmächtigten, muss dieser eine schriftliche Vollmacht vorlegen. In der zivilprozessualen Praxis wird diese Zustellungsform nur selten zum Tragen kommen.

69

---

48 OLG Köln Rpfleger 2008, 585.
49 OLG Hamm, NVwZ-RR 2014, 914 ff.

c) Zustellung durch Übergabe per Zustellungsurkunde

70 Die Zustellung kann durch das Zustellungsorgan, d.h. den Postbediensteten, den Justizbediensteten oder den Gerichtsvollzieher erfolgen und mittels einer Zustellungsurkunde dokumentiert werden.

71 Die Zustellung ist nach § 182 Abs. 1 S. 1 ZPO auf dem dafür nach § 190 ZPO vorgesehenen Vordruck zu beurkunden. Der wesentliche Inhalt der Zustellungsurkunde ergibt sich aus § 182 Abs. 2 ZPO.

72 Fehlt es an den erforderlichen Angaben in der Zustellungsurkunde, führt dies zunächst nicht zur Unwirksamkeit der Zustellung. Die fehlenden Angaben können allerdings den Beweiswert der Urkunde beeinträchtigen[50] und dann im praktischen Ergebnis doch zur Wirkungslosigkeit der Zustellung führen. Eine nicht nachzuweisende Zustellung stellt sich für den von der Zustellung Begünstigten wie eine unterbliebene Zustellung dar.

73 *Hinweis*

Für den Rechtsanwalt wie andere Beteiligte, etwa Inkassodienstleister oder die Parteien selbst gilt es, die Vollständigkeit der Zustellungsurkunde zu überprüfen, wenn anderenfalls dem Mandanten Rechtsnachteile drohen. Hierfür kann er sich auch der Akteneinsicht bedienen. Die Überprüfung der Zustellungsurkunde des Gegners kann sich dann empfehlen, wenn sich aus der fehlerhaften Zustellung Rechtsvorteile für den Mandanten ergeben. Dies kann insbesondere bei Rangvorteilen in der Zwangsvollstreckung der Fall sein.[51]

74 *Tipp*

Allerdings kann das Gericht eine unvollständige oder fehlerhafte Urkunde im Rahmen von § 419 ZPO auch frei würdigen. Hiermit kann sich der Rechtsanwalt im Zweifelsfall behelfen. Sofern möglich, sollte bei fehlerhaften, unvollständigen oder veränderten Zustellungsurkunden regelmäßig eine erneute Zustellung veranlasst werden, um zukünftige Rechtsnachteile zu vermeiden.

75 *Hinweis*

Wenn der Schuldner/Gegner eine Geschäftsanschrift bewusst und zielgerichtet falsch angegeben hat, kann er sich auf eine fehlerhafte Zustellung nicht berufen, es sei denn, dass dies dem Zustellenden bekannt ist.[52]

76 Die Zustellungsurkunde stellt eine öffentliche Urkunde i.S.d. § 415 ZPO dar. Dies gilt auch dann, wenn die Zustellung durch ein privates Postunternehmen nach § 33 PostG ausgeführt wurde, da dieses als Beliehener tätig wird.

---

50 Zöller/*Schultzky*, § 182 Rn 16, ff.
51 Zur Zwangsvollstreckung vgl. *Goebel*, AnwF Zwangsvollstreckung, 5. Aufl.
52 OLG Dresden MDR 2016, 1410 f.

Die Zustellungsurkunde begründet dann nach §§ 418, 182 Abs. 1 S. 2, 168 Abs. 1 S. 2 ZPO vollen Beweis dafür, dass das zuzustellende Schriftstück am angegebenen Ort zur angegebenen Zeit an die zu bezeichnende Person übergeben wurde.[53]   **77**

> *Hinweis*   **78**
>
> Das Gegenteil bedarf des Vollbeweises.[54]

Wird an eine rechtsgeschäftlich bevollmächtigte Person zugestellt, erbringt die Urkunde zugleich vollen Beweis dafür, dass die schriftliche Vollmachtsurkunde nach § 171 S. 2 ZPO vorgelegen hat.   **79**

Die Zustellung kann nach § 177 ZPO an jedem Ort erfolgen, an dem der Zustellungsadressat angetroffen wird. Zulässig ist also auch eine Zustellung am Arbeitsplatz des Adressaten. Aus dem Wortlaut ergibt sich die persönliche Übergabe, keine Ersatzzustellung.   **80**

> *Hinweis*   **81**
>
> Der Empfänger kann bei Zustellung mittels Telekopie die Annahme nicht mit der Begründung verweigern, der für die Übermittlung gewählte Fax-Anschluss sei nicht zum Empfang von zuzustellenden Sendungen bestimmt.[55]

Die frühere Regelung des § 188 ZPO a.F. wurde ersatzlos aufgehoben und nicht in § 177 ZPO überführt. Damit ist die zulässige **Zustellungszeit** zunächst gesetzlich nicht definiert. Gleichwohl wird davon auszugehen sein, dass eine Zustellung an Sonn- und Feiertagen sowie zur Nachtzeit nicht durchgeführt werden darf.[56]   **82**

> *Hinweis*   **83**
>
> Zur Bestimmung der Nachtzeit wird auf § 758a ZPO zurückgegriffen werden können, wonach unter Nachtzeit die Zeit zwischen 21.00 Uhr abends und 06.00 Uhr morgens zu verstehen ist.

Erfolgt die Zustellung zur Unzeit, so ist der Zustellungsadressat bzw. -empfänger berechtigt, die Zustellung abzulehnen, ohne dass die Zustellungswirkung nach § 179 ZPO eintritt.   **84**

Die zum Nachweis der erfolgten Zustellung erforderliche Zustellungsurkunde kann der Rechtsanwalt nicht erlangen, wenn die Zustellung von Amts wegen erfolgt. Die Zustellungsurkunden werden für diesen Fall zu den Akten genommen. Um den Nachweis der Zustellung gleichwohl führen zu können, gibt § 169 ZPO dem Rechtsanwalt die Möglichkeit, auf Antrag[57] von der Geschäftsstelle des die Zustellung veranlassenden Gerichts eine Zustellbescheinigung zu erlangen.   **85**

---

53 BGH NJW 1976, 1940.
54 LAG Sachsen, 2 Sa 436/17.
55 BFH v. 16.5.2003 – IV B 164/02 n.v.
56 Zöller/*Schultzky*, §§ 177 und 179 Rn 2.
57 Hierzu das Antragsmuster unter Rdn 356.

86 *Hinweis*

Die Zustellungsurkunden werden nach Abschluss des Verfahrens und Ablauf der Aufbewahrungsfrist von regelmäßig fünf Jahren vernichtet. Rechtsanwalt und Inkassodienstleister sollten daher grundsätzlich eine Zustellbescheinigung zum Zwecke der Zwangsvollstreckung anfordern, wenn die titulierte Forderung nicht zeitnah ausgeglichen wird. Das Gleiche gilt hinsichtlich einer beglaubigten Abschrift der Zustellungsurkunde, wenn die Notwendigkeit der Vollstreckung im Ausland nicht auszuschließen ist.

d) Zustellung per Einschreiben mit Rückschein

87 Als neue Zustellungsart hat § 175 ZPO mit dem Zustellungsreformgesetz das Einschreiben mit Rückschein eingeführt, das gegenüber der Zustellungsurkunde die kostengünstigere Variante darstellt. Damit wird eine Angleichung an die Zustellung im Verwaltungsverfahren (§ 4 VwZG) und an die Auslandszustellung (vgl. § 183 Abs. 1 S. 2 ZPO) erreicht.

88 *Hinweis*

Das Einschreiben mit Rückschein ist von dem von verschiedenen Postunternehmen angebotenen „Einwurf-Einschreiben" zu unterscheiden![58] Dies sieht weder eine Übergabe des Schriftstücks an den Adressaten noch die Rücksendung eines Rückbriefs vor und ist deshalb zur Zustellung ungeeignet.[59] Jedenfalls kann damit keine förmliche Zustellung i.S.d. § 175 ZPO begründet werden.

89 *Hinweis*

Von der Frage, ob mittels Einwurf-Einschreiben eine Zustellung bewirkt werden kann, ist die Frage zu unterscheiden, ob mit der Vorlage des Einlieferungs- und des Auslieferungsscheins ein Zugangsnachweis geführt werden kann oder jedenfalls ein entsprechender Anscheinsbeweis besteht.[60]

Zu unterscheiden ist auch die Wirkung von Einwurf-Einschreiben bei materiellrechtlichen Erklärungen.[61]

90 Nach der hier vertretenen Auffassung ist es nicht mehr erforderlich, dass die Übergabe an den Adressaten des Schriftstücks selbst erfolgt. Vielmehr reicht eine Übergabe an einen „Ersatzempfänger nach den Allgemeinen Geschäftsbedingungen des Postunternehmens" (!) aus. Dies sind insbesondere Familienangehörige oder Beschäftigte im Betrieb des Adressaten. Auch findet § 178 ZPO Anwendung, da § 175 ZPO dies nicht ausschließt. Das Bundessozialgericht ist allerdings anderer Auffassung,[62] die mit der Verweisung in § 176 Abs. 2 ZPO begründet wird. Hieraus ergebe sich, dass die Ersatzzustel-

---

[58] Zu den verschiedenen Arten von Einschreiben vgl. *Reichert*, NJW 2001, 2523.
[59] So auch die Gesetzesbegründung: BT-Drucks 14/4554, 19; a.A. wohl *Reichert*, NJW 2001, 2523.
[60] Zu dieser Problematik *Reichert*, NJW 2001, 2523 unter Nachweis der bisherigen Rechtsprechung; ebenso AG Paderborn NJW 2000, 3722; a.A. *Bauer/Diller*, NJW 1998, 2796.
[61] BGH MDR 2017,98 bezüglich § 21 Abs. 1 S. 2 GmbHG.
[62] BSG NJW 2005, 1303.

lung nur bei der förmlichen Zustellung mittels Zustellungsurkunde anwendbar sei. Das BSG greift sodann auf § 130 Abs. 1 S. 1 BGB zurück und kommt damit i.d.R. zu gleichen Ergebnissen wie bei der Anwendung von § 178 ZPO. Der Streit bleibt also weitgehend theoretischer Natur und soll deshalb an dieser Stelle nicht weiter vertieft werden.

Tipp 91

Wollen Sie diese Art der Übergabe verhindern, ist es erforderlich, dass Sie die Sendung mit dem Zusatz „eigenhändig" versehen. In diesem Fall ist allerdings auch eine Ersatzzustellung nach § 178 Abs. 1 ZPO nicht möglich.

Gegenüber den anderen Zustellungsarten besteht auch der Nachteil, dass eine Ersatzzustellung durch Einwurf in den Briefkasten[63] oder eine Niederlegung nicht möglich ist. Insoweit muss der Vorteil des erweiterten Empfängerkreises mit dem Nachteil abgewogen werden, wenn tatsächlich kein möglicher Empfänger angetroffen wird. 92

Zu beachten ist, dass der Rückschein für den Nachweis der Zustellung zunächst der Zustellungsurkunde gleichsteht. Tatsächlich ist der Rückschein aber keine öffentliche Urkunde, so dass diese Zustellungsart dort ungeeignet ist, wo später die Zustellung durch öffentliche Urkunde nachgewiesen werden muss, z.B. bei der Beantragung einer qualifizierten Vollstreckungsklausel nach § 726 ZPO. Entsprechend richtet sich die Beweiskraft nach § 416 ZPO und nicht nach § 418 ZPO. 93

e) Zustellung per Empfangsbekenntnis

§ 174 Abs. 1 ZPO hat den Kreis der Personen, denen per Empfangsbekenntnis ein Schriftstück zugestellt werden kann, über § 212a ZPO a.F. hinaus deutlich erweitert. Die Zustellung gegen Empfangsbekenntnis ist nun gegenüber folgenden Personen möglich: 94

- einem Rechtsanwalt,
- einem Notar,
- einem Gerichtsvollzieher,
- einer Behörde,
- einem Steuerberater,
- einer sonstigen Person, bei der aufgrund ihres Berufs von einer erhöhten Zuverlässigkeit ausgegangen werden kann,
- Anstalten des öffentlichen Rechts.

Hinweis 95

Zu den Personen, bei denen aufgrund ihres Berufs von einer besonderen Zuverlässigkeit ausgegangen werden kann, werden nach hiesiger Auffassung insbesondere

- Sachverständige,
- vereidigte Wirtschafts- und Buchprüfer,
- Patentanwälte oder auch Rechtsbeistände,
- registrierte Inkassodienstleister nach § 10 RDG

---

[63] Hierzu unten Rdn 175.

zu zählen sein. Da es auf den Beruf ankommt, ist die persönliche Zuverlässigkeit irrelevant. Auch Versicherungsgesellschaften und Banken könnten hierzu gezählt werden. Dies ist allerdings umstritten.[64]

96 Da das Gesetz ausdrücklich auf die Zuverlässigkeit aufgrund des Berufes abstellt, ist es generell nicht möglich, an Privatpersonen ein Schriftstück gegen Empfangsbekenntnis zuzustellen.[65]

97 Die Zustellung des Schriftstückes gegen Empfangsbekenntnis erfolgt mit der Aufforderung, den Empfang des Schriftstückes mit dem Datum des Eingangs und der Unterschrift zu bestätigen.

98 *Hinweis*

Es gehört zu den Berufspflichten des Adressaten bzw. Empfängers, das Empfangsbekenntnis ohne schuldhaftes Zögern ordnungsgemäß ausgefüllt zurückzusenden. Zeigt sich der Adressat oder Empfänger hier als unzuverlässig, ist das Gericht berechtigt und gehalten, zukünftig mittels einer Zustellungsurkunde zuzustellen, was mit einer entsprechenden Kostenlast verbunden ist.

99 Ein bestimmter Vordruck ist hierbei nicht vorgeschrieben, auch wenn die Gerichte regelmäßig ein vorbereitetes Formular mitsenden. Der Rechtsanwalt kann die notwendige Bestätigung aber auch in einem Schriftsatz abgeben,[66] etwa wenn der übersandte Vordruck verloren gegangen ist oder sonst nicht mehr verwandt werden kann. Zustellungstag ist bei einer Zustellung gegen Empfangsbekenntnis nicht der Tag, an dem das zuzustellende Schriftstück im Büro des Zustellungsadressaten eingeht oder an dem er das Empfangsbekenntnis unterzeichnet, sondern der Tag, an dem der Zustellungsadressat vom Zugang des übersandten Schriftstücks Kenntnis erlangt und es empfangsbereit entgegengenommen hat.[67] Das ausgefüllte Empfangsbekenntnis erbringt vollen Beweis der Zustellung des Schriftstücks.[68] Der Beweis, dass das auf dem Empfangsbekenntnis notierte Datum unrichtig ist und das Schriftstück tatsächlich erst später zur Kenntnis genommen wurde, ist grundsätzlich zulässig.[69] Allerdings stellt die Rechtsprechung an diesen Nachweis strenge Anforderungen.[70] Die bloße Erklärung des Rechtsanwalts, man habe das zuzustellende Schriftstück nicht erhalten, entkräftet die Beweiswirkung des von ihm unterzeichneten Empfangsbekenntnisses nicht.[71]

100 Wesentlich ist, dass das Empfangsbekenntnis – gleich in welcher Form – nachweist, wann das Schriftstück angenommen wurde. Ein ohne diese Datumsangabe versehenes

---

64 Ablehnend *Hornung*, Rpfleger 2002, 493.
65 Zöller/*Schultzky*, § 174 Rn 4 ZPO.
66 BGH NJW 1994, 2297.
67 BFH, Urt. v. 25.1.2005, I R 54/04 n.v.; BGH VersR 2004, 625.
68 BFH, V B 20/15, zitiert nach juris.
69 BGH VersR 2004, 625.
70 BGH NJW 2009, 855 = AnwBl. 2009, 228; BGH NJW 2006, 1206; BGH VersR 2001, 1262; OLGR Köln 2005, 33; HessVGH DÖV 2008, 650; BFH v. 1.2.1008, IV B 68/07.
71 OLG Zweibrücken OLGR 2008, 531.

Empfangsbekenntnis ist unwirksam,[72] d.h. eine wirksame Zustellung ist nicht erfolgt. Fehlt es an einem Datum neben der Unterschrift, ist jedoch das Empfangsbekenntnis mit einem Eingangsstempel des Adressaten versehen, so gilt das Datum des Eingangsstempels als Zustellungszeit.[73]

Das Empfangsbekenntnis darf nur vom Rechtsanwalt selbst unterzeichnet werden, nicht von einem Mitarbeiter.[74] Ein Faksimile-Stempel[75] macht die Zustellung grundsätzlich unwirksam. Etwas anderes ergibt sich aber beim elektronischen Rechtsverkehr gemäß § 174 Abs. 4 S. 3 ZPO n.F. 101

Hinweis 102

Das Empfangsbekenntnis dient nicht nur dem Nachweis der Zustellung, sondern dokumentiert zugleich den Willen des Empfängers, das Schriftstück auch tatsächlich annehmen zu wollen.

Bei der Zustellung an eine Sozietät ist jeder Sozius empfangsberechtigt.[76]

Wesentlich zu beachten ist für den Rechtsanwalt die mit der Annahme des Schriftstückes verbundene **Fristenerfassung**. Der Rechtsanwalt muss vor der Unterzeichnung dafür Sorge tragen, dass die Zustellungszeit und der damit begründete Beginn einer Frist auf dem zuzustellenden Schriftstück und in der Handakte vermerkt werden. Zugleich muss er durch entsprechende Anordnungen sicherstellen, dass die Frist in den Fristenkalender übertragen und dies erneut kontrolliert wird.[77] 103

Mit der Formulierung in § 174 Abs. 1 S. 2 ZPO wollte der Gesetzgeber klarstellen,[78] dass der Rechtsanwalt keinen Anspruch darauf hat, ein für die Rücksendung bereits frankiertes Empfangsbekenntnis zu erhalten. Das Empfangsbekenntnis ist also grundsätzlich auf Kosten des Adressaten zurückzusenden.[79] 104

Tipp 105

Die diesbezügliche grundsätzliche Überbürdung der Kostenlast der Rücksendung von Empfangsbekenntnissen kann der Rechtsanwalt dadurch entschärfen, dass er die Anweisung erteilt, Empfangsbekenntnisse grundsätzlich nur per Telefax zurückzusenden.[80]

§ 174 ZPO lässt zunächst die Frage unbeantwortet, wie der Adressat das Schriftstück erhält. Dies kann entsprechend der bisherigen Rechtslage durch persönliche Übergabe oder Einlegung in sein Gerichtspostfach,[81] durch Übersendung mittels eines Postunter- 106

---

72 BGH NJW 1994, 526; *Fischer*, JuS 1994, 416.
73 BGH MDR 2000, 290.
74 BGH NJW 1994, 2295.
75 BGH MDR 1989, 352.
76 Vgl. BFH, V B 20/15, zitiert nach juris.
77 BGH FamRZ 1996, 1004; MDR 2014, 430 f.; Brandenburgisches OLG, 13 UF 164/16, zitiert nach juris.
78 BR-Drucks 492/00, 2.
79 BT-Drucks 14/4554, 31.
80 Hierzu nachfolgend Rdn 109.
81 OLG Hamburg MDR 1959, 307.

nehmens oder auch durch die Übergabe durch einen Justizbediensteten erfolgen. Die tatsächliche Zustellung ist allerdings erst dann erfolgt, wenn dieser auch tatsächlich Kenntnis von dem Schriftstück nimmt. § 174 Abs. 2 bis 4 ZPO erweitern dann lediglich die Zustellungsformen um die Möglichkeiten der modernen Kommunikation.[82]

107 Das zum Nachweis der erfolgten Zustellung erstellte Empfangsbekenntnis wird zu den Akten genommen. Um den Nachweis der Zustellung etwa für den Beginn der Zwangsvollstreckung nach § 750 ZPO gleichwohl führen zu können, gibt § 169 ZPO dem Rechtsanwalt die Möglichkeit, auf Antrag[83] von der Geschäftsstelle des die Zustellung veranlassenden Gerichts eine Zustellbescheinigung zu erlangen.

108 *Hinweis*

Die Zustellungsnachweise werden nach Abschluss des Verfahrens und Ablauf der Aufbewahrungsfrist von regelmäßig fünf Jahren vernichtet. Der Rechtsanwalt sollte daher regelmäßig eine Zustellbescheinigung zum Zwecke der Zwangsvollstreckung anfordern, wenn die titulierte Forderung nicht zeitnah ausgeglichen wird.

f) Telefaxübersendung im Zustellungsrecht

109 In Erweiterung der bisherigen Möglichkeiten der Zustellung eines Schriftstückes gegen ein Empfangsbekenntnis kann dieses Schriftstück seit dem 1.7.2002 dem in § 174 Abs. 1 ZPO genannten Personenkreis[84] auch als Telekopie, d.h. per Telefax zugestellt werden.

110 Die Übermittlung soll mit dem Hinweis „Zustellung gegen Empfangsbekenntnis" eingeleitet werden und die absendende Stelle, den Namen und die Anschrift des Zustellungsadressaten sowie den Namen des Justizbediensteten erkennen lassen, der das Schriftstück zur Übermittlung aufgegeben hat. Es handelt sich allerdings nur um eine Ordnungsvorschrift, so dass ein Verstoß hiergegen die Zustellung nicht unwirksam macht.

111 Nachdem der Gesetzgeber § 174 ZPO noch einmal einer Überarbeitung unterzogen hat,[85] ist nun durch § 174 Abs. 4 ZPO ausdrücklich klargestellt, dass das Empfangsbekenntnis auch dann per Telefax zurückgesandt werden kann, wenn das Schriftstück auf normalem Wege, d.h. durch Übergabe an der Amtsstelle oder einen Justizbediensteten, durch Einlegen in das Gerichtsfach oder Übersendung mit einfacher Post zugestellt wurde. Hiervon sollte der Bevollmächtigte schon aus Kostengründen immer Gebrauch machen.

g) Die Zustellung als elektronisches Dokument

112 Nach § 174 Abs. 3 ZPO kann die Zustellung eines Schriftstückes auch als elektronisches Dokument erfolgen. Elektronische Dokumente sind solche, deren Bearbeitung besondere technische und organisatorische Voraussetzungen erfordern.[86] Hierzu zählt nicht das Computerfax, da dieses mit einem einfachen Telefaxgerät empfangen werden kann.[87]

---

82 Hierzu die nachfolgenden Ausführungen.
83 Hierzu das Antragsmuster unter Rdn 352.
84 Hierzu Rdn 94.
85 Gesetz v. 23.7.2002, BGBl I, S. 2850 mit Wirkung zum 1.8.2002.
86 Zöller/*Greger*, § 130a ZPO Rn 3.
87 Zöller/*Greger*, § 130a ZPO Rn 3.

Beachtet werden muss dabei, dass die Zustellung auf die kraft ihres Berufes besonders zuverlässigen Personen des § 174 Abs. 1 ZPO beschränkt ist, d.h. auf Rechtsanwälte, Notare, Gerichtsvollzieher, Steuerberater oder sonstige kraft ihres Berufes besonders zuverlässige Personen. Eine Zustellung als elektronisches Dokument an eine Privatperson kommt also zunächst kraft Gesetzes nicht in Betracht.

113

§ 174 Abs. 3 ZPO erlaubt allerdings auch die Einbeziehung weiterer Verfahrensbeteiligter und damit auch von Privatpersonen – etwa von Zeugen –, soweit diese der Übermittlung elektronischer Dokumente ausdrücklich zugestimmt haben. Für Zeugen der eigenen Partei kann eine solche Zustimmungserklärung ggf. schon der Klageschrift bzw. Klageerwiderung beigefügt werden, um so die Kosten und den Aufwand möglichst gering zu halten und damit auch Zeitvorteile in der Bearbeitung der Verfahren zu erreichen.

114

Hinweis

115

Um eine Zustellung als elektronisches Dokument an einen sonstigen Verfahrensbeteiligten zu veranlassen, genügt es allerdings nicht, dass dieser über eine E-Mail-Adresse verfügt und diese auf offiziellen Schreiben angibt. Erforderlich ist vielmehr, dass eine ausdrückliche Zustimmungserklärung vorgelegt wird, die sich auf das konkrete Verfahren bezieht.[88] Die Möglichkeit der Zustellung eines elektronischen Dokumentes an einen sonstigen Verfahrensbeteiligten mit dessen Zustimmung bedeutet dann zugleich, dass an diesen mittels Empfangsbekenntnisses zugestellt wird, so dass sich ein Wertungswiderspruch zu § 174 Abs. 1 ZPO ergibt, der in der Praxis jedoch zu keinen Problemen führen dürfte. Keinesfalls kann § 174 Abs. 3 so ausgelegt werden, dass hier nur die in § 174 Abs. 1 ZPO erfassten Personen erfasst werden sollen.[89] Der eindeutige Wortlaut und die Gesetzgebungsgeschichte[90] stehen dem entgegen.

Die Vorteile der Zustellung eines Schriftstückes als elektronisches Dokument liegen auf der Hand. Neben der Geschwindigkeit der Kommunikation bedarf es auch keiner aktenmäßigen Archivierung der Dokumente mehr, was sowohl zu einem deutlich geringeren Platzbedarf als auch zu einem entsprechend reduzierten Arbeitsaufwand im Büro des Rechtsanwaltes führen wird. Daneben kann das Dokument unmittelbar elektronisch weiterverarbeitet werden. Es muss also weder abgeschrieben noch eingescannt werden, um dies zu ermöglichen. So können etwa angegriffene Aussagen eines Gutachtens in den zu fertigenden Schriftsatz integriert werden, um für das Gericht den Angriff visuell noch deutlicher werden zu lassen.

116

Beispiel

117

In einer Verkehrsunfallsache kann der Rechtsanwalt die von dem Sachverständigen simulierte Unfallörtlichkeit in seinen Schriftsatz übernehmen und an dieser Skizze sodann durch weitere Zeichen erläutern, wo und warum sich seine Auffassung vom Unfallhergang von der des Sachverständigen unterscheidet.

---

88 Mustererklärung unter Rdn 347.
89 So aber wohl B/L/A/H-*Hartmann*, § 174 Rn 17.
90 BT-Drucks 14/4554, 31.

118 Erforderlich ist, dass das zuzustellende elektronische Dokument mit einer elektronischen Signatur nach der Verordnung (EU) Nr. 910/2014 des Europäischen Parlaments und des Rates über elektronische Identifizierung und Vertrauensdienste für elektronische Transaktionen im Binnenmarkt und zur Aufhebung der Richtlinie 1999/93/EG (Signaturrichtlinie) (eIDAS) i.V.m. dem Vertrauensdienstgesetz[91] versehen ist und somit der unerkannten Veränderung durch Dritte entzogen wird. Mit dieser Zustellungsform wird es in Kombination mit §§ 130a, 128a ZPO und § 126a BGB möglich, ein Gerichtsverfahren gänzlich elektronisch zu führen.

119 Der Rechtsanwalt muss das Dokument gem. § 130a ZPO mit einer qualifizierten elektronischen Signatur versehen.

120 Die elektronische Signatur hat dabei zwei Funktionen: Einerseits belegt sie die Unversehrtheit der Nachricht; diese wurde mithin nicht durch einen Dritten verändert. Andererseits lässt sie die zweifelsfreie Feststellung der Herkunft zu.

121 Die eIDAS-VO unterscheidet in Art. 3:
- (einfache) „elektronische Signatur", d.h. Daten in elektronischer Form, die anderen elektronischen Daten beigefügt oder logisch mit ihnen verbunden werden und die der Unterzeichner zum Unterzeichnen verwendet;
- „fortgeschrittene elektronische Signatur", d.h. eine elektronische Signatur, die die Anforderungen des Artikels 26 erfüllt sowie
- „qualifizierter elektronischer Signatur", d.h. einer fortgeschrittenen elektronischen Signatur, die von einer qualifizierten elektronischen Signaturerstellungseinheit erstellt wurde und auf einem qualifizierten Zertifikat für elektronische Signaturen beruht.

122 *Hinweis:*

Art. 25 Abs. 1 der eIDAS-VO normiert – anders als unter der Geltung des SigG – dass auch einer einfachen elektronischen Signatur die Rechtswirkung und die Zulässigkeit als Beweismittel in Gerichtsverfahren nicht allein deshalb abgesprochen werden darf, weil sie (nur) in (einfacher) elektronischer Form vorliegt oder weil sie die Anforderungen an qualifizierte elektronische Signaturen nicht erfüllt.

Eine qualifizierte elektronische Signatur hat jedoch die gleiche Rechtswirkung wie eine handschriftliche Unterschrift (Abs. 2).

Eine qualifizierte elektronische Signatur, die auf einem in einem Mitgliedstaat ausgestellten qualifizierten Zertifikat beruht, wird in allen anderen Mitgliedstaaten als qualifizierte elektronische Signatur anerkannt (Abs. 3).

123 Da in anderen Verfahrensnormen wie etwa § 130a ZPO für Schriftsätze jeweils die qualifizierte elektronische Signatur verlangt wird, wird dies auch hier der praktisch relevante Zustellungsstandard werden, wenngleich das Signaturgesetz sowohl die einfache elektronische Signatur, die fortgeschrittene elektronische Signatur und die qualifi-

---

91 Erlassen am 18.7.2017, BGBl. I S. 2745, in Kraft getreten am 29.7.2017, letzte Änderung in Kraft getreten am 25.5.2018.

zierte elektronische Signatur kennt. Allein die qualifizierte elektronische Signatur steht nach § 126 a BGB der Schriftform gleich. Allein auf diese finden die Vorschriften über die Beweiskraft privater Urkunden entsprechende Anwendung, § 371a Abs. 1 S. 1 ZPO.

Tipp 124

Da die qualifizierte elektronische Signatur der höchste Standard ist und deren Nutzung keinen wesentlichen Mehraufwand bedeutet, sollte diese grundsätzlich zur Anwendung gebracht werden. Der Rechtsanwalt erspart sich ebenso wie seinen Mitarbeitern damit im Einzelfall die Prüfung, welche konkrete Signaturstufe erforderlich ist.

Qualifizierte elektronische Signaturen sind nach Art. 26 eIDAS solche, die 125
- eindeutig dem Unterzeichner zugeordnet werden können,
- die Identifizierung des Unterzeichners ermöglichen,
- unter Verwendung elektronischer Signaturerstellungsdaten erstellt werden, die der Unterzeichner mit einem hohen Maß an Vertrauen unter seiner alleinigen Kontrolle verwenden kann, und
- so mit den auf diese Weise unterzeichneten Daten verbunden sind, dass eine nachträgliche Veränderung der Daten erkannt werden kann.

Ferner muss die Signatur
- auf einem zum Zeitpunkt ihrer Erzeugung gültigen qualifizierten Zertifikat beruhen und
- mit einer sicheren Signaturerstellungseinheit erzeugt werden.

Hinweis 126

Die technischen Voraussetzungen sind dabei einfacher zu handhaben, als es auf den ersten Blick scheint, denn sie können in entsprechende E-Mail-Programme integriert werden. Der Schlüsselinhaber verfügt lediglich über eine „Scheckkarte" und einen Zugangscode (Geheimnummer), die er zum Signieren in ein entsprechendes Zusatzgerät eingibt. Der gesamte Vorgang ist mit dem Abheben von Geld an einem Geldautomaten oder dem Homebanking im HBCI-Standard vergleichbar.

Tipp 127

Einzelheiten des Verfahrens sind auf der Homepage der Bundesnetzagentur (www.bundesnetzagentur.de) erläutert. Über das Zustellungsrecht hinaus kann es sich für den Rechtsanwalt empfehlen, über diese Technik zu verfügen, um so sicher und rationell mit entsprechend ausgestatteten Mandanten zu kommunizieren.

Im Hinblick auf die bei den Gerichten einzuführende elektronische Akte dürfte ein Rechtsanwalt um die elektronische Übermittlungsmöglichkeit auch nicht umhin kommen, wie auch die Einführung des obligatorischen beA (besonderen elektronischen Anwaltspostfachs) gem. § 31a BRAO zeigt.

Der Rechtsanwalt kann seine elektronische Signatur bei verschiedenen Zertifizierungsstellen erhalten. Die zugelassenen Anbieter finden Sie ebenfalls auf der Homepage der 128

Bundesnetzagentur (www.bundesnetzagentur.de). Die besondere Bedeutung der elektronischen Signatur für den juristischen Sektor wird dabei durch die Vielzahl von Rechtsanwalts- und Steuerberaterkammern unterstrichen, die als Anbieter zugelassen sind.

129 *Hinweis*

Der mit einem Beglaubigungsvermerk versehene Ausdruck eines öffentlichen elektronischen Dokuments gemäß § 371a Absatz 3, den eine öffentliche Behörde innerhalb der Grenzen ihrer Amtsbefugnisse oder eine mit öffentlichem Glauben versehene Person innerhalb des ihr zugewiesenen Geschäftskreises in der vorgeschriebenen Form erstellt hat, sowie der Ausdruck eines gerichtlichen elektronischen Dokuments, der einen Vermerk des zuständigen Gerichts gemäß § 298 Abs. 3 enthält, stehen einer öffentlichen Urkunde in beglaubigter Abschrift gleich, § 416a ZPO.

Der Nachweis der Zustellung eines elektronischen Dokuments wird durch ein elektronisches Empfangsbekenntnis nachgewiesen. Das elektronische Empfangsbekenntnis ist in strukturierter maschinenlesbarer Form zu übermitteln. Hierfür ist ein vom Gericht mit der Zustellung zur Verfügung gestellter strukturierter Datensatz zu nutzen, vgl. § 174 Abs. 4 S. 2 bis4 ZPO.

5. Die Ersatzzustellung

130 Grundsätzlich ist das zuzustellende Schriftstück an den Adressaten selbst zuzustellen. Sodann ist zunächst die Zustellung an einen rechtsgeschäftlich bestellten Vertreter zu veranlassen, der sich entsprechend legitimieren kann. Ist dies nicht möglich – was häufig vorkommt –, weil der Adressat nicht erreicht wird, so kann es nach § 178 ZPO auch an einzelne, gesetzlich bestimmte andere Personen als Empfänger für den Adressaten zugestellt werden. Dabei geht der Gesetzgeber dem Grunde nach davon aus, dass die bestimmten Empfänger eine besondere Nähe zum Adressaten aufweisen.

131 Die Ersatzzustellung kommt nur bei der Zustellung eines Schriftstückes mittels Zustellungsurkunde oder unmittelbar an der Amtsstelle in Betracht.

132 Nach § 180 ZPO ist darüber hinaus eine besondere Form der Ersatzzustellung durch die Einlegung des zuzustellenden Schriftstückes im Briefkasten oder einer vergleichbaren Vorrichtung geschaffen worden.

a) Die Ersatzzustellung an einen Empfänger

133 Wenn der eigentliche Adressat[92] eines Schriftstücks im vorbeschriebenen Sinn in seiner Wohnung, in seinem Geschäftsraum und – über die alte Regelung in den §§ 181, 183, 184 ZPO a.F. hinausgehend – in einer Gemeinschaftseinrichtung, in der er wohnt, nicht angetroffen wird, kann wie folgt zugestellt werden:

---

92 Zum Begriff und zur Unterscheidung zum Empfänger siehe Rdn 31.

Zunächst kann die Ersatzzustellung an einen in der Wohnung anwesenden erwachsenen **134**
Familienangehörigen erfolgen. Als Familienangehörige i.S.v. § 178 Abs. 1 Nr. 1 ZPO
sind anzusehen:
- der Ehegatte,
- der Lebenspartner nach dem Lebenspartnerschaftsgesetz,
- das durch Verwandtschaft verbundene Familienmitglied,
- das durch Schwägerschaft verbundene Familienmitglied,
- das erwachsene Pflegekind,[93]
- die Pflegeeltern.[94]

Zur Bestimmung, ob die Zustellungsadresse eine Wohnung des Adressaten betrifft, ist **135**
auf die tatsächlichen Verhältnisse abzustellen.[95] Eine Wohnung liegt an dem Ort vor, wo
der Adressat seinen Lebensmittelpunkt hat.[96] Maßgeblich ist also weder der Wohnsitzbegriff nach § 7 BGB[97] noch der Ort der polizeilichen Meldung.[98] Maßgeblich ist der Ort,
an dem sich der Adressat regelmäßig aufhält und wo er schläft.[99]

Als **Wohnung** kommen danach auch in Betracht: **136**
- ein Wohnwagen,
- ein Hotelzimmer,
- eine Truppenunterkunft,

> *Hinweis* **137**
>
> Dies gilt allerdings nur für den Zeit- und Berufssoldaten uneingeschränkt, da der
> Wehrdienst die Wohnungseigenschaft der Hauptwohnung nicht aufhebt,[100] so dass
> der Wehrpflichtige über zwei Wohnungen verfügt. In beiden kann demgemäß eine
> originäre Zustellung erfolgen, in der Hauptwohnung eine Ersatzzustellung nach § 178
> Nr. 1 ZPO und in der Truppenunterkunft eine Ersatzzustellung nach § 178 Nr. 3 ZPO.

- ein Verwaltungsgebäude,[101]
- ein Wochenendhaus, wenn sich der Adressat dort dauerhaft aufhält,[102]
- ein Seeschiff, Binnenschiff, Kriegsschiff oder Handelsschiff.

> *Tipp* **138**
>
> Hier kann die Zustellung nach § 168 Abs. 2 ZPO auf Anordnung des Prozessgerichts
> auch durch die Wasserschutzpolizei, die Hafenbehörde oder Bundesmarine erfolgen.

---

93 MüKo-ZPO/*Häublein*, § 178 Rn 15; insoweit kommt allerdings auch die Subsumtion unter den „erwachsenen Mitbewohner" in Betracht.
94 MüKo-ZPO/*Häublein*, § 178 Rn 15; insoweit kommt allerdings auch die Subsumtion unter den „erwachsenen Mitbewohner" in Betracht.
95 BFH, Beschl. v. 16.12.2004, II B 164/03; OLGR Frankfurt 2004, 286.
96 MüKo-ZPO/*Häublein*, ZPO-Reform, § 178 Rn 5.
97 BGH NJW 1978, 1858.
98 BGH NJW-RR 1994, 564; BGH NJW 1978, 1858.
99 BGH NJW-RR 1994, 564; BGH NJW 1992, 1963.
100 LG Aachen DGVZ 1984, 40.
101 RGZ 54, 240.
102 OLG Celle DGVZ 1992, 40.

§ 10 Das Zustellungsrecht im Zivilprozess

139 Unterhält eine Person zugleich mehrere Wohnung, kann in jeder Wohnung eine originäre Zustellung sowie eine Ersatzzustellung erfolgen. Dabei ist unerheblich, in welcher Wohnung sich der Betroffene tatsächlich gerade aufhält.[103]

140 Befindet sich der Adressat für länger als zwei Monate in **Haft**,[104] ist die Wohnungseigenschaft aufgehoben und die Zustellung muss in der Haftanstalt erfolgen.

141 *Tipp*

Ist eine Ersatzzustellung, insbesondere an die Ehefrau[105] des in Haft befindlichen Adressaten erfolgt und erfährt der Zustellende von der Haft, sollte er die Zustellung in der Haftanstalt wiederholen, damit spätere Rechtsnachteile vermieden werden.

142 Befindet sich der Adressat im **Krankenhaus**, wird die Möglichkeit der Zustellung in seiner Wohnung auch dann nicht aufgehoben, wenn der Krankenhausaufenthalt mehrere Monate dauert,[106] solange und soweit der Adressat sich um seine Belange noch bemüht.[107]

143 *Tipp*

Da es sich hierbei um eine Tatfrage handelt, sollte allen Problemlagen dadurch aus dem Weg gegangen werden, dass eine „erneute" Zustellung im Krankenhaus veranlasst wird. Wird der Adressat dort wegen einer aktuellen Untersuchung nicht angetroffen oder darf er wegen seiner Krankheit nicht aufgesucht werden, so kann eine Ersatzzustellung an den Leiter des Krankenhauses oder den von ihm ermächtigten Vertreter nach § 178 Abs. 1 Nr. 3 ZPO erfolgen.

144 Eine Ersatzzustellung kann dann auch an eine **in der Wohnung der Familie beschäftigte Person** erfolgen. Hierunter ist jede Person zu verstehen, die im Haushalt des Adressaten für diesen oder ein Familienmitglied Dienstleistungen erbringt, wenn dies auf Dauer angelegt ist. Nicht ausreichend ist also eine kurzzeitige Aushilfstätigkeit.[108] Ob auch ein Anstellungsverhältnis zum Adressaten besteht, ist unerheblich, so dass auch die vom Unternehmen des Adressaten angestellte Person, die im Haushalt des Adressaten Dienstleistungen erbringt, als möglicher Empfänger einer Ersatzzustellung anzusehen ist.

145 Als **im Haushalt des Adressaten Beschäftigte** kommen insoweit besonders in Betracht:
- die Reinigungskraft, auch diejenige in den Kanzleiräumen des Rechtsanwaltes,[109]
- die Haushaltshilfe,[110]

---

103 OLG Köln NJW-RR 1989, 443.
104 BGH NJW 1978, 1858; OLG München JurBüro 1990, 528; schon nach einem Monat: BGH NJW 1951, 931.
105 OLG Düsseldorf FamRZ 1980, 718 hält eine Ersatzzustellung an die Ehefrau für unwirksam, wenn der Adressat länger als zwei Monate in Haft ist und guten Kontakt zu seiner Ehefrau hat; ebenso: BFH, Urt. v. 20.10.1987, BFHE 151, 24.
106 Zwei Monate: BGH NJW 1985, 2197; BGH VersR 1984, 945.
107 OLG Zweibrücken MDR 1984, 762.
108 *Schilken*, DGVZ 1995, 161.
109 OVG Saarbrücken, Beschl. v. 16.2.2005 – 1 Q 60/04 n.v.
110 FG Berlin NJW 1986, 344.

- der Koch oder die Köchin,
- der Chauffeur,
- das Kindermädchen,
- der Privatsekretär oder die Privatsekretärin.[111]

Mit der Zustellungsreform ist es nun erstmals möglich, auch an einen sonstigen **erwachsenen ständigen Mitbewohner** das Schriftstück im Wege der Ersatzvornahme anstelle des Adressaten zu übergeben. 146

Diese Bestimmung erlaubt nun eindeutig die Zustellung an einen Mitbewohner einer **Wohngemeinschaft**, einer nichtehelichen Lebensgemeinschaft und einer Lebenspartnerschaft und löst damit alte Streitfragen in der Praxis und des alten Zustellungsrechtes eindeutig auf. Dabei ist es allerdings im Unterschied zum Familienangehörigen erforderlich, dass es sich um einen Mitbewohner handelt, d.h. eine Person, die mit dem Adressaten in einem Haushalt lebt. 147

Checkliste der ständigen erwachsenen Mitbewohner 148

Die Neuregelung in § 178 Abs. 1 Nr. 1 ZPO erlaubt es, bisherige Versuche, den Begriff der Familienangehörigen auszuweiten, weitgehend aufzugeben und alle nicht verwandten und verschwägerten Personen, die auch nicht mit dem Adressaten verheiratet sind, unter diese neue Gruppe zu fassen. Hierunter werden nunmehr folgende Personen einzuordnen sein:

- der Mitbewohner einer Wohngemeinschaft,
- der Lebensgefährte des Adressaten,[112]
- der Verlobte des Adressaten,
- der gleichgeschlechtliche Lebensgefährte des Adressaten ohne eine registrierte Lebenspartnerschaft,
- der geschiedene Ehegatte,
- das Pflegekind,
- die Pflegeeltern.

Hinweis 149

Auf eine scharfe Abgrenzung zum Begriff des Familienangehörigen kommt es nur dann an, wenn der Empfänger nicht zugleich auch im gemeinsamen Haushalt wohnt. Nur in diesem Fall kommt es auf die alte Streitfrage an, ob im Hinblick auf die gesetzgeberische Intention, die Ersatzzustellung an Personen in einem bestimmten Näheverhältnis zum Adressaten möglich zu machen, der Begriff des Familienangehörigen weiter gefasst werden kann. Dabei könnten dann auch der Lebensgefährte, das Pflegekind, die Pflegeeltern und der geschiedene Ehegatte noch als Familienangehörige angesehen werden. Man wird dabei nicht übersehen können, dass der Schutz-

---

111 RGZ 54, 240.
112 OLG Koblenz FamRZ 2005, 531.

zweck auf der Annahme beruht, dass bei solchen Personen ein tatsächlicher Zugang des zuzustellenden Schriftstückes an den Adressaten erwartet werden kann. Dies wird der Maßstab der Beurteilung im Einzelfall sein.

150 Ist der Familienangehörige oder der ständige Mitbewohner nicht volljährig, so **schließt** dies die Ersatzzustellung nicht aus. Der Begriff des „Erwachsenseins" knüpft insoweit nicht an der unbeschränkten Geschäftsfähigkeit an. Entscheidend ist, ob erwartet werden kann, dass aufgrund des durch das Lebensalter dokumentierten Körperzustandes eine Weitergabe des zuzustellenden Schriftstückes an den Adressaten zu erwarten ist.[113] Dies wird bei einem Siebzehnjährigen[114] ebenso zu erwarten sein wie bei einem Fünfzehnjährigen,[115] dagegen nicht bei einem Siebenjährigen.

151 Wird der Adressat in seinen **Geschäftsräumen** nicht angetroffen, so kann die Zustellung auch an eine dort beschäftigte Person erfolgen.

152 *Hinweis*

Durch die Zusammenfassung der Ersatzzustellungstatbestände in § 178 ZPO ist nun klargestellt, dass eine Zustellung in den Geschäftsräumen auch zulässig ist, wenn das zuzustellende Schriftstück den Geschäftsinhaber persönlich, das heißt, nicht den Geschäftsbetrieb betrifft.

153 Unter Geschäftsräumen sind alle Räumlichkeiten zu verstehen, in denen der Adressat regelmäßig seinen Geschäften nachgeht und welche für den Publikumsverkehr[116] eröffnet sind, wobei es ausreichend ist, dass es sich um eine vorübergehende Tätigkeit in diesen Räumlichkeiten handelt, etwa auf einer Messe. Nicht ausreichend ist dagegen eine Betriebsstätte, ein Warenlager oder eine Auslieferungsstätte,[117] an der sich der Adressat nur selten und unregelmäßig aufhält, um sich über den dortigen Geschäftsbetrieb zu unterrichten. Die Inhaftierung eines Geschäftsführers allein kann eine Verlagerung des Geschäftsortes seiner Gesellschaft nicht bewirken.[118]

154 Eine für die Praxis ganz erhebliche Erleichterung der Ersatzzustellung bringt die Möglichkeit mit sich, seit dem 1.7.2002 die Ersatzzustellung an einen in einer **Gemeinschaftseinrichtung** wohnenden Adressaten an den Leiter der Einrichtung oder einen dazu ermächtigten Vertreter zu bewirken.

155 *Checkliste der erfassten Gemeinschaftseinrichtungen*

Unter die Regelungen in § 178 Abs. 1 Nr. 3 ZPO fallen insbesondere:

- Altenheime,
- Lehrlingsheime,
- Arbeiterwohnheime,

---

113 RGZ 14, 338, 339; BGH NJW 1981, 1614; LG Konstanz NJW-RR 1999, 1508; LG Köln, MDR 1999, 889.
114 BGH NJW 1981, 1613; OLG Hamm NJW 1974, 1150.
115 LG Frankenthal Rpfleger 1982, 384; BSG MDR 1977, 82.
116 Zöller/*Schultzky*, § 178 Rn 15a.
117 OLG Köln MDR 1990, 1021.
118 BGH NJW-RR 2008, 1565.

- Krankenhäuser,[119]
- Pflegeheime,
- Kasernen,

Hinweis 156

Nach Nr. 4 des Erlasses des Bundesministers der Verteidigung über Zustellungen, Ladungen, Vorführungen und Zwangsvollstreckungen bezüglich Soldaten in der Bundeswehr vom 23.7.1998[120] ist der Kompaniefeldwebel und im Falle von dessen Abwesenheit dessen Stellvertreter als Empfänger der Ersatzzustellung nach § 178 Abs. 1 Nr. 3 ZPO bevollmächtigt, wenn der Soldat in der Truppenunterkunft wohnt.

- Asylbewerberheime, 157
- Justizvollzugsanstalten,
- Lehrgangs- und Fortbildungseinrichtungen mit Dauerunterkünften.

Hier ist dem Gesetzgeber in einem sehr praxisrelevanten Bereich eine wesentliche Verbesserung gelungen, da sich in der Vergangenheit gezeigt hat, dass die Adressaten und ihre Familienangehörigen in solchen Einrichtungen regelmäßig nicht anzutreffen waren. 158

Hinweis 159

Zu beachten ist allerdings, dass auch in diesen Fällen zunächst die Zustellung an den unmittelbaren Adressaten versucht werden muss, das heißt, das Schriftstück kann nicht sofort dem Leiter der Einrichtung oder einem Beauftragten übergeben werden.

Der **Hauswirt** als möglicher Zustellungsempfänger, wie noch in § 181 Abs. 2 ZPO a.F. vorgesehen war, entfällt zukünftig, da der Gesetzgeber hier ein besonderes Näheverhältnis nach den gesellschaftlichen Entwicklungen und Gegebenheiten nicht mehr unterstellen möchte. 160

Nach der Gesetzesbegründung[121] wird der eigentliche Zustellungsadressat auch dann nicht angetroffen, wenn er zwar anwesend ist, aber wegen Krankheit oder unabwendbarer Dienstgeschäfte an der eigenhändigen Annahme des Schriftstücks gehindert ist. 161

Beispiel 162

- Das Schriftstück soll dem Geschäftsführer einer GmbH als deren gesetzlichem Vertreter in den Geschäftsräumen zugestellt werden. Die Sekretärin teilt der Zustellungsperson mit, dass der Geschäftsführer sich gerade in einer wichtigen Besprechung befinde und dort nicht abkömmlich sei, um das Schriftstück persönlich in Empfang zu nehmen.

---

119 OLG Köln OLGR 2008, 145 = BtPrax 2008, 35.
120 VMBl 1998, 246, geändert am 10.3.2003 (VMBl S. 95) und am 14.6.2004 (VMBl S. 109).
121 BT-Drucks 14/4554, 20.

- Der Zustellungsadressat ist in seiner Wohnung. Da er jedoch an einer ansteckenden Krankheit leidet, kann er keinen Dritten empfangen. Dies wird dem Zusteller von der Ehefrau des Zustellungsadressaten mitgeteilt.
- Der Adressat ist in Haft und der zuständige Vollzugsbeamte in der Haftanstalt lehnt eine persönliche Vorführung des Gefangenen ab.

Auch in diesen Fällen ist eine Ersatzzustellung so möglich, als sei der Adressat überhaupt nicht anwesend. Der Adressat kann sich also der Zustellung eines Schriftstücks nicht dadurch entziehen, dass zwar seine Anwesenheit bestätigt wird, er sich aber zugleich als derzeit nicht erreichbar angeben lässt. Im ersten Beispielsfall kann das Schriftstück jetzt also der Sekretärin als im Geschäftslokal anwesenden Beschäftigten nach § 178 Abs. 1 Nr. 2 ZPO zugestellt werden. Im zweiten Fall kann das Schriftstück nunmehr der Ehefrau nach § 178 Abs. 1 Nr. 1 ZPO als einem in der Wohnung anwesenden Familienangehörigen ersatzweise zugestellt werden. Im dritten Fall kann die Zustellung nach § 178 Abs. 1 Nr. 3 ZPO an den Gefängnisleiter oder einen von ihm ermächtigten Vertreter erfolgen.

163 Wie nach der alten Rechtslage in § 185 ZPO a.F. verbleibt es auch nach § 178 Abs. 2 ZPO dabei, dass eine Ersatzzustellung an eine an dem Rechtsstreit als Gegner beteiligte Person unwirksam ist.

164 *Tipp*

Hierauf ist insbesondere bei der Lohnpfändung in der Zwangsvollstreckung zu achten, wenn der Schuldner ein im Geschäftsraum anwesender Beschäftigter ist. Dabei ergibt sich die potenzielle Gegnerstellung aus § 841 ZPO.[122] Weil dem Schuldner dies nicht „auf der Stirn geschrieben steht", muss im Zweifel auf die Heilung des Zustellungsmangels nach § 189 ZPO zurückgegriffen werden. Die Zustellung gilt dann als in dem Zeitpunkt erfolgt, in dem sie dem Drittschuldner tatsächlich zugeht.

b) Keine Ersatzzustellung an Gegner des Adressaten

165 Die Ersatzzustellung an die in § 178 Abs. 1 Nr. 1 bis 3 ZPO bezeichneten Personen muss nach § 178 Abs. 2 ZPO unterbleiben, wenn diese als Gegner an dem Rechtsstreit derjenigen Partei beteiligt sind, der zugestellt werden soll. In diesen Fallkonstellationen besteht nämlich eine erhöhte Gefahr, dass das Schriftstück tatsächlich nicht an den Adressaten weitergeleitet wird. Die Regelung nimmt die alte Bestimmung des § 185 ZPO a.F. auf, so dass auf die diesbezügliche alte Rechtsprechung zurückgegriffen werden kann.

166 *Hinweis*

Die Regelung gilt nur für die Ersatzzustellung, so dass hiervon der Fall unberührt bleibt, dass der Adressat einen Zustellungsbevollmächtigten bestellt hat, der zugleich sein Gegner ist. § 181 BGB findet hier keine Anwendung.[123]

---

122 BAG NJW 1981, 1399; OLG Köln, DGVZ 2002, 111 f., a.A. Zöller/*Herget*, § 829 Rn 15.
123 RGZ 157, 168.

Aufgrund der systematischen Stellung gilt § 178 Abs. 2 ZPO auch nicht bei der Ersatzzustellung durch Einlegen in den Briefkasten,[124] so dass das zuzustellende Schriftstück in den Briefkasten des Adressaten eingelegt werden kann, auch wenn dieser den Briefkasten mit seinem Gegner teilt.[125]

167

> *Hinweis*
>
> Folgt man der Gegenansicht, kann der Zustellungsmangel dadurch geheilt werden, dass der Adressat das zuzustellende Schriftstück tatsächlich erhält. In diesem Zeitpunkt gilt die Zustellung dann nach § 189 ZPO als bewirkt.

Eine **Zustellung muss unterbleiben** in folgenden Fällen nach § 178 Abs. 2 ZPO:

168

- Zustellung an die Ehefrau als Pflegerin ihres Ehemannes wegen einer Forderung der Ehefrau gegen den Ehemann aus einer vollstreckbaren Urkunde;[126]
- Übergabe des zuzustellenden Schriftstückes an einen nahen Angehörigen des Gegners im Wege der Ersatzzustellung; hierunter fallen etwa Ehegatten, Kinder, Eltern und Geschwister des Gegners;[127]
- Übergabe des zuzustellenden Schriftstückes an weisungsgebundene Angestellte des Gegners im Wege der Ersatzzustellung;[128]
- Ersatzzustellung an den Schuldner als im Geschäftslokal des Drittschuldners beschäftigte Person bezüglich eines Pfändungs- und Überweisungsbeschlusses.[129]

Die Zustellung entgegen § 178 Abs. 2 ZPO macht diese zunächst unwirksam (vgl. Rdn 167). Allerdings ist eine Heilung dieses Mangels nach § 189 ZPO möglich, wenn das zuzustellende Schriftstück den Adressaten gleichwohl erreicht hat. Ebenso ist eine Heilung über § 295 ZPO möglich.

169

> *Hinweis*
>
> Überprüft der Gerichtsvollzieher anhand des zuzustellenden Beschlussinhalts eines Pfändungs- und Überweisungsbeschlusses nicht, ob der Empfänger in einem offenkundigen Interessenkonflikt mit dem Zustellungsadressaten steht und ob eine entsprechende Anwendung von ZPO § 185 in Betracht kommt, begeht er schuldhaft eine Amtspflichtverletzung, so dass Schadensersatzansprüche des Gläubigers nach § 839 BGB, Art. 34 GG gegen das Land in Betracht kommen.[130]

170

---

124 Siehe hierzu nachfolgend Rdn 171.
125 OLG Celle NdsRpfleger 1989, 294, 295 für den Benachrichtigungsschein über die Niederlegung; a.A. OLG Nürnberg FamRZ 2005, 727 = NJW-RR 2004, 1517 = MDR 2004, 1139 = OLGR 2004, 309; AG Bergisch-Gladbach FamRZ 2004, 955.
126 KG RPfleger 1978, 105.
127 BGH NJW 1984, 57.
128 OLG Karlsruhe MDR 1984, 151.
129 BAG NJW 1991, 1399.
130 OLGR Celle 2002, 73 = InVo 2002, 468 = DGVZ 2003, 8.

c) Die Ersatzzustellung durch Einlegen in den Briefkasten

171 Mit dem Zustellungsreformgesetz ist seit dem 1.7.2002 mit § 180 ZPO nun erstmals auch die Möglichkeit geschaffen worden, dass die Ersatzzustellung beim Nichtantreffen des Adressaten oder eines nach § 178 Abs. 1 ZPO möglichen Empfängers nicht mehr nur durch Niederlegung bei einer anderen Amtsstelle erfolgen kann, sondern auch durch das Einlegen des zuzustellenden Schriftstückes in den Briefkasten oder eine vergleichbare Vorrichtung des Adressaten oder des Empfängers.

172 Diese Regelung soll die hohe Zahl der Niederlegungen in der Vergangenheit senken und damit ein höheres Maß an Kenntnisnahme von zuzustellenden Schriftstücken ermöglichen. Jeder Praktiker weiß, dass niedergelegte Schriftstücke häufig nicht abgeholt und damit auch nicht zur Kenntnis genommen wurden. Aber auch der willige Adressat, der nur zu den Zustellungszeiten nicht zu Hause ist, kann Nachteile durch eine verzögerte Kenntnisnahme des niedergelegten Schriftstückes erleiden.[131]

173 Die Ersatzzustellung durch Einlegen in den Briefkasten kommt allerdings nur in den Fällen des § 178 Nr. 1 und Nr. 2 ZPO in Betracht, d.h. wenn die originäre Zustellung oder die Ersatzzustellung in der Wohnung oder den Geschäftsräumen fehlgeschlagen ist.[132]

174 Hier liegen die meisten Praxisfälle, in denen in Zweifel gezogen wird, dass der Zusteller überhaupt versucht hat, den Adressaten anzutreffen und diesem persönlich zuzustellen. Wurde Entsprechendes in der Zustellungsurkunde vermerkt, muss der Zustellungsadressat nachweisen, dass dieser Versuch nicht unternommen wurde.

175 Wird also in einer Gemeinschaftseinrichtung weder der Adressat noch der Leiter der Einrichtung oder ein von diesem ermächtigter Vertreter angetroffen, muss eine Niederlegung nach § 181 ZPO erfolgen.[133]

176 *Hinweis*

Verweigert eine in § 178 Abs. 1 Nr. 1 oder 2 ZPO als Empfänger vorgesehene Person die Annahme des zuzustellenden Schriftstückes, bedarf es aufgrund der Annahmefiktion des § 179 ZPO keiner Zustellung durch Einlegung in den Briefkasten mehr. Die Differenzierung macht sich allerdings in der Zustellungsurkunde bemerkbar, da in beiden Fällen das Schriftstück zwar in den Briefkasten einzuwerfen ist, allerdings in der Urkunde nach § 182 Nr. 5 ZPO die Annahmeverweigerung zu beurkunden ist.

---

[131] Hierzu allgemein *Schilken*, Überlegungen zu einer Reform des Zustellungsrechtes, DGVZ 1995, 161, 165.
[132] Zöller/*Schultzky*, § 180 Rn 2.
[133] Hierzu nachfolgend Rdn 197 ff.

Diese Erweiterung der bisherigen Möglichkeiten bringt eine wesentliche Erleichterung **177**
für die Praxis mit sich. Voraussetzung für eine Zustellung durch Einlegung in den
Briefkasten oder die entsprechende Vorrichtung ist dabei, dass
- eine Zustellung an den eigentlichen Adressaten nicht möglich war,
- eine Ersatzzustellung nach § 178 Abs. 1 ZPO ebenfalls gescheitert ist, etwa weil niemand in der Wohnung angetroffen wurde oder das Geschäftslokal geschlossen war,

> *Hinweis*
>
> Der Gesetzgeber[134] wollte damit die Zustellung ausdrücklich davon lösen, dass während des normalen Postgangs das Geschäftslokal geschlossen war und nach dem bisherigen Recht es dann an der Möglichkeit einer Ersatzzustellung fehlte.

- ein Briefkasten oder eine sonstige Vorrichtung vorhanden ist, die für den Postempfang eingerichtet ist,

> *Hinweis*
>
> Mit dem Begriff der sonstigen Vorrichtung wollte der Gesetzgeber eine Diskussion darüber vermeiden, was ein Briefkasten ist. Insoweit ist von der Regelung des § 180 ZPO auch ein Briefschlitz in der Haustür oder der Tür des Geschäftslokals erfasst.[135] Zu den sonstigen Vorrichtungen gehört aber auch etwa eine **gemeinsame Poststelle mehrerer Unternehmen** oder sonstiger Personen, da diese regelmäßig nicht mit Beschäftigten des Adressaten i.S.d. § 178 Abs. 1 Nr. 2 ZPO besetzt ist. Letztlich wird auch ein **Gemeinschafts- oder Sammelbriefkasten** als sonstige Vorrichtung anzusehen sein, da der Adressat damit im Rechtsverkehr zu erkennen gibt, dass er insoweit von einer gesicherten Aufbewahrung ausgeht.[136] Bezieht ein Haftungsschuldner nach Haftentlassung eine Wohnung vorübergehend als Untermieter und wird der Briefkasten der Wohnung für den Postempfang entsprechend eingerichtet, erfordert die Wirksamkeit der Zustellung des im Wege der Ersatzzustellung gem. § 180 S. 2 ZPO in den Briefkasten eingelegten Schriftstückes nicht, dass der Haftungsschuldner tatsächlich auf den Briefkasten zugreifen konnte (hier: Entleerung durch die Hauptmieter). Für den Bekanntgabezeitpunkt kommt es auch nicht darauf an, wie im Falle von Mitbewohnern die Briefkastenleerung erfolgt und wann die Post an die Mitglieder der Wohnung verteilt wird.[137]

- der Briefkasten oder die Vorrichtung in der allgemein üblichen Art für eine sichere Aufbewahrung geeignet ist.

> *Hinweis*
>
> Soweit bei der Ersatzzustellung eines Schriftstücks durch Niederlegung nach § 181 Abs. 1 S. 2 ZPO eine schriftliche Mitteilung darüber in der bei gewöhnlichen

---

[134] BT-Drucks 14/4554, 21.
[135] BT-Drucks 14/4554, 21.
[136] BGH Rpfleger 2001, 141 für den Einwurf einer Benachrichtigung von einer Niederlegung in einen Gemeinschaftsbriefkasten.
[137] FG Berlin/Brandenburg, Urt. v. 16.6.2009, 6 K 9096/05 B, EFG 2009, 1619 f.

Briefen üblichen Weise abgegeben werden kann, ist die Ablage in einem offenen Zeitungsrohr bzw. einer Zeitungsrolle ausreichend, wenn es keinen Briefkasten gibt und Briefe stets in der Rolle abgelegt werden. Eine Befestigung der Mitteilung an der Haustür ist dann nicht erforderlich.[138]

178 Damit **scheidet das Einlegen in den Briefkasten aus, wenn:**
- der Briefkasten oder die Vorrichtung bereits überquillt, da sich hieraus ergibt, dass er nicht regelmäßig geleert wird,
- der Briefkasten oder die Vorrichtung nicht in einem ordnungsgemäßen Zustand ist, z.B. offen steht oder erkennbar ist, dass auch ohne öffnenden Schlüssel die Post ohne Weiteres entnommen werden kann,
- der Briefkasten oder die Vorrichtung nicht eindeutig beschriftet ist und deshalb dem Adressaten nicht eindeutig zugeordnet werden kann.

179 *Hinweis*

Eine Ersatzzustellung durch Einlegen in den Briefkasten ist trotz eines fehlenden Namensschildes am Briefkasten möglich, wenn dieser eindeutig dem Adressaten oder Empfänger zugeordnet werden kann, etwa der Briefkasten an einem Einfamilienhaus oder der Briefkasten unmittelbar neben der Eingangstür zum Geschäftslokal, auch wenn es geschlossen ist.[139] Umgekehrt gilt, dass für den Fall, dass eine Partei im Außenverhältnis im geschäftlichen Verkehr bewusst gegenüber Dritten ausschließlich unter einer bestimmten Geschäftsanschrift auftritt, ihr in einem solchen „Geschäftsraum" selbst dann Sendungen wirksam (ersatz)zugestellt werden können, wenn sie an dieser Stelle tatsächlich kein Geschäft unterhält und dort nicht anzutreffen ist, d.h. dort nur ein Briefkasten vorhanden ist.[140] Dies gilt in gleicher Weise, wenn der Adressat bereits umgezogen ist, aber an der bisherigen Wohnung noch ein Briefkasten mit seinem Namen vorhanden ist.[141]

180 Sind die vorstehenden Voraussetzungen nicht erfüllt, kommt nur eine Ersatzzustellung in Form der Niederlegung[142] in Betracht. Ein Gemeinschaftsbriefkasten in Form eines unbeschrifteten Schlitzes in der Hauswand eines Mehrfamilienhauses ermöglicht keine wirksame Zustellung gem. § 180 S. 1 ZPO.[143]

181 Die Zustellung gilt mit der Einlegung in den Briefkasten oder die entsprechende Vorrichtung als erfolgt. Dieser Zeitpunkt ist mit der Begründung für diese Verfahrensweise nach § 182 Nr. 4 ZPO in der Zustellungsurkunde festzuhalten.

182 *Hinweis*

Mit der Beurkundung der Ersatzzustellung nach § 182 ZPO ist für denjenigen, der aus der Zustellung einen Vorteil herleiten will, zugleich nachgewiesen, dass der

---

138 VGH Hessen DÖV 2005, 307.
139 BGH NJW 2007, 2186.
140 OLGR Hamburg 2004, 563; BVerfG NJW-RR 2010, 421 f.
141 Hierzu KG Berlin KGR 2005, 84 = MDR 2005, 232.
142 Hierzu unten Rdn 197 ff.
143 OLG Bremen OLGR 2007, 304; a.A.: BGH MDR 2011, 1196 ff. für ein 3-Parteien-Haus.

Briefkasten oder die sonstige Vorrichtung die beschriebenen Voraussetzungen für eine sichere Aufbewahrung erfüllen, § 418 Abs. 1 ZPO. Der Zustellungsadressat muss also den Gegenbeweis führen, dass diese Voraussetzungen zum Zustellungszeitpunkt (!) nicht gegeben waren.

Wurde das Schriftstück in einen Briefkasten oder eine sonstige Vorrichtung eingelegt, die die beschriebenen Voraussetzungen nicht erfüllt, ist die Zustellung zunächst unwirksam. Der Mangel kann allerdings nach § 189 ZPO geheilt werden, wenn das zuzustellende Schriftstück dem Adressaten später tatsächlich zugeht. Auch über § 295 ZPO kann der Zustellungsmangel unbeachtlich bleiben. Als Zustellungszeitpunkt kann allerdings erst der Zeitpunkt des tatsächlichen Zugangs angesehen werden, um eine unangemessene Benachteiligung des Adressaten zu vermeiden. 183

Hinweis 184

Ist ein Adressat länger abwesend, muss aber mit der Zustellung rechnen, muss er für die tatsächliche Kenntniserlangung Sorge tragen.

6. Die Annahmeverweigerung

Die Verweigerung der Annahme des zuzustellenden Schriftstückes durch den Adressaten oder einen zugelassenen Empfänger kann nicht zu einer Verhinderung der Zustellung führen. Vielmehr kommt hier nach § 179 ZPO, der die vor dem 1.7.2002 geltende alte Regelung in § 186 ZPO a.F. aufnimmt und weiter konkretisiert, eine Fiktion der Zustellung in Betracht. § 179 ZPO wird analog auf den Fall angewandt, dass einem vermeintlichen Vertreter einer nicht existenten Partei zugestellt wird.[144] 185

Zunächst ist festzustellen, dass mit dem Antreffen des Adressaten oder eines möglichen Empfängers nach den §§ 171, 172 und 176–178 ZPO die eigentliche Zustellung oder Ersatzzustellung möglich ist, so dass eine Niederlegung des zuzustellenden Schriftstückes nach § 181 ZPO ausscheidet. 186

Hinweis 187

§ 179 ZPO gilt damit nicht für die Zustellung eines Schriftstückes nach § 174 ZPO gegen Empfangsbekenntnis. Wird hier die Annahme verweigert, muss die Zustellung durch die Post, den Gerichtsvollzieher oder einen Justizbediensteten erneut veranlasst werden.

Eine Annahme darf nur dann verweigert werden, wenn der beabsichtigten Zustellung Mängel anhaften. 188

---

144 LG Berlin, Urt. v. 11.10.2007, 5 O 109/07, zitiert nach juris.

189 *Checkliste der Gründe für eine berechtigte Annahmeweigerung*

- Das zuzustellende Schriftstück enthält nur einen Nachnamen des Adressaten und unter der Zustellungsadresse sind mehrere Personen gleichen Namens vorhanden oder die Person des Adressaten ist sonst zweifelhaft, weil es etwa an dem Zusatz „jun." oder „sen." fehlt.
- Die Ersatzzustellung an eine in der Wohnung anwesende Person wäre unzulässig, weil sich diese nur vorübergehend, etwa zu Besuch in der Wohnung aufhält.
- Die Zustellung ist zu unpassender Zeit, d.h. zur Nachtzeit oder an Sonn- und Feiertagen erfolgt.
- Die Zustellung erfolgt bei unpassender Gelegenheit, etwa anlässlich eines Begräbnisses.
- Es gibt eine Divergenz im Aktenzeichen zwischen der Zustellungsurkunde und dem zuzustellenden Schriftstück.
- Die Zustellung soll an einen nach § 178 Abs. 1 ZPO grundsätzlich vorgesehenen Empfänger im Wege der Ersatzzustellung erfolgen, obwohl dieser i.S.v. § 178 Abs. 2 ZPO an dem Rechtsstreit als Gegner der Person beteiligt ist, der das Schriftstück als Adressat zugestellt werden soll.

190 *Hinweis*

Hier ist insbesondere der Fall des § 841 ZPO zu bedenken, bei dem der Schuldner am Rechtsstreit des Gläubigers gegen den Drittschuldner beteiligt ist.

191 Ist die Annahmeverweigerung im vorbezeichneten Sinne unberechtigt, ist das Schriftstück in der Wohnung oder den Geschäftsräumen des Adressaten oder des Empfängers zu belassen, so dass dieser Gelegenheit erhält, die Annahmeverweigerung aufzugeben und vom Inhalt des Schriftstückes noch Kenntnis zu nehmen.

192 Das Schriftstück ist demgemäß in den vorhandenen Briefkasten wie ein einfacher Brief einzuwerfen oder unter der geschlossenen Tür durchzuschieben. Auch ein Anheften an der Tür dürfte möglich sein, soweit eine Entfernung durch eine unberechtigte Person nicht zu besorgen ist.

193 *Hinweis*

Auch hier verbietet allerdings § 178 Abs. 2 ZPO den Einwurf in einen Briefkasten, den der Adressat oder der Empfänger und sein Gegner gemeinsam benutzen,[145] da es sich hier nicht um eine Ersatzzustellung nach § 180 ZPO handelt, sondern immer noch um eine Ersatzzustellung nach § 178 Abs. 1 ZPO. Nur für § 180 ZPO gilt § 178 Abs. 2 ZPO aufgrund seiner systematischen Stellung nicht mehr.

194 Zugleich ist die verweigerte Annahme in der Zustellungsurkunde entsprechend § 182 Abs. 2 Nr. 5 ZPO zu vermerken.

195 Fehlt es an einer Wohnung oder an einem Geschäftsraum, ist das Schriftstück an den Absender zurückzusenden, § 179 S. 2 ZPO. Dies gilt in gleicher Weise bei einer Zustel-

---

145 LG Fulda MDR 1987, 149; Zöller/*Schultzky*, § 179 Rn 3.

lung in einer Gemeinschaftseinrichtung, die in § 179 ZPO nicht ausdrücklich genannt wird.

Diese Verfahrensweise führt sodann nach § 179 S. 3 ZPO zu einer Zustellungsfiktion, d.h. der Adressat muss sich mit dem Zeitpunkt der Annahmeverweigerung so behandeln lassen, als sei ihm das Schriftstück in diesem Zeitpunkt zugestellt worden. Seine tatsächliche Weigerung, von dem Schriftstück Kenntnis zu nehmen, bleibt also für das weitere Verfahren unbeachtlich. Dies gilt auch dann, wenn der gesetzlich vorgesehene Empfänger einer Ersatzzustellung die Annahme unberechtigt verweigert. 196

7. Die Niederlegung

Aufgrund der Möglichkeit, zukünftig eine Ersatzzustellung durch Einlegen in den Briefkasten des Adressaten vorzunehmen, wenn weder dieser noch eine der in § 178 Abs. 1 Nr. 1 und 2 ZPO bezeichneten Ersatzpersonen angetroffen wird, ist der Anwendungsbereich der Zustellung durch Niederlegung für die Zukunft erheblich eingeschränkt. 197

Einer Zustellung durch Niederlegung bedarf es zukünftig nur noch, wenn eine Ersatzzustellung weder nach § 178 Abs. 1 Nr. 3 ZPO noch nach § 180 ZPO möglich ist. Dabei sind die Möglichkeiten der Niederlegung zulasten des Adressaten eingeschränkt worden. 198

Die Ersatzzustellung durch Niederlegung wurde gegenüber der bisherigen Regelung in § 182 ZPO a.F. im Hinblick auf die Abholstellen eingeschränkt. Nach § 181 Abs. 1 ZPO gibt es zukünftig nur noch zwei Niederlegungsstellen: 199
- das Amtsgericht, in dessen Bezirk der Ort der Zustellung liegt, oder
- die Poststelle im Zustellungsort oder am Ort des Amtsgerichtes, in dessen Bezirk der Zustellungsort liegt, wenn die Post mit der Zustellung beauftragt ist.

> *Hinweis* 200
>
> Unter Post ist nunmehr nicht nur die Deutsche Post AG zu verstehen, sondern jeder nach § 33 Abs. 1 des Postgesetzes beliehene Unternehmer. Der Begriff der Post ist entsprechend in § 168 Abs. 1 ZPO legal definiert. Eine Niederlegung kann damit auch bei einer entsprechenden Stelle eines privaten Postunternehmens erfolgen, was insbesondere in den größeren Städten der Fall sein wird. Allerdings ist erforderlich, dass die Niederlegungsstelle sich im Ort der Zustellung oder des für den Zustellungsort örtlich zuständigen Amtsgerichtes befindet.
>
> § 181 ZPO erlaubt die Niederlegung an einer von der Post bestimmten Stelle, so dass auch eine Agentur,[146] eine Zweigstelle oder eine Niederlassung als Niederlegungsort in Betracht kommt.

Damit entfällt gegenüber § 182 ZPO a.F. die Möglichkeit der Niederlegung beim Gemeindevorsteher oder der örtlichen Polizeidienststelle, was insbesondere im ländlichen Raum zu Nachteilen führen wird. 201

---

146 BGH MDR 2001, 228 = VersR 2002, 80.

202 Die Niederlegung des Schriftstückes ist auf einem amtlichen Vordruck[147] zu vermerken und durch das Einwerfen in einen – nicht die Voraussetzungen des § 180 ZPO erfüllenden – Briefkasten oder eine entsprechende Vorrichtung bekannt zu geben. Die Benachrichtigung kann allerdings auch an der Tür der Wohnung, des Geschäftslokals oder der Gemeinschaftseinrichtung des Adressaten angeheftet werden. Die Befestigung an der Haustür soll dagegen nicht genügen.[148]

203 *Hinweis*

Der Vermerk auf der Zustellungsurkunde „Schriftliche Mitteilung in der bei gewöhnlichen Briefen üblichen Weise abgegeben" soll nach Auffassung des OLG Düsseldorf zur Vollziehung einer einstweiligen Verfügung nicht genügen. Vielmehr müsse sich aus der Zustellungsurkunde auch ergeben, in welcher Art und Weise der Zusteller die vorgeschriebene Mitteilung an den Adressaten bzw. Empfänger weitergeleitet habe. Dabei hält das OLG Düsseldorf den amtlichen Vordruck für unzureichend, weil er hierfür kein Erläuterungsfeld vorsehe, ohne dass dies den Gesetzesverstoß rechtfertige.[149]

204 Mit der Neuregelung ist gegenüber § 182 ZPO a.F. die Möglichkeit entfallen, die Mitteilung an einen Nachbarn zu geben. Der Gesetzgeber geht davon aus, dass hier keine allgemeine Vermutung für ein gesellschaftliches Näheverhältnis mehr besteht.[150]

205 Die Zustellung gilt nunmehr bereits mit dem ordnungsgemäßen Hinterlassen des Benachrichtigungsscheins als bewirkt,[151] so dass spätere Fehler bei der Niederlegung die Wirksamkeit der Zustellung unberührt lassen. Die Wirksamkeit der Ersatzzustellung wird auch nicht dadurch in Frage gestellt, dass die Geschäftsstelle des Gerichtes eine solche Ersatzzustellung – objektiv zu Unrecht – im Zustellungsauftrag ausgeschlossen hat.[152]

206 Zu beachten ist, dass die Zustellungsurkunde und die Benachrichtigung für den Adressaten bzw. Empfänger sowohl den Ort der Niederlegung als auch die Tatsache der Niederlegung ausweisen muss. Anderenfalls ist die Zustellung unwirksam. Diese Angaben können auch nicht nachgeholt werden.[153]

207 Das niedergelegte Schriftstück ist dann nach § 181 Abs. 2 ZPO am Niederlegungsort für einen Zeitraum von drei Monaten aufzubewahren. Anschließend ist es an die zustellende Stelle zurückzusenden.

208 Ist die Niederlegung und damit auch die Zustellung wirksam erfolgt, kann der Adressat wegen einer nachfolgend versäumten Frist Wiedereinsetzung in den vorigen Stand[154]

---

147 Nach § 1 Nr. 4 der Zustellungsvordruckverordnung v. 12.2.2002, BGBl I 2002, 671 nebst Anlage 4 der Verordnung i.d.F. der VO v. 23.4.2004 (BGBl I, S. 619).
148 OLG Köln OLGR 2007, 158.
149 OLGR Düsseldorf 2004, 419 = MDR 2005, 109 = InVo 2005, 102.
150 BT-Drucks 14/4554, 22.
151 Vgl. VGH Mannheim VersR 130, 223.
152 BGH NJW-RR 2003, 208 = MDR 2003, 168 = Rpfleger 2003, 138.
153 OLGR München 2002, 152.
154 Vgl. allgemein zur Wiedereinsetzung in den vorigen Stand, § 20 Rdn 1 ff.

beantragen,[155] wenn er glaubhaft macht, dass er den ohne zusätzlichen Aufkleber an der Tür eingeworfenen Benachrichtigungsschein nicht erhalten hat.[156] Das Gleiche gilt, wenn er glaubhaft machen kann, dass der Benachrichtigungsschein in dem übervollen Briefkasten zwischen Werbesendungen geraten sei, die er weggeworfen habe.[157]

> **Hinweis** 209
>
> Beachtet werden muss, dass mit dem Antrag auf Wiedereinsetzung in den vorigen Stand, jedenfalls aber in der zweiwöchigen Antragsfrist nach §§ 234, 236 ZPO zugleich die versäumte Prozesshandlung nachzuholen ist. Zugleich muss der Wiedereinsetzungsgrund nach § 236 i.V.m. § 294 ZPO glaubhaft gemacht werden.

8. Die öffentliche Zustellung

Die öffentliche Zustellung ist aus den §§ 203–206 ZPO a.F. in die §§ 185–188 ZPO übernommen worden. Dabei hat der Gesetzgeber die bisher umständliche Regelung klarer gefasst und in der tatsächlichen Durchführung vereinfacht und auch verbilligt. 210

Die öffentliche Zustellung ist nur als letztes Mittel zulässig, wenn weder eine Zustellung an den Adressaten noch eine Ersatzzustellung an eine Ersatzperson oder durch Einlegen in den Briefkasten und auch keine Niederlegung möglich ist. 211

Die Möglichkeit der öffentlichen Zustellung trägt einerseits dem Justizgewährungsanspruch der antragstellenden Partei und damit deren Recht auf effektiven Rechtsschutz Rechnung. Andererseits entzieht sie dem Adressaten zwar nicht in der rechtlichen Fiktion, aber rein faktisch die Möglichkeit der tatsächlichen Kenntnisnahme des zuzustellenden Schriftstückes und damit das Recht auf rechtliches Gehör. An die Feststellung der Voraussetzungen der öffentlichen Zustellung werden in der Praxis daher – zu Recht – strenge Maßstäbe angelegt. 212

§ 185 ZPO normiert **drei Fälle**, in denen eine öffentliche Zustellung in Betracht kommt. Dabei dürfte der Hauptanwendungsfall darin zu sehen sein, dass einer Partei ein Schriftstück nicht zugestellt werden kann. Darüber hinaus gilt § 185 ZPO aber auch für die Zustellung eines Schriftstückes an: 213

- einen Zeugen,
- den Schuldner in der Zwangsvollstreckung,
- den Streitverkündungsempfänger,
- den Nebenintervenienten.

Beachtet werden muss, dass die öffentliche Zustellung in Einzelfällen kraft Gesetzes ausgeschlossen ist. So ist eine öffentliche Zustellung nicht zulässig bzw. nicht veranlasst, wenn: 214

- ein Mahnbescheid zugestellt werden soll, § 688 Abs. 2 Nr. 3 ZPO;

---

155 Siehe hierzu das Antragsmuster unter Rdn 348.
156 BGH NJW 1994, 2898.
157 Vgl. zur Gesamtproblematik: *Valentin*, DGVZ 1997, 1.

> *Hinweis*
>
> Anders verhält es sich mit dem Vollstreckungsbescheid, der auf den ordnungsgemäß zugestellten Mahnbescheid ergangen ist. Dieser kann nach § 699 Abs. 4 S. 3 ZPO auch öffentlich zugestellt werden.

- ein Pfändungs- und Überweisungsbeschluss dem Schuldner zugestellt werden soll, §§ 829 Abs. 2 S. 2, 835 Abs. 3 S. 1 ZPO;

  > *Hinweis*
  >
  > Die mangelnde Zustellung des Pfändungs- und Überweisungsbeschlusses an den Schuldner lässt die eigentliche Pfändung der Forderung und deren Überweisung unberührt, da diese durch die Zustellung des Pfändungs- und Überweisungsbeschlusses an den Drittschuldner bewirkt wird, § 829 Abs. 3 ZPO.

- eine Streitverkündung nach § 841 ZPO des Gläubigers gegenüber dem Schuldner im Einziehungsprozess des Gläubigers gegen den Drittschuldner erfolgen soll und öffentlich zugestellt werden müsste;
- eine Aufforderung oder Ladung zur Anhörung des Gegners vor einer anderen Art der Verwertung öffentlich zugestellt werden müsste, § 844 Abs. 2 ZPO;
- der Schuldner nur mittels öffentlicher Zustellung zum Verteilungstermin geladen werden könnte, § 875 Abs. 2 ZPO;
- ein Protokoll eines Gerichtsvollziehers zugestellt werden soll, § 763 Abs. 2 S. 3 ZPO;
- die Zustellung an einen Angehörigen der NATO-Truppen einschließlich des zivilen Gefolges und ihrer Angehörigen erfolgen soll, Art. 36 Abs. 1 des Zusatzabkommens.

215 Eine öffentliche Zustellung ist nach **§ 185 Nr. 1 ZPO** möglich, wenn der Aufenthaltsort einer Person unbekannt ist und eine Zustellung an einen Vertreter oder Zustellungsbevollmächtigten nicht möglich ist.

216 > *Hinweis*
>
> Die Voraussetzung, dass weder ein Vertreter noch ein Zustellungsbevollmächtigter bekannt bzw. vorhanden ist, ist neu aufgenommen worden. Hierzu wird im Antrag[158] auf öffentliche Zustellung zukünftig vorzutragen sein, dass eine solche, zur Entgegennahme eines Schriftstücks bevollmächtigte Person nicht bekannt ist.

217 Unbekannt ist der Aufenthalt eines Adressaten, wenn er allgemein unbekannt ist.[159] Es reicht mithin nicht aus, dass er lediglich dem Absender unbekannt ist.[160] Der Aufenthalt ist der Allgemeinheit wiederum dann nicht bekannt, wenn er mit zumutbaren Mitteln nicht feststellbar ist.

---

158 Hierzu das Antragsmuster unter Rdn 349.
159 LG Leipzig InVo 2005, 161; OLGR Frankfurt 2003, 80.
160 BGHZ 80, 320; KG MDR 1998, 124; OLG Hamm JurBüro 1994, 630.

Hinweis 218

Es reicht deshalb weder aus, dass behauptet wird, die Adresse an die sich der Adressat bei der Meldebehörde abgemeldet habe, sei nur eine Scheinadresse,[161] noch dass lediglich eine Auskunft des Einwohnermeldeamtes vorgelegt wird.

Im Hinblick auf den Verfassungsrang des beeinträchtigten Rechts auf rechtliches Gehör sind zur Ermittlung des Aufenthaltsortes grundsätzlich umfangreiche Ermittlungen in Betracht zu ziehen. 219

Dabei ist regelmäßig erforderlich:[162] 220
- eine Anfrage bei dem für den letzten bekannten Wohnsitz zuständigen Einwohnermeldeamt,
- eine Anfrage beim zuständigen Postamt.

Die weit überwiegende Rechtsprechung und Literatur verlangt demgegenüber weitergehende Nachforschungen.[163] Als solche kommen in Betracht: 221
- eine Anfrage an den letzten bekannten Vermieter,
- eine Anfrage an den letzten bekannten Arbeitgeber,[164]
- Nachfragen bei Nachbarn am letzten bekannten Wohnort,
- Anfragen an das Arbeitsamt,
- Anfragen beim Sozialamt,
- Anfragen bei einem Sozialversicherungsträger,
- Anfragen bei den Strafverfolgungsbehörden,
- Anfragen beim Bundesverwaltungsamt[165] (eingeschränkt für nicht öffentliche Stellen) – Ausländerzentralregister – sofern der Adressat ein Ausländer ist,[166]
- Anfrage bei der Auslandsvertretung,
- Anfrage an die kontoführende Bank.[167]

Veranlasst das Gericht vor der Bewilligung der öffentlichen Zustellung nicht alle erforderlichen Überprüfungen zur Ermittlung des Aufenthaltes, so ist die öffentliche Zustellung unwirksam.[168] Die Voraussetzungen für eine öffentliche Zustellung liegen – für das Gericht erkennbar – nicht vor, wenn sich aus den Akten eine E-Mail-Adresse der Partei, deren Aufenthalt dem Gegner und dem Gericht nicht bekannt ist, ergibt, so dass die Partei selbst zur Bekanntgabe ihres Aufenthaltes aufgefordert werden kann.[169] 222

---

161 BFH BStBl II 2000, 560.
162 OLG Naumburg NJW-RR 2001, 1148, 1149; LG Berlin NJW-RR 1991, 1152.
163 BGH MDR 2012, 1308; OLG Düsseldorf, Urt.v. 19.1.2017, I-2 U 459/16, zitiert nach juris; OLG Frankfurt/M. MDR 1999, 1402; OLG Hamm JurBüro 1994, 630, 631; OLG Zweibrücken FamRZ 1983, 630; KG KG-Report 1994, 273, 274; Zöller/*Schultzky*, § 185 Rn 4; *Fischer*, Die öffentliche Zustellung im Zivilprozess, ZZP 1994, 163, 167.
164 BGH MDR 2012, 1308.
165 Bundesverwaltungsamt – Ausländerzentralregister – Barbarastraße 1, 50728 Köln.
166 OLG Stuttgart MDR 1976, 775; AG Leipzig InVo 2005, 163.
167 OLG Zweibrücken, Beschl. vom 8.12.2017, 4 W 64/17, zitiert nach juris.
168 BGH MDR 2012, 1308.
169 OLG Frankfurt NJW 2009, 2543 = OLGR 2009, 536.

223 *Hinweis*

Der BGH[170] hat auf eine Rechtsbeschwerde deutlich gemacht, dass die Anforderungen an den Nachweis des unbekannten Aufenthaltsortes unterschiedlich ausgestaltet sein können. Entscheidend sei, welche Bedeutung das zuzustellende Schriftstück für ihn habe. Dabei seien im Erkenntnisverfahren regelmäßig höhere Anforderungen zu stellen als etwa in der Zwangsvollstreckung.

224 *Beispiel*

Im konkreten Fall hat der BGH[171] deshalb die Anforderungen an eine öffentliche Zustellung bzw. deren Verzicht nach §§ 829 Abs. 2 S. 3, 835 ZPO in der Zwangsvollstreckung als niedriger angesehen als im Erkenntnisverfahren. Vor Erlass des Pfändungs- und Überweisungsbeschlusses werde der Schuldner grundsätzlich nicht gehört (§ 834 ZPO). Dessen Zustellung an ihn sei auch – wie sich aus § 829 Abs. 3 ZPO ergebe – für die Wirksamkeit der Pfändung unwesentlich.[172] Zwar werde, wenn das Vollstreckungsgericht die Voraussetzungen für eine öffentliche Zustellung bejaht und diese unterbleibt, das mit der Zustellung des Pfändungs- und Überweisungsbeschlusses verbundene nachträgliche rechtliche Gehör vorerst nicht gewährt. Ohne Zustellung werden jedoch keine Fristen für eine sofortige Beschwerde in Gang gesetzt, so dass der Schuldner, sobald er vom Erlass des Pfändungs- und Überweisungsbeschlusses erfährt, seine Rechte im Zwangsvollstreckungsverfahren nach § 766 ZPO[173] noch geltend machen kann. Hinzu kommt, dass ein meldeamtlich unbekannt verzogener Schuldner, wenn gegen ihn ein Vollstreckungstitel vorliegt, mit einer Zwangsvollstreckung rechnen müsse und durch einen Verstoß gegen die Meldevorschriften selbst dazu beitrage, dass er für den Gläubiger nicht mehr erreichbar ist.

225 Entscheidend kann dabei auch sein, ob der Adressat sich bewusst einer möglichen Zustellung eines Schriftstückes entzieht.[174] Die Anforderungen an den Umfang der Aufenthaltsermittlung können dann beschränkt werden. Dies kann etwa dann der Fall sein, wenn er seinen Meldeverpflichtungen nicht nachkommt. In diesem Fall kann es genügen, dass mehrere erfolglose Zustellungsversuche an unterschiedlichen Orten vorgenommen wurden.[175]

226 Die öffentliche Zustellung an eine GmbH kommt nur in Betracht, wenn auch dem Geschäftsführer an dessen Privatanschrift nicht zugestellt werden kann.[176] Allerdings sind durch das MoMiG zum 1.11.2008 die Anforderungen an die öffentliche Zustellung

---

170 BGH, Beschl. v. 14.2.2003, IXa ZB 56/03, VE 2003, 76 = InVo 2003, 286 = MDR 2003, 708 = NJW 2003, 1530; für das Kostenfestsetzungsverfahren: LG Leipzig JurBüro 2015, 430 f.
171 BGH, Beschl. v. 14.2.2003, IXa ZB 56/03, VE 2003, 76 = InVo 2003, 286 = MDR 2003, 708 = NJW 2003, 1530; LG Leipzig RPfleger 2015, 662.
172 BGH, Beschl. v. 14.2.2003, IXa ZB 56/03, VE 2003, 76 = InVo 2003, 286 = MDR 2003, 708 = NJW 2003, 1530; LG Leipzig RPfleger 2015, 662.
173 Hierzu umfassend Goebel/Goebel, AnwF Zwangsvollstreckungsrecht, § 14 mit Antragsmuster.
174 Hierzu OLGR Frankfurt 2004, 327.
175 BGH MDR 2012, 1308.
176 OLG Stuttgart Prozessrecht aktiv 2005, 43 = MDR 2005, 472 = Rpfleger 2005, 268 = OLGR 2005, 244 = JurBüro 2005, 158.

an eine GmbH abgesenkt worden. Die öffentliche Zustellung ist nunmehr möglich, wenn bei juristischen Personen, die zur Anmeldung einer inländischen Geschäftsanschrift zum Handelsregister verpflichtet sind, eine Zustellung weder unter der eingetragenen Anschrift noch unter einer im Handelsregister eingetragenen Anschrift einer für Zustellungen empfangsberechtigten Person oder einer ohne Ermittlungen bekannten anderen inländischen Anschrift möglich ist.

Eine öffentliche Zustellung ist nach § 185 Nr. 3 ZPO möglich, wenn eine Zustellung im Ausland nicht möglich ist oder keinen Erfolg verspricht. Dabei erfasst § 185 Nr. 2 ZPO nur die Fälle, in denen dem Absender der tatsächliche Aufenthaltsort mit postalischer Anschrift bekannt ist. Ist dem Absender nur bekannt, dass sich der Adressat im Ausland aufhält, ohne genau zu wissen, an welchem Ort, handelt es sich um einen Fall von § 185 Nr. 1 ZPO. 227

Eine Zustellung im Ausland ist dann nicht möglich, wenn der entsprechende Staat generell oder im konkreten Einzelfall keine Rechtshilfe leistet[177] oder die Zustellung zu lang dauern würde (s. Rdn 233) oder die Bundesrepublik Deutschland zu diesem Staat überhaupt keine diplomatischen Beziehungen unterhält. Eine Zustellung im Ausland gilt auch dann als unmöglich, wenn die deutschen Justizbehörden die Zustellung nicht zulassen oder über Monate verzögern und durch Einschreiben mit Rückschein der Adressat von dem Verfahren Kenntnis erhält.[178] 228

Eine Zustellung im Ausland verspricht keinen Erfolg, wenn aufgrund konkreter Anhaltspunkte zu erwarten ist, dass der ausländische Staat die Rechtshilfe verweigert. Das Gleiche gilt, wenn im Aufenthaltsland des Adressaten eine Zustellung nur mit Zustimmung des Adressaten möglich ist.[179] 229

Einigkeit besteht darüber, dass eine Zustellung im Ausland auch dann unmöglich ist, wenn deren Dauer der zustellenden Partei nicht zugemutet werden kann. Wie dieser Zeitraum zu bestimmen ist, wird jedoch sehr unterschiedlich gehandhabt. Zum Teil wird eine Zeitspanne von sechs Monaten,[180] von 18 Monaten[181] oder jedenfalls vor dem Ablauf von zwei Jahren[182] für angemessen erachtet. Letztlich wird auf den Einzelfall abzustellen sein, wobei die Bedeutung der Zustellung für den die Zustellung Betreibenden und den Adressaten gegeneinander abzuwägen ist. Dabei dürfte angesichts der regelmäßigen Dauer von Zustellungen im Ausland ein Zeitraum von mindestens einem Jahr noch als zumutbar anzusehen sein, wenn nicht besondere Umstände vorliegen.[183] Der BGH hat entschieden, dass die öffentliche Zustellung einer Klage an einen ausländischen Beklagten, dessen ladungsfähige Anschrift bekannt ist, nur dann bewilligt werden 230

---

177 VG Berlin, Gerichtsbescheid vom 14.3.2014, 30 K 807.13 V, zitiert nach juris.
178 AG Bonn NJW 1991, 1430; s.a. OLG Köln IPrax 1987, 233.
179 Zöller/*Schultzky*, § 185 Rn 7 ZPO.
180 *Geimer*, NJW 1989, 2204, der zugleich aber eine – insoweit formlose – Übersendung des Schriftstückes per Einschreiben/Rückschein verlangt.
181 OLG Hamburg MDR 1970, 426; OLG Hamm MDR 1988, 589.
182 OLG Köln NJW-RR 1998, 1683.
183 *Fischer*, ZZP 107 (1994), 163; OLG Köln FamRZ 1998, 561.

kann, wenn die Zustellung im Wege der Rechtshilfe einen derart langen Zeitraum in Anspruch nehmen würde, dass ein Zuwarten der betreibenden Partei billigerweise nicht zugemutet werden kann. Dies sei nicht schon deshalb anzunehmen, weil die Dauer der Zustellung im Wege der Rechtshilfe möglicherweise einen Zeitraum von sechs bis neun Monaten überschreiten wird.[184] Orientierungspunkt kann auch eine bevorstehende Verjährung sein.[185]

231 *Hinweis*

Bei der Zustellung eines Arrestbefehls ist die Zustellung im Ausland dann unmöglich, wenn diese voraussichtlich erst nach Ablauf der Vollziehungsfrist erfolgen könnte.[186]

232 *Tipp*

In jedem Fall sollte versucht werden, dem Adressaten das Schriftstück zu seinem ausländischen Wohnort per Einschreiben mit Rückschein zu übersenden. Kann so nachgewiesen werden, dass der Adressat vom Schriftstück Kenntnis hat und die öffentliche Zustellung beabsichtigt ist, dürften seine Belange geringer wiegen und eine Zustellung im Ausland schon nach einem kürzeren Zeitraum als unmöglich angesehen werden.

233 Letztlich ist die öffentliche Zustellung nach § 185 Nr. 4 ZPO dann zulässig, wenn anderenfalls die Zustellung in der Wohnung einer Person erfolgen muss, die nicht der deutschen Gerichtsbarkeit nach §§ 18–20 GVG unterfällt.[187]

234 Dies ist dann der Fall wenn der Adressat sich in der Wohnung eines Botschafts- oder Konsulatsangehörigen aufhält oder in der Wohnung eines auf Einladung der Bundesrepublik Deutschland hier lebenden Ausländers.

235 Die maßgeblichen Voraussetzungen der öffentlichen Zustellung hat bei einer Zustellung im Parteibetrieb grundsätzlich die zustellende Partei nachzuweisen. Dies entspricht allgemeiner Auffassung.

236 Umstritten ist, wer die Voraussetzungen nachzuweisen hat, wenn eine Zustellung von Amts wegen vorzunehmen ist. Ein Teil der Rechtsprechung und Literatur sieht hier eine Pflicht zur Amtsermittlung.[188] Der andere Teil sieht hier die begünstigte Partei in der Verantwortung, die Voraussetzungen der öffentlichen Zustellung darzulegen.[189] Letzteres erscheint jedenfalls insoweit richtig, wie der Partei die Ermittlungsmaßnahmen zumutbar und – insbesondere unter datenschutzrechtlichen Gesichtspunkten – auch möglich sind. Das Gericht kann insoweit aufgefordert werden, von Amts wegen entsprechende Auskünfte einzuholen.

---

184 BGH NJW-RR 2009, 855 = Rpfleger 2009, 323 = BGH-Report 2009, 577.
185 OLG Hamm, Urt. v. 5.2.2015, 34 U 265/12, zitiert nach juris.
186 OLG Hamm MDR 1988, 589.
187 Antragsmuster unter Rdn 351.
188 OLG Bamberg FuR 2000, 296 = OLGR 2000, 165 = FamRZ 2000, 1288 (nur Leitsatz); OLG Köln NJW-RR 1989, 60; OLG Köln FamRZ 1997, 430.
189 BGH MDR 2012, 1308.

Liegen die Voraussetzungen für eine öffentliche Zustellung zur Überzeugung des Gerichts vor, hat dieses die öffentliche Zustellung nach § 186 Abs. 1 ZPO durch einen Beschluss zu bewilligen. Einer mündlichen Verhandlung bedarf es nicht.

> *Tipp*
>
> Um die mündliche Verhandlung und damit eine zeitliche Verzögerung zu vermeiden, sollte dem Antrag immer eine eidesstattliche Versicherung der Partei beigefügt werden, aus der sich ergibt, dass dieser der Aufenthalt des Adressaten nicht bekannt ist bzw. dass der Adressat sich nach Kenntnis der Partei im Ausland aufhält sowie eine eidesstattliche Versicherung über die – erfolglos – eingeleiteten Aufenthaltsermittlungsmaßnahmen. Anderenfalls ist nicht ausgeschlossen, dass das Prozessgericht eine – nicht gesondert vergütete – mündliche Verhandlung anberaumt, um die Partei nach § 141 ZPO entsprechend anzuhören.

Wird die öffentliche Zustellung bewilligt, ohne dass die Voraussetzungen hierfür vorliegen, ist die gleichwohl vorgenommene Zustellung wirksam, wenn das Prozessgericht den Mangel nicht hat erkennen können.[190] War der Mangel dagegen erkennbar, ist auch die öffentliche Zustellung unwirksam.[191] In der Vergangenheit hat die Rechtsprechung angenommen, dass die Zustellung auch dann wirksam bleibt, wenn die Partei sich diese wissentlich erschlichen hat, soweit dies durch das Gericht nicht erkannt wurde.[192] Dem hat der BGH nun widersprochen: Ist die öffentliche Zustellung gemessen an den Voraussetzungen des § 185 ZPO unwirksam, ist es dem von der Unwirksamkeit Begünstigten verwehrt, sich auf diese zu berufen, wenn er zielgerichtet versucht hat, eine Zustellung, mit der er sicher rechnen musste, zu verhindern. In einem solchen Fall ist das Berufen auf die Unwirksamkeit rechtsmissbräuchlich und damit unbeachtlich.[193] Allerdings stellt das arglistige Täuschen über die Voraussetzungen der öffentlichen Zustellung einen Prozessbetrug dar, so dass der Gegner einerseits die strafrechtliche Verfolgung betreiben muss, so dass er auf der Grundlage einer entsprechenden Verurteilung die Restitutionsklage nach § 580 ZPO erheben kann.[194] Darüber hinaus macht sich die Partei, die die Voraussetzungen der öffentlichen Zustellung wider besseres Wissen behauptet, nach § 823 Abs. 2 BGB i.V.m. § 263 StGB schadensersatzpflichtig.

> *Tipp*
>
> War die öffentliche Zustellung wirksam, so kommt eine Wiedereinsetzung in eine versäumte Frist in Betracht, wenn die Voraussetzungen der öffentlichen Zustellung objektiv nicht vorlagen. Nicht ausreichend ist dagegen allein die Unkenntnis von der öffentlichen Zustellung. Vielmehr müssen besondere Umstände hinzukommen. Der

---

[190] BGH MDR 1992, 997; BVerfG NJW 1988, 2361, OLG Düsseldorf BauR 2015,1719.
[191] BGH NJW 2002, 827 unter ausdrücklicher Aufgabe der bisherigen Rechtsprechung; BGHZ 64, 5.
[192] BGHZ 57, 108; OLG Köln NJW-RR 1993, 446; a.A. OLG Hamm NJW-RR 1998, 497.
[193] BGH NJW-RR 2008, 1310 = MDR 2008, 995 = DGVZ 2008, 171.
[194] BGH NJW 2003, 1326 = VersR 2003, 1325 = BGH-Report 2003, 454 = FamRZ 2003, 672, BGH MDR 2007, 419.

Adressat muss für diesen Fall nachweisen, dass und welche Anstrengungen er unternommen hat, um Zustellungen an ihn sicherzustellen, und aus welchem Grunde diese Anstrengungen ohne sein Verschulden nicht erfolgreich waren.

241 Nach § 186 Abs. 2 ZPO wird die öffentliche Zustellung dadurch bewirkt, dass eine Benachrichtigung über ein zuzustellendes Schriftstück an der dafür vorgesehenen Gerichtstafel ausgehängt wird. Die notwendigen Angaben auf der Benachrichtigung ergeben sich unmittelbar aus § 186 Abs. 2 ZPO. Gegenüber dem alten Recht in § 204 ZPO a.F. ist es nicht mehr erforderlich, dass das gesamte Schriftstück oder jedenfalls ein Auszug selbst ausgehängt wird. Dies dürfte dem wohlverstandenen Schutzinteresse des Adressaten entsprechen. Nachdem das Prozessgericht die öffentliche Zustellung durch Beschluss bewilligt hat, ist für die Fertigung der Benachrichtigung und deren tatsächlichen Aushang die Geschäftsstelle verantwortlich.

242 *Hinweis*

Der Zeitpunkt des Aushangs und der Abnahme der Benachrichtigung muss unbedingt in den Akten vermerkt werden, da die Zustellung einen Monat nach dem Aushang der Benachrichtigung nach § 188 ZPO als bewirkt gilt. Von dem Vorhandensein des Vermerkes sollte sich der Rechtsanwalt ggf. durch Akteneinsicht überzeugen.

243 Zu einer deutlichen Kostenersparnis trägt dann § 187 ZPO bei. Danach ist eine Veröffentlichung der Benachrichtigung im Bundesanzeiger seit dem 1.7.2002 im Gegensatz zum alten Recht nicht mehr zwingend erforderlich. Es steht vielmehr im Ermessen des Gerichts, die einmalige oder mehrmalige Veröffentlichung im Bundesanzeiger oder in sonstigen Zeitungen anzuordnen. Dies ist nur erforderlich, wenn erwartet werden kann, dass der Zustellungsempfänger über dieses Medium die Benachrichtigung auch tatsächlich zur Kenntnis nehmen kann. Die erheblichen Kosten, die durch die Zwangsveröffentlichung in der Vergangenheit entstanden sind, entfallen damit weitgehend.

244 *Tipp*

Hierauf muss der Vortrag des Rechtsanwalts im Antrag ausgerichtet sein. Tragen Sie vor, dass der Zustellungsadressat „sich wohl im Raum München aufhält", müssen Sie damit rechnen, dass das Gericht eine Veröffentlichung in Zeitungen dieses Raums vorsieht. Tragen Sie dagegen vor, dass die nachzuweisenden Nachforschungen keine zustellungsfähige Anschrift ergeben haben, gibt es hierfür keinen Anlass. Nur das Letztere muss dargelegt werden.

245 § 188 ZPO ordnet nun an, dass die im Wege der öffentlichen Zustellung erfolgende Bekanntgabe eines Schriftstücks mit Ablauf eines Monats seit dem Aushang als bewirkt gilt. Die ursprüngliche Differenzierung in Monatsfristen und Zwei-Wochen-Fristen je nach Inhalt des zuzustellenden Schriftstücks entfällt damit. Allerdings kann das Prozessgericht – wie in der Vergangenheit – eine längere Frist bestimmen, während eine Abkürzung grundsätzlich nicht in Betracht kommt.

Allgemein wird die Formulierung so verstanden, dass die Benachrichtigung auch mindestens einen Monat aushängen muss, bevor sie entfernt werden darf. Das Prozessgericht kann im Einzelfall eine längere Frist bestimmen. Die Fristberechnung richtet sich nach § 222 ZPO i.V.m. §§ 187, 188 Abs. 2 BGB.

246

Hinweis

247

Wird die Aushangfrist von einem Monat unterschritten, liegt ein Zustellungsmangel vor, d.h. die Zustellung ist unwirksam.[195] Dieser kann zwar nach § 189 ZPO theoretisch geheilt werden, wenn der Adressat tatsächliche Kenntnis von dem Schriftstück erhält. Dies wird aber praktisch kaum der Fall sein. Um späteren Schwierigkeiten aus dem Weg zu gehen, sollte der Bevollmächtigte durch Akteneinsicht kontrollieren, ob die Aushangfrist dokumentiert und die Monatsfrist eingehalten wurde. Dabei ist insbesondere auf Sonn- und Feiertage zu achten.

9. Die Zustellung im Ausland

Wegen der verstärkten Mobilität und der internationalen Integration nehmen Zustellungen im Ausland immer mehr zu.[196] Dies gilt für den gerichtlichen Geschäftsverkehr ebenso wie für Zustellungen im Parteibetrieb. Dabei hat sich in der Vergangenheit vor allem die Dauer von Zustellungen im Ausland nachteilig ausgewirkt. Hinzu kam und kommt für den Rechtsanwalt die Problematik, dass die Rechtsgrundlagen und Verfahren der Auslandszustellung unsystematisch und schwer zu erschließen sind und letztlich mit den Instrumenten völkerrechtlicher Verträge, des Europarechtes und des jeweiligen nationalen Prozessrechtes nicht hinreichend aufeinander abgestimmt sind.[197]

248

Das Zustellungsreformgesetz und die Verordnung (EG) Nr. 1393/2007 des Europäischen Parlaments und des Rates vom 13.11.2007 über die Zustellung gerichtlicher und außergerichtlicher Schriftstücke in Zivil- oder Handelssachen in den Mitgliedstaaten,[198] die die Verordnung (EG) Nr. 1348/2000 des Rates vom 29.5.2000 über die Zustellung gerichtlicher und außergerichtlicher Schriftstücke in Zivil- und Handelssachen,[199] abgelöst hat (EU-Zustellungsverordnung) sowie das Gesetz zur Änderung von Vorschriften im Bereich des Internationalen Privat- und Zivilverfahrensrechts v 11.6.2017 (BGBl I, S. 1607) m.W.v. 17.6.2017 bringen hier jedoch Erleichterungen. Die nachfolgenden Darlegungen beschränken sich auf die Zustellung eines Schriftstückes im Ausland. Soweit ein ausländisches Gericht oder eine ausländische Partei nach der EU-Zustellungsverordnung ein Schriftstück in Deutschland zustellen will, sind für die Prüfung der Wirksamkeit die §§ 1067–1071 ZPO zu beachten.

249

---

195 Zöller/*Schultzky*, § 188 Rn 4, „unbefugtes Entfernen"; OLG Düsseldorf, Urt. v.15.3.2011, 24 U 128/10, zitiert nach juris.
196 Vgl. zu Einzelheiten zu den einzelnen Ländern: http://ec.europa.eu/justice_home/judicialatlascivil/html/ds_search-municipality_de.jsp.
197 Vgl. hierzu auch *Heß*, NJW 2001, 15; *Lindacher*, ZZP 2001, 114, 179.
198 ABl L 324 v. 10.12.2007, S. 79.
199 AblEG 2001 L 160, 37.

250 Die bisherigen Vorschriften über die Zustellung an Personen im Ausland in §§ 199–202 ZPO a.F. wurden zum 1.7.2002 mit § 183 ZPO, der seinerseits durch das Gesetz zur Änderung von Vorschriften im Bereich des Internationalen Privat- und Zivilverfahrensrechts v 11.6.2017 (BGBl I, S. 1607) m.W.v. 17.6.2017 neu gefasst wurde, in einer Vorschrift zusammengefasst. Dabei regelt § 183 Abs. 1 Nr. 1–3 ZPO die Zustellungsmöglichkeiten in Ländern außerhalb der europäischen Union und in Dänemark.

251 Demgegenüber regelt die EU-Zustellverordnung als unmittelbar geltendes nationales Recht – dies wird über § 183 Abs. 1 ZPO deklaratorisch herausgestellt – die Zustellung in Ländern der Europäischen Union mit Ausnahme Dänemarks. In Deutschland ist die Verordnung durch das Zustellungsdurchführungsgesetz konkretisiert worden.[200]

252 Während die Zustellungen innerhalb der Europäischen Union gem. § 183 Abs. 1 Nr. 1 S. 2, 5 S. 1 ZPO nach den Vorschriften der §§ 1067 Abs. 1 ZPO (Zustellung durch diplomatische und konsularische Vertretungen), 1068 Abs. 1 ZPO (Nachweis der Zustellung durch Rückschein) und 1069 Abs. 1 ZPO (Zuständigkeiten) durchgeführt werden, erfolgt die Zustellung in das übrige Ausland gem. § 183 Abs. 2–4, 5 S. 2 ZPO.

253 *Hinweis*

Rechtsanwälte sind nach deutschem Recht kein Zustellungsorgan für eine Auslandzustellung, d.h. sie dürfen nicht unmittelbar Zustellungen in das nicht europäische Ausland bewirken,[201] innerhalb der EU besteht jedoch eine unmittelbare Zustellmöglichkeit im Rahmen des Art. 15 EuZustVO.

254 Beachtet werden muss, dass es **keiner Zustellung im Ausland bedarf**,[202] wenn:
- lediglich die Streitverkündungsschrift nach § 841 ZPO im Einziehungsprozess des Gläubigers gegen den Drittschuldner zugestellt werden soll,
- der Schuldner nach § 844 ZPO zu einer anderen Art der Verwertung angehört werden soll,
- der Schuldner nach § 875 Abs. 2 ZPO zum Verteilungstermin im Verteilungsverfahren nach §§ 872 ff. ZPO geladen werden soll,
- der Pfändungs- und Überweisungsbeschluss nach §§ 829 Abs. 2, 835 Abs. 3 ZPO dem Schuldner zugestellt werden soll; in diesem Fall genügt eine Aufgabe zur Post als Zustellungsfiktion,
- der Adressat trotz Aufforderung, Fristsetzung und Belehrung nach einer ersten förmlichen Zustellung im Ausland keinen Zustellungsbevollmächtigten nach § 184 ZPO[203] bestellt hat; auch in diesem Fall genügt dann eine Aufgabe zur Post, um die Zustellung zu fingieren.

---

200 BGBl I 2001, S. 1536.
201 Zöller/*Geimer*, § 1069 Rn 3.
202 Zöller/*Geimer* § 183 Rn 13.
203 Hierzu Rdn 280.

Hinweis

Soweit das Gesetz einen Verzicht auf die Zustellung vorsieht, ist dies nur eine Entlastungsmöglichkeit. Die förmliche Zustellung im Ausland bleibt also weiter möglich. Insoweit besteht für das Gericht bei der Zustellung von Amts wegen und im Übrigen für die Partei ein Wahlrecht.[204] Werden beide Zustellungsvarianten parallel durchgeführt und führen beide zu einer wirksamen Zustellung, so kommt es für die Fristwahrung auf die frühere an.[205]

Besonderheiten sind bei der Zustellung von Schriftstücken an Personen zu beachten, die nach dem **NATO-Truppenstatut** in Deutschland stationiert sind. Für sie gelten die Art. 32–37 des Zusatzabkommens zum Nato-Truppenstatut vom 3.8.1959 in der zuletzt durch das Zustellungsreformgesetz geänderten Fassung.[206] Verstöße hiergegen begründen einen Amtshaftungsanspruch.[207]

a) Die Zustellung nach § 183 Abs. 1 ZPO außerhalb der Europäischen Union

Nach § 183 Abs. 1 S. 1 Nr. 1 ZPO i.V.m. Art. 14 EuZustVO sowie § 183 Abs. 2 S. 2 ZPO kann nunmehr ein Schriftstück im Ausland durch **Einschreiben mit Rückschein** zugestellt werden, wenn eine völkerrechtliche Vereinbarung mit dem Staat, in dem zugestellt werden soll, dies vorsieht. Da es sich hierbei um die schnellste und kostengünstigste Variante handelt, sollte diese immer gewählt werden, wenn entsprechende völkerrechtliche Vereinbarungen bestehen.

Hinweis

Beachtet werden muss dabei allerdings, dass ein **internationaler Rückschein** verwendet wird.

Tipp

Ob mit dem Staat, in dem eine Zustellung veranlasst werden soll, eine entsprechende völkerrechtliche Vereinbarung i.S.v. § 183 Abs. 2 Nr. 2 ZPO besteht, kann beim Bundesministerium der Justiz[208] und für Verbraucherschutz erfragt werden. Auch die jeweilige Landesjustizverwaltung sollte hierzu Auskunft geben können. Gleiches gilt für die Auskunft darüber, ob ein Mitgliedstaat die Zustellung nach Art. 14 der EU-Zustellungsverordnung zugelassen hat, soweit sich dies nicht aus der Literatur erschließt.[209]

Die Zustellung ist mit der Übergabe des Einschreibens an den Adressaten oder einen Ersatzempfänger entsprechend den Bestimmungen des Zustelllandes bewirkt. Der Nachweis der Zustellung wird in diesem Fall nach § 183 Abs. 2 S. 2 ZPO durch den Rück-

---

204 BGH WM 1986, 1444.
205 EuGH NJW 2006, 975.
206 Art. 2 Abs. 29 des Zustellreformgesetzes, BGBl I 2001, S. 1206, 1213.
207 BGH VersR 2017, 1208 ff,
208 Im Internet: http://www.bmjv.de.
209 Zöller/*Geimer*, § 183 Rn 93, 94 m.w.N. zum HZÜ und HZPÜ; vgl. Homepage des Europäischen Justiziellen Netzes/ Europäischer Gerichtsatlas für Zivilsachen: https://e-justice.europa.eu/content_serving_documents-373-de.do.

schein geführt. Ob der Adressat oder der Zusteller den Rückschein unterzeichnen kann und muss, richtet sich nach den Bestimmungen des Landes, in dem die Zustellung veranlasst wird.

261 *Hinweis*
Eine allein auf den Adressaten begrenzte Zustellung wird dadurch erreicht, dass auf dem Schriftstück „eigenhändig" vermerkt wird.

262 Besteht eine solche völkerrechtliche Vereinbarung mit dem Staat, in dem die Zustellung veranlasst werden soll, nicht, so kann die Zustellung nach **§ 183 Abs. 2 S. 2 2. HS ZPO** auf Ersuchen des Prozessgerichts durch die Behörden des fremden Staates oder eine diplomatische oder konsularische Vertretung der Bundesrepublik Deutschland in dem entsprechenden Staat erfolgen.

263 Die Abwicklung der Zustellung richtet sich hier nach den jeweiligen völkerrechtlichen Vereinbarungen zwischen den Staaten. Die Einzelheiten ergeben sich dabei aus der bundeseinheitlichen Rechtshilfeordnung in Zivilsachen (ZRHO). Hier ist geregelt, welcher konkrete Weg zur Anbringung des Zustellungsersuchens eingeschlagen werden muss, welche Formen dabei zu beachten sind und wie das Ersuchen letztlich zugestellt wird.

264 Handelt es sich bei dem Adressaten um eine deutsche Person, die einer Vertretung der Bundesrepublik Deutschland in dem Land angehört, in dem die Zustellung veranlasst werden soll, und genießt diese Person diplomatischen Schutz, ist die Zustellung nach **§ 183 Abs. 4 ZPO** auf Ersuchen des Prozessgerichts durch das Auswärtige Amt auszuführen.

265 Gleiches gilt nach Art. 8 des Haager Zustellungsübereinkommens aber auch dann, wenn einem Deutschen im Ausland ein Schriftstück zugestellt werden soll, der keinen diplomatischen Schutz genießt, jedoch zur Annahme des Schriftstückes bereit ist.[210]

266 Gem. § 183 Abs. 5 ZPO genügt zum Nachweis der Zustellung nach Abs. 2 S. 2 1. Hs. der Rückschein. Die Zustellung nach Abs. 2 S. 2 2. Hs. und Abs. 3 und 4 wird durch das Zeugnis der ersuchten Behörde nachgewiesen. Diesem Zeugnis kommt Beweiskraft i.S.v. § 418 ZPO zu.[211]

267 Werden bei einer Auslandszustellung nach dem Haager Zustellungsübereinkommen (HZÜ) vom 15.11.1965 die Anforderungen dieses Abkommens gewahrt und bei der Zustellung nur Formvorschriften des Verfahrensrechts des Zustellungsstaates verletzt, wird der Zustellungsmangel nach § 189 ZPO geheilt, wenn das Schriftstück dem Zustellungsempfänger tatsächlich zugegangen ist.[212] Dies gilt auch dann, wenn das gemäß

---

[210] Zöller/*Geimer*, § 183 Rn 75 ZPO.
[211] BGH NJW 2013, 387.
[212] BGH MDR 2011, 1373 ff. (Abgrenzung zum Senatsbeschluss, 2.12.1992, XII ZB 64/91, BGHZ 120, 305 = FamRZ 1993, 311 ff.).

Art. 5 Abs. 1 lit. a HZÜ anwendbare Recht des Zustellungsstaates eine Heilung nicht vorsieht.[213]

> *Tipp* 268
>
> Gerade bei Auslandszustellungen, die im hohen Maße fehleranfällig sind, sollte der Rechtsanwalt die jeweiligen Zustellungsnachweise auf ihre ordnungsgemäße Ausfüllung überprüfen, um spätere Rechtsnachteile zu vermeiden.

b) Die Zustellung nach der EU-Zustellungsverordnung in der Europäischen Union

Ist die Zustellung in einem Land der Europäischen Union vorzunehmen, ist nach § 183 Abs. 1 S. 1 Nr. 1 ZPO die EU-Zustellungsverordnung als einschlägige Regelung der Zustellungsformen und des Verfahrens heranzuziehen. Die EU-Zustellungsverordnung erleichtert die Zustellung in den Ländern der europäischen Union mit Ausnahme Dänemarks (hierzu aber § 183 Abs. 1 S. 1 Nr. 2 ZPO) außerordentlich, wenngleich die auf Art. 14 der EU-Zustellungsverordnung ergangenen nationalen Durchführungsregelungen unterschiedliche Modifikationen mit sich gebracht haben, so dass die eigentlich mit der EU-Zustellverordnung beabsichtigte Rechtseinheit nicht gänzlich erreicht wurde. Dies soll aber den mit der Regelung erreichten Fortschritt nicht gänzlich in den Schatten stellen. 269

Die Zustellung erfolgt gemäß der Verordnung dabei sowohl im Rahmen gerichtlicher Verfahren als auch bei Zustellungen im Parteibetrieb. 270

Zuzustellende Schriftstücke dürfen in der Sprache des Übermittlungsstaates übersandt werden, wenn der Empfänger diese Sprache versteht.[214] Dies wird insbesondere bei Unternehmen der Fall sein, da diese i.d.R. über Mitarbeiter mit Kenntnissen in den gängigen europäischen Sprachen verfügen. Damit entfällt ein zeit- und kostenintensives Übersetzen in die Sprache des jeweiligen Zustellungsstaates. 271

> *Beispiel* 272
>
> Der deutsche Staatsangehörige D hat seinen Arbeitsplatz in Toulouse in Frankreich. Ihm soll ein deutscher Vollstreckungstitel zugestellt werden, um im Anschluss daran die Zwangsvollstreckung in sein Vermögen in Deutschland betreiben zu können, § 750 ZPO. Hier bedarf es keiner Übersetzung des Vollstreckungstitels und möglicher weiterer Unterlagen nach §§ 726 ff. ZPO, da D als Adressat des Schriftstückes der deutschen Sprache mächtig ist.

> *Hinweis* 273
>
> Dass der Empfänger die Sprache des zuzustellenden Schriftstücks versteht, kann immer vermutet werden, wenn das zugrunde liegende Rechtsverhältnis in dieser Sprache begründet wurde, also beispielsweise der streitige Vertrag in Deutsch abge-

---

213 BGH MDR 2011, 1373 ff.
214 Vgl. hierzu OLG Celle NJW 2004, 2315 = OLGR 2004, 222 für die Zustellung eines in Deutsch verfassten Schriftstückes an eine englische Gesellschaft in England, wenn die englische Geschäftsführung in fehlerfreiem Deutsch hierauf antwortet.

fasst ist. Allerdings muss beachtet werden, dass der Adressat die Annahme verweigern kann, wenn das zuzustellende Schriftstück nicht in einer von ihm beherrschten Sprache oder der Sprache des Empfangsstaates abgefasst ist, Art. 8 Abs. 1a EU-Zustellungsverordnung.

274 Eine weitere Erleichterung bringt Art. 4 Abs. 4 der EU-Zustellungsverordnung. Danach bedürfen die zuzustellenden Schriftstücke keiner Beglaubigung oder anderer gleichwertiger Formalitäten mehr, sofern sich dies nicht aus anderen Vorschriften, d.h. dem materiellen Recht, ergibt.

275 Das zuzustellende Schriftstück ist mit einem Formblatt (Art. 4 Abs. 3 EuZustVO, Anhang I) an eine Übermittlungsstelle zu übersenden. Nach § 1069 Abs. 1 Nr. 1 ZPO ist bei gerichtlichen Schriftstücken das betreibende Gericht und gem. § 1069 Nr. 2 ZPO bei außergerichtlichen Schriftstücken das Amtsgericht am Wohnsitz bzw. Sitz der die Zustellung betreibenden Person zuständig bzw. bei notariellen Urkunden dasjenige Amtsgericht, in dessen Bezirk der Notar seinen Sitz hat.

276 *Hinweis*

Die Landesregierungen werden ermächtigt, die Zuständigkeit für mehrere AG-Bezirke zu bündeln. Die EU-Kommission ist beauftragt, diese Zuständigkeiten in einem Handbuch zusammenzufassen.[215]

277 Das beizufügende Formblatt muss in der Amtssprache des Staates abgefasst sein, in dem die Zustellung bewirkt werden soll. Diese Amtssprachen werden ebenfalls im Handbuch aufgeführt. Im Formblatt sind überwiegend Adressangaben vorgesehen. Eine Übersetzung dürfte sich deshalb zumeist erübrigen.

278 *Tipp*

Da im Amtsblatt der EU alle Formblätter in allen Sprachen veröffentlicht sind und diese jeweils identische Angaben enthalten, können Sie das deutsche Formblatt neben das ausländische Formblatt legen und Letzteres dann ausfüllen, ohne dass Sie die Sprache des Empfängerstaates verstehen müssen.

279 Eine wesentliche Beschleunigung der Zustellung kann sich insbesondere bei Zustellungen im Parteibetrieb in einzelnen EU-Staaten aus Art. 14 Abs. 1 der EU-Zustellungsverordnung ergeben. Danach steht es einem Mitgliedstaat frei, die Zustellung eines Schriftstückes unmittelbar durch die Post zuzulassen, wobei er die einzelnen Bedingungen dieser Zustellungsart gesondert festlegen kann. I.d.R. handelt es sich dabei um die Zulassung der Zustellung unmittelbar durch die Post mittels Einschreiben mit Rückschein.

---

215 Vgl. Homepage des Europäischen Justiziellen Netzes/Europäischer Gerichtsatlas für Zivilsachen: https://e-justice.europa.eu/content_serving_documents-373-de.do.

c) Die Aufgabe der Bestellung eines inländischen Zustellungsbevollmächtigten

Eine wesentliche Verfahrenserleichterung nach der einmal erfolgten Zustellung eines ein Verfahren einleitenden Schriftstückes bringt § 184 ZPO mit sich. Danach kann das Gericht in den Fällen der Zustellung nach § 183 Abs. 2–5 ZPO dem Adressaten aufgeben, einen Zustellungsbevollmächtigten mit Wohn- oder Geschäftssitz in der Bundesrepublik Deutschland zu bestellen, soweit nicht ohnehin ein Prozessbevollmächtigter bestellt wird. Dabei muss berücksichtigt werden, dass § 184 ZPO nur für Zustellungen im außereuropäischen Ausland gilt, wo regelmäßig mit ganz erheblichen Zustellungsverzögerungen zu rechnen ist.

280

Wird auf eine entsprechende Anordnung des Gerichts kein Zustellungsbevollmächtigter benannt, können weitere Zustellungen durch einfache Aufgabe des Schriftstückes zur Post unter der ausländischen Anschrift des Adressaten bewirkt werden. Die Zustellung gilt nach § 184 Abs. 2 S. 1 ZPO zwei Wochen nach der Aufgabe zur Post als erfolgt, wenn nicht das Gericht aufgrund der Umstände des Einzelfalles, insbesondere eines erkennbar längeren Postweges eine andere Frist bestimmt und das Gericht auf diese Rechtsfolge hingewiesen hat.

281

Hinweis

282

Die Aufgabe des Schriftstückes zur Post ist seitens des Prozessgerichts mit dem Zeitpunkt und der Anschrift des Adressaten in den Akten zu vermerken, was der Rechtsanwalt im Einzelfall, insbesondere im Hinblick auf die Bedeutung und mögliche Einwände des Gegners durch Akteneinsicht überprüfen sollte.

Tipp

283

Auch wenn es sich bei § 184 ZPO um eine von Amts wegen nach freiem Ermessen des Gerichts zu treffende Entscheidung handelt, sollte diese vom Rechtsanwalt ausdrücklich angeregt werden, wenn anderenfalls aufgrund der erheblichen ausländischen Zustellungszeiten eine zumutbare und effektive Verfahrensabwicklung nicht gesichert erscheint. Allerdings muss der Bevollmächtigte dabei auch bedenken, dass dieses Verfahren hinderlich sein kann, wenn die gerichtliche Entscheidung auch im Ausland vollstreckt werden soll. Es kann nicht ausgeschlossen werden, dass der mangelnde förmliche Zustellungsnachweis einer Zwangsvollstreckung im Ausland entgegensteht. Insoweit kann im Einzelfall auch der genau umgekehrte Weg sinnvoll sein, d.h. die förmliche Zustellung im Ausland anzuregen.

Es darf auch nicht übersehen werden, dass der Bundesgerichtshof diese Regelung mit seiner Entscheidung vom 24.7.2000[216] zwar zunächst erheblich entwertet hat. Danach sei es mit dem im Rechtsstaatsgebot wurzelnden Grundsatz des fairen Verfahrens unvereinbar, einer im Ausland wohnenden Partei, die ein nach § 175 ZPO als zugestellt geltendes Versäumnisurteil wegen Verlustes der Sendung auf dem Postweg überhaupt

284

---

[216] BGH NJW 2000, 3284 = VersR 2001, 1050 = MDR 2000, 1333 = Rpfleger 2000, 554; LM ZPO § 174 Nr. 9 (6/2001).

nicht erhalten hat, die Wiedereinsetzung gegen die Versäumung der Einspruchsfrist allein deshalb zu versagen, weil sie den Zustellungsbevollmächtigten nicht bestellt habe. Eine Beschleunigung kann daher in der Praxis tatsächlich nur dann erreicht werden, wenn der Adressat am weiteren Verfahren teilnimmt. Kommt es zu Entscheidungen aufgrund seiner Säumnis, kann die Partei nicht sicher sein, dass die Entscheidung auch Bestand hat, da die spätere Wiedereinsetzung immer droht. In einem Urteil des OLG Köln vom 22.9.2011 – I-18 U 144/10 –, zitiert nach juris, führt dieses jedoch aus, dass weder Bedenken gegen die Verfassungsmäßigkeit der hier maßgebende Bestimmung des § 184 ZPO bestünden, noch könne in der ausschließlich im Inland erfolgenden Zustellung durch Aufgabe zur Post eine Verletzung der nur für Auslandszustellungen geltenden Bestimmungen des Haager Übereinkommens liegen. Zwar ergebe sich das seitens der Beklagten darüber hinaus angeführte Gebot der prozessualen Waffengleichheit keineswegs nur aus Art. 6 Abs. 1 EMRK, sondern ebenso aus Art. 3 Abs. 1 in Verbindung mit Art. 20 Abs. 3 GG. Es sei aber nicht verletzt worden. Denn aufgrund der ihr gemeinsam mit der Klageschrift zugestellten Anordnung im Sinne des § 184 ZPO habe die Beklagte zu mit Zustellungen durch Aufgabe zur Post im weiteren Verfahren rechnen müssen. Sie hätte dementsprechend durchaus die Gelegenheit gehabt, eine rechtzeitige Kenntnis von beschwerenden Entscheidungen und Rechtsbehelfsmöglichkeiten sicherzustellen. Das Urteil wurde in der Revision bestätigt.[217]

285 *Hinweis*
Bezüglich besonderer Verfahren sind weitere Vorschriften zu beachten:
- Europäischer Vollstreckungstitel für unbestrittene Forderungen: Art. 13–15 EU-VTVO (Verordnung (EG) Nr. 805/2004 des Europäischen Parlaments und des Rates vom 21.4.2004 zur Einführung eines europäischen Vollstreckungstitels für unbestrittene Forderungen;
- Urteil im europäischen Verfahren für geringfügige Forderungen: Art. 13 EU-BagatellVVO Verordnung (EG) Nr. 861/2007 des Europäischen Parlaments und des Rates vom 11.7.2007 zur Einführung eines europäischen Verfahrens für geringfügige Forderungen.

10. Der Nachweis der Zustellung

286 Wird die Zustellung von Amts wegen vorgenommen, so wird der Zustellungsnachweis, d.h. die Zustellungsurkunde oder das Empfangsbekenntnis, zu den Akten genommen, wenn nicht die Zustellung ohnehin nur durch einen Aktenvermerk bei einer Zustellung durch Aushändigung an der Amtsstelle dokumentiert ist.

287 Muss der Rechtsanwalt die ordnungsgemäße Zustellung und deren Zeitpunkt nachweisen, so kann er diesen durch eine Zustellbescheinigung nach § 169 ZPO führen. Auf

---

[217] BGH, Urt. v. 25.9.2012, VI ZR 287/11, zitiert nach juris.

Antrag[218] wird von der Geschäftsstelle des die Zustellung veranlassenden Gerichts eine solche Bescheinigung ausgestellt.

> *Hinweis* 288
>
> Die Zustellungsnachweise werden nach Abschluss des Verfahrens und Ablauf der Aufbewahrungsfrist von regelmäßig fünf Jahren vernichtet. Der Rechtsanwalt sollte daher eine Zustellbescheinigung zum Zwecke der Zwangsvollstreckung anfordern, wenn die titulierte Forderung nicht zeitnah ausgeglichen wird. Das Gleiche gilt hinsichtlich einer beglaubigten Abschrift der Zustellungsurkunde, wenn die Notwendigkeit der Vollstreckung im Ausland nicht auszuschließen ist.

Die Zustellbescheinigung des Gerichts muss von dem zuständigen Urkundsbeamten der Geschäftsstelle eigenhändig unterschrieben sein, während es eines Stempels ebenso wenig bedarf wie einer Datierung.[219] Die „Bescheinigung" muss in keinem gesonderten Schreiben enthalten sein, sondern kann auch auf dem Titel selbst erfolgen. Hat der Urkundsbeamte der Geschäftsstelle den Zeitpunkt der Zustellung vermerkt und dies mit eigenhändiger Unterschrift unter Hinzufügung der Dienstbezeichnung vermerkt, so ist das Vollstreckungsgericht daran gebunden. Dies gilt auch, wenn der Zustellungsvermerk die Zustellung an die Partei bescheinigt, die Zustellung aber gem. § 172 ZPO an den Prozessbevollmächtigten der Partei hätte vorgenommen werden müssen.[220] 289

> *Hinweis* 290
>
> Die Zustellungsbescheinigung erbringt lediglich den Nachweis dafür, dass der Urkundsbeamte der Geschäftsstelle die Zustellung zu dem angegebenen Zeitpunkt als wirksam bewirkt angesehen hat. Wird dies von dem Zustellungsadressaten bestritten, bleibt die Partei, die sich auf eine wirksame Zustellung beruft, insoweit beweispflichtig. Dabei kann die Bescheinigung zwar ein Indiz sein, ohne allerdings vollen Beweis zu erbringen. Zeigen sich Schwierigkeiten, kann der Nachweis nur durch eine beglaubigte Abschrift der Zustellungsurkunde geführt werden.

> *Tipp* 291
>
> In ausgesuchten Einzelfällen, in denen Schwierigkeiten mit dem Zustellungsadressaten nicht ausgeschlossen werden können, sollte sich der Rechtsanwalt durch Einsichtnahme in die Prozessakten von der ordnungsgemäßen Zustellung überzeugen und sich nach § 299 Abs. 1 ZPO eine beglaubigte Abschrift des Zustellungsnachweises erteilen lassen.[221]

---

218 Hierzu das Antragsmuster unter Rdn 352.
219 LG Berlin MDR 1978, 411 zum inhaltsgleichen § 213a ZPO a.F.; i.E.: Zöller/*Schultzky*, ZPO, Komm. zu § 169 ZPO.
220 LG Neubrandenburg Rpfleger 2005, 37.
221 Vgl. hierzu das Antragsmuster unter Rdn 352.

II. Die Zustellung im Parteibetrieb

1. Anwendungsfälle der Zustellung im Parteibetrieb

292 Grundsätzlich sind Schriftstücke im gerichtlichen Verfahren von Amts wegen zuzustellen. Eine Zustellung im Parteibetrieb kommt demgegenüber nur dort in Betracht, wo diese zugelassen oder sogar ausdrücklich vorgeschrieben ist.

293 Checkliste der zugelassenen und vorgeschriebenen Fälle der Zustellung im Parteibetrieb

- Zustellung eines Vollstreckungsbescheides, der der Partei auf Antrag zur Zustellung im Parteibetrieb nach § 699 Abs. 4 S. 1 und 2 ZPO übergeben wurde

  Hinweis

  Eine solche Verfahrensweise und damit ein Absehen von der Zustellung von Amts wegen kann dann sinnvoll sein, wenn nach der Erfahrung des Rechtsanwaltes die Zustellung von Amts wegen längere Zeit in Anspruch nimmt und damit eine zeitnahe und effektive Zwangsvollstreckung aus dem Vollstreckungstitel behindert wird.

- Zustellung von im Beschlusswege erlassenen Arrestbefehlen und einstweiligen Verfügungen nach §§ 922 Abs. 2, 936 ZPO

  Hinweis

  Erfolgt eine Zustellung entgegen der gesetzlichen Regelung in der falschen Zustellungsart (Amtsbetrieb statt Parteibetrieb bzw. umgekehrt), wird dieser Mangel nicht durch den tatsächlichen Zugang nach § 189 ZPO geheilt.[222]

- § 750 ZPO – Vollstreckungstitel

  Hinweis

  Zur Beschleunigung der Zwangsvollstreckung kann der Gläubiger auch einen Titel, der von Amts wegen zuzustellen wäre, im Parteibetrieb zustellen. Beachtet werden muss dabei aber, dass in diesen Fällen auch noch die Zustellung von Amts wegen erforderlich ist, wenn hiervon Rechtsmittelfristen abhängen.

- Zustellung des Nachweises der erbrachten Sicherheitsleistung, § 751 Abs. 2 ZPO
- Nachweis des Annahmeverzuges bei der Vollstreckung eines Zug-um-Zug-Anspruchs ohne Anbieten der Gegenleistung nach §§ 756, 765 ZPO
- Zustellung von Pfändungs- und Überweisungsbeschlüssen nach §§ 829 Abs. 2, 835 Abs. 3 ZPO an den Drittschuldner und den Schuldner
- Zustellungen nach § 846 ZPO bei der Vollstreckung von Herausgabeansprüchen
- Zustellungen wegen der Pfändung und Überweisung von anderen Vermögensrechten nach §§ 857, 829 Abs. 2, 835 Abs. 3 ZPO
- Zustellungen im Rahmen der Vollstreckung in die Schiffspart nach §§ 858 Abs. 3, 829 Abs. 2, 835 Abs. 3 ZPO

---

[222] BGH MDR 2010, 885; a.A. noch OLG Celle BauR 2000, 1901 noch zum alten § 187 ZPO.

- Zustellung der Benachrichtigung nach § 845 ZPO – Vorpfändung
- Zustellung des Verzichtes hinsichtlich der Rechte aus einem Pfändungs- und Überweisungsbeschluss an den Schuldner und den Drittschuldner nach § 843 ZPO
- Zustellung von Willenserklärungen nach § 132 BGB
- Materiell-rechtliche Erklärungen nach vertraglicher Bestimmung

> *Hinweis* 294
>
> Eine Willenserklärung nach § 132 Abs. 1 S. 1 ZPO gilt im außergerichtlichen Verkehr nur dann als zugegangen, wenn sie durch Vermittlung eines Gerichtsvollziehers nach §§ 192 ff. ZPO zugestellt worden ist. Eine Zustellung im unmittelbaren Parteiauftrag in anderer Form, etwa durch ein Postunternehmen i.S.d. § 33 PostG genügt also nicht.[223]

§ 191 ZPO ordnet an, dass für die Zustellungen im Parteibetrieb zunächst die Vorschriften über die Zustellung von Amts wegen gelten, sofern sich aus den §§ 191–195 ZPO keine abweichenden Bestimmungen ergeben. Insoweit kann auf die vorstehenden Ausführungen unter Rdn 10–291 verwiesen werden. 295

2. Die Zustellung durch den Gerichtsvollzieher

Die Zustellung im Parteibetrieb erfolgt nach § 192 ZPO grundsätzlich durch den Gerichtsvollzieher. An diesen ist der Zustellungsantrag zu richten.[224] Dem Antrag ist die erforderliche Anzahl an Abschriften des zuzustellenden Schriftstückes beizufügen. Der Gerichtsvollzieher erhält für die persönliche Zustellung die Gebühr nach Nr. 100 KVGvKostG in Höhe von derzeit 10 EUR. 296

> *Hinweis* 297
>
> Der Rechtsanwalt kann die Beglaubigung der zuzustellenden Schriftstücke selbst vornehmen. Hat er unbeglaubigte Abschriften übersandt, beglaubigt der Gerichtsvollzieher diese. Zugleich kann er auch fehlende Abschriften selbst erstellen. Diese zusätzlichen Tätigkeiten des Gerichtsvollziehers sind allerdings auch zusätzlich zu vergüten und zwar nach Nr. 102, 700 KVGvKostG mit 0,50 EUR je Seite für die ersten 50 Seiten und je 0,15 EUR ab der 51. Seite (in Farbe: 1 EUR bzw. 0,30 EUR/Seite).

Die Zuständigkeit des Gerichtsvollziehers bestimmt sich nach § 14 der Gerichtsvollziehergeschäftsanweisung (GVGA) und danach nach dem Wohnsitz bzw. Sitz des Adressaten. 298

> *Tipp* 299
>
> Da § 14 S. 1 GVGA nur die persönliche Zustellung anführt, kann allerdings auch der Gerichtsvollzieher, in dessen Bezirk die zustellende Partei ihren Sitz bzw. Wohnsitz

---

223 BGHZ 67, 271.
224 Hierzu das Antragsmuster unter Rdn 353.

hat, die Zustellung durch Aufgabe zur Post nach § 193 Abs. 1 S. 2 ZPO veranlassen.[225] Dies führt regelmäßig zu einer deutlichen Beschleunigung der Zustellung.

300 Ist der nach § 14 GVGA örtlich zuständige Gerichtsvollzieher nicht bekannt, so kann die Gerichtsvollzieherverteilungsstelle des zuständigen Amtsgerichts in Anspruch genommen werden.

301 § 15 GVGA bestimmt hierzu: Die Zustellung durch Aufgabe zur Post ist nur in den gesetzlich bestimmten Fällen zulässig (zum Beispiel § 829 Abs. 2, § 835 Abs. 3 ZPO). Sie darf nur auf ausdrückliches Verlangen des Auftraggebers vorgenommen werden. Dies gilt nicht für die Zustellung eines Pfändungs- und Überweisungsbeschlusses an einen Schuldner im Ausland (§ 829 Abs. 2 S. 3, § 835 Abs. 3 ZPO); ist der Pfändungsbeschluss jedoch in einem anderen Schuldtitel, zum Beispiel in einem Arrestbefehl enthalten, legt der Gerichtsvollzieher den Auftrag nach der Zustellung an den Drittschuldner im Inland seiner vorgesetzten Dienststelle vor und wartet ihre Weisung ab. Zwischen der persönlichen Zustellung und der Zustellung durch die Post hat der Gerichtsvollzieher unbeschadet der Bestimmungen des § 15 Abs. 2 S. 2–5 GVGA nach pflichtgemäßem Ermessen die Wahl. Persönlich zustellen muss er (§ 15 Abs. 2 S. 2 GVGA), wenn die Sache eibedürftig ist oder besondere Umstände es erfordern oder der Auftraggeber es beantragt hat oder bei der Zustellung durch die Post höhere Kosten entstehen würden. Dies gilt jedoch nur, soweit die persönliche Zustellung mit der sonstigen Geschäftsbelastung des Gerichtsvollziehers vereinbar ist und die Zustellung sich nicht dadurch verzögert, dass der Gerichtsvollzieher sie selbst vornimmt. Lässt der Gerichtsvollzieher eilige Zustellung durch die Post ausführen, muss er ihre rechtzeitige Erledigung überwachen (Abs. 3). Von der Zustellung durch die Post sind auf jeden Fall ausgeschlossen gerichtliche Pfändungsbeschlüsse im Falle des § 840 ZPO sowie Zustellungen von Willenserklärungen, bei denen eine Urkunde vorzulegen ist (Abs. 4).

302 Die persönliche Zustellung erfolgt im Wege der Zustellungsurkunde, wobei § 193 Abs. 1 ZPO in Anlehnung an § 182 Abs. 2 ZPO den notwendigen Inhalt der Zustellungsurkunde regelt, ergänzt um den Vermerk, in wessen Auftrag die Zustellung erfolgt. Sofern die Zustellung durch den Gerichtsvollzieher durch Aufgabe zur Post erfolgt, sind zusätzlich das Datum und die Adresse zu notieren, unter der die Aufgabe erfolgt.

303 Eine Zustellung mittels Empfangsbekenntnisses ist dagegen ebenso ausgeschlossen, wie eine Zustellung mit Einschreiben mit Rückschein.[226] Letzteres ergibt sich auch daraus, dass § 193 Abs. 3 ZPO lediglich davon spricht, dass die Zustellungsurkunde der Partei zu übermitteln ist, und § 194 Abs. 2 ZPO das Postunternehmen verpflichtet, die Zustellungsurkunde unverzüglich an den Gerichtsvollzieher zurückzuleiten.

304 Soweit die Zustellung vom Gerichtsvollzieher durch die Aufgabe zur Post bewirkt wird, regelt § 194 ZPO die Einzelheiten. Danach hat der Gerichtsvollzieher auf dem zuzustellenden Schriftstück, d.h. der Abschrift des Originals zu vermerken, in wessen

---

225 Hierzu der gesonderte Antrag unter Rdn 354.
226 BT-Drucks 14/4554, 25.

Auftrag er dieses der Post übergibt. Auf dem Original des in beglaubigter Abschrift zuzustellenden Schriftstückes wird wiederum vermerkt, dass eine Abschrift mit der Anschrift des Adressaten und der Bezeichnung des zustellenden Gerichtsvollziehers und seines Aktenzeichens der Post übergeben wurde.[227]

Der Nachweis der Zustellung erfolgt mittels der vom Gerichtsvollzieher nach § 193 Abs. 3 ZPO an die Partei als Auftraggeber zu übersendenden Zustellungsurkunde im Original. Diese stellt eine öffentliche Urkunde i.S.d. § 418 ZPO dar und begründet damit vollen Beweis für den beurkundeten Zustellungsvorgang.

3. Die Zustellung von Anwalt zu Anwalt

Sind beide Parteien anwaltlich vertreten, kann eine wesentlich erleichterte und auch kostengünstigere Zustellung von Anwalt zu Anwalt gegen Empfangsbekenntnis nach § 195 ZPO erfolgen. Dabei soll in dem zuzustellenden Schriftsatz ausdrücklich auf die Zustellung von Anwalt zu Anwalt hingewiesen werden. 305

Die Zustellung von Anwalt zu Anwalt kommt grundsätzlich auch dann in Betracht, wenn der Anwalt sich selbst vertritt, wenn er Partei kraft Amtes ist oder als gesetzlicher oder organschaftlicher Vertreter handelt. Dagegen ist nach dem eindeutigen Wortlaut der Vorschrift eine Erweiterung auf den Kreis der kraft ihres Berufes als zuverlässig geltenden Personen i.S.d. § 174 ZPO nicht möglich. 306

Der zustellende Rechtsanwalt muss deutlich machen, dass er einen Zustellungswillen hat. Dies dokumentiert er dadurch, dass er im Schriftsatz gem. § 195 Abs. 1 S. 3 ZPO ausdrücklich darauf hinweist, dass es sich um eine Zustellung von Anwalt zu Anwalt handelt und indem er ein entsprechendes Empfangsbekenntnis[228] dem zuzustellenden Schriftstück beifügt. Dagegen reicht eine formlose Übersendung nicht aus, weil hierin der Zustellungswille nicht zum Ausdruck kommt. 307

Die Zustellung von Anwalt zu Anwalt ist nach § 195 Abs. 1 S. 2 ZPO grundsätzlich auch bei Schriftsätzen möglich, die von Amts wegen in einem gerichtlichen Verfahren zuzustellen sind, wenn nicht zugleich eine gerichtliche Anordnung mitzuteilen ist, etwa eine Klageerwiderungsfrist oder Ähnliches. Der Hauptanwendungsfall liegt bei Klageerweiterungen, Klageänderungen und Widerklagen, da die übrigen Schriftsätze nach § 270 ZPO keiner förmlichen Zustellung bedürfen. 308

> *Tipp*
> Immer häufiger lässt sich feststellen, dass der gerichtliche Kanzleibetrieb überlastet ist und die Weiterleitung von Schriftsätzen Wochen, in Einzelfällen sogar Monate in Anspruch nimmt – ein Zeitraum, in dem auch dem erkennenden Gericht in Form des 309

---

227 Einzelheiten: § 26 GVGA.
228 Siehe hierzu das Muster unter Rdn 355.

konkreten Einzelrichters oder Berichterstatters die Akten zur Förderung des Verfahrens nicht vorliegen. Deshalb kann gerade die betreibende Partei durch die Nutzung der Zustellung von Anwalt zu Anwalt das Verfahren beschleunigen.

310 Von Anwalt zu Anwalt können dagegen keine Willenserklärungen nach § 132 ZPO zugestellt werden, da diese ausweislich des eindeutigen Wortlautes die Einschaltung des Gerichtsvollziehers voraussetzen. Gleichwohl kann allerdings der Zugang einer Willenserklärung durch die Vorlage eines Empfangsbekenntnisses oder einer Zustellbescheinigung des gegnerischen Anwaltes nachgewiesen werden. Es handelt sich in diesen Fällen lediglich nicht um eine förmliche Zustellung.

311 Das zuzustellende Schriftstück kann dem Anwalt persönlich übergeben werden, mittels der Post, eines Boten oder des Gerichtsvollziehers übersandt werden. § 195 Abs. 1 S. 5 ZPO verweist sodann auf § 174 Abs. 4 S. 2–4 ZPO,[229] so dass die Zustellung von Anwalt zu Anwalt auch mittels Telefax und mittels eines elektronischen Dokumentes erfolgen kann. Wegen der Einzelheiten kann insoweit auf die vorstehenden Ausführungen unter Rdn 109–111 verwiesen werden.

312 Der Zustellungsempfänger kann von dem zustellenden Anwalt nach § 195 Abs. 2 S. 3 ZPO eine Bescheinigung über die erfolgte Zustellung[230] verlangen, da der gegnerische Anwalt anderenfalls keine Möglichkeit hat, seinerseits nachzuweisen, dass ihm das Schriftstück zugestellt wurde. Das Verlangen kann auf dem Empfangsbekenntnis[231] vermerkt werden.

313 *Tipp*

Sieht das Empfangsbekenntnis des zustellenden Rechtsanwaltes dies nicht vor, kann der empfangende Rechtsanwalt ein eigenes Empfangsbekenntnis nach der Mustervorlage fertigen und zurücksenden.

4. Die Zustellung im Ausland im Parteibetrieb

314 Die Zustellung eines Schriftstückes im Parteibetrieb im Ausland richtet sich gem. § 191 ZPO nach der Vorschrift des § 183 ZPO. In diesem Fall hat die Partei an das zuständige Gericht das Ersuchen zu richten, die Zustellung des Schriftstückes im Ausland vorzunehmen.

315 Entsprechend den Ausführungen unter Rdn 248 ist dabei zwischen den verschiedenen Anwendungsfällen des § 183 Abs. 1 ZPO und der Zustellung in einem Mitgliedstaat der EU mit Ausnahme von Dänemark nach der EU-Zustellungsverordnung zu unterscheiden.

---

[229] I.d.F. des Gesetzes zur Förderung des elektronischen Rechtsverkehrs mit den Gerichten v 10.10.2013 mit Wirkung vom 1.1.2018.
[230] Hierzu das Muster der anwaltlichen Zustellungsbescheinigung unter Rdn 356.
[231] Siehe hierzu das Muster unter Rdn 355.

Außerhalb der EU-Zustellungsverordnung ist für das Ersuchen[232] zuständig: 316
- innerhalb von Prozessverfahren das Prozessgericht,
- in einem selbstständigen Beweisverfahren das angerufene Gericht,
- im Vollstreckungsverfahren das Vollstreckungsgericht,
- in Rechtsmittelverfahren das Rechtsmittelgericht,
- im Übrigen das Gericht am Sitz oder Wohnsitz des Absenders.

Im Anwendungsbereich der EuZustVO bestimmt deren Art. 16, dass auch außergerichtliche Schriftstücke nach der Maßgabe der Verordnung zugestellt werden können. 317

Die Zuständigkeit des Gerichts als Übermittlungsstelle ist am Wohnsitz bzw. Sitz des Antragstellers begründet. 318

Das angerufene Gericht hat den Antragsteller darauf hinzuweisen, dass der Adressat die Annahme des Schriftstückes verweigern darf, wenn dieses nicht in einer der in Art. 8 der Verordnung (EG) Nr. 1393/2007 vorgesehenen Sprachen abgefasst oder übersetzt worden ist. 319

> *Tipp* 320
>
> Um unnötige Verzögerungen in der Zustellung zu vermeiden, sollte der Antragsteller schon der Antragschrift eine entsprechende Übersetzung beifügen, um die Veranlassung der notwendigen Übersetzung bitten oder erklären, warum eine Übersetzung im konkreten Fall nicht erforderlich ist. Zugleich sollte erklärt werden, dass der Partei und dem Rechtsanwalt bekannt ist, dass der Adressat die Annahme der Schriftstücke verweigern darf, wenn diese nicht in einer der in Art. 8 der EU-Zustellungsverordnung genannten Sprachen verfasst ist, und dass es deshalb des gesonderten Hinweises nicht mehr bedarf.

In dem Antrag hat sich der Antragsteller auch darüber zu erklären, ob eine Rücksendung einer Abschrift der zuzustellenden Schriftstücke zusammen mit dem Zustellungsnachweis nach Art. 10 der EU-Zustellungsverordnung gewünscht wird. In diesem Fall ist das zuzustellende Schriftstück in zweifacher Ausfertigung zu übersenden, Art. 4 Abs. 5 der EU-Zustellungsverordnung. 321

III. Die Heilung von Zustellungsmängeln

Die Zustellung eines Schriftstückes ist regelmäßig kein Selbstzweck, sondern dient der Verwirklichung des Rechts auf rechtliches Gehör, wie es in Art. 103 GG verankert ist. Insoweit stehen keine Gründe entgegen, eine Heilung von Zustellungsmängeln für den Fall vorzusehen, dass das zuzustellende Schriftstück dem Adressaten tatsächlich zugegangen ist. 322

Nach der früheren Fassung von § 187 S. 2 ZPO a.F. hat dieser Grundsatz jedoch insoweit eine Einschränkung erfahren, als eine Heilung von Zustellungsmängeln nicht möglich 323

---

[232] Hierzu das Antragsmuster unter Rdn 359.

war, wenn mit der Zustellung eine Notfrist in Gang gesetzt werden sollte. Die Notfrist begann also nicht zu laufen.

324 Seit dem 1.7.2002 bestimmt der neue § 189 ZPO, dass auch eine mangelhafte Zustellung, die eine Notfrist in Gang setzen soll, geheilt wird, wenn das zuzustellende Schriftstück dem Adressaten tatsächlich zugeht.

325 *Hinweis*

Hier ist also eine größere Vorsicht für die anwaltliche Fristenkontrolle geboten. Im Zweifel ist die Frist immer vom tatsächlichen Zugang an zu rechnen. Entsprechende Anweisungen sind in der Kanzlei zu erteilen.

326 *Tipp*

Wurde die Notfrist versäumt, weil in einer zu entschuldigenden Weise davon ausgegangen wurde, dass diese mangels ordnungsgemäßer Zustellung nicht zu laufen begonnen hat, so hilft nur noch der Antrag auf Wiedereinsetzung in den vorigen Stand.

327 Nach § 189 ZPO kann allerdings nur eine mangelhafte Zustellung geheilt werden, nicht dagegen eine unterlassene Zustellung. Fehlt es also an dem Willen, eine gesetzmäßige Zustellung vorzunehmen, so ist eine Heilung nach § 189 ZPO nicht möglich.[233]

328 *Beispiel*

Der Gläubiger lässt dem Drittschuldner ein vorläufiges Zahlungsverbot – Vorpfändung – nach § 845 ZPO durch einen privaten Boten zustellen. Da § 845 ZPO ausdrücklich die Zustellung durch einen Gerichtsvollzieher verlangt, kommt eine Heilung nur in Betracht, wenn der Gerichtsvollzieher mit der Zustellung beauftragt wurde, diese aber sodann mangelhaft ausgeführt hat. Bei der Übermittlung mittels eines privaten Boten fehlt es dagegen an dem erforderlichen – gesetzmäßigen – Zustellungswillen.

329 Allerdings kann es rechtsmissbräuchlich sein, sich auf den Mangel der Zustellung zu berufen. So hat das KG Berlin entschieden, dass die Berufung auf eine fehlerhafte Vollziehung einer einstweiligen Verfügung rechtsmissbräuchlich ist, wenn die Beschlussverfügung fehlerhaft an die Partei (statt an ihren Verfahrensbevollmächtigten) zugestellt worden ist, jedoch der Verfahrensbevollmächtigte bewusst eine Übermittlung der Beschlussverfügung an sich innerhalb der Vollziehungsfrist unterbunden hat.[234]

330 Das Schriftstück ist dem Adressaten nach der gängigen Definition dann zugegangen, wenn es derart in seinen Machtbereich gelangt ist, dass er Gelegenheit hatte, vom Inhalt des zuzustellenden Schriftstückes Kenntnis zu nehmen.[235] Wann dies der Fall ist, hat

---

[233] BGHZ 7, 268; OLG Hamm NJW-RR 1994, 63; LG Kiel NJW-RR 1997, 1021; OLGR Karlsruhe 2004, 361.
[234] KG Berlin KGR 2005,131.
[235] BGH NJW 1978, 426; OLG München WRP 2017, 1538, zur Zustellung an den Mandanten statt an den Prozessbevollmächtigten.

das Gericht im Zweifelsfall durch eine Beweisaufnahme zu klären.[236] Die Beweislastverteilung bestimmt sich dabei nach allgemeinen Regeln, so dass derjenige die Beweislast für den tatsächlichen Zugang trägt, der hieraus eine günstige Rechtsfolge für sich ableiten will.[237]

Die Wirkung der Zustellung und damit auch die Heilung des Zustellungsmangels, tritt erst in dem Zeitpunkt ein, in dem das zuzustellende Schriftstück dem Adressaten zugegangen ist. 331

Umstritten ist, ob über § 189 ZPO auch eine Heilung von Mängeln des zuzustellenden Schriftstückes in Frage kommt. 332

> *Beispiel* 333
>
> Die Zustellungsnorm verlangt die Zustellung einer Ausfertigung des zuzustellenden Schriftstückes. Stattdessen wird jedoch nur eine Abschrift zugestellt.

Nachdem die §§ 166 ff. ZPO keine Regelungen mehr darüber enthalten, welche Form das zuzustellende Schriftstück hat, d.h. sich dies allein aus dem materiellen Recht oder dem sonstigen Verfahrensrecht ergibt, kann § 189 ZPO nur die Heilung von Mängeln bei der Ausführung der Zustellung erfassen, nicht aber Mängel des zuzustellenden Schriftstückes.[238] Dies scheint auch der Gesetzgeber vor Augen gehabt zu haben.[239] Darüber hinaus muss beachtet werden, dass es keine Frage des Zustellungsrechtes und seiner Heilungsvorschrift sein kann, ob Abweichungen vom materiellen Recht oder vom sonstigen Prozessrecht unbeachtlich bleiben können. 334

> *Hinweis* 335
>
> Ist eine Heilung nach § 189 ZPO ausgeschlossen, kommt allerdings immer noch eine Unbeachtlichkeit des Mangels durch rügelose Einlassung des Gegners nach § 295 ZPO in Betracht.

Nach anderer Auffassung sollen über § 189 ZPO auch solche Mängel geheilt werden, die dem zuzustellenden Schriftstück anhaften.[240] Eine Auseinandersetzung mit der neuen Systematik des Zustellungsrechtes, insbesondere der Beschränkung der Neuregelung auf das Zustellungsverfahren, fehlt hier jedoch, so dass diese Auffassung nicht zu überzeugen vermag. 336

§ 189 ZPO kann nur Zustellungsmängel heilen, nicht aber einen fehlenden Annahmewillen ersetzen. Sendet eine der in § 174 Abs. 1 ZPO genannten Personen, die kraft ihres Berufes eine besondere Zuverlässigkeit besitzen, etwa ein Empfangsbekenntnis nicht zurück oder dokumentiert sie in anderer Weise, dass eine Annahmebereitschaft nicht besteht, kommt eine Ersetzung des Annahmewillens durch den feststehenden Zugang nach § 189 ZPO nicht in Betracht. 337

---

236 BT-Drucks 14/4554, 14.
237 Zöller/*Schultzky*, § 189 Rn 14.
238 Zöller/*Schultzky*, § 189 Rn 9.
239 BT-Drucks 14/4554, 24.
240 OLG Hamm NJW 1978, 830.

338 *Checkliste heilbarer Mängel, d.h. Mängel der Zustellung, die bei einem tatsächlichen Zugang des zuzustellenden Schriftstückes nach § 187 ZPO a.F. bzw. § 189 ZPO als heilbar angesehen wurden*

- Das Schriftstück ist an den Minderjährigen oder sonst Prozessunfähigen adressiert, erreicht jedoch den tatsächlichen gesetzlichen Vertreter.
- Das Schriftstück wird einer Person zugestellt, die in doppelter Eigenschaft tätig ist, z.B. als Vorstand und als Liquidator, wobei im Schriftstück selbst nicht diejenige Funktion (= Person) angesprochen wird, der zugestellt wurde.[241]
- Das Schriftstück wird in der Wohnung einem nur vorübergehend anwesenden Besucher im Wege der Ersatzzustellung überlassen, erreicht auf diesem Wege aber den Adressaten.
- Das Schriftstück in Form eines Pfändungs- und Überweisungsbeschlusses wird dem Schuldner als der im Geschäftslokal des Drittschuldners beschäftigten Person entgegen §§ 178 Abs. 2, 841 ZPO übergeben.

339 Die **Heilung von Mängeln der Zustellung im Ausland** ist umstritten. Einerseits wird vertreten,[242] dass sich die Heilung ebenfalls nach § 189 ZPO richtet, da sich die Heilung eines Zustellungsmangels in deutschen Verfahren allein nach deutschem Verfahrensrecht und damit nach § 189 ZPO richte. Anderes gelte nur dann, wenn die Zustellung auf einem völkerrechtlichen Vertrag beruhe, der anderes vorsehe oder keine entsprechende Regelung enthalte; dies ist etwa bei dem Haager Zustellungsübereinkommen vom 15.11.1965 (HZÜ) der Fall,[243] selbst wenn der Zustellungsstaat eine Heilung nicht vorsieht.[244] Nach anderer Ansicht[245] ist eine Heilung solcher Mängel nicht möglich.

IV. Checkliste zur Zustellung

340 Aus den vorstehenden Ausführungen ergibt sich unter Anwendung der §§ 166–195 ZPO folgende Übersicht für die Zustellung eines Schriftstückes an den Adressaten:

1. Stufe: Zustellung an den Adressaten selbst oder – bei prozessunfähigen Personen – seinen gesetzlichen Vertreter, §§ 166–177 ZPO

durch:
- den Urkundsbeamten der Geschäftsstelle oder eine entsprechend beauftragte Person der Amtsstelle, § 173 ZPO;
- einen nach § 33 Abs. 1 PostG beliehenen Unternehmer (Post), § 168 Abs. 1 ZPO;
- einen Justizbediensteten, insbesondere einen Justizwachtmeister §§ 168, 176 Abs. 1 ZPO;
- einen Gerichtsvollzieher auf Anordnung des Vorsitzenden, § 168 Abs. 2 ZPO

---

241 BGHZ 32, 114 – Leitsatz 4.
242 Zöller/*Geimer*, ZPO, § 183 Rn 29.
243 BGH NJW 1993, 598.
244 BGH NJW 2011, 1860.
245 BGH NJW 1989, 1154; 1972, 1004 = BGHZ 58, 177.

an:
- den Adressaten oder einen rechtsgeschäftlich bevollmächtigten Vertreter auf der Amtsstelle (§ 173 ZPO);
- Übergabe an den Adressaten an jedem Ort, an dem er angetroffen wird, §§ 166, 177 ZPO;
- einen – auch rechtsgeschäftlich – bestellten Vertreter des Adressaten, § 171 ZPO, sofern dieser über eine schriftliche Vollmacht verfügt;
- den bestellten Prozessbevollmächtigten in einem anhängigen Verfahren, § 172 Abs. 1 S. 1 ZPO, wobei der weite Begriff des anhängigen Verfahrens nach § 172 Abs. 1 S. 2 und 3 ZPO zu beachten ist.

2. Stufe: **Ersatzzustellung nach den §§ 178–179 ZPO an eine Person mit einem besonderen Näheverhältnis zum Adressaten**

(Nur, wenn die 1. Stufe erfolglos war!)

durch:
- einen nach § 33 Abs. 1 PostG beliehenen Unternehmer (Post), § 168 Abs. 1 ZPO;
- einen Justizbediensteten, insbesondere einen Justizwachtmeister, § 168 Abs. 1 ZPO;
- einen Gerichtsvollzieher, § 168 Abs. 2 ZPO

an:
- einen in der Wohnung anwesenden erwachsenen Familienangehörigen;
- eine in der Wohnung der Familie beschäftigte Person;
- einen in der Wohnung anwesenden sonstigen erwachsenen ständigen Mitbewohner;
- eine in den Geschäftsräumen beschäftigte Person;
- den Leiter einer Gemeinschaftseinrichtung oder einen dazu ermächtigten Vertreter.

3. Stufe: **Ersatzzustellung durch Einlegen in den Briefkasten oder eine entsprechende Vorrichtung an der Wohnung oder dem Sitz des Adressaten, § 180 ZPO**

(Nur, wenn die 1. und 2. Stufe erfolglos waren!)

Durch:
- einen nach § 33 Abs. 1 PostG beliehenen Unternehmer (Post), § 168 Abs. 1 ZPO;
- einen Justizbediensteten, insbesondere einen Justizwachtmeister, § 168 Abs. 1 ZPO;
- einen Gerichtsvollzieher, § 168 Abs. 2 ZPO,

wenn:
- ein Briefkasten oder eine sonstige Vorrichtung (Briefschlitz in der Haus- oder Ladentür vorhanden ist, die für den Postempfang eingerichtet ist;
- der Briefkasten oder die Vorrichtung in der allgemein üblichen Art für eine sichere Aufbewahrung geeignet sind.

4. Stufe: Niederlegung und Benachrichtigung des Adressaten, § 181 ZPO

(Nur, wenn die 1., 2. und 3. Stufe erfolglos waren!)

durch:
- einen nach § 33 Abs. 1 PostG beliehenen Unternehmer (Post), § 168 Abs. 1 ZPO;
- einen Justizbediensteten, insbesondere einen Justizwachtmeister, § 168 Abs. 1 ZPO;
- einen Gerichtsvollzieher, § 168 Abs. 2 ZPO

bei:
- dem Amtsgericht, in dessen Bezirk der Ort der Zustellung liegt, oder
- bei einer Poststelle im Zustellungsort, wenn die Post (vgl. § 168 Abs. 1 ZPO) mit der Zustellung beauftragt ist.

5. Stufe: Öffentliche Zustellung nach den §§ 185–188 ZPO

(Nur, wenn eine Zustellung nach den Stufen 1.–4. nicht in Betracht kommt!)

wenn die Zustellung nach den Stufen 1.–4. daran scheitert, dass:
- der Aufenthaltsort des Adressaten unbekannt ist;
- einer juristischen Person an der im Handelsregister eingetragenen Anschrift nicht zugestellt werden konnte;
- weder ein Vertreter noch ein Zustellungsbevollmächtigter bekannt ist;
- eine Zustellung im Ausland nicht möglich ist;
- eine Zustellung im Ausland keinen Erfolg verspricht;
- der Zustellungsort eine Wohnung einer Person ist, die der deutschen Gerichtsbarkeit nicht unterliegt, §§ 18–20 GVG.

C. Muster

I. Muster: Anschriftenanfrage an das Einwohnermeldeamt für Zustellungszwecke

▼

341 An die
☐ Stadtverwaltung
☐ Kreisverwaltung
☐ Verbandsgemeindeverwaltung
☐ Gemeindeverwaltung

– Einwohnermeldeamt –

in ▓▓▓▓

Hiermit zeige ich an; Herrn ▓▓▓ in einer ▓▓▓-Angelegenheit gegen Herrn ▓▓▓ zu vertreten. Eine Abschrift der Vollmachtsurkunde füge ich in der Anlage bei. Meinem Mandanten steht gegen den Schuldner ein Anspruch aus ▓▓▓ zu. Zur Glaubhaftmachung[246] wird auf ▓▓▓ verwiesen.

---

[246] § 294 ZPO: Urkunden oder eine eidesstattliche Versicherung sind beizufügen.

Nachdem der Schuldner die Forderungen meines Mandanten bisher nicht erfüllt hat, ist deren gerichtliche Geltendmachung erforderlich. Da Zweifel bestehen, ob der Schuldner Name und Anschrift seiner Firma zutreffend angegeben hat, soll dies zunächst überprüft werden.

Namens und in Vollmacht meines Mandanten bitte ich hinsichtlich des Schuldners gem. § 44 BMG um Auskunft, ob der Schuldner beim dortigen Meldeamt gemeldet ist. Für diesen Fall bitte ich um Mitteilung des vollständigen Vor- und Familiennamens sowie der genauen Anschrift.

Aufgrund des dargelegten berechtigten Interesses wird zugleich gebeten, gem. § 45 BMG frühere Anschriften des Schuldners mitzuteilen.[247]

Rechtsanwalt

II. Muster: Anschriftenanfrage an das Handelsregister für Zustellungszwecke

An das

Amtsgericht

– Registergericht –

in

Ich zeige hiermit an, zu vertreten. Namens und in Vollmacht meines Mandanten bitte ich hinsichtlich
- ☐ des Einzelkaufmanns
- ☐ der Personenhandelsgesellschaft
- ☐ der Kapitalgesellschaft

um
- ☐ die Übersendung eines unbeglaubigten Handelsregisterauszuges
- ☐ eine Abschrift der Gesellschafterliste
- ☐ Soweit die Zahl der erforderlichen Abschriften 100 Seiten übersteigt, wird gebeten, zunächst von einer Übersendung abzusehen. In diesem Fall ist beabsichtigt, die erforderlichen Informationen durch eine spätere Einsichtnahme in die Registerakten einzuholen.

Für die entstehenden Kosten sage ich mich persönlich stark.

Rechtsanwalt

---

247 Dies kann bereits der Vorbereitung der Zwangsvollstreckung dienen, da bei den für die früheren Wohnorte zuständigen Schuldnerverzeichnissen eidesstattliche Versicherungen vorliegen können.

III. Muster: Anschriftenanfrage an das Gewerberegister für Zustellungszwecke

343 Die Stadt Berlin bietet dieses Muster online unter www.berlin.de Online-Gewerbeauskunft eAuskunft an.

344 An die
☐ Stadtverwaltung
☐ Gemeindeverwaltung
☐ Kreisverwaltung

– Gewerberegister –

in

Hiermit zeige ich an, Herrn   in einer   -Angelegenheit gegen Herrn
zu vertreten. Eine Abschrift der Vollmachtsurkunde füge ich in der Anlage bei. Meinem Mandanten steht gegen den Schuldner ein Anspruch aus   zu.

Nachdem der Schuldner die Forderungen meines Mandanten bisher nicht erfüllt hat, ist deren gerichtliche Geltendmachung erforderlich. Da Zweifel bestehen, ob der Schuldner Name und Anschrift seiner Firma zutreffend angegeben hat, soll dies zunächst überprüft werden.

Namens und in Vollmacht meines Mandanten bitte ich hinsichtlich des Schuldners gem. § 14 Abs. 5 S. 2 GewO um Auskunft, ob dieser beim dortigen Gewerberegister mit einem Gewerbe gemeldet ist. Für diesen Fall bitte ich um Mitteilung der Art des Gewerbes, der genauen Bezeichnung der Firma und der Anschrift des Betriebssitzes.

Rechtsanwalt

IV. Muster: Antrag auf Bestellung eines Prozesspflegers nach § 57 ZPO

345 An das
Amtsgericht/Landgericht[248]

in

In dem Rechtsstreit

Kläger ./. Beklagter

Az:

zeige ich, Vollmacht versichernd, an, den Kläger zu vertreten. Namens und in Vollmacht des Klägers soll die anliegende Klage gegen den Beklagten erhoben werden.

Der Beklagte ist geschäftsunfähig. Dies ergibt sich daraus, dass
☐ Der Beklagte verfügt derzeit über keinen gesetzlichen Vertreter, weil
  ☐ das eingeleitete Betreuungsverfahren bei dem Amtsgericht   in   Az:
    noch nicht abgeschlossen ist.

---

248 Prozessgericht.

- ☐
- ☐ Der gesetzliche Vertreter bzw. dessen Zustellungsanschrift konnte aus vom Kläger nicht zu vertretenden Gründen nicht ermittelt werden. Alle hierzu erforderlichen Maßnahmen hat der Kläger fruchtlos veranlasst, nämlich

Da der geschäftsunfähige Beklagte weder verklagt, noch diesem die Klageschrift überhaupt nur zugestellt werden kann, wird vorab beantragt,

> dem Beklagten einen Prozessvertreter gem. § 57 ZPO für die in der Anlage beigefügte Klage zu bestellen und diesem sodann die Klageschrift zuzustellen.

Ohne die Bestellung eines solchen Prozessvertreters drohen dem Kläger erhebliche Nachteile, nämlich
- ☐ die Verjährung des geltend gemachten Anspruchs, wenn die Klage nicht demnächst zugestellt wird, weil
- ☐

Der dadurch drohende Rechtsverlust stellt eine Gefahr im Verzug dar.
Zur Glaubhaftmachung der vorstehenden Ausführungen wird auf die anliegende
- ☐ eidesstattliche Versicherung des Klägers
- ☐

verwiesen.

Sollte das Gericht weiteren Sachvortrag für erforderlich halten, wird um einen unverzüglichen gerichtlichen Hinweis nach § 139 ZPO gebeten.

Rechtsanwalt

▲

V. Muster: Zustimmung zur Zustellung von elektronischen Dokumenten an einen sonstigen Verfahrensbeteiligten

10.5

▼

An das
Amtsgericht/Landgericht
in

In dem Rechtsstreit

    Kläger ./. Beklagter
    Az:

ist der Unterzeichner ein sonstiger Verfahrensbeteiligter i.S.v. § 174 Abs. 3 S. 2 ZPO, nämlich

Als solcher stimme ich der Zustellung von Schriftstücken als elektronisches Dokument unter der Adresse @ .de ausdrücklich zu.

Mir ist bekannt, dass ich die erfolgte Zustellung unmittelbar gegenüber der zustellenden Stelle mittels meiner Unterschrift und dem Zeitpunkt der Zustellung anzuzeigen habe.

Mit freundlichen Grüßen

Verfahrensbeteiligter

▲

VI. Muster: Antrag auf Wiedereinsetzung in den vorigen Stand nach Zustellung durch Niederlegung wegen des Nichterhaltens eines Benachrichtigungsscheins

10.6

▼

347 An das

☐ Amtsgericht
☐ Landgericht
☐ Oberlandesgericht

in ▒▒▒▒▒▒

In dem Rechtsstreit

Kläger ./. Beklagter

Az: ▒▒▒▒▒▒

wird namens und in Vollmacht des ▒▒▒▒▒▒ beantragt,

dem ▒▒▒▒▒▒ wegen der Versäumung der ▒▒▒▒▒▒-frist Wiedereinsetzung in den vorigen Stand zu gewähren.

Für den Fall der gewährten Wiedereinsetzung[249] wird beantragt,

▒▒▒▒▒▒

I. Zur **Begründung** des Wiedereinsetzungsantrages darf Folgendes ausgeführt werden:

Dem ▒▒▒▒▒▒ wurde ausweislich der bei den Akten befindlichen Zustellungsurkunde vom ▒▒▒▒▒▒ das ▒▒▒▒▒▒ zugestellt. Die Zustellung erfolgte gem. § 181 ZPO durch Niederlegung.

Nach der Zustellungsurkunde wurde der amtliche Benachrichtigungsschein

☐ ohne eine weitere Mitteilung an der Tür anzuheften, unter dieser hindurch geschoben. Der ▒▒▒▒▒▒ vermag dies nicht zu widerlegen. Tatsächlich hat dieser jedoch den Benachrichtigungsschein zu keinem Zeitpunkt erhalten.

☐ in den Briefkasten des ▒▒▒▒▒▒ eingeworfen. Der Briefkasten war an dem dort genannten Zustellungstag mit Werbesendungen überfüllt, die der ▒▒▒▒▒▒ ohne weitere Durchsicht unmittelbar weggeworfen hat. Es kann nicht ausgeschlossen werden, dass der Benachrichtigungsschein hierunter geraten ist. Jedenfalls hat der ▒▒▒▒▒▒ den Benachrichtigungsschein zu keinem Zeitpunkt erhalten.

Der Kläger hat mangels Erhalts des Benachrichtigungsscheins keine Kenntnis von der erfolgten Niederlegung erhalten.

Zur Glaubhaftmachung gem. § 236 ZPO wird auf die in der Anlage beigefügte eidesstattliche Versicherung des ▒▒▒▒▒▒ verwiesen.

Die Wiedereinsetzung ist im vorliegenden Fall zu gewähren. Auf die Entscheidung des BGH (NJW 1994, 2898) darf insoweit verwiesen werden.

---

249 Die versäumte Prozesshandlung muss nach §§ 234, 236 ZPO im Rahmen der zweiwöchigen Wiedereinsetzungsfrist nachgeholt werden.

II. Soweit die **versäumte Prozesshandlung nach § 236 ZPO nachzuholen** ist, wird auf den weiteren Antrag verwiesen. Zu dessen **Begründung** wird ausgeführt:

Rechtsanwalt

▲

VII. Muster: Antrag auf öffentliche Zustellung bei unbekanntem Aufenthalt des Adressaten, § 185 Nr. 1 ZPO

▼

An das

☐ Amtsgericht
☐ Landgericht

in

In dem Rechtsstreit

Kläger ./. Beklagter
Az:

wird namens und in Vollmacht des Klägers beantragt,

die Zustellung der anliegenden Klageschrift vom ▮▮▮ an den Beklagten im Wege der öffentlichen Zustellung zu bewilligen.

Zur **Begründung** des Antrages wird Folgendes ausgeführt:

Der Beklagte ist unbekannten Aufenthaltes. An der zuletzt bekannten Anschrift konnten dem Beklagten keine Schriftstücke zugestellt werden.

    Beweis: Mitteilung des Gerichtsvollziehers ▮▮▮ vom ▮▮▮
                Mitteilung der Post vom ▮▮▮
                Als Anlage 1 beigefügt

Alle Maßnahmen zur Ermittlung des Aufenthaltsortes durch den Kläger sind erfolglos geblieben:

☐ Die Anfrage des Klägers beim Einwohnermeldeamt vom ▮▮▮ am letzten bekannten Wohnort des Beklagten hat ergeben, dass dieser dort noch immer gemeldet ist, d.h. seinen Wohnsitz aufgegeben hat, ohne sich ordnungsgemäß abzumelden.
    Beweis: Schreiben an das Einwohnermeldeamt vom ▮▮▮ und Rückantwort vom ▮▮▮ als Anlage 2 und 3

☐ Auch eine Anfrage beim letzten bekannten Arbeitgeber des Beklagten, der Fa. ▮▮▮ hat keine Anhaltspunkte für den Aufenthalt gegeben. Danach ist auch dem Arbeitgeber der Aufenthalt unbekannt.
    Beweis: Anschreiben an den Arbeitgeber vom ▮▮▮ und Antwortschreiben vom ▮▮▮ als Anlage 4 und 5

§ 10 Das Zustellungsrecht im Zivilprozess

- ☐ Der Kläger hat auch bei der für den letzten Wohn- und Arbeitsort des Beklagten zuständigen Staatsanwaltschaft angefragt, ob dort der Aufenthalt bekannt ist.
  - ☐ Dies wurde verneint.
  - Beweis: Anschreiben an die Staatsanwaltschaft vom ▮▮▮▮ und deren Antwortschreiben vom ▮▮▮▮ als Anlage 6 und 7
  - ☐ Die Auskunft wurde verweigert.
  - Beweis: Schreiben der Staatsanwaltschaft ▮▮▮▮ vom ▮▮▮▮

Insoweit wird gebeten, dass das erkennende Gericht im Wege der Amtshilfe weitere Auskünfte einholt, soweit dies für die Bewilligung einer öffentlichen Zustellung für erforderlich gehalten wird.

- ☐ Eine Anfrage bei der geschiedenen Ehefrau ist ebenso wie eine Anfrage bei den bekannten Abkömmlingen des Beklagten
  - ☐ unbeantwortet geblieben;
  - ☐ ohne eine Mitteilung einer zustellungsfähigen Anschrift geblieben.
  - Beweis: ▮▮▮▮
- ☐ Auf die Anfrage bei dem für den letzten Wohn- und Arbeitsort des Beklagten zuständigen Arbeitsamt wurde mitgeteilt, dass
  - ☐ keine Anschrift des Beklagten bekannt ist;
  - Beweis: ▮▮▮▮
  - ☐ keine andere als die letzte Wohnanschrift bekannt ist.
  - Beweis: ▮▮▮▮
  - ☐ die Auskunft verweigert wird;
  - Beweis: Schreiben des Arbeitsamtes ▮▮▮▮ vom ▮▮▮▮

Insoweit wird gebeten, dass das erkennende Gericht im Wege der Amtshilfe weitere Auskünfte einholt, soweit dies für die Bewilligung einer öffentlichen Zustellung für erforderlich gehalten wird.

- ☐ Auf die Anfrage bei dem für den letzten Wohn- und Arbeitsort des Beklagten zuständigen Sozialamt wurde mitgeteilt, dass
  - ☐ keine Anschrift des Beklagten bekannt ist;
  - ☐ keine andere als die letzte Wohnanschrift bekannt ist.
  - Beweis: ▮▮▮▮
  - ☐ die Auskunft verweigert wird.
  - Beweis: Schreiben des Sozialamtes ▮▮▮▮ vom ▮▮▮▮

Insoweit wird gebeten, dass das erkennende Gericht im Wege der Amtshilfe weitere Auskünfte einholt, soweit dies für die Bewilligung einer öffentlichen Zustellung für erforderlich gehalten wird.

- ☐ ▮▮▮▮

Ein Vertreter des Beklagten oder eine andere zustellungsbevollmächtigte Person ist dem Kläger nicht bekannt.

Die Voraussetzungen der öffentlichen Zustellung nach § 185 Nr. 1 ZPO liegen damit vor, so dass gebeten wird, diese antragsgemäß zu bewilligen.

Rechtsanwalt

VIII. Muster: Antrag auf öffentliche Zustellung, wenn bei juristischen Personen, die zur Anmeldung einer inländischen Geschäftsanschrift zum Handelsregister verpflichtet sind, eine Zustellung weder unter der eingetragenen Anschrift noch unter einer im Handelsregister eingetragenen Anschrift einer für Zustellungen empfangsberechtigten Person oder einer ohne Ermittlungen bekannten anderen inländischen Anschrift möglich ist, § 185 Nr. 2 ZPO

10.8

▼

An das

☐ Amtsgericht

☐ Landgericht

in

In dem Rechtsstreit

      Kläger ./. Beklagter

      Az:

wird namens und in Vollmacht des Klägers beantragt,

> die Zustellung der anliegenden Klageschrift vom ▓▓▓▓ an den Beklagten im Wege der öffentlichen Zustellung nach § 185 Nr. 2 ZPO zu bewilligen.

Zur **Begründung** des Antrages wird Folgendes ausgeführt:

Die öffentliche Zustellung ist vorliegend nach § 185 Nr. 2 ZPO zu bewilligen, weil eine Zustellung an die Beklagte unter der im Handelsregister eingetragenen inländischen Anschrift nicht möglich war.

Für die Beklagte ist als inländische Anschrift folgende Anschrift im Handelsregister vermerkt:

Beweis: Handelsregisterauszug

Unter dieser Adresse war jedoch tatsächlich keine Zustellung möglich. Dies führt nach § 185 Nr. 2 unmittelbar zur Zulässigkeit der öffentlichen Zustellung.

Ein Vertreter des Beklagten oder eine andere zustellungsbevollmächtigte Person ist dem Kläger nicht bekannt.

Die Voraussetzungen der öffentlichen Zustellung nach § 185 Nr. 2 ZPO liegen damit vor, so dass gebeten wird, diese antragsgemäß zu bewilligen.

Rechtsanwalt

IX. Muster: Antrag auf öffentliche Zustellung, wenn eine Zustellung im Ausland nicht möglich ist oder keinen Erfolg verspricht, § 185 Nr. 3 ZPO

10.9

▼

350 An das

☐ Amtsgericht
☐ Landgericht

in ▬▬▬

In dem Rechtsstreit

Kläger ./. Beklagter

Az: ▬▬▬

wird namens und in Vollmacht des Klägers beantragt,

die Zustellung der anliegenden Klageschrift vom ▬▬▬ an den Beklagten im Wege der öffentlichen Zustellung zu bewilligen.

Zur **Begründung** des Antrages wird Folgendes ausgeführt:

Die öffentliche Zustellung ist vorliegend nach § 185 Nr. 3 ZPO zu bewilligen, weil

☐ eine Zustellung im Ausland nicht möglich ist;
☐ eine Zustellung im Ausland keinen Erfolg verspricht.

Der Beklagte hält sich nach Kenntnis des Klägers in ▬▬▬ auf.

☐ Die Zustellung im Ausland ist nicht möglich, weil

  ☐ der Zustellungsstaat generell keine Rechtshilfe leistet;
  ☐ der Zustellungsstaat im konkreten Einzelfall keine Rechtshilfe leistet, weil
    ▬▬▬
  ☐ die Bundesrepublik Deutschland zu diesem Staat überhaupt keine diplomatischen Beziehungen unterhält;
  ☐ die Zustellung im Ausland von dort nicht zugelassen wurde;
  ☐ sich die Zustellung im Ausland zwischenzeitlich schon über ▬▬▬ [250] Monate verzögert und dem Adressaten durch Einschreiben/Rückschein von dem Verfahren Kenntnis verschafft werden kann.
  ☐ ▬▬▬

☐ Die Zustellung im Ausland verspricht keinen Erfolg, weil

  ☐ der ausländische Staat die Rechtshilfe verweigert, was sich daraus ergibt, dass
    ☐ im Aufenthaltsland des Adressaten eine Zustellung nur mit Zustimmung des Adressaten möglich ist;

---

250 Angabe des genauen Zeitraumes, der nach hiesiger Auffassung mindestens 12 Monate betragen haben muss.

- ☐ die Dauer einer Zustellung im Ausland der zustellenden Partei nicht zugemutet werden kann, weil ▓▓▓▓
- ☐ ▓▓▓▓

Ein Vertreter des Beklagten oder eine andere zustellungsbevollmächtigte Person ist dem Kläger nicht bekannt.

Die Voraussetzungen der öffentlichen Zustellung nach § 185 Nr. 3 ZPO liegen damit vor, so dass gebeten wird, diese antragsgemäß zu bewilligen.

Rechtsanwalt

X. Muster: Antrag auf öffentliche Zustellung, weil der Ort der Zustellung der deutschen Gerichtsbarkeit nicht unterliegt

10.10

An das

- ☐ Amtsgericht
- ☐ Landgericht

in ▓▓▓▓

In dem Rechtsstreit

     Kläger ./. Beklagter

     Az: ▓▓▓▓

wird namens und in Vollmacht des Klägers beantragt,

die Zustellung der anliegenden Klageschrift vom ▓▓▓▓ an den Beklagten im Wege der öffentlichen Zustellung zu bewilligen.

Zur **Begründung** des Antrages wird Folgendes ausgeführt:

Die öffentliche Zustellung ist vorliegend nach § 185 Nr. 4 ZPO zu bewilligen, weil der Ort der Zustellung die Wohnung einer Person ist, die nach den §§ 18–20 GVG der deutschen Gerichtsbarkeit nicht unterliegt.

Der Beklagte hält sich in der Wohnung des ▓▓▓▓ auf. Dieser unterliegt nach §§ 18–20 GVG nicht der deutschen Gerichtsbarkeit, weil ▓▓▓▓

Damit ist eine Zustellung an den Beklagten in dieser Wohnung nicht möglich. Ein anderer Wohnsitz oder Geschäftssitz des Beklagten ist dem Kläger nicht bekannt. Die Voraussetzungen einer öffentlichen Zustellung nach § 185 Nr. 3 ZPO liegen damit vor.

Ein Vertreter des Beklagten oder eine andere zustellungsbevollmächtigte Person ist dem Kläger nicht bekannt.

Die Aufforderung an ▓▓▓▓, sich für Zustellungen im anhängigen Verfahren an den sich in ihrer Wohnung befindlichen Beklagten der deutschen Gerichtsbarkeit zu unterwerfen, ist

- ☐ unbeantwortet geblieben.
- ☐ zurückgewiesen worden.

Die Voraussetzungen der öffentlichen Zustellung nach § 185 Nr. 4 ZPO liegen damit vor, so dass gebeten wird, diese antragsgemäß zu bewilligen.

Rechtsanwalt

XI. Muster: Antrag auf Erteilung einer Zustellbescheinigung

352 An das

Amtsgericht/Landgericht

in

In dem Rechtsstreit

Kläger ./. Beklagter

Az:

beantrage ich namens und in Vollmacht des

- ☐ Klägers
- ☐ Beklagten
- ☐ gem. § 169 Abs. 1 ZPO die Bescheinigung der Zustellung des
  - ☐ Urteils vom
  - ☐ Beschlusses vom
  - ☐ ▓▓▓▓▓ vom
- ☐ die Erteilung einer beglaubigten Abschrift
  - ☐ der Zustellungsurkunde nach § 182 ZPO
  - ☐ des Aktenvermerks nach § 173 S. 2 ZPO
  - ☐ des Empfangsbekenntnisses nach § 174 Abs. 4 ZPO
  - ☐ des Rückscheins nach § 175 S. 2

Da

- ☐ die Notwendigkeit der Vollstreckung im Ausland derzeit nicht auszuschließen ist
- ☐ damit zu rechnen ist, dass der Zustellungsadressat die ordnungsgemäße Zustellung bestreiten wird und der Nachweis der ordnungsgemäßen Zustellung nur auf diesem Wege geführt werden kann.

Um eine alsbaldige antragsgemäße Erledigung wird gebeten.

Rechtsanwalt

XII. Muster: Antrag auf Zustellung an den Gerichtsvollzieher am Wohnsitz des Adressaten

▼

An

☐ den Gerichtsvollzieher ▓▓▓
☐ den Obergerichtsvollzieher ▓▓▓
☐ die Gerichtsvollzieherverteilungsstelle beim Amtsgericht ▓▓▓

in ▓▓▓

Zustellungsauftrag

Namens und in Vollmacht des ▓▓▓ übersende ich folgende Schriftstücke nebst der erforderlichen Anzahl an Abschriften:

☐ den Vollstreckungsbescheid des ▓▓▓ vom ▓▓▓
☐ das Urteil des ▓▓▓ vom ▓▓▓
☐ die Kündigung des ▓▓▓-vertrages vom ▓▓▓
☐ ▓▓▓

mit dem Auftrag,

☐ die beglaubigten Abschriften der Schriftstücke an den ▓▓▓ zuzustellen und die Originalschriftstücke zurückzusenden.
☐ die beigefügten Abschriften nach § 192 Abs. 2 S. 2 ZPO zu beglaubigen und dem ▓▓▓ zuzustellen sowie die Originalschriftstücke zurückzusenden.

Die für die Zustellung anfallenden Kosten können unmittelbar beim Unterzeichner erhoben werden.

Nach erfolgter Zustellung wird entsprechend § 193 Abs. 3 ZPO gebeten, die Zustellungsurkunde dem Unterzeichner zu übermitteln.

Rechtsanwalt

XIII. Muster: Antrag auf Zustellung an den Gerichtsvollzieher am Wohnsitz der zustellenden Partei

354 An

- ☐ den Gerichtsvollzieher
- ☐ den Obergerichtsvollzieher
- ☐ die Gerichtsvollzieherverteilungsstelle beim Amtsgericht

in

Zustellungsauftrag

Namens und in Vollmacht des ▓ übersende ich folgende Schriftstücke nebst der erforderlichen Anzahl an Abschriften:

- ☐ den Vollstreckungsbescheid des ▓ vom ▓
- ☐ das Urteil des ▓ vom ▓
- ☐ die Kündigung des ▓-vertrages vom ▓
- ☐ ▓

mit dem Auftrag,

- ☐ die beglaubigten Abschriften der Schriftstücke an den ▓ durch Aufgabe zur Post nach § 193 Abs. 1 ZPO i.V.m. §§ 14, 15 GVGA zuzustellen und die Originalschriftstücke zurückzusenden.
- ☐ die beigefügten Abschriften nach § 192 Abs. 2 S. 2 ZPO zu beglaubigen und dem ▓ durch Aufgabe zur Post nach § 193 Abs. 1 ZPO i.V.m. §§ 14, 15 GVGA zuzustellen sowie die Originalschriftstücke zurückzusenden.

Die für die Zustellung anfallenden Kosten können unmittelbar beim Unterzeichner erhoben werden.

Nach erfolgter Zustellung wird entsprechend § 193 Abs. 3 ZPO gebeten, die Zustellungsurkunde dem Unterzeichner zu übermitteln.

Rechtsanwalt

XIV. Muster: Empfangsbekenntnis

▼

Herrn Rechtsanwalt[251]

in ▬

Empfangsbekenntnis

In Sachen

▬ ./. ▬

habe ich heute von Herrn Rechtsanwalt ▬ im Wege der Zustellung von Anwalt zu Anwalt nach § 195 ZPO

☐ folgendes Schriftstück

☐ folgende Schriftstücke

erhalten: ▬

Ich bestätige hiermit den Erhalt des Schriftstückes/der Schriftstücke unter dem nachfolgenden Datum.

☐ Es wird um Erteilung einer Zustellbescheinigung gebeten.

▬

Ort, Datum   Rechtsanwalt

Nach Vollzug zurück an:
Herrn Rechtsanwalt
▬
in ▬

▲

XV. Muster: Zustellbescheinigung nach § 195 Abs. 2 S. 3 ZPO

▼

Herrn Rechtsanwalt
▬
in ▬

In Sachen

▬ ./. ▬

bestätige ich, Herrn Rechtsanwalt ▬ im Wege der Zustellung von Anwalt zu Anwalt nach § 195 ZPO

☐ folgendes Schriftstück

☐ folgende Schriftstücke

---

[251] Adressat.

☐ in beglaubigter Abschrift
☐ im Original

am ▓▓▓ zugestellt zu haben: ▓▓▓

Ort, Datum   Rechtsanwalt

XVI. Muster: Antrag auf Auslandszustellung verbunden mit dem Antrag, von einer Verfahrensweise nach § 184 ZPO abzusehen

An das

☐ Amtsgericht
☐ Landgericht
☐ Oberlandesgericht

in

In dem Rechtsstreit

Kläger ./. Beklagter

Az: ▓▓▓

beantrage ich namens und in Vollmacht des Klägers,

das Urteil des erkennenden Gerichtes vom ▓▓▓ dem Beklagten im Wege der Auslandszustellung förmlich zuzustellen und dabei von einer Verfahrensweise nach § 184 Abs. 1 S. 2 ZPO abzusehen.

Zur **Begründung** wird Folgendes ausgeführt:

Das Urteil des erkennenden Gerichts ist dem Beklagten von Amts wegen zuzustellen. Nachdem das Gericht nach § 184 Abs. 1 S. 1 ZPO vorgegangen ist, ist nunmehr grundsätzlich die Möglichkeit gegeben, diese Zustellung durch einfache Aufgabe des Urteils zur Post unter der Anschrift des Beklagten im Ausland zu bewirken.

Damit ist aber nicht gesichert, dass die beabsichtigte und notwendige Anerkennung und Vollstreckbarerklärung des Urteils im Ausland tatsächlich erfolgen kann. Um diese Schwierigkeiten zu vermeiden, wird ausdrücklich um eine förmliche Auslandszustellung gebeten.

Rechtsanwalt

XVII. Muster: Ersuchen auf Zustellung eines Schriftstückes im Parteibetrieb im Ausland

▼

An das

☐ Amtsgericht
☐ Landgericht
☐ Oberlandesgericht

in ▓▓▓▓

Ersuchen auf Zustellung eines Schriftstückes im Ausland im Parteibetrieb

In Sachen
des ▓▓▓▓

– Antragsteller –

Verfahrensbevollmächtigte: RAe ▓▓▓▓
gegen

▓▓▓▓

– Antragsgegner –

beantrage ich namens und in Vollmacht des Antragstellers gem. §§ 190, 183 ZPO,

☐ beglaubigte Abschriften von ▓▓▓▓
☐ sowie diesbezügliche Übersetzungen

an den ▓▓▓▓

☐ nach § 183 Abs. 2 ZPO
☐ nach § 183 Abs. 3 ZPO
☐ nach § 183 Abs. 4 ZPO

im Wege der Zustellung im Parteibetrieb zuzustellen.

Die erforderliche Anzahl beglaubigter Abschriften des zuzustellenden Schriftstückes sind beigefügt.

☐ Ebenfalls ist die gleichfalls zuzustellende Übersetzung der zuzustellenden Schriftstücke beigefügt.
☐ Einer Übersetzung der zuzustellenden Schriftstücke bedarf es nicht, weil
  ☐ der Adressat die Sprache des Schriftstückes versteht.
    Dies ergibt sich aus Folgendem: ▓▓▓▓
  ☐ ▓▓▓▓
☐ Es wird gebeten, die Übersetzung der zuzustellenden Schriftstücke von dort aus zu veranlassen.
  ☐ Ein Kostenvorschuss in Höhe von ▓▓▓▓ EUR ist zur Verfahrensbeschleunigung beigefügt.
  ☐ Für die entstehenden Kosten sagt sich der Unterzeichner persönlich stark.

Es wird um antragsgemäße Veranlassung der Zustellung gebeten.

Rechtsanwalt

▲

XVIII. Muster: Antrag auf Zustellung eines Schriftstückes im Parteibetrieb nach der EU-Zustellungsverordnung

▼

359 An das

Amtsgericht

in ▓▓▓▓▓

Ersuchen auf Zustellung eines Schriftstückes im Ausland im Parteibetrieb

In Sachen

des ▓▓▓▓▓

– Antragsteller –

Verfahrensbevollmächtigte: RAe ▓▓▓▓▓

gegen

▓▓▓▓▓

– Antragsgegner –

beantrage ich namens und in Vollmacht des Antragstellers gem. §§ 190,

- ☐ nach § 183 Abs. 1 S. 1 Nr. 1 ZPO i.V.m. Art. 16 EU-ZustVO
- ☐ nach § 183 Abs. 1 S. 1 Nr. 2 ZPO i.V.m. Art. 16 EU-ZustVO
- ☐ beglaubigte Abschriften von ▓▓▓▓▓
- ☐ sowie diesbezügliche Übersetzungen

an den ▓▓▓▓▓

im Wege der Zustellung im Parteibetrieb zuzustellen.

Die erforderliche Anzahl beglaubigter Abschriften des zuzustellenden Schriftstückes sind beigefügt.

- ☐ Ebenfalls ist die gleichfalls zuzustellende Übersetzung der zuzustellenden Schriftstücke beigefügt.
- ☐ Einer Übersetzung der zuzustellenden Schriftstücke bedarf es nicht, weil
    - ☐ der Adressat die Sprache des Schriftstückes versteht. Dies ergibt sich aus Folgendem: ▓▓▓▓▓
    - ☐ ▓▓▓▓▓

    Insoweit ist der Partei und dem Unterzeichner bekannt, dass der Adressat die Annahme der Schriftstücke verweigern darf, wenn diese nicht in einer der in Art. 8 der EU-Zustellungsverordnung genannten Sprachen verfasst ist. Eines gesonderten Hinweises bedarf es daher nicht.

- ☐ Es wird gebeten, die Übersetzung der zuzustellenden Schriftstücke von dort aus zu veranlassen.

☐ Ein Kostenvorschuss in Höhe von ▨▨▨ EUR ist zur Verfahrensbeschleunigung beigefügt.

☐ Für die entstehenden Kosten sagt sich der Unterzeichner persönlich stark.

Eine Rücksendung einer Abschrift der zuzustellenden Schriftstücke zusammen mit dem Zustellungsnachweis nach Art. 10 der EU-Zustellungsverordnung

☐ wird nicht gewünscht, weshalb das zuzustellende Schriftstück nur einfach übermittelt wird.

☐ wird gewünscht, so dass das zuzustellende Schriftstück in zweifacher Ausfertigung zu übersenden ist, Art. 4 Abs. 5 der EU-Zustellungsverordnung. Die entsprechende Anzahl an Abschriften ist beigefügt.

Die Zuständigkeit des angerufenen Gerichts als Gericht am

☐ Wohnsitz

☐ Sitz

des Antragstellers ergibt sich aus § 1069 Abs. 1 ZPO.

Es wird um antragsgemäße Veranlassung der Zustellung gebeten.

Rechtsanwalt

▲

§ 11 Das Beweisrecht

Frank-Michael Goebel/Regine Förger

Inhalt

	Rdn
A. Einleitung	1
B. Rechtliche Grundlagen	7
I. Die Beweislast	7
1. Die Darlegungslast steht vor der Beweislast	7
2. Die Grundzüge der Beweislastverteilung	14
3. Die Erörterung der Beweislastverteilung mit dem Mandanten	23
II. Maßnahmen zur Verbesserung der Beweislage und taktische Möglichkeiten bei Prozessrisiken aufgrund der Beweislage	41
1. Die Geltendmachung von Auskunftsansprüchen	42
2. Die gerichtliche Anordnung auf Vorlage von Urkunden, Akten und Augenscheinsobjekten, §§ 142 ff. ZPO	47
3. Die Führung von Vergleichsgesprächen	66
4. Die Erhebung einer Teilklage zur Verminderung des Kostenrisikos	70
5. Zeugen des Gegners ausschalten	81
6. Prozessstandschaft als taktisches Element für die Beweisführung	86
7. Die richtige aktive Prozesspartei bestimmen	94
III. Die Beweismittel im Einzelnen	98
1. Der Zeugenbeweis	98
a) Wer kann Zeuge sein?	114
b) Die Geeignetheit des Zeugen als Beweismittel	123
c) Der Beweisantrag	133
aa) Die Bezeichnung des Zeugen	139
bb) Die Bezeichnung der in das Wissen des Zeugen gestellten Tatsachen	161
cc) Der Hinweis auf einzusehende und mitzuführende Unterlagen	175
dd) Die Anregung der schriftlichen Beantwortung der Beweisfrage	186
ee) Der fremdsprachige Zeuge	195
ff) Der sachverständige Zeuge	200
d) Die Zeugenladung und die Unerreichbarkeit des Zeugen	209
e) Der Auslagenvorschuss für den Zeugen	217
f) Das Ausbleiben des Zeugen im Termin zur Beweisaufnahme und die Ordnungsmittel gegen den Zeugen	226
g) Die Vernehmung des Zeugen durch den gesetzlichen Richter	269
aa) Die Vernehmung des Zeugen vor dem beauftragten Richter	270
bb) Die Vernehmung des Zeugen vor einem ersuchten Richter	272
h) Die Vernehmung des Zeugen	281
aa) Die Belehrung und Vernehmung des Zeugen durch das Gericht	281
bb) Die Zeugnisverweigerungsrechte	286
cc) Die Geltendmachung des Zeugnisverweigerungsrechtes	315
dd) Die Vernehmung des Zeugen und das Fragerecht der Parteien	326
2. Der Sachverständigenbeweis	341
a) Die Anordnung der Einholung eines Sachverständigengutachtens	344
b) Die Auswahl des Sachverständigen	363

- c) Der Auslagenvorschuss für das Sachverständigengutachten 391
- d) Die formalen Anforderungen an den Begutachtungsvorgang und das Sachverständigengutachten 400
- e) Mündliches oder schriftliches Gutachten 428
- f) Ordnungsmittel gegen den Sachverständigen bei nicht fristgerechter Erstattung des Gutachtens 439
- g) Die Stellungnahme zum Gutachten des Sachverständigen einschließlich der Erläuterung des Gutachtens und des Antrages auf ein neues Gutachten (oft als „Obergutachten" bezeichnet) 449
- h) Die Ablehnung des Sachverständigen 476
- 3. Der Urkundenbeweis 493
  - a) Der Begriff der Urkunde . . 496
  - b) Die Beweiskraft von Urkunden 505
  - c) Der Beweisantritt 518
    - aa) Die Urkunde im Besitz des Beweisführers 520
    - bb) Die Urkunde im Besitz des Beweisgegners 526
    - cc) Die Verpflichtung zur Vorlage von Urkunden durch Dritte 541
    - dd) Die Beiziehung von Akten anderer Gerichte oder Behörden 565
    - ee) Schriftvergleichung . . . 574
  - d) Die Echtheit von Urkunden 575
- 4. Der Beweis durch Augenschein 589
  - a) Der Augenschein nach den §§ 371, 144 ZPO 593
  - b) Die Duldung der Untersuchung zur Feststellung der Abstammung nach § 372a ZPO 615
  - c) Die Augenscheinnahme eines elektronischen Dokumentes 620
- 5. Die Parteivernehmung 623
  - a) Die Vernehmung des Beweisgegners auf Antrag nach § 445 ZPO 630
  - b) Die Vernehmung des Beweisführers als Partei 642
  - c) Die Parteivernehmung von Amts wegen 650
  - d) Die Anhörung nach § 141 ZPO 663
  - e) Das Verfahren der Parteivernehmung 672
  - f) Besondere Fälle der Parteivernehmung 692
- 6. Der Freibeweis nach dem Justizmodernisierungsgesetz 703
- IV. Die Anordnung der Beweisaufnahme 707

C. Muster 716
- I. Muster: Antrag auf Vernehmung von Zeugen 716
- II. Muster: Antrag auf Vernehmung von Zeugen mit der Aufforderung nach § 378 Abs. 1 ZPO 717
- III. Muster: Antrag auf Vernehmung eines Zeugen mit der Möglichkeit, die Beweisfrage schriftlich zu beantworten 718
- IV. Muster: Antrag des Zeugen, die Beweisfrage schriftlich beantworten zu dürfen . . . 719
- V. Muster: Antrag auf Vernehmung eines Zeugen, der der deutschen Sprache nicht mächtig ist 720
- VI. Muster: Antrag auf Vernehmung eines sachverständigen Zeugen 721
- VII. Muster: Antrag auf Vernehmung eines Zeugen, dessen Bezeichnung dem Beweisführer nicht möglich ist . . . 722
- VIII. Muster: Anregung an das Gericht, dem Beweisführer gem. § 356 ZPO eine Ausschlussfrist zur ordnungsgemäßen Benennung eines Zeugen zu setzen 723
- IX. Muster: Antrag auf Vernehmung eines Zeugen im Wege der Rechtshilfe 724

- X. Muster: Protest gegen die Auslagenvorschusspflicht wegen der Bewilligung von PKH 725
- XI. Muster: Gegenvorstellung gegen die Anordnung der Auslagenvorschusspflicht nach § 379 ZPO 726
- XII. Muster: Antrag auf Vorführung eines Zeugen 727
- XIII. Muster: Auslagen- und Gebührenverzichtserklärung des Zeugen 728
- XIV. Muster: Einverständlicher Vorschlag eines Sachverständigen 729
- XV. Muster: Schweigepflichtentbindungserklärung 730
- XVI. Muster: Antrag gem. § 18 Abs. 2 2. Hs BNotO 731
- XVII. Muster: Vorherige Entschuldigung des Zeugen für einen Beweisaufnahmetermin 732
- XVIII. Muster: Nachträgliche Entschuldigung des Zeugen wegen seines Fernbleibens zu einem Beweisaufnahmetermin 733
- XIX. Muster: Sofortige Beschwerde des Zeugen gegen die Auferlegung der Kosten und die Verhängung von Ordnungsmitteln nach § 380 Abs. 3 ZPO 734
- XX. Muster: Antrag auf Entscheidung über ein Zeugnisverweigerungsrecht nach § 387 ZPO 735
- XXI. Muster: Sofortige Beschwerde des Zeugen nach § 387 Abs. 3 ZPO gegen ein Zwischenurteil über das Bestehen eines Zeugnisverweigerungsrechtes 736
- XXII. Muster: Sofortige Beschwerde des Beweisführers nach § 387 Abs. 3 ZPO gegen ein Zwischenurteil über das Bestehen eines Zeugnisverweigerungsrechtes 737
- XXIII. Muster: Antrag auf Einholung eines Sachverständigengutachtens – Grundmuster 738
- XXIV. Muster: Antrag auf Einholung eines ärztlichen Sachverständigengutachtens mit Schweigepflichtentbindungserklärung 739
- XXV. Muster: Antrag auf Einholung eines Sachverständigengutachtens unter Erteilung von gerichtlichen Weisungen 740
- XXVI. Muster: Antrag auf Einholung eines Sachverständigengutachtens mit dem Erfordernis besonderer Spezialkenntnis 741
- XXVII. Muster: Antrag auf Einholung eines Sachverständigengutachtens in Form einer amtlichen Auskunft (Behördenauskunft) 742
- XXVIII. Muster: Antrag auf Ladung des Sachverständigen zur Erläuterung seines Gutachtens 743
- XXIX. Muster: Antrag auf Erläuterung des gerichtlichen Sachverständigengutachtens nach Vorlage eines Privatgutachtens 744
- XXX. Muster: Antrag auf Einholung eines weiteren Gutachtens 745
- XXXI. Muster: Sachstandsanfrage an das Gericht nach Ablauf der Frist zur Erstattung des schriftlichen Gutachtens .. 746
- XXXII. Muster: Antrag auf Fristsetzung für die Vorlage des Sachverständigengutachtens 747
- XXXIII. Muster: Antrag auf Festsetzung einer gerichtlichen Nachfrist zur Erstattung des Gutachtens 748

XXXIV. Muster: Antrag auf Festsetzung eines Ordnungsgeldes gegen den Sachverständigen 749
XXXV. Muster: Sofortige Beschwerde des Sachverständigen gegen die Festsetzung eines Ordnungsgeldes nach §§ 411 Abs. 2, 409 Abs. 2 ZPO 750
XXXVI. Muster: Antrag auf Entziehung des Gutachtenauftrages und Beauftragung eines neuen Gutachters wegen der fehlenden Vorlage des Gutachtens 751
XXXVII. Muster: Ablehnungsantrag gegen den Sachverständigen 752
XXXVIII. Muster: Antrag auf Ablehnung des Sachverständigen bei nachträglichem Ablehnungsgrund 753
XXXIX. Muster: Antrag auf Ablehnung des Sachverständigen und Versagung der Vergütung 754
XL. Muster: Sofortige Beschwerde gegen die Zurückweisung des Antrages auf Ablehnung des Sachverständigen 755
XLI. Muster: Beweisantritt durch Urkunden 756
XLII. Muster: Antrag auf Vorlegung der Urkunde durch den Beweisgegner 757
XLIII. Muster: Antrag auf Vernehmung des Beweisgegners über den Verbleib der vorzulegenden Urkunde nach § 426 ZPO 758
XLIV. Muster: Antrag zur Vorlegung einer Urkunde durch einen Dritten 759
XLV. Muster: Antrag auf ein Ersuchen an eine Behörde oder ein anderes Gericht zur Vorlage einer Beweisurkunde nach § 432 ZPO 760

XLVI. Muster: Antrag auf Einholung eines schriftvergleichenden Gutachtens nach § 441 ZPO 761
XLVII. Muster: Antrag auf Beweiserhebung durch Augenschein 762
XLVIII. Muster: Antrag auf Anordnung der Vorlage eines Augenscheinsobjektes durch den Gegner 763
XLIX. Muster: Antrag auf Anordnung der Vorlage eines Augenscheinsobjektes durch einen Dritten 764
L. Muster: Antrag auf Anordnung der Duldung, Verpflichtung zur Untersuchung zur Feststellung der Abstammung 765
LI. Muster: Antrag auf Entscheidung über die Berechtigung zur Verweigerung der Herausgabe eines Augenscheinsobjektes durch einen Dritten 766
LII. Muster: Sofortige Beschwerde gegen die Verpflichtung zur Vorlage eines Augenscheinsobjektes nach §§ 371, 144, 387 Abs. 3 ZPO 767
LIII. Muster: Antrag auf Festsetzung eines Ordnungsgeldes wegen der unberechtigten Verweigerung der Vorlage eines Augenscheinsobjektes 768
LIV. Muster: Antrag auf Festsetzung eines Ordnungsgeldes wegen der Weigerung, eine Untersuchung zur Feststellung der Abstammung zu dulden 769
LV. Muster: Antrag auf Anwendung unmittelbaren Zwangs zum Zwecke der Untersuchung zur Feststellung der Abstammung 770

LVI. Muster: Antrag auf Vernehmung des Beweisgegners als Partei 771
LVII. Muster: Antrag auf Vernehmung des Beweisführers als Partei 772
LVIII. Muster: Zustimmung zur Erhebung des Freibeweises nach § 284 S. 2 ZPO 773
LIX. Muster: Eingeschränkte Zustimmung zur Erhebung des Freibeweises nach § 284 S. 2 und 3 ZPO 774
LX. Muster: Gegenvorstellung gegen einen Beweisbeschluss 775

Literatur

Alio, Änderungen im deutschen Rechtshilferecht – Beweisaufnahme nach der Europäischen Beweisaufnahmeverordnung, NJW 2004, 2706; *Amphausen*, Zur Entschädigung des gerichtlichen Sachverständigen bei Überschreitung des Auslagenvorschusses, Jur-Büro 1982, 7; *Ankermann*, Das Recht auf mündliche Befragung des Sachverständigen, NJW 1985, 1204; *Bachmann*, Der Zeugen- und Sachverständigenvorschuss, DRiZ 1984, 401; *Balzer*, Beweisaufnahme und Beweiswürdigung im Zivilprozess, 3. Aufl., 2011; 1273; *Bartsch*, Die postmortale Schweigepflicht des Arztes beim Streit um Testierfähigkeit des Patienten, NJW 2001, 861; *Baumgärtel*, Ausforschungsbeweis und „Behauptung ins Blaue hinein", MDR 1995, 987; *Baumgärtel*, Handbuch der Beweislast, 3. Aufl. 2010; *Bayerlein*, Praxishandbuch Sachverständigenrecht, 5. Aufl. 2015; *Becht*, Der Beweis der Echtheit einer Urkunde im Urkundenprozess, NJW 1991, 1993; *Berger*, Beweisführung mit elektronischen Dokumenten, NJW 2005, 1016; *Bischof*, Kann sich eine Prozesspartei gegen überhöhte Sachverständigengebühren wehren?, NJ 1998, 464; *Bleutge*, Die Hilfskräfte des Sachverständigen – Mitarbeiter ohne Verantwortung?, NJW 1985, 1185; *Bode/Trompetter*, Anwaltliche Taktik beim Zeugenbeweis, ProzRB 2003, 185; *Böckmann*, Beweisrecht – Die zivilprozessuale Partei im Zeugenmantel, MDR 2002, 616; *Burmann*, Der Sachverständigenbeweis im Haftpflichtprozess, zfs 2003, 4; *Bürck*, Der prozessbevollmächtigte Rechtsanwalt als Zeuge im Zivilprozess, NJW 1969, 906; *Bürger*, Sachverständigenbeweis im Arzthaftungsprozess, MedR 1999, 100; *Czeguhn*, Beweiswert und Beweiskraft digitaler Dokumente im Zivilprozess, JuS 2004, 124; *Deckers*, Glaubwürdigkeit kindlicher Zeugen NJW 1999, 1365; *Dillenburger/Pauly*, Zeugnisverweigerungsrecht für den Ehebruchzeugen?, MDR 1995, 340; *Donz*, Auswertung von Sachverständigengutachten im Arzthaftungsprozess, MedR 1986, 36; *Eichele/Klinge*, Das Beweisbuch für den Anwalt, 1997; *Einmahl*, Zeugenirrtum und Beweismaß im Zivilprozess, eine Fallstudie am Beispiel des Verkehrsunfallprozesses, NJW 2001, 469; *Fezer*, Die Folgen der Sachverständigenablehnung für die Verwertung seiner Wahrnehmungen, JR 1990, 397; *Fetzer*, Beweiserhebung und Beweiswürdigung im Verkehrsunfallprozess, MDR 2009, 602; *Fischer-Dieskao/Gitter/Paul/Steidle*, Elektronisch signierte Dokumente als Beweismittel im Zivilprozess, MMR 2002, 709; *Findeisen, Andreas*, Der minderjährige Zeuge im Zivilprozeß, 1991/1992; *Foerste*, Lauschzeugen im Zivilprozess, NJW 2004, 262; *Foerste*, Parteiische Zeugen im Zivilprozess, NJW 2001, 321; *Franzki*, Der Sachverständige – Diener oder Herr des Richters?, DRiZ 1991,

314; *Freyberger*, Rekonstruktion eines Verkehrsunfalls – typische Probleme mit Sachverständigengutachten, MDR 2000, 1281; *Fritzsche-Brandt*, Zur Unzulässigkeit von Sachverständigengutachten im Urkundenprozess, NJW 2008, 525; *Gehle*, Die Anhörung des Gutachters im Zivilprozess, DRiZ 1994, 101; *Gehrlein*, Parteianhörung nach ZPO § 141 als Beweismittel, EWiR 1999, 45; *Geipel*, Die Wiederholung einer Beweisaufnahme nach neuem Berufungsrecht, AnwBl 2005, 346; *Geisler*, Zur Ermittlung ausländischen Rechts durch „Beweis" im Prozess, ZZP 91, 176; *Gießler*, Vernehmung des nicht geladenen Zeugen, NJW 1991, 2885; *Goebel*, Beweis durch Sachverständige, PA 12/02, S. 177; *Goebel*, Aktuelle Rechtsprechung: Die Ablehnung des Sachverständigen im Zivilprozess, PA 3/02, S. 37; *Gottschalk*, Der Zeuge N.N., NJW 2004, 2939; *Grünberg*, Ordnungsmittel gegen einen ausgebliebenen Zeugen, MDR 1992, 326; *Hartung*, Verwertung von Zeugenaussagen im Wege des Urkundenbeweises bei Zweifel an ihrer Richtigkeit, VersR 1982, 141; *Heistermann*, Vorschussanordnung vor der Beweisaufnahme – Folgen der fehlerhaften Zahlung, MDR 2001, 1085; *Helle*, Der Telefonzeuge im Zivilprozess, JR 2000, 353; *Hetger*, Sachverständige für ausländisches und internationales Privatrecht, DNotZ 1994, 88; *Heumann*, Das Sachverständigengutachten im familiengerichtlichen Verfahren, FuR 2001, 16; *Huber*, Aus der Praxis: Urkundenbeweis statt Zeugenvernehmung und Beweisantritt, JuS 2003, 907; *Hülsmann*, Kein Geständnis während der Parteivernehmung, NJW 1997, 617; *Jankowski*, Der Ortstermin im Zivilprozessrecht und der Eingriff in die Unverletzlichkeit der Wohnung, NJW 1997, 3347; *Jastrow*, Europäische Zustellung und Beweisaufnahme 2004 – Neuregelungen im deutschen Recht und konsularische Beweisaufnahme, IPRax 2004, 11; *Jorzig*, Arzthaftungsprozess – Beweislast und Beweismittel, MDR 2001, 481; *Kamphausen*, Prozessrechtliche Praxisprobleme bei der Untersuchung von Bau- und Wohnungsmängeln durch gerichtliche Sachverständige, BauR 1998, 500; *Kamphausen*, Zur Ablehnung eines Sachverständigen, BauR 1982, 302; *Kiethe*, Zulässigkeit von Beweisantritten bei Behauptungen auf Grundlage einer zivilrechtlichen Vermutungsbasis, MDR 2003, 1325; *Kirchhoff*, Der Verkehrsunfall im Zivilprozess – von der Schwierigkeit, Zeugen zu glauben, MDR 1999, 1473; *Kuckenberg*, Das Sachverständigengutachten im unterhaltsrechtlichen und im Zugewinnausgleichsverfahren, FuR 2001, 293; *Kunze*, Vernehmung von im Ausland wohnenden Zeugen, DRV 2002, 360; *Leipold*, Zur Pflicht des Zivilgerichts, im Ausland wohnende Zeuge im Wege der Rechtshilfe vernehmen zu lassen, ZZP 105, 507; *Lembcke*, Urkundenprozess, Zulässige Beweismittel und Darlegungslast, MDR 2008, 1016; *Lenz/Meurer*, Der heimliche Zeuge im Zivilprozess, MDR 2000, 73; *Leupertz*, Privatgutachten kontra selbstständiges Beweisverfahren, BauR 2007, 1790; *Luckey*, Die Widerklage gegen Dritte – Zeugen zum Abschuss freigegeben?, MDR 2002, 743; *Mayer*, Schriftliche Zeugenaussage gem. § 377 Abs. 3 ZPO und Beweisgebühr nach § 31 Abs. 1 Nr. 3 BRAGO, JurBüro 1999, 509; *Meyke/Saueressig*, Darlegen und Beweisen im Zivilprozess, 3. Aufl. 2016; *Meyke*, Die Funktion der Zeugenaussage im Zivilprozess, NJW 1989, 2032; *Meyke*, Plausibilitätskontrolle und Beweis, NJW 2000, 2230; *Müller*, Arzthaftung und Sachverständigenbeweis, MedR 2001, 487; *Müller*, Beweislast und Beweisführung im Arzthaftungsprozess, NJW 1997, 3049; *Nittner*, Verantwortlichkeit des Sachverständigen für notwendige Beschädigungen im Rahmen der Durchführung der Begutachtung, BauR 1998, 1053; *Olzen*, Das Verhältnis von Richtern und Sachverständigen im Zivilprozess, ZZP 1993, 66; *Olzen*, Das Verhältnis von Richtern und Sachverständigen im Zivilprozess unter besonderer Berücksichtigung des Grundsatzes der freien Beweiswürdigung, ZZP 93, 66; *Pantle*, Die Anhörung des Sachverständigen, MDR 1989, 312; *Peters*, Sachverständigeneid ohne Gerichtsbeschluss?, NJW 1990, 1832; *Reinecke*, Der Zeuge N.N. in der zivil- und arbeitsrechtlichen Praxis, MDR 1990, 767; *Reinecke*, Die Information des Zeugen über das Beweisthema, MDR 1990, 1061; *Sass*, Die Folgen der versäumten Zahlung des Auslagenvorschusses nach § 379 ZPO, MDR 1985, 96; *Schikora*, Einsichtnahme in die Handakten von Sachverständigen durch Gericht und Parteien, MDR 2001, 1033; *Schlosser*, EMRK und Waffengleichheit im Zivilprozess, NJW 1995, 1404; *Schmid*, Ordnungsmittel gegen einen nicht benötigten Zeugen?, MDR 1980, 115; *Schmidt*, Die Begründung der Ablehnung einer Parteivernehmung nach § 448 ZPO, MDR 1992, 637; *Schneider*, Fehlerhafte Beweisbeschlüsse, ZAP 2004, Fach 13, 1255; *Schneider*, Beweisrechtsverstöße in der Praxis, MDR 1998, 997; *Schneider*, Der Streitgenosse als Zeuge, MDR 1982, 372; *Schneider*, Die Urkundenvorlage im Prozess, MDR 1992, 20; Schneider, Wartepflichten bei der Zeugenvernehmung, MDR 1998, 1205; *Schneider*, Zur richterlichen Hinweispflicht und Fristsetzungspflicht bei nicht individualisierter Zeugenbenennung, MDR 1998, 1115; *Schöpflin*, Die Parteianhörung als Beweismittel, NJW 1996, 2134; *Schöpflin*, Probleme der Haftung des gerichtlichen Sachverständigen nach § 839a BGB, zfs 2004, 241; *Schrader*, Die Ladung des Sachverständigen zur mündlichen Erläuterung des Gutachtens, NJW 1984, 2806; *Schreiber*, Die Beweismittel im Zivilprozess, Jura 2009, 269; *Schroer*, Rechte und Pflichten des Steuerberaters als Zeuge, Information StW 2001, 213 und 245; *Schultz*, Ablehnung eines Sachverständigen, MDR 1985, 854; *Schulz*, Die Erörterung der richterlichen Beweiswürdigung mit den Parteien, MDR 2005, 1; *Seibel*, Einwendungsmöglichkeiten gegen Sachverständigengutachten im Berufungsverfahren, BauR 2009, 574; *Seibel*, Das Unterlassen von Einwendungen im selbstständigen Beweisverfahren und die Konsequenzen für den anschließenden Hauptsacheprozess, ZfBR 2008, 126; *Sendler*, Richter und Sachverständige, NJW 1986, 2907; *Siegburg*, Zum Beweisthema des Beweisbeschlusses beim Sachverständigenbeweis über Baumängel, BauR 2001, 875; *Sohn*, Die Bindungswirkung des Gutachtens im selbstständigen Beweisverfahrens, BauR 2009, 1213; *Stackmann*, Fehlerkontrolle zu Beweisaufnahme und Beweiswürdigung nach ZPO-Berufungsrecht, JuS 2004, 878; *Stegers*, Der medizinische Sachverständige im Arzthaftungsprozess, VersR 2000, 419; *Stromberg*, Über das Zeugnisverweigerungsrecht und die Genehmigungsbedürftigkeit von Zeugenaussagen kirchlicher Bediensteter, MDR 1974, 892; *Teplitzky*, Der Beweisantrag im Zivilprozess und seine Behandlung durch die Gerichte, JuS 1968, 71; *Tropf*, Die erweiterte Tatsachenfeststellung durch den Sachverständigen im Zivilprozess, DRiZ 1985, 87; *Werner*, Verwertung rechtswidrig erlangter Beweismittel, NJW 1988, 993; *Werner*, Zeugenvernehmung eines Rechtsanwaltes, AnwBl 1995, 113; *Wirth*, Ablehnung eines Sachverständigen wegen Besorgnis der Befangenheit, BauR 1991, 511; *Wittschier*, Die Parteivernehmung (§§ 447, 448 ZPO) im Lichte der Entscheidung des europäischen Gerichtshofes für Menschenrechte vom 27.10.1993, DRiZ 1997, 247.

A. Einleitung

1 Die Beweisaufnahme ist in der Praxis des Zivilprozesses das Herzstück der Prozessführung. Selten streiten die Parteien allein über Rechtsansichten.

2 Beweisen bedeutet, das Gericht von der Wahrheit des eigenen, ansonsten streitigen Tatsachenvortrages zu überzeugen und damit erst die Grundlage für den Klageanspruch oder das Durchdringen der Rechtsverteidigung zu schaffen. Es ist dem Mandanten häufig nur schwer zu vermitteln, dass es nicht auf sein Wissen oder seine Überzeugung ankommt, sondern auf die Fähigkeit, einem Dritten, dem Richter, diese Überzeugung zu vermitteln. Insoweit entscheidet sich in der Beweisaufnahme, ob die tatsächlichen Behauptungen des Mandanten zutreffen bzw. ob sie zur Überzeugung des Richters nachgewiesen sind und so sein Klagebegehren oder seine Rechtsverteidigung Erfolg hat. Diese Grundsituation muss mit dem Mandanten schon bei der Klärung des Sachverhaltes im Mandantengespräch beachtet werden.[1]

3 Trotz dieser ganz erheblichen praktischen Bedeutung wird zu Recht darauf hingewiesen,[2] dass das Beweisrecht als Stiefkind in der universitären Ausbildung wie im juristischen Vorbereitungsdienst behandelt wird. Schon die rechtlichen Grundlagen werden meist nur in den Grundzügen behandelt. Fragen der Beweislastverteilung, des taktischen Vorgehens oder gar der Vernehmungspsychologie werden nur rudimentär behandelt. Der Rechtsanwalt ist deshalb regelmäßig darauf angewiesen, erst durch seinen zunehmenden Schatz an Erfahrungen aus einer Vielzahl von Beweisaufnahmen diese taktisch und inhaltlich Erfolg versprechend zu gestalten.

4 Für den Praktiker stellen sich dabei beispielsweise folgende Fragen:
- Trägt die eigene Partei die (Darlegungs- und) Beweislast?
- Welche Beweisanträge sind in welcher Form zu stellen?
- Wann kann das Gericht von Amts wegen – zum Vor- oder Nachteil – des Mandanten Beweis erheben und wie kann dies angeregt bzw. verhindert werden?
- Welche Beweismittel stehen zur Verfügung und welche Besonderheiten sind hier zu beachten?
- Welchen Einfluss auf die Durchführung der Beweisaufnahme kann das erkennende Gericht nehmen?
- Wie kann die Beweisführung des Gegners erschwert oder verhindert werden?
- Welche Auswirkungen hat es, wenn der Beweis nicht geführt werden kann?

Die nachfolgenden Ausführungen sollen in Abschnitt B (siehe Rdn 7 ff.) die rechtlichen Grundlagen des Beweisrechtes der ZPO unter Einbeziehung der vorstehenden Fragestel-

---

[1] Hierzu § 2 Rdn 1 ff.
[2] Vgl. *Michel/von der Seipen*, Der Schriftsatz des Anwalts im Zivilprozess, 6. Aufl. 2004, S. 166.

lungen erläutern und dabei zugleich die prozesstaktischen Möglichkeiten des Rechtsanwaltes praxisnah aufzeigen.

Dabei liegt es in der Natur der Sache, dass angesichts der kaum noch zu übersehenden Kasuistik zum Beweisrecht im Rahmen der AnwaltFormulare Zivilprozessrecht nur die Grundzüge des Beweisrechtes dargestellt werden können und bei Spezialfragen auf die entsprechende Spezialliteratur verwiesen werden muss, wie sie im vorstehenden Literaturverzeichnis aufgeführt wurde.

Soweit der Rechtsanwalt für seinen Mandanten mit Anträgen und Anregungen selbst agieren kann, werden die einschlägigen Musteranträge in Abschnitt C (siehe Rdn 716 ff.) aufgeführt.

B. Rechtliche Grundlagen

I. Die Beweislast

1. Die Darlegungslast steht vor der Beweislast

Vor der Frage nach der Beweislast steht zunächst die Frage nach der Darlegungslast, d.h. die Frage danach, wer die jeweiligen, den Anspruch begründenden Tatsachen vorzutragen hat. Im Anschluss daran ist zu klären, welche **entscheidungserheblichen** Tatsachen streitig sind, bevor sich die Problematik stellt, wer das Vorliegen der streitigen Tatsache zu beweisen hat. Daran knüpft dann die Rechtsfolge an, zu wessen Lasten es geht, wenn das Vorliegen der Tatsache nicht bewiesen werden kann.

> *Hinweis*
>
> Welche Tatsachen entscheidungserheblich sind, ergibt sich zunächst aus der materiellen Anspruchsgrundlage, muss aber von dem Bevollmächtigten i.d.R. selbst festgestellt und bei dem Mandanten ermittelt werden. Eine Ermittlung der tatsächlichen Anspruchsvoraussetzungen von Amts wegen findet nicht statt. Dem Richter kommt allenfalls nach § 139 ZPO die Verpflichtung zu, auf unzureichenden Vortrag hinzuweisen.

> *Tipp*
>
> Auch wenn eine Ermittlung der tatsächlichen Anspruchsvoraussetzungen oder auch der Voraussetzungen einer rechtshindernden, rechtsvernichtenden oder rechtshemmenden Norm von Amts wegen grundsätzlich nicht stattfindet, hilft die gerichtliche Hinweispflicht nach § 139 ZPO den Parteien auf dem Weg zu einem schlüssigen bzw. erheblichen Vortrag. Das Gericht hat nach § 139 Abs. 1 S. 2 ZPO darauf hinzuwirken, dass sich die Parteien rechtzeitig und vollständig über alle erheblichen Tatsachen erklären, insbesondere ungenügende Angaben ergänzen, Beweismittel bezeichnen und sachdienliche Anträge stellen. Nach § 139 Abs. 2 ZPO soll das Gericht auch auf rechtliche und tatsächliche Gesichtspunkte hinweisen, die eine Partei erkennbar übersehen oder für unerheblich gehalten hat. Um entsprechende Hinweise sollte der

Rechtsanwalt grundsätzlich bitten, schon um sich für eine mögliche Berufungsinstanz den Einwand vorzubehalten, das Gericht habe gegen § 139 ZPO verstoßen (§ 520 Abs. 3 Nr. 2 ZPO) und aus diesem Grunde auch den Sachverhalt unrichtig oder unvollständig festgestellt (§ 520 Abs. 3 Nr. 3 ZPO). Dies gilt allerdings nicht für Nebenforderungen.

10 Für die Darlegungslast gilt der **Grundsatz**, dass der Kläger als Anspruchsteller die den Anspruch begründenden Tatsachen und der Beklagte als Anspruchsgegner die rechtshemmenden, rechtsvernichtenden und rechtshindernden Tatsachen vorzutragen hat.

11 Im Kern hat also jeweils die Partei die Darlegungslast, die hieraus einen für sie günstigen Vorteil zu begründen vermag. Welche Tatsachen hier notwendigerweise vorzutragen sind, bestimmt sich nach dem materiellen Recht. Die Tiefe des Vortrages bestimmt sich dann nach den Einwendungen des Beklagten.

12 *Beispiel*

Um einen Anspruch aus Pflichtverletzung eines Werkvertrages herzuleiten, reicht es zunächst aus, wenn der Kläger behauptet, zwischen den Parteien sei ein Werkvertrag geschlossen worden, und sich dann weiter mit der Pflichtverletzung auseinandersetzt.

Bestreitet dann der Beklagte, dass ein Werkvertrag zustande gekommen ist, so ist es nun an dem Kläger darzulegen, wann und wo der Vertrag zwischen wem und mit welchem Inhalt geschlossen worden sein soll. In diesem Fall spricht man auch von der Substantiierungslast.[3]

13 Die Grundregel der Darlegungs- und Substantiierungslast variiert nach den Erfordernissen des materiellen Rechtes[4] und unter Berücksichtigung des Umstandes, in welcher Sphäre sich ein tatsächlicher Lebenssachverhalt abgespielt hat. Eine Darstellung dieser Thematik würde den Rahmen der vorliegenden Abhandlung sprengen. Insoweit muss auf die Spezialliteratur verwiesen werden. Allein in der Rechtsprechung sind hierzu mehrere hundert veröffentlichte Entscheidungen in den letzten Jahren verzeichnet, was belegt, dass an dieser Frage häufig der Erfolg oder Misserfolg der anwaltlichen Bemühungen entschieden wird.

2. Die Grundzüge der Beweislastverteilung

14 Mit der Grundregel, dass jede Partei die ihr günstigen Tatsachen darzulegen und im Bestreitensfall zu substantiieren hat, korrespondiert dann grundsätzlich auch die Beweislastverteilung. Es gilt also auch hier der **Grundsatz**, dass jede Partei die ihr günstigen Tatsachen zu beweisen hat, soweit der Prozessgegner diese bestritten hat und sie für die Entscheidung des Rechtsstreites erheblich sind. Zu beweisen sind also nur die substantiiert vorgetragenen und erheblichen Tatsachen, die vom Gegner bestritten wurden.

---

[3] Hierzu *Meyke/Saueressig*, Darlegen und Beweisen im Zivilprozess, Rn 108 ff.; *Balzer*, Beweisaufnahme und Beweiswürdigung im Zivilprozess, 3. Aufl. 2011, Rn 7.
[4] S. hierzu die Fallgruppenbildung bei *Meyke/Saueressig*, Darlegen und Beweisen im Zivilprozess, Rn 74 ff.

B. Rechtliche Grundlagen § 11

Außerhalb dieser Grundregel kann sich die Beweislast aber auch aus **gesetzlichen Beweislastregeln** ergeben. Hier ordnet das Gesetz konkret an, wer eine den Anspruch begründende oder eine rechtshemmende, rechtsvernichtende oder rechtshindernde Tatsache zu beweisen hat.

Solche gesetzlichen Beweislastregeln finden sich z.B. in:
- § 179 Abs. 1 BGB: Die Inanspruchnahme des vollmachtlosen Vertreters,
- § 280 Abs. 1 S. 2 BGB: Verschulden bei Pflichtverletzung,
- § 345 BGB: Erfüllung bei der Vertragsstrafe,
- § 2326 Abs. 3 BGB: Der Beweis der Entziehung des Pflichtteils.

Daneben existiert eine umfassende Rechtsprechung zu den Beweislastregeln, die in der Spezialliteratur[5] nachgewiesen werden.

Ungeachtet solcher gesetzlichen Beweislastregelungen enthält das Gesetz in verschiedenen Normen **gesetzliche Vermutungen** für das Vorliegen einer Tatsache oder einer Rechtsinhaberschaft.

> *Checkliste gesetzlicher Vermutungen*
> - § 612 Abs. 1 und 2 BGB Vermutung für die Vereinbarung einer Vergütung und deren Höhe beim Dienstvertrag
> - § 891 BGB Vermutung der Inhaberschaft oder Nichtinhaberschaft eines Rechtes aufgrund der Eintragung im Grundbuch
> - § 921 BGB Vermutung der Nutzungsberechtigung von Grenzanlagen
> - § 938 BGB Vermutung für den Eigenbesitz
> - § 1006 BGB Vermutung für die Eigentümerstellung
> - § 1117 Abs. 3 BGB Vermutung für die Übergabe des Hypothekenbriefes
> - § 1138 BGB Öffentlicher Glaube des Grundbuches in Ansehung der Hypothek
> - § 1155 BGB Öffentlicher Glaube beglaubigter Abtretungserklärungen
> - § 1248 BGB Vermutung des Eigentums des Verpfänders
> - § 1253 Abs. 2 BGB Vermutung der Rückgabe des Pfandes
> - § 1362 BGB Eigentumsvermutung zugunsten des Gläubigers bei einem Ehegatten als Schuldner
> - § 1377 Abs. 1 BGB Vermutung für den Umfang des Zugewinns
> - § 1600c BGB Vaterschaftsvermutung im Anfechtungsprozess
> - § 2009 BGB Vermutung der Vollständigkeit des Nachlassverzeichnisses
> - § 2255 BGB Vermutung für die Aufhebung eines Testamentes
> - § 2365 BGB Vermutung der Richtigkeit des Erbscheins
> - § 2368 Abs. 3 BGB Vermutung der Richtigkeit des Testamentsvollstreckerzeugnisses

---

[5] Vgl. hierzu *Jäckel*, Das Beweisrecht der ZPO, 2. Aufl., 2014; *Schneider/Thiel*, Zivilprozessuales Beweisrecht, 2008; *Baumgärtel*, Handbuch der Beweislast, Bd. 1 und 2, 3. Aufl., 2011; Zöller/*Greger*, vor § 284 Rn 19; *Balzer*, Beweisaufnahme und Beweiswürdigung im Zivilprozess, 2. Aufl. 2005, Rn 21 ff.; *Meyke/Saueressig*, Darlegen und Beweisen im Zivilprozess, Rn 338 ff.

- § 437 Abs. 1 ZPO Vermutung der Echtheit einer öffentlichen Urkunde
- § 440 Abs. 2 ZPO Vermutung der Echtheit bei Privaturkunden

20 Bei dem Vorliegen einer gesetzlichen Vermutung ist diejenige Partei, für die sich die Vermutung günstig auswirkt, verpflichtet, die Voraussetzungen der gesetzlichen Vermutung in tatsächlicher Hinsicht darzulegen und für den Fall, dass diese von dem Gegner bestritten wird, auch zu beweisen. Es sind also die Indizien zu beweisen und nicht die an sich streitige Tatsache.

21 *Hinweis*

Die Vermutungen knüpfen regelmäßig an einfach darzulegende und zu beweisende Lebenssachverhalte an, sodass sich hier in der Praxis kaum Probleme zeigen.

22 Der Gegner hat dann die Möglichkeit, die **gesetzliche Vermutung seinerseits durch Beweismittel zu widerlegen**. Die Beweislast wird also faktisch umgekehrt.

3. Die Erörterung der Beweislastverteilung mit dem Mandanten

23 Kommt eine Partei ihrer Beweisverpflichtung nicht nach, so trägt sie damit das Risiko, den Prozess allein deswegen zu verlieren, weil sie eine ihren Sachantrag tragende Tatsachenbehauptung nicht beweisen kann.[6]

24 Die Frage der Beweislastverteilung ist deshalb mit dem Mandanten zwingend schon in Vorbereitung des Klagebegehrens bzw. der Rechtsverteidigung zu besprechen und zu erörtern.

25 Die schwierigste Aufgabe dürfte für den Rechtsanwalt darin bestehen, dass er dem Mandanten die Distanz zu seiner eigenen Sachverhaltsdarstellung vermitteln muss. Der Mandant muss verstehen, dass es für den Erfolg des Klagebegehrens oder der Rechtsverteidigung nicht ausreichend ist, dass er von seiner Sachverhaltsdarstellung ausgeht und überzeugt ist. Vielmehr muss der Mandant ebenso wie der Bevollmächtigte in seine Überlegungen einbeziehen, dass der Prozessgegner die eigene Sachverhaltsdarstellung bestreitet und damit die Notwendigkeit besteht, die Sachverhaltsdarstellung auch zur Überzeugung des letztlich neutralen Gerichts beweisen zu müssen.

26 *Hinweis*

Der Rechtsanwalt muss also **zunächst** prüfen, ob der von dem Mandanten mitgeteilte Sachverhalt das Klagebegehren oder die Rechtsverteidigung trägt, d.h. ausgehend von diesem Sachverhalt die konkreten, den Anspruch begründenden Voraussetzungen der Norm gegeben sind. Auf der Passivseite ist in gleicher Weise zu überprüfen, ob der von dem Mandanten mitgeteilte Sachverhalt die rechtshindernden, rechtshemmenden oder rechtsvernichtenden Einwendungen und Einreden trägt.

Auf der **zweiten Stufe** hat er dann zu überprüfen, welche Tatsachen gegebenenfalls von dem jeweiligen Gegner bestritten werden könnten. Hierbei kann er insbesondere

---

6 Zöller/*Greger*, vor § 284 Rn 18; *Eichele/Klinge*, Das Beweisbuch für den Anwalt, S. 3.

auf die im außergerichtlichen Rechtsverkehr erhobenen Einwendungen abstellen. Er muss allerdings auch den Mandanten befragen, ob mit weiteren Einwendungen zu rechnen ist.

Tipp 27

Der Rechtsanwalt sollte dabei immer von einem ganz destruktiven Gegner ausgehen, der alle erheblichen und für den Mandanten günstigen Tatsachen im Rahmen des prozessual Zulässigen bestreitet. Dies bewahrt davor, im späteren Prozess überrascht zu werden. Auch mindert es die Erwartungen der Partei und verhindert so einen überzogenen Erfolgsdruck für den Mandanten. Zeigt sich später dann eine erfolgreiche Prozessführung, ist der Mandant umso zufriedener.

Auf der **dritten Stufe** ist dann zu fragen, ob für den Fall des Bestreitens hinreichende Beweismittel zur Verfügung stehen und um welche Beweismittel es sich handelt. 28

In der Praxis lässt sich regelmäßig feststellen, dass die Parteien und auch mancher Bevollmächtigter der Auffassung ist, dass damit alle Voraussetzungen einer erfolgreichen Prozessführung gegeben zu sein scheinen. Dies ist jedoch unrichtig. 29

Auf der **letzten Stufe** muss mit dem Mandanten dann in aller Ernsthaftigkeit besprochen werden, wo die Stärken und Schwächen der Beweismittel liegen. Dabei ist insbesondere bei Zeugen auf die Aspekte der Glaubwürdigkeit – aus den Augen des Gerichts betrachtet – Wert zu legen. Der Bevollmächtigte hat also mit dem Mandanten zu klären, ob die von diesem angegebenen Beweismittel auch „werthaltig" sind. 30

So zeigt die Praxis der Beweisaufnahmen, dass benannte Zeugen sich in der Beweisaufnahme nur als Zeugen vom Hörensagen herausstellen. Auch lässt sich immer wieder feststellen, dass ein Teil der Zeugen überhaupt nichts zum eigentlichen Tatsachengeschehen bekunden kann, während andere Zeugen genau das Gegenteil der Ausführungen des eigenen Mandanten bekunden. Insbesondere ist hier der Unterschied zwischen eigenen Wahrnehmungen und Schlussfolgerungen aus den Wahrnehmungen herauszuarbeiten. 31

Letztlich zeigt die Erfahrung in einer Vielzahl von Beweisaufnahmen, dass die Zeugen Sachverhalte bekunden, die sich in der weiteren Beweisaufnahme als nicht haltbar herausstellen, weil sie mit technischen Abläufen nicht zu vereinbaren sind. Der Zeuge wird deshalb in Literatur und Rechtsprechung zu Recht als das schwächste, wenn auch häufigste Beweismittel bezeichnet. 32

Tipp 33

Der Rechtsanwalt sollte den beweisbelastenden Mandanten schon aus Gründen der Verminderung eigener Haftungsrisiken ausdrücklich auf das Risiko einer möglicherweise notwendigen Beweisaufnahme hinweisen. Dabei sollten die Angaben des Mandanten zu möglichen Beweismitteln und deren Werthaltigkeit festgehalten werden. Der Mandant sollte auch aufgefordert werden, weitere Beweismittel und alle Aspekte, die für die Beweiskraft der eigenen Beweismittel sprechen, unverzüglich mitzuteilen.

34 *Tipp*

Soweit der Zeuge zu Vorgängen gehört werden soll, die einer späteren technischen Begutachtung unterliegen, sollte je nach Bedeutung der Sache auch erwogen werden, die potentielle Aussage des Zeugen einer Plausibilitätskontrolle durch einen Privatgutachter zu unterziehen. Dies gilt insbesondere dann, wenn der Prozessgegner bereits außergerichtlich eingewandt hat, dass der von dem Zeugen geschilderte Sachverhalt schon technisch nicht möglich sei. Das Privatgutachten dient so der späteren Vorbereitung der Beweisaufnahme durch das eingeholte Sachverständigengutachten. Ist das Privatgutachten in diesem Sinne allein prozessbezogen, kommt eine spätere Erstattung der Kosten des Gutachtens in Betracht.[7] Ggf. kann auch mit der Rechtsschutzversicherung des Mandanten geklärt werden, ob sie die Kosten eines vorgerichtlichen Sachverständigengutachtens trägt. Soweit ein Privatgutachten nicht eingeholt werden soll, kann auch erwogen werden, über die offensichtlich streitigen Fragen zunächst ein selbstständiges Beweisverfahren zu betreiben.[8]

35 *Tipp*

Soweit der Zeuge eigene wirtschaftliche oder auch nur ideelle Interessen am Ausgang des Rechtsstreits oder eine besondere Nähe zum Kläger oder Beklagten hat, sollte dies mit der Benennung gegenüber dem Gericht sofort offenbart werden. Offenbart erst der Gegner diese für die Beurteilung der Zeugenaussage relevanten Gesichtspunkte, entsteht sonst der Eindruck, man habe den Umstand verschweigen wollen.

36 Liegen unmittelbare Kenntnisse des Mandanten über die Werthaltigkeit eines Beweismittels nicht vor, wird der Rechtsanwalt aus anwaltlicher Fürsorge verpflichtet sein, mit dem Mandanten zu erörtern, inwieweit diese Werthaltigkeit überprüft werden muss, bevor eine Klage erhoben wird oder der Bevollmächtigte seinem Mandanten empfiehlt, es auf eine gerichtliche Auseinandersetzung ankommen zulassen.

37 Dabei bietet sich für den Bevollmächtigten eine Vielzahl von Ansatzpunkten, um die Werthaltigkeit und Brauchbarkeit des Beweismittels zu überprüfen:

- Zunächst wird der Rechtsanwalt zu prüfen haben, ob etwa der Zeuge bereits in einem anderen Verfahren eine Aussage gemacht hat und ob die diesbezügliche Verfahrensakte beigezogen werden kann.

  Beispiel

  Der Mandant macht Ansprüche aus unerlaubter Handlung und Gefährdungshaftung nach einem Verkehrsunfallereignis geltend. Das Verkehrsunfallereignis ist polizeilich aufgenommen worden. Im Straf- oder Bußgeldverfahren hat die Polizei schriftliche Zeugenaussagen eingeholt und einzelne Zeugen persönlich vernommen.

---

[7] *Goebel*, Die Erstattungsfähigkeit von Privatgutachten als Kosten des Verfahrens, PA 2003, 46.
[8] Zu den weiteren Voraussetzungen s. unten *Schiffers/Walter*, Das selbstständige Beweisverfahren, § 12 Rdn 1 ff.

Hier kann und muss der Bevollmächtigte Einsicht in die Ermittlungsakte nehmen und die dort vorhandenen schriftlichen Aussagen auswerten. Gleiches gilt, wenn der Zeuge bereits in einem sozialrechtlichen oder verwaltungsrechtlichen Verfahren ausgesagt hat.

Hinweis

Soweit der Bevollmächtigte hierbei feststellt, dass dort auch Zeugenaussagen vorliegen, die das Begehren seines Mandanten nicht tragen, muss er sogleich erwägen, wie diesen Aussagen, auf die sich der Gegner voraussichtlich berufen wird, entgegengetreten werden kann. Hier gilt es insbesondere zu prüfen, inwieweit die Aussage durch objektive Anhaltspunkte, insbesondere technische Begutachtungen widerlegt werden kann.

- Der Rechtsanwalt ist grundsätzlich auch berechtigt, einen Zeugen bereits außergerichtlich anzuschreiben oder auch anzurufen und ihn um Mitteilung des von ihm festgestellten Sachverhaltes zu bitten.

Hinweis

Es kann dahingestellt bleiben, ob diese Verfahrensweise von einem Gericht „nicht gern gesehen" wird. Sie ist ohne Weiteres rechtlich zulässig, da allein in der Befragung darüber, welche Wahrnehmungen der Zeuge von einem konkreten Sachverhalt hat, noch keine unzulässige Zeugenbeeinflussung zu sehen ist.

In Verkehrsunfallsachen ist es so vielfach üblich, dass Versicherungen Zeugen um eine schriftliche Unfalldarstellung bitten, sodass nachfolgend sogar regelmäßig ein Prozess vermieden wird und es zur außergerichtlichen Regulierung kommt.

Für den Bevollmächtigten hat die vorherige Befragung von Zeugen auf diese Weise nicht nur den Vorteil, dass er die Werthaltigkeit des Beweismittels feststellen kann. Zugleich gewinnt er vielmehr eine Grundlage für die spätere Beweisaufnahme, um bei einer abweichenden Zeugenaussage vor dem Gericht dem Zeugen entsprechende Vorhaltungen aus seiner schriftlichen Aussage zu machen.

Beachtet werden muss allerdings, dass der Zeuge nicht verpflichtet ist, dem Bevollmächtigten Auskunft zu geben.

Tipp

Wurde ein Zeuge nicht nur außergerichtlich angeschrieben, sondern hat der Mandant oder der Bevollmächtigte mit diesem persönlich gesprochen, so sollte das Ergebnis der Zeugenbefragung schriftlich festgehalten und dem Zeugen mitgeteilt werden. Dies gibt dem Zeugen Gelegenheit, dass er mögliche unrichtige oder missverständliche Ausführungen klarstellt.

Tipp

Soweit dem Bevollmächtigten nicht gesichert erscheint, dass der Zeuge seine Bekundungen ihm gegenüber im Prozess auch tatsächlich aufrechterhält oder wenn der Zeuge schon sehr betagt ist oder ins Ausland geht, sollte er aufgefordert werden, seine Ausführungen im Wege einer eidesstattlichen Versicherung zu bekräftigen. So kann dem Zeugen die Aussage im Prozess nachhaltig vorgehalten werden, wenn er später hiervon abweicht. Auch kann die eidesstattliche Versicherung im Rahmen der freien Beweiswürdigung des Gerichts in den Prozess eingeführt werden. Es handelt sich dann um eine Urkunde, die allerdings nur beweist, dass der Zeuge eine solche Erklärung abgegeben hat, nicht auch, dass die Erklärung zutreffend ist.

- Zur Werthaltigkeit eines Beweismittels gehört auch dessen Erreichbarkeit. Insoweit wird der Bevollmächtigte auch zu klären haben, ob der Mandant über eine ladungsfähige Anschrift des Zeugen verfügt. Ist dies nicht der Fall, wird der Bevollmächtigte zunächst dieser Problematik folgen müssen d.h. versuchen, über die einschlägigen Informationssysteme die ladungsfähige Anschrift zu ermitteln.

Tipp

Hierbei kommt nicht nur die Möglichkeit in Betracht, eine Einwohnermeldeamtsanfrage am letzten vermuteten oder bekannten Wohnsitz zu starten. Vielmehr ergibt sich auch die Möglichkeit, im Internet über das bundesweite Telefonbuch[9] entsprechende Suchanfragen jedenfalls dann zu starten, wenn der Name gewisse Eigenarten aufweist und nicht mit einer unüberblickbaren Anzahl von Treffern zu rechnen ist. Dies gilt in gleicher Weise, wenn die Suche zumindest örtlich eingegrenzt werden kann. Auch Recherchen in Datenbanken über E-Mail-Adressen[10] oder Internetdomains[11] bieten sich an, ebenso wie ein Blick in die sozialen Medien. Letztlich können auch Anfragen bei dem Handelsregister, dem Grundbuchamt oder dem Gewerbeamt zu entsprechenden Ermittlungsergebnissen führen.[12]

- Bei schwierigen technischen Fragen kann es auch erforderlich sein, zunächst in der außergerichtlichen Sachverhaltsklärung einen Sachverständigen beizuziehen und hier einzelne Fragen bereits vorab im Wege des Privatgutachtens zu klären. Alternativ hierzu kommt die Einleitung eines selbstständigen Beweisverfahrens in Betracht.[13]

38 *Hinweis*

Dem Mandanten muss hier verdeutlicht werden, dass es für ihn kostengünstiger ist, wesentliche Streitfragen vorab in einem technischen Gutachten klären zu lassen. Dies hat den weiteren Vorteil, dass es dem Mandanten im Prozess möglich ist, seinen Vortrag sehr substantiiert zu gestalten, sodass die Anforderungen an den Vortrag des Prozessgegners steigen.

Stellt sich hier heraus, dass die technischen Annahmen des Mandanten nicht zutreffen, so kann von der Rechtsverfolgung oder der Rechtsverteidigung auch Abstand genommen werden, ohne dass erhebliche Prozesskosten entstanden sind. Stellt sich demge-

---

9 Im Internet: www.dasoertliche.de; www.gelbe-seiten.de.
10 Im Internet: www.emayl.de.
11 Im Internet: www.denic.de.
12 Vgl. zur Informationsbeschaffung umfassend Goebel/*Goebel*, AnwF Zwangsvollstreckung, 5. Aufl. 2016, § 1.
13 Hierzu unten *Schiffers/Walter*, Das selbstständige Beweisverfahren, § 12 Rdn 1 ff.

genüber erst im Prozess heraus, dass die technische Behauptung des Mandanten unzutreffend ist, muss er neben den Gutachterkosten auch die eigenen und die gegnerischen Prozesskosten tragen.

Tipp 39

In bestimmten Konstellationen können die Kosten des außergerichtlichen Privatgutachtens als Kosten des Rechtsstreits anerkannt werden.[14] Auch dieser Aspekt muss beachtet werden. Sollte sich im Prozess herausstellen, dass die Ausführungen des Privatgutachters gänzlich unzutreffend waren, kann der Rechtsanwalt hierauf mit der Streitverkündung gegenüber dem Privatgutachter reagieren, um diesen anschließend wegen Pflichtverletzung des Gutachtervertrages (§ 280 BGB) in Anspruch nehmen zu können.[15]

Nach Klärung der vorbezeichneten Problematik der Werthaltigkeit von Beweismitteln steht für Mandant und Rechtsanwalt das Prozessrisiko fest. Auf dieser Grundlage muss geklärt werden, ob der geltend gemachte Anspruch gerichtlich durchgesetzt werden bzw. ob dem vom Gegner geltend gemachten Anspruch in einem gerichtlichen Verfahren entgegengetreten werden soll. 40

II. Maßnahmen zur Verbesserung der Beweislage und taktische Möglichkeiten bei Prozessrisiken aufgrund der Beweislage

Je nach der Größe des bleibenden Prozessrisikos muss der Bevollmächtigte mit dem Mandanten **alternative Verfahrensweisen** erörtern, die die Beweislage verbessern; auch taktische Möglichkeiten in der Prozessführung müssen analysiert werden. 41

1. Die Geltendmachung von Auskunftsansprüchen

Immer wieder verkannt wird, dass der Bevollmächtigte die Beweissituation seines Mandanten durch die außergerichtliche oder auch gerichtliche Geltendmachung von Auskunftsansprüchen gegenüber Dritten oder aber auch gegenüber dem potenziellen Gegner verbessern kann. 42

Die Pflicht zur Auskunftserteilung kann sich aus unterschiedlichen Quellen ergeben, z.B. 43

- aufgrund gesetzlicher Regelungen,
- aufgrund konkreter vertraglicher Regelungen,

---

14 Vgl. *Goebel*, Die Kosten von Privatgutachten als Prozesskosten, PA 2003, 46; Rspr. z.B.: BGH MDR 2017, 487 f. (prozessbegleitender Sachverständiger); OLG Koblenz, MDR 2017, 911 und BauR 2017, 1424 f.; Saarl. OLG ZInsO 2017, 2032 f. (vorgerichtlicher Gutachter zur Feststellung der Zahlungsunfähigkeit (-); NJW 2017, 2919 ff. (prozessbegleitender SV).
15 Der Privatgutachter haftet wegen der Pflichtverletzung des mit ihm geschlossenen Gutachtervertrages nach § 280 BGB. Zur Haftung des gerichtlich bestellten Sachverständigen vgl. § 839a BGB.

> **Tipp**
>
> Ist der Bevollmächtigte auch in der vertraglichen Beratung tätig, sollte er hier bereits darauf achten, welche möglichen Anspruchskonstellationen sich für seinen Mandanten bei der vertraglichen Abwicklung ergeben können. Im Hinblick hierauf sollte er Auskunftsansprüche zu den den Anspruch begründenden Tatsachen in die vertraglichen Regelungen aufnehmen. Dies gibt dem Bevollmächtigten bei der späteren Auseinandersetzung die Möglichkeit, entweder außergerichtliche Auskunftsansprüche geltend zu machen oder aber unmittelbar gerichtlich im Wege der Stufenklage (§ 254 ZPO) vorzugehen.

- aufgrund von Nebenpflichten aus einem Vertragsverhältnis.

44 Dabei ist im Einzelfall zu prüfen, inwieweit die Auskunftspflicht auch die Verpflichtung umfasst, Urkunden, Augenscheinsobjekte oder sonstige Unterlagen herauszugeben.

45 *Beispiel*

So ist der Auftragnehmer nach § 666 BGB zunächst verpflichtet, dem Auftraggeber die erforderlichen Auskünfte über den Stand des Geschäftes zu erteilen und nach Ausführung des Auftrages Rechenschaft hierüber abzulegen. Dabei umfasst die Rechenschaftspflicht nach § 667 BGB die Verpflichtung, alles, was der Beauftragte in Ausführung des Auftrages erhalten oder erlangt hat, an den Auftraggeber herauszugeben (d.h. auch Urkunden).

46 *Beispiel*

Nach § 87 HGB hat der Handelsvertreter einen Anspruch auf Provision für alle während des Vertragsverhältnisses abgeschlossenen Geschäfte, die auf seine Tätigkeit zurückzuführen sind oder mit Dritten abgeschlossen wurden, die er als Kunden für Geschäfte der gleichen Art geworben hat. Nach § 87c HGB hat der Unternehmer über die Provision, auf die der Handelsvertreter Anspruch hat, monatlich abzurechnen, wenn der Abrechnungszeitraum vertraglich nicht auf einen Zeitraum von bis zu drei Monaten erstreckt wurde. Nach § 87c Abs. 2 HGB hat der Handelsvertreter nunmehr neben der Abrechnung einen Anspruch auf einen Buchauszug über alle Geschäfte, für die ihm nach § 87 HGB eine Provision zusteht.

2. Die gerichtliche Anordnung auf Vorlage von Urkunden, Akten und Augenscheinsobjekten, §§ 142 ff. ZPO

47 Zeigt sich erst während des gerichtlichen Verfahrens, dass die Notwendigkeit besteht, weitere Urkunden, Akten oder Augenscheinsobjekte vorzulegen, und befinden sich diese nicht im Besitz des Mandanten, sondern eines Dritten oder der gegnerischen Partei, so eröffnen die §§ 142–144 ZPO den Bevollmächtigten besondere Möglichkeiten.

48 Nach § 142 ZPO kann das Gericht anordnen, dass entweder eine Partei oder ein Dritter die in ihrem oder in seinem Besitz befindlichen Urkunden oder sonstigen Unterlagen, auf die sich eine Partei bezogen hat, vorlegt. Die Vorlagepflicht besteht dabei selbstver-

ständlich nur dann, wenn die Bezugnahme eine erhebliche Tatsache betrifft. Für die Vorlage der Urkunde kann das Gericht eine Frist bestimmen. So kann das Gericht etwa die Vorlage ärztlicher Unterlagen eines behandelnden Arztes als Dritten anordnen.[16] Auch der Insolvenzverwalter kann als Dritter zur Vorlage von Urkunden der Gemeinschuldnerin verpflichtet werden.[17] § 142 Abs. 1 ZPO ist auch anwendbar, wenn sich der beweispflichtige Prozessgegner auf eine Urkunde bezogen hat, die sich im Besitz der nicht beweisbelasteten Partei befindet.[18]

Die Bezugnahme muss aber in einer konkreten Behauptung bestehen, die durch die herausverlangte Urkunde lediglich nachgewiesen werden soll. § 142 ZPO dient nicht dazu, einer Partei die Darlegungslast dadurch zu erleichtern, dass das Gericht eine Ausforschung betreibt. Das Gericht ist deshalb nicht gehalten, auf den Vortrag einer Partei, weiterer, die Schlüssigkeit der Klage herbeiführender Vortrag befinde sich in bei ihr und bei dem Prozessgegner verfügbaren Aktenordnern, die Vorlage dieser Akten anzuordnen.[19]

49

Die vom OLG Frankfurt[20] und im Schrifttum[21] vertretene Auffassung, nach welcher der nicht beweisbelasteten Partei die Vorlage einer in ihrem Besitz befindlichen Urkunde zur Vermeidung von Wertungswidersprüchen nicht von Amts wegen nach § 142 Abs. 1 ZPO, sondern nur unter den Voraussetzungen der §§ 422, 423 ZPO aufgegeben werden kann, hat der BGH verworfen.[22] Nach dieser Ansicht käme es aus Sicht des BGH zu einer nicht auflösbaren Diskrepanz zu den §§ 422, 423 ZPO, wenn § 142 Abs. 1 ZPO in diesen Fällen eine Anordnung allein deswegen rechtfertigen würde, weil die beweispflichtige Partei sich auf die Urkunde bezogen hat. Eine solche Einschränkung des Anwendungsbereiches sei mit dem eindeutigen Wortlaut des § 142 Abs. 1 ZPO unvereinbar. Die Vorschrift ist danach unabhängig davon anwendbar, welche Partei sich auf die Urkunde bezogen hat. Dies entspricht auch dem Willen des Gesetzgebers. Nach den Gesetzesmaterialien kann die Bezugnahme auch durch den beweispflichtigen Prozessgegner erfolgen, ohne dass diesem ein materiell-rechtlicher Herausgabe- oder Vorlegungsanspruch zustehen muss.[23] Darüber hinaus besteht der behauptete Wertungswiderspruch zu den §§ 422, 423 ZPO nicht. Diese Vorschriften behalten auch dann ihren eigenständigen Anwendungsbereich, wenn man für eine Vorlegungsanordnung von Amts wegen entsprechend dem Wortlaut des § 142 Abs. 1 ZPO die Bezugnahme der beweispflichtigen Partei auf eine im Besitz des Prozessgegners befindliche Urkunde ausreichen lässt. Die §§ 422, 423 ZPO begründen bei Vorliegen ihrer tatbestandlichen Voraussetzungen eine unbedingte Vorlegungspflicht des Prozessgegners. Außerdem zieht die Nicht-

50

---

16 OLG Saarbrücken MDR 2003, 1250 = OLGR 2003, 252; LG Saarbrücken VersR 2003, 234.
17 LG Ingolstadt ZInsO 2002, 990 und NZI 2002, 390.
18 BGH NJW 2007, 2989; Landesarbeitsgericht Rheinland-Pfalz, Urt. v. 24.10.2013 – 10 Sa 277/13 –, zitiert nach juris.
19 BGH NJW-RR 2007, 1393.
20 OLG Frankfurt, Urt. v. 18.10.2006 – 1 U 19/06, OLGR Frankfurt 2007, 466 ff.
21 Stein/Jonas/*Leipold*, ZPO 22. Aufl. § 142 Rn 20 f.; B/L/A/H/*Hartmann*, ZPO 68. Aufl. § 142 Rn 6.
22 BT-Drucks 14/6036, 121; BGH NJW 2007, 2989; Zöller/*Greger*, Rn 7 zu § 142 ZPO.
23 BT-Drucks 14/4722 S. 78; in diesem Sinne auch Zöller/*Greger*, ZPO 32. Aufl. § 142 Rn 2; *Zekoll/Bolt*, NJW 2002, 3129, 3130; *Kraayvanger/Hilgard*, NJW 2003, 572, 574.

vorlegung ggf. die speziellen Rechtsfolgen des § 427 ZPO nach sich. Dagegen steht die Anordnung der Urkundenvorlegung gem. § 142 Abs. 1 ZPO im Ermessen des Gerichts.[24] Bei seiner Ermessensentscheidung kann es den möglichen Erkenntniswert und die Verhältnismäßigkeit einer Anordnung, aber auch berechtigte Belange des Geheimnis- und Persönlichkeitsschutzes berücksichtigen. Die Nichtbefolgung einer Anordnung nach § 142 Abs. 1 ZPO ist anders als bei den §§ 422, 423 ZPO nicht mit einer speziellen Sanktion bewehrt, sondern lediglich gem. §§ 286, 427 S. 2 ZPO frei zu würdigen. Schließlich liegt in der Anwendung des § 142 Abs. 1 ZPO in diesen Fällen auch keine prozessordnungswidrige Ausforschung des Prozessgegners. Die Vorschrift befreit die Partei, die sich auf eine Urkunde bezieht, nicht von ihrer Darlegungs- und Substantiierungslast. Dem entsprechend darf das Gericht die Urkundenvorlegung nicht zum bloßen Zwecke der Informationsgewinnung, sondern nur bei Vorliegen eines schlüssigen, auf konkrete Tatsachen bezogenen Vortrags der Partei anordnen.

51 *Hinweis*

Bei der Zurückweisung des Antrags auf Anordnung der Vorlage einer Urkunde durch den Gegner handelt es sich um eine Maßnahme der Verfahrensleitung, die dementsprechend nicht selbstständig mit der sofortigen Beschwerde angefochten werden kann.[25] Die Zurückweisung des Antrags ist vielmehr als Defizit der Sachverhaltsaufklärung mit der Berufung geltend zu machen.

52 In gleicher Weise kann das Gericht nach § 143 ZPO anordnen, dass die Parteien eine in ihrem Besitz befindliche Akte vorlegen, soweit diese aus Schriftstücken besteht, welche die Verhandlung und Entscheidung der Sache betreffen.

53 *Hinweis*

Die Korrespondenz zwischen der Partei und dem sie vertretenden Anwalt genießt verfassungsrechtlichen Schutz und kann daher nicht durch eine Vorlageanordnung nach § 142 ZPO herausverlangt werden. Dies gilt (schon wegen des Grundsatzes der Waffengleichheit) nicht nur für den Beklagten, sondern auch für den Kläger.[26]

54 Letztlich kann durch das Gericht nach § 144 ZPO die Einnahme des Augenscheins sowie die Begutachtung durch Sachverständige angeordnet werden und dabei die Verpflichtung einer Partei oder eines Dritten ausgesprochen werden, ein in ihrem oder seinem Besitz befindliches Augenscheinsobjekt vorzulegen. Auch hier kann für die Vorlage eine Frist gesetzt werden.

55 *Hinweis*

Zu beachten ist allerdings, dass die Vorlageverpflichtung des Dritten insoweit entfällt, wie die Vorlage entweder für den Dritten nicht zumutbar ist oder der Dritte zur

---

24 Vgl. Zöller/*Greger*, ZPO 32. Aufl. § 142 Rn 8.
25 OLG Frankfurt OLGR 2008, 67; OLG Karlsruhe v. 7.4.2005 – 7 W 12/05; OLG Frankfurt/M. v. 17.12.2004 – 13 W 98/04, OLGR Frankfurt/M.2005, 594 f.
26 LG Karlsruhe v. 24.1.2004 – 4 O 67/04, Beschwerde nicht zulässig, vgl. OLG Karlsruhe v. 7.4.2005 – 7 W 12/05.

Zeugnisverweigerung gemäß den §§ 383–385 ZPO berechtigt ist. Die Befürchtung, dass nach § 142 Abs. 1 ZPO vorzulegende Unterlagen in weiteren Verfahren gegen den Vorlegenden verwendet werden, begründet jedenfalls dann keine Unzumutbarkeit der Vorlage der Unterlagen, wenn der Vorlegende der Partei, die sich auf die Unterlagen bezogen hat, ohnehin materiell-rechtlich zur Gewährung von Einsicht verpflichtet ist.[27] Andererseits hat der BGH entschieden, dass eine gem. § 142 ZPO als Dritte auf Vorlage von Unterlagen in Anspruch genommene juristische Person die Herausgabe verweigern darf, wenn ihr dadurch ein eigener vermögensrechtlicher Schaden entstehen würde (§ 142 Abs. 2 S. 1 ZPO i.V.m. § 384 Nr. 1 ZPO). Hierfür genügt es, dass die Durchsetzung von Ansprüchen gegen sie auch nur erleichtert würde.[28]

Exkurs – Die vertragliche Vereinbarung von Beweiserleichterungen: Soweit der Rechtsanwalt schon in der Vertragsgestaltung für den Mandanten tätig ist, sollte er darauf achten, dass die vertraglichen Vereinbarungen auch Bestimmungen über die Erleichterung des Nachweises der anspruchsbegründenden Tatsachen oder – soweit zulässig – auch eine Umkehr der Beweislast enthalten.

Als Grenzen einer solchen Vereinbarung muss der Rechtsanwalt beachten:
- Die Vereinbarung darf nicht sittenwidrig im Sinne von § 138 BGB sein.
- Die Vereinbarung darf nicht gegen Treu und Glauben verstoßen.
- Die Vereinbarung darf nicht gegen nicht disponible gesetzliche Beweislastregeln verstoßen.

Hinweis
Als besondere Grenze ist hier § 309 Nr. 12 BGB zu nennen. Danach ist in Allgemeinen Geschäftsbedingungen, d.h. auch formularmäßigen Vertragsbedingungen, eine Bestimmung unwirksam, wonach der Verwender die Beweislast zum Nachteil des anderen Vertragsteiles ändert, insbesondere indem er diesem die Beweislast für Umstände auferlegt, die im Verantwortungsbereich des Verwenders liegen, oder den anderen Vertragsteil bestimmte Tatsachen bestätigen lässt mit Ausnahme von Empfangsbekenntnissen, die gesondert unterschrieben oder mit einer gesonderten qualifizierten elektronischen Signatur versehen sind.

Tipp
§ 309 Nr. 12 BGB gilt allerdings nur für Bestimmungen in Allgemeinen Geschäftsbedingungen. Wird die Frage der Umkehr der Beweislast oder von Beweiserleichterungen ausdrücklich individuell besprochen und vereinbart, gilt diese Einschränkung nicht.

In der Vorbereitung eines gerichtlichen Schriftsatzes muss der Bevollmächtigte beachten, dass er jede Tatsache, für die sein Mandant die Beweislast trägt, auch unter Beweis stellt. Demgegenüber ist in der Praxis immer wieder festzustellen, dass ein zusammen-

---

27 OLG Stuttgart NJW-RR 2007, 250.
28 BGH NJW 2007, 155.

hängender Sachverhalt dargestellt wird und dann pauschal dieser unter Beweis durch das Zeugnis einzelner benannter Zeugen, Urkunden und Sachverständigengutachten gestellt wird.

61 *Hinweis*

In dieser Darstellungsart kann der Rechtsanwalt nicht mit gerichtlichen Hinweisen zur Beweislastverteilung nach § 139 ZPO rechnen. Nach § 139 Abs. 2 ZPO muss das Gericht nämlich nur auf einen Gesichtspunkt hinweisen, den eine Partei erkennbar übersehen oder für unerheblich gehalten hat. Bei der geschilderten Darlegungsweise muss das Gericht aber davon ausgehen, dass der Rechtsanwalt die Beweislast gesehen hat, auch wenn er in seiner Darstellung und seinen Beweisangeboten über seine Verpflichtung aus der Beweislast hinausgeht.

Der Rechtsanwalt vermeidet danach Fehler im Angebot von Beweismitteln und aktiviert die gerichtliche Hinweispflicht, wenn er jede einzelne Tatsache, für die er die Beweislast trägt, unter Beweis stellt. Dies kann auch als Selbstkontrolle dienen, ob alle relevanten Tatsachen nicht nur formal unter Beweis gestellt sind, sondern auch tatsächlich durch das angegebene Beweismittel nachgewiesen werden können.

62 Soweit der Bevollmächtigte aufgrund des außergerichtlichen Schriftverkehrs damit rechnen muss, dass der Gegner bestimmte Behauptungen über Tatsachen aufstellt und diese unter Beweis stellt, kann er schon in seinem Schriftsatz dem entgegentreten. Er sollte sodann bei seinem Beweisangebot deutlich machen, dass er die Beweislast bei dem Gegner sieht und lediglich Gegenbeweis zur Erschütterung des vom Gegner zu führenden Beweises anbietet. Dabei sollte er um einen ausdrücklichen Hinweis nach § 139 ZPO bitten, soweit das Gericht die Beweislastverteilung anders beurteilt. Ein solcher Hinweis kann sich auch daraus ergeben, dass das Gericht die Erhebung des Gegenbeweises anordnet, obwohl der eigentliche Beweisführer keinen Beweis angeboten hat. Auch kann sich der Hinweis aus der Verteilung der Auslagenvorschusspflicht ergeben. Hier sollte der Anwalt nach der Prüfung des Beweisbeschlusses mit der Bitte um Korrektur in Form der Gegenvorstellung bitten.

63 *Hinweis*

Angesichts der Beschränkungen der Berufungsinstanz ist es nicht mehr ratsam, Beweismittel zurückzuhalten. Nach § 531 Abs. 2 Nr. 3 ZPO sind neue Angriffs- und Verteidigungsmittel in der Berufungsinstanz nämlich nur noch dann zuzulassen, wenn sie im ersten Rechtszug nicht geltend gemacht worden sind, ohne dass dies auf Nachlässigkeit der Partei beruht.

64 *Hinweis*

Will der Bevollmächtigte Fehler des Gegners bei der Beurteilung der Beweislastverteilung nutzen, kann er auch darauf verzichten, aufgeführte Beweismittel auch ausdrücklich als solche zu bezeichnen. Allerdings muss dabei berücksichtigt werden, dass er Gefahr läuft, dass das Gericht davon ausgeht, dass der Bevollmächtigte die

Beweislast für die unter Beweis gestellte Tatsache bei sich selbst sieht. Welche Vorgehensweise gewählt wird, muss deshalb jeweils im Einzelfall entschieden werden. Dabei wird der Bevollmächtigte insbesondere die Spruchpraxis des konkret entscheidenden Gerichts zu berücksichtigen haben, soweit ihm hierüber angesichts der nunmehr zulässigen bundesweiten Tätigkeit Erkenntnisse vorliegen.

Hinweis 65
Der Bevollmächtigte wird grundsätzlich verpflichtet sein, jede Tatsache unverzüglich unter Beweis zu stellen. Dies führt auch dazu, dass der Bevollmächtigte dem Mandanten die Beweisbedürftigkeit der Tatsachen deutlich macht und diesen gleichzeitig auffordert, entsprechende Beweismittel zu benennen. Der Bundesgerichtshof[29] erachtet es als haftungsbegründendes Verschulden, wenn der Anwalt den Mandanten nicht unverzüglich auf die Beweisbedürftigkeit der eigenen Behauptung hinweist und der Mandant aus diesem Grund nicht rechtzeitig in der Lage ist, ein Beweismittel zu benennen, und nach der Benennung dieses als verspätet zurückgewiesen wird.

3. Die Führung von Vergleichsgesprächen

Muss der Mandant befürchten, dass er seinen Prozess alleine deshalb verliert, weil er 66
mangels hinreichender Beweismittel voraussichtlich nicht in der Lage sein wird, seinen Tatsachenvortrag und damit seinen Anspruch zu beweisen, sollte die Möglichkeit in Betracht gezogen werden, den Anspruch durch das Führen von Vergleichsgesprächen zumindest teilweise durchzusetzen.[30]

Dabei muss berücksichtigt werden, dass für die Führung von Vergleichsgesprächen nicht 67
allein die Beurteilung der Sach- und Rechtslage unter Berücksichtigung der Beweislast und der zur Verfügung stehenden Beweismittel entscheidend ist. So stehen für die Mandanten wie für den Gegner neben rechtlichen Fragestellungen immer auch wirtschaftliche und persönliche Fragestellungen im Vordergrund. Es können daher trotz einer risikoreich zu beurteilenden Rechtsposition des Mandanten erfolgreiche Vergleichsgespräche geführt werden, wenn die Parteien das gemeinsame Ziel einer weiteren gemeinsamen Zusammenarbeit haben. Das Gleiche gilt, wenn besondere persönliche Verhältnisse etwa familiärer Art vorliegen oder besondere örtliche Verbindungen wie etwa die Nachbarschaft von Grundstücksbesitzern oder Wohnungseigentümern vorliegen. Erst recht gilt dies im Rahmen von Streitigkeiten über einzelne Aspekte von Dauerschuldverhältnissen, wenn das Dauerschuldverhältnis fortgesetzt werden soll.

Für Vergleichsgespräche ist dabei vom Bevollmächtigten zu klären, ob es über den 68
konkreten Streitgegenstand hinaus weitere klärungsbedürftige Aspekte gibt, die in die Vergleichsgespräche eingeführt werden können, sodass ein beiderseitiges Interesse am erfolgreichen Abschluss von Vergleichsgesprächen initiiert werden kann.

---

29 BGH NJW 1993, 2676; so auch OLG Brandenburg für die Steuerberaterhaftung, DStRE 2017, 827–832.
30 Vgl. hierzu auch *Goebel*, Mangelnde Erfolgsaussichten: So führen Sie Vergleichsverhandlungen für den Beklagten, PA 2005, 109 sowie oben § 6 Rdn 1 ff.

69 Erachten Mandant und Bevollmächtigter das Prozessrisiko für zu groß und bieten sich keine Anhaltspunkte für die Aufnahme von Vergleichsgesprächen, muss erwogen werden, wie die Streitigkeit möglichst kostengünstig erledigt werden kann. So kommt aufseiten des anspruchstellenden Mandanten der Verzicht auf den Anspruch, die Klagerücknahme oder – nach mündlicher Verhandlung der Klageverzicht in Betracht. Auf der Passivseite ist die außergerichtliche Erfüllung des geltend gemachten Anspruchs oder im gerichtlichen Verfahren das Anerkenntnis, die Erfüllung mit nachfolgender Erklärung der Erledigung der Hauptsache als in der Regel kostengünstigste Variante oder der Erlass eines Versäumnisurteils anzuraten,[31] auf dessen Grundlage auch ein Vollstreckungsvergleich geschlossen werden kann.

4. Die Erhebung einer Teilklage zur Verminderung des Kostenrisikos

70 Besteht aufgrund der Beweislage Unsicherheit darüber, ob die begehrten Ansprüche dem Grunde und/oder der Höhe nach in vollem Umfang durchgesetzt werden können, kann die Teilklage prozesstaktisch sinnvoll sein.[32]

71 Die Teilklage bietet den Vorteil, dass der Streitwert auf den eingeklagten Teil beschränkt und so das Kostenrisiko der Klage begrenzt werden kann. Die Teilklage setzt voraus, dass der geltend gemachte Anspruch seiner Natur nach teilbar ist.

72 In Betracht kommt die Teilklage dann, wenn der Mandant seinen Anspruch zwar schlüssig vortragen kann, jedoch nicht hinreichend sicher ist, ob er diesen auch beweisen kann:

73 *Beispiel*

K. behauptet, am 25.9.2017 mit B. in einem Café einen Darlehensvertrag über 16.000 EUR geschlossen zu haben. Die Darlehenssumme sollte am 25.12.2017 ohne weitere Kündigung nebst 400 EUR Zinsen zurückgezahlt werden. Mit am Tisch befand sich die Ehefrau des B. sowie weitere drei Arbeitskollegen des B. Diese haben die Vereinbarungen hören können. K. ist sich aber nicht sicher, dass sie dies wahrheitsgemäß vor Gericht bestätigen.

Hier kann es sich für K. empfehlen, zunächst einen kleineren Teilbetrag einzuklagen und den Verlauf der Beweisaufnahme abzuwarten, wenn es ihm nicht gelingt, vorgerichtlich schriftliche Erklärungen der Zeugen zu erhalten. Einerseits besteht die Gefahr, dass sich die Zeugen aufgrund der Nähe zu B. „nicht mehr erinnern", andererseits kann nicht ausgeschlossen werden, dass sie unter dem Eindruck der gerichtlichen Wahrheitspflicht und der diesbezüglichen Belehrung wahrheitsgemäß aussagen.

74 *Hinweis*

Der Rechtsanwalt hat selbstverständlich auch die Möglichkeit, die Zeugen zuvor außergerichtlich anzuschreiben – zumindest im vorliegenden Beispielsfall die Ar-

---

[31] S. hierzu die Ausführungen in § 6 Rdn 1 ff.
[32] Zu weiteren Möglichkeiten des prozesstaktischen Einsatzes der Teilklage: *Goebel*, Die Teilklage in der Prozesstaktik der Parteien, PA 2002, 144.

beitskollegen – und um eine Auskunft zu bitten. Dies birgt aber die Gefahr, dass B. als Gegner bereits frühzeitig über die eigene Beweisschwäche informiert ist und die Zeugen sich ohne gerichtliche Ermahnung schriftlich festlegen und bei einer für K. negativen Antwort auf dieser später beharren.

Ergibt sich im Laufe des Prozesses ein für den Kläger positives Zwischenergebnis bzw. Beweisergebnis, kann die Klage jederzeit nach § 264 Nr. 2 ZPO erweitert werden. 75

Beispiel 76

Nach der Aufklärung zum Haftungsgrund in einer Verkehrsunfallsache teilt der Richter in der mündlichen Verhandlung nach einer Beweisaufnahme mit, dass er von einem Mitverschulden des K. von 30 Prozent ausgeht. Wird dies vom Mandanten akzeptiert, kann versucht werden, mit dem Gegner eine außergerichtliche Einigung auf der Grundlage der Quote 70 : 30 zu erzielen. Anderenfalls kann die Klage um die weiteren Schadenspositionen mit einer Quote von 70 Prozent erhöht werden. Eine solche Klageerhöhung bedarf keiner Zustimmung des Beklagten nach § 263 ZPO. Das Gericht kann sie nicht als nicht sachdienlich nach § 263 ZPO zurückweisen, wenn der zugrunde liegende Sachverhalt bereits mit der Klage vorgetragen wurde. Die Klageerhöhung ist nicht verspätet, da es sich weder um ein „Angriffsmittel" noch um ein „Vorbringen" handelt, sondern um den Angriff selbst.[33]

Hinweis 77

Es sollte allerdings bei einem solchen Vorgehen darauf geachtet werden, dass zumindest eine Anspruchsposition auch der Beweisaufnahme zur Anspruchshöhe bedarf, sodass auf jeden Fall ein Beweisbeschluss ergehen muss. Dies ist erforderlich, damit die Klageerhöhung nach der mündlichen Verhandlung, in der der Hinweis erteilt wurde, schriftlich eingereicht werden kann. Die Klageerweiterung kann im Übrigen nur mit Zustimmung des Vorsitzenden mündlich zu Protokoll erklärt werden, § 297 ZPO.

Tipp 78

Verweigert der Vorsitzende die Zustimmung, muss eine Unterbrechung der Sitzung beantragt werden. Der Antrag ist dann schriftlich zu formulieren und nach §§ 297, 160 Nr. 5 ZPO als Anlage zum Protokoll zu geben. Dieser kann auch vorbereitet werden.

Wird so vorgegangen, kann der Beklagte nicht einwenden, dass die Ankündigung des Antrags nicht rechtzeitig war (§§ 335 Abs. 1 Nr. 3, 132 ZPO). 79

Es müssen allerdings auch die **Risiken der Teilklage** berücksichtigt werden: 80

- Grundsätzlich hemmt die Klageerhebung die Verjährung, § 204 BGB. Dies gilt bei einer Teilklage aber nur hinsichtlich des rechtshängig gewordenen Teilanspruchs.

---

33 BGH NJW 1997, 1990; BGH MDR 1997, 966 f.

Im Übrigen läuft die Verjährung weiter.[34] Dies kann angesichts der neuen kurzen Regelverjährung des § 195 BGB von drei Jahren problematisch werden.

> *Hinweis*
>
> Der Rechtsanwalt muss die Verjährungsfrist bei einer Teilklage also intensiv überwachen und sich schon bei Klageerhebung eine Frist für die Klageerhöhung für den Fall der drohenden Verjährung notieren. Steht die Erhebung der Teilklage im (Kosten-)Interesse sowohl des Klägers als auch des Beklagten, kann allerdings eine verjährungsverlängernde Vereinbarung nach § 202 Abs. 2 BGB getroffen werden.

- Auch für die Rechtskraft gilt, dass sie nur den rechtshängig gewordenen Teilanspruch erfasst, d.h. nur insoweit rechtskräftig die Anspruchsberechtigung feststeht. Dies gilt bei der offenen und der verdeckten Teilklage. Nur soweit die Rechtskraft greift, kommt der Kläger in den Genuss der längeren Verjährungsfrist des § 197 Abs. 1 Nr. 3 BGB.
- Der Beklagte kann – wenn er nicht selbst aufgrund des auch bei ihm angesiedelten Prozessrisikos eine Teilklage aus Kostengründen für sinnvoll erachtet – neben dem Klageabweisungsantrag eine **negative Feststellungsklage** in Form der Widerklage erheben. Voraussetzung hierfür ist allein die Behauptung des Beklagten, dass sich der Kläger über den rechtshängig gemachten Teilanspruch hinaus außergerichtlich weiterer Ansprüche berühmt. Für den Beklagten hat dies den Vorteil, dass er die kostenbegrenzenden Überlegungen des Klägers zunichtemacht. Die negative Feststellungsklage ist dem Streitwert nach ebenso wie die bezifferte Leistungsklage zu bewerten.[35]

> *Hinweis*
>
> Allerdings muss der Beklagte hierfür auch die Voraussetzungen schaffen, d.h. den Kläger auffordern, zu erklären, ob er sich noch über die Klageforderung hinausgehender Ansprüche „berühmt". Mit dieser Aufforderung wird deutlich, dass der Beklagte die negative Feststellungsklage erheben möchte, sodass eine erneute Analyse der Prozessrisiken erforderlich ist. Ggf. muss der Aufforderung Rechnung getragen werden, dass keine weiteren Ansprüche behauptet werden. Denkbar ist aber auch, zum Angriff überzugehen und der negativen Feststellungsklage durch eine eigene Klageerhöhung die Grundlage zu entziehen und so das Heft des Handelns in der Hand zu behalten.

5. Zeugen des Gegners ausschalten

81 Schon bei der Frage, wer im Wege der Klage in Anspruch genommen werden soll, ist die Beweissituation zu berücksichtigen. Das Gleiche gilt bei der Überlegung, ob und gegen wen Widerklage erhoben werden könnte.

---

34 BGH NJW-RR 2008, 521; BGH NJW 2002, 2167; OLG Stuttgart, VersR 2008, 109.
35 BGH NJW 1997, 1787; OLG Hamm, GRUR-RR 2016, 383 f.

Ist eine Person als Beklagter Prozesspartei, so kann er nicht zugleich Zeuge sein. Er kann allein als Partei nach §§ 447, 448 ZPO vernommen werden. § 447 erlaubt eine Vernehmung des Beweisführers jedoch nur auf Antrag einer Partei, wenn die andere Partei zustimmt.[36] 82

Nach § 448 ZPO kommt die Anhörung einer Partei von Amts wegen nur in Betracht, wenn bereits eine Beweisaufnahme des erkennenden Gerichts stattgefunden hat und das Gericht der Parteivernehmung bedarf, um restliche Zweifel an seiner Überzeugung auszuräumen. Die Praxis zeigt, dass es auch hieran regelmäßig fehlt. 83

Dem Gericht bleibt daher bei einer Partei nur die Möglichkeit, diese nach § 141 ZPO zur weiteren Sachverhaltsaufklärung anzuhören. Das Gebot der Waffengleichheit verpflichtet in diesem Fall das Gericht aber, beide Parteien anzuhören. Zwar ist es dem Gericht danach nicht verwehrt, einer Partei zu glauben. Die Praxis zeigt demgegenüber aber, dass eher Beweislastentscheidungen getroffen werden. 84

Ausgehend von dieser Grundsituation muss der Rechtsanwalt bei der Fertigung der Klage darauf achten, dass er mögliche Zeugen der Gegenseite mit verklagt, wenn dies möglich ist. Denkbare Fallkonstellationen sind dabei: 85
- Es wird nicht nur der zahlungskräftige Gesamtschuldner, sondern es werden alle Gesamtschuldner verklagt.
- Auch wenn nur ein Ehegatte einen Vertrag geschlossen hat, wird der andere Ehegatte auf der Grundlage von § 1357 BGB mit in Anspruch genommen.
- Bei einem Anspruch gegen die Gesellschaft bürgerlichen Rechts wird nicht nur diese, sondern werden daneben auch alle Gesellschafter verklagt.

> *Hinweis*
> Dies hat im Übrigen auch besondere Vorteile in der Zwangsvollstreckung, da insoweit auch die Vollstreckung in das Privatvermögen der Gesellschafter möglich ist.

- In einer Verkehrsunfallsache ist nicht nur der Haftpflichtversicherer des Kraftfahrzeuges auf der Grundlage des Direktanspruchs zu verklagen, sondern daneben auch der Fahrer und der Halter. Nach der zum 1.8.2002 in Kraft getretenen Schadensersatzrechtsnovelle kommt auch die Klage gegen den Halter des Anhängers in Betracht, insbesondere dann, wenn dieser als Unfallzeuge in Betracht kommt.

> *Hinweis*
> Dabei ist allerdings zu beachten, dass der Gegner den eigenen Fahrer durch die Erhebung einer Widerklage ausschalten kann.

- In Einzelfällen kann es allerdings auch ratsam sein, gerade auf die Einbeziehung eines „Anspruchsgegners" in die Klage zu verzichten, nämlich immer dann, wenn hier von einer für den Mandanten günstigen Aussage auszugehen ist.

---

36 Vgl. hierzu nachfolgend Rdn 642.

Beispiel

Bei dem Unfallgegner handelt es sich um einen Bekannten des Mandanten, der am Unfallort auch seine Alleinschuld am Unfallereignis zugibt. Um diesem ein Bußgeldverfahren zu ersparen und wegen der vermeintlich eindeutigen Lage, wird auf die Hinzuziehung der Polizei verzichtet. In der Schadensregulierung wendet der Haftpflichtversicherer nun trotz des Schuldanerkenntnisses ein Mitverschulden, jedenfalls aber die Mitverursachung aufgrund der vom Kfz ausgehenden Betriebsgefahr ein, sodass der Mandant zumindest den Unabwendbarkeitsnachweis nach § 17 Abs. 3 StVG führen müsste.

Hier kann es sinnvoll sein, auf eine Einbeziehung des Bekannten des Mandanten als Fahrer und Halter in die Klage zu verzichten und diesen stattdessen als Zeugen für das Unfallereignis und seine Alleinschuld zu benennen.

Hinweis

Beachtet werden muss allerdings, dass die Haftpflichtversicherungen nach ihren internen Bearbeitungsrichtlinien eine solche Vorgehensweise häufig als Indiz für ein fingiertes Unfallereignis heranziehen und mit entsprechenden Einwänden im Prozess gerechnet werden muss.

6. Prozessstandschaft als taktisches Element für die Beweisführung

86 Der Mandant kann seinen Anspruch auch von einem Dritten in gewillkürter Prozessstandschaft führen lassen, wenn er die Voraussetzungen der Prozessstandschaft begründen oder jedenfalls gestalten kann.

87 Voraussetzung der gewillkürten Prozessstandschaft ist, dass
- der Mandant den Dritten zur Geltendmachung des Anspruchs in eigenem Namen ermächtigt, was sich auch aus schlüssigem Verhalten ergeben kann;[37]
- das Recht grundsätzlich abtretbar ist und einem Dritten zur Ausübung überlassen werden kann;
- der Prozessstandschafter, d.h. der klagende Dritte im Prozess klarstellt, dass und für wen er als Prozessstandschafter auftritt;
- der Prozessstandschafter ein eigenes schutzwürdiges Interesse daran hat, das Recht im eigenen Namen geltend zu machen.[38]

88 *Hinweis*

Hier liegt in der Praxis der Schwerpunkt der Auseinandersetzung mit dem Klagegegner, wenn die Prozessstandschaft zu einer Änderung der Beweissituation führt, in der der eigentliche Anspruchsinhaber nun als Zeuge benannt werden kann.

---

37 BGHZ 94, 117; OLG Oldenburg, BauR 1991, 465–467.
38 BGHZ 92, 349; 96, 152; OLG Hamm, ErbR 2016, 269 ff.

B. Rechtliche Grundlagen § 11

Die **Schutzwürdigkeit eines Interesses** des Prozessstandschafters wurde in folgenden Fällen **bejaht**: 89
- Klage eines BGB-Gesellschafters wegen einer Forderung der Gesellschaft bei Ermächtigung durch die Gesellschaft bzw. alle übrigen Gesellschafter,[39]
- Klage des Pflichtteilberechtigten für den Erben,[40]
- Klage eines Pächters auf Herausgabe eines Grundstückes nach § 985 BGB an sich selbst anstelle des Eigentümers,[41]
- Klage eines Wohnungseigentümers wegen Mängel aller Wohnungseigentümer, wenn er hierzu von diesen ermächtigt wurde,[42]
- ein Ehegatte macht mit Zustimmung des anderen Ehegatten Ansprüche aus Mängelbeseitigung aus dem gemeinsamen Bau eines Hauses geltend.[43]

Verneint wurde das schutzwürdige Interesse dagegen bei der willkürlichen Verschiebung der Prozessrollen, um das Kostenrisiko auszuschließen oder zu mindern, etwa wenn allein der Prozessstandschafter PKH-berechtigt ist.[44] 90

In den Fällen der gewillkürten Prozessstandschaft kann dann der Rechtsinhaber als Zeuge vernommen werden, sodass die Beweislage auf diese Weise nachhaltig verbessert werden kann. 91

> *Hinweis* 92
>
> Die Tatsache, dass nun der Rechtsinhaber als Zeuge vernommen werden kann, steht der Zulässigkeit der gewillkürten Prozessstandschaft nach der ausdrücklichen Rechtsprechung des BGH für sich allein genommen nicht entgegen.[45] Allerdings ist dieser Umstand in der Beweiswürdigung durch das Gericht zu berücksichtigen. In der Regel wird es unter dem Gesichtspunkt der prozessualen Waffengleichheit die gegnerische Partei nach § 141 ZPO anhören. Ungeachtet dessen ist jedenfalls formal die bessere Position erreicht bzw. der Mandant in die Lage versetzt, überhaupt einen Beweis anbieten zu können.

Alternativ zur Prozessstandschaft kommt natürlich auch die Abtretung des Anspruchs an einen Dritten in Betracht, der diesen dann in eigenem Namen geltend macht. Dabei ist zu beachten, dass sich die Abtretung als Vertrag darstellt, d.h. es nicht nur einer Abtretungserklärung bedarf, sondern auch einer entsprechenden Annahmeerklärung.[46] 93

---

39 BGH NJW 1988, 1585; 1987, 3121.
40 BGH NJW-RR 1988, 126.
41 BGH NJW-RR 1986, 158.
42 BGHZ 100, 391.
43 BGHZ 94, 117.
44 BGH MDR 1989, 536.
45 BGH NJW 1988, 1585.
46 Dazu die nachfolgenden Ausführungen unter Rdn 94.

7. Die richtige aktive Prozesspartei bestimmen

94 Der anspruchsberechtigte Mandant kann seine Beweislage auch dadurch verbessern, dass er den Anspruch an einen Dritten abtritt und nunmehr dieser den Anspruch im Wege der Klage geltend macht, während der Mandant als Zeuge benannt werden kann. Diese Verbesserung der Beweissituation ist in der Rechtsprechung anerkannt.[47] Die Gefahr liegt darin, dass der Dritte tatsächlich Anspruchsinhaber wird, d.h. einerseits die Rückführung des durchgesetzten Anspruchs gesichert sein muss, andererseits die Gläubiger des Dritten auf den Anspruch zugreifen können. Zudem ist auch von dem Dritten eine Prozessvollmacht zu erteilen.

95 *Hinweis*

Als Dritte kommen insbesondere der Ehegatte oder sonstige nahe Verwandte in Betracht. Zu beachten ist, dass die Abtretung einen Vertrag darstellt, sodass die Abtretung vom Mandanten erklärt und vom Dritten angenommen werden muss. Eine entsprechende Urkunde für den Prozess ist daher von beiden zu unterzeichnen. Dies wird in der Praxis immer wieder übersehen. Zwar kann dieser Mangel geheilt werden. Er führt aber bei einem auf die Heilung folgenden unmittelbaren Anerkenntnis des Gegners zur Kostenlast nach § 93 ZPO.

96 Diese Art der Prozessführung ändert allerdings nichts daran, dass das Gericht das besondere Interesse am Ausgang des Prozesses bei dem Mandanten als „Zeugen" im Rahmen der Beweiswürdigung zu berücksichtigen hat.

97 *Hinweis*

Während der Mandant sonst aber nach §§ 447, 448 ZPO regelmäßig zu keinem beweisrechtlich relevanten Gehör kommt, muss das Gericht ihn nun zunächst einmal als Zeugen vernehmen. Überzeugt der Mandant so glaubwürdig, wird dies nicht ohne Wirkung auf den Ausgang des Verfahrens bleiben. Das Gericht muss nach § 286 ZPO nämlich die leitenden Gründe seiner Überzeugung im Urteil angeben. Allein das wirtschaftliche Interesse am Ausgang des Prozesses wird aber nicht begründen können, dass dem „Zeugen" nicht geglaubt wird.

III. Die Beweismittel im Einzelnen

1. Der Zeugenbeweis

98 Für die nachfolgenden Ausführungen muss dahingestellt bleiben, ob der Mensch als Zeuge „eine Fehlkonstruktion" ist.[48] In der Praxis ist jedenfalls feststellbar, dass der Zeugenbeweis sich als die überwiegende Beweisart darstellt. Dies gilt ungeachtet der in Literatur und Rechtsprechung unbestrittenen Tatsache, dass der Zeuge das schwächste aller Beweismittel ist. Allerdings muss sich der Bevollmächtigte immer bewusst machen,

---

47 BGH WM 1976, 424; OLG Frankfurt/M. VersR 1982, 1079.
48 *Bender/Nack/Treuer*, Tatsachenfeststellungen vor Gericht, Band 1, 4. Aufl. 1995, Rn 13.

dass auch der Richter um die Schwäche des Beweismittels weiß und deshalb durchaus eher zu einer Beweislastentscheidung tendiert, wenn Zweifel nicht ausgeräumt werden. Dies muss auch der Partei vermittelt werden.

Problematisch ist schon der tatsächliche Wahrnehmungsprozess des Zeugen, wenn dieser in der konkreten Situation nicht gezielt auf die Wahrnehmung der für die Streitfrage entscheidenden Tatsachen konzentriert war.

> *Beispiel*
>
> Der Zeuge Z hat sich als Fußgänger an der Fußgängerampel befunden und darauf gewartet, dass diese auf Grün umspringt. Insoweit hat er zunächst die andere Straßenseite beobachtet, wenngleich er auch immer wieder nach rechts und links geblickt hat. Es kommt auf der vor ihm liegenden Straße zu einem Verkehrsunfallereignis, in dem der B auf das Fahrzeug des A auffährt.
>
> Hier erscheint es schon höchst problematisch, inwieweit der auf das Fahrzeuggeschehen nicht zwingend konzentrierte Zeuge etwas zu Abständen, Geschwindigkeiten und zeitlichen Abfolgen sagen kann. Gleichwohl versuchen ihn die Haftpflichtversicherungen, die Bevollmächtigten, der Sachverständige und das Gericht hierauf festzulegen. Nicht jeder Zeuge widersteht der Versuchung, eine Vermutung zur Tatsache werden zu lassen. Kontraproduktiv wirkt sich dies aus, wenn sich später herausstellt, dass die Angabe des Zeugen technisch nicht möglich ist. Dies entwertet dann die gesamte Aussage. Bevollmächtigte und Gericht müssen deshalb den Zeugen so befragen, dass Tatsachenbekundungen und Vermutungen getrennt und in dieser Differenzierung deutlich werden.

Als weiteres Hindernis für eine spätere objektiv zutreffende Aussage des Zeugen stellt sich dar, dass viele Zeugen nicht unmittelbar an dem eigentlichen Streitgeschehen beteiligt sind. Das vorangegangene Beispiel eines Verkehrsunfallereignisses belegt dies ohne Weiteres. Von daher ist relevant, inwieweit der Zeuge sich dauerhaft an die dem Streitereignis zugrunde liegenden Tatsachen erinnert.

> *Hinweis*
>
> Es wurde schon in anderem Zusammenhang (Rdn 35) darauf hingewiesen, dass zeitnahe Aussagen des Zeugen zu sichern oder durch eigene Anschreiben des Bevollmächtigten zu erhalten sind, da diese dem Zeugen dann in der späteren Beweisaufnahme vorgehalten werden können. Neben der Sicherung durch den Bevollmächtigten selbst, indem er sich eine schriftliche Aussage oder gar eine eidesstattliche Versicherung übersenden lässt oder auch selbst die Mitteilungen des Zeugen ihm gegenüber dokumentiert, kommt auch die Anregung der Anhörung des Zeugen in einem anderen förmlichen Verfahren, etwa einem Straf- oder Bußgeldverfahren nach einem Verkehrsunfallereignis oder einer sonstigen unerlaubten Handlung in Betracht.

§ 11 Das Beweisrecht

103 *Tipp*

Gerade dort, wo erhebliche Zeiträume vergehen, bis es nach einer Klageerhebung zu einem Termin zur mündlichen Verhandlung und Beweisaufnahme kommt, sollte bei Gelegenheitszeugen nicht darauf verzichtet werden, diese zu bitten, ihre Wahrnehmungen schriftlich zu fixieren.

104 Letztlich stellt sich die Problematik, inwieweit der Zeuge nach einem zum Teil erheblichen Zeitablauf vor Gericht seine tatsächlichen Wahrnehmungen auch so zum Ausdruck bringen kann, dass diese von dem Gericht authentisch aufgenommen und festgestellt werden. Dabei stellt sich als besondere Problematik dar, dass die Zeugenaussagen nicht wörtlich erfasst werden, sondern der Zivilrichter regelmäßig die Aussage des Zeugen als „Zusammenfassung" mit seinen eigenen Worten diktiert. Manche Aussage wird dadurch klarer und eindeutiger, als sie es in Wahrheit war.

105 *Tipp*

Hier sollte der Rechtsanwalt auf eine sehr genaue Erfassung der Zeugenaussage Wert legen. Dies kann der Bevollmächtigte auch durch Nachfragen und Vorhalte erreichen, ohne das Gericht „wegen unzureichender Protokollführung" zu brüskieren. Auch kann das Gericht gebeten werden, relevante Geschehnisse rund um die Aussage zu protokollieren, etwa dass der Zeuge erst auf mehrfache Nachfrage antwortet, dass er lange nachdenkt, auf die Frage ärgerlich oder laut reagiert usw.

106 *Beispiel einer solchen Nachfrage*

„Habe ich Sie dahingehend richtig verstanden, dass …?"

„Sie wollen also behaupten, dass …."

107 In Einzelfällen mag dazu allerdings auch der Antrag nach § 160 Abs. 4 ZPO gehören, die Zeugenaussage oder jedenfalls einzelne Teile wörtlich zu protokollieren. Dazu wird dem Gericht deutlich zu machen sein, dass es gerade auf die wörtliche Wiedergabe der Zeugenaussage ankommt.

108 *Hinweis*

Verweigert das Gericht fehlerhaft die wörtliche Protokollierung und ist deshalb die nachfolgende Beweiswürdigung im Urteil unrichtig, so kann der Bevollmächtigte hierauf nach § 520 Abs. 3 Nr. 2 ZPO wegen eines Rechtsfehlers in Form eines Verfahrensfehlers die Berufung stützen.

109 Trotz dieser Mängel des Beweismittels „Zeuge" zeigt sich in der Praxis, dass mangels anderer, zuverlässigerer Beweismittel die Entscheidung des Gerichts auf die Aussage des oder der Zeugen gestützt wird, wenn es nicht gelingt den Wahrheitsgehalt in Zweifel zu ziehen. Die gängige Formulierung des Zivilrichters ist dabei, dass die Aussage des Zeugen „nachvollziehbar und widerspruchsfrei" ist und „die Beweisaufnahme keine Anhaltspunkte dafür geliefert hat, dass der Zeuge nicht die Wahrheit sagt".

Tipp 110

Inwieweit die Aussage des Zeugen tatsächlich nachvollziehbar und widerspruchsfrei ist, hängt wesentlich auch davon ab, ob der Bevollmächtigte von seiner Möglichkeit Gebrauch macht, dem Zeugen Fragen zu stellen und Aspekte der Glaubwürdigkeit zu problematisieren.

Insbesondere ist es hier Aufgabe des Rechtsanwaltes, den Zeugen der Gegenseite zu Relativierungen zu zwingen oder ihn sogar in Widersprüche zu verwickeln. Dies kann gerade dann gelingen, wenn das Gericht gebeten wird, die Aussage des Zeugen abschnittsweise zu diktieren, sodass bei späteren Nachfragen eine abweichende Aussage des Zeugen aufgenommen wird und aus diesem Grunde der Widerspruch in der Aussage des Zeugen deutlich zutage tritt.

Dies setzt allerdings auch wieder voraus, dass der Bevollmächtigte ausdrücklich um die Gelegenheit bittet, zum Ergebnis der Beweisaufnahme noch vortragen zu dürfen. Er sollte darauf bestehen, dass ihm hierzu eine angemessene Frist „ab dem Zugang des Protokolls" gewährt wird. Auch wenn dies verweigert wird, sollte unmittelbar nach dem Termin und ggf. nochmals nach Eingang des Protokolls Stellung genommen werden, wenn erkennbar wurde, dass das Gericht dem oder den Zeugen der Gegenseite folgen möchte. 111

Die nachfolgenden Ausführungen orientieren sich im Wesentlichen an der rein tatsächlichen feststellbaren Häufigkeit des Zeugenbeweises und stellen die Anforderungen an dieses Beweismittel dar. Aspekte der Aussagenpsychologie werden dort, wo ein unmittelbarer Zusammenhang erkennbar wird, erwähnt, ohne dass dieses Werk die Möglichkeit gibt, die weitreichenden Facetten der Aussagenpsychologie aufzuarbeiten. 112

Tipp 113

Angesichts der Tatsache, dass sowohl im juristischen Studium als auch im juristischen Vorbereitungsdienst eine vertiefende Beschäftigung mit der Aussagenpsychologie nicht stattfindet, sollte der Rechtsanwalt sich bemühen, diese offenkundigen Defizite der Ausbildung durch entsprechende Fortbildungsmaßnahmen zu schließen. Aus der Erfahrung erschließt sich, dass der in der Beweisaufnahme sachgerecht agierende Bevollmächtigte häufig die Beweisaufnahme auch in die von ihm gewünschte Richtung steuern und so regelmäßig erfolgreich gestalten kann.

a) Wer kann Zeuge sein?

Als Zeuge kommt nur diejenige Person in Betracht, die nicht Partei des Rechtsstreites ist und nicht als Partei vernommen werden kann.[49] 114

Beispiel 115

Der Geschäftsführer einer GmbH ist nicht selbst Partei. Da die GmbH selbst als Partei jedoch nur durch ihre Organe, d.h. den Geschäftsführer, handeln kann, tritt

---

49 Zöller/*Greger*, vor §§ 373–401 ZPO Rn 1, 5.

dieser an die Stelle der Partei und wird als Partei vernommen. Damit scheidet der Geschäftsführer bei einer GmbH als Zeuge aus.

116 *Hinweis*

Die Formulierung, dass Zeuge sein kann, wer nicht zur Parteivernehmung zugelassen wird, ist weiter. So sind Minderjährige nicht zur Parteivernehmung zugelassen und können nach dieser heute vorherrschenden Ansicht als Zeuge vernommen werden, auch wenn sie Partei des Rechtsstreites, vertreten durch ihre gesetzlichen Vertreter, sind.[50]

117 *(Check-)Liste der nicht als Zeuge in Betracht kommenden Personen*
- der Geschäftsführer einer GmbH
- der persönlich haftende Gesellschafter einer offenen Handelsgesellschaft
- der persönlich haftende Gesellschafter einer Kommanditgesellschaft
- der Vorstand eines Vereins, der zur gerichtlichen Vertretung ermächtigt ist
- der gesetzliche Vertreter der Aktiengesellschaft
- der gesetzliche Vertreter des Minderjährigen
- der Streitgenosse, soweit die Beweisfrage ihn selbst betrifft[51]

118 In der Praxis bedeutsam ist, dass auch ein Mitglied einer Wohnungseigentümergemeinschaft als Zeuge vernommen werden kann, wenn die Wohnungseigentümergemeinschaft selbst Partei ist. Der Vernehmung als Zeuge steht nicht der Umstand entgegen, dass er nach § 27 Abs. 3 S. 2 WEG zur Vertretung der Gemeinschaft berechtigt ist. Zwar können die gesetzlichen Vertreter einer parteifähigen juristischen Person oder Personenmehrheit nicht als Zeuge vernommen werden.[52] Eine gesetzliche Befugnis zur Vertretung einer rechtsfähigen Wohnungseigentümergemeinschaft steht den Wohnungseigentümern nach § 27 Abs. 3 S. 2 WEG aber schon nur gemeinsam mit den übrigen Wohnungseigentümern und nur unter der weiteren Voraussetzung zu, dass ein Verwalter fehlt oder dieser zur Vertretung nicht berechtigt ist. Wird also die WEG durch ihren Verwalter vertreten, kommt dem einzelnen Wohnungseigentümer eine gesetzliche Vertretungsbefugnis nicht zu. Der Grundsatz, wonach der gesetzliche Vertreter einer Partei nicht als Zeuge vernommen werden darf, ist folglich durch die Vernehmung des Miteigentümers als Zeuge nicht verletzt.[53]

119 Entscheidend für die Frage, ob jemand als Partei oder als Zeuge zu vernehmen ist, ist der Zeitpunkt der Vernehmung.[54]

120 *Tipp*

Der Rechtsanwalt muss insoweit auch nach dem Erlass eines Beweisbeschlusses darauf achten, ob sich durch entsprechende Statusänderungen auch Änderungen in

---

50 BGH NJW 2000, 289, 291; Zöller/*Greger*, vor §§ 373–401 Rn 5.
51 BGH MDR 1984, 47; Zöller/*Greger*, vor §§ 373–401 Rn 7.
52 BGH NJW 1965, 2253, 2254; Zöller/*Greger*, vor §§ 373–401 Rn 8.
53 AG Lichtenberg ZMR 2008, 576.
54 BGH MDR 1965, 287; Zöller/*Greger*, vor §§ 373–401 Rn 5.

der Einordnung als Zeuge oder Partei ergeben oder jedenfalls herstellen lassen, etwa durch ein ergangenes Teilurteil, ein Anerkenntnisurteil oder eine teilweise Klagerücknahme. Auch kann die Zeugenstellung durch die Abtretung des Anspruches oder die Abberufung als Geschäftsführer erreicht werden.

Beispiel

Werden Ansprüche durch oder gegen eine GmbH in Familienbesitz geltend gemacht, so lohnt es sich häufig, kurz vor der Beweisaufnahme einen aktuellen Handelsregisterauszug anzufordern,[55] um nun nachzuweisen, dass ein als Zeuge benanntes Familienmitglied zwischenzeitlich (auch) Geschäftsführer geworden ist und damit als Zeuge nicht mehr vernommen werden kann. In gleicher Weise kann dadurch, dass die Stellung als Gesellschafter aufgegeben wird, die entsprechende Person als Zeuge vernommen werden.

In der Praxis zeigen sich immer wieder verschiedene **Problembereiche in der Abgrenzung**, ob jemand als Zeuge oder als Partei zu vernehmen ist:
- Der Zedent ist grundsätzlich Zeuge im Prozess des Rechtsnachfolgers, da er selbst nicht mehr Rechtsinhaber und damit nicht Partei des Rechtsstreites ist.

    Hinweis

    Umstritten ist, wie zu verfahren ist, wenn die Zession nur deshalb durchgeführt wurde, um den Zedenten als Zeugen zu gewinnen.

    Nach einer Auffassung[56] soll in diesem Falle schon die Zeugenstellung des Zedenten entfallen. Nach anderer Auffassung bleibt der Zedent Zeuge, da er nicht Prozesspartei ist. Allerdings sind die Umstände der Abtretung im Rahmen der Beweiswürdigung des Gerichts maßgeblich zu berücksichtigen.[57] Der letzten Auffassung ist der Vorzug zu geben. Sie ermöglicht in der Praxis sachgerechte Ergebnisse.

- Liegt ein Fall der gesetzlichen oder gewillkürten Prozessstandschaft vor, so ist der materielle Rechtsinhaber solange Zeuge, wie er nicht formell Partei des Rechtsstreites ist.

    Hinweis

    Klagt einer von mehreren Miterben eine Nachlassforderung mit der Maßgabe ein, dass die Forderung an alle Miterben als Gesamtgläubiger auszugleichen ist, so können die nicht als Partei am Prozess beteiligten Miterben als Zeugen vernommen werden.[58] Auf diese Weise kann das Prozessgeschehen also ebenfalls beeinflusst werden.

---

55 Elektronisch unter www.unternehmensregister.de.
56 RG JW 1906, 329.
57 BGH NJW 2001, 826; WM 1976, 424; Zöller/*Greger*, vor §§ 373–401 Rn 6.
58 MüKo-ZPO/*Damrau*, § 373 Rn 13; MüKo-ZPO/*Dütz*, 3. Aufl., § 2039 Rn 20.

Tipp

Liegt ein Fall der gewillkürten Prozessstandschaft vor, sind allerdings deren Voraussetzungen streng zu prüfen. So reicht allein das Ziel, einen Zeugen für den Rechtsstreit zu gewinnen, nicht aus, um die gewillkürte Prozessstandschaft zu rechtfertigen.

- Der Kommanditist einer KG ist nicht Partei und wird auch nicht für die KG als Partei vernommen, sodass er Zeuge sein kann.[59] Dies gilt auch dann, wenn der Kommanditist als Prokurist der KG tätig ist.[60]
- Der Gesellschafter einer OHG, die als solche Partei ist, kann als Zeuge vernommen werden, sofern er durch den Gesellschaftsvertrag von der Vertretung der Gesellschaft ausgeschlossen ist.[61]
- Aktionäre einer Aktiengesellschaft können ebenso wie die Aufsichtsratsmitglieder als Zeuge vernommen werden, soweit diese nicht zugleich gesetzlicher Vertreter der Aktiengesellschaft sind.
- Zeuge kann auch der Gesellschafter einer GmbH sein, soweit er nicht deren zur Vertretung bestimmter Geschäftsführer ist.
- Die Mitglieder eines eingetragenen Vereines können Zeugen sein, soweit sie nicht als Mitglieder des Vorstandes den Verein kraft Satzung oder Gesetzes vertreten. Bei einem nicht eingetragenen Verein sind alle Vereinsmitglieder, die nicht Vorstandsmitglieder sind, ebenfalls Zeugen.

Hinweis

Dies gilt bei dem nicht eingetragenen Verein dann nicht, wenn dieser durch alle seine Mitglieder aktiv als Kläger tätig wird oder der Kläger nicht den nicht eingetragenen Verein als solchen in Anspruch nimmt, sondern alle seine Mitglieder.

- Die nach § 52 ZPO als minderjährige oder geschäftsunfähige Person nicht prozessfähige Partei kann in dem von ihr betriebenen Prozess als Zeuge vernommen werden.[62]

Hinweis

Davon ist nur dann eine Ausnahme zu machen, wenn das Prozessgericht den Minderjährigen, der das sechzehnte Lebensjahr bereits vollendet hat, nach § 455 Abs. 2 ZPO über Tatsachen als Partei vernimmt, die in eigenen Handlungen des Minderjährigen bestanden haben oder Gegenstand der Wahrnehmung des Minderjährigen gewesen sind, wenn das Gericht dies nach den Umständen des Einzelfalles für angemessen erachtet.

Als Partei wird in diesem Fall gem. § 455 Abs. 1 ZPO der gesetzliche Vertreter vernommen.

---

59 BGHZ 42, 230, NJW 1965, 2253.
60 BAG BB 1980, 580.
61 BGHZ 42, 230; BGH NJW 1965, 2253, Zöller/*Greger*, vor §§ 373–401 Rn 6.
62 BGH NJW 1965, 2253.

- Auch der gesetzliche Vertreter einer Partei kann im Einzelfall als Zeuge in Betracht kommen. Dies ist dann möglich, wenn er im konkreten Einzelfall keine Vertretungsbefugnis für die gesetzlich vertretene Partei hat.

  Beispiel

  Wird ein minderjähriges Kind gem. § 53a ZPO in einem Rechtsstreit durch einen Beistand vertreten, so ist die Vertretung durch den sorgeberechtigten Elternteil ausgeschlossen.

  Eine solche Beistandschaft kommt etwa in Betracht, wenn auf den schriftlichen Antrag eines Elternteils das Jugendamt als Beistand des Kindes für ein Verfahren auf Feststellung der Vaterschaft oder der Geltendmachung von Unterhaltsansprüchen und vergleichbarer Ansprüche nach § 1712 BGB bestellt wird. Die grundsätzliche gesetzliche Vertretung nach §§ 1626, 1626a BGB wird damit eingeschränkt. Die Eltern können nun Zeugen sein.

  Beispiel

  Der Vormund kann Zeuge im Prozess seines Mündels sein, sofern er im konkreten Einzelfall er von der Vertretung ausgeschlossen ist (§§ 1795, 1796, 1803 BGB) und das Mündel durch einen Pfleger nach § 1794 BGB vertreten wird.

  Im Gegensatz zum Vormund ist der Gegenvormund kein gesetzlicher Vertreter des Mündels und kann deswegen grundsätzlich Zeuge im Prozess sein.

  Beispiel

  Die Eltern oder ein Elternteil als gesetzliche Vertreter des Kindes können dort Zeuge sein, wo sie von der gesetzlichen Vertretung ausgeschlossen sind und ein Vertreter bestellt ist. Sind die Eltern etwa von der Vermögenssorge nach § 1666 BGB ausgeschlossen und ist für diesen Aufgabenbereich ein Pfleger nach § 1630 Abs. 1 BGB bestellt, so sind die Eltern oder der Elternteil als Zeuge heranzuziehen, der vertretungsberechtigte Pfleger dagegen als Partei.

- Der einfache Streitgenosse kann insoweit als Zeuge vernommen werden, wie er von der Beweisfrage als Partei nicht selbst betroffen ist.[63]
- Wird einem Dritten in dem Prozess der Streit verkündet, kann der Dritte solange als Zeuge im Prozess auftreten, wie er dem Rechtsstreit noch nicht als Nebenintervenient beigetreten ist.

  Hinweis

  Der Nebenintervenient, der dem Rechtsstreit aufseiten einer der Parteien beigetreten ist, gilt als Streitgenosse dieser Partei und damit als Partei im Prozess. Er kann nicht mehr als Zeuge vernommen werden. Eine Ausnahme gilt nur dort, wo der Sach- und Streitstand nicht das Rechtsverhältnis zu ihm betrifft. Es kann deshalb sinnvoll sein, den „unterstützenden" Nebenintervenienten nicht am Prozess zu beteiligen, die Bindungswirkung des späteren Urteils durch eine schuldrechtliche

---

[63] BGH NJW 1983, 2508; OLG Düsseldorf MDR 1971, 56.

Vereinbarung sicherzustellen und den Nebenintervenient dann als Zeugen auftreten zu lassen. Diese Form der Hilfe kann oft effektiver sein als nur die formale Beteiligung am Rechtsstreit.

- Nimmt einer von mehreren Berufungsführern sein Rechtsmittel wirksam zurück, steht seiner späteren Vernehmung als Zeuge nicht entgegen, dass er wegen der einheitlich zu treffenden Kostenentscheidung noch Verfahrensbeteiligter ist.[64]

b) Die Geeignetheit des Zeugen als Beweismittel

123 Als Zeuge kommt grundsätzlich nur in Betracht, wer aus eigener Wahrnehmung Kenntnisse über die beweisbedürftige Tatsache hat.

124 Stehen keine Beweismittel, insbesondere auch keine Zeugen für den Nachweis der beweisbedürftigen Tatsachen zur Verfügung, so kann Zeuge auch sein, wer über Indizienwahrnehmungen Auskunft geben kann, die im Wege des Indizienbeweises zur Überzeugung des Gerichts führen können.

125 *Tipp*

Der Rechtsanwalt ist verpflichtet, nicht zuletzt, um sich unangenehme Überraschungen in der Beweisaufnahme zu ersparen, den Mandanten genau zu befragen, über welche tatsächlichen Kenntnisse der Zeuge verfügt.

Bei Schlüsselzeugen kann es auch empfehlenswert sein, dass der Bevollmächtigte mit dem Zeugen selbst spricht, bevor dieser als Zeuge bei Gericht benannt wird. Solche Gespräche sind dem Rechtsanwalt nicht untersagt, solange er den Zeugen auf seine Wahrheitspflicht hinweist, er den Zeugen nicht zu beeinflussen versucht sowie er dem Zeugen deutlich macht, dass dieser das Vorgespräch nicht verschweigen soll.

Rein taktisch hat ein solches persönliches Gespräch des Bevollmächtigten mit dem Zeugen auch den Vorteil, dass der Bevollmächtigte abschätzen kann, ob der Zeuge von seinem Auftreten und seinen Ausführungen her geeignet ist, dem erkennenden Gericht im Sinne des Mandanten eine Überzeugung zu verschaffen.

126 In der Praxis wird immer wieder unterlassen, darzustellen, woher der Zeuge seine Kenntnisse hat, wenn sich dies aus dem dargestellten Sachverhalt nicht ohne Weiteres von selbst ergibt. Die Klärung dieser Tatsache ist aber sowohl für das Gericht als auch den Bevollmächtigten wesentlich.

127 Der Zeuge darf nämlich nur über solche Wahrnehmungen vernommen werden, die er zulässigerweise erlangt hat.

128 **Unzulässig sind Wahrnehmungen**, die darauf beruhen, dass

- der Zeuge über eine Lautsprecheranlage oder eine Mithöreinrichtung ein Telefongespräch oder eine ähnliche Kommunikation mit angehört hat, ohne dass dem anderen Gesprächspartner dies offenbart wurde;[65]

---

[64] OLG Koblenz, NJW-RR 2003, 283.
[65] BVerfG NJW 2002, 3619; BGH, Urt. v. 18.2.2003 – XI ZR 165/02 = Grundeigentum 2003, 850; OLG Düsseldorf NJW 2000, 1578; BAG NJW 1998, 1391.

- die Erkenntnisse auf einer heimlich aufgenommenen Tonbandaufzeichnung beruhen;[66]
- ein Gespräch nur heimlich belauscht wurde;[67]
- heimliche Videoaufnahmen gefertigt wurden, die geeignet sind, das Persönlichkeitsrecht des Aufgenommenen zu beeinträchtigen.[68]

> *Hinweis* 129
> Im Einzelfall kann allerdings eine Abwägung der gegenseitigen Interessen der Parteien und der verfassungsrechtlich zu schützenden Güter dazu führen, dass auch solche Wahrnehmungen verwertbar sind.

Ist für das Gericht nicht erkennbar, woher der Zeuge die Kenntnis von der beweisbedürftigen Tatsache hat, besteht für den Bevollmächtigten und die Partei grundsätzlich die Gefahr, dass das erkennende Gericht das Beweisangebot als unzulässigen Ausforschungsbeweis zurückweist.[69] Die Herkunft der Kenntnisse des Zeugen sollte also ausdrücklich dargelegt werden, soweit dies nicht ohne Weiteres ersichtlich ist. 130

> *Hinweis* 131
> Fehlerhaft wird im Prozess immer wieder der Privatgutachter als Sachverständiger oder als sachverständiger Zeuge eingeführt. Sachverständiger Zeuge kann der Privatgutachter jedoch nicht sein, weil er in der Regel nicht über eigene Wahrnehmungen berichten kann, sondern allein über seine Untersuchungen. Als Sachverständiger kommt er nicht in Betracht, weil er bereits für eine Partei tätig war. Das Gutachten ist also im Wege des Urkundenbeweises in den Prozess einzuführen. Der Privatgutachter kann dann behilflich sein, um den eigenen Vortrag zu qualifizieren, vor allem aber um den Bevollmächtigten und die Partei in der mündlichen Verhandlung und Beweisaufnahme bei der Wahrnehmung ihres Fragerechtes zu unterstützen, um die Ergebnisse des gerichtlichen Sachverständigen zu verstärken oder in Zweifel zu ziehen. Nicht selten lassen die Gerichte es sogar zu, dass der Privatgutachter den gerichtlichen Sachverständigen unmittelbar befragt oder mit diesem eine Frage diskutiert, solange dies in ruhiger Atmosphäre und ohne Vorwürfe geschieht.

Eine andere Rolle nimmt der Privatgutachter dann ein, wenn er einen Zustand bekunden soll, den er vor der Mängelbeseitigung vorgefunden hat. Was er bei dieser Gelegenheit gesehen hat, beruht auf seiner eigenen Wahrnehmung. Hierzu kann er als Zeuge bzw. aufgrund seiner Sachkunde auch als sachverständiger Zeuge vernommen werden. 132

---

66 OLG Stuttgart, IBR 2010, 123; BGH NJW 1988, 1016; 1982, 277; BayObLG NJW 1990, 197.
67 BGH NJW 1991, 1180.
68 OLG Karlsruhe NJW 2002, 2799; OLG Köln, NJW 2005, 2997–3000; s. aber auch Sächsisches LAG, Urt. v. 12.6.2003–2 Sa 790/02, wonach ein solcher Beweis zunächst dargelegt werden kann. Auf die Frage der Beweiserheblichkeit komme es erst an, wenn der Inhalt der Aufnahme bestritten werde.
69 BFH, BFH/NV 2011, 1479 f.; BGH NJW-RR 1999, 361; NJW-RR 1998, 1601.

c) Der Beweisantrag

133 Ausgangspunkt für den Beweisantrag ist § 373 ZPO, wonach der Zeugenbeweis durch die Benennung des Zeugen und die Bezeichnung der Tatsachen, über welche die Vernehmung des Zeugen stattfinden soll, angetreten wird.

134 Den Beweisantrag kennzeichnen dabei **drei Elemente**:
- die Benennung des Zeugen mit seinem vollständigen Namen und einer ladungsfähigen Anschrift;

    > *Hinweis*
    >
    > Fehlt die ladungsfähige Anschrift („N.N."), darf das Gericht die Partei allerdings nicht unmittelbar als beweisfällig behandeln. Vielmehr muss das Gericht die Partei zunächst unter Fristsetzung nach § 356 ZPO auffordern, die ladungsfähige Anschrift beizubringen.[70]

- die Angabe der konkreten Tatsache und Behauptung, zu denen der Zeuge etwas bekunden können soll;
- die Darlegung des Sachverhaltes, aus dem der Zeuge seine Wahrnehmungen schöpft.

135 Der Zeugenbeweis setzt also zunächst einen Antrag[71] der beweispflichtigen Partei voraus.

136 *Hinweis*

Dies bedeutet jedoch nicht, dass die nicht beweisverpflichtete Partei, die über einen Zeugen für den von ihr dargestellten Sachverhalt verfügt, auf dessen Benennung verzichten darf oder kann. Vielmehr muss auch dieser Zeuge benannt werden, wobei deutlich gemacht werden kann, dass dieser lediglich gegenbeweislich benannt wird. Anderenfalls läuft die Partei Gefahr, dass ihr späteres Beweisangebot als verspätet gemäß den §§ 296 ff. ZPO zurückgewiesen wird. Im Übrigen würde sie gegen die allgemeine Prozessförderungspflicht verstoßen. Fehlt der Hinweis, dass der Zeuge gegenbeweislich („Beweis (gegenbeweislich):........") oder vorsorglich benannt wird, setzt sich das Gericht nicht immer hinreichend mit der Frage der Darlegungs- und Beweislast auseinander.

137 *Tipp*

Die frühzeitige Benennung von gegenbeweislichen Zeugen kann darüber hinaus die Position für eine möglicherweise erstrebte vergleichsweise Regelung stärken. Dies gilt insbesondere im Vorfeld der Güteverhandlung, in der ein gerichtlicher Vergleichsvorschlag sich einerseits von den Rechtspositionen leiten lassen muss, andererseits aber auch von den Möglichkeiten der Parteien, die beweisbedürftigen Tatsachen tatsächlich unter Beweis zu stellen und in einer folgenden Beweisaufnahme auch zur Überzeugung des Gerichts nachzuweisen, bestimmt wird.

---

70 BGH NJW 1993, 1926; BFH v. 5.3.2009 – XI B 40/08; OLG Düsseldorf NZBau 2004, 553.
71 Muster von Anträgen zur Vernehmung eines Zeugen mit unterschiedlichen Aspekten unter Rdn 716–724.

Erteilt das Gericht (erst) in der mündlichen Verhandlung einen rechtlichen Hinweis nach 138
§ 139 ZPO, so kann darauf mit der Benennung eines Zeugen zu Protokoll reagiert
werden. Dieser Beweisantritt kann dann nicht als verspätet zurückgewiesen werden.[72]
Ist dagegen der geladene Zeuge zum Termin nicht erschienen und verzichtet der Beweisführer sodann auf diesen Zeugen, hat der Gegner keinen Anspruch auf dessen nochmalige Ladung, es sei denn, er hätte sich rechtzeitig vor dem Termin auf diesen Zeugen berufen und der Rechtsstreit ist ansonsten entscheidungsreif.[73]

aa) Die Bezeichnung des Zeugen

Die Benennung eines Zeugen erfolgt zunächst durch die Angabe des vollständigen Vor- 139
und Nachnamens. Darüber hinaus ist die ladungsfähige Anschrift des Zeugen anzugeben.

Als ladungsfähige Anschrift ist grundsätzlich die Privatanschrift des Zeugen anzugeben. 140
Die Anschrift des Arbeitgebers genügt nur in Einzelfällen.[74]

Hinweis 141

Es muss beachtet werden, dass die häufig anzutreffende Formulierung „zu laden über
den Kläger oder den Beklagten", bei Familien-, Haushalts- oder Betriebsangehörigen
zum Teil nicht als ordnungsgemäßer Beweisantritt aufgefasst wird.[75] Insoweit empfiehlt es sich deshalb, die Adressdaten wiederholend zu bezeichnen.

Auch die Angabe eines Postfaches genügt als ladungsfähige Anschrift grundsätzlich 142
nicht.[76]

Hinweis 143

Wenngleich man dies im Hinblick auf das geänderte Zustellungsrecht insbesondere
auf § 180 ZPO anders sehen kann, d.h. das Postfach als „Briefkasten oder eine
ähnliche Vorrichtung" ansehen könnte, sind entsprechende Nachweise hierzu in der
Rechtsprechung nicht zu finden.

Gibt der Bevollmächtigte die Anschrift des Zeugen nicht oder unrichtig an, so führt dies 144
allerdings nicht zur Zurückweisung des Beweisantrittes. Vielmehr muss das Gericht in
diesem Fall nach § 356 ZPO vorgehen, d.h. dem Beweisführer durch Beschluss, der
zuzustellen ist, eine Frist bestimmen, die ladungsfähige Anschrift mitzuteilen.[77]

---

72 OLG Hamm, NJW-RR 2003, 1651 f.; OLGR Oldenburg 2005, 405 = zfs 2005, 406.
73 OLGR Jena 2004, 170.
74 BGH NJW 2001, 885; anders: BFH, Beschl. v. 30.4.2002 – X B 132/00, BFH/NV 2002, 1457 wegen des Amtsermittlungsgrundsatzes.
75 Vgl. nur LG Hagen MDR 1984, 1034.
76 BVerwG NJW 1999, 2608; Bayerisches Landessozialgericht, Urt. v. 02.8.2017 – L 9 AL 212/14 –; BFH, Beschl. v. 04.5.2016 – V B 108/15 –, jeweils zitiert nach juris, jeweils für die Bezeichnung des Klägers, was aufgrund einer etwaigen Zustellung an den Zeugen zur Vorbereitung eines Ordnungsgeldes ebenso zu beurteilen ist.
77 BGH NJW 1993, 1926; BFH v. 5.3.2009 – XI B 40/08; OLG Düsseldorf NZBau 2004, 553; BFH/NV 2011, 1479–1480.

145 *Tipp*

Der Beweisgegner kann bei dem Gericht anregen,[78] dass nach § 356 ZPO vorgegangen wird, um den Prozessgegner zu zwingen, den Prozess zu fördern und die Schwierigkeiten der Ermittlung des Zeugen zu offenbaren. So können etwa die Chancen für eine günstige vergleichsweise Regelung abgeschätzt werden, wenn erkannt wird, dass der Prozessgegner den Zeugen voraussichtlich nicht wird ermitteln können.

146 Nach fruchtlosem Ablauf der Frist kann dann das Gericht das Beweismittel gem. § 356 ZPO zurückweisen, was nach § 531 Abs. 1 ZPO zur Folge hat, dass dieses Beweismittel auch in der Berufungsinstanz nicht mehr zur Verfügung steht.

147 *Tipp*

Die ladungsfähige Anschrift des Zeugen kann allerdings noch nach Fristablauf mitgeteilt werden, wenn dadurch das Verfahren nicht verzögert wird.

148 *Beispiel*

Das Gericht hat dem beweisbelasteten Kläger mit einem am 15. Mai zugestellten Beschluss aufgegeben, die ladungsfähige Anschrift eines Zeugen binnen zwei Wochen ab Zugang des Beschlusses mitzuteilen. Zugleich hat es Termin zur abschließenden mündlichen Verhandlung auf den 20. Oktober bestimmt.

Dem Mandanten gelingt es erst Ende Juni, die ladungsfähige Anschrift des Zeugen zu ermitteln. Auch in diesem Fall kann die ladungsfähige Anschrift dem Gericht noch mitgeteilt werden, da der Zeuge auch noch Ende Juni/Anfang Juli zu einem Termin im Oktober des Jahres geladen werden kann. Auch dem Gegner bleibt in diesem Fall noch ausreichend Zeit, Gegenbeweis anzutreten, sodass etwa Urkunden oder Akten zu der anberaumten mündlichen Verhandlung beigezogen bzw. Zeugen beigeladen werden können.

149 Weder das Gericht noch der Beweisgegner ist grundsätzlich verpflichtet, dem Beweisführer bei der Ermittlung der ladungsfähigen Anschrift Hilfestellungen zu gewähren oder diese gar von sich aus zu veranlassen.

150 *Hinweis*

Steht der Zeuge jedoch in der Sphäre des Beweisgegners und ist diesem die ladungsfähige Anschrift bekannt, so kann dieser verpflichtet sein, die ladungsfähige Anschrift zu offenbaren. Anderenfalls kann das Gericht die unterlassene Bekanntgabe der ladungsfähigen Anschrift im Rahmen seiner Beweiswürdigung berücksichtigen.[79] Insbesondere kann die unterlassene Bekanntgabe als Beweisvereitelung berücksichtigt werden.[80]

---

78 Vgl. Muster Rdn 723.
79 BGH NJW-RR 1996, 1534.
80 BGH MDR 2008, 373 f.

Ist die Partei nicht in der Lage, den Namen und die Anschrift des Zeugen in der vorbezeichneten Form zu benennen, weil dieser noch nicht ermittelt werden konnte, so bleibt es der Partei unbenommen, diesen zunächst als Zeugen „N.N." zu bezeichnen.[81] 151

> *Hinweis* 152
>
> Erforderlich ist allerdings, dass das Hindernis, den Zeugen zu benennen, noch behoben werden kann. Ist dies nicht möglich, so ist der Beweisantritt in dieser Form unzulässig und bleibt unbeachtlich.

Erforderlich ist es dann aber, dass dem Gericht im Einzelnen mitgeteilt wird,[82] aus welchen Gründen die Partei gehindert ist, den Namen und die ladungsfähige Anschrift des Zeugen zu bezeichnen und dass dies nicht auf einem Verschulden oder einer Nachlässigkeit der Partei beruht. Es ist mithin im Einzelnen darzustellen, warum der Zeuge nicht benannt werden kann und welche Maßnahmen ergriffen worden sind, um diesen zu ermitteln. Nur unter diesen Voraussetzungen vermeidet die Partei, dass sie mit ihrem Vortrag und ihrem Beweisangebot nach § 296 ZPO präkludiert wird.[83] 153

> *Tipp* 154
>
> Dem Beweisgegner bleibt es in diesem Falle allerdings unbenommen, darzulegen, dass die weitere Verzögerung des Rechtsstreites für ihn eine unzumutbare Härte bedeutet, und anzuregen,[84] dass das Gericht dem Beweisführer nach § 356 ZPO eine Frist zur Benennung des Zeugen und zur Mitteilung der ladungsfähigen Anschrift setzt.

Das Gericht muss dann eine Abwägung vornehmen zwischen dem Interesse der beweisführenden Partei an der Berücksichtigung solcher Beweismittel, die zzt. noch nicht erhoben werden können, und dem Interesse des Gegners an der schnellen Erledigung und Entscheidung des Rechtsstreites.[85] 155

Dabei kommt es nicht darauf an, ob die beweisführende Partei ein Verschulden daran trifft, dass das Beweismittel zzt. noch nicht zur Verfügung steht.[86] 156

Verfassungsrechtliche Bedenken gegen § 356 ZPO bestehen nicht, insbesondere liegt hierin kein Verstoß gegen das Recht auf rechtliches Gehör.[87] 157

Soweit das Gericht überhaupt nicht nach § 356 ZPO verfährt oder eine unangemessen kurze Frist setzt, kann diese Entscheidung nicht selbstständig mit der sofortigen Beschwerde angefochten werden, da es an einer gesetzlichen Zulässigkeit der Beschwerde fehlt und im Sinne von § 567 Abs. 1 Nr. 2 ZPO kein das Verfahren betreffendes Gesuch zurückgewiesen wurde. Allerdings kann dies im Rahmen der Berufung gerügt werden, 158

---

81 BGH NJW 1998, 2368.
82 Muster eines Antrages auf Vernehmung eines Zeugen, dessen Bezeichnung dem Beweisführer derzeit nicht möglich ist, unter Rdn 722.
83 OLG Koblenz AnwBl 1990, 327; *Reinecke*, MDR 1990, 767.
84 Muster einer Anregung an das Gericht, dem Beweisführer eine Frist nach § 356 ZPO zu setzen, unter Rdn 723.
85 BGH NJW 1993, 1926.
86 BGH NJW 1993, 1926; 1992, 621; 1989, 227.
87 BVerfG NJW 1985, 3005.

weil die danach folgende unterlassene Beweisaufnahme zu einer fehlerhaften Tatsachenfeststellung führt.

159 Wird das Gericht vom Beweisgegner aufgefordert, nach § 356 ZPO zu verfahren, und wird dies ausdrücklich im Beschlusswege abgelehnt, so wird teilweise angenommen, dass gegen den ablehnenden Beschluss die sofortige Beschwerde nach § 567 Abs. 1 Nr. 2 ZPO gegeben ist.[88]

160 Richtig erscheint es, die Parteien darauf zu verweisen, diese Entscheidung mit der Hauptsache anzugreifen, da es sich bei § 356 ZPO um eine unmittelbar von Amts wegen zu beachtende und die Verfahrensführung betreffende Norm handelt. So steht den Parteien kein echtes Antragsrecht zu, sondern lediglich die Möglichkeit der Anregung, in dieser Weise zu verfahren.

bb) Die Bezeichnung der in das Wissen des Zeugen gestellten Tatsachen

161 Schon aus den Gründen des neuen Berufungsrechtes und der eingeschränkten neuen Tatsachenfeststellung in der Berufungsinstanz gem. § 529 ZPO sowie der nach § 520 Abs. 3 Nr. 4 i.V.m. § 531 ZPO beschränkten Möglichkeit, neue Angriffs- und Verteidigungsmittel in der Berufungsinstanz vorzubringen, ist erforderlich, dass der Bevollmächtigte noch sorgfältiger als vor der ZPO-Reform darauf achtet, dass jede einzelne beweisbedürftige Tatsache unter Beweis gestellt wird.

162 *Hinweis*

Von einer Vielzahl von Instanzgerichten wird es nicht akzeptiert, wenn ein zusammenhängender Sachverhalt dargestellt und dann in seiner Gesamtheit durch verschiedene Beweismittel, insbesondere auch Zeugen, unter Beweis gestellt wird. Dabei lässt sich regelmäßig nicht erkennen, welche Zeugen oder welche Beweismittel für welche konkrete Tatsache benannt werden sollen und in welcher Beziehung sie hierzu stehen.

163 Die Wahl einer klaren Struktur des Vortrages, wonach der Bevollmächtigte zunächst die Tatsache darstellt und diese dann unter Beweis stellt, vermeidet auch unter haftungsrechtlichen Gesichtspunkten, dass er ein Beweisangebot „vergisst", sodass ein entsprechender Aufbau der Schriftsätze auch ein Element der anwaltlichen Selbstkontrolle sein kann. Es ist auch prozessökonomisch für den Bevollmächtigten, da dann der von ihm zu prüfende Beweisbeschluss ebenso wenig aufgebläht wird, wie die Beweisaufnahme selbst. Auch bei der Angabe „Beweis: wie vor" sollte darauf geachtet werden, dass die zutreffende Bezugnahme erfolgt.

164 Im Hinblick auf das Gebot der Prozessförderung nach § 282 ZPO und der Präklusionsvorschriften nach § 296 ZPO sollte der Beweisantrag bereits in der Klageschrift oder der Klageerwiderung oder in einem sonst frühestmöglich einzureichenden Schriftsatz enthalten sein. Dies gilt unabhängig von der Frage, ob die Tatsache überhaupt streitig wird.

---

88 *Ahrens*, Der Beweis im Zivilprozess, 2015, § 50 X; a.A. OLG Celle NJW-RR 2000, 1166; Zöller/*Greger*, § 356 Rn 5.

Zum einen hat diese Vorgehensweise den bereits dargestellten Vorteil, dass im Hinblick auf Vergleichsverhandlungen und gerichtliche Vergleichsvorschläge die Stärke der eigenen Beweisposition präsentiert wird, was sich jedenfalls auch in einem gerichtlichen Vergleichsvorschlag niederschlagen kann. Vor allem wird aber verhindert, dass das Gericht das Beweisangebot wegen eines verspäteten Vortrages nach § 296 ZPO zurückweist. Zudem kann sich die späte Benennung eines Zeugen auch auf die Beweiswürdigung auswirken, da dies als prozesstaktisch aufgefasst werden kann, sodass der späte Zeitpunkt ggf. erläutert werden sollte. 165

Beispiel 166

So ist die in der Praxis häufig anzutreffende Ansicht, dass der Rechtsanwalt einen Zeugen für eine streitige Tatsache noch in der mündlichen Verhandlung als „präsenten Zeugen" präsentieren könne und damit eine Präklusion vermieden wird, unrichtig.

Auch in diesem Fall können der Vortrag und das Beweismittel nämlich als verspätet zurückgewiesen werden, wenn der Gegner einwendet, dass er bei einer frühzeitigen Bekanntgabe des Beweismittels gegenbeweislich Zeugen oder andere Beweismittel hätte benennen können oder auch unmittelbar benennt.

In diesem Fall wird durch die Gestellung des präsenten Zeugen nämlich der Rechtsstreit ohne Weiteres verzögert. Kann die spätere Stellung des Zeugen nicht genügend entschuldigt werden, ist dessen Vernehmung nach § 296 Abs. 1 und 2 ZPO zurückzuweisen.

Tipp 167

Hat der Gegner bereits einen Zeugen benannt, den auch die eigene Partei als Zeugen heranziehen möchte, so begründet dies für sich allein noch nicht den Verzicht auf die eigene Benennung des Zeugen.

Zum einen muss beachtet werden, wer die tatsächliche Beweislast für die beweisbedürftige Tatsache trägt. Liegt die Beweislast beim eigenen Mandanten, so stellt die Benennung des Zeugen durch den Gegner nur den Gegenbeweis dar, sodass die eigene Benennung zwingend ist. Zwar wird dies von den Gerichten in der Praxis nicht immer trennscharf umgesetzt, gleichwohl stellt es einen Haftungsfall dar, wenn das Gericht dies beachtet. Ein Fehler, der aufgrund des eingeschränkt zulässigen Berufungsvorbringens nur schwer zu korrigieren ist.

Aber auch für den Fall, dass der Zeuge selbst nur gegenbeweislich benannt werden sollte, empfiehlt sich kein Verzicht auf dessen Benennung, auch wenn der Benennung regelmäßig eine teilweise Auslagenvorschusspflicht folgt. Durch die Tatsache, dass beide Parteien den Zeugen benannt haben – was regelmäßig aus dem Beweisbeschluss hervorgeht –, ergibt sich für den Zeugen nämlich, dass er nicht Zeuge einer Partei ist, sondern ein neutrales Beweismittel, welches beiden Parteien zur Verfügung steht. Anderenfalls ist immer wieder feststellbar, dass sich Zeugen der sie benennenden

Partei verpflichtet fühlen und ihre Aussage dort vage halten, wo dies der benennenden Partei schaden würde.

168 Bei der Darstellung der beweisbedürftigen Tatsache ist darauf zu achten, dass diese auch als Tatsache und nicht als Rechtsansicht dargelegt wird.

169 *Beispiel*
So ist es nicht ausreichend, wenn dargelegt wird, dass „der Zeuge bei dem Vertragsschluss der Parteien über den streitgegenständlichen Pkw anwesend war."
Ob tatsächlich ein Vertrag geschlossen wurde, ist eine rechtliche Schlussfolgerung, für die nicht der Zeuge, sondern das erkennende Gericht zuständig ist. Wesentlich ist also, darzustellen, welche Erklärungen der vermeintliche Verkäufer und welche Erklärungen der vermeintliche Käufer abgegeben hat.
Diese abgegebenen Erklärungen sind als vom Zeugen wahrgenommene Tatsachen durch diesen unter Beweis zu stellen. Im Anschluss daran kann aus dem Beweis der abgegebenen Erklärungen der rechtliche Schluss gezogen werden, dass damit ein Kaufvertrag mit einem im Einzelnen bestimmten Inhalt geschlossen wurde.

170 Erfolgen Beweisantritte nicht in der vorgezeichneten konkreten Form, zeigt sich in der Praxis immer wieder, dass diese als unsubstantiiert, unzureichend oder als Ausforschungsbeweis zurückgewiesen werden.

171 Auch wenn es in Einzelfällen gelingt, diesen Fehler im Beweisantritt in der Berufungsinstanz dergestalt zu korrigieren, dass der benannte Zeuge gleichwohl noch vernommen werden kann oder auch eine zu enge Sichtweise vom Berufungsgericht gerügt wird, sind hiermit doch Kosten- und Zeitnachteile verbunden, die durch einen sorgsamen und strukturierten erstinstanzlichen Vortrag vermieden werden können.

172 Mit der Angabe der unter Beweis gestellten Tatsache muss zugleich mitgeteilt werden, in welcher Weise diese für die Entscheidung des Rechtsstreites erheblich ist, wenn es sich nicht aus dem unmittelbaren Zusammenhang ergibt.[89]

173 Auch wenn die höchstrichterliche Rechtsprechung des Bundesgerichtshofs keine sehr strengen Anforderungen an die Substantiierung des Beweisantrages anlegt und die Anforderungen der Instanzgerichte zum Teil für übertrieben erachtet,[90] sollte der Bevollmächtigte grundsätzlich darauf achten, alle Anforderungen an eine hinreichende Substantiierung seines Vortrages im Hinblick auf
- die beweisbedürftige Tatsache,
- die Herkunft der Erkenntnisse des Zeugen über diese Tatsache und
- die Erheblichkeit der Tatsache und der Wahrnehmung

darzulegen. Da der einmal ergangene Beweisbeschluss mit Rechtsmitteln nicht angreifbar ist und auch auf eine Intervention bis hin zur förmlichen Gegenvorstellung nur selten

---

89 BGH NJW 1991, 2707; NJW-RR 1994, 377; OLG München, Urt. v. 31.8.2006 – 19 U 2676/06 –, zitiert nach juris.
90 BGH MDR 1992, 1084; NJW-RR 1991, 446; NJW 1991, 2707; NJW 1988, 2740; OLG München, Urt. v. 13.2.2009 – 10 U 2346/08 –, zitiert nach juris.

geändert wird bzw. erneut mit Zeitverlust einhergeht, ist hier die Arbeit im Vorfeld wesentlich.

Anderenfalls läuft er Gefahr, bei entsprechend strengen Anforderungen der Instanzgerichte mit seinem Vortrag und seinem Beweisangebot als Ausforschungsbeweis zurückgewiesen zu werden, ohne dass angesichts beschränkter Rechtsmittel aus Rechtsgründen oder aber auch aus wirtschaftlichen Gründen in der Sphäre des Mandanten diese Anforderungen einer Überprüfung zugeführt werden können. 174

cc) Der Hinweis auf einzusehende und mitzuführende Unterlagen

Soweit es die Aussage über seine Wahrnehmung erleichtert, hat der Zeuge nach § 378 Abs. 1 ZPO Aufzeichnungen und andere Unterlagen einzusehen und zum Termin zur Beweisaufnahme mitzubringen, soweit ihm dies gestattet und zumutbar ist. 175

Auf diese Verpflichtung des Zeugen nach § 378 Abs. 1 ZPO sollte der Rechtsanwalt grundsätzlich ausdrücklich hinweisen[91] und auch das Gericht bitten, diesen Hinweis in die Ladungsverfügung mit aufzunehmen. Zu weitergehenden Hilfestellungen ist das Gericht allerdings nicht verpflichtet. Insbesondere besteht keine Pflicht, dem von einer Partei benannten Zeugen, der in Strafhaft einsitzt, den Zugang zu Unterlagen für seine Bekundungen zu ermöglichen.[92] 176

Der Hinweis sollte insbesondere dann erfolgen, wenn davon ausgegangen werden kann, dass der Zeuge über entsprechende Unterlagen, insbesondere Protokolle über verschiedene Gespräche, Schriftwechsel, inkl. E-Mailverkehr, Vertragsentwürfe o.Ä. verfügt. 177

Solche Unterlagen sind regelmäßig geeignet, die Aussage des Zeugen zu konkretisieren, andererseits aber auch, dieser Aussage eine besondere Glaubwürdigkeit beizulegen, wenn die Bekundungen angesichts des Rechtsstreites durch Unterlagen ergänzt und präzisiert werden können, die zu einem Zeitpunkt gefertigt wurden, als der Rechtsstreit nicht absehbar war. In manchen Fällen wird eine Aussage sogar erst durch solche Unterlagen glaubwürdig, etwa wenn der Zeuge täglich eine Vielzahl gleichartiger Telefongespräche führt und nach Wochen oder Monaten dann zum konkreten Inhalt eines ganz besonderen Gespräches befragt wird. Die Aussage, „das mache ich immer so" hat kaum praktischen Wert, während die Bezugnahme auf einen Gesprächsvermerk nachvollziehbar macht, woher der Zeuge seine Erinnerung nimmt. 178

> *Tipp* 179
>
> Stellt sich erst in der Beweisaufnahme heraus, dass der Zeuge über entsprechende Unterlagen und Aufzeichnungen verfügt, ohne dass dies dem Mandanten oder dem Bevollmächtigten bekannt war, weil etwa zuvor mit dem Zeugen nicht gesprochen wurde, so sollte der Bevollmächtigte hierauf in der Weise reagieren, dass mit dem Zeugen „vereinbart" wird, dass dieser die Unterlagen noch zur Gerichtsakte reicht.

---

[91] Muster eines entsprechenden Hinweises auf § 378 ZPO unter Rdn 717.
[92] OLG Koblenz OLGR 2007, 915.

Zugleich sollte das Gericht gebeten werden, den Parteien nach Vorlage der Unterlagen eine weitere Stellungnahmefrist einzuräumen. Sodann mag auf dieser Grundlage entweder das Gericht entscheiden oder aber die mündliche Verhandlung gem. § 156 ZPO wieder eröffnen.

Der Bevollmächtigte kann auch beantragen, dass der Rechtsstreit vertagt wird und der Zeuge mit einer Anordnung nach § 378 ZPO erneut geladen wird.

180 Beachtet werden muss allerdings, dass der Zeuge grundsätzlich nicht verpflichtet ist, seine Aufzeichnungen und Unterlagen den Parteien zur Verfügung zu stellen. Eine entsprechende Vorlageverpflichtung kann sich nur unter den Voraussetzungen der § 142 oder § 429 ZPO ergeben.

181 *Tipp*

Handelt es sich bei dem Zeugen allerdings um einen Mitarbeiter des Prozessgegners und handelt es sich bei den Unterlagen um Urkunden, die sich im Geschäftsbetrieb des Gegners befinden, so kann der Beweisführer auch nach § 421 ZPO beantragen, dem Gegner aufzugeben, die Urkunden vorzulegen.

182 Ungeachtet dessen kann das Gericht nach § 142 ZPO anordnen, dass der Zeuge als Dritter eine in seinem Besitz befindliche Urkunde oder sonstige Unterlagen, auf die sich eine der Prozessparteien bezogen hat, vorlegt.

183 Der Zeuge ist zur Vorlegung allerdings nur insoweit verpflichtet, wie ihm die Vorlage zumutbar ist und er nicht zur Zeugnisverweigerung gemäß den §§ 383–385 ZPO berechtigt ist und insoweit von seinem Zeugnisverweigerungsrecht als Vorlageverweigerungsrecht keinen Gebrauch gemacht hat.

184 Kommt der Zeuge seiner Verpflichtung nach § 378 Abs. 1 ZPO nicht nach, Aufzeichnungen und andere Unterlagen einzusehen und zu dem Termin mitzubringen, obwohl ihm dies zumutbar ist, so kann das Gericht gegen den Zeugen nach § 390 Abs. 1 S. 2 ZPO ein Ordnungsgeld und für den Fall, dass dieses nicht beigetrieben werden kann, auch Ordnungshaft festsetzen.

185 Kommt der Zeuge auch dann seiner entsprechenden Verpflichtung nicht nach, so kann nach § 390 Abs. 2 ZPO Ordnungshaft angeordnet werden. Erforderlich für die Ergreifung dieser Ordnungsmittel ist nach § 378 Abs. 2 ZPO allerdings, dass der Zeuge zuvor auf diese Folgen hingewiesen wurde.

dd) Die Anregung der schriftlichen Beantwortung der Beweisfrage

186 Mit dem Beweisantrag kann die Anregung[93] verbunden werden, dem Zeugen gem. § 377 Abs. 3 S. 1 ZPO zu gestatten, die Beweisfrage schriftlich zu beantworten, wenn dies im Hinblick auf den Inhalt der Beweisfrage und die Person des Zeugen für ausreichend erachtet wird.

---

93 Muster einer Anregung, dem Zeugen die schriftliche Beantwortung der Beweisfrage zu gestatten, unter Rdn 719.

Tipp 187

Eine solche Verfahrensweise ist regelmäßig geeignet, den Prozess zu beschleunigen, da eine schriftliche Beantwortung der Beweisfrage bei stark belasteten Gerichten jedenfalls vor einem Termin zur mündlichen Verhandlung und Beweisaufnahme zu erhalten ist. Dies umso mehr, wenn das Gericht – ggf. auf Anregung des Bevollmächtigten – auch die Beweisanordnung im schriftlichen Verfahren nach § 358a ZPO erlässt.

Da dieses schriftliche Verfahren das Fragerecht der Parteien jedenfalls zunächst ausschließt, muss der Bevollmächtigte allerdings abwägen, wann sich eine solche Verfahrensweise anbietet. Es ist eine notwendige und sinnvolle Ergänzung möglicher Verfahrensweisen, ohne zur Regel werden zu können. 188

Beispiel 189

Im Rahmen eines Arzthaftungsprozesses vor dem LG Köln ist die Frage, ob eine bestimmte Vorerkrankung bei der Partei vorgelegen hat, relevant. Der im maßgeblichen Zeitraum behandelnde Hausarzt praktiziert und lebt in Hamburg.

Hier kann es sachgerecht sein, dem Arzt als schreib- und formulierungsgewandter Person zu gestatten, die Aussage schriftlich zu machen. Dies gilt umso mehr, als auch die Beweisfrage hierfür geeignet ist, da der Arzt regelmäßig die Daten der Behandlungstermine, die jeweils gestellte Diagnose und die Behandlungsmaßnahmen sowie den Behandlungsverlauf aufgrund seiner schriftlich dokumentierten Unterlagen wiedergeben wird. Regelmäßig ist zu erwarten, dass der Arzt, der täglich eine Vielzahl von Patienten sieht, sich an wesentliche Details ohne seine Unterlagen in einem Termin zur mündlichen Vernehmung nicht wird erinnern können. Aufgrund der Tatsache, dass die ärztlichen Unterlagen gegebenenfalls nach § 142 ZPO von dem Arzt als Zeugen heraus verlangt werden können, ist auch die Gefahr gering, dass dieser den Sachverhalt unzutreffend darstellt.

Auch bei anderen Sachverhalten, bei denen einerseits zu erwarten ist, dass die Beweisfrage nur eindeutig beantwortet werden kann und es sich andererseits bei dem Zeugen um eine vertrauenswürdige Person ohne persönliche Beziehung zu einer der Parteien handelt, wird dieser Weg möglich sein. 190

Dabei kann prozesstaktisch berücksichtigt werden, dass die Anregung, den Zeugen die Beweisfrage zunächst schriftlich beantworten zu lassen, nicht zu einem Verlust des Rechtes führt, zu einem späteren Zeitpunkt noch die Ladung des Zeugen zu verlangen, wenn seine schriftliche Aussage nicht geeignet ist, die Beweisfrage hinreichend zu beantworten. Insoweit kann auch angeregt werden, den Zeugen seine Aussage „zunächst schriftlich" verfassen zu lassen. Diese schriftliche Aussage kann dann auch Grundlage für Vergleichsverhandlungen auf der Basis einer vorläufigen Beweiswürdigung sein. Diese Verfahrensweise sollte insbesondere bei langen Terminierungszeiten der Gerichte gewählt werden. 191

192 Nach § 377 Abs. 3 S. 3 ZPO hat das Gericht die Ladung des Zeugen anzuordnen, wenn dies zur weiteren Klärung der Beweisfrage notwendig ist. Die Ladung des Zeugen ist zwingend, wenn die Partei von ihrem Fragerecht nach § 397 ZPO Gebrauch machen will.[94] Unterbleibt die Ladung, liegt ein wesentlicher Verfahrensfehler in der Tatsachenfeststellung vor, der auf die Berufung regelmäßig zur Zurückverweisung der Sache an das Ausgangsgericht führen kann.[95] Dies ist mit zusätzlichen Zeit- und Kostennachteilen verbunden.

193 Das Fragerecht wird im Sinne eines mündlichen Befragungsrechtes verstanden, sodass dem Fragerecht nicht dadurch Rechnung getragen werden kann, dass die Parteien die Fragen schriftlich formulieren und der Zeuge diese ergänzend schriftlich beantwortet.[96]

194 Ein zum Termin zur mündlichen Verhandlung geladener Zeuge kann auch von sich aus beantragen,[97] die Beweisfragen schriftlich beantworten zu dürfen. Wird dem Zeugen dies gestattet, muss er darauf achten, die Beweisfrage präzise zu beantworten und dem ersichtlichen Informationsbedürfnis der Parteien und des Gerichts Rechnung zu tragen, sofern er eine spätere Ladung vermeiden will. Er sollte sich auch Provokationen und Schuldzuweisungen im Hinblick auf eine Partei enthalten, da dies regelmäßig den Antrag auf persönliche Anhörung nach sich zieht. Das Gericht muss dabei die Grundrechte des Zeugen beachten, wenn dieser selbst darum bittet, eine Beweisfrage schriftlich beantworten zu dürfen. Die allgemeine Handlungsfreiheit des Zeugen kann es so gebieten, die schriftliche Beantwortung zuzulassen, wenn dieser schon mehrfach vor Gerichten zum immer gleichen Beweisthema ausgesagt hat und neben der schriftlichen Aussage diese Akten beigezogen werden können.[98]

ee) Der fremdsprachige Zeuge

195 Ist der Zeuge der deutschen Sprache nicht mächtig, muss das Gericht nach § 185 GVG einen Dolmetscher hinzuziehen. Da dem Gericht regelmäßig nicht bekannt sein wird, ob ein Zeuge der deutschen Sprache mächtig ist, sollte der Beweisführer zur Vermeidung von zeitlichen Verzögerungen bereits mit der Benennung des Zeugen darauf hinweisen, dass dieser der deutschen Sprache nicht mächtig ist und dass ein Dolmetscher einer konkret zu bezeichnenden Sprache benötigt wird. Der Beweisführer sollte regelmäßig schon eine Aussage zur Notwendigkeit eines Dolmetschers treffen, wenn aufgrund des Namens oder der Anschrift des Zeugen formal naheliegt, dass es sich nicht um einen deutschen Staatsbürger handelt. Es steht auch der gegnerischen Partei frei, diese Frage aufzuwerfen, wenn befürchtet werden muss, dass die in der mündlichen Verhandlung

---

94 OLGR Hamburg 2004, 99.
95 OLGR Hamburg 2004, 99.
96 LG Berlin NJW-RR 1997, 1289; Zöller/*Greger*, § 377 Rn 10 a; a.A. BVerfG, IBR 2014, 56; BAG NJW 2017, 1770 ff.; BSG, Beschl. v. 19.4.2017 – B 13 R 339/16 B –, zitiert nach juris; jeweils: Anhörung nur, wenn Mehrwert erkennbar ist im Vergleich schriftlichen Beantwortung (jeweils bezogen auf Sachverständigenbeweis und bzgl. der Fachgerichtsbarkeit.
97 Muster eines Antrages eines Zeugen, die Beweisfrage schriftlich beantworten zu dürfen, unter Rdn 718.
98 OLG Frankfurt OLGR 2008, 76.

auftauchende Sprachproblematik lediglich zur Verzögerung des Rechtsstreites eingesetzt wird.

Tipp 196

In allen Fällen mit Auslandsberührung sollte dieser Frage die hinreichende Aufmerksamkeit geschenkt werden. Muss ein Termin zur Beweisaufnahme vertagt werden, weil ein Zeuge der deutschen Sprache nicht mächtig ist und ein Dolmetscher kurzfristig nicht beigezogen werden kann, so entstehen zusätzliche Kosten durch die notwendige erneute Ladung, ohne dass der Bevollmächtigte selbst weitere Gebühren erhält. Dies ist umso schmerzlicher, je weiter die Anreise des Bevollmächtigten war.

Das Gebot, zur Vernehmung eines der deutschen Sprache nicht hinreichend mächtigen 197 Zeugen einen Dolmetscher hinzuzuziehen, richtet sich an das Gericht, das darüber von Amts wegen nach pflichtgemäßem Ermessen zu entscheiden hat. Von daher darf die Vernehmung eines durch das Gericht geladenen und erschienenen Zeugen, der die deutsche Sprache nicht hinreichend beherrscht, nicht mit der Begründung abgelehnt werden, der Beweisführer habe es versäumt, auf die Erforderlichkeit der Hinzuziehung eines Dolmetschers hinzuweisen.[99] Den Antrag einer Partei, zur Vernehmung eines Zeugen einen Dolmetscher hinzuzuziehen, darf das Gericht auch nicht übergehen, wenn es die Aussage für unerheblich hält, weil dies auf unzureichenden Sprachkenntnissen des Zeugen beruhen kann.[100]

Hinweis 198

Der Dolmetscher muss bei der Vernehmung des Zeugen vereidigt sein. Die Vereidigung kann in der Weise geschehen, dass sich der Dolmetscher gem. § 189 Abs. 2 GVG auf seinen bereits allgemein geleisteten Eid beruft. Fehlt es hieran, muss er durch das Gericht vor der Vernehmung vereidigt werden, § 189 Abs. 1 GVG. Der Bevollmächtigte muss selbst hierauf achten, da die fehlende Vereidigung des Dolmetschers einen unheilbaren Verfahrensverstoß darstellt und eine erneute Vernehmung des Zeugen in der Berufungsinstanz erforderlich macht.[101] Die fehlende Vereidigung des Dolmetschers stellt insoweit einen Rechtsanwendungsfehler als Berufungsgrund i.S.v. § 520 Abs. 3 Nr. 2 ZPO dar.

Es stellt eine unrichtige Sachbehandlung im Sinne von § 21 GKG dar, wenn das Gericht 199 einen Dolmetscher zuzieht, ohne vorher geprüft zu haben, ob die Voraussetzungen dazu nach § 185 GVG überhaupt vorliegen,[102] anders wenn sich dies aus einer Nachfrage oder nach Aktenlage ergibt.[103] Das Gericht muss daher mit der Ladung den Zeugen nochmals ausdrücklich auffordern, mitzuteilen, ob er einen Dolmetscher benötigt. Erscheint der Dolmetscher unentschuldigt nicht, bleibt dies für ihn ohne Konsequenzen.

---

99 OLG Hamm MDR 2000, 657 = OLGR 2001, 266.
100 OLG Düsseldorf OLGR 2006, 330 = MDR 2006, 532.
101 BGH NJW 1987, 260; 1994, 941; OLG Celle StraFo 2016, 255–256.
102 OLG Köln, Beschl. v. 9.12.1983 – 17 W 514/83.
103 OLG Brandenburg, FamRZ 2007, 162; OLG Düsseldorf, NJW-RR 1998, 1694 f.; OLG Nürnberg, JurBüro 1989, 1692.

§ 185 GVG sieht die Verhängung eines Ordnungsgeldes nicht vor, § 409 ZPO ist nicht analog anwendbar.[104]

ff) Der sachverständige Zeuge

200 Soweit zum Beweis vergangener Tatsachen oder Zustände, zu deren Wahrnehmung eine besondere Sachkunde erforderlich war, sachkundige Personen zu vernehmen sind, spricht man von sachverständigen Zeugen. Nach § 414 ZPO sind für diese die Vorschriften über den Zeugenbeweis entsprechend zur Anwendung zu bringen.

201 Im Unterschied zum Sachverständigen soll der sachverständige Zeuge tatsächliche Bekundungen über eigene Wahrnehmungen (deshalb Zeuge) machen, die aufgrund seiner Sachkunde als besonders qualifiziert (deshalb Sachverständiger) angesehen werden können. Dabei ist allerdings von dem Gericht wie von den Bevollmächtigten besonders streng darauf zu achten, dass allein tatsächliche Bekundungen getroffen werden und nicht die allein dem Sachverständigen vorbehaltene Wertung der Beweisfrage vorgenommen wird. Insbesondere ist der Privatgutachter kein sachverständiger Zeuge, weil seine Feststellungen auf nachträglichen Wertungen, nicht aber eigenem Erleben beruhen, es sei denn er soll einen Zustand vor einer Mangelbeseitigung bekunden (vgl. Rdn 206).

202 Da der sachverständige Zeuge nicht Sachverständiger ist, ist dieser auch als Zeuge und nicht als Sachverständiger zu entschädigen. Wird allerdings ein Sachverständiger nur als sachverständiger Zeuge bezeichnet, tatsächlich aber als Sachverständiger eingesetzt, so ist er wie Letzterer zu entschädigen. So hat das OLG Koblenz in dem Fall, dass ein als „sachverständiger Zeuge" bezeichneter Bausachverständiger auftragsgemäß die Notwendigkeit und Schlüssigkeit von Techniker- und Ingenieurstunden bei Bauvorhaben überprüft hat, entschieden, dass dies eine typische Sachverständigentätigkeit darstellt und die Entschädigung sich deshalb nach den Vorschriften für Sachverständige und nicht nach den Vorschriften für Zeugen richtet.[105] Grundsätzlich ist der sachverständige Zeuge also als „echter" Zeuge zu behandeln. Im Einzelfall soll jedoch auch seine Einstufung als Sachverständiger im Betracht kommen. Dies richte sich nach dem ihm vom Gericht erteilten Auftrag, im Übrigen nach dem Inhalt der Bekundungen. Als Sachverständiger kann auch derjenige erscheinen, der als sachverständiger Zeuge geladen, aber – im Laufe der Vernehmung – von dem Gericht als Sachverständiger angehört und befragt worden ist.[106]

203 *Hinweis*

Hier sollten die Bevollmächtigten im Einzelfall einschreiten und um Klarstellung bitten, ob der Betreffende nun weiter als sachverständiger Zeuge oder aber als Sachverständiger angehört werde. Nur dies vermeidet prozessuale Nachteile von der Ver-

---

104 OLG Frankfurt OLGR 2009, 74.
105 OLGR Koblenz 2005, 228; LG Osnabrück JurBüro 1998, 483; OLG Hamm JurBüro 1991, 1259 = OLGR 1991, Nr. 6, S. 18; OLG München JurBüro 1988, 1242; OLG Hamburg JurBüro 1985, 1218; OLG Bamberg JurBüro 1984, 260.
106 OLG Rostock OLGR 2009, 226.

gütung über das Ablehnungsrecht bis hin zum Wert der Bekundungen für das Ergebnis der Beweisaufnahme und damit den Ausgang des Rechtsstreites.

Der sachverständige Zeuge kann nicht nach § 406 ZPO wie ein Sachverständiger abgelehnt werden. Allerdings ist ein Aspekt, der bei einem Sachverständigen die Ablehnung rechtfertigen würde, im Rahmen der Beweiswürdigung der Aussage zu berücksichtigen.[107] Solche Aspekte sollten in besonderer Weise von dem Bevollmächtigter hervorgehoben werden, da sich die Gerichte von den „sachverständigen" Aussagen häufig beeindrucken lassen und dem Zeugen eine besondere Überzeugungskraft beimessen. 204

Hinweis 205

Aus Sicht des sachverständigen Zeugen kann es schon vor dem Hintergrund der erheblich unterschiedlichen Vergütung sinnvoll sein, das Gericht aufzufordern, ihn als Sachverständigen und nicht lediglich als besonders sachkundigen Zeugen zu laden.

Als sachverständiger Zeuge kommen etwa in Betracht: 206
- ein Arzt, der eine Erstversorgung eines Unfallopfers am Unfallort vornimmt,
- der behandelnde Arzt eines Versicherungsnehmers im Prozess um Versicherungsleistungen,[108]
- ein Handwerker, der im Rahmen eines Notdienstes Feststellungen etwa zu einer fehlerhaft errichteten Elektro-, Heizungs- oder Sanitäranlage getroffen hat,
- der als Privatgutachter eingesetzte Sachverständige, der im Prozess über die bei seiner Ortsbesichtigung festgestellten Tatsachen zu einem bestimmten Zeitpunkt vernommen wird,[109] nicht jedoch, wenn er allein über seine Bewertung der auch dem gerichtlich bestellten Sachverständigen vorliegenden Unterlagen bekundet.

Hinweis 207

Der sachverständige Zeuge kann grundsätzlich durch eine Streitverkündung als Zeuge „ausgeschaltet" werden, wenn das Beweisthema nunmehr seine Parteistellung betrifft. Die Auffassung des OLG Frankfurt[110] und des vorhergehenden LG Limburg,[111] dass der sachverständige Zeuge als vom Gericht ernannter Sachverständiger vor der Streitverkündung nach § 72 Abs. 2 ZPO geschützt ist, ist abzulehnen. Anders ist nur zu entscheiden, wenn das Gericht den Zeugen formal als Sachverständigen bestellt. In diesem Fall können dann auch alle Ablehnungsgründe gegen ihn geltend gemacht werden.

Will das Gericht von der Aussage des sachverständigen Zeugen abweichen, sind hierfür besondere Anforderungen gestellt. So muss das Gericht im Einzelnen begründen, woraus 208

---

107 BGH MDR 1974, 382.
108 OLG Koblenz VersR 2002, 1369.
109 BGH MDR 1974, 382 = BB 1974, 204 = WM 1974, 239.
110 OLG Frankfurt OLGR 2008, 244.
111 LG Limburg IBR 2007, 659.

sich seine eigene besondere Sachkunde ergibt, um von den Ausführungen des Zeugen abzuweichen.[112]

d) Die Zeugenladung und die Unerreichbarkeit des Zeugen

209 Die **Ladung** des Zeugen erfolgt nach § 377 Abs. 1 ZPO **von Amts wegen** durch das Gericht.

210 *Tipp*

Wurde der Zeuge sehr spät benannt und deshalb seine Ladung erst kurz vor dem Termin zu der bereits zuvor angeordneten mündlichen Verhandlung und Beweisaufnahme veranlasst, sollte die Partei und der Bevollmächtigte sich aber gleichwohl auch darum bemühen, dass der von ihnen benannte Zeuge erscheint. Dies kann durch eine formlose Mitteilung über den Beweisaufnahmetermin geschehen, die den Zeugen möglicherweise gegenüber einer niedergelegten förmlichen Ladung noch erreicht.

211 Das Gericht darf aber nur die Zeugen laden, die von den Parteien für die streitige Tatsache beweislich oder gegenbeweislich benannt wurden. Selbst wenn das Gericht davon ausgeht, dass ein aus den Unterlagen sich ergebender (weiterer) Zeuge nur irrtümlich nicht benannt wurde, kann es diesen nicht laden, sondern allenfalls auf diesen Umstand nach § 139 Abs. 1 ZPO hinweisen.[113] Der Hinweis hat sich dabei auf den Umstand zu beschränken, dass eine beweiserhebliche Tatsache nicht unter Beweis gestellt wurde.

212 Problematisch sind die Fälle, in denen ein Zeuge nicht erscheint. Hier versuchen Instanzgerichte immer wieder, auf die Vernehmung des Zeugen wegen **Unerreichbarkeit** zulasten der beweisbelasteten Partei zu verzichten. Im Interesse einer umfassenden Klärung der Sache sind an die Annahme der Unerreichbarkeit eines Zeugen und der Prognose, dass sich der Zeuge dauerhaft der Vernehmung entzieht, strenge Anforderungen zu stellen. Unerreichbar ist ein Zeuge nur, wenn er auf unabsehbare Zeit nicht erreicht werden kann.[114]

213 Für die Annahme der Unerreichbarkeit ist es nicht ausreichend, dass der Zeuge mehrfach einer Ladung nicht Folge geleistet hat und auch eine Vorführung wegen eines zwischenzeitlichen Umzuges gescheitert ist.[115]

214 Andererseits soll es allerdings genügen, wenn der Zeuge sich im Ausland aufhält und einer Ladung unter Hinweis auf eine dauerhafte psychische Erkrankung nicht Folge leistet und nur eine Vernehmung vor dem Prozessgericht der Wahrheitsfindung dienen kann.[116]

---

112 BGH MDR 2003, 348 = BGH-Report 2003, 306 = NJW 2003, 1325.
113 *Meyke/Saueressig*, Darlegen und Beweisen im Zivilprozess, Rn 446.
114 *Zöller/Greger*, vor § 284 Rn 11c.
115 OLG Köln MDR 2001, 109 = OLGR 2000, 428 = NVersR 2000, 483.
116 OLG Saarbrücken NJW-RR 1998, 1685 = OLGR 1998, 251.

B. Rechtliche Grundlagen § 11

Hinweis 215

In diesen Fällen ist jedoch immer an eine Vernehmung des Zeugen durch ein Rechtshilfegericht im Ausland zu denken.[117] Dies gilt jedenfalls in den Fällen, in denen es nicht entscheidend auf die Glaubwürdigkeit des Zeugen ankommt. Eine Verpflichtung des Prozessgerichts, an einer Vernehmung des Zeugen durch das Rechtsmittelgericht teilzunehmen, soll nicht bestehen,[118] was aber zunächst nicht hindert, eine solche Verfahrensweise anzuregen. Dabei sind auch die Vorschriften der §§ 1072 ff. ZPO über eine Beweisaufnahme nach der Verordnung (EG) Nr. 1206/2001 zu beachten. Hiernach kann auch das Prozessgericht einen Zeugen im Ausland vernehmen.

Geht das Gericht fehlerhaft von der Unerreichbarkeit des Zeugen aus, kann dies mit der Berufung gerügt werden. Einerseits stellt dies einen Rechtsanwendungsfehler i.S.v. § 520 Abs. 3 Nr. 2 ZPO dar. Andererseits ergeben sich hieraus konkrete Anhaltspunkte für eine unrichtige und unvollständige Tatsachenfeststellung. 216

e) Der Auslagenvorschuss für den Zeugen

Nach **§ 379 ZPO** kann das Gericht die Ladung des Zeugen davon abhängig machen, dass **der Beweisführer** einen angemessenen **Auslagenvorschuss** innerhalb einer zu bestimmenden Frist zahlt. 217

Hinweis 218

Es ist hier zwischen dem Beweisführer und der beweisbelasteten Partei zu unterscheiden. Beweisführer ist, wer den Beweis angeboten hat. Dies gilt unabhängig von der Beweislast.[119]

Tipp 219

Etwas anderes gilt allerdings dann, wenn beide Parteien einen Zeugen benannt haben. In diesem Fall ist die beweisbelastete Partei vorschusspflichtig.[120] Die Anordnung der Auslagenvorschusspflicht zeigt den Parteien und den Bevollmächtigten danach auch, wo das erkennende Gericht die Beweislast sieht. Sollte dies mit der eigenen Auffassung von der Beweislast nicht in Einklang stehen oder das Instanzgericht entsprechend der bisherigen Verfahrensweise beiden Parteien eine anteilige Auslagenvorschusspflicht aufgeben, kann hiergegen zumindest Gegenvorstellung[121] erhoben werden.

Wird der Auslagenvorschuss nicht innerhalb der Frist gezahlt, so unterbleibt die Ladung, wenn der Auslagenvorschuss nach dem Fristablauf nicht so rechtzeitig erfolgt, dass eine Vernehmung des Zeugen ohne Verzögerung des Rechtsstreites möglich ist. Die nicht 220

---

117 Muster eines Antrages auf Vernehmung des Zeugen im Wege der Rechtshilfe unter Rdn 724.
118 OLG Saarbrücken NJW-RR 1998, 1685 = OLGR 1998, 251.
119 Zöller/*Greger*, § 379 Rn 4.
120 BGH NJW 2000, 1420; 1999, 2823; *Schneider*, ZZP 76, 188, 194, 199; *Schmid*, MDR 1982, 94, 96.
121 Muster einer Gegenvorstellung zur Auferlegung der Auslagenvorschusspflicht unter Rdn 726.

fristgerechte Zahlung des Auslagenvorschusses muss also für die Verzögerung des Rechtsstreites kausal geworden sein.[122]

221 *Hinweis*

Zahlt die Partei den Auslagenvorschuss nicht, weil sie der Auffassung ist, nicht die beweisbelastete Partei zu sein, und unterlässt das Gericht daraufhin die Beweisaufnahme, so kann die dann ergehende Entscheidung wegen eines Rechtsanwendungsfehlers nach § 520 Abs. 3 Nr. 2 ZPO erfolgreich mit der Berufung[123] angegriffen werden, soweit diese auch im Übrigen zulässig ist.[124] Die Abwägung zwischen der Gefahr, dass die eigene Ansicht falsch sein könnte mit dem damit verbundenen Unterliegen im Rechtsstreit, und der Vorschusszahlung gegen die eigene Ansicht, mag der Anwalt für sich vornehmen, gerade vor dem Hintergrund, dass der Auslagenausgleich spätestens im Kostenfestsetzungsverfahren erfolgen wird. Demgegenüber ist die Anordnung der Auslagenvorschusspflicht nicht mit der sofortigen Beschwerde anfechtbar.[125] Dies gilt auch im selbstständigen Beweisverfahren.[126] Der Bevollmächtigte kann insoweit im Verfahren lediglich Gegenvorstellung erheben.[127]

222 Die Vorschusspflicht nach § 379 ZPO entfällt, wenn der beweisbelasteten Partei Prozesskostenhilfe bewilligt wurde. Dies wird in der gerichtlichen Praxis häufig übersehen, sodass der Rechtsanwalt den Beweisbeschluss mit der Auslagenvorschussanordnung überprüfen und ggf. beanstanden muss.[128]

223 *Hinweis*

Wird der Beanstandung nicht nachgekommen, ist diese als sofortige Beschwerde nach § 127 Abs. 2 ZPO aufzufassen,[129] da in der fortdauernden Anordnung der Auslagenvorschusspflicht eine teilweise Entziehung der Prozesskostenhilfe zu sehen ist.[130] Der Bevollmächtigte wird darauf zu achten haben, dass die sofortige Beschwerde binnen einer **Notfrist von einem Monat** einzulegen ist.

224 Die Vorschusspflicht entfällt auch, wenn die Beweisaufnahme von Amts wegen nach §§ 142 oder 144 ZPO erfolgt.[131]

---

122 OLGR Frankfurt 2009, 542; KGR Berlin 2006, 962; BGH MDR 2011, 561.
123 BGH NJW 1999, 2823; BGH NJW 1999, 2823; OLG Hamm MDR 1999, 502.
124 S. hierzu § 17 Rdn 1 ff.
125 Brandenburgisches Oberlandesgericht, Urt. v. 23.4.2013 – 6 U 35/09 –, zitiert nach juris; OLG Köln BauR 2009, 1336; OLGR Bremen 2007, 922; OLGR Zweibrücken 2005, 460 = BauR 2005, 910; OLGR Frankfurt 2004, 393 = MDR 2004, 1255.
126 BGH MDR 2009, 763 = JurBüro 2009, 371; OLG Stuttgart OLGR 2009, 188; OLG Hamm, BauR 2007, 1452–1453; a.A. OLGR Koblenz 2003, 346 f.; für den Fall, dass dem Streithelfer der Auslagenvorschuss abverlangt wird: OLG Köln BauR 2009, 540.
127 OLGR Düsseldorf 2005, 356.
128 Muster einer Beanstandung der Auslagenvorschusspflicht nach § 379 ZPO unter Rdn 725.
129 *Zöller/Greger*, § 379 ZPO Rn 3 a.
130 OLGR Düsseldorf 2005, 356 für den vergleichbaren Fall der Auflage der Auslagenvorschusspflicht für ein Sachverständigengutachten trotz Bewilligung von Prozesskostenhilfe.
131 BGH FamRZ 1969, 477; OLG Hamburg FamRZ 1986, 195.

Es entspricht der gerichtlichen Praxis, dass die Auslagenvorschusspflicht auch dann entfällt, wenn der Zeuge auf seine Gebühren und Auslagen verzichtet[132] und die beweisbelastete Partei eine entsprechende Erklärung beibringt[133] oder der Prozessbevollmächtigte sich für die Kosten „stark sagt".

f) Das Ausbleiben des Zeugen im Termin zur Beweisaufnahme und die Ordnungsmittel gegen den Zeugen

Nach § 377 Abs. 1 ZPO ist der Zeuge von Amts wegen von der Geschäftsstelle des Prozessgerichts unter Beifügung des Beweisbeschlusses formlos oder auf entsprechende richterliche Anordnung auch förmlich zu laden.

Die Ladung muss nach § 377 Abs. 2 ZPO zunächst die Prozessparteien und den Gegenstand der Vernehmung erkennen lassen. Darüber hinaus muss die Ladung die Anweisung enthalten, zur Zeugenvernehmung zu einem nach Zeit und Ort zu bezeichnenden Termin zu erscheinen. Dabei muss der Zeuge darüber belehrt werden, dass sein Nichterscheinen zur Verhängung von Ordnungsmitteln führen kann.

Wie in anderem Zusammenhang bereits dargelegt, sollte die Ladung des Zeugen dann auch den Hinweis auf § 378 Abs. 1 ZPO enthalten, wonach der Zeuge Aufzeichnungen und Unterlagen einzusehen und zum Termin mitzubringen hat, die seine Aussage über die in sein Wissen gestellten Wahrnehmungen erleichtern.

Erscheint der ordnungsgemäß geladene Zeuge nicht, so werden ihm nach § 380 Abs. 1 ZPO von Amts wegen die durch sein Ausbleiben verursachten Kosten auferlegt. Als Kosten kommen insbesondere die Kosten der Terminswahrnehmung durch die Parteien oder ihre Bevollmächtigten, vor allem also Reisekosten, eine Entschädigung für Zeitversäumnis der Partei, das Tage- und Abwesenheitsgeld gem. Nr. 7005 VV RVG, nicht aber gesondert Verdienstausfall für den Prozessbevollmächtigten,[134] aber auch die Kosten für die erneute Terminsladung in Betracht. Zusätzliche Gerichts- und Anwaltsgebühren entstehen dagegen nicht.

> *Hinweis*
>
> Die Anordnung des persönlichen Erscheinens eines im Ausland lebenden Ausländers als Partei kann durch ein deutsches Gericht auch gegenüber einem EG-Bürger nicht gem. § 380 ZPO durch Ordnungsmaßnahmen erzwungen werden. Auf dem Gebiet der Durchsetzung von prozessleitenden Anordnungen der Gerichte gegenüber Ausländern fehlen Rechtssetzungsakte der EG.[135]

Gleichzeitig ist gegen ihn nach § 380 Abs. 1 S. 2 ZPO ein Ordnungsgeld und für den Fall, dass dieses nicht beigetrieben werden kann, Ordnungshaft zu verhängen. Im Falle eines wiederholten Ausbleibens kann das Ordnungsmittel auch mehrfach festgesetzt werden.

---

132 Muster einer Verzichtserklärung des Zeugen auf Gebühren und Auslagen unter Rdn 728.
133 Zöller/*Greger*, § 379 Rn 3b.
134 OLGR Celle 2009, 79 = NJW-RR 2009, 503 = AGS 2009, 254.
135 Hierzu OLGR Hamm 2009, 24 = MDR 2009, 105 = NJW 2009, 1090.

232 Letztlich kann nach § 380 Abs. 2 ZPO die zwangsweise Vorführung des Zeugen angeordnet werden. Der Bevollmächtigte der beweisbelasteten Partei wird zur Vermeidung von Rechtsnachteilen auf eine solche Vorführung drängen müssen,[136] auch wenn das Bemühen der Gerichte bei einem zweimaligen Nichterscheinen häufig dahin geht, dass auf den Zeugen verzichtet wird.

233 *Tipp*

Erscheint der Zeuge im ersten Beweisaufnahmetermin nicht, sollte der Rechtsanwalt anregen, dass gegen ihn ein Ordnungsgeld und für den Fall, dass dieses nicht beigetrieben werden kann, Ordnungshaft festgesetzt wird und ihm zugleich angedroht wird, dass er für den Fall eines nochmaligen Nichterscheinens zwangsweise vorgeführt wird.

Ist die Ladung des Zeugen im Wege der Zustellung durch Niederlegung erfolgt, sollte der Bevollmächtigte gleichzeitig anregen, dass die Ladung **auch** als einfacher Brief versandt wird, da die Praxis zeigt, dass niedergelegte Schriftstücke häufig nicht abgeholt werden, während formlosen Schreiben nachgekommen wird. Durch die Neuregelung des Zustellungsrechtes sind die Fälle, in denen niedergelegt wird, allerdings deutlich zurückgegangen. Heute erfolgt die Ersatzzustellung meist durch den Einwurf der Ladung in den Briefkasten.

234 Das **Gericht ist verpflichtet**, dem Zeugen die Kosten, die durch sein Ausbleiben entstanden sind, aufzuerlegen und ein Ordnungsmittel gegen ihn festzusetzen. Dies gilt auch dann, wenn zu erwarten ist, dass der Zeuge sein Ausbleiben nachträglich entschuldigen wird. Verschiedene Oberlandesgerichte erachten es allerdings als gerechtfertigt, von der Verhängung eines Ordnungsgeldes gegen einen Zeugen ausnahmsweise dann abzusehen, wenn das Ausbleiben weder für die Parteien noch für das Gericht nachteilige Auswirkungen gehabt hat und das Verschulden des Zeugen gering ist.[137]

235 *Hinweis*

Der Zeuge muss allerdings nur die notwendigen Kosten der Rechtsverfolgung oder Rechtsverteidigung tragen. Zu den notwendigen Kosten gehört i.d.R. aber auch, wenn der Bevollmächtigte einer Partei zur Vernehmung des Zeugen beim Rechtsmittelgericht anreist.[138]

236 Unerheblich für die Verfahrensweise nach § 380 Abs. 1 ZPO ist, ob der Zeuge tatsächlich Wesentliches zum Streitgegenstand hätte bekunden können.[139] Auch der Beweisführer, der den Zeugen benannt hat, kann einen Ordnungsmittelbeschluss gegen den Zeugen nicht dadurch verhindern, dass er auf den Zeugen verzichtet.[140]

---

136 Muster eines Antrages auf Vorführung des mehrfach nicht erschienenen Zeugen nach § 380 Abs. 2 ZPO unter Rdn 727.
137 OLGR Frankfurt 2009, 113; OLG Brandenburg v. 29.7.2008, 9 WF 115/08.
138 BGH NJW-RR 2005, 725 = MDR 2005, 657 = BGH-Report 2005, 813.
139 OLG Celle MDR 2016, 547 f.; OLG Frankfurt/M. OLGZ 1983, 458; *Schmid*, MDR 1980, 115; a.A.: OLG Hamm NJW-RR 2013, 384; OLG Oldenburg MDR 2017, 171 f.
140 OLG Frankfurt/M. OLGZ 1986, 458; a.A.: OLG Oldenburg MDR 2017, 171 f.

Ob tatsächlich zusätzliche Kosten durch das Nichterscheinen des Zeugen veranlasst 237
worden sind, muss das Gericht bei dem Erlass eines Beschlusses nach § 380 Abs. 1 ZPO
nicht prüfen. Dies geschieht vielmehr im Kostenfestsetzungsverfahren. Hier hat der
Bevollmächtigte die Kosten anzumelden, was häufig übersehen wird. Bis dahin ist das
Ausbleiben häufig vergessen. Noch häufiger sind die Fälle, in denen der Kostenfestsetzungsantrag durch eine Mitarbeiterin entworfen wird, die nicht die gesamte Akte durchsieht. Deshalb sollte ein solcher Ordnungsmittelbeschluss auf dem Aktendeckel oder
einem gesonderten Kostenblatt vermerkt werden.

Erste Voraussetzung des Ordnungsmittelbeschlusses und der Auferlegung der Kosten 238
nach § 380 ZPO ist danach, dass **der Zeuge zunächst tatsächlich nicht erschienen ist**.

Zu erscheinen hat er an dem in der Ladung angegebenen Ort. 239

Erscheint der Zeuge zunächst, muss aber wegen der Verzögerung verschiedener Verhand- 240
lungen warten, so ist der Zeuge nicht berechtigt, sich ohne Weiteres vom Gerichtsort zu
entfernen. In Rechtsprechung und Literatur wird angenommen, dass der Zeuge zumindest 45 Minuten bis 1,5 Stunden warten muss, bevor er sich ohne Weiteres entfernen
kann.[141] Nach hiesiger Ansicht wird vom Zeugen verlangt werden können, dass er das
Gericht bittet, ihm mitzuteilen, wann mit seiner tatsächlichen Vernehmung zu rechnen
ist und ob er weiter warten muss oder sich gegebenenfalls für einen gewissen Zeitraum
entfernen darf. Entfernt sich der Zeuge entgegen dieser Grundregel, so ist er so zu
behandeln, als sei er nicht erschienen.[142]

Zweite Voraussetzung für eine Auferlegung der Kosten ist dann, dass der im vorgenann- 241
ten Sinne nicht erschienene **Zeuge ordnungsgemäß geladen** wurde.

Aus § 377 Abs. 1 ZPO ergibt sich, dass es keiner förmlichen Ladung des Zeugen bedarf. 242
Ausreichend für eine ordnungsgemäße Ladung ist damit der Vermerk über die Absendung einer Ladung, die den inhaltlichen Anforderungen des § 377 Abs. 2 ZPO entspricht.
Ein Beleg für den Zugang des Schreibens ist nicht notwendig.

Macht der Zeuge allerdings geltend, dass er die Ladung nicht erhalten hat, wird bei 243
einer förmlichen Zustellung allein zu prüfen sein, ob gleichwohl eine ordnungsgemäße
Ladung im Wege der Ersatzzustellung oder durch Niederlegung erfolgt ist.[143] Einen
Anscheinsbeweis dafür, dass ein ordnungsgemäß adressierter, frankierter und zur Post
gegebener Brief den Zeugen auch erreicht hat, existiert dagegen nicht.[144] Der Ordnungsgeldbeschluss ist daher ggf. aufzuheben, da der Zugang nicht bewiesen werden kann.

Zur ordnungsgemäßen Ladung gehört es auch, dass der Zeuge rechtzeitig geladen wurde. 244
Für die Frage, wann eine rechtzeitige Ladung vorliegt, ist eine gesetzliche Frist nicht
bestimmt. Zutreffend wird mit der Literatur davon auszugehen sein, dass eine rechtzei-

---

141 OLG Köln JR 1969, 264 (bzgl. Partei); *Schneider*, MDR 1989, 1207.
142 OLG Köln JR 1969, 264; Zöller/*Greger*, § 380 Rn 2.
143 Hierzu oben § 10 Rdn 1 ff.
144 Musielak/*Huber*, § 381 Rn 5 m.w.N. zum Streitstand.

tige Ladung voraussetzt, dass der Zeuge sich auf den Termin einstellen und gegebenenfalls notwendige Absprachen mit seinem Arbeitgeber treffen kann.[145]

245 *Hinweis*

Eine nicht ordnungsgemäße Ladung liegt etwa vor, wenn der Zeuge über den Prozessbevollmächtigten der Partei geladen wird, obwohl der Zeuge diesen nicht bevollmächtigt hat[146] oder wenn die Ladung nicht zumindest summarisch die Bezeichnung des streitigen Sachverhaltes und die zu klärenden Fragen beinhaltet.[147]

246 Die Auferlegung der Kosten und die Festsetzung des Ordnungsmittels dürfen ansonsten nur unterbleiben, wenn der **Zeuge sein Ausbleiben rechtzeitig genügend entschuldigt**, § 381 ZPO. Dies bedeutet, dass der Zeuge sich grundsätzlich unmittelbar nach der Ladung oder sonstigen Kenntnis vom Beweisaufnahmetermin entschuldigen muss, wenn seine Teilnahme nicht möglich ist.[148]

247 Mit der ZPO-Reform ist diese Bestimmung dahingehend geändert worden, dass allein die nachträgliche Entschuldigung nicht mehr zu einem Wegfall der Kostenauferlegung und des Ordnungsgeldes führt. Will der Zeuge sich nachträglich entschuldigen,[149] muss er vielmehr zugleich glaubhaft machen, dass eine vorherige Entschuldigung nicht möglich war, d.h. ihn an der verspäteten Entschuldigung kein Verschulden trifft.[150]

248 *Hinweis*

Hat der Zeuge sich vor dem Termin entschuldigt und wurde dieser daraufhin verlegt, kommt die Verhängung eines Ordnungsmittels wegen des Ausbleibens im ursprünglich angesetzten Termin nicht in Betracht, auch wenn kein hinreichender Entschuldigungsgrund vorgelegen hat.[151]

249 Die Entschuldigung kann der Zeuge schriftlich, zu Protokoll der Geschäftsstelle oder mündlich in einem weiteren Beweisaufnahmetermin vorbringen und glaubhaft machen.

250 Nach dem Wortlaut von § 381 ZPO muss der Zeuge entweder
- glaubhaft machen, dass ihm die Ladung nicht rechtzeitig zugegangen ist oder
- nachweisen, dass sein Ausbleiben nicht verschuldet war, sondern entschuldigt werden kann.

251 Hinsichtlich der nicht rechtzeitigen Ladung genügt mithin die Glaubhaftmachung i.S.d. § 294 ZPO, während die Entschuldigungsgründe nachzuweisen sind.

252 Die Glaubhaftmachung muss sich darauf beziehen, dass eine nicht rechtzeitige Ladung vorliegt, d.h. es dem Zeugen im Hinblick auf die verbleibende Zeit nicht zumutbar war, zum Termin zu erscheinen. Die diesbezüglichen Umstände hat der Zeuge nach § 294

---

145 Zöller/*Greger*, § 377 Rn 4.
146 BFH v. 14.10.2004 – IV B 163/03, n.v.
147 LAG Rheinland-Pfalz ArbuR 2005, 199.
148 Muster einer vorherigen Entschuldigung eines Zeugen unter Rdn 732.
149 Muster einer nachträglichen Entschuldigung des Zeugen unter Rdn 733.
150 OLG Sachsen-Anhalt v. 10.7.2007 – 4 W 16/07 n.v. (für die Partei).
151 OLGR Koblenz 2005, 187.

ZPO glaubhaft zu machen. I.d.R. wird er im schriftlichen Verfahren deshalb eine eidesstattliche Versicherung vorlegen müssen, während bei einem Antrag auf Aufhebung des Ordnungsmittelbeschlusses in einer weiteren Beweisaufnahme seine mündlichen Darlegungen bzw. diesbezügliche Vernehmung durch das Gericht ausreichend sind. Fehlt es an einer Glaubhaftmachung, so hat das Gericht dem Zeugen zunächst Gelegenheit zu geben, dies durch Vorlage einer eidesstattlichen Versicherung nachzuholen, bevor ein Ordnungsmittel verhängt wird.[152]

Für die Entschuldigungsgründe muss der Zeuge keinen Vollbeweis führen.[153] Das Gericht entscheidet vielmehr ohne Bindung an die Beweisaufnahmevorschriften, ob die Entschuldigung ausreichend ist.[154]

253

Checkliste möglicher Entschuldigungsgründe

254

- Unkenntnis von der Ladung durch eine erfolgte Ersatzzustellung[155]
- Abwesenheit vom Wohnort zwischen der erfolgten Ladung und dem Termin, ohne dass der Zeuge mit einer Ladung rechnen musste[156]
- der Zeuge war im Irrtum über seine Pflicht, vor Gericht zu erscheinen, weil er insoweit eine unzutreffende Auskunft eines Rechtsanwaltes oder der Beschäftigten eines Rechtsanwaltes erhalten hat[157]
- die Wahrnehmung des Termins würde für den Zeugen unzumutbare Nachteile mit sich bringen, etwa wenn ein terminlich gebundener Geschäftsabschluss damit gefährdet würde[158] oder eine geschäftliche Präsentation nur an diesem Tage möglich ist
- der Zeuge ist entschuldigt, wenn der Terminstag mit einem religiösen Feiertag seiner Glaubensgemeinschaft kollidiert[159]
- Krankheit
- Unfall
- unvorhersehbarer Streik
- der Zeuge darf nur aufgrund einer Aussagegenehmigung aussagen, die jedoch nicht erteilt wurde und der Zeuge beruft sich aus diesem Grunde vor dem Termin auf sein Aussageverweigerungsrecht. Ob die Aussagegenehmigung zu Recht versagt worden ist, ist nicht zu prüfen.[160]
- die Auffassung, man könne zum Beweisthema nichts beitragen (anders jedoch bei hinreichender Darlegung des Zeugnisverweigerungsrechts, vgl. Rdn 316, 317).

---

152 OLGR Köln 2004, 26.
153 Zöller/*Greger*, § 381 Rn 2.
154 Zöller/*Greger*, § 381 Rn 2.
155 Zöller/*Greger*, § 381 Rn 3; OLG Düsseldorf NJW-RR 1995, 1341.
156 Zöller/*Greger*, § 381 Rn 3; OLG Düsseldorf NJW 1980, 2721.
157 OLG Bamberg MDR 1982, 585; OLG Oldenburg MDR 1976, 336.
158 KG JR 1971, 338.
159 Stein/Jonas/*Schumann*, § 381 Rn 5.
160 OLG Köln, Beschl. v. 15.3.2004 – 27 WF 26/04 = JAmt 2004, 255.

255 **Keine Entschuldigungsgründe** sind dagegen:
- die Auffassung, wegen eines Zeugnisverweigerungsrechts nicht erscheinen zu müssen,[161]
- die erfolglose Suche nach einem Parkplatz,[162]
- das Vergessen des Termins,[163]
- Irrtum über den Termintag, es sei denn, hierfür ist ein plötzliches und außerordentliches Ereignis ursächlich,[164]
- die Arbeitsunfähigkeit, die nicht zugleich in einer Reise- oder Verhandlungsunfähigkeit besteht,[165]
- die „dringend gebotene Auslandsreise".[166]

256 Ein ärztliches Attest, welches allein die Arbeitsunfähigkeit des Zeugen bestätigt, reicht nicht aus, um sich zu entschuldigen.[167] Das ärztliche Attest muss vielmehr ausweisen, dass der Zeuge entweder körperlich nicht in der Lage war, am Verhandlungsort zu erscheinen, oder dass er aufgrund einer Erkrankung sonst nicht vernehmungsfähig war. Dies ist von einer allgemeinen Arbeitsunfähigkeit deutlich zu unterscheiden. Bei einer Vielzahl von Erkrankungen ist es durchaus möglich, vor Gericht zu erscheinen und eine Aussage zu machen.

257 Gerade bei Erkrankungen ist darauf hinzuweisen, dass der Zeuge sich auf jeden Fall noch vor dem Termin entschuldigen muss. Selbst am Terminstage gibt eine telefonische Entschuldigung regelmäßig noch die Möglichkeit, die Prozessbevollmächtigten und gegebenenfalls weitere Zeugen oder Sachverständige fernmündlich abzuladen, wenn die Beweisaufnahme nur gemeinsam erfolgen soll. Selbst wenn nicht alle Mehrkosten vermieden werden, gelingt so eine Kostenreduzierung.

258 Liegt ein Entschuldigungsgrund vor, so ist weiter zu prüfen, ob dieser Entschuldigungsgrund rechtzeitig vorgebracht wurde. Ziel ist es, absehbar unnötige Termine wegen eines entschuldigten Ausbleibens des Zeugen für das Gericht und die Parteien zu vermeiden.

259 Der Zeuge hat daher auch dann die Kosten des Termins zu tragen, wenn er zwar entschuldigt ausgeblieben ist, dies aber nicht rechtzeitig mitgeteilt hat.[168] Die früher entgegenstehende Auffassung[169] ist durch die zwischenzeitliche ausdrückliche Regelung in § 381 Abs. 1 S. 2 ZPO durch das ZPO-Reformgesetz überholt.

---

161 *Molketin*, DRiZ 1981, 385; BFH BFHE 216, 500.
162 *Molketin*, DRiZ 1981, 385.
163 OLG Karlsruhe FamRZ 1993, 1470 (für die Partei).
164 OLG München NJW 1957, 306.
165 OLGR Saarbrücken 2007, 464; OLG Zweibrücken JurBüro 1976, 1256.
166 BFH v. 28.8.2008 – VI B 59/08.
167 OLG Nürnberg NJW-RR 1999, 940 (für die Partei).
168 OLG Stuttgart JR 1963, 187; OLG Düsseldorf MDR 1969, 149; OLGR Hamburg 37, 143.
169 OLG Karlsruhe NJW 1972, 589; OLG Hamburg JR 1962, 351; OLG Hamm MDR 1950, 179; OLG Bremen OLGZ 1978, 117; OLG Celle MDR 1999, 437.

Der Zeuge muss also beachten, dass er alle Anstrengungen unternimmt, um sich rechtzeitig vor dem Verhandlungstermin zu entschuldigen. Hierzu kann es auch erforderlich sein, bei einer sich verzögernden Anreise dies telefonisch mitzuteilen.[170]

Sind der Ordnungsmittelbeschluss und die Kostenauferlegung im Termin zur mündlichen Verhandlung und Beweisaufnahme erfolgt, so kann der Zeuge nach § 381 Abs. 1 S. 2 ZPO die **Aufhebung des Beschlusses** beantragen, wobei er darzulegen und glaubhaft zu machen hat, dass sein Ausbleiben genügend entschuldigt ist und eine frühere Entschuldigung nicht möglich war.

Ungeachtet dessen kann er den Beschluss nach **§ 380 Abs. 3 ZPO mit der sofortigen Beschwerde** angreifen.[171] Ein gegen einen Zeugen verhängter Ordnungsgeldbeschluss wegen Nichterscheinens im Termin zur Durchführung einer Beweisaufnahme bedarf allerdings keiner dahingehenden Rechtsmittelbelehrung.[172]

> *Hinweis*
> Die sofortige Beschwerde unterliegt nach § 569 ZPO der Notfrist von zwei Wochen. Aus diesem Grunde wird es sich immer empfehlen, den Beschluss mit der sofortigen Beschwerde anzugreifen. Das Ausgangsgericht kann dann im Abhilfeverfahren den Beschluss über die Festsetzung des Ordnungsgeldes und die Auferlegung der Kosten aufheben. Möglich ist es auch, den einfachen Antrag[173] auf Aufhebung der Beschlüsse mit der sofortigen Beschwerde zu verbinden.[174]

Die Frist für die sofortige Beschwerde des Zeugen wird durch eine Insolvenz einer Hauptpartei und damit die Unterbrechung des Rechtsstreites nach § 240 ZPO nicht berührt.[175]

> *Tipp*
> Die Einlegung der sofortigen Beschwerde hat für den Zeugen einen weiteren Vorteil. Nach § 570 Abs. 1 ZPO hat die sofortige Beschwerde im Hinblick auf die Vollstreckung des Ordnungsmittelbeschlusses aufschiebende Wirkung. Beantragt der Zeuge lediglich die Aufhebung des Beschlusses nach § 381 Abs. 1 S. 2 ZPO, muss er demgegenüber die einstweilige Einstellung der Vollstreckung gesondert beantragen.

Erscheint der Zeuge verspätet und ist bereits ein Ordnungsmittelbeschluss ergangen, so kann der Zeuge unmittelbar beantragen, dass dieser Beschluss aufgehoben wird, wenn er seine Verspätung hinreichend entschuldigt.[176]

---

170 OLG Nürnberg NJW-RR 1999, 788.
171 Muster einer sofortigen Beschwerde nach § 380 Abs. 3 ZPO unter Rdn 734.
172 OLGR Saarbrücken 2007, 464.
173 Muster eines Antrages auf Aufhebung eines Beschlusses nach § 380 Abs. 1 ZPO mit der hilfsweisen sofortigen Beschwerde nach § 380 Abs. 3 ZPO unter Rdn 734.
174 Zöller/*Greger*, § 381 Rn 6.
175 OLGR Zweibrücken 2009, 73 = NZI 2008, 251; LAG Hessen ZInsO 2008, 760.
176 OLG Bremen JurBüro 1979, 1898.

267 *Hinweis*

Kein Ordnungsgeld kann gegen den Zeugen verhängt werden, dem die schriftliche Beantwortung der Beweisfrage aufgegeben wurde, ohne dass dieser die Beweisfrage allerdings tatsächlich in dieser Form beantwortet hat. Der Zeuge ist vielmehr nun zum Termin zu laden. Erst wenn er auch hier nicht erscheint, kann ein Beschluss nach § 380 Abs. 1 ZPO ergehen.

268 Gegen minderjährige Zeugen kann kein Ordnungsmittel verhängt werden, wenn sie strafunmündig sind, d.h. das 14. Lebensjahr noch nicht vollendet haben.[177] Auch der gesetzliche Vertreter des minderjährigen Zeugen kann nicht mit einem Ordnungsmittel belegt werden, da dieser nicht Zeuge ist.[178] Dagegen kann der minderjährige Zeuge gem. § 380 Abs. 2 ZPO vorgeführt werden.[179]

g) Die Vernehmung des Zeugen durch den gesetzlichen Richter

269 Der Zeuge ist grundsätzlich vor dem gesamten Prozessgericht, d.h. beim Landgericht vor der Kammer oder dem zuständigen originären oder obligatorischen Einzelrichter zu vernehmen.

aa) Die Vernehmung des Zeugen vor dem beauftragten Richter

270 Nach § 375 Abs. 1 ZPO kann das Prozessgericht, soweit es als Kammer entscheidet, einem seiner Mitglieder die Vernehmung des Zeugen übertragen, wenn von vornherein anzunehmen ist, dass das Prozessgericht das Beweisergebnis auch ohne unmittelbaren Eindruck von dem Verlauf der Beweisaufnahme sachgemäß zu würdigen vermag und weitere noch darzustellende Gründe vorliegen.

271 *Tipp*

Eine Übertragung der Beweisaufnahme auf den beauftragten Richter scheidet damit dann aus, wenn es auf die Glaubwürdigkeit des Zeugen ankommt, da sich von der Glaubwürdigkeit des Zeugen das gesamte Gericht einen Eindruck machen muss. Deshalb sind in den Fallkonstellationen, in denen eine Übertragung der Beweisaufnahme auf den beauftragten Richter in Betracht kommt, regelmäßig auch die Voraussetzungen dafür gegeben, dass der Zeuge die Beweisfrage nach § 377 Abs. 3 ZPO schriftlich beantwortet.

Auf diese Alternative sollte der Bevollmächtigte grundsätzlich hinweisen,[180] da in der Praxis die schriftliche Beantwortung der Beweisfrage durch den Zeugen schneller zu bewerkstelligen sein wird als die Vernehmung des Zeugen in einem Beweistermin vor dem beauftragten Richter. Auch erspart der Bevollmächtigte so einen – nicht gesondert vergüteten – Beweisaufnahmetermin, wenn sich herausstellt, dass der

---

177 Zöller/*Greger*, § 380 Rn 7.
178 OLG Hamm NJW 1965, 1616; LG Bremen NJW 1970, 1429.
179 OLG Düsseldorf FamRZ 1973, 547; *Findeisen*, § 4 Ziff. 2.
180 Muster eines Antrages auf Anordnung der schriftlichen Beantwortung der Beweisfrage durch einen Zeugen unter Rdn 719.

Zeuge doch vor der gesamten Kammer gehört werden muss. Solche Anhaltspunkte lassen sich regelmäßig der schriftlich beantworteten Beweisfrage entnehmen.

bb) Die Vernehmung des Zeugen vor einem ersuchten Richter

Unter den gleichen Voraussetzungen, unter denen eine Vernehmung des Zeugen durch einen beauftragten Richter möglich ist, kann dieser nach § 375 ZPO auch durch einen ersuchten Richter eines anderen Gerichts, regelmäßig des Wohnsitzgerichts des Zeugen, vernommen werden, wenn anzunehmen ist, dass das Prozessgericht das Beweisergebnis auch ohne den unmittelbaren Eindruck von dem Verlauf der Beweisaufnahme und dem Erleben des Zeugen sachgerecht zu würdigen vermag und die weiteren noch darzustellenden Voraussetzungen vorliegen.

Hinweis

Von dieser Art der Vernehmung durch ein Rechtshilfegericht sollte – soweit sich der Zeuge im Inland befindet – nur selten Gebrauch gemacht werden. Die Praxis zeigt, dass die Protokolle der Vernehmung eines Zeugen im Wege der Rechtshilfe regelmäßig den Sach- und Streitstand nicht vollständig durchdringen und damit im Ergebnis nicht zu befriedigen vermögen. Im Hinblick auf den mit einer Vernehmung im Wege der Rechtshilfe verbundenen Zeitverlust wird gleichwohl in der Praxis häufig von einer erneuten Ladung des Zeugen vor das Prozessgericht abgesehen. Nicht zuletzt, weil die Parteien selbst auf einen zügigen Abschluss des Verfahrens drängen. Diese Praxis im stillen Einverständnis aller Prozessbeteiligten ist auch im Hinblick auf das Prozessergebnis abzulehnen. Rechtlich ist die Situation eindeutig: Liegt die Voraussetzung, dass das Prozessgericht auch ohne einen persönlichen Eindruck von dem Zeugen entscheiden kann, nicht vor, ist die Beweisaufnahme vor dem Prozessgericht zu wiederholen.[181]

Die Beweisaufnahme in Form der Vernehmung eines Zeuge im Wege der Rechtshilfe sollte deswegen auf absolute Ausnahmefälle beschränkt bleiben, in denen der Zeuge als Beweismittel sonst gänzlich unzugänglich bleibt. In Zeiten hoher Mobilität und unter Berücksichtigung der vollen Kostenerstattung für den Zeugen dürften nur in seltenen Fällen einer unmittelbaren Vernehmung vor dem Prozessgericht zwingende Gründe entgegenstehen. Dabei mag im Einzelfall auf die besonderen zeitlichen Probleme des Zeugen durch die Wahl der Terminzeit Rücksicht genommen werden.

Tipp

Auch in diesen Konstellationen kann es grundsätzlich ratsam sein, zunächst die schriftliche Beantwortung der Beweisfrage anzuregen. Dabei sollte vorgeschlagen werden, dass der Zeuge darauf hingewiesen wird, dass von einer detaillierten und ausführlichen Beantwortung der Beweisfrage abhängig ist, ob seine weitere Ladung erforderlich ist. Dabei können dem Zeugen auch Hinweise gegeben werden, welchen Aspekten seiner Aussage besondere Bedeutung zukommt.

---

181 OLG Frankfurt OLGR 2005, 321; BGH, NJW-RR 1997, 152; OLG Köln NJW-RR 1998, 1143.

276 *Beispiel*

In einer Verkehrsunfallsache ist keine detaillierte Aussage des Zeugen zur Feststellung von Anknüpfungspunkten für eine verkehrsanalytische Begutachtung zu erwarten, wenn die Beweisfrage lediglich dahingeht, „über Ursache und Hergang des Verkehrsunfallereignisses am 15. Mai in Koblenz auf der August-Horch-Str." Beweis zu erheben.

Hier sollte dem Zeugen konkret mitgeteilt werden, dass es darauf ankommt, dass er Angaben zu den Geschwindigkeiten der beteiligten Fahrzeuge und zu erkennbaren Abständen macht. Es kann darauf hingewiesen werden, dass der Zeuge eine Unfallskizze fertigt. Je nach Unfallgestaltung sollten dem Zeugen dann auch konkrete Fragen gestellt werden: „... insbesondere zu der Behauptung, dass der Beklagte angefahren sei, als der Kläger sich lediglich noch etwa drei Autolängen von der Einfahrt entfernt befunden habe ...".

277 Neben der in der Praxis festzustellenden Tendenz, dass die Vernehmung eines Zeugen im Wege der Rechtshilfe häufig unzureichend bleibt, weil der ersuchte Richter sich nicht derart intensiv mit dem Sach- und Streitstand sowie der daraus resultierenden Rechtslage auseinandersetzt wie das Prozessgericht, sind mit der Vernehmung eines Zeugen im Wege der Rechtshilfe weitere Nachteile verbunden.

278 Der Bevollmächtigte der Partei muss zur Wahrnehmung seines Fragerechtes nach § 397 ZPO selbst zum Rechtshilfegericht reisen, wodurch weitere Kosten entstehen und regelmäßig erhebliche Zeit in Anspruch genommen wird. Will der Bevollmächtigte diese Belastung nicht auf sich nehmen, können die Prozesssituation und die Bedeutung des Zeugen erfordern, dass am Ort des Rechtshilfegerichts ein weiterer Prozessbevollmächtigter beauftragt wird. Ungeachtet der damit verbundenen zusätzlichen Kosten muss dieser auch intensiv auf den Beweisaufnahmetermin vorbereitet werden, insbesondere auf die für den Mandanten maßgeblichen Fragestellungen, wenn die Beauftragung des weiteren Bevollmächtigten nicht nur eine Förmlichkeit bleiben soll.

279 Will der Bevollmächtigte weder selbst zum Rechtshilfegericht reisen noch einen anderen Bevollmächtigten am Ort des Rechtshilfegerichts beauftragen, geht er seines Fragerechtes nach § 397 ZPO insoweit verlustig. Gleichwohl zeigt sich diese dritte Variante in der Praxis als Regelfall.

280 *Tipp*

Soweit in Absprache mit der Partei weder eine Reise zum Rechtshilfegericht durchgeführt noch ein dortiger Prozessbevollmächtigter bestellt werden soll, empfiehlt es sich auf jeden Fall, den Beweisbeschluss des Gerichts dahin zu überprüfen, ob dieser alle für die Partei maßgeblichen Fragestellungen enthält.

Ist dies nicht hinreichend konkret der Fall, sollte schriftlich ein konkreter Fragenkatalog formuliert werden. Dieser sollte dem Prozessgericht übersandt werden, mit der Bitte, dem Zeugen, nachdem er im Sinne von § 396 Abs. 1 ZPO seine Wahrnehmungen im Zusammenhang dargestellt hat, diese Fragen im Einzelnen zu unterbreiten und sie beantworten zu lassen.

Dabei können die Fragen sowohl allgemeiner Art sein als auch Vorhalte an den Zeugen beinhalten. Soweit dabei Vorhalte aus anderen Urkunden oder Akten entnommen werden, sollen diese Fundstellen ganz konkret bezeichnet sein, sodass das Rechtshilfegericht hierauf ohne weitere Schwierigkeiten zurückgreifen kann.

h) Die Vernehmung des Zeugen
aa) Die Belehrung und Vernehmung des Zeugen durch das Gericht

Bevor der Zeuge im Sinne von § 394 ZPO einzeln und in Abwesenheit der später zu vernehmenden Zeugen anzuhören ist, ist der Zeuge nach § 395 Abs. 1 ZPO zur Wahrheit zu ermahnen.

Hinweis

Der Rechtsanwalt sollte darauf achten, dass das Gericht den Zeugen nicht nur zur Wahrheit ermahnt, sondern ihm zugleich vor Augen führt, dass die falsche uneidliche Aussage gem. § 153 StGB mit Freiheitsstrafe von drei Monaten bis zu fünf Jahren bestraft werden kann und der Meineid nach § 154 StGB sogar mit Freiheitsstrafe nicht unter einem Jahr bestraft wird. Dies kann dem Zeugen nachhaltig vor Augen führen, dass ihm erhebliche Konsequenzen drohen, wenn er unzutreffend aussagt. Zugleich sollte der Zeuge darauf hingewiesen werden, dass er nur diejenigen Dinge bekundet, die er selbst gehört, gesehen oder getan hat und dass er mögliche eigene Rückschlüsse offenbaren muss.

Tipp

Gerade bei dem Zeugen des Gegners kann im Rahmen der Befragung durch den Bevollmächtigten durch den Hinweis auf die alleinige Bekundung von eigenen Wahrnehmungen die Aussage häufig relativiert werden. Wenn der Zeuge erst auf Nachfrage einräumt, dass er eine bestimmte Tatsache nur vom Hörensagen weiß oder dies aus anderen Umständen abgeleitet hat, entwertet dies seine Aussage auch im Übrigen.

Der Zeuge ist dann zunächst gem. § 395 Abs. 2 ZPO zur Person zu vernehmen. Zu den Fragen zur Person gehören nach § 395 Abs. 2 S. 2 ZPO auch Fragen über solche Umstände, die seine Glaubwürdigkeit betreffen, insbesondere seine Beziehungen zu den Parteien.

Hinweis

Das Gericht beschränkt sich hier regelmäßig auf die Klärung der formalen persönlichen Beziehungen zur Klärung der Zeugnisverweigerungsrechte nach § 383 ZPO. Demgegenüber spricht das Gesetz ausdrücklich davon, dass Fragen über Umstände gestellt werden können, die die Glaubwürdigkeit des Zeugen betreffen. Dies sind aber auch Fragen nach geschäftlichen und wirtschaftlichen Verflechtungen zwischen der Partei und dem Zeugen.

bb) Die Zeugnisverweigerungsrechte

286 Dem Zeugen können dann Zeugnisverweigerungsrechte nach den §§ 383 ff. ZPO zur Seite stehen, die ihn berechtigen, die Aussage zu verweigern.

287 In Betracht kommen zunächst die **persönlichen Zeugnisverweigerungsrechte** nach § 383 ZPO. Danach ist zur Verweigerung des Zeugnisses der Verlobte einer Partei und der – auch getrenntlebende oder geschiedene – Ehegatte oder Lebenspartner berechtigt.

288 Darüber hinaus ist zur Zeugnisverweigerung derjenige Zeuge nach § 383 Abs. 1 Nr. 3 ZPO berechtigt, der mit einer Partei in gerader Linie verwandt oder verschwägert, in der Seitenlinie bis zum dritten Grade verwandt oder bis zum zweiten Grade verschwägert ist oder war.

289 Wann ein Zeuge mit einer Partei verwandt ist, ergibt sich aus § 1589 BGB. Danach sind Personen, deren eine von der anderen abstammt in gerader Linie verwandt.

290 Deshalb sind zur Verweigerung des Zeugnisses nach § 383 Abs. 1 Nr. 3 ZPO berechtigt:
- die Eltern einer Partei,
- die Großeltern einer Partei,
- die Urgroßeltern einer Partei,
- die Kinder einer Partei,
- die Enkel einer Partei,
- die Urenkel einer Partei.

291 In gleicher Weise vermittelt die in § 1590 BGB geregelte Schwägerschaft ein Zeugnisverweigerungsrecht. Danach sind die Verwandten eines Ehegatten mit dem anderen Ehegatten verschwägert. Somit sind die Eltern, Großeltern, Urgroßeltern, Kinder, Enkel und Urenkel des Ehegatten der Partei ebenfalls zur Verweigerung des Zeugnisses berechtigt.

292 Soweit der Zeuge mit einer der Parteien nicht in gerader Linie verwandt ist, aber die Partei und der Zeuge von derselben dritten Person abstammen und damit in der Seitenlinie verwandt sind, ist das Zeugnisverweigerungsrecht hinsichtlich der Verwandtschaft bis zum dritten Grade und hinsichtlich der Schwägerschaft bis zum zweiten Grade beschränkt.

293 Danach steht dem Zeuge ein Zeugnisverweigerungsrecht zu, wenn eine der Parteien
- der Bruder oder die Schwester,
- der Halbbruder oder die Halbschwester,
- der Neffe oder die Nichte,
- der Onkel oder die Tante

des Zeugen ist.

294 Hinsichtlich der Schwägerschaft beschränkt sich das Zeugnisverweigerungsrecht auf die voll oder halbbürtigen Geschwister oder die Ehegatten seiner Geschwister.

295 **Nichteheliche Kinder** sind im Verhältnis zu ihrem Vater genauso verwandt wie eheliche Kinder, sodass sich insoweit bezüglich des Zeugnisverweigerungsrechtes kein Unterschied ergibt.

Die **Adoption** eines minderjährigen Kindes begründet nach § 1754 Abs. 1 BGB ein Verwandtschaftsverhältnis, sodass auch insoweit ein Zeugnisverweigerungsrecht besteht. 296

Demgegenüber wird zu dem **Pflegekind** kein Verwandtschaftsverhältnis begründet, sodass dem Pflegekind auch kein Zeugnisverweigerungsrecht bzgl. der Pflegeeltern zusteht. 297

Zur **Ausübung des Zeugnisverweigerungsrechtes** ist es ausreichend, wenn der Zeuge darlegt und auf Anforderung des Gerichts glaubhaft macht, dass er in dem vorgeschriebenen Sinne mit einer der Parteien verwandt oder verschwägert ist. Weitere Gründe für sein Zeugnisverweigerungsrecht muss er nicht angeben. 298

> *Hinweis* 299
>
> Das Gericht ist nicht berechtigt, den Zeugen nach den Gründen für sein Zeugnisverweigerungsrecht zu befragen.[182] Der Bevollmächtigte der von der Zeugnisverweigerung aufgrund der Beweislastverteilung begünstigten Partei kann das Gericht hierauf hinweisen.

§ 385 Abs. 1 ZPO schränkt das Zeugnisverweigerungsrecht in bestimmten Fällen wieder ein, insbesondere wenn 300
- der Zeuge als Zeuge eines Rechtsgeschäftes ausdrücklich beigezogen wurde,
- er über Geburten, die Vermählung oder Sterbefälle von Familienmitgliedern Wahrnehmungen wiedergeben soll,
- er Tatsachen, welche die durch das Familienverhältnis bedingten Vermögensangelegenheiten betreffen, bekunden soll,
- er über streitige Rechtsverhältnisse Auskunft geben soll, hinsichtlich deren er selbst Handlungen als Rechtsvorgänger oder Vertreter einer Partei vorgenommen hat.

Über den Schutz der familiären Verhältnisse hinaus gewährt der Gesetzgeber auch solchen Personen ein Zeugnisverweigerungsrecht nach § 383 Abs. 1 Nr. 4–6 ZPO, denen die Partei unter dem Siegel der Verschwiegenheit Tatsachen mitgeteilt hat. Das Zeugnisverweigerungsrecht betrifft 301
- nach § 383 Abs. 1 Nr. 4 ZPO Geistliche in Ausübung der Seelsorge,
- nach § 383 Abs. 1 Nr. 5 ZPO Mitarbeiter der Presse und des Rundfunks,

> *Hinweis*
>
> Das Zeugnisverweigerungsrecht steht nur Mitarbeitern des Rundfunks einschließlich das Fernsehens oder **periodischer** Druckwerke zu. Zu den periodischen Druckwerken zählen Zeitungen, Zeitschriften und Magazine, nicht jedoch Bücher. Dabei ist nur der redaktionelle Teil des periodischen Druckwerkes oder der Rundfunk- oder Fernsehsendung erfasst, nicht jedoch der Bereich der Anzeigen und Werbung.[183]

---

[182] BGH MDR 1989, 837 = NJW 1989, 2403 = JZ 1989, 912.
[183] BVerfG NJW 1984, 1101.

- nach § 383 Abs. 1 Nr. 6 ZPO Personen, die kraft ihres Amtes, Standes oder Gewerbes der Schweigepflicht unterliegen,

  Hinweis

  Der Kreis der der Schweigepflicht unterliegenden Personen kann § 203 Abs. 1 und 2 StGB entnommen werden. Danach steht ein Zeugnisverweigerungsrecht insbesondere zu:

- Ärzten,

  Hinweis

  In Verfahren, in denen ärztliche Untersuchungen relevant werden, wie etwa bei Verletzungen nach unerlaubten Handlungen, insbesondere in Verkehrsunfallsachen oder in Arzthaftungsprozessen sollten zur Verfahrensbeschleunigung schon in der Klageschrift alle behandelnden Ärzte angegeben und diese von der Schweigepflicht entbunden werden. Soweit es auf die Abgrenzung zu Vorerkrankungen ankommt, sollten auch die zuvor behandelnden Ärzte bezeichnet und zugleich von ihrer Schweigepflicht entbunden werden.

- Psychologen,
- Rechtsanwälten, u.U. aber nicht dem angestellten Rechtsanwalt,[184]
- Notaren,

  Hinweis

  Das Zeugnisverweigerungsrecht des Notars erstreckt sich auf den gesamten Inhalt der notariellen Verhandlung einschließlich der Umstände, die der Notar anlässlich der Verhandlung erfährt; sie müssen ihm nicht besonders anvertraut worden sein.[185] Dies gilt auch für Informationen, die der Notar von Dritten im Hinblick auf ein Amtsgeschäft in dem Vertrauen auf seine Verschwiegenheit erhält.[186]

- Wirtschaftsprüfern,
- Steuerberatern oder Steuerbevollmächtigten,

  Hinweis

  Beruft sich der eigene Mandant des Steuerberaters auf dessen Aussage oder beantragt er die Anordnung der Verpflichtung zur Herausgabe von Unterlagen nach § 142 ZPO, ist davon auszugehen, dass damit zugleich eine Entbindung von der Schweigepflicht verbunden ist.[187]

- Ehe-, Familien-, Erziehungs- oder Jugendberatern,
- Schwangerschaftskonfliktberatern,
- staatlich anerkannten Sozialarbeitern und Sozialpädagogen,
- Angehörigen einer privaten Kranken-, Unfall- oder Lebensversicherung oder einer privatärztlichen Verrechnungsstelle.

---

184 LG Weiden MDR 2007, 484; OLG Stuttgart MDR 1999, 192 = OLGR 1998, 427.
185 BGH NJW 2005, 1948 = MDR 2005, 719 = BGH-Report 2005, 672 = ZNotP 2005, 192 = DNotZ 2005, 288.
186 OLG Stuttgart MDR 2016, 353 f.
187 LG Köln NZI 2004, 671 = ZVI 2005, 79.

Nach § 203 Abs. 2 StGB gilt dies entsprechend für Geheimnisträger des öffentlichen Dienstes.

Die Verschwiegenheitspflicht eines Geheimnisträgers besteht nach dem Tod des Vertrauensgebers grundsätzlich fort. Nach der Rechtsprechung ist ihr Umfang nach Lage des Einzelfalls differenziert festzustellen. Abgesehen von den Fällen, in welchen die Schweigepflicht durch eine stärkere Pflicht zur Aussage ausgeschlossen wird, kann das Interesse des Verstorbenen an der Geheimhaltung mit seinem Tode auch erloschen sein. Geht ein mutmaßlicher Wille des Verstorbenen eindeutig dahin, dass er unter Berücksichtigung seines wohlverstandenen Interesses auf weitere Geheimhaltung verzichten würde, so steht dem Zeugen ein Verweigerungsrecht aus § 383 ZPO nicht zu. Ist ein solcher Wille zweifelhaft, so liegt es in der Verantwortung des Geheimnisträgers, von den ihm bekannten Umständen auf den mutmaßlichen Willen des Verstorbenen zu schließen und nach gewissenhafter Prüfung über die Ausübung des Zeugnisverweigerungsrechts zu befinden. Dabei verbleibt dem Geheimnisträger ein Entscheidungsspielraum, der durch die Gerichte nur eingeschränkt nachprüfbar ist.[188] 302

Die Verpflichtung zur Verschwiegenheit und das korrespondierende Recht, das Zeugnis im Zivilprozess nach § 383 Abs. 1 Nr. 6 ZPO zu verweigern, besteht nicht schon wegen einer Absprache im Anstellungsvertrag eines Zeugen. Dies setzt voraus, dass tatsächlich ein Geheimnis vorliegt, also eine Tatsache, die im Zusammenhang mit dem Geschäftsbetrieb steht, nicht offenkundig ist und nur einem eng begrenzten Personenkreis bekannt ist, und dass die Gesellschaft ein nach objektiven Kriterien zu bestimmendes berechtigtes Interesse an der Geheimhaltung hat.[189] 303

Nach § 385 Abs. 2 ZPO steht den vorgenannten Geheimnisträgern das Zeugnisverweigerungsrecht jedoch nicht zu, wenn sie von der geschützten Partei von ihrer Schweigepflicht entbunden werden.[190] 304

Tipp 305

Um keine zeitlichen Verzögerungen eintreten zu lassen, sollte dem Beweisantritt jeweils der Zusatz beigefügt werden „der insoweit von seiner Schweigepflicht entbunden wird".

Hinweis 306

Soll der Notar zu Bekundungen eines Verstorbenen befragt werden, z.B. anlässlich der Beweisaufnahme zur Geschäftsfähigkeit des Erblassers, kann er nicht von den Erben von der Schweigepflicht entbunden werden. Vielmehr ist insoweit die Entbindungserklärung des bezüglich des Notars dienstaufsichtsführenden Präsidenten des Landgerichts einzuholen, § 18 Abs. 2, 2. Hs. BNotO.[191]

---

188 OLG München OLGR 2007, 158.
189 OLG Karlsruhe MDR 2006, 591 = OLGR 2006, 27.
190 Muster einer Schweigepflichtentbindungserklärung unter Rdn 730.
191 Muster eines Antrags gem. § 18 Abs. 2 2. Hs. BNotO unter Rdn 731.

307 Die Schweigepflichtentbindung kann sowohl gegenüber dem Gericht als auch gegenüber dem Zeugen selbst erfolgen. Erfolgt sie gegenüber dem Zeugen selbst, sollte dies dem Gericht mitgeteilt werden.

308 *Hinweis*

Die Schweigepflichtentbindungserklärung ist jederzeit frei widerruflich. Unabhängig davon, ob sie außerprozessual erteilt wurde oder erst im Prozess selbst, soweit sie gegenüber der anderen Partei oder dem Zeugen erklärt wurde. Wurde sie dagegen gegenüber dem Gericht erklärt, handelt es sich um eine Prozesshandlung, die als solche nicht mehr widerrufen werden kann.[192]

309 Hat der Zeuge zunächst ausgesagt und wird anschließend die Schweigepflichtentbindungserklärung widerrufen, so bleiben die bisherigen Angaben des Zeugen grundsätzlich verwertbar.[193]

310 Soweit sich eine Partei auf das Zeugnis eines Geheimnisträgers der anderen Partei beruft, steht es zunächst im freien Ermessen der geschützten Partei, ob die Entbindung von der Schweigepflicht erfolgt oder nicht. Zu beachten ist allerdings, dass das Gericht die Verweigerung der Befreiung von der Schweigepflicht im Rahmen der Beweiswürdigung nach § 286 ZPO frei würdigen kann.

311 *Tipp*

Es wird deshalb für den Bevollmächtigten der geschützten Partei wesentlich darauf ankommen, dass er darlegt, aus welchen Gründen die Entbindung von der Schweigepflicht unterbleibt. Es muss also dargelegt werden, dass die Verweigerung der Entbindung von der Schweigepflicht sachlich gerechtfertigt ist. Dies wird insbesondere dann der Fall sein, wenn durch die Entbindung von der Schweigepflicht die andere Partei über den Streitgegenstand hinausgehende Informationen erhält, die etwa das Persönlichkeitsrecht des geschützten Mandanten betreffen. Insoweit ist allerdings zu prüfen, ob eine eingeschränkte Entbindung von der Schweigepflicht in Betracht kommt, um den berechtigten Belangen der geschützten Person hinreichend Rechnung zu tragen.

312 § 384 ZPO gibt sodann ein **Zeugnisverweigerungsrecht aus sachlichen Gründen**, wenn die Beantwortung der Fragen ihm oder einer im Sinne von § 383 Abs. 1 Nr. 1–3 ZPO verwandten oder verschwägerten Person einen unmittelbaren vermögensrechtlichen Schaden zufügt oder die Gefahr begründet, wegen einer Straftat oder Ordnungswidrigkeit verfolgt zu werden. Der Zeuge, der in zweiter Instanz erneut vernommen wird, nachdem er bereits in erster Instanz zur Sache ausgesagt hat, darf das Zeugnis auch zu Fragen verweigern, deren Beantwortung ihn der Gefahr einer Strafverfolgung nach § 153 StGB wegen seiner erstinstanzlichen Aussage aussetzen würde.[194] Das Gleiche gilt,

---

192 Zöller/*Greger*, § 385 Rn 11.
193 MüKo-ZPO/*Damrau*, § 386 Rn 11.
194 BGH NJW 2008, 2038 = BGH-Report 2008, 869.

wenn mit der Beantwortung einer Frage ein Kunst- oder Gewerbegeheimnis offenbart werden müsste.

> *Hinweis* 313
>
> Anders als § 383 ZPO gibt § 384 ZPO jedoch kein Recht, die gesamte Aussage zu verweigern.[195] Vielmehr ist der Zeuge nur berechtigt, die Antwort auf einzelne Fragen zu verweigern.

Das Zeugnisverweigerungsrecht des § 384 Nr. 1 und 2 ZPO in einer vom Insolvenzgericht anberaumten Vernehmung besteht schon dann, wenn die Beantwortung der Fragen des gesamten Beweisthemas einen strafrechtlichen Vorwurf tangieren bzw. die Durchsetzung möglicher zivilrechtlicher Ansprüche erleichtern könnte. Das Zeugnisverweigerungsrecht steht dann auch dem Geschäftsführer einer insolventen GmbH zu.[196] 314

cc) Die Geltendmachung des Zeugnisverweigerungsrechtes

Will der Zeuge das Zeugnis aufgrund der §§ 383 oder 384 ZPO verweigern, so hat er dies vor dem zu seiner Vernehmung bestimmten Termin schriftlich zu Protokoll der Geschäftsstelle oder aber im Termin selbst darzulegen und nach § 386 Abs. 1 BGB die Gründe hierfür anzugeben und glaubhaft zu machen. 315

> *Tipp* 316
>
> Hat der Zeuge sein umfängliches Zeugnisverweigerungsrecht schriftlich oder zu Protokoll der Geschäftsstelle erklärt, ist er nicht mehr verpflichtet, in dem zur Vernehmung seiner Person bestimmten Beweisaufnahmetermin zu erscheinen. Der mit der Beratung des Zeugen beauftragte Rechtsanwalt wird den Zeugen dementsprechend anzuraten haben, seine Zeugnisverweigerung bereits vorab schriftlich mitzuteilen. Nicht ausreichend ist dagegen die fernmündliche Mitteilung des Zeugen, er mache von seinem Zeugnisverweigerungsrecht Gebrauch. Dies gilt auch dann, wenn der die Mitteilung entgegennehmende Richter hierüber einen Aktenvermerk fertigt.[197]

Hat der Zeuge nach § 386 ZPO von seinem Zeugnisverweigerungsrecht Gebrauch gemacht und besteht Streit, ob der Zeuge hierzu berechtigt ist, so hat zunächst das erkennende Gericht nach § 387 Abs. 1 ZPO von Amts wegen nach Anhörung der Parteien oder Parteivertreter zu entscheiden, ob die Zeugnisverweigerung berechtigt ist. Die Frage, ob tatsächlich ein Auskunftsverweigerungsrecht besteht, hat keinen Einfluss auf die Erscheinenspflicht. Der Zeuge, der sich nach § 386 Abs. 1 ZPO ordnungsgemäß auf ein Zeugnisverweigerungsrecht berufen hat, ist solange von seiner Pflicht, vor Gericht zu erscheinen, befreit, bis im Zwischenstreit über die Zeugnisverweigerung nach § 387 ZPO rechtskräftig sein Verweigerungsgrund für unberechtigt erklärt und er sodann erneut als Zeuge geladen ist.[198] 317

---

195 OLG Köln v. 14.10.2008 – 19 W 18/08 n.v.
196 LG Ingolstadt ZIP 2005, 275.
197 BFH v. 2.6.2004 – II R 7/02 n.v.
198 BFH v. 27.1.2004 – II B 120/02.

318 Billigt das erkennende Gericht dem Zeugen ein Recht zur Zeugnisverweigerung zu und bestreitet die Partei weiterhin das Recht des Zeugen zur Zeugnisverweigerung, so kann sie nach § 387 ZPO einen Antrag auf Entscheidung über das Zeugnisverweigerungsrecht durch Zwischenurteil stellen.[199]

319 *Hinweis*
Beachtet werden muss, dass der Mandant sein Antragsrecht auf Entscheidung des Zeugnisverweigerungsrechtes verliert, wenn er sich nach der Ausübung des Zeugnisverweigerungsrechtes durch den Zeugen gem. § 295 ZPO rügelos zur Hauptsache einlässt.[200]

320 Wird das Zwischenurteil über das Recht zur Zeugnisverweigerung rechtskräftig, sind davon nur die von dem Zeugen bisher genannten Zeugnisverweigerungsrechte betroffen. Dieser kann sich also nachträglich auch noch auf andere Rechte zur Zeugnisverweigerung berufen.[201]

321 Gegen das Zwischenurteil über die Berechtigung der Zeugnisverweigerung ist nach § 387 Abs. 3 ZPO die sofortige Beschwerde statthaft.[202] Beschwerdeberechtigt ist der Zeuge, soweit seine Zeugnisverweigerung für unzulässig erklärt wurde.[203]

322 Der Beweisführer kann sofortige Beschwerde einlegen,[204] wenn das erkennende Gericht die Berechtigung der Zeugnisverweigerung durch Zwischenurteil festgestellt hat.

323 Wird im Rahmen des Zwischenstreites über das Zeugnisverweigerungsrecht entweder durch das Zwischenurteil oder durch die Entscheidung über die sofortige Beschwerde das Zeugnisverweigerungsrecht für nicht bestehend erachtet, so muss der Zeuge aussagen.

324 Verweigert er gleichwohl die Aussage, so kann das Gericht gegen ihn Ordnungsmittel nach § 390 Abs. 1 ZPO verhängen, d.h. Ordnungsgeld und für den Fall, dass dieses nicht beigetrieben werden kann, Ordnungshaft. Führt die mehrfache Verhängung von Ordnungsgeld nicht dazu, dass der Zeuge aussagt, so kann auch unmittelbar Ordnungshaft gegen ihn verhängt werden.

325 *Tipp*
Ein Zwischenstreit sollte nur dann beantragt werden, wenn aus Sicht der Partei berechtigter Anlass zu der Hoffnung besteht, dass das Gericht die fehlende Berechtigung in der Zeugnisverweigerung feststellt. Beachtet werden muss nämlich, dass die Partei, die den Antrag auf Entscheidung über das Zeugnisverweigerungsrecht stellt,

---

199 Muster eines Antrages auf Entscheidung über die Berechtigung zur Zeugnisverweigerung nach § 387 ZPO unter Rdn 735.
200 BGH LM § 295 ZPO Nr. 9; OLG München, OLGR 1995, 274.
201 OLG Hamm FamRZ 1999, 939.
202 Vgl. hierzu § 18 Rdn 1 ff.
203 S. Muster Rdn 736.
204 Muster einer sofortigen Beschwerde des Beweisführers gegen die Anerkennung eines Zeugnisverweigerungsrechtes unter Rdn 737.

B. Rechtliche Grundlagen § 11

die Kosten des Zeugen und eines Bevollmächtigten des Zeugen zu tragen hat, wenn sich ergibt, dass der Zeuge sein Zeugnis zu Recht verweigert hat.[205]

dd) Die Vernehmung des Zeugen und das Fragerecht der Parteien

Die Zeugen sind nach § 394 Abs. 1 ZPO durch das Gericht einzeln und in Abwesenheit der später anzuhörenden Zeugen zu vernehmen. 326

Dabei soll der Zeuge nach § 396 Abs. 1 ZPO sein Wissen zunächst im Zusammenhang bekunden. 327

Hinweis 328

Gerade wenn der Bevollmächtigte des Beweisgegners Anlass zu der Annahme hat, dass der Zeuge seine Aussage lediglich „auswendig gelernt" hat, sollte er auf diese Form der Vernehmung bestehen, da sich dann sehr schnell zeigt, ob der Zeuge in der Lage ist, in seine Darstellung Details einzubinden, die lediglich am Rande des Geschehens relevant werden, die Gesamtdarstellung aber abrunden. Diese Form der Befragung kann auch im Rahmen der Erörterung vor der eigentlichen Beweisaufnahme in Abwesenheit des Zeugen angesprochen werden.

Der Zeuge ist berechtigt, eine schriftlich vorbereitete Aussage vorzulegen.[206] Diese ist dann zu verlesen und zu Protokoll zu nehmen. 329

Tipp 330

Der Bevollmächtigte des Beweisgegners sollte allerdings – soweit dies das Gericht nicht schon von sich aus veranlasst – sehr genau klären, wo und von wem und in welchen Zusammenhängen diese schriftliche Erklärung gefertigt wurde, insbesondere, ob der Beweisführer hieran in irgendeiner Form beteiligt war. Auch sollten Fragen zur Ergänzung der schriftlichen Aussage gestellt werden, um zu hinterfragen, ob diese tatsächlich von dem Zeugen stammt. Auch ist zu klären, warum der Zeuge meinte, seine Aussage schriftlich niederlegen zu müssen, d.h. ob hierfür ein glaubhafter und nachvollziehbarer sachlicher Grund vorliegt.

Das Gericht hat nach § 396 Abs. 2 ZPO sodann die Aussage durch eigene Fragen zu vertiefen, soweit hierzu Anlass besteht und das Beweisthema nicht erschöpfend beantwortet wurde. 331

Erst im Anschluss daran[207] ist den Parteien selbst bzw. ihren Bevollmächtigten Gelegenheit zu geben, dem Zeugen diejenigen Fragen „vorlegen zu lassen", die die Partei zur Aufklärung der Sache oder des Rechtsverhältnisses für dienlich erachtet. 332

In der Praxis erlauben die Gerichte regelmäßig, dass die Parteien dabei die Zeugen selbst befragen, soweit die Formen der Höflichkeit gewahrt und tatsächlich Fragen gestellt und 333

---

205 Zöller/*Greger*, § 387 Rn 5.
206 Zöller/*Greger*, § 396 Rn 2.
207 BGH MDR 1991, 672; BAG NJW 1983, 1691.

nicht nur Vorwürfe oder unberechtigte Vorhalte gemacht werden. Dem Bevollmächtigten steht nach § 397 Abs. 2 ZPO ausdrücklich ein eigenes Fragerecht zu.

334 Neben den Parteien und ihren Bevollmächtigten sind auch der Streithelfer und sein Bevollmächtigter nach § 397 ZPO berechtigt, Fragen zu stellen.[208]

335 Zulässig sind grundsätzlich nur Fragen zum Beweisthema selbst. Ausforschungsfragen oder Suggestivfragen sollten von dem Gericht – ggf. auf Bitten des Beweisgegners – unterbunden werden.

336 Die Fragen sind grundsätzlich nach Abschluss der Vernehmung des Zeugen durch das Gericht nach § 396 ZPO im gleichen Beweisaufnahmetermin zu stellen, sodass eine spätere erneute Ladung des Zeugen zur Beantwortung von weiteren Fragen grundsätzlich ausscheidet. Allerdings steht dies nach § 398 ZPO im Ermessen des Gerichts.[209]

337 Eine erneute Ladung des Zeugen zur Beantwortung weiterer Fragen ggf. auch unter Wiedereröffnung der mündlichen Verhandlung nach § 156 ZPO kann allerdings dann veranlasst sein, wenn es der Partei erst nach der Beweisaufnahme möglich ist, objektive Anhaltspunkte dafür vorzulegen, dass der Zeuge ganz oder teilweise nicht die Wahrheit gesagt oder nicht vollständig zur Sache bekundet hat.

338 Ergeben sich aus den Aussagen verschiedener Zeugen Widersprüche, so kann das Gericht nach § 394 Abs. 2 ZPO veranlassen, dass sich die Zeugen gegenübergestellt werden.

339 *Tipp*

Sind widersprüchliche Aussagen zu erwarten, kann der Bevollmächtigte das Gericht nach der Vernehmung eines Zeugen bitten, diesen zum Zwecke der späteren Gegenüberstellung noch nicht zu entlassen.

340 Beruft sich der Bevollmächtigte im Berufungsverfahren auf Widersprüche in der Aussage eines Zeugen, darf das Berufungsgericht die Aussage nur anders werten, wenn es zuvor den Zeugen persönlich angehört hat.[210] Eine andere Würdigung ist damit ausgeschlossen, wenn sich der Zeuge im Berufungsverfahren – berechtigt – auf ein Zeugnisverweigerungsrecht beruft.[211]

2. Der Sachverständigenbeweis

341 Eine zentrale Rolle im Beweisverfahren des Zivilprozesses spielt das Sachverständigengutachten, da es sich häufig als das zuverlässigste Beweismittel herausstellt.

342 Nicht selten lässt sich feststellen, dass das Ergebnis eines eingeholten Sachverständigengutachtens zugleich die Vorwegnahme der gerichtlichen Entscheidung bedeutet. Dies liegt darin begründet, dass das Gericht von dem Ergebnis des Sachverständigengutachtens nur abweichen darf, wenn es den Sachverständigen zuvor zur Erläuterung seines

---

208 Zöller/*Greger*, § 397 Rn 1.
209 BGHZ 35, 370.
210 BGH GRUR-RR 2012, 312; BGH MDR 2009, 1126; BGH FamRZ 2006, 946 = VersR 2006, 949.
211 BGH NJW 2007, 372 = MDR 2007, 270 = BGH-Report 2007, 204.

Gutachtens geladen oder zur Fertigung eines Ergänzungsgutachtens aufgefordert hat und über eigene Sachkunde verfügt, die im Einzelnen darzulegen und zu begründen ist. An Letzterem wird es regelmäßig fehlen.

Der Vorteil des Sachverständigengutachtens als Beweismittel ist darin zu sehen, dass diese Beweisform eine verlässlichere Grundlage für die objektiv richtige Entscheidung des Rechtsstreites darstellt. Dies gilt allerdings nur dann, wenn der Sachverständige sachkompetent den Sachverhalt vollständig zur Kenntnis nimmt. Nachteilig wirkt sich aus, dass die Begutachtung durch einen Sachverständigen regelmäßig kosten- und zeitintensiv ist.

a) Die Anordnung der Einholung eines Sachverständigengutachtens

Die Beweisaufnahme durch Einholung eines Sachverständigengutachtens kann von Amts wegen nach § 144 Abs. 1 S. 1 ZPO oder aber auf Antrag[212] einer Partei nach § 403 ZPO erfolgen.

In beiden Konstellationen ist es erforderlich, dass hinreichend dargelegt ist, aufgrund welcher Tatsachen eine sachverständige Begutachtung erforderlich ist. Eine solche Notwendigkeit kann entfallen, wenn Privatgutachten von öffentlich bestellten und vereidigten Sachverständigen vorgelegt werden und diese vom Gegner nicht substantiiert angegriffen werden. Liegen dagegen mehrere Privatgutachten vor, die sich in wesentlichen Punkten widersprechen, darf das Gericht nicht einem Privatgutachter folgen. Vielmehr ist ein gerichtliches Gutachten einzuholen.[213] Dabei muss sich der gerichtlich bestellte Sachverständige auch mit den bereits vorliegenden Privatgutachten auseinandersetzen.

Eine sachverständige Begutachtung ist weiter nicht erforderlich, wenn das Gericht über eigene Sachkunde verfügt. Dabei lässt sich in der Praxis leider immer wieder feststellen, dass die Gerichte ihre Sachkunde auf nichtjuristischem Gebiet überschätzen.

> *Hinweis*
>
> Viele Richter beschaffen sich zusätzliche Fachinformationen im Internet. Dies ist grundsätzlich zu begrüßen, soweit die Zusatzinformationen genutzt werden, um Gutachten auf ihre Schlüssigkeit zu prüfen und ggf. dem Sachverständigen weitere kritische Fragen zu seinem Gutachten zu stellen. Entgegenzutreten ist dem aber, wenn das Gericht deshalb der Auffassung ist, auf eine Begutachtung durch einen Sachverständigen verzichten und eigene Sachkunde in Anspruch nehmen zu können.

Erforderlich ist in jedem Fall, dass das Gericht die Parteien darauf hinweist, dass es die Einholung eines Sachverständigengutachtens für nicht erforderlich hält, weil es über die eigene Sachkunde verfügt.[214] Dabei ist auch erforderlich, dass darauf hingewiesen wird, aus welchen Umständen sich diese eigene Sachkunde des Gerichts ergibt. Allein der Hinweis auf das Studium von Fachliteratur soll dabei nicht ausreichen.[215] Dies gilt auch

---

212 Muster von Anträgen auf Anordnung einer sachverständigen Begutachtung unter Rdn 738–745.
213 OLGR Hamburg 2005, 216.
214 BGH VersR 2007, 1008; BVerfG JZ 1960, 124.
215 BGH NJW 1994, 890 = VersR 1994, 984; OLG Saarbrücken, NJW-RR 1999, 719 f.

unter Ausnutzung der erweiterten Recherchemöglichkeiten des Internets.[216] Auch der bloße Hinweis auf eigene Sachkunde und Lebenserfahrung reicht nicht.[217]

349 Der Bundesgerichtshof verlangt darüber hinaus, dass die eigene Sachkunde auch im Urteil dargelegt wird.[218]

350 *Tipp*

Soweit das Gericht die Parteien darauf hinweist, dass es aufgrund eigener Fach- und Sachkunde die Einholung eines Sachverständigengutachtens für nicht erforderlich erachtet, sollte der Bevollmächtigte beantragen, dass das Gericht darlegt, in welcher Art und Weise das Gericht die aufgeworfenen Fachfragen beurteilt. Wie bei einer Einholung des schriftlichen oder mündlichen Sachverständigengutachtens muss es der Partei nämlich möglich sein, zu der Beurteilung Stellung zu nehmen und diese auch durch ein möglicherweise vorzulegendes Privatgutachten zu erschüttern. Eine andere Verfahrensweise beeinträchtigt den verfassungsrechtlich gestützten Anspruch auf rechtliches Gehör.

351 *Hinweis*

Dem Gericht ist es verwehrt, schwierige technische oder medizinische Fragen aufgrund der Anwendung eigener Sachkunde zu beantworten.[219]

352 Dagegen ist die (auch stillschweigende) Ablehnung eines Antrags auf Einholung eines Glaubwürdigkeitsgutachtens nur dann fehlerhaft, wenn die Persönlichkeit des Zeugen solche Besonderheiten aufweist, dass Zweifel an der Sachkunde des Gerichts zur Beurteilung der Glaubwürdigkeit berechtigt sind.[220]

353 Entscheidet das Gericht den Rechtsstreit aufgrund eigener Sachkunde, obwohl die Partei ein Sachverständigengutachten für erforderlich gehalten hat, kann dies als Rechtsanwendungsfehler in Form eines Verfahrensfehlers gerügt werden. Dies stellt in diesem Sinne einen Berufungsgrund nach § 520 Abs. 3 Nr. 2 ZPO dar.

354 Weist das Gericht nicht darauf hin, dass es beabsichtigt, den Rechtsstreit aufgrund eigener Sachkunde zu entscheiden, liegt hierin ein Verstoß gegen § 139 ZPO, der in gleicher Weise gerügt werden kann. Auf dieser Grundlage ist auch neues Vorbringen nach § 531 Abs. 2 Nr. 3 ZPO im Berufungsverfahren möglich, sofern dargelegt werden kann, dass bei einem entsprechenden Hinweis weitere Tatsachen für eine sachverständige Begutachtung vorgetragen worden wären, die zu einem anderen Ergebnis hätten führen können.

355 Auch wenn der Antrag auf Einholung eines Sachverständigengutachtens aufgrund der Möglichkeit des Gerichts, ein solches nach § 144 Abs. 1 S. 1 ZPO von Amts wegen einzuholen, nur als Beweisanregung verstanden werden kann, sollte in der Praxis gleich-

---

216 OLG Naumburg NJW 2001, 3420.
217 BGH VersR 2007, 1008.
218 BGH NJW 2000, 1946 = MDR 2000, 884.
219 BGH MDR 1994, 890; BGH NJW 2000, 1946.
220 BGH NJW-RR 1997, 1110 = MDR 1997, 739.

wohl jeweils ein förmlicher Antrag[221] auf Einholung eines Sachverständigengutachtens gestellt werden.

> **Hinweis** 356
>
> Dies vermeidet, dass der Partei der Berufungseinwand abgeschnitten ist, dass ernstliche Zweifel an der Richtigkeit und Vollständigkeit der Tatsachenermittlung bestehen, weil auch die Partei selbst kein Sachverständigengutachten nach § 403 ZPO verlangt hat.

§ 403 ZPO verlangt, dass mit dem Antrag auf Einholung eines Sachverständigengutachtens die zu begutachtenden Punkte im Einzelnen bezeichnet werden. 357

Ein Sachverständigengutachten und damit auch ein entsprechender Antrag der Partei nach § 403 ZPO ist insbesondere dann erforderlich, wenn z.B. nachgewiesen werden soll, dass 358
- eine bestimmte Sache einen Mangel aufweist,
- eine Sache einen bestimmten Wert hat,
- eine Verletzungshandlung für einen Schaden ursächlich ist,
- ein Unfallereignis sich in einer bestimmten Art und Weise abgespielt hat,
- eine Person von einer anderen Person abstammt,
- eine Person geschäftsfähig oder testierfähig ist,
- eine bestimmte Handlung ordnungsgemäß vorgenommen wurde,
- ein bestimmter Verdienstausfallschaden entstanden ist,
- ein bestimmter Handelsbrauch besteht,
- eine bestimmte Verkehrsauffassung besteht,
- die Regeln der Technik bei der Herstellung eines Werkes beachtet wurden,
- ein Kunstgegenstand echt ist,
- eine Urkunde echt ist,
- wie die voraussichtliche weitere Entwicklung einer Erkrankung und deren Heilungsverlauf vonstattengeht,
- die Minderung der Erwerbsfähigkeit eines Geschädigten in bestimmter Höhe besteht.

> **Hinweis** 359
>
> Gegenstand eines Sachverständigengutachtens kann auch sein, welche Regelungen das Recht eines ausländischen Staates trifft.[222] Dabei ist das Gericht verpflichtet, nicht nur die Regelungen selbst zu ermitteln. Vielmehr müssen auch alle Möglichkeiten ausgeschöpft werden, die konkrete Ausgestaltung des Rechts in der ausländischen Rechtspraxis, insbesondere der ausländischen Rechtsprechung zu ermitteln.[223] Gebührenrechtlich ist bei vor dem 1.7.2004 erteilten unbedingten Aufträgen und damit noch in Anwendung der BRAGO beachtlich, dass allein die Aufforderung des Ge-

---

221 Grundmuster eines Antrages auf Einholung eines Sachverständigengutachtens unter Rdn 738.
222 BGH NJW 1975, 2142; MDR 2013, 1128 ff.
223 BGH MDR 2013, 1128 ff.

richts, zum Inhalt ausländischen Rechts vorzutragen, noch keine Beweisgebühr auslösen soll.[224]

360 Der Beweis durch ein Sachverständigengutachten kann auch durch den Antrag auf Einholung einer Behördenauskunft erfolgen.

361 *Beispiel*

In einem versicherungsrechtlichen Streit kommt es auf die Frage an, welche Windstärke am Wohnort des Klägers an einem bestimmten Tage zu einer bestimmten Zeit geherrscht hat.
Der Deutsche Wetterdienst als Behörde verfügt hier über eine Messstelle.
Der Beweis einer bestimmten Windstärke kann damit mit dem Antrag auf Einholung einer behördlichen Auskunft in Form eines Gutachtens eingeholt werden.

362 Behördenauskünfte als Sachverständigengutachten können über alle der amtlichen Verschwiegenheit nicht unterliegenden amtlichen Erkenntnisse oder Rechtsverhältnisse erteilt werden.

b) Die Auswahl des Sachverständigen

363 Das Ergebnis des Sachverständigengutachtens und damit der Beweisaufnahme hängt wesentlich auch davon ab, dass der Sachverständige über die erforderliche Sachkunde verfügt.

364 Die Auswahl des Sachverständigen wird nach § 404 ZPO grundsätzlich von dem Prozessgericht vorgenommen.

365 Nach § 404 Abs. 3 ZPO soll das Prozessgericht dabei grundsätzlich auf Sachverständige zurückgreifen, die öffentlich bestellt sind, und andere Sachverständige nur dann ernennen, wenn besondere Umstände es erfordern.
Vor der Ernennung können die Parteien gehört werden, § 404 Abs. 2 ZPO.

366 *Tipp*

Nicht selten lässt sich feststellen, dass die öffentlich bestellten und vereidigten Sachverständigen überlastet sind und deshalb die Begutachtung mehrere Monate, teilweise auch über ein halbes Jahr dauert. Der Bevollmächtigte sollte deshalb die voraussichtliche Bearbeitungsdauer über das Gericht beim Sachverständigen abfragen. Zeigt sich hier eine sehr lange Bearbeitungsdauer oder ist diese dem Bevollmächtigten bezogen auf einen bestimmten Sachverständigen bekannt, sollte auch die Heranziehung eines nicht öffentlich bestellten oder vereidigten Sachverständigen vorgeschlagen werden.

Oft liegt aus einem vorangegangenen Ermittlungsverfahren (z.B. ein unfallanalytisches Gutachten) oder einem anderweitigen gerichtlichen Verfahren bereits ein Gutachten vor. Dessen Beiziehung gem. § 411a ZPO sollte zur Verfahrensbeschleunigung

---

224 OLG Koblenz MDR 2003, 894.

zum frühestmöglichen Zeitpunkt beantragt werden. Voraussetzung ist, dass die Beweisfrage identisch ist.[225]

Das Gericht kann nach § 404 Abs. 4 ZPO die Parteien bzw. die Bevollmächtigten auffordern, Personen zu bezeichnen, die geeignet sind, als Sachverständige vernommen zu werden. 367

> *Tipp* 368
>
> Der Bevollmächtigte sollte vermeiden, schon mit dem Beweisantritt einen geeigneten Sachverständigen zu benennen, da dies die Ablehnung des Sachverständigen durch den Gegner herausfordert. Vielmehr sollte zunächst eine entsprechende Aufforderung durch das erkennende Gericht abgewartet werden. Sodann sollten zwei bis drei geeignete Sachverständige zur Auswahl gestellt werden. Bei großen Gesellschaften, die häufig den Dienst von Sachverständigen in Anspruch nehmen, sollte am besten sogar auf die Benennung von Gutachtern verzichtet werden. Der Gegner hat hier regelmäßig den Eindruck, dass die vorgeschlagenen Sachverständigen in Beziehung zur Gesellschaft stehen, sodass dem Gutachter mit kaum gebotener Skepsis begegnet wird. Dies berührt nicht das Recht, gegen einen vom Gegner oder von dem Gericht vorgeschlagenen Sachverständigen Einwände zu erheben.

Soweit auf die Auswahl des Sachverständigen Einfluss genommen werden soll, kann der Bevollmächtigte mehrstufig vorgehen: 369

Zunächst ist darzulegen, welche besonderen Anforderungen an die Sachkunde des Sachverständigen zu stellen sind, damit das Gericht dies bei seiner Auswahl berücksichtigt. 370

> *Beispiel* 371
>
> Grundsätzlich soll der in einem Arzthaftungsprozess beauftragte Sachverständige dem medizinischen Fachgebiet angehören, auf dem der in Anspruch genommene Arzt tätig war.[226]

Sollen von vornherein bestimmte Sachverständige, die über die erforderliche Sachkunde verfügen, ausgeschlossen werden, so sollten diese Bedenken bereits vor der Auswahl der Sachverständigen geltend gemacht werden. Dies führt in der Praxis dazu, dass das Gericht auf die Benennung solcher Sachverständiger verzichtet, um spätere Auseinandersetzungen um die Sachkunde, die fachliche Eignung und die Unparteilichkeit des Sachverständigen zu vermeiden. Demgegenüber sind die Gerichte selten bereit, die einmal erfolgte Ernennung eines Sachverständigen rückgängig zu machen. 372

Wird ein Sachverständiger ernannt, gegen den die Partei oder der Bevollmächtigte Einwände hat, so können diese im Wege der Gegenvorstellung dem Prozessgericht unterbreitet werden. Dies kann mit dem Antrag verbunden werden, dass ein anderer Sachverständiger mit der Begutachtung beauftragt wird. 373

---

225 Zöller/*Greger*, § 411a Rn 3.
226 OLG Hamm ZMGR 2006, 110.

374 *Hinweis*

Insbesondere bei medizinischen Begutachtungen ist seitens des Bevollmächtigten zu prüfen, ob der von dem Gericht vorgesehene oder bereits bestellte Sachverständige einer bestimmten „Schule" angehört, die eine offene Beantwortung der Beweisfrage nicht mehr erwarten lässt. Zu diesem Zwecke kann es erforderlich sein, festzustellen, ob der Sachverständige bereits mit einschlägigen Veröffentlichungen in Erscheinung getreten ist.

375 *Tipp*

Über das Internet hat die Partei oder auch der Bevollmächtigte die Möglichkeit, einen Sachverständigen für die Beweisfrage zu finden und sich zugleich über dessen Grundhaltung zu informieren. Insoweit ist es häufig ausreichend, den Namen des Sachverständigen in eine der gängigen Suchmaschinen einzugeben.

Auch kann so ein Sachverständiger ermittelt und vorgeschlagen werden, der in seiner Grundauffassung den Vorstellungen der eigenen Partei nahe kommt. Zugleich können hier Anhaltspunkte gefunden werden, um einen von dem Prozessgegner vorgeschlagenen Sachverständigen abzulehnen, wenn dieser sich etwa zur Beweisfrage schon festgelegt und eine andere Auffassung grob verworfen hat.

376 Sofern weder dem Gericht noch den Parteien geeignete Sachverständige bekannt sind, können solche regelmäßig bei den örtlichen Industrie- und Handelskammern, den Handwerkskammern, den Ärztekammern oder auch den Universitäten erfragt werden.

377 Einigen sich die Parteien auf einen bestimmten Sachverständigen, hat das Gericht nach § 404 Abs. 5 ZPO diesem Vorschlag zu folgen.

378 Ungeachtet der Frage, ob ein Sachverständiger namentlich benannt wird, ist im Einzelnen darzulegen, über welche Sachkunde der Sachverständige verfügen muss, sofern sich dies nicht unmittelbar aus dem dargelegten Sachverhalt ergibt.

379 Beauftragt das erkennende Gericht nach § 404 Abs. 1 ZPO ohne Beteiligung der Parteien einen Sachverständigen einer falschen Fachrichtung, so stellt dies eine Verkennung der Beweisfrage dar, die nach § 520 Abs. 3 Nr. 2 und 3 ZPO die Änderung des darauf ergehenden Urteils im Berufungsverfahren rechtfertigt.

380 *Tipp*

Insbesondere bei schwierigen medizinischen Fragen, die verschiedene medizinische Fachgebiete betreffen, ist es erforderlich, das Gericht darauf hinzuweisen, welche Fachdisziplinen im Einzelnen betroffen sind. Dabei kann es sich empfehlen, das Gericht aufzufordern, einen Hauptsachverständigen zu bestimmen, der dann weitere medizinische Zusatzgutachten einholt. Damit die Gutachtenerstellung in angemessener Zeit erfolgt und die zu untersuchende Person nicht eine Vielzahl von Untersuchungsterminen wahrnehmen muss, kann es sich empfehlen, verschiedene Sachverständige einer Universitätsklinik zu beauftragen.

Die Benennung des Sachverständigen im Beweisbeschluss ist als solche nicht anfechtbar,[227] wenn der Sachverständige nicht aus sachlichen Gründen wegen der Besorgnis der Befangenheit abgelehnt werden kann.[228]

381

Nach § 407 ZPO ist der zum Sachverständigen bestellte Gutachter grundsätzlich verpflichtet, das Gutachten zu erstellen, wenn
- er zur Erstattung von Gutachten der erforderten Art öffentlich bestellt ist;
- er die Wissenschaft, die Kunst oder das Gewerbe, deren Kenntnis Voraussetzung der Begutachtung ist, öffentlich zum Erwerb ausübt;
- er zur Ausübung des Gewerbes öffentlich bestellt oder ermächtigt ist;
- er sich zur Begutachtung gegenüber dem Gericht bereit erklärt hat.

382

Hinweis

383

Für den Bevollmächtigten hat es in der Praxis allerdings wenig Sinn, auf der Durchführung eines Begutachtungsauftrages durch einen benannten Sachverständigen zu bestehen, wenn dieser mitgeteilt hat, dass er zur Erstattung des Gutachtens aus Zeitgründen nicht in der Lage oder aus anderen Gründen nicht bereit ist. Das Beharren auf der Begutachtung durch den Sachverständigen führt in diesen Verfahren allein zu einer zeitlichen Verzögerung des Rechtsstreites. Es empfiehlt sich vielmehr, einen alternativen Vorschlag für die Begutachtung zu unterbreiten.

Nach § 407a Abs. 1 ZPO hat der Sachverständige unverzüglich zu prüfen, ob die Beweisfrage in sein Fachgebiet fällt und ohne die Hinzuziehung eines weiteren Sachverständigen beantwortet werden kann.

384

Ist dies nicht der Fall, hat er das Gericht zu benachrichtigen, welches wiederum die Parteien hiervon in Kenntnis setzt. Das Gericht kann in diesem Fall einen anderen Sachverständigen beauftragen, wenn die Beweisaufnahme nicht in das Fachgebiet des ursprünglich benannten Sachverständigen fällt. Sind mehrere Sachverständige erforderlich, kann das Gericht entweder anordnen, dass der Sachverständige ein Teilgutachten erstattet oder aber dass dieser ein vollständiges Gutachten unter Einholung weiterer Zusatzgutachten erstellt.

Zudem hat er etwaige Anknüpfungspunkte offenzulegen, die seine Unparteilichkeit in Frage stellen und somit seine Befangenheit gem. § 406 ZPO begründen können, § 407a Abs. 2 S. 1, 2 ZPO. Ein Verstoß hiergegen kann mit einem Ordnungsgeld geahndet werden, § 407a Abs. 2 S. 3 ZPO.

385

Der Sachverständige hat nach § 407a Abs. 3 ZPO das Gutachten grundsätzlich auch höchstpersönlich zu erstellen und darf den Gutachtenauftrag nicht ohne eine entsprechende Bestimmung des Gerichts auf einen Dritten übertragen.

386

---

227 KG Berlin KGR 2005, 557 = BauR 2005, 1070.
228 Hierzu nachfolgend Rdn 476.

387 *Hinweis*

Hieraus folgt zugleich, dass das Gericht einen konkreten Sachverständigen namentlich zu benennen und zu beauftragen hat. Insoweit ist es unzulässig, ein „Ingenieurbüro" oder eine Organisation mit der Gutachtenerstellung zu beauftragen.

388 Nach § 407a Abs. 3 S. 2 ZPO hat er Personen namhaft zu machen, deren Mitarbeit er sich bedient hat. Ein Sachverständiger darf sodann unter Beachtung der Anzeigepflichten des § 407a Abs. 3 S. 2 ZPO etwa die medizinische Befunderhebung und die Zusammenstellung der für die Begutachtung erheblichen Informationen aus der Akte an Hilfskräfte delegieren.[229]

389 *Hinweis*

Auch gegen diese Verpflichtung wird regelmäßig verstoßen. Insbesondere bei medizinischen Begutachtungen lässt sich häufig feststellen, dass das Gutachten tatsächlich durch Oberärzte oder gar Assistenzärzte ausgearbeitet wird und von dem eigentlich beauftragten Chefarzt nur unterzeichnet wird, ohne dass dies aus dem Gutachten hinreichend deutlich hervorgeht.

Der Bevollmächtigte kann hieraus Angriffe gegen das Gutachten ableiten. Dies gilt insbesondere dann, wenn eine erforderliche persönliche Untersuchung der Partei nicht durch den beauftragten Sachverständigen stattgefunden hat, es sei denn, es handelt sich nur um eine Standarduntersuchung oder die schematische Durchführung bestimmter Tests oder Teiluntersuchungen (Fertigung von Röntgenaufnahmen, Hör- oder Sehtests), die üblicherweise delegiert werden.

Zugleich läuft der Sachverständige bei einem Verstoß gegen die Verpflichtungen aus § 407a Abs. 1 bis 4 S. 1 ZPO i.V.m. § 8a Abs. 2 S. 1 Nr. 1 JVEG Gefahr, seinen Vergütungsanspruch zu verlieren.

390 Nach § 408 Abs. 1 ZPO kann der Sachverständige aus den gleichen Gründen, die einen Zeugen zur Verweigerung seiner Aussage berechtigen, die Erstattung des Gutachtens verweigern. Insoweit kann auf die Ausführungen unter Rdn 277 ff. verwiesen werden.

c) Der Auslagenvorschuss für das Sachverständigengutachten

391 Das Prozessgericht kann anordnen, dass vor der Einholung des Sachverständigengutachtens ein Kostenvorschuss nach §§ 379, 402 ZPO geleistet wird.

392 *Hinweis*

Dies gilt allerdings nicht, wenn das Gericht das Sachverständigengutachten nach § 144 ZPO von Amts wegen einholt.[230]

In diesem Fall ist das Sachverständigengutachten ohne vorherigen Auslagenvorschuss einzuholen. Die Festsetzung der Gutachtengebühren erfolgt in diesem Fall in der abschließenden Kostenfestsetzung der gerichtlichen Auslagen.

---

229 OLGR München 2007, 208 sowie OLG München, Beschl. v. 11.11.2005 – 1 U 3921/05.
230 BGH NJW 2000, 743, Zöller/*Greger*, § 379 Rn 3.

Der Auslagenvorschuss ist grundsätzlich von der Partei zu leisten, die sich einerseits auf das Sachverständigengutachten bezogen hat und in diesem Sinne Beweisführer ist und andererseits die Beweislast für die vom Sachverständigen zu klärende Frage trägt.[231]   393

Haben sich beide Parteien auf ein Sachverständigengutachten als Beweismittel bezogen, wird regelmäßig von dem Gericht beiden Parteien der jeweils hälftige Auslagenvorschuss auferlegt.   394

In diesem Fall kann die nicht beweisbelastete Partei Gegenvorstellung erheben und geltend machen, dass sie zur Auslagenvorschusspflicht nicht verpflichtet ist. Die Problematik stellt sich hier nicht anders dar als bei der Auslagenvorschusspflicht für einen Zeugen.[232]   395

Soweit einer Partei Prozesskostenhilfe gewährt wurde, ist sie grundsätzlich von der Verpflichtung zur Zahlung eines Auslagenvorschusses für ein Sachverständigengutachten befreit. Dies gilt allerdings nicht, wenn sie einer besonderen Vergütung des Sachverständigen nach § 13 JVEG zugestimmt hat. In diesem Fall ist die Partei verpflichtet, den vollständigen Auslagenvorschuss für das Sachverständigengutachten zu zahlen.[233]   396

> *Hinweis*   397
>
> Vor diesem Hintergrund darf der Bevollmächtigte einer Partei, der Prozesskostenhilfe bewilligt wurde, einer Erhöhung des Stundensatzes des Sachverständigen nicht ohne Weiteres zustimmen. I.d.R. wird einer solchen Erhöhung vielmehr zu widersprechen sein, damit dem Mandanten die Auslagenvorschusspflicht erspart bleibt. Stimmt der Gegner der Erhöhung zu, kann der Sachverständige gleichwohl die erhöhte Vergütung erhalten, soweit das Gericht dies nach § 13 Abs. 2 JVEG anordnet.

Ein gerichtlicher Sachverständiger, dem von vorneherein klar ist, dass der Kostenvorschuss für die voraussichtlichen Kosten des Gutachtens bei Weitem nicht ausreicht (Überschreitung um 20–25 %[234]), oder dem dies im Laufe der Begutachtung bewusst wird, muss dies dem Gericht mitteilen. Verstößt er gegen diese Pflicht und fordert das Gericht deshalb keinen ausreichenden Vorschuss an, so ist das Honorar des Sachverständigen auf die Höhe des Vorschusses beschränkt, § 8a Abs. 4 JVEG i.V.m. § 407a Abs. 4 S. 2 ZPO, worauf das Gericht gem. § 407a Abs. 6 ZPO hinweisen soll. Dies ist jedoch nicht Voraussetzung für die Begrenzung des Anspruchs („soll").   398

Wäre der Gutachtenauftrag bei einer rechtzeitigen Anzeige des Sachverständigen, dass der angeforderte Vorschuss nicht ausreicht, weder abgebrochen noch eingeschränkt worden, kommt eine Kürzung der Vergütung gemäß § 8a Abs. 4 JVEG nicht in Betracht.[235]

Hiervon zu unterscheiden ist die Anzeigepflicht des Sachverständigen gem. § 407a Abs. 4 S. 2 1. Alt. ZPO hinsichtlich des Missverhältnisses zwischen Streitgegenstand

---

231 BGH NJW 1999, 2823; OLG Köln, Urt. v. 26.8.2015 – 5 U 27/15 –, zitiert nach juris.
232 Vgl. hierzu Rdn 217 ff.
233 OLGR Koblenz 2004, 23.
234 OLG Düsseldorf, JurBüro 2016, 485; OLG Jena BauR 2015, 301.
235 OLG Karlsruhe, JurBüro 2017, 368 ff.; a.A.: OLG Düsseldorf, JurBüro 2016, 285, m.w.N.

und Kosten des Gutachtens. Insoweit gilt § 8a Abs. 2 S. 1 Nr. 1 JVEG. Soweit das Gericht die Leistung jedoch berücksichtigt, gilt sie als verwertbar, § 8a Abs. 2 S. 2 JVEG.

399 Hat das Prozessgericht die mit Beweisbeschluss angeordnete Einholung eines Sachverständigengutachtens davon abhängig gemacht, dass eine Prozesspartei innerhalb einer bestimmten Frist einen Auslagenvorschuss einbezahlt, kann das Gericht bei Nichtzahlung des Vorschusses binnen der gesetzten Frist eine Ausschlussfrist gem. § 356 i.V.m. § 402 ZPO setzen.[236] Wird der Auslagenvorschuss auch in dieser Frist nicht gezahlt, kann die Einholung des Sachverständigengutachtens unterbleiben, wenn anderenfalls das Verfahren verzögert würde.

d) Die formalen Anforderungen an den Begutachtungsvorgang und das Sachverständigengutachten

400 Grundsätzlich ist der Gutachter nach § 404a ZPO in den Gutachtenauftrag einzuführen und von dem Gericht anzuleiten. Damit werden wichtige Weichen gestellt. Der Bevollmächtigte sollte deshalb darauf hinwirken, dass Anweisungen zu den beachtlichen Tatsachen durch das Gericht erteilt werden. Anderenfalls besteht die Gefahr, dass der Sachverständige sich einseitig den Vortrag des Gegners zu eigen macht und im weiteren Verfahren von den darauf fußenden Feststellungen nicht mehr abweicht.

Der Sachverständige hat sein Gutachten zunächst auf die ihm als unstreitig präsentierten Tatsachen zu stützen. Eine Ausnahme gilt nur dann, wenn der Sachverständige zu dem Ergebnis kommt, dass der vorgetragene Sachverhalt aus technischen Gründen nicht zutreffen kann.

401 *Beispiel*

Der K nimmt den B auf materiellen und immateriellen Schadensersatz in Anspruch. Die Darstellungen der Parteien zum eigentlichen Unfallhergang decken sich. Die ebenfalls beklagte Haftpflichtversicherung des B wendet ein, dass die von K behaupteten Verletzungen allein darauf zurückgehen, dass dieser nicht angeschnallt war.

Im Rahmen der interdisziplinären verkehrsanalytischen und medizinischen Begutachtung kommt der technische Sachverständige zu dem Ergebnis, dass sich das Unfallereignis zweifelsfrei nicht so abgespielt hat, wie die Parteien es darstellen. Dies sei aus den Beschädigungen der beteiligten Fahrzeuge abzuleiten.

402 Das Gericht hat nach § 404a Abs. 3 ZPO insbesondere zu bestimmen, welche streitigen Tatsachen der Sachverständige seiner Begutachtung zugrunde zu legen hat.

403 *Tipp*

In der Praxis zeigt sich, dass dies regelmäßig weder dann geschieht, wenn bestimmte Tatsachen streitig sind, die Darlegungs- und beweisbelastete Partei aber keinen Beweis angeboten hat und deshalb aufgrund der Beweislastverteilung der Vortrag der nicht beweisbelasteten Partei zu unterstellen ist, noch dann, wenn das Prozessgericht

---

236 OLGR Koblenz 2003, 311.

Zeugen vernimmt. Die Würdigung der Zeugenaussagen und damit die Feststellung der Tatsachen, von denen für die weitere Beweisaufnahme auszugehen ist, überlässt es dann dem Sachverständigen.

Hier ist es Aufgabe des Bevollmächtigten, einerseits das Ergebnis einer vorausgehenden Beweisaufnahme durch die Vernehmung von Zeugen und unter Berücksichtigung gegebenenfalls einzubeziehender Urkunden zu würdigen und das Gericht aufzufordern, dem Sachverständigen aufzugeben, seine Begutachtung ausgehend von dieser Würdigung vorzunehmen. Dies hat den Vorteil für den Bevollmächtigten, dass er schon in dieser Lage des Verfahrens von der zwischenzeitlichen Beweiswürdigung des Gerichts Kenntnis erlangt und so auf diese Beweiswürdigung reagieren kann.

Eine solche Verfahrensweise wird nur dann unnötig sein, wenn das Ergebnis der Vernehmung von Zeugen eindeutig war.

Fehlt es an entsprechenden Vorgaben des Gerichts, prüfen gute Sachverständige den Sachverhalt alternativ auf der Grundlage des widersprechenden Parteivortrages. Dies erfordert bei der Würdigung des Ergebnisses der Beweisaufnahme, dass der Bevollmächtigte diese Alternativen sorgsam auseinander hält. Die Anwendung der „Rosinentheorie", in dem aus dem Gutachten nur die jeweils positiven Aspekte herausgestellt werden, blendet den eigenen Mandanten und verfängt bei Gericht meist nicht. **404**

Neben der Anleitung durch das Gericht, welche Tatsachen der Sachverständige seinem Gutachten zugrunde zu legen hat, kann und muss das Gericht den Sachverständigen möglicherweise auch in rechtlicher Hinsicht anleiten.[237] Dies gilt etwa für unterschiedliche Kausalitätsanforderungen im Haftpflichtrecht gegenüber dem Sozialrecht oder dem notwendigen Grad der Wahrscheinlichkeit für eine bestimmte Annahme. **405**

Darüber hinaus kann der Sachverständige sein Gutachten auf die Feststellung weiterer Tatsachen stützen, die er selbst ermittelt. **406**

Beispiel **407**
Der mit der verkehrsanalytischen Begutachtung beauftragte Sachverständige besichtigt die Unfallstelle und fertigt hier eine maßstabgerechte Skizze als Grundlage späterer Zeit- und Wegeberechnungen.

Der medizinische Sachverständige bestellt die verletzte Partei ein, um sie selbst zu untersuchen.

Soweit sich nicht schon aus der Natur der Beauftragung und Beweisfrage ergibt, dass der Sachverständige von sich aus weitere Ermittlungen anstellen kann, kann das Gericht nach § 404a Abs. 4 ZPO dem Sachverständigen aufgeben, in welcher Weise er zur Aufklärung der Beweisfrage befugt ist, insbesondere inwieweit er mit den Parteien in Verbindung treten darf und wann er ihnen die Teilnahme an seinen Ermittlungen zu gestatten hat. Solche Weisungen an den Sachverständigen sind den Parteien nach § 404a Abs. 5 ZPO mitzuteilen. **408**

---

237 OLG Köln NJW-RR 1999, 720 = OLGR 1998, 318 = VersR 1998, 1249.

409 *Tipp*

Auch hier kann der Bevollmächtigte die Begutachtung durch den Sachverständigen für seinen Mandanten positiv beeinflussen, indem er auf mögliche weitere Ansatzpunkte für Ermittlungen des Sachverständigen hinweist. So kann dem Sachverständigen die Möglichkeit aufgezeigt werden, weitere Erkundigungen bei behandelnden Ärzten unter Angabe der Adressen einzuziehen, soweit er dies über die schriftlichen ärztlichen Atteste hinaus für erforderlich hält. Dabei sind die zu benennenden Ärzte jeweils von ihrer Schweigepflicht zu entbinden.[238]

In entsprechender Weise kann angeregt werden, dass der Sachverständige die Partei persönlich untersucht, um sich so ein vollständiges und zutreffendes Bild vom Gesundheitszustand zu machen. Dies gibt der Partei auch Gelegenheit, sich gegenüber dem Sachverständigen mit ihrer Beschwerdesymptomatik selbst zu artikulieren.

410 In der Praxis keine wesentliche Rolle spielt die Möglichkeit des Gerichtes, nach § 404a Abs. 2 ZPO den Sachverständigen vor der Abfassung der Beweisfrage zu hören und ihm auf dessen Verlangen den Auftrag zu erläutern.

411 *Tipp*

Es kann in der Praxis empfehlenswert sein, dass angeregt wird, dass die Vernehmung von Zeugen im Beisein des Sachverständigen erfolgt. Hierbei ergibt sich die Möglichkeit, dass der Sachverständige zielgerichteter, als dies das Gericht vermag, die Zeugen im Hinblick auf Anknüpfungstatsachen befragt.

Dabei zeigt sich auch, dass die Gerichte Fragen des Sachverständigen regelmäßig nicht zurückweisen, auch wenn es sich um eine eigentlich unzulässige Ausforschung handelt.

Im Anschluss an diese Zeugenvernehmung im Beisein des Sachverständigen kann dann der Sach- und Streitstand unter Einschluss des bisherigen Ergebnisses der Beweisaufnahme erörtert werden, sodass es in diesem Rechtsgespräch in der Praxis regelmäßig gelingt, den Auftrag des Sachverständigen weiter zu präzisieren und diejenigen Tatsachen festzulegen, von denen der Sachverständige ausgehen sollte. Nicht selten lassen sich auf der Grundlage einer vorläufigen Einschätzung auch Vergleichsergebnisse erzielen.

In diesem Zusammenhang ist das Gericht auch eher bereit, diese Vorgaben in einem Protokoll festzuhalten, während die gesonderte Feststellung der zu berücksichtigenden Tatsachen in einem Beschluss in der Praxis sonst häufig für nicht erforderlich gehalten wird.

412 Hat das Gericht streitige Tatsachen nicht klären können und sieht es sich zu einer Anleitung nach § 404a Abs. 3 ZPO noch nicht in der Lage, darf ein Sachverständigengutachten nicht eingeholt werden.[239]

---

238 Muster einer Schweigepflichtsentbindungserklärung unter Rdn 730.
239 BGH IBR 2002, 404; BGH VersR 1988, 837.

Vielmehr muss das Gericht in diesem Falle die Beweisaufnahme zur Klärung der streitigen Anknüpfungstatsachen fortsetzen, bis die zu berücksichtigenden Tatsachen aufgrund des Ergebnisses der Beweisaufnahme und der Berücksichtigung der Beweislastverteilung bestimmt werden können. 413

Tipp 414

Im Einzelfall kann es die Entscheidung des Rechtsstreites wesentlich fördern, wenn zunächst gem. § 358a ZPO ein Sachverständigengutachten eingeholt wird, mit dem geklärt wird, ob der klägerische Vortrag oder der Vortrag der Beklagten technisch überhaupt zutreffen kann.

Dies gilt insbesondere bei Gerichten, die eine längere Terminierungszeit haben. So kann die Zeit bis zur mündlichen Verhandlung durch die Gutachtenerstellung genutzt werden.

Der Sachverständige erstattet dann sein Gutachten aufgrund von zwei dargestellten Sachverhalten. In einer Vielzahl von Fällen erübrigt sich dann eine weitere Beweisaufnahme. Jedenfalls lässt sich aber bei einer Zuladung des Sachverständigen zu einem späteren Termin zur mündlichen Verhandlung und Beweisaufnahme durch Zeugenvernehmung ein schnellerer Abschluss des Verfahrens erreichen.

Der Sachverständige darf bei der Erstellung seines Gutachtens keine Unterlagen verwenden, die lediglich ihm, nicht aber den Parteien und dem Gericht bekannt sind. Dies würde eine Verletzung des in Art. 103 GG verfassungsrechtlich verbürgten Anspruchs auf rechtliches Gehör bedeuten. Das Gutachten wäre dann unverwertbar.[240] 415

Die Parteien sind auch berechtigt, am Ortstermin der Sachverständigen teilzunehmen. Diese Termine sind den Parteien von dem Sachverständigen verpflichtend mitzuteilen. Unterlässt der Sachverständige dies und muss ein Ortstermin deshalb wiederholt werden, hat der Sachverständige keinen Anspruch auf Vergütung für den ersten Ortstermin.[241] Hierauf sollte der Bevollmächtigte hinweisen und dies im Rahmen des Kostenfestsetzungsverfahrens auch überprüfen. Für den Bevollmächtigten entsteht mit der Teilnahme an einem Ortstermin eine 1,2-Terminsgebühr nach Nr. 3104 VV i.V.m. der Vorbemerkung 3 Abs. 3 VV. 416

Tipp 417

Sachverständige denken nicht immer an die Benachrichtigung der Parteien von Ortsterminen. Deshalb sollte gegenüber dem Gericht angeregt werden, dass der Sachverständige hierauf ausdrücklich hingewiesen wird. Sollte umgekehrt von Anfang an die Absicht bestehen, an einem Ortstermin des Sachverständigen nicht teilnehmen zu wollen, sollte dies ebenso mitgeteilt werden. Dies erspart den Aufwand für die Terminsabstimmung bei dem Sachverständigen und beschleunigt das Verfahren.

---

240 BGH NJW 1992, 1817; OLG Köln NJW-RR 1996, 1277.
241 OLG Saarbrücken BauR 2003, 1436.

418 Ob und inwieweit der Sachverständige Bauleit-/Bauteilöffnungen vorzunehmen hat, ist nach wie vor höchstrichterlich nicht entschieden und im Übrigen umstritten. Teilweise wird danach unterscheiden, ob der Sachverständige für solche Arbeiten die Fachkompetenz hat oder danach, ob die Arbeiten dem Gewerk zuzuordnen sind (z.B. Abklopfen der zu verlegenden Fliesen) oder nicht (z.B. Öffnen des Straßenkörpers, um eine fachgerechte Rohrverlegung beurteilen zu können).[242]

Zuzustimmen dürfte im Hinblick auf den Beibringungsgrundsatz und die damit verbundenen Haftungsprobleme der Ansicht des OLG Düsseldorf[243] sein, dass, soweit Arbeiten im Rahmen der Begutachtung durch einen Sachverständigen erforderlich sind, es allein Sache des Beweisführers ist, die Durchführung dieser Arbeiten zu gewährleisten und auch ggf. hierzu notwendige Zustimmungen einzuholen. Der Beweisführer hat die entsprechenden Arbeiten entweder selbst durchzuführen bzw. zu veranlassen bzw. Dritten in Auftrag zu geben. Der Sachverständige ist grundsätzlich nicht verpflichtet, etwaig notwendige Bauteilöffnungen selbst oder durch Dritte im eigenen Namen zu veranlassen. Vielmehr haben sich das Gericht bzw. der Sachverständige – entsprechend dem zivilprozessualen Beibringungsgrundsatz – darauf zu beschränken, den Beweisführer zur Vornahme von erforderlichen Vorbereitungshandlungen zwecks tatsächlichen Feststellungen des Sachverständigen anzuhalten. Weigert sich eine Partei, eine Bauteilöffnung selbst oder durch eine Fachfirma vorzunehmen oder durch den gerichtlich bestellten Sachverständigen zuzulassen, ist dies nach den allgemeinen beweisrechtlichen Grundsätzen entsprechend zu würdigen.

Die Gegenauffassung vertritt die Ansicht, dass es ureigenste Aufgabe des Sachverständigen sei, dafür zu sorgen, dass die tatsächlichen Voraussetzungen für die Erledigung des Gutachtenauftrages geschaffen werden.[244] Weigere sich ein Gutachter, seinen Gutachtenauftrag vollständig zu erfüllen, so sei jedenfalls dann, wenn der Eigentümer einem Eingriff in die Bausubstanz zugestimmt hat, eine Weisung i.S.d. § 404a Abs. 4 ZPO zulässig und geboten.[245]

419 *Tipp*

Ist der Sachverständige nicht bereit, die Bauwerksteileöffnung vorzunehmen, sollte dies von der Partei, die Eigentümer des Grundstücks mit dem Bauwerk ist, veranlasst werden.[246] Das Gericht kann auch eine diesbezügliche Anweisung treffen.[247] Die dabei entstehenden Kosten sind dann Kosten des Rechtsstreits und zur Kostenfestsetzung anzumelden. Hilfsweise sollte eine Entbindung des Sachverständigen von sei-

---

242 Zöller/*Greger*, 32. Aufl., Rn 8 zu § 404a ZPO.
243 OLG Düsseldorf, BauR 2016, 299.
244 OLGR Celle 2005, 154 = NdsRpfl 2005, 202; OLG Frankfurt/M. BauR 1998, 1052; OLG Brandenburg BauR 1976, 432 ff.
245 OLGR Celle 2005, 154 = NdsRpfl 2005, 202; Thomas/Putzo/*Reichold*, § 404a Rn 1; OLG Brandenburg BauR 1996, 432.
246 OLG Köln NJW-RR 2010, 1368.
247 OLGR Frankfurt 2004, 145.

B. Rechtliche Grundlagen § 11

nem Gutachtenauftrag und die Bestellung eines neuen Gutachters beantragt werden. Dieser Weg kann produktiver sein als ein Streit um die Weigerung.

Unabhängig von der Frage, ob der Bevollmächtigte das Gutachten in der Sache für zutreffend oder für unrichtig hält, muss er dieses im Hinblick auf die vorstehenden Aspekte prüfen, wenn das Ergebnis mit den Vorstellungen seiner Partei nicht in Einklang steht. **420**

Er muss also prüfen, ob: **421**
- der beauftragte Gutachter das Gutachten höchstpersönlich erstellt und Hilfskräfte lediglich mit untergeordneten Tätigkeiten betraut und dies aktenkundig gemacht hat;
- die Beteiligung dritter Personen an der eigentlichen Untersuchung angezeigt und von dem Gericht genehmigt wurde, wobei insbesondere bei dem Mandanten in Erfahrung zu bringen ist, wer einen Ortstermin oder eine Untersuchung durchgeführt hat;
- der Sachverständige den unstreitigen Sachverhalt vollständig berücksichtigt hat;
- der Sachverständige die Vorgaben des Gerichts zur Berücksichtigung streitiger Tatsachen beachtet hat;
- der Sachverständige den rechtlichen Hinweisen und Anleitungen des Gerichts Rechnung getragen hat;
- der Gutachter alle verfügbaren Unterlagen, die als Anlagen der Schriftsätze zu den Gerichtsakten gelangt sind, beachtet und verwertet hat;
- der Sachverständige keine Unterlagen herangezogen hat, die zumindest einer Partei nicht bekannt waren und auch dem Gutachten nicht beigefügt worden sind.

Diesbezügliche Beanstandungen sind innerhalb der vom Gericht gesetzten Frist zur Stellungnahme zu dem Gutachten vorzubringen. **422**

Nach § 410 ZPO muss der Sachverständige versichern, dass er das Gutachten unparteiisch und nach bestem Wissen und Gewissen erstatten wird oder erstattet hat. Der Sachverständige ist entweder vor oder nach der Erstattung des Gutachtens in entsprechender Form zu vereidigen. **423**

Ist der Sachverständige für die Beweisfrage im Allgemeinen öffentlich bestellt und vereidigt, so genügt es, dass der Sachverständige sich auf den allgemein geleisteten Eid beruft. Dies kann er auch in seinem schriftlichen Gutachten tun. **424**

Ob der Sachverständige tatsächlich beeidigt wird, bestimmt sich nach § 402 i.V.m. § 391 ZPO. § 410 ZPO bestimmt also nur, wie zu verfahren ist, wenn der Sachverständige beeidigt werden soll. In der Praxis wird im Zivilprozess hierauf regelmäßig verzichtet. **425**

Hinweis **426**

Auch vor dem Hintergrund der Neuregelung der Haftung des Sachverständigen nach § 839a ZPO ist es heute nicht mehr erforderlich, dass vonseiten der Parteien zur Wahrung aller Rechte ein Antrag auf Beeidigung des Sachverständigen gestellt wird.

Erstattet der Sachverständige sein Gutachten fehlerhaft, so richtet sich seine Haftung nach § 839a ZPO. **427**

e) Mündliches oder schriftliches Gutachten

428 Ungeachtet der Anforderungen inhaltlicher Art, die an ein Gutachten zu stellen sind, muss entschieden werden, ob der Sachverständige ein schriftliches Gutachten verfassen oder aber sein Gutachten mündlich erstatten soll.

429 Welche Form der Begutachtung sich empfiehlt, ist jeweils eine Frage des Einzelfalles, sollte aber nicht allein der Beurteilung durch das Gericht überlassen bleiben.

430 Ein mündliches Gutachten kommt insbesondere dann in Betracht, wenn lediglich eine einfache Fachfrage zu beantworten ist. Die mündliche Gutachtenerstattung hat dann den Vorteil, dass dem Verfahren regelmäßig schnell Fortgang gegeben und dies häufig in einem Termin zur mündlichen Verhandlung und Beweisaufnahme abgeschlossen werden kann.

431 *Hinweis*

So kann der Bevollmächtigte ggf. anregen, die mündliche Verhandlung an Ort und Stelle durchzuführen, Zeugen beizuziehen und den Sachverständigen unmittelbar seine Feststellungen treffen zu lassen.

Dies kann insbesondere in Bausachen das Verfahren erheblich abkürzen, wenn die Mängel unmittelbar vor Ort in Augenschein genommen werden.

432 Der Nachteil einer mündlichen Begutachtung liegt darin, dass die Möglichkeit fehlt, dies unmittelbar fachlich zu prüfen und die Aussagen entsprechend zu fixieren. Eine nachträgliche Prüfung durch einen Privatgutachter wird so erschwert. Auch kann der Sachverständige bei Nachfragen nicht an seinen schriftlichen Erläuterungen festgehalten und so in Widersprüche verwickelt werden.

433 *Hinweis*

Nach einem ausschließlich mündlich erstatteten Gutachten – oder erheblicher mündlicher Ergänzung oder Änderung eines zuvor schriftlich abgefassten Gutachtens – gebietet es der Grundsatz auf rechtliches Gehör, dass die Parteien nach Zugang des Protokolls schriftlich Stellung nehmen können,[248] worauf in der mündlichen Verhandlung anzutragen ist.

434 Demgegenüber wird eine schriftliche Begutachtung immer dann anzuraten sein, wenn komplexe Sachverhalte umfassend fachlich zu beurteilen sind. Nur auf diese Weise lassen sich auch komplexe und vielschichtige Unterlagen in die Begutachtung einbeziehen, unterschiedliche Ansichten bewerten und eine Auseinandersetzung mit dem widerstreitenden Fachvortrag der Parteien dokumentieren.

435 *Hinweis*

Dabei muss beachtet werden, dass ein schriftliches Gutachten dem Bevollmächtigten die Möglichkeit gibt, dieses durch einen Privatgutachter oder den Mandanten überprüfen zu lassen.

---

[248] BGH MDR 2018, 1057 ff.

Sofern das Gericht die mündliche Begutachtung anordnet, muss gleichwohl sowohl seitens des Gerichts als auch der Bevollmächtigten darauf geachtet werden, dass der Sachverständige den Termin zur mündlichen Verhandlung und Beweisaufnahme sachgerecht vorbereitet. Hierzu kann die vorherige Ortsbesichtigung, etwa der Unfallstelle oder des Bauwerkes gehören. Auch die vorherige Sichtung von Unterlagen, insbesondere ärztlichen Attesten und Berichten kann gefordert sein. 436

> *Hinweis* 437
> Der Bevollmächtigte sollte die umfassende Berücksichtigung der vorgelegten Unterlagen sowie des Sach- und Streitstandes im Termin zur Beweisaufnahme anlässlich der mündlichen Gutachtenerstattung testen, indem er dem Gutachter aus den schriftlichen Unterlagen Vorhalte macht.

Ist ein schriftliches Gutachten in Auftrag gegeben, so ist der Sachverständige verpflichtet, das Gutachten in einer für das Gericht und die Parteien ausreichenden Anzahl bei der Geschäftsstelle des Prozessgerichts niederzulegen. 438

f) Ordnungsmittel gegen den Sachverständigen bei nicht fristgerechter Erstattung des Gutachtens

Das Gericht hat gem. § 411 Abs. 1 ZPO dem Sachverständigen mit der Anordnung der Beweisaufnahme für die schriftliche Begutachtung eine Frist zu setzen. 439

Die Frist muss durch den Bevollmächtigten notiert werden und angemessene Zeit nach dem Fristablauf in einer Sachstandsanfrage münden.[249] 440

Kommt der Sachverständige nicht in angemessener Zeit oder einer seitens des Gerichts gesetzten Frist dem Auftrag zur Gutachtenerstellung nach, so kann das Gericht dem Sachverständigen nach § 411 Abs. 2 S. 2 ZPO von Amts wegen aber auch auf Anregung einer Partei[250] eine Nachfrist setzen. 441

Versäumt der Sachverständige auch die für die Erstattung des Gutachtens gesetzte Nachfrist, so kann das Gericht gegen ihn nach § 411 Abs. 2 S. 1 ZPO ein Ordnungsgeld festsetzen, wenn dies zuvor bei der Nachfristsetzung angedroht wurde.[251] Dies wird das Gericht regelmäßig erst auf Veranlassung einer Partei unternehmen.[252] 442

Wird das Gutachten auch auf Festsetzung des Ordnungsgeldes hin nicht erstattet, so kann ein solches jeweils nach einer erneuten Fristsetzung nach § 411 Abs. 2 S. 3 ZPO nochmals festgesetzt werden.[253] 443

---

249 Muster einer Sachstandsanfrage unter Rdn 746.
250 Muster eines Antrages auf Nachfristsetzung für die Gutachtenerstattung unter Rdn 748.
251 Muster eines Antrages auf Setzung einer Nachfrist zur Erstattung des Gutachtens unter gleichzeitiger Anordnung von Ordnungsmitteln unter Rdn 748.
252 Muster eines Antrages auf Festsetzung eines Ordnungsgeldes gegen den Sachverständigen unter Rdn 749.
253 OLGR Schleswig 2002, 382.

444 *Hinweis*

Die Festsetzung eines dritten Ordnungsgeldes gegen den Sachverständigen ist nach der Regelung der §§ 409 Abs. 1 S. 3, 411 Abs. 2 S. 3 ZPO nicht zulässig (§ 411 Abs. 2 S. 3 ZPO: „noch einmal"). Auch der strafähnliche Charakter des Ordnungsgeldes als Sanktion für den Verstoß des Sachverständigen gegen eine prozessuale Ordnungsvorschrift spricht für eine einschränkende Auslegung (Art. 103 Abs. 2 GG, § 1 StGB).[254]

445 Nach der zweiten Festsetzung des Ordnungsgeldes wird das Gericht dem bisher beauftragten Gutachter entschädigungslos (§ 8a Abs. 2 S. 1 Nr. 4 JVEG) den Auftrag des Gutachtens durch Änderung des Beweisbeschlusses nach § 360 ZPO zu entziehen und einen neuen Gutachter zu beauftragen haben.[255] Da sich der neue Gutachter wieder einarbeiten, insbesondere selbst einen Ortstermin oder ein Explorationsgespräch durchführen muss, bringt dies Zeitverzögerungen mit sich. Zudem gibt es Fachgebiete, bei denen die Anzahl der Sachverständigen gering ist.

446 Der Sachverständige kann gegen die Festsetzung eines Ordnungsgeldes sofortige Beschwerde nach §§ 567 ff. ZPO einlegen.[256] Zum Teil[257] wird sogar schon angenommen, dass der Sachverständige sich gegen die Nachfristsetzung unter Androhung eines Ordnungsgeldes mit der sofortigen Beschwerde zur Wehr setzen kann.

447 Der Sachverständige kann dabei geltend machen, dass
- er zur Erstattung des Gutachtens nicht verpflichtet ist;
- eine ordnungsgemäße Fristsetzung oder Nachfristsetzung nicht vorliegt;
- er die bisher unterbliebene Erstellung und Vorlage des Gutachtens nicht zu vertreten hat.

448 *Hinweis*

Eine weitere Pflicht des Sachverständigen liegt darin, dass er gem. § 407a Abs. 1 ZPO zu prüfen und anzuzeigen hat, ob er die von dem Gericht gesetzte Frist einzuhalten imstande ist.

g) Die Stellungnahme zum Gutachten des Sachverständigen einschließlich der Erläuterung des Gutachtens und des Antrages auf ein neues Gutachten (oft als „Obergutachten" bezeichnet)

449 Hat der Sachverständige sein Gutachten erstattet, so ist zu prüfen, ob dieses die Beweisfrage für die Partei günstig oder ungünstig beantwortet.

---

254 Thüringer Landessozialgericht, Beschl. v. 18.4.2008 – L 6 B 34/07 R –, zitiert nach juris; OLG Dresden MDR 2002, 1088; OLGR Koblenz 2001, 369; OLGR Braunschweig 1999, 248.
255 Muster eines Antrages auf Entbindung des bisherigen und Beauftragung eines neuen Gutachters unter Rdn 751.
256 Muster einer sofortigen Beschwerde des Sachverständigen gegen die Festsetzung eines Ordnungsgeldes gem. § 409 Abs. 2 ZPO unter Rdn 750.
257 OLG Karlsruhe, Beschl. v. 10.8.1995 – 11 W 183/94; OLGR Köln 2001, 353; BFH, Beschl. v. 26.2.2010 – IV B 6/10 –, juris.

B. Rechtliche Grundlagen § 11

Hinweis 450

Diese Aufgabe muss unmittelbar nach Eingang des Gutachtens geleistet werden, andernfalls eine Präklusion drohen kann, § 411 Abs. 4 ZPO. Soweit das Gutachten die Rechtsposition des eigenen Mandanten stärkt, kann die weitere Bearbeitung unter Beachtung der Stellungnahmefrist zunächst zurückgestellt werden. Anders verhält es sich, wenn der Sachverständige der Auffassung des Mandanten widerspricht. Da nicht ausgeschlossen werden kann, dass für die weitere Bearbeitung externe Fachkunde benötigt wird, muss eine unmittelbare exakte Auswertung erfolgen. Es gilt keine Zeit zu verlieren.

Soweit das Ergebnis des Gutachtens für die eigene Partei ungünstig ist, ist das Gutachten auf seine fachliche Richtigkeit und Vollständigkeit zu prüfen. 451

Der Bevollmächtigte kann hier zunächst selbst prüfen, ob das Gutachten alle zugrunde zu legenden Tatsachen, insbesondere die unstreitigen Darlegungen der Parteien sowie die von dem Gericht vorgegebenen streitigen Tatsachen berücksichtigt hat. Weiter ist zu prüfen, ob der Gutachter alle zur Verfügung stehenden Unterlagen aufgeführt und bewertet hat.[258] 452

Entspricht das Gutachten diesen formalen Anforderungen, muss der Bevollmächtigte klären, ob er selbst oder sein Mandant in der Lage ist, Angriffe gegen die fachlichen Ausführungen des Sachverständigen vorzutragen. Diese können auch darin bestehen, die Annahmen des Sachverständigen durch neuen Vortrag oder neue Beweisangebote zu erschüttern. 453

Tipp 454

In vielen Fällen ist der Mandant aufgrund seiner Befassung mit dem Streitgegenstand in der Lage, eine Schlüssigkeitsprüfung durchzuführen. Eine Literaturrecherche – etwa über das Internet – erlaubt regelmäßig die Feststellung, ob es wesentliche abweichende Auffassungen gibt, die dem Gutachter entgegengehalten werden können. Auch die Heranziehung von Fachliteratur kann geboten sein.

Ist danach eine qualifizierte inhaltliche Auseinandersetzung mit den Feststellungen des gerichtlich bestellten Sachverständigen nicht möglich, muss erwogen werden, ob die Bedeutung des Streitgegenstandes auch in wirtschaftlicher Hinsicht es rechtfertigt, das gerichtliche Gutachten durch einen Privatgutachter überprüfen zu lassen. 455

Tipp 456

Die Kosten eines solchen Privatgutachtens können unter bestimmten weiteren Voraussetzungen als Kosten des Rechtsstreites in der späteren Kostenfestsetzung geltend gemacht werden.[259] Dies hilft dem Mandanten allerdings nur dann, wenn das Privatgutachten dazu beiträgt, dass der Rechtsstreit doch noch ganz oder teilweise erfolg-

---

258 Zu den formalen Anforderungen an das Sachverständigengutachten s. Rdn 400 ff.
259 OLG Köln, ZEV 2018, 412; OLG Frankfurt, NJW-RR 2018, 512; Sächsisches OVG, Beschl. v. 3.8.2017, AZ: 3 E 112/16, zitiert nach juris; OLG Koblenz, Beschl. v. 15.2.2017, AZ: 14 W 64/17, zitiert nach juris.

reich zu Ende gebracht werden kann mit der Folge, dass der Gegner auch einen Teil oder die Gesamtkosten des Verfahrens zu tragen hat. Der Mandant ist auf jeden Fall darauf hinzuweisen, dass sich sein Prozesskostenrisiko um die Kosten des Privatgutachters erhöht.

457 Können auf die vorbezeichnete Art und Weise Einwendungen gegen das Gutachten formuliert werden, so sind diese nach § 411 Abs. 4 S. 1 ZPO in angemessener Frist dem Gericht mitzuteilen.[260] Soweit die gerichtliche Frist nicht ausreicht, um die Einwendungen aufzubereiten, ist eine entsprechende Fristverlängerung unter Darlegung der Hinderungsgründe zu beantragen.

458 *Hinweis*

Soweit sich aus dem Gutachten ein Ablehnungsgrund gegen den Sachverständigen ergibt, kann das Ablehnungsgesuch in der Regel in der Stellungnahmefrist angebracht werden.[261] Dies wird allerdings dann in Zweifel gezogen, wenn der Ablehnungsgrund ohne größere Schwierigkeiten schon bei einer oberflächlichen Durchsicht erkennbar war.[262]

459 In der Stellungnahme zu den Ausführungen des Sachverständigen sind die das Gutachten betreffenden Anträge und Ergänzungsfragen zu formulieren. Regelmäßig wird das Gericht hierfür eine Stellungnahmefrist setzen, die zwingend einzuhalten ist.

460 Das Gericht kann den Sachverständigen dann auffordern, zu den Einwendungen gegen sein Gutachten schriftsätzlich Stellung zu nehmen. Das Gericht kann den Sachverständigen aber auch zum Termin zur mündlichen Verhandlung nach § 411 Abs. 3 ZPO laden und ihm die schriftliche Erläuterung seines Gutachtens aufgeben.

461 *Tipp*

Einen entsprechenden Antrag[263] sollte eine Partei immer dann stellen, wenn sie einzelne Ausführungen des Sachverständigen nicht nachzuvollziehen vermag, andererseits aber eine Überprüfung des Gutachtens durch einen Privatgutachter aus welchen Gründen auch immer nicht durchführen möchte. Der Antrag erfordert, dass im Einzelnen dargelegt wird, welche Ausführungen nicht nachvollziehbar sind oder welche Widersprüche gesehen werden. Auch weiter gehende Fragen können dabei formuliert werden.

462 Soweit die Partei die Ladung des Sachverständigen zum Termin zur mündlichen Verhandlung zur Erläuterung des Gutachtens verlangt, muss dem grundsätzlich entsprochen werden.[264] Dies gilt auch dann, wenn das Gericht selbst die schriftliche Begutachtung für vollständig und überzeugend hält oder der Auffassung ist, dass sich die Fragen

---

[260] Muster einer Stellungnahme zu einem gerichtlichen Gutachten mit einem Antrag auf Erläuterung des Gutachtens durch den Sachverständigen unter Rdn 743.
[261] BGH NJW 2005, 1869 = BauR 2005, 1205 = MDR 2005, 1007 = AGS 2005, 95; OLG Düsseldorf, Beschl. v. 25.11.2015 – I-15 W 27/15 –, zitiert nach juris; OLG Celle, Beschl. v. 18.1.2018 – 7 W 79/17 –, zitiert nach juris.
[262] OLG Brandenburg v. 18.12.2008 – 12 W 59/08 n.v.; OLGR Bamberg 2008, 851; OLGR Schleswig 2006, 920.
[263] Muster eines Antrages auf Ladung des Sachverständigen zur Erläuterung seines Gutachtens unter Rdn 743.
[264] BGH NJW 1998, 162; 1997, 802; 1994, 2959.

bereits aus den schriftlichen Ausführungen beantworten.²⁶⁵ Der Anspruch einer Partei auf rechtliches Gehör wird in der Regel verletzt, wenn ihrem erst in zweiter Instanz gestellten Antrag nicht stattgegeben wird, den Sachverständigen zu einem erstinstanzlich eingeholten schriftlichen Gutachten befragen zu können, falls das Berufungsgericht sich insoweit nicht an die Feststellungen der Vorinstanz für gebunden erachtet, sondern auf der Grundlage des eingeholten Gutachtens in eine neue Beweiswürdigung eintritt.²⁶⁶

> *Hinweis* 463
>
> Der Antrag darf nur dann zurückgewiesen werden, wenn er rechtsmissbräuchlich oder – was in der Praxis häufiger festzustellen ist – erst nach Ablauf der Stellungnahmefrist zu dem Gutachten gestellt wird und deswegen zu einer Verzögerung des Rechtsstreites führt. Für den Fall des verspäteten Antrages kann dieser nach § 296 ZPO zurückgewiesen werden. Dies gilt allerdings nur dann, wenn die Partei auch innerhalb der Frist Kenntnis von dem Sachverhalt erhalten hat, der Fragen aufwirft. Dies hat der BGH etwa in dem Fall angenommen, dass erst nach Ablauf der Stellungnahme bekannt wurde, dass eine Begutachtung nur auf einer fernmündlichen Erläuterung eines radiologischen Gutachtens beruhte.²⁶⁷

Ist die Partei oder der Bevollmächtigte nicht in der Lage, innerhalb der vom Gericht gesetzten Frist das zur Verfügung gestellte Gutachten zu überprüfen, so muss der Bevollmächtigte jeweils eine Fristverlängerung beantragen, um die spätere Zurückweisung seines Vorbringens als verspätet zu vermeiden. Dies gilt auch dann, wenn ein Termin zur mündlichen Verhandlung noch nicht oder erst mit einem gewissen zeitlichen Abstand bestimmt ist. Es ist nämlich nicht ausgeschlossen, dass das Gericht kurzfristig terminiert oder aber der Sachverständige mitteilt, dass er aufgrund seiner sonstigen Arbeitsbelastung oder aus anderen Gründen zu einer ergänzenden Begutachtung bzw. Stellungnahme nicht vor dem Termin zur mündlichen Verhandlung in der Lage ist. In diesem Fall ist die verspätete Stellungnahme nach § 296 ZPO zurückzuweisen. 464

Werden gegen das Gutachten sachliche Einwendungen erhoben, kann das Gericht einen Antrag auf Erläuterung des Gutachtens durch den Sachverständigen in der mündlichen Verhandlung auch dann nicht ablehnen, wenn der Sachverständige ein schriftliches Ergänzungsgutachten vorgelegt hat.²⁶⁸ 465

Das Gericht ist von Amts wegen verpflichtet, den Sachverständigen zur Erläuterung seines Gutachtens zu laden, wenn sich Widersprüche oder Unklarheiten im schriftlichen Gutachten zeigen.²⁶⁹ Dies gilt auch dann, wenn sich die Widersprüche oder Unklarheiten aus einem den Parteien vorgelegten Privatgutachten ergeben.²⁷⁰ Legt eine Partei ein 466

---

265 St. Rspr. vgl. nur BGH VersR 2007, 1697; BGH MDR 2004, 399 = BGH-Report 2004, 763 = VersR 2004, 1579; OLGR München 2004, 126; OLG Saarbrücken zfs 2003, 594.
266 BGH v. 18.6.2009 – IX ZB 115/07, MDR 2009, 1184.
267 BGH NJW-RR 2009, 409.
268 BGH NJW 1986, 2886.
269 BGH NJW 1997, 794; 1997, 1638; 1996, 1597.
270 BGH NJW-RR 1998, 1527; 1994, 219; BVerfG NJW 1997, 122.

Gutachten vor, das im Gegensatz zu den Erkenntnissen des gerichtlich bestellten Sachverständigen steht, so ist vom Gericht besondere Sorgfalt gefordert. Es darf in diesem Fall den Streit der Sachverständigen nicht dadurch entscheiden, dass es ohne einleuchtende und logisch nachvollziehbare Begründung einem von ihnen den Vorzug gibt.[271] Ist eine Partei selbst sachverständig – etwa der im Arzthaftungsprozess verklagte Arzt – gilt nichts anderes.[272]

467 *Hinweis*

Kommt das Gericht dem nicht nach, kann hierin ein Rechtsanwendungsfehler im Sinne von § 520 Abs. 3 Nr. 3 ZPO liegen, der eine Berufung rechtfertigt. Zugleich kann aus einem Widerspruch in einem Sachverständigengutachten ein Anhaltspunkt entnommen werden, der ernstliche Zweifel an der Vollständigkeit und Richtigkeit der Tatsachenfeststellung begründet. So hat der BGH entschieden, dass die Bindung des Berufungsgerichts an die vom Gericht des ersten Rechtszugs festgestellten Tatsachen entfällt, wenn das Erstgericht dem rechtzeitig gestellten Antrag einer Partei auf erstmalige mündliche Anhörung des gerichtlichen Sachverständigen nicht entsprochen hat. Das Berufungsgericht muss dann dem in zweiter Instanz wiederholten Antrag auf Ladung des Sachverständigen stattgeben.[273]

468 Auch wenn es für die Ladung des Sachverständigen zur Erläuterung seines Gutachtens bereits ausreichen soll, wenn die Partei nur ankündigt, Fragen stellen zu wollen,[274] sollte in der Praxis grundsätzlich mitgeteilt werden, zu welchen Komplexen des Gutachtens Fragen bestehen. Bestenfalls sollten diese Fragen bereits formuliert werden, damit sich das Gericht und der Sachverständige auf diese einstellen können. Dies hebt erfahrungsgemäß die Qualität der Antworten in der mündlichen Verhandlung.

469 *Tipp*

Aufgrund dieser Fragen können dann auch Zweifel an der ordnungsgemäßen Begutachtung durch den Sachverständigen bei dem Gericht geweckt werden, die kritische Nachfragen seitens des Gerichts nach sich ziehen und den Sachverständigen so in der Defensive lassen. Ausreichend mag es sein, wenn der Sachverständige einzelne Ausführungen relativiert, sodass argumentiert werden kann, die zu untersuchende Tatsache könne nicht mit der für § 286 ZPO erforderlichen Wahrscheinlichkeit als nachgewiesen gelten.

470 Wird ein Antrag auf mündliche Gutachtenerläuterung nach Einholung eines oder mehrerer schriftlicher Ergänzungsgutachten gestellt, findet dies jedenfalls dann eine Grenze unter den Gesichtspunkten des beabsichtigten Rechtsmissbrauchs und der Prozessverschleppung, wenn es einer Partei lediglich darum geht, eine Plattform für einen umfas-

---

271 BGH FamRZ 2015, 1023 ff.; VersR 2009, 975.
272 BGH VersR 2009, 499 = GesR 2009, 189.
273 BGH VersR 2005, 1555 f..
274 *Pantle*, MDR 1989, 312.

senden, auch persönlichen, Schlagabtausch zwischen ihrem behandelnden Arzt und dem gerichtlichen Sachverständigen zu finden.[275]

In der mündlichen Verhandlung hat der Sachverständige dann sein Gutachten zu erläutern und ergänzende Fragen zu beantworten. 471

> *Hinweis* 472
> Ergibt sich aus der Anhörung des Sachverständigen, dass dieser weitere umfangreiche Ausführungen zur Beweisfrage trifft, die bisher in der schriftlichen Begutachtung nicht enthalten waren, muss der Partei Gelegenheit gegeben werden, hierzu auch schriftsätzlich Stellung zu nehmen.[276]

Hat der Sachverständige das Gutachten schriftlich erstattet und zu Einwendungen ergänzend Stellung genommen sowie sein Gutachten in der mündlichen Verhandlung erläutert, ohne dass alle Einwendungen aus Sicht der Partei hinreichend beantwortet sind, kann eine erneute Begutachtung durch denselben oder – insoweit allein Erfolg versprechend – durch einen anderen Sachverständigen beantragt werden. 473

Erforderlich ist hierfür, dass das Gericht davon überzeugt wird, dass das bisherige Gutachten nebst den ergänzenden schriftlichen und mündlichen Erläuterungen ungenügend ist, um die Beweisfrage hinreichend zu beantworten. Dies bedeutet im Ergebnis, dass das Gericht zunächst verpflichtet ist, die Beweisfrage mithilfe des ersten Sachverständigen zu beantworten. 474

Die Einholung eines weiteren Gutachtens nach § 412 ZPO kommt insbesondere in Betracht, wenn: 475

- das Gutachten auch nach der Ergänzung oder Erläuterung von unzutreffenden tatsächlichen Voraussetzungen ausgeht;[277]
- das Gutachten in sich oder das Gutachten im Verhältnis zu weiteren gerichtlichen[278] oder privaten[279] Gutachten erhebliche Widersprüche enthält, die auch durch die schriftliche Ergänzung und mündliche Erläuterung nicht ausgeräumt sind.[280] Liegen widersprüchliche Privatgutachten vor, so ist die Einholung eines weiteren Gutachtens im Regelfall aber entbehrlich, wenn sich das Gericht den einleuchtenden Argumenten des gerichtlichen Sachverständigen anschließt und dieser sich fachkundig mit dem Parteigutachten auseinander gesetzt hat;[281]
- das Gutachten nachweisbar unvollständig ist und vom beauftragten Sachverständigen auch nicht vervollständigt wird oder vervollständigt werden kann;[282]

---

275 KG Berlin, Urteil vom 4.6.2007 – 12 U 173/02 –, juris.
276 BGH MDR 2018, 1057 ff.
277 BGH NJW 1997, 1446; 1981, 2009.
278 BGH NJW 1987, 442.
279 KG Berlin KGR 2004, 114; BGH NJW 1990, 759.
280 BGH MDR 1996, 1179 f.; NJW 1994, 1596.
281 OLGR Saarbrücken 2004, 118.
282 BGH NJW 1996, 730; KG VersR 2004, 1193 ff.

- die Sachkunde des beauftragten Sachverständigen nachvollziehbar in Zweifel gezogen werden kann;[283]

  > *Tipp*
  >
  > Solche Zweifel können sich aus der formalen Bestellung des Sachverständigen ergeben, wenn dargelegt werden kann, dass die Beweisfrage nicht vollständig in das von dem beauftragten Sachverständigen betreute Fachgebiet fällt.

- das im Wege des Urkundenbeweises verwertete Gutachten aus einem Vorprozess oder einem anderen Prozess, etwa einem Strafverfahren, nicht ausreicht, um die Beweisfrage gänzlich zu beantworten;[284]
- ein anderer Sachverständiger über überlegene Forschungsmittel oder Einrichtungen verfügt;[285]

  > *Hinweis*
  >
  > Dies kann etwa dann der Fall sein, wenn der vom Gericht beauftragte Sachverständige ein verkehrsanalytisches Gutachten hinsichtlich eines Verkehrsunfallereignisses mit Schwerverletzten nur aufgrund rechnerischer Methoden erstattet hat, während ein anderer Gutachter in der Lage ist, aufgrund seiner vorhandenen Ressourcen durch nachgestellte Versuche (Crashtests) zuverlässigere Ergebnisse zu erreichen.

- das Gutachten grobe Mängel aufweist;[286]
- der Sachverständige nach Vorlage des Gutachtens erfolgreich abgelehnt wurde.[287]

h) Die Ablehnung des Sachverständigen

476 Der Sachverständige kann gem. § 406 ZPO aus den gleichen Gründen wie ein Richter[288] abgelehnt werden.[289]

477 Nach § 406 Abs. 1 S. 2 ZPO kann allerdings die Befangenheit nicht daraus hergeleitet werden, dass der Sachverständige bereits als Zeuge vernommen wurde.

478 Wie bei der Richterablehnung bleibt unerheblich, ob der Sachverständige tatsächlich befangen ist. Entscheidend ist allein, ob die „Besorgnis der Befangenheit" besteht. Dies ist dann der Fall, wenn bei verständiger Würdigung aller Umstände bei einer verständigen Partei der Eindruck entstehen kann, dass der Sachverständige nicht unvoreingenommen ist.

479 Die Antwort auf die Frage, wann ein Sachverständiger wegen der Besorgnis der Befangenheit abgelehnt werden kann, zeigt eine breite Kasuistik, die hier nicht erschöpfend nachgezeichnet werden kann. Insoweit wird auf die Kommentarliteratur verwiesen.

---

283 BayObLG NJW 1986, 2893.
284 BGH NJW 2000, 3072; 1997, 3381.
285 KG Berlin KGR 2004, 114; BGH VersR 1980, 533.
286 Saarl. OLG Schaden-Praxis 2011, 316–317; BGH NJW 1970, 949; VersR 1980, 533.
287 Vgl. hierzu die folgenden Ausführungen zur Ablehnung des Sachverständigen unter Rdn 476 ff.
288 Hierzu § 13 Rdn 540 ff.
289 Muster eines Antrages auf Ablehnung des Sachverständigen wegen der Besorgnis der Befangenheit unter Rdn 752.

B. Rechtliche Grundlagen § 11

Gleichwohl lassen sich verschiedene Komplexe von Befangenheitsgründen nennen, die im Einzelfall in unterschiedlicher Ausprägung in Betracht kommen:
- die besondere Nähe des Sachverständigen aufgrund persönlicher oder wirtschaftlicher[290] Beziehungen zu einer Partei, auch als Angestellter oder Beamter;[291]
- die Tätigkeit des Sachverständigen als Privatgutachter in derselben Sache;[292] dies gilt auch, wenn er lediglich eine Fotodokumentation zur Beweissicherung ohne gutachterliche Stellungnahme gefertigt hat;[293]

> *Hinweis*
> Nach einer Entscheidung des OLG Celle[294] soll die Partei das Ablehnungsrecht verlieren, wenn sich aus vorliegenden Unterlagen Anhaltspunkte dafür ergeben, dass der Sachverständige schon für die andere Partei als Privatgutachter tätig war und die ablehnende Partei sodann nicht unverzüglich weitere Erkundigungen einzieht.

- die auf eine Partei beschränkte Hinzuziehung zu einem Ortstermin[295] ebenso wie die nicht offengelegte Kontaktaufnahme des Sachverständigen allein mit einer Partei;[296]
- das Konkurrenzverhältnis zu einer Partei;[297]
- bestehende geschäftliche Beziehungen zu einer Partei;[298]
- ein Verhalten des Sachverständigen während des Rechtsstreites, in dem ein besonderes Wohlwollen für eine Partei oder ein unsachliches Missfallen[299] hinsichtlich einer Partei zum Ausdruck kommt,[300] nicht dagegen lediglich ein verspätetes Erscheinen zum Ortstermin.[301]

Die Ablehnung eines Sachverständigen kann frühestens nach seiner Ernennung durch den Beweisbeschluss erfolgen.[302] Ein vor diesem Zeitpunkt eingelegtes Ablehnungsgesuch ist von dem Gericht als Anregung, auf die Ernennung des Sachverständigen zu verzichten, auszulegen. Allerdings bedarf es keiner förmlichen Entscheidung nach § 406 ZPO.

Der Antrag auf Ablehnung des Sachverständigen ist nach § 406 Abs. 2 S. 1 ZPO binnen einer **Frist von zwei Wochen** nach Verkündung oder Zustellung des Beschlusses über die Ernennung des Sachverständigen zu stellen.

---

290 BGH GRUR-RR 2008, 365; OLG Naumburg GesR 2010, 203–206;OLG Thüringen v. 3.9.2009 – 4 W 373/09; OLG Frankfurt/M. v. 28.4.2005 – 1 U 104/96.
291 BVerwG NJW 1999, 965; OLG München 2001, 365 = PA 2002, 37.
292 OLGR Frankfurt 2005, 551; OLG Düsseldorf NJW 1997, 1428; OLG Celle NJW-RR 1995, 1404.
293 OLG Düsseldorf MDR 2005, 474 = OLGR 2005, 64.
294 OLG Celle v. 21.1.2005 – 3 W 6/05 = IBR 2005, 296.
295 OLG Karlsruhe MDR 2010, 1148 f.; OLGR Bremen 2009, 700 f.; OLG Celle BauR 2009, 1007 = OLGR 2009, 448; OLGR Frankfurt 2009, 573; OLG München NJW-RR 1988, 1687.
296 OLGR Saarbrücken 2004, 612 = MDR 2004, 233.
297 OLG München NJW-RR 1989, 1088; OLG Düsseldorf JurBüro 1980, 284.
298 BGH NJW-RR 1987, 893; WRP 2008, 127 f.
299 OLG Koblenz v. 19.5.2009 – 4 W 150/09 – Bezichtigung einer Partei einer vorsätzlichen Täuschungshandlung.
300 BGH NJW 1981, 2009; OLG Brandenburg MDR 2009, 288.
301 OLG Dresden BauR 2005, 605.
302 BGH VRS 29, 26.

482 Ein späteres Ablehnungsgesuch[303] ist nur dann zulässig, wenn nach § 294 ZPO glaubhaft gemacht wird, dass der Antragsteller ohne sein Verschulden gehindert war, den Ablehnungsgrund früher geltend zu machen.

483 *Hinweis*

Besonders zu beachten ist, dass auch in diesem Fall der Ablehnungsantrag unverzüglich, d.h. ohne schuldhaftes Zögern, gestellt werden muss. Ergibt sich der Ablehnungsgrund erst aus dem Sachverständigengutachten oder einer ergänzenden gutachterlichen Stellungnahme, der eine unsachliche Sachbehandlung durch den Sachverständigen entnommen werden kann, so verlangte die Instanzrechtsprechung in der Vergangenheit, dass auch in diesem Fall der Ablehnungsantrag unverzüglich gestellt wird.[304] Eine über zwei Wochen hinausgehende Frist sollte dabei nicht mehr angemessen sein.[305] Zum Teil[306] wurde sogar nur eine Frist von wenigen Tagen als angemessen erachtet. Auch wenn der Bevollmächtigte grundsätzlich gehalten ist, das Gutachten unmittelbar nach dessen Eingang auf Ablehnungsgründe gegen den Sachverständigen zu überprüfen,[307] hat der BGH klargestellt, dass im Allgemeinen die Frist zur Ablehnung des Sachverständigen gleichzeitig mit der vom Gericht gesetzten Frist zur Stellungnahme nach § 411 Abs. 4 ZPO abläuft, wenn sich die Partei zur Begründung des Antrags mit dem Inhalt des Gutachtens auseinandersetzen muss.[308] Anders verhält es sich aber dann, wenn der Ablehnungsgrund ohne Weiteres erkennbar ist, geradezu ins Auge springt.[309]

484 Eine Ablehnung des Gutachters kommt nicht schon deswegen in Betracht, weil das Gutachten eine mangelnde Sachkunde des Sachverständigen zeigt oder Unzulänglichkeiten aufweist. Dies entwertet das Gutachten allein und mag ein weiteres Gutachten eines anderen Sachverständigen rechtfertigen, nicht jedoch die Ablehnung des Sachverständigen.[310] Allerdings können unsachliche Äußerungen des Sachverständigen oder gar Beleidigungen in einem ergänzenden Gutachten die Besorgnis der Befangenheit rechtfertigen.[311]

485 Wird der Sachverständige zu einem Ablehnungsgesuch gehört, so erhält er hierfür keine gesonderte Entschädigung.[312]

---

303 Muster eines nachträglichen Ablehnungsgesuches gegen den Sachverständigen unter Rdn 753 f.
304 OLGR München 2003, 58; OLGR Nürnberg 2002, 462; OLGR Saarbrücken 2002, 331; OLG Koblenz NJW-RR 1999, 72; OLG Naumburg, Beschl. v. 29.8.2001 – 10 W 23/01= PA 2002, 37; a.A. OLG Oldenburg MDR 1993, 1121.
305 OLGR Saarbrücken 2002, 331; OLGR München 2003, 58.
306 OLG Naumburg, Beschl. v. 29.8.2001 – 10 W 23/01= PA 2002, 3.
307 OLG Brandenburg OLG-NL 2003, 92.
308 BGH NJW 2005, 1869; OLG Frankfurt, Beschl. v. 13.7.2018 – 8 W 49/17 –, juris; OLG Celle, BauR 2018, 874 ff.
309 OLG Brandenburg v. 18.12.2008 – 12 W 59/08 n.v.; OLGR Bamberg 2008, 851; OLGR Schleswig 2006, 920.
310 BGH MittdtschPatAnw 2003, 333.
311 OLG Köln MDR 2002, 53; OLG Naumburg, Beschl. v. 29.8.2001 – 10 W 23/01= PA 2002, 3.
312 OLGR Karlsruhe 2002, 198 = PA 2002, 178.

486 Wird dem Ablehnungsgesuch Rechnung getragen, ist nach § 406 Abs. 5 ZPO hiergegen kein Rechtsmittel gegeben.[313] Wird dagegen die Ablehnung für unbegründet erklärt, steht dem Antragsteller die sofortige Beschwerde nach § 406 Abs. 5 i.V.m. § 567 ff. ZPO zur Verfügung. Dabei muss beachtet werden, dass die sofortige Beschwerde in der Frist des § 569 Abs. 1 S. 1 ZPO binnen einer Notfrist von zwei Wochen ab Zustellung des die Ablehnung des Sachverständigen zurückweisenden Beschlusses beim Prozessgericht oder beim Beschwerdegericht eingelegt werden muss.[314]

487 Ist die Ablehnung des Sachverständigen erfolgreich und deshalb das von ihm erstattete Gutachten nicht verwertbar, kann der Sachverständige seinen Anspruch auf Entschädigung nach § 8a Abs. 2 S. 1 Nr. 1 JVEG i.V.m. § 407a Abs. 2 ZPO verlieren. Insoweit ist jedoch eine Exkulpation möglich. Gem. § 8a Abs. 2 S. 2 JVEG gilt seine Leistung dennoch als verwertbar, wenn das Gericht sich hierauf stützt.

488 *Tipp*
Der Bevollmächtigte sollte mit dem Ablehnungsgesuch unmittelbar das Gericht bitten, den Sachverständigen nicht zu entschädigen, damit der Streit über die Kosten des Sachverständigengutachtens nicht im Kostenfestsetzungsverfahren ausgetragen werden muss.

489 Hat das Gericht den Sachverständigen gleichwohl entschädigt oder wurde die Entschädigung bereits gezahlt, bevor das Ablehnungsgesuch angebracht werden konnte, so muss die Partei, die von der Gerichtskasse mit den Kosten des abgelehnten Sachverständigen belastet wird, sich mit der Kostenerinnerung nach § 66 GKG zur Wehr setzen.

490 *Hinweis*
Beachtet werden muss, dass der Sachverständige von der mit den Sachverständigenkosten belasteten Partei nicht direkt auf Erstattung dieser Kosten in Anspruch genommen werden kann.[315]

491 Der Rechtsanwalt erhält für das Ablehnungsverfahren gem. § 19 Abs. 1 S. 2 Nr. 3 RVG keine gesonderte Gebühr. Wird das Ablehnungsgesuch zurückgewiesen und wird hiergegen sofortige Beschwerde erhoben, erhält der Bevollmächtigte im Beschwerdeverfahren eine halbe Verfahrensgebühr nach Nr. 3500 VV.

492 Im Ablehnungsverfahren vor dem Ausgangsgericht fällt eine Gerichtsgebühr nicht an. Für das Beschwerdeverfahren entsteht eine Gerichtsgebühr nach Nr. 1812 KV GKG in Höhe von 60 EUR, sofern die Beschwerde verworfen oder zurückgewiesen wird.

3. Der Urkundenbeweis

493 Das zuverlässigste Beweismittel der ZPO stellt der Urkundenbeweis dar. In seiner Wirkung ist festzustellen, dass der mit der Vorlage einer Urkunde untermauerte Tatsachen-

---
313 BAG NJW 2009, 935.
314 Zum Beschwerderecht vgl. § 18 Rdn 1 ff.
315 BGH NJW 1984, 870.

vortrag dazu führt, dass die behauptete und mit der Urkunde belegte Tatsache schon überhaupt nicht streitig wird, sodass es einer Beweisaufnahme im eigentlichen Sinne nicht bedarf. Die Verfahren, in denen die Echtheit einer Urkunde bestritten wird, sind selten.

494 *Hinweis*

Dies bedeutet, dass der Bevollmächtigte in der Vertragsberatung immer darauf achten sollte, dass alle Absprachen urkundlich belegt sind und dass in der weiteren Vertragsabwicklung möglichst viele Umstände urkundlich festgehalten werden.

495 Problematisch sind die Verfahren, in denen der Beweisführer die Existenz einer Urkunde, die seine Tatsachenbehauptung belegt, behauptet, zugleich aber darlegt, dass sich diese Beweisurkunde in Händen des Beweisgegners oder aber eines sonstigen Dritten befindet. In diesem Falle betrifft der Streit die Frage, ob der Beweisgegner oder der Dritte verpflichtet sind, die Urkunde vorzulegen oder Auskunft über deren Verbleib zu geben.

a) Der Begriff der Urkunde

496 Eine **Urkunde im Sinne der ZPO** stellt jede schriftliche Erklärung eines Gedankens dar. Ob sie in deutscher Sprache oder einer anderen Sprache erfolgt ist, ist unerheblich. Unerheblich ist auch, ob die Erklärung chiffriert ist.[316]

497 **Keine Urkunden** sind daher bloße Kennzeichen wie etwa:
- Grenzsteine,
- Siegelabdrucke,
- Fotografien,[317]
- eine in den Motor eingestanzte Motor- oder Fahrgestellnummer.

498 Unbeachtlich für die Frage, ob eine Urkunde vorliegt, ist, ob die Urkunde für Beweiszwecke errichtet wurde, wie etwa die Urkunde über den schriftlichen Kaufvertrag oder ob dies nicht der Fall war, wie etwa bei einer privaten schriftlichen Mitteilung an einen Dritten.

499 Zu unterscheiden sind grundsätzlich öffentliche oder private Urkunden.

500 Wann eine **öffentliche Urkunde** vorliegt, ist in § 415 ZPO legal definiert. Danach liegt eine öffentliche Urkunde vor, wenn diese von einer öffentlichen Behörde innerhalb der Grenzen ihrer Amtsbefugnisse oder von einer mit öffentlichem Glauben versehenen Person innerhalb des ihr zugewiesenen Geschäftskreises in der vorgeschriebenen Form aufgenommen worden ist.

501 Der Begriff der Behörde lässt sich aus § 1 Abs. 4 VwVfG entnehmen. Die Grenzen der Amtsbefugnisse ergeben sich aus den Fachgesetzen.

502 Mit öffentlichem Glauben versehene Personen sind insbesondere Notare, Gerichtsvollzieher, mit der Zustellung von Schriftstücken beauftragte Mitarbeiter von Postunterneh-

---

316 BGHZ 65, 300 = MDR 1976, 304 = NJW 1976, 294.
317 BGHZ 65, 300.

men i.S.d. § 33 PostG, Konsuln, Standesbeamte oder auch der Urkundsbeamte der Geschäftsstelle eines Gerichts. Dabei kann sich die Eigenschaft unmittelbar aus dem Gesetz ergeben oder aber durch eine Verpflichtung nach dem Verpflichtungsgesetz bewirkt werden.

503 Die vorgeschriebene Form für die Errichtung von Urkunden kann sich aus Fachgesetzen, aber auch dem Beurkundungsgesetz ergeben. Dies ist eine Frage des Einzelfalls.

504 **Privaturkunden** sind von Privatpersonen erstellte und unterschriebene Urkunden. An der Einordnung als Privaturkunde ändert sich dabei auch nichts dadurch, dass die Unterschrift öffentlich beglaubigt ist.[318]

b) Die Beweiskraft von Urkunden

505 **Öffentliche Urkunden**, die über eine von der Behörde oder der Urkundsperson abgegebene Erklärung errichtet sind, begründen nach **§ 415 ZPO vollen Beweis** für den beurkundeten Vorgang.

506 Zu diesen Urkunden gehören insbesondere:
- gerichtliche Verhandlungs- und Beweisaufnahmeprotokolle,
- notarielle Urkunden über die Abgabe von Willenserklärungen,
- Wechselproteste,
- die Beurkundung einer Geburt, einer Eheschließung oder eines Sterbefalls,
- der Erbschein,
- der Grundschuld- oder Hypothekenbrief,
- die Abgabe der eidesstattlichen Versicherung des Schuldners nach §§ 807, 883 Abs. 2 ZPO,
- der Kfz-Brief und die Kfz-Zulassung.

Urkunden i.S.d. § 415 ZPO begründen damit nicht nur den Beweis dafür, dass die beurkundete Erklärung von dem Unterzeichner abgegeben wurde, sondern auch dafür, dass der Vorgang sich so abgespielt hat, wie er in der Urkunde dokumentiert ist.

507 *Beispiel*

Ist in einer notariellen Urkunde vermerkt, dass die Urkunde am 27.6.2003 vor dem Notar in Koblenz unter Anwesenheit der Vertragsparteien A, B, C und D abgeschlossen wurde, so wird mit der Urkunde nicht nur bewiesen, dass der Notar eine entsprechende Erklärung abgegeben hat, sondern auch, dass die Urkunde an dem genannten Tag am genannten Ort im Beisein der genannten Personen errichtet wurde.

508 § 415 Abs. 2 ZPO lässt allerdings den Beweis zu, dass der Vorgang unrichtig beurkundet wurde.

509 *Hinweis*

Hierzu ist allerdings die Spezialvorschrift des § 165 ZPO zu beachten, wonach die Beachtung der für die Verhandlung vorgeschriebenen Förmlichkeiten nur durch das

---

318 Zöller/*Geimer*, vor §§ 415–444 Rn 3.

Protokoll der mündlichen Verhandlung bewiesen werden kann. Gegen den diese Förmlichkeiten betreffenden Inhalt der Urkunde ist nur der Nachweis der Fälschung zulässig.

Es empfiehlt sich, die Protokollabschrift genau zu lesen, um auf eine etwaig erforderliche Berichtigung gem. § 164 ZPO zeitnah hinwirken zu können.

510 Nach § 417 ZPO erbringt eine öffentliche Urkunde über eine amtliche Anordnung, Verfügung oder Entscheidung vollen Beweis für ihren Inhalt, d.h. es ist mit dieser Urkunde nachgewiesen, dass eine entsprechende Anordnung, Verfügung oder Entscheidung ergangen ist. Dies gilt nach dem BGH durchaus auch für ausländische öffentliche Urkunden. Die beglaubigte Abschrift einer französischen Akte erbringt so regelmäßig den vollen Beweis für die Abgabe der darin beurkundeten Erklärungen.[319]

511 Die größte praktische Bedeutung haben öffentliche Urkunden im Sinne von § 418 ZPO. Danach erbringen öffentliche Urkunden, die nicht einen behördlichen Vorgang betreffen, sondern Tatsachen bezeugen, vollen Beweis für die in der Urkunde bezeugten Tatsachen.

512 Voraussetzung ist allerdings, nach § 418 Abs. 3 ZPO, dass die in der Urkunde bezeugte Tatsache auf einer eigenen Wahrnehmung der Behörde oder der mit öffentlichem Glauben versehenen Person beruht. Als Beispiele für § 418 ZPO kommen in Betracht:

- die Zustellungsurkunde nach § 182 ZPO;

    Hinweis

    Die Beweiskraft der Zustellungsurkunde nach § 418 ZPO erstreckt sich allerdings nicht darauf, dass unter der gegebenen Zustellungsanschrift eine Wohnung des Adressaten existiert. Die bloße Indizwirkung der Zustellungsurkunde, dass der Adressat unter der Zustellanschrift auch tatsächlich wohnhaft ist, kann durch eine plausible und schlüssige Darstellung der tatsächlichen Wohnverhältnisse durch den Adressaten erschüttert und entkräftet werden.[320]

- der Stempel des Gerichts über den Zeitpunkt des Eingangs eines Schriftstückes;
- das Protokoll des Gerichtsvollziehers über die Vornahme von Vollstreckungshandlungen gem. § 762 ZPO.

513 Die **Beweiswirkung von Privaturkunden** richtet sich nach § 416 ZPO. Danach begründen Privaturkunden, sofern sie unterschrieben oder mittels eines notariell beglaubigten Handzeichens unterzeichnet sind, vollen Beweis dafür, dass die in ihnen enthaltenen Erklärungen von dem Aussteller abgegeben sind.[321] Privaturkunden spielen insbesondere bei der gewillkürten Erbfolge eine große Rolle.

514 *Beispiel*

Wenn in einer Privaturkunde Erstellungsort und -zeit angegeben sind, so wird mit der Urkunde im Gegensatz zu der öffentlichen Urkunde nur bewiesen, dass der

---

[319] BGH NJW-RR 2007, 1006 = MDR 2007, 791.
[320] KGR Berlin 2005, 681 f.; KG Berlin MDR 2005, 107 = KGR 2004, 496.
[321] OLG Rostock OLG-NL 2004, 282.

Unterzeichner der Urkunde erklärt hat, er habe die Urkunde an dem angegebenen Ort und zur angegebenen Zeit errichtet. Ob dies tatsächlich zutrifft, wird dagegen nicht bezeugt.

Gegen den Inhalt einer Privaturkunde kann jederzeit der Gegenbeweis mit Urkunden oder anderen Beweismitteln angetreten werden. Im Beispiel etwa mit der Benennung eines Zeugen, der bekunden kann, dass der Aussteller der Privaturkunde sich zum Zeitpunkt der vermeintlichen Errichtung der Urkunde nicht in K., sondern in H. aufgehalten hat.

Zu beachten ist in diesem Zusammenhang § 419 ZPO. Sofern die Urkunde **Durchstreichungen, Radierungen, Einschaltungen und sonstige äußere Mängel** hat, die geeignet sind, die Beweiskraft der Urkunde ganz oder teilweise aufzuheben und zu mindern, muss das Gericht über den Beweiswert der Urkunde nach freier Überzeugung entscheiden.[322]

Die **Kopie einer Urkunde** stellt selbst keine Urkunde dar,[323] sodass nur das Original die Beweiskraft der §§ 415–418 ZPO erfüllen kann.[324] Allerdings kann die Vorlage einer Kopie im Rahmen der freien Beweiswürdigung des Gerichts Berücksichtigung finden.[325]

c) Der Beweisantritt

Der Antritt des Urkundenbeweises richtet sich danach, ob sich die Urkunden in Händen des Beweisführers, des Beweisgegners oder eines Dritten befinden.

Hinweis

Ist der Urkundenbeweis einmal angetreten, kann auf diesen nach § 436 ZPO nicht mehr ohne Zustimmung des Gegners verzichtet werden. Insoweit wird mit dem Beweismittel der Urkunde also anders verfahren als mit den Beweismitteln des Zeugenbeweises oder des Sachverständigenbeweises.

aa) Die Urkunde im Besitz des Beweisführers

Befindet sich die **Urkunde in den Händen des Beweisführers**, so richtet sich der Beweisantritt nach § 420 ZPO und erfolgt dadurch, dass die Urkunde nach der Darstellung der Tatsachenbehauptung und deren Erheblichkeit für die Entscheidung des Rechtsstreites vorgelegt wird.[326] Allein die Bezugnahme auf dem Beweisführer vorliegende Unterlagen genügt nicht.[327]

Die Vorlage der Urkunde bedeutet grundsätzlich, dass diese im Original oder in öffentlich beglaubigter Abschrift bei der Geschäftsstelle des Prozessgerichts niederzulegen ist.

---

[322] KG Berlin BauR 2009, 1178; OLGR Schleswig 2006, 918; BGH NJW 1994, 2768 = MDR 1994, 912; OLGR München 1999, 259; OLG Köln InVo 1999, 59; OLG Köln NJW-RR 1999, 1509; OLGR Düsseldorf 1998, 194; BGH NJW 1980, 893.
[323] BGH MDR 1992, 806 = NJW 1992, 829 = VersR 1992, 1021; KG Berlin NJW-RR 1997, 123.
[324] BGH MDR 1993, 1119 = NJW-RR 1993, 1379.
[325] OLGR Karlsruhe 2007, 364; OLG Düsseldorf SchadPrax 2002, 29.
[326] Muster eines Beweisantrittes im Urkundenbeweis unter Rdn 756.
[327] ArbG Offenbach NZA-RR 2004, 386.

522 *Hinweis*

Der Bevollmächtigte sollte grundsätzlich nur eine beglaubigte Kopie der Urkunde zur Gerichtsakte reichen. Dies entspricht allgemeiner Übung. Erst wenn danach die Echtheit der Urkunde bestritten wird, kann das Original entweder bei der Geschäftsstelle des Prozessgerichts niedergelegt werden oder aber es kann angekündigt werden, dass dieses in der mündlichen Verhandlung vorgelegt wird. Im Urkunden- und Wechselprozess muss das Original im Termin zur mündlichen Verhandlung vorgelegt werden.[328] Die Vorlage einer Kopie reicht im Verfahren nach § 592 ZPO nur dann aus, wenn die Echtheit der Urkunde und die Übereinstimmung von Original und Kopie unstreitig sind.[329]

523 *Tipp*

Soweit die Urkunde in Abschrift zur Gerichtsakte gereicht wird, zeigt die Praxis, dass in diesen Fällen der eigentliche Beweisantritt überflüssig wird, da die zu beweisende Tatsache regelmäßig unstreitig gestellt wird.

524 Die Berechtigung, den vorbereitenden Schriftsätzen lediglich Abschriften der Urkunden beizufügen, ergibt sich aus § 131 Abs. 1 ZPO. Soweit eine Abschrift der Urkunde oder die Urkunde selbst dem Gegner vorliegt, genügt es nach § 131 Abs. 3 ZPO, dass lediglich dem Gericht eine Abschrift überreicht wird. Dem Gegner ist allerdings anzubieten, Einsicht in die Urkunde zu nehmen.

525 *Tipp*

Soweit nur Auszüge einer Urkunde vorgelegt werden, sollte der Prozessgegner prüfen, ob dies allein auf den Umfang der Urkunde zurückgeht und die nicht übersandten Teile für die Entscheidung des Rechtsstreites unerheblich sind oder ob bewusst nur ein Auszug der Urkunde vorgelegt wurde, weil der nicht vorgelegte Teil Bestimmungen enthält, die den geltend gemachten Anspruch beeinträchtigen können.

Ist dem Bevollmächtigten eine solche Überprüfung nicht möglich, weil der eigenen Partei die vollständige Urkunde nicht vorliegt, kann er mit der Behauptung, dass sich aus den nicht übersandten Teilen der Urkunde andere, der zu beweisenden Tatsache entgegenstehende Aspekte ergeben, die vollständige Vorlage der Urkunde erreichen.[330] Die Vorlage der vollständigen Urkunde hat dann nach § 425 ZPO zu erfolgen, d.h. das Gericht ordnet die vollständige Vorlage der Urkunde an, sofern der Beweisführer dies nicht schon selbstständig veranlasst.

---

328 Vgl. hierzu § 9 Rdn 1 ff.
329 OLG Koblenz OLGR Koblenz 2006, 460 = JurBüro 2006, 326 = MDR 2006, 888.
330 BGH NJW-RR 1992, 1072.

bb) Die Urkunde im Besitz des Beweisgegners

Befindet sich die Urkunde nicht in Händen des Beweisführers, sondern in Händen des Gegners, so wird der Urkundenbeweis gem. § 421 ZPO durch den Antrag[331] angetreten, dem Gegner die Vorlegung der Urkunde aufzugeben. 526

Der Gegner ist nach § 421 ZPO zur Vorlegung der Urkunde verpflichtet, wenn der Beweisführer einen Herausgabe- oder Vorlageanspruch nach materiellem Recht gegen den Beweisgegner hat.[332] 527

Ein solcher **Herausgabe- oder Vorlegungsanspruch** kann sich aus verschiedenen Normen ergeben: 528

- § 259 BGB – Rechnungslegungsverpflichtung,
- § 371 BGB – die Verpflichtung zur Rückgabe eines Schuldscheins,
- § 402 BGB – die Verpflichtung des bisherigen Gläubigers, dem neuen Gläubiger die zur Geltendmachung der Forderung und deren Beweis dienenden Urkunden auszuliefern,
- §§ 666, 667 BGB – die Auskunfts-, Rechenschafts- und Herausgabepflicht des Beauftragten,
- § 716 BGB – das Recht des Gesellschafters, die Geschäftsbücher und Papiere der Gesellschaft einzusehen und sich aus ihnen eine Übersicht über den Stand des Gesellschaftsvermögens anzufertigen,
- § 809 BGB – Vorlage einer Sache zur Besichtigung,
- § 810 BGB – das Recht, eine in fremdem Besitz befindliche Urkunde einzusehen, soweit ein rechtliches Interesse besteht,

> *Hinweis*
>
> Das Einsichtsrecht besteht immer dann, wenn die Urkunde im Interesse des Beweisführers errichtet wurde oder in der Urkunde ein zwischen dem Beweisführer und einem anderen bestehendes Rechtsverhältnis beurkundet ist oder wenn die Urkunde Verhandlungen über ein Rechtsgeschäft enthält, die zwischen ihm und einem anderen oder zwischen einem der Parteien und einem gemeinschaftlichen Vermittler erfolgt sind.

- § 985 BGB – der Herausgabeanspruch des Eigentümers einer Urkunde,
- § 1144 BGB – Anspruch des Eigentümers auf Herausgabe des Hypothekenbriefes,
- Art. 50 WG – Anspruch auf Aushändigung der Wechselpapiere,
- § 118 HGB – Recht des Gesellschafters auf Einsichtnahme in die Handelsbücher und Papiere der OHG,
- § 166 HGB – das Recht auf eine Abschrift des Jahresabschlusses des Kommanditisten in der KG,
- § 233 HGB – Auskunftsanspruch des stillen Gesellschafters,

---

[331] Muster eines Antrages auf Vorlage der Beweisurkunde durch den Beweisgegner unter Rdn 757.
[332] BGH NJW 2017, 3304.

- § 423 ZPO – Vorlageverpflichtung des Gegners bei Bezugnahme,
- § 836 Abs. 3 ZPO – Herausgabeverpflichtung des Schuldners von Unterlagen, die dem Beweise der gepfändeten Forderung dienen.

529 In der Praxis ist immer wieder erstaunlich, dass gerade die Möglichkeit, die Vorlage der Urkunde nach §§ 421, 422 ZPO i.V.m. § 810 BGB zu erlangen, weitgehend unbekannt zu sein scheint. Gerade hier liegt eine effektive Möglichkeit der Beweisführung.

530 Der notwendige Inhalt des Antrages auf Vorlegung der beweiserheblichen Urkunde durch den Gegner ergibt sich aus § 424 ZPO. Danach hat der Antrag auf Vorlegung der Urkunde durch den Gegner zunächst die Urkunde selbst und den Inhalt möglichst vollständig zu bezeichnen. Sodann ist wesentlich, dass die Tatsachen bezeichnet werden, die durch die Urkunde bewiesen werden sollen.[333]

531 *Hinweis*
Dabei ist ungeschriebenes Tatbestandmerkmal, dass auch dargelegt werden muss, dass die durch die Urkunde zu beweisende Tatsache tatsächlich für die Entscheidung des Rechtsstreites erheblich ist.

532 Sodann sind die Umstände anzugeben, aus denen sich ergibt, dass der Gegner die Urkunde tatsächlich besitzt. Letztlich ist darzulegen, aus welchem Rechtsgrund sich die Herausgabe oder Vorlageverpflichtung des Gegners ergibt.

533 Dieser Vorlegungsgrund ist nach § 424 Nr. 5 i.V.m. § 294 ZPO glaubhaft zu machen.[334] Dabei dürfen allerdings an die Darlegung und Glaubhaftmachung des Antrages keine unangemessenen Anforderungen gestellt werden. Erforderlich ist allein, dass das Gericht sich die Überzeugung verschaffen kann, dass die behauptete Tatsache entscheidungserheblich ist, die vorzulegende Urkunde zum Beweis geeignet ist und die Vorlagepflicht des Gegners besteht. Eine Glaubhaftmachung ist entbehrlich, wenn der Gegner den Vorlegungsgrund nicht bestreitet oder zugesteht.[335]

534 *Tipp*
Der Beweisführer sollte anregen, dass das Gericht dem Beweisgegner eine Frist zur Vorlage der Urkunde setzt.

535 Legt der Gegner die Beweisurkunde nicht vor und bestreitet, dass sich diese in seinem Besitz befindet, so ist er nach § 426 ZPO über den Verbleib der Urkunde als Partei zu vernehmen.[336]

536 Kommt das Gericht nach der Vernehmung zu dem Ergebnis, dass der Gegner die Urkunde nicht im Besitz hat, so kann der Beweisführer den Beweis nicht antreten. Der Beweisantrag geht damit in die Leere. Das Gleiche gilt, wenn die Frage des Besitzes offen bleibt.

---

333 Muster eines Antrages auf Vorlegung einer Urkunde durch den Beweisgegner unter Rdn 757.
334 OLGR Koblenz 1999, 68.
335 OLGR Koblenz 1999, 68.
336 Antrag auf Vernehmung des Beweisgegners zum Verbleib der Beweisurkunde unter Rdn 758.

B. Rechtliche Grundlagen § 11

Kommt das Gericht dagegen nach der Vernehmung des Gegners und gegebenenfalls unter Berücksichtigung weiterer vom Beweisführer vorzutragender und gegebenenfalls zu beweisender Tatsachen zu dem Ergebnis, dass der Beweisführer im Besitz der Urkunde ist, so ordnet es deren Vorlegung an. 537

Das Gleiche gilt, wenn das Gericht den Antrag nach § 424 ZPO für begründet erachtet und der Gegner zugesteht, dass er im Besitz der Urkunde ist oder aber sich über diese Tatsache überhaupt nicht erklärt. 538

Kommt der Beweisgegner der vom Gericht beschlossenen Verpflichtung zur Vorlegung der Urkunde dann nicht nach, so ergeben sich zwei Möglichkeiten: 539
- War der Beweisführer in der Lage, eine Fotokopie oder Abschrift der Urkunde vorzulegen, so kann das Gericht von der Richtigkeit dieser Fotokopie ausgehen, d.h. die Fotokopie so behandeln, als sei sie das Original der Urkunde.
- Hat der Beweisführer keine Abschrift der Urkunde, so kann das Gericht bei der Nichtbeachtung der Vorlageverpflichtung durch den Beweisgegner die Behauptungen des Beweisführers über die Beschaffenheit und den Inhalt der Urkunde nach § 427 ZPO als erwiesen annehmen.

Die Anordnung der Vorlageverpflichtung ist nicht selbstständig anfechtbar. Die Vorlageverpflichtung ist vielmehr im Urteil zu begründen. Die Entscheidung kann dann mit der Berufung nach § 520 Abs. 3 Nr. 2 ZPO angegriffen werden, indem als Verfahrensfehler ein Verstoß gegen die §§ 421, 422 ZPO gerügt wird. 540

cc) Die Verpflichtung zur Vorlage von Urkunden durch Dritte

Befindet sich die **Beweisurkunde im Besitz eines Dritten**, so war der Beweisführer vor der ZPO-Reform gezwungen, diesen Dritten aufgrund eines materiell-rechtlichen Herausgabeanspruches zunächst im Klagewege auf Herausgabe der Urkunde in Anspruch zu nehmen und diese dann im Hauptprozess vorzulegen. 541

Gerade unter Berücksichtigung kurzer Verjährungsfristen hat dies oftmals zu Schwierigkeiten in der Prozessführung und der Durchsetzung des materiellen Anspruchs geführt. 542

Nunmehr stellen die §§ 428, 142 ZPO ein anderes und effektiveres Instrumentarium zur Verfügung. 543

Nach § 428 ZPO kann das Gericht auf Antrag des Beweisführers oder nach § 142 ZPO von Amts wegen diesem selbst eine Frist zur Herbeischaffung der Urkunde setzen. Diese Möglichkeit hat jedoch kaum praktische Relevanz. 544

Hat der Beweisführer gegen den Dritten bereits Klage auf Herausgabe oder Vorlegung der Urkunde erhoben, so kann der Beweisgegner nach § 431 Abs. 2 ZPO die Fortsetzung des Rechtsstreites vor Ablauf der vom Gericht gesetzten Frist beantragen, wenn die Klage gegen den Dritten erledigt ist. Dies vermeidet, dass der Beweisführer die Möglichkeit hat, den Rechtsstreit ungebührlich zu verzögern. 545

546 *Tipp*

Möchte der Beweisführer, der nicht immer der Kläger sein muss, den Rechtsstreit allerdings verzögern, so kann er grundsätzlich den Antrag stellen, ihm eine Frist aufzugeben, die Urkunde vorzulegen. Dabei kann er darauf hinweisen, dass die klageweise Inanspruchnahme des Dritten zur Vorlage bzw. Herausgabe der Urkunde notwendig ist, sodass die Frist im Hinblick auf die voraussichtliche Dauer der Klage gegen den Dritten hinreichend lang zu bemessen ist.

Der Beweisgegner muss auf eine solche Vorgehensweise einerseits damit reagieren, dass er auf die Möglichkeit hinweist, nach § 142 ZPO im laufenden Rechtsstreit die Vorlage der Urkunde durch den Dritten anzuordnen. Folgt das Gericht dem nicht, muss der Beweisgegner darauf achten, dass der Prozess gegen den Dritten unverzüglich begonnen und ohne schuldhaftes Zögern betrieben wird. Ist dies nicht der Fall, kann er nach § 431 Abs. 2 Alt. 2 ZPO die Fortsetzung des Verfahrens verlangen.

547 Hat das Gericht nach § 142 ZPO von Amts wegen dem Beweisführer eine Frist zur Vorlage der Urkunde bestimmt, muss der Beweisführer Klage gegen den Dritten zur Herausgabe der Urkunde erheben, sofern dieser die Urkunde nicht freiwillig herausgibt.

548 Eine wesentliche Verbesserung des Beweisführers stellt es dar, dass das Gericht nach § 428 ZPO auf Antrag des Beweisgegners[337] auch eine Anordnung auf Vorlegung der Urkunde durch den Dritten nach § 142 ZPO treffen kann.

549 *Hinweis*

Der Bevollmächtigte hat allerdings auch die Möglichkeit, diesen Weg dadurch zu vermeiden, dass er den Dritten als Zeugen für die beweisbedürftige Tatsache benennt. Dieses Beweisangebot des Dritten als Zeugen muss dann mit dem Antrag verbunden werden, dass dem Zeugen aufgegeben wird, gem. § 378 ZPO alle Unterlagen einschließlich der Urkunde zur Erleichterung seiner Aussage mit sich zu führen.[338] Folgt der Dritte dem nicht, kann er allerdings nur im Wege der Klage zur Herausgabe der Urkunde gezwungen werden, § 429 ZPO.

550 Der Antrag auf Vorlegung der Urkunden durch einen Dritten muss nach § 430 ZPO den Erfordernissen des § 424 Nr. 1–3 und 5 ZPO genügen. Dies bedeutet, dass der Beweisführer die vorzulegende Urkunde und deren Inhalt so genau wie möglich zu bezeichnen hat. Dies gilt auch für die vollständige Bezeichnung des Inhaltes der Urkunde.

551 Unterschiedlich kann beantwortet werden, ob es für die Bezeichnung des Grundes, der die Verpflichtung zur Vorlegung der Urkunde ergibt, ausreicht, dass auf § 142 ZPO verwiesen wird, oder ob der Beweisführer auch hier verpflichtet ist, eine materiell-rechtliche Verpflichtung des Dritten zur Herausgabe oder zur Vorlage der Urkunde darzulegen.

---

337 Muster eines Antrages auf Vorlage einer Urkunde durch einen Dritten unter Rdn 759.
338 Muster eines Antrages auf Vernehmung eines Zeugen mit der Aufforderung nach § 378 ZPO unter Rdn 717.

Die Formulierung in § 429 ZPO, dass das Gericht dem Beweisführer eine Frist zur 552
Herbeischaffung der Urkunde im Klagewege setzen kann, d.h. den Beschwerdeführer
auf die Notwendigkeit verweist, einen materiell-rechtlichen Herausgabe- oder Vorlageanspruch gegen den Dritten geltend zu machen, spricht dafür, allein den Hinweis auf
§ 142 ZPO nicht genügen zu lassen.

> *Hinweis* 553
>
> Folgt man dieser Auffassung, hat der Beweisführer den materiell-rechtlichen Heraus-
> gabe- oder Vorlageanspruch gegen den Dritten im Einzelnen darzulegen. Auf die
> Darstellung der verschiedenen in Betracht kommenden Anspruchsgrundlagen unter
> Rdn 511 ff. wird verwiesen. Gegenüber dem Antrag auf Vorlage der Urkunde durch
> den Beweisgegner ergeben sich dann keine Unterschiede.

Aus § 142 Abs. 2 ZPO kann allerdings auch abgeleitet werden, dass eine materiell- 554
rechtliche Verpflichtung des Dritten zur Herausgabe oder zur Vorlage der Urkunde nicht
bestehen muss.[339]

Nach § 142 Abs. 2 ZPO ist der Dritte nämlich nur dann nicht zur Vorlegung verpflichtet, 555
soweit ihm dies nicht zumutbar ist oder er zur Verweigerung des Zeugnisses nach den
§§ 383–385 ZPO berechtigt ist. Diese Argumentation wird dadurch unterstützt, dass
§ 429 ZPO zwar in Satz 1 anordnet, dass der Dritte aus denselben Gründen wie der
Gegner des Beweisführers zur Vorlegung einer Urkunde verpflichtet ist und zur Vorlegung nur im Wege der Klage genötigt werden kann, andererseits aber in Satz 2 anordnet,
dass § 142 ZPO unberührt bleibt.

> *Hinweis* 556
>
> Zwar soll diese Vorschrift die richterliche Aufklärungsmacht stärken, das Gericht
> darf aber keinesfalls die Grenzen des Parteivortrags im Rahmen des Beibringungs-
> grundsatzes überschreiten. Erforderlich ist daher zunächst ein schlüssiger Parteivor-
> trag.[340]

Der Dritte ist zur Vorlegung der Urkunde nach § 142 ZPO nicht verpflichtet, wenn dies 557
für ihn nicht zumutbar ist oder ihm nach den §§ 383–385 ZPO ein Zeugnisverweigerungsrecht zusteht.

Herausgabepflichten wurden u.a. angenommen für einen Insolvenzverwalter als Drit- 558
ten,[341] für ärztliche Krankenunterlagen[342] sowie für Unterlagen des Schuldners bei einer
Steuerberatungsgesellschaft.[343] Des Weiteren besteht eine Vorlagepflicht für Bau-

---

339 BTDrs 14/4722, 92.
340 OLG Koblenz, Urt. v. 23.8.2018, AZ: U 311/18 Kart.; Zöller/*Greger*, § 142 Rn 2, 7.
341 LG Ingolstadt NZI 2002, 390; LG Ingolstadt ZInsO 2002, 990; s. aber auch ablehnend: OLG Saarbrücken NZI 2008,
    40, wenn dem Insolvenzverwalter damit eine eigene Pflichtverletzung nachgewiesen werden könnte.
342 LG Saarbrücken VersR 2003, 234; OLG Saarbrücken MDR 2003, 1250 = OLGR 2003, 252.
343 LG Köln NZI 2004, 671 = ZVI 2005, 79.

tagebücher und Aufmaßzettel[344] dagegen die Verpflichtung des Bevollmächtigten, die Korrespondenz mit seiner Partei vorzulegen, verneint.[345]

559 Dabei wurde es auch dann noch für zumutbar gehalten, eine Urkunde herauszugeben, wenn zwar der Dritte selbst hierzu krankheitsbedingt nicht in der Lage ist, jedoch einen Mitarbeiter zur Herausgabe anweisen kann.[346]

560 Verfassungsrechtliche Bedenken gegen § 142 ZPO sind bisher zurückgewiesen worden.[347] Es muss allerdings berücksichtigt werden, dass dabei offen gelassen wurde, ob § 142 ZPO auf die Fälle beschränkt werden muss, bei denen eine materiell-rechtliche Herausgabepflicht des Dritten nicht feststellbar oder sogar ausdrücklich zu verneinen ist. Eine solche materiell-rechtliche Herausgabepflicht war in bisher entschiedenen Fällen jeweils gegeben.

561 Bestreitet der Dritte seine Verpflichtung zur Vorlage der Urkunde, so kann über die Verpflichtung zur Vorlage nach § 142 Abs. 2 S. 2 i.V.m. § 187 ZPO durch Zwischenurteil entschieden werden.

Gegen dieses Zwischenurteil findet nach § 142 Abs. 2 S. 2 i.V.m. § 387 Abs. 3 ZPO sofortige Beschwerde nach den Bestimmungen §§ 567 ff. ZPO statt.

562 Dagegen ist die Ablehnung der Anordnung zur Vorlage von Urkunden durch die andere Partei oder einen Dritten nicht beschwerdefähig.[348] Wird sie unterlassen, kann dies allein mit der Berufung als Rechtsanwendungsfehler gerügt werden, der die Bindung des Berufungsgerichts an die erstinstanzliche Tatsachenfeststellung entfallen lässt.

563 Kommt der Dritte der Anordnung des Gerichts auf Vorlegung der näher bezeichneten Urkunde nicht nach, so können gegen ihn nach §§ 428, 142 Abs. 2 S. 2 ZPO die gleichen Ordnungsmittel wie gegen einen Zeugen bei einer unberechtigten Zeugnisverweigerung verhängt, nicht aber unmittelbarer Zwang ausgeübt werden.[349]

564 Beachtet werden muss auch, dass in dem Antrag nach §§ 428, 142 ZPO der Dritte mit Namen und zustellungsfähiger Anschrift exakt zu bezeichnen ist.

dd) Die Beiziehung von Akten anderer Gerichte oder Behörden

565 Eine besondere Form des Urkundenbeweises stellt die Beiziehung von Akten dar, welche sich bei einem anderen Gericht oder einer anderen Behörde befinden.

566 Das Gericht zieht die Akten nach § 273 Abs. 2 Nr. 2 ZPO bei, wenn ihm dies zur sachgerechten Vorbereitung der mündlichen Verhandlung sinnvoll erscheint und eine Partei sich (nicht notwendigerweise ausdrücklich, aber wenigstens durch Benennung des behördlichen Vorgangs) hierauf bezogen hat.[350]

---

344 OLG Frankfurt, OLGR 2007, 466.
345 LG Karlsruhe v. 24.1.2005 – 4 O 67/04 n.v.
346 LG Saarbrücken VersR 2003, 234.
347 LG Saarbrücken VersR 2003, 234.
348 OLGR Frankfurt/M. 2005, 594 f.; OLGR Karlsruhe 2005, 484 f.
349 Zöller/*Geimer*, Rn 1 zu § 428 ZPO.
350 Zöller/*Greger*, § 273 Rn 7a.

B. Rechtliche Grundlagen § 11

Beispiel 567

In Verkehrsunfallsachen stellt die polizeiliche Verkehrsunfallanzeige oder die darauf angelegte Straf- oder Bußgeldakte der zuständigen Staatsanwaltschaft bzw. Bußgeldstelle regelmäßig eine solche Urkunde dar.

Wird über die Eintrittsverpflichtung einer privaten Unfallversicherung gestritten, können die Akten des sozialgerichtlichen Verfahrens die für die Entscheidung des Rechtsstreites wesentlichen Urkunden enthalten.

Ist ein Rechtsstreit umgekehrten Rubrums oder bezüglich einer vorgreiflichen Frage anhängig, können die entsprechenden Gerichtsakten beigezogen werden.

Allein die Beiziehung dieser Akten stellt allerdings noch keine Beweisaufnahme dar, sofern der Inhalt der Akten unstreitig bleibt.[351] Das Gericht kann diese Akten also allein zu Informationszwecken beiziehen. 568

Beispiel 569

So ist i.d.R. nicht streitig, dass die Polizeibeamten die in der Unfallakte getroffenen Feststellungen tatsächlich vor Ort getroffen haben. Auch dass ein Unfallbeteiligter oder ein Unfallzeuge eine entsprechende Erklärung abgegeben hat, ist nicht streitig. Streitig ist vielmehr allein, ob die aus den Feststellungen oder Aussagen gezogenen Schlussfolgerungen zutreffend sind.

Tipp 570

Der Bevollmächtigte ist hier nicht gehalten, vollständige Abschriften der Akten zu fertigen und für das Gericht und den Gegner vorzulegen. Vielmehr kann er sich darauf beschränken, die Beiziehung der Akten unter Angabe des Aktenzeichens durch das Gericht zu beantragen. Der Bevollmächtigte selbst wie der Gegner können dann Einsicht in die Gerichtsakten nebst der beigezogenen Akte nehmen.

Zieht das Gericht in Bezug genommene Akten nicht schon von Amts wegen nach § 273 Abs. 2 Nr. 2 ZPO bei, erfolgt der diesbezügliche Beweisantritt in Form der Vorlage einer im Besitz einer Behörde befindlichen Urkunde nach § 432 ZPO mit dem Antrag, die Behörde um die Vorlage der Urkunde zu ersuchen.[352] 571

Voraussetzung für einen solchen Antrag ist, dass: 572
- die Behörde nicht selbst am Prozess beteiligt, sondern Dritte ist,
- die im Besitz der Behörde befindliche Urkunde nicht ohne die Mitwirkung des Gerichts beschafft werden kann und
- ein materiell-rechtlicher Herausgabeanspruch gegen die Behörde nicht besteht.

Im Urkundenprozess ist ein Antrag nach § 432 ZPO allerdings nicht statthaft.[353] Regelmäßig ermöglicht die urkundenbeweisliche Verwertung der Niederschrift über eine 573

---

351 Hierzu ausführlich *Meyke/Saueressig*, Darlegen und Beweisen im Zivilprozess, 3. Aufl. 2016, § 5 Rn 289.
352 Muster eines Antrages auf das Ersuchen an eine Behörde, eine Urkunde vorzulegen, unter Rdn 760.
353 BGH VersR 1994, 1231 = NJW 1994, 3295.

Zeugenaussage in einem anderen Verfahren auch keine verfahrensrechtlich zulässige Beurteilung der Glaubwürdigkeit dieses Zeugen.[354]

ee) Schriftvergleichung

574 Die gerichtliche Anordnung gegenüber dem Gegner des Beweisführers zur Vorlage von zum Vergleich geeigneten Schriften gemäß § 441 Abs. 3 S. 1 ZPO setzt neben einem entsprechenden Antrag des Beweisführers voraus, dass die Voraussetzungen eines materiell-rechtlichen Vorlageanspruchs nach §§ 421–426 ZPO gegeben sind.[355]

Hat der Beweisführer zum Beweis der Echtheit einer Unterschrift eine Schriftvergleichung durch das Gericht und die Mitteilung von zur Vergleichung geeigneten Schriften durch einen Notar und durch das für den Prozessgegner zuständige Registergericht beantragt, liegen darin Beweisantritte gemäß § 441 Abs. 1 und 2 ZPO. Dagegen handelt es sich nicht um einen Antrag auf Vorlage zum Vergleich geeigneter Schriften durch den Gegner gemäß § 441 Abs. 3 ZPO. Für eine Anordnung des Gerichts gemäß § 142 Abs. 1 S. 1 ZPO, dass die nicht beweisbelastete Partei in ihrem Besitz befindliche Urkunden vorlegt, reicht die Bezugnahme der beweisbelasteten Partei auf eine im Besitz des Prozessgegners befindliche Urkunde aus. Die Bezugnahme muss nicht ausdrücklich geschehen, sondern kann sich sinngemäß aus dem Sachvortrag oder aus anderen eingereichten Unterlagen ergeben. Sie muss aber so konkretisiert sein, dass die Urkunde identifizierbar ist.

Für die gerichtliche Anordnung einer Beweiserhebung von Amts wegen nach § 144 Abs. 1 Satz 1 ZPO ist kein Raum, soweit es um die Vorlage von Vergleichsurkunden geht, die für den Beweis der Echtheit oder Unechtheit einer Urkunde nach § 441 Abs. 1 ZPO benötigt werden. Insoweit gehen die Regelungen in § 441 Abs. 3 und Abs. 4 ZPO der Vorschrift des § 144 ZPO vor.[356]

d) Die Echtheit von Urkunden

575 Es bedarf keiner näheren Ausführungen, dass die nach den vorstehenden Ausführungen vorgelegte Urkunde nur dann den Beweis der beweisbedürftigen Tatsache erbringen kann, wenn diese auch echt ist. Die §§ 437 ff. ZPO enthalten insoweit gesetzliche Beweisregeln über die Echtheit einer Urkunde.

576 Nach § 437 ZPO gilt, dass eine inländische öffentliche Urkunde die Vermutung der Echtheit in sich trägt. Bestehen hier Zweifel, hat das Gericht die öffentliche Behörde oder die mit öffentlichem Glauben versehene Person aufzufordern, eine Erklärung über die Echtheit der Urkunde abzugeben. Der Beweiswert deutscher Urkunden (z.B. Aufenthaltsgestattung, Reiseausweis, Personalausweis, Reisepass, Vaterschaftsanerkennung) reicht allerdings nicht weiter als die Grundlagen, die der ausstellenden Behörde zur Prüfung vorlagen.[357]

---

354 OLG Brandenburg v. 10.12.2008 – 4 U 177/07 n.v.
355 BGH NJW 2017, 3304 ff.
356 Zum Vorstehenden: BGH a.a.O.
357 OLGR Schleswig 2008, 685.

B. Rechtliche Grundlagen § 11

Soweit eine ausländische öffentliche Urkunde vorgelegt wird, hat das Gericht nach freiem Ermessen zu würdigen, ob es ohne weitere Nachweise von der Echtheit der Urkunde ausgeht.

Tipp

Einem absehbaren Streit über die Echtheit einer ausländischen Urkunde kann der Beweisführer dadurch entgehen, dass er im Sinne von § 438 Abs. 2 ZPO den Konsul des ausländischen Staates oder die Botschaft der Bundesrepublik Deutschland um die Legalisation der Urkunde bittet. Wird diese vorgelegt, ist damit der Beweis der Echtheit nach § 438 Abs. 2 ZPO geführt.[358]

In der Praxis relevanter ist die Frage der Echtheit einer Privaturkunde bzw. der Authentizität der Unterschrift unter einer Privaturkunde.

Nach § 439 Abs. 1 ZPO hat sich der Beweisgegner über die Echtheit einer vom Beweisführer vorgelegten Privaturkunde nach den Regeln des § 138 ZPO zu erklären. Dies gilt nach § 138 Abs. 2 ZPO insbesondere im Hinblick auf die Echtheit der Namensunterschrift.[359]

Dies bedeutet, dass der Beweisgegner mitteilen muss, ob eine Privaturkunde, die nach der Behauptung des Beweisführers von ihm stammen soll, tatsächlich von ihm stammt und von ihm unterzeichnet wurde. Ein Bestreiten mit Nichtwissen ist nach § 138 Abs. 4 ZPO nur insoweit zulässig, wie die Urkunde weder von dem Beweisgegner selbst noch in seinem Beisein errichtet wurde.

Gibt der Beweisgegner keine Erklärung zur Echtheit der Urkunde ab, so ist nach § 439 Abs. 3 ZPO die Echtheit der Urkunde als zugestanden anzusehen, wenn sich nicht aus der Gesamtheit der Ausführungen des Beweisgegners ergibt, dass er die Echtheit bestreiten will.

Bestreitet der Gegner die Echtheit der Urkunde oder seiner vermeintlichen Namensunterschrift, so gilt zunächst, dass der Beweisführer nach § 440 Abs. 1 ZPO die Echtheit der Urkunde beweisen muss.

Soweit jedenfalls feststeht, dass die Unterschrift unter der Urkunde von dem Beweisgegner stammt, hilft allerdings die gesetzliche Vermutung des § 440 Abs. 2 ZPO. Danach trägt die über der Unterschrift stehende schriftliche Erklärung die Vermutung der Echtheit in sich, wenn die Echtheit der Unterschrift feststeht oder ein dort befindliches Handzeichen notariell beglaubigt ist.

Die Echtheit der Urkunde kann ansonsten durch ein schriftvergleichendes Sachverständigengutachten nach § 411 Abs. 1 ZPO auf Antrag[360] des Beweisführers geführt werden.

Es ist mithin eine Beweisaufnahme über die Echtheit eines Beweismittels durchzuführen, wobei die Grundsätze über den Sachverständigenbeweis gelten. Wesentlich ist, dass der

---

358 Vgl. hierzu etwa OLG Zweibrücken FamRZ 2004, 729 = OLGR 2004, 275 = JAmt 2004, 270.
359 Hierzu OLGR Koblenz 2008, 511.
360 Muster eines Antrages auf Einholung eines schriftvergleichenden Sachverständigengutachtens unter Rdn 761.

Sachverständigenbeweis nur möglich ist, wenn zur Schriftvergleichung geeignete andere Schriftstücke vorgelegt werden können. Hierzu ist der Beweisführer nach § 411 Abs. 2 ZPO verpflichtet. Verfügt der Beweisführer nicht über solche Schriftstücke, kann der Beweisgegner auf Antrag des Beweisführers nach § 411 Abs. 3 ZPO zur Vorlage solcher Schriftstücke verpflichtet werden.

587 *Tipp*

In der Praxis hat sich als wirksames Mittel zur Herstellung der Grundlagen für eine Schriftvergleichung bei Unterschriften die Möglichkeit herausgestellt, den Beweisgegner vor dem Prozessgericht eine hinreichende Anzahl von Unterschriften persönlich leisten zu lassen. Damit wird jedenfalls im Hinblick auf Beweisurkunden, die nicht in einem zu großen zeitlichen Abstand zum Rechtsstreit errichtet wurden, die Manipulationsmöglichkeit verkleinert.

Im Übrigen sind frühere Verträge, Bankunterlagen, aber auch handschriftliche Briefe oder Postkarten zweckdienlich.

588 Das Ergebnis der Schriftvergleichungen unterliegt sodann der freien Würdigung des Prozessgerichts.

4. Der Beweis durch Augenschein

589 Die maßgeblichen Regelungen über den Augenscheinsbeweis befinden sich in §§ 371–372a und 144 ZPO.

590 Ziel der Augenscheinnahme ist es, dem Gericht eine unmittelbare Wahrnehmung von Zuständen, Umständen oder Eigenschaften zu vermitteln.

591 Zu Recht wird der Begriff der Augenscheinnahme als zu eng angesehen.[361] Unter die Augenscheinnahme fällt nämlich jede eigene unmittelbare sinnliche Wahrnehmung, sei es durch eigenes Sehen, Hören, Riechen, Schmecken oder Fühlen der das Gericht repräsentierenden Richter.

592 In Betracht kommt eine Augenscheinnahme insbesondere in folgenden Fällen:
- Feststellung von Geräuschs- oder Geruchsimmissionen,
- Augenscheinnahme von Mängeln einer Miet- oder Bausache,[362]
- Feststellung örtlicher Verhältnisse, etwa bei einer Verkehrsunfallsache, sofern diese nicht besser durch einen Sachverständigen festgestellt werden,
- Feststellung körperlicher Entstellungen oder Narben nach Verletzungshandlungen,
- Feststellung beschädigter Bekleidungen nach einem Unfallereignis,
- Feststellung des Originals und eines vermeintlichen Plagiats in einem Patentstreit.

---

361 *Jauernig/Hess*, Zivilprozessrecht, 30. Aufl., § 52.
362 OLG Dresden BauR 2004, 139.

a) Der Augenschein nach den §§ 371, 144 ZPO

Der Beweisantritt durch Augenschein erfolgt nach § 371 ZPO durch die Bezeichnung des Gegenstandes des Augenscheins und durch die Angabe der zu beweisenden Tatsache.

593

Diese Bestimmung in § 371 Abs. 1 S. 1 ZPO ist dahin gehend zu verstehen, dass auch der Umstand, der Zustand oder die Eigenschaft zu beschreiben sind, die Gegenstand des Augenscheins sein sollen.

594

> *Beispiel*
>
> Der Kläger behauptet, dass von einem Speditionsunternehmen jeweils in der Zeit zwischen 02:00 Uhr und 03:00 Uhr erhebliche Geräuschbelästigungen ausgehen. Diese seien jeweils nur kurzfristig und in der Art von Geräuschspitzen, die sich dadurch ergeben, dass die Fahrer die Fahrzeuge starten, warm laufen lassen und die Türen lautstark schließen.
>
> Hinsichtlich der Feststellung, dass die vorgegebenen Immissionswerte überschritten werden, kann ein immissionstechnisches Sachverständigengutachten eingeholt werden. Darüber hinaus verlangt die Rechtsprechung aber die subjektive Feststellung des Gerichts, dass diese Geräusche auch störend sind. Insoweit kann beantragt werden, dass das Gericht sich durch „Augenschein" an Ort und Stelle, d.h. am Wohnort des Klägers davon überzeugt, dass die durch das Speditionsunternehmen verursachten Lärmspitzen erheblich und störend sind.

595

Schon das vorstehende Beispiel mit seinem Aufwand macht deutlich, dass die Gerichte in der Praxis die Augenscheinnahme an Ort und Stelle gerne vermeiden. Zu den besonderen Schwierigkeiten der Augenscheinnahme kommt hinzu, dass diese Form der Beweisaufnahme aufgrund der Notwendigkeit der An- und Abreise und des erheblichen Organisationsaufwandes zu vermeiden gesucht wird. Dem entgegen lösen sich viele Streitfragen vor Ort tatsächlich auf, weil die örtlichen Verhältnisse eine der beiden vorgetragenen Auffassungen erkennbar stützt. Vor Ort lassen sich häufig auch für die Parteien sachgerechte praktische Lösungen finden, die den Prozess im Vergleichswege beenden.

596

> *Tipp*
>
> Soweit der Antrag auf Augenscheinnahme mit dem Argument zurückgewiesen wird, dass es sich um ein ungeeignetes Beweismittel handele oder aber der Beweisantrag nicht hinreichend substantiiert sei, sollte ausdrücklich darum gebeten werden, dass das Gericht nach § 139 ZPO darauf hinweist, aus welchen Gründen es das Beweismittel für ungeeignet hält oder welche Anforderungen es an die Darlegung des in Augenschein zu nehmenden Gegenstandes und der zu beweisenden Tatsache stellt. In diesem Fall kann entsprechend ergänzend vorgetragen werden.

597

> *Tipp*
>
> Lässt sich gegenüber dem erkennenden Gericht der Antrag auf Augenscheinnahme nicht durchsetzen, so sollte der Bevollmächtigte versuchen, möglichst vollständig Foto-, Video- oder Audiodokumentationen des Augenscheinobjektes vorzulegen, so-

598

fern es sich hierbei um körperlich oder sinnlich wahrnehmbare Aspekte handelt, die mit diesen Medien dokumentiert werden können.

599 Soll ein Gegenstand in Augenschein genommen werden und befindet sich dieser nach der Behauptung der beweisbelasteten Partei nicht in deren Besitz, kann der Beweis auch durch den Antrag angetreten werden, der beweisbelasteten Partei eine Frist zur Herbeischaffung des Gegenstandes zu setzen oder aber eine Anordnung nach § 144 ZPO zu erlassen.

600 Wird der beweisbelasteten Partei eine Frist zur Herbeischaffung des Gegenstandes gesetzt, so muss diese aufgrund eines materiell-rechtlichen Anspruchs gegen den Beweisgegner oder einen Dritten vorgehen und die Vorlegung oder die Herausgabe des Augenscheinobjektes verlangen.

601 Die so titulierte Vorlegung zu der Herausgabeverpflichtung ist dann gegebenenfalls im Wege der Zwangsvollstreckung durchzusetzen, sodass der in Augenschein zu nehmende Gegenstand dem Prozessgericht vorgelegt werden kann.

602 Für die Praxis relevant wird die Möglichkeit sein, nach § 371 Abs. 2 ZPO zu beantragen, eine Anordnung nach § 144 ZPO entweder gegenüber dem Gegner der beweisbelasteten Partei[363] oder einem Dritten[364] zu erlassen, in deren Besitz sich das Augenscheinobjekt befindet. In gleicher Weise kann das Gericht von Amts wegen die Inaugenscheinnahme nach § 144 ZPO unmittelbar anordnen.

603 Die im Rahmen des Urkundenbeweises[365] bereits erläuterten §§ 422–432 ZPO finden nach § 371 Abs. 2 S. 2 ZPO entsprechende Anwendung.

604 Vereitelt eine Partei die ihr zumutbare Augenscheinnahme, können nach § 371 Abs. 3 ZPO die Behauptungen über den Augenscheingegenstand durch den Beweisführer als bewiesen angesehen werden.

605 Der Dritte darf die Vorlage des in Augenschein zu nehmenden Gegenstandes nur verweigern, wenn ihm die Vorlage unzumutbar ist oder aber er zur Zeugnisverweigerung gem. §§ 383–385 ZPO berechtigt ist.

606 Über die Berechtigung zur Verweigerung der Herausgabe des Augenscheinobjektes entscheidet das Prozessgericht nach § 144 Abs. 2 S. 2 i.V.m. § 387 ZPO durch Zwischenurteil auf Antrag,[366] gegen das nach § 144 Abs. 2 S. 2 i.V.m. § 387 ZPO sowohl dem Dritten als auch der Prozesspartei die sofortige Beschwerde[367] zusteht.

607 Verweigert der Dritte die Vorlage des Augenscheinobjektes, obwohl ihm dies zumutbar ist und er auch kein Zeugnisverweigerungsrecht geltend machen kann, kann gegen den

---

363 Muster eines Antrages auf Anordnung der Vorlage eines Augenscheinobjektes durch den Prozessgegner unter Rdn 763.
364 Muster eines Antrages auf Anordnung der Vorlage eines Augenscheinobjektes durch einen Dritten unter Rdn 764.
365 Hierzu Rdn 493 ff.
366 S. Muster eines Antrags unter Rdn 766.
367 Muster einer sofortigen Beschwerde gegen die Verpflichtung zur Vorlage eines Augenscheinobjektes unter Rdn 767.

Dritten nach § 144 Abs. 2 S. 2 i.V.m. § 390 Abs. 1 S. 2 ZPO Ordnungsgeld, ersatzweise Ordnungshaft wie gegen einen Zeugen festgesetzt werden.[368]

Auch die beweisbelastete Partei kann nach § 144 ZPO von Amts wegen verpflichtet werden, die Augenscheinnahme zu ermöglichen. Weigert sich die beweisbelastende Partei, das Augenscheinobjekt vorzulegen oder für den Fall einer Untersuchung deren Durchführung, so verliert sie nach § 230 ZPO das Beweismittel und verliert danach aufgrund der Beweislastverteilung dann auch den Prozess. **608**

Das Gericht kann nach § 372 ZPO anordnen, dass bei der Einnahme des Augenscheins ein oder mehrere Sachverständige zugegen sind. **609**

Tipp **610**

Diese Verfahrensweise sollte gegenüber dem erkennenden Gericht insbesondere dann angeregt werden, wenn die Inaugenscheinnahme Grundlage einer späteren sachverständigen Begutachtung sein soll. Der Sachverständige kann so aufgrund seiner Sachkunde das Gericht auf wesentliche Aspekte hinweisen, auch wenn das Gericht selbst diese aufgrund der eigenen Wahrnehmung feststellen muss.

In allen Fällen muss das Gericht das Ergebnis seiner Inaugenscheinnahme nach § 160 Abs. 3 Nr. 5 ZPO im Protokoll festhalten. **611**

Hinweis **612**

Dabei ist es nicht ausreichend, dass das Gericht lediglich ausführt, dass ein Gegenstand in Augenschein genommen wurde. Vielmehr ist es auch erforderlich, dass das Gericht im Einzelnen herausstellt, welche Feststellungen es dabei getroffen hat. Anderenfalls liegt ein Verstoß gegen § 160 Abs. 3 Nr. 5 ZPO vor, der mit der Berufung nach § 520 Abs. 3 Nr. 2 ZPO gerügt werden kann.

Auch beim Augenschein kann das Gericht für die voraussichtlich entstehenden Kosten einen Auslagenvorschuss fordern. Wurde die Augenscheinnahme von einer Partei beantragt, so kann das Gericht nach § 17 Abs. 1 GKG die Augenscheinnahme von der Zahlung des Vorschusses abhängig machen. Dies gilt nicht, wenn der Augenschein von Amts wegen angeordnet wurde.[369] **613**

Erscheint der Rechtsanwalt bei dem Termin zur Augenscheinnahme, so fällt für ihn eine 1,2-Termingebühr nach Nr. 3104 VV i.V.m. der Vorbemerkung 3 Abs. 3 VV an. Soweit der Augenschein nur Informationszwecken dient, wie etwa die Besichtigung der Unfallstelle, um den von den Parteien dargestellten Unfallablauf nachvollziehen zu können, fällt eine Terminsgebühr nach dem RVG an.[370] **614**

---

[368] Muster eines Antrages auf Festsetzung eines Ordnungsgeldes wegen der unberechtigten Weigerung der Vorlage des Augenscheinsobjektes unter Rdn 768.
[369] BGH MDR 1976, 396; OLG Koblenz FamRZ 2002, 685.
[370] OLG Bamberg JurBüro 1977, 354; OLG Hamm MDR 1974, 764; VGH Kassel AnwBl 1985, 538.

b) Die Duldung der Untersuchung zur Feststellung der Abstammung nach § 372a ZPO

615 Eine besondere Form der Duldungspflicht enthält § 372a ZPO. Aufgrund der Tatsache, dass die Verfahren zur Feststellung der Abstammung nunmehr abschließend in § 178 FamFG geregelt sind, spielt diese Vorschrift kaum noch eine Rolle. Eine Inzidentfeststellung der Abstammung ist grundsätzlich unzulässig.[371]

616 Der (ausnahmsweise zulässige) Beweisbeschluss, der zur Feststellung der Abstammung die Einholung eines Sachverständigengutachtens anordnet, kann weder mit der Beschwerde[372] noch mit der Berufung angefochten werden.[373] Über die Frage, ob der zu Untersuchende berechtigt ist, seine Untersuchung zu verweigern, kann zunächst im Wege des Zwischenstreites nach § 372a Abs. 2 S. 1 i.V.m. § 387 ZPO nach Anhörung der Parteien durch das Gericht mit Zwischenurteil entschieden werden. Gegen dieses Zwischenurteil steht der zu untersuchenden Person dann nach § 372a i.V.m. § 387 Abs. 3 ZPO die sofortige Beschwerde nach den §§ 567 ff. ZPO zu. Die gilt auch dann, wenn der Ehegatte eines Verstorbenen als Totenfürsorgeberechtigter gegen die Exhumierung zum Zwecke der Gewinnung von Gewebeproben Einwendungen erhebt.[374]

617 *Hinweis*
Der Dritte als zu untersuchende Person kann auch schon gegen die Terminsladung mit der Androhung von Zwangsmitteln im Wege der sofortigen Beschwerde vorgehen.[375] Dabei kann der Dritte insbesondere geltend machen, dass noch nicht alle anderen Möglichkeiten, die Beweisfrage zu klären, ausgeschöpft sind.[376]

618 Weigert sich die zu untersuchende Person gleichwohl, die Untersuchung zu dulden, kann zunächst gegen sie ein Ordnungsmittel nach §§ 372a, 390 ZPO wie gegen einen Zeugen festgesetzt werden.[377]

619 Lässt auch dies die zu untersuchende Person unberührt, kann zur Durchsetzung der Untersuchung unmittelbarer Zwang nach § 372a Abs. 2 S. 2 ZPO angewandt werden.[378]

c) Die Augenscheinnahme eines elektronischen Dokumentes

620 Nach der ZPO-Reform kann auch ein elektronisches Dokument Gegenstand des Augenscheinbeweises sein. Die Regelung in § 371 Abs. 1 S. 2 ZPO kann dabei als noch nicht ausgereift angesehen werden, sodass abzuwarten bleibt, ob der Gesetzgeber hier in Zukunft noch Modifikationen vornehmen wird. Insbesondere ist zu beklagen, dass das Gericht regelmäßig nicht die Fachkunde haben wird, um das Dokument im Hinblick auf

---

371 BGHZ 121, 299.
372 BGH FamRZ 2007, 549.
373 BGH NJW-RR 2007, 1375.
374 OLGR Saarbrücken 2005, 297.
375 OLGR Frankfurt 2002, 325; a.A. OLG Stuttgart FamRZ 1992, 971.
376 OLG Nürnberg FamRZ 2005, 728 zum Vorrang der Exhumierung des Putativvaters; zur Reihenfolge möglicher Beweismittel auch OLGR Hamm 2005, 240 = NJW-RR 2005, 231 = FamRZ 2005, 1192.
377 Muster eines Antrags auf Festsetzung eines Ordnungsgeldes wegen der Weigerung, eine Untersuchung zur Feststellung der Abstammung zu dulden, unter Rdn 769.
378 Muster eines Antrages auf Anwendung unmittelbaren Zwangs zum Zwecke der Untersuchung zur Feststellung der Abstammung unter Rdn 770.

die Vollständigkeit, die Richtigkeit und den „Hersteller" (Aussteller) zu analysieren. Insoweit ist anzuraten, dass hier notwendige Beweiserhebungen im Wege des Sachverständigenbeweises erfolgen.

Nach der gesetzlichen Regelung wird der Beweisantritt anderenfalls dadurch bewirkt, dass das elektronische Dokument in einer Datei gem. §§ 371 Abs. 1 S. 2, 130 a ZPO an das Gericht übermittelt wird. 621

Im Hinblick darauf, dass auch nach den materiellen-rechtlichen Vorschriften des BGB Verträge in Form elektronischer Dokumente, z.T. unter Verwendung elektronischer Signaturen, geschlossen werden können, erfolgt mit § 371 ZPO insoweit die prozessuale Umsetzung materiell-rechtlicher Möglichkeiten. Die Praxis zeigt allerdings, dass dieser Beweisantritt noch keine Bedeutung erlangt hat. 622

5. Die Parteivernehmung

Die Parteivernehmung ist ein subsidiäres Beweismittel der ZPO, soweit andere Beweismittel nicht zur Verfügung stehen. Die Parteivernehmung wird deshalb auch als Hilfsbeweismittel bezeichnet. Die maßgeblichen Regelungen finden sich in §§ 445–455 ZPO. 623

Für den Bevollmächtigen der Partei, dem keine Beweismittel in Form von Zeugen, Urkunden, Augenschein oder des Sachverständigenbeweises zur Verfügung stehen, stellt sich die Frage, inwieweit durch eine förmliche Vernehmung der gegnerischen oder der eigenen Partei der erforderliche Beweis geführt werden kann. Die Praxis zeigt, dass dies nur selten gelingt, obwohl die Parteivernehmung ein vollwertiges Beweismittel darstellt, welches auch in ihrem Beweiswert keinem anderen Beweismittel nachsteht. Für den Beweisgegner geht es regelmäßig um die Frage, wie die Voraussetzungen der Parteivernehmung in Zweifel gezogen werden können, sodass der Beweis gerade nicht geführt werden kann. Die beweisverpflichtete Partei verliert den Prozess dann allein aus dem Grunde, dass sie beweisfällig geblieben ist. 624

> *Hinweis* 625
>
> Im Hinblick darauf, dass die Parteien ein unmittelbares wirtschaftliches und persönliches Interesse am Prozessausgang haben, stellt sich die Parteivernehmung ungeachtet der rechtlichen Ausgestaltung als problematisches Beweismittel dar. Insoweit üben die Gerichte hier häufig Zurückhaltung. Schon in der anwaltlichen Beratung sollte deshalb darauf hingewiesen werden, dass möglichst alle relevanten Vorgänge in Urkunden fixiert werden und der erforderliche Nachweis des Zugangs von Erklärungen dadurch sichergestellt wird, dass von den Möglichkeiten der Zustellung im Parteibetrieb[379] Gebrauch gemacht wird.
>
> Gleichwohl darf die Möglichkeit der Parteivernehmung nicht gänzlich abgeschnitten werden, wenn diese Möglichkeit der Parteien, anderweitige Beweismittel zu erlangen,

---

379 Vgl. insoweit § 10 Rdn 1 ff.

von vornherein nicht gegeben war. Dies gilt insbesondere für den gesamten Bereich der unerlaubten Handlung.

626 *Tipp*

Sind Abreden nur fernmündlich getroffen worden, sollte der Partei immer angeraten werden, diese schriftlich zu bestätigen und dabei darum zu bitten, dass die richtige Wiedergabe der Abreden von der anderen Partei bestätigt wird.

627 Stehen keine anderen Beweismittel zur Verfügung, muss der Bevollmächtigte zunächst intensiv die Frage der Beweislastverteilung prüfen und sodann den Mandanten ausdrücklich auf die Risiken eines Prozesses hinweisen.

628 Keine förmliche Beweisaufnahme, jedoch in gleichem Zusammenhang zu sehen, ist die Möglichkeit des Gerichts, nach § 141 ZPO in jeder Lage des Verfahrens das persönliche Erscheinen der Parteien anzuordnen und diese zur weiteren Aufklärung des Sachverhaltes anzuhören.

629 Insoweit sind **vier unterschiedliche Konstellationen** zu betrachten:

a) Die Vernehmung des Beweisgegners auf Antrag nach § 445 ZPO

630 Stehen der beweisbelasteten Partei keine Beweismittel zur Verfügung, um die entscheidungserheblichen und bestrittenen Tatsachen nachzuweisen, kann nach § 445 ZPO der Antrag[380] gestellt werden, den Beweisgegner zu vernehmen.

631 Voraussetzung ist, dass der erforderliche Beweis von der beweisbelasteten Partei mit anderen Beweismitteln nicht[381] oder nicht vollständig geführt werden konnte. Auch darf das Gericht nach § 445 Abs. 2 ZPO noch nicht vom Gegenteil der zu beweisenden Tatsache überzeugt sein.

632 Bevor ein solcher Antrag gestellt wird, sind verschiedene Chancen und Risiken gegeneinander abzuwägen:

- Mit dem Antrag auf Vernehmung des Gegners als Partei werden dessen Darlegungen in den Rang eines Beweismittels erhoben, sodass die Gefahr besteht, nicht nur den eigenen Vortrag nicht nachweisen zu können, sondern sogar den Beweis für die gegnerischen Darlegungen zu erbringen.
- Je nach der Persönlichkeit des Prozessgegners kann allerdings die Möglichkeit bestehen, dass dieser unter dem Eindruck der unmittelbaren gerichtlichen Vernehmung, d.h. soweit er nicht durch die Übermittlung von Prozessinhalten und die Beratung seines Bevollmächtigten geschützt ist, und vor dem Hintergrund einer möglichen Vereidigung seinen Vortrag „modifiziert" oder gar gänzlich ändert.

633 *Tipp*

Diese Möglichkeit ist insbesondere dann wahrscheinlich, wenn sich dem Vortrag des Gegners entnehmen lässt, dass dieser bereits sehr juristisch geprägt ist.

---

[380] Muster eines Antrages auf Vernehmung des Beweisgegners als Partei unter Rdn 771.
[381] OLGR Stuttgart 2007, 1034.

Die Parteivernehmung des Beweisgegners nach § 445 Abs. 1 ZPO kommt auch dann in Betracht, wenn der Beweisführer den ihm obliegenden Beweis mit anderen Beweismitteln nicht vollständig geführt hat, d.h. zwar aus Sicht des erkennenden Prozessgerichts eine gewisse Wahrscheinlichkeit für das Vorliegen der beweispflichtigen Tatsache spricht, aber diese Wahrscheinlichkeit nicht ausreicht, den Beweis tatsächlich zu führen. 634

Die Parteivernehmung kommt insoweit mithin nur als „Ultima ratio" am Ende der sonst erschöpften Beweisaufnahme in Betracht. 635

Wird die Parteivernehmung des Gegners durch das Gericht angeordnet und trägt der Beweisführer im Anschluss daran noch andere Beweismittel vor, so ist die Parteivernehmung zunächst nach § 450 Abs. 2 ZPO zurückzustellen, bis die anderen Beweise erhoben sind. 636

Ist nach Erhebung der anderweitigen Beweise die Beweisfrage zur Überzeugung des erkennenden Gerichts geklärt, ist auf die Parteivernehmung gänzlich zu verzichten. 637

Der Beweisgegner, dessen Vernehmung angeordnet worden ist, ist grundsätzlich zur Aussage nicht verpflichtet. § 446 ZPO erlaubt es dem Gericht jedoch, aus der Aussageverweigerung des Beweisgegners Schlüsse zu ziehen, d.h. dessen Verhalten in seine Beweiswürdigung einzubeziehen.[382] Auch wenn der Prozessgegner zur Vernehmung ohne hinreichende Entschuldigung nicht erscheint, kann die zu beweisende Tatsache als bewiesen angesehen werden.[383] 638

Für den Beweisgegner ist es dabei wesentlich, seine Gründe für die Aussageverweigerung im Einzelnen darzulegen. Auch diese Gründe sind bei der Beweiswürdigung des erkennenden Gerichts zu berücksichtigen. 639

Als Gründe für die Verweigerung kommen insbesondere in Betracht: 640
- die Offenlegung ehrenrühriger Vorgänge,[384]
- die Offenlegung strafbarer Vorgänge,
- die Mitteilung von Betriebs- oder Geschäftsgeheimnissen,[385]
- die Gefahr außerprozessualer Nachteile.

Tipp 641
Die Beweisaufnahme durch die Vernehmung des Gegners kann dadurch vorbereitet und begleitet werden, dass zu dem behaupteten Geschehen, d.h. der beweisbedürftigen Tatsache, möglichst viele unstreitige oder durch andere Beweismittel nachzuweisende Hilfstatsachen vorgetragen werden, die den Spielraum des Beweisgegners, nicht die Wahrheit zu sagen, weiter einengen oder das Gericht die (Un-)Glaubwürdigkeit des Gegners besser einschätzen lassen.

---

[382] BGH MDR 1991, 668 = NJW-RR 1991, 888.
[383] LAG Berlin v. 26.9.2003 – 6 Sa 269/03 n.v.; OLGR Naumburg 1996, 45.
[384] Zöller/*Greger*, § 446 Rn 1.
[385] Musielak/*Huber*, § 446 Rn 1.

b) Die Vernehmung des Beweisführers als Partei

642 Die Vernehmung des Beweisführers als Partei kommt nach § 447 ZPO *nur* dann in Betracht, wenn eine der Parteien, d.h. entweder die beweisbelastete Partei, was die Regel sein wird, oder aber auch die gegnerische Partei, dies beantragt[386] und die andere Partei dem zustimmt.

643 *Hinweis*

Durch die weit verbreitete Übung, nur die beweisbelastete Partei zu benennen und nicht den Gegner, begibt sich die Partei wegen der Gefahr der ausbleibenden Zustimmung des Gegners u.U. eines Beweismittels, nämlich des Gegners, über dem das Damoklesschwert der Wahrheitspflicht und des (versuchten) Prozessbetrugs sowie der Aussagedelikte schwebt.

644 Aufgrund des Erfordernisses, dass der Vernehmung der beweisbelasteten Partei der Gegner zustimmen muss, kommt diese Form der Parteivernehmung nur ganz selten vor.

645 *Hinweis*

Zu beachten ist, dass in dem bloßen Schweigen des Beweisgegners auf den Antrag der beweisbelasteten Partei, sie als Partei zu vernehmen, keine Zustimmung gesehen werden kann.[387] Umstritten ist, ob das Einverständnis mit der Vernehmung der beweisbelasteten Partei frei widerruflich ist, bis die eigentliche Beweisaufnahme begonnen hat.[388]

646 Auch wenn die Voraussetzungen des § 447 ZPO vorliegen, d.h. eine Partei den Antrag auf Parteivernehmung der beweisbelasteten Partei gestellt hat und die andere Partei dem zugestimmt hat, ist die Parteivernehmung aus Sicht des Prozessgerichts nur dann veranlasst, wenn alle anderen Beweismittel erschöpft sind, ohne dass der Beweis geführt oder das Gericht bereits vom Gegenteil überzeugt ist. Auch in diesem Fall bleibt mithin die Parteivernehmung die Ultima ratio der Beweisaufnahme.

647 Führt die sonstige Beweisaufnahme zu einem für das erkennende Gericht eindeutigen Ergebnis im Sinne von § 445 Abs. 2 ZPO, ist die Parteivernehmung auch dann nicht mehr durchzuführen, wenn beide Parteien hierüber Einvernehmen erzielt haben.[389] Eine Parteivernehmung scheidet auch aus, wenn die beantragte Vernehmung eine Tatsache betrifft, deren Gegenteil das Gericht für erwiesen erachtet. Hat der Gerichtsvollzieher als Zeuge bekundet, dass er einen Benachrichtigungsschein in den Briefkasten der Partei eingeworfen hat, so begründet dies neben dem Vorliegen der Zustellungsurkunde den Nachweis der erfolgten Zustellung; eine Parteivernehmung bezüglich der Richtigkeit der Aussage des Gerichtsvollziehers kommt nicht in Betracht.[390]

---

[386] Muster eines Antrages auf Vernehmung der beweisbelasteten Partei als Partei nach § 447 ZPO unter Rdn 772.
[387] LG Krefeld VersR 1979, 634; Zöller/*Greger*, § 447 Rn 2.
[388] Bejaht: Zöller/*Greger*, § 447 Rn 3.
[389] BGH NJW 1974, 56.
[390] OLGR Frankfurt 2004, 12.

Hinweis

648 Stimmt der Gegner der Vernehmung der beweisbelasteten Partei nicht zu, was die Regel sein wird, so wird der Antrag auf Vernehmung der beweisbelasteten Partei gleichwohl noch als Anregung auf Vernehmung der Partei von Amts wegen § 448 ZPO zu verstehen sein. Dies sollte hilfsweise geltend gemacht werden.

649 In jedem Fall kann aber auch angeregt werden, beide Parteien nach § 141 ZPO anzuhören. Dies empfiehlt sich besonders in den Fällen, in denen der eigene Mandant eine hohe Überzeugungsfähigkeit hat. In jedem Fall sollte er dann an der mündlichen Verhandlung teilnehmen. Das Wort wird einer Partei hier nur selten verwehrt.

c) Die Parteivernehmung von Amts wegen

650 Nach § 448 ZPO kann das Prozessgericht von Amts wegen, d.h. auch ohne Antrag einer der Parteien, die Vernehmung einer Partei oder beider Parteien über die zu beweisende Tatsache anordnen. Die Anordnung steht dabei im Ermessen des Gerichtes.[391]

651 Wie sich aus § 448 ZPO ausdrücklich ergibt, ist dabei unerheblich, welche Partei für die zu beweisende Tatsache die Beweislast trägt.

652 Voraussetzung der Parteivernehmung von Amts wegen ist allerdings, dass das bisherige Ergebnis der mündlichen Verhandlung und einer möglicherweise bereits durchgeführten Beweisaufnahme nicht ausreicht, um die Überzeugung von der Wahrheit oder Unwahrheit einer zu erweisenden Tatsache bei dem Prozessgericht zu begründen. Liegen sonstige Beweismittel und Indizien vor, die die für die Gegenseite günstige Zeugenaussage objektiv stützen, entfällt die Notwendigkeit einer formellen Vernehmung oder auch nur einer zu protokollierenden Anhörung der benachteiligten Partei.[392]

653 Dies bedeutet, dass die Würdigung des beiderseitigen Parteivorbringens und der bisherige Verlauf einer Beweisaufnahme eine gewisse Wahrscheinlichkeit für das Vorliegen der zu beweisenden Tatsache erbracht haben müssen.[393] Anders ausgedrückt: die Parteivernehmung muss geeignet sein, den letzten Rest an Zweifeln des Prozessgerichts zu überwinden.

654 Die Vornahme der Parteivernehmung von Amts wegen steht im Ermessen des Prozessgerichts.[394] Insoweit wird auch in der Berufungsinstanz lediglich geprüft, ob kein Ermessensfehlgebrauch vorliegt. Ein solcher liegt allerdings nahe, wenn eine Partei die Parteivernehmung angeregt hat, sich das Gericht in den Entscheidungsgründen aber nicht mit der Frage auseinandersetzt.

655 Dabei ist zu berücksichtigen, dass die Parteivernehmung grundsätzlich auch dann in Betracht kommt, wenn überhaupt keine Beweismittel zur Verfügung stehen, die mündliche Verhandlung aber Anhaltspunkte dafür erbracht hat, dass die Darstellung einer

---

[391] BGH NJW 1999, 363.
[392] BGH NJW 2003, 3636 = BGH-Report 2003, 1433 = MDR 2004, 227 = FamRZ 2004, 21.
[393] BGH NJW 1994, 320; OLG München NJW-RR 1996, 958.
[394] LAG Rheinland-Pfalz, Urt. v. 28.1.2016 – 2 Sa 216/15 –, zitiert nach juris; BGH NJW 1999, 364.

Partei zutreffend ist.³⁹⁵ So können Telefonnotizen ausreichen, um für einen strittigen Sachverhalt einen Anscheinsbeweis nach § 448 ZPO zu erbringen.³⁹⁶

656 Grundsätzlich möglich ist es auch, dass das Gericht beide Parteien von Amts wegen vernimmt, was insbesondere in Betracht kommt, wenn die wesentlichen Tatsachen unter „vier Augen" geschaffen wurden.³⁹⁷ Dies erlangt besondere Bedeutung in Arzthaftungsprozessen, in denen über den Umfang und den Inhalt der ärztlichen Aufklärung gestritten wird.³⁹⁸

657 Eine Parteivernehmung von Amts wegen kann auch dann veranlasst sein, wenn nur auf diese Art und Weise die „Waffengleichheit" beider Parteien hergestellt werden kann.³⁹⁹

658 *Beispiel*

Zwischen den Parteien ist streitig, ob ein Vertrag zustande gekommen ist. Die Vertragsverhandlungen wurden von einem leitenden Angestellten der Klägerin, einer GmbH, geführt und aufseiten des Beklagten von diesem persönlich.

Hier steht der Klägerin mit dem leitenden Angestellten ein Zeuge zur Verfügung, der jedoch vollständig dem „Lager" der Klägerin zugerechnet werden muss. Das Prinzip der Waffengleichheit gebietet es hier auch, den Beklagten selbst anzuhören.

659 *Hinweis*

Das Gericht ist allerdings nicht gehalten, diese Stellung der Waffengleichheit allein über § 448 ZPO zu bewerkstelligen. Ausreichend wäre es auch, wenn dies im Wege der Anhörung nach § 141 ZPO geschieht.⁴⁰⁰

660 Der Europäische Gerichtshof für Menschenrechte (EGMR) hat in seiner zitierten Entscheidung hierzu lediglich ausgeführt, dass die geforderte Waffengleichheit vor Gericht erfordere, „dass jeder Partei eine vernünftige Möglichkeit eingeräumt werden muss, ihren Fall – einschließlich ihrer Zeugenaussage – vor Gericht unter Bedingungen zu präsentieren, die für diese Partei keine substanziellen Nachteile im Verhältnis zu ihrem Prozessgegner bedeutet". Der BGH⁴⁰¹ hat dies dahin konkretisiert, dass ein Kläger nicht in seinem Recht auf ein faires Verfahren (Art. 6 Abs. 1 EMRK) oder in seinem Grundrecht auf Gewährung rechtlichen Gehörs (Art. 103 Abs. 1 GG) verletzt ist, wenn eine Parteivernehmung des Klägers oder seine Anhörung nach § 141 ZPO zur Wahrung seiner Rechte und der Waffengleichheit nicht erforderlich war, weil ein Zeuge vorhanden war, der nicht ausschließlich im Lager des Beklagten stand, und der Kläger selbst genügend Gelegenheit hatte, seine Darstellung des Sachverhalts in den Rechtsstreit einzubringen. Der Aspekt der prozessualen Waffengleichheit ist auch in zwei Richtungen zu betrachten. So ist es im Hinblick auf das Erfordernis der prozessualen Waffengleichheit und ein

---

395 BGH NJW 1987, 2510.
396 Brandenburgisches OLG BauR 2004, 1996.
397 BVerfG NJW 2001, 2532.
398 OLG Koblenz OLGR 2008, 178 = FamRZ 2008, 1533.
399 EGMR NJW 1995, 1413 = JuS 1995, 830.
400 BGH NJW 1999, 363 = MDR 1999, 699.
401 BGH NJW 2003, 3636; BGH v. 30.9.2004 – III ZR 369/03 n.v.

faires Verfahren fehlerhaft, nur einen von mehreren an einem Vorgang Beteiligten anzuhören, um ihm sodann – nachdem keine Bedenken gegen seine Glaubwürdigkeit erkennbar geworden sind – durch eine Parteivernehmung nach § 448 ZPO die Möglichkeit zu geben, durch eigene Aussagen den ihm obliegenden Beweis zu erbringen. Kommt die Anhörung einer Partei wegen deren zwischenzeitlichen Versterbens nicht mehr in Betracht, scheidet auch die Anhörung der Gegenpartei aus.[402]

> *Hinweis* 661
> Insbesondere in Verkehrsunfallsachen hat sich die gerichtliche Praxis dahin gehend entwickelt, dass der Fahrer des klägerischen Fahrzeuges, der als Zeuge benannt ist, als solcher vernommen wird, während der Fahrer des Beklagten-Fahrzeuges, der selbst als Partei regelmäßig in Anspruch genommen wird, nach § 141 ZPO angehört wird.

Heute besteht weitgehend Einigkeit, dass der Entscheidung des EGMR sowohl durch die Verfahrensweise nach § 448 ZPO als auch diejenige nach § 141 ZPO genügt wird.[403] 662

d) Die Anhörung nach § 141 ZPO

Statt der Parteivernehmung auf Antrag oder von Amts wegen greifen insbesondere die Instanzgerichte regelmäßig auf § 141 ZPO und die hier begründete Möglichkeit zurück, das persönliche Erscheinen der Parteien zur weiteren Sachverhaltsaufklärung anzuordnen. Die Anordnung des persönlichen Erscheinens gem. § 141 Abs. 1 ZPO dient weder der einseitigen Förderung der Interessen einer bestimmten Partei noch richtet sie sich gegen einen anderen Prozessbeteiligten und kann somit bei richtigem Verständnis von einer vernünftigen Partei nicht als Indiz für eine parteiische Haltung des Richters gewertet werden. Ob das erkennende Gericht das persönliche Erscheinen anordnet, steht in seinem Ermessen und hängt in erster Linie von Zweckmäßigkeitserwägungen ab. Es steht dem Gericht insbesondere frei, bei einer Mehrheit von Parteien nur einzelne von diesen persönlich zum Verhandlungstermin zu laden.[404] Enger sieht das das LG Aachen. Die Anordnung des persönlichen Erscheinens einer Partei gem. § 141 Abs. 1 ZPO stehe zwar im Ermessen des Gerichts, setze aber voraus, dass nach Einschätzung des Gerichts ohne persönliche Erörterung mit der Partei hinreichende Klarheit über den Sachverhalt nicht zu erzielen sei. Es reiche nicht aus, dass die Anwesenheit der Partei „lediglich" wünschenswert erscheint, etwa mit dem Ziel eines Vergleichsabschlusses.[405] 663

Liegen sonstige Beweismittel und Indizien vor, die die für die Gegenseite günstige Zeugenaussage objektiv stützen, entfällt die Notwendigkeit einer formellen Vernehmung oder auch nur einer zu protokollierenden Anhörung der benachteiligten Partei.[406] 664

---

402 OLGR Koblenz 2004, 358.
403 BGH NJW 1999, 363; *Schöpflin*, NJW 1996, 2134; *Schlosser*, NJW 1995, 1404.
404 OLGR Köln 2004, 259.
405 LG Aachen RuS 2004, 219.
406 BGH NJW 2003, 3636 = BGHReport 2003, 1433 = FamRZ 2004, 21 = MDR 2004, 227.

665 Die Partei ist grundsätzlich verpflichtet, einer Anordnung ihres persönlichen Erscheinens zur weiteren Sachaufklärung nach § 141 ZPO Folge zu leisten. Eine Ausnahme hiervon besteht nach § 141 Abs. 1 S. 2 ZPO nur dann, wenn der Partei wegen der großen Entfernung oder aber aus sonstigem wichtigem Grunde, etwa einer Behinderung oder unaufschiebbaren persönlichen oder geschäftlichen Terminen, das persönliche Erscheinen nicht zumutbar ist. Die Anordnung des persönlichen Erscheinens eines im Ausland lebenden Ausländers als Partei kann durch ein deutsches Gericht auch gegenüber einem EG-Bürger allerdings nicht gem. § 380 ZPO durch Ordnungsmaßnahmen erzwungen werden.[407] Die Reisekosten der auswärtigen Partei zur Wahrnehmung eines Termins, zu dem das persönliche Erscheinen beider Parteien angeordnet war, sind i.d.R. auch dann zu erstatten, wenn die Partei es unterlassen hat, dem Gericht die notwendige Anreise vom auswärtigen Wohnort mitzuteilen.[408]

666 Steht der Partei kein Grund zur Seite, der ihr Ausbleiben rechtfertigt, und erscheint sie gleichwohl nicht, kann gegen sie ein Ordnungsgeld wie gegen einen im Beweisaufnahmetermin nicht erschienenen Zeugen nach § 141 Abs. 3 S. 1 ZPO verhängt werden. Allerdings zeigt sich die Rechtsprechung hier sehr zurückhaltend:

- Wenn der Richter das persönliche Erscheinen einer Partei zur Güteverhandlung angeordnet hat, darf er zunächst im Fall des unentschuldigten Ausbleibens das an sich zulässige Ordnungsgeld nicht festsetzen, sofern die Partei nicht auf die Folgen ihres Ausbleibens hingewiesen worden ist.[409]
- Kann die Partei, deren persönliches Erscheinen angeordnet wurde, nichts zur Sachverhaltsaufklärung beitragen, kommt im Falle ihres Nichterscheinens die Verhängung eines Ordnungsgeldes nicht in Betracht.[410] Gleiches gilt, wenn der Rechtsstreit ohne weitere Sachverhaltsklärung erledigt wird.[411]
- Die Verhängung eines Ordnungsgeldes gem. § 141 Abs. 3 S. 1 ZPO setzt infolge des zu beachtenden Grundsatzes der Verhältnismäßigkeit eine tragfähige und ausreichende Begründung voraus. Diese muss die Entscheidungskriterien erkennen lassen und unter Abwägung aller Gesichtspunkte des Für und Wider darlegen, warum das Gericht ein Ordnungsgeld für erforderlich hält. Das bloße Ausbleiben im Termin trotz Ladung rechtfertigt ein Ordnungsgeld nicht. Ebenso muss konkret begründet werden, warum ein Terminsvertreter zur Sachverhaltsaufklärung nichts beitragen konnte.[412] Fehlt es an einer ausreichenden Begründung, ist der mangelhafte Beschluss aufzuheben.[413]

---

407 OLGR Hamm 2009, 24 = NJW 2009, 1090.
408 KG Berlin KGR 2004, 341 = RVGreport 2004, 276.
409 OLG Düsseldorf Verkehrsrecht aktuell 2004, 148 = MittdtschPatAnw 2005, 183.
410 OLGR Stuttgart 2004, 206 = MDR 2004, 1020; Brandenburgisches OLG FamRZ 2004, 467.
411 FamRZ 2007, 2084.
412 OLGR Celle 2008, 590.
413 OLGR Koblenz 2004, 384.

- Ergeht gegen die nicht erschienene Partei, deren persönliches Erscheinen gem. § 141 Abs. 1 ZPO angeordnet worden ist, ein Versäumnisurteil, soll die Verhängung eines Ordnungsgeldes gem. § 141 Abs. 3 S. 1 ZPO ermessensfehlerhaft sein.[414]
- Gegen die ordnungsgemäß geladene, im Termin aber ausgebliebene und nicht ausreichend entschuldigte Partei darf ein Ordnungsmittel nach Verkündung des auf die mündliche Verhandlung ergangenen Urteils ebenfalls nicht mehr festgesetzt werden.[415]
- Hat die gem. § 141 Abs. 1 ZPO persönlich geladene Partei zu dem Termin ihren Prozessbevollmächtigten gem. § 141 Abs. 3 S. 2 ZPO als Vertreter entsandt, ist die Festsetzung eines Ordnungsgeldes gegen die Partei nur dann gerechtfertigt, wenn der entsandte Vertreter auch tatsächlich nicht imstande ist, zur Aufklärung des Sachverhalts beizutragen oder die gebotenen Erklärungen abzugeben.[416]
- Ist das persönliche Erscheinen des Geschäftsführers einer GmbH angeordnet, kann bei dessen Nichterscheinen ein Ordnungsgeld nur gegen die GmbH, nicht aber gegen den Geschäftsführer persönlich angeordnet werden.[417]
- Hatte eine Partei, deren persönliches Erscheinen zum Termin angeordnet worden ist (§ 141 Abs. 1 S. 1 ZPO), ihrem Prozessbevollmächtigten Vollmacht gem. § 141 Abs. 3 S. 2 ZPO erteilt, kommt die Verhängung eines Ordnungsgeldes wegen Nichterscheinens im Termin nicht in Betracht.[418]

Hinweis 667

Der Bevollmächtigte der Partei muss dabei darauf achten, dass der Partei nicht auch die Kosten des Termins als solche auferlegt werden können, da es insoweit an der entsprechenden gesetzlichen Grundlage fehlt. § 141 Abs. 3 S. 1 ZPO verweist nur auf die Möglichkeit der Verhängung eines Ordnungsgeldes. Damit scheiden die weiteren Sanktionsmöglichkeiten gegen den Zeugen, ihm die durch sein Nichterscheinen verursachten Kosten aufzuerlegen und gegen ihn auch Ordnungshaft festzusetzen, gegenüber der Partei aus.

Ein Ordnungsmittel darf jedoch dann nicht verhängt werden, wenn die Partei zur Verhandlung einen Vertreter entsendet, der zur Aufklärung des Tatbestandes in der Lage und zur Abgabe der gebotenen Erklärungen – insbesondere zum Abschluss eines Prozessvergleiches – ermächtigt ist. 668

Hinweis 669

Lässt die Partei sich vertreten, verzichtet sie damit aber auf die Möglichkeit, ihre persönliche Glaubwürdigkeit in die Gesamtabwägung des Beweisergebnisses einzubringen. Sie überlässt dem Gegner das Feld. Eine persönliche Teilnahme am Termin zur mündlichen Verhandlung sollte in den Fällen der ausdrücklichen Ladung zur

---

414 OLGR Köln 2004, 256 = NJW-RR 2004, 1722 = VersR 2005, 382; OLG Zweibrücken FamRZ, 2006, 1687.
415 OLGR Hamm 2004, 233.
416 OLGR Celle 2008, 590; OLGR Köln 2004, 256 = NJW-RR 2004, 1722 = VersR 2005, 382.
417 BGH MDR 2017, 721 f.; OLG Frankfurt/M. v. 8.4.2005 – 19 W 16/05.
418 OLGR Frankfurt 2003, 163.

weiteren Sachaufklärung daher immer erfolgen. Auch hinterlässt es bei dem Gericht nicht selten zumindest atmosphärische „Spuren", wenn der Bitte um das persönliche Erscheinen nicht Rechnung getragen wird. Dieses sollte bedacht werden, bevor das Erscheinen voreilig als Ärgernis betrachtet und abgelehnt wird.

670 *Tipp*

Entgegen der gängigen Praxis sollten die Bevollmächtigten also grundsätzlich eine persönliche Anhörung der Partei nach § 141 ZPO unterstützen. Dies fördert i.d.R. tatsächlich die Sachverhaltsaufklärung und führt in einer Vielzahl von Fällen zu einer vergleichsweisen Erledigung des Rechtsstreites in einem Termin. In der Sache und aus betriebswirtschaftlichen Gründen stellt sich eine solche Verhandlung daher für den Bevollmächtigten wie für die Partei als sinnvoll dar.

671 Ist die Partei glaubwürdig, kann sie den erforderlichen Nachweis einer Tatsache auch durch ihre Bekundungen in einer Anhörung nach § 141 ZPO schaffen, während andererseits Zweifel an der Glaubwürdigkeit die Anhörung und damit die Beweisführung nach § 141 ZPO ausschließen.[419] Zumindest können sich aus der Anhörung der glaubwürdigen Partei Anhaltspunkte für eine förmliche Parteivernehmung von Amts wegen nach § 448 ZPO ergeben, der dann der volle Beweiswert zukommt.[420]

e) Das Verfahren der Parteivernehmung

672 Nach § 450 ZPO ist die Vernehmung einer Partei durch Beweisbeschluss anzuordnen.

673 Die Partei ist sodann zur Vernehmung persönlich von Amts wegen zu laden. Eine Ladung über den Prozessbevollmächtigten der Partei ist nicht ausreichend.

674 *Hinweis*

Wird die Partei in diesem Sinne fehlerhaft geladen und erscheint nicht, so scheidet die Verhängung eines Ordnungsgeldes aus.

675 Die Vernehmung selbst hat dann aufgrund des § 451 ZPO weitgehend wie bei einem Zeugen zu erfolgen. Die Partei ist also unter Belehrung über die Strafbarkeit einer falschen Aussage zur Wahrheit zu ermahnen und sodann zu ihrer Person und zur eigentlichen Sache zu vernehmen.

676 *Hinweis*

Anders als bei dem normalen Parteivortrag kann sich die Partei also nicht nur des versuchten Prozessbetruges, sondern auch wegen der Aussagedelikte strafbar machen.

---

[419] OLG Köln, SchadPrax 2005, 137; OLG Köln SchadPrax 2004, 241; OLG Köln SchadPrax 2003, 280; OLGR Rostock 2004, 161 = DAR 2004, 274 = VersR 2005, 495; OLG Rostock OLG-NL 2004, 146; LG Berlin SchadPrax 2004, 383; KG Berlin KGR Berlin 2004, 38 = MDR 2004, 533; LG Düsseldorf SchadPrax 2004, 345.
[420] Schleswig-Holsteinisches Oberlandesgericht, Urt. v. 18.7.2018 – 12 U 8/18 –, juris.

B. Rechtliche Grundlagen § 11

Hinweis 677

Beachtet werden muss, dass § 451 ZPO ausdrücklich nicht auf § 394 Abs. 1 ZPO verweist. Ist also beabsichtigt, beide Parteien zu vernehmen, kann die Vernehmung der einen Partei im Beisein der anderen Partei erfolgen.

Nach § 451 i.V.m. § 397 ZPO steht beiden Parteien das Recht zu, an die zu vernehmende 678
Partei Fragen zu richten. Wird die Aussage ganz oder teilweise, d.h. auf einzelne Fragen des Gerichts oder der Prozessbevollmächtigten, verweigert, so wird die Aussage, anders als beim Zeugen, nicht mit Ordnungsmitteln erzwungen. Vielmehr führt dies allein zur Beweiswürdigung der Aussageverweigerung nach § 446 ZPO.

Tipp 679

Der Bevollmächtigte der zu vernehmenden Partei muss also intensiv darauf achten, dass bei einer Aussageverweigerung dafür nachvollziehbare und sachlich gerechtfertigte Gründe genannt werden, um bei der sonst nach § 446 ZPO vorzunehmenden Beweiswürdigung Nachteile zu vermeiden.

Die vernommene Partei kann wie ein Zeuge nach § 452 ZPO vereidigt werden. Voraussetzung ist, dass das Ergebnis der unbeeidigten Aussage der Partei nicht ausreicht, um das Gericht von der Wahrheit oder Unwahrheit der zu erweisenden Tatsache zu überzeugen. In Betracht kommt dies auch, wenn das Beweisergebnis zu einem Vieraugengespräch völlig diffus bleibt.[421] Auch wenn davon ausgegangen wird, dass eine aufgrund anderer Indizien für unwahr gehaltene Behauptung unter Eid nicht bekräftigt wird, kommt eine Vereidigung in Betracht.[422] 680

Sind beide Parteien von dem Gericht als Partei auf Antrag oder von Amts wegen vernommen worden, erlaubt § 452 Abs. 1 S. 2 ZPO nur die Vereidigung einer Partei. 681

Hinweis 682

Das Gericht wird dabei zur Beeidigung jeweils die Partei vorsehen, deren Aussage sie mehr Glauben schenkt, sodass nach der Beeidigung dieser Aussage gefolgt werden kann.

Das Gericht ist nicht berechtigt, die Partei zu vereidigen, wenn es davon ausgeht, dass die Aussage der Partei unzutreffend ist und auch unter dem Eindruck der Vereidigung nicht korrigiert wird. Insoweit besteht das Verbot, eine Partei bewusst in die Strafbarkeit des Meineides zu drängen.

Die Vereidigung der Partei ist förmlich anzuordnen und hat nach § 452 Abs. 2 ZPO dann 683
dahin gehend zu erfolgen, dass die Partei versichern muss, dass sie nach bestem Wissen die reine Wahrheit gesagt und nichts verschwiegen hat.

Die Partei ist berechtigt, die Vereidigung zu verweigern, ohne dass sie hierzu mit 684
Ordnungs- oder Beugemitteln gezwungen werden kann. Allerdings ist das Gericht nach

---

421 OLG Koblenz NJW-RR 2002, 630.
422 BGH MDR 1964, 490.

§ 453 Abs. 2 i.V.m. § 446 ZPO berechtigt, die Verweigerung der Beeidigung im Rahmen der Beweiswürdigung zu berücksichtigen.

685 Das Gericht wird die Verweigerung des Eides auf die Bekundungen der Partei nach § 453 Abs. 2 ZPO i.V.m. § 446 ZPO regelmäßig dahin verstehen, dass die Aussagen der Partei nicht als wahr unterstellt werden können.

686 Anders als der Zeuge hat die Partei keinen Anspruch auf unmittelbaren Auslagenersatz. Die Partei erhält also zunächst weder eine Entschädigung über die aufgewandte Zeit noch für die Auslagen wie Fahrtkosten oder Ähnliches. Die der Partei tatsächlich entstandenen Kosten sind jedoch Kosten des Prozesses und können im Rahmen der Kostenfestsetzung Berücksichtigung finden.

687 Grundsätzlich können nur prozessfähige Parteien als Partei vernommen werden. Dies ergibt sich im Umkehrschluss aus § 455 Abs. 1 S. 1 ZPO.

688 Bei einer prozessunfähigen Partei tritt an ihre Stelle der gesetzliche Vertreter, der sodann als Partei vernommen werden kann. Sind mehrere gesetzliche Vertreter vorhanden, ist nach § 455 Abs. 1 S. 2 i.V.m. § 459 ZPO das Gericht berechtigt, nach Lage des Falles zu entscheiden, ob es nur einen gesetzlichen Vertreter oder mehrere vernimmt. Dies wird im Einzelfall nach dem Streitgegenstand und der zu beweisenden Tatsache und der Beziehung der einzelnen gesetzlichen Vertreter hierzu entschieden werden müssen.

689 Auch Minderjährige können als Partei vernommen werden, wenn sie das sechzehnte Lebensjahr vollendet haben. § 455 Abs. 2 ZPO verlangt insoweit jedoch, dass sich die Parteivernehmung auf ihre eigene Handlung beziehen muss oder aber die zu beweisende Tatsache Gegenstand der eigenen Wahrnehmung des Minderjährigen gewesen ist.

690 *Hinweis*

In diesem Fall ist auch eine Vereidigung des Minderjährigen nach freiem Ermessen des Gerichts möglich.

691 Wie ein Minderjähriger kann eine prozessunfähige Partei über eigene Handlungen oder den Gegenstand ihrer eigenen Wahrnehmungen als Partei vernommen werden, auch wenn sie im Prozess durch einen Betreuer oder Pfleger vertreten wird, § 455 Abs. 2 S. 2 ZPO.

f) Besondere Fälle der Parteivernehmung

692 Auch außerhalb von § 445 ZPO wird die Parteivernehmung im Zivilprozess angesprochen.

693 In der Praxis nur selten zur Anwendung gebracht wird die besondere Möglichkeit der Parteivernehmung nach **§ 287 ZPO**. Ist die Schadensersatzpflicht dem Grunde nach manifestiert und herrscht bei den Parteien nur noch Streit über die Frage, ob tatsächlich ein Schaden entstanden ist und wie hoch sich dieser bemisst, so kommen dem Geschädigten die Beweiserleichterungen des § 287 Abs. 1 ZPO zugute.

§ 287 Abs. 1 S. 3 ZPO erlaubt ausdrücklich, dass das Gericht die beweisbelastete Partei über den Schaden oder das Interesse vernehmen kann. Die besonderen Voraussetzungen der Parteivernehmung nach §§ 445, 447, 448 ZPO brauchen insoweit nicht erfüllt zu sein.

694

Die Beweisaufnahme im Wege der Parteivernehmung zur Feststellung des Schadens ist dabei gegenüber anderen Beweismitteln insbesondere der sachverständigen Begutachtung oder der Vernehmung anderer Zeugen nicht subsidiär.

695

Tipp

696

Der Bevollmächtigte des Geschädigten sollte auf diese Möglichkeit der Beweisaufnahme und Feststellung des Schadens durch das Gericht insbesondere dann hinweisen, wenn anderenfalls die Feststellung des Schadens und seiner Höhe einer umfangreichen Beweisaufnahme bedarf. Dabei kann auch als Ermessensgrund erheblich sein, ob der Umfang des umstrittenen Schadens im Verhältnis zu den Kosten einer anderweitigen Beweisaufnahme dies rechtfertigt.

Besonders kommt die Parteivernehmung nach § 287 Abs. 1 S. 3 ZPO in Betracht

697

- für die Feststellung des immateriellen Schadensersatzes, wenn die Beeinträchtigungen der Lebensführung, die körperlichen Beeinträchtigungen im Alltag und die persönlichen und wirtschaftlichen Dispositionen aufgrund der Verletzung als Aspekte zur Bemessung des Schmerzensgeldes der Höhe nach bewertet werden sollen;
- wenn geklärt werden soll, wann bei einem Unfallereignis beschädigte Kleidung zu welchem Preis gekauft wurde;
- wenn geklärt werden soll, welche Aufräumarbeiten in welchem zeitlichen Umfange erforderlich waren, um die Folgen eines Schadensereignisses zu beseitigen.

Als weitere Möglichkeit der Anhörung und Parteivernehmung der Parteien stellt sich **§ 128 FamFG** dar.

698

In Verfahren auf Scheidung, Aufhebung oder Nichtigerklärung einer Ehe, Feststellung des Bestehens oder Nichtbestehens einer Ehe oder auf Herstellung des ehelichen Lebens sowie in Sorgerechtsverfahren soll das Gericht das persönliche Erscheinen der Ehegatten anordnen und sie anhören, wobei das Gericht die Parteien nach § 128 Abs. 1 S. 3 FamFG als Beteiligte vernehmen kann.[423]

699

Eine solche Parteivernehmung kommt insbesondere dann in Betracht, wenn

700

- einer der Ehegatten den Ablauf der Drei-Jahres-Frist nach § 1566 Abs. 2 BGB bestreitet;
- das Gericht Zweifel daran hat, dass das Trennungsjahr nach § 1565 BGB tatsächlich abgelaufen ist;
- zu klären ist, ob die weitere Fortsetzung der Ehe einen besonderen Härtefall im Sinne von § 1568 BGB darstellt.

---

423 Es handelt sich um die Übernahme der früheren Regelung in § 613 ZPO a.F.

701 In den Voraussetzungen des Erscheinens und den Folgen des Nichterscheinens ist § 128 FamFG der Regelung des § 141 ZPO angenähert. Erscheint die Partei nicht, kann gegen sie wie gegen einen nicht erschienenen Zeugen verfahren werden, § 128 Abs. 4 FamFG. Nach § 128 Abs. 4 FamFG i.V.m. § 390 ZPO kann daher gegen die nicht erschienene Partei Ordnungsgeld verhängt werden und ihr zugleich auch die durch das Nichterscheinen verursachten Kosten auferlegt werden. Allerdings darf keine Ordnungshaft gegen die Partei verhängt werden.

702 Soweit der Partei aufgrund ihrer großen Entfernung von dem Gerichtssitz das Erscheinen nicht zugemutet werden kann, kann sie nach § 128 Abs. 3 FamFG durch einen ersuchten Richter angehört oder vernommen werden.

6. Der Freibeweis nach dem Justizmodernisierungsgesetz

703 Mit dem Justizmodernisierungsgesetz ist in § 284 S. 2 ZPO die Möglichkeit geschaffen worden, dass das Gericht außerhalb der vorstehenden förmlichen Beweismittel die Beweise in der ihm geeignet erscheinenden Form erhebt. Voraussetzung ist allerdings, dass die Parteien dieser freien Form der Beweisaufnahme zustimmen, wobei die Zustimmung nach § 284 S. 3 ZPO auf einzelne Beweiserhebungen beschränkt werden kann. Die Zustimmung ist grundsätzlich nur dann widerruflich, wenn es vor Beginn der Beweisaufnahme und nach Erteilung der Zustimmung zu einer wesentlichen Änderung der Prozesslage gekommen ist.

704 Die Regelung in § 284 S. 2 ZPO ist generell geeignet, den Grundsatz der Unmittelbarkeit der Beweisaufnahme aufzuheben, ohne dass dies gegen die Erteilung der Zustimmung sprechen muss. So kann es sinnvoll sein
- Gutachten aus einem Straf-, Bußgeld- oder Verwaltungsverfahren zu verwenden, wenn die maßgeblichen Feststellungen hier getroffen sind;
- der Verwertung von Zeugenaussagen aus einem anderen Verfahren zuzustimmen, wenn es auf die Glaubwürdigkeit des Zeugen nicht ankommt;
- der telefonischen Vernehmung eines Zeugen durch den Richter zuzustimmen, wenn der Zeuge anders nicht erreichbar erscheint, sich etwa im Ausland aufhält.

705 Auch wenn die Gefahren einer allein im Ermessen des Gerichtes stehenden Beweisaufnahme und des Verlustes von Fragerechten oder ergänzenden Begutachtungen nicht übersehen werden dürfen, kann die freie Beweisaufnahme doch in geeigneten Fällen einen sonst erforderlichen hohen Aufwand bei allen Beteiligten ersparen. Dies ist vor allem auch vor dem Hintergrund zu sehen, dass der Rechtsanwalt seinen Aufwand in der Beweisaufnahme nicht mehr gesondert vergütet erhält.

706 *Tipp*

Erforderlich ist eine Abwägung im Einzelfall, die insbesondere unter Anwendung des beschränkten Einverständnisses einen sinnvollen Gebrauch der Vorschrift des § 284 S. 2 ZPO ermöglicht. Dabei sollte auch bedacht werden, wie der im Einzelfall zuständige Richter und dessen Umgang mit solchen Möglichkeiten eingeschätzt wird.

IV. Die Anordnung der Beweisaufnahme

Erfordert die Beweisaufnahme ein besonderes Verfahren, so ist die Beweisaufnahme durch einen Beweisbeschluss anzuordnen, § 359 ZPO.

Der Beweisbeschluss kann aufgrund einer mündlichen Verhandlung ergehen, aber auch bereits vor der mündlichen Verhandlung nach § 358a S. 1 ZPO. Soweit der Beweisbeschluss die Einholung amtlicher Auskünfte, der schriftlichen Beantwortung einer Beweisfrage durch einen Zeugen, die Begutachtung durch einen Sachverständigen oder die Einnahme des Augenscheins umfasst, kann dieser auch schon vor der mündlichen Verhandlung ausgeführt werden, § 358a S. 2 ZPO. Dies gilt auch, wenn die Beweisaufnahme vor dem beauftragten oder dem ersuchten Richter stattfinden soll.

> *Tipp*
>
> Um sich unnötige „Durchgangstermine" zu ersparen, sollte der Bevollmächtigte immer wieder auf die Möglichkeit des § 358a ZPO hinweisen. Dies gilt insbesondere dann, wenn vor einer zumindest teilweise durchgeführten Beweisaufnahme eine gütliche Einigung der Parteien nicht zu erwarten ist und ernsthafte außergerichtliche Einigungsversuche bereits gescheitert sind, sodass auch die Durchführung einer Güteverhandlung aussichtslos erscheint.
>
> Auch zeigt die Praxis, dass, wenn der Richter einen bedingten Beweisbeschluss nach § 358a ZPO mit Hinweisen nach § 139 ZPO und einem gerichtlichen Vergleichsvorschlag nach § 278 Abs. 1 ZPO verbindet, sich vielfach ein Vergleich im schriftlichen Verfahren nach § 278 Abs. 6 ZPO erreichen lässt.

Der Inhalt des Beweisbeschlusses ist in § 359 ZPO festgelegt. Der Bevollmächtigte ist danach gehalten, mit der Zustellung des Beweisbeschlusses zu prüfen, ob dieser alle streitigen Tatsachen erfasst, über die Beweis zu erheben ist. Insbesondere ist also zu prüfen, ob
- der Beweisbeschluss nicht unstreitige Tatsachen als streitig behandelt;
- aufgrund der angeordneten Beweisaufnahme erkennbar wird, dass das Gericht streitige Tatsachen als unstreitig erachtet.

Weiter ist zu prüfen, ob der gerichtliche Beweisbeschluss tatsächlich alle benannten Beweismittel erfasst und die Beweismittel dem jeweiligen Beweisführer zutreffend zugeordnet sind.

Der Beweisbeschluss kann als prozessleitende Verfügung nicht selbstständig angefochten werden. Vielmehr muss die fehlerhafte Anordnung der Beweisaufnahme nach § 520 Abs. 3 Nr. 2 ZPO als Rechtsanwendungsfehler mit der Berufung gegen das verfahrenabschließende Urteil gerügt werden.

> *Hinweis*
>
> Erforderlich ist allerdings, dass die Fehlerhaftigkeit des Urteils auf der Fehlerhaftigkeit der Beweisanordnung beruht.

714 Zu beachten ist aber, dass Fehler des Beweisbeschlusses gerügt werden müssen, anderenfalls eine rügelose Einlassung nach § 295 ZPO vorliegt, die eine Geltendmachung dieses Mangels mit dem Rechtsmittel in der Hauptsache ausschließt.[424]

715 Ansonsten kann nur eine Gegenvorstellung erhoben werden, die für das Gericht allerdings Anlass sein kann, Hinweise nach § 139 ZPO zu erteilen, wenn eine Partei erkennbar einen rechtlich oder tatsächlich erheblichen Gesichtspunkt übersehen hat. Auch kann das Gericht den Beweisbeschluss nach § 360 ZPO auf die Gegenvorstellung ändern.

C. Muster

I. Muster: Antrag auf Vernehmung von Zeugen

▼

716 An das
☐ Amtsgericht
☐ Landgericht

in ▬▬▬

In dem Rechtsstreit

Kläger ./. Beklagter
Az: ▬▬▬

wird in Ergänzung des bisherigen Vortrages noch Folgendes ausgeführt:

Das Unfallereignis hat sich im Einzelnen wie folgt zugetragen:

Der Kläger befuhr die bevorrechtigte B9 mit einer Geschwindigkeit von etwa 90 km/h.

    Beweis: Zeugnis Frau ▬▬▬

Die Zeugin war Beifahrerin im Fahrzeug des Klägers. Sie hatte sich unmittelbar vor dem Unfallereignis über die Geschwindigkeit des Klägers orientiert, da sie sich mit dem Kläger darüber unterhalten hat, dass man gemütlich in die Stadt fahren könne.

    Beweis: Zeugnis Frau ▬▬▬

Der Beklagte zu 1) stand mit dem Fahrzeug des Beklagten zu 2), welches zum Unfallzeitpunkt bei der Beklagten zu 3) pflichtversichert war, an der untergeordneten Straße „An der Kripp". Dies wird unstreitig bleiben.

Als der Kläger mit seinem Fahrzeug noch etwa 40 Metern von dem Einmündungsbereich entfernt war, fuhr der Beklagte plötzlich und unerwartet und ohne auf den Kläger zu achten auf die Bundesstraße auf.

    Beweis: Zeugnis Frau ▬▬▬
                 Zeugnis Herr ▬▬▬

Der Zeuge ▬▬▬ kam mit seinem Fahrzeug dem klägerischen Fahrzeug entgegen und hat sich noch etwa 150–200 Meter entfernt von der späteren Unfallstelle befunden, als

---

[424] MüKo-ZPO/*Musielak*, § 359 Rn 9.

der Beklagte zu 1) angefahren ist. Er konnte von daher das gesamte Unfallereignis unmittelbar verfolgen.

    Beweis: Zeugnis Herr ▇▇▇▇

Rechtsanwalt

II. Muster: Antrag auf Vernehmung von Zeugen mit der Aufforderung nach § 378 Abs. 1 ZPO

An das
☐ Amtsgericht
☐ Landgericht

in ▇▇▇▇
In dem Rechtsstreit

                      Kläger ./. Beklagter
                      Az: ▇▇▇▇

wird in Ergänzung des bisherigen Vortrages noch Folgendes ausgeführt:

1.
Zwischen den Parteien ist ein Kaufvertrag über einen Pkw ▇▇▇▇ zustande gekommen. Am 27.6. hat sich der Kläger gemeinsam mit dem nachbenannten Zeugen zu dem Autohaus des Beklagten begeben, um sich über das vorhandene Angebot und die Preise zu informieren.

    Beweis: Zeugnis Herr ▇▇▇▇

Ein Mitarbeiter der Beklagten hat dem Kläger und dem Zeugen zunächst eine Vielzahl von Fahrzeugen vorgeführt und hierzu technische Erläuterungen gegeben.

    Beweis: Zeugnis Herr ▇▇▇▇

Nachdem sich der Kläger für ein konkretes Fahrzeug, nämlich den Pkw ▇▇▇▇ entschieden hatte, wurde Einigkeit dahin gehend erzielt, dass der Kläger diesen Pkw zu einem Preis von 6.000 EUR erwerben sollte.

    Beweis: Zeugnis Herr ▇▇▇▇

Die Beteiligten haben sich dann in das Autohaus begeben. Dort hat der Kläger den Mitarbeiter der Beklagten ausdrücklich gefragt, ob es sich bei dem Fahrzeug um einen Unfallwagen handelt.

    Beweis: Zeugnis Herr ▇▇▇▇, wie vor

§ 11 Das Beweisrecht

Dies hat der Mitarbeiter der Beklagten verneint und dabei zugleich ausgeführt, dass das Fahrzeug vollständig untersucht worden sei und deshalb keine Unfallschäden aufweise. Der Untersuchungsbericht befinde sich bei seinen Unterlagen.

> Beweis: Zeugnis Herr ▓▓▓▓, wie vor
>
> Zeugnis Herr ▓▓▓▓, dessen ladungsfähige Privatanschrift lediglich der Beklagten bekannt ist, zu laden über den Beklagten.

Der Zeuge ▓▓▓▓ hat sich Notizen über dieses Gespräch gefertigt und behauptet, dass sich der Untersuchungsbericht über das Fahrzeug bei den Unterlagen befindet. Es wird insoweit beantragt,

> dem Zeugen gem. § 378 Abs. 1 ZPO aufzugeben, seine persönlichen Aufzeichnungen und den Untersuchungsbericht über das erworbene Fahrzeug zum Termin mitzubringen.

Bei der ersten Inspektion des erworbenen Fahrzeuges durch den Kläger hat sich herausgestellt, dass es sich bei dem Fahrzeug sehr wohl um ein Unfallfahrzeug handelte und dies auch ohne Weiteres erkennbar war.

> Beweis: Sachverständigengutachten,
>
> Zeugnis des Kfz-Meisters ▓▓▓▓

Damit steht fest, dass die Beklagte dem Kläger entweder den Unfallschaden arglistig verschwiegen hat oder aber den Kläger darüber getäuscht hat, ob eine Untersuchung des erworbenen Fahrzeuges tatsächlich stattgefunden hat.

Rechtsanwalt

▲

III. Muster: Antrag auf Vernehmung eines Zeugen mit der Möglichkeit, die Beweisfrage schriftlich zu beantworten

11.3

▼

718

An das
☐ Amtsgericht
☐ Landgericht

in ▓▓▓▓

In dem Rechtsstreit

Kläger ./. Beklagter

Az: ▓▓▓▓

wird in Ergänzung des bisherigen Vortrages noch Folgendes ausgeführt: ▓▓▓▓

Durch das vorgeschilderte Unfallereignis hat der Kläger folgende Verletzungen erlitten:
▓▓▓▓

Der Kläger wurde zunächst von dem Unfallereignis bis zum ▓▓▓▓ stationär behandelt. Eine weitere stationäre Behandlung war vom ▓▓▓▓ bis zum ▓▓▓▓ erforderlich. Während des ersten stationären Aufenthaltes wurde eine Operation zur Behandlung der

Unfallfolgen durchgeführt. Während des zweiten stationären Aufenthaltes wurden die bei der ersten Operation eingesetzten Stabilisierungsteile entfernt.

Beweis: Zeugnis des Herrn Oberarztes

Es wird angeregt,

> den Zeugen als behandelnden Oberarzt zu bitten, die Beweisfrage nach § 377 Abs. 3 ZPO schriftlich zu beantworten,

da zu erwarten ist, dass der Zeuge die Beweisfrage anhand der dort vorliegenden Patientenkarte des Klägers und weiterer Krankenunterlagen beantworten wird. Im Hinblick auf die erhebliche Beanspruchung des Zeugen in seiner ärztlichen Tätigkeit ist davon auszugehen, dass ein Erscheinen vor Gericht für diesen eine unzumutbare Härte darstellt, zumal gegenüber einer schriftlichen Beantwortung der Beweisfrage keine weitergehenden Erkenntnisse zu erwarten sind.

Hinsichtlich der auf das Unfallereignis vom zurückgehenden Unfallverletzungen einschließlich aller Diagnosen und Therapien, der Darstellung des Heilungsverlaufes und der Dauer der Arbeitsunfähigkeit sowie des jeweiligen Grades der weiteren Minderung der Erwerbsfähigkeit entbindet der Kläger schon jetzt den Zeugen von seiner ärztlichen Schweigepflicht.

Rechtsanwalt

IV. Muster: Antrag des Zeugen, die Beweisfrage schriftlich beantworten zu dürfen

An das
☐ Amtsgericht
☐ Landgericht

in

In dem Rechtsstreit

Kläger ./. Beklagter

Az:

ist der Unterzeichner als Zeuge vor das erkennende Gericht mit Schreiben vom zum geladen worden.

Die Wahrnehmung des Termins zur mündlichen Verhandlung und Beweisaufnahme ist für den Unterzeichner mit einem unverhältnismäßigen Aufwand verbunden, weil

In diesem Sinne ist die Verpflichtung zur persönlichen Wahrnehmung des Termins unzumutbar.

Im Hinblick auf die Beweisfrage, die sich im Wesentlichen in der Auskunft über die am Unfalltag gestellten Diagnosen, die eingeleiteten Therapiemaßnahmen, den Heilungsverlauf und die unfallbedingten Folgen erstreckt, wird gebeten,

> dem Unterzeichner zu gestatten, die Beweisfrage gem. § 377 Abs. 3 ZPO schriftlich zu beantworten.

Sollten die Parteien weitere Fragen haben oder Vorhalte machen wollen, so mögen diese formuliert werden. Der Unterzeichner wird diese Fragen und Vorhalte bei der schriftlichen Beantwortung der Beweisfrage sodann beachten.

Abschließend darf darauf hingewiesen werden, dass die schriftliche Beantwortung der Beweisfrage voraussichtlich noch vor dem Termin zur mündlichen Verhandlung erfolgen kann, sodass im Sinne der Parteien auch eine entsprechende Verfahrensbeschleunigung erreicht werden kann.

Rechtsanwalt

V. Muster: Antrag auf Vernehmung eines Zeugen, der der deutschen Sprache nicht mächtig ist

An das
- ☐ Amtsgericht
- ☐ Landgericht

in

In dem Rechtsstreit

Kläger ./. Beklagter

Az:

wird in Ergänzung des bisherigen Vortrages noch Folgendes ausgeführt:

Der von dem Kläger dargestellte Unfallhergang ist unzutreffend. Das Unfallereignis hat sich vielmehr wie folgt zugetragen:

    Beweis: Zeugnis des Herrn

Der Zeuge ist Beifahrer in dem von dem Beklagten zu 1) gesteuerten Fahrzeug gewesen und war von daher in der Lage, das Unfallereignis unmittelbar wahrzunehmen. Der Zeuge ist allerdings der deutschen Sprache nicht mächtig, sodass beantragt wird,

    zur Vernehmung des Zeugen einen Dolmetscher der polnischen Sprache gem. § 185 GVG beizuziehen.

Zur Vermeidung späterer Verfahrensmängel wird schon jetzt angeregt, einen allgemein vereidigten Dolmetscher beizuziehen. Soweit dies nicht möglich ist, wird beantragt, den Dolmetscher vor der Vernehmung des Zeugen gem. § 189 GVG zu vereidigen.

Rechtsanwalt

VI. Muster: Antrag auf Vernehmung eines sachverständigen Zeugen

▼

An das
☐ Amtsgericht
☐ Landgericht

in ▇

In dem Rechtsstreit

Kläger ./. Beklagter
Az: ▇

wird in Ergänzung des bisherigen Vortrages noch Folgendes ausgeführt: ▇.

Der Vortrag des Klägers zum Zustand des Kaufobjektes ist unzutreffend. Der Kläger hat die Schlüssel für das streitgegenständliche Objekt am ▇ erhalten, was zwischen den Parteien unstreitig ist.

Bereits am folgenden Tag hat der Kläger mit dem von ihm beauftragten Herrn ▇ als Privatgutachter um ▇ Uhr das Objekt besichtigt, um einen entsprechenden Status zu erstellen und Überlegungen über den Ausbau vorzunehmen.

 Beweis: Zeugnis Herr ▇ zu laden über ▇

Bei der Besichtigung konnten folgende Mängel des Objektes festgestellt werden:

☐ ▇
☐ ▇
☐ ▇

 Beweis: Herr ▇ als sachverständiger Zeuge

Der zunächst als Privatgutachter herangezogene Herr ▇ ist öffentlich bestellter und vereidigter Sachverständiger für ▇. Er verfügt aus diesem Grunde über eine besondere Fachkunde zur Feststellung der Tatsachen, die die im vorliegenden Verfahren erheblichen Mängel begründen. Über die Feststellungen bei der Ortsbesichtigung kann der Sachverständige deshalb als sachverständiger Zeuge auch dann vernommen werden, wenn er im Übrigen als Privatgutachter tätig geworden ist und insoweit als Sachverständiger ausscheidet (hierzu BGH MDR 1974, 382).

Es wird mithin beantragt, Herrn ▇ als sachverständigen Zeugen zum Termin zu laden.

Rechtsanwalt

▲

VII. Muster: Antrag auf Vernehmung eines Zeugen, dessen Bezeichnung dem Beweisführer nicht möglich ist

▼

722 An das
☐ Amtsgericht
☐ Landgericht

in

In dem Rechtsstreit

Kläger ./. Beklagter

Az:

wird noch wie folgt vorgetragen:

Der Kläger und der Beklagte haben am 24.6. gemeinsam in der Gaststätte „Zum alten Fritz" gesessen. Der Beklagte hat dem Kläger mitgeteilt, dass er in akuten Geldnöten sei und zur Zahlung seiner Miete für die letzten beiden Monate dringend 1.000 EUR bedürfe. Hierüber verfüge er aber nicht. Aus diesem Grunde drohe ihm die Kündigung des Mietverhältnisses, da er insoweit schon mit mehr als zwei Monatsmieten in Rückstand sei.

Der Kläger hat dem Beklagten daraufhin angeboten, ihm den Betrag von 1.000 EUR darlehensweise bis zum 31.12. zur Verfügung zu stellen. Hiermit war der Beklagte einverstanden, woraufhin der Kläger sich zunächst entfernt hat, um die 1.000 EUR von der Bank zu holen. Etwa zwanzig Minuten später ist er zurückgekehrt und hat dem Beklagten den Betrag von 1.000 EUR ausgehändigt.

    Beweis: Zeugnis N.N., dessen Name und ladungsfähige Anschrift nachgereicht wird.

Bei dem Zeugen N.N. handelt es sich um einen weiteren Gast, der unmittelbar neben dem Beklagten gesessen und das gesamte Gespräch sowie die Geldübergabe mit verfolgt hat.

Dem Kläger ist es bisher noch nicht gelungen, den bürgerlichen Namen und die Anschrift des Zeugen zu ermitteln. Dieser war in der Gaststätte nur unter dem Spitznamen „Schotter-Sheriff" bekannt. Wie der Zeuge mit bürgerlichem Namen heißt und wo er wohnt, soll einem weiteren Dritten bekannt sein, der sich jedoch nach den bisherigen Ermittlungen des Klägers noch bis zum 7.8. im Ausland aufhält. Sobald dieser zurückgekehrt sein wird, ist der Kläger bemüht, sich mit diesem in Verbindung zu setzen und den Namen und die ladungsfähige Anschrift des Zeugen mitzuteilen, soweit der vorstehende Sachverhalt nicht ohnehin unstreitig bleiben wird.

Rechtsanwalt

VIII. Muster: Anregung an das Gericht, dem Beweisführer gem. § 356 ZPO eine Ausschlussfrist zur ordnungsgemäßen Benennung eines Zeugen zu setzen

▼

An das
☐ Amtsgericht
☐ Landgericht

in ▮▮▮▮

In dem Rechtsstreit

Kläger ./. Beklagter

Az: ▮▮▮▮

wird namens und in Vollmacht des ▮▮▮▮ beantragt,

dem ▮▮▮▮ gem. § 356 ZPO eine Ausschlussfrist zur ordnungsgemäßen Benennung des im Schriftsatz vom ▮▮▮▮ mit N.N. bezeichneten Zeugen zu setzen.

Weiter wird gebeten,

einen Termin zur mündlichen Verhandlung nach Ablauf der gesetzten Frist zu bestimmen.

Zur **Begründung** wird Folgendes ausgeführt:

Der ▮▮▮▮ hat mit Schriftsatz vom ▮▮▮▮ die Behauptung, dass ▮▮▮▮ durch das Zeugnis N.N. unter Beweis gestellt und hierzu mitgeteilt, dass er noch bemüht sei, den Namen und die ladungsfähige Anschrift des Zeugen zu ermitteln.

Zwischenzeitlich sind mehr als ▮▮▮▮ Monate vergangen, ohne dass der Zeuge benannt und das Verfahren dementsprechend weiter gefördert wurde.

Ein weiteres Zuwarten ist dem ▮▮▮▮ nicht mehr zuzumuten, sodass gebeten wird, dem ▮▮▮▮ eine Ausschlussfrist nach § 356 ZPO zur Benennung des Zeugen zu setzen.

Soweit der ▮▮▮▮ den Zeugen nicht benennen kann, wird sodann
☐ die Klage abzuweisen sein, weil der Kläger für die anspruchsbegründenden Tatsachen seiner Klage beweisfällig geblieben ist.
☐ der Klage in vollem Umfange stattzugeben sein, weil der mit der Klage geltend gemachte Anspruch nach dem bisherigen Ergebnis der Beweisaufnahme begründet ist und der Beklagte im Hinblick auf seine Einwendungen und Einreden beweisfällig geblieben ist.

Um alsbaldige antragsgemäße Entscheidung wird gebeten.

Rechtsanwalt

▲

§ 11 Das Beweisrecht

11.9 IX. Muster: Antrag auf Vernehmung eines Zeugen im Wege der Rechtshilfe

▼

724 An das
☐ Amtsgericht
☐ Landgericht

in

In dem Rechtsstreit

Kläger ./. Beklagter

Az:

wird in Ergänzung des bisherigen Vortrages noch Folgendes ausgeführt:

Zwischen den Parteien besteht ein Vollkaskoversicherungsvertrag unter der Nr. für den Pkw .

Der Pkw war am in ein Unfallereignis verwickelt, in dem der Fahrer des Pkw, der Zeuge einem plötzlich auf die Straße tretenden Kind ausgewichen und so gegen die Leitplanke geraten ist. Das Kind hat sich anschließend von der Unfallstelle entfernt. Der Zeuge hat das Fahrzeug dann bei dem Kläger abgestellt. Dabei hat er es unterlassen, die Polizei über das Unfallereignis fernmündlich zu informieren.

Der Zeuge hat sich dann vom klägerischen Wohnhaus entfernt. Noch bevor der Kläger in der Lage war, die Polizei zu informieren, erschien diese bereits bei dem Kläger, da sie von einem Dritten über das Unfallereignis und das Kennzeichen des klägerischen Fahrzeuges informiert worden war. Der Kläger wurde dabei von den Polizeibeamten in leicht alkoholisiertem Zustand angetroffen. Er hatte sich bereits den gesamten Nachmittag und frühen Abend zu Hause in seinem Garten aufgehalten, dort hatte er mit seiner Familie gegrillt und dabei auch mehrere Flaschen Bier getrunken.

Die Beklagte verweigert nunmehr die Leistung mit dem Argument, der Kläger habe das Unfallereignis in alkoholisiertem Zustand selbst grob fahrlässig verursacht.

Dies ist jedoch unzutreffend, da nicht der Kläger, sondern der Zeuge das Fahrzeug gesteuert hat.

    Beweis: Zeugnis des Herrn , Utcha Danzig 7a, Breslau

Der Zeuge ist inzwischen in sein Heimatland zurückgekehrt, da er sich lediglich aufgrund verschiedener Geschäftsabsprachen bei dem Kläger aufgehalten hat und ihm auch lediglich zu diesem Zwecke das Fahrzeug zur Verfügung gestellt wurde. Aufgrund des ihm drohenden Verfahrens wegen Unfallflucht wird der Zeuge voraussichtlich nicht bereit sein, vor dem erkennenden Prozessgericht auszusagen. Insoweit wird gebeten, den Zeugen im Wege der Rechtshilfe durch ein polnisches Wohnsitzgericht vernehmen zu lassen.

Rechtsanwalt

X. Muster: Protest gegen die Auslagenvorschusspflicht wegen der Bewilligung von PKH

▼

An das
☐ Amtsgericht
☐ Landgericht

in ▬

In dem Rechtsstreit

Kläger ./. Beklagter

Az: ▬

wird namens und in Vollmacht des ▬ beantragt,

    den ▬ von der Verpflichtung zur Zahlung eines Auslagenvorschusses
    ☐   für den Zeugen ▬
    ☐   für die Einholung des angeordneten Sachverständigengutachtens
    zu entbinden.

Zur **Begründung** wird Folgendes ausgeführt:

Mit Beweisbeschluss vom ▬ hat das erkennende Gericht
☐ die Vernehmung des Zeugen ▬
☐ die Einholung eines ▬ Sachverständigengutachtens
angeordnet und zugleich dem ▬ aufgegeben, hierfür einen Auslagenvorschuss in Höhe von ▬ EUR nach § 379 ZPO zu leisten.

Dabei hat das erkennende Gericht übersehen, dass dem ▬ mit Beschl. v. ▬ Prozesskostenhilfe gewährt worden ist, sodass dieser nach § 122 ZPO nicht verpflichtet ist, einen Auslagenvorschuss zu leisten.

Es wird davon ausgegangen, dass das erkennende Gericht die Anordnung aufhebt. Anderenfalls wird ausdrücklich gebeten, diesen Antrag als sofortige Beschwerde gegen die Anordnung der Auslagenvorschusspflicht nach § 127 Abs. 2 ZPO zu behandeln und dem Beschwerdegericht zur Entscheidung vorzulegen. Zugleich wird in diesem Fall gebeten, dem Unterzeichner Gelegenheit zur Stellungnahme zur Nichtabhilfeentscheidung des erkennenden Gerichts zu geben.

Um antragsgemäße Entscheidung wird gebeten.

Rechtsanwalt

▲

XI. Muster: Gegenvorstellung gegen die Anordnung der Auslagenvorschusspflicht nach § 379 ZPO

An das
☐ Amtsgericht
☐ Landgericht

in ▒▒▒▒

In dem Rechtsstreit

Kläger ./. Beklagter

Az: ▒▒▒▒

wird namens und in Vollmacht des ▒▒▒▒ beantragt,

den ▒▒▒▒ von der Verpflichtung zur Zahlung eines Auslagenvorschusses
    ☐ für den Zeugen ▒▒▒▒
    ☐ für die Einholung des angeordneten Sachverständigengutachtens
zu entbinden.

Zur **Begründung** wird Folgendes ausgeführt:

Mit Beweisbeschluss vom ▒▒▒▒ hat das erkennende Gericht
☐ die Vernehmung des Zeugen ▒▒▒▒
☐ die Einholung eines ▒▒▒▒ Sachverständigengutachtens
angeordnet und zugleich dem ▒▒▒▒ aufgegeben, hierfür einen Auslagenvorschuss in Höhe von ▒▒▒▒ EUR nach § 379 ZPO zu leisten.

Eine Auslagenvorschusspflicht besteht für den ▒▒▒▒ jedoch nicht, weil
☐ die hier vertretene Partei nicht Beweisführer für die zu beweisende Tatsache ist, da ▒▒▒▒. Nach § 379 ZPO ist aber allein der Beweisführer auslagenvorschusspflichtig (Musielak/*Huber*, ZPO, 7. Aufl., § 379 Rn 4).
    ☐ Der ▒▒▒▒ hat den Beweis jedoch nicht angetreten, sondern der ▒▒▒▒ im Schriftsatz vom ▒▒▒▒ auf Seite ▒▒▒▒
    ☐ Zwar haben beide Parteien den Zeugen benannt, was jedoch dazu führt, dass die beweisbelastete Partei den Auslagenvorschuss zu erbringen hat (BGH MDR 1999, 1083; OLG Stuttgart, NJW-RR 2002, 143 f.). Die Beweislast liegt aber nicht bei dem ▒▒▒▒, weil ▒▒▒▒
☐ das Gericht die Einholung des Sachverständigengutachtens nach § 144 ZPO von Amts wegen angeordnet hat (Zöller/*Greger*, ZPO, 32. Aufl., § 379 Rn 3).

Es wird gebeten, den Beweisbeschluss in Ziffer ▒▒▒▒ entsprechend abzuändern.

Es wird davon ausgegangen, dass der Auslagenvorschuss bis zu einer Entscheidung des erkennenden Gerichts derzeit nicht gezahlt werden muss. Anderenfalls wird um einen ausdrücklichen Hinweis gebeten.

Rechtsanwalt

XII. Muster: Antrag auf Vorführung eines Zeugen

▼

An das
☐ Amtsgericht
☐ Landgericht

in ▬

In dem Rechtsstreit

Kläger ./. Beklagter

Az: ▬

wird namens und in Vollmacht des ▬ beantragt,

> Termin zur mündlichen Verhandlung und Beweisaufnahme zu bestimmen und die zwangsweise Vorführung des mit Schriftsatz vom ▬ benannten Zeugen ▬ gemäß dem Beweisbeschluss vom ▬ anzuordnen.

Zur **Begründung** wird ausgeführt:

Der diesseits für die Behauptung ▬ benannte Zeuge ▬ ist sowohl im Termin zur Beweisaufnahme vom ▬ als auch im Termin vom ▬ nicht erschienen.

Soweit das Gericht dem Zeugen die durch sein unentschuldigtes Ausbleiben verursachten Kosten auferlegt und zugleich ein Ordnungsgeld und für den Fall, dass dieses nicht beigetrieben werden kann, auch Ordnungshaft verhängt hat, hat dies den Zeugen offenbar nicht beeindruckt.

Der ▬ ist als beweisbelastete Partei jedoch nicht in der Lage, auf den Zeugen zu verzichten, weshalb es erforderlich ist, diesen nach § 380 Abs. 2 ZPO vorzuführen.

Es wird gebeten, dem Verfahren alsbald in der beantragten Art und Weise Fortgang zu geben.

Rechtsanwalt

▲

XIII. Muster: Auslagen- und Gebührenverzichtserklärung des Zeugen

▼

An das
☐ Amtsgericht
☐ Landgericht
☐ Oberlandesgericht

in ▬

In dem Rechtsstreit

Kläger ./. Beklagter

Az: ▬

wurde ich als Zeuge benannt und soll im Termin zur mündlichen Verhandlung und Beweisaufnahme am ▬ vernommen werden.

Hiermit erkläre ich meinen Verzicht auf alle mir hierfür zustehenden Auslagen und Gebühren, insbesondere auf die Zeugenentschädigung sowie den Ersatz von Reisekosten und eines etwaigen Verdienstausfalles.

Der Termin zur mündlichen Verhandlung und Beweisaufnahme am ▬▬▬ ist mir bekannt, sodass eine formlose Ladung ausreichend erscheint.

Zeuge

▲

XIV. Muster: einverständlicher Vorschlag eines Sachverständigen

▼

729 An das
- ☐ Amtsgericht
- ☐ Landgericht
- ☐ Oberlandesgericht

in ▬▬▬

In dem Rechtsstreit

Kläger ./. Beklagter
Az: ▬▬▬

wird unter Bezugnahme auf den Beschluss des Gerichts vom ▬▬▬ hiermit beantragt, den Sachverständigen

zu der Beweisfrage des ▬▬▬ zu bestellen, ▬▬▬.

Die Sachkunde des Sachverständigen ergibt sich aus Folgendem: ▬▬▬.

Die Benennung erfolgt mit Einverständnis des Gegners. Der entsprechende anwaltliche Schriftsatz ist beigefügt.

Auf § 404 Abs. 5 ZPO wird hingewiesen.

▲

XV. Muster: Schweigepflichtentbindungserklärung

▼

730 An das
- ☐ Amtsgericht
- ☐ Landgericht
- ☐ Oberlandesgericht

in ▬▬▬

In dem Rechtsstreit

Kläger ./. Beklagter
Az: ▬▬▬

wird der als Zeuge benannte ▬▬▬
- ☐ von seiner Schweigepflicht gegenüber dem
  - ☐ Kläger

☐ Beklagten
entbunden.
☐ von seiner Schweigepflicht gegenüber dem
  ☐ Kläger
  ☐ Beklagten
  insoweit entbunden, als ▐
Mandant
▲

XVI. Muster: Antrag gem. § 18 Abs. 2 2. Hs BNotO

▼

Herrn/Frau
Präsident/in
des Landgerichts
hier: Antrag gem. § 18 Abs. 2 2. Hs BNotO
In dem Rechtsstreit
               Kläger ./. Beklagter
               AZ:
zeige ich die Vertretung des ▐ an.
In dem Verfahren soll Beweis erhoben werden über die Behauptung des
☐ Klägers
☐ Beklagten,
der Erblasser

    ☐ habe während der Beurkundung des notariellen Kaufvertrages
  UrkNr. ▐ / ▐ des Notars ▐ , ▐ , folgende Äußerung gemacht, ▐

    ☐ habe einen verwirrten Eindruck gemacht, weil ▐

Diese Äußerung gilt der Klärung der
☐ Geschäftsfähigkeit zum Zeitpunkt des Vertragsschlusses.
☐ der Feststellung des Testierwillens.
☐ ▐

Insoweit wird auf den anliegenden Beweisbeschluss Bezug genommen.

Der Erblasser ist am ▐ verstorben. Er wurde aufgrund
☐ gesetzlicher
☐ gewillkürter
Erbfolge von folgenden Personen beerbt: ▐

Hiermit beantrage ich namens meines Mandanten, die Entbindung des Zeugen von seiner Schweigepflicht im Verhältnis zum Erblasser.

Mit freundlichen Grüßen

Rechtsanwalt

▲

XVII. Muster: Vorherige Entschuldigung des Zeugen für einen Beweisaufnahmetermin

▼

An das
☐ Amtsgericht
☐ Landgericht
☐ Oberlandesgericht

in ▮▮▮▮▮▮

In dem Rechtsstreit

                Kläger ./. Beklagter

                Az: ▮▮▮▮▮▮

wurde ich als Zeuge benannt und soll im Termin zur mündlichen Verhandlung und Beweisaufnahme am ▮▮▮▮▮▮ vernommen werden. Die diesbezügliche Ladung wurde mir am ▮▮▮▮▮▮ zugestellt.

An dem vorbezeichneten Termin kann ich als Zeuge nicht teilnehmen, weil

☐ ich mich zu diesem Zeitpunkt in einem bereits vor dem Zugang der Ladung gebuchten Erholungsurlaub vom ▮▮▮▮▮▮ bis ▮▮▮▮▮▮ befinde. Die Buchungsunterlagen füge ich in Abschrift in der Anlage bei.

☐ ich mich zum Zeitpunkt der angesetzten Verhandlung einer bereits anberaumten Operation im ▮▮▮▮▮▮ Krankenhaus unterziehen muss und eine Verschiebung dieser Operation mir nicht zumutbar ist. Eine entsprechende Bescheinigung füge ich in der Anlage bei.

☐ die Ladung so kurzfristig erfolgt ist, dass ich auf meiner Arbeitsstelle für keine hinreichende Vertretung sorgen kann. Ich bin als ▮▮▮▮▮▮ tätig und hier für ▮▮▮▮▮▮ verantwortlich. In meiner Abwesenheit muss die Vertretung gesichert sein, weil ▮▮▮▮▮▮. Dies ist zum Terminstage nicht gewährleistet, weil ▮▮▮▮▮▮. Eine entsprechende Bescheinigung meines Arbeitgebers füge ich in der Anlage bei.

☐ ▮▮▮▮▮▮

Es wird gebeten, mich kurzfristig vom Erscheinen zum Termin zur mündlichen Verhandlung und Beweisaufnahme zu entbinden.

Mit freundlichen Grüßen

Zeuge

▲

XVIII. Muster: Nachträgliche Entschuldigung des Zeugen wegen seines Fernbleibens zu einem Beweisaufnahmetermin

▼

An das
☐ Amtsgericht
☐ Landgericht
☐ Oberlandesgericht

in ▓▓▓

In dem Rechtsstreit

        Kläger ./. Beklagter

        Az: ▓▓▓

entschuldige ich mich hiermit für mein Fernbleiben als Zeuge im Termin zur mündlichen Verhandlung und Beweisaufnahme vom ▓▓▓ und beantrage,

> den Beschluss des erkennenden Gerichts vom ▓▓▓ über die Auferlegung der durch mein Ausbleiben verursachten Kosten und der Verhängung eines Ordnungsgeldes in Höhe von ▓▓▓ sowie für den Fall, dass dieses nicht beigetrieben werden kann, von Ordnungshaft, aufzuheben.

An dem vorbezeichneten Termin konnte ich als Zeuge nicht teilnehmen, weil
☐ ich mich zum Zeitpunkt des Zugangs der Ladung in meinem Erholungsurlaub vom ▓▓▓ bis ▓▓▓ befunden habe und der Termin bereits stattgefunden hat, als ich zurückgekehrt bin. Die Buchungsunterlagen füge ich in Abschrift in der Anlage bei.
☐ ich am Terminstage einen schweren Unfall erlitten habe. ▓▓▓
☐ es bei der Anreise zum Termin zu einem Unfall gekommen ist, sodass ein rechtzeitiges Erscheinen nicht mehr möglich war, weil ▓▓▓
☐ ▓▓▓

Eine rechtzeitige Entschuldigung vor dem Termin war nicht mehr möglich, weil ▓▓▓

Es wird davon ausgegangen, dass das erkennende Gericht die Anordnung aufhebt. Anderenfalls wird ausdrücklich gebeten, diesen Antrag als sofortige Beschwerde gegen den Beschl. v. ▓▓▓ gem. § 380 Abs. 3 ZPO zu behandeln und diese dem Beschwerdegericht zur Entscheidung vorzulegen.

Zugleich wird in diesem Fall gebeten, dem Unterzeichner Gelegenheit zur Stellungnahme zur Nichtabhilfeentscheidung des erkennenden Gerichts zu geben.

Es wird um antragsgemäße Entscheidung gebeten.

Rechtsanwalt

▲

§ 11 Das Beweisrecht

XIX. Muster: Sofortige Beschwerde des Zeugen gegen die Auferlegung der Kosten und die Verhängung von Ordnungsmitteln nach § 380 Abs. 3 ZPO

▼

734 An das

Landgericht/Oberlandesgericht

– Beschwerdekammer/Beschwerdesenat –

in ▇

über das

Amtsgericht/Landgericht[425]

in ▇

Sofortige Beschwerde nach § 380 Abs. 3 ZPO

In dem Rechtsstreit

des ▇

– Kläger –

Verfahrensbevollmächtigte: RAe ▇

gegen

den ▇

– Beklagter –

Verfahrensbevollmächtigte: RAe ▇

zeige ich an, den als Zeugen benannten

Herrn ▇

– Beschwerdeführer –

zu vertreten.

Namens und in Vollmacht des Beschwerdeführers wird gegen die Entscheidung des AG vom ▇ Az: ▇ Beschwerde eingelegt.

Es wird beantragt:

    Der Beschluss des ▇ vom ▇ wird aufgehoben.

Zur **Begründung** wird Folgendes ausgeführt:

1.

Mit der angefochtenen Entscheidung vom hat das Ausgangsgericht dem Beschwerdeführer die durch sein Ausbleiben im Termin zur mündlichen Verhandlung und Beweisaufnahme vom ▇ verursachten Kosten auferlegt. Zugleich hat es gegen ihn ein Ordnungsgeld in Höhe von ▇ EUR, ersatzweise für den Fall, dass dieses nicht beigetrieben werden kann, Ordnungshaft in Höhe von ▇ Tagen verhängt.

---

[425] Ausgangsgericht.

Die Entscheidung ist unzutreffend und im Sinne des vorstehenden Antrages durch das Ausgangsgericht nach § 572 Abs. 1 S. 1 ZPO oder aber das angerufene Beschwerdegericht zu ändern.

Die Entscheidung ist nach § 380 Abs. 1 ZPO ergangen und dementsprechend nach § 380 Abs. 3 ZPO mit der sofortigen Beschwerde angreifbar.

Die angefochtene Entscheidung wurde dem Beschwerdeführer am ▬▬▬ zugestellt. Die Notfrist des § 569 Abs. 1 S. 1 ZPO endet damit am ▬▬▬ und wird durch den vorliegenden Schriftsatz gewahrt.

Für die Entscheidung über die sofortige Beschwerde ist
- ☐ nach § 72 GVG das Landgericht berufen. Eine abweichende Fallkonstellation nach § 119 Abs. 1 Nr. 1 GVG liegt nicht vor.
- ☐ nach § 119 GVG das Oberlandesgericht berufen.
- ☐ Soweit zunächst der originäre Einzelrichter beim zuständigen Beschwerdegericht nach § 568 ZPO zuständig ist, weil die angefochtene Entscheidung von einem Einzelrichter erlassen wurde, wird gebeten, diese nach § 568 S. 2 ZPO
  - ☐ der Kammer
  - ☐ dem Senat

  vorzulegen, da die Rechtssache
  - ☐ besondere Schwierigkeiten tatsächlicher oder rechtlicher Art aufweist
  - ☐ grundsätzliche Bedeutung hat,

  was sich daraus ergibt, dass ▬▬▬

2.

Die angefochtene Entscheidung erweist sich im Ergebnis als unzutreffend.

Die angefochtene Entscheidung beruht auf § 380 ZPO. Danach sind einem im Termin zur Beweisaufnahme nicht erschienen Zeugen die durch sein Nichterscheinen entstandenen Kosten aufzuerlegen. Außerdem kann ihm ein Ordnungsgeld ersatzweise Ordnungshaft auferlegt werden. Voraussetzung ist dabei, dass der Zeuge ordnungsgemäß geladen wurde und sein Ausbleiben nicht genügend entschuldigt ist.

Diese Voraussetzungen liegen hier nicht vor, weil
- ☐ der Beschwerdeführer schon nicht ordnungsgemäß geladen wurde, da ▬▬▬
- ☐ der Beschwerdeführer sich
  - ☐ rechtzeitig vor dem Termin zur Beweisaufnahme
  - ☐ Nachträglich

  für sein Ausbleiben entschuldigt hat.

Der Beschwerdeführer konnte an dem Termin zur Beweisaufnahme nicht teilnehmen, weil
- ☐ er sich zum Zeitpunkt des Zugangs der Ladung in seinem Erholungsurlaub vom ▬▬▬ bis ▬▬▬ befunden hat und der Termin bereits durchgeführt war, als er zurückgekehrt und die Ladung erhalten hat.
  Zur Glaubhaftmachung werden die Buchungsunterlagen in der Anlage in beglaubigter Abschrift beigefügt.
- ☐ er am Terminstage einen schweren Unfall erlitten hat. ▬▬▬
  Zur Glaubhaftmachung ▬▬▬
- ☐ es bei der Anreise zum Termin zu einem Unfall gekommen ist, sodass ein rechtzeitiges Erscheinen nicht mehr möglich war, weil ▬▬▬

Zur Glaubhaftmachung ▨
☐ Eine rechtzeitige Entschuldigung vor dem Termin war nicht mehr möglich, weil ▨
Zur Glaubhaftmachung ▨
☐ ▨

3.

Soweit das erkennende Beschwerdegericht der diesseitigen Auffassung nicht zu folgen vermag, wird schon jetzt beantragt,

> die Rechtsbeschwerde zum Bundesgerichtshof zuzulassen.

Die vom Beschwerdeführer dargelegte Auffassung wird von der Rechtsprechung der Oberlandesgerichte in ▨ geteilt (vgl. ▨ [426]). Soweit das angerufene Gericht dieser Auffassung nicht folgt, ist eine Entscheidung des Rechtsbeschwerdegerichts zur Fortbildung des Rechtes und Sicherung einer einheitlichen Rechtsprechung erforderlich.

4.

Das Ausgangsgericht wird um Abhilfe gebeten. Anderenfalls wird das Beschwerdegericht um alsbaldige antragsgemäße Entscheidung gebeten.

Rechtsanwalt

▲

XX. Muster: Antrag auf Entscheidung über ein Zeugnisverweigerungsrecht nach § 387 ZPO

11.20

▼

735 An das
☐ Amtsgericht
☐ Landgericht
in ▨

> In dem Rechtsstreit
> Kläger ./. Beklagter
> Az: ▨

wird namens und in Vollmacht des
☐ Klägers
☐ Beklagten
gem. § 387 ZPO beantragt,

> durch Zwischenurteil festzustellen, dass dem Zeugen kein Zeugnisverweigerungsrecht nach dem allein geltend gemachten § ▨ zusteht.

---

[426] Fundstelle einfügen durch Beschwerdeführer.

Zur **Begründung** wird Folgendes ausgeführt:

Der Zeuge hat mit schriftlicher Erklärung vom ▨ mitgeteilt, dass er das Zeugnis nach § ▨ ZPO verweigert.

Entgegen der Ansicht des Zeugen ist dieser jedoch zur Zeugnisverweigerung nicht berechtigt.

§ ▨ ZPO setzt voraus, dass ▨

Diese Voraussetzungen liegen hier nicht vor, weil ▨

Es wird um antragsgemäße Entscheidung gebeten.

Rechtsanwalt

▲

XXI. Muster: Sofortige Beschwerde des Zeugen nach § 387 Abs. 3 ZPO gegen ein Zwischenurteil über das Bestehen eines Zeugnisverweigerungsrechtes

▼

An das

Landgericht/Oberlandesgericht

– Beschwerdekammer/Beschwerdesenat –

in ▨

über das

Amtsgericht/Landgericht[427]

in ▨

Sofortige Beschwerde nach § 387 Abs. 3 ZPO

In dem Rechtsstreit

des ▨

– Kläger –

Verfahrensbevollmächtigte: RAe ▨

gegen

den ▨

– Beklagter –

Verfahrensbevollmächtigte: RAe ▨

zeige ich an, den als Zeugen benannten

Herrn ▨

– Beschwerdeführer –

zu vertreten.

Namens und in Vollmacht des Beschwerdeführers wird gegen das Zwischenurteil des ▨ vom ▨ Az: ▨ sofortige Beschwerde eingelegt.

---

[427] Ausgangsgericht.

§ 11 Das Beweisrecht

Es wird beantragt:

> Unter Aufhebung des Zwischenurteils des ▓▓▓ vom ▓▓▓ wird festgestellt, dass der Beschwerdeführer nach § ▓▓▓ berechtigt ist, im Verfahren Az: ▓▓▓ bezüglich der Beweisfrage ▓▓▓ gemäß dem Beweisbeschluss vom ▓▓▓ das Zeugnis nach ▓▓▓ zu verweigern.

Zur **Begründung** wird Folgendes ausgeführt:

1.

Das angefochtene Zwischenurteil ist unzutreffend und im Sinne des vorstehenden Antrages durch das Ausgangsgericht nach § 572 Abs. 1 S. 1 ZPO oder aber das angerufene Beschwerdegericht zu ändern.

Die Entscheidung ist nach § 387 Abs. 1 ZPO ergangen und dementsprechend nach § 387 Abs. 3 ZPO mit der sofortigen Beschwerde angreifbar.

Die angefochtene Entscheidung wurde dem Beschwerdeführer am ▓▓▓ zugestellt. Die Notfrist des § 569 Abs. 1 S. 1 ZPO endet damit am ▓▓▓ und wird durch den vorliegenden Schriftsatz gewahrt.

Für die Entscheidung über die sofortige Beschwerde ist
- ☐ nach § 72 GVG das Landgericht berufen. Eine abweichende Fallkonstellation nach § 119 Abs. 1 Nr. 1 GVG liegt nicht vor.
- ☐ nach § 119 GVG das Oberlandesgericht berufen.
- ☐ Soweit zunächst der originäre Einzelrichter beim zuständigen Beschwerdegericht nach § 568 ZPO zuständig ist, weil die angefochtene Entscheidung von einem Einzelrichter erlassen wurde, wird gebeten, diese nach § 568 S. 2 ZPO
  - ☐ der Kammer
  - ☐ dem Senat

  vorzulegen, da die Rechtssache
  - ☐ besondere Schwierigkeiten tatsächlicher oder rechtlicher Art aufweist
  - ☐ grundsätzliche Bedeutung hat,

  was sich daraus ergibt, dass ▓▓▓

2.

Die angefochtene Entscheidung erweist sich im Ergebnis als unzutreffend.

Die angefochtene Entscheidung beruht auf § 387 ZPO. Danach hatte das Ausgangsgericht durch Zwischenurteil über die Frage zu entscheiden, ob der Beschwerdeführer als Zeuge in dem vorbezeichneten Verfahren berechtigt ist, das Zeugnis nach § ▓▓▓ zu verweigern.

Zu Unrecht hat das Ausgangsgericht dem Beschwerdeführer ein Zeugnisverweigerungsrecht verweigert.

Nach § ▓▓▓ ZPO kann das Zeugnis verweigert werden, wenn ▓▓▓

Diese Voraussetzungen liegen hier vor, weil ▓▓▓

Soweit das Ausgangsgericht der Auffassung ist, dass ▓▓▓, ist dies rechtsfehlerhaft, weil ▓▓▓

Die angefochtene Entscheidung ist damit aufzuheben und zugleich festzustellen, dass der Beschwerdeführer nach § ▓▓▓ ZPO berechtigt ist, sein Zeugnis zu verweigern.

3.

Soweit das erkennende Beschwerdegericht der diesseitigen Auffassung nicht zu folgen vermag, wird schon jetzt beantragt,

> die Rechtsbeschwerde zum Bundesgerichtshof zuzulassen.

Die vom Beschwerdeführer dargelegte Auffassung wird von der Rechtsprechung der Oberlandesgerichte in ▒▒▒ geteilt (vgl. ▒▒▒ [428]). Soweit das angerufene Gericht dieser Auffassung nicht folgt, ist eine Entscheidung des Rechtsbeschwerdegerichts zur Fortbildung des Rechtes und Sicherung einer einheitlichen Rechtsprechung erforderlich.

4.

Das Ausgangsgericht wird um Abhilfe gebeten. Anderenfalls wird das Beschwerdegericht um alsbaldige antragsgemäße Entscheidung gebeten.

Rechtsanwalt

XXII. Muster: Sofortige Beschwerde des Beweisführers nach § 387 Abs. 3 ZPO gegen ein Zwischenurteil über das Bestehen eines Zeugnisverweigerungsrechtes

An das
Landgericht/Oberlandesgericht
– Beschwerdekammer/Beschwerdesenat –
in ▒▒▒
über das
Amtsgericht/Landgericht[429]
in ▒▒▒

Sofortige Beschwerde nach § 387 Abs. 3 ZPO

In dem Rechtsstreit

Kläger ./. Beklagter

Az: ▒▒▒

wird namens und in Vollmacht des
☐ Klägers
☐ Beklagten
gegen das Zwischenurteil des ▒▒▒ vom ▒▒▒ Az: ▒▒▒

sofortige Beschwerde

eingelegt.

---

[428] Fundstelle einfügen durch Beschwerdeführer.
[429] Ausgangsgericht.

§ 11 Das Beweisrecht

Es wird beantragt:

    Unter Aufhebung des Zwischenurteils des ▇▇▇ vom ▇▇▇ wird festgestellt, dass der Zeuge ▇▇▇ nicht nach § ▇▇▇ berechtigt ist, im Verfahren Az: ▇▇▇ bezüglich der Beweisfrage ▇▇▇ gemäß dem Beweisbeschluss vom ▇▇▇ das Zeugnis zu verweigern.

Zur **Begründung** wird Folgendes ausgeführt:

1.

Mit der angefochtenen Entscheidung hat das Ausgangsgericht im Wege des Zwischenurteils festgestellt, dass dem Zeugen ▇▇▇ nach § ▇▇▇ ZPO im Verfahren ▇▇▇ ein Zeugnisverweigerungsrecht zusteht.

Das angefochtene Zwischenurteil ist unzutreffend und im Sinne des vorstehenden Antrages durch das Ausgangsgericht nach § 572 Abs. 1 S. 1 ZPO oder aber das angerufene Beschwerdegericht zu ändern.

Die Entscheidung ist nach § 387 Abs. 1 ZPO ergangen und dementsprechend nach § 387 Abs. 3 ZPO mit der sofortigen Beschwerde angreifbar.

Die angefochtene Entscheidung wurde dem Beschwerdeführer am ▇▇▇ zugestellt. Die Notfrist des § 569 Abs. 1 S. 1 ZPO endet damit am ▇▇▇ und wird durch den vorliegenden Schriftsatz gewahrt.

Für die Entscheidung über die sofortige Beschwerde ist
- ☐ nach § 72 GVG das Landgericht berufen. Eine abweichende Fallkonstellation nach § 119 Abs. 1 Nr. 1 GVG liegt nicht vor.
- ☐ nach § 119 GVG das Oberlandesgericht berufen.

Soweit zunächst der originäre Einzelrichter beim zuständigen Beschwerdegericht nach § 568 ZPO zuständig ist, weil die angefochtene Entscheidung von einem Einzelrichter erlassen wurde, wird gebeten, diese nach § 568 S. 2 ZPO
- ☐ der Kammer
- ☐ dem Senat

vorzulegen, da die Rechtssache
- ☐ besondere Schwierigkeiten tatsächlicher oder rechtlicher Art aufweist
- ☐ grundsätzliche Bedeutung hat,

was sich daraus ergibt, dass ▇▇▇

2.

Die angefochtene Entscheidung erweist sich im Ergebnis als unzutreffend.

Die angefochtene Entscheidung beruht auf § 387 ZPO. Danach hatte das Ausgangsgericht durch Zwischenurteil über die Frage zu entscheiden, ob der ▇▇▇ als Zeuge in dem Verfahren ▇▇▇ berechtigt ist, das Zeugnis nach § ▇▇▇ zu verweigern.

Zu Unrecht hat das Ausgangsgericht angenommen, dem Zeugen stehe ein Zeugnisverweigerungsrecht nach § ▇▇▇ ZPO zu.

Nach § ▇▇▇ ZPO kann das Zeugnis nur verweigert werden, wenn ▇▇▇

Diese Voraussetzungen liegen hier nicht vor, weil ▇▇▇

Soweit das Ausgangsgericht der Ausfassung ist, dass ▇▇▇, ist dies rechtsfehlerhaft, weil ▇▇▇

Die angefochtene Entscheidung ist damit aufzuheben und zugleich festzustellen, dass der Zeuge ▮▮▮ nicht nach § ▮▮▮ ZPO berechtigt ist, sein Zeugnis zu verweigern.

3.

Soweit das erkennende Beschwerdegericht der diesseitigen Auffassung nicht zu folgen vermag, wird schon jetzt beantragt,

> die Rechtsbeschwerde zum Bundesgerichtshof zuzulassen.

Die vom Beschwerdeführer dargelegte Auffassung wird von der Rechtsprechung der Oberlandesgerichte in ▮▮▮ geteilt (vgl. ▮▮▮ [430]). Soweit das angerufene Gericht dieser Auffassung nicht folgt, ist eine Entscheidung des Rechtsbeschwerdegerichts zur Fortbildung des Rechtes und Sicherung einer einheitlichen Rechtsprechung erforderlich.

▮▮▮

4.

Das Ausgangsgericht wird um Abhilfe gebeten. Anderenfalls wird das Beschwerdegericht um alsbaldige antragsgemäße Entscheidung gebeten.

Rechtsanwalt

XXIII. Muster: Antrag auf Einholung eines Sachverständigengutachtens – Grundmuster

▼

An das
☐ Amtsgericht
☐ Landgericht

in ▮▮▮

In dem Rechtsstreit

Kläger ./. Beklagter
Az: ▮▮▮

ist zur Begründung der diesseitigen Anträge auf Folgendes hinzuweisen:

Entgegen den Ausführungen des Beklagten ist dieser weder mit angemessener Geschwindigkeit noch mit einem ausreichenden Sicherheitsabstand gefahren.

Aus der Art der Beschädigungen an dem klägerischen Fahrzeug, insbesondere den starken Verformungen der tragenden Teile, ergibt sich, dass der Beklagte mit einer Geschwindigkeit von zumindest noch 35 km/h auf das Fahrzeug des Klägers aufgefahren ist.

> Beweis: Einholung eines schriftlichen verkehrsanalytischen Sachverständigengutachtens.

Aus dieser Aufprallgeschwindigkeit ergibt sich, dass der Beklagte entweder mit einer unangemessen hohen Geschwindigkeit sich dem klägerischen Fahrzeug genähert hat

---

430 Fundstelle einfügen durch Beschwerdeführer.

oder aber einen unzureichenden Sicherheitsabstand gehalten hat, der verhindert hat, dass er unter Berücksichtigung der Reaktionszeit rechtzeitig hinter dem Fahrzeug des Klägers anhalten konnte.

Beweis für die Richtigkeit dieser Schlussfolgerung: verkehrsanalytisches Sachverständigengutachten.

Aus den vorstehenden Ausführungen ergibt sich, dass der Beklagte das Verkehrsunfallereignis allein verschuldet hat.

Rechtsanwalt

XXIV. Muster: Antrag auf Einholung eines ärztlichen Sachverständigengutachtens mit Schweigepflichtentbindungserklärung

▼

739 An das
☐ Amtsgericht
☐ Landgericht

in

In dem Rechtsstreit

                Kläger ./. Beklagter

                Az:

wird zur Begründung der diesseitigen Anträge Folgendes vorgetragen:

Der Kläger hat durch das von dem Beklagten verschuldete Verkehrsunfallereignis eine HWS-Distorsion zweiten Grades erlitten.

    Beweis: ärztliches Attest des Dr.   vom

                schriftliches medizinisches Sachverständigengutachten.

Bedingt durch die erlittene HWS-Distorsion zweiten Grades war der Kläger über einen Zeitraum von vier Monaten nicht in der Lage, einer Erwerbstätigkeit nachzugehen.

    Beweis: ärztliches Attest des Dr.   vom

                schriftliches medizinisches Sachverständigengutachten.

Nach Ablauf dieser Zeit hat sich die Minderung der Erwerbsfähigkeit wie folgt entwickelt:

    Beweis: ärztliches Attest des Dr.   vom

                Einholung eines medizinischen Sachverständigengutachtens.

Der Kläger wurde nach dem Unfallereignis von folgenden Ärzten behandelt:

Die vorbezeichneten Ärzte werden ebenso wie das Krankenhaus , in dem der Kläger vom bis zum stationär behandelt wurde, von ihrer ärztlichen Schweigepflicht entbunden.

Rechtsanwalt

XXV. Muster: Antrag auf Einholung eines Sachverständigengutachtens unter Erteilung von gerichtlichen Weisungen

▼

An das
☐ Amtsgericht
☐ Landgericht
in

In dem Rechtsstreit

      Kläger ./. Beklagter
       Az:

ist zur Begründung der diesseitigen Anträge Folgendes vorzutragen:

Nach dem zwischen den Parteien schriftlich geschlossenen Werkvertrag war der Beklagte verpflichtet, für den Kläger ein Hausanwesen gemäß dem in Anlage 1 zu dem Vertrag aufgenommenen Leistungsverzeichnis zu erstellen. Dies ist zwischen den Parteien unstreitig.

Der Beklagte hat dabei die folgenden Leistungen mangelhaft ausgeführt:

 Beweis: Einholung eines bautechnischen Sachverständigengutachtens.

Wie nach dem Ergebnis der Beweisaufnahme feststeht, haben die Parteien über den schriftlichen Werkvertrag hinaus folgende Zusatzvereinbarungen getroffen:
Auch insoweit war die Bauausführung mangelhaft, da

 Beweis: Einholung eines bautechnischen Sachverständigengutachtens.

Soweit der Beklagte auch nach der Beweisaufnahme durch Vernehmung der Zeugen bestreitet, dass die dargelegten Zusatzvereinbarungen zwischen den Parteien getroffen wurden, wird das Gericht gebeten, gem. § 404a Abs. 3 ZPO den Sachverständigen darauf hinzuweisen, dass er bei seiner Begutachtung von den klägerischen Darlegungen über die Beweisaufnahme auszugehen hat.

Rechtsanwalt

§ 11 Das Beweisrecht

XXVI. Muster: Antrag auf Einholung eines Sachverständigengutachtens mit dem Erfordernis besonderer Spezialkenntnis

11.26

741 An das
☐ Amtsgericht
☐ Landgericht

in

In dem Rechtsstreit

Kläger ./. Beklagter

Az:

ist zur Begründung der diesseitigen Anträge noch Folgendes auszuführen:

Die Beklagte hat auf dem Grundstück am Sprengarbeiten durchgeführt. Dies ist zwischen den Parteien unstreitig.

Von den Sprengungen, die nach Auskunft der Beklagten mit dem Sprengstoff mit einer Sprengkraft von ausgeführt wurden, sind Schwingungen ausgegangen, die aufgrund der besonderen geologischen Verhältnisse, nämlich , zu Erschütterungen am Haus des Klägers geführt haben, die über die zulässigen Werte hinausgehen.

Beweis: Einholung eines interdisziplinären geologischen und bautechnischen Sachverständigengutachtens.

Die Grundstücke der Parteien befinden sich in der Vulkaneifel. Vom Grundstück der Beklagten zieht sich bis über das Grundstück des Klägers hinaus ein durchgehender Lavastrom, der in besonderer Art und Weise aufgrund seiner Festigkeit geeignet ist, durch Sprengungen verursachte Schwingungen weiter zu tragen.

Beweis: Einholung eines geologischen Sachverständigengutachtens.

Zur Feststellung dieses Sachverhaltes bedarf der Sachverständige besondere geologischer Kenntnisse. Er muss insbesondere in der Lage sein, die geologischen Verzeichnisse der Vulkaneifel auszuwerten und diese im Hinblick auf die betroffenen Grundstücke zuzuordnen.

Darüber hinaus bedarf der Sachverständige besonderer Kenntnisse über die Intensität der von verschiedenen Sprengmassen ausgelösten Schwingungen.

Letztlich bedarf der Sachverständige besondere bautechnischer Kenntnisse, um beurteilen zu können, ob die an dem Haus des Klägers vorhandenen und bereits dargestellten Mängel auf die Sprengungen durch die Beklagte zurückgehen.

Soweit ein einzelner Sachverständiger nicht über die Spezialkenntnisse auf allen drei angesprochenen Gebieten verfügt, wird vorgeschlagen, einen Geologen mit der Erstellung des Hauptgutachtens zu beauftragen und diesen zugleich zu ermächtigen, sprengtechnische und bautechnische Zusatzgutachten durch Sachverständige, die durch das Gericht nach Anhörung der Parteien zu bestimmen sind, einzuholen. Der geologische Hauptgutachter mag dabei geeignete Sachverständige vorschlagen.

Rechtsanwalt

C. Muster § 11

XXVII. Muster: Antrag auf Einholung eines Sachverständigengutachtens in Form einer amtlichen Auskunft (Behördenauskunft)

▼

An das
☐ Amtsgericht
☐ Landgericht

in

In dem Rechtsstreit

Kläger ./. Beklagter

Az:

wird zur Begründung der diesseitigen Anträge und in Erwiderung auf die Ausführung des Beklagten noch Folgendes vorgetragen:

Soweit die Beklagte bestreitet, dass am ▬▬ die Windstärke auf der einschlägigen ▬▬ Skala nicht den Wert von ▬▬ erreicht hat, ist dies unzutreffend. Eine Rückfrage des Klägers beim deutschen Wetterdienst hat dessen Angaben bestätigt.

    Beweis: Zeugnis ▬▬

Es ist mithin davon auszugehen, dass eine entsprechende Windstärke am hier entscheidenden Tag vorgelegen hat.

    Beweis: Einholung einer amtlichen Auskunft des deutschen Wetterdienstes.

Rechtsanwalt

▲

XXVIII. Muster: Antrag auf Ladung des Sachverständigen zur Erläuterung seines Gutachtens

▼

An das
☐ Amtsgericht
☐ Landgericht

in

In dem Rechtsstreit

Kläger ./. Beklagter

Az:

wird namens und in Vollmacht des
☐ Klägers
☐ Beklagten
beantragt,

    den Sachverständigen zur Erläuterung seines Gutachtens zum Termin zur mündlichen Verhandlung zu laden.

§ 11 Das Beweisrecht

Zur **Begründung** wird Folgendes ausgeführt:

Der Sachverständige kommt in seinem Gutachten zu dem Ergebnis, dass ▮

Das Gutachten vermag insoweit jedoch nicht zu überzeugen, weil ▮

Unter Berücksichtigung der vorstehenden Ausführungen mag der Sachverständige sein Gutachten ergänzend erläutern.

Darüber hinaus ist das Gutachten aus diesseitiger Sicht nicht widerspruchsfrei. Einerseits legt der Sachverständige auf Seite ▮ seines Gutachtens dar, dass ▮. Andererseits wird auf Seite ▮ des Gutachtens ausgeführt, dass ▮

Aus diesseitiger Sicht sind diese beiden Aussagen nicht miteinander vereinbar. Dies ergibt sich daraus, dass ▮

Auch insoweit mag der Sachverständige sein Gutachten erläutern.

Darüber hinaus erscheint das Gutachten nicht vollständig.

Es bleiben die folgenden Fragen offen: ▮

Es wird um antragsgemäße Entscheidung und Ladung des Sachverständigen zu einem zu bestimmenden Termin zur mündlichen Verhandlung und Fortsetzung der Beweisaufnahme gebeten.

Schon jetzt wird darauf hingewiesen, dass die hier vertretene Partei sich vorbehält, die Einholung eines Obergutachtens zu beantragen.

Rechtsanwalt

▲

XXIX. Muster: Antrag auf Erläuterung des gerichtlichen Sachverständigengutachtens nach Vorlage eines Privatgutachtens

▼

An das
☐ Amtsgericht
☐ Landgericht

in ▮

In dem Rechtsstreit

Kläger ./. Beklagter

Az: ▮

wird im Rahmen der seitens des Gerichts gesetzten Frist zu dem am ▮ übersandten Sachverständigengutachten vom ▮ wie folgt Stellung genommen:

Das übersandte Sachverständigengutachten vermag nicht zu überzeugen. Zusammenfassend lässt sich festhalten, dass das Gutachten daran leidet, dass ▮

Der
☐ Kläger
☐ Beklagte
hat das vorgelegte Gutachten durch den ebenfalls öffentlich bestellten und vereidigten Sachverständigen ▮ als Privatgutachter überprüfen lassen.

Das eingeholte Privatgutachten wird in der Anlage für das Gericht und den Gegner überreicht. Dessen Inhalt macht sich der ▓▓▓▓ zu eigen. Sofern das Gericht eine schriftsätzliche Zusammenfassung des Gutachtens für erforderlich und die hier gewählte Bezugnahme für unzulässig hält, wird um einen entsprechenden Hinweis gebeten.

Für diesen Fall wird schon jetzt beantragt,

> die Frist zur Stellungnahme zu dem eingeholten Gutachten um bis zu zwei Wochen nach Eingang des Hinweises zu verlängern.

Das anliegende Gutachten dokumentiert die eingangs dargestellten Mängel des gerichtlich eingeholten Sachverständigengutachtens. Insbesondere hebt der von hier beauftragte Gutachter hervor, dass ▓▓▓▓.

Es wird namens und in Vollmacht des
☐ Klägers
☐ Beklagten
beantragt,

> den gerichtlich bestellten Sachverständigen zur Erläuterung seines Gutachtens im Termin zur mündlichen Verhandlung zu laden.

Es wird zusätzlich anheim gestellt, den gerichtlich bestellten Sachverständigen zunächst zur Ergänzung seiner gutachterlichen Stellungnahme unter Berücksichtigung des vorgelegten Privatgutachtens aufzufordern.

Es wird um antragsgemäße Entscheidung gebeten.

Rechtsanwalt

▲

XXX. Muster: Antrag auf Einholung eines weiteren Gutachtens

▼

An das
☐ Amtsgericht
☐ Landgericht

in ▓▓▓▓

In dem Rechtsstreit

                    Kläger ./. Beklagter

                        Az: ▓▓▓▓

wird namens und in Vollmacht des
☐ Klägers
☐ Beklagten
beantragt,

> ein weiteres Sachverständigengutachten zu den Beweisfragen aus dem Beweisbeschluss vom ▓▓▓▓ durch einen anderen Sachverständigen einzuholen.

§ 11 Das Beweisrecht

Zur **Begründung** des Antrages wird wie folgt vorgetragen:

Der Sachverständige hat am ▓▓▓ sein Gutachten erstattet.

Das Gutachten vermochte nicht zu überzeugen, was im Einzelnen im Schriftsatz vom ▓▓▓ dargelegt wurde. Auch die hierauf eingeholte ergänzende Stellungnahme des Sachverständigen vom ▓▓▓ konnte die aufgezeichneten Mängel der Begutachtung nicht beseitigen.

Dies gilt letztlich auch für die Erläuterung des Gutachtens in der mündlichen Verhandlung vom ▓▓▓.

Die Begutachtung durch den Sachverständigen leidet weiterhin an gravierenden Mängeln, nämlich ▓▓▓

Die Widersprüche zu dem hier vorgelegten Gutachten des öffentlich bestellten und vereidigten Sachverständigen ▓▓▓ konnten nicht aufgelöst werden.

Da die Mängel weder durch die ergänzende Stellungnahme des Sachverständigen noch die Erläuterung des Gutachtens durch diesen in der mündlichen Verhandlung behoben werden konnten, ist angezeigt, gem. § 412 ZPO ein weiteres Gutachten einzuholen.

Da der bisherige beauftragte Sachverständige sich nicht in der Lage gesehen hat, die Beweisfragen ohne fachliche und sachliche Beanstandungen zu beantworten, ist es angezeigt, ein erneutes Gutachten durch einen anderen Sachverständigen erstellen zu lassen.

Rechtsanwalt

▲

XXXI. Muster: Sachstandsanfrage an das Gericht nach Ablauf der Frist zur Erstattung des schriftlichen Gutachtens

▼

An das
☐ Amtsgericht
☐ Landgericht

in ▓▓▓

In dem Rechtsstreit

        Kläger ./. Beklagter
        Az: ▓▓▓

wird namens und in Vollmacht des
☐ Klägers
☐ Beklagten

nach dem Stand der Sache angefragt, insbesondere, ob das mit Beweisbeschluss vom ▓▓▓ angeordnete Sachverständigengutachten bereits vorliegt.

Das erkennende Gericht hat den mit Beweisbeschluss vom ▓▓▓ bestellten Sachverständigen nach der hier vorliegenden Mitteilung am ▓▓▓ mit der Gutachtenerstellung binnen ▓▓▓ Monaten beauftragt.

Diese Frist ist inzwischen verstrichen, ohne dass das Gutachten hier vorliegt. Soweit dies dort eingegangen sein sollte, wird gebeten, dies zur Stellungnahme binnen einer angemessenen Frist von zumindest ▓▓▓ zu übersenden.

Anderenfalls wird gebeten, den Sachverständigen unter Hinweis auf die gesetzte Frist zur Vorlage des Gutachtens an die kurzfristige Vorlage zu erinnern oder die Hinderungsgründe mitzuteilen.

Rechtsanwalt

XXXII. Muster: Antrag auf Fristsetzung für die Vorlage des Sachverständigengutachtens

An das
☐ Amtsgericht
☐ Landgericht

in ▓▓▓▓

In dem Rechtsstreit

              Kläger ./. Beklagter
              Az: ▓▓▓▓

wird namens und in Vollmacht des
☐ Klägers
☐ Beklagten
beantragt,

    dem Sachverständigen eine Frist zur Erstattung seines Gutachtens zu setzen, die einen Zeitraum von einem weiteren Monat nicht überschreiten sollte.

Zur **Begründung** wird Folgendes ausgeführt:

Gemäß Beweisbeschluss vom ▓▓▓▓ wurde der Sachverständige ▓▓▓▓ nach der gerichtlichen Mitteilung vom ▓▓▓▓ am ▓▓▓▓ mit der Erstellung eines Sachverständigengutachtens beauftragt.

Obwohl seit diesem Zeitpunkt mehr als drei Monate verstrichen sind, hat der Sachverständige bisher sein Gutachten nicht vorgelegt.

Sachliche Gründe, die einer Erstellung des Gutachtens in diesem Zeitraum entgegenstehen, sind von dem Sachverständigen weder vorgebracht worden, noch sonst ersichtlich.

Insoweit ist es angezeigt, dem Sachverständigen eine Frist zur Vorlage seines Gutachtens zu setzen.

Rechtsanwalt

XXXIII. Muster: Antrag auf Festsetzung einer gerichtlichen Nachfrist zur Erstattung des Gutachtens

▼

An das
☐ Amtsgericht
☐ Landgericht

in ▬

In dem Rechtsstreit

Kläger ./. Beklagter
Az: ▬

wird namens und in Vollmacht des
☐ Klägers
☐ Beklagten
beantragt,

dem durch Beweisschluss vom ▬ am ▬ beauftragten Sachverständigen ▬ eine Nachfrist zur Erstattung seines Gutachtens von längstens weiteren vier Wochen zu setzen und

ihm für den Fall der Versäumung der Nachfrist ein Ordnungsgeld nach § 411 Abs. 2 S. 2 ZPO anzudrohen.

Zur **Begründung** wird Folgendes ausgeführt:

Mit Beweisbeschluss des erkennenden Gerichts vom ▬ wurde der Sachverständige ▬ mit der Erstellung eines schriftlichen Sachverständigengutachtens zu den festgelegten Beweisfragen beauftragt.

Das Gericht hat den Sachverständigen nach seiner Mitteilung am ▬ mit der Erstellung des Gutachtens beauftragt und ihm zugleich eine Frist bis zum ▬ zur Erstellung des Gutachtens gesetzt.

Die vorbezeichnete Frist ist zwischenzeitlich abgelaufen, ohne dass der Sachverständige sein Gutachten erstattet hat. Es ist weder erkennbar noch vom Sachverständigen vorgetragen, dass es nicht möglich war, das Gutachten in der vom Gericht gesetzten Frist zu erstatten.

Die dem Gutachter bereits nach der diesseitigen Sachstandsanfrage vom ▬ gesetzte Nachfrist ist ohne jegliche Mitteilung von Hinderungsgründen durch den Sachverständigen geblieben.

Den Parteien ist eine weitere Verzögerung des Rechtsstreits nicht zuzumuten.

Dem Sachverständigen ist dementsprechend nach § 411 Abs. 2 ZPO eine Nachfrist zur Erstattung seines Sachverständigengutachtens unter gleichzeitiger Androhung der Festsetzung eines Ordnungsgeldes zu setzen.

Nachdem nicht erkennbar ist, dass sachliche Gründe für weitere Verzögerung der Vorlage des Gutachtens vorliegen, sollte diese Frist nicht länger als vier Wochen betragen.

Es wird um alsbaldige antragsgemäße Entscheidung gebeten.

Rechtsanwalt

▲

XXXIV. Muster: Antrag auf Festsetzung eines Ordnungsgeldes gegen den Sachverständigen

▼

An das
☐ Amtsgericht
☐ Landgericht

in ▓▓▓

In dem Rechtsstreit

                    Kläger ./. Beklagter

                           Az: ▓▓▓

wird namens und in Vollmacht des
☐ Klägers
☐ Beklagten
beantragt,

    dem Sachverständigen ▓▓▓ ein Ordnungsgeld wegen der nicht fristgerechten Vorlage seines Sachverständigengutachtens aufzuerlegen.

Zur **Begründung** wird Folgendes vorgetragen:

Der Sachverständige ▓▓▓ wurde gemäß dem Beweisbeschluss des erkennenden Gerichts vom ▓▓▓ am ▓▓▓ mit der Erstellung eines schriftlichen Sachverständigengutachtens beauftragt. Ihm wurde dabei eine Frist zur Erstellung des Gutachtens bis zum ▓▓▓ gesetzt.

In dieser Frist hat der Sachverständige das Gutachten nicht vorgelegt, sodass ihm durch den gerichtlichen Beschl. v. ▓▓▓ eine Nachfrist bis zum ▓▓▓ gesetzt wurde. Diese Frist hat der Gutachter unbeachtet gelassen.

Mit Beschl. v. ▓▓▓ wurde ihm eine weitere Nachfrist von ▓▓▓ gesetzt. Gleichzeitig wurde ihm die Festsetzung eines Ordnungsgeldes für den Fall angedroht, dass er das Gutachten auch nicht in der Nachfrist vorlegt. Gleichwohl hat der Sachverständige bis heute das Sachverständigengutachten nicht vorgelegt.

Den Parteien ist eine weitere Verzögerung des Rechtsstreites nicht zuzumuten, sodass es erforderlich erscheint, ein nicht zu gering zu bemessendes Ordnungsgeld gegen den Sachverständigen festzusetzen, damit dieser nunmehr unverzüglich sein Gutachten erstattet.

Gleichzeitig wird gebeten, dem Sachverständigen mit der Festsetzung des Ordnungsgeldes eine weitere, kurz zu bemessende Nachfrist zur endgültigen Vorlage des Gutachtens zu setzen und zugleich die Festsetzung eines weiteren, erheblicheren Ordnungsgeldes anzudrohen.

Es wird um alsbaldige Entscheidung gebeten.

Rechtsanwalt

XXXV. Muster: Sofortige Beschwerde des Sachverständigen gegen die Festsetzung eines Ordnungsgeldes nach §§ 411 Abs. 2, 409 Abs. 2 ZPO

▼

750 An das

Landgericht/Oberlandesgericht

– Beschwerdekammer/Beschwerdesenat –

in

über das

Amtsgericht/Landgericht[431]

in

Sofortige Beschwerde nach §§ 411 Abs. 2 S. 4, 409 Abs. 2, 567 ff. ZPO

In dem Rechtsstreit

des

– Kläger –

Verfahrensbevollmächtigte: RAe

gegen

den

– Beklagter –

Verfahrensbevollmächtigte: RAe

zeige ich an, den als Sachverständigen bestellten

Herrn

– Beschwerdeführer –

zu vertreten.

Namens und in Vollmacht des Beschwerdeführers wird gegen die Entscheidung des AG vom   Az: **Beschwerde** eingelegt.

Es wird beantragt,

den Beschluss des   vom   aufzuheben

Zur **Begründung** wird Folgendes ausgeführt:

1.

Mit der angefochtenen Entscheidung vom   hat das Ausgangsgericht gegen den Beschwerdeführer ein Ordnungsgeld in Höhe von   EUR festgesetzt.

---

[431] Ausgangsgericht.

Die Entscheidung ist unzutreffend und im Sinne des vorstehenden Antrages durch das Ausgangsgericht nach § 572 Abs. 1 S. 1 ZPO oder aber das angerufene Beschwerdegericht zu ändern.

Die Entscheidung ist nach § 409 Abs. 1 ZPO ergangen und dementsprechend nach § 409 Abs. 2 ZPO mit der sofortigen Beschwerde angreifbar.

Die angefochtene Entscheidung wurde dem Beschwerdeführer am ▬▬▬ zugestellt. Die Notfrist des § 569 Abs. 1 S. 1 ZPO endet damit am ▬▬▬ und wird durch den vorliegenden Schriftsatz gewahrt.

Für die Entscheidung über die sofortige Beschwerde ist
☐ nach § 72 GVG das Landgericht berufen. Eine abweichende Fallkonstellation nach § 119 Abs. 1 Nr. 1 GVG liegt nicht vor.
☐ nach § 119 GVG das Oberlandesgericht berufen.
☐ Soweit zunächst der originäre Einzelrichter beim zuständigen Beschwerdegericht nach § 568 ZPO zuständig ist, weil die angefochtene Entscheidung von einem Einzelrichter erlassen wurde, wird gebeten, diese nach § 568 S. 2 ZPO
  ☐ der Kammer
  ☐ dem Senat
  vorzulegen, da die Rechtssache
  ☐ besondere Schwierigkeiten tatsächlicher oder rechtlicher Art aufweist
  ☐ grundsätzliche Bedeutung hat,
  was sich daraus ergibt, dass ▬▬▬

2.
Die angefochtene Entscheidung erweist sich im Ergebnis als unzutreffend.

Die angefochtene Entscheidung beruht auf § 411 Abs. 2 ZPO. Danach kann gegen den Sachverständigen ein Ordnungsgeld festgesetzt werden.

Voraussetzung ist dabei, dass der Gutachter zur Erstattung des Gutachtens verpflichtet ist, ihm eine Frist zur Gutachtenerstellung und eine Nachfrist unter Androhung eines Ordnungsgeldes gesetzt wurden, er gleichwohl das Gutachten vorwerfbar nicht vorgelegt hat.

Diese Voraussetzungen liegen hier nicht vor, weil
☐ der Beschwerdeführer schon nicht verpflichtet war, das Gutachten zu erstellen, weil ▬▬▬
☐ dem Gutachter wirksam keine Frist zur Erstellung des Gutachtens gestellt wurde, weil ▬▬▬
☐ dem Gutachter keine angemessene Nachfrist unter Androhung eines Ordnungsgeldes gesetzt wurde, weil ▬▬▬
☐ die nicht fristgerechte Erstellung des Gutachtens nicht von dem Beschwerdeführer zu vertreten ist, weil ▬▬▬
Zur Glaubhaftmachung wird ▬▬▬

3.
Soweit das erkennende Beschwerdegericht der diesseitigen Auffassung nicht zu folgen vermag, wird schon jetzt beantragt,

> die Rechtsbeschwerde zum Bundesgerichtshof zuzulassen.

Die vom Beschwerdeführer dargelegte Auffassung, wonach in der vorliegenden Fallkonstellation eine Festsetzung eines Ordnungsgeldes nicht möglich ist, wird von der Rechtsprechung der Oberlandesgerichte in ▮ geteilt (vgl. ▮ [432]). Soweit das angerufene Gericht dieser Auffassung nicht folgt, ist eine Entscheidung des Rechtsbeschwerdegerichts zur Fortbildung des Rechtes und Sicherung einer einheitlichen Rechtsprechung erforderlich.

4.

Das Ausgangsgericht wird um Abhilfe gebeten. Anderenfalls wird das Beschwerdegericht um alsbaldige antragsgemäße Entscheidung gebeten.

Rechtsanwalt

XXXVI. Muster: Antrag auf Entziehung des Gutachtenauftrages und Beauftragung eines neuen Gutachters wegen der fehlenden Vorlage des Gutachtens

▼

751 An das
☐ Amtsgericht
☐ Landgericht

in ▮

In dem Rechtsstreit

Kläger ./. Beklagter
Az: ▮

wird namens und in Vollmacht des
☐ Klägers
☐ Beklagten
beantragt,

> den mit Beweisbeschluss vom ▮ beauftragten Sachverständigen gem. § 360 ZPO von seinem Gutachtenauftrag zu entbinden und einen anderen geeigneten Sachverständigen zu bestellen.

Zugleich wird beantragt,

> dem bisherigen Sachverständigen die Entschädigung zu verweigern.

Zur **Begründung** wird Folgendes vorgetragen:

Der bisherige Sachverständige ▮ wurde gemäß dem Beweisbeschluss des erkennenden Gerichts vom ▮ am ▮ mit der Erstellung eines schriftlichen Sachverständigengutachtens beauftragt. Ihm wurde dabei eine Frist zur Erstellung des Gutachtens bis zum ▮ gesetzt.

---

432 Fundstelle einfügen durch den Beschwerdeführer.

In dieser Frist hat der Sachverständige das Gutachten nicht vorgelegt, sodass ihm durch den gerichtlichen Beschl. v. ▭ eine Nachfrist bis zum ▭ gesetzt wurde. Diese Frist hat der Gutachter unbeachtet gelassen.

Mit Beschl. v. ▭ wurde ihm eine weitere Nachfrist von ▭ gesetzt. Gleichzeitig wurde ihm die Festsetzung eines Ordnungsgeldes für den Fall angedroht, dass er das Gutachten auch nicht in der Nachfrist vorlegt. Gleichwohl hat der Sachverständige das Sachverständigengutachten nicht vorgelegt.

Ihm wurde aus diesem Grunde mit Beschluss des erkennenden Gerichts vom ▭ ein Ordnungsgeld in Höhe von ▭ EUR auferlegt und zugleich eine weitere Nachfrist zur Gutachtenerstattung unter Androhung eines weiteren Ordnungsgeldes gesetzt. Auch diese Frist hat der Gutachter verstreichen lassen, sodass mit Beschl. v. ▭ ein zweites Ordnungsgeld in Höhe von ▭ EUR festgesetzt wurde. In der zugleich gesetzten Nachfrist hat der Sachverständige noch immer das Gutachten nicht vorgelegt.

Die Androhung oder Festsetzung eines weiteren Ordnungsgeldes ist nicht möglich (OLG Dresden MDR 2002, 1088; OLG Koblenz OLGR 2001, 369; OLG Braunschweig OLGR 1999, 248), sodass es nunmehr angezeigt ist, den Gutachter entschädigungslos (Zöller/*Greger*, ZPO, 32. Aufl., § 413 Rn 7; OLG Brandenburg MDR 2005, 1131) von seinem Gutachtenauftrag zu entbinden und in Abänderung des bisherigen Beweisbeschlusses nach § 360 ZPO einen neuen Sachverständigen zu beauftragen.

Den Parteien ist eine weitere Verzögerung des Rechtsstreites nicht zuzumuten, sodass um alsbaldige antragsgemäße Entscheidung gebeten wird.

Rechtsanwalt

▲

XXXVII. Muster: Ablehnungsantrag gegen den Sachverständigen

▼

An das
☐ Amtsgericht
☐ Landgericht

in ▭

In dem Rechtsstreit

                Kläger ./. Beklagter

                Az: ▭

wird namens und in Vollmacht des
☐ Klägers
☐ Beklagten
   der Sachverständige ▭ wegen Besorgnis der Befangenheit abgelehnt.

Zur **Begründung** wird Folgendes ausgeführt.

Das erkennende Gericht hat den Sachverständigen ▭ mit Beweisbeschluss vom ▭, der dem Unterzeichner am ▭ zugestellt wurde, ernannt.

Gegen den Sachverständigen steht die Besorgnis der Befangenheit, was dessen Ablehnung nach § 406 Abs. 1 S. 1 ZPO i.V.m. § 42 ZPO rechtfertigt.

Zunächst ist darauf hinzuweisen, dass der Ablehnungsantrag mit dem vorliegenden Schriftsatz die Frist des § 406 Abs. 2 S. 1 ZPO wahrt.

Die Besorgnis der Befangenheit des Sachverständigen ergibt sich daraus, dass

    Zur Glaubhaftmachung wird

Aufgrund des vorstehend dargelegten und glaubhaft gemachten Sachverhaltes besteht gegen den Sachverständigen die Besorgnis der Befangenheit, sodass dieser abzulehnen und ein anderer Gutachter zu beauftragen ist.

Es wird um antragsgemäße Entscheidung gebeten.

Rechtsanwalt

XXXVIII. Muster: Antrag auf Ablehnung des Sachverständigen bei nachträglichem Ablehnungsgrund

▼

An das
- ☐ Amtsgericht
- ☐ Landgericht

in

In dem Rechtsstreit

              Kläger ./. Beklagter

              Az:

wird namens und in Vollmacht des
- ☐ Klägers
- ☐ Beklagten

der durch das erkennende Gericht mit Beschl. v.   beauftragte Sachverständige wegen der Besorgnis der Befangenheit abgelehnt.

Zur **Begründung** wird Folgendes ausgeführt:

1.

Gegen den durch das Gericht mit Beweisbeschluss vom   beauftragten Sachverständigen besteht die Besorgnis der Befangenheit, sodass dieser abzulehnen ist, weil

    Zur Glaubhaftmachung wird

Aus dem vorstehenden Grund ist der Sachverständige wegen der Besorgnis der Befangenheit nach § 406 ZPO i.V.m. § 42 ZPO abzulehnen.

2.

Das Ablehnungsgesuch ist auch jetzt noch zulässig, wenngleich die Frist des § 406 Abs. 2 S. 1 ZPO abgelaufen ist.

Nach § 406 Abs. 2 S. 2 ZPO kann die Ablehnung auch noch zu einem späteren Zeitpunkt erfolgen, wenn glaubhaft gemacht wird, dass der Antragsteller ohne sein Verschulden gehindert war, den Ablehnungsgrund früher geltend zu machen. Diese Voraussetzungen sind gegeben.

Der Antragsteller hat erst am ▓▓▓ die die Ablehnung rechtfertigenden Gründe erfahren.

> Zur Glaubhaftmachung wird auf die eidesstattliche Versicherung des Antragstellers vom ▓▓▓ verwiesen, die anliegend im Original und in Abschrift für den Gegner überreicht wird.

Der die Ablehnung rechtfertigende Grund wird hiermit im Rahmen der von dem Gericht gesetzten Frist zur Stellungnahme zu dem eingeholten Gutachten geltend gemacht. Dies wahrt die Frist des § 406 Abs. 2 S. 2 ZPO (BGH NJW 2005, 1869 = GesR 2005, 327 = BauR 2005, 1205 = PA 2005, 116).

Es wird um antragsgemäße Entscheidung gebeten.

Rechtsanwalt

XXXIX. Muster: Antrag auf Ablehnung des Sachverständigen und Versagung der Vergütung

An das
☐ Amtsgericht
☐ Landgericht

in ▓▓▓

In dem Rechtsstreit

Kläger ./. Beklagter
Az: ▓▓▓

wird namens und in Vollmacht des
☐ Klägers
☐ Beklagten
beantragt:

1. Der durch das erkennende Gericht mit Beschl. v. ▓▓▓ bestellte Sachverständige wird wegen der Besorgnis der Befangenheit abgelehnt.

2. Der bisherige Sachverständige wird nicht entschädigt, da er seine berechtigte Ablehnung grob fahrlässig selbst verursacht hat.

Zur **Begründung** wird wie folgt vorgetragen:

1.

Gegen den von dem erkennenden Gericht beauftragten Sachverständigen besteht die Besorgnis der Befangenheit, sodass dieser nach § 406 Abs. 1 ZPO i.V.m. § 42 ZPO wegen Besorgnis der Befangenheit abgelehnt wird.

Die Besorgnis der Befangenheit des Sachverständigen ergibt sich im Einzelnen daraus, dass ▓▓▓

> Zur Glaubhaftmachung wird ▓▓▓

2.

Schon aus den vorstehenden Ausführungen ergibt sich, dass der Sachverständige den geltend gemachten Ablehnungsgrund grob fahrlässig selbst herbeigeführt hat. Aus diesem Grunde verliert er seinen Anspruch auf Entschädigung nach § 8 JVEG (vgl. BGH NJW 1976, 1154; OLG München NJW-RR 1998, 1687; OLG Düsseldorf NJW-RR 1997, 1353; OLG Celle NJW-RR 1996, 1086 noch zum alten § 3 ZSEG).

Nur aus anwaltlicher Fürsorge wird darauf hingewiesen, dass über die Entschädigung des Sachverständigen durch das Gericht zu entscheiden ist und der Antragsteller, für den Fall, dass er die Prozesskosten teilweise oder ganz tragen müsste, keinen eigenständigen Anspruch gegen den Sachverständigen auf Erstattung der Sachverständigenauslagen hat (BGH NJW 1984, 870). Aus diesem Grunde kann der Antrag daher nicht zurückgewiesen werden.

Es wird um antragsgemäße Entscheidung gebeten.

Rechtsanwalt

XL. Muster: Sofortige Beschwerde gegen die Zurückweisung des Antrages auf Ablehnung des Sachverständigen

An das

Landgericht/Oberlandesgericht

– Beschwerdekammer/Beschwerdesenat –

in ▆▆▆▆▆

über das

Amtsgericht/Landgericht[433]

in ▆▆▆▆▆

Sofortige Beschwerde nach §§ 406 Abs. 5, 567 ff. ZPO

In dem Rechtsstreit

Kläger ./. Beklagter

Az: ▆▆▆▆▆

wird namens und in Vollmacht des
- ☐ Klägers
- ☐ Beklagten

gegen die Entscheidung des AG vom ▆▆▆▆▆ Az: ▆▆▆▆▆ sofortige Beschwerde eingelegt.

Es wird beantragt:

> Unter Aufhebung des angefochtenen Beschlusses des ▆▆▆▆▆ vom ▆▆▆▆▆ wird das Ablehnungsgesuch gegen den Sachverständigen ▆▆▆▆▆ wegen der Besorgnis der Befangenheit für begründet erklärt.

---

433 Ausgangsgericht.

Zur **Begründung** wird Folgendes ausgeführt:

1.

Mit der angefochtenen Entscheidung vom ▓▓▓ hat das Ausgangsgericht die Ablehnung des Sachverständigen durch den Beschwerdeführer mit Schriftsatz vom ▓▓▓ zurückgewiesen.

Die Entscheidung ist unzutreffend und im Sinne des vorstehenden Antrages durch das Ausgangsgericht nach § 572 Abs. 1 S. 1 ZPO oder aber das angerufene Beschwerdegericht zu ändern.

Die Entscheidung ist nach §§ 406 Abs. 1, 42 ZPO ergangen und dementsprechend nach § 406 Abs. 5 ZPO mit der sofortigen Beschwerde angreifbar.

Die angefochtene Entscheidung wurde dem Beschwerdeführer am ▓▓▓ zugestellt. Die Notfrist des § 569 Abs. 1 S. 1 ZPO endet damit am ▓▓▓ und wird durch den vorliegenden Schriftsatz gewahrt.

Für die Entscheidung über die sofortige Beschwerde ist
- ☐ nach § 72 GVG das Landgericht berufen. Eine abweichende Fallkonstellation nach § 119 Abs. 1 Nr. 1 GVG liegt nicht vor.
- ☐ nach § 119 GVG das Oberlandesgericht berufen.
- ☐ Soweit zunächst der originäre Einzelrichter beim zuständigen Beschwerdegericht nach § 568 ZPO zuständig ist, weil die angefochtene Entscheidung von einem Einzelrichter erlassen wurde, wird gebeten, diese nach § 568 S. 2 ZPO
  - ☐ der Kammer
  - ☐ dem Senat

  vorzulegen, da die Rechtssache
  - ☐ besondere Schwierigkeiten tatsächlicher oder rechtlicher Art aufweist
  - ☐ grundsätzliche Bedeutung hat,

  was sich daraus ergibt, dass ▓▓▓

2.

Die angefochtene Entscheidung erweist sich im Ergebnis als unzutreffend.

Die angefochtene Entscheidung beruht auf § 406 Abs. 1 ZPO. Danach kann der Sachverständige aus denselben Gründen abgelehnt werden wie ein Richter. Aufgrund dieser Verweisung auf § 42 ZPO kann der Sachverständige deshalb wegen der Besorgnis der Befangenheit abgelehnt werden.

Gegen den durch das Ausgangsgericht mit Beschl. v. ▓▓▓ bestellten Sachverständigen besteht die Besorgnis der Befangenheit, weil
- ☐ er eine besondere Nähe zu dem Prozessgegner aufgrund persönlicher und wirtschaftlicher Beziehungen aufweist, nämlich ▓▓▓
- ☐ er bereits als Privatgutachter in derselben Sache tätig war, nämlich ▓▓▓
- ☐ er allein den Prozessgegner zu dem Ortstermin hinzugezogen hat (OLG Karlsruhe, MDR 2010, 1140 f.)
- ☐ er im Konkurrenzverhältnis zu dem Beschwerdeführer steht, weil ▓▓▓
  - ☐ er geschäftliche Beziehungen zum Prozessgegner unterhält (BGH WRP 2008, 127 f.), nämlich ▓▓▓

☐ der Sachverständige sich während des bisherigen Verfahrens so verhalten hat, dass hierin ein besonderes Wohlwollen gegenüber dem Prozessgegner bzw. ein unsachliches Missfallen bezüglich des Beschwerdeführers zum Ausdruck kommt (BGH NJW 1981, 2009). Im Einzelnen ergibt sich dies daraus, dass

Zur Glaubhaftmachung wird

3.

Soweit das erkennende Beschwerdegericht der diesseitigen Auffassung nicht zu folgen vermag, wird schon jetzt beantragt,

die Rechtsbeschwerde zum Bundesgerichtshof zuzulassen.

Die vom Beschwerdeführer dargelegte Auffassung wird von der höchstrichterlichen Rechtsprechung geteilt (vgl. [434]). Soweit das angerufene Gericht dieser Auffassung nicht folgt, ist eine Entscheidung des Rechtsbeschwerdegerichts zur Fortbildung des Rechtes und Sicherung einer einheitlichen Rechtsprechung erforderlich.

4.

Das Ausgangsgericht wird um Abhilfe gebeten. Anderenfalls wird das Beschwerdegericht um alsbaldige antragsgemäße Entscheidung gebeten.

Rechtsanwalt

XLI. Muster: Beweisantritt durch Urkunden

An das
☐ Amtsgericht
☐ Landgericht

in

In dem Rechtsstreit

                    Kläger ./. Beklagter

                    Az:

wird zur **Begründung** der diesseitigen Anträge wie folgt vorgetragen:

Die Parteien haben sich darauf geeinigt, dass der Beklagte für den Kläger ein schlüsselfertiges Haus auf dem im Eigentum des Klägers stehenden Grundstück   erstellt.

    Beweis: Werkvertrag vom   ;

                in der Anlage als beglaubigte Abschrift überreicht mit der Ankündigung, diesen im Original vorzulegen, soweit der Beklagte dies bestreitet.

---

[434] Fundstelle einfügen durch den Beschwerdeführer.

Die Bauausführung selbst ist im Einzelnen in der Anlage 1 zu dem vorbezeichneten Werkvertrag niedergelegt.

> Beweis: Anlage 1 zum Werkvertrag vom ▒ ;
> anliegend in beglaubigter Abschrift überreicht mit der Ankündigung, diese im Original vorzulegen, soweit der Beklagte dieses bestreitet.

Rechtsanwalt

XLII. Muster: Antrag auf Vorlegung der Urkunde durch den Beweisgegner

An das
☐ Amtsgericht
☐ Landgericht

in ▒

In dem Rechtsstreit

Kläger ./. Beklagter

Az: ▒

wird in der Sache wie folgt vorgetragen:

Die Parteien haben ursprünglich in nichtehelicher Lebensgemeinschaft einen gemeinsamen Hausstand unterhalten.

Im Rahmen der gemeinsamen Haushaltsführung hat die Klägerin dem Beklagten am ▒ ein Darlehen über 15.000 EUR gewährt. Das Darlehen sollte mit 5 Prozentpunkten über dem Basiszinssatz verzinst und zum 31.12.2005 zurückgezahlt werden.

> Beweis: Darlehensvertrag vom ▒ , dessen Vorlegung dem Beklagten binnen einer Frist von nicht mehr als zwei Wochen aufgegeben werden möge.

Gem. § 424 ZPO wird hinsichtlich der Urkunde auf Folgendes hingewiesen:

Die Darlehenshingabe wurde von den Parteien schriftlich in einem Darlehensvertrag fixiert. Dieser weist die als Darlehen hingegebene Summe, die Verzinsung, sowie die Fälligkeit aus. Weiter ist in der Urkunde die Erklärung enthalten, dass die Darlehenssumme bei Unterzeichnung des Darlehensvertrages übergeben wurde.

Der Beweisgegner hat bei seinem Auszug aus der ursprünglich gemeinsam geführten Wohnung diese Urkunde mit sich geführt. Zur diesbezüglichen Glaubhaftmachung wird auf die in der Anlage beigefügte eidesstattliche Versicherung des ▒ vom ▒ verwiesen.

Der Beklagte ist zur Vorlegung der Urkunde nach § 810 BGB verpflichtet, da sich die Urkunde über ein zwischen den Parteien geschlossenes Rechtsgeschäft verhält und das rechtliche Interesse der Klägerin an der Vorlage der Urkunde besteht.

§ 11 Das Beweisrecht

Zur Glaubhaftmachung der Angaben zu § 424 ZPO wird in der Anlage die eidesstattliche Versicherung der Klägerin vom ▓▓▓ im Original sowie in beglaubigter Abschrift für den Gegner überreicht.

Rechtsanwalt

▲

XLIII. Muster: Antrag auf Vernehmung des Beweisgegners über den Verbleib der vorzulegenden Urkunde nach § 426 ZPO

▼

758 An das
☐ Amtsgericht
☐ Landgericht

in ▓▓▓

In dem Rechtsstreit

Kläger ./. Beklagter

Az: ▓▓▓

wird namens und in Vollmacht des
☐ Klägers
☐ Beklagten
beantragt,

den ▓▓▓ über den Verbleib der Urkunde ▓▓▓ gem. § 426 ZPO zu vernehmen und ihm mit der Ladung zum Vernehmungstermin aufzugeben, nach dem Verbleib der bezeichneten Urkunde sorgfältig zu forschen.

Zur **Begründung** wird Folgendes vorgetragen:

Mit Schriftsatz vom ▓▓▓ wurde seitens des Antragstellers im Einzelnen dargelegt, dass sich die Richtigkeit der bestrittenen Tatsachenbehauptung ▓▓▓ aus der Urkunde ▓▓▓ ergibt.

Da sich die Urkunde im Besitz des Beweisgegners befindet, wurde zugleich beantragt, dem Beweisgegner aufzugeben, diese vorzulegen.

Nachdem eine freiwillige Vorlage nicht erfolgt ist, hat das Gericht die entsprechende Vorlage der Urkunde mit Beschl. v. ▓▓▓ angeordnet, nachdem er sich zuvor zu dem Antrag nicht erklärt hat.

Der ▓▓▓ hat nunmehr bestritten, dass sich die Urkunde in seinem Besitz befindet, sodass nach § 426 ZPO zu verfahren ist. Der Beweisgegner ist über den Verbleib der Urkunde zu vernehmen. Zugleich ist ihm mit der Ladung aufzugeben, sorgfältig nach dem Verbleib der Urkunde zu forschen.

Ungeachtet der vorzunehmenden Vernehmung, wird darauf hingewiesen, dass sich aus einer Vielzahl von Indizien ergibt, dass der Beweisgegner die Urkunde im Besitz hat.
☐ Der Zeuge ▓▓▓ hat gesehen, dass der Beweisgegner die Urkunde am ▓▓▓ in ▓▓▓ an sich genommen hat.
☐ ▓▓▓

Um antragsgemäße Entscheidung und kurzfristige Bestimmung eines Termins zur mündlichen Verhandlung wird gebeten.

Rechtsanwalt

XLIV. Muster: Antrag zur Vorlegung einer Urkunde durch einen Dritten

An das
- ☐ Amtsgericht
- ☐ Landgericht

in ▓▓▓

In dem Rechtsstreit

                Kläger ./. Beklagter

                Az: ▓▓▓

wird namens und in Vollmacht des
- ☐ Klägers
- ☐ Beklagten

beantragt,

    anzuordnen, dass Herr Dr. ▓▓▓ die in seinem Besitz befindlichen Krankenunterlagen über den Kläger im Original zu den Gerichtsakten reicht.

Zur **Begründung** wird vorgetragen:

Der Kläger wurde durch Herrn Dr. ▓▓▓ in der Zeit vom ▓▓▓ bis zum ▓▓▓ ärztlich behandelt.

Die ärztliche Behandlung wurde mit der Liquidation vom ▓▓▓ mit einem Gesamtbetrag in Höhe von ▓▓▓ in Rechnung gestellt.

Mit der vorliegenden Klage begehrt der Kläger von der Beklagten die Erstattung der Arztkosten. Diese bestreitet die Berechtigung der in der Rechnung gesetzten Kosten dem Grunde und der Höhe nach.

Zum Nachweis der Berechtigung der ärztlichen Liquidation ist der Kläger darauf angewiesen, die Krankenunterlagen vorzulegen, damit hieraus erkennbar wird, dass die in Rechnung gestellten Behandlungen tatsächlich stattgefunden haben und aufgrund der jeweils vorgenommenen Diagnosen auch zutreffend abgerechnet worden sind.

Dr. ▓▓▓ verweigert als Dritter die Herausgabe der Krankenunterlagen, weil
- ☐ es sich hierbei nicht um Urkunden im Sinne von § 142 ZPO handele
- ☐ ihm ein Zeugnisverweigerungsrecht nach §§ 383, 384 ZPO zustehe, und eine ordnungsgemäße Entbindung von der Schweigepflicht nicht vorliege
- ☐ ihm die Vorlage der Unterlagen nicht zumutbar sei.
- ☐ ▓▓▓

Dr. ▓▓▓ ist nicht berechtigt, aus dem vorbezeichneten Grund die Herausgabe der Krankenunterlagen zu verweigern, weil ▓▓▓

Aus den vorstehenden Ausführungen ergibt sich, dass eine Verpflichtung zur Herausgabe der Krankenunterlagen nach §§ 428, 142 ZPO besteht.

Nur rein vorsorglich wird darauf hingewiesen, dass verfassungsrechtliche Bedenken gegen § 142 ZPO in der durch die ZPO-Reform begründeten Fassung nicht bestehen (LG Saarbrücken VersR 2003, 234).

Es wird um antragsgemäße Entscheidung gebeten.

Rechtsanwalt

XLV. Muster: Antrag auf ein Ersuchen an eine Behörde oder ein anderes Gericht zur Vorlage einer Beweisurkunde nach § 432 ZPO

An das
☐ Amtsgericht
☐ Landgericht
in

In dem Rechtsstreit

Kläger ./. Beklagter

Az:

wird namens und in Vollmacht des
☐ Klägers
☐ Beklagten
beantragt,

die -Behörde um Mitteilung des Inhaltes der Urkunde zu ersuchen.

Zur **Begründung** wird vorgetragen:

Mit Schriftsatz vom wurde seitens des Antragstellers im Einzelnen dargelegt, dass sich die Richtigkeit der bestrittenen Tatsachenbehauptung aus der Urkunde ergibt.

Diese Urkunde befindet sich im Besitz der als öffentliche Behörde im Sinne von § 432 ZPO, die mangels Beteiligung an diesem Verfahren Dritte ist.

Der Beweisführer ist nicht in der Lage, diese ohne Mitwirkung des Gerichts zu beschaffen, weil . § 432 Abs. 2 ZPO steht dem Ersuchen daher nicht entgegen. Auch ein materiell-rechtlicher Herausgabeanspruch besteht nicht, weil

Um antragsgemäße Entscheidung wird gebeten.

Rechtsanwalt

XLVI. Muster: Antrag auf Einholung eines schriftvergleichenden Gutachtens nach § 441 ZPO

▼

An das
☐ Amtsgericht
☐ Landgericht

in ▩

In dem Rechtsstreit

      Kläger ./. Beklagter
       Az: ▩

wird namens und in Vollmacht des
☐ Klägers
☐ Beklagten
beantragt,

> die Behauptung, dass die Urkunde ▩ und der darunter befindliche Namenszug von dem ▩ stammen, durch ein einzuholendes schriftvergleichendes Gutachten nach § 441 ZPO zu klären.

Zugleich wird beantragt,

> dem ▩ gem. § 441 Abs. 3 ZPO aufzugeben, zur Vergleichung geeignete Schriftstücke binnen einer zu bestimmenden Frist vorzulegen.

Hilfsweise,

> dem ▩ aufzugeben, vor dem erkennenden Gericht eine erforderliche Zahl von Schriftproben herzustellen.

Zur **Begründung** wird vorgetragen:

Der ▩ behauptet nun erstmals, dass es sich bei der zu Beweiszwecken vorgelegten Urkunde ▩ vom ▩ um eine Fälschung handele. Der Beweisführer bestreitet dies nachdrücklich.

Die Echtheit der Urkunde ergibt sich schon daraus, dass ▩

Ungeachtet dessen ist für den Fall, dass der ▩ seine Behauptung, die vorgelegte Urkunde sei nicht echt, aufrechterhält, der Beweis der Echtheit durch ein schriftvergleichendes Gutachten nach § 411 Abs. 1 ZPO zu führen, was hiermit beantragt wird.

☐ Der Beweisgegner verfügt mit den Anlagen ▩ über zur Vergleichung geeignete Schriftstücke, die dem zu beauftragenden Sachverständigen im Original zur Begutachtung zur Verfügung gestellt werden können.
☐ Der Beweisgegner verfügt nicht über zur Vergleichung geeignete Schriftstücke des Beweisgegners, sodass weiter beantragt wird, dem ▩ nach § 441 Abs. 3 ZPO aufzugeben, entsprechende Schriftstücke im Original vorzulegen.
☐ Soweit der Beweisgegner über keine geeigneten Schriftstücke verfügt, möge dieser entsprechende Schriftproben vor dem erkennenden Gericht – ggf. im Beisein des Sachverständigen – fertigen.

Um antragsgemäße Entscheidung wird gebeten.

Rechtsanwalt

▲

XLVII. Muster: Antrag auf Beweiserhebung durch Augenschein

▼

An das
☐ Amtsgericht
☐ Landgericht

in ▓▓▓

In dem Rechtsstreit

Kläger ./. Beklagter
Az: ▓▓▓

wird namens und in Vollmacht des
☐ Klägers
☐ Beklagten
beantragt,

> dass sich das Prozessgericht im Wege des Augenscheins von der Wesentlichkeit der Geruchsimmissionen an Ort und Stelle, d.h. in der Wohnung des Antragstellers, ▓▓▓ Str. ▓▓▓, ▓▓▓ überzeugt.

Zur **Begründung** wird Folgendes vorgetragen:

Wie bereits in der Klageschrift dargestellt, betreibt der Gegner in seinen Räumlichkeiten in der ▓▓▓ Str. ▓▓▓ in ▓▓▓ eine Schlachterei und Metzgerei. Im Rahmen der Herstellung eigener Wurstwaren entstehen erhebliche Geruchsimmissionen, die die nach § ▓▓▓ zulässigen Werte deutlich übersteigen.

> Beweis: Sachverständigengutachten

Soweit die gegnerische Partei bestreitet, dass sich die Geruchsimmissionen, ungeachtet der Frage, ob diese die zulässigen Grenzwerte übersteigen, sich für den Antragsteller als wesentliche Störung herausstellen, ist es erforderlich, dass sich das erkennende Gericht im Rahmen der Augenscheinnahme von der Erheblichkeit der Geruchsimmissionen persönlich überzeugt.

> Beweis: Augenschein

Im Hinblick auf die Erläuterung der einzelnen Gerüche und deren Herkunft sowie im Hinblick auf die einschlägigen technischen Grenzwerte wird angeregt,

> gem. § 372 ZPO einen Sachverständigen zur Augenscheinnahme unmittelbar hinzuzuziehen, um diesen anschließend mit der sachverständigen Begutachtung auf der Grundlage der Feststellungen des erkennenden Gerichts zu beauftragen.

Rechtsanwalt

▲

XLVIII. Muster: Antrag auf Anordnung der Vorlage eines Augenscheinsobjektes durch den Gegner

11.48

▼

An das
☐ Amtsgericht
☐ Landgericht
in ▬

In dem Rechtsstreit

Kläger ./. Beklagter

Az: ▬

wird namens und in Vollmacht des
☐ Klägers
☐ Beklagten
beantragt,

dem
☐ Kläger
☐ Beklagten

gem. § 144 Abs. 1 S. 2 ZPO aufzugeben, zum Zwecke der Augenscheinnahme den in seinem Besitz befindlichen ▬ binnen einer Frist von nicht länger als ▬ Wochen vorzulegen.

Zur **Begründung** wird Folgendes vorgetragen: ▬
Zur Beantwortung der Beweisfrage ist es erforderlich, dass der Sachverständige den ▬ in Augenschein nimmt und eingehend untersucht.
Der Gegenstand befindet sich allerdings nicht im Besitz des ▬ als Beweisführer, sondern im Besitz des Prozessgegners. Dieser ist gem. § 144 ZPO verpflichtet, den Gegenstand zur Augenscheinnahme vorzulegen, weil ▬
Gründe, die einer Vorlage entgegenstehen, sind nicht ersichtlich.
Um antragsgemäße Entscheidung wird gebeten.
Rechtsanwalt

▲

XLIX. Muster: Antrag auf Anordnung der Vorlage eines Augenscheinsobjektes durch einen Dritten

An das
☐ Amtsgericht
☐ Landgericht

in ▒▒▒▒

In dem Rechtsstreit

Kläger ./. Beklagter
Az: ▒▒▒▒

wird namens und in Vollmacht des
☐ Klägers
☐ Beklagten
beantragt,

> dem ▒▒▒▒ als Drittem gem. § 144 Abs. 1 S. 2 ZPO aufzugeben, zum Zwecke der Augenscheinnahme den in seinem Besitz befindlichen ▒▒▒▒ binnen einer Frist von nicht länger als ▒▒▒▒ Wochen vorzulegen.

Zur **Begründung** wird Folgendes vorgetragen: ▒▒▒▒

Zur Beantwortung der Beweisfrage ist es erforderlich, dass der Sachverständige den ▒▒▒▒ in Augenschein nimmt und eingehend untersucht.

Der Gegenstand befindet sich allerdings nicht im Besitz des ▒▒▒▒ als Beweisführer, sondern im Besitz des am Rechtsstreit nicht beteiligten Dritten ▒▒▒▒.

Dieser ist gem. § 144 ZPO verpflichtet, den Gegenstand zur Augenscheinnahme vorzulegen, weil ▒▒▒▒

☐ ▒▒▒▒ verweigert als Dritter die Herausgabe des Augenscheinsobjektes,
  ☐ ohne Begründung
  ☐ weil ihm ein Zeugnisverweigerungsrecht nach §§ 383, 384 ZPO zustehe, was jedoch nicht der Fall ist, weil ▒▒▒▒
  ☐ weil ihm die Vorlage des Augenscheinsobjektes nicht zumutbar sei, weil ▒▒▒▒ Diese Begründung vermag jedoch nicht zu überzeugen, da ▒▒▒▒
  ☐ ▒▒▒▒
☐ Rein vorsorglich wird bereits jetzt darauf hingewiesen, dass dem Dritten kein Recht zur Verweigerung der Vorlage zusteht, da er als Zeuge benannt auch nach den §§ 383 bis 385 ZPO nicht zur Verweigerung des Zeugnisses berechtigt wäre.

Um antragsgemäße Entscheidung wird gebeten.

Rechtsanwalt

L. Muster: Antrag auf Anordnung der Duldung, Verpflichtung zur Untersuchung zur Feststellung der Abstammung

▼

An das
☐ Amtsgericht
☐ Landgericht

in

In dem Rechtsstreit

                         Kläger ./. Beklagter

                               Az:

wird namens und in Vollmacht des
☐ Klägers
☐ Beklagten
beantragt,

    anzuordnen, dass der   gem. § 372a ZPO verpflichtet ist, eine Untersuchung zur Feststellung der Abstammung durchführen zu lassen.

Zur **Begründung** wird Folgendes vorgetragen:

Im vorliegenden Verfahren kommt es auf die Feststellung der Abstammung des   von dem   an, weil

Es ist deshalb erforderlich, dass sich der   einer Untersuchung zur Feststellung der Abstammung, insbesondere auch einer Abnahme von Blut, unterzieht.

Eine freiwillige Untersuchung hat der   bisher abgelehnt,

    Beweis: Schreiben vom   ;

                   anliegend in beglaubigter Abschrift

sodass es nunmehr erforderlich ist, die Untersuchung nach § 372a ZPO anzuordnen.

Den Untersuchungstermin hat der   nicht wahrgenommen und zugleich erklärt, dass er sich weigere, eine Untersuchung durchführen zu lassen.

Allein aus anwaltlicher Fürsorge und zur Beschleunigung des Verfahrens wird schon jetzt darauf hingewiesen, dass dem   die Untersuchung auch zuzumuten ist, weil sowohl die Art der Untersuchung als auch die Folgen des Ergebnisses ihm und seinen Angehörigen i.S.d. § 383 Abs. 1 Nr. 1 bis 3 ZPO ohne Nachteil für die Gesundheit zuzumuten sind, was sich daraus ergibt, dass

Es wird ebenfalls bereits jetzt darauf hingewiesen, dass gem. § 372a Abs. 2 ZPO für den Fall der unberechtigten Verweigerung der Duldung der Untersuchung die §§ 386 bis 390 ZPO zur Anwendung zu bringen sind. Nach § 390 Abs. 1 S. 2 ZPO kann dann ein Ordnungsgeld und für den Fall, dass dieses nicht beigetrieben werden kann auch Ordnungshaft festgesetzt werden.

Es wird um alsbaldige antragsgemäße Entscheidung gebeten.

Rechtsanwalt

▲

LI. Muster: Antrag auf Entscheidung über die Berechtigung zur Verweigerung der Herausgabe eines Augenscheinsobjektes durch einen Dritten

11.51

An das
☐ Amtsgericht
☐ Landgericht

in ▨

In dem Rechtsstreit

Kläger ./. Beklagter
Az: ▨

wird namens und in Vollmacht des
☐ Klägers
☐ Beklagten
gem. § 144 Abs. 2 S. 2 ZPO i.V.m. § 387 ZPO beantragt,

> durch Zwischenurteil festzustellen, dass dem ▨
> ☐ kein Zeugnisverweigerungsrecht nach dem allein geltend gemachten § ▨ zusteht und er deshalb auch nicht berechtigt ist, die Herausgabe des ▨ als Augenscheinsobjekt zu verweigern.
> ☐ es zumutbar ist, das ▨ als Augenscheinsobjekt herauszugeben.

Zur **Begründung** wird Folgendes ausgeführt:

Der ▨ hat als Dritter im vorliegenden Verfahren mit schriftlicher Erklärung vom ▨ mitgeteilt, dass er nicht bereit sei, den ▨ als Augenscheinsobjekt herauszugeben, da
☐ ihm ein Zeugnisverweigerungsrecht nach den §§ 383 bis 385 ZPO zustehe;
☐ ihm eine Herausgabe nicht zumutbar sei.

Entgegen der Ansicht des ▨ ist dieser jedoch nicht berechtigt, die nach § 144 ZPO angeordnete Herausgabe des Augenscheinsobjektes zu verweigern. Vielmehr ist er nach § 144 ZPO verpflichtet, den Gegenstand zur Augenscheinnahme vorzulegen, weil
☐ ihm ein Zeugnisverweigerungsrecht nach §§ 383 bis 385 ZPO, insbesondere § ▨ ZPO nicht zusteht, was sich daraus ergibt, dass ▨
☐ ihm die Vorlage des Augenscheinsobjektes zumutbar ist. Soweit er geltend macht, dass ▨ vermag er hiermit eine Unzumutbarkeit der Herausgabe nicht zu begründen, weil ▨.

Nach § 144 Abs. 2 S. 2 ZPO ist bei einem solchen Streit über die Frage, ob der ▨ die Herausgabe des Augenscheinsobjektes verweigern darf, nach den §§ 386 bis 390 ZPO zu verfahren.

Das erkennende Gericht wird daher ersucht, nach Anhörung der Beteiligten gem. § 387 ZPO zunächst über die Berechtigung der Weigerung durch Zwischenurteil zu entscheiden.

Um antragsgemäße Entscheidung wird dabei gebeten.

Rechtsanwalt

▲

LII. Muster: Sofortige Beschwerde gegen die Verpflichtung zur Vorlage eines Augenscheinsobjektes nach §§ 371, 144, 387 Abs. 3 ZPO

▼

An das
Landgericht/Oberlandesgericht
– Beschwerdekammer/Beschwerdesenat –
in ▮
über das
Amtsgericht/Landgericht[435]
in ▮

Sofortige Beschwerde nach §§ 371 Abs. 2, 144, 387 Abs. 3 ZPO

In dem Rechtsstreit
des ▮

– Kläger –

Verfahrensbevollmächtigte: RAe ▮

gegen

den ▮

– Beklagter –

Verfahrensbevollmächtigte: RAe ▮
zeige ich an, den als Zeugen benannten
Herrn ▮

– Beschwerdeführer –

zu vertreten.

Namens und in Vollmacht des Beschwerdeführers wird gegen das Zwischenurteil des ▮ vom ▮ Az: ▮ sofortige Beschwerde eingelegt.

Es wird beantragt:

> Unter Aufhebung des Zwischenurteils des ▮ vom ▮ wird festgestellt, dass der Beschwerdeführer nach § ▮ berechtigt ist, im Verfahren Az: ▮ die Vorlage des ▮ als Augenscheinsobjekt gemäß dem Beweisbeschluss vom ▮ zu verweigern.

---

[435] Ausgangsgericht.

§ 11 Das Beweisrecht

Zur **Begründung** wird Folgendes ausgeführt:

1.

Das angefochtene Zwischenurteil ist unzutreffend und im Sinne des vorstehenden Antrages durch das Ausgangsgericht nach § 572 Abs. 1 S. 1 ZPO oder aber das angerufene Beschwerdegericht zu ändern.

Die Entscheidung ist nach §§ 371, 144, 387 Abs. 1 ZPO ergangen und dementsprechend nach § 387 Abs. 3 ZPO mit der sofortigen Beschwerde angreifbar.

Die angefochtene Entscheidung wurde dem Beschwerdeführer am ▇▇▇ zugestellt. Die Notfrist des § 569 Abs. 1 S. 1 ZPO endet damit am ▇▇▇ und wird durch den vorliegenden Schriftsatz gewahrt.

Für die Entscheidung über die sofortige Beschwerde ist
☐ nach § 72 GVG das Landgericht berufen. Eine abweichende Fallkonstellation nach § 119 Abs. 1 Nr. 1 GVG liegt nicht vor.
☐ nach § 119 GVG das Oberlandesgericht berufen.
☐ Soweit zunächst der originäre Einzelrichter beim zuständigen Beschwerdegericht nach § 568 ZPO zuständig ist, weil die angefochtene Entscheidung von einem Einzelrichter erlassen wurde, wird gebeten, diese nach § 568 S. 2 ZPO
  ☐ der Kammer
  ☐ dem Senat
vorzulegen, da die Rechtssache
  ☐ besondere Schwierigkeiten tatsächlicher oder rechtlicher Art aufweist
  ☐ grundsätzliche Bedeutung hat,
was sich daraus ergibt, dass ▇▇▇

2.

Die angefochtene Entscheidung erweist sich im Ergebnis als unzutreffend.

Die angefochtene Entscheidung beruht auf §§ 371, 144, 387 Abs. 1 ZPO. Danach hatte das Ausgangsgericht durch Zwischenurteil über die Frage zu entscheiden, ob der Beschwerdeführer in dem vorbezeichneten Verfahren berechtigt ist, aufgrund eines ihm sonst zustehenden Zeugnisverweigerungsrechtes nach § ▇▇▇ die Herausgabe des ▇▇▇ als Augenscheinsobjekt zu verweigern.

Zu Unrecht hat das Ausgangsgericht dem Beschwerdeführer ein Zeugnisverweigerungsrecht verweigert.

Nach § ▇▇▇ ZPO kann das Zeugnis verweigert werden, wenn ▇▇▇

Diese Voraussetzungen liegen hier vor, weil ▇▇▇

Soweit das Ausgangsgericht der Auffassung ist, dass ▇▇▇ ist dies rechtsfehlerhaft, weil ▇▇▇

Die angefochtene Entscheidung ist damit aufzuheben und zugleich festzustellen, dass der Beschwerdeführer nach § ▇▇▇ ZPO berechtigt ist, sein Zeugnis zu verweigern.

3.

Soweit das erkennende Beschwerdegericht der diesseitigen Auffassung nicht zu folgen vermag, wird schon jetzt beantragt,

> die Rechtsbeschwerde zum Bundesgerichtshof zuzulassen.

Die vom Beschwerdeführer dargelegte Auffassung wird von der Rechtsprechung der Oberlandesgerichte in ▨ geteilt (vgl. ▨ [436]). Soweit das angerufene Gericht dieser Auffassung nicht folgt, ist eine Entscheidung des Rechtsbeschwerdegerichts zur Fortbildung des Rechtes und Sicherung einer einheitlichen Rechtsprechung erforderlich.

4.
Das Ausgangsgericht wird um Abhilfe gebeten. Anderenfalls wird das Beschwerdegericht um alsbaldige antragsgemäße Entscheidung gebeten.

Rechtsanwalt

LIII. Muster: Antrag auf Festsetzung eines Ordnungsgeldes wegen der unberechtigten Verweigerung der Vorlage eines Augenscheinsobjektes

An das
☐ Amtsgericht
☐ Landgericht
in ▨

In dem Rechtsstreit

                Kläger ./. Beklagter

                Az: ▨

wird namens und in Vollmacht des
☐ Klägers
☐ Beklagten
beantragt,

    gegen den ▨ ein Ordnungsgeld wegen verweigerter Vorlage des ▨ als Augenscheinsobjekt zu verhängen.

Zur **Begründung** wird Folgendes vorgetragen:

Der ▨ wurde gemäß dem Beschluss des erkennenden Gerichts vom ▨ gem. §§ 371, 144 ZPO verpflichtet, den ▨ als Augenscheinsobjekt vorzulegen. Ihm wurde hierzu eine Frist bis zum ▨ gesetzt.

In dieser Frist hat der ▨ das Augenscheinsobjekt nicht vorgelegt, ohne dass ihm dies unzumutbar gewesen wäre und ohne dass eine Berechtigung besteht, die Vorlage zu verweigern.

Gem. §§ 371, 144 ZPO gelten für diesen Fall die §§ 386 bis 390 ZPO. Nach § 390 Abs. 1 S. 2 ZPO kann gegen den ▨ ein Ordnungsgeld und für den Fall, dass dieses nicht beigetrieben werden kann, auch Ordnungshaft festgesetzt werden.

Den Parteien ist eine weitere Verzögerung des Rechtsstreites nicht zuzumuten, sodass es erforderlich erscheint, ein nicht zu gering zu bemessendes Ordnungsgeld gegen den

---

[436] Fundstelle einfügen durch den Beschwerdeführer.

§ 11 Das Beweisrecht

.... festzusetzen, damit dieser nunmehr unverzüglich den .... als Augenscheinsobjekt vorlegt.

Es wird um alsbaldige Entscheidung gebeten.

Rechtsanwalt

▲

LIV. Muster: Antrag auf Festsetzung eines Ordnungsgeldes wegen der Weigerung, eine Untersuchung zur Feststellung der Abstammung zu dulden

11.54 ▼

769 An das
- ☐ Amtsgericht
- ☐ Landgericht

in ....

In dem Rechtsstreit

Kläger ./. Beklagter

Az: ....

wird namens und in Vollmacht des
- ☐ Klägers
- ☐ Beklagten

beantragt,

gegen den .... ein Ordnungsgeld wegen der Weigerung, eine Untersuchung zur Feststellung der Abstammung durchführen zulassen, zu verhängen.

Zur **Begründung** wird Folgendes vorgetragen:

Der .... wurde gemäß dem Beschluss des erkennenden Gerichts vom .... gem. § 372a ZPO verpflichtet, eine Untersuchung zur Feststellung der Abstammung, insbesondere die Entnahme von Blutproben, zu dulden. Der Untersuchungstermin wurde durch das Gericht in Abstimmung mit dem medizinischen Sachverständigen auf den .... festgesetzt.

Den Untersuchungstermin hat der .... nicht wahrgenommen und zugleich erklärt, dass er sich weigere, eine Untersuchung durchführen zu lassen.

Wie das Gericht in seinem Beschluss bereits festgehalten hat, lässt die Untersuchung nach den anerkannten Grundsätzen der Wissenschaft erwarten, dass der streitige Sachverhalt aufgeklärt, insbesondere die Abstammung des .... geklärt werden kann.

Die dagegen erhobenen Einwände des .... vermögen nicht zu überzeugen, weil ....

Die Untersuchung ist dem .... auch zuzumuten, weil sowohl die Art der Untersuchung als auch die Folgen des Ergebnisses ihm und seinen Angehörigen i.S.d. § 383 Abs. 1 Nr. 1 bis 3 ZPO ohne Nachteil für die Gesundheit zuzumuten sind.

Auch hier sind die dagegen erhobenen Einwände zurückzuweisen, weil ....

Gem. § 372a Abs. 2 ZPO gelten für den Fall der unberechtigten Verweigerung der Duldung der Untersuchung die §§ 386 bis 390 ZPO. Nach § 390 Abs. 1 S. 2 ZPO kann gegen den ▓▓▓ ein Ordnungsgeld und für den Fall, dass dieses nicht beigetrieben werden kann, auch Ordnungshaft festgesetzt werden.

Den Parteien ist eine weitere Verzögerung des Rechtsstreites nicht zuzumuten, sodass es erforderlich erscheint, ein nicht zu gering zu bemessendes Ordnungsgeld gegen den ▓▓▓ festzusetzen, damit dieser nunmehr unverzüglich den ▓▓▓ als Augenscheinsobjekt vorlegt.

Es wird um alsbaldige Entscheidung gebeten.

Rechtsanwalt

LV. Muster: Antrag auf Anwendung unmittelbaren Zwangs zum Zwecke der Untersuchung zur Feststellung der Abstammung

11.55

An das
☐ Amtsgericht
☐ Landgericht

in ▓▓▓

In dem Rechtsstreit

                Kläger ./. Beklagter

                Az: ▓▓▓

wird namens und in Vollmacht des
☐ Klägers
☐ Beklagten
beantragt,

    den ▓▓▓ wegen der mehrfach unberechtigten Weigerung, eine Untersuchung zur Feststellung der Abstammung durchführen zu lassen, unter Anwendung unmittelbaren Zwangs nach § 372a Abs. 2 S. 2 ZPO, insbesondere der zwangsweisen Vorführung, untersuchen zu lassen.

Zur **Begründung** wird Folgendes vorgetragen:

Der ▓▓▓ wurde gemäß dem Beschluss des erkennenden Gerichts vom ▓▓▓ gem. § 372a ZPO verpflichtet, eine Untersuchung zur Feststellung der Abstammung, insbesondere die Entnahme von Blutproben, zu dulden. Der Untersuchungstermin wurde durch das Gericht in Abstimmung mit dem medizinischen Sachverständigen auf den ▓▓▓ festgesetzt.

Den Untersuchungstermin hat der ▓▓▓ nicht wahrgenommen und zugleich erklärt, dass er sich weigere, eine Untersuchung durchführen zu lassen.

Wie das Gericht in seinem Beschluss bereits festgehalten hat, lässt die Untersuchung nach den anerkannten Grundsätzen der Wissenschaft erwarten, dass der streitige Sachverhalt aufgeklärt, insbesondere die Abstammung des ▓▓▓ geklärt werden kann.

§ 11 Das Beweisrecht

Die dagegen erhobenen Einwände des ▬▬▬ vermögen nicht zu überzeugen, weil ▬▬▬

Die Untersuchung ist dem ▬▬▬ auch zuzumuten, weil sowohl die Art der Untersuchung als auch die Folgen des Ergebnisses ihm und seinen Angehörigen i.S.d. § 383 Abs. 1 Nr. 1 bis 3 ZPO ohne Nachteil für die Gesundheit zuzumuten sind.

Auch hier sind die dagegen erhobenen Einwände zurückzuweisen, weil ▬▬▬

Das erkennende Gericht hat gegen den ▬▬▬ mit Beschlüssen vom ▬▬▬, ▬▬▬ und ▬▬▬ jeweils ein gesteigertes Ordnungsgeld und ersatzweise Ordnungshaft festgesetzt, ohne dass dieser die jeweils erneut anberaumten Untersuchungstermine wahrgenommen hat. Er hat jeweils mitgeteilt, eine Untersuchung nicht dulden zu wollen.

Gem. § 372a Abs. 2 ZPO kann damit unmittelbarer Zwang zur Durchführung der Untersuchung, insbesondere auch die zwangsweise Vorführung angeordnet werden.

Den Parteien ist eine weitere Verzögerung des Rechtsstreites nicht zuzumuten, sodass es angesichts der wiederholten unberechtigten Verweigerung der Untersuchung nunmehr angezeigt ist, unverzüglich nach § 372a Abs. 2 S. 2 ZPO zu verfahren.

Es wird um alsbaldige Entscheidung gebeten.

Rechtsanwalt

▲

LVI. Muster: Antrag auf Vernehmung des Beweisgegners als Partei

11.56

▼

771 An das
☐ Amtsgericht
☐ Landgericht

in ▬▬▬

In dem Rechtsstreit

Kläger ./. Beklagter
Az: ▬▬▬

wird namens und in Vollmacht des
☐ Klägers
☐ Beklagten
beantragt, den

☐ Kläger
☐ Beklagten

als Partei gem. § 445 ZPO zu vernehmen.

Zur **Begründung** wird Folgendes ausgeführt:

Bei dem hier streitigen Vertragsabschluss waren nur der Kläger und der Beklagte anwesend. Weitere Beweismittel in Form von Zeugen oder Urkunden stehen nicht zur Verfügung, insoweit kann der Nachweis, dass es entsprechend dem diesseitigen Vortrag

am ▮▮▮ zu einem Vertragsschluss mit dem Inhalt, dass ▮▮▮ gekommen ist, nur durch die Vernehmung des
☐ Klägers
☐ Beklagten
geführt werden.

Der Beweisführer geht davon aus, dass die gegnerische Partei in ihrer Vernehmung als Partei ihren bisherigen Vortrag, dass es nicht zu einem Vertragsschluss gekommen sei, nicht aufrechterhalten wird.

Dies begründet sich auch daraus, dass die beweisbelastete Partei nachweisen kann, dass die zu vernehmende Partei zwei Tage nach dem behaupteten Abschluss dem nachbenannten Zeugen ▮▮▮ mitgeteilt hat, dass er verpflichtet ist, gegenüber der beweislasteten Partei ▮▮▮.

    Beweis: Zeugnis des ▮▮▮

Eine solche Verpflichtung kann die zu vernehmende Partei allerdings nur angenommen haben, wenn es tatsächlich zu dem behaupteten Vertragsschluss gekommen ist.

Es wird um antragsgemäße Entscheidung gebeten.
Rechtsanwalt

LVII. Muster: Antrag auf Vernehmung des Beweisführers als Partei

▼

An das
☐ Amtsgericht
☐ Landgericht
in ▮▮▮
In dem Rechtsstreit

        Kläger ./. Beklagter
        Az: ▮▮▮

wird namens und in Vollmacht des
☐ Klägers
☐ Beklagten
beantragt, den

    ☐ Kläger
    ☐ Beklagten
    als Partei zu der Behauptung zu vernehmen, dass ▮▮▮

Zur **Begründung** wird Folgendes vorgetragen:
Entgegen der Behauptung des ▮▮▮ wurde zwischen den Parteien am ▮▮▮ vereinbart, dass ▮▮▮

§ 11 Das Beweisrecht

Soweit der leitende Angestellte
- ☐ Klägers
- ☐ Beklagten

anderes vorgetragen hat, entspricht dies nicht den Tatsachen.

Allein die Tatsache, dass die nicht beweisbelastete Partei als juristische Person durch einen Angestellten vertreten wurde, darf ihr nicht dergestalt zum Vorteil gereichen, dass eine Beweisführung im Übrigen gänzlich versagt bleibt. Insoweit wird die gegnerische Partei aufgefordert, der Vernehmung des Beweisführers als Partei nach § 447 ZPO zuzustimmen.

Für den Fall, dass die gegnerische Partei die Zustimmung verweigert, wird beantragt,

> den Beweisführer gem. § 448 ZPO von Amts wegen zu vernehmen;

hilfsweise,

> den Beweisführer nach § 141 ZPO anzuhören.

Bereits der Europäische Gerichtshof für Menschenrechte hat entschieden, dass die prozessuale Waffengleichheit verlangt, jeder Partei die Möglichkeit einzuräumen, ihre Darlegungen vor Gericht so zu präsentieren, dass ihr kein substanzieller Nachteil im Verhältnis zum Prozessgegner entsteht (NJW 1995, 1413). Hieraus wird zu Recht abgeleitet, dass das Gericht in Konstellationen wie der vorliegenden, wo eine juristische Person durch einen Angestellten vertreten wurde und im Übrigen nur die Partei an den maßgeblichen Gesprächen teilgenommen hat, diese Partei entweder nach § 448 ZPO als Partei zu vernehmen oder aber jedenfalls nach § 141 ZPO anzuhören ist (BGH NJW 1999, 363; LAG Rheinland-Pfalz, Urt. v. 28.1.2016 – 2 Sa 216/15 –, juris).

Es wird gebeten, wie beantragt zu verfahren.

Rechtsanwalt

▲

LVIII. Muster: Zustimmung zur Erhebung des Freibeweises nach § 284 S. 2 ZPO

11.58

▼

773

An das
- ☐ Amtsgericht
- ☐ Landgericht

in ▓▓▓▓

In dem Rechtsstreit

Kläger ./. Beklagter
Az: ▓▓▓▓

wird namens und in Vollmacht des
- ☐ Klägers
- ☐ Beklagten

der seitens des Gerichtes mit Beschl. v. ▓▓▓ vorgeschlagenen Erhebung des Beweises durch
- ☐ Verwertung des im Verfahren ▓▓▓ bei
   - ☐ der Staatsanwaltschaft ▓▓▓
   - ☐ der Bußgeldstelle des ▓▓▓
   - ☐ dem Sozialgericht in ▓▓▓
   - ☐ dem Verwaltungsgericht in ▓▓▓
   eingeholten Sachverständigengutachten des ▓▓▓ vom ▓▓▓ (Bl. ▓▓▓ ff. der dortigen Akten) zugestimmt.
- ☐ Verwertung der Zeugenaussage des ▓▓▓ in dem Verfahren ▓▓▓
- ☐ die fernmündliche Befragung des Zeugen ▓▓▓ durch das Gericht gem. § 284 S. 2 ZPO zugestimmt.

Es wird gebeten, dem Unterzeichner eine Abschrift
- ☐ des Gutachtens
- ☐ der Zeugenaussage
- ☐ des Aktenvermerks über die fernmündliche Vernehmung des Zeugen ▓▓▓
- ☐ ▓▓▓

zu übersenden.

Rechtsanwalt

▲

LIX. Muster: Eingeschränkte Zustimmung zur Erhebung des Freibeweises nach § 284 S. 2 und 3 ZPO

▼

An das
- ☐ Amtsgericht
- ☐ Landgericht

in ▓▓▓

In dem Rechtsstreit

        Kläger ./. Beklagter

        Az: ▓▓▓

wird namens und in Vollmacht des
- ☐ Klägers
- ☐ Beklagten

der seitens des Gerichtes mit Beschl. v. ▓▓▓ vorgeschlagenen Erhebung des Beweises durch
- ☐ Verwertung des im Verfahren ▓▓▓ bei
   - ☐ der Staatsanwaltschaft ▓▓▓
   - ☐ der Bußgeldstelle des ▓▓▓
   - ☐ dem Sozialgericht in ▓▓▓
   - ☐ dem Verwaltungsgericht in ▓▓▓
   eingeholten Sachverständigengutachten des ▓▓▓ vom ▓▓▓ (Bl. ▓▓▓ ff. der dortigen Akten) zugestimmt.
- ☐ Verwertung der Zeugenaussage des ▓▓▓ in dem Verfahren ▓▓▓

☐ die fernmündliche Befragung des Zeugen ▭ durch das Gericht
☐ ▭

gem. § 284 S. 3 ZPO mit der Einschränkung zugestimmt, dass ▭ lediglich der Verwertung des bezeichneten Sachverständigengutachtens zugestimmt wird.

Im Übrigen wird der Verwertung der schriftlichen Aussage des Zeugen ▭ im Verfahren ▭ ebenso wie der fernmündlichen Befragung des Zeugen ▭ durch das Gericht widersprochen, d.h. die nach § 284 S. 2 ZPO erforderliche Zustimmung nicht erteilt.

☐ Hinsichtlich der Zeugen beabsichtigt der Unterzeichner für die vertretene Partei von dem Fragerechtrecht nach § 397 ZPO Gebrauch zu machen. Die schriftliche Aussage erschöpft das Wissen des Zeugen um die entscheidungserheblichen Tatsachen nicht, sodass diese nicht geeignet ist in dieser Form der zu treffenden Entscheidung zugrunde gelegt zu werden.

☐ Es kommt im Wesentlichen auf die Glaubwürdigkeit des Zeugen an, die in der vorgeschlagenen Beweiserhebungsform nicht hinreichend hinterfragt werden kann. Aus diesem Grunde erscheint eine persönliche Vernehmung vor dem Gericht sachgerecht ▭

Es wird gebeten, dem Unterzeichner eine Abschrift nach § 284 S. 2, 3 ZPO des verwertbaren Gutachtens aus dem Verfahren ▭ zu übersenden.

Rechtsanwalt

LX. Muster: Gegenvorstellung gegen einen Beweisbeschluss

11.60

775 An das
☐ Amtsgericht
☐ Landgericht

in ▭

In dem Rechtsstreit

Kläger ./. Beklagter

Az: ▭

wird namens und in Vollmacht des
☐ Klägers
☐ Beklagten
gegen den Beweisbeschluss vom ▭, zugestellt am ▭

Gegenvorstellung

mit dem erhoben,

den Beweisbeschluss insoweit zu ändern wie

☐ die Beweislast für die Behauptung, dass ▭ beim ▭ gesehen wird und deshalb die Benennung des Zeugen ▭ beweislich und nicht gegenbeweislich angesehen wurde

☐ der ▭ zum Sachverständigen bestimmt wurde

C. Muster § 11

- ☐ die Vernehmung des ▬▬▬ als Partei angeordnet wurde
- ☐ nicht darüber Beweis erhoben wurde, dass ▬▬▬
- ☐ ▬▬▬

Zur Begründung wird Folgendes ausgeführt:

Mit Beweisbeschluss vom ▬▬▬ hat das erkennende Gericht am angeordnet, dass ▬▬▬. Der Beweisbeschluss wurde dem ▬▬▬ am ▬▬▬ zugestellt.

- ☐ Die Beweisanordnung berücksichtigt nicht, die maßgebliche Beweislastverteilung. Für die entscheidungserhebliche und bestrittene Tatsache, dass ▬▬▬ trägt der ▬▬▬ die Beweislast, weil ▬▬▬. Insoweit ist der vom ▬▬▬ benannte Zeuge ▬▬▬ beweislich und der von der hier vertretenen Partei benannte Zeuge ▬▬▬ lediglich gegenbeweislich zu hören. Da sich aus dem Beweisbeschluss eine andere Beweislastverteilung ergibt, wird gebeten, dies auf die Gegenvorstellung zu korrigieren oder aber in Anwendung von § 139 ZPO darzulegen, weshalb das Gericht von einer anderen Beweislastverteilung ausgeht.
- ☐ Mit der Beweisanordnung wurde der ▬▬▬ zum Sachverständigen bestimmt. Es wird gebeten, dies zu ändern, weil
  - ☐ das Beweisthema nicht in das Fachgebiet des bestimmten Sachverständigen fällt, was sich daraus ergibt, dass ▬▬▬
  - ☐ der Sachverständige erheblich vom Gerichtsort entfernt residiert und Sachverständige im Gerichtsbezirk verfügbar sind. Eine entsprechende Beauftragung eines im Gerichtsbezirk ansässigen Sachverständigen verkürzt die Reisezeiten des Sachverständigen und der Parteien und führt so zu einer geringeren Kostenbelastung. Dies gilt insbesondere auch für den Fall, dass der Sachverständige später zur Erläuterung seines Gutachtens noch geladen werden sollte.
- ☐ Mit der Beweisanordnung wurde die Parteivernehmung des ▬▬▬ angeordnet. Dabei hat das Gericht übersehen, dass die Voraussetzungen der Parteivernehmung nicht vorliegen.
  - ☐ Soll der Beweisführer selbst als Partei vernommen werden, setzt dies nach § 447 ZPO voraus, dass der Gegner zustimmt. Eine solche Zustimmung ist nicht erteilt worden.
  - ☐ Auch die Voraussetzungen des § 448 ZPO liegen nicht vor, weil ▬▬▬
  - ☐ ▬▬▬
- ☐ Unter Berücksichtigung des derzeitigen Sach- und Streitstandes kommt es nach § ▬▬▬ entscheidungserheblich darauf an, dass ▬▬▬. Die vertretene Partei hat insoweit durch ▬▬▬ Beweis dafür angetreten, dass die die Voraussetzung tragenden Tatsachen vorliegen. Dies berücksichtigt der Beweisbeschluss nicht, sodass er entsprechend zu ergänzen ist. Sollte das Gericht hier anderer Auffassung sein, wird um einen entsprechenden begründenden Hinweis nach § 139 ZPO gebeten.
- ☐ ▬▬▬

Rechtsanwalt

▲

§ 12 Das selbstständige Beweisverfahren

Bernhard M. Schiffers/Dr. Alexander Walter

Inhalt

	Rdn
A. Einleitung	1
B. Rechtliche Grundlagen	5
I. Gesetzliche Voraussetzungen	5
1. Das Eilverfahren gem. § 485 Abs. 1 ZPO	8
a) Antrag	9
b) Voraussetzungen	11
2. Das isolierte Beweisverfahren gemäß § 485 Abs. 2 ZPO	15
a) Ausgangslage	15
b) Antrag	17
c) Voraussetzungen	21
d) Beweisanordnung des Gerichts	23
3. Zuständiges Gericht	27
4. Sonstige Verfahrensfragen	39
a) Anwaltszwang	39
b) Beweisverfahren gegen Unbekannt	41
c) Mitwirkung und Beweisanträge des Antragsgegners	43
d) Sachverständigenbeweis	47
e) Verbindung, Ruhen, Unterbrechung und Aussetzung des Verfahrens	55
f) Antragsänderung, Rücknahme und Parteiwechsel	57
g) Prozesskostenhilfe	60
h) Rechtsmittel	61
II. Hemmung der Verjährung	62
1. Eintritt und Umfang der Hemmung	62
2. Ende der Hemmung	65
III. Prozessrechtliche Wirkungen	72
IV. Die Streitverkündung im selbstständigen Beweisverfahren	75
V. Die Insolvenz im selbstständigen Beweisverfahren	79
VI. Streitwertberechnung	81
VII. Die Kosten im selbstständigen Beweisverfahren	85
1. Rechtsanwaltskosten	85
2. Gerichtskosten	89
VIII. Entscheidung über die Kosten des selbstständigen Beweisverfahrens	90
1. Kostenausspruch nach § 494 Abs. 2 ZPO	91
2. Kostenausspruch im Hauptsacheprozess	97
3. Sonstige Fälle	99
a) Vollständige Zurückweisung des Antrags	99
b) Rücknahme des Antrags/einseitige Erledigungserklärung	100
c) Übereinstimmende Erledigungserklärung	104
C. Muster	105
I. Muster: Antrag im Eilverfahren gem. § 485 Abs. 1 ZPO während eines Rechtsstreites	105
II. Muster: Antrag im Eilverfahren gem. § 485 Abs. 1 ZPO außerhalb eines Rechtsstreites	106
III. Muster: Antrag auf Anordnung des isolierten Beweisverfahrens gem. § 485 Abs. 2 ZPO	107
IV. Muster: Antragserwiderung und Streitverkündungsschrift im selbstständigen Beweisverfahren	108
V. Muster: Antrag auf Anordnung einer Frist zur Klageerhebung gem. § 494a ZPO	109
VI. Muster: Antrag auf Verwerfung des Antrages gem. § 494a ZPO bei fehlendem Rechtsschutzbedürfnis des Antragsgegners	110
VII. Muster: Sofortige Beschwerde gegen den ablehnenden Beschluss des Gerichts nach einem Antrag auf selbstständiges Beweisverfahren	111

VIII. Muster: Ablehnung eines Sachverständigen wegen Befangenheit 112

IX. Muster: Antrag auf Anhörung des Sachverständigen 113

Literatur

Berger, Die besonderen Zulässigkeitsvoraussetzungen des selbständigen Beweisverfahrens, BauRB 2004, 281; *Bohnen*, Drittbeteiligung am selbständigen Beweisverfahren, BB 1995, 2333; *Büte*, Das selbstständige Beweisverfahren, FuR 2017, 642; *Derleder/Tege*, Die Abstimmung des selbstständigen Beweisverfahrens nach §§ 485 ff. ZPO mit dem Streitverfahren, VuR 2014, 287; *Edlbauer*, Das selbständige Beweisverfahren in Arzthaftungssachen, 2011; *Enders*, Gebühren und Kostenerstattung im selbstständigen Beweisverfahren, JurBüro 2015, 169; *Fellner*, Selbständiges Beweisverfahren (§ 485 Abs. 2 ZPO) – Mittel der Streitschlichtung und Schaffung eines Hemmungstatbestands, MDR 2014, 66; *Fellner*, Kostenentscheidung im selbständigen Beweisverfahren, MDR 2014, 1301; *Fischer*, Selbständiges Beweisverfahren – Zuständigkeits- und Verfahrensfragen, MDR 2001, 608; *Försterling*, Internationales Beweissicherungsverfahren und Kostentragung, IPRax 2000, 499; *Gartz*, Präklusion verfristeter Einwendungen aus einem selbständigen Beweisverfahren für den nachfolgenden Hauptprozess, BauR 2011, 906; *Gartz*, Verjährungsprobleme bei selbständigen Beweisverfahren, NZBau 2010, 676; *Gercke*, Entscheidung über die Kosten des selbständigen Beweisverfahrens, 2010; *Goebel*, Die Entscheidung über die Kosten des selbständigen Beweisverfahrens, RVGB 2005, 44; *Graf/Werner*, Das selbständige Beweisverfahren im Arzthaftungsrecht: Ein immer noch umstrittener Streitvermeider?, VersR 2017, 913; *Hansens*, Kostenentscheidung bei Rücknahme des Antrags im selbständigen Beweisverfahren, RVGreport 2015, 437; *Hansens*, Erstattungsfähigkeit der Gerichtskosten eines selbständigen Beweisverfahrens, RVGreport 2013, 218; *Hansens*, Selbständiges Beweisverfahren und Hauptsacheprozess, RVG-Report 2004, 322; *Hansens*, Zur Anrechnung der Verfahrensgebühr im selbständigen Beweisverfahren, RVG-Report 2008, 393; *Helm*, Anforderungen an die Formulierung des selbständigen Beweisantrags zur Hemmung der Verjährung, NZBau 2011, 328; *Herget*, Kostenentscheidung im selbständigen Beweisverfahren, MDR 1991, 314; *Huber*, Aus der Praxis: Selbständiges Beweisverfahren, JUS 2004, 214; *Klaft/Nossek*, Hemmung von Vergütungsansprüchen des Werkunternehmers durch selbständige Beweisverfahren? BauR 2008, 1980; *Klein*, Die relative Präklusion von nicht im selbständigen Beweisverfahren geltend gemachten Einwendungen, NZBau 2012, 8; *Laumen*, Das selbständige Beweisverfahren im Arzthaftungsprozess, MedR 2015, 12; *Lenzen*, Der Anspruchsgegner als Antragsteller des Beweisverfahrens und § 494a ZPO, BauR 2005, 303; *Leupertz*, Privatgutachten kontra selbständiges Beweisverfahren, BauR 2007, 1790; *Litzenberger/Strieder*, Das selbständige Beweisverfahren in der Praxis, JA 2017, 374; *Looff*, Verwendung von im selbständigen Beweisverfahren eingeholten Gutachten, JR 2008, 402; *Mally*, Beweissicherung von Baumängeln, NJW 2017, 1081; *Mankowski*, Selbständige Beweisverfahren und einstweiliger Rechtsschutz in Europa, JZ 2005, 1144; *Meyer*, Selbständige Beweisverfahren in der Insolvenz eines

Verfahrensbeteiligten, NZI 2005, 9; *Mischke/Girkens*, Kostenvorschuss beim selbstständigen Beweisverfahren, ZAP Fach 13, 1739; *Mollenkopf*, Selbständiges Beweisverfahren in Wohnungseigentumssachen?, ZMR 2000, 582; *Möller*, Der Streitwert des selbständigen Beweisverfahrens, NJW-Spezial 2009, 636; *Mümmler*, Prozesskostenhilfe für das isolierte Beweissicherungsverfahren, JurBüro 1991, 399; *Peters*, Zum Ende eines Beweissicherungsverfahrens und der Unterbrechung der Verjährung, JR 1993, 243; *Praun*, Präklusion von Einwendungen im selbständigen Beweisverfahren und Hauptsacheverfahren, BauR 2013, 1041; *Röhrig*, Grundzüge des selbständigen Beweisverfahrens im Zivilprozess, AnwBl 2003, 144; *Schlösser/Köbler*, Der Eintritt der Verjährungshemmung beim selbständigen Beweisverfahren, NZBau 2012, 669; *H. Schneider*, Gerichtskosten im selbstständigen Beweisverfahren, AGS 2016, 209; *Schneider*, Gebührenanrechnungen im selbstständigen Beweisverfahren, ZAP Fach 24, 1149; *Schneider*, Die neuen Vorschriften des RVG in der baurechtlichen Praxis, IBR 2004, 666; *Schreiber*, Das selbständige Beweisverfahren, NJW 1991, 2600; *Schwenker*, Das rechtliche Interesse am Beitritt zum selbständigen Beweisverfahren, NJW 2016, 989; *Seibel*, Präklusion von Einwendungen gegen ein Sachverständigengutachten aus dem selbständigen Beweisverfahren im Hauptsacheprozess?, MDR 2017, 1397; *Seibel*, Zur Präklusion von Einwendungen zwischen selbständigem Beweisverfahren und nachfolgendem Hauptsacheprozess, BauR 2011, 1410; *Seibel*, Selbstständiges Beweisverfahren kontra Privatgutachten, BauR 2010, 1668; *Seibel*, Das Unterlassen von Einwendungen im selbständigen Beweisverfahren und die Konsequenzen für den anschließenden Hauptsacheprozess, ZfBR 2008, 126; *Spickhoff*, Verjährungsunterbrechung durch ausländische Beweissicherungsverfahren, IPRax 2001, 37; *Ulrich*, Selbständiges Beweisverfahren – Bedeutung des Gutachtenergebnisses für das Hauptsacheverfahren, BauR 2013, 299; *Ulrich*, Anwaltsstrategien im selbständigen Beweisverfahren, BauR 2007, 1634; *Ulrich*, Anhörung eines Sachverständigen im selbständigen Beweisverfahren, BGH-Report 2005, 1613; *Weingart*, Die Nebenintervention – ein missverstandenes Instrument, insbesondere nach vorausgegangener Streitverkündung, BauR 2016, 1692; *Weingart*, Zur Bindungswirkung des im selbständigen Beweisverfahren eingeholten Sachverständigengutachtens im nachfolgenden Hauptsacheprozess nach § 493 Abs. 1 ZPO im Falle unterbliebener Einwendungen – Doppelpräklusion im Tarngewand?, BauR 2015, 189; *Weise*, Gerichtsstandsbestimmung im selbständigen Beweisverfahren, NJW-Spezial 2014, 428; *Weise*, Praxis des selbständigen Beweisverfahrens, 1994; *Wessels*, Das selbständige Beweisverfahren in Arzthaftungssachen, zfs 2006, 263; *Willer*, Das selbstständige Beweisverfahren und die Grenzen richterlicher Vorlageanordnungen, NJW 2014, 22; *Wintermeier*, Die Streitverkündung im selbständigen Beweisverfahren, JA 2016, 528; *Wintermeier*, Die Präklusion nicht vorgetragener Einwendungen gegen Gutachten aus selbständigen Beweisverfahren, NZBau 2015, 409; *Wust*, Streitverkündung und Streithilfe im selbständigen Beweisverfahren am Beispiel eines Werkvertrags, NJW 2017, 2886; *Zimmermann*, Verjährung bauwerkvertraglicher Gewährleistungsansprüche im selbstständigen Beweisverfahren, NJW 2013, 1644.

§ 12 Das selbstständige Beweisverfahren

A. Einleitung

1 In der Praxis des Zivilprozesses liegt der wohl überwiegende Anwendungsbereich für das selbstständige Beweisverfahrens in der **Prüfung und Feststellung von Mängeln und Schäden** in baurechtlichen,[1] aber auch kauf-[2] und mietvertragsrechtlichen[3] Angelegenheiten einschließlich der WEG-Sachen.[4] Auch in allgemeinen haftungsrechtlichen Streitigkeiten ist das selbstständige Beweisverfahren von Bedeutung.[5] Die vom Gesetz eröffnete Beweiserhebung zu Personenschäden führt zunehmend zu Beweisverfahren in Versicherungs-[6] und Arzthaftungssachen.[7]

Das selbstständige Beweisverfahren hat ungeachtet der verfahrensspezifischen Zielrichtungen der zu unterscheidenden Vorgehensweisen nach § 485 Abs. 1 und 2 ZPO nach dem Willen des Gesetzgebers folgende **Zwecke**:
- gerichtliche Beweissicherung,
- Prozessvermeidung,
- Beschleunigung des Rechtsstreits.

2 Bei der Abwägung zwischen einer außerprozessualen und einer gerichtlichen Vorgehensweise zur Sachverhaltsaufklärung müssen die Vor- und Nachteile der verschiedenen Handlungsmöglichkeiten gegeneinander abgewogen werden. Das selbstständige Beweisverfahren bietet gegenüber der Einholung eines Privatgutachtens mehrere **Vorteile**:
- Hemmung der Verjährung (§ 204 Abs. 1 Nr. 7 BGB),
- Möglichkeit eines Antrags auf Prozesskostenhilfe,
- weitreichende Verfahrensrechte einschließlich der Möglichkeit einer Streitverkündung,
- Verwertung des Beweisergebnisses im Hauptsacheprozess (§ 493 Abs. 1 ZPO).

Als **Nachteil** muss allerdings die Verfahrensdauer angesehen werden. Das selbstständige Beweisverfahren richtet sich nach den Verfahrensregeln der ZPO, die sich gerade bei komplexen Sachverhalten als Hemmnis für einen beschleunigten Abschluss der Beweiserhebung erweisen können. Zudem betreiben die gerichtlich beauftragten Sachverständigen die erforderliche Begutachtung nicht immer mit der gebotenen Eile. Soweit ein Hauptsacheverfahren folgt, kann die Gesamtabwicklung des Schadensfalls nicht selten eher verzögert als beschleunigt werden. Privatgutachten mögen zügiger zu erlangen sein, sind im anschließenden bzw. begleitenden Rechtsstreit aber nur als Parteivortrag anzusehen. Mitunter bestehen weitere Möglichkeiten: In Arzthaftungssachen kann sich die (kostenfreie) Einschaltung von Gutachter- und Schlichtungskommissionen als vorteilhaft erweisen, zumal dort das Behandlungsgeschehen in der Regel ohne Bindung an

---

1 Vgl. etwa OLG Düsseldorf NJW-RR 1997, 1312.
2 Vgl. etwa BGH NJW-RR 2010, 233; OLG Hamm NJW 2013, 2980.
3 OLG Düsseldorf MDR 2001, 354.
4 BayObLG NJW-RR 2002, 805.
5 Vgl. zur Straßenverkehrshaftung OLG Hamm OLGR 1999, 14.
6 OLG Celle NJW-RR 2011, 1180 (Unfallversicherung); OLG Celle NJW-RR 2011, 536 (Berufsunfähigkeitsversicherung).
7 BGH NJW 2013, 3654; BGH NJW 2003, 1741.

konkrete Beweisanträge aufgearbeitet wird. Insoweit muss vor Einleitung des selbstständigen Beweisverfahrens eine **Zweckmäßigkeitsbetrachtung unter Berücksichtigung des Mandanteninteresses** erfolgen.

Ein **vor Antragstellung eingeholtes Privatgutachten** zu den gleichen Beweisfragen schließt das **Rechtsschutzinteresse** für ein isoliertes Beweisverfahren nicht aus. Sind die Beweisfragen jedoch bereits durch ein gerichtlich eingeholtes Gutachten geklärt oder hat der Antragsgegner die zu beweisenden Tatsachen vorbehaltlos anerkannt, dann fehlt das Rechtsschutzbedürfnis für einen Antrag auf selbstständiges Beweisverfahren einer der beteiligten Parteien (§ 485 Abs. 3 ZPO). 3

Noch nicht abschließend geklärt ist, ob eine bestehende **Schiedsgutachterabrede** der Zulässigkeit eines selbstständigen Beweisverfahrens entgegensteht. Zutreffend wird die Zulässigkeit überwiegend bejaht.[8] Eine **Schiedsgerichtsvereinbarung** steht einem selbstständigen Beweisverfahren grundsätzlich nicht entgegen (siehe auch § 1033 ZPO).[9] 4

B. Rechtliche Grundlagen

I. Gesetzliche Voraussetzungen

Maßgebliche gesetzliche Vorschriften für das selbstständige Beweisverfahren sind die §§ 485–494a ZPO. Sie regeln, unter welchen Voraussetzungen ein selbstständiges Beweisverfahren eröffnet ist, enthalten besondere Verfahrensvorschriften und sehen im Übrigen den Rückgriff auf allgemeine Bestimmungen vor. 5

Die betreffenden Vorschriften eröffnen **zwei selbstständige Verfahrensarten** mit unterschiedlichen Voraussetzungen und Beweiserhebungsmöglichkeiten: 6
- das während und außerhalb eines anhängigen Rechtsstreits zulässige Eilverfahren (§ 485 Abs. 1 ZPO),
- das sog. „Feststellungsverfahren bei besonderem rechtlichem Interesse", soweit ein Rechtsstreit[10] noch nicht anhängig ist (§ 485 Abs. 2 ZPO).

In § 492 Abs. 1 ZPO wird auf die **allgemeinen Regeln über die Beweisaufnahme** verwiesen, jedoch nur bezogen auf diejenigen Beweismittel, die nach der ZPO innerhalb des selbstständigen Beweisverfahrens ausdrücklich zugelassen sind. In einem Eilverfahren nach § 485 Abs. 1 ZPO gelten also die Regeln für die Einnahme des Augenscheins, die Vernehmung von (sachverständigen) Zeugen und die Begutachtung durch einen Sachverständigen. Für die Beweiserhebung in einem selbstständigen Beweisverfahren nach § 485 Abs. 2 ZPO ist hingegen nur die Einholung eines Sachverständigengutachtens vorgesehen. 7

---

8 Für die Zulässigkeit etwa OLG Karlsruhe NZBau 2015, 775; vgl. zum Ganzen *Weise*, NJW-Spezial 2015, 684 m.w.N.
9 Vgl. etwa OLG Koblenz MDR 1999, 502.
10 Zum Begriff MüKo-ZPO/*Schreiber*, § 485 ZPO Rn 17.

1. Das Eilverfahren gem. § 485 Abs. 1 ZPO

8 Das Eilverfahren gem. § 485 Abs. 1 ZPO ist zulässig **während und außerhalb eines Hauptsacherechtsstreits**, wobei entweder die Zustimmung des Gegners oder die Besorgnis des Verlustes oder der erschwerten Benutzung des Beweismittels erforderlich ist.

a) Antrag

9 Der **Antrag** muss enthalten:
- die Bezeichnung des Gegners,
- die Bezeichnung der Tatsachen, über die Beweis erhoben werden soll,
- die Bezeichnung des Beweismittels, dessen Verlust droht,
- die Glaubhaftmachung (§ 294 ZPO) der Tatsachen zur Zulässigkeit des Eilverfahrens (Zustimmung des Gegners oder drohender Beweismittelverlust) und zur Zuständigkeit des angerufenen Gerichts (u.a. Streitwert der potenziellen Hauptsache). Als Mittel der Glaubhaftmachung kommen dabei Urkunden und die eidesstattliche Versicherung in Betracht. Die Richtigkeit des Parteivorbringens muss nicht gewiss, sondern nur überwiegend wahrscheinlich sein.[11]

10 *Hinweis*

Soweit eine Begutachtung nach § 485 Abs. 1 ZPO erfolgen soll, sieht § 485 Abs. 1 ZPO nicht zwingend eine schriftliche Begutachtung durch den Sachverständigen vor. Es kann daher hilfreich sein, gegenüber dem Gericht im Antrag anzuregen, ob die Begutachtung mündlich (Vorteil häufig Zeitersparnis) oder schriftlich (Vorteil meist bessere Klarheit und Prüfbarkeit) erfolgen soll. Das Gericht entscheidet über den Antrag letztlich nach Ermessen (§ 411 ZPO).

b) Voraussetzungen

11 Das Eilverfahren nach § 485 Abs. 1 ZPO ist eröffnet, wenn der Gegner seine **Zustimmung** zu dem Antrag erteilt. Dies ist nur selten der Fall, kommt aber gerade zwischen Bauunternehmen mitunter vor. Die Erklärung der Zustimmung ist nicht anfechtbar, da es sich um eine **Prozesshandlung** handelt. Sie kann mündlich oder schriftlich gegenüber dem Gericht (auch zu Protokoll der Geschäftsstelle) und dem Antragsteller (dann Glaubhaftmachung erforderlich) erklärt werden.

12 Der **Beweismittelverlust** muss sich immer aus den **tatsächlichen Umständen** ergeben. Ein drohender Rechtsverlust (Verjährung) ist kein Fall des Eilverfahrens nach § 485 Abs. 1 ZPO.[12]

13 Die Gründe für den zu besorgenden Beweismittelverlust können persönliche sein, wie z.B. Erkrankung eines Zeugen, dessen hohes Alter oder dessen künftige Unerreichbarkeit im Ausland. Daneben kann vor allem ein Beweismittelverlust deshalb drohen, weil

---

11 BGH MDR 1996, 639; Zöller/*Greger*, § 294 ZPO Rn 6.
12 Zöller/*Herget*, § 485 ZPO Rn 5.

Ware typischerweise verdirbt oder durch den Baufortschritt in einem Baugeschehen ein gegenwärtiger Zustand/Mangel einer Sache oder eines Gewerkes verändert wird.

Beispiel 14

Zwar genügt die Befürchtung der Beeinträchtigung der Erinnerung etwaiger Zeugen bis zu einer etwaigen Vernehmung nicht zur Zulässigkeit, doch kann eine **Erkrankung von Zeugen** mit infauster Prognose einen Antrag rechtfertigen. Auch kann die **Begutachtung des aktuellen Gesundheitszustands des Patienten** Ziel eines Antrags nach § 485 Abs. 1 ZPO sein. Insbesondere in **Zahnarzthaftungssachen** kommt dies in Betracht, da häufig nur eine zügige Begutachtung den maßgebenden Zustand festhalten kann, wenn weitere (eine spätere Sachaufklärung erschwerende) Behandlungsmaßnahmen dringlich sind.[13]

2. Das isolierte Beweisverfahren gemäß § 485 Abs. 2 ZPO

a) Ausgangslage

Mit dem isolierten Beweisverfahren gem. § 485 Abs. 2 ZPO wird die Möglichkeit eröffnet, den Sachverhalt **vor einem streitigen Verfahren** durch schriftliche Begutachtung klären zu lassen, wenn dafür ein rechtliches Interesse besteht und die Feststellungen der Vermeidung eines Rechtsstreites dienen können. Erforderlich ist zusätzlich, dass einer der in § 485 Abs. 2 S. 1 ZPO **enumerativ** genannten Gegenstände begutachtet werden soll.[14] Nach § 485 Abs. 2 Nr. 1–3 ZPO kann ein vorprozessuales Sachverständigengutachten in einem selbstständigen Beweisverfahren nur über 15

- den Zustand einer Person bzw. Zustand/Wert einer Sache,
- die Ursache eines Personenschadens, Sachschadens oder Sachmangels und/oder
- den Aufwand für die Beseitigung eines Personenschadens, Sachschadens oder Sachmangels

eingeholt werden. Nur für diese gesetzlichen Tatbestände kann eine Begutachtung erfolgen.

Beispiele 16

Aufgrund einer Beweisanordnung nach **§ 485 Abs. 2 Nr. 1 ZPO** zum (vergangenen oder gegenwärtigen) Zustand einer Person oder einer Sache kann der Sachverständige damit beauftragt werden, den Grad der Invalidität eines Versicherungsnehmers zu bestimmen,[15] die Vereinbarkeit der Ausführung von Mauern mit technischen Regeln zu bewerten[16] oder die Ausgestaltung des Schallschutzes von Räumlichkeiten zu klären.[17] Auch kann danach gefragt werden, ob Schäden und Mängel eines Gebäudes für dessen Eigentümer bzw. Bewohner – aus sachverständiger Sicht – erkennbar wa-

---

13 Vgl. etwa OLG Koblenz OLGR 2003, 332.
14 BGH NJW-RR 2014, 180, 181.
15 OLG Nürnberg NJW-RR 2015, 160.
16 OLG Karlsruhe BeckRS 2017, 111277.
17 Vgl. OLG Hamburg BauR 2006, 1788.

ren.[18] Keiner Begutachtung nach § 485 Abs. 3 Nr. 1 ZPO ist zugänglich, ob dem Antragsteller durch das Verhalten des Antragsgegners Gewinne in einer bestimmten Mindesthöhe entgangen sind.[19]

In einem selbstständigen Beweisverfahren nach **§ 485 Abs. 2 Nr. 2 ZPO** kann geklärt werden, ob Planungs- oder Bauüberwachungs- und/oder Ausführungsfehler als Ursache der behaupteten Mängel in Betracht kommen.[20] Zur Feststellung der Ursache eines Mangels gehört auch die Feststellung des Verursachers.[21] Bei mehreren Verursachern hat der Sachverständige – allein aus technischer Sicht – eine Verursachungsquote festzustellen. In Arzthaftungssachen kann ein Sachverständigengutachten zur Bewertung der Behandlung als fehlerhaft eingeholt werden; nach Auffassung des BGH soll auch die Frage nach einem groben Behandlungsfehler eröffnet sein.[22]

Zum nach **§ 485 Abs. 2 Nr. 3 ZPO** als Gegenstand eines selbstständigen Beweisverfahrens möglichen Aufwand für die Beseitigung eines Personenschadens gehören Nachteile, die auf die Gesundheitsverletzung zurückzuführen sind, sich also als Folge aus dem der Person entstandenen Schaden ergeben. Hierzu gehören etwa die Kosten für notwendige Heilbehandlungen sowie Kur- und Pflegekosten, aber auch der entgangene Gewinn bzw. eine Vermehrung der Bedürfnisse.[23] Zum Aufwand zur Beseitigung eines Sachschadens bzw. Sachmangels gehören sämtliche Mängelbeseitigungsarbeiten.[24] Hierzu gehören alle Leistungen in Geld oder Zeit. Die Beweisaufnahme kann sich auch darauf erstrecken, welche Maßnahmen zur Beseitigung nötig und möglich sind, wenn der Aufwand davon abhängt.[25]

b) Antrag

17 Der **Antrag** muss enthalten:
- die Bezeichnung des Gegners;
- den Antrag auf Feststellung des Zustandes einer Person oder einer Sache, der Ursache eines Personen- oder Sachschadens oder Sachmangels sowie des Aufwandes oder der Maßnahmen für die Beseitigung durch Einholung eines schriftlichen Sachverständigengutachtens. Unschädlich ist, dass sich die vorgetragene Vermutung über eine Schadensursache oder einen Mangel später als falsch erweist;[26]
- die Glaubhaftmachung (§ 294 ZPO) der Tatsachen zur Beurteilung der Zulässigkeit des selbstständigen Beweisverfahrens (rechtliches Interesse) sowie der Zuständigkeit des angerufenen Gerichts (u.a. Streitwert der potentiellen Hauptsache). Als Mittel der Glaubhaftmachung kommen insbesondere Urkunden (Verträge, Baubeschreibungen etc.) und die eidesstattliche Versicherung in Betracht.

---

18 BGH NJW-RR 2010, 233.
19 BGH NJW-RR 2014, 180.
20 OLG München BauR 1998, 363.
21 OLG Frankfurt/M. BauR 1995, 275.
22 BGH NJW 2013, 3654.
23 Zum Ganzen BGH NJW-RR 2010, 946.
24 OLG Koblenz OLGR 2004, 77.
25 OLG Hamm BeckRS 2014, 02254.
26 BGH MDR 1992, 780.

Tipp

Der Antrag sollte das **Beweisthema** so exakt wie möglich angeben. Dazu gehört vor allem, auf welchen festzustellenden Tatsachen der Zustand der Sache oder Person beruht, bei Sachmängeln gehört hierzu insbesondere die exakte Angabe des Mangels in seiner äußeren Erscheinungsform unter gleichzeitiger Angabe seiner Lage. Baumängel müssen zumindest ihrem äußeren Erscheinungsbild nach angegeben werden. Sämtliche mit der gleichen Ursache zusammenhängenden Schäden und Folgen werden dann erfasst (sog. Symptomtheorie). Die Schadenbeseitigungsmaßnahmen und der sonstige Beseitigungsaufwand einschließlich der Kosten können, müssen aber nicht geschätzt werden.

Gegenstand der Beweiserhebung muss eine **bestimmte Tatsache** sein. Die Klärung einer Rechtsfrage – etwa das Vorliegen von Fahrlässigkeit oder Arglist – durch den Sachverständigen ist nicht zulässig; anderes gilt für die tatsächlichen Vorfragen (z.B. medizinische oder technische Standards) zur späteren Beantwortung der rechtlichen Fragestellung.[27] Ebenso wenig ist eine Ausforschung eröffnet. Selbst im Arzthaftungsrecht, wo auch für die Anspruchsdarlegung im Hauptsacheprozess nur gemäßigte Substantiierungserfordernisse bestehen, sind **ausforschende Anträge** unzulässig. Dies gilt etwa dann, wenn pauschal die Frage nach einem ärztlichen Kunstfehler gestellt wird.[28] Es genügt nicht, wenn der Antragsteller in lediglich formelhafter und pauschaler Weise Tatsachenbehauptungen aufstellt, ohne diese zu dem zugrunde liegenden Sachverhalt in Beziehung zu setzen.[29] Auch kann nicht gefragt werden, worin die Ursache für gesundheitliche Beschwerden des Antragstellers liegen, wenn diese sich nicht auf die Behandlung durch den Antragsgegner zurückführen lassen.[30] Im Anwendungsbereich des § 485 Abs. 2 Nr. 2 ZPO genügt grundsätzlich die Bezeichnung des eingetretenen Personenschadens, dessen Ursachen gutachterlich geklärt werden sollen. Die als Ursachen abzuklärenden Behandlungsfehlervorwürfe müssen allerdings nicht konkret bezeichnet, sondern lediglich in tatsächlicher – insbesondere zeitlicher und örtlicher – Hinsicht eine gewisse Eingrenzung erfahren und verdeutlichen, in welchem ärztlichen Verhalten eine Standardverletzung gesehen wird.[31]

Bei **mehreren (möglichen) Schuldnern** sollten diese vollzählig in den Antrag aufgenommen werden, um die verjährungshemmende Wirkung des Antrages, die Verwertungsmöglichkeit des Gutachtens in einem Hauptsacheprozess und Festsetzung der Kosten des selbstständigen Beweisverfahrens nach Abschluss des Hauptsacheprozesses sicherzustellen (nur zwischen Parteien möglich). Andererseits muss dem Antragsteller klar sein (ggf. anwaltlicher Hinweis erforderlich), dass alle Antragsgegner nach Beendi-

---

27 BGH NJW-RR 2010, 233, 234.
28 OLG Oldenburg VersR 2010, 927; OLG Oldenburg MDR 2008, 1059.
29 BGH NJW-RR 2016, 63 (Antrag auf Begutachtung zu elf Knieoperationen mit jeweils wortgleich und ohne Einzelfallbezug formulierten Beweisfragen).
30 OLG Naumburg VersR 2017, 443.
31 Vgl. auch OLG Karlsruhe MedR 2012, 261.

gung des selbstständigen Beweisverfahrens einen Kostenantrag nach § 494a ZPO stellen können.

c) Voraussetzungen

21 Für das isolierte Beweisverfahren ist ein **„rechtliches Interesse"** erforderlich. Ein solches ist gegeben, wenn die beweisliche Feststellung der Vermeidung eines Rechtsstreites dienen kann. Der Begriff des rechtlichen Interesses ist nach der Rechtsprechung des BGH generell **weit auszulegen**. Zur Vermeidung eines Rechtsstreits kann ein selbstständiges Beweisverfahren auch dann dienen, wenn der Antragsgegner eine gütliche Streitbeilegung bereits bestimmt und scheinbar endgültig abgelehnt hat. Allein die mögliche Verwertbarkeit des Sachverständigengutachtens genügt. Das verbleibende Risiko trägt – wie in jedem selbstständigen Beweisverfahren – der Antragsteller. Die Erfolgsaussicht der Rechtsverfolgung bzw. -verteidigung hinsichtlich des Hauptanspruchs ist grundsätzlich nicht von Bedeutung. Ein rechtliches Interesse kann nur dann verneint werden, wenn der behauptete Anspruch keinesfalls bestehen kann.[32]

22 *Hinweis*

*Noch nicht geklärt ist, ob ein zu Verfahrensbeginn gegebenes **rechtliches Interesse wegfallen kann**. Beispiel: Der Antragsteller begehrt Feststellungen nach § 485 Abs. 2 Nr. 2 ZPO (Klärung Behandlungsfehlervorwürfe) und § 485 Abs. 2 Nr. 3 ZPO (Folgenbetrachtung). Verläuft die Begutachtung zu den Behandlungsfehlervorwürfen zweifelsfrei unergiebig und werden auch im Übrigen zur Begründung des Anspruchs keine Anhaltspunkte angeführt, kann für die grundsätzlich nach § 485 Abs. 2 Nr. 3 ZPO eröffnete Begutachtung des Schadensumfangs das rechtliche Interesse fehlen. Dies beruht auf der Rechtsprechung des Bundesgerichtshofes, nach der ein rechtliches Interesse an der Durchführung eines selbstständigen Beweisverfahrens fehlt, wenn evident ist, dass der behauptete Anspruch nicht bestehen kann.[33] Insofern sollte auch innerhalb des Verfahrens das rechtliche Interesse wegfallen können.[34]*

d) Beweisanordnung des Gerichts

23 Das Gericht ist an die **Tatsachenbehauptungen** des Antragstellers **gebunden**. Eine Überprüfung der Schlüssigkeit des Sachvortrags des Antragstellers bzw. der Entscheidungserheblichkeit/Beweisbedürftigkeit der behaupteten Tatsachen erfolgt nicht. Ebenso wenig ist von Bedeutung, ob der Antragsgegner das Vorbringen des Antragstellers in Streit stellt oder sonstige Einwendungen bzw. Einreden erhebt. Die Prüfung materiellrechtlicher Fragen gehört nicht in das Beweisverfahren. Das angerufene Gericht kann daher das Rechtsschutzbedürfnis für ein isoliertes Beweisverfahren nicht mit der Begründung ablehnen, ein sich möglicherweise ergebender Gewährleistungsanspruch sei ver-

---

32 Vgl. zum Ganzen BGH NJW 2004, 3488. Siehe auch BGH NJW-RR 2006, 1454: Kein rechtliches Interesse für selbstständigen Beweisverfahren zur Vorbereitung eines Sachverständigenhaftungsprozesses nach § 839a BGB, wenn innerhalb des Vorprozesses noch die Möglichkeit einer Korrektur des Gutachtens besteht.
33 Vgl. BGH NJW 2004, 3488.
34 OLG Koblenz MedR 2017, 246 m. zust. Anm. *Laumen*.

jährt und wegen der vom Antragsgegner erhobenen Verjährungseinrede nicht mehr durchsetzbar.[35] Anderes gilt nur dann, wenn ein Anspruch des Antragstellers keinesfalls in Betracht kommt.[36]

Gegenstand der Beweisanordnung nach § 485 Abs. 2 ZPO kann nur die **Einholung eines Sachverständigengutachtens** sein. Anders als § 485 Abs. 1 ZPO, der die Begutachtung durch einen Sachverständigen ohne Beschränkung auf eine mündliche oder schriftliche Gutachtenerstattung eröffnet, sieht § 485 Abs. 2 ZPO ausschließlich eine **schriftliche Begutachtung** vor. Allerdings finden nach § 492 Abs. 1 ZPO auch § 411 Abs. 3 ZPO bzw. §§ 402, 397 Abs. 1 ZPO Anwendung, die der Partei das Recht geben, den Sachverständigen in den Grenzen von Verspätung und Rechtsmissbrauch zumindest einmal persönlich zu hören. Die **mündliche Erläuterung des Gutachtens** durch den Sachverständigen und dessen Anhörung sind daher auch im selbstständigen Beweisverfahren nach § 485 Abs. 2 ZPO zulässig.[37] Eine über den Sachverständigenbeweis hinausgehende andere Beweiserhebung – durch den gerichtlichen Augenschein oder durch Vernehmung eines Zeugen – kommt hingegen nicht in Betracht.[38]

24

Die **Ernennung des Sachverständigen** erfolgt durch das Gericht (§§ 492 Abs. 1, 404 Abs. 1 ZPO). Ein Rechtsbehelf gegen die Auswahl eines bestimmten Sachverständigen ist nicht statthaft. Insgesamt gelten hier die allgemeinen Grundsätze zum Sachverständigenbeweis. Gerade in selbstständigen Beweisverfahren, die meist einem Beschleunigungsinteresse des Antragstellers unterliegen, werden häufig in der Antragsschrift Vorschläge zur Person des Sachverständigen unterbreitet. Ein im Antrag namentlich genannter Sachverständiger ist als „Anregung" an das Gericht zu sehen. Es muss sich hierbei nicht zwingend um einen öffentlich bestellten und vereidigten Sachverständigen handeln (vgl. § 404 Abs. 3 ZPO).

25

Tipp

26

In der Praxis benennen viele Gerichte den vom Antragsteller vorgeschlagenen Sachverständigen, wenn sich der Antragsgegner zum Antrag oder zu dem Vorschlag nicht äußert. Der Antragsgegner sollte daher der Beauftragung eines aus seiner Sicht unqualifizierten oder ungeeigneten Sachverständigen unter Angabe von Alternativvorschlägen widersprechen. Häufig entbrennt dann eine Diskussion. Ziel des Antragstellers sollte es sein, mit dem Streit um die Person des Sachverständigen keine Zeit zu verlieren. Der „Königsweg" liegt häufig in der für das Gericht bindenden **Einigung der Parteien** auf einen (qualifizierten und zügig arbeitenden) Sachverständigen (§§ 492 Abs. 1, 404 Abs. 5 ZPO), die am besten bereits mit der Antragsschrift mitge-

---

35 OLG Düsseldorf BauR 2001, 128.
36 Vgl. zum Ganzen BGH NJW 2004, 3488.
37 BGH NZBau 2005, 688.
38 OLG München BauR 2001, 447.

teilt wird.[39] Um einen Zeitverlust auszuschließen, sollte das Gericht auch in der Antragsschrift gebeten werden, bereits eine Vorschussanforderung vorzunehmen.

3. Zuständiges Gericht

27 Die sachliche und örtliche Zuständigkeit richtet sich gem. § 486 Abs. 2 ZPO nach der jeweils in der **Hauptsache gegebenen Zuständigkeit**.

28 Der Antrag im **Eilverfahren gem. § 485 Abs. 1 ZPO** ist – soweit ein Rechtsstreit anhängig ist – beim Prozessgericht zu stellen (§ 486 Abs. 1 ZPO). Ist noch kein Rechtsstreit anhängig, ist der Antrag bei dem Gericht zu stellen, das zur Entscheidung in der Hauptsache berufen wäre (§ 486 Abs. 2 S. 1 ZPO).

29 Der Antrag im **isolierten Beweisverfahren gem. § 485 Abs. 2 ZPO** ist bei dem Gericht der potenziellen Hauptsache zu stellen (§ 486 Abs. 2 S. 1 ZPO).

30 In Fällen **dringender Gefahr** (selten!) kann der Antrag gem. § 486 Abs. 3 ZPO auch bei dem Amtsgericht gestellt werden, in dessen Bezirk sich die zu vernehmende oder zu begutachtende Person aufhält oder sich die in Augenschein zu nehmende oder zu begutachtende Sache befindet (Sonderzuständigkeit).

31 Die **sachliche Zuständigkeit** des Gerichts richtet sich nach dem Streitwert der in Betracht kommenden Hauptsache. Bei einem Streitwert bis 5.000 EUR ist das Amtsgericht, bei einem Streitwert ab 5.000,01 EUR ist das Landgericht zuständig (§§ 23, 71 GVG). Das Gericht kann von dem Antragsteller verlangen, dass Angaben zum Streitwert der Hauptsache gemacht werden. Zur Vermeidung von Rückfragen sollten bereits in der Antragsschrift Ausführungen zum Streitwert erfolgen.

32 *Tipp*

Sind die Verfahrensbeteiligten (Voll-)Kaufleute und ist das Landgericht zuständig, kann der Antrag bei der Kammer für Handelssachen (§§ 94 ff. GVG) gestellt werden. Wird der Antrag zunächst bei der Zivilkammer gestellt, könnte mit einem Verweisungsantrag des Antragsgegners wertvolle Zeit verloren gehen.

33 Für die Zuständigkeit des Gerichts kommt es allein auf den **Zeitpunkt der Antragstellung** an. Das Ergebnis der Beweissicherung ist für die Zuständigkeit ohne Bedeutung. Ein Wechsel der Zuständigkeit findet daher nicht statt. Auch § 506 ZPO findet keine (entsprechende) Anwendung.[40] Ergeben sich also nach der Antragstellung beim Landgericht aufgrund des festgestellten Beweisergebnisses Anknüpfungspunkte für eine Zuständigkeit des Amtsgerichts (und umgekehrt), z.B. weil der Sachverständige die Mängelbeseitigungskosten im Wert von unter/über 5.000 EUR ermittelt, bleibt es bei der Zuständigkeit des ursprünglich angerufenen Gerichts.

---

39 Haben sich die Parteien auf einen Sachverständigen geeinigt, verzichten sie damit auf die bis zur Einigung bekannten Ablehnungsgründe: BGH NJW-RR 2006, 1312, 1313.
40 OLG Schleswig NJW-RR 2010, 533.

B. Rechtliche Grundlagen § 12

Bei der **örtlichen Zuständigkeit** kann der Antragsteller unter mehreren Gerichtsständen 34
für den in Betracht kommenden Hauptsacheprozess wählen. Dies können z.B. sein:
- allgemeiner Gerichtsstand (Wohnsitz des Beklagten),
- gewerbliche Niederlassung des Beklagten,
- Gerichtsstand des Erfüllungsortes,
- Gerichtsstand der unerlaubten Handlung,
- Gerichtsstand aus einer zulässigen Gerichtsstandsvereinbarung.

Die **Ausübung des Wahlrechts** bei mehreren örtlich zuständigen Gerichten bindet den 35
Antragsteller nur hinsichtlich des selbstständigen Beweisverfahrens und nicht für die
nachfolgende Hauptsacheklage. Der Antragsteller darf nach § 486 Abs. 2 S. 2 ZPO in
dem Hauptsacheprozess die Unzuständigkeit des Prozessgerichts zwar nicht rügen, wenn
dieses Gericht zuvor das selbstständige Beweisverfahren geführt hat. Allerdings kann er
die Hauptsacheklage bei einem anderen Gericht erheben.

Auch wenn im selbstständigen Beweisverfahren keine Rechtshängigkeit der Streitsache 36
eintritt, ist der in § 261 Abs. 3 Nr. 2 ZPO niedergelegte Grundsatz entsprechend anzuwenden.
Eine **nach erfolgter Zustellung** oder Übersendung des Antrags auf Durchführung
eines selbstständigen Beweisverfahrens an den Antragsgegner getroffene **Gerichtsstandsvereinbarung**
berührt die bestehende Zuständigkeit des zuerst angerufenen
Gerichts im selbstständigen Beweisverfahren daher nicht.[41] Im Übrigen sind Gerichtsstandsvereinbarungen auch im selbstständigen Beweisverfahren beachtlich.[42] Allerdings
stößt eine ausschließlich für das selbstständige Beweisverfahren getroffene **Gerichtsstandsvereinbarung**
in der Rechtsprechung auf Bedenken.[43]

Verweisungsbeschlüsse sind im selbstständigen Beweisverfahren analog § 281 Abs. 2 37
S. 4 ZPO bindend (Ausnahme: Willkür), wenn dem Antragsgegner der Antrag zuvor
zugestellt oder übersandt worden ist.[44]

Haben verschiedene Antragsgegner ihren allgemeinen Gerichtsstand jeweils bei unter- 38
schiedlichen Gerichten und fehlt es an einem gemeinsamen besonderen Gerichtsstand,
kommt **§ 36 Abs. 1 Nr. 3 ZPO** zur Anwendung.[45] Der gemeinsame Gerichtsstand für das
selbstständige Beweisverfahren wird durch das im Rechtszug zunächst höhere Gericht
bestimmt. Dabei kann eine Gerichtsstandsvereinbarung mit einem Antragsgegner Einfluss
auf die Zuständigkeitsbestimmung nehmen.[46] Hat aber ein Antragsteller mit den
Antragsgegnern jeweils voneinander abweichende ausschließliche Gerichtsstände vereinbart,
ist angesichts der widersprechenden Gerichtsstandsvereinbarungen die Bestimmung
eines für beide Antragsgegner zuständigen Gerichts nicht möglich, wenn keiner

---

[41] BGH NJW-RR 2010, 891, 892.
[42] MüKo-ZPO/*Schreiber*, § 486 ZPO Rn 3.
[43] OLG Jena OLGR 2000, 59.
[44] BGH NJW-RR 2010, 891, 892.
[45] OLG Naumburg BauR 2014, 1038; OLG Stuttgart BeckRS 2014, 11118.
[46] Vgl. OLG Stuttgart BeckRS 2014, 11118; siehe auch *Weise*, NJW-Spezial 2014, 428.

der Antragsgegner auf den mit ihm vereinbarten ausschließlichen Gerichtsstand verzichtet.[47]

4. Sonstige Verfahrensfragen

a) Anwaltszwang

39 Der **Antrag** auf Einleitung eines selbstständigen Beweisverfahrens kann schriftsätzlich oder zu Protokoll der Geschäftsstelle eingereicht werden (§ 486 Abs. 4 ZPO) und unterliegt daher **nicht dem Anwaltszwang** (§§ 486 Abs. 4, 78 Abs. 3 ZPO). Die Vorschrift betrifft allerdings nur die Antragstellung,[48] wird aber auch die **Ergänzung und Berichtigung** des Antrags erfassen.[49] Eine analoge Anwendung der Ausnahmevorschrift des § 486 Abs. 4 ZPO auf das gesamte Verfahren mit Ausnahme einer etwaigen mündlichen Verhandlung ist nach der Rechtsprechung des BGH nicht eröffnet.[50] Nicht dem Anwaltszwang unterliegt die **Beitrittserklärung eines Nebenintervenienten** in einem beim Landgericht anhängigen selbstständigen Beweisverfahren, da der Nebenintervenient nicht schlechter gestellt werden darf als der Antragsteller.[51] Wird der Nebenintervenient darüber hinaus jedoch für die und anstatt der Partei tätig, besteht Anwaltszwang.[52] Denn auch Antragsteller und Antragsgegner benötigen abseits des Regelungsgehalts des § 486 Abs. 4 ZPO nach der Rechtsprechung des BGH für die Durchführung des selbstständigen Beweisverfahrens anwaltliche Vertretung, sofern sie vor einem diesem Zwang unterliegenden Gericht erfolgt.[53] Auch wenn der BGH offengelassen hat, ob eine analoge Anwendung für einzelne Verfahrenshandlungen denkbar ist, ist Zurückhaltung bei der Annahme von Ausnahmen vom Anwaltszwang, die über § 486 Abs. 4 ZPO hinausgehen, angebracht.[54] Jedenfalls die **Rücknahme** des Antrags sollte als Reziprok nicht dem Anwaltszwang unterstellt werden.[55] Vorsicht gilt allerdings für außerhalb der mündlichen Verhandlung vor dem Landgericht gestellte Anträge auf Verlängerung der Frist zur Stellungnahme zum Sachverständigengutachten sowie auf Anhörung oder Ablehnung eines Sachverständigen. Für den Antrag nach § 494a Abs. 1 ZPO war bis zur Entscheidung des BGH zum Anwaltszwang für die Beitrittserklärung des Nebenintervenienten streitig, ob vor dem Landgericht vom Anwaltszwang auszugehen ist. Auf der Grundlage der Ausführungen des BGH spricht viel dafür, den Anwaltszwang zu bejahen.[56] Für

---

47 OLG Stuttgart BauR 2017, 1414.
48 BGH NZBau 2012, 563.
49 Vgl. etwa OLG Naumburg OLG-NL 2002, 181.
50 BGH NZBau 2012, 563, 564, wobei offengelassen wird, ob eine analoge Anwendung für einzelne Verfahrenshandlungen denkbar ist.
51 BGH NZBau 2012, 563.
52 *Fischer*, LMK 2012, 338416.
53 Zöller/*Herget*, Vor §§ 485–494a ZPO Rn 4; *Ahrens*, Der Beweis im Zivilprozess, Kap. 55 Rn 27.
54 Vgl. auch OLG Köln BauR 2015, 302.
55 Notfalls kann auf die Erwägungen zur Zulässigkeit der Rücknahme der durch die Partei eingelegten Berufung durch diese selbst (entgegen dem bestehenden Anwaltszwang) zurückgegriffen werden; vgl. hierzu Zöller/*Herget*, § 516 ZPO Rn 15.
56 So auch Zöller/*Herget*, § 494a ZPO Rn 6; *Ahrens*, Der Beweis im Zivilprozess, Kap. 57 Rn 34.

eine Streitverkündung soll jedoch nach der Rechtsprechung des BGH allgemein kein Anwaltszwang bestehen.[57]

Hinweis 40

Der BGH hat mit seiner Entscheidung aus dem Juli 2012 zum (fehlenden) Anwaltszwang für die Beitrittserklärung eines Nebenintervenienten in einem selbstständigen Beweisverfahren vor dem Landgericht Grundsätze aufgestellt, die zuvor in der instanzgerichtlichen Rechtsprechung (und einem Großteil des Schrifttums) anders beurteilt wurden. Die Heranziehung von Entscheidungen vor diesem Zeitpunkt zur Prüfung des Anwaltszwangs sollte daher nur zurückhaltend erfolgen.

b) Beweisverfahren gegen Unbekannt

Ist der Antragsgegner im Zeitpunkt der Antragstellung außerstande, den Gegner zu bezeichnen, kann gem. § 494 Abs. 1 ZPO ein selbstständiges Beweisverfahren auch **gegen Unbekannt** durchgeführt werden. Das Gericht muss in diesem Fall gem. § 494 Abs. 2 ZPO prüfen, ob ein Vertreter für den unbekannten Antragsgegner zu stellen ist (§ 51 ZPO). 41

Hinweis 42

Ein Beweissicherungsantrag gegen einen unbekannten Gegner reicht zum Eintritt der verjährungshemmenden Wirkung gegenüber dem Unbekannten allerdings nicht aus.

c) Mitwirkung und Beweisanträge des Antragsgegners

Dem Antragsgegner ist mit der Zustellung der Antragsschrift **rechtliches Gehör** zu gewähren. Er kann daher Einwendungen zur Zulässigkeit des Antrages, zur Zuständigkeit des Gerichts und zum Streitwert vorbringen, seinerseits Anträge stellen und auch eine Streitverkündung (zur Streitverkündung im selbstständigen Beweisverfahren siehe Rdn 75 ff.) vornehmen. 43

Zulässig sind auch **eigene Beweisanträge des Antragsgegners**, sofern ein Sachzusammenhang zu dem vom Antragsteller bezweckten Beweisthema besteht und die Anforderungen des § 485 ZPO gewahrt sind; zudem darf die Beweiserhebung noch nicht abgeschlossen sein (vgl. auch § 485 Abs. 3 ZPO). Der Antragsgegner kann das selbstständige Beweisverfahren also durch eigene Beweis- und Ergänzungsfragen erweitern.[58] Bei vollständiger Identität des Beweisthemas ist ein Gegenantrag unzulässig, was aber sachlich ohne Bedeutung bleibt. 44

Eine Anwendung von § 142 ZPO ist im selbstständigen Beweisverfahren nicht eröffnet, weil dies eine im nicht vorgesehene Schlüssigkeits- und Erheblichkeitsprüfung erfordert.[59] 45

---

57 BGH NJW 1985, 328.
58 Vgl. etwa OLG Köln BeckRS 2010, 06646.
59 Vgl. BGH VersR 2017, 908.

46 *Hinweis*

Einem am selbstständigen Beweisverfahren **nicht beteiligten Dritten** kann nicht aufgegeben werden, eine **Bauteilöffnung** in seiner Wohnung zum Zwecke der Beweissicherung zu dulden.[60]

d) Sachverständigenbeweis

47 Die Parteien können die **Erläuterung eines Gutachtens** durch den Sachverständigen auch im selbstständigen Beweisverfahren beantragen (§§ 492, 411 Abs. 3 ZPO),[61] selbst wenn das Gericht dies nicht als erforderlich ansieht. Bei der Beurteilung der **Zulässigkeit von (Ergänzungs-)Fragen** an den Sachverständigen ist ein großzügiger Maßstab angezeigt.[62]

48 *Hinweis*

Die nach § 492 ZPO anwendbare Vorschrift des § 411 Abs. 4 ZPO verweist auf die Verspätungsvorschriften des § 296 Abs. 1, 4 ZPO, weshalb ein Antrag auf Ergänzung oder Anhörung des Sachverständigen auch im selbstständigen Beweisverfahren als verspätet zurückgewiesen werden kann. Generell sollten **Einwendungen** gegen die Richtigkeit und/oder Vollständigkeit des Beweisergebnisses **unbedingt bereits im selbstständigen Beweisverfahren** geltend gemacht werden (siehe Rdn 74). Unter Umständen kann kurzfristig auch ein Privatgutachten eines anderen Sachverständigen vorgelegt werden.

49 Ungeachtet der grundsätzlichen Ziels, eine zügige Beweissicherung vorzunehmen, kann auch im selbstständigen Beweisverfahren ein **weiteres Gutachten** angezeigt sein (§§ 492, 412 ZPO), wobei die bekannt strengen Anforderungen zu berücksichtigen sind.[63]

50 Im selbstständigen Beweisverfahren können Umstände eintreten, die eine **Ablehnung des Sachverständigen** erfordern. Obgleich dem selbstständigen Beweisverfahren ein Eilcharakter zukommt, ist ein Ablehnungsantrag auch hier möglich.[64] Das Risiko eines Beweisverlustes im Falle eines erfolgreichen Ablehnungsantrages, weil das Gericht nun einen neuen Sachverständigen bestellen muss, trägt daher der Antragsteller. Nur vereinzelt ist ein Ablehnungsrecht unter Hinweis auf den Eilzweck des Verfahrens zurückgewiesen worden, wenn im Falle des Erfolgs Beweisverlust eingetreten wäre;[65] abgesichert ist dieser rechtliche Ansatz indes nicht.

51 Gem. § 406 Abs. 1 S. 1 ZPO kann ein Sachverständiger aus den gleichen Gründen abgelehnt werden, die zur Ablehnung eines Richters berechtigen (§§ 41, 42 ZPO). Eine Ablehnung wegen Besorgnis der Befangenheit ist also insbesondere möglich, wenn ein

---

60 BGH NJW 2013, 2687.
61 BGH NZBau 2005, 688.
62 Vgl. OLG Schleswig NJW-RR 2016, 994.
63 BGH NZBau 2005, 688, 689.
64 Vgl. nur BGH NJW-RR 2006, 1312, 1313.
65 OLG Hamm VersR 1996, 911.

Grund vorliegt, der geeignet ist, **Misstrauen gegen die Unparteilichkeit des Sachverständigen** zu rechtfertigen. Dabei kommt es nicht darauf an, ob der Sachverständige tatsächlich befangen ist oder das Gericht Zweifel an seiner Unparteilichkeit hat. Entscheidend ist allein, ob aus der Sicht des Ablehnenden genügend objektive Gründe vorliegen, die nach der Meinung einer ruhig und vernünftig denkenden Partei Anlass geben, an der Unvoreingenommenheit des Sachverständigen zu zweifeln. Es müssen also tatsächliche Umstände vorliegen, die ein auch nur subjektives Misstrauen der Partei in die Unparteilichkeit des Sachverständigen vernünftigerweise rechtfertigen können.[66]

Die eine Besorgnis der Befangenheit begründenden Umstände können in der **Person des Sachverständigen** wie in der **Art der Gutachtenerstattung** begründet sein. Die Kasuistik ist vielfältig.[67] Ein Ablehnungsrecht kann etwa bestehen, wenn der Sachverständige vor dem Beweisverfahren ein Gutachten für eine der Parteien erstattet hat[68] oder wenn er nach Erstattung des Beweisverfahrensgutachtens von einer Partei mit der Erstattung eines weiteren Privatgutachtens beauftragt wurde.[69] Ein Ablehnungsgrund liegt ebenfalls vor, wenn der Sachverständige nur eine/n der Parteien/Verfahrensbevollmächtigten zum Ortstermin lädt[70] oder das Verhalten einer Partei im Gutachten als „rüpelhaft" bzw. deren Vortrag als „Märchenstunde" bezeichnet.[71] Wegen der im selbstständigen Beweisverfahren häufig – sachbedingt – laienhaft formulierten Beweisfragen kommt es mitunter zur Frage, ob eine Gutachtenüberschreitung des Sachverständigen vorliegt, die eine Ablehnung rechtfertigt. Hierfür genügt aber nicht jede Überschreitung eines Gutachterauftrags. Die Klärung, ob diese geeignet ist, bei einer Partei bei vernünftiger Betrachtung die Besorgnis der Befangenheit des Sachverständigen hervorzurufen, ist einer schematischen Betrachtungsweise nicht zugänglich, sondern kann nur aufgrund des jeweiligen Einzelfalls entschieden werden.[72]

Hinweis

Gem. § 406 Abs. 2 ZPO ist der Ablehnungsantrag rechtzeitig vor einer Vernehmung des Sachverständigen, spätestens jedoch innerhalb von zwei Wochen (!) nach Verkündung oder Zustellung des Beschlusses über die Ernennung zu stellen. Ergeben sich die Befangenheitsgründe erst zu einem späteren Zeitpunkt, muss der Ablehnungsantrag **unverzüglich** gestellt werden. Unverzüglich kann im Einzelfall auch weniger als zwei Wochen bedeuten. Ergibt sich der Grund zur Ablehnung des Sachverständigen wegen Besorgnis der Befangenheit aus dem Inhalt des schriftlichen Gutachtens, läuft im Allgemeinen die Frist zur Ablehnung des Sachverständigen gleichzeitig mit der

---

66 Vgl. etwa BGH NJW-RR 2017, 569; BGH NJW 2017, 1247; BGH GRUR 2008, 191.
67 Vgl. etwa *Walter*, DS 2008, 133.
68 OLG Schleswig BauR 1993, 117.
69 OLG Schleswig BauR 1993, 117.
70 Auch der rechtzeitig beigetretene, aber nicht zum Ortstermin geladene Streithelfer kann den Sachverständigen grundsätzlich erfolgreich wegen dieses Verhaltens als befangen ablehnen.
71 Beispielsfall nach *Ulrich*, AnwBl 2003, 81.
72 BGH NJW-RR 2013, 851.

vom Gericht gesetzten Frist zur Stellungnahme nach § 411 Abs. 4 S. 2 ZPO ab, wenn sich die Partei zur Begründung des Antrags mit dem Inhalt des Gutachtens auseinandersetzen muss.

54 Wird die Ablehnung des Sachverständigen wegen Befangenheit durch Beschluss für begründet erklärt, ist diese unanfechtbar (§ 406 Abs. 5 Hs. 1 ZPO). Wird die Ablehnung für unbegründet erklärt, ist die sofortige Beschwerde zulässig (§ 406 Abs. 5 Hs. 2 ZPO). In einem nachfolgenden Hauptsacheverfahren kann der Ablehnungsantrag grundsätzlich nicht mehr geltend gemacht werden. Ausnahmsweise kommt ein Antrag dann in Betracht, wenn die Partei erst nach Beendigung des Beweisverfahrens vom Ablehnungsgrund Kenntnis erlangt oder der Grund überhaupt erst später entstanden ist.

e) Verbindung, Ruhen, Unterbrechung und Aussetzung des Verfahrens

55 Mehrere **unterschiedliche Beweisverfahren**, die in einem sachlichen Zusammenhang stehen, können gem. § 147 ZPO miteinander verbunden werden.

56 Das Ruhen des Verfahrens kann nach § 251 ZPO angeordnet werden;[73] ein entsprechender Antrag wird aber nur in Verfahren nach § 485 Abs. 2 ZPO sinnvoll sein. Die Vorschriften über die **Unterbrechung und Aussetzung des Verfahrens** bei Tod eines Beteiligten gem. §§ 239, 246 ZPO gelten auch für das selbstständige Beweisverfahren (zur Insolvenz eines Beteiligten siehe Rdn 79 f.). In Eilverfahren nach § 485 Abs. 1 ZPO kann aber das Beschleunigungsinteresse zu berücksichtigen sein.

f) Antragsänderung, Rücknahme und Parteiwechsel

57 Der Antragsteller kann seinen Antrag bis zur Beendigung des selbstständigen Beweisverfahrens **ändern, ergänzen oder zurücknehmen**. Besondere Voraussetzungen im Sinne der §§ 263 ff. ZPO sind hierfür nicht zu beachten.

58 Ein **Wechsel auf Antragstellerseite** ist möglich. Dabei soll § 263 ZPO entsprechend herangezogen werden.[74] Hauptfall wird der Gläubigerwechsel bezüglich der Forderung sein, auf deren tatsächliche Voraussetzungen sich das selbstständige Beweisverfahren bezieht; gegen eine Anwendung von § 265 Abs. 2 S. 2 ZPO werden Bedenken erhoben.[75]

59 Eine **Erweiterung des Antrags auf weitere Antragsgegner** kann durch Zustellung eines entsprechenden Antrags erfolgen, wenn die Voraussetzungen des § 485 ZPO vorliegen. Allerdings soll die nachträgliche Einbeziehung weiterer Antragsgegner in ein selbstständiges Beweisverfahren unzulässig sein, wenn das Verfahren bereits mehrere Jahre andauert und im Falle der Zulassung eine erhebliche weitere Verzögerung zu besorgen wäre.[76]

---

73 OLG Düsseldorf NZBau 2009, 40.
74 OLG Karlsruhe BeckRS 2014, 22688.
75 OLG Karlsruhe BeckRS 2014, 22688.
76 OLG Celle BauR 2005, 1670.

g) Prozesskostenhilfe

Antragsteller und -gegner kann im selbstständigen Beweisverfahren bei Vorliegen der Voraussetzungen des § 114 ZPO Prozesskostenhilfe bewilligt werden. Es gelten grundsätzlich die allgemeinen Voraussetzungen (siehe § 3 Rdn 1 ff.). Für die Bewilligung von Prozesskostenhilfe zugunsten des **Antragstellers** sind nicht die Erfolgsaussichten der beabsichtigten Klage, sondern die des Beweisantrages ausschlaggebend.[77] Die Rechtsverteidigung bietet hinreichende Aussicht auf Erfolg, wenn das prozessuale Verhalten des **Antragsgegners** einer sinnvollen Beteiligung an dem Verfahren zur zweckentsprechenden Wahrnehmung seiner Parteiinteressen dient. Das ist regelmäßig zu bejahen, wenn der Antragsgegner ein rechtliches Interesse daran hat, bei den Feststellungen durch einen Sachverständigen einen Rechtsanwalt hinzuzuziehen.[78]

60

h) Rechtsmittel

Hinsichtlich der Anfechtung der **Entscheidung über den Beweisantrag** ist zu differenzieren: Eine Beweisanordnung ist nicht anfechtbar;[79] entsprechendes gilt für die Entscheidung, das selbstständige Beweisverfahren fortzusetzen.[80] Dagegen ist die Ablehnung eines Beweisantrags mit der sofortigen Beschwerde anfechtbar, §§ 567 Abs. 1 Nr. 2, 490 Abs. 1 ZPO. Eine sofortige Beschwerde ist nach § 567 Abs. 1 Nr. 2 ZPO auch statthaft, soweit sie sich – vor Beendigung des selbstständigen Beweisverfahrens – gegen die Zurückweisung des Antrags auf **Ergänzung oder Erläuterung des Sachverständigengutachtens** richtet. Gegen die Ablehnung der Einholung eines weiteren Gutachtens gemäß § 412 ZPO[81] oder die gerichtliche Anforderung eines **Kostenvorschusses** ist hingegen auch im selbstständigen Beweisverfahren kein Rechtsmittel gegeben.[82] Auch die Ablehnung einer im selbstständigen Beweisverfahren begehrten **Anordnung der Urkundenvorlegung** gem. § 142 Abs. 1 ZPO ist nicht mit der sofortigen Beschwerde anfechtbar.[83]

61

II. Hemmung der Verjährung

1. Eintritt und Umfang der Hemmung

Das selbstständige Beweisverfahren hemmt den Lauf der **Verjährung** (§ 204 Abs. 1 Nr. 7 BGB). Die Hemmungswirkung tritt ein mit der förmlichen **Zustellung des Verfahrensantrages**. Gem. § 167 ZPO tritt die Wirkung auch schon ein, wenn die Zustellung „demnächst" erfolgt. Fehlt es an einer Zustellung, kommt hinsichtlich der Verjährungshemmung auch bei fehlendem Willen des Gerichts, eine förmliche Zustellung vorzunehmen, eine **Heilung des Zustellungsmangels** nach § 189 ZPO in Betracht, wenn der

62

---

77 OLG Hamm BauR 2005, 1360.
78 OLG Hamm MDR 2015, 727.
79 BGH NJW 2011, 3371; OLG Brandenburg NJW-RR 2001, 1727.
80 OLG Celle BeckRS 2014, 07112.
81 BGH r+s 2011, 44.
82 BGH NJW-RR 2009, 1433.
83 BGH BauR 2017, 767.

Antrag dem Gegner nach formloser Übermittlung tatsächlich zugeht.[84] Die verjährungshemmende Wirkung des Beweisverfahrens tritt natürlich auch dann ein, wenn sich die Behauptungen des Antragstellers durch das eingeholte Gutachten nicht bestätigen.[85]

63 Der **Umfang der Hemmung** wird durch die Behauptungen in der Antragsschrift bestimmt. Die Hemmung erfasst nur die Ansprüche, für deren Nachweis die zum Gegenstand des Beweisverfahrens gemachten Tatsachenbehauptungen von Bedeutung sind.[86] So wird die Verjährung des Vergütungsanspruchs des Auftragnehmers gemäß § 204 Abs. 1 Nr. 7 BGB gehemmt, wenn der Auftragnehmer zur Aufklärung von Werkmängeln ein selbstständiges Beweisverfahren einleitet, um die Abnahmereife seiner Werkleistungen und die tatsächlichen Voraussetzungen für die Fälligkeit seines Vergütungsanspruchs nachweisen zu können.[87] Bei Sach- oder Werkmängeln erfasst die Hemmung nur Ansprüche aus den Mängeln, auf die sich die Sicherung des Beweises bezieht.[88]

64 *Hinweis*

Die Hemmung erfasst also nicht zwangsläufig alle Ansprüche aus einem bestimmten Vertrag.[89] Die Hemmung der Verjährung ist daher in einem späteren Rechtsstreit für **jeden Mangel gesondert** *zu betrachten. Insofern gilt es, die jeweiligen Mangelsymptome exakt herauszuarbeiten und darzustellen.*

2. Ende der Hemmung

65 Gem. § 204 Abs. 2 ZPO endet die Hemmung **sechs Monate nach** der rechtskräftigen Entscheidung oder anderweitigen **Beendigung des Verfahrens**. Der Zeitraum, während dessen die Verjährung gehemmt ist, wird in die Verjährungsfrist nicht eingerechnet (§ 209 BGB). Wird also kurz vor Ablauf der Verjährungsfrist das Beweisverfahren eingeleitet, endet – bei längerem Verfahrensstillstand – die Hemmungswirkung mit der letzten Verfahrenshandlung (Regressfalle!). Bei Rücknahme des Antrages nach der Zustellung ist § 204 Abs. 2 BGB entsprechend anwendbar; die Sechs-Monats-Frist der Hemmung läuft somit ab der letzten Verfahrenshandlung des Beweisverfahrens.

66 *Tipp*

Die Sechs-Monats-Frist sollte auf jeden Fall vom Anwalt notiert werden.

67 Allgemein endet das selbstständige Beweisverfahren mit der **sachlichen Erledigung der Beweiserhebung**.[90] Unerheblich sind etwaige „Beendigungsbeschlüsse" des Gerichts sowie der Zeitpunkt der Streitwertfestsetzung. Das selbstständige Beweisverfahren

---

84 BGH NJW 2011, 1965.
85 BGH MDR 1998, 963.
86 BeckOGK-BGB/*Meller-Hannich*, § 204 BGB Rn 279; s. auch BGH NJW 1993, 851.
87 BGH NJW 2012, 1140.
88 BGH NJW 2008, 1729.
89 Vgl. auch BGH NJW 1993, 851.
90 Vgl. aber auch OLG München MDR 2016, 352: Beendigung bei unvollständiger Abarbeitung der Beweisanträge nach Gutachteneinholung bei Unterlassen weiterer Fragen und Anträge.

kennt kein förmliches, für alle geltend gemachten Punkte gemeinsames Verfahrensende.[91]

Das **Verfahren endet** mit der mündlichen Zeugenvernehmung[92] oder Sachverständigenanhörung im Termin[93] bzw. bei schriftlicher Begutachtung mit dem **Zugang des (Ergänzungs-)Gutachtens** bei den Parteien, wenn weder das Gericht eine Frist zur Stellungnahme zum Ergebnis der (mündlichen) Beweisaufnahme bzw. zum schriftlich erstatteten Gutachten gesetzt hat, noch die Parteien innerhalb eines angemessenen Zeitraums nach der mündlichen Anhörung bzw. dem Erhalt des Gutachtens Einwendungen dagegen erhoben oder das Gutachten betreffende Anträge oder Ergänzungsfragen mitgeteilt haben.[94] Welche Frist angemessen ist, hängt vom Einzelfall (Umfang und Schwierigkeit des Beweisergebnisses) ab. Als angemessener Zeitraum wird der Ablauf von einem Monat nach der Gutachtenübersendung angesehen.[95] Bei entsprechender **Fristsetzung** endet das Verfahren mit dem ergebnislosen Ablauf der gerichtlich gesetzten Frist. Haben die Parteien rechtzeitig Einwendungen gegen das im selbstständigen Beweisverfahren erstattete Gutachten erhoben, ist – sofern nicht eine weitere Beweisaufnahme stattfindet – das selbstständige Beweisverfahren jedenfalls dann beendet, wenn der mit der Beweisaufnahme befasste Richter zum Ausdruck bringt, dass eine weitere Beweisaufnahme nicht stattfindet und dagegen innerhalb angemessener Frist keine Einwände erhoben werden.[96]

68

Hinweis
Die Bestimmung des Beendigungszeitpunkts, ab dem die Sechs-Monats-Frist läuft, kann also nur aufgrund einer **rückschauenden Betrachtung** erfolgen, was in der Praxis mitunter Schwierigkeiten bereitet. Erst im Nachhinein können die Verfahrensbeteiligten erkennen, ob ein anderer Beteiligter noch Einwendungen erhoben hat, die – ggf. nur teilweise (siehe Rdn 70 f.) – Einfluss auf die Dauer der Verjährungshemmung haben. Zudem besteht immer eine Unsicherheit bei der Bewertung der Angemessenheit des Stellungnahmezeitraums, wenn keine Frist durch das Gericht gesetzt wurde. Wird etwa der für eine Sachverständigenanhörung geforderte Kostenvorschuss nicht gezahlt, kann der Beweisergänzungsantrag zurückgewiesen werden.[97] Die Nichtzahlung bzw. Zurückweisung bewirkt das Ende der Hemmung der Verjährung gem. § 204 Abs. 2 S. 2 BGB. Auch hier kann der Zeitpunkt der Verfahrensbeendigung erst durch eine Nachbetrachtung bestimmt werden. Insofern ist bei der Berechnung der Hemmungsdauer anwaltliche Vorsicht angebracht.

69

---

91 BGH NJW 1993, 851.
92 Die Übermittlung der Protokollabschrift an die Parteien liegt außerhalb der Beweisaufnahme und gehört nicht mehr zum Beweisverfahren.
93 Ob alle Beweisfragen umfassend beantwortet wurden, ist ohne Bedeutung, da die Beendigung nicht von der Qualität des Gutachtens abhängt: BGH NJW-RR 2009, 1243.
94 Zur Beendigung bei mündlicher Anhörung des Sachverständigen BGH NJW-RR 2009, 1243; zur Beendigung bei schriftlicher Gutachtenerstattung BGH NJW 2002, 1640.
95 OLG Hamm BauR 2005, 752.
96 BGH NJW 2011, 594.
97 OLG Koblenz IBR 2004, 231.

70 Ein weiteres Risiko bei der Beendigung der Verjährungshemmung liegt in der Differenzierung zwischen **verschiedenen Beweisgegenständen** (unterschiedliche Mängel, abgrenzbare Verursachungsbeiträge etc.) und ggf. auch **verschiedenen Antragsgegnern**. Das selbstständige Beweisverfahren hinsichtlich verschiedener Beweistatsachen muss nicht einheitlich enden.

71 *Beispiele*

Sind mehrere, voneinander **unabhängige Mängel** desselben Bauvorhabens Gegenstand mehrerer Sachverständigengutachten, so endet die Beweissicherung hinsichtlich eines jeden dieser Mängel mit der Übermittlung oder Erläuterung des auf ihn bezogenen Gutachtens. Die Unterbrechung der Verjährung endet auch dann jeweils mit dem Abschluss der einzelnen Beweissicherung.[98] Auch bei mehreren voneinander unabhängigen Gutachten (Gutachten eines Architekten zu Mängeln der Leistungsausschreibung und anschließend Gutachten eines Fliesenlegers zu Mängeln bei der Verlegung des Bodenbelags) tritt die **Verfahrensbeendigung u.U. zeitlich gestaffelt** ein.

III. Prozessrechtliche Wirkungen

72 Gem. § 493 Abs. 1 ZPO ist das Ergebnis des selbstständigen Beweisverfahrens **wie ein vor dem Prozessgericht erhobener Beweis** zu bewerten. Der Sachverständigenbeweis ist daher im Hauptsacheverfahren als Sachverständigenbeweis und nicht etwa als Urkundenbeweis zu würdigen. Eine Wiederholung oder gar Fortsetzung der Beweisaufnahme vor dem Prozessgericht kommt nur ausnahmsweise in Betracht, falls das Prozessgericht die Beweiserhebung für unzureichend erachtet (§§ 398, 412 ZPO). Dies kann insbesondere der Fall sein, wenn das Gutachten unvollständig oder fehlerhaft ist.

73 Das Hauptsacheverfahren ist nur der Prozess zwischen den im Beweisverfahren beteiligten Parteien. Das Hauptsacheverfahren kann auch ein einstweiliges Verfügungsverfahren sein. Auf die konkrete Parteistellung (Kläger/Beklagter) kommt es nicht an.[99] Sind die Parteien jedoch nicht identisch, ist das Beweisergebnis im Folgeprozess nicht unmittelbar nach § 493 Abs. 1 ZPO als gerichtliche Beweiserhebung verwertbar;[100] ggf. kann aber eine Verwertung nach § 411a ZPO erfolgen.

74 Noch nicht abschließend geklärt ist die Frage, ob sämtliche Einwände und insbesondere ein Anhörungsantrag bereits im selbstständigen Beweisverfahren vorgebracht werden müssen und anderenfalls eine **Präklusion im Hauptsacheprozess** droht.[101] Daher ist es ratsam, bereits im selbstständigen Beweisverfahren alle erheblichen Einwendungen zu

---

[98] BGH NJW 1993, 851.
[99] OLG Braunschweig BauR 2001, 990.
[100] Ein Sachverständiger kann dann nur als sachverständiger Zeuge gehört werden, BGH NJW-RR 1991, 254.
[101] In der Praxis wird die Rechtsprechung verschiedener Senate des BGH zur Zulässigkeit der Erhebung von Einwänden gegen das Gutachten eines selbstständigen Beweisverfahrens im Hauptsacheprozess nicht einheitlich verstanden; vgl. BGH NJW-RR 2007, 1294 (VI. Zivilsenat); BGH BeckRS 2011, 14042 (IX. Zivilsenat); BGH NJW 2010, 2873 (V. Zivilsenat); offenlassend aktuell BGH NJW 2017, 3661, 3662. Zu den Interpretationsmöglichkeiten mit durchaus variierenden Ergebnissen vgl. *Seibel* MDR 2017, 1397; *Praun*, BauR 2013, 1041; *Ulrich*, BauR 2013, 299; *Klein*, NZBau 2012, 8; *Gartz*, BauR 2011, 906.

erheben (was das selbstständige Beweisverfahren mitunter überfrachtet und in die Länge zieht).

IV. Die Streitverkündung im selbstständigen Beweisverfahren

Die Streitverkündung ist auch im selbstständigen Beweisverfahren **zulässig**.[102] Sowohl der Antragsteller, als auch der Antragsgegner können einem Dritten den Streit verkünden, um ihn an das Beweisergebnis zu binden (§ 68 ZPO). Der streitverkündete Dritte kann seinerseits wiederum einem Dritten den Streit verkünden. Dabei sind die **Vorschriften in §§ 66 ff. ZPO** über die Nebenintervention und die Streitverkündung im selbstständigen Beweisverfahren **entsprechend** anzuwenden.[103] Die **Beitrittserklärung eines Nebenintervenienten** in einem beim Landgericht anhängigen selbstständigen Beweisverfahren unterliegt nicht dem Anwaltszwang, da der Nebenintervenient nicht schlechter gestellt werden darf als der Antragsteller.[104] Über einen Antrag auf Zurückweisung einer Nebenintervention ist im selbstständigen Beweisverfahren daher entsprechend § 71 ZPO durch Beschluss zu entscheiden.[105] Für ein rechtliches Interesse entsprechend § 66 Abs. 1 ZPO am Beitritt in einem selbstständigen Beweisverfahren muss der Nebenintervenient zu der unterstützten Partei oder dem Gegenstand des selbstständigen Beweisverfahrens in einem Rechtsverhältnis stehen, auf welches das Ergebnis der in dem selbstständigen Beweisverfahren stattfindenden zulässigen Beweiserhebung unmittelbar oder mittelbar rechtlich einwirkt.[106]

75

Die **Zustellung** der Streitverkündung hat im Verhältnis zum Dritten **verjährungshemmende Wirkung** (§ 204 Abs. 1 Nr. 6 BGB). Geht die Streitverkündungsschrift erst nach Beendigung des selbstständigen Beweisverfahrens bei Gericht ein, kann eine Zustellung nicht mehr in Betracht kommen.[107] In diesem Fall mangelt es an einem „zwischen anderen Personen anhängigen Rechtsstreit" i.S.d. § 66 Abs. 1 ZPO.

76

Die **Bindungswirkung** nach § 68 ZPO umfasst bei einer Streitverkündung im selbstständigen Beweisverfahren grundsätzlich jedes Beweisergebnis, das im Verhältnis zum Antragsgegner von rechtlicher Relevanz ist.[108]

77

Die **Kosten des Streithelfers** können im nachfolgenden Hauptsacheprozess bei einem Obsiegen der vom beigetretenen Streithelfer unterstützten Partei gem. § 101 ZPO festgesetzt werden. Erklärt der Antragsteller die Rücknahme des Antrages, trägt er neben den Kosten des Antragsgegners auch die Kosten des dem Antragsgegner beigetretenen Streithelfers.

78

---

102 BGH NJW 1997, 347 und 859; Zöller/*Herget*, § 487 ZPO Rn 3; vgl. auch § 7 Rdn 18.
103 BGH NJW 2016, 1020.
104 BGH NZBau 2012, 563.
105 BGH NJW 2016, 1020.
106 BGH NJW 2016, 1020; zur Konstellation des „Seitenwechsels" des Streithelfers OLG München NJW 2017, 3312.
107 OLG Karlsruhe BauR 1998, 586; OLG Düsseldorf IBR 01, 289; vgl. auch: *Jagenburg/Reichel*, NJW 2001, 2439, 2445.
108 BGH NJW 2015, 559.

V. Die Insolvenz im selbstständigen Beweisverfahren

79 Wird ein **selbstständiges Beweisverfahren parallel zum Hauptsacheverfahren** geführt, tritt bei Insolvenz der Partei die Unterbrechungswirkung nach § 240 ZPO in Bezug auf das Hauptsache- und das Beweisverfahren ein.

80 Die Frage, ob auch ein **isoliertes selbstständiges Beweisverfahren** durch die Eröffnung eines Insolvenzverfahrens über das Vermögen einer der Parteien unterbrochen wird, war umstritten. Der BGH hat den Streit dahingehend entschieden, dass ein selbstständiges Beweisverfahren **nicht unterbrochen** wird, wenn über das Vermögen eines Beteiligten das Insolvenzverfahren eröffnet wird und die **Beweiserhebung noch nicht beendet** ist. Anders als bei dem Tod einer Partei (§ 240 ZPO) wäre eine Unterbrechung mit dem Sinn und Zweck des Beweisverfahrens (rasche Beweissicherung und Klärung von Vorfragen) nicht in Einklang zu bringen.[109] Im Falle der Eröffnung des Insolvenzverfahrens des Antragstellers oder des Antragsgegners rückt der Insolvenzverwalter in die Stellung des jeweiligen Verfahrensbeteiligten ein. Anderes gilt bei Beendigung der Beweiserhebung. Dann greift mit der Eröffnung eines Insolvenzverfahrens die Unterbrechungswirkung; ein Antrag nach § 494a ZPO ist also nicht möglich.[110]

VI. Streitwertberechnung

81 Die Bestimmung des Streitwertes für das selbstständige Beweisverfahren bereitet in der Praxis häufig Probleme. Dies beruht auch darauf, dass für diverse Fallkonstellationen abweichende rechtliche Ansätze vertreten werden.

82 Der Gebührenstreitwert des selbstständigen Beweisverfahrens ist mit dem **Hauptsachewert** oder mit dem Teil des Hauptsachewerts anzusetzen, auf den sich die Beweiserhebung bezieht.[111] Maßgebend ist also auch hier das **Interesse des Antragstellers** an der Durchführung der Beweiserhebung.[112] Der vom Antragsteller bei Verfahrenseinleitung geschätzte Wert ist dabei (anders als das mit dem Antrag zum Ausdruck gebrachte Interesse) weder bindend noch maßgeblich; das Gericht hat **nach Einholung des Gutachtens** den „richtigen" Hauptsachewert, bezogen auf den Zeitpunkt der Verfahrenseinleitung und das Interesse des Antragstellers, festzusetzen.[113] Nicht entscheidend ist, ob sich die Beweisbehauptungen bestätigen oder nicht. Die in der Praxis zu unterscheidenden Fallkonstellationen sind vielfältig. Geht es um **Mängelvorwürfe**, die sich durch das eingeholte Sachverständigengutachten bestätigt haben, sind grundsätzlich die vom Sachverständigen angesetzten Mangelbeseitigungskosten für die Streitwertfestsetzung heranzuziehen.[114] Werden hingegen im Beweisverfahren nicht alle behaupteten Mängel bestätigt, sind für die Streitwertfestsetzung insoweit diejenigen Kosten zu schätzen, die

---

109 BGH NJW 2004, 1388.
110 BGH NJW 2011, 1679.
111 Klarstellend BGH NJW 2004, 3488, 3489.
112 Vgl. etwa OLG Stuttgart NZBau 2009, 39.
113 BGH NJW 2004, 3488, 3489.
114 Vgl. etwa OLG Stuttgart NZBau 2009, 39.

sich ergeben hätten, wenn auch jene Mängel festgestellt worden wären.[115] Hat der Antragsteller bereits vor Einleitung des selbstständigen Beweisverfahrens den Rücktritt erklärt bzw. ist dieser erkennbar Ziel der Rechtsverfolgung, bezieht sich das Interesse des auf die Feststellung des zum Rücktritt berechtigenden Mangels bezogenen Beweisverfahrens auf die aus dem Rücktritt resultierenden Ansprüche.[116] Ist der Werkunternehmer Antragsteller und bezieht sich sein Interesse auf die Geltendmachung **nicht gezahlten Werklohns**, soll sich der Streitwert nach dem noch offenen Werklohn bis zur Höhe des angemessenen Teils, den der Besteller wegen Mängeln des Werkes zurückhalten kann, und nicht nach der Höhe der Mängelbeseitigungskosten richten.[117] In **Personenschadenssachen** ist der Wert der Ansprüche maßgebend, die der Antragsteller zu verfolgen beabsichtigt. In **Versicherungssachen** kommt es auf den Wert der Ansprüche an, deren Bestehen von den im selbstständigen Beweisverfahren zu klärenden Feststellungen abhängt.

Bei **mehreren Antragsgegnern** ist eine einheitliche Festsetzung veranlasst, soweit diese in der Hauptsache als Gesamtschuldner einstandspflichtig sein sollen. Im Übrigen ist nach ihrer Beteiligung am selbstständigen Beweisverfahren zu differenzieren, soweit diese sich klar aus dem Antrag ergibt oder sonst zweifelsfrei erkennbar ist.[118] Der Streitwert für die **Streitverkündung** bemisst sich nach dem Interesse des Streithelfers an dem Obsiegen der unterstützten Partei. 83

Nach § 63 Abs. 3 S. 1 GKG kann der Streitwert innerhalb von sechs Monaten, nachdem sich das Verfahren anderweitig „erledigt" hat, **von Amts wegen abgeändert** werden. Beim selbstständigen Beweisverfahren soll auf dessen Ende und nicht auf das Ende des Rechtsstreits, in dem der erhobene Beweis verwertet wird, abzustellen sein.[119] Gegen den Streitwertbeschluss findet, wenn der Wert des Beschwerdegegenstandes 200 EUR übersteigt, nach § 68 Abs. 1 GKG die **Beschwerde** statt. Die Beschwerde muss grundsätzlich innerhalb von sechs Monaten, nachdem sich das Verfahren erledigt hat, erhoben werden. Ist der Streitwert später als einen Monat vor Ablauf dieser Frist festgesetzt worden, kann sie noch innerhalb eines Monats nach Zustellung oder formloser Mitteilung des Festsetzungsbeschlusses eingelegt werden (§ 68 Abs. 1 S. 3 GKG). 84

VII. Die Kosten im selbstständigen Beweisverfahren

1. Rechtsanwaltskosten

Das selbstständige Beweisverfahren ist gebührenrechtlich nicht Teil der Hauptsache, sondern eine eigene selbstständige Angelegenheit, in der die Rechtsanwaltsgebühren nach Nr. 3100 ff. VV RVG gesondert ausgelöst werden. Der Anwalt erhält eine 1,3 **Verfahrensgebühr** und ggf. eine 1,2 **Terminsgebühr** (z.B. für die Teilnahme an einem 85

---

115 BGH NJW 2004, 3488, 3490.
116 In den Einzelheiten sind hierzu nicht alle Fragen geklärt; siehe etwa OLG Stuttgart NJW-RR 2012, 91.
117 OLG Celle MDR 2010, 1014.
118 Vgl. etwa OLG Celle NJW-RR 2009, 1678.
119 So wohl OLG Nürnberg MDR 2002, 538; anders KG MDR 2002, 1453.

von einem gerichtlichen Sachverständigen anberaumten Termin), bei einer Einigung im Beweisverfahren (ohne parallelen Hauptsacheprozess) sogar eine 1,5 **Einigungsgebühr** nach Nr. 1000 VV RVG. Ist ein Prozess bereits gerichtlich anhängig, entsteht insoweit gem. Nr. 1003 f. VV RVG nur eine 1,0 Einigungsgebühr. Die Antragstellung nach § 494a ZPO durch einen Rechtsanwalt ist durch die Verfahrensgebühr nach Nr. 3100 VV RVG abgegolten. Reicht der Rechtsanwalt des Antragsgegners keinen Schriftsatz ein, der einen Gegenantrag oder Sachvortrag enthält, so entsteht für ihn, wenn er das Geschäft in irgendeiner Weise bereits betrieben hat, nur eine **reduzierte 0,8 Verfahrensgebühr** nach der Nr. 3101 Ziff. 1 VV RVG.

86 In einem nachfolgenden **Hauptsacheprozess** wird lediglich die Verfahrensgebühr, aber nicht die Terminsgebühr **angerechnet** (§ 15a Abs. 1 RVG, Vorbem. 3 Abs. 5 VV RVG). Bezieht sich im nachfolgenden Hauptsacheprozess der Streit nur auf einen Teilaspekt aus dem Streitgegenstand des Beweisverfahrens, wird auch die anzurechnende Verfahrensgebühr nur aus dem insoweit geringeren Streitwert berechnet.

87 Beispiel

Es wird ein Beweisverfahren über Baumängel in Höhe von 30.000 EUR geführt. Da der Sachverständige bei einem Ortstermin nur Mängel in Höhe von 10.000 EUR feststellt, kommt es auch nur insoweit zur Hauptsacheklage. Anzurechnen bei den Kosten des Rechtsstreits ist dabei die Verfahrensgebühr nur aus dem geringeren Wert des Beweisverfahrens, also soweit die Verfahrensgebühr nach 10.000 EUR angefallen wäre.

88 Werden die Kosten des selbstständigen Beweisverfahrens von der Kostenentscheidung im anschließenden Hauptsacheverfahren mitumfasst, sind die Verfahrensgebühr des selbstständigen Beweisverfahrens und die Verfahrensgebühr des Hauptsacheverfahrens allerdings von **verschiedenen Rechtsanwälten** verdient worden, scheidet eine Anrechnung der Verfahrensgebühr des selbstständigen Beweisverfahrens auf die Verfahrensgebühr des Hauptsacheverfahrens gemäß Vorbem. 3 Abs. 5 VV RVG aus.[120] Davon zu unterscheiden ist aber die Frage der **Festsetzungsfähigkeit**: Hier gilt § 91 Abs. 2 S. 2 ZPO.[121] Es kommt also zu einer Notwendigkeitsprüfung. Unabhängig hiervon hat der BGH für den Fall, dass Erwerber von Wohnungseigentum ein selbstständiges Beweisverfahren mit anwaltlicher Vertretung eingeleitet haben und die Wohnungseigentümergemeinschaft aufgrund eines Beschlusses, mit dem sie die Durchsetzung der Rechte der Erwerber auf Beseitigung von Mängeln des Gemeinschaftseigentums an sich gezogen hat, das Hauptsacheverfahren mit einem anderen Anwalt durchführt, die Verfahrensgebühr beider Anwälte bei der Kostenfestsetzung in Ansatz gebracht. Die Beauftragung des neuen Anwalts ist schon deshalb notwendig im Sinne des § 91 Abs. 2 S. 2 ZPO, weil der Erwerber und die Wohnungseigentümergemeinschaft die Verfahren aus eigenem Recht einleiten können und nicht verpflichtet sind, sich dabei abzustimmen.[122]

---

120 BGH NJW 2014, 3518.
121 BGH BeckRS 2017, 133402.
122 BGH NJW 2014, 3518.

2. Gerichtskosten

Nach Nr. 1610 KV GKG fällt für das selbstständige Beweisverfahren eine – sich auch bei Antragsrücknahme nicht reduzierende – **1,0 Gerichtsgebühr** an. Sie wird mit Eingang des Antrags fällig (§ 6 Abs. 1 Nr. 1 ZPO); eine Vorschusspflicht besteht – anders als für die Auslagen des Gerichts (§ 17 GKG) – aber nicht. Die Gerichtsgebühr wird nicht auf die Gebühren für einen Hauptsacheprozess angerechnet. Beim **Vergleichsabschluss** kann eine Mehrvergleichsgebühr nach Nr. 1900 KV GKG entstehen, wenn der Wert des Vergleichs den der Hauptsache übersteigt.

VIII. Entscheidung über die Kosten des selbstständigen Beweisverfahrens

Im selbstständigen Beweisverfahren ergeht grundsätzlich **keine eigene Kostenentscheidung**. Nur über § 494a ZPO lässt sich bereits im selbstständigen Beweisverfahren ein Kostenausspruch erwirken. Die Kosten eines selbstständigen Beweisverfahrens werden vielmehr von der Kostenentscheidung eines sich anschließenden Hauptsacheverfahrens umfasst, wenn zumindest ein Teil der Streitgegenstände und die Parteien der beiden Verfahren identisch sind.[123]

1. Kostenausspruch nach § 494 Abs. 2 ZPO

Kommt es **nach Beendigung der Beweiserhebung** im selbstständigen Beweisverfahren nicht unmittelbar zu einem Hauptsacheprozess zwischen den identischen Parteien mit zumindest teilweise identischem Streitgegenstand,[124] kann der Antragsgegner nach § 494a Abs. 1 ZPO **beantragen**, dem Antragsteller eine **Frist zur Klage** zu setzen.[125] Die Vorschrift des § 494a ZPO bietet allerdings keine Handhabe, wenn der Beweissicherungsantrag zurückgenommen oder für erledigt erklärt wird. Ebenfalls kein Raum für § 494a ZPO ist, wenn die Klage im Hauptsacheverfahren zurückgenommen oder sonst einer Erledigung zugeführt wird. Seine Anwendung ist grundsätzlich auf die Fälle zu beschränken, in denen der Antragsteller keine Klage erhoben hat.[126] Sofern der Antragsgegner im Beweisverfahren seinerseits einen (echten) **Gegenantrag** mit eigenem Gegenstand gestellt hat, kann der Antragsteller im Umfang dieses Gegenantrags ebenfalls nach § 494a ZPO vorgehen, wenn der Antragsgegner keine Hauptsacheklage erhebt.

Bei **mehreren Antragsgegnern** kann jeder einen Antrag zur Fristsetzung stellen. Ob eine Kostenentscheidung nach § 494 Abs. 2 ZPO möglich ist, hängt davon ab, wer einen Antrag gestellt und gegen wen der Antragsteller Klage erhoben hat. Führt der Antragsteller ein selbstständiges Beweisverfahren gegen mehrere Antragsgegner und setzt das Gericht auf Antrag (nur) eines Antragsgegners dem Antragsteller eine Frist zur

---

123 Vgl. etwa BGH NJW 2014, 3518, 3519 m.w.N.
124 Vgl. BGH NJW 2007, 1282.
125 Kommt eine Vorgehensweise nach § 494a ZPO nicht in Betracht bzw. bleibt diese erfolglos, kann ein materiellrechtlicher Kostenerstattungsanspruch in einem gesonderten Verfahren verfolgt werden.
126 BGH NJW 2007, 1282.

Klageerhebung, sind ihm die Kosten dieses Antragsgegners aufzuerlegen, wenn er Klage allein gegen die übrigen Antragsgegner erhebt.[127]

93 Den Antrag kann auch der **Streithelfer** stellen, wenn die von ihm unterstützte Partei nicht widerspricht.[128] Dies ist insbesondere bei einem Vergleichsabschluss mit Kostenregelung zwischen Antragsteller und Antragsgegner zu beachten.[129] Eine Entscheidung über die durch eine Nebenintervention aufseiten des Antragsgegners verursachten Kosten ist in einem selbstständigen Beweisverfahren aber nicht möglich, wenn der Antragsteller Hauptsacheklage gegen den Antragsgegner erhoben hat.[130] Über die Kosten der Streithilfe ist dann im Hauptsacheverfahren in entsprechender Anwendung von § 101 Abs. 1 ZPO zu entscheiden.[131]

94 Die vom Gericht zu bestimmende Frist zur Klage muss **angemessen** sein. Die Frist zur Klageerhebung im selbstständigen Beweisverfahren ist auch dann auf Antrag festzusetzen, wenn der Antragsgegner schon ein Mahnverfahren eingeleitet hat.[132] Nach ergebnislosem Ablauf der Frist kann der Antragsgegner gem. § 494a Abs. 2 ZPO durch Beschluss feststellen lassen, dass der Antragsteller die **Kosten des Beweisverfahrens** zu tragen hat. Kommt es zu einer Kostenentscheidung nach § 494a Abs. 2 ZPO, hat der Antragsteller auch die Kosten des gegnerischen Streithelfers zu tragen.[133]

95 *Hinweis*

Klage i.S.d. § 494a ZPO kann nicht nur die vom Antragsteller zu erhebende Gewährleistungsklage sein, sondern auch die vom Antragsgegner inzwischen erhobene Werklohnklage oder eine Widerklage. Da auch in diesem Fall ein Rechtsstreit anhängig ist, kommt eine selbstständige Kostenentscheidung nach § 494a ZPO nicht mehr in Betracht.

96 Es gibt besondere Fälle, in denen für einen Antrag nach § 494a ZPO **kein Rechtsschutzbedürfnis** bestehen soll, weil ein Hauptsacheprozess nicht mehr in Betracht kommt:
- der Hauptsacheanspruch wurde von dem Antragsgegner oder einem anderen Gesamtschuldner bereits erfüllt,[134]
- der Antragsteller hat den geltend gemachten Anspruch fallengelassen,
- der Antragsteller hat sich vorbehaltlos verpflichtet, den Hauptsacheanspruch zu erfüllen,[135]
- der Antragsgegner ist nach Durchführung des Beweisverfahrens vermögenslos geworden (str.).[136]

---

127 OLG Frankfurt NJW 2014, 3256; vgl. auch BGH NJW 2009, 3240, 3241.
128 BGH NJW-RR 2008, 261.
129 Vgl. BGH NJW-RR 2008, 261.
130 BGH NJW 2009, 3240.
131 BGH NJW 2009, 3240.
132 OLG Hamm IBR 2009,1170.
133 BGH NJW 2009, 3240, 3241; BGH NJW 2013, 3452, 3453.
134 BGH NJW-RR 2003, 454.
135 Vgl. OLG Frankfurt NJW-RR 2008, 1552 m.w.N.
136 Vgl. zum Streitstand OLG Frankfurt NJW-RR 2008, 1552 m.w.N.

2. Kostenausspruch im Hauptsacheprozess

Folgt ein Hauptsacheprozess nach, sind die Kosten des selbstständigen Beweisverfahrens als **Teil der Kosten des Hauptsacheprozesses** und je nach dessen Ausgang (akzessorisch) auf die Parteien zu verteilen. Immer wenn ein Hauptsacheprozess anhängig ist, besteht für eine Kostenentscheidung innerhalb des selbstständigen Beweisverfahrens kein Raum. Nimmt der Antragsteller den Antrag auf Beweisverfahren innerhalb eines anhängigen Hauptsacheverfahrens zurück, ist dies bei der Kostenentscheidung in der Hauptsache ebenfalls analog § 269 Abs. 3 ZPO zu berücksichtigen.[137] Die Kosten eines vorausgegangenen selbstständigen Beweisverfahrens gehören auch dann zu den Kosten des Hauptsacheverfahrens, wenn dessen Streitgegenstand und der Gegenstand des selbstständigen Beweisverfahrens **nur teilweise identisch** sind.[138] Bleibt der Streitgegenstand der Hauptsacheklage hinter dem Gegenstand der Beweissicherung zurück, muss die Kostenentscheidung selbstverständlich auch das Verhältnis der Beweissicherung zur Klage berücksichtigen. Die Kosten des Beweisverfahrens können dann analog § 96 ZPO einer Partei gesondert aufgegeben werden, selbst wenn diese in der Hauptsache obsiegt hat.

97

An der erforderlichen **Parteiidentität**[139] fehlt es, wenn anstelle des Antragstellers oder des Antragsgegners ein Streithelfer aus dem selbstständigen Beweisverfahren Partei des sich anschließenden Rechtsstreits wird. Der Streithelfer ist lediglich Gehilfe der unterstützten Partei, ohne selbst Partei des Verfahrens zu sein. Das gilt auch, wenn das Ergebnis der Beweisaufnahme im selbstständigen Beweisverfahren im Prozess zwischen dem Antragsteller und dem Streithelfer verwertet wurde.[140]

98

3. Sonstige Fälle

a) Vollständige Zurückweisung des Antrags

Wird der Antrag auf Einleitung eines selbstständigen Beweisverfahrens **in vollem Umfang** zurückgewiesen (nur dann!) und kommt es daher zu keiner Beweiserhebung, soll eine **Kostengrundentscheidung analog § 91 Abs. 1 S. 1 ZPO** vorgenommen werden.[141] Unterbleibt dies, soll § 321 ZPO greifen (Achtung: Zweiwochenfrist nach § 321 Abs. 2 ZPO).[142]

99

b) Rücknahme des Antrags/einseitige Erledigungserklärung

Eine Kostenentscheidung im selbstständigen Beweisverfahren ergeht auch dann, wenn der Antragsteller seinen Antrag auf Durchführung eines selbstständigen Beweisverfah-

100

---

137 BGH NJW-RR 2005, 1015.
138 BGH NJW 2007, 1282.
139 Zur Festsetzung der Kosten eines selbstständigen Beweisverfahrens als Gerichtskosten des nachfolgenden von einem Rechtsschutzversicherer in Prozessstandschaft für seine Versicherungsnehmer geführten Hauptsacheverfahrens: BGH NJW 2013, 3586.
140 Zum Ganzen BGH NJW 2013, 3452.
141 OLG Köln BeckRS 2013, 01568; vgl. auch BGH NJW 2017, 1399.
142 OLG Celle NJW-RR 2010, 1676.

rens gänzlich **zurücknimmt und kein Hauptsacheprozess anhängig** ist,[143] in dem die Kostenfolge ausgesprochen werden kann. In diesem Fall hat der Antragsteller grundsätzlich in **entsprechender Anwendung des § 269 Abs. 3 S. 2 ZPO** die Kosten zu tragen.[144]

101 Der Antragsteller hat in entsprechender Anwendung des § 269 Abs. 3 S. 2 ZPO auch dann grundsätzlich die Kosten des selbstständigen Beweisverfahrens zu tragen, wenn er den angeforderten **Auslagenvorschuss**, von dessen Einzahlung das Gericht die Beweiserhebung abhängig gemacht hat, trotz Erinnerung seitens des Gerichts **nicht einzahlt** und deshalb eine **Beweiserhebung unterbleibt**. Ist kein Hauptsacheverfahren anhängig, in dem diese Kostenfolge ausgesprochen wird, und haben die Parteien sich über die Kosten nicht geeinigt, ergeht eine solche Kostenentscheidung auf Antrag im selbstständigen Beweisverfahren.[145]

102 Eine vollständige **einseitige Erledigungserklärung**, die im selbstständigen Beweisverfahren unzulässig ist,[146] ist regelmäßig als Antragsrücknahme mit der Kostenfolge entsprechend § 269 Abs. 3 S. 2 ZPO anzusehen, wenn nach dem Willen des Antragstellers das selbstständige Beweisverfahren endgültig beendet sein soll.[147]

103 *Hinweis*

Nimmt der Antragsgegner nach der Erhebung des beantragten Beweises eine Handlung vor, die das Interesse des Antragstellers entfallen lässt, den Antragsgegner hierauf klageweise in Anspruch zu nehmen, steht dem Antragsteller die **Klage auf Feststellung** offen, dass der Antragsgegner zu der vorgenommenen Handlung verpflichtet war. Obsiegt er in diesem Verfahren, erreicht er eine Kostengrundentscheidung, die die Kosten des selbstständigen Beweisverfahrens umfasst.[148] Die Möglichkeit eines solchen Vorgehens schließt die unmittelbare Geltendmachung eines materiell-rechtlichen Kostenerstattungsanspruchs im Wege der **Leistungsklage** jedenfalls solange nicht aus, wie ein Hauptsacheverfahren im Sinne des § 494a ZPO nicht geführt wurde oder geführt wird und auch ein Antrag nach § 494a Abs. 1 ZPO nicht gestellt ist.[149]

c) Übereinstimmende Erledigungserklärung

104 Erklären Antragsteller und Antragsgegner übereinstimmend die Erledigung eines selbstständigen Beweisverfahrens und kommt es nicht zum Hauptsacheverfahren, ist **kein Raum für eine Kostenentscheidung**, auch nicht in entsprechender Anwendung von § 91a ZPO.[150]

---

143 Bei Anhängigkeit eines Hauptsacheprozesses ist die Kostenfolge des § 269 Abs. 3 S. 2 ZPO dort auszusprechen: BGH NJW-RR 2005, 1015.
144 BGH NZBau 2005, 42.
145 BGH NJW 2017, 1399.
146 BGH NZBau 2005, 42.
147 BGH NJW-RR 2011, 932.
148 BGH NJW 2013, 3586, 3587.
149 BGH BeckRS 2017, 133405.
150 BGH NJW-RR 2011, 931; BGH NJW 2007, 3721.

C. Muster

I. Muster: Antrag im Eilverfahren gem. § 485 Abs. 1 ZPO während eines Rechtsstreites

▼

An das
Amtsgericht/Landgericht

Antrag auf Anordnung des selbstständigen Beweisverfahrens gem. § 485 Abs. 1 ZPO während des anhängigen Prozesses

In Sachen

des

– Kläger –

gegen

den

– Beklagter –

Az:

beantrage ich namens und im Auftrag des Klägers – ohne mündliche Verhandlung – im Wege des selbstständigen Beweisverfahrens,

☐ die Vernehmung des Zeugen   ,
☐ zu laden vom   bis   über   ,
☐ zu folgendem Beweisthema anzuordnen:
☐ Hat der Beklagte am   gegen   Uhr auf der Baustelle   in   mit dem Baukran die Mauer des benachbarten Grundstücks des Klägers beschädigt?

Begründung:

Der benannte Zeuge kam im Schadenzeitpunkt zufällig als Passant an der Baustelle vorbei. Er hat beobachtet, wie der Beklagte mit dem von ihm geführten Bagger beim Herumschwenken die Mauer des benachbarten Grundstücks des Klägers beschädigte.
Den Aufenthaltsort des Zeugen hat der Kläger an Ort und Stelle festgehalten. Der Zeuge ist   Staatsbürger und befindet sich zu Besuch bei seinen Verwandten in   . Sein Besuchervisum läuft am   ab, so dass der Zeuge anschließend die Bundesrepublik wieder verlassen wird. Es ist zu besorgen, dass die Vernehmung des Zeugen erschwert wird, wenn dieser die Bundesrepublik verlassen hat.

Glaubhaftmachung: Eidesstattliche Versicherung des Klägers

Rechtsanwalt

▲

§ 12 Das selbstständige Beweisverfahren

II. Muster: Antrag im Eilverfahren gem. § 485 Abs. 1 ZPO außerhalb eines Rechtsstreites

106 An das

Amtsgericht/Landgericht

▓▓▓▓▓

Antrag auf Anordnung des selbstständigen Beweisverfahrens gem. § 485 Abs. 1 ZPO außerhalb eines anhängigen Prozesses

In Sachen

des ▓▓▓▓▓

– Antragsteller –

Verfahrensbevollmächtigte: RAe ▓▓▓▓▓

gegen

den ▓▓▓▓▓

– Antragsgegner –

Verfahrensbevollmächtigte: RAe ▓▓▓▓▓

Az: ▓▓▓▓▓

beantrage ich namens und im Auftrag des Antragstellers im selbstständigen Beweisverfahren,

☐ die Untersuchung des rechten Schuhs des Antragstellers durch Einholung eines Sachverständigengutachtens zu folgendem Beweisthema anzuordnen:

☐ Stammt der Bananenrest unter dem rechten Schuh des Antragstellers von der an der Unfallstelle in ▓▓▓▓▓ sichergestellten Bananenschale, so dass festgestellt werden kann, dass der Antragsteller an der Unfallstelle auf der betreffenden Bananenschale ausgerutscht ist.

Begründung:

Der Antragsteller ist am ▓▓▓▓▓ gegen ▓▓▓▓▓ Uhr in der Lebensmittelabteilung des Einkaufsmarktes des Antragsgegners in ▓▓▓▓▓ gestürzt. Der sofort nach dem Unfall herbeigeeilte Kunde ▓▓▓▓▓ hat an der Unfallstelle auf dem Boden eine Bananenschale gefunden. Unter dem rechten Schuh des Antragstellers befindet sich ebenfalls ein frischer Rest einer Bananenschale.

Da zu befürchten ist, dass der Lebensmittelrest in kurzer Zeit verdorben und verfault sein wird und dann der Verlust des Beweismittels droht, ist die Durchführung des selbstständigen Beweisverfahrens geboten.

Es wird gebeten, dem Antrag wegen der Eilbedürftigkeit ohne Anhörung des Antragsgegners stattzugeben. Das angerufene Gericht ist sachlich zuständig, weil es in der Hauptsache berufen wäre. Der voraussichtliche Gegenstandswert liegt bei ▓▓▓▓▓ EUR.

Der Unterzeichner sagt sich wegen des anfallenden Kostenvorschusses für den Sachverständigen persönlich stark.

Rechtsanwalt

III. Muster: Antrag auf Anordnung des isolierten Beweisverfahrens gem. § 485 Abs. 2 ZPO

An das
Landgericht ▮

Antrag auf Anordnung eines selbstständigen Beweisverfahrens gemäß § 485 Abs. 2 ZPO

In Sachen
des ▮

– Antragsteller –

Verfahrensbevollmächtigte: RAe ▮

gegen

den ▮

– Antragsgegner –

Verfahrensbevollmächtigte: RAe ▮

Az: ▮

vorläufiger Gegenstandswert: 7.000 EUR

beantrage ich namens und im Auftrag des Antragstellers

ohne mündliche Verhandlung im Wege eines selbstständigen Beweisverfahrens die Einholung eines schriftlichen Sachverständigengutachtens zu folgenden Tatsachen anzuordnen:

1. Die Außentüren der nachfolgend aufgeführten Wohnungen des Wohnhauses ▮straße ▮ in ▮ weisen folgende Mängel auf:
   - Wohnung Erdgeschoss links (Mieter Eheleute ▮):
     - Blasenbildung auf der Türblattoberfläche
     - Ablösen der Folienkantenbeschichtung
     - Verwendung des falschen Schließblechs im Türfutter.
   - Wohnung Obergeschoss rechts (Mieter Frau ▮):
     - Blasenbildung auf der Türblattoberfläche
     - falsche Anordnung der Bandbohrungen.
2. Sind Ursachen für die unter Ziff. 1 genannten Mängel Herstellungs- und/oder Montagefehler?
3. Welche Maßnahmen (Reparatur/Austausch) sind zur Beseitigung der unter Ziff. 1 genannten Mängel erforderlich?
4. Welche Kosten werden für die unter Ziff. 3 genannten Maßnahmen anfallen?

§ 12 Das selbstständige Beweisverfahren

Es wird vorgeschlagen, einen von der Handwerkskammer in ▓▓▓ zu benennenden Sachverständigen mit der Erstellung des Sachverständigengutachtens zu beauftragen.[151]

Begründung:

Der Antragsgegner hat sich durch Vertrag vom ▓▓▓ gegenüber dem Antragsteller verpflichtet, die Außentüren in den insgesamt 6 Mietwohnungen im Wohnobjekt des Antragstellers in ▓▓▓ zu ersetzen.
☐ Glaubhaftmachung: Vorlage des schriftlichen Vertrages vom ▓▓▓.

Nach dem Vertrag sollte der Antragsteller die jeweiligen Türen nach Aufmaß einzeln anfertigen und montieren. Die Türen wurden am ▓▓▓ vom Antragsgegner geliefert und ausgetauscht.
☐ Glaubhaftmachung: Vorlage des Lieferscheins vom ▓▓▓.

Nachdem die vorgenannten Mieter dem Antragsteller gegenüber die Mängel angezeigt haben, hat der Antragsteller den Antragsgegner zur Nacherfüllung aufgefordert.
☐ Glaubhaftmachung: Vorlage des Schreibens des Antragstellers vom ▓▓▓.

Der Antragsgegner hat die aufgeführten Mängel nicht beseitigt.

Es ist davon auszugehen, dass sich der Antragsgegner der Feststellung eines Sachverständigen über die vorhandenen Mängel und den zur Beseitigung erforderlichen Kostenaufwand nicht verschließen wird, so dass ein Beweissicherungsgutachten zur außergerichtlichen Klärung der Auseinandersetzung dient. Der Antragsgegner fordert von dem Antragsteller außerdem noch den Werklohn.

Das angerufene Landgericht ist sachlich zuständig, weil es in der Hauptsache berufen wäre. Der voraussichtliche Gegenstandswert liegt bei 7.000 EUR. Allein die beiden Außentüren haben nach dem Vertrag einen Anschaffungswert von 22.000 EUR. Falls ein Austausch notwendig sein sollte, wäre der volle Wert in Ansatz zu bringen. Die Reparatur der Mängel kostet ungefähr ein Drittel.

Das angerufene Landgericht ist auch örtlich zuständig, weil für Gewährleistungsansprüche aus einem Werkvertrag der Gerichtsstand des Erfüllungsortes am Ort des Werkes gegeben ist.

Der Gerichtskostenvorschuss wird nach dem geschätzten Gegenstandswert eingezahlt. Es wird daher um Mitteilung gebeten, welcher Auslagenvorschuss für den Sachverständigen einzuzahlen ist.

Rechtsanwalt

---

[151] Alternativ: Es wird angeregt, Herrn/Frau ... als Sachverständigen zu bestimmen. Weitere Alternative: Die Parteien haben sich außergerichtlich auf Herrn/Frau ... als Sachverständigen verständigt.

IV. Muster: Antragserwiderung und Streitverkündungsschrift im selbstständigen Beweisverfahren

An das
Amtsgericht/Landgericht

Antragserwiderung und Streitverkündungsschrift

In Sachen
des

— Antragsteller —

gegen
den

— Antragsgegner —

Az:

bestelle ich mich zum Verfahrensbevollmächtigten des Antragsgegners und beantrage,
☐ den Antrag auf Durchführung eines selbstständigen Beweisverfahrens zurückzuweisen.

Gleichzeitig verkünde ich hiermit namens und im Auftrag des Antragsgegners
☐ der Firma
☐ gerichtlich den Streit mit der Aufforderung,
☐ dem Beweisverfahren beizutreten.

Begründung:

I.
Der Antrag auf selbstständiges Beweisverfahren ist bereits unzulässig, weil dem Antragsteller vorliegend das Rechtsschutzbedürfnis fehlt.

II.
Die Streitverkündung im selbstständigen Beweisverfahren ist zulässig.

Die Streitverkündungsempfängerin war dem Antragsgegner gegenüber aufgrund ihrer vertraglichen Zusicherung als Voreigentümerin des Kaufgegenstandes verpflichtet, das Eigentum an einem unfallfreien Fahrzeug zu verschaffen. Sollte sie diese Pflicht verletzt haben und die vorliegende Beweisfrage gegen den Antragsgegner festgestellt werden, so hätte er gegen die Streitverkündungsempfängerin einen Anspruch auf Schadloshaltung, Schadenersatz und Freistellung.

Zur Unterrichtung der Streitverkündungsempfängerin über das vorliegende Beweisverfahren sind beigefügt:
☐ die Antragsschrift vom   nebst Anlagen
☐ die Verfügung des Gerichts vom

Die dem Antragsgegner vom Gericht gesetzte Frist zur Stellungnahme zu der Antragsschrift läuft ab am   .

§ 12 Das selbstständige Beweisverfahren

Ein Sachverständiger ist vom Gericht noch nicht bestimmt worden.

Rechtsanwalt

▲

V. Muster: Antrag auf Anordnung einer Frist zur Klageerhebung gem. § 494a ZPO

▼

An das

Amtsgericht/Landgericht

▬▬▬

Antrag auf Anordnung einer Frist zur Klageerhebung

In Sachen

des ▬▬▬

– Antragsteller –

gegen

den ▬▬▬

– Antragsgegner –

Az: ▬▬▬

beantrage ich,

1. dem Antragsteller eine angemessene, in das Ermessen des Gerichts gestellte Frist zur Erhebung der Klage in der Hauptsache gegen den Antragsgegner zu setzen, die jedoch nicht über den ▬▬▬ hinausgehen sollte;
2. nach fruchtlosem Ablauf der Frist dem Antragsteller die Kosten des selbstständigen Beweisverfahrens aufzuerlegen.

Begründung:

Das vorliegende selbstständige Beweisverfahren ist mit der Übersendung des Sachverständigengutachtens vom ▬▬▬ und dem Ablauf der Stellungnahmefrist am ▬▬▬ beendet.

Einen Antrag auf Erläuterung oder Ergänzung haben die Beteiligten nicht gestellt. Der Antragsteller hat bisher keine Klage in der Hauptsache erhoben. Der Antrag auf Anordnung einer Frist zur Klageerhebung ist daher zulässig.

☐ Angesichts des Ergebnisses der Beweisaufnahme ist mit einer solchen Klageerhebung auch nicht zu rechnen, da die Beweisaufnahme bestätigt hat, dass der geltend gemachte Anspruch nicht besteht.

☐ Der Antragsteller wurde am ▬▬▬ aufgefordert, auf den geltend gemachten Anspruch zu verzichten oder aber Klage zur Hauptsache zu erheben, ohne dass hierauf eine Reaktion erfolgt ist.

Es ist daher geboten, dass das erkennende Gericht dem Antragsteller eine Frist zur Klageerhebung in der Hauptsache setzt und für den Fall, dass dieser die Frist verstreichen lässt, die Kosten des selbstständigen Beweisverfahrens auferlegt.

Rechtsanwalt

VI. Muster: Antrag auf Verwerfung des Antrages gem. § 494a ZPO bei fehlendem Rechtsschutzbedürfnis des Antragsgegners

▼

An das

Amtsgericht/Landgericht

In Sachen

des

– Antragsteller –

gegen

den

– Antragsgegner –

Az:

beantrage ich,

den Antrag des Antragsgegners nach § 494a ZPO mangels des erforderlichen Rechtsschutzbedürfnisses als unzulässig zu verwerfen.

Begründung:

Der Sinn und Zweck des § 494a ZPO ist es, dem Antragsgegner einen Kostenerstattungsanspruch wegen der im selbstständigen Beweisverfahren entstandenen Kosten zuzusprechen, wenn der Antragsteller wegen des Beweisergebnisses auf die Durchführung eines Hauptsacheverfahrens verzichtet.

Dies ist vorliegend nicht der Fall. Wie sich aus dem Ergebnis der Beweisaufnahme ergibt, hätte die Hauptsacheklage des Antragstellers ohne Weiteres Erfolg gehabt. Auf die Hauptsacheklage verzichtet der Antragsteller aus anderen Gründen:

☐ Der Hauptsacheanspruch wurde von dem Antragsgegner oder einem anderen Gesamtschuldner bereits erfüllt;

☐ der Antragsgegner hat die festgestellten Mängel vor Erhebung der Hauptsacheklage beseitigt und damit den Anspruch erfüllt;

☐ der Antragsteller hat den geltend gemachten Anspruch fallengelassen;

☐ der Antragsgegner hat sich vorbehaltlos verpflichtet, den Hauptsacheanspruch zu erfüllen;

☐ der Antragsgegner ist nach Durchführung des Beweisverfahrens vermögenslos geworden und deshalb ist eine Erhebung der Hauptsacheklage aus wirtschaftlichen Gründen für den Antragsteller nicht zumutbar.

§ 12 Das selbstständige Beweisverfahren

Damit liegt kein Rechtsschutzbedürfnis für den Antrag nach § 494a ZPO vor, so dass der Antrag als unzulässig zu verwerfen ist.

Rechtsanwalt

VII. Muster: Sofortige Beschwerde gegen den ablehnenden Beschluss des Gerichts nach einem Antrag auf selbstständiges Beweisverfahren

▼

111 An das

Amtsgericht/Landgericht

In Sachen

des

– Antragsteller –

gegen

den

– Antragsgegner –

Az:

lege ich namens und im Auftrag des Antragstellers gegen den Beschluss des Amtsgerichts/Landgerichts vom Az:

sofortige Beschwerde

ein mit dem Antrag,
- ☐ den Beschl. v. aufzuheben und dem Antrag auf Anordnung des selbstständigen Beweisverfahrens stattzugeben.

Begründung:

Das Amtsgericht/Landgericht hat den Antrag auf Anordnung des selbstständigen Beweisverfahrens zu Unrecht mit der Begründung zurückgewiesen, dem Antragsteller fehle das notwendige Rechtsschutzbedürfnis, da der Antragsgegner in der vorgerichtlichen Korrespondenz zu Recht mehrfach die Einrede der Verjährung erhoben habe.

Die Einrede der Verjährung ist nach zutreffender Auffassung aber im selbstständigen Beweisverfahren von dem angerufenen Gericht nicht zu prüfen, da es sich nicht um eine Tatsachenfeststellung, sondern um eine Rechtsfrage handelt.

Selbst wenn man der Meinung folgen sollte, dass jedenfalls eine offenkundig begründete Verjährungseinrede vom Gericht berücksichtigt werden dürfe, ist die Verjährung vorliegend jedenfalls nicht eingetreten weil,

Rechtsanwalt

VIII. Muster: Ablehnung eines Sachverständigen wegen Befangenheit

▼

An das

Amtsgericht/Landgericht

In Sachen

des

— Antragsteller —

gegen

den

— Antragsgegner —

Az:

stelle ich namens und im Auftrag des Antragstellers folgenden Antrag:
☐ Der Sachverständige   wird wegen Besorgnis der Befangenheit abgelehnt.

Begründung:

Das Gericht hat durch Beschl. v.   die Beweissicherung durch Einholung eines Sachverständigengutachtens bestimmt. Zum Sachverständigen wurde der   bestimmt. Der Sachverständige hat mit Schreiben vom   den Antragsgegner zum   für den angesetzten Ortstermin geladen. Der Antragsteller erhielt keine Ladung. Erst mit Vorlage des Gutachtens vom   wurde dem Antragsteller bekannt, dass ein Ortstermin stattgefunden hat.

Die Besorgnis der Befangenheit ist begründet, weil der Sachverständige nur einen Beteiligten zu dem Ortstermin geladen hat.

Auch wenn die Ladung des Antragstellers nur versehentlich unterblieben sein sollte, besteht doch die Besorgnis, dass der Sachverständige sein Gutachten nicht objektiv erstellt hat.

Rechtsanwalt

IX. Muster: Antrag auf Anhörung des Sachverständigen

113 An das
Amtsgericht/Landgericht

In Sachen
des

– Antragsteller –

gegen

den

– Antragsgegner –

Az:

☐ beantrage ich namens und im Auftrag des Antragstellers den Sachverständigen

☐ **zur mündlichen Erläuterung**
☐ seines schriftlichen Gutachtens vom   zu laden.

Begründung:
Das Gutachtens des Sachverständigen vom   ist hier am   eingegangen. Der Sachverständige soll die Einzelheiten seiner gutachterlichen Äußerungen erläutern und ist deshalb zu hören. Insbesondere die Feststellungen des gerichtlichen Sachverständigen zu den Ursachen der Mängel an der Dachkonstruktion stimmen nicht überein mit den gutachterlichen Überprüfungen eines zwischenzeitlich von der Antragsgegnerin eingeschalteten Sachverständigen und dessen Privatgutachten vom

Der Sachverständige soll ferner im Hinblick auf das beigefügte Privatgutachten zu den Einzelheiten der von ihm ermittelten Mangelbeseitigungskosten näher befragt werden.[152]
Sollte eine weitere Vorschusszahlung für die Ladung des Sachverständigen erforderlich sein, sagt sich der Unterzeichner für diese persönlich stark.

Rechtsanwalt

---

[152] OLG Celle BauR 2004, 750: Die Mängelbeseitigungskosten sind für die Streitwertfeststellung bedeutsam; dem Einwand, dass die Feststellungen des Sachverständigen hierzu unzutreffend seien, kann nicht mehr im Streitwertfestsetzungsverfahren nachgegangen werden. Ebenso: OLG Rostock BauR 2004, 1819; OLG Stuttgart v. 26.7.2005 – 12 W 45/05 ibr-online (LS: BauR 2006, 2111).

§ 13 Sondersituationen im Prozessverlauf

Frank-Michael Goebel/Regine Förger

Inhalt

	Rdn
A. Einleitung	1
B. Rechtliche Grundlagen	4
I. Klagerücknahme und Verzicht	4
1. Die Klagerücknahme bei Erledigung der Hauptsache zwischen Anhängigkeit und Rechtshängigkeit der Klage	38
2. Die Klagerücknahme nach Rechtshängigkeit und vor der mündlichen Verhandlung	55
3. Die Klagerücknahme nach mündlicher Verhandlung	64
a) Das Erfordernis der Zustimmung des Beklagten zur Klagerücknahme	65
b) Die Fiktion der Zustimmung des Beklagten	72
c) Die Folgen der verweigerten Zustimmung zur Klagerücknahme	76
II. Die Erledigung in der Hauptsache	81
1. Die Erledigungserklärung des Klägers	84
2. Die Reaktion des Beklagten	97
3. Die Kostenentscheidung des Gerichts und weitere Folgen	107
4. Streitentscheidungen aus der Rechtsprechung	124
III. Das Versäumnisverfahren	137
1. Das Versäumnisurteil gegen den Beklagten im schriftlichen Vorverfahren nach § 331 ZPO	143
2. Die Säumnis im Termin zur mündlichen Verhandlung	160
3. Das Versäumnisurteil gegen den Kläger	180
4. Besondere Problemlagen beim Erlass eines Versäumnisurteils	200
a) Versäumnisurteil gegen einen Streitgenossen	200
b) Die Stufenklage	205
c) Die Säumnis in Ehesachen	209

	Rdn
d) Beide Parteien bleiben säumig	211
e) Versäumnisurteil im Berufungsverfahren	212
f) Die Anwaltsgebühren und die sonstigen Kosten bei Erlass eines Versäumnisurteils	218
5. Der Einspruch gegen das Versäumnisurteil	222
6. Das zweite Versäumnisurteil	256
IV. Entscheidung nach Lage der Akten	274
V. Anerkenntnis	304
1. Die drei Möglichkeiten eines Anerkenntnisses	307
2. Die Kostenentscheidung nach einem Anerkenntnis	327
3. Die Kosten des Verfahrens bei Erlass eines Anerkenntnisurteils	334
4. Das Rechtsmittel gegen die Kostenentscheidung im Anerkenntnisurteil	345
VI. Prozessvergleich	350
1. Die Vorteile eines Prozessvergleichs	354
2. Zu beachtende Kriterien beim Vergleichsabschluss	356
3. Das Verfahren zum Abschluss des Prozessvergleichs	368
4. Der Vorbehalt des Widerrufs des Vergleichs	385
5. Der Vergleich im schriftlichen Verfahren nach § 278 Abs. 6 ZPO	398
6. Der (mögliche) Inhalt eines Vergleichs	409
7. Die Kosten eines Vergleichs	429
VII. Aussetzung, Unterbrechung und Ruhen des Verfahrens	435
1. Die Unterbrechung des Verfahrens	438
a) Die Unterbrechung des Verfahrens wegen des Todes einer Partei, § 239 ZPO	438

§ 13 Sondersituationen im Prozessverlauf

  b) Die Unterbrechung wegen der Eröffnung des Insolvenzverfahrens, § 240 ZPO 448
  c) Weitere Fälle der Verfahrensunterbrechung 468
 2. Die Aussetzung des Verfahrens 479
  a) Die Aussetzung des Verfahrens nach § 148 ZPO . . 479
  b) Die Aussetzung des Verfahrens bei Verdacht einer Straftat nach § 149 ZPO . . 486
  c) Die Aussetzung des Verfahrens nach § 246 ZPO . . 499
  d) Die Aussetzung des Hauptprozesses nach § 65 ZPO 512
 3. Das Ruhen des Verfahrens . . 516
 4. Die Rechtsmittel gegen die Anordnung der Aussetzung oder des Ruhens des Verfahrens . . 532
VIII. Richterablehnung 540
 1. Der Ausschluss des Richters kraft Gesetzes 543
 2. Die Ablehnung des Richters wegen Besorgnis der Befangenheit 547
  a) Enge Beziehungen des Richters zu einer Partei als Ablehnungsgrund 553
  b) Die Ablehnung des Richters wegen richterlicher Hinweise 555
  c) Die Besorgnis der Befangenheit wegen der Verfahrensführung 559
  d) Die Ablehnung des Richters wegen Unsachlichkeit 564
  e) Besorgnis der Befangenheit wegen Meinungsäußerungen des Richters 568
 3. Das Ablehnungsverfahren . . . 573
IX. Das Recht auf Akteneinsicht . . . 603
 1. Die Akteneinsicht nach § 299 Abs. 1 ZPO durch die Prozessparteien 603
 2. Die Akteneinsicht nach § 299 Abs. 2 ZPO durch Dritte . . . 607
 3. Das Verfahren zur Gewährung von Akteneinsicht 613

C. Muster 624
 I. Muster: Klagerücknahme (Grundmuster) 624
 II. Muster: Klagerücknahme wegen der Erledigung der Hauptsache zwischen Anhängigkeit und Rechtshängigkeit 625
 III. Muster: Klagerücknahme bei Erledigung der Hauptsache zwischen Anhängigkeit und Rechtshängigkeit bei noch nicht zugestellter Klage mit Kostenantrag des Klägers nach § 269 Abs. 3 S. 3 ZPO 626
 IV. Muster: Kostenantrag des Beklagten nach Erledigung der Hauptsache zwischen Anhängigkeit und Rechtshängigkeit bei noch nicht zugestellter Klage, § 269 Abs. 3 S. 3 ZPO 627
 V. Muster: Klageänderung nach Erledigung zwischen Anhängigkeit und Rechtshängigkeit 628
 VI. Muster: Klagerücknahme mit dem Antrag der gesonderten Kostenentscheidung wegen einer vorherigen Säumnis des Beklagten 629
 VII. Muster: Kostenantrag des Beklagten nach Klagerücknahme 630
 VIII. Muster: Erwiderung des Klägers auf den Kostenantrag des Beklagten bei vorheriger Säumnis des Beklagten 631
 IX. Muster: Kostenantrag des Beklagten und Stellungnahme zur Kostentragungspflicht im Fall des § 269 Abs. 3 S. 3 ZPO 632
 X. Muster: Antrag auf Erklärung eines vor der Klagerücknahme ergangenen Urteils als wirkungslos . . 633

XI. Muster: Klagerücknahme nach mündlicher Verhandlung mit gleichzeitigem Klageverzicht 634
XII. Muster: Wiedereinsetzungsantrag nach der Versäumung der Notfrist zur Verweigerung der Zustimmung zur Klagerücknahme 635
XIII. Muster: Verweigerung der Einwilligung des Beklagten in die Klagerücknahme 636
XIV. Muster: Einwilligung des Beklagten in die Klagerücknahme nach Klageverzicht 637
XV. Muster: Klagerücknahme nach mündlicher Verhandlung 638
XVI. Muster: Klageverzicht nach § 306 ZPO 639
XVII. Muster: Antrag des Beklagten auf Erlass eines Verzichturteils 640
XVIII. Muster: Schriftliche Ankündigung des Klageverzichtes nach § 306 ZPO . . 641
XIX. Muster: Sofortige Beschwerde gegen die Kostenentscheidung nach § 269 Abs. 3 S. 3 ZPO 642
XX. Muster: Antrag des Beklagten auf Durchführung des streitigen Verfahrens 643
XXI. Muster: Erledigungserklärung des Klägers . . . 644
XXII. Muster: Erledigungserklärung des Klägers mit dem Antrag auf Wiedereröffnung der mündlichen Verhandlung 645
XXIII. Muster: Erklärung des Beklagten über die Anschließung zur Erledigungserklärung 646
XXIV. Muster: Antrag auf Wiedereinsetzung in den vorigen Stand bezüglich der Widerspruchsfrist 647
XXV. Erklärung des Beklagten, dass er der Erledigungserklärung widerspricht . . . 648
XXVI. Muster: Klageumstellung nach Widerspruch des Beklagten zur Erledigungserklärung des Klägers . . . 649
XXVII. Muster: Sofortige Beschwerde nach § 91a Abs. 2 ZPO 650
XXVIII. Muster: Antrag auf Erlass eines Versäumnisurteils im schriftlichen Vorverfahren 651
XXIX. Muster: Anzeige der Verteidigungsbereitschaft nach Versäumung der Frist des § 276 Abs. 1 S. 1 ZPO . . . 652
XXX. Muster: Ankündigung eines Antrags auf Erlass eines Versäumnisurteils . . 653
XXXI. Muster: Sofortige Beschwerde gegen die Vertagung des Rechtsstreits und die Zurückweisung des Antrags auf Erlass eines Versäumnisurteils 654
XXXII. Muster: Einspruch des Beklagten gegen ein Versäumnisurteil 655
XXXIII. Muster: Antrag auf Wiedereinsetzung in den vorigen Stand bei Versäumung der Einspruchsfrist gegen ein Versäumnisurteil 656
XXXIV. Muster: Vollständiges Anerkenntnis im schriftlichen Vorverfahren 657
XXXV. Muster: Vollständiges Anerkenntnis unter Verwahrung gegen die Kostenlast 658
XXXVI. Muster: Teilanerkenntnis im schriftlichen Vorverfahren 659
XXXVII. Muster: Anerkenntnis Zug um Zug 660
XXXVIII. Muster: Anerkenntnis im weiteren Verfahrensablauf mit Hinweis auf § 307 S. 2 ZPO 661

XXXIX. Muster: Ankündigung eines Versäumnisurteils statt Anerkenntnisses aus Kostengründen 662

XL. Muster: Schriftsatz des Klägers nach Anerkenntnis des Beklagten 663

XLI. Muster: Schriftsatz des Klägers nach Ankündigung des Anerkenntnisses durch den Beklagten mit der Anregung, nach § 307 S. 2 ZPO zu verfahren 664

XLII. Muster: Sofortige Beschwerde nach § 99 Abs. 2 ZPO 665

XLIII. Muster: Antrag auf Erlass eines Anerkenntnisurteils mit Tatbestand und Entscheidungsgründen nach § 313b Abs. 3 ZPO 666

XLIV. Muster: Antrag auf Erklärung der Wirkungslosigkeit eines Urteils nach einem Prozessvergleich 667

XLV. Muster: Protokollberichtigungsantrag 668

XLVI. Muster: Antrag auf Bestimmung eines Termins zur mündlichen Verhandlung nach einem unwirksamen Prozessvergleich 669

XLVII. Muster: Vergleich mit Widerrufsvorbehalt 670

XLVIII. Muster: Verlängerung der Widerrufsfrist 671

XLIX. Muster: Widerrufserklärung 672

L. Muster: Antrag auf Protokollierung oder Feststellung eines außergerichtlich ausgehandelten Vergleichs 673

LI. Muster: Vergleichstext mit Kostenregelung 674

LII. Muster: Prozessvergleich unter Einbeziehung der Kosten des Nebenintervenienten 675

LIII. Muster: Vergleich und Übertragung der Kostenentscheidung auf das Gericht 676

LIV. Muster: Vergleich mit Ratenzahlungsabrede . . . 677

LV. Muster: Vergleich mit Ratenzahlungsabrede und einer Verfallsklausel 678

LVI. Muster: Vergleich mit Verfallsklausel 679

LVII. Muster: Vergleich mit einer Grundstücksübertragung . 680

LVIII. Muster: Endgültiger Abfindungsvergleich in Verkehrsunfallsachen . . . 681

LIX. Muster: Vergleich über eine Zahlungsverpflichtung Zug um Zug gegen Erbringung einer Gegenleistung 682

LX. Muster: Vergleich über eine Verpflichtung zur Herausgabe 683

LXI. Muster: Vergleich nach Beendigung eines Arbeits- oder Dienstverhältnisses . . 684

LXII. Muster: Vergleich zur Beendigung eines Mietverhältnisses 685

LXIII. Muster: Vergleich über die Unterlassung einer Handlung mit gleichzeitiger Vereinbarung einer Vertragsstrafe 686

LXIV. Muster: Vergleichsweise Regelung einer Duldungsverpflichtung 687

LXV. Muster: Vergleich zur Abgabe einer Willenserklärung 688

LXVI. Muster: Beitrittserklärung eines Dritten zum Abschluss eines Vergleichs . . 689

LXVII. Muster: Vergleich in der Berufungsinstanz unter Verzicht auf die Rechte aus einem noch nicht rechtskräftigen Urteil erster Instanz 690

LXVIII. Muster: Anzeige der Unterbrechung des Verfahrens nach § 239 ZPO 691
LXIX. Muster: Antrag auf Fortsetzung des Verfahrens im Fall des § 241 ZPO 692
LXX. Muster: Antrag auf Aufnahme des Verfahrens nach § 244 Abs. 2 ZPO 693
LXXI. Muster: Erklärung über die Aufnahme des Verfahrens durch den Kläger gegen den (beklagten) Insolvenzverwalter 694
LXXII. Muster: Antrag auf Bestimmung eines Termins zur mündlichen Verhandlung bei verzögerter Aufnahme des Rechtsstreits durch den Insolvenzverwalter 695
LXXIII. Muster: Antrag auf Streitwertfestsetzung nach Aufnahme des Rechtsstreites durch den Insolvenzverwalter 696
LXXIV. Muster: Antrag auf Aussetzung des Verfahrens nach § 148 ZPO i.V.m. §§ 152 ff. ZPO 697
LXXV. Muster: Antrag auf Aussetzung des Verfahrens wegen Aufrechnung 698
LXXVI. Muster: Antrag auf Aussetzung des Verfahrens nach § 149 ZPO 699
LXXVII. Muster: Antrag auf Wiederaufnahme eines Verfahrens nach § 149 Abs. 2 ZPO ... 700
LXXVIII. Muster: Antrag auf Aufnahme des gem. § 149 ZPO ausgesetzten Verfahrens nach dem Ende der strafrechtlichen Ermittlungen 701
LXXIX. Muster: Antrag auf Aussetzung des Verfahrens nach § 246 ZPO 702
LXXX. Muster: Anzeige der Aufnahme des Rechtsstreits gem. § 246 Abs. 2 ZPO .. 703
LXXXI. Muster: Aussetzungsantrag nach § 65 ZPO 704
LXXXII. Muster: Antrag auf Ruhen des Verfahrens unter gleichzeitiger Beantragung der Verlängerung der Berufungsbegründungsfrist ... 705
LXXXIII. Muster: Antrag auf Ruhen des Verfahrens nach § 251 ZPO 706
LXXXIV. Muster: Antrag auf Wiederaufnahme des Verfahrens nach dem Ruhen des Verfahrens gem. § 251 ZPO 707
LXXXV. Muster: Sofortige Beschwerde gegen eine Entscheidung nach §§ 239 ff., 148 ff. ZPO 708
LXXXVI. Muster: Ablehnung eines Richters wegen Besorgnis der Befangenheit in der Frist des § 43 ZPO 709
LXXXVII. Muster: Ablehnungsgesuch aufgrund eines Ablehnungsgrundes nach mündlicher Verhandlung, § 44 Abs. 4 ZPO 710
LXXXVIII. Muster: Sofortige Beschwerde gegen die Zurückweisung eines Ablehnungsgesuches 711
LXXXIX. Muster: Beschwerde nach § 23 EGGVG eines Dritten wegen verweigerter Akteneinsicht 712

§ 13 Sondersituationen im Prozessverlauf

Literatur

Klagerücknahme:

Beuermann, Erledigung, Klagerücknahme und Kostenentscheidung nach neuem Recht, Grundeigentum 2004, 96; *Birk*, Zur Unwirksamkeit der Klagerücknahme, die aufgrund eines fehlerhaften Hinweises des Gerichtes erfolgt ist, JZ 2007, 363; *Brammsen/Leible*, Die Klagerücknahme, JuS 1997, 54; *Deckenbrock/Dötsch*, JuMoG – Aktuelle Änderungen bei der Klagerücknahme gem. § 269 Abs. 3 S. 3 ZPO, MDR 2004, 1214; *Fritzsche-Brandt*, Entbehrlichkeit der Einwilligung des Beklagten bei Klagerücknahme gemäß § 269 Abs. 3 S. 3 ZPO, JA 2008, 365; *Groß*, Klageänderung und Klagerücknahme JR 1996, 357; *Groß*, Klageänderung und Klagerücknahme, ZZP 75, 447; *Groß*, Das Verhältnis der Klageänderung zur Klagerücknahme, ZZP 75, 93; *Hansens*, Terminsvertreterkosten bei Klagerücknahme, zfs 2008, 529; *Hansens*, §§ 91 Abs. 1, 269 Abs. 3 Satz 2 ZPO – Kostenerstattung bei Rücknahme bei einer noch nicht zugestellten Klage, BRAGO-Report 2001, 158; *Hansens*, Kostengünstige Teilklagerücknahme, RVGreport 2005, 705; *Kiechle*, Wie verbindlich ist die Klagerücknahme, DB 2007, 943; *Mayer*, Urteil bei Fehlen der nach § 269 Abs. 1 ZPO erforderlichen Einwilligung, MDR 1985, 373; *Ruess*, Die Erstattung der Kosten des Mahnverfahrens, NJW 2006, 1915; *Schneider, E.*, Die Kostenregelung der Klagerücknahme nach neuem Recht, JurBüro 2002, 509; *Schneider, E.*, Kostentragungspflicht bei Klagerücknahme, AGS 2004, 35; *Schneider, N.*, Gerichtskostenermäßigung bei Teilrücknahme?, MDR 1999, 462; *Schubert*, Säumniskosten im Falle der späteren Klagerücknahme, JR 2005, 73; *Tegeder*, Die Klagerücknahme als „einseitige Hauptsachenerledigungserklärung", NJW 2003, 3327; *Walther*, Klageänderung und Klagerücknahme, NJW 1994, 423; *Warfsmann*, Klagerücknahme im Verfahren nach § 495a ZPO, JurBüro 2000, 343.

Erledigung in der Hauptsache:

Becht, Die Kostenentscheidung nach beiderseitiger Erledigungserklärung bei einer unzulässigen Klage, MDR 1990, 121; *Becker-Eberhard*, Die Entwicklung der höchstrichterlichen Rechtsprechung zur Erledigung der Hauptsache im Zivilprozess, Festgabe 50 Jahre Bundesgerichtshof, 2000, III, 273; *Bergerforth*, Die Erledigung der Hauptsache im Zivilprozeß, NJW 1992, 1655; *Bernreuther*, Einstweilige Verfügung und Erledigungserklärung GRUR 2007, 660; *Beuermann*, Erledigung, Klagerücknahme und Kostenentscheidung nach neuem Recht, Grundeigentum 2004, 96; *Bonifacio*, Klagerücknahme und Erledigungserklärung nach der Zivilprozessordnung, MDR 2002, 499; *Brenner*, Zum Ermessen bei der Erteilung eines Hinweises nach § 91a Abs. 1 S. 2, EWiR 2008, 349; *Deckenbrock/Dötsch*, Das Ende der übereinstimmenden Erledigungserklärung bei Erledigung vor Rechtshängigkeit, ProzRB 2004, 47; *Deubner*, Taktik im Zivilprozess: Zustimmung zur Erledigungserklärung ohne Erledigung, JuS 2004, 979; *Ebner*, Die Erledigung der Hauptsache im Zivilprozess, JA 1998, 784; *El-Gayar*, Die einseitige Erledigungserklärung des Klägers im Zivil-, Arbeits- und Verwaltungsprozess, 1998; *El-Gayar*, Verjährung und Erledigung der Hauptsache, MDR 1998, 698; *Elzer*, Einseitige Erledigungserklärung vor Rechtshängigkeit nach dem ZPO-Reformgesetz NJW 2002, 2006;

Enders, Erledigung der Hauptsache und die Verfahrens-, Termins- und Einigungsgebühr, JurBüro 2005, 113 und 169; *Heistermann*, Die Erledigung der Hauptsache bei Aufrechung, NJW 2001, 3527; *Hölzer*, Die Erledigung der Hauptsache, JurBüro 1991, 1; *König*, Die Erledigung der Hauptsache in zivilprozessualer und kostenrechtlicher Hinsicht, RpflStud 2000, 80; *von der Linden*, Zur Zulässigkeit einer bedingten Erledigungserklärung, EWiR 2009, 3; *Liebheit*, Erledigung der Hauptsache im Mahnverfahren – Rücknahme eines Streitantrags; NJW 2000, 2235; *Luckey*, Die Aufrechnungserklärung als erledigendes Ereignis bei einer Aufrechnungslage vor Klagezustellung, VersR 2004, 128; *Mertins*, Die streitige Erledigung der Hauptsache vor Rechtshängigkeit, DRiZ 1989, 281; *Notthoff/Pappe*, Die Erledigung der Hauptsache im Zivilprozeß, JuS 1995, 912 und 1016, JuS 1996, 148, 341 und 583; *Onderka*, Zulässigkeit einer einseitigen Erledigungserklärung im selbstständigen Beweisverfahren, AGS 2005, 31; *Päntz*, Keine Prozesskostenhilfe nach Erledigung der Hauptsache, NJW 1985, 1820; *Schneider, E.*, Kostenentscheidung nach Klagerücknahme infolge Hauptsacheerledigung, AGS 2004, 35; *Schneider, N.*, Die Erledigung der Hauptsache bei Aufrechung des Beklagten – Auswirkungen auf die Kostenentscheidung, MDR 2000, 507; *Schneider, N.*, Gerichtsgebührenermäßigung bei übereinstimmender Erledigung der Hauptsache, MDR 1999, 1182; *Schneider, N.*, Terminsgebühr für übereinstimmende Erledigungserklärung und Abstandnahme vom Urkundenprozess?, AGS 2005, 99; *Stöber*, Die Ermäßigung der Gerichtsgebühr bei Verzicht auf eine Kostenentscheidung nach übereinstimmender Erledigungserklärung, AGS 2005, 133; *Stuckert*, Die Erledigung in der Rechtsmittelinstanz, Diss. 2007; *Ullrich*, Die Erledigung der Hauptsache und die Vereinfachung des Verfahrens, NJW 1994, 2793; *Voll*, Zur Zulässigkeit der Klageerneuerung nach vorausgegangener übereinstimmend erklärter Hauptsache Erledigung, EWiR 1991, 1135; *Vossler*, Die Erledigung der Hauptsache im Arrest- oder einstweiligen Verfügungsverfahren, MDR 2009, 667.

Säumnis:

Borck, Versäumnisurteil nach Klageänderung im Termin zur mündlichen Verhandlung?, WRP 1999, 776; *Büßer*, Die Flucht des Beklagten vor der Präklusion seiner Prozessaufrechnung, Jus 2009, 319; *Dietrich*, Die Wirkung des Versäumnisurteils gegen den Kläger, ZZP 1984, 419; *Eicken*, Besonderheiten der Anwaltsvergütung bei Einspruch gegen ein Versäumnisurteil, AGS 2000, 41 und 81; *Fastrich*, Heilung der Verspätungsfolgen des § 296 Abs. 1 ZPO durch Versäumnis, NJW 1979, 2598; *Foerste*, Das Versäumnisurteil im Anwaltsprozess zwischen Standesrecht und Grundgesetz, NJW 1993, 1309; *Gaumann*, Säumnis nach fehlender Zustellung des Vollstreckungsbescheides – erstes oder zweites Versäumnisurteil?, JR 2001, 445; *Gounalakis*, Sanktionslose Verspätung durch Eintritt in das Säumnisverfahren, DRiZ 1997, 294; *Greger*, Zur Sperrwirkung des klageabweisenden Versäumnisurteils, EWiR 2003, 441; *Habel*, Kostenerstattung bei vorangegangenem Versäumnisurteil, NJW 1997, 2359; *Häublein*, Die vorläufige Vollstreckbarkeit bei Aufrechterhaltung von Versäumnisurteilen, JA 1999, 53; *Heistermann*, Zum Erlass eines unechten Versäumnisurteils gegen den Kläger im Rahmen des schriftlichen Vorverfahrens, MDR 2001, 955; *Jäckel*, Rechtskraftwirkung eines klageabweisenden Versäumnisurteils, JA 2003, 449; *Jongk*, Einspruch bei Flucht in die Säumnis, BRAK-Mitt 2002, 24; *Jongk*, Zur Zustellung von Versäumnisurteilen im Ausland und zum Rechtsschutz in diesen Fällen, BRAK-Mitt 1999, 256; *Jost*, Umfang der Rechtskraft eine Versäumnisurteils gegen den Berufungskläger, NJW 2003, 2289; *König*, Anerkenntnis statt Säumnis – Nach dem RVG vielfach ein anwaltlicher Kunstfehler, NJW 2005, 1243; *Löhnig*, Zivilprozessrecht – §§ 333, 334 ZPO – Erlass eines Teilsäumnisurteils, JA 2002, 95; *Madert*, Terminsgebühr bei Flucht in die Säumnis, AGS 2005, 190; *Mennicke*, Der Antrag auf Erlaß eines Versäumnisurteils, MDR 1992, 221; *Onderka/Schneider*, Verschenkte Gebühren beim Versäumnisurteil in erster Instanz, AnwBl. 2006, 643; *Peglau*, Säumnis einer Partei und kontradiktorisches Urteil im Verfahren nach § 495a ZPO, NJW 1997, 2222; *Prütting*, Das zweite Versäumnisurteil im technischen Sinn, JuS 1975, 150; *Prütting*, Versäumnisurteil in Statusprozessen, ZZP 91, 191; *Rauh*, Versäumnisurteil im schriftlichen Vorverfahren – Berechung der Einspruchsfrist, MDR 2001, 794; *Riechert*, Nochmals: Anerkenntnis statt Säumnis? – Systemwidrige Auswirkungen des RVG auf die Prozesstaktik, NJW 2005, 2187; *Roth*, Zur richterlichen Hinweispflicht bei Auslandszustellungen von Versäumnisurteilen, JZ 1999, 419; *Schneider, E.*, Verzögerungsgebühr wegen Flucht in die Säumnis, AGS 2007, 597; *Schneider, E.*, Säumnis durch Nichthandeln, MDR 1992, 827; *Schneider, E.*, Versäumnisurteil wegen Verspätung des Anwalts, MDR 1998, 577; *Schneider, N.*, Terminsgebühr bei Flucht in die Säumnis, AGS 2005, 190; *Schneider, N.*, Volle Terminsgebühr bei Flucht in die Säumnis, ErbR 2008, 348; *Schneider, N.*, Zur Ermäßigung der Gerichtsgebühren bei Versäumnisurteil gegen den Kläger, AGS 2003, 265; *Schreiber*, Das Versäumnisurteil gegen den Beklagten, Jura 2000, 276; *Skauradszun/Hamm*, Die Abwendung der Säumnis durch den Streithelfer, JR 2009, 7; *Stadler/Jarsumbek*, Das Versäumnisverfahren gem. § 330 ff. ZPO, insbesondere das zweite Versäumnisurteil, Jus 2006, 34; *van den Hövel*, Die Säumnis des Einspruchführers nach verfristetem Einspruch gegen ein Versäumnisurteil, NJW 1997, 2864; *Zuck*, Zur Regelung der Voraussetzung eines Versäumnisurteils durch das anwaltliche Berufsrecht, MDR 2000, 177; *Zugehör*, Einspruch gegen ein Versäumnisurteil im schriftlichen Vorverfahren vor Zustellung?, NJW 1992, 2261.

Anerkenntnis:

Bohlander, Anerkenntnis im schriftlichen Vorverfahren nach Verteidigungsanzeige?, NJW 1997, 35; *Bonifacio*, Das Anerkenntnis im WEG-Verfahren, WuM 2002, 363; *Breckerfeld*, Kostentragung bei sofortigem Anerkenntnis nach Räumungsklage, NZM 2000, 328; *Deichfuß*, Das sofortige Anerkenntnis im schriftlichen Vorverfahren, MDR 2004, 190; *Fischer*, „Anerkenntnisse" im materiellen Recht und im Prozessrecht, JuS 1999, 998 und 1214; *Fischer*, Sofortiges Anerkenntnis – Ausschluss im Streitverfahren nach Widerspruch im Mahnverfahren?, MDR 2001, 1336; *Focken/Marten*, Kostengünstige Verfahrensbeendigung bei aussichtsloser Verteidigung, MDR 2005, 850; *Godau/Schüttke*, Zum sofortigen Anerkenntnis bei Anerkenntnis erst nach Verweisung an das zuständige Gericht, EWiR 1990, 1027; *Gottwald*, Zur Kostentragungspflicht des Abänderungsklägers im Falle eines Anerkenntnisses des Beklagten, FamRZ 1996, 1090;

Hergenröder, Anwaltsgebühren beim Anerkenntnis der Klageforderung, AGS 2006, 1; *Jungbauer*, Anerkenntnis- oder Versäumnisurteil – die kostengünstigere Variante, FuR 2005, 155; *Kapizka/Kammer*, Aus der Praxis: Anerkennen oder Versäumnisurteil erdulden, JuS 2008, 82; *König*, Anerkenntnis statt Säumnis – Nach dem RVG vielfach ein anwaltlicher Kunstfehler, NJW 2005, 1243; *Meiski*, Das sofortige Anerkenntnis im schriftlichen Vorverfahren, NJW 1993, 1904; *Meiski*, Sofortige Anerkenntnis im schriftlichen Vorverfahren, NJW 1993, 1904; *Mes*, Materiellrechtliche Teilleistung und prozessuales Teilanerkenntnis ZZP 85, 334; *Mock*, Terminsgebühr beim Anerkenntnisurteil, AGS 2006, 25; *Richert/Schröder*, Anerkenntnis statt Säumnis? – Systemwidrige Auswirkungen des RVG auf die Prozesstaktik, NJW 2005, 2187; *Schilken*, Zum Handlungsspielraum der Parteien beim prozessualen Anerkenntnis, ZZP 90, 157; *Schneider, N.*, Gerichtskosten bei Anerkenntnis unter Verwahrung gegen die Kostenlast, BRAGO-Report 2002, 73; *Schneider, N.*, Zur Frage der Festsetzbarkeit der Vergleichsgebühr im Falle der Endigung des Verfahrens durch Teilanerkenntnis Zug um Zug gegen Teilklagerücknahme, AGS 2003, 85; *Schumacher*, Zum sofortigen Anerkenntnis des Konkursverwalters nach Prozessaufnahme, EWiR 2002, 777; *Schwarz*, Anerkenntnis und Vorbehalt im Urkundenprozess, JR 1995, 1; *Seutemann/Herget*, Nochmals – Ermäßigung der Verfahrensgebühr nach dem GKG im Falle eines Anerkenntnisses, MDR 1995, 1096; *Thomas*, Zur Doppelnatur von Klageanerkenntnis und Klageverzicht, ZZP 89, 80; *Vossler*, Das sofortige Anerkenntnis im Zivilprozess nach dem in Kraft treten des Ersten Justizmodernisierungsgesetzes, NJW 2006, 1034; *Warfsmann*, Zum Entstehen der Vergleichsgebühr bei Klagerücknahme und Anerkenntnis, AGS 2002, 6.

Prozessvergleich:

Abramenko, Kein Rechtsmittel gegen richterliche Feststellung eines Vergleichs gemäß § 278 Abs. 6 ZPO? – ein übersehenes Problem der Zivilprozessreform, NJW 2003, 1356; *Beunings*, Die obligatorische Streitschlichtung im Zivilprozess, AnwBl 2004, 82; *Bischoff*, Einbeziehung nicht anhängiger Streitgegenstände in den Prozessvergleich, NJ 1999, 466; *Büttner*, Zum Umfang der Abänderung eines Prozessvergleichs über nachehelichen Unterhalt, FamRZ 2003, 520; *Dahlem*, Arbeitsrechtliche Aufhebungsverträge in einem Vergleich nach § 278 VI ZPO, NZA 2004, 530; *Deimann*, Der Beschlussvergleich nach § 278 Abs. 6 ZPO als Nachweisurkunde im Grundbucheintragungsverfahren, RpflStud 2003, 38; *Edenfeld*, Anwaltshaftung – Beratungspflichten beim Vergleich, MDR 2001, 972; *Eisenreich*, Der Prozessvergleich – eine Einführung, JuS 1999, 797; *Fischer*, Aus der Praxis: Der unvorteilhafte Vergleich, JuS 2006, 140; *Foerste*, Die Güteverhandlung im künftigen Zivilprozess, NJW 2001, 3103; *Händel*, Strategien des Anwalts beim zivilrichterlichen Vergleich, AnwBl 1997, 509; *Hölzer*, Der Prozeßvergleich, JurBüro 1991, 305; *Künkel*, Zum Widerrufsvorbehalt beim Prozessvergleich, FamRZ 1987, 1174; *Ludwig*, Zur Frage der Abänderung von Prozessvergleichen bei Änderung der Rechtsprechung, FamRZ 2002, 230; *Luthin*, Zur Frage der rückwirkenden Abänderung eines Prozessvergleichs, FamRB 2003, 149; *Michel*, Der Prozessvergleich in der Praxis, JuS 1996, 41; *Mohr*, Der Prozeßvergleich in der Praxis des Amtsgerichts,

DRiZ 1994, 420; *Mümmler*, Bewilligung von Prozesskostenhilfe im Prozesskostenhilfe-Prüfungsverfahren nur für den Abschluss eines gerichtlichen Vergleichs, JurBüro 1987, 444; *Münzberg*, Zu den Folgen der Anfechtung des Prozessvergleichs, JZ 2000, 422; *Nachman/Friedgen*, Gerichtlicher Vergleich im PKH-Verfahren analog § 278 Abs. 6 ZPO, ZInsO 2007, 1318; *Oberthür*, § 278 Abs. 6 ZPO – Der gerichtliche Vergleich im „schriftlichen Verfahren", ArbR-Berater 2005, 95; *Pescher*, Zur Geltendmachung der Wirksamkeit eines Vergleichs, ZZP 84, 139; *Presser*, Der Prozessvergleich, MDR 1999, 520; *Probst*, Zur rechtlichen Unwirksamkeit eines Prozessvergleichs, JR 2000, 373; *Rensen*, Die Wirkung des Prozessvergleichs auf zuvor ergangene, nicht rechtskräftige Entscheidungen, JA 2004, 556; *Scharpenack*, Der Vergleich mit Widerrufsvorbehalt – Fakten und Formulierungshinweise, MDR 1996, 883; *Schneider, E.*, Ein missratener Prozessvergleich, MDR 1997, 1091; *Schneider, N.*, Fortsetzung des Verfahrens nach Anfechtung eine Prozessvergleichs, AGS 2005, 287; *Schneider, N.*, Zum Anfall einer Verhandlungsgebühr oder Erörterungsgebühr beim Vergleichsabschluss nach ZPO § 278 Abs. 6 Satz 1, AGS 2003, 196; *Schöpflin*, Die Bestandskraft des Prozessvergleichs bei nachträglichem Tatsachenvortrag und Beweisantritt, JR 2000, 397; *Schuschke*, Geltendmachung der Unwirksamkeit eines Prozessvergleichs – in Betracht kommende Entscheidungen des Prozessgerichts, EWiR 1996, 1003; *Schütt*, Zur Kostentragung durch die prozesskostenhilfeberechtigte Partei nach einem Prozessvergleich, MDR 2000, 668; *Schwarz*, Die Kostenhaftung des im Prozessvergleich nicht beteiligten Nebenintervenienten, ZZP 107, 45; *Spangenberg*, Kreativ vergleichen, MDR 1992, 333; *Stollmann*, Die Gerichtskosten des Beweissicherungsverfahrens im gerichtlichen Vergleich, JurBüro 1989, 1069; *Stötter*, Die Abänderung von Prozessvergleichen beim Wegfall der Geschäftsgrundlagen, NJW 1967, 1111; *Suyka*, Zur Frage der Abänderung von Prozessvergleichen bei Änderung der Rechtsprechung, JR 2002, 418; *Treffer*, Der Prozessvergleich, MDR 1999, 520: *Vollkommer*, Führen Protokollierungsmängel stets zur unheilbaren Nichtigkeit des Prozessvergleichs?, Rpfleger 1973, 269; *Warfsmann*, Zum Entstehen der Vergleichsgebühr bei Klagerücknahme und Anerkenntnis, AGS 2002, 6; *Zimmer*, Möglichkeit der Berichtigung offensichtlicher Unrichtigkeiten beim Prozessvergleich, JZ 2009, 423.

Aussetzung, Unterbrechung und Ruhen des Verfahrens:

Böse, Der Nemo-tenetur-Grundsatz als Gebot zur Aussetzung des Zivilprozesses nach § 149 ZPO?, wistra 1999, 451; *Chab*, Fristen bei ausgesetzten und ruhenden Verfahren, AnwBl 2001, 652; *Dammrau*, Kann das Prozessgericht, das über eine erbrechtliche Auskunftsklage zu entscheiden hat, unter Hinweis auf ein rechtshängiges Erbscheinsverfahren aussetzen?, ZEV 1995, 460; *Greger*, Aussetzung des Verfahrens ohne Vorlage nach GG Art. 100 Abs. 1, EWiR 1989, 651; *Greger*, Aussetzung des Verfahrens und Wiedereinsetzung in den vorigen Stand, MDR 2001, 486; *Hanisch*, Konkurseröffnung im Ausland – Unterbrechung eines Zivilprozesses im (deutschen) Inland, EWiR, 1989, 477; *Holzer*, Keine Unterbrechung des selbstständigen Beweisverfahrens durch Eröffnung des Gesamtvollstreckungsverfahrens, EWiR 1997, 431; *Höpfner*, Zur Unterbrechung eines Anfechtungsprozesses durch Konkurseröffnung, EWiR 2000, 1089; *Lenßen*, Unterbrechung von Beweisverfahren und/oder Schiedsverfahren durch Insolvenzeröffnung? NZBau 2003, 428; *Lippert*, Zur Aussetzung eines Arzthaftungsprozesses bei schwebenden Strafverfahren, NJW 1991, 1556; *Madert*, Entstehen neue Gebühren, wenn der Rechtsstreit nach Unterbrechung durch Konkurs gegen neuen Beklagten fortgeführt wird? AGS 1995, 94; *Marotzke*, Während der Verfahrensunterbrechung durch Konkurs ergangenes Urteil – Zulässigkeit der Revision, EWiR 1995, 1039; *Mitlehner*, ZPO § 240 – Zur Verfahrensunterbrechung bei Konkurs des Prozeßstandschafters, EWiR 1995, 827; *Naraschewski*, Zur Unterbrechung des Zwangsvollstreckungsverfahrens nach ZPO § 240, EWiR 2008, 319; *Neuhaus*, Kann ein Beklagter die Aussetzung des Zivilverfahrens bis zum Abschluss eines denselben Standpunkt betreffenden gegen ihn gerichteten Strafverfahren beanspruchen, StV 1994, 36; *Ohlenbrock*, Kosten eines nach Unterbrechung wieder aufgenommenen Prozesses im Insolvenzverfahren, ZIP 2001, 1988; *Ploching*, Die Aussetzung des Urkundenprozesses gemäß § 148 ZPO wegen Vorgreiflichkeit, JurBüro 2003, 121; *Schmitz*, Unterbrechung des Kostenfestsetzungsverfahrens gemäß 240 ZPO, EWiR 2000, 459; *Schneider, E.*, Aussetzung wegen einer anderen Entscheidung, JurBüro 1979, 785; *Stöber*, Die Auswirkungen des Todes einer Partei auf den Prozess mit den Erben, MDR 2007, 757; *Tick*, Verfahrensunterbrechung durch Eröffnung des Konkursverfahrens – Rechtsmitteleinlegung während der Unterbrechung, EWiR 1997, 313; *Voll*, Verfahrensunterbrechung nach § 240 ZPO bei Prozeßstandschaft und Sicherungszession, MDR 1989, 1269; *Voß*, Unterbrechung des Kostenfestsetzungsverfahrens nach § 240 ZPO, EWiR 1996, 955; *Zeranski*, Zur Aussetzung des Zivilrechtsstreits aus übergeleitetem Recht bei Anfechtung der Überleitungsanzeige, FamRZ 1999, 824.

Richterablehnung:

Eltz, Zur Richterablehnung bei verzögerter Terminierung im einstweiligen Anordnungsverfahren bei Kindschaftsverfahren, FamRZ 2000, 295; *Göbel*, Die mißbrauchte Richterablehnung, NJW 1985, 1058; *Günther*, Entfällt das Rechtsschutzinteresse an Richterablehnung mit Entscheidung der Hauptsache?, MDR 1989, 691; *Günther*, Richterablehnung wegen „Häufung von Verfahrensfehlern", DRiZ 1994, 374; *Günther*, Unzulässige Ablehnungsgesuche und ihre Bescheidung, NJW 1986, 281; *Hermisson*, Richterlicher Hinweis auf Einrede- und Gestaltungsmöglichkeiten, NJW 1985, 2558; *Knoche*, Besorgnis richterlicher Befangenheit wegen der Veranlassung strafrechtlicher Schritte, MDR 2000, 371; *Schlichting*, Vorbefassung als Ablehnungsgrund, NJW 1989, 1343; *Schneider, E.*, Befangenheitsablehnung im Zivilprozess, Monogr. 2008; *Schneider, E.*, Neue Rechtsprechung zur Befangenheitsablehnung im Zivilprozess, ZAP, Fach 13, 1589; *Schneider, E.*, Die dienstliche Äußerung des abgelehnten Richters, MDR 1998, 454; *Schneider, E.*, Kein Rechtsschutz gegen faule Richter?, MDR 1989, 1397; *Schneider, E.*, Verfahrensverstöße – Mandatswidriges Verhalten im Zusammenhang mit einer Befangenheitsablehnung, MDR 1998, 798; *Schneider, E.*, Zivilprozessreform, Das neue zivilprozessuale Ablehnungsrecht, MDR 2001, 1399; *Schneider, E.*, Zum Instanzenzug bei der Richterablehnung, MDR 2000, 1150; *Schneider, E.*, Zur Ablehnung eines Richterkollegiums im Verfahren aufgrund einer Gegenvorstellung, MDR 2001, 170; *Schneider, E.*, Zur Richterablehnung wegen Verletzung des Anspruchs auf rechtliches Gehör, FF 2001, 104; *Schneider, E.*, Erfolglose Richterablehnungen im Zivilprozess, NJW 1996, 2285; *Schneider, N.*, Befangenheitsablehnung – Gebühren, Streitwert, Kostenerstattung, MDR 2001, 130; *Sendler*, Was dürfen Richter in der Öffentlichkeit sagen?, NJW 1984, 689; *Stollenwerk*, Die Kostenentscheidung bei Richterablehnung, NJW 2007, 3751; *Sturm*, Die Kosten im Beschwerdeverfahren um ein Richterablehnungsgesuch, MDR 2007, 382; *Teplitzke*, Die Richterablehnung wegen Befangenheit, JuS 1969, 318; *Voll*, Ablehnung des Richters aufgrund von Verfahrensfehlern, EWiR 2000, 937; *Voll*, Endet das Recht zur Ablehnung eines Richters mit der Beendigung einer Instanz?, MDR 1989, 362; *Voll*, Zur Richterablehnung wegen Besorgnis der Befangenheit, EWiR, 2003, 41; *Vossler*, Der Verlust des Richterablehnungsrechtes, MDR 2007, 992; *Weigel*, Befangenheit im Schiedsgerichtsverfahren, MDR 1999, 1360.

Einsicht in Akten:
Jessnitzer, Abschrift gerichtlicher Entscheidungen für Sachverständige, Rpfleger 1974, 423; *Pardey*, Informationelles Selbstbestimmungsrecht und Akteneinsicht, NJW 1989, 1647; *Pawlita*, Die Wahrnehmung des Akteneinsichtsrechts im gerichtlichen und behördlichen Verfahren durch Überlassung der Akten in die Rechtsanwaltskanzlei, AnwBl 1986, 1; *Prütting*, Datenschutz und Zivilverfahrensrecht in Deutschland, ZZP 106, 472; *Schneider, E.*, Akteneinsicht durch Aktenüberlassung, MDR 1984, 108; *Stadler*, Der Schutz von Unternehmensgeheimnissen im Zivilprozess, NJW 1989, 1202; *Teschner*, Einsicht in Gerichtsakten und Auskunft aus Gerichtsakten, SchlHA 2002, 221.

A. Einleitung

1 Während des Prozesses kann der Rechtsanwalt vor eine Vielzahl von Problemlagen gestellt werden, die es schnell und sicher zu bewältigen gilt:
- Das Leben entwickelt sich weiter und damit verändern sich Tatsachen, was etwa nach einer Zahlung des Schuldners eine **Klagerücknahme** oder eine **Erledigung in der Hauptsache** erforderlich machen kann.
- Der Beklagte beteiligt sich am Prozess nicht und gibt schon keine Verteidigungsanzeige ab oder erscheint später in einem Termin zur mündlichen Verhandlung nicht. Hier finden die Regelungen über das **Versäumnisverfahren** Anwendung. Nichts anderes gilt, wenn der Kläger selbst das Interesse am Prozess verliert und im Termin zur mündlichen Verhandlung nicht erscheint. In bestimmten Konstellationen kommt auch eine **Entscheidung nach Lage der Akten** mit besonderen Anforderungen an den Bevollmächtigten in Betracht.
- Reagiert der Beklagte mit einem **Anerkenntnis** oder der Kläger mit einem **Verzicht**, muss die andere Partei den Prozess jeweils sachgerecht zu Ende bringen.

- Lebenssachverhalte greifen ineinander. Dies gilt in auch für Prozesse, so dass es sinnvoll sein kann, einem anderen Prozess durch eine **Aussetzung** Vorrang einzuräumen. Hier muss beurteilt werden, ob die Aussetzung beantragt oder ob dieser entgegengetreten werden soll.
- In verschiedenen Konstellationen kann eine **Unterbrechung** des Verfahrens kraft Gesetzes eintreten. Der Rechtsanwalt muss seinem Mandanten erläutern, welche Folgen dies haben und wie der Prozess weiter betrieben werden kann.
- Auch kann es aufgrund aktueller Entwicklungen oder außergerichtlicher Einigungsversuche sinnvoll sein, das Verfahren zum **Ruhen** zu bringen.
- Hat der Prozess begonnen und entwickelt sich, mag die Partei oder auch der Bevollmächtigte selbst gegen einen Richter die **Besorgnis der Befangenheit** hegen. Um keine unnötige Schärfe in den Prozess zu bringen, sollte der Bevollmächtigte orientiert sein, in welchen Fällen eine Ablehnung Aussicht auf Erfolg haben kann und welche Konstellationen keine Aussicht auf Erfolg versprechen.
- Nicht nur bei den Gerichten ist der **Vergleich** beliebt, weil er Arbeitsentlastung schaffen kann. Auch den Parteien ist häufig ein Vergleich „recht", da er Risiken verträglich verteilt, Zeit- und Kostenvorteile bietet und auch wirtschaftliche oder persönliche Beziehungen in Zukunft erhalten kann. Der Bevollmächtigte muss hier allerdings viele Aspekte bedenken und beachten.
- Auch kann es erforderlich werden, sich über den Stand oder Verlauf anderer Verfahren zu informieren. So sind Fragen des **Akteneinsichtsrechts** zu erörtern.

Alle diese Prozesssituationen, die den Alltag des zivilrechtlich engagierten Bevollmächtigten berühren, sind im nachfolgenden Abschnitt B (siehe Rdn 4 ff.) in ihren rechtlichen Grundlagen erörtert. Schon hier finden Sie Checklisten und andere Arbeitshilfen.

In Abschnitt C (siehe Rdn 624 ff.) werden die notwendigen Muster für Anträge, Anregungen und Erklärungen für alle angesprochenen Prozesssituationen zur Verfügung gestellt.

B. Rechtliche Grundlagen

I. Klagerücknahme und Verzicht

Da es dem Kläger frei steht, eine Klage zu erheben, steht es ihm zunächst auch frei, die Klage zurückzunehmen, d.h. auf die Durchsetzung seiner vermeintlichen Ansprüche mittels gerichtlicher Hilfe zu verzichten und damit das Verfahren wieder zu beenden. Die Klagerücknahme ist in § 269 ZPO geregelt. Erheblich ist hier insbesondere die Kostenfolge in § 269 Abs. 3 ZPO.

Hinweis

Nach Auffassung des BGH wird bei der Rücknahme der Klage nach einem Vergleich die im Vergleich getroffene Kostenregelung auch im Verhältnis zum Streithelfer anzuwenden und der gesetzlichen Regelung des § 269 Abs. 3 S. 2 ZPO vorzuziehen sein.[1]

6 Die Klagerücknahme[2] lässt dabei grundsätzlich die Frage unbeantwortet, ob der mit der Klage geltend gemachte Anspruch tatsächlich existiert oder existiert hat. Der Klagerücknahme kann insbesondere nicht entnommen werden, dass der Kläger zugesteht, dass der ursprünglich geltend gemachte Anspruch nicht besteht. Allenfalls besteht eine dahingehende Vermutung.

7 *Hinweis*

Soll mit der Klagerücknahme zugleich jedenfalls für die Zukunft auf den geltend gemachten Anspruch verzichtet werden, so muss dies hinreichend deutlich als Klageverzicht zum Ausdruck gebracht werden.[3] Der Klageverzicht ist in § 306 ZPO geregelt.

8 Insoweit ist der Kläger nach einer isolierten Klagerücknahme auch nicht gehindert, zu einem späteren Zeitpunkt seinen vermeintlichen Anspruch erneut geltend zu machen. Dem Bevollmächtigten des Beklagten obliegt es allerdings, genau dies zu verhindern, indem er über die Klagerücknahme hinaus einen Klageverzicht erreicht, was rechtlich jedoch nur unter engen Voraussetzungen erzwungen werden kann.

9 *Hinweis*

Möglich ist es auch, nur einen Teil der Klage zurückzunehmen. Für den zurückgenommenen Teil der Klage gilt dann ebenfalls § 269 Abs. 3 ZPO, wobei eine gesonderte Kostenentscheidung zu Lasten des Klägers jedenfalls dann unterbleibt, wenn alle Parteien im Hinblick auf den nicht zurückgenommenen Teil am Rechtsstreit beteiligt bleiben.[4] Anders verhält es sich nur dann, wenn mit der Teilklagerücknahme einer von mehreren Beklagten ausscheidet.[5] In diesem Fall ist über die außergerichtlichen Kosten des ausscheidenden Beklagten gem. § 269 Abs. 3 ZPO vorab zu entscheiden.[6] Im Übrigen wird die Kostenentscheidung dann mit der Schlussentscheidung getroffen.

10 *Tipp*

Der Bevollmächtigte des ausscheidenden Beklagten darf in diesem Falle auch dann die gesamten Kosten und nicht nur die Erhöhungsgebühr liquidieren, wenn er die verbleibenden Beklagten weiter vertritt.[7] Die Erstattung erfolgt hierbei grundsätzlich nach Kopfteilen.[8]

---

1 BGH NJW-RR 2004, 1506; OLG Frankfurt, NJW-RR 2015, 1023.
2 Grundmuster einer Klagerücknahme unter Rdn 624.
3 Vgl. insoweit Rdn 80.
4 Zöller/*Greger*, ZPO, 32. Aufl., 2018, § 269 Rn 19a.
5 BGH NJW 1952, 545.
6 OLG Köln, VersR 1976, 1164.
7 OLG München NJW 1964, 1079.
8 Zöller/*Herget*, ZPO, 32. Aufl., § 91 Rn 13 „Klagerücknahme", „Streitgenossen".

B. Rechtliche Grundlagen § 13

Für die Klagerücknahme können unterschiedliche – prozessrechtliche und andere – **11**
Gründe sprechen:

- Nach der Klageerwiderung zeigt sich, dass die Beweissituation des Klägers eine erfolgreiche Prozessführung nicht erlaubt,[9] weshalb aus Kostengründen der Streit vorzeitig beendet werden soll.

  > *Hinweis*
  > Hier liegt ein klassischer Fall, in dem eine spätere erneute Klageerhebung in Betracht kommt, wenn der Kläger in den Besitz weiterer Beweismittel gelangt, die seine Situation verbessern und in diesem Zeitpunkt die Forderung noch nicht verjährt ist.

- Der Kläger erkennt, dass seine Klage aus Rechtsgründen unzulässig oder unbegründet ist.

  > *Tipp*
  > Hier hat der Bevollmächtigte allerdings zunächst zu prüfen, ob er das Zulässigkeits- oder Begründetheitshindernis beseitigen oder heilen kann, bevor er den mit Zeit- und Kostennachteilen verbundenen Weg wählt, zunächst die Klage zurückzunehmen und diese dann zu einem späteren Zeitpunkt wieder zu erheben.

- Der Beklagte hat die Klageforderung einschließlich aller Kosten ausgeglichen.

  > *Tipp*
  > Hier ist zu prüfen, wann der Forderungsausgleich erfolgt ist. Hieraus kann sich auch die Erklärung der Erledigung der Hauptsache als der richtige Weg darstellen. Ist der Forderungsausgleich zwischen Anhängigkeit und Rechtshängigkeit erfolgt, muss § 269 Abs. 3 S. 3 ZPO beachtet werden (mehr dazu unter Rdn 38 ff.).

- Der Kläger stellt fest, dass der Beklagte vermögenslos ist und ein hinreichender Vermögenserwerb dauerhaft nicht zu erwarten ist, so dass er weitere Kosten zu tragen hätte, ohne dass deren Erstattung sichergestellt ist. Unter wirtschaftlichen Gesichtspunkten möchte er deshalb auf die Durchführung des Prozessverfahrens verzichten.

  > *Tipp*
  > Der Bevollmächtigte sollte den Mandanten aber ausdrücklich *und schriftlich* darauf hinweisen, dass er aus einem Titel 30 Jahre vollstrecken kann, so dass ihm auch ein deutlich späterer Vermögenserwerb, etwa auch durch eine Erbschaft, noch Befriedigung verschaffen kann. Die Praxis zeigt, dass die Mandanten hier sehr häufig nur die aktuelle Vermögenssituation des Prozessgegners betrachten. Nicht selten lässt sich in solchen Konstellationen über ein Mahnverfahren ein Vollstreckungsbescheid erwirken, so dass primär dieses Verfahren gewählt werden sollte.

---

9 Zur Frage, wie die Beweissituation verbessert werden kann, s. § 11, sowie *Goebel*, So verbessern Sie die Beweislage Ihres Mandanten, PA 03/03, S. 31.

- Das Gericht hat durch Hinweise nach § 139 ZPO oder einen ein Prozesskostenhilfegesuch zurückweisenden Beschluss dargelegt, dass die Klage aus rechtlichen oder tatsächlichen Gründen keine Aussicht auf Erfolg hat und der Mandant weder in der Lage noch gewillt ist, den Prozess gleichwohl mit eigenen oder geliehenen Mitteln aufzunehmen.

  Hinweis

  Der BFH ist der Meinung, dass die Zurücknahme einer Klage unwirksam ist, wenn sie durch den nicht zutreffenden Hinweis des Vorsitzenden Richters veranlasst worden ist, dass die Klage unzulässig sei. Dies gelte auch, wenn die Klagerücknahme von einem rechtskundigen Prozessbevollmächtigten erklärt worden sei.[10] Dem wurde in der Literatur teilweise zugestimmt,[11] teilweise wurde die Entscheidung abgelehnt.[12] Letzterem ist zuzustimmen. Zwar hat das Gericht bei der Erteilung eines Hinweises die Pflicht, die Richtigkeit seiner Auffassung zu prüfen. Andererseits muss sich auch der Bevollmächtigte mit dieser gerichtlichen Auffassung auseinandersetzen und ihr ggf. entgegentreten und/oder im Rechtsmittelverfahren um seine Auffassung kämpfen. Es bestehen Alternativen zur Klagerücknahme, weshalb es bei der Verantwortlichkeit der Partei für ihr Tun und bei der sonst anerkannten Unwiderruflichkeit von Prozesshandlungen bleiben muss.

  Bei der finanzgerichtlichen Rechtsprechung ist zudem zu berücksichtigen, dass § 72 Abs. 2 S. 3 FGO den Fall der nachträglichen Geltendmachung der Unwirksamkeit der Rücknahme ausdrücklich vorsieht, was in dem Über-/Unterordnungsverhältnis des Fiskus und des Steuerpflichtigen begründet ist.

  Für die ZPO verbleibt es somit bei dem Grundsatz, dass Prozesserklärungen, somit auch die Klagerücknahme, grundsätzlich bedingungsfeindlich, nicht anfechtbar und unwiderruflich sind.[13] Von der Unwiderruflichkeit von Prozesserklärungen wird allein dann eine Ausnahme gemacht, wenn Restitutionsgründe i.S.v. § 580 ZPO, insbesondere Täuschung oder Drohung, vorliegen, denn es wäre wenig prozessökonomisch, das unter diesen Bedingungen zustande gekommene Urteil rechtskräftig werden zu lassen, bevor eine Restitutionsklage angestrengt würde.[14] Übertragen auf die Klagerücknahme bedeutet dies beim Vorliegen von Restitutionsgründen, dass es wenig prozessökonomisch und auch kostenintensiver wäre, ein neues Klageverfahren anzustrengen als das bereits begonnene fortzuführen.

- Die Parteien können außergerichtlich einen Vergleich über den Streitgegenstand oder darüber hinaus schließen, in dem auch die Rücknahme der Klage vereinbart wird.

---

10 BFH NJW 2006, 255. Einschränkend: BFH, Beschl. v. 12.12.2017 – X B 106/17 –, juris: hohe Anforderungen bei anwaltlich vertretener Partei.
11 *Birk*, JZ 2007, 363.
12 *Kichle*, DB 2007, 943; *Brandis* in: Tipke/Kruse, AO/FGO, 150. Lieferung 10.2017, § 72 FGO Rn 30.
13 Zöller/*Greger*, ZPO, 32. Aufl., 2018, § 128 ZPO Rn 18, 20, 21.
14 Zöller/*Greger*, ZPO, 32. Aufl., 2018, § 128 ZPO Rn 24.

B. Rechtliche Grundlagen § 13

> *Hinweis*
> Dabei sollten dann aber auch immer die Kosten des Vergleiches (sonst § 98 ZPO analog) sowie die Kosten des durch den außergerichtlichen Vergleich erledigten Prozesses mit geregelt werden.

- Der Mandant stellt die Durchsetzung eines rechtlich zu begründenden und auch durchzusetzenden Anspruchs zurück, weil er die wirtschaftliche oder persönliche Beziehung zum Prozessgegner erhalten will.
- Der Anspruch kann erfüllt worden sein, wobei die Parteien vereinbart haben, dass einerseits die Klage zurückgenommen wird, andererseits kein Kostenantrag gestellt wird.

Die Klagerücknahme hat für den Kläger gegenüber der Abweisung der Klage erhebliche Kostenvorteile. Nach Nr. 1211 Nr. 1 KVGKG ermäßigen sich die drei gerichtlichen Verfahrensgebühren auf lediglich eine Gebühr, wenn die Klagerücknahme vor dem Schluss der mündlichen Verhandlung oder dem entsprechenden Termin bei einer Entscheidung nach § 128 Abs. 2 ZPO erfolgt. Dem stehen gleich die Klagerücknahme vor der Ladung zum Termin zur Verkündung einer Entscheidung im Verfahren nach § 495 ZPO, vor der Übermittlung eines Versäumnisurteils im schriftlichen Vorverfahren nach § 331 Abs. 3 ZPO an die Geschäftsstelle und vor der Übermittlung des Urteils im europäischen Verfahren für geringfügige Forderungen an die Geschäftsstelle. 12

Ungeachtet dessen erspart er die Terminsgebühr des eigenen und des gegnerischen Anwaltes, wenn er die Klage frühzeitig zurücknimmt und auch keiner der sonstigen Tatbestände vorliegt, die zum Anfall der Terminsgebühr führen. 13

Nach Auffassung des Gesetzgebers kann dem Kläger allerdings die Dispositionsbefugnis über die Klagerücknahme nicht unbeschränkt gewährt werden. So kann nicht unberücksichtigt bleiben, dass der Kläger den Beklagten unfreiwillig in ein Prozessrechtsverhältnis gezwungen hat und dieser – jedenfalls soweit er sich substanziell zur Klage eingelassen hat – ein eigenes schutzwürdiges Interesse daran hat, dass die Streitfrage abschließend entschieden wird und er sich gerade nicht mehr einer neuen Klage mit gleichem Gegenstand in der Zukunft stellen muss. 14

Diesen Konflikt löst der Gesetzgeber in § 269 Abs. 1 ZPO, indem er die Klagerücknahme ohne Einwilligung des Beklagten nur bis zum Beginn der mündlichen Verhandlung des Beklagten zur Hauptsache ermöglicht. Nach dem Beginn der mündlichen Verhandlung bedarf es dagegen zu einer wirksamen Klagerücknahme der Zustimmung des Beklagten. 15

Die entscheidende Zäsur liegt also im Begriff der „Verhandlung zur Hauptsache" durch den Beklagten. Eine Verhandlung zur Hauptsache liegt vor, wenn die Parteien sich in der mündlichen Verhandlung zur Streitsache erklärt haben. Dies ist spätestens dann der Fall, wenn die Parteien die Anträge gestellt haben.[15] Ausreichend für ein Verhandeln ist dabei auch, wenn nur der Beklagte einen Antrag gestellt und zugleich beantragt hat, 16

---

15 OLG Dresden MDR 1997, 498.

durch Versäumnisurteil zu entscheiden.[16] Allein die Führung von Vergleichsverhandlungen oder sonstige Erörterungen vor Antragstellung stellen dagegen noch kein Verhandeln dar.[17]

17 Die Rücknahme der Klage ist nach § 269 Abs. 2 S. 1 ZPO gegenüber dem Gericht zu erklären.[18] Die schriftliche Erklärung der Klagerücknahme ist zu dem anhängigen und zu beendigenden Rechtsstreit abzugeben. Eine Rücknahmeerklärung in einem anderen Verfahren genügt nicht.[19] Allerdings kann – etwa in einem Prozessvergleich in einem anderen Verfahren – vereinbart werden, dass das andere Gericht die Erklärung der Klagerücknahme dem zuständigen Gericht im Namen des zurücknehmenden Klägers zuleitet.

18 Keine Klagerücknahme stellt es dar, wenn der Kläger nach der Abgabe des Mahnverfahrens an das Streitgericht den Antrag auf Durchführung des streitigen Verfahrens zurücknimmt.[20] Anderes kann nur gelten, wenn sich aus weiteren Umständen ergibt, dass der Kläger zugleich die Klage zurücknehmen wollte.[21]

19 *Hinweis*

In diesem Fall ist der Beklagte gezwungen, die Durchführung des streitigen Verfahrens nach § 696 Abs. 4 S. 1 ZPO zu beantragen, wenn er eine Kostenentscheidung zu seinen Gunsten erreichen will.[22] Nach der Abgabe des Verfahrens hat der Kläger den Mahnanspruch grundsätzlich zu begründen. Der Beklagte muss darauf achten, dass ihm dafür eine Frist gesetzt wird, und im Falle des fruchtlosen Fristablaufs auf eine unverzügliche Terminbestimmung dringen.

20 § 269 Abs. 3 ZPO gilt allerdings grundsätzlich auch dann, wenn ein Mahnbescheidsantrag ausdrücklich zurückgenommen wird.[23] Für die Entscheidung über die Kosten ist nach Abgabe des Verfahrens das Streitgericht zuständig.[24] Dies gilt auch, wenn der Antragsteller geltend macht, dass der Anlass zur Einreichung des Mahnantrags vor Rechtshängigkeit entfallen sei und dass er deswegen den Mahnantrag zurückgenommen habe (§ 269 Abs. 3 S. 3 ZPO). Auch in diesem Fall hat über die Kosten des Mahnverfahrens nach Abgabe das für das streitige Verfahren zuständige Gericht zu entscheiden.[25]

21 Die Klagerücknahme kann entweder dadurch erfolgen, dass sie außerhalb der mündlichen Verhandlung durch Einreichung eines Schriftsatzes oder in der mündlichen Verhandlung zu Protokoll erklärt wird, § 269 Abs. 2 S. 2 ZPO.

---

16 Zöller/*Greger*, ZPO, 32. Aufl., § 269 ZPO Rn 13.
17 Zöller/*Greger*, ZPO, 32. Aufl., § 269 ZPO Rn 13.
18 Zöller/Greger, ZPO, 32. Aufl., § 269 ZPO Rn 12a.
19 Zöller/*Greger*, ZPO, 32. Aufl., § 269 ZPO Rn 12a.
20 BGH BB 2005, 1876; KG Berlin KGR 2005, 521; Zöller/*Seibel*, ZPO, 32. Aufl., 2018, § 696 ZPO Rn 2.
21 Vgl. Hierzu etwa OLG München AnwBl 1984, 371.
22 So auch BGH MDR 2006, 42.
23 BGH NJW 2005, 512 f.
24 BGH NJW 2005, 512 f.
25 BGH NJW 2005, 512 f.

Die Erklärung muss nicht unbedingt den Begriff der Klagerücknahme enthalten. Vielmehr ist es auch möglich, dass die Rücknahme der Klage durch schlüssiges Verhalten zum Ausdruck gebracht wird.[26] Allerdings muss das Verhalten eindeutig und unzweifelhaft sein.[27] So reicht allein die Nichteinzahlung eines Kostenvorschusses nicht aus, um daraus auf eine Rücknahme der Klage oder eines Antrags zu schließen.[28] 22

Wird die Klage zurückgenommen, so hat dies nach § 269 Abs. 3 ZPO zunächst zur Folge, dass der Rechtsstreit als nicht anhängig geworden anzusehen ist und ein bereits ergangenes, jedoch noch nicht rechtskräftiges Urteil wirkungslos wird. 23

> *Hinweis* 24
>
> Damit bedarf es auch keines ausdrücklichen Antrags auf Aufhebung eines bereits ergangenen Urteils, ohne dass dies den Bevollmächtigten hindert, zur Vermeidung eines Rechtsscheins eines wirksamen Titels zu beantragen, nach § 269 Abs. 4 ZPO die Wirkungslosigkeit eines bereits ergangenen Urteils festzustellen.[29]

Nach § 269 Abs. 3 S. 2 ZPO ist der Kläger verpflichtet, die Kosten des Rechtsstreits nach der Klagerücknahme zu tragen, soweit nicht bereits rechtskräftig über sie erkannt ist oder dem Beklagten aus einem anderem Grund aufzuerlegen sind.[30] Dazu gehören grundsätzlich auch die Kosten eines vorangegangenen selbstständigen Beweisverfahrens.[31] Das OLG Frankfurt/M. hat es für nicht möglich angesehen, dem Kläger nach Klagerücknahme die Kosten des Rechtsstreits aufzuerlegen, wenn die Parteien über den Streitgegenstand einen außergerichtlichen Vergleich geschlossen haben, in dem der Beklagte sich verpflichtet hat, die Kosten des Verfahrens zu tragen, d.h. es gibt keinen Verwirkungseinwand unter dem Gesichtspunkt eines Missbrauchs prozessualer Befugnisse.[32] Wollte man dem folgen, muss der Kläger dann gegenüber dem Beklagten seinem materiell-rechtlichen Kostenerstattungsanspruch mit der Vollstreckungsgegenklage gegen den Kostenfestsetzungsbeschluss Geltung verschaffen. 25

> *Hinweis* 26
>
> Dieser Kostenregelung kann der Kläger auch nicht dadurch entgehen, dass er das Verfahren einfach nicht fortführt. Dem kann der Beklagte begegnen, in dem er die Terminierung des Rechtsstreites beantragt. In dieser Situation muss der Kläger dann reagieren, will er weitere Kosten vermeiden.

Die Klagerücknahme hat allerdings den Vorteil, dass der Kläger von den drei bereits eingezahlten gerichtlichen Verfahrensgebühren nach Nr. 1211 KVGKG nur eine Gebühr abschließend tragen muss, mithin zwei gerichtliche Verfahrensgebühren nach der Rück- 27

---

26 BGH NJW-RR 1996, 885.
27 BGH NJW-RR 1996, 885.
28 OLG Düsseldorf MDR 2002, 603.
29 Muster eines Kostenantrags kombiniert mit dem Antrag, ein bereits ergangenes Urteil für wirkungslos zu erklären, unter Rdn 633.
30 Muster eines Kostenantrags des Beklagten nach Klagerücknahme unter Rdn 630.
31 BGH BauR 2007, 1094.; BGH NJW 2007, 1279 OLG Köln, Beschl. v. 16.4.2015 – 4 W 6/15 –, juris.
32 OLG Frankfurt/M. OLGR 2005, 76.

nahme der Klage vor dem Schluss der mündlichen Verhandlung in erster Instanz zurückerstattet erhält. Dies gilt allerdings nur, wenn er die Klage vollständig zurücknimmt.

28 Die Rücknahme der Klage ist grundsätzlich[33] erst ab der Zustellung der Klage möglich, da erst ab diesem Zeitpunkt der Beklagte am Prozessrechtsverhältnis beteiligt ist.[34] Die Rücknahme kann bis zur Rechtskraft des Urteils erklärt werden, d.h. auch nach dessen Verkündung bis zum Ablauf der Rechtsmittelfristen,[35] und auch noch in der Rechtsmittelinstanz. In diesen Fällen allerdings nur mit Zustimmung des Beklagten.

29 *Hinweis*

Die Gebührenermäßigung bei Zurücknahme der Klage tritt allerdings dann nicht ein, wenn die Rücknahme nach dem Schluss der letzten mündlichen Verhandlung erfolgt. Dies gilt auch dann, wenn das Gericht dem Kläger in der mündlichen Verhandlung eine Überlegungsfrist zur Klagerücknahme eingeräumt hat.[36] Die Formulierung in Nr. 1211 Nr. 1 KVGKG ist insoweit eindeutig. Auch wenn bereits ein Zwischenurteil vorausgegangen ist, scheidet eine Gebührenermäßigung aus.[37]

30 *Tipp*

Erfolgt der Entschluss zur Klagerücknahme innerhalb einer Woche nach dem Schluss der mündlichen Verhandlung, kann die Kostenprivilegierung durch einen Rechtsmittelverzicht und damit einen Verzicht auf Tatbestand und Entscheidungsgründe gegen ein Urteil nach § 313a Abs. 1 bis 3 ZPO erreicht werden (Nr. 1211 Nr. 2 KVGKG).

31 *Hinweis*

Entschließt sich der Kläger bereits vor der Zustellung der Klage, das Klageverfahren nicht weiter fortzuführen, liegt zwar eine Klagerücknahme im Sinne von § 269 ZPO vor, ohne dass sich allerdings die Rechtsfolgen nach § 269 Abs. 3 S. 2 ZPO bestimmen. Auch wenn der Beklagte Kenntnis von der anhängigen, aber noch nicht rechtshängigen Klage hatte, sind ihm keine Kosten zu erstatten, es sei denn, es liegt ein Fall des § 269 Abs. 3 S. 3 ZPO vor, d.h. ein erledigendes Ereignis zwischen Anhängigkeit und Rechtshängigkeit der Klage. Nimmt die Klägerin ihre Klage vor deren Zustellung an die andere Partei zurück, steht der anderen Partei ein Antragsrecht gem. § 269 Abs. 4 ZPO bzw. ein Rechtsschutzbedürfnis für einen Kostenantrag nicht zu, wenn der Anlass der Klage nicht i.S.d. § 269 Abs. 3 S. 3 ZPO vor Rechtshängigkeit bzw. Anhängigkeit weggefallen ist.[38] Anders dagegen, wenn der Anlass zwischen Anhängigkeit und Rechtshängigkeit entfallen ist.[39]

---

33 S. hierzu nachfolgend noch Rdn 38.
34 OLG Nürnberg MDR 1999, 1409.
35 BGH NJW 1998, 3784.
36 OLG München MDR 2000, 787.
37 OLG Koblenz AGS 2004, 489 = MDR 2005, 119.
38 OLG München v. 25.6.2009, 7 W 1671/09 n.v.
39 Vgl. Muster unter Rdn 625–627.

Für die Anwendbarkeit des § 269 Abs. 3 S. 3 ZPO ist es nicht zugleich erforderlich, dass auch die Erklärung der Klagerücknahme vor Eintritt der Rechtshängigkeit erfolgt. Vor Rechtshängigkeit muss nur das erledigende Ereignis eingetreten sein.[40]

Die Erklärung über die Klagerücknahme unterliegt im Rahmen von § 78 ZPO dem Anwaltszwang. Ein Widerruf oder eine Anfechtung der Klagerücknahme durch den Kläger ist grundsätzlich nicht möglich, da es sich insoweit um eine Prozesshandlung handelt.[41] Allerdings sind Prozesserklärungen auslegungsfähig und offensichtliche Irrtümer durch das Gericht zu berücksichtigen und der entsprechende Sachverhalt aufzuklären.[42]

Hinweis

Wenn eine Partei in einem für den Gegner widerruflichen Vergleich die Pflicht übernimmt, eine Klage in einem Parallelverfahren zurückzunehmen, und diese Rücknahme unter Bezugnahme auf den Vergleich vor Ablauf der Widerrufsfrist erklärt, muss diese Prozesserklärung dahin ausgelegt werden, dass sie unter der Bedingung erfolgt, dass der Vergleich rechtswirksam wird. Die Rücknahmeerklärung kann daher keine Rechtswirkungen (mehr) entfalten, wenn der Vergleich widerrufen wird. Allerdings sollten solche Konstellationen möglichst vermieden werden. Auch wenn man eine bedingte Prozesserklärung verneint, bleibt es dabei, dass die die Klagerücknahme erklärende Partei ausschließlich aufgrund der im Vergleich übernommenen Verpflichtung handeln wollte. Ihre Erklärung ist dann nur mit einem offensichtlichen Irrtum darüber, dass der Vergleich noch nicht rechtskräftig ist, oder mit der Annahme, ihre Rücknahmeerklärung werde erst mit Rechtskraft des Vergleichs wirksam, erklärbar. Bei derartigen, so offensichtlich nicht gewollten, Prozesserklärungen ist der Widerruf zuzulassen und eine Berufung des Prozessgegners auf die Verbindlichkeit einer solchen Erklärung bzw. die Verweigerung der Zustimmung zum Widerruf sind als rechtsmissbräuchlich anzusehen.[43]

Tipp

Gleichwohl sollte der Bevollmächtigte bei der in einem Widerrufsvergleich übernommenen Verpflichtung zur Vornahme einer Prozesshandlung zunächst immer den Ablauf der Widerrufsfrist und damit den Bestand des Vergleichs abwarten, bevor er die Prozesshandlung tatsächlich vornimmt.

Tipp

Der Kläger ist allerdings nicht gehindert, die Klage erneut zu erheben, wenn die Klagerücknahme nicht mit einem Klageverzicht verbunden war und der Prozessgegner sich auf die – verfrüht – abgegebene Prozesserklärung beruft. Zugleich kann

---

40 OLGR München 2004, 218.
41 Vgl. jedoch Rdn 11.
42 OLG Düsseldorf AGS 2004, 322.
43 BFH, Beschl. v. 21.8.2003 – IV B 93, 94/01, juris.; OLG Stuttgart OLGR 1998, 440.

gegen den Prozessgegner ein Anspruch auf Ersatz der so unnötig verursachten Kosten nach § 826 BGB in Betracht kommen.

36 Für die Klagerücknahme sind drei Grundkonstellationen zu unterscheiden:
- die Klagerücknahme bei Erledigung der Hauptsache zwischen Anhängigkeit und Rechtshängigkeit der Klage,
- die Klagerücknahme vor der mündlichen Verhandlung in der Sache,
- die Klagerücknahme nach mündlicher Verhandlung in der Sache.

37 Diese Grundkonstellationen sollen nachfolgend in ihren rechtlichen Grundlagen und Folgen beschrieben werden:

1. Die Klagerücknahme bei Erledigung der Hauptsache zwischen Anhängigkeit und Rechtshängigkeit der Klage

38 Vor der ZPO-Reform war streitig, wie die Konstellation zu behandeln ist, dass sich die Klage in der Hauptsache ganz oder teilweise durch ein Ereignis erledigt hat, welches nach Anhängigkeit, aber vor Zustellung der Klage eingetreten ist. Diese Streitfrage hat der Gesetzgeber mit der Regelung in § 269 Abs. 3 S. 3 ZPO entschieden. Erledigt sich die Hauptsache nach Anhängigkeit und vor Rechtshängigkeit der Klage kann der Kläger die Klage zurücknehmen und so eine Kostenentscheidung nach billigem Ermessen durch das Gericht eröffnen.[44]

39 *Hinweis*

Nach Ansicht des OLG München ist § 269 Abs. 3 S. 3 ZPO anwendbar, wenn das erledigende Ereignis bereits vor Anhängigkeit entfallen ist.[45]

40 *Hinweis*

Das OLG Brandenburg hält § 269 Abs. 3 S. 3 ZPO für verfassungswidrig. Sie verstoße gegen Art. 3 Abs. 1 und Art. 19 GG, da sie es dem Kläger ohne Prozessrechtsverhältnis erlaube, einen Kostenerstattungsanspruch zu erlangen.[46] Diese Auffassung ist bisher vereinzelt geblieben und erwartet eine höchstrichterliche Klärung. Es bleibt den Parteien insoweit unbenommen, sich diese Auffassung zu eigen zu machen. Sie überzeugt im Ergebnis nicht, da die jetzige gesetzliche Regelung der vorherigen von der Rechtsprechung entwickelten und allgemein akzeptierten Behandlung solcher Fälle nach § 91a ZPO analog entspricht.

41 Allerdings handelt es sich bei § 269 Abs. 3 S. 3 ZPO um keine abschließende Regelung, so dass der Kläger die Klage nach § 264 Nr. 3 ZPO auch auf das Interesse umstellen kann, d.h. entweder eine Zahlungs- oder eine Feststellungsklage[47] formuliert, wonach

---

44 Muster unter Rdn 625–627.
45 OLGR München 2004, 218.
46 OLG Brandenburg OLGR 2005, 559 (entgegen BGH MDR 2004, 525 f.).
47 Hierzu Muster unter Rdn 628.

der Beklagte die Kosten des (erledigten) Rechtsstreits zu tragen hat.[48] Einer solchen Klage kann das Rechtsschutzbedürfnis nicht abgesprochen werden,[49] da im Verfahren nach § 269 Abs. 3 S. 3 ZPO nur eine summarische Prüfung stattfindet, während im geänderten Klageverfahren der Sachverhalt gänzlich zu klären ist.

Nach § 269 Abs. 3 S. 3 ZPO führt die Klagerücknahme in diesem Fall nicht mehr automatisch zu einer Kostentragungspflicht des die Klage ganz oder teilweise zurücknehmenden Klägers. Vielmehr ist über die Kosten unter Berücksichtigung des bisherigen Sach- und Streitstandes nach billigem Ermessen zu entscheiden.

Tipp

Der Rechtsanwalt sollte ausdrücklich auf diese Form der Kostenentscheidung hinweisen und muss ausführen, wie die Kostenentscheidung unter Berücksichtigung des bisherigen Sach- und Streitstandes zu treffen ist, denn die Beweislast, dass seine Belastung mit den Kosten billigem Ermessen widerspricht, trägt der Kläger.[50] Anderenfalls besteht die Gefahr, dass das Gericht entweder die Regelung des § 269 Abs. 3 S. 3 ZPO gar nicht anwendet, sondern nach § 269 Abs. 3 S. 2 ZPO sofort dem Kläger die Kosten auferlegt, oder aber aus der Tatsache der Klagerücknahme schließt, dass die Klage unbegründet war oder jedenfalls der Beklagte keinen Anlass zur Klageerhebung gegeben hat.

Hinweis

Die Regelung in § 269 Abs. 3 S. 3 ZPO entspricht der Verfahrensweise bei der Erledigung in der Hauptsache nach Rechtshängigkeit und der Kostentragungsregelung in § 91a ZPO. Insoweit kann auf die dortigen Grundsätze und die zu § 91a ZPO ergangene Rechtsprechung zurückgegriffen werden.

Das Gericht hat also nach billigem Ermessen unter Berücksichtigung des bisherigen Sach- und Streitstandes, d.h. der Klageschrift, des dem erledigenden Ereignis zugrunde liegenden Sachverhalts und der Darstellungen der Parteien hierzu, über die Kosten zu entscheiden. Hat der Schuldner dem Gläubiger eine Teilzahlung auf die Schuld angekündigt, so ist dieser verpflichtet, den Eingang von Zahlungen zu überprüfen. Unterlässt er dies und erhebt Zahlungsklage, so trägt er die Kosten des Rechtsstreits, wenn die Teilzahlung des Schuldners vor Rechtshängigkeit der Klage eingegangen ist und der Gläubiger die Klage nach sofortigem Anerkenntnis zurückgenommen hat.[51]

Hinweis

Beachtet werden muss, dass eine Entscheidung nach § 269 Abs. 3 S. 3 ZPO die Kostenprivilegierung nach Nr. 1211 Nr. 1 KVGKG entfallen lässt, d.h. zu einer insge-

---

48 BGH MDR 2013, 814 ff; Zöller/*Greger*, ZPO, 32. Aufl., 2018, § 269 Rn 18e; Zöller/*Althammer*, ZPO, 32. Aufl., 2018, § 91a Rn 42.
49 So auch Zöller/*Greger*, ZPO, 32. Aufl., 2018, § 269 Rn 19.
50 Muster einer Klagerücknahme wegen der Erledigung der Hauptsache zwischen Anhängigkeit und Rechtshängigkeit unter Rdn 625.
51 OLG München v. 17.5.2005 – 21 W 1458/05, juris.

samt höherer Kostenbelastung führt. Ist nicht ausgeschlossen, dass der Kläger einen Teil dieser Kosten tragen muss, kann es kostengünstiger sein, die Klage zurückzunehmen und die Kostenfolge nach § 269 Abs. 3 S. 2 ZPO mit den geringeren Gesamtkosten zu tragen. Das konkrete Vorgehen sollte im Einzelfall mit entsprechenden Berechnungen – auch für den schlimmsten Fall – geprüft und in Absprache mit dem Mandanten entschieden werden.

47 Der Gesetzgeber hat mit dem Justizmodernisierungsgesetz durch den in § 269 Abs. 3 S. 3 ZPO angefügten Halbsatz klargestellt, dass eine entsprechende Kostenentscheidung nicht mehr voraussetzt, dass die Klage auch zugestellt wurde. Dies erspart den Gerichten den mit der Zustellung verbundenen Aufwand und den Parteien die dadurch veranlassten zusätzlichen Kosten. Allerdings werden hiergegen auch rechtsstaatliche Bedenken erhoben.[52] Angesichts der Entscheidung des BGH,[53] der diese Rechtsfolge schon zuvor entwickelt hatte, ist aber nicht damit zu rechnen, dass diese Bedenken in der Rechtsprechung Gehör finden.[54]

48 Beachtet werden muss auch, dass § 269 Abs. 3 S. 3 ZPO nicht mehr verlangt, dass die Klage unverzüglich zurückgenommen wird. Wurde in der Vergangenheit gerügt, dass der Gesetzgeber nicht ausdrücklich ausgeführt hat, was „unverzüglich" bedeuten soll,[55] hat die Praxis im Ergebnis auf die gesetzliche Legaldefinition der „Unverzüglichkeit" in § 121 Abs. 1 S. 1 BGB abgestellt. Danach erfolgte die Klagerücknahme unverzüglich, wenn es ohne schuldhaftes Zögern geschah. Dies war dann jeweils eine Frage des Einzelfalls.

49 Der Gesetzgeber hat die Praxis nun aber auch von dieser Einzelfallprüfung befreit und mit dem Justizmodernisierungsgesetz auf das Erfordernis der Unverzüglichkeit der Klagerücknahme verzichtet. Als einzige Fehlerquelle verbleibt in der Praxis, dass nach einem erledigenden Ereignis nach Anhängigkeit und vor Rechtshängigkeit noch immer vielfach „die Erledigung der Hauptsache analog § 91a ZPO" erklärt wird, wie es vor der ZPO-Reform anerkannt war. Das Gericht kann dann diese Erklärung als Klagerücknahme im Sinne des § 269 Abs. 3 S. 3 ZPO auslegen oder aber den Kläger auf die Möglichkeit der Klagerücknahme hinweisen. Letzteres bleibt aufgrund der gestrichenen Voraussetzung der Unverzüglichkeit der Klagerücknahme nun ohne haftungsrechtliche Folgen.

50 Aus Sicht des Beklagten[56] muss in verschiedenen Schritten auf die Klagerücknahme reagiert werden:
- Zunächst hat der Beklagte zu prüfen, ob und wann eine Klage anhängig gemacht wurde, d.h. ob das erledigende Ereignis tatsächlich (erst) nach Anhängigkeit der Klage eingetreten ist. Hierzu kann ggf. nach § 299 ZPO Akteneinsicht genommen

---

52 Zöller/*Greger*, ZPO, 32. Aufl., 2018, § 269 Rn 18d m.w.N.
53 BGH NJW 2004, 1530.
54 BGH MDR 2006, 830 f.
55 *Schneider, E.*, MDR 2003, 901.
56 Muster eines Kostenantrags des Beklagten mit gleichzeitiger Stellungnahme zur Kostentragungspflicht im Fall des § 269 Abs. 3 S. 3 ZPO unter Rdn 627.

werden, wenn sich auf der übersandten Abschrift der Klageschrift kein Eingangsstempel des Gerichtes befindet oder gar kein Exemplar übersandt wurde. Auf das Datum der Klageschrift kann nicht abgestellt werden, weil es nichts darüber aussagt, ob die Klage auch unter diesem Datum eingereicht und damit anhängig gemacht wurde.

- Sodann ist auch der Beklagte gehalten, zum Sach- und Streitstand Stellung zu nehmen und die Frage zu beantworten, wie aus seiner Sicht die Kosten nach billigem Ermessen und unter Berücksichtigung des bisherigen Sach- und Streitstandes zu verteilen sind, wenn er Rechtsnachteile vermeiden will. Dabei wird er eine Kostentragungspflicht des Klägers insbesondere dann erreichen können, wenn die Klageforderung vor dem Ausgleich noch nicht fällig war und/oder der Beklagte keinen Anlass zur Klageerhebung gegeben hat.
- Letztlich muss der Beklagte prüfen, inwieweit er einen Kostenantrag stellt,[57] wenn der Kläger zwar die Klage zurücknimmt, seinerseits aber keinen Kostenantrag stellt, weil er entweder eine Entscheidung nach § 269 Abs. 3 S. 2 ZPO oder aber eine ihm nachteilige Entscheidung nach § 269 Abs. 3 S. 3 ZPO fürchtet.

Tipp 51

In Verkehrsunfallsachen und Versicherungssachen wird häufig Klage erhoben, bevor eine angemessene Prüfungsfrist der beklagten Versicherung verstrichen ist. Zahlt die Versicherung dann nach Anhängigkeit, aber noch vor Ablauf einer angemessenen Regulierungsfrist, so sind dem Kläger die Kosten des Verfahrens nach § 269 Abs. 3 S. 3 ZPO aufzuerlegen.

Das Gericht entscheidet nach § 269 Abs. 4 ZPO über die Folgen der Klagerücknahme, d.h. die Kostentragungspflicht und die Wirkungslosigkeit eines ggf. bereits ergangenen Urteils, durch Beschluss. Nach § 128 Abs. 4 ZPO kann der Beschluss ohne mündliche Verhandlung erfolgen. 52

Gegen den Beschluss über die Kosten und die Erklärung über die Wirkungslosigkeit bereits ergangener Urteile ist die sofortige Beschwerde nach §§ 567 ff. ZPO gem. § 269 Abs. 5 ZPO statthaft.[58] Voraussetzung ist, dass der Streitwert in der Hauptsache den Betrag von 600 EUR übersteigt, d.h. in der Hauptsache auch ein Rechtsmittel möglich gewesen wäre. 53

Die Beschwerde ist nicht mehr statthaft, wenn gegen die Entscheidung über einen Kostenfestsetzungsantrag nach § 104 ZPO ein Rechtsmittel nicht mehr zulässig ist. 54

2. Die Klagerücknahme nach Rechtshängigkeit und vor der mündlichen Verhandlung

Vor der mündlichen Verhandlung kann der Kläger die Klage **ohne Zustimmung** des Beklagten ganz oder teilweise zurücknehmen. Dies gilt auch für eine Rücknahme gegenüber einzelnen Streitgenossen. 55

---

57 Muster unter Rdn 627 und 630.
58 Muster einer sofortigen Beschwerde gegen die Kostenentscheidung nach § 269 Abs. 3 S. 3 ZPO unter Rdn 642.

§ 13 Sondersituationen im Prozessverlauf

56 *Beispiel*

Bei einem Verkehrsunfall mit einem Fahrzeug der Bundeswehr hat der Kläger die Klage zunächst in Verkennung von § 839 BGB, Art. 34 GG gegen den Fahrer des Bundeswehrfahrzeuges und die Bundesrepublik Deutschland gerichtet. Nachdem das Gericht ihn darauf hingewiesen hat, dass der Fahrer im Rahmen einer Dienstfahrt nach Art. 34 GG nicht selbstständig haftet, wird nunmehr die Klage gegen den Fahrer zurückgenommen.

57 Soweit die Klage in vollem Umfange zurückgenommen wird, ist gem. § 269 Abs. 4 ZPO auf Antrag des Beklagten[59] durch Beschluss über die Kosten des Rechtsstreits zu entscheiden, die nach § 269 Abs. 3 S. 2 ZPO in diesem Fall grundsätzlich dem Kläger aufzuerlegen sind.

58 *Tipp*

§ 344 ZPO, wonach die säumige Partei ungeachtet der späteren Entscheidung die durch die Säumnis verursachten Kosten zu tragen hat, gilt auch bei der Klagerücknahme, so dass die Kosten einer vorherigen Säumnis des Beklagten diesem zur Last fallen.[60] Diese bisherige Streitfrage ist nun durch die Entscheidung des BGH vom 15.5.2004 höchstrichterlich geklärt.[61] Hierauf muss der Bevollmächtigte des Klägers mit der Klagerücknahme ausdrücklich hinweisen[62] oder aber die entsprechende Kostenregelung nach einem Kostenantrag des Beklagten gesondert beantragen,[63] wenn er zunächst abwarten will, ob der Beklagte überhaupt einen Kostenantrag nach § 269 Abs. 3 S. 2, Abs. 4 ZPO stellt.

59 *Hinweis*

Von der prozessualen Kostentragungspflicht des Klägers nach § 269 Abs. 3 S. 2 ZPO bleibt die Frage unberührt, ob der Kläger gegen den Beklagten eine materiell-rechtlichen Erstattungsanspruch hat, der sich insbesondere aus dem Schuldnerverzug nach § 286 BGB ergeben kann.

60 Wird die Klage lediglich gegen einen von mehreren Streitgenossen zurückgenommen, so wird durch Beschluss nach § 269 Abs. 4 ZPO nur über die außergerichtlichen Kosten des ausgeschiedenen Beklagten entschieden. Über die Gerichtskosten und die außergerichtlichen Kosten der übrigen Beteiligten wird erst in der Schlussentscheidung befunden.

61 Wird die Klage der Höhe nach zum Teil zurückgenommen, so unterbleibt ein Beschluss nach § 269 Abs. 4 ZPO gänzlich. In diesem Fall wird über die Kosten erst mit der

---

59 Muster eines Kostenantrags nach § 269 Abs. 3 S. 2 ZPO unter Rdn 630.
60 BGH NJW 2004, 2309; *Schubert*, JR 2005, 73 unter Darlegung des Wandels der Ansichten in Literatur und Rechtsprechung.
61 BGH NJW 2004, 2309.
62 Muster einer Klagerücknahme mit dem gleichzeitigen Antrag, dem Beklagten die Kosten seiner Säumnis aufzuerlegen, unter Rdn 629.
63 Muster einer Stellungnahme des Klägers zum Kostenantrag des Beklagten nach § 269 Abs. 3 S. 2 mit dem Antrag, dem Beklagten die Kosten nach § 344 ZPO teilweise aufzuerlegen, unter Rdn 631.

Schlussentscheidung befunden, wobei die teilweise Klagerücknahme sowohl bei der Kostenentscheidung als auch bei der Streitwertfestsetzung zu berücksichtigen ist.

Hinweis 62

Haben sich die Parteien nach Rechtshängigkeit des Verfahrens außergerichtlich über den Streitgegenstand verglichen und zugleich vereinbart, dass die Klage zurückgenommen wird, so muss dies gleichwohl ausdrücklich erklärt werden. Auch bei Vorlage des außergerichtlichen Vergleichs liegt keine Prozessrechtserklärung des Klägers vor. Weigert sich der Kläger, die Klage zurückzunehmen, ist diese allerdings als unzulässig abzuweisen, da durch die Vorlage des außergerichtlichen Vergleichs, wenn dessen Abschluss unstreitig oder nachgewiesen ist, dass Rechtsschutzbedürfnis der Klage fehlt.[64]

Erhebt der Kläger nach der erfolgten Klagerücknahme ohne Klageverzicht die Klage erneut, so kann der Beklagte die Einlassung verweigern, bis die Kosten des früheren Verfahrens erstattet sind, § 269 Abs. 6 ZPO. Das Gericht hat dem Kläger hierfür auf Einrede des Beklagten eine Frist zu setzen. Läuft diese ab, ohne dass der Kläger dem Beklagten die Kosten erstattet hat, ist die erneute Klage durch Prozessurteil als unzulässig abzuweisen. Dies gilt auch, wenn die Komplementärin der klagenden KG in einem Vorprozess den Ersatz desselben Schadens im Wege der gewillkürten Prozessstandschaft eingeklagt und die Klage zurückgenommen hatte.[65] 63

3. Die Klagerücknahme nach mündlicher Verhandlung

Haben die Parteien über den Streitgegenstand in der Sache mündlich verhandelt, d.h. insbesondere die Klageanträge gestellt, so kann der Kläger die Klage nicht mehr nach seinem Belieben zurücknehmen. 64

a) Das Erfordernis der Zustimmung des Beklagten zur Klagerücknahme

Wird die Klagerücknahme erst erklärt, nachdem die Parteien zur Sache verhandelt haben, ist nach § 269 Abs. 1 ZPO erforderlich, dass der Beklagte der Klagerücknahme zustimmt. 65

Eine Einwilligung des Beklagten ist trotz mündlicher Verhandlung nicht erforderlich, wenn: 66

- der Antrag im Arrest oder einstweiligen Verfügungsverfahren zurückgenommen wird,[66]
- es sich um ein Verfahren auf Feststellung der Patentnichtigkeit handelt,[67]
- nach Aussetzung gem § 8 KapMuG,[68]

---

[64] BGH NJW-RR 1987, 307; MDR 1984, 302.
[65] OLG Karlsruhe OLGR 2005, 677.
[66] Zöller/*Vollkommer*, ZPO, 32. Aufl., 2018, § 920 Rn 13; Zöller/*Greger*, ZPO, 32. Aufl., 2018, § 269 Rn 14.
[67] BGH MDR 1993, 1073.
[68] Zöller/*Greger*, ZPO, 32. Aufl., 2018, § 269 Rn 14.

- bei der Stufenklage: wenn über den Auskunftsanspruch mündlich verhandelt wurde und nach Auskunftserteilung der Leistungsantrag zurückgenommen wird, ohne dass über diesen verhandelt worden ist.[69]

67 Der Beklagte sollte der Klagerücknahme grundsätzlich nur zustimmen, wenn diese mit dem Verzicht auf den, der Klage zugrunde liegenden Anspruch nach § 306 ZPO verbunden wird.[70] Anderenfalls sieht sich der Beklagte der Gefahr ausgesetzt, dass er erneut im Klagewege in Anspruch genommen werden kann. Dies muss insbesondere für den Fall vermieden werden, dass die Klagerücknahme darauf beruht, dass der Kläger – derzeit – nicht in der Lage ist, den geltend gemachten Anspruch in seinen Voraussetzungen nachzuweisen.

68 Wird der Klage- bzw. Anspruchsverzicht dann erklärt, kann die Verzichtserklärung angenommen und der Klagerücknahme zugestimmt werden.[71] Zugleich kann beantragt werden, dem Kläger die Kosten des Verfahrens nach § 269 Abs. 3 S. 2 ZPO aufzuerlegen.

69 *Tipp*

Soweit gegen den Beklagten bereits ein Vorbehaltsurteil oder ein Versäumnisurteil ergangen ist, muss der Bevollmächtigte die Einwilligung in die Klagerücknahme nicht nur von einem Verzicht auf den Klageanspruch abhängig machen, sondern auch von der Herausgabe des bereits erwirkten Titels, damit Zwangsvollstreckungsmaßnahmen gegen den Mandanten verhindert werden.

70 Die Zustimmung muss nicht ausdrücklich erklärt werden, sondern kann auch darin gesehen werden, dass der Beklagte auf die Mitteilung der Klagerücknahme lediglich mit einem Kostenantrag reagiert.[72]

71 Die Zustimmung zur Klagerücknahme unterliegt im Rahmen des § 78 ZPO dem Anwaltszwang. Die Zustimmung ist dabei wie die Klagerücknahme selbst gegenüber dem Prozessgericht zu erklären. Eine Zustimmung in einem anderen Verfahren, etwa einem dort geschlossenen umfassenden Vergleich oder gegenüber dem Kläger, genügt nicht.

b) Die Fiktion der Zustimmung des Beklagten

72 Besonderer Beachtung bedarf die Fiktion der Einwilligung in die Klagerücknahme.

73 Nach § 269 Abs. 2 S. 4 ZPO gilt die Einwilligung des Beklagten in die Klagerücknahme als erteilt, wenn:
- dieser nicht innerhalb einer Notfrist von zwei Wochen seit der Zustellung des Klagerücknahmeschriftsatzes der Zurücknahme der Klage widerspricht und
- der Beklagte zuvor auf diese Folge hingewiesen wurde. An den Umfang der Belehrung werden keine zu großen Anforderungen gestellt. So erscheint es in der Recht-

---

69 Zöller/*Greger*, ZPO, 32. Aufl., 2018, § 254 Rn 15.
70 Muster einer Verweigerung der Zustimmung zur Klagerücknahme, weil diese nicht mit einem Anspruchsverzicht verbunden ist, unter Rdn 636.
71 Muster einer Zustimmung zur Klagerücknahme nach Klageverzicht unter Rdn 637.
72 OLG Koblenz, Urt. v. 11.7.2002 – 5 U 291/01; B/L/A/H-*Hartmann*, § 269 Rn 17.

sprechung als ausreichend, dass ein anwaltlich vertretener Beklagter „auf § 269 Abs. 2 S. 4 ZPO" hingewiesen wird.[73]

Hinweis 74

Es handelt sich bei der Frist zur Fiktion der Zustimmung um eine Notfrist. Wird diese ohne Verschulden der Partei und ihres Bevollmächtigten versäumt, kommt eine Wiedereinsetzung in den vorigen Stand nach § 233 ff. ZPO in Betracht.[74]

Der Zugang der Erklärung der Klagerücknahme durch den Kläger muss also in die Fristenverwaltung des Bevollmächtigten des Beklagten mit der Notfrist von zwei Wochen und einer Vorfrist eingetragen werden. Dabei muss beachtet werden, dass § 189 ZPO auch die Heilung von Zustellungsmängeln bei dadurch in Lauf gesetzten Notfristen erlaubt. Aus diesem Grunde sind die Fristen ungeachtet der Form und der Mangelfreiheit der tatsächlichen Übermittlungsform einzutragen und, dem Grundsatz des sichersten Weges folgend, auch zu beachten. 75

c) Die Folgen der verweigerten Zustimmung zur Klagerücknahme

Ist der Beklagte nicht bereit, der Klagerücknahme zuzustimmen, so bleiben dem Kläger zwei Möglichkeiten: 76

- Er kann im Termin zur mündlichen Verhandlung nicht auftreten, so dass gegen ihn ein klageabweisendes Versäumnisurteil ergeht. 77

Hinweis

Die Rechtsprechung nimmt bei einem echten Versäumnisurteil zum Teil eine Ermäßigung der Verfahrensgebühr auf eine Gebühr in entsprechender Anwendung von Nr. 1211 KVGKG an.[75] Hierauf sollte der Klägervertreter zumindest hinweisen. Die Bevollmächtigten erhalten die volle 1,3-Verfahrensgebühr nach Nr. 3100 VV. Beachtet werden muss, dass die reduzierte 0,5-Terminsgebühr nach Nr. 3105 VV nur dann anfällt, wenn der Bevollmächtigte des Klägers tatsächlich nicht erscheint. Erscheint er und erklärt dann, er stelle keinen Antrag, entsteht dagegen für beide Bevollmächtigte die volle 1,2-Terminsgebühr nach Nr. 3104 VV.[76] Dies gilt im Übrigen aufgrund der Vorbemerkung 3 Abs. 3 VV auch dann, wenn die Bevollmächtigten vor dem Termin telefonisch vereinbaren, dass ein Versäumnisurteil ergehen könne.

Hinweis

Wurde in der Vergangenheit jedoch schon verhandelt, so kann auch eine Entscheidung nach Lage der Akten gem. § 251a ZPO ergehen, was mit weiteren Kostennachteilen verbunden ist.

---

73 KG Berlin KGR 2005, 605 = Prozessrecht aktiv 2005, 31.
74 Muster eines Antrags auf Wiedereinsetzung in den vorigen Stand wegen der Versäumung der Widerspruchsfrist des § 269 Abs. 2 S. 4 ZPO unter Rdn 635.
75 LG Koblenz MDR 2004, 237; LG Köln JurBüro 2001, 260; a.A. KG MDR 2006, 596 f.; LG Bonn JurBüro 2001, 595 – alle noch zu Nr. 1211 Buchst. c KVGKG.
76 OLG Koblenz MDR 2005, 897 f.; Zöller/*Herget*, ZPO, 32. Aufl., 2018, § 330 Rn 10.

- Der Kläger kann auf den Klageanspruch im Sinne von § 306 ZPO verzichten.[77] In diesem Fall wird er kostenpflichtig mit seinem Anspruch abgewiesen.

  Hinweis

  Das Verzichtsurteil hat für den Kläger den Vorteil, dass sich auch in diesem Fall die drei Gerichtsgebühren auf eine Gerichtsgebühr nach Nr. 1211 Nr. 2 KVGKG ermäßigen. In diesem Fall entsteht die volle 1,2-Terminsgebühr für beide Bevollmächtigte.

78 *Tipp*

Soweit der Beklagte auch nach dem schriftlichen Anspruchsverzicht der Klagerücknahme nicht zustimmt, kann der Kläger sich darauf beschränken, den Klageverzicht für die mündliche Verhandlung anzukündigen. Da die Wahrnehmung des Termins zur mündlichen Verhandlung für den Beklagten und seinen Bevollmächtigten mit weiteren zeitintensiven Bemühungen verbunden ist, wird in diesem Fall regelmäßig einer Klagerücknahme doch noch zugestimmt.

79 Hat der Kläger auf den Klageanspruch verzichtet, ergeht auf Antrag des Beklagten[78] ein Verzichtsurteil, welches nach § 313b Abs. 1 ZPO ohne Tatbestand und Entscheidungsgründe ausgefertigt wird.

80 Das Verzichtsurteil ist Endurteil und kann mit der Berufung angegriffen werden, soweit die Voraussetzung des § 511 Abs. 2 ZPO vorliegen. Dabei kann dann geltend gemacht werden, dass eine wirksame Verzichtserklärung nicht vorliegt oder aber diese wirksam angefochten wurde.

II. Die Erledigung in der Hauptsache

81 Der mit der Klage vorgetragene Sachverhalt ist nicht statisch, da sich die Lebenswirklichkeit weiterentwickelt. Insoweit können Ereignisse eintreten, die der rechtshängigen Klage die Grundlage entziehen.

82 Eine Klagerücknahme hätte in diesem Fall für den Kläger den Nachteil, dass er – jedenfalls dann, wenn das erledigende Ereignis nach Zustellung der Klage eintritt – nach § 269 Abs. 3 S. 2 ZPO die Kosten des Verfahrens tragen müsste, obwohl dies unter Berücksichtigung des tatsächlichen Geschehensablaufs nicht sachgerecht erscheint.

83 Hier ergibt sich für den Kläger die Möglichkeit, die Hauptsache ganz oder teilweise für erledigt zu erklären, was prozessökonomisch vermeidet, dass die Erstattung der Kosten des Verfahrens aufgrund materiell-rechtlicher Ansprüche in einem neuen Verfahren geltend gemacht werden müssen. Schließt sich der Beklagte der Erledigungserklärung an, so hat dies also den Vorteil, dass über die Kosten des Verfahrens unter Berücksichtigung

---

77 Muster eines Klageverzichtes unter Rdn 639, und Muster der Ankündigung eines Klageverzichtes in der mündlichen Verhandlung unter Rdn 641.
78 Muster eines Antrags des Beklagten auf Erlass eines Verzichtsurteils unter Rn 664.

des bisherigen Sach- und Streitstandes gem. § 91a ZPO nach billigem Ermessen zu entscheiden ist.

1. Die Erledigungserklärung des Klägers

Eine Erledigung in der Hauptsache liegt nur vor, wenn nach Rechtshängigkeit ein tatsächliches Ereignis eintritt, durch das der mit der Klage geltend gemachte Anspruch entfällt. Allerdings können die Parteien durch eine übereinstimmende Erledigungserklärung[79] diesen Fall fingieren und so den Weg für eine Kostenentscheidung und einen schnellen Abschluss des Verfahrens frei machen.[80] Dem Gericht ist dann die Beantwortung der Frage entzogen, ob ein erledigendes Ereignis vorliegt. 84

Hinweis 85

Der Kläger hat bei Eintritt eines erledigenden Ereignisses Der Kläger kein Wahlrecht zwischen Erledigungserklärung und Feststellung der (materiell-rechtlichen) Kostentragungspflicht im Wege der Klageänderung.[81]

Hinweis 86

Eine Erledigung in der Hauptsache liegt mithin nicht vor, wenn die Klage von Anfang an unzulässig oder unbegründet war. In diesem Fall kann der Beklagte der Erledigungserklärung widersprechen bzw. nicht zustimmen. Die einseitige Erledigungserklärung des Klägers wandelt sich dann in eine Feststellungsklage, dass die Klage erledigt ist. Die Feststellungsklage kann nur Erfolg haben, wenn die ursprüngliche Klage zulässig und begründet war und ein erledigendes Ereignis vorliegt. Ist dies nicht der Fall, wird die Klage mit der für den Kläger nachteiligen Kostenfolge abgewiesen.

Eine Erledigung in der Hauptsache kommt insbesondere in Betracht, wenn: 87
- die Geldforderung durch den Beklagten ausgeglichen wird;

   Hinweis

   Nicht selten wird zwar die Klageforderung ausgeglichen, die darauf entfallenden Zinsen aber nicht gezahlt. In diesem Fall darf der Bevollmächtigte nur eine Teilerledigungserklärung abgeben. Die Praxis zeigt, dass darauf dann regelmäßig auch die Zinsen gezahlt werden.

- in Erbstreitigkeiten nach Klagezustellung die begehrte Auskunft aufgrund der eindeutigen Rechtslage unmittelbar erteilt wird;
- für den Beklagten ein Dritter die Forderung ganz oder teilweise ausgleicht;

   Beispiel

   Der Kläger nimmt nach einem Verkehrsunfall lediglich den Fahrer und Halter des den Unfall verursachenden Fahrzeugs in Anspruch. Die nicht verklagte Haft-

---

[79] Muster für die Erledigungserklärung des Klägers unter Rdn 644.
[80] Hierzu *Deubner*, JuS 2004, 979.
[81] KG Berlin, Beschl. v. 26.2.2018 – 8 W 2/18 –, juris.

pflichtversicherung, die für den Schaden einzutreten hat, zahlt sodann außergerichtlich den geltend gemachten Schadensersatz ganz oder teilweise. Aufgrund der gesamtschuldnerischen Haftung ist damit insoweit auch der Rechtsstreit gegen den Fahrer und den Halter in der Hauptsache erledigt.
- nach Rechtshängigkeit eine Zahlung durch einen Dritten in der Rechtssphäre des Klägers erfolgt, die sich der Kläger anrechnen lassen muss;

  Beispiel

  Die Vollkaskoversicherung des Klägers, die dieser nach Klageerhebung in Anspruch genommen hat, leistet auf den geltend gemachten Schaden, so dass der Schadensersatzanspruch gem. § 86 VVG[82] teilweise – unter Berücksichtigung des Quotenvorrechts des Geschädigten – auf diese übergeht.
- die Parteien sich außergerichtlich über die Hauptsache geeinigt haben, ohne eine Regelung für die Kosten gefunden zu haben und ohne dass die außergerichtliche Einigung als gerichtlicher Vergleich protokolliert werden soll;

  Tipp

  Nicht selten ist festzustellen, dass die Parteien eine vergleichsweise Regelung befürworten, sich jedoch nicht über die Kosten des Verfahrens einigen können. Auch in diesen Fällen ist es möglich, dass die Parteien einen gerichtlichen Vergleich in der Hauptsache protokollieren und im Übrigen vereinbaren, dass das Gericht über die Kosten des Verfahrens nach § 91a ZPO entscheiden soll. Aufgrund der Kostenprivilegierung einer Einigung auch über die Kosten, erscheint es allerdings sachgerecht, das Gericht um einen Vorschlag zur Kostenregelung zu bitten. Dieser wird voraussichtlich dem Ergebnis einer Entscheidung nach § 91a ZPO entsprechen, so dass diesem gefolgt werden sollte, um die Kostenprivilegierung nach Nr. 1211 KVGKG in Anspruch nehmen zu können.
- der Beklagte die Aufrechnung mit einer Gegenforderung erklärt;

  Hinweis

  Nach Auffassung des BGH[83] liegt ein erledigendes Ereignis auch dann vor, wenn die Aufrechnungslage bereits vor Klageerhebung bestanden hat, der Beklagte die Aufrechnung jedoch erst nach Klagezustellung erklärt. Diese Frage war zuvor in Rechtsprechung und Literatur umstritten. Hat der Kläger trotz der bestehenden Aufrechnungslage vor Klageerhebung auf die außergerichtliche Aufrechnung verzichtet, können ihm allerdings die Kosten des Verfahrens im Rahmen der nach § 91a ZPO zu treffenden Entscheidung nach billigem Ermessen unter analoger Anwendung von § 93 ZPO auferlegt werden, wenn der Beklagte die Aufrechnung unverzüglich erklärt.

---

[82] Bis zum 1.1.2009 § 67 VVG a.F.
[83] BGH NJW 2003, 3134; ebenso BGH MDR 2010, 650 für die Einrede der Verjährung.

B. Rechtliche Grundlagen § 13

- der Streitgegenstand untergeht, etwa weil die herauszugebende Sache sich nicht mehr im Besitz des Beklagten befindet;

  Tipp

  In diesem Fall ist allerdings zu prüfen, ob eine Umstellung der Klage auf das Interesse nach § 264 Nr. 3 ZPO in Betracht kommt, da dies gegenüber der Erklärung der Erledigung der Hauptsache kostengünstiger und zeitsparender ist.

- die mit der Klage begehrte Handlung, Unterlassung, Duldung oder Herausgabe bewirkt wird.

In all diesen Fällen muss der Kläger die Hauptsache für erledigt erklären und kann zugleich beantragen, dem Beklagten gem. § 91a ZPO die Kosten des Verfahrens aufzuerlegen. 88

Hinweis 89

Hat der Kläger die Klage in der Hauptsache um einen Hilfsantrag ergänzt und bezieht sich die Erledigung in der Hauptsache nur auf den Hauptantrag, so muss auch die Erledigungserklärung hierauf beschränkt werden, damit das Gericht in der Folge noch über den Hilfsantrag entscheiden kann.[84]

Die Erledigung in der Hauptsache kann von dem Kläger hinsichtlich jedes Ereignisses erklärt werden, das nach Rechtshängigkeit eingetreten ist. Er kann den Rechtsstreit in der Hauptsache auch dann für erledigt erklären, wenn er den Rechtsstreit beenden möchte, ohne dass ein erledigendes Ereignis vorliegt. In diesem Fall ist er allerdings von dem Beklagten und dessen Zustimmung abhängig. 90

Hinweis 91

Hat das erledigende Ereignis zwischen Anhängigkeit und Rechtshängigkeit stattgefunden, trifft § 269 Abs. 3 S. 3 ZPO eine Sonderregelung.[85] In diesem Fall muss der Kläger die Klage zurücknehmen oder aber diese nach § 264 Nr. 3 ZPO im Wege der Klageänderung umstellen (s. Rdn 41). Die Rechtsfolge ist identisch, da nach § 269 Abs. 3 S. 3 ZPO das Gericht in diesem Fall ebenfalls über die Kosten des Verfahrens nach billigem Ermessen unter Berücksichtigung des bisherigen Sach- und Streitstandes entscheidet, so dass auch hier auf die zu § 91a ZPO ergangene Rechtsprechung zurückgegriffen werden kann.

Nach Rechtshängigkeit kann die Hauptsache von den Parteien übereinstimmend[86] zu jedem Zeitpunkt für erledigt erklärt werden, d.h. auch nach dem Schluss der mündlichen Verhandlung – verbunden mit dem Antrag[87] auf Wiedereröffnung der mündlichen Verhandlung –, sowie auch in der Rechtsmittelinstanz. 92

---

[84] BGH NJW 2003, 2834 = BGHReport 2003, 1158 = MDR 2003, 1310.
[85] Hierzu Rdn 38 ff.
[86] Muster einer Zustimmungserklärung des Beklagten zur Erledigungserklärung des Klägers unter Rdn 646.
[87] Muster der Erledigungserklärung nach dem Schluss der mündlichen Verhandlung mit dem Antrag auf Wiedereröffnung der mündlichen Verhandlung unter Rdn 645.

93 Die Erklärung der Erledigung in der Hauptsache kann nach § 91a Abs. 1 S. 1 ZPO der Form nach erfolgen
- in der mündlichen Verhandlung zu Protokoll des Richters,
- durch Einreichung eines Schriftsatzes,[88]
- zu Protokoll der Geschäftsstelle.

94 *Hinweis*

Nach § 78 Abs. 5 ZPO unterliegt die Erledigungserklärung nicht dem Anwaltszwang, da sie zu Protokoll der Geschäftsstelle erklärt werden kann.

95 Die Erklärung der Erledigung in der Hauptsache muss allerdings unbedingt erklärt werden,[89] kann also nicht von anderen Bedingungen abhängig gemacht werden.

96 Solange sich der Beklagte der Erledigungserklärung nicht angeschlossen hat, ist diese frei widerruflich.[90] Soweit die Hauptsache nur teilweise erledigt ist, muss der erledigte Teil hinreichend bestimmt bezeichnet werden. Es gelten insoweit die gleichen Forderungen wie die an eine Teilklage.

2. Die Reaktion des Beklagten

97 Erklärt der Beklagte nicht selbst die Hauptsache für erledigt, nachdem er etwa die Klageforderung ausgeglichen hat, muss er auf die Erledigungserklärung des Klägers hin erwägen, ob er sich dieser anschließt.

98 Der Beklagte wird sich dann der Erledigungserklärung des Klägers anschließen, wenn die ursprüngliche Klage des Klägers tatsächlich zulässig und begründet war und das erledigende Ereignis nach Rechtshängigkeit eingetreten ist.

99 Dagegen wird der Beklagte der Erledigungserklärung widersprechen,[91] wenn die ursprüngliche Klage des Klägers entweder unzulässig oder aber unbegründet war oder nach Auffassung des Beklagten ein erledigendes Ereignis nicht stattgefunden hat. Anderes dürfte nur dann in Betracht kommen, wenn der Kläger die Übernahme der Kosten des Rechtsstreits erklärt hat, so dass eine vereinbarte Kostenentscheidung nach § 91a ZPO ergehen kann, die dann zusätzlich die Kostenprivilegierung nach Nr. 1211 Nr. 4 KVGKG auslöst.

100 Musste der Beklagte sich bis zum Inkrafttreten des Justizmodernisierungsgesetzes zumindest konkludent der Erledigungserklärung des Klägers anschließen, hat der Gesetzgeber mit dem Justizmodernisierungsgesetz in Anlehnung an die Regelung in § 269 Abs. 2 S. 4 ZPO bei der Klagerücknahme eine Zustimmungsfiktion eingeführt. Danach gilt, dass der Beklagte sich der Erledigungserklärung angeschlossen hat, wenn er nicht binnen einer Notfrist von zwei Wochen seit Zustellung der Erledigungserklärung des Klägers dieser widerspricht, soweit er auf diese Rechtsfolge hingewiesen wurde.

---

[88] Muster der schriftlichen Erklärung der Hauptsache für erledigt unter Rdn 644.
[89] BGH NJW-RR 1998, 1571.
[90] BGH MDR 2002, 413.
[91] Muster eines Widerspruchs des Beklagten gegenüber der Erledigungserklärung des Klägers unter Rdn 648.

B. Rechtliche Grundlagen § 13

Erforderlich für die Zustimmungsfiktion nach § 91 Abs. 1 S. 2 ZPO ist also 101
- die Erklärung des Klägers, dass der Rechtsstreit in der Hauptsache erledigt ist,
- die Zustellung der Erklärung an den Beklagten,
- der mit der Zustellung verbundene Hinweis auf die Zustimmungsfiktion mangels eines Widerspruchs binnen einer Notfrist von zwei Wochen,

> *Hinweis*
> Der BGH hat hierzu inzwischen entschieden, dass nach Fristablauf kein Raum für eine Kostenentscheidung ist, wenn der Beklagte auf die Folgen seiner mangelnden Erklärung nicht hingewiesen wurde.[92] Allerdings bleibt es auch in diesem Fall möglich, dass eine konkludente Zustimmung angenommen wird, wenn sich dies aus den Umständen ergibt.[93]

- der Ablauf der Notfrist von zwei Wochen.

Die Rechtsfolge ist mit dem Mandanten explizit zu besprechen: Während der Beklagte 102
bei einem Widerspruch und der Umdeutung der bisherigen Leistungsklage des Klägers in eine Feststellungsklage die Möglichkeit hat, den Prozess zu gewinnen und so die volle Kostentragung des Klägers zu erreichen, läuft er bei einer Entscheidung nach § 91a ZPO Gefahr, zumindest einen Teil der Kosten tragen zu müssen, weil das Gericht vor einer Beweisaufnahme keine abschließende Prognose über den Ausgang des Verfahrens abgeben kann.

> *Hinweis* 103
> Da es sich nach § 91a Abs. 1 S. 2 ZPO um eine Notfrist handelt und diese nach § 224 ZPO nicht verlängert werden kann, hilft in diesem Fall nur ein Antrag auf Wiedereinsetzung in den vorigen Stand,[94] soweit das Fristversäumnis weder auf ein Verschulden der Partei selbst noch auf ein der Partei nach § 85 Abs. 2 ZPO zuzurechnendes Verschulden des Bevollmächtigten zurückgeht.

> *Tipp* 104
> Voraussetzung für einen Wiedereinsetzungsantrag ist in jedem Fall, dass die Frist auch tatsächlich versäumt wurde. Wurde die Frist erst gar nicht in Gang gesetzt, weil etwa die Erledigungserklärung
> - nicht zugestellt wurde,
> - nicht ordnungsgemäß zugestellt wurde,
> - ohne die Belehrung über die Folgen der Fristversäumung zugestellt wurde,
>
> so muss dies gesondert geltend gemacht werden. Dies sollte dann lediglich hilfsweise mit einem Antrag auf Wiedereinsetzung in den vorigen Stand verbunden werden. Soweit das Gericht bereits nach § 91a ZPO über die Kosten des Rechtsstreits entschie-

---

[92] BGH NJW 2009, 1973.
[93] OLG Brandenburg v. 8.1.2008 – 12 W 42/07 n.v.
[94] Muster hierzu unter Rdn 647.

den hat, muss dies mit der sofortigen Beschwerde nach § 91a Abs. 2 ZPO verbunden werden.

105 Widerspricht der Beklagte der Erledigungserklärung des Klägers, so muss dieser erneut prüfen, ob die Klage ursprünglich tatsächlich zulässig und begründet war und die Erledigung der Hauptsache nach Rechtshängigkeit eingetreten ist.

106 Ist dies der Fall, muss der Kläger seine Klage auf eine Feststellungsklage dahin umstellen,[95] dass das erkennende Gericht nunmehr feststellt, dass die Hauptsache der zuvor zulässigen und begründeten Klage erledigt ist.

3. Die Kostenentscheidung des Gerichts und weitere Folgen

107 Das erkennende Gericht ist an eine übereinstimmende Erledigungserklärung der Parteien gebunden. Das Gericht prüft also nicht von Amts wegen, ob ein erledigendes Ereignis tatsächlich eingetreten ist.

108 Das Gericht entscheidet durch Beschluss über die Kosten des Rechtsstreits unter Berücksichtigung des bisherigen Sach- und Streitstandes nach billigem Ermessen. Aus prozessökonomischen Gründen ist das Gericht dabei nicht gezwungen, zur Kostenentscheidung nach Erledigung der Hauptsache schwierige Rechts- oder auch Tatsachenfragen zu klären.[96] Der Beschluss kann nach § 128 Abs. 4 ZPO im schriftlichen Verfahren ergehen.

109 *Tipp*

Ist allerdings nicht zweifelsfrei feststellbar, ob eine Erledigungserklärung abgegeben wurde oder ob einer solchen wirklich zugestimmt werden sollte, so kann aus Sicht des Gerichts eine mündliche Verhandlung sinnvoll sein, um diese Frage zu klären, soweit sich dies nicht durch einen schriftlichen oder fernmündlichen Hinweis nach § 139 ZPO und eine klarstellende schriftliche Erklärung auflösen lässt. Wird also auf die Abgabe einer Erledigungserklärung oder die Zustimmung gleichwohl Termin bestimmt, sollte der Bevollmächtigte fernmündlich mit dem Gericht Kontakt aufnehmen und klären, wo Zweifelsfragen bestehen, und diese ggf. schriftlich klären. Dies erspart ihm einen unnötigen Verhandlungstermin. Kommt es zu einer mündlichen Verhandlung muss weiter bedacht werden, dass dann eine Terminsgebühr entsteht.[97]

110 Der Beschluss ist zu begründen, sofern die Parteien hierauf nicht ausdrücklich verzichten. Der Verzicht auf die Begründung führt dabei zur Kostenprivilegierung nach Nr. 1211 Nr. 4 KVGKG.[98]

111 Die Notwendigkeit der Begründung gilt auch dann, wenn ein Urteil keiner Begründung bedürfte.

---

95 Muster einer Klageumstellung des Klägers nach dem Widerspruch des Beklagten gegenüber der Erledigungserklärung unter Rdn 649.
96 BGH NJW-RR 2009, 422; BGH ZVI 2010, 22
97 BGH NJW 2008, 668; OLG Rostock AGS 2008, 588.
98 OLG Zweibrücken FamRZ 2008, 1875.

Tipp 112

Verzichten die Parteien im Anschluss an einen (in der mündlichen Verhandlung ergehenden) Beschluss gem. § 91a ZPO auf Rechtsmittel und ist der Beschluss daher analog § 313a Abs. 2 ZPO nicht zu begründen, so ist Nr. 1211 Nr. 4 KVGKG anzuwenden, so dass lediglich eine gerichtliche Verfahrensgebühr entsteht. Diese Folge ist durch das Kostenrechtsmodernisierungsgesetz nun ausdrücklich im KVGKG verankert.

Umstritten ist, ob in dem Verzicht auf eine Begründung des Beschlusses nach § 91a 113 ZPO zugleich auch ein Rechtsmittelverzicht zu sehen ist.[99] Um hier Unklarheiten zu vermeiden und dem „Grundsatz des sichersten Weges" zu folgen, sollte ausdrücklich klargestellt werden, ob lediglich auf die Begründung oder zugleich auch oder gerade nicht auf Rechtsmittel verzichtet wird.

Gegen die Kostenentscheidung des Gerichts ist nach § 91a Abs. 2 ZPO die sofortige 114 Beschwerde[100] statthaft, soweit der Streitwert in der Hauptsache den nach § 511 Abs. 2 Nr. 1 ZPO erforderlichen Berufungswert von 600 EUR übersteigt. Insoweit kommen jedoch nur Entscheidungen des Amts- und Landgerichts in I. Instanz in Betracht. Nicht mit der sofortigen Beschwerde anfechtbar sind Beschlüsse des Landgerichts und des Oberlandesgerichts im Berufungs- und Beschwerdeverfahren. Insoweit kommt allenfalls die (zugelassene) Rechtsbeschwerde in Betracht.[101]

Hinweis 115

Haben die Parteien den Rechtsstreit vor dem Landgericht übereinstimmend für erledigt erklärt, dann gilt für die sofortige Beschwerde gegen die Kostenentscheidung des Landgerichts nach § 91a Abs. 2 S. 1 ZPO der Anwaltszwang gem. § 78 Abs. 1 S. 1 ZPO, so dass sie von einer Partei nicht persönlich eingelegt werden kann.[102]

Mit dieser durch das Zivilprozessreformgesetz eingefügten Vorschrift hat der Gesetzge- 116 ber den von der Rechtsprechung schon früher vertretenen Grundsatz, dass der Instanzenzug für die Anfechtung einer Nebenentscheidung nicht weiter gehen kann als derjenige in der Hauptsache, ausdrücklich im Gesetz verankert.[103]

Beachtet werden muss, dass dieser Grundsatz auch dann gilt, wenn es zu einer sogenann- 117 ten Kostenmischentscheidung kommt, d.h. die Parteien den Rechtsstreit nur zum Teil in der Hauptsache für erledigt erklärt haben und über die Kosten deshalb lediglich hinsichtlich des für erledigt erklärten Teils nach § 91a ZPO, im Übrigen nach den allgemeinen Bestimmungen, insbesondere also den §§ 91, 92 ZPO, zu entscheiden ist. Dann muss der anfechtbare Teil nach § 91a ZPO die entsprechende Wertgrenze übersteigen.

---

99 So OLG Köln MDR 2002, 109; MDR 2000, 472; OLG Celle, Beschl. v. 25.7.2002 – 20 W 11/02; OLG Braunschweig MDR 2001, 1009; OLG Brandenburg MDR 1995, 743; a.A. BGH MDR 2007, 290; OLG Hamm MDR 2003, 116; OLG Schleswig MDR 1997, 1154; Zöller/*Althammer*, ZPO, 32. Aufl., 2018, § 91a Rn 28.
100 Muster einer sofortigen Beschwerde nach § 91a Abs. 2 ZPO unter Rdn 650.
101 Zöller/*Althammer*, § 91a Rn 28, 29.
102 OLG München, Beschl. v. 13.4.2016 – 15 W 390/16 Rae –, juris; OLG Köln OLGR Köln 2005, 222.
103 BT-Drucks 14/4722, S. 74; Zöller/*Althammer*, ZPO, 32. Aufl., 2018, § 91a Rn 28.

118 In der Beschwerdeentscheidung wird folgerichtig auch nur über denjenigen Teil entschieden, der auf der Grundlage von § 91a ZPO ergangen ist;[104] im Übrigen gilt das Verbot der isolierten Kostenanfechtung des § 99 Abs. 1 ZPO.

119 *Hinweis*

Irreführend ist der Begriff des „Streitwertes in der Hauptsache" in § 91a Abs. 2 ZPO. Nach dem BGH[105] ist bei der Prüfung der Frage, ob der Streitwert der Hauptsache die Berufungssumme übersteigt, grundsätzlich auf das voraussichtliche Unterliegen einer Partei abzustellen, von dem das Gericht bei seinem Kostenausspruch ausgegangen ist und das deshalb die Höhe der hypothetischen Beschwer in der Hauptsache und damit die Obergrenze für den Wert des Beschwerdegegenstandes im Sinne des § 511 Abs. 2 Nr. 1 ZPO bestimmt. Nur dadurch sei sichergestellt, dass der Instanzenzug für die Anfechtung der Kostenentscheidung mit demjenigen für die (hypothetische) Anfechtung der Hauptsache übereinstimmt. Ob ausnahmsweise Fallgestaltungen denkbar sind, in denen die bei der Kostenentscheidung nach § 91a Abs. 1 ZPO vom Gericht angestellten Billigkeitserwägungen so sehr im Vordergrund stehen, dass die Kostenverteilung zwischen den Parteien keinen Anhaltspunkt für ihre hypothetische Beschwer aus einem Urteil darstellt und damit auch für den Beschwerdewert des § 91a Abs. 2 S. 2 ZPO nicht maßgebend sein kann, hat der BGH noch offen gelassen. Mit einem solchen Ausnahmefall kann der Bevollmächtigte also argumentieren.

120 Die sofortige Beschwerde muss binnen einer Notfrist von zwei Wochen bei dem Ausgangsgericht oder dem Beschwerdegericht eingelegt werden. Neben dem besonderen Wert des § 511 Abs. 2 Nr. 1 ZPO muss auch der Beschwerdewert nach § 567 Abs. 2 S. 1 ZPO erreicht sein, d.h. die als unberechtigt angesehene Kostenbelastung muss den Wert von 200 EUR übersteigen. Im Verfahren der sofortigen Beschwerde gegen einen Beschluss gem. § 91a Abs. 1 S. 1 ZPO ist in Abweichung von § 571 Abs. 2 ZPO neuer Tatsachenvortrag nicht zu berücksichtigen.[106] Die gerichtliche Kostengrundentscheidung ergeht allein gegenüber den Prozessparteien, nicht auch gegenüber den jeweiligen Prozessbevollmächtigten. Diese sind daher auch nicht bezüglich der Kostengrundentscheidung beschwerdebefugt. Dies gilt auch bei einer Beiordnung eines Rechtsanwaltes im Rahmen der Prozesskostenhilfe.[107]

121 Wird der Rechtsstreit in der Hauptsache übereinstimmend für erledigt erklärt, hat dies weiterreichende Folgen, die bedacht sein müssen. Insbesondere hat dies zur Folge, dass ein im Verfahren erlassener, noch nicht rechtskräftig gewordener Titel ohne Weiteres entfällt. Mit der Erledigungserklärung sollte deshalb der Antrag verbunden werden, dass ein bereits ergangenes Urteil in entsprechender Anwendung von § 269 Abs. 4 ZPO für wirkungslos erklärt wird.

---

104 Zöller/*Althammer*, ZPO, 32. Aufl., 2018, § 91a Rn 56.
105 BGH NJW-RR 2003, 1504.
106 OLG Celle OLGR 2009, 651.
107 OLG Köln JMBl. NW 2009, 97.

Hinweis

Dies ist insbesondere in Unterlassungsverfahren von Relevanz. So hat der BGH entschieden, dass der Unterlassungstitel nach der uneingeschränkten übereinstimmenden Erledigungserklärung auch dann keine Grundlage für Vollstreckungsmaßnahmen mehr sei, wenn die Zuwiderhandlung gegen das ausgesprochene Unterlassungsgebot vor den Erklärungen über die Erledigung der Hauptsache begangen worden ist.[108]

Tipp

Will der Kläger den Vollstreckungstitel erhalten, muss er seine Erledigungserklärung in diesen Fällen einschränken, in dem er formuliert: „Namens und in Vollmacht wird der Rechtsstreit in der Hauptsache für die Zeit nach dem ... für erledigt erklärt."

4. Streitentscheidungen aus der Rechtsprechung

Die Kostenentscheidung nach § 91a ZPO gibt in der Praxis immer wieder Anlass zu Auseinandersetzungen, da sehr trefflich über die Frage gestritten werden kann, welche Kostenentscheidung „billigem Ermessen" entspricht. Im Rahmen eines solchen Formularbuches können diese Einzelfälle nicht wiedergegeben werden. Im Sinne eines ergänzenden Handbuches sollen allerdings wesentliche Konstellationen der neueren Rechtsprechung aufgeführt werden, die dann den Einstieg in die weitere Problematik erlauben:

Gegen eine Kostenentscheidung gem. § 91a ZPO darf die Rechtsbeschwerde nicht aus materiell-rechtlichen Gründen zugelassen werden, da es nicht Zweck des Kostenverfahrens ist, Rechtsfragen von grundsätzlicher Bedeutung zu klären oder das Recht fortzubilden, soweit es um Fragen des materiellen Rechts geht.[109]

Erklären Antragsteller und Antragsgegner übereinstimmend, ein gerichtlich angeordnetes, aber nicht mehr zu Ende geführtes selbstständiges Beweisverfahren habe sich erledigt, und kommt es nicht zum Hauptsacheverfahren, ist kein Raum für eine Kostenentscheidung, auch nicht in entsprechender Anwendung von § 91a ZPO.[110]

Erklären die Parteien übereinstimmend den Rechtsstreit in der Hauptsache für erledigt, weil der Kautionsrückzahlungsanspruch im Hinblick auf Forderungen des Vermieters gegen den Mieter nicht besteht, kann dem Mieter gem. §§ 280 Abs. 2, 286 BGB ein materieller Kostenerstattungsanspruch gegen den Vermieter zustehen, der im Rahmen der Entscheidung nach § 91a ZPO zur Auferlegung der Kosten des Rechtsstreits auf den Vermieter führt. Voraussetzung eines solchen Anspruches ist, dass sich der Vermieter mit der Abrechnung der Kaution in Verzug befand, der Mieter nicht zuverlässig wissen konnte, ob und in welcher Höhe ihm ein Rückzahlungsanspruch gegen den Vermieter

---

108 BGH NJW 2004, 506, OLG Köln WRP 2014, 1093; hierzu auch *Ruess*, NJW 2004, 485; *Lenz*, BGH-Report 2004, 342.
109 BGH WuM 2012, 332 f.; MDR 2009, 39.
110 BGH MDR 2011, 502 f.; MDR 2007, 1150; OLG Koblenz MDR 2015, 855 f.

zusteht und der Mieter deshalb zur Zahlungsklage bzw. Stufenklage herausgefordert wurde.[111]

126 Im Rahmen der gem. § 91a ZPO nach billigem Ermessen zu treffenden Kostenentscheidung bei Erledigung der Hauptsache ist maßgeblich auch auf die in § 93 ZPO enthaltene Regelung abzustellen und zu prüfen, ob der Beklagte überhaupt Anlass zur Klageerhebung gegeben hat.[112]

127 Im Falle der übereinstimmenden Erledigungserklärung beginnt die Frist zur Einlegung der Streitwertbeschwerde (§§ 68 Abs. 1, S. 3, 63 Abs. 3, S. 2 GKG) mit der Kostenentscheidung nach § 91a ZPO.[113]

128 Geht bei einer Stufenklage ein Kläger nach Erfüllung des zunächst ausgeurteilten Auskunftsanspruchs auf dieser Grundlage auf eine nunmehr bezifferte Leistungsklage über, ohne dass der Beklagte für die Durchführung der Leistungsklage zusätzliche Veranlassung geboten hat, ist bei übereinstimmender Erledigung der Zahlungsklage vom Kläger quotenmäßig derjenige Teil der Kosten des Rechtsstreits zu tragen, der aufgrund der Bezifferung der Leistungsklage zusätzlich entstanden ist; dagegen hat der Beklagte quotenmäßig die Kosten zu tragen, welche dem ursprünglichen, durch den geschätzten Wert der unbezifferten Leistungsklage geprägten Streitwert der Stufenklage entsprechen.[114]

129 Im Rahmen der Billigkeitsentscheidung nach § 91a Abs. 1 ZPO kann das Gericht berücksichtigen, dass sich die beklagte Partei durch Zahlung des mit der Klage geforderten Betrags und Erklärung zur Übernahme der Kosten des Rechtsstreits in die Rolle des Unterlegenen begeben hat.[115]

130 Ergeben sich erst im Laufe des Verfahrens Umstände, die den ursprünglich begründeten Anspruch entfallen lassen, und wird das Verfahren daraufhin sofort für erledigt erklärt, ist bei der Kostenentscheidung nach § 91a ZPO der Rechtsgedanke des § 93 ZPO zu berücksichtigen.[116]

131 Für die Kostenentscheidung nach § 91a ZPO ist der erwartete Verfahrensausgang nur ein Kriterium. Daneben ist der die Hauptsache erledigende Vergleich zu berücksichtigen.[117]

132 *Hinweis*
Vergleichen sich die Parteien in der Hauptsache, ohne sich über die Kosten einigen zu können, und erlässt das Gericht daraufhin einen Beschluss nach § 91a ZPO, ist der Rechtsschutzversicherer daran auch dann gebunden, wenn die Entscheidung nicht der Quote des Obsiegens und Unterliegens entspricht.[118]

---

111 OLG Karlsruhe v. 16.6.2009 – 19 W 23/09 = Justiz 2009, 325.
112 OLG Karlsruhe v. 22.10.2008 – 12 W 72/08 = ZEV 2009, 40.
113 OLG Frankfurt AGS 2008, 356.
114 OLG Frankfurt v. 30.11.2007, 1 W 78/07, juris.
115 BGH MDR 2004, 698.
116 KG Berlin ZInsO 2005, 656.
117 OLG Schleswig MDR 2005, 1437.
118 OLG Hamm OLGR 2005, 288 = NJW-RR 2005, 331.

Nach Erledigung des Rechtsstreits hat der Kläger die Kosten des Rechtsstreits auch dann zu tragen, wenn die Klage begründet war, er jedoch selbst das erledigende Ereignis zu verantworten hat und dieses bei Klageerhebung absehbar war.[119]

133

Hat sich der Rechtsstreit durch den Tod des Patienten erledigt, rechtfertigt der Umstand, dass die strafrechtlichen Grenzen einer Sterbehilfe im weiteren Sinn („Hilfe zum Sterben") bislang nicht hinreichend geklärt erscheinen, eine gegenseitige Kostenaufhebung nach § 91a ZPO.[120]

134

Wenn der Schuldner von Kindesunterhalt trotz einer Mahnung des Jugendamtes nicht zahlt, gibt er Klageveranlassung und hat daher nach übereinstimmender Erledigungserklärung des Unterhaltsprozesses die Kosten des Verfahrens zu tragen.[121]

135

Auch wenn der Beklagte auf das Streitpatent verzichtet hat, kann es billigem Ermessen entsprechen, die Kosten des übereinstimmend für erledigt erklärten Patentnichtigkeitsverfahrens dem Kläger aufzuerlegen.[122]

136

III. Das Versäumnisverfahren

Der Beklagte ist grundsätzlich nicht verpflichtet, sich am Prozess zu beteiligen. Beteiligt sich der Beklagte am Rechtsstreit nicht, muss es jedoch gleichwohl möglich sein, gegen ihn einen Titel zu erwirken.

137

Tipp

138

Ist zu erwarten, dass der Schuldner sich an dem Verfahren zur Titulierung der Forderung nicht beteiligt, ist das Mahnverfahren nach den §§ 688 ff. ZPO[123] regelmäßig das schnellere und kostengünstigere Verfahren. Allerdings kommt dies dann nicht in Betracht, wenn sich der geltend gemachte Anspruch nicht über die Zahlung einer bestimmten Geldsumme in EUR verhält.

Auch der Kläger kann allerdings das Interesse an dem Verfahren verlieren, weil er etwa die Aussichtslosigkeit seines Klagebegehrens erkennt. Auch kann trotz der Säumnis des Beklagten die Klage unzulässig oder unbegründet sein.

139

Letztlich kann es auch aus kostenrechtlichen Gründen sinnvoll sein, ein Versäumnisurteil statt eines Anerkenntnisurteils ergehen zu lassen. Das Versäumnisurteil stellt sich nämlich in der Regel unter Anwendung der Gebührenabrechnung nach dem RVG als kostengünstiger dar.[124]

140

---

119 OLG Rostock WuM 2005, 261.
120 BGH NJW 2005, 2385.
121 KG Berlin NJW-RR 2005, 155.
122 BGH BGH-Report 2004, 990.
123 Hierzu § 4 Rdn 1 ff.
124 Vgl. hierzu *König*, NJW 2005, 1243 mit Berechnungsbeispielen.

§ 13 Sondersituationen im Prozessverlauf

141 *Hinweis*

Hierauf muss der Rechtsanwalt achten und dem Mandanten bei Aussichtslosigkeit der Rechtsverteidigung zur Säumnis statt eines Anerkenntnisses raten, wenn er einen Haftungsfall vermeiden will.

142 Es sind deshalb **mehrere Konstellationen der Säumnis** zu unterscheiden:
- der Beklagte zeigt schon im angeordneten schriftlichen Verfahren nach § 276 Abs. 1 S. 1 ZPO seine Verteidigungsbereitschaft nicht an,
- der Beklagte zeigt zwar die Verteidigungsbereitschaft an, erscheint jedoch im Termin zur mündlichen Verhandlung nicht,
- der Beklagte erscheint zwar im Termin zur mündlichen Verhandlung nicht, die Klage ist jedoch schon nach dem Vortrag des Klägers unzulässig oder unbegründet;
- der Beklagte erscheint zwar im Termin zur mündlichen Verhandlung, tritt aber letztendlich nicht auf, sondern tritt die „Flucht in die Säumnis" an.

1. Das Versäumnisurteil gegen den Beklagten im schriftlichen Vorverfahren nach § 331 ZPO

143 Ordnet das Gericht nach § 276 Abs. 1 S. 1 ZPO das schriftliche Verfahren an, so ist der Beklagte mit der Zustellung der Klage aufzufordern, binnen einer Notfrist von zwei Wochen nach Zustellung der Klageschrift schriftlich anzuzeigen, dass er sich gegen die Klage verteidigen möchte.

144 Kommt der Beklagte dieser Verpflichtung zur Anzeige seiner Verteidigungsbereitschaft nicht nach, kann bereits im schriftlichen Verfahren ohne mündliche Verhandlung nach § 331 Abs. 3 S. 1 ZPO auf Antrag des Klägers Versäumnisurteil ergehen.

145 *Hinweis*

Nach § 276 Abs. 2 ZPO muss der Beklagte über die Folgen der mangelnden Verteidigungsbereitschaft belehrt werden. Fehlt es an dieser Belehrung, darf nach § 335 Abs. 1 Nr. 4 ZPO kein Versäumnisurteil ergehen.

146 In Literatur und Rechtsprechung ist umstritten, ob der Antrag auf Erlass eines Versäumnisurteils dem Beklagten bereits vor Erlass des Versäumnisurteils zugestellt werden muss[125] oder ob es ausreichend ist, dass der Antrag mit dem Versäumnisurteil oder später zugestellt wird.[126]

147 *Tipp*

Um der Streitfrage aus dem Wege zu gehen und nach fruchtlosem Ablauf der Frist zur Abgabe der Verteidigungsanzeige eine Entscheidung durch Versäumnisurteil zu ermöglichen, sollte der Antrag deshalb bereits in der Klageschrift gestellt werden.

---

125 OLG München MDR 1980, 235.
126 KG NJW-RR 1994, 1344; OLG München NJW-RR 1994, 1344; Zöller/*Herget*, ZPO, 32. Aufl., 2018, § 331 Rn 12.

B. Rechtliche Grundlagen § 13

Wurde dies versehentlich unterlassen, ist unverzüglich ein gesonderter Antrag[127] zu stellen. In diesem Fall sollte das Gericht auf die Notwendigkeit der unverzüglichen Zustellung hingewiesen werden.

Ein obsiegendes Versäumnisurteil kann der Kläger allerdings nur dann erhalten, wenn seine Klage zunächst zulässig ist, was von Amts wegen zu prüfen ist. Ist die Klage zulässig, so setzt der Erlass eines Versäumnisurteils weiter voraus, dass die Klage auch schlüssig ist.[128] Der klägerische Vortrag gilt dabei nach § 331 Abs. 1 S. 1 ZPO vom Beklagten als zugestanden. 148

Hinweis 149

Zeigen sich hier Mängel, so ist der Kläger auf diese gem. § 139 ZPO hinzuweisen, so dass er den Mangel – soweit möglich – beheben oder seinen tatsächlichen Vortrag ergänzen kann. Anderenfalls ist Termin zur mündlichen Verhandlung zu bestimmen und ein unechtes Versäumnisurteil zu erlassen.[129] Ob ein unechtes Versäumnisurteil auch im schriftlichen Vorverfahren in entsprechender Anwendung von § 331 Abs. 3 ZPO ergehen kann, war umstritten.[130] Nunmehr hat der Gesetzgeber mit dem Justizmodernisierungsgesetz in § 331 Abs. 3 ZPO klargestellt, dass ein unechtes Versäumnisurteil gegen den Kläger nur möglich ist, soweit Nebenforderungen betroffen sind und er hierauf hingewiesen wurde. Damit ist im Umkehrschluss zugleich ausgedrückt, dass ein unechtes Versäumnisurteil in der Hauptsache im schriftlichen Vorverfahren nicht ergehen kann.

Auch wenn die vorbezeichneten Voraussetzungen vorliegen, unterbleibt nach § 331 Abs. 3 S. 1 ZPO der Erlass eines Versäumnisurteils, wenn die Erklärung des Beklagten über seine Verteidigungsbereitschaft noch eingeht, bevor das von dem erkennenden Gericht zu unterzeichnende Versäumnisurteil die Geschäftsstelle erreicht. In diesem Fall bleibt die Versäumung der Notfrist zur Verteidigungsanzeige folgenlos. 150

Tipp 151

Will der Beklagte sich gegen die Klage verteidigen und wurde die Notfrist des § 276 Abs. 1 S. 1 ZPO versäumt, sollte er deshalb zunächst fernmündlich bei der Geschäftsstelle des Prozessgerichts erfragen, ob ein Versäumnisurteil bereits ergangen ist. Ist dies nicht der Fall, sollte die Verteidigungsbereitschaft unmittelbar per Fax angezeigt werden,[131] da so der Erlass eines Versäumnisurteils noch verhindert werden kann. Dies hat für den Mandanten den Vorteil, dass die Schaffung eines vorläufigen Vollstreckungstitels für den Kläger verhindert wird. Aus diesem Grunde sollte sich der Bevollmächtigte auch erkundigen, ob die Geschäftsstelle selbst über ein Fax verfügt, damit keine Postlaufzeiten innerhalb des Gerichts verloren gehen.

---

127 Muster eines gesonderten Antrags auf Erlass eines Versäumnisurteils, wenn der Beklagte im schriftlichen Vorverfahren seine Verteidigungsbereitschaft nicht anzeigt, unter Rdn 651.
128 Zöller/*Herget*, ZPO, 32. Aufl., 2018, § 331 Rn 4.
129 OLG Köln MDR 2001, 954; Zöller/*Herget*, § 331 Rn 13; Musielak/*Stadler*, § 331 Rn 18.
130 Hierzu Musielak/*Stadler*, § 331 Rn 18 m.w.N.; Zöller/*Herget*, § 331 Rn 13.
131 Muster einer Verteidigungsanzeige nach Ablauf der Frist des § 276 Abs. 1 S. 1 ZPO unter Rdn 652.

§ 13 Sondersituationen im Prozessverlauf

152 *Hinweis*

Die Anwendung von § 233 ZPO auf die Frist zur Anzeige der Verteidigungsbereitschaft ist umstritten. Insoweit sind die verschiedenen Phasen bis zur Zustellung des Versäumnisurteils und danach zu unterscheiden:[132]

Geht der Wiedereinsetzungsantrag vor Unterzeichnung des Versäumnisurteils ein, ist der Wiedereinsetzungsantrag geboten, da in diesem Falle ein Versäumnisurteil erst gar nicht ergehen darf.[133] Wurde das Versäumnisurteil bereits unterzeichnet, ist der Antrag bis zur Übergabe an die Geschäftsstelle „unnötig, aber auch unschädlich",[134] danach „angebracht".[135] Ist das Versäumnisurteil bereits zugestellt, ist nur noch der Einspruch statthaft.[136] Dass das Versäumnisurteil trotz Vorliegens eines Wiedereinsetzungsgrundes für die Frist nach § 276 ZPO ergangen ist, kann im Rahmen des Einstellungsantrags zugunsten des Beklagten berücksichtigt werden.[137] Soweit die Gegenansicht der Auffassung ist, dass das Versäumnisurteil im Falle der Wiedereinsetzung wirkungslos sei, kann dieser Ansicht nicht gefolgt werden. Das Versäumnisurteil ist existent. Allenfalls durch eine Einstellung der Zwangsvollstreckung von Amts wegen kann dem Rechnung getragen werden.

153 *Hinweis*

Geht das Wiedereinsetzungsgesuch erst ein, nachdem die Zustellung des Versäumnisurteils bewirkt wurde, geht der Wiedereinsetzungsantrag ins Leere.[138] Allerdings ist dieser sodann in einen Einspruch nach § 338 ZPO umzudeuten. Um hier keine Zweifelsfragen aufkommen zu lassen, sollte der fürsorgliche Bevollmächtigte allerdings zur Klarstellung „erneut" Einspruch gegen das Versäumnisurteil einlegen.[139]

154 *Checkliste der Voraussetzungen für den Erlass eines Versäumnisurteils nach § 331 Abs. 3 ZPO im schriftlichen Vorverfahren*

Damit ein Versäumnisurteil im schriftlichen Vorverfahren nach § 331 Abs. 3 ZPO erlassen werden kann, müssen die folgenden Voraussetzungen vorliegen:

- Das Gericht muss das schriftliche Vorverfahren gem. § 276 Abs. 1 S. 1 ZPO angeordnet haben.

---

132 Muster § 20 Rdn 196.
133 Hanseatisches Oberlandesgericht Bremen OLGR 2004, 340; Zöller/*Greger*, § 276 Rn 9.
134 MüKo-ZPO/*Prütting*, § 276 Rn 32.
135 MüKo, a.a.O., Rn 33; Zöller/*Greger*, § 276 Rn 10a.
136 MüKo-ZPO/*Prütting*, § 276 Rn 34; Zöller/*Greger*, § 276 Rn 20; OLG Celle, OLGR 1994, 271; KG MDR 1996, 634 („Urteil ergangen" statt „erlassen"; a.A.: *Goebel*, 3. Aufl. m.w.N.)
137 A,A.: Goebel, 3. Aufl.: Auch nach Erlass des Versäumnisurteils verdränge der Einspruch nicht die Wiedereinsetzung in den vorigen Stand. Werde die Wiedereinsetzung nämlich gewährt, sei das Versäumnisurteil gesetzwidrig ergangen und wirkungslos, so dass hieraus auch keine Vollstreckung betrieben werden dürfe. Diese weitere Folge übersehe die Gegenansicht.
138 OLG Celle OLGR 1994, 271.
139 Muster eines Einspruchs gegen ein Versäumnisurteil unter Rdn 655.

- Der Beklagte muss aufgefordert worden sein, seine Verteidigungsbereitschaft binnen einer Notfrist von zwei Wochen ab Zustellung der Anordnung des schriftlichen Vorverfahrens anzuzeigen.
- Der Beklagte muss über die Folgen der Versäumung der Frist gem. § 276 Abs. 2 ZPO belehrt worden sein.
- Der Beklagte zeigt die Verteidigungsbereitschaft weder in der Notfrist noch bis zum Eingang des unterzeichneten Versäumnisurteils bei der Geschäftsstelle an.
- Die Klage ist zulässig.
- Die Klage ist – ggf. nach Hinweisen gem. § 139 ZPO – schlüssig.

Richtet sich die Klage gegen mehrere Streitgenossen,[140] so kann gegen jeden Streitgenossen, der seine Verteidigungsbereitschaft nicht rechtzeitig anzeigt, ein Versäumnisurteil ergehen, wenn es sich um einfache Streitgenossen handelt. Der Prozess wird dann gegen die übrigen Streitgenossen, die die Verteidigungsanzeige rechtzeitig abgegeben haben, fortgesetzt.

Hinweis

Diese Rechtsfolge ist insbesondere dann unbefriedigend, wenn die einfachen Streitgenossen gesamtschuldnerisch haften. Durch das Versäumnisurteil wären sie dann letztlich jeder Rechtsschutzmöglichkeit beraubt. Dies kann nur dadurch verhindert werden, dass die sich verteidigenden Streitgenossen zugleich als Nebenintervenienten des sich nicht verteidigenden Streitgenossen auftreten. Dies ist insbesondere im Haftpflichtrecht nicht selten der Fall, wenn der Versicherer den Prozess führt, während der Versicherungsnehmer keine Verteidigungsanzeige abgibt.[141]

Anders verhält es sich dagegen, wenn es sich um notwendige Streitgenossen handelt, wie etwa bei Klagen gegen mehrere Miteigentümer auf Auflassung. In diesem Fall kann ein Versäumnisurteil nur ergehen, wenn alle Beklagten die Verteidigungsanzeige nicht rechtzeitig anzeigen. Nach § 62 ZPO sind die säumigen Beklagten gleichwohl am weiteren Verfahren zu beteiligen.

Die Rechtsanwälte der Parteien erhalten jeweils die volle 1,3-Verfahrensgebühr nach Nr. 3100 VV sowie nach Nr. 3105 Anmerkung Nr. 2 VV eine reduzierte 0,5-Terminsgebühr.

Kann nicht ausgeschlossen werden, dass der Vollstreckungstitel im EU-Ausland vollstreckt werden muss, sollte der Kläger zugleich eine Bestätigung als Europäischer Vollstreckungstitel nach der VTVO vom 21.4.2004 in Verbindung mit § 1079 BGB beantragen.[142] Eine solche Bestätigung setzt allerdings voraus, dass den Belehrungspflichten nach § 276 Abs. 2 ZPO genügt wurde. Auch wenn dies von Amts wegen zu veranlassen ist, sollte der Kläger in seinem eigenen Interesse als späterer Gläubiger darauf achten, dass dem Rechnung getragen wird.

---

140 S. dazu auch Rdn 200 ff.
141 Vgl. hierzu OLG Düsseldorf VersR 2004, 1020.
142 Hierzu *Goebel*, Vollstreckung effektiv 2005, 172.

2. Die Säumnis im Termin zur mündlichen Verhandlung

160 Hat der Beklagte seine Verteidigungsbereitschaft angezeigt, so kann ein Versäumnisurteil gegen ihn nur dann ergehen, wenn er im daraufhin anberaumten Termin zur mündlichen Verhandlung säumig bleibt. Dies gilt auch dann, wenn der Beklagte nach der Anzeige seiner Verteidigungsbereitschaft keine Klageerwiderung vorlegt.

161 *Hinweis*

Derjenige Beklagte, der lediglich das Verfahren verzögern will, um eine kurzfristige Titulierung einer eigentlich berechtigten Forderung gegen sich zu vermeiden, kann mithin das Verfahren dadurch verzögern, dass er die Verteidigungsbereitschaft anzeigt, mehrfach um Fristverlängerung für die Klageerwiderung bittet und diese dann im Ergebnis nicht vorlegt. Die Geschäftsbelastung der Gerichte führt in diesen Fällen häufig dazu, dass ein Termin zur mündlichen Verhandlung erst nach erheblicher zeitlicher Verzögerung bestimmt wird, in dem dann ein Versäumnisurteil ergehen kann. Der Kläger kann hierauf nur reagieren, indem er einer übermäßigen und jeder weiteren Verlängerung der Klageerwiderungsfrist widerspricht.

162 Der Beklagte ist säumig, wenn er entweder im Termin zur mündlichen Verhandlung nicht erscheint oder aber gem. § 333 ZPO im Termin zur mündlichen Verhandlung zwar erscheint, dort aber nicht zur Sache verhandelt.

163 *Hinweis*

Beachtet werden muss allerdings, dass sich die Terminsgebühr des klägerischen Bevollmächtigten nach Nr. 3105 VV nur dann ermäßigt, wenn der Beklagte bzw. sein Vertreter tatsächlich nicht erscheinen. Erscheint er dagegen und wird lediglich die Flucht in die Säumnis angetreten, indem er nicht auftritt, erhält der Bevollmächtigte des Klägers die volle 1,2-Terminsgebühr nach Nr. 3104 VV.[143] Dies gilt auch dann, wenn sich die Bevollmächtigten vor dem Termin fernmündlich über den Erlass eines Versäumnisurteils verständigt haben (Vorbemerkung 3 Abs. 3 VV). Auch wenn das Gericht in einem Termin, in dem eine Partei nicht erschienen oder nicht ordnungsgemäß vertreten ist, mit dem Verfahrensbevollmächtigten der Gegenpartei die Frage der Zulässigkeit der Klage erörtert, fällt die volle Terminsgebühr nach Nr. 3104 RVG-VV an.[144]

164 Weist das Gericht nach § 139 ZPO darauf hin, dass es einen Vortrag des Beklagten als verspätet zurückweisen wird, muss der Rechtsanwalt die „Flucht in die Säumnis" antreten, soweit ihm dieser Weg nicht durch eine vor dem Hinweis erfolgte Antragstellung und damit die Gefahr einer Entscheidung nach Lage der Akten versperrt ist. Wegen der dadurch verursachten höheren Terminsgebühr wird auf die vorstehenden Ausführungen

---

[143] OLG Köln OLGR 2007, 325; KG Berlin, JurBüro 2006, 134; *Schneider*, Volle Terminsgebühr bei Flucht in die Säumnis, ErbR 2008, 348.
[144] KG MDR 2008, 1424; OLG Naumburg, JurBüro 2014, 581 f.

verwiesen. Bei einer Flucht in die Säumnis kann auch noch eine 0,3 – 1,0-Verzögerungsgebühr nach § 38 GKG auferlegt werden.

> *Tipp* 165
>
> Soweit der Bevollmächtigte unsicher ist, ob sein Vortrag als verspätet zurückgewiesen wird, sollte er tunlichst eine primäre Antragstellung vermeiden und zunächst um die rechtlichen Hinweise bitten. Auch wenn die mündliche Verhandlung nach § 137 ZPO mit der Stellung der Anträge beginnt, wird dies nicht allerorten so streng gesehen und – jedenfalls für den Bevollmächtigten, der darum bittet – die Tür zur „Flucht in die Säumnis" offen gehalten.

Nutzt der Rechtsanwalt die Möglichkeit der „Flucht in die Säumnis" nicht, so kann dies für ihn zu einer Haftung aus dem Anwaltsvertrag führen.[145] Bei der „Flucht in die Säumnis" handelt es sich um eine ohne Weiteres zulässige prozessuale Strategie zur Vermeidung der Präklusion des eigenen Vortrags. Dabei lässt die mit Zurückweisung ihres Vorbringens gem. § 296 Abs. 1 oder Abs. 2 ZPO bedrohte Partei durch Nichterscheinen oder Nichtverhandeln im Sinne des § 333 ZPO ein Versäumnisurteil gegen sich ergehen, legt gegen dieses dann gem. § 338 ZPO Einspruch ein und trägt mit dem Einspruch gem. § 340 Abs. 3 ZPO ihr verspätetes Angriffs- oder Verteidigungsmittel vor. 166

Eine „Flucht in die Säumnis" muss ein Rechtsanwalt jedenfalls dann antreten, wenn dies ein sicherer und Erfolg versprechender Weg zur Vermeidung der Präklusion ist.[146] Es handelt sich bei der „Flucht in die Säumnis" zwar um ein im Allgemeinen riskantes Vorgehen, das für die Partei mit nicht unerheblichen Gefahren, insbesondere aufgrund der nun möglichen Zwangsvollstreckung, verbunden ist. Steht jedoch im Einzelfall fest, dass hierdurch die Präklusion sicher vermieden werden kann und sich die Gefahren des Vorgehens nicht realisieren werden oder erhebliche Gefahren nicht bestehen, so hat der Rechtsanwalt im Rahmen seiner aus dem Vertrag mit dem Mandanten resultierenden Pflicht, von diesem Schaden abzuwenden, entsprechend vorzugehen. Hiergegen bestehen auch keine rechtlichen Bedenken, denn es handelt sich zwar um die Ausnutzung einer Lücke im Gesetz, jedoch ist ein solches Vorgehen nicht illegal. 167

Es ist dann erforderlich, dass der Kläger im Termin zur mündlichen Verhandlung zunächst seine Sachanträge stellt und weiter beantragt, durch Versäumnisurteil zu entscheiden. Es ist nicht erforderlich, dass er den Antrag auf Erlass eines Versäumnisurteils zuvor schriftlich angekündigt hat. § 297 Abs. 1 S. 1 ZPO gilt nicht für Prozessanträge. Erscheint auch der Kläger nicht, kommt unter den Voraussetzungen des § 251a Abs. 1 ZPO eine Entscheidung nach Lage der Akten, eine Vertagung nach § 227 ZPO oder ein Ruhen des Verfahrens nach § 251a Abs. 3 ZPO in Betracht. 168

---

145 OLG Saarbrücken OLGR 2003, 221.
146 OLG Saarbrücken OLGR 2003, 221.

169 *Hinweis*

Im Anwaltsprozess bestehen keine Bedenken, dass der Prozessbevollmächtigte des Klägers den Erlass eines Versäumnisurteils gegen eine anwaltlich vertretene beklagte Partei beantragt. Der ursprünglich entgegenstehenden Vorschrift des § 13 BO fehlt es an einer gesetzlichen Ermächtigungsgrundlage, so dass das Bundesverfassungsgericht diese für unwirksam erklärt hat.[147] Angesichts dieser Situation kann es für den Rechtsanwalt sogar einen Haftungsfall darstellen, wenn er kein Versäumnisurteil beantragt, aus diesem Grunde eine vorläufige Vollstreckung des Mandanten nicht möglich ist und zu einem späteren Zeitpunkt ein Vollstreckungszugriff erfolglos bleibt.

170 *Tipp*

Soweit gleichwohl Bedenken gegen eine uneingeschränkte Beantragung eines Säumnisurteils bestehen, kann der Bevollmächtigte seinen Bedenken dadurch Rechnung tragen, dass er die Beantragung eines Versäumnisurteils für den Fall der Säumnis ankündigt.[148] Solche besonderen Anhaltspunkte hat der Rechtsanwalt insbesondere dann, wenn nach der Verteidigungsanzeige in der seitens des Gerichts gesetzten Frist eine Klageerwiderung nicht vorgelegt wird oder schon außergerichtlich keine Einwände gegen den Klageanspruch erhoben wurden und lediglich eine Verfahrensverzögerung betrieben wurde. Auch für den Beklagtenvertreter kann es die Höflichkeit gebieten, zumindest unmittelbar vor dem Termin zu erklären, dass ein Versäumnisurteil ergehen kann. Erörtert er dies fernmündlich mit dem Klägervertreter, entsteht für ihn sogar die Terminsgebühr.

171 Um dem Anspruch auf rechtliches Gehör hinreichend Rechnung zu tragen, wird das erkennende Gericht die mündliche Verhandlung erst nach einer Wartefrist von regelmäßig 15 Minuten beginnen. Dies soll dem Beklagten oder dessen Bevollmächtigten die Möglichkeit geben, aufgrund unvorhergesehener Ereignisse eintretende Verzögerungen fernmündlich mitzuteilen.

172 Der Erlass des Versäumnisurteils ist nur möglich, wenn der Beklagte zum Termin zur mündlichen Verhandlung ordnungsgemäß geladen wurde und nicht erscheint. Dies hat das erkennende Gericht von Amts wegen zu prüfen.

173 Wurde der Beklagte nicht nur von dem Kläger in Anspruch genommen, sondern hat er seinerseits Widerklage erhoben und erscheint dann im Termin zur mündlichen Verhandlung nicht, kann der Kläger sowohl ein Versäumnisurteil hinsichtlich der Klage nach § 331 ZPO beantragen als auch ein Versäumnisurteil gegen den Widerkläger gem. § 330 ZPO auf Abweisung der Widerklage.

174 Entsprechend ist zu verfahren, wenn der Kläger und Widerbeklagte nicht erscheint. Der Beklagte kann dann hinsichtlich der Klage ein unechtes Versäumnisurteil nach § 330 ZPO und hinsichtlich der Widerklage ein echtes Versäumnisurteil nach § 333 ZPO verlangen.

---

147 BVerfG NJW 2000, 347.
148 Muster einer Ankündigung, Antrag auf Erlass eines Versäumnisurteils zu stellen, unter Rdn 653.

Wurde eine Stufenklage erhoben, so ergeht das echte Teil-Versäumnisurteil zunächst nur in der ersten Stufe. Dieses ist dann zu vollstrecken und das Verfahren erst fortzusetzen, wenn der Kläger in die nächste Stufe übergeht. Hier kann dann erneut ein Teil- oder Schlussversäumnisurteil ergehen.

Hinweis

Anders verhält es sich, wenn der Beklagte nur wegen eines Teils des Klageanspruchs nicht verhandelt. In diesem Fall kann nur dann ein Teilversäumnisurteil ergehen, wenn das Gericht auch nach einem streitigen Verfahren ein Teilurteil erlassen dürfte.

Checkliste für den Erlass eines Versäumnisurteils gegen den nicht im Termin erschienenen Beklagten

Ein Versäumnisurteil gegen den Beklagten nach § 331 Abs. 1 ZPO kann ergehen, wenn:
- der Beklagte zum Termin zur mündlichen Verhandlung ordnungsgemäß geladen wurde
- der Beklagte im Termin zur mündlichen Verhandlung nicht erschienen ist oder nicht verhandelt
- der Kläger neben dem Sachantrag, einen Antrag auf Erlass eines Versäumnisurteils stellt
- die Klage zulässig ist
- die Klage unter Berücksichtigung der Anordnung in § 331 Abs. 1 S. 1 ZPO, dass die von dem Kläger vorgetragenen Tatsachen als zugestanden anzunehmen sind, schlüssig ist.

Hinweis

Ist die Klage zunächst unschlüssig und ergänzt der Kläger seinen Vortrag erst auf einen in der mündlichen Verhandlung erteilten Hinweis so, dass die Klage nun schlüssig wird, kann kein Versäumnisurteil ergehen. Dem Beklagten ist zunächst Gelegenheit gegeben, zu dem neuen Vortrag Stellung zu nehmen. Der Anspruch auf rechtliches Gehör muss in jedem Falle gewahrt sein.

Kann nicht ausgeschlossen werden, dass der Vollstreckungstitel im EU-Ausland vollstreckt werden muss, sollte der Kläger zugleich eine Bestätigung als Europäischer Vollstreckungstitel nach der VTVO vom 21.4.2004 in Verbindung mit § 1079 BGB beantragen.[149] Eine solche Bestätigung setzt allerdings voraus, dass den Belehrungspflichten nach §§ 215, 338 ZPO genügt wurde. Auch wenn dies von Amts wegen zu veranlassen ist, sollte der Kläger in seinem eigenen Interesse als späterer Gläubiger darauf achten, dass dem Rechnung getragen wird.

---

149 Hierzu *Goebel*, Vollstreckung effektiv 2005, 172.

3. Das Versäumnisurteil gegen den Kläger

180 Erscheint der Kläger im Termin zur mündlichen Verhandlung nicht, so kann der Beklagte seinerseits beantragen, dass sein Antrag auf Klageabweisung durch Versäumnisurteil beschieden wird. Voraussetzung ist, dass die Klage zulässig war.

181 *Hinweis*

Ist die Klage unzulässig, so kann kein die Weiterführung des Prozesses zulassendes Versäumnisurteil ergehen. Vielmehr ist durch kontradiktorisches Urteil in Form eines sog. unechten Versäumnisurteils zu entscheiden, das den Rechtsstreit zum endgültigen Abschluss bringt.[150] Der Unterschied der Entscheidung durch kontradiktorisches Urteil besteht darin, dass der Kläger gegen das Versäumnisurteil Einspruch einlegen könnte und so das Verfahren fortgesetzt wird. Gegen das kontradiktorische Urteil ist dagegen unmittelbar mit der Berufung vorzugehen, soweit die entsprechenden Voraussetzungen hierfür vorliegen, insbesondere die Berufung nach § 511 Abs. 2 ZPO überhaupt statthaft ist.

182 *Tipp*

Ist die Klage deshalb unzulässig, weil der Kläger ein unzuständiges Gericht angerufen hat, so kann sich allerdings der Beklagte gem. § 39 ZPO rügelos einlassen, soweit kein Fall des § 40 ZPO vorliegt.

Dies hat für den Beklagten zunächst den Nachteil, dass der Kläger durch einen Einspruch das Prozessverfahren fortsetzen kann. Anderseits hat es für den Beklagten den Vorteil, dass er die Möglichkeit erhält, dass ein abschließendes Urteil ergeht, wenn der Kläger nachfolgend keinen Einspruch einlegt. Bei der Zurückweisung der Klage als unzulässig hätte der Kläger dagegen die Möglichkeit, erneut Klage zu erheben.

183 Der Antrag auf Erlass eines Versäumnisurteils durch den Beklagten wird regelmäßig nicht schriftlich gestellt, wenngleich dies vorsorglich möglich ist, sondern regelmäßig in der mündlichen Verhandlung zu Protokoll erklärt.

184 In gleicher Weise hat ein Versäumnisurteil gegen den Kläger zu ergehen, wenn er im Sinne von § 333 ZPO zur Sache nicht verhandelt.

185 Bevor der Kläger es unterlässt, zur Sache zu verhandeln, muss er allerdings alternative Verhaltensmöglichkeiten überprüfen.

186 *Hinweis*

Für den Mandanten bedeutet der Erlass eines Versäumnisurteils, dass der Gegner zunächst im Besitz eines Titels ist und gegen den Mandanten wegen der Kosten vollstrecken kann. Auch können allein durch den Erlass des Versäumnisurteils zusätzliche Kosten entstehen und nach § 344 ZPO selbst für den Fall, dass der Kläger später noch obsiegt, diesem auferlegt werden. Aus diesem Grunde hat das Bemühen

---

150 BGH GRUR 1986, 678; GRUR-RR 2001, 48.

des Bevollmächtigten grundsätzlich dahin zu gehen, ein solches Versäumnisurteil zu vermeiden.

Als Alternativen zur tatsächlichen oder fiktiven (§ 333 ZPO) Säumnis kommen folgende Handlungsmöglichkeiten in Betracht: 187
- Soweit das Gericht dem Kläger in der mündlichen Verhandlung Hinweise erteilt, wonach Bedenken gegen die Zulässigkeit oder Begründetheit der Klage bestehen oder es auf sachdienliche Anträge hinwirkt,[151] sollte er zunächst nach § 139 ZPO zu Protokoll erklären, dass er an einer sofortigen Erklärung zu dem gerichtlichen Hinweis nicht in der Lage ist, und um einen Schriftsatznachlass gem. § 139 Abs. 5 ZPO bitten. Einer Flucht in die Säumnis bedarf es in diesem Fall nicht.
- Der Prozessbevollmächtigte des Klägers kann auch versuchen, die Vertagung der mündlichen Verhandlung gem. § 227 Abs. 4 ZPO zu erreichen.

Tipp 188

Dabei kann insbesondere der Vertagungsgrund des § 227 Abs. 1 Nr. 2 ZPO geltend gemacht werden, wenn es dem Bevollmächtigten und der Partei ohne Verschulden nicht möglich war, den Termin zur mündlichen Verhandlung qualifiziert vorzubereiten.

Wird dem Antrag auf Vertagung der mündlichen Verhandlung aus nicht nachvollziehbaren Gründen nicht stattgegeben, kann sich hieraus ein Anhaltspunkt für die Besorgnis der Befangenheit der Richter ergeben.[152] 189

Hinweis 190

Lehnt der Kläger die Richter wegen der Besorgnis der Befangenheit ab und ist der Antrag nicht gänzlich willkürlich gestellt, so hat dies nach § 47 ZPO die Folge, dass sowohl die Fortsetzung der mündlichen Verhandlung als auch die Bestimmung eines Termins zur Verkündung einer Entscheidung, mithin des Versäumnisurteils, nicht möglich ist. Allerdings kann der Richter nach § 47 Abs. 2 ZPO den Verhandlungstermin etwa mit der Durchführung einer Beweisaufnahme zu Ende bringen, wenn er erst während der mündlichen Verhandlung abgelehnt wird. Das Ergebnis der fortgesetzten Verhandlung ist nur dann zu wiederholen, wenn das Ablehnungsgesuch für begründet erklärt wird.

Folgt das Gericht dem Vertagungsantrag des Klägers und weist den Antrag auf Erlass eines Versäumnisurteils des Beklagten zurück, so kann der Beklagte hiergegen nach § 336 ZPO mit der sofortigen Beschwerde nach §§ 567 ff. ZPO vorgehen.[153] 191

Im Rahmen der sofortigen Beschwerde wird sodann überprüft, ob: 192
- der Vertagungsbeschluss zu Recht ergangen ist,
- der Erlass eines Versäumnisurteils zu Recht abgelehnt wurde.

---

151 OLG Köln MDR 2000, 657.
152 OLG Köln NJW-RR 2000, 591; Zöller/Vollkommer, ZPO, 32. Aufl. 2018, § 42 Rn 23.
153 Muster einer sofortigen Beschwerde gegen den Vertagungsbeschluss und die Zurückweisung des Antrags auf Erlass eines Versäumnisurteils unter Rdn 654.

193 *Hinweis*

Die Beschwerde hat auch dann keinen Erfolg, wenn zwar die Vertagung zu Unrecht bewilligt wurde, ein Versäumnisurteil jedoch hätte gleichwohl nicht ergehen dürfen, weil ein Hinderungsgrund nach § 335 ZPO vorlag oder ein Grund für eine Vertagung von Amts wegen nach § 337 ZPO.

194 Für das Verfahren über die sofortige Beschwerde gelten die allgemeinen Bestimmungen der §§ 567 ff. ZPO.[154] Die sofortige Beschwerde ist also binnen einer Notfrist von zwei Wochen bei dem Ausgangsgericht oder dem Beschwerdegericht einzulegen. In Familiensachen ist die Zuständigkeit des Oberlandesgerichtes nach § 119 Abs. 1 Nr. 1 GVG zu beachten.

195 *Tipp*

Dem Beschwerdeführer wird es im Wesentlichen um eine schnelle Entscheidung gehen, weshalb es sich empfiehlt, die sofortige Beschwerde beim Ausgangsgericht einzulegen, da dieses über die Abhilfe entscheiden muss und dort die Akten vorliegen.

196 Unerheblich für die sofortige Beschwerde nach § 336 ZPO ist es, ob der Antrag auf Erlass eines Versäumnisurteils ausdrücklich abgelehnt wurde oder ob lediglich ein Vertagungsbeschluss ergangen ist.

197 Der besondere Vorteil dieser Vorgehensweise für die nicht säumige Partei besteht darin, dass der säumige Gegner im Beschwerdeverfahren nicht beteiligt wird. Für den Fall, dass die Beschwerde erfolgreich ist, wird der Vertagungsbeschluss und gegebenenfalls der Beschluss über die Zurückweisung des Antrags auf Erlass eines Versäumnisurteils aufgehoben. Sodann hat das Ausgangsgericht neuen Termin zur mündlichen Verhandlung zu bestimmen, zu dem die säumige Partei nach § 336 Abs. 1 S. 2 ZPO nicht zu laden ist. Dies bedeutet, dass die nicht säumige Partei ein Versäumnisurteil wird erhalten können.

198 Erscheint die nach § 336 Abs. 1 S. 2 ZPO zum Termin zur mündlichen Verhandlung nicht zu ladende Partei gleichwohl, weil sie sich über eine Rückfrage bei der Geschäftsstelle über den Termin zur mündlichen Verhandlung erkundigt hat oder diesen durch Akteneinsicht in Erfahrung gebracht hat, so führt dies dazu, dass in der Sache verhandelt werden kann. Gegen die nach der erfolgreichen sofortigen Beschwerde anwesende und verhandlungswillige Partei kann also kein Versäumnisurteil ergehen.[155]

199 *Tipp*

Hat der Bevollmächtigte einer Partei die „streitige" Vertagung erreicht, muss er sich fortlaufend durch Akteneinsicht oder Rückfrage bei der Geschäftsstelle darüber orientieren, ob sofortige Beschwerde eingelegt wurde, wie über diese entschieden wurde und wann Termin zur mündlichen Verhandlung bestimmt wurde. Da die Zivil-

---

154 Vgl. insoweit § 18 Rdn 1 ff.
155 Zöller/*Herget*, ZPO, 32. Aufl., 2018, § 336 Rn 3.

gerichte häufig nur einen Sitzungstag in der Woche haben, genügt dann eine Erkundigung in diesem Rhythmus.

4. Besondere Problemlagen beim Erlass eines Versäumnisurteils

a) Versäumnisurteil gegen einen Streitgenossen

Richtet sich die Klage gegen mehrere Beklagte als Streitgenossen und zeigt einer der Beklagten seine Verteidigungsbereitschaft nicht an oder ist in der mündlichen Verhandlung säumig, so muss für die Frage, ob ein Versäumnisurteil gegen diesen ergehen kann, danach unterschieden werden, ob es sich bei den Beklagten um einfache Streitgenossen nach den §§ 59, 60 ZPO oder um notwendige Streitgenossen im Sinne von § 62 ZPO handelt.

Soweit es sich bei den Beklagten um einfache Streitgenossen handelt, kann gegen jeden einzelnen Streitgenossen Versäumnisurteil ergehen, soweit er seine Verteidigungsbereitschaft nicht anzeigt hat oder in der mündlichen Verhandlung säumig bleibt.

Demgegenüber kann gegen einen einzelnen Streitgenossen einer notwendigen Streitgenossenschaft nur ein einheitliches Versäumnisurteil ergehen, d.h. nur dann, wenn alle Streitgenossen entweder ihre Verteidigungsbereitschaft nicht angezeigt haben oder im Termin zur mündlichen Verhandlung säumig geblieben sind. Dies ergibt sich unmittelbar aus § 62 ZPO.

Notwendige Streitgenossen sind z.B.:[156]
- die Miterben einer ungeteilten Erbengemeinschaft,
- die Gesellschafter bei der Klage auf Ausschluss eines Gesellschafters nach § 140 HGB,
- Gesellschafter bei Klagen über die Mitgliedschaft in einer Personengesellschaft,[157]
- die Miteigentümer eines gemeinschaftlichen Grundstückes

Hinweis

Der BGH geht davon aus, dass der Haftpflichtversicherer und sein Versicherungsnehmer keine notwendigen Streitgenossen im Sinne von § 62 ZPO sind.[158] In diesem Fall muss die Versicherung sich also zugleich als Nebenintervenient für den säumigen Versicherungsnehmer bestellen, um den Erlass eines Versäumnisurteils zu vermeiden, aufgrund dessen sie dann im Innenverhältnis den Versicherungsnehmer von Ansprüchen des Gegners freistellen muss. Es wird so vermieden, dass die Rechtsverteidigung der Versicherung praktisch aussichtslos wird.

---

156 Weitere Beispiele: Zöller/*Althammer*, ZPO, 32. Aufl., 2018, § 62 Rn 2 ff.
157 Zöller/*Althammer*, ZPO, 32. Aufl., 2018, § 62 Rn 21.
158 BGH NJW 1974, 2124; BGH NJW 1982, 996.

b) Die Stufenklage

205 Hat der Kläger Stufenklage erhoben und bleibt der Beklagte säumig, ergeht das Versäumnisurteil zunächst allein in der ersten Stufe.

206 *Beispiel*

Der Kläger ist pflichtteilsberechtigt und macht gegenüber dem Beklagten zunächst einen Anspruch auf Auskunft über den Bestand des Nachlasses geltend, beantragt auf der zweiten Stufe die Abgabe der eidesstattliche Versicherung hinsichtlich des Nachlassverzeichnisses, sofern Anhaltspunkte für dessen Unrichtigkeit bestehen, und beantragt auf der dritten Stufe die Zahlung des sich aus der Auskunft ergebenden Pflichtteils.

Bleibt der Beklagte im Termin zur mündlichen Verhandlung säumig, ist durch Versäumnisurteil lediglich über die Pflicht zur Auskunftserteilung zu entscheiden.

207 *Hinweis*

Ergibt sich aus der dann erteilten oder im Wege der Zwangsvollstreckung erzwungenen Auskunft, dass ein Anspruch nicht besteht, ist die Klage im Übrigen in der Hauptsache für erledigt zu erklären.

208 Bleibt dagegen der Kläger im Termin zur mündlichen Verhandlung säumig oder verhandelt gem. § 333 ZPO nicht, so ist die Stufenklage als Ganze, d.h. hinsichtlich aller Teilstufen einheitlich und unmittelbar durch Versäumnisurteil abzuweisen.[159]

c) Die Säumnis in Ehesachen

209 In Ehesachen kann gegen den Antragsgegner nach § 130 Abs. 2 FamFG kein Versäumnisurteil in der Sache ergehen. Dies liegt in der Natur der Sache. Der Antragsteller ist vielmehr gezwungen, seinen Vortrag auch tatsächlich nachzuweisen, d.h. sein Vortrag gilt als bestritten. Auf der Grundlage des nachgewiesenen Sachverhalts ergeht dann ein kontradiktorisches Urteil.

210 Auch gegen den säumigen Antragsteller kann kein Versäumnisurteil ergehen, da auch dieses in der Sache in Rechtskraft erwachsen würde. Bei Nichtigkeitsklagen und Feststellungsklagen in Ehesachen ist deshalb nach § 130 Abs. 1 FamFG zu beantragen, dass das Versäumnisurteil gegen den Antragsteller dahin zu erlassen ist, dass die Klage als zurückgenommen gilt.

d) Beide Parteien bleiben säumig

211 Bleiben beide Parteien im Termin zur mündlichen Verhandlung säumig oder bleibt eine Partei säumig und die andere Partei stellt keinen Antrag auf Erlass eines Versäumnisurteils, so ergeben sich für das Gericht nach § 251a ZPO drei Entscheidungsmöglichkeiten:
- Das Gericht kann nach Lage der Akten[160] entscheiden, wenn in einem früheren Termin bereits mündlich verhandelt worden ist.

---

[159] Zöller/Greger, ZPO, 32. Aufl., 2018, § 254 Rn 16.
[160] S. hierzu nachfolgend Rdn 274 ff.

Hinweis

In diesem Fall muss das Gericht allerdings Termin zur Verkündung einer Entscheidung bestimmen, der frühestens zwei Wochen nach dem Termin zur mündlichen Verhandlung, in dem die Parteien säumig geblieben sind, stattfindet. Damit soll den Parteien Gelegenheit gegeben werden, vor einer gerichtlichen Entscheidung ihre Säumnis zu entschuldigen.

- Entscheidet das Gericht nicht nach Lage der Akten, so kann es den Rechtsstreit nach § 251a Abs. 3 ZPO i.V.m. § 227 ZPO vertagen.

Hinweis

Nach § 227 Abs. 1 Nr. 3 ZPO ist das Einvernehmen der Parteien über die Vertagung des Rechtsstreits für sich allein genommen nicht erheblich. Lehnt das Gericht einen einvernehmlichen Vertagungsantrag ab, können aber beide Parteien erklären, dass sie gem. § 333 ZPO nicht verhandeln. Für den Fall, dass nicht schon in einem früheren Termin verhandelt wurde, kann das Gericht dann den Rechtsstreit nur nach § 251a Abs. 3 ZPO vertagen oder das Ruhen des Verfahrens nach § 251 ZPO anordnen. Nach dem Ruhen des Verfahrens kann dieses aber jederzeit wieder aufgerufen werden. Die frühere Sperrfrist ist entfallen.

- Das Gericht kann nach § 251a Abs. 3 ZPO das Ruhen des Verfahrens anordnen.

Hinweis

Hierbei sind zwei Dinge zu beachten:

Einerseits ist die Anordnung des Ruhens des Verfahrens unproblematisch, weil mit der ZPO-Reform die zeitliche Sperre zum erneuten Aufrufen des Verfahrens entfallen ist. Das Verfahren kann jederzeit zur Fortsetzung wieder aufgerufen werden, d.h. auch unmittelbar nach der mündlichen Verhandlung.

Andererseits muss beachtet werden, dass nach § 204 Abs. 2 S. 2 BGB die Hemmung der Verjährung durch Rechtshängigkeit sechs Monate nach der letzten Verfahrenshandlung des Gerichts oder der Parteien endet, wenn diese das Verfahren nicht betreiben. Diese Frist wird der Rechtsanwalt daher unbedingt zu notieren haben.

e) Versäumnisurteil im Berufungsverfahren

Wie sich aus § 539 ZPO ergibt, ist ein Versäumnisverfahren sowohl gegen den Berufungskläger als auch den Berufungsbeklagten im Berufungsverfahren möglich.

Nach der gesetzlichen Systematik ist zwischen der Säumnis des Berufungsklägers, die ihre Regelung in § 539 Abs. 1 ZPO gefunden hat, und der Säumnis des Berufungsbeklagten, die in § 539 Abs. 2 ZPO geregelt ist, zu unterscheiden.

Bleibt der Berufungskläger im Termin zur mündlichen Verhandlung säumig oder verhandelt dort nicht, was nach § 539 Abs. 3 i.V.m. § 333 ZPO der Säumnis gleichsteht, wird seine Berufung auf Antrag des Berufungsbeklagten durch Versäumnisurteil zurückgewiesen. Wie in erster Instanz für die Klage, ist auch bei dem Versäumnisurteil in der Berufungsinstanz Voraussetzung, dass die Berufung zulässig war. Ist die Berufung unzulässig gewesen, so wird sie durch unechtes Versäumnisurteil verworfen.[161]

215 *Hinweis*

Wird die Berufung durch ein Versäumnisurteil zurückgewiesen, so verliert hierdurch eine Anschlussberufung nach § 524 Abs. 4 ZPO ihre Wirkung nicht.[162]

216 Erscheint dagegen der Berufungsbeklagte in der Berufungsverhandlung nicht und beantragt der Berufungskläger, durch Versäumnisurteil zu entscheiden, so ist zu unterscheiden:

- Ist die Berufung unter Berücksichtigung des zulässigen tatsächlichen Vorbringens des Berufungsklägers begründet, so ist das Versäumnisurteil nach Antrag zu erlassen.

  Hinweis

  Dabei bleibt – aufgrund der Säumnis des Beklagten – ein für den Kläger ungünstiges Ergebnis der Beweisaufnahme erster Instanz unberücksichtigt.[163]

- Ist die Klage dagegen bereits unzulässig, so ist die Berufung des Klägers durch ein unechtes Versäumnisurteil, d.h. durch kontradiktorisches Urteil, zurückzuweisen.

217 Ist die Berufung nach den tatsächlichen Feststellungen des erstinstanzlichen Gerichts, die gem. § 529 ZPO zu berücksichtigen sind, und dem zulässigen tatsächlichen Vorbringen des Berufungsklägers unbegründet, so ist die Berufung ebenfalls durch ein unechtes Versäumnisurteil in Form eines kontradiktorischen Urteils zurückzuweisen.

f) Die Anwaltsgebühren und die sonstigen Kosten bei Erlass eines Versäumnisurteils

218 Das echte Versäumnisurteil gegen den Beklagten ist gerichtsgebührenfrei. Für das unechte Versäumnisurteil gegen den Kläger fällt nach Nr. 1210 KVGKG dagegen die dreifache Gerichtsgebühr an.

219 *Hinweis*

Obwohl das Versäumnisurteil regelmäßig ohne Tatbestand und Entscheidungsgründe ergeht, wird die Gebühr nach Nr. 1211 KVGKG nicht abgesenkt. Dies gilt auch dann, wenn gegen das Versäumnisurteil Einspruch eingelegt wird und der Prozess im weiteren Fortgang durch eine der privilegierten Möglichkeiten, wie ein Anerkenntnis, eine Klagerücknahme oder einen Vergleich erledigt wird.[164]

220 Der Rechtsanwalt erhält zunächst die volle 1,3-Verfahrensgebühr nach Nr. 3100 VV. Des Weiteren erhält er nach Nr. 3105 VV eine 0,5-Terminsgebühr, soweit die andere Partei tatsächlich nicht erscheint. Erscheint diese, ohne jedoch zu verhandeln, so erhält er die 1,2-Terminsgebühr nach Nr. 3104 VV.

---

161 BGH NJW-RR 1986, 1041.
162 BGH NJW 1984, 2951; Zöller/*Heßler*, ZPO, 32. Aufl., 2018, § 524 Rn 28.
163 BGH MDR 1979, 930.
164 OLG Stuttgart NJW-RR 1996, 1535.

Hinweis 221

Hat zunächst eine mündliche Verhandlung stattgefunden, in der die Parteien die Anträge gestellt haben, und bleibt der Beklagte in einer folgenden mündlichen Verhandlung säumig, so erhält der Rechtsanwalt die 1,2-Terminsgebühr nach Nr. 3104 VV.

5. Der Einspruch gegen das Versäumnisurteil

Wurde ein Versäumnisurteil erlassen, so steht der säumigen Partei in erster Instanz nach 222
§ 338 ZPO, in der Berufungsinstanz nach § 539 Abs. 3 ZPO i.V.m. § 338 ZPO, der Einspruch gegen das Versäumnisurteil zu. Auf die Möglichkeit des Einspruches ist die Partei hinzuweisen, § 338 S. 2 ZPO. Ein Verstoß gegen die Hinweispflicht des § 338 S. 2 ZPO hindert nur den Beginn der Einspruchsbegründungsfrist, nicht jedoch der Einspruchsfrist.[165] Der Rechtsstreit wird auf einen zulässigen Einspruch nach § 342 ZPO in den Stand vor der Säumnis versetzt.

Nach einer „Flucht in die Säumnis" ist der Anwalt grundsätzlich verpflichtet, auch ohne 223
ausdrückliche Weisung des Mandanten Einspruch gegen das Versäumnisurteil einzulegen. Hält er demgegenüber nach eingehender Prüfung der Erfolgsaussichten eine Fortsetzung des Verfahrens für aussichtslos und damit nur Kosten verursachend, hat er rechtzeitig vor Fristablauf mit dem Mandanten Rücksprache zu halten und dessen Entscheidung einzuholen.[166] Dies gilt umso mehr, wenn sich die Säumnis im konkreten Einzelfall als die kostengünstigste Möglichkeit darstellt, den Rechtsstreit zu beenden.

Hinweis 224

Da die säumige Partei nach § 344 ZPO die Säumniskosten zu tragen hat, sollte die „Flucht in die Säumnis" nur dann angetreten werden, wenn tatsächlich davon ausgegangen werden kann, dass der Prozess nachfolgend erfolgreich geführt werden kann.

Nach § 339 Abs. 1 ZPO ist der Einspruch binnen einer Notfrist von zwei Wochen, 225
beginnend mit der Zustellung des Versäumnisurteils, einzulegen.

Hinweis 226

Ist die Zustellung im Ausland oder durch öffentliche Bekanntmachung zu bewirken, so muss die Einspruchsfrist nach § 339 Abs. 2 ZPO im Versäumnisurteil oder durch einen nachträglichen Beschluss durch das Gericht bestimmt werden. Der Bevollmächtigte der nicht säumigen Partei sollte hierauf Einfluss nehmen und eine angemessene, jedoch auch nicht übermäßig lange Frist vorschlagen. Regelmäßig wird eine Frist von einem Monat ausreichend sein.

---

165 OLG Hamm OLGR 2008, 157.
166 BGH NJW 2002, 290.

227 *Achtung!*

Im Arbeitsgerichtsprozess beträgt die Einspruchsfrist nach § 59 S. 1 ArbGG lediglich eine Woche.

228 Hat die Partei oder der Bevollmächtigte die Einspruchsfrist ohne Verschulden versäumt oder ist ein solches Verschulden nicht kausal für die Fristversäumung geworden,[167] so kann er die Wiedereinsetzung in den vorigen Stand,[168] d.h. in die Einspruchsfrist nach §§ 233 ff. ZPO beantragen. Dabei muss er zugleich den Einspruch einlegen und weitere Angriffs- und Verteidigungsmittel nach § 340 Abs. 3 ZPO vortragen.

229 *Hinweis*

Die mangelnde Kenntnis der öffentlichen Zustellung eines Versäumnisurteils ist nach Ansicht des LG Frankfurt/M. in Kenntnis einer bevorstehenden gerichtlichen Auseinandersetzung nur dann unverschuldet, wenn die Partei sichergestellt hat, dass gerichtliche Verfügungen sie erreichen.[169]

230 Der Einspruch ist das einzig zulässige Rechtsmittel gegen ein erstes echtes Versäumnisurteil.

231 *Hinweis*

Auch wenn das Versäumnisurteil unter Verstoß gegen gesetzliche Vorschriften ergangen ist, muss hiergegen mit einem Einspruch vorgegangen werden.[170] Die §§ 719, 707 ZPO erlauben dann aber eine Einstellung der Zwangsvollstreckung ohne Sicherheitsleistung.[171]

232 Der Einspruch ist nach § 340 ZPO grundsätzlich schriftlich bei dem Prozessgericht einzulegen. § 340 Abs. 2 ZPO verlangt dabei, dass die Einspruchsschrift das Urteil bezeichnet,[172] gegen das der Einspruch gerichtet wird, und die Erklärung enthält, dass gegen dieses Urteil Einspruch eingelegt wird.

233 *Hinweis*

Ist der Einspruch gegen ein Versäumnisurteil ohne Vollmacht eingelegt worden, wird der Vertretungsmangel mit rückwirkender Kraft geheilt, wenn der Vertretene ihn genehmigt, bevor über diesen durch Urteil entschieden ist. Eine solche Genehmigung kann darin liegen, dass der Vertretene vor Erlass des Prozessurteils eine Prozessvollmacht erteilt.[173] Der Einspruch gegen ein Versäumnisurteil kann auch mit einem Telefax eingelegt werden. Für das Schriftformerfordernis genügt es bei einem Fax, wenn sich aus diesem ansonsten in einer jeden Zweifel ausschließenden Weise ergibt,

---

[167] Zu den Voraussetzungen der Wiedereinsetzung in den vorigen Stand vgl. § 20 Rdn 1 ff.
[168] Muster eines Antrags auf Wiedereinsetzung in die Einspruchsfrist unter Rdn 656.
[169] LG Frankfurt/M. NJW 2005, 688.
[170] OLG Zweibrücken NJW-RR 1997, 1087.
[171] Muster eines Einspruchs unter gleichzeitiger Beantragung der einstweiligen Einstellung der Zwangsvollstreckung unter Rdn 655.
[172] LG Bonn v. 22.4.2008 – 10 O 409/07 n.v.
[173] OLG Celle OLGR Celle 2005, 64.

von wem die Erklärung herrührt, und dass kein bloßer Entwurf vorliegt. Dann ist es ausreichend, dass der Name des Einspruchsführers nur maschinenschriftlich geschrieben ist.[174]

234 Zulässig ist es auch, das Urteil lediglich teilweise mit einem Einspruch anzugreifen, was den Vorteil hat, dass sich wegen der weiteren Gebühren der Streitwert verringert. Erforderlich ist dabei allerdings, dass der Teil, auf den sich der Einspruch beziehen soll, wie bei einem Teilurteil hinreichend bestimmt abgegrenzt wird.

235 § 340 Abs. 3 ZPO erlaubt, dass mit der Einspruchsschrift, d.h. ebenfalls in der Notfrist von zwei Wochen, (neue) Angriffs- und Verteidigungsmittel und auf die Prozessvoraussetzungen bezogene Rügen vorgetragen werden, was den Vorteil der „Flucht in die Säumnis" ausmacht. Diese Angriffs- und Verteidigungsmittel können dann nicht präkludiert werden. Dem kommt auch im Hinblick auf die ZPO-Reform und die hier postulierte Bindung des Berufungsgerichts an die Tatsachenfeststellung der ersten Instanz nach § 529 ZPO und der Anordnung in § 531 Abs. 1 ZPO, wonach in erster Instanz ausgeschlossene Angriffs- und Verteidigungsmittel auch in der Berufungsinstanz ausgeschlossen sind, besondere Bedeutung zu.

236 *Hinweis*

Eine Klageerwiderung, die von der beklagten Partei oder ihrem Prozessbevollmächtigten in Unkenntnis des gegen sie ergangenen Versäumnisurteils eingereicht wird, kann nach Ansicht des OLG Köln nicht in einen Einspruch umgedeutet werden.[175]

237 *Tipp*

Nach § 340 Abs. 3 S. 2 ZPO kann die Frist zum Vortrag der Angriffs- und Verteidigungsmittel allerdings verlängert werden, wenn durch die Verlängerung der Rechtsstreit nicht weiter verzögert wird **oder** wenn erhebliche Gründe dargelegt werden. Auch hat das OLG Düsseldorf entschieden, dass nach § 272 Abs. 3 ZPO die mögliche Verhandlung grundsätzlich so früh wie möglich stattfinden soll, aber gleichwohl der Einspruchstermin sachgerecht vorzubereiten ist, § 272 Abs. 1 ZPO. Für eine willkürliche Abkürzung der „Gnadenfrist" durch kurzfristige Terminierung, um eben neues Vorbringen abzuschneiden, gebe das Gesetz keinen Raum.[176]

238 Wird eine Fristverlängerung für die Einspruchsbegründung beantragt, so muss darauf geachtet werden, dass gleichwohl der Mindestinhalt der Einspruchsschrift nach § 340 Abs. 2 S. 1 und 2 ZPO enthalten ist, d.h. das Urteil bezeichnet wird, gegen das Einspruch eingelegt wird, und die Erklärung enthalten ist, dass Einspruch eingelegt wird.

---

174 LG Köln NJW 2005, 79.
175 OLG Köln NJW-RR 2002, 1231.
176 OLG Düsseldorf OLGR 2005, 285; Zöller/*Herget*, ZPO, 32. Aufl., 2018, § 340 Rn 8.

239 Abzugrenzen ist der Einspruch von der Berufung. Dabei können folgende **Grenzfälle** auftreten:
- Ergeht ein zweites Versäumnisurteil, so ist hiergegen nicht der Einspruch, sondern lediglich die Berufung nach § 514 Abs. 2 ZPO statthaft.

  Hinweis

  Die Berufung ist hier aber noch weiter eingeschränkt und kann nach § 514 Abs. 2 ZPO lediglich darauf gestützt werden, dass eine schuldhafte Säumnis nicht vorgelegen hat.

- Wird ein „weiteres" erstes Versäumnisurteil erlassen, jedoch als „zweites Versäumnisurteil" bezeichnet, so kann die säumige Partei nach dem Meistbegünstigungsprinzip sowohl Einspruch einlegen, als auch das zweite Versäumnisurteil nach § 514 Abs. 2 ZPO mit der Berufung angreifen.[177]
- Ist in der Sache ein kontradiktorisches Urteil ergangen, das jedoch als Versäumnisurteil bezeichnet und als solches erlassen werden sollte, so ist hiergegen neben dem Einspruch auch die Berufung statthaft.[178] Lässt sich aus dem Inhalt der getroffenen Entscheidung ohne Zweifel entnehmen, dass ein Versäumnisurteil ergehen sollte, ohne dass das Urteil als solches bezeichnet worden ist, so ist gegen das Urteil nur der Einspruch gegeben.[179]

240 *Tipp*

Ist der Rechtsanwalt im Zweifel, ob der Einspruch oder die Berufung statthaft ist, so muss er zunächst im Rahmen der Notfrist des § 339 Abs. 1 ZPO den Einspruch anbringen. Zugleich muss er das Gericht auffordern, unverzüglich über die Zulässigkeit des Einspruchs zu entscheiden, so dass bei einer abschlägigen Entscheidung die Möglichkeit besteht, im Rahmen der Berufungsfrist von einem Monat nach § 517 ZPO noch Berufung einzulegen.

241 Das Versäumnisurteil ist nach § 708 Nr. 2 ZPO ohne Sicherheitsleistung und ohne Abwendungsbefugnis vorläufig vollstreckbar. Der Kläger kann daher den Hauptanspruch nebst Kostenanspruch vollstrecken.

242 Die vorläufige Vollstreckbarkeit des Versäumnisurteils wird durch den Einspruch nicht berührt. Will die säumige Partei die Zwangsvollstreckung vermeiden, ist sie daher gehalten, nach §§ 719, 707 ZPO die einstweilige Einstellung der Zwangsvollstreckung zu beantragen. Dies kann unmittelbar mit der Einspruchsschrift verbunden werden, aber auch zu einem späteren Zeitpunkt nachgeholt werden, wenn die Vollstreckung konkret droht.

243 Dabei ist zu beachten, dass nach § 719 Abs. 1 S. 2 ZPO die Zwangsvollstreckung aus einem Versäumnisurteil grundsätzlich nur gegen Sicherheitsleistung eingestellt werden darf.

---

[177] BGH VersR 1984, 287; BGHZ 73, 87.
[178] BGH NJW 1999, 583; KG MDR 2015, 1439 f.
[179] BGH FamRZ 1994, 1521.

Etwas anderes gilt nur dann, wenn 244
- das Versäumnisurteil nicht in gesetzlicher Weise ergangen ist oder
- die Säumnis unverschuldet war und dies vom Antragsteller glaubhaft gemacht wird.

Umstritten ist darüber hinaus, ob die Voraussetzungen des § 707 Abs. 1 S. 2 ZPO glaubhaft zu machen sind, wonach die Einstellung der Zwangsvollstreckung ohne Sicherheitsleistung weiter nur dann zulässig ist, wenn der Schuldner zur Sicherheitsleistung nicht in der Lage ist und die Vollstreckung einen nicht zu ersetzenden Nachteil bringen würde. 245

Die überwiegende Ansicht geht davon aus, dass § 719 ZPO eine Erschwernis gegenüber § 707 ZPO darstellt und deshalb neben den Voraussetzungen des § 719 Abs. 1 S. 2 ZPO auch diejenigen des § 707 Abs. 1 S. 2 ZPO vorliegen müssen.[180] 246

Nach anderer Ansicht stellt § 719 Abs. 1 S. 2 ZPO eine Spezialregelung zu § 707 Abs. 1 S. 2 ZPO dar und verdrängt diese, so dass die Einstellung ohne Sicherheitsleistung schon dann in Betracht kommt, wenn das Versäumnisurteil nicht in gesetzlicher Weise ergangen ist oder keine verschuldete Säumnis vorgelegen hat.[181] 247

> *Tipp* 248
>
> Soweit es der säumigen Partei möglich ist, auch die Gründe für eine einstweilige Einstellung der Zwangsvollstreckung ohne Sicherheitsleistung nach § 707 ZPO glaubhaft zu machen, sollte dies getan werden, da dann der Streitfrage keine Bedeutung zukommt. Anderenfalls muss der Bevollmächtigte i.S.d. zweiten Auffassung argumentieren.

Das Gericht hat nach § 341 ZPO von Amts wegen zu prüfen, ob der Einspruch an sich statthaft ist, d.h. ein erstes Versäumnisurteil vorliegt, und ob der Einspruch form- und fristgerecht, d.h. den Vorschriften der §§ 339 und 340 ZPO entsprechend, eingelegt ist. Hat es Bedenken gegen die Zulässigkeit, muss es den Einspruchsführer hierauf hinweisen und ihm rechtliches Gehör gewähren.[182] 249

> *Hinweis* 250
>
> Auch wenn das Gericht diese Fragen von Amts wegen zu prüfen hat, sollte der Gegner der säumigen Partei diese Gesichtspunkte unmittelbar nach Eingang des Einspruchsschriftsatzes selbstständig prüfen. Hierzu wird ihm nach § 340a ZPO auch die Einspruchsschrift mit der Angabe zugestellt, wann das Versäumnisurteil zugestellt wurde und wann der Einspruch eingegangen ist. Er kann das Gericht dann auf die Unzulässigkeit des Einspruchs hinweisen, so dass es nach § 341 Abs. 2 ZPO ohne mündliche Verhandlung den Einspruch als unzulässig verwerfen kann und damit das Versäumnisurteil rechtskräftig wird. Die mit der vorläufigen Vollstreckbarkeit

---

180 KG Berlin MDR 1985, 330; NJW 1984, 316, OLG Hamburg NJW 1979, 1464; OLG Frankfurt/M. MDR 1982, 588; *Gottwald*, Zwangsvollstreckung, 4. Aufl. 2002, § 719 Rn 6; *Schuschke/Walker*, Vollstreckung und Vorläufiger Rechtsschutz, 4. Aufl. § 719 Rn 6.
181 OLG Celle MDR 1999, 1345; OLG Köln InVo 1996, 270; OLG Hamm MDR 1978, 412; Zöller/*Herget*, ZPO, 32. Aufl., 2018, § 719 Rn 2.
182 OLG Köln NJW-RR 1996, 1151; OLG München, Beschl. v. 4.11.2010 – 7 U 4023/10 –, juris.

verbundenen Risiken der späteren Schadensersatzpflicht sind damit für den Mandanten beseitigt.

251 Wird der Einspruch gem. § 341 Abs. 1 S. 2, Abs. 2 ZPO durch Urteil als unzulässig verworfen, so ist hiergegen Berufung nach §§ 511 ff. ZPO unter den dortigen Voraussetzungen statthaft.[183] Wird der Einspruch gegen ein Versäumnisurteil durch ein kontradiktorisches Urteil wegen Nichtbeachtung der Einspruchsfrist verworfen, so muss sich nach Ansicht des BGH die Berufungsbegründung mit dieser die Entscheidung allein tragenden Erwägung auseinandersetzen.[184]

252 Erachtet das Gericht den Einspruch für statthaft und der gesetzlichen Form und Frist entsprechend eingelegt, so bestimmt es nach § 341a ZPO Termin zur mündlichen Verhandlung über den Einspruch und die Hauptsache.

253 *Hinweis*

Das Gericht hat danach zunächst zu Beginn der mündlichen Verhandlung festzustellen, dass der Einspruch form- und fristgerecht eingelegt wurde. In diesem Zeitpunkt müssen Bedenken gegen die Wirksamkeit des Einspruchs vom Gegner geltend gemacht werden.

254 Im Rahmen der mündlichen Verhandlung muss beachtet werden, dass erneut in der Hauptsache verhandelt wird. Die ursprünglichen Anträge können dabei nicht mehr gestellt werden, da diese der Tatsache nicht Rechnung tragen, dass zwischenzeitlich ein Versäumnisurteil vorliegt. Die obsiegende Partei muss dementsprechend beantragen, dass der Einspruch unter Aufrechterhaltung des Versäumnisurteils zurückgewiesen wird, während die säumige Partei die Aufhebung des Versäumnisurteils und die Entscheidung nach den ursprünglichen Anträgen beantragen muss.

255 Unter Berücksichtigung von § 297 ZPO sollten die neu formulierten Anträge jedenfalls dann schriftlich vorgetragen werden, wenn nicht kurzfristig und unmittelbar mit der Einspruchsschrift Termin zur mündlichen Verhandlung bestimmt wird. Fehler einer „spontanen" Antragstellung werden so vermieden.

6. Das zweite Versäumnisurteil

256 Wird der Einspruch nicht als unzulässig verworfen, so kommt es gem. § 341 ZPO zum Termin zur mündlichen Verhandlung über den Einspruch und die Hauptsache. Der Prozess wird nach der Zulässigkeit des Einspruchs dann gem. § 342 ZPO in den Stand zurückversetzt, in dem er sich vor Eintritt der Säumnis und des darauf ergehenden Versäumnisurteils befand.

257 *Hinweis*

Da zwischen dem Einspruch der säumigen Partei und dem Termin zur mündlichen Verhandlung ein nicht unerheblicher Zeitraum liegt, hilft die dargestellte „Flucht in

---

183 OLG Celle NJW-RR 2003, 647; zum Berufungsverfahren s. § 17 Rdn 1 ff.
184 BGH NJW-RR 2007, 1363.

die Säumnis" über die Problematik der Präklusion hinweg. Trägt die säumige Partei mit der Einspruchsschrift alle Angriffs- oder Verteidigungsmittel vor, so ist es dem Gericht regelmäßig möglich, bis zu dem nach § 341a ZPO zu bestimmenden Termin zur mündlichen Verhandlung vorbereitende Maßnahmen, insbesondere solche nach §§ 273 oder 358a ZPO zu treffen. Der Bevollmächtigte kann dies unterstützen, indem er absehbare Auslagenvorschüsse in Höhe der von dem Gericht regelmäßig angeforderten Beträge bereits anweist oder durch den Mandanten anweisen lässt.

Ergibt sich nach der Fortsetzung des Verfahrens, dass das Versäumnisurteil mit der zu treffenden Entscheidung übereinstimmt, so wird nach § 343 ZPO durch kontradiktorisches Urteil ausgesprochen, dass das Versäumnisurteil aufrechterhalten wird. 258

Soweit sich eine entsprechende Übereinstimmung nicht ergibt, ist mit der abweichenden Sachentscheidung das Versäumnisurteil gem. § 343 S. 2 ZPO aufzuheben. 259

Hinweis 260
In jedem Fall muss beachtet werden, dass die Kosten der Säumnis gem. § 344 ZPO ungeachtet der Entscheidung in der Hauptsache, d.h. auch wenn die säumige Partei letztendlich obsiegt, ihr zur Last fallen. Hiergegen wird häufig verstoßen, weshalb der Gegner auf jeden Fall hierauf hinweisen sollte, wenn er nicht sicher sein kann, dass das Versäumnisurteil „bestätigt" wird. Die der säumigen Partei aufzuerlegenden Kosten sind allerdings nicht die Kosten des Termins, in dem sie säumig war – diese Kosten wären nämlich auch bei fehlender Säumnis entstanden, sondern die Kosten des weiteren Termins.[185] Dies kann sich insbesondere dann auswirken, wenn zu einem Termin Zeugen geladen und zu entschädigen waren.

Hat die säumige Partei Einspruch eingelegt, erscheint aber dann in dem nach § 341a ZPO bestimmten Termin zur mündlichen Verhandlung nicht oder erscheint sie dort, verhandelt aber im Sinne von § 333 ZPO (erneut) nicht, so dass sie als säumig gilt, ergeht ein „zweites Versäumnisurteil". 261

Gegen dieses zweite Versäumnisurteil ist nun gem. § 345 ZPO kein Einspruch mehr gegeben. Vielmehr muss sich die säumige Partei hiergegen nach § 514 Abs. 2 ZPO mit der Berufung zur Wehr setzen. 262

Im Hinblick darauf, dass die zweimal säumig gebliebene Partei den Rechtsstreit bereits erheblich verzögert, kann sie mit der Berufung allerdings nur insoweit gehört werden, als sie geltend macht, dass eine schuldhafte Säumnis nicht vorgelegen hat. Die Frage des Verschuldens im Falle der Versäumung eines Termins ist grundsätzlich nach den gleichen Maßstäben zu beurteilen wie bei der Wiedereinsetzung in den vorigen Stand. Eine schuldhafte Säumnis im Sinne von § 514 Abs. 2 S. 1 ZPO liegt aber auch dann vor, wenn der Prozessbevollmächtigte, der kurzfristig und nicht vorhersehbar an der Wahrnehmung des Termins gehindert ist, nicht das ihm Mögliche und Zumutbare getan hat, um dem Gericht rechtzeitig seine Verhinderung mitzuteilen.[186] 263

---

185 OLG Köln v. 5.11.2008 – 17 W 227/08; NJW-Spezial 2018, 92.
186 BGH NJW 2009, 687; OLG Hamm, MDR 2016, 177.

264 Bis in die einzelnen Senate des BGH hinein ist die Frage umstritten, ob das Gericht das zweite Versäumnisurteil erlassen darf, wenn die Klage von Anfang an unschlüssig war, jedoch gleichwohl ein erstes Versäumnisurteil ergangen ist.

265 Nach einer Auffassung verliert das erste Versäumnisurteil mit dem zulässigen Einspruch seine Wirkung, so dass eine neue und vollständige Schlüssigkeitsprüfung stattzufinden hat.[187]

266 Nach anderer Ansicht bindet das erste Versäumnisurteil und die darin zum Ausdruck gekommene Ansicht des Gerichts, dass die Klage schlüssig ist, das Prozessgericht, so dass für den Erlass eines zweiten Versäumnisurteils lediglich die Säumnis zu prüfen und zu erörtern sei.[188]

267 *Hinweis*

Die vorstehende Frage stellt sich insbesondere dann, wenn der Beklagte als säumige Partei mit dem Einspruch Einwendungen gegen die Schlüssigkeit vorträgt, denen der Kläger nicht entgegentreten kann oder will. Die Bevollmächtigten können jeweils mit der für sie günstigsten Auffassung argumentieren.

268 Ein zweites Versäumnisurteil ist nach § 700 Abs. 6 ZPO auch dann zu erlassen, wenn ein Einspruch gegen einen Vollstreckungsbescheid im Mahnverfahren eingelegt wurde.

269 Bei einem Einspruch gegen einen Vollstreckungsbescheid ist unbestritten, dass dieser durch zweites Versäumnisurteil nur verworfen werden darf, wenn die Klage schlüssig ist. Hier fehlt es nämlich an einer vorherigen Schlüssigkeitsprüfung beim Erlass des Vollstreckungsbescheids, so dass hier auch keine Bindungswirkung erzielt werden kann. Dies ergibt sich bereits aus § 700 Abs. 6 ZPO. Das Prozessgericht hat also zu prüfen, ob der Vollstreckungsbescheid fehlerfrei erlassen wurde und tatsächlich ein Fall der Säumnis vorliegt.[189]

270 Soweit die säumige Partei geltend macht, dass ihre Säumnis nicht verschuldet sei, sind die gleichen Maßstäbe anzulegen wie bei der Frage, ob Wiedereinsetzung in den vorigen Stand zu gewähren ist.[190]

271 Die Berufung gegen das zweite Versäumnisurteil kann nicht darauf gestützt werden, dass bei Erlass des ersten Versäumnisurteils keine verschuldete Säumnis vorgelegen hat und damit das erste Versäumnisurteil nicht hätte ergehen dürfen, so dass das angegriffene zweite Versäumnisurteil als erstes Versäumnisurteil anzusehen ist. Eine solche Vorgehensweise hat der BGH abgelehnt.[191]

---

187 BGH NJW 1999, 2120; Zöller/*Herget*, ZPO, 32. Aufl., 2018, § 345 Rn 4.
188 BGH NJW 1999, 2599; KG MDR 2000, 293; OLG Rostock MDR 1999, 1084; OLG Hamm OLGR 2002, 38; OLG Hamm NJW 1991, 1067.
189 BGH NJW 1999, 2599; NJW 1982, 888.
190 BGH NJW 1999, 2120.
191 BGH NJW 1986, 2113; NJW 1999, 2599; OLG München, Beschl. v. 21.3.2011 – 7 U 117/11 –, juris.

Tipp

272

Die Frage, ob die Berufung auf die fehlende Schlüssigkeit der Klage gestützt werden kann, hängt damit von der Beantwortung der Streitfrage ab, ob die Schlüssigkeit vor Erlass des zweiten Versäumnisurteils erneut zu prüfen ist. Der „Grundsatz des sichersten Weges" wird allerdings von dem Bevollmächtigten der säumigen Partei verlangen, dass dieser in der Berufungsschrift jedenfalls auch die mangelnde Schlüssigkeit der Klage als Hindernis für ein zweites Versäumnisurteil geltend macht.

Nimmt der Rechtsanwalt, der schon den ersten Termin wahrgenommen hat, in dem die gegnerische Partei säumig war, auch den zweiten Termin wahr, erhält er nunmehr für die Wahrnehmung beider Termine eine 1,2-Terminsgebühr nach Nr. 3104 VV und nicht nur eine 0,5-Terminsgebühr nach Nr. 3105 VV. Nach dem ausdrücklichen Wortlaut von Nr. 3105 VV ist die Absenkung nämlich bei der Wahrnehmung „nur eines Termins" vorgesehen, während der Rechtsanwalt hier zwei Termine wahrnimmt.[192]

273

IV. Entscheidung nach Lage der Akten

Ist zwischen den Parteien bereits in einem Termin zur mündlichen Verhandlung einmal streitig verhandelt worden und bleibt eine Partei in einem nachfolgenden Termin zur mündlichen Verhandlung säumig, so kommt nicht nur der Erlass eines Versäumnisurteils in Betracht, sondern auch eine Entscheidung nach Lage der Akten gem. § 251a ZPO, soweit das Gericht den Rechtsstreit nicht vertagt.

274

Hinweis

275

Nach Ansicht des OLG Rostock kann das Prozessgericht verpflichtet sein, die erschienene Partei darauf hinzuweisen, statt eines Versäumnisurteils ein Urteil nach Lage der Akten zu beantragen. Wo die Absicht des Säumigen erkennbar sei, unter Inkaufnahme des relativ ungefährlichen Versäumnisurteils in Verschleppungsabsicht dem anberaumten Termin fernzubleiben, solle das Gericht bei entscheidungsreifer Sache einen Antrag gem. § 331a ZPO anregen.[193] Dem ist jedoch zu widersprechen. Die ZPO sieht insoweit keine Hinweispflicht vor. Dann ist die Prozessführung aber Sache der Partei und nicht des Gerichtes.

Eine Entscheidung nach Lage der Akten kann auch dann ergehen, wenn beide Parteien in einem Termin zur Fortsetzung der mündlichen Verhandlung nicht erscheinen, d.h. wenn beide Parteien säumig bleiben und das Gericht den Rechtsstreit weder vertagt noch zum Ruhen bringt, § 251a ZPO.

276

Hinweis

277

Beachtet werden muss, dass bei Säumnis beider Parteien in der Güteverhandlung § 278 Abs. 4 ZPO die Regelung des § 251a ZPO verdrängt. Danach ist zwingend das Ruhen des Verfahrens anzuordnen, ohne dass der Erlass eines Versäumnisurteils oder

---

[192] BGH MDR 2007, 178; Zöller/*Herget*, ZPO, 32. Aufl., 2018, § 345 Rn 7; a.A. *Hansens*, JurBüro 2004, 251.
[193] OLG Rostock OLG-NL 2004, 209.

eine Entscheidung nach Lage der Akten in Betracht käme. Im arbeitsgerichtlichen Verfahren soll aber anderes gelten.[194]

278 Die Entscheidung nach Lage der Akten muss nicht zwingend ein kontradiktorisches Endurteil darstellen. In Betracht kommt als Entscheidung nach Lage der Akten auch ein Hinweis-, Auflagen- oder Beweisbeschluss, den das Gericht allerdings nach einer Vertagung oder einer Anordnung des Ruhens des Verfahrens nach §§ 139, 358a ZPO auch im schriftlichen Verfahren erlassen könnte.

279 Der Antrag auf Entscheidung nach Lage der Akten kann sich auch auf den Erlass eines Teilurteils richten.

280 Von weiteren Bedingungen kann der Antrag auf Entscheidung nach Lage der Akten nicht abhängig gemacht werden. So kann nicht beantragt werden, dass:
- nach Lage der Akten nur zugunsten des Antragstellers entschieden wird,
- nur nach Lage der Akten entschieden wird, wenn ein Beweisbeschluss ergeht,
- nur nach Lage der Akten entschieden wird, wenn ein Urteil ergeht.

281 Erforderlich für den Erlass eines Urteils nach Lage der Akten ist, dass in der Hauptsache derselben Instanz und über dieselben Klageanträge bereits verhandelt wurde. Eine Entscheidung nach Lage der Akten scheidet damit auch aus, wenn die Klage nachfolgend geändert oder erweitert wurde.

282 *Tipp*

Es kann deshalb angeraten sein, einen zunächst angekündigten Antrag auf Klageerweiterung oder -änderung nicht zu stellen und nach Lage der Akten über den bereits verhandelten Antrag entscheiden zu lassen. Dies hat den Vorteil, dass eine Endentscheidung ergehen kann, ohne dass die weitergehenden Ansprüche dem Kläger abgeschnitten sind. Er hat die Möglichkeit, dass er entweder über die bereits verhandelten Ansprüche durch Teilurteil entscheiden lässt oder die Klageerweiterung zurücknimmt und diesbezügliche Ansprüche mit einer gesonderten Klage geltend macht.

283 Eine Entscheidung nach Lage der Akten scheidet aus, wenn nach §§ 335, 337 ZPO auch ein Versäumnisurteil nicht ergehen dürfte. In diesem Fall ist der Antrag auf Erlass einer Entscheidung nach Lage der Akten gem. § 336 Abs. 2 ZPO durch Beschluss zurückzuweisen.

284 *Hinweis*

Wird gleichwohl eine Entscheidung nach Lage der Akten erlassen, kann diese mit der Berufung unter Anwendung des Berufungsgrundes nach § 520 Abs. 3 Nr. 2 ZPO wegen der Verletzung einer Verfahrensvorschrift, nämlich §§ 335, 337 ZPO, angegriffen werden, soweit die Berufung nach § 511 Abs. 2 ZPO statthaft ist. Ist eine Berufung gegen die Entscheidung nach Lage der Akten nicht statthaft, so kann der Mangel in gleicher Weise nach § 321a ZPO gerügt werden.

---

194 ArbG Ulm v. 20.2.2009 – 6 Ca 33/08 n.v.

Ob und inwieweit das Gericht eine Entscheidung nach Lage der Akten trifft, steht in seinem Ermessen. 285

Tipp 286

Aus diesem Grunde sollte die anwesende Partei, die davon ausgeht, dass eine Entscheidung nach Lage der Akten zu einem kontradiktorischen und die Instanz abschließenden Urteil führt, immer hilfsweise beantragen, dass durch Versäumnisurteil entschieden wird, wenn eine Entscheidung nach Lage der Akten von dem Prozessgericht abgelehnt wird.

Unter Berücksichtigung des erschwerten Berufungsrechtszuges wird eine Entscheidung nach Lage der Akten jedoch immer vorrangig zu beantragen sein, wenn: 287
- die Voraussetzungen der §§ 331a, 251a ZPO vorliegen und
- die anwesende Partei von einem für sie günstigen abschließenden Urteil ausgehen kann,

da dies die säumige Partei in der Berufungsinstanz nach §§ 529, 531 ZPO in ihren Möglichkeiten der Berufungsbegründung erheblich beschränken kann.

Dies gilt erst recht, wenn sonst: 288
- mit einem Einspruch der säumigen Partei gerechnet werden muss, d.h. das Verfahren in dieser Instanz fortgesetzt wird,
- das Versäumnisurteil der säumigen Partei Gelegenheit gibt, die Präklusion des Vorbringens gem. § 296 ZPO zu vermeiden.

Die Entscheidung nach Lage der Akten darf gem. §§ 331a, 251a Abs. 2 S. 2 ZPO frühestens zwei Wochen nach dem Termin zur mündlichen Verhandlung ergehen. 289

Über den Verkündungstermin ist die säumige Partei formlos zu informieren. 290

Dies soll der säumigen Partei Gelegenheit geben, die Bestimmung eines neuen Termins zur mündlichen Verhandlung zu beantragen und glaubhaft zu machen, dass die Säumnis unverschuldet war, ohne dass die Verlegung des Termins rechtzeitig beantragt werden konnte. Für das Gericht liegt der Vorteil darin, dass dieses die Karten noch nicht „auf den Tisch" legen muss und eine solche Entscheidung bei einer Entschuldigung der Säumnis dann wirkungslos wäre. 291

Der Antrag auf Entscheidung nach Lage der Akten kann in der mündlichen Verhandlung zu Protokoll gestellt werden. Er muss weder schriftlich gestellt noch schriftlich angekündigt werden.[195] 292

Ungeachtet dessen kann sich die schriftliche Ankündigung des Antrags auf Erlass einer Entscheidung nach Lage der Akten empfehlen, wenn die Säumnis einer Partei absehbar oder gar angekündigt ist. 293

Entscheidet das Gericht nach Lage der Akten, so sind das tatsächliche schriftliche Vorbringen der Parteien, das Vorbringen und die Anträge in früheren Terminen zur 294

---

[195] BGH MDR 1964, 501.

mündlichen Verhandlung und das Ergebnis einer bereits durchgeführten Beweisaufnahme[196] zu berücksichtigen.

295 *Hinweis*

Neues Vorbringen im Termin, in dem eine Entscheidung nach Lage der Akten beantragt wird, darf nicht berücksichtigt werden. Anderes gilt nur dann, wenn das Vorbringen bereits in einem anderen vorbereitenden Schriftsatz angekündigt wurde und dieser vorbereitende Schriftsatz der säumigen Partei rechtzeitig mitgeteilt wurde.

296 *Hinweis*

Zu beachten ist, dass im Falle des § 331a ZPO – anders als bei § 331 ZPO – kein Geständnis des Säumigen fingiert wird, vielmehr früheres Bestreiten die Beweislast auslöst.[197]

297 *Hinweis*

Hat das Gericht in dem weiteren Termin zur mündlichen Verhandlung zugleich eine Beweisaufnahme angeordnet und Zeugen und/oder Sachverständige geladen, so kann das Gericht trotz der Säumnis einer Partei die Zeugen und den Sachverständigen vernehmen und das Ergebnis dieser Beweisaufnahme für die Entscheidung nach Lage der Akten noch verwerten.[198]

298 Nach § 336 Abs. 2 ZPO ist die Ablehnung des Antrags auf Entscheidung nach Lage der Akten unanfechtbar. Auch aus diesem Grunde empfiehlt sich der Hilfsantrag auf Erlass eines Versäumnisurteils. Wird auch dieser abgelehnt und das Verfahren vertagt oder zum Ruhen gebracht, steht, was § 336 Abs. 2 ZPO ausdrücklich klarstellt, allein gegen die Ablehnung des Hilfsantrags die sofortige Beschwerde offen.

299 Wird eine Entscheidung nach Lage der Akten in Form eines Urteils erlassen, so handelt es sich hierbei um ein kontradiktorisches Endurteil, dessen Rechtsmittelfähigkeit sich gem. § 511 Abs. 2 ZPO danach bestimmt, ob die Berufungssumme nach § 511 Abs. 2 Nr. 1 ZPO mit mehr als 600 EUR erreicht ist oder die Berufung zugelassen wurde.

300 *Tipp*

Ist die Entscheidung nach Lage der Akten vor Ablauf der Zwei-Wochen-Frist nach § 251a Abs. 2 S. 2 ZPO ergangen oder sonst das rechtliche Gehör der säumigen Partei verletzt worden, kann auch die Fortsetzung des Verfahrens nach § 321a ZPO verlangt werden, soweit eine Berufung nach § 511 Abs. 2 ZPO nicht statthaft und damit nicht zulässig wäre. Anderenfalls handelt es sich um einen im Rahmen von § 520 Abs. 3 Nr. 2 ZPO zu rügenden Rechtsanwendungsfehler.

301 Der im gesamten Verfahren tätige Rechtsanwalt erhält die volle 1,2-Terminsgebühr, da eine Entscheidung nach Lage der Akten nach § 251a Abs. 2 ZPO voraussetzt, dass die

---

[196] BGH NJW 2002, 301; Zöller/Greger, ZPO, 32. Aufl., 2018, § 251a Rn 3.
[197] RGZ 132, 330; Zöller/*Herget*, ZPO, 32. Aufl., 2018, § 331a ZPO Rn 2.
[198] BGH NJW 2002, 301.

Parteien schon in einem früheren Termin mündlich verhandelt haben und damit die Gebühr bereits entstanden war.

> *Hinweis* 302
>
> Hierbei bleibt es auch dann, wenn das Prozessgericht auf den empfohlenen Hilfsantrag hin keine Entscheidung nach Lage der Akten trifft, sondern lediglich ein Versäumnisurteil erlässt.

Für die Gerichtsgebühren verbleibt es bei einer Entscheidung nach Lage der Akten bei der dreifachen gerichtlichen Verfahrensgebühr nach Nr. 1210 KVGKG. Ein Ermäßigungstatbestand ist in Nr. 1211 KVGKG nicht enthalten. 303

V. Anerkenntnis

Die beklagte Partei kann den gegen sie geltend gemachten Anspruch in jeder Lage des Verfahrens ganz[199] oder teilweise[200] anerkennen, wenn der geltend gemachte Anspruch in diesem Umfange begründet ist oder eine Rechtsverteidigung aus sonstigen Gründen keine hinreichende Aussicht auf Erfolg verspricht. 304

> *Hinweis* 305
>
> Unter Geltung des RVG muss der Rechtsanwalt allerdings prüfen, ob die Abgabe eines Anerkenntnisses bei einer begründeten Klage den Interessen des Mandanten gerecht wird. In vielen Fällen ist es kostengünstiger statt eines Anerkenntnisses ein Versäumnisurteil ergehen zu lassen. Da es hierzu keine allgemeine Regel gibt, muss die Kostenfrage in jedem Einzelfall zur Vermeidung eines Haftungsfalls geprüft werden.[201] Die kostenrechtliche Betrachtung muss dann auch die Möglichkeit der Erfüllung des Klageanspruchs mit anschließender Erledigung des Rechtsstreits und einer Entscheidung über die Kosten nach § 91a ZPO sowie eine vereinbarte Klagerücknahme umfassen.

Das Anerkenntnis ist in § 307 ZPO geregelt, der durch das 1. Justizmodernisierungsgesetz zum 1.9.2004 geändert und neu gefasst wurde. Wesentlich ist, dass das Antragserfordernis entfallen ist und es zum Erlass eines Anerkenntnisurteils auch keiner mündlichen Verhandlung mehr bedarf, wenn das Anerkenntnis außerhalb des schriftlichen Vorverfahrens, etwa nach einer Beweisaufnahme durch Einholung eines schriftlichen Sachverständigengutachtens, erklärt wird. 306

---

199 Muster eines vollständigen Anerkenntnisses im schriftlichen Vorverfahren unter Rdn 657 und 658.
200 Muster eines Teilanerkenntnisses im schriftlichen Vorverfahren unter Rdn 659.
201 *Focken/Marten*, MDR 2005, 850; *Jungbauer*, FuR 2005, 155; *König*, NJW 2005, 1243; *Richert/Schröder*, NJW 2005, 2187.

§ 13 Sondersituationen im Prozessverlauf

1. Die drei Möglichkeiten eines Anerkenntnisses

307 Soll ein Anspruch ganz oder teilweise anerkannt werden, sind nach dem insoweit einschlägigen § 307 ZPO zwei Grundkonstellationen zu unterscheiden:

- Erklärt der Beklagte auf die gerichtliche Anordnung des schriftlichen Verfahrens und die Aufforderung, seine Verteidigungsbereitschaft binnen einer Notfrist von zwei Wochen gem. § 276 Abs. 1 S. 1 ZPO zu erklären, dass er den Anspruch ganz oder teilweise anerkennt, so ist er ohne mündliche Verhandlung dem Anerkenntnis gemäß zu verurteilen.
- Wird dagegen zunächst die Verteidigungsanzeige abgegeben und danach Verhandlungstermin anberaumt, so kann der Anspruch nach § 307 ZPO in der mündlichen Verhandlung ganz oder teilweise anerkannt werden, so dass ein entsprechendes Anerkenntnisurteil ergehen kann.

308 Eine dritte – nicht unmittelbar in § 307 ZPO geregelte – Verfahrensweise ergibt sich aus der Neufassung des § 307 ZPO: Gibt der Beklagte zunächst die Verteidigungsanzeige ab, erkennt er jedoch nachfolgend schriftlich den geltend gemachten Klageanspruch ganz oder teilweise an, so konnte bis zum 1.9.2004 über dieses Anerkenntnis durch Urteil nur in der mündlichen Verhandlung oder mit Zustimmung der Parteien auch im schriftlichen Verfahren nach § 128 Abs. 2 ZPO entschieden werden. Nunmehr ist die Entscheidung ohne mündliche Verhandlung nach § 307 S. 2 ZPO der gesetzliche Regelfall, ohne dass es eines Rückgriffs auf § 128 Abs. 2 ZPO mehr bedarf.

309 *Hinweis*

Soweit der Beklagte im schriftlichen Vorverfahren den Klageanspruch unter Verwahrung gegen die Kostenlast anerkannt[202] hat und damit allein nur noch über die Kosten zu entscheiden ist, konnte schon bisher nach § 128 Abs. 3 ZPO ohne Zustimmung der Parteien im schriftlichen Verfahren entschieden werden.

310 *Tipp*

Obwohl die Neuregelung des § 307 ZPO nun bei den Rechtsanwälten und Gerichten hinreichende Beachtung gefunden hat, enthalten die Klageschriften vielfach immer noch Anträge nach dem nicht mehr existenten § 307 Abs. 2 ZPO a.F. und noch immer werden einige Anerkenntnisurteile tatsächlich nur auf Antrag und nach Bestimmung eines Termins zur mündlichen Verhandlung erlassen. Deshalb sollte bei Terminsbestimmung auf die Neuregelung ausdrücklich hingewiesen werden, damit eine regelmäßig nicht erforderliche mündliche Verhandlung und der damit verbundene Zeit- und Kostenaufwand vermieden wird.

311 Das Anerkenntnis kann nur so weit gehen, wie die Parteien über den Streitgegenstand verfügen können. In Familien-, Kindschafts- und Unterhaltssachen ist deshalb die Möglichkeit des prozessualen Anerkenntnisses eingeschränkt. So ist in Ehe- und Kindschaftssachen nach § 113 Abs. 4 Nr. 6 FamFG ein Anerkenntnis ausgeschlossen.

---

202 Muster eines Anerkenntnisses im schriftlichen Vorverfahren unter Verwahrung gegen die Kostenlast unter Rdn 658.

Hinweis 312

Insbesondere die Anerkennung der Vaterschaft im Prozess nach § 180 FamFG kann mithin nicht zu einem Anerkenntnisurteil führen.[203]

Der Beklagte hat verschiedene Möglichkeiten, sein Anerkenntnis zu erklären: 313
- zunächst kann er den Klageanspruch in vollem Umfang anerkennen,[204]
- er kann den Klageanspruch auch in der Weise anerkennen, dass er sich allein gegen die Kostenlast verwahrt und eine Kostenentscheidung nach § 93 ZPO erstrebt, soweit er der Auffassung ist, keine Veranlassung zur Erhebung der Klage gegeben zu haben,[205]
- der Beklagte kann sich auch darauf beschränken, einen Teil des Klageanspruchs anzuerkennen.[206]

Hinweis 314

Auf dieses Teilerkenntnis kann ein Teilanerkenntnisurteil ergehen, soweit die Voraussetzungen für ein Teilurteil vorliegen, d.h. ein selbstständiger Teilanspruch anerkannt wird. Der Beklagte kann ein solches Teilanerkenntnis auch im Sinne eines Anerkenntnisses im Urkundenprozess[207] unter dem Vorbehalt seiner Rechte im Nachverfahren erklären, wenn der durch Urkunden belegten Klageforderung zwar Einwendungen entgegenstehen, der Beklagte diese aber nicht seinerseits mit Urkunden belegen kann.

Tipp 315

Ein Anerkenntnis zum Anspruchsgrund empfiehlt sich nicht. Besondere Kostenvorteile sind hiermit nicht verbunden. Demgegenüber hat ein solches Anerkenntnis aber Nachteile in der Prozessführung und kann bei Abgrenzungsfragen zwischen dem Grund und der Höhe auch einschränken. Insoweit sollte allenfalls mitgeteilt werden, dass „derzeit keine Einwendungen zum Anspruchsgrund erhoben werden".

Der Beklagte kann den Klageanspruch auch Zug um Zug gegen Erbringung einer Gegenleistung anerkennen.[208] 316

Das Anerkenntnis bindet den Beklagten grundsätzlich als Prozesserklärung. Ein **Widerruf** ist nur in Ausnahmefällen zulässig. Er kommt in Betracht bei: 317
- einem Rechtsmissbrauch,
- dem Vorliegen eines Restitutionsgrundes nach § 580 ZPO,
- dem Vorliegen eines Abänderungsgrundes nach § 323 ZPO.[209]

Wird seitens des Gerichts kein schriftliches Vorverfahren angeordnet, sondern früher 318 erster Termin zur mündlichen Verhandlung bestimmt, so kann das Anerkenntnis in

---

[203] OLG Hamm FamRZ 1988, 854; Prütting/*Helms/Dürbach*, FamFG, 4. Aufl., 2018, § 180 Rn 5.
[204] Muster eines vollständigen Anerkenntnisses im schriftlichen Vorverfahren unter Rdn 657.
[205] Muster unter Rdn 658.
[206] Muster unter Rdn 659.
[207] Zum Urkundenprozess s. § 8.
[208] Muster eines Anerkenntnisses Zug um Zug gegen die Erbringung einer Gegenleistung unter Rdn 660.
[209] BGH NJW 1981, 2193.

diesem Termin erklärt werden oder aber auch schon zuvor zur Ersparung eines solchen Termins in einem Schriftsatz.

319 Ein sofortiges Anerkenntnis liegt allerdings nur vor, wenn der Klageanspruch, soweit dieser anerkannt wird, zuvor nicht bestritten worden ist. Das Bestreiten darf dabei weder in der mündlichen Verhandlung noch in einem vorbereiteten Schriftsatz enthalten sein.

320 *Hinweis*

Das Anerkenntnis muss damit im frühen ersten Termin nach der Feststellung der Anwesenheit und jedenfalls vor Stellung der Klageanträge abgegeben werden. Sinnvollerweise sollte es in dieser Weise schriftlich angekündigt werden.

321 *Tipp*

Wird das Anerkenntnis nach der Bestimmung eines frühen ersten Termins schriftlich angekündigt und stellt die Wahrnehmung des Termins für den Klägervertreter – etwa wegen einer längeren Anreise – eine besondere Belastung dar, so sollte er die schriftliche Abgabe des Anerkenntnisses und eine Entscheidung im schriftlichen Verfahren nach § 307 ZPO ohne mündliche Verhandlung anregen.[210] Stimmt die andere Partei zu, kann der frühe erste Termin zur mündlichen Verhandlung durch das Gericht aufgehoben werden.

322 Es ist darauf zu achten, dass ein in der mündlichen Verhandlung erklärtes Anerkenntnis nach § 160 Abs. 3 Nr. 1 ZPO in das Protokoll aufzunehmen ist und das Protokoll insoweit erneut zu verlesen bzw. die vorläufige Aufzeichnung vorzuspielen und diese Aufzeichnung sodann zu genehmigen ist, § 162 Abs. 1 ZPO. Fehlt es an dem erneuten Vorlesen und der Genehmigung des protokollierten Anerkenntnisses, so lässt dies allerdings die Wirksamkeit der Prozesserklärung unberührt. Im Streitfall muss die Abgabe dieser Prozesserklärung dann anderweitig festgestellt werden können.[211]

323 Beachtet werden muss auch, dass allein die Erfüllung des Klageanspruchs mit der danach folgenden Erledigung der Hauptsache zwar zu einer Kostenentscheidung nach § 91a ZPO nach billigem Ermessen unter Berücksichtigung des bisherigen Sach- und Streitstandes führt, wobei § 93 ZPO inzident zu beachten ist, jedoch nach Nr. 1211 KVGKG nicht zur Ermäßigung der Gerichtsgebühren führt. Insoweit empfiehlt es sich, über die Kostentragung eine Einigung herbeizuführen, die dann die Kostenprivilegierung nach Nr. 1211 Nr. 4 KVGKG begründet.

324 Das Anerkenntnisurteil setzt lediglich voraus, dass ein wirksames Anerkenntnis vorliegt und die Klage zulässig war. Ob der anerkannte Anspruch tatsächlich gegeben oder auch nur schlüssig dargelegt ist, wird vom Prozessgericht nicht geprüft.

---

210 Muster der Anregung, nach § 307 ZPO zu verfahren, unter Rdn 664.
211 BGH NJW 1989, 1934.

Das Anerkenntnisurteil kann nach § 313b Abs. 1 S. 1 ZPO ohne Tatbestand und Entscheidungsgründe ergehen, es sei denn, die streitige Kostenentscheidung nach § 93 ZPO ist zu begründen.[212]

325

Hinweis

326

Ist allerdings zu erwarten, dass das Urteil im Ausland vollstreckt werden muss, so bedarf es hierbei regelmäßig des Tatbestandes und der Entscheidungsgründe, um im Ausland zur Vollstreckung anerkannt zu werden. In diesem Fall muss das Gericht aufgefordert werden, dass Anerkenntnisurteil mit Tatbestand und Entscheidungsgründen zu versehen.[213] Da dem Gericht dieser Sachverhalt regelmäßig nicht von Amts wegen bekannt sein wird, muss es hierauf hingewiesen werden.

2. Die Kostenentscheidung nach einem Anerkenntnis

Grundsätzlich sind der anerkennenden Partei die Kosten des Verfahrens nach § 91 ZPO aufzuerlegen. Nach § 93 ZPO hat allerdings der Kläger die Kosten des Verfahrens zu tragen, sofern der Beklagte

327

- den Klageanspruch sofort anerkennt und
- durch sein Verhalten keinen Anlass zur Klageerhebung gegeben hat.

Ein sofortiges Anerkenntnis liegt grundsätzlich nur vor, wenn dies im schriftlichen Verfahren nach § 276 Abs. 1 S. 1 ZPO vor der Verteidigungsanzeige und dem Antrag auf Klageabweisung erklärt wird. Allerdings zeigt die Rechtsprechung hier eine Bandbreite. So wird es teilweise auch als ausreichend angesehen, wenn das Anerkenntnis erst nach der Verteidigungsanzeige aber innerhalb der Klageerwiderungsfrist erfolgt.[214] Seit die Zivilprozessordnung dahin geändert ist, dass das Anerkenntnis keiner mündlichen Verhandlung mehr bedarf (§ 307 S. 2 ZPO), sondern jederzeit möglich ist, muss der Beklagte es nach Ansicht des OLG Celle innerhalb derjenigen Frist abgeben, die das Gericht ihm zur Stellungnahme auf denjenigen Schriftsatz gesetzt hat, der nach einer Klageänderung den begründeten Klageantrag enthält, oder, falls keine Frist gesetzt ist, in dem ersten Schriftsatz, in welchem er zu dem geänderten Antrag Stellung bezieht.[215] Ist im schriftlichen Vorverfahren gem. § 331 Abs. 3 ZPO ein Versäumnisurteil ergangen, so ist – ungeachtet der Vorschrift des § 342 ZPO – ein sofortiges Anerkenntnis des Beklagten nach § 93 ZPO jedenfalls dann nicht mehr möglich, wenn diesem eine angemessene Klageerwiderungsfrist gesetzt wurde und diese verstrichen ist.[216] Ein Anerkenntnis in der Klageerwiderung ist dagegen ein sofortiges Anerkenntnis im Sinne von § 93 ZPO, auch wenn der Beklagte im PKH-Verfahren keine Stellungnahme abgegeben hat.[217]

328

---

212 OLG Brandenburg NJW-RR 2000, 517.
213 Muster eines Antrags auf Erlass eines Anerkenntnisurteils mit Tatbestand und Entscheidungsgründen unter Rdn 666.
214 OLG Saarbrücken OLGR 2009, 533.
215 OLG Celle OLGR 2009, 319.
216 LG Mannheim v. 9.6.2009 – 2 O 200/08 n.v.
217 OLG Hamburg NJW 2009, 2318.

329 *Hinweis*

Der Bevollmächtigte muss besondere Sorgfalt walten lassen, damit er nicht – quasi automatisch – die Verteidigungsanzeige in der Notfrist von zwei Wochen seit Zustellung einer Klageschrift anzeigt und gegebenenfalls auch bereits die Klageabweisung beantragt, bevor er in eine Sachprüfung eingetreten ist und festgestellt hat, ob ein teilweises oder gänzliches Anerkenntnis in Betracht kommt, und dies mit dem Mandanten erörtert hat.

330 Anlass zur Klage hat der Beklagte dann nicht gegeben, wenn er sich vorprozessual so verhalten hat, dass der Kläger nicht davon ausgehen durfte, allein nach Anrufung des Prozessgerichts seinen Anspruch durchsetzen zu können.[218] Grundvoraussetzung dafür, dass der Beklagte Anlass zur Klageerhebung gegeben hat, ist damit, dass der Kläger ihn überhaupt zur Leistung aufgefordert hat und der Beklagte auf die Leistungsaufforderung nicht oder nicht adäquat reagiert hat. Ein Schuldner gibt keinen Anlass zur Klage i.S.d. § 93 ZPO, wenn er nicht an den Erben des Gläubigers leistet, bevor dieser ihm seine Erbenstellung nachgewiesen hat.[219]

331 *Hinweis*

Dafür, dass keine Veranlassung zur Klageerhebung gegeben wurde, trifft den Beklagten die Darlegungs- und Beweislast.[220] Anderes gilt nur dann, wenn der Kläger auf künftige und wiederkehrende Leistung klagt oder wegen der Besorgnis der Nichterfüllung. In diesem Fall trägt der Kläger die Darlegungs- und Beweislast für die Veranlassung der Klage durch den Beklagten.[221]

332 Eine Veranlassung zur Klageerhebung fehlt insbesondere dann, wenn der Anspruch zum Zeitpunkt der Rechtshängigkeit der Klage noch überhaupt nicht fällig oder sonst nicht durchsetzbar war. Auch wenn eine angemessene Prüfungs- und Regulierungsfrist noch nicht abgelaufen war, kann es an einem Anlass zur Klageerhebung fehlen.

333 *Hinweis*

Hier muss insbesondere geprüft werden, ob dem Beklagten Zurückbehaltungsrechte zustehen. Solange ein solches Zurückbehaltungsrecht besteht und der Kläger dies in seiner Antragstellung nicht berücksichtigt, bedarf es keines Anerkenntnisses. Damit ist ein sofortiges Anerkenntnis auch noch möglich, wenn der Kläger seinen Antrag ändert oder das Zurückbehaltungsrecht erlischt.[222] Auch wenn die Klage zunächst unschlüssig war, ist ein sofortiges Anerkenntnis noch in dem Zeitpunkt möglich, in dem der Kläger seinen Vortrag nachbessert und die Klage schlüssig wird.[223] Im

---

[218] OLG Düsseldorf NJW-RR 1993, 74; Zöller/*Herget*, ZPO, 32. Aufl., 2018, § 93 Rn 3.
[219] KG Berlin NJW-RR 2009, 1073; OLG Hamburg OLGR 2003, 101.
[220] OLG Frankfurt v. 3.4.2009 – 19 W 13/09 n.v.; OLG Düsseldorf NJW-RR 1993, 74.
[221] OLG Düsseldorf NJW-RR 1993, 74.
[222] S. hierzu BGH NJW-RR 2005, 1005.
[223] BGH NJW-RR 2004, 999.

Übrigen zeigt sich eine breite Kasuistik der obergerichtlichen Rechtsprechung und in den Entscheidungen der erstinstanzlichen Gerichte, die im Einzelfall überprüft werden muss.[224]

3. Die Kosten des Verfahrens bei Erlass eines Anerkenntnisurteils

In erster Instanz ist der Erlass eines Anerkenntnisurteils durch die allgemeine Verfahrensgebühr nach Nr. 1210 KVGKG abgegolten. Wird ein umfassendes Anerkenntnisurteil ohne Tatbestand und Entscheidungsgründe erlassen, so ermäßigen sich die drei gerichtlichen Verfahrensgebühren nach Nr. 1211 Nr. 2 KVGKG auf eine Gebühr. 334

Streitig ist, ob dies auch dann gilt, wenn der Beklagte die Forderung in der Hauptsache zwar gänzlich anerkennt, sich jedoch gegen die Kostenlast verwahrt. 335

Nach der einen Auffassung kommt eine Ermäßigung nur dann in Betracht, wenn das gesamte Verfahren durch das Anerkenntnisurteil beendet wird, d.h. einschließlich der Kostenentscheidung.[225] Hierfür spricht, dass auch bei der Erledigung der Hauptsache und bei der Klagerücknahme nach Nr. 1211 Nr. 1 und 4 KVGKG nur dann eine Kostenprivilegierung eintritt, wenn die Entscheidung nicht zu begründen ist. Da das Anerkenntnisurteil nicht ohne Gründe bleibt, wenn eine Kostenentscheidung nach § 93 ZPO zu treffen ist, spricht auch der Wortlaut der Nr. 1211 Nr. 2 KVGKG für diese Auffassung. Eine Kostenprivilegierung könnte analog Nr. 1211 Nr. 1 und 4 KVGKG nur dann in Betracht gezogen werden, wenn sich die Parteien auch hier auf eine Kostenregelung verständigen und diese dem Gericht mitteilen. 336

Nach anderer Auffassung ist allein entscheidend, dass das Anerkenntnis die Hauptsache gänzlich umfasst. Wird demnach der Klageanspruch allein unter Verwahrung gegen die Kostenlast anerkannt, so greift gleichwohl die Ermäßigung nach Nr. 1211 Nr. 2 KVGKG.[226] Für diese Auffassung kann allenfalls angeführt werden, dass der Wortlaut von Nr. 1211 Nr. 2 KVGKG nur verlangt, dass das Anerkenntnisurteil ohne Tatbestand und Entscheidungsgründe ergeht und formaljuristisch hiervon die Entscheidung über die Kosten nach §§ 91, 93 ZPO zu trennen ist. Dem Sinn der gesetzlichen Regelung und dem Willen des Gesetzgebers dürfte dies allerdings nicht entsprechen. 337

Wird lediglich ein Teilanerkenntnis abgegeben, kommt dagegen nach allgemeiner Auffassung die Kostenermäßigung nicht mehr in Betracht, vielmehr bleibt es bei den drei vollen Gerichtsgebühren. 338

Wird das Anerkenntnis nicht innerhalb der Notfrist von zwei Wochen nach § 307 i.V.m. § 276 Abs. 1 S. 1 ZPO abgegeben, so handelt es sich gleichwohl um ein Anerkenntnis, 339

---

224 S. etwa die alphabetische Übersicht bei Zöller/*Herget*, ZPO, 32. Aufl., 2018, § 93 Rn 6.
225 OLG Hamm AGS 2002, 138; OLG Karlsruhe JurBüro 2001, 374; OLG Hamburg MDR 2000, 111; LG Magdeburg JurBüro 2004, 325; Zöller/*Feskorn*, ZPO, 32. Aufl., 2018, § 307 Rn 14.
226 OLG Koblenz, AG kompakt 2012, 68; mit ausführlicher Begründung OLG Rostock JurBüro 2007, 323; OLG Stuttgart AGS 2009, 248; OLG Hamm JurBüro 2007, 151 (anders noch AGS 2002, 183); OLG Dresden, Beschl. v. 6.9.2001 – 3 W 1117/01; OLG Karlsruhe (13. Senat), Justiz 97, 533; OLG Naumburg JurBüro 2004, 324; OLG Köln FamRZ 2003, 1766 = OLGR Köln 2002, 471; OLG Nürnberg MDR 2003, 295; OLG Bremen JurBüro 2001, 373; OLG München JurBüro 1998, 371; LG Münster JurBüro 1999, 94.

welches nach § 307 S. 2 ZPO nicht mehr in der mündlichen Verhandlung wiederholt werden muss. Vielmehr kann ein Anerkenntnisurteil im schriftlichen Verfahren ergehen.

340 *Hinweis*

Davon ist allerdings die Frage zu unterscheiden, ob es sich bei einem solchen Anerkenntnis noch um ein sofortiges Anerkenntnis nach § 93 ZPO handelt. Diese Frage ist umstritten. Einerseits wird die Annahme eines sofortigen Anerkenntnisses abgelehnt,[227] während nach anderer Auffassung ein sofortiges Anerkenntnis auch noch nach Ablauf der Notfrist des § 276 Abs. 1 S. 1 ZPO möglich sein soll.[228] Der BGH hat in zwei Entscheidungen auch noch ein sofortiges Anerkenntnis angenommen, wenn der Kläger zunächst ein entgegenstehendes Zurückbehaltungsrecht nicht beachtet hat[229] oder die Klage zunächst unschlüssig[230] war.

341 Der Rechtsanwalt erhält bei einem Anerkenntnisurteil zunächst die 1,3-Verfahrensgebühr nach Nr. 3100 VV und eine 1,2-Terminsgebühr nach Nr. 3104 VV.

342 *Tipp*

Die 1,2-Terminsgebühr entsteht nach Nr. 3104 Abs. 1 Nr. 1 VV – die zunächst durch ein offensichtliches gesetzgeberisches Versehen[231] § 307 ZPO nicht angepasst wurde – auch dann, wenn das Gericht von § 307 S. 2 ZPO Gebrauch macht und ein Anerkenntnisurteil ohne mündliche Verhandlung erlässt. Inzwischen ist dies in Nr. 3104 Abs. 1 Nr. 1 auch ausdrücklich klargestellt. Gerade aus diesem Grunde ist für den Mandanten ein Versäumnisurteil in der Regel – aber nicht immer – günstiger, da bei einem Versäumnisurteil die Terminsgebühr häufig – aber ebenso nicht in jedem Fall – nur als 0,5-Terminsgebühr nach Nr. 3105 VV anfällt.

343 Ein Teilanerkenntnisurteil führt nicht zur Kostenermäßigung nach Nr. 1211 KVGKG. Allerdings kann dies bei subjektiver Klagehäufung zu einer Berücksichtigung in der Kostenquote führen, wenn das Anerkenntnis einen – dann ausscheidenden – von mehreren Streitgenossen betrifft.[232] Umstritten ist, ob dies auch dann der Fall ist, wenn über das Teilanerkenntnis hinaus der verbleibende Teil des Rechtsstreits übereinstimmend für erledigt erklärt wird. Zum Teil wird hier eine Kostenermäßigung für richtig gehalten,[233] während nach anderer Auffassung die Privilegierung nicht greift, weil der Privilegierungstatbestand nicht vollständig erfüllt ist.[234]

---

227 OLG Zweibrücken NJW-RR 2002, 138; *Bohlander*, NJW 1997, 35; OLG Braunschweig JurBüro 1999, 36; OLG Nürnberg (11. Senat) MDR 1998, 680; OLG Hamburg OLGR 1996, 204.
228 OLG Bamberg NJW-RR 1996, 392; OLG Nürnberg (3. Senat) MDR 2002, 1218 = NJW 2002, 2254 = FamRZ 2003, 941; OLG Schleswig MDR 1997, 971 = NJW-RR 1998, 285.
229 BGH NJW-RR 2005, 1005.
230 BGH NJW-RR 2004, 999.
231 So auch Zöller/Feskorn, ZPO, 32. Aufl., 2018, § 307 Rn 14.
232 Hierzu Zöller-*Vollkommer*, § 307 Rn 12.
233 KG MDR 1997, 889; OLG Nürnberg FamRZ 1999, 610; OLG Bamberg JurBüro 1999, 95; OLG Düsseldorf MDR 1998, 1374; OLG Frankfurt/M. JurBüro 1999, 94.
234 OLG Nürnberg MDR 1997, 400; OLG München MDR 1999, 957; OLG Frankfurt/M. NJW-RR 2001, 717.

Hinweis 344

Umstritten ist auch, ob neben der Erklärung des Anerkenntnisses auch die Erfüllung des Anspruchs (z.B. Zahlung auf eine Geldschuld) erforderlich ist, was von der h.M. jedoch abgelehnt wird.[235]

4. Das Rechtsmittel gegen die Kostenentscheidung im Anerkenntnisurteil

Das Anerkenntnisurteil stellt ein Endurteil dar und kann dementsprechend unter den Voraussetzungen des § 511 Abs. 2 ZPO mit der Berufung angegriffen werden. Da der Klageanspruch anerkannt wird, wird realistischerweise nur die Streitwertberufung nach § 511 Abs. 2 Nr. 1 ZPO in Betracht kommen. 345

Mit einer solchen Berufung kann dann geltend gemacht werden, dass das Anerkenntnis prozessual unwirksam ist oder aber ein berechtigter und anzuerkennender Widerruf des Anerkenntnisses vorliegt. Der Kläger kann geltend machen, dass ein Verstoß gegen § 308 ZPO vorliegt. Ist die Berufung erfolgreich, wird das Verfahren in jedem Fall an das Ausgangsgericht zurückverwiesen. 346

Soweit eine der beiden Parteien lediglich die von dem Gericht nach § 93 ZPO getroffene Kostenentscheidung anfechten will, kann sie dies mit der sofortigen Beschwerde nach § 99 Abs. 2 S. 1 ZPO[236] tun. 347

Voraussetzung für die Zulässigkeit der sofortigen Beschwerde nach § 99 Abs. 2 ZPO ist, dass einerseits der Wert der Hauptsache die Berufungssumme nach § 511 ZPO übersteigt, d.h. mehr als 600 EUR beträgt, andererseits der Kostenwert aber auch den Betrag von § 567 Abs. 2 ZPO übersteigt, d.h. die Beschwer mehr als 200 EUR beträgt. Es ist mithin eine doppelte Prüfung notwendig. 348

Hinweis 349

Beachtet werden muss, dass die sofortige Beschwerde bei einem Teilanerkenntnisurteil mit nachfolgendem Schlussurteil nur die Kosten erfasst, die auf den anerkannten Teil entfallen.

Die übrige Kostenentscheidung ist nach § 99 Abs. 1 ZPO nicht isoliert anfechtbar. Dies wäre nur möglich, soweit der streitige entschiedene Teil mit der Berufung angegriffen wird und in diesem Rahmen dann auch die Kostenentscheidung beanstandet wird.[237]

VI. Prozessvergleich

Die gütliche Streitbeilegung hat in der zivilprozessualen Praxis eine hohe Bedeutung. So kann eine vergleichsweise Beendigung des Rechtsstreits nicht nur Zeit- und Kostenvorteile mit sich bringen, sondern auch eine den Rechtsfrieden stiftende Funktion zwi- 350

---

235 Zöller/*Herget*, ZPO, 32. Aufl., 2018, § 93 Rn 6 „Geldschulden".
236 Muster einer sofortigen Beschwerde nach § 99 Abs. 2 ZPO unter Rdn 665.
237 OLG Köln NJW-RR 1994, 767.

schen den Parteien übernehmen. In der Praxis ist der Prozessvergleich auch geeignet, vor dem Hintergrund von Beweisschwierigkeiten zumindest einen Teil des Anspruchs zu realisieren.

351 Die ZPO-Reform hat die Bedeutung der gütlichen Beilegung des Rechtsstreits oder einzelner Streitpunkte noch verstärkt:
- Entsprechend dem bisherigen Recht regelt nunmehr § 278 Abs. 1 ZPO, dass das Gericht in jeder Lage des Verfahrens auf eine gütliche Beilegung des Rechtsstreits oder einzelner Streitpunkte bedacht sein soll.
- Als institutionalisierte Form dieses Bemühens wurde mit § 278 Abs. 2 ZPO die Güteverhandlung als ein der mündlichen Verhandlung vorausgehender Einigungsversuch institutionalisiert.

> *Hinweis*
> Die Güteverhandlung kann dann unterbleiben, wenn bereits ein Einigungsversuch vor einer außergerichtlichen Gütestelle stattgefunden hat. Dies verweist auf § 15a EGZPO, der den Ländern die Möglichkeit gibt, unter bestimmten weiteren Voraussetzungen zunächst einen außergerichtlichen Einigungsversuch zu verlangen,[238] und stellt damit einen weiteren Pfeiler eines verstärkten Bemühens um eine gütliche Einigung dar.

- Nach § 278 Abs. 5 ZPO kann das Gericht den Parteien sogar eine außergerichtliche Streitschlichtung, etwa in Form einer Mediation vorschlagen.
- Letztlich kann das Gericht den Parteien auch im schriftlichen Verfahren nach § 278 Abs. 6 ZPO einen Vergleichsvorschlag unterbreiten, der gerade in Verbindung mit rechtlichen und tatsächlichen Hinweisen gem. § 139 ZPO und einer Würdigung des jeweiligen Vortrages der Parteien zu einer vergleichsweisen Regelung führen kann.

352 Die Praxis zeigt, dass in einer Vielzahl von Fällen Möglichkeiten einer vergleichsweisen Einigung bestehen, die die Parteien ohne die Autorität und die Neutralität des Gerichts und des konkreten Richters, trotz Hinweisen der Bevollmächtigten, nicht zu nutzen wissen. Hier sollten die Bevollmächtigten sich nicht scheuen, dies dem Gericht auch zu signalisieren.

353 Andererseits wird ein Prozess allerdings auch nicht geführt, um eine sichere Rechtsposition für eine gütliche Einigung aufzugeben, nur weil der Anspruchsgegner es auf einen Prozess hat ankommen lassen. Es gibt also keinen Zwang, einen Vergleich um jeden Preis zu erreichen.

1. Die Vorteile eines Prozessvergleichs

354 Der Abschluss eines Prozessvergleichs bietet für die Partei und den Bevollmächtigten eine Vielzahl von Vorteilen, aber auch von Risiken. Diese müssen nüchtern bedacht und bilanziert werden. Dabei sind unterschiedliche Aspekte zu beachten:

---

[238] Vgl. hierzu etwa *Stadler*, Außergerichtliche obligatorische Streitschlichtung – Chance oder Illusion, NJW 1998, 2479.

- die Sach- und Rechtslage,
- die wirtschaftlichen Auswirkungen des Rechtsstreits,
- die Beziehungen zwischen den Parteien unter Berücksichtigung emotionaler und wirtschaftlicher Gesichtspunkte und der zukünftigen Beziehungsentwicklung.

Die vergleichsweise Beendigung eines Prozesses kann dabei eine Vielzahl von **Vorteilen** mit sich bringen: 355

- Die vergleichsweise Erledigung eines Rechtsstreits ist in der Regel schneller möglich als die Erwirkung eines Urteils, so dass der Prozessvergleich Zeitvorteile mit sich bringt. Dies gilt insbesondere dann, wenn dem Gericht signalisiert wird, dass eine gütliche Einigung angestrebt wird.

  > *Hinweis*
  >
  > In einer Vielzahl von Verfahren kann dies ein ganz entscheidender Gesichtspunkt für den Mandanten sein, wenn er – insbesondere auch ein wirtschaftliches – Interesse daran hat, dass hinsichtlich einer unsicheren Rechtslage alsbald Sicherheit zwischen den Parteien geschaffen wird. Auch kann der andauernde Rechtsstreit erhebliche Geldmittel, die zurückgestellt werden müssen, blockieren und so etwa die Liquidität des Mandanten beeinträchtigen. Letztlich kann die tatsächliche Entwicklung, etwa die Fortsetzung eines Bauvorhabens, durch einen Prozess behindert und durch einen Vergleich wieder möglich gemacht werden.

- Die Parteien können Regelungen bzgl. des Streitgegenstandes treffen, die in einem streitigen Urteil so nicht möglich wären.
- Der Vergleich ermöglicht es den Parteien, über den Streitgegenstand hinaus ihr Gesamtrechtsverhältnis zu regeln und auf eine neue Grundlage zu stellen, so etwa einen Nachlass sinnvoll zu teilen oder eine Erbgemeinschaft aufzuheben.
- Ein Prozessvergleich schließt weitere Rechtsmittel aus und ist bei einer unsicheren Sach- und Rechtslage damit auch geeignet, zur Kostenersparnis beizutragen.
- Der Prozessvergleich ersetzt nach § 127a BGB die notarielle Beurkundung, so dass in diesem – auch über den Streitgegenstand hinausgehend – beurkundungsbedürftige Rechtsgeschäfte vorgenommen und damit im Gesamtergebnis Kosten gespart werden können.[239]
- Bei einer auf beiden Seiten unsicheren Sach- und Rechtslage erlaubt der Vergleich die Herstellung einer für die Zukunft Rechtssicherheit bringenden Lösung, während eine – häufig unter Beweislastgesichtspunkten getroffene – streitige Entscheidung für die Parteien unbefriedigend bleiben kann.
- Da das Verfahren gegenüber dem Abschluss durch ein Urteil mit dem Prozessvergleich früher beendet wird, erhält der Begünstigte auch einen schnellen Vollstreckungstitel und kann so auch gegenüber anderen Gläubigern in der Zwangsvollstreckung einen zeitlichen Vorteil gewinnen, § 804 Abs. 3 ZPO.

---

[239] Vgl. das Muster eines Prozessvergleichs mit einer Grundstücksübertragung unter Rdn 680.

> *Hinweis*
> Dies gilt ungeachtet einer in der Praxis feststellbaren Tendenz, dass das Bemühen des Schuldners zur Erfüllung eines geschlossenen Vergleichs regelmäßig höher ist als bei einer streitigen Verurteilung.

- Auf Seiten des Schuldners eröffnet der Vergleich die Möglichkeit, Liquidationsengpässe oder sonstige Zahlungsschwierigkeiten durch entsprechende Zahlungsmodalitäten zu berücksichtigen, während die Forderung aus einem Urteil unmittelbar zu erfüllen und für den Gläubiger vollstreckbar ist.
- Für den Gläubiger hat ein Vergleich häufig den Vorteil, dass er mit einem geringen Nachlass bei der Forderungshöhe den Schuldner zu tatsächlichen Zahlungen aus einer „stillen" Reserve, aus unpfändbarem Einkommen oder Vermögen oder unter Inanspruchnahme der Hilfe Dritter veranlassen kann, auf die er sonst – etwa wegen erheblicher Pfändungsfreigrenzen[240] – keinen Zugriff hätte.[241]
- Der Vergleich bietet den Vorteil, dass Dritte, die nicht Parteien des Verfahrens sind, mit ihrem Einverständnis in den Vergleichsabschluss einbezogen werden können.
- Rein psychologisch fühlen sich bei einem Vergleich regelmäßig beide Parteien als „Gewinner" des Rechtsstreits, was die Akzeptanz der Sachregelung erhöht und zur Zufriedenheit des Mandanten beiträgt.

> *Tipp*
> Dies setzt allerdings voraus, dass der Bevollmächtigte in der Beratung vor dem Prozess immer auch die Möglichkeit einer vergleichsweisen Regelung und des damit erforderlichen Nachgebens in der Sache angesprochen und auf Prozessrisiken, die den Abschluss eines Vergleichs sinnvoll erscheinen lassen, hingewiesen hat.

- Gerade bei Ansprüchen gegenüber Versicherungen zeigt sich, dass diese bei einer abschließenden Regelung im Wege des Vergleichs großzügiger agieren, als wenn es auf eine streitige Entscheidung zuläuft, wenn der Prozess ein Stadium erreicht hat, in dem der Anspruchsgrund zu Lasten der Versicherung geklärt scheint.

2. Zu beachtende Kriterien beim Vergleichsabschluss

356 Ob in der konkreten Verfahrenssituation tatsächlich ein Vergleichsabschluss in Betracht kommt, muss an unterschiedlichen Kriterien gemessen und dann entschieden werden.

357 Wesentlich ist zunächst die Beurteilung der Sach- und Rechtslage aus Sicht der vertretenen Partei und der bei dieser liegenden Darlegungs- und Beweislast.

358 Dabei wird der Bevollmächtigte schon bei der Klageerhebung oder bei der Konzeption der Klageerwiderung den Mandanten die Sach- und Rechtslage und die sich daraus

---

240 Diese sind zuletzt zum 1.7.2017 gestiegen (BGBl I S. 750 v. 7.4.2017) und werden nach der bereits beschlossenen Gesetzeslage (§ 32a EStG i.V.m. § 850c Abs. 2a ZPO) erneut zum 1.7.2019 steigen.
241 Zu sonstigen Tipps und Tricks in der Zwangsvollstreckung s. umfassend *Goebel*, AnwaltFormulare Zwangsvollstreckungsrecht, 5. Aufl. 2016.

ergebende Prozessrisiken zu erörtern haben. Hierzu gehört insbesondere die Erörterung der Gesichtspunkte, welche durch die konkrete Partei darzustellen und im Fall des Bestreitens nachzuweisen sind.

> *Hinweis* 359
> Diese Beurteilung muss „ungeschönt" erfolgen. Der Rechtsanwalt muss dabei insbesondere nicht nur bedenken, ob überhaupt ein Beweismittel zur Verfügung steht, sondern auch, ob dieses geeignet ist, den Beweis zu erbringen, d.h. eine richterliche Überzeugung im Sinne der Partei herzustellen. Immer muss die Frage im Raum stehen: „Wie würde ich vorgehen, wenn ich anstelle des Gegners wäre?" In diesem Zusammenhang werden auch die gegebenenfalls der Gegenseite zur Verfügung stehenden Beweismittel zu bewerten sein. Es fällt immer wieder auf, dass dies in der Praxis nicht hinreichend beachtet wird.[242]

Die so zu beurteilenden Prozessrisiken müssen während des gesamten Verfahrens immer wieder neu bewertet werden, insbesondere wenn Erwiderungen des Gegners vorliegen oder Beweisantritte des Gegners oder Teile einer Beweisaufnahme erfolgt sind. 360

Zu berücksichtigen ist, dass das Gericht den Sach- und Streitstand mit den Parteien erörtern soll, insbesondere nach § 278 Abs. 2 ZPO in der Güteverhandlung. Hieraus kann der Bevollmächtigte erkennen, ob das Gericht seine Rechtsauffassung zu teilen scheint und der tatsächliche Vortrag ausreicht, und wenn nicht, ob noch „Darlegungsreserven" bestehen. 361

Auch richterliche Hinweise gem. § 139 ZPO an die eigene, aber auch die gegnerische Partei müssen in diese Beurteilung miteinbezogen werden. Dabei muss in Rechnung gestellt werden, dass das Gericht von einem einmal erteilten rechtlichen Hinweis selten noch einmal abrückt, ohne dass sich die tatsächlichen Verhältnisse geändert haben. D.h. in die Betrachtung der Prozessrisiken müssen auch die eingeschränkten Möglichkeiten, die Kosten und das Risiko eines Berufungsverfahrens unter Berücksichtigung der eingeschränkten Fehlerkontrolle einbezogen werden. 362

Verbleibt ein Prozessrisiko für den Mandanten, muss diesem die Alternative, durch ein streitiges Urteil gänzlich leer auszugehen oder durch eine vergleichsweise Regelung einen Teilerfolg zu erzielen, vor Augen geführt werden. 363

> *Tipp* 364
> Unter dem Gesichtspunkt der Abschätzung des Prozessrisikos sollte jede Gelegenheit genutzt werden, mit dem Gericht die Sach- und Rechtslage zu erörtern, um so die Rechtsansichten in der Sache, aber auch die Sichtweise der Darlegungs- und Beweislast und die Bewertung von Teilen der Beweisaufnahme durch das Gericht in Erfahrung zu bringen. Das Gericht sollte zu Hinweisen ermuntert und nicht etwa durch – wenn auch unbegründete – Befangenheitsanträge zu einer restriktiven Handhabung von § 139 ZPO geführt werden. Zugleich sollte das Gespräch mit dem Gericht gezielt

---

242 Zu diesen Aspekten auch § 11 Rdn 1 ff.

gesucht werden. Ggf. sollte das Gericht explizit aufgefordert werden, einen Vergleichsvorschlag zu unterbreiten.

365 Aus den vorstehenden Ausführungen ergibt sich zugleich, dass bei einem Rechtsstreit über unterschiedliche Fragen sich für jede einzelne Frage das Prozesskostenrisiko anders beurteilen lassen kann und dies auch in eine Gesamtkonzeption des Vergleichs einfließen kann.

366 *Hinweis*

Ein empfehlenswerter gerichtlicher Vergleichsvorschlag wird deshalb immer eine Bewertung der Sach- und Rechtslage zum Gegenstand haben, indem der Richter zunächst deutlich macht, welche Rechtsfragen er definitiv zugunsten oder zu Lasten einer Partei zu entscheiden gedenkt. Sodann wird der gerichtliche Vergleichsvorschlag darauf hinweisen, welche Fragen durch Beweisaufnahme zu klären sind. Dabei wird der gerichtliche Vergleichsvorschlag die Darlegungs- und Beweislast, die angebotenen Beweismittel und deren Tauglichkeit zu bewerten haben. Dies geht umso exakter, je besser das Ergebnis einer Beweisaufnahme etwa aufgrund von Aussagen der benannten Zeugen in Ermittlungsakten, prognostiziert werden kann. Auf der Grundlage einer solchen Gesamtbewertung kann ein Vergleich guten Gewissens von dem Bevollmächtigten mit dem Mandanten erörtert und gegebenenfalls in der zu bewertenden weiteren Diskussion mit dem Gericht und dem Gegner modifiziert werden.

367 *Tipp*

Der Bevollmächtigte sollte tunlichst vermeiden, den Richter wegen eines solchen begründeten Vergleichsvorschlages wegen der Besorgnis der Befangenheit nach § 42 ZPO abzulehnen. Ungeachtet der Auffassung, dass ein solcher Befangenheitsantrag unbegründet wäre,[243] ist auch zu berücksichtigen, dass der Bevollmächtigte sich damit der Möglichkeit begibt, im weiteren Prozessverlauf auch bei der Ablehnung einer vergleichsweisen Regelung auf diese Sichtweisen des Richters durch entsprechenden Vortrag in tatsächlicher und rechtlicher Hinsicht zu reagieren.

3. Das Verfahren zum Abschluss des Prozessvergleichs

368 Ein Prozessvergleich kann geschlossen werden:
- in der mündlichen Verhandlung im streitigen Erkenntnisverfahren,
- in der der mündlichen Verhandlung vorausgehenden Güteverhandlung nach § 278 Abs. 2 ZPO,
- in dem – in der Praxis allerdings selteneren – Erörterungstermin zur Bewilligung der Prozesskostenhilfe nach § 118 Abs. 1 S. 3 ZPO[244] oder auch

---

243 KG MDR 1999, 253.
244 Streitig ist, ob hier auch ein schriftlicher Vergleich nach § 278 Abs. 6 ZPO geschlossen werden kann, vgl. *Nachman/Friedgen*, Gerichtlicher Vergleich im PKH-Verfahren analog § 278 Abs. 6 ZPO, ZInsO 2007, 1318.

- im Termin zur Beweisaufnahme im Rahmen des Beweissicherungsverfahren nach § 492 Abs. 3 ZPO.

Beim Abschluss des Prozessvergleichs ist zu beachten, dass diesem nach allgemeiner Auffassung eine Doppelnatur zukommt.

Er ist einerseits ein materiell-rechtliches Rechtsgeschäft im Sinne des § 779 BGB, mit dem das bisherige Streitverhältnis zwischen den Parteien neu geregelt und auf eine neue Geschäftsgrundlage gestellt wird.

> *Hinweis*
>
> Dies bedeutet, dass der Vergleich als materiell-rechtliches Rechtsgeschäft den allgemeinen Vorschriften des BGB unterliegt und deshalb auch nach den dortigen Regelungen über die Anfechtung oder den Wegfall der Geschäftsgrundlage angegriffen werden kann.

Auf der anderen Seite kommen dem Prozessvergleich prozessuale Wirkungen zu, da er den Rechtsstreit erledigt und zugleich als Vollstreckungstitel im Sinne von § 794 Abs. 1 Nr. 1 ZPO dient.

> *Hinweis*
>
> Der Prozessvergleich beseitigt dabei auch die Wirkungen aus einem noch nicht rechtskräftigen Urteil, etwa bei einem Vergleichsabschluss in der Berufungsinstanz.[245] Dies hat das erkennende Gericht auf Antrag[246] analog § 269 Abs. 3 S. 1, Abs. 4 ZPO festzustellen.[247]

Um seine prozessualen Wirkungen, d.h. die Beendigung des Prozessrechtsverhältnisses und die Funktion als Vergleich im Sinne des § 794 Abs. Nr. 1 ZPO auszufüllen, muss der Vergleich prozessual wirksam geschlossen sein.

Hier gilt es zunächst die ordnungsgemäße Protokollierung sicherzustellen. Maßgeblich sind die §§ 160, 162 ZPO.

> *Tipp*
>
> Zwar ist die Protokollierung der wesentlichen Vorgänge der mündlichen Verhandlung einschließlich der Protokollierung eines Prozessvergleichs Aufgabe des Gerichts. Gerade jedoch der Bevollmächtigte des Gläubigers muss darauf achten, dass alle Protokollierungsvorschriften eingehalten werden, damit spätere Verzögerungen bei der Befriedigung der titulierten Forderung vermieden werden. Kommt es hier zu Fehlern, mag der Gläubiger zwar einen erneuten Anspruch auf Titulierung haben, dessen Realisierung kann jedoch die Vollstreckung zeitlich erheblich verzögern und im Hinblick auf andere Gläubiger und die Vermögensverhältnisse des Schuldners vielleicht sogar vereiteln.

---

245 OLG Hamm MDR 1988, 588.
246 Muster eines Antrags auf Feststellung der Wirkungslosigkeit eines Urteils nach einem Prozessvergleich unter Rdn 667.
247 *Eisenreich*, JuS 1999, 798.

377 Nach § 160 Abs. 3 Nr. 1 ZPO ist im Protokoll ein Vergleich festzustellen. Anschließend muss nach § 162 Abs. 1 ZPO, was immer wieder übersehen wird, der Vergleich den Parteien vorgelesen und zur Durchsicht vorgelegt werden, damit diese den Vergleich nach § 162 Abs. S. 3 ZPO genehmigen können.

378 Ist, wie in der Regel, das Protokoll nur im Wege des Diktates vorläufig aufgezeichnet worden, so wird die Verlesung oder die Vorlage des Vergleichs dadurch ersetzt, dass der Vergleichstext den Parteien erneut vorgespielt und von ihnen sodann nach § 162 Abs. 1 S. 3 ZPO genehmigt wird. Soweit es sich um einen umfänglichen Vergleich, gar mit der Übertragung von Grundbesitz handelt, sollte er in jedem Fall schriftlich vorbereitet und durchgeprüft sein.

379 *Hinweis*

Das Protokoll sollte hier regelmäßig festhalten, dass der Vergleich laut diktiert, erneut vorgespielt und sodann allseits genehmigt wurde.

380 *Tipp*

Ist in entsprechender Weise verfahren worden, muss der Bevollmächtigte gleichwohl nach Eingang des Protokolls der mündlichen Verhandlung es darauf überprüfen, ob der Vorgang des erneuten Vorspielens und Genehmigens auch tatsächlich im Protokoll festgehalten ist. Ist dies nicht der Fall, ist ein Protokollberichtigungsantrag nach § 164 ZPO zu stellen.[248]

381 Weiter muss beachtet werden, dass im Anwendungsbereich von § 78 ZPO der Vergleich nur wirksam zustande kommen kann, wenn dieser durch einen beim Prozessgericht zugelassenen Rechtsanwalt geschlossen wurde.

382 *Hinweis*

Der Anwaltszwang bei dem Abschluss eines Prozessvergleichs in der mündlichen Verhandlung gilt auch für den Nebenintervenienten und Streitverkündeten, wenn sie dem Verfahren beigetreten sind. Dagegen gilt kein Anwaltszwang für einen Dritten, der dem Prozessvergleich beitritt, weil er nicht Partei des Prozesses ist und deshalb auch keine zur Beendigung des Rechtsstreits führende Prozesshandlung vornehmen kann.[249] Der Anwaltszwang entfällt nach § 78 Abs. 5 ZPO letztlich auch dann, wenn der Prozessvergleich vor dem beauftragten oder dem ersuchten Richter geschlossen wird.

383 Leidet der Prozessvergleich an materiellen oder prozessrechtlichen Mängeln, ist hinsichtlich der Rechtsfolgen zu unterscheiden:
- Ist der Prozessvergleich wegen materiell-rechtlicher Mängel unwirksam, so entfaltet er weder materiell-rechtliche noch prozessuale Wirkungen. Dies bedeutet, dass mit

---

[248] Muster eines Antrags auf Berichtigung des Protokolls unter Rdn 668.
[249] BGH NJW 1983, 1433.

dem formalen Abschluss des Prozessvergleichs der Prozess nicht beendet werden konnte, so dass dieser auf Antrag einer der Parteien fortzusetzen ist.[250]

- Ist der Vergleich aus prozessualen Gründen unwirksam, etwa weil der Anwaltszwang nicht beachtet wurde, so entfallen die prozessualen Wirkungen der Prozessbeendigung, so dass auch in diesem Fall der Prozess auf Antrag einer der Parteien fortzusetzen ist.

> *Hinweis*
> Allerdings können diese prozessualen Mängel die materiell-rechtliche Wirksamkeit des Vergleichs unberührt lassen, so dass sich nunmehr aus dem materiell-rechtlichen Vergleich ein Anspruch auf einen erneuten Abschluss des Prozessvergleichs ergeben kann.

- § 767 Abs. 2 ZPO findet auf den Prozessvergleich keine Anwendung, da dieser der materiellen Rechtskraft nicht fähig ist. Zu beachten ist aber, dass der Einwand „mitverglichen" sein kann oder es dem Schuldner aus anderen Gründen verwehrt ist, sich hierauf zu berufen.[251]

Wird ein Vergleich in zweiter Instanz geschlossen, kann auf einen Beschluss nach § 269 Abs. 3 S. 1 ZPO analog verzichtet werden, wenn der Gläubiger des erstinstanzlichen, aber noch nicht rechtskräftigen Urteils auf die Rechte aus diesem im Prozessvergleich verzichtet. Hierauf muss der Bevollmächtigte des Schuldners achten.[252] 384

4. Der Vorbehalt des Widerrufs des Vergleichs

Nicht selten ergibt sich erst im Rahmen der mündlichen Verhandlung bzw. Beweisaufnahme, dass sich eine vergleichsweise Erledigung des Rechtsstreits anbietet. Wurde diese Möglichkeit mit dem Mandanten im Einzelnen noch nicht erörtert und ist dieser auch nicht im Termin zur mündlichen Verhandlung anwesend, so dass diese Erörterung nicht unmittelbar bzw. in einer kurzen Unterbrechung der Verhandlung nachgeholt werden kann, bleibt dem Bevollmächtigten regelmäßig nur die Möglichkeit, den Vergleich unter dem Vorbehalt des Widerrufs zu schließen.[253] 385

Der Widerrufsvorbehalt stellt dabei eine aufschiebende Bedingung für die Wirksamkeit des Prozessvergleichs dar. 386

Widerrufsempfänger ist im Hinblick auf die materiell-rechtliche Wirkung des Vergleichs grundsätzlich der Prozessgegner. Allerdings sind die Parteien berechtigt, den Widerrufsempfänger durch Vereinbarung festzulegen. Dies entspricht der gerichtlichen Praxis, indem regelmäßig im Vergleich festgehalten wird, dass der Widerruf „gegenüber dem Gericht" zu erklären ist. Seit der ZPO-Reform wird auch vertreten, dass der Widerruf 387

---

[250] Muster eines Antrags auf Bestimmung eines Termins zur mündlichen Verhandlung mit dem Einwand, dass ein wirksamer Prozessvergleich nicht geschlossen wurde, unter Rdn 669.
[251] Hierzu *Goebel*, AnwaltFormulare Zwangsvollstreckung, 5. Aufl. 2016, § 16 Rn 368 f.; BGH NJW-RR 1987, 1022.
[252] Muster eines Prozessvergleichs mit einem Verzicht auf die Ansprüche aus einem noch nicht rechtskräftigen Urteil unter Rdn 690.
[253] Muster eines Prozessvergleichs mit einem Widerrufsvorbehalt unter Rdn 670.

sowohl gegenüber der gegnerischen Partei als auch dem Gericht möglich sei.[254] Schon zur Vermeidung von Haftungsfällen wird in jedem Fall empfohlen, den Adressaten einer Widerrufserklärung im Vergleich ausdrücklich zu benennen.

388 *Hinweis*

Beachtet werden muss, dass grundsätzlich dann der Eingang des Schriftsatzes bei dem Gericht ausreichend ist. Wird im Vergleich jedoch formuliert, dass Widerspruchsadressat „der erkennende Senat" oder „die erkennende Kammer" ist, so ist der Widerruf erst dann erklärt, wenn dieser bei dem Sitz des erkennenden Senates oder der erkennenden Kammer eingeht. Dies bedeutet, dass bei einem auswärtigen Senat oder einer auswärtigen Kammer es für die Frage der Rechtzeitigkeit nicht darauf ankommt, wann der Widerruf bei dem Stammgericht eingegangen ist, sondern wann der Eingang bei dem entsprechenden Senat oder der Kammer zu verzeichnen ist.[255]

389 Hinsichtlich der Widerrufsfrist empfiehlt sich, ein konkretes Datum zu vereinbaren und dies mit dem Zusatz „(Eingang bei Gericht)" zu versehen, um spätere Streitfragen um die Rechtzeitigkeit des Widerrufs zu vermeiden. Anderenfalls bestimmt sich die Fristberechnung nach den §§ 187 ff. BGB.

390 Hat eine Partei die Widerrufsfrist unverschuldet versäumt, so ist nach überwiegender Auffassung eine Wiedereinsetzung in den vorigen Stand, d.h. in die Widerrufsfrist nach § 233 ZPO nicht möglich, da es sich bei der Wiedereinsetzungsfrist weder um eine Notfrist noch um eine sonstige Frist im Sinne der §§ 233, 223 ZPO, sondern um eine von den Parteien gesetzte Frist handelt.

391 *Hinweis*

Die Vereinbarung der Widerrufsfrist stellt allerdings einen Teil der materiell-rechtlichen Vereinbarung der Parteien dar, so dass es den Parteien ohne Beteiligung des Gerichts möglich ist, die Widerrufsfrist zu verlängern.[256] Dies bedeutet zugleich, dass das Gericht selbst nicht befugt ist, die Widerrufsfrist zu verlängern.[257]

392 *Tipp*

Auch wenn es der Zustimmung des Gerichts zur Fristverlängerung nicht bedarf, sollte dieses über die einvernehmliche Verlängerung der Widerrufsfrist informiert werden, damit seitens des Gerichts weitere Maßnahmen, insbesondere der Erlass einer Entscheidung, vermieden werden.

393 Beim Abschluss eines Widerrufsvergleichs muss beachtet werden, dass verschiedene Regelungen materiell-rechtlicher Natur bedingungsfeindlich sind und deshalb nicht in einen Widerrufsvergleich aufgenommen werden können.

---

254 BGH MDR 2006, 284 f..
255 BGH NJW 1980, 1754.
256 Muster einer Verlängerung der Widerrufsfrist aufgrund einer Vereinbarung der Parteien unter Rdn 671.
257 BGHZ 61, 398; OLG Hamm, Urt. v. 22.11.2012 – I-21 U 45/12 –, juris.

B. Rechtliche Grundlagen §13

Beispiel 394

So könnte die Auflassung eines Grundstücks gem. § 925 BGB nicht unter einer Bedingung erklärt werden, so dass die entsprechende Auflassungserklärung nicht in einen gerichtlichen (protokollierten) Vergleich mit Widerrufsvorbehalt aufgenommen werden kann.[258]

Hinweis 395

Es ist nicht möglich bei der Feststellung eines Vergleichs gem. § 278 Abs. 6 ZPO eine Auflassung wirksam zu erklären, da es hierzu gem. § 925 BGB der gleichzeitigen Anwesenheit der Parteien bedürfte, was bei der Schriftlichkeit nicht der Fall ist.[259]

Die nachfolgenden Ausführungen beziehen sich daher auf einen in der mündlichen Verhandlung protokollierten Vergleich.

Tipp 396

Der Bevollmächtigte kann in dieser Situation unterschiedlich reagieren, um die Unwirksamkeit der Auflassungserklärung zu vermeiden:

- Zunächst kann das Gericht um die Vertagung des Rechtsstreits gebeten werden, um die offenen Fragen zu klären bzw. den Vergleichsabschluss mit dem Mandanten zu erörtern.
- Es kann weiterhin beantragt werden, dass Verfahren zum Ruhen zubringen. Diese Verfahrensweise empfiehlt sich insbesondere dann, wenn nicht nur der Vergleichsabschluss mit dem Mandanten zu erörtern ist, sondern gegebenenfalls weitere Fragen, etwa steuerrechtlicher oder öffentlich-rechtlicher Natur, zu klären sind. Aber Achtung bei § 204 Abs. 2 BGB: Nach sechs Monaten endet die Hemmung der Verjährung, was der Bevollmächtigte überwachen muss!
- Die Parteien können das Gericht bitten, einen schriftlichen Vergleichsvorschlag in der besprochenen Art und Weise gem. § 278 Abs. 6 ZPO zu unterbreiten und den Parteien eine angemessene Frist einzuräumen, um diesem schriftlich zuzustimmen, so dass der Vergleichsabschluss und dessen Inhalt dann abschließend in einem Beschluss des Gerichts nach § 278 Abs. 6 ZPO[260] festgestellt werden kann.

Das zweite Justizmodernisierungsgesetz vom 22.12.2006[261] hat mit Wirkung zum 397 31.12.2006 mit dem neu eingefügten § 795b ZPO die Vollstreckbarerklärung des gerichtlichen Widerrufsvergleiches wieder eindeutig dem Urkundsbeamten der Geschäftsstelle übertragen und damit zwischenzeitliche Unsicherheiten beseitigt. Der (Nicht-)Widerruf wurde als Bedingung angesehen, die eine qualifizierte Klausel erforderlich mache.

---

258 BGHZ 88, 364; BGH MDR 1988, 40.
259 Zöller/*Greger*, ZPO, 32. Aufl., 2018, § 278 Rn 35.
260 S. hierzu nachfolgend Rdn 398 ff.
261 BGBl I, 3416 ff.

5. Der Vergleich im schriftlichen Verfahren nach § 278 Abs. 6 ZPO

398 Ein wirksamer Prozessvergleich im Sinne von § 794 Abs. 1 Nr. 1 ZPO, der den Prozess beendet und zugleich als Vollstreckungstitel dient, kann nicht nur in der mündlichen Verhandlung geschlossen werden, sondern auch im schriftlichen Verfahren nach § 278 Abs. 6 ZPO.

399 Danach kann das Gericht den Parteien einen schriftlichen Vergleichsvorschlag unterbreiten und ihnen eine Frist zur Annahme dieses Vergleichsvorschlages setzen. Wird der Vergleich von den Parteien angenommen, so stellt das Gericht dessen Zustandekommen und seinen Inhalt nach § 278 Abs. 6 S. 2 ZPO durch Beschluss fest, ohne dass es nach § 128 Abs. 4 ZPO hierfür einer mündlichen Verhandlung bedarf.

400 Nachdem der Rechtsanwalt zumindest in erster Instanz bundesweit tätig werden kann, bringt § 278 Abs. 6 ZPO insoweit den Vorteil, dass weite Anreisen zum Verhandlungsort allein zur Protokollierung eines bereits vereinbarten Vergleichs unterbleiben können, was erhebliche Zeitvorteile mit sich bringt.

401 § 278 Abs. 6 ZPO ist nicht nur anwendbar, wenn das Gericht einen schriftlichen Vergleichsvorschlag unterbreitet hat, sondern auch dann, wenn die Parteien diesen schriftlichen Vergleichsvorschlag übereinstimmend modifizieren oder die Parteien unmittelbar eine Vergleichsabrede dem Gericht mit der Bitte um Protokollierung nach § 278 Abs. 6 ZPO unterbreiten. Ist dies zunächst nur von der Rechtsprechung anerkannt worden,[262] hat der Gesetzgeber diese Möglichkeit mit dem Ersten Justizmodernisierungsgesetz zum 1.9.2004 auch ausdrücklich in § 278 Abs. 6 ZPO aufgenommen.

402 Nach der Übergangsregelung des § 26 Nr. 2 EGZPO ist § 278 Abs. 6 ZPO allerdings nur auf Verfahren anwendbar, die erst im Jahre 2002 oder später anhängig geworden sind. Die Übergangsregelung ist eindeutig, auch wenn der Gesetzgeber anderes gewollt haben mag.[263] Weil der gesetzgeberische Wille Ausdruck im Gesetz gefunden haben muss, ist die Übergangsregelung als eindeutig zu betrachten und bietet keinen Spielraum für eine Auslegung.[264] Da ungeachtet des Zeitablaufs aufgrund der Überbelastung der Justiz noch immer Verfahren von vor dem Jahre 2002 anhängig sind, muss die Differenzierung auch weiterhin bewusst bleiben.

403 *Hinweis*

Die Empfehlung in der Literatur,[265] gleichwohl § 278 Abs. 6 ZPO auf Altverfahren anzuwenden, kann für die anwaltliche Praxis, insbesondere bei einer am „Grundsatz des sichersten Weges" orientierten Verfahrensweise, nicht empfohlen werden. Wendet der Schuldner in der späteren Vollstreckung ein, dass kein wirksamer Vergleich nach § 794 Abs. 1 Nr. ZPO in der Form des Feststellungsbeschlusses nach § 278 Abs. 6 ZPO vorliegt, so kann die Vollstreckung durch diese Verfahrensweise jedenfalls

---

[262] OLG Naumburg NJW 2002, 3786 und JurBüro 2003, 165; a.A. wohl Musielak-*Foerste*, § 278 Rn 17.
[263] BT-Drucks 14/4722, 320.
[264] Zur insoweit problematischen Gesetzgebungsgeschichte vgl. *Kranz*, MDR 2003, 918.
[265] *Kranz*, MDR 2003, 918.

B. Rechtliche Grundlagen § 13

zeitlich verzögert, wenn nicht gar vereitelt werden. Insoweit sollte darauf bestanden werden, dass der Vergleich in einer mündlichen Verhandlung in Altverfahren protokolliert wird. Gegebenenfalls kann das Gericht gebeten werden, hierfür einen bereiten Kollegen vor Ort auftreten zu lassen. Die Praxis zeigt, dass auf diese Weise regelmäßig pragmatische und der gesetzlichen Regelung entsprechende Lösungen gefunden werden können.

Der Vergleich nach § 278 Abs. 6 ZPO stellt in jedem Fall einen Vollstreckungstitel im Sinne des § 794 Abs. 1 Nr. 1 ZPO dar.[266] Dies ergibt sich schon aus dem Wortlaut der Vorschrift („kann auch dadurch geschlossen werden"). Mit der Zustimmungserklärung sollte der Rechtsanwalt daher vorsorglich um die Erteilung einer vollstreckbaren Ausfertigung und der Zustellbescheinigung bitten, soweit nicht sichergestellt erscheint, dass der Vergleich auch unmittelbar erfüllt wird. So werden unverzüglich die Voraussetzungen der Zwangsvollstreckung[267] geschaffen. 404

> *Hinweis* 405
>
> Im Prozesskostenhilfeverfahren und im Beweissicherungsverfahren kann ein Vergleich nach § 278 Abs. 6 ZPO dagegen nicht im schriftlichen Verfahren geschlossen werden. Einem solchen Vergleich würde die Eigenschaft als Vollstreckungstitel nach § 794 Abs. 1 S. 1 ZPO fehlen.
>
> Für beide Verfahren wird ausdrücklich ein Vergleich, der zu richterlichem Protokoll genommen wird, gefordert. Auch wenn diese Differenzierung nicht ohne Weiteres sachlich nachvollziehbar ist, gilt doch der eindeutige Wortlaut, dem der Bevollmächtigte in Anwendung des „Grundsatzes des sichersten Weges" folgen sollte.[268]

Erscheint es für die Partei sinnvoll, eine vergleichsweise Regelung zu suchen, bringt der eigene Vergleichsvorschlag häufig den Nachteil mit sich, dass die Gegenpartei diesen ablehnt oder aber der Auffassung ist, dass ein weitergehender und für sie günstigerer Vergleich erzielt werden kann. In diesem Fall kann es sinnvoll sein, das Gericht auf die eigene Vergleichsbereitschaft hinzuweisen und um einen gerichtlichen Vergleichsvorschlag zu bitten. So finden von dem Gericht moderierte Vergleichsgespräche regelmäßig eine höhere Akzeptanz bei den Parteien. 406

Der Feststellungsbeschluss nach § 278 Abs. 6. ZPO kann nicht mit der sofortigen Beschwerde angefochten werden, da weder ein Antrag einer Partei zurückgewiesen wird, noch eine gesetzliche Anordnung der sofortigen Beschwerde vorliegt, § 567 ZPO. 407

Wird der Vergleichsinhalt seitens des Gerichts unzutreffend festgestellt, so ist hiergegen gem. § 278 Abs. 6 S. 3 ZPO der Antrag auf Berichtigung entsprechend dem Protokollberichtigungsantrag nach 164 ZPO zu stellen.[269] 408

---

266 Missverständlich deshalb der Leitsatz von OLG Oldenburg OLGR 2005, 253, richtig dagegen die Gründe in denen die Eigenschaft als Vollstreckungstitel klargestellt wird.
267 Hierzu *Goebel*, AnwaltFormulare Zwangsvollstreckung, 5. Aufl. 2016.
268 A.A. *Nachman/Friedgen*, Gerichtlicher Vergleich im PKH-Verfahren analog § 278 Abs. 6 ZPO, ZInsO 2007, 1318.
269 Muster eines Protokollberichtigungsantrags unter Rdn 668.

6. Der (mögliche) Inhalt eines Vergleichs

409 Wie bereits ausgeführt, handelt es sich bei dem Vergleich um einen materiell-rechtlichen Vertrag, so dass die Parteien in der Regelung des Vergleichsinhalts nicht auf den eigentlichen Streitgegenstand beschränkt sind, sondern auch über den Streitgegenstand hinausgreifende Regelungen treffen können. Insoweit ist eine Vielzahl unterschiedlicher Vergleichsinhalte denkbar.

410 Darüber hinaus enthält der Vergleich üblicherweise Regelungen über die Kostentragungspflicht. Dabei kann unmittelbar eine Kostenregelung getroffen werden oder aber die Kostenentscheidung dem Gericht überlassen werden.[270] Fehlt es an einer Kostenregelung greift § 98 ZPO, wonach die Kosten gegeneinander aufgehoben werden.

411 *Hinweis*

Dabei muss beachtet werden, dass für den Fall der Nebenintervention auch eine Regelung hinsichtlich der Kosten des Nebenintervenienten getroffen wird. Auch wenn dieser am Vergleich nicht mitgewirkt hat, hat er keinen eigenen Anspruch nach § 101 ZPO auf Entscheidung über die Kostentragungspflicht hinsichtlich seiner Kosten. Vereinbaren die Parteien in einem Vergleich dann Kostenaufhebung – statt der jeweils hälftigen Kostentragungspflicht –, steht dem Streithelfer einer Partei selbst dann kein prozessrechtlicher Kostenerstattungsanspruch zu, wenn diese Vereinbarung bezweckte, Kostenerstattungsansprüche des Streithelfers auszuschließen.[271] Etwa bestehende materiell-rechtliche Kostenerstattungsansprüche bleiben davon unberührt.

412 Eine vollständige Übersicht der möglichen Regelungsgegenstände in einem Prozessvergleich ist nicht annähernd möglich, da hier alle Fragen des dispositiven Rechts zur vergleichsweisen Regelung offenstehen. Nachfolgend werden mithin nur einige ausgewählte Beispiele aufgeführt und mit entsprechenden Formulierungsmustern versehen.

413 So kann ein Vergleich geschlossen werden:
- mit der Verpflichtung zur Zahlung und der gleichzeitigen Aufnahme einer Ratenzahlungsvereinbarung,[272]
- mit der Verpflichtung zur Zahlung einer Geldsumme, der Vereinbarung einer Ratenzahlung und einer Verfallsklausel im Hinblick auf den Restbetrag,[273]
- mit einer Verpflichtung zur Zahlung einer Geldsumme zu einem bestimmten Zeitpunkt mit der Verpflichtung, eine höhere Geldsumme zu zahlen, wenn bis zum Fälligkeitszeitpunkt keine Zahlung erfolgt ist.[274]

Hinweis

Häufig ist festzustellen, dass Rechtsstreitigkeiten auf die fehlende Liquidität des Beklagten zurückgehen. Für den Gläubiger besteht dann oft die Problematik, dass er

---

270 Muster eines Prozessvergleichs mit Übertragung der Kostenregelung auf das Gericht unter Rdn 676.
271 BGH NJW-RR 2005, 1159.
272 Muster eines Prozessvergleichs mit Ratenzahlungsvereinbarung unter Rdn 677.
273 Muster eines Prozessvergleichs mit Ratenzahlungsvereinbarung und Verfallsklausel unter Rdn 678.
274 Muster eines Prozessvergleichs mit einer Verfallsklausel unter Rdn 679.

auch im Vollstreckungswege nur mühsam oder gar nicht seine titulierte Forderung vollständig durchsetzen kann. Andererseits lässt sich feststellen, dass außerhalb der Vollstreckungsmöglichkeiten der Schuldner regelmäßig in der Lage ist, kurzfristig Geldmittel zu beschaffen, wenn ihm damit ein bestimmter Teil der Schuld erlassen wird. Dies kann im Vergleichswege gestuft festgelegt werden. Durch eine Strafklausel kann dabei eine weitere Motivation zur Erfüllung des Vergleichs erreicht werden (sog. Druckvergleich).

- Der Vergleichsinhalt kann auch die Übertragung eines Grundstückes oder eines Grundstückanteiles zum Gegenstand haben,[275] nicht aber die Auflassung selbst.[276]

Tipp

Dies empfiehlt sich insbesondere dann, wenn Streitfragen zwischen mehreren Grundstückseigentümern, Grundstücksnachbarn oder auch Erbstreitigkeiten zu entscheiden sind. Gerade im letzteren Fall kann über einen Prozessvergleich so eine kostengünstige Erbauseinandersetzung bewerkstelligt werden, da die Parteien die notariellen Beurkundungskosten sparen (mit Ausnahme der Kosten der Auflassung), was ein weiterer Anreiz zum Vergleichsabschluss sein kann.

- In Unfallsachen, insbesondere Verkehrsunfallsachen, wird ein Vergleich regelmäßig unter Abfindung aller Ansprüche geschlossen.[277]
- Der Vergleich kann auch die Verpflichtung zur Zahlung einer Geldsumme Zug um Zug gegen Herausgabe eines Gegenstandes beinhalten.[278]
- Der Vergleich kann auch die Verpflichtung enthalten, einen bestimmten Gegenstand herauszugeben oder zu leisten.[279]

Tipp

Im Rahmen des Vergleichs sollten die Parteien dabei die Modalitäten der Übergabe regeln, so dass nachher keine Streitigkeiten darüber entstehen, ob eine Schick-, Bring- oder Holschuld begründet wurde. Je exakter die Verpflichtung definiert ist, umso weniger Probleme bereitet die spätere Vollstreckung.

- Eine vergleichsweise Einigung ist auch über die Frage des Bestehens oder Nichtbestehens eines Rechtsverhältnisses und der daraus folgenden Konsequenzen möglich. Solche Vergleiche finden sich insbesondere bei der Frage der Beendigung eines Arbeits- oder Dienstverhältnisses[280] durch Kündigung oder der entsprechenden Beendigung eines Mietverhältnisses.[281]
- Die vergleichsweise Regelung kann die Verpflichtung zur Unterlassung oder Duldung einer Handlung umfassen.[282]

---

275 Muster eines Prozessvergleichs mit einer Grundstücksübertragung unter Rdn 680.
276 Zöller/*Greger*, ZPO, 32. Aufl., 2018, § 278 Rn 35.
277 Muster eines Abfindungsvergleichs unter Rdn 681.
278 Muster eines Vergleichs mit einer Zug-um-Zug-Verpflichtung unter Rdn 682.
279 Muster eines Vergleichs zur Herausgabe oder Leistung einer Sache unter Rdn 683.
280 Muster eines Prozessvergleichs zur Beendigung eines Dienst- oder Arbeitsverhältnisses unter Rdn 684.
281 Muster eines Prozessvergleichs zur Beendigung eines Mietverhältnisses unter Rdn 685.
282 Muster eines Prozessvergleichs mit der Verpflichtung zur Unterlassung oder Duldung unter Rdn 686 und 687.

> *Tipp*
>
> Insbesondere bei der vergleichsweisen Regelung einer Unterlassungsverpflichtung sollte erwogen werden, ob diese mit der Vereinbarung einer Vertragsstrafe verbunden wird.[283] Dies hat für den Gläubiger den Vorteil, dass die Vertragsstrafe ihm selbst zufließt, während das Ordnungsgeld nach § 890 ZPO[284] der Staatskasse zusteht.

- Gegenstand einer vergleichsweisen Regelung kann auch die Abgabe einer Willenserklärung sein, wie sie kraft Gesetzes oder aufgrund vertraglicher Regelungen notwendig ist.[285]

> *Tipp*
>
> Beachtet werden muss dabei, dass die Fiktion der Abgabe einer Willenserklärung nach § 894 ZPO nur gilt, wenn der Schuldner zur Abgabe der Willenserklärung verurteilt wurde. Auf einen Prozessvergleich ist § 894 ZPO nicht anwendbar. Es ist deshalb darauf zu achten, dass nach der Formulierung des Prozessvergleichs die Willenserklärung unmittelbar abgegeben wird. Soweit diese auf die Zukunft gerichtet ist, kann dem im Vergleich dergestalt Rechnung getragen werden, dass eine Vereinbarung dahingehend getroffen wird, dass von der Willenserklärung erst ab einem gewissen Zeitpunkt Gebrauch gemacht werden darf.

414 Der Vergleich muss nicht zwingend dahingehend geschlossen werden, dass der gesamte Rechtsstreit durch diesen erledigt wird. Möglich ist es auch, einen Teilvergleich zu schließen. Dies kann sich empfehlen, um einen Rechtsstreit abzuschichten, auf die rechtlich und wirtschaftlich wirklich wichtigen Fragen zu fokussieren und so auch schneller zum Abschluss zu führen.

415 Ein Teilvergleich ist unproblematisch möglich, soweit ein Fall der objektiven Klagehäufung vorliegt, d.h. mit einer einheitlichen Klage eine Mehrzahl von Ansprüchen geltend gemacht wird.

416 Beachtet werden muss allerdings, dass durch einen Teilvergleich nicht Auswirkungen auf den nicht verglichenen Teil begründet werden dürfen, wenn die übrigen Anspruchsprüfungen gänzlich offen gehalten werden sollen.

417
> *Tipp*
>
> Aus diesem Grunde sollte ein Teilvergleich ohne sorgfältige Prüfung, welche Auswirkungen dieser auf den verbleibenden Streitstoff hat, in der mündlichen Verhandlung nicht abgeschlossen werden. Kommt ein Teilvergleich in Betracht, sollte immer die Vertagung der Verhandlung ggf. unter späterer Anwendung von § 278 Abs. 6 ZPO in Betracht gezogen werden oder aber ein Widerrufsvergleich geschlossen werden, um anschließend den Vergleichstext und seine Auswirkungen prüfen zu können.

---

283 Muster einer Unterlassungsverpflichtung in einem Vergleich mit einem Vertragsstrafenversprechen unter Rdn 686.
284 Zur Vollstreckung nach § 890 ZPO s. *Goebel*, AnwaltFormulare Zwangsvollstreckungsrecht, 5. Aufl. 2016, § 14.
285 Muster eines Vergleichs über die Abgabe einer Willenserklärung unter Rdn 688.

Tipp 418

Zu Recht wird als Alternative empfohlen, dass an Stelle des Abschlusses eines Teilvergleichs bestimmte Tatsachen zwischen den Parteien unstreitig gestellt werden.

In allen Fällen des Vergleichsabschlusses ist darauf zu achten, dass es notwendig sein 419 kann, den Vergleich zu vollstrecken, so dass der Inhalt des Vergleichs hinreichend bestimmt und vollstreckungsfähig sein muss.

Tipp 420

Bei Vergleichen zwischen Unternehmern und zwischen einem Verbraucher und einem Unternehmer sollte darauf geachtet werden, dass eindeutig geregelt ist, ob die genannten Beträge netto oder brutto zu zahlen sind. Für Klarheit sorgt eine Formulierung, die den Nettobetrag zzgl. Mehrwertsteuer nennt. Dabei sollte auch berücksichtigt werden, ob der jeweils gültige Mehrwertsteuersatz zum Zahlungszeitpunkt oder der gesetzliche Mehrwertsteuersatz zum Zeitpunkt des Vergleichsabschlusses geschuldet sein soll. Dies führt immer wieder zu späteren Streitigkeiten. Dies gilt umso mehr, als die Frage der Erhöhung der Mehrwertsteuer vom Gesetzgeber immer wieder diskutiert wird.

Hinweis 421

Der Bundesgerichtshof geht davon aus, dass es einen Haftungsfall des Rechtsanwalts begründet, wenn ein eindeutiger, den Willen und den Auftrag des Mandanten nicht wiedergebender Vergleichstext protokolliert wird.[286]

Soll ein Dritter in den Vergleichsabschluss einbezogen werden, so muss dieser dem 422 Rechtsstreit zum Abschluss des Vergleichs beitreten. Dies sollte entweder schriftlich angekündigt[287] oder in das Protokoll der mündlichen Verhandlung als Erklärung aufgenommen werden.

Hinweis 423

Beachtet werden muss, dass durch den Prozessvergleich in der 2. Instanz das noch nicht rechtskräftige erstinstanzliche Urteil gegenstandslos wird und damit auch die darin enthaltene Kostenentscheidung. Insoweit muss der Vergleich eine Kostenregelung sowohl für die erste, als auch für die zweite Instanz beinhalten, ohne dass dies zwingend verlangt, dass zwischen den Instanzen differenziert wird. Der Bevollmächtigte muss sich allein dieser Tatsache bewusst sein. Hinsichtlich eines in erster Instanz geschaffenen Titels sollte allerdings immer aufgenommen werden, dass dieser gegenstandslos und herauszugeben ist.

---

286 BGH WM 2002, 513 (im Ergebnis bestätigt durch BVerfG NJW 2002, 2937).
287 Muster Rdn 689.

424 Die Kostenregelung im Vergleich muss von dem Bevollmächtigten ebenfalls sorgfältig bedacht werden. Dies gilt insbesondere dann, wenn:
- bereits ein Beweissicherungsverfahren mit besonderen Kosten stattgefunden hat,
- private Gutachten im Hinblick auf den Rechtsstreit eingeholt wurden,
- Kosten durch ein Säumnis entstanden sind,
- Kosten durch die zunächst erfolgte Anrufung eines unzuständigen Gerichts entstanden sind,
- aus einem zwischenzeitlichen Versäumnis- oder Vorbehaltsurteil bereits eine Vollstreckung erfolgt ist oder jedenfalls Sicherheit geleistet wurde und dies Kosten verursacht hat.

425 In diesen Fällen sollte hinsichtlich der entstandenen Kosten eine konkrete Regelung in den Vergleich aufgenommen werden, um einen späteren Streit zu vermeiden. Dies kann auch in der Weise geschehen, dass festgehalten wird, dass auch diese Kosten der getroffenen Regelung unterfallen.

426 Bei der Kostenentscheidung muss auch beachtet werden, dass für den Fall, dass der Mandant eine Rechtsschutzversicherung hat, die Kostenregelung dem gegenseitigen Obsiegen und Unterliegen entsprechen muss. Im Zweifel sollte lediglich ein Widerrufsvergleich geschlossen werden, so dass im Rahmen der Widerrufsfrist die Zustimmung der Rechtsschutzversicherung eingeholt werden kann.

427 Enthält der Vergleich keine Kostenregelung, gilt § 98 ZPO, wonach die Kosten gegeneinander aufgehoben werden. Es kommt also nicht zu einer gerichtlichen Entscheidung über die Kosten, etwa nach § 91a ZPO.

428 *Tipp*

Wollen die Parteien dies vermeiden, ohne sich selbst über eine Kostenregelung zu einigen, so können sie vereinbaren, dass über die Kosten das erkennende Gericht nach § 91a ZPO unter Berücksichtigung des Sach- und Streitstandes nach billigem Ermessen entscheiden soll.[288]

7. Die Kosten eines Vergleichs

429 Wird das Verfahren durch einen Vergleich abgeschlossen, so ermäßigen sich die nach Nr. 1210 KVGKG angefallenen drei gerichtlichen Verfahrensgebühren nach Nr. 1211 Nr. 3 KVGKG auf eine Verfahrensgebühr, so dass durch den Vergleichsabschluss gerichtliche Gebühren erspart werden. Diese Regelung gilt in entsprechender Weise nach den Nr. 1222 Nr. 3, 1232 Nr. 3, 1311 Nr. 3, 1322 Nr. 3, 1332 Nr. 3, 1411 Nr. 3, 1415 Nr. 3 KVGKG in den anderen Instanzen.

430 Der Rechtsanwalt erhält für den Vergleichsabschluss neben der 1,3-Verfahrensgebühr nach Nr. 3100 VV die 1,0-Einigungsgebühr nach Nr. 1003 VV.

---

[288] Vgl. hierzu OLG Stuttgart NJW-RR 1999, 147.

Besondere Beachtung muss den Mischfällen geschenkt werden, d.h. dort, wo die Parteien   431
sowohl rechtshängige als auch nicht rechtshängige Ansprüche vergleichen.
- Hier fällt eine 1,3-Verfahrensgebühr aus dem Wert der rechtshängigen Ansprüche und nach Nr. 3101 Nr. 2 VV dazu eine 0,8-Verfahrensgebühr aus dem Wert der verglichenen, aber nicht rechtshängigen Ansprüche, insgesamt jedoch nicht mehr als eine 1,3-Verfahrensgebühr nach Nr. 3100 VV an.[289]
- Die 1,2-Terminsgebühr berechnet sich aus dem Wert der rechtshängigen und der nicht rechtshängigen Ansprüche.
- Es fällt eine 1,0-Einigungsgebühr nach Nr. 1003 VV aus dem Wert der rechtshängigen und eine weitere 1,5-Einigungsgebühr nach Nr. 1000 VV aus dem Wert der im Vergleich berücksichtigten, aber nicht rechtshängigen Ansprüche, jedoch nicht mehr als eine 1,5-Einigungsgebühr nach Nr. 1000 VV aus den addierten Werten an.[290]

Die zusätzlichen Einigungsgebühren der Bevollmächtigten müssen die Parteien aber   432
nicht von einem Vergleichsabschluss abhalten, sofern berücksichtigt wird, dass dadurch die wesentlich höheren Gebühren eines sonst gegebenenfalls drohenden Rechtsmittelverfahrens zu tragen wären.

Soweit der Vergleich im Rahmen einer mündlichen Verhandlung protokolliert wird,   433
erhält der Rechtsanwalt auch die 1,2-Terminsgebühr nach Nr. 3104 VV. Problematischer war es, ob die Terminsgebühr auch dann anfällt, wenn der Vergleich nach § 278 Abs. 6 ZPO geschlossen wird.

Die 1,2-Terminsgebühr ist in der neueren Rechtsprechung zuerkannt worden, wenn die   434
Bevollmächtigten vor dem Abschluss eines Vergleichs nach § 278 Abs. 6 ZPO außergerichtliche Vergleichsgespräche geführt haben.[291] Dies auch dann, wenn diese Gespräche erst nach einem gerichtlichen Vergleichsvorschlag stattfinden.[292] Inzwischen hat der Gesetzgeber aber auch in Nr. 3104 Abs. 1 Nr. 1 ZPO ausdrücklich den schriftlichen Vergleich aufgenommen. Gleichwohl bestehen nach wie vor in einzelnen Konstellationen unterschiedliche Auffassungen, z.B. wenn die Parteien nur dem gerichtlichen Vorschlag zustimmen.[293]

VII. Aussetzung, Unterbrechung und Ruhen des Verfahrens

Die Weiterentwicklung des tatsächlichen Lebenssachverhalts kann Auswirkungen auf   435
den Prozess haben, so dass es notwendig ist, den Prozess nach den §§ 239–245 ZPO zu unterbrechen, ihn nach den §§ 246–248 ZPO auszusetzen oder nach §§ 251, 251a ZPO das Ruhen des Verfahrens anzuordnen.

Der Unterschied zwischen der Unterbrechung des Rechtsstreits auf der einen Seite und   436
der Aussetzung oder der Anordnung des Ruhens des Verfahren auf der anderen besteht

---

[289] Baumgärtel/Hergenröder/Houben/*Hergenröder*, RVG, 16. Aufl., Nr. 3101 VV Rn 7 ff.
[290] Baumgärtel/Hergenröder/Houben/*Baumgärtel*, RVG, 16. Aufl., Nr. 1003 VV Rn 3.
[291] OLG Nürnberg AGS 2005, 476.
[292] OLG Nürnberg RVGreport 2005, 312.
[293] Im Einzelnen: Baumgärtel/Hergenröder/Houben/*Hergenröder*, RVG, 16. Aufl., Nr. 3104 VV Rn 25 ff.

darin, dass die Unterbrechung kraft Gesetzes eintritt, während über die Aussetzung und das Ruhen des Verfahrens gesondert zu entscheiden ist.

437 Eine Aussetzung des Verfahrens kommt von Amts wegen zusätzlich in den Fällen der §§ 148 ff. ZPO in Betracht.

1. Die Unterbrechung des Verfahrens

a) Die Unterbrechung des Verfahrens wegen des Todes einer Partei, § 239 ZPO

438 Ist eine Partei nicht anwaltlich vertreten, so tritt im Falle des Todes der Partei eine Unterbrechung des Verfahrens kraft Gesetzes nach § 239 ZPO ein, bis der Rechtsnachfolger das Verfahren aufnimmt.

439 Stirbt die Partei, so wird dies dem Gericht nicht von Amts wegen bekannt. Der Bevollmächtigte ist deshalb gehalten, den Erbfall dem Gericht mitzuteilen.[294]

440 Kommt es nicht zu einer alsbaldigen Aufnahme des Verfahrens durch den Rechtsnachfolger der verstorbenen Partei, so kann der Gegner nach § 239 Abs. 2 ZPO beantragen, dass die Rechtsnachfolger zur Aufnahme und zugleich zur Verhandlung der Hauptsache zu laden sind.[295]

441 *Hinweis*

Eine Verzögerung des Rechtsstreits liegt nur vor, wenn der oder die Rechtsnachfolger über den Rechtsstreit informiert sind und ohne gesetzlichen Rechtfertigungsgrund den Rechtsstreit nicht aufnehmen. Dies setzt voraus, dass der Gegner die Rechtsnachfolger kennt[296] und diese dem Gericht gegenüber namhaft macht. Auch sollte der Bevollmächtigte von sich aus die Rechtsnachfolger ermitteln.

442 *Tipp*

Der Gläubiger kann nach §§ 357 FamFG Einsicht in die Nachlassakte nehmen und so klären, ob bereits ein Erbschein erteilt wurde. Ist dies der Fall, kann er nach § 357 Abs. 2 FamFG eine beglaubigte Abschrift des Erbscheins verlangen und diesen im Prozess vorlegen und so die Rechtsnachfolge der verstorbenen Partei klären. Alternativ kann er die Beiziehung der Nachlassakte beantragen. Ist noch kein Erbschein erteilt oder beantragt, so kann der Gläubiger als Rechtsnachfolger die gesetzlichen Erben gem. den §§ 1924 ff. BGB angeben. Soweit er die gesetzlichen Erben nicht kennt, kann er diese durch sein Einsichtsrecht gem. § 62 PStG in Erfahrung bringen.[297]

443 Nach § 239 Abs. 5 ZPO steht den Erben als Rechtsnachfolgern das Recht zu, vor der Annahme der Erbschaft die Fortsetzung des Rechtsstreits, d.h. dessen Aufnahme, abzulehnen.

---

[294] Muster einer Mitteilung der Unterbrechung des Verfahrens nach § 239 ZPO unter Rdn 691.
[295] Muster eines Antrags auf Fortsetzung des Verfahrens unter Rdn 692.
[296] Zur Ermittlung von Personen s. *Goebel*, AnwaltFormulare Zwangsvollstreckung, 5. Aufl. 2016, § 1.
[297] Vgl. zu dieser Gesamtproblematik *Goebel*, Wie sie die Erben des Schuldners ermitteln, VE 06/03, S. 85; *Goebel*, So ermitteln Sie die Erben des Schuldners, VE 07/03, S. 99.

Hinweis 444

Die Ausschlagungsfrist beträgt nach § 1944 Abs. 1 BGB sechs Wochen, wobei beachtet werden muss, dass diese nach § 1944 Abs. 2 BGB erst in dem Zeitpunkt beginnt, in welchem der Erbe von dem Anfall und dem Grund der Berufung Kenntnis erlangt. Die Ausschlagungsfrist beträgt sogar sechs Monate, wenn der Erblasser seinen letzten Wohnsitz allein im Ausland gehabt hat oder wenn sich der Erbe bei dem Beginn der Frist im Ausland aufhält. Letztlich kommt noch die Anfechtung der erklärten oder fiktiven Annahme der Erbschaft nach §§ 1949 ff. BGB in Betracht.

Stirbt die beklagte Partei, sollte der Bevollmächtigte der klagenden Partei das Gericht unverzüglich über diesen Sachverhalt informieren.[298] Sodann sollte die Ermittlung der Rechtsnachfolger beginnen und die Wiederaufnahme des Verfahrens betrieben werden. 445

Stirbt dagegen die klagende Partei, gibt es für die beklagte Partei grundsätzlich keinen Anlass, von sich aus das Verfahren zu betreiben. Anderes wird nur gelten, wenn aus bestimmten Gründen der Beklagte ein Interesse daran hat, dass die Streitfrage schnell und abschließend geklärt wird. 446

Hinweis 447

Wurde die Partei durch einen Prozessbevollmächtigten vertreten, findet gem. § 246 ZPO keine Unterbrechung statt.

b) Die Unterbrechung wegen der Eröffnung des Insolvenzverfahrens, § 240 ZPO

§ 240 ZPO ordnet an, dass das Verfahren unterbrochen wird, wenn es zur Eröffnung des Insolvenzverfahrens über das Vermögen einer Partei, welches zur Insolvenzmasse gehört, kommt. Die Unterbrechung dauert an, bis das Verfahren nach den für das Insolvenzverfahren geltenden Vorschriften aufgenommen wurde oder das Insolvenzverfahren beendet ist. Der Prozess muss zum Zeitpunkt der Eröffnung des Insolvenzverfahrens allerdings bereits rechtshängig, die Klage also zugestellt gewesen sein.[299] Eine nach der Insolvenzeröffnung erfolgte Zustellung einer Klage an den Insolvenzschuldner ist wirksam und begründet ein Prozessrechtsverhältnis zu ihm; der Rechtsstreit wird nicht nach § 240 ZPO unterbrochen.[300] Der Beklagte muss also seine Passivlegitimation bestreiten, der Kläger die Klage ggf. zurücknehmen und gegen den Insolvenzverwalter richten bzw. die Forderung zur Insolvenztabelle anmelden. § 240 ZPO gilt auch in der Zwangsvollstreckung und den dortigen Klagen, insbesondere für die Vollstreckungsgegenklage.[301] Dagegen nicht für das Klauselerteilungsverfahren, welches die Zwangsvollstreckung lediglich vorbereitet.[302] 448

---

298 Muster einer Mitteilung an das Gericht über die Unterbrechung nach § 239 ZPO unter Rdn 691.
299 BGH MDR 2009, 411; OLG München MDR 2008, 291 (Anhängigkeit nach Insolvenzeröffnung).
300 OLG Zweibrücken, OLGR 2008, 571.
301 BGH NJW-RR 2009, 60.
302 BGH NJW 2008, 918.

449 *Hinweis*

Die Eröffnung des Insolvenzverfahrens kann nicht nur zur Unterbrechung des Hauptsacheverfahrens, sondern auch zur Unterbrechung von Nebenverfahren, wie etwa des Kostenfestsetzungsverfahrens,[303] führen. Dies gilt auch, wenn das Insolvenzverfahren erst zu einem Zeitpunkt eröffnet wird, in dem sich die Hauptsache in der Rechtsmittelinstanz befindet, für das Kostenfestsetzungsverfahren über die Kosten erster Instanz.[304] Etwas anderes soll allerdings nach bestrittener Auffassung für ein Verfahren auf Gewährung von Prozesskostenhilfe jedenfalls dann gelten, wenn dieses entscheidungsreif ist.[305] Der BGH hat entschieden, dass die Feststellung der streitgegenständlichen Forderung zur Insolvenztabelle § 240 ZPO trotz des noch nicht endgültig abgeschlossenen Insolvenzverfahrens über das Vermögen des Beklagten weder einer Entscheidung über die noch rechtshängige Nichtzulassungsbeschwerde noch einer abschließenden Kostenentscheidung entgegensteht.[306]

450 Wurde eine Forderung gegen den Insolvenzschuldner geltend gemacht, die nunmehr als Insolvenzforderung zu behandeln ist, so muss der Kläger als Gläubiger zunächst am Insolvenzverfahren gem. § 87 InsO teilnehmen. Der Gläubiger muss also die Forderung zur Insolvenztabelle anmelden. Erst wenn diese bestritten wird, kann er den Rechtsstreit aufnehmen, §§ 134, 180, 174, 189 InsO.

451 *Hinweis*

Der Rechtsstreit wird nach der Aufnahme dann aber als Feststellungsklage fortgeführt,[307] so dass der Kläger seinen Klageantrag entsprechend anpassen muss.[308] Der Klageantrag geht dahin festzustellen, dass die streitige Forderung zur Insolvenztabelle festzustellen ist.

452 Eine Unterbrechung findet nach § 240 S. 2 ZPO auch schon statt, wenn die Verwaltungs- und Verfügungsbefugnis über das Vermögen des Schuldners auf einen vorläufigen Insolvenzverwalter übergeht.

453 *Hinweis*

Dies bedeutet, dass keine Unterbrechung nach § 240 ZPO stattfindet, wenn zwar ein vorläufiger Insolvenzverwalter bestellt wird, dem Schuldner jedoch nur ein Zustimmungsvorbehalt nach § 21 Abs. 2 Nr. 2 InsO auferlegt wurde.[309]

---

303 KG Berlin KGR Berlin 2008, 124.
304 BGH MDR 2006, 55; anders aber im Leitsatz der gleiche Senat in ZInsO 2005, 372; OLG Hamm AGS 2005, 28; OLGR Hamm 2005, 95.
305 OLG Frankfurt OLGR Frankfurt 2007, 429; OLG Zweibrücken v. 13.4.2005 – 6 W 2/02 – n.v.; OLGR Zweibrücken OLGR 2005, 414 = ZInsO 2005, 444; OLG Rostock OLGR 2004, 151; OLG Stuttgart OLGR 2004, 313; a.A. OLG Bamberg OLGR 2004, 181.
306 BGH ZInsO 2005, 372.
307 BGH NJW 1989, 170.
308 Muster einer Erklärung der Aufnahme des Verfahrens gegen den Insolvenzverwalter mit Anpassung der Klageanträge unter Rdn 694.
309 BGH NJW 1999, 2822.

Tipp 454

Ob dem Schuldner die Verfügungs- und Verwaltungsbefugnis entzogen oder lediglich ein Zustimmungsvorbehalt auferlegt wurde, ergibt sich aus dem Eröffnungsbeschluss. Diesen kann der Gläubiger einsehen, soweit ihm nicht eine entsprechende Veröffentlichung vorliegt, aus der sich die notwendigen Informationen ergeben. Dabei kann er auf das elektronische Verzeichnis unter www.insolvenzbekanntmachungen.de zurückgreifen.

Soweit gegen eine Partei im Ausland das Insolvenzverfahren eröffnet wird und im Inland gegen diese Partei ein Prozess geführt wird, wird das Verfahren gleichwohl gem. § 240 ZPO unterbrochen.[310] 455

Erforderlich ist, dass sich das Insolvenzverfahren gegen das Vermögen der am Prozess beteiligten Partei richtet. Allein die Eröffnung des Insolvenzverfahrens gegen eine am Prozess wirtschaftlich interessierte oder vom Prozess wirtschaftlich betroffene natürliche oder juristische Person genügt nicht. 456

Hinweis 457

Entscheidet das erstinstanzliche Gericht durch Zwischenurteil, dass eine Unterbrechung des Verfahrens wegen Eröffnung eines Insolvenzverfahrens gem. § 17 AnfG oder § 240 ZPO eingetreten sei, kann der Kläger die Entscheidung wie ein Endurteil mit der Berufung anfechten, soweit er geltend macht, der erhobene Anspruch betreffe nicht die Insolvenzmasse und sei nicht auf Duldung der Zwangsvollstreckung nach dem Anfechtungsgesetz gerichtet.[311]

Die Unterbrechung nach § 240 ZPO endet: 458
- wenn das Insolvenzverfahren nach der Schlussverteilung gem. § 200 Abs. 1 InsO aufgehoben wird,
- wenn der Insolvenzplan nach § 258 Abs. 1 InsO bestätigt wird,
- wenn der Eröffnungsbeschluss nach § 34 Abs. 3 InsO aufgehoben wird,
- wenn das Verfahren nach den §§ 207–216 InsO eingestellt wird,
- durch die wirksame[312] Aufnahme des Rechtsstreits durch den Insolvenzverwalter,
- durch die Aufnahme des Verfahrens durch den Schuldner, wenn der Insolvenzverwalter die Aufnahme abgelehnt hat, § 35 Abs. 2 InsO,
- wenn der Gegner gem. § 180 Abs. 2 InsO das Verfahren aufnimmt.[313]

Hinweis 459

Beachtet werden muss, dass sich der Streitwert mit der Klageumstellung ändert. Maßgeblicher Streitwert ist allein der Betrag, der bei der Verteilung einer möglichen Insolvenzmasse auf die streitgegenständliche Forderung zu erwarten ist.[314] Dies er-

---

310 BGH WM 1989, 43; BGHZ 95, 59; 134, 79.
311 BGH NJW 2005, 2902.
312 BGH NJW-RR 2000, 1156.
313 Muster einer Aufnahme des Verfahrens gegen den Insolvenzverwalter unter Rdn 694.
314 BGH NZI 2002, 549; WM 2000, 211.

möglicht es, den Prozess mit einem verminderten Kostenrisiko fortzusetzen. Allerdings lässt dies die einmal begründete Zuständigkeit des Landgerichts unberührt. Hier sollte ggf. eine differenzierte Streitwertfestsetzung beantragt werden.[315]

460 Bei Aktivprozessen, d.h. Klagen oder Widerklagen des Insolvenzschuldners, folgt die Aufnahme des Rechtsstreits nach den §§ 85 ff. InsO.

461 Hat die Insolvenzschuldnerin selbst das Klageverfahren betrieben, steht der beklagten nichtinsolventen Partei die Möglichkeit der eigenständigen Aufnahme des Verfahrens nicht zur Verfügung, da sie selbst nicht Gläubigerin ist und damit eine Aufnahme des Verfahrens nach § 240 ZPO i.V.m. § 180 InsO ausscheidet. Vielmehr ist hier der Insolvenzverwalter nach § 85 InsO gehalten, das Verfahren unverzüglich wieder aufzunehmen.

462 Verzögert der Insolvenzverwalter nun die Aufnahme des Verfahrens, so wird für die beklagte Partei regelmäßig kein Anlass bestehen, selbst die Aufnahme zu betreiben.

463 Anderes gilt allerdings dann, wenn die Insolvenzschuldnerin vor Eröffnung des Insolvenzverfahrens aus einem obsiegenden erstinstanzlichen Endurteil oder einem zwischenzeitlichen Versäumnisurteil oder Vorbehaltsurteil die Zwangsvollstreckung betrieben und andauernde Sicherungsmaßnahmen erreicht hat, die die beklagte Partei nur bei einer Aufhebung des Titels beseitigen kann.

464 In diesen Fällen besteht die Möglichkeit, die Aufnahme des Verfahrens durch den Insolvenzverwalter nach § 85 Abs. 1 S. 2 InsO i.V.m. § 239 Abs. 2–4 ZPO zu erzwingen. Die beklagte Partei kann also beim Prozessgericht beantragen, dass der Insolvenzverwalter nach § 239 Abs. 2 ZPO zur Aufnahme und zur Verhandlung in der Hauptsache zu laden ist.[316]

465 *Hinweis*

Beachtet werden muss, dass dem Insolvenzverwalter eine angemessene Überlegungszeit zuzubilligen ist. Angemessen ist diejenige Zeit, die ein verständiger Dritter unter Berücksichtigung der Interessen der gegnerischen Partei zur Prüfung der Forderung benötigt. Eine allgemeine Regel lässt sich insoweit nicht aufstellen.

466 Dem Insolvenzverwalter steht allerdings auch die Möglichkeit offen, die Aufnahme des Rechtsstreits abzulehnen. Dies hat nach § 85 Abs. 2 InsO zur Folge, dass sowohl der (Insolvenz-) Schuldner als auch der Gegner den Rechtsstreit aufnehmen können. Der Rechtsstreit wird also zwischen den bisherigen Parteien ohne Rücksicht auf das Insolvenzverfahren fortgesetzt. Dies gilt auch, wenn der Insolvenzverwalter den von dem Insolvenzschuldner geltend gemachten Anspruch freigibt.[317]

467 Erscheint der Insolvenzverwalter zur mündlichen Verhandlung nicht, ohne eine Erklärung nach § 85 Abs. 2 InsO abgegeben zu haben, so gilt der Rechtsstreit als wieder

---

315 Musterantrag unter Rdn 696.
316 Muster eines Antrags nach § 85 Abs. 1 S. 2 InsO, § 239 Abs. 2 ZPO unter Rdn 695.
317 BGH NJW 2005, 2015.

aufgenommen[318] und gegen den Insolvenzverwalter kann ein klageabweisendes Versäumnisurteil ergehen.

c) Weitere Fälle der Verfahrensunterbrechung

Verliert eine nicht anwaltlich vertretene Partei[319] die Prozessfähigkeit, stirbt der gesetzliche Vertreter der Partei oder hört die Vertretungsbefugnis des gesetzlichen Vertreters auf, ohne dass die Partei prozessfähig geworden ist, so tritt ebenfalls eine Unterbrechung des Verfahrens nach § 241 ZPO ein. Der nach der Klageerhebung gegen eine Vor-GmbH mit dem Wandel in eine Abwicklungsgesellschaft oder eine Personengesellschaft verbundene Wechsel der organschaftlichen Vertretung führt allerdings weder zum Wegfall der Prozessfähigkeit noch zu einer Unterbrechung des Verfahrens, wenn die Gesellschaft durch einen Prozessbevollmächtigten vertreten wird.[320]

468

Die Unterbrechung dauert an, bis der gesetzliche Vertreter oder der neue gesetzliche Vertreter das Gericht über seine Bestellung informiert haben[321] oder der Gegner der prozessunfähigen Partei beantragt hat, das Verfahren fortzusetzen, und dieser Antrag seitens des Gerichts von Amts wegen dem neuen Vertreter zugestellt wurde.

469

> *Hinweis*
>
> Wird der Beklagte als natürliche Person während des Prozesses prozessunfähig, so sollte der Kläger unverzüglich ein Betreuungsverfahren einleiten, um den Prozess sodann fortsetzen zu können. Bei Gefahr in Verzug[322] kommt auch ein Antrag auf Bestellung eines Prozesspflegers gem. § 57 ZPO analog[323] in Betracht.

470

Tritt während des Rechtsstreits zwischen einem Vorerben und einem Dritten über einen der Nachfolge unterliegenden Gegenstand der Nacherbfall ein und betrifft der Rechtsstreit einen Gegenstand, über den der Vorerbe ohne Zustimmung des Nacherben verfügen konnte, so wird das Verfahren ebenfalls unterbrochen. Für die Aufnahme gelten die dargestellten Regeln nach § 239 ZPO bei der Unterbrechung durch Tod einer Partei.

471

Verstirbt der Bevollmächtigte einer Partei im Anwaltsprozess, so führt dies nach § 244 ZPO ebenfalls zur Unterbrechung des Verfahrens kraft Gesetzes. Ein vorläufiges Tätigkeitsverbot gegen einen Rechtsanwalt nach §§ 150, 155 BRAO führt ebenfalls zur Unterbrechung eines Zivilprozesses gem. § 244 ZPO auch dann, wenn das erkennende Gericht davon nichts weiß. Eine durchgeführte Beweisaufnahme ist zu wiederholen; ein ergangenes Urteil ist nicht nichtig, jedoch auf die Berufung hin aufzuheben und der Rechtsstreit an die I. Instanz zurückzuverweisen.[324]

472

---

318 BPatG, Beschl. v. 13.6.2001 – 5 W (pat) 447/99 – MittdtschPatAnw 2002, 150.
319 Bei der anwaltlich vertretenen Partei greift § 246 ZPO, so dass das Verfahren nur ausgesetzt werden kann.
320 BGH NJW 2008, 2441 = MDR 2008, 808.
321 Muster einer Aufnahmemitteilung nach § 241 ZPO unter Rdn 692.
322 Zöller/*Althammer*, ZPO, 32. Aufl., 2018, § 57 Rn 4.
323 Zöller/*Althammer*, ZPO, 32. Aufl., 2018, § 57 Rn 3.
324 OLG Hamm NJW 2008, 3075; OLG Celle OLGR 2006, 183.

§ 13 Sondersituationen im Prozessverlauf

473 *Hinweis*

§ 244 ZPO ist nur in den Verfahren anwendbar, in denen Anwaltszwang gem. § 78 ZPO besteht. § 244 ZPO kommt mithin nicht zur Anwendung, wenn die Partei anwaltlich vertreten ist, ohne dass dies nach § 78 ZPO zwingend war. Dies ist darauf zurückzuführen, dass allein im Anwaltsprozess die Partei nicht in der Lage ist, ohne ihren Bevollmächtigten zu handeln.

Beachtet werden muss, dass § 244 ZPO nicht zur Anwendung kommt, wenn für den verstorbenen Bevollmächtigten ein Vertreter nach § 53 BRAO bestellt ist.[325]

474 Die Unterbrechung endet, wenn der neu bestellte Bevollmächtigte der Partei seine Bestellung dem Gericht anzeigt und das Gericht die Anzeige dem Gegner von Amts wegen zugestellt hat.

475 Wird die Anzeige eines neu bestellten Bevollmächtigten verzögert, so kann der Gegner beantragen, die Partei selbst zur Verhandlung der Hauptsache zu laden oder dieser eine Frist zur Bestellung eines neuen Bevollmächtigten zu bestimmen.[326]

476 Wird in der gesetzten Frist kein neuer Bevollmächtigter bestellt, so gilt das Verfahren als aufgenommen, wird mithin fortgesetzt und kann dann auch durch Versäumnisurteil entschieden werden.

477 Die Regelung des § 245 ZPO, wonach das Verfahren kraft Gesetzes auch dann unterbrochen wird, wenn es infolge eines Krieges oder eines anderen Ereignisses zum Stillstand der Rechtspflege kommt, ist in der Praxis irrelevant.

478 Die Aufnahme des Rechtsstreits ist in § 250 ZPO geregelt. Danach erfolgt die Aufnahme des Rechtsstreits durch Einreichung eines Schriftsatzes oder durch Erklärung zu Protokoll des Urkundsbeamten.

2. Die Aussetzung des Verfahrens

a) Die Aussetzung des Verfahrens nach § 148 ZPO

479 Nach § 148 ZPO kann das Gericht den Rechtsstreit von Amts wegen, aber auch auf „Anregung" der Parteien aussetzen, wenn ein anderweitiger Rechtsstreit anhängig ist, dessen Gegenstand eine Vorfrage des auszusetzenden Rechtsstreits betrifft. Das Gleiche gilt, wenn eine Vorfrage durch eine Verwaltungsbehörde zu entscheiden ist.

480 Die Vielzahl der veröffentlichten Entscheidungen zu § 148 ZPO zeigt, dass dies eine hohe praktische Relevanz hat. Dies ergibt sich daraus, dass die Aussetzung regelmäßig zu einer erheblichen Verzögerung des Rechtsstreits führt, was für die klagende Partei misslich ist, dagegen von der beklagten Partei regelmäßig begrüßt wird.

---

325 BGHZ 61, 84; BGH NJW 1982, 2324.
326 Muster eines Antrags nach § 244 Abs. 2 ZPO unter Rdn 693.

Gesetzliche Fälle der Vorgreiflichkeit sind zunächst in §§ 152–154 ZPO geregelt. Danach **481** ist der Rechtsstreit auszusetzen, wenn:[327]
- der Rechtsstreit davon abhängig ist, ob eine Ehe aufhebbar ist und die Aufhebung in einem anderen Verfahren beantragt ist, § 152 ZPO,
- der Rechtsstreit von der Frage abhängig ist, ob ein Mann, dessen Vaterschaft im Wege der Anfechtungsklage angefochten ist, der Vater des Kindes ist, § 153 ZPO,
- streitig ist, ob zwischen den Parteien eine Ehe oder eine Lebenspartnerschaft, ein Eltern- und Kindschaftsverhältnis besteht und ob der einen oder der anderen Partei die elterliche Sorge zusteht, § 154 Abs. 1 und Abs. 2 ZPO.

Darüber hinaus kommt eine Aussetzung des Verfahrens nach § 148 ZPO in Betracht, **482** wenn:[328]
- die Aufrechnung mit einer rechtswegfremden Forderung erklärt werden soll;[329]
- die hilfsweise Aufrechnung mit einer bereits anderweitig beklagten Forderung erklärt wird;[330]

> *Hinweis*
>
> Nach Auffassung des BGH ist es bei einer doppelten Prozessaufrechnung im Allgemeinen zweckmäßig, den zweiten Prozess bis zur Erledigung desjenigen Verfahrens auszusetzen, in dem die erste Aufrechnung erklärt wurde. Das gelte auch dann, wenn die Zweitaufrechnung in einem Urkundenprozess erfolgt sei.[331]

- das Hauptsacheverfahren zu einem Verfügungs- bzw. Arrestverfahren anhängig ist. Dann kann das Verfahren, in dem der Verfügungskläger Kostenerstattung verlangt, so lange ausgesetzt werden, bis über das Hauptsacheverfahren entschieden ist;[332]
- der Bauwillige Schadensersatzansprüche gegen die Gemeinde wegen der Verweigerung des Einvernehmens geltend macht. Dann kann dieser Rechtsstreit ausgesetzt werden, bis im Verwaltungsrechtsstreit über die wirksame Ersetzung des Einvernehmens entschieden ist;[333]
- die Gefahr divergierender Entscheidungen besteht und diese Gefahr nur durch eine Aussetzung des Urkundenverfahrens gebannt werden kann;[334]
- der Gegenstand des Verfahrens bereits Gegenstand eines verfassungsgerichtlichen Verfahrens ist und das aussetzende Gericht ebenfalls von einer Verfassungswidrigkeit des anzuwenden Gesetzes ausgeht;[335]

---

327 Muster eines Antrags auf Aussetzung des Verfahrens nach § 148 ZPO i.V.m. §§ 152 ff. ZPO unter Rdn 697.
328 Muster eines Antrags auf Aussetzung des Verfahrens nach § 148 ZPO wegen einer Aufrechnung unter Rdn 698.
329 Zwingend auszusetzen, vgl. BGHZ 16, 124.
330 OLG Dresden NJW 1994, 139, wonach das Gericht aussetzen *kann*; a.A. OLG Celle NJW-RR 2000, 6; OLG Frankfurt, MDR 2015, 1036.
331 BGH NJW-RR 2004, 1000; Zöller/*Greger*, ZPO, 32. Aufl., 2018, § 145 Rn 18a.
332 OLG Nürnberg OLGR 2003, 415.
333 OLG Frankfurt/M. OLGR 2003, 53.
334 OLG München JurBüro 2003, 154.
335 OLG Stuttgart FamRZ 2003, 538.

- die entscheidungserhebliche Auslegungsfrage Gegenstand eines beim EuGH anhängigen Vorabentscheidungsersuchens ist;[336]

  Hinweis

  Der Umstand, dass beim Bundesgerichtshof ein Revisionsverfahren anhängig ist, in dem über eine Rechtsfrage zu entscheiden ist, von deren Beantwortung auch die Entscheidung eines zweiten Rechtsstreits ganz oder teilweise abhängt, rechtfertigt die Aussetzung der Verhandlung des zweiten Rechtsstreits dagegen grundsätzlich nicht.[337] Anderer Ansicht ist zumindest für Massenverfahren das OLG Koblenz.[338]

- der Beklagte ein schlüssiges Zurückbehaltungsrecht wegen eines Anspruchs auf Zugewinnausgleich geltend macht. Dann kann ausgesetzt werden, bis über diesen Anspruch entschieden ist;[339]
- der Wechselgläubiger aus dem der Wechselbegebung zugrunde liegenden Kausalverhältnis klagt, zugleich jedoch anderweitig das Nachverfahren zum anhängig gebliebenen Wechselverfahren betrieben wird;[340]
- ein Ehegatte über ein Anrecht verfügt, in dessen Ehezeitanteil eine auf dieser unwirksamen Übergangsregelung berechnete Startgutschrift enthalten ist, ist das Verfahren über den Versorgungsausgleich grundsätzlich entsprechend § 148 bis zu einer Neuregelung der Berechnungsgrundlage auszusetzen;[341]
- mit einer rechtskräftigen Entscheidung in einem Verwaltungsrechtsstreit zugleich mit Bindungswirkung für die Zivilgerichte entschieden wird, ob eine Ordnungsverfügung rechtmäßig oder rechtswidrig gewesen ist, ist dieser Rechtsstreit vorgreiflich i.S.d. § 148 ZPO.[342]

483 Streitig ist, ob das Gericht ein Verfahren nach § 148 ZPO aussetzen darf, wenn eine vom Gericht der Hauptsache für beweiserheblich gehaltene Tatsache in einem selbstständigen Beweisverfahren geklärt werden soll.[343]

Hinweis

Eine Aussetzung des Rechtsstreits wegen eines anhängigen selbstständigen Beweisverfahrens kommt allerdings dann nicht in Betracht, wenn der Rechtsstreit sich gegen mehrere Beklagte richtet, die jedoch nicht alle am selbstständigen Beweisverfahren beteiligt sind. In diesem Fall ist das Ergebnis des selbstständigen Beweisverfahrens nämlich nicht gegen alle Beklagten verwendbar.[344]

---

336 OLG Saarbrücken OLGR 2001, 408; ausdrücklich offengelassen in BGH NJW 2005, 1947.
337 BGH NJW 2005, 194.
338 OLG Koblenz OLGR 2005, 153.
339 OLG Bamberg OLGR 2001, 88 = FamRZ 2001, 1007.
340 OLG Köln OLGR 2000, 492.
341 BGH FamRZ 2009, 954.
342 OLG Düsseldorf v. 25.6.2008 – I-18 U 217/07 n.v.
343 Ablehnend: OLG Dresden BauR 1998, 595; Befürwortend: OLG Köln MDR 2009, 526.
344 BGH MDR 2003, 1306; Hanseatisches Oberlandesgericht Hamburg, Beschl. v. 30.7.2013 – 15 W 5/13 –, juris.

Da das Prozessgericht nicht in jedem Fall Kenntnis von dem vorgreiflichen Verfahren haben wird, ist es ungeachtet der Tatsache, dass das Gericht die Aussetzung nach § 148 ZPO von Amts wegen anordnen kann, erforderlich, dass eine entsprechende Aussetzung beantragt wird.[345] 484

Ein Beschluss über die Aussetzung der Verhandlung bis zur Entscheidung eines bei einem anderen Gericht anhängigen Rechtsstreits stellt in der Regel eine fehlerhafte Ermessensentscheidung dar, wenn dort schon vorher die Aussetzung der Verhandlung bis zur Entscheidung des ersteren Rechtsstreits angeordnet worden ist.[346] Allein das erste Verfahren bleibt ausgesetzt, während das zweite Verfahren fortzusetzen ist. 485

b) Die Aussetzung des Verfahrens bei Verdacht einer Straftat nach § 149 ZPO

Nach § 149 ZPO kann das Gericht den Rechtsstreit von Amts wegen oder auf Antrag[347] aussetzen, wenn sich der Verdacht einer Straftat ergibt und die diesbezüglichen Ermittlungen Einfluss auf die Entscheidung des Rechtsstreits haben können. 486

Die Aussetzung steht im freien Ermessen des Gerichts, wobei berücksichtigt werden muss, dass einerseits die Entscheidung im Strafverfahren das Zivilgericht nicht bindet, andererseits die Nutzung konkret zu benennender besserer Erkenntnismöglichkeiten des Strafverfahrens sinnvoll sein kann. 487

> **Hinweis** 488
>
> Eine Aussetzung der Verhandlung nach § 149 ZPO setzt voraus, dass die im Rahmen des richterlichen Ermessens vorzunehmende Abwägung den Stillstand des Zivilverfahrens rechtfertigt. Wenn infolge des Zeitablaufs eine ernsthafte Gefahr einer Erschwernis der späteren Realisierung eines Anspruchs besteht, haben die Interessen des Klägers, alsbald einen Vollstreckungstitel zu erhalten, Vorrang vor einer etwaigen Klärung in einem Strafverfahren.[348]

Nicht erforderlich ist, dass das Strafverfahren bereits eingeleitet ist. Die Einleitung des Strafverfahrens kann vielmehr auch durch das aussetzende Gericht erfolgen, indem der Rechtsstreit ausgesetzt und die Akten der zuständigen Staatsanwaltschaft vorgelegt werden. 489

Nicht ausreichend ist, dass der Verdacht einer Straftat nicht auszuschließen ist. Vielmehr muss das aussetzende Gericht selbst aufgrund konkreter Anhaltspunkte den Verdacht haben, dass eine Straftat vorliegen könnte. Aus diesem Grunde muss der Aussetzungsbeschluss nach § 149 ZPO auch begründet werden.[349] Die streitigen Umstände, auf die es im Zivilverfahren ankommt und die im Strafverfahren leichter oder einfacher geklärt werden können, müssen dabei konkret und eingehend herausgearbeitet werden. Eine pauschale Begründung hält sich nicht innerhalb des dem Gericht eingeräumten Ermes- 490

---

345 Muster eines Antrags auf Aussetzung des Verfahrens nach § 148 ZPO unter Rdn 697 und 698.
346 BGH NJW-RR 2005, 925.
347 Muster eines Antrags auf Aussetzung des Verfahrens nach § 149 ZPO unter Rdn 699.
348 OLG Köln ZVI 2004, 686.
349 OLG Düsseldorf NJW-RR 1998, 1531.

sensspielraumes.[350] Der pauschale Hinweis auf „überlegene Erkenntnismöglichkeiten der Strafverfolgungsbehörden" stellt eine unzulässige Leerformel dar.[351]

491 *Hinweis*

Aus dem Beschluss über die Aussetzung des Verfahrens nach § 149 ZPO und dessen Begründung können sich Anhaltspunkte für eine Ablehnung des Richters ergeben, wenn die Aussetzung nur auf Spekulationen und Vermutungen basiert, ohne hinreichende tatsächliche Anhaltspunkte für eine Straftat zu nennen. Allerdings genügt dafür nicht, dass das Ermittlungsverfahren später eingestellt wird.

492 § 149 ZPO kann in unterschiedlichen Konstellationen zur Anwendung kommen, etwa wenn:
- der Verdacht besteht, dass ein Zeuge durch seine Aussage im Prozess sich einer uneidlichen Falschaussage oder eines Meineides strafbar gemacht haben könnte;
- der Verdacht eines fingierten Unfallereignisses besteht;

Hinweis

Gerade in Verfahren, in denen die Entscheidung von einer Vielzahl von Indizien abhängt, wie bei der Behauptung, ein Unfallereignis sei fingiert, kann es sinnvoll sein, das zivilgerichtliche Verfahren auszusetzen und durch das Strafverfahren die Möglichkeit wahrzunehmen, angenommene Indizien für ein fingiertes Ereignis zu widerlegen oder aber auch zusätzliche Indizien zu gewinnen.

- bei der Inanspruchnahme des Kaskoversicherers der Verdacht besteht, dass der Diebstahl des versicherten Fahrzeuges „bestellt" wurde.

493 Keine Aussetzung soll nach einer Entscheidung des OLG Koblenz[352] dagegen in Arzthaftungssachen in Betracht kommen. Im Arzthaftungsprozess werde im Allgemeinen der mit einer Aussetzung des Verfahrens bei Verdacht einer Straftat gem. § 149 ZPO verfolgte Zweck nicht erreicht. Denn im Arzthaftungsprozess stelle sich die Rechts- und die Beweislage oft wesentlich anders dar als im Strafverfahren. Die im Ermittlungsverfahren gewonnenen Erkenntnisse seien nur in wenigen Fällen von Nutzen. Erfahrungsgemäß habe das Zivilgericht, unabhängig vom Ausgang des Strafverfahrens, die Beweisaufnahme ganz oder in Teilen zu wiederholen und eine eigene Beweiswürdigung vorzunehmen.

494 Nach § 149 Abs. 2 S. 1 ZPO ist das ausgesetzte Verfahren nach Ablauf eines Jahres fortzusetzen, wenn eine Partei dies beantragt.[353]

495 *Tipp*

Der Bevollmächtigte wird diese Jahresfrist nach § 149 Abs. 2 ZPO, die mit der Zustellung des Aussetzungsbeschlusses beginnt, zu notieren haben. Nach Ablauf der Jahres-

---

350 OLG Düsseldorf NJW 1980, 2534.
351 OLG München NJW-RR 2008, 1091.
352 OLGR Koblenz 2004, 522 = ZMGR 2004, 162.
353 Muster eines Antrags auf Fortsetzung des nach § 149 ZPO ausgesetzten Verfahrens unter Rdn 700.

frist ist mit dem Mandanten zu erörtern, ob ein eigener Antrag auf Fortsetzung des Verfahrens gestellt werden soll. Dies wird insbesondere im Interesse der Partei liegen, die sich dem Verdacht der Straftat ausgesetzt sieht, wenn das Ermittlungsverfahren noch keine wesentlichen Ergebnisse gezeigt hat.

Das Gericht kann die Aufnahme des Verfahrens nach Ablauf eines Jahres auf Antrag einer Partei ablehnen, wenn gewichtige Gründe für die Aufrechterhaltung der Aussetzung sprechen, § 149 Abs. 2 S. 2 ZPO. Solche wichtigen Gründe können sein, dass wesentliche Ermittlungsmaßnahmen, etwa Zeugenvernehmungen, Beschuldigtenvernehmungen oder auch Durchsuchungen unmittelbar bevorstehen oder dass die Abschlussverfügung der Staatsanwaltschaft oder der Abschluss des Strafverfahrens unmittelbar bevorstehen. Gewichtige Gründe für eine erneute Aussetzung eines nach einjähriger Aussetzung fortgesetzten Rechtsstreits sind auch anzunehmen, wenn die der Klage zugrunde liegenden Vorgänge ein besonders umfangreiches strafrechtliches Ermittlungsverfahren sind und Anklage in nächster Zeit zu erwarten ist. In einem solchen Fall ist die Aussetzung in der Regel zunächst bis zur Anklageerhebung zu begrenzen. Sodann ist zu prüfen, ob gewichtige Gründe vorliegen, die eine erneute Aussetzung des Verfahrens rechtfertigen.[354] 496

Tipp 497

Ist die Jahresfrist des § 149 Abs. 2 S. 1 ZPO abgelaufen, kann der Beschuldigte auf diese Weise mittelbar in Erfahrung bringen, ob wesentliche Ermittlungsschritte gegen ihn noch vorgenommen werden, wenn ihm die Einsichtnahme in die Ermittlungsakten seitens der Staatsanwaltschaft verweigert wird.

Das Verfahren ist jedenfalls dann wieder aufzunehmen, wenn die Ermittlungen oder ein diesen folgendes Strafverfahren abgeschlossen sind. Dies sollte dem Gericht mit dem Antrag auf Wiederaufnahme des Verfahrens mitgeteilt werden. Zugleich besteht aus Sicht beider Parteien Anlass, zum Ergebnis des Ermittlungsverfahrens oder des Strafverfahrens und zu den Auswirkungen dieser Ergebnisse auf das Strafverfahren Stellung zu nehmen.[355] 498

c) Die Aussetzung des Verfahrens nach § 246 ZPO

Verstirbt eine Partei des Rechtsstreits, verliert sie ihre Prozessfähigkeit oder stirbt der gesetzliche Vertreter der Partei oder verliert dieser seine Vertretungsbefugnis, wird die Nachlassverwaltung angeordnet oder tritt die Nacherbfolge ein, so führt dies nach §§ 239, 241, 242 ZPO zur Unterbrechung des Verfahrens, wenn die Partei keinen Prozessbevollmächtigten hatte. 499

Wurde die betroffene Partei jedoch durch einen Bevollmächtigten vertreten – sowohl im Anwalts- als auch im Parteiprozess –,[356] so tritt diese Unterbrechung nach § 246 ZPO 500

---

354 OLG Karlsruhe OLGR 2005, 136.
355 Muster eines Antrags auf Aufnahme des gem. § 149 ZPO ausgesetzten Verfahrens nach dem Ende der strafrechtlichen Ermittlungen unter Rdn 701.
356 Zöller/*Greger*, ZPO, 32. Aufl., 2018, § 246 Rn 1a.

nicht ein. Jedoch kann auf Antrag des Bevollmächtigten und in den Fällen des Todes der Partei und der Nacherbfolge auch auf Antrag des Gegners die Aussetzung des Verfahrens nach § 246 Abs. 1 ZPO angeordnet werden.[357]

501 *Tipp*
Von dieser Möglichkeit sollte der Bevollmächtigte immer Gebrauch machen, um den Lauf von Fristen nach § 249 Abs. ZPO zu unterbrechen und den Prozesshandlungen der anderen Partei nach § 249 Abs. 2 ZPO die Wirkung zunehmen. Darüber hinaus hat die Aussetzung wegen des Todes einer Partei den Vorteil, dass der Bevollmächtigte zunächst abwarten kann, ob und in welcher Weise die Erben den Rechtsstreit aufnehmen möchten. So kann sich auch die Prozesssituation dadurch verändern, dass die Erben andere persönliche und wirtschaftliche Ziele als der Erblasser verfolgen oder sich die Beweislage nun dadurch ändert, dass die Erben bisher als (einzige) Zeugen im Prozess vorgesehen waren und damit das Prozessrisiko neu bewertet werden muss.

502 Für die Dauer der Aussetzung und die Aufnahme des Verfahrens gelten nach § 246 Abs. 2 ZPO die gleichen Regelungen wie bei der Unterbrechung des Verfahrens nach §§ 239, 241–243 ZPO. Wird also die Aufnahme des Verfahrens verzögert, so kann beantragt werden, die neuen Parteien zur Aufnahme und zugleich zur Verhandlung der Hauptsache zu laden.

503 Die Aufnahme des Rechtsstreits ist dem Gericht nach § 250 ZPO schriftlich anzuzeigen.[358] Das Gericht stellt den Schriftsatz der gegnerischen Partei zu.

504 *Hinweis*
Beide Parteien müssen beachten, dass mit der Zustellung der Anzeige der Aufnahme des Rechtsstreits alle Fristen unmittelbar wieder zu laufen beginnen. Dem muss der Rechtsanwalt in seiner Fristenverwaltung Rechnung tragen.

505 Der Rechtsstreit kann bei dem Tod einer Partei durch die Erben als Ganzes, aber auch durch einen einzelnen Miterben aufgenommen werden.

506 *Hinweis*
Demgegenüber endet der Prozess unmittelbar, wenn die verstorbene Partei vom Prozessgegner beerbt worden ist.[359] Eine Aufnahme ist dann nicht mehr möglich.

507 Grundsätzlich ist das Gericht gehindert, nach der Aussetzung gem. § 246 ZPO noch eine Entscheidung zu verkünden. Eine Ausnahme sieht § 249 Abs. 3 ZPO vor, wenn der Aussetzungsgrund erst nach dem Schluss der mündlichen Verhandlung entstanden ist und die Entscheidung aufgrund dieser mündlichen Verhandlung erlassen werden soll.

---

357 Muster eines Antrags auf Aussetzung des Verfahrens nach § 246 ZPO unter Rdn 702.
358 Muster einer Anzeige der Aufnahme eines nach § 246 ZPO ausgesetzten Rechtsstreites unter Rdn 703.
359 BGH NJW-RR 1999, 1512.

Hinweis 508

Verstirbt die anwaltlich vertretene und ein Rechtsmittel führende Partei während des Berufungsverfahrens und wird ein Aussetzungsantrag gestellt, dann darf das Berufungsgericht während des ausgesetzten Verfahrens keinen Beschluss über die Streitwertfestsetzung treffen, auf dessen Grundlage dann das Rechtsmittel wegen Nichterreichens der Berufungssumme verworfen wird.[360] Erfolgt eine Aussetzung der Hauptsache, bevor ein verkündetes Urteil Rechtskraft erlangt, ist eine Kostenfestsetzung unzulässig. Dies gilt bei einer das Verfahren in seiner Gesamtheit erfassenden Aussetzungsentscheidung selbst dann, wenn der Aussetzungsgrund weder den Antragsteller noch den Antragsgegner des Kostenfestsetzungsverfahrens betrifft.[361]

Der Gegner ist berechtigt, nach der Aufnahme des Verfahrens durch die vermeintlichen Erben, deren Erbenstellung zu bestreiten. Die Erben müssen dann einen Erbschein beantragen und vorlegen, um ihre Rechtsstellung nachzuweisen. 509

Hinweis 510

Der Gegner hat damit die Möglichkeit, durch das einfache Bestreiten der Rechtsnachfolge den Rechtsstreit weiter zu verzögern. Wollen die Erben dies vermeiden, empfiehlt es sich, schon unmittelbar mit der Anzeige der Aufnahme des Verfahrens einen Erbschein vorzulegen. Jedenfalls sollte dieser unverzüglich nachgereicht werden oder die Beiziehung der Nachlassakte beantragt werden.

Werden die Erben als Rechtsnachfolger des Beklagten als Schuldner in Anspruch genommen, so können sie nach § 780 Abs. 1 ZPO[362] die Beschränkung ihrer Haftung auf den Nachlass nur geltend machen, wenn sie sich diesen Vorbehalt der beschränkten Erbenhaftung im Urteil vorbehalten haben. Aus diesem Grunde sollte der Vorbehalt schon in die Anzeige der Aufnahme des Verfahrens durch die Erben enthalten sein. 511

d) Die Aussetzung des Hauptprozesses nach § 65 ZPO

Liegt eine Hauptintervention eines Dritten vor, d.h. verklagt der Dritte beide Parteien eines bereits anhängigen Rechtsstreits, dann führt dies nicht dazu, dass sich der Hauptintervenient am Hauptprozess beteiligt. 512

Vielmehr ist seine Klage gegen beide Parteien des bereits anhängigen Rechtsstreits als selbstständiges neues Erkenntnisverfahren zu betrachten.[363] Hinsichtlich des zunächst anhängigen Verfahrens ergeben sich nun unterschiedliche prozessuale Möglichkeiten: 513

- das Gericht kann das ursprünglich rechtshängige Verfahren mit dem Prozess für die Hauptintervention nach § 147 ZPO verbinden,[364]

---

360 BGH MDR 2000, 168.
361 OLG Koblenz JurBüro 2004, 658.
362 Hierzu im Einzelnen *Goebel*, AnwaltFormulare Zwangsvollstreckung, 5. Aufl. 2016, § 2.
363 Zöller/*Althammer*, ZPO, 32. Aufl., 2018, § 65 Rn 5 f.
364 BGH NJW 1988, 1204.

- das Gericht kann gem. § 148 ZPO entweder den ursprünglichen Prozess oder den Prozess über die Hauptintervention von Amts wegen aussetzen,[365]
- auf Antrag einer der Parteien[366] kann der Hauptprozess gem. § 65 ZPO bis zur rechtskräftigen Entscheidung über die Hauptintervention ausgesetzt werden. Dies wird in der Regel geboten sein.[367]

514 *Hinweis*

Das Antragsrecht nach § 65 ZPO steht allerdings nur den Parteien des ursprünglichen Prozesses, d.h. den Beklagten des Hauptinterventionsprozesses zu. Der Hauptintervenient selbst hat kein Recht, die Aussetzung zu beantragen.[368]

515 Wird der Rechtsstreit ausgesetzt, hat auch die Aussetzung nach § 65 ZPO die Wirkungen des § 249 ZPO, so dass laufende Fristen unterbrochen werden und Prozesshandlungen der gegnerischen Partei die Wirkung genommen wird.

3. Das Ruhen des Verfahrens

516 Nach § 251 ZPO kann das Gericht auf Antrag beider Parteien das Ruhen des Verfahrens anordnen, wenn anzunehmen ist, dass wegen außergerichtlicher Vergleichsverhandlungen oder aus sonstigen wichtigen Gründen diese Anordnung zweckmäßig ist. Die Vorschrift des § 251 ZPO findet auch im selbstständigen Beweisverfahren Anwendung, weil sie mit dessen Sinn und Zweck grundsätzlich vereinbar ist. Allerdings ist die Anordnung des Ruhens nur dann zweckmäßig, wenn das Verfahren – jedenfalls im betroffenen Stadium – nicht eilbedürftig ist,[369] etwa weil die eigentliche gutachterliche Beweissicherung schon erfolgt ist.

517 *Hinweis*

Die Praxis zeigt, dass an die Darlegung eines „sonstigen wichtigen Grundes" keine hohen Anforderungen gestellt werden, wenn nur beide Parteien das Ruhen des Verfahrens nach § 251 ZPO beantragen.

518 Hat das Gericht Termin zur mündlichen Verhandlung bestimmt und erscheinen beide Parteien nicht, so kann das Gericht den Rechtsstreit entweder nach § 227 ZPO vertagen oder aber ebenfalls das Ruhen des Verfahrens anordnen, ohne dass es hierfür eines wichtigen Grundes bedarf.

519 Besonders beachtet werden muss § 251 S. 2 ZPO, wonach die Anordnung des Ruhens des Verfahrens auf die Notfristen oder die sonstigen Fristen des § 233 ZPO keinen Einfluss hat.

---

365 Insoweit zurückhaltend allerdings OLG Düsseldorf JurBüro 2002, 598, wonach § 65 ZPO der Vorrang zu geben sei.
366 Muster eines Antrags auf Aussetzung des Rechtsstreites nach § 65 ZPO unter Rdn 704.
367 OLG Frankfurt/M. NJW-RR 1994, 957.
368 OLG Hamburg OLGR 1996, 94; Zöller/*Althammer*, ZPO, 32. Aufl., 2018, § 65 Rn 1.
369 OLG Düsseldorf NJW-RR 2009, 496.

B. Rechtliche Grundlagen § 13

Alle Notfristen und sonstigen von § 233 ZPO erfassten Fristen laufen weiter, d.h. insbesondere die Fristen für: **520**
- die Abgabe der Verteidigungsanzeige,
- die Zustimmung zur Erledigungserklärung nach § 91a Abs. 1 S. 2 ZPO,
- die Zustimmung zur Klagerücknahme nach § 269 Abs. 2 S. 4 ZPO,
- eine sofortige Beschwerde,
- eine Tatbestandsberichtigung,
- eine Berufung oder eine Berufungsbegründung.

Hinweis **521**

Zugleich stellt das Ruhen des Verfahrens ein Nichtbetreiben des Verfahrens nach § 204 Abs. 2 BGB dar, so dass die Hemmung der Verjährung sechs Monate nach der letzten Verfahrenshandlung der Parteien oder des Gerichts, d.h. dem Beschluss über die Anordnung des Ruhens des Verfahrens, endet. Dies bedeutet, dass der Bevollmächtigte eine besondere Verantwortung bei der Überwachung der Notfristen und Verjährungsfristen hat und hier ein erhebliches Haftungsrisiko zu sehen ist.

Tipp **522**

Soll das Verfahren aufgrund des übereinstimmenden Willens beider Parteien zum Ruhen gebracht werden, und ist eine Verjährung von Ansprüchen – schon allein aufgrund der neuen kurzen Verjährungsfristen – nicht gänzlich auszuschließen, empfiehlt es sich, einen Verzicht über die Einrede der Verjährung im Rahmen des § 202 ZPO zu vereinbaren.[370]

Zu einem Ruhen des Verfahrens kommt es auch dann, wenn beide Parteien in der Güteverhandlung nicht erscheinen, § 278 Abs. 4 ZPO. Schlägt das Gericht den Parteien nach § 278 Abs. 5 ZPO eine außergerichtliche Streitschlichtung vor und entscheiden sich die Parteien hierzu, ruht das Verfahren gleichfalls nach § 251 ZPO. **523**

Der Antrag auf Ruhen des Verfahrens nach § 251 ZPO muss von beiden Parteien gestellt werden, wobei der Antrag einer Partei bei Zustimmung der anderen Partei genügt.[371] **524**

Das Ruhen des Verfahrens ist zweckmäßig, wenn: **525**
- zwischen den Parteien außergerichtliche Vergleichsverhandlungen schweben,
- zwischen den Parteien über einen Klageverzicht oder ein Anerkenntnis unter Berücksichtigung vollstreckungsrechtlicher Fragen verhandelt wird,
- der Ausgang eines Parallelprozesses abgewartet werden soll,[372]
- der Ausgang eines Musterprozesses abgewartet werden soll,

Hinweis

Über § 251 ZPO können die Parteien so eine faktische Aussetzung des Verfahrens auch dann erreichen, wenn das Gericht eine förmliche Aussetzung nach § 148

---

[370] Insgesamt zum neuen Verjährungsrecht vgl. *Mansel/Budzikiewicz*, Das neue Verjährungsrecht, 2002.
[371] *Zöller/Greger*, ZPO, 32. Aufl., 2018, § 251 Rn 2.
[372] Vgl. hierzu BFH NJW 1994, 3375.

§ 13 Sondersituationen im Prozessverlauf

ZPO ablehnt oder daran aufgrund der fehlenden Voraussetzungen von § 148 ZPO gehindert ist.

- die Parteien eine außergerichtliche Streitschlichtung, etwa durch ein Sachverständigengutachten, eingeleitet haben.

526 Auch für das Ruhen des Verfahrens nach § 251 ZPO gilt § 249 Abs. 1 und 2 ZPO, so dass laufende Fristen unterbrochen werden und Prozesshandlungen des Gegners keine Wirkung entfalten.[373] Dies gilt jedoch gemäß der ausdrücklichen Ausnahme in § 251 Abs. 1 S. 2 ZPO nicht für die in § 233 ZPO genannten Fristen. Auch für Rechtsmittelbegründungsfristen, d.h. insbesondere die Berufungsbegründungsfrist, gilt dies nicht.[374]

527 § 249 ZPO bestimmt dabei, dass die Fristen nach der Wiederaufnahme des Verfahrens vollständig von Neuem zu laufen beginnen.

528 *Beispiel*

Ordnet das Gericht das schriftliche Vorverfahren nach § 276 Abs. 1 S. 1 ZPO an und setzt es dem Beklagten eine Klageerwiderungsfrist von drei Wochen ab dem Ablauf der Frist zur Verteidigungsanzeige und wird das Verfahren wegen aufgenommener Vergleichsverhandlungen der Parteien eine Woche nach Zustellung der Verfügung über die Anordnung des schriftlichen Vorverfahrens zum Ruhen gebracht, so gilt es, zwei Fristen zu beachten.

Zunächst muss der Beklagte in der Notfrist von zwei Wochen ab Zustellung der Anordnung des schriftlichen Vorverfahrens die Verteidigungsanzeige abgeben, da diese Notfrist nach § 251 S. 2 ZPO nicht unterbrochen wird. Die gesetzte Klageerwiderungsfrist kann er verstreichen lassen. Wird das Verfahren nach dem Scheitern der Vergleichsverhandlungen erneut aufgenommen, steht ihm die Klageerwiderungsfrist zunächst im Umfange von drei Wochen erneut zur Verfügung. Will der Bevollmächtigte absolut sichergehen, kann er die Verlängerung der Klageerwiderungsfrist bis drei Wochen nach Beendigung des Ruhens des Verfahrens beantragen.

529 *Hinweis*

Wurde die Berufung eingelegt, jedoch noch nicht begründet und nachfolgend ein Antrag auf Ruhen des Verfahrens gestellt, so kann hierin kein Antrag auf Verlängerung der Berufungsbegründungsfrist gesehen werden.[375]

530 *Tipp*

Damit ist es angezeigt, wenn nach der Einlegung der Berufung wegen außergerichtlicher Vergleichsverhandlungen das Ruhen des Verfahrens beantragt wird, zugleich einen Antrag auf Verlängerung der Berufungsbegründungsfrist bis einen Monat nach der Endigung des Ruhens des Verfahrens ausdrücklich zu stellen.[376]

---

373 Zöller/*Greger*, ZPO, 32. Aufl., 2018, § 251 Rn 1.
374 Zöller/*Greger*, ZPO, 32. Aufl., 2018, § 251 Rn 1.
375 BGH NJW-RR 2001, 572.
376 Muster eines Antrags auf Ruhen des Berufungsverfahrens mit dem gleichzeitigen Antrag auf Verlängerung der Berufungsbegründungsfrist unter Rdn 705.

Da für die Anordnung des Ruhens des Verfahrens die Zustimmung der gegnerischen Partei notwendig ist, ist zu erwarten, dass diese auch der entsprechenden Verlängerung der Berufungsbegründungsfrist zustimmt. Allerdings kommt eine weitere Verlängerung der Berufungsbegründungsfrist dann auch nur noch mit Zustimmung des Berufungsbeklagten in Betracht.

Hat der Rechtsanwalt den Fortgang der Notfristen und der Rechtsmittelbegründungsfristen nach § 251 Abs. 1 S. 2 ZPO i.V.m. § 233 ZPO nicht beachtet, kommt eine Wiedereinsetzung in den vorigen Stand nicht in Betracht, da es sich um ein schuldhaftes Verhalten des Bevollmächtigten handelt, was der Partei nach § 85 Abs. 2 ZPO zuzurechnen ist.[377]

4. Die Rechtsmittel gegen die Anordnung der Aussetzung oder des Ruhens des Verfahrens

Gegen die Entscheidung, mit der die Aussetzung des Verfahrens oder das Ruhen des Verfahrens angeordnet oder abgelehnt wird, findet nach § 252 ZPO die sofortige Beschwerde statt.[378]

§ 252 ZPO betrifft seinem Wortlaut nach zunächst alle Fälle der §§ 239 ff. ZPO, insbesondere also auch die Aussetzung wegen des Todes des Bevollmächtigten nach § 246 ZPO.

Daneben betrifft § 252 ZPO aber auch alle Aussetzungs- oder Ruhensbeschlüsse aufgrund anderer gesetzlicher Bestimmungen, insbesondere also die Aussetzungsbeschlüsse der §§ 148–154 und 65 ZPO.

> *Hinweis*
>
> Die Aussetzung im Zusammenhang mit der Vorlage eines Verfahrens nach Art. 100 GG an das BVerfG oder an den EuGH kann dagegen nicht mit der sofortigen Beschwerde nach § 252 ZPO angefochten werden.[379]

Darüber hinaus findet § 252 ZPO in weiteren Fällen Anwendung, die einer Aussetzung des Verfahrens gleich kommen. Die sofortige Beschwerde ist danach auch gegeben, wenn:

- das Gericht es ablehnt, das Verfahren nach einem Grundurteil vor dessen Rechtskraft fortzusetzen,[380]
- das Gericht es ablehnt, das Verfahren nach einem Vorbehaltsurteil vor dessen Rechtskraft fortzusetzen,[381]
- das Gericht dem Gegner eine unangemessen lange oder unbestimmte Frist zur Beibringung von Beweismitteln nach § 36 ZPO setzt,[382]

---

377 BGH NJW-RR 2001, 572.
378 Muster einer sofortigen Beschwerde gegen einen Beschluss, mit dem eine Aussetzung oder ein Ruhen des Verfahrens angeordnet wird, unter Rdn 708.
379 OLG Frankfurt/M. FamRZ 1980, 178; OLG Köln WRP 1977, 734; OLG Köln MDR 1970, 852.
380 KG MDR 1971, 588.
381 Zöller/*Greger*, ZPO, 32. Aufl., 2018, § 252 Rn 1.
382 OLG Köln FamRZ 1960, 409.

- dem Gegner eine unangemessen lange oder nicht bestimmte Frist nach § 364 ZPO zur Beibringung eines Ersuchensschreibens gesetzt wird,[383]
- das Gericht eine nicht durch die Belastung des Gerichts veranlasste langfristige Terminierung vornimmt,[384]
- die Aussetzung eines Verfahrens über den Versorgungsausgleich nach § 252 ZPO angegriffen werden soll,[385]
- der Einzelrichter es ablehnt, über einen Tatbestandsberichtigungsantrag zu entscheiden, weil der Richter, welcher das Urteil erlassen hat, inzwischen ausgeschieden ist.[386]

537 Beachtet werden muss, dass die sofortige Beschwerde nach § 252 ZPO den Bestimmungen der §§ 567 ff. ZPO unterliegt und damit grundsätzlich in der Notfrist von zwei Wochen ab Zustellung der bewilligenden oder ablehnenden Entscheidung zu erheben ist.

538 Das Beschwerdegericht ist in seiner Prüfungskompetenz allerdings eingeschränkt, da es sich bei der Frage, ob ein Verfahren ausgesetzt oder zum Ruhen gebracht wird, um eine Ermessensentscheidung handelt. Es prüft lediglich:
- ob der angefochtene Beschluss verfahrensfehlerhaft zustande gekommen ist,
- ob die formellen Voraussetzungen des Beschlusses, d.h. der Aussetzungs- oder Ruhensgrund, vorliegen,
- ob ein Missbrauch des Ermessens vorliegt, d.h. nicht erkannt wurde, dass ein Ermessen gegeben ist, die Grenzen des Ermessens verkannt wurden oder nicht alle erheblichen Aspekte in die Ermessensentscheidung einbezogen wurden.

539 Demgegenüber wird die Zweckmäßigkeit des Beschlusses nicht geprüft.[387]

VIII. Richterablehnung

540 Die Parteien, die ein Gericht zur Entscheidung ihres Streits anrufen, erwarten einen unabhängigen und unparteiischen Richter. Dies gewährleisten zunächst die verfassungsrechtlichen Regelungen über den gesetzlichen Richter und deren einfachgesetzliche Umsetzung. Diese Regelungen bestimmen dem Grunde nach schon vor dem Eingang einer Klage den entscheidenden Richter.

541 Steht der danach bestimmte gesetzliche Richter schon rein formal in enger Verbindung zur Partei oder der Sache, so muss der befangene Richter die Streitentscheidung einem anderen Richter überlassen.

---

383 OLG Köln NJW 1975, 2349; LG Aachen NJW-RR 1993, 1407.
384 BGHZ 93, 238; OLG Stuttgart FamRZ 1998, 1605.
385 OLG Dresden OLG-NL 2003, 161.
386 OLG Düsseldorf NJW-RR 2004, 1723.
387 OLG Thüringen OLG-NL 2001, 238; OLG Brandenburg FamRZ 1996, 496; OLG München FamRZ 1985, 495; OLG Karlsruhe GRUR 1979, 850.

Gewährleistet der Richter im Einzelfall darüber hinaus diese Unabhängigkeit und Unparteilichkeit nicht, so geben die §§ 40 ff. ZPO die Möglichkeit, den Richter abzulehnen.[388]   542

1. Der Ausschluss des Richters kraft Gesetzes

§ 41 ZPO regelt, in welchen Fällen der Richter kraft Gesetzes von der Ausübung seines   543
Richteramtes ausgeschlossen ist. Danach ist der Richter von der Ausübung seines Richteramtes ausgeschlossen, wenn:
- er, sein Ehegatte, sein Lebenspartner, eine Person, mit der er in gerader Linie verwandt oder verschwägert und in der Seitenlinie bis zum dritten Grad verwandt oder dem zweiten Grad verschwägert ist, beteiligt ist;

  Hinweis

  Dies gilt auch dann, wenn die Ehe oder die Lebenspartnerschaft nicht mehr besteht.

- der Richter als Prozessbevollmächtigter oder Beistand einer Partei bestellt oder als gesetzlicher Vertreter einer Partei aufzutreten berechtigt ist oder gewesen ist;

  Hinweis

  Auf diesen Ablehnungsgrund muss insbesondere bei denjenigen Richtern geachtet werden, die zuvor bereits als Rechtsanwalt tätig waren, insbesondere wenn die Tätigkeit im gleichen Gerichtsbezirk ausgeübt wurde.

- der Richter weiter kraft Gesetzes von der Ausübung des Richteramtes in Sachen ausgeschlossen ist, in denen er als Zeuge oder Sachverständiger vernommen worden ist oder in denen er in einem früheren Rechtszug oder schiedsrichterlichen Verfahren bei dem Erlass einer angefochtenen Entscheidung mitgewirkt hat, sofern es sich nicht allein um die Tätigkeit eines beauftragten oder ersuchten Richters handelt.

Hinweis   544

Der Richter ist von der Ausübung eines Richteramtes nicht schon dann ausgeschlossen, wenn er als Zeuge benannt wird, sondern erst, wenn er tatsächlich vernommen worden ist.[389] Damit wird verhindert, dass den Parteien allein durch die Benennung eines Richters als Zeuge die Möglichkeit gegeben wird, zu beeinflussen, welcher Richter über den Rechtsstreit entscheidet.

Tipp   545

Wird der Richter als Zeuge benannt, kann sich allerdings aus dem der Benennung zugrunde liegenden Sachverhalt die Besorgnis der Befangenheit im Sinne von § 42 ZPO aufgrund seiner Nähe zum Streitgegenstand ergeben.

Ein Richter ist nach Ansicht des BGH allerdings nicht deshalb entsprechend § 41 Nr. 6   546
ZPO von der Ausübung des Richteramtes ausgeschlossen, weil der Ehegatte an der

---

388 Vgl. umfassend zur Ablehnung des Richters im Zivilprozess *Schneider, E.*, Befangenheitsablehnung des Richters im Zivilprozess, 2. Aufl. 2001 und *Schneider, E./Gronemann*, Befangenheitsablehnung im Zivilprozess, 2017.
389 BVerwG MDR 1980, 168; *Zöller/Vollkommer*, ZPO, 32. Aufl., 2018, § 41 Rn 11.

angefochtenen Entscheidung des 1. Rechtszugs mitgewirkt hat. Ebenso wenig soll dieser Umstand allein geeignet sein, die Ablehnung des Richters gem. § 42 Abs. 2 ZPO zu rechtfertigen.[390] Die Entscheidung überzeugt im Ergebnis nicht. Auch wenn zuzugeben ist, dass nach dem Wortlaut des § 41 ZPO ein gesetzlicher Ausschlussgrund nicht vorliegt, kann doch zumindest die Besorgnis der Befangenheit nach § 42 ZPO nicht verneint werden. Die Annahme, dass sich der zweitinstanzliche Richter gänzlich von seinen familiären Bindungen lösen kann, erscheint schon zweifelhaft. Jedenfalls der Anschein der Besorgnis der Befangenheit kann aber kaum ausgeschlossen werden. Dies muss für ein erfolgreiches Ablehnungsgesuch reichen. Auch der Umstand, dass der Vater eines Richters im Briefkopf des früheren Prozessbevollmächtigten des Beklagten in der ersten und zweiten Instanz als Mitglied der Kanzlei des Prozessbevollmächtigten aufgeführt ist, begründet nach Auffassung des BGH nicht die Besorgnis der Befangenheit des Richters im Verfahren der dritten Instanz, wenn der Vater mit dem Verfahren zu keinem Zeitpunkt befasst war.[391]

2. Die Ablehnung des Richters wegen Besorgnis der Befangenheit

547 Nach § 42 Abs. 1 ZPO kann der Richter darüber hinaus abgelehnt werden, wenn die Besorgnis der Befangenheit besteht.

548 Die Besorgnis der Befangenheit besteht nach § 42 Abs. 2 ZPO, wenn ein Grund vorliegt, der geeignet ist, Misstrauen gegen die Unparteilichkeit des Richters zu rechtfertigen. Ein solcher Grund, der die Besorgnis der Befangenheit rechtfertigt, liegt vor, wenn bei sachlicher Würdigung aller Umstände durch eine verständige Partei die tatsächlichen Parteien Anlass haben, an der Unvoreingenommenheit des Richters zu zweifeln.[392]

549 Unerheblich ist, ob der abgelehnte Richter tatsächlich voreingenommen ist oder ob er sich selbst für befangen hält. Ausreichend ist allein die „Besorgnis" der Befangenheit. Es kommt es allein darauf an, ob vom Standpunkt der ablehnenden Partei aus genügend objektive Gründe vorliegen, die bei vernünftiger Betrachtung die Befürchtung wecken können, der betreffende Richter stehe der Sache nicht unvoreingenommen und damit nicht unparteiisch gegenüber.[393]

550 *Tipp*

Mit dem Instrument der Ablehnung wegen der Besorgnis der Befangenheit sollte nicht leichtfertig umgegangen werden. Der Bevollmächtigte wird deshalb gehalten sein, die Frage, ob ein Grund vorliegt, der die Besorgnis der Befangenheit rechtfertigt, anhand sachlicher Kriterien und unter Berücksichtigung der breiten Kasuistik in der Rechtsprechung zu prüfen.

---

390 BGH NJW 2008, 1672.
391 BGH FamRZ 2006, 1440.
392 BVerfG NJW 1987, 430; NJW 1993, 2230.
393 BGH NJW 2004, 164; BGH NJW-RR 2003, 1220; BGH NJW 2002, 2396; BayObLG NJW 1999, 1875; OLG Köln NJW-RR 2000, 591; OLG Naumburg, NJW-RR 2002, 502; Zöller/*Vollkommer*, ZPO, 32. Aufl., 2018, § 42 Rn 11.

Die Bevollmächtigten und die Parteien sollten es grundsätzlich schätzen, wenn der Richter während der Erörterung des Sach- und Streitstandes in der mündlichen Verhandlung seine Auffassungen deutlich zum Ausdruck bringt. Auch wenn der Richter dabei an die Grenzen der vorweggenommen Beweiswürdigung stößt, sollte dies grundsätzlich nicht als Ablehnungsgrund genutzt werden.[394] Vielmehr kann dies willkommener Anlass sein, den eigenen Vortrag auf die vom Richter aufgezeigten vermeintlichen Schwachstellen erneut zu fokussieren, ergänzend vorzutragen und die die eigene Position stützende Rechtsprechung aufzuarbeiten. Die Offenheit des Richters kann so zur Optimierung des eigenen Prozessverhaltens und damit auch des Prozesserfolges genutzt werden. Viel nachteiliger kann es sein, wenn ein Richter aus Sorge um eine Ablehnung wegen Befangenheit nicht erkennen lässt, wie er den Sach- und Streitstand einschätzt.

551

Die Rechtsprechung zeigt eine kaum noch zu überblicken Anzahl von Einzelentscheidungen zu § 42 ZPO.[395] Nachfolgend sollen deshalb allein wesentlichen Fallgruppen benannt werden:

552

a) Enge Beziehungen des Richters zu einer Partei als Ablehnungsgrund

§ 41 Nr. 1–4 ZPO erfasst bereits diejenigen Fälle, in denen der Richter rein formal zu einer Partei des Rechtsstreits ein so enges Verhältnis hat, dass die Vermutung der Befangenheit dieser Nähe innewohnt. Folge ist, dass der Richter schon kraft Gesetzes von der Ausübung seines Richteramtes ausgeschlossen ist.

553

Darüber hinaus kommen weitere Fallgestaltungen in Betracht, in denen der Richter aufgrund seiner Nähe zu einer der Prozessparteien der Besorgnis Befangenheit ausgesetzt ist, nämlich:

554

- soweit der Richter oder einer seiner nahen Angehörigen in geschäftlichen Beziehungen zu einer der Parteien steht;[396]
- wenn der Richter mit einer der Parteien verlobt oder in einer Lebensgemeinschaft verbunden ist;
- wenn der Richter mit einer Partei eng persönlich befreundet ist;[397]

> *Hinweis*
>
> Ein bloßes Kennen des Richters und einer Partei genügt dabei nicht. Erforderlich ist vielmehr eine engere persönliche Freundschaft, die vermuten lässt, dass der Richter die notwendige Distanz zu den Parteien und zum Streitgegenstand nicht wahren kann.

- wenn der Richter Mitglied in einer juristischen Person oder eines ihrer Organe ist, die am Rechtsstreit beteiligt ist.[398] Anderes gilt, wenn es sich um einen Verein mit

---

[394] Äußerungen zum möglichen Verfahrensausgang begründen ohnehin in der Regel keine Ablehnung: OLG Stuttgart NJW 2001, 1145.
[395] Zöller/*Vollkommer*, ZPO, 32. Aufl., 2018, § 42 Rn 11 ff.
[396] LG Regensburg FamRZ 1979, 525.
[397] BayObLG NJW-RR 1987, 127.
[398] BGH NJW-RR 1988, 766.

einer größeren Mitgliederzahl handelt, ohne dass der Richter eine Beziehung zu den Parteien oder dem Streitgegenstand hat;[399]

> *Hinweis*
>
> Allein die Mitgliedschaft in einer Gewerkschaft[400] oder in einer politischen Partei[401] genügen nur dann als Ablehnungsgrund, wenn der abgelehnte Richter hier eine exponierte Stellung innehat und die Gewerkschaft oder die politische Partei selbst Partei ist.

- wenn der Richter mit einer Partei verfeindet ist, insbesondere wenn wechselseitige Strafanzeigen wegen Rechtsbeugung und Beleidigung vorliegen;[402]
- wenn eine Partei Vermieter der vom Richter gemieteten Wohnung ist;[403]
- wenn der Richter aufgrund einer vorherigen dienstlichen Stellungnahme für den Antragsgegner in seiner Eigenschaft als Referent mit der Streitsache befasst war.[404]
- wenn ein Richter der Lebensgefährte der Tochter des Prozessbevollmächtigten des Klägers ist und er im Prozess diese persönlichen engen Verhältnisse den Parteien nicht mitteilt, sondern verschweigt, kann bei einer ruhig und besonnen denkenden Partei der Eindruck entstehen, es fehle an der Unvoreingenommenheit, so dass ein Ablehnungsgesuch begründet ist.[405]

b) Die Ablehnung des Richters wegen richterlicher Hinweise

555 Diese Fallgruppe nimmt an Bedeutung zu, da § 139 ZPO und die Verpflichtung des Richters, auf eine gütliche Einigung hinzuwirken, nach § 278 ZPO mit der damit begründeten Notwendigkeit, Hinweise zum möglichen Verfahrensausgang zu geben, den Richter verstärkt zu Hinweisen veranlassen und verpflichten.

556 Aus diesem Sachverhalt ergibt sich sogleich, dass allein die Wahrnehmung der richterlichen Hinweispflicht nach § 139 ZPO oder der Verpflichtung zur Erörterung des Sach- und Streitstandes keine Besorgnis der Befangenheit begründen kann.

557 Insoweit sind unbeanstandet geblieben:
- der Hinweis auf die mögliche Vorlage der Akten an die Staatsanwaltschaft wegen des Verdachts einer Urkundenfälschung durch eine Partei;[406]
- der Hinweis auf eine mögliche Verjährung des streitgegenständlichen Anspruchs;[407]

> *Hinweis*
>
> Insbesondere bei dem Hinweis des Gerichts auf Einreden weist die Mandantschaft selbst den Bevollmächtigten regelmäßig auf die Besorgnis der Befangenheit des

---

399 BGH NJW 2003, 281.
400 BAG AP Nr. 2 zu § 41 ZPO; BVerfG NJW 1984, 1874.
401 OLG Koblenz NJW 1969, 1177.
402 LG Ulm MDR 1979, 1028; differenzierend: OLG Koblenz MDR 2003, 524.
403 LG Berlin WuM 2000, 333.
404 OLG Dresden OLGR 2004, 452.
405 OLG Bremen OLGR 2008, 175.
406 KG MDR 2001, 107.
407 KG NJW 2002, 1732; BGH NJW 1998, 612; OLG Bremen NJW 1986, 999; OLG Hamburg NJW 1984, 2710.

erkennenden Richters hin. Es muss jedoch beachtet werden, dass das Befangenheitsgesuch der Partei in diesem Fall nicht mehr hilft. Selbst wenn der Richter wegen der Besorgnis der Befangenheit erfolgreich abgelehnt werden würde, änderte sich nichts daran, dass die gegnerische Partei in der Lage ist, aufgrund des einmal erteilten Hinweises die Einrede zu erheben und so den streitgegenständlichen Anspruch oder die entsprechende Rechtsverteidigung zu Fall zu bringen.

Tipp
Der Bevollmächtigte sollte sich also darauf konzentrieren, geltend zu machen, dass der Anspruch tatsächlich nicht verjährt ist oder aber der gegnerischen Partei es aus bestimmten Gründen, wie etwa der Verwirkung oder Treu und Glauben, verwehrt ist, sich auf die Verjährung zu berufen. Dies kann etwa damit begründet werden, dass die Partei sich weder vorgerichtlich noch im Laufe des Prozesses bis zu dem Hinweis auf die Verjährung berufen hat und deshalb der Kläger darauf vertrauen konnte, dass der Verjährungseinwand nicht erhoben wird.

- die Einbeziehung eines Anspruchs, der im Prozess nicht geltend gemacht worden ist, in einen Vergleichsvorschlag;[408]
- das Hinwirken auf sachdienliche Anträge. Dies auch, wenn dadurch die Prozesschancen einer Partei sinken;[409]
- die Erteilung von Hinweisen im Rahmen eines Beschlusses nach § 522 Abs. 2 S. 2 ZPO, wenn die Ausführungen im Hinweisbeschluss den Streitstoff nicht erschöpfend behandeln und das Vorbringen der Partei nur unzureichend gewürdigt wird, soweit nicht erkennbar ist, dass der Richter auf die Stellungnahme der Partei seine Auffführungen nicht überprüft.[410]

Demgegenüber kann die Besorgnis der Befangenheit gegeben sein, wenn der Richter der Partei: **558**
- einen neuen Klagegrund mitteilt,
- rät, Anschlussberufung einzulegen,
- anregt, einen weiteren, näher bestimmten Zeugen zu benennen,
- eine Abtretung nahe legt, um das Problem der Aktivlegitimation zu umgehen,[411]
- einen schriftlichen Hinweis erteilt, dass die Klage gegen den derzeitigen Beklagten unschlüssig sein könnte, allerdings ein Amtshaftungsanspruch gegen einen (am Prozess noch nicht beteiligten) Dritten „nahezu in vollständiger Höhe durchgehen dürfte".[412]

---

408 KG MDR 1999, 253.
409 OLG Köln ZInsO 2004, 930.
410 OLG Oldenburg NJW 2004, 3194.
411 OLG Frankfurt/M. NJW 1970, 1884.
412 OLG Brandenburg NJW-RR 2009, 1224.

- in einem Arzthaftungsprozess in der Güteverhandlung darauf hinweist, dass eine Haftung des Beklagten unter mehreren Gesichtspunkten – insbesondere auch wegen einer Verletzung der Aufklärungspflicht – in Betracht komme, ohne dass dies im Vorbringen des Klägers auch nur angedeutet wurde.[413]

da in diesen Fällen die Distanz zu den Parteien und dem Streitgegenstand nicht mehr gewahrt wird und die gesetzlichen Hinweispflichten solche Ratschläge nicht mehr decken.

c) Die Besorgnis der Befangenheit wegen der Verfahrensführung

559 Die Besorgnis der Befangenheit nach § 42 Abs. 2 ZPO kann sich auch aus einer unsachgemäßen Verfahrensführung des Richters ergeben.

560 Allerdings muss beachtet werden, dass nicht schon jeder Verfahrensfehler auch die Besorgnis der Befangenheit rechtfertigt.[414] Vielmehr muss der Verfahrensfehler den Charakter der Willkür in sich tragen. Dies kann allerdings auch dann der Fall sein, wenn es zu einer Vielzahl von Verfahrensfehlern kommt.

561 Die Besorgnis der Befangenheit wegen der unsachgemäßen Verfahrensführung kann angenommen werden, wenn:
- der Richter nicht bereit ist, Parteivorbringen zur Kenntnis zu nehmen;[415]
- der Richter das persönliche Erscheinen der Partei für den Fall anordnet, dass diese die Klage nicht zurücknimmt;[416]

> **Hinweis**
>
> Etwas anderes dürfte allerdings dann gelten, wenn das persönliche Erscheinen angeordnet wird, damit der Richter der Partei die Gründe erläutert, die zu der Beurteilung führen, dass eine Klage unzulässig oder unbegründet ist. Der Ladung der Partei muss also insoweit eine Willkür innewohnen, als die persönliche Ladung der Belastung der Partei ohne sachlichen Grund dient. Dies gilt auch für die Ladung nur einzelner Parteien nach § 141 ZPO.[417]

- der Richter die Parteivernehmung nach § 448 ZPO einer Partei anordnet, obwohl die Voraussetzungen offensichtlich nicht vorliegen;[418]
- der Richter dem Bevollmächtigten ohne sachlichen Grund das Wort entzieht;[419]
- der Richter sich weigert, in der mündlichen Verhandlung Anträge entgegenzunehmen und gem. § 160 ZPO zu protokollieren;[420]
- der Richter sich weigert, seine durch die Partei oder den Bevollmächtigten akustisch nicht verstandene Äußerung zu wiederholen;[421]

---

413 OLG Saarbrücken ZMGR 2008, 169.
414 OLG Köln OLGR 2004, 427.
415 OLG Hamm VersR 1978, 646.
416 OLG Köln NJW-RR 1997, 1083.
417 OLG Köln OLGR 2004, 259.
418 LG Berlin MDR 1982, 154.
419 OLG Nürnberg AnwBl 1962, 282.
420 OLG Köln NJW-RR 1999, 288.
421 LG Kiel SchlHA 1985, 178.

- die Forderung eines sachlich nicht begründeten und überhöhten Kostenvorschusses für ein Sachverständigengutachten erhoben wird;[422]
- die „Ortsbesichtigung" außerhalb einer förmlichen Beweisaufnahme oder mündlichen Verhandlung in Begleitung nur einer der Parteien stattfindet;[423]
- eine sachlich nicht begründete Untätigkeit des Richters zu verzeichnen ist;[424]
- Terminsanträge mehrfach und ohne sachlichen Grund nicht beschieden werden;[425]
- eine beantragte Terminsverlegung verweigert wird, wenn die vorgetragenen Gründe für den Verlegungsantrag erheblich sind und mit der Verweigerung eine augenfällige Ungleichbehandlung der Prozessparteien zum Ausdruck kommt;[426]
- ein Richter ein psychiatrisches Gutachten zur Prüfung der Prozessfähigkeit der Partei eingeholt hat, ohne sich zuvor durch ihre Anhörung einen persönlichen Eindruck über ihre Prozessfähigkeit verschafft zu haben. Ein solcher Umstand ist geeignet, bei der Partei den Anschein zu erwecken, er sei ihr gegenüber voreingenommen.[427]

Keine Ablehnung wegen der Besorgnis der Befangenheit rechtfertigen dagegen: 562
- die Anhörung des Sachverständigen unter Ausschluss der Parteien zur Vorbereitung eines Vergleichsvorschlags;[428]
- Die Bekanntgabe eines Klägerschriftsatzes an den bestellten Sachverständigen mit Vorwürfen gegen dessen Sachkunde und die Qualität des Gutachtens begründet keine Besorgnis der Befangenheit eines abgelehnten Richters, da dessen Stellungnahme zu den Vorwürfen geboten sein kann und daher die Weiterleitung erfordert;[429]
- die Ablehnung eines Terminsverlegungsantrags;[430]

> *Hinweis*
>
> Die Durchführung eines Sammeltermins trotz Antrags auf Durchführung eines Einzeltermins rechtfertigt nach Auffassung des BGH ebenfalls nicht die Befangenheitsablehnung. Es sei nicht zu beanstanden, wenn der terminierende Richter entsprechend seiner jahrelangen Terminierungspraxis im frühen ersten Termin fünf Termine pro halbe Stunde ansetzt.[431]

- wenn ein Richter durch den Inhalt eines Hinweises zu erkennen gibt, dass er die seine Entscheidung aufhebende und ihn gem. § 572 ZPO bindende Beschwerdeentscheidung für unrichtig hält, dabei Tatsachen zugrunde legt, die keine Partei vorgetragen hat, zudem ohne nachvollziehbare Begründung einen den Erfordernissen des § 227 ZPO genügenden Terminsverlegungsantrag zurückweist und einen ihm unter-

---

422 OLG Karlsruhe OLGZ 1984, 102.
423 OLG Düsseldorf MDR 1956, 557.
424 OLG Frankfurt OLGR 2009, 115; OLG München OLGR 1998, 331; OLG Düsseldorf MDR 1998, 1052.
425 OLG Zweibrücken OLGR 1999, 291; OLG Brandenburg MDR 1997, 690.
426 OLG Saarbrücken NJW 2008, 1328; KG Berlin KGR 2005, 291.
427 OLG Frankfurt/M. OLGR 2004, 99.
428 OLG Stuttgart NJW-RR 1996, 1469.
429 OLG Celle OLGR 2009, 578.
430 KG Berlin KGR 2005, 110; OLG Koblenz MDR 1991, 448; OLG Zweibrücken MDR 1999, 113; OLG Brandenburg NJW-RR 1999, 1291.
431 BGH BauR 2004, 1031.

laufenen prozessualen Fehler in seiner dienstlichen Äußerung damit zu rechtfertigen versucht, bei der Gegenpartei handele es sich um ein „seriöses Autohaus";[432]
- der Erlass eines Versäumnisurteils, nach Ablauf der Terminsstunde und Ablauf des fernmündlich mitgeteilten Verspätungszeitraums des Beklagtenvertreters.[433]

563 *Hinweis*

Kommt es zwischen dem Bevollmächtigten und dem Vorsitzenden eines Kollegialgerichts zu Meinungsverschiedenheiten über die Zulässigkeit von Fragen an einen Zeugen, so kann hierauf nicht unmittelbar die Ablehnung des Richters gestützt werden. Vielmehr muss zunächst eine Entscheidung nach § 397 Abs. 3 ZPO herbeigeführt werden.[434]

d) Die Ablehnung des Richters wegen Unsachlichkeit

564 Auch eine unsachliche Verfahrensführung des Richters kann die Besorgnis der Befangenheit begründen. Dabei darf nicht nur auf den einzelnen Vorfall abgestellt werden. Verschiedene Auseinandersetzungen zwischen dem Gericht und einer Partei können, auch wenn sie für sich alleine gesehen zu tolerieren wären, in der Gesamtschau einen Ablehnungsgrund darstellen. Hierbei ist nicht nur auf den letzten, den „Eklat" auslösenden Vorfall abzustellen, sondern es sind sämtliche vorausgegangenen und innerlich zusammenhängenden Vorgänge mitzubewerten.[435]

565 *Hinweis*

Beachtet werden muss allerdings, dass dem Richter die sitzungspolizeiliche Gewalt zukommt, die es rechtfertigen kann, etwa „lautstark" die Ordnung herzustellen, ohne dass daraus allein die Besorgnis der Befangenheit hergeleitet werden kann.[436]

566 Eine Ablehnung wegen Unsachlichkeit des Richters ist dann gerechtfertigt, wenn:
- dieser die Partei oder den Prozessbevollmächtigten beleidigt;[437]

  Hinweis

  Die Besorgnis der Befangenheit eines Richters kann sich auch daraus ergeben, dass er erst auf einen Befangenheitsantrag hin in Frage stellt, ob eine Partei und ihr Prozessbevollmächtigter ihm intellektuell zu folgen in der Lage sind.[438]

- der Richter dem Bevollmächtigten unberechtigt den Vorwurf des standeswidrigen Verhaltens macht;[439]
- der Richter den Parteien oder Bevollmächtigten „den Vogel" zeigt;[440]

---

432 OLG Celle OLGR Celle 2005, 451.
433 OLG Frankfurt/M. OLGR 2004, 312.
434 KG KGR 1999, 153.
435 OLG Thüringen BauR 2004, 1815.
436 KG KGR 2000, 310.
437 OLG München OLGR 1998, 209; OLG Frankfurt/M. NJW-RR 1995, 890; OLG Hamburg NJW 1992, 2036.
438 OLG Saarbrücken MDR 2005, 473.
439 LG Kassel AnwBl 1986, 104.
440 OVG Lüneburg DRiZ 1974, 194.

Hinweis

Dies wird für alle Arten einer Gestik oder Mimik gelten, mit denen der Richter zum Ausdruck bringt, dass er die Parteien persönlich missachtet.

- der Richter ohne sachlichen Grund eine Partei beschuldigt, einen Prozessbetrug begangen oder versucht zu haben;[441]
- es zu deutlichen Unmutsäußerungen des Richters wegen des Widerrufs eines Vergleichs kommt;[442]
- der Richter ausführt, es sei dem Gericht bekannt, dass keine der Parteien die volle Wahrheit sage.[443]
- Einem Richter ist zwar nicht verboten, sich wertend zum Sachvortrag einer Partei zu äußern. Er hat sich dabei jedoch in Ton und Wortwahl auf das sachlich gebotene zu beschränken. Unsachliche, abfällige, höhnische, kränkende oder beleidigende Äußerungen begründen in der Regel den Verdacht einer gestörten Beziehung zwischen Richter und Partei, es sei denn, die (Unmuts-) Äußerung des Richters wird aus den konkreten Umständen des Falles heraus verständlich.[444] Die Fragen „Meinen Sie das ernst?" und „Für wen schreiben Sie das eigentlich?" stellen eine unangemessene und kränkende Abwertung des Klägers und seines Vortrags dar und rechtfertigen demnach die Ablehnung wegen der Besorgnis der Befangenheit.[445]

Keine Besorgnis der Befangenheit liegt dagegen darin, dass der Richter:

- Zweifel an der Glaubwürdigkeit eines Zeugen äußert,[446]
- eine Partei nachdrücklich ermahnt, die Wahrheit zusagen,[447]
- eine augenblickliche, begründete Verärgerung nach einer unhöflichen Bemerkung des Prozessbevollmächtigten zeigt. Dies lässt keinen Schluss darauf zu, wie nach dem Abklingen der Erregung entschieden werden wird,[448]
- am Beginn der mündlichen Verhandlung an den Prozessbevollmächtigten einer Partei, der selbst pensionierter Richter ist, die Frage richtet, ob er keine Skrupel habe, vor ehemaligen Kollegen als Rechtsanwalt aufzutreten, verbunden mit der Anmerkung, er selbst halte dies für instinktlos.[449]

e) Besorgnis der Befangenheit wegen Meinungsäußerungen des Richters

Nach § 39 DRiG hat der Richter sich innerhalb und außerhalb seines Amtes einschließlich seiner außerdienstlichen politischen Betätigung so zu verhalten, dass das Vertrauen in seine Unabhängigkeit nicht gefährdet wird.

---

441 OLG Frankfurt/M. NJW-RR 1986, 1319; OLG Hamm FamRZ 1992, 575; OLG Hamburg MDR 1989, 1000.
442 LG Kiel AnwBl 1964, 23.
443 OLG Zweibrücken MDR 1982, 940.
444 OLG Koblenz v. 23.4.2009, 4 W 171/09; Saarländisches Oberlandesgericht, Beschl. v. 26.11.2004, 5 W 282/04 LSG Nordrhein-Westfalen NJW 2003, 2933 m.w.N.; OLG Frankfurt NJW-RR 1995, 890; OLG Hamburg NJW 1992, 2036).
445 OLG Koblenz v. 23.4.2009, 4 W 171/09.
446 OLG Bamberg OLGR 2001, 89.
447 OLG Zweibrücken FamRZ 1993, 576.
448 OLG Frankfurt/M. OLGR 2004, 286.
449 OLG Nürnberg MDR 2009, 588.

§ 13 Sondersituationen im Prozessverlauf

569 Trägt der Richter dem im Hinblick auf den konkret zu beurteilenden Streitgegenstand keine Rechnung, so kann er wegen der Besorgnis der Befangenheit nach § 42 Abs. 2 ZPO abgelehnt werden.

570 Dem Richter ist es danach grundsätzlich verwehrt, sich in Beziehung zum Streitstoff oder zu den Parteien im Rahmen eines laufenden Rechtsstreits zu äußern.

571 Davon zu unterscheiden sind wissenschaftliche Äußerungen des Richters in Fachbüchern oder Fachpublikationen, die nicht in unmittelbarem Zusammenhang mit dem konkreten Verfahren zu sehen sind, insbesondere diesem zeitlich vorausgehen. Dies gilt auch dann, wenn diese Publikationen Rechtsfragen betreffen, die für den anhängigen Rechtsstreit relevant werden können.[450] Auch Rechtsäußerungen im konkreten Verfahren sind grundsätzlich nicht geeignet, die Besorgnis der Befangenheit zu begründen.[451]

572 Grundsätzlich entspricht es nämlich dem Verfassungsbild des unabhängigen und unparteiischen Richters, dass er sich unabhängig von der konkret anstehenden Entscheidung mit Rechtsproblemen auseinandersetzt und im Rahmen eines Rechtsstreits auch für neue Ansichten und Argumente offen ist.[452]

3. Das Ablehnungsverfahren

573 Die Ablehnung eines Richters ist nach § 44 Abs. 1 ZPO mittels eines Ablehnungsgesuchs geltend zu machen. Das Ablehnungsgesuch kann schriftlich[453] oder zu Protokoll der Geschäftsstelle erklärt werden, was nach § 78 Abs. 5 ZPO dazu führt, dass auch im Anwaltsprozess der Antrag auf Ablehnung eines Richters von der Partei selbst gestellt werden kann, da dieser dem Anwaltszwang nicht unterliegt.

574 Das Ablehnungsgesuch ist an das Gericht zu richten, dem der abgelehnte Richter angehört.

575 *Hinweis*
Ein Ablehnungsgesuch pauschal „gegen die Kammer" ist unzulässig.[454]

576 Nach § 44 Abs. 2 S. 1 ZPO ist der Ablehnungsgrund glaubhaft zu machen, so dass § 294 ZPO zur Anwendung kommt. Allerdings ist die ablehnende Partei selbst zur Abgabe der eidesstattlichen Versicherung nicht berechtigt. Der Ablehnungsgrund kann aber durch eine eidesstattliche Versicherung des Bevollmächtigten der Partei glaubhaft gemacht werden.[455] Ein Ablehnungsgrund ist gem. § 44 Abs. 2 ZPO glaubhaft gemacht, wenn hierfür eine überwiegende Wahrscheinlichkeit besteht. Ob der geltend gemachte Grund angesichts gegenteiliger Darstellung des abgelehnten Richters und übriger Prozessbeteiligter glaubhaft gemacht ist, unterliegt der freien Würdigung durch das entschei-

---

450 OLG Köln NJW-RR 2000, 455.
451 OLG Schleswig OLGR 2004, 357.
452 BSG 1993, 2261; LG Göttingen NJW 1999, 2826.
453 Muster eines Ablehnungsgesuchs gegen einen Richter wegen der Besorgnis der Befangenheit unter Rdn 709.
454 BGH NJW-RR 1989, 569.
455 OLG Köln MDR 1986, 152.

dende Gericht.[456] Bei einem nicht aufzuklärenden Widerspruch zwischen der Glaubhaftmachung der Partei und der dienstlichen Äußerung des abgelehnten Richters spricht nach Auffassung des OLG Stuttgart nach der gesetzgeberischen Intention des § 42 Abs. 2 ZPO der Anschein gegen den Richter und dem Ablehnungsgesuch ist stattzugeben.[457]

Hinweis 577

Beachtet werden muss, dass bei einer Ablehnung wegen der Gesamtumstände der Verfahrensführung aufgrund einer Vielzahl von einzelnen Vorkommnissen jedes Vorkommnis glaubhaft gemacht werden muss.[458]

Darüber hinaus können schriftliche Erklärungen von Zeugen oder eidesstattliche Versicherungen vorgelegt werden.[459] Weiterhin können schriftliche Mitteilungen des Richters vorgelegt oder auf seine dienstliche Äußerung Bezug genommen werden. Auch auf entsprechende Verfügungen und Vermerke des Richters in der Prozessakte kann zur Glaubhaftmachung Bezug genommen werden. 578

Tipp 579

Will sich die Partei zunächst über mögliche Vermerke und Verfügungen des Richters orientieren und prüfen, ob diese eine Ablehnung rechtfertigen, so geht das Ablehnungsrecht nicht durch das Gesuch auf Akteneinsicht verloren.[460]

Nach § 44 Abs. 2 S. 2 ZPO kann zur Glaubhaftmachung auch auf das Zeugnis des abgelehnten Richters Bezug genommen werden, der sich nach § 44 Abs. 3 ZPO über den Ablehnungsgrund dienstlich zu äußern hat. 580

Hinweis 581

Die dienstliche Äußerung des Richters sollte immer sorgfältig geprüft werden. Häufig ergibt sich aus der Reaktion des Richters auf das Ablehnungsgesuch ein (weiterer) Ablehnungsgrund,[461] wenn wirklich eine Besorgnis der Befangenheit besteht.[462]

Hinweis 582

Die dienstliche Äußerung ist nicht nur dem Antragsteller,[463] sondern auch der Gegenpartei zuzuleiten. Letzteres gilt jedenfalls dann, wenn das Ablehnungsgesuch für begründet erklärt werden soll. Wird das Ablehnungsgesuch für begründet erklärt, ohne dass der Gegenpartei rechtliches Gehör gewährt wurde, so soll hiergegen die sofortige Beschwerde nach §§ 567 ff. ZPO zur Anwendung kommen.[464] Hierbei handelt es sich um eine Form der außerordentlichen Beschwerde, die der BGH in anderen

---

456 BGH MDR 2007, 669-
457 OLG Stuttgart MDR 2007, 545..
458 OLG Schleswig OLGR 2004, 561.
459 BGH NJW 1968, 710.
460 BayObLG NJW-RR 2001, 642.
461 OLG Frankfurt/M. NJW-RR 1998, 58.
462 Ein Beispiel hierzu ist OLG Saarbrücken MDR 2005, 473.
463 BVerfG NJW 1993, 2229.
464 OLG Oldenburg NJW-RR 1995, 830.

Zusammenhängen seit der ZPO-Refom ablehnt. Insoweit sollte die sofortige Beschwerde hilfsweise als Gegenvorstellung bezeichnet oder auf § 321a ZPO gestützt werden.

583 Die Ablehnung kann nur geltend gemacht werden, bis sich die ablehnende Partei in Kenntnis des Ablehnungsgrundes in eine Verhandlung eingelassen oder Anträge gestellt hat. Dabei stellt die Kenntnis des Bevollmächtigten der Partei nach § 166 Abs. 1 BGB der Kenntnis der Partei vom Ablehnungsgrund gleich.

584 *Hinweis*

Erfahrene Richter schließen aus diesem Grunde die mündliche Verhandlung und Beweisaufnahme nach nochmaliger Erörterung der Sach- und Rechtslage unter Berücksichtigung des Ergebnisses der Beweisaufnahme mit der Feststellung „Die Parteien wiederholen die eingangs gestellten Anträge". Damit ist es nicht mehr möglich, den Richter wegen seiner Darlegung im Rahmen der Erörterung des Sach- und Streitstandes und Würdigung des Ergebnisses der Beweisaufnahme sowie wegen seines Verhaltens während der Beweisaufnahme abzulehnen. Der Bevollmächtigte sollte gegen die Feststellung protestieren, wenn er sich die Ablehnung des Richters vorbehalten und diese gegebenenfalls mit der Partei erörtern will.

585 Eine Ausnahme von dieser Fristregelung stellt § 44 Abs. 4 ZPO dar, wonach der Richter auch noch dann wegen Besorgnis der Befangenheit abgelehnt werden kann, wenn der Ablehnungsgrund erst nach der Einlassung in die Verhandlung oder der Stellung der Anträge entstanden oder der Partei bekannt geworden ist.

586 *Hinweis*

In diesem Fall muss sich die Glaubhaftmachung nicht nur auf den eigentlichen Ablehnungsgrund, sondern auch auf den Zeitpunkt der Kenntnis bzw. des Bestehens des Ablehnungsgrundes beziehen.

587 Wie bereits dargelegt, muss sich der abgelehnte Richter nach § 44 Abs. 3 ZPO zu dem Ablehnungsgesuch dienstlich äußern. Die dienstliche Äußerung ist sodann den Parteien mit der Möglichkeit zur Stellungnahme zur Kenntnis zu geben.

588 Handelt es sich um einen Richter aus einer Kammer beim Landgericht, so entscheidet nach § 45 Abs. 1 ZPO die Kammer ohne den mit dem Ablehnungsgesuch angegriffenen Richter, d.h. ggf. unter Heranziehung eines zur Vertretung des abgelehnten Richters berufenen Richters einer anderen Kammer.

589 *Hinweis*

Auch wenn der abgelehnte Richter in der Hauptsache als Einzelrichter tätig geworden ist, entscheidet nach § 45 Abs. 1 ZPO die Kammer in voller Besetzung.[465]

590 Nach § 45 Abs. 2 ZPO entscheidet das im Rechtszug höhere Gericht, wenn das Gericht, dem der Abgelehnte angehört, durch dessen Ausscheiden beschlussunfähig wird. Dabei

---

[465] OLG Oldenburg OLGR 2005, 82; OLG Karlsruhe OLGZ 1978, 256; a.A. KG Berlin 2004, 2104.

B. Rechtliche Grundlagen § 13

ist allerdings zu beachten, dass zunächst die Vertretungsregelung des Geschäftsverteilungsplans auszuschöpfen ist, so dass die Regelung des § 45 Abs. 3 ZPO in der Praxis kaum Bedeutung erlangt.

Wird ein Richter beim Amtsgericht abgelehnt, so entscheidet nach § 45 Abs. 2 ZPO ein durch den Geschäftsverteilungsplan zu bestimmender anderer Richter des Amtsgerichts über das Gesuch. Dies gilt allerdings nicht, wenn der abgelehnte Richter das Ablehnungsgesuch für begründet hält. 591

Tipp 592
Über die örtlichen Anwaltskammern und Anwaltsvereine sollte darauf geachtet werden, dass über das Ablehnungsgesuch nicht derjenige Amtsrichter entscheidet, der im Fall der Begründetheit des Ablehnungsgesuches auch in der Hauptsache zuständig wäre. Ungeachtet der Annahme, dass der Vertreter über das Ablehnungsgesuch objektiv und ohne Rücksicht auf seine dann begründete Zuständigkeit entscheidet, kann jedenfalls nicht übersehen werden, dass bei der Partei der Eindruck entsteht, dass einem Befangenheitsgesuch nur deshalb nicht stattgegeben wird, weil dann der über das Ablehnungsgesuch entscheidende Richter auch in der Hauptsache das Verfahren bearbeiten muss. Auf die Problematik sollte das Präsidium des Amtsgerichts über die Standesorganisationen hingewiesen und um Beachtung gebeten werden.

Während des Ablehnungsverfahrens dürfen grundsätzlich keine Verfahrenshandlungen vorgenommen werden. § 47 ZPO erlaubt lediglich die Vornahme unaufschiebbarer Handlungen. 593

Die Sperre greift dabei ab dem Eingang des Ablehnungsgesuchs[466] bis zu dessen **rechtskräftiger** Erledigung.[467] 594

Unaufschiebbare Handlungen sind etwa: 595
- der Erlass eines Arrestes,
- der Erlass einer einstweiligen Verfügung,
- die Durchführung des Zwangsversteigerungstermins ohne Erteilung des Zuschlages,[468]
- die Wahrnehmung der Sitzungspolizei nach § 176 GVG.

Die Entscheidung über das Ablehnungsgesuch ergeht nach § 46 Abs. 1 ZPO durch Beschluss, dem gem. § 128 Abs. 4 ZPO eine mündliche Verhandlung nicht vorausgehen muss. 596

Wird das Ablehnungsgesuch für begründet erachtet, ist der abgelehnte Richter vom weiteren Verfahren ausgeschlossen. Der Beschluss kann nach § 46 Abs. 2 ZPO nicht angefochten werden, so dass das Verfahren nunmehr durch den Vertreter des abgelehnten Richters fortzusetzen ist. 597

---

466 BGH NJW 2001, 1502.
467 BayObLG FamRZ 1988, 743; OLG Brandenburg NJW-RR 2000, 1089.
468 OLG Celle NJW-RR 1989, 569.

598 *Hinweis*

Dies kann auch zur Folge haben, dass eine bereits durchgeführte Beweisaufnahme in Form der Vernehmung von Zeugen wiederholt werden muss, weil es auf die Glaubwürdigkeit der Zeugen ankommt. Auch dies muss die Partei bei der Anbringung eines Ablehnungsgesuchs unter dem Gesichtspunkt des Zeit- und Kostenfaktors bedenken.

599 Wird das Ablehnungsgesuch zurückgewiesen, so ist hiergegen nach § 46 Abs. 2 ZPO i.V.m. §§ 567 ff. ZPO die sofortige Beschwerde gegeben.[469]

600 Für das eigentliche Ablehnungsgesuch entstehen weder Gerichtsgebühren, noch erhält der Rechtsanwalt eine gesonderte Vergütung. Für den Rechtsanwalt gehört das Ablehnungsgesuch nach § 19 Abs. 1 S. 2 Nr. 3 RVG, der an die Stelle von § 37 Nr. BRAGO getreten ist, zum Rechtszug. Die Anbringung des Ablehnungsgesuchs wird ihm also nicht zusätzlich vergütet.

601 Anderes gilt im Beschwerdeverfahren, wo die Gerichtsgebühr in Höhe von 60 EUR nach Nr. 1812 KVGKG anfällt, wenn die Beschwerde als unzulässig verworfen oder unbegründet zurückgewiesen wird. Im Beschwerdeverfahren fällt für den Rechtsanwalt eine 0,5-Verfahrensgebühr nach Nr. 3500 VV an.

602 Umstritten ist der Streitwert für die Beschwerde über ein Ablehnungsgesuch. Zum Teil wird der Streitwert der Hauptsache angenommen,[470] teilweise aber auch nur ein Bruchteil des Wertes der Hauptsache.[471]

IX. Das Recht auf Akteneinsicht

1. Die Akteneinsicht nach § 299 Abs. 1 ZPO durch die Prozessparteien

603 Im Laufe des Verfahrens kann sich für die Parteien immer wieder die Notwendigkeit ergeben, in die Prozessakten Einsicht zu nehmen. So etwa um festzustellen, ob richterliche Verfügungen oder Vermerke geeignet sind, die Besorgnis der Befangenheit zu begründen, oder ob richterliche Hinweise nach § 139 ZPO dokumentiert wurden. Unter dem Gesichtspunkt der Wiedereinsetzung in den vorigen Stand kann zu klären sein, ob Fristen in Gang gesetzt und Zustellungen wirksam bewirkt wurden. Letztlich kann es in der Sache erforderlich sein, Fotos oder sonstige Unterlagen aus der Gerichtsakte zur Kenntnis zu nehmen. Aber auch nach dem Abschluss des Verfahrens kann ein solcher Anlass bestehen.[472]

604 Nach § 299 Abs. 1 ZPO können die Parteien eines Rechtsstreits die Prozessakten jederzeit einsehen und sich von der Geschäftsstelle Ausfertigungen, Auszüge und Abschriften erteilen lassen. Probleme zeigt die Praxis hier – soweit ersichtlich – nicht.

---

[469] Muster einer sofortigen Beschwerde gegen die Zurückweisung eines Ablehnungsgesuches unter Rdn 711.
[470] OLG Brandenburg NJW-RR 1999, 66; OLG Stuttgart OLGR 1998, 75; KG KGR 1998, 92.
[471] OLG Frankfurt/M. MDR 1980, 145; OLG Hamburg MDR 1990, 58; OLG Koblenz MDR 1989, 71.
[472] OLG München OLGR München 2009, 521.

Hinweis

Der Anspruch einer Prozesspartei auf rechtliches Gehör wird verletzt, wenn ihr Schriftsätze des Gegners, die zu den Akten gereicht worden sind, entgegen § 270 S. 1 ZPO nicht vollständig mitgeteilt werden. Dieser Eingriff in die prozessualen Rechte der Partei kann nicht dadurch kompensiert werden, dass ihrem Prozessvertreter die Akteneinsicht auf der Geschäftsstelle des Gerichts gestattet wird.[473]

Aus den Regelungen der ZPO über das Akteneinsichtsrecht und die Prozessvollmacht ergibt sich, dass eine Aktenversendung im Zivilprozess regelmäßig als durch die Partei beantragt anzusehen sein wird, so dass Auslagenschuldner für die Aktenversendungspauschale die Partei selbst ist und nicht deren Prozessbevollmächtigter.[474]

2. Die Akteneinsicht nach § 299 Abs. 2 ZPO durch Dritte

Auch Dritte können ein Interesse an der Einsicht in Prozessakten haben. Dieses Recht ist allerdings für nicht am Prozess beteiligte Dritte nach § 299 Abs. 2 ZPO eingeschränkt.

Hinweis

In Zivilsachen kann der Gerichtsvorstand am Verfahren nicht beteiligten Dritten regelmäßig anonymisierte Abschriften von Urteilen und Beschlüssen erteilen, ohne dass dies den Anforderungen an die Gewährung von Akteneinsicht gemäß § 299 Abs. 2 ZPO unterliegt.[475]

Hier besteht ein Akteneinsichtsrecht nur, wenn:
- die Prozessparteien der Akteneinsichtsgewährung zustimmen,
- bei Verweigerung der Zustimmung durch die Prozessparteien ein rechtliches Interesse glaubhaft gemacht wird.

Ein rechtliches Interesse liegt vor, wenn ein auf einer Rechtsnorm beruhendes oder durch eine solche geregeltes, gegenwärtiges bestehendes Verhältnis des Dritten zu einer der Prozessparteien oder dem Prozessgegenstand besteht.[476]

Ein solches rechtliche Interesse wird bei einem reinen Ausforschungsinteresse aus wirtschaftlichen oder gesellschaftlichen Gründen oder reiner Neugier verneint. Hinsichtlich des wirtschaftlichen Interesses wird dies auch dann angenommen, wenn die Akteneinsicht Grundlage der Inanspruchnahme einer der Parteien durch den Dritten sein soll.[477] Es bedarf jedoch eines Bezugs zum Prozessstoff.[478]

Dagegen ist das rechtliche Interesse zu bejahen, wenn:
- eine der Prozessparteien sich auf die einzusehenden Prozessakten zwischen ihr und einem Dritten beruft,[479]

---
473 OLG München OLGR 2005, 212 = NJW 2005, 1130.
474 OLG Düsseldorf AGS 2008, 291 = JurBüro 2008, 375 = OLGR Düsseldorf 2008, 472.
475 BGH NJW 2017, 1819 f.
476 BGHZ 4, 323.
477 OLG Saarbrücken NJW-RR 2001, 931; KG NJW 1988, 1738; OLG Brandenburg NZI 2003, 36.
478 Zöller/*Greger*, ZPO, 32. Aufl., 2018, § 299 Rn 6a.
479 OLG Saarbrücken NJW-RR 2001, 931.

- ein wissenschaftliches Interesse an dem Prozess besteht,[480]
- ein Sachverständiger sich über den Ausgang des Prozesses informieren will, an dem er beteiligt war,[481]
- der Dritte ein berechtigtes Informationsbedürfnis hat, weil dem Prozess ein ähnlicher Rechtsfall zugrunde liegt wie in einer eigenen Angelegenheit,[482]
- ein Gläubiger die Insolvenzakten des Schuldners wegen eines bereits mangels Masse abgelehnten Verfahrens einsehen möchte, um seine weiteren Vollstreckungsmöglichkeiten und Chancen abzuschätzen,[483]

  Hinweis

  § 882f ZPO stellt im Verhältnis zu § 299 ZPO eine Sondervorschrift dar und erfordert eine Registrierung.

  Hinweis

  Einer an einem vor Eröffnung des Insolvenzverfahrens erledigten Insolvenzantrag nicht beteiligten dritten Person ist Akteneinsicht in die Insolvenzakte gem. § 4 InsO i.V.m. § 299 Abs. 2 ZPO zu gewähren, wenn es sich bei der Schuldnerin nicht um eine natürliche Person, sondern um eine nach erfolgter Löschung im Handelsregister nicht mehr bestehende GmbH handelt. Durch die Löschung sind die Geheimhaltungsinteressen hinter das überwiegende rechtliche Interesse des Antragstellers zurückgetreten.[484]

- ein Inhaber von Forderungen von einem Gericht Auskunft darüber begehrt, ob Verfahren, in denen sein Schuldner selbst als Kläger auftritt, anhängig sind, weil er die Absicht hat, in diese Forderungen zu vollstrecken.[485]

3. Das Verfahren zur Gewährung von Akteneinsicht

613 Das rechtliche Interesse an der Akteneinsicht ist grundsätzlich glaubhaft zu machen. Die Möglichkeiten und die Form der Glaubhaftmachung richten sich dabei nach § 294 ZPO.

614 Mit der Entscheidung über die Gewährung der Akteneinsicht wird das Gericht nach bestrittener Ansicht nicht rechtsprechend, sondern als Justizverwaltungsbehörde tätig.[486] Der Antrag ist daher an den Gerichtsvorstand zu richten.[487]

615 Soweit § 299 Abs. 2 ZPO dabei den Vorstand des Gerichts anspricht, ist damit der Direktor bzw. Präsident des Amtsgerichts oder Landgerichts gemeint. Üblich und zulässig ist allerdings die Übertragung dieser Aufgabe auf den zuständigen Richter bzw.

---

480 OLG Saarbrücken OLGR 2003, 54.
481 *Jessnitzer*, Rpfleger 1974, 423.
482 OLG München OLGZ 1984, 477.
483 OLG Celle ZInsO 2004, 808; LG Karlsruhe ZInsO 2004, 690; OLG Dresden ZIP 2003, 39; OLG Stuttgart NZI 2002, 663.
484 OLG Schleswig NJW-RR 2009, 63.
485 OLG Brandenburg JurBüro 2005, 434; KG NJW 2008, 1748.
486 OLG Brandenburg JurBüro 2005, 434; a.A. OLG Hamm OLGR 2004, 196.
487 Zöller/*Greger*, ZPO, 32. Aufl., 2018, § 299 Rn 6.

Vorsitzenden der Kammer.[488] In diesem Falle kommt dann der Streitfrage, ob das Gericht rechtsprechend oder als Justizverwaltungsbehörde handelt, zunächst keine entscheidende Bedeutung zu.

Gegen die Entscheidung über die Akteneinsicht ist die Beschwerde nach § 23 ff. EGGVG möglich, und zwar sowohl für den Dritten,[489] wenn die Einsicht verwehrt wird, als auch für die Beteiligten des Prozesses, in dessen Akten Einsicht genommen werden soll, wenn diese durch die Justizbehörde gewährt werden soll. 616

Hinweis 617

Anderer Ansicht ist das OLG Celle.[490] Danach soll gegen die Verweigerung von Einsicht in die Insolvenzakten innerhalb eines eröffneten Insolvenzverfahrens dem Gläubiger das Rechtsmittel der sofortigen Beschwerde zustehen.

Die Prozessparteien können entweder geltend machen, dass ein rechtliches Interesse nicht gegeben ist oder aber dass gewichtigere Interessen dem entgegenstehen. Dabei kommen als gewichtigere Interessen, die der Akteneinsicht eines Dritten entgegenstehen, insbesondere in Betracht: 618

- Geheimhaltungsinteressen,
- der Schutz einer Person, insbesondere bei der Möglichkeit der Kenntnisnahme von Anschriften, Aufenthaltsorten und Kommunikationsnummern,
- die grundsätzliche gesetzgeberische Wertung, die Verfahren nicht-öffentlich zu führen, wie in Familien- oder Kindschaftssachen.

Tipp 619

Wird die Akteneinsicht als Ganzes abgelehnt, kann aber auf die Möglichkeit hingewiesen werden, die Akteneinsicht auf Aktenteile oder teilweise geschwärzte Kopien zu beschränken. Das Gericht wird in seiner Entscheidung deutlich zu machen haben, dass es diese Möglichkeit bedacht hat. Anderenfalls ist die Entscheidung schon aus diesem Begründungsmangel heraus angreifbar.

Die Beschwerde nach §§ 23 ff. EGGVG setzt nach § 24 EGGVG zunächst voraus, dass die Verletzung eines Rechts, hier also des Rechts aus § 299 Abs. 2 ZPO, geltend gemacht wird. Zuständig für die Entscheidung ist das Oberlandesgericht, in dem das über die Akteneinsicht entscheidende Gericht als Justizverwaltungsbehörde seinen Sitz hat. 620

Die Beschwerde ist nach § 26 EGGVG befristet, d.h. sie muss binnen eines Monats ab Zustellung oder Bekanntgabe der Entscheidung über den Antrag auf Gewährung der Akteneinsicht vorgelegt werden. 621

---

488 Zöller/*Greger*, ZPO, 32. Aufl., 2018, § 299 Rn 6.
489 Antragsmuster unter Rdn 712.
490 OLG Celle ZInsO 2004, 204.

§ 13 Sondersituationen im Prozessverlauf

622

Hinweis

Kraft ausdrücklicher gesetzlicher Anordnung in § 26 Abs. 2 EGGVG ist aber eine Wiedereinsetzung in den vorigen Stand möglich, wenn die Frist ohne Verschulden versäumt wurde. Nähere Bestimmungen hierzu trifft § 26 EGGVG in den Absätzen 2–4.

623 Wird über das Akteneinsichtsgesuch nicht binnen drei Monaten entschieden, so kann die Beschwerde auch als Untätigkeitsbeschwerde nach § 27 EGGVG erhoben werden. In besonderen Eilfällen ist dies auch schon vor Ablauf der Drei-Monats-Frist möglich, § 27 Abs. 1 S. 2 EGGVG.

C. Muster

I. Muster: Klagerücknahme (Grundmuster)

▼

624 An das

Aufstellung
☐ Amtsgericht
☐ Landgericht

in

In dem Rechtsstreit

                    Kläger ./. Beklagter

                    Az:

erkläre ich namens und in Vollmacht des Klägers,

    dass die Klage vom   hiermit

        ☐ in Höhe von

        ☐ in vollem Umfange

    zurückgenommen wird.

Es wird gebeten, zu viel gezahlte Gerichtskosten zu erstatten (Nr. 1211 KVGKG).

Rechtsanwalt

▲

II. Muster: Klagerücknahme wegen der Erledigung der Hauptsache zwischen Anhängigkeit und Rechtshängigkeit

▼

An das
☐ Amtsgericht
☐ Landgericht

in ▓▓▓▓

In dem Rechtsstreit

                Kläger ./. Beklagter

                Az: noch unbekannt

wird die Klage
☐ in Höhe von ▓▓▓▓
☐ in vollem Umfange
zurückgenommen.

Namens und in Vollmacht des Klägers wird beantragt,

    dem Beklagten gem. § 269 Abs. 3 S. 3 ZPO die Kosten des Verfahrens aufzuerlegen.

Zur **Begründung** wird Folgendes ausgeführt:

Nach Einreichung der Klage vom ▓▓▓▓ ist die Hauptsache in dem Umfange, in dem die Klage zurückgenommen wurde, erledigt.
☐ Der Beklagte hat nämlich am ▓▓▓▓ eine Zahlung in Höhe von ▓▓▓▓ auf die streitgegenständliche Forderung geleistet.
☐

Insoweit hat sich die Hauptsache nach Anhängigkeit der Klage erledigt. Nach der Mitteilung der Geschäftsstelle des erkennenden Gerichts vom ▓▓▓▓ war zu diesem Zeitpunkt die Klage noch nicht zugestellt.

Insoweit findet die Regelung des § 269 Abs. 3 S. 3 ZPO Anwendung, wonach über die Kosten des Rechtsstreits, soweit die Klage zurückgenommen wurde, nach billigem Ermessen unter Berücksichtigung des bisherigen Sach- und Streitstandes zu entscheiden ist.

Danach sind dem Beklagten die Kosten des Verfahrens aufzuerlegen, weil ▓▓▓▓.

Nur aus anwaltlicher Fürsorge wird darauf hingewiesen, dass mit dem Justizmodernisierungsgesetz zum 1.9.2004 es nicht mehr erforderlich ist, dass die Klage noch zugestellt wurde oder wird.

Rechtsanwalt

▲

§ 13 Sondersituationen im Prozessverlauf

III. Muster: Klagerücknahme bei Erledigung der Hauptsache zwischen Anhängigkeit und Rechtshängigkeit bei noch nicht zugestellter Klage mit Kostenantrag des Klägers nach § 269 Abs. 3 S. 3 ZPO

▼

626 An das
☐ Amtsgericht
☐ Landgericht

in ▬▬▬

In dem Rechtsstreit

Kläger ./. Beklagter

Az: noch unbekannt

wird die Klage
☐ in Höhe von ▬▬▬
☐ in vollem Umfange
zurückgenommen.

Zugleich wird namens und in Vollmacht des Klägers beantragt,

    dem Beklagten gem. § 269 Abs. 3 S. 3 ZPO die Kosten des Verfahrens aufzuerlegen.

Zur **Begründung** wird Folgendes vorgetragen:

Nach Anhängigkeit der Klage, nämlich am ▬▬▬, hat sich die Hauptsache in dem aus der Klagerücknahme ersichtlichen Umfange erledigt. Dies ergibt sich daraus, dass ▬▬▬.

Zum Zeitpunkt des erledigenden Ereignisses war die Klage nach Auskunft der Geschäftsstelle des erkennenden Gerichts vom ▬▬▬ noch nicht zugestellt. Nach der Regelung von § 269 Abs. 3 ZPO bedarf es nach dessen 2. Halbsatz keiner Zustellung der Klage mehr. Auch ist die Zustellung nicht Voraussetzung einer Kostenentscheidung nach § 269 Abs. 3 ZPO.

Die in der Literatur dagegen erhobenen Einwände sind unbeachtlich. Schon vor der gesetzlichen Änderung hat der Bundesgerichtshof eine Kostenentscheidung nach billigem Ermessen gem. § 269 Abs. 3 S. 3 ZPO für zulässig erachtet (BGH NJW 2004, 1530), so dass die Frage höchstrichterlich entschieden ist.

Nach dem bisherigen Sach- und Streitstand sind dem Beklagten die Kosten des Rechtsstreits insoweit aufzuerlegen, wie die Klage zurückgenommen wurde. Dies ergibt sich daraus, dass ▬▬▬.

Rechtsanwalt

IV. Muster: Kostenantrag des Beklagten nach Erledigung der Hauptsache zwischen Anhängigkeit und Rechtshängigkeit bei noch nicht zugestellter Klage, § 269 Abs. 3 S. 3 ZPO

▼

An das
☐ Amtsgericht
☐ Landgericht

in ▬▬▬

In dem Rechtsstreit

      Kläger ./. Beklagter
      Az: unbekannt

Bestelle ich mich für den beabsichtigten Beklagten und beantrage in dessen Namen und Auftrag,

 dem Beklagten gem. § 269 Abs. 3 S. 3 ZPO die Kosten des Verfahrens aufzuerlegen.

Zur **Begründung** wird Folgendes vorgetragen:

Nach diesseitiger Information bzw. Akteneinsicht hat der Kläger am ▬▬▬ Klage mit dem Antrag eingereicht, den Beklagten zu verurteilen ▬▬▬.

Diese Klage hat er vor der Zustellung zurückgenommen.

Nach Anhängigkeit der Klage, nämlich am ▬▬▬, hat sich die Hauptsache erledigt. Dies ergibt sich daraus, dass ▬▬▬. Der Kläger hat die Klage also im Ergebnis verfrüht erhoben und deshalb die Kosten des Rechtsstreites zu tragen.

Zum Zeitpunkt des erledigenden Ereignisses war die Klage – wie sich aus den Akten ergibt – noch nicht zugestellt. Nach § 269 Abs. 3, 2. HS ZPO bedarf auch keiner Zustellung der Klage für einen entsprechenden Kostenantrag mehr.

Nach dem Sach- und Streitstand sind dem Kläger die Kosten des Rechtsstreits insoweit aufzuerlegen, wie die Klage zurückgenommen wurde. Dies ergibt sich daraus, dass
☐ er die Klage zu früh erhoben hat. ▬▬▬
☐ ▬▬▬

Rechtsanwalt

▲

§ 13 Sondersituationen im Prozessverlauf

V. Muster: Klageänderung nach Erledigung zwischen Anhängigkeit und Rechtshängigkeit

13.5

▼

628 An das
☐ Amtsgericht
☐ Landgericht
in ▬▬▬

In dem Rechtsstreit

Kläger ./. Beklagter

Az: ▬▬▬

wird namens und in Vollmacht des Klägers die Klage vom ▬▬▬ dergestalt geändert, dass nunmehr beantragt wird

> festzustellen, dass der Beklagte verpflichtet ist, die Kosten des Rechtsstreits zu tragen.

Zur **Begründung** wird Folgendes ausgeführt:

Der Kläger hat den Beklagten zunächst auf ▬▬▬ in Anspruch genommen. Nach Einreichung der Klage vom ▬▬▬ ist die Hauptsache erledigt.
☐ Der Beklagte hat nämlich am ▬▬▬ eine Zahlung in Höhe von ▬▬▬ auf die streitgegenständliche Forderung geleistet.
☐ ▬▬▬

Danach ist der Beklagte verpflichtet, die Kosten des vorliegenden Rechtsstreits zu tragen, was sich daraus ergibt, dass ▬▬▬.

Der Kläger verzichtet bewusst darauf, die Klage nach § 269 Abs. 3 S. 3 ZPO zurückzunehmen und so den Weg für eine Kostenentscheidung nach billigem Ermessen unter Berücksichtigung des bisherigen Sach- und Streitstandes zu eröffnen, da dann die Gefahr besteht, dass der Kläger entgegen der – in einem solchen Verfahren nicht gänzlich zu klärenden materiellen Rechtslage – mit Kosten belastet wird.

Es handelt es sich bei § 269 Abs. 3 S. 3 ZPO um keine abschließende Regelung, so dass der Kläger die Klage nach § 264 Nr. 3 ZPO auch auf das Interesse umstellen kann, wonach der Beklagte die Kosten des (erledigten) Rechtsstreits zu tragen hat (Zöller/Greger, ZPO, 32. Auflage 2018, § 269 Rn 18e). Einer solchen Klage kann das Rechtsschutzbedürfnis nicht abgesprochen werden, da im Verfahren nach § 269 Abs. 3 S. 3 ZPO nur eine summarische Prüfung stattfindet, während im geänderten Klageverfahren der Sachverhalt gänzlich zu klären ist.

Rechtsanwalt

▲

VI. Muster: Klagerücknahme mit dem Antrag der gesonderten Kostenentscheidung wegen einer vorherigen Säumnis des Beklagten

▼

An das
☐ Amtsgericht
☐ Landgericht
in ▓▓▓▓▓▓

In dem Rechtsstreit

Kläger ./. Beklagter

Az: ▓▓▓▓▓▓

erkläre ich namens und in Vollmacht des Klägers,

dass die Klage vom ▓▓▓▓▓▓ hiermit

☐ in Höhe von ▓▓▓▓▓▓
☐ in vollem Umfange

zurückgenommen wird. Zugleich wird beantragt,

dem Beklagten die durch seine Säumnis im Termin zur mündlichen Verhandlung am ▓▓▓▓▓▓ entstandenen Kosten aufzuerlegen.

Zur **Begründung** wird Folgendes ausgeführt:

Der Kläger hat sich entschieden, das Klagebegehren nicht weiter zu verfolgen, so dass die Klage zurückgenommen wird.

§ 344 ZPO, wonach die säumige Partei ungeachtet der späteren Entscheidung die durch die Säumnis verursachten Kosten zu tragen hat, gilt auch bei der Klagerücknahme, so dass die Kosten einer vorherigen Säumnis des Beklagten diesem zur Last fallen (BGH NJW 2004, 2309 m.w.N.). Nachdem das ergangene Versäumnisurteil gem. § 269 Abs. 3 S. 1 ZPO wirkungslos geworden ist, muss dies nach § 269 Abs. 4 ZPO durch einen gesonderten Beschluss festgestellt werden.

Es wird zugleich gebeten, zu viel gezahlte Gerichtskosten zu erstatten.

Rechtsanwalt

VII. Muster: Kostenantrag des Beklagten nach Klagerücknahme

An das
☐ Amtsgericht
☐ Landgericht

in

In dem Rechtsstreit

Kläger ./. Beklagter

Az:

wird namens und in Vollmacht des Beklagten beantragt,

nach der Rücknahme der Klage vom ▓▓▓ dem Kläger gem. § 269 Abs. 3 ZPO die Kosten des Verfahren aufzuerlegen.

Rechtsanwalt

VIII. Muster: Erwiderung des Klägers auf den Kostenantrag des Beklagten bei vorheriger Säumnis des Beklagten

An das
☐ Amtsgericht
☐ Landgericht

in

In dem Rechtsstreit

Kläger ./. Beklagter

Az:

wird namens und in Vollmacht des Klägers dem Kostenantrag des Beklagten nach § 269 Abs. 3 S. 2, Abs. 4 ZPO entgegengetreten und beantragt,

dem Beklagten die durch seine Säumnis im Termin zur mündlichen Verhandlung am ▓▓▓ entstandenen Kosten aufzuerlegen.

Zur **Begründung** wird Folgendes ausgeführt:

Nachdem der Kläger die Klage mit Schriftsatz vom ▓▓▓ zurückgenommen hat, ist dieser nach § 269 Abs. 3 S. 2 ZPO grundsätzlich verpflichtet, die Kosten des Verfahrens zu tragen.

Auch im Rahmen der nach § 269 Abs. 3 S. 2, Abs. 4 ZPO zu treffenden Kostenentscheidung ist allerdings § 344 ZPO zu berücksichtigen (BGH NJW 2004, 2309 m.w.N.).

Danach hat die säumige Partei ungeachtet der späteren Entscheidung die durch die Säumnis verursachten Kosten zu tragen. Dies gilt nach der zitierten Rechtsprechung auch bei der Klagerücknahme, so dass die Kosten einer vorherigen Säumnis des Beklagten diesem zur Last fallen.

Nachdem das ergangene Versäumnisurteil gem. § 269 Abs. 3 S. 1 ZPO wirkungslos geworden ist, muss diese Kostenfolge nach § 269 Abs. 4 ZPO durch einen gesonderten Beschluss festgestellt werden.

Im Ergebnis sind daher dem Kläger die Kosten des Verfahrens insoweit aufzuerlegen, als diese nicht durch die Säumnis des Beklagten im Termin vom ▓▓▓▓▓▓ und das darauf ergangene Versäumnisurteil vom ▓▓▓▓▓▓ verursacht wurden. Diese sind von dem Beklagten zu tragen.

Rechtsanwalt

IX. Muster: Kostenantrag des Beklagten und Stellungnahme zur Kostentragungspflicht im Fall des § 269 Abs. 3 S. 3 ZPO

▼

An das
☐ Amtsgericht
☐ Landgericht

in ▓▓▓▓

In dem Rechtsstreit

            Kläger ./. Beklagter

            Az: ▓▓▓▓

bestellt sich der Unterzeichner für den Beklagten und beantragt in dessen Namen und in dessen Vollmacht,

> dem Kläger die Kosten des Verfahrens gem. § 269 Abs. 3 ZPO aufzuerlegen, soweit er die Klage zurückgenommen hat.

Zur **Begründung** des vorstehenden Kostenantrags wird Folgendes ausgeführt:

I.

Vorliegend kommt bereits aus Rechtsgründen eine Entscheidung nach § 269 Abs. 3 S. 3 ZPO nicht in Betracht, da zwischen dem Kläger und dem Beklagten kein Prozessrechtsverhältnis begründet wurde, da die Klage, jedenfalls soweit sie zurückgenommen wurde, dem Beklagten nicht zugestellt wurde. Dies gilt auch für die Erklärung über die Klagerücknahme (vgl. KG Berlin KGR 2003, 109; OLG Nürnberg MDR 2003, 410; LG Münster NJW-RR 2002, 1221). Daran hat auch die Änderung von § 269 Abs. 3 ZPO durch das Justizmodernisierungsgesetz nichts geändert. Ungeachtet der Frage, ob diese Regelung überhaupt verfassungsgemäß ist (verneinend OLG Brandenburg OLGR 2005, 559), begegnet sie jedenfalls erheblichen rechtsstaatlichen Bedenken (hierzu Zöller/*Greger*, ZPO, 32. Auflage 2018, § 269 Rn 18d). Diesen rechtsstaatlichen Bedenken Rechnung tragend, kommt eine Kostenentscheidung zu Lasten des Beklagten nicht in Betracht, wenn die Klage zurückgenommen wird, bevor diese dem Beklagten zugestellt wurde. Nachdem das Erfordernis der „Unverzüglichkeit" entfallen ist, ist es dem Kläger auch zuzumuten, ggf. die Zustellung der Klage abzuwarten. Letztlich ist ein solches Erfordernis auch vertretbar, da damit ein Rechtsverlust des Klägers nicht begründet ist. Soweit dieser – entgegen der tatsächlichen Rechtslage – meint, einen Kostenerstattungsanspruch zu haben, ist er nicht gehindert, diesen materiell-rechtlichen Anspruch anderweitig zu verfolgen.

§ 13 Sondersituationen im Prozessverlauf

II.

Für den Fall, dass das Gericht den vorstehenden Ausführungen nicht folgen sollte, wird hilfsweise geltend gemacht, dass dem Kläger die Kosten des Verfahrens nach § 269 Abs. 3 S. 3 ZPO unter Berücksichtigung des bisherigen Sach- und Streitstandes aufzuerlegen sind, weil

- ☐ die streitige Forderung zum Zeitpunkt der Anhängigkeit der Klage noch überhaupt nicht fällig war und zum Zeitpunkt der Fälligkeit diese unmittelbar ausgeglichen wurde. Dies ergibt sich daraus, dass ▓▓▓▓.
- ☐ zum Zeitpunkt der Anhängigkeit der Klage eine angemessene Prüfungs- und Regulierungsfrist für die Beklagte noch nicht verstrichen war und noch vor Ablauf einer solchen Frist die Regulierung vorgenommen wurde. Dies ergibt sich daraus, dass ▓▓▓▓.
- ☐ ▓▓▓▓

Um antragsgemäße Entscheidung wird gebeten.

Rechtsanwalt

X. Muster: Antrag auf Erklärung eines vor der Klagerücknahme ergangenen Urteils als wirkungslos

13.10

633 An das
☐ Amtsgericht
☐ Landgericht

in ▓▓▓▓

In dem Rechtsstreit

Kläger ./. Beklagter

Az: ▓▓▓▓

wird namens und in Vollmacht des Beklagten gem. § 269 Abs. 4 ZPO beantragt:

1. Nach der mit Schriftsatz vom ▓▓▓▓ erklärten Klagerücknahme, werden dem Kläger die Kosten des Verfahrens gem. § 269 Abs. 3 ZPO auferlegt.
2. Es wird festgestellt, dass
   - ☐ das Versäumnisurteil des erkennenden Gerichts vom ▓▓▓▓
   - ☐ das Teilurteil des erkennenden Gerichts vom ▓▓▓▓
   - ☐ das Vorbehaltsurteils des erkennenden Gerichts vom ▓▓▓▓

   wirkungslos ist.

Zur **Begründung** wird Folgendes ausgeführt:

Nach der Rücknahme der Klage mit Schriftsatz vom ▓▓▓▓ hat der Kläger gem. § 269 Abs. 3 S. 2 ZPO die Kosten des Verfahrens zu tragen.

Durch die Klagerücknahme wird das bereits ergangene Urteil des erkennenden Gerichts vom ▓▓▓▓ unwirksam, § 269 Abs. 3 S. 1 Hs. 2 ZPO.

Die beiden vorgenannten Rechtsfolgen sind nach § 269 Abs. 4 ZPO auf den hiermit gestellten Antrag durch Beschluss ausdrücklich festzustellen.

Rechtsanwalt

▲

XI. Muster: Klagerücknahme nach mündlicher Verhandlung mit gleichzeitigem Klageverzicht

▼

An das
☐ Amtsgericht
☐ Landgericht

in

In dem Rechtsstreit

Kläger ./. Beklagter
Az:

wird namens und in Vollmacht des Klägers erklärt, dass dieser auf den der Klage zugrunde liegenden Anspruch verzichtet und die Klage hiermit zurücknimmt.

Rechtsanwalt

▲

XII. Muster: Wiedereinsetzungsantrag nach der Versäumung der Notfrist zur Verweigerung der Zustimmung zur Klagerücknahme

▼

An das
☐ Amtsgericht
☐ Landgericht

in

In dem Rechtsstreit

Kläger ./. Beklagter
Az:

wird beantragt,

dem Beklagten wegen der Versäumung der Verweigerungsfrist des § 269 Abs. 2 S. 4 ZPO Wiedereinsetzung in den vorigen Stand zu gewähren.

Zugleich wird namens und in Vollmacht des Beklagten erklärt, dass dieser

der Klagerücknahme nicht zustimmt.

Zur **Begründung** wird Folgendes vorgetragen:

I.

Der Kläger hat seine Klage mit Schriftsatz vom   zurückgenommen.

Dem Beklagten wurde die Klagerücknahme am   mit der Aufforderung zugestellt, dieser zuzustimmen. Zugleich wurde er darüber belehrt, dass die Zustimmung nach § 269

§ 13 Sondersituationen im Prozessverlauf

Abs. 2 S. 4 ZPO als erteilt gilt, wenn er nicht binnen einer Notfrist von zwei Wochen ab Zugang der Klagerücknahme dieser widerspricht.

Die Widerspruchsfrist ist jedoch vor Erhebung des Widerspruchs abgelaufen, weil ▓▓▓.

    Zur Glaubhaftmachung gem. § 294 ZPO wird ▓▓▓.

Nach dem dargestellten Sachverhalt trifft weder die Partei noch den Unterzeichner als Prozessbevollmächtigten ein Verschulden an der Fristversäumnis, so dass die beantragte Wiedereinsetzung in den vorigen Stand zu gewähren ist.

Die Wiedereinsetzungsfrist nach § 234 Abs. 1 ZPO ist gewahrt, da das Hindernis am ▓▓▓ weggefallen ist. Dies ergibt sich daraus, dass ▓▓▓.

    Zur Glaubhaftmachung gem. § 294 ZPO wird ▓▓▓.

II.

Gem. § 236 Abs. 2 S. 2 ZPO wird mit dem Wiedereinsetzungsgesuch hiermit zugleich die versäumte Prozesshandlung nachgeholt und der Klagerücknahme widersprochen.

Die Klage ist von Anfang an unbegründet gewesen. Insoweit kann auf die bisherigen Darlegungen verwiesen werden. Der Beklagte ist zu einer Einwilligung in die Klagerücknahme deshalb nur dann bereit, wenn der Kläger vor dem Hintergrund der Unbegründetheit seiner Klage rein vorsorglich auf den der Klage zugrunde liegenden Anspruch verzichtet. Es ist dem Beklagten nicht zumutbar, dass dieser ggf. zu einem späteren Zeitpunkt erneut mit einer unbegründeten Klage wegen des gleichen Sachverhalts überzogen wird. Vielmehr hat er ein rechtlich schützenswertes Interesse daran, dass die Streitfrage mit der Klagerücknahme ihren endgültigen Abschluss findet.

Rechtsanwalt

XIII. Muster: Verweigerung der Einwilligung des Beklagten in die Klagerücknahme

13.13

An das
- ☐ Amtsgericht
- ☐ Landgericht

in ▓▓▓

In dem Rechtsstreit

Kläger ./. Beklagter
Az: ▓▓▓

wird namens und in Vollmacht des Beklagten erklärt, dass dieser der Klagerücknahme **nicht** zustimmt.

Die Klage ist

- ☐ unzulässig.
- ☐ unbegründet.

Insoweit kann auf die bisherigen Darlegungen verwiesen werden. Der Beklagte ist zu einer Einwilligung in die Klagerücknahme nur dann bereit, wenn der Kläger vor dem Hintergrund der

- ☐ Unzulässigkeit
- ☐ Unbegründetheit

seiner Klage rein vorsorglich auf den der Klage zugrunde liegenden Anspruch verzichtet. Es ist dem Beklagten nicht zumutbar, dass dieser ggf. zu einem späteren Zeitpunkt erneut mit einer unbegründeten Klage wegen des gleichen Sachverhalts überzogen wird. Vielmehr hat er ein rechtlich schützenswertes Interesse daran, dass die Streitfrage mit der Klagerücknahme ihren endgültigen Abschluss findet.

Rechtsanwalt

XIV. Muster: Einwilligung des Beklagten in die Klagerücknahme nach Klageverzicht

An das
☐ Amtsgericht
☐ Landgericht

in

In dem Rechtsstreit

    Kläger ./. Beklagter

    Az:

wird namens und in Vollmacht des Beklagten ausgeführt:
- ☐ Der Beklagte nimmt den Verzicht auf den der Klage zugrunde liegenden Anspruch und den damit verbundenen Klageverzicht hiermit an.
- ☐ Der Beklagte stimmt der Klagerücknahme nunmehr zu.

Namens und in Vollmacht des Beklagten wird sodann beantragt,

  dem Kläger die Kosten des Verfahrens gem. § 269 Abs. 3 S. 2 ZPO aufzuerlegen.

Rechtsanwalt

§ 13 Sondersituationen im Prozessverlauf

XV. Muster: Klagerücknahme nach mündlicher Verhandlung

▼

638 An das
☐ Amtsgericht
☐ Landgericht

in

In dem Rechtsstreit

Kläger ./. Beklagter

Az:

wird namens und in Vollmacht des Klägers die Klage zurückgenommen.

Nach dem bereits mündlich verhandelt wurde, wird das Gericht gebeten, den Klagerücknahmeschriftsatz dem Beklagten unter Hinweis auf § 269 Abs. 2 S. 4 ZPO zuzustellen.

Es wird gebeten, zu viel gezahlte Gerichtskosten zurückzuzahlen (Nr. 1211 KVGKG).

Rechtsanwalt

▲

XVI. Muster: Klageverzicht nach § 306 ZPO

▼

639 An das
☐ Amtsgericht
☐ Landgericht

in

In dem Rechtsstreit

Kläger ./. Beklagter

Az:

wird namens und in Vollmacht des Klägers auf den geltend gemachten Anspruch gem. § 306 ZPO verzichtet,

❏ nachdem der Beklagte die Zustimmung zur Klagerücknahme verweigert hat.

Die Durchführung einer weiteren mündlichen Verhandlung erscheint nicht erforderlich, so dass hiermit die Zustimmung zur Entscheidung im schriftlichen Verfahren nach § 128 Abs. 2 ZPO erteilt wird.

Das erkennende Gericht wird gebeten, den Beklagten in gleicher Weise aufzufordern, einer Entscheidung im schriftlichen Verfahren zuzustimmen.

Rechtsanwalt

▲

XVII. Muster: Antrag des Beklagten auf Erlass eines Verzichturteils

▼

An das
☐ Amtsgericht
☐ Landgericht
in ▮▮▮▮▮

In dem Rechtsstreit

Kläger ./. Beklagter

Az: ▮▮▮▮▮

wird namens und in Vollmacht des Beklagten infolge der Verzichtserklärung des Klägers vom ▮▮▮▮▮ beantragt,

die Klage kostenpflichtig und ohne Sicherheitsleistung für vorläufig vollstreckbar abzuweisen und insoweit durch Verzichtsurteil zu entscheiden.

☐ Amtsgericht

Nach Auffassung des Beklagten und des Unterzeichners ist eine weitere mündliche Verhandlung nicht erforderlich, so dass hiermit bereits rein vorsorglich die Zustimmung zu einer Entscheidung im schriftlichen Verfahren nach § 128 Abs. 2 ZPO erteilt wird.

Das Gericht wird gebeten, den Kläger aufzufordern, gleichfalls einer Entscheidung im schriftlichen Verfahren zuzustimmen.

☐ Der Beklagte teilt die Auffassung des Klägers, dass eine mündliche Verhandlung nicht mehr erforderlich ist, so dass er gleichfalls einer Entscheidung im schriftlichen Verfahren gem. § 128 Abs. 2 ZPO zustimmt.

Rechtsanwalt

▲

XVIII. Muster: Schriftliche Ankündigung des Klageverzichtes nach § 306 ZPO

▼

An das
☐ Amtsgericht
☐ Landgericht
in ▮▮▮▮▮

In dem Rechtsstreit

Kläger ./. Beklagter

Az: ▮▮▮▮▮

wird namens und in Vollmacht des Klägers angekündigt, dass dieser in der mündlichen Verhandlung gem. § 306 ZPO auf den der Klage zugrunde liegenden Anspruch verzichten wird, nachdem der Beklagte aus nicht mitgeteilten Gründen die Einwilligung in die Klagerücknahme versagt hat.

Rechtsanwalt

XIX. Muster: Sofortige Beschwerde gegen die Kostenentscheidung nach § 269 Abs. 3 S. 3 ZPO

▼

An das

Landgericht/Oberlandesgericht
– Beschwerdekammer/Beschwerdesenat –

in

über das

Amtsgericht/Landgericht (= Ausgangsgericht)

in

Sofortige Beschwerde nach § 269 Abs. 5 ZPO

In dem Rechtsstreit

Kläger ./. Beklagter
Az:

wird namens und in Vollmacht des   gegen die Entscheidung des   vom   Az: sofortige Beschwerde eingelegt.

Es wird beantragt:

In Abänderung des angefochtenen Beschlusses des   vom   werden die Kosten des Verfahrens dem   auferlegt.

Zur **Begründung** wird Folgendes ausgeführt:

I.

Mit der angefochtenen Entscheidung vom   hat das Ausgangsgericht dem Beschwerdeführer die Kosten des Verfahrens nach § 269 Abs. 3 ZPO auferlegt, nachdem die Klage wegen eines nach Anhängigkeit, aber vor Rechtshängigkeit eingetretenen Ereignisses, nämlich   , zurückgenommen worden ist.

Die Entscheidung ist unzutreffend und im Sinne des vorstehenden Antrags durch das Ausgangsgericht nach § 572 Abs. 1 S. 1 ZPO oder aber das angerufene Beschwerdegericht zu ändern.

Die Entscheidung ist nach § 269 Abs. 3 S. 3, Abs. 4 ZPO ergangen und dementsprechend nach § 269 Abs. 5 Abs. 3 ZPO mit der sofortigen Beschwerde angreifbar.

Die angefochtene Entscheidung wurde dem Beschwerdeführer am   zugestellt. Die Notfrist des § 569 Abs. 1 S. 1 ZPO endet damit am   und wird durch den vorliegenden Schriftsatz gewahrt.

C. Muster § 13

Für die Entscheidung über die sofortige Beschwerde ist
- ☐ nach § 72 GVG das Landgericht berufen. Eine abweichende Fallkonstellation nach § 119 Abs. 1 Nr. 1 GVG liegt nicht vor.
- ☐ nach § 119 GVG das Oberlandesgericht berufen.
- ☐ Soweit zunächst der originäre Einzelrichter beim zuständigen Beschwerdegericht nach § 568 ZPO zuständig ist, weil die angefochtene Entscheidung von einem Einzelrichter erlassen wurde, wird gebeten, diese nach § 568 S. 2 ZPO
  - ☐ der Kammer
  - ☐ dem Senat

vorzulegen, da die Rechtssache
- ☐ besondere Schwierigkeiten tatsächlicher oder rechtlicher Art aufweist,
- ☐ grundsätzliche Bedeutung hat,

was sich daraus ergibt, dass ▬▬▬▬.

Der Wert in der Hauptsache beträgt ▬▬▬▬ EUR, so dass auch § 269 Abs. 5 ZPO insoweit der Statthaftigkeit der sofortigen Beschwerde nicht entgegensteht.

Auch der besondere Beschwerdewert des § 567 Abs. 2 ZPO von 200 EUR ist vorliegend erreicht, was sich daraus ergibt, dass ▬▬▬▬.

II.

Die angefochtene Entscheidung erweist sich im Ergebnis als unzutreffend.

Die angefochtene Entscheidung beruht auf § 269 Abs. 3 S. 3 ZPO. Danach ist über die Kosten des Verfahrens nach billigem Ermessen unter Berücksichtigung des Sach- und Streitstandes zu entscheiden, wenn eine Klage wegen eines erledigenden Ereignisses nach Anhängigkeit und vor Rechtshängigkeit unverzüglich zurückgenommen wird.

Danach durften dem Beschwerdeführer vorliegend die Kosten des Verfahrens nicht auferlegt werden.

- ☐ Vorliegend kommt bereits aus Rechtsgründen eine Entscheidung nach § 269 Abs. 3 S. 3 ZPO nicht in Betracht, da zwischen dem Kläger und dem Beklagten kein Prozessrechtsverhältnis begründet wurde, da die Klage, jedenfalls soweit sie zurückgenommen wurde, dem Beklagten nicht zugestellt wurde. Dies gilt auch für die Erklärung über die Klagerücknahme (vgl. KG Berlin KGR 2003, 109; OLG Nürnberg MDR 2003, 410; LG Münster NJW-RR 2002, 1221). Daran hat auch die Änderung von § 269 Abs. 3 ZPO durch das Justizmodernisierungsgesetz nichts geändert. Ungeachtet der Frage, ob diese Regelung überhaupt verfassungsgemäß ist (verneinend OLG Brandenburg OLGR 2005, 559), begegnet sie jedenfalls erheblichen rechtsstaatlichen Bedenken (hierzu Zöller/*Greger*, ZPO, 32. Auflage 2018, § 269 Rn 18d). Diesen rechtsstaatlichen Bedenken Rechnung tragend, kommt eine Kostenentscheidung zu Lasten des Beklagten nicht in Betracht, wenn die Klage zurückgenommen wird, bevor diese dem Beklagten zugestellt wurde. Nachdem das Erfordernis der „Unverzüglichkeit" entfallen ist, ist es dem Kläger auch zuzumuten, ggf. die Zustellung der Klage abzuwarten. Letztlich ist ein solches Erfordernis auch vertretbar, da damit ein Rechtsverlust des Klägers nicht begründet ist. Soweit dieser – entgegen der tatsächlichen Rechtslage – meint, einen Kostenerstattungsanspruch zu haben, ist er nicht gehindert, diesen materiell-rechtlichen Anspruch anderweitig zu verfolgen.

§ 13 Sondersituationen im Prozessverlauf

- ☐ Die Kosten des Verfahrens sind nach § 269 Abs. 3 S. 3 ZPO unter Berücksichtigung des bisherigen Sach- und Streitstandes dem ▨▨▨▨ aufzuerlegen, weil
  - ☐ die streitige Forderung zum Zeitpunkt der Anhängigkeit der Klage noch überhaupt nicht fällig war und zum Zeitpunkt der Fälligkeit diese unmittelbar ausgeglichen wurde. Dies ergibt sich daraus, dass ▨▨▨▨.
  - ☐ zum Zeitpunkt der Anhängigkeit der Klage eine angemessene Prüfungs- und Regulierungsfrist für die Beklagte noch nicht verstrichen war und noch vor Ablauf einer solchen Frist die Regulierung vorgenommen wurde. Dies ergibt sich daraus, dass ▨▨▨▨.
- ☐ ▨▨▨▨

III.

Soweit das erkennende Beschwerdegericht der diesseitigen Auffassung nicht zu folgen vermag, wird schon jetzt beantragt,

die Rechtsbeschwerde zum Bundesgerichtshof zuzulassen.

Die Voraussetzungen für die Zulassung der Rechtsbeschwerde liegen vor, weil ▨▨▨▨.

IV.

Das Ausgangsgericht wird um Abhilfe gebeten. Anderenfalls wird das Beschwerdegericht um alsbaldige antragsgemäße Entscheidung gebeten.

Rechtsanwalt

▲

XX. Muster: Antrag des Beklagten auf Durchführung des streitigen Verfahrens

13.20

643 ▼ An das

Amtsgericht

– Mahnabteilung –

in ▨▨▨▨

In dem Mahnverfahren

Antragsteller ./. Antragsgegner

Az.: ▨▨▨▨

wird namens und in Vollmacht des Antragsgegners nach § 696 Abs. 1 ZPO beantragt,

das Verfahren an das im Mahnbescheidsantrag bezeichnete Gericht zur Durchführung des streitigen Verfahrens abzugeben, nachdem der Antragsgegner gegen den Mahnbescheid Widerspruch erhoben hat und der Antragsteller

- ☐ keine Abgabe an das Streitgericht beantragt hat.
- ☐ seinen Antrag auf Abgabe des Verfahrens an das Streitgericht nach § 696 Abs. 4 ZPO zurückgenommen hat.

Nach Abgabe an das Streitgericht wird gebeten,

> dem Antragsteller und Kläger unter Fristsetzung gem. § 697 Abs. 1 ZPO aufzugeben, den vermeintlichen Anspruch zu begründen oder aber die Klage mit der Kostenfolge nach § 269 Abs. 3 S. 2 ZPO zurückzunehmen.

Für den Fall der Klagerücknahme wird schon jetzt beantragt,

> dem Kläger die Kosten des Verfahrens nach § 269 Abs. 3 S. 2 ZPO aufzuerlegen.

Zur **Begründung** wird Folgendes ausgeführt:

Dem Antragsteller steht die im Mahnbescheid bezeichnete angebliche Forderung nicht zu, weshalb der Antragsgegner Widerspruch eingelegt hat. Hierauf hat der Kläger seinen Antrag auf Durchführung des streitigen Verfahrens zurückgenommen, um sich der Kostentragungspflicht nach § 269 Abs. 3 S. 2 ZPO zu entziehen.

Nach der Rechtsprechung stellt es keine Klagerücknahme dar, wenn der Kläger nach der Abgabe des Mahnverfahrens an das Streitgericht, den Antrag auf Durchführung des streitigen Verfahrens zurücknimmt (BGH MDR 2006, 42 f.). Anderes kann nur gelten, wenn sich aus weiteren Umständen ergibt, dass der Kläger zugleich die Klage zurücknehmen wollte (hierzu etwa OLG München AnwBl 1984, 371).

In diesem Fall ist der Antragsgegner bzw. Beklagte deshalb gezwungen, die Durchführung des streitigen Verfahrens nach § 696 Abs. 4 S. 1 ZPO zu beantragen, um eine Kostenentscheidung zu seinen Gunsten zu erreichen.

§ 269 Abs. 3 ZPO gilt allerdings grundsätzlich auch dann, wenn ein Mahnbescheidsantrag ausdrücklich zurückgenommen wird (BGH NJW 2005, 512). Für die Entscheidung über die Kosten ist auch in diesem Fall das Streitgericht zuständig (BGH NJW 2005, 513).

☐ Dies gilt auch dann, wenn der Antragsteller später geltend machen sollte, dass der Anlass zur Einreichung des Mahnantrags vor Rechtshängigkeit entfallen sei und dass er deswegen den Mahnantrag zurückgenommen habe (§ 269 Abs. 3 S. 3 ZPO). Auch in diesem Fall hat über die Kosten des Mahnverfahrens nach Abgabe das für das streitige Verfahren zuständige Gericht zu entscheiden (BGH NJW 2005, 512).

Nach der Abgabe des Verfahrens hat der Kläger den Mahnanspruch nach § 697 Abs. 1 ZPO grundsätzlich zu begründen. Hierzu ist ihm eine Frist zu setzen. Aufgrund der Rücknahme des Antrags auf Durchführung des streitigen Verfahrens ist allerdings damit zu rechnen, dass der Kläger die Klage zurücknimmt, zumal diese von Anfang an unbegründet war. Das Streitgericht wird dem Kläger sodann die Kosten des Verfahrens nach § 269 Abs. 3 S. 2 ZPO aufzuerlegen haben. Zur Vermeidung eines zusätzlichen Aufwands wird für diesen Fall schon jetzt Kostenantrag gestellt.

Rechtsanwalt

XXI. Muster: Erledigungserklärung des Klägers

An das
☐ Amtsgericht
☐ Landgericht

in ▓▓▓

In dem Rechtsstreit

Kläger ./. Beklagter

Az: ▓▓▓

wird namens und in Vollmacht des Klägers
☐ der Rechtsstreit in der Hauptsache
☐ der Rechtsstreit in Höhe eines Betrages von ▓▓▓ in der Hauptsache
☐ der Rechtsstreit in der Hauptsache insoweit als ▓▓▓
für erledigt erklärt und zugleich beantragt,

dem Beklagten die Kosten des Rechtsstreits aufzuerlegen.

☐ Weiter wird beantragt, in analoger Anwendung von § 269 Abs. 4 ZPO deklaratorisch auszusprechen, dass das am ▓▓▓ ergangene ▓▓▓ urteil wirkungslos ist (Zöller/*Althammer*, ZPO, 32. Auflage 2018, § 91a Rn 12).

Zur **Begründung** wird Folgendes ausgeführt:

Der Rechtsstreit ist in der Hauptsache in dem eingangs dargelegten Umfange erledigt, weil
☐ der Beklagte die Klageforderung am ▓▓▓ in Höhe von ▓▓▓ ausgeglichen hat.
☐ der Beklagte den geltend gemachten Anspruch am ▓▓▓ in der Weise erfüllt hat, dass er ▓▓▓.
☐ ▓▓▓

Nach § 91a ZPO sind dem Beklagten die Kosten des Verfahrens aufzuerlegen, weil ▓▓▓.

Es wird davon ausgegangen, dass sich der Beklagte der Erledigungserklärung anschließt, so dass über die Kosten des Verfahrens gem. §§ 91a, 128 Abs. 3 ZPO ohne mündliche Verhandlung im schriftlichen Verfahren entschieden werden kann.
☐ Hierzu wird auf Folgendes hingewiesen: ▓▓▓

Rechtsanwalt

C. Muster § 13

XXII. Muster: Erledigungserklärung des Klägers mit dem Antrag auf Wiedereröffnung der mündlichen Verhandlung

▼

An das
☐ Amtsgericht
☐ Landgericht
in ▬▬▬

In dem Rechtsstreit

Kläger ./. Beklagter

Az: ▬▬▬

wird namens und in Vollmacht des Klägers beantragt,

die mündliche Verhandlung wiederzueröffnen.

Zugleich wird
☐ der Rechtsstreit in der Hauptsache
☐ der Rechtsstreit in der Hauptsache in Höhe eines Betrages von ▬▬▬
☐ der Rechtsstreit in der Hauptsache insoweit, als ▬▬▬
für erledigt erklärt und damit verbunden beantragt,

dem Beklagten die Kosten des Rechtsstreits aufzuerlegen.
Weiter wird beantragt, in analoger Anwendung von § 269 Abs. 4 ZPO deklaratorisch auszusprechen, dass das am ▬▬▬ ergangene ▬▬▬urteil wirkungslos ist (Zöller/*Althammer*, ZPO, 32. Auflage 2018, § 91a Rn 12).

Zur **Begründung** wird Folgendes ausgeführt:

Nach der mündlichen Verhandlung vom ▬▬▬ hat sich der Rechtsstreit in der Hauptsache erledigt, so dass die mündliche Verhandlung wiederzueröffnen ist.

Der Rechtsstreit ist in der Hauptsache in dem eingangs dargelegten Umfange erledigt, weil
☐ der Beklagte die Klageforderung am ▬▬▬ in Höhe von ▬▬▬ ausgeglichen hat.
☐ der Beklagte den geltend gemachten Anspruch am ▬▬▬ in der Weise erfüllt hat, dass er ▬▬▬.
☐

Nach § 91a ZPO sind dem Beklagten die Kosten des Verfahrens aufzuerlegen, weil ▬▬▬.

Es wird davon ausgegangen, dass sich der Beklagte der Erledigungserklärung anschließt, so dass über die Kosten des Verfahrens gem. §§ 91a, 128 Abs. 3 ZPO ohne mündliche Verhandlung im schriftlichen Verfahren entschieden werden kann.
☐ Im Hinblick auf die zu treffende Kostenentscheidung wird noch auf Folgendes hingewiesen: ▬▬▬

Rechtsanwalt

▲

XXIII. Muster: Erklärung des Beklagten über die Anschließung zur Erledigungserklärung

13.23

▼

646 An das
☐ Amtsgericht
☐ Landgericht

in

In dem Rechtsstreit

Kläger ./. Beklagter

Az:

wird namens und in Vollmacht des Beklagten erklärt, dass sich der Beklagte der Erledigungserklärung des Klägers vom anschließt.

Zugleich wird beantragt,

dem Kläger die Kosten des Rechtsstreits nach § 91a ZPO aufzuerlegen.

Weiter wird beantragt, in analoger Anwendung von § 269 Abs. 4 ZPO deklaratorisch auszusprechen, dass das am ergangene urteil wirkungslos ist (Zöller/*Althammer*, ZPO, 32. Auflage 2018, § 91a Rn 12).

Zur **Begründung** wird Folgendes ausgeführt:

Aus den vom Kläger zutreffend vorgetragenen Gründen ist der Rechtsstreit in der Hauptsache vorliegend erledigt.

Unter Berücksichtigung des Sach- und Streitstandes entspricht es jedoch billigem Ermessen, dem Kläger die Kosten des Verfahrens aufzuerlegen.

Dies ergibt sich daraus, dass

☐ der Beklagte dem Kläger keinen Anlass zur Klageerhebung gegeben hat und den Klageanspruch unmittelbar nach Zustellung der Klage erfüllt hat. Im Einzelnen ist zu berücksichtigten, dass .

☐ die Klageforderung erst nach Rechtshängigkeit, nämlich am fällig war und sodann auch unverzüglich ausgeglichen wurde. Der Zeitpunkt der Fälligkeit ergibt sich aus .

☐ zum Zeitpunkt der Rechtshängigkeit der Klage die der Beklagten einzuräumende Prüfungs- und Regulierungsfrist noch nicht abgelaufen war, was sich im Einzelnen daraus ergibt, dass .

☐

Es wird um antragsgemäße Entscheidung gebeten.

Rechtsanwalt

XXIV. Muster: Antrag auf Wiedereinsetzung in den vorigen Stand bezüglich der Widerspruchsfrist

An das
☐ Amtsgericht
☐ Landgericht
in ▆▆▆▆

In dem Rechtsstreit

Kläger ./. Beklagter

Az: ▆▆▆▆

wird namens und in Vollmacht des Beklagten beantragt,

> dem Beklagten wegen der Versäumung der Erklärungsfrist des § 91a Abs. 1 S. 2 ZPO Wiedereinsetzung in den vorigen Stand zu gewähren.

Zugleich wird namens und in Vollmacht des Beklagten erklärt, dass dieser

der Erklärung der Erledigung des Rechtsstreits in der Hauptsache nicht zustimmt.

Zur **Begründung** wird Folgendes vorgetragen:

I.

Der Kläger hat mit Schriftsatz vom ▆▆▆▆ den vorliegenden Rechtsstreit in der Hauptsache für erledigt erklärt.

Dem Beklagten wurde die Erklärung am ▆▆▆▆ mit der Aufforderung zugestellt, dieser zuzustimmen. Zugleich wurde er darüber belehrt, dass die Zustimmung nach § 91a Abs. 1 S. 2 ZPO als erteilt gilt, wenn er nicht binnen einer Notfrist von zwei Wochen ab Zugang der Erklärung über die Erledigung der Hauptsache widerspricht.

Die Widerspruchsfrist ist jedoch vor Erhebung des Widerspruchs ohne Verschulden der Partei und des Unterzeichners abgelaufen, weil ▆▆▆▆.

> Zur Glaubhaftmachung gem. § 294 ZPO wird ▆▆▆▆.

Nach dem dargestellten Sachverhalt trifft weder die Partei noch den Unterzeichner als Prozessbevollmächtigten ein Verschulden an der Fristversäumnis, so dass die beantragte Wiedereinsetzung in den vorigen Stand zu gewähren ist.

Die Wiedereinsetzungsfrist nach § 234 Abs. 1 ZPO ist gewahrt, da das Hindernis am ▆▆▆▆ weggefallen ist. Dies ergibt sich daraus, dass ▆▆▆▆.

> Zur Glaubhaftmachung gem. § 294 ZPO wird ▆▆▆▆.

II.

Gem. § 236 Abs. 2 S. 2 ZPO wird mit dem Wiedereinsetzungsgesuch hiermit zugleich die versäumte Prozesshandlung nachgeholt und der Erledigung der Hauptsache widersprochen.

§ 13 Sondersituationen im Prozessverlauf

- Die Klage war von Anfang an
  - unzulässig.
  - unbegründet.

Insoweit kann auf die bisherigen Darlegungen verwiesen werden. Eine übereinstimmende Erledigung der Hauptsache kommt aber nur in Betracht, wenn die Klage ursprünglich zulässig und begründet war und nach Anhängigkeit ein erledigendes Ereignis stattgefunden hat. Hieran fehlt es aus den in der Klageerwiderung und den weiteren schriftlichen Stellungnahmen dargelegten Gründen.

Ergänzend wird noch Folgendes vorgetragen:

- Der Rechtsstreit ist in der Hauptsache nicht erledigt, da es an einem erledigenden Ereignis fehlt. Zwar ist es richtig, dass der Beklagte am _____ an den Kläger einen Betrag von _____ EUR gezahlt hat. Diese Zahlung ist jedoch nicht auf die bestrittene streitgegenständliche Forderung erfolgt, sondern ausweislich der ausdrücklichen Zahlungsbestimmung auf die nicht rechtshängige Forderung des Klägers gegen den Beklagten vom _____ aus der Rechnung vom _____.
- Beweis: Zahlungsbeleg vom _____ in beglaubigter Kopie

Rechtsanwalt

▲

XXV. Erklärung des Beklagten, dass er der Erledigungserklärung widerspricht

13.25

▼

648 An das
- Amtsgericht
- Landgericht

in _____

In dem Rechtsstreit

Kläger ./. Beklagter

Az: _____

wird namens und in Vollmacht des Beklagten auf die Erledigungserklärung des Klägers vom _____ mitgeteilt, dass der Beklagte der Erledigungserklärung **widerspricht**. Es wird weiterhin beantragt,

die Klage abzuweisen.

Zur **Begründung** wird Folgendes ausgeführt:
- Die Klage war von Anfang an
  - unzulässig.
  - unbegründet.
  - Dies ergibt sich daraus, dass _____.
  Es kann aus diesem Grunde dahingestellt bleiben, ob in dem vom Kläger mitgeteilten Ereignis ein erledigendes Ereignis zu sehen ist.
- Entgegen der Ansicht des Klägers, ist der Rechtsstreit in der Hauptsache nicht erledigt. Ein erledigendes Ereignis hat nicht stattgefunden, weil _____.

Soweit der Kläger mit seiner vermeintlichen Erledigungserklärung zum Ausdruck bringt, dass die Klage von Anfang an unbegründet war, möge er diese nunmehr mit der Kostenfolge aus § 269 Abs. 3 S. 2 ZPO zurücknehmen.

Anderenfalls wird die Klage nach deren nun erforderlicher Umstellung mit der Kostenfolge aus § 91 ZPO abzuweisen sein.

Rechtsanwalt

XXVI. Muster: Klageumstellung nach Widerspruch des Beklagten zur Erledigungserklärung des Klägers

▼

An das
☐ Amtsgericht
☐ Landgericht

in

In dem Rechtsstreit

    Kläger ./. Beklagter

    Az:

wird namens und in Vollmacht des Klägers nunmehr beantragt,

  festzustellen, dass der Rechtsstreit in der Hauptsache erledigt ist.

Zur **Begründung** des Antrags wird Folgendes ausgeführt:

Der Kläger hat zu Recht den Rechtsstreit in der Hauptsache für erledigt erklärt. Die Klage war entgegen der Ansicht des Beklagten ursprünglich sowohl zulässig als auch begründet, was sich aus der Darlegung in der Klageschrift vom   sowie den Schriftsätzen vom   und   ergibt.

Im Übrigen ist noch auf Folgendes hinzuweisen:

Entgegen der Absicht des Beklagten ist der Rechtsstreit in der Hauptsache auch erledigt, weil   .

Wie sich aus den vorstehenden Ausführungen ergibt, ist die Erledigung des Rechtsstreits in der Hauptsache auch nach der am   eingetretenen Rechtshängigkeit erfolgt, so dass wie beantragt zu entscheiden ist.

Rechtsanwalt

XXVII. Muster: Sofortige Beschwerde nach § 91a Abs. 2 ZPO

13.27

650 An das
Landgericht/Oberlandesgericht
– Beschwerdekammer / Beschwerdesenat –
in ▓▓▓
über das
Amtsgericht/Landgericht (= Ausgangsgericht)
in ▓▓▓

Sofortige Beschwerde nach § 91a Abs. 2 ZPO

In dem Rechtsstreit

Kläger ./. Beklagter
Az: ▓▓▓

wird namens und in Vollmacht des ▓▓▓ gegen die Entscheidung des ▓▓▓ vom ▓▓▓ Az: ▓▓▓ sofortige Beschwerde eingelegt.

Es wird beantragt:

> In Abänderung des angefochtenen Beschluss des ▓▓▓ vom ▓▓▓ werden die Kosten des Verfahrens zu ▓▓▓ % dem ▓▓▓ und zu ▓▓▓ % dem ▓▓▓ auferlegt.

Zur **Begründung** wird Folgendes ausgeführt:

I.

Mit der angefochtenen Entscheidung vom ▓▓▓ hat das Ausgangsgericht dem Beschwerdeführer die Kosten des Verfahrens nach § 91a Abs. 1 ZPO im Umfange von ▓▓▓ % dem ▓▓▓ in Höhe von ▓▓▓ auferlegt, nachdem der Rechtsstreit von beiden Parteien übereinstimmend für erledigt erklärt wurde.

Die Entscheidung ist unzutreffend und im Sinne des vorstehenden Antrags durch das Ausgangsgericht nach § 572 Abs. 1 S. 1 ZPO oder aber das angerufene Beschwerdegericht zu ändern.

Die Entscheidung ist nach § 91a Abs. 1 ZPO ergangen und dementsprechend nach § 91a Abs. 2 ZPO mit der sofortigen Beschwerde angreifbar.

Der Wert der Hauptsache im Sinne des Wertes einer voraussichtlichen Beschwer (vgl. hierzu BGH MDR 2004, 45; Zöller/*Althammer*, ZPO, 32. Aufl., 2018, § 91a ZPO Rn 56) übersteigt den Wert von 600 EUR, was sich daraus ergibt, dass ▓▓▓.

Auch der weitere Beschwerdewert des § 567 Abs. 2 S. 1 ZPO von 200 EUR bei der Anfechtung einer Entscheidung über die Pflicht zur Tragung der Prozesskosten wird überschritten, was sich daraus ergibt, dass bei der beantragten abweichenden Kostenentscheidung der Beschwerdeführer eine um ▓▓▓ EUR niedrigere Kostenlast zu tragen hat. Auf die Alternativberechnung in der Anlage zu diesem Schriftsatz wird verwiesen. Hierzu ist darauf hinzuweisen, dass ▓▓▓.

Die angefochtene Entscheidung wurde dem Beschwerdeführer am ▒▒▒▒ zugestellt. Die Notfrist des § 569 Abs. 1 S. 1 ZPO endet damit am ▒▒▒▒ und wird durch den vorliegenden Schriftsatz gewahrt.

Für die Entscheidung über die sofortige Beschwerde ist
☐ nach § 72 GVG das Landgericht berufen.
☐ nach § 119 GVG das Oberlandesgericht berufen.

II.

Die angefochtene Entscheidung erweist sich im Ergebnis als unzutreffend.

Die angefochtene Entscheidung beruht auf § 91a Abs. 1 ZPO. Danach ist über die Kosten des Verfahrens nach billigem Ermessen unter Berücksichtigung des Sach- und Streitstandes zu entscheiden, wenn die Parteien den Rechtsstreit übereinstimmend in der Hauptsache für erledigt erklärt haben.

Danach durften dem Beschwerdeführer vorliegend die Kosten des Verfahrens nicht auferlegt werden.

Die Kosten des Verfahrens sind nach § 91a Abs. 1 ZPO unter Berücksichtigung des bisherigen Sach- und Streitstandes in Höhe von ▒▒▒▒ % dem ▒▒▒▒ und allenfalls in Höhe von ▒▒▒▒ % dem ▒▒▒▒ aufzuerlegen, weil ▒▒▒▒

III.

Soweit das erkennende Beschwerdegericht der diesseitigen Auffassung nicht zu folgen vermag, wird schon jetzt beantragt,

> die Rechtsbeschwerde zum Bundesgerichtshof zuzulassen (vgl. Zöller/*Althammer*, 32. Aufl., § 91a ZPO Rn 29).

Die vom Beschwerdeführer dargelegte Auffassung wird von der Rechtsprechung der Oberlandesgerichte in ▒▒▒▒ geteilt (vgl. ▒▒▒▒). Soweit das angerufene Gericht dieser Auffassung nicht folgt, ist eine Entscheidung des Rechtsbeschwerdegerichts zur Fortbildung des Rechts und Sicherung einer einheitlichen Rechtsprechung erforderlich.

IV.

Das Ausgangsgericht wird um Abhilfe gebeten. Anderenfalls wird das Beschwerdegericht um alsbaldige antragsgemäße Entscheidung gebeten.

Rechtsanwalt

▲

§ 13 Sondersituationen im Prozessverlauf

XXVIII. Muster: Antrag auf Erlass eines Versäumnisurteils im schriftlichen Vorverfahren

13.28

▼

651 An das
☐ Amtsgericht
☐ Landgericht

in

In dem Rechtsstreit

Kläger ./. Beklagter
Az:

wird namens und in Vollmacht des Klägers beantragt,

> durch Versäumnisurteil gem. § 331 Abs. 3 ZPO zu entscheiden, soweit der Beklagte seine Verteidigungsbereitschaft nicht in der Notfrist des § 276 Abs. 1 S. 1 ZPO anzeigt.

Der Kläger unterstellt, dass dem Beklagten dieser Schriftsatz unmittelbar von Amts wegen zugestellt wird.

Rechtsanwalt

▲

XXIX. Muster: Anzeige der Verteidigungsbereitschaft nach Versäumung der Frist des § 276 Abs. 1 S. 1 ZPO

13.29

▼

652 An das
☐ Amtsgericht
☐ Landgericht

in

In dem Rechtsstreit

Kläger ./. Beklagter
Az:

zeigt der Unterzeichner an, den Beklagten zu vertreten.

Namens und in Vollmacht des Beklagten wird erklärt, dass dieser sich gegen die Klage verteidigen will.

Nach fernmündlicher Auskunft der Geschäftsstelle vom heutigen Tage ist noch kein Versäumnisurteil nach § 331 Abs. 3 ZPO erlassen worden, obwohl der Beklagte die Notfrist des § 276 Abs. 1 S. 1 ZPO nicht gewahrt hat.

Der Beklagte war an der Einhaltung der gem. § 276 Abs. 1 ZPO gesetzten Frist gehindert, weil

Der Beklagte hatte keinerlei Anhaltspunkte dafür, dass ihm in dem vorbezeichneten Zeitraum eine Klage zugestellt würde, so dass er auch keinen Anlass hatte, entsprechende Vorkehrungen zu treffen.

Es wird in der Sache beantragt,
die Klage abzuweisen.
- ☐ Zur Klageerwiderung wird Folgendes vorgetragen:
- ☐ Die Klageerwiderung wird in einem gesonderten Schriftsatz in der gesetzten Frist bis zum ▓▓▓▓ vorgelegt.
- ☐ Im Hinblick auf die vorgeschilderten Umstände ist eine Erwiderung auf die Klage in der am ▓▓▓▓ ablaufenden Frist nicht möglich. Es wird insoweit um Fristverlängerung zumindest bis zum ▓▓▓▓ gebeten.

Rechtsanwalt
▲

XXX. Muster: Ankündigung eines Antrags auf Erlass eines Versäumnisurteils

13.30

▼

An das
- ☐ Amtsgericht
- ☐ Landgericht

in ▓▓▓▓

In dem Rechtsstreit

Kläger ./. Beklagter

Az: ▓▓▓▓

wird namens und in Vollmacht des Klägers darauf hingewiesen, dass der Kläger nicht gewillt ist, die weitere Verzögerung der Erfüllung seines begründeten Anspruchs hinzunehmen.

Der Unterzeichner ist aus diesem Grunde beauftragt, für den Fall der Säumnis des Beklagten im Termin zur mündlichen Verhandlung unmittelbar die Entscheidung durch ein Versäumnisurteil zu beantragen.

Ungeachtet der Entscheidung des Bundesverfassungsgerichts vom 14.12.1999 (AnwBl 2000, 122) erlaubt sich der Unterzeichner, auf diesen Auftrag hinzuweisen.

Rechtsanwalt
▲

XXXI. Muster: Sofortige Beschwerde gegen die Vertagung des Rechtsstreits und die Zurückweisung des Antrags auf Erlass eines Versäumnisurteils

▼

654

An das
☐ Amtsgericht
☐ Landgericht

in

In dem Rechtsstreit

Kläger ./. Beklagter

Az:

lege ich namens und in Vollmacht des   gegen den Beschluss des erkennenden Gerichts vom   , mit dem der Rechtsstreit vertagt und der Antrag auf Erlass eines Versäumnisurteils abgelehnt wurde,

sofortige Beschwerde

ein.

Namens und in Vollmacht des Klägers beantrage ich:

1. Der Vertagungsbeschluss wird aufgehoben.
2. Die Sache wird an das Ausgangsgericht mit der Maßgabe zurückverwiesen, dass dieses unverzüglich einen neuen Termin zur mündlichen Verhandlung zu bestimmen hat und hierzu den säumigen Gegner gem. § 336 Abs. 1 S. 2 ZPO nicht laden darf.

Zur **Begründung** wird Folgendes ausgeführt:

I.

In verfahrensrechtlicher Hinsicht wird zunächst gebeten, den säumigen Gegner im Beschwerdeverfahren nicht zu hören, um Rechtsnachteile des Beschwerdeführers zu vermeiden und die Vorschrift des § 336 Abs. 1 S. 2 ZPO nicht zu unterlaufen.

II.

Soweit das Ausgangsgericht der sofortigen Beschwerde nicht abhilft, wird gebeten, die Akten sofort dem Beschwerdegericht zur Entscheidung zuzuleiten.

III.

Der Vertagungsbeschluss ist fehlerhaft. Weder die Voraussetzungen des § 227 ZPO noch diejenigen des § 337 ZPO haben vorgelegen. Dies ergibt sich im Einzelnen daraus, dass   .

Nachdem feststeht, dass der Vertagungsbeschluss nicht hätte ergehen dürfen, ergibt sich hieraus zugleich, dass der Antrag auf Erlass eines Versäumnisurteils nicht wegen des Vertagungsgrundes zurückgewiesen werden durfte.

Weitere Hinderungsgründe für den Erlass eines Versäumnisurteils sind nicht gegeben. Insbesondere steht § 335 ZPO dem Erlass eines Versäumnisurteils nicht entgegen.

Rechtsanwalt

▲

XXXII. Muster: Einspruch des Beklagten gegen ein Versäumnisurteil

▼

An das
☐ Amtsgericht
☐ Landgericht
in
In dem Rechtsstreit

Kläger ./. Beklagter
Az:

wird namens und in Vollmacht des Beklagten gegen das Versäumnisurteil des vom

Einspruch

eingelegt und zugleich beantragt:

1. Unter Aufhebung des Versäumnisurteils vom wird die Klage abgewiesen.
2. Die Zwangsvollstreckung aus dem Versäumnisurteil vom wird einstweilen ohne, hilfsweise gegen Sicherheitsleistung, eingestellt.

Zur **Begründung** wird Folgendes vorgetragen:

I.

Durch das Versäumnisurteil des erkennenden Gerichts vom ist der Beklagte verurteilt worden,

Das Urteil ist dem Beklagten am zugestellt worden, so dass die Einspruchsfrist am abläuft und mit diesem Schriftsatz gewahrt wird.

II.

Die Zwangsvollstreckung aus dem Versäumnisurteil ist nach § 707 Abs. 1 ZPO vorläufig einzustellen.

☐ Die Zwangsvollstreckung ist dabei nach § 719 Abs. 1 S. 2 ZPO auch ohne Sicherheitsleistung einzustellen, weil
  ☐ der Schuldner nicht in der Lage ist, die Sicherheitsleistung zu erbringen, weil .
    Zur Glaubhaftmachung werden insoweit vorgelegt .
  ☐ die Vollstreckung für den Schuldner einen nicht zu ersetzenden Nachteil mit sich bringen würde, nämlich .
    Zur Glaubhaftmachung werden insoweit vorgelegt .

Und
- ☐ das Versäumnisurteil nicht in gesetzlicher Weise ergangen ist, weil ▓▓▓▓.
- ☐ die Säumnis des Beklagten nicht verschuldet war, weil ▓▓▓▓.

III.

Das Versäumnisurteil ist aufzuheben und die Klage abzuweisen, weil dem Kläger der geltend gemachte Anspruch nicht zusteht.

Insoweit wird zur Begründung zunächst auf die bisherigen Schriftsätze nebst den hiermit zu den Akten gereichten Urkunden Bezug genommen.

Zur Begründung des Klageabweisungsantrags ist ergänzend Folgendes auszuführen:

▓▓▓▓

IV.

Es wird gebeten, zunächst kurzfristig über den Antrag auf Einstellung der Zwangsvollstreckung nach §§ 719, 707 ZPO zu entscheiden.

Rechtsanwalt

▲

XXXIII. Muster: Antrag auf Wiedereinsetzung in den vorigen Stand bei Versäumung der Einspruchsfrist gegen ein Versäumnisurteil

▼

An das
- ☐ Amtsgericht
- ☐ Landgericht
- ☐ Oberlandesgericht

in ▓▓▓▓

In dem Rechtsstreit[491]

des ▓▓▓▓

— Kläger —

Prozessbevollmächtigte: RAe ▓▓▓▓

gegen

den ▓▓▓▓

— Beklagter —

Prozessbevollmächtigte: RAe ▓▓▓▓

bestelle ich mich für ▓▓▓▓ und lege namens und in dessen Vollmacht gegen das Versäumnisurteil des erkennenden Gerichts vom ▓▓▓▓ Az: ▓▓▓▓

Einspruch

ein. Es wird zugleich beantragt, dem

- ☐ Kläger
- ☐ Beklagten

---

491 War der Prozessbevollmächtigte schon bestellt, ist ein abgekürztes Rubrum ausreichend.

1. wegen der Versäumung der Einspruchsfrist Wiedereinsetzung in den vorigen Stand zu gewähren.
2. die Zwangsvollstreckung aus dem Versäumnisurteil vom ▄▄▄▄ ohne, hilfsweise gegen Sicherheitsleistung, einzustellen.
3. unter Aufhebung des Versäumnisurteil vom ▄▄▄▄
   - ☐ die Klage abzuweisen.
   - ☐ der Klage entsprechend den Klageanträgen im Schriftsatz vom ▄▄▄▄ stattzugeben.

Zur **Begründung** wird Folgendes vorgetragen:

I.

Durch das Versäumnisurteil des erkennenden Gerichts vom ▄▄▄▄ ist
☐ die Klage abgewiesen worden.
☐ der Beklagte verurteilt worden, ▄▄▄▄.

Das Urteil ist dem
☐ Kläger
☐ Beklagten

am ▄▄▄▄ zugestellt worden, so dass die Einspruchsfrist am ▄▄▄▄ abgelaufen ist. Die Einspruchsfrist ist jedoch ohne Verschulden der Partei oder ihres Bevollmächtigten vor Erhebung des Einspruchs abgelaufen, weil
☐ der Entscheidung keine Rechtsmittelbelehrung beigefügt war. Das fehlende Verschulden wird somit gem. § 233 S. 2 ZPO vermutet.
☐ die der Entscheidung beigefügte Rechtsmittelbelehrung fehlerhaft war, weil ▄▄▄▄. Das fehlende Verschulden wird somit gem. § 233 S. 2 ZPO vermutet.
☐ ▄▄▄▄

Zur Glaubhaftmachung gem. § 294 ZPO wird hierzu vorgelegt ▄▄▄▄.

Nach dem dargestellten Sachverhalt trifft weder die Partei noch den Unterzeichner als Prozessbevollmächtigten ein Verschulden an der Fristversäumnis, so dass die beantragte Wiedereinsetzung in den vorigen Stand zu gewähren ist.
Die Wiedereinsetzungsfrist nach § 234 Abs. 1 ZPO ist gewahrt, da das Hindernis am ▄▄▄▄ weggefallen ist. Dies ergibt sich daraus, dass ▄▄▄▄

Zur Glaubhaftmachung gem. § 294 ZPO wird hierzu vorgelegt ▄▄▄▄.

II.

Die Zwangsvollstreckung aus dem Versäumnisurteil ist nach § 707 Abs. 1 ZPO vorläufig einzustellen.
Die Zwangsvollstreckung ist dabei nach §§ 719 Abs. 1, 707 Abs. 1 S. 2 ZPO auch ohne Sicherheitsleistung einzustellen, weil ▄▄▄▄
☐ der Schuldner nicht in der Lage ist, die Sicherheitsleistung zu erbringen, weil ▄▄▄▄.
Zur Glaubhaftmachung werden insoweit vorgelegt ▄▄▄▄
☐ die Vollstreckung für den Schuldner einen nicht zu ersetzenden Nachteil mit sich bringen würde, nämlich ▄▄▄▄.
Zur Glaubhaftmachung werden insoweit vorgelegt ▄▄▄▄

und
- [ ] das Versäumnisurteil nicht in gesetzlicher Weise ergangen ist, weil ▇.
- [ ] die Säumnis des Beklagten nicht verschuldet war, weil ▇.

III.
- [ ] Das Versäumnisurteil ist aufzuheben und der Klage entsprechend den Anträgen im Schriftsatz vom ▇ stattzugeben.
  Insoweit wird zur Begründung zunächst auf die bisherigen Schriftsätze nebst den hiermit zu den Akten gereichten Urkunden Bezug genommen.
  Ergänzend wird hierzu noch vorgetragen, dass ▇.
- [ ] Das Versäumnisurteil ist aufzuheben und die Klage abzuweisen, weil dem Kläger der geltend gemachte Anspruch nicht zusteht.
  Insoweit wird zur Begründung zunächst auf die bisherigen Schriftsätze nebst den hiermit zu den Akten gereichten Urkunden Bezug genommen.
  Ergänzend wird hierzu noch vorgetragen, dass ▇.
  Zur Begründung des Klageabweisungsantrags ist ergänzend Folgendes auszuführen:
  ▇

IV.

Es wird gebeten, zunächst kurzfristig über den Antrag auf Einstellung der Zwangsvollstreckung nach §§ 719, 707 ZPO zu entscheiden. Nur aus anwaltlicher Fürsorge erlaubt sich der Unterzeichner dabei, darauf hinzuweisen, dass dies allein den Antrag auf Wiedereinsetzung in den vorigen Stand, nicht aber dessen positive Entscheidung voraussetzt. Über die Bewilligung der Wiedereinsetzung kann damit auch nachfolgend entschieden werden.

Rechtsanwalt
▲

XXXIV. Muster: Vollständiges Anerkenntnis im schriftlichen Vorverfahren

▼

An das
- [ ] Amtsgericht
- [ ] Landgericht

in ▇

In dem Rechtsstreit

Kläger ./. Beklagter

Az: ▇

zeigt der Unterzeichner an, dass er den Beklagten vertritt.

Der Beklagte erkennt den Klageanspruch im schriftlichen Vorverfahren in vollem Umfange an und bittet, ohne mündliche Verhandlung gem. § 307 ZPO durch Anerkenntnisurteil zu entscheiden.

Rechtsanwalt
▲

XXXV. Muster: Vollständiges Anerkenntnis unter Verwahrung gegen die Kostenlast

An das
☐ Amtsgericht
☐ Landgericht
in ▓▓▓▓

In dem Rechtsstreit

Kläger ./. Beklagter

Az: ▓▓▓▓

zeigt der Unterzeichner an, dass er den Beklagten vertritt.

Namens und in Vollmacht des Beklagten wird der geltend gemachte Anspruch unter Verwahrung gegen die Kostenlast anerkannt. Es kann ein Anerkenntnisurteil nach § 307 ZPO ergehen. Entsprechend § 307 S. 2 ZPO wird gebeten, von einer mündlichen Verhandlung abzusehen.

Die Kosten des Verfahrens sind dem Kläger nach § 93 ZPO aufzuerlegen, da der Beklagte keine Veranlassung zur Klage gegeben hat und ein sofortiges Anerkenntnis vorliegt.

Die Veranlassung zur Klage ergibt sich insbesondere nicht daraus, dass ▓▓▓▓.

Es liegt auch ein sofortiges Anerkenntnis vor, was sich daraus ergibt, dass ▓▓▓▓

Rechtsanwalt

▲

XXXVI. Muster: Teilanerkenntnis im schriftlichen Vorverfahren

An das
☐ Amtsgericht
☐ Landgericht
in ▓▓▓▓

In dem Rechtsstreit

Kläger ./. Beklagter

Az: ▓▓▓▓

zeigt der Unterzeichner an, dass er den Beklagten vertritt.

Namens und in Vollmacht des Beklagten wird der geltend gemachte Anspruch in Höhe von ▓▓▓▓ EUR zzgl. Zinsen in Höhe von 5 Prozentpunkten über dem Basiszinssatz seit Rechtshängigkeit anerkannt.

☐ Soweit das Teilanerkenntnis reicht, verwahrt sich der Beklagte gegen die Kostenlast. Die Kosten sind dem Kläger gem. § 93 ZPO aufzuerlegen.

Soweit der Beklagte die Klageforderung nicht anerkannt hat, wird hiermit angezeigt, dass sich der Beklagte gegen die Klage verteidigen wird. Insoweit wird beantragt,

die Klage abzuweisen.

§ 13 Sondersituationen im Prozessverlauf

Zur **Klageerwiderung** wird Folgendes vorgetragen:

I.

Der geltend gemachte Anspruch war im Umfange des Teilanerkenntnisses anzuerkennen, da er insoweit besteht.

- ☐ Dem Kläger sind jedoch gem. § 93 ZPO die Kosten des Verfahrens insoweit aufzuerlegen, als der Beklagte hinsichtlich des anerkannten Betrages keinen Anlass zur Klageerhebung gegeben hat, da ▬▬▬. Auch liegt ein sofortiges Anerkenntnis vor, was sich daraus ergibt, dass ▬▬▬

II.

Der über das Teilanerkenntnis hinausgehende Anspruch steht dem Kläger nicht zu, so dass die Klage insoweit kostenpflichtig abzuweisen ist.

1.

Der vom Kläger vorgetragene Sachverhalt ist insoweit unzutreffend. Richtig ist vielmehr, dass ▬▬▬.

2.

Ausgehend von dem vorgetragenen Sachverhalt, steht der geltend gemachte Anspruch dem Kläger nicht zu, weil ▬▬▬.

Rechtsanwalt

XXXVII. Muster: Anerkenntnis Zug um Zug

▼

An das
☐ Amtsgericht
☐ Landgericht

in ▬▬▬

In dem Rechtsstreit

Kläger ./. Beklagter

Az: ▬▬▬

zeigt der Unterzeichner an, dass er den Beklagten vertritt.

Namens und in Vollmacht des Beklagten wird der mit der Klage geltend gemachte Anspruch insoweit anerkannt, als dieser Zug um Zug gegen Übereignung des Pkw ▬▬▬ mit dem letzten amtl. Kennzeichen ▬▬▬, Fahrgestellnummer ▬▬▬, zu erfüllen ist.

Der Kläger mag die Klage im Übrigen zurücknehmen, so dass ein Anerkenntnisurteil nach § 307 ZPO ergehen kann, ohne dass es nach § 307 S. 2 ZPO einer mündlichen Verhandlung bedarf. Soweit der Kläger die Klage zurücknehmen sollte, wird schon jetzt beantragt,

> ihm die Kosten des Verfahrens nach § 269 Abs. 3 S. 2 ZPO aufzuerlegen.

Zugleich verwahrt sich der Beklagte gegen die Auferlegung der Kosten.

Zur **Begründung** wird Folgendes ausgeführt:

Der geltend gemachte Anspruch steht dem Kläger nur Zug um Zug gegen die bezeichnete Gegenleistung zu, weil .

Der Kläger hat dem Beklagten die Gegenleistung weder tatsächlich noch in einer den Annahmeverzug begründenden Weise bisher angeboten.

Insoweit ist der mit der Klage bisher geltend gemachte Anspruch nicht fällig. Dies führt dazu, dass der Beklagte im Sinne von § 93 ZPO keinen Anlass zur Klageerhebung geben hat, so dass der Kläger die Kosten des Verfahrens zu tragen hat. In dem vorstehenden Teilanerkenntnis ist auch ein sofortiges Anerkenntnis zu sehen, weil .

Rechtsanwalt

XXXVIII. Muster: Anerkenntnis im weiteren Verfahrensablauf mit Hinweis auf § 307 S. 2 ZPO

An das
☐ Amtsgericht
☐ Landgericht

in

In dem Rechtsstreit

                  Kläger ./. Beklagter

                  Az:

wird namens und in Vollmacht des Beklagten die Klageforderung nunmehr
☐ gänzlich
☐ in Höhe eines Betrages von   nebst Zinsen in Höhe von 5 Prozentpunkten über dem Basiszinssatz seit dem

unter Verwahrung gegen die Kostenlast anerkannt.

Zur **Begründung** wird Folgendes ausgeführt:

I.

Die Klage ist nunmehr im anerkannten Umfange begründet, nachdem der Kläger .

Insoweit war die Klage nunmehr anzuerkennen.

II.

Wie sich aus dem vorstehenden Ausführungen ergibt, ist die Klageforderung erst im Laufe des vorliegenden Verfahrens fällig geworden, so dass erst ab diesem Zeitpunkt die Klage auch begründet war.

Der Beklagte erkennt hiermit die Forderung unverzüglich im Sinne von § 93 ZPO an. Da die Voraussetzungen des geltend gemachten Anspruchs bisher nicht vorgelegen haben, hat der Beklagte insoweit jedoch keine Veranlassung zur Klage geben. Daraus folgt, dass dem Kläger im Umfange des Anerkenntnisses die Kosten des Verfahrens gem. § 93 ZPO aufzuerlegen sind. Nachdem die Voraussetzungen des Anspruches gegeben sind, hat der Beklagte das Anerkenntnis „sofort" erklärt.

§ 13 Sondersituationen im Prozessverlauf

III.

Nach § 307 ZPO bedarf es zum Erlass eines verfahrensbeendenden Anerkenntnisurteils weder eines Antrags des Klägers noch einer mündlichen Verhandlung. Zur Vermeidung des zusätzlichen Zeit- und Kostenaufwandes wird allein aus anwaltlicher Vorsorge auf den mit dem 1. Justizmodernisierungsgesetz geänderten § 307 ZPO hingewiesen.

Rechtsanwalt

XXXIX. Muster: Ankündigung eines Versäumnisurteils statt Anerkenntnisses aus Kostengründen

▼

An das
☐ Amtsgericht
☐ Landgericht

in

In dem Rechtsstreit

Kläger ./. Beklagter

Az:

wird namens und in Vollmacht des Beklagten erklärt, dass Termin zur mündlichen Verhandlung bestimmt werden kann.

Zur Vermeidung der mit einem Anerkenntnis im vorliegenden Verfahren verbundenen Mehrkosten wird der Beklagte in diesem Termin säumig bleiben, so dass ein – vorliegend kostengünstigeres – Versäumnisurteil ergehen kann, welches rechtskräftig werden wird.

Rechtsanwalt

XL. Muster: Schriftsatz des Klägers nach Anerkenntnis des Beklagten

▼

An das
☐ Amtsgericht
☐ Landgericht

in

In dem Rechtsstreit

Kläger ./. Beklagter

Az:

wird nach dem Anerkenntnis des Beklagten im Schriftsatz vom gebeten, dem Anerkenntnis gem. § 307 ZPO
☐ Teilanerkenntnisurteil
☐ Anerkenntnisurteil

zu erlassen. Eines gesonderten Antrags bedarf es hierzu nicht mehr. Nach der hier vertretenen Auffassung bedarf es auch keiner mündlichen Verhandlung, so dass zur

Vermeidung der damit verbundenen Zeit- und Kostennachteile gebeten wird, nach § 307 S. 2 ZPO auf eine mündliche Verhandlung zu verzichten.

Es wird weiter um Erteilung einer Zustellbescheinigung und einer vollstreckbaren Ausfertigung gebeten.

Rechtsanwalt

XLI. Muster: Schriftsatz des Klägers nach Ankündigung des Anerkenntnisses durch den Beklagten mit der Anregung, nach § 307 S. 2 ZPO zu verfahren

An das
☐ Amtsgericht
☐ Landgericht
in ▇▇▇▇

In dem Rechtsstreit

Kläger ./. Beklagter
Az: ▇▇▇▇

wird nach der Ankündigung des Anerkenntnisses durch den Beklagten im Schriftsatz vom ▇▇▇▇ angeregt, dass der Beklagte sein Anerkenntnis nicht nur ankündigt, sondern schriftlich erklärt und sodann nach § 307 S. 2 ZPO ohne mündliche Verhandlung durch
☐ Teilanerkenntnisurteil
☐ Anerkenntnisurteil
entschieden wird.

Einer mündlichen Verhandlung über das Anerkenntnis bedarf es nach diesseitiger Auffassung nicht. Über die Frage der Kostentragung kann ohnehin gem. § 128 Abs. 3 ZPO ohne Zustimmung der Parteien im schriftlichen Verfahren entschieden werden.

Es wird sodann beantragt,

> dem Kläger hinsichtlich des zu erlassenden und von Amts wegen zuzustellenden Anerkenntnisurteils eine Zustellbescheinigung sowie eine vollstreckbare Ausfertigung zu erteilen.

Rechtsanwalt

XLII. Muster: Sofortige Beschwerde nach § 99 Abs. 2 ZPO

665 An das

Landgericht/Oberlandesgericht

– Beschwerdekammer / Beschwerdesenat –

in

über das

Amtsgericht/Landgericht[492]

in

In dem Rechtsstreit

Kläger ./. Beklagter
Az:

wird namens und in Vollmacht des   gegen den Beschluss des   vom   hiermit

sofortige Beschwerde gem. § 99 Abs. 2 S. 1 ZPO

eingelegt und beantragt:

Unter Aufhebung der angefochtenen Entscheidung vom   werden dem   die Kosten des Verfahrens auferlegt.

Zur **Begründung** wird Folgendes ausgeführt:

I.

Mit der angefochtenen Entscheidung des   vom   hat das Gericht beschlossen, dass

☐ der Beklagte die Kosten des Verfahrens gem. § 91 ZPO zu tragen hat.

☐ der Kläger die Kosten des Verfahrens gem. § 93 ZPO zu tragen hat.

☐ der Kläger von den Kosten des Verfahrens   %, der Beklagte   % zu tragen hat.

Die Kostenentscheidung beruht auf der Verurteilung aufgrund eines Anerkenntnisses und ist damit nach §§ 99 Abs. 2, 567 ff. ZPO mit der sofortigen Beschwerde angreifbar.

Der Beschluss ist dem   am   zugestellt worden, so dass der vorliegende Schriftsatz die Notfrist nach § 569 Abs. 1 S. 1 ZPO wahrt.

Die sofortige Beschwerde nach § 99 Abs. 2 S. 2 ZPO ist auch statthaft, da der Streitwert in der Hauptsache   EUR beträgt und damit den Berufungswert nach § 511 Abs. 2 Nr. 1 ZPO von 600 EUR übersteigt.

Auch der besondere Beschwerdewert des § 567 Abs. 2 S. 1 ZPO wird vorliegend überschritten, da bei einer abweichenden Kostenentscheidung im beantragten Sinne der Beschwerdeführer in Höhe von   EUR, mithin von mehr als 200 EUR nicht mit Kosten belastet wird. Auf die in der Anlage beigefügte Vergleichsberechnung wird verwiesen.

---

[492] Ausgangsgericht.

C. Muster § 13

II.
Die getroffene Kostenentscheidung ist unzutreffend. Vielmehr war die Kostenentscheidung dahin zu treffen, dass ▨.
☐ Entgegen dem angefochtenen Beschluss waren dem Beklagten die Kosten des Verfahrens nicht gem. § 91 ZPO aufzuerlegen. Vielmehr hat der Kläger die Kosten des Verfahrens nach 93 ZPO zu tragen, da der Beklagte den Klageanspruch im Sinne von § 93 ZPO sofort anerkannt hat und zuvor durch sein Verhalten keinen Anlass zur Klageerhebung gegeben hat.
Dies ergibt sich im Einzelnen daraus, dass ▨.
☐ Die angefochtene Kostenentscheidung ist unzutreffend, soweit dem Kläger die Kosten des Verfahrens gem. § 93 ZPO auferlegt wurden. Vielmehr sind die Kosten des Verfahrens dem Beklagten nach § 91 ZPO aufzuerlegen.
Entgegen der Ansicht des Gerichts in dem angefochtenen Beschluss, hat der Beklagte
☐ kein sofortiges Anerkenntnis abgegeben,
☐ Anlass zur Klageerhebung gegeben,
so dass ihm die Kosten des Verfahrens nach § 93 ZPO aufzuerlegen waren. Dies ergibt sich im Einzelnen daraus, dass ▨.
☐ Die Kostenentscheidung in dem angefochtenen Beschluss ist unzutreffend, soweit unter Berücksichtigung des Teilanerkenntnisses vom ▨ die Kosten zu ▨ % dem Kläger und zu ▨ % dem Beklagten auferlegt wurden. Richtigerweise wären die Kosten dem Kläger in Höhe von ▨ % und dem Beklagten in Höhe von ▨ % aufzuerlegen gewesen. Dies ergibt sich aus der Anwendung von §§ 91, 93 ZPO, weil ▨.

Das Ausgangsgericht wird aufgefordert, der Beschwerde im Sinne der vorstehenden Ausführungen abzuhelfen. Anderenfalls wird gebeten, die sofortige Beschwerde unverzüglich dem Beschwerdegericht vorzulegen, wo beantragt werden wird,

> den angefochtenen Beschluss des ▨ vom ▨ im Verfahren Az: ▨ aufzuheben und zu beschließen, dass ▨.

Rechtsanwalt
▲

XLIII. Muster: Antrag auf Erlass eines Anerkenntnisurteils mit Tatbestand und Entscheidungsgründen nach § 313b Abs. 3 ZPO

▼

An das
☐ Amtsgericht
☐ Landgericht

in ▨

In dem Rechtsstreit

Kläger ./. Beklagter

Az: ▨

hat der Beklagte mit Schriftsatz vom ▨ die Klageforderung anerkannt, so dass gebeten wird, gem. § 307 ZPO ein Anerkenntnisurteil ohne mündliche Verhandlung zu erlassen.

Namens und in Vollmacht des Klägers wird weiter beantragt,

> das Anerkenntnisurteil mit Tatbestand und Entscheidungsgründen gem. § 313b Abs. 3 ZPO zu versehen.

Zur **Begründung** wird Folgendes vorgetragen:

Gem. § 307 ZPO ist auf das Anerkenntnis des Beklagten
☐ im schriftlichen Vorverfahren
☐ in der mündlichen Verhandlung vom
☐ durch Schriftsatz vom

durch Anerkenntnisurteil zu entscheiden. Eines gesonderten Antrags des Klägers bedarf es hierzu nicht mehr. Auch ist nach § 307 S. 2 ZPO eine (weitere) mündliche Verhandlung entbehrlich.

Vorliegend ist zu erwarten, dass das Urteil im Ausland vollstreckt werden muss, da der Beklagte dort über nicht unwesentliches Vermögen verfügt. Zur Anerkennung des Urteils im Ausland kann es erforderlich sein, dass dieses einen Tatbestand und Entscheidungsgründe enthält. Entsprechend wird gebeten, das Urteil hiermit gem. § 313b Abs. 3 ZPO auszufertigen.

Um antragsgemäße Entscheidung wird gebeten.

Rechtsanwalt

XLIV. Muster: Antrag auf Erklärung der Wirkungslosigkeit eines Urteils nach einem Prozessvergleich

13.44

667 An das
☐ Amtsgericht
☐ Landgericht
☐ Oberlandesgericht

in

In dem Rechtsstreit

Kläger ./. Beklagter

Az:

wird namens und in Vollmacht des _____ beantragt,

> gem. § 269 Abs. 3 S. 1, Abs. 4 ZPO analog festzustellen, dass das am _____ verkündete Urteil des _____, Az: _____, wirkungslos ist.

Zur **Begründung** wird Folgendes ausgeführt:

Das _____gericht hat am _____ im Verfahren _____ ein Urteil erlassen. Durch das eingelegte Rechtsmittel vom _____ ist das Urteil nicht rechtskräftig geworden.

Im nachfolgenden Verfahren haben sich die Parteien
☐ im Termin zur mündlichen Verhandlung am ▓
☐ gem. § 278 Abs. 6 ZPO

im Wege des Prozessvergleichs über den Streitgegenstand anderweitig geeinigt.

Insoweit ist analog § 269 Abs. 3 S. 1, Abs. 4 ZPO durch Beschluss festzustellen, dass das ergangene, noch nicht rechtskräftige Urteil wirkungslos ist (vgl. *Eisenreich*, JuS 1999, 798 m.w.N.).

Um antragsgemäße Entscheidung wird gebeten.

Rechtsanwalt

▲

XLV. Muster: Protokollberichtigungsantrag

▼

An das
☐ Amtsgericht
☐ Landgericht
☐ Oberlandesgericht

in ▓

In dem Rechtsstreit

                Kläger ./. Beklagter

                    Az: ▓

wird namens und in Vollmacht des ▓ beantragt,

> das Protokoll der mündlichen Verhandlung vom ▓ in der Weise zu berichtigen, dass festgestellt wird, dass der zwischen den Parteien geschlossene Prozessvergleich diesen gem. § 162 Abs. 1 S. 2 ZPO erneut vorgespielt und gem. § 160 Abs. 1 S. 3 ZPO von diesen genehmigt wurde.

Zur **Begründung** wird Folgendes ausgeführt:

Die Parteien haben in der mündlichen Verhandlung vom ▓ einen Prozessvergleich geschlossen, wie er in dem Protokoll der mündlichen Verhandlung niedergelegt ist. Nach Abschluss des Vergleichs wurde dieser den Parteien und Parteivertretern gem. § 160 Abs. 1 S. 2 ZPO erneut vorgespielt. Im Anschluss daran haben die Parteien und Parteivertreter den Prozessvergleich gem. § 162 Abs. 1 S. 3 ZPO genehmigt.

> Beweis: Zeugnis des ▓ ;
>
>   Zeugnis des ▓ ;
>
>   dienstliche Erklärung des protokollführenden Richters.

Ungeachtet dieses rein tatsächlichen Geschehensablaufs ist im Protokoll zur mündlichen Verhandlung nicht vermerkt, dass der Vergleich erneut vorgespielt und genehmigt wurde. Dies ist jedoch Voraussetzung für die Funktion des Vergleichs als Vollstreckungstitel nach § 794 Abs. 1 Nr. 1 ZPO und für die Beendigung des Prozesses.

Das Protokoll ist mithin antragsgemäß zu berichtigen.

Rechtsanwalt

▲

XLVI. Muster: Antrag auf Bestimmung eines Termins zur mündlichen Verhandlung nach einem unwirksamen Prozessvergleich

13.46

▼

An das
☐ Amtsgericht
☐ Landgericht
☐ Oberlandesgericht

in ▬

In dem Rechtsstreit

Kläger ./. Beklagter
Az: ▬

wird namens und in Vollmacht des ▬ beantragt,

Termin zur mündlichen Verhandlung zu bestimmen.

Zur **Begründung** wird Folgendes vorgetragen:

Die Parteien haben ausweislich des Protokolls der mündlichen Verhandlung vom ▬ einen Vergleich geschlossen. Dieser Vergleich konnte jedoch das Verfahren nicht beenden, da der Vergleich aus

☐ materiell-rechtlichen Gründen
☐ prozessrechtlichen Gründen

unwirksam ist.

Die Unwirksamkeit des Prozessvergleichs ergibt sich daraus, dass ▬.

Aus der Unwirksamkeit des Prozessvergleichs ergibt sich zugleich, dass dieser den Prozess nicht beenden konnte (BGH NJW 1985, 1962). Der Prozess ist damit durch die Bestimmung eines Termins zur mündlichen Verhandlung fortzusetzen.

Rechtsanwalt

▲

XLVII. Muster: Vergleich mit Widerrufsvorbehalt

▼

An das
☐ Amtsgericht
☐ Landgericht
☐ Oberlandesgericht

in

In dem Rechtsstreit

Kläger ./. Beklagter

Az:

bitten die Parteien, Termin zur mündlichen Verhandlung zur Protokollierung des folgenden Vergleichs zu bestimmen:

1. Der Beklagte verpflichtet sich, an den Kläger bis zum   einen Betrag von   EUR zu zahlen.
2. Der in Ziff. 1 genannte Betrag ist nach Ablauf des   mit 5 Prozentpunkten über dem jeweiligen Basiszinssatz zu verzinsen.
3. Von den Kosten des Verfahrens trägt der Kläger   %, der Beklagte   %.
4. ☐ Dem Kläger
   ☐ Dem Beklagten
   ☐ Beiden Parteien

   bleibt vorbehalten, den Vergleich bis zum   (Eingang bei Gericht) schriftlich zu widerrufen.

Rechtsanwalt

▲

XLVIII. Muster: Verlängerung der Widerrufsfrist

▼

An das
☐ Amtsgericht
☐ Landgericht
☐ Oberlandesgericht

in

In dem Rechtsstreit

Kläger ./. Beklagter

Az:

wird namens und in Vollmacht des   mitgeteilt, dass die Parteien sich dahin gehend verständigt haben, dass die in Ziff.   des am   geschlossenen Prozessvergleichs eingeräumte Widerrufsfrist bis zum   verlängert wird.

§ 13 Sondersituationen im Prozessverlauf

☐ Der Prozessbevollmächtigte des ▓▓▓ wird die Vereinbarung ebenfalls schriftlich bestätigen.

☐ Die entsprechende Zustimmung des ▓▓▓ ist in der Anlage beigefügt.

Rechtsanwalt

▲

XLIX. Muster: Widerrufserklärung

▼

672 An das
☐ Amtsgericht
☐ Landgericht
☐ Oberlandesgericht

in ▓▓▓

In dem Rechtsstreit

Kläger ./. Beklagter
Az: ▓▓▓

wird namens und in Vollmacht des ▓▓▓ der in der mündlichen Verhandlung vom ▓▓▓ abgeschlossene Vergleich gemäß dem in Ziff. ▓▓▓ eingeräumten Widerrufsvorbehalt hiermit fristgerecht

widerrufen.

Dem ▓▓▓ war in Ziff. ▓▓▓ des am ▓▓▓ geschlossenen Prozessvergleichs der Widerruf bis zum ▓▓▓ vorbehalten. Von diesem Widerrufsvorbehalt wird hiermit Gebrauch gemacht.

Es wird nunmehr gebeten, dem Verfahren Fortgang zu geben, wobei auf die bisherigen Anträge und Erklärungen Bezug genommen wird.

Unter Berücksichtigung der Hinweise in der mündlichen Verhandlung vom ▓▓▓ sowie der dortigen Erörterung des Sach- und Streitstandes wird ergänzend auf Folgendes hingewiesen: ▓▓▓

Rechtsanwalt

▲

L. Muster: Antrag auf Protokollierung oder Feststellung eines außergerichtlich ausgehandelten Vergleichs

▼

An das
☐ Amtsgericht
☐ Landgericht
☐ Oberlandesgericht

in ▬

In dem Rechtsstreit

                Kläger ./. Beklagter

                     Az: ▬

wird namens und in Vollmacht des ▬ mitgeteilt, dass die Parteien sich außergerichtlich geeinigt haben, den Rechtsstreit vergleichsweise wie folgt zu beenden:

1. ▬
2. Von den Kosten des Verfahrens trägt der Kläger ▬ %, der Beklagte ▬ %.

Namens und in Vollmacht des ▬ wird beantragt,

- ☐ kurzfristig einen Termin zur Protokollierung des Vergleichs zu bestimmen.
- ☐ den Vergleich nach § 278 Abs. 6 ZPO ohne erneute mündliche Verhandlung im Beschlusswege festzustellen, nachdem auch der ▬ dem Vergleich schriftlich zugestimmt haben wird.

Nach dem mit dem 1. Justizmodernisierungsgesetz zum 1.9.2004 geänderten § 278 Abs. 6 ZPO kann das Gericht den Inhalt eines zwischen den Parteien geschlossenen Vergleichs unmittelbar auf deren übereinstimmenden Vorschlag feststellen. Dies entspricht der Auffassung der überwiegenden Rechtsprechung vor der Gesetzesänderung.

Der Prozessgegner wird zur Feststellung des Vergleichs nach § 278 Abs. 6 ZPO dessen Wortlaut in gleicher Weise schriftlich mitteilen.

Rechtsanwalt

▲

§ 13 Sondersituationen im Prozessverlauf

LI. Muster: Vergleichstext mit Kostenregelung

13.51

An das
☐ Amtsgericht
☐ Landgericht
☐ Oberlandesgericht

in ▇▇▇

In dem Rechtsstreit

Kläger ./. Beklagter

Az: ▇▇▇

wird namens und in Vollmacht des ▇▇▇ beantragt,

☐ kurzfristig einen Termin zur Protokollierung des Vergleichs zu bestimmen.
☐ den Vergleich nach § 278 Abs. 6 ZPO ohne erneute mündliche Verhandlung im Beschlusswege festzustellen, nachdem auch der ▇▇▇ dem Vergleich schriftlich zugestimmt haben wird.

Die Parteien haben sich geeinigt, den Rechtsstreit vergleichsweise zu beenden, und bitten, Termin zur Protokollierung des folgenden Vergleichs zu bestimmen:

1. Der Beklagte verpflichtet sich, ▇▇▇.
2. Von den Kosten des Verfahrens trägt der Kläger ▇▇▇ %, der Beklagte ▇▇▇ %.

Rechtsanwalt

▲

LII. Muster: Prozessvergleich unter Einbeziehung der Kosten des Nebenintervenienten

13.52

An das
☐ Amtsgericht
☐ Landgericht
☐ Oberlandesgericht

in ▇▇▇

In dem Rechtsstreit

Kläger ./. Beklagter

Az: ▇▇▇

wird namens und in Vollmacht des ▇▇▇ beantragt,

☐ kurzfristig einen Termin zur Protokollierung des Vergleichs zu bestimmen.
☐ den Vergleich nach § 278 Abs. 6 ZPO ohne erneute mündliche Verhandlung im Beschlusswege festzustellen, nachdem auch der ▇▇▇ dem Vergleich schriftlich zugestimmt haben wird.

C. Muster § 13

Die Parteien haben sich geeinigt, den Rechtsstreit vergleichsweise zu beenden, und bitten, Termin zur Protokollierung des folgenden Vergleichs zu bestimmen:

1. Der Beklagte verpflichtet sich, ▨.
2. Von den Gerichtskosten trägt der Kläger ▨ %, der Beklagte ▨ % und der Nebenintervenient ▨ %.
   Von den außergerichtlichen Kosten des Klägers trägt ▨.
   Von den außergerichtlichen Kosten des Beklagten trägt ▨.
   Von den außergerichtlichen Kosten des Nebenintervenienten trägt ▨ % dieser selbst, ▨ % der Kläger und ▨ % der Beklagte.

Rechtsanwalt
▲

LIII. Muster: Vergleich und Übertragung der Kostenentscheidung auf das Gericht

13.53

▼

An das
☐ Amtsgericht
☐ Landgericht
☐ Oberlandesgericht

in ▨

In dem Rechtsstreit

Kläger ./. Beklagter
Az: ▨

wird namens und in Vollmacht des ▨ beantragt,

- ☐ kurzfristig einen Termin zur Protokollierung des Vergleichs zu bestimmen.
- ☐ den Vergleich nach § 278 Abs. 6 ZPO ohne erneute mündliche Verhandlung im Beschlusswege festzustellen, nachdem auch der ▨ dem Vergleich schriftlich zugestimmt haben wird.

Die Parteien haben sich geeinigt, den Rechtsstreit vergleichsweise zu beenden, und bitten, Termin zur Protokollierung des folgenden Vergleichs zu bestimmen:

1. Der Beklagte verpflichtet sich, ▨.
2. Über die Kosten des Verfahrens haben die Parteien keine Einigung erzielen können, so dass das Gericht über die Kosten des Rechtsstreits und des Vergleichs gem. § 91a ZPO entscheiden soll. Die Regelung des § 98 ZPO soll nicht zur Anwendung kommen.

Rechtsanwalt
▲

§ 13 Sondersituationen im Prozessverlauf

LIV. Muster: Vergleich mit Ratenzahlungsabrede

13.54

▼

677 An das
☐ Amtsgericht
☐ Landgericht
☐ Oberlandesgericht

in ▒▒▒

In dem Rechtsstreit

Kläger ./. Beklagter

Az: ▒▒▒

wird namens und in Vollmacht des ▒▒▒ beantragt,

☐ kurzfristig einen Termin zur Protokollierung des Vergleichs zu bestimmen.

☐ den Vergleich nach § 278 Abs. 6 ZPO ohne erneute mündliche Verhandlung im Beschlusswege festzustellen, nachdem auch der ▒▒▒ dem Vergleich schriftlich zugestimmt haben wird.

Die Parteien haben sich geeinigt, den Rechtsstreit vergleichsweise zu beenden, und bitten, Termin zur Protokollierung des folgenden Vergleichs zu bestimmen:

1. Der Beklagte verpflichtet sich, an den Kläger ▒▒▒ EUR zu zahlen.

2. Die Zahlung ist in ▒▒▒ Raten à ▒▒▒ EUR sowie einer Schlussrate in Höhe von ▒▒▒ EUR zu leisten. Die Raten sind jeweils monatlich, beginnend mit dem ▒▒▒, fällig.

3. Nach Ablauf des Fälligkeitszeitpunktes in Ziff. 2. ist der jeweilige Betrag mit 5 Prozentpunkten über dem jeweiligen Basiszinssatz zu verzinsen.

4. Von den Kosten des Verfahrens trägt der Kläger ▒▒▒ % und der Beklagte ▒▒▒ %.

Rechtsanwalt

▲

LV. Muster: Vergleich mit Ratenzahlungsabrede und einer Verfallsklausel

13.55

▼

678 An das
☐ Amtsgericht
☐ Landgericht
☐ Oberlandesgericht

in ▒▒▒

In dem Rechtsstreit

Kläger ./. Beklagter

Az: ▒▒▒

wird namens und in Vollmacht des ▒▒▒ beantragt,

- ☐ kurzfristig einen Termin zur Protokollierung des Vergleichs zu bestimmen.
- ☐ den Vergleich nach § 278 Abs. 6 ZPO ohne erneute mündliche Verhandlung im Beschlusswege festzustellen, nachdem auch der ▓▓▓ dem Vergleich schriftlich zugestimmt haben wird.

Die Parteien haben sich geeinigt, den Rechtsstreit vergleichsweise zu beenden, und bitten, Termin zur Protokollierung des folgenden Vergleichs zu bestimmen:

1. Der Beklagte verpflichtet sich, an den Kläger ▓▓▓ EUR zu zahlen.
2. Die Zahlung ist fällig in monatlichen Raten in Höhe von ▓▓▓ EUR und einer Schlussrate in Höhe von ▓▓▓, beginnend mit dem ▓▓▓.
3. Kommt der Beklagte mit mehr als einer Rate in Verzug, wird der gesamte dann noch offene Forderungsbetrag sofort fällig.
4. Rückständige Zahlungen sind mit 5 Prozentpunkten über dem jeweiligen Basiszinssatz seit dem Fälligkeitszeitpunkt zu verzinsen.

Rechtsanwalt

▲

LVI. Muster: Vergleich mit Verfallsklausel

13.56

▼

An das
- ☐ Amtsgericht
- ☐ Landgericht
- ☐ Oberlandesgericht

in ▓▓▓

In dem Rechtsstreit

                Kläger ./. Beklagter

                    Az: ▓▓▓

wird namens und in Vollmacht des ▓▓▓ beantragt,

- ☐ kurzfristig einen Termin zur Protokollierung des Vergleichs zu bestimmen.
- ☐ den Vergleich nach § 278 Abs. 6 ZPO ohne erneute mündliche Verhandlung im Beschlusswege festzustellen, nachdem auch der ▓▓▓ dem Vergleich schriftlich zugestimmt haben wird.

Die Parteien haben sich geeinigt, den Rechtsstreit vergleichsweise zu beenden, und bitten, Termin zur Protokollierung folgenden Vergleichs zu bestimmen:

1. Der Beklagte verpflichtet sich, an den Kläger ▓▓▓ EUR bis zum ▓▓▓ zu zahlen.
2. Für den Fall, dass die Zahlung bis zum ▓▓▓ nicht erfolgt ist, verpflichtet sich der Beklagte an den Kläger ▓▓▓ EUR nebst Zinsen in Höhe von 5 Prozentpunkten über dem jeweiligen Basiszinssatz seit dem ▓▓▓ zu zahlen.

3. Von den Kosten des Verfahrens trägt der Kläger ▧ % und der Beklagte ▧ %.

Rechtsanwalt

▲

LVII. Muster: Vergleich mit einer Grundstücksübertragung

13.57

▼

680 An das
☐ Amtsgericht
☐ Landgericht
☐ Oberlandesgericht

in ▧

In dem Rechtsstreit

Kläger ./. Beklagter
Az: ▧

wird namens und in Vollmacht des ▧ beantragt,

☐ kurzfristig einen Termin zur Protokollierung des Vergleichs zu bestimmen.

☐ den Vergleich nach § 278 Abs. 6 ZPO ohne erneute mündliche Verhandlung im Beschlusswege festzustellen, nachdem auch der ▧ dem Vergleich schriftlich zugestimmt haben wird.

Die Parteien haben sich geeinigt, den Rechtsstreit vergleichsweise zu beenden, und bitten, Termin zur Protokollierung des folgenden Vergleichs zu bestimmen:

1. Der ▧ ist Miteigentümer zu ▧ des im Grundbuch von ▧ Band ▧, Blatt ▧, eingetragenen Grundbesitzes ▧.

   (Vergleich im Termin):
   Der ▧ überträgt seinen (Mit-)Eigentumsanteil an dem vorgenannten Grundstück auf den ▧. Der ▧ nimmt diese Übereignung an.
   (Vergleich gem. § 278 Abs. 6 ZPO):
   Der ▧ verpflichtet sich, seinen (Mit-)Eigentumsanteil an dem vorgenannten Grundstück auf den ▧ zu übertragen. Der ▧ verpflichtet sich, diese Übereignung anzunehmen.

2. Die Parteien beantragen und bewilligen die entsprechende Eigentumsumschreibung im Grundbuch. Die Kosten der Eigentumsumschreibung

   ☐ trägt der ▧.

   ☐ tragen die Parteien zur Hälfte.

3. Der ▧ zahlt für die Grundstücksübertragung nach Ziff. 1. an den ▧ einen Betrag von ▧ EUR

   ☐ unter Anrechnung von ▧.

   Der Betrag ist von dem ▧ an seinen Prozessbevollmächtigten als Treuhänder zahlbar bis zum ▧ auf das Konto ▧ bei der ▧. Nach diesem Zeitpunkt ist der Kaufpreis mit 5 Prozentpunkten über dem Basiszinssatz zu verzinsen.

Der Prozessbevollmächtigte des ▒▒▒, wie der ▒▒▒ selbst, dürfen die Anträge nach Ziff. 2. des Vergleichs erst nach Eingang der Kaufpreissumme bei dem Prozessbevollmächtigten des ▒▒▒ stellen.

Der Kaufpreis abzüglich der vom ▒▒▒ zu tragenden Kosten zuzüglich der gewährten Zinsen ist binnen fünf Tagen nach Mitteilung der Eigentumsumschreibung durch das Grundbuchamt an den ▒▒▒ zu überweisen.

4. Die Parteien sind sich einig, dass Besitz, Lasten und Nutzungen am ▒▒▒ auf den ▒▒▒ übergehen.

5. Von den Kosten des Verfahrens und des Vergleichs tragen der Kläger ▒▒▒ % und der Beklagte ▒▒▒ %.

6. ▒▒▒

7. Sollte die im vorliegenden protokollierten Vergleich gefundene Formulierung nicht ausreichend sein, um eine Übertragung des in Ziff. 1. genannten Grundstücksanteils zu veranlassen, so verpflichten sich die Parteien gegenseitig zur Abgabe der erforderlichen Erklärungen in Ergänzung des vorstehenden Vergleichs in der dafür erforderlichen Form. Die Kosten der ergänzenden Erklärungen trägt ▒▒▒.

Rechtsanwalt

▲

LVIII. Muster: Endgültiger Abfindungsvergleich in Verkehrsunfallsachen

13.58

▼

An das
☐ Amtsgericht
☐ Landgericht
☐ Oberlandesgericht

in ▒▒▒

In dem Rechtsstreit

Kläger ./. Beklagter

Az: ▒▒▒

wird namens und in Vollmacht des ▒▒▒ beantragt,

☐ kurzfristig einen Termin zur Protokollierung des Vergleichs zu bestimmen.

☐ den Vergleich nach § 278 Abs. 6 ZPO ohne erneute mündliche Verhandlung im Beschlusswege festzustellen, nachdem auch der ▒▒▒ dem Vergleich schriftlich zugestimmt haben wird.

Die Parteien haben sich geeinigt, den Rechtsstreit vergleichsweise zu beenden, und bitten, Termin zur Protokollierung des folgenden Vergleichs zu bestimmen:

1. Die Beklagten zahlen als Gesamtschuldner dem Kläger zum Ausgleich aller Ansprüche aus dem Verkehrsunfall am ▒▒▒ in ▒▒▒, soweit diese nicht

auf Sozialversicherungsträger oder sonstige Dritte kraft Gesetzes übergegangen sind, seien diese eingeklagt oder nicht, bekannt oder unbekannt und vorhersehbar oder nicht,

- ☐ einen Betrag von ▓▓▓▓ EUR.
- ☐ einen Betrag von weiteren ▓▓▓▓ EUR.

2. Von den Kosten des Verfahrens und des Vergleichs tragen der Kläger ▓▓▓▓ % und die Beklagten als Gesamtschuldner ▓▓▓▓ %.

Rechtsanwalt

▲

LIX. Muster: Vergleich über eine Zahlungsverpflichtung Zug um Zug gegen Erbringung einer Gegenleistung

13.59

▼

An das
- ☐ Amtsgericht
- ☐ Landgericht
- ☐ Oberlandesgericht

in ▓▓▓▓

In dem Rechtsstreit

Kläger ./. Beklagter

Az: ▓▓▓▓

wird namens und in Vollmacht des ▓▓▓▓ beantragt,

- ☐ kurzfristig einen Termin zur Protokollierung des Vergleichs zu bestimmen.
- ☐ den Vergleich nach § 278 Abs. 6 ZPO ohne erneute mündliche Verhandlung im Beschlusswege festzustellen, nachdem auch der ▓▓▓▓ dem Vergleich schriftlich zugestimmt haben wird.

Die Parteien haben sich geeinigt, den Rechtsstreit vergleichsweise zu beenden, und bitten, Termin zur Protokollierung des folgenden Vergleichs zu bestimmen:

1. Der Beklagte verpflichtet sich, an den Kläger ▓▓▓▓ EUR Zug um Zug gegen ▓▓▓▓ zu zahlen.
2. Von den Kosten des Verfahrens trägt der Kläger ▓▓▓▓ % und der Beklagte ▓▓▓▓ %.

Rechtsanwalt

▲

LX. Muster: Vergleich über eine Verpflichtung zur Herausgabe

▼

An das
☐ Amtsgericht
☐ Landgericht
☐ Oberlandesgericht

in ▓▓▓▓

In dem Rechtsstreit

Kläger ./. Beklagter

Az: ▓▓▓▓

wird namens und in Vollmacht des ▓▓▓▓ beantragt,

- ☐ kurzfristig einen Termin zur Protokollierung des Vergleichs zu bestimmen.
- ☐ den Vergleich nach § 278 Abs. 6 ZPO ohne erneute mündliche Verhandlung im Beschlusswege festzustellen, nachdem auch der ▓▓▓▓ dem Vergleich schriftlich zugestimmt haben wird.

Die Parteien haben sich geeinigt, den Rechtsstreit vergleichsweise zu beenden, und bitten, Termin zur Protokollierung des folgenden Vergleichs zu bestimmen:

1. Der Beklagte verpflichtet sich, an den Kläger ▓▓▓▓ bis zum ▓▓▓▓ herauszugeben.
2. Die Herausgabe ist in der Weise zu bewerkstelligen, dass ▓▓▓▓.
3. Von den Kosten des Verfahrens trägt der Kläger ▓▓▓▓ % und der Beklagte ▓▓▓▓ %.

Rechtsanwalt

▲

LXI. Muster: Vergleich nach Beendigung eines Arbeits- oder Dienstverhältnisses

▼

An das
☐ Amtsgericht
☐ Landgericht
☐ Oberlandesgericht

in ▓▓▓▓

In dem Rechtsstreit

Kläger ./. Beklagter

Az: ▓▓▓▓

wird namens und in Vollmacht des ▓▓▓▓ beantragt,

- ☐ kurzfristig einen Termin zur Protokollierung des Vergleichs zu bestimmen.

§ 13 Sondersituationen im Prozessverlauf

☐ den Vergleich nach § 278 Abs. 6 ZPO ohne erneute mündliche Verhandlung im Beschlusswege festzustellen, nachdem auch der ▓▓▓▓ dem Vergleich schriftlich zugestimmt haben wird.

Die Parteien haben sich geeinigt, den Rechtsstreit vergleichsweise zu beenden, und bitten, Termin zur Protokollierung des folgenden Vergleichs zu bestimmen:

1. Die Parteien sind sich einig, dass das zwischen Ihnen aufgrund des Vertrages vom ▓▓▓▓ begründete
   ☐ Arbeitsverhältnis
   ☐ Dienstverhältnis
   zum ▓▓▓▓ beendet ist.
2. Der Beklagte verpflichtet sich, an den Kläger zum Ausgleich aller Ansprüche aus dem streitigen Rechtsverhältnis ▓▓▓▓ EUR bis zum ▓▓▓▓ zu zahlen. Nach Fälligkeit ist der Betrag mit 5 Prozentpunkten über dem jeweiligen Basiszinssatz zu verzinsen.
3. Der Beklagte verpflichtet sich, dem Kläger ein Arbeitszeugnis zu erteilen, worin ▓▓▓▓.
4. Der Kläger verpflichtet sich, an den Beklagten bis zum ▓▓▓▓ folgende Sachen herauszugeben:
   – ▓▓▓▓
   – ▓▓▓▓
   – ▓▓▓▓
5. Von den Kosten des Verfahrens trägt der Kläger ▓▓▓▓ % und der Beklagte ▓▓▓▓ %.

Rechtsanwalt
▲

LXII. Muster: Vergleich zur Beendigung eines Mietverhältnisses
▼

An das
☐ Amtsgericht
☐ Landgericht
☐ Oberlandesgericht

in ▓▓▓▓

In dem Rechtsstreit

      Kläger ./. Beklagter
      Az: ▓▓▓▓

wird namens und in Vollmacht des ▓▓▓▓ beantragt,

☐ kurzfristig einen Termin zur Protokollierung des Vergleichs zu bestimmen.

☐ den Vergleich nach § 278 Abs. 6 ZPO ohne erneute mündliche Verhandlung im Beschlusswege festzustellen, nachdem auch der ▮▮▮ dem Vergleich schriftlich zugestimmt haben wird.

Die Parteien haben sich geeinigt, den Rechtsstreit vergleichsweise zu beenden, und bitten, Termin zur Protokollierung des folgenden Vergleichs zu bestimmen:

1. Die Parteien sind sich einig, dass das zwischen ihnen aufgrund des Mietvertrages vom ▮▮▮ begründete Mietverhältnis zum ▮▮▮ beendet ist.
2. Der Beklagte zahlt an den Kläger zum Ausgleich aller Ansprüche auf Zahlung von Mietzins ausschließlich der Nebenkosten bis zum ▮▮▮ an den Kläger ▮▮▮ EUR. Nach dem Fälligkeitszeitpunkt ist der Betrag mit 5 Prozentpunkten über dem Basiszinssatz zu verzinsen.
3. Der Beklagte verpflichtet sich, die Mietsache bestehend aus ▮▮▮ bis zum ▮▮▮ zu räumen. Die Übergabe der Räumlichkeiten findet am ▮▮▮ um ▮▮▮ Uhr statt. Die Übergabe hat in dem Zustand zu erfolgen, dass ▮▮▮.
4. Für den Fall, dass eine Partei der Übergabe fernbleibt oder die Mietsache nicht in dem vereinbarten Zustand übergeben wird, vereinbaren die Parteien ▮▮▮.
5. Für den Zeitraum zwischen der Beendigung des Mietverhältnisses und der Räumung der Mietsache zahlt der Beklagte an den Kläger ▮▮▮.
6. ▮▮▮
7. Bezüglich der Nebenkosten gehen die Parteien davon aus, dass alle Ansprüche bis einschließlich des Kalenderjahres ▮▮▮ erledigt sind.
   Hinsichtlich des Kalenderjahres ▮▮▮ wird der Kläger bis zum ▮▮▮ eine ordnungsgemäße Nebenkostenabrechnung unter Anrechnung der Nebenkostenvorauszahlungen für dieses Jahr in Höhe von ▮▮▮ erteilen. Einwendungen gegen die Nebenkostenabrechnung bleiben dem Beklagten vorbehalten.
8. Von den Kosten des Verfahrens trägt der Kläger ▮▮▮ % und der Beklagte ▮▮▮ %.

Rechtsanwalt

LXIII. Muster: Vergleich über die Unterlassung einer Handlung mit gleichzeitiger Vereinbarung einer Vertragsstrafe

An das
☐ Amtsgericht
☐ Landgericht
☐ Oberlandesgericht
in ▬▬▬

In dem Rechtsstreit

Kläger ./. Beklagter

Az: ▬▬▬

wird namens und in Vollmacht des ▬▬▬ beantragt,

☐ kurzfristig einen Termin zur Protokollierung des Vergleichs zu bestimmen.
☐ den Vergleich nach § 278 Abs. 6 ZPO ohne erneute mündliche Verhandlung im Beschlusswege festzustellen, nachdem auch der ▬▬▬ dem Vergleich schriftlich zugestimmt haben wird.

Die Parteien haben sich geeinigt, den Rechtsstreit vergleichsweise zu beenden, und bitten, Termin zur Protokollierung des folgenden Vergleichs zu bestimmen:

1. Der Beklagte verpflichtet sich gegenüber dem Kläger, es zu unterlassen, ▬▬▬.
2. Der Beklagte verpflichtet sich für jeden Fall der Zuwiderhandlung gegen die Unterlassungsverpflichtung nach Ziff. 1, an den Kläger eine Vertragsstrafe in Höhe von ▬▬▬ EUR zu zahlen.
3. Von der Regelung in Ziff. 2 bleibt die Möglichkeit der Vollstreckung der Unterlassungsverpflichtung nach § 890 BGB unberührt. Die Vertragsstrafe wird fällig mit dem Erlass eines erstinstanzlichen Beschlusses nach § 890 ZPO und ist ab diesem Zeitpunkt mit 5 Prozentpunkten über dem Basiszinssatz zu verzinsen.

Rechtsanwalt

LXIV. Muster: Vergleichsweise Regelung einer Duldungsverpflichtung

▼

An das
☐ Amtsgericht
☐ Landgericht
☐ Oberlandesgericht

in ▓▓▓▓

In dem Rechtsstreit

                Kläger ./. Beklagter
                Az: ▓▓▓▓

wird namens und in Vollmacht des ▓▓▓▓ beantragt,

- ☐ kurzfristig einen Termin zur Protokollierung des Vergleichs zu bestimmen.
- ☐ den Vergleich nach § 278 Abs. 6 ZPO ohne erneute mündliche Verhandlung im Beschlusswege festzustellen, nachdem auch der ▓▓▓▓ dem Vergleich schriftlich zugestimmt haben wird.

Die Parteien haben sich geeinigt, den Rechtsstreit vergleichsweise zu beenden, und bitten, Termin zur Protokollierung des folgenden Vergleichs zu bestimmen:

1. Der Beklagte verpflichtet sich, es zukünftig zu dulden, dass
   - ☐ der Kläger an ▓▓▓▓ Tagen im Jahr, sein im Grundbuch von ▓▓▓▓, Band ▓▓▓▓, Blatt ▓▓▓▓, eingetragenes Grundstück zu dem Zweck betritt, ▓▓▓▓.
   - ☐ sein im Grundbuch vom ▓▓▓▓, Band ▓▓▓▓, Blatt ▓▓▓▓, eingetragenes Grundstück in der Weise vom Kläger befahren wird, dass ▓▓▓▓.
   - ☐ ▓▓▓▓

2. Von den Kosten des Verfahrens trägt der Kläger ▓▓▓▓ % und der Beklagte ▓▓▓▓ %.

Rechtsanwalt

▲

LXV. Muster: Vergleich zur Abgabe einer Willenserklärung

▼

An das
☐ Amtsgericht
☐ Landgericht
☐ Oberlandesgericht

in ▓▓▓▓

In dem Rechtsstreit

                Kläger ./. Beklagter
                Az: ▓▓▓▓

§ 13 Sondersituationen im Prozessverlauf

wird namens und in Vollmacht des ▨ beantragt,

- ☐ kurzfristig einen Termin zur Protokollierung des Vergleichs zu bestimmen.
- ☐ den Vergleich nach § 278 Abs. 6 ZPO ohne erneute mündliche Verhandlung im Beschlusswege festzustellen, nachdem auch der ▨ dem Vergleich schriftlich zugestimmt haben wird.

Die Parteien haben sich geeinigt, den Rechtsstreit vergleichsweise zu beenden, und bitten, Termin zur Protokollierung des folgenden Vergleichs zu bestimmen:

1. Der Beklagte
   - ☐ bewilligt hiermit die Löschung der im Grundbuch vom ▨, Band ▨, Blatt ▨, eingetragenen Grunddienstbarkeit.
   - ☐ erklärt hiermit sein Einverständnis mit der Erhöhung der Geschäftsführerbezüge des ▨ zum ▨ auf ▨ EUR.
   - ☐ ▨
2. Von den Kosten des Verfahrens trägt der Kläger ▨ % und der Beklagte ▨ %.

Rechtsanwalt
▲

LXVI. Muster: Beitrittserklärung eines Dritten zum Abschluss eines Vergleichs

13.66
▼

689 An das
- ☐ Amtsgericht
- ☐ Landgericht
- ☐ Oberlandesgericht

in ▨

In dem Rechtsstreit

Kläger ./. Beklagter

Az: ▨

wird namens und in Vollmacht des ▨ erklärt, dass dieser dem Rechtsstreit zum Abschluss des mit Schriftsatz vom ▨ mitgeteilten Vergleichs auf Seiten des ▨ beitritt.

Der Termin zur mündlichen Verhandlung und Protokollierung des Vergleichs am ▨ ist dem ▨ bekannt. Es bedarf keiner gesonderten Ladung des Unterzeichners.

Rechtsanwalt
▲

LXVII. Muster: Vergleich in der Berufungsinstanz unter Verzicht auf die Rechte aus einem noch nicht rechtskräftigen Urteil erster Instanz

▼

An das
☐ Amtsgericht
☐ Landgericht
☐ Oberlandesgericht

in ▓▓▓▓

In dem Rechtsstreit

Kläger ./. Beklagter

Az: ▓▓▓▓

wird namens und in Vollmacht des ▓▓▓▓ beantragt,

☐ kurzfristig einen Termin zur Protokollierung des Vergleichs zu bestimmen.
☐ den Vergleich nach § 278 Abs. 6 ZPO ohne erneute mündliche Verhandlung im Beschlusswege festzustellen, nachdem auch der ▓▓▓▓ dem Vergleich schriftlich zugestimmt haben wird.

Die Parteien haben sich geeinigt, den Rechtsstreit vergleichsweise zu beenden, und bitten, Termin zur Protokollierung des folgenden Vergleichs zu bestimmen:

1. ▓▓▓▓
2. Die Parteien verzichten wechselseitig auf die Rechte aus dem Urteil des ▓▓▓▓ vom ▓▓▓▓ im Verfahren ▓▓▓▓, welches durch den abgeschlossenen Vergleich erledigt ist. Die Parteien nehmen den Verzicht wechselseitig an.
3. Von den Kosten des Verfahrens trägt der Kläger ▓▓▓▓ % und der Beklagte ▓▓▓▓ %.

Rechtsanwalt

▲

LXVIII. Muster: Anzeige der Unterbrechung des Verfahrens nach § 239 ZPO

▼

An das
☐ Amtsgericht
☐ Landgericht
☐ Oberlandesgericht

in ▓▓▓▓

In dem Rechtsstreit

Kläger ./. Beklagter

Az: ▓▓▓▓

wird namens und in Vollmacht des

☐ Beklagten

☐ Klägers

mitgeteilt, dass der ▓▓▓ am ▓▓▓ verstorben ist. Zum Nachweis dieser Tatsache wird

☐ die Todesanzeige vom ▓▓▓
☐ die Sterbeurkunde vom ▓▓▓
☐ die Mitteilung des ▓▓▓ vom ▓▓▓
☐ ▓▓▓

vorgelegt.

Das Verfahren ist damit gem. § 239 ZPO unterbrochen.

Rechtsanwalt

▲

LXIX. Muster: Antrag auf Fortsetzung des Verfahrens im Fall des § 241 ZPO

▼

An das
☐ Amtsgericht
☐ Landgericht
☐ Oberlandesgericht

in ▓▓▓

In dem Rechtsstreit

Kläger ./. Beklagter
Az: ▓▓▓

wird namens und in Vollmacht des
☐ Beklagten
☐ Klägers

angezeigt, dass beabsichtigt ist, das Verfahren fortzusetzen.

Es wird gebeten, diese Absichtsanzeige gem. § 241 Abs. 1 ZPO dem gesetzlichen Vertreter oder dem neuen gesetzlichen Vertreter des ▓▓▓ zuzustellen.

Gleichzeitig wird beantragt,

den Termin zur mündlichen Verhandlung zu bestimmen.

Rechtsanwalt

▲

C. Muster § 13

LXX. Muster: Antrag auf Aufnahme des Verfahrens nach § 244 Abs. 2 ZPO

▼

An das
☐ Amtsgericht
☐ Landgericht
☐ Oberlandesgericht

in

In dem Rechtsstreit

Kläger ./. Beklagter

Az:

wird namens und in Vollmacht des

☐ Beklagten
☐ Klägers

gem. § 244 Abs. 2 S. 1 ZPO beantragt,

den   zum Termin zur mündlichen Verhandlung zu laden.

Hilfsweise,

dem   eine Frist zur Bestellung eines neuen Anwaltes zu setzen

sowie

Termin zur mündlichen Verhandlung zu bestimmen, sofern der   der Aufforderung zur Bestellung eines neuen Anwaltes in der gesetzten Frist nicht nachkommt.

Zur **Begründung** wird Folgendes ausgeführt:

Der vorliegende Rechtsstreit wurde gem. § 244 Abs. 1 ZPO unterbrochen, da
☐ der Prozessbevollmächtigte des   gestorben ist.
☐ der Prozessbevollmächtigte des   seine Befähigung zur Vertretung des   verloren hat.

Seit diesem Zeitpunkt sind mehr als   Wochen vergangen, ohne dass der   einen neuen Bevollmächtigten bestellt und dieser die Bestellung dem Gericht angezeigt hat.

Eine weitere Verzögerung des Rechtsstreits ist dem   nicht zumutbar, so dass nach § 244 Abs. 2 ZPO zu verfahren ist.

Rechtsanwalt

▲

LXXI. Muster: Erklärung über die Aufnahme des Verfahrens durch den Kläger gegen den (beklagten) Insolvenzverwalter

An das
☐ Amtsgericht
☐ Landgericht
☐ Oberlandesgericht

in ▆▆▆▆

In dem Rechtsstreit

                      Kläger ./. Beklagter

                      Az: ▆▆▆▆

wird namens und in Vollmacht des Klägers erklärt, dass

> der Kläger das Verfahren gegen den Insolvenzverwalter, Herrn ▆▆▆▆ als Insolvenzverwalter über das Vermögen der Beklagten,

aufnimmt.

Unter Berücksichtigung des eröffneten Insolvenzverfahrens wird nunmehr beantragt,

> festzustellen, dass die Forderung des Klägers gegen den Beklagten aus ▆▆▆▆ über ▆▆▆▆ im Insolvenzverfahren über das Vermögen der Gemeinschuldnerin zur Insolvenztabelle festzustellen ist.

Zur **Begründung** wird Folgendes vorgetragen:

Durch Beschluss des Amtsgerichts ▆▆▆▆ – Insolvenzgericht – vom ▆▆▆▆ ist das Insolvenzverfahren über das Vermögen der Gemeinschuldnerin eröffnet und Herr ▆▆▆▆ zum Insolvenzverwalter bestellt worden.

Nach Unterbrechung des vorliegenden Verfahrens gem. § 240 ZPO hat der Kläger die streitgegenständliche Forderung mit Schreiben vom ▆▆▆▆ zur Insolvenztabelle angemeldet.

Der Insolvenzverwalter hat mit Schreiben vom ▆▆▆▆ mitgeteilt, dass die Forderung bestritten wird und eine Feststellung zur Insolvenztabelle nicht in Betracht kommt.

Gem. § 180 Abs. 2 InsO nimmt der Kläger den Rechtsstreit nunmehr auf und verlangt die Feststellung der streitgegenständlichen Forderung zur Insolvenztabelle. Der neue Klageantrag trägt mithin der neuen Verfahrenssituation Rechnung.

Zur Begründung des neuen Sachantrags wird auf die Ausführungen in der Klageschrift und in den Schriftsätzen vom ▆▆▆▆ Bezug genommen.

Ergänzend wird darauf hingewiesen, dass ▆▆▆▆.

Rechtsanwalt

LXXII. Muster: Antrag auf Bestimmung eines Termins zur mündlichen Verhandlung bei verzögerter Aufnahme des Rechtsstreits durch den Insolvenzverwalter

▼

An das
☐ Amtsgericht
☐ Landgericht
☐ Oberlandesgericht

in ▓▓▓▓

In dem Rechtsstreit

           Kläger ./. Beklagter

           Az: ▓▓▓▓

wird namens und in Vollmacht des Beklagten gem. § 85 Abs. 1 S. 2 InsO, § 239 Abs. 2–3 ZPO beantragt,

> Termin zur mündlichen Verhandlung zu bestimmen und den Insolvenzverwalter ▓▓▓▓ zum Termin zur mündlichen Verhandlung zu laden.

Zur **Begründung** wird Folgendes ausgeführt:

Der vorliegende Rechtsstreit wurde gem. § 240 ZPO unterbrochen, da über das Vermögen der Klägerin das Insolvenzverfahren eröffnet worden ist.

Seit diesem Zeitpunkt sind mehr als ▓▓▓▓ Wochen vergangen, ohne dass der Insolvenzverwalter ▓▓▓▓ das Verfahren aufgenommen hat.

Im Hinblick auf das bereits vorliegende und vorläufig vollstreckbare
☐ erstinstanzliche Endurteil vom ▓▓▓▓
☐ Versäumnisurteil vom ▓▓▓▓
☐ Vorbehaltsurteil vom ▓▓▓▓

ist dem Beklagten eine weitere Verzögerung des Rechtsstreits nicht mehr zumutbar, so dass nach § 85 Abs. 1 S. 2 InsO, § 239 Abs. 2–3 ZPO zu verfahren und der Insolvenzverwalter zum Termin zur mündlichen Verhandlung zu laden ist.

Rechtsanwalt

§ 13 Sondersituationen im Prozessverlauf

LXXIII. Muster: Antrag auf Streitwertfestsetzung nach Aufnahme des Rechtsstreites durch den Insolvenzverwalter

13.73

696 An das
☐ Amtsgericht
☐ Landgericht
☐ Oberlandesgericht

in ▓▓▓▓

In dem Rechtsstreit

      Kläger ./. Beklagter
       Az: ▓▓▓▓

wird namens und in Vollmacht des ▓▓▓▓ beantragt,

  den Streitwert in Abweichung von dem Beschl. v. ▓▓▓▓ ab dem ▓▓▓▓ auf ▓▓▓▓ EUR festzusetzen.

Zur **Begründung** wird Folgendes ausgeführt:

Maßgeblicher Streitwert ist nach der Aufnahme des Rechtsstreites durch den Insolvenzverwalter allein der Betrag, der bei der Verteilung einer möglichen Insolvenzmasse auf die streitgegenständliche Forderung zu erwarten ist (BGH WM 2000, 211; NZI 2002, 549).

Die einmal begründete Zuständigkeit des Landgerichts bleibt von der geänderten Streitwertfestsetzung unberührt.

Rechtsanwalt

LXXIV. Muster: Antrag auf Aussetzung des Verfahrens nach § 148 ZPO i.V.m. §§ 152 ff. ZPO

13.74

697 An das
☐ Amtsgericht
☐ Landgericht
☐ Oberlandesgericht

in ▓▓▓▓

In dem Rechtsstreit

      Kläger ./. Beklagter
       Az: ▓▓▓▓

wird namens und in Vollmacht des
☐ Beklagten
☐ Klägers

beantragt,

  das Verfahren gem. § 148 ZPO bis zur Entscheidung des Rechtsstreits zwischen den Parteien vor dem ▓▓▓▓ im Verfahren ▓▓▓▓ auszusetzen.

Zur **Begründung** wird Folgendes vorgetragen:

Das Verfahren ist nach § 148 ZPO

☐ i.V.m. § 152 ZPO auszusetzen, da die Entscheidung des Rechtsstreits davon abhängt, ob die Ehe zwischen den Parteien aufhebbar ist, und die Aufhebung im Verfahren ▆▆▆ vor dem ▆▆▆ beantragt ist.

☐ i.V.m. § 153 ZPO auszusetzen, da die Entscheidung des Rechtsstreits davon abhängt, ob der ▆▆▆ der Vater des ▆▆▆ ist, und die Vaterschaft im Wege der Anfechtungsklage im Verfahren ▆▆▆ vor dem ▆▆▆ angefochten ist.

☐ i.V.m. § 154 Abs. 1 ZPO auszusetzen, da zwischen den Parteien streitig ist, ob
  ☐ eine Ehe
  ☐ eine Lebenspartnerschaft
besteht bzw. nicht besteht und hierüber im Verfahren ▆▆▆ vor dem ▆▆▆ gestritten wird.

☐ i.V.m. § 154 Abs. 2 ZPO auszusetzen, da zwischen den Parteien streitig ist,
  ☐ ob zwischen ▆▆▆ ein Eltern- und Kindesverhältnis besteht bzw. nicht besteht,
  ☐ ob dem ▆▆▆ die elterliche Sorge für die gegnerische Partei zusteht bzw. nicht zusteht,

und die Entscheidung des Rechtsstreits hiervon abhängt.

Dass die Entscheidung des Rechtsstreits von dieser Frage abhängt, ergibt sich daraus, dass ▆▆▆.

Rechtsanwalt

▲

LXXV. Muster: Antrag auf Aussetzung des Verfahrens wegen Aufrechnung

▼

An das
☐ Amtsgericht
☐ Landgericht
☐ Oberlandesgericht

in ▆▆▆

In dem Rechtsstreit

        Kläger ./. Beklagter

        Az: ▆▆▆

wird namens und in Vollmacht des
☐ Beklagten
☐ Klägers

beantragt,

    das Verfahren gem. § 148 ZPO auszusetzen, bis über den Bestand der Forderung des ▆▆▆ über ▆▆▆ im Verfahren ▆▆▆ vor dem ▆▆▆ rechtskräftig entschieden ist;
    hilfsweise:
    das Verfahren ruhen zu lassen.

§ 13 Sondersituationen im Prozessverlauf

Zur **Begründung** wird Folgendes ausgeführt:

Mit Schriftsatz vom ▭ hat der Beklagte gegen die Forderung des Klägers mit einer Gegenforderung in Höhe von ▭ die Aufrechnung erklärt.

☐ Bei der Gegenforderung handelt es sich um eine rechtswegfremde Forderung, mit der die Aufrechnung nur erklärt werden kann, wenn diese rechtskräftig festgestellt oder unbestritten ist. Derzeit ist ein Rechtsstreit über die zur Aufrechnung gestellte Forderung vor dem ▭ im Verfahren ▭ anhängig, so dass das vorliegende Verfahren zwingend nach § 148 ZPO auszusetzen ist (vgl. BGHZ 16, 124; BFHE 259, 207). Zum Beweis der Rechtshängigkeit wird auf die Verfahrensakten des ▭ im Verfahren ▭ verwiesen, deren Beiziehung beantragt wird.

☐ Der Beklagte macht die zur Aufrechnung gestellte Forderung im Verfahren vor dem ▭ geltend.
Beweis: Beizuziehende Akten des ▭ , Az: ▭
Der Kläger hat die Forderung im dortigen Verfahren bestritten. Mit einer alsbaldigen Abweisung der Klage des Beklagten ist zu rechnen. Damit entfällt auch die Möglichkeit, die Forderung im vorliegenden Verfahren
☐ hilfsweise
☐ unmittelbar
zur Aufrechnung zu stellen. Dieses Verfahren ist mithin im Sinne von § 148 ZPO vorgreiflich, so dass das vorliegende Verfahren ausgesetzt werden kann (OLG Dresden NJW 1994, 139).

Rechtsanwalt

▲

LXXVI. Muster: Antrag auf Aussetzung des Verfahrens nach § 149 ZPO

▼

An das
☐ Amtsgericht
☐ Landgericht
☐ Oberlandesgericht

in ▭

In dem Rechtsstreit

Kläger ./. Beklagter

Az: ▭

wird namens und in Vollmacht des
☐ Beklagten
☐ Klägers
beantragt,

das Verfahren gem. § 149 ZPO wegen des Verdachts des Vorliegens einer Straftat auszusetzen.

Zur **Begründung** wird Folgendes vorgetragen:

Das vorliegende Verfahren ist nach § 149 ZPO auszusetzen, da der begründete Verdacht einer Straftat des ▭ besteht.

C. Muster § 13

Der begründete Verdacht einer Straftat ergibt sich daraus, dass ▒▒▒.

Gegen den ▒▒▒ ist bereits ein Ermittlungsverfahren eingeleitet worden. Im Rahmen des Ermittlungsverfahrens ist zu erwarten, dass weitere Anhaltspunkte für das vorstehend begründete strafbare Verhalten zu Tage treten. Die besseren Erkenntnisse des Ermittlungsverfahrens können sodann im vorliegenden Verfahren genutzt werden.

Rechtsanwalt

▲

LXXVII. Muster: Antrag auf Wiederaufnahme eines Verfahrens nach § 149 Abs. 2 ZPO

▼

An das
☐ Amtsgericht
☐ Landgericht
☐ Oberlandesgericht

in ▒▒▒

In dem Rechtsstreit

      Kläger ./. Beklagter

       Az: ▒▒▒

wird namens und in Vollmacht des
☐ Beklagten
☐ Klägers

beantragt,

> das mit Beschl. v. ▒▒▒ gem. § 149 ZPO ausgesetzte Verfahren wieder aufzunehmen.

Zur **Begründung** wird Folgendes vorgetragen:

Das erkennende Gericht hat das vorliegende Verfahren mit Beschl. v. ▒▒▒ wegen des Verdachtes einer Straftat nach § 149 ZPO am ▒▒▒ ausgesetzt.

Seit diesem Zeitpunkt ist mehr als ein Jahr vergangen, so dass das Verfahren nach § 149 Abs. 2 S. 1 ZPO wieder aufzunehmen ist.

Wesentliche Gründe, die eine Aufrechterhaltung der Aussetzung als gerechtfertigt erscheinen lassen, sind nicht ersichtlich.

Rechtsanwalt

▲

13.77

700

LXXVIII. Muster: Antrag auf Aufnahme des gem. § 149 ZPO ausgesetzten Verfahrens nach dem Ende der strafrechtlichen Ermittlungen

13.78

701 An das
☐ Amtsgericht
☐ Landgericht
☐ Oberlandesgericht

in ▓▓▓▓

In dem Rechtsstreit

Kläger ./. Beklagter

Az: ▓▓▓▓

wird namens und in Vollmacht des

☐ Beklagten
☐ Klägers

beantragt,

    das mit Beschl. v. ▓▓▓▓ gem. § 149 ZPO ausgesetzte Verfahren wieder aufzunehmen.

Zur **Begründung** wird Folgendes vorgetragen:

Das erkennende Gericht hat das vorliegende Verfahren mit Beschl. v. ▓▓▓▓ gem. § 149 ZPO ausgesetzt.

☐ Das Ermittlungsverfahren, Az: ▓▓▓▓,
☐ Das Strafverfahren, Az: ▓▓▓▓,

ist zwischenzeitlich abgeschlossen, so dass das vorliegende Verfahren wieder aufgenommen werden kann.

Das
☐ Ermittlungsverfahren
☐ Strafverfahren

hat folgendes Ergebnis gebracht: ▓▓▓▓

Bezugnehmend auf den vorliegenden Streitgegenstand ist aus diesem Grunde in Ergänzung des bisherigen Vortrages auf Folgendes hinzuweisen: ▓▓▓▓

Rechtsanwalt

▲

C. Muster § 13

LXXIX. Muster: Antrag auf Aussetzung des Verfahrens nach § 246 ZPO

▼

An das
☐ Amtsgericht
☐ Landgericht
☐ Oberlandesgericht

in

In dem Rechtsstreit

                Kläger ./. Beklagter
                Az:

wird namens und in Vollmacht des
☐ Beklagten
☐ Klägers

mitgeteilt, dass die von dem Unterzeichner vertretene Partei   am   verstorben ist.

Es wird beantragt,

    das Verfahren gem. § 246 ZPO auszusetzen.

Der Unterzeichner ist derzeit bemüht, die Erben zu ermitteln. Sobald diese die Erbschaft angenommen haben, ist beabsichtigt anzuzeigen, ob der Rechtsstreit durch diese aufgenommen wird.

Rechtsanwalt

▲

LXXX. Muster: Anzeige der Aufnahme des Rechtsstreits gem. § 246 Abs. 2 ZPO

▼

An das
☐ Amtsgericht
☐ Landgericht
☐ Oberlandesgericht

in

In dem Rechtsstreit

                Kläger ./. Beklagter
                Az:

wird auf den Aussetzungsbeschluss vom   mitgeteilt, dass die   als Erben der verstorbenen Partei die Erbschaft angenommen haben.

    Beweis: Erbschein des AG   , Az: VI

Für die Erben wird angezeigt, dass diese den Rechtsstreit aufnehmen wollen.

Namens und in Vollmacht der Erben wird sodann beantragt,

> das Rubrum wie folgt zu berichtigen:

In der Sache beziehen sich die Erben auf die bisherigen Anträge und Ausführungen der verstorbenen Partei und beantragen damit in der Hauptsache,

Weiter hilfsweise,

> den Erben die beschränkte Erbenhaftung vorzubehalten.

In Ergänzung des bisherigen Vortrages der verstorbenen Partei wird auf Folgendes hingewiesen:

Rechtsanwalt

LXXXI. Muster: Aussetzungsantrag nach § 65 ZPO

▼

An das
- ☐ Amtsgericht
- ☐ Landgericht
- ☐ Oberlandesgericht

in

In dem Rechtsstreit

Kläger ./. Beklagter
Az:

wird namens und in Vollmacht des
- ☐ Beklagten
- ☐ Klägers

beantragt,

> den Rechtsstreit gem. § 65 ZPO bis zum rechtskräftigen Abschluss des Verfahrens über die Hauptintervention nach § 64 ZPO des vor dem im Verfahren auszusetzen.

Zur **Begründung** wird Folgendes vorgetragen:

Der hat gegen die Parteien des vorliegenden Prozesses Hauptinterventionsklage nach § 64 ZPO durch eine eigenständige Klage im Verfahren erhoben.

Insoweit erscheint es gerechtfertigt, den vorliegenden Rechtsstreit zunächst nach § 65 ZPO auszusetzen, bis über die Hauptintervention entschieden ist.

Rechtsanwalt

LXXXII. Muster: Antrag auf Ruhen des Verfahrens unter gleichzeitiger Beantragung der Verlängerung der Berufungsbegründungsfrist

▼

An das

☐ Landgericht
☐ Oberlandesgericht

in ▇▇▇▇

In dem Berufungsverfahren

Berufungskläger ./. Berufungsbeklagten

Az: ▇▇▇▇

wird namens und in Vollmacht des Berufungsklägers beantragt:

1. Das Ruhen des Verfahrens wird gem. § 251 ZPO angeordnet.
2. Die Berufungsbegründungsfrist wird bis zum Ablauf eines Monats nach Beendigung des Ruhens des Verfahrens verlängert.

Zur **Begründung** wird Folgendes vorgetragen:

Die Parteien haben nach der Zustellung der erstinstanzlichen Entscheidung und der diesseitigen Berufung vom ▇▇▇▇ außergerichtliche Vergleichsverhandlungen aufgenommen. Mit einem kurzfristigen Beschluss der Vergleichsverhandlungen ist nicht zu rechnen, da ▇▇▇▇ .

Insoweit wird beantragt, das Ruhen des Verfahrens nach § 251 ZPO anzuordnen.

Das Ruhen des Verfahrens lässt gem. § 251 Abs. 1 S. 2 ZPO i.V.m. § 233 ZPO die Berufungsbegründungsfrist nach § 520 Abs. 2 S. 1 ZPO unberührt. Insoweit ist es erforderlich, dass die Berufungsbegründungsfrist bis einen Monat nach dem Ende des Ruhens des Verfahrens verlängert wird.

Mit dem Berufungsbeklagten ist hinsichtlich der Anordnung des Ruhens des Verfahrens und der Verlängerung der Berufungsbegründungsfrist Einvernehmen erzielt worden. Dieser wird der vorgeschlagenen Verfahrensweise durch gesonderten Schriftsatz zustimmen.

Rechtsanwalt

LXXXIII. Muster: Antrag auf Ruhen des Verfahrens nach § 251 ZPO

706 An das
☐ Amtsgericht
☐ Landgericht
☐ Oberlandesgericht

in ▓▓▓▓▓

In dem Rechtsstreit

Kläger ./. Beklagter

Az: ▓▓▓▓▓

wird namens und in Vollmacht des
☐ Beklagten
☐ Klägers

beantragt,

    das Ruhen des Verfahrens gem. § 251 ZPO anzuordnen.

Zur **Begründung** wird Folgendes ausgeführt:

Das Ruhen des Verfahrens gem. § 241 ZPO wird hiermit beantragt, weil
☐ zwischen den Parteien außergerichtliche Vergleichsverhandlungen schweben.
☐ die Parteien sich darauf geeinigt haben, zunächst eine außergerichtliche Schlichtungsstelle anzurufen.
☐ ▓▓▓▓▓

Rechtsanwalt

LXXXIV. Muster: Antrag auf Wiederaufnahme des Verfahrens nach dem Ruhen des Verfahrens gem. § 251 ZPO

707 An das
☐ Amtsgericht
☐ Landgericht
☐ Oberlandesgericht

in ▓▓▓▓▓

In dem Rechtsstreit

Kläger ./. Beklagter

Az: ▓▓▓▓▓

wird namens und in Vollmacht des

☐ Beklagten
☐ Klägers

beantragt,

    den mit Beschl. v. ▓▓▓▓▓ zum Ruhen gebrachten Rechtsstreit fortzusetzen.

C. Muster § 13

☐ Die zwischen den Parteien ursprünglich aufgenommenen Vergleichsgespräche sind zwischenzeitlich gescheitert, so dass es der streitigen Entscheidung bedarf.

☐ Die aufgenommene außergerichtliche Streitschlichtung ist gescheitert, weil ▓▓▓. Insoweit ist der vorliegende Rechtsstreit fortzusetzen

☐ ▓▓▓

Rechtsanwalt
▲

LXXXV. Muster: Sofortige Beschwerde gegen eine Entscheidung nach §§ 239 ff., 148 ff. ZPO

13.85

▼

An das 708
Landgericht/Oberlandesgericht
– Beschwerdekammer / Beschwerdesenat –
in ▓▓▓
über das
Amtsgericht/Landgericht[493]
in ▓▓▓
In dem Rechtsstreit

Kläger ./. Beklagter

Az: ▓▓▓

wird namens und in Vollmacht des
☐ Beklagten
☐ Klägers
gegen den Beschluss des ▓▓▓ vom ▓▓▓ in dem Verfahren ▓▓▓ hiermit

sofortige Beschwerde gem. § 252 ZPO

eingelegt.
Es wird beantragt:

Unter Abänderung des angefochtenen Beschlusses wird
  ☐ der Antrag auf Aussetzung des Verfahrens vom ▓▓▓ zurückgewiesen.
  ☐ gemäß dem Antrag vom ▓▓▓ der Rechtsstreit nach § ▓▓▓ ausgesetzt.

Zur **Begründung** wird Folgendes ausgeführt:

I.

Mit der angefochtenen Entscheidung vom ▓▓▓ hat das Ausgangsgericht beschlossen, ▓▓▓

---

[493] Ausgangsgericht.

§ 13 Sondersituationen im Prozessverlauf

Die Entscheidung ist unzutreffend und im Sinne des vorstehenden Antrags durch das Ausgangsgericht nach § 572 Abs. 1 S. 1 ZPO oder aber das angerufene Beschwerdegericht zu ändern.

Die Entscheidung ist nach § �▒▒ ZPO ergangen und dementsprechend nach § 252 ZPO mit der sofortigen Beschwerde angreifbar.

Die angefochtene Entscheidung ist dem Beschwerdeführer am ▒▒▒ zugestellt worden. Die Notfrist des § 569 Abs. 1 S. 1 ZPO endet damit am ▒▒▒ und wird durch den vorliegenden Schriftsatz gewahrt.

Für die Entscheidung über die sofortige Beschwerde ist
- ☐ nach § 72 GVG das Landgericht berufen.
- ☐ nach § 119 GVG das Oberlandesgericht berufen.
- ☐ Soweit zunächst der originäre Einzelrichter beim zuständigen Beschwerdegericht nach § 568 ZPO zuständig ist, weil die angefochtene Entscheidung von einem Einzelrichter erlassen wurde, wird gebeten, diese nach § 568 S. 2 ZPO
  - ☐ der Kammer
  - ☐ dem Senat

  vorzulegen, da die Rechtssache
  - ☐ besondere Schwierigkeiten tatsächlicher oder rechtlicher Art aufweist,
  - ☐ grundsätzliche Bedeutung hat,

  was sich daraus ergibt, dass ▒▒▒.

II.

Die angefochtene Entscheidung erweist sich im Ergebnis als unzutreffend.

Nach § ▒▒▒ ZPO ist ▒▒▒.

Diese Voraussetzungen liegen hier
- ☐ nicht vor, weil ▒▒▒.
- ☐ vor, weil ▒▒▒.

III.

Soweit das Beschwerdegericht der diesseitigen Auffassung nicht zu folgen vermag, wird schon jetzt beantragt,

> die Rechtsbeschwerde zum Bundesgerichtshof zuzulassen.

Die vom Beschwerdeführer dargelegte Auffassung wird von der Rechtsprechung der Oberlandesgerichte in ▒▒▒ geteilt (vgl. ▒▒▒ [494]). Soweit das angerufene Gericht dieser Auffassung nicht folgt, ist eine Entscheidung des Rechtsbeschwerdegerichts zur Fortbildung des Rechts und Sicherung einer einheitlichen Rechtsprechung erforderlich.

Rechtsanwalt

▲

---

[494] Fundstellen der abweichenden ober- und höchstrichterlichen Rechtsprechung.

LXXXVI. Muster: Ablehnung eines Richters wegen Besorgnis der Befangenheit in der Frist des § 43 ZPO

▼

An das
☐ Amtsgericht
☐ Landgericht
☐ Oberlandesgericht

in ▬▬

In dem Rechtsstreit

Kläger ./. Beklagter

Az: ▬▬

wird namens und in Vollmacht des
☐ Beklagten
☐ Klägers

der zur Entscheidung im vorliegenden Rechtsstreit berufene
☐ Amtsrichter ▬▬
☐ Einzelrichter ▬▬
☐ Richter ▬▬

wegen Besorgnis der Befangenheit abgelehnt.

Zugleich wird namens und in Vollmacht des ▬▬ gebeten,

> den abgelehnten Richter aufzufordern, sich zum nachfolgenden Ablehnungsgesuch gem. § 44 Abs. 3 ZPO dienstlich zu äußern.

Zugleich wird beantragt,

> die dienstliche Äußerung dem ▬▬ zur Kenntnisnahme und zur Stellungnahme zuzuleiten.

Zur **Begründung** des Ablehnungsgesuchs wird Folgendes vorgetragen:

Gegen den abgelehnten Richter besteht die Besorgnis der Befangenheit, weil ▬▬.

> Zur Glaubhaftmachung des Ablehnungsgrundes bezieht sich der ▬▬ zunächst auf die dienstliche Äußerung des abgelehnten Richters.

Weiterhin wird Bezug genommen auf
☐ die anliegende eidesstattliche Versicherung des ▬▬.
☐ die Mitteilung des Richters vom ▬▬.
☐ Blatt ▬▬ der Gerichtsakte.

Rechtsanwalt

▲

LXXXVII. Muster: Ablehnungsgesuch aufgrund eines Ablehnungsgrundes nach mündlicher Verhandlung, § 44 Abs. 4 ZPO

An das
☐ Amtsgericht
☐ Landgericht
☐ Oberlandesgericht

in ▓▓▓▓

In dem Rechtsstreit

      Kläger ./. Beklagter
       Az: ▓▓▓▓

wird namens und in Vollmacht des
☐ Beklagten
☐ Klägers

der zur Entscheidung im vorliegenden Rechtsstreit berufene
☐ Amtsrichter ▓▓▓▓
☐ Einzelrichter ▓▓▓▓
☐ Richter ▓▓▓▓

wegen Besorgnis der Befangenheit abgelehnt.

Zugleich wird namens und in Vollmacht des ▓▓▓▓ gebeten,

> den abgelehnten Richter aufzufordern, sich zum nachfolgenden Ablehnungsgesuch gem. § 44 Abs. 3 ZPO dienstlich zu äußern.

Zugleich wird beantragt,

> die dienstliche Äußerung dem ▓▓▓▓ zur Kenntnisnahme und zur Stellungnahme zuzuleiten.

Zur **Begründung** des Ablehnungsgesuches wird Folgendes vorgetragen:

Gegen den abgelehnten Richter besteht die Besorgnis der Befangenheit, weil ▓▓▓▓.

> Zur Glaubhaftmachung des Ablehnungsgrundes bezieht sich der ▓▓▓▓ zunächst auf die dienstliche Äußerung des abgelehnten Richters.
>
> Weiterhin wird zur Glaubhaftmachung Bezug genommen auf
> ☐ die anliegende eidesstattliche Versicherung des ▓▓▓▓.
> ☐ die Mitteilung des Richters vom ▓▓▓▓.
> ☐ Blatt ▓▓▓▓ der Gerichtsakte.

☐ Der vorstehend dargelegte Ablehnungsgrund ist erst nach der mündlichen Verhandlung vom ▓▓▓▓ entstanden, was sich daraus ergibt, dass ▓▓▓▓.

☐ Der dargelegte Ablehnungsgrund ist zwar vor der mündlichen Verhandlung vom ▓▓▓▓ entstanden, jedoch der ablehnenden Partei erst am ▓▓▓▓ bekannt geworden, was sich daraus ergibt, dass ▓▓▓▓.

Hieraus ergibt sich, dass das Ablehnungsgesuch gem. § 44 Abs. 4 ZPO auch heute noch angebracht werden kann.

Rechtsanwalt

LXXXVIII. Muster: Sofortige Beschwerde gegen die Zurückweisung eines Ablehnungsgesuches

▼

An das

Landgericht/Oberlandesgericht

– Beschwerdekammer / Beschwerdesenat –

in ▓▓▓

über das

Amtsgericht/Landgericht[495]

in ▓▓▓

In dem Rechtsstreit

Kläger ./. Beklagter
Az: ▓▓▓

wird namens und in Vollmacht des
- ☐ Beklagten
- ☐ Klägers

gegen den Beschluss des ▓▓▓ vom ▓▓▓ in dem Verfahren ▓▓▓ hiermit

sofortige Beschwerde gem. § 46 Abs. 2 ZPO

eingelegt.

Namens und in Vollmacht des Beschwerdeführers wird beantragt:

> Unter Aufhebung des Beschlusses des ▓▓▓ vom ▓▓▓, Az: ▓▓▓, wird das Ablehnungsgesuch des Beschwerdeführers vom ▓▓▓ gegen den Richter ▓▓▓ für begründet erklärt.

Zur Begründung wird Folgendes ausgeführt:

I.

Mit der angefochtenen Entscheidung vom ▓▓▓ hat das Ausgangsgericht das Befangenheitsgesuch des Beschwerdeführers gegen den Richter ▓▓▓, der zur Entscheidung in der Hauptsache berufen ist, wegen der Besorgnis der Befangenheit nach § 42 ZPO abgelehnt.

Die Entscheidung ist unzutreffend und im Sinne des vorstehenden Antrags durch das Ausgangsgericht nach § 572 Abs. 1 S. 1 ZPO oder aber das angerufene Beschwerdegericht zu ändern.

---

[495] Ausgangsgericht.

§ 13 Sondersituationen im Prozessverlauf

Die Entscheidung ist nach §§ 42, 45 ZPO ergangen und dementsprechend nach § 46 Abs. 2 ZPO mit der sofortigen Beschwerde angreifbar.

Die angefochtene Entscheidung wurde dem Beschwerdeführer am ▓▓▓ zugestellt. Die Notfrist des § 569 Abs. 1 S. 1 ZPO endet damit am ▓▓▓ und wird durch den vorliegenden Schriftsatz gewahrt.

Für die Entscheidung über die sofortige Beschwerde ist
- ☐ nach § 72 GVG das Landgericht berufen.
- ☐ nach § 119 GVG das Oberlandesgericht berufen.
- ☐ Soweit zunächst der originäre Einzelrichter beim zuständigen Beschwerdegericht nach § 568 ZPO zuständig ist, weil die angefochtene Entscheidung von einem Einzelrichter erlassen wurde, wird gebeten, diese nach § 568 S. 2 ZPO
  - ☐ der Kammer
  - ☐ dem Senat

vorzulegen, da die Rechtssache
- ☐ besondere Schwierigkeiten tatsächlicher oder rechtlicher Art aufweist,
- ☐ grundsätzliche Bedeutung hat,

was sich daraus ergibt, dass ▓▓▓

II.

Die angefochtene Entscheidung erweist sich im Ergebnis als unzutreffend. Nach § 42 ZPO kann ein Richter abgelehnt werden, wenn gegen ihn die Besorgnis der Befangenheit besteht.

Dies ist vorliegend der Fall. Dem mit Schreiben vom ▓▓▓ angebrachten Ablehnungsgesuch liegt folgender Sachverhalt zugrunde: ▓▓▓

Wegen des Sachverhalts im Einzelnen wird auf das Ablehnungsgesuch vom ▓▓▓ nebst den hiermit zu den Akten gereichten Mitteln der Glaubhaftmachung Bezug genommen.

Das Ablehnungsgesuch wurde mit dem angefochtenen Beschl. v. ▓▓▓ mit der Begründung abgelehnt, dass ▓▓▓.

Die Begründung vermag nicht zu tragen. Entgegen der Auffassung des ▓▓▓ ist davon auszugehen, dass ▓▓▓.

Dem Ablehnungsgesuch ist damit Rechnung zu tragen.

III.

Soweit das Beschwerdegericht der diesseitigen Auffassung nicht zu folgen vermag, wird schon jetzt beantragt,

> die Rechtsbeschwerde zum Bundesgerichtshof zuzulassen.

Die vom Beschwerdeführer dargelegte Auffassung wird von der Rechtsprechung der Oberlandesgerichte in ▓▓▓ geteilt (vgl. ▓▓▓ [496]). Soweit das angerufene Gericht dieser Auffassung nicht folgt, ist eine Entscheidung des Rechtsbeschwerdegerichts zur Fortbildung des Rechts und Sicherung einer einheitlichen Rechtsprechung erforderlich.

Rechtsanwalt
▲

---

[496] Fundstellen der abweichenden ober- und höchstrichterlichen Rechtsprechung.

LXXXIX. Muster: Beschwerde nach § 23 EGGVG eines Dritten wegen verweigerter Akteneinsicht

13.89

An das

Oberlandesgericht[497]

in ▓▓▓

In dem Rechtsstreit

Kläger ./. Beklagter

Az: ▓▓▓

zeige ich – Vollmacht versichernd – an, dass ich die rechtlichen Interessen von

▓▓▓

– Antragsteller –

vertrete.

Namens und in Vollmacht des von mir vertretenen Antragstellers wird gegen die Entscheidung des Gerichtsvorstands ▓▓▓ [498] bzw. des hierzu ermächtigten Richters vom ▓▓▓

Beschwerde nach § 23 EGGVG

eingelegt und beantragt:

> Unter Aufhebung der angefochtenen Entscheidung wird dem Antragsteller Einsicht in die Prozessakten des ▓▓▓ im Verfahren ▓▓▓ gewährt.

Zur **Begründung** wird Folgendes ausgeführt:

I.

Der Antragsteller hat als nicht am Prozess beteiligter Dritter nach § 299 Abs. 2 ZPO Einsicht in die Akten des ▓▓▓ im Verfahren vom ▓▓▓ mit Schreiben vom ▓▓▓ beantragt. Sein rechtliches Interesse an der Akteneinsicht hat er dabei dargelegt.

> Glaubhaftmachung:[499] Antrag vom ▓▓▓, in beglaubigter Abschrift anbei; Prozessakten ▓▓▓

Nachdem
- ☐ die Prozessparteien
- ☐ der Kläger des Verfahrens
- ☐ der Beklagte des Verfahrens

die Einwilligung in die Akteneinsicht verweigern/t, hat der Gerichtsvorstand (oder Ermächtigte) das rechtliche Interesse an der Akteneinsicht verneint und den Antrag am ▓▓▓, zugegangen am ▓▓▓, zurückgewiesen.

---

[497] Zuständig ist das Oberlandesgericht, in dessen Bezirk die Behörde, die die angefochtene Entscheidung erlassen hat, ihren Sitz hat.
[498] Amtsgerichts oder Landgericht. Soweit die Entscheidung auf den zuständigen Richter für das Verfahren oder den Vorsitzenden der Kammer übertragen wurde, ist dieser zu bezeichnen.
[499] Die Glaubhaftmachung erfolgt nach § 294 ZPO.

§ 13 Sondersituationen im Prozessverlauf

II.

Die angefochtene Entscheidung ist rechtsfehlerhaft, weil dem Antragsteller ein rechtliches Interesse an der Akteneinsicht zusteht und die beantragte Akteneinsicht damit unabhängig von der Einwilligung der Prozessparteien zu gewähren ist.

1.

Die Beschwerde nach § 23 ff. EGGVG ist zunächst statthaft, weil der Gerichtsvorstand bzw. der von diesem ermächtigte Richter mit der Entscheidung über ein Akteneinsichtsgesuch nach § 299 ZPO keine gerichtliche Entscheidung trifft, sondern als Justizverwaltungsbehörde tätig wird (Zöller/Greger, ZPO, 32. Aufl., 2018, § 299 ZPO Rn 6).

Das angerufene Oberlandesgericht ist nach § 25 EGGVG sachlich und örtlich zuständig. Das ▬▬▬[500] in ▬▬▬ hat seinen Sitz im Bezirk des angerufenen Gerichts.

Die Beschwerde wird auch in der Frist des § 26 Abs. 1 S. 1 EGGVG vorgelegt. Die ablehnende und angefochtene Entscheidung wurde dem Antragsteller am ▬▬▬ zugestellt, so dass die Monatsfrist erst am ▬▬▬ abläuft.

2.

Dem Antragsteller steht ein rechtliches Interesse an der Einsicht in die Akten des Verfahrens vor dem ▬▬▬, Az: ▬▬▬, gem. § 299 Abs. 2 ZPO zu, ohne dass höher zu bewertende Interessen der Prozessparteien dieses Verfahrens dem entgegenstehen.

Das rechtliche Interesse ergibt sich daraus, dass ▬▬▬.

    Zur Glaubhaftmachung des rechtlichen Interesses wird vorgelegt:

    ☐ Urkunde vom ▬▬▬

    ☐ Eidesstattliche Versicherung vom ▬▬▬

    Im Übrigen wird zur Glaubhaftmachung auf die Prozessakten verwiesen, deren Einsicht begehrt wird.

Soweit in der angefochtenen Entscheidung das rechtliche Interesse gleichwohl verneint wird, ist darauf hinzuweisen, dass ▬▬▬.

Entgegenstehende Belange der Prozessparteien liegen nicht vor bzw. müssen hinter dem berechtigten Interesse des Antragstellers zurücktreten. Im Einzelnen gilt hierzu Folgendes: ▬▬▬

Rechtsanwalt

▲

---

500 Amtsgericht oder Landgericht.

§ 14 Das Verfahren vor den Amtsgerichten und das Fortsetzungsverfahren nach § 321a ZPO

Peter Mönnig

Inhalt

	Rdn
A. Einleitung	1
B. Rechtliche Grundlagen	9
I. Die Abweichungen des amtsgerichtlichen Verfahrens vom landgerichtlichen Verfahren	9
1. Verfahrenserleichterungen	10
a) Besonderheiten bei der Einreichung von Schriftsätzen und der Erklärung zu Protokoll (§§ 496, 498 ZPO)	10
b) Besonderheiten bei der Ladung zum Termin	16
2. Besondere Hinweispflichten des Gerichts	21
a) Belehrungen nach § 499 ZPO	22
b) Hinweis bei Unzuständigkeit des Amtsgerichts (§ 504 ZPO)	24
c) Erklärung über Urkunden (§ 510 ZPO)	30
3. Sonstige Besonderheiten	34
a) Auswirkungen einer nachträglichen sachlichen Unzuständigkeit (§ 506 ZPO)	34
b) Inhalt des Protokolls (§ 510a ZPO)	50
c) Besonderheiten bei einem Urteil auf Vornahme einer Handlung (§ 510b ZPO)	51
II. Das Verfahren nach billigem Ermessen (§ 495a ZPO)	64
1. Verfahrensvoraussetzungen	69
2. Verfahrensbesonderheiten	76
3. Rechtsmittel	89
a) Berufung	89
b) Außerordentliche Berufung	91
c) Gehörsrüge nach § 321a ZPO	97
d) Verfassungsbeschwerde	98
4. Gebühren	99
III. Die Gehörsrüge (§ 321a ZPO)	100
1. Entstehungsgeschichte	100

	Rdn
2. Zulässigkeit der Gehörsrüge	102
a) Zulässigkeit nach dem Wortlaut	102
b) Analoge Anwendung des § 321a ZPO	117
3. Begründetheit der Gehörsrüge	119
a) Verstoß gegen den Anspruch auf rechtliches Gehör	121
aa) Pannenfälle	122
bb) Präklusionsfälle	124
cc) Hinweisfälle	125
dd) Nichtberücksichtigungsfälle	129
b) Entscheidungserheblichkeit	131
4. Rechtsfolgen der Gehörsrüge	135
5. Gebühren	139
C. Muster	141
I. Muster: Anregung einer abgesonderten Verhandlung über die Zuständigkeit (§ 280 ZPO)	141
II. Muster: Klage auf Vornahme einer Handlung und Zahlung einer Entschädigung (§ 510b ZPO)	142
III. Muster: Sofortige Beschwerde nach § 793 ZPO bei Vollstreckung der Erfüllungshandlung des Gläubigers aus einem Urteil nach § 510b ZPO	143
IV. Muster: Vollstreckungsgegenklage nach Urteil über die Vornahme einer Handlung und Zahlung einer Entschädigung nach § 510b ZPO	144
V. Muster: Anregung auf Durchführung eines Verfahrens nach billigem Ermessen gem. § 495a ZPO	145
VI. Muster: Anregung, von einem Verfahren nach § 495a ZPO Abstand zu nehmen	146

§ 14 Das Verfahren vor den Amtsgerichten und das Fortsetzungsverfahren nach § 321a ZPO

VII. Muster: Streitwertbeschwerde nach Bestimmung des Zuständigkeitsstreitwertes im Verfahren nach § 495a ZPO 147
VIII. Muster: Antrag auf mündliche Verhandlung nach § 495a S. 2 ZPO 148
IX. Muster: Einlegung einer „Willkürrüge" bei Verstößen gegen das Willkürverbot 149
X. Muster: Gehörsrüge nach § 321a ZPO 150
XI. Muster: Berichtigungsantrag nach § 319 ZPO mit hilfsweiser Erhebung der Gehörsrüge 151
XII. Muster: Gehörsrüge gegen Kostenfestsetzungsbeschluss ... 152
XIII. Muster: Gehörsrüge gegen einen Beschluss nach § 522 Abs. 2 ZPO 153

Literatur

Butzer, Die Erweiterung des Klageantrags in der Berufungsinstanz – Gilt § 506 ZPO analog?, NJW 1993, 2649 ff.; *Ernst*, Einführung eines europäischen Zivilverfahrens für geringfügige Forderungen, JurBüro 2009, 229 ff.; *Fischer*, § 495a ZPO – eine Bestandsaufnahme des „Verfahrens nach billigem Ermessen", MDR 1994, 978 ff.; *Freitag/Leible*, Erleichterung der grenzüberschreitenden Forderungsbeitreibung in Europa: Das europäische Verfahren für geringfügige Forderungen, BB 2009, 2 ff.; *Kunze*, Das amtsgerichtliche Bagatellverfahren gem. § 495a ZPO und die Subsidiarität des BVerfG, NJW 1997, 2154 f.; *Müller*, Abhilfemöglichkeiten bei der Verletzung des Anspruchs auf rechtliches Gehör, NJW 2002, 2743 ff.; *Peglau*, Säumnis einer Partei und kontradiktorisches Urteil im Verfahren nach § 495a ZPO, NJW 1997, 2222 ff.; *Polep/Rensen*, Die Gehörsrüge (§ 321a ZPO), 2004; *Rottleuthner*, Umbau des Rechtsstaats?, NJW 1996, 2473 ff.; *Schneider*, Die neue ZPO – Risiken und Kontroversen – Gehörsrügen – Wunsch und Wirklichkeit – ZAP, Fach 13, 1197 f.; *Schneider*, Die Gehörsrüge (§ 321a ZPO), AnwBl 2002, 620 ff.; *Schneider*, Kostenrechtliche Betrachtungen zum Verfahren über die Gehörsrüge nach § 321a ZPO, NJW 2002, 1094 f.; *Städing*, Anwendung des § 495a ZPO in der Praxis, NJW 1996, 691 ff.; *Treber*, Neuerungen durch das Anhörungsrügengesetz, NJW 2005, 97 ff.; *Vossler*, Bindungswirkung von Verweisungsbeschlüssen und Gerichtsstand für anwaltliche Honorarklage, NJW 2003, 1164 ff.

A. Einleitung

1 Das Verfahren vor den Amtsgerichten unterscheidet sich nur in einigen wenigen Bereichen von dem Verfahren vor den Landgerichten. Dies ergibt sich gesetzestechnisch bereits aus der in § 495 ZPO enthaltenen Generalverweisung auf die Vorschriften zum landgerichtlichen Verfahren. In den folgenden Ausführungen werden daher nur die Besonderheiten des Verfahrens vor den Amtsgerichten dargestellt.

2 Dabei ist darauf hinzuweisen, dass derartige Besonderheiten nicht nur in den §§ 495–510b ZPO geregelt sind. So gilt insbesondere der Anwaltszwang nach § 78 ZPO im Verfahren vor den Amtsgerichten in allgemeinen Zivilsachen nicht. Aus § 114 FamFG ergibt sich jedoch für eine Vielzahl von familiengerichtlichen Verfahren vor dem Amtsgericht ein Anwaltszwang. Nach § 114 Abs. 1 FamFG besteht dieser in Ehesachen i.S.d.

A. Einleitung § 14

§ 121 FamFG und deren Folgesachen i.S.d. § 137 Abs. 2 und Abs. 3 FamFG sowie in selbstständigen Familienstreitsachen i.S.d. § 112 FamFG. § 114 Abs. 4 FamFG enthält zudem für diese Verfahren einen Ausnahmekatalog, bei dessen Eingreifen eine anwaltliche Vertretung nicht notwendig ist.

Aus dem fehlenden Anwaltszwang für die überwiegenden Verfahren vor dem Amtsgericht ergibt sich, dass grundsätzlich keine vorbereitenden Schriftsätze eingereicht zu werden brauchen (§ 129 Abs. 1 ZPO). Allerdings besteht für den Richter nach § 129 Abs. 2 ZPO die Möglichkeit, den Parteien aufzugeben, die mündliche Verhandlung durch Schriftsätze vorzubereiten. Wenn der Richter das schriftliche Vorverfahren anordnet, ergibt sich die schriftsätzliche Vorbereitung des Termins bereits aus § 276 Abs. 1 ZPO.

> *Hinweis* 3
>
> Prüfen Sie vor der Einreichung einer Klage, ob in dem Bundesland, in dem Sie die Klage einreichen wollen, von der Ermächtigung nach § 15a EGZPO Gebrauch gemacht wurde.[1] Ihre Klage ist ohne Durchführung dieses vorgeschalteten außergerichtlichen Schiedsverfahrens unzulässig. Die Länder, die von der Ermächtigung Gebrauch gemacht haben, sind nach der derzeitigen Rechtslage: Bayern, Nordrhein-Westfalen, Brandenburg, Saarland (bis 31.12.2020), Sachsen-Anhalt, Hessen (bis 31.12.2018), Rheinland-Pfalz, Schleswig-Holstein, Mecklenburg Vorpommern und Niedersachsen. Bitte beachten Sie, dass die Verfahren in den einzelnen Bundesländern unterschiedlich ausgestaltet sind.
> (Vgl. auch § 2 Rdn 1 ff., „Das obligatorische außergerichtliche Schlichtungsverfahren nach § 15a EGZPO")

Die wichtigste (Sonder-)Regelung für das amtsgerichtliche Verfahren enthält § 495a ZPO. Danach kann das Gericht das Verfahren nach seinem billigen Ermessen ausgestalten. Einzelheiten und besondere Probleme dieses Verfahrens einschließlich der Rechtsmittel werden in einem gesonderten Abschnitt dargestellt (siehe Rdn 64 ff.). 4

In einem weiteren Abschnitt wird Ihnen dann die Gehörsrüge nach § 321a ZPO vorgestellt (siehe Rdn 100 ff.). 5

Aufgrund der Neufassung der ZPO durch das ZPO-Reformgesetz 2002 wurde mit der Gehörsrüge nach § 321a ZPO ein neuer Rechtsbehelf durch den Gesetzgeber eingeführt. Als Begründung wurde insbesondere eine Entlastung des Bundesverfassungsgerichts angeführt. Deshalb soll die entscheidende Instanz zunächst im Wege der Selbstkontrolle überprüfen, ob eine Verletzung des rechtlichen Gehörs vorliegt, um einen vorliegenden Verstoß korrigieren zu können und damit selbst das begangene Verfahrensunrecht zu beseitigen.[2] Ob dieser gesetzgeberische Zweck erreicht wird, ist zumindest zweifelhaft.[3] 6

---

1 Vgl. auch § 13 Rdn 351.
2 BT-Drucks 14/4722, 61, 63, 156.
3 *Schneider*, ZAP 2003, Fach 13, 1197, 1198 bezeichnet die Vorschrift als psychologischen Schildbürgerstreich.

7 Durch die Entscheidung des Plenums des Bundesverfassungsgerichts vom 30.4.2003 wurde der Gesetzgeber aufgefordert, bis zum 1.1.2005 Regelungen zu den außerordentlichen Rechtsbehelfen zu treffen. Diesem Auftrag ist der Gesetzgeber durch das Anhörungsrügengesetz,[4] welches seit dem 1.1.2005 in Kraft ist, zumindest teilweise[5] gefolgt.

8 Verwiesen sei in diesem Zusammenhang auch auf die Verordnung EG 861/2007, die seit dem 1.1.2009 in Kraft ist. Diese regelt grenzüberschreitende Streitigkeiten über Forderungen, deren Wert zum Zeitpunkt des Verfahrens 2.000 EUR nicht übersteigt. Übernommen wurden diese Regelungen im nationalen Recht in den §§ 1097 ff. ZPO.

B. Rechtliche Grundlagen

I. Die Abweichungen des amtsgerichtlichen Verfahrens vom landgerichtlichen Verfahren

9 Die Vorschriften zum amtsgerichtlichen Verfahren haben ihren Grund in Verfahrenserleichterungen (§§ 496, 497 ZPO) und besonderen Hinweispflichten des Gerichts, die sich aus dem fehlenden Anwaltszwang ergeben (§§ 499, 504, 510 ZPO), und sonstigen Besonderheiten (§§ 506, 510a, 510b ZPO).

1. Verfahrenserleichterungen

a) Besonderheiten bei der Einreichung von Schriftsätzen und der Erklärung zu Protokoll (§§ 496, 498 ZPO)

10 Nach § 496 ZPO können neben der Einreichung von Schriftsätzen auch die Klage, die Klageerwiderung sowie sonstige Anträge und Erklärungen einer Partei, die zugestellt werden sollen, zu Protokoll der Geschäftsstelle angebracht werden.

11 Die Vorschrift ist in Verbindung mit § 129 Abs. 1 ZPO zu sehen. Da § 129 Abs. 1 ZPO lediglich für Anwaltsprozesse eine schriftsätzliche Vorbereitung vorsieht, wird das amtsgerichtliche Verfahren in vielen Bereichen[6] von dieser Vorschrift nicht erfasst. Nur durch eine Anordnung nach § 129 Abs. 2 ZPO ist die Wahlmöglichkeit nach § 496 ZPO und insbesondere eine Erklärung zu Protokoll der Geschäftsstelle auszuschließen. In der Anordnung des schriftlichen Vorverfahrens liegt allerdings zugleich die Anordnung nach § 129 Abs. 2 ZPO.[7]

12 Nach § 129a ZPO besteht die Möglichkeit, bei jedem Amtsgericht Erklärungen zu Protokoll der Geschäftsstelle abzugeben. Es muss daher die Erklärung nicht bei dem Prozessgericht abgegeben werden.

---

4 Gesetz v. 9.12.2004, BGBl I 2004, 3220.
5 Zöller/*Vollkommer*, § 321a Rn 1; zu Einzelheiten siehe *Ernst*, JurBüro 2009, 229 ff.; *Freitag/Leible*, BB 2009, 2 ff.
6 Zu Ausnahmen siehe Rn 2.
7 Zöller/*Greger*, § 129 Rn 5.

Hinweis

Wenn die Erklärung eine Frist wahren soll, ist insbesondere bei einer Erklärung zu Protokoll der Geschäftsstelle bei einem Amtsgericht, das nicht Prozessgericht ist, auf die Einhaltung der Frist zu achten. Die Wirkung der Prozesshandlung tritt nach § 129a Abs. 2 S. 2 ZPO frühestens mit dem Eingang des Protokolls beim Prozessgericht ein. Erst ab diesem Zeitpunkt kommt daher auch eine Rückwirkung der Zustellungswirkungen auf den Zeitpunkt des Eingangs des Antrages nach § 167 ZPO in Betracht.[8]
Diese Problematik kann sich insbesondere stellen, wenn Sie ein Mandat übernommen haben und Ihr Mandant eine Erklärung zu Protokoll einer Geschäftsstelle abgegeben hat. Sie sollten gerade in dem Fall, in dem die Erklärung nicht bei der Geschäftsstelle des Prozessgerichts abgegeben wurde und durch die Erklärung eine Frist gewahrt werden sollte, Akteneinsicht beantragen, um den Zeitpunkt des Eingangs der Erklärung beim Prozessgericht feststellen zu können.

Als Ergänzung zu § 496 ZPO ist § 498 ZPO zu verstehen. Danach ist bei der Erhebung einer Klage zu Protokoll der Geschäftsstelle das Protokoll zuzustellen. Dies ist eigentlich eine Selbstverständlichkeit, da das Protokoll über die Klage wie eine Klageschrift zu behandeln ist.

Es ist aber darauf zu achten, dass die Erklärungen zu Protokoll der Geschäftsstelle den Formerfordernissen, die an diese Schriftsätze zu stellen sind, entsprechen. So muss insbesondere eine Klageschrift, die zu Protokoll der Geschäftsstelle erklärt wurde, den Voraussetzungen des § 253 ZPO genügen.

b) Besonderheiten bei der Ladung zum Termin

Nach § 497 ZPO kann die **Ladung des Klägers** zum ersten Termin nach Einreichung der Klage **formlos** erfolgen. Dies stellt eine Ausnahme zu § 329 Abs. 2 S. 2 ZPO dar, nach dem die Ladung zum Termin zuzustellen ist.

Die Ladung ist grundsätzlich eine Aufgabe der Geschäftsstelle. Die Anordnung der Zustellung kann aber durch den Richter bestimmt werden.

Bei einer formlosen Ladung nach § 497 ZPO gilt die Ladung im Ortsbereich am nächsten, sonst am übernächsten Tag nach Aufgabe zur Post „als bewirkt" (§ 270 S. 2 ZPO).

Das Gericht kann daher ein Versäumnisurteil gegen den Kläger erlassen, wenn dieser zu dem ersten Termin nicht erscheint. Wenn der Kläger Einspruch gegen das Versäumnisurteil einlegt und vorträgt, dieses sei in gesetzeswidriger Weise erlassen worden, da er nicht geladen worden sei, muss sich nach dem BayVerfGH[9] das Gericht vergewissern, dass die Ladung tatsächlich zugegangen ist. Dies erscheint jedoch gerade wegen des Verweises auf § 270 S. 2 ZPO nicht notwendig.[10] Allerdings besteht für den Kläger die Möglichkeit, glaubhaft zu machen, dass er die Terminsmitteilung nicht erhalten hat.

---

8 MüKo-ZPO/*Deubner*, § 496 Rn 10.
9 NJW-RR 2001, 1647.
10 B/L/A/H/*Hartmann*, § 497 Rn 2; zur Kritik an dieser Regelung: Zöller/*Herget*, § 499 Rn 1.

§ 14 Das Verfahren vor den Amtsgerichten und das Fortsetzungsverfahren nach § 321a ZPO

20 Nach § 497 Abs. 2 ZPO kann das Gericht bei der Einreichung der Klage oder eines Antrages, aufgrund dessen die Terminsbestimmung stattfindet, den Termin formlos mitteilen. Diese Mitteilung ist nur bei Anwesenheit der Partei gesetzlich vorgesehen. Es handelt sich insoweit weitestgehend aufgrund des Verfahrensablaufes bei Gericht um eine theoretische Möglichkeit. Dies würde voraussetzen, dass der Urkundsbeamte der Geschäftsstelle bei Einreichung eines entsprechenden Antrages zunächst einmal erkennt, dass der Richter einen Termin bestimmen wird. Dann müsste er die Sache dem Richter unmittelbar vorlegen. Dieser müsste unmittelbar einen Termin bestimmen, der der dann noch anwesenden Partei mitgeteilt wird.

2. Besondere Hinweispflichten des Gerichts

21 Die ZPO sieht in § 139 ZPO eine allgemeine Hinweispflicht vor. In den Vorschriften über das Verfahren vor den Amtsgerichten sind einige Hinweispflichten ausdrücklich kodifiziert.

a) Belehrungen nach § 499 ZPO

22 Durch das EG-Vollstreckungstitel-Durchführungsgesetz wurde mit Wirkung zum 21.10.2005 § 499 Abs. 1 ZPO eingefügt. Danach ist mit der Zustellung der Klage oder des Protokolls über die Klage der Beklagte darüber zu belehren, dass eine Vertretung durch einen Rechtsanwalt nicht vorgeschrieben ist.

Bei der Anordnung des schriftlichen Vorverfahrens muss das Gericht den Beklagten nach § 499 Abs. 2 ZPO über die Auswirkungen eines Anerkenntnisses belehren. Dies gilt selbst dann, wenn der Beklagte anwaltlich vertreten ist.

23 Ein fehlender Hinweis, der jedoch bereits in den amtlichen Vordrucken für die Anordnung des schriftlichen Vorverfahrens enthalten ist, verbietet den Erlass eines Anerkenntnisurteils im schriftlichen Vorverfahren.

b) Hinweis bei Unzuständigkeit des Amtsgerichts (§ 504 ZPO)

24 Nach § 504 ZPO soll das Amtsgericht auf seine örtliche, sachliche und/oder funktionelle Unzuständigkeit vor der Verhandlung zur Hauptsache und die Folgen einer rügelosen Einlassung hinweisen.

25 Die Vorschrift soll verhindern, dass über § 39 ZPO eine amtsgerichtliche Zuständigkeit erschlichen wird. Sie ist insoweit auch Ausdruck der besonderen Fürsorgepflichten des Gerichts gegenüber einer anwaltlich nicht vertretenen Partei. Die Belehrung hat aber unabhängig von einer anwaltlichen Vertretung der Parteien zu erfolgen.

26 Das Gericht hat nicht nur über seine Unzuständigkeit zu belehren, sondern auch über die Folgen einer rügelosen Einlassung. Sollte diese Belehrung nicht vor der Verhandlung zur Hauptsache erfolgen, wie es die Vorschrift vorsieht, sondern erst innerhalb des weiteren Verfahrens, ist eine Zuständigkeit des Gerichts durch rügelose Einlassung nicht

B. Rechtliche Grundlagen § 14

begründet worden. Dies gilt selbst dann, wenn das Gericht bereits eine Beweisaufnahme durchgeführt hat oder ein Teilurteil erlassen hat.[11]

Das Gericht hat auf die fehlende örtliche, sachliche und/oder funktionelle Zuständigkeit hinzuweisen. Ein Verweisungsbeschluss des Gerichts, der ohne diese Belehrung der Beklagtenseite erfolgte, ist jedoch bindend.[12]   27

Auch das **Familiengericht** ist an diese Vorschrift gebunden, obwohl in einem familiengerichtlichen Verfahren in den Fällen des § 114 FamFG Anwaltszwang besteht. Gerade bei einer funktionellen Unzuständigkeit des Gerichts kann das Ausbleiben der Belehrung weitreichende Konsequenzen haben. Wenn z.B. das Familiengericht in einer Nicht-Familiensache entschieden hat, die im Hinblick auf den Streitwert in die erstinstanzliche Zuständigkeit des Landgerichts gehört, so ist auf die beim Familiensenat des OLG eingelegte Berufung das Urteil aufzuheben und die Sache auf Antrag zur neuen Verhandlung und Entscheidung an das Landgericht als erstinstanzliches Gericht zu verweisen.[13]   28

> *Tipp*   29
>
> Rügen Sie als Beklagtenvertreter frühzeitig die Unzuständigkeit des Gerichts. Dies gilt unter Berücksichtigung der vorgenannten Entscheidung des OLG Stuttgart gerade auch bei der Frage der funktionellen Zuständigkeit des Familiengerichts. Regen Sie bei schwerwiegenden Zuständigkeitsproblemen die abgesonderte Verhandlung über die Zuständigkeit nach § 280 ZPO an.[14] Überlegen Sie aber auch, ob eine rügelose Einlassung sachdienlich ist.

c) Erklärung über Urkunden (§ 510 ZPO)

§ 510 ZPO enthält eine Ausnahme zu der Regelung des § 439 Abs. 3 ZPO.   30

Nach § 439 Abs. 1 ZPO hat sich der Gegner des Beweisführers über die Echtheit der eingereichten Privaturkunden zu erklären. Die prozessuale Situation stellt sich also so dar, dass vom Beweisführer eine Privaturkunde zum Beweis einer streitigen Tatsache eingereicht wird. Dies kann z.B. ein von den Parteien unterzeichneter schriftlicher Vertrag sein, wenn die andere Seite einen Vertragsabschluss bestreitet. Wenn dann von der anderen Seite keinerlei Erklärungen zu der Echtheit der Urkunde abgegeben werden, gilt die Urkunde nach § 439 Abs. 3 ZPO als anerkannt. Es werden also im Prozess an das Schweigen insoweit weitreichende Konsequenzen geknüpft.   31

> *Hinweis*   32
>
> Die Privaturkunde ist von der öffentlichen Urkunde zu unterscheiden. Bei Privaturkunden handelt es sich um von Privatpersonen erstellte und unterschriebene Erklärungen. Öffentliche Urkunden sind von Behörden oder hierfür öffentlich bestellten Perso-

---

11 BGH NJW-RR 1992, 1091.
12 BGH NJW-RR 1398f; a.A. noch BayObLG NJW 2003, 366.
13 OLG Stuttgart FamRZ 1980, 384, 385.
14 Siehe Muster Rdn 141.

nen erstellte Zeugnisse über Erklärungen Dritter (§ 415 ZPO), über behördliche Erklärungen und Entscheidungen (§ 417 ZPO) und über Wahrnehmungen (§ 420 ZPO).

Da bei öffentlichen Urkunden nach § 420 ZPO eine Vermutung der Echtheit besteht, braucht es keine dem § 439 ZPO entsprechende Vorschrift.

33 Das Gericht hat nach § 510 ZPO von sich aus die Partei aufzufordern, zur Echtheit der Urkunde Stellung zu nehmen. Ohne diese Aufforderung greift die Fiktion des § 439 Abs. 3 ZPO nicht.

3. Sonstige Besonderheiten

a) Auswirkungen einer nachträglichen sachlichen Unzuständigkeit (§ 506 ZPO)

34 Durch § 506 ZPO soll erreicht werden, dass eine einheitliche Entscheidung bei zusammenhängenden Verfahren ergeht.[15] Die Vorschrift ergänzt und erweitert die Verweisungsmöglichkeiten nach § 281 ZPO.

35 Wenn nachträglich ein Anspruch erhoben wird, sei es durch eine Widerklage oder eine Klageerweiterung, der nicht zur sachlichen Zuständigkeit des Amtsgerichts gehört, wäre nur dieser neu erhobene Anspruch auf Rüge des Beklagten bzw. Widerbeklagten nach § 281 ZPO an das Landgericht zu verweisen. Dies folgt aus § 261 Abs. 3 Nr. 2 ZPO, da nach dieser Vorschrift weder eine Widerklage noch ein zusätzlicher Klageanspruch die Zuständigkeit des Amtsgerichts für den **ursprünglich** erhobenen Anspruch aufheben kann.

36 Durch § 506 ZPO wird nun ermöglicht, dass der gesamte Rechtsstreit unter Aufhebung des Prinzips der sog. perpetuatio fori an das Landgericht verwiesen werden kann.

37 § 506 ZPO findet insbesondere Anwendung, wenn eine Widerklage erhoben wird, deren Streitwert bereits isoliert betrachtet die Streitwertgrenze von 5.000 EUR übersteigt. Dabei reicht es aus, wenn nur eine Eventualwiderklage erhoben wird.[16] Der Anwendungsbereich des § 506 ZPO ist nicht eröffnet, wenn der Streitwert der Widerklage mit dem Streitwert der Klage zusammengerechnet erst über der Streitwertgrenze zwischen der Zuständigkeit des Amtsgerichts und des Landgerichts liegt.

38 *Hinweis*

*Es ist hier zwischen dem Gebühren- und dem Zuständigkeitsstreitwert zu unterscheiden. Bei § 506 ZPO kommt es nur auf den **Zuständigkeitsstreitwert** an, bei dessen Ermittlung Klage und Widerklage gerade nicht zusammenzurechnen sind (§ 5 Hs. 2 ZPO). Achten Sie darauf, dass dies vom Gericht berücksichtigt wird.*

39 Bei einer Klageerweiterung ist der Anwendungsbereich des § 506 ZPO bereits eröffnet, wenn die Streitwertgrenze bei der Zusammenrechnung des zusätzlichen Anspruchs mit dem ursprünglich erhobenen Anspruch überschritten wird. Dies folgt wiederum aus der gesetzlich normierten Berechnung des Zuständigkeitsstreitwertes (§ 5 Hs. 1 ZPO).

---

15 MüKo-ZPO/*Deppenkemper*, § 506 Rn 1.
16 OLG Celle NJW-RR 2009, 1512; AG Frankenthal, Beschl. v. 18.2.2016 – 3d C 139/15; zitiert nach juris.

B. Rechtliche Grundlagen § 14

Von § 506 ZPO nicht erfasst werden Anträge auf Verurteilung zum Schadensersatz oder zur Herausgabe einer ungerechtfertigten Bereicherung nach §§ 717 Abs. 2, Abs. 3, 302 Abs. 4, 600 Abs. 2 ZPO.[17] Diese sind nach der ausdrücklichen gesetzlichen Bestimmung im anhängigen Verfahren geltend zu machen. 40

Bei § 717 Abs. 2 ZPO kann z.B. Schadensersatz verlangt werden, wenn ein für vorläufig vollstreckbar erklärtes Urteil aufgehoben oder abgeändert wird, aus dem bereits vollstreckt wurde. 41

Nach § 302 Abs. 4 ZPO ist ebenfalls Schadensersatz zu leisten, wenn aus einem Vorbehaltsurteil vollstreckt wurde, das später unter Klageabweisung aufgehoben wurde. Auf diese Regelung wird auch beim Erlass eines Vorbehaltsurteils im Urkundsverfahren verwiesen (§ 599 ZPO). 42

Auch wenn die Streitwertgrenze nach Verbindung von mehreren Teilklagen (§ 147 ZPO) überschritten wird, ist § 506 ZPO nicht anwendbar. 43

Die Besonderheit zu einer Verweisung nach § 281 ZPO liegt hier vor allem darin, dass **beide Parteien** einen Antrag auf Verweisung stellen können. Dies gilt auch dann, wenn die Unzuständigkeit des Amtsgerichts nicht gerügt worden ist. 44

Auch im Anwendungsbereich des § 506 ZPO ist eine rügelose Einlassung, die zu einer Zuständigkeit des Amtsgerichts führt, erst nach einer Belehrung durch das Gericht nach § 504 ZPO möglich. 45

Umstritten ist, ob § 506 ZPO auch im Berufungsverfahren Anwendung findet, wenn dort erstmals eine Widerklage erhoben wird, die Klage geändert oder so erweitert wird, dass eine Zuständigkeit des Amtsgerichts nicht mehr gegeben ist. Nach einer Auffassung[18] führt eine Klageerweiterung in der zweiten Instanz, die das Amtsgericht sachlich unzuständig machen würde, dazu, dass ohne nähere Prüfung das Urteil des Amtsgerichts aufgehoben und die Sache an die erstinstanzliche Kammer beim Landgericht verwiesen werden muss. Begründet wird dies insbesondere mit der Erhaltung des Instanzenzuges. Nach anderer Auffassung[19] ist § 506 ZPO nicht analog auch im Berufungsverfahren anwendbar. Dies wird mit dem Ausnahmecharakter der Vorschrift begründet, die ihrem Wortlaut nach nur das amtsgerichtliche Verfahren betreffe. Zudem sei eine planwidrige Lücke nicht erkennbar. 46

Tipp 47

Bei den derzeitigen unterschiedlichen Auffassungen zu diesem Problem sollten Sie in der Berufungsinstanz solche Anträge vermeiden, die in den Anwendungsbereich des § 506 ZPO fallen.

Sollte der Anwendungsbereich des § 506 ZPO nicht eröffnet sein, also insbesondere die Klageerweiterung oder die Widerklage an der amtsgerichtlichen Zuständigkeit

---

17 MüKo-ZPO/*Deppenkemper* § 506 Rn 5.
18 Dafür: MüKo-ZPO/*Deppenkemper*, § 506 Rn 15 ff.; LG Aachen NJW-RR 1999, 143; LG Hamburg NJW-RR 2001, 932.
19 B/L/A/H/*Hartmann*, § 506 Rn 7; KG MDR 1999, 563; *Butzer*, NJW 1993, 2649 ff.

nichts ändern, sind diese neuen Anträge unter den Voraussetzungen des § 533 ZPO zulässig.

48 Die Kosten, die durch die Verweisung entstehen, sind nicht nach § 281 Abs. 3 S. 2 ZPO zu verteilen, sondern nach dem Verhältnis des Verlierens und Obsiegens. Eine Verweisung auf § 281 Abs. 3 S. 2 ZPO ist in § 506 ZPO gerade nicht enthalten.

49 *Tipp*

Sie können im Kostenfestsetzungsverfahren argumentieren, dass die Erstattung der Mehrkosten des obsiegenden Klägers bzw. Widerklägers wegen fehlender Notwendigkeit versagt wird.[20]

b) Inhalt des Protokolls (§ 510a ZPO)

50 Die Vorschrift erweitert die Protokollierungspflichten nach § 160 Abs. 4 ZPO. Sie hat im Hinblick auf § 160 Abs. 2 ZPO keine praktische Bedeutung.

c) Besonderheiten bei einem Urteil auf Vornahme einer Handlung (§ 510b ZPO)

51 Durch § 510b ZPO soll es dem Kläger bei Verfahren vor den Amtsgerichten ermöglicht werden, gleichzeitig mit der Klage auf Erfüllung zur Vornahme einer Handlung auch Schadensersatz statt der Leistung zu verlangen und titulieren zu lassen.[21]

52 Der Erfüllungsanspruch muss sich auf Vornahme einer Handlung richten. Dabei geht es nur um vertretbare und nicht vertretbare Handlungen i.S.d. §§ 887, 888 ZPO. Dies ergibt sich aus dem Verweis in § 888a ZPO auf diese Vorschriften. Auf Unterlassungs-, Duldungs- und Herausgabeansprüche ist § 510b ZPO daher nicht anwendbar.[22]

53 *Hinweis*

Eine vertretbare Handlung i.S.d. § 887 ZPO liegt dann vor, wenn die Handlung statt vom Schuldner auch vom Gläubiger selbst oder einem Dritten vorgenommen werden kann, ohne dass sich aus Sicht des Gläubigers am wirtschaftlichen Erfolg und am Charakter der Leistung etwas ändert. **Vertretbare Handlungen** sind z.B. gegeben bei der Verpflichtung zur Beseitigung von Bäumen oder der Errichtung einer Lärmschutzwand.[23]

Eine **unvertretbare Handlung** liegt vor, wenn diese Handlung nur höchstpersönlich von dem Schuldner oder jedenfalls mit seiner höchstpersönlichen Mitwirkung erbracht werden kann, z.B. Erstellung eines Nachlassverzeichnisses oder Mitwirkung an der Vornahme einer gemeinschaftlichen Handlung, wie insbesondere der Abgabe einer Steuererklärung oder einer Klageerhebung.[24]

---

20 OLG Koblenz MDR 1987, 681.
21 Siehe Muster Rdn 142.
22 Zöller/*Herget*, § 510b Rn 2; OLG Karlsruhe NJW-RR 1998, 1761.
23 Zu Einzelheiten siehe *Goebel*, AnwaltFormulare Zwangsvollstreckungsrecht, § 13 Rn 5 ff.
24 Zu Einzelheiten siehe *Goebel*, AnwaltFormulare Zwangsvollstreckungsrecht, § 13 Rn 82 ff.

B. Rechtliche Grundlagen § 14

Auf die Abgrenzung zwischen einer vertretbaren und einer unvertretbaren Handlung kommt es im Verfahren nach § 510b ZPO nicht an, da bei beiden Arten von Handlungen das Verfahren nach § 510b ZPO zulässig ist.

§ 510b ZPO ist als Ergänzung zu §§ 255, 259 ZPO zu sehen. Während bei §§ 255, 259 ZPO der Schadensersatzanspruch erst nach Ablauf der im Urteil gesetzten Frist entsteht und der Antrag auf Zahlung des Schadensersatzes zudem von der Voraussetzung abhängt, dass die Besorgnis besteht, dass der Schuldner nicht rechtzeitig leisten wird (§ 259 ZPO), kann im Verfahren nach § 510b ZPO ohne weitere Voraussetzung eine Verurteilung zur Zahlung der Entschädigung bereits vor Ablauf der gesetzten Frist auf Antrag ausgesprochen werden. Daraus folgt einerseits, dass der Schadensersatzanspruch bereits vor Ablauf der im Urteil gesetzten Frist vollstreckt werden kann, und andererseits, dass die Vollstreckung des Erfüllungstitels grundsätzlich ausgeschlossen ist (§ 888a ZPO). 54

Hinweis 55

Sollte trotz eines Titels, der im Verfahren nach § 510b ZPO ergangen ist, durch den Gläubiger die Vollstreckung nach §§ 887, 888 ZPO betrieben werden, steht dem Schuldner die sofortige Beschwerde nach § 793 ZPO hiergegen zu.[25]

Tipp 56

Klären Sie bei Ihrer Mandantschaft ab, ob diese ein größeres Interesse an der Erfüllungshandlung hat oder eine Entschädigungsleistung bevorzugt. Nur im letzteren Fall bietet sich das Verfahren nach § 510b ZPO an.

Aus dem Wortlaut des § 510b ZPO ergibt sich, dass die zu bestimmende Frist nicht mit in den Antrag aufgenommen werden muss. Wenn Sie dennoch eine bestimmte Frist in den Antrag aufnehmen, kann das Gericht keine kürzere, jedoch eine längere Frist bestimmen.[26] 57

Da die Höhe der Entschädigung in das Ermessen des Gerichts gestellt ist, muss auch die Höhe der Entschädigung im Antrag nicht beziffert werden. Das Gericht muss im Übrigen nur dann über den Antrag auf Entschädigung entscheiden, wenn nach dem materiellen Recht ein Anspruch auf Vornahme der Handlung tatsächlich gegeben ist und eine Schätzung des Schadensersatzanspruchs der Höhe nach zumindest möglich ist. Daher ist dem Antrag auf Zahlung einer Entschädigung nicht stattzugeben, wenn eine umfangreiche Beweisaufnahme notwendig ist, um die Höhe der Entschädigung bestimmen zu können.[27] 58

Tipp 59

Um dem Gericht zumindest eine Schätzung des Entschädigungsbetrages zu ermöglichen, sollten Sie ihm Schätzungsgrundlagen mitteilen. Zudem müssen Sie in Ihrem Antrag entsprechend der Angabe eines Wertes beim unbezifferten Schmerzensgeldan-

---

[25] Siehe Muster Rdn 143.
[26] MüKo-ZPO/*Deppenkemper*, § 510b Rn 6.
[27] Zöller/*Herget*, § 510b Rn 4; a.A. B/L/A/H/*Hartmann*, § 510b Rn 9.

spruch einen Betrag angeben, der nach Ihrer Auffassung dem Entschädigungsbetrag entspricht. Dies erleichtert auch die Berechnung der Rechtsmittelbeschwer.

60 Bei einem Antrag nach § 510b ZPO richtet sich der Zuständigkeitsstreitwert nur nach dem Hauptanspruch. Daher ist es für die Zuständigkeit unerheblich, ob der **Entschädigungsanspruch** in die sachliche Zuständigkeit des Amtsgerichts fällt. Auch eine Zusammenrechnung der Streitwerte des Erfüllungs- und des Schadensersatzanspruches findet nicht statt. § 5 ZPO ist nicht anwendbar.

61 Der Schuldner muss sämtliche Einwendungen gegen die Höhe des Entschädigungsanspruchs im Wege der Vollstreckungsgegenklage nach § 767 ZPO geltend machen.[28] Dies gilt insbesondere dann, wenn die vom Gericht im Urteil vorgenommene Schadensschätzung zu hoch war.

62 *Hinweis*

Sie brauchen in Ihrer Klage nicht anzugeben, ob Sie Ihre Klage auf §§ 255, 259 ZPO oder auf § 510b ZPO stützen wollen. Da beide Anträge das gleiche Rechtsschutzziel haben, hängt die Frage, ob §§ 255, 259 ZPO oder die Spezialvorschrift des § 510b ZPO anwendbar sein sollen, davon ab, ob die Voraussetzungen des § 259 ZPO vorliegen.[29] Das Gericht hat nämlich jeweils die für den Kläger günstigere Norm anzuwenden. Wenn die Voraussetzungen des § 259 ZPO vorliegen, wird die Anwendung der allgemeinen Vorschriften wegen der nachteiligen Vollstreckungsauswirkungen für den Erfüllungsanspruch (§ 888a ZPO) i.d.R. die günstigere Variante sein.

63 *Tipp*

Wenn Sie die Anwendung des § 510b ZPO durch das Gericht von vorneherein ausschließen wollen, weil das Interesse der Mandantschaft an der Erfüllungshandlung stark überwiegt, können Sie in der Klage hierauf hinweisen, dass Sie die Anwendung des § 510b ZPO nicht wünschen.

II. Das Verfahren nach billigem Ermessen (§ 495a ZPO)

64 Die am weitesten reichende Besonderheit des Verfahrens vor den Amtsgerichten liegt in der Möglichkeit des Gerichts, ein Verfahren nach billigem Ermessen nach § 495a ZPO anzuordnen.

65 Die Vorschrift wurde durch das Rechtspflege-Vereinfachungsgesetz vom 17.12.1990 eingeführt und sollte zu einer Beschleunigung des Verfahrens bei sog. Bagatellverfahren oder Sachen mit geringem Streitwert[30] und zu einer Vereinfachung des Verfahrens führen.[31] Dabei ist bereits in der Literatur umstritten, ob diese Ziele erreicht wurden bzw. erreicht werden können.[32]

---

28 Siehe Muster Rdn 144.
29 MüKo-ZPO/*Deppenkemper*, § 510b Rn 9; BeckOK ZPO/*Toussaint*, § 510b Rn 15.
30 MüKo-ZPO/*Deppenkemper*, § 495a Rn 1.
31 MüKo-ZPO/*Deppenkemper*, § 495a Rn 1.
32 *Rottleuthner*, NJW 1996, 2473 ff.

Bereits die Durchführung eines Verfahrens nach billigem Ermessen liegt dabei im freien **66** Ermessen des Gerichts. Ein ausdrücklicher Antrag auf Durchführung des Verfahrens nach § 495a ZPO ist daher nicht unbedingt erforderlich. Das Gericht wird einen derartigen Antrag somit lediglich als Anregung auf Durchführung des Verfahrens auffassen. Daher sollte der Anwalt auch nicht die Durchführung des Verfahrens nach § 495a ZPO beantragen, sondern lediglich die Durchführung eines derartigen Verfahrens anregen.

Die Anordnung des Verfahrens nach billigem Ermessen ist dabei in Ihrem Interesse, **67** wenn Sie eine Beschleunigung des Verfahrens erreichen wollen, aber auch um eine Kosten- und Zeitersparnis zu erreichen.[33] Diese Kosten- und Zeitersparnis tritt insbesondere dann ein, wenn das Gericht auf die Durchführung eines Termins zur mündlichen Verhandlung vollständig verzichtet und der Anwalt daher nicht zu dem Termin anreisen muss. Dies gilt umso mehr, wenn der Gebührenstreitwert – wie im Regelfall – mit dem Zuständigkeitsstreitwert übereinstimmt und der Rechtsanwalt daher auch nur geringe Gebühren aus dem Verfahren verdienen kann.

> *Hinweis* **68**
> Sollten Sie der Meinung sein, dass trotz des geringen Streitwertes die Sache rechtsgrundsätzliche Bedeutung hat, weil z.B. eine Klausel aus den Allgemeinen Geschäftsbedingungen einer der Parteien zur Überprüfung steht oder aber eine Rechtsproblematik aus dem Mietrecht von den Gerichten unterschiedlich behandelt wird, sollten Sie darauf dringen, dass das Normalverfahren durchgeführt wird.[34]

1. Verfahrensvoraussetzungen

Wie sich bereits aus der Gesetzessystematik ergibt, ist das Verfahren nach § 495a ZPO **69** nur bei Verfahren vor dem Amtsgericht anwendbar. Im Rahmen der Zuständigkeit des Amtsgerichts ist jedoch in allen Verfahren die Möglichkeit eröffnet, das Verfahren nach § 495a ZPO zu betreiben.[35] Für familiengerichtliche Verfahren ist jedoch eine Anwendung des § 495a ZPO in Ehesachen und Familienstreitsachen ausgeschlossen, da in § 113 FamFG lediglich auf die Vorschriften über das landgerichtliche Verfahren in der ZPO verwiesen wird. Zudem gehen besondere Bestimmungen für bestimmte Verfahrensarten, z.B. des Wechselprozesses oder des Verfahrens der einstweiligen Verfügung, als lex specialis dem Verfahren nach § 495a ZPO vor.[36]

Der Streitwert darf 600 EUR nicht überschreiten. Dabei ist vom **Zuständigkeitsstreit-** **70** **wert** und nicht vom Rechtsmittel- oder Gebührenstreitwert auszugehen.[37]

Dies bedeutet, dass bei der Erhebung einer Widerklage das Verfahren nach § 495a ZPO **71** weiterhin zulässig ist, wenn der Wert der Widerklage ebenfalls 600 EUR nicht übersteigt.

---

33 Siehe Muster Rdn 145.
34 Siehe Muster Rdn 146.
35 Zöller/*Herget*, § 495a Rn 4.
36 Zöller/*Herget*, § 495a Rn 4; B/L/A/H/*Hartmann*, § 495a Rn 7.
37 Zöller/*Herget*, § 495a Rn 5.

72 Wenn der Beklagte gegen die Klageforderung mit einer Gegenforderung die Hauptaufrechnung erklärt, ist ebenfalls § 5 Hs. 2 ZPO anwendbar, sodass hier ebenso über die Zulässigkeit zu entscheiden ist wie bei einer Widerklage.

73 Wenn der Beklagte nur hilfsweise eine (oder mehrere) Gegenforderungen zur Aufrechnung stellt, hat dies keinerlei Auswirkungen auf den Zuständigkeitsstreitwert und ist daher für die Zulässigkeit des Verfahrens nach § 495a ZPO unerheblich.

74 Schließlich ist darauf hinzuweisen, dass es für die Zulässigkeit des Verfahrens nach § 495a ZPO nicht darauf ankommt, ob es sich um eine vermögensrechtliche oder eine nichtvermögensrechtliche Streitigkeit handelt.

75 *Tipp*

Sollte das Gericht das Verfahren nach § 495a ZPO anordnen, ohne dass dies nach Ihrer Auffassung zulässig ist, weil der Zuständigkeitsstreitwert über 600 EUR liegt, sollten Sie zunächst unter Hinweis auf diese Problematik eine Streitwertfestsetzung beantragen.

Sollte das Gericht entgegen Ihrer Auffassung den Streitwert auf unter 600 EUR festsetzen, bleibt Ihnen die Möglichkeit der Streitwertbeschwerde.[38] Ob dies jedoch zulässig ist, wird von der Rechtsprechung zunehmend ablehnender beurteilt.[39] Als Besonderheit ist zu beachten, dass hier gerade keine Streitwertbeschwerde nach § 68 GKG vorliegt, da diese nur den **Gebührenstreitwert** betreffen würde. Bei der Streitwertgrenze des § 495a ZPO geht es jedoch um den **Zuständigkeitsstreitwert**.

2. Verfahrensbesonderheiten

76 Das Verfahren nach § 495a ZPO ist dadurch gekennzeichnet, dass das gesamte Verfahren nach billigem Ermessen durch das Gericht vorangetrieben werden kann. Daher verwundert es auch nicht, wenn die Anordnung des Verfahrens nach billigem Ermessen überhaupt, wie auch die Handhabung von Gericht zu Gericht, ja sogar innerhalb eines Gerichts von Richter zu Richter unterschiedlich ausfällt.[40]

77 Dabei stellt das vereinfachte Verfahren gegenüber dem normalen Erkenntnisverfahren kein aliud dar, sondern ermächtigt das Gericht, von Fall zu Fall von einzelnen Vorschriften des normalen Erkenntnisverfahrens abzuweichen.

78 Dem freien Ermessen bei der Verfahrensgestaltung durch das Gericht sind jedoch Grenzen gesetzt, insbesondere wo **verfassungsrechtliche Grundsätze** berührt sind.[41]

79 Zunächst einmal muss das Gericht den Parteien mitteilen, dass es das Verfahren nach billigem Ermessen führen will.[42] Dabei ist das Gericht nicht gezwungen, bereits zu

---

38 Zöller/*Herget*, § 3 Rn 7; LG München I NJW-RR 2002, 425; siehe Muster Rdn 147.
39 So: LG Stuttgart NJW-RR 2008, 1167 mit ausführlicher Begründung und m.w.N.; OLG Köln, Beschl. v. 12.8.2009 – 16 W 26/09; zitiert nach juris.
40 *Rottleuthner*, NJW 1996, 2473, 2476, 2477.
41 Siehe z.B. die Fallgestaltung der Entscheidung des LG München I NJW-RR 2004, 353, 354.
42 BVerfG NJW-RR 2009, 562 und NJW-RR 2017, 690; *Städing*, NJW 1996, 691, 696.

Beginn des Verfahrens eine entsprechende Anordnung zu treffen, dass es nach billigem Ermessen verfahren will. Auch zu jedem späteren Zeitpunkt ist dies noch möglich. So wird von den Gerichten teilweise das Verfahren nach § 495a ZPO erst im Urteil oder unmittelbar davor angeordnet, um das Urteil abgekürzt absetzen zu können.[43] Die Mitteilungspflicht folgt aus dem Grundsatz des rechtlichen Gehörs. Bei einem Verstoß hiergegen ist die Gehörsrüge nach § 321a ZPO begründet. Das Gericht ist daher z.B. gehindert, zunächst das schriftliche Vorverfahren (§ 276 ZPO) anzuordnen und dann ohne mündliche Verhandlung ein Endurteil zu fällen, in dem dann auch, ohne dass die Parteien vorher darauf hingewiesen wurden, das Verfahren nach billigem Ermessen angeordnet wird. In einem solchen Fall ist es den Parteien nicht möglich, einen Antrag auf mündliche Verhandlung nach § 495a S. 2 ZPO zu stellen.[44]

Tipp 80
Wenn Sie einen Antrag auf mündliche Verhandlung stellen, nehmen Sie ausdrücklich Bezug auf § 495a ZPO, da dies teilweise gefordert wird, um Verwechslungen zu vermeiden.[45]

Das Verfahren nach § 495a ZPO wird hauptsächlich angeordnet, um eine mündliche 81 Verhandlung entbehrlich zu machen. Dabei werden – dem gesetzgeberischen Zweck der Beschleunigung entsprechend – häufig kurze Fristen zur Stellungnahme gesetzt.[46] Auch hier dürfen die Fristen jedoch nicht so kurz bemessen sein, dass eine Verletzung des Anspruchs auf rechtliches Gehör vorliegt. Bei einem Verstoß wäre auch hier die Gehörsrüge nach § 321a ZPO begründet. In diesem Zusammenhang ist für den Anwalt entscheidend, dass auch im Verfahren nach § 495a ZPO die Verspätungsregeln (§§ 296, 296a ZPO) uneingeschränkt gelten. Das Gericht kann daher im Verfahren nach § 495a ZPO auch nur dann Vorbringen als verspätet zurückweisen, wenn die Voraussetzungen der §§ 296, 296a ZPO tatsächlich vorliegen.[47]

Auch bei der Durchführung der Beweisaufnahme ist das Gericht weitestgehend frei. 82 Allerdings wird auch hier im Regelfall das Gericht den Parteien mitteilen müssen, dass eine Beweisaufnahme stattfindet. Gerade bei der Durchführung einer notwendigen Beweisaufnahme wollte der Gesetzgeber für derartige „Bagatellverfahren" eine Bindung des Gerichts an die Vorschriften der ZPO über die Beweisaufnahme ausschalten.[48]

Im Rahmen einer Beweisaufnahme besteht für das Gericht z.B. die Möglichkeit, Zeugen 83 telefonisch zu vernehmen. Das Ergebnis einer derartigen Vernehmung ist den Parteien jedoch mitzuteilen. Dies ist schon deshalb erforderlich, um den Parteien Gelegenheit zu geben, von ihrem Fragerecht Gebrauch zu machen. Gegebenenfalls muss das Gericht den Zeugen die Fragen der Parteien (telefonisch) stellen.

---

43 *Rottleuthner*, NJW 1996, 2473, 2477.
44 LG Erfurt WM 2003, 38, 39.
45 *Fischer*, MDR 1994, 978, 982; siehe Muster Rdn 148.
46 *Rottleuthner*, NJW 1996, 2473, 2475.
47 BVerfG NJW 1993, 1319; BeckOK/*Toussant*, § 495a Rn 11.
48 *Städing*, NJW 1996, 691, 694, BeckOK/*Toussant*, § 495a Rn 11.

84 Das Gericht muss auch nicht sämtliche angebotenen Beweise einer Partei zu einer streitigen Tatsache erheben.[49] Das Gericht kann z.B. nach Vernehmung eines Teils der Zeugen, die das Beweisthema bestätigt haben, auf die Vernehmung der ebenfalls zu diesem Beweisthema benannten Zeugen verzichten. Auch kann es nach Einholung eines Sachverständigengutachtens auf die Vernehmung der ebenfalls zu diesem Beweisthema benannten Zeugen verzichten, wenn es dies nicht mehr für erforderlich hält.

85 Das Gericht muss jedoch auch die Parteien darauf hinweisen, dass eine weitere Beweisaufnahme nicht beabsichtigt ist und die weiteren angebotenen Beweise nicht erhoben werden. Sie können dann, wenn Sie eine Beweiswürdigung des Gerichts zulasten Ihrer Mandantschaft annehmen, nur anregen, auch die weiteren Zeugen zu vernehmen. Ob das Gericht dem allerdings folgt, liegt erneut im freien Ermessen des Gerichts.

86 Eine Glaubhaftmachung der zu beweisenden Tatsachen reicht jedoch auch im Verfahren nach billigem Ermessen nicht aus.[50]

87 *Tipp*

Sollte das Gericht Ihnen mitteilen, dass eine Beweisaufnahme durch eine Zeugenvernehmung stattfindet, sollten Sie überlegen, ob Sie es für erforderlich halten, bei dieser Zeugenvernehmung anwesend zu sein, und in diesem Fall einen Antrag auf mündliche Verhandlung nach § 495a S. 2 ZPO stellen.[51]

88 Nach der Rechtsprechung ist der Erlass von Endurteilen im Verfahren nach § 495a ZPO auch möglich, wenn die Voraussetzungen zum Erlass eines Versäumnisurteils gegeben sind.[52] Das Gericht soll noch nicht einmal zum Erlass eines Versäumnisurteils gezwungen sein, wenn dies beantragt wird. Auch ist für eine Endentscheidung nicht erforderlich, dass eine Entscheidung nach Lage der Akten beantragt wird. Allerdings muss das Gericht auch hier auf die Möglichkeit einer Endentscheidung trotz Säumnis hinweisen, um dem Anspruch auf rechtliches Gehör gerecht zu werden.

3. Rechtsmittel

a) Berufung

89 Im Hinblick auf die Rechtsmittel sind keinerlei Besonderheiten zu beachten, wenn die Beschwer durch das Urteil, welches im Verfahren nach § 495a ZPO erging, über der Grenze des § 511 Abs. 2 Nr. 1 ZPO, also über 600 EUR liegt. Wie bereits dargestellt (siehe Rdn 70 ff.), kann die Beschwer insbesondere bei der Einreichung einer Widerklage oder aber bei einer Haupt- oder Hilfsaufrechnung über diesem Wert liegen. Die Zulässigkeit der Berufung ergibt sich dann aus § 511 Abs. 1 Nr. 1 ZPO.[53]

---

49 *Städing*, NJW 1996, 691, 694.
50 *Städing*, NJW 1996, 691, 694.
51 Siehe Muster Rdn 148.
52 BVerfG NJW 2007, 3486, LG Essen NJW-RR 1993, 576; AG Ahrensburg NJW 1996, 2516, 2517; a.A. *Peglau*, NJW 1997, 2222.
53 Zu Einzelheiten der Berufung siehe § 17 Rdn 1 ff.

B. Rechtliche Grundlagen § 14

Besonderheiten ergeben sich auch nicht, wenn das Amtsgericht in seiner Entscheidung die Berufung zugelassen hat (§ 511 Abs. 1 Nr. 2 ZPO). 90

b) Außerordentliche Berufung

Wie bereits dargestellt (siehe Rdn 78 ff.), ist das Gericht auch bei einer Durchführung des Verfahrens nach § 495a ZPO an Verfassungsgrundsätze gebunden. Insbesondere sind hier das Willkürverbot und das Gebot der Gewährung des rechtlichen Gehörs zu beachten. 91

Bei Entscheidungen, die **greifbar gesetzeswidrig** ergangen sind, weil insbesondere ein Verstoß gegen das Willkürverbot oder ein Verstoß gegen den Anspruch auf rechtliches Gehör vorliegt, kam eine außerordentliche Berufung in Betracht, wenn die Beschwer von 600 EUR nicht überschritten war.[54] 92

Das Bundesverfassungsgericht[55] hat eine Verfassungsbeschwerde als unzulässig zurückgewiesen, weil der Beschwerdeführer nach der Durchführung eines Verfahrens nach § 495a ZPO keine (außerordentliche) Berufung eingelegt und einen Verstoß gegen den Anspruch auf rechtliches Gehör gerügt hat. Begründet wurde dies mit der Nichterschöpfung der Rechtsmittelmöglichkeiten. 93

Diese Auffassung hat das Bundesverfassungsgericht aufgegeben.[56] In der Entscheidung vom 30.4.2003 hat das Bundesverfassungsgericht erneut deutlich gemacht, dass es Aufgabe der Fach- und nicht der Verfassungsgerichtsbarkeit sei, bei Verstößen gegen Verfahrensgrundrechte eine Korrektur herbeizuführen. Nach dieser Entscheidung wurde das System der außerordentlichen Rechtsbehelfe, zu denen die außerordentliche Berufung gehört, nur noch **bis zum 31.12.2004** vom Bundesverfassungsgericht toleriert. Der Gesetzgeber wurde in dieser Entscheidung aufgefordert, die nicht kodifizierten Rechtsbehelfe einer gesetzlichen Regelung zuzuführen. Der Gesetzgeber ist dieser Aufforderung durch das Anhörungsrügengesetz[57] zumindest teilweise gefolgt. Man wird daher heute vor der Einlegung der Verfassungsbeschwerde, um den Rechtsweg zu erschöpfen, bei Verletzungen des Grundrechts auf rechtliches Gehör eine Gehörsrüge nach § 321a ZPO[58] erheben müssen. 94

Somit ist grundsätzlich nicht mehr von einer Zulässigkeit der außerordentlichen Berufung auszugehen. Dies gilt auch für andere Verstöße gegen Verfassungsrechte als dem Verstoß gegen das Gebot des rechtlichen Gehörs, also insbesondere bei einem Verstoß gegen das Willkürverbot. Nach der Auffassung des Bundesverfassungsgerichts ergibt sich, dass bei einem Verstoß einer Entscheidung gegen das Willkürverbot auch ein 95

---

54 LG Wiesbaden MDR 2002, 1212, 1213; LG Paderborn MDR 2000, 472 ff.; LG Mannheim NJW-RR 2000, 515, 516; LG Duisburg NJW-RR 1997, 1490, 1491; *Kunze*, NJW 1997, 2154, 2155; a.A. LG Duisburg NJW-RR 1997, 317; NJW-RR 2000, 447, 448.
55 NJW 1997, 1301.
56 BVerfG NJW 2003, 1924 ff.
57 V. 9.12.2004 (BGBl I, 3220), in Kraft seit 1.1.2005.
58 Siehe Rdn 100 ff.

Verstoß gegen den Anspruch auf rechtliches Gehör vorliegt. Eine derartige Entscheidung ist offensichtlich unrichtig und verstößt deshalb bereits gegen Art. 103 GG.[59]

96 *Tipp*

Das Bundesverfassungsgericht hat in seiner Entscheidung vom 30.4.2003 für den Fall, dass der Gesetzgeber nicht bis zum 31.12.2004 tätig wird und das System der außerordentlichen Rechtsbehelfe geregelt hat, angeordnet, dass bei einem Verstoß gegen den Anspruch auf rechtliches Gehör auf Antrag vor dem Gericht das Verfahren fortgesetzt wird, dessen Entscheidung mit der Begründung eines Verstoßes gegen den Anspruch auf rechtliches Gehör angegriffen wird. Durch das Anhörungsrügegesetz hat der Gesetzgeber den Bereich eines Verstoßes gegen das rechtliche Gehör geregelt. Da ein Verstoß insbesondere gegen das Willkürverbot jedoch weiterhin nicht geregelt ist, wird man annehmen müssen, dass der subsidiäre Rechtsbehelf, den das Bundesverfassungsgericht in seiner Entscheidung selbst festgelegt hat, in einem solchen Fall Anwendung findet. Danach kann ein Antrag auf Fortsetzung des Verfahrens innerhalb einer Frist von 14 Tagen bei dem Gericht gestellt werden, das die Entscheidung erlassen hat.[60] Da nach dem Bundesverfassungsgericht[61] jedoch jede Entscheidung, die offenbar unrichtig ist, auch den Anspruch auf rechtliches Gehör verletzt, kommt in diesem Bereich auch eine Gehörsrüge in Betracht. Deswegen sollte zumindest hilfsweise eine Gehörsrüge auch in einem solchen Fall erhoben werden.[62]

c) Gehörsrüge nach § 321a ZPO

97 Bei einem Verstoß gegen den Anspruch auf rechtliches Gehör im Verfahren nach § 495a ZPO kommt jetzt zunächst die Einlegung einer Gehörsrüge nach § 321a ZPO in Betracht (siehe dazu Rdn 100 ff.).

d) Verfassungsbeschwerde

98 Als weiteres Rechtsmittel gegen eine Entscheidung nach § 495a ZPO kommt die Verfassungsbeschwerde in Betracht. Diese kann insbesondere dann Erfolg haben, wenn grundrechtlich geschützte Verfahrensgrundsätze verletzt werden.[63]

4. Gebühren

99 Grundsätzlich steht dem Rechtsanwalt auch bei Anordnung des Verfahrens nach § 495a ZPO eine 1,2 Terminsgebühr nach RVG VV-Nr. 3104 Abs. 1 Nr. 1 zu. Dies gilt auch

---

59 BVerfG, Beschl. v. 23.6.2004 – BvR 496/00, NJW 2004, 3551; Zöller/*Vollkommer*, § 321a Rn 3.
60 Siehe Muster Rdn 149.
61 Beschl. v. 23.6.2004 – BvR 496/00.
62 Siehe Muster Rdn 149; zu derartigen Fallgestaltungen z.B.: BayVerfGH; Beschl. v. 2.4.2008 – Vf 90 – VI 07 und v. 15.7.2005 – Vf 120 – VI – 04.
63 Zu Einzelheiten siehe *Kleine-Cosack*, Verfassungsbeschwerden und Menschenrechtsbeschwerden, § 8; OLG Düsseldorf NJW-Spezial 2009, 284. Bejahend: AG Freising JurBüro 2008, 142; AG Cloppenburg Jur Büro 2007, 79; AG München AGS 2007, 442; verneinend: OLG Düsseldorf NJW-Spezial 2009, 284.

gerade dann, wenn eine mündliche Verhandlung nicht stattgefunden hat. Eine Reduzierung nach RVG VV-Nr. 3105 findet daher grundsätzlich nicht statt. Problematisch sind die Fälle, in denen das Gericht statt eines möglichen Versäumnisurteils ein streitiges Endurteil erlässt. Ob in einem solchen Fall eine Reduzierung der Rechtsanwaltsgebühren auf eine 0,5 Gebühr nach RVG-VV Nr. 3105 erfolgt, wird nicht einheitlich behandelt.

III. Die Gehörsrüge (§ 321a ZPO)

1. Entstehungsgeschichte

Durch das ZPO-Reformgesetz aus dem Jahre 2001 wurde § 321a ZPO[64] eingeführt.[65] 100
Er sollte bei Verletzungen des Grundsatzes auf rechtliches Gehör eine Entlastung des Bundesverfassungsgerichts dadurch bewirken, dass zunächst das entscheidende Gericht überprüfen sollte, ob ihm ein derartiger Verstoß gegen den Grundsatz des rechtlichen Gehörs unterlaufen ist. Dabei war und ist dieser Rechtsbehelf nach seinem Wortlaut auf nicht anfechtbare Entscheidungen begrenzt.

Durch die Entscheidung des Bundesverfassungsgerichts vom 30.4.2003[66] wurde der 101 Gesetzgeber aufgefordert, das System der außerordentlichen Rechtsbehelfe zu kodifizieren und dabei insbesondere auch die Verstöße gegen den Anspruch auf rechtliches Gehör umfassend zu regeln. Auf der Grundlage dieses Beschlusses wurde das Anhörungsrügengesetz[67] erarbeitet, welches zum 1.1.2005 in Kraft trat. Dieses Gesetz enthielt auch eine umfassende Änderung des § 321a ZPO, die den Anwendungsbereich der Vorschrift wesentlich erweiterte. In diesem Zusammenhang ist darauf hinzuweisen, dass durch das Anhörungsrügengesetz auch Vorschriften aus anderen Verfahrensordnungen[68] geändert oder neu eingeführt wurden.[69] In Verfahren, die unter die Regelungen des FamFG fallen, ist § 44 FamFG zu beachten, der jedoch inhaltlich weitgehend der Regelung in § 321a ZPO entspricht. Da nach § 113 FamFG für Ehesachen und Familienstreitsachen § 44 FamFG keine Anwendung findet, ist für diese Verfahren § 321a ZPO einschlägig.

2. Zulässigkeit der Gehörsrüge

a) Zulässigkeit nach dem Wortlaut

Nach dem Wortlaut ist die Gehörsrüge nach § 321a Abs. 1 Nr. 1 ZPO grundsätzlich 102 zulässig bei allen Entscheidungen der Amtsgerichte und der Landgerichte, gegen die ein Rechtsmittel oder ein anderer Rechtsbehelf nicht gegeben ist (§ 321a Abs. 1 Nr. 1 ZPO). Bei Endurteilen darf die Rechtsmittelbeschwer 600 EUR nicht übersteigen und das Gericht darf die Berufung nicht zugelassen haben. Die Beschränkung des § 321a ZPO a.F. auf Urteile, die mit der Berufung nicht angegriffen werden konnten, besteht daher

---

64 Siehe Muster Rdn 150.
65 Ausführlich *Polep/Rensen*, S. 5 ff.
66 NJW 2003, 1924.
67 Gesetz v. 9.12.2004, BGBl I 2004, 3220.
68 Z.B. § 78a ArbGG; § 152a VwGO; § 133a FGG, §§ 33, 356a StPO; § 69 GKG.
69 Zu Einzelheiten siehe *Treber*, NJW 2005, 97, 98.

nicht mehr. Die Gehörsrüge ist also nunmehr zulässig gegen alle Entscheidungen, also sowohl Urteile als auch Beschlüsse.[70] Es ist auch unerheblich, in welcher Verfahrensart und in welcher Instanz[71] eine gerichtliche Entscheidung gefällt wurde.[72] Die Gehörsrüge ist daher z.B. auch im Verfahren des einstweiligen Rechtsschutzes anwendbar.[73]

103 Entschieden ist mit dieser Gesetzesänderung auch die umstrittene Frage, ob gegen einen die Berufung zurückweisenden Beschluss nach § 522 Abs. 2 ZPO eine Gehörsrüge eingelegt werden kann. Dies ist nach dem erweiterten Anwendungsbereich ohne Weiteres der Fall.[74]

104 Nach dem Wortlaut ist nunmehr eine Gehörsrüge nur ausgeschlossen, wenn es sich um Zwischenentscheidungen handelt, denen eine Endentscheidung folgt. Trotz des relativ klaren Wortlautes entzündete sich ein Streit darüber, wie weit diese Einschränkung gelten soll. Dabei ging es vorrangig zunächst um die Zulässigkeit einer Anhörungsrüge bei Beschlüssen über eine Richterablehnung. Das Bundesverfassungsgericht hat sich unter Hinweis auf die bereits erwähnte Plenarentscheidung vom 30.4.2003 für die Zulässigkeit der Anhörungsrüge in solchen Fällen ausgesprochen, wenn – wie bei einem Verfahren über eine Richterablehnung – ein selbstständiges Zwischenverfahren vorliegt, das durch den Beschluss über den Antrag endet, sodass insoweit eine Endentscheidung vorliegt. Daher wird man bei verfassungskonformer Auslegung eine Anhörungsrüge gegen solche Entscheidungen zulassen müssen, die im Hinblick auf mögliche Gehörsverletzungen im weiteren fachgerichtlichen Verfahren nicht mehr überprüft oder korrigiert werden können. Schließlich ist nunmehr in der Rechtsprechung anerkannt, dass auch bei einer Entscheidung über eine Nichtzulassungsbeschwerde nach § 544 ZPO eine Gehörsrüge zulässig ist.[75]

105 Es stellt sich allerdings die Frage, ob der gesetzgeberische Zweck der Entlastung des Bundesverfassungsgerichts durch die Einführung der Gehörsrüge erreicht werden kann. Durch die Gehörsrüge ist nur ein Rechtsbehelf der Verfassungsbeschwerde vorgeschaltet. Dieser Rechtsbehelf war jedoch bei der Gesetzeslage vor Einführung der Gehörsrüge mit der außerordentlichen Berufung bzw. der außerordentlichen Beschwerde und der Gegenvorstellung ebenfalls gegeben. Allerdings ist es für den Anwalt erheblich einfacher, eine Gehörsrüge nach § 321a ZPO zu erheben, als eine Verfassungsbeschwerde einzureichen, sodass davon auszugehen ist, dass die Zahl der Gehörsrügen die Zahl der Verfassungsbeschwerden in gleichartigen Fällen bei einem Verstoß gegen den Anspruch auf rechtliches Gehör weit übersteigen dürfte.

---

70 Siehe Muster Rdn 152 f.
71 Siehe Muster Rdn 153.
72 *Treber*, NJW 2005, 97, 98.
73 *Zöller/Vollkommer*, § 321a Rn 3.
74 *Treber*, NJW 2005, 97, 98; siehe Muster Rdn 153; BGH, Beschl. v. 20.1.2009 – Xa ZB 34/08 zu einem Antrag auf Wiedereinsetzung in den vorigen Stand, MDR 2008, 223 f. Zulässigkeit bejahend: BFH, Beschl. v. 4.5.2006 – VI S 5/06; verneinend: BayVerwGH, Beschl. v. 19.6.2009 – 26 B 02.2372; OVG Berlin NVwZ 2005, 471 f.
75 BGH, Entscheidung vom 11.5.2017 – I ZR 75/16; zitiert nach juris.

Nach § 321a ZPO ist eine Korrektur der Entscheidung des Gerichts möglich. Die Gehörsrüge stellt daher im Bereich von Urteilen eine Ausnahme zu dem in § 318 ZPO aufgeführten Grundsatz dar, nach dem das Gericht an die eigene Entscheidung gebunden ist. 106

Weitere Ausnahmen zu dem in § 318 ZPO normierten Grundsatz ergeben sich aus §§ 319, 320 und 321 ZPO. 107

Tipp 108

Es ist von Ihnen zunächst zu überprüfen, ob nicht bereits nach §§ 319–321 ZPO eine Änderung der Entscheidung erreicht werden kann. Sollte dies der Fall sein, fehlt der Gehörsrüge bereits das Rechtsschutzbedürfnis.[76] Zudem dürften die §§ 319–321 ZPO ein „anderer Rechtsbehelf" i.S.d. § 321a Abs. 1 Nr. 1 ZPO sein.

Da es bei § 320 ZPO um die Berichtigung des Tatbestandes geht und gerade nicht um eine Änderung des Tenors selbst, wie dies bei § 321a ZPO das Ziel ist, sind Abgrenzungsschwierigkeiten zwischen diesen Vorschriften nicht zu erwarten. 109

Der Antrag nach § 321 ZPO führt zwar bei Erfolg zu einer Änderung des Tenors. Allerdings wird der Tenor nur ergänzt. Der Tenor des Ausgangsurteils bleibt jedenfalls erhalten. 110

Es kann jedoch für den Anwalt schwer zu erkennen sein, ob eine offenbare Unrichtigkeit i.S.d. § 319 ZPO oder ob ein Fall des § 321a ZPO vorliegt. Während bei § 319 ZPO die im Urteil abgegebene Erklärung des richterlichen Willens von der bei der Urteilsfällung vorhandenen Willensbildung abweicht,[77] stimmen im Anwendungsbereich des § 321a ZPO der tatsächliche und der erklärte Wille des Gerichts überein. 111

Tipp 112

Sollten Sie nicht erkennen können, ob ein Fall des § 319 ZPO oder ein Fall des § 321a ZPO vorliegt, sollten Sie einen Berichtigungsantrag nach § 319 ZPO mit einer hilfsweise eingelegten Gehörsrüge verbinden.[78]

Ob eine Berufung zulässig ist, ist für jede Partei gesondert zu prüfen.[79] Sollte daher nur für eine der Parteien die Berufung nicht zulässig sein, weil die Rechtsmittelbeschwer nicht erreicht ist, während die Gegenpartei Berufung einlegen könnte, ist trotzdem eine Gehörsrüge zulässig. So ist beispielsweise die Gehörsrüge für den Kläger zulässig, wenn seiner Klage auf Zahlung von 3.000 EUR in Höhe von 2.500 EUR stattgegeben und im Übrigen abgewiesen wurde. 113

Hinweis 114

Der Grundsatz der reformatio in peius gilt hier nicht.[80] Da bei einem Erfolg der Gehörsrüge das Verfahren in die Lage zurückversetzt wird, in der es sich vor dem

---

76 B/L/A/H/*Hartmann*, § 321a Rn 5.
77 Zöller/*Vollkommer*, § 319 Rn 4.
78 Siehe Muster Rdn 151.
79 *Müller*, NJW 2002, 2743, 2744.
80 *Müller*, NJW 2002, 2744; Zöller/*Vollkommer*, § 321a Rn 18; OLG Frankfurt/M. NJW 2004, 165, 168; BGH NJW-RR 2012, 977.

Schluss der mündlichen Verhandlung befand (§ 321a Abs. 5 ZPO), kann eine Klage, die zunächst nur teilweise abgewiesen wurde, selbst dann noch vollständig abgewiesen werden, wenn der Kläger der Rügeführer ist. Einer Klage, die zunächst nur teilweise Erfolg hatte, kann noch in vollem Umfang stattgegeben werden, selbst wenn der Beklagte der Rügeführer ist.

115 *Tipp*

Sollten Sie bereits eine Gehörsrüge eingelegt haben oder dies beabsichtigen, vermag die Einlegung der Berufung durch die Gegenseite an der Zulässigkeit der Gehörsrüge nichts zu ändern. Sie sollten in diesem Fall die Aussetzung des Berufungsverfahrens nach § 148 ZPO bis zur Entscheidung über die Gehörsrüge beantragen.

Zudem sollten Sie vorsorglich eine Anschlussberufung (siehe hierzu § 17 Rdn 487 ff.) einlegen. Dabei ist derzeit nicht völlig geklärt, wie die Einlegung der Anschlussberufung sich auf die Gehörsrüge auswirkt.

Da bei Erfolg der Gehörsrüge das Verfahren in die Lage zurückversetzt wird, in der es sich zum Schluss der mündlichen Verhandlung befunden hat, und zudem der Grundsatz der reformatio in peius nicht gilt, steht nach Einlegung einer Gehörsrüge überhaupt noch nicht fest, ob das Urteil, gegen das Berufung eingelegt wurde, in dieser Form in der ersten Instanz bestehen bleibt.

Es steht daher nach meiner Auffassung noch nicht einmal fest, ob die Berufung nach Einlegung einer Gehörsrüge weiter zulässig ist. Nach § 511 Abs. 1 ZPO ist die Berufung nur gegen Endurteile zulässig. Endurteile i.S.d. §§ 300, 511 Abs. 1 ZPO sind jedoch Urteile, die die Hauptsache und somit den Rechtsstreit ganz oder teilweise für die Instanz endgültig entscheiden, sodass ein weiteres Urteil in demselben Rechtsstreit oder über denselben Anspruch weder erforderlich noch möglich ist. Es steht jedoch nach Einlegung einer Gehörsrüge gerade nicht fest, dass das bereits mit einer Berufung angefochtene Urteil ein Endurteil i.S.d. § 300 ZPO ist. Die Entscheidung über die Gehörsrüge ist daher zur Entscheidung über die Berufung vorgreiflich i.S.d. § 148 ZPO, sodass das Berufungsverfahren auszusetzen ist.[81]

Es wird jedoch auch vertreten, dass die Einlegung einer Anschlussberufung auf jeden Fall erforderlich ist und das Anschlussrechtsmittel gegenüber der Gehörsrüge vorrangig ist. Dabei sei dann das Verfahren über die Gehörsrüge auszusetzen. Zudem wird vertreten, dass das Rechtsmittelgericht selbst über die Rüge mitentscheiden soll. In der Rechtsprechung wird daher vertreten, dass es wegen dieser ungeklärten Problematik zumindest zulässig ist, dass die Anschlussberufung im Wege einer innerprozessualen Bedingung von der Entscheidung über die Gehörsrüge abhängig gemacht wird. Für den Fall des Erfolgs der Gehörsrüge würde die innerprozessuale Bedingung eintreten und die Hilfsanschlussberufung gegenstandslos werden.

---

81 Siehe zu diesem Problem auch *Treber*, NJW 2005, 97, 99; zum Meinungsstand: MüKo-ZPO/*Musielak*, § 321a Rn 7 m.w.N.; Saarländisches OLG, Beschl. v. 23.12.2008 – 4 U 2/06 – 1; 4 U 2/06.

Die Gehörsrüge ist nach § 321a Abs. 2 S. 1 ZPO innerhalb einer Notfrist von zwei Wochen nach Kenntnis von der Verletzung des rechtlichen Gehörs zu erheben. Unter Kenntnis wird dabei auch das Kennenmüssen gefasst werden können.[82] Weiter enthält § 321a Abs. 2 ZPO eine Ausschlussfrist von einem Jahr ab Bekanntgabe der Entscheidung. Die Angaben zum Kenntniszeitpunkt sind glaubhaft zu machen (§ 321a Abs. 2 S. 1 Hs. 2 ZPO).

b) Analoge Anwendung des § 321a ZPO
Durch die Gehörsrüge wurde ein Rechtsbehelf durch den Gesetzgeber eingeführt, der bei einem Verstoß gegen einen verfassungsrechtlichen Grundsatz eine Überprüfung innerhalb der Instanz ermöglichen sollte. Es entwickelte sich nach der Einführung der Gehörsrüge sehr schnell eine Diskussion, ob der Anwendungsbereich durch den Gesetzgeber zu eng gefasst wurde. Dabei sind die Streitpunkte weitestgehend durch die geänderte Fassung des § 321a ZPO entschieden.

Es wird aber noch erwogen, § 321a ZPO nicht nur bei einem Verstoß gegen den Grundsatz des rechtlichen Gehörs, sondern auch bei jedem Verstoß gegen andere Verfahrensgrundsätze anzuwenden.[83] Dem wird man jedoch nach der Neufassung des § 321a ZPO nicht folgen können, da der Gesetzgeber eine Erweiterung der Rügemöglichkeiten auch auf die Verletzung anderer Verfahrensgrundsätze trotz der bereits bestehenden Diskussion über eine analoge Anwendung des § 321a ZPO a.F. auf diese Fälle nicht vorgenommen hat.[84]

3. Begründetheit der Gehörsrüge
Die Gehörsrüge ist begründet, wenn in entscheidungserheblicher Weise der Anspruch auf rechtliches Gehör verletzt ist (§ 321a Abs. 1 Nr. 2 ZPO).

Nur derjenige, der durch die Verletzung seines Anspruchs auf das rechtliche Gehör und die daraus folgende Entscheidung beschwert ist, kann die Gehörsrüge nach § 321a ZPO erheben.[85] Dabei reicht es keinesfalls aus, wenn zur Begründung einer Gehörsrüge allgemein darauf hingewiesen wird, dass ein Verstoß gegen den Anspruch auf rechtliches Gehör vorliegt. Stattdessen wird von der Rechtsprechung verlangt, dass Tatsachen angegeben werden, aus denen sich die geltend gemachte Verletzung von Art 103 GG ergibt, wobei dieser Vortrag substantiiert sein muss. Die Wiederholung der eigenen Rechtsauffassung reicht jedenfalls nicht aus.

---

82 BVerfG, Nichtannahmebeschluss vom 16.8.2017 – 2 BvR 238/17; zitiert nach juris; *Treber*, NJW 2005, 97, 99 m.w.N.
83 Thomas/Putzo/*Reichhold*, § 321a Rn 18; *Müller*, NJW 2002, 2743, 2747.
84 BGH BeckRS 2017, 123143; BGH NJW 2011, 1516; BeckOK ZPO/*Bacher*, § 321a Rn 21 MüKo-ZPO/*Musielak*, § 321a Rn 14.
85 B/L/A/H/*Hartmann*, § 321a Rn 16; BGH NJW 2009, 1609 f. m.w.N.

a) Verstoß gegen den Anspruch auf rechtliches Gehör

121 Bei einem Verstoß gegen den Anspruch auf rechtliches Gehör lassen sich aus den Entscheidungen des Bundesverfassungsgerichts vier Fallgruppen ableiten:[86]

aa) Pannenfälle

122 Bei diesen Pannenfällen erfolgt der Verstoß gegen das rechtliche Gehör **unbeabsichtigt**. Von dieser Fallgruppe sind insbesondere Situationen erfasst, in denen **versehentlich** Schriftsätze nicht berücksichtigt wurden oder aber versehentlich Beweisangebote übergangen wurden.[87]

123 *Hinweis*

Gerade bei dieser Fallgruppe ist jedoch sorgfältig zu überprüfen, ob nicht die vorrangigen §§ 319–321 ZPO bereits zu einem Erfolg führen können.

bb) Präklusionsfälle

124 Diese Kategorie von Gehörsverletzungen liegt vor, wenn durch fehlerhafte Anwendung von zivilprozessualen Vorschriften Vorbringen der Parteien nicht vom Gericht berücksichtigt wurde. Hauptanwendungsfall bilden die Fälle, in denen Vortrag der Parteien fehlerhaft als verspätet zurückgewiesen und daher bei der Entscheidung nicht mehr berücksichtigt wurde. Dies gilt aber auch, wenn bloßes Nichtbestreiten i.S.d. § 138 Abs. 3 ZPO als gerichtliches Geständnis vom Gericht behandelt wurde.[88]

cc) Hinweisfälle

125 Bei diesen Fällen geht es um die richtige Anwendung des § 139 ZPO durch das Gericht. Dabei ist jedoch bereits zu berücksichtigen, dass nicht jeder Verstoß gegen die richterliche Hinweispflicht gleichzeitig einen Verstoß gegen das rechtliche Gehör begründet und damit eine Gehörsrüge begründet wäre.

126 *Tipp*

Sollte Ihnen im Rahmen der mündlichen Verhandlung vom Gericht ein Hinweis erteilt werden und Sie können auf diesen Hinweis nicht sofort reagieren, müssen Sie eine Erklärungsfrist nach § 139 Abs. 5 ZPO beantragen, um insbesondere die Präklusionsvorschriften zu umgehen.

127 Grundsätzlich darf das Gericht ohne vorherigen Hinweis nicht Anforderungen an den Sachvortrag stellen oder auf rechtliche Gesichtspunkte abstellen, mit denen auch eine gewissenhafte und kundige Partei nach dem bisherigen Prozessverlauf nicht zu rechnen brauchte.[89] Mit anderen Worten darf das Gericht keine Überraschungsentscheidungen fällen. Dabei geht es häufig um die Frage, ob das Gericht einen Klagevortrag als unsubstantiiert behandeln durfte, ohne vorher hierauf hingewiesen zu haben. Dies wird

---

86 Zöller/*Vollkommer*, § 321a Rn 8.
87 Zu weiteren Beispielen: Zöller/*Vollkommer*, § 321a Rn 9a.
88 BVerfG NJW 2001, 1565; zu weiteren Einzelfällen: Zöller/*Vollkommer*, § 321a Rn 9.
89 BVerfGE 84, 190; 86, 144; 98, 263.

man nur dann annehmen können, wenn der Gegner bereits auf die Unsubstantiiertheit des Vortrages hingewiesen hat.

> **Tipp** 128
>
> Aus § 139 Abs. 4 ZPO ergibt sich, dass derjenige Hinweis, der nicht aktenkundig gemacht wurde, als nicht gegeben anzusehen ist.

dd) Nichtberücksichtigungsfälle

In dieser Kategorie geht es um Fälle, in denen ein Urteil unter keinem denkbaren Aspekt 129 rechtlich vertretbar ist.[90] In diesen Fällen wird neben der Verletzung des rechtlichen Gehörs auch ein Verstoß gegen das Willkürverbot vorliegen.[91]

> **Hinweis** 130
>
> Auch bei dieser Fallgruppe ist zunächst zu prüfen, ob nicht bereits ein Antrag nach den §§ 319–321 ZPO zum Erfolg führt.

b) Entscheidungserheblichkeit

Von einer Entscheidungserheblichkeit ist immer dann auszugehen, wenn das Gericht 131 ohne den Verstoß gegen das rechtliche Gehör zu einer anderen Entscheidung gekommen wäre. Dabei reicht es jedoch bereits aus, dass eine dem Beschwerdeführer günstigere Entscheidung nicht ausgeschlossen werden kann, wenn das Gericht dem Anspruch auf rechtliches Gehör gerecht geworden wäre. Es muss nicht feststehen, dass eine andere Entscheidung auch tatsächlich ergangen wäre.[92]

Bei den **Pannenfällen**, insbesondere wenn Beweisangebote zu entscheidungserheblichen 132 Tatsachen übergangen wurden, beruht das Urteil auf der Gehörsverletzung, weil nicht ausgeschlossen werden kann, dass das Gericht nach Erhebung dieser Beweise zu einer dem Beschwerdeführer günstigeren Entscheidung gekommen wäre.

Bei den **Präklusionsfällen** beruht die Entscheidung auf der Gehörsverletzung, wenn 133 nicht ausgeschlossen werden kann, dass die Entscheidung bei einer dem Anspruch auf rechtliches Gehör entsprechenden Bemessung der Fristen und der Berücksichtigung des Vortrages anders ergangen wäre.

Bei den **Hinweisfällen** ist vom Beschwerdeführer vorzutragen, dass bei einem entspre- 134 chenden Hinweis des Gerichts noch weiter vorgetragen worden wäre, um den nach Auffassung des Gerichts unsubstantiierten Vortrag zu ergänzen, oder aber, dass noch Beweise für die streitigen Tatsachen angegeben worden wären. Im letzteren Fall sind die Beweise jedoch schon zu benennen.

---

[90] Zöller/*Vollkommer*, § 321a Rn 11.
[91] Weitere Beispiele bei Zöller/*Vollkommer*, § 321a Rn 11.
[92] Zöller/*Vollkommer*, § 321a Rn 12.

4. Rechtsfolgen der Gehörsrüge

135 Durch die Einführung der Gehörsrüge tritt im Rahmen ihres Anwendungsbereichs die formelle Rechtskraft erst mit dem Ablauf der in § 321a Abs. 2 S. 2 ZPO normierten Notfrist ein.

136 Bereits mit der Erhebung der Gehörsrüge besteht nach § 321a Abs. 6 i.V.m. § 707 Abs. 1 S. 1, Abs. 2 ZPO die Möglichkeit, die vorläufige Einstellung der Zwangsvollstreckung zu beantragen.[93]

137 Wenn das Gericht die Gehörsrüge als unzulässig verwirft oder als unbegründet abweist, ist eine derartige Entscheidung nicht anfechtbar (§ 321a Abs. 4 S. 3 ZPO).

138 Hält das Gericht die Gehörsrüge für begründet, wird der Prozess fortgeführt (§ 321a Abs. 4 S. 1 ZPO). Dabei wird der Prozess an der Stelle aufgenommen, an der er sich zum Schluss der letzten mündlichen Verhandlung befand (§ 321a Abs. 5 S. 2 ZPO). Die Vorschrift ist insoweit dem § 342 ZPO nachgebildet.

5. Gebühren

139 Wird die Gehörsrüge als unzulässig oder unbegründet zurückgewiesen, so löst dies eine Gerichtsgebühr nach Nr. 1700 KVGVG in Höhe von 50 EUR aus. Diese Gebühr ist streitwertunabhängig.[94]

140 Für den Anwalt, der bereits das Ausgangsverfahren betrieben hat, löst die Gehörsrüge keinen weiteren Gebührentatbestand aus (§ 19 Abs. 1 S. 2 Nr. 5 RVG). Wenn der Anwalt nur für das Rügeverfahren beauftragt wird, kann er eine 0,5 Gebühr nach RVG VV-Nr. 3330 liquidieren. Der Gegenstandswert richtet sich nach § 23 Abs. 2 S. 3 RVG.

C. Muster

I. Muster: Anregung einer abgesonderten Verhandlung über die Zuständigkeit (§ 280 ZPO)

141 An das

Amtsgericht

in ▨▨▨▨

In dem Rechtsstreit

▨▨▨▨ ./. ▨▨▨▨

rüge ich die fehlende örtliche und sachliche Zuständigkeit des Amtsgerichts ▨▨▨▨.

Ich rege an, über die Zuständigkeit nach § 280 ZPO abgesondert zu verhandeln.

---

93 Siehe Muster Rdn 150.
94 Einzelheiten bei *Schneider*, NJW 2002, 1094.

Die örtliche Zuständigkeit des Amtsgerichts ist nur dann gegeben, wenn – wie der Kläger vorträgt – seine Allgemeinen Geschäftsbedingungen Vertragsbestandteil geworden sind. Die Einbeziehung der Allgemeinen Geschäftsbedingungen in den Vertrag ist jedoch gerade zwischen den Parteien streitig.

Hinzu kommt, dass hier eine Forderung von dem Kläger geltend gemacht wird, die grundsätzlich in die sachliche Zuständigkeit des Landgerichts gehört. Es ist daher für den Fall, dass nach der Auffassung des Gerichts die Allgemeinen Geschäftsbedingungen Vertragsbestandteil geworden sind, zudem zu überprüfen, ob die Klausel wirksam auch eine Vereinbarung über die sachliche Zuständigkeit des Amtsgerichts enthält.

Rechtsanwalt

II. Muster: Klage auf Vornahme einer Handlung und Zahlung einer Entschädigung (§ 510b ZPO)

An das
Amtsgericht
in

Klage

In dem Rechtsstreit
des

– Kläger –

Prozessbevollmächtigte: RAe

gegen
den

– Beklagter –

Prozessbevollmächtigte: RAe

beantrage ich namens und in Vollmacht des Klägers:

> Der Beklagte wird verurteilt, binnen einer vom Gericht zu setzenden Frist (oder: innerhalb von einer Woche) die auf dem Grundstück Gemarkung , Flur , Flurstück , befindliche Schrankenanlage, bestehend aus , zu beseitigen und nach ergebnislosem Ablauf der Frist eine hinsichtlich ihrer Höhe in das Ermessen des Gerichts gestellte Entschädigung (oder: 3.500 EUR als Entschädigung) zu zahlen.

Sollte der Beklagte sich nicht innerhalb der vom Gericht gesetzten Frist gegen die Klage verteidigen, wird der Erlass eines

> Versäumnisurteils nach § 331 Abs. 3 ZPO

beantragt.

Mönnig 1455

Begründung:

Der Kläger ist Eigentümer des unbebauten Grundstücks in der Gemarkung ▓▓▓, Flur ▓▓▓, Flurstück ▓▓▓. Zu diesem Grundstück führt nur der im Eigentum des Beklagten stehende Weg, Flur ▓▓▓, Flurstück ▓▓▓. Zu Gunsten des Grundstücks des Klägers ist zu Lasten des Grundstücks des Beklagten ein Wegerecht im Grundbuch eingetragen.

Der Kläger beabsichtigt nunmehr, das in seinem Eigentum stehende Grundstück mit einem Wohnhaus zu bebauen. Die Arbeiten sollen vom Bauunternehmer X ausgeführt werden und in acht Wochen beginnen. Der Beklagte, der mit der Bebauung des Grundstücks aus rechtlich nicht relevanten Gründen nicht einverstanden ist, hat von der geplanten Bebauung erfahren. Er hat daraufhin auf dem in seinem Eigentum stehenden Weg eine Schrankenanlage, bestehend aus ▓▓▓, errichtet und diese mit einem Schloss versehen, sodass der ungehinderte Zugang des Klägers zu seinem Grundstück nicht mehr möglich ist.

Der Bauunternehmer X hat dem Kläger erklärt, dass er entsprechend den vertraglichen Bedingungen mit dem Kläger die Arbeiten beginnen müsse. Ihm sei es nicht möglich, in der Kürze der Zeit einen anderen Auftrag auszuführen. Die Tage, an denen nicht auf der Baustelle des Klägers gearbeitet werden könne, müssten daher dem Kläger in Rechnung gestellt werden. Dabei sei aufgrund der Stundenlohnvereinbarung zwischen den Parteien von einem Betrag von täglich 500 EUR auszugehen.

Ich bitte um möglichst kurzfristige Terminierung, da die Sache, wie sich aus dem Vorstehenden ergibt, eilbedürftig ist.

Der Streitwert wird gem. § 3 ZPO von hier mit ▓▓▓ EUR[95] angegeben. Auf dieser Grundlage wird ein Gerichtskostenvorschuss von ▓▓▓ EUR eingezahlt.

▓▓▓

Rechtsanwalt

▲

III. Muster: Sofortige Beschwerde nach § 793 ZPO bei Vollstreckung der Erfüllungshandlung des Gläubigers aus einem Urteil nach § 510b ZPO

▼

143 An das

Landgericht
– Beschwerdekammer –
in ;
über das Amtsgericht
– Vollstreckungsgericht –
zu Az: ▓▓▓
in ▓▓▓

Sofortige Beschwerde nach § 793 ZPO

In der Zwangsvollstreckungssache

---

[95] Es ist nicht die Höhe der Entschädigungsleistung ausschlaggebend (siehe Rdn 60).

des ▓▓▓

— Gläubiger und Erinnerungsgegner —

Verfahrensbevollmächtigte: RAe ▓▓▓

gegen

den ▓▓▓

— Schuldner und Erinnerungsführer —

Verfahrensbevollmächtigte: RAe ▓▓▓

legen wir hiermit im Namen und in Vollmacht des Schuldners gegen die Entscheidung des Amtsgerichts — Vollstreckungsgerichts — vom ▓▓▓, Az: ▓▓▓,

Beschwerde

ein.

Es wird beantragt,

die angefochtene Entscheidung aufzuheben.

Begründung:

Der Gläubiger hat gegen den Schuldner ein Urteil des Amtsgerichts ▓▓▓ erwirkt, nach dem der Schuldner verpflichtet ist, folgende Handlung innerhalb einer Frist von ▓▓▓ durchzuführen: ▓▓▓.

Für den Fall, dass innerhalb dieser Frist diese Handlung nicht durch den Schuldner durchgeführt wurde, ist der Schuldner nach dem Urteil verpflichtet, Schadensersatz in Höhe von ▓▓▓ an den Gläubiger zu zahlen.

Die vollstreckbare Ausfertigung des Titels wurde dem Schuldner ausweislich der in der Anlage beigefügten Zustellbescheinigung am ▓▓▓ zugestellt.

Der Gläubiger hat mit Schreiben vom ▓▓▓ beantragt,

1. den Gläubiger zu ermächtigen, die dem Schuldner nach dem Urteil des Amtsgerichts obliegende vertretbare Handlung, nämlich ▓▓▓, auf Kosten des Schuldners im Wege der Ersatzvornahme durch den Gläubiger oder einen von ihm zu beauftragenden Dritten vornehmen zu lassen,
2. anzuordnen, dass der Schuldner die im Wege der Ersatzvornahme notwendigen Maßnahmen, nämlich ▓▓▓, zu dulden hat,
3. den Schuldner zu verurteilen, an den Kläger für die durch die nach Ziff. 1 vorzunehmende Ersatzvornahme einen Kostenvorschuss in Höhe von ▓▓▓ EUR zu zahlen,
4. gegen den Schuldner zur Erzwingung der im vollstreckbaren Urteil des Amtsgerichts ▓▓▓ niedergelegten Verpflichtung, ▓▓▓, ein Zwangsgeld bis zu 25.000 EUR und für den Fall, dass dieses nicht beigetrieben werden kann, ersatzweise Zwangshaft von bis zu sechs Monaten festzusetzen.

Mit der angefochtenen Entscheidung vom ▓▓▓ ist das Amtsgericht diesen Anträgen gefolgt.

Gegen diese am ▓▓▓ zugestellte Entscheidung richtet sich die vorliegende sofortige Beschwerde.

§ 14 Das Verfahren vor den Amtsgerichten und das Fortsetzungsverfahren nach § 321a ZPO

Die angefochtene Entscheidung ist fehlerhaft, da das amtsgerichtliche Urteil auf einen Antrag des Gläubigers nach § 510b ZPO erfolgte. Bei einem derartigen Verfahren ist jedoch die Vollstreckung des Erfüllungstitels grundsätzlich ausgeschlossen (§ 888a ZPO).

Es wird gebeten, der Beschwerde durch Aufhebung der angefochtenen Entscheidung nach § 572 Abs. 1 ZPO abzuhelfen. Andernfalls wird gebeten, die sofortige Beschwerde dem Beschwerdegericht vorzulegen und die Nichtabhilfegründe mitzuteilen.

Rechtsanwalt

IV. Muster: Vollstreckungsgegenklage nach Urteil über die Vornahme einer Handlung und Zahlung einer Entschädigung nach § 510b ZPO

144 Siehe allgemein zu einer Vollstreckungsabwehrklage: *Goebel*, AnwaltFormulare Zwangsvollstreckung, 5. Aufl. 2015, § 16 Rn 323 ff., 567.

▼

An das
Amtsgericht
in

Klage nach § 767 ZPO

In dem Rechtsstreit
des ▓▓▓ *[Schuldner]*

– Kläger –

Prozessbevollmächtigte: RAe ▓▓▓
gegen
den ▓▓▓ *[vollstreckender Gläubiger]*

– Beklagter –

Prozessbevollmächtigte: RAe ▓▓▓
wegen Unzulässigkeit der Zwangsvollstreckung
beantrage ich namens und in Vollmacht des Klägers:

1. Die Zwangsvollstreckung aus dem ▓▓▓ [96] wird in Höhe von 3.100 EUR für unzulässig erklärt.
2. Die Zwangsvollstreckung aus dem im Antrag zu 1.) bezeichneten Titel wird einstweilen ohne, hilfsweise gegen Sicherheitsleistung eingestellt.

Sollte sich der Beklagte nicht innerhalb der vom Gericht gesetzten Frist gegen die Klage verteidigen, wird der Erlass eines

Versäumnisurteils nach § 331 Abs. 3 ZPO

beantragt.

---

[96] Genaue Bezeichnung des Titels.

C. Muster § 14

Begründung:

Der Beklagte und Gläubiger hat gegen den Schuldner und Kläger aus ▓▓▓▓ [97] einen Anspruch auf Zahlung von ▓▓▓▓.[98]

Beweis: Vorlage des Vollstreckungstitels in beglaubigter Abschrift;

Beiziehung der Verfahrensakten des erkennenden Gerichts mit dem Az: ▓▓▓▓

Die vollstreckbare Ausfertigung des Titels wurde dem Schuldner ausweislich der in der Anlage beigefügten Zustellbescheinigung am ▓▓▓▓ zugestellt.

Beweis: Im Bestreitensfall Vorlage der Zustellungsurkunde vom ▓▓▓▓

Der Beklagte betreibt die Zwangsvollstreckung gegen den Kläger als Schuldner aus dem vorbezeichneten Titel.

Beweis: Vorlage des Pfändungsprotokolls des Gerichtsvollziehers ▓▓▓▓ vom ▓▓▓▓ Az: ▓▓▓▓ in beglaubigter Abschrift;

Vorlage des Pfändungs- und Überweisungsbeschlusses vom ▓▓▓▓ Az: ▓▓▓▓ in beglaubigter Abschrift

Der Beklagte hat mit ▓▓▓▓ angedroht, aus dem vorbezeichneten Titel die Zwangsvollstreckung zu betreiben.

Die Zwangsvollstreckung aus dem bezeichneten Titel ist jedoch unzulässig, weil dem Beklagten als Gläubiger der im Vollstreckungstitel verbriefte Anspruch in Höhe von 3.100 EUR nicht mehr zusteht.

Es wird ausdrücklich darauf hingewiesen, dass das erkennende Gericht im Verfahren Az: ▓▓▓▓ eine Entscheidung nach § 510b ZPO gefällt hat. Dabei hat es, den Angaben des Gläubigers folgend, einen Entschädigungsbetrag von 3.500 EUR nach freiem Ermessen festgesetzt. Der Gläubiger hatte vorgetragen, dass dem Bauunternehmer X für jeden Tag, den er nicht auf der Baustelle des Beklagten arbeiten könne, ein Betrag von 500 EUR vom Gläubiger zu zahlen sei.

Der Bauunternehmer X und der Gläubiger haben sich jedoch nach Erlass des Urteils im Ausgangsverfahren darauf geeinigt, dass pro Tag lediglich ein Betrag von 200 EUR zu zahlen ist.

Beweis: Vorlage der Vereinbarung des Bauunternehmers X mit dem Beklagten in Kopie;

Vernehmung des Bauunternehmers X

Im Übrigen hat der Kläger zwei Tage nach Ablauf der ihm im Urteil gesetzten Frist die Schrankenanlage beseitigt, sodass dem Gläubiger ungehinderter Zugang zu seinem Grundstück eingeräumt wurde.

Der Entschädigungsbetrag kann daher allenfalls 400 EUR betragen.

Der Antrag auf einstweilige Einstellung der Zwangsvollstreckung begründet sich aus § 769 ZPO. Soweit die tatsächlichen Behauptungen glaubhaft zu machen sind, wird auf

---

[97] Genaue Bezeichnung des Titels.
[98] Bezeichnung der Vollstreckungsforderung.

die in der Anlage beigefügten Urkunden sowie auf die ebenfalls beigefügte eidesstattliche Versicherung gem. § 294 ZPO verwiesen. Nachdem sich die Erfolgsaussicht der Klage schon aus den vorgelegten Urkunden ergibt, ist die Zwangsvollstreckung ohne Sicherheitsleistung einzustellen.

Es wird gebeten, über den Antrag auf einstweilige Einstellung der Zwangsvollstreckung ohne Anhörung des Gläubigers und Beklagten unverzüglich zu entscheiden, da nach der Pfändung die alsbaldige Verwertung droht.

Der Streitwert ist gem. § 3 ZPO mit dem Wert der Einwendung in Höhe von 3.100 EUR zu bestimmen, da die Erklärung der Unzulässigkeit der Zwangsvollstreckung allein in Höhe von 3.100 EUR begehrt wird.

Auf dieser Grundlage wird ein Gerichtskostenvorschuss in Höhe von ▓▓▓▓▓ EUR eingezahlt und um unverzügliche Zustellung gebeten.

Rechtsanwalt

V. Muster: Anregung auf Durchführung eines Verfahrens nach billigem Ermessen gem. § 495a ZPO

▼

An das
Amtsgericht
in ▓▓▓▓▓

Klage

In dem Rechtsstreit
des ▓▓▓▓▓

– Kläger –

Prozessbevollmächtigte: RAe ▓▓▓▓▓
gegen
den ▓▓▓▓▓

– Beklagter –

wegen Forderung

beantrage ich namens und in Vollmacht des Klägers:

> Der Beklagte wird verurteilt, 300 EUR nebst 5 Prozentpunkten über dem Basiszinssatz ab Rechtshängigkeit zu zahlen.

Ich rege im Hinblick auf den geringen Streitwert an, das Verfahren nach § 495a ZPO anzuordnen und von einer Terminsbestimmung abzusehen.

Sollte sich der Beklagte nicht innerhalb der vom Gericht gesetzten Frist gegen die Klage verteidigen, wird der Erlass eines

> Versäumnisurteils nach § 331 Abs. 3 ZPO

beantragt.

Eine Verhandlung vor einer Gütestelle hat nicht stattgefunden. Eine Einigung im Rahmen einer Güteverhandlung erscheint derzeit ausgeschlossen.

Begründung:

Die Parteien schlossen am 20.4.2003 einen schriftlichen Kaufvertrag über vier Autoreifen.

    Beweis: Vorlage des Kaufvertrages – **Anlage A 1** –

Der Beklagte hat die Reifen am 22.4.2003 abgeholt, ohne den Kaufpreis zu entrichten. Der Kläger mahnte den Beklagten mit Schreiben vom 20.5.2003 an, den Kaufpreis bis zum 10.6.2003 zu zahlen.

    Beweis: Schreiben des Klägers vom 20.5.2003 – **Anlage A 2** –

Der Beklagte schrieb dem Kläger daraufhin, dass er derzeit aufgrund finanzieller Schwierigkeiten nicht in der Lage sei, den Kaufpreis zu zahlen. Er bat um Geduld.

    Beweis: Schreiben des Beklagten vom 1.6.2003 – **Anlage A 3** –

Der Kläger ist jedoch nicht länger bereit, auf sein Geld zu warten.

Im Hinblick auf diesen klaren und einfach gelagerten Sachverhalt rege ich nochmals auch unter Kostengesichtspunkten an, das Verfahren nach § 495a ZPO anzuordnen.

Rechtsanwalt

VI. Muster: Anregung, von einem Verfahren nach § 495a ZPO Abstand zu nehmen

An das
Amtsgericht
in

                      Klage

In dem Rechtsstreit
des

                                              – Kläger –

Prozessbevollmächtigte: RAe

gegen
den

                                            – Beklagter –

wegen: Feststellung

vorläufiger Streitwert: 300 EUR

beantrage ich namens und in Vollmacht des Klägers:

Es wird festgestellt, dass dem Beklagten gegen den Kläger keinerlei Ansprüche aus dem zwischen den Parteien am ▓▓▓ geschlossenen Vertrag zustehen.

Sollte sich der Beklagte nicht innerhalb der vom Gericht zu setzenden Frist gegen die Klage verteidigen, wird der Erlass eines

Versäumnisurteils nach § 331 Abs. 3 ZPO

beantragt.

Ich bitte zudem darum, von einer Anordnung eines Verfahrens nach § 495a ZPO Abstand zu nehmen, da die Sache – wie sich aus der Begründung ergibt – grundsätzliche Bedeutung hat. Der Beklagte macht Ansprüche geltend, die ihm nur dann zustehen, wenn eine Klausel in den von dem Beklagten verwendeten Allgemeinen Geschäftsbedingungen gültig ist. Nach Auffassung des Klägers ist diese Klausel jedoch unwirksam, da diese Klausel den Vertragspartner unangemessen benachteiligt. Soweit erkennbar, ist eine derartige Klausel von den Gerichten noch nicht an den Grundsätzen der §§ 305 ff. BGB gemessen worden.

Begründung:

Rechtsanwalt

VII. Muster: Streitwertbeschwerde nach Bestimmung des Zuständigkeitsstreitwertes im Verfahren nach § 495a ZPO

147 An das

Amtsgericht

in ▓▓▓

In dem Rechtsstreit

▓▓▓ ./. ▓▓▓

lege ich namens und in Vollmacht des Klägers/Beklagten

sofortige Beschwerde

gegen den Streitwertbeschluss des Amtsgerichts ▓▓▓ vom ▓▓▓ ein.

Begründung:

Das Gericht hat mit Beschl. v. ▓▓▓ den (Zuständigkeits-)Streitwert auf ▓▓▓ *[unter 600 EUR]* festgesetzt. Hiergegen richtet sich die sofortige Beschwerde.

Die sofortige Beschwerde gegen den Streitwertbeschluss ist hier zulässig, da das Gericht zudem das Verfahren nach § 495a ZPO angeordnet hat (LG München I, NJW-RR 2002, 425).

Sie ist auch begründet, weil ▓▓▓.

Es wird gebeten, der Beschwerde durch die Aufhebung der angefochtenen Entscheidung nach § 572 Abs. 1 ZPO abzuhelfen. Andernfalls wird gebeten, die sofortige Beschwerde dem Beschwerdegericht vorzulegen und die Nichtabhilfegründe mitzuteilen.

Ich bitte darum, das Verfahren bis zur Entscheidung über die sofortige Beschwerde nicht fortzuführen, da erst nach Entscheidung hierüber klar ist, ob das Amtsgericht überhaupt das Verfahren nach billigem Ermessen durchführen darf.

Rechtsanwalt

VIII. Muster: Antrag auf mündliche Verhandlung nach § 495a S. 2 ZPO

▼

An das

Amtsgericht

in

In dem Rechtsstreit

./.

beantrage ich nach § 495a S. 2 ZPO

die Durchführung einer mündlichen Verhandlung.

Das Gericht hat den Parteien mitgeteilt, dass es eine Beweisaufnahme durch Zeugenvernehmung für erforderlich hält und die Zeugen telefonisch vernehmen möchte. Es ist jedoch aus Sicht des [Klägers/Beklagten] erforderlich, dass sich das Gericht einen unmittelbaren Eindruck von den Zeugen verschafft.

Rechtsanwalt

IX. Muster: Einlegung einer „Willkürrüge" bei Verstößen gegen das Willkürverbot

▼

An das

Amtsgericht/Landgericht

in

In dem Rechtsstreit

des

– Klägers –

Prozessbevollmächtigte: RAe

gegen

den

– Beklagter –

§ 14 Das Verfahren vor den Amtsgerichten und das Fortsetzungsverfahren nach § 321a ZPO

Prozessbevollmächtigte: RAe ▓▓▓▓
wird namens und in Vollmacht des ▓▓▓▓ *[Klägers oder Beklagten]*
gegen die Entscheidung des Gerichtes vom ▓▓▓▓ die „Willkürrüge" erhoben.
Gleichzeitig beantragen wir namens und in Vollmacht des ▓▓▓▓ *[Klägers oder Beklagten],*

> die Zwangsvollstreckung aus dem Urteil des Amts-/Landgerichts ▓▓▓▓ vom ▓▓▓▓, Az.: ▓▓▓▓, ohne Sicherheitsleistung, hilfsweise gegen Sicherheitsleistung in Höhe von ▓▓▓▓ EUR, die der ▓▓▓▓ *[Kläger oder Beklagte]* durch schriftliche, unbedingte, unbefristete und selbstschuldnerische Bürgschaft der Bank/Sparkasse ▓▓▓▓ erbringen kann, einstweilen einzustellen.

Zur **Begründung** wird Folgendes ausgeführt:

Das Bundesverfassungsgericht hat in seiner Entscheidung vom 30.4.2003 (NJW 2003, 1924 ff.) ausgeführt, dass das System der außergerichtlichen Rechtsbehelfe nicht der Rechtsschutzgarantie des Art. 19 Abs. 4 GG entspricht und insbesondere dem Justizgewährungsanspruch des Rechtsuchenden widerspricht. Das Bundesverfassungsgericht hat für den Bereich der Verletzung des Anspruchs auf rechtliches Gehör den Gesetzgeber aufgefordert, bis zum 31.12.2004 diesen Bereich zu kodifizieren. Diesem Auftrag ist der Gesetzgeber durch den Erlass des Anhörungsrügegesetzes nachgekommen. Für den Fall, dass der Gesetzgeber nicht entsprechend tätig wurde, hat das Bundesverfassungsgericht bestimmt, dass nach dem 31.12.2005 auf Antrag vor dem Gericht fortzusetzen ist, welches die Entscheidung erlassen hat. Der ▓▓▓▓ *[Kläger oder Beklagte]* ist der Auffassung, dass dieser Rechtsbehelf, den das Bundesverfassungsgericht eingeführt hat, für den Fall des Verstoßes gegen das Willkürverbot ebenfalls einschlägig ist. Auch bei einem Verstoß gegen das Willkürverbot greifen dieselben Argumente im Hinblick auf die Rechtsschutzgarantie, die das Bundesverfassungsgericht zu seiner Entscheidung vom 30.4.2003 bewogen haben.

Hilfsweise mag das Gericht den Rechtsbehelf als Gehörsrüge nach § 321a ZPO ansehen, da nach dem Bundesverfassungsgericht (Entscheidung vom 23.6.2004, Az.: BvR 496/00) jede Entscheidung, die offenbar unrichtig ist, auch den Anspruch auf rechtliches Gehör verletzt.

Das Gericht hat bei seiner Entscheidung willkürlich gehandelt, indem es ▓▓▓▓.

▓▓▓▓

Rechtsanwalt
▲

X. Muster: Gehörsrüge nach § 321a ZPO

An das

Amtsgericht/Landgericht

in ▓▓▓▓

Rügeschrift

In dem Rechtsstreit

des ▓▓▓▓

— Kläger —

Prozessbevollmächtigte: RAe ▓▓▓▓

gegen

den ▓▓▓▓

— Beklagter —

Prozessbevollmächtigte: RAe ▓▓▓▓

erheben wir namens und in Vollmacht des ▓▓▓▓ *[Klägers oder Beklagten]* gegen das am ▓▓▓▓ verkündete Urteil die Gehörsrüge nach § 321a ZPO.

Gleichzeitig beantragen wir namens und in Vollmacht des ▓▓▓▓ *[Klägers oder Beklagten]*,

die Zwangsvollstreckung aus dem Urteil des Amts-/Landgerichts ▓▓▓▓ vom ▓▓▓▓, Az: ▓▓▓▓, ohne Sicherheitsleistung, hilfsweise gegen Sicherheitsleistung in Höhe von ▓▓▓▓ EUR, die der ▓▓▓▓ *[Kläger oder Beklagte]* durch schriftliche, unbedingte, unbefristete und selbstschuldnerische Bürgschaft der Bank/Sparkasse ▓▓▓▓ erbringen kann, einstweilen einzustellen.

Zur **Begründung** wird Folgendes ausgeführt:

Durch Urt. v. ▓▓▓▓ wurde der ▓▓▓▓ *[Kläger oder Beklagte]* in seinem Anspruch auf das rechtliche Gehör verletzt.

Das Gericht hat

☐ bei seiner Entscheidung den Schriftsatz des Rügeführers vom ▓▓▓▓ nicht berücksichtigt;

☐ das Beweisangebot des Rügeführers im Schriftsatz vom ▓▓▓▓ auf Vernehmung der Zeugen ▓▓▓▓ nicht beachtet;

☐ den Schriftsatz des Rügeführers vom ▓▓▓▓ nicht mehr bei seiner Entscheidung berücksichtigt, da es den Vortrag fehlerhaft für verspätet gehalten hat;

☐ das Vorbringen zum ▓▓▓▓ als unsubstanziiert behandelt, ohne hierauf hinzuweisen;

☐ fälschlicherweise die Tatsache, dass ▓▓▓▓, als unstreitig behandelt.

Diese Verletzung des rechtlichen Gehörs war auch entscheidungserheblich, denn ▓▓▓▓.

Der Antrag auf Einstellung der Zwangsvollstreckung folgt aus § 707 Abs. 1 S. 1 ZPO.

▓▓▓▓

Rechtsanwalt

XI. Muster: Berichtigungsantrag nach § 319 ZPO mit hilfsweiser Erhebung der Gehörsrüge

151

An das

Amtsgericht

in ▓▓▓▓▓

In dem Rechtsstreit

▓▓▓▓▓ ./. ▓▓▓▓▓

beantrage ich die

Berichtigung des Urteils vom ▓▓▓▓▓ nach § 319 ZPO.

Hilfsweise erhebe ich die

Gehörsrüge nach § 321a ZPO.

Begründung:

Der Kläger hat in diesem Verfahren beantragt, den Beklagten zu verurteilen, an ihn 400 EUR nebst 10 % Zinsen hieraus ab dem 20.1.2002 zu zahlen. Zum Verzugszeitpunkt ist vom Kläger vorgetragen worden, dass er den eingeklagten Betrag zunächst beim Beklagten anmahnte und ihm dann mit Schreiben vom 2.1.2002 nochmals eine Frist bis zum 20.1.2002 zur Zahlung setzte.

Das Gericht hat den Beklagten zur Zahlung von 400 EUR nebst 10 % Zinsen ab dem 20.1.2003 verurteilt. Auch in den Entscheidungsgründen ist ausgeführt, dass der Beklagte ab dem 20.1.2003 Zinsen zu zahlen hat.

Es muss sich insoweit um eine offenbare Unrichtigkeit im Sinne des § 319 ZPO handeln, da überhaupt nicht erkennbar ist, warum ab dem 20.1.2003 Zinsen gezahlt werden sollten.

Sollte das Gericht jedoch eine offenbare Unrichtigkeit ablehnen, wird hilfsweise die Gehörsrüge nach § 321a ZPO erhoben. Das Gericht hat nämlich in diesem Fall nicht berücksichtigt, dass im Schriftsatz des Klägers vom ▓▓▓▓▓ zum Verzugseintritt unter Beweisantritt vorgetragen wurde. Wenn das Gericht tatsächlich der Auffassung war, dass dieser Vortrag nicht ausreicht, hätte es hierauf hinweisen müssen. Der Kläger hätte dann noch weiteren Beweis durch Vernehmung des Zeugen ▓▓▓▓▓ angeboten, dass der Beklagte die Schreiben des Klägers auch erhalten hat.

Dieser Verstoß des Gerichts gegen die Hinweispflicht ist auch entscheidungserheblich. Bei der Durchführung der Beweisaufnahme hätte sodann eine Verzinsung ab dem 20.1.2002 ausgesprochen werden müssen.

In der Anlage reiche ich die mir übermittelten Urteilsausfertigungen zwecks Berichtigung ein.

▓▓▓▓▓

Rechtsanwalt

XII. Muster: Gehörsrüge gegen Kostenfestsetzungsbeschluss

An das

Amtsgericht/Landgericht

in ▓▓▓

Rügeschrift

In dem Rechtsstreit

des ▓▓▓

– Kläger –

Prozessbevollmächtigte: RAe ▓▓▓

gegen

den ▓▓▓

– Beklagter –

Prozessbevollmächtigte: RAe ▓▓▓

erheben wir namens und in Vollmacht des ▓▓▓ *[Klägers oder Beklagten]* gegen den am ▓▓▓ zugestellten Kostenfestsetzungsbeschluss die Gehörsrüge nach § 321a ZPO.

Zur **Begründung** wird Folgendes ausgeführt:

Durch Kostenfestsetzungsbeschluss vom ▓▓▓ wurde der ▓▓▓ *[Kläger oder Beklagte]* in seinem Anspruch auf rechtliches Gehör verletzt.

Das Gericht hat ▓▓▓.

Diese Verletzung des rechtlichen Gehörs ist auch entscheidungserheblich, denn ▓▓▓.

▓▓▓

Rechtsanwalt

XIII. Muster: Gehörsrüge gegen einen Beschluss nach § 522 Abs. 2 ZPO

An das

Landgericht

in ▓▓▓

In dem Rechtsstreit

des ▓▓▓

– Klägers und Berufungsklägers –

Prozessbevollmächtigte: RAe ▓▓▓

gegen

den ▓▓▓

– Beklagter und Berufungsbeklagter –

Prozessbevollmächtigte: RAe ▓▓▓

§ 14 Das Verfahren vor den Amtsgerichten und das Fortsetzungsverfahren nach § 321a ZPO

wird namens des Klägers und Berufungsklägers gegen den am ▓▓▓ zugestellten Beschluss des Landgerichts nach § 522 Abs. 2 ZPO die Gehörsrüge nach § 321a ZPO erhoben.

Zur **Begründung** wird ausgeführt:

Der Beschluss des Landgerichts vom ▓▓▓ verletzt den Kläger und Berufungskläger in seinem Anspruch auf rechtliches Gehör.

Das Gericht hat bei seiner Entscheidung ▓▓▓.

Diese Verletzung des rechtlichen Gehörs ist auch entscheidungserheblich, denn ▓▓▓.

▓▓▓

Rechtsanwalt

§ 15 Verfahrensanträge nach Urteilserlass

Frank-Michael Goebel/Regine Förger

Inhalt

	Rdn
A. Einleitung	1
B. Rechtliche Grundlagen	9
I. Der Rechtsmittelverzicht nach § 313a Abs. 2 ZPO – Kosten sparen	9
II. Der Antrag auf Hinausschieben der Urteilszustellung nach § 317 ZPO	23
III. Antrag auf Erteilung der vollstreckbaren Ausfertigung	41
1. Die Voraussetzungen der Erteilung einer vollstreckbaren Ausfertigung	42
2. Die anwaltlichen Gebühren und die Kosten	54
IV. Der Antrag auf Erteilung einer Zustellbescheinigung	58
V. Die Beantragung eines Rechtskraft- oder Notfristzeugnisses	65
VI. Die Berichtigung des Urteils nach § 319 ZPO	83
1. Der Anwendungsbereich von § 319 ZPO	85
2. Die offensichtliche Unrichtigkeit als Berichtigungsvoraussetzung	90
3. Das Verfahren zur Entscheidung über den Berichtigungsantrag	96
4. Rechtsmittel gegen die Entscheidung nach § 319 ZPO	101
5. Die Wirkungen des Berichtigungsbeschlusses	105
6. Die anwaltlichen Gebühren und die gerichtlichen Kosten	108
VII. Der Antrag auf Tatbestandsberichtigung nach § 320 ZPO	111
1. Die Wirkung des Tatbestands	114
2. Der Begriff des Tatbestands	120
3. Die Frist des § 320 ZPO	131
4. Die weiteren Formalien des Antrags und das Verfahren	137
5. Rechtsmittel gegen die Entscheidung des Gerichts	147
6. Die anwaltlichen Gebühren und die gerichtlichen Kosten	153
VIII. Antrag auf Ergänzung des Urteils nach § 321 ZPO	156
1. Die Voraussetzungen der Urteilsergänzung	160
2. Der Urteilsergänzungsantrag ist fristgebunden	169
3. Das Verfahren nach § 321 ZPO	178
4. Rechtsmittel gegen die Entscheidung über den Urteilsergänzungsantrag	189
5. Die anwaltlichen Gebühren und die Kosten bei der Urteilsergänzung	193
IX. Die Rückgabe der Sicherheitsleistung	195
1. Die Rückgabe der Sicherheitsleistung nach § 109 ZPO	195
2. Die Rückgabe der Sicherheitsleistung nach § 715 ZPO	209
3. Die anwaltlichen Gebühren und die gerichtlichen Kosten	218
C. Muster	222
I. Muster: Ankündigung eines Rechtsmittelverzichtes	222
II. Muster: Nachträglicher Rechtsmittelverzicht nach § 313a Abs. 2 ZPO	223
III. Muster: Verspäteter Rechtsmittelverzicht nach §§ 313a Abs. 2, 283 S. 2 ZPO	224
IV. Muster: Antrag auf Urteilsberichtigung nach § 319 ZPO	225

§ 15 Verfahrensanträge nach Urteilserlass

V. Muster: Protokollberichtigung nach § 164 ZPO bei einer offensichtlichen Unrichtigkeit in einem Prozessvergleich . . 226

VI. Muster: Sofortige Beschwerde nach § 319 Abs. 3 ZPO 227

VII. Muster: Tatbestandsberichtigungsantrag nach § 320 ZPO 228

VIII. Muster: Tatbestandsberichtigungsantrag kombiniert mit einem Antrag auf Urteilsergänzung 229

IX. Muster: Antrag auf Urteilsergänzung nach § 321 ZPO – Grundmuster 230

X. Muster: Antrag auf Ergänzung des Urteils wegen fehlender Entscheidung über die vorläufige Vollstreckbarkeit . . . 231

XI. Muster: Antrag auf Ergänzung eines Urteils wegen unterlassener Entscheidung über die Kosten der Nebenintervention 232

XII. Muster: Antrag auf Ergänzung des Urteils wegen unterlassener Zinsentscheidung 233

XIII. Muster: Urteilsergänzung wegen eines unterlassenen Vorbehaltes 234

XIV. Muster: Antrag auf Ergänzung des Urteils über den Vorbehalt im Urkundenverfahren . . 235

XV. Muster: Antrag auf Hinausschieben der Zustellung eines verkündeten Urteils nach § 317 Abs. 1 S. 3 ZPO 236

XVI. Muster: Antrag auf Hinausschieben des Termins zur Verkündung einer Entscheidung 237

XVII. Muster: Antrag auf Zustellung des Urteils nach dessen Hinausschieben 238

XVIII. Muster: Sofortige Beschwerde gegen die Ablehnung der Hinausschiebung der Urteilszustellung nach § 317 Abs. 1 S. 3 ZPO 239

XIX. Muster: Antrag auf Erteilung einer vollstreckbaren Ausfertigung 240

XX. Muster: Antrag auf Erteilung einer um Tatbestand und Entscheidungsgründe ergänzten vollstreckbaren Ausfertigung 241

XXI. Muster: Antrag auf Erteilung einer weiteren vollstreckbaren Ausfertigung gem. § 733 ZPO 242

XXII. Muster: Antrag auf Erteilung einer weiteren vollstreckbaren Ausfertigung unter Rückgabe der bisherigen Ausfertigung 243

XXIII. Muster: Erinnerung nach § 573 ZPO gegen die Verweigerung der Erteilung einer vollstreckbaren Ausfertigung 244

XXIV. Muster: Aufforderung an den Schuldner zum Ausgleich der Forderung aus einem verkündeten Urteil 245

XXV. Muster: Antrag auf Erteilung einer Zustellbescheinigung . . 246

XXVI. Muster: Antrag auf Erteilung eines Rechtskraftzeugnisses 247

XXVII. Muster: Antrag auf Erteilung eines Rechtskraftzeugnisses nach der Berufungsrücknahme 248

XXVIII. Muster: Antrag auf Erteilung eines Notfristzeugnisses . . . 249

XXIX. Muster: Erinnerung nach § 573 ZPO gegen die Verweigerung des Rechtskraftzeugnisses 250

XXX. Muster: Antrag auf Fristbestimmung nach § 109 Abs. 1 ZPO 251

XXXI. Muster: Antrag auf Anordnung der Rückgabe der Sicherheitsleistung nach § 109 Abs. 2 ZPO 252

XXXII. Muster: Antrag auf Anordnung des Erlöschens der zur Sicherheit erbrachten Bürgschaft nach § 109 Abs. 2 ZPO 253

XXXIII. Muster: Antrag auf Anordnung der Rückgabe der Sicherheit nach § 715 ZPO . . 254

XXXIV. Muster: Sofortige Beschwerde gegen die Ablehnung des Antrags auf Fristsetzung nach § 109 Abs. 1 ZPO 255

Literatur

Braun, Verletzung des Rechts auf Gehör und Urteilskorrektur im Zivilprozeß, NJW 1981, 425; *Diller*, Tatbestandsberichtigungsanträge – Sinn und Unsinn, FA 2002, 162; *Doms*, Die neue ZPO – Umsetzung in der anwaltlichen Praxis, NJW 2002, 777; *Fellner*, Tatsachenfeststellung in der ersten Instanz – Bedeutung für das Berufungsverfahren und Korrekturmöglichkeit, MDR 2003, 721; *Haydn*, Der sinnlose Schlagabtausch zwischen den Instanzen auf dem Prüfstand: Für eine Abschaffung der Tatbestandsberichtigung, NJW 2005, 1750; *Hüneke/Austermann*, § 319 ff. ZPO als Durchbrechung des Grundsatzes der Innenbindung des zivilgerichtlichen Urteils, Jura 2009, 50; *König*, Rechenfehler in Anerkenntnisurteilen, MDR 1989, 706; *Krämer*, Kein Ergänzungsurteil bei übersehenem Zurückbehaltungsrecht, BGHReport 2003, 450; *Lindacher*, Divergenzen zwischen Urteilstenor und Entscheidungsgründen, ZZP 88, 64; *Miara*, Die Beteiligung der ehrenamtlichen Richter bei Berichtigungsbeschlüssen nach § 319 ZPO im arbeitsgerichtlichen Verfahren, NZA 1996, 184; *Mümmler*, Voraussetzungen zur Berichtigung eines Beschlusses nach § 319 Abs. 1 ZPO, JurBüro 1978, 167; *Nägele*, Die Berichtigung des Tatbestandes, ArbRB 2006, 378; *Naundorf*, Der verfristete Tatbestandsberichtigungsantrag, MDR 2004, 1273; *Novak*, Zu den Auswirkungen einer Urteilsberichtigung nach § 319 ZPO auf den Lauf von Rechtsmittelfristen, JR 1991, 423; *Pruskowski*, Berichtigung auch bei versehentlicher Verurteilung einer nicht mehr am Verfahren beteiligten Partei, NJW 1979, 931; *Schneider, E.*, Der Beginn der Rechtsmittelfrist bei Urteilsberichtigung, MDR 1986, 377; *Schneider, E.*, Nochmals – Tatbestand und Entscheidungsgründe nach neuem Recht, JuS 1978, 334; *Schneider, E.*, Ein Antrag auf Tatbestandsberichtigung und ein widersprüchlicher zurückweisender Beschluss, MDR 1998, 673; *Stackmann*, Der (Un-)Sinn von Berichtigungsanträgen, NJW 2009, 1537; *Stöber, M.*, Notwendigkeit einer Tatbestandsberichtigung zur Vorbereitung einer Berufung, MDR 2006, 5; *Vollkommer*, Die unzulässige „Berichtigung" des Rubrums, MDR 1992, 642; *Wolter*, Die Urteilsberichtigung nach § 319 ZPO, 1999; *Zimmer*, Möglichkeit der Berichtigung offensichtlicher Unrichtigkeiten beim Prozessvergleich, JZ 2009. 423.

A. Einleitung

Nicht immer ist der Prozess mit der Erwirkung des Urteils beendet. Auch die Arbeit des Bevollmächtigten endet nicht mit dem Erlass des Urteils durch das angerufene Gericht. 1

Der Rechtsanwalt hat auch nach der Verkündung eines Urteils die Interessen seines Mandanten zu wahren. Hierzu kann die Empfehlung gehören, auf Rechtsmittel zu verzichten und so zwei Verfahrensgebühren zu sparen. 2

3 Ist das zugestellte Urteil offensichtlich fehlerhaft, der Tatbestand nicht vollständig oder sind in der Sache entgegen § 308 ZPO nicht alle Anträge beschieden worden, so muss der Rechtsanwalt prüfen, ob

4
- ein Berichtigungsantrag nach § 319 ZPO,
- ein Tatbestandsberichtigungsantrag nach § 320 ZPO oder
- ein Antrag auf Urteilsergänzung nach § 321 ZPO

in Betracht kommt und gestellt werden soll.

5 Auch muss der Rechtsanwalt in Vorbereitung von Rechtsmitteln an einen Antrag auf das Hinausschieben der Zustellung denken.

6 Die Zwangsvollstreckung vor Augen, stellt sich für den Gläubiger die Frage nach der Zustellbescheinigung, dem Rechtskraftzeugnis und der vollstreckbaren Ausfertigung.

7 Ist das Urteil zunächst aufgrund seiner vorläufigen Vollstreckbarkeit gegen Sicherheitsleistung vollstreckt worden oder wurde hierauf nur gegen Sicherheitsleistung verzichtet, so muss die Sicherheit schon aus Kostengründen nach der Rechtskraft des Urteils wieder herausverlangt werden.

8 In Abschnitt B (siehe Rdn 9 ff.) werden nachfolgend die jeweiligen rechtlichen Grundlagen der Tätigkeit des Anwalts im Zusammenhang mit der Verkündung und Zustellung des Urteils erläutert. Die möglichen Anträge werden dann als Muster in Abschnitt C (siehe Rdn 222 ff.) aufgearbeitet.

B. Rechtliche Grundlagen

I. Der Rechtsmittelverzicht nach § 313a Abs. 2 ZPO – Kosten sparen

9 Gem. § 313a Abs. 2 ZPO kann das Gericht in der mündlichen Verhandlung nach entsprechenden Hinweisen ein Urteil ohne Tatbestand und Entscheidungsgründe erlassen, wenn beide Parteien auf Rechtsmittel gegen das Urteil verzichten. Wird nur eine Partei durch das Urteil in der Weise beschwert, dass diese ein Rechtsmittel einlegen könnte, so genügt es, dass der Rechtsmittelverzicht von dieser Partei erklärt wird.

10 Für die mit den Kosten ganz oder teilweise belastete Partei hat diese Vorgehensweise den Vorteil, dass nach Nr. 1211 Nr. 2 KVGKG nur eine einfache gerichtliche Verfahrensgebühr statt der sonst dreifachen Verfahrensgebühr anfällt.

11 *Tipp*

Die Kostenprivilegierung greift nach Nr. 1211 Nr. 4 KVGKG auch dann, wenn die Parteien die Hauptsache übereinstimmend für erledigt erklären und nachfolgend auf Rechtsmittel gegen den Beschluss nach § 91a ZPO verzichten, der dann ohne Darstellung von Gründen ergeht,[1] oder die Parteien sich über die Kostentragungspflicht geeinigt haben und diese Einigung durch das Gericht im Beschluss nach § 91a ZPO

---

1 OLG München MDR 2003, 1443 noch zu der Vorgängerbestimmung in Ziff. 1211b KVGKG. Dies muss aber erst recht nach der Neufassung gelten.

lediglich nachvollzogen wird. Allerdings wird in diesem Fall kein Vollstreckungstitel in der Hauptsache geschaffen.

Ausgeschlossen ist ein Urteil ohne Tatbestand und Entscheidungsgründe nach § 313a Abs. 4 ZPO im Falle der Verurteilung zu einer künftig fällig werdenden wiederkehrenden Leistung, wie etwa einer Unterhaltszahlung sowie in Fällen, in denen die Geltendmachung im Ausland zu erwarten ist. In Familiensachen ist § 38 FamFG zu beachten, der in Teilen dem § 313a ZPO nachgebildet ist (§ 38 Abs. 4 FamFG), jedoch für Ehesachen – mit Ausnahme der eine Scheidung aussprechenden Entscheidung –, in Abstammungssachen sowie in Betreuungssachen eine Begründungspflicht postuliert (§ 38 Abs. 5 FamFG).

Zur Vermeidung von Schwierigkeiten bei der Vollstreckung kann auch dann nicht auf Tatbestand und Entscheidungsgründe verzichtet werden, wenn eine Vollstreckung im Ausland zu erwarten ist. Eine solche Erwartung wird etwa immer dann begründet sein, wenn eine Partei ihren Wohnsitz, Sitz oder Teile ihres Vermögens im Ausland hat, wenn der Streitgegenstand sich im Ausland befindet oder der Antrag auf Zahlung einer ausländischen Geldsumme lautet.

Tipp

Ist zunächst nicht abzusehen, dass eine Vollstreckung des Urteils im Ausland erforderlich wird, ist dies aber auch nicht ausgeschlossen, so muss der Mandant auf die Kostenvorteile des abgekürzten Urteils nicht rein vorsorglich verzichten.

Nach § 30 AVAG[2] kann das Urteil auch noch nachträglich um Tatbestand und Entscheidungsgründe erweitert werden und dann als Grundlage für eine Zwangsvollstreckung im Ausland dienen.[3] § 313a Abs. 5 ZPO erklärt die Vorschrift für entsprechend anwendbar.

Voraussetzung für eine Vorgehensweise nach § 313a Abs. 2 ZPO ist, dass das Urteil in dem Termin ergeht, in dem die mündliche Verhandlung geschlossen wird, d.h. es muss ein sog. Stuhlurteil verkündet werden.

Tipp

Ist ein Urteil notwendig,

- weil etwa nach der Bildung einer Haftungsquote in einer Verkehrsunfallsache der Klage teilweise stattgegeben wird und diese teilweise zurückgewiesen wird, so dass eine Klagerücknahme oder ein Anerkenntnis nicht in Betracht kommt,
- die Parteien eine Vergleichsgebühr bei ihren Bevollmächtigten nicht anfallen lassen wollen,
- jedoch ein Rechtsmittel gegen die Entscheidung nicht beabsichtigt ist,

sollte das Gericht hiervon bereits vorab informiert werden, damit dieses für die mündliche Verhandlung ein Stuhlurteil vorbereitet und dem Mandanten so zwei

---

2 Anhang III bei *Zöller*, ZPO, 30. Aufl. 2014 (nicht mehr in der 32. Aufl.).
3 Vgl. *Wilke*, IPrax 2016, 41 ff.; Zöller/*Feskorn*, § 313b Rn 5.

Verfahrensgebühren erspart werden können.[4] Auf jeden Fall muss der Bevollmächtigte mit seinem Mandanten eine Verfahrensweise nach § 313a Abs. 2 ZPO erörtern, um Kostennachteile für diesen zu vermeiden und damit Haftungsrisiken für sich selbst auszuschließen.

17 Der Rechtsmittelverzicht kann nach § 313a Abs. 3 ZPO vor der Verkündung des Urteils in der mündlichen Verhandlung, im Übrigen schriftlich, aber nicht vorab abstrakt ohne Bezug auf eine bestimmte Entscheidung[5] erklärt werden. Die Erklärung kann aber auch unmittelbar nach der Verkündung des Urteils in der mündlichen Verhandlung erfolgen.

18 Der in der mündlichen Verhandlung erklärte Rechtsmittelverzicht ist nach § 160 Abs. 3 Nr. 9 ZPO zu protokollieren. Anschließend muss der Rechtsmittelverzicht nach § 162 Abs. 1 ZPO erneut vorgespielt und von den Beteiligten genehmigt werden. Dies ist jedoch nicht Wirksamkeitsvoraussetzung.[6]

19 Die Erklärung kann nach § 313a Abs. 3 ZPO auch noch binnen einer Woche nach dem Schluss der mündlichen Verhandlung schriftlich gegenüber dem Gericht abgegeben werden, § 313a Abs. 3 2. Hs. ZPO.[7]

20 *Tipp*

Dies gibt dem Bevollmächtigten die Möglichkeit, nach der Erörterung des Sach- und Streitstandes in der mündlichen Verhandlung das Gericht zu bitten, durch Stuhlurteil zu entscheiden, und nachfolgend dem Mandanten vorzuschlagen, auf Rechtsmittel zu verzichten, wenn die Haltung des Gerichts zunächst weder bekannt noch vorhersehbar war.

21 Soweit die Wochenfrist nach § 313a Abs. 3 ZPO bereits abgelaufen ist, hindert dies den Rechtsmittelverzicht nicht. In analoger Anwendung von § 283 S. 2 ZPO ist das Gericht berechtigt, den Rechtsmittelverzicht auch nach Ablauf dieser Frist noch anzunehmen, da die Frist allein eine Schutzfrist für den organisatorischen Ablauf innerhalb des Gerichts ist.[8] Das Gericht kann also auch dann das Urteil abgekürzt absetzen. Aufgrund der mit dem Verzicht verbundenen Arbeitsentlastung ist regelmäßig davon auszugehen, dass das Gericht den Verzicht auch nachträglich noch annehmen wird.[9]

22 *Hinweis*

Erlässt das Gericht ohne eine entsprechende Zustimmung der Parteien unter Berufung auf § 313a Abs. 2 ZPO ein Urteil ohne einen Tatbestand und liegen auch sonst keine Voraussetzungen für eine solche Verfahrensweise nach § 313a Abs. 1 ZPO oder als

---

4 Muster der Ankündigung des Rechtsmittelverzichtes unter Rdn 222.
5 Zöller/*Feskorn*, ZPO, 32. Aufl. 2018, § 313a Rn 6.
6 BGH MDR 2008, 100 f.; a.A.: OLG Zweibrücken, Beschl. v. 25.7.2002 – 6 WF 65/02 = OLGR 2004, 292; OLG Zweibrücken RPfleger 2000, 461; OLG Düsseldorf, Urt. v. 20.10.2011 – I-6 U 240/10 –, juris zur Protokollierung der Rücknahme eines Einspruchs.
7 Antragsmuster unter Rdn 223.
8 Zölle/*Feskorn*, § 313a Rn 6; *Schneider, E.*, MDR 1985, 906.
9 OLG München, NJW 2015, 1765 f.; Muster eines Rechtsmittelverzichtes nach Ablauf der Wochenfrist des § 313a Abs. 3 ZPO unter Rdn 224.

Versäumnis- oder Anerkenntnisurteil vor, ist das Urteil auf die Berufung hin aufzuheben und zurückzuverweisen.[10]

II. Der Antrag auf Hinausschieben der Urteilszustellung nach § 317 ZPO

Nach Verkündung eines erstinstanzlichen Urteils ist es nach § 317 Abs. 1 S. 1 ZPO den Parteien von Amts wegen zuzustellen.

Mit der Zustellung der erstinstanzlichen Entscheidung beginnen unter anderem die Berufungs- und die Berufungsbegründungsfrist, aber auch die Fristen für die Tatbestandsberichtigung oder die Urteilsergänzung zu laufen.

Wollen die Parteien angesichts des verkündeten erstinstanzlichen Urteils Vergleichsverhandlungen aufnehmen, so stehen sie durch die erfolgte Zustellung und den Beginn des Laufs der Rechtsmittelfristen unter erheblichen zeitlichen Zwängen. Dies birgt die Gefahr in sich, dass entweder die Vergleichsverhandlungen nicht mit der gebotenen Sorgfalt geführt werden können, oder die Prüfung des Urteils auf offensichtliche Unrichtigkeiten, die Richtigkeit und Vollständigkeit des Tatbestands, die Bescheidung aller Anträge und die Aussichten eines Rechtsmittels geprüft und entsprechende Maßnahmen sogar veranlasst werden müssen, ohne dass diese bei einem erfolgreichen Abschluss der Vergleichsverhandlungen zum Tragen kommen und ohne dass insoweit eine gesonderte Vergütung anfällt.

Vor diesem Hintergrund eröffnet § 317 Abs. 1 S. 3 ZPO die Möglichkeit, dass das Prozessgericht auf Antrag beider Parteien[11] die Zustellung des Urteils bis zum Ablauf von fünf Monaten nach der Verkündung hinausschiebt.

Damit wird vermieden, dass eine oder beide Parteien gezwungen sind, allein zur Fristwahrung Rechtsmittel einzulegen und dadurch weitere Kosten zu verursachen, die eine vergleichsweise Einigung der Parteien schwieriger gestalten können.

Beachtet werden muss, dass in arbeitsgerichtlichen Verfahren eine Anwendung von § 317 Abs. 1 S. 3 ZPO ausgeschlossen ist, § 50 Abs. 1 S. 2 ArbGG.

Tipp

Ist zwischen den Parteien bereits nach der mündlichen Verhandlung absehbar, dass Vergleichsverhandlungen aufgenommen werden sollen, die bis zum bestimmten Verkündungstermin noch nicht abgeschlossen sein werden, so können die Parteien auch einen Antrag auf Aussetzung des Termins zur Verkündung der Entscheidung stellen.[12]

§ 317 Abs. 1 S. 3 ZPO verlangt einen übereinstimmenden Antrag[13] beider Parteien. Insoweit ist es erforderlich, dass diese Verfahrensweise zwischen den Prozessbeteiligten erörtert wird und für den Fall der Übereinstimmung sodann jede Partei einen entsprechenden Antrag stellt.

---

10 BGH NJW-RR 2004, 1576 f.; NJW 1999, 1720 f.
11 Antragsmuster unter Rdn 236.
12 Muster eines Antrags auf Hinausschieben eines Verkündungstermins unter Rdn 237.
13 Muster eines Antrags auf Hinausschieben der Zustellung eines Urteils unter Rdn 236.

§ 15 Verfahrensanträge nach Urteilserlass

31 Der Antrag ist an das Prozessgericht zu richten, das die Entscheidung verkündet hat. Soweit das Verfahren dem Anwaltszwang nach § 78 ZPO unterlegen hat, muss auch der Antrag auf Aufschiebung der Zustellung des Urteils durch einen zugelassenen Bevollmächtigten erfolgen.

32 Die Parteien können, müssen aber keinen Termin nennen, bis zu dem die Verkündung des Urteils aufgeschoben werden soll. Nennen die Parteien keinen Termin, wird die Zustellung bis längstens fünf Monate aufgeschoben.

33 Zeichnet sich bereits ab, dass der Zweck des Hinausschiebens der Zustellung, d.h. insbesondere eine vergleichsweise Regelung zu finden, nicht mehr erreicht werden kann, kann jede Partei die unmittelbare Zustellung des bereits verkündeten Urteils verlangen.[14]

34 Nennen die Parteien in ihren Anträgen auf Aufschiebung der Zustellung der verkündeten Entscheidung unterschiedliche Fristen, so hat das Gericht die Zustellung bis zum Ablauf der kürzesten Frist aufzuschieben.[15]

35 *Hinweis*

Eine weitere Bewilligung der Aufschiebung der Zustellung des Urteils ist allerdings möglich. Zeigt sich also, dass die ursprünglich genannte Frist oder die zu berücksichtigende kürzeste Frist nicht ausreicht, um eine abschließende vergleichsweise Regelung zu finden, so können die Anträge auch in den Grenzen der höchst zulässigen Aufschiebung von fünf Monaten wiederholt werden.

36 Der Vorsitzende des Gerichts ist danach verpflichtet, die Zustellung des Urteils hinauszuschieben. Allein dies entspricht auch dem Gedanken der Disposition im Zivilprozessrecht, welche grundsätzlich bei den Parteien liegt.

37 Lehnt das Gericht gleichwohl eine Aufschiebung der Zustellung ab, so ist diese Entscheidung nach §§ 567 ff. ZPO beschwerdefähig.[16]

38 *Hinweis*

Zu beachten ist, dass es sich um eine sofortige Beschwerde handelt, die in der Notfrist des § 569 Abs. 1 ZPO von zwei Wochen zu erheben ist.[17]

39 *Tipp*

Damit das Urteil nicht doch zwischenzeitlich zugestellt wird, sollte die sofortige Beschwerde immer beim Ausgangsgericht eingelegt werden.[18]

40 Für den Antrag auf Hinausschieben der Urteilszustellung fallen keine Gerichtsgebühren an. Auch der Rechtsanwalt erhält für die Antragstellung keine gesonderten Gebühren. Diese zählen zum Rechtszug i.S.d. § 19 RVG.

---

14 Muster eines Antrags auf unmittelbare Zustellung des Urteils unter Rdn 238.
15 Zöller/*Feskorn*, § 317 Rn 3.
16 Zöller/*Feskorn*, § 317 Rn 3..
17 Muster einer sofortigen Beschwerde unter Rdn 239.
18 Zum Beschwerdeverfahren insgesamt vgl. § 18 Rdn 1 ff.

III. Antrag auf Erteilung der vollstreckbaren Ausfertigung

Voraussetzung der Zwangsvollstreckung ist nach § 750 ZPO, dass der Gläubiger über eine vollstreckbare Ausfertigung verfügt und auf dieser Grundlage die Zwangsvollstreckung betreibt.[19]

41

1. Die Voraussetzungen der Erteilung einer vollstreckbaren Ausfertigung

Die vollstreckbare Ausfertigung besteht allein aus dem mit der Vollstreckungsklausel versehenen Rubrum einschließlich der Beschlussformel und dem Tenor und verzichtet mithin auf den Tatbestand und die Entscheidungsgründe.

42

Lediglich wenn die Partei es beantragt,[20] wird ihr eine vollständige vollstreckbare Ausfertigung des Urteils übersandt. Nach § 733 ZPO besteht die Möglichkeit weitere vollstreckbare Ausfertigungen zu erhalten, wenn dies hinreichend begründet wird, etwa verschiedene Vollstreckungsanträge gleichzeitig gestellt werden sollen, um Vermögensmanipulationen des Schuldners zu vermeiden.

43

> *Hinweis*
>
> Einer vollständigen vollstreckbaren Ausfertigung des Urteils mit Tatbestand und Entscheidungsgründen bedarf es unter dem Gesichtspunkt der Zwangsvollstreckung regelmäßig nur dann, wenn der Gläubiger davon ausgehen muss, dass das Vollstreckungsorgan zur ordnungsgemäßen Durchführung der Zwangsvollstreckung auf die Kenntnis der Entscheidungsgründe angewiesen ist, weil sich gegebenenfalls erst hieraus im Wege der Auslegung der tatsächliche Vollstreckungsanspruch abschließend ermitteln lässt. Dies muss dann im Antrag[21] auf Erteilung einer vollstreckbaren Ausfertigung ausdrücklich hervorgehoben werden. Denkbar sind insbesondere Fälle der Verurteilung zu einer vertretbaren Handlung.

44

Bedarf der Gläubiger mehrerer vollstreckbarer Ausfertigungen, weil

45

- er keine Kenntnisse über die Werthaltigkeit des Vermögens des Schuldners hat und mehrere Vollstreckungsarten, wie z.B. die Lohnpfändung und die Mobiliarzwangsvollstreckung gleichzeitig durchführen will,
- er gegen mehrere aus dem Urteil verpflichtete Schuldner gleichzeitig vorgehen will,
- er die erste verloren hat,[22]
- wenn ein Gesamtgläubiger oder ein Mitgläubiger eines unteilbaren Anspruchs gesondert Ausfertigung zur selbstständigen Vollstreckung gegen den Schuldner verlangt,[23]

---

19 Zu den allg. Voraussetzungen der Zwangsvollstreckung vgl. Goebel/*Goebel*, AnwaltFormulare Zwangsvollstreckung, 5. Aufl. 2016, § 2.
20 Muster eines Antrags auf Erteilung einer vollstreckbaren Ausfertigung des Urteils unter Rdn 240 und 241.
21 Muster eines Antrags einer um Tatbestand und Entscheidungsgründe ergänzten vollstreckbaren Ausfertigung des Urteils unter Rdn 241.
22 Zöller/*Seibel*, § 733 Rn 5.
23 Zöller/*Seibel*, § 733 Rn 5.

kann er auf Antrag[24] mehrere vollstreckbare Ausfertigungen nach § 733 ZPO erhalten.[25]

46 Der Antrag auf Erteilung einer vollstreckbaren Ausfertigung kann schon mit der Klageschrift oder der Klageerwiderung verbunden, aber auch gesondert nach dem Erlass des Titels gestellt werden.

47 Der Antrag auf eine vollstreckbare Ausfertigung des Titels muss nicht in Zusammenhang mit der Zustellung des Titels beantragt werden, sondern kann auch jederzeit später gestellt werden.

48 Dies gilt auch dann, wenn der Titel im Hinblick auf den Zeitablauf und eine Vielzahl von Vollstreckungsanträgen Beschädigungen aufweist, die einer weiteren erfolgreichen Vollstreckung entgegenstehen könnten, jedenfalls aufgrund von Rückfragen oder Beanstandungen zu Zeitverlusten führen könnten. In diesem Fall kann unter Rückgabe der beschädigten Ausfertigung ein Antrag[26] auf Erteilung einer „weiteren" vollstreckbaren Ausfertigung gem. § 724 ZPO gestellt werden.[27]

49 *Tipp*

Ist eine Vollstreckung aus einem Titel zunächst fruchtlos verlaufen, so bedeutet dies nicht, dass auch ein Vollstreckungsversuch nach einem gewissen Zeitablauf erfolglos bleibt. So kann der Schuldner wieder in Arbeit gelangen oder aufgrund eines Erbfalls einen Vermögenszuwachs verzeichnen. Ist der Titel dann vernichtet oder sonst nicht mehr aufzufinden, kann ebenfalls eine neue – weitere – vollstreckbare Ausfertigung des Titels erlangt werden.

Kann der Gläubiger durch eidesstattliche Versicherung glaubhaft machen, dass er zu keinem Zeitpunkt die vollstreckbare Ausfertigung eines Urteils mit einem Zahlungstitel gegen den Schuldner besessen hat, und versichert sein Anwalt zudem, dass er die Akte einschließlich der in seinem Besitz befindlichen vollstreckbaren Ausfertigung vernichtet hat, nachdem Zwangsvollstreckungsmaßnahmen aus nachvollziehbaren Gründen aussichtslos erschienen und Aufbewahrungsfristen abgelaufen sind, hat er auch nach über 25 Jahren auf Antrag Anspruch auf Erteilung einer zweiten vollstreckbaren Ausfertigung.[28] Glaubhaftmachung reicht allerdings nicht aus, wenn der vor Erteilung einer zweiten vollstreckbaren Ausfertigung anzuhörende Schuldner nachvollziehbar erwidert, die Klageforderung sei erfüllt, und er habe den daraufhin an ihn ausgehändigten Titel vernichtet. In diesem Fall muss der Gläubiger den Vollbeweis führen.[29]

---

24 Muster eines Antrags auf Erteilung einer weiteren vollstreckbaren Ausfertigung des Urteils nach § 733 ZPO unter Rdn 242.
25 Vgl. hierzu im Einzelnen Goebel/*Goebel*, AnwaltFormulare Zwangsvollstreckung, 5. Aufl. 2016, § 2 Rn 299 ff.
26 Muster eines Antrags auf Erteilung einer weiteren vollstreckbaren Ausfertigung unter Rückgabe der bisherigen Ausfertigung unter Rdn 243.
27 Zöller/*Seibel*, § 733 Rn 3.
28 LAG Niedersachsen, Beschl. v. 23.5.2003 – 5 Ta 276/02.
29 LAG Niedersachsen, Beschl. v. 23.5.2003 – 5 Ta 276/02.

B. Rechtliche Grundlagen § 15

Soweit aufgrund des Zeitablaufs Veränderungen auf Seiten des Gläubigers oder des Schuldners, etwa durch Erbfolge, Unternehmensnachfolge oder Vermögensnachfolge stattgefunden haben, bedarf es ggf. einer vollstreckbaren Ausfertigung mit einer qualifizierten Klausel nach § 727 ZPO. Das Gleiche gilt, wenn die Vollstreckung von einer Bedingung abhängt, die der Gläubiger nachzuweisen hat.[30]   50

Wird die Erteilung der einfachen vollstreckbaren Ausfertigung des Urteils durch den Urkundsbeamten der Geschäftsstelle verweigert, so ist hiergegen die Erinnerung nach § 573 ZPO[31] gegeben.   51

Die Erinnerung ist nach § 573 Abs. 1 S. 3 i.V.m. § 569 Abs. 2 ZPO schriftlich einzulegen. Sie kann auch zu Protokoll der Geschäftsstelle erhoben werden, wenn in dem Erkenntnisverfahren kein Anwaltszwang bestanden hat, § 573 Abs. 1 S. 3 i.V.m. § 569 Abs. 3 Nr. 1 ZPO. Hier gilt es für den Rechtsanwalt, besondere Vorsicht walten zu lassen. Seit 2002 ist die Erinnerung nämlich befristet und muss binnen einer Notfrist von zwei Wochen erhoben werden. Gegen die Entscheidung des Prozessgerichts über die Erinnerung gegen die Entscheidung des Urkundsbeamten der Geschäftsstelle findet nach § 573 Abs. 2 ZPO die sofortige Beschwerde statt. Insoweit kann auf die Ausführungen in § 17 dieses Buches verwiesen werden.   52

Soweit eine qualifizierte Klausel nach den §§ 726 ff. ZPO begehrt wird, ist hierfür der Rechtspfleger zuständig. Wird diese verweigert, so ist hiergegen die sofortige Beschwerde nach § 11 Abs. 1 RPflG i.V.m. §§ 567 ff. ZPO gegeben. Kann der Gläubiger lediglich die notwendigen Voraussetzungen nicht in der erforderlichen Form, nämlich durch öffentliche oder öffentlich beglaubigte Urkunde, nachweisen und liegt auch kein Geständnis des Schuldners im Sinne von § 730 ZPO vor, kann sich der Gläubiger über die Klauselklage nach § 731 ZPO alle Beweismittel der ZPO zugänglich machen.   53

2. Die anwaltlichen Gebühren und die Kosten

Die Anforderung der ersten vollstreckbaren Ausfertigung durch den Prozessbevollmächtigten in der Instanz gehört nach § 19 Abs. 1 Nr. 12 RVG, der dem früheren § 37 Nr. 7 BRAGO entspricht, zum Rechtszug und löst damit keine gesonderte Gebühr aus. Anders verhält es sich nur bei der Klauselklage nach § 731 ZPO, in der die 1,3-Verfahrensgebühr nach Nr. 3100 VV und die 1,2-Terminsgebühr nach Nr. 3104 VV anfällt.   54

> *Tipp*   55
> Die Beantragung einer weiteren vollstreckbaren Ausfertigung stellt dagegen eine besondere Angelegenheit nach § 18 Abs. 1 Nr. 5 RVG, der dem früheren § 58 Abs. 3 Nr. 2 BRAGO entspricht, dar und wird mit einer 0,3-Verfahrensgebühr nach Nr. 3309 VV vergütet. Da sich eine gleichzeitige Vollstreckung mit unterschiedlichen Vollstreckungsarten lohnt, sollte der Gläubiger möglichst immer auch eine weitere vollstreck-

---

[30] Einzelheiten bei Goebel/*Goebel*, AnwaltFormulare Zwangsvollstreckung, § 2 mit den erforderlichen Antragsmustern.
[31] Muster einer Erinnerung nach § 573 ZPO wegen der Verweigerung einer vollstreckbaren Ausfertigung durch den Urkundsbeamten der Geschäftsstelle unter Rdn 244.

bare Ausfertigung beantragen. Allerdings muss beachtet werden, dass für jede weitere vollstreckbare Ausfertigung eine Gebühr von 20 EUR erhoben wird.[32]

56 Wird nach der Verkündung des Urteils der Schuldner bei Vorliegen der vollstreckbaren Ausfertigung und Eintritt der Fälligkeit[33] zur Vermeidung der Zwangsvollstreckung zur Zahlung aufgefordert,[34] so wird damit die Zwangsvollstreckung vorbereitet, so dass ebenfalls eine 0,3-Verfahrensgebühr nach Nr. 3309 VV ausgelöst wird.[35] Ausreichend ist hierfür, dass der Gläubiger eine vollstreckbare Ausfertigung des Titels in Besitz hat und dem Schuldner mit der Aufforderung einen angemessenen Zeitraum zur freiwilligen Erfüllung der titulierten Verpflichtung gewährt hat.[36] Nicht erforderlich ist, dass die vorliegende vollstreckbare Ausfertigung des Titels auch bereits zugestellt wurde.[37] Der BGH ist damit der entgegenstehenden Auffassung[38] entgegengetreten und ist der bisher wohl überwiegenden Auffassung[39] gefolgt.

57 *Tipp*

Ausgehend von dieser aktuellen Klärung der gebührenrechtlichen Streitfrage ist es für den Rechtsanwalt sinnvoll, unmittelbar nach Verkündung des Urteils bei entsprechendem vollstreckungsfähigem Inhalt eine abgekürzte vollstreckungsfähige Ausfertigung des Urteils zu beantragen und den Schuldner unverzüglich zum Ausgleich der Vollstreckungsforderung aufzufordern. Anderenfalls ist dem Schuldner – unter Wahrung einer angemessenen Frist zur freiwilligen Erfüllung der Forderung – die Zwangsvollstreckung anzudrohen. Dabei wird als angemessene Frist allgemein ein Zeitraum von 14 Tagen angesehen.

IV. Der Antrag auf Erteilung einer Zustellbescheinigung

58 Die Zustellung eines verkündeten Urteils ist nach § 317 Abs. 1 ZPO grundsätzlich von Amts wegen zu veranlassen. Damit werden einerseits die Fristen für mögliche Rechtsmittel in Gang gesetzt, andererseits kann damit eine Voraussetzung für die Zwangsvollstreckung nach § 750 ZPO geschaffen werden.

59 *Tipp*

Dies hindert allerdings den Gläubiger nicht, die Zustellung allein zum Zwecke der Schaffung der Voraussetzungen der Zwangsvollstreckung nach § 750 ZPO auch im Parteibetrieb zu veranlassen, wenn einerseits bekannt ist, dass die Amtszustellung erhebliche Zeit in Anspruch nimmt, andererseits aber die Vollstreckung zeitnah begin-

---

32 GK KV 2110.
33 BGH FamRZ 2004, 101 f.
34 Muster einer Zahlungsaufforderung nach Titelerlass unter Rdn 245.
35 BGH NJW-RR 2003, 1581 zur inhaltsgleichen Bestimmung des § 57 Abs. 1 BRAGO.
36 BGH NJW-RR 2003, 1581.
37 BGH FamRZ 2004, 101 f.; NJW-RR 2003, 1581.
38 OLG München MDR 1989, 652; OLG Bremen JurBüro 1984, 298; OLG Düsseldorf JurBüro 1981, 1028.
39 OLG Frankfurt/M. JurBüro 1988, 786; OLG Köln JurBüro 1986, 1582; KG JurBüro 1983, 242; OLG Saarbrücken JurBüro 1982, 242.

nen soll. Dies ist insbesondere dann möglich, wenn das Urteil in der mündlichen Verhandlung verkündet wurde, sich die vollständige Ausfertigung mit Tatbestand und Entscheidungsgründen und damit die Zustellung von Amts wegen verzögert. Zum Zwecke der Zwangsvollstreckung ist lediglich eine vollstreckbare Ausfertigung notwendig, d.h. gerade eine mit der Vollstreckungsklausel versehene Ausfertigung des Urteils ohne Tatbestand und Entscheidungsgründe.

Wird die Zustellung von Amts wegen veranlasst, wird der Zustellungsnachweis, d.h. in der Regel die Zustellungsurkunde oder das Empfangsbekenntnis zu den Gerichtsakten genommen. Soweit die Zustellung durch Aushändigung an einer Amtsstelle erfolgt ist, wird dies lediglich durch einen Aktenvermerk dokumentiert. 60

Da die Zwangsvollstreckung nach § 750 ZPO nur beginnen darf, wenn eine beglaubigte Abschrift des Vollstreckungstitels zugestellt wurde, muss der Rechtsanwalt diese Zustellung nachweisen. 61

Veranlasst der Gläubiger dies nicht im Parteibetrieb aufgrund einer unmittelbar beantragten vollstreckbaren Ausfertigung des Titels, so dass er selbst im Besitz der Zustellungsurkunde ist, kann der Rechtsanwalt auf Antrag[40] von der Geschäftsstelle des die Zustellung veranlassenden Gerichts eine Zustellbescheinigung nach § 169 ZPO erhalten. 62

Tipp 63
Die Zustellungsnachweise werden nach Abschluss des Verfahrens und Ablauf der Aufbewahrungsfrist von regelmäßig fünf Jahren vernichtet. Der Rechtsanwalt sollte daher immer eine Zustellbescheinigung zum Zwecke der Zwangsvollstreckung anfordern, wenn die titulierte Forderung nicht zeitnah ausgeglichen wird und aufgrund der bekannten Vermögensverhältnisse zurzeit kein Vollstreckungsversuch unternommen werden soll. Dies gilt in gleicher Weise für den Antrag auf Erteilung einer beglaubigten Abschrift der Zustellungsurkunde, wenn die Notwendigkeit der Vollstreckung im Ausland nicht auszuschließen ist.[41] Diese Vorgehensweise vermeidet, dass bei einem späteren Vollstreckungsversuch der Titel zunächst erneut zugestellt werden muss und der Schuldner damit gewarnt wird.

Der Bevollmächtigte muss auch berücksichtigen, dass die Zustellbescheinigung den Einwand des Schuldners einer unwirksamen Zustellung nicht ausschließt. 64

V. Die Beantragung eines Rechtskraft- oder Notfristzeugnisses

Gem. §§ 708, 709 ZPO wird ein Urteil in der Regel nur für vorläufig vollstreckbar erklärt, wobei entweder der Gläubiger Sicherheit leisten muss, wenn er die Zwangsvollstreckung beginnen möchte, oder aber der Schuldner Sicherheit leisten kann, um die Zwangsvollstreckung abzuwenden.[42] 65

---

40 Muster eines Antrags auf Erteilung der Zustellbescheinigung unter Rdn 246.
41 Vgl. hierzu § 10 Rdn 1 ff.
42 Zum System der Sicherheitsleistung in der Zwangsvollstreckung, vgl. Goebel/*Goebel* AnwaltFormulare Zwangsvollstreckung, 5. Aufl. 2016, § 2 Rn 135 ff. mit den erforderlichen Mustern.

66 Erwächst der Vollstreckungstitel nachfolgend in Rechtskraft, ist die Sicherheitsleistung nicht mehr erforderlich, so dass die Zwangsvollstreckung leichter betrieben werden kann und der erforderliche Kostenaufwand für die Sicherheit entfällt.

67 Gegenüber dem Vollstreckungsorgan muss die Rechtskraft mittels eines Rechtskraftzeugnisses oder eines Notfristzeugnisses nachgewiesen werden, wenn die Durchführung der Zwangsvollstreckung ohne Sicherheitsleistung beantragt oder deren Fortsetzung entgegen einer Sicherheitsleistung des Schuldners fortgesetzt werden soll.

68 Nach § 706 ZPO kann ein Zeugnis über die Rechtskraft eines Urteils aufgrund der Prozessakten von der Geschäftsstelle des Prozessgerichts im ersten Rechtszug erteilt werden. Befinden sich die Akten noch in einem höheren Rechtszug, wird das Rechtskraftzeugnis von der Geschäftsstelle dieses Gerichts erteilt.

69 Der Rechtsanwalt bedarf eines Rechtskraft- oder Notfristzeugnisses in unterschiedlichen Konstellationen:
- Ist das Urteil lediglich gegen Sicherheitsleistung für vorläufig vollstreckbar erklärt worden, so ist eine Vollstreckung ohne Sicherheitsleistung erst nach Rechtskraft des Urteils möglich. Gegenüber den Vollstreckungsorganen wird die Rechtskraft des Urteils durch Vorlage eines Rechtskraftzeugnisses nach § 706 ZPO nachgewiesen.
- Wurde das Urteil nicht für vorläufig vollstreckbar erklärt, weil eine vorläufige Vollstreckbarkeit kraft Gesetzes ausgeschlossen ist, so tritt die gestalterische Wirkung des Urteils erst mit der Rechtskraft des Urteils ein. Auch hier muss die Rechtskraft gem. § 706 ZPO durch Rechtskraftzeugnis nachgewiesen werden.

> *Hinweis*
> Dies gilt in gleicher Weise nach § 894 ZPO, wenn der Schuldner zur Abgabe einer Willenserklärung verurteilt wurde. Die Willenserklärung gilt nach § 894 Abs. 1 S. 1 ZPO als abgegeben, sobald das Urteil die Rechtskraft erlangt hat.

- Wurde aufgrund eines gegen Sicherheitsleistung für vorläufig vollstreckbar erklärten Urteils die Zwangsvollstreckung betrieben, so kann der Gläubiger die Sicherheit zurückverlangen,[43] wenn das zu vollstreckende Urteil rechtskräftig geworden ist. Eine entsprechende Anordnung nach § 715 ZPO durch das Prozessgericht setzt voraus, dass ein Zeugnis über die Rechtskraft des für vorläufig vollstreckbar erklärten Urteils vorgelegt wird.[44]
- Soll das Urteil im Ausland vollstreckt werden, so kann es nach internationalen oder binationalen Vollstreckungsübereinkommen erforderlich sein, den Eintritt der Rechtskraft der zu vollstreckenden Entscheidung nachzuweisen.

70 Das Rechtskraftzeugnis dient dann dem Nachweis der formellen Rechtskraft, d.h. dem Nachweis, dass gegen die Entscheidung weder ein Rechtsmittel noch ein Einspruch oder eine Rüge nach § 321a ZPO formell möglich ist, d.h. die diesbezüglichen Fristen abgelaufen sind oder auf die Einlegung des Rechtsmittels wirksam verzichtet wurde.

---

[43] S. hierzu nachfolgend Rdn 195.
[44] Vgl. hierzu Goebel/*Goebel*, AnwaltFormulare Zwangsvollstreckung, 5. Aufl. 2016, § 2.

Das Rechtskraftzeugnis wird nicht von Amts wegen erteilt. Es bedarf vielmehr eines ausdrücklichen Antrags.[45]   71

Das Rechtskraftzeugnis kann von den Parteien des Rechtsstreits und den Streithelfern beantragt[46] werden. Besondere Formvorschriften für den Antrag existieren nicht, so dass dieser schriftlich, aber auch zu Protokoll der Geschäftsstelle gestellt werden kann. Nach § 78 Abs. 5 ZPO besteht kein Anwaltszwang.   72

Das Rechtskraftzeugnis wird grundsätzlich von dem Gericht der ersten Instanz aufgrund der dort vorliegenden Prozessakten erteilt.   73

Tipp   74

Nimmt der Berufungskläger die Berufung nach § 516 Abs. 1 ZPO zurück, verliert er sein Berufungsrecht, so dass die Entscheidung unmittelbar rechtskräftig wird.

Auch wenn die Entscheidung hierüber nach § 516 Abs. 3 ZPO von Amts wegen zu ergehen hat, sollte auf die Bekanntgabe der Berufungsrücknahme beantragt[47] werden, dass der Verlust des Rechtsmittels festgestellt wird, dem Berufungskläger auch die weiteren Kosten des Berufungsverfahrens auferlegt werden und – zur Vermeidung von Zeitnachteilen, die durch die Rücksendung der Akten an das erstinstanzliche Prozessgericht entstehen – dass unmittelbar ein Rechtskraftzeugnis erteilt wird.

Ist ein Urteil nur teilweise rechtskräftig,[48] so kann bezüglich des rechtskräftigen Teils auch ein Teilrechtskraftzeugnis erteilt werden.[49] Allerdings setzt das Teilrechtskraftzeugnis voraus, dass jede Möglichkeit einer Änderung im Rechtsmittelzug ausgeschlossen ist.[50]   75

Ist für die Erteilung des Rechtskraftzeugnisses erforderlich, dass gegen ein Urteil kein Rechtsmittel eingelegt wurde, so genügt zu diesem Nachweis nach § 706 Abs. 2 ZPO ein Zeugnis der Geschäftsstelle des Rechtsmittelgerichts, dass bis zum Ablauf der Notfrist eine Rechtsmittelschrift nicht eingereicht wurde, d.h. ein sogenanntes Notfristattestat oder Notfristzeugnis. Mit diesem kann also die Voraussetzung zur Erlangung des Rechtskraftzeugnisses geschaffen werden.[51]   76

Während das Rechtskraftzeugnis vom Gericht des ersten Rechtszuges erteilt wird, wird das Notfristzeugnis auf Antrag[52] vom Rechtsmittelgericht erteilt.   77

Ein Notfristzeugnis hat der Urkundsbeamte der Geschäftsstelle auch dann auszustellen, wenn unklar ist, ob eine Rechtsmittelfrist zu laufen begonnen hat oder unterbrochen   78

---

45 Muster unter Rdn 247.
46 Muster eines Antrags auf Erteilung eines Rechtskraftzeugnisses unter Rdn 247.
47 Muster eines Antrags auf Erteilung eines Rechtskraftzeugnisses nach Rücknahme der Berufung unter Rdn 248.
48 Hierzu BGH NJW 1994, 657 m.w.N. aus der bisherigen Rspr.
49 OLG Oldenburg, MDR 2004, 1999 f.; OLG Karlsruhe Justiz 1971, 51; Zöller/*Seibel*, § 706 Rn 8.
50 KG Berlin KGR 1995, 167; OLG Oldenburg MDR 2004, 1999 f.; Zöller/*Seibel*, § 706 Rn 8.
51 Zöller/*Seibel*, § 706 Rn 10 ff.
52 Muster eines Antrags auf Erteilung eines Notfristzeugnisses unter Rdn 249.

worden ist. In diesem Fall lautet das Zeugnis dahin, dass ein Rechtsmittel „bis heute" oder bis zu einem bestimmten Datum nicht eingelegt worden ist.[53]

79 Wird die Erteilung des Rechtskraftzeugnisses durch den Urkundsbeamten der Geschäftsstelle des Gerichts erster Instanz oder die Erteilung eines Notfristzeugnisses durch den Urkundsbeamten der Geschäftsstelle des Rechtsmittelgerichts verweigert, so kann nach § 573 ZPO die Entscheidung des Prozessgerichts beantragt werden.[54]

80 *Hinweis*

Beachtet werden muss, dass die Erinnerung nach § 573 ZPO seit der ZPO-Reform an eine Notfrist gebunden ist. Die Erinnerung kann nur binnen einer Frist von zwei Wochen beantragt werden. Die Erinnerung ist schriftlich oder zu Protokoll der Geschäftsstelle einzulegen.

81 Gegen die Entscheidung des Prozessgerichts findet sodann sofortige Beschwerde nach §§ 573 Abs. 2, 567 ff. ZPO statt.[55]

82 Für die Erteilung des Rechtskraftzeugnisses oder eines Notfristzeugnisses werden Gerichtsgebühren nicht erhoben. Für den Prozessbevollmächtigten gehört der Antrag auf Erteilung eines Rechtskraftzeugnisses nach § 19 Abs. 1 Nr. 9 RVG zum Rechtszug und ist mit der 1,3-Verfahrensgebühr nach Nr. 3100 VV abgegolten.

Wird von einem anderen Bevollmächtigten statt des Prozessbevollmächtigten später die Vollstreckung betrieben und in diesem Rahmen ein Rechtskraftzeugnis beantragt, so stellt dieser Antrag nach § 18 Nr. 3 RVG keine besondere Angelegenheit dar, ist mithin durch die 0,3-Verfahrensgebühr nach Nr. 3309 VV wegen der betriebenen Vollstreckung abgegolten.

VI. Die Berichtigung des Urteils nach § 319 ZPO

83 Zeigt sich nach der Zustellung des Urteils oder eines Beschlusses, dass die Entscheidung Unrichtigkeiten aufweist, müssen diese berichtigt werden. Anderenfalls drohen insbesondere in der Zwangsvollstreckung Schwierigkeiten. Es gehört zu den anwaltlichen Pflichten des Bevollmächtigten, die Entscheidung auf offensichtliche Unrichtigkeiten zu überprüfen.

84 Als einschlägiges Instrument für die Korrektur offensichtlicher Unrichtigkeiten steht § 319 ZPO zur Verfügung.

---

53 BGH NJW-RR 2003, 1005 = MDR 2003, 826.
54 Muster einer Erinnerung nach § 573 Abs. 1 ZPO wegen der Verweigerung des Rechtskraftzeugnisses unter Rdn 250.
55 Vgl. hierzu § 18 Rdn 1 ff.

1. Der Anwendungsbereich von § 319 ZPO

Über seinen Wortlaut hinaus gilt § 319 ZPO nicht nur für Urteile, sondern auch für verschiedene Beschlüsse. In Betracht kommen hier insbesondere:
- der Kostenfestsetzungsbeschluss,[56]
- der Mahnbescheid,[57]
- der Vollstreckungsbescheid,[58]
- der Verweisungsbeschluss,[59]
- der Tatbestandsberichtigungsbeschluss,[60]
- die Kostenentscheidungen nach § 91a oder § 269 Abs. 3 ZPO,
- der Beschluss über die Regelung des Versorgungsausgleichs,[61]
- der Scheidungsfolgenvergleich,[62]
- der Schiedsspruch,[63]
- das Rubrum im selbstständigen Beweisverfahren.[64]

Hinweis

Für die Berichtigung eines Beweisbeschlusses bedarf es dagegen § 319 BGB nicht. Diese kann auf Anregung der Parteien jederzeit nach § 360 ZPO erfolgen.

Die Berichtigung eines in der mündlichen Verhandlung protokollierten Prozessvergleichs erfolgt dagegen nach § 164 ZPO[65] im Wege der Protokollberichtigung.[66] Allerdings ist zu beachten, dass „unrichtige" Vereinbarungen aufgrund inhaltlicher Irrtümer auf diesem Wege nicht korrigiert werden können,[67] wohl aber das Vergessen der Protokollierung der Widerrufsfrist.[68] Ebenso wird der durch Beschluss gem. § 278 Abs. 6 ZPO festgestellte Vergleich entsprechend § 164 ZPO berichtigt, §§ 278 Abs. 6 S. 3 i.V.m. 164 ZPO.

Tipp

Auch notarielle Urkunden können nach § 319 ZPO von offensichtlichen Unrichtigkeiten befreit werden,[69] was gegenüber einer erneuten Beurkundung Kostenvorteile mit sich bringt.

---

56 OLG München NJW-RR 1996, 51; OLG Koblenz, MDR 2015, 236.
57 OLG Düsseldorf NJW 1999, 2000.
58 OLG Frankfurt/M. NJW-RR 1990, 768.
59 BGH NJW-RR 1993, 700.
60 BGH NJW-RR 1988, 407.
61 OLG Karlsruhe FamRZ 2003, 776.
62 OLG Frankfurt/M. OLGR 2002, 243.
63 OLG Frankfurt/M. OLGR 2004, 310; beachte auch § 1058 ZPO.
64 BVerfG, NJW 2014, 205 f.
65 Zöller/Feskorn, § 319 Rn 3; BAG NJW 2009, 1161 ff.
66 Musterantrag unter Rdn 226.
67 OLG Celle OLGR 2000, 236; 1999, 94.
68 OLG Koblenz, MDR 2013, 618.
69 OLG Frankfurt/M. NJW-RR 1997, 566.

89 *Hinweis*

§ 319 ZPO galt nicht nur im zivilprozessualen Verfahren, sondern in der Vergangenheit auch im Verfahren der freiwilligen Gerichtsbarkeit.[70] Seit dem 1.9.2009 trifft § 42 FamFG hier eine eigenständige Regelung. Auch im arbeitsgerichtlichen Verfahren findet § 319 ZPO über § 46 Abs. 2 ArbGG Anwendung.

2. Die offensichtliche Unrichtigkeit als Berichtigungsvoraussetzung

90 Der Berichtigungsantrag[71] nach § 319 ZPO setzt voraus, dass sich in der Entscheidung eine offensichtliche Abweichung zwischen dem vom Gericht Gewollten und der tatsächlichen Entscheidung erkennen lässt.

91 Dabei muss sich die offensichtliche Unrichtigkeit aus der Entscheidung oder deren Verkündung selbst ergeben. Auch für am Prozess beteiligte Dritte muss sich die Unrichtigkeit ohne Weiteres ergeben können.[72]

92 *Hinweis*

Entscheidend und berichtigungsfähig ist also ein Fehler bei der Willensverlautbarung, nicht dagegen ein Fehler in der Willensbildung.[73]

93 ■ **Checkliste möglicher offensichtlicher Unrichtigkeiten**[74]
- ☐ Schreibfehler[75]
- ☐ Rechenfehler[76]
- ☐ Ungenauigkeiten im Ausdruck[77]
- ☐ Berechnungsfehler durch falsche Eingabe in ein Berechnungsprogramm[78]
- ☐ versehentlich unterbliebene Zulassung der Revision[79]
- ☐ Divergenz zwischen den Entscheidungsgründen und dem Tenor,[80] etwa der Kostenentscheidungsbegründung und dem Tenor, wenn etwa der „falschen" Partei die Kosten auferlegt werden oder die Kostenentscheidung sogar ganz fehlt
- ☐ unklare Kostenentscheidung[81]

---

[70] BGH MDR 1989, 531.
[71] Muster unter Rn 227.
[72] BGH MDR 2016, 607; Zöller/*Feskorn*, § 319 Rn 5.
[73] OLG Koblenz, MDR 2015, 236; OLG Saarbrücken OLGR 2004, 485 = MDR 2005, 47.
[74] Vgl. auch Zöller/*Feskorn*, § 319 Rn 8 ff.
[75] Expressis verbis: §§ 319 Abs. 1, 1058 Abs. 1 Nr. 1 ZPO.
[76] Expressis verbis: §§ 319 Abs. 1, 1058 Abs. 1 Nr. 1 ZPO.
[77] OLG Brandenburg MDR 1997, 1064 (Überschrift eines i.Ü. als solches erkennbaren Urteils mit „Beschluss" auf der Ausfertigung); OLG Zweibrücken MDR 1994, 831; BGH ZIP 1993, 624.
[78] OLG Karlsruhe FamRZ 2003, 776; OLG Bamberg NJW-RR 1998, 1620.
[79] BGH NJW-RR 2001, 61; BAG NJW 2001, 142.
[80] OLG Hamm NJW-RR 2000, 1524.
[81] BayObLG NJW-RR 1997, 57.

- in Bezug auf die Kosten des Streithelfers, wenn sich aus dem Urteil hinreichende Anhaltspunkte ergeben, dass das Gericht in seiner Entscheidung auch über die Kosten des Streithelfers entschieden hat[82]
- unzutreffende Bezeichnung der Prozessbevollmächtigten[83]
- unzutreffende Bezeichnung des gesetzlichen Vertreters[84]
- fehlerhafte Angabe der Grenzen für einen Anspruchszeitraum[85]

> *Hinweis* 94
>
> Mit dem Berichtigungsantrag nach § 319 ZPO kann kein – auch kein offensichtlicher – Rechtsanwendungsfehler berichtigt werden. Diese sind vielmehr im Wege der Berufung nach § 520 Abs. 3 Nr. 2 ZPO zu korrigieren.

Die Berichtigung kann alle Teile des Urteils betreffen, d.h. 95
- das Rubrum,

> *Hinweis*
>
> Im Wege einer Urteilsberichtigung kann auch die nach dem Rubrum beklagte Partei durch eine andere ersetzt werden, wenn sich aus dem übrigen Inhalt des Urteils zweifelsfrei ergibt, dass die andere Partei als Beklagte angesehen wird und verurteilt werden soll.[86]
>
> Nicht zulässig ist der „Parteiwechsel" im Gewand einer vermeintlichen Rubrumsberichtigung.[87]

- den Tenor,[88]

> *Hinweis*
>
> Ist die Zulassung der Rechtsbeschwerde in dem Beschluss des Beschwerdegerichts, des Berufungsgerichts oder des Oberlandesgerichts nicht ausgesprochen worden, kann der Ausspruch im Wege eines Berichtigungsbeschlusses nachgeholt werden, wenn das Gericht die Rechtsbeschwerde in dem Beschluss zulassen wollte und dies nur versehentlich unterblieben ist. Dieses Versehen muss sich aus dem Zusammenhang der Entscheidung selbst oder mindestens aus den Vorgängen bei der Beschlussfassung ergeben und auch für Dritte ohne Weiteres deutlich sein.[89] Nichts anderes gilt, wenn in diesem Sinne die Zulassung der Berufung versehentlich nicht ausgesprochen wurde.[90] Wurde dagegen das Rechtsmittel ausdrücklich nicht zugelassen, kann dies nicht über § 319 ZPO korrigiert werden.[91]

---

[82] OLG Jena, MDR 2009, 1066; OLG Koblenz BauR 2008, 1194; zur Abgrenzung gegen § 321 ZPO: OLG Nürnberg IBR 2008, 130.
[83] Zöller/*Feskorn*, § 319 Rn 14.
[84] LAG München MDR 1985, 170; Zöller/*Feskorn*, § 319 Rn 14.
[85] OLG Düsseldorf v. 21.1.2009 – 2 U 24/07 n.v.
[86] OLG Frankfurt/M. v. 20.4.2005 – 4 W 10/05 = JMBl. NW 2006, 103.
[87] Zöller/*Feskorn*, § 319 Rn 14 m.w.N..
[88] BGH NJW 1999, 646; NJW-RR 1991, 1278.
[89] BGH NJW 2005, 156.
[90] BGH NJW 2013, 2124.
[91] BGH FamRZ 2004, 530.

- den Tatbestand,
- die Entscheidungsgründe und
- letztlich auch die Unterschrift.[92]

3. Das Verfahren zur Entscheidung über den Berichtigungsantrag

96 Der Antrag[93] auf Berichtigung des Tatbestands unterliegt unter den Voraussetzungen des § 78 ZPO dem Anwaltszwang. Im amtsgerichtlichen Verfahren besteht nach § 496 ZPO damit grundsätzlich kein Anwaltszwang. Ungeachtet dessen kann die Berichtigung aber auch von Amts wegen und damit auch auf „Anregung" erfolgen.

97 Zuständig für die Entscheidung über den Berichtigungsbeschluss ist das Gericht, welches die zu berichtigende Entscheidung erlassen hat. Dies kann auch das Rechtsmittelgericht sein.[94]

98 Die Entscheidung über den Berichtigungsantrag erfolgt nach §§ 319, 128 Abs. 4 ZPO durch Beschluss. Einer mündlichen Verhandlung bedarf es nicht. Der Beschluss ist nach § 319 Abs. 2 ZPO auf die zu berichtigende Entscheidung zu setzen, weshalb es sich zur Beschleunigung empfiehlt, die Ausfertigung der zu berichtigenden Entscheidung unmittelbar mit dem Antrag nach § 319 ZPO vorzulegen.

99 *Hinweis*

Der Berichtigungsantrag nach § 319 ZPO ist nicht fristgebunden und kann auch noch nach der Rechtskraft der zu berichtigenden Entscheidung gestellt werden.[95]

100 *Tipp*

In Einzelfällen kann in der Praxis die Abgrenzung zum Ergänzungsantrag nach § 321 ZPO schwierig sein, insbesondere wenn Ausführungen in den Entscheidungsgründen zu einem Antrag vorhanden sind, der Antrag im Tenor aber nicht beschieden wurde. Da der Ergänzungsantrag nach § 321 ZPO an eine Zwei-Wochen-Frist gebunden ist, sollte der Berichtigungsantrag in Zweifelsfällen immer in der Zwei-Wochen-Frist des § 321 Abs. 2 ZPO gestellt werden und hilfsweise die Ergänzung des Urteils beantragt werden.

4. Rechtsmittel gegen die Entscheidung nach § 319 ZPO

101 Die Entscheidung über die Ablehnung der Berichtigung ist unanfechtbar. Auch unter dem Gesichtspunkt der „greifbaren Gesetzwidrigkeit" kommt keine außerordentliche Beschwerde mehr in Betracht.[96]

---

92 BGH NJW 2003, 3057 f.; BGHZ 18, 350.
93 Muster unter Rdn 228.
94 BGH NJW 1989, 1281.
95 OLG Brandenburg MDR 2000, 658.
96 BGH MDR 2002, 901; OLG Frankfurt/M. OLGR 2002, 350.

Hinweis 102

War der Berichtigungsbeschluss im Verfahren der freiwilligen Gerichtsbarkeit in der Vergangenheit mit der einfachen Beschwerde anfechtbar,[97] schließt § 42 Abs. 3 S. 1 FamFG seit dem 1.9.2009 eine solche aus. Es ist mithin der Gleichklang zwischen ZPO und FamFG hergestellt.

Wird dagegen eine Berichtigung durch Beschluss ausgesprochen, so ist dieser Beschluss mit der sofortigen Beschwerde nach §§ 319 Abs. 3, 567 ZPO bzw. § 42 Abs. 3 S. 2 FamFG anfechtbar.[98] 103

Hinweis 104

Gegen eine Beschwerdeentscheidung des Landgerichts als Berufungsgericht, durch die eine Entscheidung eines Amtsgerichts nach § 319 ZPO berichtigt worden ist, findet eine sofortige Beschwerde nicht statt, so dass ein entsprechendes Rechtsmittel als unzulässig zu verwerfen ist.[99]

5. Die Wirkungen des Berichtigungsbeschlusses

Die Berichtigung wirkt auf den Zeitpunkt der Verkündung des Urteils bzw. der Bekanntgabe der Entscheidung zurück, so dass der Berichtigungsbeschluss auch auf die berichtigte Entscheidung zu setzen ist und diese fortan maßgebend ist.[100] 105

Dabei lässt der Berichtigungsbeschluss grundsätzlich alle laufenden Fristen gegen die zu berichtigende Entscheidung unberührt.[101] So werden die Notfrist von regelmäßig zwei Wochen für die sofortige Beschwerde gegen einen zu berichtigenden Beschluss oder die Notfrist nach § 517 ZPO von einem Monat für die Berufung[102] und die Frist für die Berufungsbegründung durch den Berichtigungsantrag nicht tangiert. Dies ist auch vom BVerfG nicht beanstandet worden.[103] Für die Berufung ergibt sich dies schon im Umkehrschluss aus § 518 ZPO. 106

Hinweis 107

Ausnahmsweise beginnt allerdings dann mit der Bekanntgabe des Berichtigungsbeschlusses eine neue Rechtsmittelfrist zu laufen, wenn das Urteil insgesamt nicht klar genug war, um die Grundlage für die Entschließungen und das weitere Handeln der Parteien und für die Entscheidung des Rechtsmittelgerichts zu bilden.[104]

---

97 OLG Düsseldorf OLGZ 1970, 126; OLG Frankfurt/M. OLGZ 1979, 390.
98 Antragsmuster unter Rdn 227.
99 OLG Hamm OLGR 2004, 72.
100 BGH NJW 1984, 1041.
101 BGH MDR 2017, 228.
102 BGH NJW 2003, 2991 = FamRZ 2003, 1380 = MDR 2003, 1128 = BGHReport 2003, 1104.
103 BVerfG NJW 2001, 142.
104 BGH MDR 2017, 228; BGH NJW 1995, 1033 f..

6. Die anwaltlichen Gebühren und die gerichtlichen Kosten

108 Für den Berichtigungsantrag entstehen keine Gerichtsgebühren und nach § 19 Abs. 1 Nr. 6 RVG auch keine Anwaltsgebühren, soweit diese Tätigkeit von dem in der Instanz beauftragten Rechtsanwalt wahrgenommen wird.

109 *Hinweis*

Vor diesem Hintergrund bedarf ein Berichtigungsbeschluss in der Regel auch keiner Kostenentscheidung.[105]

110 Ist ein nicht mit der Prozessführung beauftragter Rechtsanwalt – etwa im Rahmen einer späteren, aufgrund der Unrichtigkeit mit Schwierigkeiten behafteten Zwangsvollstreckung – tätig geworden, erhält er die 0,8-Verfahrensgebühr nach Nr. 3403.

VII. Der Antrag auf Tatbestandsberichtigung nach § 320 ZPO

111 Vor dem Hintergrund der ZPO-Reform und der damit bewirkten Reduzierung der Tätigkeit des Berufungsgerichts als zweite Tatsacheninstanz sowie der eingeschränkten Möglichkeit, im Berufungsverfahren neue Angriffs- oder Verteidigungsmittel vorzutragen, gewinnt der Tatbestand des erstinstanzlichen Urteils an Gewicht. Das Berufungsgericht ist bei der Überprüfung der erstinstanzlichen Entscheidung nach § 529 ZPO grundsätzlich an den dort festgestellten Tatbestand gebunden. Nichts anderes gilt in der Revisionsinstanz nach § 559 ZPO.

112 *Hinweis*

Anderes gilt nach § 529 Abs. 1 Nr. 1 ZPO nur dann, wenn konkrete Anhaltspunkte Zweifel an der Richtigkeit und Vollständigkeit der entscheidungserheblichen Tatsachenfeststellung begründen. Diese Frage stellt sich aber erst nach der Tatbestandsberichtigung.

113 Aufgrund dieser gewachsenen Bedeutung des Tatbestands muss der Bevollmächtigte den Tatbestand auf seine Richtigkeit und Vollständigkeit prüfen. Gibt der Tatbestand den Sach- und Streitstand nicht zutreffend wieder, muss dieser nach § 320 ZPO auf Antrag der Parteien berichtigt werden. Ein lediglich unrichtiger Tatbestand kann nicht über §§ 520 Abs. 3 Nr. 3, 529 ZPO korrigiert werden.[106]

1. Die Wirkung des Tatbestands

114 Der Tatbestand eines erstinstanzlichen Urteils erbringt nach § 314 ZPO zunächst vollen Beweis für das mündliche Parteivorbringen und kann insoweit nur durch das Sitzungsprotokoll entkräftet werden. Der Urteilstatbestand beweist aber nicht nur, dass das, was in ihm als Parteivortrag ausdrücklich wiedergegeben wird, tatsächlich vorgetragen worden ist, sondern auch, dass der gesamte Inhalt der im Tatbestand in Bezug genomme-

---

105 OLG Naumburg OLGR 2004, 388.
106 OLG Karlsruhe NJW-RR 2003, 891.

nen Schriftsätze vorgetragen worden ist.[107] Insoweit ist der Begriff des Tatbestands sehr weit gefasst und kann auch den Inhalt der bei den Gerichtsakten befindlichen Schriftsätze erfassen.[108]

Hinweis 115

Damit hat sich die neuere Rechtsprechung aus der Falle geholfen, dass der Tatbestand einerseits nur den Sach- und Streitstand seinem wesentlichen Inhalt nach knapp wiedergegeben soll, andererseits bei einem engen Verständnis des Beweiswertes mit einer kaum beherrschbaren Zahl von Tatbestandsberichtigungsanträgen zu rechnen gewesen wäre. Für den Bevollmächtigten ist also wichtig, dass der Tatbestand möglichst eine Bezugnahme auf die Schriftsätze enthält. Ist dies nicht der Fall, muss der Tatbestand tatsächlich intensiv auf seine Vollständigkeit und Richtigkeit hin geprüft werden.

An die Feststellungen des so verstandenen Tatbestands ist das Berufungsgericht nach 116
§ 529 Abs. 1 Nr. 2 ZPO grundsätzlich gebunden.

Hinweis 117

Der Tatbestand erbringt nicht nur Beweis über die vorgetragenen Tatsachen, sondern auch über solche Tatsachen, die nicht vorgetragen wurden.[109] Demgegenüber erfasst die Beweiskraft nach § 314 ZPO nicht das eigentliche Prozessgeschehen[110] und auch nicht den Inhalt nicht nachgelassener Schriftsätze.[111]

Am Tatbestand des erstinstanzlichen Urteils wird gemessen, ob ein Angriffs- oder Verteidigungsmittel neu ist und damit nur unter den strengen Voraussetzungen des § 520 Abs. 3 Nr. 4 i.V.m. § 531 ZPO geltend gemacht werden darf. Ist das Angriffs- und Verteidigungsmittel also schon in der ersten Instanz vorgetragen worden, jedoch im Tatbestand nicht erwähnt, muss der Tatbestandsberichtigungsantrag nach § 320 ZPO gestellt werden, damit sich die Partei in der Berufungsinstanz uneingeschränkt auf dieses Angriffs- oder Verteidigungsmittel berufen kann. 118

Beispiel 119

Das OLG Rostock hat entschieden, dass eine im Tatbestand des angefochtenen Urteils als unstreitig dargestellte Tatsache, die in den erstinstanzlichen Schriftsätzen umstritten war, als unstreitig für das Berufungsgericht bindend ist, wenn der Tatbestand nicht berichtigt wurde. Das wiederholte Bestreiten sei dann neues Vorbringen i.S.d. § 531 ZPO. Dies kann nach Auffassung des Autors aber nur gelten, wenn der Tatbestand nicht zugleich eine Bezugnahme auf die wechselseitigen Schriftsätze enthält und damit ein Widerspruch entsteht.

---

107 BGH NJW 2004, 3777.
108 Vgl. hierzu BGH NJW 2004, 1876.
109 OLG Düsseldorf, Urt. v. 19.5.2011 – I-14 U 20/11 –, juris; BGH MDR 1983, 384.
110 BGH NJW 1983, 2030.
111 OLG Köln NJW-RR 1991, 1536.

2. Der Begriff des Tatbestands

120 Der Begriff des Tatbestands im Sinne von §§ 314, 529 ZPO geht dabei über den als Tatbestand überschriebenen Teil des Urteils hinaus. Vom materiellen Tatbestandsbegriff der ZPO werden vielmehr alle Tatsachenfeststellungen im Urteil umfasst, auch wenn sich diese in den Entscheidungsgründen befinden.[112]

121 Dies bedeutet zugleich, dass auch Urteile, die keinen eigentlichen Tatbestand haben, sondern nur Entscheidungsgründe im Hinblick auf einen Antrag auf Tatbestandsberichtigung nach § 320 ZPO geprüft werden müssen, wenn sich die tatsächlichen Feststellungen aus den Entscheidungsgründen ergeben, dort etwa festgehalten ist, dass eine bestimmte Tatsachenbehauptung nicht bestritten worden sei.[113]

122 Macht das erstinstanzliche Gericht von der Möglichkeit des § 313 Abs. 2 S. 2 ZPO Gebrauch und verweist

„wegen der weiteren Einzelheiten des Sach- und Streitstandes auf die zwischen den Parteien gewechselten Schriftsätze und die hiermit zu den Akten gereichten Urkunden sowie auf die Protokolle der mündlichen Verhandlung",

werden auch die dortigen Darlegungen Bestandteil des materiellen Tatbestands.[114]

123 Eine Aufführung aller Schriftsätze mit dem Datum erscheint nicht erforderlich. Die erfassten Schriftsätze sind über die Gerichtsakte als Gesamturkunde ohne weiteres bestimmbar.

124 Damit dürfte der Einwand, der Tatbestand sei lückenhaft, regelmäßig nicht durchgreifen und damit ein Tatbestandsberichtigungsantrag nach § 320 ZPO nicht nur überflüssig, sondern auch unbegründet sein.

125 Ergibt sich allerdings zwischen der Darstellung in den Schriftsätzen und der Darstellung in den Entscheidungsgründen eine Abweichung, so gilt der formelle Tatbestand des Urteils einschließlich der Entscheidungsgründe, so dass dann die Tatbestandsberichtigung nach § 320 ZPO angezeigt sein kann.

126 *Hinweis*

Der Wortlaut des § 320 ZPO schließt zunächst die Berichtigung von offensichtlichen Unrichtigkeiten aus. Diese sind nach § 319 ZPO mit einem Antrag auf Urteilsberichtigung zu verfolgen. Ebenso wenig können die Entscheidungsformel, d.h. der Tenor, oder die Entscheidungsgründe geändert werden.[115] Dies auch dann nicht, wenn durch die Berichtigung des Tatbestands der Entscheidung die (tatsächliche) Grundlage entzogen wird. Dies ist dann mit dem eigentlichen Rechtsmittel, insbesondere also der Berufung nach § 520 Abs. 3 Nr. 2 und 3 ZPO geltend zu machen.

---

112 BGH NJW 1997, 1931.
113 BGH NJW 1997, 1931.
114 BGH NJW 2004, 1876.
115 Zöller/*Feskorn*, ZPO, 32. Aufl. 2018, § 320 Rn 6.

Tipp

Ist der Bevollmächtigte im Zweifel, ob ein Tatbestandsberichtigungsantrag angezeigt ist, sollte er ihn unter Anwendung des Grundsatzes des sichersten Weges immer stellen. Wird der Antrag zu Unrecht zurückgewiesen, kann sich aus der Begründung ein konkreter Anhaltspunkt für Zweifel an der Richtigkeit und Vollständigkeit der Tatsachenfeststellung in erster Instanz im Sinne von §§ 529 Abs. 1 Nr. 1 und 520 Abs. 3 Nr. 3 ZPO ergeben. Zugleich kann in der unberechtigten Zurückweisung ein Rechtsanwendungsfehler nach § 520 Abs. 3 Nr. 2 ZPO liegen. Die diesbezüglichen Rügen stehen dem Bevollmächtigten dann für das Berufungsverfahren offen.

■ **Checkliste möglicher Tatbestandsberichtigungen**
- Im Tatbestand wird eine bestrittene Tatsache als unstreitig dargestellt.[116]
- Unstreitige Tatsachen werden als streitig dargestellt.
- Eine vorgetragene Tatsache wird gänzlich übergangen.
- Zeitabläufe werden mit unzutreffenden Daten wiedergegeben.
- Abgegebene Erklärungen werden unzutreffenden Personen zugeordnet.
- Ein vorgetragener Sachverhalt wird sinnentstellend wiedergegeben.
- Die gestellten Anträge sind unzutreffend wiedergegeben.[117]

Hinweis

Sind die Anträge schon im Protokoll unzutreffend wiedergegeben, muss ein Antrag auf Berichtigung des Protokolls nach § 164 ZPO gestellt werden.

Aus der Tatbestandsberichtigung kann sich dann auch die Notwendigkeit eines Antrags auf Urteilsergänzung ergeben.[118]

Der Bevollmächtigte muss mit seinem Tatbestandsberichtigungsantrag exakt bezeichnen, wo die unzutreffende Tatsachenfeststellung zu finden ist und aus welchem Schriftsatz und welcher dortigen Seite sich der Fehler ergibt.

3. Die Frist des § 320 ZPO

Ist der Tatbestand trotz der weiten Einbeziehung der Entscheidungsgründe und der in Bezug genommenen Schriftsätze und Urkunden unrichtig, so muss der Bevollmächtigte erster Instanz oder der mit der Durchführung eines Berufungsverfahrens beauftragte Rechtsanwalt einen Tatbestandsberichtigungsantrag nach § 320 ZPO stellen.

Hinweis

Dies gilt nicht nur dann, wenn die eigene Partei beabsichtigt, eine Berufung einzulegen, sondern generell, da immer auch mit der Einlegung einer Berufung durch den Gegner gerechnet werden muss. Der Tatbestand muss dann die notwendigen tatsäch-

---
116 OLG Sachsen-Anhalt, Beschl. v. 31.3.2003 – 7 U (Hs) 18/02.
117 Insoweit kann der Antrag nach § 320 ZPO einen Antrag nach § 321 ZPO wegen eines nicht beschiedenen Antrags vorbereiten.
118 Muster eines kombinierten Antrags unter Rdn 229.

lichen Feststellungen enthalten, um die Rechtsverteidigung auch in der Berufungsinstanz erfolgreich betreiben zu können, um eventuell erfolgreich von der Möglichkeit der Anschlussberufung Gebrauch machen oder aber auch mit einer Widerklage reagieren zu können. Wird gegen ein Urteil ein an sich statthaftes Rechtsmittel nicht eingelegt, entfällt allerdings für einen Tatbestandsberichtigungsantrag das Rechtsschutzbedürfnis nach Ablauf der Rechtsmittelfristen, da in diesem Fall auch eine Verfassungsbeschwerde gegen das Urteil nicht mehr statthaft wäre.[119]

133 Der Tatbestandsberichtigungsantrag muss nach § 320 Abs. 1 ZPO binnen einer Frist von zwei Wochen gestellt werden, die gem. § 320 Abs. 2 ZPO mit der Zustellung des Urteils beginnt, wobei der Antrag allerdings auch schon zuvor gestellt werden kann.

134 *Hinweis*

Der Streithelfer muss beachten, dass die Frist nicht erst mit der Zustellung der Entscheidung an ihn, sondern bereits mit der Zustellung an die von ihm unterstützte Hauptpartei beginnt.[120]

135 Spätestens ist der Antrag binnen drei Monaten nach Verkündung des Urteils zu stellen. Es handelt sich um eine gesetzliche Frist, die mangels anderweitiger Anordnung nach § 224 Abs. 2 ZPO nicht verlängerbar ist.

136 *Hinweis*

Da es sich nicht um eine Notfrist handelt, ist eine Wiedereinsetzung in den vorigen Stand nach §§ 233 ff. ZPO nicht möglich.[121] Wird allerdings das vollständig abgefasste Urteil den Parteien erst nach Ablauf der Drei-Monats-Frist des § 320 Abs. 2 S. 3 ZPO zugestellt, so gebietet das aus dem Rechtsstaatsprinzip abgeleitete Gebot des fairen Verfahrens nach Ansicht des KG Berlin,[122] über einen im Übrigen zulässigen Antrag auf Berichtigung des Tatbestands in der Sache auch später zu entscheiden. Das Gebot des fairen Verfahrens verbiete insoweit ein widersprüchliches Verhalten des Gerichts; insbesondere dürfe es aus eigenen Versäumnissen keine Nachteile für die Verfahrensbeteiligten ableiten.[123] Dies ist aber nicht unumstritten.[124]

4. Die weiteren Formalien des Antrags und das Verfahren

137 Der Antrag[125] ist schriftlich zu stellen, wobei der Anwaltszwang nach § 78 ZPO zu beachten ist. Anders als bei der Berichtigung einer Entscheidung wegen einer offensichtlichen Unrichtigkeit ist eine Tatbestandsberichtigung von Amts wegen nicht möglich.

---

119 LArbG Berlin-Brandenburg, Beschl. v. 17.8.2011 – 4 Sa 2227/10 und 4 Sa 142/11 –, juris; LG München I FamRZ 2008, 1200.
120 Zöller/*Feskorn*, ZPO, 32. Aufl. 2018, § 320 Rn 11.
121 OLG Frankfurt/M. OLGR 2002, 28.
122 KG Berlin NJW-RR 2001, 1296.
123 KG Berlin NJW-RR 2001, 1296.
124 Vgl. OLG Hamburg NJW-RR 2005, 653.
125 Muster unter Rdn 228.

B. Rechtliche Grundlagen § 15

Lediglich im amtsgerichtlichen Verfahren kann der Antrag nach § 496 ZPO auch zu Protokoll der Geschäftsstelle gestellt werden, so dass für diesen Fall auch der Anwaltszwang nach § 78 Abs. 5 ZPO entfällt. 138

Der Antrag muss dann im Einzelnen bezeichnen, welche konkrete Tatsache nicht, nicht vollständig oder unzutreffend in den Tatbestand aufgenommen wurde. 139

> *Hinweis* 140
>
> Hier empfiehlt es sich, konkret aus den Schriftsätzen unter Angabe der Seitenzahl die Tatsache zu zitieren, und sodann darzulegen, dass diese im Tatbestand fehlt oder wo diese unzutreffend wiedergegeben ist.

Zugleich ist der Antrag zu stellen, welche Tatsache wo aufgenommen oder an welcher Stelle gestrichen oder berichtigt werden soll. 141

War bisher nach § 320 Abs. 3 S. 1 ZPO für jeden Fall angeordnet, dass über den Tatbestandsberichtigungsantrag mündlich zu verhandeln ist, wurde dies mit dem Ersten Justizmodernisierungsgesetz den Bedürfnissen der Praxis angepasst. Danach ist über den Tatbestandsberichtigungsantrag nur noch dann mündlich zu verhandeln, wenn dies von einer Partei beantragt wird, § 320 Abs. 3 ZPO. Die Praxis zeigt, dass ein solcher Antrag nur noch dann gestellt wird, wenn das Verfahren verzögert werden soll. Wird vom erstinstanzlichen Gericht über einen Tatbestandsberichtigungsantrag ohne mündliche Verhandlung entschieden, obwohl ein entsprechender Antrag gem. § 320 Abs. 3 ZPO ausdrücklich gestellt war, begründet dies nach Ansicht des OLG Frankfurt einen erheblichen Verfahrensmangel, welcher ausnahmsweise entgegen § 320 Abs. 4 S. 4 ZPO die sofortige Beschwerde statthaft machen soll.[126] 142

Die gesetzliche Änderung lässt allerdings die Pflicht unberührt, den Gegner auf jeden Fall zu dem Tatbestandsberichtigungsantrag zu hören. 143

> *Tipp* 144
>
> Bestimmt das Gericht Termin zur mündlichen Verhandlung, obwohl keine Partei dies beantragt hat, sollte das Gericht auf die Bestimmung des § 320 Abs. 3 ZPO hingewiesen werden. Bleibt das Gericht bei der Terminsbestimmung – um die Prozessbevollmächtigten „zu erziehen und zukünftig von solchen Anträgen abzuhalten" – müssen diese gleichwohl nicht erscheinen. Stimmen sie sich entsprechend ab und erscheinen im Termin nicht, ergeht eine Entscheidung nach Lage der Akten.[127]

Dem Gegner ist der Tatbestandsberichtigungsantrag mit einer Frist zur Stellungnahme zuzustellen. Eines besonderen Hinweises auf die Möglichkeit, eine mündliche Verhandlung zu beantragen, bedarf es nicht. 145

Beachtet werden muss, dass der Tatbestandsberichtigungsantrag keinen Einfluss auf den Lauf der Rechtsmittelfristen hat.[128] § 518 ZPO gilt ausdrücklich nur für den Antrag nach 146

---

126 OLG Frankfurt OLGR 2007, 216.
127 Zöller/*Feskorn*, ZPO, 32. Aufl. 2018, § 320 Rn 13.
128 BGH NJW-RR 2004, 712.

§ 321 ZPO auf Urteilsergänzung, nicht aber für den Tatbestandsberichtigungsantrag. Auch eine entsprechende Anwendung von § 518 ZPO kommt mangels Regelungslücke nicht in Betracht.

5. Rechtsmittel gegen die Entscheidung des Gerichts

147 Das Gericht entscheidet über den Tatbestandsberichtigungsantrag grundsätzlich durch einen begründeten Beschluss.

148 Hält das Gericht den Antrag für begründet, wird der Tatbestand berichtigt, ohne dass nach § 320 Abs. 5 ZPO hiervon die Entscheidung tangiert wird. Dies gilt auch dann, wenn der „neue Tatbestand" die Entscheidung nun erkennbar nicht mehr trägt. Dies ist im Rechtsmittelverfahren geltend zu machen.

149 Unabhängig davon, ob auf den Antrag eine Tatbestandsberichtigung erfolgt oder diese zurückgewiesen wird,[129] ist diese nach § 320 Abs. 4 S. 4 ZPO unanfechtbar.

150 *Hinweis*

Allerdings kann die unberechtigte Ablehnung der Tatbestandsberichtigung im Sinne von § 520 Abs. 3 Nr. 3 ZPO ernsthafte Zweifel an der Richtigkeit und Vollständigkeit der Tatsachenfeststellung begründen und damit zur Rechtfertigung der Berufung dienen.

151 Eine Beschwerde soll allerdings dann in Betracht kommen, wenn der Tatbestandsberichtigungsantrag ohne Begründung zurückgewiesen wurde.[130] Nachdem der BGH eine außerordentliche Beschwerde wegen greifbarer Gesetzeswidrigkeit jedoch seit dem Inkrafttreten der ZPO-Reform ablehnt,[131] überzeugt diese Auffassung nicht mehr. Vielmehr mag der bezeichnete Umstand Zweifel an der Richtigkeit und Vollständigkeit des Urteils begründen, so dass auf der Grundlage der Beanstandungen des Tatbestandes die Voraussetzungen des § 529 Abs. 1 Nr. 1 ZPO vorliegen und neuer Tatsachenvortrag möglich wird. Auch mag eine Gehörsrüge nach § 321a ZPO in Betracht gezogen werden.

152 *Hinweis*

Anders verhält es sich aber, wenn der Tatbestandsberichtigungsantrag überhaupt nicht beschieden wird, d.h. weder eine Berichtigung stattfindet, noch eine inhaltlich begründete Ablehnung der Berichtigung erfolgt. Weigert sich etwa der Einzelrichter einer Zivilkammer, den Tatbestandsberichtigungsantrag einer Partei zu bescheiden, weil der Einzelrichter, der das Urteil erlassen habe, ausgeschieden sei, ist die Beschwerde der Partei nach den allgemeinen Grundsätzen statthaft.[132] Mangels Entscheidung nach § 320 ZPO kann auch § 320 Abs. 4 S. 4 ZPO keine Anwendung finden.

---

129 OLG Stuttgart OLGR 2005, 485.
130 OLG Brandenburg v. 26.11.2008 – 12 W 57/08, juris; Zöller/*Feskorn*, 32. Aufl., § 320 Rn 17.
131 BGH PA 09/02, S. 133.
132 OLG Düsseldorf NJW-RR 2004, 1723.

Ist der Berichtigungsbeschluss seinerseits unter Verletzung des rechtlichen Gehörs zustande gekommen und inhaltlich fehlerhaft, kann dieser mit der Gehörsrüge nach § 321a ZPO angegriffen werden.[133]

6. Die anwaltlichen Gebühren und die gerichtlichen Kosten

Für den Tatbestandsberichtigungsantrag entstehen keine Gerichtsgebühren und nach § 19 Abs. 1 Nr. 6 RVG auch keine Anwaltsgebühren, soweit diese Tätigkeit von dem in der Instanz beauftragten Rechtsanwalt wahrgenommen wird. 153

> *Hinweis* 154
> Vor diesem Hintergrund bedarf ein Berichtigungsbeschluss in der Regel auch keiner Kostenentscheidung.[134]

Ist ein nicht mit der Prozessführung beauftragter Rechtsanwalt tätig geworden, erhält er die 0,8-Verfahrensgebühr nach Nr. 3403. 155

VIII. Antrag auf Ergänzung des Urteils nach § 321 ZPO

Das Prozessgericht hat über die Anträge der Parteien vollständig zu befinden. Darüber hinaus hat es über die Kosten des Rechtsstreits und die vorläufige Vollstreckbarkeit zu entscheiden. 156

Zeigen sich hier Mängel in der Form, dass die Entscheidung des Gerichts den von den Parteien zur Entscheidung gestellten Sach- und Streitstand nicht vollständig erfasst, liegt in der Sache ein – ungewolltes – Teilurteil vor. Die Praxis zeigt solche Fehler besonders häufig bei der Bescheidung von Zinsanträgen, bei der Entscheidung über gesondert ausgewiesene Nebenkosten wie Rechtsanwaltsgebühren oder Mahnkosten und bei den Kosten der Nebenintervention. 157

> *Hinweis* 158
> Das Übergehen einzelner Anträge kann sich unter Umständen auch erst aus einer Tatbestandsberichtigung nach § 320 ZPO ergeben, wenn das Gericht zwar die im Tatbestand aufgeführten Anträge beschieden hat, die im Termin zur mündlichen Verhandlung gestellten und im Protokoll aufgeführten Anträge aber nur unvollständig übernommen hat. Insoweit kann die Kombination eines Tatbestandsberichtigungsantrags nach § 320 ZPO und eines Antrags auf Ergänzung des Urteils nach § 321 ZPO erforderlich werden.[135]

Der Gesetzgeber hat sich jedoch dagegen entschieden, diesen gerichtlichen Fehler durch eine von Amts wegen zu veranlassende Schlussentscheidung zu beheben. Stattdessen stellt der Gesetzgeber mit § 321 ZPO ein Instrument zur Ergänzung des ursprünglichen 159

---
133 Zur Gehörsrüge s. in § 14 Rdn 100 ff.
134 OLG Naumburg OLGR 2004, 388.
135 Muster eines solchen Antrags unter Rdn 229.

§ 15 Verfahrensanträge nach Urteilserlass

Urteils zur Verfügung, welches jedoch nur auf Antrag[136] einer der Parteien zum Tragen kommt.

1. Die Voraussetzungen der Urteilsergänzung

160 Die Urteilsergänzung kommt in einer Vielzahl von Fallkonstellationen, insbesondere bei Nebenanträgen in Betracht, wenn im Tenor:
- versehentlich über einen laut Tatbestand erhobenen Haupt- oder Nebenanspruch oder über den Kostenpunkt nicht entschieden worden ist (§ 321 ZPO),
- ein Vorbehalt fehlt, den der Beklagte aber benötigt, um seine Rechte im Nachverfahren geltend machen zu können (§ 302 Abs. 2 ZPO und § 599 Abs. 2 ZPO),[137]

> *Hinweis*
>
> Das OLG Schleswig ist der Auffassung, dass in dem Fall, dass das angefochtene Urteil der von dem Schuldner erhobenen Einrede der Dürftigkeit des Nachlasses nicht durch Ausspruch eines entsprechenden Vorbehalts Rechnung getragen hat, die Aufnahme eines solchen Vorbehalts nicht nur im Wege der Urteilsergänzung erreicht werden kann, sondern auch im Wege der Berufung.[138] Dies vermag allerdings nicht zu überzeugen. Hält man § 321 ZPO auf diesen Fall für anwendbar, so ist dies der günstigere und schnellere Weg, so dass es für eine Berufung am Rechtsschutzbedürfnis fehlt.

- über die vorläufige Vollstreckbarkeit oder die Abwendungsbefugnis nicht entschieden worden ist (§ 716 ZPO),[139]
- dem Schuldner bei einem Räumungstitel keine angemessene Räumungsfrist gewährt wurde (§ 721 Abs. 1 ZPO),
- die Vorbehalte beschränkter Haftung nicht aufgenommen worden sind (§§ 305, 780, 786 ZPO),
- das Gericht nicht über die Kosten für die Anrufung eines unzuständigen Gerichts nach § 281 Abs. 3 ZPO entschieden hat,[140]
- das Gericht nicht über die Kosten der Säumnis gem. § 344 ZPO gesondert entschieden hat,
- das Gericht nicht über die Kosten der Nebenintervention im Sinne von § 101 ZPO entschieden hat,[141] auch dann, wenn das Urteil selbst schon rechtskräftig ist, dem Nebenintervenienten jedoch nie zugestellt wurde[142] und es sich nicht um eine offensichtliche Unrichtigkeit handelt,[143]

---

136 Musterantrag unter Rn 232.
137 Muster unter Rn 236, 237.
138 OLG Schleswig MDR 2005, 350.
139 Muster unter Rn 233.
140 OLG Hamm NJW-RR 2000, 1524; OLG Koblenz NJW-RR 1992, 892.
141 BGH NJW-RR 2005, 295, 435. Muster unter Rdn 232.
142 BGH NJW-RR 2005, 295.
143 S. unter Rdn 90.

B. Rechtliche Grundlagen § 15

- das Gericht nicht über die Kosten eines als unzulässig verworfenen Antrags auf Durchführung des selbstständigen Beweisverfahrens entschieden hat,[144]

  > *Hinweis*
  >
  > Wurde die Entscheidung über die Kosten der Nebenintervention nach § 101 ZPO übergangen, läuft die Frist für die Urteilsergänzung von zwei Wochen erst ab dem Zeitpunkt der Zustellung des zu ergänzenden Urteils an den Streithelfer.[145] Das Ergänzungsurteil verhält sich zu dem zu ergänzenden Urteil wie ein Schlussurteil zu einem Teilurteil.

- nach der Zurückweisung eines Ablehnungsgesuches gegen einen Sachverständigen und der dagegen gerichteten sofortigen Beschwerde eine Kostenentscheidung nicht getroffen wurde,[146]
- das erkennende Gericht über einen Anspruch versehentlich nur teilweise entschieden hat,[147]
- die Begrenzung der Haftung auf eine gesetzlich vorgesehene Haftungshöchstgrenze fehlt,[148]
- die Entscheidung über den Zinsanspruch unterlassen wurde,[149]
- das Gericht es unterlassen hat, die Fristsetzung nach § 355 ZPO aufzunehmen,[150]
- die Entscheidung über die Fortsetzung des Mietverhältnisses nach § 308a ZPO unterlassen wurde,[151]
- die Höhe der Abwendungsbefugnis nach § 923 ZPO nicht bestimmt wurde.[152]

161 In den vorgenannten Fällen ist eine Fehlerkorrektur durch die Berufung nicht möglich, weil es im Hinblick auf die fehlenden Ergänzungen an der erforderlichen Beschwer fehlt und im Hinblick auf die Möglichkeit der Urteilsergänzung einer Berufung allein aus diesem Grunde zunächst auch das Rechtsschutzbedürfnis fehlt.

> *Hinweis* **162**
>
> Eine Ausnahme gilt nur im Hinblick auf den Kostenpunkt; ist hier ein Antrag auf Urteilsergänzung nicht fristgerecht gestellt worden, kann das Berufungsgericht wegen § 308 Abs. 2 ZPO auch noch über die Kosten der ersten Instanz entscheiden. Dasselbe gilt für das Kostenfestsetzungsverfahren; auch hier können übergangene Kosten ohne Weiteres neu geltend gemacht werden.

163 § 321 ZPO gilt zunächst für die Fälle, in denen ein im Tatbestand enthaltener Haupt- oder Hilfsanspruch der Parteien nicht beschieden worden ist.

---

144 OLG Bremen OLGR 2003, 491 = AGS 2004, 81.
145 BGH MDR 2005, 526; NJW 1975, 218.
146 OLG Celle MDR 2008, 1180.
147 BVerfG NJW-RR 2000, 1664.
148 BGH NJW-RR 1996, 1238.
149 Muster unter Rdn 233.
150 BGH NJW-RR 1996, 1238.
151 Zöller/*Feskorn*, ZPO, 32. Aufl., § 308a Rn 4.
152 BGH NJW-RR 1996, 1238.

164 Ist ein von der Partei geltend gemachter Haupt- oder Hilfsanspruch schon gar nicht im Tatbestand enthalten, muss zunächst ein Antrag nach § 320 ZPO auf Berichtigung des Tatbestands und hiermit verbunden sodann ein Antrag auf Urteilsergänzung gestellt werden.[153]

165 Problematisch ist der Fall, dass über einen Haupt- oder Nebenantrag der Parteien keine Entscheidung im Tenor enthalten ist, jedoch der Haupt- oder Nebenanspruch in den Gründen abgehandelt und dort beschieden ist. In diesem Fall handelt es sich um eine offensichtliche Unrichtigkeit, die nach § 319 ZPO zu korrigieren ist.[154]

166 *Tipp*

Die Abgrenzung zwischen dem Berichtigungsantrag nach § 319 ZPO und dem Urteilsberichtigungsantrag nach § 321 ZPO kann im Einzelfall schwer zu bestimmen sein. Aus diesem Grunde sollte der Anwalt unter Berücksichtigung des Grundsatzes des sichersten Weges die Urteilsberichtigung nach § 319 ZPO beantragen und hilfsweise einen Antrag auf Urteilsergänzung nach § 321 ZPO stellen. Dabei muss darauf geachtet werden, dass die Frist des § 321 Abs. 2 ZPO von zwei Wochen ab Zustellung des zu berichtigenden bzw. zu ergänzenden Urteils eingehalten wird.

167 § 321 ZPO ist auf Beschlüsse entsprechend anwendbar.[155]

168 Keine Urteilsergänzung nach § 321 ZPO kommt dagegen in Betracht, wenn das Gericht den Einwand des Beklagten, er habe gegen die Klageforderung aufgerechnet, unberücksichtigt gelassen hat.[156] Ebenso wenig ist das Unterlassen einer Zug-um-Zug-Verurteilung der Ergänzung zugänglich.[157]

Auch die Nichtzulassung der Beschwerde – als solche ist das Fehlen eines Ausspruchs über die Zulassung im Regelfall zu werten – kann nicht nachträglich durch einen Ergänzungsbeschluss entsprechend § 321 ZPO erfolgen, weil hierdurch nicht eine unterbliebene Entscheidung nachgeholt wird.[158]

Der BGH ist der Auffassung, dass das Gericht über ein Zurückbehaltungsrecht (§ 273 BGB), das es bei seiner Entscheidung übersehen hat, nicht im Wege eines Ergänzungsurteils gem. § 321 ZPO entscheiden kann.[159] Der Rechtsanwalt kann dann unmittelbar Berufung einlegen und dies rügen. Ist die Berufung nicht statthaft, bleibt nur die Möglichkeit der Gehörsrüge nach § 321a ZPO.[160]

---

[153] Muster unter Rdn 229.
[154] Zöller/*Feskorn*, ZPO, 32. Aufl., § 321 Rn 2.
[155] Zöller/*Feskorn*, ZPO, 32. Aufl., § 321 Rn 2.
[156] OLG Frankfurt/M. NJW-RR 1989, 640.
[157] BGH NJW 2003, 1463; Zöller/*Feskorn*, 32. Aufl., § 321 Rn 4.
[158] BGH ZInsO 2014, 517. NJW 2004.
[159] BGH NJW 2003, 1463.
[160] Hierzu in § 14 Rdn 100 ff.

2. Der Urteilsergänzungsantrag ist fristgebunden

Die Urteilsergänzungsfrist beträgt gem. § 321 Abs. 2 ZPO zwei Wochen. Sie ist keine Notfrist und keine andere in § 233 ZPO genannte Frist.

169

Eine Verkürzung der Urteilsergänzungsfrist kann gem. § 224 Abs. 1 S. 1 ZPO vereinbart werden, dürfte praktisch aber keine Relevanz haben.

170

Eine Fristverlängerung durch das Gericht ist nach § 224 Abs. 2 ZPO nicht möglich, da es insoweit an einer gesetzlichen Ermächtigung im Falle des § 321 ZPO fehlt.

171

> *Hinweis*
>
> Auch eine Wiedereinsetzung in den vorigen Stand kommt nicht in Betracht, da es sich bei der Frist nicht um eine Notfrist handelt und der BGH hier eine Gleichstellung abgelehnt hat.[161]

172

Die Urteilsergänzungsfrist beginnt mit der Zustellung des in vollständiger Form abgefassten Urteils – mithin der Erstzustellung einer Ausfertigung oder (regelmäßig) beglaubigten Abschrift des verkündeten Urteils in vollständiger Form an die betroffene Partei bzw. ihren Prozessvertreter.

173

Ergibt sich die Notwendigkeit eines Urteilsergänzungsantrags erst aus der Berichtigung des Tatbestands nach § 320 ZPO, so beginnt die Frist erst mit der Zustellung des Berichtigungsbeschlusses nach § 320 ZPO zu laufen.[162] In der Praxis empfiehlt es sich, die beiden Anträge zu verbinden, um die Abgrenzungsschwierigkeiten und daraus resultierende Rechtsnachteile zu vermeiden.

174

Die Frist endet nach Ablauf von zwei Wochen. Die Fristberechnung richtet sich dabei nach § 222 Abs. 1 ZPO i.V.m. §§ 187 Abs. 1, 188 Abs. 2, 3 BGB und § 222 Abs. 2 ZPO. Ist die Frist des § 321 Abs. 2 ZPO abgelaufen, so entfällt die Rechtshängigkeit des nicht beschiedenen Antrags rückwirkend.

175

> *Hinweis*
>
> Hat das Berufungsgericht bei der Entscheidung über die Berufung versehentlich einen Berufungsantrag übergangen, so kann das Versehen nur durch eine Ergänzung des Urteils nach § 321 ZPO korrigiert werden, die innerhalb der Zwei-Wochen-Frist des § 321 ZPO beantragt werden muss. Mit Ablauf der Frist entfällt die Rechtshängigkeit der Klage, soweit diese Gegenstand des übergangenen Berufungsantrags gewesen ist.[163] Zugleich entfällt hinsichtlich des übergangenen Antrags die Anhängigkeit der Berufung, und das Urteil der ersten Instanz, gegen das sie sich richtete, wird wirkungslos. Ein übergangener Antrag, dessen Rechtshängigkeit durch Ablauf der Frist nach § 321 Abs. 2 ZPO entfallen ist, kann in der zweiten Instanz nur dann durch

176

---

161 BGH FamRZ 1980, 669.
162 BGH NJW 1982, 1821; Zöller/*Feskorn*, ZPO, 32. Aufl., § 321 Rn 11.
163 BGH NJW-RR 2005, 790; Zöller/*Feskorn*, ZPO, 32. Aufl., § 321 Rn 12.

§ 15 Verfahrensanträge nach Urteilserlass

Klageerweiterung wieder in den Prozess eingeführt werden, wenn der Rechtsstreit wegen anderer Teile des Prozessstoffs (noch) in der Berufungsinstanz anhängig ist.[164]

177   *Tipp*

Der mit dem übergangenen Antrag geltend gemachte Anspruch ist damit aber nicht verloren. Vielmehr kann dieser durch eine neue Klage wieder geltend gemacht werden. Der Bevollmächtigte kann so sein Haftungsrisiko auf die Kosten des zusätzlichen Verfahrens reduzieren, wenn die Versäumung der Frist nach § 321 ZPO auf sein Verschulden zurückgeht.

3. Das Verfahren nach § 321 ZPO

178   Der Antrag auf Urteilsergänzung muss grundsätzlich schriftlich gestellt werden. Lediglich beim Amtsgericht kann der Antrag nach § 496 ZPO auch zu Protokoll der Geschäftsstelle gestellt werden.

179   Hinsichtlich des Anwaltszwangs gilt § 78 ZPO, so dass beim Landgericht und Oberlandesgericht der Antrag grundsätzlich von einem dort zugelassenen Rechtsanwalt zu stellen ist. Beim Amtsgericht besteht dagegen nach § 78 Abs. 5 ZPO kein Anwaltszwang.

180   Der Antrag ist an das Gericht zu richten, das das zu ergänzende Urteil erlassen hat.

181   Die im Ergänzungsurteil enthaltene Kostenentscheidung kann nur dann mit einem Rechtsmittel angegriffen werden, wenn auch das zu ergänzende Urteil angefochten wurde.[165]

182   Dies gilt in gleicher Weise, wenn das Ergänzungsurteil sich nur über die vorläufige Vollstreckbarkeit verhält und sich damit allein auf das ergänzte Urteil bezieht, so dass das Ergänzungsurteil und das Ausgangsurteil als Einheit zu betrachten und entsprechend zu behandeln sind.[166]

183   Wird gegen beide Urteile Berufung eingelegt, werden die Berufungen gem. § 518 S. 2 ZPO miteinander verbunden. Um diesen Gleichlauf zu gewährleisten, ordnet § 518 ZPO an, dass die Berufungsfrist für das zu ergänzende Urteil erst mit der Zustellung des Ergänzungsurteils beginnt.

184   *Hinweis*

Entscheidet das Gericht über den Ergänzungsantrag nach § 321 ZPO fälschlicherweise durch einen Beschluss, greift für die Partei das Meistbegünstigungsprinzip, so dass diese Entscheidung dann auch mit der Beschwerde nach §§ 567 ff. ZPO angefochten werden kann, wenn gegen ein entsprechendes Urteil ein Rechtsmittel statthaft gewesen wäre.[167]

---

164 BGH NJW-RR 2005, 790; OLG Rostock, Urt. v. 22.4.2010 – 3 U 194/08 –, juris.
165 BGH ZIP 1984, 1107.
166 Musielak/*Musielak*, ZPO, 7. Aufl. 2009, § 321 Rn 13.
167 BGH WM 1982, 491; OLG Zweibrücken NJW-RR 1998, 508; Zöller/*Feskorn*, ZPO, 32. Aufl., 2018, § 321 Rn 14.

Hinweis

Fehlt es jedoch lediglich an einem Ausspruch zu den vorbezeichneten Kostenfragen, während sich hierzu in den Gründen Ausführungen finden, liegt lediglich ein Fall des § 319 ZPO vor, da in diesem Fall eine offensichtliche Unrichtigkeit vorliegt. Hier empfiehlt sich zur Vermeidung von Abgrenzungsfragen, den unbefristet möglichen Berichtigungsantrag nach § 319 ZPO innerhalb der Zwei-Wochen-Frist des § 321 Abs. 2 ZPO zu stellen und hilfsweise die Urteilsergänzung zu beantragen.

Über den Antrag nach § 321 ZPO ist aufgrund einer nach § 321 Abs. 3 S. 1 ZPO anzuordnenden mündlichen Verhandlung durch ein Ergänzungsurteil zu entscheiden. Die mündliche Verhandlung ist dabei auf den noch nicht erledigten Teil des Rechtsstreits beschränkt.

Tipp

Gerade im Anwaltsprozess wird eine mündliche Verhandlung regelmäßig entbehrlich sein, da alle wesentlichen Fragen schriftlich vorgetragen werden können und es weder einer Beweisaufnahme noch einer mündlichen Erörterung bedürfen wird. Aus diesem Grunde ist zu empfehlen, schon in der Antragsschrift das Einverständnis mit Entscheidung im schriftlichen Verfahren nach § 128 Abs. 2 ZPO zu erklären.

Mit dem Antrag auf Urteilsergänzung kann auch ein Antrag auf einstweilige Einstellung der Zwangsvollstreckung in entsprechender Anwendung der §§ 707, 719, 721 ZPO verbunden werden.[168]

4. Rechtsmittel gegen die Entscheidung über den Urteilsergänzungsantrag

Über die Urteilsergänzung entscheidet das erstinstanzliche Gericht durch Ergänzungsurteil. Über das Ergänzungsurteil entscheidet/n der/die geschäftsplanmäßig zuständige/n Richter, unabhängig davon, ob sie bei dem Haupturteil mitgewirkt haben.[169]

Dieses ist selbstständig mit der Berufung gem. §§ 511 ff. ZPO anfechtbar. Die Berufungsfrist für das Ergänzungsurteil beginnt mit dessen Zustellung.

Hinweis

Auch die Frist für die Berufung des zu ergänzenden Urteils beginnt nach § 518 ZPO mit der Zustellung des vollständig abgefassten Ergänzungsurteils neu. Es muss dann gegen beide Urteile Berufung eingelegt werden.

Ist zu Unrecht statt eines Ergänzungsurteils ein Beschluss ergangen, ist dieser nach dem Meistbegünstigungsprinzip sowohl mit dem Rechtsmittel der Berufung als auch mit der Beschwerde nach den §§ 567 ff. ZPO angreifbar.

Die entsprechend § 321 ZPO erfolgte Ergänzung einer Zurückweisung der Berufung durch einstimmigen Beschluss nach § 522 Abs. 2 ZPO ist wie die Ausgangsentscheidung

---

168 LG Hannover MDR 1980, 408; Zöller/*Herget*, ZPO, 32. Aufl., 2018, § 707 Rn 3.
169 RGZ 30, 345; Zöller/*Feskorn*, ZPO, 32. Aufl., 2018, § 321 Rn 13.

selbst nicht anfechtbar. Auch die Zulassung der Rechtsbeschwerde durch das Berufungsgericht ändert daran nichts.[170]

5. Die anwaltlichen Gebühren und die Kosten bei der Urteilsergänzung

193 Für den Berichtigungsantrag entstehen keine Gerichtsgebühren und nach § 19 Abs. 1 Nr. 6 RVG auch keine Anwaltsgebühren, soweit diese Tätigkeit von dem in der Instanz beauftragten Rechtsanwalt wahrgenommen wird.

194 Ist ein nicht mit der Prozessführung beauftragter Rechtsanwalt – etwa im Rahmen einer späteren, aufgrund der Unrichtigkeit mit Schwierigkeiten behafteten Zwangsvollstreckung – tätig geworden, erhält er die 0,8-Verfahrensgebühr nach Nr. 3403.

IX. Die Rückgabe der Sicherheitsleistung

1. Die Rückgabe der Sicherheitsleistung nach § 109 ZPO

195 Eine Sicherheitsleistung kann im Zivilprozess in verschiedenen Konstellationen erforderlich sein, so etwa wenn
- im Fall des § 89 ZPO jemand als vollmachtloser Vertreter einstweilen zur Prozessführung gegen Sicherheitsleistung zugelassen wird,
- der ausländische Kläger nach §§ 110 ff. ZPO Prozesskostensicherheit zu leisten hat,
- das Urteil lediglich gegen Sicherheitsleistung für vorläufig vollstreckbar erklärt wurde und die Sicherheitsleistung zum Zwecke der Zwangsvollstreckung auch erbracht wurde.

196 Ist der Anlass für die Sicherheitsleistung entfallen oder bei dem gegen Sicherheitsleistung vorläufig vollstreckbaren Urteil die Rechtskraft eingetreten, so besteht ein Bedürfnis des Sicherungsgebers, die Sicherheitsleistung zurückzuerhalten oder jedenfalls deren Unwirksamkeit feststellen zu lassen.

197 Der Anlass für die Sicherheitsleistung kann aus einer Vielzahl von Gründen entfallen:
- dem bisherigen vollmachtlosen Vertreter im Sinne des § 89 ZPO wird nun die Vollmacht erteilt,
- der Prozess wird rechtskräftig abgeschlossen,[171]
- das für vorläufig vollstreckbar erklärte Urteil wird aufgehoben,

> *Hinweis*
>
> Die Veranlassung für die Bestellung einer Sicherheit ist im Sinne von § 109 ZPO auch weggefallen, wenn ein Urteil ergangen ist, das einen vorläufig vollstreckbaren Titel in der Hauptsache abändert. Die Rechtskraft der aufhebenden Entscheidung ist dann nicht notwendig.[172]

- der Vollstreckungsbescheid wird aufgehoben,

---
170 BGH NJW-RR 2009, 209.
171 OLG Frankfurt/M. NJW 1976, 1326.
172 OLG Düsseldorf NJW-RR 2002, 1292; OLG Celle OLGR 1999, 379.

- bei Vergleichsschluss nach Erlass des Urteils, soweit die Sicherheitsleistung die Vergleichssumme übersteigt,[173]

  > *Hinweis*
  >
  > In diesem Fall ist die Sicherheit im Verhältnis zu dem geschuldeten Betrag zu beschränken.[174]

- der Beklagte wird zugunsten des ausländischen Klägers im Falle des § 110 ZPO hinsichtlich der Kostentragung rechtskräftig verurteilt,[175]
- es steht endgültig fest, dass ein nach § 717 Abs. 2 ZPO zu sichernder Schaden nicht entstanden ist und nicht mehr entstehen kann,[176]
- der Sicherungsgeber verzichtet endgültig auf die Maßnahme, die Anlass der Anordnung der Sicherheitsleistung war,[177]
- wenn der Kläger seinen außereuropäischen Wohnsitz in einen Mitgliedsstaat der Europäischen Union verlegt.[178]

Die Voraussetzung des § 109 Abs. 1 ZPO für die Rückgabe der Sicherheit, dass nämlich die Veranlassung für eine Sicherheitsleistung weggefallen ist, soll bei einem Räumungsurteil auch vorliegen, wenn die Räumung erfolgt ist.[179]

Die diesbezüglichen Regelungen finden sich in § 109 ZPO, wonach das Gericht, das die Bestellung der Sicherheit angeordnet oder zugelassen hat, auf Antrag[180] der die Sicherheit leistenden Partei eine Frist zu bestimmen hat, binnen deren ihm die Partei, zu deren Gunsten die Sicherheit geleistet ist, die Einwilligung in die Rückgabe der Sicherheit zu erklären oder die Erhebung der Klage wegen ihrer Ansprüche nachzuweisen hat.

Sachlich und örtlich zuständig für die Entscheidung ist das Gericht, welches die Sicherheitsleistung angeordnet hat, d.h. das Prozessgericht. Hier entscheidet funktionell nach § 20 Nr. 3 RPflG der Rechtspfleger.

Der Antrag kann schriftlich oder zu Protokoll der Geschäftsstelle gestellt werden, so dass nach § 78 Abs. 5 ZPO kein Anwaltzwang besteht.

Die Entscheidung ergeht sodann nach § 109 Abs. 3 S. 2 ZPO durch Beschluss, der nach § 128 Abs. 4 ZPO ohne mündliche Verhandlung ergehen kann.

> *Hinweis*
>
> Wird die Fristsetzung nach § 109 Abs. 1 ZPO abgelehnt, etwa weil das Gericht davon ausgeht, dass der Anlass für die Sicherheitsleistung noch nicht entfallen ist, steht dem Antragsteller nach § 109 Abs. 4 ZPO die sofortige Beschwerde[181] nach den

---

173 OLG Frankfurt/M. MDR 1987, 239.
174 Zöller/*Herget*, ZPO, 32. Aufl., 2018; § 109 Rn 4.
175 Zöller/*Herget*, ZPO, 32. Aufl., 2018; § 109 Rn 4.
176 BGHZ 11, 303; OLG Düsseldorf OLGZ 1994, 439.
177 Musielak/*Foerste*, ZPO, 7. Aufl. 2009, § 109 Rn 3.
178 BGH NJW-RR 2006, 710.
179 LG Frankfurt/M. RPfleger 2004, 234.
180 Muster eines Antrags auf Fristbestimmung nach § 109 Abs. 1 ZPO unter Rdn 251.
181 Muster einer sofortigen Beschwerde wegen der Ablehnung eines Antrags nach § 109 Abs. 1 ZPO unter Rdn 255.

§§ 567 ff. ZPO zu, die innerhalb der Notfrist des § 569 ZPO von zwei Wochen zu erheben ist.[182]

204 Wird im Rahmen der gesetzten Frist weder die Einwilligung in die Rückgabe der Sicherheit erklärt bzw. die geleistete Bürgschaft zurückgegeben noch nachgewiesen, dass wegen der vermeintlichen Schadensersatzansprüche nach § 717 Abs. 2 ZPO Klage erhoben ist, so hat das Gericht auf Antrag des die Sicherheit Leistenden nach § 109 Abs. 2 ZPO entweder die Rückgabe der Sicherheit[183] oder aber das Erlöschen einer übergebenen Bürgschaft[184] im Sinne von § 108 ZPO anzuordnen.

205 Der Antrag auf Anordnung der Rückgabe einer Prozessbürgschaft nach Wegfall der Veranlassung der Sicherheitsleistung ist dabei als Antrag auf Anordnung des Erlöschens der Bürgschaft auszulegen, wenn der Schuldner ersichtlich das Erlöschen der Bürgschaft anstrebt.[185]

206 Wird das Erlöschen der Bürgschaft angeordnet, ist deren Rückgabe nicht mehr erforderlich, da die gerichtliche Anordnung der späteren Inanspruchnahme entgegensteht und damit ein Rechtsschutzbedürfnis für einen Rückgabeanspruch fehlt.

207 *Hinweis*

Hat der Schuldner zur Abwendung der Zwangsvollstreckung Sicherheit geleistet, besteht ein Anspruch auf Rückgewähr nur insoweit, als die Veranlassung für die Sicherheitsleistung weggefallen ist.[186] Dies setzt voraus, dass Ansprüche, deren Verwirklichung gesichert werden soll, nicht oder nicht mehr entstehen können.[187]

Dabei ist zu beachten, dass die nach § 717 Abs. 2 ZPO gesicherten Ansprüche umfassend zu verstehen sind. Die Sicherheitsleistung haftet nicht etwa beschränkt auf den Schaden, der dem Gläubiger dadurch entsteht, dass er nicht alsbald vollstrecken konnte (Verzögerungsschaden), sondern auch für die Urteilssumme selbst. Zusätzlich kommt eine Haftung der Sicherheit für die Verzögerung, d.h. dafür in Betracht, dass die Zwangsvollstreckung nicht unmittelbar erfolgen konnte.[188]

208 *Hinweis*

Gegen die Anordnung steht dem Antragsgegner – etwa mit der Behauptung, der Anlass zur Sicherheitsleistung sei nicht entfallen – nach § 109 Abs. 4 i.V.m. § 567 ZPO die sofortige Beschwerde zu. Das Gleiche gilt für den Antragsgegner für den Fall der Ablehnung seines Antrags auf Anordnung der Rückgabe der Sicherheit bzw. des Erlöschens der Bürgschaft.

---

182 Vgl. allgemein zum Beschwerdeverfahren § 18 Rdn 1 ff.
183 Muster eines Antrags auf Anordnung der Rückgabe der Sicherheit nach § 109 Abs. 2 ZPO unter Rdn 252.
184 Muster eines Antrags auf Anordnung des Erlöschens einer Bürgschaft nach § 109 Abs. 2 ZPO unter Rdn 253.
185 OLG Thüringen NJW-RR 2002, 1505.
186 BGH NJW 1990, 2129; OLG Koblenz OLGR 2001, 281.
187 OLG Koblenz OLGR 2001, 281.
188 OLG Düsseldorf RPfleger 1996, 165.

2. Die Rückgabe der Sicherheitsleistung nach § 715 ZPO

Für den Fall, dass ein Prozess durch ein Urteil rechtskräftig geworden ist, gibt § 715 ZPO dem Gläubiger eine gegenüber § 109 Abs. 1 und 2 ZPO einfachere Möglichkeit, die Rückgabe der Sicherheit bzw. das Erlöschen einer gestellten Bürgschaft zu erreichen.

> *Hinweis*
>
> Der Schuldner, der eine Prozesskostensicherheit nach § 89 ZPO oder nach § 110 ZPO oder etwa eine Abwendungssicherheit nach § 711 ZPO geleistet hat, ist damit immer auf den Weg nach § 109 Abs. 1 und Abs. 2 ZPO angewiesen.

Nach § 715 ZPO kann das Gericht, das eine Sicherheitsleistung des Gläubigers angeordnet hat, auf Antrag[189] unmittelbar die Rückgabe dieser Sicherheitsleistung anordnen, wenn ein Rechtskraftzeugnis[190] vorgelegt wird. Unter den gleichen Voraussetzungen kann das Erlöschen einer dem Schuldner gestellten Bürgschaft angeordnet werden.

Beachtet werden muss, dass § 715 ZPO nur Anwendung findet, wenn der Prozess durch ein rechtskräftiges Urteil seinen Abschluss gefunden hat, nicht aber, wenn es zu einer anderweitigen Prozessbeendigung, etwa durch eine Klagerücknahme oder einen Prozessvergleich, gekommen ist.[191]

Sachlich und örtlich zuständig für die Entscheidung ist das Gericht, welches die Sicherheitsleistung angeordnet hat, d.h. das Prozessgericht. Hier entscheidet funktionell nach § 20 Abs. 1 Nr. 3 RPflG der Rechtspfleger.

Der Antrag kann schriftlich oder zu Protokoll der Geschäftsstelle gestellt werden, so dass nach § 78 Abs. 5 ZPO kein Anwaltszwang besteht. Dem Antrag ist ein Rechtskraftzeugnis beizufügen, das sich bei mehreren Schuldnern auch auf alle Schuldner beziehen muss.[192]

Die Entscheidung ergeht sodann nach § 715 Abs. 2 i.V.m. § 109 Abs. 3 S. 2 ZPO durch Beschluss, der nach § 128 Abs. 4 ZPO ohne mündliche Verhandlung ergehen kann.

Wird der Antrag auf Anordnung der Rückgabe der Sicherheit bzw. des Erlöschens der Bürgschaft zurückgewiesen, so steht dem Gläubiger als Antragsteller hiergegen die sofortige Beschwerde nach § 567 Abs. 1 Nr. 2 ZPO (i.V.m. § 11 Abs. 1 RPflG) zu.

Der Antragsgegner kann gegen die Anordnung allein mit der befristeten Rechtspflegererinnerung nach § 11 Abs. 2 RPflG vorgehen.[193]

---

[189] Muster eines Antrags auf Anordnung der Rückgabe einer Sicherheit oder des Erlöschens einer zur Sicherheit bestellten Urkunde unter Rdn 254.
[190] Hierzu Rdn 65 ff. mit dem Muster eines Antrags auf Erteilung eines Rechtskraftzeugnisses unter Rdn 247.
[191] Zöller/*Herget*, ZPO, 32. Aufl., 2018, § 715 Rn 1.
[192] Zöller/*Herget*, ZPO, 32. Aufl., 2018, § 715 Rn 4.
[193] Zöller/*Herget*, ZPO, 32. Aufl., 2018, § 715 Rn 6.

3. Die anwaltlichen Gebühren und die gerichtlichen Kosten

218   Für die Verfahren nach §§ 109, 715 ZPO entstehen keine Gerichtsgebühren. Lediglich im Beschwerdeverfahren wird eine Gebühr von 60 EUR erhoben, soweit die Beschwerde als unzulässig verworfen oder als unbegründet zurückgewiesen wird.

219   Der Prozessbevollmächtigte des Ausgangsverfahrens erhält keine gesonderte Gebühr, da das Verfahren nach § 19 Abs. 1 Nr. 7 RVG zum Rechtszug gehört und damit durch die 1,3-Verfahrensgebühr nach Nr. 3100 VV abgegolten ist.

220   Anders verhält es sich dann, wenn der Prozessbevollmächtigte im Ausgangsverfahren nicht tätig war. Für diesen Fall erhält er eine 0,8-Verfahrensgebühr nach Nr. 3403 VV.

221   Im Beschwerdeverfahren erhält der Prozessbevollmächtigte in jedem Fall die 0,5-Verfahrensgebühr nach Nr. 3500 VV und ggf. auch die 0,5-Terminsgebühr nach Nr. 3513 VV.

C. Muster

I. Muster: Ankündigung eines Rechtsmittelverzichtes

▼

222   An das
☐ Amtsgericht
☐ Landgericht
in
In dem Rechtsstreit

                    Kläger ./. Beklagter
                    Az:

wird namens und in Vollmacht des
☐ Klägers
☐ Beklagten
angekündigt, dass beabsichtigt ist, in der mündlichen Verhandlung bei einem den gerichtlichen Hinweisen in der Verfügung vom   entsprechenden Urteil auf Rechtsmittel zu verzichten, so dass das Urteil nachfolgend ohne Tatbestand und Entscheidungsgründe ergehen kann.

Es wird schon jetzt darauf hingewiesen, dass sodann der vertretenen Partei die Kostenprivilegierung nach Ziff. 1211 Nr. 2 KVGKG zukommt.
☐ Es wird gebeten, die gegnerische Partei aufzufordern, in gleicher Weise zu verfahren.
☐ Es wird darauf hingewiesen, dass eine Zustimmung der gegnerischen Partei zu dieser Verfahrensweise nach § 313a Abs. 2 ZPO nicht erforderlich ist, da diese das angekündigte Urteil nicht anfechten kann.

Das Gericht kann daher das nach § 313a Abs. 2 ZPO erforderliche Stuhlurteil im Sinne der erteilten Hinweise für die mündliche Verhandlung vorbereiten.

Rechtsanwalt
▲

II. Muster: Nachträglicher Rechtsmittelverzicht nach § 313a Abs. 2 ZPO

▼

An das
☐ Amtsgericht
☐ Landgericht
in ▓▓▓▓▓▓
In dem Rechtsstreit

Kläger ./. Beklagter
Az: ▓▓▓▓▓▓

wird namens und in Vollmacht des
☐ Klägers
☐ Beklagten
im Hinblick auf das in der mündlichen Verhandlung vom ▓▓▓▓▓▓ ergangene Urteil der

Verzicht auf Rechtsmittel

erklärt.
Das Urteil kann damit nach § 313a Abs. 2 ZPO ohne Tatbestand und Entscheidungsgründe bleiben.
☐ Gegen das ergangene Urteil steht allein der hier vertretenen Partei ein Rechtsmittel zu, so dass es einer Zustimmung des Gegners nicht bedarf.
☐ Da der gegnerischen Partei ebenfalls ein Rechtsmittel gegen das ergangene Urteil zusteht, wird gebeten, diese kurzfristig zur Stellungnahme zum Rechtsmittelverzicht aufzufordern, damit die Kostenprivilegierung nach Ziff. 1211 Nr. 2 KVGKG in Anspruch genommen werden kann.

Es wird schon jetzt darauf hingewiesen, dass sodann der vertretenen Partei die Kostenprivilegierung nach Ziff. 1211 Nr. 2 KVGKG zukommt.

Rechtsanwalt

▲

III. Muster: Verspäteter Rechtsmittelverzicht nach §§ 313a Abs. 2, 283 S. 2 ZPO

▼

An das
☐ Amtsgericht
☐ Landgericht
in ▓▓▓▓▓▓
In dem Rechtsstreit

Kläger ./. Beklagter
Az: ▓▓▓▓▓▓

wird namens und in Vollmacht des
☐ Klägers
☐ Beklagten

§ 15 Verfahrensanträge nach Urteilserlass

im Hinblick auf das in der mündlichen Verhandlung vom ▨ ergangene Urteil der

Verzicht auf Rechtsmittel

erklärt.

Das Urteil kann damit nach § 313a Abs. 2 ZPO ohne Tatbestand und Entscheidungsgründe bleiben.

☐ Gegen das ergangene Urteil steht allein der hier vertretenen Partei ein Rechtsmittel zu, so dass es einer Zustimmung des Gegners nicht bedarf.

☐ Da der gegnerischen Partei ebenfalls ein Rechtsmittel gegen das ergangene Urteil zusteht, wird gebeten, diese kurzfristig zur Stellungnahme zum Rechtsmittelverzicht aufzufordern, damit die Kostenprivilegierung nach Ziff. 1211 Nr. 2 KVGKG in Anspruch genommen werden kann.

Soweit die Wochenfrist nach § 313a Abs. 3 ZPO bereits abgelaufen ist, hindert dies den Rechtsmittelverzicht nicht. In analoger Anwendung von § 283 S. 2 ZPO ist das Gericht berechtigt, den Rechtsmittelverzicht auch nach Ablauf dieser Frist noch anzunehmen, da die Frist allein eine Schutzfrist für den organisatorischen Ablauf innerhalb des Gerichts ist (Zöller/Feskorn, ZPO, 32. Aufl. 2018, § 313a Rn 6).

Das Gericht ist danach berechtigt, das Urteil abgekürzt abzusetzen. Es wird ausdrücklich um diese Verfahrensweise gebeten.

Es wird schon jetzt darauf hingewiesen, dass sodann der vertretenen Partei die Kostenprivilegierung nach Ziff. 1211 Nr. 2 KVGKG zukommt.

Rechtsanwalt

IV. Muster: Antrag auf Urteilsberichtigung nach § 319 ZPO

225 An das
☐ Amtsgericht
☐ Landgericht

Oberlandesgericht

in ▨

In dem Rechtsstreit

Kläger ./. Beklagter

Az: ▨

beantrage ich namens und in Vollmacht des
☐ Klägers,
☐ Beklagten,

das Urteil des erkennenden Gerichts vom ▨ insoweit zu berichtigen, als ▨.

Zur **Begründung** wird Folgendes ausgeführt:

☐ Nach dem Tenor zu 1) ist die Klage in vollem Umfang abgewiesen worden. Nach den Ausführungen auf S. ▨ des Urteils hat der Kläger dementsprechend die Kosten

des Verfahrens nach § 91 ZPO zu tragen. Gleichwohl wurden dem Beklagten nach dem Tenor zu 2) die Kosten auferlegt. Hierbei handelt es sich um einen offensichtlichen Schreibfehler. Statt „Beklagten" muss es „Kläger" heißen.
☐ Das Gericht hat die einzelnen, dem Kläger dem Grunde und der Höhe nach zustehenden Schadenspositionen auf Seite ▬▬ und Seite ▬▬ des Urteils aufgeführt. Die einzelnen Positionen ergeben dabei einen Betrag von ▬▬, während das Gericht aufgrund eines offensichtlichen Rechenfehlers einen Gesamtbetrag von ▬▬ ermittelt hat. Tatsächlich wird dem Kläger dann im Tenor zu 1) auch lediglich ein Betrag von ▬▬ zuerkannt. Dies ist als offensichtlicher Rechenfehler nach § 319 ZPO zu korrigieren.
☐ Während die Klägerin im Tatbestand zutreffend als GmbH bezeichnet wird, fehlt dieser Zusatz im Rubrum der Entscheidung, so dass das Rubrum entsprechend zu berichtigen ist.
☐ In den Entscheidungsgründen führt das erkennende Gericht auf S. ▬▬ aus, dass die zuerkannte Forderung seit dem ▬▬ mit 5 Prozentpunkten über dem Basiszinssatz zu verzinsen ist. Tatsächlich ist dies aber in den Tenor zu 1) nicht aufgenommen worden, so dass der Tenor zu 1) wie beantragt zu korrigieren ist.

In der Anlage wird die Ausfertigung/beglaubigte Abschrift der zu berichtigenden Entscheidung im Hinblick auf § 319 Abs. 2 ZPO beigefügt.

Sollte das Gericht davon ausgehen, dass nicht § 319 ZPO, sondern § 321 ZPO einschlägig ist, wird hilfsweise die Urteilsergänzung nach § 321 ZPO beantragt. Die Frist ist insoweit durch diesen Schriftsatz gewahrt.

Es wird um antragsgemäße Entscheidung ohne mündliche Verhandlung gebeten.

Rechtsanwalt

V. Muster: Protokollberichtigung nach § 164 ZPO bei einer offensichtlichen Unrichtigkeit in einem Prozessvergleich

An das
☐ Amtsgericht
☐ Landgericht
Oberlandesgericht

in ▬▬

In dem Rechtsstreit

          Kläger ./. Beklagter
          Az: ▬▬

beantrage ich namens und in Vollmacht des
☐ Klägers,
☐ Beklagten,

    das Protokoll der mündlichen Verhandlung vom ▬▬ wie folgt zu berichtigen:

In Ziffer ▬▬ des protokollierten Vergleichs heißt es „▬▬".

§ 15 Verfahrensanträge nach Urteilserlass

Stattdessen muss es heißen „▓▓▓▓".

Es handelt sich um eine offensichtliche Unrichtigkeit in Form eines Schreibfehlers, die nach § 164 ZPO zu korrigieren ist (Zöller/Schultzky, ZPO, 32. Aufl. 2018, Rn 2 zu § 164 ZPO).

Soweit das Gericht davon ausgehen sollte, dass § 164 ZPO nicht einschlägig ist, sondern nach § 319 ZPO analog zu verfahren ist (vgl. Nachweise in Zöller/Feskorn, ZPO, 32. Aufl., 2018, Rn 3 zu § 319 ZPO), wird hilfsweise beantragt,

> das Protokoll und den darin enthaltenen Vergleich entsprechend § 319 ZPO zu berichtigen.

Um antragsgemäße Entscheidung wird gebeten.

Rechtsanwalt

VI. Muster: Sofortige Beschwerde nach § 319 Abs. 3 ZPO

15.6

227 An das
☐ Landgericht
– Beschwerdekammer –
☐ Oberlandesgericht
– Beschwerdesenat –

in ▓▓▓▓

über das
☐ Amtsgericht
☐ Landgericht

in ▓▓▓▓

Sofortige Beschwerde nach § 319 Abs. 3 ZPO

In der ▓▓▓ sache

des ▓▓▓▓

– Beschwerdeführer –

Verfahrensbevollmächtigte: RAe ▓▓▓▓

gegen

den ▓▓▓▓

– Beschwerdegegner –

Verfahrensbevollmächtigte: RAe ▓▓▓▓

an der weiter beteiligt ist:[194] ▓▓▓▓

---

[194] Soweit Dritte noch am Verfahren beteiligt sind.

wird hiermit namens und in Vollmacht des Beschwerdeführers gegen die Entscheidung des

☐ Amtsgerichts
☐ Landgerichts

in ▬▬ vom ▬▬, Az: ▬▬, sofortige Beschwerde eingelegt.

Es wird beantragt:

☐ Unter Abänderung der angefochtenen Entscheidung wird der Antrag des ▬▬ vom ▬▬ auf Berichtigung des Urteils vom ▬▬, Az: ▬▬, zurückgewiesen.

☐ Der Berichtigungsbeschluss vom ▬▬ wird aufgehoben.

Zur **Begründung** wird Folgendes ausgeführt:

I.

Mit der angefochtenen Entscheidung vom ▬▬ hat das Ausgangsgericht das Urt. v. ▬▬ im Verfahren ▬▬ dergestalt berichtigt, dass ▬▬.

Die Entscheidung ist unzutreffend und im Sinne des vorstehenden Antrags durch das Ausgangsgericht nach § 572 Abs. 1 S. 1 ZPO oder aber das angerufene Beschwerdegericht zu ändern.

Die Entscheidung ist nach § 319 ZPO ergangen und dementsprechend nach § 319 Abs. 3 ZPO mit der sofortigen Beschwerde angreifbar.

Die angefochtene Entscheidung wurde dem Beschwerdeführer am ▬▬ zugestellt. Die Notfrist des § 569 Abs. 1 S. 1 ZPO endet damit am ▬▬ und wird durch den vorliegenden Schriftsatz gewahrt.

II.

Die angefochtene Entscheidung erweist sich im Ergebnis als unzutreffend.

☐ Soweit das Ausgangsgericht ausführt, dass ▬▬, geht es von falschen tatsächlichen Voraussetzungen aus.

    Richtig ist vielmehr, dass ▬▬.

    Glaubhaftmachung: Eidesstattliche Versicherung des Beschwerdeführers vom ▬▬;

        anliegend im Original.

☐ Die angefochtene Entscheidung beruht auf § 319 ZPO. Danach ist ein Urteil zu berichtigen, soweit es offensichtliche Unrichtigkeiten aufweist.

    Soweit das Ausgangsgericht das Urt. v. ▬▬ dahin berichtigt hat, dass ▬▬, liegt jedoch eine solche offensichtliche Unrichtigkeit nicht vor, weil ▬▬.

☐ ▬▬

III.

Soweit das erkennende Beschwerdegericht der diesseitigen Auffassung nicht zu folgen vermag, wird schon jetzt beantragt,

    die Entscheidung über die Beschwerde nach § 568 S. 2 ZPO auf den Senat/die Kammer zu übertragen

und

die Rechtsbeschwerde zum Bundesgerichtshof zuzulassen.

Die vom Beschwerdeführer dargelegte Auffassung wird von der Rechtsprechung der Oberlandesgerichte in ▓▓▓ geteilt (vgl. ▓▓▓ [195]). Soweit das angerufene Gericht dieser Auffassung nicht folgt, ist daher eine Entscheidung des Rechtsbeschwerdegerichts zur Fortbildung des Rechts und Sicherung einer einheitlichen Rechtsprechung erforderlich.

IV.

Das Ausgangsgericht wird um Abhilfe gebeten. Anderenfalls wird das Beschwerdegericht um alsbaldige antragsgemäße Entscheidung gebeten.

Rechtsanwalt

VII. Muster: Tatbestandsberichtigungsantrag nach § 320 ZPO

228 An das
☐ Amtsgericht
☐ Landgericht

in ▓▓▓

In dem Rechtsstreit

Kläger ./. Beklagter

Az.: ▓▓▓

beantrage ich namens und in Vollmacht des
☐ Klägers,
☐ Beklagten,
☐ Streitverkündeten,

den Tatbestand des am ▓▓▓ verkündeten und am ▓▓▓ zugestellten Urteils vom ▓▓▓ im Tatbestand nach § 320 ZPO dahin zu berichtigen, dass ▓▓▓.

Zur **Begründung** wird ausgeführt:

Das erkennende Gericht hat auf Seite ▓▓▓ des eingangs zitierten Urteils ausgeführt, dass ▓▓▓.

Diese Tatsachenfeststellung ist unzutreffend, weil
☐ auf Seite ▓▓▓ des Schriftsatzes vom ▓▓▓ ausdrücklich bestritten wird, dass ▓▓▓. Hier wird ausgeführt: „▓▓▓".
☐ entgegen den Feststellungen im Urteil die Tatsache, dass ▓▓▓, zu keinem Zeitpunkt bestritten wurde. Im Gegenteil wurde die Tatsache von dem ▓▓▓ im Schriftsatz vom ▓▓▓ auf Seite ▓▓▓ sogar ausdrücklich zugestanden. Hierbei heißt es „▓▓▓".
☐ ▓▓▓

---

[195] Fundstellen der abweichenden ober- und höchstrichterlichen Rechtsprechung.

Nur rein vorsorglich wird darauf hingewiesen, dass nach § 320 Abs. 3 ZPO über den Antrag nur mündlich verhandelt werden muss, wenn eine Partei dies beantragt. Von hier aus wird ausdrücklich auf eine mündliche Verhandlung verzichtet.

Rechtsanwalt

VIII. Muster: Tatbestandsberichtigungsantrag kombiniert mit einem Antrag auf Urteilsergänzung

An das
☐ Amtsgericht
☐ Landgericht

in

In dem Rechtsstreit

Kläger ./. Beklagter

Az.:

beantrage ich namens und in Vollmacht des
☐ Klägers,
☐ Beklagten,
☐ Streitverkündeten,

den Tatbestand des am   verkündeten und am   zugestellten Urteils vom   im Tatbestand nach § 320 ZPO dahin zu berichtigen, dass von dem   folgende Anträge gestellt wurden:

1.
2.
3.

Sodann wird beantragt,

den Tenor des vorbezeichneten Urteils vom   , dahingehend zu ergänzen, dass   .

Zur **Begründung** wird ausgeführt:

I.

Das erkennende Gericht hat auf Seite   des Urteils vom   , Az: , ausgeführt, dass der   folgende Anträge gestellt hat:

1.
2.
3.

Damit hat das Gericht die tatsächlich gestellten Anträge unvollständig aus dem Protokoll der mündlichen Verhandlung vom   übernommen.

Ausweislich des Protokolls der mündlichen Verhandlung vom   hat der Antragsteller die Anträge aus dem Schriftsatz vom   und vom   gestellt.

§ 15 Verfahrensanträge nach Urteilserlass

Danach sind folgende Anträge gestellt worden:

1. ▩
2. ▩
3. ▩
4. ▩

Demgegenüber hat das Gericht lediglich die Anträge aus dem Schriftsatz vom ▩ aufgeführt. Der Tatbestand ist mithin gem. § 320 ZPO antragsgemäß zu berichtigen.

II.

Der vorbezeichnete Antrag ▩ wurde mit dem Urteil des erkennenden Gerichts vom ▩, zugestellt am ▩, nicht beschieden, so dass das Urteil nach der Tatbestandsberichtigung nach § 321 ZPO zu ergänzen ist.

☐ Das Gericht hat es unterlassen, dem Beklagten den mit Schriftsatz vom ▩ beantragten Vorbehalt der beschränkten Erbenhaftung auf den Nachlass zu gewähren.

☐ Das Gericht hat es unterlassen, dem Beklagten den mit Schriftsatz vom ▩ beantragten Vorbehalt seiner Rechte im Nachverfahren zu gewähren.

☐ Das Gericht hat es unterlassen, dem ▩ gesondert die durch seine Säumnis im Termin zur mündlichen Verhandlung am ▩ entstandenen Kosten aufzuerlegen, obwohl der Antragsteller dies mit Schriftsatz vom ▩ ausdrücklich beantragt hat.

☐ Das Gericht hat es unterlassen, dem ▩ gesondert die durch die Anrufung eines unzuständigen Gerichts und die nachfolgende Verweisung mit Beschl. v. ▩ entstandenen Kosten gem. § 281 Abs. 3 S. 2 ZPO aufzuerlegen, obwohl der Antragsteller dies mit Schriftsatz vom ▩ ausdrücklich beantragt hat.

☐ ▩

III.

Nur rein vorsorglich wird darauf hingewiesen, dass nach § 320 Abs. 3 ZPO über den Antrag auf Berichtigung des Tatbestands nur mündlich verhandelt werden muss, wenn eine Partei dies beantragt. Von hier aus wird ausdrücklich auf eine mündliche Verhandlung verzichtet.

Nach Auffassung des Antragstellers bedarf es vorliegend auch keiner mündlichen Verhandlung gem. § 321 Abs. 3 ZPO über den Ergänzungsantrag. Es wird damit bereits jetzt das Einverständnis mit einer Entscheidung im schriftlichen Verfahren nach § 128 Abs. 2 ZPO erklärt, soweit der Gegner dem zustimmt.

Rechtsanwalt

IX. Muster: Antrag auf Urteilsergänzung nach § 321 ZPO – Grundmuster

▼

An das
☐ Amtsgericht
☐ Landgericht

in

In dem Rechtsstreit

                      Kläger ./. Beklagter

                      Az:

beantrage ich namens und in Vollmacht des
☐ Klägers,
☐ Beklagten,
den Tenor des Urteils des erkennenden Gerichts vom   , dahingehend zu ergänzen, dass   .

Zur **Antragsbegründung** wird Folgendes ausgeführt:
Der gestellte Antrag rechtfertigt sich aus § 321 ZPO, hilfsweise aus § 319 ZPO.
Der
☐ Kläger
☐ Beklagte
hat mit Schriftsatz vom   auf Seite   beantragt, dass   .
Dieser Antrag wurde mit dem Urteil des erkennenden Gerichts vom   , zugestellt am   , nicht beschieden, so dass das Urteil zu ergänzen ist.
☐ Das Gericht hat es unterlassen, dem Beklagten den mit Schriftsatz vom   beantragten Vorbehalt der beschränkten Erbenhaftung auf den Nachlass zu gewähren.
☐ Das Gericht hat es unterlassen, dem Beklagten den mit Schriftsatz vom   beantragten Vorbehalt seiner Rechte im Nachverfahren zu gewähren.
☐ Das Gericht hat es unterlassen, dem   gesondert die durch seine Säumnis im Termin zur mündlichen Verhandlung am   entstandenen Kosten aufzuerlegen, obwohl der Antragsteller dies mit Schriftsatz vom   ausdrücklich beantragt hat.
☐ Das Gericht hat es unterlassen, dem   gesondert die durch die Anrufung eines unzuständigen Gerichts und die nachfolgende Verweisung mit Beschl. v.   entstandenen Kosten gem. § 281 Abs. 3 S. 2 ZPO aufzuerlegen, obwohl der Antragsteller dies mit Schriftsatz vom   ausdrücklich beantragt hat.
☐
Nach Auffassung des Antragstellers bedarf es vorliegend keiner mündlichen Verhandlung gem. § 321 Abs. 3 ZPO. Es wird damit bereits jetzt das Einverständnis mit einer Entscheidung im schriftlichen Verfahren nach § 128 Abs. 2 ZPO erklärt.

Rechtsanwalt

§ 15 Verfahrensanträge nach Urteilserlass

X. Muster: Antrag auf Ergänzung des Urteils wegen fehlender Entscheidung über die vorläufige Vollstreckbarkeit

15.10

231 An das
☐ Amtsgericht
☐ Landgericht

in

In dem Rechtsstreit

Kläger ./. Beklagter

Az:

beantrage ich namens und in Vollmacht des
☐ Klägers,
☐ Beklagten,

den Tenor des Urteils des erkennenden Gerichts vom   dahingehend zu ergänzen, dass das Urteil gegen Sicherheitsleistung in zu bestimmender Höhe für vorläufig vollstreckbar erklärt wird.

Zur **Antragsbegründung** wird Folgendes ausgeführt:

Der gestellte Antrag rechtfertigt sich aus § 321 ZPO, hilfsweise aus § 319 ZPO.

Das Urteil des erkennenden Gerichts vom   enthält keinen Ausspruch über die vorläufige Vollstreckbarkeit des Urteils. Über die vorläufige Vollstreckbarkeit ist jedoch grundsätzlich von Amts wegen zu entscheiden.

☐ Da der Gegenstand der Verurteilung in der Hauptsache den Wert von 1.250 EUR übersteigt, war über die vorläufige Vollstreckbarkeit nach § 709 ZPO zu entscheiden, so dass das Urteil gegen Sicherheitsleistung für vorläufig vollstreckbar zu erklären war.

☐ Da weder der Wert der Hauptsache noch der Wert der Kosten den in § 708 Nr. 11 ZPO bestimmten Wert überschreitet, war das Urteil ohne Sicherheitsleistung für vorläufig vollstreckbar zu erklären und im Übrigen nach § 711 ZPO zu verfahren.

☐

Dies ist im Wege der Urteilsergänzung nach § 321 ZPO nunmehr nachzuholen.

Nach Auffassung des Antragstellers bedarf es vorliegend keiner mündlichen Verhandlung gem. § 321 Abs. 3 ZPO. Es wird damit bereits jetzt das Einverständnis mit einer Entscheidung im schriftlichen Verfahren nach § 128 Abs. 2 ZPO erklärt.

Rechtsanwalt

XI. Muster: Antrag auf Ergänzung eines Urteils wegen unterlassener Entscheidung über die Kosten der Nebenintervention

▼

An das
☐ Amtsgericht
☐ Landgericht

in

In dem Rechtsstreit

                Kläger ./. Beklagter

                Az:

beantrage ich namens und in Vollmacht des _____, der als Nebenintervenient an dem Rechtsstreit teilgenommen hat,

> den Tenor des Urteils des erkennenden Gerichts vom _____, dahingehend zu ergänzen, dass dem _____ die Kosten der Nebenintervention gem. § 101 ZPO auferlegt werden.

Zur **Antragsbegründung** wird Folgendes ausgeführt:

Der gestellte Antrag rechtfertigt sich aus § 321 ZPO, hilfsweise aus § 319 ZPO.

Der Antragsteller hat als Nebenintervenient an dem vorliegenden Rechtsstreit teilgenommen. Entsprechend ist er auch im Rubrum des zu ergänzenden Urteils des erkennenden Gerichts aufgeführt.

Die Kostenentscheidung enthält jedoch keine Entscheidung gem. § 101 ZPO über die Kosten der Nebenintervention.

Nach § 101 ZPO sind die durch eine Nebenintervention verursachten Kosten dem Gegner der Hauptpartei aufzuerlegen, soweit dieser nach den Vorschriften der §§ 91–98 ZPO die Kosten des Rechtsstreits zu tragen hat.

Danach hat der _____ die Kosten der Nebenintervention in Höhe von _____ % zu tragen, da entsprechend dem zu ergänzenden Urteil in diesem Umfange der Gegner der Hauptpartei die Kosten des Rechtsstreits zu tragen hat.

Für den Fall, dass das erkennende Gericht davon ausgeht, dass lediglich eine offensichtliche Unrichtigkeit vorliegt, wird hilfsweise die Berichtigung des bezeichneten Urteiles gem. § 319 ZPO beantragt.

Nach Auffassung des Antragstellers bedarf es vorliegend keiner mündlichen Verhandlung gem. § 321 Abs. 3 ZPO, soweit von den Hauptparteien keine sachlichen Einwände gegen den Antrag erhoben werden. Es wird damit bereits jetzt das Einverständnis mit einer Entscheidung im schriftlichen Verfahren nach § 128 Abs. 2 ZPO erklärt.

Rechtsanwalt

XII. Muster: Antrag auf Ergänzung des Urteils wegen unterlassener Zinsentscheidung

233

An das
☐ Amtsgericht
☐ Landgericht

in ▒▒▒▒▒▒

In dem Rechtsstreit

Kläger ./. Beklagter

Az: ▒▒▒▒▒▒

beantrage ich namens und in Vollmacht des
☐ Klägers,
☐ Beklagten,

den Tenor des Urteils des erkennenden Gerichts vom ▒▒▒▒▒▒ dahingehend zu ergänzen, dass die aus dem Tenor zu 1) des zu ergänzenden Urteils ersichtliche Hauptforderung nebst Zinsen in Höhe von 5 Prozentpunkten über dem Basiszinssatz seit dem ▒▒▒▒▒▒ zu verzinsen ist.

Zur **Antragsbegründung** wird Folgendes ausgeführt:

Der gestellte Antrag rechtfertigt sich aus § 321 ZPO, hilfsweise aus § 319 ZPO.

Ausweislich der Klageschrift vom ▒▒▒▒▒▒ auf Seite ▒▒▒▒▒▒ hat der Kläger beantragt, den Beklagten zu verurteilen, an ihn ▒▒▒▒▒▒ EUR nebst Zinsen in Höhe von 5 Prozentpunkten über dem Basiszinssatz seit dem ▒▒▒▒▒▒ zu zahlen. Dieser Antrag wurde in dieser Form auch in den Tatbestand des zu ergänzenden Urteils, hier Seite ▒▒▒▒▒▒, aufgenommen.

Gleichwohl hat das erkennende Gericht über den Zinsantrag weder positiv noch negativ entschieden. Hierüber verhalten sich die Entscheidungsgründe nicht. Auch der Tenor zu 1 weist keine Entscheidung über die Zinsen aus. Das Urteil ist damit gem. § 321 ZPO zu ergänzen.

Sollte das Gericht der Auffassung sein, dass lediglich eine offensichtliche Unrichtigkeit im Sinne des § 319 ZPO vorliegt, wird hilfsweise die Berichtigung des Urteils nach § 319 ZPO beantragt.

Nach Auffassung des Antragstellers bedarf es vorliegend keiner mündlichen Verhandlung gem. § 321 Abs. 3 ZPO. Es wird damit bereits jetzt das Einverständnis mit einer Entscheidung im schriftlichen Verfahren nach § 128 Abs. 2 ZPO erklärt.

Rechtsanwalt

C. Muster § 15

XIII. Muster: Urteilsergänzung wegen eines unterlassenen Vorbehaltes

▼

An das
☐ Amtsgericht
☐ Landgericht

in ▓▓▓▓

In dem Rechtsstreit

      Kläger ./. Beklagter
      Az: ▓▓▓▓

wird beantragt,

> den Tenor des Urteils des erkennenden Gerichts vom ▓▓▓▓ dahingehend zu ergänzen, dass die Entscheidung unter dem Vorbehalt der Entscheidung über die Aufrechnung in Höhe von ▓▓▓▓ ergeht.

Zur Antragsbegründung wird Folgendes ausgeführt:

Der gestellte Antrag rechtfertigt sich aus § 321 ZPO, hilfsweise aus § 319 ZPO.

Das erkennende Gericht hat über die mit der Klage geltend gemachte Hauptforderung gem. § 302 Abs. 1 ZPO durch ein Vorbehaltsurteil entschieden. Dies weist bereits die Entscheidung selbst im Rubrum aus.

Tatsächlich enthält das Urteil im Tenor zu 1 jedoch keinen Vorbehalt der Entscheidung über die Aufrechnung, so dass das Urteil gem. § 302 Abs. 2 ZPO i.V.m. § 321 ZPO zu ergänzen ist.

Nach Auffassung des Antragstellers bedarf es vorliegend keiner mündlichen Verhandlung gem. § 321 Abs. 3 ZPO. Es wird damit bereits jetzt das Einverständnis mit einer Entscheidung im schriftlichen Verfahren nach § 128 Abs. 2 ZPO erklärt.

Rechtsanwalt

▲

XIV. Muster: Antrag auf Ergänzung des Urteils über den Vorbehalt im Urkundenverfahren

▼

An das
☐ Amtsgericht
☐ Landgericht

in ▓▓▓▓

In der Sache

      Kläger ./. Beklagter
      Az: ▓▓▓▓

wird beantragt,

§ 15 Verfahrensanträge nach Urteilserlass

den Tenor des Urteils des erkennenden Gerichts vom ▯ dahingehend zu ergänzen, dass dem ▯ die Ausführung seiner Rechte im Nachverfahren vorbehalten wird.

Zur **Antragsbegründung** wird Folgendes ausgeführt:

Der gestellte Antrag rechtfertigt sich aus § 321 ZPO, hilfsweise aus § 319 ZPO.

Der Beklagte hat im Urkundenprozess mit Schriftsatz vom ▯, Seite ▯, beantragt, ihm die Ausführung seiner Rechte für das Nachverfahren vorzubehalten.

Ungeachtet dessen enthält das Urteil im Tenor zu 1 lediglich die Verurteilung gemäß dem Antrag im Urkundenprozess, ohne dass über den Antrag auf Vorbehalt der Ausführung der Rechte im Nachverfahren entschieden wurde.

Der entsprechende Vorbehalt ergibt sich bereits aus dem Tatbestand des bezeichneten Urteils, nämlich auf Seite ▯ des Urteils.

Nach § 599 Abs. 2 ZPO i.V.m. § 321 ZPO ist über den Vorbehalt der Ausführung der Rechte im Nachverfahren durch Ergänzungsurteil zu entscheiden (BGH NJW-RR 1996, 1238).

Nach Auffassung des Antragstellers bedarf es vorliegend keiner mündlichen Verhandlung gem. § 321 Abs. 3 ZPO. Es wird damit bereits jetzt das Einverständnis mit einer Entscheidung im schriftlichen Verfahren nach § 128 Abs. 2 ZPO erklärt.

Rechtsanwalt

▲

XV. Muster: Antrag auf Hinausschieben der Zustellung eines verkündeten Urteils nach § 317 Abs. 1 S. 3 ZPO

15.15

236 An das
☐ Amtsgericht
☐ Landgericht

in ▯

In dem Rechtsstreit

Kläger ./. Beklagter

Az: ▯

wird namens und in Vollmacht des
☐ Klägers
☐ Beklagten

beantragt,

die Zustellung des am ▯ verkündeten Urteils

☐ bis zum ▯

☐ bis auf Weiteres, längstens bis fünf Monate nach der Verkündung des Urteils

hinauszuschieben.

Zwischen den Parteien besteht Einigkeit, dass die Zustellung des Urteils gem. § 317 Abs. 1 S. 3 ZPO zunächst hinausgeschoben werden soll, damit die an die Zustellung gebundenen Fristen einstweilen nicht zu laufen beginnen.

Zwischen den Parteien ist beabsichtigt, eine vergleichsweise Regelung zu finden.

Der Bevollmächtigte des Prozessgegners hat angekündigt, einen gleichlautenden Antrag vorzulegen.

Rechtsanwalt

XVI. Muster: Antrag auf Hinausschieben des Termins zur Verkündung einer Entscheidung

An das
☐ Amtsgericht
☐ Landgericht
in ▮▮▮▮▮

In dem Rechtsstreit

                Kläger ./. Beklagter
                Az: ▮▮▮▮▮

wird namens und in Vollmacht des
☐ Klägers
☐ Beklagten

beantragt,

    den Termin zur Verkündung einer Entscheidung am ▮▮▮▮▮ aufzuheben und auf einen Termin nach dem ▮▮▮▮▮ zu verschieben.

Zur **Begründung** wird Folgendes ausgeführt:

Im Nachgang zur mündlichen Verhandlung vom ▮▮▮▮▮ haben die Parteien Vergleichsverhandlungen aufgenommen, die zurzeit noch nicht abgeschlossen sind. Es ist davon auszugehen, dass diese nicht vor dem Termin zur Verkündung einer Entscheidung am ▮▮▮▮▮ abgeschlossen werden können.

Insoweit sind die Parteien übereingekommen, dass der Termin zur Verkündung einer Entscheidung vorläufig bis zum ▮▮▮▮▮ verschoben werden soll, damit die Vergleichsverhandlungen abgeschlossen werden können.

Die Parteien gehen davon aus, dass dies im Rahmen der genannten Frist möglich sein wird.

Der gegnerische Prozessbevollmächtigte wird einen entsprechenden Antrag an das Gericht richten.

Rechtsanwalt

§ 15 Verfahrensanträge nach Urteilserlass

XVII. Muster: Antrag auf Zustellung des Urteils nach dessen Hinausschieben

15.17

238

An das
☐ Amtsgericht
☐ Landgericht

in ▓▓▓▓▓

In dem Rechtsstreit

Kläger ./. Beklagter

Az: ▓▓▓▓▓

wird namens und in Vollmacht des
☐ Klägers
☐ Beklagten

beantragt,

das am ▓▓▓▓▓ verkündete Urteil nunmehr unverzüglich zuzustellen.

Zur **Begründung** wird Folgendes ausgeführt:

Das erkennende Gericht hat das aufgrund der mündlichen Verhandlung vom ▓▓▓▓▓ ergangene Urteil am ▓▓▓▓▓ verkündet.

Auf Antrag beider Parteien hat das erkennende Gericht mit Verfügung vom ▓▓▓▓▓ die Zustellung des Urteils hinausgeschoben, da zwischen den Parteien Vergleichsverhandlungen aufgenommen wurden.

Namens und in Vollmacht des ▓▓▓▓▓ wird mitgeteilt, dass diese Vergleichsverhandlungen nicht zu einem positiven Abschluss geführt werden konnten.

Insoweit wird nunmehr gebeten, das bereits verkündete Urteil unverzüglich zuzustellen,
☐ damit hiergegen im Wege des Rechtsmittels vorgegangen werden kann;
☐ damit durch die Zustellung die Voraussetzungen für die Zwangsvollstreckung gem. § 750 ZPO geschaffen werden.

Es wird um alsbaldige Veranlassung der Zustellung gebeten.

Rechtsanwalt

XVIII. Muster: Sofortige Beschwerde gegen die Ablehnung der Hinausschiebung der Urteilszustellung nach § 317 Abs. 1 S. 3 ZPO

▼

An das
Landgericht
– Beschwerdekammer –
in ▓▓▓▓▓
über das
Amtsgericht[196]
in ▓▓▓▓▓

Sofortige Beschwerde nach §§ 317, 567 Abs. 1 Nr. 2 ZPO

In der ▓▓▓▓sache
des ▓▓▓▓▓

– Beschwerdeführer –

Verfahrensbevollmächtigte: RAe ▓▓▓▓▓

gegen
den ▓▓▓▓▓

– Beschwerdegegner –

Verfahrensbevollmächtigte: RAe ▓▓▓▓▓
an der weiter beteiligt ist: ▓▓▓▓▓ [197]

wird hiermit namens und in Vollmacht des Beschwerdeführers gegen die Entscheidung des AG vom ▓▓▓▓▓, Az: ▓▓▓▓▓, Beschwerde eingelegt.

Es wird beantragt:

Unter Abänderung der angefochtenen Entscheidung wird die Zustellung des am ▓▓▓▓▓ verkündeten Urteils

☐ bis zum ▓▓▓▓▓

☐ bis auf Weiteres, längstens bis fünf Monate nach der Verkündung des Urteils

hinausgeschoben.

Zur **Begründung** wird Folgendes ausgeführt:

I.

Mit der angefochtenen Entscheidung hat das Ausgangsgericht es abgelehnt, die Zustellung des am ▓▓▓▓▓ verkündeten Urteils in der von beiden Parteien beantragten Form
☐ bis zum ▓▓▓▓▓
☐ bis auf Weiteres, längstens bis fünf Monate nach der Verkündung des Urteils hinauszuschieben.

---

[196] Ausgangsgericht.
[197] Soweit Dritte noch am Verfahren beteiligt sind.

Die Entscheidung ist unzutreffend und im Sinne des vorstehenden Antrags durch das Ausgangsgericht nach § 572 Abs. 1 S. 1 ZPO oder aber das angerufene Beschwerdegericht zu ändern.

Die Entscheidung ist nach § 317 Abs. 1 S. 3 ZPO ohne mündliche Verhandlung ergangen und dementsprechend nach § 567 Abs. 1 Nr. 2 ZPO mit der sofortigen Beschwerde angreifbar (Zöller/Feskorn, ZPO, 32. Aufl., 2018, Rn 3 zu § 317 ZPO).

Die angefochtene Entscheidung wurde dem Beschwerdeführer am ▮ zugestellt. Die Notfrist des § 569 Abs. 1 S. 1 ZPO endet damit am ▮ und wird durch den vorliegenden Schriftsatz gewahrt.

Für die Entscheidung über die sofortige Beschwerde ist nach § 72 GVG das Landgericht berufen.

- ☐ Soweit zunächst der originäre Einzelrichter beim zuständigen Beschwerdegericht nach § 568 ZPO zuständig ist, weil die angefochtene Entscheidung von einem
  - ☐ Einzelrichter
  - ☐ Rechtspfleger

  erlassen wurde, wird gebeten, diese nach § 568 S. 2 ZPO der Kammer vorzulegen, da die Rechtssache grundsätzliche Bedeutung hat, was sich daraus ergibt, dass die Rechtsfrage, ob eine Verpflichtung zum Hinausschieben der Zustellung des Urteils auf Antrag beider Parteien besteht, zwar in der Literatur angenommen, bisher höchstrichterlich aber noch nicht entschieden ist.
- ☐ ▮

II.

Die angefochtene Entscheidung erweist sich im Ergebnis als unzutreffend.

Die angefochtene Entscheidung beruht auf § 317 Abs. 1 S. 3 ZPO. Danach ist die Zustellung eines Urteils hinauszuschieben, wenn beide Parteien dies beantragen.

Der Klägervertreter hat den Antrag mit Schriftsatz vom ▮, der Beklagtenvertreter mit Schriftsatz vom ▮ gestellt.

Das Ausgangsgericht ist danach verpflichtet, die Zustellung des Urteils hinauszuschieben (Zöller/Feskorn, ZPO, 32. Aufl., 2018, Rn 3 zu § 317 ZPO). Allein dies entspricht auch dem Dispositionsgedanken des Zivilprozessrechts, wonach das Betreiben des Verfahrens grundsätzlich der Disposition der Parteien unterliegt.

Soweit das Ausgangsgericht der Auffassung ist, dass ▮, ist diese Auffassung unzutreffend, weil ▮.

III.

Soweit das erkennende Beschwerdegericht der diesseitigen Auffassung nicht zu folgen vermag, wird schon jetzt beantragt,

> die Entscheidung über die Beschwerde nach § 568 S. 2 ZPO auf den Senat/die Kammer zu übertragen
>
> und
>
> die Rechtsbeschwerde zum Bundesgerichtshof zuzulassen.

Die Rechtsfrage, ob eine Verpflichtung zum Hinausschieben der Zustellung des Urteils auf Antrag beider Parteien besteht, wird zwar in der Literatur bejaht. Eine höchstrichterliche Entscheidung liegt hierzu bisher jedoch noch nicht vor.

Rechtsanwalt

▲

XIX. Muster: Antrag auf Erteilung einer vollstreckbaren Ausfertigung

▼

An das
☐ Amtsgericht
☐ Landgericht
– Geschäftsstelle der ▬ –
in ▬

In dem Rechtsstreit

Kläger ./. Beklagter
Az: ▬

beantragen wir namens und in Vollmacht des ▬,

> dem Unterzeichner unverzüglich eine vollstreckbare Ausfertigung des am ▬ verkündeten Urteils gem. § 317 Abs. 2 ZPO zu erteilen.

Der Gläubiger bedarf der unverzüglichen Erteilung der vollstreckbaren Ausfertigung, um die Zwangsvollstreckung nach § 750 ZPO beginnen zu können.

Um eine kurzfristige Entscheidung wird gebeten, da anderenfalls die Gefahr besteht, dass der Schuldner sein Vermögen der Zwangsvollstreckung entzieht oder aber andere Gläubiger hierauf zugreifen (§ 804 Abs. 3 ZPO).

Rechtsanwalt

▲

XX. Muster: Antrag auf Erteilung einer um Tatbestand und Entscheidungsgründe ergänzten vollstreckbaren Ausfertigung

▼

An das
☐ Amtsgericht
☐ Landgericht
– Geschäftsstelle der ▬ –
in ▬

In dem Rechtsstreit

Kläger ./. Beklagter
Az: ▬

wird namens und in Vollmacht des ▬ beantragt,

§ 15 Verfahrensanträge nach Urteilserlass

dem ▪▪▪ unverzüglich eine vollständige vollstreckbare Ausfertigung des am ▪▪▪ verkündeten Urteils des erkennenden Gerichts **einschließlich des Tatbestands und der Entscheidungsgründe** gem. § 317 Abs. 2 S. 2 Alt. 2 ZPO zu erteilen.

Rechtsanwalt

XXI. Muster: Antrag auf Erteilung einer weiteren vollstreckbaren Ausfertigung gem. § 733 ZPO

15.21

▼

An das
☐ Amtsgericht
☐ Landgericht

– Geschäftsstelle der ▪▪▪ –

in ▪▪▪

In dem Rechtsstreit

                Kläger ./. Beklagter
                Az: ▪▪▪

beantrage ich namens und in Vollmacht des ▪▪▪,

dem Gläubiger eine weitere vollstreckbare Ausfertigung des Urteils des ▪▪▪ vom ▪▪▪, Az: ▪▪▪, zum Zwecke der Zwangsvollstreckung zu erteilen.

Zur Begründung wird Folgendes ausgeführt:

Dem Gläubiger wurde bereits am ▪▪▪ eine vollstreckbare Ausfertigung des im Antrag bezeichneten Urteils erteilt.

Der Gläubiger bedarf einer weiteren vollstreckbaren Ausfertigung, weil
☐ die Zwangsvollstreckung gleichzeitig gegen alle Beklagten betrieben werden soll.
☐ die Zwangsvollstreckung sowohl durch die Beauftragung des Gerichtsvollziehers mit der Mobiliarzwangsvollstreckung als auch durch die Beantragung eines Pfändungs- und Überweisungsbeschlusses sowie die Einleitung der Immobiliarzwangsvollstreckung betrieben werden soll. Angesichts der Höhe der Vollstreckungsforderung und der dem Gläubiger unbekannten Vermögensverhältnisse des Schuldners, insbesondere der Werthaltigkeit möglicher Vermögensgegenstände oder Forderungen, ist dies auch gerechtfertigt.
☐ ▪▪▪

Es wird ausdrücklich gebeten, auf eine vorherige Anhörung des Schuldners nach § 733 ZPO zu verzichten, weil anderenfalls zu befürchten ist, dass der Schuldner Maßnahmen zur Vollstreckungsvereitelung ergreift.

Um eine kurzfristige Entscheidung wird gebeten, da anderenfalls die Gefahr besteht, dass der Schuldner sein Vermögen der Zwangsvollstreckung entzieht oder aber andere Gläubiger hierauf zugreifen (§ 804 Abs. 3 ZPO).

Rechtsanwalt

XXII. Muster: Antrag auf Erteilung einer weiteren vollstreckbaren Ausfertigung unter Rückgabe der bisherigen Ausfertigung

▼

An das
☐ Amtsgericht
☐ Landgericht

– Geschäftsstelle der ▬▬ –

in ▬▬.

In dem Rechtsstreit

Kläger ./. Beklagter

Az: ▬▬

wird namens und in Vollmacht des ▬▬ beantragt,

> dem Gläubiger eine weitere vollstreckbare Ausfertigung des Urteils des ▬▬ vom ▬▬, Az: ▬▬, zum Zwecke der Zwangsvollstreckung gegen den Schuldner zu erteilen.

Zugleich wird die am ▬▬ erteilte vollstreckbare Ausfertigung des eingangs bezeichneten Urteils zurückgereicht.

Der Gläubiger bedarf einer weiteren vollstreckbaren Ausfertigung des bezeichneten Urteils, da die am ▬▬ erteilte vollstreckbare Ausfertigung, die in der Anlage zurückgereicht wird, ersichtlich beschädigt ist und diese Beschädigung der weiteren Zwangsvollstreckung entgegensteht bzw. zu befürchten ist, dass dies zu Beanstandungen führt, die die Vollstreckung zum Nachteil des Gläubigers unangemessen verzögern.

Um eine kurzfristige Entscheidung wird gebeten, da anderenfalls die Gefahr besteht, dass der Schuldner sein Vermögen der Zwangsvollstreckung entzieht oder aber andere Gläubiger hierauf zugreifen (§ 804 Abs. 3 ZPO).

Rechtsanwalt

▲

XXIII. Muster: Erinnerung nach § 573 ZPO gegen die Verweigerung der Erteilung einer vollstreckbaren Ausfertigung

▼

An das
☐ Amtsgericht
☐ Landgericht

in ▬▬

In dem Rechtsstreit

▬▬ ./. ▬▬

Az: ▬▬

wird namens und in Vollmacht des ▬▬ gegen den Beschluss des Urkundsbeamten der Geschäftsstelle des erkennenden Gerichts vom ▬▬

§ 15 Verfahrensanträge nach Urteilserlass

Erinnerung gem. § 573 ZPO

mit dem Antrag eingelegt:

> Unter Abänderung des angefochtenen Beschlusses wird der Urkundsbeamte der Geschäftsstelle angewiesen, dem ▬▬▬ eine vollstreckbare Ausfertigung des Urteils des ▬▬▬ vom ▬▬▬, Az: ▬▬▬, zu erteilen.

Zur **Begründung** wird Folgendes ausgeführt:

Das erkennende Gericht hat am ▬▬▬ das im Antrag näher bezeichnete Urteil verkündet.

Der ▬▬▬ hat mit Antrag vom ▬▬▬ die Erteilung einer abgekürzten vollstreckbaren Ausfertigung nach § 317 Abs. 2 S. 2 ZPO beantragt.

Der Urkundsbeamte der Geschäftsstelle hat die Erteilung der vollstreckbaren Ausfertigung des verkündeten Urteils mit Beschl. v. ▬▬▬ mit der Begründung verweigert, dass ▬▬▬.

☐ Die Auffassung des Urkundsbeamten der Geschäftsstelle ist unzutreffend, weil ▬▬▬.

☐ Soweit der Urkundsbeamte der Geschäftsstelle beanstandet hat, dass ▬▬▬, ist dieser Mangel inzwischen behoben, da ▬▬▬.

Die vollstreckbare Ausfertigung des verkündeten Urteils ist mithin antragsgemäß zu erteilen.

Zum Nachweis der Richtigkeit der Angaben wird auf die vorliegende Prozessakte Bezug genommen. Im Übrigen werden die Angaben durch Vorlage von ▬▬▬ glaubhaft gemacht.

Soweit der Urkundsbeamte der Geschäftsstelle der Erinnerung nicht gem. § 573 Abs. 1 S. 3 i.V.m. § 572 Abs. 1 ZPO abhilft, wird gebeten, eine Entscheidung des Prozessgerichts herbeizuführen.

Rechtsanwalt

XXIV. Muster: Aufforderung an den Schuldner zum Ausgleich der Forderung aus einem verkündeten Urteil

15.24

245 An

▬▬▬ (Schuldner)

in ▬▬▬

In Sachen

▬▬▬ ./. ▬▬▬

hat das ▬▬▬ am ▬▬▬ ein Urteil verkündet. Danach wurden Sie verurteilt, an die von uns vertretene Partei, ▬▬▬. Eine aktualisierte Forderungsaufstellung ist beigefügt.

Namens und in Vollmacht des Gläubigers haben wir Sie aufzufordern, zur Vermeidung von Zwangsvollstreckungsmaßnahmen der Verpflichtung aus dem Urteil bis zum ▓▓▓▓[198] nachzukommen.

Es wird darauf hingewiesen, dass dem Gläubiger bereits eine vollstreckbare Ausfertigung des verkündeten Urteils vorliegt.

Es wird gebeten, die Zahlung auf das Konto ▓▓▓▓ zu veranlassen. Eine Geldempfangsvollmacht liegt hier vor.

Eine Abschrift dieser Aufforderung haben wir ihrem Prozessbevollmächtigten mit gleicher Post zukommen lassen.

Mit freundlichen Grüßen

Rechtsanwalt

▲

XXV. Muster: Antrag auf Erteilung einer Zustellbescheinigung

▼

An das
☐ Amtsgericht
☐ Landgericht

in ▓▓▓▓

In dem Rechtsstreit

Kläger ./. Beklagter
Az: ▓▓▓▓

beantrage ich namens und in Vollmacht des
☐ Klägers
☐ Beklagten
☐ gem. § 169 Abs. 1 ZPO die Bescheinigung der Zustellung des
   ☐ Urteils vom ▓▓▓▓
   ☐ Beschlusses vom ▓▓▓▓
   ☐ ▓▓▓▓ vom ▓▓▓▓
☐ die Erteilung einer beglaubigten Abschrift
   ☐ der Zustellungsurkunde nach § 182 ZPO,
   ☐ des Aktenvermerks nach § 173 S. 2 ZPO,
   ☐ des Empfangsbekenntnisses nach § 174 Abs. 4 ZPO,
   ☐ des Rückscheins nach § 175 S. 2 ZPO,
☐ da
   ☐ die Notwendigkeit der Vollstreckung im Ausland derzeit nicht auszuschließen ist.
   ☐ damit zu rechnen ist, dass der Zustellungsadressat die ordnungsgemäße Zustellung bestreiten wird und der Nachweis der ordnungsgemäßen Zustellung nur auf diesem Wege geführt werden kann.

Rechtsanwalt

▲

---

[198] Mindestens 14 Tage.

XXVI. Muster: Antrag auf Erteilung eines Rechtskraftzeugnisses

247 An das[199]
☐ Amtsgericht
☐ Landgericht

in ▮▮▮▮▮

In der Sache

Kläger ./. Beklagter

Az: ▮▮▮▮▮

überreiche ich namens und in Vollmacht des ▮▮▮▮▮ das Urteil des ▮▮▮▮▮ vom ▮▮▮▮▮, Az: ▮▮▮▮▮, mit dem Antrag,

dem ▮▮▮▮▮ ein Rechtskraftzeugnis zu erteilen.

Da der ▮▮▮▮▮ die Zwangsvollstreckung aus dem bezeichneten Urteil betreiben möchte und die weitere Verzögerung der zwangsweisen Durchsetzung des Anspruchs bzw. der laufenden Kosten der Sicherheitsleistung für ihn mit besonderen Nachteilen verbunden ist, wird um kurzfristige antragsgemäße Entscheidung gebeten.

Rechtsanwalt

▲

XXVII. Muster: Antrag auf Erteilung eines Rechtskraftzeugnisses nach der Berufungsrücknahme

▼

248 An das[200]
☐ Landgericht
☐ Oberlandesgericht

in ▮▮▮▮▮

In dem Berufungsverfahren

Kläger ./. Beklagter

Az: ▮▮▮▮▮

wird namens und in Vollmacht des Berufungsbeklagten nach der mit Verfügung vom ▮▮▮▮▮ mitgeteilten Berufungsrücknahme des Berufungsklägers vom ▮▮▮▮▮ beantragt,

gem. § 516 Abs. 3 S. 2 ZPO auszusprechen, dass der Berufungskläger seines Berufungsrechts verlustig gegangen ist

und

der Berufungskläger die Kosten des Berufungsverfahrens zu tragen hat.

---

199 Adressat des Antrags ist das Gericht erster Instanz, auch wenn zwischenzeitlich ein Rechtsmittelverfahren durchgeführt wurde.
200 Adressat ist hier das Berufungsgericht.

Weiter wird namens und in Vollmacht des Berufungsbeklagten beantragt,

gem. § 706 Abs. 1 S. 1 ZPO unmittelbar ein Rechtskraftzeugnis zu erteilen.

Nach der Berufungsrücknahme soll die Zwangsvollstreckung aus dem angefochtenen Urteil unverzüglich betrieben werden, so dass um unverzügliche Erteilung des Rechtskraftzeugnisses gebeten wird.

Rechtsanwalt

▲

XXVIII. Muster: Antrag auf Erteilung eines Notfristzeugnisses

▼

An das[201]
☐ Landgericht
☐ Oberlandesgericht
in ▓▓▓
In der Sache

Kläger ./. Beklagter

Az: ▓▓▓

überreiche ich namens und in Vollmacht des ▓▓▓ das Urteil des ▓▓▓ vom ▓▓▓, Az: ▓▓▓, mit dem Antrag,

dem ▓▓▓ ein Notfristzeugnis zu erteilen.

Am ▓▓▓ hat das ▓▓▓ gericht in Sachen ▓▓▓ ein Urteil verkündet, das dem ▓▓▓ am ▓▓▓ zugestellt wurde.

Der Gläubiger geht davon aus, dass ein Rechtsmittel nicht eingelegt wurde, da ihm ein solches bisher nicht zugestellt wurde. Insoweit wird die Erteilung eines Notfristzeugnisses nach § 706 Abs. 2 ZPO beantragt.

Da der Gläubiger die Zwangsvollstreckung aus dem bezeichneten Urteil betreiben möchte und die weitere Verzögerung der zwangsweisen Durchsetzung des Anspruchs bzw. der laufenden Kosten der Sicherheitsleistung für ihn mit besonderen Nachteilen verbunden ist, wird um kurzfristige antragsgemäße Entscheidung gebeten.

Rechtsanwalt

▲

---

201 Adressat ist hier das Rechtsmittelgericht, d.h. das Berufungsgericht.

XXIX. Muster: Erinnerung nach § 573 ZPO gegen die Verweigerung des Rechtskraftzeugnisses

250

An das
☐ Amtsgericht
☐ Landgericht

in ▓▓▓

In dem Rechtsstreit

Kläger ./. Beklagter

Az: ▓▓▓

wird namens und in Vollmacht des ▓▓▓

Erinnerung gem. § 573 ZPO

erhoben und beantragt:

> Unter Abänderung der Entscheidung des Urkundsbeamten der Geschäftsstelle vom ▓▓▓ wird dieser angewiesen, dem ▓▓▓ ein Rechtskraftzeugnis gemäß dem Antrag vom ▓▓▓ zu erteilen.

Zur **Begründung** wird Folgendes ausgeführt:

Mit Schreiben vom ▓▓▓ wurde gem. § 706 ZPO beantragt, hinsichtlich des Urteils des erkennenden Gerichts vom ▓▓▓, Az: ▓▓▓, ein Rechtskraftzeugnis zu erteilen.

Der Urkundsbeamte der Geschäftsstelle hat mit dem angefochtenen Beschl. v. ▓▓▓ die Erteilung des Rechtskraftzeugnisses mit der Begründung verweigert, dass ▓▓▓.

☐ Die Auffassung des Urkundsbeamten der Geschäftsstelle, dass das bezeichnete Urteil nicht rechtskräftig sei, ist unzutreffend, weil das am ▓▓▓ verkündete Urteil ausweislich Blatt ▓▓▓ der Gerichtsakte am ▓▓▓ zugestellt wurde und damit die Rechtsmittelfrist des ▓▓▓ am ▓▓▓ abgelaufen ist. Die abweichende Auffassung des Urkundsbeamten der Geschäftsstelle, dass ▓▓▓, ist unzutreffend, weil ▓▓▓.

☐ Die Auffassung des Urkundsbeamten der Geschäftsstelle, er könne die Erteilung des Rechtskraftzeugnisses verweigern, ist unzutreffend, weil ▓▓▓.

☐ Soweit der Urkundsbeamte der Geschäftsstelle gerügt hat, dass ▓▓▓, ist dieser Mangel inzwischen behoben, da ▓▓▓. Der Erteilung des Rechtskraftzeugnisses stehen daher keine weiteren Hindernisse entgegen.

Zum Nachweis der Richtigkeit der vorstehenden Angaben wird auf die vorliegende Prozessakte Bezug genommen. Im Übrigen wird der Vortrag durch Vorlage von ▓▓▓ glaubhaft gemacht.

Soweit der Urkundsbeamte der Erinnerung nicht nach § 573 Abs. 1 S. 3 ZPO i.V.m. § 572 ZPO abhilft, wird gebeten, eine Entscheidung des Prozessgerichts herbeizuführen.

Rechtsanwalt

XXX. Muster: Antrag auf Fristbestimmung nach § 109 Abs. 1 ZPO

▼

An das
☐ Amtsgericht
☐ Landgericht

in

In dem Rechtsstreit

Kläger ./. Beklagter

Az:

wird namens und in Vollmacht des   beantragt,

dem   eine Frist nach § 109 Abs. 1 ZPO zur Einwilligung in die Rückgabe der Sicherheit oder zum Nachweis der Klageerhebung wegen seiner Ansprüche zu setzen.

Zur **Begründung** wird Folgendes ausgeführt:

Das erkennende Gericht hat mit Beschl. v.   angeordnet, dass der   Sicherheit in Höhe von   nach §   zu erbringen hat.

Beweis: Beschl. v.   ;
anliegend in beglaubigter Abschrift.

Die Sicherheit wurde am   durch

☐ Hinterlegung von Geld bei dem AG – Hinterlegungsstelle – in   unter dem Az: erbracht.

Beweis: Hinterlegungsschein vom   ;
anliegend in beglaubigter Abschrift.

☐ Hinterlegung von mündelsicheren Wertpapieren bei dem AG – Hinterlegungsstelle – in   unter dem Az: erbracht.

Beweis: Hinterlegungsschein vom   ;
anliegend in beglaubigter Abschrift

☐ Stellung einer schriftlichen, unwiderruflichen, unbedingten und unbefristeten Bürgschaft eines im Inland zum Geschäftsbetrieb zugelassenen Kreditinstituts erbracht.

Beweis: Bürgschaftsurkunde vom   ;
anliegend in beglaubigter Abschrift.

☐

Der Anlass für die geleistete Sicherheit ist inzwischen weggefallen, weil
☐ die ursprüngliche Prozessvertretung nach § 89 ZPO durch die zwischenzeitliche Erteilung und Vorlage der Vollmacht entfallen ist.
☐ das Verfahren rechtskräftig abgeschlossen ist.
☐

Der   ist danach verpflichtet, in die Rückgabe der geleisteten Sicherheit einzuwilligen. Hierzu wurde er mit Schreiben vom   unter Fristsetzung zum   aufgefor-

§ 15 Verfahrensanträge nach Urteilserlass

dert, ohne dass die Erklärung der Einwilligung in die Rückgabe der Sicherheit eingegangen ist.

Es ist damit erforderlich, dass dem ▓▓▓ nach § 109 Abs. 1 ZPO eine Frist zur Einwilligung in die Rückgabe der Sicherheit oder aber zum Nachweis der Erhebung der Klage wegen seiner vermeintlichen Ansprüche gesetzt wird.

Um alsbaldige antragsgemäße Entscheidung wird gebeten, damit der Antragsteller nicht noch weiteren Schaden durch die fortlaufenden Kosten der Sicherheitsleistung erleidet.

Rechtsanwalt

▲

XXXI. Muster: Antrag auf Anordnung der Rückgabe der Sicherheitsleistung nach § 109 Abs. 2 ZPO

▼

252 An das
☐ Amtsgericht
☐ Landgericht

in ▓▓▓

In dem Rechtsstreit

                Kläger ./. Beklagter

                Az: ▓▓▓

wird namens und in Vollmacht des ▓▓▓ beantragt,

    nach § 109 Abs. 2 ZPO die Rückgabe der Sicherheit

        ☐ von ▓▓▓ EUR nebst Hinterlegungszinsen anzuordnen.

        ☐ von folgenden Wertpapieren anzuordnen: ▓▓▓

        ☐ ▓▓▓

Zur **Begründung** wird Folgendes ausgeführt:

Durch Beschluss des erkennenden Gerichts vom ▓▓▓ wurde dem ▓▓▓ eine Frist
☐ von ▓▓▓ Wochen
☐ bis zum ▓▓▓

zur Einwilligung in die Rückgabe der von dem ▓▓▓ geleisteten Sicherheit in der aus dem Antrag ersichtlichen Form bzw. zum Nachweis der Klageerhebung wegen seiner vermeintlichen Ansprüche gesetzt.

Innerhalb der durch das Gericht gesetzten Frist ist weder die Einwilligung in die Rückgabe der Sicherheit erteilt worden, noch die Klageerhebung nachgewiesen worden, so dass nunmehr nach § 109 Abs. 2 ZPO zu verfahren und die Rückgabe der Sicherheit anzuordnen ist.

Um alsbaldige antragsgemäße Entscheidung wird gebeten, damit der Antragsteller nicht noch weiteren Schaden durch die fortlaufenden Kosten der Sicherheitsleistung erleidet.

Rechtsanwalt

▲

C. Muster § 15

XXXII. Muster: Antrag auf Anordnung des Erlöschens der zur Sicherheit erbrachten Bürgschaft nach § 109 Abs. 2 ZPO

An das
☐ Amtsgericht
☐ Landgericht
in ▬▬

In dem Rechtsstreit

                Kläger ./. Beklagter
                Az: ▬▬

wird namens und in Vollmacht des ▬▬ beantragt,

    nach § 109 Abs. 2 ZPO das Erlöschen der schriftlichen, unwiderruflichen, unbedingten und unbefristeten Bürgschaft der ▬▬ bank vom ▬▬ anzuordnen.

Zur **Begründung** wird Folgendes ausgeführt:

Durch Beschluss des erkennenden Gerichts vom ▬▬ wurde dem ▬▬ eine Frist
☐ von ▬▬ Wochen
☐ bis zum ▬▬

zur Rückgabe der von dem ▬▬ geleisteten Sicherheit in Form der schriftlichen, unwiderruflichen, unbedingten und unbefristete Bürgschaft der ▬▬ bank vom ▬▬ bzw. zum Nachweis der Klageerhebung wegen seiner vermeintlichen Ansprüche gesetzt.

Innerhalb der durch das Gericht gesetzten Frist ist weder die Einwilligung in die Rückgabe der Sicherheit erteilt worden, noch die Klageerhebung nachgewiesen worden, so dass nunmehr nach § 109 Abs. 2 ZPO zu verfahren und das Erlöschen der erteilten Bürgschaft anzuordnen ist.

Um alsbaldige antragsgemäße Entscheidung wird gebeten, damit der Antragsteller nicht noch weiteren Schaden durch die fortlaufenden Kosten der Sicherheitsleistung erleidet.

Rechtsanwalt
▲

XXXIII. Muster: Antrag auf Anordnung der Rückgabe der Sicherheit nach § 715 ZPO

An das
☐ Amtsgericht
☐ Landgericht
in ▬▬

In dem Rechtsstreit

                Kläger ./. Beklagter
                Az: ▬▬

wird namens und in Vollmacht des ▬▬ beantragt,

§ 15 Verfahrensanträge nach Urteilserlass

gem. § 715 ZPO
- ☐ die Rückgabe der Sicherheit
  - ☐ von ▭ EUR nebst Hinterlegungszinsen anzuordnen.
  - ☐ von folgenden Wertpapieren anzuordnen: ▭
- ☐ das Erlöschen der schriftlichen, unwiderruflichen, unbedingten und unbefristeten Bürgschaft der ▭ bank vom ▭ anzuordnen.

Zur **Begründung** wird Folgendes ausgeführt:

Der Antragsteller hat gegen den Schuldner ein Urteil des erkennenden Gerichts vom ▭ erwirkt. Nach Ziffer 3) des Tenors war das Urteil nur gegen Sicherheitsleistung in Höhe von ▭ vorläufig vollstreckbar.

Der Antragsteller hat die Sicherheitsleistung am ▭ durch
- ☐ Hinterlegung von Geld bei dem AG – Hinterlegungsstelle – in ▭ unter dem Az: ▭ erbracht.

  Beweis: Hinterlegungsschein vom ▭;
  anliegend in beglaubigter Abschrift.

- ☐ Hinterlegung von mündelsicheren Wertpapieren bei dem AG – Hinterlegungsstelle – in ▭ unter dem Az: ▭ erbracht.

  Beweis: Hinterlegungsschein vom ▭;
  anliegend in beglaubigter Abschrift.

- ☐ Stellung einer schriftlichen, unwiderruflichen, unbedingten und unbefristeten Bürgschaft eines im Inland zum Geschäftsbetrieb zugelassenen Kreditinstitutes erbracht.

  Beweis: Bürgschaftsurkunde vom ▭;
  anliegend in beglaubigter Abschrift.

- ☐ ▭

Der Anlass für die geleistete Sicherheit ist inzwischen weggefallen, weil das Verfahren inzwischen rechtskräftig abgeschlossen ist.

  Beweis: Rechtskraftzeugnis vom ▭;
  anliegend in beglaubigter Abschrift.

Der ▭ ist danach verpflichtet,
- ☐ in die Rückgabe der geleisteten Sicherheit einzuwilligen.
- ☐ die erbrachte Sicherheitsleistung in Form der Bankbürgschaft herauszugeben.

Hierzu wurde er mit Schreiben vom ▭ unter Fristsetzung zum ▭ aufgefordert,

  Beweis: Schreiben vom ▭;
  anliegend in beglaubigter Abschrift

ohne dass die Erklärung der Einwilligung in die Rückgabe der Sicherheit eingegangen ist.

Entsprechend § 715 ZPO hat das Gericht daher
- ☐ die Rückgabe der Sicherheit
- ☐ das Erlöschen der schriftlichen, unwiderruflichen, unbedingten und unbefristeten Bürgschaft der ▓▓▓ bank vom ▓▓▓

anzuordnen.

Um alsbaldige antragsgemäße Entscheidung wird gebeten, damit der Antragsteller nicht noch weiteren Schaden durch die fortlaufenden Kosten der Sicherheitsleistung erleidet.

Rechtsanwalt

XXXIV. Muster: Sofortige Beschwerde gegen die Ablehnung des Antrags auf Fristsetzung nach § 109 Abs. 1 ZPO

An das

Landgericht

– Beschwerdekammer –

in ▓▓▓

über das

Amtsgericht[202]

in ▓▓▓

Sofortige Beschwerde nach §§ 109 Abs. 4, 567 ff. ZPO

In der ▓▓▓ sache

des ▓▓▓

– Beschwerdeführer –

Verfahrensbevollmächtigte: RAe ▓▓▓

gegen

den ▓▓▓

– Beschwerdegegner –

Verfahrensbevollmächtigte: RAe ▓▓▓

an der weiter beteiligt ist: ▓▓▓[203]

wird hiermit namens und in Vollmacht des Beschwerdeführers gegen die Entscheidung des AG vom ▓▓▓, Az: ▓▓▓, Beschwerde eingelegt.

Es wird beantragt:

> Unter Abänderung der angefochtenen Entscheidung wird das Amtsgericht verpflichtet, gemäß dem Antrag des Beschwerdeführers vom ▓▓▓ dem ▓▓▓ eine Frist nach § 109 Abs. 1 ZPO zur Einwilligung in die Rückgabe der Sicherheit oder zum Nachweis der Klageerhebung wegen seiner Ansprüche zu setzen.

---

202 Ausgangsgericht.
203 Soweit Dritte noch am Verfahren beteiligt sind.

§ 15 Verfahrensanträge nach Urteilserlass

Zur **Begründung** wird Folgendes ausgeführt:

I.

Mit der angefochtenen Entscheidung hat das Ausgangsgericht es abgelehnt, dem ▬▬▬ eine Frist zur Einwilligung in die Rückgabe der von dem Beschwerdeführer geleisteten Sicherheit in Form ▬▬▬ gem. § 109 Abs. 1 ZPO zu setzen.

Die Entscheidung ist unzutreffend und im Sinne des vorstehenden Antrags durch das Ausgangsgericht nach § 572 Abs. 1 S. 1 ZPO oder aber das angerufene Beschwerdegericht zu ändern.

Die Entscheidung ist nach § 109 Abs. 4 S. 1 ZPO mit der sofortigen Beschwerde nach den §§ 567 ff. ZPO angreifbar.

Die angefochtene Entscheidung wurde dem Beschwerdeführer am ▬▬▬ zugestellt. Die Notfrist des § 569 Abs. 1 S. 1 ZPO endet damit am ▬▬▬ und wird durch den vorliegenden Schriftsatz gewahrt.

Für die Entscheidung über die sofortige Beschwerde ist nach § 72 GVG das Landgericht berufen.

II.

Die angefochtene Entscheidung erweist sich im Ergebnis als unzutreffend.

Die angefochtene Entscheidung beruht auf § 109 Abs. 1 ZPO. Danach ist eine Frist zu bestimmen, binnen deren die Partei, zu deren Gunsten die Sicherheit geleistet ist, die Einwilligung in die Rückgabe der Sicherheit zu erklären oder die Erhebung der Klage wegen ihrer Ansprüche nachzuweisen hat, wenn die Veranlassung für eine Sicherheitsleistung weggefallen ist.

Diese Voraussetzungen liegen vor: ▬▬▬

Die Veranlassung zur Sicherheitsleistung ist weggefallen, weil ▬▬▬.

Das Ausgangsgericht ist danach verpflichtet, dem ▬▬▬ eine Frist zur Einwilligung in die Rückgabe der Sicherheit bzw. zum Nachweis der Klageerhebung wegen der ihm vermeintlich zustehenden Ansprüche zu setzen.

Soweit das Ausgangsgericht der Auffassung ist, dass ▬▬▬, ist diese Auffassung unzutreffend, weil ▬▬▬.

Rechtsanwalt

▲

§ 16 Vorläufiger Rechtsschutz

Dr. Hans-Joachim David

Inhalt

	Rdn
A. Einleitung	1
B. Rechtliche Grundlagen	6
I. Streitgegenstand von Arrest und einstweiliger Verfügung	6
II. Eingeschränkte Rechtskraft	7
III. Streitwert	10
IV. Verjährung	14
V. Verfahrensgang des Arrestverfahrens	15
1. Zuständigkeit bei Anordnung	15
2. Schutzschrift	19
3. Verfahrenseröffnender Antrag	31
a) Arrestanspruch	34
b) Arrestgrund	37
aa) Besonderheiten bei dinglichem Arrest	38
bb) Besonderheiten bei persönlichem Arrest	41
cc) Besonderheiten bei Vollstreckung im Ausland	42
c) Keine anderweitige Sicherung	43
4. Mündliche Verhandlung	45
5. Sachvortrag und Nachweis	49
a) Sachvortrag	50
b) Beweismaß	53
c) Beweislast, Beweisverfahren und Beweiswürdigung	55
d) Keine Entscheidung besonders schwieriger Sachverhaltskonstellationen im Eilverfahren	60
6. Vollziehung des Arrests	62
a) Häufige Fehlerquellen bei der Vollziehung	63
aa) Monatsfrist nach § 929 Abs. 2 ZPO	65
bb) Zustellungsart	66
cc) Zustellungsgegenstand	67
(1) Zustellung der Ausfertigung	70
(2) Zustellung einer beglaubigten Abschrift der Ausfertigung	76
dd) Zustellungsadressat	78
b) Heilung von Vollziehungsmängeln	83
7. Rechtsbehelfe des Antragstellers	89
8. Rechtsbehelfe des Antragsgegners	92
a) Entscheidung durch Urteil	92
b) Entscheidung durch Beschluss	96
aa) Widerspruch nach § 924 ZPO	96
bb) Arrestanordnung durch Beschwerdegericht	106
cc) Aufhebung des Arrestes wegen Versäumung der Klagefrist nach § 926 Abs. 1 ZPO	107
dd) Aufhebung des Arrestes wegen veränderter Umstände nach § 927 ZPO	111
c) Rechtsbehelfe im Rahmen der Vollziehung	120
VI. Schadensersatzrisiko (§ 945 ZPO)	123
VII. Haftung der Vollstreckungsorgane bei der Vollziehung	131
VIII. Besonderheiten der einstweiligen Verfügung	133
1. Anwendung der Arrestvorschriften	133

§ 16 Vorläufiger Rechtsschutz

2. Abmahnung 134
   a) Bedeutung 134
   b) Inhalt der Abmahnung . . 138
   c) Form der Abmahnung . . 142
3. Unterlassungserklärung . . . 147
4. Verfügungsarten 152
   a) Sicherungsverfügung . . . 153
      aa) Konkurrierende obligatorische Ansprüche 156
      bb) Erwerbsverbot 157
   b) Regelungsverfügung . . . 158
   c) Leistungsverfügung 162
      aa) Zahlungsverfügung 165
      bb) Vornahme einer sonstigen Handlung 166
      cc) Unterlassung 167
      dd) Herausgabe 168
      ee) Abgabe einer Willenserklärung . . . 169
      ff) Auskunftsansprüche 170
      gg) Räumung 172
5. Zuständigkeit 173
6. Verfügungsgesuch 177
   a) Verfügungsanspruch . . . 178
   b) Verfügungsgrund 179
7. Mündliche Verhandlung . . . 183
8. Vollziehung der einstweiligen Verfügung 186
9. Rechtsbehelfe 190
10. Abschlussschreiben 199
11. Abschluss- und strafbewehrte Unterlassungserklärung als Reaktion auf das Abschlussschreiben 210

IX. Spezialregelungen des einstweiligen Rechtsschutzes 216
1. Einstweilige Anordnungen im Familienrecht 217
   a) Allgemeine Regelungen 217
   b) Familienstreitsachen . . . 219
   c) Kindschaftssachen . . . 220
   d) Gewaltschutzsachen . . . 221
   e) Unterhaltssachen 222
   f) Versorgungsausgleichssachen 224
   g) Betreuungssachen und Unterbringungssachen . 225
   h) Freiheitsentziehungssachen 229
2. Selbstständiges Beweisverfahren und Zwangsvollstreckungsverfahren . . . 230

3. Vorläufiger Rechtsschutz im Arbeitsgerichtsverfahren . . . 232
   a) Prozessuale Fragen 232
   b) Materiell-rechtliche Ansprüche 243
4. Vorläufiger Rechtsschutz im WEG-Verfahren 249
5. Vorläufiger Rechtsschutz im Gesellschaftsrecht 252
   a) Vorläufiger Rechtsschutz bei der Anfechtung von Gesellschafterbeschlüssen 255
   b) Mitwirkung bei der Auflösung der Gesellschaft . . 256
   c) Ausschließung eines Gesellschafters 257
      aa) AG 258
      bb) GmbH 260
      cc) Personenhandelsgesellschaften 264
      dd) GbR 265
      ee) Zwei-Personen-Gesellschaft 266
   d) Abberufung eines Vorstands/Geschäftsführers . . 267
      aa) AG 268
      bb) Personenhandelsgesellschaften 270
      cc) GbR 271
      dd) GmbH 272
   e) Durchsetzung von Gesellschafter-Informationsrechten 277
      aa) AG, KGaA 278
      bb) GmbH 279
      cc) Personengesellschaften 280
6. Vorläufiger Rechtsschutz im Mietrecht 282

C. Muster 288
I. Muster: Wettbewerbsrechtliche Abmahnung 288
II. Muster: Schutzschrift zur Verhinderung des Erlasses einer einstweiligen Verfügung . . . 289
III. Muster: Vordruck einer strafbewehrten Unterlassungserklärung 291
IV. Muster: Eidesstattliche Versicherung 292
V. Muster: Antrag auf dinglichen Arrest 293

VI. Muster: Antrag auf dinglichen Arrest und Arrestpfändung . . 294
VII. Muster: Antrag auf persönlichen Arrest 295
VIII. Muster: Antrag auf Versteigerung arrestgepfändeter Sachen 296
IX. Muster: Antrag auf Eintragung einer Arresthypothek 297
X. Muster: Antrag auf Erlass einer einstweiligen Verfügung mit Herausgabeanordnung 298
XI. Muster: Antrag auf Erlass einer auf Grundbucheintragung gerichteten einstweiligen Verfügung 299
XII. Muster: Antrag auf Erlass einer Sicherungsverfügung mit Erwerbsverbot 300
XIII. Muster: Antrag auf Erlass einer auf Leistung gerichteten einstweiligen Verfügung . . . 301
XIV. Muster: Antrag auf Erlass einer einstweiligen Verfügung auf Abgabe einer Erklärung 302
XV. Muster: Antrag auf Erlass einer einstweiligen Verfügung auf Unterlassung beleidigender Äußerungen . . 303
XVI. Muster: Antrag auf Erlass einer einstweiligen Verfügung auf Untersagung der Geschäftsführung und Vertretung 304
XVII. Muster: Antrag auf Erlass einer einstweiligen Verfügung auf Untersagung der Geschäftsführung und Vertretung – Gegenantrag . . . 305
XVIII. Muster: Auskunfts- und Einsichtserzwingungsverfahren nach § 51b GmbHG 306
XIX. Muster: Antrag auf Erlass einer einstweiligen Verfügung auf Unterlassung der Betriebseinstellung 307
XX. Muster: Zustellungsauftrag an den Gerichtsvollzieher 308
XXI. Muster: Abschlussschreiben 309
XXII. Muster: Abschlusserklärung 310
XXIII. Muster: Widerspruch gegen einstweilige Verfügung 311
XXIV. Muster: Kostenwiderspruch . . 312
XXV. Muster: Antrag auf Ladung zum Rechtfertigungsverfahren 313
XXVI. Muster: Antrag auf Fristsetzung zur Erhebung der Hauptsacheklage nach § 926 Abs. 1 ZPO 314
XXVII. Muster: Antrag auf Aufhebung der einstweiligen Verfügung wegen Nichterhebung der Hauptsacheklage 315
XXVIII. Muster: Antrag auf Aufhebung der einstweiligen Verfügung wegen veränderter Umstände gem. § 927 Abs. 1 ZPO 316
XXIX. Muster: Antrag auf Aufhebung des Arrestvollzugs wegen Hinterlegung . . . 317

Literatur

Ahrens, Der Wettbewerbsprozess, 8. Aufl. 2017; *Apel/Drescher*, Die Schutzschrift (§ 945a ZPO) – Eine Einführung, Jura 2017, 427 ff.; *Bacher*, Das elektronische Schutzschriftenregister, MDR 2015, 1329 ff.; *Bach*, Die Zustellung im Parteibetrieb nach dem Zustellungsreformgesetz, PA 2002, 89 ff.; *Bärmann*, WEG, 13. Aufl. 2015; *Baur*, Arrest und einstweilige Verfügung in ihrem heutigen Anwendungsbereich, BB 1964, 607 ff.; *Bernreuther*, Das System des vorläufigen Rechtsschutzes in Familiensachen – unter besonderer Berücksichtigung der am 1.7.1998 eingetretenen Rechtsänderungen, FamRZ 1999, 69 ff.; *Bittmann/Kühn*, Der Arrestgrund beim strafprozessualen dinglichen Arrest, wistra 2002, 248 ff.; *Bornhorst*, Die einstweilige Verfügung zur Sicherung von Herausgabeansprüchen, WM 1998, 1668 ff.; *Börstinghaus*, Die neue „Räumungsverfügung" im Wohnraummietprozess, NJW 2014, 2225 ff.; *Burgard/Fresemann*, In welchen Fällen kann ein Aufhebungsantrag gemäß § 927 ZPO auf Umstände gestützt werden, die bereits bei Erlass der einstweiligen Verfügung oder des Arrestes vorlagen?, DRiZ 2000, 195 ff.; *Clemenz*, Das einstweilige Verfügungsverfahren im Arbeitsrecht, NZA 2005, 129 ff.; *Corts*, Einstweilige Verfügung auf Urlaubsgewährung, NZA 1998, 357 ff.; *Dahmen*, Vorläufiger Rechtsschutz für Vermieter, MK 2002, 72 ff.; *David*, Die fünf häufigsten Fehler bei der Zustellung einstweiliger Verfügungen, PA 2002, 129 ff.; *David*, Sinn und Unsinn von Unterwerfungserklärungen, PA 2003, 56 ff.; *David/Dombek/Friedrichsen/ Geschwandtner/Kollmorgen/Rohde/Schmidt/Teichmann*, Gesellschaftsrecht – Vertragsgestaltung, Prozessführung, 2009; *Dölling*, Eid und eidesstattliche Versicherung, NZFam 2014, 112 ff.; *Engels/Salomon*, Vom Lauterkeitsrecht zum Verbraucherschutz – UWG-Reform 2003, WRP 2004, 32 ff.; *David/Breuer*, Gesellschaftsrecht/Wettbewerbsrecht, 3. Aufl. 2016; *van Els*, Die Glaubhaftmachung im summarischen Eilverfahren, FPR 1998, 121 ff.; *Fleindl*, Räumung von Gewerberaum durch einstweilige Verfügung, ZMR 2014, 938 ff.; *Foerste*, Die Zustellung der Prozessbürgschaft, NJW 2010, 3611 ff.; *Foerste*, Vollstreckungsvorsprung durch einstweiligen Rechtsschutz, ZZP 106, 143 ff.; *Heinze*, Bestandsschutz durch Beschäftigung trotz Kündigung?, DB 1985, 111 ff.; *Heinze*, Einstweiliger Rechtsschutz im arbeitsgerichtlichen Verfahren, RdA 1986, 273 ff.; *Heydrich*, Das einstweilige Erwerbsverbot an Grundstücken in der Praxis, MDR 1997, 796 ff.; *Hinz*, Im Überblick: Einstweiliger Rechtsschutz im Mietprozess, NZM 2005, 841 ff.; *Jacobs*, Probleme des Rechtfertigungsverfahrens nach § 942 ZPO, NJW 1988, 1365 ff.; *Kannowski*, Arrest und einstweilige Verfügung (§§ 916 f ZPO) neben einem bereits vorliegenden Titel, JuS 2001, 482 ff.; *Hüftle/Katzenstein*, Vermieterpfandrecht – Schutz durch Selbsthilfe und gerichtlichen Eilrechtsschutz, MDR 2005, 1027 ff.; *Kiethe*, Ausschluss aus der Personengesellschaft und Einstweilige Verfügung, NZG 2014, 114 ff.; *Kissel*, Die neuen §§ 17 bis 17b GVG in der Arbeitsgerichtsbarkeit, NZA 1995, 345 ff.; *Kleveman*, Anwalts-Handbuch Einstweiliger Rechtsschutz, 2. Aufl. 2013; *Klute*, Strategische Prozessführung im Verfügungsverfahren, GRUR 2003, 34 ff.; *Koch*, Neues im arbeitsgerichtlichen Verfahren, NJW 1991, 1856 ff.; *Köhler*, Das Verfügungsverbot lebt, Stellungnahme zu – Hans Wieling, Jus ad rem durch einstweilige Verfügung?, JZ 1982, 839 ff., JZ 1983, 586 ff.; *Korinth*, Der Weiterbeschäftigungsanspruch als prozesstaktisches Mittel, PA 2002, 39 ff.; *Lappe*, Die Entwicklung des Gerichts- und Notarkostenrechts im Jahr 2006, NJW 2007, 273 ff.; *Lindemann/Simon*, Neue Regelungen zur Teilzeitarbeit, BB 2001, 146 ff.; *Melullis*, Handbuch des Wettbewerbsprozesses, 3. Aufl. 2000; *Mock*, Der Arrest als Sicherungsmaßnahme für den titellosen Gläubiger, VE 2001, 61 ff.; *Mock*, Gewaltschutzgesetz: Auch Vermieter sind betroffen, MK 2002, 88 ff.; *Münzberg*, Bemerkungen zum Haftungsgrund der Unterlassungsklage, JZ 1967, 689 ff.; *Ostler*, Wichtige prozessuale Fragen des Eilverfahrens der ZPO, MDR 1968, 713 ff.; *Pfister*, Erfordernis des Vollmachtsnachweises bei Abmahnschreiben, WRP 2002, 799 ff.; *Prinz/Hoffmann*, Beck'sches Handbuch der Personengesellschaften,

4. Aufl. 2014; *Reichert/Winter*, Die „Abberufung" und Ausschließung des geschäftsführenden Gesellschafters der Publikums-Personengesellschaft, zugleich Besprechung der BGH-Entscheidung vom 09–11–1987 – II ZR 100/87, BB 1988 S 159, BB 1988, 981 ff.; *Reinhard/Kliemt*, Die Durchsetzung arbeitsrechtlicher Ansprüche im Eilverfahren, NZA 2005, 545 ff.; *Saenger*, Macht und Ohnmacht der Gerichte bei der eiligen Durchsetzung von Herausgabeansprüchen, JZ 1999, 970 ff.; *Scherer*, Das Beweismaß bei der Glaubhaftmachung, 1996; *Schlingloff*, Das elektronische Schutzschriftenregister und die Schutzschriftenregisterverordnung, WRP 2016, 301 ff.; *Schlosser*, Vollstreckungsrechtliches Prioritätsprinzip und verfassungsrechtlicher Gleichheitssatz, ZZP 97, 121 ff.; *Schlüter*, Besichtigungsrecht des Vermieters – Voraussetzungen und Durchsetzung, NZM 2006, 681 ff.; *Schneider*, Einstweiliger Rechtsschutz in Mietsachen, MDR 2004, 319 ff.; *Speckmann*, Wettbewerbsrecht, 2000; *Teplitzky*, Aktuelle Probleme der Abmahnung und Unterwerfung sowie des Verfahrens der einstweiligen Verfügung im Wettbewerbs- und Markenrecht, WRP 2005, 654 ff.; *Teplitzky*, Arrest und einstweilige Verfügung, Fortsetzung aus JuS 1980, 886, JuS 1981, 122 ff.; *Teplitzky*, Zu Meinungsdifferenzen über Urteilswirkungen im Verfahren der wettbewerblichen einstweiligen Verfügung, WRP 1987, 149 ff.; *Traub*, Verlust der Eilbedürftigkeit durch prozessuales Verhalten des Antragstellers, GRUR 1996, 707 ff.; *Ulrich*, Der Zugang der Abmahnung, WRP 1998, 124 ff.; *Vohwinkel*, Neuer Vollziehungsbegriff für § 945 ZPO – Auswirkungen auf § 929 II ZPO? – Zugleich Besprechung von BGHZ 180, 72 = GRUR 2009, 890 – Ordnungsmittelandrohung, GRUR 2010, 977 ff.; *Walker*, Der einstweilige Rechtsschutz im Zivilprozeß und im arbeitsgerichtlichen Verfahren, 1993; *Walker*, Die Schutzschrift und das elektronische Schutzschriftenregister nach §§ 945a, 945b ZPO, in: Meller-Hannich/Schilken, Rechtslage, Rechtserkenntnis, Rechtsdurchsetzung, Festschrift für Eberhard Schilken zum 70. Geburtstag, 2015, S. 815 ff.; *Walker*, Grundlagen und aktuelle Entwicklungen des einstweiligen Rechtsschutzes im Arbeitsgerichtsprozess, ZfA 2005, 45 ff.; *Wichert*, Einstweilige Verfügung bei Doppelvermietung – zugleich Besprechung des Urteils des OLG Frankfurt vom 28–08–1996 – 17 W 22/96 (ZMR 1997, 22), ZMR 1997, 16 ff.; *Winkler*, Das Schicksal der einstweiligen Verfügung bis zur Rechtskraft des sie aufhebenden Urteils, MDR 1962, 88 ff.

A. Einleitung

Die gerichtliche Entscheidungsfindung im Hauptsacheverfahren nimmt längere Zeit in Anspruch. Zumindest bis zur meist nur vorläufig vollstreckbaren Entscheidung besteht ein Zustand der Rechtsgefährdung. Der vorläufige Rechtsschutz dient dazu, die Zeit bis zur endgültigen Hauptsacheentscheidung effektiv zu überbrücken. Dabei soll verhindert werden, dass der Gegner vollendete Tatsachen schafft und die endgültige Entscheidung danach nicht mehr vollzogen werden kann. Außerdem kann verhindert werden, dass beim Gläubiger infolge des Zeitablaufes wesentliche und gegebenenfalls irreparable Nachteile eintreten, obwohl eine Vollstreckung beim Schuldner noch möglich ist. Der vorläufige Rechtsschutz stellt sich somit als Ausprägung der Garantie des effektiven Rechtsschutzes dar.[1] Das Arrestverfahren und das Verfahren zum Erlass einer einstweiligen Verfügung sind deshalb dadurch gekennzeichnet, dass die Rechtsangelegenheit möglichst schnell und einfach im sogenannten **summarischen Verfahren** entschieden werden soll. Dies bedingt verfahrensrechtliche Besonderheiten.[2]

2 Im Rahmen des vorläufigen Rechtsschutzes wird zwischen dem **vorgeschalteten** (primären) Rechtsschutz und dem **nachgeschalteten** (sekundären) Rechtsschutz differenziert. Zweck des vorgeschalteten vorläufigen Rechtsschutzes ist die Sicherung oder Durchsetzung eines Rechts, bevor ein Hauptsachetitel erlangt werden kann.[3] Aufgabe des nachgeschalteten vorläufigen Rechtsschutzes ist es dagegen, eine noch nicht formell rechtskräftige Hauptsacheentscheidung durchzusetzen oder die Durchsetzung einer solchen Entscheidung vorläufig zu verhindern.[4]

3 Vorschriften zum Verfahren des vorläufigen Rechtsschutzes finden sich in verschiedenen Gesetzen, und zwar nicht nur in Verfahrensordnungen, sondern zum Teil auch versteckt in materiell-rechtlichen Regelungszusammenhängen. Die praktisch wichtigsten Regelungen der allgemeinen Institute des vorläufigen Rechtsschutzes enthält die Zivilprozessordnung. Danach kommen als Maßnahmen zur Sicherung der Ansprüche primär der Arrest (§§ 916 ff. ZPO) sowie das einstweilige Verfügungsverfahren (§§ 935 ff. ZPO) in Betracht. Der **Arrest** dient der Sicherung einer künftigen Zwangsvollstreckung in das bewegliche oder unbewegliche Vermögen wegen einer Geldforderung oder eines Anspruchs, der in eine Geldforderung übergehen kann (§ 916 ZPO).[5] Die **einstweilige Verfügung**, die als Sonderform des Arrestes ausgestaltet ist, bezweckt sowohl die Sicherung von Individualansprüchen (§ 935 ZPO) als auch die Regelung eines einstweiligen Zustandes in Bezug auf ein streitiges Rechtsverhältnis (§ 940 ZPO). Zwischen Arrest und einstweiliger Verfügung besteht also grundsätzlich ein **Exklusivitätsverhältnis**.[6]

4 Bei beiden Rechtsschutzmitteln handelt es sich um so genannte verfahrensselbstständige Eilverfahren, die unabhängig von einem Hauptsacheverfahren durchgeführt werden können.[7] Auch ihre **Kosten** sind nicht Teil der im Hauptsacheverfahren entstehenden Kosten. Für die Kosten des Arrest- und des Verfügungsverfahrens gelten insofern dieselben Vorschriften wie für den Hauptsacheprozess (§§ 91 ff. ZPO).

5 Die folgende Darstellung orientiert sich an den Regeln und dem Verfahren des Arrestes und der einstweiligen Verfügung nach §§ 916 ff., 935 ff. ZPO. Auf Besonderheiten, die sich aus verschiedenen Bereichen des materiellen Rechts ergeben, wird in der Darstellung des Verfahrensgangs (siehe Rdn 216 ff.) und in den Mustern (siehe Rdn 288 ff.) hingewiesen.

---

1 BVerfG NJW 2011, 3706.
2 B/L/A/H, Grundz § 916 Rn 12.
3 MüKo-ZPO/*Drescher*, vor § 916 Rn 1–2.
4 *Bernreuther*, FamRZ 1999, 69.
5 *Mock*, VE 2001, 62 ff.
6 Zum Wahlrecht im Ausnahmefall vgl. Zöller/*Vollkommer*, § 916 Rn 2.
7 Musielak/Voit/*Huber*, § 916 Rn 4; OLG Köln NJW-WettbR 1999, 92.

B. Rechtliche Grundlagen

I. Streitgegenstand von Arrest und einstweiliger Verfügung

Rechtshängigkeit tritt im Eilverfahren mit dem Eingang des Antrages bei Gericht ein.[8] Rechtshängig wird das Begehren auf vorläufigen Rechtsschutz. Streitgegenstand des einstweiligen Rechtsschutzes ist somit nur der Anspruch auf Sicherung eines Geld- oder Individualanspruchs.[9] Der Anspruch oder das Recht, dessen Sicherung der einstweilige Rechtsschutz bezweckt, ist dagegen nur Streitgegenstand des Hauptsacheverfahrens.[10]

6

II. Eingeschränkte Rechtskraft

Arrest und einstweilige Verfügung erwachsen in formeller Rechtskraft. In materieller Hinsicht ist ihre Rechtskraftwirkung nach h.M. begrenzt. Beispielsweise ist die Wiederholung des Arrest- bzw. Verfügungsantrages zulässig, wenn neue Mittel der Glaubhaftmachung vorgebracht werden können, die im ersten Verfahren noch nicht dargelegt werden konnten.[11]

7

> *Beispiel*
>
> Ist eine einstweilige Verfügung etwa nach mündlicher Verhandlung mangels hinreichender Glaubhaftmachung der maßgeblichen Tatsachen aufgehoben worden, ist der Antragsteller nicht gehindert, den Verfügungsantrag noch einmal zu stellen, wenn er erst später in den Besitz einer Urkunde gelangt, mit deren Hilfe er den Verfügungsanspruch glaubhaft machen kann. Problematisch kann dann jedoch der Verfügungsgrund sein.

8

Die materielle Rechtskraft von Arrestentscheidung und einstweiliger Verfügung ist zudem durch die Möglichkeit des § 927 ZPO eingeschränkt. Danach kann wegen veränderter Umstände die Aufhebung des Arrestes bzw. der einstweiligen Verfügung beantragt werden. Dies gilt selbst dann, wenn die Vollziehungsfrist nach § 929 Abs. 2 und 3 ZPO abgelaufen ist und Arrest und einstweilige Verfügung deshalb nicht mehr vollstreckt werden können. Weiterhin kann der Gläubiger einen neuen Arrest und eine neue einstweilige Verfügung mit gleichem Inhalt erwirken, sofern Grund und Anspruch weiterbestehen, es sei denn, dass die frühere Anordnung – aus welchem Grund auch immer – aufgehoben worden ist oder der Gläubiger ausdrücklich auf Rechte aus der Verfügung bzw. dem Arrest verzichtet hat.[12]

9

---

8 OLG Düsseldorf NJW 1981, 2824.
9 Zöller/*Vollkommer*, vor § 916 Rn 5.
10 BGH NJW 1980, 191; OLG Jena GmbHR 2015, 1267.
11 KG KGR 2001, 52, 53; Zöller/*Vollkommer*, vor § 916 Rn 13, § 922 Rn 18.
12 Zöller/*Vollkommer*, vor § 916 Rn 13.

III. Streitwert

10 Gem. § 53 Abs. 1 Nr. 1 GKG wird der Gebührenstreitwert für bestimmte Verfahren des einstweiligen Rechtsschutzes nach § 3 ZPO ermittelt. Das gilt insbesondere für den Antrag auf Anordnung, Abänderung oder Aufhebung eines Arrests oder einer einstweiligen Verfügung, für den Antrag auf Zulassung der Vollziehung einer vorläufigen oder sichernden Maßnahme eines Schiedsgerichts, für die Aufhebung oder Abänderung einer Entscheidung auf Zulassung der Vollziehung (§ 1041 ZPO) sowie für Verfahren nach § 148 Abs. 1, 2 AktG.

11 Für die Bestimmung des Gebührenstreitwerts nach § 3 ZPO ist das Sicherungsinteresse des Antragstellers maßgeblich. Der Wert bleibt daher erheblich unter demjenigen des Hauptsachewertes und wird in der Regel mit 1/3 bis 1/2 des Hauptsachewertes angenommen.[13] Für besondere Verfahren nach der VwGO, der FGO, des SGG und des Wertpapiererwerbs- und Übernahmegesetzes verweist § 53 Abs. 2 GKG auf § 52 Abs. 1 und Abs. 2 GKG. Maßgebend ist danach zunächst der Streitwert, wie er sich aus dem Antrag des Klägers in Bezug auf die für ihn maßgebliche Bedeutung der Sache ergibt; mangels Anhaltspunkten soll von 5.000 EUR ausgegangen werden.

12 Für den **Rechtsmittelstreitwert** gelten keine Besonderheiten. Er ist nach denselben Grundsätzen zu ermitteln wie der Gebührenstreitwert.

13 Für den **Zuständigkeitswert** von Arrest und einstweiliger Verfügung ist grundsätzlich der Wert der Hauptsache maßgebend. Die obere Grenze ist bei der Sicherung einer Geldforderung deren Betrag.[14] Hier ist Vorsicht geboten: Sollte der Zuständigkeitsstreitwert zu niedrig angegeben und infolgedessen das unzuständige Gericht angerufen werden, kann der Verfügungsgrund entfallen.

IV. Verjährung

14 Nach § 204 Abs. 1 Nr. 9 BGB wird der durch das Eilverfahren zu sichernde Anspruch ab der Zustellung des Antrages gehemmt. Von der Hemmung erfasst wird dabei auch der im Wege der Leistungsverfügung zu erfüllende Anspruch.[15] Soll durch die Zustellung eine Frist gewahrt werden oder die Verjährung neu beginnen, wirkt die Zustellung unter den Voraussetzungen des § 167 ZPO auf den Zeitpunkt des Eingangs des Antrages oder der Erklärung bei Gericht zurück, d.h., wenn die Zustellung *demnächst* erfolgt. Hier ist vor dem Hintergrund des Vertrauensschutzes zu differenzieren: Verursacht der Zustellungsbetreiber die Verzögerung, kann eine Verzögerung von 14 Tagen schon schaden; sonst ist die Rechtsprechung großzügig.[16] Sofern der Antrag wegen fehlender mündlicher Verhandlung nicht zugestellt wird, tritt die Wirkung der Hemmung mit der Einreichung

---

13 Zöller/*Herget*, § 3 Rn 16 zu Stichworten „Arrest" und „einstweilige Verfügung"; KG WRP 2005, 368 ff. (ein Drittel); für einen geringeren Gebührenstreitwert *Lappe*, NJW 2007, 273 ff.
14 Zöller/*Herget*, § 3 Rn 16.
15 MüKo-BGB/*Grothe*, § 204 Rn 51.
16 Dazu ausführlich: Zöller/*Greger*, § 167 Rn 10 ff; siehe auch BGH NJW 2015, 2666 ff.

des Antrages ein, sofern der Beschluss innerhalb eines Monats dem Schuldner zugestellt wird. Die Hemmung endet unter den Voraussetzungen des § 204 Abs. 2 BGB.

V. Verfahrensgang des Arrestverfahrens

1. Zuständigkeit bei Anordnung

Zuständig für die Anordnung des Arrestes ist sowohl das Gericht der Hauptsache als auch das Gericht, in dessen Bezirk sich der mit Arrest zu belegende Gegenstand oder die in ihrer persönlichen Freiheit zu beschränkende Person befinden (§§ 919, 943 ZPO). Die Zuständigkeit ist insoweit eine ausschließliche (§ 802 ZPO).

Bei Anhängigkeit der Hauptsache ist das Gericht der Hauptsache, das Gericht erster oder zweiter Instanz, zuständig, bei dem die Hauptsache im Zeitpunkt des Arrestantrages anhängig ist (§ 943 Abs. 1 ZPO). Dabei knüpft die Zuständigkeit des Gerichts allein an das formelle Merkmal der Hauptsacheanhängigkeit an; die tatsächliche Zuständigkeit des Gerichts ist daher im summarischen Verfahren unerheblich.[17] Bei einer Verweisung der Hauptsache gem. §§ 281, 506 ZPO und bei Abgabe gem. § 696 Abs. 1, 700 ZPO wird das Absender- oder Abgabegericht auch für das Arrestverfahren unzuständig, wobei jedoch zuvor getroffene Arrestentscheidungen weiterhin wirksam bleiben. Die rechtskräftige Abweisung des Klageanspruchs im Hauptverfahren wegen fehlender Zuständigkeit hat zwingend die Unzuständigkeit des Gerichts auch für das Arrestverfahren zur Folge. Auch hier bleiben getroffene Arrestentscheidungen jedoch weiterhin wirksam.[18]

Sofern die Hauptsache noch nicht anhängig ist, ist das Gericht örtlich und sachlich zuständig, bei dem die Hauptsache erstinstanzlich zulässigerweise anhängig gemacht werden könnte; das Gericht hat also in diesem Fall seine fiktive Hauptsachezuständigkeit zu überprüfen.[19] Ist die Hauptsache Familiensache, so ist das Familiengericht auch für den Arrest zuständig.[20]

> **Hinweis**
> Die internationale Zuständigkeit folgt der örtlichen Zuständigkeit.[21] §§ 919, 943 ZPO werden auch im Anwendungsbereich des EuGVÜ/EuGVVO nicht von der Zuständigkeitsordnung gem. Art. 4 ff. EuGVVO verdrängt, da diese auf das Hauptsacheverfahren beschränkt ist. Gleichwohl kann einstweiliger Rechtsschutz nach Art. 35 EuGVVO bei einem nach dieser Verordnung in der Hauptsache zuständigen Gericht beantragt werden. Insoweit besteht für den Antragsteller ein Wahlrecht. Dabei können Vollstreckungs- und Anerkennungsprobleme vermieden werden, wenn das Gericht angerufen wird, das in dem Land liegt, wo auch vollstreckt werden soll.[22]

---

17 LG Frankfurt NJW 1990, 652.
18 MüKo-ZPO/*Drescher*, § 919 Rn 7.
19 Zöller/*Vollkommer*, § 919 Rn 9.
20 Zöller/*Vollkommer*, § 919 Rn 3.
21 BGH NJW 1985, 2090.
22 *Klevemann*, § 9 Rn 15 f.

2. Schutzschrift

19 Der Anspruchsgegner kann in der Regel schon frühzeitig damit rechnen, dass der Gläubiger den Erlass eines Arrests bzw. einer einstweiligen Verfügung gegen ihn beantragt. Er ist entsprechend gewarnt, wenn er bereits abgemahnt und aufgefordert wurde, außergerichtlich eine Unterlassungserklärung abzugeben, und er dies abgelehnt hat (sei es, weil er den Vorwurf für unberechtigt hält, sei es aus taktischen Überlegungen).[23] Reagiert der Anspruchsgegner nicht, läuft er Gefahr, seine Einwendungen nicht in einer mündlichen Verhandlung vor Erlass des Arrests geltend machen zu können, sondern erst nach einem Widerspruch gem. § 924 ZPO. In dieser Phase wird er aber meist schon Vollstreckungshandlungen ausgesetzt sein.

20 *Hinweis*

Eine Abmahnung vor dem Antrag auf Arrest ist nicht gebräuchlich und würde vermutlich in vielen Fällen den Arrest ins Leere laufen lassen.

21 Um diesen Gefahren vorzubeugen und sich gegenüber einer Entscheidung ohne mündliche Verhandlung und ohne vorherige Anhörung Gehör zu verschaffen, wurde im Bereich des gewerblichen Rechtsschutzes das Institut der **Schutzschrift** entwickelt, welches in der Folge auch bei gesellschaftsrechtlichen, presserechtlichen und arbeitskampfrechtrechtlichen Streitigkeiten Verbreitung fand.[24] Schutzschriften sind vorbeugende Verteidigungsschriftsätze gegen erwartete Anträge auf Arrest oder einstweilige Verfügungen. Durch die Einreichung einer solchen soll versucht werden, sowohl die Annahme einer besonderen Dringlichkeit als auch die Glaubhaftmachung von Verfügungsanspruch und Verfügungsgrund zu entkräften, jedenfalls eine mündliche Verhandlung zu erreichen.[25] Nachdem die Anerkennung der Schutzschrift lange Zeit auf Gewohnheitsrecht gestützt worden war, hat der Gesetzgeber nunmehr zur Verbesserung der Position des Antragsgegners ein **bundesweites Schutzschriftenregister** geschaffen und damit die Schutzschrift als prozessuales Verteidigungsmittel insgesamt anerkannt, vgl. § 945a ZPO.[26] Der Anspruchsgegner, der befürchtet, dass gegen ihn ein Arrest oder eine einstweilige Verfügung beantragt werden wird, kann sich daher nunmehr darauf beschränken, eine einzige Schutzschrift einzureichen und muss diese nicht einmal mehr in Papierform versenden.[27] Die Einreichung einer Schutzschrift bei dem zentralen Schutzschriftenregister gilt für die ordentliche (§ 945a Abs. 2 S. 1 ZPO) und für die Arbeitsgerichtsbarkeit (§ 62 Abs. 2 S. 3, § 85 Abs. 2 S. 3 ArbGG). Auf Verfahren vor den Verwaltungs-, Sozial-, Finanz- und Familiengerichten ist § 945a ZPO nicht anwendbar.[28]

---

[23] *David*, PA 2003, 56 ff.
[24] Anschaulich zur Schutzschrift nach § 945a ZPO *Apel/Drescher*, Jura 2017, 427 ff.
[25] MüKo-ZPO/*Drescher*, § 945a Rn 3.
[26] BGBl I 2013, 3786.
[27] MüKo-ZPO/*Drescher*, § 945a Rn 1.
[28] MüKo-ZPO/*Drescher*, § 945a Rn 2.

Tipp

Für die Verfahren des einstweiligen Rechtsschutzes vor den ordentlichen Gerichten (außer den Familiengerichten) und den Arbeitsgerichten kann eine Schutzschrift des Anspruchsgegners bei dem zentralen Schutzschriftenregister eingereicht werden, welches die Landesjustizverwaltung Hessen für alle Bundesländer unter https://schutzschriftenregister.hessen.de führt. Zwar besteht erst ab spätestens dem 1.1.2022 eine Pflicht zur elektronischen Einreichung, sodass Schutzschriften auch weiterhin unmittelbar bei den in Betracht kommenden Gerichten in Papierform eingereicht werden können;[29] aus anwaltlicher Sicht empfiehlt sich jedoch, das zentrale Schutzschriftenregister zu benutzen, da nach der Fiktion des § 945a Abs. 2 S. 1 ZPO die Einstellung in das Schutzschriftenregister wie in eine Einreichung in Papierform bei allen Gerichten der Länder der ordentlichen Gerichtsbarkeit und der Arbeitsgerichtsbarkeit wirkt. Das zentrale Schutzschriftenregister unterstützt verschiedene Einreichungswege. So kann unmittelbar das EGVP-Postfach oder das DE-Mail-Postfach des zentralen elektronischen Schutzschriftenregisters adressiert werden oder aber ein Online-Formular genutzt werden.

Form und Inhalt der Schutzschrift sind grundsätzlich nicht vorgeschrieben. Die Einreichung bei dem einheitlichen Schutzschriftenregister erfolgt durch Übermittlung eines elektronischen Schriftsatzes, der in einem strukturierten Datensatz mindestens die Bezeichnung der Parteien und die bestimmte Angabe des Gegenstandes enthalten muss und dem Anlagen beigefügt werden können, § 2 Abs. 1 S. 2, 3 Schutzschriftenregisterverordnung (SRV). Für die Einreichung der Schutzschrift in einem gerichtlichen Verfahren besteht kein Anwaltszwang. Auch natürliche oder juristische Personen können eine Schutzschrift einreichen.[30]

Tipp

Es empfiehlt sich, die Schrift ausdrücklich als Schutzschrift zu bezeichnen. So ist eher gewährleistet, dass sie in dem für Schutzschriften üblichen Umlaufverfahren allen Richtern bzw. Kammern des angerufenen Gerichts zugeleitet wird.

Außerdem sollte die Schutzschrift über den Antrag hinaus Gründe enthalten, die nach Auffassung des Antragsgegners dem Antrag auf Erlass des Arrests bzw. der einstweiligen Verfügung entgegenstehen können. Es können der materielle Anspruch des Antragstellers und die Eilbedürftigkeit bestritten werden. Sachvortrag sollte in jedem Fall auch glaubhaft gemacht werden.[31]

Das Gericht ist verpflichtet, dem Antragsteller nach Einreichung seines Arrest- oder Verfügungsantrages die Schutzschrift zu überlassen, denn sie ist ein auf das Verfahren bezogener Schriftsatz. Vor Anhängigkeit des Antrages kann keine Einsicht begehrt wer-

---

29 Zwar normiert § 49c BRAO n.F. seit dem 1.1.2017 eine Benutzungspflicht für Rechtsanwälte; da es sich dabei jedoch lediglich um eine berufsrechtliche Pflicht handelt, sind in Papierform bei den Gerichten eingereichte anwaltliche Schutzschriften nicht unwirksam, vgl. *Bacher*, MDR 2015, 1329, 1330.
30 *Walker*, in: FS Schilken, 2015, 815, 819.
31 *Melullis*, Rn 43; *Speckmann*, Rn 1529, 1530.

den, da zu diesem Zeitpunkt ein Prozessrechtsverhältnis noch nicht besteht.[32] Bei Einreichung der Schutzschrift durch einen Rechtsanwalt ist dieser für das spätere Verfahren zustellungsbevollmächtigt (§ 172 ZPO).[33]

26 Die Gerichte haben selbst eine solche Schutzschrift, die vor Einleitung des Eilverfahrens oder vor Anhängigkeit des Hauptverfahrens eingeht, vor dem Hintergrund des Art. 103 GG zu berücksichtigen, ohne selbstverständlich an sie gebunden zu sein.[34] Aufgrund dessen trifft sie ab Eingang eines Antrages auf einstweiligen Rechtsschutz eine Abfragepflicht beim zentralen Schutzschriftenregister.[35]

27 *Tipp*

Zweckmäßigerweise wird der Schuldner der Schutzschrift die Aufforderung an das Gericht voranstellen, dem Antragsteller die Schutzschrift erst auszuhändigen, wenn er einen Antrag auf Erlass eines Arrestes oder einer einstweiligen Verfügung gestellt hat.

Allerdings gehen einige Gerichte dazu über, die Schutzschrift dem mutmaßlichen Antragsteller auch ohne einen Verfügungsantrag zur Verfügung zu stellen, selbst wenn der Verfasser der Schutzschrift ausdrücklich um Zustellung nur für den Fall gebeten hat, dass ein Verfügungsantrag gestellt wird. Das hat jedoch keine Auswirkungen auf das weitere Verfahren, insbesondere nicht auf den Verfügungsantrag.

28 Wird der Verfügungsantrag zurückgewiesen, sind die **Kosten** der Schutzschrift dem Antragsgegner gem. § 91 ZPO zu erstatten. Bei Zurücknahme des Antrages greift § 269 Abs. 3 ZPO.[36] Die Erstattungspflicht ist unabhängig davon, ob der Schutzschrift eine Abmahnung vorausgegangen ist oder ob das Gericht den Inhalt der Schutzschrift überhaupt berücksichtigt hat.[37]

29 *Hinweis*

Für die Rücknahme des Verfügungs- oder des Arrestantrags gelten die Beschränkungen des § 269 Abs. 1 ZPO nicht. Diese Anträge können jederzeit ohne Zustimmung des Gegners bis zur rechtskräftigen Entscheidung zurückgenommen werden. Allerdings gilt dann die Kostenfolge entsprechend § 269 Abs. 3 ZPO.[38]

30 Nach überwiegender Meinung sind die Kosten der Schutzschrift jedoch nicht zu erstatten, wenn ihr kein Antrag auf Erlass eines Arrests oder einer Verfügung folgt.[39] Eine Ausnahme von der Nichterstattungsfähigkeit der Kosten einer Schutzschrift außerhalb eines Prozessrechtsverhältnisses kann dort wiederum angenommen werden, wo der Abgemahnte durch die Geltendmachung von UWG-Ansprüchen in eine Zwangslage ge-

---

32 MüKo-ZPO/*Drescher*, § 945a Rn 4.
33 MüKo-ZPO/*Drescher*, § 945a Rn 4.
34 BGH NJW 2003, 1257, 1258.
35 *Schlingloff*, WRP 2016, 301, 303.
36 BGH NJW-RR 2007, 1575; OLG Frankfurt a.M. WRP 1996, 117.
37 KG NJWE-Wettbewerbsrecht 2000, 24.
38 MüKo-ZPO/*Drescher*, § 920 Rn 11 und § 936 Rn 7.
39 Zöller/*Vollkommer*, § 945a Rn 1.

bracht wird. Etwa bei einer Schutzrechtsverwarnung ist der Abgemahnte regelmäßig gezwungen, das abgemahnte Verhalten vorübergehend aufzugeben. In diesen Fällen hat die Rechtsprechung vereinzelt Kostenerstattungsansprüche für eine Schutzschrift angenommen.[40]

3. Verfahrenseröffnender Antrag

Da ein vorläufiger Rechtsschutz von Amts wegen nicht in Betracht kommt, setzen sämtliche Verfahren des einstweiligen Rechtsschutzes einen verfahrenseröffnenden Antrag[41] voraus (§§ 920, 936 ZPO).

31

Der Antrag kann schriftlich, auch als elektronisches Dokument nach § 130a ZPO, oder zu Protokoll der Geschäftsstelle gestellt werden (§ 920 Abs. 3 ZPO).[42] Für die Antragstellung ist keine Anwaltsvertretung erforderlich (§ 78 Abs. 3 ZPO). Der Antrag kann in einem außergewöhnlichen Fall wegen des Gebots des effektiven Rechtsschutzes nach Art. 19 Abs. 4 GG auch telefonisch gestellt werden.[43]

32

Nach § 920 Abs. 1 ZPO soll der Arrestantrag den Anspruch unter Angabe des Geldbetrages oder des Geldwertes und den Arrestgrund bezeichnen; ein bestimmter Antrag nach § 253 ZPO ist nicht erforderlich.[44] Aus dem Antrag muss sich aber zumindest ergeben, welche Art vorläufigen Rechtsschutzes begehrt wird, da Arrest und einstweilige Verfügung grundsätzlich in einem Exklusivitätsverhältnis zueinander stehen.

33

a) Arrestanspruch

Der Arrestanspruch ist die Hauptsacheforderung, deren Vollstreckung für den Fall ihrer späteren Titulierung gesichert werden soll; der Antragsteller muss sich einer Geldforderung berühmen oder eines Anspruchs, der in eine Geldforderung übergehen kann.[45]

34

Arrestfähig sind nach § 916 Abs. 2 ZPO auch betagte Ansprüche, deren Fälligkeit kalendermäßig feststeht oder durch Kündigung herbeigeführt werden kann. Ferner sind bedingte Ansprüche arrestfähig, sofern sie bereits einen gegenwärtigen Vermögenswert haben. Da sowohl betagte als auch aufschiebend bedingte Ansprüche selbst im Falle des Vorliegens eines Urteils noch nicht vollstreckbar sind (§§ 726, 751 ZPO), kann hier mittels des Arrestes eine erst künftig entstehende Vollstreckungsmöglichkeit gesichert werden.[46]

35

---

40 BGHZ 71, 86, 90; *Melullis*, Rn 49 m.w.N.
41 Arrestanträge unter Rdn 293 ff.; ausnahmsweise können in isolierten FGG-Familiensachen einstweilige Anordnungen von Amts wegen ergehen, sofern auch das Hauptsacheverfahren von Amts wegen eingeleitet werden kann.
42 MüKo-ZPO/*Drescher*, § 920 Rn 2.
43 VG Wiesbaden NVwZ 1988, 90, 91.
44 *Teplitzky*, JuS 1981, 122, 124. Sofern aber ein bestimmter Antrag i.S.d. § 253 ZPO gestellt wird, besteht insoweit eine Bindung des Gerichts (§ 308 ZPO).
45 Zöller/*Vollkommer*, § 916 Rn 4; Bsp. bei Zöller/*Vollkommer*, § 916 Rn 5.
46 Zöller/*Vollkommer*, § 916 Rn 7; Musielak/Voit/*Huber*, § 916 Rn 15.

36 Obwohl § 916 Abs. 2 ZPO **künftige Ansprüche** für nicht arrestfähig erklärt, wird nach herrschender Auffassung eine Ausnahme für solche Ansprüche zugelassen, die bereits einklagbar sind.[47]

b) Arrestgrund

37 Der Arrestgrund bezeichnet die Tatsachen, die eine Gefährdung der gegenwärtigen oder zukünftigen prozessualen Rechtsstellung des Antragstellers im Hinblick auf dessen Rechtsverwirklichung durch den Prozess belegen.[48] Die Frage des Arrestgrundes ist vom Standpunkt eines verständigen und gewissenhaft prüfenden Menschen zu beurteilen; die persönliche Ansicht des Gläubigers ist dabei nicht entscheidend.[49] Fehlt ein Arrestgrund, ist der Antrag nach h.M. als unbegründet, nicht aber als unzulässig abzuweisen.[50]

aa) Besonderheiten bei dinglichem Arrest

38 Ein Arrestgrund besteht nach § 917 Abs. 1 ZPO, wenn zu besorgen ist, dass ohne die Verhängung des dinglichen Arrestes die Vollstreckung des Urteils vereitelt oder wesentlich erschwert werden würde.[51] Das Vorliegen eines Urteils oder eines anderen Vollstreckungstitels ist nicht erforderlich; vielmehr geht es allein um die Sicherung eines später zu titulierenden Arrestanspruchs aufgrund drohender Veränderung der Vermögensverhältnisse auf Seiten des Gegners.[52] Der Arrest dient nicht der Verschaffung eines Gläubigervorsprungs. Eine ungesunde Verschärfung des Gläubigerwettlaufs soll vermieden werden.[53]

39 Eine Straftat, Ordnungswidrigkeit oder unerlaubte Handlung des Schuldners allein genügen nach umstrittener Meinung nicht als Arrestgrund.[54] Erforderlich ist, dass sich aus dem konkreten Sachverhalt Anhaltspunkte für eine Gefährdung der Vollstreckung des Hauptsacheurteils ergeben.[55]

---

47 OLGR Hamm 2008, 715; OLG Düsseldorf NJW-RR 1994, 450, 452; Thomas/Putzo/*Seiler*, § 916 Rn 5; a.A.: Stein/Jonas/*Grunsky*, § 916 Rn 10 f., der insofern einschränkend fordert, dass zumindest ein schutzwürdiges Interesse vorliegt. Praxisrelevant wird der Streit vor allem bei Rechtshängigkeit eines Scheidungsverfahrens beim (künftigen) Anspruch auf nachehelichen Unterhalt, vgl. OLG Karlsruhe NJW-RR 1997, 451; OLG Stuttgart NJW-RR 1996, 775; zusätzlich beim (künftigen) Anspruch des Ehegatten auf Zugewinnausgleich. Bei Gefährdung des Zugewinnausgleichsanspruches steht auch § 1389 BGB dem Arrest nicht entgegen, vgl. dazu OLG Karlsruhe FamRZ 1995, 822; OLG Düsseldorf FamRZ 1994, 114; a.A.: OLG Stuttgart FamRZ 1995, 1427.
48 MüKo-ZPO/*Drescher*, § 917 Rn 1.
49 BGH NJW 1988, 3268.
50 Zöller/*Vollkommer*, § 917 Rn 3; B/L/A/H, § 917 Rn 5; *Schuschke/Walker*, § 917 Rn 2; OLG Frankfurt a.M. NJW 2002, 903; a.A. OLG Frankfurt a.M. NJW 2005, 3222; OLG Stuttgart WRP 1997, 355.
51 Beispiele bei *Schellhammer*, Rn 1931 ff.; Muster unter Rdn 293 ff.
52 OLG Koblenz ZIP 1986, 1559; Zöller/*Vollkommer*, § 917 Rn 4.
53 Vgl. BGHZ 131, 95, 105; a.A.: Stein/Jonas/*Grunsky*, § 917 Rn 1.
54 BGH NJW 2014, 3258; OLG Schleswig MDR 1983, 141; OLG Düsseldorf NJW-RR 1999, 1592; OLG Köln NJW-RR 2000, 69; OLG Hamm NJW-RR 2007, 388; OLG Bamberg WM 2013, 649; Musielak/Voit/*Huber*, § 917 Rn 3; MüKo-ZPO/*Drescher*, § 917 Rn 10; a.A. OLG Hamburg NJW 2012, 1601, Stein/Jonas/*Grunsky*, § 917 Rn 8.
55 BGH NJW 2014, 3258; OLG Köln MDR 1986, 595; OLGR Rostock 2005, 969; OLGR Saarbrücken 2006, 81; OLG Bamberg WM 2013, 649; *Bittmann/Kühn*, wistra 2002, 248; Musielak/Voit/*Huber*, § 917 Rn 3; MüKo-ZPO/*Drescher*, § 917 Rn 10.

Einzelfälle

Ein dinglicher Arrestgrund ist **bejaht** worden bei:

- Verschleudern von Vermögensgegenständen,[56] Spielleidenschaft[57] oder verschwenderischer Lebensweise;[58]
- Beiseiteschaffen von Vermögensstücken,[59] insbesondere ihrer Verschiebung ins Ausland;[60]
- auffallender Grundstücksbelastung;[61]
- Inhaftierung;[62]
- Abtretung aller fälligen und in Aussicht stehenden Ansprüche;[63]
- unstetem Aufenthalt oder häufigem Wechsel des Wohnsitzes;[64]
- grob falscher Auskunft über das Endvermögen im Zugewinnausgleichsverfahren;[65]
- wenn der Schuldner Sektenangehöriger ist und beabsichtigt, der Sekte sein Vermögen zumindest zum erheblichen Teil zuzuwenden;[66]
- Naturereignissen oder Handlungen Dritter wie etwa Überschwemmung, Feuer, Sturm, Boykott des Gewerbebetriebes des Schuldners oder Streik;[67]
- bei undurchsichtigen Einkommens- und Vermögensverhältnissen, weil sie die Besorgnis begründen, der Schuldner werde der Vollstreckung auch seine letzten Vermögenswerte durch Veräußerung zu entziehen versuchen.[68]

Der Erlass eines dinglichen Arrestes ist **abgelehnt** worden bei nur geringfügiger Zahlungsverzögerung[69] sowie im Falle allgemein schlechter Vermögenslage des Antragsgegners[70] und drohender Konkurrenz weiterer Gläubiger.[71]

bb) Besonderheiten bei persönlichem Arrest

Der **persönliche Arrest**[72] nach § 918 ZPO stellt eine „Steigerung" des dinglichen Arrestes dar. Er führt nach § 933 ZPO zur Freiheitsbeschränkung und ist deshalb gegenüber dem dinglichen Arrest **subsidiär** und nur zulässig, wenn der dingliche Arrest nicht ausreichend erscheint.[73] Dies ist insbesondere der Fall, wenn der Schuldner sein Vermö-

---

[56] OLG München FamRZ 2011, 746.
[57] AG Warendorf FamRZ 2000, 965.
[58] B/L/A/H, § 917 Rn 12.
[59] KG ZInsO 2005, 1323; *Schuschke/Walker*, § 917 Rn 3.
[60] OLG Köln ZIP 1988, 967.
[61] OLG Düsseldorf OLGR 1998, 314 m.w.N.
[62] *Teplitzky*, JuS 1981, 122; Musielak/Voit/*Huber*, § 917 Rn 2.
[63] Zöller/*Vollkommer*, § 917 Rn 5.
[64] Zöller/*Vollkommer*, § 917 Rn 5.
[65] OLG Frankfurt a.M. FamRZ 1996, 747.
[66] OLG München NJW 1983, 2578.
[67] Musielak/Voit/*Huber*, § 917 Rn 3.
[68] OLG Hamm FamRZ 1980, 391.
[69] OLG Köln FamRZ 1983, 1259.
[70] BGH WM 1983, 614.
[71] BGH NJW 1996, 321.
[72] Muster unter Rdn 295.
[73] Zöller/*Vollkommer*, § 918 Rn 1.

gen versteckt hält[74] oder sich einer eidesstattlichen Versicherung zur Offenbarung seiner Vermögensverhältnisse entziehen will.[75]

cc) Besonderheiten bei Vollstreckung im Ausland

42 § 917 Abs. 2 ZPO enthält einen besonderen Arrestgrund, wenn der Gläubiger im Ausland vollstrecken müsste, weil der Schuldner kein ausreichendes Inlandsvermögen besitzt bzw. die Gefahr besteht, dass er Vermögen ins Ausland schafft. Nach nunmehr h.M. muss das Urteil, das im Ausland vollstreckt werden müsste, nicht das Urteil eines inländischen Gerichts sein, sondern kann ein Urteil jedes Mitgliedstaates der Brüssel-IIa-VO oder Vertragsstaates des LugÜ sein.[76]

c) Keine anderweitige Sicherung

43 Als besondere Form des allgemeinen Rechtsschutzbedürfnisses fordert der Erlass eines Arrestes ein besonderes Sicherungsbedürfnis.[77] Sofern der Gläubiger bereits ein rechtskräftiges oder ein vorläufig ohne Sicherheitsleistung vollstreckbares Urteil erwirkt hat, besteht kein Sicherungsbedürfnis. Hier kann der Gläubiger unmittelbar die Zwangsvollstreckung betreiben. Dies gilt nicht für erst künftig fällige Ansprüche, da eine Vollstreckung erst mit Fälligkeit möglich ist.[78] Sofern das Urteil nur gegen Sicherheitsleistung vollstreckbar ist, scheidet daneben ein Arrestverfahren aus. Das Schutzbedürfnis für einen Arrest dürfte regelmäßig aufgrund der spezielleren Möglichkeit der Sicherungsvollstreckung nach § 720a ZPO entfallen.[79]

44 Das Sicherungsbedürfnis fehlt auch dann, wenn der Antragsteller bereits über eine dingliche Sicherung – insbesondere durch Sicherungsübereignung, Pfandrechte[80] oder Hinterlegung[81] – verfügt und diese Sicherheiten denselben Schutz bieten wie ein Arrest.

4. Mündliche Verhandlung

45 Im Arrestverfahren und im Verfahren zur einstweiligen Verfügung kann von der Durchführung einer mündlichen Verhandlung abgesehen werden (§§ 922 Abs. 1 S. 1, 937 Abs. 2 ZPO). Beim Arrest entscheidet das Gericht nach pflichtgemäßem Ermessen, ob es einer mündlichen Verhandlung bedarf.[82] Eine mündliche Verhandlung wird insbesondere dann nicht anzuordnen sein, wenn die vorherige Anhörung des Schuldners den Zweck des Arrests gefährden würde.[83]

---

[74] OLG Karlsruhe NJW-RR 1997, 450.
[75] OLG München NJW-RR 1988, 382.
[76] Zöller/*Vollkommer*, § 917 Rn 16; Musielak/Voit/*Huber*, § 917 Rn 7; MüKo-ZPO/*Drescher*, § 917 Rn 13; zur früheren Rechtslage LG Hamburg NJW 1990, 1425.
[77] Vgl. Zöller/*Vollkommer*, § 917 Rn 12; *Kannowski*, JuS 2001, 482 ff.
[78] OLG Hamm FamRZ 1980, 391; AG Steinfurt FamRZ 1988, 1082.
[79] Zöller/*Vollkommer*, § 917 Rn 13; MüKo-ZPO/*Drescher*, § 917 Rn 20.
[80] OLG Hamburg MDR 1967, 50.
[81] LG Duisburg WM 1988, 1483.
[82] LG Zweibrücken NJW-RR 1987, 1199; MüKo-ZPO/*Drescher*, § 922 Rn 3.
[83] Zöller/*Vollkommer*, § 922 Rn 1.

B. Rechtliche Grundlagen § 16

Im Falle der Anordnung einer mündlichen Verhandlung gelten die allgemeinen Grundsätze der notwendigen Verhandlung uneingeschränkt.[84] Die Bestimmung des Termins erfolgt von Amts wegen.[85] Die Ladungsfrist des § 217 ZPO kann auf Antrag gemäß § 226 ZPO durch Beschluss des Vorsitzenden abgekürzt werden. Die Einlassungsfrist des § 274 Abs. 3 ZPO ist nicht zu beachten.[86]

46

Hinweis

47

Will das Gericht eine mündliche Verhandlung anberaumen, kann der Antragsteller nicht den gewünschten Überraschungseffekt erreichen. Denn der Antragsgegner kann sich auf den ggf. drohenden Arrest einstellen.

Tipp

48

Der Antragsteller sollte das Gericht schon im Arrestgesuch bitten, ihn im Falle einer geplanten mündlichen Verhandlung vorab zu unterrichten. Bei dem dann folgenden Gespräch zwischen dem Richter und dem Antragsteller können meist die Motive des Gerichts für die beabsichtigte mündliche Verhandlung in Erfahrung gebracht werden. Der Antragsteller kann ggf. nachbessern oder notfalls den Antrag zurücknehmen.

Um nach Erlangen des Titels möglichst schnell und effektiv vollstrecken zu können, empfiehlt es sich, schon im Vorfeld zu überprüfen, welche Vermögensgegenstände des Antragsgegners arrestiert werden können. Es kann bereits mit dem Arrestgesuch der Antrag auf Vollziehung des Arrestes in diese Vermögensgegenstände gestellt werden.

5. Sachvortrag und Nachweis

Ausdruck des summarischen Charakters des einstweiligen Rechtsschutzes sind verfahrensbezogene Besonderheiten, die insbesondere in einem geringen Beweismaß, einem erleichterten Beweisverfahren und einer freien Beweiswürdigung zu sehen sind.[87]

49

a) Sachvortrag

Wird eine mündliche Verhandlung durchgeführt – sei es, weil das Gericht dem Antrag ohne mündliche Verhandlung nicht stattgeben will, sei es, weil nach Einlegung eines Widerspruchs nach § 924 Abs. 2 S. 2 ZPO eine mündliche Verhandlung anzuberaumen ist –, ist das gesamte Vorbringen der Parteien bis zum Ende der mündlichen Verhandlung zu berücksichtigen. Es gelten weder Schriftsatzfristen noch Verspätungsvorschriften.[88] Beide Parteien müssen sich deshalb auf neuen Sachvortrag und neue Beweismittel sowie neue Rechtsausführungen auch zu neuem Sachvortrag einstellen und in der Lage sein, sofort zu reagieren. Darüber hinaus gelten auch die Säumnisvorschriften der §§ 330 ff.

50

---

84 MüKo-ZPO/*Drescher*, § 922 Rn 20.
85 MüKo-ZPO/*Drescher*, § 922 Rn 20.
86 Zöller/*Vollkommer*, § 922 Rn 15; MüKo-ZPO/*Drescher*, § 922 Rn 20.
87 B/L/A/H, Grundz § 916 Rn 12; allg. *Schellhammer*, Rn 1909.
88 OLG Hamm NJW-RR 1993, 366; OLG Hamburg NJW-RR 1987, 36.

ZPO, sodass bei Säumnis des Antragstellers auf Antrag des anwesenden Schuldners der Arrestantrag gem. § 330 ZPO durch Versäumnisurteil abzuweisen ist.[89]

51 *Hinweis*

Erst in der mündlichen Verhandlung präsente Sachverhalte und Beweise oder neue Rechtsausführungen können den Gegner überraschen, sodass er neue Behauptungen nicht durch Beweismittel widerlegen oder auf neuen Rechtsvortrag angemessen reagieren kann. Wird – was üblich ist – dem Gericht ein Schriftsatz mit neuem Sachvortrag bereits vor der mündlichen Verhandlung übermittelt, dem Verfahrensgegner jedoch erst in der mündlichen Verhandlung überlassen, kann dies unter Umständen den Einwand des Rechtsmissbrauchs begründen, wenn der neue Sachvortrag ohne weiteres auch früher möglich gewesen wäre.[90] Beruft sich der Antragsteller zur Glaubhaftmachung des entscheidungsrelevanten Sachverhalts auf Protokolle komplexer technischer Untersuchungen, wird der Untersuchungsgegenstand erfahrungsgemäß meist weder dem Gericht noch der gegnerischen Verfahrenspartei überlassen. Vor diesem Hintergrund erscheint der Einwand des Antragsgegners in der mündlichen Verhandlung nicht von der Hand zu weisen zu sein, er habe keine Möglichkeit, den untersuchten Gegenstand in Augenschein zu nehmen und die an bzw. mit ihm durchgeführte Prüfung zu kontrollieren und könne sich deshalb nicht ausreichend gegen den Vorwurf verteidigen.[91] Darin liegt eine Verletzung des rechtlichen Gehörs.

52 *Tipp*

Rechtsausführungen sollten dem Gericht mit ausreichendem Vorlauf vor der mündlichen Verhandlung überlassen werden, ohne dass sie auch der gegnerischen Verfahrenspartei vor der mündlichen Verhandlung zugänglich gemacht werden müssten. Neuer Tatsachenvortrag sollte aber – um das Risiko der Zurückweisung wegen Rechtsmissbrauchs zu vermeiden – dem Gericht und dem Gegner möglichst gleichzeitig überlassen werden, wenn nicht sachliche Gründe dafür glaubhaft gemacht werden können, dass der Schriftsatz dem Verfahrensgegner erst längere Zeit nach der Unterrichtung des Gerichts überlassen werden konnte.

b) Beweismaß

53 Ein Charakteristikum des einstweiligen Rechtsschutzes ist darin zu sehen, dass die in den Verfahren des vorläufigen Rechtsschutzes vorgebrachten Tatsachen nicht dem Vollbeweis unterliegen, sondern lediglich **glaubhaft zu machen** sind (§§ 936, 920 Abs. 2 ZPO).[92] Es besteht nahezu Einigkeit darüber, dass zur Glaubhaftmachung grundsätzlich

---

89 Zöller/*Vollkommer*, § 922 Rn 1.
90 Vgl. *Klute*, GRUR 2003, 34 ff.
91 LG Köln, Beschl. v. 2.10.1998 – 21 O 151/98 n.v.
92 Zöller/*Vollkommer*, § 920 Rn 8 ff.

eine überwiegende Wahrscheinlichkeit der behaupteten Tatsache ausreicht.[93] Praktisch bedeutet dies, dass etwas mehr für das Vorliegen einer Tatsache spricht als gegen sie.[94] Die Glaubhaftmachung ist daher ein Minus zum Vollbeweis.

Tatsachen, die eine Partei im Rahmen des rechtlichen Gehörs oder durch eine Schutzschrift zugestanden hat, brauchen nicht glaubhaft gemacht zu werden. Entsprechendes gilt für offenkundige Tatsachen.[95] **54**

c) Beweislast, Beweisverfahren und Beweiswürdigung

Grundsätzlich gelten dieselben Beweislastgrundsätze wie im Hauptsacheverfahren.[96] **55** Den Antragsteller trifft daher die Darlegungs- und Beweislast („Glaubhaftmachungslast") für alle anspruchsbegründenden Tatsachen. Der Antragsgegner muss die tatsächlichen Voraussetzungen seiner Einwendungen und Einreden glaubhaft machen, wenn das Gericht mündliche Verhandlung anordnet oder ihm Gelegenheit zu einer schriftlichen Stellungnahme eingeräumt hat.[97] Ohne mündliche Verhandlung oder Gelegenheit zur Stellungnahme hat der Anspruchsteller nach h.M. auch die Einrede- und Einwendungsfreiheit seines Anspruchs glaubhaft zu machen, wenn sich aus seinem Vortrag Hinweise auf Einwendungen ergeben oder sich der Antragsgegner auf Einreden berufen hat.[98] Im Falle einer streitigen Verhandlung genügen gerade nicht mehr nur der Vortrag und die Glaubhaftmachungsmittel, die Grundlage des Anordnungsbeschlusses bezüglich der Durchführung einer mündlichen Verhandlung gewesen sind, wenn der Antragsgegner in der mündlichen Verhandlung berechtigt, also nicht „ins Blaue hinein", Fragen stellt oder Einwände erhebt, die die Entscheidungsproblematik nicht mehr auf den Bereich der Überzeugungsbildung des Gerichts hinsichtlich des tatsächlichen Geschehens begrenzen.

> *Beispiel* **56**
> Der Antragsteller hat zur Glaubhaftmachung seines Anspruchs Protokolle komplizierter technischer Untersuchungen beigebracht, deren Richtigkeit im Anordnungsverfahren – ohne mündliche Verhandlung – schlicht unterstellt wird. Stellt der Antragsgegner daraufhin in der mündlichen Verhandlung die Frage, ob die vom Antragsteller gewählte Art und Weise der Durchführung der Untersuchungen vom fachlichen Standpunkt her sachgerecht gewesen ist, weil die Protokolle hierüber keinen Aufschluss geben, insbesondere die Art und die rechtliche Grundlage von Prüfverfahren nach einer DIN oder EN-ISO nicht nennen oder keinen Aufschluss über die Qualifika-

---

[93] BGH VersR 1976, 928, 929; *Walker*, Rn 321; a.A.: *Scherer*, S. 89 ff., die bei der einstweiligen (Leistungs-)Verfügung sowie den einstweiligen Anordnungen, denen eine zumindest vorübergehende Befriedigungsfunktion zukommt, zur Verhinderung de facto endgültiger Entscheidungen eine Angleichung des Beweismaßes der Glaubhaftmachung an den Vollbeweis fordert.
[94] MüKo-ZPO/*Prütting*, § 294 Rn 24; vgl. auch Legaldefinition in § 331 Abs. 1 S. 2 LAG.
[95] *Van Els*, FPR 1998, 121, 122.
[96] OLG Naumburg GmbHR 2014, 714.
[97] OLG Bamberg WM 2013, 649; LAG Niedersachsen NZA-RR 2010, 68.
[98] MüKo-ZPO/*Drescher*, § 920 Rn 21; Stein/Jonas/*Grunsky*, § 920 Rn 11; Wieczorek/Schütze/*Thümmel*, § 920 Rn 16; Schuschke/*Walker*, § 920 Rn 26; Musielak/Voit/*Huber*, § 920 Rn 5; Thomas/Putzo/*Seiler*, Vor § 916 Rn 9; a.A. *Ostler*, MDR 1968, 713; *Baur*, BB 1964, 607.

tion der mit der protokollierten Prüfung befassten Personen gibt, ist dies keine Frage ins Blaue hinein. Die Beantwortung dieser Frage erstreckt sich nicht mehr auf den Bereich der bloßen Überzeugungsbildung des Gerichts im Hinblick auf das vorgetragene tatsächliche Geschehen. Eine Beurteilung der Frage, ob solche Untersuchungen vom fachlichen Standpunkt her sachgerecht gewesen sind, vermag das Gericht im Rahmen der Glaubhaftmachung regelmäßig nicht zu beurteilen.[99] Dazu muss ein Sachverständiger befragt oder ein anderes Beweismittel eingesetzt werden. Zulässig ist dies aber nur, wenn diese Beweismittel in der mündlichen Verhandlung präsent sind. Es empfiehlt sich deshalb für beide Parteien, für die Anwesenheit von Sachverständigen in der mündlichen Verhandlung Sorge zu tragen. Diese können eher spontan auf Fragen des Gerichts reagieren als vorbereitete schriftliche Gutachten. Kann die beweisbelastete Partei in der mündlichen Verhandlung den Beweis nicht erbringen, unterliegt sie.

57 Aufgrund des Eilcharakters des vorläufigen Rechtsschutzes kann sich der Antragsteller nach § 294 Abs. 1 ZPO zur Glaubhaftmachung seiner Behauptungen aller Beweismittel bedienen (Mittel des Freibeweises), die bei Entscheidung über den Antrag auf Erlass des Arrestes präsent sind (§ 294 Abs. 2 ZPO). Neben den im Rahmen des Strengbeweises vorgesehenen Beweismitteln kommen daher alle Mittel in Betracht, die dem Richter die Wahrnehmung über den Beweisstoff ermöglichen, wobei insbesondere die **eidesstattliche Versicherung**[100] der Partei selbst, ihres Rechtsanwaltes[101] oder eines Dritten[102] zu nennen ist. Inhaltlich ist eine eigene Sachdarstellung erforderlich, die nicht durch pauschale Bezugnahmen auf Angaben in anwaltlichen Schriftsätzen oder auf Darstellungen Dritter ersetzt werden kann.[103]

58 *Hinweis*

Da Arrest und einstweilige Verfügung in dringenden Fällen[104] und auch die Zurückweisung des Begehrens des Antragstellers auf dem Beschlusswege ohne vorherige Anhörung des Gegners ergehen können, ist es unzweckmäßig, in der Antragsschrift zur Glaubhaftmachung der dort vorgebrachten Tatsachenbehauptungen nur auf Zeugen zu verweisen, da diese bei der Entscheidung über den Antrag ohne mündliche Verhandlung nicht „präsent" sind. Die bloße schriftliche Zeugenaussage ist kein zulässiges Beweismittel (§§ 355–455 ZPO). Die in der Antragsschrift dargestellte Aussage der Zeugen ist daher durch Beifügung einer entsprechenden eidesstattlichen Versicherung glaubhaft zu machen. Demgegenüber stellt die eidesstattliche Versicherung der Partei letztlich nur eine bekräftigte Parteierklärung mit geringerem Überzeugungswert als die eidesstattliche Versicherung eines Zeugen dar.

---

99 LG Köln, Beschl. v. 2.10.1998 – 81 O 151/989 n.v.
100 Ausführlich dazu *Dölling*, NZFam 2014, 112; vgl. auch Muster unter Rdn 292.
101 BGH NJW 2002, 1429, 1430.
102 Musielak/Voit/*Huber*, § 294 Rn 4.
103 BGH NJW 1996, 1682.
104 Für die einstweilige Verfügung vgl. § 937 Abs. 2 ZPO; für den Arrest vgl. MüKo-ZPO/*Drescher*, § 922 Rn 2.

Hinweis

Die eidesstattliche Versicherung ist nicht formbedürftig. Sie muss aber eine eigene Darstellung des Sachverhaltes enthalten und darf sich an sich nicht auf Bezugnahmen auf den anwaltlichen Schriftsatz beschränken.[105] Sie darf auch keinen Vorgang schildern, der sich der eigenen Wahrnehmung entzieht.[106] Dennoch werden in der Praxis bloße Bezugnahmen auf den anwaltlichen Schriftsatz kaum beanstandet.

d) Keine Entscheidung besonders schwieriger Sachverhaltskonstellationen im Eilverfahren

Eine umfassende und erschöpfende Würdigung des gesamten Streitstoffes im summarischen Verfahren ist bei umfangreichem und schwierigem Tatsachen- und Beweismaterial vielfach nicht möglich. Hier kann sich das Gericht im Rahmen der Beweiswürdigung auf den durch die Dringlichkeit gezogenen Rahmen beschränken. Bei technisch oder sonst komplexen Sachverhalts- und Beweisfragen besteht aber die Gefahr, dass das Gericht den ihm zur Entscheidung gestellten Streit als für das summarische Verfahren ungeeignet ansieht. Diese Gefahr besteht insbesondere, wenn Fragen der technisch korrekten Durchführung komplexer Vorgänge entscheidungserheblich sind, wie etwa Belastungsprüfungen oder Analyseverfahren nach bestimmten DIN oder EN-ISO. Das hat zur Folge, dass der Antrag auf Erlass des Arrestes oder der einstweiligen Verfügung zurückgewiesen wird.

Tipp

Sollte sich eine Partei – insbesondere der Antragsteller – zur Begründung seines Anspruchs auf Ergebnisse komplexer Verfahren stützen, sollten diese zumindest sorgfältig und ausführlich dargestellt werden, etwa unter Beifügung der entsprechenden technischen „Normen" wie DIN oder EN-ISO. Es sollten auch ausreichende Nachweise über die Qualifikation der mit der Prüfung befassten und der dafür verantwortlichen Personen beigebracht werden. Idealerweise sollten diese Personen in der mündlichen Verhandlung als Zeugen präsent sein und den Prüfungsvorgang dort wiederholen, zumindest aber genau beschreiben können.

6. Vollziehung des Arrests

Da der Gläubiger mit dem Arrestbefehl zwar einen Titel in der Hand hält, ihm dieser die erstrebte Sicherung jedoch nicht verschafft, bedarf es der Vollziehung des Arrests.[107] Auf die Vollziehung finden gem. § 928 ZPO die Vorschriften über die Zwangsvollstreckung entsprechende Anwendung, soweit nicht in den §§ 929 ff. ZPO abweichende Bestimmungen enthalten sind. Diese Einschränkungen beruhen auf dem Zweck des einstweiligen Rechtsschutzes, der auf die Sicherung des Gläubigers und gerade nicht

---

105 BGH NJW 1988, 2045.
106 BGH, Urt. v. 26.11.1997 – V ZB 14/97 n.v.
107 Musielak/Voit/*Huber*, § 928 Rn 1.

auf seine Befriedigung zielt.[108] Gem. § 936 ZPO gelten diese Vorschriften vorbehaltlich abweichender Regelungen in §§ 937 ff. ZPO auch für die Vollziehung einstweiliger Verfügungen.

a) Häufige Fehlerquellen bei der Vollziehung

63 Bei der Vollziehung des Arrests und der einstweiligen Verfügung unterlaufen häufig formale Fehler, die nach Einlegung eines Rechtsbehelfs zur Aufhebung des Titels führen und meist nicht geheilt werden können. Folge ist, dass dann die Heilung von Vollziehungsmängeln nicht mehr möglich ist. Auch ein Neuantrag scheidet mangels Eilbedürfnis zumeist aus.

64 Die Aufhebung des Arrestes und der einstweiligen Verfügung kann zum **verschuldensunabhängigen** Schadensersatzanspruch des Schuldners nach § 945 ZPO führen.[109] Das **Schadensersatzrisiko** nach § 945 ZPO beginnt mit der Vollziehung des Titels. Kommt es nicht zur Vollziehung, weil der Schuldner Sicherheit gem. §§ 923, 927, 939 ZPO geleistet hat, kann der Schuldner den dadurch entstandenen Schaden – meist Zins- oder Avalschaden – ersetzt verlangen.[110]

aa) Monatsfrist nach § 929 Abs. 2 ZPO

65 § 929 Abs. 2 ZPO lässt die Vollziehung eines Arrestbefehls nur innerhalb eines Monats von dem Tag an zu, an dem der Arrestbefehl verkündet oder dem Antragsteller zugestellt wurde. Entsprechendes gilt für die Vollziehung der einstweiligen Verfügung. Nach Ablauf der Monatsfrist ist eine Vollziehung unstatthaft. Die Monatsfrist für die Vollziehung des Arrests und der einstweiligen Verfügung beginnt für **Beschlüsse und Urteile unterschiedlich**. Für die Vollziehung eines Urteils beginnt die Monatsfrist mit dessen Verkündung, bei der Vollziehung eines Beschlusses mit der Zustellung der Ausfertigung an den Gläubiger (§§ 936, 929 Abs. 2 ZPO).

bb) Zustellungsart

66 Beim Beschlussarrest ist neben dem rechtzeitigen Antrag des Gläubigers beim zuständigen Vollstreckungsorgan die Zustellung im Parteibetrieb erforderlich (vgl. § 922 Abs. 2 ZPO), bei dem nach mündlicher Verhandlung ergangenen Urteilsarrest indes eine Zustellung von Amts wegen.[111] Die Zustellung im Parteibetrieb erfolgt üblicherweise nach § 192 ZPO durch den Gerichtsvollzieher.[112] Von der Zustellung nach § 195 ZPO von Anwalt zu Anwalt ist abzuraten.

---

108 Musielak/Voit/*Huber*, § 928 Rn 1.
109 Vgl. dazu ausführlich *David*, PA 2002, 129 ff.; *Vohwinkel*, GRUR 2010, 977 ff.
110 Zöller/*Vollkommer*, § 945 Rn 15.
111 Zöller/*Vollkommer*, § 929 Rn 10 m.w.N.; zur Zustellung *Bach*, PA 2002, 89 ff.
112 Muster unter Rdn 308.

cc) Zustellungsgegenstand

Die Zustellung im Parteibetrieb ist in den §§ 191 bis 195 ZPO unter Verweisung auf die Amtszustellung ergänzend geregelt. § 192 Abs. 2 ZPO sieht vor, dass die Partei dem Gerichtsvollzieher das zuzustellende Schriftstück mit den erforderlichen Abschriften übergibt. Zuzustellen ist grundsätzlich eine Ausfertigung der gerichtlichen Entscheidung.[113]

Tipp

Um nicht den Vollstreckungstitel in die Hände des Gegners fallen zu lassen, sollte die Zustellung der Ausfertigung vermieden werden. Der Antragsteller sollte deshalb stets nur beglaubigte Abschriften der Ausfertigung zustellen. Zudem besteht bei fehlerhafter Zustellung einer Ausfertigung die Gefahr, dass die ordnungsgemäße Zustellung nicht mehr innerhalb der Monatsfrist nachgeholt werden kann. Behält der Antragsteller dagegen die Ausfertigung in seinen Händen, kann er schnell zusätzliche beglaubigte Abschriften erstellen und innerhalb der Monatsfrist zustellen. Meist wird nur eine beglaubigte Abschrift zugestellt. Diese kann der die Vollziehung betreibende Rechtsanwalt oder der Gerichtsvollzieher (§§ 18, 26 GVGA) herstellen. Wird eine beglaubigte Abschrift zugestellt, ist die Zustellung einer beglaubigten Abschrift einer vollständigen und ordnungsgemäßen Ausfertigung erforderlich, wenn die Vollziehungsfrist nach § 929 Abs. 2 ZPO zu wahren ist. Überlässt der Gläubiger dem Gerichtsvollzieher die Herstellung einer beglaubigten Abschrift, erhält er nur die Ausfertigung zurück und kann nicht kontrollieren, ob die Herstellung der beglaubigten Abschrift und damit auch die Vollziehung ordnungsgemäß erfolgt ist. Die Zustellung einer *nicht* oder nicht ordnungsgemäß beglaubigten Abschrift oder Fotokopie reicht nicht aus.[114]

Hinweis

Wird die Beschlussverfügung auf einen Widerspruch hin aufgehoben, in der Berufungsinstanz aber bestätigt und damit neu erlassen, ist nach h.M. eine eigene erneute Vollziehung in Form einer erneuten Zustellung erforderlich.[115]

(1) Zustellung der Ausfertigung

Bei der Zustellung der Ausfertigung bzw. der beglaubigten Abschrift des Titels ist zu prüfen, ob die Ausfertigung des Titels alle gesetzlichen Anforderungen einer Ausfertigung erfüllt. Fehler der Ausfertigung schaden nicht nur bei der Zustellung der Ausfertigung selbst, sondern auch bei der Zustellung einer beglaubigten Abschrift der fehlerhaften Ausfertigung.

Die grundsätzliche Form der Ausfertigung ist in § 49 BeurkG vorgegeben. Nach Abs. 1 S. 1 dieser Vorschrift besteht die Ausfertigung in einer **Abschrift der Urschrift**, die mit

---

[113] MüKo-ZPO/*Häublein*, § 166 Rn 16.
[114] OLG Koblenz NJW-RR, 1987, 509.
[115] OLG Düsseldorf NJW-RR 2000, 68; a.A.: OLG Zelle NJW-RR 1987, 64; zum Streitstand: Zöller/*Vollkommer*, § 929 Rn 15.

einem Ausfertigungsvermerk versehen ist. Weitergehend gilt für Urteile und Beschlüsse der Gerichte § 317 Abs. 4 ZPO. Danach muss die Ausfertigung vom Urkundsbeamten der Geschäftsstelle unterschrieben und mit dem Gerichtssiegel versehen sein. Die Zustellung einer Ausfertigung und damit auch der beglaubigten Abschrift einer solchen Ausfertigung ist daher unwirksam, wenn in der Ausfertigung etwa eine Seite der Urschrift fehlt.[116] Demgegenüber führen einzelne unleserliche Stellen in der Ausfertigung noch nicht zur Unwirksamkeit der Zustellung.[117]

72 Die Form des **Ausfertigungsvermerks** ist hingegen nicht gesetzlich vorgeschrieben. Üblicherweise lautet er: „Für die Übereinstimmung dieser Ausfertigung mit der Urschrift, gez. (Name) als Urkundsbeamter der Geschäftsstelle".[118] Ein Datum ist aber entbehrlich,[119] ebenso eine Ortsangabe. Die mitunter gebrauchte Abkürzung „F.d.R.d.A." ist kein wirksamer Ausfertigungsvermerk.[120] Die Unterschrift des Urkundsbeamten unter dem Ausfertigungsvermerk muss ein kennzeichnender, individueller Schriftzug sein. Eine Paraphe reicht nicht aus,[121] ebenso wenig ein bloßer Unterschriftsstempel.[122] Ist der Ausfertigungsvermerk erkennbar schon vor der Verkündigung des Titels angebracht worden, bezieht er sich nur auf den Entwurf dieses Titels, sodass die Zustellung einer solchen Ausfertigung unwirksam ist.[123] Fehlt die Unterschrift unter dem Vermerk gänzlich, ist die Zustellung der Ausfertigung ebenfalls unwirksam.[124]

73 Besteht die Urschrift aus mehreren Blättern, muss sich aus dem Ausfertigungsvermerk eindeutig ergeben, dass er sich auf alle Seiten der Urschrift bezieht. Ist er nicht auf allen Seiten einzeln angebracht, müssen die Blätter des Schriftstücks miteinander verbunden sein. Diesen Umstand muss der Ausfertigungsvermerk bezeichnen oder er muss auf der letzten Seite derart angebracht sein, sodass sich aus seiner Anordnung dort ergibt, dass er nach der Verbindung aller Blätter angebracht wurde und alle vorhergehenden Schriftstücke abdeckt.[125]

74 Entgegen dem Wortlaut des § 49 Abs. 2 S. 2 BeurkG reicht anstatt des dort genannten Siegels der erteilenden Stelle auch ein Gerichtsstempel aus.[126]

75 Darüber hinaus muss die Ausfertigung erkennen lassen, dass das Original von den beteiligten Richtern unterschrieben wurde. Hierzu müssen die maschinenschriftlich verfassten Namen der Richter mit dem Hinweis wiedergegeben werden, dass sie das Urteil unterschrieben haben. Dies wird üblicherweise durch den Zusatz „gez." zum Ausdruck gebracht, der dem Namen vorangestellt wird. Allein die Angabe der Namen der Richter

---

116 BGHZ 138, 166 = NJW 1998, 1959.
117 OLG Naumburg MDR 2000, 601.
118 BeckOK-ZPO/*Elzer*, § 317 Rn 29.
119 BGH VersR 1985, 503.
120 BGH NJW 1963, 1307, 1308.
121 OLG München NJW 1982, 2783.
122 BAG DB 1994, 2638.
123 BGH NJW-RR 1993, 956.
124 BGH NJW 1991, 1116.
125 OLG Celle OLGR 1999, 328; OLG Karlsruhe OLGZ 1992, 368.
126 Vgl. BSG NZS 1994, 431, 432 für die Parallelvorschrift des § 137 SGG.

in Klammern ohne weiteren Hinweis auf die Unterzeichnung durch sie reicht nicht aus.[127] Auch die Angabe „gez. Unterschrift" ohne Nennung der Namen oder die Angaben der Namen lediglich im Kopf des Titels führen zu einer unwirksamen Ausfertigung.[128]

(2) Zustellung einer beglaubigten Abschrift der Ausfertigung

Für die Beglaubigung ist kein bestimmter Wortlaut vorgeschrieben.[129] Aus dem Beglaubigungsvermerk muss sich lediglich die Bescheinigung ergeben, dass das Schriftstück eine beglaubigte Abschrift ist.[130] Üblich ist „für die Abschrift" oder „beglaubigte Abschrift". Auf der beglaubigten Abschrift einer Ausfertigung muss insbesondere der Ausfertigungsvermerk richtig wiedergeben sein.[131] Inhaltlich ist in § 317 Abs. 4 ZPO beschrieben, wie die Ausfertigung herzustellen ist. Danach muss die Ausfertigung vom Urkundsbeamten der Geschäftsstelle unterschrieben und mit dem Gerichtssiegel versehen werden. Die Unterschrift des Urkundsbeamten unter dem Ausfertigungsvermerk kann mit „gez. Unterschrift" in Verbindung mit der Nennung des Namens des Urkundsbeamten wiedergegeben werden. Es gilt insofern dasselbe wie für die Wiedergabe der Unterschriften des Richters oder der Richter auf der Ausfertigung selbst. Im Übrigen gilt für die Unterschrift der beglaubigenden Person dasselbe wie für die Unterschrift des Urkundsbeamten auf der Ausfertigung. 76

Hinweis 77

Der im Rahmen der Parteizustellung beauftragte Gerichtsvollzieher ist ebenfalls zur Herstellung einer beglaubigten Abschrift befugt. Er kann daher die ihm überlassene Abschrift, die den Ausfertigungsvermerk nicht richtig wiedergibt, anhand der ihm vorliegenden Ausfertigung korrigieren und sodann den Beglaubigungsvermerk auf die Abschrift setzen.

dd) Zustellungsadressat

Die wirksame Vollziehung von Arrest und einstweiliger Verfügung setzt weiterhin voraus, dass sie innerhalb der Vollziehungsfrist dem richtigen Empfänger zugestellt werden.[132] Hat der Antragsgegner keinen Prozessbevollmächtigten bestellt, ist ihm selbst zuzustellen (§ 172 Abs. 2 S. 3 ZPO). 78

Hat die Partei jedoch einen Prozessbevollmächtigten, so muss die Zustellung an diesen erfolgen (§ 172 Abs. 1 S. 1 ZPO). Dies gilt auch bei der Zustellung im Parteibetrieb gem. § 191 ZPO. 79

In der Einreichung einer Schutzschrift liegt regelmäßig die Anzeige einer Prozessvollmacht, wenn der Antragsteller von der Schutzschrift Kenntnis hat.[133] Ausreichend ist 80

---

127 BGH NJW-RR 1987, 377.
128 BGH NJW 1975, 781.
129 BGH NJW 2004, 606.
130 BGHZ 36, 62, 64.
131 BGH NJW 1964, 1857.
132 Vgl. § 10 Rdn 30 ff.
133 OLG Hamburg NJW-RR 1995, 444; einschränkend: OLG Frankfurt a.M. NJW-RR 1986, 587.

auch das Einreichen sonstiger Schriftsätze durch den Prozessbevollmächtigten oder sein Auftreten im Termin.[134] Nicht ausreichend für eine Prozessvollmacht ist etwa eine zu den Akten gereichte allgemeine (General-)Vollmacht.[135] Der Arrest muss dann innerhalb der Monatsfrist wirksam nur dem Antragsgegner selbst zugestellt werden.

81 *Hinweis*
Leitet das Gericht versehentlich dem Antragsteller eine Schutzschrift nicht zu und erwirkt dieser im Beschlusswege einen Arrest oder eine einstweilige Verfügung, besteht keine Verpflichtung des Antragstellers zur Nachfrage, ob eine Schutzschrift vorliegt. Er kann den Arrest oder die Verfügung durch Zustellung an den Verfügungsgegner vollziehen.[136]

82 *Tipp*
Bestehen auch nur die geringsten Zweifel darüber, ob der Titel einem oder mehreren Verfügungsgegnern oder deren Prozessbevollmächtigten zuzustellen ist, sollte vorsorglich innerhalb der Monatsfrist **allen in Betracht kommenden Adressaten** und deren Prozessbevollmächtigten jeweils eine beglaubigte Abschrift des Titels zugestellt werden.

b) Heilung von Vollziehungsmängeln

83 Ist die Zustellung fehlgeschlagen, kann dieser Fehler unter den Voraussetzungen des § 189 ZPO geheilt werden. Geheilt werden können nach h.M. Mängel „bei der Ausführung" der Zustellung, also solche des Zustellungsvorgangs, nicht aber solche, die dem zugestellten Schriftstück selbst anhaften.[137] Eine Parteizustellung heilt den Mangel einer Zustellung von Amts wegen nicht;[138] umgekehrt ersetzt auch die Amtszustellung einer einstweiligen Verfügung oder eines Arrests nicht die zur fristgerechten Vollziehung erforderliche Parteizustellung.[139]

84 *Hinweis*
§ 189 ZPO ist durch Art. 1 Zustellungsreformgesetz vom 25.6.2001[140] mit Wirkung zum 1.7.2002 in die ZPO eingefügt worden. Die Vorschrift ersetzt den früheren § 187 ZPO, der im Unterschied zum neuen § 189 ZPO in S. 2 die Heilung ausschloss, soweit durch die Zustellung eine Notfrist in Gang gesetzt werden sollte. Auf dieser Besonderheit fußte ein Streit darüber, ob die Heilungsvorschrift nur für die Zustellung von Urteilsverfügungen gelten sollte, oder auch für die Zustellung von im Beschlusswege ergangenen Entscheidungen im einstweiligen Rechtsschutz. Für Letztere wurde

---

134 RGZ 18, 396; BGH NJW-RR 1992, 699; Zöller/*Schultzky*, § 172 Rn 6.
135 BGH NJW-RR 1986, 1253.
136 OLG Hamburg WRP 1987, 121; OLG Stuttgart WRP 1996, 60.
137 BGHZ 100, 234, 238; OLG Hamm NJW 1978, 830, 831; MüKo-ZPO/*Häublein*, § 189 Rn 7; Zöller/*Schultzky*, § 189 Rn 8; *Foerste*, NJW 2010, 3611, 3613; a.A. BGH NJW 2016, 1517, 1518 f.; Thomas/Putzo/*Hüßtege*, § 189 Rn 6; Musielak/Voit/*Wittschier*, § 189 Rn 2.
138 BGH NJW 2011, 1965.
139 BGH NJW 1993, 1076; OLG Düsseldorf MDR 2010, 652.
140 BGBl I 2001, 2106.

nach nahezu einhelliger Auffassung die Heilung von Zustellungsmängeln ausgeschlossen.[141] § 189 ZPO n.F. differenziert jedoch insoweit nicht mehr und lässt unterschiedslos die Heilung von Vollziehungsmängeln bei der Zustellung von Urteilen und Beschlüssen zu.

Die Heilung von Zustellungsmängeln setzt voraus, dass das Dokument dem Adressaten innerhalb der Frist tatsächlich zugegangen ist. Zugegangen ist ein Dokument grundsätzlich, wenn es derart in den Machtbereich gelangt ist, dass unter gewöhnlichen Umständen Gelegenheit zur Kenntnisnahme bestand.[142] 85

Beispiel 86

Der häufige Verstoß gegen § 172 ZPO – fehlerhafte Zustellung des Titels dem Schuldner persönlich – ist in dem Zeitpunkt geheilt, in dem der Titel, seine Ausfertigung oder eine beglaubigte Abschrift innerhalb der Vollziehungsfrist des § 929 Abs. 2 ZPO auch dem Prozessbevollmächtigten zugegangen ist.[143]

Tipp 87

Um rechtzeitig vor Verlust der Heilungsmöglichkeiten nach § 189 ZPO Fehler bei der Zustellung zu erkennen und heilen zu können, sollte sich der Zustellende vom Gerichtsvollzieher unmittelbar nach der Zustellung eine Kopie des zugestellten Schriftstücks und des Zustellungsvermerks übersenden lassen. Auf diese Weise kann er feststellen, ob der Gerichtsvollzieher – dem neben der Ausfertigung z.B. nur eine einfache Abschrift derselben überlassen wurde – eine korrekte beglaubigte Abschrift der Ausfertigung erstellt und diese richtig zugestellt hat. Der Arrest- bzw. Verfügungsgläubiger sollte daher dem Gerichtsvollzieher nicht die Erstellung der zuzustellenden beglaubigten Abschrift überlassen, sondern diese selbst herstellen und den Gerichtsvollzieher ausschließlich mit der Zustellung beauftragen.

Checkliste der häufigsten Fehler bei der Zustellung[144] 88
- Falsche Berechnung der Zustellungsfristen wegen unterschiedlichen Beginns der Monatsfrist nach § 929 Abs. 2 ZPO bei Beschluss- und Urteilsverfügung
- Wahl des falschen Zustellungsverfahrens
- Fehlerhafte Herstellung beglaubigter Abschriften der Ausfertigung bzw. Zustellung beglaubigter Abschriften fehlerhafter Ausfertigungen
- Zustellung beim falschen Empfänger
- Nicht rechtzeitiges Ausnutzen von Heilungsmöglichkeiten innerhalb der Vollziehungsfrist.

---

141 *Melullis*, Rn 234; OLG Frankfurt a.M. WRP 1998, 222; OLG Hamburg WRP 1989, 822; 1993, 822; OLG Hamm NJW 1978, 830; OLG Karlsruhe WRP 1992, 339; KG WRP 1998, 410; OLG Koblenz WRP 1998, 227; a.A.: OLG Braunschweig NJW-RR 1996, 380.
142 MüKo-ZPO/*Häublein*, § 189 Rn 8.
143 Zöller/*Schultzky*, § 189 Rn 4.
144 Vgl. ausführliche Checkliste für Zustellung allgemein oben zu § 10 Rdn 338.

7. Rechtsbehelfe des Antragstellers

89 Die Wahl des zulässigen Rechtsbehelfes richtet sich danach, ob die Entscheidung über das Gesuch aufgrund einer **mündlichen Verhandlung** ergangen ist oder nicht:
- gegen die Zurückweisung des Antrages ohne mündliche Verhandlung findet die sofortige Beschwerde mit einer Notfrist von zwei Wochen statt (§§ 567 Abs. 1 Nr. 2, 569 ZPO),[145]
- sofern die Entscheidung über das Gesuch durch Urteil ergeht, steht dem Antragsteller die Berufung offen (§§ 511 ff. ZPO),
- gegen das Urteil des Berufungsgerichts, welches über die Anordnung, Abänderung oder Aufhebung eines Arrests oder einer einstweiligen Verfügung entscheidet, kann der Antragsteller keine Revision einlegen (§ 542 Abs. 2 S. 1 ZPO).

Hat das Berufungsgericht die Berufung als unzulässig verworfen und ggf. sogar die Wiedereinsetzung in den vorigen Stand wegen Versäumung der Berufungsbegründungsfrist versagt, ist im Arrestverfahren und im Verfahren der einstweiligen Verfügung auch keine Rechtsbeschwerde gegen diesen Beschluss statthaft.[146]

90 *Hinweis*

Die Rechtsbeschwerde ist zwar gem. §§ 574 Abs. 1, 522 Abs. 1 ZPO grundsätzlich gegen einen Beschluss eines Berufungsgerichts zulässig, mit dem die Berufung als unzulässig verworfen wird. Nach dem bis zur ZPO-Reform gültigen § 519b Abs. 2 ZPO war aber eine sofortige Beschwerde gegen den Verwerfungsbeschluss des Berufungsgerichts im Arrestverfahren ausdrücklich unzulässig. Nun enthält zwar die ZPO in der seit dem 1.1.2002 geltenden Fassung eine solche Regelung nicht mehr. Das Gesetzgebungsverfahren gibt aber keinen Anhaltspunkt dafür, dass der Gesetzgeber eine Änderung der Rechtslage herbeiführen wollte. Insofern lässt § 542 Abs. 2 ZPO die Revision nach seinem Wortlaut nur gegen Urteile nicht zu, durch die über die Anordnung, Abänderung oder Aufhebung eines Arrestes oder einer einstweiligen Verfügung entschieden wird. Es ist jedoch nur ein formaler Unterschied, ob der Arrest bzw. die einstweilige Verfügung durch Urteil oder durch Beschluss angeordnet, abgeändert oder aufgehoben werden. Am provisorischen Charakter des Eilverfahrens ändert sich dadurch nichts. Das Berufungsgericht hat die freie Wahl, in welcher Form es entscheidet (§ 522 Abs. 1 S. 3 ZPO). Diese Wahl hat keine Auswirkungen auf den Inhalt der Entscheidung.[147]

91 Die Rechtsbeschwerde ist auch dann nicht statthaft, wenn sie gegen die Versagung der Wiedereinsetzung in den vorigen Stand gerichtet ist.[148] Für die Anfechtung der Versagungsentscheidung gilt § 238 Abs. 2 ZPO. Danach sind die Vorschriften anzuwenden, die in diesen Beziehungen für die nachgeholte Prozesshandlung gelten. Das bedeu-

---

145 Vgl. ausführlich zur sofortigen Beschwerde § 18 Rdn 9 ff.
146 BGH NJW 2003, 69 ff.
147 Vgl. BT-Drucks 14/4722, 96; vgl. auch Zöller/*Vollkommer*, § 922 Rn 17.
148 Vgl. allg. zu Rechtsmitteln im Verfahren über die Wiedereinsetzung in den vorigen Stand § 20 Rdn 181 ff.

tet, dass der Beschluss gegen die Versagung der Wiedereinsetzung wegen Versäumung der Berufungsbegründungsfrist ebenso anfechtbar ist wie der Beschluss, mit dem die Berufung wegen Versäumnis der Begründungsfrist verworfen wird. Ist dieser Beschluss aber wegen § 542 Abs. 2 ZPO nicht anfechtbar, gilt das auch für den Beschluss über die Versagung der Wiedereinsetzung.[149]

8. Rechtsbehelfe des Antragsgegners

a) Entscheidung durch Urteil

Beim Erlass eines antragsgemäßen Urteils ist das Rechtsmittel der Berufung statthaft; im Falle des Versäumnisurteils ist – wie auch sonst – Einspruch zu erheben.[150] Für die Revision gilt gem. § 542 Abs. 2 ZPO dasselbe wie für den Antragsteller. 92

Ist der Arrest durch Urteil des OLG rechtskräftig geworden, gegen welches wegen § 542 Abs. 1 S. 1 ZPO eine Revision nicht zulässig ist, stellt sich die Frage, ob der Antragsgegner die Aufhebung des Arrests bzw. der einstweiligen Verfügung im Wege der **Verfassungsbeschwerde** erreichen kann. Der Grundsatz der Subsidiarität der Verfassungsbeschwerde wäre wegen der Ausschöpfung des Rechtsweges gewahrt. Das Bundesverfassungsgericht verlangt jedoch, dass der Beschwerdeführer über das Gebot der Rechtswegerschöpfung im engeren Sinne hinaus alle ihm zur Verfügung stehenden weiteren Möglichkeiten ergreift, um eine Korrektur der geltend gemachten Verfassungsverletzung zu erreichen. Daher ist erst noch die **Erschöpfung des Rechtsweges in der Hauptsache** geboten, wenn dort nach der Art des gerügten Grundrechtsverstoßes die Gelegenheit besteht, der verfassungsrechtlichen Beschwerde abzuhelfen. 93

Hat der Antragsgegner den Arrest bzw. die Verfügung mit dem Antrag auf Fristsetzung zur Erhebung der Hauptsacheklage gem. § 926 Abs. 1 ZPO angegriffen und schwebt dieses Hauptsacheverfahren noch, ist in der Regel der Rechtsweg nicht hinreichend erschöpft, um die **Verfassungsbeschwerde** erheben zu können. Hier ist im Einzelfall zu prüfen, ob die Voraussetzungen vorliegen, unter denen vom Erfordernis der Rechtswegerschöpfung in der Hauptsache abgesehen werden kann.[151] 94

Bei der Rüge von Grundrechtsverletzungen darf der Beschwerdeführer der Verfassungsbeschwerde dann nicht auf das Hauptsacheverfahren verwiesen werden, wenn dies für ihn unzumutbar ist, weil die Durchführung des Verfahrens von vornherein aussichtslos erscheinen muss.[152] Gleiches gilt, wenn die Entscheidung von keiner weiteren tatsächlichen und rechtlichen Klärung abhängt und diejenigen Voraussetzungen gegeben sind, unter denen das Bundesverfassungsgericht gem. § 90 Abs. 2 S. 2 BVerfGG sofort entscheiden kann.[153]

---

149 MüKo-ZPO/*Stackmann*, § 238 Rn 15.
150 Zöller/*Vollkommer*, § 922 Rn 17.
151 BVerfG NJW 2004, 3768.
152 BVerfGE 70, 180, 186 = NJW 1986, 371.
153 BVerfGE 86, 15, 22 ff. = NJW 1992, 1676.

95 Wenn die angegriffene Verfügung allerdings auf der Beurteilung schwieriger rechtlicher Fragen beruht, die in der fachgerichtlichen Rechtsprechung noch nicht höchstrichterlich entschieden sind, bietet das Hauptsacheverfahren regelmäßig die Möglichkeit weiterer Klärung.[154]

b) Entscheidung durch Beschluss

aa) Widerspruch nach § 924 ZPO

96 Ist der Arrest ohne mündliche Verhandlung erlassen worden, kann der Antragsgegner bzw. sein Rechtsnachfolger nach § 924 ZPO Widerspruch erheben.[155]

97 Sachlich und örtlich zuständig ist generell das Gericht, das den Widerspruch erlassen hat (§ 802 ZPO).[156] Sofern der Arrest erst in der Beschwerdeinstanz ergeht, ist ebenfalls die Zuständigkeit des erstinstanzlichen Gerichts eröffnet.[157]

98 *Hinweis*

Für einen Widerspruch muss der Arrest noch nicht zugestellt oder vollzogen sein.[158] Der Widerspruch ist auch nicht fristgebunden.[159] Allerdings kann er verwirkt werden. Das setzt neben einem sehr langen Abwarten (Zeitmoment) des Verfügungsschuldners grundsätzlich Verhältnisse voraus, unter denen ein Dritter vernünftigerweise etwas zur Wahrnehmung seines Rechts unternehmen würde (Umstandsmoment). Bei dem Zuwarten von eindreiviertel Jahren nach der Verfügung wird eine Verwirkung auch ohne sonstige besondere Voraussetzungen angenommen.[160]

99 Der Widerspruch muss sich nicht auf den gesamten materiellen Inhalt des Arrestes bzw. der einstweiligen Verfügung erstrecken. Der Antragsgegner kann den Widerspruch auf die Kostenentscheidung beschränken, wenn er die Beschlussverfügung für materiell berechtigt hält, er aber mit der dort zu seinen Lasten ergangenen Kostenentscheidung nicht einverstanden ist, weil er vor Erlass der einstweiligen Verfügung weder abgemahnt noch angehört wurde.[161] Um in den Genuss der für ihn günstigen Kostenentscheidung nach § 93 ZPO zu kommen, muss allerdings der Widerspruch „sofort" i.S.v. § 93 ZPO erfolgen und auch im Widerspruchsschreiben auf den Kostenausspruch der Beschlussverfügung beschränkt werden. Jedes – auch das schuldlose – Zögern schadet insoweit.[162] Ob der Antragsgegner vor Erhebung des auf den Kostenausspruch der Beschlussverfügung reduzierten Widerspruchs eine Abschlusserklärung oder eine strafbewehrte Unterlassungserklärung abgegeben haben muss, ist umstritten. Nach h.M. darf er sich jedoch

---

154 BVerfGE NJW 2002, 741.
155 Muster unter Rdn 311 für Widerspruch gegen einstweilige Verfügung.
156 *Jacobs*, NJW 1988, 1365.
157 Thomas/Putzo/*Seiler*, § 924 Rn 2; Stein/Jonas/*Grunsky*, § 924 Rn 18.
158 Zöller/*Vollkommer*, § 924 Rn 4.
159 Zöller/*Vollkommer*, § 924 Rn 4.
160 Zöller/*Vollkommer*, § 924 Rn 10.
161 Muster unter Rdn 312.
162 OLG Düsseldorf MDR 1991, 257.

darauf beschränken, den Widerspruch sofort zu erheben und gleichzeitig auf die Kostenentscheidung zu beschränken.[163]

Nach § 924 Abs. 2 S. 1 ZPO ist der Widerspruch zu begründen. Dabei handelt es sich um eine bloße Ordnungsvorschrift mit der Folge, dass deren Verletzung keinen Einfluss auf die Zulässigkeit des Widerspruchs hat.[164] Daher kann eine Begründung noch in der mündlichen Verhandlung vorgetragen oder nachgeschoben werden.[165] Beachtet werden muss jedoch, dass für Vorbringen erst in der mündlichen Verhandlung die §§ 296 Abs. 2, 282 Abs. 2 ZPO gelten.[166]

Durch die Erhebung des Widerspruchs wird der Arrest in ein Verfahren mit notwendiger mündlicher Verhandlung übergeleitet (§ 924 Abs. 2 S. 2 ZPO).

Tipp

Weil durch die bloße Erhebung des Widerspruchs die Vollziehung des Arrestes nicht gehemmt wird, muss der Schuldner stets einen zusätzlichen Antrag auf Einstellung der Vollziehung nach §§ 924 Abs. 3, 707 ZPO stellen, wenn er bis zum Abschluss des Verfahrens nicht den Vollziehungsfolgen ausgesetzt sein will.

Die Entscheidung über den Widerspruch erfolgt durch Endurteil (§ 925 Abs. 1 ZPO) und ist auf die Bestätigung oder die Abänderung bzw. Aufhebung der Eilanordnung gerichtet. Bei einer Aufhebung des Arrestbefehls entfallen nach der ganz überwiegenden Meinung die Wirkungen der Eilanordnung nicht erst bei Eintritt der Rechtskraft, sondern bereits mit dem Zeitpunkt der Verkündung des Urteils.[167] Soweit der Gläubiger vollstreckt hat, kann die Aufhebung der Vollstreckungsmaßnahmen verlangt werden.[168]

Hinweis

Eine rechtmäßige Arrestanordnung ist nicht gem. § 325 AO (1977) wegen der Eröffnung des Konkurs- bzw. Insolvenzverfahrens des Arrestschuldners aufzuheben, wenn das Finanzamt die Arrestanordnung bereits vollzogen und dadurch ein Absonderungsrecht erlangt hat.[169]

Ob der Gläubiger in dem Fall, dass die Eilanordnung durch Endurteil aufgehoben wird, die Wirkungen dieser Aufhebung wiederum dadurch beseitigen kann, dass er im anschließenden Berufungsverfahren entsprechend §§ 707, 719 ZPO die Aussetzung der Vollziehung des Urteils beantragt, ist umstritten.[170]

---

163 OLG Stuttgart OLGR 1998, 5.
164 *Jacobs*, NJW 1988, 1365.
165 Stein/Jonas/*Grunsky*, § 924 Rn 21.
166 Musielak/Voit/*Huber*, § 924 Rn 8.
167 OLG Celle (16. ZS) OLGR 1995, 122; OLG Düsseldorf NJW-RR 1987, 512; OLG Köln MDR 2003, 352; MüKo-ZPO/*Heinze*, § 925 Rn 10; Zöller/*Vollkommer*, § 925 Rn 10; *Teplitzky*, WRP 1987, 149, 150; a.A.: OLG Celle (5. ZS) NJW-RR 87, 64; OLG Frankfurt a.M. FamRZ 1998, 694.
168 Zöller/*Vollkommer*, § 925 Rn 10.
169 BGH NJW 2004, 2183.
170 Für die Möglichkeit der Aussetzung: OLG München OLGZ 1969, 196; KG MDR 1994, 727, *Winkler*, MDR 1962, 88; a.A.: OLG München FGPrax 2013, 110, 111; OLG Köln MDR 2003, 352; OLG Düsseldorf NJW-RR 2002, 138; Zöller/*Vollkommer*, § 925 Rn 11; MüKo-ZPO/*Drescher*, § 925 Rn 13; Musielak/Voit/*Huber*, § 925 Rn 10.

bb) Arrestanordnung durch Beschwerdegericht

106 Auch gegen einen den Arrest anordnenden Beschluss eines Beschwerdegerichts ist keine Rechtsbeschwerde möglich. § 542 Abs. 2 S. 1 ZPO gilt über seinen Wortlaut hinaus als generelle Sperre für die Überprüfung von Entscheidungen des Berufungs- oder Beschwerdegerichts im Verfahren des einstweiligen Rechtsschutzes, und zwar nicht nur für Urteile der Vorinstanz, sondern auch für Beschlüsse. Zur Begründung verweist der BGH auf die vor dem 1.1.2002 bestehende Rechtslage nach § 545 Abs. 2 S. 1 ZPO a.F. Danach kann auch gegen die Entscheidung eines OLG, das auf die Beschwerde gegen den zurückweisenden Antrag des Landgerichts eine einstweilige Verfügung durch Beschluss erlassen hat, keine Rechtsbeschwerde eingelegt werden. Das gilt selbst dann, wenn das OLG ausdrücklich gegen seinen Beschluss die Rechtsbeschwerde zugelassen hat. Auch § 574 Abs. 2 ZPO eröffnet hier nicht die Möglichkeit der Rechtsbeschwerde. Die Vorschrift findet im Verfahren der §§ 916 ff. ZPO keine Anwendung.[171]

cc) Aufhebung des Arrestes wegen Versäumung der Klagefrist nach § 926 Abs. 1 ZPO

107 Nach § 926 Abs. 1 ZPO kann der Vollstreckungsschuldner beantragen, dass dem Gläubiger eine Frist zur Erhebung der Hauptsacheklage gesetzt wird.[172] Der Schuldner kann damit den Gläubiger zur Durchführung der Hauptsache zwingen (Fristsetzungsverfahren). Für diese Anordnung, die durch Beschluss des Rechtspflegers gem. § 20 Abs. 1 Nr. 14 RPflG ergeht, ist das Gericht zuständig, das den Arrest erlassen hat.[173] Wird dem Antrag stattgegeben, kann der **Gläubiger** dagegen mit der befristeten Erinnerung nach § 11 Abs. 2 S. 1 RPflG vorgehen, nicht jedoch mit der sofortigen Beschwerde.[174] Anlass für einen solchen Rechtsbehelf kann z.B. dann bestehen, wenn eine Hauptsacheklage keine Aussicht auf Erfolg mehr hat, weil der mit der einstweiligen Verfügung festgestellte Unterlassungsanspruch etwa wegen ehrverletzender Äußerungen nach § 1004 BGB wegen Zeitablaufs mangels Wiederholungsgefahr nicht mehr besteht.

108 Bei Ablehnung des Antrages hat der **Schuldner** grundsätzlich die Möglichkeit, sofortige Beschwerde nach § 11 RPflG, § 567 ZPO zu erheben. Ein Rechtsschutzbedürfnis für diesen Antrag fehlt jedoch, wenn vom Arrestbefehl für den Schuldner keine Gefahr mehr ausgeht. Das ist anzunehmen, wenn der Gläubiger den Schuldner durch Herausgabe des Titels vor jeder Inanspruchnahme sichergestellt hat.[175] Entsprechendes gilt, wenn der Arrestanspruch insbesondere wegen Erfüllung oder umfassenden Verzichts entfallen ist.[176] Hier ist eine Hauptsacheklage von vornherein aussichtslos.[177]

109 Entspricht der Gläubiger der Fristsetzung durch das Gericht zur Erhebung der Hauptsacheklage nicht rechtzeitig, hat das Arrestgericht auf Antrag des Schuldners die Eilanord-

---

171 BGH NJW 2003, 1531 ff.
172 Muster unter Rdn 314.
173 B/L/A/H, § 926 Rn 6.
174 Zöller/*Vollkommer*, § 926 Rn 19; BGH NJW-RR 1987, 685.
175 OLG Düsseldorf NJW-RR 1988, 696, 697.
176 BGH NJW 1993, 2685, 2687.
177 Dazu auch BGH NJW 1974, 503; LG Freiburg NJW-RR 1988, 250.

nung durch Urteil aufzuheben (§ 926 Abs. 2 ZPO, sog. Aufhebungsverfahren).[178] Das Urteil entscheidet einheitlich über die Kosten der Arrestanordnung und der Aufhebung; der Arrestgläubiger trägt bei Aufhebung der Eilanordnung nach § 926 Abs. 2 ZPO die gesamten Kosten, und zwar unabhängig davon, ob die Anordnung ursprünglich begründet war.[179]

> **Hinweis** 110
>
> Vor Ablauf der gerichtlich bestimmten Klagefrist kann der Gläubiger deren Verlängerung beantragen, die ggf. durch Beschluss ergeht (§ 224 Abs. 2 ZPO).[180]

dd) Aufhebung des Arrestes wegen veränderter Umstände nach § 927 ZPO

Der Arrestschuldner kann nach der Bestätigung der Eilanordnung gem. § 927 ZPO 111 deren Aufhebung beantragen, wenn sich die Umstände nachträglich geändert haben.[181] Demnach kommt der Eilmaßnahme wegen ihres summarischen Charakters im Verhältnis zum Hauptsacheverfahren nur eine eingeschränkte Rechtskraft zu.

Der Antrag ist bei Anhängigkeit der Hauptsache ausschließlich (§ 802 ZPO) an das 112 entsprechend befasste Gericht zu richten. Ist die Hauptsache nicht anhängig, ist das Gericht zuständig, das erstinstanzlich den Arrest erlassen hat (§ 919 ZPO) oder dessen zurückweisende Entscheidung im Berufungs- bzw. Beschwerdeverfahren durch Erlass des Arrestes abgeändert worden ist.[182]

Der Antrag nach § 927 ZPO wird nicht durch die weitere Möglichkeit eines Widerspruchs- bzw. Berufungsverfahrens ausgeschlossen.[183] Ein Vorrang der insoweit weiterreichenden Verfahren vor dem Behelf nach § 927 ZPO ist nur dann anzuerkennen, wenn diese zugleich erhoben werden.[184]

> **Hinweis** 114
>
> Nach h.M. ist der Antrag nach § 927 ZPO zur Vermeidung der Kostenfolge des § 93 ZPO zuvor anzudrohen, um dem Gläubiger ggf. die Verzichtserklärung zu ermöglichen.[185]

Nach dem Wortlaut des § 927 ZPO können die veränderten Umstände den Arrestanspruch oder den Arrestgrund betreffen, wobei eine neue Beweislage ausreichend ist.[186] Veränderte Umstände i.S.v. § 927 Abs. 1 ZPO ergeben sich auch durch das Erlöschen des Unterlassungsanspruchs aufgrund des Wegfalls der Wiederholungsgefahr.[187] Das-

---

178 Muster unter Rdn 315.
179 Zöller/*Vollkommer*, § 926 Rn 26.
180 MüKo-ZPO/*Drescher*, § 926 Rn 9.
181 Muster unter Rdn 316.
182 Musielak/Voit/*Huber*, § 927 Rn 10.
183 Musielak/Voit/*Huber*, § 927 Rn 2.
184 OLG Hamburg OLGR 1996, 349; OLG Düsseldorf NJW-RR 1988, 188; *Schuschke/Walker*, § 927 Rn 2, 3.
185 OLG Nürnberg ZIP 2011, 1015; OLGR Frankfurt 2001, 147; OLG Koblenz GRUR 1989, 373; weitere Beispiele bei *Schellhammer*, Rn 1997.
186 *Burgard/Fresemann*, DRiZ 2000, 195.
187 *David*, PA 2002, 113, 116; Zöller/*Vollkommer*, § 927 Rn 5.

selbe gilt für die rechtskräftige Abweisung der Klage aus anderen Gründen.[188] Des Weiteren kann sich die Änderung auf die Vollziehbarkeit der Eilmaßnahme[189] oder auf das Erbieten der zu bestimmenden Sicherheitsleistung nach § 108 ZPO beziehen. Letzteres reicht für eine veränderte Lage aber nur aus, wenn der Gläubiger die Annahme ablehnt.[190]

116 *Einzelfälle*

Bejaht wurde ein Aufhebungsanspruch

- bei Erlass, Erfüllung,[191] Verjährung[192] oder Stundung der Forderung;[193]
- bei Wegfall der anspruchsbegründenden Norm infolge Nichtigerklärung durch das Bundesverfassungsgericht;[194]
- bei Änderung der Gesetzgebung oder höchstrichterlichen Rechtsprechung;[195]
- bei Wegfall des Arrestgrundes infolge Vermögenserwerbs des Schuldners;[196]
- bei Unterlassung der Vollziehung;[197]
- Ablauf der Vollziehungsfrist des § 929 Abs. 2 ZPO, weil dann kraft Gesetzes unwiderleglich vermutet wird, dass sich die Umstände verändert haben;[198]
- bei länger andauernder freiwilliger Unterhaltsleistungen[199] sowie
- bei Vergleich über Anspruch oder rechtskräftige Feststellung im Hauptsacheverfahren, dass kein Anspruch besteht.[200]

Abgelehnt wurde ein Antrag nach § 927 ZPO bei bloßem Vorliegen eines vollstreckbaren Zahlungstitels[201] und bei der Möglichkeit zur Auswechslung des Anspruchsgrundes.[202]

117 Ein Rechtsschutzbedürfnis für den Antrag nach § 927 ZPO fehlt wie im Falle des § 926 ZPO auch dann, wenn dem Schuldner keine weiteren Auswirkungen der Eilanordnung mehr drohen, insbesondere wenn der Gläubiger auf seine Rechte aus dem Arrest inklusive der Kostenentscheidung verzichtet hat.[203] Darüber hinaus muss er den Titel aushändigen, weil andernfalls Missbrauch mit dem Titel betrieben werden kann.[204] Verweigert der Antragsteller daher trotz Verzichts auf den Arrestanspruch oder trotz seiner Erfüllung

---

188 BGHZ 122, 172 = BGH NJW 1993, 2685.
189 OLG Düsseldorf OLGR 1993, 172.
190 B/L/A/H, § 927 Rn 6.
191 OLG Karlsruhe NJW 1988, 1469.
192 OLG Bremen OLGR 1996, 349, 350; OLG Hamm BB 1978, 574.
193 MüKo-ZPO/*Drescher*, § 927 Rn 5.
194 BGH NJW 1989, 107.
195 *Burgard/Fresemann*, DRiZ 2000, 196; vgl. auch OLG Frankfurt a.M. WRP 2014, 1101, 1102.
196 Stein/Jonas/*Grunsky*, § 927 Rn 8.
197 OLG Düsseldorf OLGR 1993, 172.
198 OLG Düsseldorf NJW-RR 2000, 68.
199 OLG Zweibrücken FamRZ 1983, 415.
200 Klevemann/*Palm*, § 3 Rn 212.
201 OLG Hamm OLGR 1991, 15.
202 Vgl. OLG Frankfurt 1997, 99 m.w.N. auch zur Gegenauffassung.
203 BGH NJW 1993, 2685, 2687.
204 OLG Frankfurt/M. NJW 1968, 2112 ff., OLG Köln OLGZ 1992, 448; a.A.: nicht überzeugend OLG Hamm GRUR 1992, 889 (LS).

oder seiner sonstigen – etwa vergleichsweisen – Erledigung die Herausgabe des Titels, besteht daher ein Rechtsschutzbedürfnis für einen Antrag nach § 927 ZPO.

Das Aufhebungsverfahren erfordert nach § 927 Abs. 2 ZPO zwingend eine mündliche Verhandlung. Während des Verfahrens kann die Vollziehung der Eilanordnung analog § 924 Abs. 3 ZPO einstweilen eingestellt werden.[205]

118

Die Kostenentscheidung ergeht nach §§ 91 ff. ZPO und lässt die Kostenentscheidung des Eilverfahrens grundsätzlich unberührt.[206] Eine Abänderung der im Eilverfahren zu Lasten des Schuldners ergangenen Kostenentscheidung ist im Rahmen des Verfahrens nach § 927 ZPO jedoch dann ausnahmsweise möglich, wenn die vorläufige Maßnahme von Anfang an unbegründet war oder der Gläubiger die Vollziehungsfrist des § 929 Abs. 2 ZPO versäumt hat.[207]

119

c) Rechtsbehelfe im Rahmen der Vollziehung

Im Rahmen der Vollziehung der Eilanordnung stehen grundsätzlich dieselben Rechtsbehelfe wie innerhalb der allgemeinen Zwangsvollstreckung zur Verfügung. Hinsichtlich der materiellen Einwendungen des Schuldners gegen den der Eilmaßnahme zugrundeliegenden Anspruch wird das Aufhebungsverfahren nach § 927 ZPO jedoch als das speziellere und einfachere Verfahren angesehen; die Vollstreckungsgegenklage nach § 767 ZPO wird insoweit von dem Aufhebungsverfahren verdrängt.[208]

120

Wird die einstweilige Anordnung vollzogen und wendet sich der Antragsgegner mittels einer sofortigen Beschwerde gegen die Fortsetzung der Vollziehung, kann das Beschwerdegericht mittels einstweiliger Anordnung die Vollziehung der Entscheidung der ersten Instanz aussetzen. Dies folgt aus § 570 Abs. 3 ZPO. Voraussetzung ist, dass durch die weitere Vollziehung dem Beschwerdeführer größere Nachteile drohen als den anderen Beteiligten im Falle der Aussetzung, dass die Rechtslage zumindest zweifelhaft ist und die Rechtsbeschwerde zulässig erscheint.[209]

121

Der Aussetzungsantrag unterliegt wegen § 78 Abs. 1 S. 1 ZPO dem Anwaltszwang.

122

VI. Schadensersatzrisiko (§ 945 ZPO)

Wer einen Arrest oder eine einstweilige Verfügung erwirkt und den Titel dem Schuldner zustellt, muss sich der Gefahr bewusst sein, dass er möglicherweise gem. § 945 ZPO einem verschuldensunabhängigen Schadensersatzanspruch ausgesetzt ist, wenn sich die Anordnung des Arrests oder der einstweiligen Verfügung später als von Anfang an ungerechtfertigt erweist. Dasselbe gilt, wenn die angeordnete Maßregel nach § 926 Abs. 2 ZPO aufgehoben wird, weil der Antragsteller einer Aufforderung des Gerichts,

123

---

205 OLG Braunschweig MDR 1956, 557.
206 OLG Düsseldorf OLGR 1993, 172; OLG Karlsruhe NJW-RR 1988, 1469.
207 Vgl. BGH NJW 1993, 2685, 2687; OLG Hamburg OLGR 1996, 349, 350; eingehend auch Zöller/*Vollkommer*, § 927 Rn 12 mit Hinweisen zu weiteren Fallgruppen.
208 Musielak/Voit/*Huber*, § 924 Rn 2; Zöller/*Vollkommer*, § 924 Rn 1.
209 BGH NJW 2002, 1658.

innerhalb einer bestimmten Frist in der Hauptsache Klage zu erheben, nicht Folge leistet oder wenn er das Rechtfertigungsverfahren[210] nach § 942 Abs. 3 ZPO nicht fristgerecht durchführt. Der Grund hierfür liegt darin, dass allein der Gläubiger für die Vollstreckung aus einem noch nicht endgültigen Vollstreckungstitel verantwortlich ist.[211]

124 *Hinweis*

§ 945 ZPO ist auf die Vollziehung von Arresten in Familienstreitsachen entsprechend anzuwenden, § 119 Abs. 2 S. 2 FamFG. Bei der Vollziehung von einstweiligen Anordnungen nach § 112 Nr. 2 und 3 FamFG ist § 945 ZPO anwendbar (§ 119 Abs. 1 S. 2 FamFG), bei einstweiligen Anordnungen in Unterhaltssachen nach § 112 Nr. 1 FamFG dagegen nicht (vgl. § 119 Abs. 1 S. 2 FamFG). Aus dieser Entscheidung des Gesetzgebers ist zu folgern, dass § 945 ZPO auch in anderen familienrechtlichen FamFG-Sachen keine Anwendung findet.[212] Gem. § 123 Abs. 3 VwGO ist § 945 ZPO im Verwaltungsgerichtsverfahren entsprechend anwendbar. Dem Beigeladenen, Beizuladenden oder sonst beteiligten Dritten im Verwaltungsprozess steht der Schadensersatzanspruch jedoch nicht zu, wenn in dessen Rechtskreis der Schaden durch die eingreifende einstweilige Anordnung entstanden ist.[213]

In Angelegenheiten des arbeitsgerichtlichen Urteilsverfahrens gilt § 945 ZPO uneingeschränkt, § 62 Abs. 2 ArbGG. Demgegenüber normiert § 85 Abs. 2 S. 2 ArbGG, dass der Schadensersatzanspruch in Angelegenheiten des arbeitsgerichtlichen Beschlussverfahrens ausgeschlossen ist.

125 Weil die verschuldensunabhängige Schadenersatzhaftung nach § 945 ZPO im Rahmen der Haftung aus unerlaubter Handlung eine Ausnahme ist, kann die Vorschrift nicht erweiternd ausgelegt werden.[214] Für den Fall, dass sich die Anordnung eines Arrestes oder einer einstweiligen Verfügung als von Anfang an ungerechtfertigt erweist, kommt es insoweit nur auf den Zeitpunkt des Erlasses des Arrestes an.[215] Der Gläubiger ist daher grundsätzlich nicht zum Schadensersatz verpflichtet, wenn der von ihm geltend gemachte Anspruch zu diesem Zeitpunkt bestanden hat und erst rückwirkend entfällt.[216]

126 *Hinweis*

Hat sich die Anordnung des Arrestes oder der einstweiligen Verfügung jedoch nur deshalb als von Anfang an ungerechtfertigt erwiesen, weil der Antragsteller seinen Sachvortrag nicht in der erforderlichen Weise glaubhaft machen konnte, so kann er im Prozess über seine Schadensersatzverpflichtung nach § 945 ZPO als Beklagter

---

210 Antrag auf Ladung zum Rechtfertigungsverfahren: Muster unter Rdn 313.
211 St. Rspr., BGH NJW 1974, 642; BGH NJW 1985, 1959; BGH NJW 2006, 2767; BGH NJW-RR 2015, 541.
212 MüKo-ZPO/*Drescher*, § 945 Rn 31.
213 BGH NJW 1981, 349.
214 BGH NJW 1993, 2685 = BGHZ 122, 178.
215 BGH NJW-RR 1992, 998.
216 Zöller/*Vollkommer*, § 945 Rn 8 m.w.N.

seinen Sachvortrag erweitern und über die Mittel der Glaubhaftmachung hinaus neue Beweisangebote unterbreiten.[217]

Zu ersetzen ist der gesamte durch die Vollziehung des Arrestes oder der einstweiligen Verfügung adäquat kausal verursachte, zurechenbare unmittelbare und mittelbare Vermögensschaden (§§ 249 ff. BGB)[218] und unter den Voraussetzungen des § 253 Abs. 2 BGB der Nichtvermögensschaden. Insoweit reicht aus, dass der Antragsteller mit der Vollziehung begonnen hat und dem Schuldner dadurch schon ein Schaden entstanden ist.[219] Gleiches gilt, wenn sich der Schuldner dem Vollstreckungsdruck beugt, der von einem in Urteilsform ergangenen Ge- oder Verbot mit Straf- bzw. Zwangsmittelandrohung nach §§ 890 Abs. 2, 888 ZPO ausgeht.[220]

Nicht erstattungsfähig ist der Schaden, der dem Schuldner aus der freiwilligen Befolgung von Unterlassungsgeboten entsteht, die nicht mit einer Ordnungsmittelandrohung gem. § 890 Abs. 2 ZPO versehen sind.[221] Dasselbe gilt für den Schaden, der für den Schuldner – etwa ohne Zustellung des Titels – aus der freiwilligen Unterwerfung unter das Begehren des Antragstellers resultiert.[222] Hierzu gehört auch der Schaden aufgrund der Anordnung einer einstweiligen Maßnahme, z.B. durch das Bekanntwerden der Maßnahme.[223] Nicht ersatzfähig ist weiter der Schaden, der dadurch entsteht, dass der Antragsgegner den Gewinn aus dem verbotenen Geschäft nicht erzielen kann, weil der Dritte, der das Geschäft mit dem Antragsgegner durchführen wollte, von diesem Geschäft Abstand genommen hat.[224] Diese Schäden können nach den allgemeinen Bestimmungen der §§ 823, 826 BGB zu ersetzen sein.[225]

Auch wenn der Schadensersatzanspruch nach § 945 ZPO verschuldensunabhängig ist, wird mitwirkendes Verschulden des Schuldners – wenn er etwa keinen Rechtsbehelf einlegt – gem. § 254 BGB berücksichtigt.[226]

Falls der Arrest bzw. die einstweilige Verfügung aufgehoben werden, beginnt die Verjährung des Anspruchs nach § 945 1. Alt. ZPO spätestens dann, wenn der vormalige Antragsgegner im Hauptsacheverfahren ein noch nicht rechtskräftiges Urteil zu seinen Gunsten erzielt, das in hohem Maße dafür spricht, dass der Arrest bzw. die einstweilige Verfügung von Anfang an nicht gerechtfertigt war.[227]

---

217 BGH NJW-RR 1992, 998, 1001.
218 BGH NJW 1993, 2685 = BGHZ 96, 2.
219 MüKo-ZPO/*Drescher*, § 945 Rn 21.
220 BGH NJW 1996, 198 = BGHZ 133, 144 ff. m.w.N.
221 BGHZ 131, 147.
222 OLGR Frankfurt 1998, 228.
223 Zöller/*Vollkommer*, § 945 Rn 14a.
224 OLG Saarbrücken NJW-RR 1998, 1039.
225 BGHZ 85, 114; OLG Saarbrücken NJW-RR 1998, 1039, 1040.
226 BGH NJW 1993, 2685 = BGHZ 122, 179; OLG München WRP 1996, 786.
227 BGH NJW 2003, 2610.

VII. Haftung der Vollstreckungsorgane bei der Vollziehung

131 Da auch bei der Vollziehung des Arrestes bzw. einer einstweiligen Verfügung durch den Gerichtsvollzieher oder durch einen Sequester Fehler entstehen können, die zu Vermögensschäden beim Antragsteller führen, stellt sich die Frage ihrer Haftung.

132 Bei der Vollziehung von einstweiligen Verfügungen, die auf vorläufige Herausgabe von unter Eigentumsvorbehalt gelieferten Gegenständen an den Gerichtsvollzieher als Sequester zur Sicherstellung und Verwaltung bis zur Entscheidung über deren Verbleib gerichtet sind, wird der Gerichtsvollzieher als solcher und darüber hinaus als Sequester tätig. Die Vollziehung der einstweiligen Verfügung im Parteibetrieb endet mit der Übergabe der Gegenstände an den Sequester.[228] Unterläuft dem Gerichtsvollzieher hierbei in seiner Eigenschaft als solcher oder in seiner Eigenschaft als Sequester ein Fehler, ist in Bezug auf die Haftung zu differenzieren:

- Der Gerichtsvollzieher haftet für in Ausübung seines Amts als Gerichtsvollzieher unterlaufene Fehler nicht persönlich. Dafür haftet der Staat im Wege der Amtshaftung.
- Sobald der Fehler dem Gerichtsvollzieher in seiner Eigenschaft als Sequester unterläuft, scheidet eine Amtshaftung aus. Insoweit kommt nur eine vertragliche Haftung des Sequesters in Betracht. Denn die Tätigkeit des Gerichtsvollziehers als Sequester ist keine ihm kraft seines Gerichtsvollzieheramts zugewiesene Aufgabe. Er ist deshalb zur Übernahme des Sequesteramts nicht verpflichtet. In der Regel schließt der Antragsteller mit dem Gerichtsvollzieher für dessen Tätigkeit als Sequester einen sogenannten Sequestrationsvertrag. Durch diesen verpflichtet sich der Gerichtsvollzieher üblicherweise, die Sache an einem von ihm zu bestimmenden Ort ordnungsgemäß zu verwahren, zu bewachen und in sonst geeigneter Weise für ihren Erhalt zu sorgen.

Der Sequester ist auch kein Vollstreckungsorgan im Sinne der Zivilprozessordnung. Deshalb hat er keine staatlichen Zwangsbefugnisse gegenüber dem Schuldner. Infolgedessen kann er nicht kraft Amtes als Sequester die zu sequestrierende Sache gegen den Willen des Schuldners wegnehmen. Die Wegnahme des Sequestrationsobjekts fällt allein in den hoheitlichen Bereich der Vollziehung der einstweiligen Verfügung und obliegt daher nur dem Gerichtsvollzieher kraft seines Amtes.[229]

VIII. Besonderheiten der einstweiligen Verfügung

1. Anwendung der Arrestvorschriften

133 Die einstweilige Verfügung ist eine Sonderform des Arrestes. Nach § 936 ZPO gelten für die Anordnung der einstweiligen Verfügung und für das weitere Verfahren die Vorschriften über die Anordnung von Arresten und über das Arrestverfahren entsprechend, soweit die §§ 937 ff. ZPO nicht abweichende Regelungen enthalten.

---

228 MüKo-ZPO/*Drescher*, § 936 Rn 27.
229 BGH NJW 2001, 434.

2. Abmahnung

a) Bedeutung

Die Abmahnung spielt keine Rolle im Zusammenhang mit dem Arrestverfahren. Dafür ist sie umso bedeutsamer im Zusammenhang mit der einstweiligen Verfügung – die Abmahnung ist in der Praxis des Wettbewerbsprozesses entwickelt worden.[230] Nach § 12 Abs. 1 S. 1 UWG sollen die zur Geltendmachung eines Unterlassungsanspruchs Berechtigten den Schuldner vor der Einleitung eines gerichtlichen Verfahrens abmahnen und ihm Gelegenheit geben, den Streit durch Abgabe einer mit einer angemessenen Vertragsstrafe bewehrten Unterlassungsverpflichtung beizulegen. Damit wird erstmals die Abmahnung im gewerblichen Rechtsschutz gesetzlich geregelt. In § 13 Abs. 5 des vorangegangenen UWG (seit 1987) war sie lediglich als existent vorausgesetzt worden. Auch im BGB ist sie seit 2001 in verschiedene Vorschriften aufgenommen worden, beispielsweise in §§ 314 Abs. 2, 541, 543 Abs. 3 und 1053 BGB als Voraussetzung für Unterlassungsklagen und Kündigungen.[231]

134

Der Anwendungsbereich der Abmahnung ist nicht auf Streitigkeiten nach dem UWG beschränkt. Vielmehr soll § 12 Abs. 1 UWG in allen Bereichen des gewerblichen Rechtsschutzes entsprechend anzuwenden sein.[232] Auch im Verfahren nach dem Unterlassungsklagengesetz (UKlaG) ist die Abmahnung vorgesehen (vgl. § 5 UKlaG).[233] Darüber hinaus besteht im Presserecht für den Verletzten die Obliegenheit, den Verletzer vor Inanspruchnahme gerichtlicher Hilfe abzumahnen.[234] Sinnvoll kann die Abmahnung auch in anderen Rechtsgebieten sein, etwa im Gesellschaftsrecht, wenn es um Wettbewerbsverstöße von Gesellschaftern bzw. Geschäftsführern geht.[235]

135

Die Abmahnung ist keine Prozessvoraussetzung und gehört auch nicht zu den materiellrechtlichen Voraussetzungen eines Unterlassungsanspruchs.[236] Sie ist bloße Obliegenheit des Antragstellers, wie sich auch aus § 12 Abs. 1 S. 1 UWG n.F. ergibt.[237] Ohne vorherige Abmahnung des Antragstellers besteht jedoch im Klage- oder Verfügungsverfahren für den Antragsteller die Gefahr, bei einem sofortigen Anerkenntnis des Antraggegners nach § 93 ZPO die Kosten des Verfahrens tragen zu müssen.[238]

136

Darüber hinaus kann die Abmahnung im Zusammenhang mit einer sich daran anschließenden Kündigung eines Vertragsverhältnisses auch die Voraussetzung für eine Ausschließung aus der Gesellschaft aus wichtigem Grund schaffen oder zumindest festigen.[239]

137

---

230 *Schuschke/Walker*, Anh. zu § 935 Rn 2.
231 *Ahrens*, Einleitung Rn 1.
232 *Schuschke/Walker*, Anhang zu § 935 Rn 1; vgl. auch MüKo-LauterkeitsR/*Ottofülling*, § 12 UWG, Rn 3.
233 MüKo-ZPO/*Micklitz/Rott*, § 5 UKlaG, Rn 9.
234 OLG München NJW-RR 2001, 42 (h.M.).
235 David/Dombek/u.a./*David*, B Teil 8, § 2 Rn 36 ff.
236 MüKo-LauterkeitsR/*Ottofülling*, § 12 UWG, Rn 13.
237 Vgl. BT-Drs. 15/1487, S. 25; *Engels/Salomon*, WRP 2004, 32, 43.
238 MüKo-LauterkeitsR/*Ottofülling*, § 12 UWG, Rn 14.
239 David/Dombek/u.a./*David*, B Teil 8, § 2 Rn 36 ff.

b) Inhalt der Abmahnung

138 Aufgrund der Abmahnung muss für den Abgemahnten im Hinblick auf den relevanten Sachverhalt und die rechtliche Bewertung eindeutig erkennbar sein, worin der Rechtsverstoß besteht (**Hinweis- und Dokumentationsfunktion der Abmahnung**).[240] Es empfiehlt sich, in der Abmahnung möglichst alle rechtlichen und tatsächlich relevanten Gesichtspunkte aufzuführen.

139 Soll die Abmahnung eine fristlose Kündigung vorbereiten, ist für den Fall der Zuwiderhandlung gegen die Abmahnung die Kündigung anzudrohen.

140 Soll mit der Abmahnung ein wettbewerbsrechtlicher Unterlassungsanspruch verfolgt werden, sollte der Verletzer tunlichst aufgefordert werden, eine strafbewehrte Unterlassungserklärung abzugeben, d.h. sich für jeden Fall der Zuwiderhandlung zur Zahlung einer Vertragsstrafe verpflichten.[241] D.h. nicht, dass der Schuldner keinen Anlass zur Klageerhebung hat, wenn er die Unterlassungserklärung ohne Vertragsstrafenversprechen abgibt. Wenn lediglich Erstbegehungsgefahr besteht, bedarf es zu deren Ausräumung nicht unbedingt einer strafbewehrten Unterlassungserklärung, sodass in diesem Fall grundsätzlich auf das Vertragsstrafeversprechen verzichtet werden könnte.[242]

141 *Tipp*

Gleichwohl empfiehlt es sich, auch bei Erstbegehungsgefahr eine strafbewehrte Unterlassungserklärung zu verlangen. Unterwirft sich der Antragsgegner, steht der Gläubiger gut da. Unterwirft sich der Schuldner hingegen nicht, hat die Abmahnung zumindest ihre Warnfunktion im Hinblick auf das Kostenrisiko nach § 93 ZPO erfüllt.

c) Form der Abmahnung

142 In formeller Hinsicht muss die Abmahnung mit einer angemessenen Frist zur Abgabe der geforderten Unterlassungserklärung versehen sein. Der Streit, ob die Fristsetzung obligatorischer[243] oder lediglich fakultativer[244] Natur für die Abmahnung ist, ist eher rechtstheoretischer Natur, da bei fehlender oder zu kurz bemessener Frist ohnehin eine angemessene Frist in Lauf gesetzt wird.[245] Die Länge der Frist hängt von einer Interessenabwägung im Einzelfall ab, wobei das Interesse des Abmahnenden an einer zeitnahen und vollständigen Beseitigung des Verstoßes dem Interesse des Abgemahnten an der Aufklärung und rechtlichen Bewertung des behaupteten Verstoßes gegenüberzustellen ist.[246] Regelmäßig muss dem Abgemahnten drei bis zehn Tage Zeit gegeben werden, eine Entscheidung über die sachgerechte Reaktion zu treffen bzw. einen anwaltlichen Rat

---

240 MüKo-LauterkeitsR/*Ottofülling*, § 12 UWG, Rn 37 ff.
241 MüKo-LauterkeitsR/*Ottofülling*, § 12 UWG, Rn 43.
242 BGH WRP 1991, 719; BGH GRUR 2001, 1174.
243 KG WRP 1979, 861, 862; OLG Hamburg WRP 1986, 292.
244 OLG Nürnberg MD 1990, 356, 357.
245 BGH GRUR 1990, 381, 382; BGH GRUR 2010, 355; OLG Hamburg GRUR 1989, 80.
246 MüKo-LauterkeitsR/*Ottofülling*, § 12 UWG, Rn 48.

einzuholen.²⁴⁷ Bei besonderer Eilbedürftigkeit können im Einzelfall auch Stundenfristen angemessen sein.²⁴⁸

Des Weiteren müssen der Abmahnende und der Abgemahnte in der Abmahnung klar bezeichnet sein.²⁴⁹ Ein Formerfordernis ist gesetzlich nicht vorgeschrieben. Es empfiehlt sich aus Beweisgründen, die Abmahnung schriftlich abzufassen und sie postalisch, per Boten, Gerichtsvollzieher, Telefax, Telegramm, Fernschreiben oder E-Mail zu übermitteln.²⁵⁰ 143

In der Praxis erfolgt die Abmahnung zumeist durch einen Rechtsanwalt. Hierbei stellt sich, ohne auf die Rechtsnatur der Abmahnung einzugehen, die umstrittene Frage, ob die Wirkungen der von einem Bevollmächtigten ausgesprochenen Abmahnung gem. § 174 BGB entfallen, wenn dieser keine Vollmacht beigefügt ist und der Schuldner die Abmahnung aus diesem Grund unverzüglich zurückweist. Während dies überwiegend verneint wurde,²⁵¹ scheint sich ein Meinungswechsel anzudeuten.²⁵² 144

> **Tipp** 145
> Gleichwohl sollte vorsorglich die Abmahnung mit einer unterzeichneten Originalvollmacht versehen sein, soweit hierzu Zeit bleibt. Ggf. kann der Anspruchsteller bzw. der Abmahnende, auch wenn er sich eines Rechtsanwalts bedient, auf direktem Wege – etwa per Telefax – den Rechtsanwalt gegenüber dem Abgemahnten bevollmächtigen.

Für die Wirksamkeit der Abmahnung ist erforderlich, dass diese dem Adressaten zugeht (§ 130 Abs. 1 S. 1 BGB), sodass dieser darauf reagieren kann und er nur im Falle zurechenbaren Untätigbleibens Anlass zur Klage gibt.²⁵³ Insoweit gelten die allgemeinen Regelungen, sodass die Abmahnung dann zugegangen ist, sobald sie derart in den Machtbereich des Adressaten gelangt ist, dass dieser unter gewöhnlichen Umständen vom Inhalt der Erklärung Kenntnis nehmen kann.²⁵⁴ Die Frage der Beweislast hinsichtlich des Zugangs der Abmahnung war im Wettbewerbsprozess bis zuletzt streitig. Während die überwiegende Auffassung²⁵⁵ die Beweislast auf Seiten des Schuldners sah, 146

---

247 *Schuschke/Walker*, Anh. zu § 935 Rn 5.
248 Vgl. OLG Düsseldorf WRP 1988, 107; OLG Hamburg GRUR 1991, 80; MüKo-LauterkeitsR/*Ottofülling*, § 12 UWG, Rn 49 ff.
249 MüKo-LauterkeitsR/*Ottofülling*, § 12 UWG, Rn 32 f.
250 MüKo-LauterkeitsR/*Ottofülling*, § 12 UWG, Rn 17.
251 OLG Köln WRP 1985, 360; OLG Köln WRP 1988, 79; OLG Karlsruhe NJW-RR 1990, 1323; *Pfister*, WRP 2002, 799.
252 OLG Nürnberg GRUR 1991, 387; OLG Düsseldorf NJWE-WettbR 1999, 263; OLG Düsseldorf WRP 2001, 52; OLG Düsseldorf ZUM-RD 2007, 579.
253 BGH GRUR 2007, 629, 630; Ohly/Sosnitza/*Sosnitza*, § 12 Rn 12; MüKo- LauterkeitsR/*Ottofülling*, § 12 UWG, Rn 24; Harte-Bavendamm/Henning-Bodewig/*Brüning*, § 12 Rn 23 ff.
254 BGH NJW 1998, 976, 977.
255 OLG Hamburg GRUR 1976, 444; OLG Koblenz WRP 1982, 437; OLG Stuttgart WRP 1983, 644, 645; OLG Hamm WRP 1984, 220, 221; OLG Köln WRP 1984, 230; OLG Frankfurt GRUR 1985, 240; KG WRP 1992, 716, 717; KG WRP 1994, 39, 40; OLG Stuttgart WRP 1996, 477, 478; OLG Karlsruhe WRP 1997, 477; OLG Braunschweig GRUR 2004, 887, 888; *Teplitzky*, WRP 2005, 654, 655.

sprach sich die Gegenauffassung[256] für eine Beweislast des Gläubigers aus. Der BGH[257] hat zu dieser Frage nunmehr Stellung genommen und ausgeführt, dass den Beklagten grundsätzlich die Darlegungs- und Beweislast für die Tatbestandsvoraussetzungen der ihn begünstigenden Kostenregelung des § 93 ZPO und damit für den Nichtzugang der Abmahnung trifft. Da es sich bei diesem um eine negative Tatsache handelt, trifft den Kläger jedoch eine sekundäre Darlegungslast.

3. Unterlassungserklärung

147 Ebenso wie die Abmahnung ist die Unterlassungserklärung in der wettbewerbsrechtlichen Prozesspraxis entwickelt worden. Sinnvoll ist sie aber auch in anderen Fällen, etwa bei Verstößen gegen gesellschaftsrechtlich begründete Wettbewerbsverbote.[258]

148 Die durch einen erstmaligen Verstoß gegen Unterlassungspflichten begründete Wiederholungsgefahr lässt sich nur durch Abgabe einer strafbewehrten Unterlassungserklärung beseitigen.[259] Dazu ist zum einen erforderlich, dass die Unterlassungserklärung den eindeutigen Willen des Schuldners zeigt, die Verletzungshandlung zu unterlassen und zum anderen, dass sie dem Schuldner für den Fall einer Zuwiderhandlung einen Nachteil in Aussicht stellt, der so schwerwiegend ist, dass er den Schuldner regelmäßig von Wiederholungen abhält.[260] Sie schützt den Verletzer davor, trotz weiterer Befolgung des Wettbewerbsverbotes mit einem Verfahren überzogen zu werden und die Kosten tragen zu müssen.[261]

149 Es stellt sich allerdings die Frage, ob aus Sicht des Abgemahnten die Abgabe einer strafbewehrten Unterlassungserklärung sinnvoll ist oder ob er nicht stattdessen den Erlass einer einstweiligen Verfügung in Kauf nehmen soll. Dabei sind die unterschiedlichen Auswirkungen der Unterlassungserklärung einerseits und eines gerichtlichen Vollstreckungstitels andererseits zu berücksichtigen. Ein Unterwerfungsvertrag wird wie jeder andere Vertrag nach §§ 133, 157 BGB ausgelegt.[262] Demgegenüber ist ein gerichtlicher Vollstreckungstitel – abgesehen davon, dass er erfahrungsgemäß eng tenoriert wird – nicht in diesem Maße auslegungsfähig. Wegen des strafähnlichen Charakters der Vollstreckung umfasst ein Vollstreckungstitel über seinen ausdrücklich tenorierten Umfang hinaus allenfalls unbedeutende Abweichungen (§ 890 ZPO).[263] Die Beweislast für mangelndes Verschulden bei Verstoß gegen vertragliche Unterlassungsgebote liegt gem. § 280 Abs. 1 S. 2 BGB beim Schuldner. Anders verhält es sich bei Verstößen gegen

---

256 KG WRP 1992, 716, 717; KG WRP 1994, 39, 40; OLG Düsseldorf NJWE-WettbR 1996, 256; OLG Düsseldorf GRUR-RR 2001, 199; OLG Dresden WRP 1997, 1201, 1203; OLG Saarbrücken NJW 2004, 2908, 2909; LG Düsseldorf GRUR-RR 2006, 143, 144; *Ulrich*, WRP 1998, 124.
257 BGH GRUR 2007, 629.
258 David/Dombek/u.a./*David*, B Teil 8, § 2 Rn 36 ff.
259 BGH GRUR 1983, 127, 128; BGH GRUR 1993, 677, 679.
260 Köhler/Bornkamm/Feddersen/*Bornkamm*, § 12 Rn 1.179 ff.; Harte-Bavendamm/Henning-Bodewig/*Brüning*, § 12 Rn 136 ff.
261 BGH GRUR 1987, 748, 750.
262 BGH NJW 2001, 2622.
263 *David*, PA 2003, 56 f.

gerichtliche Vollstreckungstitel. Für die Unterlassungserklärung gilt darüber hinaus § 278 BGB. Für Schuldner gerichtlicher Vollstreckungstitel gilt dies nicht. Sie haften nur bei eigenem Verschulden einschließlich Organisationsverschulden. Schließlich begründet die Unterzeichnung einer Unterlassungserklärung ein neues Schuldverhältnis mit dem Gläubiger. Daraus erwachsen weitere Pflichten wie etwa die Pflicht zur Auskunft über alle weiteren Verstöße gegen die Vertragsstrafenregelung seit Vertragsschluss.[264] Entsprechendes gilt für den gerichtlichen Vollstreckungstitel nicht.

Tipp 150

Der Abmahnende muss darauf achten, dass die Unterlassungserklärung ohne Modifikationen unterzeichnet wird. Wird sie lediglich mit Modifikationen unterzeichnet, ist der Unterlassungsvertrag noch nicht zustande gekommen. Die Unterlassungserklärung ist in diesem Fall nur ein Angebot auf Abschluss eines Unterlassungsvertrages, den der Abmahnende durch eine Einverständniserklärung annehmen muss (§ 150 Abs. 2 BGB). Gibt der Abmahnende eine solche Einverständniserklärung nicht ab, läuft er Gefahr, dass die Annahmefristen nach § 147 Abs. 2 BGB verstreichen und darüber hinaus die Dringlichkeit für den Antrag auf Erlass einer einstweiligen Verfügung entfällt. Der Abmahnende könnte dann im vorläufigen Rechtsschutz keine Hilfe mehr gegen den fraglichen Rechtsverstoß erlangen. Er wäre auf ein langwieriges Hauptsacheverfahren angewiesen.[265]

Tipp 151

In vielen Fällen empfiehlt sich für den Abgemahnten nicht, eine strafbewehrte Unterlassungserklärung abzugeben. Etwas teurer, wenngleich aber materiell-rechtlich auf Dauer oft günstiger ist es, eine einstweilige Verfügung zu „kassieren" und im Rahmen einer Abschlusserklärung als endgültig anzuerkennen.

4. Verfügungsarten

Der gesetzliche Typus der einstweiligen Verfügung umfasst zwei Grundtypen: die Sicherungs- und die Regelungsverfügung. Darüber hinaus hat sich im Wege der Rechtsfortbildung zusätzlich die Leistungsverfügung entwickelt. 152

a) Sicherungsverfügung

Die Sicherungsverfügung dient der Sicherung eines Anspruches auf eine Individualleistung (§ 935 ZPO).[266] Im Unterschied zu dem dem Arrestverfahren zugrunde liegenden Anspruch sind unter Individualansprüchen solche Ansprüche zu verstehen, die nicht auf eine Geldleistung gerichtet sind und demnach nach §§ 883 ff. ZPO vollstreckt werden.[267] Sicherungsfähig sind im Wege der einstweiligen Verfügung alle Ansprüche auf Hand- 153

---

264 *David*, PA 2003, 56 f.
265 David/Breuer/*Breuer*, Teil 2 § 2 Rn 294 ff.
266 MüKo-ZPO/*Drescher*, § 935 Rn 6; Muster unter Rdn 300.
267 Musielak/Voit/*Huber*, § 935 Rn 12.

lung, Duldung und Unterlassung, soweit sie der Durchsetzung innerhalb eines Hauptsacheprozesses fähig sind.

154 Typische Anwendungsfälle sind Ansprüche auf Herausgabe oder Bearbeitung einer Sache, auf Eintragung eines Rechtshängigkeitsvermerks, auf Sicherheitsleistung, auf Erwirkung einer Vormerkung oder eines Widerspruchs (§§ 885, 899 ZPO), aus Vermieterpfandrecht und auf Abgabe von Willenserklärungen.[268]

155 Gem. §§ 916 Abs. 2, 936 ZPO sind auch bedingte und betagte Ansprüche durch einstweilige Verfügung sicherbar. Künftige Ansprüche sind sicherbar, wenn zum gegenwärtigen Zeitpunkt zumindest eine Feststellungsklage möglich ist und daher eine gegenwärtige oder zukünftige prozessuale Rechtsstellung im Hauptverfahren der Sicherung durch vorläufigen Rechtsschutz zugänglich ist.[269]

aa) Konkurrierende obligatorische Ansprüche

156 Nicht einheitlich wird die Frage beurteilt, inwieweit bei konkurrierenden obligatorischen Ansprüchen (z.B. Doppelverkauf) ein Gläubiger die Erfüllung seines Anspruches im Wege der Sicherungsverfügung sichern kann.[270] Sofern man eine Anwendung des einstweiligen Verfügungsverfahrens bejaht, dringt daher derjenige Konkurrent durch, zu dessen Gunsten das zuerst ergangene Verbot wirksam wird.[271]

bb) Erwerbsverbot

157 Des Weiteren besteht die Möglichkeit, im Wege einer einstweiligen Verfügung ein Erwerbsverbot auszusprechen, um ggf. eine nach § 311b Abs. 1 S. 2 BGB heilende Grundbucheintragung zu verhindern.[272] Ein solches Verbot stellt ein vom Grundbuchamt zu beachtendes Eintragungshindernis dar.[273]

b) Regelungsverfügung

158 Bei der Regelungsverfügung gem. § 940 ZPO tritt an die Stelle des Individualanspruchs ein zwischen den Parteien – meist auf Dauer – angelegtes Rechtsverhältnis,[274] aus dem heraus einzelne Rechte und Pflichten der Beteiligten streitig sind. Die Besonderheit der Regelungsverfügung ist darin zu sehen, dass bestimmte Ansprüche noch nicht bestehen müssen; sie müssen aber entstehen können.[275]

---

268 OLG Köln NJW-RR 1997, 60; a.A.: OLG Hamburg NJW-RR 1991, 382; siehe weitere Beispiele bei MüKo-ZPO/*Drescher*, § 935 Rn 7 f.
269 MüKo-ZPO/*Drescher*, § 935 Rn 11.
270 Für eine Anwendung sprechen sich aus: *Schlosser*, ZZP 97, 137; *Foerste*, ZZP 106, 151; *Wichert*, ZMR 1997, 16; OLG Düsseldorf NJW-RR 1991, 137 für eine Doppelvermietung; a.A.: OLG Frankfurt/M. NJW-RR 1997, 77; OLG Schleswig MDR 2000, 1428; OLG Brandenburg MDR 1998, 98.
271 Vgl. dazu *Köhler*, JZ 1983, 589.
272 Vgl. *Heydrich*, MDR 1997, 796; Muster unter Rdn 300.
273 BayObLG BayObLGR 1997, 41.
274 Der Begriff des Rechtsverhältnisses entspricht demjenigen der Feststellungsklage (§ 256 ZPO), MüKo-ZPO/*Drescher*, § 940 Rn 5.
275 OLG Koblenz NJW-RR 1986, 1039; OLG Stuttgart NJW-RR 1986, 1448; Zöller/*Vollkommer*, § 940 Rn 2.

B. Rechtliche Grundlagen § 16

Die Eilanordnung nach § 940 ZPO soll die Rechtsstellung des Antragstellers im Hauptverfahren vor aus der Langwierigkeit des Hauptverfahrens drohenden Nachteilen dadurch schützen, dass durch die vorläufige Regelung die Rechtsposition des Antragstellers in ihrem status quo erhalten bleibt und vor möglicherweise irreparablen Veränderungen in der Zwischenzeit geschützt wird.[276] Typische Anwendungsfälle finden sich im Miet- und Gesellschaftsrecht sowie im Wettbewerbsrecht.

159

Beispiele

160

- Untersagung eines beabsichtigten unangemessenen Gebrauchs der Mietsache,
- Ordnungsgemäße Beheizung der Miete,
- Zustimmung des Mieters zu notwendigen Erhaltungsmaßnahmen nur bei akuter Gefahr für das Mietobjekt,
- Einziehung der Geschäftsführungs- und Vertretungsbefugnis oder auch nur Verhängung eines zeitlich begrenzten Vertretungsverbotes,
- Einstweilige Regelung der Gesellschaftsverhältnisse wie Verbot zum Betreten der Geschäftsräume oder der Einsichtnahme in Geschäftsbücher,
- Verbot der Abhaltung einer Gesellschaftsversammlung oder der Vollziehung eines Beschlusses der Gesellschafterversammlung,
- Untersagung auch wahrheitsgemäßer, aber herabsetzender Äußerungen gegenüber Kunden eines Wettbewerbers,
- Untersagung irreführender Aussagen über eigene geschäftliche Verhältnisse oder über den Wettbewerber oder seine Produkte.[277]

Hinweis

161

In der Praxis wird zwischen den einzelnen Verfügungsarten nicht exakt getrennt; §§ 935, 940 ZPO werden häufig nebeneinander angewandt.[278] Sicherungs- und Regelungsverfügung sind zwar rechtlich zu unterscheiden. Der Verfügungsantrag muss aber nur das Rechtsschutzziel benennen, nicht auch die Art der einstweiligen Verfügung. Wenn der Antragsteller sich also nicht auf einen bestimmten Weg – Sicherung oder Regelung – festlegt, kann das Gericht, ohne an den Antrag gebunden zu sein, nach seinem Ermessen das geeignete Instrument auswählen.[279]

c) Leistungsverfügung

Die Leistungsverfügung (oder Befriedigungsverfügung) geht über die bloße Sicherung der Rechte des Gläubigers hinaus, da sie auf eine vorzeitige, auch teilweise Befriedigung gerichtet ist.[280] Denn in bestimmten Fällen ist dem Antragsteller allein mit der Sicherung seines Anspruchs zur Gewährung effektiven vorläufigen Rechtsschutzes nicht gedient.

162

---

276 MüKo-ZPO/*Drescher*, § 940 Rn 3.
277 Vgl. zu zahlreichen weiteren Beispielen Zöller/*Vollkommer*, § 940 Rn 8.
278 Zum umstrittenen Verhältnis von § 935 und § 940 ZPO siehe MüKo-ZPO/*Drescher*, § 935 Rn 3.
279 MüKo-ZPO/*Drescher*, § 938 Rn 5 f.
280 MüKo-ZPO/*Drescher*, § 938 Rn 9 ff.; Muster unter Rdn 301 ff.

Der Anwendungsbereich der Leistungsverfügung erfasst jeden materiell-rechtlichen Anspruch, der auf ein Tun, Dulden oder Unterlassen gerichtet ist.[281]

163 *Hinweis*

Entwickelt wurde die Leistungsverfügung im Unterhaltsrecht, da der Unterhaltsgläubiger hier durch Nichtleistung des Unterhaltes in eine akute Notlage geraten und irreparablen Schaden erleiden kann.[282] Im Unterhaltsrecht ist jedoch die einstweilige Anordnung nach §§ 49, 119 FamFG (zuvor § 644 ZPO) an die Stelle der Leistungsverfügung getreten.

164 Wegen des grundsätzlich bestehenden Verbots der Vorwegnahme der Hauptsache muss berücksichtigt werden, dass es sich bei der Leistungsverfügung um eine Ausnahme handelt.[283] Diese ist aus Gründen des effektiven Rechtsschutzes nur dann gerechtfertigt, wenn der Gläubiger den Abschluss eines ordentlichen Verfahrens deshalb nicht abwarten kann, weil er wegen fehlender eigener Mittel oder wegen eines drohenden erheblichen Schadens in seiner Existenz gefährdet wäre[284] oder weil die Leistung infolge des Zeitablaufs überhaupt ihren Sinn verlöre.[285]

aa) Zahlungsverfügung

165 Die Zahlungsverfügung ist auf die vorzeitige Durchsetzung des Geldanspruchs gerichtet. Neben den gesetzlich geregelten Fällen (§§ 49, 119, 247 FamFG, vormals § 1615o BGB) kommt sie auch bei Lohn-, Gehalts-, Renten- und Schmerzensgeldzahlungen in Betracht, wenn der Gläubiger dringend auf sie angewiesen ist.[286] Bejaht wurde sie so z.B. bei einmaligen Arzt- oder Kurkosten[287] sowie bei Abschlagszahlungen auf Vertragserfüllung zur Abwendung des Insolvenzverfahrens.[288] Schließlich ist sie auch im Rahmen von Versicherungsleistungen bejaht worden.[289]

bb) Vornahme einer sonstigen Handlung

166 Hauptanwendungsfall der Leistungsverfügung, die auf die Vornahme einer Handlung gerichtet ist, ist die presserechtliche **Gegendarstellung**, soweit nicht spezialgesetzliche Regelungen in den Landespressegesetzen vorhanden sind.[290]

cc) Unterlassung

167 Für Unterlassungsverfügungen besteht besonders im Wettbewerbsrecht ein Bedürfnis, da sich speziell bei unlauteren Werbekampagnen der Konkurrenz ein Schaden nachträg-

---

281 Musielak/Voit/*Huber*, § 940 Rn 13.
282 MüKo-ZPO/*Drescher*, § 938 Rn 13.
283 MüKo-ZPO/*Drescher*, § 938 Rn 10.
284 OLG Frankfurt a.M. v. 2.12.2015 – 5 W 35/15.
285 OLG Jena v. 8.3.2012 – 4 W 101/12.
286 OLG Düsseldorf JR 1970, 143; Zöller/*Vollkommer*, § 940 Rn 6.
287 OLG Köln MDR 1959, 398; KG NJW 1969, 2019.
288 OLG Rostock MDR 1996, 1183.
289 OLG Jena OLGR Jena 2009, 131; OLG Bremen NJW-RR 2012, 1177.
290 Eingehend *Schuschke/Walker*, Anh. zu § 935 Rn 21.

lich nur schwer beziffern lässt und der Geschädigte dieses Risiko nicht tragen soll. Anwendung findet die Unterlassungsverfügung darüber hinaus im Arbeitsrecht und zum allgemeinen Schutz der Persönlichkeit.[291]

dd) Herausgabe

Einstweilen durchgesetzt werden können Herausgabeansprüche, wenn der Antragsteller auf die sofortige Verfügbarkeit im Sinne einer tatsächlichen Zugriffsmöglichkeit angewiesen ist. Dazu zählen insbesondere Besitzschutzansprüche, wobei sich die erforderliche Eilbedürftigkeit hier bereits aus dem possessorischen Charakter dieser Regelungen ergibt.[292]

168

ee) Abgabe einer Willenserklärung

Ob die Abgabe einer Willenserklärung Gegenstand einer Leistungsverfügung sein kann, wird uneinheitlich beurteilt, weil die Abgabe einer Willenserklärung oft einen endgültigen Zustand schafft. Da durch die Eilanordnung die Hauptsache nicht vorweggenommen werden darf, wird – von den Fällen des § 885 BGB (Vormerkung) und § 889 BGB (Widerspruch) abgesehen – zum Teil die Zulässigkeit der Verpflichtung zur Abgabe einer Willenserklärung im Wege der Befriedigungsverfügung verneint[293] bzw. auf Nebenpflichten beschränkt, die der Sicherung der Hauptpflicht dienen.[294] Die Gegenauffassung hält eine Leistungsverfügung auch in diesem Fall für zulässig, jedenfalls dann, wenn sie dringend geboten ist.[295] Der Widerruf ehrenrühriger Behauptungen kann nicht mittels einstweiliger Verfügungen durchgesetzt werden.[296]

169

ff) Auskunftsansprüche

Eine einstweilige Verfügung, die auf Erteilung einer Auskunft gerichtet ist, führt in der Regel zu einer vollständigen Befriedigung des Gläubigers und wird deshalb nahezu allgemein abgelehnt.[297] Eine Ausnahme wird bei existenzieller Bedeutung zugelassen.[298] Dabei kann sich die existenzielle Bedeutung auch aus dem Anspruch auf die Hauptleistung ergeben, dem der Auskunftsanspruch dienen soll. So hat der Gesellschafter eines geschlossenen Immobilienfonds gegen den Treuhänder, der alle Gesellschaftsanteile verwaltet, jedenfalls in einer außergewöhnlichen (Krisen-)Situation der Gesellschaft einen Anspruch auf Herausgabe der Daten der Mitgesellschafter aus § 666 BGB i.V.m. dem Treuhandvertrag. Dieser Anspruch kann mittels einstweiliger Verfügung durchgesetzt werden.[299]

170

---

291 MüKo-ZPO/*Drescher*, § 938 Rn 30 ff.; Muster unter Rdn 303.
292 OLG Hamm NJW-RR 1991, 1526; vgl. dazu allg. Bornhorst, WM 1998, 1668; *Saenger*, JZ 1999, 970; MüKo-ZPO/*Drescher*, § 938 Rn 24 f.
293 OLG Stuttgart NJW 1973, 908; Musielak/Voit/*Huber*, § 940 Rn 26; *Schellhammer*, Rn 1953.
294 MüKo-ZPO/*Drescher*, § 938 Rn 43.
295 OLG Köln NJW-RR 1997, 59, 60; OLG Frankfurt/M. MDR 1954, 686.
296 *Schellhammer*, Rn 1952.
297 OLG Hamburg GRUR-RR 2007, 29; OLG Rostock OLGR 2001, 32; OLG Hamm NJW-RR 1992, 640; KG GRUR 1988, 403; Musielak/Voit/*Huber*, § 940 Rn 18.
298 OLG Karlsruhe NJW 1984, 1905, 1906.
299 LG Berlin NZG 2001, 375.

171 Darüber hinaus können Auskunftsansprüche mittels einstweiliger Verfügung verfolgt werden, wenn hierfür eine besondere gesetzliche Regelung besteht. Dies ist z.B. der Fall bei § 19 Abs. 7 MarkenG, § 140b Abs. 7 PatG, § 24b Abs. 7 GebrMG, § 101a Abs. 3 UrhG, § 46 Abs. 7 DesignG.

gg) Räumung

172 § 940a ZPO lässt in bestimmten Fällen – namentlich bei verbotener Eigenmacht oder bei konkreter Gefahr für Leib oder Leben – aufgrund einer einstweiligen Verfügung die Räumung von Wohnraum zu. Die Regelung, die einen Fall der Leistungsverfügung darstellt,[300] ist eine Ausnahmevorschrift, die dem Gläubiger effektiven Rechtsschutz bieten soll, der gefährdet sein könnte, wenn durch längeres Weiterwohnen in der Wohnung sich die rechtswidrige Lage weiter verfestigt oder der Gläubiger in anderen Rechtsgütern bedroht wird.[301]

5. Zuständigkeit

173 Sachlich und örtlich ausschließlich zuständig ist für den Erlass der einstweiligen Verfügung neben dem Gericht der Hauptsache (§§ 937, 943, 802 ZPO) in dringenden Fällen auch das Amtsgericht, in dessen Bezirk sich der Streitgegenstand befindet (§ 942 ZPO). Ein dringender Fall ist anzunehmen, wenn der Antragsteller durch die Anrufung des zuständigen Gerichts der Hauptsache einen nicht hinnehmbaren Rechtsverlust erleiden würde, der durch die dann eintretende zeitliche Verzögerung entstehen würde.[302]

174 *Hinweis*

Sofern mittels einstweiliger Verfügung eine Vormerkung bzw. ein Widerspruch gegen die Richtigkeit des Grundbuchs, des Schiffs- oder des Schiffsbauregisters eingetragen werden soll, eröffnet sich eine alternative Zuständigkeit des Amtsgerichts des belegenen Grundstücks, des Heimathafens oder Heimatortes des Schiffes oder des Bauortes des Schiffsbauwerks, und zwar selbst dann, wenn der Fall nicht für dringlich erachtet wird (§ 942 Abs. 2 S. 1 ZPO).

175 Eine besondere Zuständigkeitsregelung enthält § 14 Abs. 2 S. 1 UWG, wonach für Klagen des unmittelbar Verletzten wahlweise auch der Begehungsort als Gerichtsstand in Betracht kommt.[303] § 14 Abs. 2 UWG gilt mittelbar auch für einstweilige Verfügungen, wie sich aus § 937 ZPO ergibt (Zuständigkeit des Gerichts der Hauptsache für einstweilige Verfügungen). Begehungsort ist bei Wettbewerbsverstößen, die via Internet oder Fernsehen begangen werden, jeder Ort, an dem die wettbewerbswidrige Werbung bestimmungsgemäß abgerufen werden kann.[304] Eine einstweilige Verfügung kann dann praktisch bei jedem ordentlichen deutschen Gericht beantragt werden, soweit es auch

---

[300] Vgl. Zöller/*Vollkommer*, § 940a Rn 6.
[301] Saenger/*Kemper*, § 940a Rn 1; siehe auch *Börstinghaus*, NJW 2014, 2225; *Fleindl*, ZMR 2014, 938.
[302] Zöller/*Vollkommer*, § 942 Rn 1; siehe auch OLG Karlsruhe NJW-RR 1987, 1206.
[303] Köhler/Bornkamm/Feddersen/*Köhler/Feddersen*, § 14 Rn 13.
[304] Köhler/Bornkamm/Feddersen/*Köhler/Feddersen*, § 14 Rn 16.

sachlich zuständig ist. Insbesondere in diesem Fall bietet sich für den Antragsgegner die Nutzung des bundesweiten Schutzschriftenregisters (https://schutzschriftenregister.hessen.de) an.[305]

Hinweis 176

Die internationale Zuständigkeit folgt wie im Falle des Arrestes grundsätzlich der örtlichen.[306]

6. Verfügungsgesuch

Weil die Leistungsverfügung infolge der vorläufigen Befriedigung einem Leistungsurteil 177 gleichkommt, muss zumindest das Gesuch, das auf Erlass einer entsprechenden Eilanordnung gerichtet ist, einen bestimmten Antrag nach § 253 Abs. 2 Nr. 2 ZPO aufweisen.[307]

a) Verfügungsanspruch

Der Antragsteller muss wie im Rahmen des Arrestes den Verfügungsanspruch bezeichnen 178 und die zugrundeliegenden tatsächlichen Voraussetzungen glaubhaft machen.[308] Insoweit gelten keine Besonderheiten gegenüber den Anforderungen zur Glaubhaftmachung des Arrestanspruchs.

b) Verfügungsgrund

Darüber hinaus muss der Verfügungsgrund mit den herkömmlichen Mitteln glaubhaft 179 gemacht werden,[309] also möglichst mit Urkunden oder eidesstattlichen Versicherungen von Zeugen. Das Angebot einer mündlichen Zeugenaussage ist bei dem Antrag auf Erlass einer einstweiligen Verfügung ein untaugliches Mittel, weil sie dazu führen kann, dass keine Beschlussverfügung ergeht, sondern mündliche Verhandlung anberaumt wird.

Hinweis 180

§ 12 Abs. 2 UWG enthält eine Sonderbestimmung zum Verfügungsgrund. Danach können zur Sicherung der in diesem Gesetz bezeichneten Ansprüche auf Unterlassung einstweilige Verfügungen erlassen werden, auch wenn die in den §§ 935, 940 ZPO bezeichneten Voraussetzungen nicht zutreffen. Die Vorschrift befreit den Antragsteller im Verfügungsverfahren lediglich von der sonst bestehenden Verpflichtung, auch den Verfügungsgrund darzulegen und ggf. glaubhaft zu machen. Insoweit begründet § 12 Abs. 2 eine widerlegliche tatsächliche Vermutung der Dringlichkeit.[310] Der Antragsgegner muss darlegen und glaubhaft machen, dass der Verfügungsgrund nicht vorliegt. Probleme entstehen hier, wenn der Antragsgegner nicht weiß, seit wann der

---

305 Siehe Rdn 19 ff.
306 OLG Stuttgart RIW 2001, 228.
307 *Teplitzky*, JuS 1981, 124.
308 MüKo-ZPO/*Drescher*, § 935 Rn 12 ff.
309 MüKo-ZPO/*Drescher*, § 935 Rn 21 ff.
310 BGH GRUR 2000, 151, 152; KG GRUR-RR 2015, 181, 182.

Antragsteller die die Verfügung begründenden Umstände kennt.[311] Kann er nicht glaubhaft machen, dass der Antragsteller bereits seit einer mehr als ausreichenden Zeit Kenntnis hat, bleibt es bei der tatsächlichen Vermutung, dass ein Verfügungsgrund besteht.

§ 12 Abs. 2 UWG gilt unmittelbar nur für Unterlassungsansprüche nach UWG. Ob und inwieweit sie auch für Unterlassungsansprüche aufgrund anderer Gesetze analog anzuwenden sind, ist umstritten.[312]

Ausdrücklich ist ihre entsprechende Anwendbarkeit nur in § 5 UKlaG angeordnet.

Wie lang die Frist zwischen Kenntniserlangung vom Rechtsverstoß bis zum Antrag auf Erlass der Verfügung sein darf, ist grundsätzlich Frage des Einzelfalls. Die Rechtsprechung dazu ist sehr uneinheitlich und reicht von einem Monat bis zu sechs Monaten.[313] Die Dringlichkeit kann jedoch auch noch im Verfügungsverfahren entfallen. Es gibt zahlreiche „Tricks", wie die Dringlichkeit durch Verfahrensverzögerung nachträglich entfallen kann.[314] Das Ausnutzen der Rechtsmittelfristen führt noch nicht zum Wegfall der Dringlichkeit, da diese Fristen ansonsten ausgehöhlt würden.[315] Entsprechendes muss für Verzögerungen zumindest für ernsthafte Vergleichsgespräche gelten. Im Übrigen hängt es von einer Einzelfallbewertung ab, wie sich Anträge auf Schriftsatzfrist, Verlängerung der Frist zur Berufungsbegründung und die Ausnutzung dieser Frist oder Anträge auf Vertagung und das Einverständnis des Antragstellers mit der Vertagungsbitte des Gegners auswirken.[316]

181 Bei der Sicherungsverfügung liegt der Verfügungsgrund in der objektiven Besorgnis, dass durch eine Veränderung des bestehenden Zustandes der Individualanspruch vereitelt oder wesentlich erschwert werden könnte (§ 935 ZPO). Darauf muss sich die Glaubhaftmachung beziehen.[317]

182 Da auch die Leistungsverfügung auf einer summarischen Prüfung beruht und aufgrund ihrer Befriedigungsfunktion zumindest die Gefahr einer endgültigen Entscheidung besteht, werden an die Glaubhaftmachung des Verfügungsgrundes erhöhte Anforderungen gestellt.[318]

7. Mündliche Verhandlung

183 § 937 Abs. 2 ZPO geht im Rahmen von einstweiligen Verfügungsverfahren zwar vom Grundsatz einer mündlichen Verhandlung aus. Die Entscheidung ohne mündliche Ver-

---

311 Köhler/Bornkamm/Feddersen/*Köhler*, § 12 Rn 3.13.
312 Köhler/Bornkamm/Feddersen/*Köhler*, § 12 Rn 3.14.
313 Vgl. im einzelnen Köhler/Bornkamm/Feddersen/*Köhler*, § 12 Rn 3.15b.
314 *Traub*, GRUR 1996, 709 ff. m.w.N. zur Rechtsprechung.
315 Str., so aber KG WRP 2010, 129, 136; OLG Hamburg GRUR-RR 2018, 27, 29.
316 Köhler/Bornkamm/Feddersen/*Köhler*, § 12 Rn 3.16.
317 MüKo-ZPO/*Drescher*, § 935 Rn 15 ff.
318 OLG Rostock OLGR 2001, 560, 562.

handlung ist aber auch hier die Regel. Die besondere Dringlichkeit dafür muss gesondert glaubhaft gemacht werden.[319]

> *Beispiel* 184
>
> § 12 Abs. 2 UWG stellt keinen hinreichenden Grund für eine besondere Dringlichkeit dar.[320] Besondere Dringlichkeit kann aber vorliegen, wenn der Zweck der einstweiligen Verfügung gerade den Überraschungseffekt der Beschlussverfügung fordert.[321]

Eine weitere Besonderheit ergibt sich aus § 942 ZPO, wenn eine einstweilige Verfügung bei einem Amtsgericht beantragt wird, in dessen Bezirk sich der Streitgegenstand befindet. Nach § 942 Abs. 1 ZPO kann das Gericht dem Gläubiger eine Frist setzen, innerhalb der er die Ladung des Schuldners zur mündlichen Verhandlung über die Rechtmäßigkeit der einstweiligen Verfügung beim Gericht der Hauptsache zu beantragen hat. Nach § 942 Abs. 2 ZPO kann das Gericht bei einer einstweiligen Verfügung, aufgrund der im Grundbuch eine Vormerkung oder ein Widerspruch eingetragen werden soll, auch ohne besondere Dringlichkeit dem Gläubiger eine Frist setzen wie nach § 942 Abs. 1 ZPO. Kommt der Gläubiger der Fristsetzung nicht nach, ist die Verfügung – sofern sie erlassen wurde – nach § 942 Abs. 3 ZPO aufzuheben. 185

8. Vollziehung der einstweiligen Verfügung

Zur fristwahrenden Vollziehung einer einstweiligen Verfügung ist im Regelfall die Zustellung im Parteibetrieb erforderlich.[322] Das gilt für die Beschluss- und für die Urteilsverfügung.[323] Die Regelungsverfügung muss die Androhung des Ordnungsmittels nach § 890 Abs. 2 ZPO enthalten.[324] Ist durch die einstweilige Verfügung eine einmalige Geldleistung angeordnet worden, so wird sie durch den rechtzeitigen Antrag des Gläubigers beim zuständigen Vollstreckungsorgan vollzogen. Insoweit ist eine Parteizustellung entbehrlich.[325] 186

Nur ausnahmsweise kann die Vollziehung einer einstweiligen Verfügung im Wege der Amtszustellung erfolgen, wenn die Verfügung mit Strafandrohung nach § 890 Abs. 2 ZPO ausreichend ist. Dies ist der Fall, wenn aufgrund konkreter Umstände am Willen des Antragstellers, seinen Anspruch durchzusetzen, kein Zweifel bestehen kann und eine zusätzliche Parteizustellung eine bloße Formalität wäre.[326] 187

> *Beispiel* 188
>
> Eine nach der Verfügung zu duldende Handlung nimmt der Gläubiger noch innerhalb der Vollziehungsfrist vor.

---

319 MüKo-ZPO/*Drescher*, § 937 Rn 6.
320 Zöller/*Vollkommer*, § 937 Rn 2 m.w.N.
321 OLG Karlsruhe NJW-RR 1987, 1206.
322 BGH NJW 1993, 1077; OLG Frankfurt NJW-RR 2000, 1236; Muster unter Rdn 308.
323 BGH NJW 1993, 1077; Zöller/*Vollkommer*, § 929 Rn 12 m.w.N.
324 Zöller/*Vollkommer*, § 929 Rn 18.
325 Zöller/*Vollkommer*, § 929 Rn 19a.
326 OLG Stuttgart NJW-RR 1998, 622.

189 *Tipp*

Um nicht Gefahr zu laufen, die Vollziehungsfrist nicht einzuhalten, sollten Arrest und einstweilige Verfügung stets im Parteibetrieb zugestellt werden.[327]

9. Rechtsbehelfe

190 Es sind dieselben Rechtsbehelfe statthaft wie gegen Arreste.[328] Ausnahmsweise, nämlich bei Vorliegen besonderer Umstände, kann gem. § 939 ZPO die Aufhebung einer einstweiligen Verfügung gegen Sicherheitsleistung gestattet werden.

191 Besonderheiten ergeben sich bei der einstweiligen Verfügung im Hinblick auf den Rechtsbehelf nach § 926 ZPO. Das gilt insbesondere, wenn die einstweilige Verfügung **Unterlassungsansprüche** sichert. Stellt der Antragsgegner den Antrag nach § 926 ZPO, dem Antragsteller eine Frist zur Erhebung der Hauptsacheklage zu setzen, muss der Antragsteller prüfen, ob er noch eine begründete Hauptsacheklage erheben kann. Nicht immer lässt sich ohne Weiteres feststellen, ob der Anspruch noch besteht und in einem Hauptsacheverfahren mit Erfolgsaussicht tituliert werden kann.

192 Regelmäßig muss bei Unterlassungsansprüchen – seien sie deliktischer, wettbewerbsrechtlicher oder sonstiger Art – eine Wiederholungsgefahr bestehen.[329] Wiederholungsgefahr liegt vor, wenn eine Wiederholung des wettbewerbswidrigen oder rechtswidrigen Verhaltens ernsthaft und greifbar zu befürchten ist. Ist bereits ein Rechtsverstoß erfolgt, spricht eine tatsächliche Vermutung für das Fortbestehen der Wiederholungsgefahr.[330]

193 *Hinweis*

Grundsätzlich und besonders im Wettbewerbsrecht ist die Vermutung des Fortbestehens der Wiederholungsgefahr nur durch die Abgabe einer strafbewehrten Unterlassungserklärung widerlegbar.[331]

194 An die Widerlegung der Wiederholungsgefahr durch den Schuldner sind im Übrigen hohe Anforderungen zu stellen.[332] Fordert beispielsweise der Antragsteller den Antragsgegner nach Erlass und Vollziehung der einstweiligen Verfügung nicht zur Abgabe einer Abschlusserklärung auf und erhebt er auch für einen längeren Zeitraum keine Hauptsacheklage, so kann allein durch Zeitablauf die Gefahr entfallen, dass der Antragsgegner die Rechtsverletzung wiederholt. Dies gilt insbesondere, wenn sich der Antragsgegner – auch in Ansehung der einstweiligen Verfügung – über mehrere Monate wohl verhält. Stellt der Antragsgegner dann dennoch den Antrag nach § 926 Abs. 1 ZPO, dem Antragsteller aufzugeben, binnen einer zu bestimmenden Frist Klage zu erheben, ist das

---

327 Vgl. dazu auch oben § 10 Rdn 292 ff.
328 Zöller/*Vollkommer*, § 924 Rn 13; Muster unter Rdn 311.
329 MüKo-BGB/*Baldus*, § 1004 Rn 289 ff.
330 *Münzberg*, JZ 1967, 689, 690.
331 MüKo-BGB/*Baldus*, § 1004 Rn 291.
332 BGH NJW 1999, 356.

Rechtsschutzbedürfnis fraglich. Dieses fehlt gerade bei einem Unterlassungsanspruch, wenn wegen Zeitablaufs die Wiederholungsgefahr entfallen ist.[333]

Hinweis 195

Setzt das Gericht dem Gläubiger, der die einstweilige Verfügung erwirkt hatte, trotz Wegfalls der Wiederholungsgefahr eine Frist, innerhalb der er Klage erheben muss, darf der Gläubiger dennoch keine Hauptsacheklage erheben. Diese wäre von vornherein unbegründet. Dabei kann er selbstverständlich nicht mit dem Argument gehört werden, er sei vom Antragsgegner und vom Gericht zur Erhebung der Hauptsacheklage gedrängt worden. Gegen eine zu Unrecht zur Erhebung der Hauptsacheklage gesetzte Frist kann der Gläubiger nur eine befristete Erinnerung nach §§ 11 Abs. 2 S. 1, 20 Abs. 1 Nr. 14 RPflG einlegen. Darüber hinaus kann er später im Aufhebungsverfahren gem. § 926 Abs. 2 ZPO inzident rügen, dass das Rechtsschutzbedürfnis für den Antrag auf Fristsetzung nach § 926 Abs. 1 ZPO mangels Wiederholungsgefahr fehle.[334] Hat sich der Verfügungsgläubiger jedoch erst in das Hauptsacheverfahren „locken" lassen, sind ihm die genannten Rechtsschutzmöglichkeiten abgeschnitten.

Setzt das Gericht dem Verfügungsgläubiger gem. § 926 Abs. 1 ZPO eine Frist zur Erhebung der Hauptsacheklage, muss dieser zur Vermeidung irreparabler Nachteile prüfen, ob die Hauptsacheklage Aussicht auf Erfolg hat. 196

Tipp 197

Grundsätzlich sollte der Gläubiger daher so schnell wie möglich seine Rechte aus der einstweiligen Verfügung durch Vereinbarung mit dem Schuldner sichern. Wenn dies nicht gelingt, sollte er möglichst bald die Hauptsacheklage erheben.

Wird die Klage abgewiesen, weil der in der Hauptsache verfolgte Anspruch nicht mehr besteht oder nicht mehr bewiesen werden kann, hat dies zwar keinen unmittelbaren Einfluss auf den Bestand der einstweiligen Verfügung. Der Verfügungsschuldner kann aber wegen veränderter Umstände nach § 927 Abs. 1 ZPO vorgehen. 198

10. Abschlussschreiben

Reagiert der Antragsgegner nach Zustellung des Titels nicht mit Rechtsbehelfen, besteht grundsätzlich die Aussicht, dass er den vorläufigen Titel als endgültigen Titel anerkennen will, wodurch weitere Auseinandersetzungen mit dem Antragsteller vermieden werden können. Wird der Antragsteller nicht initiativ, läuft er Gefahr, dass sein Arrest- bzw. Verfügungsanspruch zwischenzeitlich verjährt. Er muss daher vermeiden, dass der Antragsgegner nach Ablauf von sechs Monaten Widerspruch einlegen und die Verjährungseinrede erheben kann. Er muss so schnell wie möglich Klarheit darüber erlangen, ob er 199

---

333 BGH NJW 1974, 503; Zöller/*Vollkommer*, § 926 Rn 12.
334 BGH NJW-RR 1987, 683.

zur weiteren Hemmung der Verjährung Klage zur Hauptsache erheben muss. Dem dient das sogenannte Abschlussschreiben.[335]

200 *Achtung!*

Die Verjährung wird zwar gem. § 204 Abs. 1 Nr. 9 BGB auch durch die Zustellung eines Antrags auf Erlass eines Arrests, einer einstweiligen Verfügung und einer einstweiligen Anordnung, bzw. – wenn der Antrag nicht zugestellt wird – durch dessen Einreichung gehemmt, wenn der Arrestbefehl, die einstweilige Verfügung oder die einstweilige Anordnung innerhalb eines Monats seit Verkündung oder Zustellung an den Gläubiger des Schuldners zugestellt wird. Damit ist die Verjährungsproblematik jedoch nicht entschärft. Die durch die Zustellung des Antrags eingetretene Hemmung der Verjährung endet gem. § 204 Abs. 2 S. 1 BGB sechs Monate nach der rechtskräftigen Entscheidung oder anderweitigen Beendigung des eingeleiteten Verfahrens. Wird kein Widerspruch gem. § 924 ZPO eingelegt, endet das Verfahren mit dem Erlass des Arrests oder der einstweiligen Verfügung. Die anschließenden Vollstreckungsmaßnahmen gehören nicht mehr zum Arrest- bzw. zum Verfügungsverfahren. Sie führen gem. § 212 Abs. 1 Nr. 2 BGB nur dann zum Neubeginn der Verjährung, wenn die Verjährung nicht inzwischen eingetreten ist. Besonders bei Unterlassungs- oder Schadensersatzansprüchen nach UWG besteht daher die Gefahr der Verjährung. Diese Ansprüche verjähren gem. § 11 Abs. 1, 2 UWG in sechs Monaten von dem Zeitpunkt an, in dem der Anspruch entstanden ist und der Anspruchsberechtigte von der Handlung und von der Person des Verpflichteten Kenntnis erlangt oder ohne grobe Fahrlässigkeit erlangen müsste.

201 Neben der Funktion, die Verjährungsproblematik zu entschärfen, ist das Abschlussschreiben eine weitere vorprozessuale Abmahnung vor Erhebung der Hauptsacheklage. Erhebt der Antragsteller Hauptsacheklage ohne **vorherige Aufforderung des Antragsgegners, den vorläufigen Titel als endgültig anzuerkennen**, kann der Antragsgegner in der ersten mündlichen Verhandlung den geltend gemachten Anspruch anerkennen. Der Antragsteller läuft Gefahr, dass ihm die Kosten des Rechtsstreits nach §§ 93 ff. ZPO auferlegt werden.[336] Das gilt auch, wenn der Gläubiger den Schuldner vor dem Antrag auf Erlass des Arrests bereits abgemahnt hatte,[337] nicht aber, wenn der Schuldner gegen den Arrest Widerspruch oder Berufung eingelegt hat.[338]

202 Um nicht zur Verjährungshemmung Hauptsacheklage mit dem Risiko der Kostentragung bei sofortigem Anerkenntnis erheben zu müssen, können die Parteien durch Prozessvertrag die im vorläufigen Rechtsschutz ergangene Entscheidung als endgültige Entscheidung fassen.[339] Vor allem im Wettbewerbsprozess wird diese Verzichtswirkung durch

---

335 Zum Begriff und zur Funktion des Abschlussschreibens siehe Harte-Bavendamm/Henning-Bodewig/*Retzer*, § 12 Rn 634 ff.; Muster unter Rdn 309.
336 Zöller/*Herget*, § 93 Rn 6 „Wettbewerbsstreitigkeiten"; Harte-Bavendamm/Henning-Bodewig/*Retzer*, § 12 Rn 652.
337 OLG Hamm WRP 1986, 112.
338 OLG Hamm GRUR 1991, 336.
339 OLG Koblenz GRUR 1986, 95; Zöller/*Vollkommer*, § 926 Rn 4.

ein Abschlussschreiben des Antragstellers und eine korrespondierende Abschlusserklärung des Antragsgegners erreicht.[340] Das Instrument des Abschlussschreibens und der Abschlusserklärung ist jedoch nicht auf den Wettbewerbsprozess beschränkt, sondern gilt **allgemein für Arrest- und Verfügungsverfahren**.[341]

Mit dem Abschlussschreiben fordert der Antragsteller den Antragsgegner nach Erlass der einzelnen Verfügung bzw. des Arrests auf, auf alle Rechtsbehelfe gegen den Titel zu verzichten. Das vollständige Abschlussschreiben enthält die Aufforderung an den Antragsgegner, auf die Einlegung des Widerspruchs nach § 924 ZPO bzw. bei einer Entscheidung durch Urteil auf die Einlegung der Berufung und auf die Rechte aus §§ 926, 927 ZPO zu verzichten und die verlangte Abschlusserklärung innerhalb einer bestimmten angemessenen Frist abzugeben. Es kann auch schlicht verlangt werden, den Titel nach Bestandskraft und Wirkung wie einen entsprechenden gleichwertigen Hauptsachetitel anzuerkennen.

Tipp

Ein Abschlussschreiben sollte die Aufforderung an den Antragsgegner enthalten, nachträglich auf die Geltendmachung der Einrede der Verjährung zu verzichten. Diese Forderung ist durch den Zweck der Abschlusserklärung legitimiert. Dadurch soll der Gläubiger so gestellt werden, wie er mit einem rechtskräftigen Titel in der Hauptsache stünde.[342] Einen darauf gerichteten Anspruch hat der Gläubiger jedoch nicht.

Hinweis

Es ist nicht erforderlich, dass der Gläubiger den Schuldner auffordert, auch auf Schadensersatzansprüche nach § 945 ZPO zu verzichten. Bei Abgabe der Abschlusserklärung kann die Voraussetzung für den Schadensersatzanspruch nicht mehr eintreten, dass sich der Arrest oder die einstweilige Verfügung als von Anfang an unberechtigt erweist.

Da das Abschlussverfahren keine Fortsetzung des Eilrechtsverfahrens darstellt, kann der Antragsteller die **Kosten des Abschlussschreibens** nicht aufgrund der Kostengrundentscheidung des Verfügungsverfahrens erstattet verlangen.[343] Wird kein Hauptsacheverfahren durchgeführt, kann der Antragsteller die Kosten des Abschreibens nur auf einen Schadensersatzanspruch[344] oder auf einen Anspruch nach den Grundsätzen der Geschäftsführung ohne Auftrag[345] stützen.

---

340 Zöller/*Vollkommer*, § 926 Rn 4.
341 Vgl. Zöller/*Vollkommer*, § 924 Rn 9, § 926 Rn 4.
342 KG WRP 1998, 71, 72.
343 BGH GRUR 1973, 384, 385; BGH WRP 2008, 805; BGH WRP 2009, 744.
344 BGH GRUR-RR 2008, 368.
345 BGH GRUR 2012, 730.

207 *Tipp*

Will der Antragsgegner die gegen ihn ergangene einstweilige Verfügung anerkennen und ist er grundsätzlich bereit, eine Abschlusserklärung abzugeben, sollte er nach Zustellung der einstweiligen Verfügung und noch vor Ablauf der Wartefrist für das Abschlussschreiben die Abschlusserklärung so vollständig, wie es der Antragsteller verlangen könnte, abgeben. Er wird dann nicht mit den Kosten für das Abschlussschreiben belastet.

208 *Hinweis*

Der Antragsteller sollte nach der Zustellung der Beschlussverfügung an den Antragsgegner eine angemessene Zeit verstreichen lassen, bevor er das Abschlussschreiben dem Antragsgegner zustellt. Wie lange der Antragsteller warten muss, wird in der Rechtsprechung unterschiedlich beurteilt. Die Auffassungen schwanken zwischen 14 Tagen und einem Monat.[346] Maßgebend sind jedoch stets die Verhältnisse des Einzelfalls, wonach die Frist unter Abwägung der beteiligten Interessen bestimmt werden muss.[347] Richtet der Antragsteller das Abschlussschreiben vor Ablauf dieser Frist an den Antragsgegner und gibt dieser die in dem Abschlussschreiben geforderten Erklärungen noch vor Ablauf der Wartefrist ab, hat der Antragsteller die Kosten des Abschlussschreibens selbst zu tragen.[348] Dasselbe gilt, wenn der Schuldner sich bereits vor Übersendung des Abschlussschreibens gegenüber dem Gläubiger oder einem Dritten wegen des betreffenden Rechtsverstoßes unterworfen hat.[349]

209 Ob der Antragsteller, der sich zur Abfassung des Abschlussschreibens eines Rechtsanwalts bedient, dessen Kosten vom Antragsgegner verlangen kann, ist umstritten.[350]

11. Abschluss- und strafbewehrte Unterlassungserklärung als Reaktion auf das Abschlussschreiben

210 Die **Reaktion des Antragsgegners auf das Abschlussschreiben** kann zunächst eine deckungsgleiche Abschlusserklärung sein.[351] Nach allgemeiner Auffassung muss diese Erklärung wegen der vorrangigen Interessen des Antragstellers **schriftlich** abgegeben werden,[352] wobei eine entsprechende Erklärung zu Protokoll des Gerichts ausreichend ist.[353] Mündliche Erklärungen oder Erklärung per Telefax genügen dagegen nicht.[354]

211 Um das Rechtsschutzinteresse des Antragstellers an einer Hauptsacheklage entfallen zu lassen, muss der Antragsgegner in der Abschlusserklärung auf sämtliche Rechtsbehelfe

---

346 Zum Streitstand: Klevemann/*Henßler*, § 18 Rn 119.
347 *Melullis*, Rn 750.
348 OLG Köln GRUR 1986, 96; *Melullis*, Rn 750.
349 *Schuschke/Walker*, Anh. zu § 935 Rn 21.
350 Dafür: BGH GRUR 1973, 384 f.; *Speckmann*, Rn 1756; a.A.: OLG Köln WRP 2000, 226, 229.
351 Muster unter Rdn 310.
352 KG GRUR 1991, 258; Harte-Bavendamm/Henning-Bodewig/*Retzer*, § 12 Rn 645.
353 Harte-Bavendamm/Henning-Bodewig/*Retzer*, § 12 Rn 645.
354 Harte-Bavendamm/Henning-Bodewig/*Retzer*, § 12 Rn 645.

gegen die Verfügung verzichten.³⁵⁵ Der Verzicht muss bedingungslos sein; die Verfügung ist vorbehaltlos anzuerkennen.³⁵⁶ Macht der Schuldner den endgültigen Bestand der Abschlusserklärung vom Ausgang eines Parallelprozesses abhängig, entfällt das Rechtsschutzbedürfnis des Gläubigers zur Erhebung der Hauptsacheklage nicht.³⁵⁷ Das Rechtsschutzbedürfnis für eine Hauptsacheklage bleibt auch dann bestehen, wenn der Antragsgegner – was häufig vorkommt – im Hinblick auf § 927 ZPO den Verzicht nicht auf Umstände erstreckt, die nach Abgabe der Abschlusserklärung tatsächlich vorliegen.³⁵⁸ Ein Wirtschaftsprüfervorbehalt im Hinblick auf die vom Gläubiger geforderte Auskunft über Adressaten etwa einer wettbewerbswidrigen Äußerung des Schuldners schadet dem Schuldner jedoch nicht.

In **prozessualer Hinsicht** bewirkt die auf ein vollständiges Abschlussschreiben bezogene deckungsgleiche Abschlusserklärung, dass der Arrest dem Antragsteller dieselbe Sicherheit bietet wie ein rechtskräftiges Hauptsacheurteil, sodass für ihn das Rechtsschutzinteresse für eine Klage zur Hauptsache entfällt.³⁵⁹ **212**

In **materieller Hinsicht** lässt die auf ein vollständiges Abschlussschreiben ergangene deckungsgleiche Abschlusserklärung die Wiederholungsgefahr gegenüber allen Drittgläubigern des Antragsgegners entfallen. Sie kann Drittgläubigern, die den Antragsgegner ebenfalls abmahnen, entgegengehalten werden. Weist der Schuldner diesen Drittgläubigern eine entsprechende Abschlusserklärung nach, können sie von ihm keine weitere Unterwerfungserklärung bzw. gerichtliche Unterlassung verlangen.³⁶⁰ **213**

Weiterhin besteht für den Schuldner die Möglichkeit, das mit dem Abschlussschreiben verbundene Interesse des Gläubigers zu befriedigen, wenn er an Stelle der Abschlusserklärung eine strafbewehrte Unterlassungserklärung abgibt.³⁶¹ **214**

> *Tipp* **215**
> Durch die Abgabe einer strafbewehrten Unterlassungserklärung an Stelle der geforderten Abschlusserklärung stellt sich der Schuldner aber in aller Regel schlechter. Die Unterlassungserklärung ist meist nur dann das probate Mittel, wenn mehrere Gläubiger zeitgleich gegen den Schuldner vorgehen und dieser keine Zeit hat, in einem einzelnen Fall eine Arrestverfügung oder einstweilige Verfügung gegen sich ergehen zu lassen, um diesen Titel auch den übrigen Gläubigern entgegenhalten zu können.³⁶²

---

355 Einzelheiten siehe Harte-Bavendamm/Henning-Bodewig/*Retzer*, § 12 Rn 635 ff.
356 OLG Köln WRP 1998, 791, 794.
357 BGH GRUR 1991, 76 f.
358 OLG Köln WRP 1998, 791, 794.
359 BGH GRUR 1991, 76, 77; BGH GRUR 2010, 855.
360 BGH GRUR 2003, 450, 452; KG WRP 1993, 22, 26; KG WRP 1998, 71, 72; OLG Frankfurt NJWE-WettbR 1996, 280; OLG Hamburg WRP 1995, 240, 241; OLG Hamm NJW-RR 1991, 236; OLG Schleswig MMR 2002, 161, 162; Köhler/Bornkamm/Feddersen/*Köhler*, § 12 Rn 3.77; *Schuschke/Walker*, Anhang C zu § 935 Rn 11.
361 OLG Karlsruhe OLGR 1998, 72; a.A.: OLG Köln WRP 1996, 333, 338.
362 *David*, PA 2003, 56 f.

IX. Spezialregelungen des einstweiligen Rechtsschutzes

216 In bestimmten Bereichen bestehen spezielle Regelungen des vorläufigen Rechtsschutzes, die dem Anwendungsbereich der allgemeinen Regeln zum Arrest und zur einstweiligen Verfügung vorgehen.

1. Einstweilige Anordnungen im Familienrecht

a) Allgemeine Regelungen

217 Bislang war das Verfahren des einstweiligen Rechtsschutzes für das Familienrecht in unterschiedlichen Vorschriften der ZPO und im FFG geregelt. Das zum 1.9.2009 in Kraft getretene FamFG fasst die bislang zersplitterten und unübersichtlichen Regelungen des Familienverfahrensrechts der ZPO und des FGG zusammen.

218 Das FamFG enthält in den §§ 1–110 einheitliche Regeln für Verfahren, einstweiligen Rechtsschutz, für Instanzenzüge und Entscheidungsformen, auf die in den einzelnen weiteren Abschnitten des FamFG Bezug genommen wird.[363] Im Allgemeinen Teil des FamFG enthalten die §§ 49–57 allgemeine Regelungen über einstweilige Anordnungen. Die allgemeine Regelung des § 49 FamFG bestimmt, dass durch einstweilige Anordnung eine vorläufige Maßnahme getroffen werden kann, soweit dies nach den für das Rechtsverhältnis maßgebenden Vorschriften gerechtfertigt ist und ein dringendes Bedürfnis für ein sofortiges Tätigwerden besteht (§ 49 Abs. 1 FamFG). Nach Abs. 2 S. 1 der Vorschrift kann die Maßnahme einen bestehenden Zustand sichern oder vorläufig regeln. Damit ist zum Ausdruck gebracht, dass im Wege der einstweiligen Anordnung nur vorläufige Maßnahmen getroffen werden können. Nach S. 2 der Vorschrift kann auch ein Verfügungsverbot erlassen werden. Voraussetzung für den Erlass einer einstweiligen Anordnung ist – wie auch nach der ZPO – zum einen das Bestehen eines Verfügungsanspruchs.[364] Darüber hinaus muss ein dringendes Bedürfnis für ein sofortiges Tätigwerden vorliegen. Dieser Begriff orientiert sich am Verfügungsgrund im Recht der einstweiligen Verfügung.[365]

b) Familienstreitsachen

219 Darüber hinaus finden sich Sonderregelungen zum einstweiligen Rechtsschutz in den weiteren Abschnitten des FamFG, etwa in § 119 FamFG für sogenannte Familienstreitsachen. Diese sind in § 112 FamFG definiert und umfassen Unterhaltssachen nach § 231 Abs. 1 FamFG, Güterrechtssachen nach § 261 Abs. 1 FamFG, sonstige Familiensachen nach § 266 Abs. 1 FamFG sowie entsprechende Lebenspartnerschaftssachen. § 119 FamFG sieht eine einstweilige Anordnung und den Arrest vor in den in § 112 FamFG definierten Familienstreitsachen und verweist in Abs. 2 auf die für den Arrest geltenden Regelungen der §§ 916–934 und 943–945 ZPO. Damit ist künftig der einstweilige Rechtsschutz für alle Verfahrensgegenstände des Familienrechts einheitlich ausgestaltet.

---

363 Vgl. *Kemper*, S. 29.
364 MüKo-FamFG/*Soyka*, § 49 Rn 4.
365 Musielak/Borth/*Borth/Grandel*, § 49 Rn 3.

Es besteht – im Gegensatz zur Rechtslage nach dem früheren § 644 ZPO – eine Hauptsacheunabhängigkeit für die Familienstreitsachen.[366] Weder in § 119 FamFG noch an anderer Stelle im FamFG wird auf die §§ 935–942 ZPO Bezug genommen. Damit scheidet eine einstweilige Verfügung im Anwendungsbereich des FamFG aus.[367] In Unterhaltssachen wird daher künftig keine einstweilige Verfügung mehr möglich sein.[368]

c) Kindschaftssachen

§ 157 FamFG enthält Regelungen zum einstweiligen Rechtsschutz in Kindschaftssachen. § 157 Abs. 3 FamFG bestimmt etwa, dass das Gericht in den Verfahren nach §§ 1666 und 1666a BGB (gerichtliche Maßnahmen bei Gefährdung des Kindeswohls und Vorrang öffentlicher Hilfen) unverzüglich den Erlass einer einstweiligen Anordnung prüfen muss. Dafür gelten wiederum die allgemeinen Vorschriften, §§ 49 ff. FamFG. 220

d) Gewaltschutzsachen

§§ 210 ff. FamFG enthalten Regelungen zum einstweiligen Rechtsschutz in Gewaltschutzsachen. So sieht § 214 Abs. 1 FamFG vor, dass das Gericht auf Antrag durch einstweilige Anordnung eine vorläufige Regelung nach §§ 1 oder 2 des Gewaltschutzgesetzes treffen kann. Es ist kein Hauptsacheverfahren mehr erforderlich.[369] In diesem Fall besteht eine Abweichung vom bisherigen § 64b Abs. 3 S. 1 FGG. Voraussetzung für die einstweilige Anordnung ist gem. § 214 Abs. 1 S. 2 FamFG ein dringendes Bedürfnis für ein solches Tätigwerden des Gerichts. Die Regelung definiert dieses dringende Bedürfnis dahingehend, dass eine Tat nach § 1 des Gewaltschutzgesetzes begangen wurde oder aufgrund konkreter Umstände mit einer Begehung zu rechnen ist. 221

e) Unterhaltssachen

§§ 246 ff. FamFG enthalten Regelungen zum einstweiligen Rechtsschutz in Unterhaltssachen. Der Begriff der Unterhaltssachen ist in § 231 FamFG definiert. § 246 FamFG regelt die Voraussetzungen, nach denen in Unterhaltssachen eine einstweilige Anordnung erlassen werden kann. Zum einen ist, in Abweichung zu § 49 Abs. 1 FamFG, kein dringendes Bedürfnis zu einem sofortigen Tätigwerden erforderlich, sondern es genügt ein einfaches Regelungsbedürfnis. Darüber hinaus lässt § 246 Abs. 1 FamFG ausnahmsweise eine Leistungsanordnung zu, um dem Unterhaltsberechtigten durch sofortiges Bereitstellen der finanziellen Mittel die materielle Existenz zu sichern.[370] 222

§ 247 FamFG regelt im Weiteren die einstweilige Anordnung für den Unterhalt vor Geburt des Kindes, § 248 FamFG die einstweilige Anordnung bei Feststellung der Vaterschaft. 223

---

366 *Kroiß/Seiler*, Das neue FamFG, S. 78.
367 Musielak/Borth/*Borth/Grandel*, § 119 Rn 1.
368 Vgl. BT-Drs.16/6308, S. 226.
369 *Kemper*, S. 192.
370 Musielak/Borth/*Borth/Grandel*, § 246 Rn 1.

f) Versorgungsausgleichssachen

224 Für den einstweiligen Rechtsschutz gelten in Versorgungsausgleichssachen ausschließlich die §§ 49 ff. FamFG. In Betracht kommt insoweit ein einstweiliger Rechtsschutz in Bezug auf die Ausgleichsrente beim Wertausgleich nach der Scheidung (§ 20 Abs. 1 VersAusglG).[371]

g) Betreuungssachen und Unterbringungssachen

225 §§ 300–302 FamFG enthalten Regelungen zum einstweiligen Rechtsschutz in Betreuungssachen, §§ 331–334 FamFG Regelungen zum einstweiligen Rechtsschutz in Unterbringungssachen.

226 Die Mindestvoraussetzungen für eine einstweilige Anordnung in Betreuungssachen regelt § 300 FamFG. Danach sind dringende Gründe für die Annahme erforderlich, dass die Voraussetzungen für die Bestellung eines Betreuers etc. vorliegen und ein dringendes Bedürfnis für ein sofortiges Tätigwerden besteht. Des Weiteren muss grundsätzlich ein ärztliches Zeugnis über den Zustand des Betroffenen vorliegen und ein Verfahrenspfleger gehört werden. Grundsätzlich ist der Betroffene zuvor persönlich anzuhören. Bei Gefahr in Verzug erlaubt § 301 FamFG davon jedoch eine Abweichung.

227 Gem. § 302 S. 1 FamFG tritt die einstweilige Anordnung grundsätzlich nach sechs Monaten außer Kraft, sofern das Gericht keinen früheren Zeitpunkt bestimmt. Sie kann allerdings jeweils nach Anhörung eines Sachverständigen bis zu einer Gesamtdauer von einem Jahr verlängert werden, § 302 S. 2 FamFG.

228 Unter ähnlichen Voraussetzungen kann gem. § 331 FamFG eine einstweilige Anordnung zur vorläufigen Unterbringung getroffen werden. Bei Gefahr in Verzug erlaubt § 332 FamFG die vorläufige Unterbringung auch ohne Voranhörung des Betroffenen und Voranhörung und Bestellung eines Verfahrenspflegers. Diese Handlungen sind dann allerdings gem. § 332 S. 2 FamFG unverzüglich nachzuholen.

h) Freiheitsentziehungssachen

229 Schließlich sieht § 427 FamFG eine einstweilige Anordnung im Verfahren in Freiheitsentziehungssachen vor, wenn dringende Gründe für die Annahme bestehen, dass die Voraussetzungen für die Anordnung einer Freiheitsentziehung gegeben sind und ein dringendes Bedürfnis für ein sofortiges Tätigwerden besteht. Die vorläufige Freiheitsentziehung darf gem. § 427 Abs. 1 S. 2 FamFG die Dauer von sechs Wochen nicht überschreiten. Nach Abs. 2 der Vorschrift kann das Gericht bei Gefahr in Verzug auch vor der Anhörung des Betroffenen und vor Bestellung und Anhörung eines Verfahrenspflegers entsprechende Maßnahmen erlassen. Danach sind die Verfahrenshandlungen unverzüglich nachzuholen.

---

371 Saenger/*Kemper*, § 217 FamFG, Rn 32; Musielak/Borth/*Borth/Grandel*, § 49 Rn 14.

2. Selbstständiges Beweisverfahren und Zwangsvollstreckungsverfahren

Der einstweilige Rechtsschutz dient nicht zur Abwehr eines Beweismittelverlustes; das Gesetz stellt dafür das insoweit speziellere selbstständige Beweisverfahren (§§ 485 ff. ZPO) zur Verfügung.

230

Eine Spezialität gegenüber den allgemeinen Rechtsinstrumenten des vorläufigen Rechtsschutzes ist auch im nachgeschalteten Bereich der Zwangsvollstreckung nach §§ 707, 719, 769, 770, 771 Abs. 3 und 805 Abs. 4 ZPO anerkannt. Gleiches gilt für das Verfahren der Sicherungsvollstreckung nach § 720a ZPO.

231

3. Vorläufiger Rechtsschutz im Arbeitsgerichtsverfahren

a) Prozessuale Fragen

Im Arbeitsgerichtsverfahren verweisen §§ 62 Abs. 2 S. 1 und 85 Abs. 2 ArbGG für den vorläufigen Rechtsschutz auf die ZPO.

232

Arrestgericht ist das zur Entscheidung in der Hauptsache berufene Arbeitsgericht neben dem Arbeitsgericht, in dessen Bezirk der mit Arrest zu belegende Gegenstand oder die in ihrer persönlichen Freiheit zu beschränkende Person sich befindet, § 919 ZPO. Für den Erlass einer einstweiligen Verfügung ist grundsätzlich das Gericht der Hauptsache zuständige Arbeitsgericht zuständig, §§ 937 Abs. 1, 943 Abs. 1 ZPO. In dringenden Fällen ist gem. § 942 Abs. 1 das Arbeitsgericht der belegenen Sache zuständig und entscheidet unter Fristbestimmung, innerhalb derer die Ladung des Gegners zur mündlichen Verhandlung über die Rechtmäßigkeit der einstweiligen Verfügung beim für die Hauptsache zuständigen Arbeitsgericht zu beantragen ist. Nach wohl herrschender Meinung besteht keine Notzuständigkeit des Amtsgerichts nach § 942 Abs. 1 ZPO.[372]

233

Schiedsgerichte im Arbeitsrecht oder der Ausschuss nach § 111 Abs. 2 ArbGG (Streitigkeiten zwischen Ausbildenden und Auszubildenden) können keine Entscheidungen im einstweiligen Rechtsschutz treffen.[373]

234

In der arbeitsgerichtlichen Praxis wird eine einstweilige Verfügung meist erst nach Durchführung einer mündlichen Verhandlung erlassen, vgl. § 62 Abs. 2 S. 2 ArbGG.

235

Eine verfahrensrechtliche Besonderheit in arbeitsgerichtlichen Eilverfahren besteht darin, dass der Antrag jederzeit ohne Zustimmung des Gegners zurückgenommen werden kann. § 269 Abs. 1 ZPO gilt hier nicht.[374]

236

Auch bei der Vollziehung der arbeitsgerichtlichen Verfügung sind Besonderheiten zu beachten. Insbesondere ist umstritten, ob eine Urteilsverfügung zusätzlich zur vorgeschriebenen Amtszustellung (§ 50 ArbGG) auch im Parteibetrieb zugestellt werden muss. Dies wird z.T. von der Formulierung des Tenors abhängig gemacht.[375]

237

---

[372] *Koch*, NJW 1991, 1856, 1858; *Kissel*, NZA 1995, 345, 352; Germelmann/Matthes/Prütting/*Schleusener*, § 62 Rn 81; Germelmann/Matthes/Prütting/*Spinner*, § 85 Rn 42; *Schuschke/Walker*, § 942 Rn 25.
[373] MüKo-ZPO/*Drescher*, § 935 Rn 99.
[374] *Clemenz*, NZA 2005, 129, 130.
[375] Vgl. Übersicht bei *Clemenz*, NZA 2005, 129, 131 f.

238 *Hinweis*

Vorsorglich sollte jede Unterlassungs- und Duldungsverfügung – sei sie als Beschlussverfügung oder als Urteilsverfügung ergangen – zusätzlich im Parteibetrieb zugestellt werden.

239 *Hinweis*

Innerhalb der Vollziehungsfrist sollte vorsorglich auch Vollstreckungsantrag gestellt werden, d.h. der Antrag auf Androhung von Ordnungsmitteln für den Fall der Zuwiderhandlung.

240 Eine Besonderheit besteht, wenn der Arbeitgeber im Verfügungsverfahren von der Weiterbeschäftigungspflicht entbunden wird (§ 102 Abs. 5 S. 2 BetrVG). Die Vollziehung dieser Entscheidung ist nach h.M. nicht erforderlich.[376]

241 *Hinweis*

Vorsorglich sollte auch die einstweilige Verfügung, die den Arbeitgeber von der Weiterbeschäftigungspflicht entbindet, innerhalb der Vollziehungsfrist im Parteibetrieb zugestellt werden.

242 Im Hinblick auf Rechtsmittel bzw. Rechtsbehelfe gegen einstweilige Verfügungen bzw. Anordnungen im vorläufigen Rechtsschutz gelten im Arbeitsgerichtsverfahren keine Besonderheiten.[377]

b) Materiell-rechtliche Ansprüche

243 Mittels einstweiliger Verfügung werden meist **Beschäftigungsansprüche** des Arbeitnehmers durchgesetzt. Der Arbeitnehmer hat während seines bestehenden Arbeitsverhältnisses Anspruch auf Beschäftigung und zwar auch nach Ausspruch einer Kündigung bis zum Ablauf der Kündigungsfrist.[378] Eine Ausnahme gilt für die Insolvenz[379] und im Falle des Betriebsübergangs nach § 613a BGB. Für den Verfügungsgrund ist ein besonders dringliches Interesse des Arbeitnehmers an der Beschäftigung erforderlich.[380] Ein solches wird – vor dem Hintergrund des weiterbestehenden Vergütungsanspruchs – nur für bestimmte Berufsgruppen anzunehmen sein, bei denen aufgrund der Art der Tätigkeit oder des Beschäftigungsverhältnisses ein Beschäftigungsinteresse besteht, weil sonst vorhandene Kenntnisse verloren gingen.[381]

244 Eine einstweilige Verfügung auf **Weiterbeschäftigung** kommt nur vor Erlass des erstinstanzlichen Urteils im Kündigungsschutzprozess bei einer offensichtlich unwirksamen Kündigung und beim Vorliegen besonders schutzwürdiger Belange des gekündigten

---

376 LAG Hamm BB 1987, 1536.
377 Vgl. zu den einzelnen Rechtsmitteln/Rechtsbehelfen: *Clemenz*, NZA 2005, 129, 134 f.
378 BAG AP Nr. 4 und 5 zu § 611 BGB, Beschäftigungspflicht; *Korinth*, PA 2002, 39 ff.
379 LAG Hamm NZA-RR 2001, 654.
380 LAG Bln-Bbg NZA-RR 2011, 551; LAG Düsseldorf MDR 2005, 1419; HessLAG NZA 1988, 37; *Heinze*, DB 1985, 117, 127; *Reinhard/Kliemt*, NZA 2005, 545, 547; a.A. LAG München NZA-RR 2003, 269.
381 MüKo-ZPO/*Drescher*, § 935 Rn 115.

Arbeitnehmers in Betracht. Die einstweilige Verfügung muss eine zeitliche Begrenzung enthalten, die längstens bis zum Abschluss des Kündigungsschutzprozesses reicht.[382]

Grundsätzlich ist die Durchsetzung eines Anspruchs auf **Teilzeitbeschäftigung** nach § 8 TzBfG mittels einstweiliger Verfügung ausgeschlossen. Denn der Teilzeitanspruch des Arbeitnehmers ist gem. § 8 Abs. 5 S. 1 TzBfG auf die Abgabe einer Willenserklärung gerichtet und würde damit die Hauptsache regelmäßig vorwegnehmen. Nur wenn ausnahmsweise eine Entscheidung im Hauptsacheverfahren nicht mehr rechtzeitig erreicht werden kann und dem Arbeitnehmer wesentliche Nachteile entstehen würden, ist die Durchsetzung des Teilzeitanspruchs mittels einstweiliger Verfügung denkbar.[383] Als ausreichender Grund kommen beispielsweise plötzlich eintretende dringende familiäre Verpflichtungen in Betracht. 245

Ein weiterer – wenngleich seltener – Anwendungsbereich der einstweiligen Verfügung im Arbeitsrecht besteht in der Durchsetzung des Anspruchs des Arbeitnehmers auf Gewährung von **Urlaub**.[384] 246

> **Tipp** 247
>
> Der Verfügungsantrag wegen Urlaubsgewährung ist auf Befriedigung gerichtet. Es ist daher ein bestimmter Antrag gem. § 253 Abs. 2 Nr. 2 ZPO erforderlich. Dazu gehört auch die Angabe, für welchen Zeitraum Erholungsurlaub beansprucht wird.[385]

Darüber hinaus können Ansprüche auf Weiterzahlung des Gehalts oder Herausgabe des Dienstwagens etc. Gegenstand einstweiliger Verfügungen sein.[386] 248

4. Vorläufiger Rechtsschutz im WEG-Verfahren

Für den einstweiligen Rechtsschutz im WEG-Recht gelten die §§ 916–945 ZPO. Anträge können auch außerhalb des Hauptsacheverfahrens gestellt werden. Allerdings hat das Gericht auf Antrag des Antraggegners anzuordnen, dass der Antragsteller binnen einer zu bestimmenden Frist Klage zu erheben hat, §§ 926 Abs. 1, 936 ZPO.[387] 249

Gegenstand des einstweiligen Rechtsschutzes kann sowohl der **Arrest** zur Sicherung der Zwangsvollstreckung etwa wegen Hausgeldforderungen oder einer Sonderumlage sein, als auch eine **einstweilige Verfügung** zur Sicherung eines Individualanspruchs auf gegenständliche Leistung zur Sicherung des Rechtsfriedens. Da die Anfechtungsklage nach § 46 WEG hinsichtlich lediglich anfechtbarer Beschlüsse (§ 23 Abs. 4 S. 2 WEG) keine aufschiebende Wirkung entfaltet, kann die vorläufige Suspendierung der Bindungswirkung von Beschlüssen nur durch Erlass einer einstweiligen Verfügung erreicht werden. Ausnahmsweise kann auch eine einstweilige Verfügung zur vorläufigen Befrie- 250

---

382 MüKo-ZPO/*Drescher*, § 935 Rn 118 f.
383 LAG RhPf NZA 2002, 856; LAG Köln MDR 2002, 1257; ArbG Frankfurt NZA-RR 2002, 405; *Walker*, ZfA 2005, 45, 63; *Lindemann/Simon*, BB 2001, 146, 150.
384 Einzelheiten siehe MüKo-ZPO/*Drescher*, § 935 Rn 106 f.
385 MüKo-ZPO/*Drescher*, § 935 Rn 107; a.A.: *Corts*, NZA 1998, 357.
386 Zu den materiell-rechtlichen Fragen vgl. *Heinze*, RdA 1986, 273.
387 Bärmann/*Roth*, vor §§ 43 ff. Rn 75.

digung eines Anspruchs führen. Dies ist allerdings nur ausnahmsweise und unter Beachtung strenger Voraussetzungen zur Behebung einer akuten Notlage zulässig. Das kann etwa der Fall sein, wenn es um vorläufige Weiterleitung von Versorgungsleistungen wie Strom, Wasser und Heizenergie geht. Je nach Dringlichkeit können darüber hinaus einstweilige Verfügungen erlassen werden bspw. zur Einberufung einer WE-Versammlung, zur Unterlassung von schädigendem Verhalten in Bezug auf das Gemeinschaftseigentum, zur Einsichtnahme in die Verwaltungsunterlagen oder zur Aufstellung eines (vorläufigen) Wirtschaftsplanes.[388]

251 Nach § 21 Abs. 8 WEG kann ein Gericht anstelle der Wohnungseigentümer über eine nach dem Gesetz erforderliche Maßnahme in einem Rechtsstreit nach § 43 WEG nach billigem Ermessen entscheiden. Dies berechtigt das Gericht jedoch nicht dazu, vorläufige Regelungen zu treffen. Insofern bleibt das WEG-Änderungsgesetz hinter der früheren Möglichkeit nach § 44 Abs. 3 WEG a.F. zurück. Danach konnte von Amts wegen eine einstweilige Anordnung für die Dauer des Verfahrens getroffen werden. Dies ist heute nur noch außerhalb des gerichtlichen Verfahrens (Hauptsacheverfahren) unter den Voraussetzungen der §§ 935 ff. ZPO auf gesonderten Antrag möglich.[389]

5. Vorläufiger Rechtsschutz im Gesellschaftsrecht

252 Nachdem früher die Meinung verbreitet war, mit Mitteln des einstweiligen Rechtsschutzes könne nicht in den Bereich der Willensbildung in einer Gesellschaft eingegriffen werden, insbesondere nicht in das Abstimmungsverhalten von Gesellschaftern, hat sich in den letzten Jahren diese Auffassung in ihr Gegenteil verkehrt.[390] Einstweiliger Rechtsschutz wird im Gesellschaftsrecht zunehmend in Anspruch genommen und von den Gerichten gewährt.

253 Es hat sich gezeigt, dass gerade bei **Streitigkeiten zwischen Gesellschaftern** das Bedürfnis nach vorläufigem Rechtsschutz besteht. Insbesondere in Fragen der Abstimmung in Gesellschafterversammlungen lässt sich einstweiliger Rechtsschutz kaum mit der Gefahr der Vorwegnahme einer Entscheidung in der Hauptsache begründen. Denn andernfalls könnte dem rechtsstaatlichen Gebot effektiven Rechtsschutzes nicht genügt werden, weil fehlerhafte Gesellschafterbeschlüsse häufig zu vollendeten Tatsachen führen würden.

254 Die Notwendigkeit vorläufigen Rechtsschutzes im Gesellschaftsrecht stellt sich beispielsweise im Rahmen der Anfechtung von Gesellschafterbeschlüssen, bei Verstößen gegen gesellschaftsrechtlich begründete Wettbewerbsverbote, bei Ausschließung eines Geschäftsführers, bei Abberufung eines Geschäftsführers und bei der Durchsetzung von Gesellschafter-Informationsansprüchen.

---

388 Bärmann/*Roth*, vor §§ 43 ff. Rn 76 ff.
389 Bärmann/*Merle*, § 21 Rn 216.
390 OLG Koblenz ZIP 1986, 503; OLG Stuttgart NJW 1987, 2449; LG Mainz ZIP 1990, 1271; OLG Hamburg NJW 1992, 186.

a) Vorläufiger Rechtsschutz bei der Anfechtung von Gesellschafterbeschlüssen

Bei der Anfechtung von Gesellschafterbeschlüssen ist zu differenzieren zwischen dem Zeitraum vor und nach der Beschlussfassung. Im Vorfeld der Beschlussfassung kann nur ausnahmsweise ein Interesse eines Gesellschafters bestehen, einen Mitgesellschafter an der Stimmabgabe zu hindern. Dies kann im Hinblick auf den Verfügungsgrund nur im Ausnahmefall zulässig sein, wenn die sofortige Durchsetzung des Beschlusses zu befürchten ist und dadurch voraussichtlich irreparable Schäden entstehen würden. In den meisten Fällen wird dem Antragsteller damit gedient sein, wenn er im vorläufigen Rechtsschutz die Ausführung eines nichtigen Gesellschafterbeschlusses verhindern kann.[391]

255

Soll ein nur anfechtbarer Beschluss im vorläufigen Rechtsschutz angegriffen werden, muss der Antragsteller zudem glaubhaft machen, dass er innerhalb der Anfechtungsfrist – d.h. mangels weitergehender Satzungsregelung innerhalb eines Monats entsprechend § 246 AktG – Anfechtungsklage erhoben hat oder dies beabsichtigt ist. Andernfalls fehlt zumindest nach Ablauf der Anfechtungsfrist das Rechtsschutzbedürfnis für die einstweilige Verfügung.[392]

b) Mitwirkung bei der Auflösung der Gesellschaft

Auch im Rahmen der Mitwirkungspflichten der Gesellschafter an der Auflösung und Abwicklung der Gesellschaft ist vorläufiger Rechtsschutz denkbar. Eine Leistungsverfügung wird allerdings mit der damit verbundenen Vorweg-Befriedigung regelmäßig nicht möglich sein. Im Einzelfall ist eine Unterlassungsverfügung denkbar, gerichtet etwa auf die Unterlassung von die Liquidation der Gesellschaft behindernden Maßnahmen. Diese können darin liegen, dass ein Gesellschafter „auf eigene Faust" ohne Absprache mit den Mitgesellschaftern bzw. dem Liquidator Vermögenswerte der Gesellschaft unter dem erzielbaren Preis versilbert.[393]

256

c) Ausschließung eines Gesellschafters

Einstweiliger Rechtsschutz spielt außerdem eine Rolle bei der Ausschließung eines Gesellschafters aus der Gesellschaft. Dabei ist zwischen den verschiedenen Gesellschaftsformen einerseits und den Ausschließungsgründen andererseits zu differenzieren.

257

aa) AG

Bei der Aktiengesellschaft regelt § 237 AktG die Kapitalherabsetzung durch Einziehung von Aktien sowie die Zwangseinziehung. Diese findet jedoch nicht in einem Eilverfahren statt, sondern richtet sich nach den Vorschriften über die ordentliche Kapitalherabsetzung, § 237 Abs. 2 S. 1 AktG.

258

Umstritten ist, ob ein Ausschluss eines Aktionärs aus wichtigem Grund auch dann möglich ist, wenn die Satzung keine Einziehungsgestattung nach § 237 Abs. 1 S. 2 AktG

259

---

[391] MüKo-ZPO/*Drescher*, § 935 Rn 45 ff.
[392] MüKo-ZPO/*Drescher*, § 935 Rn 48.
[393] MüKo-AktG/*Koch*, § 275 Rn 62.

enthält. Die soll nach h.M. dann möglich sein, wenn die beschlossene Einziehung im Gesellschaftsinteresse liegt und erforderlich sowie verhältnismäßig ist.[394]

bb) GmbH

260 Das GmbHG regelt die Ausschließung eines Gesellschafters nur in § 21 GmbHG und für den Fall, dass er die Einzahlung seiner Stammeinlage trotz Aufforderung nicht erbringt. Weiter kommt eine Zwangseinziehung bzw. Ausschließung des Gesellschafters nach § 34 GmbHG in Betracht, wenn die Voraussetzungen im Gesellschaftsvertrag bei Eintritt des auszuschließenden Gesellschafters festgelegt worden waren.[395] Darüber hinaus kommt nach allgemeiner Meinung ein Ausschluss auch ohne Satzungsregelung in Betracht. Abgeleitet wird ein solcher aus der das Gesellschaftsverhältnis beherrschenden Treuepflicht und setzt voraus, dass ein wichtiger Grund vorliegt.[396]

261 Besonderheiten mit Auswirkungen auf den einstweiligen Rechtsschutz können sich daraus ergeben, dass in der Satzung der GmbH nicht nur wichtige Ausschließungsgründe bestimmt, sondern auch Verfahrensmodalitäten festgelegt werden können. Beispielsweise kann die Satzung einer GmbH bestimmen, dass für die Ausschließung eines Gesellschafters ein Ausschließungsbeschluss der Gesellschafterversammlung ausreicht. Ein solcher Beschluss ist rechtsgestaltend. In diesem Falle muss der auszuschließende Gesellschafter – um vorläufig im Amt zu bleiben – mit Hilfe des einstweiligen Rechtsschutzes versuchen, den Ausschließungsbeschluss vorläufig zu suspendieren.[397]

262 Die Rechtsprechung stellt jedoch an die einstweilige Verfügung, mit der ein Ausschließungsbeschluss vorläufig suspendiert werden soll, sehr hohe Anforderungen. Sie soll für den Antragsteller nur bei besonders schwerwiegenden Beeinträchtigungen seiner Belange möglich sein.[398] Dementsprechend legt der BGH einen strengen Maßstab an die Wirksamkeit eines Ausschließungsbeschlusses an. Begründet wird dies mit dem Ausschluss als ultima ratio.[399] Mildere Mittel als die Ausschließung können ein vorläufiges Tätigkeitsverbot bzw. Stimmverbot eines Gesellschafters sein. Insoweit ist anzunehmen, dass in der Praxis zahlreiche Ausschließungsbeschlüsse wegen des Verstoßes gegen die ultima-ratio-Regel nichtig sind. Ist aber die Ausschließung allein aufgrund eines rechtsgestaltenden Gesellschafterbeschlusses möglich, kann für den auszuschließenden Gesellschafter bzw. den ausgeschlossenen Gesellschafter eine unzumutbare Rechtsschutzlücke entstehen. In diesen Fällen sollte der ausgeschlossene Gesellschafter die Möglichkeit haben, im Wege der Regelungsverfügung den Ausschlussbeschluss zu sus-

---

394 Henssler/Strohn/*Galla*, § 237 AktG Rn 8.
395 Für Einzelheiten vgl. *Wicke*, § 34 Rn 15 ff.
396 BGH WM 1955, 437; BGH NJW 1981, 2302; BGH GmbHR 1987, 302; BGH NJW 1999, 3779; BGH NJW-RR 2003, 897.
397 David/Dombek/u.a./*David*, B Teil 8, § 5 Rn 78 ff.
398 OLG Düsseldorf v. 16.1.2008 – VI-U (Kart) 25/07.
399 BGH DStR 2013, 2712, 2713; siehe dazu auch Heidinger/Leible/Schmidt/*Sosnitza*, § 34 Rn 40.

pendieren, ohne dass an die Voraussetzung der einzelnen Verfügung besondere Anforderungen geknüpft werden.[400]

Ohne eine Satzungsregelung, die allein einen rechtsgestaltenden Beschluss der Gesellschafterversammlung vorsieht, erfolgt die Ausschließung bei der GmbH zweistufig, nämlich durch einen Gesellschafterbeschluss und ein Ausschließungsurteil in einem anschließenden Prozess.[401] Dann muss der auszuschließende Gesellschafter seinerseits nicht um einstweiligen Rechtsschutz nachsuchen, um vorläufig Gesellschafter zu bleiben. Umgekehrt kann sich für die Gesellschaft die Notwendigkeit ergeben, den auszuschließenden Gesellschafter bis zur Rechtskraft des Ausschließungsurteils im vorläufigen Rechtsschutz vorläufig seines Amtes zu entheben oder ihm bestimmte Tätigkeiten vorläufig zu untersagen. 263

cc) Personenhandelsgesellschaften

Bei Personenhandelsgesellschaften erfolgt die Ausschließung eines Gesellschafters wegen eines in seiner Person liegenden wichtigen Grundes gem. §§ 140 Abs. 1, 133 HGB (i.V.m. § 161 Abs. 2 HGB[402]) nicht zweistufig wie bei der GmbH, sondern durch Erhebung der Ausschließungsklage. Daraus folgt, dass ein Ausschluss eines Gesellschafters aus einer Personenhandelsgesellschaft im Wege einer einstweiligen Verfügung nicht möglich ist. Allerdings kann bis zur Rechtskraft eines Ausschließungsurteils eine vorläufige Regelung herbeigeführt werden. Diese kann zum Inhalt haben, dass dem auszuschließenden Gesellschafter vorläufig ein Tätigkeitsverbot auferlegt wird.[403] 264

dd) GbR

Die Ausschließung eines GbR-Gesellschafters aus einem in seiner Person liegenden wichtigen Grund erfolgt nach § 737 S. 2 BGB grundsätzlich durch einstimmigen Beschluss der übrigen Gesellschafter. Vorläufiger Rechtsschutz ist in Form der Regelung für die Gesellschaft und den Gesellschafter möglich. 265

ee) Zwei-Personen-Gesellschaft

Besonderheiten bestehen bei Zwei-Personen-Gesellschaften, wenn beide Gesellschafter sich gegenseitig ausschließen. Hier stellt sich die Frage, ob der Ausschluss, gegen den der Betroffene gerichtlich vorgeht, bis zur rechtskräftigen Entscheidung als wirksam zu behandeln ist oder ob dessen Gesellschafterstellung bis dahin in der Schwebe ist. In letzterem Fall könnte der Gesellschafter, der die Ausschließung erklärt, den anderen Gesellschafter zur Durchführung eines Rechtsstreits zwingen und seine Gesellschafterstellung blockieren. Es käme folglich darauf an, wer den Beschluss als Erstes fasst. Um dieses „Hase-und-Igel-Prinzip" zu verhindern, ist in dieser Konstellation nicht die 266

---

400 Vgl. f. d. Personengesellschaft: *Kiethe*, NZG 2004, 114 f, 116; für die GmbH: David/Dombek/u.a./*David*, B Teil 8, § 5 Rn 27 ff., § 5 Rn 80.
401 St. Rspr., vgl. BGH NZG 2003, 284; dazu näher sowie zu der umstrittenen Frage, mit welcher Mehrheit mangels Satzungsregelung ein Ausschließungsbeschluss zu fassen ist: David/Dombek/u.a./*David*, B Teil 8, § 5 Rn 32 ff.
402 Für die Kommanditgesellschaft.
403 MüKo-HGB/*Schmidt*, § 140 Rn 80.

formelle, sondern die materielle Richtigkeit des Beschlusses maßgeblich. Zu fragen ist daher, ob tatsächlich ein wichtiger Grund vorliegt. Dass dies unter Umständen erst nach Durchführung eines langwierigen Rechtsstreits feststeht, ist hinzunehmen.[404]

d) Abberufung eines Vorstands/Geschäftsführers

267 Ähnliche Probleme ergeben sich bei dem vorläufigen Rechtsschutz im Zusammenhang mit der Abberufung eines Geschäftsführers. Für die Zulässigkeit vorläufigen Rechtsschutzes ist maßgeblich, ob die Abberufung eines Geschäftsführers allein durch Beschluss erfolgen kann oder ob ein Klageverfahren erforderlich ist.

aa) AG

268 Die Abberufung eines Vorstandsmitglieds einer Aktiengesellschaft ist gem. § 84 Abs. 3 S. 4 AktG solange vorläufig wirksam, bis ihre Unwirksamkeit rechtskräftig festgestellt ist. Wird ein solcher Beschluss gefasst, besteht somit für die Gesellschaft selbst kein Interesse am einstweiligen Rechtsschutz. Demgegenüber kann der abberufene Vorstand ein Interesse daran haben, die vorläufige Wirkung des Abberufungsbeschlusses zu suspendieren. Dies kann er grundsätzlich im Wege des einstweiligen Rechtsschutzes erreichen.[405] Dabei muss der Vorstand zumindest auch behaupten, der Abberufungsbeschluss fehle oder sei formell nicht ordnungsgemäß zustande gekommen.

269 Es reicht insoweit nicht aus, wenn lediglich geltend gemacht wird, ein wichtiger Grund für die Abberufung liege nicht vor. Denn die Wirksamkeit des Abberufungsbeschlusses knüpft nur an bestimmte Formalien an, wie die ordnungsgemäße Einladung und Durchführung der vorangehenden Aufsichtsratssitzung sowie die Stimmenmehrheit für den zu fassenden Abberufungsbeschluss.[406]

bb) Personenhandelsgesellschaften

270 Die Geschäftsführung bzw. die Vertretung der Personenhandelsgesellschaften liegt in aller Regel in Händen der Gesellschafter. Der Entzug der Geschäftsführung- bzw. Vertretungsbefugnis setzt gem. §§ 117, 127 HGB eine Gestaltungsklage voraus. Daraus ergibt sich allenfalls für die Gesellschaft die Notwendigkeit, ihrem Geschäftsführer vorläufig die Geschäftsführungs- und Vertretungsbefugnis im Wege des vorläufigen Rechtsschutzes zu entziehen.[407] Als Ausnahme vom Prinzip der Selbstorganschaft kann dabei im Rahmen des vorläufigen Rechtsschutzes – auch wenn die Gesellschaft lediglich einen Vertreter bzw. Geschäftsführer hat – die Geschäfts- und Vertretungsbefugnis vorläufig auch einem gesellschaftsfremden Dritten übertragen werden, soweit dies notwendig ist.[408]

---

404 Für die GbR siehe Prinz/Hoffmann/*Sauter*, § 8 Rn 81 ff.
405 Hüffer/Koch/*Koch*, § 84 Rn 42.
406 David/Dombek/u.a./*David*, B Teil 8, § 7 Rn 36 ff.
407 BGHZ 33, 105, 107 ff.; MüKo-HGB/*Jickeli*, § 117 Rn 69.
408 *Reichert/Winter*, BB 1988, 981.

cc) GbR

Bei der GbR wird im Unterschied zur Personenhandelsgesellschaft die Entziehung der Geschäftsführung mit der Bekanntgabe an den betroffenen Gesellschafter bzw. Geschäftsführer wirksam.[409] Der Streit über die Wirksamkeit des Entziehungsbeschlusses kann im einstweiligen Rechtsschutz mit einer Regelungsverfügung von beiden Seiten vorläufig geklärt werden.[410]

dd) GmbH

Die Rechtslage im vorläufigen Rechtsschutz bei Abberufung eines Geschäftsführers in der GmbH ist komplex. Grundsätzlich setzt die Abberufung des Geschäftsführers gem. §§ 46 Nr. 5, 47 Abs. 1 GmbHG einen Beschluss der Gesellschafterversammlung voraus.

Ohne einen entsprechenden Beschluss der Gesellschafterversammlung oder vor einer solchen Gesellschafterversammlung kann die Gesellschaft dem Geschäftsführer ein vorläufiges Tätigkeitsverbot im Wege des einstweiligen Rechtsschutzes nur auferlegen, solange die entsprechende Beschlussfassung der Gesellschafterversammlung nicht möglich ist. Meist wird allerdings nach der Satzung eine Beschlussfassung im Umlaufverfahren möglich sein.

Ob der Geschäftsführer im Wege des vorläufigen Rechtsschutzes einen Abberufungsbeschluss verhindern kann, hängt von seiner Stellung in Bezug auf die Gesellschaft ab. Ein Fremdgeschäftsführer kann stets ohne wichtigen Grund bzw. ohne sachlichen Grund jederzeit abberufen werden. Er kann deshalb auch im Vorfeld im Wege des einstweiligen Rechtsschutzes einen Abberufungsbeschluss nicht verhindern.[411] Diese Möglichkeit hat lediglich der mehrheitlich beteiligte Gesellschafter-Geschäftsführer und derjenige Geschäftsführer, dessen freie Abberufbarkeit durch Gesellschaftssatzung eingeschränkt ist, § 38 Abs. 2 GmbHG. Das kann der Fall sein, wenn dem Geschäftsführer ein Sonderrecht auf Geschäftsführung zugestanden wird oder wenn der Widerruf auf das Vorliegen eines wichtigen Grundes in der Person des Geschäftsführers in der Satzung beschränkt ist.[412] Auch dann ist präventiver Rechtsschutz gegen den Abberufungsbeschluss nur möglich, wenn das Abwarten des Beschlusses für den Geschäftsführer schwere irreparable Schäden bedeuten würde.[413]

Ist in der Gesellschaft ein Abberufungsbeschluss gefasst worden, richten sich die Möglichkeiten des vorläufigen Rechtsschutzes nach den Beschlussfolgen. Ein nichtiger Abberufungsbeschluss hat keine Rechtswirkung. Infolgedessen kann die Gesellschafterversammlung ihm auch nicht im Wege des vorläufigen Rechtsschutzes zur Wirksamkeit verhelfen. Der Geschäftsführer muss deshalb nicht aktiv werden. Ihm muss jedoch im Wege des einstweiligen Rechtsschutzes die Möglichkeit eingeräumt werden, ihn in seiner

---

[409] Münchener Handbuch des Gesellschaftsrechts/*v. Ditfurth*, Bd. 1, § 7 Rn 69.
[410] Vgl. Henssler/Strohn/*Servatius*, § 712 BGB, Rn 11.
[411] OLG Hamm GmbHR 2002, 237.
[412] David/Dombek/u.a./*David*, B Teil 8, § 7 Rn 50 ff.
[413] Vgl. dazu Heidinger/Leible/Schmidt/*Terlau*, § 38 Rn 79.

Amtsausübung einschränkende Maßnahmen der Gesellschafter oder anderer Geschäftsführer bis zur rechtskräftigen Entscheidung über die Nichtigkeit untersagen zu lassen.[414]

276 Ist der Abberufungsbeschluss hingegen lediglich anfechtbar, so ist zu unterscheiden:

Herrscht Streit über das Vorliegen des wichtigen Grundes, und hat der Versammlungsleiter die Abberufung formell festgestellt, ist der Abberufungsbeschluss nach Auffassung des BGH vorläufig wirksam. Der Geschäftsführer muss dann im vorläufigen Rechtsschutz gegen die Abberufung vorgehen. Hat der Versammlungsleiter die Abberufung nicht formell festgestellt, fehlt die vorläufige Wirksamkeit. Der Geschäftsführer darf weiter amtieren. Es ist dann Aufgabe der Gesellschaft, den Geschäftsführer vorläufig zu suspendieren.[415]

Wird ein Gesellschafter-Geschäftsführer mit einem satzungsmäßigen Sonderrecht auf Geschäftsführung durch Beschluss abberufen, ist der Beschluss – unabhängig von der Feststellung durch den Versammlungsleiter – nicht schon mit der Beschlussfassung vorläufig wirksam.[416] Die Gesellschaft muss dann um vorläufigen Rechtsschutz nachsuchen.

Wird ein Gesellschafter-Geschäftsführer einer **Zwei-Personen-GmbH** von seinem Geschäftsführeramt abberufen, ist dieser Beschluss nicht vorläufig wirksam. Sowohl die Gesellschaft als auch der abberufene Gesellschafter-Geschäftsführer können zur Klärung jeweils um vorläufigen Rechtsschutz nachsuchen und eine Regelungsverfügung beantragen. Üblicherweise berufen sich in der Zwei-Personen-GmbH beide Gesellschafter-Geschäftsführer gegenseitig als Geschäftsführer ab. Dann können auch beide Gesellschafter-Geschäftsführer gegen ihre Abberufung Rechtsschutz im Wege der einstweiligen Verfügung beantragen. Beide Verfahren sollten gem. § 147 ZPO verbunden werden. Ausnahmsweise kann in einem bereits anhängigen Verfügungsverfahren der Antragsgegner einen Gegenantrag mit dem Ziel der vorläufigen Abberufung des Antragstellers von seinem Geschäftsführeramt stellen.[417]

e) Durchsetzung von Gesellschafter-Informationsrechten

277 Praktische Relevanz hat der vorläufige Rechtsschutz auch bei Durchsetzung von Gesellschafter-Informationsrechten.

aa) AG, KGaA

278 Für die Auskunftsansprüche der Aktionäre gegenüber der Aktiengesellschaft gem. § 131 Abs. 1 und 4 AktG ist in § 132 AktG ein besonderes Auskunftserzwingungsverfahren vorgesehen, welches die einstweilige Verfügung nach den Vorschriften des 8. Buches der ZPO ausschließt. Dasselbe gilt für die KGaA.

---

414 Heidinger/Leible/Schmidt/*Terlau*, § 38 Rn 78.
415 Baumbach/Hueck/*Zöllner/Noack*, § 38 Rn 39 ff.
416 MüKo-GmbHG/*Stephan/Tieves*, § 38 Rn 153; vgl. weiter David/Dombek/u.a./*David*, B Teil 8, § 7 Rn 66 ff.
417 David/Dombek/u.a./*David*, B Teil 8, § 7 Rn 69; OLG Karlsruhe, Urt. v. 23.2.1999 – 19 U 226/98, S. 3 des amtl. Umdr. n.v.

bb) GmbH

Informationsansprüche der GmbH-Gesellschafter gegenüber der Gesellschaft ergeben sich aus § 51a GmbHG. § 51b GmbH regelt ein spezielles als Eilverfahren ausgestaltetes Informationserzwingungsverfahren und schließt damit eine einstweilige Verfügung aus.

cc) Personengesellschaften

Für die OHG- bzw. KG-Gesellschafter ergeben sich Informationsrechte aus §§ 118, 166 HGB. Informationsansprüche des Komplementärs bzw. der OHG und GbR-Gesellschafter können im Eilverfahren mit Hilfe der Regelungsverfügung nach § 940 ZPO durchgesetzt werden.[418]

Darüber hinaus besteht für den Kommanditisten ein außerordentliches Informationsrecht nach § 166 Abs. 3 HGB. Will der Kommanditist seine Sonderansprüche nach § 166 Abs. 3 HGB im Eilverfahren durchsetzen, scheidet eine einstweilige Verfügung nach der ZPO aus. Er muss seine Rechte im Sonderverfahren nach §§ 375 Nr. 1, 49 ff. FamFG geltend machen.

6. Vorläufiger Rechtsschutz im Mietrecht

Aus dem Mietverhältnis ergeben sich ebenfalls Rechte, die mittels einstweiliger Verfügung durchgesetzt werden können. In Betracht kommt hier das Betretungsrecht des Vermieters im Rahmen eines berechtigten Besichtigungsanspruchs.[419] Auch in Fällen, in denen ein Mieter den Vermieter bedroht, kann Letzterer Ansprüche auf Wohnungsüberlassung und Betretungsverbote mittels einstweiliger Verfügung durchsetzen.[420] Dies ergibt sich aus der Gesetzesbegründung zum Gewaltschutzgesetz.[421] Bei einer Beeinträchtigung des Hausfriedens liegt nur bei einer besonderen Dringlichkeit ein Verfügungsgrund vor, wie etwa bei einer massiven Lärmbelästigung.[422]

Der Vermieter kann auch seinen Anspruch auf Räumung von Wohnraum mittels einstweiliger Verfügung gem. § 940a ZPO geltend machen. Nach Absatz 1 der Vorschrift darf die Räumung von Wohnraum durch einstweilige Verfügung nur wegen verbotener Eigenmacht oder bei einer konkreten Gefahr für Leib oder Leben (für Vermieter, Mieter oder sonstige Hausbewohner)[423] angeordnet werden. In den Fällen, in denen eine einstweilige Anordnung in einer Ehewohnungssache (§ 200 Abs. 1, § 49 FamFG) oder in einer Gewaltschutzsache (§ 214 FamFG) für Ansprüche nach §§ 1361b, 1568a BGB, § 14 LPartG oder §§ 1, 2 GewSchG gegen Ehepartner, Lebenspartner, Lebensgefährten oder gegen Mitbewohner, mit denen ein auf Dauer angelegter gemeinsamer Haushalt geführt wird, in Betracht kommt, scheidet eine Anwendung von § 940a Abs. 1 ZPO

---

418 David/Dombek/u.a./*David*, B Teil 8, § 8 Rn 79.
419 *Schneider*, MDR 2004, 319, 320; *Hinz*, NZM 2005, 841, 848; *Schlüter*, NZM 2006, 681, 682.
420 *Mock*, MK 2002, 88, 91.
421 BT-Drucks 14/5429, 28.
422 *Hinz*, NZM 2005, 841, 850.
423 Für Abs. 1, 2. Alt. ist unerheblich, welche Rechte der Antragsteller an der Wohnung hat, siehe MüKo-ZPO/*Drescher*, § 940a Rn 6.

jedoch aus.[424] § 940a ZPO ist nicht analog auf die Räumung von Geschäftsräumen anzuwenden.[425] Hier gilt vielmehr § 940 ZPO.[426]

284 Der Vermieter kann dem Mieter einen unangemessenen Gebrauch der Mietsache ebenfalls durch einstweilige Verfügung verbieten lassen. Das gilt auch, wenn der unangemessene Gebrauch erst beabsichtigt ist.[427] Anerkannt ist dies bei gewerblicher Nutzung einer Wohnung als Kindertagesstätte,[428] bei Missbrauch von Wohnungsfenstern zur Wahlwerbung oder zur politischen Meinungsäußerung[429] oder bei Untervermietung von Wohnungen zur Unterbringung von Asylbewerbern.[430]

285 Des Weiteren kann sich insbesondere im Rahmen eines gewerblichen Mietvertrages für den Vermieter ein berechtigtes Interesse daran ergeben, dass der Mieter die vermieteten Räume auch entsprechend der Vereinbarung im Mietvertrag nutzt. Stehen gewerbliche Objekte nämlich über längere Zeit leer, kann sich dies auf die Möglichkeit einer späteren Vermietung sehr nachteilig auswirken, insbesondere die spätere Miete oder den Kaufpreis verringern. Eine entsprechende Betriebspflicht des Mieters besteht jedoch nur dann, wenn dies im Mietvertrag ausdrücklich vereinbart wurde.[431] Eine Betriebspflicht für Gewerberäume (z.B. Ladenlokale, Einkaufszentren oder Hotels) kann durch einstweilige Verfügung durchgesetzt werden, wenn ein Verfügungsgrund vorliegt, der in mehr als nur der Vertragsverletzung besteht.[432]

286 Des Weiteren kann der Vermieter zur Sicherung seines Vermieterpfandrechts dem Mieter mittels einstweiliger Verfügung verbieten lassen, die dem Vermieterpfandrecht unterfallenden Gegenstände aus der Wohnung fortzuschaffen.[433] Im Rahmen des Verfügungsgrundes muss der Vermieter glaubhaft machen, dass sein Anspruch aus dem Vermieterpfandrecht gefährdet ist.[434]

287 Der Mieter kann ebenfalls seine Rechte gegen den Vermieter mittels einstweiliger Verfügung durchsetzen.[435] Das gilt insbesondere, wenn der Vermieter unberechtigterweise das Türschloss in der Wohnungstür der vermieteten Wohnung ausgetauscht hat[436] oder wenn die Versorgung mit Wasser, Strom oder Heizung betroffen ist, die der Vermieter eigenmächtig abgestellt hat,[437] die wegen einer Betriebsstörung ausgefallen ist[438] oder die von

---

424 MüKo-ZPO/*Drescher*, § 940a Rn 1.
425 Musielak/Voit/*Huber*, § 940a Rn 1.
426 LG Wiesbaden NJW-RR 1993, 1293.
427 AG Bad Homburg, NJW-RR 1992, 335.
428 LG Berlin NJW-RR, 1993, 907.
429 LG Hamburg NJW 1986, 320.
430 OLG München ZMR 2001, 347; vgl. zum Ganzen sowie zu einem Musterantrag für ein Verbot des unangemessenen Gebrauchs *Dahmen*, MK 2002, 72 ff.
431 BGH NJW-RR 1992, 1032.
432 KG ZMR 2015, 117; OLG Frankfurt a.M. ZMR 2009, 446.
433 OLG Celle NJW-RR 1987, 447; *Katzenstein/Hüftle*, MDR 2005, 1027, 1031.
434 *Dahmen*, MK 2002, 72, 74.
435 Vgl. dazu *Dahmen*, MK 2002, 17 ff.
436 OLG Stuttgart NJW-RR 1996, 1516; OLG Celle ZMR 2008, 288.
437 LG Koblenz WuM 2012, 140.
438 LG Aachen WuM 2008, 95; AG Düsseldorf WuM 2009, 176.

anderen Hausbewohnern gestört wird.[439] Darüber hinaus kann der Mieter sich zur Abwehr von Besitzstörungen – etwa durch bauliche Maßnahmen – grundsätzlich der einstweiligen Verfügung bedienen.[440]

C. Muster

I. Muster: Wettbewerbsrechtliche Abmahnung

▼

                      Telefax/Einschreiben gegen Rückschein

▬▬▬-GmbH

Geschäftsführung

Sehr geehrte Damen und Herren,

namens und kraft beigefügter Prozessvollmacht hat mich unsere Mandantin, die ▬▬▬-GmbH, beauftragt, mich mit Ihnen in Verbindung zu setzen.[441]

Unsere Mandantin steht bekanntlich im Wettbewerb zu Ihrem Unternehmen bei der Herstellung und dem Vertrieb von Geräten zur Gartenpflege.

Sie haben in einer Anzeige der ▬▬▬-Zeitung damit geworben: „Gartengeräte nirgendwo billiger als bei der ▬▬▬-GmbH, kaufen Sie jetzt". Diese Behauptung ist falsch. Sie ist irreführend nach § 5 UWG. Unsere Mandantin bietet funktional vergleichbare Gartengeräte zu gleichen und teilweise auch geringeren Preisen an. Sie sind gem. § 8 Abs. 1 UWG verpflichtet, solche Behauptungen zu unterlassen. Gem. § 9 S. 1 UWG sind Sie weiterhin verpflichtet, den unserer Mandantin durch Ihre irreführende Äußerung entstandenen und noch entstehenden Schaden zu ersetzen. Außerdem kann unsere Mandantin Auskunft darüber beanspruchen, in welchem Umfang und wem gegenüber Sie über die Zeitungsannonce vom ▬▬▬ hinaus die Behauptung aufgestellt haben, Gartengeräte seien bei Ihnen am billigsten zu beziehen. Der Auskunftsanspruch ist gewohnheitsrechtlich anerkannt. Als Wettbewerber kann unsere Mandantin diese Ansprüche geltend machen.

Zur Vermeidung einer Wiederholungsgefahr und damit zur Vermeidung eines gerichtlichen Verfahrens geben wir Ihnen Gelegenheit, die beigefügte strafbewehrte Unterlassungserklärung abzugeben. Die Wiederholungsgefahr können Sie nur durch Abgabe einer strafbewehrten Unterlassungserklärung beseitigen.

Wir erwarten den Eingang der unterzeichneten Unterlassungserklärung sowie die verlangte Auskunft bis spätestens zum ▬▬▬. Zur Übermittlung genügt die Übersendung vorab per Telefax, wenn das Original unverzüglich auf den Postweg gegeben wird. Sollte uns innerhalb der Frist die Unterlassungserklärung nicht zugehen, werden wir unserer Mandantin dringend empfehlen, umgehend gerichtliche Schritte gegen Sie einzuleiten.

Darüber hinaus sind Sie verpflichtet, die durch unsere Einschaltung entstandenen Kosten gem. der beigefügten Kostenrechnung zu erstatten (BGHZ 52, 393). Sollten Sie unsere

---

439 AG Bochum WuM 2013, 351.
440 KG NJW-RR 1992, 1362; vgl. näher *Dahmen*, MK 2002, 17, 19 m.w.N.
441 Unklar ist, ob eine Vollmacht vorgelegt werden muss. Nachdem dies überwiegend verneint worden ist, scheint sich ein Meinungswechsel anzudeuten (s.o. Rdn 144). Vorsorglich sollte eine Vollmacht des Mandanten eingeholt und vorgelegt werden.

Kostenrechnung nicht bis zum Ablauf des ▓▓▓ beglichen haben, werden wir unserer Mandantin empfehlen, insoweit ebenfalls gerichtliche Hilfe in Anspruch zu nehmen.

Mit freundlichen Grüßen

Rechtsanwalt

II. Muster: Schutzschrift zur Verhinderung des Erlasses einer einstweiligen Verfügung

289

Hinweis

Zwar normiert § 49c BRAO n.F. seit dem 1.1.2017 eine Benutzungspflicht des zentralen Schutzschriftenregisters für Rechtsanwälte. Da es sich dabei jedoch lediglich um eine berufsrechtliche Pflicht handelt, sind in Papierform bei den Gerichten eingereichte anwaltliche Schutzschriften nicht unwirksam.[442] Aus anwaltlicher Sicht dürfte sich jedoch dennoch empfehlen, das zentrale Schutzschriftenregister zu benutzen, da nach der Fiktion des § 945a Abs. 2 S. 1 ZPO die Einstellung in das Schutzschriftenregister wie in eine Einreichung in Papierform bei allen Gerichten der Länder der ordentlichen Gerichtsbarkeit und der Arbeitsgerichtsbarkeit wirkt.

Das zentrale Schutzschriftenregister unterstützt verschiedene Einreichungswege. So kann unmittelbar das EGVP-Postfach oder das DE-Mail-Postfach des zentralen elektronischen Schutzschriftenregisters adressiert werden oder aber ein Online-Formular genutzt werden.

290

An das

Landgericht ▓▓▓

Kammer für Handelssachen[443]

Schutzschrift[444]

Wir bitten, diese Schutzschrift dem mutmaßlichen Antragsteller erst zugänglich zu machen, wenn dieser einen Antrag auf Erlass einer einstweiligen Verfügung gegen den Antragsgegner gestellt hat.

In Sachen

der ▓▓▓-GmbH,

– mutmaßliche Antragstellerin –

gesetzlich vertreten durch den Geschäftsführer Herrn ▓▓▓, Adresse ▓▓▓

gegen

die ▓▓▓-GmbH,

– mutmaßliche Antragsgegnerin –

---

442 *Bacher*, MDR 2015, 1329, 1330.
443 § 13 Abs. 1 UWG, § 95 Abs. 1 Nr. 5 GVG.
444 Das Muster orientiert sich an dem Muster von David/Breuer/*Breuer*, § 2 Rn 376.

gesetzlich vertreten durch ihren Geschäftsführer Herrn ▓▓▓▓, Adresse ▓▓▓▓
Verfahrensbevollmächtigte: RAe ▓▓▓▓
wegen Abwehr eines Antrags auf Erlass einer einstweiligen Verfügung
überreichen wir folgende Schutzschrift:

Es steht zu erwarten, dass die mutmaßliche Antragstellerin versuchen wird, bei dem Gericht gegen die mutmaßliche Antragsgegnerin ohne mündliche Verhandlung eine einstweilige Verfügung zu erwirken, die darauf gerichtet ist, dass die mutmaßliche Antragsgegnerin es zu unterlassen habe, im geschäftlichen Verkehr Mitarbeitern von Unternehmen, die Reisen vermitteln, für die Vermittlungsleistung eine Provision (1 EUR Reiseumsatz gleich 1 Bonuspunkt gleich 0,01 EUR bei Einlösung) zu versprechen und/oder zu gewähren oder einen sinngleichen bzw. nur geringfügig abweichenden Antrag gem. § 937 Abs. 2 ZPO zu stellen. Die Folgen einer solchen Verfügung wären für die mutmaßliche Antragsgegnerin auch bei nachträglicher Aufhebung der Verfügung schwerwiegend und nicht kompensierbar.

Wir beantragen deshalb,

> den möglichen Antrag der mutmaßlichen Antragstellerin auf Erlass einer einstweiligen Verfügung zurückzuweisen,

hilfsweise

> nicht ohne Anberaumung einer mündlichen Verhandlung zu entscheiden.

Begründung:

I.

Mit Schreiben vom ▓▓▓▓ wurde die mutmaßliche Antragsgegnerin von der mutmaßlichen Antragstellerin abgemahnt.

> Glaubhaftmachung: Schreiben der mutmaßlichen Antragsgegnerin vom ▓▓▓▓, **Anlage 1**

Die mögliche Antragstellerin behauptet, hinsichtlich der beanstandeten Provision für die Vermittlung von Reisen Unterlassungsansprüche geltend machen zu können.

Zur Vermeidung einer gerichtlichen Auseinandersetzung hat die mutmaßliche Antragsgegnerin daraufhin mit Schreiben ihrer anwaltlichen Vertreter vom ▓▓▓▓ zur Sache Stellung genommen und u.a. darauf hingewiesen, dass sich die mutmaßliche Antragsgegnerin bereits strafbewehrt hinsichtlich der Provisionierung von Reisevermittlungen durch Mitarbeiter von Reisebüros gegenüber der Wettbewerbszentrale unterworfen hat.

> Glaubhaftmachung: Schreiben der mutmaßlichen Antragsgegnerin vom ▓▓▓▓, **Anlage 2**

Obwohl eine Abschrift jener Vereinbarung der mutmaßlichen Antragstellerin übermittelt worden ist, ist gleichwohl nicht auszuschließen, dass die mutmaßliche Antragstellerin wegen der behaupteten Unterlassungsansprüche einen Antrag auf Erlass einer einstweiligen Verfügung einreichen wird.

Die Provisionierung von Reisebüromitarbeitern in Deutschland für die Vermittlung von Reisen durch Sondervergünstigungen, etwa in Form von Bargeldauszahlungen oder ermäßigten Reisetarifen oder Geschenken ist in der Branche seit Jahren üblich.

Glaubhaftmachung: Eidesstattliche Versicherung des Herrn ▓▓▓ vom ▓▓▓, **Anlage 3**

Eine einstweilige Verfügung, wie von der mutmaßlichen Antragstellerin erstrebt, würde der mutmaßlichen Antragsgegnerin schwerwiegende, möglicherweise existenzgefährdende Nachteile bereiten. Auf den A-Cards der mutmaßlichen Antragsgegnerin, welche den Kern ihres Provisionierungssystems bilden, ist eine individuelle Schlüsselnummer der jeweiligen Reisebüromitarbeiter enthalten. Ohne diese Nummer sind Buchungen bei der mutmaßlichen Antragsgegnerin nicht möglich. Wird die Gewährung der geringfügigen Zuwendungen an Mitarbeiter von Reisebüros verboten, welche über diese A-Cards erfolgte, ist zu erwarten, dass diverse Reisebüromitarbeiter diese Karten nicht mehr nutzen. Eine Unterlassungsverpflichtung, wie von der mutmaßlichen Antragsgegnerin erstrebt, würde den Vertrieb der mutmaßlichen Antragsgegnerin für geraume Zeit nahezu blockieren.

Glaubhaftmachung: wie vor

II.

Unterlassungsansprüche stehen der mutmaßlichen Antragstellerin unter keinem Gesichtspunkt zu.

Es ist eine Tatsache, dass die wesentlichen Anbieter von Reisen auf dem deutschen Markt individuelle Vergünstigungen für Angestellte von Reisebüros für die Vermittlung von Reisen gewähren. Dies geschieht seit Jahren und ist branchenüblich. Insoweit wird der Mitarbeiter des jeweiligen Reisebüros keineswegs in seiner vom Kunden erwarteten effektiven und neutralen Beratung beeinflusst.

Wie von der mutmaßlichen Antragstellerin dargestellt, ist die den Mitarbeitern von Reisebüros gewährte Prämie geringwertig. Sie beträgt umgerechnet lediglich 1 % des Reiseumsatzes. Derart geringe Prämien sind bereits objektiv nicht geeignet, die Beratungsentscheidung der Reisebüromitarbeiter unsachlich zu beeinflussen.

Die mutmaßliche Antragsgegnerin gewährt die Prämien ausschließlich mit Zustimmung der jeweiligen verantwortlichen Geschäftsleitung des Reisebüros. Nach der Rechtsprechung zum früheren § 12 UWG fehlt es bei Billigung der jeweiligen Reisebüro-Geschäftsherren bereits an jeglicher Gefahr einer unlauteren Beeinflussung der Reisebüromitarbeiter. Dies muss auch für den identischen Vorwurf auf der Basis von §§ 3, 4 Nr. 1, 3 UWG gelten.

Es ist auch darauf hinzuweisen, dass Incentive-Systeme, wie sie von der mutmaßlichen Antragsgegnerin und den meisten ihrer Mitbewerber genutzt werden, in anderen EU-Mitgliedstaaten seit vielen Jahren erlaubt und gang und gäbe sind. Eine anderweitige Beurteilung würde zu einer Inländerdiskriminierung der mutmaßlichen Antragsgegnerin führen.

Rechtsanwalt
▲

III. Muster: Vordruck einer strafbewehrten Unterlassungserklärung

▼

Die ▓▓▓-GmbH, gesetzlich vertreten durch den Geschäftsführer ▓▓▓, Adresse ▓▓▓, verpflichtet sich gegenüber der ▓▓▓-GmbH, Adresse ▓▓▓

1. es ab sofort zu unterlassen, im geschäftlichen Verkehr zu Zwecken des Wettbewerbs wörtlich oder sinngemäß die Behauptung aufzustellen, „Gartengeräte sind am billigsten bei der ▓▓▓-GmbH, kaufen Sie jetzt" zu werben,
2. für jeden Fall der Zuwiderhandlung[445] gegen die unter Ziff. 1 bezeichnete Unterlassungsverpflichtung an die A-GmbH eine Vertragsstrafe in Höhe von 5.001 EUR zu zahlen,
3. der ▓▓▓-GmbH den gesamten ihr durch die unter 1. bezeichneten Äußerungen – wörtlich oder sinngemäß – entstandenen oder künftig entstehenden Schaden zu ersetzen.
4. Zur Erfüllung des Auskunftsanspruchs teilen wir mit, ▓▓▓.

Ort, Datum

Geschäftsführer der X-GmbH

▲

IV. Muster: Eidesstattliche Versicherung

▼

Ich ▓▓▓ *[Vorname, Name, vollständige Adresse]* erkläre in Kenntnis der Strafbarkeit einer falschen oder unvollständigen Versicherung an Eides statt:[446]

1. Ich habe folgende Ausbildung durchlaufen: ▓▓▓. Seit ▓▓▓ bin ich Leiter des technischen Betriebs der ▓▓▓-GmbH in ▓▓▓.
2. Zu meinem Aufgabenbereich als technischer Betriebsleiter bei der ▓▓▓-GmbH gehört es, die Produktion von Gummidichtungen für ▓▓▓ zu überwachen und eine Qualitätskontrolle durchzuführen. In dieser Eigenschaft habe ich am ▓▓▓ mit dem Mitarbeiter ▓▓▓ 10 Gummidichtungen des Herstellers ▓▓▓-GmbH aus ▓▓▓ einer Qualitätskontrolle nach DIN ▓▓▓ unterzogen. Die Vorgaben der DIN *[genau bezeichnen]* wurden dabei exakt eingehalten. Die in dem dieser eidesstattlichen Versicherung mit Heftklammer beigefügten Prüfprotokoll angegebenen Werte haben sich aufgrund der nach der DIN ▓▓▓ durchgeführten Haltbarkeitskontrolle der Gummidichtungen der B-GmbH ergeben.

Ort, Datum, Unterschrift

▲

---

[445] Häufig fordern Gläubiger für jeden Fall der Zuwiderhandlung, unter Ausschluss des Fortsetzungszusammenhangs eine bestimmte Vertragsstrafe zu zahlen. Ein solcher Anspruch besteht jedoch nicht.
[446] Nicht erforderlich ist der Hinweis, dass die eidesstattliche Versicherung zur Vorlage bei Gericht dienen soll.

V. Muster: Antrag auf dinglichen Arrest

An das
Landgericht

Antrag auf dinglichen Arrest

des

– Antragsteller –

Verfahrensbevollmächtigte: RAe

gegen

Herrn

– Antragsgegner –

wegen dinglichen Arrestes.

Namens und kraft beigefügter Vollmacht des Antragstellers beantragen wir gegen den Antragsgegner – **wegen der Dringlichkeit des Falles ohne vorherige mündliche Verhandlung**[447] **durch den Vorsitzenden allein**[448] – den Erlass des folgenden Arrestbefehls:

1. Wegen der Forderung des Antragstellers in Höhe von ▇▇▇ EUR nebst ▇▇▇ Zinsen p.a. seit ▇▇▇ wird der dingliche Arrest in das Vermögen des Antragsgegners angeordnet.
2. Der Antragsgegner trägt die Kosten des Arrestverfahrens.[449]
3. Die Vollziehung des Arrestes wird durch Hinterlegung in Höhe von ▇▇▇ EUR durch den Antragsgegner gehemmt.[450]

Begründung:
1. Der Antragsgegner schuldet dem Antragsteller einen Betrag in Höhe von ▇▇▇ EUR nebst ▇▇▇ Zinsen seit dem ▇▇▇ aufgrund eines Darlehensvertrages vom ▇▇▇.
Glaubhaftmachung: Darlehensvertrag vom ▇▇▇, **Anlage 1.**
Die Darlehensvaluta wurde an den Antragsgegner gezahlt.
Glaubhaftmachung: Empfangsbestätigung des Antragsgegners vom ▇▇▇, **Anlage 2.**
Der Antragsteller hat den Darlehensvertrag mit Schreiben vom ▇▇▇ gekündigt, sodass die Rückzahlung des Darlehensbetrages am ▇▇▇ fällig war.
Glaubhaftmachung: Kündigungsschreiben vom ▇▇▇, **Anlage 3.**
2. Der Antragsgegner hat vor zwei Tagen gegenüber der Ehefrau des Antragstellers erklärt, er werde seinen Arbeitsvertrag in Deutschland kündigen und seinen Wohnsitz alsbald nach Südafrika verlegen. Er habe bereits einen Käufer für sein Einfamilienhaus und für seine Sammlung von zehn historischen Pkw.

---

[447] Vgl. § 937 Abs. 2 ZPO; die besondere Dringlichkeit geht über den Verfügungsgrund hinaus und ist gesondert darzulegen und glaubhaft zu machen.
[448] Vgl. § 944 ZPO.
[449] Nach h.M. entscheidet das Gericht auch im Arrestverfahren von Amts wegen über die Kosten nach §§ 91 f. ZPO.
[450] Die Höhe des Geldbetrages wird nach der zu sichernden Forderung, Zinsen und Kostenpauschale bemessen, Zöller/Vollkommer, § 923 Rn 1.

Glaubhaftmachung: Eidesstattliche Versicherung der Frau ▓▓▓, **Anlage 4**.
Nach Kenntnis des Antragstellers verfügt der Antragsgegner mit Ausnahme des Einfamilienhauses und der Pkw-Sammlung im Inland über kein nennenswertes Vermögen. Der Antragsteller muss daher befürchten, im Hauptsacheverfahren nicht rechtzeitig einen Vollstreckungstitel gegen den Antragsgegner erwirken zu können. Da der Antragsgegner erklärt hat, ins außereuropäische Ausland verziehen zu wollen, besteht die Gefahr, dass dort eine Vollstreckung nicht möglich ist.[451]
3. Wir bitten, uns zu benachrichtigen, bevor das Gericht mündliche Verhandlung anberaumt.

▓▓▓

Rechtsanwalt

VI. Muster: Antrag auf dinglichen Arrest und Arrestpfändung

▼

An das

Landgericht ▓▓▓

Antrag auf dinglichen Arrest und Arrestpfändung

des ▓▓▓

– Antragsteller –

Verfahrensbevollmächtigte: RAe ▓▓▓

gegen

▓▓▓

– Antragsgegner –

Namens und kraft beigefügter Vollmacht des Antragstellers beantragen wir gegen den Antragsgegner – **wegen der Dringlichkeit des Falles ohne vorherige mündliche Verhandlung**[452] **durch den Vorsitzenden allein**[453] – den Erlass des folgenden Arrestbefehls:

1. Wegen der Forderung des Antragstellers in Höhe von ▓▓▓ EUR nebst ▓▓▓ Zinsen p.a. seit ▓▓▓ wird der dingliche Arrest in das Vermögen des Antragsgegners angeordnet.
2. Der Antragsgegner trägt die Kosten des Arrestverfahrens.[454]
3. Die Vollziehung des Arrestes wird durch Hinterlegung in Höhe von ▓▓▓ EUR durch den Antragsgegner gehemmt.[455]
   Zusätzlich wird ein Antrag auf Vollziehung des Arrestes wie folgt gestellt:

---

451 Vgl. dazu Zöller/*Vollkommer*, § 917 Rn 16.
452 Vgl. § 937 Abs. 2 ZPO; die besondere Dringlichkeit geht über den Verfügungsgrund hinaus und ist gesondert darzulegen und glaubhaft zu machen.
453 Vgl. § 944 ZPO.
454 Nach h.M. entscheidet das Gericht auch im Arrestverfahren von Amts wegen über die Kosten nach §§ 91 f. ZPO.
455 Die Höhe des Geldbetrages wird nach der zu sichernden Forderung, Zinsen und Kostenpauschale bemessen, Zöller/*Vollkommer*, § 923 Rn 1.

§ 16 Vorläufiger Rechtsschutz

4. In Vollziehung des Arrestes werden die Kraftfahrzeuge des Antragsgegners vom Typ ▓▓▓ mit dem polizeilichen Kennzeichen ▓▓▓, vom Typ ▓▓▓ mit dem polizeilichen Kennzeichen ▓▓▓ usw. bis zum Höchstbetrag von ▓▓▓ EUR gepfändet. Der Antragsgegner hat sich jeder Verfügung über die Kraftfahrzeuge zu enthalten.[456]

Rechtsanwalt

VII. Muster: Antrag auf persönlichen Arrest

295

An das

Landgericht ▓▓▓

Antrag auf persönlichen Arrest

des ▓▓▓

– Antragsteller –

Verfahrensbevollmächtigte: RAe ▓▓▓

gegen

Herrn ▓▓▓

– Antragsgegner –

wegen persönlichen Arrestes.

Namens und kraft beiliegender Vollmacht des Antragstellers beantragen wir – wegen der Dringlichkeit ohne mündliche Verhandlung und durch den Vorsitzenden allein – den Erlass des folgenden Arrestbefehls:

1. Wegen einer Forderung von ▓▓▓ EUR nebst ▓▓▓ Zinsen seit ▓▓▓ wird der persönliche Sicherheitsarrest gegen den Antragsgegner angeordnet.
2. In Vollziehung des Antrags zu Ziff. 1 wird die Haft gegen den Antragsgegner verhängt.[457]
3. Die Vollziehung des Arrestes wird durch Hinterlegung von ▓▓▓ EUR oder Stellung einer selbstschuldnerischen unbeschränkten, unbefristeten und unwiderruflichen Bürgschaft einer deutschen Großbank über ▓▓▓ EUR gehemmt.
4. Der Antragsgegner trägt die Kosten des Verfahrens.

Begründung:

Der Antragsgegner ist nigerianischer Staatsbürger und hält sich überwiegend in Nigeria auf. In der Bundesrepublik Deutschland hat er keinen Wohnsitz angemeldet. Der Antrags-

---

[456] Der Arrest kann ebenso wie die einstweilige Verfügung auch vor Zustellung an den Schuldner vollzogen werden (§§ 929 Abs. 3, 936 ZPO). Die Vollziehung erfolgt durch Zustellung an den Drittschuldner. Allerdings muss der Arrestbefehl innerhalb der Wochenfrist nach seiner Verkündung bzw. Zustellung zusätzlich im Parteibetrieb an den Antragsgegner oder dessen Prozessbevollmächtigten zugestellt werden (§ 929 Abs. 3 S. 2 ZPO). Anderenfalls ist die Vollziehung des Arrestes unwirksam.

[457] Das verhältnismäßige Vollziehungsmittel wird nach Ermessen gem. § 933 ZPO verhängt.

gegner hält sich in der Bundesrepublik Deutschland meist in Hotels auf. Er schuldet dem Antragsteller ▬▬▬ EUR aufgrund eines Schuldanerkenntnisses vom ▬▬▬.

Glaubhaftmachung: Schuldanerkenntnis, **Anlage 1.**

Der Schuldschein beruht darauf, dass der Antragsteller vom Antragsgegner Kunstgegenstände gekauft hat, die sich im Nachhinein als gefälscht und wertlos herausgestellt haben. Da der Antragsgegner den Kaufpreis nicht unmittelbar zurückzahlen konnte, hat er den oben genannten Schuldschein ausgestellt. Der Mitarbeiter des Antragstellers hat jedoch von einem anderen Kunsthändler erfahren, dass dieser gleiche Erfahrungen mit dem Antragsgegner gemacht hat. Von diesem hat der Mitarbeiter des Antragstellers auch erfahren, dass der Antragsgegner den von ihm erhaltenen Kaufpreis bereits auf dem Bankwege nach Nigeria geschafft und angekündigt hat, er werde seine geschäftlichen „Aktivitäten" in der Bundesrepublik einstellen und nach Nigeria zurückkehren.

Glaubhaftmachung: Eidesstattliche Versicherung des ▬▬▬ vom ▬▬▬, **Anlage 2.**

Zurzeit hält sich der Antragsgegner noch im Hotel ▬▬▬ in ▬▬▬ auf. Da er über kein Vermögen in der Bundesrepublik Deutschland verfügt, besteht die Besorgnis, dass ein dinglicher Arrest nicht zum Ziel führen wird. Der persönliche Arrest durch Verhängung von Haft ist daher das einzige Mittel zur Sicherung der ansonsten gefährdeten Zwangsvollstreckung.

Glaubhaftmachung: Eidesstattliche Versicherung des Antragstellers, **Anlage 3.**

Rechtsanwalt

VIII. Muster: Antrag auf Versteigerung arrestgepfändeter Sachen

An das
Amtsgericht ▬▬▬
Vollstreckungsgericht

In Sachen
des ▬▬▬

– Antragsteller –

Verfahrensbevollmächtigte: RAe ▬▬▬
gegen
Herrn ▬▬▬

– Antragsgegner –

stellen wir namens und kraft beigefügter Vollmacht des Antragstellers Versteigerungsantrag gem. § 930 Abs. 3 ZPO.

§ 16 Vorläufiger Rechtsschutz

Begründung:

Aufgrund des Arresturteils des ▓▓▓ gerichts ▓▓▓ vom ▓▓▓ (Urteil beigefügt) hat der Gerichtsvollzieher ▓▓▓ gemäß ebenfalls beiliegendem Pfändungsprotokoll am ▓▓▓ beim Schuldner 20 Paletten Staudengewächse der Sorte ▓▓▓ gepfändet. Es handelt sich um sommerblühende Pflanzen, die nach Ende der Pflanzsaison im Juli dieses Jahres nicht mehr verkäuflich sind. Wir beantragen deshalb:

> anzuordnen, dass diese Pflanzen versteigert werden und der Erlös zugunsten des Antragstellers hinterlegt wird.

Rechtsanwalt

IX. Muster: Antrag auf Eintragung einer Arresthypothek

297 An das
Amtsgericht ▓▓▓
Grundbuchamt

In Sachen

des ▓▓▓

– Antragsteller –

Verfahrensbevollmächtigte: RAe ▓▓▓

gegen

Herrn ▓▓▓

– Antragsgegner –

beantragen wir namens und kraft beigefügter Vollmacht des Antragstellers,

> für das Grundstück ▓▓▓ in ▓▓▓, eingetragen im Grundbuch des Amtsgerichts ▓▓▓ von ▓▓▓, Band ▓▓▓, Blatt ▓▓▓, gemäß dem Arrestbefehl des Landgerichts vom ▓▓▓ (Az: ▓▓▓) eine Sicherungshypothek mit dem Höchstbetrag von ▓▓▓ EUR an der vorbezeichneten Grundbuchstelle einzutragen.

Begründung:

In das Vermögen des Schuldners (Arrestgegner) ist durch Arrestbefehl des Landgerichts ▓▓▓ vom ▓▓▓ (Az: ▓▓▓) – beigefügt als **Anlage 1** – wegen einer dem Antragsteller gegen den Schuldner zustehenden Forderung in Höhe von ▓▓▓ EUR der dingliche Arrest in das gesamte Vermögen des Schuldners angeordnet worden. Die Lösungssumme wurde auf ▓▓▓ EUR festgesetzt. Der Schuldner ist Eigentümer des Grundstücks ▓▓▓ in ▓▓▓, Grundbuch des Amtsgerichts ▓▓▓, Band ▓▓▓, Blatt ▓▓▓.

Rechtsanwalt

▲

X. Muster: Antrag auf Erlass einer einstweiligen Verfügung mit Herausgabeanordnung

▼

An das
Amtsgericht ▓▓▓
In Sachen
des ▓▓▓

– Antragsteller –

Verfahrensbevollmächtigte: RAe ▓▓▓

gegen

Herrn ▓▓▓

– Antragsgegner –

beantragen wir namens und kraft beigefügter Prozessvollmacht des Antragstellers wegen besonderer Dringlichkeit bei dem gem. § 942 ZPO zuständigen Amtsgericht ohne mündliche Verhandlung den Erlass einer einstweiligen Verfügung mit folgender Maßgabe:

1. Der Antragsgegner hat das im Eigentum des Antragstellers stehende Wohnmobil der Marke ▓▓▓, Fahrgestell-Nr. ▓▓▓ mit dem polizeilichen Kennzeichen ▓▓▓ an den Gerichtsvollzieher ▓▓▓ als Sequester, hilfsweise an einen vom Gericht zu bestellenden Sequester herauszugeben.[458]
2. Die Durchsuchung der Geschäfts- und Wohnräume sowie der Garagen des Antragsgegners zur Vollstreckung der Herausgabe wird gestattet.[459]
3. Der Antragsgegner trägt die Kosten des Verfahrens.

Begründung:

Der Antragsgegner hat das Wohnmobil ▓▓▓ mit Kaufvertrag vom ▓▓▓ von dem Antragsteller erworben.

Glaubhaftmachung: Fotokopie des Kaufvertrags vom ▓▓▓, **Anlage 1**.

Nachdem der Antragsgegner den Kaufpreis trotz des im Kaufvertrag vereinbarten festen Zahlungstermins und trotz weiterer Zahlungsaufforderung des Antragstellers nicht innerhalb der dort gesetzten Frist gezahlt hat, ist der Antragsteller vom Kaufvertrag zurückgetreten und hat Herausgabe des Wohnmobils verlangt. In einem Telefonat vom ▓▓▓

---

[458] Vgl. § 938 Abs. 2 ZPO, § 154 Abs. 1 S. 3 Geschäftsanweisung für Gerichtsvollzieher (GVGA), wonach der Gerichtsvollzieher nicht verpflichtet ist, das Amt eines Sequesters zu übernehmen.
[459] Vgl. § 758a ZPO.

§ 16 Vorläufiger Rechtsschutz

hat der Mitarbeiter des Antragstellers vom Antragsgegner erfahren, dass dieser bald seine Handelsvertretung aus Altersgründen und auch seinen Wohnsitz in Deutschland aufgeben will. Er beabsichtigt, in den nächsten zwei Jahren mit seiner Ehefrau durch Europa zu reisen. Da der Antragsgegner nach Kenntnis des Antragstellers über kein anderes Fahrzeug verfügt, ist davon auszugehen, dass er für die Reise das verkaufte Wohnmobil nutzen will.

Glaubhaftmachung: Eidesstattliche Versicherung des ▬▬▬, **Anlage 2**.

Der Antragsteller geht davon aus, dass aufgrund der offenbar alsbald bevorstehenden Auflösung des Wohnsitzes und der bevorstehenden Auslandsreise des Antragsgegners der Herausgabeanspruch gefährdet ist. Durch die ständige Benutzung ist das Wohnmobil einer erheblichen Wertminderung unterworfen. Da der Antragsgegner auch seine Wohnung aufgeben will, steht zu befürchten, dass der Herausgabeanspruch des Antragstellers vereitelt werden soll. Insofern ist eine Dringlichkeitsentscheidung ohne mündliche Verhandlung geboten.

Rechtsanwalt

XI. Muster: Antrag auf Erlass einer auf Grundbucheintragung gerichteten einstweiligen Verfügung

299 An das
Amtsgericht ▬▬▬ [460]

Antrag auf Erlass einer einstweiligen Verfügung

In Sachen
des ▬▬▬

– Antragsteller –

Verfahrensbevollmächtigte: RAe ▬▬▬

gegen

Herrn ▬▬▬

– Antragsgegner –

beantragen wir namens und kraft beigefügter Vollmacht des Antragstellers:

1. Zur Sicherung des Anspruchs des Antragstellers auf Auflassung wird die Eintragung einer Vormerkung in das im Grundbuch von ▬▬▬, Gemarkung ▬▬▬, Band ▬▬▬, Blatt ▬▬▬, eingetragene Grundstück an rangbereitester Stelle angeordnet.
2. Das Grundbuchamt wird um die Eintragung der Vormerkung ersucht.
3. Der Antragsgegner trägt die Kosten des Verfahrens.

---

[460] §§ 942 ZPO, 937 ZPO.

Begründung:[461]

Der Antragsteller hat von dem Antragsgegner mit notariellem Kaufvertrag (Fotokopie **Anlage 1**) vom .... das im Antrag zu 1. bezeichnete Grundstück gekauft. Die Auflassung erfolgte ebenfalls in der notariellen Urkunde vom ....

Der Antragsgegner hat dem Antragsteller mit dem in Fotokopie als **Anlage 2** beigefügten Schreiben mitgeteilt, er könne das Grundstück zu einem erheblich höheren Preis an .... veräußern. Er habe bereits mit Herrn .... einen notariellen Kaufvertrag geschlossen und trete deshalb von dem Kaufvertrag mit dem Antragsteller zurück.

Rechtsanwalt

XII. Muster: Antrag auf Erlass einer Sicherungsverfügung mit Erwerbsverbot

An das
Amtsgericht .... [462]

Antrag auf Erlass einer Sicherungsverfügung mit Erwerbsverbot

In Sachen
des ....

– Antragsteller –

Verfahrensbevollmächtigte: RAe ....

gegen

Herrn ....

– Antragsgegner –

beantragen wir namens und kraft beigefügter Prozessvollmacht des Antragstellers bei dem wegen der Dringlichkeit der Angelegenheit nach § 942 ZPO zuständigen Amtsgericht ohne mündliche Verhandlung den Erlass folgender einstweiliger Verfügung:

1. Dem Antragsgegner wird es unter Androhung eines Ordnungsgeldes bis zu 250.000 EUR und für den Fall, dass dieses nicht beigetrieben werden kann, Ordnungshaft, oder Ordnungshaft bis zu 6 Monaten,[463] verboten, seine Eintragung als Eigentümer des Grundstücks ...., Grundbuch des Amtsgerichts ...., für ...., Band ...., Blatt ...., zu beantragen bzw. einen bereits gestellten Eintragungsantrag aufrecht zu erhalten.[464]

---

461 Der Antragsteller kann daher gem. § 883 Abs. 1 BGB die Eintragung einer Vormerkung verlangen. Gem. § 885 BGB muss im Rahmen eines Verfahrens auf Erlass einer einstweiligen Verfügung die Gefährdung des zu sichernden Anspruchs gem. § 885 Abs. 1 S. 2 BGB nicht glaubhaft gemacht werden.
462 § 942 ZPO.
463 Vgl. § 890 ZPO; Der Festsetzung von Ordnungsmitteln muss eine entsprechende Androhung vorausgehen, weshalb sich die Aufnahme im Antrag empfiehlt.
464 Das Erwerbsverbot ist Eintragungshindernis gem. § 18 GBO; OLG Hamm OLGZ 1970, 438 ff.

2. Die Eintragung eines Widerspruchs gegen die für den Antragsgegner bei dem unter 1. genannten Grundstück in Abt. II. eingetragene Auflassungsvormerkung wird angeordnet.[465]
3. Das Grundbuchamt wird um die Eintragung des Widerspruchs gemäß 2. ersucht.[466]
4. Der Antragsgegner trägt die Kosten des Verfahrens.

Begründung:
Der Antragsteller hat mit Kaufvertrag vom ▬▬▬, beurkundet vom Notar ▬▬▬, das im Antrag zu 1. bezeichnete Grundstück verkauft. In der Urkunde wurde die Auflassung erklärt und die Auflassungsvormerkung bewilligt sowie deren Eintragung beantragt. Die Auflassungsvormerkung ist eingetragen.

    Glaubhaftmachung: 1. Fotokopie des Kaufvertrags vom ▬▬▬, **Anlage 1**,
             2. Fotokopie beglaubigter Grundbuchauszug vom ▬▬▬, **Anlage 2**.

Der Antragsteller hat mit dem Antragsgegner in einfach-schriftlicher Form im Zusammenhang mit dem oben bezeichneten notariell beurkundeten Kaufvertrag vereinbart, dass der Antragsteller verpflichtet ist, das Grundstück zurück zu erwerben, wenn ▬▬▬.

    Glaubhaftmachung: Vereinbarung vom ▬▬▬, **Anlage 3**.

Der Antragsgegner hatte den Antragsteller zuvor darauf hingewiesen, die Einhaltung der notariellen Form sei nicht erforderlich. Man könne insofern die Notarkosten sparen.

    Glaubhaftmachung: Schreiben des Antragsgegners vom ▬▬▬, **Anlage 4**.

Der Antragsteller ist inzwischen anwaltlich beraten und ist daher der Auffassung, dass der Kaufvertrag wegen Verstoßes gegen § 311b Abs. 1 S. 1 BGB formnichtig ist. Wenn der Antragsgegner jedoch als Eigentümer eingetragen wird, ist der Vertrag seinem gesamten Inhalt nach – und damit auch im Hinblick auf die einfach-schriftliche zusätzliche Vereinbarung vom ▬▬▬ – gem. § 311b Abs. 1 S. 2 BGB geheilt.[467] Der Antragsteller würde damit seinen Grundbuchberichtigungsanspruch verlieren.

Rechtsanwalt
▲

---

[465] § 894 BGB bei nichtigem Kaufvertrag und in Folge dessen ins Leere gehender Auflassungsvormerkung.
[466] § 941 ZPO.
[467] BGH ZIP 2002, 1355.

XIII. Muster: Antrag auf Erlass einer auf Leistung gerichteten einstweiligen Verfügung

An das

Landgericht ▉▉▉

Antrag auf Erlass einer einstweiligen Verfügung

In Sachen

des ▉▉▉

– Antragsteller –

Verfahrensbevollmächtigte: RAe ▉▉▉

gegen

Herrn ▉▉▉

– Antragsgegner zu 1) –

und

Herrn ▉▉▉

– Antragsgegner zu 2) –

beantragen wir namens und kraft beigefügter Vollmacht des Antragstellers gegen die Antragsgegner zu 1) und 2) wegen der Dringlichkeit ohne vorherige mündliche Verhandlung den Erlass einer einstweiligen Verfügung mit folgendem Inhalt:

1. Die Antragsgegner zahlen als Gesamtschuldner an den Antragsteller bis zur rechtskräftigen Entscheidung des Verfahrens vor dem erkennenden Gericht mit dem Az: ▉▉▉ eine zum ersten eines jeden Monats zahlbare, erstmals am ▉▉▉ fällige Schadensrente in Höhe von ▉▉▉.
2. Die Antragsgegner tragen die Kosten des Verfahrens.

Begründung:

Der Antragsgegner zu 1) hat den Antragsteller bei einem Verkehrsunfall schuldhaft so schwer verletzt, dass der Antragsteller bis auf Weiteres arbeitsunfähig ist. Der Antragsgegner zu 2) ist der Pflichtversicherer des Antragsgegners zu 1).

Glaubhaftmachung für die Arbeitsunfähigkeit: Beiliegende eidesstattliche Versicherung des behandelnden Arztes, Dr. ▉▉▉, **Anlage 1**.

Der Antragsgegner zu 1) hat den Verkehrsunfall allein verschuldet. Er ist ohne erkennbaren Grund auf den vor einer auf rot geschalteten Verkehrsampel stehenden Antragsteller mit erheblicher Geschwindigkeit aufgefahren.

Glaubhaftmachung: Eidesstattliche Versicherung der Zeugen ▉▉▉, **Anlage 2**.

Der Antragsteller verfügt über keinerlei Rücklagen und über keine Möglichkeit, sich die notwendigen Mittel für seinen laufenden Unterhalt zu beschaffen.

Glaubhaftmachung: Eidesstattliche Versicherung des Antragstellers, **Anlage 3**.

§ 16 Vorläufiger Rechtsschutz

Das Verfahren in der Hauptsache wird sich aller Voraussicht nach noch über einen erheblichen Zeitraum hinziehen. Die oben genannten Zeugen des Verkehrsunfalls sind Mitglieder einer schweizerisch-österreichischen Reisegruppe und die Zeugen A, B und C sind bei der Firma ▬▬ beschäftigt und befinden sich zurzeit auf einer Montagetour in China. Sie werden voraussichtlich erst in einem halben Jahr zurückkehren und können erst dann als Zeugen befragt werden.

Glaubhaftmachung: Eidesstattliche Versicherung der Zeugen A, B und C, **Anlage 4.**

Bevor der Antragsteller über einen vorläufig vollstreckbaren Titel gegen die Antragsteller zu 1) und 2) verfügt, wird daher noch ein erheblicher Zeitraum vergehen, sodass eine einstweilige Regelung der Schadensersatzpflicht der Antragsgegner durch eine Rentenzahlung erforderlich ist. Der Antragsteller benötigt einen monatlichen Betrag von zumindest ▬▬ EUR. Dieser Betrag ist erforderlich, damit der Antragsteller die monatlich anfallenden Kosten in Höhe von ▬▬ EUR für Miete, Strom, Heizung, ▬▬ *[im Einzelnen ausführen]* bestreiten kann.[468]

▬▬

Rechtsanwalt

XIV. Muster: Antrag auf Erlass einer einstweiligen Verfügung auf Abgabe einer Erklärung

An das

Landgericht ▬▬

Kammer für Handelssachen[469]

Antrag auf Erlass einer einstweiligen Verfügung

In Sachen

des ▬▬

– Antragsteller –

Verfahrensbevollmächtigte: RAe ▬▬

gegen

Herrn ▬▬

– Antragsgegner –

beantragen wir namens und kraft beigefügter Prozessvollmacht des Antragstellers den Erlass folgender einstweiliger Verfügung gegen den Antragsgegner, **wegen der Dringlichkeit ohne vorherige mündliche Verhandlung und durch den Vorsitzenden allein**:

1. Der Antragsgegner hat es zu unterlassen, gegenüber Kunden des Antragstellers oder gegenüber Dritten mit dem als **Anlage 1** beigefügten Schreiben oder

---

468 Zur Sicherheit wird nur die Existenzgrundlage des Antragstellers angegeben, sodass sich die Rente im einstweiligen Verfügungsverfahren auf die pfändungsfreien Beträge gem. § 850c ZPO beschränkt.
469 Vgl. §§ 13 Abs. 1 UWG, 95 Abs. 1 Nr. 5 GVG.

sinngemäßen Äußerungen zu fordern, die von der Antragstellerin vertriebenen Waren zu boykottieren.

2. Dem Antragsgegner wird angedroht, dass für jeden Fall der Zuwiderhandlung gegen die in Ziff. 1 ausgesprochene Verpflichtung ein Ordnungsgeld bis zu 250.000 EUR und für den Fall, dass dieses nicht beigetrieben werden kann, Ordnungshaft, oder Ordnungshaft bis zu 6 Monaten festgesetzt werden kann.[470]

3. Der Antragsgegner trägt die Kosten des Verfahrens.

Begründung:

Die in dem in Fotokopie als **Anlage 1** beigefügten Schreiben vom ▓▓▓▓ [471] aufgestellte Behauptung, der Antragsteller beschäftige Schwarzarbeiter, er wolle diese „nach Strich und Faden" ausnutzen und schädige dadurch zugleich die Volkswirtschaft, ist falsch. Der Antragsteller hat zu keiner Zeit Schwarzarbeiter beschäftigt.

    Glaubhaftmachung: Eidesstattliche Versicherung des langjährigen Prokuristen des Antragstellers, Herrn ▓▓▓▓, **Anlage 2.**

Der Antragsteller und der Antragsgegner vertreiben beide Gartengeräte und stehen daher unmittelbar im Wettbewerb miteinander.

    Glaubhaftmachung: Eidesstattliche Versicherung des langjährigen Prokuristen des Antragstellers, Herrn ▓▓▓▓, **Anlage 2.**

Das Verhalten des Antragsgegners verstößt gegen § 4 Nr. 1 UWG. Damit werden die geschäftlichen Verhältnisse des Antragstellers herabgesetzt und verunglimpft. Selbst wenn die Anschuldigungen des Antragsgegners zuträfen, wäre eine solche verunglimpfende Beschreibung nicht gerechtfertigt. Mit den Aussagen des Antragsgegners im Schreiben vom ▓▓▓▓ (**Anlage 1**) wird der Antragsteller in unangemessener Weise herabgesetzt.

Für den Fall, dass das Gericht dem Antrag nicht ohne vorherige mündliche Verhandlung entsprechen möchte, bitten wir, den Unterzeichner vor Zustellung des Verfügungsantrags an den Antragsgegner zu unterrichten.

Rechtsanwalt

---

[470] § 890 ZPO.
[471] Für den Nachweis der Dringlichkeit sollte das Schreiben nicht älter als drei bis vier Wochen sein.

XV. Muster: Antrag auf Erlass einer einstweiligen Verfügung auf Unterlassung beleidigender Äußerungen

An das

Landgericht ▮▮▮▮[472]

Antrag auf Erlass einer einstweiligen Verfügung

In Sachen

des ▮▮▮▮

– Antragsteller –

Verfahrensbevollmächtigte: RAe ▮▮▮▮

gegen

Herrn ▮▮▮▮

– Antragsgegner –

beantragen wir namens und kraft beigefügter Prozessvollmacht des Antragstellers den Erlass folgender einstweiliger Verfügung gegen den Antragsgegner, **wegen der Dringlichkeit ohne vorherige mündliche Verhandlung und durch den Vorsitzenden allein**:

1. Der Antragsgegner hat es zu unterlassen, wörtlich oder sinngemäß gegenüber Dritten zu behaupten, der Antragsteller habe ihn beim Erwerb der Wohnung ▮▮▮▮ betrogen.
2. Dem Antragsgegner wird angedroht, dass für jeden Fall der Zuwiderhandlung gegen die in Ziff. 1 ausgesprochene Verpflichtung ein Ordnungsgeld bis zu 250.000 EUR und für den Fall, dass dieses nicht beigetrieben werden kann, Ordnungshaft, oder Ordnungshaft bis zu 6 Monaten festgesetzt werden kann.[473]
3. Der Antragsgegner trägt die Kosten des Verfahrens.

Streitwert: 100.000 EUR.

Begründung:

Der Antragsteller betreibt einen Handel mit Immobilien und eine Bauunternehmung. Am ▮▮▮▮ hat er dem Antragsgegner die Wohnung in der ▮▮▮▮straße im 1. Stock rechts in ▮▮▮▮ mit notarieller Urkunde des Notars ▮▮▮▮ aus ▮▮▮▮ verkauft. Aus dem Kaufvertrag ergibt sich, dass es sich bei der Wohnung um eine Altbauwohnung in einem denkmalgeschützten und sanierungsbedürftigen Gebäude handelte. Der Antragsteller hatte sich verpflichtet, die Wohnung zu renovieren und in renoviertem Zustand an den Antragsgegner zu übergeben.

Glaubhaftmachung: Fotokopie der Kaufvertragsurkunde, **Anlage 1**.

Vor Abschluss des Kaufvertrags wurde der Antragsgegner über die besonderen steuerlichen Absatzmöglichkeiten bei Baudenkmalen nach § 7i EStG belehrt. Der Antragsteller hat ausdrücklich darauf hingewiesen, dass der Antragsgegner Sonderabschreibungen nach § 7i EStG nur geltend machen kann, soweit denkmalbezogene Sanierungsarbeiten

---

[472] §§ 71, 23 GVG.
[473] § 890 ZPO.

i.S.v. § 7i Abs. 1 Sätze 1 bis 4 EStG **nach** Abschluss des notariellen Kaufvertrags durchgeführt werden, § 7i Abs. 1 S. 5 EStG. Der Antragsgegner hat sogar den Gesetzestext des § 7i EStG erhalten. Die Sanierungsarbeiten wurden entgegen den Behauptungen des Antragsgegners sämtlich nach dem Abschluss des Kaufvertrags durchgeführt. Bei dem Antragsteller liegen auch sämtliche Belege über die in der verkauften Wohnung und in dem denkmalgeschützten Altbau durchgeführten Sanierungsmaßnahmen in detaillierter Form vor.

  Glaubhaftmachung: Eidesstattliche Versicherung des Herrn ▒▒▒▒, **Anlage 2**.

Der Antragsgegner hat jedoch den im Kaufvertrag festgesetzten Kaufpreis nicht entrichtet, obwohl er insoweit lediglich behauptet, er verfüge zurzeit nicht über die notwendigen Mittel. Der Antragsteller hat deshalb von seinem Zurückbehaltungsrecht im Hinblick auf die Leistungsbelege und Rechnungen Gebrauch gemacht. Diese benötigt der Antragsgegner zur Vorlage bei der Denkmalschutzbehörde, um von dieser die Bestätigung über die denkmalbezogene Leistung zu erhalten, welche wiederum der Finanzverwaltung vorgelegt werden muss, um die steuerliche Sonderabschreibung zu erhalten.

Wegen des vom Antragsteller geltend gemachten Zurückbehaltungsrechts war der Antragsgegner offenbar so verärgert, dass er gegenüber den mit dem Antragsteller in Geschäftsverbindung stehenden Kreditinstituten am ▒▒▒▒ und am ▒▒▒▒ behauptet hat, der Antragsteller habe ihn im Hinblick auf mögliche Steuervorteile beim Verkauf einer Wohnung in einem denkmalgeschützten Gebäude betrogen.

  Glaubhaftmachung:
  1. Eidesstattliche Versicherung der Frau ▒▒▒▒, zu laden über die ▒▒▒▒-Bank, **Anlage 3**;
  2. Eidesstattliche Versicherung des Herrn ▒▒▒▒, zu laden über die ▒▒▒▒-Bank, **Anlage 4**.

Da der Antragsteller die Sanierungsarbeiten sämtlich nach Abschluss des notariellen Kaufvertrages durchgeführt hat und darüber hinaus zu Recht die Leistungsbelege und Rechnungen zurückbehalten hat, ist der Vorwurf des Betruges falsch. Die Behauptung des Antragsgegners verstößt gegen §§ 823 Abs. 1, 824 und 826 BGB, sodass der Antragsteller nach diesen Vorschriften i.V.m. § 1004 BGB Unterlassung verlangen kann. Der unberechtigte Betrugsvorwurf stellt einen Eingriff in den eingerichteten und ausgeübten Gewerbebetrieb des Antragstellers dar und erfüllt die Tatbestände der Kreditgefährdung und Anschwärzung. Es handelt sich dabei auch nicht um ein bloßes Werturteil, sondern um Tatsachenbehauptungen. Ob ein Betrug vorliegt, ist dem Beweise zugänglich.

Auch auf eine Abmahnung hin war der Antragsgegner nicht bereit, eine strafbewehrte Unterlassungserklärung abzugeben.

  Glaubhaftmachung: Abmahnung vom ▒▒▒▒, Fotokopie **Anlage 5**.

Insofern besteht Wiederholungsgefahr.

Die örtliche Zuständigkeit des angerufenen Gerichts folgt aus § 32 ZPO. Die Betrugsvorwürfe gegenüber Frau ▒▒▒▒ und Herrn ▒▒▒▒ erfolgten in den Filialen der Bankhäuser ▒▒▒▒ und ▒▒▒▒ am Gerichtsort.

Wir bitten, den Gegenstandswert des Verfahrens auf 100.000 EUR festzulegen. Das Unternehmen des Antragstellers ist in der größeren Region ▓▓▓▓ tätig und hat sich auf den Erwerb, die Sanierung und den anschließenden Verkauf von Baudenkmalen spezialisiert. Bei der aktuell generell schwachen Konjunkturlage ist der Geschäftsbetrieb des Antragstellers deshalb durch Anschwärzungen bei Kreditinstituten, mit denen er geschäftlich verbunden ist, besonders empfindlich.

Rechtsanwalt

▲

XVI. Muster: Antrag auf Erlass einer einstweiligen Verfügung auf Untersagung der Geschäftsführung und Vertretung

▼

An das

Landgericht ▓▓▓▓

Kammer für Handelssachen

Antrag auf Erlass einer einstweiligen Verfügung

In Sachen

des ▓▓▓▓

– Antragsteller –

Verfahrensbevollmächtigte: RAe ▓▓▓▓

gegen

Herrn ▓▓▓▓

– Antragsgegner –

beantragen wir namens und kraft beigefügter Prozessvollmacht des Antragstellers den Erlass der folgenden einstweiligen Verfügung gegen den Antragsgegner, **wegen der Dringlichkeit ohne vorherige mündliche Verhandlung und durch den Vorsitzenden allein**:

1. Der Antragsgegner hat es zu unterlassen, die Geschäftsräume der ▓▓▓▓-GmbH in ▓▓▓▓ zu betreten und die Geschäftsführung und Vertretung der ▓▓▓▓-GmbH (eingetragen im Handelsregister ▓▓▓▓ Hrd ▓▓▓▓) wahrzunehmen.
2. Dem Antragsgegner wird angedroht, dass für jeden Fall der Zuwiderhandlung gegen das in Ziff. 1. ausgesprochene Verbot ein Ordnungsgeld bis zu 250.000 EUR und für den Fall, dass dieses nicht beigetrieben werden kann, Ordnungshaft, oder Ordnungshaft bis zu 6 Monaten festgesetzt werden kann.
3. Der Antragsgegner trägt die Kosten des Verfahrens.

Begründung:

Der Antragsgegner ist Fremd-Geschäftsführer der ▓▓▓▓-GmbH. Der Antragsteller, der auch alleinvertretungsberechtigter Geschäftsführer ist, ist neben Herrn B zu gleichen Teilen Gesellschafter der ▓▓▓▓-GmbH.

Glaubhaftmachung:
1. Gesellschaftsvertrag vom ▓▓▓▓, Fotokopie **Anlage 1**;
2. Beglaubigter Auszug aus dem Handelsregister nebst Gesellschafterliste, Fotokopie **Anlage 2**.

Der Antragsgegner hat für die ▓▓▓▓-GmbH vor zwei Wochen, am ▓▓▓▓ einen 50 %-Geschäftsanteil der ▓▓▓▓-OHG zum Preis von 10.000 EUR erworben und den Kaufpreis auch gleich an die Veräußerin, Frau ▓▓▓▓, gezahlt. Mit Beschl. v. ▓▓▓▓ hat inzwischen das Amtsgericht ▓▓▓▓ über das Vermögen der ▓▓▓▓-OHG das Insolvenzverfahren eröffnet, sodass der erworbene OHG-Anteil voraussichtlich keinen nennenswerten Wert hat.

Der Erwerb des Geschäftsanteils an der ▓▓▓▓-OHG bedurfte gem. § 6 des als Anlage 1 beigefügten Gesellschaftsvertrags der ▓▓▓▓-GmbH der vorherigen Zustimmung der Gesellschafterversammlung. Dies war dem Antragsgegner auch bekannt, da er in seinem Geschäftsführeranstellungsvertrag auf die Einhaltung der Regelungen des Gesellschaftsvertrags der ▓▓▓▓-GmbH verpflichtet wurde.

Glaubhaftmachung: Fotokopie des Geschäftsführungsvertrags, **Anlage 3**.

Damit hat der Antragsgegner in äußerst gravierender Weise gegen seine Pflichten als Geschäftsführer verstoßen.

Als der Antragsteller den Antragsgegner in der vergangenen Woche auf den Anteilserwerb angesprochen hatte, weigerte sich der Antragsgegner zunächst, den Kaufvertrag über den Anteilserwerb herauszugeben.

Glaubhaftmachung: Eidesstattliche Versicherung des Herrn ▓▓▓▓, **Anlage 4**.

Das Geschäftsführungs- und Vertretungsverbot sowie das Betretungsverbot für die Geschäftsräume sind besonders dringlich und bedürfen daher zu ihrer Durchsetzung des Erlasses einer einstweiligen Verfügung, weil im nächsten Monat eine Gesellschafterversammlung nicht möglich ist. Der Mitgeschäftsführer[474] des Antragstellers, Herr ▓▓▓▓, befindet sich auf einer Geschäftsreise in Südostasien, wo er allerdings erkrankt ist, sodass er frühestens in einem Monat zurückerwartet werden kann.

Glaubhaftmachung: Fotokopie ärztliches Attest vom ▓▓▓▓ nebst konsularisch beglaubigter amtlicher Übersetzung, Fotokopie, **Anlage 5**.

Wir bitten daher, die einstweilige Verfügung alsbald zu erlassen.

Rechtsanwalt

---

[474] Wenn der Antragsteller kein alleinvertretungsberechtigter Mitgeschäftsführer wäre, müsste zunächst ein Notgeschäftsführer bestellt werden.

XVII. Muster: Antrag auf Erlass einer einstweiligen Verfügung auf Untersagung der Geschäftsführung und Vertretung – Gegenantrag

305 An das Landgericht ▆▆▆
Kammer für Handelssachen

Gegenantrag auf Erlass einer einstweiligen Verfügung

des Herrn ▆▆▆

– Antragsgegner und Gegenantragsteller –

Prozessbevollmächtigte: RAe ▆▆▆

gegen

Herrn ▆▆▆

– Antragsteller und Gegenantragsgegner –

Prozessbevollmächtigte: RAe ▆▆▆

wegen des vorläufigen Verbots, Geschäftsführungs- und Vertretungshandlungen für die ▆▆▆-GmbH vorzunehmen.

Vorläufiger Streitwert: ▆▆▆ EUR

Namens und kraft beigefügter Prozessvollmacht des Antragsgegners und Gegenantragstellers beantragen wir:

Der Verfügungsantrag des Antragstellers wird zurückgewiesen.

Im Wege der einstweiligen Verfügung beantragen wir anzuordnen:

1. Dem Antragsteller und Gegenantragsgegner wird es bis zur rechtskräftigen Entscheidung über die Wirksamkeit seiner Abberufung als Geschäftsführer der ▆▆▆-GmbH untersagt, Geschäftsführungshandlungen und Vertretungshandlungen für die ▆▆▆-GmbH vorzunehmen und die Geschäftsräume der ▆▆▆-GmbH, Hafenstr. 1, in Münster zu betreten.
2. Für den Fall der Zuwiderhandlung gegen das in Ziff. 1 ausgesprochene Verbot wird dem Antragsteller und Gegenantragsgegner ein Ordnungsgeld von bis zu 250.000 EUR und für den Fall, dass dieses nicht beigetrieben werden kann, Ordnungshaft, oder Ordnungshaft bis zu sechs Monaten angedroht.
3. Der Antragsteller und Gegenantragsgegner trägt die Kosten des Verfahrens.

Begründung:

I.

Der Antragsteller und der Antragsgegner sind jeweils zu gleichen Anteilen Gesellschafter der ▆▆▆-GmbH. Voraussetzungen für den Erlass der vom Antragsteller beantragten einstweiligen Verfügung liegen nicht vor. *[Nähere Ausführungen, die den Vortrag zu Muster XVI Rdn 304 möglichst widerlegen]*

II.

Die Gegenanträge gegen den Antragsteller werden wie folgt begründet:

Ausnahmsweise ist ein Gegenantrag auf Erlass einer einstweiligen Verfügung im laufenden Verfügungsverfahren des Antragstellers zulässig. Dies gilt insbesondere, weil es sich um einstweiligen Rechtsschutz im Zusammenhang mit einer Zwei-Personen-GmbH handelt und im vorläufigen Rechtsschutz beide Gesellschafter-Geschäftsführer eine gegenseitige Abberufung betreiben.

Vgl. dazu OLG Karlsruhe, Urt. v. 23.2.1999 – 19 U 226/98, S. 3 d. amtl. Umdr. n.v.

Sollte das Gericht den Gegenantrag gleichwohl für unzulässig halten, bitten wir, diesen als selbstständigen Verfügungsantrag zu behandeln und sowohl das vom Antragsteller eingeleitete Verfahren als auch das vom Antragsgegner eingeleitete Verfahren nach § 147 ZPO zu verbinden.

Begründet wird der Gegenantrag in der Sache wie folgt:

Nicht der Antragsgegner hat für die -GmbH vor einigen Wochen einen 50 %-Anteil der -OHG zum Preis von 10.000 EUR erworben und den Kaufpreis auch gleich an die Veräußerin gezahlt. Vielmehr war es der Antragsteller, der so gehandelt hat, obwohl gem. § 6 des als Anlage 1 beigefügten Gesellschaftsvertrages der -GmbH die vorherige Zustimmung der Gesellschafterversammlung erforderlich war, aber nicht vorlag.

Damit hat nicht der Antragsgegner, sondern der Antragsteller in äußerst gravierender Weise gegen seine Pflichten als Geschäftsführer verstoßen.

Das Geschäftsführungs- und Vertretungsverbot sowie das Betretungsverbot für die Geschäftsräume sind besonders dringlich und bedürfen daher zu ihrer Durchsetzung des Erlasses einer einstweiligen Verfügung.

Ein entsprechender Gesellschafterbeschluss der Gesellschafterversammlung der -GmbH über die Abberufung des Antragstellers und Gegenantragsgegners ist entbehrlich, da der Antragsteller ohnehin gem. § 47 Abs. 4 GmbHG seine Stimme nicht abgeben darf. Mit dem Gegenantrag auf

Erlass einer einstweiligen Verfügung gegen den Antragsteller und Gegenantragsgegner ist der Wille der Gesellschafterversammlung entsprechend dargelegt.

Rechtsanwalt

XVIII. Muster: Auskunfts- und Einsichtserzwingungsverfahren nach § 51b GmbHG

▼

An das Landgericht
Kammer für Handelssachen

Antrag auf Entscheidung über das Informationsrecht gem. §§ 51a, 51b GmbHG

des Herrn

– Antragsteller –

Verfahrensbevollmächtigte: RAe

gegen

die -GmbH, vertreten durch den alleinvertretungsberechtigten Geschäftsführer

– Antragsgegnerin –

Prozessbevollmächtigte: RAe ▓▓▓▓
wegen

Vorläufiger Streitwert: ▓▓▓▓ EUR

Namens und kraft beigefügter Prozessvollmacht beantragen wir,

anzuordnen, dass die Antragsgegnerin dem Antragsteller Auskunft über die Honorierung des Gesellschafters und wissenschaftlichen Leiters der ▓▓▓ -GmbH für seine Tätigkeiten für die ▓▓▓ -GmbH im Jahre 2000 erteilt.

Begründung:

1. Sachverhalt

Der Antragsteller ist Mehrheitsgesellschafter der Antragsgegnerin. Sein Mitgesellschafter und wissenschaftlicher Leiter der Antragsgegnerin, ▓▓▓, hat einige Untersuchungen für die Antragsgegnerin durchgeführt. Dem Vernehmen nach soll die Honorierung auf Stundenbasis erfolgt sein und weit über 200.000 EUR betragen haben. Eine sichere Kenntnis hat der Antragsteller jedoch soweit nicht. Ihm ist aber bekannt, dass der wissenschaftliche Leiter – der im Nebenamt einen Lehrstuhl an der Universität ▓▓▓ inne hat –, von der Hochschulverwaltung eine auf zehn Wochenstunden beschränkte Nebentätigkeitsgenehmigung erhalten hat.

    Glaubhaftmachung: Eidesstattliche Versicherung des ▓▓▓

Geht man von einer Arbeitsleistung des wissenschaftlichen Leiters für die Antragsgegnerin unter Berücksichtigung des üblichen Urlaubs von 46 Wochen aus, kommt eine zulässige Tätigkeit in Höhe von 460 Stunden für das Jahr 2000 in Betracht. Die Stundenvergütung müsste daher bei mindestens 430 EUR/Stunde liegen. Dies ist für die rein überwachende ingenieurfachliche Tätigkeit des wissenschaftlichen Leiters weit überhöht. Üblich sind Stundensätze für selbstständige Ingenieure auch mit der Qualifikation des wissenschaftlichen Leiters als Lehrstuhlinhaber der Universität ▓▓▓ von maximal 120 EUR/Stunde.

    Glaubhaftmachung: Schriftliche amtliche Auskunft der Industrie- und Handelskammer ▓▓▓

Insofern liegt der Verdacht der verdeckten Gewinnausschüttung vor, da der wissenschaftliche Leiter zugleich Gesellschafter der Antragsgegnerin ist. Es steht zu vermuten, dass die Antragsgegnerin einen gesellschaftsfremden Dritten mit derselben Qualifikation bei weitem nicht in dem Umfang honoriert hätte.

Damit besteht ein rechtliches Interesse des Antragstellers an der Erteilung der erbetenen Information.

Der Antragsteller hat die mit dem Verfügungsantrag verlangten Informationen zuvor mit Schreiben vom ▓▓▓ gegenüber der Antragsgegnerin erbeten. Seine Bitte ist jedoch abschlägig beschieden worden.

    Glaubhaftmachung:
    1. Schreiben des Antragstellers vom ▓▓▓
    2. Schreiben der Antragsgegnerin vom ▓▓▓

2. Rechtslage

Das Auskunftsbegehren des Antragstellers ist ohne Weiteres gegeben. Aufgrund des Schreibens der Antragsgegnerin vom ▬▬▬ muss der Antragsteller davon ausgehen, dass jedenfalls keine schriftliche Fixierung der offensichtlich an den wissenschaftlichen Leiter gezahlten Vergütung existiert. Ob und inwieweit eine eindeutige und klare mündliche Vereinbarung zwischen dem wissenschaftlichen Leiter und der Antragsgegnerin über die Honorierung des wissenschaftlichen Leiters besteht, ist ebenfalls unklar, ergibt sich jedenfalls nicht aus dem Antwortschreiben der Antragsgegnerin. Eine klare und eindeutige Regelung, auch in Form einer mündlichen Vereinbarung der Honorierung des wissenschaftlichen Leiters, wäre aber zumindest nach Abschnitt 31 Abs. 5 KStR (Körperschaftsteuerrichtlinie) erforderlich.

Damit besteht das Informationsbedürfnis des Antragstellers.

▬▬▬

Rechtsanwalt

XIX. Muster: Antrag auf Erlass einer einstweiligen Verfügung auf Unterlassung der Betriebseinstellung

▼

An das
Amtsgericht/Landgericht ▬▬▬

Antrag auf Erlass einer einstweiligen Verfügung

In Sachen

des ▬▬▬

– Antragsteller –

Verfahrensbevollmächtigte: RAe ▬▬▬

gegen

Herrn ▬▬▬

– Antragsgegner –

beantragen wir namens und kraft beigefügter Prozessvollmacht des Antragstellers den Erlass folgender einstweiliger Verfügung gegen den Antragsgegner wegen der Dringlichkeit ohne vorherige mündliche Verhandlung und durch den Vorsitzenden allein:

1. Der Antragsgegner hat es zu unterlassen, die von ihm betriebene Gaststätte ▬▬▬ im Erdgeschoss des Hauses ▬▬▬ in ▬▬▬ zu schließen und den Gaststättenbetrieb einzustellen.
2. Dem Antragsgegner wird angedroht, dass für jeden Fall der Zuwiderhandlung gegen die in Ziffer 1. ausgesprochene Verpflichtung ein Ordnungsgeld bis zu 250.000 EUR und für den Fall, dass dieses nicht beigetrieben werden kann, Ordnungshaft, oder Ordnungshaft bis zu 6 Monaten festgesetzt werden kann.
3. Die Kosten des Verfahrens trägt der Antragsgegner.

§ 16 Vorläufiger Rechtsschutz

Begründung:

Der Antragsteller hat mit dem Antragsgegner am ▬▬▬ einen Gaststättenpachtvertrag für 5 Jahre fest geschlossen. Nach § ▬▬▬ dieses Vertrages ist der Antragsgegner verpflichtet, die Gaststätte zu betreiben. Betriebsfreie Zeiten sind auf einen Tag pro Woche sowie auf Betriebsferien gem. § 5 des Vertrages beschränkt.

  Glaubhaftmachung: Pachtvertrag vom ▬▬▬, Fotokopie **Anlage 1**.

Vor einer Woche erhielt der Antragsteller einen Brief des Antragsgegners, mit dem dieser erklärt hat, er habe in den gerade beendeten Betriebsferien zu seiner wahren Persönlichkeit gefunden. Um vor sich selbst bestehen zu können, müsse er daher ab sofort seine gesamte Zeit mit freiem Ausdrucksmalen ausfüllen. Er kündige daher fristlos den Gaststättenvertrag und bitte um Verständnis.

  Glaubhaftmachung: Fotokopie des Briefes des Antragsgegners vom ▬▬▬, **Anlage 2**.

Am darauf folgenden Tag musste der Antragsteller in der örtlichen Tageszeitung eine Anzeige des Antragsgegners lesen, mit der dieser die sofortige Schließung der Gaststätte bekannt gab.

  Glaubhaftmachung: Fotokopie eines Ausschnitts aus der Tageszeitung vom ▬▬▬, **Anlage 3**.

Weitere Gespräche mit dem Antragsgegner, auch über die Entschädigung des Antragstellers, waren erfolglos. Die Gaststätte ▬▬▬ lebt im Wesentlichen von Stammkundschaft. Dem Antragsteller sind Stammkunden aus seiner früheren Tätigkeit als Gaststättenbetreiber dort selbst bekannt. Er hat versucht, mit einigen dieser Stammkunden Kontakt aufzunehmen, um ihnen zu versichern, dass es sich bei der Zeitungsannonce des Antragsgegners um einen Scherz handele und die Gaststätte selbstverständlich weiter betrieben werde. Der 78-jährige Antragsteller ist jedoch aus Altersgründen nicht mehr in der Lage, die Gaststätte zu führen. Inzwischen haben sich auch schon einige Stammgäste zu in der Nähe gelegenen anderen Gaststätten orientiert. Es ist davon auszugehen, dass in kürzester Zeit ohne Fortbetrieb der Gaststätte in der Bergstraße die Stammkundschaft vollständig abwandert. Zu den bereits abgewanderten Stammkunden zählen die Herren ▬▬▬.

  Glaubhaftmachung: Eidesstattliche Versicherung des Antragstellers vom ▬▬▬, **Anlage 4**.

Daraus ergibt sich auch die besondere Dringlichkeit. Wir bitten, die einstweilige Verfügung ohne mündliche Verhandlung alsbald zu erlassen.

Rechtsanwalt

XX. Muster: Zustellungsauftrag an den Gerichtsvollzieher

▼

An das

Amtsgericht

Gerichtsvollzieherverteilerstelle[475]

In der Vollstreckungssache

./.

überreichen wir namens und kraft versicherter Vollmacht der Gläubigerin, -GmbH, gesetzlich vertreten durch den Geschäftsführer , Adresse: ,
1. eine Ausfertigung der einstweiligen Verfügung des Landgerichts vom , Az: ,[476]
2. eine anwaltlich beglaubigte Abschrift[477] der Ausfertigung der unter Ziff. 1 genannten einstweiligen Verfügung,[478]

mit der Bitte um kurzfristige Zustellung an [genaue Zustelladresse].[479]

Darüber hinaus bitten wir Sie, uns die Zustellungsurkunde zu übersenden und uns die Zustellkosten aufzugeben.

Rechtsanwalt

▲

XXI. Muster: Abschlussschreiben

▼

-GmbH

Geschäftsführung

Betr.: Einstweilige Verfügung des Landgerichts vom , Az:

Sehr geehrte Damen und Herren,

wie Sie wissen, haben wir unter dem für unsere Mandantin bei dem Landgericht eine einstweilige Verfügung gegen Sie erwirkt. Ausweislich der Zu-

---

[475] Gem. § 14 GVGA ist derjenige Gerichtsvollzieher zu beauftragen, in dessen örtlichem Bezirk die Zustellung vorgenommen werden soll. Der Auftrag ist an das Amtsgericht zu richten. Üblicherweise verfügt ein Amtsgericht über eine Gerichtsvollzieherverteilungsstelle, die die Aufträge entgegennimmt und an den zuständigen Gerichtsvollzieher weiterleitet.

[476] Vgl. § 192 Abs. 2 S. 1 ZPO. Die Urschrift sollte nicht dem Gerichtsvollzieher überlassen werden. Ist im Tenor der einstweiligen Verfügung auf die Antragsschrift und Anlagen Bezug genommen worden oder hat das Gericht in der Verfügung ausdrücklich deren Zustellung angeordnet, müssen diese mit übergeben werden.

[477] Der Gläubiger bzw. sein Rechtsanwalt sollten möglichst keine Abschriften der Ausfertigung anfertigen bzw. anfertigen lassen, sondern Fotokopien, die dann beglaubigt werden. Dabei werden zumindest Fehler vermieden, die in der unrichtigen Wiedergabe der Ausfertigung liegen und zwangsläufig zur falschen Beglaubigung führen. Dies kann zur Unwirksamkeit der Vollziehung führen.

[478] Zwar sieht § 192 Abs. 2 S. 2 ZPO vor, dass der Gerichtsvollzieher die Beglaubigung der ihm überlassenen Abschrift vornimmt. Überlässt der Gläubiger dem Gerichtsvollzieher jedoch die Vornahme der Beglaubigung oder sogar die Herstellung von Abschriften und die Beglaubigung, so kann unter Umständen wertvolle Zeit verstreichen. Im Übrigen lässt sich so nicht kontrollieren, ob dem Schuldner tatsächlich eine vollständige und ordnungsgemäß beglaubigte Abschrift der Ausfertigung zugestellt wird. Auch hier liegt eine Fehlerquelle, die zur Unwirksamkeit der Vollziehung führen kann.

[479] Verbleibt nur noch wenig Zeit bis zum Ablauf der Vollziehungsfrist gem. § 929 Abs. 2 ZPO, sollte der Gerichtsvollzieher auf den Ablauf der Frist hingewiesen und ausdrücklich gebeten werden, vorher zuzustellen.

stellungsurkunde des Gerichtsvollziehers ▬ wurde die einstweilige Verfügung Ihnen am ▬ zugestellt.⁴⁸⁰ Die einstweilige Verfügung unterbricht nicht die Verjährung, sodass unser Mandant gegen Sie in der Hauptsache Klage erheben müsste, gerichtet auf Unterlassung, Schadensersatz und Auskunft, wenn Sie nicht auf die Einlegung des Widerspruchs gem. § 924 ZPO sowie auf die Rechtsbehelfe des § 926 ZPO auf Fristsetzung zur Erhebung der Hauptsacheklage sowie nach § 927 ZPO auf Aufhebung der einstweiligen Verfügung wegen veränderter Umstände verzichten. Außerdem haben Sie sich zu verpflichten, unserer Mandantin unverzüglich Auskunft zu erteilen, inwieweit, in welchem Umfang und wem gegenüber Sie die in der Verfügung angesprochenen Handlungen begangen haben, und zwar unter Angabe des Namens und der Adressen der Empfänger Ihrer Äußerungen. Des Weiteren haben Sie sich zu verpflichten, unserer Mandantin allen Schaden zu ersetzen, der dieser durch die in der einstweiligen Verfügung bezeichneten Handlungen entstanden ist und künftig entstehen wird.

Wir haben eine entsprechende Abschlusserklärung in der **Anlage** beigefügt, deren Unterzeichnung und Rücksendung wir zu unseren Händen bis spätestens zum ▬ erwarten.⁴⁸¹

Anderenfalls werden wir unserer Mandantin empfehlen, umgehend eine Hauptsacheklage zu erheben. Außerdem sind Sie nach der Rechtsprechung des Bundesgerichtshofs verpflichtet, unserer Mandantin die Kosten zu ersetzen, die für dieses Schreiben entstanden sind (BGH GRUR 1973, 384). Wir erwarten daher auch den Ausgleich der **beigefügten Kostenrechnung** bis spätestens zum ▬.

Mit freundlichen Grüßen

▬

Rechtsanwalt

XXII. Muster: Abschlusserklärung

Die ▬-GmbH, gesetzlich vertreten durch ihren Geschäftsführer Herrn ▬, Adresse: ▬, erkennt gegenüber der ▬-GmbH, gesetzlich vertreten durch ihren Geschäftsführer Herrn ▬, Adresse: ▬, die einstweilige Verfügung des Landgerichts ▬ (Az: ▬) vom ▬ als endgültige und materiell-rechtlich verbindliche Regelung zwischen der ▬-GmbH und der ▬-GmbH an. Die ▬-GmbH verzichtet auf die Einlegung des Widerspruchs nach § 924 ZPO und auf die Rechtsbehelfe nach §§ 926, 927 ZPO.

Weiterhin verpflichtet sich die ▬-GmbH, unverzüglich und umfassend Auskunft zu erteilen, inwieweit, in welchem Umfang und wem gegenüber sie die in der einstweiligen Verfügung des Landgerichts ▬ vom ▬, Az: ▬ bezeichneten Handlungen

---

480 Damit die Kosten für das Abschlussschreiben erstattungsfähig sind, sollte die Wartefrist von zwölf Tagen bis zu einem Monat abgewartet werden, wenn nicht Verjährung droht.
481 Auch hier sollte die Wartefrist zwei bis vier Wochen betragen, falls nicht Verjährung droht, KG WRP 1989, 659.

begangen hat, und zwar unter Angabe der vollständigen Namen der Adressaten dieser Äußerungen.[482]

Schließlich verpflichtet sich die ▓▓▓-GmbH, der ▓▓▓-GmbH den gesamten Schaden zu ersetzen, der dieser durch die in der Verfügung des Landgerichts ▓▓▓ vom ▓▓▓, Az: ▓▓▓ bezeichneten Handlungen entstanden ist und auch künftig noch entstehen wird.

Ort, Datum

(X-GmbH)

▲

XXIII. Muster: Widerspruch gegen einstweilige Verfügung
▼

An das

Landgericht ▓▓▓

In Sachen

des ▓▓▓

– Antragsteller –

Verfahrensbevollmächtigte: RAe ▓▓▓

gegen

Herrn ▓▓▓

– Antragsgegner –

legen wir hiermit namens und kraft beigefügter Vollmacht des Antragsgegners gegen die am ▓▓▓ vom Landgericht ▓▓▓ unter dem ▓▓▓ erlassene einstweilige Verfügung (Az: ▓▓▓) gem. §§ 936, 924 Abs. 1 ZPO

Widerspruch

ein. Wir beantragen:

1. Die einstweilige Verfügung des Landgerichts ▓▓▓ vom ▓▓▓, Az: ▓▓▓ wird aufgehoben.[483]
2. Die Vollstreckung aus der einstweiligen Verfügung wird mit sofortiger Wirkung – notfalls gegen Sicherheitsleistung – eingestellt.[484]
3. Der Antragsteller trägt die Kosten des Verfahrens.

---

482 Hat der Verletzer wettbewerbswidrige Äußerungen gegenüber seinen Kunden gemacht, besteht in der Regel ein Anspruch des Verletzten auf Mitteilung der Namen der Kunden des Verletzers. Der Verletzer kann sich in der Abschlusserklärung vorbehalten, die Angaben gegenüber einem zur Berufsverschwiegenheit verpflichteten vereidigten Wirtschaftsprüfer zu machen, der dann ermächtigt und verpflichtet ist, dem Verletzten auf dessen Anfrage hin zu erklären, ob einer oder mehrere bestimmte Abnehmer angesprochen wurden. Es ist jeweils eine Interessenabwägung vorzunehmen; BGH GRUR 1981, 535; BGH NJWE-WettbR 1997, 230.
483 § 925 Abs. 2 ZPO.
484 Die Einstellung der Vollstreckung muss gesondert beantragt werden, § 924 Abs. 3 S. 2 ZPO.

§ 16 Vorläufiger Rechtsschutz

Begründung:

Der Antragsteller hat zur Glaubhaftmachung des im Verfügungsantrag dargelegten Sachverhalts die eidesstattliche Versicherung seines Mitarbeiters, Herrn ▓▓▓, vom ▓▓▓ beigebracht. Dort hatte der Mitarbeiter, Herr ▓▓▓, erläutert, dass die vom Antragsgegner hergestellten Gummidichtungen angeblich nach dem in der DIN ▓▓▓ beschriebenen Verfahren auf Haltbarkeit überprüft wurden. Das von Herrn ▓▓▓ beschriebene Prüfverfahren vollzog sich lediglich an ▓▓▓ Dichtungen und ist auch lediglich über einen Zeitraum von zwei Stunden durchgeführt worden. Ein solches abgekürztes Prüfverfahren ist in der DIN ▓▓▓ nicht vorgesehen. Der gegen den Antragsgegner gerichtete Vorwurf, er werbe für die von ihm betriebenen Dichtungen zu Unrecht und damit irreführend unter Verstoß gegen § 3 UWG mit dem Hinweis, diese entsprächen der DIN ▓▓▓, ist damit nicht glaubhaft gemacht.

Der Antragsgegner konnte sich auch vom ordnungsgemäßen Zustand der für die Prüfung genutzten Apparaturen nicht überzeugen. Im Übrigen ist die Überprüfung der ordnungsgemäßen Durchführung des Verfahrens nach DIN ▓▓▓ wegen seiner außerordentlichen Komplexität nicht im Rahmen eines summarischen Verfahrens möglich.

Die Verfügung vom ▓▓▓ ist daher aufzuheben.

Rechtsanwalt

▲

XXIV. Muster: Kostenwiderspruch

▼

An das

Landgericht ▓▓▓ [485]

In der Verfügungssache

des ▓▓▓

— Antragsteller —

Verfahrensbevollmächtigte: RAe ▓▓▓

gegen

Frau ▓▓▓

— Antragsgegnerin —

bestellen wir uns kraft beigefügter Vollmacht zu Prozessbevollmächtigten der Antragsgegnerin. Gegen die Beschlussverfügung des Gerichts vom ▓▓▓, Az: ▓▓▓ erheben wir namens und kraft Vollmacht der Antragsgegnerin

Widerspruch,

der auf den Kostenausspruch beschränkt ist.

---

[485] Zuständig ist das Gericht, das die Beschlussverfügung erlassen hat.

Wir beantragen,

> dem Antragsteller die Kosten des einstweiligen Verfügungsverfahrens aufzuerlegen.

Begründung:
Der Antragsgegnerin wurde unter dem ▅▅▅ die einstweilige Verfügung des Landgerichts ▅▅▅ vom ▅▅▅, Az: ▅▅▅ zugestellt. Die Antragsgegnerin wurde vorher weder abgemahnt, noch hat sie im Rahmen des Verfügungsverfahrens rechtliches Gehör erhalten. Eine Abschrift der Verfügung fügen wir als **Anlage 1** bei.

Die Antragsgegnerin hat erst durch die Zustellung der Beschlussverfügung erfahren, dass einer ihrer Mitarbeiter die in der Beschlussverfügung untersagte wettbewerbswidrige Äußerung gemacht hat. Wäre die Antragsgegnerin abgemahnt worden, hätte sie sogleich eine strafbewehrte Unterlassungserklärung abgegeben. Eine Abmahnung war auch nicht entbehrlich, etwa weil sie voraussichtlich nicht zum gewünschten Erfolg geführt hätte. Der Antragsteller konnte nicht annehmen, dass die gerügte Äußerung des Mitarbeiters der Antragsgegnerin Ausdruck eines vorsätzlichen oder planmäßigen Handelns war ▅▅▅ *[dies sollte näher durch Sachverhaltsdarstellung begründet werden]*.

Glaubhaftmachung: Eidesstattliche Versicherung des ▅▅▅, **Anlage 2**.

Unabhängig davon war es dem Antragsteller auch nicht unzumutbar, vor dem Antrag auf Erlass einer einstweiligen Verfügung die Antragsgegnerin abzumahnen. Auf die per Telefax übermittelte Abmahnung hätte die Antragsgegnerin sofort eine strafbewehrte Unterlassungserklärung per Telefax übermittelt. Dem Interesse des Antragstellers wäre damit noch schneller Genüge getan gewesen als durch den Antrag auf Erlass einer einstweiligen Verfügung. Zudem ist die Antragsgegnerin von dem Antragsteller bislang noch nie abgemahnt bzw. mit einer einstweiligen Verfügung überzogen worden.

Der Antrag auf Erlass einer einstweiligen Verfügung war daher auch unter Kostengesichtspunkten nicht erforderlich. Die Kosten des Verfahrens müssen deshalb dem Antragsteller auferlegt werden.

Rechtsanwalt

XXV. Muster: Antrag auf Ladung zum Rechtfertigungsverfahren

An das

Landgericht ▅▅▅ [486]

Antrag auf Ladung zum Rechtfertigungsverfahren

In Sachen

des

– Antragsteller –

Verfahrensbevollmächtigte: RAe ▅▅▅

---

[486] Hauptsachegericht.

§ 16 Vorläufiger Rechtsschutz

gegen

Herrn ▓▓▓▓

– Antragsgegner –.

Das Amtsgericht ▓▓▓ hat mit Beschl. v. ▓▓▓, Az: ▓▓▓, eine einstweilige Verfügung erlassen und gleichzeitig eine Frist von ▓▓▓ bestimmt, innerhalb der die Entscheidung des Gerichts der Hauptsache über die Rechtmäßigkeit der einstweiligen Verfügung zu beantragen ist.

Ich beantrage namens und kraft beigefügter Vollmacht des Antragstellers,

beim Hauptsachegericht (Landgericht) das Rechtfertigungsverfahren durchzuführen und einen Termin zur mündlichen Verhandlung anzuberaumen, in dem ich beantragen werde:

1. Die einstweilige Verfügung des Amtsgerichts ▓▓▓ vom ▓▓▓, Az: ▓▓▓, wird bestätigt.[487]
2. Der Antragsgegner trägt die Kosten des Verfahrens.

Rechtsanwalt

▲

XXVI. Muster: Antrag auf Fristsetzung zur Erhebung der Hauptsacheklage nach § 926 Abs. 1 ZPO

16.26

An das

Landgericht ▓▓▓

In Sachen

des ▓▓▓

– Antragsteller –

Verfahrensbevollmächtigte: RAe ▓▓▓

gegen

Herrn ▓▓▓

– Antragsgegner –

beantragen wir namens und kraft beigefügter Vollmacht des Antragsgegners,

dem Antragsteller eine Frist gem. § 926 ZPO zur Erhebung der Hauptsacheklage zu setzen.[488]

Rechtsanwalt

▲

---

[487] §§ 936, 925 Abs. 2 ZPO.
[488] Die Frist ist vom Gericht nach pflichtgemäßem Ermessen zu bestimmen. Sie beträgt entsprechend §§ 276 Abs. 1 S. 2, 277 Abs. 3 ZPO mindestens zwei Wochen, Zöller/*Vollkommer*, § 926 Rn 16.

C. Muster § 16

XXVII. Muster: Antrag auf Aufhebung der einstweiligen Verfügung wegen Nichterhebung der Hauptsacheklage

▼

An das
Landgericht
In Sachen
des
— Antragsteller —

Verfahrensbevollmächtigte: RAe

gegen

Herrn
— Antragsgegner —

beantragen wir namens und kraft beigefügter Vollmacht des Antragsgegners:

1. Die einstweilige Verfügung des Landgerichts   vom   , Az: , wird aufgehoben.
2. Die Vollziehung der einstweiligen Verfügung wird bis zur Entscheidung im Aufhebungsverfahren vorübergehend eingestellt.
3. Der Antragsteller trägt die Kosten des Verfahrens.

Begründung:
Mit dem in Fotokopie als **Anlage 1** beigefügten Beschluss des Landgerichts   vom   , Az: , wurde dem Antragsteller zur Erhebung der Hauptsacheklage eine Frist bis zum   gesetzt. Innerhalb dieser Frist ist die Hauptsacheklage nicht bei dem allein zuständigen Landgericht   erhoben worden, wie eine telefonische Nachfrage vom heutigen Tage durch die Mitarbeiterin des Unterzeichners, Frau   , bei der zuständigen Geschäftsstelle des Landgerichts ergeben hat.
Die einstweilige Verfügung ist deshalb gem. § 926 Abs. 2 ZPO aufzuheben.

Rechtsanwalt

▲

XXVIII. Muster: Antrag auf Aufhebung der einstweiligen Verfügung wegen veränderter Umstände gem. § 927 Abs. 1 ZPO

▼

An das
Landgericht
In Sachen
des
— Antragsteller —

Verfahrensbevollmächtigte: RAe

gegen

Herrn ▬

– Antragsgegner –

beantragen wir namens und kraft beigefügter Prozessvollmacht des Antragsgegners:

1. Die einstweilige Verfügung des Landgerichts ▬ vom ▬, Az: ▬ wird aufgehoben.
2. Die Vollziehung der einstweiligen Verfügung wird bis zur Entscheidung im Aufhebungsverfahren vorläufig eingestellt.
3. Die Kosten des Verfahrens trägt der Antragsteller.

Begründung:

Der Antragsteller hat die ihm am ▬ zugestellte einstweilige Verfügung nicht innerhalb eines Monats gem. § 929 Abs. 2 ZPO dem Prozessbevollmächtigten des Antragsgegners zugestellt, sondern nur dem Antragsgegner persönlich. Vor dem Antrag auf Erlass der einstweiligen Verfügung hatte der Antragsteller den Antragsgegner mit Schreiben vom ▬ (Fotokopie als **Anlage 1** beigefügt) abgemahnt. Daraufhin hatten sich die Rechtsanwälte ▬ aus ▬ unter Beifügung der in Kopie anliegenden Vollmacht (**Anlage 2**) gegenüber dem Antragsteller als Prozessbevollmächtigte[489] des Antragsgegners bestellt und die Abgabe der verlangten Unterlassungserklärung verweigert (Schreiben der Rechtsanwälte ▬ vom ▬, **Anlage 3**).

Gem. § 172 Abs. 1 S. 1 ZPO sind in einem anhängigen Verfahren die Zustellungen an den für den Rechtszug bestellten Prozessbevollmächtigten vorzunehmen. Die Vorschrift gilt auch bei der Zustellung im Parteibetrieb gem. § 191 ZPO. Damit ist die einstweilige Verfügung nicht innerhalb der Monatsfrist gem. § 929 Abs. 2 ZPO durch Zustellung im Parteibetrieb an die Prozessbevollmächtigten des Antragsgegners wirksam vollzogen worden. Da die Vollziehungsfrist verstrichen ist, ist eine

Heilung dieses Vollziehungsmangels nach § 189 ZPO nicht mehr möglich. Die Verfügung ist daher aufzuheben.

Rechtsanwalt

▲

---

[489] Wichtig ist, dass eine Prozessvollmacht vorliegt und nicht lediglich eine allgemeine Vollmacht zur außerprozessualen Vertretung, vgl. Zöller/*Althammer*, § 80 Rn 1 f.

XXIX. Muster: Antrag auf Aufhebung des Arrestvollzugs wegen Hinterlegung

▼

An das
Amtsgericht
In Sachen
des

— Antragsteller —

Verfahrensbevollmächtigte: RAe
gegen
Herrn

— Antragsgegner —

beantragen wir namens und kraft beigefügter Prozessvollmacht des Antragsgegners:

1. Der Vollzug des Arrestbefehls des Amtsgerichts vom , Az: , wird aufgehoben.
2. Die Versteigerung der gepfändeten Oldtimer-Pkw durch den Gerichtsvollzieher gemäß Pfändungsprotokoll vom wird eingestellt.

Begründung:

Der Schuldner hat die im Arrestbefehl des Amtsgerichts festgesetzte Lösungssumme bei der Gerichtskasse des Amtsgerichts hinterlegt (**beigefügt** die Hinterlegungsquittung der Gerichtskasse des Amtsgerichts vom).

Rechtsanwalt

▲

§ 17 Das Berufungsrecht

Dr. Michael Thielemann/Dr. Alexander Walter

Inhalt

	Rdn
A. Einleitung	1
B. Rechtliche Grundlagen	2
I. Sicht des Berufungsklägers	2
1. Statthaftigkeit der Berufung	3
a) Angriffsfähiges Urteil	4
aa) Ausgangspunkt: Verkündetes Endurteil	4
bb) Berufung gegen ein Versäumnisurteil	8
cc) Berufung gegen als Endurteil bezeichnetes Zwischenurteil	12
dd) Keine Berufung gegen die Kostenentscheidung	13
ee) Berufung gegen eine Kostenentscheidung im Schlussurteil bei gleichzeitiger Berufung gegen das vorangegangene Teilurteil	14
ff) Berufung gegen Scheinurteile	15
b) Wert des Beschwerdegegenstands	16
aa) Ausgangslage	16
bb) Persönliche Beschwer	17
cc) Gegenstand der Beschwer	19
dd) Maßgeblicher Zeitpunkt	21
ee) Wert des Beschwerdegegenstands	25
ff) Berufung bei Streitgenossenschaft	35
gg) Berufung des Streithelfers	37
c) Zulassung der Berufung	39
aa) Allgemeines	39
bb) Voraussetzungen	45
cc) Angriff gegen die Nichtzulassung	52
2. Sonstige Vorüberlegungen zur Zulässigkeit	54
a) Grundlagen	54
b) Neue Tatsachen in der Berufungsinstanz	58
c) Beweisaufnahme in der Berufungsinstanz	61
3. Fristenkontrolle	62
a) Allgemeines	62
b) Tatbestandsberichtigungsfrist	63
aa) Beweiskraft des Tatbestandes	63
bb) Dauer der Tatbestandsberichtigungsfrist	68
cc) Ablauf der Berufungsbegründungsfrist vor Entscheidung über den Tatbestandsberichtigungsantrag	71
dd) Rechtsbehelfe gegen die Antragszurückweisung	73
ee) Anwaltsgebühren	75
c) Urteilsergänzungsfrist	76
aa) Anwendungsbereich	76
bb) Dauer der Urteilsergänzungsfrist	78
cc) Urteilsergänzung und Berufungsverfahren	81
dd) Anwaltsgebühren	82
d) Anhörungsrügefrist gem. § 321a ZPO	83
aa) Bedeutung der Anhörungsrüge für das Berufungsverfahren	83
bb) Bedeutung der Anhörungsrüge für eine Verfassungsbeschwerde	84
cc) Dauer der Rügefrist	86
dd) Anwaltsgebühren	88
e) Berufungsfrist	89
aa) Dauer der Berufungsfrist	89
bb) Beginn der Berufungsfrist	90
cc) Ende der Berufungsfrist	96
dd) Anwaltsgebühren	98

- f) Berufungsbegründungsfrist 99
  - aa) Dauer der Berufungsbegründungsfrist 99
  - bb) Beginn und Ende der Berufungsbegründungsfrist 100
- g) Vorabentscheidung über die vorläufige Vollstreckbarkeit 102
  - aa) Bedeutung der Vorabentscheidung in der Berufungsinstanz 102
  - bb) Zeitrahmen für die Antragstellung 104
  - cc) Entscheidung 105
- h) Antrag auf einstweilige Einstellung der Zwangsvollstreckung 106
  - aa) Bedeutung für die Berufungsinstanz 106
  - bb) Zeitrahmen für die Antragstellung 107
  - cc) Erfolgsaussichten der eingelegten Berufung .. 108
  - dd) Subsidiarität 110
  - ee) Erfordernis der Sicherheitsleistung 111
  - ff) Einstweilige Einstellung der Zwangsvollstreckung ohne Sicherheitsleistung 112
- i) Anwaltsgebühren 113
4. Der Prozesskostenhilfeantrag .. 114
  - a) Notwendigkeit des Prozesskostenhilfegesuchs 114
  - b) Form und Inhalt des Prozesskostenhilfegesuchs 115
    - aa) Isolierter Prozesskostenhilfeantrag 115
    - bb) Kombination von Berufungseinlegung und Prozesskostenhilfeantrag .. 120
  - c) Auswirkungen des Prozesskostenhilfeverfahrens auf die Berufungsfrist 125
    - aa) Beginn der Wiedereinsetzungsfrist bei Bewilligung von Prozesskostenhilfe 125
    - bb) Beginn der Wiedereinsetzungsfrist bei Versagung der Prozesskostenhilfe 127
    - cc) Wiedereinsetzung beim unverschuldeten verspäteten Eingang des Prozesskostenhilfeantrages 129
    - dd) Besonderheiten der Fristenkontrolle bei Beantragung von Prozesskostenhilfe in der Berufungsinstanz 130
    - ee) Fortfall des Hindernisses unabhängig von der Entscheidung über die Prozesskostenhilfe ... 131
    - ff) Rechtsmittel 132
  - d) Auswirkungen des Prozesskostenhilfeverfahrens auf die Berufungsbegründungsfrist 134
    - aa) Entscheidung über die Prozesskostenhilfe nach wirksam eingelegter Berufung 134
    - bb) Entscheidung über die Prozesskostenhilfe ohne zuvor wirksam eingelegte Berufung 139
    - cc) Rechtsmittel 142
5. Die Deckungsschutzanfrage .. 143
  - a) Versicherungsrechtliche Vorgaben 143
  - b) Folgen bei nicht rechtzeitiger Abstimmung oder Zustimmungseinholung 146
  - c) Folgen bei Deckungsablehnung 147
6. Die Berufungsschrift 151
  - a) Adressat der Berufung ... 151
    - aa) Berufungen gegen amtsgerichtliche Urteile ... 152
    - bb) Berufungen gegen landgerichtliche Urteile ... 154
    - cc) Eingang der Berufung beim zuständigen Gericht und Wiedereinsetzung 157
      - (1) Eingang 157
      - (2) Kenntnis des zuständigen Gerichts ... 163
      - (3) Weiterleitung an das zuständige Gericht ... 165
  - b) Parteibezeichnung 167

c) Bezeichnung der Prozessbevollmächtigten des Berufungsbeklagten 170
d) Sonstige Angaben 171
e) Berufungseinlegung „nur zur Fristwahrung" 175
f) Anwaltszwang und Unterzeichnung; Prozessvollmacht 179
g) Beifügung einer Urteilsausfertigung/-abschrift 184
h) Berufungseinlegung durch moderne Kommunikationsmittel 186
   aa) Telegramm, Fernschreiber und Telex ... 187
   bb) Telefax 188
   cc) Elektronisches Dokument 192
   dd) Computer-Fax 196
7. Antrag auf Wiedereinsetzung in den vorigen Stand bei Versäumung der Berufungsfrist .. 198
  a) Ausgangslage 198
  b) Wiedereinsetzungsgründe .. 199
  c) Wiedereinsetzungsfrist ... 201
  d) Wiedereinsetzungsantrag .. 203
  e) Wiedereinsetzungsbegründung 205
  f) Glaubhaftmachung 206
  g) Berufungseinlegung 208
  h) Umdeutung 209
8. Verlängerung der Berufungsbegründungsfrist 210
  a) Ausgangslage 210
  b) Antragserfordernis 211
  c) Verlängerungsgründe ... 212
   aa) Einwilligung des Gegners 213
   bb) Keine Verzögerung des Rechtsstreits 219
   cc) Erheblicher Grund ... 221
  d) Entscheidung 223
  e) Wirksamkeit und Vertrauensschutz 227
  f) Fristberechnung 233
9. Antrag auf Wiedereinsetzung in den vorigen Stand bei Versäumung der Berufungsbegründungsfrist 234
  a) Ausgangslage und Fallgruppen 234

   aa) Wiedereinsetzung bei Versagung der Fristverlängerung 236
   bb) Wiedereinsetzung bei falscher Fristennotierung 238
   cc) Wiedereinsetzung bei Übermittlungsproblemen 239
  c) Wiedereinsetzungsfrist ... 240
  d) Wiedereinsetzungsantrag .. 241
  e) Wiedereinsetzungsbegründung 243
  f) Nachholen der Berufungsbegründung 246
  g) Umdeutung 247
10. Berufungsbegründung 248
  a) Ausgangslage 248
  b) Berufungsanträge 256
   aa) Bedeutung des Sachantrags 256
   bb) Sachantrag 259
   cc) Zurückverweisungsantrag 263
   dd) Kostenantrag und Anregung der Zulassung der Revision 267
   ee) Vollstreckungsschutzanträge 269
  c) Begründung der Berufung mit einer Rechtsverletzung gem. § 520 Abs. 3 S. 2 Nr. 2 ZPO 271
   aa) Ausgangslage 271
   bb) Verstoß gegen verfahrensrechtliche Vorschriften 273
   cc) Verstoß gegen materiellrechtliche Bestimmungen 286
  d) Begründung der Berufung wegen fehlerhafter Tatsachenfeststellung gem. § 520 Abs. 3 S. 2 Nr. 3 ZPO 290
   aa) Ausgangslage 290
   bb) Berufungsangriff gegen die tatsächlichen Feststellungen 295
   cc) Berufungsangriff gegen die Beweiswürdigung . 300
  e) Begründung der Berufung mit neuen Angriffs- und Verteidigungsmitteln gem. § 520 Abs. 3 S. 2 Nr. 4 ZPO 305

§ 17 Das Berufungsrecht

aa) Ausgangslage 305
bb) Ausschluss rechtmäßig zurückgewiesener Angriffs- und Verteidigungsmittel 308
cc) Neue Angriffs- und Verteidigungsmittel . . . 309
dd) Erstinstanzlich übersehenes oder für unerheblich gehaltenes Vorbringen (§ 531 Abs. 2 S. 1 Nr. 1 ZPO) 315
ee) Infolge eines Verfahrensmangels nicht gehaltenes Vorbringen (§ 531 Abs. 2 S. 1 Nr. 2 ZPO) 318
ff) Ohne Nachlässigkeit erstinstanzlich unterlassenes Vorbringen (§ 531 Abs. 2 S. 1 Nr. 3 ZPO) 321
f) Klageänderung, Aufrechnung und Widerklage 326
aa) Ausgangslage 326
bb) Keine isolierte Klageänderung, Aufrechnung oder Widerklage 329
cc) Ausnahmefälle 330
dd) Zulässigkeitsanforderungen 331
ee) Wirkungslosigkeit . . . 336
g) Bezugnahmeverbot 338
h) Unterschrift des Berufungsanwalts 343
i) Angabe des Beschwerdewertes und Stellungnahme zur Übertragung des Rechtsstreits auf den entscheidenden Einzelrichter 344
11. Schriftsätzlicher Vortrag nach der Berufungsbegründungsschrift 345
a) Ausgangslage 345
b) Präklusion in der Berufungsinstanz 346
aa) Unzureichende Berufungsbegründung . . . 346
bb) Neues unstreitiges Vorbringen 347
cc) Zurückweisung von Angriffs- und Verteidigungsmitteln 348

c) Stellungnahme zum Hinweis nach § 522 Abs. 2 ZPO . . . 354
aa) Ausgangslage 354
bb) Auseinandersetzung mit den Hinweisen 356
cc) Anfechtbarkeit 360
d) Stellungnahme zur Berufungserwiderung 363
e) Stellungnahme zum Ergebnis einer Beweisaufnahme . . . 364
f) Stellungnahme aufgrund eines Schriftsatzrechts 368
g) Flucht in die Säumnis 371
h) Berufungsrücknahme 372
i) Erledigungserklärung 374
II. Sicht des Berufungsbeklagten 377
1. Ausgangssituation 377
2. Fristenkontrolle 381
a) Ausgangslage 381
b) Berufungserwiderungsfrist und Anschlussberufungsfrist 384
aa) Fristsetzung 384
bb) Ausbleibende Fristsetzung 387
cc) Anwaltsgebühren bei Anschlussberufung . . . 388
c) Klagefrist für die Wiederaufnahmeklage 389
3. Prozesskostenhilfeantrag 391
4. Deckungsschutzanfrage 395
5. Berufungserwiderung 396
a) Berufungserwiderungsfrist 396
aa) Fristsetzung 396
bb) Ausbleibende Fristsetzung 397
b) Anträge in der Berufungserwiderung 398
aa) Anträge zur Sache . . . 399
bb) Nebenanträge 400
c) Begründung der Berufungserwiderung 402
aa) Rechtliche Ausführungen 405
bb) Tatsachenvortrag 408
d) Bezugnahme auf erstinstanzlichen Vortrag 413
e) Unterschrift 415
6. Einlegung und Begründung der Anschlussberufung 416
a) Statthaftigkeit und Parteien der Anschlussberufung . . . 416

- b) Anschlussberufungsfrist ... 421
- c) Anschlussberufungsschrift ... 423
  - aa) Inhalt ... 424
  - bb) Klageänderung und Widerklage ... 425
  - cc) Hilfsweise Einlegung ... 426
- d) Akzessorietät der Anschlussberufung ... 428
- e) Kosten der Anschlussberufung ... 432
  - aa) Unzulässigkeit der Hauptberufung ... 433
  - bb) Zurückweisung der Hauptberufung nach § 522 Abs. 2 ZPO ... 434
  - cc) Berufungsrücknahme vor Einlegung der Anschlussberufung ... 435
  - dd) Berufungsrücknahme nach Einlegung der Anschlussberufung ... 436
  - ee) Verwerfung oder Zurückweisung der Anschlussberufung ... 437
- f) Verhältnis von Anschlussberufung und Nichtigkeits- bzw. Wiederaufnahmeklage ... 438
7. Schriftsätzlicher Vortrag nach der Anschlussberufungs- und der Berufungsbegründungsschrift ... 442

C. Muster ... 443
- I. Muster: Isolierter Antrag auf Bewilligung von Prozesskostenhilfe für ein Berufungsverfahren ... 443
- II. Muster: Mit der Berufungseinlegung kombinierter Antrag auf Bewilligung von Prozesskostenhilfe ... 444
- III. Muster: Wiedereinsetzungsantrag nach der Bewilligung von Prozesskostenhilfe nach Ablauf der Berufungsfrist und vor Ablauf der Berufungsbegründungsfrist ... 445
- IV. Muster: Wiedereinsetzungsantrag bei Bewilligung von Prozesskostenhilfe nach Ablauf der Berufungsbegründungsfrist für die versäumte Berufungseinlegung ... 446
- V. Muster: Wiedereinsetzungsantrag bei Bewilligung von Prozesskostenhilfe nach Ablauf der Berufungsbegründungsfrist für die versäumte Berufungsbegründung ... 447
- VI. Muster: Deckungsschutzanfrage für die Einlegung der Berufung ... 448
- VII. Muster: Deckungsschutzanfrage für die Durchführung des Berufungsverfahrens ... 449
- VIII. Muster: Stichentscheidung des Rechtsanwaltes bei Verneinung der Leistungspflicht des Versicherers ... 450
- IX. Muster: Antrag auf Durchführung eines Schiedsgutachterverfahrens bei Verneinung der Leistungspflicht des Versicherers ... 451
- X. Muster: Berufungsschrift des Klägers ... 452
- XI. Muster: Schreiben an den erstinstanzlichen Bevollmächtigten des Berufungsbeklagten vor Berufung zur Fristwahrung (Stillhalteabkommen) ... 453
- XII. Muster: Mitteilung zur Durchführung des Berufungsverfahrens ... 454
- XIII. Muster: Berufungsschrift des Beklagten „zur Fristwahrung" ... 455
- XIV. Muster: Berufungsschrift einzelner Streitgenossen (auf Klägerseite) ... 456
- XV. Muster: Berufungsschrift bei notwendiger Streitgenossenschaft (auf Klägerseite) ... 457
- XVI. Muster: Berufungsschrift des erstinstanzlich unberücksichtigten notwendigen Streitgenossen ... 458

Thielemann/Walter 1653

XVII. Muster: Berufungsschrift des bereits erstinstanzlich beigetretenen nichtselbstständigen Streithelfers zur Fristwahrung 459
XVIII. Muster: Berufungsschrift des in der ersten Instanz noch nicht beigetretenen unselbstständigen Streithelfers bei vorangegangener Streitverkündung zur Fristwahrung 460
XIX. Muster: Nebeninterventions- und Berufungsschrift des erstinstanzlich noch nicht beigetretenen unselbstständigen Streithelfers ohne vorangegangene Streitverkündung zur Fristwahrung 461
XX. Muster: Antrag auf Vorabentscheidung über die vorläufige Vollstreckbarkeit gem. § 718 ZPO 462
XXI. Muster: Antrag auf einstweilige Einstellung der Zwangsvollstreckung gem. § 719 Abs. 1 ZPO i.V.m. § 707 ZPO 463
XXII. Muster: Wiedereinsetzungsantrag bei versäumter Berufungsfrist, wenn nicht auch der Gegner selbstständige Berufung eingelegt hat . . . 464
XXIII. Muster: Wiedereinsetzungsantrag bei Versäumung der Berufungsfrist, wenn auch der Gegner selbstständige Berufung eingelegt hat . . . 465
XXIV. Muster: Erster Antrag auf Verlängerung der Berufungsbegründungsfrist mit Einwilligung des Gegners . . . 466
XXV. Muster: Erster Antrag auf Verlängerung der Berufungsbegründungsfrist ohne Einwilligung des Berufungsbeklagten 467
XXVI. Muster: Zweiter Antrag auf Verlängerung der Berufungsbegründungsfrist 468
XXVII. Muster: Berufungsbegründung und Wiedereinsetzungsantrag, wenn die Gegenseite keine selbstständige Berufung eingelegt hat . . . 469
XXVIII. Muster: Berufungsbegründung und Wiedereinsetzungsantrag, wenn auch der Berufungsbeklagte selbstständige Berufung eingelegt hat 470
XXIX. Muster: Berufungsbegründung des Klägers (Antragsalternativen) 471
XXX. Muster: Berufungsbegründung des Klägers (Beispiel) 472
XXXI. Muster: Berufungsbegründung des Beklagten (Antragsalternativen) 473
XXXII. Muster: Berufungsbegründung mit dem (Hilfs-)Antrag auf Aufhebung und Zurückverweisung 474
XXXIII. Muster: Berufungsbegründung mit dem Antrag auf Aufhebung und Zurückverweisung 475
XXXIV. Muster: Fristverlängerungsantrag zum Hinweis nach § 522 Abs. 2 ZPO 476
XXXV. Muster: Stellungnahme zum Hinweis nach § 522 Abs. 2 ZPO 477
XXXVI. Muster: Stellungnahme zur Berufungserwiderung 478
XXXVII. Muster: Stellungnahme zum Ergebnis der Beweisaufnahme 479
XXXVIII. Muster: Stellungnahme aufgrund eines Schriftsatznachlasses 480
XXXIX. Muster: Einspruch gegen das Versäumnisurteil durch den Beklagten 481
XL. Muster: Einspruch gegen das Versäumnisurteil durch den Kläger 482
XLI. Muster: Einspruch gegen ein Versäumnisurteil und Antrag auf Fristverlängerung 483

XLII. Muster: Berufungszurückweisungsantrag mit Antrag auf Bewilligung von Prozesskostenhilfe 484
XLIII. Muster: Berufungserwiderung mit Antrag auf Bewilligung von Prozesskostenhilfe 485
XLIV. Muster: Deckungsschutzanfrage des Berufungsbeklagten 486
XLV. Muster: Anschlussberufung des Beklagten bei teilweise erfolgreicher Klage 487
XLVI. Muster: Anschlussberufung des Beklagten zur Widerklageerhebung 488
XLVII. Muster: Anschlussberufung des Klägers bei teilweise erfolgreicher Klage 489
XLVIII. Muster: Anschlussberufung des Klägers bei Klageerweiterung 490
XLIX. Muster: Hilfsanschlussberufung 491
L. Muster: Anschlussberufung gegen die Kostenentscheidung 492
LI. Muster: Antrag auf Verlängerung der Berufungserwiderungsfrist 493
LII. Muster: Berufungserwiderung des Klägers (Antragsalternativen) 494
LIII. Muster: Berufungserwiderung des Beklagten (Antragsalternativen) 495
LIV. Muster: Berufungserwiderung mit (Hilfs-)Aufhebungs- und Zurückverweisungsantrag des Klägers oder des Beklagten 496
LV. Muster: Äußerungen zur Stellungnahme auf die Berufungserwiderung 497
LVI. Muster: Einspruch des Berufungsbeklagten gegen ein Versäumnisurteil und Antrag auf Fristverlängerung 498
LVII. Muster: Einspruch des Berufungsbeklagten gegen ein Versäumnisurteil mit Einspruchsbegründung 499

Literatur

Adolphsen/Dickler, Die Berufung gegen das zweite Versäumnisurteil – Prüfungsumfang des Berufungsgerichts nach vorangegangenem Vollstreckungsbescheid, ZZP 2012, 463; *Althammer*, „Beschwer" und „Beschwerdegegenstand" im reformierten Berufungsrecht gem. § 511 II Nrn. 1, 2, IV ZPO, NJW 2003, 1079; *Arnold*, Zur Überprüfung tatrichterlicher Ermessensspielräume in der Berufung, ZZP 2013, 63; *Ball*, Die Berufung nach dem ZPO-Reformgesetz, ZGS 2002, 146; *Baumert*, Klageerweiterung und Widerklage in der Berufungsinstanz zur Verjährungshemmung, NJ 2014, 145; *Baumert*, Reformierte Berufungszurückweisung durch Beschluss, MDR 2013, 7; *Baumert*, Die Neufassung des § 522 Abs. 2, 3 ZPO, MDR 2011, 1145; *Baumert*, Zurückverweisung wegen Verfahrensmangel in der Berufungsinstanz und Anspruch auf Justizgewährung, MDR 2011, 893; *Borth*, Die Neufassung des Zurückweisungsbeschlusses nach § 522 Abs. 2 ZPO sowie dessen Auswirkungen auf Ehe- und Familienstreitsachen, FamRZ 2012, 764; *Bub*, Zurückweisung der Berufung nach § 522 Abs. 2 ZPO bei Klageerweiterung und Widerklage, MDR 2011, 84; *Crückeberg*, Unstreitig neue Tatsachen in zweiter Instanz, MDR 2003, 10; *Dethloff*, Zugang zur Revisionsinstanz, ZRP 2000, 428; *Doms*, Neue ZPO – Umsetzung in der anwaltlichen Praxis, NJW 2002, 777; *Dötsch*, Besonderheiten im

Berufungsverfahren bei Arrest und einstweiliger Verfügung, MDR 2010, 1429; *Dräger*, Grundsätzlich keine negative Beweiskraft des Tatbestands, MDR 2015, 131; *Ebel*, Die Berufung im Zivilprozessrechtsreformgesetz, ZRP 2001, 309; *Enders*, Die anwaltliche Tätigkeit nach dem Urteil, JurBüro 1997, 113, 169 und 225; *Fellner*, Zurückweisungsbeschluss – Die Bemessung und Verlängerung der Frist zur Stellungnahme, MDR 2017, 435; *Fischer*, Aus der Praxis: Berufung oder sofortige Beschwerde, JuS 2005, 995; *Fleindl*, Das Erste Justizmodernisierungsgesetz (1. JustizModG) – Änderungen der ZPO, JA 2005, 528; *Gaier*, Das neue Berufungsverfahren in der Rechtsprechung des BGH, NJW 2004, 2041; *Gaier*, Der Prozessstoff des Berufungsverfahrens, NJW 2004, 110; *Gehrlein*, Beschlusszurückweisung einer Berufung im Zivilprozess, NJW 2014, 3393; *Gehrlein*, Erste Erfahrungen mit der reformierten ZPO – erstinstanzliches Verfahren und Berufung, MDR 2003, 421; *Gehrlein*, Zivilprozessrecht nach der ZPO-Reform 2002, 2001; *Gerken*, Probleme der Anschlussberufung nach § 524 ZPO, NJW 2002, 1085; *Goebel*, Berufungsverfahren: Statthaftigkeit und Zuständigkeit, Prozessrecht aktiv 2002, 33; *Greger*, Tatsachenfeststellung durch das Berufungsgericht – ein Menetekel aus Karlsruhe, NJW 2003, 2882; *Grunsky*, Zum Tatsachenstoff im Berufungsverfahren nach der Reform der ZPO, NJW 2002, 800; *Hinz*, Zulassungsberufung und Abhilfeverfahren nach der ZPO-Reform, WM 2002, 3; *Hirtz*, Gegen das Mantra von der Bindung des Berufungsgerichts, NJW 2014, 1642; *Hirtz*, Reform des Zivilprozesses – Einführung der Beschlussverwerfung, MDR 2001, 1265; *Hogenschurz*, Die zentrale Berufungs- und Beschwerdezuständigkeit in Wohnungseigentumssachen, NJW 2015, 1990; *Jauernig*, Die „Beschwer" mit der neuen Berufung: § 511 Abs. 2 Nr. 1 ZPO, NJW 2001, 3027; *Klose*, Der Prüfungsumfang bei einer Berufung gegen ein zweites Versäumnisurteil nach einem Vollstreckungsbescheid und einem ersten Versäumnisurteil, NJ 2014, 359; *Kramer*, ZPO-Reform – Prozesskostenhilfe und Berufungsfristen nach neuem Recht, MDR 2003, 434; *Kroppenberg*, Verjährungseinrede in der Berufungsinstanz bei unstreitiger Tatsachengrundlage, NJW 2009, 642; *Längsfeld*, Grundfälle zur Berufung in der ZPO, JA 2013, 289 und 362; *Meller-Hannich*, Die Neufassung von § 522 ZPO – Unbestimmte Rechtsbegriffe, Ermessen und ein neuartiges Rechtsmittel, NJW 2011, 3393; *Nickel*, Der Pkh-Antrag für den höheren Rechtszug, NJW 2016, 2308; *Pickenbrock*, Die Neuregelung der Anschlussberufung, MDR 2002, 675; *Rimmelspacher*, Die Berufungsgründe im reformierten Zivilprozess, NJW 2002, 1897; *Rimmelspacher*, Die Rechtsmittel im Zivilprozess nach der Reform, Jura 2002, 11; *Rimmelspacher*, Tatsachen und Beweismittel in der Berufungsinstanz, ZZP 107 (1994), 421; *Roth*, Zivilprozessuales Rechtsmittel Recht und funktionale Zweigliedrigkeit, JZ 2006, 9; *Schellhammer*, Zivilprozessreform und Berufung, MDR 2001, 1141; *Schmude/Eichele*, Berufungsverfahren nach dem Zivilprozessreformgesetz, BRAK-Mitteilungen 2001, 255; *Schnauder*, Berufung und Beschwerde nach dem Zivilprozessreformgesetz, JuS 2002, 68 und 162; *Schneider*, ZPO-Reform, 2002; *Schneider*, Abstandnahme vom Urkundenprozess im Berufungsverfahren – Ein kostenrechtliches Problem, NJW 2014, 2333; *Schöppner*, Möglichkeiten und Grenzen des Vorbringens neuer Angriffs- und Verteidigungsmittel in der Berufungsinstanz des Zivilprozesses, JA 2017, 99; *Schultzky*, Wenn Streitiges unstreitig wird,

MDR 2016, 968; *Siegel*, Das Berufungsverfahren – Gerichtliche Praxis seit der ZPO-Reform, MDR 2003, 481; *Stackmann*, Der Angriff auf defizitäre Feststellungen im zivilprozessualen Ersturteil, NJW 2013, 2929; *Stackmann*, Die Reform des § 522 ZPO, JuS 2011, 1087; *Stackmann*, Die Neugestaltung des Berufungs- und Beschwerdeverfahrens in Zivilsachen durch das Zivilprozessreformgesetz, NJW 2002, 781; *Toussaint*, Rechtsmittel für die auf Prozesskostenhilfe angewiesene Partei, NJW 2014, 3209; *Ullenboom*, Die Bindung des Berufungsgerichts an unrichtige erstinstanzliche Tatsachenfeststellungen, ZZP 2016, 235; *Unberath*, Der Zweck der Rechtsmittel nach der ZPO-Reform – Theorie und Praxis, ZZP 120 (2007), 323; *Vidal/Aufderheide*, Kostentragung für die Anschlussberufung bei Zurückweisung der Berufung durch Beschluss, NJW 2016, 3269.

A. Einleitung

Ausgangspunkt jeder Berufung ist gem. § 511 Abs. 1 ZPO ein im ersten Rechtszug erlassenes Endurteil, mit dem die durch den Urteilsausspruch belastete Partei nicht einverstanden ist. Sie strebt deswegen eine Urteilsabänderung zu ihren Gunsten an. Diesem **Abänderungsinteresse** des Berufungsklägers steht ein Interesse des Berufungsbeklagten am unveränderten Bestand des Endurteils gegenüber. Legitimiert ist die Berücksichtigung des **Bestandsinteresses** dadurch, dass der Zivilprozess ein auf Rechtssicherheitserlangung ausgerichteter Entwicklungsvorgang ist. Die Rechtssicherheit hat neben der materiellen Richtigkeit einen eigenen Wert. Zur Regelung dieses Interessengegensatzes sind alle Berufungsvorschriften nach Maßgabe des auch im Prozessrecht geltenden **Verhältnismäßigkeitsgrundsatzes** vorgeprägt. Mit der ZPO-Reform 2001 hat sich das Berufungsrecht dabei grundlegend geändert. Die Berufung soll in erster Linie ein Instrument zur Fehlerkontrolle und Fehlerbeseitigung sein.[1] Die vom Bundesgerichtshof attestierte „verstärkte Funktionsdifferenzierung"[2] hat insbesondere Auswirkungen auf die Anforderungen an die Berufungsbegründung, den Angriff gegen die erstinstanzlichen Feststellungen sowie die Zulassung neuen Vorbringens. 1

B. Rechtliche Grundlagen

I. Sicht des Berufungsklägers

Den (erstinstanzlichen) Prozessbevollmächtigten treffen direkt nach Zustellung des erstinstanzlichen Urteils **Pflichten** im Zusammenhang mit einem **denkbaren Berufungsverfahren**. Das Mandat eines Prozessbevollmächtigten ist grundsätzlich nicht beendet, bevor er seinem Auftraggeber das Urteil übersandt, dessen Zustellung mitgeteilt und auf die Rechtsmittelmöglichkeiten hingewiesen hat. Ein Prozessbevollmächtigter muss seine 2

---

1 BGH AHRS 7550/313 = BeckRS 2010, 02099.
2 BGH AHRS 7550/313 = BeckRS 2010, 02099.

§ 17 Das Berufungsrecht

Partei darüber unterrichten, ob, in welchem Zeitraum, in welcher Weise und bei welchem Gericht gegen eine Entscheidung Rechtsmittel eingelegt werden kann. Diese Unterrichtung erfordert eine richtige Belehrung über den Zeitpunkt des Ablaufs der Rechtsmittelfrist.[3]

1. Statthaftigkeit der Berufung

3 Die erste Vorüberlegung bei der Planung eines Berufungsverfahrens ist die Abklärung der Statthaftigkeit des Rechtsmittels. Es bedarf eines angriffsfähigen Urteils (§ 511 Abs. 1 ZPO), das den Berufungskläger entweder hinreichend beschwert (§ 511 Abs. 2 Nr. 1 ZPO) oder gegen das die Berufung zugelassen wurde (§ 511 Abs. 2 Nr. 2 ZPO).

a) Angriffsfähiges Urteil

aa) Ausgangspunkt: Verkündetes Endurteil

4 Gem. § 511 Abs. 1 ZPO ist die Berufung gegen ein im ersten Rechtszug erlassenes Endurteil statthaft. Zur Entstehung gelangt das Urteil erst durch – mittels Verkündungsprotokoll nachzuweisende – Verkündung[4] oder eine die Verkündung ersetzende Zustellung (beim Anerkenntnisurteil oder Versäumnisurteil im schriftlichen Vorverfahren) nach § 310 Abs. 3 ZPO. Im letztgenannten Fall tritt die „Verkündungswirkung" erst mit der letzten nach § 317 Abs. 1 ZPO notwendigen Zustellung ein.[5] Auch das fehlerhaft nicht verkündete, sondern gem. § 310 Abs. 3 ZPO zugestellte Urteil ist ein Endurteil (und nicht nur ein Scheinurteil),[6] wenn die Verlautbarung des Urteils von dem Gericht beabsichtigt war oder von den Parteien derart verstanden werden durfte.

5 **Verkündungsmängel** stehen dem wirksamen Erlass eines Urteils nur entgegen, wenn gegen elementare, zum Wesen der Verlautbarung gehörende Formerfordernisse verstoßen wurde. Für das Entstehen eines wirksamen Urteils müssen nur die **Mindestanforderungen** an eine Verlautbarung gewahrt sein. Hierzu gehört, dass die Verlautbarung vom Gericht beabsichtigt war oder von den Parteien derart verstanden werden durfte und die Parteien von dem Erlass und dem Inhalt der Entscheidung förmlich unterrichtet wurden.[7]

6 Die **Verkündung eines Urteils** in einem dazu anberaumten Termin ist auch dann wirksam, wenn das Urteil bei der Verkündung noch nicht in vollständiger Form vorliegt.[8] Das zu unterzeichnende[9] Verkündungsprotokoll muss nicht genau erkennen lassen, ob das Urteil durch Bezugnahme auf die Urteilsformel oder durch Verlesen der Formel verkündet wurde und ob das Urteil zu diesem Zeitpunkt bereits vollständig abgefasst war.[10] Grundsätzlich erbringt die Protokollierung der Verkündung des Urteils in Verbin-

---

3 Zum Ganzen BGH NJW-RR 2017, 1210, 1211.
4 BGH NJW 1994, 3358.
5 BGH NJW 1996, 1969.
6 BGH NJW 2004, 2019, 2020.
7 BGH NJW-RR 2018, 127.
8 BGH NJW-RR 2015, 508.
9 Vgl. hierzu etwa BGH NJW-RR 2017, 386.
10 BGH NJW 2015, 2342.

dung mit der nach § 160 Abs. 3 Nr. 6 ZPO vorgeschriebenen Aufnahme der Urteilsformel in das Protokoll – sei es direkt oder als Anlage zum Protokoll – Beweis dafür, dass das Urteil auch in diesem Sinne ordnungsgemäß, d.h. auf der Grundlage einer schriftlich fixierten Urteilsformel verkündet worden ist.[11] Die schriftlich fixierte Urteilsformel muss nicht Bestandteil der Akten werden.[12] Wurde ausweislich des Verkündungsprotokolls „anliegendes Urteil verkündet", ist damit dem Erfordernis des § 160 Abs. 3 Nr. 7 ZPO genügt und die Verkündung des in Bezug genommenen Urteils bewiesen,[13] wenn das Protokoll innerhalb der Fünf-Monats-Frist des § 517 ZPO erstellt worden ist.[14]

Hinweis 7

Mitunter wird von erstinstanzlichen Gerichten in überschaubaren Sachen ein Vorgehen nach § 313a Abs. 2 ZPO (Verkündung eines „Stuhlurteils" mit Rechtsmittelverzicht) zur Gebührenreduktion nach Ziff. 1211 Nr. 2 VV GKG angeregt. Meist wird der Rechtsmittelverzicht nach Ankündigung des Inhalts des Urteils bereits vor der Verkündung erklärt. Ein solcher Rechtsmittelverzicht vor der Verkündung des Urteils ist wirksam (§ 313a Abs. 3 ZPO).[15] Ein **Rechtsmittelverzicht** in Form einer gegenüber dem Gericht abgegebenen Erklärung führt die formelle Rechtskraft der betroffenen Entscheidung herbei und ist von Amts wegen zu berücksichtigen.[16]

bb) Berufung gegen ein Versäumnisurteil

Das **zweite Versäumnisurteil** ist gem. § 514 Abs. 2 ZPO **berufungsfähig**. Hierbei 8 handelt es sich um ein Versäumnisurteil, durch welches der Einspruch gegen das erste Versäumnisurteil (§ 345 ZPO), der Einspruch gegen einen Vollstreckungsbescheid (§ 300 Abs. 1 ZPO) oder ein Wiedereinsetzungsgesuch (§ 238 Abs. 2 S 2 ZPO) wegen Versäumnis verworfen worden ist. Die Berufung gegen ein zweites Versäumnisurteil kann aber nur darauf gestützt werden, dass der Fall der schuldhaften Versäumung nicht vorgelegen habe (§ 514 Abs. 2 S. 1 ZPO). Diese Einschränkung eröffnet keine darüberhinausgehende Korrektur von Rechtsanwendungsfehlern. So kann die Berufung gegen ein zweites Versäumnisurteil nicht darauf gestützt werden, Ablehnungsgesuche der säumigen Partei seien fehlerhaft behandelt worden.[17] Eine **Ausnahme** hiervon ist wegen §§ 700 Abs. 6, 331, 345 ZPO nur für das den Einspruch gegen einen **Vollstreckungsbescheid verwerfende (zweite) Versäumnisurteil** anerkannt; hier kann die Berufung auch darauf gestützt werden, dass die Klage im Zeitpunkt der Entscheidung über den Einspruch unzulässig oder unschlüssig gewesen sei.[18]

Hingegen kann das **erste Versäumnisurteil**, obgleich es ein Endurteil ist, gem. § 338 9 ZPO **nur** mit dem **Einspruch** angefochten werden. Eine Berufung ist nach § 514 Abs. 1

---

11 BGH NJW 2011, 1741, 1742.
12 BGH NJW 2015, 2342, 2343.
13 BGH NJW-RR 2015, 508.
14 BGH NJW 2011, 1741.
15 Vgl. zum Erlass eines rechtsmittelfähigen Beschlusses BGH NJW-RR 2018, 250.
16 BGH NJW-RR 2018, 250.
17 BGH NJW 2016, 642; BGH BeckRS 2017, 139247.
18 BGH NJW 1991, 43.

ZPO nicht statthaft. Unter einem „echten" Versäumnisurteil versteht man nur die gegen die säumige Partei aufgrund der Säumnis ergangene Entscheidung. Unerheblich ist, ob das Gericht die Säumnis rechtsirrig angenommen hat.[19] Ergeht ein Versäumnisurteil trotz fehlender Säumnis, gilt nicht das Meistbegünstigungsprinzip; d.h., auch ein solches Urteil kann nur mit dem Einspruch und nicht alternativ mit der Berufung angegriffen werden.[20]

10 **Ausnahmsweise** kann aber nach dem sog. **Meistbegünstigungsprinzip** zwischen dem Einspruch und der Berufung gewählt werden, wenn im Zusammenhang mit einem Versäumnisurteil **Form und Inhalt der verkündeten Entscheidung voneinander abweichen**.

11 *Beispiele*

Einschlägige Fälle liegen vor, wenn

- ein dem Inhalt nach kontradiktorisches Urteil als Versäumnisurteil bezeichnet wird,[21]
- ein erstes Versäumnisurteil als zweites Versäumnisurteil bezeichnet wird[22] oder umgekehrt.

cc) Berufung gegen als Endurteil bezeichnetes Zwischenurteil

12 Soweit das Gesetz Zwischenurteile als Endurteile bezeichnet, ist die Berufung gegen diese Urteile statthaft; es handelt sich hierbei um
- verfahrensbezogene Zwischenurteile gem. § 280 Abs. 2 S. 1 ZPO,
- Grundurteile gem. § 304 Abs. 2 Hs. 1 ZPO und
- Vorbehaltsurteile gem. §§ 302 Abs. 3, 599 Abs. 3 ZPO.

dd) Keine Berufung gegen die Kostenentscheidung

13 Gem. § 99 Abs. 1 ZPO ist die Kostenentscheidung nicht isoliert anfechtbar. Eine Ausnahme gilt für die **Kostenentscheidung eines Anerkenntnisurteils**; gegen diese Entscheidung ist nach § 99 Abs. 2 ZPO die **sofortige Beschwerde** gegeben, wenn der Streitwert in der Hauptsache den Betrag von 600 EUR übersteigt und die Beschwerdesumme gem. § 567 Abs. 2 S. 1 ZPO von 100 EUR überschritten worden ist.

ee) Berufung gegen eine Kostenentscheidung im Schlussurteil bei gleichzeitiger Berufung gegen das vorangegangene Teilurteil

14 Auch bei einem Teilurteil nach § 301 Abs. 1 ZPO handelt es sich um ein Endurteil, gegen das die Berufung statthaft sein kann. Gemeinsam mit der Berufung gegen das Teilurteil kann auch Berufung gegen die Kostenentscheidung im Schlussurteil eingelegt werden, wenn sich die Kostenentscheidung auf das bereits mit der Berufung angefoch-

---

19 BGH WM 1981, 829.
20 BGH NJW-RR 1994, 665.
21 BGH NJW 1999, 291; BGH NJW 1999, 583.
22 OLG Frankfurt/M. NJW-RR 1992, 1468, 1469.

tene Teilurteil bezieht.[23] Ist gegen das Teilurteil jedoch kein Rechtsmittel eingelegt worden oder kein Rechtsmittel mehr anhängig, scheidet auch die Berufung gegen die Kostenentscheidung im Schlussurteil nach herrschender Meinung aus.[24] Gegen ein klageabweisendes Urteil, in dem eine erstinstanzliche Erledigungserklärung des Klägers übergangen wird, steht § 99 ZPO der Berufung nicht entgegen, dass der Kläger mit seinem Rechtsmittel wirtschaftlich nur die Änderung der ihn belastenden Kostenentscheidung anstrebt.[25]

ff) Berufung gegen Scheinurteile

Berufungsfähig sind auch Scheinurteile, die als solche mangels Verkündung[26] oder mangels Zustellung oder mangels bestehender Gerichtsgewalt des Spruchkörpers[27] nicht existent sind. Obgleich derartige Nichturteile keine Wirkung entfalten und eine Berufung gegen sie eigentlich deswegen überflüssig ist, kann die Berufung zur Beseitigung des vorhandenen Scheins ohne weitere Zulässigkeitsvoraussetzungen eingelegt werden.[28] Der gegen das Urteil eingelegte Rechtsbehelf erfasst auch das später ergehende wirkliche Urteil,[29] ohne dass die Berufungseinlegung wiederholt werden muss.[30]

15

b) Wert des Beschwerdegegenstands

aa) Ausgangslage

Liegt eine grundsätzlich mit der Berufung angreifbare Entscheidung vor (näher Rdn 4 ff.) und wurde die Berufung nicht vom erstinstanzlichen Gericht zugelassen (näher Rdn 39 ff.), bedarf es einer Prüfung, ob der **Wert des Beschwerdegegenstandes** gem. § 511 Abs. 2 Nr. 1 ZPO den Betrag von 600 EUR übersteigt.

16

bb) Persönliche Beschwer

Entscheidet das erstinstanzliche Gericht abweichend von den Anträgen des Klägers, ist der **Kläger** beschwert; man spricht von **formeller Beschwer**.[31] Der **Beklagte** ist demgegenüber durch jeden nachteiligen Entscheidungsinhalt beschwert; diese Beschwer nennt man **materielle Beschwer**.[32] Die Beschwer muss sich aus der Entscheidung selbst ergeben. Es genügt nicht, wenn eine nachteilige Wirkung erst aus dem Zusammenwirken mit sonstigen Umständen folgt.[33] Legt ein **Streithelfer** Berufung ein, kommt es nicht

17

---

23 Zöller/*Herget*, § 99 ZPO Rn 10.
24 BGH WM 1977, 1428; OLG Frankfurt/M. MDR 1977, 143; MüKo-ZPO/*Schulz*, § 99 ZPO Rn 8.
25 Zöller/*Heßler*, § 511 ZPO Rn 3.
26 OLG Brandenburg NJW-RR 2002, 356.
27 Thomas/Putzo/*Reichold*, vor § 300 ZPO Rn 11.
28 BGH NJW 1995, 404; BGH NJW 1996, 1969.
29 BGH NJW 1996, 1969, 1970.
30 BGH VersR 1997, 130.
31 BGH NJW 1991, 703, 704; BGH NJW-RR 1995, 839.
32 BGH NJW-RR 2015, 1203, 1204.
33 BGH NJW-RR 2015, 1203, 1204.

auf seine Beschwer an, sondern nur auf die Beschwer der von ihm unterstützten Partei.[34] Auch die **scheinbar beschwerte Partei** kann ein Rechtsmittel einlegen.[35]

18 *Hinweis*

Ausgehend von der für die Beklagtenseite maßgeblichen materiellen Beschwer kann ein Beklagter Berufung gegen ein gemäß seinem Anerkenntnis ergehendes Anerkenntnisurteil einlegen. Er kann aber auch durch eine klageabweisende Entscheidung beschwert sein, etwa wenn ein Prozess- statt Sachurteil ergangen, die Klage als „derzeit unbegründet" abgewiesen worden ist oder die Klageabweisung auf einer Aufrechnung beruht.[36]

cc) Gegenstand der Beschwer

19 Der Gegenstand der Beschwer ist ein **rechtlicher Nachteil**, der dem Tenor, dem Tatbestand und den Entscheidungsgründen der anzufechtenden Entscheidungen entnehmbar sein muss. So liegt ein rechtlicher Nachteil nicht nur dann vor, wenn ein Beklagter zur Zahlung eines bestimmten Geldbetrages an den Kläger verurteilt oder eine auf Zahlung eines bestimmten Geldbetrages gerichtete Klage abgewiesen wird.

20 *Beispiele*

Ein **rechtlicher Nachteil** ist auch dann gegeben, wenn:
- eine Klage als unbegründet abgewiesen worden ist statt als unzulässig,[37]
- eine aus mehreren, in einer bestimmten Reihenfolge vorgegebenen Forderungen eingeklagte Teilforderung zwar zugesprochen wurde, aus den Entscheidungsgründen aber hervorgeht, dass das erstinstanzliche Gericht einzelne vorrangige Schadenspositionen für nicht begründet erklärt hat,[38]
- eine Klage wegen angeblich eingetretener Verjährung als endgültig unbegründet abgewiesen worden ist statt wegen fehlender Fälligkeit nur als vorläufig unbegründet,[39]
- eine Klage aufgrund einer nachrangigen Einwendung abgewiesen worden ist, allerdings eine vorrangig erklärte Aufrechnung vom erstinstanzlichen Gericht mit der Begründung verneint wurde, dass die Gegenforderung nicht besteht (was gem. § 322 Abs. 2 ZPO in Rechtskraft erwächst).[40]

Demgegenüber liegt **kein rechtlicher Nachteil** vor, wenn:
- dem Kläger, der angemessenes Schmerzensgeld unter Angabe eines Mindestbetrages eingeklagt hat, genau dieser Betrag zugesprochen worden ist[41] oder

---

34 BGH NJW 1975, 2108; BGH NJW 1986, 257.
35 BGH NZM 2017, 853, wo allerdings eher eine Auslegung des tatsächlichen Berufungsführers (Wohnungseigentümer statt WEG) in Betracht kam.
36 Zum Ganzen BGH NJW-RR 2015, 1203, 1204 m.w.N.
37 Vgl. BGH NJW-RR 2001, 929.
38 BGH NJW 1999, 3564.
39 BGH NJW 2000, 590.
40 BGH NJW 2001, 3616.
41 BGH NJW 2002, 212.

- der Kläger nur angemessenes Schmerzensgeld ohne Benennung eines Mindestbetrages eingeklagt hat; hier kann der Kläger mit der Berufung nicht geltend machen, dass der etwaig zugesprochene Betrag zu niedrig sei.

dd) Maßgeblicher Zeitpunkt

Das Vorliegen der Beschwer ist gem. § 4 Abs. 1 ZPO für den **Zeitpunkt der Berufungseinlegung** zu prüfen.[42] Sie muss allerdings noch zum Zeitpunkt der Entscheidung über das Rechtsmittel vorliegen.[43]

Hinweis

Eine zunächst zulässige Berufung eines Berufungsführers, dessen Beschwer die Wertgrenze des § 511 Abs. 2 Nr. 1 ZPO erreicht, kann unzulässig werden, falls dieser willkürlich seinen Berufungsantrag auf einen unterhalb der Berufungssumme liegenden Wert beschränkt. Mit „willkürlich" sind diejenigen Fälle gemeint, in denen der Berufungsführer aus eigener Entschließung, also nicht als Reaktion auf ein Verhalten seines Gegners, seinen Berufungsantrag auf einen die Berufungssumme unterschreitenden Wert beschränkt.[44]

Die Beschwer muss sich aus der angefochtenen Entscheidung selbst ergeben. **Nachfolgende Klageerweiterungen oder Widerklagen** bleiben für die Berechnung der Beschwer **unbeachtlich**.[45]

Beispiele

Unbeachtliche Ereignisse vor Berufungseinlegung sind z.B.

- die Erledigung eines mit der Berufung angegriffenen Verbots während der Rechtsmittelfrist durch Zeitablauf,[46]
- die Zahlungen zur Abwendung der Zwangsvollstreckung.[47]

Beachtliche Ereignisse vor Berufungseinlegung sind z.B.

- die Freigabe der gepfändeten Sache durch den Gläubiger bei einer erstinstanzlichen erfolgreichen Drittwiderspruchsklage,[48]
- die Klage auf Weiterbeschäftigung bis zu einem bestimmten Zeitpunkt, wenn gegen das Klage abweisende Urteil nach Ablauf des Endzeitpunktes des Weiterbeschäftigungsbegehrens Berufung eingelegt werden soll;[49]
- bei freiwilliger Leistungserfüllung.[50]

---

42 BGH NJW 1994, 943.
43 BGH FamRZ 2017, 820; BGH NJW-RR 2018, 384.
44 BGH FamRZ 2017, 820.
45 BGH NJW 1992, 3243; BGH NJW 1996, 320.
46 OLG Düsseldorf Wettbewerb Recht und Praxis 1974, 490.
47 OLG Düsseldorf Jurbüro 1992, 194.
48 OLG Hamm NJW-RR 1991, 1343.
49 LAG Köln MDR 1993, 578.
50 BGH NJW 1951, 274.

Unbeachtliche Ereignisse nach Berufungseinlegung sind z.B.
- die Wertminderung eines Wertpapierdepots bei Klagen auf Herausgabe von Aktien.

ee) Wert des Beschwerdegegenstands

25 In § 511 Abs. 2 Nr. 1 ZPO wird für die zulassungsfreie Berufung auf den Wert des Beschwerdegegenstands abgestellt.[51] Dieser ist begrifflich vom erstinstanzlichen Streitgegenstand und der Beschwer als solcher zu unterscheiden.[52] Mit dem Wert des Beschwerdegegenstands im Sinne des § 511 Abs. 2 Nr. 1 ZPO ist nach der Rechtsprechung des BGH der Wert der Beschwer gemeint, den der Berufungskläger mit dem Ziel ihrer Beseitigung zur Entscheidung durch das Berufungsgericht stellt.[53] Er bestimmt sich also durch den Teil der Beschwer, der Gegenstand des Berufungsantrags ist.[54] Ist die Hauptsache Gegenstand des Rechtsstreits, sind Prozesskosten bei der Bestimmung der Beschwer nicht zu berücksichtigen.[55] Zweitinstanzliche Klageerweiterungen und -änderungen sind ebenso unberücksichtigt zu lassen wie erstinstanzlich zu Recht nicht mehr berücksichtigte Klageerweiterungen nach Schluss der mündlichen Verhandlung.[56]

26 *Hinweis*

In Ausnahmefällen ist die Berufung unabhängig von dem Wert der Beschwer zulässig. Um solche **Ausnahmefälle** handelt es sich:
- bei der Zulassungsberufung nach § 511 Abs. 2 Nr. 2 ZPO,
- bei einer Berufung gegen ein zweites Versäumnisurteil gem. § 514 Abs. 2 S. 2 ZPO,
- bei einer Anschlussberufung gem. § 524 ZPO.

27 Bei **Leistungsklagen** ist zu differenzieren: Bei Zahlungsklagen ist grundsätzlich auf den zu- oder aberkannten Betrag abzustellen, auf den sich die mit der Berufung angestrebte Abänderung bezieht. Im Übrigen sind zahlreiche spezielle Fallkonstellationen zu beachten, wobei zunächst auf Sondervorschriften und anschließend auf das Interesse des Rechtsmittelklägers abzustellen ist, z.B.:
- Wird einer von mehreren Klageanträgen durch Teilurteil abgewiesen und erklärt der Kläger mit der Berufungseinlegung insoweit die **(Teil-)Erledigung**, bemisst sich die Beschwer des Klägers nach seinem **Kosteninteresse**. Dieses ist nicht nach der Differenzrechnung, sondern dadurch zu ermitteln, dass der Streitwert des abgewiesenen Klageantrags ins Verhältnis zum Gesamtstreitwert gesetzt und die sich nach dieser Quote auf den abgewiesenen Antrag entfallende Kostenbelastung errechnet wird.[57]

---

51 Vgl. BGH NJW 2002, 2720 (zur Nichtzulassungsbeschwerde).
52 BGH NJW-RR 2009, 853.
53 BGH NJW-RR 2009, 853.
54 Musielak/Voit/*Ball*, § 511 ZPO Rn 18.
55 BGH NJW-RR 2018, 384.
56 BGH NJW-RR 2009, 853.
57 BGH MDR 2018, 301.

- Der Wert des Beschwerdegegenstands bei einer teilweise abgewiesenen Klage gerichtet auf **Zahlung eines bestimmten Betrags nebst Zinsen abzüglich bereits erfolgter Zahlungen** kann grundsätzlich unter Berücksichtigung des § 367 Abs. 1 BGB ausgehend von einem Klageantrag, nach dem in Abzug gebrachte Zahlungen des Beklagten zunächst auf die Zinsen und erst danach auf die geltend gemachte Schmerzensgeld-Hauptforderung angerechnet werden sollen, zu bestimmen sein.[58]
- Bei einem Anspruch auf **Verschaffung von Eigentum oder Besitz** ist nach § 6 ZPO der Wert der Sache maßgebend.
- Die Beschwer einer **Verurteilung zur Räumung** bemisst sich nach § 8 ZPO.[59]
- Wird eine Klage des Mieters gegen den Vermieter auf Zustimmung zur **Tierhaltung** in der gemieteten Wohnung abgewiesen, erfordert die Beurteilung, ob der Wert des Beschwerdegegenstandes einer dagegen gerichteten Berufung die Wertgrenze des § 511 Abs. 2 Nr. 1 ZPO übersteigt, eine umfassende und individualisierte Betrachtung des auf die begehrte Tierhaltung in der Mietwohnung gerichteten Interesses des konkreten Mieters.[60]

Besonderheiten ergeben sich auch für die Berechnung der Beschwer, wenn die Berufung gegen ein Urteil eingelegt werden soll, in dem über **Klage und Widerklage** entschieden worden ist. Grundsätzlich gilt hier ein Additionsrecht. 28

Hinweis 29

Sind beide Parteien Rechtsmittelführer, weil Klage und Widerklage keinen Erfolg hatten, ist die Beschwer gem. § 5 ZPO für jede Partei getrennt zu ermitteln. Unterliegt eine Partei mit der Klage und der Widerklage, sind für die Frage der Beschwer beide Werte zusammenzurechnen.[61] Dies ergibt sich für den Berufungskläger, soweit er sich in der Rolle des Beklagten oder Widerbeklagten befindet, aus der materiellen Beschwer, die sich unabhängig von der Streitwertregelung berechnet; § 5 ZPO steht der Addition nicht entgegen.[62]

Ein Additionsverbot ist für die **Beschwer bei Teil- und Schlussurteilen** zu berücksichtigen. 30

Hinweis 31

Soweit die Beschwer aus einem einzelnen Teilurteil die 600-Euro-Grenze nicht übersteigt, kann der Berufungskläger nicht abwarten und die Beschwer aus mehreren Teilurteilen zusammenrechnen, weil das Teilurteil gem. § 301 Abs. 1 ZPO ein Endurteil ist und als solches jeweils isoliert mit der Berufung angegriffen werden muss. Gemeinsam mit der Berufung gegen das Teilurteil kann jedoch auch Berufung gegen die Kostenentscheidung im Schlussurteil eingelegt werden, wenn sich dessen Kosten-

---

58 BGH NJW-RR 2016, 759.
59 BGH NJW-RR 2016, 506.
60 BGH BeckRS 2018, 1526.
61 BGH NJW 1994, 3292.
62 OLG Oldenburg NJW-RR 1993, 827.

entscheidung auf das bereits mit der Berufung angefochtene Teilurteil bezieht.[63] Ist gegen das Teilurteil jedoch kein Rechtsmittel eingelegt worden oder kein Rechtsmittel mehr anhängig, scheidet auch die isolierte Berufung gegen die Kostenentscheidung im Schlussurteil nach herrschender Meinung aus.[64]

32 Bei **Auskunftsklagen** muss differenziert werden zwischen der Beschwer desjenigen, der die Auskunft begehrt, und desjenigen, der zur Auskunft verurteilt worden ist. Die Beschwer des Berufungsklägers, der Auskunft begehrt, bemisst sich nach einem Bruchteil des Anspruchs, dessen Geltendmachung die Auskunft vorbereiten soll; in der Praxis geht man von einem Wert zwischen einem Zehntel und einem Viertel des vorzubereitenden Anspruchs aus.[65] Für den zur Auskunft verurteilten Berufungskläger bemisst sich der Wert der Beschwer demgegenüber nach dem zur Auskunftserteilung erforderlichen Aufwand.[66]

33 *Hinweis*

Der Aufwand zur Auskunftserteilung umfasst den persönlichen Zeitaufwand,[67] den Aufwand für Fremdleistungen,[68] den Aufwand für Hilfskräfte,[69] gegebenenfalls die Kosten eines Rechtsanwaltes[70] bzw. eines Steuerberaters.[71] Zur Bewertung des vom Auskunftspflichtigen aufzuwendenden Zeitaufwands ist auf die Stundensätze zurückzugreifen, die der Auskunftspflichtige als Zeuge in einem Zivilprozess erhalten würde, wenn er mit der Erteilung der Auskunft weder eine berufstypische Leistung erbringt noch einen Verdienstausfall erleidet. Dabei ist regelmäßig davon auszugehen, dass die zur Auskunftserteilung erforderlichen Tätigkeiten in der Freizeit erbracht werden können.[72] Zu berücksichtigen ist gegebenenfalls noch ein Geheimhaltungsinteresse,[73] welches jedoch nicht mit der Regressgefahr durch einen Dritten begründet werden kann.[74] Das Interesse, die Hauptleistung nicht erbringen zu wollen, bleibt außer Betracht.[75]

34 Bei einem **Grundurteil** ist der Kläger nicht beschwert, wenn ein Amtshaftungsanspruch verneint, der Klageanspruch aber hinsichtlich eines Anspruchs auf angemessene Entschädigung wegen enteignungsgleichen Eingriffs für gerechtfertigt erklärt wird, wenn beide Ansprüche wirtschaftlich identisch sind. Es beschwert den Kläger in **Höhe eines**

---

63 Musielak/Voit/*Flockenhaus*, § 99 ZPO Rn 11; Zöller/*Herget*, § 99 ZPO Rn 10.
64 BGH WM 1977, 1428; OLG Frankfurt/M. MDR 1977, 143; Zöller/*Herget*, § 99 ZPO Rn 10.
65 BGH NZG 2016, 114.
66 BGHZ (GS) 128, 85.
67 BGH NJW 1999, 350.
68 BGH NJW 2001, 1284.
69 BGH NJW-RR 1994, 660.
70 BGH NJW-RR 1993, 1026.
71 BGH NJW-RR 1993, 1027.
72 BGH MDR 2018, 357.
73 BGH NJW 1999, 3049.
74 BGH NJW 1997, 3246.
75 BGHZ (GS) 128, 85.

abgewiesenen Bruchteils oder insoweit, als es hinsichtlich des nachfolgenden Betragsverfahrens eine für ihn **negative Bindungswirkung** auslöst.[76]

ff) Berufung bei Streitgenossenschaft

Sind **einfache Streitgenossen** hinreichend beschwert, so kann jeder Streitgenosse Berufung für sich selbst einlegen. Da bei einfacher Streitgenossenschaft keine einheitliche Entscheidung hinsichtlich der Streitgenossen erfolgen muss, sind die Streitgenossen, die selbst keine Berufung eingelegt haben, nicht Partei des Berufungsverfahrens. 35

Bei **notwendiger Streitgenossenschaft** kann jeder Streitgenosse gesondert Berufung einlegen. Auch er vertritt nicht die übrigen Streitgenossen, sondern nur sich selbst. Durch die von ihm eingelegte Berufung wird aber die **Rechtskraft insgesamt** bis zur Entscheidung über die Berufung **aufgeschoben**; der Erfolg des Rechtsmittels wirkt also zugunsten aller notwendigen Streitgenossen. Gem. § 62 Abs. 2 ZPO sind diese deshalb auch im späteren Verfahren **hinzuzuziehen**; sie sind Parteien im Rechtsmittelverfahren.[77] Die prozessualen Voraussetzungen und Folgen der Berufung sind aber alleine demjenigen Streitgenossen zuzuschreiben, der die Berufung führt.[78] 36

gg) Berufung des Streithelfers

Erwächst die Rechtskraft der in einem (Haupt-)Prozess erlassenen Entscheidung auf das Rechtsverhältnis des Nebenintervenienten zu dem Gegner in Wirksamkeit, gilt der Nebenintervenient nach § 69 ZPO als Streitgenosse der Hauptpartei. Da hierbei immer die Voraussetzungen einer notwendigen Streitgenossenschaft im Sinne von § 62 ZPO vorliegen, kann der **streitgenössische Streithelfer** ebenso wie die Hauptpartei und anstelle der Hauptpartei Berufung einlegen.[79] Der Streitgenosse wird als solcher aber selbst nie zur Partei; er bleibt Streithelfer und ist als solcher auch im Rubrum aufzuführen. 37

Auch der **nicht streitgenössische Streithelfer** kann gem. § 67 ZPO Berufung gegen das erstinstanzliche Urteil einlegen. Der unselbstständige Streithelfer ist ebenso wenig wie der streitgenössische Streithelfer selbst Partei. Er unterstützt lediglich die Hauptpartei. Sein Rechtsmittel wird daher als **Rechtsmittel der Hauptpartei** betrachtet.[80] Ist der Streithelfer dem Rechtsstreit in der ersten Instanz noch nicht beigetreten, kann er gleichwohl gem. § 70 ZPO Berufung gegen ein erstinstanzliches Urteil einlegen, wenn er die Parteien des Rechtsstreits bezeichnet, das Interesse, das er am Ausgang des Rechtsstreits hat, dartut und die Berufungseinlegung mit der Beitrittserklärung verknüpft (§ 70 Abs. 1 S. 2 Nr. 1–3 ZPO). Zur Berechnung der Berufungsfrist ist die **Zustellung des Urteils an die Hauptpartei maßgeblich**.[81] 38

---

76 BGH NJW-RR 2016, 1150.
77 OLG Karlsruhe ZIP 1991, 102; BGH NJW 1991, 101.
78 BGH NJW 2001, 1355.
79 OLG Schleswig OLGR 1993, 930.
80 BGH NJW 1997, 2386.
81 BGH NJW 2001, 1355.

c) Zulassung der Berufung

aa) Allgemeines

39 Die Zulassungsberufung hat nur dort Bedeutung, wo der Beschwerdegegenstand den Wert von 600 EUR nicht übersteigt; anderenfalls ist die Berufung grundsätzlich nach § 511 Abs. 2 Nr. 1 ZPO auch ohne Zulassung des erstinstanzlichen Gerichts zulässig. Über die Zulassung der Berufung entscheidet bereits das erstinstanzliche Gericht gem. § 511 Abs. 2 Nr. 2 und Abs. 4 ZPO von Amts wegen. Ein ausdrücklich formulierter Zulassungsantrag ist nicht erforderlich. Allerdings kann es sinnvoll sein, die **Zulassung der Berufung anzuregen**.

40 *Hinweis*

Die Berufung ist **unabhängig vom Wert der Beschwer** zulässig bei der Berufung gegen ein zweites Versäumnisurteil gem. § 514 Abs. 2 S. 2 ZPO und bei der Anschlussberufung nach § 524 ZPO.

41 Fehlt es an einem **Ausspruch zur Berufungszulassung**, ist die Berufung nicht zugelassen.[82] Eine Zulassung liegt dann auch nicht in der Beifügung einer Rechtsmittelbelehrung.[83] Eine nachträgliche Zulassung ist grundsätzlich nicht eröffnet (zur Anhörungsrüge § 14 Rdn 100 ff.).[84]

42 *Hinweis*

Enthält ein Urteil keinen Ausspruch über die Zulassung der Berufung, obwohl das Gericht die Berufung im Urteil zulassen wollte und dies nur versehentlich unterblieben ist, kann der Ausspruch über die Zulassung im Wege des **Berichtigungsbeschlusses** nach § 319 Abs. 1 ZPO nachgeholt werden. Voraussetzung ist hierfür, dass das Versehen des Gerichts nach außen hervorgetreten und selbst für Dritte ohne Weiteres erkennbar ist.[85]

43 Ist das erstinstanzliche Gericht insbesondere aufgrund eines von ihm festgesetzten höheren Streitwerts ersichtlich von der Statthaftigkeit der Berufung auch ohne Zulassung ausgegangen, muss – bei tatsächlich zu niedrigem Streitwert – die **Zulassungsentscheidung** vom Berufungsgericht **nachgeholt werden**.[86]

44 Eine **beschränkte Zulassung der Berufung** ist unter denselben Voraussetzungen wie die beschränkte Revisionszulassung möglich.[87] Das erstinstanzliche Gericht kann also die Zulassung der Berufung gegen sein Urteil auf einen tatsächlich und rechtlich selbstständigen Teil des Gesamtstreitstoffs beschränken, der Gegenstand eines Teil- oder Grundurteils sein kann und auf den der Berufungskläger selbst sein Rechtsmittel be-

---

82 Vgl. BGH NJW-RR 2013, 131.
83 Vgl. BGH NJW-RR 2014, 639.
84 Vgl. BGH NJW-RR 2013, 131.
85 BGH NJW 2004, 2389.
86 Vgl. BGH ZEV 2017, 278, 280; BGH NJW-RR 2013, 131.
87 BGH NJW 2018, 937; BGH NJW-RR 2009, 1431, 1432.

schränken könnte.[88] Die Beschränkung muss nicht im Tenor ausgesprochen werden; sie kann sich auch aus den Entscheidungsgründen ergeben.[89]

bb) Voraussetzungen

Nach § 511 Abs. 4 ZPO lässt das Gericht des ersten Rechtszuges die Berufung zu, wenn die Rechtssache grundsätzliche Bedeutung hat oder die Fortbildung des Rechts oder die Sicherung einer einheitlichen Rechtsprechung eine Entscheidung des Berufungsgerichts erfordert. Liegen diese Voraussetzungen vor, ist die Berufung stets zuzulassen.[90] Die Voraussetzungen decken sich mit den gesetzlich vorgesehenen Kriterien für die Zulassung der Revision (§ 543 Abs. 2 ZPO) und der Rechtsbeschwerde (§ 574 Abs. 2 ZPO). Auf die hierzu einschlägige Rechtsprechung des BGH kann daher zurückgegriffen werden. 45

Eine Rechtssache hat **grundsätzliche Bedeutung**, wenn sie eine entscheidungserhebliche, klärungsbedürftige und klärungsfähige Rechtsfrage aufwirft, die sich in einer unbestimmten Vielzahl von Fällen stellen kann.[91] Klärungsbedürftig sind solche Rechtsfragen, deren Beantwortung zweifelhaft ist oder zu denen unterschiedliche Auffassungen vertreten werden oder die noch nicht oder nicht hinreichend höchstrichterlich geklärt sind.[92] Klärungsbedarf kann sich also auch unter dem Blickwinkel der Förderung der Rechtsentwicklung ergeben, wenn die Instanzgerichte dem Bundesgerichtshof nicht folgen oder im Schrifttum ernst zu nehmende Bedenken gegen eine höchstrichterliche Rechtsprechung geäußert werden.[93] 46

Beispiele 47

Es geht hierbei regelmäßig um die Auslegung bzw. Wirksamkeit

- häufig anzutreffender Vertragsbestimmungen bzw. Allgemeiner Geschäftsbedingungen[94] oder
- von Umlagemaßstäben für Nebenkostenabrechnungen.[95]

Der Zulassungsgrund der **Rechtsfortbildung** deckt sich weitgehend mit dem der Grundsatzbedeutung und setzt ebenso wie dieser zunächst eine Vielzahl von künftigen vergleichbaren Fällen voraus.[96] Der Einzelfall muss Veranlassung geben, Leitsätze für die Auslegung von Gesetzesbestimmungen des materiellen oder formellen Rechts aufzustellen oder Gesetzeslücken auszufüllen. Dies ist gegeben, wenn der Fall eine verallgemeinerungsfähige rechtliche Frage aufwirft, für deren rechtliche Beurteilung eine richtungsweisende Orientierungshilfe ganz oder teilweise fehlt.[97] 48

---

88 BGH NJW-RR 2009, 1431.
89 BGH NJW 2018, 937.
90 BVerfG BeckRS 2017, 117816.
91 Vgl. BGH NJW 2004, 2222, 2223.
92 BVerfG BeckRS 2017, 117816.
93 BT-Drucks 14/4722, 104.
94 *Gehrlein*, § 14 Rn 27.
95 *Goebel*, PA 2002, 33, 34.
96 BGH NJW 2004, 289, 290.
97 BGH NJW 2003, 437.

49 *Hinweis*

Ob die Entscheidung einer streitentscheidenden Frage der Fortbildung des Rechts dient, ist mitunter den Gesetzesbegründungen zu entnehmen. Dann kann die Zulassung der Berufung darauf gestützt werden, dass bereits der Gesetzgeber die Klärung der entscheidungserheblichen Rechtsfragen den Gerichten zugewiesen habe.

50 Die Berufungszulassung zur **Sicherung einer einheitlichen Rechtsprechung** betrifft insbesondere Fälle der Divergenz, wenn also die angefochtene Entscheidung dieselbe Rechtsfrage anders beantwortet als die Entscheidung eines höherrangigen oder eines anderen gleichgeordneten Gerichts oder eines anderen Spruchkörpers desselben Gerichts.[98] Es soll vermieden werden, dass im Zuständigkeitsbereich eines Berufungsgerichts schwer erträgliche Unterschiede in der Rechtsprechung entstehen oder fortbestehen, wobei es darauf ankommt, welche Bedeutung die angefochtene Entscheidung für die Rechtsprechung im Ganzen hat. Von solchen Unterschieden ist bei der Abweichung von der Entscheidung eines höherrangigen Gerichts in einer entscheidungserheblichen Rechtsfrage insbesondere dann auszugehen, wenn die Rechtsfrage von allgemeiner Bedeutung ist, weil sie in einer Mehrzahl von Fällen auftreten kann.[99] Für die Berufungszulassung – aufgrund der Zulassung durch den iudex a quo – seltener bedeutsam ist die Zulassung, wenn bei der Auslegung oder Anwendung des Rechts Fehler über die Einzelfallentscheidung hinaus die Interessen der Allgemeinheit nachhaltig berühren.[100]

51 *Beispiele*

Typischerweise fallen unter diesen Zulassungsgrund Fälle:

- in denen das erstinstanzliche Gericht von der Rechtsprechung des übergeordneten Landgerichts oder Oberlandesgerichts abweichen möchte[101] oder
- bei denen innerhalb eines Amtsgerichts zu einer bestimmten Rechtsfrage unterschiedliche Meinungen bestehen.[102]

cc) Angriff gegen die Nichtzulassung

52 Setzt sich das erstinstanzliche Gericht mit dem Zulassungsantrag und den tatsächlichen Ausführungen zu dessen Begründung nicht hinreichend auseinander, kann darin ein Verstoß gegen das Willkürverbot oder gegen den Anspruch auf rechtliches Gehör liegen. Derartige Rechtsverletzungen können von der unterlegenen Partei mit der Gehörsrüge gem. § 321a ZPO[103] und subsidiär mit der Verfassungsbeschwerde angegriffen werden.[104]

---

98 Vgl. BGH NJW 2002, 2473, 2474.
99 BVerfG BeckRS 2017, 117816.
100 Vgl. BGH NJW 2002, 3029, 3030.
101 *Goebel*, PA 2002, 33, 34.
102 *Stackmann*, NJW 2002, 781, 782.
103 *Goebel*, PA 2002, 33 ff.
104 Vgl. BVerfG BeckRS 2017, 117816 (zur Nichtzulassung der Berufung); NJW 2001, 1125 (bei Willkürlichkeit der Nichtzulassung der Revision).

Hinweis

Die nachträgliche Zulassung des Rechtsmittels aufgrund einer Anhörungsrüge ist unwirksam, wenn kein auf die Zulassungsentscheidung bezogener Vortrag der Parteien verfahrensfehlerhaft übergangen worden ist. Die Anhörungsrüge nach § 321a ZPO räumt dem Gericht keine umfassende Abhilfemöglichkeit ein, sondern dient allein dazu, Verstöße gegen den Anspruch auf rechtliches Gehör zu beheben.[105]

2. Sonstige Vorüberlegungen zur Zulässigkeit

a) Grundlagen

Bei seinen Vorüberlegungen muss der Berufungskläger neben der Statthaftigkeit die weiteren **formalen Mindestanforderungen** im Auge behalten, damit der Berufung nicht von vorneherein der Erfolg versagt wird. So ist jede Berufung gem. § 522 Abs. 1 S. 2 ZPO als unzulässig zu verwerfen,

- die nicht innerhalb eines Monats nach Zustellung des in vollständiger Form abgefassten Urteils oder aber spätestens mit dem Ablauf von sechs Monaten nach Urteilsverkündung formgerecht unter Beachtung des Anwaltszwangs (§ 519 ZPO) eingelegt worden ist (§ 517 ZPO; näher Rdn 89 ff.),
- die nicht die Bezeichnung des Urteils enthält, gegen das sie sich richtet, oder der die Erklärung fehlt, dass gegen dieses Urteil Berufung eingelegt wird (§ 519 Abs. 2 ZPO; näher Rdn 173 ff.),
- die nicht innerhalb von zwei Monaten nach Zustellung des in vollständiger Form abgefassten Urteils begründet worden ist oder aber spätestens mit dem Ablauf von sieben Monaten nach Urteilsverkündung, es sei denn, die Berufungsbegründung erfolgt innerhalb einer vom Vorsitzenden gewährten Fristverlängerung (§ 520 Abs. 2 ZPO; näher Rdn 99 ff.),
- der die in der Berufungsbegründung aufzunehmenden Berufungsanträge fehlen und wenn diese Lücke auch nicht anderweit geschlossen werden kann (§ 520 Abs. 3 S. 2 Nr. 1 ZPO; näher Rdn 256 ff.),
- deren Begründung keine Umstände bezeichnet, aus denen sich die Rechtsverletzung und deren Erheblichkeit für die angefochtene Entscheidung ergibt (§ 520 Abs. 3 S. 2 Nr. 2 ZPO), oder keine konkreten Anhaltspunkte benennt, die Zweifel an der Richtigkeit oder Vollständigkeit der Tatsachenfeststellung im angefochtenen Urteil begründen und deshalb eine erneute Feststellung gebieten (§ 520 Abs. 2 S. 2 Nr. 3 ZPO), oder keine neuen Angriffs- und Verteidigungsmittel sowie Tatsachen aufzeigt, aufgrund derer die neuen Angriffs- und Verteidigungsmittel nach § 531 Abs. 2 ZPO zuzulassen sind (§ 520 Abs. 3 S. 2 Nr. 4 ZPO; näher Rdn 271 ff.),
- die als Anschlussberufung nicht bis zum Ablauf der Berufungserwiderungsfrist eingelegt und begründet worden ist (§ 524 Abs. 2 und Abs. 3 ZPO; näher Rdn 424 ff.).

---

[105] BGH NJW 2016, 3035, 3036.

Die Beweislast für die Tatsachen, von denen die Zulässigkeit des Rechtsmittels abhängt, trägt grundsätzlich der Rechtsmittelkläger.[106]

55 Die **Verwerfungsentscheidung** kann gem. § 522 Abs. 1 S. 3 ZPO als Beschluss ergehen. Gegen sie findet gem. § 522 Abs. 1 S. 4 ZPO die **Rechtsbeschwerde** statt.

56 *Hinweis*

Grundsätzlich müssen Beschlüsse, die der Rechtsbeschwerde unterliegen, den maßgeblichen Sachverhalt, über den entschieden wird, wiedergeben und den Streitgegenstand und die Anträge in beiden Instanzen erkennen lassen.[107] Zwar ist die Wiedergabe des Sachverhalts und der Anträge in einem die Berufung nach § 522 Abs. 1 S. 2 ZPO verwerfenden Beschluss nicht ausnahmslos erforderlich. Der die Berufung verwerfende Beschluss des Berufungsgerichts muss aber **zumindest die die Verwerfung tragenden Feststellungen enthalten**, *die zur Beurteilung durch das Rechtsbeschwerdegericht erforderlich sind, also etwa die tatsächlichen Umstände zur Beurteilung des Werts des Beschwerdegegenstands oder zur nicht fristgerechten Berufungseinlegung.[108]*

57 Legt eine **anwaltlich nicht vertretene Partei** Berufung ein und verwirft das Berufungsgericht die Berufung deshalb als unzulässig, ist die Entscheidung nach dem Sinn und Zweck von § 232 ZPO mit einer **Rechtsmittelbelehrung** zu versehen.[109]

b) Neue Tatsachen in der Berufungsinstanz

58 Vor Durchführung der Berufung muss der Berufungskläger bei der Prüfung der Erfolgsaussichten klären, ob sein Angriff gegen das erstinstanzliche Urteil auf der Basis des bisherigen Sachvortrags erfolgen oder auf neuem Vorbringen fußen soll. Letzteres erfordert die Prüfung, ob der neue Vortrag aufgrund der **Reglementierung des Prozessvortrags in der zweiten Instanz** berücksichtigungsfähig ist. Das Berufungsgericht legt seiner Entscheidung nur einen Tatbestand zugrunde,
- der auf Tatsachen basiert, die vom Gericht des ersten Rechtszuges festgestellt worden sind, soweit nicht konkrete Anhaltspunkte Zweifel an der Richtigkeit oder Vollständigkeit der entscheidungserheblichen Feststellungen begründen und deshalb eine erneute Feststellung gebieten (§ 529 Abs. 1 Nr. 1 ZPO; näher Rdn 290 ff.),
- der einen von Amts wegen zu berücksichtigenden Verfahrensmangel offenbart (§ 529 Abs. 2 S. 1 Hs. 1 ZPO),
- der einen zulässigerweise gerügten Verfahrensmangel offenbart (§ 529 Abs. 2 S. 1 Hs. 2 ZPO; näher Rdn 273 ff.),
- der neue Angriffs- und Verteidigungsmittel enthält, soweit sie entweder einen Gesichtspunkt betreffen, der vom Gericht des ersten Rechtszuges erkennbar übersehen oder für unerheblich gehalten worden ist (§ 531 Abs. 2 Nr. 1 ZPO), oder infolge eines

---

106 BGH BeckRS 2018, 2515.
107 BGH NJW-RR 2014, 1531.
108 BGH NJW-RR 2016, 320.
109 BGH NJW 2016, 1827.

Verfahrensmangels im ersten Rechtszug nicht geltend gemacht worden ist (§ 531 Abs. 2 Nr. 2 ZPO), oder im ersten Rechtszug nicht geltend gemacht worden ist, ohne dass dies auf einer Nachlässigkeit der Parteien beruht (§ 531 Abs. 2 Nr. 3 ZPO; näher Rdn 305 ff.).

Als Tatsachenvortrag für die Berufungsinstanz ausgeschlossen sind demgegenüber 59
- Angriffs- oder Verteidigungsmittel, die entgegen § 520 ZPO nicht rechtzeitig vorgebracht worden sind und analog § 296 Abs. 1 und 4 ZPO der Präklusion unterliegen (§ 530 ZPO; näher Rdn 348 ff.),
- Angriffs- und Verteidigungsmittel, die im ersten Rechtszug zu Recht zurückgewiesen worden sind (§ 531 Abs. 1 ZPO; näher Rdn 308 ff.),
- verzichtbare Rügen, die die Zulässigkeit der Klage betreffen und entgegen § 520 ZPO nicht rechtzeitig vorgebracht worden sind, ohne dass die Partei die Verspätung genügend entschuldigt (§ 532 S. 1 ZPO; näher Rdn 277 ff.) und
- verzichtbare neue Rügen, die die Zulässigkeit der Klage betreffen, wenn die Partei die Rüge schon im ersten Rechtszug hätte vorbringen können (§ 532 S. 2 ZPO; näher Rdn 276 ff.).

Besondere Beschränkungen gelten in der Berufungsinstanz für die **Klageänderung**, 60 die **Aufrechnung** und die **Widerklage**. Diese Prozesshandlungen, die zulässig sind, wenn der Gegner einwilligt oder das Gericht die Ausübung der Prozesshandlung für sachdienlich hält, können nur auf Tatsachen gestützt werden, die das Berufungsgericht seiner Verhandlung und Entscheidung über die Berufung ohnehin nach § 529 ZPO zugrunde legen muss (näher Rdn 326 ff.).

c) Beweisaufnahme in der Berufungsinstanz

Soll mit der Berufung eine erneute Beweisaufnahme angestrebt werden, ist § 529 Abs. 1 61 Nr. 1 ZPO zu beachten. Danach ist eine Wiederholung der erstinstanzlichen Beweisaufnahme in der Berufungsinstanz nur veranlasst, wenn konkrete Anhaltspunkte Zweifel an der Richtigkeit oder Vollständigkeit der entscheidungserheblichen Feststellung begründen. Dies setzt einen entsprechenden Angriff voraus (näher Rdn 295 ff.). Sind solche Zweifel gegeben, muss das Berufungsgericht nach § 538 Abs. 1 ZPO grundsätzlich die notwendigen Beweise erheben und in der Sache selbst entscheiden, soweit nicht eine Zurückverweisung nach § 538 Abs. 2 ZPO in Betracht kommt (näher Rdn 263 ff.).

3. Fristenkontrolle

a) Allgemeines

Nach Urteilszustellung kümmert sich der Anwalt unverzüglich um die Fristenkontrolle. 62 Zur Vorbereitung eines jeden Berufungsverfahrens muss er sein Büro so organisieren, dass alle für die Durchführung des Berufungsverfahrens relevanten Fristen mit Vorfristen im Fristenkalender ordnungsgemäß notiert werden.[110] Die zu notierenden Fristen be-

---

110 BGH NJW 1994, 2831; BGH NJW 1996, 2514.

schränken sich nicht auf die Berufungs- und die Berufungsbegründungsfrist. Denn mit der Berufung können nicht alle Unrichtig- und Unvollständigkeiten des erstinstanzlichen Urteils geltend gemacht werden.

b) Tatbestandsberichtigungsfrist

aa) Beweiskraft des Tatbestandes

63 Der Tatbestand des Urteils liefert gem. § 314 S. 1 ZPO **Beweis für das mündliche Parteivorbringen.** Er kann nur durch das Sitzungsprotokoll entkräftet werden (§ 314 S. 2 ZPO).[111] Zum Tatbestand gehören nicht nur die tatsächlichen Feststellungen, die im erstinstanzlichen Urteil unter der Rubrik „Tatbestand" festgestellt werden; vielmehr zählen hierzu auch die tatsächlichen Feststellungen in den Entscheidungsgründen.[112]

64 Einem Tatbestand kommt **keine Beweiswirkung** zu, wenn und soweit er **Widersprüche, Lücken oder Unklarheiten** aufweist.[113] Erforderlich hierfür ist ein Widerspruch zwischen den tatbestandlichen Feststellungen und dem konkret in Bezug genommenen schriftsätzlichen Vorbringen einer Partei.[114] Lassen sich die Widersprüche, Lücken oder Unklarheiten dagegen nur durch Rückgriff auf gem. § 313 Abs. 2 S. 2 ZPO allgemein in Bezug genommene vorbereitende Schriftsätze darstellen, bleibt es bei der Beweiswirkung des § 314 ZPO und dem Grundsatz, dass der durch den Tatbestand des Urteils erbrachte Beweis nur durch das Sitzungsprotokoll entkräftet werden kann.[115]

65 Unter **Sitzungsprotokoll** im Sinne des § 314 S. 2 ZPO ist nur das Protokoll über die Verhandlung zu verstehen, aufgrund derer das Urteil ergangen ist; durch den widersprechenden Inhalt eines früheren Sitzungsprotokolls wird die Beweiskraft des Tatbestands nicht entkräftet.[116] Etwas anderes kann nur dann gelten, wenn ein im Tatbestand aufgeführtes Vorbringen ausdrücklich einem bestimmten Verhandlungstermin zugeordnet wird und diese Feststellung dem Protokoll über diese Sitzung widerspricht.[117] Der nach § 314 S. 1 ZPO erbrachte Beweis kann durch das Sitzungsprotokoll gem. § 314 S. 2 ZPO nur entkräftet werden, wenn die dort getroffenen Feststellungen ausdrücklich oder wenigstens unzweideutig denjenigen des Tatbestands widersprechen.[118]

66 Nach der neueren Rechtsprechung des BGH kommt dem Tatbestand eines Urteils allerdings **grundsätzlich keine negative Beweiskraft** zu.[119] Die vollständige Wiedergabe des Parteivorbringens zählt nicht zu den Funktionen des Urteilstatbestands. Das Gesetz sieht in § 313 Abs. 2 ZPO nur eine „knappe" Darstellung des „wesentlichen Inhalts" der

---

111 BGH NJW 1999, 1339.
112 BGH NJW 1997, 1931; BGH WM 2000, 1871.
113 BGH NZG 2015, 1432, 1436.
114 BGH NJW-RR 2016, 210.
115 BGH NZG 2015, 1432, 1436.
116 BGH NZG 2015, 1432, 1436.
117 BGH NZG 2015, 1432, 1436.
118 BGH NJW-RR 2013, 1334.
119 BGH NJW 2004, 1876, 1879.

vorgebrachten Angriffs- und Verteidigungsmittel vor.[120] Die vorbereitenden Schriftsätze stehen zum Nachweis des Parteivorbringens zur Verfügung. Mit der Antragstellung in der mündlichen Verhandlung ist im Zweifel eine Bezugnahme der Parteien auf den Inhalt der zur Vorbereitung vorgelegten Schriftstücke verbunden.[121] Der Prozessstoff ergibt sich damit auch aus dem Inhalt der Gerichtsakten. Die negative Beweiskraft bleibt aber für solche Angriffs- und Verteidigungsmittel von Bedeutung, die in der mündlichen Verhandlung ohne vorherige Ankündigung in einem vorbereitenden Schriftsatz vorgebracht werden und im Urteil unerwähnt bleiben.[122]

Im Ergebnis gilt also Folgendes: Parteivorbringen, das sich aus den vorbereitenden Schriftsätzen ergibt, kann nicht allein deshalb im Rechtsmittelverfahren unberücksichtigt bleiben, weil es in dem Tatbestand des erstinstanzlichen Urteils keine Erwähnung gefunden hat.[123] Gleichwohl muss der Prozessbevollmächtigte zur Meidung einer anwaltlichen Pflichtverletzung den Tatbestand sorgfältig auf seine Richtigkeit und Vollständigkeit überprüfen. Eine etwaige Unrichtigkeit tatbestandlicher Darstellungen im Urteil muss im Berichtigungsverfahren nach § 320 ZPO geltend gemacht werden.[124] Der Prozessbevollmächtigte muss also den Tatbestand dahin prüfen, ob unstreitiger und streitiger Sachvortrag im Tatbestand richtig unterschieden werden, ob die im Tatbestand niedergelegten Tatsachen überhaupt vorgetragen wurden und ob Tatsachvortrag unrichtig bzw. fehlinterpretiert wiedergegeben wird. Bei entsprechenden Unzulänglichkeiten muss ein Berichtigungsantrag gestellt werden.[125]

67

bb) Dauer der Tatbestandsberichtigungsfrist

Die nicht verlängerbare (§ 224 Abs. 2 ZPO) Tatbestandsberichtigungsfrist beträgt gem. § 320 Abs. 1 S. 2 ZPO **zwei Wochen.** Sie ist keine Notfrist und gehört auch nicht zu den anderen in § 233 ZPO genannten Fristen. Deswegen ist eine **Wiedereinsetzung** in den vorigen Stand **nicht möglich.**[126]

68

Die Tatbestandsberichtigungsfrist **beginnt** gem. § 320 Abs. 2 S. 1 ZPO **mit der Zustellung** des in vollständiger Form abgefassten Urteils. Sie endet gem. § 320 Abs. 1 ZPO zwei Wochen nach Zustellung des Urteils und wird durch die fristgerechte Einreichung eines Schriftsatzes beim erstinstanzlichen Gericht gewahrt.

69

Ohne Urteilszustellung ist die Tatbestandsberichtigung gem. § 320 Abs. 2 S. 3 ZPO ausgeschlossen, wenn sie nicht binnen drei Monaten seit der Verkündung des Urteils beantragt wird. Die Zweiwochenfrist und die Dreimonatsfrist sind im **Fristenkalender** jeweils mit einer Vorfrist zu notieren. Unklar ist, ob eine Fristerstreckung unter dem

70

---

120 BGH NJW 2004, 1876, 1879; Musielak/Voit/*Ball*, § 529 ZPO Rn 7; *Gaier*, NJW 2004, 110, 111; *Rixecker*, NJW 2004, 705, 708.
121 BGH NJW-RR 2002, 381; BGH NJW 2004, 1876, 1879.
122 BGH NJW 2004, 1876, 1879.
123 BGH NJW-RR 2016, 210.
124 BGH NJW 2011, 3294, 3295.
125 Vgl. auch Musielak/Voit/*Ball*, § 529 ZPO Rn 6.
126 OLGR Frankfurt 2002, 28; Zöller/*Feskorn*, § 320 ZPO Rn 9.

Gesichtspunkt des fairen Verfahrens vorzunehmen ist, wenn das Urteil nicht innerhalb der Dreimonatsfrist zugestellt worden ist.[127]

cc) Ablauf der Berufungsbegründungsfrist vor Entscheidung über den Tatbestandsberichtigungsantrag

71 Der Tatbestandsberichtigungsantrag nach § 320 ZPO hat **keinen Einfluss auf den Lauf der Berufungsbegründungsfrist**. Zwar kann ein Antrag auf Verlängerung der Berufungsbegründungsfrist darauf gestützt werden, dass über die Tatbestandsberichtigung noch nicht entschieden worden ist. Für die Verlängerung der Berufungsbegründungsfrist um mehr als einen Monat bedarf es aber gem. § 520 Abs. 2 S. 3 ZPO der Einwilligung des Gegners.

72 *Hinweis*

Der Berufungskläger muss seine Berufung unter Einbeziehung des gestellten Tatbestandsberichtigungsantrages begründen, wenn über den Tatbestandsberichtigungsantrag vor Ablauf der (ggf. verlängerten) Berufungsbegründungsfrist noch nicht entschieden worden ist.

dd) Rechtsbehelfe gegen die Antragszurückweisung

73 Gegen die Zurückweisung des Tatbestandsberichtigungsantrags gibt es keine Rechtsbehelfe.

74 *Hinweis*

Ein zurückgewiesener Tatbestandsberichtigungsantrag kann aber geeignet sein, die Richtigkeit und Vollständigkeit der entscheidungserheblichen Feststellungen gem. § 529 Abs. 1 Nr. 1 ZPO in Zweifel zu ziehen. Hierauf kann der Berufungsangriff gestützt werden.[128]

ee) Anwaltsgebühren

75 Der Tatbestandsberichtigungsantrag gehört gem. § 19 Nr. 6 RVG zum Rechtszug und kann vom erstinstanzlichen Prozessbevollmächtigten grundsätzlich nicht isoliert abgerechnet werden. Nur wenn der Anwalt gesondert für das Berichtigungsverfahren beauftragt wird, steht ihm gem. §§ 2 Abs. 2, 13 RVG i.V.m. Nr. 3403 VV eine 0,8 Gebühr zu.

---

127 Großzügig KG NJW-RR 2001, 1296; kritisch Musielak/Voit/*Musielak*, § 320 ZPO Rn 5.
128 *Doms*, NJW 2002, 777, 779 f.

c) Urteilsergänzungsfrist

aa) Anwendungsbereich

Die Urteilsergänzungsfrist spielt eine Rolle, wenn im Tenor eines Urteils
- versehentlich über einen nach dem Tatbestand erhobenen Haupt- oder Nebenanspruch[129] oder über den Kostenpunkt[130] nicht (vollständig) entschieden worden ist (§ 321 ZPO), also eine **Entscheidungslücke** gegeben ist,

zudem in gesetzlich angeordneten Fällen, wenn im Tenor eines Urteils
- ein Vorbehalt fehlt, den der Beklagte benötigt, um seine Rechte im Nachverfahren geltend machen zu können (§ 302 Abs. 2 ZPO und § 599 Abs. 2 ZPO),
- über die vorläufige Vollstreckbarkeit oder die Abwendungsbefugnis nicht entschieden worden ist (§ 716 ZPO),
- dem Schuldner bei Räumungstitel keine angemessene Räumungsfrist gewährt wurde (§ 721 Abs. 1 ZPO).

Analog anwendbar ist § 321 ZPO darüber hinaus in vergleichbaren Konstellationen, wenn etwa im Tenor
- die Vorbehalte beschränkter Haftung nicht aufgenommen worden sind (§§ 305, 780, 786 ZPO).[131]

Das Gericht kann hingegen nicht über ein Zurückbehaltungsrecht, das es bei seiner Entscheidung übersehen hat, im Wege eines Ergänzungsurteils gem. § 321 ZPO entscheiden.[132]

In diesen Fällen ist eine Fehlerkorrektur durch die Berufung grundsätzlich nicht möglich, weil die Beschwer nicht in der getroffenen, sondern in der versehentlich unterlassenen Entscheidung liegt.[133] Allerdings gibt es **Ausnahmen**, in denen es zu **Überschneidungen von Urteilsergänzung und Rechtsmitteleinlegung** kommt:
- Der „übergangene Anspruch" kann das Urteil inhaltlich unrichtig machen. Das ist der Fall, wenn das erstinstanzliche Gericht ein **Vorbehaltsurteil** erlässt, ohne dem Beklagten die Geltendmachung seiner Rechte im Nachverfahren vorzubehalten (§§ 302 Abs. 2 und 599 Abs. 2 ZPO). Dann ist neben § 321 ZPO auch die Berufung zulässig.[134]
- Ein Berufungsangriff gegen den **Kostenpunkt** ist möglich, wenn gegen das Urteil auch noch aus anderen Gründen erfolgreich Berufung eingelegt worden ist.[135] Das Berufungsgericht fällt dann von Amts wegen eine Entscheidung über die Kosten des gesamten Rechtsstreits.

---

129 Vgl. etwa OLG Düsseldorf FamRZ 1997, 1407.
130 Vgl. etwa OLG Stuttgart NJW-RR 1999, 116; OLG Hamm NJW-RR 2000, 1524.
131 Vgl. etwa zu § 780 ZPO: OLG Koblenz NJW-RR 1997, 1160.
132 BGH NJW 2003, 1463.
133 Vgl. etwa BGH NJW 2012, 2659, 2660.
134 BGH NJW-RR 1996, 1238.
135 Vgl. BGH NJW 2006, 1351.

- Übergeht ein Gericht einen von **mehreren Klageanträgen**, ist neben dem Ergänzungsverfahren nach § 321 Abs. 1 ZPO auch der Rechtsmittelzug eröffnet, wenn sich dieses Versäumnis nicht nur in einer bloßen Unvollständigkeit der getroffenen Entscheidung erschöpft, sondern zu einem sachlich unrichtigen Urteil führt.[136]
- Der „übergangene" Anspruch kann bei einer aus anderen Gründen zulässigen Berufung als neuer Anspruch durch **Klageerweiterung** eingebracht werden.[137]
- Hat das Berufungsgericht versäumt, über die **vorläufige Vollstreckbarkeit** zu entscheiden und wurde auch die Antragsfrist des § 321 Abs. 2 ZPO nicht eingehalten, kann der Antrag in der Berufungsinstanz noch gem. § 718 ZPO gestellt werden.

bb) Dauer der Urteilsergänzungsfrist

78 Die nicht verlängerbare (§ 224 Abs. 2 ZPO) Urteilsergänzungsfrist beträgt gem. § 321 Abs. 2 ZPO **zwei Wochen**. Sie ist keine Notfrist und keine andere in § 233 ZPO genannte Frist. Deswegen kommt eine Wiedereinsetzung in den vorigen Stand nicht in Betracht.[138]

79 Die Urteilsergänzungsfrist **beginnt** mit der Zustellung des in vollständiger Form abgefassten Urteils.[139] Zur Fristberechnung gelten § 222 Abs. 1 ZPO i.V.m. §§ 187 Abs. 1, 188 Abs. 2, 3 BGB und § 222 Abs. 2 ZPO.

80 *Hinweis*

Bei Fristablauf kommt eine Korrektur der unvollständigen Entscheidung dann noch in Betracht, wenn eine **offenbare Unrichtigkeit** gegeben ist und nicht nur ein Versehen vorliegt. Wurde versäumt über die **Kosten des Nebenintervenienten** bzw. des Streithelfers mit zu entscheiden und ist die Zwei-Wochen-Frist abgelaufen, kann der Nebenintervenient bzw. Streithelfer eine Korrektur im Wege der nicht fristgebundenen Berichtigung nach § 319 ZPO erreichen, wenn sich in den Urteilsgründen hinreichend sicher feststellen lässt, wie das Gericht über die Kosten des Nebenintervenienten bzw. Streithelfers hätte entscheiden wollen.[140]

cc) Urteilsergänzung und Berufungsverfahren

81 Über die Urteilsergänzung entscheidet das erstinstanzliche Gericht durch **Ergänzungsurteil**. Dieses ist **selbstständig** mit der Berufung gem. §§ 511 ff. ZPO **anfechtbar**.[141] Nach § 518 Abs. 1 ZPO beginnt der Lauf der Berufungsfrist auch für das zuerst ergangene Urteil mit der Zustellung des Ergänzungsurteils von neuem, vorausgesetzt das Ergänzungsurteil wurde innerhalb der Berufungsfrist des ersten Urteils zugestellt.[142]

---

136 BGH NJW-RR 2010, 19.
137 Vgl. BGH NJW 2015, 1826; BGH NJW-RR 2005, 790.
138 BGH FamRZ 1980, 669, 670.
139 Vgl. BGH NJW 1992, 1821, 1822.
140 BGH NJW 2014, 3101.
141 BGH NJW 2000, 3008.
142 Musielak/Voit/*Ball*, § 518 ZPO Rn 3.

dd) Anwaltsgebühren

Der Antrag auf Urteilsergänzung gehört gem. § 19 Nr. 6 RVG zum Rechtszug und kann deshalb grundsätzlich vom erstinstanzlichen Prozessbevollmächtigten nicht isoliert abgerechnet werden. Nur wenn der Anwalt gesondert für die Urteilsergänzung beauftragt wird, steht ihm gem. §§ 2 Abs. 2, 13 RVG i.V.m. Nr. 3403 VV eine 0,8 Gebühr zu.

d) Anhörungsrügefrist gem. § 321a ZPO

aa) Bedeutung der Anhörungsrüge für das Berufungsverfahren

Ergeht ein **nicht berufungsfähiges Urteil**, kann die durch das Urteil beschwerte Partei den Prozess vor dem Gericht des ersten Rechtszugs fortführen, wenn eine Berufung nach § 511 Abs. 2 ZPO nicht zulässig ist und das Gericht des ersten Rechtszugs den Anspruch auf rechtliches Gehör in entscheidungserheblicher Weise verletzt hat. Sie hat daher für ein Berufungsverfahren nur in zwei Fällen **Bedeutung**: Wenn auf die Anhörungsrüge eine Zulassung der Berufung erfolgt und wenn auf die Fortsetzung des Verfahrens nach Einlegung der Anhörungsrüge ein berufungsfähiges Urteil ergeht. Das **Berufungsgericht** hat die Entscheidung des erstinstanzlichen Gerichts, aufgrund einer Anhörungsrüge das Verfahren fortzuführen, aber darauf zu **überprüfen**, ob die Anhörungsrüge statthaft, zulässig und begründet war.[143]

bb) Bedeutung der Anhörungsrüge für eine Verfassungsbeschwerde

Die Erhebung der Rüge ist **zur Vorbereitung einer Verfassungsbeschwerde erforderlich**. Denn der Betroffene muss in Verfahren vor den Fachgerichten alle zumutbaren prozessualen Möglichkeiten ergreifen, um vermeintliche Grundrechtsverletzungen abzuwehren.[144] Unterlässt er die Rüge eines Verfahrensmangels, obgleich diese Rüge Voraussetzung für die verfahrensrechtlich vorgesehene Überprüfung einer Entscheidung ist, begibt er sich der Möglichkeit, einen etwaigen Grundrechtsverstoß später mit der Verfassungsbeschwerde zu rügen.[145] Allerdings kann eine Anhörungsrüge nicht erneut mit einer Anhörungsrüge angegriffen werden,[146] weshalb die – mitunter in der Praxis anzutreffende – vorsorgliche „Mehrfachrüge" nicht erforderlich ist. Andererseits muss bei einer Gehörsverletzung eine erneute Anhörungsrüge erfolgen, wenn das Verfahren aufgrund einer erfolgreichen (ersten) Anhörungsrüge nach Zurückversetzung fortgeführt worden und anschließend eine neue Sachentscheidung ergangen ist.[147] Der Lauf der Monatsfrist nach § 93 Abs. 1 S. 1 BVerfGG beginnt erst mit der Entscheidung, durch die die unzulässige Gehörsrüge verworfen wird.

---

143 BGH NJW 2016, 3035.
144 BVerfG NJW 2005, 3059 f.; *Desens*, NJW 2006, 1243,1246.
145 BVerfG NJW 2007, 3418 f.
146 BGH FamRZ 2017, 1947.
147 RhPfVerfGH NJW 2018, 845.

85 *Hinweis*

Die Monatsfrist zur Einlegung der Verfassungsbeschwerde wird durch die Anhörungsrüge gem. § 321a ZPO aber nur dann offen gehalten, wenn die Anhörungsrüge nicht offensichtlich unzulässig war.[148]

cc) Dauer der Rügefrist

86 Die Rüge ist binnen einer nicht verlängerbaren (§ 224 Abs. 2 ZPO) Notfrist von **zwei Wochen** einzulegen. Eine Wiedereinsetzung in den vorigen Stand ist gem. § 233 ZPO möglich.

87 Die Frist **beginnt** im Zeitpunkt der Kenntniserlangung von der Verletzung des rechtlichen Gehörs (§ 321a Abs. 2 S. 1 ZPO). Grundsätzlich wird dieser Zeitpunkt nicht vor der Bekanntgabe der Entscheidungen anzusiedeln sein.

dd) Anwaltsgebühren

88 Das Abhilfeverfahren gehört für den Rechtsanwalt zum Rechtszug und löst deshalb gem. § 19 Nr. 5 RVG keine zusätzliche Gebühr aus. Beschränkt sich die Tätigkeit des Rechtsanwaltes jedoch auf das Abhilfeverfahren, verdient er eine 0,5 Gebühr gem. §§ 2 Abs. 2, 13 RVG i.V.m. Nr. 3330 VV. Zusätzlich kann der Anwalt, der nur fürs Abhilfeverfahren beauftragt worden ist, gem. §§ 2 Abs. 2, 13 RVG i.V.m. Nr. 3332 VV eine 0,5 Terminsgebühr verdienen.

e) Berufungsfrist
aa) Dauer der Berufungsfrist

89 Die Berufungsfrist beträgt gem. § 517 ZPO **einen Monat**; sie ist eine **Notfrist** und nicht verlängerbar. Die nach Fristablauf eingelegte Berufung ist unzulässig und unterliegt der Verwerfung. Allerdings kommt bei Versäumung ein Wiedereinsetzungsantrag in Betracht (näher Rdn 198 ff.).

bb) Beginn der Berufungsfrist

90 Die Berufungsfrist beginnt gem. § 517 Hs. 2 ZPO mit der **Zustellung** des in vollständiger Form abgefassten Urteils. Die Amtszustellung des Urteils regelt § 317 ZPO. Danach ist die Erstzustellung[149] einer **beglaubigten Abschrift**[150] des (soweit nicht nach § 310 Abs. 3 ZPO eine Zustellung genügt: Zeitpunkt der letzten Zustellung maßgebend) verkündeten Urteils[151] in vollständiger Form[152] an den richtigen Zustellungsadressaten erforderlich. Seit dem 1.7.2014 ist Gegenstand der Zustellung nicht mehr die Ausfertigung des Urteils (hierzu Vorauflage § 16 Rn 80). Ausfertigungen werden nach § 317 Abs. 2 S. 1 ZPO nur noch auf Antrag und nur in Papierform erteilt. Hintergrund ist u.a., dass

---

148 BVerfG NJW-RR 2008, 75 f.
149 BGH VersR 2000, 1038.
150 BGH NJW 2016, 1180.
151 BGH VersR 1984, 1192.
152 BGH NJW 1998, 1959; BGH NJW-RR 2000, 1665.

beglaubigte Abschriften – anders als Ausfertigungen – elektronisch versandt werden könne (§ 169 Abs. 4 S. 1 ZPO). Gemäß § 169 Abs. 3 S. 1 und 2 ZPO kann eine in Papierform zuzustellende Abschrift auch durch maschinelle Bearbeitung beglaubigt werden, wobei anstelle der handschriftlichen Unterzeichnung die Abschrift mit dem Gerichtssiegel zu versehen ist; die Siegelung lässt sich regelmäßig nur durch Vorlage der übersandten Abschrift überprüfen.[153]

Mitunter entsteht in der Praxis Streit darüber, ob und wann zugestellt wurde. Bei **Zustellungsmängeln** ist eine Heilung nach Maßgabe der Voraussetzungen des § 189 ZPO möglich: Danach gilt die Zustellung als erfolgt, sobald das in vollständiger Form abgefasste Urteil der Person, an die die Zustellung dem Gesetz gemäß gerichtet war oder gerichtet werden konnte, tatsächlich zugegangen ist.[154] Bei der **Zustellung an den Prozessbevollmächtigten** nach § 172 ZPO erlangt das Empfangsbekenntnis Bedeutung. Allerdings kann die Zustellbestätigung auch anderweitig erfolgen. Bekundet der Anwalt in der Berufungsschrift, dass ihm das Urteil zugestellt worden sei, reicht dies, neben der Kenntnis von der Zustellungsabsicht der Geschäftsstelle des Gerichts, für den Vollzug der Zustellung an ihn aus.[155]

91

Grundsätzlich beginnt für **jede Partei** bzw. jeden Streitgenossen die Berufung separat mit der jeweiligen Zustellung (anders wenn nach § 310 Abs. 3 ZPO eine Zustellung genügt: Zeitpunkt der letzten Zustellung maßgebend).[156] Auch die (nach § 170 Abs. 1 ZPO unwirksame) Zustellung an eine (unbekannt) **prozessunfähige Partei** setzt die Berufungsfrist in Gang.[157] Für den **Streithelfer** ist die Berufungsfrist der unterstützen Partei maßgebend.[158]

92

> *Hinweis*
>
> Die **Berichtigung eines Urteils** nach § 319 ZPO wegen offenbarer Unrichtigkeit bleibt **ohne Einfluss** auf Beginn und Lauf der Berufungsfrist. Den Parteien wird zugemutet, bei ihrer Entscheidung über die Einlegung der Berufung eine offenbare Unrichtigkeit des Urteils zu berücksichtigen, schon bevor dieses gem. § 319 ZPO berichtigt wird. Nur **ausnahmsweise** beginnt eine **neue Rechtsmittelfrist** mit der Bekanntmachung des Berichtigungsbeschlusses zu laufen, nämlich dann, wenn das Urteil insgesamt nicht klar genug war, um die Grundlage für die Entscheidung über die Einlegung eines Rechtsmittels sowie für die Entscheidung des Rechtsmittelgerichts zu bilden. Das ist etwa der Fall, wenn erst die berichtigte Entscheidung die Beschwer erkennen lässt oder ergibt, dass die Entscheidung überhaupt einem Rechtsmittel zugänglich ist.[159]

93

---

153 BGH BeckRS 2018, 2515.
154 Vgl. etwa BGH NJW-RR 2015, 953.
155 BGH NJW-RR 2018, 60.
156 Musielak/Voit/*Ball*, § 517 ZPO Rn 7.
157 BGH NJW 2008, 2125.
158 BGH NJW-RR 2013, 1400.
159 Zum Ganzen BGH NJW-RR 2017, 55.

94 Wird das Urteil gar **nicht oder nicht wirksam zugestellt**, beginnt die Berufungsfrist gem. § 517 Hs. 2 ZPO fünf Monate nach Verkündung des Urteils. Die Bestimmung greift aber nicht, wenn die belastete Partei nicht vertreten und nicht ordnungsgemäß zum Termin geladen war und auch nicht auf andere Weise als durch Zustellung vom Urteil Kenntnis erlangt hat.[160] Eine weitere, über den Wortlaut hinausgehende Beschränkung der Norm zugunsten von anwaltlich nicht vertretenen Ausländern ist auch aus Gründen der Rechtssicherheit nicht angezeigt. Fehlt es an einer wirksamen Urteilszustellung, beginnt daher auch für eine im Ausland wohnhafte, nicht anwaltlich vertretene Partei die Frist für die Einlegung der Berufung grundsätzlich fünf Monate nach Verkündung des Urteils zu laufen.[161]

95 *Hinweis*

Eine Besonderheit für den Beginn der Berufungsfrist enthält § 518 ZPO für **Ergänzungsurteile**: *Wird innerhalb der Berufungsfrist ein Urteil durch Ergänzungsurteil gem. § 321 ZPO ergänzt, beginnt mit der Zustellung der nachträglichen Entscheidung der Lauf der Berufungsfrist auch für die Berufung gegen das zuerst ergangene Urteil von neuem, falls sie bei Erlass des Ergänzungsurteils noch nicht abgelaufen war.*[162] *Wird gegen beide Urteile von derselben Partei Berufung eingelegt, sind beide Berufungen gem. § 518 S. 2 ZPO zu verbinden.*

cc) Ende der Berufungsfrist

96 Die **Berechnung der Berufungsfrist** richtet sich nach § 222 Abs. 1 ZPO i.V.m. §§ 187 Abs. 1, 188 Abs. 2, Abs. 3 BGB sowie § 222 Abs. 2 ZPO. Danach gilt für den Normalfall Folgendes: Wird ein Urteil am 19.2.2018 – einem Werktag – zugestellt, beginnt die Berufungsfrist am 20.2.2018 um 0.00 Uhr zu laufen und endet am 19.3.2018 – ebenfalls einem Werktag – um 24.00 Uhr. Für Urteile, deren Zustellung am Monatsende erfolgt, endet die Berufungsfrist mit dem Ablauf des letzten Tages des Folgemonats, auch wenn dieser nur 30 oder weniger Tage hat. Die Berufung gegen ein Urteil, das am 29., 30. oder 31.1. zugestellt worden ist, muss deswegen – sofern kein „Schaltjahr" vorliegt – spätestens am 28.2. eingelegt werden. Fällt das rechnerische Ende der Berufungsfrist auf einen Samstag oder auf einen Sonntag, läuft die Berufungsfrist am darauffolgenden Montag um 24.00 Uhr ab. Wird das erstinstanzliche Urteil am 25.1.2018 – einem Werktag – zugestellt, fällt das rechnerische Ende der Berufungsfrist auf Sonntag, den 25.2.2018, so dass die Berufungsfrist am Montag, den 23.2.2018 um 24.00 Uhr endet. Entsprechendes gilt, wenn das rechnerische Ende der Berufungsfrist auf einen Feiertag fällt.[163]

---

160 BGH NJW-RR 1994, 1022.
161 BGH NJW-RR 2011, 490.
162 Musielak/Voit/*Ball*, § 518 ZPO Rn 3.
163 Die Feiertage in den einzelnen Bundesländern sind im Internet abrufbar unter: www.feiertage.net.

Hinweis

Im Zusammenhang mit § 222 Abs. 2 ZPO kommt insbesondere regionalen Feiertagen eine besondere Bedeutung zu, weil es für die Berechnung der Berufungsfrist dann darauf ankommt, ob dieser Feiertag am Sitz des Berufungsgerichts gilt, in dem der regionale Feiertag besteht. Ob ein Feiertag am Sitz des Gerichts, gegen dessen Urteil Berufung eingelegt werden soll, oder am Kanzleiort des Prozessbevollmächtigten des Berufungsführers besteht, ist unerheblich.[164]

dd) Anwaltsgebühren

Mit der Berufungseinlegung entsteht für den Prozessbevollmächtigten des Berufungsklägers die 1,6 Verfahrensgebühr gem. §§ 2 Abs. 2, 13 RVG i.V.m. Nr. 3200 VV. Hat der Rechtsanwalt auftragsgemäß das Rechtsmittel vollumfänglich eingelegt und dieses nachfolgend beschränkt, richtet sich der Gegenstandswert für die Verfahrensgebühr nach der vollen Beschwer des Rechtsmittelklägers.[165]

f) Berufungsbegründungsfrist

aa) Dauer der Berufungsbegründungsfrist

Die Berufungsbegründungsfrist beträgt gem. § 520 Abs. 2 S. 1 ZPO **zwei Monate**. Sie ist **keine Notfrist**; sie kann also – theoretisch – durch Parteivereinbarung gem. § 224 Abs. 1 ZPO verkürzt werden. Nach § 233 ZPO ist die Berufungsbegründungsfrist **wiedereinsetzungsfähig**. In der Praxis eine große Rolle spielt die **Verlängerung** der Berufungsbegründungsfrist (näher Rdn 210 ff.).

bb) Beginn und Ende der Berufungsbegründungsfrist

Die Berufungsbegründungsfrist **beginnt** gem. § 520 Abs. 2 S. 1 ZPO mit der Zustellung des in vollständiger Form abgefassten Urteils, spätestens aber mit Ablauf von fünf Monaten nach Urteilsverkündung. Die **Berechnung** der Berufungsbegründungsfrist erfolgt ebenfalls nach § 222 Abs. 1 ZPO i.V.m. §§ 187 Abs. 1, 188 Abs. 2, 3 BGB und § 222 Abs. 2 ZPO. Insofern ergeben sich keine Änderungen zum Beginn der Berufungsfrist (Rdn 90 ff.).

Hinweis

Besonderheiten sind beim **Ergänzungsurteil** zu beachten. Ergeht dieses nach Ablauf der Berufungsfrist gegen das ursprüngliche Urteil, so bleibt für den Lauf der Berufungsbegründungsfrist die Zustellung des Ursprungsurteils maßgeblich. Das Ergänzungsurteil wirkt sich in einem solchen Fall auf den Lauf der Berufungsbegründungsfrist nicht aus.[166]

---

164 Musielak/Voit/*Stadler*, § 222 ZPO Rn 8.
165 BGH MDR 2018, 367.
166 BGH NJW 2009, 442 f.

g) Vorabentscheidung über die vorläufige Vollstreckbarkeit

aa) Bedeutung der Vorabentscheidung in der Berufungsinstanz

102 In der Berufungsinstanz kann – eine zulässige Berufung vorausgesetzt – unter Beachtung des Anwaltszwangs nach § 718 ZPO der Antrag gestellt werden, eine fehlerhafte Entscheidung des erstinstanzlichen Gerichts über die vorläufige Vollstreckbarkeit zu korrigieren, wenn:

- eine von Amts wegen notwendige Entscheidung gem. §§ 708, 709, 711 S. 1 ZPO fehlerhaft ist,
- die Festlegung einer Sicherheitsleistung verfehlt ist[167] oder
- eine fehlerhafte Entscheidung über einen Antrag nach §§ 710, 711 S. 3, 712 ZPO vorliegt.

103 *Hinweis*

Ein in erster Instanz unterlassener Schutzantrag kann aber nicht in der Berufungsinstanz mit der Wirkung nachgeholt werden, dass das Berufungsgericht durch Vorabentscheidung nach § 718 ZPO die Vollstreckbarkeitsentscheidung im angefochtenen Urteil nach § 712 ZPO vornimmt.[168]

bb) Zeitrahmen für die Antragstellung

104 Der Antrag ist statthaft, solange die Vollstreckung noch nicht beendet ist.[169] Eine gesetzliche Antragsfrist besteht nicht. Der Antrag zur Vorabentscheidung über die vorläufige Vollstreckbarkeit muss aber vor der Entscheidung zur Hauptsache (nicht unbedingt vor einer Verhandlung zur Hauptsache) erfolgen.[170]

cc) Entscheidung

105 Die Entscheidung des Berufungsgerichts ergeht durch Teilurteil. Sie ist unanfechtbar (§ 718 Abs. 2 ZPO).

h) Antrag auf einstweilige Einstellung der Zwangsvollstreckung

aa) Bedeutung für die Berufungsinstanz

106 Erstinstanzliche Urteile sind gem. §§ 708 ff. ZPO regelmäßig mit oder ohne Sicherheitsleistung des Gläubigers vorläufig vollstreckbar. Mit dem Antrag gem. §§ 707, 719 ZPO kann der Berufungskläger versuchen, eine einstweilige Einstellung der Zwangsvollstreckung aus dem angefochtenen Urteil zu erreichen. Der Antrag ist erfolgreich, wenn der Berufungskläger aufzeigen kann, dass sein Einstellungsinteresse das Vollstreckungsinteresse des Berufungsbeklagten überwiegt.

---

167 Vgl. etwa OLG Karlsruhe BeckRS 2017, 128277.
168 KG MDR 2016, 1170.
169 Vgl. hierzu OLG Köln MDR 1980, 764.
170 BGH NJW 2001, 375.

bb) Zeitrahmen für die Antragstellung

Der dem Anwaltszwang unterliegende Antrag ist an keine besondere Frist gebunden. Er ist bis zur Urteilsverkündung und sogar noch in der Zwischeninstanz zulässig. Die **Berufung** muss aber **eingelegt** worden sein. Der Antrag auf Bewilligung von Prozesskostenhilfe für die Durchführung der Berufung steht der Berufungseinlegung nicht gleich. Der Einstellungsantrag vor Bewilligung von Prozesskostenhilfe und Wiedereinsetzung bleibt also erfolglos.[171]

107

cc) Erfolgsaussichten der eingelegten Berufung

Um zu zeigen, dass das Einstellungsinteresse des Berufungsklägers das Vollstreckungsinteresse des Berufungsbeklagten überwiegt, muss der Berufungskläger bei Antragstellung die **Erfolgsaussichten der von ihm eingelegten Berufung** darlegen. Mit einzubeziehen in die **Abwägungsentscheidung** ist, ob der Gläubiger ohne oder gegen Sicherheitsleistung aus dem angefochtenen Titel vollstrecken darf; häufig bietet die Vollstreckung gegen Sicherheitsleistung dem Berufungskläger hinreichenden Schutz vor Vollstreckungsschäden.

108

> *Hinweis*
>
> Gleichwohl kommt eine Einstellungsentscheidung in Betracht, wenn auch die Zwangsvollstreckung gegen Sicherheitsleistung für den Berufungskläger mit einer Ruf- und Kreditschädigung verbunden sein kann oder ein dringendes Geheimhaltungsinteresse gefährdet ist.[172] Dann muss gegebenenfalls hilfsweise beantragt werden, dass die Erklärung nur gegenüber einer zur Verschwiegenheit verpflichteten Person abgegeben werden darf.[173]

109

dd) Subsidiarität

Da der Berufungskläger bereits in der ersten Instanz gem. § 712 ZPO die Möglichkeit hat, einen Vollstreckungsschutzantrag zu stellen und eine unterlassene Entscheidung gegebenenfalls nach § 716 ZPO anzugreifen, ist der Vollstreckungsschutzantrag in der zweiten Instanz nur dann zulässig, wenn sich die **Gründe** für den Vollstreckungsschutzantrag **erst nach Schluss der mündlichen Verhandlung** vor dem erstinstanzlichen Gericht herausgestellt haben oder aber eine **greifbare Gesetzeswidrigkeit** gegeben ist, die eine einstweilige Einstellung der Zwangsvollstreckung gebietet.[174]

110

ee) Erfordernis der Sicherheitsleistung

Gem. §§ 707, 719 Abs. 1 ZPO kommt die einstweilige Einstellung der Zwangsvollstreckung meistens nur gegen Sicherheitsleistung des Berufungsklägers in Betracht. Der Höhe nach muss die Sicherheitsleistung
- die Vollstreckungsbefugnis des Berufungsbeklagten,

111

---

171 Zöller/*Herget*, § 719 ZPO Rn 3.
172 BGH GRUR 1980, 755.
173 BGH WRP 1979, 715.
174 BGH NJW 1996, 1970; OLG Koblenz FamRZ 2000, 1165; a.A. KG MDR 2000, 1455.

- die dem Berufungsbeklagten zu ersetzenden Kosten einschließlich etwaiger noch nicht beigetriebener Gerichtskosten und
- die Verzinsung der Gesamtsumme

abdecken.

ff) Einstweilige Einstellung der Zwangsvollstreckung ohne Sicherheitsleistung

112 Ohne Sicherheitsleistung darf die Zwangsvollstreckung nur eingestellt werden, wenn der Berufungskläger gem. § 707 Abs. 1 S. 2 ZPO glaubhaft macht, dass er zur Sicherheitsleistung nicht in der Lage ist und ihm die Vollstreckung einen **nicht zu ersetzenden Nachteil** (etwa Entzug der Existenzgrundlage) bringen würde. Die **Anforderungen** sind hier besonders **streng**.

i) Anwaltsgebühren

113 Es gilt § 19 Abs. 1 Nr. 11 RVG. Wird aber über den Zwangsvollstreckungseinstellungsantrag gem. §§ 719 Abs. 1 S. 1, 707 Abs. 1 ZPO gesondert verhandelt, entsteht eine 0,5 Gebühr gem. §§ 2 Abs. 2, 13 RVG i.V.m. Nr. 3328 VV.

4. Der Prozesskostenhilfeantrag

a) Notwendigkeit des Prozesskostenhilfegesuchs

114 Jede Prozesskostenhilfebewilligung deckt nur die jeweilige Instanz ab. Für das Berufungsverfahren ist also ein **neuer Prozesskostenhilfeantrag erforderlich**. Dem Prozesskostenhilfegesuch für die zweite Instanz ist erneut der **ausgefüllte Vordruck** gem. § 117 Abs. 2 ZPO über die persönlichen und wirtschaftlichen Verhältnisse beizufügen. Eine Bezugnahme auf die bereits in der ersten Instanz abgegebene Erklärung reicht jedoch aus, wenn diese mit der Versicherung verbunden wird, dass sich zwischenzeitlich an den persönlichen und wirtschaftlichen Verhältnissen nichts geändert hat.[175]

b) Form und Inhalt des Prozesskostenhilfegesuchs

aa) Isolierter Prozesskostenhilfeantrag

115 Es ist der bedürftigen Partei aus Kostengründen zu empfehlen, zunächst nur isoliert um die Bewilligung von Prozesskostenhilfe nachzusuchen und den Prozesskostenhilfeantrag nicht mit der Berufungseinlegung zu kombinieren. Wird der Prozesskostenhilfeantrag unter **Beachtung aller formellen Voraussetzungen innerhalb der Berufungsfrist** gestellt, entstehen der um Prozesskostenhilfe nachsuchenden Partei keine Nachteile. Denn wird – wie üblich – erst nach Ablauf der Berufungsfrist über die Prozesskostenhilfe entschieden, kann die um Prozesskostenhilfe nachsuchende Partei innerhalb der Zwei-Wochen-Frist des § 234 Abs. 1 ZPO den Wiedereinsetzungsantrag stellen.[176] Wird Prozesskostenhilfe bewilligt, läuft die Wiedereinsetzungsfrist mit der Bekanntgabe der Entscheidung über die Prozesskostenhilfe an die Partei bzw. ihren Bevollmächtigten. Wird

---

175 BGH NJW-RR 1993, 451; BGH NJW 1997, 1078.
176 BGH NJW 1997, 1078; BGH VersR 2000, 383; BGH NJW-RR 2000, 879.

Prozesskostenhilfe versagt, hat der Berufungskläger eine kurze Überlegungsfrist (dazu Rdn 127), nach deren Ende die Wiedereinsetzungsfrist zu laufen beginnt.[177]

Hinweis 116

Die bedürftige Partei muss aber ihr **vollständiges Gesuch um Bewilligung von Prozesskostenhilfe** für ein Rechtsmittelverfahren unter Verwendung der vorgeschriebenen Vordrucke und Beifügung aller erforderlichen Unterlagen innerhalb der Rechtsmittelfrist einreichen. Ein **Insolvenzverwalter** hat daher die Rechtsmittelfrist in der Regel nicht unverschuldet versäumt, wenn er innerhalb der Frist einen Antrag auf Prozesskostenhilfe gestellt, jedoch nicht dargelegt hat, aus welchen tatsächlichen Gründen den wirtschaftlich beteiligten Insolvenzgläubigern eine Prozessfinanzierung nicht zumutbar ist.[178] Die Erklärung über die persönlichen und wirtschaftlichen Verhältnisse nebst den erforderlichen Belegen kann aber erst nach Ablauf der Berufungsfrist beim Berufungsgericht eingereicht werden, wenn der Vorsitzende des Berufungsgerichts ihm zur Vorlage dieser Unterlagen eine **über das Ende der Berufungsfrist hinausgehende Frist gesetzt** hatte.[179]

Eine bedürftige Prozesspartei, die eine gegen sie ergangene Entscheidung mit der Berufung angreifen will, kann sich also darauf beschränken, innerhalb der Berufungsfrist einen Antrag auf Bewilligung von Prozesskostenhilfe unter Beifügung der nach § 117 Abs. 2 ZPO erforderlichen Erklärung über ihre persönlichen und wirtschaftlichen Verhältnisse nebst den notwendigen Belegen beim Prozessgericht einzureichen und die Berufungseinlegung bis zur Entscheidung über den Prozesskostenhilfeantrag zurückzustellen. Das gilt auch dann, wenn neben dem Prozesskostenhilfegesuch durch die Partei persönlich unter Vernachlässigung des Anwaltszwangs ein unzulässiges Rechtsmittel eingelegt worden ist. Das Berufungsgericht muss dann vor einer Verwerfung der Berufung als unzulässig **zunächst über den Prozesskostenhilfeantrag entscheiden**.[180] 117

Die unbemittelte Partei muss den Prozesskostenhilfeantrag **nicht begründen**. § 117 Abs. 1 S. 2 ZPO gilt im Rechtsmittelverfahren nicht. Mit dem Argument, die bedürftige Partei habe ihr Prozesskostenhilfegesuch nicht begründet, darf dem Rechtsmittelführer die Wiedereinsetzung in den vorigen Stand nicht versagt werden. Denn das Berufungsgericht ist nach Eingang des Prozesskostenhilfeantrags zur eingehenden **Prüfung der Erfolgsaussichten des Rechtsmittels von Amts wegen** verpflichtet.[181] 118

Hinweis 119

Ungeachtet dessen ist es in der Praxis aber **empfehlenswert**, den Prozesskostenhilfeantrag zu begründen.[182] Dies erleichtert dem Berufungsgericht die Prüfung und eröffnet zudem weitere Argumentationslinie, da das Berufungsgericht bspw. (ggf. zu

---

177 BGH NJW 2001, 2262.
178 BGH NZI 2017, 688.
179 BGH NJW-RR 2017, 691.
180 Zum Ganzen BGH NJW-RR 2017, 691; BGH NJW-RR 2017, 895.
181 BGH NJW 1993, 732, 733; BGH NJW-RR 2001, 570; BGH NJW-RR 2001, 1146, 1147.
182 Vgl. auch Zöller/*Geimer*, § 119 ZPO Rn 54.

berücksichtigende) neue Tatsachen und Beweismittel sowie Aspekte zur Begründung von Zweifeln an den erstinstanzlichen Feststellungen nicht kennt. Mit der bloßen Stellung und Begründung des Prozesskostenhilfeantrags erbringt der Prozessbevollmächtigte eines Berufungsklägers die im zweiten Rechtszug anfallenden, vergütungspflichtigen Leistungen noch nicht und bringt gerade nicht seine Bereitschaft zum Ausdruck, das Rechtsmittel auch ohne Bewilligung von Prozesskostenhilfe einlegen und begründen zu wollen. Die Prozesspartei ist also dennoch als aufgrund ihrer Mittellosigkeit an der Einlegung des Rechtsmittels gehindert anzusehen.[183]

bb) Kombination von Berufungseinlegung und Prozesskostenhilfeantrag

120 Der Prozesskostenhilfeantrag kann auch unmittelbar mit der Berufungseinlegung erfolgen. Dabei ist allerdings zu beachten, dass die Berufungseinlegung unter der Bedingung, dass dem Berufungskläger Prozesskostenhilfe bewilligt wird, unzulässig ist; bei missverständlichen Formulierungen ist aber eine Auslegung eröffnet.[184]

121 Die kombinierte Vorgehensweise setzt eine **Kostenbetrachtung** voraus und sollte von einer entsprechenden **Information der Mandantschaft** verbunden werden. Wird die Prozesskostenhilfe wegen der Aussichtslosigkeit des Rechtsmittels verweigert und die Berufung daraufhin zurückgewiesen oder zurückgenommen, trifft den Berufungskläger die Kostenfolge. Der Berufungskläger muss dann auch die dem Gegner zur Verteidigung gegenüber der Berufung erwachsenen Kosten erstatten. Wird der Gegner demgegenüber im isolierten Prozesskostenhilfeverfahren gem. § 118 Abs. 1 S. 1 ZPO gehört, steht ihm bei Versagung der Prozesskostenhilfe gem. § 118 Abs. 1 S. 4 ZPO kein Kostenerstattungsanspruch zu.

122 *Hinweis*

Gleichwohl kann die Kombination von Berufungseinlegung und Beantragung von Prozesskostenhilfe in Betracht kommen, wenn zu befürchten steht, dass das Berufungsgericht den Prozesskostenhilfeantrag mangels feststellbarer Bedürftigkeit ablehnen könnte. Hiervon erfasst sind die Fälle, in denen:

- *es nicht gelingt, innerhalb der Berufungsfrist eine vollständig ausgefüllte Erklärung über die persönlichen und wirtschaftlichen Verhältnisse abzugeben und die gem. § 117 Abs. 2 S. 1 ZPO erforderlichen Unterlagen beizufügen oder*
- *in denen der Anwalt von sich aus Zweifel an der Bedürftigkeit des Berufungsklägers hat, weil dieser z.B. als Unternehmer Jahresabschlüsse mit negativen Einkünften zu den Akten reicht, die negativen Einkünfte aber zu einem großen Anteil auf Sonderabschreibungen beruhen.[185]*

---

183 BGH NJW-RR 2018, 61, 63.
184 BGH NJW 1995, 2564; BGH NJW 1999, 2823; siehe auch BGH NJOZ 2018, 435.
185 BGH VersR 1992, 637; BGH NJW 1997, 1078; BGH VersR 2000, 383; BGH NJW-RR 2000, 879.

Maßgeblich ist aber immer nur die **Sicht des Antragstellers**. Konnte dieser vernünftigerweise mit der Gewährung von Prozesskostenhilfe rechnen, kann ihm bei Versagung der Prozesskostenhilfe bei der Bescheidung eines anschließenden Wiedereinsetzungsgesuchs nicht entgegengehalten werden, er habe die Berufungsfrist versäumt.[186]

Legt ein Rechtsanwalt für eine unbemittelte Partei formularmäßig ein Rechtsmittel ein, ohne es zu begründen, hat die Partei aber keinen Prozessbevollmächtigten, der gewillt ist, für sie weiter tätig zu werden, so kann sie noch **am letzten Tag der Rechtsmittelbegründungsfrist** einen **Prozesskostenhilfeantrag** stellen. Das Rechtsmittel darf dann nicht mit dem Argument verworfen werden, innerhalb der Begründungsfrist sei keine Begründung eingereicht worden.[187]

123

Hinweis

124

Eine Wiedereinsetzung in den vorigen Stand kommt allerdings nur in Betracht, wenn die **Mittellosigkeit** der betroffenen Partei für die Fristversäumung **kausal geworden** ist. Rechtsmittelfristen werden nur schuldlos versäumt, wenn eine Partei sich wegen ihrer Mittellosigkeit außerstande sieht, einen Rechtsanwalt mit der Einlegung oder Begründung des Rechtsmittels zu beauftragen. Entscheidend für die Ursächlichkeit der Mittellosigkeit einer Partei für die Versäumung der Frist ist, ob der Rechtsanwalt bereit war, das Rechtsmittel auch ohne Bewilligung von Prozesskostenhilfe einzulegen und zu begründen. Ist die bedürftige Partei bereits anwaltlich vertreten und legt ihr Rechtsanwalt uneingeschränkt Berufung ein, muss sie glaubhaft machen, dass der Anwalt nicht bereit war, die wirksam eingelegte Berufung im Weiteren ohne Bewilligung von Prozesskostenhilfe ordnungsgemäß und insbesondere fristgemäß zu begründen.[188] Holt die Partei die Verfahrenshandlung nach Ablauf der dafür vorgesehenen Frist, aber vor der Entscheidung über das Prozesskostenhilfegesuch nach, so ist, solange sich nichts Gegenteiliges ergibt, davon auszugehen, dass die Mittellosigkeit für die zunächst unterbliebene und sodann verspätet vorgenommene Verfahrenshandlung ursächlich geworden ist. Einer Darlegung der Gründe, weshalb das Rechtsmittel nicht schon vor Ablauf der Frist unabhängig von der Entscheidung über die Prozesskostenhilfe begründet werden konnte, bedarf es nicht. Anders verhält es sich, wenn die Begründung noch innerhalb der Frist erfolgt. Dann ist davon auszugehen, dass die Mittellosigkeit für eine gleichwohl eintretende Fristversäumung nicht kausal geworden ist.[189]

c) Auswirkungen des Prozesskostenhilfeverfahrens auf die Berufungsfrist

aa) Beginn der Wiedereinsetzungsfrist bei Bewilligung von Prozesskostenhilfe

Ist isoliert Prozesskostenhilfe beantragt worden, so wird mit der Bewilligung der Prozesskostenhilfe das Hindernis der bedürftigen Partei zur Einlegung der Berufung gem.

125

---

186 BGH NJW-RR 2008, 1238 f.
187 BGH NJW-RR 2016, 507, 508.
188 BGH NJW-RR 2018, 61, 62.
189 Zum Ganzen BGH NJW-RR 2016, 507, 508.

§ 234 Abs. 2 behoben. Das Hindernis der Mittellosigkeit der Partei entfällt bereits mit Bekanntgabe des Beschlusses über die Bewilligung der Prozesskostenhilfe; dieser Beschluss bedarf keiner förmlichen Zustellung.[190] Mit dem Tag der Bekanntgabe beginnt die Zweiwochenfrist des § 234 Abs. 1 S. 1 ZPO, innerhalb derer Wiedereinsetzung in die abgelaufene Berufungsbegründungsfrist beantragt werden muss und die Berufung einzulegen ist.

126   *Hinweis*

Sichere Kenntnis von der Bewilligung der Prozesskostenhilfe erhält der Vertreter der Partei auch dann, wenn er z.B. wegen aufgetretener Unklarheiten die Prozessakte einsieht und dort die Entscheidung über die Prozesskostenhilfe vorfindet.[191] Hat ein Anwalt die Bewilligung von Prozesskostenhilfe unter Beiordnung eines anderen Anwaltes für die Berufungsinstanz beantragt, wird die Wiedereinsetzungsfrist mit der Bekanntgabe des Beschlusses über die Bewilligung der Prozesskostenhilfe an den beantragenden Anwalt in Gang gesetzt.[192]

bb) Beginn der Wiedereinsetzungsfrist bei Versagung der Prozesskostenhilfe

127   Wird die Bewilligung der Prozesskostenhilfe versagt, beginnt die Zweiwochenfrist, innerhalb der Wiedereinsetzung beantragt und Berufung eingelegt werden muss (§ 236 Abs. 2 S. 2 ZPO), nach einer **Überlegungszeit** von höchstens drei bis vier Tagen.[193] Der Umstand, dass die Berufung letztlich ohne Bewilligung von Prozesskostenhilfe eingelegt und begründet wird, steht der Annahme, dass dies zunächst wegen der Mittellosigkeit nicht erfolgt ist, nicht entgegen.[194]

128   *Hinweis*

Die Frist kann bei Darlegung der Erfolglosigkeit des Antrages auf Prozesskostenhilfe unter Umständen – etwa bei einem konkreten Hinweis des Gerichts zur fehlenden Bedürftigkeit – auch schon früher beginnen.[195] Die Wiedereinsetzungsfrist wird aber nicht dadurch in Gang gesetzt, dass das Gericht auf Bedenken hinsichtlich der Erfolgsaussicht der beabsichtigten Rechtsverfolgung hinweist und dem Antragsteller Gelegenheit zur Stellungnahme gibt.[196] Wird der Partei eine Frist zur Vervollständigung ihrer Angaben gesetzt, kann sie auf eine Bewilligung vertrauen, wenn sie der Auflage nachkommt; andernfalls endet ihr rechtlich geschütztes Vertrauen mit dem ergebnislosen Ablauf der gesetzten Frist.[197]

---

190 BGH VersR 2006, 1141.
191 BGH VersR 2006, 1141.
192 BGH FamRZ 2001, 1606.
193 BGH NJW-RR 2009, 789.
194 BGH NJW-RR 2018, 61, 63.
195 BGH NJW-RR 2007, 793.
196 BGH MDR 2017, 482.
197 BGH NJW-RR 2008, 942.

cc) Wiedereinsetzung beim unverschuldeten verspäteten Eingang des Prozesskostenhilfeantrages

Geht innerhalb der Berufungsfrist kein vollständiger Prozesskostenhilfeantrag ein, kann gleichwohl die Wiedereinsetzung in den vorigen Stand beantragt werden, sofern der verspätete Eingang des Prozesskostenhilfeantrags unverschuldet ist und innerhalb der Frist des § 234 ZPO nachgeholt wird.[198]

129

dd) Besonderheiten der Fristenkontrolle bei Beantragung von Prozesskostenhilfe in der Berufungsinstanz

Mit Zugang oder sonstiger Bekanntmachung des PKH-Beschlusses für das Berufungsverfahren muss das **Ende der Wiedereinsetzungsfrist mit Vorfrist** im Fristenkalender und in der Handakte notiert werden.[199]

130

ee) Fortfall des Hindernisses unabhängig von der Entscheidung über die Prozesskostenhilfe

Ausnahmsweise kann das Hindernis im Sinne von § 237 Abs. 2 ZPO auch unabhängig von der Entscheidung über die Prozesskostenhilfe fortfallen, etwa dann, wenn die die Prozesskostenhilfe begehrende Partei während des Prozesskostenhilfeverfahrens zu Vermögen kommt oder deren Rechtsschutzversicherung Deckungsschutz gewährt. Von der Kenntnis dieses Zeitpunktes an läuft die Wiedereinsetzungsfrist.[200]

131

ff) Rechtsmittel

Verwirft das Berufungsgericht die Berufung mit der Begründung als unzulässig, dass die Berufungsfrist abgelaufen und keine Wiedereinsetzung zu gewähren ist, ist gegen diesen Beschluss gem. §§ 238 Abs. 2 S. 1, 522 Abs. 1 S. 4 ZPO die **Rechtsbeschwerde** statthaft. Ist die Anfechtung eines die Berufung als unzulässig verwerfenden Beschlusses unterblieben, hat die unterlegene Partei aber erfolgreich gegen einen die Wiedereinsetzung in die Berufungsbegründungsfrist versagenden Beschluss gem. §§ 238 Abs. 2 S. 1, 522 Abs. 1 S. 4 ZPO Rechtsbeschwerde eingelegt, wird mit der Rückgabe der Wiedereinsetzung der Beschluss über die Verwerfung der Berufung ohne Weiteres gegenstandslos.[201]

132

> *Hinweis*
>
> Hat das Berufungsgericht durch gesonderten Beschluss einen Wiedereinsetzungsantrag zurückgewiesen, so muss diese Entscheidung gesondert nach § 238 Abs. 2 ZPO i.V.m. § 522 Abs. 1 S. 2 bis 4 ZPO angefochten werden, um sie nicht in Rechtskraft erwachsen und für die Entscheidung über die Verwerfung bindend werden zu lassen. Jedoch ist die betroffene Partei unter dem Aspekt der Rechtskraft – soweit die Wiedereinsetzungsfrist des § 234 ZPO gewahrt ist, die bei Geltendmachung mehrerer

133

---

198 *Born*, NJW 2007, 2088, 2090.
199 BGH FamRZ 2001, 1606.
200 BGH FamRZ 2002, 1704.
201 BGH NJW 2006, 2269; BGH NJW 2007, 1455, 1457.

Hinderungsgründe erst mit der Beseitigung des letzten Hinderungsgrunds zu laufen beginnt – nicht gehindert, nachfolgend weitere Wiedereinsetzungsgründe geltend zu machen, über die noch nicht entschieden worden ist.[202]

d) Auswirkungen des Prozesskostenhilfeverfahrens auf die Berufungsbegründungsfrist

aa) Entscheidung über die Prozesskostenhilfe nach wirksam eingelegter Berufung

134 Ist wirksam Berufung eingelegt worden und entscheidet das Berufungsgericht danach über die Prozesskostenhilfe, beginnt der **Lauf der Berufungsbegründungsfrist** auch dann nach § 520 Abs. 2 S. 1 ZPO, wenn der Berufungskläger wegen Kostenarmut um Prozesskostenhilfe nachgesucht hat und deshalb an der Einhaltung der Berufungsbegründungsfrist gehindert ist.[203] Es kann gem. § 520 Abs. 2 S. 3 ZPO die einmonatige Fristverlängerung ohne die Einwilligung des Gegners beantragt werden.

135 *Hinweis*

Erfüllt ein Schriftsatz, mit dem um die Bewilligung von Prozesskostenhilfe nachgesucht wird, zugleich auch die gesetzlichen Anforderungen an eine Berufungsbegründung, setzt die Annahme, er sei nicht als unbedingte Berufungsbegründung bestimmt, voraus, dass sich dies aus dem Schriftsatz beziehungsweise seinen Begleitumständen mit einer jeden vernünftigen Zweifel ausschließenden Deutlichkeit ergibt.[204]

136 Ist die Berufungsbegründungsfrist indessen abgelaufen, muss innerhalb einer einmonatigen Wiedereinsetzungsfrist gem. § 234 Abs. 1 S. 2 ZPO Wiedereinsetzung beantragt werden, und zwar unter Beifügung der Berufungsbegründung innerhalb dieser Frist gem. § 236 Abs. 2 S. 2 ZPO.[205] Die Wiedereinsetzungsfrist beginnt mit dem Tag, an dem das Hindernis im Sinne von § 234 Abs. 2 ZPO behoben wird. Liegt das Hindernis in der Mittellosigkeit der Partei, entfällt es grundsätzlich mit der Bekanntgabe des Beschlusses über die Bewilligung der Prozesskostenhilfe, der keiner förmlichen Zustellung bedarf.[206]

137 Der Berufungskläger muss nicht durch einen rechtzeitigen Antrag auf Verlängerung der Berufungsbegründungsfrist dafür sorgen, dass eine Wiedereinsetzung in den vorigen Stand nicht notwendig wird. Nach dem Willen des Gesetzgebers sollte die Neuregelung § 234 Abs. 1 S. 2 ZPO sicherstellen, dass dem Rechtsmittelführer immer mindestens ein Monat für die Rechtsmittelbegründung verbleibt.[207]

---

202 BGH NJW-RR 2016, 507, 508.
203 BGH NJW 2006, 2857, 2858; *Born*, NJW 2007, 2088, 2090. Die vor Inkrafttreten des 1. JuMoG vom 24.8.2004 (BGBl I 2004, 2198.) vertretene Auffassung, zur Angleichung der Situation bemittelter und unbemittelter Rechtsmittelführer müsse bei Versäumung der Rechtsmittelbegründungsfrist eine verfassungskonforme Auslegung von § 236 Abs. 2 S. 2 ZPO derart erfolgen, dass der Beginn des Laufes der Berufungsbegründungsfrist an die Zustellung der Prozesskostenhilfeentscheidung geknüpft wird (BGH NJW 2003, 3275, 3276 f.; 2003, 3782; 2004, 2902, 2903), wird also nicht mehr vertreten. Grund ist die Neuregelung von § 234 Abs. 1 S. 2 ZPO, der die Wiedereinsetzungsfrist, innerhalb derer die versäumte Prozesshandlung gem. § 236 Abs. 2 S. 2 ZPO nachgeholt werden muss, auf einen Monat verlängert hat.
204 BGH NJOZ 2018, 435.
205 BGH NJW 2008, 1740.
206 BGH VersR 2006, 1141.
207 BT-Drucks 15/1508, S. 17.

Hinweis 138

Trotzdem ist empfehlenswert, die Berufungsbegründungsfrist nach Berufungseinlegung unter Kontrolle zu halten und vor Fristablauf Antrag auf Verlängerung der Berufungsbegründungsfrist zu stellen, weil die Wiedereinsetzungsfrist anders als die Berufungsbegründungsfrist nicht verlängerbar ist und das Risiko der Versagung der Wiedereinsetzung besteht, wenn dem Berufungskläger bei Stellung des Antrags auf Prozesskostenhilfe eine fehlende Kostenarmut bekannt war.[208]

bb) Entscheidung über die Prozesskostenhilfe ohne zuvor wirksam eingelegte Berufung

Bewilligt das Berufungsgericht ohne zuvor wirksam eingelegte Berufung Prozesskostenhilfe, beginnt die **zweiwöchige Wiedereinsetzungsfrist für die Einlegung der Berufung** gem. § 234 Abs. 1 S. 1 ZPO mit der Bekanntgabe des Beschlusses über die Bewilligung der Prozesskostenhilfe, der keiner förmlichen Zustellung bedarf.[209] Bei Zurückweisung des Prozesskostenhilfeantrages beginnt die Zweiwochenfrist für die Einlegung der Berufung erst nach einer Zeitspanne von drei bis vier Tagen nach Bekanntgabe.[210] Innerhalb der zweiwöchigen Wiedereinsetzungsfrist muss die versäumte Prozesshandlung – hier die Berufungseinlegung – gem. § 236 Abs. 2 S. 2 ZPO vorgenommen werden. 139

Im Hinblick auf die unterschiedlichen Laufzeiten der Berufungsbegründungsfrist nach § 520 Abs. 2 S. 1 ZPO (zwei Monate nach Zustellung) und nach § 234 Abs. 1 S. 2 ZPO (einen Monat nach Fortfall des Hindernisses) bestehen in Rechtsprechung und Schrifttum unterschiedliche Auffassungen über den **Beginn der Laufzeit der Wiedereinsetzungsfrist**. Selbst die Rechtsprechung des BGH ist nicht ganz einheitlich.[211] Nach der überwiegenden Rechtsprechung beginnt die Monatsfrist für die Berufungsbegründung nach §§ 234 Abs. 1 S. 2, 236 Abs. 2 S. 2 ZPO für eine mittellose, um Prozesskostenhilfe nachsuchende Partei bei versäumter Berufungsfrist erst mit der Mitteilung der Wiedereinsetzung in den vorigen Stand gegen die Versäumung der Berufungsfrist.[212] Die mittellose Partei soll nämlich erst dann zur Berufungsbegründung gehalten sein, wenn sie weiß, dass ihr hinsichtlich der Versäumung der Berufungsfrist Wiedereinsetzung gewährt worden ist.[213] 140

Hinweis 141

Divergierende Rechtsprechung des BGH kann für das Verschulden bei Prüfung der Wiedereinsetzung bedeutsam sein: Folgt der Rechtsmittelführer bei der Bestimmung der Frist zur Begründung der Berufung nach bewilligter Prozesskostenhilfe (für eine beabsichtigte Berufung) der Rechtsprechung des BGH (Beginn der einmonatigen Frist zur Begründung mit Bekanntgabe des Wiedereinsetzungsbeschlusses), weicht

---

208 BGH NJW-RR 2008, 1313.
209 BGH VersR 2006, 1141.
210 BGH NJW-RR 2009, 789.
211 Vgl. hierzu BGH NJW 2014, 2442.
212 BGH NJW 2007, 3354, 3355.
213 BGH NJW 2014, 2442.

das Berufungsgericht hiervon aber unter Bezugnahme auf die Auffassung eines anderen Zivilsenats des BGH ab (Fristbeginn bereits mit Bekanntgabe des Prozesskostenhilfe bewilligenden Beschlusses), fehlt es regelmäßig an einem Verschulden des Prozessbevollmächtigten.[214]

cc) Rechtsmittel

142 Bleibt der Antrag auf Wiedereinsetzung wegen Versäumung der Berufungsbegründungsfrist mit Beschluss erfolglos, kann hiergegen gem. §§ 238 Abs. 2 S. 1, 522 Abs. 1 S. 4 ZPO **Rechtsbeschwerde** eingelegt werden. Ihrer Zulässigkeit steht nicht entgegen, dass ein zuvor ergangener Beschluss, mit dem die Berufung als unzulässig verworfen wurde, nicht mit der Rechtsbeschwerde angegriffen wurde. Denn mit der Stattgabe der Wiedereinsetzung in die Berufungsbegründungsfrist wird der Beschluss über die Verwerfung der Berufung ohne Weiteres gegenstandslos.[215]

5. Die Deckungsschutzanfrage

a) Versicherungsrechtliche Vorgaben

143 Ist der Berufungskläger rechtsschutzversichert, muss die Durchführung des Berufungsverfahrens zwischen ihm, seinem Bevollmächtigten und der Rechtsschutzversicherung koordiniert werden. Die Bedingungswerke variieren. Die in der Praxis wesentlichen Versicherungsbedingungen sehen als **Obliegenheiten** vor:

- § 15 Abs. 1 d) cc) ARB 75, dass sich der Versicherungsnehmer vor Berufungseinlegung mit seiner Rechtsschutzversicherung „abzustimmen" hat,
- § 17 Abs. 5 c) aa) ARB 94/2000/2008 bzw. § 17 Abs. 1c) aa) ARB 2010, dass der Versicherungsnehmer eine „Zustimmung" seiner Rechtsschutzversicherung einholen muss und
- Ziff. 4.1.1.3 ARB 2012, dass Kosten verursachende Maßnahmen nach Möglichkeit abgestimmt werden müssen, soweit dies zumutbar ist.

144 Die Abstimmung oder Zustimmungseinholung hat **vor Berufungseinlegung** zu erfolgen.[216] Da die Rechtsschutzversicherung ohne Vorlage der Berufungsbegründung nicht entscheiden kann, ob die Berufung Erfolgsaussichten haben wird oder nicht, erteilt sie typischerweise zunächst nur für die Einlegung der Berufung Deckungsschutz.[217] Der Berufungskläger muss dann innerhalb der Berufungsbegründungsfrist nochmals Kontakt mit der Rechtsschutzversicherung aufnehmen und diese unter Vorlage eines Entwurfs der Berufungsbegründung darum bitten, ihm auch für die Durchführung des Berufungsverfahrens Deckungsschutz zu erteilen.

---

214 BGH NJW 2013, 471.
215 BGH BeckRS 2005, 02751; BGH NJW 2006, 2269; BGH NJW 2007, 1455, 1457.
216 AG Mönchengladbach JurBüro 1992, 164 = r+s 1992, 130.
217 OLG Hamm AnwBl 1991, 345; OLG Hamm NJW-RR 1991, 612.

Hinweis 145

Umstritten und noch nicht abschließend geklärt ist,[218] ob für die Einholung der Deckungszusage durch den Prozessbevollmächtigten eine Geschäftsgebühr aus dem Gegenstandswert nach Maßgabe der Höhe der von der Deckungszusage erfassten voraussichtlichen Kosten anfällt.[219]

b) Folgen bei nicht rechtzeitiger Abstimmung oder Zustimmungseinholung

Erfolgt die Deckungsschutznachfrage nach Berufungseinlegung, liegt darin ein **Verstoß** 146 **gegen die Abstimmungs- bzw. Zustimmungseinholungsobliegenheit**. Hinsichtlich der Rechtsfolgen ist § 28 VVG 2008 zu beachten. Die Regelungen in den ARB 2010 und 2012 sind der gesetzlichen Regelung nachgebildet. Verletzt der Versicherungsnehmer die Obliegenheit vorsätzlich, besteht **Leistungsfreiheit** des Versicherers. Kann ihm grobe Fahrlässigkeit vorgeworfen werden, wurde der Versicherer nach den § 15 Abs. 2 ARB 75 bzw. § 17 Abs. 6 ARB 94/2000/2008/2010 grundsätzlich leistungsfrei. Er musste aber darlegen, mit welchen Gründen er bei rechtzeitiger Unterrichtung den Deckungsschutz versagt hätte; hiergegen stand dem Versicherungsnehmer der Kausalitätsgegenbeweis offen.[220] Nach § 17 Abs. 6 ARB 2010 bzw. Ziff. 4.1.5 ARB 2012 ist der Versicherer – wie es das VVG 2008 vorgibt – bei grob fahrlässiger Verletzung einer Obliegenheit berechtigt, seine **Leistung** in einem der Schwere des Verschuldens des Versicherungsnehmers entsprechenden Verhältnis **zu kürzen**. Weist der Versicherungsnehmer nach, dass er die Obliegenheit nicht grob fahrlässig verletzt hat, bleibt der Versicherungsschutz aber bestehen. Entsprechendes gilt, wenn der Versicherungsnehmer nachweist, dass die Verletzung der Obliegenheit weder für den Eintritt oder die Feststellung des Versicherungsfalls noch für die Feststellung oder den Umfang der dem Versicherer obliegenden Leistung ursächlich war. Das gilt nicht, wenn der Versicherungsnehmer die Obliegenheit arglistig verletzt hat. Die Frage der Zurechnung eines Verschuldens des Prozessbevollmächtigten ist nicht abschließend geklärt.[221]

c) Folgen bei Deckungsablehnung

Für den Fall, dass der Versicherer seine Leistungspflicht verneint, weil die Wahrnehmung 147 der rechtlichen Interessen keine hinreichende Aussicht auf Erfolg biete oder mutwillig sei, hat der Versicherungsvertrag ein Gutachterverfahren oder ein anderes Verfahren mit vergleichbaren Garantien für die Unparteilichkeit vorzusehen, in dem Meinungsverschiedenheiten zwischen den Vertragsparteien über die Erfolgsaussichten oder die Mutwilligkeit einer Rechtsverfolgung entschieden werden (§ 128 S. 1 VVG 2008). Das Vorgehen des Berufungsklägers bei Verweigerung des Deckungsschutzes für die Berufungsinstanz hängt letztlich davon ab, welche Versicherungsbedingungen vereinbart worden sind,

---

218 Aus der BGH-Rechtsprechung vgl. BGH NJW 2011, 1222; NJW 2012, 919.
219 Zum Meinungsstand *Obarowski*, in: Beckmann/Matusche-Beckmann, Versicherungsrechts-Handbuch, 3. Aufl. 2015, § 37 Rn 605 f.
220 OLG Köln r+s 1990, 417; AG Freiburg zfs 1990, 20.
221 Vgl. zur Problematik Prölss/Martin/*Armbrüster*, ARB 2010 § 17 Rn 45 f. m.w.N.

da diese mit dem Stichentscheid bzw. dem Schiedsgutachterverfahren unterschiedliche Lösungsansätze für Meinungsverschiedenheiten über die Erfolgsaussichten oder die Mutwilligkeit vorsehen, die auch in ihrer konkreten Ausgestaltung in den Bedingungswerken der verschiedenen Versicherer divergieren. Nach herrschender Auffassung kann er aber auch unmittelbar Deckungsklage erheben.[222]

148 Gelten die ARB 75/2008, kann der Versicherungsnehmer den Berufungsanwalt damit beauftragen, auf Kosten der Rechtsschutzversicherung dieser gegenüber eine begründete Stellungnahme zu den Erfolgsaussichten der Berufung abzugeben. Dabei handelt es sich um einen sog. **Stichentscheid**, der für die Rechtsschutzversicherung und den Versicherungsnehmer verbindlich ist, es sei denn, der Stichentscheid weicht offenbar von der wirklichen Sach- und Rechtslage erheblich ab (vgl. § 17 ARB 75, § 18 ARB 2008).

149 Gelten die ARB 94/2000, kann die Rechtsschutzversicherung die Deckungsschutzerteilung mit der Begründung ablehnen, dass die Kosten der Rechtsverfolgung in einem groben Missverhältnis zum angestrebten Erfolg stehen (§ 18 Abs. 1a ARB 94/2000) oder aber die Rechtsverfolgung nicht hinreichend aussichtsreich erscheint (§ 18 Abs. 1b ARB 94/2000). Hiergegen kann der Versicherungsnehmer innerhalb eines Monats ab Leistungsablehnung die Durchführung eines **Schiedsgutachterverfahrens** fordern. Die Sachlage muss der Rechtsschutzversicherung unter Beifügung aller erforderlichen Unterlagen dargelegt werden. Diese hat dann innerhalb eines weiteren Monats das Schiedsgutachterverfahren einzuleiten, indem sie den Präsidenten der zuständigen Rechtsanwaltskammer darum bittet, einen Schiedsgutachter zu bestimmen. Stellt der Schiedsgutachter fest, dass die Leistungsverweigerung unberechtigt war, ist seine Entscheidung für alle Beteiligten bindend. Im umgekehrten Fall ist die Entscheidung für den Versicherungsnehmer nicht bindend. Dieser kann innerhalb einer Sechsmonatsfrist (§ 19 ARB 94/2000) Deckungsschutzklage gegen die Rechtsschutzversicherung erheben.

150 Die Bestimmungen § 3a ARB 2010 und Ziff. 3.3.4 ARB 2012 sehen Regelungsvarianten für den Stichentscheid und das Schiedsgutachterverfahren vor. Letztlich sind die jeweiligen Versicherungsbedingungen heranzuziehen.

6. Die Berufungsschrift

a) Adressat der Berufung

151 Berufungen sind gem. § 519 Abs. 1 ZPO beim Berufungsgericht einzulegen. Berufungsgerichte sind entweder das **Landgericht** oder das **Oberlandesgericht**. Grundsätzlich hängt die Zuständigkeit davon ab, ob die Berufung gegen ein amtsgerichtliches Urteil oder gegen ein landgerichtliches Urteil eingelegt werden soll.

---

222 Vgl. nur Prölss/Martin/*Armbrüster*, ARB 2010 § 3a Rn 4 m.w.N.

aa) Berufungen gegen amtsgerichtliche Urteile

Berufungen gegen amtsgerichtliche Urteile sind gem. § 72 GVG grundsätzlich beim **Landgericht** einzureichen. Ausnahmsweise ist das Oberlandesgericht aber zuständig bei amtsgerichtlichen Urteilen in Binnenschifffahrtssachen (§ 11 BinnSchVerfG). Soweit § 119 Abs. 1 Nr. 1 GVG die Zuständigkeit für Rechtsmittel in den von den Familiengerichten entschiedenen Sachen sowie in den Angelegenheiten der freiwilligen Gerichtsbarkeit mit Ausnahme der Freiheitsentziehungssachen und der von den Betreuungsgerichten entschiedenen Sachen den Oberlandesgerichten zuweist, ist dies für das Berufungsrecht nicht entscheidend, da nach der Vereinheitlichung des Rechtsmittelrechts durch das FamFG auch Endentscheidungen stets als Beschluss ergehen und mit der Beschwerde anzufechten sind. Die Zuständigkeit der Oberlandesgerichte für die Berufung gegen amtsgerichtliche Entscheidungen in **Sachen mit Auslandsberührung** ist mit Wirkung zum 1.9.2009 **entfallen** (zu den früheren Streitfragen Vorauflage § 16 Rn 167 ff.).

152

Soll die Berufung gegen ein amtsgerichtliches Urteil vor der **Kammer für Handelssachen** verhandelt werden, muss bereits die **Berufungsschrift** gem. §§ 100, 96 Abs. 1 GVG an die Kammer für Handelssachen adressiert werden.[223]

153

bb) Berufungen gegen landgerichtliche Urteile

Gegen ein landgerichtliches Urteil findet die Berufung gem. § 119 Abs. 1 Nr. 2 GVG immer zum **Oberlandesgericht** statt. Hat ein Oberlandesgericht gem. § 116 Abs. 2 GVG **auswärtige Senate**, wie z.B.:

154

- das OLG Frankfurt/M. am Main in Kassel und Darmstadt,
- das OLG Karlsruhe in Freiburg und
- das OLG München in Augsburg,

wird die Berufungsfrist durch Eingang der Berufungsschrift beim Stammgericht auch dann gewahrt, wenn die Berufung am Sitz des auswärtigen Senats des betroffenen OLG einzulegen wäre.[224] Dasselbe gilt auch umgekehrt.[225]

Verschiedene Bestimmungen erlauben an Oberlandesgerichten **berufungsgerichtliche Zuständigkeitskonzentrationen für bestimmte Sachgebiete** zu eröffnen. So ermöglichen:

155

- § 229 Abs. 2 BauGB Zuständigkeitskonzentrationen für Baulandsachen,
- § 208 BEG Zuständigkeitskonzentrationen für Entschädigungssachen,
- § 11 BinnSchVerfG Zuständigkeitskonzentrationen für Binnenschifffahrtssachen und
- § 93 Abs. 1 i.V.m. § 92 Abs. 1 GWB Zuständigkeitskonzentrationen für Kartellsachen.

Dabei können Berufungen gegen Urteile einer Kammer für Baulandsachen in Nordrhein-Westfalen nur beim zuständigen OLG in Hamm – Senat für Baulandsachen (§ 229 Abs. 1

---

[223] Musielak/Voit/*Wittschier*, § 100 GVG Rn 4 f.; *Schneider*, NJW 1997, 992; a.A. LG Köln NJW 1996, 2737.
[224] BGH NJW 1967, 107.
[225] OLG Karlsruhe OLGZ 1984, 123.

BauGB) – eingelegt werden[226] und Berufungen gegen Urteile der Binnenschifffahrtsgerichte Bremen, Emden und Hamburg nur beim zuständigen Schifffahrtsobergericht Hamburg und nicht vor dem allgemein zuständigen Oberlandesgericht.[227]

156 Berufungen gegen landgerichtliche Urteile in den Ländern, in denen bei bestimmten Oberlandesgerichten **Kartellsenate** gebildet worden sind, können hingegen auch bei dem OLG eingelegt werden, das dem Landgericht, dessen Urteil angefochten werden soll, allgemein übergeordnet ist.[228] Betroffen hiervon sind die Zuständigkeitskonzentrationen für Kartellsachen, wie z.B.:
- in Niedersachsen beim OLG Celle,
- in Nordrhein-Westfalen beim OLG Düsseldorf und
- in Bayern beim OLG München.

cc) Eingang der Berufung beim zuständigen Gericht und Wiedereinsetzung

(1) Eingang

157 Zur Fristwahrung muss die Berufungsschrift **beim zuständigen Gericht** eingehen. Wird ein Schriftstück bei einer gemeinsamen Eingangsstelle mehrerer Gerichte eingereicht, so gilt es mit der Einreichung bei dem Gericht eingegangen, an das es adressiert ist. Nur dieses Gericht erlangt die tatsächliche Verfügungsgewalt.[229] Das Berufungsgericht muss den fristgerechten Eingang von Amts wegen prüfen. So ist etwa die Zuordnung der gewählten Telefaxnummer zum Berufungsgericht zu prüfen.[230] Bei Bestehen einer gemeinsamen Briefannahmestelle kann zu ermitteln sein, ob der gewählte **Telefaxanschluss aufgrund einer Geschäftsordnungsregelung Teil einer gemeinsamen Posteingangsstelle** ist.[231] Als rechtzeitig eingegangen anzusehen ist eine Berufungsschrift, die ordnungsgemäß an das OLG adressiert und per Telefax übermittelt wird, obgleich sie am Telefaxanschluss des Landgerichts eingeht, wenn beide Gerichte gemeinsame Telefaxanschlüsse dergestalt haben, dass nach der Geschäftsordnungsregelung die Anschlüsse des einen Gerichts zugleich als Anschluss des anderen Gerichts gelten.[232] Es genügt aber nicht, dass der gewählte Telefaxanschluss einer Behörde zuzuordnen ist, die zwar formell eine Organisationseinheit des Gerichts darstellt, für die aber keine die Telefaxanschlüsse umfassende gemeinsame Posteingangsstelle eingerichtet ist.[233]

158 Den rechtzeitigen Eingang muss der Berufungsführer beweisen.[234] Der auf einem Schriftsatz aufgebrachte **Eingangsstempel des Gerichts** erbringt als öffentliche Urkunde im Sinne des § 418 Abs. 1 ZPO den vollen Beweis für Ort und Zeit des Eingangs.[235]

---

226 BGH NJW 2000, 1574.
227 BGH MDR 1979, 475.
228 BGHZ 71, 367, 374.
229 BGH NJW-RR 2017, 306, 307.
230 Vgl. allg. zur Kontrolle der Faxnummer BGH NJW-RR 2016, 952.
231 BGH NJW-RR 2017, 306, 307.
232 BVerfG NJW-RR 2008, 446.
233 BGH NJW-RR 2016, 1199 (Justizkasse als Organisationseinheit des Rechtsmittelgerichts).
234 BGH NJW-RR 2014, 179.
235 BGH, NJW-RR 2014, 179.

Hiergegen ist jedoch gem. § 418 Abs. 2 ZPO der im Wege des Freibeweises zu führende Gegenbeweis zulässig, der die volle Überzeugung des Gerichts von dem rechtzeitigen Eingang des Schriftsatzes erfordert.[236]

Hinweis 159

Wegen der Beweisnot der betroffenen Partei dürfen die Anforderungen an die Erbringung dieses Gegenbeweises nicht überspannt werden; für eine **zumindest hilfsweise zu beantragende Wiedereinsetzung** genügt allerdings eine Glaubhaftmachung. Beim Einwurf in den Nachtbriefkasten ist es zunächst Sache des Gerichts, die zur Aufklärung nötigen Maßnahmen mit Blick auf die Funktionsweise und die Leerung zu ergreifen. Schildert die Partei detailliert die genauen Umstände des Einwurfs des Schriftstücks, darf sich das Gericht nicht mit einer pauschal gehaltenen dienstlichen Stellungnahme des zuständigen Mitarbeiters der Poststelle begnügen.[237]

Für die Rechtzeitigkeit des Eingangs eines per Fernkopie übersandten Schriftsatzes 160 kommt es darauf an, ob die gesendeten Signale noch vor Ablauf des letzten Tags der Frist vom **Telefaxgerät des Gerichts vollständig empfangen** (gespeichert) worden sind.[238] Der Ausdruck durch das Gerät ist nicht maßgeblich.[239]

Hinweis 161

Der **Eingangsstempel auf dem Ausdruck eines Telefaxschreibens** erbringt keinen Beweis dafür, dass die für die Rechtzeitigkeit des Eingangs maßgebliche Speicherung noch vor Fristablauf in dem Telefaxgerät des Gerichts erfolgt ist, da dem keine eigene Beobachtung desjenigen zugrunde liegt, der den Stempel angebracht hat.[240]

Übermittlungsschwierigkeiten können den Prozessbevollmächtigten vor erhebliche 162 Probleme stellen. Er ist bei einer technischen Störung des Empfangsgeräts des Gerichts aber nicht gehalten, eine dem Pressesprecher des Gerichts zugewiesene Telefaxnummer ausfindig zu machen und den Schriftsatz zur Fristwahrung an diese Nummer zu versenden.[241]

(2) Kenntnis des zuständigen Gerichts

Der Prozessbevollmächtigte des Berufungsklägers muss die **gesetzlichen Vorgaben zur** 163 **Zuständigkeit** des Berufungsgerichts kennen. So wurde zur zum 1.1.2002 geschaffenen Zuständigkeit des Oberlandgerichts für Berufungen gegen amtsgerichtliche Urteile mit Auslandsberührung nach § 119 Abs. 1 GVG a.F. bei falscher Berufungseinlegung in Verkennung der gesetzlichen Bestimmung die Wiedereinsetzung versagt.[242] Nach der

---

236 BGH NJW 2017, 2285; vgl. auch BeckRS 2017, 111053.
237 BGH NJW 2017, 2285.
238 BGH NJW 2006, 2263.
239 BGH NJW 2013, 2514; BGH BeckRS 2017, 111494 (nicht abgedr. in NJW 2017, 2337).
240 BGH BeckRS 2017, 111494 (nicht abgedr. in NJW 2017, 2337).
241 BGH NJW-RR 2017, 629.
242 OLG Köln NJW-RR 2003, 283; OLG Köln NJW-RR 2003, 864.

Aufhebung dieser Sonderregel mit Wirkung zum 1.9.2009 wird für die nunmehr fälschlich an das Oberlandgericht gerichteten Berufungen Entsprechendes gelten.

164 Nach § 233 S. 2 ZPO wird das Fehlen eines Verschuldens vermutet, wenn eine **Rechtsbehelfsbelehrung unterblieben oder fehlerhaft** ist. Auch eine anwaltlich vertretene Partei darf sich im Grundsatz auf die Richtigkeit einer Belehrung durch das Gericht verlassen.[243] Ein vermeidbarer Rechtsirrtum ist entschuldbar, wenn die Rechtsmittelbelehrung nicht offenkundig fehlerhaft und der durch sie verursachte Irrtum nachvollziehbar ist. Offenkundig fehlerhaft ist eine Rechtsmittelbelehrung, wenn sie ausgehend von dem bei einem Rechtsanwalt vorauszusetzenden Kenntnisstand nicht einmal den Anschein der Richtigkeit zu erwecken vermochte; unter dieser Voraussetzung ist die Vermutung des fehlenden Verschuldens gem. § 233 S. 2 ZPO widerlegt.[244]

(3) Weiterleitung an das zuständige Gericht

165 Eine Verpflichtung des angerufenen Berufungsgerichts, die Zuständigkeit unmittelbar nach Eingang der Berufungsschrift zu prüfen, um ggf. aufgrund eines Fehlers des Berufungsklägers den Rechtsstreit an das zuständige Gericht weiterzureichen, gibt es nicht.[245] Etwas anderes gilt nur dann, wenn die Unzuständigkeit des angerufenen Gerichts „ohne Weiteres" bzw. „leicht und einwandfrei" zu erkennen ist und die nicht rechtzeitige Aufdeckung der nicht gegebenen Zuständigkeit auf einem offenkundig nachlässigen Fehlverhalten des angerufenen Gerichts beruht.[246] Dann muss eine Weiterleitung des Schriftsatzes erfolgen. Ist der für das Rechtsmittelgericht bestimmte fristgebundene Schriftsatz etwa bei dem mit der Sache befassten erstinstanzlichen Gericht eingereicht worden, muss das erstinstanzliche Gericht den **Schriftsatz im ordentlichen Geschäftsgang an das zuständige Gericht weiterleiten**. Wiedereinsetzung in den vorigen Stand ist dann zu gewähren, wenn dies unterblieben ist und die Weiterleitung im Geschäftsgang genügt hätte, was die Partei in ihrem Wiedereinsetzungsgesuch darzulegen und glaubhaft zu machen hat.[247] Ist ein für das Rechtsmittelgericht bestimmter fristgebundener Schriftsatz beim erstinstanzlichen Gericht so zeitig eingegangen, dass die fristgerechte Weiterleitung an das Rechtsmittelgericht im ordentlichen Geschäftsgang **ohne Weiteres erwartet werden kann**, darf die Partei hierauf gerade auch dann vertrauen, wenn sie ihren Fehler noch vor Fristablauf bemerkt hat oder hätte bemerken müssen.[248] Eine gerichtliche

---

243 BGH NJW 2018, 165, 166.
244 BGH NJW 2018, 165 (im Landwirtschaftsverfahrensgesetz getroffene Regelung zur Zuständigkeit des Berufungsgerichts eindeutig); BeckRS 2018, 1908 (Unterscheidung zwischen Familienstreitsachen und anderen Familiensachen gehört zu den verfahrensrechtlichen Grundkenntnissen; vgl. dagegen BGH NJW 2017, 3002 (falsche Rechtsmittelbelehrung in Wohnungseigentumssachen und in Zivilsachen mit wohnungseigentumsrechtlichem Bezug vertrauenswürdig).
245 BGH NJW 2018, 165, 166; BGH NJW 2005, 3776.
246 BGH NJW 2018, 165, 166.
247 BGH NJW-RR 2018, 314, 315.
248 BGH BeckRS 2015, 18256.

Pflicht zur Prüfung des Fristablaufs, telefonischen Information des Berufungsklägers und Weiterleitung des Schriftsatzes als besonders eilig oder per Fax besteht nicht.[249]

Eröffnet ein Gericht die Möglichkeit der Weiterleitung von Schriftstücken an das zuständige Gericht (über **Postausgangsfächer**), muss der fristgebundene Schriftsatz so rechtzeitig abgegeben werden, dass ein fristgemäßer Eingang beim zuständigen Gericht mit Sicherheit erwarten werden kann.[250]

b) Parteibezeichnung

Obwohl § 519 Abs. 2 ZPO die Bezeichnung der Partei, die Berufung einlegt, nicht als zwingende Voraussetzung der Berufungsschrift nennt, besteht Einigkeit darüber, dass in der Berufungsschrift[251] die **genaue Parteibezeichnung** nicht fehlen darf. Wer Berufungskläger und wer Berufungsbeklagter ist, muss aus der Berufungsschrift **zumindest erkennbar** sein; Nachbesserungen sind nur bis zum Ablauf der Berufungsfrist möglich.[252] Fehlt es hieran, ist die Berufung unzulässig.[253]

Hinweis

*Die Berufung darf aber nicht an unvollständigen oder fehlerhaften Angaben scheitern, wenn für Gericht und Prozessgegner das **wirklich Gewollte deutlich** wird.[254] Im Zweifel muss geprüft werden, ob sich Rechtsmittelkläger und -beklagter aus der Berufungsschrift oder der beigefügten Urteilsabschrift ersehen lassen oder sonst eine **Auslegung** vorzunehmen ist.[255] Werden in der Berufungsschrift etwa nur einige Streitgenossen – und nicht alle – als Berufungsbeklagte aufgenommen, dann richtet sich die Berufung nur gegen diese und nicht auch gegen die anderen.[256] Werden hingegen mehrere erstinstanzlich obsiegende Streitgenossen im Rubrum der Berufungsschrift aufgenommen, richtet sich das Rechtsmittel im Zweifel gegen alle Streitgenossen.[257] Eine **mündliche oder fernmündliche Erklärung der Partei** darf bei der Auslegung **nicht berücksichtigt** werden. Dies gilt auch dann, wenn ein Bediensteter des Gerichts diese Angaben aktenkundig macht oder in einem Computersystem hinterlegt.[258]*

Sinnvollerweise wird das Rubrum des angefochtenen Urteils übernommen und hinsichtlich der **Parteirolle im Berufungsverfahren** ergänzt. Die fehlende Bezeichnung „Berufungsbeklagter" allein rechtfertigt aber ebenfalls nicht, die Berufung als unzulässig zu

---

249 BGH NJW-RR 2016, 1340, 1341; BGH NJW-RR 2017, 386; BGH NJW-RR 2018, 314, 315.
250 BGH NJW-RR 2017, 687.
251 Zur Schriftform insoweit BGH NJW 1985, 2650.
252 BGH NJW 1985, 2651.
253 BGH NJW 1985, 2651.
254 BGH NJW 2002, 831, 832.
255 BGH NJOZ 2017, 1492.
256 BGH NJW-RR 2009, 208 f.; BGH BB 2003, 1866.
257 BGH NJW 2002, 831.
258 BGH NJOZ 2017, 1492.

behandeln, wenn die Auslegung der Berufungsschrift ergibt, gegen wen sich die Berufung richtet.[259]

c) Bezeichnung der Prozessbevollmächtigten des Berufungsbeklagten

170 Die Prozessbevollmächtigten des Berufungsbeklagten müssen in der Berufungsschrift bezeichnet werden, damit sie diesen gem. § 172 Abs. 2 S. 1 ZPO **ordnungsgemäß zugestellt** werden kann. Fehlt die Anschrift des erstinstanzlichen Prozessbevollmächtigten, ist dies aber unschädlich und macht die Berufung nicht unzulässig.[260]

d) Sonstige Angaben

171 Gem. § 519 Abs. 2 Nr. 1 ZPO muss die Berufungsschrift die **Bezeichnung des Urteils** enthalten, gegen das die Berufung gerichtet wird. Die für die Berufungsschrift vorgeschriebene Bezeichnung des Urteils, gegen das die Berufung gerichtet wird, erfordert die Angabe der Parteien, des Gerichts, das das angefochtene Urteil erlassen hat, des Verkündungsdatums und des Aktenzeichens. Fehlerhafte oder unvollständige Angaben schaden nur dann nicht, wenn aufgrund der sonstigen erkennbaren Umstände für Gericht und Prozessgegner nicht zweifelhaft bleibt, welches Urteil angefochten wird. Es genügt also, wenn jedenfalls mit Hilfe weiterer Unterlagen, wie etwa dem beigefügten erstinstanzlichen Urteil, klar ist, welches Urteil angefochten wird. Ob ein solcher Fall gegeben ist, hängt von den Umständen des Einzelfalls ab.[261]

172 *Hinweis*

Werden etwa das Urteil in beglaubigter Abschrift beigefügt und in der Berufungsschrift Verkündungsdatum und Aktenzeichen mitgeteilt, ist ohne Belang, ob das Zustelldatum angegeben wird. Wird eine Abschrift des Urteils nicht beigefügt und das erstinstanzliche Gericht falsch bezeichnet – etwa „Landgericht München I" statt „Landgericht München II" – führt dies zur Unzulässigkeit der Berufung, wenn der Mangel nicht bis zum Ablauf der Berufungsfrist behoben wird.[262] Letzteres ist der Fall, wenn das Berufungsgericht die Berufung vor Ablauf der Rechtsmittelfrist anhand der vorliegenden Akten eindeutig zugeordnet hat.[263]

173 Gem. § 519 Abs. 2 Nr. 2 ZPO muss die Berufungsschrift die **Erklärung** enthalten, dass gegen das genannte Urteil **Berufung eingelegt wird**. Der Gebrauch des Wortes „Berufung" ist zwar nicht zwingend notwendig;[264] die genaue Bezeichnung kann aber helfen, Missverständnisse zu vermeiden, wenngleich sich die Auslegung grundsätzlich ohnehin wohlwollend am erkennbaren Rechtsschutzanliegen zu orientieren hat.[265]

---

259 BGH NJW 2002, 831.
260 BGH NJW 1961, 2347.
261 Zum Ganzen BGH NJW 2001, 1070.
262 BGH VersR 1983, 250; BGH NJW-RR 1987, 319.
263 BGH NJW-RR 2013, 121.
264 BGH BeckRS 2014, 14519; BGH NJW 1962, 1820.
265 Vgl. allgemein BVerfG NJW 2014, 991, 992.

Hinweis 174

Die Berufungseinlegung muss frei von Bedingungen erfolgen. Geschieht dies doch, ist die Berufung unzulässig, wenn nicht eine Auslegung die Annahme einer unbedingten Berufung trägt. So wird eine Berufungseinlegung unter „Abhängigkeit von der Bewilligung von Prozesskostenhilfe für die Durchführung des Berufungsverfahrens" regelmäßig interpretationsfähig sein.

e) Berufungseinlegung „nur zur Fristwahrung"

Die Einlegung der Berufung „nur zur Fristwahrung" ist **kein Verstoß gegen das Verbot** 175 **der bedingten Rechtsmitteleinlegung**. Der Berufungsführer bringt mit dem Zusatz lediglich zum Ausdruck, dass er sich erst einmal überlegen möchte, ob das Berufungsverfahren tatsächlich durchgeführt werden soll. Nimmt der Berufungskläger die „nur zur Fristwahrung" eingelegte Berufung zurück, muss das Berufungsgericht von Amts wegen nach § 516 Abs. 2 ZPO über die Kosten des Berufungsverfahrens entscheiden.

Hinweis 176

Den Hintergrund der Berufungseinlegung „zur Fristwahrung" bilden **kostenrechtliche Erwägungen**. Es entsteht dann im Falle der Berufungsrücknahme vor der Begründung **Streit über die Erstattungsfähigkeit der Anwaltskosten** des Berufungsbeklagten.[266] Zwischenzeitlich hat der BGH entschieden, dass der Berufungskläger, der die Berufung nur zur Fristwahrung eingelegt hat und sie vor Ablauf der Berufungsbegründungsfrist zurücknimmt, dem Berufungsbeklagten gem. §§ 2 Abs. 2, 13 RVG i.V.m. Nr. 3201 VV zur Kostenerstattung einer 1,1-Gebühr für einen zu diesem Zeitpunkt bereits beauftragten zweitinstanzlichen Prozessbevollmächtigten selbst dann verpflichtet ist, wenn dieser zuvor von dem Bevollmächtigten des Berufungsklägers gebeten worden ist, sich noch nicht zu bestellen, denn die mit einem Rechtsmittel überzogene Partei kann regelmäßig nicht selbst beurteilen, was zur Rechtsverteidigung sachgerecht zu veranlassen ist, so dass ihr nicht zugemutet werden soll, zunächst die weiteren Entschließungen des anwaltlich vertretenen Berufungsklägers abzuwarten.[267] Das Stellen eines Zurückweisungsantrags, der eine 1,6-Verfahrensgebühr auslöst, ist erst **nach Eingang einer Berufungsbegründung** notwendig. Das gilt auch, wenn das Berufungsgericht darauf hingewiesen hat, dass es beabsichtigt, nach § 522 Abs. 2 ZPO zu verfahren, und der Berufungskläger hiergegen Einwände erhoben hat. Ein in dieser Prozesslage gestellter begründeter Antrag auf Zurückweisung der Berufung löst daher grundsätzlich die 1,6 Verfahrensgebühr nach Nr. 3200 VV-RVG aus.[268] Wird der Antrag auf Zurückweisung des Rechtsmittels bereits vor Zustellung der Rechtsmittelbegründung gestellt, das Rechtsmittel aber dann begründet, ist eine 1,6-fache Verfahrensgebühr nach Nr. 3200 RVG VV unabhängig davon erstattungsfähig, ob das Verfahren später durch Rücknahme, durch Sachentscheidung oder in

---

266 Vgl. hierzu auch Schneider/Wolf/*Schneider*, Nr. 3201 VV-RVG Rn 59 ff.
267 BGH NJW 2003, 756, 757.
268 BGH NJW 2018, 557.

sonstiger Weise beendet wird.[269] Die durch die **Einreichung einer Berufungserwiderung nach Berufungsrücknahme** entstandenen Kosten eines Rechtsanwalts sind aber grundsätzlich nicht erstattungsfähig; dies soll nach einer – vielfach kritisierten – Entscheidung des III. Zivilsenats des BGH auch dann gelten, wenn der Berufungsbeklagte die Rechtsmittelrücknahme nicht kannte oder kennen musste.[270] Hingegen hat der XII. Zivilsenat des BGH (überzeugend) entschieden, bei mit einem Hinweis nach § 522 Abs. 2 ZPO gesetzter Berufungserwiderungsfrist und dem Einreichen einer Berufungserwiderung nach Berufungsrücknahme, seien die hierdurch entstandenen Kosten nach § 91 Abs. 1 S. 1 ZPO erstattungsfähig, wenn der Berufungsbeklagte sich bei der Einreichung in nicht vorwerfbarer Unkenntnis von der Rücknahme der Berufung befunden habe.[271] Auf Anfrage des XII. Zivilsenats hat der III. Zivilsenat mitgeteilt, seine Rechtsauffassung sei wohl teilweise missverstanden worden. Er habe nicht auf einen rein objektiven Maßstab abgestellt. Entscheidend sei, ob die konkrete Maßnahme aus der Perspektive einer vernünftigen und sparsamen Partei als objektiv geeignet erscheine. In seinem Fall sei im Hinweisbeschluss keine Frist zur Berufungserwiderung gesetzt worden. Der Fall des XII. Zivilsenats liege wegen der gesetzten Berufungserwiderungsfrist anders.[272]

177 Die Kostenerstattungspflicht entfallen lassen kann ein sog. **Stillhalteabkommen**.[273] Dieses kann zustande kommen, wenn der Berufungskläger den Prozessbevollmächtigten des Berufungsbeklagten darum bittet, vorerst keine kostenauslösenden Maßnahmen zu veranlassen und sich keinen Vertretungsauftrag für das Berufungsverfahren erteilen zu lassen, weil die Berufung zunächst nur fristwahrend eingelegt werden soll, und hierauf eine entsprechende Einigung erfolgt. Das bloße Schweigen auf eine Stillhaltebitte lässt ein Stillhalteabkommen allerdings regelmäßig nicht entstehen.[274]

178 *Hinweis*

Für die Praxis bleibt es empfehlenswert:

- die Berufungseinlegung im Falle der noch ausstehenden Entscheidung über die Durchführung des Berufungsverfahrens mit dem Zusatz zu versehen, dass die Berufungseinlegung nur „zur Fristwahrung" erfolgt,
- gleichzeitig den erstinstanzlichen Prozessbevollmächtigten des Berufungsbeklagten mit der Bitte anzuschreiben, keine kostenauslösenden Maßnahmen zu veranlassen, solange nicht feststeht, ob das Berufungsverfahren tatsächlich durchgeführt werden soll und das Einverständnis hierzu zu erklären.[275]

---

269 BGH NJW-RR 2014, 185; BGH ZfS 2015, 347.
270 BGH NJW 2016, 2751; anders zu § 80 FamFG der XII. Zivilsenat: BGH FamRZ 2017, 643.
271 BGH BeckRS 2018, 2071.
272 BGH BeckRS 2018, 2071.
273 *Hansens*, RVGReport 2012, 328.
274 Vgl. BGH, NJW 2004, 73; OLG Frankfurt BeckRS 2016, 128139.
275 Zur Formulierung vgl. *Hansens*, ZfS 2017, 527, 528.

f) Anwaltszwang und Unterzeichnung; Prozessvollmacht

Die Berufungsschrift muss gem. § 519 Abs. 4 ZPO i.V.m. § 130 Nr. 6 ZPO von einem Rechtsanwalt (§ 78 Abs. 1 S. 1 ZPO)[276] **eigenhändig unterzeichnet** sein (zu den modernen Kommunikationsmitteln Rdn 186 ff.).[277] Die Unterschrift ist ein auf die Identität des Unterschreibenden hindeutender Schriftzug. Sie weist individuelle Merkmale auf und muss deswegen grundsätzlich nicht lesbar sein. Um aber als „Schrift" qualifiziert zu werden, verlangt die Rechtsprechung, dass wenigstens **einzelne Buchstaben erkennbar** sind und auf die Absicht einer vollen Unterschriftsleistung geschlossen werden kann, auch wenn die Unterschrift nur flüchtig niedergelegt und von einem starken Abschleifungsprozess gekennzeichnet ist.[278] Es ist wegen des Zwecks der Unterschrift – Identifizierung und Verdeutlichung der Übernahme der Verantwortung – ein großzügiger Maßstab anzulegen.[279] Da ein Dritter, der den Namen des Unterschreibenden nicht kennt, den Namen aus dem Schriftzug der Unterschrift herauslesen können muss, haben Anwälte, die sich zu einer Sozietät zusammengeschlossen haben, unter ihrer Unterschrift die Namensangabe durch Maschinenschrift oder Stempelaufdruck hervorzuheben.

179

Hinzuweisen ist auf die Notwendigkeit der vollen Namensangabe; Handzeichen (Paraphen) stellen keine wirksame Unterschrift dar;[280] ferner ist bei Doppelnamen auf eine vollständige Unterschriftsleistung zu achten. Zulässig ist lediglich, einen Teil des Doppelnamens abzukürzen (nicht aber wegzulassen).[281]

180

Schließlich muss der Anwalt mit der Unterschriftsleistung die eigene Verantwortung für die Rechtsmittelschrift übernehmen und deshalb auf die Verwendung von **Distanzierungsvermerken verzichten**. Derartige Distanzierungsvermerke können die Berufung unzulässig machen. Riskant ist auch die Zeichnung „i.A.", während die Unterzeichnung „i.V." durch einen postulationsfähigen Rechtsanwalt keinen Bedenken begegnet.[282] Unbedenklich ist auch die Unterzeichnung eines bestimmenden Schriftsatzes durch einen Rechtsanwalt für einen anderen Rechtsanwalt, wenn seiner Unterschrift maschinenschriftlich der Name des anderen Rechtsanwalts beigefügt wird.[283]

181

> *Hinweis*
>
> Das Fehlen der Unterschrift des Prozessbevollmächtigten kann ausnahmsweise unschädlich sein. Voraussetzung ist dann aber, dass sich aus anderen – eine Beweisaufnahme nicht erfordernden Umständen – eine der Unterschrift **vergleichbare Gewähr** dafür ergibt, dass der Rechtsmittelanwalt die Verantwortung für den Inhalt des

182

---

276 Vgl. OLG Dresden MDR 2017, 1263: Keine Diskriminierung nicht in Deutschland zugelassener oder aufgenommener Rechtsanwälte durch EuRAG.
277 BGH NJW 2001, 2888.
278 BGH VersR 2017, 506; BGH FamRZ 1997, 737.
279 BGH VersR 2017, 506.
280 BGH NJW 1997, 3380.
281 BGH NJW 1996, 997.
282 Musielak/Voit/*Ball*, § 519 ZPO Rn 12.
283 BGH NJW-RR 2017, 760.

Schriftsatzes übernommen und diesen willentlich in den Rechtsverkehr gebracht hat. Heilbar sind deshalb Unterschriftenmängel, wenn

- der nicht unterschriebenen Urschrift der Berufung beglaubigte Abschriften beigefügt sind und der Prozessbevollmächtigte hierauf handschriftlich den Beglaubigungsvermerk vollzogen hat[284] oder
- der Berufungsschrift ein mit dieser fest verbundenes und vom Prozessbevollmächtigten unterzeichnetes Begleitschreiben beigefügt war.[285]

Wiedereinsetzung in den vorigen Stand ist zu gewähren, wenn der fristgerecht per Telefax an das Landgericht übermittelte Berufungsschriftsatz wegen eines Versehens des Büropersonals keine Unterschrift des bevollmächtigten Rechtsanwaltes enthält, anders als der zwei Tage nach Ablauf der Berufungsfrist eingegangene Originalschriftsatz. Der Anwalt muss hierzu aber dartun, durch allgemeine Anweisung Vorsorge dafür getroffen zu haben, dass bei normalem Verlauf der Dinge Fristversäumnisse wegen fehlender Unterschrift vermieden werden.[286] Wiedereinsetzung in den vorigen Stand kann ferner beantragt werden, wenn die Berufungsfrist versäumt wird, weil das sorgfältig ausgewählte und ansonsten zuverlässige Personal dem Anwalt die Akten nicht zur ausdrücklich angeordneten Wiedervorlage zwecks Unterschrift vorgelegt hat.[287]

183 Ein von einem Vertreter ohne Vollmacht eingelegtes Rechtsmittel ist als unzulässig zu verwerfen. Der **Mangel der Vollmacht** bei Einlegung eines Rechtsmittels kann nach § 89 Abs. 2 ZPO durch Genehmigung des Vertretenen mit rückwirkender Kraft geheilt werden, soweit noch nicht ein das Rechtsmittel als unzulässig verwerfendes Prozessurteil vorliegt. Insoweit genügt die Erteilung einer Prozessvollmacht.[288]

g) Beifügung einer Urteilsausfertigung/-abschrift

184 Nach § 519 Abs. 3 ZPO soll mit der Berufungsschrift eine Ausfertigung oder beglaubigte Abschrift des angefochtenen Urteils vorgelegt werden.

185 *Hinweis*

Obgleich es sich bei dieser Bestimmung um keine zwingende Zulässigkeitsvoraussetzung handelt, ist deren **Beachtung dringend zu empfehlen**, da die Urteilskopie vom Berufungsgericht bei etwaigen Unklarheiten der Berufungsschrift zu Auslegungszwecken heranzuziehen ist.[289] So können durch die Beifügung des angefochtenen Urteils **Auslegungszweifel** im Hinblick:

- auf die Bezeichnung der Parteien,[290]

---

284 BGH NJW 1957, 990; BGH NJW 2005, 2086, 2088.
285 BGH NJW 1962, 1724; BGH NJW 1986, 1760; BGH NJW 2005, 2086, 2088.
286 BVerfG NJW 2004, 2583 (für die Berufungsbegründungsfrist).
287 BGH NJW-RR 2003, 277.
288 BGH BeckRS 2017, 140257.
289 BGH MDR 1974, 1011.
290 BGH NJW 2002, 831.

- auf die Angabe der Prozessbevollmächtigten des Berufungsbeklagten,[291]
- auf die Bezeichnung des angefochtenen Urteils[292] und
- auf die Bezeichnung des erstinstanzlichen Gerichts[293]

behoben werden, wodurch Berufungen, die nach dem bloßen Inhalt der Berufungsschrift unzulässig wären, mittels Auslegung noch als wirksam betrachtet werden können.

h) Berufungseinlegung durch moderne Kommunikationsmittel

Die Berufung erfordert nach § 519 Abs. 1 ZPO eine **„Berufungsschrift"**, setzt also eine gewisse Schriftform voraus. Eine mündliche oder telefonische Berufungseinlegung ist nicht möglich; es fehlt an dem Erfordernis der „Berufungsschrift".[294] 186

aa) Telegramm, Fernschreiber und Telex

Diese älteren technischen Übermittlungsformen der Berufung sind **zulässig**, obwohl den auf diese Weise übermittelten Berufungsschriften die eigenhändige Unterschrift des verantwortlichen Rechtsanwaltes fehlt. Da diese bei den traditionellen Übermittlungsformen nicht angebracht werden kann, muss der verantwortliche Rechtsanwalt auf andere Weise eindeutig im Schriftsatz benannt sein; eine Sozietätsbezeichnung ist nicht ausreichend.[295] 187

bb) Telefax

Die Übermittlung von Schriftsätzen durch Telefax ist gem. § 130 Nr. 6 ZPO **ausdrücklich anerkannt**. Voraussetzung ist, dass der Absender das Ausgangsschriftstück eigenhändig unterzeichnet und das Schriftbild der Unterschrift auf der Kopie wiedergegeben wird.[296] 188

> *Hinweis* 189
>
> Die aus einem Blankoexemplar ausgeschnittene und auf die Telefax-Vorlage eines bestimmenden Schriftsatzes geklebte Unterschrift des Prozessbevollmächtigten einer Partei erfüllt nicht die an eine eigenhändige Unterschrift zu stellenden Anforderungen.[297]

Ferner muss das Fax unmittelbar an das **Empfangsgerät des Gerichts** gesendet werden.[298] Probleme entstehen, wenn durch die Einreichung eines Fax die Berufungsfrist gewahrt werden soll und das Fax vom Empfangsgerät des Gerichts nicht fristgerecht in vollständiger Form ausgedruckt wird. 190

---

291 BGH NJW-RR 2002, 1074.
292 BGH NJW-RR 2000, 1371.
293 BGH NJW 1989, 2396.
294 BGH NJW-RR 2009, 852; BGH NJW 1997, 3383.
295 BAG DB 1984, 1688.
296 BGH NJW 2001, 1581.
297 BGH NJW 2015, 3246.
298 BGH NJW 1994, 1879; BGH NJW 1988, 762.

191 *Hinweis*

In diesen Fällen kann eine **Wiedereinsetzung in den vorigen Stand** erreicht werden, wenn:

- das Gericht nicht ordnungsgemäß für die Zugangsbereitschaft des Empfangsgerätes Sorge getragen hat,[299]
- das Sendegerät vom Büropersonal des Anwalts nicht ordnungsgemäß bedient worden ist, der Anwalt aber nachweisen kann, sein Büropersonal sorgfältig ausgewählt, geschult und stets überwacht zu haben[300] oder
- das Büropersonal die Faxnummer unrichtig herausgesucht hat, der Anwalt aber eine Büroorganisation nachweisen kann, die eine Überprüfung der versandten Telefaxe auf die Verwendung der zutreffenden Empfängernummern gewährleistet, wozu gehört, dass aus dem Sendefaxgerät regelmäßig Einzelnachweise ausgedruckt werden, aus denen sich die störungsfreie Übermittlung sämtlicher Seiten der Schriftstücke ergibt.[301]

Ferner darf die Berufungsfrist im Rechtsmittelkalender erst gestrichen werden, wenn der Sendebericht als Einzelnachweis die ordnungsgemäße Übermittlung, und zwar:

- das Zustandekommen der Verbindung,
- die richtige Empfängernummer und
- die korrekte Anzahl der übermittelten Seiten

bestätigt hat.[302]

cc) Elektronisches Dokument

192 Die Einreichung der Berufung durch ein elektronisches Dokument regelt auch für das Berufungsverfahren § 130a ZPO.[303] Danach kann – ab 1.1.2022 gilt nach § 130d ZPO eine Nutzungspflicht für Rechtsanwälte und Behörden – die Berufungsschrift als elektronisches Dokument bei Gericht eingereicht werden, sofern es für die Bearbeitung durch das Gericht **geeignet** (§ 130a Abs. 2 ZPO) und **qualifiziert signiert** oder **signiert und auf einem sicheren Übermittlungsweg** eingereicht worden ist (§ 130a Abs. 3 ZPO). Den sicheren Übermittlungsweg konkretisiert § 130 Abs. 4 ZPO. Hierzu gehört insbesondere der Übermittlungsweg zwischen dem **besonderen elektronischen Anwaltspostfach** nach § 31a BRAO oder einem entsprechenden, auf gesetzlicher Grundlage errichteten elektronischen Postfach und der elektronischen Poststelle des Gerichts (§ 130a Abs. 4 Nr. 2 ZPO). Nach § 130a Abs. 6 ZPO muss dem Absender eines elektronischen Dokuments unverzüglich mitgeteilt werden, wenn das elektronische Dokument für das Gericht zur Bearbeitung nicht geeignet ist. Reicht er es unverzüglich in einer zur Bearbeitung

---

299 BVerfG NJW 1996, 2857.
300 BGH BB 1994, 106.
301 BGH NJW 2000, 1043.
302 OLG München NJW 1993, 2447; OLG Köln VersR 1995, 852; BGH NJW 1995, 665.
303 Informationen zum Stand des elektronischen Rechtsverkehrs sind abrufbar unter: https://justiz.de/elektronischer_rechtsverkehr/index.php.

geeigneten Form nach, greift die Fiktion der früheren Einreichung (§ 130a Abs. 6 S. 2 ZPO).

Zur „**Eigenhändigkeit**" **der Signatur** hat der BGH zu § 130a ZPO a.F. entschieden, dass es hieran fehlt, wenn die Signatur von einem Dritten unter Verwendung der Signaturkarte des Rechtsanwalts vorgenommen wird, ohne dass dieser den Inhalt des betreffenden Schriftsatzes geprüft und sich zu eigen gemacht hat.[304] Kommt es zu einer unzulänglichen Signatur, kann eine Wiedereinsetzung in den vorigen Stand in Betracht kommen,[305] wobei die Entwicklung der Rechtsprechung hierzu abzuwarten ist. **193**

Die Berufungseinlegung per **E-Mail** ist **nicht zulässig**.[306] Dies folgt aus § 130a ZPO, der die Übermittlung von Schriftsätzen durch elektronische Dokumente abschließend regelt und die Einreichung durch eine herkömmliche E-Mail nicht eröffnet. **194**

> *Hinweis* **195**
>
> Wird die Berufung allerdings unter Absprache mit der Geschäftsstelle des Gerichts in der Weise eingelegt, dass eine **PDF-Datei** noch vor Ablauf der Berufungsfrist ausgedruckt wird und die PDF-Datei die im Original-Schriftsatz enthaltene und mit diesem eingescannte Wiedergabe der handschriftlichen Unterschrift enthält, liegt eine ordnungsgemäße Berufungseinlegung vor, die den Anforderungen des § 130 Nr. 6 ZPO entspricht.[307]

dd) Computer-Fax

Durch Entscheidung des gemeinsamen Senates der Obersten Gerichte des Bundes vom 5.4.2000 ist anerkannt, dass bestimmte Schriftsätze formwirksam durch **elektronische Übertragung einer Textdatei mit eingescannter Unterschrift** auf ein Faxgerät des Gerichts übermittelt werden können.[308] **196**

> *Hinweis* **197**
>
> Die Wiedergabe des Namens eines Prozessbevollmächtigten mit der darunter gesetzten Bezeichnung „Rechtsanwalt" am Ende des Computer-Fax genügt als solche nicht den Anforderungen des § 130 Nr. 6 ZPO; denn hierin liegt keine eigenhändige Unterschrift des Rechtsanwaltes.[309] Der Mangel ist auch nicht dadurch heilbar, dass nach Ablauf der Berufungsfrist ein Schriftsatz mit dem gleichen Inhalt des Computer-Fax beim Berufungsgericht eingeht, der durch den Prozessbevollmächtigten persönlich unterschrieben worden ist. Denn zur Heilung des Unterschriftenmangels sind nur solche Umstände heranzuziehen, die spätestens bis zum Fristablauf bekannt geworden sind.[310]

---

[304] BGH NJW 2011, 1294.
[305] Vgl. etwa *Bacher* NJW 2015, 2753.
[306] BGH NJW-RR 2009, 357.
[307] BGH NJW 2008, 2649.
[308] GmS-OGB NJW 2000, 2340, 2341.
[309] BGH NJW 2005, 2086, 2087.
[310] BVerwG NJW 2003, 1544; BGH NJW 2005, 2068, 2088.

7. Antrag auf Wiedereinsetzung in den vorigen Stand bei Versäumung der Berufungsfrist

a) Ausgangslage

198 Die Berufungsfrist ist nicht verlängerbar (vgl. § 224 Abs. 2 ZPO). Wird die Frist versäumt, kann nur ein Antrag auf Wiedereinsetzung in den vorigen Stand helfen.

b) Wiedereinsetzungsgründe

199 Die Wiedereinsetzung in den vorigen Stand kann gem. §§ 233 ff. ZPO beantragt werden, wenn eine Partei ohne ihr Verschulden an der Einhaltung einer Frist gehindert war. Hierzu gibt es eine umfangreiche, sich ständig weiterentwickelnde Kasuistik.[311]

200 *Beispiele*

Wiedereinsetzung kommt in Betracht, wenn die Frist wegen einer **fehlerhaften Telefaxnummer** des Gerichts in einem seit Jahren bewährten EDV-Programm Grund für die Fristversäumnis war; eine organisatorische Anweisung des Anwalts an seine Bürokraft, eine Abgleichung der Faxnummer mit den Angaben im Anschreiben des Gerichts oder im Telefonbuch vorzunehmen, ist grundsätzlich nicht erforderlich.[312]

Ferner kommt Wiedereinsetzung in Betracht, wenn der Rechtsanwalt bei Vorlage der zweiseitigen Berufungsschrift bemerkt, dass das **Berufungsgericht** auf der ersten Seite **falsch bezeichnet** ist, die Berufungsschrift gleichwohl unterschreibt und die bislang erprobte und zuverlässige Kanzleiangestellte, die bei ihm schon vier Jahre beschäftigt ist, damit beauftragt, die erste Seite der Berufungsschrift entsprechend seinen Anweisungen zu korrigieren.[313]

Wiedereinsetzung wird aber nicht gewährt, wenn der Anwalt, der die Berufungsschrift unterschrieben hat, die **Zuständigkeit des Berufungsgerichts** im Vertrauen darauf nicht selbst **geprüft** hat, dass die Zuständigkeit von einem anderen anwaltlichen Kollegen aus der Sozietät ordnungsgemäß überprüft wurde.[314]

Eine Partei, die nicht in der Lage ist, die Prozesskosten zu tragen, muss ihr **vollständiges Gesuch um Bewilligung von Prozesskostenhilfe** für ein Rechtsmittelverfahren unter Verwendung der vorgeschriebenen Vordrucke und Beifügung aller erforderlichen Unterlagen innerhalb der Rechtsmittelfrist einreichen; ist dies nicht geschehen, war die Partei nicht ohne ihr Verschulden verhindert, die Rechtsmittelfrist einzuhalten.[315]

---

311 Zur aktuellen Entwicklung vgl. die Überblicksaufsätze von *Bernau*, NJW 2017, 2001; NJW 2016, 1999; NJW 2015, 2004; NJW 2014, 2007; NJW 2013, 2001; NJW 2012, 2004.
312 BGH NJW 2004, 2830 f.
313 BGH NJW 2009, 296.
314 BGH NJW 2009, 1750 f.
315 BGH NZI 2017, 688.

c) Wiedereinsetzungsfrist

Der Wiedereinsetzungsantrag ist hinsichtlich der Berufungsfrist nach § 234 Abs. 1 S. 1 ZPO innerhalb von zwei Wochen zu stellen. Die Frist beginnt mit dem Tag, an dem das Hindernis behoben ist, aufgrund dessen die Berufungsfrist nicht eingehalten wurde (§ 234 Abs. 2 ZPO). Gem. § 234 Abs. 3 ZPO kann Wiedereinsetzung in den vorigen Stand aber nicht mehr beantragt werden, wenn von dem Ende der versäumten Frist an gerechnet ein Jahr vergangen ist.

201

> *Hinweis*
>
> Bei **Überschreitung der Jahresfrist** soll jedoch ausnahmsweise Wiedereinsetzung beantragt werden können, wenn:
> - die Fristüberschreitung während eines PKH-Verfahrens erfolgt,[316]
> - der Prozessgegner auf den Eintritt der Rechtskraft nicht vertrauen durfte und der Antragsteller den Ablauf der Ausschlussfrist nicht zu vertreten hat.[317]

202

d) Wiedereinsetzungsantrag

Der Wiedereinsetzungsantrag in die Berufungsfrist muss der Form des Antrags entsprechen, die für die versäumte Prozesshandlung – hier also die Berufungseinlegung – zu beachten ist. Gem. § 236 Abs. 2 S. 2 letzter Hs. ZPO muss die Wiedereinsetzung zwar nicht ausdrücklich beantragt werden, wenn innerhalb der Frist des § 234 Abs. 1 S. 1 ZPO die versäumte Prozesshandlung nachgeholt wird. Dies allein kann aber nur dann hinreichen, wenn die Wiedereinsetzungsgründe gerichtskundig sind, wie z.B. die im Prozesskostenhilfeverfahren bekannt gewordene Mittellosigkeit einer Partei.

203

> *Hinweis*
>
> Für die Praxis sollte man sich hierauf nicht verlassen und den Wiedereinsetzungsantrag grundsätzlich als unentbehrlich betrachten.

204

e) Wiedereinsetzungsbegründung

Gem. § 236 Abs. 2 S. 1 ZPO muss der Antrag die Angabe der die Wiedereinsetzung begründenden Tatsachen enthalten. Insoweit bedarf es der Darstellung dessen, weshalb der Berufungskläger ohne sein Verschulden daran gehindert war, die Berufungsfrist einzuhalten. Pauschale Behauptungen genügen nicht.[318] Die Ergänzung eines das Wiedereinsetzungsgesuch begründenden Vortrags oder seiner Glaubhaftmachung kann dabei auch noch nach Ablauf der Fristen der §§ 234, 236 Abs. 2 ZPO erfolgen.[319]

205

---

316 BGH NJW 1973, 1373.
317 OLG Düsseldorf NJW-RR 2003, 136; OLG Stuttgart NJW-RR 2002, 716.
318 BGH NJW 2002, 2107.
319 BGH NJW-RR 2016, 952, 954.

f) Glaubhaftmachung

206 Glaubhaft zu machen sind die **Wiedereinsetzungsgründe**. Dem Berufungskläger bleibt grundsätzlich bis zur Beschlussfassung über die Wiedereinsetzung Zeit, die eidesstattlichen Versicherungen vorzulegen, die erforderlich sind, um den zur Begründung des Wiedereinsetzungsantrags unterbreiteten Tatsachenvortrag glaubhaft zu machen.[320]

207 *Hinweis*

Empfehlenswert ist gleichwohl eine frühzeitige Glaubhaftmachung möglichst mit der Antragstellung, um einer überraschend zügigen Zurückweisung des Wiedereinsetzungsantrags und der Berufung gem. § 522 Abs. 1 ZPO wegen Versäumung der Berufungsfrist entgegenzuwirken. Notfalls sollte das Nachreichen der Glaubhaftmachung angekündigt werden.

g) Berufungseinlegung

208 Die Berufungseinlegung muss gem. § 236 Abs. 2 S. 2 ZPO innerhalb der Wiedereinsetzungsfrist nachgeholt werden. Dies sollte mit dem Wiedereinsetzungsantrag verbunden werden, um dem Berufungsgericht die Möglichkeit zu geben, auf etwaige Mängel der Berufungsschrift hinzuweisen, die innerhalb der Wiedereinsetzungsfrist sanktionslos repariert werden können.

h) Umdeutung

209 Ist eine Berufung verfristet eingelegt worden und hat der Antrag auf Wiedereinsetzung in den vorigen Stand keinen Erfolg, kann das Berufungsgericht die verfristet eingelegte Berufung als Anschlussberufung umdeuten, wenn auch der Gegner Berufung eingelegt hat.[321]

8. Verlängerung der Berufungsbegründungsfrist

a) Ausgangslage

210 Gem. § 520 Abs. 2 S. 2 und 3 ZPO kann die Berufungsbegründungsfrist vom Vorsitzenden verlängert werden, wenn der Gegner einwilligt (§ 520 Abs. 2 S. 2 ZPO). Ohne Einwilligung des Gegners ist eine Verlängerung lediglich um maximal einen Monat möglich, wenn die Fristverlängerung nach freier Überzeugung des Vorsitzenden den Rechtsstreit nicht verzögert (§ 520 Abs. 2 S. 3 Alt. 1 ZPO) oder der Berufungskläger erhebliche Gründe darlegt (§ 520 Abs. 2 S. 3 Alt. 2 ZPO). Eine darüber hinausgehende Fristverlängerung setzt also eine Zustimmung des Gegners voraus.[322]

---

320 Vgl. nur BGH NJW-RR 2017, 687, 689.
321 Vgl. etwa BGH NJW-RR 2016, 445.
322 Vgl. zusammenfassend etwa BGH NJW-RR 2017, 1145.

b) Antragserfordernis

Der schriftlich anzubringende Verlängerungsantrag unterliegt dem **Anwaltszwang**.[323] 211
Er muss **vor Fristablauf** beim zuständigen Berufungsgericht[324] gestellt werden; die Bewilligung einer Verlängerung auf einen verspäteten Antrag ist unwirksam.[325] Ein Antrag, der am letzten Tag der Berufungsbegründungsfrist beim Berufungsgericht eingeht, ist noch rechtzeitig.[326] Inhaltlich muss der Antrag auf die Verlängerung der Berufungsbegründungsfrist gerichtet sein, was ggf. der Auslegung bedarf (Ruhensantrag kein Fristverlängerungsgesuch).[327] Ein bestimmtes Verlängerungsziel ist zwar sachgerecht, muss aber nicht angegeben werden.

c) Verlängerungsgründe

Die Verlängerungsgründe sind in § 520 Abs. 2 S. 2 und 3 ZPO normiert. Sie müssen 212
nach § 224 Abs. 2 ZPO glaubhaft gemacht werden, wobei die Rechtsprechung eine **Glaubhaftmachung auf Anforderung** genügen lässt.[328] Die Glaubhaftmachung kann auch im Wege der **anwaltlichen Versicherung** erfolgen.

aa) Einwilligung des Gegners

Liegt eine Einwilligung des Berufungsgegners zur Fristverlängerung vor, bedarf es zur 213
Bewilligung der Fristverlängerung keiner weiteren Gründe.[329] Die **Einwilligung des Berufungsbeklagten** in die Verlängerung der Berufungsbegründungsfrist muss nicht in Schriftform beigebracht werden. Sie kann vom Prozessbevollmächtigten des Berufungsklägers eingeholt und gegenüber dem Gericht **anwaltlich versichert** werden.[330]

> *Hinweis* 214
>
> Die Einwilligung sollte **frühzeitig eingeholt** werden, damit für den Fall der Versagung genügend Zeit vorhanden ist, die Berufungsbegründung notfalls auch innerhalb der laufenden Berufungsbegründungsfrist zu fertigen. Hat der Berufungsbeklagte eine **einstweilige Verfügung** erwirkt, darf er die Einwilligung im Eigeninteresse nicht erteilen, um die **Gefahr einer Selbstwiderlegung der Dringlichkeit** zu meiden.

Eine bewilligte Fristverlängerung ist auch dann **wirksam**, wenn die erforderliche **Ein-** 215
willigung des Prozessbevollmächtigten des Gegners **nicht vorgelegen hat**.[331] Ob das auch gilt, wenn der Vorsitzende von dem Rechtsmittelführer bewusst getäuscht worden ist, hat der BGH bislang offengelassen.[332]

---

323 Vgl. BGH NJW 1998, 1155, 1156.
324 Vgl. BGH NJW-RR 2018, 56.
325 BGH NJW-RR 2017, 577; BGH NJW-RR 2016, 1529.
326 BVerfG NJW-RR 2001, 1076.
327 BGH NJW-RR 2010, 275.
328 Vgl. auch Zöller/*Heßler*, § 520 ZPO Rn 16.
329 Vgl. auch Musielak/Voit/*Ball*, § 520 ZPO Rn 8.
330 BGH NJW 2005, 72.
331 BGH NJW-RR 2017, 1145, 1146.
332 BGH NJW-RR 2017, 1145, 1146.

216 *Hinweis*

Der Berufungsgegner kann **Missverständnissen entgegenwirken**, indem er nach Bewilligung einer ersten Fristverlängerung um einen Monat dem Gericht mitteilt, mit einer weiteren Verlängerung der Berufungsbegründungsfrist nicht einverstanden zu sein. Das Gericht wird dann regelmäßig Nachfrage halten, wenn dennoch unter Verweis auf eine Einwilligung des Gegners eine nochmalige Verlängerung beantragt wird.

217 Die **Bedeutung** dieses Verlängerungstatbestands liegt bei der „zweiten" **Fristverlängerung**. Die Verlängerung um bis zu einen Monat kann auch ohne Einwilligung des Gegners unter wenig strengen Voraussetzungen (näher Rdn 210 ff.) erreicht werden. Für die „erste" einmonatige Verlängerung sollte daher nicht beim Gegner angefragt werden, um dessen Geduld nicht überzustrapazieren, falls eine weitere Verlängerung erforderlich wird.

218 *Hinweis*

Der Berufungskläger darf nicht darauf vertrauen, dass ihm ohne Einwilligung des Gegners eine zweite Verlängerung der Berufungsbegründungsfrist über einen bereits zugebilligten Monat hinaus bewilligt wird.[333]

bb) Keine Verzögerung des Rechtsstreits

219 Ohne Einwilligung des Gegners und ohne Darlegung eines erheblichen Grundes kann der Vorsitzende gem. § 520 Abs. 2 S. 3 1. Alt. ZPO die Berufungsbegründungsfrist **um einen Monat verlängern**, wenn durch die Fristverlängerung keine Verzögerung des Rechtsstreits eintreten würde. Bei langem Terminstand des zuständigen Berufungssenates mag danach eine erste Fristverlängerung unter diesem Aspekt durchaus erwogen werden, würde aber dennoch nicht überzeugen: Auch bei langem Terminstand wird durch die Fristverlängerung die Terminierung und Bearbeitung des Verfahrens aufgeschoben. Bis zur Terminierung hat sich der Terminstand im Regelfall weiter verschoben, so dass effektiv eine Verlängerung des Verfahrens eintritt.

220 *Hinweis*

Auf eine Verlängerung der Berufungsbegründungsfrist kann bei einem ersten Antrag auf Verlängerung im Allgemeinen nur vertraut werden, wenn dieser auf erhebliche Gründe nach § 520 Abs. 2 S. 3 ZPO gestützt wird.[334]

cc) Erheblicher Grund

221 Eine erste Verlängerung der Berufungsbegründungsfrist **um einen Monat** kann der Berufungskläger unter Verweis auf erhebliche Gründe erwirken (§ 520 Abs. 2 S. 3 2. Alt. ZPO). An die Darlegung eines erheblichen Grundes für die Notwendigkeit der Fristverlängerung dürfen bei einem ersten Antrag auf Verlängerung der Berufungsbegründungs-

---

333 BGH NJW 2004, 1742.
334 Vgl. BGH NJOZ 2008, 300.

frist **keine hohen Anforderungen** gestellt werden. Daher reicht der bloße Hinweis auf eine Arbeitsüberlastung zur Feststellung eines erheblichen Grundes aus, ohne dass es einer weiteren Substantiierung bedarf.[335] Unter Umständen soll sogar eine konkludente Darlegung der für eine Fristverlängerung erforderlichen Voraussetzungen ausreichend sein.[336]

> *Beispiele* 222
>
> Der Bevollmächtigte des Berufungsklägers kann hierzu vortragen, dass:
> - wegen der derzeitigen Arbeitsüberlastung eine rechtzeitige Anfertigung der Berufungsbegründung nicht möglich war,[337]
> - sich im Zuge der Bearbeitung herausgestellt hat, dass noch weitere Informationen von dem Mandanten erforderlich sind, die aus tatsächlich darzulegenden Gründen (z.B. Krankheit, weite Entfernung oder Urlaubsabwesenheit) vor Ablauf der Berufungsbegründungsfrist nicht rechtzeitig eingeholt werden konnten[338] oder
> - im Hinblick auf den besonderen Umfang oder die besondere Schwierigkeit des Rechtsstreits eine rechtzeitige Anfertigung der Berufungsbegründung nicht möglich war.

d) Entscheidung

Über den Fristverlängerungsantrag entscheidet der **Vorsitzende** nach freiem Ermessen 223 ausdrücklich[339] und – nach hergebrachter Auffassung – in **schriftlicher Form**; allerdings soll die Verlängerung einer Rechtsmittelbegründungsfrist durch Verfügung des Vorsitzenden keiner Unterschrift bedürfen.[340] Eine (fern-)mündliche Mitteilung des Vorsitzenden über eine Fristverlängerung begründet aber – zumindest – ein schutzwürdiges Vertrauen bei der Partei.[341] Die unanfechtbare[342] Entscheidung muss nicht vor dem Ablauf der zu verlängernden Frist getroffen werden.

> *Hinweis* 224
>
> Der Berufungskläger steht im Hinblick auf die gewährte Fristverlängerung in der Darlegungs- und Beweislast. Deswegen muss er bei telefonisch gewährten Fristverlängerungen einen **Aktenvermerk** darüber anfertigen, bis zu welchem Zeitpunkt ihm die Berufungsbegründungsfrist verlängert worden ist.[343]

Verlängert der Vorsitzende die Berufungsbegründungsfrist für eine **kürzere Zeit als** 225 **beantragt**, liegt darin in aller Regel zugleich die **(stillschweigende) Ablehnung** des

---

335 BGH NJW 2017, 2041.
336 BGH NJW 2017, 2041.
337 BVerfG NJW-RR 2001, 1076.
338 BVerfG NJW 2001, 812, 813; BGH NJW 1991, 1359; BGH NJW-RR 2000, 799.
339 Vgl. BGH NJW-RR 1990, 67.
340 So BGH NJW 2017, 2273.
341 BGH NJW 1998, 1155, 1156.
342 BGH NJW 1988, 268.
343 BGH AnwBl 1998, 45, 46.

weitergehenden **Antrags** und nicht ein Vorbehalt, insoweit erst noch entscheiden zu wollen.[344]

226 Die Berufungsbegründungsfrist kann nicht unter einer Bedingung verlängert werden. Geschieht dies dennoch, ist nur die **Bedingung unwirksam**, die Fristverlängerung ist hingegen wirksam.[345]

e) Wirksamkeit und Vertrauensschutz

227 Der Berufungskläger, der innerhalb der Berufungsbegründungsfrist einen formwirksamen Antrag auf Fristverlängerung gestellt hat, genießt – was mit Blick auf ein etwaiges Wiedereinsetzungsgesuch bedeutsam ist – **Vertrauensschutz**, wenn die Gewährung der beantragten Fristverlängerung mit großer Wahrscheinlichkeit erwartet werden konnte.[346] Dies ist bei einem ersten Antrag auf Verlängerung der Berufungsbegründungsfrist der Fall, wenn dieser auf erhebliche Gründe im Sinne des § 520 Abs. 2 S. 3 ZPO gestützt wird.[347]

228 Der Berufungskläger kann sich auf den Inhalt der Verlängerungsverfügung des Vorsitzenden verlassen. Dies gilt auch dann, wenn die Verlängerungsverfügung des Vorsitzenden fehlerhaft ist.[348] Das bedeutet: Der Berufungskläger braucht keinen Antrag auf Wiedereinsetzung in den vorigen Stand zu stellen, wenn der Vorsitzende eine Verlängerung der Berufungsbegründungsfrist über die Grenzen des § 520 Abs. 2 S. 2 ZPO (Monatsfrist) hinaus gewährt hat und der Berufungskläger daraufhin seine Berufung im Vertrauen auf die Wirksamkeit der Verlängerungsverfügung des Vorsitzenden begründet hat.[349]

229 *Hinweis*

Kein Vertrauensschutz besteht aber bei **fehlendem rechtzeitigem Antrag**. Die Verlängerung der Frist zur Begründung eines Rechtsmittels durch den Vorsitzenden des Rechtsmittelgerichts ist nicht wirksam, wenn im Zeitpunkt des Eingangs des Verlängerungsantrags die Frist zur Rechtsmittelbegründung bereits abgelaufen war.[350]

230 Wird die Verlängerungsverfügung des Vorsitzenden fehlerhaft durch die Geschäftsstelle an den Berufungskläger übermittelt (unzutreffende fernmündliche Angabe;[351] fehlerhafte beglaubigte Abschrift[352]), ist der **objektive Inhalt der an ihn gerichteten Mitteilung des Gerichts** maßgebend, soweit die Unrichtigkeit nicht offensichtlich ist. Hält er diese ein, fehlt es an einer Fristversäumung.[353]

---

344 BGH NJW 2015, 1966, 1967.
345 BGH NJW-RR 2017, 1145.
346 BGH NJW 2017, 2041; BGH NJW-RR 2017, 564.
347 BGH NJW 2017, 2041; BGH NJW-RR 2017, 564.
348 BGHZ 37, 125; BAG NJW 1962, 1413.
349 BAG NJW 1962, 1413.
350 BGH NJW-RR 2017, 577; BGH NJW-RR 2016, 1529.
351 BGH NJW-RR 1994, 444, 445.
352 BGH NJW 1999, 1036.
353 BGH NJW 1999, 1036.

Beispiel 231

Beantragt der Prozessbevollmächtigte des Berufungsklägers, die Frist für die Berufungsbegründung „um einen Monat bis zum 22.9.20… zu verlängern", obgleich die Monatsfrist nach § 520 Abs. 2 S. 3 ZPO bis zum 29.9.20… läuft, und verlängert der Vorsitzende auf diesen Antrag hin die Frist für die Berufungsbegründung bis zum 22.9.20…, so ist diese Fristverlängerungsverfügung in aller Regel nach ihrem objektiven Inhalt dahin zu verstehen, dass damit die Frist für die Berufungsbegründung – unter abschließender Verbescheidung des Fristverlängerungsantrags – lediglich bis zum 22.9.20… verlängert und ein etwa weitergehender Antrag stillschweigend abgelehnt worden ist.[354]

Hinweis 232

Bei der unzutreffenden telefonischen Mitteilung gerät der Berufungskläger aber ggf. in Beweisnot. Er muss daher einen Aktenvermerk darüber anfertigen, bis zu welchem Zeitpunkt die Berufungsbegründungsfrist nach der Auskunft der Geschäftsstelle verlängert worden ist.[355]

f) Fristberechnung

Wird die Frist zur Begründung der Berufung um einen bestimmten Zeitraum verlängert 233
und fällt der letzte Tag der ursprünglichen Frist auf einen Samstag, Sonntag oder allgemeinen Feiertag, so beginnt der verlängerte Teil der Frist erst mit dem Ablauf des nächstfolgenden Werktags (§ 222 Abs. 2 ZPO).[356] Hat das Berufungsgericht die Begründungsfrist hingegen bis zu einem konkret bezeichneten Tag verlängert, kommt es auf den Beginn der verlängerten Frist nicht an.[357]

9. Antrag auf Wiedereinsetzung in den vorigen Stand bei Versäumung der Berufungsbegründungsfrist

a) Ausgangslage und Fallgruppen

Der Prozessbevollmächtigte einer Partei hat durch geeignete Maßnahmen sicherzustellen, 234
dass ein fristgebundener Schriftsatz rechtzeitig hergestellt wird und fristgerecht beim zuständigen Gericht eingeht.[358] Hierzu gehört auch, dass er mit der Bearbeitung einer Rechtsmittelbegründung so rechtzeitig beginnt, dass sie innerhalb der Frist fertiggestellt und dem Gericht übermittelt werden kann. Grundsätzlich dürfen Fristen bis zum letzten Tag ausgeschöpft werden.[359] Genügt dem Berufungsführer die gesetzlich

---
354 BGH NJW 2015, 1966; vgl. auch BGH NJOZ 2017, 261 zur „antragsgemäßen" Fristverlängerung.
355 BGH AnwBl 1998, 45, 46.
356 BGH NJW-RR 2008, 76.
357 BGH NJW-RR 2008, 76.
358 BGH NJW-RR 2017, 1532.
359 BGH NJW-RR 2018, 311, 312. Vgl. zur Fristenkontrolle aber BGH NJW-RR 2017, 1532: Zu einer wirksamen Fristenkontrolle gehört die Anordnung, dass die Erledigung von fristgebundenen Sachen am Abend eines jeden Arbeitstages durch eine dazu beauftragte Bürokraft anhand des Fristenkalenders nochmals selbstständig überprüft wird. Dabei ist, gegebenenfalls anhand der Akten, auch zu prüfen, ob die im Fristenkalender als erledigt gekennzeichneten Schriftsätze tatsächlich abgesandt worden sind.

vorgesehene Fristverlängerungsmöglichkeit von einem Monat nicht und ist eine Einwilligung des Gegners für eine weitere Fristverlängerung nicht zu erreichen, wird er bei fehlendem Verschulden durch die Möglichkeit einer Wiedereinsetzung in den vorigen Stand (§ 233 ZPO) geschützt.[360]

235 *Beispiel*

Ist die sachgerechte Bearbeitung nicht ohne **Akteneinsicht** möglich, reicht es aus, diese so **rechtzeitig vor Ablauf der Rechtsmittelfrist zu beantragen**, dass der bis zum Fristablauf verbleibende Zeitraum nach dem gewöhnlichen Verlauf zur Erstellung und Übermittlung der Rechtsmittelbegründung ausreicht. Der Rechtsmittelführer ist daher nur solange als an der fristgemäßen Einreichung der Rechtsmittelbegründung gehindert anzusehen, wie ihm die Prozessakten trotz eines rechtzeitigen Akteneinsichtsgesuchs unverschuldet nicht oder nicht vollständig zur Verfügung stehen.[361]

aa) Wiedereinsetzung bei Versagung der Fristverlängerung

236 Lehnt der Vorsitzende die Verlängerung der Berufungsbegründungsfrist ab, gibt es hiergegen gem. § 225 Abs. 2 ZPO kein Rechtsmittel.[362] Dem Berufungskläger bleibt nur die Möglichkeit eines Wiedereinsetzungsantrags nach §§ 233 ff. ZPO. Die Wiedereinsetzung in den vorigen Stand kann beantragt werden, wenn der Berufungskläger mit **großer Wahrscheinlichkeit** darauf **vertrauen durfte**, dass der Vorsitzende seinem Verlängerungsantrag stattgeben wird. Dies ist insbesondere dann der Fall, wenn eine erstmalige Verlängerung der Berufungsbegründungsfrist um nicht mehr als einen Monat beantragt wird.[363]

237 Ist die Berufungsbegründungsfrist bereits ein erstes Mal um einen Monat verlängert worden und wird ein zweiter Antrag auf Verlängerung der Berufungsbegründungsfrist ohne die Einwilligung des Gegners gestellt, kann der Berufungskläger nicht darauf vertrauen dürfen, dass der Vorsitzende die beantragte Fristverlängerung gewährt.[364]

bb) Wiedereinsetzung bei falscher Fristennotierung

238 Häufig sind Wiedereinsetzungsgesuche wegen fehlerhaft notierter Fristen erforderlich. Um den Wiedereinsetzungsantrag bei falscher Fristennotierung erfolgreich stellen zu können, muss der Bevollmächtigte des Berufungsklägers Folgendes beachten:
- Er darf zu dem Zeitpunkt, zu dem er den Verlängerungsantrag stellt, keinesfalls anordnen, dass die **ursprüngliche Berufungsbegründungsfrist** gestrichen wird. Diese Frist muss vielmehr so lange **notiert bleiben**, bis das Berufungsgericht über den Verlängerungsantrag entschieden hat.[365]

---

360 BGH BeckRS 2018, 861.
361 BGH NJW-RR 2018, 311, 312; BGH NJW 2018, 952.
362 BGH NJW 1988, 268.
363 BGH NJW 2017, 2041; auch bei Räumungssachen: BGH BeckRS 2018, 2665.
364 BGH NJW 2004, 1742.
365 BGH NJW-RR 1999, 1663.

B. Rechtliche Grundlagen § 17

- Gleichzeitig ist zu dokumentieren, dass der Antrag auf Verlängerung der Berufungsbegründungsfrist gestellt worden ist. Der Bevollmächtigte des Berufungsklägers muss hierbei darauf achten, dass der **Antrag auf Verlängerung der Berufungsbegründungsfrist** im Fristenkalender **vornotiert** wird und auf dem Aktendurchschlag, dem Handaktenbogen oder dem Postausgangsbuch ein Vermerk über den **Ausgang des Fristverlängerungsgesuchs** notiert wird.[366] Anzubringen ist der Vermerk von einer zuverlässigen Bürokraft und – zur Risikoreduzierung – auch von derjenigen Person, die das Schriftstück zur Absendung gebracht hat.[367]
- Ist die Berufungsbegründungsfrist errechnet und befindet sich in den Handakten ein Vermerk über die **Notierung der Frist im Fristenbuch**, kann sich der Rechtsanwalt grundsätzlich auf die **Prüfung des Erledigungsvermerks in der Handakte** beschränken und braucht nicht noch zu überprüfen, ob das Fristende auch tatsächlich im Fristenkalender eingetragen ist, außer es drängen sich an der Richtigkeit Zweifel auf. Findet sich in der Handakte kein auf die Eintragung der Berufungsbegründungsfrist im Fristenkalender bezogener Erledigungsvermerk, bleibt der Rechtsanwalt zur Kontrolle der Eintragung im Fristenkalender verpflichtet.[368]
- Das **mutmaßliche Ende** der gewährten Frist muss mit **Vorfrist** im Fristenkalender eingetragen werden.[369] Bei Eingang der Entscheidung über die Fristverlängerung muss ein Vergleich zwischen der gewährten und beantragten (gegebenenfalls telefonisch mitgeteilten) Verlängerung der Berufungsbegründungsfrist vorgenommen werden.[370]
- Beim ersten Fristverlängerungsantrag ist es allerdings nicht Voraussetzung für eine Wiedereinsetzung, dass sich auch der Rechtsanwalt vor Fristablauf **vorsorglich erkundigt**, ob seinem Antrag stattgegeben worden ist.[371] Der Vorsitzende, der eine erste Verlängerung der Berufungsbegründungsfrist ablehnt, weil dafür kein erheblicher Grund dargelegt worden war, ist grundsätzlich nicht verpflichtet, diese Entscheidung dem Rechtsmittelführer noch vor Fristablauf notfalls per Telefon oder Telefax mitzuteilen. Vielmehr hat dieser sich rechtzeitig bei Gericht zu erkundigen, weil er mit einer Ablehnung des unbegründeten Antrags rechnen musste.[372] Beim **zweiten Fristverlängerungsantrag** sollte eine solche **Erkundigung** regelmäßig eingeholt werden.[373]
- Wird über den Ablauf des Zeitraums, bis zu dem die Fristverlängerung beantragt worden ist, nicht vom Berufungsgericht entschieden, ist ein etwaiges Vertrauen des Berufungsklägers dahin gehend, dass die Berufungsbegründungsfrist wenigstens bis zur Entscheidung des Berufungsgerichts über den Antrag verlängert wird, nicht ge-

---

366 BGH NJW-RR 1991, 1150; BGH FamRZ 1992, 297.
367 BGH FamRZ 1992, 297.
368 BGH NJW-RR 2018, 58.
369 BGH NJW-RR 1999, 1663.
370 BGH NJW 1997, 1860.
371 BVerfG NJW-RR 2001, 1076; BGH NJW-RR 2017, 1532; BGH NJW 1983, 1741.
372 BGH NJOZ 2008, 300.
373 BGH NJW-RR 1991, 1150, 1151.

schützt. Einem Wiedereinsetzungsantrag ist unter diesen Voraussetzungen nicht stattzugeben.[374]
- Der Anwalt muss sicherstellen, dass nicht ein einfacher Tippfehler bei der Dateneingabe im elektronischen Fristenkalender zur Versäumung von Notfristen führt. Das Fehlerrisiko bei der Eingabe von Daten über die Tastatur ist größer als bei der handschriftlichen Dateneingabe. Deswegen muss eine zweite Person die Eingaben überprüfen.[375]

cc) Wiedereinsetzung bei Übermittlungsproblemen

239 Nach Maßgabe allgemeiner Grundsätze ist über Wiedereinsetzungsanträge bei Übermittlungsproblemen zu entscheiden:
- Ist ein zur **Post** aufgegebener fristgebundener Schriftsatz verloren gegangen, muss eine aus sich heraus verständliche, geschlossene Schilderung der tatsächlichen Abläufe bis zur rechtzeitigen Aufgabe zur Post glaubhaft gemacht werden, die annehmen lässt, dass der Verlust mit überwiegender Wahrscheinlichkeit nicht im Verantwortungsbereich der Partei oder ihres Prozessbevollmächtigten eingetreten ist.[376]
- Nutzt ein Rechtsanwalt zur Übermittlung eines fristgebundenen Schriftsatzes ein **Telefaxgerät**, hat er eine ausreichende Zeitreserve einzuplanen, um einen vollständigen Zugang des zu übermittelnden Schriftsatzes bis zum Fristablauf zu gewährleisten.[377]
- Das LSG Bayern hat für ein sozialgerichtliches Verfahren entschieden, dass eine Fristversäumung wegen fehlgeschlagener Übermittlung eines Schriftsatzes über das **besondere elektronische Anwaltspostfach** nicht unverschuldet ist, wenn der Prozessbevollmächtigte den Büroablauf in seiner Kanzlei nicht so organisiert hat, dass jedenfalls für fristwahrende Schriftsätze stets eine Prüfung des Erhalts der Eingangsbestätigung des Gerichts durchgeführt wird.[378]

c) Wiedereinsetzungsfrist

240 Der Wiedereinsetzungsantrag ist gem. § 234 Abs. 1 S. 2 ZPO innerhalb einer **Einmonatsfrist** zu stellen (vgl. im Übrigen Rdn 201).

d) Wiedereinsetzungsantrag

241 Wiedereinsetzung muss gem. § 236 Abs. 2 S. 2 letzter Hs. ZPO nicht ausdrücklich beantragt werden, wenn innerhalb der Frist des § 234 Abs. 1 S. 2 ZPO die Berufungsbegründung nachgeholt worden ist, die Wiedereinsetzungsgründe gerichtskundig sind oder aber aus der Berufungsbegründung hervorgehen.

---

374 BGH NJW 1996, 2659.
375 OLG Frankfurt NJW 2009, 604.
376 BGH NJW-RR 2017, 627.
377 BGH NJW-RR 2018, 312.
378 LSG Bayern BeckRS 2018, 654.

Hinweis

In der Praxis sollte der Wiedereinsetzungsantrag aber in jedem Fall gestellt werden, weil nicht unterstellt werden kann, dass die Wiedereinsetzungsgründe gerichtskundig sind.

e) Wiedereinsetzungsbegründung

Gem. § 236 Abs. 2 S. 1 ZPO muss der Antrag auf Wiedereinsetzung in den vorigen Stand diejenigen Umstände benennen, aus denen die Wiedereinsetzungsgründe hergeleitet werden sollen. Der Berufungskläger muss dabei darlegen, weshalb er ohne sein Verschulden daran gehindert war, die Berufungsbegründungsfrist einzuhalten.

Bis zur Beschlussfassung über die Wiedereinsetzung muss der Berufungskläger eidesstattliche Versicherungen vorlegen, um die Tatsachen, aus denen sich die Wiedereinsetzungsgründe ergeben sollen, **glaubhaft zu machen**.

Hinweis

Die erforderlichen Glaubhaftmachungen sollten dem Wiedereinsetzungsantrag direkt beigefügt werden, um einer überraschenden Berufungszurückweisung nach § 522 Abs. 1 ZPO wegen Versäumung der Berufungsbegründungsfrist entgegenzuwirken.

f) Nachholen der Berufungsbegründung

Die **Berufungsbegründung** muss gem. § 236 Abs. 2 S. 2 ZPO **innerhalb der Wiedereinsetzungsfrist** nachgeholt werden. Ein mit dem Wiedereinsetzungsantrag gekoppelter Antrag auf erneute Verlängerung der Berufungsbegründungsfrist ist grundsätzlich schädlich. Allerdings muss die Berufungsbegründung nicht zwingend mit dem Antrag auf Wiedereinsetzung in den vorigen Stand in einem Schriftsatz verbunden werden.[379]

g) Umdeutung

Ist die Berufungsbegründung nicht rechtzeitig eingereicht worden und hat der Antrag auf Wiedereinsetzung in den vorigen Stand keinen Erfolg, besteht die Möglichkeit, dass der Berufungskläger sein **Rechtsmittel als Anschlussberufung** weiterverfolgt.[380] Voraussetzung dafür ist, dass auch der Gegner Berufung gegen die angefochtene Entscheidung eingelegt hat und der verunglückte Antrag auf Wiedereinsetzung in den vorigen Stand mit beigefügter Berufungsbegründung spätestens im Zeitpunkt des Ablaufs der Berufserwiderungsfrist beim Berufungsgericht eingegangen ist (§ 524 Abs. 2 S. 2 ZPO).

---

379 BGH NJW 1999, 3051.
380 Vgl. etwa BGH NJW-RR 2016, 445.

10. Berufungsbegründung

a) Ausgangslage

248 Mit der zur Durchführung des Berufungsverfahrens zwingend erforderlichen Berufungsbegründung bringt der Berufungskläger eindeutig zum Ausdruck, inwieweit er eine Abänderung des angefochtenen Urteils begehrt. Zur Vermeidung von Missverständnissen – etwa bei parallel gestelltem PKH-Antrag[381] – sollte der Schriftsatz **als Berufungsbegründung bezeichnet** werden und die **Berufungsanträge** enthalten (§ 520 Abs. 3 S. 1 Nr. 1 ZPO). Die formalen Anforderungen an die Berufungsbegründung regelt § 520 ZPO. Hat der Kläger dargelegt, inwieweit eine Urteilsabänderung von ihm ernsthaft begehrt wird, muss er gleichzeitig aufzeigen, auf welche Tatsachen und Überlegungen er dieses Abänderungsinteresse stützen möchte und diese konkret benennen (§ 520 Abs. 3 S. 2 Nr. 2–4 ZPO).[382] Demgegenüber sind keine zwingenden Bestandteile in der Berufungsbegründung die Angabe des Beschwerdewerts (§ 520 Abs. 4 Nr. 1 ZPO) und die Äußerung dazu, ob einer Entscheidung der Sache durch den Einzelrichter Gründe entgegenstehen (§ 520 Abs. 4 Nr. 2 ZPO).

249 *Hinweis*

Die nach § 520 Abs. 3 Nr. 2–4 ZPO erforderlichen Angaben sind Zulässigkeitsvoraussetzungen. Für die Zulässigkeit der Berufung ist aber ausreichend, dass nur ein Angriff im Sinne des § 520 Abs. 3 Nr. 2–4 ZPO den Berufungsantrag stützt. Dies gilt unabhängig davon, ob gerade auf diesem Angriff später der Erfolg der Berufung beruht oder auf anderen, selbst nicht in der Berufungsbegründung enthaltenen Punkten.[383] Eine **Schlüssigkeit** *– oder auch nur Vertretbarkeit der erhobenen Rügen[384] – der Berufungsbegründung ist* **nicht erforderlich**.[385]

250 Es genügt, wenn die **Begründung der angefochtenen Entscheidung** nach Maßgabe des § 520 Abs. 3 Nr. 2–4 ZPO angegriffen wird. Die Begründung muss also – ihre Richtigkeit unterstellt – geeignet sein, das gesamte Urteil in Frage zu stellen und **auf den konkreten Streitfall zugeschnitten** sein.[386] Es genügt nicht, die Auffassung des Erstgerichts mit formularmäßigen Sätzen oder allgemeinen Redewendungen zu rügen oder lediglich auf das Vorbringen erster Instanz zu verweisen (zur Bezugnahme Rdn 338 ff.).[387] Liegt dem Rechtsstreit ein einheitlicher Streitgegenstand zugrunde, muss der Berufungskläger nicht zu allen für ihn nachteilig beurteilten Streitpunkten in der Berufungsbegründung Stellung nehmen, wenn schon der allein vorgebrachte – unterstellt erfolgreiche – Berufungsangriff gegen einen Punkt geeignet ist, der Begründung des angefochtenen Urteils insgesamt die Tragfähigkeit zu nehmen.[388]

---

381 Vgl. etwa BGH NJW-RR 2018, 61; BGH BeckRS 2017, 134023.
382 BGH NJW 2003, 2531; *Lechner*, NJW 2004, 3593, 3594.
383 BGH NJW 2003, 2531.
384 BGH NJW-RR 2016, 80.
385 BGH NZV 2015, 289; BGH NJW 2003, 2531, 2532.
386 BGH NJW-RR 2015, 1532; BGH BeckRS 2016, 00920.
387 BGH BeckRS 2016, 00920; vgl. auch BGH NJW-RR 2016, 1125.
388 BGH NJW 2015, 3040.

B. Rechtliche Grundlagen § 17

Beispiele 251

- Wird die Klage auf Schadensersatz nach einem Verkehrsunfall allein aus dem Gesichtspunkt der Verjährung abgewiesen, reicht es grundsätzlich für eine ordnungsgemäße Berufungsbegründung aus, dass der Kläger vorträgt, die aus einem bestimmten Unfallereignis geltend gemachten Schadensersatzansprüche seien nicht verjährt.[389]
- Reduziert der in erster Instanz voll unterlegene Kläger in seiner Berufung den Gesamtumfang der Klageforderung ohne anzugeben, wie sich der reduzierte Gesamtbetrag auf seine mehreren erstinstanzlich gestellten Klageanträge verteilt, so steht dies nicht der Zulässigkeit der Berufung, sondern allein der Zulässigkeit der Klage entgegen und betrifft somit einen Mangel, der auch noch nach dem Ablauf der Berufungsbegründungsfrist, nämlich bis zum Schluss der letzten mündlichen Verhandlung in der Berufungsinstanz, behoben werden kann.[390]

Stützt sich die angegriffene Entscheidung auf eine **„Doppelbegründung"**, muss dem in der Berufungsbegründung Rechnung getragen werden. Hat das Erstgericht die Abweisung der Klage auf mehrere voneinander unabhängige, selbstständig tragende rechtliche Erwägungen gestützt, muss die Berufungsbegründung **jede tragende Erwägung angreifen**. Anderenfalls ist die Berufung unzulässig.[391] Nur ausnahmsweise genügt der Angriff gegen einen Grund, wenn dieser aus Rechtsgründen auch den anderen Grund zu Fall bringt.[392] 252

Beispiel 253

Die Klage auf Schadensersatz wegen eines Sachmangels wird mit der Begründung abgewiesen, es liege kein Sachmangel vor und auch bei Unterstellung eines Sachmangels seien die Ansprüche jedenfalls verjährt. Hier müssen beide Begründungsansätze angegriffen werden. Verhält sich die Berufungsbegründung nicht zur Verjährung, ist die Berufung unzulässig.[393]

Besonderes Augenmerk ist darauf zu legen, dass **für jeden Streitgegenstand zumindest eine zulässige Berufungsrüge** vorliegt. Denn nur dann greift – auch wenn die konkret ausgeführte Berufungsrüge unschlüssig ist – die **umfassende inhaltliche Prüfungspflicht** des Berufungsrichters in Bezug auf das Ersturteil, die auch über die Angriffe der Berufungsbegründung hinausreicht. 254

Hinweis 255

Bei **mehreren Streitgegenständen** oder einem **teilbaren Streitgegenstand** muss sie sich grundsätzlich auf **alle Teile der angefochtenen Entscheidung** erstrecken,

---

389 BGH NJW 2015, 1684.
390 BGH NJW-RR 2017, 1341.
391 BGH NJW-RR 2016, 1267; BGH NJW-RR 2016, 1269; BGH NJW-RR 2015, 756; BGH NJW-RR 2015, 511.
392 BGH BeckRS 2018, 1031.
393 BGH NJW-RR 2015, 511.

hinsichtlich derer eine Abänderung beantragt ist; andernfalls ist das Rechtsmittel für den nicht begründeten Teil unzulässig.[394]

b) Berufungsanträge

aa) Bedeutung des Sachantrags

256 Der Berufungsantrag gehört zum Muss-Inhalt der Berufungsbegründung (§ 520 Abs. 3 S. 2 Nr. 1 ZPO). Allerdings definiert ihn das Gesetz als „die Erklärung, inwieweit das Urteil angefochten wird und welche Abänderungen des Urteils beantragt werden". Schon hieraus wird deutlich, dass die Berufungsanträge **nicht zwingend ausdrücklich ausformuliert** werden müssen. Sie sind bereits dann hinreichend bestimmt, wenn die innerhalb der Begründungsfrist eingereichten Schriftsätze des Berufungsklägers ihrem gesamten Inhalt nach **eindeutig ergeben**, in welchem Umfang und mit welchem Ziel das Urteil angefochten werden soll.[395] Ist eine klare Auslegung des mit der Berufung verfolgten Begehrens aus der Berufungsbegründung bei fehlenden formellen Berufungsanträgen allerdings nicht zu entnehmen, ist die Berufung unzulässig.

257 Das Berufungsgericht ist gem. § 528 S. 1 ZPO an die **Berufungsanträge gebunden**; die Vorschrift regelt das berufungsrechtliche Pendant zu § 308 Abs. 1 ZPO. Dem Berufungskläger darf also nicht mehr zugesprochen werden, als er beantragt (Verbesserungsverbot über den Antrag hinaus). Nach § 528 S. 2 ZPO ist dem Berufungsgericht eine Abänderung des angefochtenen Urteils zum Nachteil des Berufungsklägers untersagt (**Verschlechterungsverbot**). Es soll verhindern, dass das Rechtsmittelgericht dem Rechtsmittelführer etwas aberkennt, was im erstinstanzlichen Urteil wirksam und mit materieller Rechtskraft zuerkannt worden ist.[396]

258 *Beispiele*

In der bloßen Änderung der Entscheidungsgründe liegt kein Verstoß gegen das Verschlechterungsverbot. Auch die **Änderung unselbstständiger Rechnungsposten innerhalb eines Anspruchs** unter Beibehaltung der Endsumme stellt keine verbotene Verschlechterung dar.[397] Eine erstinstanzlich erfolgte **unzulässige Saldierung von Klage- und Widerklageforderung** darf das Berufungsgericht auf einseitige Berufung des Beklagten nicht abändern.[398] Wird ein Urteil, das einer Zahlungsklage teilweise stattgibt und sie im Übrigen abweist, allein vom Beklagten mit der Berufung angegriffen, ist das Verschlechterungsverbot verletzt, wenn das Berufungsgericht eine vom Beklagten **zur Aufrechnung gestellte Gegenforderung**, die das Gericht erster Instanz als unbegründet angesehen hat, mit dem in erster Instanz abgewiesenen Teil der Klageforderung verrechnet.[399]

---

394 BGH FamRZ 2018, 283.
395 BGH NJW-RR 2015, 188.
396 BGH NJW-RR 2004, 95, 96.
397 BGH NJW-RR 2004, 95, 96.
398 BGH NJW 2003, 140.
399 BGH NJW 2011, 848.

B. Rechtliche Grundlagen § 17

bb) Sachantrag

Die Formulierung des Sachantrags sollte sich am klaren **Sprachgebrauch des Gesetzes** orientieren. §§ 520 Abs. 3 S. 2 Nr. 1, 528 S. 2 ZPO sprechen von einer „Abänderung" des angefochtenen Urteils, während § 538 Abs. 2 ZPO die „Zurückverweisung" regelt. Richtet sich die Berufung gegen ein zweites Versäumnisurteil oder gegen ein Urteil, das eine einstweilige Verfügung bestätigt, muss gleichzeitig die „Aufhebung" des ersten Versäumnisurteils (§ 343 S. 2 ZPO) bzw. der einstweiligen Verfügung (§§ 925 Abs. 2, 935 ZPO) beantragt werden.

259

Beispiele

260

In einem Prozess, in dem der Kläger den Beklagten auf Zahlung von 10.000 EUR zuzüglich fünf Prozentpunkte über dem Basiszinssatz ab Rechtshängigkeit verklagt hat, beantragt der Kläger in der Berufung

- bei klageabweisendem Urteil:
  das angefochtene Urteil abzuändern und den Beklagten zu verurteilen, an den Kläger 10.000 EUR zuzüglich Zinsen in Höhe von fünf Prozentpunkten über dem Basiszinssatz ab Rechtshängigkeit zu zahlen;
- bei teilweise klageabweisendem Urteil:
  das angefochtene Urteil teilweise abzuändern und entsprechend dem erstinstanzlichen Schlussantrag zu erkennen;
- bei einem gegen den Kläger ergangenen zweiten Versäumnisurteil:
  unter Abänderung des angefochtenen Urteils das Versäumnisurteil vom … aufzuheben und den Beklagten zu verurteilen, an den Kläger 10.000 EUR zuzüglich Zinsen in Höhe von fünf Prozentpunkten über dem Basiszinssatz ab Rechtshängigkeit zu zahlen.

Obsiegt der Kläger und wird die Berufung vom Beklagten als Berufungskläger geführt, beantragt dieser im vorstehenden Beispiel bei einer Berufung

- gegen ein klagezusprechendes Urteil:
  das angefochtene Urteil abzuändern und die Klage abzuweisen;
- bei einem teilweise klagezusprechenden Urteil:
  das angefochtene Urteil teilweise abzuändern und die Klage in vollem Umfang abzuweisen;
- bei einem gegen ihn ergangenen zweiten Versäumnisurteil:
  unter Abänderung des angefochtenen Urteils das Versäumnisurteil vom … aufzuheben und die Klage abzuweisen.

Bei der Formulierung der Berufungsanträge muss darauf geachtet werden, dass die Berufungssumme gem. § 511 Abs. 1 Nr. 1 ZPO den **Betrag von 600 EUR übersteigt**.

261

Beispiel

262

Hält der Beklagte, der zur Zahlung eines Betrages von 1.000 EUR verurteilt worden ist, die Verurteilung in Höhe eines Betrages von 600 EUR für ungerechtfertigt, muss er in seiner Berufungsbegründung den Antrag stellen, das angefochtene Urteil teilweise abzuändern und die Klage insoweit abzuweisen, als der Beklagte dazu verurteilt worden ist, an den Kläger mehr als 399 EUR zu zahlen.

cc) Zurückverweisungsantrag

263 Alternativ kann der Berufungskläger – zumeist hilfsweise[400] – nach § 538 Abs. 2 S. 1 ZPO die Aufhebung des angefochtenen Urteils und die Zurückverweisung der Sache an das erstinstanzliche Gericht beantragen,

- wenn das Verfahren im ersten Rechtszug an einem **wesentlichen Mangel** leidet und aufgrund dieses Mangels eine umfangreiche oder aufwendige Beweisaufnahme notwendig ist (§ 538 Abs. 2 S. 1 Nr. 1 ZPO),
- wenn durch das angefochtene Urteil ein **Einspruch als unzulässig verworfen** worden ist (§ 538 Abs. 2 S. 1 Nr. 2 ZPO),
- wenn durch das angefochtene Urteil nur über die **Zulässigkeit der Klage entschieden** worden ist (§ 538 Abs. 2 S. 1 Nr. 3 ZPO),
- wenn im Falle eines nach **Grund und Betrag streitigen Anspruchs** durch das angefochtene Urteil über den Grund des Anspruchs vorab entschieden oder die Klage abgewiesen ist, es sei denn, dass der Streit über den Betrag des Anspruchs zur Entscheidung reif ist (§ 538 Abs. 2 S. 1 Nr. 4 ZPO),
- wenn das angefochtene Urteil im Urkunden- oder Wechselprozess unter **Vorbehalt der Rechte** erlassen worden ist (§ 538 Abs. 2 S. 1 Nr. 5 ZPO),
- wenn das angefochtene Urteil ein **Versäumnisurteil** ist (§ 538 Abs. 2 S. 2 Nr. 6 ZPO).
- **Ohne Antrag** kann eine **Zurückverweisung** erfolgen, wenn das angefochtene Urteil ein entgegen den Voraussetzungen des § 301 ZPO erlassenes **Teilurteil** ist (§ 538 Abs. 2 S. 1 Nr. 7 ZPO).

264 *Hinweis*

Erachtet das Berufungsgericht nur einen Teil der Ansprüche für entscheidungsreif, während es hinsichtlich des anderen Teils die Entscheidungsreife verneint und die Sache in diesem Umfang an das erstinstanzliche Gericht zurückverweisen möchte, muss es die entsprechend anzuwendenden Voraussetzungen von § 301 ZPO beachten und der Gefahr einander widersprechender Entscheidungen Rechnung tragen, wenn etwa sämtliche Ansprüche voraussetzen, dass der Kläger Eigentümer bestimmter Waren geworden ist.[401]

265 Häufigste Konstellation ist die **Zurückverweisung wegen eines Verfahrensmangels** nach § 538 Abs. 2 S. 1 Nr. 1 ZPO. Ob ein wesentlicher Verfahrensmangel vorliegt, ist allein aufgrund des materiell-rechtlichen Standpunkts des erstinstanzlichen Gerichts zu beurteilen, auch wenn das Berufungsgericht ihn für verfehlt erachtet.[402] **Verfahrensfeh-**

---

400 Der alleinige Antrag auf Aufhebung und Zurückverweisung genügt grundsätzlich dem Antragserfordernis, da er das Ziel des Rechtsmittels – die Weiterverfolgung des erstinstanzlichen Begehrens – im Regelfall verdeutlicht: BGH NJW 2006, 2705.
401 BGH NJW 2016, 2662.
402 BGH NJW 2016, 2274.

ler sind etwa das Übergehen von Sachvortrag[403] oder Beweisangeboten sowie das Unterlassen von Hinweisen. Hat das erstinstanzliche Gericht aber etwa bei der Auslegung von vertraglichen Bestimmungen anerkannte Auslegungsgrundsätze missachtet, liegt hierin kein zur Zurückweisung des Rechtsstreits an die erste Instanz berechtigender Verfahrensfehler, sondern ein **materiell-rechtlicher Auslegungsfehler**.[404] Eine umfangreiche oder aufwändige **Beweisaufnahme** ist nur dann notwendig, wenn sie durch oder infolge der Korrektur des wesentlichen Verfahrensfehlers **sicher zu erwarten** ist. Nicht ausreichend ist, wenn sie zwar unter bestimmten Voraussetzungen – etwa einer Anhörung der Parteien oder nach weiterem Vorbringen der Parteien – erforderlich wird, der Eintritt dieser Voraussetzungen aber nicht sicher ist.[405]

Hinweis 266

Eine Zurückverweisung kann **Vor- und Nachteile** aufweisen, die es gegeneinander abzuwägen gilt. **Für den Zurückverweisungsantrag** sollte sich der Berufungskläger entscheiden, wenn

- er neues Vorbringen bzw. weitere Beweisanträge beabsichtigt, die im Berufungsverfahren ggf. wegen § 531 Abs. 2 Nr. 3 ZPO nicht mehr zu berücksichtigen sind;
- eine umfangreiche Beweisaufnahme aussteht, die wegen der Ortsnähe vor dem erstinstanzlichen Gericht weniger aufwendig erscheint;
- schwierige tatsächliche Fragen nach einer umfangreichen Beweisaufnahme zu entscheiden sind und der Verlust einer Instanz bei unmittelbarer Vornahme durch das Berufungsgericht sachwidrig erscheint;
- eine hinreichend klare „Segelanweisung" des Berufungsgerichts zu erwarten ist, die den Fortgang des Verfahrens nach Zurückverweisung berechenbar werden lässt;
- das Berufungsgericht bereit ist, über den Zurückverweisungsantrag – meist nach entsprechendem Hinweis zur Sache – im schriftlichen Verfahren zu entscheiden, weshalb durch die Zurückverweisung kein Zeitverlust droht;
- alle Mittel zu einer möglichen Verzögerung des Rechtsstreits ergriffen werden sollen (wobei manches Berufungsgericht längere Verfahrenslaufzeiten aufweist als erstinstanzliche Spruchkörper).

Gegen eine Zurückverweisung kann sprechen:
- fehlendes Vertrauen in die Qualität des erstinstanzlichen Gerichts;
- bei einem Vergleich der zu erwartenden Prozessdauer bei Fortgang des Rechtsstreits vor dem erstinstanzlichen Gericht gegenüber dem Berufungsgericht eine Verlängerung wahrscheinlich erscheint;
- ein höherer Kostenaufwand bei einer Zurückverweisung, da nach der Zurückverweisung die Gebühren vor dem erstinstanzlichen Gericht wieder neu anfallen und

---

403 Vgl. BGH BeckRS 2017, 103968 (nicht abgedr. in MDR 2017, 597).
404 BGH MDR 2017, 597.
405 BGH NJW 2016, 2274; BGH NJW-RR 2017, 531.

nur die Verfahrensgebühr nach Vorbemerkung 3 Abs. 6 VV auf die Verfahrensgebühr des erneuten Verfahrens angerechnet wird.[406]

dd) Kostenantrag und Anregung der Zulassung der Revision

267 Da das Berufungsgericht gem. §§ 525, 308 Abs. 2 ZPO von Amts wegen über die Kosten und gem. § 543 Abs. 2 S. 1 ZPO von Amts wegen über die Zulassung der Revision zu entscheiden hat, sind derartige Anträge grundsätzlich **entbehrlich**.

268 *Hinweis*

Gleichwohl ist es regelmäßig sinnvoll, den Antrag zu stellen, vorsorglich für den Fall des Unterliegens, die Revision zuzulassen, damit das Berufungsgericht über eine etwaige Nichtzulassung ausdrücklich entscheidet.

ee) Vollstreckungsschutzanträge

269 Anträge gem. §§ 712, 711 Abs. 2 und 710 ZPO können **vor Schluss der mündlichen Verhandlung in der Berufungsinstanz** gestellt werden (§ 714 ZPO). Nach § 712 ZPO kann der Berufungskläger beantragen, dass ihm die Befugnis gegeben werden soll, die Vollstreckung durch Sicherheitsleistung oder Hinterlegung auch dann abzuwenden, wenn der Gläubiger seinerseits Sicherheit leistet. Erfolgversprechend ist ein solcher Antrag aber nur, wenn der Berufungskläger glaubhaft machen kann, dass ihm die Vollstreckung einen nicht zu ersetzenden Nachteil bringen würde.

270 *Hinweis*

In der Praxis bedeutungsvoll ist der Vollstreckungsschutzantrag regelmäßig nur für den Beklagten (da der Kläger ja nur eine Vollstreckung im Hinblick auf die Kosten befürchten muss). In der **Revisionsinstanz** kann der Vollstreckungsschutzantrag nach §§ 719, 707 ZPO **nicht nachgeholt** werden.[407] Eine Ausnahme besteht, wenn die Einstellungsgründe im Zeitpunkt der letzten mündlichen Verhandlung von dem Berufungsgericht noch nicht vorlagen oder noch nicht vorgetragen bzw. glaubhaft gemacht werden konnten.[408] Wird gegen einen die Berufung als unzulässig verwerfenden Beschluss Rechtsbeschwerde eingelegt und wird beim Rechtsbeschwerdegericht beantragt, im Wege der einstweiligen Anordnung gem. § 570 Abs. 3 Hs. 1 ZPO die Vollziehung der Entscheidung der ersten Instanz auszusetzen, steht dem Erfolg eines hierauf gerichteten Antrags aber nicht entgegen, dass der Antragsteller in der Berufungsinstanz keinen Schutzantrag nach § 712 Abs. 1 S. 1 ZPO gestellt hat.[409]

---

406 Zur Vermeidung höherer Gerichtskosten kann die Nichterhebung der Gerichtskosten für das Berufungsverfahren angeregt werden (§ 21 GKG).
407 BGH BeckRS 2018, 623; BGH NJW 1983, 455.
408 BGH MDR 1980, 553.
409 BGH NJW-RR 2017, 571.

c) Begründung der Berufung mit einer Rechtsverletzung gem. § 520 Abs. 3 S. 2 Nr. 2 ZPO

aa) Ausgangslage

Zur Begründung der Berufung sind **verschiedene Argumentationsansätze** denkbar. So kann der Berufungskläger beanstanden, dass das erstinstanzliche Gericht verfahrensrechtliche oder materiellrechtliche Vorschriften nicht zutreffend angewendet hat und bei zutreffender Anwendung im Sinne des Berufungsklägers hätte entscheiden müssen.[410] Die Reichweite und Funktion dieses Berufungsangriffs erschließt sich daraus, dass mit der Berufung die Herstellung derjenigen Entscheidung erreicht werden soll, die zustande gekommen wäre, wenn das erstinstanzliche Gericht die verfahrensrechtlichen und materiellrechtlichen Bestimmungen, so wie vom Berufungskläger gerügt, richtig angewendet hätte.[411]

271

> *Hinweis*
>
> Zu achten ist immer darauf, dass die angefochtene Entscheidung auf der geltend gemachten Rechtsverletzung **beruht**. Die Berufung hat keinen Erfolg, wenn zwar eine Rechtsverletzung vorliegt, sich das Urteil aber im Ergebnis mit anderer Begründung aufrechterhalten lässt.[412] Ergibt sich die Entscheidungserheblichkeit einer gerügten Rechtsverletzung oder einer beanstandeten Tatsachenfeststellung unmittelbar aus dem angefochtenen Urteil in Verbindung mit den Ausführungen in der Berufungsbegründung, bedarf sie keiner gesonderten Darlegung in der Berufungsbegründung.[413]

272

bb) Verstoß gegen verfahrensrechtliche Vorschriften

Der Berufungskläger kann seine Berufung auf den Verstoß gegen verfahrensrechtliche Bestimmungen stützen. Es genügt die Bezeichnung der Umstände, aus denen sich nach Ansicht des Berufungsklägers die Rechtsverletzung und deren Erheblichkeit für die angefochtene Entscheidung ergibt; es bestehen **keine besonderen formalen Anforderungen**.[414] Verfahrensmängel, die sich nicht aus dem Urteil selbst ergeben, müssen hinsichtlich ihrer Umstände bezeichnet werden.

273

Trägt der Berufungskläger tatsächliche Umstände vor, die einen Verfahrensverstoß belegen, muss er aber ausführen, dass der Verfahrensverstoß gem. §§ 520 Abs. 3 S. 2 Nr. 2, 513 Abs. 1 ZPO erheblich war. Bei einer Verletzung des Anspruchs auf rechtliches Gehör ist zur **Entscheidungserheblichkeit des Verfahrensfehlers** darzulegen, was bei Gewährung des rechtlichen Gehörs vorgetragen worden wäre und dass nicht auszuschließen ist, dass dieser Vortrag zu einer anderen Entscheidung des Erstgerichts geführt hätte. Dieser Darlegung bedarf es nur dann nicht, wenn die Entscheidungserheblichkeit der

274

---

410 BGH NJW 1984, 177.
411 BGH NJW-RR 2002, 209; BGH NJW 2003, 2532, 2533; im Ergebnis: BGH NJW 2004, 2751.
412 BGH NJW 2004, 1876, 1878 f.
413 BGH NZV 2015, 289.
414 Vgl. etwa BGH NJW 2012, 3581.

Verletzung des Anspruchs auf rechtliches Gehör unmittelbar und zweifelsfrei aus dem bisherigen Prozessstoff ersichtlich ist.[415]

275 *Hinweis*

An einer hinreichenden Verdeutlichung des Berufungsangriffs fehlt es etwa, wenn lediglich auf Vorbringen in der Klageschrift verwiesen und ein Gehörsverstoß wegen **Verletzung der Hinweispflicht** gerügt wird, ohne auszuführen, was auf einen entsprechenden Hinweis vorgetragen worden wäre.[416] Entsprechendes gilt für die Rüge eines Verfahrensmangels nach § 285 Abs. 1 ZPO.[417]

276 Nicht alle Verfahrensverstöße in erster Instanz sind indes in der Berufungsinstanz relevant. Vielmehr ist zu **differenzieren**. Hat die Partei eine ihr Rügerecht nach § 295 ZPO durch **rügeloses Verhandeln in erster Instanz** verloren, kann der Verfahrensfehler auch in zweiter Instanz nicht mehr beanstandet werden. Für **verzichtbare Zulässigkeitsrügen** gilt § 532 ZPO; sie müssen innerhalb der Berufungsbegründungsfrist ausgeführt oder die Fristversäumung hinreichend entschuldigt werden.

277 *Beispiele*

Folgende beispielhaft aufgeführte Verfahrensrügen müssen zur **Vermeidung einer rügelosen Einlassung** in der ersten Instanz erhoben werden:

- fehlerhafte Klagezustellung,[418]
- fehlende Beifügung der Anlagen zur Klageschrift,[419]
- fehlende Unterschrift unter der Zustellungsurkunde durch den Zusteller,[420]
- fehlerhafte Zustellung eines Schriftsatzes,[421]
- Verstoß gegen die Einlassungs- und Ladungsfristen.[422]

Als **verzichtbare Zulässigkeitsrüge** ist etwa anzusehen:

- Fehlen einer Ausländersicherheitsleistung gem. §§ 110 ff. ZPO,[423]
- Verstoß gegen eine getroffene Schiedsvereinbarung,[424]
- Einwand der mangelnden Kostenerstattung aus einem früheren Prozess (§ 269 Abs. 6 ZPO).

278 Ist eine Rüge durch rügeloses Verhandeln in der ersten Instanz gem. § 295 i.V.m. § 534 ZPO verloren gegangen, kann der Berufungskläger überlegen, ob er den Berufungsangriff – statt auf § 520 Abs. 3 S. 2 Nr. 2 ZPO – auf § 520 Abs. 3 S. 2 Nr. 3 ZPO (fehlerhafte Tatsachenfeststellung) stützt.

---

415 BGH NJW 2016, 2890.
416 BGH NJW-RR 2016, 1267, 1268; BGH NJW-RR 2015, 511.
417 BGH NJW 2016, 2890.
418 BGH FamRZ 2008, 680.
419 BGH NJW 2007, 755.
420 BGH NJW-RR 2008, 218.
421 BGH NJW 1982, 1048.
422 BVerwG NJW 1989, 601.
423 BGH NJW-RR 1993, 1021.
424 OLG München MDR 1994, 1244.

B. Rechtliche Grundlagen § 17

Beispiel 279

Ist es erstinstanzlich versäumt worden zu rügen, dass ein Zeuge unzulässigerweise nicht über sein Zeugnisverweigerungsrecht belehrt wurde, kann ein Berufungsangriff zwar nicht nach § 520 Abs. 3 S. 2 Nr. 2 ZPO erhoben werden; der Berufungskläger kann aber unter dem Aspekt des § 520 Abs. 3 S. 2 Nr. 3 ZPO beanstanden, dass der Zeuge nicht glaubwürdig war, wenn er dies in seiner Berufungsbegründung darlegt und die Relevanz der Unglaubwürdigkeit des Zeugen für die getroffene Entscheidung aufzeigt.[425]

Nicht verzichtbar sind Verfahrensbestimmungen, die im Sinne von § 547 ZPO absolute 280 Revisionsgründe darstellen. Weiter sind all diejenigen Normen, die der Einhaltung des öffentlichen Interesses dienen, nicht verzichtbar.

Beispiele 281

Folgende Verfahrensrügen können in der Berufungsinstanz auch dann noch erhoben werden, wenn sie in der ersten Instanz nicht geltend gemacht worden sind:
- Verstoß gegen die Regeln des Anwaltszwangs,
- Verstoß gegen die Regeln über den Richterausschluss,
- Verstoß gegen die Regeln über die Beweiswürdigung,[426]
- Unterlassen einer vorgeschriebenen Protokollierung von Zeugenaussagen und Ausführungen des Sachverständigen,[427]
- fälschliche Annahme der Zulässigkeit einer Feststellungsklage,
- Verstoß gegen die Regeln der Parteifähigkeit,
- Verstoß gegen die Regeln der Prozessfähigkeit gem. § 51 ZPO,
- fehlendes Rechtsschutzbedürfnis.

Gem. § 513 Abs. 2 ZPO kann die Berufung nicht darauf gestützt werden, dass das 282 Gericht des ersten Rechtszuges seine **Zuständigkeit zu Unrecht** angenommen hat. Dies gilt allerdings nicht für die internationale Zuständigkeit.[428] Die Prüfung der **Rüge des beschrittenen Rechtswegs** durch das Rechtsmittelgericht wird durch § 17a Abs. 5 GVG beschränkt. Allerdings ist bei verfahrensfehlerhafter Entscheidung über den Rechtsweg im Urteil an Stelle der gebotenen Vorabentscheidung eine Rüge eröffnet.[429]

Formulierungsbeispiel 283

Das Landgericht hat seine Zuständigkeit unter Verstoß gegen § 520 Abs. 3 S. 2 Nr. 2 ZPO zu Unrecht bejaht, statt gem. § 17a Abs. 3 S. 2 GVG vorab über den Rechtsweg zu entscheiden. Dies ist erforderlich, wenn eine Partei die Zulässigkeit des Rechtsweges rügt und die Zuständigkeit des Arbeitsgerichts geltend macht (§ 17 GVG, § 58 ArbGG). Die Rüge der Zulässigkeit des Rechtswegs durch den Beklagten ergibt sich

---

425 BVerfG NJW 2003, 2524.
426 BGH NJW-RR 1995, 1328.
427 BGH NJW-RR 1993, 1034.
428 BGH BeckRS 2015, 15123; BGH NJW 2003, 426; BGH ZIP 2004, 428.
429 BGH NJW 1999, 651; vgl. auch Musielak/Voit/*Wittschier*, § 17a GVG Rn 21.

bereits aus dem Tatbestand des angefochtenen Urteils. Daraus geht auch hervor, dass der Beklagte die Rüge rechtzeitig, nämlich gem. § 282 Abs. 3 ZPO vor der mündlichen Verhandlung zur Hauptsache vorgebracht hat. Unerheblich ist es demgegenüber, dass der Beklagte ausweislich des Sitzungsprotokolls in der mündlichen Verhandlung keinen Verweisungsantrag gestellt hat; ein Verweisungsantrag ist entbehrlich, weil die Rüge der Zulässigkeit des Rechtswegs bereits die Vorabentscheidung nach § 17a Abs. 3 S. 2 GVG erforderlich macht.[430]

284 Mitunter sind Verfahrensfehler in der Berufungsinstanz allerdings **leicht heilbar**, weshalb der Berufungskläger nicht darauf vertrauen kann, hiermit im Ergebnis durchzudringen.

285 *Beispiel*

Das erstinstanzliche Gericht hat dem Kläger unter **Verstoß gegen § 308 ZPO** *mehr zugesprochen, als der Kläger beantragt hat. Hierin liegt ein Verfahrensverstoß, den der Beklagte als Berufungskläger grundsätzlich angreifen kann. Dieser Berufungsangriff ist aber nur wenig erfolgversprechend, weil der Mangel heilbar ist. Denn der Kläger und Berufungsbeklagte macht sich die Antragsüberschreitung im Ersturteil bereits dadurch zu eigen, dass er die Berufungszurückweisung beantragt.*[431]

cc) Verstoß gegen materiellrechtliche Bestimmungen

286 Bei unstreitigem Sachverhalt bzw. vom Berufungskläger nicht als angreifbar anzusehenden Tatsachenfeststellungen kann die Berufung darauf gestützt werden, die entscheidungserhebliche materiell-rechtliche Rechtsanwendung des erstinstanzlichen Gerichts zu beanstanden.

287 *Beispiel*

Ein in der Praxis häufiger Berufungsangriff stellt die unzutreffende **Anwendung der Auslegungsgrundsätze** *(§§ 133, 157 BGB) dar. Das Berufungsgericht hat die erstinstanzliche Auslegung einer Vereinbarung gem. §§ 513 Abs. 1, 546 ZPO – auf der Grundlage der nach § 529 ZPO maßgeblichen Tatsachen – in vollem Umfang darauf zu überprüfen, ob die Auslegung überzeugt.*[432] *Hält es die erstinstanzliche Auslegung lediglich für eine vertretbare, letztlich aber bei Abwägung aller Gesichtspunkte nicht überzeugende Auslegung, hat es selbst die Auslegung vorzunehmen, die es als Grundlage einer sachgerechten Entscheidung des Einzelfalls für geboten hält.*[433]

288 Die hinreichende Darlegung der Rüge muss nach § 520 Abs. 2 Nr. 2 ZPO **keinen besonderen formalen Anforderungen** genügen; eine pauschale Sachrüge reicht indes nicht. Erforderlich ist die auf den Streitfall zugeschnittene Darlegung, in welchen Punkten und

---

430 BGH NJW 1999, 651.
431 BGH NJW 1990, 1910; BGH NJW 1999, 61.
432 BGH NJW 2016, 3015, 3017.
433 BGH NJW 2004, 2751.

aus welchen materiellrechtlichen Gründen der Berufungskläger das angefochtene Urteil für unrichtig hält.[434] Einer ausdrücklichen Benennung einer bestimmten Norm bedarf es nicht, soweit aus den mitgeteilten Rechtsansichten deutlich wird, worin der Rechtsfehler gesehen wird.[435] Es muss also nur deutlich werden, dass der Berufungskläger den rechtlichen Ansatz des erstinstanzlichen Gerichts nicht gelten lassen will. Auch hier ist Schlüssigkeit nicht erforderlich, um eine zulässige Berufungsbegründung vorzulegen[436] und damit eine vollumfängliche Überprüfung des angegriffenen Urteils durch das Berufungsgericht zu veranlassen. Nicht ausreichend ist die bloße Bezugnahme auf erstinstanzlichen Vortrag.[437] Zur Bezeichnung des Umstands, aus dem sich die **Entscheidungserheblichkeit der Verletzung materiellen Rechts** ergibt, genügt regelmäßig die Darlegung einer Rechtsansicht, die dem Berufungskläger zufolge zu einem anderen Ergebnis als dem des angefochtenen Urteils führt.[438]

> *Hinweis* 289
>
> Die Unterstützung der eigenen Rechtsansicht durch **Verweise auf Rechtsprechung und Schrifttum** ist stets sinnvoll. Unterlässt der Rechtsanwalt den Hinweis auf ein BGH-Urteil, welches die Rechtsauffassung seines Mandanten stützt, und verliert der Mandant deshalb den Prozess, wird der Zurechnungszusammenhang zwischen dem Fehler des Rechtsanwalts und dem dadurch entstandenen Schaden nicht deswegen unterbrochen, weil auch das Gericht die Entscheidung des BGH übersehen hat.[439]

d) Begründung der Berufung wegen fehlerhafter Tatsachenfeststellung gem. § 520 Abs. 3 S. 2 Nr. 3 ZPO

aa) Ausgangslage

Zielt die Berufung auf erneute, von der angegriffenen Entscheidung abweichende tatsächliche Feststellungen des Berufungsgerichts ab, muss die Berufung, die den festgestellten Sachverhalt angreifen will, eine Begründung dahin enthalten, warum die Bindung an die festgestellten Tatsachen ausnahmsweise nicht bestehen soll (§ 520 Abs. 3 S. 2 Nr. 3 ZPO).[440] Der Berufungsangriff bezieht sich im Kern auf die Erhebung von **Zweifeln gegen die Vollständigkeit und Richtigkeit der erstinstanzlichen Feststellungen** (§ 529 Abs. 1 Nr. 1 ZPO), worunter insbesondere die Vernachlässigung von Sachvortrag und Beweisangeboten sowie die fehlerhafte Beweiswürdigung fallen. 290

> *Hinweis* 291
>
> Die Berufungsangriffe nach § 520 Abs. 3 S. 2 Nr. 2 und 3 ZPO können sich in Randbereichen überschneiden, weil mit der Rüge der Rechtsverletzung gem. § 520 Abs. 3 S. 2 Nr. 2 ZPO auch vorgebracht werden kann, dass Tatsachenfeststellungen unter

---

434 BGH NJW 2003, 2532, 2533.
435 BGH NJW 2006, 142, 143; BGH NJW 2003, 2532, 2533.
436 BGH NJW 2006, 142, 143.
437 BGH NJW 1998, 602, 603.
438 BGH NJW 2006, 142, 143.
439 BGH NJW 2009, 987.
440 BGH NJW-RR 2014, 760, 761.

Verstoß gegen Verfahrensvorschriften unrichtig oder unvollständig erfolgt sind, was zugleich einen erheblichen Berufungsangriff im Sinne der Beweisberufung gem. § 520 Abs. 3 S. 2 Nr. 3 ZPO darstellen kann.

292 Nach dem Gesetzeswortlaut kann eine Wiederholung oder Ergänzung der Beweisaufnahme nur erreicht werden, wenn „**konkrete Anhaltspunkte**" Zweifel an der Richtigkeit oder Vollständigkeit der Tatsachenfeststellung im angefochtenen Urteil begründen und deshalb eine erneute Feststellung gebieten. „Konkreter Anhaltspunkt" in diesem Sinne ist jeder objektivierbare rechtliche oder tatsächliche Einwand gegen die erstinstanzlichen Feststellungen.[441] Konkrete Anhaltspunkte können sich ergeben aus
- gerichtsbekannten Tatsachen oder
- dem Vortrag der Parteien oder
- dem angefochtenen Urteil selbst oder
- Fehlern, die dem Erstgericht bei der Feststellung des Sachverhalts unterlaufen sind.[442]

293 Sind derartige konkrete Anhaltspunkte dargetan, reicht die „**Möglichkeit einer unterschiedlichen Wertung**" für die erneute Beweisaufnahme aus.[443] Besteht aus der für das Berufungsgericht gebotenen Sicht eine **gewisse – nicht notwendig überwiegende – Wahrscheinlichkeit** dafür, dass im Fall der Beweiserhebung die erstinstanzliche Feststellung keinen Bestand haben wird, ist es zu einer **erneuten Tatsachenfeststellung** – soweit möglich[444] – verpflichtet.[445]

294 *Hinweis*

Weicht das Berufungsgericht in seiner **Würdigung** von der des Erstgerichts ab, muss es sich hierfür einen **eigenen Eindruck verschaffen**, also die Partei, den Zeugen bzw. den Sachverständigen selbst hören bzw. ein klarstellendes ergänzendes schriftliches Gutachten einholen. Interpretiert das Berufungsgericht die Aussage eines in erster Instanz vernommenen **Zeugen** anders als die Vorinstanz, ohne den Zeugen erneut zu vernehmen, verletzt es das rechtliche Gehör der benachteiligten Partei.[446] Die nochmalige Vernehmung eines Zeugen kann aber dann unterbleiben, wenn sich das Berufungsgericht auf solche Umstände stützt, die weder die Urteilsfähigkeit, das Erinnerungsvermögen oder die Wahrheitsliebe des Zeugen noch die Vollständigkeit oder Widerspruchsfreiheit seiner Aussage betreffen.[447] Entsprechendes gilt für die (formlose) Anhörung bzw. (förmliche) Vernehmung einer **Partei**.[448] Auch wenn ein **Sachverständiger** im Anschluss an sein schriftlich erstattetes Gutachten vom Landgericht mündlich gehört und daraufhin in einer bestimmten Weise verstanden wird,

---

441 BGH NJW 2004, 2828, 2829.
442 BGH NJW 2004, 1876; BGH NJW 2004, 2152; BGH NJW 2004, 2828, 2829.
443 BVerfG NJW 2003, 2524; BGH NJW 2005, 1583, 1584.
444 Zum Versterben eines Zeugen nach der erstinstanzlichen Vernehmung: BGH MDR 2016, 1404.
445 BGH NJW-RR 2017, 219.
446 BGH NZV 2011, 335; BGH NJW-RR 2009, 1291.
447 BGH NJW-RR 2017, 1101; BGH NJW-RR 2009, 1291.
448 BVerfG NJW 2017, 3218; BGH NJW 2015, 74.

darf das Berufungsgericht von diesem Verständnis nicht ohne eigene Anhörung des Sachverständigen abweichen.[449]

bb) Berufungsangriff gegen die tatsächlichen Feststellungen

Das Berufungsgericht ist grundsätzlich an die vom Gericht des ersten Rechtszugs festgestellten Tatsachen gebunden (§ 529 Abs. 1 Nr. 1 ZPO). Insbesondere das **Aufzeigen von Verfahrensfehlern** im Zusammenhang mit den getroffenen Feststellungen kann zur Verdeutlichung von Zweifeln an den getroffenen Feststellungen genügen.[450] So sind das **Übergehen von Sachvortrag und Beweisangeboten** geeignete Beanstandungen.

Hinweis

Ein **Verfahrensfehler** ist jedoch **keine Voraussetzung** für einen Angriff auf die Bindungswirkung nach § 529 Abs. 1 Nr. 1 ZPO. Auch verfahrensfehlerfrei getroffene Tatsachenfeststellungen sind für das Berufungsgericht nach § 529 Abs. 1 Nr. 1 ZPO nicht bindend, soweit konkrete Anhaltspunkte Zweifel an der Richtigkeit oder Vollständigkeit der entscheidungserheblichen Feststellungen begründen. Solche Zweifel können sich auch aus der **Möglichkeit unterschiedlicher Wertungen** ergeben.[451]

Die Berufungsbegründung muss deutlich werden lassen, welche entscheidungserheblichen Feststellungen aus welchen Gründen angegriffen werden. Dabei ist **keine formalistische Betrachtungsweise** angezeigt. Wird in der Berufungsbegründung gerügt, das erstinstanzliche Gericht habe Parteivorbringen oder Beweisantritte übergangen, so ist eine genaue Bezeichnung unter Angabe der Fundstelle in den Schriftsätzen der Vorinstanz nicht erforderlich.[452]

Beispiel

Weist der gerichtliche Sachverständige in einem Arzthaftungsprozess erstinstanzlich in seinem Gutachten darauf hin, dass er von einer guten Lage des oberen Schraubenpaares eines Beckenkamminterponats vor der durchgeführten Revisionsoperation ausgehe, ihm im Zweifel aber eine entsprechende Röntgenaufnahme zur Einsichtnahme vorgelegt werden müsse, so hat das Berufungsgericht dem Vortrag der Klägerin in der Berufungsbegründung zu der fehlenden Vorlage und Berücksichtigung dieser Röntgenaufnahme, aus der sich eine Schraubenfehllage ergeben soll, nachzugehen.[453]

Formulierungsbeispiel

Das angefochtene Urteil ist gem. § 520 Abs. 3 S. 2 Nr. 3 ZPO fehlerhaft. Denn das Landgericht ist in der angefochtenen Entscheidung zu Unrecht davon ausgegangen, dass der Kläger zur Abnahme nicht schlüssig vorgetragen hat. Der Kläger hat aber bereits auf Seite 5 der Klagebegründung zum Nachweis der Abnahme ein Abnahme-

---

449 BGH VersR 2011, 1450.
450 BGH NJW-RR 2014, 760, 761; BGH NJW 2004, 1876.
451 BGH NJW 2016, 3015.
452 Vgl. BGH NJW 2004, 1876, 1877.
453 BGH BeckRS 2016, 16339.

protokoll vorgelegt, aus dem hervorgeht, dass der Beklagte die vom Kläger erbrachte Werkleistung beanstandungslos entgegengenommen hat; das Abnahmeprotokoll ist vom Beklagten auch unterschrieben worden, was das Landgericht übersehen hat.

Beweis: Vorlage des Abnahmeprotokolls vom 10.7.2003 als Anlage.

cc) Berufungsangriff gegen die Beweiswürdigung

300 Bei vollständiger Auswertung des Sachvortrags und der Beweisangebote der Parteien kann der Berufungskläger auch die fehlerhafte Beweiswürdigung rügen. Die Anforderungen an die Darlegung der Rüge können nicht formalisiert werden. Sie variieren nach der Angriffsrichtung der erhobenen Beanstandung.

301 *Beispiel*

Eine nähere Darlegung ist nicht erforderlich, wenn der gerichtliche Sachverständige in erster Instanz beauftragt war, ergänzend zu einem Privatgutachten Stellung zu nehmen, in den Entscheidungsgründen des angegriffenen Urteils jedoch nicht ausgeführt ist, weshalb das Ergänzungsgutachten und eine hierauf bezogene mündliche Erörterung für das Gericht überzeugend gewesen sind.[454]

302 **Angriffspunkte** sind etwa „klassische" Würdigungsmängel, das Vernachlässigen von Indizien, aber auch das Verkennen des anzulegenden Beweismaßes.

303 *Formulierungsbeispiel*

Das angefochtene Urteil ist im Hinblick auf § 520 Abs. 3 S. 2 Nr. 3 ZPO fehlerhaft, weil das Landgericht die Aussage der Zeugin und Ehefrau des Klägers als unglaubwürdig erachtete, mit der Begründung, derartigen Zeugenaussagen komme erfahrungsgemäß kein hoher Beweiswert zu. Eine solche pauschalisierte Beweiswürdigung ist verfahrensfehlerhaft, weil es bei jeder Beweiswürdigung stets auf die besonderen Umstände des Einzelfalles ankommt. Das Landgericht hatte keinen Anlass, der Aussage der Zeugin und Ehefrau des Klägers im vorliegenden Fall nicht zu glauben. Deshalb wird beantragt,

> die Beweisaufnahme zu dem Beweisthema ... durch Vernehmung der Zeugin ... vor dem Senat zu wiederholen.

Wenn sich der Senat ein eigenes Bild über die Glaubwürdigkeit der Zeugin macht, wird die Entscheidung des Landgerichts abzuändern sein, weil die Zeugin den schlüssigen Vortrag des Klägers vollumfänglich bestätigt hat und der Beklagte keinen Gegenbeweis antrat.

304 *Formulierungsbeispiel*

Das angefochtene Urteil ist im Hinblick auf § 520 Abs. 3 S. 2 Nr. 3 ZPO fehlerhaft, weil das Landgericht die entscheidungserhebliche Frage, ob die noch vorhandenen Beschwerden des Klägers auf dem Unfall oder dem unfallbedingten HWS-Schleuder-

---

[454] BGH NJW-RR 2014, 760, 761.

trauma beruhten, zu Unrecht verneinte. Dabei hat das Landgericht verkannt, dass diese Frage bei verbleibenden Restzweifeln unter Anwendung von § 287 Abs. 1 ZPO zu beantworten ist, weil es um den Umfang eines eingetretenen Schadens und damit um die haftungsausfüllende Kausalität geht.[455] Das erstinstanzlich eingeholte Sachverständigengutachten befasst sich aber nach Maßgabe des Beweisbeschlusses schon nicht mit der Frage, ob eine nach § 287 ZPO ausreichende überwiegende Wahrscheinlichkeit des Ursachenzusammenhangs besteht, sondern ausschließlich mit der Frage der naturwissenschaftlichen Nachweisbarkeit des Ursachenzusammenhangs. Die hierdurch bedingte Unvollständigkeit des Gutachtens kann nicht zulasten des Klägers gehen, weil sie auf einer **fehlerhaften Anwendung des Beweismaßes** durch das Landgericht beruhte.[456] Da die Unvollständigkeit der Begutachtung somit aus dem angefochtenen Urteil selbst folgt, hat das Berufungsgericht von Amts wegen auf eine Vervollständigung des Gutachtens hinzuwirken.[457] Nur vorsorglich wird auch ausdrücklich Antrag auf Anhörung des Sachverständigen gem. §§ 402, 379 ZPO gestellt.

e) Begründung der Berufung mit neuen Angriffs- und Verteidigungsmitteln gem. § 520 Abs. 3 S. 2 Nr. 4 ZPO

aa) Ausgangslage

Sollen neue Angriffs- und Verteidigungsmittel in den Berufungsrechtszug eingeführt werden, bedarf dies jeweils eines **besonderen Zulassungsgrundes** (näher Rdn 309 ff.). Liegt ein Zulassungsgrund vor, muss das Vorbringen berücksichtigt werden. Dies gilt auch im Verfahren nach § 522 Abs. 2 ZPO (vgl. Rdn 354); die Berufung kann also nur dann durch einstimmig gefassten Beschluss zurückgewiesen werden, wenn sie auch unter Berücksichtigung des neuen Vorbringens keine Aussicht auf Erfolg hat.[458] Werden neue Angriffs- oder Verteidigungsmittel entgegen § 531 Abs. 2 ZPO vom Berufungsgericht zugelassen, soll dies nach der Rechtsprechung des BGH nicht angreifbar sein.[459] 305

Eine **ausschließlich auf neue Angriffsmittel gestützte Berufung** muss nach § 520 Abs. 3 S. 2 Nr. 4 ZPO auch diejenigen Tatsachen bezeichnen, die zur Zulassung neuer Angriffsmittel nach § 531 Abs. 2 ZPO führen sollen. Fehlt es hieran, kann die **ausschließlich** auf neues Vorbringen gestützte Berufung ohne Weiteres **durch Beschluss verworfen** werden. Dass das Vorbringen zuzulassen wäre, wenn es sich im Verlauf des Berufungsverfahrens als unstreitig erwiese (was bei einer nicht ausschließlich auf neues Vorbringen gestützten zulässigen Berufung zur zwingenden Berücksichtigung führen würde), steht dem nicht entgegen.[460] Ob der Zulassungsgrund tatsächlich besteht oder nicht, ist eine Frage der Begründetheit des Rechtsmittels.[461] 306

---

455 BGH NJW 2003, 1116; BGH NJW 2004, 777.
456 BGH NJW 2004, 2828, 2829.
457 BGH NJW 2004, 2828, 2830.
458 BGH NJW 2017, 736.
459 BGH NJW-RR 2006, 760, 761; kritisch etwa Musielak/Voit/*Ball*, § 531 ZPO Rn 25.
460 BGH NJW-RR 2015, 465.
461 BGH NJW 2003, 2531, 2532.

307 *Hinweis*

Wird die Berufungsbegründung ausschließlich auf neue Angriffs- und Verteidigungsmittel gestützt, ist darauf zu achten, dass der Streitgegenstand nicht verändert wird. Die Zulässigkeit einer erstmaligen **Klageänderung, Aufrechnung** und **Widerklage** in der Berufungsinstanz richtet sich nach § 533 ZPO (dazu Rdn 331). Sie **setzen** eine **zulässige Berufung voraus**. Die Berufung kann also nicht ausschließlich mit einem neuen Anspruch begründet werden.[462]

bb) Ausschluss rechtmäßig zurückgewiesener Angriffs- und Verteidigungsmittel

308 Angriffs- und Verteidigungsmittel, die im ersten Rechtszug zu Recht zurückgewiesen worden sind, bleiben ausgeschlossen (§ 531 Abs. 1 ZPO); wird zu Recht vom Erstgericht präkludiertes Vorbringen dennoch berücksichtigt, soll dies nach der Rechtsprechung des BGH nicht angreifbar sein.[463] Die Vorschrift bezieht sich **ausschließlich** auf **nach § 296 Abs. 1 und 2 ZPO zurückgewiesenes Vorbringen**. Abzugrenzen hiervon ist nicht nachgelassenes Vorbringen nach Schluss der mündlichen Verhandlung, das § 296a ZPO unterfällt; dieses unterliegt der Berücksichtigungsschwelle des § 531 Abs. 2 ZPO.[464] Zudem muss das Vorbringen zu Recht zurückgewiesen worden sein.[465] Ein Wechsel der Präklusionsbegründung durch das Rechtsmittelgericht kommt dabei grundsätzlich nicht in Betracht.[466] Unterläuft dem Erstgericht also bei der Zurückweisung ein Fehler, indem es auf die falsche Präklusionsvorschrift abstellt, kann dieser nicht nachträglich durch das Berufungsgericht behoben werden, um zur Anwendung von § 531 Abs. 1 ZPO zu gelangen. Das im Rechtszug übergeordnete Gericht darf eine von der Vorinstanz **unterlassene Zurückweisung** auch **nicht nachholen**.[467]

cc) Neue Angriffs- und Verteidigungsmittel

309 Neue Angriffs- und Verteidigungsmittel sind **neue Tatsachen, neue Beweismittel** und **neue Einreden** und auch ein Bestreiten in der Berufungsinstanz, nachdem erstinstanzlich Vortrag des Gegners „für diese Instanz" unstreitig gestellt wurde.[468] Dieses Vorbringen muss zunächst „neu" sein, also nach Schluss der mündlichen Verhandlung erster Instanz bzw. nach Ablauf einer gewährten Schriftsatzfrist erstmals vorgetragen worden sein. Hier ist zu prüfen, ob das Vorbringen bereits – ggf. mit abweichender Formulierung – in erster Instanz gehalten wurde.[469]

310 *Beispiel*

Bei der Prüfung einer Eigenbedarfskündigung ist zweitinstanzliches Vorbringen, das lediglich die bereits erstinstanzlich angeführte Eigenbedarfssituation, ergänzt, nicht

---

462 BGH NJW 1999, 2118.
463 Näher und mit Kritik hierzu Musielak/Voit/*Ball*, § 531 ZPO Rn 24.
464 BGH BeckRS 2018, 3685; BGH NJW 2006, 1589, 1591.
465 BGH NJW-RR 2017, 1018, 1019.
466 BGH BeckRS 2017, 109882.
467 BGH GesR 2014, 658.
468 BGH NJW 2010, 376.
469 Vgl. etwa BGH GesR 2014, 658.

als neu anzusehen.[470] Hingegen bildet ein erstmals im zweitinstanzlichen Verfahren angetretener Zeugenbeweis für einen schon in erster Instanz gehaltenen Vortrag stets ein neues Angriffs- oder Verteidigungsmittel, und zwar unabhängig davon, ob in erster Instanz schon ein Zeuge mit „NN" bezeichnet oder noch gar kein Beweisantritt erfolgt ist. Die für die Konkretisierung eines bereits erbrachten Vortrags geltenden Grundsätze finden hier keine Anwendung, weil der Zeugenbeweis gem. § 373 ZPO erst dann angetreten ist, wenn ein Zeuge benannt ist.[471]

Hinweis 311

Nicht neu ist Vorbringen, das durch ein **Schriftsatzrecht** gedeckt und damit zu dem nach § 296a S. 2 ZPO zu beachtenden erstinstanzlichen Prozessstoff gehört, vom erstinstanzlichen Gericht jedoch fälschlich nicht berücksichtigt wurde. Von einem nach § 283 S. 1 ZPO gewährten Schriftsatzrecht ist nur solches Vorbringen gedeckt, das sich als Erwiderung auf den verspäteten Vortrag des Gegners darstellt. Dazu zählen auch neue tatsächliche Behauptungen, soweit sie als Reaktion auf das der Partei nicht rechtzeitig mitgeteilte gegnerische Vorbringen erfolgen.[472]

Vorbringen einer Partei ist nicht neu im Sinne von § 531 Abs. 2 ZPO, wenn ein **bereits** 312 **schlüssiges Vorbringen** aus der ersten Instanz durch weitere Tatsachenbehauptungen **zusätzlich konkretisiert, verdeutlicht oder erläutert** wird.[473] So liegt kein neues Angriffsmittel vor, wenn sich die Grundlage für einen bislang nicht geprüften Anspruch bereits aus dem erstinstanzlichen Vortrag ergibt und das Vorbringen in der Berufungsinstanz diesen Umstand nur verdeutlicht oder erläutert.[474] Beruft sich die Berufung erstmals ausdrücklich auf einen Gesichtspunkt, den der gerichtliche Sachverständige in seinem erstinstanzlichen schriftlichen Gutachten in das Verfahren eingeführt hatte, kann dieser Vortrag nicht als neu im Sinne des § 531 Abs. 2 ZPO zurückgewiesen werden, wenn er dem Berufungsführer günstig ist und er ihn sich deshalb (konkludent) zumindest **hilfsweise zu eigen** gemacht hatte.[475]

Hinweis 313

Bei einer zulässigen Berufung ist zu beachten, dass **neuer unstreitiger Tatsachenvortrag** in der Berufungsinstanz selbst dann zu berücksichtigen ist, wenn dadurch eine Beweisaufnahme erforderlich wird;[476] § 531 Abs. 2 ZPO gilt dann nicht. Dies gilt auch für unstreitige Einreden.[477] Die erstmals im Berufungsrechtszug erhobene **Verjährungseinrede** ist unabhängig von den Voraussetzungen des § 531 Abs. 2 ZPO zuzulassen, wenn die Erhebung der Verjährungseinrede und die den Verjährungsein-

---

470 BGH NJW-RR 2017, 72, 74; zu Indizien gegen eine Eigenbedarfssituation BGH NJW-RR 2016, 982, 984.
471 BGH NJW-RR 2017, 72, 74.
472 BGH BeckRS 2018, 3685.
473 Vgl. etwa BGH, NJW-RR 2017, 72, 74; BGH NJW-RR 2009, 1236.
474 BGH NJW-RR 2003, 1321, 1322.
475 BGH BeckRS 2015, 12554.
476 BGH BeckRS 2016, 04977; BGH NJW 2005, 291.
477 BGH BeckRS 2016, 04977.

tritt begründenden tatsächlichen Umstände zwischen den Prozessparteien unstreitig sind.[478] Im **einstweiligen Verfügungsverfahren** findet § 531 Abs. 2 ZPO nach richtiger Ansicht keine Anwendung.[479]

314 In der Berufungsinstanz neu sind auch **Angriffs- und Verteidigungsmittel**, die zunächst vorgebracht, dann aber **fallen gelassen** worden sind (vgl. § 399 ZPO). Die bloße Nichtzahlung eines geforderten Vorschusses soll nach der Rechtsprechung des BGH grundsätzlich nicht als Verzicht auf das Beweismittel angesehen werden können.[480]

dd) Erstinstanzlich übersehenes oder für unerheblich gehaltenes Vorbringen (§ 531 Abs. 2 S. 1 Nr. 1 ZPO)

315 Nach § 531 Abs. 2 Nr. 1 ZPO sind neue Angriffs- und Verteidigungsmittel zuzulassen, wenn sie einen vom Erstrichter erkennbar übersehenen oder für unerheblich gehaltenen Gesichtspunkt betreffen. Die Rechtsansicht des Erstgerichts muss den erstinstanzlichen Vortrag der Partei auch beeinflusst haben und **(mit-)ursächlich** dafür geworden sein, dass sich Parteivorbringen in das Berufungsverfahren verlagert.[481] Dies ist etwa dann anzunehmen, wenn das Gericht des ersten Rechtszugs die Partei durch seine Prozessleitung oder seine erkennbare rechtliche Beurteilung des Streitverhältnisses davon abgehalten hat, zu bestimmten Gesichtspunkten (weiter) vorzutragen.[482] Dies soll auch dann gegeben sein, wenn der Beklagte auf die Klage nicht erwidert und anschließend die „Flucht in die Säumnis" angetreten hat, das erstinstanzliche Gericht jedoch kein Versäumnisurteil gegen den Beklagten erlassen, sondern die Klage abgewiesen hat.[483]

316 Zuzulassen ist neues Vorbringen danach, wenn
- das erstinstanzliche Gericht einen Gegenbeweisantrag schon mangels substantiierten Vortrages der beweisbelasteten Partei für entbehrlich hielt, der Berufungskläger aber im Hinblick darauf, dass das Berufungsgericht dies anders sehen könnte oder bereits auf eine andere Sichtweise hingewiesen hat, den Gegenbeweis nunmehr in der zweiten Instanz anbieten möchte;
- das erstinstanzliche Gericht aufgrund eines unvollständigen gerichtlichen Hinweises den Eindruck erweckt hat, weiteres Vorbringen sei nicht erforderlich;[484]
- es entscheidungserhebliche Gesichtspunkte betrifft, die das Gericht des ersten Rechtszugs aufgrund einer fehlerhaften Beurteilung der Rechtslage übersehen hat; unter dieser Voraussetzung ist auch einem erstmals in zweiter Instanz gestellten Antrag auf Anhörung eines Sachverständigen gem. §§ 402, 397 ZPO stattzugeben.[485]

---

478 BGH NJW 2008, 3434.
479 MüKo-ZPO/*Rimmelspacher*, § 531 ZPO Rn 3.
480 BGH NJW 2017, 2288.
481 BGH NJW-RR 2007, 774, 775.
482 BGH NJW-RR 2017, 72, 74.
483 BGH NJW 2015, 3455, 3457.
484 BGH NJW-RR 2005, 213.
485 BGH BB 2004, 2714.

Hinweis

Die Mitursächlichkeit der nach Auffassung des Berufungsgerichts fehlerhaften Rechtsauffassung des erstinstanzlichen Gerichts für die Verlagerung des neuen Parteivorbringen in die Berufungsinstanz ist grundsätzlich schon dann gegeben, wenn das Gericht des ersten Rechtszugs, hätte es die später vom Berufungsgericht für zutreffend erachtete Rechtsauffassung geteilt, zu einem Hinweis nach § 139 Abs. 2 ZPO verpflichtet gewesen wäre. Der Anwendung des § 531 Abs. 2 S. 1 Nr. 1 ZPO steht dann nicht entgegen, dass die erstinstanzliche Geltendmachung des neuen Angriffs- oder Verteidigungsmittels auch aus Gründen unterblieben ist, die eine Nachlässigkeit der Partei nach § 531 Abs. 2 S. 1 Nr. 3 ZPO tragen.[486]

ee) Infolge eines Verfahrensmangels nicht gehaltenes Vorbringen (§ 531 Abs. 2 S. 1 Nr. 2 ZPO)

Nach § 531 Abs. 2 Nr. 2 ZPO ist neues Vorbringen zulässig, das im ersten Rechtszug infolge eines Verfahrensmangels nicht geltend gemacht wurde. Als erstinstanzlicher Verfahrensmangel kommt insbesondere ein Verstoß gegen die gerichtliche Hinweispflicht nach § 139 ZPO in Betracht. So kann der Berufungskläger seine Berufung auf den **Verstoß gegen die Hinweispflicht** stützen und diejenigen Angriffs- und Verteidigungsmittel vorbringen, die er vorgebracht hätte, wenn ihm der Hinweis vom Erstgericht rechtzeitig erteilt worden wäre.

Formulierungsbeispiel

Das Landgericht hat es gem. § 520 Abs. 3 S. 2 Nr. 2 ZPO rechtsfehlerhaft unterlassen, dem Kläger, der gegen den Beklagten einen Zahlungsanspruch geltend gemacht hat, den Hinweis zu erteilen, dass das Rechtsverhältnis zwischen den Parteien nicht als Subunternehmervertrag, sondern als Innengesellschaft zu qualifizieren ist.

Da der Kläger Zahlungsansprüche gegen den Beklagten deswegen (grundsätzlich) nur nach Vorlage einer Auseinandersetzungsabrechnung geltend machen kann[487] und eine solche Auseinandersetzungsabrechnung fehlte, hat das Landgericht die Zahlungsklage abgewiesen. Bei ordnungsgemäßem rechtlichen Hinweis gem. § 139 ZPO hätte der Kläger die erforderliche Auseinandersetzungsabrechnung ordnungsgemäß und rechtzeitig vorgelegt.

Zulässigerweise legt der Kläger die Auseinandersetzungsabrechnung nunmehr gem. § 520 Nr. 4 ZPO i.V.m. § 531 Abs. 2 Nr. 1 ZPO in der Berufungsinstanz vor. Aus der Auseinandersetzungsabrechnung ergeben sich folgende Forderungen und Verbindlichkeiten: [...]

Beweis: Vorlage der Auseinandersetzungsabrechnung.

Gegeneinander saldiert steht dem Kläger somit der bereits erstinstanzlich erhobene Anspruch gegen den Beklagten in voller Höhe zu.

---

486 BGH NJW-RR 2015, 1278; BGH NJW 2015, 3455.
487 BGH NJW 1990, 573 ff.

Beweis: wie vor.

Das angefochtene Urteil ist deswegen auf die Berufung des Klägers abzuändern und der Beklagte antragsgemäß zu verurteilen.

320 Auch **andere Verfahrensfehler** können als Zulassungsgrund für neues Vorbringen herangezogen werden. So ist neuer Vortrag zuzulassen, wenn:
- auf eine lediglich als früher erster Termin gedachte mündliche Verhandlung eine Entscheidung ergeht und einer Partei hierdurch weiteres Vorbringen abgeschnitten wurde;[488]
- ein zu gewährender Schriftsatznachlass nicht eingeräumt wurde (vgl. §§ 283, 139 Abs. 5 ZPO);
- nach der letzten mündlichen Verhandlung – möglicherweise aufgrund eines Schriftsatzrechts – erstmals gehaltener Vortrag im Urteil berücksichtigt wird, ohne der Gegenseite (dem Berufungskläger) nochmals Gelegenheit zur Stellungnahme zu geben.

ff) Ohne Nachlässigkeit erstinstanzlich unterlassenes Vorbringen (§ 531 Abs. 2 S. 1 Nr. 3 ZPO)

321 Nach § 531 Abs. 2 Nr. 3 ZPO sind neue Angriffs- und Verteidigungsmittel, die im ersten Rechtszug nicht geltend gemacht worden sind, zuzulassen, wenn dies nicht auf einer Nachlässigkeit der Partei beruht. Haben sich die für die Geltendmachung der neuen Angriffs- und Verteidigungsmittel bedeutsamen tatsächlichen Umstände erst nach dem Schluss der erstinstanzlichen mündlichen Verhandlung geändert, liegen sog. **echte Noven** vor. Solche nach dem Schluss der mündlichen Verhandlung erster Instanz neu entstandene Angriffs- und Verteidigungsmittel können ohne die sich aus § 531 Abs. 2 ZPO ergebenden Beschränkungen jederzeit in das Berufungsverfahren eingeführt werden. Lagen die Tatsachen zum Zeitpunkt der letzten mündlichen Verhandlung in erster Instanz bereits vor (sog. **unechte Noven**), waren sie der Partei aber unbekannt, sind sie auf erstmaligen Vortrag in der Berufungsbegründung zu berücksichtigen, wenn die Unkenntnis nicht auf Nachlässigkeit beruht.[489]

322 Die **Beurteilung der Nachlässigkeit** erfordert eine Einzelfallbetrachtung. Im Ausgangspunkt soll auch § 531 Abs. 2 ZPO die Partei zu konzentrierter Verfahrensführung anhalten. Erforderlich ist daher ein **Verstoß gegen die Prozessförderungspflicht**.[490] Jede Partei ist grundsätzlich gehalten, schon im ersten Rechtszug die Angriffs- und Verteidigungsmittel vorzubringen, deren Relevanz für den Rechtsstreit ihr bekannt ist oder bei Aufwendung der gebotenen Sorgfalt hätte bekannt sein müssen und zu deren Geltendmachung sie dort imstande ist.[491] Insbesondere darf Vorbringen grundsätzlich nicht aus prozesstaktischen Erwägungen zurückgehalten werden.[492] Es besteht aber keine

---

[488] BVerfGE 69, 126, 139.
[489] Vgl. etwa BGH r+s 2010, 420, 421.
[490] BGH BeckRS 2016, 13390; BGH BeckRS 2016, 11505.
[491] BGH NJW 2004, 2825, 2827; BGH NJW 2010, 376.
[492] BGH NJW-RR 2011, 211, 212 f.

Verpflichtung, tatsächliche Umstände, die nicht bekannt sind, zu ermitteln.[493] Sorgfaltsmaßstab ist dabei die **einfache Fahrlässigkeit**.[494]

Beispiele 323

- Der Arzt unterliegt erstinstanzlich in einem Arzthaftungsprozess. Er trägt in der Berufung vor, der von ihm vorgenommene Eingriff sei durch eine **hypothetische Einwilligung des Patienten** gedeckt gewesen. Dieser Vortrag ist verspätet. Denn die Behauptungs- und Darlegungslast bezüglich der Einwilligung trägt der Arzt. Wurde von ihm erstinstanzlich lediglich vorgetragen, der Patient habe nach ordnungsgemäßer Aufklärung eingewilligt, umfasst dies nicht schon das für die hypothetische Einwilligung erforderliche Vorbringen.[495]
- Der **Verzicht auf die Parteivernehmung des Gegners** begründet keine Nachlässigkeit nach § 531 Abs. 2 Nr. 3 ZPO, wenn er zu einem Zeitpunkt erklärt worden ist, zu dem sich aus der Sicht des Erstgerichts eine Haftung des Gegners dem Grunde nach abzeichnet und es dies dem Beweisführer zu erkennen gibt. In einem solchen Fall besteht für den Beweisführer auch kein Anlass, den Antrag auf Parteivernehmung in der ersten Instanz erneut zu stellen. Der zweitinstanzliche Antrag ist zuzulassen.[496]
- Der Kläger verfolgt einen Anspruch auf Rückabwicklung eines Kaufvertrags bei vereinbartem Ausschluss der Sachmängelhaftung. Er trägt zweitinstanzlich erstmals vor, der Beklagte habe bereits zuvor versucht, das veräußerte Grundstück an einen Dritten zu verkaufen, ohne diesen über einen ihm bekannten Sachmangel zu informieren. Hierfür bietet er Beweis durch Vernehmung des Dritten als Zeugen an. Der Entwurf des Kaufvertrags des Beklagten mit dem Dritten lag dem Kläger bereits erstinstanzlich vor. Nach dem BGH soll allein der Umstand, dass der Kläger deshalb bereits in erster Instanz auf den Gedanken hätte kommen können, sich bei dem Dritten nach den Einzelheiten der Vertragsverhandlungen zu erkundigen, die Zurückweisung des Vortrags als verspätet nicht rechtfertigen. Dies setze zusätzlich besondere Umstände voraus, die aus der objektivierten Sicht des Klägers solche Erkundigungen erforderten oder zumindest nahelegten.[497]

Gerade bei technischen bzw. medizinischen Fachfragen lässt der BGH Zurückhaltung 324 bei der Annahme von Nachlässigkeit walten. So kann in **Arzthaftungssachen** vom Patienten **keine genaue Kenntnis der medizinischen Vorgänge erwartet und gefordert werden**, weshalb er sich auf den Vortrag beschränken darf, der die Vermutung eines fehlerhaften Verhaltens des Arztes aufgrund der Folgen für den Patienten gestattet. Die Partei ist insbesondere nicht verpflichtet, sich zur ordnungsgemäßen Prozessführung medizinisches Fachwissen anzueignen.[498] Es kann daher nicht als Nachlässigkeit angese-

---

493 BGH NJW-RR 2009, 329, 331.
494 BGH NJW 2004, 2825, 2827.
495 BGH NJW 2009, 1209, 1211.
496 BGH BeckRS 2016, 11505.
497 BGH BeckRS 2016, 13390.
498 BGH GesR 2014, 658.

hen werden, wenn die Partei erst im zweiten Rechtszug ihren Angriff mit Hilfe eines Privatsachverständigen konkretisiert.[499] Auch der Arzt ist nicht verpflichtet, sich zur ordnungsgemäßen Prozessführung spezielles medizinisches Fachwissen außerhalb seines Fachbereichs anzueignen.[500]

325 *Hinweis*

Der Einfluss der gemäßigten Substantiierungspflicht auf den Begriff der Nachlässigkeit betrifft aber **nur Vortrag zu fachspezifischen Fragen**, der besondere Sachkunde erfordert, insbesondere also Vortrag zu medizinischen Vorgängen, bezüglich derer vom Patienten regelmäßig keine genaue Kenntnis erwartet werden kann. Die Frage nach dem Verjährungsbeginn ist grundsätzlich keine solche Frage.[501] Zudem sieht der Bundesgerichtshof auch bei der Entscheidung des Patienten, welchen Abschnitt des gesamten Behandlungsverlaufs er zur Überprüfung durch das Gericht stellt, nicht als eine Frage an, für deren Beurteilung medizinische Fachkenntnisse erforderlich sind.[502]

f) Klageänderung, Aufrechnung und Widerklage

aa) Ausgangslage

326 Klageänderung, Aufrechnung und Widerklage sind keine Angriffs- und Verteidigungsmittel. Sie unterfallen daher nicht den Präklusionsvorschriften der §§ 530, 531 ZPO. Zur Begründung erweiterter Anträge vorgetragene Tatsachen und Beweismittel können daher nicht nach diesen Vorschriften als verspätet zurückgewiesen werden.[503] Die Zulässigkeit von Klageänderung, Aufrechnung und Widerklage richtet sich vielmehr nach § 533 ZPO.[504] Änderungen des Klageantrags nach § 264 ZPO sind auch in der Berufungsinstanz nicht als Klageänderung anzusehen, so dass § 533 ZPO auf sie keine Anwendung findet.[505] Die Abgrenzung zwischen neuen Tatsachen und Klageänderung/Aufrechnung richtet sich nach dem **Streitgegenstandsbegriff**.

327 *Beispiel*

Die Geltendmachung eines **Anspruchs aus abgetretenem Recht** auch bei einem einheitlichen Klageziel stellt einen anderen Streitgegenstand als die Geltendmachung aus eigenem Recht dar, weil der der Klage zugrunde gelegte Lebenssachverhalt im Kern geändert wird, wenn die Klage statt auf eigenes auf fremdes Recht gestützt wird. Daher ist § 533 ZPO einschlägig.[506]

---

499 BGH NJW 2016, 1328; BGH NJW 2008, 2846.
500 BGH VersR 2015, 1293.
501 Vgl. BGH NJW-RR 2015, 511.
502 BGH NJW 2004, 2825.
503 BGH NJW 2017, 491, 492.
504 BGH NJW 2017, 491.
505 BGH NJW 2015, 2812, 2813.
506 BGH NJW 2007, 2414, 2415.

Hinweis

328

Eine **Klageerweiterung in der Berufungsinstanz** liegt auch dann vor, wenn diese bereits in erster Instanz, allerdings nach dem Schluss der mündlichen Verhandlung eingereicht wurde. Dies gilt auch dann, wenn ein Schriftsatznachlass gewährt worden ist. Nach §§ 261 Abs. 2, 297 ZPO müssen Sachanträge spätestens in der letzten mündlichen Verhandlung gestellt werden.[507]

bb) Keine isolierte Klageänderung, Aufrechnung oder Widerklage

Jede Klageänderung, Aufrechnungserklärung oder Widerklage ist davon abhängig, dass ein **zulässiger Berufungsangriff** geführt wird. Die Berufung kann also nicht ausschließlich mit einem neuen Anspruch begründet werden.[508] Der Beklagte kann also gegen ein teilweise klagestattgebendes Urteil nicht Berufung allein mit der Begründung einer weitere Beträge umfassenden Aufrechnung einlegen.[509] Stattdessen ist immer darauf zu achten, dass zulässige Berufungsangriffe vorliegen, auch wenn der Berufungskläger im Ergebnis nicht davon überzeugt ist, dass diese Angriffe durchdringen.

329

cc) Ausnahmefälle

In besonderen Ausnahmefällen unterfallen die Widerklage und die Aufrechnungserklärung nicht den Beschränkungen des § 533 ZPO. Dabei handelt es sich um:
- die Zwischenfeststellungswiderklage (§§ 525, 256 Abs. 2 ZPO),[510]
- die vom Erstgericht nicht beschiedene Hilfsaufrechnung[511] und
- die Geltendmachung einer Aufrechnung eines Dritten durch den Beklagten als neue Tatsache gem. § 520 Abs. 3 S. 2 Nr. 4 i.V.m. § 531 Abs. 2 S. 1 ZPO.[512]

330

dd) Zulässigkeitsanforderungen

Klageänderung, Aufrechnungserklärung und Widerklage sind nach § 533 ZPO nur zulässig, wenn
- der Gegner einwilligt oder das Gericht dies für sachdienlich hält und
- diese auf Tatsachen gestützt werden können, die das Berufungsgericht seiner Verhandlung und Entscheidung über die Berufung ohnehin nach § 529 ZPO zugrunde zu legen hat.

331

Für die **Einwilligung des Gegners** genügt die rügelose Einlassung im Sinne von § 267 ZPO.[513] Willigt der Kläger nicht ein, kommt es darauf an, ob die Klageänderung, die Aufrechnung oder die Widerklage sachdienlich sind. Die Beurteilung der **Sachdienlichkeit** erfordert eine Berücksichtigung, Bewertung und Abwägung der beiderseitigen Interessen. Maßgebend ist nach der Rechtsprechung des BGH allein die objektive Beurtei-

332

---

507 BGH BeckRS 2017, 133092.
508 BGH NJW 1999, 2118.
509 BT-Drucks 14/4722, 102.
510 BGHZ 53, 92, 94.
511 BGH NJW 1983, 931.
512 BGH NJW 1992, 2575.
513 BGH WM 1990, 1938.

lung, ob und inwieweit die Zulassung der Klageänderung den sachlichen Streitstoff innerhalb des anhängigen Rechtsstreits ausräumt und einem anderenfalls zu gewärtigenden weiteren Rechtsstreit vorbeugt. Entscheidend ist der Gesichtspunkt der **Prozesswirtschaftlichkeit**. Dabei steht der Sachdienlichkeit einer Klageänderung nicht entgegen, dass im Falle ihrer Zulassung Beweiserhebungen nötig werden und dadurch die Erledigung des Prozesses verzögert würde. Die Sachdienlichkeit kann vielmehr bei der gebotenen prozesswirtschaftlichen Betrachtungsweise im Allgemeinen nur dann verneint werden, wenn ein völlig neuer Streitstoff in den Rechtsstreit eingeführt werden soll, bei dessen Beurteilung das Ergebnis der bisherigen Prozessführung nicht verwertet werden kann.[514]

333   *Beispiele*

Regelmäßig wird Sachdienlichkeit bejaht, wenn
- für den neuen Anspruch derjenige Prozessstoff herangezogen werden kann, der schon Gegenstand der ersten Instanz war oder
- die Berücksichtigung der Einwendung zur endgültigen Erledigung des Streits zwischen den Parteien führt, der den Gegenstand des anhängigen Verfahrens bildet; auf eine Verzögerung kommt es dann nicht an.[515]

Demgegenüber wird die Sachdienlichkeit verneint werden, wenn
- der maßgebliche tatsächliche Zusammenhang zwischen Klage- und Gegenforderung fehlt,[516]
- die Gegenforderung nach Erlass des erstinstanzlichen Urteils durch Abtretung erworben wurde und streitig ist,[517]
- das Berufungsgericht mangels genügender Substantiiertheit der Gegenforderung erst nach § 139 ZPO aufklären müsste[518] oder
- die Gegenforderung bereits anderweitig rechtshängig ist.[519]

334   Darüber hinaus muss sich jede Klageänderung, Aufrechnungserklärung und Widerklage in der Berufungsinstanz auf **Tatsachen** stützen, die das Berufungsgericht seiner Verhandlung und Entscheidung über die Berufung ohnehin nach § 529 ZPO zugrunde zu legen hat. Zu den Tatsachen, auf die gem. § 533 Nr. 2 ZPO eine Klageänderung gestützt werden kann, gehören nach der Rechtsprechung des BGH auch solche, die bereits in erster Instanz vorgetragen waren, von dem erstinstanzlichen Gericht aber als unerheblich beurteilt worden sind und deshalb im Urteilstatbestand keine Erwähnung gefunden haben. Kommt es aus der allein maßgeblichen Sicht des Berufungsgerichts aufgrund der Klageänderung auf diese Tatsachen an, bestehen erhebliche Zweifel an der Vollständig-

---

514 Zum Ganzen BGH NJW 2007, 2414, 2415.
515 BGH BB 2004, 1248.
516 BGH NJW 1977, 49; BGH VersR 1967, 477.
517 BGHZ 5, 373, 377.
518 BGHZ 17, 124, 126.
519 OLG Frankfurt/M. MDR 1980, 235.

keit der entscheidungserheblichen Feststellungen, die das Berufungsgericht nach § 529 Abs. 1 Nr. 1 ZPO zu eigenen Feststellungen berechtigen und verpflichten.[520]

> *Beispiel* **335**
>
> Auch das **Abstehen im Urkundenprozess** in der Berufungsinstanz ist möglich, wenn der Beklagte einwilligt oder das Gericht es für sachdienlich erachtet.[521]

ee) Wirkungslosigkeit

Bei Prüfung der Erfolgsaussicht der Berufung befasst sich das Berufungsgericht zunächst nicht mit der in der Berufungsinstanz durch den erstinstanzlich unterlegenen Kläger erweiterten Klage. Mit **Zurückweisung der Berufung** durch Beschluss gem. § 522 Abs. 2 ZPO wird die **Klageerweiterung wirkungslos**.[522] Auch eine mit der Berufung des Beklagten zugleich erhobene **neue Widerklage** wird mit der Zurückweisung der Berufung nach § 522 Abs. 2 ZPO wirkungslos.[523] **336**

> *Hinweis* **337**
>
> **Abweichendes** kommt bei einer gebotenen **Hinweiserteilung** in Betracht: Erachtet das Berufungsgericht eine Feststellungsklage entgegen der Auffassung des Erstgerichts für unzulässig, so muss es den Kläger gem. § 139 Abs. 3 ZPO hierauf hinweisen. Darüber hinaus muss das Berufungsgericht dem Kläger jedenfalls dann Gelegenheit geben, auf einen solchen Hinweis in der Berufungsinstanz durch eine Antragsmodifizierung zu reagieren. Stellt der Kläger auf einen solchen Hinweis des Berufungsgerichts als Hilfsantrag einen Zahlungsantrag, ist es dem Berufungsgericht verwehrt, die Berufung des Klägers gem. § 522 Abs. 2 ZPO zurückzuweisen und dadurch diese – als Reaktion auf den Hinweis des Berufungsgerichts erfolgte – Klageerweiterung für wirkungslos zu erachten, § 524 Abs. 4 ZPO analog.[524]

g) Bezugnahmeverbot

Die Berufungsbegründung ist ein bestimmender Schriftsatz, der in seinem vollen Wortlaut von einem Rechtsanwalt verantwortet und unterschrieben sein muss.[525] Nimmt der Rechtsanwalt auf Schriftstücke Bezug, die nicht von ihm selbst stammen, reicht dies grundsätzlich nicht aus, um den Inhalt dieser Schriftsätze zum Inhalt der Berufungsbegründung zu machen.[526] **338**

> *Hinweis* **339**
>
> Eine Berufung ist auch dann nicht ordnungsgemäß durch einen Anwalt begründet, wenn dieser eine **von einem Dritten entworfene Berufungsbegründung** unter-

---

520 BGH NJW 2007, 2414, 2416.
521 Näher BGH NJW 2011, 2796.
522 BGH NJW-RR 2017, 56; BeckRS 2017, 133092; NJW 2015, 251.
523 BGH NJW 2014, 151.
524 Zum Ganzen BGH NJW 2016, 2508; vgl. auch BGH NJW 2017, 2623.
525 BGH NJW 1993, 3333.
526 BGHZ 7, 174.

zeichnet, dabei jedoch durch einen distanzierenden Zusatz deutlich macht, dass er nicht die volle Verantwortung für den gesamten Inhalt des Schriftsatzes übernimmt.[527]

340 **Unzureichend** zur Begründung einer Berufung sind bloße Bezugnahmen auf
- den gesamten erstinstanzlichen Parteivortrag nebst Beweisangeboten unter Vorbehalt neuen Vorbringens, weil es damit bereits am erforderlichen Berufungsangriff fehlt,[528]
- ein Sachverständigengutachten.[529]

341 Demgegenüber sind **Bezugnahmen zur Begründung der Berufung möglich** auf
- ein Prozesskostenhilfegesuch,[530]
- einen Prozesskostenhilfebewilligungsbeschluss,[531]
- die Berufungsbegründung eines Rechtsanwaltes des Streitgenossen,[532]
- die Berufungsbegründung in einem parallelen einstweiligen Verfügungsverfahren, wenn davon eine beglaubigte Abschrift vorgelegt wird.[533]

342 Unabhängig von diesen allein der Begründung dienenden Bezugnahmen sind solche als Begleitung bzw. **Ergänzung eines anderweit zulässig formulierten Berufungsangriffs** möglich und häufig auch sachdienlich. Dabei kann auch ohne ausdrückliche Erklärung eine **inzidente Bezugnahme** vorliegen. Rügt etwa ein Berufungskläger, sein Beweisantritt zu einer bestimmten Tatsache sei unberücksichtigt geblieben, wird das Beweisangebot inzident wiederholt. Greift der Berufungskläger Rechtsausführungen des Erstgerichts an, in denen Sachvortrag als unerheblich angesehen wurde, wird mit dem Vortrag zu den Rechtsausführungen des Erstgerichts auch der von dem Erstgericht als unerheblich angesehene Sachvortrag inzident aufrechterhalten und (zulässig) in Bezug genommen.[534]

h) Unterschrift des Berufungsanwalts

343 Gem. § 525 i.V.m. § 130 Nr. 6 ZPO muss die Berufungsbegründungsschrift von einem Rechtsanwalt unterschrieben werden (näher Rdn 179 ff.).

i) Angabe des Beschwerdewertes und Stellungnahme zur Übertragung des Rechtsstreits auf den entscheidenden Einzelrichter

344 Kein zwingendes, sondern nur fakultatives Erfordernis der Berufungsbegründung ist die Angabe des Beschwerdewertes gem. § 520 Abs. 4 Nr. 1 ZPO und die Stellungnahme dazu, ob einer Übertragung des Rechtsstreits auf den entscheidenden Einzelrichter Gründe entgegenstehen (§ 520 Abs. 4 Nr. 2 ZPO).

---

527 BGH NJW-RR 2017, 686.
528 BGH FamRZ 2018, 283; BGH NJW 2000, 1576; OLG Hamm NJW-RR 1992, 631.
529 OLG Hamm NJW-RR 1992, 631.
530 BGH NJW-RR 2001, 789.
531 BGH NJW 1993, 3333, 3334.
532 BGH NJW 1993, 3333, 3334.
533 BGHZ 13, 244, 247.
534 BGH NJW 2007, 3070.

11. Schriftsätzlicher Vortrag nach der Berufungsbegründungsschrift

a) Ausgangslage

Nach der Grundkonzeption des Berufungsrechts braucht der Berufungskläger nach Abfassung der Berufungsbegründung keinen schriftsätzlichen Vortrag mehr zu führen. Gleichwohl kann er aus verschiedenen Gründen dazu veranlasst sein, die Berufungsanträge zu verändern und seine bisherigen Ausführungen zu vertiefen oder zu ergänzen, bspw.:

- Stellungnahme nach einem Hinweis des Berufungsgerichts nach § 522 Abs. 2 S. 2 ZPO
- Stellungnahme zur Berufungserwiderung (ggf. binnen nach § 521 Abs. 2 S. 1 ZPO gesetzter Frist)
- Stellungnahme zum Ergebnis einer in der Berufungsinstanz durchgeführten Beweisaufnahme
- Stellungnahme zu Hinweisen des Berufungsgerichts; ggf. binnen eines in der mündlichen Verhandlung bewilligten Schriftsatznachlasses (§ 139 Abs. 5 ZPO)
- Vortrag von sonstigen Ergänzungen bzw. Änderungen des Lebenssachverhalts.

345

b) Präklusion in der Berufungsinstanz

aa) Unzureichende Berufungsbegründung

Mit dem **Ablauf der Berufungsbegründungsfrist** tritt eine Zäsur ein. Eine unzulängliche Berufungsbegründung kann nach Fristablauf nicht mehr geheilt werden.[535] Weist die **Berufungsbegründung inhaltliche Mängel** auf, unterliegt sie also der **Verwerfung** nach § 522 Abs. 1 ZPO. Ein Wiedereinsetzungsantrag verspricht bei unzureichender Berufungsbegründung keinen Erfolg; er kommt nur in Betracht, wenn die Berufungsbegründung nicht oder nicht vollständig binnen der Berufungsbegründungsfrist beim Berufungsgericht eingegangen ist.

346

bb) Neues unstreitiges Vorbringen

Das Berufungsgericht hat seiner Verhandlung und Entscheidung gem. § 529 Abs. 1 Nr. 2 ZPO alle Tatsachen zugrunde zu legen, deren Berücksichtigung zulässig ist. Die **Zulässigkeitsgründe für neuen Tatsachenvortrag** ergeben sich grundsätzlich aus §§ 530, 531 ZPO. Unstreitiger Tatsachenvortrag ist in der Berufungsinstanz generell zu berücksichtigen. Dies gilt selbst dann, wenn durch den unstreitigen Tatsachenvortrag in der Berufungsinstanz eine Beweisaufnahme erforderlich wird.[536]

347

cc) Zurückweisung von Angriffs- und Verteidigungsmitteln

Im Übrigen können **Angriffs- und Verteidigungsmittel**, die nach Ablauf der Berufungsbegründungsfrist (§ 520 Abs. 2 ZPO) bzw. der Frist zur schriftsätzlichen Stellungnahme auf die Berufungserwiderung (§ 521 Abs. 2 S. 1 ZPO) erstmals vorgebracht werden,

348

---

535 BGH NJW-RR 2015, 511, 512.
536 BGH NJW 2005, 291.

nach §§ 530, 296 Abs. 1 und 4 ZPO **verspätet** sein. Der neue Vortrag ist nur zulässig, wenn er nach der freien Überzeugung des Gerichts den Rechtsstreit nicht verzögert oder der Berufungskläger die Verspätung genügend entschuldigt.

349 *Hinweis*

Die Begrenzung der Berücksichtigung von Vorbringen in der Berufungsinstanz ist differenziert und keineswegs leicht überschaubar ausgestaltet. Angriffs- und Verteidigungsmittel, die im ersten Rechtszuge zu Recht zurückgewiesen worden sind, bleiben ausgeschlossen (§ 531 Abs. 1 ZPO). Neues Vorbringen ist nur bei einem Zulassungsgrund nach § 531 Abs. 2 ZPO zu berücksichtigen. In § 530 ZPO wird geregelt, wann Vorbringen nach Ablauf der Berufungsbegründungsfrist, der Berufungserwiderungsfrist oder der Frist zur Stellungnahme auf die Berufungserwiderung präkludiert sind. Daneben greifen über § 525 ZPO die allgemeinen Vorschriften des § 296 Abs. 1 und 4 ZPO bzw. der §§ 296 Abs. 2, 282 ZPO. Für verzichtbare Zulässigkeitsrügen gilt § 532 ZPO. Die Zulässigkeit von Klageänderung, Aufrechnung und Widerklage bestimmt sich nach § 533 ZPO.

350 Ob neuer Vortrag zu einer **Verzögerung des Rechtsstreits** führt, wird teilweise nach dem **absoluten Verzögerungsbegriff**[537] und mitunter nach dem **relativen Verzögerungsbegriff**[538] beurteilt. Nach dem aus dem Gesetzeswortlaut hergeleiteten[539] absoluten Verzögerungsbegriff nützt es dem Berufungskläger – anders als bei Heranziehung des relativen Verzögerungsbegriffs – nicht, wenn er darlegen kann, dass der Rechtsstreit durch den verspätet vorgebrachten neuen Vortrag nicht länger dauert, als er gedauert hätte, wenn der Vortrag rechtzeitig geführt worden wäre. Maßgeblich für die Verzögerung ist danach allein, ob durch die Zulassung des verspäteten Vorbringens bereits eine Verzögerung eintritt.

351 Auch bei Zugrundelegung des absoluten Verzögerungsbegriffs muss das Berufungsgericht in den Grenzen des Zumutbaren versuchen, eine Verzögerung abzuwenden.[540] Dies nähert die Verzögerungsbegriffe zumindest im Ergebnis einander an. So wird die Verzögerung verneint, wenn das Berufungsgericht den Rechtsstreit durch terminsvorbereitende Maßnahmen gem. § 273 ZPO ohne weiteren Verzug zur Spruchreife führen kann. Dies ist der Fall, wenn zwischen dem neuen Vortrag und dem Verhandlungstermin genügend Zeit verbleibt, um

- ein Sachverständigengutachten einzuholen[541] oder
- eine Zeugenvernehmung vorzubereiten.[542]

---

537 BGHZ 75, 138; 76, 133; BGH NJW 1983, 575.
538 BVerfG NJW 1995, 1417.
539 BGH NJW 1979, 2109.
540 Vgl. etwa BGH NJW 2001, 151.
541 BVerfG NJW 1990, 2373.
542 BVerfG NJW 1992, 680.

Sind terminvorbereitende Maßnahmen aber erst einmal ergriffen worden, um eine Verzögerung zu vermeiden, rechtfertigen

- ein nicht rechtzeitig zum Verhandlungstermin fertig gestelltes Sachverständigengutachten oder
- ein nicht zum Verhandlungstermin erschienener geladener Zeuge

die Zurückweisung des verspäteten Vorbringens nicht mehr.[543]

Es muss dem Berufungsgericht aber zumindest noch möglich sein, die Verzögerung durch terminsvorbereitende Maßnahmen auszugleichen.[544] Zu Eilmaßnahmen ist es nicht verpflichtet. Allerdings ist die Partei dann grundsätzlich zu informieren, damit ihr selbst die Möglichkeit des Ausgleichs – etwa durch Stellen eines Zeugen – bleibt.[545]

Beispiele 352

Ob verspätet benannte Zeugen im anberaumten Termin gehört werden, hängt von der Anzahl der zusätzlich benannten Zeugen und dem Umfang des Beweisthemas ab. Ist das Beweisthema eng umgrenzt, ist es ggf. geboten, auch mehrere verspätet benannte Zeugen zu hören.[546] Hingegen kann bei einem umfangreichen Beweisthema zur Klärung eines vielschichtigen Streitstoffs die Vernehmung weiterer Zeugen zur Überschreitung der Zumutbarkeitsgrenze führen.[547] Ebenfalls unzumutbar ist die Durchführung einer sog. zweistufigen Beweisaufnahme, bei der die weitere Beweisaufnahme nach ihrem Thema und Umfang vom Ergebnis der ersten Beweisaufnahme abhängig ist.[548]

Führt das verspätete Vorbringen zu einer Verzögerung, muss der Berufungskläger nachweisen, dass ihn an der Verspätung **kein Verschulden** trifft. Dies setzt voraus, dass er den entlastenden Sachverhalt darlegt und auf Verlangen des Gerichts gem. § 296 Abs. 4 ZPO glaubhaft macht. Für ein Verschulden genügt Fahrlässigkeit. Sind die vorzutragenden neuen Umstände erst nach dem Ablauf der in § 530 ZPO bezeichneten Frist entstanden (echtes Novum), liegt bei unverzüglichem Vortrag kein Verschulden vor. Bei einem unechten Novum ist zu differenzieren: Restitutionsgründe im Sinne des § 580 ZPO, die der Berufungskläger in einem Restitutionsverfahren gem. § 582 ZPO geltend machen könnte, sind immer zu berücksichtigen.[549] In allen anderen Fällen ist zu untersuchen, ob dem Berufungskläger das neue Angriffs- und Verteidigungsmittel unverschuldet unbekannt geblieben ist oder der Berufungskläger die Beachtlichkeit des Umstandes trotz tatsächlicher Kenntnis schuldlos verkannt hat. 353

---

543 BGH NJW 1982, 2561.
544 BGH NJW 1990, 1359; BGH NJW-RR 1991, 728, 730; OLG Hamm NJW-RR 1994, 958.
545 BGH NJW 1980, 1848; BGH NJW 1990, 1358.
546 BGH NJW 2001, 151.
547 BGH WM 1985, 819; OLG Düsseldorf WRP 1983, 412.
548 BVerfG NJW 1990, 2373; BGHZ 86, 198, 202.
549 BT-Drucks 14/4722, S. 101 f.

c) Stellungnahme zum Hinweis nach § 522 Abs. 2 ZPO

aa) Ausgangslage

354 Das Berufungsgericht weist die Berufung gem. § 522 Abs. 2 S. 1 ZPO durch einstimmigen Beschluss unverzüglich zurück, wenn es davon überzeugt ist, dass:
- die Berufung keine Aussicht auf Erfolg hat,
- die Rechtssache keine grundsätzliche Bedeutung hat,
- die Fortbildung des Rechts oder die Sicherung einer einheitlichen Rechtsprechung eine Entscheidung des Berufungsgerichts nicht erfordert und
- eine mündliche Verhandlung nicht geboten ist.

In diesem Fall muss das Berufungsgericht oder der Vorsitzende gem. § 522 Abs. 2 S. 2 ZPO die Parteien auf die beabsichtigte Zurückweisung der Berufung und die Gründe hierfür hinweisen und dem Berufungskläger binnen einer zu bestimmenden Frist **Gelegenheit zur Stellungnahme** geben. Eine Berufungserwiderung muss nicht eingegangen und dem Berufungsbeklagten auch keine Frist zur Erwiderung gesetzt worden sein.[550] Der Berufungskläger muss dann überlegen, ob und ggf. mit welchen tatsächlichen und rechtlichen Ausführungen er das Berufungsgericht von der Berufungszurückweisung gem. § 522 Abs. 2 S. 1 ZPO abbringen kann. Ob § 522 Abs. 2 ZPO **Teilbeschlüsse** zulässt, ist bisher höchstrichterlich nicht geklärt.[551]

355 *Hinweis*

Das Berufungsgericht muss **Schriftsätze** der Parteien, die zwar nach Ablauf der gem. § 522 Abs. 2 S. 2 ZPO gesetzten Frist zur Stellungnahme, aber **vor Erlass** des die Berufung zurückweisenden Beschlusses eingehen, **zur Kenntnis nehmen** und jedenfalls daraufhin überprüfen, ob darin enthaltene Rechtsausführungen der beabsichtigten Verfahrensweise entgegenstehen und zu einem Eintritt in die mündliche Verhandlung veranlassen. Erlassen ist der Beschluss in dem Zeitpunkt, in dem das Gericht sich seiner in einer der Verkündung vergleichbaren Weise entäußert hat.[552]

bb) Auseinandersetzung mit den Hinweisen

356 Der Berufungskläger kann mit seiner Stellungnahme versuchen, das Berufungsgericht unter Beibehaltung des Tatsachenvortrages von seiner abweichenden **Rechtsauffassung** zu überzeugen. Der Umfang kann über die Ausführungen in der Berufungsbegründung hinausgehen, da das Berufungsgericht bei zulässiger Berufung nach § 529 Abs. 2 S. 2 ZPO an die geltend gemachten Berufungsgründe nicht gebunden ist.

357 *Hinweis*

Die **Stellungnahme** zum Hinweis des Berufungsgerichts nach § 522 Abs. 2 ZPO ist mitunter zur Aufrechterhaltung der Rügemöglichkeit im Nichtzulassungsbeschwerdeverfahren **zwingend**. Wegen des **Grundsatzes der Subsidiarität** muss ein Gehörs-

---

550 BGH NJW-RR 2018, 303.
551 Offenlassend BGH NJW-RR 2007, 767.
552 BGH NZM 2017, 147.

bzw. Grundrechtsverstoß durch das Berufungsgericht noch im Berufungsverfahren gerügt werden.[553]

Neben Rechtsausführungen kann der Berufungskläger auch seinen **Tatsachenvortrag** ergänzen, um eine andere rechtliche Bewertung durch das Berufungsgericht zu erreichen. Zugelassen sind Angriffs- und Verteidigungsmittel,

- die unstreitig bleiben,
- die nicht als „neu" anzusehen sind, da sie das bisherige Vorbringen lediglich arrondieren,
- die auf den im Hinweis nach § 522 Abs. 2 ZPO enthaltenen, nach § 139 ZPO gebotenen „Ersthinweis" vorgebracht werden,[554]
- die echte Noven darstellen,
- die unechte Noven darstellen, die allerdings Anlass zur Wiederaufnahme des Verfahrens geben würden oder
- die zu keiner Verzögerung des Rechtsstreits führen oder deren später Vortrag entschuldigt werden kann (§ 530 ZPO).

358

Schließlich kann zu den in § 522 Abs. 2 S. 1 Nr. 2 bis 4 ZPO geforderten **verfahrensrechtlichen Voraussetzungen** für eine Zurückweisung der Berufung nach § 522 Abs. 2 ZPO Stellung genommen werden. Zu den Begrifflichkeiten der grundsätzlichen Bedeutung der Sache, der Fortbildung des Rechts und der Sicherung einer einheitlichen Rechtsprechung gilt das zu § 511 Abs. 4 ZPO Ausgeführte entsprechend (Rdn 45 ff.). Das Kriterium der gebotenen mündlichen Verhandlung hat in der Praxis keine nennenswerte Bedeutung erlangt. Der Gesetzgeber hält die mündliche Verhandlung für angezeigt, wenn die Rechtsverfolgung für den Berufungskläger existenzielle Bedeutung hat oder wenn das Urteil erster Instanz zwar im Ergebnis richtig, aber unzutreffend begründet ist.[555] Hält das Berufungsgericht alle weiteren Voraussetzungen für eine Beschlussfassung nach § 522 Abs. 2 ZPO für gegeben, wird die alleinige Forderung nach einer mündlichen Verhandlung in der Praxis nur selten einen Erfolg – der dann nur in der Verhandlung, nicht aber in der Sache selbst liegt – versprechen.

359

cc) Anfechtbarkeit

Nach § 522 Abs. 3 ZPO steht dem Berufungsführer (mit Wirkung vom 27.10.2011) gegen den Zurückweisungsbeschluss das Rechtsmittel zu, das bei einer Entscheidung durch Urteil zulässig wäre. Er kann also eine **Nichtzulassungsbeschwerde** gem. § 544 ZPO einlegen, sofern der Wert einer (zuzulassenden) Revision eine geltend zu machende **Beschwer von 20.000 EUR übersteigt** (§ 26 Nr. 8 S. 1 EGZPO).

360

Ist eine Nichtzulassungsbeschwerde mangels hinreichender Beschwer nicht eröffnet, bleibt nur die Möglichkeit einer **Anhörungsrüge nach § 321a ZPO**, soweit eine Verletzung des Anspruchs auf Gewähr rechtlichen Gehörs im Raum steht. Sie ist dann Zuläs-

361

---

[553] BGH VersR 2018, 247; BGH NJW-RR 2016, 699.
[554] BGH NJW-RR 2014, 1431.
[555] BT-Drucks 17/5334, S. 7.

sigkeitsvoraussetzung für eine Verfassungsbeschwerde.[556] Die Entscheidung über die Gehörsrüge ist unanfechtbar. Durch die Einlegung einer Gegenvorstellung und die darauf ergehende Entscheidung kann die Monatsfrist zur Einlegung und Begründung der Verfassungsbeschwerde (§ 93 Abs. 1 S. 1 BVerfGG) nicht erneut in Lauf gesetzt werden.[557]

362 *Hinweis*

*Eine **Verfassungsbeschwerde** ist wegen des Subsidiaritätsgrundsatzes **unzulässig**, wenn der Berufungskläger zu dem Hinweisbeschluss des Berufungsgerichts gemäß § 522 Abs. 2 S. 2 ZPO **keine Stellung genommen** hat.[558]*

d) Stellungnahme zur Berufungserwiderung

363 Für eine Stellungnahme zur Berufungserwiderung kann der Vorsitzende dem Berufungskläger eine Frist setzen (§ 521 Abs. 2 ZPO). Diese ist mit Blick auf neue Angriffs- und Verteidigungsmittel wegen § 530 ZPO beachtlich. Rechtsausführungen sind – wie stets – ohne Beschränkung möglich.

e) Stellungnahme zum Ergebnis einer Beweisaufnahme

364 Erhebt das Berufungsgericht die (noch) erforderlichen Beweis nach § 538 Abs. 1 ZPO selbst, kann zum Ergebnis der Beweisaufnahme Stellung genommen werden.

365 *Beispiele*

In seiner Stellungnahme kann der Berufungskläger:

- *sich ohne Erweiterung des Tatsachenvortrages mit der Überzeugungskraft des Beweisergebnisses auseinandersetzen und ggf. Widersprüchlichkeiten aufzeigen, um das Ergebnis der Beweisaufnahme zu entwerten,*
- *unter Beachtung von § 530 ZPO substantiierten beweiswürdigenden Tatsachenvortrag führen, mit dem sich das Gericht auseinandersetzen muss und der das Gericht gegebenenfalls zur Wiedereröffnung der mündlichen Verhandlung gem. § 156 ZPO zwingen kann oder*
- *unter Beachtung von § 530 ZPO neuen Beweis oder Gegenbeweis antreten.*

366 Reine „Würdigungsschriftsätze" können bis zum Verkündungstermin eingereicht werden. Soll aber die Stellungnahme zum Beweisergebnis mit ergänzendem Sachvortrag oder neuen Beweisantritten verbunden werden, bedarf es grundsätzlich eines **Schriftsatznachlasses**. Dieser sollte im Beweistermin **stets beantragt** werden. Bei komplexen Angelegenheiten oder neuen Erkenntnissen durch die Beweisaufnahme wird grundsätzlich ein Schriftsatzrecht zu gewähren sein.[559] Allerdings muss nicht in jedem Fall ein Schriftsatznachlass gewährt werden. Erbringen etwa die mündlichen Ausführungen eines Sachverständigen gegenüber dem schriftlichen Gutachten keine neuen Beurteilungen

---

556 BVerfG NJW 2005, 3059.
557 Vgl. BVerfG NJW 2009, 829.
558 BVerfG BeckRS 2015, 45719.
559 Vgl. etwa BGH NZBau 2009, 244.

oder Erkenntnisse, muss – sofern nicht zur Herstellung von Waffengleichheit anderes geboten ist – kein Schriftsatzrecht eingeräumt werden.[560] Auch bei Unterstützung der Partei in der Beweisaufnahme durch einen Experten bzw. Privatgutachter unter Verdeutlichung einer hinreichenden eigenen Sachkunde bedarf es keines nochmaligen Schriftsatzrechts.[561]

Hinweis 367

Gibt ein Sachverständiger in seiner mündlichen Anhörung bzw. Erläuterung seines Gutachtens neue und das schriftliche Gutachten **ergänzende Beurteilungen** ab, muss den Parteien – unabhängig von ihrer Sachkunde – **Gelegenheit zur Stellungnahme** gegeben werden, selbst wenn sie die Einräumung einer Schriftsatzfrist nicht beantragen.[562] Ergibt sich, dass nur die **Wiedereröffnung der Verhandlung** diese Verletzung heilen kann, muss das Gericht bei pflichtgemäßer Ausübung seines aus § 156 ZPO folgenden Ermessens dergestalt verfahren.[563] Entsprechendes gilt für die im Trend liegende ausschließlich mündliche Gutachtenerstattung.[564]

f) Stellungnahme aufgrund eines Schriftsatzrechts

Das Berufungsgericht kann dem Berufungskläger auf Antrag einen Schriftsatznachlass 368 bewilligen. Dadurch kann der Berufungskläger:

- zu Schriftsätzen des Berufungsbeklagten, die ihm nicht rechtzeitig übermittelt worden sind (§ 283 ZPO), und
- zu Hinweisen des Berufungsgerichts gem. §§ 525, 139 Abs. 5 ZPO

Stellung nehmen.

Hinweis 369

Ein Schriftsatznachlass ist nur erforderlich, wenn der Berufungskläger im Hinblick auf den Vortrag des Berufungsbeklagten oder im Hinblick auf die vom Gericht erteilten Hinweise in **tatsächlicher Hinsicht** vortragen möchte. Für Rechtsausführungen benötigt der Berufungskläger keinen Schriftsatznachlass.

Nimmt der Berufungskläger aufgrund eines bewilligten Schriftsatznachlasses zu den 370 Hinweisen des Berufungsgerichts mit ergänzendem Tatsachenvortrag Stellung, ist dieser zuzulassen, soweit er sich innerhalb des bewilligten Schriftsatznachlasses hält.

g) Flucht in die Säumnis

Gibt das Berufungsgericht erst in der mündlichen Verhandlung zu erkennen, dass es der 371 Berufung keine Erfolgsaussichten beimisst, kann der Berufungskläger entweder die Bewilligung eines Schriftsatznachlasses beantragen oder aber erklären, dass er nicht auftritt. Der Berufungsbeklagte wird dann gem. § 539 Abs. 1 ZPO den Antrag stellen,

---

560 BGH NJW 1991, 1547, 1548.
561 Vgl. BGH BeckRS 2009, 88191.
562 BGH NJW 2011, 3040; BGH NJW-RR 2011, 428.
563 BGH NJW-RR 2011, 428.
564 Vgl. auch BGH NJW 2009, 2604.

die Berufung durch **Versäumnisurteil** zurückzuweisen (§ 539 Abs. 1 ZPO). Hiergegen kann der Berufungskläger **Einspruch** einlegen (§§ 539 Abs. 3, 338 ZPO). Für neues Vorbringen gilt §§ 539 Abs. 3, 340 Abs. 3 ZPO.

h) Berufungsrücknahme

372   Die Berufungsrücknahme hat den (bei Teilrücknahme teilweisen) Verlust des eingelegten Rechtsmittels zur Folge sowie die Verpflichtung, die durch die Berufungsrücknahme entstandenen Kosten zu tragen (§ 516 Abs. 3 S. 1 ZPO). Diese Wirkungen sind gem. § 516 Abs. 3 S. 1 ZPO durch Beschluss auszusprechen. Die Berufungsrücknahme ist gem. § 516 Abs. 1 ZPO auch noch nach Antragstellung ohne Zustimmung des Gegners bis zur Verkündung des Urteils zulässig. Sie unterliegt dann nicht dem Anwaltszwang, wenn die Partei die Berufung (unzulässig) selbst eingelegt hat.

373   *Hinweis*
Auf diese Weise kann der Berufungskläger bis zur Verkündung des Berufungsurteils eine **aussichtsreiche Anschlussberufung** *des Berufungsbeklagten* **zu Fall bringen**, *allerdings verbunden mit der Übernahme der Kostenlast für die Anschlussberufung (§ 524 Abs. 4 ZPO).*

i) Erledigungserklärung

374   Jede Erledigungserklärung erfordert die **Zulässigkeit der Berufung**: Erklärt der Berufungskläger den Rechtsstreit in der Hauptsache für erledigt und war das Rechtsmittel unzulässig, wird die Berufung als unzulässig verworfen und dem Berufungskläger gem. § 97 Abs. 1 ZPO die Kostentragungslast auferlegt.[565] Dies gilt auch dann, wenn die Berufung erst nach dem erledigenden Ereignis eingelegt wird, soweit dem Berufungskläger hierdurch die erforderliche Beschwer fehlt.[566]

375   Bei zulässiger Berufung und **übereinstimmender Erledigungserklärung** entscheidet das Berufungsgericht gem. § 91a ZPO nach allgemeinen Grundsätzen über sämtliche entstandene Kosten unter Berücksichtigung des mutmaßlichen Ausgangs des Rechtsmittelverfahrens.[567] Allerdings ist zu differenzieren, ob die Parteien die Hauptsache oder das Rechtsmittelverfahren übereinstimmend für erledigt erklärt haben. Auch Letzteres ist denkbar[568] und in eher seltenen Konstellationen sinnvoll.[569] Dann ist nach § 91a ZPO nur über die Kosten des Berufungsverfahrens zu entscheiden.

376   Bei zulässiger Berufung und **einseitiger Erledigungserklärung** prüft das Gericht im ordentlichen Streitverfahren, ob die Hauptsache erledigt ist, ob also die eingereichte Klage zulässig und begründet war, aber durch ein nach Rechtshängigkeit eingetretenes Ereignis gegenstandslos geworden ist. Liegen diese Voraussetzungen vor, spricht das

---

565   BGH WM 1986, 534.
566   BGH NJW 1994, 942; BGH NJW 2000, 1120.
567   Vgl. BGH NJW-RR 2004, 377.
568   Vgl. BGH NJW 2009, 234.
569   MüKo-ZPO/*Schulz*, § 91a ZPO Rn 110 f.

Gericht die Erledigung durch Urteil aus.[570] Nach der Rechtsprechung des BGH ist auch die einseitige Erklärung der Erledigung des Rechtsmittels jedenfalls dann möglich, wenn hierfür ein besonderes Bedürfnis besteht, weil nur auf diese Weise eine angemessene Kostenentscheidung zu erzielen ist.[571]

II. Sicht des Berufungsbeklagten

1. Ausgangssituation

Der Berufungsbeklagte, der sich nach **Prüfung des erstinstanzlichen Urteils** entschieden hat, nicht selbst ebenfalls Berufung gegen ein ggf. auch ihn beschwerendes Urteil einzulegen, kann sich auf die Fristenkontrolle (dazu Rdn 381 ff.) beschränken, ggf. auf den Vorschlag eines Stillhalteabkommens durch den Berufungskläger reagieren (dazu Rdn 177 f.) und nach Zustellung der Berufung, spätestens nach Eingang der Berufungserwiderung Überlegungen zur Rechtsverteidigung im Berufungsverfahren bzw. zur Möglichkeit einer Anschlussberufung anstellen. 377

Bereits vor der eigenen inhaltlichen Auseinandersetzung mit dem Gegenstand des Berufungsverfahrens kann es auf die Mitwirkung des Berufungsbeklagten ankommen, wenn der Berufungskläger eine (weitere) über einen Monat hinausgehende **Verlängerung der Berufungsbegründungsfrist** anstrebt, für die er nach § 520 Abs. 2 ZPO der Einwilligung des Berufungsbeklagten bedarf (näher Rdn 213 ff.). Um die Einwilligung muss sich der Berufungskläger selbst bemühen. Sie kann außergerichtlich erteilt und anschließend vom Prozessbevollmächtigten des Berufungsklägers gegenüber dem Berufungsgericht anwaltlich versichert werden. Im Regelfall wird die Einwilligung in der Praxis zumindest für eine weitere Fristverlängerung gewährt. Im einstweiligen Rechtsschutz sollte der erstinstanzlich obsiegende Verfügungskläger zur Vermeidung der Widerlegung der Dringlichkeit keine Einwilligung erteilen. 378

Ebenfalls vor dem ersten eigenen inhaltlichen Berufungsschriftsatz kann der Berufungsbeklagten nach § 537 Abs. 1 ZPO **beantragen, das erstinstanzliche Urteil im nicht angefochtenen Umfang für vorläufig vollstreckbar zu erklären.** Gem. § 537 Abs. 1 S. 2 ZPO ist eine Entscheidung des Berufungsgerichts aber erst nach Ablauf der Berufungsbegründungsfrist zulässig. Danach ist die Antragstellung ohne Fristbindung bis zur Entscheidung der Hauptsache zulässig.[572] Die Entscheidung des Berufungsgerichts über den Antrag auf unbedingte Vollstreckbarkeit ist unanfechtbar (§ 537 Abs. 2 ZPO). 379

---

570 BGH NJW 2008, 2580.
571 BGH NJW-RR 2009, 855.
572 KG MDR 1988, 240; OLG Hamm NJW-RR 1990, 1470.

380 *Hinweis*

Für den Antrag auf Vollstreckbarkeitserklärung nach § 537 ZPO sieht Nr. 3329 VV RVG eine 0,5-Gebühr vor. Ausnahmsweise fällt die Gebühr nicht an, wenn

- sich die Parteien nachträglich auch im Hinblick auf den gem. § 537 Abs. 1 ZPO für vorläufig vollstreckbar erklärten Teil des Urteils vergleichen oder
- der Berufungskläger seine Berufung auf den ursprünglich nicht angefochtenen Teil erweitert.

Trifft das Gericht die gem. § 91 ZPO zu treffende Kostenentscheidung nicht von Amts wegen, ist innerhalb der Zwei-Wochen-Frist des § 321 Abs. 2 ZPO Urteilsergänzung zu beantragen. Wird diese Frist versäumt, kann beantragt werden, dass das Berufungsgericht – unter Berücksichtigung der Kostentrennung nach §§ 92, 97 ZPO – über den Kostenantrag entscheidet. Wird auch dies versäumt, muss der Berufungsbeklagte gegen den zahlungsunwilligen Berufungskläger einen Erstattungsprozess führen.

2. Fristenkontrolle

a) Ausgangslage

381 Nach Urteilszustellung muss sich die obsiegende Partei – ebenso wie die unterlegene Partei – um die Fristenkontrolle kümmern. Bereits hiermit beginnt für sie gedanklich das Berufungsverfahren.

382 Zuerst muss der Berufungsbeklagte bereits in Ansehung des bevorstehenden Berufungsverfahrens:

- die **Tatbestandsberichtigungsfrist** (zwei Wochen ab Zustellung) beachten, um nicht mit solchen tatsächlichen Ausführungen präkludiert zu sein, über die der Tatbestand des erstinstanzlichen Urteils keinen Beweis liefert (näher Rdn 63 ff.),
- die **Urteilsergänzungsfrist** (zwei Wochen ab Zustellung) einhalten, wenn der Tenor der anfechtbaren Entscheidung unvollständig ist (näher Rdn 76 ff.).

383 **Arrest und einstweilige Verfügungen** müssen gem. § 929 Abs. 2 ZPO **binnen Monatsfrist vollzogen** werden. Jede zulässige Berufung gegen eine Urteilsverfügung ist schon dann erfolgreich, wenn der Berufungsbeklagte in der mündlichen Verhandlung nicht die ordnungsgemäße Vollziehung gem. § 929 Abs. 2 ZPO nachweisen kann. Zum Nachweis der Vollziehung reicht der Nachweis der Urteilszustellung von Amts wegen nicht aus. Erforderlich ist vielmehr eine Zustellung der Urteilsverfügung im Parteibetrieb.[573]

b) Berufungserwiderungsfrist und Anschlussberufungsfrist

aa) Fristsetzung

384 Eine gesetzlich normierte **Berufungserwiderungsfrist** gibt es nicht. Der Vorsitzende oder das Berufungsgericht kann dem Berufungsbeklagten gem. § 521 Abs. 2 S. 1 ZPO

---

[573] OLG Düsseldorf NJW-RR 1987, 763; OLG Frankfurt/M. NJW-RR 1987, 764.

eine Frist zur schriftlichen Berufungserwiderung von **mindestens zwei Wochen** (§§ 521 Abs. 2 S. 2, 277 Abs. 3 ZPO) setzen. Die Frist ist zu notieren. Sie ist zugleich **für die Anschlussberufung maßgebend** (§ 524 Abs. 2 S. 2 ZPO). Die Berufungserwiderungsfrist ist keine Notfrist; sie kann deswegen auf Antrag des Berufungsbeklagten verlängert werden. Die strengen Bestimmungen für die **Verlängerung** der Berufungsbegründungsfrist (§ 520 Abs. 2 S. 2 und 3 ZPO) gelten für die Berufungserwiderungsfrist nicht.

Regelmäßig bestimmt der Vorsitzende, dass die Berufungserwiderungsfrist an einem bestimmten Tag abläuft. Insoweit ist es für den Berufungsbeklagten leicht, den Lauf der Berufungserwiderungsfrist unter Kontrolle zu halten. Bei Fristende an einem Samstag, Sonntag oder Feiertag ist der nächste Werktag maßgebend. 385

Bei **Fristversäumung** ist keine Wiedereinsetzung möglich. Nicht fristgerecht geführter Vortrag kann der Präklusion nach § 530 i.V.m. § 296 Abs. 1 ZPO unterliegen. 386

bb) Ausbleibende Fristsetzung

Unterbleibt die Fristsetzung oder erfolgt diese nicht wirksam,[574] bleiben die Berufungserwiderung und die Einlegung der Anschlussberufung bis zum Schluss der mündlichen Verhandlung möglich.[575] Der Berufungsbeklagte kann aber aus der allgemeinen Prozessförderungspflicht nach § 525 i.V.m. § 282 Abs. 1 ZPO zur Berufungserwiderung verpflichtet sein. Trägt er nicht rechtzeitig vor, riskiert er – auch ohne Fristsetzung – eine Präklusion nach § 525 i.V.m. § 296 Abs. 1 und 2 ZPO. 387

cc) Anwaltsgebühren bei Anschlussberufung

Durch die Einlegung und Begründung der Anschlussberufung erhöht sich der Wert des Streitgegenstandes. Dies führt dazu, dass sich auch die Verfahrensgebühr erhöht. Diese berechnet sich gem. §§ 2 Abs. 2, 13 RVG i.V.m. Nr. 3200 VV als 1,6-Gebühr. 388

c) Klagefrist für die Wiederaufnahmeklage

Der Berufungsbeklagte kann wegen §§ 579 Abs. 2 bzw. 582 ZPO gehalten sein, Gründe, die zur Wiederaufnahme des Verfahrens Anlass geben, mit der Anschlussberufung geltend zu machen, wenn der Berufungskläger Berufung eingelegt hat und die Anschlussberufungsfrist gem. § 524 Abs. 2 S. 2 ZPO noch nicht abgelaufen ist. Nutzt der Berufungsbeklagte die Möglichkeit der Anschlussberufung in diesen Fällen nicht, ist die Wiederaufnahmeklage bereits aus diesem Grund unzulässig.[576] Bei Berufungszurücknahme muss der Berufungsbeklagte, der Anschlussberufung eingelegt und diese mit einem Argument begründet hat, das auch die Wiederaufnahme des Verfahrens rechtfertigen würde, allerdings die Wiederaufnahmefrist gem. § 586 Abs. 1 und Abs. 2 ZPO notieren. 389

---

574 BGH NJW 2009, 515; siehe auch BGH GRUR 2017, 785.
575 Zöller/*Heßler* § 524 ZPO Rn 10.
576 Vgl. BGH WM 1975, 736 für die Restitutionsklage gem. § 580 ZPO.

390 *Beispiel*

Erhebt der Berufungsbeklagte Anschlussberufung, ist deren Erfolg davon abhängig, ob die Hauptberufung auch tatsächlich durchgeführt wird. Wird die Hauptberufung gem. § 522 Abs. 2 ZPO als unzulässig verworfen oder als unbegründet zurückgewiesen oder nimmt der Berufungskläger die Berufung gem. § 516 Abs. 3 ZPO zurück, fehlt dem Berufungsbeklagten das erforderliche prozessrechtliche Vehikel. Der (ehemalige) Berufungsbeklagte, der seine Anschlussberufung auf einen Wiederaufnahmegrund stützte, muss die Nichtigkeitsklage gem. § 579 ZPO oder aber die Restitutionsklage gem. § 580 ZPO erheben. Diese beiden Klagearten sind gem. § 586 Abs. 1 und 2 ZPO fristgebunden. Die Klagefrist beträgt einen Monat. Sie ist eine Notfrist und beginnt mit der Kenntnis des Wiederaufnahmeklägers oder seines Prozessbevollmächtigten vom rechtskräftigen Urteil.[577]

3. Prozesskostenhilfeantrag

391 Auch der Berufungsbeklagte muss für die Berufungsinstanz gesondert Prozesskostenhilfe beantragen (§ 119 Abs. 1 S. 1 ZPO). Auf die in der ersten Instanz abgegebene Erklärung über die persönlichen und wirtschaftlichen Verhältnisse kann Bezug genommen werden, wenn versichert wird, dass sich zwischenzeitlich nichts geändert hat.[578] Anderenfalls bedarf es einer neuen Erklärung.

392 Der Antrag auf Bewilligung von Prozesskostenhilfe kann vom Berufungsbeklagten bereits nach Eingang der Berufung gestellt werden. Die Rechtsprechung zur Kostenfestsetzung bei Tätigwerden eines Prozessbevollmächtigten für den Berufungsbeklagten vor der Berufungsbegründung ist aber nicht auf das Prozesskostenhilferecht zu übertragen.[579] Es entspricht der Rechtsprechung des BGH, dass einem Rechtsmittelgegner – jedenfalls dann, wenn er in der Vorinstanz anwaltlich vertreten war – im Allgemeinen Prozesskostenhilfe **erst bewilligt** werden kann, **wenn das Rechtsmittel begründet worden ist** und die Voraussetzungen für eine Verwerfung des Rechtsmittels nicht gegeben sind.[580]

393 *Hinweis*

Dem Berufungsbeklagten kann nach Eingang der Rechtsmittelbegründung Prozesskostenhilfe zur Verteidigung gegen die Berufung nicht mit der Begründung versagt werden, eine Entscheidung über die Zurückweisung der Berufung durch einstimmigen Beschluss (§ 522 Abs. 2 ZPO) stehe noch aus.[581] Hieran hat sich durch die Einführung eines Rechtsmittels gegen den die Berufung gem. § 522 Abs. 2 ZPO zurückweisenden Beschluss nichts geändert.[582]

---

577 B/L/A/H/*Hartmann*, § 586 ZPO Rn 5.
578 OLG Köln NJW 1995, 2728.
579 BGH FamRZ 2013, 122.
580 BGH FamRZ 2013, 122; BGH FamRZ 2010, 1147.
581 BGH FamRZ 2010, 1147.
582 BGH NJW-RR 2017, 1273.

Gemäß § 119 Abs. 1 S. 2 ZPO ist vom Berufungsgericht **nicht zu prüfen**, ob die Rechts- 394
verfolgung oder Rechtsverteidigung gegen die Berufung hinreichende **Aussicht auf
Erfolg** bietet oder **mutwillig** erscheint, wenn der Gegner das Rechtsmittel eingelegt hat.
Von diesem Grundsatz kann nur in eng begrenzten Ausnahmefällen abgewichen werden.
Solche **Ausnahmekonstellationen** werden angenommen, wenn:
- für das Berufungsgericht nach Vorlage der Berufungsbegründung ersichtlich ist, dass das Erstgericht aus Rechtsgründen ein **eindeutig falsches Urteil** gefällt hat (z.B. zur Zahlung einer Spielschuld verurteilt hat),[583]
- der Berufungskläger in der Berufungsbegründung aufzeigen kann, dass der Berufungsbeklagte in der ersten Instanz **eindeutig falsch vorgetragen** hat und deswegen in der Berufungsinstanz unterliegen wird (z.B. weil der Berufungsbeklagte behauptete, dass eine Forderung noch offen sei, bevor der Berufungskläger in der zweiten Instanz die Quittung auffindet, mit der er beweisen kann, dass er die Forderung bereits ausgeglichen hat),
- eine **Änderung der tatsächlichen Gegebenheiten** eingetreten ist.[584]

4. Deckungsschutzanfrage

Für die Abwehr eines Rechtsmittels haben die Rechtsschutzversicherungen **stets** De- 395
ckungsschutz zu gewähren. Einer gesonderten Begründung bedarf es nicht. Die Erfolgsaussichten ergeben sich bereits daraus, dass der Versicherungsnehmer in der Vorinstanz
obsiegte.

5. Berufungserwiderung

a) Berufungserwiderungsfrist

aa) Fristsetzung

Der Vorsitzende oder das Berufungsgericht kann dem Berufungsbeklagten gem. § 521 396
Abs. 2 S. 1 ZPO eine Frist zur schriftlichen Berufungserwiderung von **mindestens zwei
Wochen** (§§ 521 Abs. 2 S. 2, 277 Abs. 3 ZPO) setzen (näher Rdn 384 ff.). Sie kann
auf Antrag des Berufungsbeklagten verlängert werden. Die Entscheidung über einen
Verlängerungsantrag liegt **im Ermessen** des Vorsitzenden oder des Berufungsgerichts.
Die strengen Bestimmungen für die **Verlängerung** der Berufungsbegründungsfrist
(§ 520 Abs. 2 S. 2 und 3 ZPO) gelten für die Berufungserwiderungsfrist nicht. Die Entscheidung wird regelmäßig von der Dauer der ursprünglich gesetzten Frist abhängen.
Bei einer Frist von bis zu einem Monat wird eine Verlängerung jedenfalls dann geboten
sein, wenn der Berufungsbeklagte Umstände vorträgt, die – wäre er Berufungskläger –
eine Verlängerung der Berufungsbegründungsfrist gem. § 520 Abs. 2 S. 2 und 3 ZPO
rechtfertigen würden. Dies gilt insbesondere, wenn die Berufungsbegründung neuen
Vortrag enthält.

---

[583] OLG Köln VersR 1981, 488; OLG Düsseldorf FamRZ 1988, 416.
[584] BGH NJW-RR 1989, 702, 703; OLG Bamberg FamRZ 1999, 111.

bb) Ausbleibende Fristsetzung

397 Unterbleibt die Fristsetzung oder erfolgt diese nicht wirksam, bleiben die Berufungserwiderung und die Einlegung der Anschlussberufung bis zum **Schluss der mündlichen Verhandlung** möglich.[585] Der Berufungsbeklagte kann aber aus der allgemeinen Prozessförderungspflicht nach § 525 i.V.m. § 282 Abs. 1 ZPO zur Berufungserwiderung gehalten sein.

b) Anträge in der Berufungserwiderung

398 Der Berufungsbeklagte kann in der Berufungserwiderung:
- den Antrag auf Zurückweisung der Berufung,
- den (ggf. hilfsweisen) Zurückverweisungsantrag,
- den Vollstreckungsschutzantrag,
- den Prozesskostenhilfeantrag (hierzu Rdn 391 ff.)

stellen und
- (hilfsweise) die Zulassung der Revision

anregen. Klageänderungs- oder Widerklageanträge muss der Berufungsbeklagte mit der Anschlussberufung stellen (näher Rdn 416 ff.).

aa) Anträge zur Sache

399 Der Berufungsbeklagte stellt primär den Antrag, die **Berufung zurückzuweisen**. Hilfsweise kann auch er den Antrag auf Zurückverweisung der Sache an das Erstgericht beantragen. Mit Ausnahme der Anfechtung eines unzulässigen Teilurteils bedarf die **Zurückverweisung nach § 538 Abs. 2 ZPO** eines Antrags einer der Parteien, weshalb beide Parteien hierfür den Weg eröffnen können. Auch der Berufungsbeklagte muss dabei die Vor- und Nachteile einer Zurückverweisung bezogen auf den konkreten Fall gegeneinander abwägen (näher Rdn 266).

bb) Nebenanträge

400 Auch der Berufungsbeklagte kann **Vollstreckungsschutzanträge** stellen; entsprechende Anträge müssen bis zum Schluss der mündlichen Verhandlung gestellt werden (näher Rdn 269 f.).

401 Da das Berufungsgericht von Amts wegen gem. §§ 525, 308 Abs. 2 ZPO über die **Kosten** und gem. § 543 Abs. 2 S. 1 ZPO über die **Zulassung der Revision** entscheidet, sind entsprechende Anträge entbehrlich. Gleichwohl ist es sinnvoll, wenn der Berufungsbeklagte hilfsweise für den Fall des Unterliegens die Zulassung der Revision beantragt, damit das Berufungsgericht über die Zulassung ausdrücklich entscheidet.

c) Begründung der Berufungserwiderung

402 Der Inhalt der Berufungserwiderungsschrift ergibt sich aus ihrem Zweck, die gegnerische Berufung abzuwehren, wobei die Einschränkungen der §§ 529 bis 533 ZPO hinsichtlich

---

585 Zöller/*Heßler*, § 524 ZPO Rn 10.

der zu berücksichtigenden Tatsachen, Rügen und Angriffe auch für den Berufungsbeklagten gelten. Die Berufungserwiderung kann insbesondere umfassen:
- Bestreiten tatsächlicher Ausführungen des Berufungsklägers in der Berufungsbegründung,
- rechtliche und tatsächliche Ausführungen zum Vortrag aus der Berufungsbegründung,
- neue Angriffs- und Verteidigungsmittel gem. § 531 ZPO,
- Rügen der Unzulässigkeit der Klage gem. § 532 ZPO und
- Aufrechnungserklärungen gem. § 533 ZPO.

Im Kern muss der Berufungsbeklagte als Minimum prüfen, ob die Berufungsbegründung neues tatsächliches Vorbringen enthält und ob dieses bestritten werden muss. Im Übrigen wird er durch **verstärkte Hinweispflichten des Berufungsgerichts** weitreichend abgesichert. Dieses muss darauf hinweisen, wenn es Rechtsfragen abweichend vom erstinstanzlichen Gericht beurteilen will,[586] bislang unerhebliches Vorbringen abweichend vom Erstgericht für erheblich erachtet oder eine andere Beweiswürdigung vornehmen will,[587] sofern es nicht ohnehin gehalten ist, die Wiederholung der erstinstanzlichen Beweisaufnahme anzuordnen, worin zugleich der Hinweis auf die anderweitige Sichtweise zu sehen ist. Dem Berufungskläger muss dann eröffnet werden, auf den Hinweis zu reagieren und seinen Tatsachenvortrag zu ergänzen sowie gegebenenfalls Beweis anzutreten.[588]

Hinweis
Der Berufungsbeklagte muss beachten, dass das Berufungsgericht die Richtigkeit der angefochtenen Entscheidung nicht nur anhand der Ausführungen in der Berufungsbegründung überprüft. Die Prüfungskompetenz des Berufungsgerichts ist bei einer zulässigen Berufung vielmehr allumfassend.[589] Das bedeutet, auch wenn die – zulässigen – Berufungsangriffe das Berufungsgericht in der Sache nicht überzeugen, kann es die angefochtene Entscheidung dann abändern oder aufheben, wenn es die Entscheidung aufgrund der ihm selbst zustehenden Prüfungskompetenz aus anderen Gründen als unrichtig erkennt.[590]

aa) Rechtliche Ausführungen

Der Berufungsbeklagte kann in der Berufungserwiderungsschrift Rechtsausführungen machen und darlegen, weshalb:
- die Rechtsausführungen des Berufungsklägers in seiner Berufungsbegründung unzutreffend sind und das angefochtene Urteil nicht zu beanstanden ist,
- die tatsächlichen Ausführungen des Berufungsklägers in der Berufungsbegründung bereits aus Rechtsgründen gegen einen Erfolg der Berufung sprechen oder

---

586 BGH NJW-RR 2018, 118, 119; BGH NJW-RR 2017, 535, 536.
587 BVerfG NJW 2015, 1746.
588 BGH NJW-RR 2018, 118, 119.
589 BGH NJW 2003, 2531.
590 BGH NJW 2004, 1876, 1878 f.

- bisher übersehene rechtliche Erwägungen, die weder im angefochtenen Urteil noch in der Berufungsbegründung berücksichtigt worden sind, eine Zurückweisung der Berufung rechtfertigen.

406 Beschränkungen gibt es – wie für den Berufungskläger – nur für **Rügen**, welche Verfahrensverstöße betreffen:
- nach § 295 ZPO durch rügelose Einlassung geheilte Verfahrensverstöße können auch vom Berufungsbeklagten in der Berufungsinstanz gem. § 534 ZPO nicht mehr geltend gemacht werden (näher Rdn 276),
- auch der Berufungsbeklagte kann nicht die Annahme der zu Unrecht vom Erstgericht angenommenen Zuständigkeit rügen[591] (näher Rdn 282); offen ist lediglich, ob überprüfbar ist, wenn das erstinstanzliche Gericht die Zuständigkeit willkürlich angenommen und damit den gesetzlichen Richter entzogen hat.[592]
- für verzichtbare Rügen gilt § 532 ZPO (näher Rdn 276 f.).

407 Rügen, die Verfahrensfehler betreffen und nicht von Amts wegen zu berücksichtigen sind, muss (auch) der Berufungsbeklagte **ausdrücklich erheben** (§ 529 Abs. 2 S. 2 ZPO).

bb) Tatsachenvortrag

408 Der Berufungsbeklagte muss sich nur zu **neuem Vorbringen des Berufungsklägers** erklären. Es ist hingegen nicht erforderlich, den gesamten Vortrag des Berufungsklägers erneut zu bestreiten, da der erstinstanzliche Vortrag vom Berufungsgericht nach Maßgabe des Tatbestands des angefochtenen Urteils sowie des Parteivortrags zugrunde zu legen ist. Mitunter ist es gleichwohl häufig angezeigt, der auf eine rechtliche Neubewertung des Berufungsgerichts zielenden und daher gelegentlich tendenziösen Darstellung in der Berufungsbegründung entgegenzutreten und durch eine eigene – möglichst prozessual korrekte – Wiedergabe des Sachverhalts der vom Berufungskläger angestrebten Verlagerung der Beurteilungsschwerpunkte entgegenzuwirken.

409 *Hinweis*

Für die notwendigen Tatsachenausführungen des Berufungsbeklagten in der Berufungserwiderung bedeutet dies, dass
- er unter Wiederholung der aus seiner Sicht relevanten Teile des Tatsachenvortrages (den das Berufungsgericht ohnehin nach § 314 ZPO zugrunde legen muss) auf die Berufungsangriffe des Berufungsklägers erwidern und sich zu neuem Vorbringen des Berufungsklägers erklären sollte,
- er keine Angriffs- und Verteidigungsmittel vorbringen kann, die im ersten Rechtszug zu Recht zurückgewiesen worden sind (§ 531 Abs. 1 ZPO),
- er neue Angriffs- und Verteidigungsmittel nach Maßgabe des § 531 Abs. 2 ZPO in den Rechtsstreit einführen kann.

---

591 Musielak/Voit/*Ball*, § 513 ZPO Rn 6.
592 Offen gelassen in BGH NJW-RR 2015, 941, 943.

Trägt der Berufungsbeklagte in der Berufungserwiderung neue Angriffs- und Verteidigungsmittel vor, muss er diese genau bezeichnen und darlegen, weshalb diese nach § 531 Abs. 2 ZPO zuzulassen sind. Für ihn gelten dabei dieselben Anforderungen wie für den Berufungskläger (näher Rdn 305 ff.). 410

Hinweis 411

In taktischer Hinsicht muss der Berufungsbeklagte, der neue Angriffs- und Verteidigungsmittel vorbringt, im Einzelfall abwägen, ob ihm die Eröffnung eines weiteren Streitfeldes tatsächlich Vorteile einbringt oder lediglich weitere Vortragsmöglichkeiten für den Berufungskläger eröffnet. Erforderlich ist neuer Vortrag freilich immer dann, wenn er zur Verteidigung gegen neues Vorbringen des Berufungsklägers dient oder lediglich eine weitere eigene Verteidigungslinie aufbaut.

Neue Aufrechnungserklärungen – für Klageänderungen und Widerklagen ist eine Anschlussberufung erforderlich – sind gem. § 533 ZPO für den Berufungsbeklagten nur zulässig, wenn: 412
- der Gegner einwilligt oder das Gericht die Aufrechnung für sachdienlich hält und
- die Aufrechnung auf Tatsachen gestützt wird, die das Berufungsgericht in seiner Verhandlung oder Entscheidung über die Berufung ohnehin nach § 529 ZPO zugrunde zu legen hat (näher Rdn 331 ff.).

d) Bezugnahme auf erstinstanzlichen Vortrag

Das Berufungsgericht berücksichtigt – unabhängig von den Ausführungen in der Berufungserwiderung – den gesamten erstinstanzlichen Vortrag von Amts wegen, ohne dass dieser von dem Berufungsbeklagten wiederholt werden muss. Der Berufungsbeklagte kann sich somit darauf beschränken, einzelnen Angriffen der Berufungsbegründung mit der Bezugnahme auf seinen erstinstanzlichen Vortrag entgegenzutreten, soweit er der Meinung ist, dem in der Berufungsinstanz nichts hinzufügen zu müssen. 413

Hinweis 414

Geht es dem Berufungsbeklagten um eine Spezifizierung der Bezugnahme, sollte:
- auf das Datum des in Bezug genommenen Schriftsatzes verwiesen,
- die Seitenzahl des in Bezug genommenen Vortrages genannt und
- das jeweilige Beweisangebot durch den Zusatz „nebst Beweisangeboten" wiederholt werden.

e) Unterschrift

Gem. § 525 i.V.m. § 130 Nr. 6 ZPO muss die Berufungserwiderung von einem zugelassenen Rechtsanwalt unterschrieben werden. 415

6. Einlegung und Begründung der Anschlussberufung

a) Statthaftigkeit und Parteien der Anschlussberufung

416 Gem. § 524 Abs. 1 ZPO kann sich der **Berufungsbeklagte** der Berufung mit der Anschlussberufung anschließen. Voraussetzung der Anschlussberufung ist also eine **vorhandene Berufung**. Eine vor dem Hauptrechtsmittel eingelegte Anschlussberufung wird mit der Berufungseinlegung durch den Gegner wirksam. Auch der **Streithelfer** des Berufungsbeklagten kann die Anschlussberufung einlegen; nicht befugt zur Einlegung der Anschlussberufung ist, wer in erster Instanz Partei war, gegen den sich die Hauptberufung aber nicht richtet.[593] Gegner der Anschlussberufung ist der Berufungskläger; sie kann nicht gegen nicht am Berufungsverfahren Beteiligte (frühere Gegner des Berufungsbeklagten, frühere Streithelfer des Berufungsklägers) gerichtet werden.[594]

417 *Beispiele*

Der Berufungsbeklagte kann sich der Berufung des Berufungsklägers anschließen, unabhängig davon, ob

- *er gem. § 515 ZPO auf das Recht der Berufung verzichtet hat,[595]*
- *er eine selbst eingelegte Berufung gem. § 516 ZPO zurückgenommen hat,[596]*
- *die für ihn selbst laufende Berufungsfrist des § 517 ZPO verstrichen ist,[597]*
- *die Berufungsbegründungsfrist des § 520 Abs. 2 ZPO verstrichen ist[598] oder*
- *die selbst eingelegte Berufung gem. § 522 Abs. 1 S. 2 ZPO als unzulässig verworfen worden ist.*

418 Die Anschlussberufung hängt nicht davon ab, dass der Berufungsbeklagte auch eine selbstständige Berufung einlegen könnte. Die Anschlussberufung ist – anders als die Berufung des Berufungsklägers – **von keiner Beschwer abhängig**.[599]

419 *Beispiel*

Die Anschlussberufung kann bzw. muss von jedem Berufungsbeklagten eingelegt werden, der

- *in der ersten Instanz vollständig obsiegte und in der zweiten Instanz eine Klageänderung oder Klageerweiterung[600] (auch wenn diese § 264 Nr. 2 ZPO unterfällt[601]) anstrebt oder Widerklage einlegen möchte,[602]*

---

593 BGH NJW 1991, 2569; BGH MDR 2000, 843.
594 BGH NJW-RR 1989, 441; BGH NJW-RR 1991, 510; BGH NJW 1995, 189.
595 Musielak/Voit/*Ball*, § 524 ZPO Rn 13.
596 BGH NJW 1995, 2034, 2036.
597 BGH FamRZ 1987, 800.
598 BGH NJW 1996, 2659.
599 BGH NJW 2008, 1953, 1955.
600 BGH NJW 2015, 1608.
601 BGH NJW 2015, 2812, 2814.
602 BGHZ 4, 229, 234; 83, 371, 377.

- den Klagegrund der erstinstanzlich zugesprochenen Klage mit dem Ziel der Aufrechterhaltung des vom Gegner angefochtenen Urteils auswechseln will,[603] mag hiermit auch keine Änderung des Sachantrags verbunden sein,[604]
- von der Feststellungsklage zur Zahlungsklage übergehen möchte,[605]
- höhere Verzugszinsen begehrt,[606]
- eine mit der selbstständigen Berufung wegen § 99 Abs. 1 ZPO nicht mögliche Anfechtung der Kostenentscheidung durchführen möchte,[607]
- sich gegen eine Verurteilung wenden möchte, die unterhalb des in § 511 Abs. 2 Nr. 1 ZPO genannten Wertes des Beschwerdegegenstandes liegt.[608]

Versäumnisurteile können mit der Anschlussberufung grundsätzlich nicht angefochten werden, was aus § 514 Abs. 1 ZPO folgt. Eine Ausnahme gilt nur für ein Versäumnisurteil, gegen das der Einspruch nicht mehr statthaft ist. Ein solches Versäumnisurteil kann gem. § 514 Abs. 2 ZPO damit begründet werden, dass ein Fall der schuldhaften Versäumung nicht vorgelegen hat.[609]

b) Anschlussberufungsfrist

Die Anschlussberufung muss gem. § 524 Abs. 2 S. 2 ZPO **bis zum Ablauf der dem Berufungsbeklagten gesetzten Berufungserwiderungsfrist eingelegt und begründet** werden (vgl. zur Begründung § 524 Abs. 3 S. 1 ZPO). Die Verlängerung der Erwiderungsfrist nach § 224 Abs. 2 ZPO führt automatisch zur Verlängerung der Einlegungsfrist für die Anschlussberufung.[610] Ist dem Berufungsbeklagten keine (wirksame[611]) Erwiderungsfrist gesetzt worden, kann er die Anschlussberufung bis zum Schluss der mündlichen Verhandlung einlegen.[612]

Die Frist des § 524 Abs. 2 S. 2 ZPO gilt allerdings nicht, wenn die Anschließung eine Verurteilung zu **künftig fällig werdenden wiederkehrenden Leistungen** zum Gegenstand hat (§ 524 Abs. 2 S. 3 ZPO). In diesem Fall ist die Anschließung bis zum **Schluss der letzten mündlichen Verhandlung** zulässig. Bei dieser Anschließungsmöglichkeit bleibt es auch dann, wenn sich die tatsächlichen Verhältnisse, die der Anschlussberufung zugrunde liegen, seit der letzten mündlichen Verhandlung erster Instanz oder sogar seit Ablauf der gesetzlichen Ausschlussfrist des § 524 Abs. 2 S. 2 ZPO nicht geändert haben.[613]

---

603 BGH NJW 2008, 1953.
604 BGH NJW 2015, 1296, 1297.
605 KG VersR 1969, 190; Zöller/*Heßler*, § 524 ZPO Rn 33.
606 Musielak/Voit/*Ball*, § 524 ZPO Rn 10.
607 BGHZ 17, 392, 396; BGH VersR 1981, 1033; Zöller/*Heßler*, § 524 ZPO Rn 35.
608 BGH NJW 1980, 702; BGH NJW-RR 1989, 441.
609 BGH NJW 2007, 2414.
610 Zöller/*Heßler*, § 524 ZPO Rn 10.
611 Vgl. etwa BGH NJW 2009, 515; BGH NJW 2015, 2812; BGH NJW 2015, 1608, 1609.
612 BGH NJW 2009, 515.
613 BGH NJW 2016, 1963.

c) Anschlussberufungsschrift

423 Die Anschließung geschieht gem. § 524 Abs. 1 S. 2 ZPO durch **Einreichung der Berufungsanschlussschrift**. Durch Vortrag in der mündlichen Verhandlung kann die Anschließung nicht erfolgen, auch dann nicht, wenn sie protokolliert wird.[614] Die Anschlussberufung ist von Amts wegen zuzustellen.

aa) Inhalt

424 Der **Inhalt der Anschlussberufungsschrift** wird gesetzlich durch Verweisung auf Regelungen zur Berufungsschrift und Berufungsbegründung geregelt (§ 524 Abs. 3 S. 2 ZPO) Danach muss die **beim Berufungsgericht einzulegende** Anschlussberufungsschrift:
- die **Bezeichnung des Urteils** enthalten, gegen das die Anschlussberufung gerichtet wird (Aktenzeichen des Berufungsverfahrens genügt),
- die **Parteien** sowie die Prozessbevollmächtigen (Mangel insoweit unschädlich) wie in einer Berufungsschrift bezeichnen,
- hinreichend verdeutlichen, dass **Anschlussberufung** eingelegt wird, wobei ggf. eine Auslegung vorzunehmen ist,
- einen **Antrag** nach Maßgabe des § 520 Abs. 3 S. 2 Nr. 1 ZPO enthalten oder zumindest hinreichend verdeutlichen,
- eine qualifizierte **Begründung** im Sinne von § 520 Abs. 3 S. 2 Nr. 1–4 ZPO enthalten,
- von einem zugelassenen Rechtsanwalt **unterschieben** sein.

bb) Klageänderung und Widerklage

425 Klageänderung und Widerklage können unter den Voraussetzungen des § 533 ZPO auch von dem Berufungsbeklagten mit der Anschlussberufung geltend gemacht werden.[615] Da die Anschlussberufung – anders als die Berufung – nicht davon abhängt, dass der Berufungsbeklagte eine Beschwer dartun kann, bedarf es in der Anschlussberufung, die nur zum Zweck der Klageerweiterung oder Widerklageerhebung eingelegt wird, keines isolierten Berufungsangriffs. Hierin unterscheidet sich die mit der Anschlussberufung geltend gemachte Klageänderung und Widerklage von der mit der Hauptberufung geltend gemachten Klageänderung und Widerklage, die ihrerseits nur wirksam ist, wenn auch ein zulässiger Berufungsangriff vorliegt.

cc) Hilfsweise Einlegung

426 Im Gegensatz zur Berufung kann die Anschlussberufung auch hilfsweise eingelegt werden.

---

614 BGH NJW 1993, 270.
615 BGHZ 84, 229, 234; BGHZ 83, 371, 377.

Beispiele 427

So kann der Berufungsbeklagte die Anschlussberufung hilfsweise für den Fall einlegen, dass

- der Antrag auf Verwerfung oder Zurückweisung der Berufung ohne Erfolg bleibt,[616]
- dem Anschlussberufungskläger Prozesskostenhilfe gewährt wird[617] oder
- das Berufungsgericht eine vom Berufungskläger erklärte Kündigung für unwirksam hält, so dass dem Berufungsbeklagten dann gegen den Berufungskläger aus dem fortbestehenden Dauerschuldverhältnis noch Erfüllungsansprüche zustehen.[618]

d) Akzessorietät der Anschlussberufung

Die Anschlussberufung ist von der Hauptberufung prozessual abhängig. Sie **verliert** 428
gem. § 524 Abs. 4 ZPO ihre **Wirkung, wenn die Hauptberufung**
- gem. § 516 Abs. 1 ZPO **zurückgenommen** wird, was noch nach der mündlichen Verhandlung und bis zur Verkündung des Berufungsurteils erfolgen kann,
- vom Berufungsgericht gem. § 522 Abs. 1 S. 3 ZPO als unzulässig **verworfen** wird,
- gem. § 522 Abs. 2 ZPO durch einstimmigen Beschluss des Berufungsgerichts mangels Erfolgsaussicht **zurückgewiesen** wird.

Auch bei aus anderen Gründen **ausgeschlossener Sachentscheidung** über die Hauptberufung tritt der Wirkungsverlust ein, so etwa wenn
- die Parteien über den mit der Berufung verfolgten Hauptanspruch einen **Prozessvergleich** schließen[619] oder
- die **Klage zurückgenommen** wird.[620]

Hinweis 429

Die übereinstimmende Erledigungserklärung des Rechtsstreits soll allerdings nicht zur Unwirksamkeit der Anschlussberufung führen, weil das Berufungsgericht in diesem Fall noch eine Kostenentscheidung gem. § 91a ZPO zu treffen habe.[621]

Beachte 430

Wurde die „Anschlussberufung" innerhalb der Berufungsfrist eingelegt, kann sich bei Wegfall der Berufung des Gegners die Frage stellen, ob diese **als Berufung fortzuführen** ist. Innerhalb der offenen Berufungsfrist (§ 517 ZPO) kann Anschlussberufung nach § 524 ZPO oder selbstständig Berufung eingelegt werden.[622] Wird unmissverständlich eine Anschlussberufung eingelegt, verliert diese ihre Wirkung

---

616 BGH NJW-RR 1986, 874, 875 f.
617 OLG Frankfurt/M. FamRZ 2000, 240; Zöller/*Heßler*, § 524 ZPO Rn 17.
618 BGH NJW 1984, 1240.
619 BAG NJW 1976, 2143.
620 Musielak/Voit/*Ball*, § 524 ZPO Rn 29.
621 BGH NJW 1986, 852.
622 BGH NJW 2003, 2388.

mit dem Wegfall des gegnerischen Rechtsmittels; dann bleibt – sofern die Berufungsfrist noch offen ist – nur die Berufungseinlegung, wenn deren Zulässigkeitsvoraussetzungen gegeben sind. Etwas anderes gilt, wenn dem ursprünglichen Rechtsmittelschriftsatz der eindeutige Wille entnommen werden kann, das Rechtsmittel unabhängig vom Schicksal der Berufung des Gegners einlegen zu wollen, wie es etwa bei der Bezeichnung der Rechtsmittelschrift als „selbstständige Anschlussberufung" gegeben sein kann.[623]

431 Wird die wirkungslos gewordene Anschlussberufung dennoch **weiterverfolgt**, ist sie **als unzulässig zu verwerfen**. Die Entscheidung ist nach § 522 Abs. 1 S. 4 ZPO anfechtbar.

e) Kosten der Anschlussberufung

432 Die Anschlussberufung verursacht aufgrund der Erhöhung des Gebührenstreitwerts weitere Kosten des Berufungsverfahrens. Wer innerhalb der **einheitlich zu treffenden Kostengrundentscheidung** die Kosten der Anschlussberufung zu tragen hat, hängt davon ab, in welcher Weise das Berufungsgericht über die Hauptberufung entscheidet. Wird im Berufungsurteil über die Haupt- und die Anschlussberufung entschieden, sind die Kosten je nach Erfolg der Rechtsmittel zu quoteln. Probleme können die Fälle bereiten, in denen die Hauptberufung unzulässig ist, zurückgenommen wird oder nach § 522 Abs. 2 ZPO zurückgewiesen wird.

aa) Unzulässigkeit der Hauptberufung

433 Ist die Hauptberufung unzulässig und schließt sich der Berufungsbeklagte einer anfänglich unzulässigen Berufung an, trägt er gem. § 92 Abs. 1 ZPO die Kosten der Anschlussberufung.[624]

bb) Zurückweisung der Hauptberufung nach § 522 Abs. 2 ZPO

434 Wird die Hauptberufung nach § 522 Abs. 2 ZPO zurückgewiesen, wird häufig die Auffassung vertreten, dass die Kosten der Anschlussberufung wie bei der von Anfang an unzulässigen Berufung vom Berufungsbeklagten zu tragen seien.[625] Diese Auffassung ist im Hinblick auf die Fristgebundenheit der Anschlussberufung nicht überzeugend, wenn der Hinweis des Berufungsgerichts nach § 522 Abs. 2 ZPO zum Zeitpunkt der Anschlussberufung noch nicht erfolgt ist. Sie ist umso weniger überzeugend, als ein Berufungsbeklagter durch die eingelegte Berufung sogar davon abgehalten sein kann, eine Wiederaufnahmeklage gem. §§ 578 ff. ZPO zu erheben, und ohne die Anschlussberufung in diesen Fällen riskieren würde, bei der Abänderungs- bzw. Wiederaufnahmeklage mit dem Vortrag präkludiert zu sein, der innerhalb der Anschlussberufungsfrist hätte geführt werden können. Die Kostentragungspflicht resultiert deshalb aus § 97 Abs. 1 ZPO (analog).[626] Nur wenn die Anschlussberufung selbst unzulässig ist, z.B.

---

623 BGH NJW 2003, 2388.
624 Vgl. BGH NJW 1981, 1790.
625 Vgl. nur Musielak/Voit/*Ball*, § 524 ZPO Rn 31a m.w.N. zum Streitstand.
626 OLG Nürnberg NJW-RR 2013, 124, 125 ff.

wegen Nichteinhaltung der Anschließungsfrist des § 524 Abs. 2 S. 2 ZPO, oder wenn der Anschlussberufungsführer die wirkungslos gewordene Anschlussberufung weiterverfolgt und auf einer Entscheidung besteht, ist es gerechtfertigt, ihm die Kosten der Anschlussberufung aufzuerlegen.[627]

cc) Berufungsrücknahme vor Einlegung der Anschlussberufung

Bei Berufungsrücknahme vor Einlegung der Anschlussberufung trägt der Berufungsbeklagte die Kosten der Anschlussberufung selbst dann, wenn ihm die Rücknahme der Hauptberufung nicht bekannt war.[628]

435

dd) Berufungsrücknahme nach Einlegung der Anschlussberufung

Bei Berufungsrücknahme nach Einlegung der Anschlussberufung übernimmt der Hauptberufungsführer gem. § 516 Abs. 3 S. 1 ZPO auch die Kosten der Anschlussberufung.[629] Dies gilt auch, wenn dieser die Berufung nach einem Hinweis gem. § 522 Abs. 2 ZPO zurücknimmt und die Anschlussberufung dadurch ihre Wirkung verliert.[630]

436

ee) Verwerfung oder Zurückweisung der Anschlussberufung

Wird die Anschlussberufung gem. § 522 Abs. 1 S. 2 ZPO als unzulässig verworfen (z.B. wegen Nichtbeachtung der Frist des § 524 Abs. 2 S. 2 ZPO oder unzulässiger Parteierweiterung) oder gem. § 522 Abs. 2 ZPO zurückgewiesen, trägt der Berufungsbeklagte die Kosten analog § 97 Abs. 1 ZPO für die Anschlussberufung.[631] Der Berufungsbeklagte hat auch dann die Kosten seiner wegen der fehlenden Begründung in der Anschlussschrift gem. § 524 Abs. 3 S. 1 ZPO unzulässigen Anschlussberufung zu tragen, wenn der Berufungskläger seine Berufung zurücknimmt.[632]

437

f) Verhältnis von Anschlussberufung und Nichtigkeits- bzw. Wiederaufnahmeklage

Wegen der Bestandskraft einer rechtskräftigen Entscheidung kommt eine Durchbrechung der Rechtskraft nicht in Betracht, wenn die eine Abänderung begehrende Partei entsprechenden Vortrag schon vor Rechtskrafterlangung hätte führen können. Das ist für die Nichtigkeitsklage in § 579 Abs. 2 ZPO und für die Restitutionsklage in § 582 ZPO geregelt. Danach sind **Nichtigkeitsklage und Wiederaufnahmeklage unzulässig**, wenn es der Wiederaufnahmekläger unterlassen hat, seine Interessen vor Eintritt der Rechtskraft durch die **Einlegung einer Anschlussberufung** zu verfolgen.

438

Hinweis

439

Lediglich in den Fällen des § 579 Nr. 2 ZPO (Mitwirkung eines Richters, der von der Ausübung des Richteramtes kraft Gesetzes ausgeschlossen war, sofern nicht dieses

---

[627] OLG Nürnberg NJW-RR 2013, 124, 127.
[628] Vgl. BGH NJW 1981, 1790.
[629] BGH NJW-RR 2005, 727, 728.
[630] BGH NJW-RR 2006, 1147.
[631] BGH NJW-RR 2005, 727, 728.
[632] OLG Köln NJW 2003, 1879; vgl. auch BGH NJW-RR 2005, 727.

Hindernis mittels eines Ablehnungsgesuchs oder eines Rechtsmittels ohne Erfolg geltend gemacht ist) und des § 579 Abs. 1 Nr. 4 ZPO (nicht vorschriftsmäßige Vertretung einer Partei) besteht das **Wahlrecht** zwischen Anschlussberufung und Nichtigkeitsklage.[633]

440 Wird der Wiederaufnahmegrund mit der Anschlussberufung geltend gemacht und **verliert** die **Anschlussberufung ihre Wirkung**, weil die Berufung zurückgenommen, verworfen oder nach § 522 Abs. 2 ZPO zurückgewiesen wird, kann die belastete Partei das Wiederaufnahmeverfahren durchführen. Gem. § 586 Abs. 2 S. 1 ZPO beginnt die Klagefrist für das Wiederaufnahmeverfahren nicht vor eingetretener Rechtskraft des Urteils im Vorprozess. Allerdings hat der Wiederaufnahmekläger darauf zu achten, dass die **Wiederaufnahmefrist** eine Notfrist ist, die mit Erlangung der Kenntnis von dem Anfechtungsgrund beginnt.[634]

441 *Hinweis*

Der Prozessbevollmächtigte des Berufungsbeklagten muss bei Begründung der Anschlussberufung mit einem Wiederaufnahmegrund nach Eintritt der Rechtskraft die einmonatige **Klagefrist** nach § 586 Abs. 1 ZPO für die Nichtigkeits- bzw. Restitutionsklage **notieren**.

7. Schriftsätzlicher Vortrag nach der Anschlussberufungs- und der Berufungsbegründungsschrift

442 Für weiteren schriftsätzlichen Vortrag nach Abfassung der Anschlussberufungs- und der Berufungserwiderungsschrift stellt sich die Ausgangslage für den Berufungsbeklagten genauso dar wie für den Berufungskläger. Deswegen kann hier auf die Ausführungen „Schriftsätzlicher Vortrag nach der Berufungsbegründung" Bezug genommen werden (Rdn 345 ff.).

---

633 BGHZ 84, 25.
634 BGH NJW 1993, 1596.

C. Muster

I. Muster: Isolierter Antrag auf Bewilligung von Prozesskostenhilfe für ein Berufungsverfahren

▼
An das

Landgericht/Oberlandesgericht

in ▇

In dem Rechtsstreit

des ▇

– Kläger und Antragsteller –

Prozessbevollmächtigter: RA ▇

gegen

▇

– Beklagter und Antragsgegner –

Prozessbevollmächtigter erster Instanz: RA ▇

bestelle ich mich für den Antragsteller und beantrage,

> dem Antragsteller unter meiner Beiordnung als Prozessbevollmächtigter für die Berufung gegen das am ▇ verkündete und am ▇ zugestellte Urteil des Landgerichts/Amtsgerichts ▇ – Az: ▇ – Prozesskostenhilfe zu bewilligen.

Eine Kopie des Urteils des Amtsgerichts/Landgerichts, gegen das sich die Berufung richten soll, füge ich als Anlage 1 bei. Ferner nehme ich zur Begründung des Antrags Bezug auf den als Anlage 2 beigefügten Entwurf der Berufungsbegründung. Als Anlage 3 füge ich die vom Antragsteller ausgefüllte und unterzeichnete Erklärung über die persönlichen und wirtschaftlichen Verhältnisse nebst dazugehörigen Anlagen bei.

Rechtsanwalt

II. Muster: Mit der Berufungseinlegung kombinierter Antrag auf Bewilligung von Prozesskostenhilfe

▼
An das

Landgericht/Oberlandesgericht

in ▇

In dem Rechtsstreit

des ▇

– Kläger und Berufungskläger –

Prozessbevollmächtigter: RA ▇

gegen

— Beklagter und Berufungsbeklagter —

Verfahrensbevollmächtigter erster Instanz: RAe

lege ich namens des Klägers gegen das am   verkündete und am   zugestellte Urteil des Amtsgerichts/Landgerichts   , Az: ,

Berufung

ein und beantrage,

dem Kläger unter meiner Beiordnung als Prozessbevollmächtigter für die Berufung gegen das angefochtene Urteil Prozesskostenhilfe zu bewilligen.

Eine beglaubigte Abschrift des angefochtenen Urteils füge ich als Anlage 1 bei. Zur Begründung des Antrags auf Bewilligung der Prozesskostenhilfe nehme ich auf den als Anlage 2 beigefügten Entwurf der beabsichtigten Berufungsbegründung Bezug. Als Anlage 3 ist eine vom Kläger ausgefüllte und unterzeichnete Erklärung über seine persönlichen und wirtschaftlichen Verhältnisse nebst dazugehörigen Anlagen beigefügt.

Rechtsanwalt

III. Muster: Wiedereinsetzungsantrag nach der Bewilligung von Prozesskostenhilfe nach Ablauf der Berufungsfrist und vor Ablauf der Berufungsbegründungsfrist

445 An das

Landgericht/Oberlandesgericht

in

In dem Rechtsstreit

des

— Kläger und Berufungskläger und Antragsteller —

Prozessbevollmächtigter: RA

gegen

— Beklagter und Berufungsbeklagter und Antragsgegner —

Prozessbevollmächtigter erster Instanz: RA

lege ich für den Kläger gegen das am   verkündete und am   zugestellte Urteil des Amtsgerichts/Landgerichts   , Az erster Instanz: ,

Berufung

ein und beantrage,

1. dem Kläger wegen der Versäumung der Berufungsfrist Wiedereinsetzung in den vorigen Stand zu gewähren und

2. die Berufungsbegründungsfrist erstmals um einen Monat, also bis zum ▓▓▓▓▓, zu verlängern.

Eine beglaubigte Abschrift des angefochtenen Urteils ist beigefügt.

Begründung:
1. Der Wiedereinsetzungsantrag rechtfertigt sich unter dem Aspekt, dass das Landgericht/Oberlandesgericht dem Kläger durch Beschl. v. ▓▓▓▓▓ unter Beiordnung des Unterzeichners Prozesskostenhilfe bewilligt hat. Dieser Beschluss wurde dem Unterzeichner am ▓▓▓▓▓, so dass mit diesem Tage das Hindernis, aufgrund dessen der Kläger die Berufungsfrist nicht hat wahren können, beseitigt ist. Gegen die Zulässigkeit der Berufung bestehen somit keine Bedenken; denn ihre Einlegung ist als versäumte Prozesshandlung gem. § 236 Abs. 2 S. 2 ZPO mit diesem Schriftsatz innerhalb der Wiedereinsetzungsfrist des § 234 Abs. 1 S. 1 ZPO nachgeholt worden.
2. Der Antrag auf Verlängerung der bisher noch nicht abgelaufenen Berufungsbegründungsfrist, die erstmals am ▓▓▓▓▓ abläuft, ist erforderlich, weil sich im Zuge der Bearbeitung herausgestellt hat, dass noch weitere Informationen erforderlich sind. Der erstinstanzliche Prozessbevollmächtigte des Beklagten hat sich mit dem Antrag um Fristverlängerung einverstanden erklärt, was hiermit anwaltlich versichert wird.

Rechtsanwalt

IV. Muster: Wiedereinsetzungsantrag bei Bewilligung von Prozesskostenhilfe nach Ablauf der Berufungsbegründungsfrist für die versäumte Berufungseinlegung

An das
Landgericht/Oberlandesgericht
in ▓▓▓▓▓

In dem Rechtsstreit
des ▓▓▓▓▓

– Kläger und Berufungskläger und Antragsteller –

Prozessbevollmächtigter: RA ▓▓▓▓▓

gegen

▓▓▓▓▓

– Beklagter und Berufungsbeklagter und Antragsgegner –

Prozessbevollmächtigte erster Instanz: RAe ▓▓▓▓▓

lege ich für den Kläger gegen das am ▓▓▓▓▓ verkündete und am ▓▓▓▓▓ zugestellte Urteil des Amtsgerichts/Landgerichts ▓▓▓▓▓, Az erster Instanz: ▓▓▓▓▓,

Berufung

ein und beantrage,

dem Kläger wegen der Versäumung der Berufungsfrist Wiedereinsetzung in den vorigen Stand zu gewähren.

§ 17 Das Berufungsrecht

Begründung:

Das Landgericht/Oberlandesgericht hat dem Kläger durch Beschl. v. ▓▓▓ unter Beiordnung des Unterzeichners für die Durchführung des Berufungsverfahrens Prozesskostenhilfe bewilligt. Dieser Beschluss ist dem Unterzeichner am ▓▓▓ durch Zustellung bekannt gemacht worden, so dass an diesem Tage das Hindernis beseitigt war, aufgrund dessen der Kläger die Berufungsfrist nicht hat wahren können. Mit der vorliegenden Einlegung der Berufung wahrt der Kläger die zweiwöchige Wiedereinsetzungsfrist des § 234 Abs. 1 S. 1 ZPO unter Nachholung der versäumten Prozesshandlungen gem. § 236 Abs. 2 S. 2 ZPO.

Rechtsanwalt

V. Muster: Wiedereinsetzungsantrag bei Bewilligung von Prozesskostenhilfe nach Ablauf der Berufungsbegründungsfrist für die versäumte Berufungsbegründung

17.5

447 An das

Landgericht/Oberlandesgericht

in ▓▓▓

In dem Rechtsstreit

des ▓▓▓

— Kläger, Berufungskläger und Antragsteller —

Prozessbevollmächtigter: RA ▓▓▓

gegen

▓▓▓

— Beklagter, Berufungsbeklagter und Antragsgegner —

Prozessbevollmächtigter erster Instanz: RAe ▓▓▓

beantrage ich namens des Klägers,

1. dem Kläger wegen der Versäumung der Berufungsbegründungsfrist Wiedereinsetzung in den vorigen Stand zu gewähren,
2. das angefochtene Urteil abzuändern und entsprechend den erstinstanzlichen Schlussanträgen ▓▓▓ zu erkennen.

Begründung:
1. Das Landgericht/Oberlandesgericht hat dem Kläger durch Beschl. v. ▓▓▓ unter Beiordnung des Unterzeichners für die Durchführung des Berufungsverfahrens Prozesskostenhilfe bewilligt. Dieser Beschluss ist dem Unterzeichner am ▓▓▓ durch Zustellung gemacht worden, so dass an diesem Tage das Hindernis beseitigt war, aufgrund dessen der Kläger die Berufungs- und Berufungsbegründungsfrist nicht hat wahren können.

Mit Schriftsatz vom ▒▒▒▒ hat der Kläger gegen das angefochtene Urteil Berufung eingelegt und gleichzeitig, innerhalb der Zwei-Wochenfrist gem. § 234 Abs. 1 S. 1 ZPO diesbezüglich Wiedereinsetzung in den vorigen Stand beantragt.

Mit dem vorstehenden Antrag unter Ziffer 1 beantragt der Kläger nunmehr auch die Wiedereinsetzung in den vorigen Stand bezüglich der Berufungsbegründungsfrist. Die Wiedereinsetzungsfrist beträgt hier einen Monat gem. § 234 Abs. 1 S. 2 ZPO. Sie beginnt mit dem Zeitpunkt, zu dem das Hindernis gem. § 234 Abs. 2 ZPO behoben ist, mithin mit der Zustellung des PKH-Beschlusses. Somit wahrt der Kläger mit diesem Schriftsatz die einmonatige Wiedereinsetzungsfrist unter Nachholung der versäumten Prozesshandlung gem. § 236 Abs. 2 ZPO.

2. Zur Begründung der eingelegten Berufung wird wie folgt ausgeführt:

▒▒▒▒

Rechtsanwalt

VI. Muster: Deckungsschutzanfrage für die Einlegung der Berufung

▼

An die

▒▒▒▒-Rechtsschutzversicherung

▒▒▒▒, den ▒▒▒▒

Unser Zeichen: ▒▒▒▒

VN: ▒▒▒▒

Versicherungsnummer: ▒▒▒▒

Sehr geehrte Damen und Herren,

in der vorbezeichneten Angelegenheit beabsichtigt Ihr Versicherungsnehmer, Herr ▒▒▒▒, uns damit zu beauftragen, gegen das in der Anlage beigefügte Urteil Berufung einzulegen. Wir bitten Sie deswegen namens und im Auftrag des Versicherungsnehmers um die Erteilung von Deckungsschutz zur fristwahrenden Einlegung zur Überprüfung der Erfolgsaussichten der Berufung.

Mit freundlichen Grüßen

Rechtsanwalt

VII. Muster: Deckungsschutzanfrage für die Durchführung des Berufungsverfahrens

449 An die

▓▓▓▓-Rechtsschutzversicherung

▓▓▓▓, den ▓▓▓▓

Unser Zeichen: ▓▓▓▓

VN: ▓▓▓▓

Versicherungsnummer: ▓▓▓▓

Sehr geehrte Damen und Herren,

in der vorbezeichneten Angelegenheit überlassen wir Ihnen in der Anlage den Entwurf der Berufungsbegründung verbunden mit der Bitte, unserem Mandanten und Ihrem Versicherungsnehmer auch für die Durchführung des Berufungsverfahrens Deckungsschutz zu erteilen.

Mit freundlichen Grüßen

Rechtsanwalt

VIII. Muster: Stichentscheidung des Rechtsanwaltes bei Verneinung der Leistungspflicht des Versicherers

450 An die

▓▓▓▓-Rechtsschutzversicherung

▓▓▓▓, den ▓▓▓▓

Unser Zeichen: ▓▓▓▓

VN: ▓▓▓▓

Versicherungsnummer: ▓▓▓▓

Sehr geehrte Damen und Herren,

nachdem Sie in der vorstehenden Angelegenheit mit Ihrem Schreiben vom ▓▓▓▓ Ihrem Versicherungsnehmer und unserem Mandanten die Deckungsschutzerteilung versagt haben, sind wir von Ihrem Versicherungsnehmer nach Maßgabe der einschlägigen Versicherungsbedingungen[635] beauftragt worden, Ihnen gegenüber eine begründete Stellungnahme darüber abzugeben, ob und inwieweit die Wahrnehmung der rechtlichen Interessen hinreichende Erfolgsaussicht bietet und nicht mutwillig erscheint. Nach nochmaliger Überprüfung der Sach- und Rechtslage sind wir nach Maßgabe der nachfolgenden Überlegungen zu dem Ergebnis gelangt, dass:

☐ hinreichende Erfolgsaussichten bestehen und

☐ die Wahrnehmung der rechtlichen Interessen nicht mutwillig erscheint.

---

[635] Die Versicherungsbedingungen variieren. Daher müssen im Einzelfall die einschlägigen Bedingungen geprüft werden, ob der Stichentscheid oder das Schiedsgutachterverfahren vorgesehen ist.

Dies begründen wir wie folgt:
1. Die Sachlage stellt sich in ihrem streitentscheidenden Kern folgendermaßen dar:
2. Das Amtsgericht/Landgericht hat diesen Sachverhalt unter Berücksichtigung der Ergebnisse der Beweisaufnahme folgendermaßen gewürdigt:
3. Die Beweiswürdigung des Amtsgerichts/Landgerichts lässt sich aber in der Berufungsinstanz mit folgenden zulässigen Berufungsangriffen erschüttern:
4. Außerdem sind die Rechtsausführungen im angefochtenen Urteil aus folgenden Gründen unzutreffend:
5. Bei richtiger Beweiserhebung und Rechtsanwendung kommt man demgegenüber zu folgender rechtlicher Beurteilung:
6. Somit bietet die Berufung hinreichende Erfolgsaussichten und erscheint nicht mutwillig. Da dieser **Stichentscheid** für Sie bindend ist, bitten wir Sie nunmehr abschließend um Deckungsschutzerteilung zur Einlegung und Durchführung des Berufungsverfahrens. Bezüglich unserer beigefügten Kostenrechnung, mit der wir auf der Basis des bestehenden Kostenrisikos eine Geschäftsgebühr gem. §§ 2 Abs. 2, 13 RVG i.V.m. Nr. 2400 VV abrechnen, bitten wir Sie um gelegentlichen Zahlungsausgleich. Zur Kostenübernahme sind Sie aufgrund der Versicherungsbedingungen verpflichtet.

Mit freundlichen Grüßen

Rechtsanwalt

IX. Muster: Antrag auf Durchführung eines Schiedsgutachterverfahrens bei Verneinung der Leistungspflicht des Versicherers

An die

▓▓▓▓-Rechtsschutzversicherung

▓▓▓▓, den ▓▓▓▓

Unser Zeichen: ▓▓▓▓

VN: ▓▓▓▓

Versicherungsnummer: ▓▓▓▓

Sehr geehrte Damen und Herren,

nachdem Sie in der vorstehenden Angelegenheit mit Schreiben vom ▓▓▓▓ Deckungsschutzzusage für die Durchführung des Berufungsverfahrens versagt haben, bitten wir darum,
1. das Schiedsgutachterverfahren nach Maßgabe der Versicherungsbedingungen[636] durchzuführen und

---

[636] Die Versicherungsbedingungen variieren. Daher müssen im Einzelfall die einschlägigen Bedingungen geprüft werden, ob der Stichentscheid oder das Schiedsgutachterverfahren vorgesehen ist.

2. den Präsidenten der für den Wohnsitz des Versicherungsnehmers zuständigen Rechtsanwaltskammer darum zu bitten, einen seit mindesten fünf Jahren zur Rechtsanwaltskammer zugelassenen Rechtsanwalt zum Schiedsgutachter zu benennen.

Beigefügt sind diesem Schriftsatz:
- ☐ eine Kopie des angefochtenen Urteils,
- ☐ eine Kopie der Berufungsschrift,
- ☐ eine Kopie der Berufungsbegründungsschrift und
- ☐ die erstinstanzlichen Handakten, mit der Bitte, diese nach Verwendung unmittelbar an den Unterzeichner zurückzusenden.

Wenn der Schiedsgutachter die Vorlage weiterer Mitteilungen und Unterlagen begehrt, bitten wir diesen darum, sich unmittelbar mit uns in Verbindung zu setzen.

Mit freundlichen Grüßen

Rechtsanwalt

▲

X. Muster: Berufungsschrift des Klägers

An das

Landgericht/Oberlandesgericht

in ▬

Berufungsschrift

In dem Rechtsstreit

des ▬

– Kläger und Berufungskläger –

Prozessbevollmächtigter: RA ▬

gegen

den ▬

– Beklagter und Berufungsbeklagter –

Prozessbevollmächtigter erster Instanz: RAe ▬

lege ich namens und in Vollmacht des Klägers gegen das Urteil des Amtsgerichts/Landgerichts ▬, verkündet am ▬, zugestellt am ▬, Az: ▬,

Berufung

ein. Eine beglaubigte Abschrift des angefochtenen Urteils liegt bei.

Rechtsanwalt

▲

XI. Muster: Schreiben an den erstinstanzlichen Bevollmächtigten des Berufungsbeklagten vor Berufung zur Fristwahrung (Stillhalteabkommen)

▼

An Herrn Rechtsanwalt

Rechtsstreit

./.

Ihr Zeichen:

Sehr geehrter Herr Kollege,

in der vorstehenden Angelegenheit sind wir von unserem Mandanten, Herrn , darum gebeten worden, zur Fristwahrung Berufung gegen das Urteil des Amtsgerichts/Landgerichts , Az: , einzulegen. Deswegen bitten wir Sie darum, noch keinen Prozessvertreter für das Berufungsverfahren zu bestellen, bis endgültig entschieden ist, ob das Berufungsverfahren tatsächlich durchgeführt werden soll. Für Ihr Entgegenkommen und eine schriftliche Bestätigung der erbetenen Vorgehensweise dürfen wir uns jetzt schon bedanken und verbleiben

mit freundlichen kollegialen Grüßen

Rechtsanwalt

▲

XII. Muster: Mitteilung zur Durchführung des Berufungsverfahrens

▼

An Herrn Rechtsanwalt

Rechtsstreit

./.

Ihr Zeichen:

Sehr geehrter Herr Kollege,

in der vorstehenden Angelegenheit soll das Berufungsverfahren durchgeführt werden. Für Ihr Entgegenkommen darf ich mich nochmals bedanken und verbleibe

mit freundlichen kollegialen Grüßen

Rechtsanwalt

▲

XIII. Muster: Berufungsschrift des Beklagten „zur Fristwahrung"

455 An das

Landgericht/Oberlandesgericht

in

Berufungsschrift

In dem Rechtsstreit

des

– Beklagter und Berufungskläger –

Prozessbevollmächtigter: RA

gegen

den

– Kläger und Berufungsbeklagter –

Prozessbevollmächtigter erster Instanz: RAe

lege ich zur Fristwahrung namens und in Vollmacht des Beklagten gegen das am verkündete und am zugestellte Urteil des Amtsgerichts/Landgerichts , Az: ,

Berufung

ein. Eine beglaubigte Abschrift des angefochtenen Urteils liegt bei. Die Gegenseite ist mit gleicher Post darum gebeten worden, noch keinen Rechtsanwalt für die Berufungsinstanz zu beauftragen, solange nicht feststeht, ob das Berufungsverfahren tatsächlich durchgeführt werden soll.

Rechtsanwalt

XIV. Muster: Berufungsschrift einzelner Streitgenossen (auf Klägerseite)

456 An das

Landgericht/Oberlandesgericht

in

Berufungsschrift

In dem Rechtsstreit

1. des

– Kläger zu 1 und Berufungskläger –

2. des

– Kläger zu 2 –

3. des

– Kläger zu 3 und Berufungskläger –

Prozessbevollmächtigter: RA ▓▓▓▓

gegen

den ▓▓▓▓

– Beklagter und Berufungsbeklagter –

Prozessbevollmächtigter erster Instanz: RAe ▓▓▓▓

lege ich (ggf.: zur Fristwahrung) namens und im Auftrag der Kläger zu 1 und zu 3 gegen das am ▓▓▓▓ verkündete und am ▓▓▓▓ zugestellte Urteil des Amtsgerichts/ Landgerichts ▓▓▓▓, Az: ▓▓▓▓,

Berufung

ein. Eine beglaubigte Abschrift des angefochtenen Urteils liegt bei. (Ggf.: Die Gegenseite ist mit gleicher Post darum gebeten worden, noch keinen Rechtsanwalt für die Berufungsinstanz zu beauftragen, solange nicht feststeht, ob das Berufungsverfahren tatsächlich durchgeführt werden soll.)

Rechtsanwalt

XV. Muster: Berufungsschrift bei notwendiger Streitgenossenschaft (auf Klägerseite)

An das

Landgericht/Oberlandesgericht

in ▓▓▓▓

Berufungsschrift

In dem Rechtsstreit

1. des ▓▓▓▓

– Kläger zu 1 und Berufungskläger zu 1 –

2. des ▓▓▓▓

– Kläger zu 2 und Berufungskläger zu 2 –

Prozessbevollmächtigter: RA ▓▓▓▓

gegen

den ▓▓▓▓

– Beklagter und Berufungsbeklagter –

Prozessbevollmächtigter erster Instanz: RAe ▓▓▓▓

lege ich (ggf.: zur Fristwahrung) namens und im Auftrag des Klägers zu 2 gegen das am ▓▓▓▓ verkündete und am ▓▓▓▓ zugestellte Urteil des Amtsgerichts/Landgerichts ▓▓▓▓, Az: ▓▓▓▓,

Berufung

ein. Eine beglaubigte Kopie des angefochtenen Urteils liegt bei. (Ggf.: Die Gegenseite ist mit gleicher Post darum gebeten worden, noch keinen Rechtsanwalt für die Berufungsinstanz zu beauftragen, solange nicht feststeht, ob das Berufungsverfahren tatsächlich durchgeführt werden soll.)

Rechtsanwalt

XVI. Muster: Berufungsschrift des erstinstanzlich unberücksichtigten notwendigen Streitgenossen

▼

458   An das
Landgericht/Oberlandesgericht
in ▓▓▓▓▓

Berufungsschrift

In dem Rechtsstreit

1. des ▓▓▓▓▓

– Kläger zu 1 und Berufungskläger zu 1 –

Prozessbevollmächtigter erster Instanz: RA ▓▓▓▓▓

2. des ▓▓▓▓▓

– Kläger zu 2 und Berufungskläger zu 2 –

Prozessbevollmächtigter erster Instanz: RA ▓▓▓▓▓

3. des ▓▓▓▓▓

– Kläger zu 3 und Berufungskläger zu 3 –

Prozessbevollmächtigter: RA ▓▓▓▓▓

gegen

den ▓▓▓▓▓

– Beklagter und Berufungsbeklagter –

Prozessbevollmächtigter erster Instanz: RAe ▓▓▓▓▓

lege ich (ggf.: zur Fristwahrung) namens und im Auftrag des Klägers zu 3 als erstinstanzlich unberücksichtigtem notwendigem Streitgenossen der Kläger zu 1 und zu 2 gegen das am ▓▓▓▓▓ verkündete und den übrigen Streitgenossen am ▓▓▓▓▓ zugestellte Urteil des Amtsgerichts/Landgerichts ▓▓▓▓▓, Az: ▓▓▓▓▓,

Berufung

ein. Eine beglaubigte Abschrift des angefochtenen Urteils liegt in Kopie bei. (Ggf.: Die Gegenseite ist mit gleicher Post darum gebeten worden, noch keinen Rechtsanwalt für die Berufungsinstanz zu beauftragen, solange nicht feststeht, ob das Berufungsverfahren tatsächlich durchgeführt werden soll.)

Rechtsanwalt

XVII. Muster: Berufungsschrift des bereits erstinstanzlich beigetretenen nichtselbstständigen Streithelfers zur Fristwahrung

▼

An das
Landgericht/Oberlandesgericht
in ▇

Berufungsschrift

In dem Rechtsstreit
1. des ▇

– Kläger und Berufungskläger –

Prozessbevollmächtigter erster Instanz: RA ▇
2. des ▇

– Streithelfer des Klägers –

Prozessbevollmächtigter: RA ▇
gegen
den ▇

– Beklagter und Berufungsbeklagter –

Prozessbevollmächtigter erster Instanz: RAe ▇

lege ich zur Fristwahrung namens und im Auftrag des Streithelfers des Klägers gegen das am ▇ verkündete und dem Kläger am ▇ zugestellte Urteil des Amtsgerichts/Landgerichts ▇, Az: ▇,

Berufung

ein. Eine beglaubigte Abschrift des angefochtenen Urteils liegt bei. Die Gegenseite ist mit gleicher Post darum gebeten worden, noch keinen Rechtsanwalt für die Berufungsinstanz zu beauftragen, solange nicht feststeht, ob das Berufungsverfahren tatsächlich durchgeführt werden soll.

Rechtsanwalt

▲

§ 17 Das Berufungsrecht

XVIII. Muster: Berufungsschrift des in der ersten Instanz noch nicht beigetretenen unselbstständigen Streithelfers bei vorangegangener Streitverkündung zur Fristwahrung

▼

460 An das

Landgericht/Oberlandesgericht

in

Berufungsschrift

In dem Rechtsstreit

1. des

– Kläger und Berufungskläger –

Prozessbevollmächtigter erster Instanz: RA

2. des

– Streithelfer –

Prozessbevollmächtigter: RA

gegen

den

– Beklagter und Berufungsbeklagter –

Prozessbevollmächtigter erster Instanz: RAe

zeige ich die Vertretung des Streitverkündeten   an und erkläre für ihn den Beitritt zum Rechtsstreit auf Seiten des Klägers.

Zugleich lege ich zur Fristwahrung namens und im Auftrag des Streithelfers des Klägers gegen das am   verkündete und dem Kläger am   zugestellte Urteil des Amtsgerichts/Landgerichts   , Az: ,

Berufung

ein. Eine beglaubigte Abschrift des angefochtenen Urteils liegt bei. Die Gegenseite ist mit gleicher Post darum gebeten worden, noch keinen Rechtsanwalt für die Berufungsinstanz zu beauftragen, solange nicht feststeht, ob das Berufungsverfahren tatsächlich durchgeführt werden soll.

Rechtsanwalt

XIX. Muster: Nebeninterventions- und Berufungsschrift des erstinstanzlich noch nicht beigetretenen unselbstständigen Streithelfers ohne vorangegangene Streitverkündung zur Fristwahrung

▼

An das

Landgericht/Oberlandesgericht

in ▓▓▓

Nebeninterventions- und Berufungsschrift

In dem Rechtsstreit

des ▓▓▓

– Kläger und Berufungskläger –

Prozessbevollmächtigter erster Instanz: RAe ▓▓▓

Streithelfer des Klägers: ▓▓▓

Prozessbevollmächtigter: RA ▓▓▓

gegen

den ▓▓▓

– Beklagter und Berufungsbeklagter –

Prozessbevollmächtigter erster Instanz: RA ▓▓▓

zeige ich an, dass ich den ▓▓▓ vertrete, in dessen Name und aufgrund dessen Vollmacht ich hiermit erkläre, dass der ▓▓▓ dem Rechtsstreit auf Seiten des Klägers als Streithelfer gem. § 66 ZPO beitritt. Namens und in Vollmacht des Streithelfers lege ich zur Fristwahrung für den Kläger gegen das am ▓▓▓ verkündete und dem Kläger am ▓▓▓ zugestellte Urteil des Amtsgerichts/Landgerichts, Az: ▓▓▓,

Berufung

ein. Eine beglaubigte Kopie des angefochtenen Urteils ist beigefügt. Das Interesse des Streithelfers am Ausgang des Rechtsstreits resultiert daraus, dass ▓▓▓. Der Streithelfer muss demnach befürchten, vom Kläger in Regress genommen zu werden, wenn die mit der vorliegenden Berufung angegriffene Entscheidung des Amtsgerichts/Landgerichts ▓▓▓ rechtskräftig wird. Die Gegenseite ist mit gleicher Post darum gebeten worden, noch keinen Rechtsanwalt für die Berufungsinstanz zu beauftragen, solange nicht feststeht, ob das Berufungsverfahren tatsächlich durchgeführt werden soll.

Rechtsanwalt

XX. Muster: Antrag auf Vorabentscheidung über die vorläufige Vollstreckbarkeit gem. § 718 ZPO

An das

Landgericht/Oberlandesgericht

in ▬▬▬

In dem Rechtsstreit

des ▬▬▬

– Beklagter und Berufungskläger –

Prozessbevollmächtigter: Rechtsanwalt ▬▬▬

gegen

den ▬▬▬

– Kläger und Berufungsbeklagter –

Prozessbevollmächtigter erster Instanz: Rechtsanwälte ▬▬▬

Namens und in Vollmacht des Klägers wird beantragt,

> das angefochtene Urteil in seinem Ausspruch zur vorläufigen Vollstreckbarkeit abzuändern und die Sicherheitsleistung, die der Kläger zu erbringen hat, auf ▬▬▬ EUR herabzusetzen und über diesen Antrag vorab zu entscheiden.

Begründung:

Der Kläger, der erstinstanzlich obsiegt hat, begehrt – nachdem der Beklagten gegen das erstinstanzliche Urteil Berufung eingelegt hat – die Herabsetzung der von ihm zu erbringenden Sicherheitsleistung, die erstinstanzlich auf ▬▬▬ EUR festgesetzt worden ist. Die Sicherheitsleistung übersteigt den zugesprochenen Betrag um mehr als das Doppelte. Im Hinblick darauf, dass die Sicherheitsleistung üblicherweise 120 % des ausgeurteilten Betrages entspricht, wird darum gebeten, die Sicherheitsleistung neu zu bemessen. Mit der Entscheidung im schriftlichen Verfahren nach § 128 Abs. 2 ZPO erklärt sich der Kläger bereits jetzt einverstanden.

Rechtsanwalt

XXI. Muster: Antrag auf einstweilige Einstellung der Zwangsvollstreckung gem. § 719 Abs. 1 ZPO i.V.m. § 707 ZPO

▼

An das

Landgericht/Oberlandesgericht

in

In Sachen

./.

Az:

wird beantragt,

die Zwangsvollstreckung aus dem Urteil des Amtsgerichts/Landgerichts vom , Az: , gegen Sicherheitsleistung in Höhe von EUR einstweilen einzustellen.

Begründung:
1. Der Beklagte ist vom Amtsgericht/Landgericht mit Urt. v. , Az: verurteilt worden, an den Kläger EUR nebst 5 Prozentpunkten über dem Basiszinssatz ab Rechtshängigkeit zu zahlen. Gegen dieses Urteil hat der Beklagte mit Schriftsatz vom Berufung eingelegt. Die Ausführungen des Amtsgerichts/Landgerichts sind aus den nachfolgenden Gründen unzutreffend:
2. Gleichwohl betreibt der Kläger aus der angefochtenen Entscheidung die Zwangsvollstreckung. Hierdurch ergeben sich für den Beklagten erhebliche Nachteile, die durch den späteren Zugriff auf die Sicherheit nicht ausgeglichen werden können:
3. Demgegenüber wiegt das Vollstreckungsinteresse des Klägers aus den nachfolgenden Gründen nicht schwer:

Rechtsanwalt

▲

XXII. Muster: Wiedereinsetzungsantrag bei versäumter Berufungsfrist, wenn nicht auch der Gegner selbstständige Berufung eingelegt hat

▼

An das

Landgericht/Oberlandesgericht

in

Wiedereinsetzungsantrag und Berufungsschrift

In dem Rechtsstreit

des

– Kläger und Berufungskläger –

Prozessbevollmächtigter: RA

§ 17 Das Berufungsrecht

gegen

den ▮

– Beklagter und Berufungsbeklagter –

Prozessbevollmächtigter erster Instanz: RAe ▮

lege ich zur Fristwahrung namens und in Vollmacht des Klägers gegen das am ▮ verkündete und am ▮ zugestellte Urteil des Amtsgerichts/Landgerichts ▮, Az: ▮,

Berufung

ein und beantrage,

> dem Kläger hinsichtlich der am ▮ abgelaufenen Berufungsfrist Wiedereinsetzung in den vorigen Stand zu gewähren.

Eine beglaubigte Abschrift des angefochtenen Urteils ist beigefügt. Der Antrag auf Wiedereinsetzung in den vorigen Stand wird wie folgt begründet:

▮

Rechtsanwalt

XXIII. Muster: Wiedereinsetzungsantrag bei Versäumung der Berufungsfrist, wenn auch der Gegner selbstständige Berufung eingelegt hat

17.23

An das

Landgericht/Oberlandesgericht

in ▮

Berufungsschrift und Wiedereinsetzungsantrag

In dem Rechtsstreit

des ▮

– Kläger und Berufungskläger –

Prozessbevollmächtigter: RA ▮

gegen

den ▮

– Beklagter und Berufungsbeklagter –

Prozessbevollmächtigter erster Instanz: RAe ▮

lege ich zur Fristwahrung namens und in Vollmacht des Klägers gegen das am ▮ verkündete und am ▮ zugestellte Urteil des Amtsgerichts/Landgerichts ▮, Az: ▮,

Berufung

ein und beantrage,

1. dem Kläger hinsichtlich der am ▓▓▓ abgelaufenen Berufungsfrist Wiedereinsetzung in den vorigen Stand zu gewähren,
2. hilfsweise zu 1 die hier eingelegte Berufung als Anschlussberufung zu behandeln.

Eine beglaubigte Abschrift des angefochtenen Urteils füge ich bei.
1. Den Wiedereinsetzungsantrag begründe ich wie folgt:
▓▓▓
2. Im Hinblick auf den gestellten Hilfsantrag sowie darauf, dass die Berufung, sollte sie als Anschlussberufung behandelt werden, bis zum Ablauf der Berufungserwiderungsfrist begründet werden muss (§ 524 Abs. 2 S. 2 ZPO), begründe ich die Berufung bereits jetzt wie folgt:
▓▓▓

Rechtsanwalt

XXIV. Muster: Erster Antrag auf Verlängerung der Berufungsbegründungsfrist mit Einwilligung des Gegners

▼

An das
Landgericht/Oberlandesgericht
in ▓▓▓

Erster Fristverlängerungsantrag

In Sachen

▓▓▓ ./. ▓▓▓

Az: ▓▓▓

wird beantragt,

die am ▓▓▓ ablaufende Berufungsbegründungsfrist um einen Monat zu verlängern.

Der erstinstanzliche Prozessbevollmächtigte des Beklagten, Rechtsanwalt ▓▓▓, hat sich mit der beantragten Fristverlängerung einverstanden erklärt, was hiermit anwaltlich versichert wird.

Rechtsanwalt

XXV. Muster: Erster Antrag auf Verlängerung der Berufungsbegründungsfrist ohne Einwilligung des Berufungsbeklagten

▼

An das
Landgericht/Oberlandesgericht
in ▬

Erster Fristverlängerungsantrag

In Sachen

▬ ./. ▬

Az: ▬

wird beantragt,

> die am ▬ erstmals ablaufende Berufungsbegründungsfrist um einen Monat zu verlängern.

Begründung:

Die Fristverlängerung ist erforderlich, weil:

- ☐ der Unterzeichner wegen seiner derzeitigen außergewöhnlichen Arbeitsüberlastung nicht dazu in der Lage ist, die Berufungsbegründung rechtzeitig anzufertigen oder
- ☐ sich im Zuge der Bearbeitung herausgestellt hat, dass noch weitere Informationen von dem Mandanten erforderlich sind. Diese Informationen konnten aber rechtzeitig vor Ablauf der Berufungsbegründungsfrist nicht mehr eingeholt werden. Dies liegt daran, dass der Mandant zurzeit ausweislich des beigefügten Attestes krankheitsbedingt aufgetretene Rückfragen, die in einem persönlichen Gespräch erörtert werden sollten, nicht beantworten kann oder
- ☐ im Hinblick auf den besonderen Umfang und die besondere Schwierigkeit des Rechtsstreits eine rechtzeitige Anfertigung der Berufungsbegründung nicht möglich war oder
- ☐ zur Bearbeitung die Einsichtnahme in die Gerichtsakte erforderlich ist, die hier bisher noch nicht zur Verfügung gestellt werden konnte. Alsdann wird voraussichtlich noch eine Rücksprache mit dem Mandanten erforderlich sein.

Rechtsanwalt

XXVI. Muster: Zweiter Antrag auf Verlängerung der Berufungsbegründungsfrist

▼

An das
Landgericht/Oberlandesgericht
in ▬▬▬

Zweiter Fristverlängerungsantrag

In Sachen

▬▬▬ ./. ▬▬▬

Az: ▬▬▬

wird beantragt,

die nach erster Verlängerung am ▬▬▬ ablaufende Berufungsbegründungsfrist um einen weiteren Monat zu verlängern.

Begründung:

Der zweite Fristverlängerungsantrag ist erforderlich, weil:

☐ die erforderliche Rücksprache wegen einer längeren und schweren Erkrankung des Klägers bisher immer noch nicht durchgeführt werden konnte oder

☐ sich nach der Rücksprache mit dem Mandanten herausgestellt hat, dass sich der streitrelevante Sachverhalt weiterentwickelt hat und es zu dessen Darlegung noch erforderlich ist, weitere Informationen einzuholen, die innerhalb der ersten Fristverlängerungsbewilligung nicht eingeholt werden konnten oder

☐ die Berufungsbegründung aufgrund einer eingetretenen Erkrankung des Unterzeichners innerhalb der ersten Fristverlängerung nicht angefertigt werden konnte.

Der erstinstanzliche Prozessbevollmächtigte des Beklagten, Herr Rechtsanwalt ▬▬▬, ist mit der hier beantragten Fristverlängerung einverstanden, was hiermit anwaltlich versichert wird.

Rechtsanwalt

▲

XXVII. Muster: Berufungsbegründung und Wiedereinsetzungsantrag, wenn die Gegenseite keine selbstständige Berufung eingelegt hat

▼

An das
Landgericht/Oberlandesgericht
in ▬▬▬

Berufungsbegründung und Wiedereinsetzungsantrag

In dem Rechtsstreit

des ▬▬▬

– Kläger und Berufungskläger –

Prozessbevollmächtigter: RA ▬▬▬

gegen

den ▓▓▓

— Beklagter und Berufungsbeklagter —

Prozessbevollmächtigter erster Instanz: RAe ▓▓▓

Az: ▓▓▓

wird die Berufung vom ▓▓▓ mit den Anträgen,
1. dem Kläger hinsichtlich der abgelaufenen Berufungsbegründungsfrist Wiedereinsetzung in den vorigen Stand zu bewilligen,
2. das angefochtene Urteil teilweise abzuändern und entsprechend den erstinstanzlichen Schlussanträgen ▓▓▓ zu erkennen,

wie folgt begründet:
1. Den Antrag auf Wiedereinsetzung in den vorigen Stand begründe ich wie folgt:

   ▓▓▓

2. Die Berufung begründe ich wie folgt:

   ▓▓▓

Rechtsanwalt

▲

XXVIII. Muster: Berufungsbegründung und Wiedereinsetzungsantrag, wenn auch der Berufungsbeklagte selbstständige Berufung eingelegt hat

17.28

▼

An das

Landgericht/Oberlandesgericht

in ▓▓▓

Berufungsbegründung und Wiedereinsetzungsantrag

In dem Rechtsstreit

des ▓▓▓

— Kläger und Berufungskläger —

Prozessbevollmächtigter: RA ▓▓▓

gegen

den ▓▓▓

— Beklagter und Berufungsbeklagter —

Prozessbevollmächtigter erster Instanz: RAe ▓▓▓

Az: ▓▓▓

wird die diesseitige Berufung des Klägers mit den Anträgen,

1. dem Kläger hinsichtlich der abgelaufenen Berufungsbegründungsfrist die Wiedereinsetzung in den vorigen Stand zu bewilligen,
2. hilfsweise zu 1 die hier eingelegte Berufung als Anschlussberufung zu behandeln,

3. das angefochtene Urteil teilweise abzuändern und entsprechend den erstinstanzlichen Schlussanträgen (Blatt ▓▓▓ d. A.) zu erkennen,

wie folgt begründet:
1. Den Wiedereinsetzungsantrag begründe ich wie folgt:
▓▓▓
2. Sollte keine Wiedereinsetzung gewährt werden, verfolgt der Kläger sein Begehren entsprechend dem Hilfsantrag zu 2 als Anschlussberufung weiter; denn die Berufungserwiderungsfrist ist noch nicht abgelaufen, so dass auch die Frist zur Begründung der Anschlussberufung (§ 524 Abs. 2 S. 2 ZPO) noch nicht abgelaufen ist.
3. Den Antrag zu 3 begründe ich wie folgt:
▓▓▓

Rechtsanwalt

▲

XXIX. Muster: Berufungsbegründung des Klägers (Antragsalternativen)

▼

An das

Landgericht/Oberlandesgericht

in ▓▓▓

Berufungsbegründung

In Sachen

▓▓▓ ./. ▓▓▓

Az: ▓▓▓

wird die Berufung aus dem Schriftsatz vom ▓▓▓ mit den Anträgen,

1.
☐ das angefochtene Urteil abzuändern und den Beklagten zu verurteilen, an den Kläger ▓▓▓ EUR zuzüglich Zinsen in Höhe von ▓▓▓ Prozentpunkten über dem Basiszinssatz ab dem ▓▓▓ zu zahlen,
oder
☐ das angefochtene Urteil teilweise abzuändern und den Beklagten entsprechend dem erstinstanzlichen Schlussantrag (Seite ▓▓▓ der Klagebegründung vom ▓▓▓ und Seite ▓▓▓ des Sitzungsprotokolls vom ▓▓▓) zu verurteilen
oder
☐ unter Abänderung des angefochtenen Urteils das Versäumnisurteil vom ▓▓▓ aufzuheben und den Beklagten zu verurteilen, an den Kläger ▓▓▓ EUR zuzüglich Zinsen in Höhe von ▓▓▓ Prozentpunkten über dem Basiszinssatz ab ▓▓▓ zu zahlen,
oder
☐ das angefochtene Urteil abzuändern und den Beklagten entsprechend dem erstinstanzlichen Schlussantrag (Seite ▓▓▓ der Klagebegründung vom ▓▓▓ und Seite ▓▓▓ des Sitzungsprotokolls vom ▓▓▓) zu verurteilen sowie ihn darüber hinaus klageerweiternd zu verurteilen, an den Kläger weitere ▓▓▓ EUR nebst Zinsen in Höhe von ▓▓▓ Prozentpunkten über dem Basiszinssatz ab ▓▓▓ zu zahlen,
oder

§ 17 Das Berufungsrecht

☐ den Beklagten zu verurteilen, an den Kläger über die zuerkannten Zinsen in Höhe von ▓▓▓ Prozentpunkten über dem Basiszinssatz hinausgehend weitere Zinsen in Höhe von ▓▓▓ Prozentpunkten über dem Basiszinssatz aus ▓▓▓ EUR seit dem ▓▓▓ zu zahlen,
oder

☐ das angefochtene Urteil teilweise abzuändern und den Beklagten zu verurteilen, an den Kläger ▓▓▓ EUR nebst Zinsen in Höhe von ▓▓▓ Prozentpunkten über dem Basiszinssatz ab ▓▓▓ an den Kläger unter Fortfall des Zurückbehaltungsrechts zu zahlen,

und

2.

☐ dem Kläger unter Beiordnung des Unterzeichners Prozesskostenhilfe für die Berufungsinstanz zu bewilligen
oder

☐ dem Kläger unter Beiordnung des Unterzeichners Prozesskostenhilfe für die Berufungsinstanz zu bewilligen, und zwar zugleich auch für die Erweiterung der Berufung mit dem Antrag, den Beklagten zu verurteilen, an den Kläger weitere ▓▓▓ EUR nebst Zinsen in Höhe von ▓▓▓ Prozentpunkten über dem Basiszinssatz ab ▓▓▓ zu zahlen,

und

3.

hilfsweise (für den Fall des Unterliegens) die Revision zuzulassen,

wie folgt begründet:

1. Die Parteien streiten über einen Sachverhalt, der nach Maßgabe der nachfolgenden Ausführungen unstreitig ist:

   ▓▓▓

2. Das Amtsgericht/Landgericht hat die Klage voll umfänglich/teilweise abgewiesen, weil

   ▓▓▓

3. Aus den nachfolgenden Gründen sind die Überlegungen des Amtsgerichts/Landgerichts unzutreffend:

   ▓▓▓

Rechtsanwalt

▲

XXX. Muster: Berufungsbegründung des Klägers (Beispiel)

17.30 ▼

An das
Landgericht/Oberlandesgericht

in ▓▓▓

Berufungsbegründung

In Sachen

▓▓▓ ./. ▓▓▓

Az: ▓▓▓

wird die Berufung aus dem Schriftsatz vom ▓▓▓▓ mit dem Antrag,

> das angefochtene Urteil abzuändern und die Beklagte nach Maßgabe der Schlussanträge des Klägers in erster Instanz zu verurteilen,

wie folgt **begründet**:

I. Der Kläger verfolgt einen Restkaufpreisanspruch nach der Veräußerung eines Kraftfahrzeugs. Der Sachverhalt zur Veräußerung des Fahrzeugs Audi A6, Fahrgestell-Nr. XXX, ist unstreitig. Gegenstand des Rechtsstreits sind lediglich folgende Zubehörteile: ▓▓▓▓ Für diese sollte nach einer mündlich geschlossenen Vereinbarung ein zusätzlicher Kaufpreis in Höhe der Klageforderung geleistet werden. Diese Vereinbarung hat der Beklagte bestritten.

II. Das Landgericht hat die Klage abgewiesen, da es an einem hinreichenden Vortrag des Klägers zum Zustandekommen der zusätzlichen Vereinbarung hinsichtlich der Zubehörteile fehle. Es sei völlig unwahrscheinlich, dass neben dem Kaufvertrag hinsichtlich des Audi A6 noch ein weiterer Vertrag bezüglich des Zubehörs geschlossen worden sein soll. Zudem habe der Kläger nicht vorgetragen, wann, wo und mit wem die Vereinbarung zustande gekommen sein soll.

III. Die Entscheidung des Landgerichts kann keinen Bestand haben. Ein Sachvortrag zur Begründung eines Anspruchs ist bereits dann schlüssig, wenn die Partei Tatsachen vorträgt, die in Verbindung mit einem Rechtssatz geeignet und erforderlich sind, das geltend gemachte Recht als in der Person der Parteien entstanden erscheinen zu lassen. Der Grad der Wahrscheinlichkeit der Sachverhaltsschilderung ist für den Umfang der Darlegungslast regelmäßig ohne Bedeutung. Das Fehlen einer schlüssigen Erklärung spielt daher in aller Regel erst bei der tatrichterlichen Würdigung des Prozessstoffs eine Rolle (vgl. nur BGH NJW 2015, 409). Der Vortrag des Klägers zum Zustandekommen der Zusatzvereinbarung hinsichtlich des Zubehörs ist schlüssig. Aus dem Vorbringen lässt sich der Inhalt der Vereinbarung – Kaufgegenstand und Kaufpreis – zweifelsfrei entnehmen. Dies genügt zur Darlegung der Kaufpreisforderung. Zudem darf die Beweiserhebung nach der Rechtsprechung des Bundesgerichtshofs grundsätzlich nicht davon abhängig gemacht werden, auch zu Ort, Zeit und Umständen behauptete Abreden vorzutragen (vgl. nur BGH, NJW 1999, 1859, 1860). Auf diesen Fehlern beruht das erstinstanzlich Urteil, da sich bei Durchführung der gebotenen Beweisaufnahme durch Vernehmung des bereits erstinstanzlich benannten Zeugen die Richtigkeit des Vorbringens des Klägers erwiesen hätte. Auf den Beweisantritt in der Klageschrift nimmt der Kläger vorsorglich Bezug.

Rechtsanwalt

▲

XXXI. Muster: Berufungsbegründung des Beklagten (Antragsalternativen)

▼

473 An das

Landgericht/Oberlandesgericht

in

Berufungsbegründung

In Sachen

./.

Az:

wird die Berufung aus dem Schriftsatz vom   mit den Anträgen,

1.
- ☐ das angefochtene Urteil abzuändern und die Klage abzuweisen
  oder
- ☐ das angefochtene Urteil teilweise abzuändern und die Klage in vollem Umfang abzuweisen
  oder
- ☐ das angefochtene Urteil teilweise abzuändern, soweit der Beklagte verurteilt worden ist, an den Kläger mehr als   EUR nebst   % Zinsen ab   zu zahlen,
  oder
- ☐ unter Abänderung des angefochtenen Urteils das Versäumnisurteil vom   aufzuheben und die Klage abzuweisen
  oder
- ☐ unter Abänderung des angefochtenen Urteils die einstweilige Verfügung vom   aufzuheben und den Antrag auf Erlass einer einstweiligen Verfügung abzuweisen
  oder
- ☐ das angefochtene Urteil teilweise abzuändern und der Klage nur stattzugeben Zug um Zug gegen
  oder
- ☐ das angefochtene Urteil abzuändern und die Klage ungeachtet der Hilfsaufrechnung abzuweisen
  oder
- ☐ das angefochtene Urteil abzuändern und die Klage als auch künftig unbegründet abzuweisen

und

2.
- ☐ dem Beklagten Prozesskostenhilfe zu bewilligen
  oder
- ☐ dem Beklagten Prozesskostenhilfe zu bewilligen, und zwar auch für die Erweiterung der Berufung mit dem Antrag, die Klage in vollem Umfang abzuweisen,
  oder
- ☐ dem Beklagten Prozesskostenhilfe zu bewilligen, und zwar auch für den Widerklageantrag zu 3,

und

3.
- ☐ den Kläger auf die hiermit erhobene Widerklage zu verurteilen, an den Beklagten ▭ EUR nebst ▭ Prozentpunkten über dem Basiszinssatz ab ▭ zu zahlen
oder
- ☐ auf die hiermit erhobene Feststellungswiderklage festzustellen, dass dem Kläger über den geltend gemachten Betrag von ▭ EUR hinausgehend keine weiteren Ansprüche mehr gegen den Beklagten zustehen,
oder
- ☐ auf die hiermit erhobene Zwischenfeststellungswiderklage festzustellen, dass das Gesellschaftsverhältnis zwischen den Parteien nach Maßgabe des Gesellschaftsvertrages vom ▭, betreffend die ▭ GbR durch die Kündigung vom ▭ zum ▭ beendet worden ist,

und

4.

hilfsweise, für den Fall des Unterliegens, die Revision zuzulassen,

wie folgt **begründet**:
1. Die Parteien streiten über einen Sachverhalt, der nach Maßgabe der nachfolgenden Ausführungen unstreitig ist:
▭
2. Das Amtsgericht/Landgericht hat die Klage voll umfänglich – teilweise abgewiesen, weil ▭
3. Aus den nachfolgenden Gründen sind die Überlegungen des Landgerichts unzutreffend:
▭

Rechtsanwalt

XXXII. Muster: Berufungsbegründung mit dem (Hilfs-)Antrag auf Aufhebung und Zurückverweisung

▼

An das
Landgericht/Oberlandesgericht
in ▭

Berufungsbegründungsschrift

In Sachen

▭ ./. ▭

Az: ▭

wird die Berufung aus dem Schriftsatz vom ▭ mit den Anträgen,

§ 17 Das Berufungsrecht

1.
☐ das angefochtene Urteil abzuändern und den Beklagten zu verurteilen, an den Kläger ▓▓▓▓ EUR nebst ▓▓▓▓ Prozentpunkten über dem Basiszinssatz ab ▓▓▓▓ zu zahlen,

oder

☐ das angefochtene Urteil abzuändern und die Klage abzuweisen,

und

2. hilfsweise,

das angefochtene Urteil aufzuheben und den Rechtsstreit zur erneuten Verhandlung und Entscheidung an das Amtsgericht/Landgericht zurückzuweisen,

wie folgt **begründet**:

1. Die Parteien streiten über einen Sachverhalt, der nach Maßgabe der nachfolgenden Ausführungen unstreitig ist:
▓▓▓▓
2. Das Amtsgericht/Landgericht hat die Klage voll umfänglich – teilweise abgewiesen, weil ▓▓▓▓
3. Aus den nachfolgenden Gründen sind die Überlegungen des Landgerichts unzutreffend:
▓▓▓▓
4. Der Hilfsantrag auf Aufhebung des angefochtenen Urteils und Zurückverweisung der Sache an das Amtsgericht/Landgericht ist begründet. Das erstinstanzliche Verfahren leidet an einem wesentlichen Verfahrensfehler. Die Beurteilung, ob ein Verfahrensfehler vorliegt, ist zwar vom materiell-rechtlichen Standpunkt des Erstrichters aus vorzunehmen, selbst wenn dieser verfehlt. Die materiell-rechtliche Beurteilung durch das Landgericht hinsichtlich der Anforderungen an die Schlüssigkeit und Substantiierungslast sind daher der Beurteilung, ob ein Verfahrensfehler vorliegt, zugrunde zu legen (vgl. hierzu nur BGH, NJW 1997, 1447 f.). Wird aufgrund einer unzutreffenden Beurteilung von einem bei richtiger Betrachtung erforderlichen Hinweis abgesehen, stellt dies keinen Verfahrensfehler dar. Anders ist die Sache zu beurteilen, wenn zugleich eine Verletzung der Pflicht zur materiellen Prozessleitung nach § 139 ZPO vorliegt, weil das erstinstanzliche Gericht die betroffene Partei auf die Unvollständigkeit ihres Sachvortrags nicht hingewiesen hat. Die aufgrund der Aufklärungspflicht nach § 139 Abs. 1 ZPO bestehende Verpflichtung zur Erteilung eines Hinweises auf die Unschlüssigkeit bzw. Unsubstantiiertheit des Klagevorbringens ist allgemein anerkannt (vgl. nur Musielak/Voit/Stadler, § 139 ZPO, Rn 8 m.w.N.). Vorliegend war daher ein Hinweis zu erteilen, da ▓▓▓▓.

Auf diesem Verfahrensfehler beruht das angefochtene Urteil, da ▓▓▓▓.

Die Zurückverweisung ist schließlich nach § 538 Abs. 2 Nr. 1 ZPO gerechtfertigt. Aufgrund des Verfahrensfehlers ist eine umfangreiche oder aufwändige Beweisaufnahme notwendig. Zur Klärung der vom Kläger erhobenen Mängelrügen sind vier Zeugen zu vernehmen und ein Sachverständigengutachten zu einem technisch komplexen Sachverhalt einzuholen.

Rechtsanwalt

▲

XXXIII. Muster: Berufungsbegründung mit dem Antrag auf Aufhebung und Zurückverweisung

An das

Landgericht/Oberlandesgericht

in

Berufungsbegründungsschrift

In Sachen

./.

Az:

wird die Berufung aus dem Schriftsatz vom   mit dem Antrag,

das angefochtene Teilurteil aufzuheben und den Rechtsstreit zur erneuten Verhandlung und Entscheidung an das Amtsgericht/Landgericht zurückzuweisen,

wie folgt **begründet**:

1. Die Parteien streiten über einen Sachverhalt, der nach Maßgabe der nachfolgenden Ausführungen unstreitig ist:

2. Das Amtsgericht/Landgericht hat die Klage durch Teilurteil abgewiesen, soweit der Kläger   begehrt hat. Zur Begründung hat es ausgeführt,

3. Das Amtsgericht/ Landgericht hat durch ein unzulässiges Teilurteil entschieden, weshalb die Sache nach § 538 Abs. 2 S. 1 Nr. 7 ZPO zurückzuverweisen ist. Nach der Rechtsprechung des Bundesgerichtshofs kann ein Teilurteil gemäß § 301 ZPO nur ergehen, wenn die Gefahr einander widersprechender Entscheidungen ausgeschlossen ist. Eine Gefahr sich widersprechender Entscheidungen ist gegeben, wenn in einem Teilurteil eine Frage entschieden wird, die sich dem Gericht im weiteren Verfahren über die sonstigen Ansprüche oder Anspruchsteile noch einmal stellt oder stellen kann. Dies gilt auch, soweit es um die Möglichkeit einer unterschiedlichen Beurteilung von bloßen Urteilselementen geht, die weder in Rechtskraft erwachsen noch das Gericht gemäß § 318 ZPO für das weitere Verfahren binden. Demnach ist der Erlass eines Teilurteils bereits dann unzulässig, wenn in dem Teilurteil eine Rechtsfrage entschieden wird, die für die weitere Entscheidung durch Schlussurteil neu zu entscheiden sein wird (vgl. zum Ganzen BGH, NJW 2004, 1452; BGH, NJW 2009, 2814; BGH, NJW 2013, 1009). Danach liegt ein unzulässiges Teilurteil vor:

Auch ohne Antrag besteht nach § 538 Abs. 2 S. 3 ZPO wegen der festgestellten Unzulässigkeit des Teilurteils ein Zurückverweisungsgrund nach § 538 Abs. 2 Nr. 7 ZPO. Der Berufungskläger beantragt ausdrücklich die Zurückverweisung, da nur diese sachgerecht erscheint. Zwar kann das Berufungsgericht im Falle eines unzulässigen Teilurteils den ganzen Rechtsstreit an sich ziehen und durch einheitliches Urteil entscheiden. Dies ist jedoch nur ausnahmsweise gerechtfertigt. Regelmäßig ist eine Zurückverweisung angezeigt, damit sich der gesamte nach dem Teilurteil anhängig gebliebene Prozess erst in der zweiten Instanz beginnt (BGH, NJW-RR 1994, 379).

XXXIV. Muster: Fristverlängerungsantrag zum Hinweis nach § 522 Abs. 2 ZPO

An das

Landgericht/Oberlandesgericht

in

In Sachen

./.

Az:

wird beantragt, die am _____ ablaufende Frist zur Stellungnahme zu dem erteilten Hinweis nach § 522 Abs. 2 ZPO bis zum _____ zu verlängern.

Begründung:

Der Fristverlängerungsantrag ist erforderlich obgleich der Hinweis der Kammer/des Senats unmittelbar nach Zustellung an den Kläger/Beklagten weitergeleitet und mit diesem der nächstmögliche Besprechungstermin vor Fristablauf vereinbart wurde. Die Besprechung konnte wegen einer plötzlichen Erkrankung des Klägers/Beklagten nicht durchgeführt werden. Erst _____ wird der Kläger/Beklagte wieder in der Lage sein, den Hinweis der Kammer/des Senats zu erörtern. Daher ist die Fristverlängerung erforderlich.

Rechtsanwalt

XXXV. Muster: Stellungnahme zum Hinweis nach § 522 Abs. 2 ZPO

An das

Landgericht/Oberlandesgericht

in

In Sachen

./.

Az:

wird zu dem Hinweisbeschluss vom _____ folgendermaßen Stellung genommen:
1. Entgegen den Ausführungen aus dem Hinweisbeschluss ist die Berufung schon deswegen nicht zurückweisungsreif, weil die Kammer/der Senat auf jeden Fall die folgenden rechtlichen Erwägungen berücksichtigen muss: _____.
2. Überdies kann von fehlenden Erfolgsaussichten der Berufung auch deswegen keine Rede sein, weil über den bisher geführten Tatsachenvortrag hinausgehend noch folgende weitere Tatsachen von der Kammer/dem Senat zu berücksichtigen sind: _____.

Die Kammer/der Senat wird sehen, dass hinsichtlich dieses Tatsachenvortrages noch keine Präklusion eingetreten ist. Denn zum einen ist der relevante Tatsachenvortrag

unstreitig, wie man der zwischenzeitlich vorliegenden Berufungserwiderung entnehmen kann. Hierbei handelt es sich um den Vortrag betreffend ▬▬. Zum anderen ist der Vortrag nur deshalb erst in diesem Schriftsatz erfolgt, weil die Kammer/der Senat im Hinweisbeschluss erstmals auf das unzureichende Vorbringen des Berufungsklägers hingewiesen hat. Vortrag nach einem gebotenen „Ersthinweis" ist jedoch stets zu berücksichtigen.
Zum anderen ist der hier geführte Tatsachenvortrag gem. § 530 ZPO berücksichtigungsfähig, weil die Zulassung des Vortrags im Hinblick auf ▬▬ zu keiner Verzögerung des Rechtsstreits führt. Soweit gleichwohl eine etwaige Verzögerung zu befürchten wäre, ist der Vortrag zuzulassen, weil die verspätete Vorbringung des Vortrages wegen ▬▬ entschuldigt werden kann. Schließlich ist der Vortrag betreffend ▬▬ auf jeden Fall zuzulassen, weil insoweit sogar Anlass zur Wiederaufnahme des Verfahrens bestünde, so dass es aus prozessrechtlichen Gründen geboten ist, diesen Vortrag in der Berufungsinstanz zuzulassen (vgl. § 579 Abs. 2 ZPO oder § 582 ZPO).

3. Unabhängig davon, wie die Kammer/der Senat die Erfolgsaussichten der Berufung beurteilt, kommt der Rechtssache gem. § 522 Abs. 2 S. 1 Nr. 2 ZPO eine grundsätzliche Bedeutung bei. Eine Entscheidung der Kammer/des Senats ist nämlich erforderlich, um eine klärungsbedürftige Rechtsfrage zu entscheiden, deren Auftreten in einer unbestimmten Vielzahl von Fällen denkbar ist, weil es
   ☐ um die Auslegung typischer Vertragsbestimmungen geht
   oder
   ☐ um die Auslegung und Wirksamkeit des Inhalts von Formularverträgen/Allgemeine Geschäftsbedingungen geht
   oder
   ☐ um die Entscheidung einer Einzelfrage geht, die wegen ihrer besonderen Sozialrelevanz im Hinblick auf ▬▬ die Rechtsentwicklung fördert,
   oder
   ☐ um die Entscheidung von Rechtsfragen geht, bei denen verschiedene Instanzgerichte dem Bundesgerichtshof weitgehend nicht folgen,
   oder
   ☐ um die Entscheidung einer bereits geklärten höchstrichterlichen Frage geht, die aber vom Schrifttum in einer ernst zu nehmenden Weise kritisiert wird.

4. Ferner steht der Berufungszurückweisung § 522 Abs. 2 Nr. 3 ZPO entgegen, weil
   ☐ das erstinstanzliche Urteil in einer Rechtsfrage, auf deren Entscheidung das Urteil beruht, von der obergerichtlichen Rechtsprechung abweicht und wegen ▬▬ Anlass besteht, die Rechtsfrage einer erneuten Klärung zugänglich zu machen,
   oder
   ☐ im Hinblick auf den sozialrelevanten Sachverhalt schwer erträgliche Unterschiede in der Rechtsprechung existieren und die angefochtene Entscheidung ohne Überprüfung des Berufungsgerichts zur Bewahrung dieser Unterschiedlichkeit beitragen würde
   oder
   ☐ das erstinstanzliche Gericht von einer höchstrichterlichen Rechtsprechung abwich und das Berufungsgericht dem nun folgen möchte, ohne sich durch eine Entscheidung einer Kontrolle des Bundesgerichtshofs zu unterziehen,

oder

☐ bereits die Gesetzesbegründung der streitentscheidenden Norm erkennen lässt, dass der Gesetzgeber eine Fortbildung des Rechts der Rechtsprechung überlassen wollte.

5. Schließlich würde eine Berufungszurückweisung ohne Berücksichtigung des Umstandes, dass einen Verstoß gegen das Grundrecht auf rechtliches Gehör darstellen.

Rechtsanwalt

▲

XXXVI. Muster: Stellungnahme zur Berufungserwiderung

▼

An das
Landgericht/Oberlandesgericht
in
In Sachen

./.

Az:

wird zu der Berufungserwiderung aus dem Schriftsatz vom folgendermaßen Stellung genommen:

Rechtsanwalt

▲

XXXVII. Muster: Stellungnahme zum Ergebnis der Beweisaufnahme

▼

An das
Landgericht/Oberlandesgericht
in
In Sachen

./.

Az:

wird zum Ergebnis der Beweisaufnahme vom folgendermaßen Stellung genommen:

Rechtsanwalt

▲

C. Muster § 17

XXXVIII. Muster: Stellungnahme aufgrund eines Schriftsatznachlasses

▼

An das

Landgericht/Oberlandesgericht

in ▓▓▓

Nachgelassener Schriftsatz

In Sachen

▓▓▓ ./. ▓▓▓

Az: ▓▓▓

wird zu dem gegnerischen Schriftsatz vom ▓▓▓ und den Hinweisen des Gerichts vom ▓▓▓ folgendermaßen Stellung genommen und ergänzt:

▓▓▓

Rechtsanwalt

▲

XXXIX. Muster: Einspruch gegen das Versäumnisurteil durch den Beklagten

▼

An das

Landgericht/Oberlandesgericht

in ▓▓▓

Einspruch gegen das Versäumnisurteil vom ▓▓▓

In Sachen

▓▓▓ ./. ▓▓▓

Az: ▓▓▓

lege ich für den Beklagten gegen das Versäumnisurteil vom ▓▓▓, dem Beklagten zugestellt am ▓▓▓,

Einspruch

ein und beantrage,

1. das Versäumnisurteil vom ▓▓▓ aufzuheben, das mit der Berufung angefochtene Urteil abzuändern und die Klage abzuweisen,
2. die Zwangsvollstreckung aus dem Versäumnisurteil gem. §§ 719, 707 ZPO gegen Sicherheitsleistung einstweilen einzustellen.

Begründung:

1. Das Berufungsgericht hat in der mündlichen Verhandlung, in welcher der Unterzeichner gegen den Beklagten Versäumnisurteil ergehen ließ, zu erkennen gegeben, dass die Aufrechnungsforderung des Beklagten nur deswegen nicht durchgreife, weil der Beklagte im Hinblick auf die fehlende Zustimmung des Herrn ▓▓▓ bei der Abtretung nicht

Forderungsinhaber geworden sei. Der Beklagte hat daraufhin die Abtretung unter notariell beglaubigter Zustimmung des Herrn ▬ nachgeholt.

Beweis: Vorlage der Abtretungserklärung.

2. Vorsorglich erklärt der Beklagte nochmals die

Aufrechnung

mit der Forderung ▬, die nunmehr durchgreift, weil die Echtheit der Unterschrift des Herrn ▬ wegen der notariellen Beglaubigung nicht mehr ernsthaft bestritten werden kann und die Gegenforderung unverjährt ist. Da die Aufrechnungserklärung sachdienlich ist und bis auf die hier nachgeholte Abtretungserklärung ▬ auf all diejenigen Tatsachen gestützt werden kann, die das Berufungsgericht in seiner Verhandlungsentscheidung über die Berufung ohnehin nach § 529 ZPO zugrunde legt, ist die Klage nunmehr abweisungsreif.

Rechtsanwalt

XL. Muster: Einspruch gegen das Versäumnisurteil durch den Kläger

An das

Landgericht/Oberlandesgericht

in ▬

In Sachen

▬ ./. ▬

Az: ▬

lege ich für den Kläger gegen das Versäumnisurteil vom ▬, zugestellt am ▬,

Einspruch

ein und beantrage,

1. das angefochtene Versäumnisurteil aufzuheben und den Beklagten nach Maßgabe der Anträge aus der Berufungsbegründung vom ▬ (Seite ▬) zu verurteilen und

2. die Zwangsvollstreckung aus dem Versäumnisurteil gem. §§ 719, 707 ZPO gegen Sicherheitsleistung einzustellen.

Begründung:

1. Das Berufungsgericht gab in jener mündlichen Verhandlung, in welcher der Unterzeichner Versäumnisurteil gegen den Kläger hat ergehen lassen, zum Ausdruck, dass die Aktivlegitimation des Klägers nicht gegeben sei, weil der vorgelegten Abtretungserklärung die erforderliche Zustimmung des Herrn ▬ fehle. Allein aus diesem Grunde sei die Berufung zurückweisungsreif. Da der gestellte Antrag auf Bewilligung eines Schriftsatzvorbehaltes negativ beschieden wurde, blieb dem Kläger nur die Flucht in die Säumnis.

2. Mit der diesem Schriftsatz als **Anlage** beigefügten Abtretungserklärung ist die Abtretung wiederholt worden, wobei Herr ▬ der Abtretungserklärung ausweislich seiner notariell beglaubigten Unterschrift zugestimmt hat.

3. Der Klage ist somit stattzugeben. An der Echtheit der Unterschrift des Herrn ▓▓▓ bestehen wegen der notariellen Beglaubigung keine Bedenken. Der Anspruch ist auch nicht verjährt, weil die hiermit zu den Akten gereichte Abtretungserklärung noch vor Ablauf der Verjährungsfrist zustande gekommen und in den Rechtsstreit eingeführt worden ist. Die hiermit verbundene Klageänderung ist sachdienlich.

Rechtsanwalt

XLI. Muster: Einspruch gegen ein Versäumnisurteil und Antrag auf Fristverlängerung

An das

Landgericht/Oberlandesgericht

in ▓▓▓

In Sachen

▓▓▓./.▓▓▓

Az: ▓▓▓

lege ich für den Kläger gegen das Versäumnisurteil vom ▓▓▓, dem Kläger zugestellt am ▓▓▓,

Einspruch

ein und beantrage,

1. die Zwangsvollstreckung aus dem Versäumnisurteil gem. §§ 719, 707 ZPO gegen Sicherheitsleistung einstweilen einzustellen,
2. die Frist zur Begründung des Einspruchs gem. §§ 539 Abs. 3, 340 Abs. 3 S. 2 ZPO bis zum ▓▓▓ zu verlängern.

Begründung:
1. Die Kammer/der Senat hat in der mündlichen Verhandlung vom ▓▓▓ zu erkennen gegeben, dass der Berufung nur deswegen nicht stattgegeben werden soll, weil der Kläger nicht aktiv legitimiert sei; die von ihm vorgelegte Abtretung sei nur deswegen unwirksam, weil Herr ▓▓▓ der Abtretungserklärung nicht zugestimmt habe. Daraufhin hat der Unterzeichner gegen den Kläger Versäumnisurteil ergehen lassen, damit die Abtretungserklärung mit notariell beglaubigter Zustimmung des Herrn ▓▓▓ innerhalb der Einspruchsfrist nachgeholt werden kann.
2. Kurz nach dem Termin der mündlichen Verhandlung vom ▓▓▓ erlitt Herr ▓▓▓ einen Autounfall, aufgrund dessen er nunmehr an einer schweren Gehirnerschütterung leidet und daran gehindert ist, die erforderliche rechtsgeschäftliche Zustimmungserklärung abzugeben.
Beweis: Vorlage des Attests des ▓▓▓ Krankenhauses in ▓▓▓
Voraussichtlich wird es Herrn ▓▓▓ aber spätestens am ▓▓▓ wieder besser gehen, so dass es möglich sein wird, ihn zur Abgabe der erforderlichen Zustimmungserklärung zu bitten. Dass er zur Abgabe einer solchen Erklärung bereit sei, hat er dem

§ 17 Das Berufungsrecht

Unterzeichner unmittelbar nach dem Verhandlungstermin bereits telefonisch zugesichert.
Beweis: Zeugnis des Unterzeichners
Deswegen wird darum gebeten, die Frist zur Begründung des Einspruchs antragsgemäß zu verlängern.

Rechtsanwalt

XLII. Muster: Berufungszurückweisungsantrag mit Antrag auf Bewilligung von Prozesskostenhilfe

An das

Landgericht/Oberlandesgericht

in

In dem Rechtsstreit

./.

Az:

bestelle ich mich für den Beklagten und beantrage,

1. die Berufung zurückzuweisen und
2. den Beklagten unter meiner Beiordnung für die Durchführung des Berufungsverfahrens Prozesskostenhilfe zu bewilligen.

Eine aktuelle vom Beklagten ausgefüllte und unterzeichnete Erklärung über die persönlichen und wirtschaftlichen Verhältnisse liegt nebst dazugehörigen Anlagen bei.

oder:

Auf die erstinstanzliche Erklärung über die persönlichen und wirtschaftlichen Verhältnisse wird Bezug genommen. Eine Änderung der Verhältnisse ist nicht eingetreten.

Rechtsanwalt

XLIII. Muster: Berufungserwiderung mit Antrag auf Bewilligung von Prozesskostenhilfe

An das

Landgericht/Oberlandesgericht

in

In dem Rechtsstreit

./.

Az:

bestelle ich mich für den Beklagten und nehme zu der Berufungsbegründung des Klägers aus dem Schriftsatz vom mit den Anträgen,

1. die Berufung zurückzuweisen und
2. dem Beklagten unter meiner Beiordnung als Prozessbevollmächtigter für die Durchführung des Berufungsverfahrens Prozesskostenhilfe zu bewilligen,

folgendermaßen Stellung:
1.
2. Im Hinblick auf den gestellten Antrag auf Bewilligung von Prozesskostenhilfe füge ich die vom Antragsteller ausgefüllte und unterzeichnete Erklärung über die persönlichen und wirtschaftlichen Verhältnisse nebst dazugehörigen Anlagen bei.
oder:
Im Hinblick auf den gestellten Antrag auf Bewilligung von Prozesskostenhilfe wird auf die erstinstanzliche Erklärung über die persönlichen und wirtschaftlichen Verhältnisse Bezug genommen. Eine Änderung der Verhältnisse ist nicht eingetreten.

Rechtsanwalt

XLIV. Muster: Deckungsschutzanfrage des Berufungsbeklagten

▼

An die

-Rechtsschutzversicherung

, den

Unser Zeichen:

VN:

Versicherungsnummer:

Sehr geehrte Damen und Herren,

nachdem unser Mandant und Ihr Versicherungsnehmer ausweislich des in der Anlage 1 beigefügten Urteils erstinstanzlich obsiegt hatte, hat sich nunmehr der Kläger/Beklagte dazu entschlossen, gegen dieses Urteil Berufung einzulegen. Die Berufungsschrift überlassen wir Ihnen beiliegend in der Anlage 2 und bitten Sie darum, uns zu bestätigen, dass Deckungsschutz auch für das Berufungsverfahren besteht. Zur Begründung der Deckungsschutzanfrage wird vollinhaltlich auf die Ausführungen des erstinstanzlichen Urteils Bezug genommen.

Rechtsanwalt

§ 17 Das Berufungsrecht

XLV. Muster: Anschlussberufung des Beklagten bei teilweise erfolgreicher Klage

17.45

487

An das

Landgericht/Oberlandesgericht

in

Anschlussberufung

In dem Rechtsstreit

des

– Kläger und Berufungskläger –

Prozessbevollmächtigter: RA

gegen

– Beklagter und Berufungsbeklagter –

Prozessbevollmächtigter: RA

Az zweiter Instanz:

lege ich namens und in Vollmacht des Beklagten gegen das am verkündete Urteil des Amtsgerichts/Landgerichts , Az: ,

Anschlussberufung

ein und beantrage,

1. die Berufung des Klägers zurückzuweisen,
2. das angefochtene Urteil teilweise abzuändern und die Klage auf die Anschlussberufung des Beklagten in vollem Umfang abzuweisen.

Begründung:
1. Die Berufung des Klägers hat keine Aussicht auf Erfolg, da
2. Auf die Anschlussberufung wird die Klage vollumfänglich abzuweisen sein.

Rechtsanwalt

XLVI. Muster: Anschlussberufung des Beklagten zur Widerklageerhebung

17.46

488

An das

Landgericht/Oberlandesgericht

in

Anschlussberufung und Widerklageerhebung

In Sachen

des

– Kläger und Berufungskläger –

Prozessbevollmächtigter: RA

gegen

▓▓▓▓

— Beklagter und Berufungsbeklagter —

Prozessbevollmächtigter: RA ▓▓▓▓

Az zweiter Instanz: ▓▓▓▓

lege ich namens des Beklagten gegen das am ▓▓▓▓ verkündete Urteil des Amtsgerichts/ Landgerichts ▓▓▓▓, Az: ▓▓▓▓,

Anschlussberufung

ein und erhebe namens und in Vollmacht des Beklagten

Widerklage

mit den Anträgen,

1. die Berufung des Klägers zurückzuweisen und
2. den Kläger auf die Widerklage zu verurteilen, an den Beklagten ▓▓▓▓ EUR nebst Zinsen in Höhe von ▓▓▓▓ Prozentpunkten über dem Basiszinssatz seit Rechtshängigkeit des Widerklageantrages zu zahlen.

Begründung:
1. Die Berufung des Klägers hat keine Aussicht auf Erfolg, da ▓▓▓▓
2. Die mit der Anschlussberufung verfolgte Widerklage ist nach § 533 ZPO zulässig und auch in der Sache begründet. ▓▓▓▓

Rechtsanwalt

▲

XLVII. Muster: Anschlussberufung des Klägers bei teilweise erfolgreicher Klage

▼

An das

Landgericht/Oberlandesgericht

in ▓▓▓▓

Anschlussberufung

In dem Rechtsstreit

des ▓▓▓▓

— Beklagter und Berufungskläger —

Prozessbevollmächtigter: RA ▓▓▓▓

gegen

▓▓▓▓

— Kläger und Berufungsbeklagter —

Prozessbevollmächtigter: RA ▓▓▓▓

Az zweiter Instanz: ▓▓▓▓

§ 17 Das Berufungsrecht

lege ich namens und in Vollmacht des Klägers gegen das am ▮▮▮ verkündete Urteil des Amtsgerichts/Landgerichts ▮▮▮, Az: ▮▮▮,

Anschlussberufung

ein und beantrage,

1. die Berufung des Beklagten zurückzuweisen,
2. das angefochtene Urteil teilweise abzuändern und entsprechend den erstinstanzlichen Schlussanträgen (Blatt ▮▮▮ d. A.) zu erkennen.

Begründung:

▮▮▮

Rechtsanwalt

▲

XLVIII. Muster: Anschlussberufung des Klägers bei Klageerweiterung

17.48

▼

490 An das

Landgericht/Oberlandesgericht

in ▮▮▮

Anschlussberufung und Klageerweiterung

In dem Rechtsstreit

des ▮▮▮

– Beklagter und Berufungskläger –

Prozessbevollmächtigter: RA ▮▮▮

gegen

▮▮▮

– Kläger und Berufungsbeklagter –

Prozessbevollmächtigter: RA ▮▮▮

Az zweiter Instanz: ▮▮▮

lege ich namens und in Vollmacht des Klägers gegen das am ▮▮▮ verkündete Urteil des Amtsgerichts/Landgerichts ▮▮▮, Az: ▮▮▮,

Anschlussberufung

ein und beantrage,

1. die Berufung des Beklagten zurückzuweisen,
2. den Beklagten auf die Anschlussberufung zu verurteilen, dem Kläger über den vom Amtsgericht/Landgericht zuerkannten und erstinstanzlich beantragten Betrag hinausgehend weitere ▮▮▮ EUR nebst Zinsen in Höhe von ▮▮▮ Prozentpunkten über dem Basiszinssatz seit Rechtshängigkeit dieses Antrages zu zahlen.

Begründung:

▬

Rechtsanwalt

▲

XLIX. Muster: Hilfsanschlussberufung

▼

An das
Landgericht/Oberlandesgericht
in ▬
In dem Rechtsstreit
des ▬

– Beklagter und Berufungskläger –

Prozessbevollmächtigter: RA ▬

gegen

▬

– Kläger und Berufungsbeklagter –

Prozessbevollmächtigter: RA ▬
Az zweiter Instanz: ▬
beantrage ich,

    die Berufung des Beklagten zurückzuweisen.

Hilfsweise für den Fall des Erfolges der Berufung lege ich namens und in Vollmacht des Beklagten

Anschlussberufung

ein und erhebe die

Hilfswiderklage

mit dem Antrag,

    den Beklagten zu verurteilen, dem Kläger ▬ herauszugeben.

Begründung:

▬

Rechtsanwalt

▲

L. Muster: Anschlussberufung gegen die Kostenentscheidung

492 An das

Landgericht/Oberlandesgericht

in ▓▓▓

Anschlussberufung

In dem Rechtsstreit

des ▓▓▓

– Kläger und Berufungskläger –

Prozessbevollmächtigter: RA ▓▓▓

gegen

▓▓▓

– Beklagter und Berufungsbeklagter –

Prozessbevollmächtigter: RA ▓▓▓

Az zweiter Instanz: ▓▓▓

lege ich namens und in Vollmacht des Beklagten gegen das am ▓▓▓ verkündete Urteil des Amtsgerichts/Landgerichts ▓▓▓, Az: ▓▓▓,

Anschlussberufung

ein und beantrage,

1. die Berufung des Klägers zurückzuweisen,
2. die Kostenentscheidung des erstinstanzlichen Urteils dahin gehend abzuändern, dass der Kläger ▓▓▓ % der Kosten und der Beklagte ▓▓▓ % der Kosten trägt.

Begründung:

▓▓▓

Rechtsanwalt

LI. Muster: Antrag auf Verlängerung der Berufungserwiderungsfrist

493 An das

Landgericht/Oberlandesgericht

in ▓▓▓

Fristverlängerungsantrag

In Sachen

▓▓▓./.▓▓▓

Az: ▓▓▓

wird beantragt,

die am ▮▮▮▮ erstmals (nach erster Verlängerung usw.) ablaufende Berufungsbegründungsfrist um einen Monat zu verlängern.

Die Fristverlängerung ist erforderlich, weil:
☐ der Unterzeichner wegen seiner derzeitigen außergewöhnlichen Arbeitsüberlastung nicht dazu in der Lage ist, die Berufungserwiderung rechtzeitig anzufertigen oder
☐ sich im Zuge der Bearbeitung herausgestellt hat, dass noch weitere Informationen von dem Mandanten erforderlich sind. Diese Informationen konnten aber rechtzeitig vor Ablauf der Berufungserwiderungsfrist nicht mehr eingeholt werden. Dies liegt daran, dass der Mandant zurzeit ausweislich des beigefügten Attestes krankheitsbedingt aufgetretene Rückfragen, die in einem persönlichen Gespräch erörtert werden sollten, nicht beantworten kann oder
☐ im Hinblick auf den besonderen Umfang und die besondere Schwierigkeit des Rechtsstreits eine rechtzeitige Anfertigung der Berufungserwiderung nicht möglich war oder
☐ zur Bearbeitung die Einsichtnahme in die Gerichtsakte erforderlich ist, die hier bisher noch nicht zur Verfügung gestellt werden konnte. Alsdann wird voraussichtlich noch eine Rücksprache mit dem Mandanten erforderlich sein.

Der Bevollmächtigte des Klägers, Rechtsanwalt ▮▮▮▮, hat sich mit der beantragten Fristverlängerung einverstanden erklärt, was hiermit anwaltlich versichert wird.

Rechtsanwalt

▲

LII. Muster: Berufungserwiderung des Klägers (Antragsalternativen)

▼

17.52

An das

Landgericht/Oberlandesgericht

in ▮▮▮▮

Berufungserwiderung

In Sachen

▮▮▮▮ ./. ▮▮▮▮

Az: ▮▮▮▮

wird zu der Berufungsbegründung aus dem Schriftsatz vom ▮▮▮▮ mit den Anträgen,
1. die Berufung zurückzuweisen
   und/oder
2. dem Kläger für die Durchführung des Berufungsverfahrens unter Beiordnung des Unterzeichners Prozesskostenhilfe zu bewilligen
   und/oder
3. hilfsweise die Revision zuzulassen
   und/oder
4. hilfsweise dem Kläger zu gestatten, die Vollstreckung des Beklagten gegen Sicherheitsleistung oder durch Hinterlegung ohne Rücksicht auf eine Sicherheitsleistung des Beklagten abzuwenden,
   oder

4. hilfsweise das Urteil nicht für vorläufig vollstreckbar zu erklären oder die Vollstreckung auf die in § 720a Abs. 1, 2 ZPO bezeichneten Maßregeln zu beschränken
und/oder
5. das Urteil für vorläufig vollstreckbar zu erklären, ohne dem Beklagte zu gestatten, die Vollstreckung durch Sicherheitsleistung oder Hinterlegung abzuwenden.

wie folgt Stellung genommen:

Rechtsanwalt

LIII. Muster: Berufungserwiderung des Beklagten (Antragsalternativen)

▼

An das
Landgericht/Oberlandesgericht
in
In dem Rechtsstreit

./.

Az:

wird zu der Berufungsbegründung des Klägers mit den Anträgen,
1. die Berufung zurückzuweisen
und/oder
2. dem Beklagten für die Durchführung des Berufungsverfahrens unter Beiordnung des Unterzeichners Prozesskostenhilfe zu bewilligen
und/oder
3. hilfsweise die Revision zuzulassen
und/oder
4. hilfsweise dem Beklagten zu gestatten, die Vollstreckung des Klägers durch Sicherheitsleistung oder durch Hinterlegung ohne Rücksicht auf eine Sicherheitsleistung des Klägers abzuwenden
oder
4. hilfsweise das Urteil nicht für vorläufig vollstreckbar zu erklären und die Vollstreckung auf die in § 720a Abs. 1, 2 ZPO bezeichnenden Maßregeln zu beschränken
und/oder
5. das Urteil für vorläufig vollstreckbar zu erklären ohne dem Kläger zu gestatten, die Vollstreckung durch Sicherheitsleistung oder Hinterlegung abzuwenden,

wie folgt Stellung genommen:

Rechtsanwalt

LIV. Muster: Berufungserwiderung mit (Hilfs-)Aufhebungs- und Zurückverweisungsantrag des Klägers oder des Beklagten

▼

An das

Landgericht/Oberlandesgericht

in ▬▬▬

Berufungserwiderung

In Sachen

▬▬▬ ./. ▬▬▬

Az: ▬▬▬

wird zu der Berufungsbegründung des Klägers/Beklagten aus dem Schriftsatz vom ▬▬▬ mit den Anträgen,

1. die Berufung zurückzuweisen und
2. hilfsweise, das angefochtene Urteil aufzuheben und den Rechtsstreit zur erneuten Verhandlung und Entscheidung an das Landgericht/Amtsgericht zurückzuverweisen

wie folgt Stellung genommen:

▬▬▬

Rechtsanwalt

▲

LV. Muster: Äußerungen zur Stellungnahme auf die Berufungserwiderung

▼

An das

Landgericht/Oberlandesgericht

in ▬▬▬

In Sachen

▬▬▬ ./. ▬▬▬

Az: ▬▬▬

wird zu dem Schriftsatz der Gegenseite vom ▬▬▬ folgendermaßen Stellung genommen:

▬▬▬

Rechtsanwalt

▲

LVI. Muster: Einspruch des Berufungsbeklagten gegen ein Versäumnisurteil und Antrag auf Fristverlängerung

17.56

▼

498 An das

Landgericht/Oberlandesgericht

in ▮▮▮▮

In Sachen

▮▮▮▮ ./. ▮▮▮▮

Az: ▮▮▮▮

lege ich für den Kläger gegen das Versäumnisurteil vom ▮▮▮▮, dem Kläger zugestellt am ▮▮▮▮,

Einspruch

ein und beantrage,

1. die Zwangsvollstreckung aus dem Versäumnisurteil gem. §§ 719, 707 ZPO gegen Sicherheitsleistung einstweilen einzustellen,
2. die Frist zur Begründung des Einspruchs gem. §§ 539 Abs. 3, 340 Abs. 3 S. 2 ZPO bis zum ▮▮▮▮ zu verlängern.

Begründung:

▮▮▮▮

Rechtsanwalt

▲

LVII. Muster: Einspruch des Berufungsbeklagten gegen ein Versäumnisurteil mit Einspruchsbegründung

17.57

▼

499 An das

Landgericht/Oberlandesgericht

in ▮▮▮▮

In Sachen

▮▮▮▮ ./. ▮▮▮▮

Az: ▮▮▮▮

lege ich für den Kläger/Beklagten gegen das Versäumnisurteil vom ▮▮▮▮, zugestellt am ▮▮▮▮,

Einspruch

ein und beantrage,

1. das angefochtene Versäumnisurteil aufzuheben und die Berufung zurückzuweisen und
2. die Vollstreckung aus dem Versäumnisurteil gem. §§ 719, 707 ZPO gegen Sicherheitsleistung einstweilen einzustellen.

Begründung:

Rechtsanwalt
▲

§ 18 Das Beschwerderecht

Frank-Michael Goebel/Martina Kohlmeyer

Inhalt

	Rdn
A. Einleitung	1
B. Rechtliche Grundlagen	9
I. Die sofortige Beschwerde nach der ZPO	9
1. Die Statthaftigkeit der sofortigen Beschwerde	9
a) Die Zulassung der sofortigen Beschwerde im Gesetz	13
b) Die Statthaftigkeit aufgrund der Zurückweisung eines Antrags	15
2. Die Zuständigkeit für die Entscheidung über die sofortige Beschwerde	24
3. Die Frist der sofortigen Beschwerde	33
4. Die Form der sofortigen Beschwerde	45
5. Sofortige Beschwerde setzt Beschwer voraus	56
a) Die allgemeine Beschwer	56
b) Die Beschwer bei Kostensachen	58
c) Die Beschwer bei Beschränkung der Rechtsmittel in der Hauptsache	70
6. Das Abhilfeverfahren	71
7. Der Prüfungsumfang und die Entscheidung des Beschwerdegerichts	85
a) Neues Vorbringen ist möglich	91
b) Sofortige Beschwerde hat keine aufschiebende Wirkung	96
c) Die Möglichkeiten des Beschwerdegegners	104
d) Die Entscheidung über die sofortige Beschwerde	109
8. Die Besonderheiten der Beschwerde im Prozesskostenhilfeverfahren	117
9. Die Anschlussbeschwerde	131
10. Keine außerordentliche Beschwerde wegen greifbarer Gesetzwidrigkeit	138

	Rdn
11. Die Kosten des sofortigen Beschwerdeverfahrens	144
a) Die Gerichtsgebühren	144
b) Die Rechtsanwaltsgebühren	147
II. Die Rechtsbeschwerde	154
1. Die Statthaftigkeit der Rechtsbeschwerde	156
a) Die grundsätzliche Bedeutung der Sache	164
b) Die Fortbildung des Rechts oder die Sicherung einer einheitlichen Rechtsprechung	169
c) Keine Zulassung bei Unanfechtbarkeit	174
2. Die Zuständigkeit für die Rechtsbeschwerde	177
3. Form und Frist der Rechtsbeschwerde	180
4. Das Rechtsbeschwerdeverfahren	186
5. Einstweiliger Rechtsschutz im Rechtsbeschwerdeverfahren	192
6. Die Kosten des Rechtsbeschwerdeverfahrens	197
III. Grundzüge des Beschwerdeverfahrens nach dem FamFG	199
1. Einleitung	199
2. Der Instanzenzug	203
3. Die Beschwerde nach dem FamFG	206
a) Die Statthaftigkeit der Beschwerde	207
b) Die Beschwerdeberechtigten	210
c) Die notwendige Beschwer und die Zulassung der Beschwerde	213
d) Die Beschwerdefrist	216
e) Die Einlegung der Beschwerde und das Verfahren	219
4. Die Anschlussbeschwerde	231
5. Die Rechtsbeschwerde	233
6. Sonderregelungen in Ehe- und Familienstreitsachen	240

§ 18 Das Beschwerderecht

C. Muster 255
    I. Muster: Sofortige Beschwerde gegen eine amtsgerichtliche Entscheidung zum Landgericht – Grundmuster 255
    II. Muster: Sofortige Beschwerde gegen eine landgerichtliche Entscheidung zum Oberlandesgericht – Grundmuster . . . 256
    III. Muster: Anschlussbeschwerde des Beschwerdegegners 257
    IV. Muster: Sofortige Beschwerde gegen die Zurückweisung eines Ablehnungsgesuchs gem. § 46 Abs. 2 ZPO 258
    V. Muster: Sofortige Beschwerde nach § 91a Abs. 2 ZPO 259
    VI. Muster: Sofortige Beschwerde nach § 99 Abs. 2 ZPO 260
    VII. Muster: Sofortige Beschwerde gegen die Ablehnung des Antrags auf Fristsetzung nach § 109 Abs. 1 ZPO 261
    VIII. Muster: Sofortige Beschwerde nach § 252 ZPO gegen eine Entscheidung nach §§ 239 ff., 148 ff. ZPO 262
    IX. Muster: Sofortige Beschwerde gegen die Kostenentscheidung nach § 269 Abs. 3 S. 3 ZPO . . 263
    X. Muster: Sofortige Beschwerde gegen die Ablehnung der Hinausschiebung der Urteilszustellung nach § 317 Abs. 1 S. 3 ZPO 264
    XI. Muster: Sofortige Beschwerde nach § 319 Abs. 3 ZPO gegen einen Berichtigungsbeschluss 265
    XII. Muster: Sofortige Beschwerde des Zeugen gegen die Auferlegung der Kosten und die Verhängung von Ordnungsmitteln nach § 380 Abs. 3 ZPO 266
    XIII. Muster: Sofortige Beschwerde nach § 387 Abs. 3 ZPO gegen ein Zwischenurteil über das Bestehen eines Zeugnisverweigerungsrechts 267
    XIV. Muster: Sofortige Beschwerde des Beweisführers nach § 387 Abs. 3 ZPO gegen ein Zwischenurteil über das Bestehen eines Zeugnisverweigerungsrechts 268
    XV. Muster: Sofortige Beschwerde gegen die Verpflichtung zur Vorlage eines Augenscheinsobjektes nach §§ 371, 144, 387 Abs. 3 ZPO 269
    XVI. Muster: Sofortige Beschwerde gegen die Zurückweisung des Antrags auf Ablehnung eines Sachverständigen nach § 406 Abs. 5 ZPO 270
    XVII. Muster: Sofortige Beschwerde des Sachverständigen gegen die Auferlegung eines Ordnungsgeldes nach §§ 411 Abs. 2 S. 4, 409 Abs. 2 ZPO   271
    XVIII. Muster: Isolierter Antrag auf Übertragung der Beschwerdeentscheidung auf die Kammer oder den Senat nach § 568 S. 2 ZPO 272
    XIX. Muster: Isolierter Antrag auf Aussetzung der Vollziehung der angefochtenen Entscheidung nach § 570 Abs. 2 ZPO   273
    XX. Muster: Antrag auf Erlass einer einstweiligen Anordnung nach § 570 Abs. 3 ZPO   274
    XXI. Muster: Sofortige Beschwerde bei Vorliegen eines Nichtigkeits- oder Restitutionsgrundes 275
    XXII. Muster: Beschwerde im Prozesskostenhilfeverfahren   276
    XXIII. Muster: Anschreiben an einen beim BGH zugelassenen Rechtsanwalt zur Einlegung der Rechtsbeschwerde 277
    XXIV. Muster: Befristete Beschwerde gegen eine amtsgerichtliche Endentscheidung nach §§ 58 ff. FamFG – Grundmuster 278

XXV. Muster: Befristete Beschwerde gegen eine amtsgerichtliche Endentscheidung in Ehe- und Familienstreitverfahren 279

XXVI. Muster: Fristverlängerungsgesuch Beschwerdebegründung ohne Zustimmung des Gegners 280

XXVII. Muster: Weiteres Fristverlängerungsgesuch Beschwerdebegründung mit Zustimmung des Gegners 281

XXVIII. Muster: Beschwerdebegründung im Sinne des § 117 FamFG 282

Literatur

Abramenko, Sofortige Beschwerde – Folgen einer übergangenen Rücknahme, MDR 2004, 860; *Abramenko*, Die Rechtsanwaltsvergütung für ZPO-Beschwerden, nach dem RVG, AnwBl 2006, 270; *App*, Jetzt Rechtsbeschwerde statt weiterer sofortiger Beschwerde, zfs 2002, 327; *Becker*, Die Rechtsbeschwerde in der Zwangsvollstreckung – vom LG unmittelbar zum BGH, JuS 2004, 574; *Bloching/Kettinger*, Verfahrensgrundrechte im Zivilprozess – Nun endlich das Comeback der außerordentlichen Beschwerde?, NJW 2005, 860; *Feskorn*, Die Zuständigkeit des Einzelrichters gemäß § 568 ZPO, NJW 2003, 856; *Gehrlein*, Erste Erfahrungen mit der reformierten ZPO – Revision und Beschwerde, MDR 2003, 547; *Gehrlein*, Neue höchstrichterliche Rechtsprechung zur ZPO – Revisions- und Beschwerdeverfahren, MDR 2004, 912; *Goebel*, Das Beschwerderecht nach der ZPO-Reform, PA 2002, 99; *Goebel*, Ein Jahr Rechtsbeschwerde: Die 13 wichtigsten Entscheidungen des BGH zum neuen Rechtsmittel, PA 2003, 18; *Goebel*, Die Rechtsbeschwerde als neues Rechtsmittel in der ZPO, PA 2002, 118; *Hirtz*, Zur sofortigen Beschwerde gegen die Ablehnung der Prozesstrennung, EWiR 2005, 327; *v. König*, Die Änderung der Beschwerdevorschriften durch das ZPO-RG insbesondere am Beispiel der Anfechtung des Kostenfestsetzungsbeschlusses; *Kroiß*, Die Rechtsmittel im nachlassgerichtlichen Verfahren nach dem FamFG, ZEV 2009, 224; *Künkel*, Die zugelassene Rechtsbeschwerde, MDR 2006, 486; *Maurer*, Die Rechtsmittel in Familiensachen nach dem FamFG, FamRZ 2009, 465; *Onderka*, Die Rechtsmittel in Kostensachen, RVG-Berater 2005, 90; *Rummel*, Die Beschwerderechtsprechung des BAG nach Einführung der Rechtsbeschwerde, NZA 2004, 418; *Schmidt*, Probleme des Abhilfeverfahrens nach § 572 Abs. 1 ZPO, MDR 2010, 725; *Schnauder*, Berufung und Beschwerde nach dem Zivilprozessreformgesetz, JuS 2002, 68 und JuS 2002, 162; *Schneider, E.*, ZPO-Reform: Abhilfe im Beschwerderecht, MDR 2003, 253; *Schneider, E.*, Zur Frage der Besetzung des Beschwerdegerichts in Kostenfestsetzungssachen, AGS 2004, 494; *Schneider/Klein*, Die sofortige Beschwerde in der Zwangsvollstreckung – Aufbau und Probleme, JA 2006, 445; *Schürmann*, Die Rechtsmittel nach dem FamFG, FamRB 2009, 24; *Schreiber*, Die Rechtsmittel im Zivilprozess, Jura 2007, 750; *Schütt*, Die Rechtsbeschwerde gegen den Berufungsverwerfungsbeschluss, MDR 2002, 1447; *Schwill*, Prozesskostenhilfe – Praxisrelevante Probleme des Beschwerdeverfahrens, MDR 2016, 1241; *Stackmann*, Die Neugestaltung des Berufungs- und Beschwerdeverfahrens in Zivilsachen durch das Zivilprozessreformgesetz, NJW 2002, 781; *Woitkewitsch*, Verbot der reformatio in peius im Beschwerdeverfahren?, FuR 2005, 210;

§ 18 Das Beschwerderecht

Zimmer, Die Beschwerdefrist der armen Partei im Prozesskostenhilfeverfahren, FamRZ 2005, 1145.

A. Einleitung

1 Die Beschwerde ist neben der Berufung und der Revision die dritte Säule des Rechtsmittelrechts der Zivilprozessordnung.

2 Mit der ZPO-Reform hat die sofortige Beschwerde die einfache Beschwerde gänzlich abgelöst. Sie unterliegt grundsätzlich – mit der Ausnahme im Prozesskostenhilferecht – der Notfrist von zwei Wochen nach § 569 ZPO. Mit dem FamFG ist zum 1.9.2009 das Beschwerderecht in Familiensachen sowie den sonstigen dem FamFG unterliegenden Materien einer eigenständigen Regelung in §§ 58 ff. FamFG unterworfen und damit der ZPO entzogen worden. Wie in der ZPO unterliegt die Beschwerde auch dort der Befristung, allerdings in der Regel von einem Monat, § 63 Abs. 1 FamFG.

3 *Hinweis*

Erhalten geblieben ist die einfache Beschwerde dagegen im Kostenrecht zum Angriff gegen Wertfestsetzungen und Kostenansätze nach den §§ 68, 66 GKG, §§ 81 ff. GNotKG und § 33 RVG.

4 Auch die weitere Beschwerde wurde im Regelungsbereich der ZPO zugunsten des Rechtsinstituts einer **Rechtsbeschwerde** abgeschafft. Die dabei vorgenommene Zuständigkeitsverlagerung für die letztinstanzlichen Entscheidungen im Beschwerderecht von den Oberlandesgerichten auf den BGH hat dabei zu einer erheblichen Neuorientierung in vielen Streitfragen geführt. Die ersten Jahre mit dem neuen Rechtsinstitut haben dies deutlich gezeigt. So hat der BGH etwa im Zwangsvollstreckungsrecht eine Vielzahl von Streitfragen entschieden.[1] Im Verfahren nach dem FamFG ist die Rechtsbeschwerde in den §§ 70 ff. FamFG geregelt.

5 Da das Beschwerderecht in einer Vielzahl zivilprozessualer Fallgestaltungen bis zur Hauptsacheentscheidung und dieser nachfolgend sowie in Nebenverfahren zur Anwendung kommen kann, handelt es sich für den bevollmächtigten Rechtsanwalt um eine – wenn häufig auch ungeliebte – Standardmaterie. Zugleich bietet aber auch das Beschwerderecht dem Rechtsanwalt taktische Möglichkeiten in der Prozessführung, die es im Sinne des Mandanten zu nutzen gilt.

6 Die nachfolgenden Ausführungen zeigen in Abschnitt B (siehe Rdn 9 ff.) die Grundzüge des Beschwerdeverfahrens praxisgerecht auf und liefern in Abschnitt C (siehe Rdn 255 ff. die erforderlichen Grundmuster. Dabei wurde die Beschwerde in Prozesskostenhilfesachen in die Darstellung eingebunden, um den unmittelbaren Zusammenhang und die Unterschiede zum allgemeinen Beschwerderecht hinreichend deutlich werden zu lassen.

---

1 Hierzu umfassend *Goebel* (Hrsg.), AnwaltFormulare Zwangsvollstreckung, 5. Aufl. 2016.

In der Zivilprozessordnung ist mit der ZPO-Reform die weitere Beschwerde zum Oberlandesgericht zur Stärkung einer einheitlichen Rechtsprechung entfallen und durch das Rechtsinstitut der Rechtsbeschwerde nach § 574 ZPO ersetzt worden, die nach § 133 GVG zum BGH zu erheben ist, was nur durch einen beim BGH zugelassenen Rechtsanwalt geschehen kann. Für den mit diesem Werk angesprochenen Rechtsanwalt in der Instanzrechtsprechung werden deshalb in Abschnitt B (siehe Rdn 154 ff.) die wesentlichen Grundzüge der Rechtsbeschwerde dargestellt, die erforderlich sind, um den Mandanten über diese Rechtsmittelmöglichkeit aufzuklären und zu entscheiden, ob dieser Weg beschritten werden soll. Des Weiteren werden die notwendigerweise zu berücksichtigenden Aspekte einer Übergabe des Beschwerdeverfahrens an den beim BGH zugelassenen Rechtsanwalt dargestellt und das Muster eines Übergabeschreibens vorgeschlagen. 7

In einem gesonderten Abschnitt soll ein Überblick zu dem Beschwerdeverfahren nach dem FamFG gegeben werden (siehe Rdn 199 ff.). Wegen der weiteren Einzelheiten wird allerdings auf das Spezialwerk in der vorliegenden Reihe, die AnwaltFormulare Familienrecht[2] verwiesen. 8

B. Rechtliche Grundlagen

I. Die sofortige Beschwerde nach der ZPO

1. Die Statthaftigkeit der sofortigen Beschwerde

Die sofortige Beschwerde findet nach § 567 Abs. 1 ZPO statt gegen die im ersten Rechtszug ergangenen Entscheidungen der Amts- oder Landgerichte, wenn 9
- dies im Gesetz ausdrücklich bestimmt ist oder
- es sich um eine Entscheidung handelt, die ohne mündliche Verhandlung ergehen kann (vgl. hierzu § 128 Abs. 4 ZPO) und durch die ein das Verfahren betreffendes Gesuch zurückgewiesen wurde.

Sie ist nicht statthaft gegen Entscheidungen, über die in erster Instanz das Oberlandesgericht zu entscheiden hat.[3]

Damit richtet sich die sofortige Beschwerde zwar regelmäßig gegen Entscheidungen, die nicht als Urteile, sondern als Beschlüsse ergehen. Allerdings gibt es hiervon Ausnahmen in: 10
- § 71 Abs. 2 ZPO für den Streit über die Zulassung der Nebenintervention,
- §§ 89 Abs. 1 S. 3, 99 Abs. 2 ZPO analog für die Anfechtung der Kostentragungspflicht des vollmachtlosen Vertreters,[4]
- § 99 Abs. 2 ZPO für die Anfechtung der Kostenentscheidung in einem Anerkenntnisurteil,[5]

---

2 *Börger* u.a., AnwaltFormulare Familienrecht, 6. Aufl. 2016.
3 BGH MDR 2012, 987.
4 Musielak/*Voit*, ZPO, 14. Aufl. 2017, § 89 Rn 10; Zöller/*Althammer*, ZPO, 32. Auf. 2018, § 89 Rn 8.
5 Muster unter Rdn 260.

- § 135 Abs. 3 ZPO für die Anfechtung der Entscheidung über die Urkundenherausgabepflicht eines Rechtsanwalts,
- § 387 Abs. 3 ZPO für die Anfechtung einer Entscheidung über ein Zeugnisverweigerungsrecht.[6]

11 In diesen Fällen ist Gegenstand der sofortigen Beschwerde grundsätzlich ein Zwischenurteil.

12 *Hinweis*

Hierauf muss der Rechtsanwalt in besonderer Weise achten. Geht er von der Möglichkeit der Berufung und deshalb von einer Notfrist von einem Monat aus, wird sich dieser Fehler regelmäßig nicht mehr korrigieren lassen, da dann bei der Vorbereitung der Fertigung der Rechtsmittelschrift die Beschwerdefrist von nur zwei Wochen abgelaufen sein dürfte. Eine Wiedereinsetzung in den vorigen Stand wird nicht in Betracht kommen, da ein solcher Fehler grundsätzlich auf einem Verschulden beruht.

a) Die Zulassung der sofortigen Beschwerde im Gesetz

13 In einer Vielzahl von Fällen spricht das Gesetz ausdrücklich aus, dass die sofortige Beschwerde statthaft ist. Einer gesonderten Prüfung, ob ein das Verfahren betreffendes Gesuch zurückgewiesen wurde, bedarf es dann nicht mehr.

14 **Checkliste der sofortigen Beschwerden, die im Gesetz ausdrücklich zugelassen sind**

Die ausdrückliche Zulassung der sofortigen Beschwerde im Gesetz findet sich
- gegen den Beschluss über die Zurückweisung eines Ablehnungsgesuches gegen einen Richter, § 46 Abs. 2 ZPO;[7]

  Hinweis

  Der Beschluss, mit dem ein Ablehnungsgesuch gegen einen Richter für begründet erklärt wird, ist dagegen nach § 46 Abs. 2 ZPO unanfechtbar.
- gegen ein Zwischenurteil über die Zurückweisung der Nebenintervention, § 71 Abs. 2 ZPO;
- gegen den Kostenbeschluss nach Erledigung des Rechtsstreits in der Hauptsache, § 91a Abs. 2 S. 1 ZPO;[8]

  Hinweis

  Allerdings muss der Streitwert nach §§ 91a Abs. 2 S. 2, 511 ZPO den Betrag von 600 EUR übersteigen. Anderenfalls würden den Parteien nämlich in der weniger bedeutenden Kostensache zwei Instanzen zur Verfügung stehen, während in der Hauptsache eine Berufungsmöglichkeit nicht gegeben gewesen wäre.

---

6 Muster unter Rdn 268.
7 Muster unter Rdn 258.
8 Muster unter Rdn 259.

B. Rechtliche Grundlagen §18

- gegen die Kostenentscheidung im Anerkenntnisurteil, § 99 Abs. 2 ZPO,[9] soweit der Streitwert den Betrag von 600 EUR übersteigt (§ 511 ZPO);
- gegen den Kostenfestsetzungsbeschluss nach § 104 Abs. 3 ZPO;
- gegen den Beschluss über die Ablehnung einer Fristsetzung nach § 109 Abs. 1 ZPO oder den Beschluss über die Anordnung oder Ablehnung des Ausspruchs über die Verpflichtung zur Rückgabe einer Sicherheit nach § 109 Abs. 2 und 4 ZPO;[10]
- gegen den Beschluss über die Ablehnung der Bewilligung der Prozesskostenhilfe, § 127 Abs. 2 S. 2 ZPO;[11]
- gegen ein Zwischenurteil über die Rückgabeverpflichtung von Urkunden durch den Rechtsanwalt, § 135 Abs. 3 ZPO;
- gegen den Ordnungsgeldbeschluss gegen die nicht erschienene, jedoch persönlich zum Termin geladene Partei nach §§ 141 Abs. 3 S. 1, 380 Abs. 3 ZPO;
- gegen den Beschluss des Gerichts nach § 142 ZPO zur Vorlage von Urkunden durch einen Dritten, gem. §§ 142 Abs. 2 S. 2, 387 Abs. 3 ZPO;
- gegen den Beschluss über die Aussetzung des Verfahrens nach den §§ 239 ff. ZPO gem. § 252 ZPO;[12]
- gegen den Beschluss über die Kostentragung nach Klagerücknahme nach § 269 Abs. 3 S. 2 und 3 ZPO,[13] soweit der Streitwert in der Hauptsache den Betrag von 600 EUR (§ 511 ZPO) übersteigt, § 269 Abs. 5 ZPO;
- gegen den Berichtigungsbeschluss wegen offenbarer Unrichtigkeiten nach § 319 Abs. 3 ZPO;[14]

> *Hinweis*
> Gegen den Beschluss, mit dem eine Berichtigung des Urteils abgelehnt wird, ist nach § 319 Abs. 3 ZPO kein Rechtsmittel gegeben. Der Beschwerdeführer ist in diesem Fall auf die Berufung oder Revision angewiesen, soweit diese statthaft sind.

- gegen den Beschluss, mit dem der Erlass eines Versäumnisurteils abgelehnt wurde, § 336 Abs. 1 ZPO;
- gem. §§ 372a Abs. 2, 387 Abs. 3 ZPO gegen ein Zwischenurteil über die Verpflichtung zur Duldung von Untersuchungen zur Feststellung der Abstammung nach § 372a Abs. 1 ZPO;
- gegen den Ordnungsmittelbeschluss gegen einen Zeugen, § 380 Abs. 3 ZPO;[15]
- gegen das Zwischenurteil über die Berechtigung zur Zeugnisverweigerung, § 387 Abs. 3 ZPO;[16]

---

9 Muster unter Rdn 260.
10 Muster unter Rdn 261.
11 Muster unter Rdn 276.
12 Muster unter Rdn 262.
13 Muster unter Rdn 263.
14 Muster unter Rdn 265.
15 Muster unter Rdn 266.
16 Muster unter Rdn 267.

- gegen den Beschluss über die Festsetzung eines Ordnungsgeldes oder einer Ordnungshaft nach der unberechtigten Zeugnisverweigerung gem. § 390 Abs. 3 ZPO;
- gegen den Beschluss über die Zurückweisung eines Ablehnungsgesuches gegen einen Sachverständigen, § 406 Abs. 5 ZPO;[17]

> *Hinweis*
>
> Der Beschluss, mit dem ein Ablehnungsgesuch gegen einen Sachverständigen für begründet erklärt wird, ist dagegen nach § 406 Abs. 5 ZPO unanfechtbar.

- gegen den Kostenbeschluss nach Abschluss des Beweissicherungsverfahrens und nicht fristgerechter Klageerhebung nach § 494a Abs. 2 S. 2 ZPO;
- gegen die Entscheidung des Prozessgerichts über die Erinnerung gegen die Verweigerung der einfachen Vollstreckungsklausel durch den Urkundsbeamten der Geschäftsstelle nach § 573 Abs. 2 ZPO;[18]
- gegen die Entscheidung des Prozessgerichts über die Erinnerung gegen eine Entscheidung des beauftragten oder des ersuchten Richters nach § 573 Abs. 2 ZPO;

> *Hinweis*
>
> Beachtet werden muss also, dass gegen Entscheidungen des beauftragten oder ersuchten Richters oder des Urkundsbeamten der Geschäftsstelle zunächst die ebenfalls in einer Notfrist von zwei Wochen zu erhebende Erinnerung nach § 573 ZPO an das Prozessgericht gegeben ist und insoweit bei solchen Entscheidungen kein Fall von § 567 Abs. 1 Nr. 2 ZPO vorliegt, der unmittelbar den Weg zur sofortigen Beschwerde eröffnet. Beide Rechtsmittel sind notfristgebunden!

- gegen die Verweigerung einer qualifizierten Vollstreckungsklausel nach den §§ 726 ff. ZPO durch den Rechtspfleger nach § 11 Abs. 1 RPflG;
- gegen Entscheidungen im Zwangsvollstreckungsverfahren nach § 793 ZPO;[19]
- gegen die Entscheidung über die einstweilige Einstellung des Zwangsversteigerungsverfahrens nach § 30b Abs. 3 ZVG;
- gegen Entscheidungen über die einstweilige Einstellung des Verfahrens zur Aufhebung einer Gemeinschaft nach § 180 Abs. 2 S. 3 ZVG i.V.m. § 30b Abs. 3 ZVG;
- gegen den Zuschlagsbeschluss in der Zwangsversteigerung nach den §§ 95 ff. ZVG;
- gegen den Beschluss über die Zulässigkeit des Rechtswegs nach § 17a Abs. 4 S. 3 GVG.

b) Die Statthaftigkeit aufgrund der Zurückweisung eines Antrags

15 Wird „ein das Verfahren betreffendes Gesuch" mit einer Entscheidung zurückgewiesen, die keine mündliche Verhandlung erfordert, kann auch dies zur Statthaftigkeit der sofortigen Beschwerde führen.

---

17 Muster unter Rdn 270.
18 S. hierzu Goebel/*Goebel*, AnwaltFormulare Zwangsvollstreckung, 5. Aufl. 2016, § 16.
19 Zur Abgrenzung von Entscheidungen und Maßnahmen im Zwangsvollstreckungsverfahren vgl. Goebel/*Goebel*, AnwaltFormulare Zwangsvollstreckung, 5. Aufl. 2016, § 16.

Ein das Verfahren betreffendes Gesuch, dessen Ablehnung ein Beschwerderecht nach § 567 Abs. 1 Nr. 2 ZPO begründen kann, setzt voraus, dass der Partei tatsächlich ein Antragsrecht außerhalb der von Amts wegen vorzunehmenden Handlungen des Gerichts zukommt.

Dort, wo lediglich Anregungen der Parteien möglich sind, wie etwa bei den Beweisanordnungen des Gerichts, ist kein Beschwerderecht gegeben, wenn das Gericht diesen Anregungen nicht folgt. Die gerichtliche Anforderung eines Auslagenvorschusses im selbstständigen Beweisverfahren ist nicht mit der sofortigen Beschwerde anfechtbar.[20]

Hinweis

So wird ein Beschwerderecht verneint, wenn das Gericht die Anordnung der Vorlage einer Urkunde durch die andere Partei oder einen Dritten nach § 142 ZPO ablehnt.[21] Die Entscheidung hierüber habe das Gericht von Amts wegen in Ausübung pflichtgemäßen Ermessens zu treffen. Soweit das Gericht die Anordnung unterlässt, kann dies also nur im Rahmen der Berufung als unzureichende Feststellung des Sachverhalts gerügt werden.

Unter die Bestimmung des § 567 Abs. 1 Nr. 2 ZPO fällt insbesondere die Ablehnung der Klagezustellung und die Ablehnung des Antrags auf Terminsverlegung.

Hinweis

Die Beschwerde ist nicht statthaft, wenn das Gesetz die Anfechtbarkeit der Entscheidung ausdrücklich ausschließt.[22]

Ein Beschwerderecht aufgrund von § 567 Abs. 1 Nr. 2 ZPO scheidet auch immer dann aus, wenn dies im Gesetz ausdrücklich ausgeschlossen ist.

Ausgeschlossen ist die Beschwerde nach dem eindeutigen Wortlaut der Vorschrift auch dann, wenn einem Gesuch stattgegeben wurde. Dies gilt auch für den Gegner, soweit dieser dem Gesuch widersprochen hat.[23]

Wie bereits eingangs ausgeführt, findet die sofortige Beschwerde nur gegen die im ersten Rechtszug ergangenen Entscheidungen statt. Werden also das Landgericht oder das Oberlandesgericht als Berufungsgericht oder Beschwerdegericht tätig, scheidet eine sofortige Beschwerde aus. In der Praxis besonders bedeutsam ist dies bei der Ablehnung eines Richters im Berufungsrechtsstreit. Hier ist die Entscheidung nicht mehr weiter anfechtbar.[24] Auch im Kapitalanleger-Musterverfahren ist eine sofortige Beschwerde (§ 46 Abs. 2 ZPO) gegen die ein Ablehnungsgesuch zurückweisende Entscheidung des Oberlandesgerichts nach Ansicht des BGH nicht statthaft.[25]

---

20 BGH MDR 2009, 763 unter Darstellung des früheren Streitstandes.
21 BGH MDR 2017, 357; Musielak/*Greger*, ZPO, 14. Aufl. 2017, § 142 Rn 8.
22 Musielak/*Voit*, ZPO, 14. Aufl. 2017, § 567 Rn 12; MüKo-ZPO/*Lipp*, 5. Aufl. 2016, § 567 Rn 14.
23 OLG Karlsruhe MDR 1983, 943.
24 OLGR Celle 2002, 228; *Gehrlein*, MDR 2003, 547, 551.
25 BGH NJW-RR 2009, 465 = MDR 2009, 338.

2. Die Zuständigkeit für die Entscheidung über die sofortige Beschwerde

24 Die Zuständigkeit für die Entscheidung über die sofortige Beschwerde ist seit der ZPO-Reform nicht mehr in der ZPO selbst geregelt, sondern ergibt sich systemkonform aus den §§ 72, 119 Abs. 1 GVG. Dabei sind die Zuständigkeiten nicht nur systematisch neu eingeordnet, sondern auch inhaltlich in Abweichung von den früheren Bestimmungen geregelt worden.

25 Danach sind für Beschwerden gegen Entscheidungen der Amtsgerichte grundsätzlich die Landgerichte, für Beschwerden gegen Entscheidungen der Landgerichte die Oberlandesgerichte zuständig.

26 Diese generelle Regelung gilt jedoch nicht ausnahmslos. Wie bei der Berufung ist das Oberlandesgericht nach § 119 Abs. 1 Nr. 1 GVG auch für Beschwerden gegen Entscheidungen der Amtsgerichte zuständig, wenn
- es sich um eine Entscheidung des Familiengerichts handelt,
- es sich um eine Angelegenheit der freiwilligen Gerichtsbarkeit mit Ausnahme der Freiheitsentziehungssachen und der von den Betreuungsgerichten entschiedenen Sachen handelt.

27 Die Sprungbeschwerde bei Angelegenheiten mit Auslandsberührung, die erst mit der ZPO-Reform eingeführt worden ist, ist mit der Einführung des FamFG zum 1.9.2009 wieder gestrichen worden. Die Regelung hat sich in der Praxis nicht bewährt.[26]

Ungeachtet der Zuständigkeitsregelung kann die sofortige Beschwerde nach § 569 Abs. 1 S. 1 ZPO sowohl beim Ausgangsgericht (iudex a quo) als auch beim Beschwerdegericht (iudex ad quem) eingelegt werden.

28 *Tipp*

Legen Sie die sofortige Beschwerde grundsätzlich beim Ausgangsgericht ein. Dies beschleunigt das Gesamtverfahren, da das Ausgangsgericht nunmehr nach § 572 ZPO der sofortigen Beschwerde nach Anhörung des Gegners – Anspruch auf rechtliches Gehör nach Art. 103 GG – abhelfen kann. Sie ersparen sich so die – zeitliche – Verzögerung durch die Versendung der Sache vom Beschwerdegericht an das Ausgangsgericht. Darüber hinaus ersparen Sie sich in Fällen des § 119 Abs. 1 Nr. 1 und 2 GVG die Prüfung, ob das Landgericht oder das Oberlandesgericht das zuständige Beschwerdegericht ist. Legt das Ausgangsgericht die sofortige Beschwerde dem falschen Gericht vor, so lässt dies die Einhaltung der Beschwerdefrist unberührt. Das Verfahren wird dann von Amts wegen an das richtige Beschwerdegericht abgegeben.

29 Innerhalb des so zu bestimmenden Beschwerdegerichts entscheidet nach § 568 ZPO das Beschwerdegericht durch eines seiner Mitglieder als Einzelrichter, wenn – wie regelmäßig – auch die anzufechtende Entscheidung von einem Einzelrichter oder einem Rechtspfleger erlassen wurde. In allen anderen Fällen, d.h. wenn die Ausgangsentscheidung von einer Kammer des Landgerichts getroffen wurde, entscheidet auch das Oberlandes-

---

26 Für Altfälle vgl. die 2. Auflage § 17 Rn 30 ff.

gericht als Beschwerdegericht in der vollen Senatsbesetzung. Wurde die angefochtene Entscheidung von der Kammer des Landgerichts in vollständiger Besetzung erlassen, ist der vollbesetzte Senat des Oberlandesgerichts auch dann zur Entscheidung über die sofortige Beschwerde berufen, wenn der Nichtabhilfebeschluss von einem Einzelrichter stammt.[27]

In der Praxis relevanter ist der umgekehrte Fall, in dem die angefochtene Entscheidung 30 von einem Einzelrichter erlassen wurde, jedoch das Kollegialgericht den Nichtabhilfebeschluss gefasst hat. Teilweise wird die Zuständigkeit des Einzelrichters für die Beschwerdeentscheidung angenommen,[28] teilweise die des Senates.[29]

Ist danach zunächst der Einzelrichter zuständig, muss er das Beschwerdeverfahren allerdings der Kammer oder dem Senat übertragen, wenn die Sache besondere Schwierigkeiten tatsächlicher oder rechtlicher Art aufweist oder die Rechtssache grundsätzliche Bedeutung hat, § 568 S. 2 ZPO. 31

Hinweis 32

Eine entsprechende Anregung muss vom Bevollmächtigten immer dann ausgehen, wenn bereits absehbar ist, dass aufgrund der bisherigen Rechtsprechung der Kammer oder des Senats eine endgültige Durchsetzung der eigenen Rechtsposition nur im Wege der Rechtsbeschwerde zu erwarten ist. Der Einzelrichter ist nämlich grundsätzlich gehindert, die Rechtsbeschwerde zuzulassen.[30] Lässt der Einzelrichter in einer Sache, der er rechtsgrundsätzliche Bedeutung beimisst, die Rechtsbeschwerde zu, so führt die auf die Rechtsbeschwerde von Amts wegen gebotene Aufhebung der Entscheidung zur Zurückverweisung der Sache an den Einzelrichter, der diese dann der Kammer oder dem Senat vorlegen muss.[31] Nach der eindeutigen Stellungnahme des BGH zu dieser Frage ist nun zu erwarten, dass Einzelrichter in Beschwerdeverfahren die Rechtsbeschwerde nicht mehr zulassen. Missachten sie diese Entscheidungen, ist mit einer nicht unerheblichen zeitlichen Verzögerung der abschließenden Entscheidung zu rechnen.

3. Die Frist der sofortigen Beschwerde

Besondere Vorsicht verlangt die Fristenkontrolle im Beschwerderecht. Die Beschwerde 33 ist als sofortige Beschwerde grundsätzlich an eine Frist gebunden. Sie ist innerhalb einer Notfrist, d.h. ohne Verlängerungsmöglichkeit durch den Richter, von zwei Wochen ab der Zustellung der anzufechtenden Entscheidung einzulegen, § 569 Abs. 1 S. 1 ZPO.

---

27 OLG Nürnberg MDR 2009, 1243 = OLGR Nürnberg 2009, 715.
28 OLG Hamm NJW-RR 2011, 238; OLGR Frankfurt 2004, 115; OLGR Düsseldorf 2003, 187; Zöller/*Heßler*, ZPO, 32. Aufl. 2018, § 568 Rn 2.
29 KG Berlin JurBüro 2011, 148, OLGR Saarbrücken 2007, 372.
30 St. Rspr. vgl. grundlegend BGH InVo 2003, 281 = NJW 2003, 1254 = MDR 2003, 588; BGH WuM 2008, 159; BGH WuM 2007, 640.
31 BGH NJW 2014, 3520; BGH MDR 2012, 245; BGH BGHReport 2004, 1114 = RVGreport 2005, 40; BGH NJW 2003, 1254; BGH MDR 2003, 949.

§ 18 Das Beschwerderecht

34 *Hinweis*

Die Frist ist nach § 224 ZPO auch mit Zustimmung des Gegners nicht verlängerbar!

35 Die Beschwerdefrist beginnt gem. § 569 Abs. 1 S. 2 ZPO mit der Zustellung der Entscheidung von Amts wegen nach §§ 329 Abs. 3, 270 ZPO zu laufen. Dies gilt auch für Beschwerden gegen Beschlüsse über die Aufstellung oder die Ausführung des Teilungsplans im Zwangsversteigerungsverfahren.[32]

36 *Hinweis*

Eine gem. § 319 ZPO ausgesprochene Berichtigung des Kostenfestsetzungsbeschlusses hat nur dann einen Einfluss auf den Lauf der Rechtsmittelfrist, wenn die Entscheidung vor ihrer Berichtigung nicht klar genug war, um die Grundlage für die Entschließung und das weitere Handeln der Parteien und für die Entscheidung des Rechtsmittelgerichts zu bilden.[33]

37 Besondere Vorsicht ist geboten, wenn das Ausgangsgericht einen grundsätzlich mit der sofortigen Beschwerde angreifbaren Beschluss trotz der anderweitigen Anordnung des Richters formlos mitteilt. Auch in diesem Fall gilt der Beschluss mit dem tatsächlichen Zugang als zugestellt. Der mit dem Zustellungsreformgesetz zum 1.7.2003 eingeführte § 189 ZPO n.F. lässt im Gegensatz zum früheren § 187 ZPO a.F. insoweit nämlich auch die Heilung von Zustellungsmängeln bei Notfristen zu.

38 Zwar spricht vieles dafür, dass die Anwendung von § 189 ZPO voraussetzt, dass zumindest eine Zustellung veranlasst wurde. § 189 ZPO beabsichtigt nämlich nur die Heilung mangelhafter und fehlerhafter Zustellungen, nicht aber den Ersatz einer nicht einmal veranlassten Zustellung.[34] Allerdings fehlt es hier bislang noch an Rechtsprechung, so dass diese Frage noch mit einem hohen Haftungsrisiko verbunden ist. Dem Grundsatz des sichersten Weges folgend, sollte also auch bei einer formlosen Übersendung der beschwerdefähigen Entscheidung die Notfrist von zwei Wochen eingetragen und beachtet werden. Dem Gericht sollte angezeigt werden, dass die Entscheidung nicht zugestellt wurde, wann sie eingegangen ist und dass ab dem tatsächlichen Zugang die Rechtsmittelfrist berechnet wird.

39 Ist die anzufechtende Entscheidung verkündet worden, beginnt die Notfrist von zwei Wochen nach § 569 Abs. 1 S. 2 ZPO spätestens fünf Monate nach der Verkündung, wenn sie zuvor nicht zugestellt worden ist und auch keine Heilung angenommen werden kann.

40 *Tipp*

Weisen Sie Ihr Büropersonal generell an, bei einer Entscheidung des Gerichts den Ablauf einer Notfrist von zwei Wochen nebst einer Vorfrist einzutragen und Ihnen zur Kontrolle und Abzeichnung vorzulegen. Kommt es dann gleichwohl zu einem

---

32 BGH MDR 2009, 769 = Rpfleger 2009, 401 = BGHReport 2009, 758.
33 OLGR Naumburg 2005, 202.
34 Musielak/Voit/*Ball*, ZPO, 14. Aufl. 2017, § 569 Rn 4, geht ohne Differenzierung und ohne Hinweis auf § 189 ZPO bei einer formlosen Mitteilung davon aus, dass die Notfrist nicht in Gang gesetzt wird; Zöller/*Heßler*, ZPO, 32. Aufl. 2018, § 569 Rn 4.

Fristversäumnis, bleibt Ihnen die Möglichkeit der Wiedereinsetzung in den vorigen Stand nach §§ 233 ff. ZPO.

Die Fristberechnung erfolgt gem. § 222 Abs. 1 ZPO nach den §§ 187 Abs. 1, 188 Abs. 2 BGB. Damit läuft die Beschwerdefrist mit dem Ablauf desjenigen Tages ab, der zwei Wochen später dem Tag entspricht, auf den die Zustellung der anzufechtenden Entscheidung gefallen ist. Handelt es sich hierbei um einen Samstag, einen Sonntag oder einen gesetzlichen Feiertag, so läuft die Frist erst am darauf folgenden Werktag ab.

Ist die anzufechtende Entscheidung zunächst formell rechtskräftig geworden, d.h. die Notfrist von zwei Wochen abgelaufen, so kann die sofortige Beschwerde nach § 569 Abs. 1 S. 3 ZPO ungeachtet dieser Frist eingelegt werden, wenn bezüglich der Beschwerdeentscheidung einer der Gründe nach § 579 ZPO, der gegen ein Urteil die Nichtigkeitsklage begründen würde, vorliegt oder einer der Restitutionsgründe nach § 580 ZPO.

In diesem Fall kann die Beschwerde binnen einer Notfrist von einem Monat nach §§ 569 Abs. 1 S. 3, 586 Abs. 1 ZPO erhoben werden.[35] Die Frist beginnt mit der Kenntnis von dem Nichtigkeits- oder Restitutionsgrund, jedoch nicht vor der formellen Rechtskraft der anzufechtenden Entscheidung und spätestens fünf Jahre nach der formellen Rechtskraft der anzufechtenden Entscheidung, §§ 569 Abs. 1 S. 3, 586 Abs. 2 ZPO.

Hinweis

Ob und inwieweit § 569 Abs. 1 S. 3 i.V.m. §§ 578 und 579 ZPO auch eine nachträgliche Anfechtung einer Beschwerdeentscheidung des Landgerichts oder Oberlandesgerichts erlaubt, die – mangels Zulassung der Rechtsbeschwerde kraft Gesetzes oder richterlicher Entscheidung – eigentlich nicht mehr anfechtbar ist, bleibt nach der bisherigen Rechtsprechung offen. Der Mandant müsste vor Erhebung einer solchen Beschwerde jedenfalls auf das diesbezügliche Risiko hingewiesen werden.

4. Die Form der sofortigen Beschwerde

Nach § 569 Abs. 2 ZPO wird die sofortige Beschwerde durch eine Beschwerdeschrift, d.h. zunächst schriftlich,[36] eingereicht. Eine telefonische Rechtsmitteleinlegung ist nicht möglich.[37] Die Beschwerdeschrift muss zumindest enthalten:
- den Beschwerdeführer,
- die angefochtene Entscheidung und
- die Erklärung, dass Beschwerde eingelegt wird.

Dabei muss die Erklärung, dass Beschwerde eingelegt wird, nicht zwingend ausdrücklich erfolgen.[38] Es ist ausreichend, dass sich aus den Ausführungen insgesamt ergibt, dass die genannte Entscheidung angegriffen und im Ziel geändert werden soll.

---

35 Muster unter Rdn 275.
36 Grundmuster von sofortigen Beschwerden unter Rdn 255 ff.
37 BGH NJW-RR 2009, 852 = Rpfleger 2009, 395.
38 BGH NJW 1992, 243.

47 *Hinweis*

Soweit der Mandant die Entscheidung nur teilweise anfechten will, sollte dies vom Bevollmächtigten sowohl im Beschwerdeantrag als auch in einer Beschwerdebegründung zum Ausdruck gebracht werden. Anderenfalls drohen dem Mandanten Nachteile bei einer Kostenentscheidung zu seinen Lasten, wenn das erkennende Gericht über die angefochtene Entscheidung als Ganzes entscheidet und sich entsprechend der Streitwert berechnet. Es muss allerdings bei Kostensachen beachtet werden, dass die Entscheidung zumindest in einem Umfang angefochten wird, der den Beschwerdewert von 200,01 EUR nach § 567 Abs. 2 ZPO erreicht.

48 Die Beschwerdeschrift kann dabei auch als Telefax oder mit den Mitteln der elektronischen Kommunikation wie auch im ordentlichen Erkenntnisverfahren erhoben werden.

49 Nach § 571 Abs. 1 ZPO soll die Beschwerde auch begründet werden. Eine fehlende Begründung führt allerdings nicht zur Unzulässigkeit der Beschwerde.

50 *Hinweis*

Es ist allerdings davon auszugehen, dass die Beschwerde ohne Weiteres mit der Begründung als unbegründet zurückgewiesen wird, dass der Beschwerdeführer keine konkreten Einwände gegen die angefochtene Entscheidung vorgetragen habe und solche auch von Amts wegen nicht zu erkennen seien. Insoweit sollte immer eine Begründung vorgelegt, zumindest aber angekündigt werden, so dass das Beschwerdegericht im Sinne einer Fehlerkontrolle und Fehlerkorrektur die Entscheidung des Ausgangsgerichts überprüfen kann.

51 Ausnahmsweise kann die sofortige Beschwerde nach § 569 Abs. 3 Nr. 1 ZPO auch zu Protokoll der Geschäftsstelle erhoben werden, wenn der Rechtsstreit im ersten Rechtszug nicht als Anwaltsprozess zu führen ist oder war und die Beschwerde durch oder für eine Partei eingelegt werden soll.

52 Nach § 129a ZPO ist dabei die Erklärung zu Protokoll eines jeden Amtsgerichts möglich, wobei beachtet werden muss, dass die Einlegung erst dann als bewirkt gilt, wenn die protokollierte Erklärung bei dem tatsächlich zuständigen Gericht eingegangen ist, § 129a Abs. 2 S. 2 ZPO. Es droht der Ablauf der Beschwerdefrist.

53 *Hinweis*

Die Erklärung zu Protokoll der Geschäftsstelle wird zwar für den Rechtsanwalt nicht in Betracht kommen, er hat seinen Mandanten hierüber aber eventuell zu belehren, soweit er nur mit der Beratung des Mandanten beauftragt ist.

54 In gleicher Weise kann die Beschwerde zu Protokoll der Geschäftsstelle eingelegt werden, wenn die Beschwerde die Prozesskostenhilfe betrifft oder sie von einem Zeugen, einem Sachverständigen oder einem zur Vorlage von Urkunden oder Augenscheinsobjekten nach den §§ 142, 144 ZPO verpflichteten Dritten erhoben werden soll, § 569 Abs. 3 Nr. 2 und 3 ZPO.

Kann die sofortige Beschwerde zu Protokoll der Geschäftsstelle erhoben werden, führt dies nach § 78 Abs. 3 ZPO dazu, dass das Beschwerdeverfahren vor dem Landgericht und – in den Fällen des § 119 Abs. 1 Nr. 1 GVG auch vor dem Oberlandesgericht – ohne einen dort zugelassenen Rechtsanwalt durchgeführt werden kann. In allen Fällen bedarf es dann also keiner anwaltlichen Vertretung, wenngleich diese möglich ist.

5. Sofortige Beschwerde setzt Beschwer voraus

a) Die allgemeine Beschwer

Grundsätzlich setzt die Einlegung der Beschwerde eine Beschwer voraus. Diese liegt dann vor, wenn der Beschwerdeführer durch die Entscheidung rechtlich nachteilig betroffen sein kann. Die Beschwer muss dann allerdings auch bis zum Zeitpunkt der Entscheidung über die sofortige Beschwerde fortbestehen.[39]

> *Hinweis*
>
> Entfällt die Beschwer im Laufe des Beschwerdeverfahrens, so muss der Beschwerdeführer die sofortige Beschwerde in der Hauptsache für erledigt erklären, um eine Verwerfung als unzulässig zu vermeiden.[40] Ein solcher Wegfall der Beschwer kommt etwa durch Zeitablauf oder durch eine prozessuale Überholung in Betracht. So kann die Beschwer wegen der Ablehnung der einstweiligen Einstellung der Zwangsvollstreckung entfallen, wenn während des sofortigen Beschwerdeverfahrens die abschließende Entscheidung in der Hauptsache ergeht.

b) Die Beschwer bei Kostensachen

Bei Kostenbeschwerden enthält § 567 Abs. 2 ZPO eine besondere Normierung der Schwelle für die Beschwer. Nur wenn diese Schwelle überschritten wird, ist die sofortige Beschwerde zulässig.

Richtet sich die sofortige Beschwerde gegen eine Entscheidung über die Verpflichtung, die Prozesskosten dem Grunde nach zu tragen, muss der Beschwerdewert nach § 567 Abs. 2 ZPO den Betrag von 200 EUR übersteigen, d.h. zumindest 200,01 EUR betragen.

> *Hinweis*
>
> Die Entscheidung über die Gewährung oder Ablehnung von Prozesskostenhilfe ist dabei keine Entscheidung im Sinne von § 567 Abs. 2 ZPO.[41]

Nichts anderes gilt in Kostensachen. Richtet sich die sofortige Beschwerde gegen die der Höhe nach angesetzten Kosten, Gebühren und Auslagen, so muss der Beschwerdewert

---

39 OLG Köln NJW-RR 1989, 1406.
40 BGH MDR 1982, 473; OLG Hamburg FamRZ 1979, 532.
41 Musielak/*Voit*, ZPO; 14. Aufl. 2017, § 567 Rn 20; Zöller/*Heßler*, ZPO, 32. Aufl. 2018, § 567 Rn 49.

200 EUR übersteigen, d.h. mindestens 200,01 EUR betragen. Erfasst werden von dieser Regelung:
- die Kosten im Mahnverfahren,
- die Bestimmung der Kosten im Rahmen der Kostenfestsetzung nach § 104 ZPO,
- die Änderung der Kosten nach Streitwertfestsetzung nach § 107 Abs. 3 ZPO,
- die Festsetzung der Vollstreckungskosten nach §§ 788, 104 ZPO,
- die Weigerung des Gerichtsvollziehers, die Kosten der Zwangsvollstreckung mit beizutreiben, §§ 766 Abs. 2, 567 Abs. 2 ZPO analog.

62 *Hinweis*

In den vorbezeichneten Fällen richtet sich der Beschwerdewert nur nach der Differenz der vom Gericht festgesetzten Kosten und der vom Beschwerdeführer als zutreffend angesehenen Kosten,[42] nicht nach der Gesamtkostenregelung. In vielen Fällen scheidet deshalb eine sofortige Beschwerde aus.

63 Entscheidend ist hier der Wert zum Zeitpunkt der Beschwerdeeinlegung,[43] wobei erst mit der Beschwerde geltend gemachte Kosten, d.h. nachgeschobene Kostenpositionen, außer Betracht bleiben.[44] Zum Beschwerdewert hinzuzurechnen ist allerdings die Umsatzsteuer bei Rechtsanwaltsgebühren, auch wenn es sich hierbei für den Rechtsanwalt nur um einen durchlaufenden Posten handelt.[45]

64 Das kostenbefreite Land wird durch eine auf Kostenaufhebung lautende Kostenentscheidung beschwert, wenn in dem Verfahren gerichtliche Auslagen entstanden sind, für die gebührenrechtlich allein der Gegner haftet.[46]

65 Umstritten ist, welcher Zeitpunkt maßgeblich ist, wenn der sofortigen Beschwerde gem. § 572 Abs. 1 S. 1 ZPO teilweise abgeholfen wird und nach dieser teilweisen Abhilfe der Beschwerdewert des § 567 Abs. 2 ZPO nicht mehr erreicht wird. Die überwiegende Auffassung stellt auf den Zeitpunkt der Vorlageentscheidung an das Beschwerdegericht ab, so dass die sofortige Beschwerde unzulässig und nach § 11 Abs. 2 RPflG zu verfahren ist.[47] Nach der Gegenmeinung ist allein das Erreichen des Beschwerdewerts bei Einlegung der sofortigen Beschwerde maßgeblich.[48]

66 *Tipp*

Scheidet die sofortige Beschwerde aus, weil der Beschwerdewert nicht erreicht wird, ergibt sich für die beschwerte Partei jedoch die Möglichkeit der befristeten Erinnerung nach § 11 Abs. 2 RPflG, soweit der Rechtspfleger die beanstandete Entscheidung

---

42 LG Ulm JurBüro 2007, 367; Musielak/*Voit*, ZPO, 14. Aufl. 2017, § 567 Rn 21.
43 OLG Hamm MDR 1971, 1019; Musielak/*Voit*, ZPO, 14. Aufl. 2017, § 567 Rn 21.
44 MüKo-ZPO/*Lipp*, 5. Aufl. 2016, § 567 Rn 41; BGH MDR 2011, 199; OLG Düsseldorf JurBüro 1983, 590.
45 OLG Koblenz MDR 1992, 196.
46 BGH MDR 2009, 653 = BGHReport 2009, 600 = ZInsO 2009, 536.
47 KG Berlin MDR 2007, 235; BayObLG OLGZ 1994, 374; OLG Nürnberg FamRZ 1988, 1079; OLG Hamm JurBüro 1982, 582; OLG Koblenz RPfleger 1976, 302; Zöller/*Heßler*, ZPO, 32. Aufl. 2018, § 567 Rn 46.
48 KG Berlin RPfleger 1991, 409.

erlassen hat. Über diese Erinnerung entscheidet dann der zuständige Richter des Ausgangsgerichts, soweit der Rechtspfleger der sofortigen Erinnerung nicht abhilft.

Die Entscheidung über die Verweigerung der Prozesskostenhilfe fällt nicht unter § 567 Abs. 2 ZPO.[49] Das Gleiche gilt für Kostenentscheidungen aufgrund anderer Kostengesetze wie dem GKG, dem RVG und dem JVEG. Hier ist das Beschwerderecht jeweils gesondert geregelt und enthält eigene Wertgrenzen zur Bestimmung der Beschwer.

67

Tipp

68

Keine Anwendung findet § 567 Abs. 2 ZPO auch bei der unselbstständigen Anschlussbeschwerde,[50] so dass die Beschwerde des Gegners in Kostensachen auch die Beschwerdemöglichkeit der eigenen Partei eröffnet, wenn die Wertgrenzen nicht überschritten werden.[51]

Letztlich gilt § 567 Abs. 2 ZPO auch nicht für die Rechtsbeschwerde.[52] Gibt also das Beschwerdegericht der Beschwerde teilweise statt und weist diese im Übrigen zurück, so ist die Rechtsbeschwerde auch dann statthaft, wenn die verbleibende Beschwer nicht zumindest 200,01 EUR beträgt.

69

c) Die Beschwer bei Beschränkung der Rechtsmittel in der Hauptsache

Gegen Kostengrundentscheidungen, die im Beschlusswege ergehen, d.h.
- nach der Erledigung der Hauptsache im Sinne von § 91a ZPO und
- nach der Klagerücknahme entsprechend § 269 ZPO sowie
- bei einer Kostenentscheidung in einem Anerkenntnisurteil nach § 99 Abs. 2 ZPO sowie
- bei der die Prozesskostenhilfe versagenden Entscheidung,

ist neben der Mindestgrenze von § 567 Abs. 2 ZPO mit 200,01 EUR als Beschwerdewert erforderlich, dass auch der Berufungswert nach § 511 ZPO mit 600,01 EUR in der Hauptsache, d.h. nicht für das Beschwerdeverfahren, erreicht wird. Dies soll sichern, dass dem Beschwerdeführer in diesen Nebenverfahren nicht weitergehende Rechtsmittel offen stehen, als ihm in der Hauptsache offen gestanden hätten.

70

6. Das Abhilfeverfahren

Ungeachtet der oben beschriebenen Zuständigkeit für die Entscheidung über die sofortige Beschwerde kann diese nach § 569 Abs. 1 S. 1 ZPO sowohl beim Ausgangsgericht (iudex a quo) als auch beim Beschwerdegericht (iudex ad quem) eingelegt werden.

71

In beiden Fällen ist aber das Ausgangsgericht nach § 572 Abs. 1 ZPO zunächst berufen, darüber zu befinden, ob es die Beschwerde für begründet erachtet. Wird also die sofortige

72

---

49 Zu den Besonderheiten des Prozesskostenhilfeverfahrens s. nachfolgend Rdn 117 ff.
50 Hierzu nachfolgend Rdn 131 ff.
51 OLG Köln NJW-RR 1994, 767; KG NJW-RR 1987, 134.
52 BGH Rpfleger 2005, 114 = NJW-RR 2005, 939 = MDR 2005, 237.

Beschwerde beim Beschwerdegericht eingelegt, ist diese zunächst an das Ausgangsgericht zurückzuleiten.

73 *Hinweis*

Dies gilt auch und insbesondere für den Fall, dass das Beschwerdegericht die sofortige Beschwerde für begründet erachtet. Die Abhilfebefugnis dient der Selbstkontrolle des Gerichts und erhält den Betroffenen die Instanz.[53] Auch bei Einlegung der Beschwerde beim Beschwerdegericht ist diese also ohne Prüfung der Zulässigkeit und Begründetheit an das Ausgangsgericht zurückzureichen.

74 *Tipp*

Diese zeitliche Verzögerung kann von allen Beteiligten taktisch eingesetzt werden. Auch wenn die Entscheidung keine aufschiebende Wirkung hat, ergibt sich rein faktisch durch das Beschwerdeverfahren eine zeitliche Verzögerung des Gesamtverfahrens. Mit einer Einlegung der Beschwerde beim Beschwerdegericht kann die Verzögerung verlängert werden, da die Akten zunächst dem Ausgangsgericht wieder zur Abhilfeentscheidung vorzulegen sind. Mit einer Einlegung beim Ausgangsgericht kann die Verzögerung dagegen möglichst knapp gehalten werden, da dieses unmittelbar über die Abhilfe entscheiden kann.

75 Teilweise wird allerdings eine unmittelbare Entscheidung des Beschwerdegerichts für möglich gehalten, wenn nach dessen Prüfung feststehe, dass die angefochtene Entscheidung rechtmäßig sei, d.h. auch im Abhilfeverfahren keine andere Entscheidung hätte getroffen werden dürfen.[54]

76 Wird die Beschwerde unmittelbar beim Ausgangsgericht eingelegt, findet sofort das Abhilfeverfahren statt.

77 Keine Abhilfeentscheidung findet statt, wenn zwar das Rechtsmittel der sofortigen Beschwerde statthaft ist, das Ausgangsgericht jedoch nach § 318 ZPO an seine Entscheidung gebunden ist. Dies ist insbesondere dann der Fall, wenn es durch Urteil entschieden hat, z.B. im Fall der §§ 387 bzw. 99 ZPO.

78 Erforderlich ist, dass sich das Ausgangsgericht mit der Beschwerde im Rahmen des Abhilfeverfahrens auch tatsächlich auseinandersetzt.[55] Insbesondere wenn eine Entscheidung angefochten und der Beschwerdeführer sich mit den Beschlussgründen ausführlich auseinandersetzt und ergänzende Tatsachen vorträgt, ist es nicht ausreichend, die Nichtabhilfe mit dem einfachen formelhaften Hinweis auf die Gründe der angefochtenen Entscheidung zu begründen.[56] Erfolgt dies gleichwohl, so muss das Beschwerdegericht die Sache an das Ausgangsgericht zurückverweisen, damit eine substanzielle Abhilfeent-

---

53 BT-Drucks 14/4722, 114.
54 OLG Frankfurt/M. MDR 2002, 1391; zustimmend, *Gehrlein*, MDR 2003, 547, 552.
55 OLG Brandenburg v. 30.1.2008 – 13 W 66/07; OLG Brandenburg FamRZ 2004, 653.
56 OLG Sachsen-Anhalt, Beschl. v. 21.1.2001 – 8 WF 13/02 = EzFamR aktuell 2002, 202.

scheidung getroffen wird.[57] Hierauf kann der Bevollmächtigte des Beschwerdeführers selbstverständlich hinweisen.

> *Hinweis* 79
>
> Das Ausgangsgericht muss in jedem Fall eine Abhilfeprüfung durchführen. Eine Zurückweisung einer Abhilfeentscheidung mit dem Hinweis, dass eine sofortige Beschwerde unstatthaft oder sonst unzulässig sei, ist nicht möglich, da in diesem Fall die Beschwerde in eine ebenfalls zu bescheidende Gegenvorstellung oder aber eine nach § 321a ZPO zu behandelnde Gehörsrüge umzudeuten ist.[58] Ist die sofortige Beschwerde allein deshalb nicht statthaft, weil der Beschwerdewert nach § 567 Abs. 2 ZPO nicht erreicht wird, muss diese nach § 11 Abs. 2 RPflG dem Abteilungsrichter zur Entscheidung vorgelegt werden, wenn ein Rechtspfleger die angefochtene Ausgangsentscheidung erlassen hat.

Erachtet das Ausgangsgericht die Beschwerde für begründet, wird diese nicht dem Beschwerdegericht vorgelegt, sondern das Ausgangsgericht hilft dieser durch Beschluss ab, indem es die angefochtene Entscheidung aufhebt und ggf. entsprechend dem Gesuch des Beschwerdeführers befindet. Damit ist die Beschwerde erledigt. 80

Möglich ist auch eine teilweise Abhilfe. Dann ist die sofortige Beschwerde allerdings mit dem neuen Inhalt der angefochtenen Entscheidung dem Beschwerdegericht vorzulegen. Dieses hat dann über die noch verbliebene Beschwerde zu entscheiden. 81

> *Hinweis* 82
>
> Aus der teilweisen Abhilfe der Beschwerde des Beschwerdeführers kann sich nun allerdings eine Beschwer des Beschwerdegegners ergeben, dem damit ebenfalls ein Beschwerderecht bezüglich der neuen Entscheidung nach teilweiser Abhilfe zukommt.

Möglich ist auch, dass das Ausgangsgericht seine Entscheidung im Ergebnis bestätigt, dies allerdings mit neuer Begründung.[59] In diesem Fall wird allerdings dem Beschwerdeführer Gelegenheit zu geben sein, vor der Abhilfeentscheidung zu den neuen tatsächlichen oder rechtlichen Gesichtspunkten Stellung zu nehmen. Trägt diese Begründung die Entscheidung, so muss der Beschwerdeführer zur Vermeidung von Kostennachteilen die Beschwerde für erledigt erklären. 83

Das Ausgangsgericht hat auch dann die sofortige Beschwerde dem Beschwerdegericht vorzulegen, wenn dieser nicht abgeholfen wird, weil es die sofortige Beschwerde für unzulässig erachtet. 84

---

[57] OLGR Jena 2005, 203.
[58] Musielak/*Voit*, ZPO, 14. Aufl. 2017, § 572 Rn 4.
[59] OLG Köln FamRZ 1986, 487.

7. Der Prüfungsumfang und die Entscheidung des Beschwerdegerichts

85 Über die Beschwerde entscheidet grundsätzlich der originäre Einzelrichter, § 568 ZPO.

86 *Hinweis*

Beachtet werden muss allerdings, dass dieser die Rechtsbeschwerde nicht zulassen darf, so dass ggf. die Übertragung der Entscheidung auf die Kammer bzw. den Senat beantragt werden muss, um den Weg zur Rechtsbeschwerde eröffnen zu können.[60]

87 Hat allerdings in erster Instanz die Kammer des Landgerichts als Gericht im Sinne des § 572 ZPO entschieden, so entscheidet auch in der Beschwerdeinstanz das gesamte Richterkollegium,[61] also der Senat beim Oberlandesgericht.

88 *Hinweis*

Wird die sofortige Beschwerde gegen eine Entscheidung des Amtsgerichts eingelegt, entscheidet beim Landgericht auch dann der Einzelrichter, wenn es sich hierbei um einen **Proberichter** im ersten Jahr handelt. § 348 Abs. 1 S. 2 Nr. 1 ZPO ist im Beschwerdeverfahren insoweit nicht anwendbar.[62]

89 Wird eine Entscheidung des Einzelrichters beim Landgericht angegriffen, so entscheidet auch beim Oberlandesgericht der originäre Einzelrichter.[63]

90 *Hinweis*

Zu beachten ist, dass der Vorsitzende der Kammer für Handelssachen, soweit er befugt ist, Entscheidungen alleine zu treffen, nicht als Einzelrichter, sondern weiterhin als Kammer tätig wird. Über die sofortige Beschwerde gegen Entscheidungen des Vorsitzenden der Kammer für Handelssachen entscheidet deshalb der gesamte Senat beim Oberlandesgericht.[64]

a) Neues Vorbringen ist möglich

91 Die sofortige Beschwerde kann nach § 571 Abs. 2 S. 1 ZPO auch auf neue Angriffs- und Verteidigungsmittel gestützt werden.[65] Dabei ist unerheblich, ob es sich um Angriffs- oder Verteidigungsmittel handelt, die im Ausgangsverfahren schon hätten geltend gemacht werden können, oder ob sie erst nach dem Erlass der anzufechtenden Entscheidung entstanden sind.

92 *Beispiel*

Der Gläubiger möchte den Titel gegen den verstorbenen Schuldner auf dessen einzigen Sohn A nach § 727 ZPO umschreiben lassen. Der Gläubiger behauptet, dass der

---

60 BGH BGHReport 2004, 1114 = RVGreport 2005, 40; BGH NJW 2003, 1254 = MDR 2003, 588 und BGH MDR 2003, 949; s. auch Rdn 32.
61 OLG Schleswig SchlHA 2005, 123.
62 BGH NJW 2003, 1875.
63 OLGR Köln 2003, 107.
64 BGH NJW 2004, 856; OLG Karlsruhe MDR 2002, 778; OLG Zweibrücken MDR 2002, 1152; OLG Hamm MDR 2003, 116; OLG Frankfurt/M. MDR 2002, 1391.
65 OLG Karlsruhe, FamRZ 2014, 680.

Schuldner bereits verwitwet gewesen sei, und verweist im Übrigen auf die gesetzliche Erbfolge. Einen Erbschein legt er nicht vor. Der Rechtspfleger verweigert deshalb die qualifizierte Klausel, weil die Erbfolge nicht durch öffentliche oder öffentlich beglaubigte Urkunde nachgewiesen ist. Der Gläubiger kann nunmehr einen Erbschein beantragen und diesen dann im sofortigen Beschwerdeverfahren nach § 11 Abs. 1 RPflG, § 567 ZPO vorlegen. Daraufhin ist dann die begehrte titelumschreibende Klausel nach § 727 ZPO zu erteilen.

An dieser Regelung zeigt sich, dass die Beschwerdeinstanz – anders als die Berufungsinstanz – vom Ansatz her zunächst eine vollwertige zweite Tatsacheninstanz bleibt. § 571 Abs. 2 S. 1 ZPO lässt allerdings spezialgesetzliche Regelungen unberührt. So kann die Beschwerde gegen die Ablehnung der Wiedereinsetzung nach §§ 236 Abs. 2, 238 Abs. 2 ZPO nur auf die Aspekte gestützt werden, die in der Wiedereinsetzungsfrist vorgetragen wurden. Gleiches gilt für die Zuschlagbeschwerde nach §§ 95, 100 ZVG. Auch im Verfahren der sofortigen Beschwerde gegen einen Beschluss gem. § 91a Abs. 1 S. 1 ZPO ist neuer Tatsachenvortrag nicht zu berücksichtigen.[66] 93

Für das Vorbringen neuer Angriffs- oder Verteidigungsmittel kann das Ausgangsgericht oder das Beschwerdegericht allerdings nach § 571 Abs. 3 ZPO eine Frist setzen, bei deren Versäumung neues Vorbringen präkludiert ist. Vorbringen nach Fristablauf ist nur dann nicht präkludiert, wenn die Verspätung genügend entschuldigt werden kann oder aber nach der freien Überzeugung des Gerichts durch deren Zulassung keine Verzögerung des Verfahrens eintritt. Über die Folgen der Fristversäumung ist – auch die anwaltlich vertretene Partei – grundsätzlich zu belehren. 94

Abgeschnitten ist nach § 571 Abs. 2 S. 2 ZPO allerdings der Einwand, dass das erstinstanzliche Gericht seine Zuständigkeit zu Unrecht angenommen habe. 95

b) Sofortige Beschwerde hat keine aufschiebende Wirkung

Die Beschwerde hat grundsätzlich keine aufschiebende Wirkung, d.h. die angefochtene Entscheidung ist bis zu deren Aufhebung oder Abänderung uneingeschränkt zu befolgen. Dies ergibt sich aus § 570 Abs. 1 ZPO. 96

Ausnahmsweise hat die sofortige Beschwerde nach § 570 Abs. 1 ZPO aufschiebende Wirkung, wenn die angefochtene Entscheidung die Festsetzung eines Ordnungs- oder Zwangsmittels zum Gegenstand hat.[67] 97

> *Hinweis* 98
>
> Unter diese Ausnahmeregelung fällt auch die Entscheidung über ein Zeugnisverweigerungsrecht nach § 387 ZPO.[68] Wird also ein Zeugnisverweigerungsrecht verneint, so hindert die Einlegung der sofortigen Beschwerde die Vernehmung des Zeugen bis zur abschließenden Entscheidung über dessen Beschwerde.

---

66 OLGR Celle 2009, 651.
67 BGH MDR 2011, 1503.
68 Musielak/*Voit*, ZPO, 14. Aufl. 2017, § 570 Rn 3.

99 Dies bedeutet zunächst, dass das Verfahren in der Hauptsache ungeachtet der angefochtenen Entscheidung fortgesetzt werden kann. In der Praxis wird dies regelmäßig allerdings schon deshalb nicht der Fall sein, weil die Verfahrensakte mit der sofortigen Beschwerde dem Beschwerdegericht vorgelegt wird.

100 Daneben kann aber auch die angefochtene Entscheidung als solche vollzogen, insbesondere vollstreckt werden.

101 Das Gericht, dessen Entscheidung angefochten wird, kann die Vollziehung allerdings nach § 570 Abs. 2 ZPO aussetzen.[69] Voraussetzung für die Aussetzung der Vollziehung ist, dass:
- durch die weitere Vollziehung des angefochtenen Beschlusses dem Beschwerdeführer größere Nachteile drohen als den anderen Beteiligten im Fall der Aussetzung,
- die Rechtslage zumindest zweifelhaft ist.

102 Wird die Aussetzung der Vollziehung der angefochtenen Entscheidung durch das Ausgangsgericht abgelehnt, kann das Beschwerdegericht auf Antrag nach § 570 Abs. 3 ZPO unter den gleichen vorbezeichneten Voraussetzungen eine einstweilige Anordnung[70] erlassen und dabei insbesondere die Vollziehung der Entscheidung aussetzen. Gegen einstweilige Entscheidungen des Gerichts nach § 570 Abs. 2 ZPO ist die Beschwerde nicht statthaft.[71]

103 Auch hier gilt wie allgemein im einstweiligen Rechtsschutz, dass die die Beschwerde tragenden Tatsachen durch den Beschwerdeführer im Sinne von § 294 ZPO glaubhaft zu machen sind, wobei alle Tatsachen, die glaubhaft zu machen sind, in der eidesstattlichen Versicherung selbst aufgeführt werden müssen.[72]

c) Die Möglichkeiten des Beschwerdegegners

104 Dem Beschwerdegegner ist zur sofortigen Beschwerde grundsätzlich nach Art. 103 Abs. 1 GG rechtliches Gehör zu gewähren. Hierauf kann allerdings im Sinne der Verfahrensbeschleunigung verzichtet werden, wenn das Beschwerdegericht allein zu seinen Gunsten entscheidet.

105 Zu diesem Zwecke ist ihm die sofortige Beschwerde und deren Begründung zu übersenden und ihm eine im Verhältnis zur Sache angemessene Stellungnahmefrist einzuräumen, vor deren Ablauf nicht entschieden werden kann.

106 Der Beschwerdegegner sollte die Gelegenheit des rechtlichen Gehörs grundsätzlich wahrnehmen und darlegen, aus welchen Gründen die sofortige Beschwerde keinen Erfolg haben kann.

---

69 Antragsmuster unter Rdn 273.
70 Antragsmuster unter Rdn 274.
71 KG Berlin MDR 2010, 105 = KGR 2009, 880; OLG Köln ZMR 1990, 419; Zöller/*Heßler*, ZPO, 32. Aufl. 2018, § 570, Rn 5.
72 BGH MDR 1988, 479; OLGR Karlsruhe 1998, 95; Zöller/*Greger*, ZPO, 32. Aufl. 2018, § 294 Rn 4.

Tipp

Dies gilt auch dann, wenn das Ausgangsgericht die Prozesskostenhilfe deshalb verweigert hat, weil es der Auffassung ist, dass der Beschwerdeführer aufgrund seiner wirtschaftlichen und persönlichen Verhältnisse in der Lage ist, die Prozesskosten ganz oder teilweise zu tragen, und der Beschwerdegegner hierzu nichts sagen kann.

Es bleibt dem Beschwerdegegner unbenommen, auch in diesem Fall mit der Beschwerdeerwiderung darzulegen, dass die wirtschaftlichen und persönlichen Verhältnisse dahinstehen können, weil die Rechtsverfolgung oder die Rechtsverteidigung jedenfalls keine hinreichende Aussicht auf Erfolg bietet oder mutwillig ist. Das Beschwerdegericht wird danach gezwungen, zu dieser Frage Stellung zu beziehen, wenn die Einwendungen des Beschwerdeführers im Übrigen durchgreifen. Hieraus können dann möglicherweise Anhaltspunkte für weiteren tatsächlichen oder rechtlichen Vortrag gewonnen werden.

d) Die Entscheidung über die sofortige Beschwerde

Die Zulässigkeit der Beschwerde, insbesondere die Statthaftigkeit und die Einhaltung der Form und Frist, werden von Amts wegen geprüft. Nach § 572 Abs. 2 ZPO ist die Beschwerde als unzulässig zu verwerfen, wenn sich hier Mängel zeigen. Dies löst die Kostenfolge nach § 97 ZPO aus.

Ist die Beschwerde zulässig, so steht dem Beschwerdegericht – anders als im Berufungsverfahren – die volle Prüfungskompetenz in rechtlicher und tatsächlicher Hinsicht zu. Das Beschwerdegericht kann auf dieser Grundlage in der Sache selbst entscheiden oder sie nach § 572 Abs. 3 ZPO an das Ausgangsgericht zurückverweisen.

Hinweis

Weist das Beschwerdegericht die Sache an das Ausgangsgericht zur weiteren bzw. erneuten Entscheidung zurück, so ist das Ausgangsgericht dabei grundsätzlich an die Rechtsansicht des Beschwerdegerichts gebunden.[73]

Entscheidungserheblicher Zeitpunkt ist im Hinblick auf die Zulässigkeit neuen Vorbringens die Sach- und Rechtslage zum Zeitpunkt der Beschwerdeentscheidung.

Das Beschwerdegericht entscheidet nach § 572 Abs. 4 ZPO durch Beschluss, so dass nach § 128 Abs. 4 ZPO ohne mündliche Verhandlung entschieden werden kann. Der Beschluss ist zu begründen, wenn er mit der Rechtsbeschwerde[74] angreifbar ist.

Wird der Entscheidung über die unzulässige oder unbegründete Beschwerde nach einem entsprechenden Hinweis die Grundlage durch eine Rücknahme der Beschwerde entzogen, so ist über den Verlust des Rechtsmittels und die daraus resultierende Kostenlast nach § 516 Abs. 3 ZPO analog zu entscheiden.[75] Nach der Rücknahme einer Beschwerde kann diese also ungeachtet der Beschwerdefrist nicht noch einmal erhoben werden.

---

73 BGH NJW 1994, 2956.
74 Hierzu nachfolgend Rdn 154 ff.
75 BGH LM 515 Nr. 1; Musielak/*Voit*, ZPO, 14. Aufl. 2017, § 572 Rn 23.

115 Wird der Beschwerde abgeholfen oder wird diese vor der Vorlage zum Beschwerdegericht zurückgenommen, so entscheidet das Ausgangsgericht über die Kosten.[76]

116 Gegen die Entscheidung des Beschwerdegerichts kommt – anders als nach altem Recht – unter den Voraussetzungen der §§ 574 ff. ZPO in jedem Fall die Rechtsbeschwerde in Betracht, die an die Stelle der sofortigen weiteren Beschwerde getreten ist. Die Voraussetzungen des Rechtsbeschwerdeverfahrens sind unter Rdn 154 dargestellt.

8. Die Besonderheiten der Beschwerde im Prozesskostenhilfeverfahren

117 Wird die Prozesskostenhilfe in erster Instanz ganz oder teilweise versagt, so steht dem Antragsteller die sofortige Beschwerde nach § 127 Abs. 2 ZPO zu.[77]

118 Die sofortige Beschwerde im Prozesskostenhilfeverfahren kommt also in Betracht, wenn das erkennende Gericht:
- die Erfolgsaussichten der Rechtsverfolgung oder Rechtsverteidigung ganz oder teilweise verneint,
- eine mutwillige Rechtsverfolgung oder Rechtsverteidigung annimmt,
- die persönlichen und wirtschaftlichen Voraussetzungen verneint,
- die Prozesskostenhilfe nur für einen Zeitpunkt nach Antragstellung bewilligt,[78]
- im Gesetz nicht vorgesehene Auflagen anordnet,[79]
- Raten auferlegt oder diese erhöht, § 120 ZPO,
- einen Antrag auf Einstellung der Ratenzahlung nach § 120 Abs. 3 ZPO ablehnt,
- die Beiordnung eines Rechtsanwalts ablehnt, § 121 ZPO,
- die bereits bewilligte Prozesskostenhilfe wieder entzieht, § 124 ZPO.

119 *Tipp*

Verzögert das angerufene Gericht die Entscheidung über die Bewilligung der Prozesskostenhilfe, so dass dies einer Ablehnung gleichkommt, kann, auch ohne dass eine Entscheidung des Ausgangsgerichts vorliegt, die sofortige Beschwerde erhoben werden.[80]

120 Beschwerdeberechtigt ist grundsätzlich nur die Partei, der die beantragte Prozesskostenhilfe ganz oder teilweise versagt wird, und bei einer Bewilligung der Prozesskostenhilfe ohne Ratenzahlung die Staatskasse (§ 127 Abs. 3 ZPO).

121 Die Beschwerde kann also weder von dem Gegner[81] gegen die bewilligte PKH noch von dem beigeordneten oder nicht beigeordneten Rechtsanwalt in eigenem Namen[82] erhoben werden. Auch andere nur mittelbar betroffene Personen, wie etwa der Ehepart-

---

76 BGH NJW 1953, 1263.
77 Muster unter Rdn 276.
78 Zöller/*Geimer*, ZPO, 32. Aufl. 2018, § 127 Rn 10a.
79 OLG München FamRZ 1992, 702.
80 OLG Düsseldorf FamRZ 86, 485; OLG Köln MDR 1999, 444; wohl a.A. OLG Köln MDR 1998, 179 m. krit. Anm. *Schneider, E.*
81 BGH NJW 2016, 1520.
82 OLG Celle, FamRZ 2012, 1661; OLG Frankfurt, FamRG 2011, 385; OLG Köln FamRZ 1997, 1283.

ner oder unterhaltsberechtigte Personen, sind nicht befugt, die sofortige Beschwerde zu erheben.

> **Hinweis** 122
>
> Der beigeordnete Rechtsanwalt hat ein Beschwerderecht, wenn die Ratenzahlungen nach § 120 Abs. 3 ZPO eingestellt werden, bevor seine Differenzgebühr gedeckt ist.[83] Das Gleiche gilt analog §§ 56 Abs. 2, 33 RVG, wenn der Rechtsanwalt lediglich zu den Bedingungen eines ortsansässigen Rechtsanwalts beigeordnet wurde und er hiermit nicht einverstanden war.[84]

Auch wenn die PKH wegen fehlender Erfolgsaussichten oder Mutwilligkeit zurückgewiesen wird, ist die sofortige Beschwerde nach §§ 127 Abs. 2 S. 2 Hs. 2, 511 ZPO allerdings dann unstatthaft, wenn in der Hauptsache die Berufungssumme von 600,01 EUR nicht erreicht wird. 123

> **Hinweis** 124
>
> Gegen eine die Prozesskostenhilfe mangels Erfolgsaussicht ablehnende Entscheidung in Verfahren, in denen die Entscheidung zur Hauptsache überhaupt nicht anfechtbar ist, findet die sofortige Beschwerde nicht statt.[85]

War die Beschwerde im Prozesskostenhilfeverfahren vor der ZPO-Reform nicht an eine Frist gebunden, so hat der Gesetzgeber diese mit dem 1.1.2002 als sofortige Beschwerde ausgestaltet und deren Zulässigkeit an eine Notfrist gebunden. 125

Abweichend zu den allgemeinen Vorschriften über die sofortige Beschwerde beträgt die Notfrist aber nicht zwei Wochen wie in § 569 Abs. 1 ZPO, sondern nach § 127 Abs. 2 S. 3 ZPO einen Monat. 126

Im Übrigen gelten für das Beschwerdeverfahren die allgemeinen Bestimmungen nach §§ 567 ff. ZPO und damit die vorstehenden Ausführungen. 127

Besonders zu beachten ist dabei, dass die sofortige Beschwerde nach § 569 Abs. 3 Nr. 2 ZPO zu Protokoll der Geschäftsstelle eingelegt werden kann und damit nach § 78 Abs. 3 ZPO nicht dem Anwaltszwang unterliegt. Hierauf ist der Mandant grundsätzlich im Rahmen der Erstberatung hinzuweisen. 128

Gegen die Entscheidung des Beschwerdegerichts ist die Rechtsbeschwerde statthaft, soweit diese vom Beschwerdegericht zugelassen wurde. Auch gegen Beschwerdeentscheidungen in Prozesskostenhilfesachen, die in Insolvenzverfahren ergehen, ist eine Rechtsbeschwerde nur statthaft, wenn sie vom Beschwerdegericht gem. § 574 Abs. 1 Nr. 2 ZPO zugelassen wurde. Die §§ 6, 7 InsO a.F. finden auf Prozesskostenhilfeentscheidungen, die in Insolvenzverfahren ergehen, keine Anwendung.[86] 129

---

83 OLG Hamm FamRZ 1989, 412; OLG Düsseldorf MDR 1993, 90; OLG Schleswig JurBüro 1988, 741; a.A. OLG Düsseldorf FamRZ 1986, 1230.
84 OLG Frankfurt FamRZ 2014, 591; Zöller/*Geimer*, ZPO, 32. Aufl. 2018, § 127 Rn 19.
85 BGH NJW 2005, 1659 = MDR 2005, 823 = FamRZ 2005, 790.
86 BGH RVGreport 2005, 120.

130 *Hinweis*

Wird die Prozesskostenhilfe vom Ausgangs- und vom Beschwerdegericht versagt, so hindert dies nicht, einen neuen Antrag auf Prozesskostenhilfe zu stellen. Ein die Prozesskostenhilfe versagender Beschluss erlangt auch nach der Neufassung des § 127 Abs. 2 S. 2 ZPO im Falle seiner Unanfechtbarkeit nämlich keine materielle Rechtskraft.[87] Allerdings kann dem neuen Antrag das Rechtsschutzbedürfnis fehlen, wenn er nicht auch auf neue Gesichtspunkte gestützt wird, sich also die persönlichen und wirtschaftlichen Verhältnisse geändert haben, das Klagevorbringen jetzt schlüssig oder die Rechtsverteidigung erheblich gemacht wird.

9. Die Anschlussbeschwerde

131 Nach § 567 Abs. 3 ZPO kann sich der Beschwerdegegner der Beschwerde des Beschwerdeführers anschließen,[88] auch wenn die Beschwerdefrist, d.h. die Notfrist des § 569 Abs. 1 S. 1 ZPO von zwei Wochen, für ihn bereits verstrichen ist oder er sogar auf die Beschwerde verzichtet hat.

132 *Hinweis*

Wird einem Antrag des Gegners nur teilweise stattgegeben, so mag der Mandant und Beschwerdegegner dies zunächst akzeptieren, wenn die Angelegenheit damit ihr Bewenden hat. Verfolgt der Gegner und Beschwerdeführer sein Begehren nun aber mit der sofortigen Beschwerde weiter, gibt es keinen Grund, dass nicht auch der Beschwerdegegner die vollständige Abweisung des Ausgangsantrags weiter betreibt. Hier gibt ihm die Anschlussbeschwerde die entsprechende Möglichkeit, da die eigene Beschwerdefrist regelmäßig abgelaufen sein wird, wenn er Kenntnis von der sofortigen Beschwerde des Gegners im Rahmen seiner Anhörung erhält.

133 Die Anschlussbeschwerde ist auch dann statthaft, wenn für den Anschlussbeschwerdeführer der besondere Beschwerdewert nach § 567 Abs. 2 ZPO nicht erreicht wird.[89]

134 Nimmt der Beschwerdeführer seine sofortige Beschwerde zurück oder wird diese vom Beschwerdegericht als unzulässig verworfen, verliert auch die Anschlussbeschwerde ihre Wirkung. Die ursprüngliche Entscheidung, die angefochten wurde, erwächst damit in formelle Rechtskraft. Es gilt nichts anders wie bei der Beschwerde.

135 *Hinweis*

Wird die Anschlussbeschwerde nur deshalb wirkungslos, weil die Hauptbeschwerde zurückgenommen oder als unzulässig verworfen wird, hat der Hauptbeschwerdeführer die gesamten Kosten des Beschwerdeverfahrens einschließlich der Kosten der Anschlussbeschwerde zu tragen.

---

[87] BGH NJW 2004, 1805 = MDR 2004, 961 = BGHReport 2004, 842.
[88] Muster unter Rdn 258.
[89] MüKo-ZPO/*Lipp*, 5. Aufl. 2016, § 567 Rn 45.

Dies gilt auch, wenn die Anschlussbeschwerde innerhalb der Notfrist des § 569 Abs. 1 S. 2 ZPO erhoben worden ist.[90] Für den Bevollmächtigten empfiehlt es sich vor diesem Hintergrund, ausdrücklich festzustellen, ob die Beschwerde als eigenständige Beschwerde oder als Anschlussbeschwerde behandelt werden soll. Im letzten Fall trägt immer der Beschwerdeführer die Kosten der Anschlussbeschwerde, wenn diese ihre Wirkung deshalb verliert, weil die ursprüngliche sofortige Beschwerde zurückgenommen wird. Auch hier ist nicht anders zu entscheiden als im Berufungsverfahren.

136

Für die Einlegung der Anschlussbeschwerde gelten die allgemeinen Vorschriften.

137

10. Keine außerordentliche Beschwerde wegen greifbarer Gesetzwidrigkeit

Die frühere Streitfrage, ob eine Entscheidung wegen greifbarer Gesetzwidrigkeit auch dann mit einer außerordentlichen Beschwerde angegriffen werden kann, wenn sie kraft Gesetzes unanfechtbar ist, hat der BGH mit Inkrafttreten der ZPO-Reform eindeutig entschieden und im Ergebnis abgelehnt.[91] Seine frühere Rechtsprechung[92] hat er dabei ausdrücklich aufgegeben.

138

Nach der Auffassung des BGH ist mit dem Inkrafttreten der Zivilprozessreform und des damit neu geregelten Beschwerderechts gegen Beschlüsse des Beschwerdegerichts nur noch in den Fällen der zulässigen Rechtsbeschwerde nach § 574 Abs. 1 ZPO seine Anrufung möglich.[93]

139

Ein außerordentliches Rechtsmittel zum BGH ist auch dann nicht statthaft, wenn ein Verfahrensgrundrecht verletzt wird oder die Beschwerdeentscheidung aus sonstigen Gründen „greifbar gesetzwidrig" ist.[94]

140

> *Tipp*
>
> In Fällen der Verletzung eines Verfahrensgrundrechts oder bei „greifbarer Gesetzwidrigkeit" der angegriffenen Maßnahme hat der Rechtsanwalt zu prüfen, ob die Korrektur der Entscheidung im Wege der Gehörsrüge nach § 321a ZPO möglich ist. Bleibt er hiermit erfolglos, kann er eine Revision der anzufechtenden Entscheidung nur noch im Wege der Verfassungsbeschwerde zum Bundesverfassungsgericht erreichen.

141

Damit ergibt sich für die Rüge der Verletzung von Verfahrensgrundrechten und bei greifbarer Gesetzwidrigkeit von Entscheidungen folgender Rechtsweg:
- In Klageverfahren ist zunächst der ordentliche Rechtsweg mit Klage, Berufung und Revision auszuschöpfen, wobei auf den Revisionsgrund des § 543 Abs. 2 Nr. 1 ZPO besonders hinzuweisen ist. Ist auch letztinstanzlich kein Erfolg zu verzeichnen gewesen, bleibt nur die Verfassungsbeschwerde, da gegen Urteile eine Gegenvorstellung nicht möglich ist.

142

---

90 Zöller/*Heßler*, ZPO, 32. Aufl. 2018, § 567 Rn 58; BT-Drucks 14/4722, S. 70, 110.
91 BGH NJW 2002, 1577; bestätigt durch Beschlüsse v. 21.3.2002 – IX ZB 22/02, IX ZB 61/02 und IX ZB 74/02; vgl. auch *Greger*, NJW 2017, 3089.
92 BGHZ 119, 372; 121, 397.
93 BGH NJW 2002, 1577.
94 BGH NJW 2002, 1577.

- Soweit eine Berufung nicht statthaft ist, ist zunächst das Fortsetzungsverfahren nach § 321a ZPO zu betreiben. Anschließend kann im Wege der Verfassungsbeschwerde vorgegangen werden. Hier ist das Gegenvorstellungsverfahren durch das Fortsetzungsverfahren beim gleichen Gericht ersetzt. Ein weiteres Überdenken der gleichen Fragen nach einer Gegenvorstellung ist nicht erforderlich.
- In Beschwerdeverfahren ist zunächst die sofortige Beschwerde und – soweit zugelassen – die Rechtsbeschwerde zu erheben. Ist die Rechtsbeschwerde nicht zugelassen worden, ist die Gehörsrüge bzw. Gegenvorstellung in der Frist des § 321a ZPO zu erheben. Wird diese zurückgewiesen, ist der Weg für die Verfassungsbeschwerde eröffnet.

143 *Hinweis*

Dabei ist zu beachten, dass das Ausgangsgericht trotz § 318 ZPO nicht gehindert ist, seine Entscheidung auf die Gegenvorstellung hin zu ändern, wenn die Entscheidung anderenfalls auf eine Verfassungsbeschwerde hin aufzuheben wäre und damit ohnehin keine Bestandskraft entfalten könnte.[95]

11. Die Kosten des sofortigen Beschwerdeverfahrens

a) Die Gerichtsgebühren

144 Die Gerichtsgebühren für das Beschwerdeverfahren bestimmen sich nach Abschnitt 8 des Kostenverzeichnisses zum GKG, d.h. den Ziff. 1810 ff. KVGVG. Dabei werden zum Teil feste Gebührensätze angesetzt, zum Teil das 1,0- bis 5,0-fache der vollen Gebühren.

145 Zu beachten gilt es, dass die Gebühren weitgehend nur dann erhoben werden, wenn die sofortige Beschwerde als unbegründet zurückgewiesen oder verworfen wird. Hier gilt es insbesondere die Auffangvorschrift nach Ziff. 1812 KVGKG zu beachten, wonach eine Gebühr von 60 EUR für eine erfolglose Beschwerde erhoben wird, wenn nicht eine anderweitige Kostenregelung einschlägig ist. Eine erhöhte Festgebühr von 90 EUR fällt bei Beschwerden nach den §§ 71 Abs. 2, 91a Abs. 2, 99 Abs. 2, 269 Abs. 5 und 494a Abs. 2 S. 2 ZPO nach Ziff. 1810 KVGKG an.

146 Gerichtsgebührenfrei sind die Entscheidungen nach § 570 Abs. 2 und Abs. 3 ZPO über die Aussetzung der Vollziehung der angefochtenen Entscheidung.

b) Die Rechtsanwaltsgebühren

147 Die Rechtsanwaltsgebühren bemessen sich in Beschwerdeverfahren nach Abschnitt 5 der Anlage 1 zum RVG, d.h. Nr. 3500 ff. VV.

148 Danach erhält der Rechtsanwalt nach Nr. 3500 VV eine 0,5-Verfahrensgebühr und ggf. nach Nr. 3513 VV eine weitere 0,5-Terminsgebühr.

---

[95] BGHZ 130, 97 = NJW 1995, 2497; BGH NJW 1998, 82; NJW 2000, 590; NJW 2002, 754.

> **Tipp**
> Der Rechtsanwalt verdient die Gebühr auch dann, wenn er als Vertreter des Beschwerdegegners nach einer Sachprüfung auf die Einreichung eines Schriftsatzes verzichtet.[96]

149

Wird gegen verschiedene Entscheidungen im Rahmen eines Hauptsacheverfahrens sofortige Beschwerde eingelegt, handelt es sich nach §§ 18, 19 RVG jeweils um eine eigene Angelegenheit.[97]

150

Der Gegenstandswert für die Beschwerde bestimmt sich grundsätzlich nach dem Interesse des Beschwerdeführers an der Aufhebung oder Abänderung der angefochtenen Entscheidung zum Zeitpunkt der Einreichung der Beschwerdeschrift.[98]

151

> **Hinweis**
> Die Durchführung eines Gegenvorstellungsverfahrens ist grundsätzlich mit der Verfahrensgebühr im Hauptsacheverfahren abgegolten.

152

Die Tätigkeit des Rechtsanwalts im Rahmen eines Antrags auf Aussetzung der Vollziehung nach § 570 Abs. 2 und 3 ZPO ist von der Verfahrensgebühr nach Nr. 3500 VV umfasst, wird also nicht gesondert vergütet. Etwas anderes gilt nur dann, wenn der Rechtsanwalt nicht als Prozessbevollmächtigter bestellt war. In diesem Fall erhält er die 0,8-Verfahrensgebühren nach Nr. 3403 VV für die Fertigung der Beschwerde und eine weitere halbe Gebühr für die Teilnahme an einem Termin.

153

II. Die Rechtsbeschwerde

Mit der ZPO-Reform ist zum 1.1.2002 die sofortige weitere Beschwerde abgeschafft und stattdessen die revisionsähnlich ausgestaltete Rechtsbeschwerde eingeführt worden.

154

Schon die ersten Jahre mit dem Rechtsinstitut der Rechtsbeschwerde haben deren erhebliche Bedeutung gezeigt, weil erstmals ein Rechtsmittel in Beschwerdesachen zum BGH eröffnet ist.[99] Damit hat die Rechtsbeschwerde einen wichtigen Beitrag zur Auflösung einer Vielzahl von Streitfragen zwischen den Oberlandesgerichten geleistet.

155

1. Die Statthaftigkeit der Rechtsbeschwerde

Die Rechtsbeschwerde trat an die Stelle der weiteren Beschwerde. Die §§ 568 Abs. 2, 793 Abs. 2 ZPO a.F., §§ 30b Abs. 3 S. 2, 74a Abs. 5 S. 3, 101 Abs. 2, 102 ZVG a.F. und § 53g Abs. 2 FGG wurden entsprechend angepasst.

156

Gleiches galt für die Vielzahl der Verordnungen oder Gesetze über die Ausführung bilateraler Abkommen über die Anerkennung und Vollstreckung gerichtlicher Entscheidungen in Zivil- und Handelssachen.

157

---

96 BGH JurBüro 2013, 483, AnwK-RVG/*Schneider*, VV Vorb. 3.5, VV 3500 Rn 32.
97 Musielak/*Voit*, ZPO, 14. Aufl. 2017, § 567 Rn 29; AnwK-RVG/*Schneider*, VV Vorb. 3.5, VV 3500 Rn 19.
98 Zu den Gegenstandswerten bei einzelnen Beschwerdeverfahren vgl. AnwK-RVG/*Schneider*, VV Vorb. 3.5, VV 3500 Rn 42.
99 *Goebel*, PA 2003, 18.

158 Die Zulässigkeit der Rechtsbeschwerde ist nach § 574 Abs. 1 ZPO daran geknüpft, dass sie:
- im Gesetz zugelassen ist.
Die ausdrückliche Zulassung der Rechtsbeschwerde findet sich
- in § 522 Abs. 1 S. 4 ZPO nach der Verwerfung der Berufung,

> *Hinweise*
>
> Die Beschwerde gegen den die Berufung als unzulässig verwerfenden Beschluss nach § 522 ZPO ist unabhängig vom Wert der Beschwer statthaft. Der Wert der Beschwer von 20.000 EUR, der nach § 26 Nr. 8 EGZPO für die Nichtzulassungsbeschwerde nach § 544 ZPO gilt, muss nicht übertroffen werden.[100]
>
> Die Rechtsbeschwerde gegen einen Beschluss, mit dem die Berufung nach § 522 ZPO als unzulässig verworfen und die Wiedereinsetzung in den vorigen Stand wegen Versäumung der Berufungsbegründungsfrist versagt wird, ist im Arrestverfahren und Verfahren der einstweiligen Verfügung nicht statthaft.[101] Auch wenn der Wortlaut des § 522 ZPO insoweit missverständlich ist, ergibt sich dies zwingend aus § 542 Abs. 2 ZPO.

- in den Fällen der §§ 70 ff. FamFG,
- im schiedsgerichtlichen Verfahren nach § 1065 ZPO,
- in § 17a Abs. 4 S. 4 GVG hinsichtlich des Beschlusses über die Bestimmung des Rechtswegs;[102]
- nach § 15 AVAG
- und nach § 574 Abs. 2 ZPO
- die Rechtssache grundsätzliche Bedeutung hat oder
- zur Fortbildung des Rechts bzw. der Sicherung einer einheitlichen Rechtsprechung erforderlich ist
oder
- durch das Beschwerdegericht, das Berufungsgericht oder das Oberlandesgericht im ersten Rechtszug zugelassen wurde.

159 Eine Rechtsbeschwerde gegen die Versagung von Prozesskostenhilfe ist nicht statthaft. Gleiches gilt für ein außerordentliches Rechtsmittel zum BGH. Die Entscheidung über die Anhörungsrüge ist gem. § 321a Abs. 4 S. 4 ZPO unanfechtbar.[103]

160 Das Beschwerdegericht ist in der Frage der Zulassung der Rechtsbeschwerde nicht frei. Die Rechtsbeschwerde ist nach § 574 Abs. 3 S. 1 ZPO vielmehr zuzulassen, wenn
- die Rechtssache grundsätzliche Bedeutung hat oder
- dies zur Sicherung der Einheitlichkeit des Rechts oder zu dessen Fortbildung erforderlich ist.

---

100 BGH BGHR 2002, 1112; NJW 2002, 3783.
101 BGH NJW 2003, 69 = BGHZ 152, 195 = BauR 2003, 130.
102 BGH NJW 2003, 433; BAG NJW 2002, 3725.
103 BGH v. 15.7.2009 – IV ZB 17/09 = GuT 2009, 216.

161 Ist die Zulassung der Rechtsbeschwerde in dem Beschluss des Beschwerdegerichts, des Berufungsgerichts oder des Oberlandesgerichts im ersten Rechtszug nicht ausgesprochen worden, kann der Ausspruch im Wege eines Berichtigungsbeschlusses nach § 319 ZPO nachgeholt werden, wenn das Gericht die Rechtsbeschwerde in dem Beschluss zulassen wollte und dies nur versehentlich unterblieben ist. Dieses Versehen muss sich aus dem Zusammenhang der Entscheidung selbst oder mindestens aus den Vorgängen bei der Beschlussfassung ergeben und auch für Dritte ohne Weiteres deutlich sein.[104] Ansonsten ist aber auch eine ergänzende Zulassung der Rechtsbeschwerde analog § 321a ZPO möglich, wenn in der Beschwerdeentscheidung durch willkürliche Nichtzulassung Verfahrensgrundrechte des Beschwerdeführers verletzt worden sind.[105] Die nachträgliche Zulassung der Rechtsbeschwerde ist allerdings nicht bindend, wenn das Beschwerdegericht bei seiner ursprünglichen Entscheidung irrtümlich davon ausgegangen ist, die Rechtsbeschwerde sei schon nach dem Gesetz statthaft.[106]

162

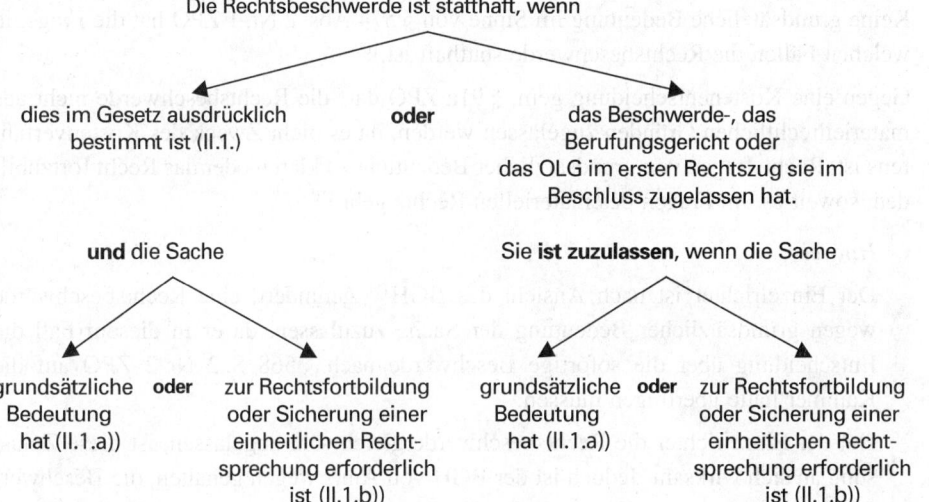

163 Hinsichtlich der Frage, wann eine Sache grundsätzliche Bedeutung hat oder eine Entscheidung des Rechtsbeschwerdegerichts zur Fortbildung des Rechts bzw. zur Sicherung einer einheitlichen Rechtsprechung erforderlich ist, kann neben der nachfolgenden Darstellung auf die entsprechenden Definitionen im Berufungsrecht und im Revisionsrecht und damit auch auf die dort ergangene Rechtsprechung Bezug genommen werden.

---

[104] BGH NJW 2005, 156 = MDR 2005, 103.
[105] BGH NJW 2004, 2529 = MDR 2004, 1254 = FamRZ 2004, 1278.
[106] BGH MDR 2009, 887 = WM 2009, 1058.

a) Die grundsätzliche Bedeutung der Sache

164 Eine Rechtssache hat grundsätzliche Bedeutung, wenn:
- eine klärungsbedürftige Rechtsfrage zu entscheiden ist, deren Auftreten in einer Vielzahl von Fällen denkbar ist,[107]
- die Entscheidung der Rechtsfrage im Einzelfall die Rechtsentwicklung fördert,

> *Hinweis*
> Insoweit ist es nicht ausreichend, dass allein die materiell-rechtliche Fehlerhaftigkeit der Entscheidung des Beschwerdegerichts dargetan wird. Erforderlich ist vielmehr, dass der Fehler über die Einzelfallentscheidung hinaus die Interessen der Allgemeinheit nachhaltig berührt.[108]

- die Rechtsfrage bereits obergerichtlich entschieden ist, ohne dass die Instanzgerichte dem folgen wollen, oder wenn im Schrifttum ernst zu nehmende Bedenken hiergegen geltend gemacht werden.

165 Keine grundsätzliche Bedeutung im Sinne von § 574 Abs. 2 Nr. 1 ZPO hat die Frage, in welchen Fällen die Rechtsbeschwerde statthaft ist.[109]

166 Gegen eine Kostenentscheidung gem. § 91a ZPO darf die Rechtsbeschwerde nicht aus materiellrechtlichen Gründen zugelassen werden, da es nicht Zweck des Kostenverfahrens ist, Rechtsfragen von grundsätzlicher Bedeutung zu klären oder das Recht fortzubilden, soweit es um Fragen des materiellen Rechts geht.[110]

167 *Hinweis*
Der Einzelrichter ist nach Ansicht des BGH[111] gehindert, eine Rechtsbeschwerde wegen grundsätzlicher Bedeutung der Sache zuzulassen, da er in diesem Fall die Entscheidung über die sofortige Beschwerde nach § 568 S. 2 Nr. 2 ZPO auf die Kammer hätte übertragen müssen.
Hat der Einzelrichter die Rechtsbeschwerde gleichwohl zugelassen, ist diese Zulassung an sich wirksam. Jedoch ist der BGH von Amts wegen gehalten, die Beschwerdeentscheidung aufzuheben und das Verfahren zurückzuverweisen, da ein Verstoß gegen das Verfassungsgebot des gesetzlichen Richters nach Art. 101 Abs. 1 S. 2 GG vorliegt.

168 *Tipp*
Aus diesem Grunde sollte jeweils mit der Einlegung der sofortigen Beschwerde auch der Antrag auf Übertragung der Entscheidung über die Beschwerde auf die Kammer bzw. den Senat gestellt werden. Dabei sollte unter Darstellung der uneinheitlichen Rechtsprechung die grundsätzliche Bedeutung der Sache begründet werden.

---

107 BGH NJW 2002, 3029.
108 BGH NJW 2002, 2473.
109 BGH NJW 2002, 2473.
110 BGH NJW-RR 2009, 425 = MDR 2009, 39 = BGHReport 2009, 128.
111 BGH MDR 2003, 588.; BGH WuM 2008, 159.

B. Rechtliche Grundlagen § 18

b) Die Fortbildung des Rechts oder die Sicherung einer einheitlichen Rechtsprechung

Die Rechtsbeschwerde ist des Weiteren zuzulassen, wenn die Fortbildung des Rechts oder die Sicherung einer einheitlichen Rechtsprechung eine Entscheidung des Rechtsbeschwerdegerichts erfordert. 169

Diese zweite Voraussetzung der Zulassung der Rechtsbeschwerde ist gegeben, wenn der Einzelfall Veranlassung gibt, Leitsätze für die Auslegung von Gesetzesbestimmungen des materiellen Rechts oder des Verfahrensrechts aufzustellen und Gesetzeslücken zu schließen.[112] 170

Dazu werden die Fälle erfasst, in denen „schwer erträgliche Unterschiede in der Rechtsprechung bestehen oder fortbestehen".[113] Dies ist insbesondere dann der Fall, wenn die Instanzgerichte in einer bestimmten Rechtsfrage in ständiger Praxis eine höchstrichterliche Rechtsprechung nicht beachten. 171

Soweit die angefochtene Entscheidung ein und dieselbe Rechtsfrage anders beantwortet als die übrige höchstrichterliche Rechtsprechung, ist eine Entscheidung des Rechtsbeschwerdegerichts zur Sicherung einer einheitlichen Rechtsprechung grundsätzlich geboten.[114] 172

> *Hinweis* 173
>
> Da noch immer feststellbar ist, dass in vielen Fragen des Beschwerderechts unterschiedliche Auffassungen bei den einzelnen Oberlandesgerichten vorherrschen, wird unter diesem Aspekt häufig eine Rechtsbeschwerde zuzulassen sein. Wenn eine sofortige Beschwerde gegen die bisherige Rechtsprechung des „eigenen" Oberlandesgerichts erhoben wird, sollte deshalb auf die abweichende Rechtsprechung anderer Oberlandesgerichte hingewiesen und die Zulassung der Rechtsbeschwerde ausdrücklich beantragt werden, auch wenn die Entscheidung hierüber grundsätzlich von Amts wegen zu treffen ist.

c) Keine Zulassung bei Unanfechtbarkeit

Wurde die Rechtsbeschwerde vom Beschwerdegericht zugelassen, bedeutet dies noch nicht in jedem Fall, dass sie auch tatsächlich statthaft ist. Der BGH[115] hat insoweit mehrfach entschieden, dass die Rechtsbeschwerde auch dann als unstatthaft und damit im Ergebnis als unzulässig zurückzuweisen ist, wenn das Beschwerdegericht die Rechtsbeschwerde rechtsirrig zugelassen hat. 174

Dies gilt insbesondere für folgende Fälle: 175
- Wird die vom Ausgangsgericht verweigerte Wiedereinsetzung in den vorigen Stand vom Beschwerdegericht bewilligt, ist dieser Beschluss unanfechtbar und die dagegen gerichtete – zugelassene – Rechtsbeschwerde unzulässig;[116]

---

112 BGH NJW 2002, 3029.
113 BGH NJW 2002, 2473.
114 BGH NJW 2002, 2473; NJW 2002, 3029.
115 BGH NJW 2002, 3554; NJW 2003, 211; NJW 2003, 70.
116 BGH NJW 2003, 211.

- in Kostenansatzverfahren ist eine Rechtsbeschwerde nach § 66 Abs. 3 S. 3 GKG auch dann nicht möglich, wenn sie zugelassen wurde;[117]
- wird die ursprünglich vom Ausgangsgericht ganz oder teilweise versagte Prozesskostenhilfe vom Beschwerdegericht bewilligt, ist die Rechtsbeschwerde des Antragsgegners auch – soweit sie zugelassen wurde – nach § 127 Abs. 2 S. 1, Abs. 3 ZPO unzulässig;[118]
- eine Zulassung der Rechtsbeschwerde im Verfahren nach § 36 ZPO kommt nicht in Betracht, da das Oberlandesgericht hier als übergeordnetes Gericht und nicht im ersten Rechtszug entscheidet.[119]

176 *Hinweis*

Will der Rechtsanwalt Kostennachteile für seinen Mandanten und damit auch einen Haftungsfall für sich selbst vermeiden, wird er schon vor der Abgabe der Sache an einen der beim BGH zugelassenen Rechtsanwälte selbstständig zu prüfen haben, ob die Rechtsbeschwerde nicht trotz ihrer Zulassung durch das Beschwerdegericht wegen der Unanfechtbarkeit der Entscheidung kraft Gesetzes ausgeschlossen ist. Fehler des Beschwerdegerichts bei der Zulassung der Rechtsbeschwerde gehen sonst – auch hier – zu Lasten des Mandanten.

2. Die Zuständigkeit für die Rechtsbeschwerde

177 Die Rechtsbeschwerde ist nach § 575 Abs. 1 S. 1 ZPO beim Rechtsbeschwerdegericht einzureichen. Rechtsbeschwerdegericht ist nach § 133 GVG immer der Bundesgerichtshof. Hieraus folgt, dass den Oberlandesgerichten mit der ZPO-Reform jegliche Kompetenz genommen wurde, über eine Beschwerdeentscheidung des Landgerichts zu befinden.[120]

178 Wird die Rechtsbeschwerde gleichwohl beim Beschwerdegericht eingelegt, wird dieses gehalten sein, die Rechtsbeschwerde an den BGH weiterzuleiten, sofern diese nach § 574 ZPO grundsätzlich, d.h. entweder kraft Gesetzes oder kraft Zulassung statthaft ist. Für diesen Fall besteht seitens des Beschwerdegerichts aber keine Verpflichtung, auf den bestehenden Anwaltszwang hinzuweisen.[121]

179 *Hinweis*

Das Landgericht oder Oberlandesgericht als Beschwerdegericht kann die bei ihm eingelegte (weitere) Beschwerde allerdings in eine Gegenvorstellung umdeuten. Eine Vorlage an den BGH und insoweit eine Umdeutung in eine Rechtsbeschwerde ist nicht möglich, wenn die Voraussetzungen der Statthaftigkeit der Rechtsbeschwerde

---

117 BGH NJW 2003, 70.
118 BGH Jur Büro 2008, 40; BGH NJW 2002, 3554.
119 BayObLG NJW 2002, 2888.
120 OLGR Hamm 2002, 331.
121 BGH NJW 2002, 3410.

nach § 574 ZPO nicht vorliegen.[122] Dies ist aber nur dann möglich, wenn die (weitere) Beschwerde in der Notfrist von zwei Wochen nach § 321a ZPO eingelegt wurde.[123]

3. Form und Frist der Rechtsbeschwerde

Die Rechtsbeschwerde ist nach § 575 Abs. 1 ZPO binnen einer Notfrist von einem Monat einzulegen. Die Frist beginnt mit der Zustellung der angefochtenen Entscheidung. 180

In der gleichen Frist, d.h. innerhalb eines Monats nach Zustellung der angefochtenen Entscheidung, ist die Rechtsbeschwerde nach § 575 Abs. 2 ZPO auch zu begründen. Hierbei handelt es sich aber nicht um eine Notfrist. Vielmehr kann die Begründungsfrist wie bei der Revision verlängert werden. 181

Die Begründung muss enthalten: 182
- die Rechtsbeschwerdeanträge, aus denen hervorgeht, inwieweit die angegriffene Entscheidung angefochten wird und aufgehoben werden soll, § 575 Abs. 3 Nr. 1 ZPO,
- die Begründung,
- warum die Beschwerdesache grundsätzliche Bedeutung hat oder
- eine Entscheidung des Rechtsbeschwerdegerichts zur Fortbildung des Rechts oder zur Sicherung einer einheitlichen Rechtsprechung erforderlich ist,
- wenn die Rechtsbeschwerde kraft Gesetzes zulässig ist, § 575 Abs. 3 Nr. 2 ZPO;

> *Hinweis*
> Wurde die Beschwerde zugelassen, bedarf es dieser Darlegung nicht, weil die Zulassung für das Rechtsbeschwerdegericht nach § 574 Abs. 3 S. 2 ZPO bindend ist, und zwar auch dann, wenn dies rechtsfehlerhaft geschehen ist.[124] Gleichwohl kann es sich hier empfehlen, dem Rechtsbeschwerdegericht die Bedeutung der Sache ausdrücklich vor Augen zu führen, um eine schnelle Zurückweisung zu vermeiden.

- die Rechtsbeschwerdegründe, d.h.
- die Umstände, aus denen sich eine Rechtsverletzung ergeben soll,
- die Umstände, die einen Verfahrensmangel begründen.

Die Rechtsbeschwerde kann nach § 78 Abs. 1 S. 3 ZPO nur durch einen beim BGH zugelassenen Rechtsanwalt eingelegt werden. Der Rechtsanwalt im Ausgangsverfahren muss die Sache also abgeben. Wird dies nicht beachtet, ist die Rechtsbeschwerde als unzulässig zurückzuweisen.[125] 183

Der Zwang, sich durch einen beim BGH zugelassenen Rechtsanwalt vertreten zu lassen, gilt auch für öffentlich-rechtliche Körperschaften.[126] 184

---

122 BGH NJW 2002, 1958.
123 BGH NJW 2002, 1577; OLG Naumburg NJW-RR 2003, 353.
124 BGH FamRZ 2005, 28.
125 BGH NJW 2002, 2181.
126 BGH NJW 2003, 70.

§ 18 Das Beschwerderecht

185 Ist die Rechtsbeschwerde des Antragstellers in einem PKH-Verfahren zugelassen worden, so kann abweichend von dem Grundsatz, dass für das PKH-Verfahren selbst keine PKH bewilligt werden kann, Prozesskostenhilfe bewilligt werden, weil vor dem BGH alleine eine Vertretung durch beim BGH zugelassene Rechtsanwälte möglich ist, d.h. der Beschwerdeführer sich nicht selbst vertreten kann.[127]

4. Das Rechtsbeschwerdeverfahren

186 § 576 ZPO stellt klar, dass die Rechtsbeschwerde nur auf die Verletzung von
- Bundesrecht,
- sonstigem, über den Bezirk eines Oberlandesgerichts hinausgehendem Recht

gestützt werden kann.

187 Im Übrigen wird auf Revisionsnormen verwiesen, so dass:
- die Feststellungen der Vorinstanz für das Rechtsbeschwerdegericht bindend sind (§ 560 ZPO),
- nicht gerügte Verfahrensmängel (§§ 295, 556 ZPO) nicht mehr geltend gemacht werden können,
- die absoluten Revisionsgründe auch hier zu beachten sind (§ 547 ZPO).

188 Eine Abhilfemöglichkeit der Vorinstanz gibt es hier, anders als im Verfahren über die sofortige Beschwerde, nicht mehr.

189 Der BGH entscheidet durch Beschluss. Wird die Beschwerde nicht als unzulässig verworfen (§ 577 Abs. 1 ZPO) oder als unbegründet zurückgewiesen (§ 577 Abs. 3 ZPO), so kann der BGH – wenn der Sachverhalt geklärt ist und alle erforderlichen Feststellungen getroffen wurden – selbst entscheiden (§ 577 Abs. 5 ZPO), anderenfalls hat er die Sache an das Beschwerdegericht zurückzuverweisen (§ 577 Abs. 4 ZPO).

190 Eine Zurückverweisung erfolgt nach §§ 576 Abs. 3, 547 Nr. 6 ZPO insbesondere dann, wenn aus Sicht des BGH der maßgebliche Sachverhalt zur abschließenden Entscheidung aus der angefochtenen Entscheidung nicht ersichtlich ist. Nach Auffassung des BGH ist der angefochtene Beschluss dann nicht mit der notwendigen Begründung versehen.[128]

191 *Hinweis*
Wird die Sache an das Beschwerdegericht zur erneuten Verhandlung und Entscheidung zurückverwiesen, kann der Ausgangsbevollmächtigte das Verfahren wieder übernehmen.

5. Einstweiliger Rechtsschutz im Rechtsbeschwerdeverfahren

192 Die Rechtsbeschwerde hat grundsätzlich nur bei Ordnungs- und Zwangsmitteln aufschiebende Wirkung, wie sich aus der Verweisung von § 575 Abs. 5 auf § 570 Abs. 1 und 3 ZPO ergibt.

---

127 BGH MDR 2003, 405 = NJW 2003, 1192.
128 BGH MDR 2002, 1208 = NJW 2002, 2648.

Allerdings kann auch das Rechtsbeschwerdegericht eine einstweilige Anordnung erlassen, insbesondere die Vollziehung der angefochtenen Entscheidung mit oder ohne Sicherheitsleistung aussetzen.[129]

Voraussetzung einer einstweiligen Anordnung zur Aussetzung der Vollziehung der angefochtenen Entscheidung im Rechtsbeschwerdeverfahren ist,[130] dass:

- durch die weitere Vollziehung des angefochtenen Beschlusses dem Beschwerdeführer größere Nachteile drohen als den anderen Beteiligten im Fall der Aussetzung,
- die Rechtslage zumindest zweifelhaft ist,
- die Rechtsbeschwerde zulässig erscheint.

Die einstweilige Anordnung ergeht nur auf gesonderten Antrag, der von einem beim BGH zugelassenen Rechtsanwalt gestellt werden muss.

Mit der Stellung des Antrags sollte die Darlegung verbunden sein, welche besonderen Nachteile der Partei ohne eine solche einstweilige Entscheidung drohen. Dies ist dem beim BGH zugelassenen Rechtsanwalt mitzuteilen.

6. Die Kosten des Rechtsbeschwerdeverfahrens

Für das Verfahren über die Rechtsbeschwerde werden Gerichtsgebühren nach den Ziff. 1230, 1242, 1255, 1628, 1820, 1821, 2122, 2242 und 2441 KVGKG erhoben. Danach entsteht je nach Verfahren eine 2,0- bis 5,0-Verfahrensgebühr. Soweit für das Verfahren eine Festgebühr bestimmt ist, fällt nach Ziff. 1255, 1823 bzw. Ziff. 2242 KVGKG auch im Rechtsbeschwerdeverfahren eine Festgebühr von 750 EUR, 180 bzw. 240 EUR an. Im schifffahrtsrechtlichen Verteilungsverfahren fällt nach Ziff. 2441 KVGKG eine Festgebühr von 120 EUR an, wenn die Rechtsbeschwerde verworfen oder zurückgewiesen wird.

Der Rechtsanwalt beim BGH erhält für die Durchführung des Rechtsbeschwerdeverfahrens eine 1,0-Verfahrensgebühr nach Ziff. 3502 VV, die sich nach Ziff. 1008 VV für jeden weiteren Auftraggeber um 0,3 der vollen Gebühr, jedoch um nicht mehr als bis auf eine 2,0-Verfahrensgebühr erhöht. Soweit der Auftrag vorzeitig endet, entsteht nach Ziff. 3503 VV lediglich eine 0,5-Verfahrensgebühr.

III. Grundzüge des Beschwerdeverfahrens nach dem FamFG

1. Einleitung

Die Beschwerde in familienrechtlichen Verfahren sowie in Angelegenheiten der freiwilligen Gerichtsbarkeit ist mit dem Gesetz über das Verfahren in Familiensachen und in den Angelegenheiten der freiwilligen Gerichtsbarkeit (FamFG)[131] aus dem Geltungsbereich

---

129 BGH MDR 2002, 1084.
130 BGH MDR 2002, 1084.
131 BGBl I 2008, 2586.

ausgegliedert worden. Welche Angelegenheiten der freiwilligen Gerichtsbarkeit unterliegen, ist in § 23a Abs. 2 GVG definiert.

200 Das Beschwerderecht hat in §§ 58 ff. FamFG eine eigenständige Regelung erfahren. Gleiches gilt für die Rechtsbeschwerde in § 70 FamFG. Anders als nach dem früheren Recht unterliegt die Beschwerde nunmehr generell einer Frist, die § 63 Abs. 1 FamFG für den Regelfall mit einem Monat bestimmt. Ansonsten folgt die befristete Beschwerde der Systematik der ZPO-Beschwerde. Insbesondere ist auch eine Abhilfe möglich.

201 In vermögensrechtlichen Streitigkeiten wird die Beschwerde auf Fälle einer Beschwer von mehr als 600 EUR beschränkt, § 61 Abs. 1 FamFG, wenn das Gericht sie nicht nach §§ 61 Abs. 2, 3 FamFG zugelassen hat. Wie in der ZPO entfällt die weitere Beschwerde und wird durch eine gesonderte Rechtsbeschwerde ersetzt.

202 *Hinweis*
Über die Rechtsmittel müssen die Beteiligten nach § 39 FamFG belehrt werden. Für jeden Beschluss im Anwendungsbereich des FamFG sieht § 39 FamFG eine Belehrung über das statthafte Rechtsmittel, den Einspruch, den Widerspruch oder die Erinnerung sowie das Gericht, bei dem diese Rechtsbehelfe einzulegen sind, dessen Sitz und die einzuhaltende Form und Frist vor.

2. Der Instanzenzug

203 Nach § 23a GVG ist das Amtsgericht in Familiensachen (§ 23a Abs. 1 Nr. 1 GVG) wie in den Verfahren der freiwilligen Gerichtsbarkeit, soweit keine anderweitige Zuständigkeit begründet ist (§ 23a Abs. 1 Nr. 2, Abs. 2 GVG), zuständig.

204 Aus § 119 Abs. 1 Nr. 1 GVG ergibt sich sodann, dass über die befristete Beschwerde gegen Entscheidungen der Amtsgerichte in den vorbezeichneten Angelegenheiten die Oberlandesgerichte entscheiden.

205 Statt der weiteren wird die Rechtsbeschwerde unter den Voraussetzungen der §§ 70 ff. FamFG einschlägig. Zuständig ist hierfür nach § 133 GVG ebenfalls der BGH.

3. Die Beschwerde nach dem FamFG

206 Die befristete Beschwerde ist in den §§ 58 bis 69 FamFG geregelt. In ihrer Systematik folgen die Vorschriften der Beschwerde im Zivilprozess.

a) Die Statthaftigkeit der Beschwerde

207 Anders als die sofortige Beschwerde nach den §§ 567 ff. ZPO ist die befristete Beschwerde gegen alle im ersten Rechtszug ergangenen Endentscheidungen der Amts- und Landgerichte die nach den Vorschriften des FamFG ergangen sind, statthaft. Endentscheidungen sind nach § 38 Abs. 1 S. 1 FamFG solche Entscheidungen, durch die der Verfahrensgegenstand ganz oder teilweise erledigt wird.

Nach § 58 Abs. 2 FamFG unterliegen dem Beschwerdegericht in diesem Verfahren auch alle nicht selbstständig anfechtbaren Entscheidungen der erstinstanzlichen Gerichte.

Nicht statthaft ist die befristete Beschwerde, wenn dies im Gesetz ausdrücklich angeordnet ist. Dies ist der Fall, für

- Einstweilige Verfügungen nach § 57 S. 1 FamFG, soweit kein Ausnahmefall nach § 57 Abs. 1 S. 2 Nr. 1–5 FamFG vorliegt,
- die Entscheidung über die Abtrennung einer Folgesache aus dem Verbund nach § 140 Abs. 6 Hs. 2 FamFG,
- Beschlüsse, mit denen die Annahme als Kind festgestellt wird, § 197 Abs. 3 S. 1 FamFG,
- Beschlüsse, mit denen eine Befreiung vom Eheverbot erteilt wird, § 198 Abs. 3 FamFG.

b) Die Beschwerdeberechtigten

Nach § 59 FamFG steht die Beschwerde den Personen zu, die durch die Endentscheidung in ihren Rechten beeinträchtigt werden. Im Kern zielt die Regelung darauf, den materiell Beteiligten i.S.d. § 7 FamFG das Beschwerderecht zu vermitteln.

Soweit die Entscheidung allerdings nur auf Antrag erlassen wird und der Antrag zurückgewiesen wurde, steht die befristete Beschwerde nur dem Antragsteller zu.

Die Regelung wird in § 60 FamFG erweitert. Danach kann ein Kind, für das die elterliche Sorge besteht, oder ein unter Vormundschaft stehender Mündel in allen seine Person betreffenden Angelegenheiten ohne Mitwirkung seines gesetzlichen Vertreters das Beschwerderecht ausüben. Ausgeschlossen sind nur geschäftsunfähige Personen und Minderjährige, die das 14. Lebensjahr noch nicht vollendet haben.

c) Die notwendige Beschwer und die Zulassung der Beschwerde

In nichtvermögensrechtlichen Streitigkeiten ist die befristete Beschwerde ungeachtet des Wertes der Beschwer statthaft, während § 61 FamFG das Beschwerderecht in vermögensrechtlichen Streitigkeiten beschränkt.

Entsprechend der Regelung für die zivilprozessuale Berufung ist die Beschwerde in vermögensrechtlichen Streitigkeiten nur statthaft, wenn der Wert des Beschwerdegegenstandes 600 EUR übersteigt. Da sich im wichtigsten Anwendungsfall, den Unterhaltssachen, der Beschwerdewert nach § 9 ZPO bemisst,[132] dürfte diese Hürde nur selten greifen.

Soweit der Beschwerdewert nicht erreicht wird, kann die Beschwerde vom Ausgangsgericht allerdings nach § 61 Abs. 2 und 3 ZPO zugelassen werden, wenn die Rechtssache grundsätzliche Bedeutung hat oder die Fortbildung des Rechtes oder die Sicherung einer einheitlichen Rechtsprechung eine Entscheidung des Beschwerdegerichtes erfordern.

---

132 *Maurer*, FamRZ 2009, 471.

d) Die Beschwerdefrist

216 Soweit gesetzlich nichts anderes bestimmt ist, beträgt die Beschwerdefrist nach § 63 Abs. 1 FamFG ein Monat. Die Frist beginnt nach § 63 Abs. 3 S. 1 FamFG mit der Bekanntgabe der Entscheidung, spätestens fünf Monate nach dem Erlass der Entscheidung.

217 Ausnahmen werden bereits in § 63 Abs. 2 FamFG bestimmt. Lediglich zwei Monate beträgt danach die Beschwerdefrist bei einer einstweiligen Anordnung und bei einem Beschluss, der die Genehmigung eines Rechtsgeschäftes zum Gegenstand hat.

218 Anders als in § 569 Abs. 1 ZPO normiert § 63 FamFG keine Notfrist, sondern lediglich eine gesetzliche Frist. Wird diese unverschuldet versäumt, kommt eine Wiedereinsetzung in den vorigen Stand nach § 17 Abs. 1 FamFG in Betracht.

e) Die Einlegung der Beschwerde und das Verfahren

219 Anders als in der ZPO kann die Beschwerde allein beim Ausgangsgericht eingelegt werden, § 64 Abs. 1 FamFG, was der Beschleunigung der Verfahren dienen soll. Das Ausgangsgericht kann unmittelbar über die Abhilfe nach § 68 Abs. 1 FamFG entscheiden.

220 Die Beschwerde kann nach § 64 Abs. 2 S. 1 FamFG entweder schriftlich[133] oder zu Protokoll der Geschäftsstelle eingelegt werden. Letzteres gilt allerdings nicht in Ehesachen und Familienstreitsachen.

221 Anwaltszwang besteht für das Beschwerdeverfahren nach § 10 FamFG nicht. Allerdings können sich die Beteiligten durch einen Rechtsanwalt vertreten lassen.

222 In formeller Hinsicht muss die Beschwerde die angefochtene Entscheidung bezeichnen und die Erklärung enthalten, dass Beschwerde gegen diesen Beschluss eingelegt werden soll. Insoweit ist erstmals eine Bestimmung über den Inhalt der Beschwerdeschrift getroffen worden. Es wird nicht zu verlangen sein, dass die Beschwerdeschrift ausdrücklich das Wort Beschwerde nutzt. Es ist ausreichend, wenn erkennbar wird, dass eine Überprüfung durch eine weitere Instanz erstrebt wird.

223 Nach § 65 FamFG soll die Beschwerde begründet werden, wobei das Beschwerdegericht hierfür eine Frist setzen kann. Wie im zivilprozessualen Verfahren kann die Beschwerde auf neue Tatsachen und Beweismittel gestützt werden, nicht aber auf die Behauptung, dass das erstinstanzliche Gericht seine Zuständigkeit zu Unrecht angenommen habe. Eine Beschränkung besteht auch für Ehe- und Familienstreitsachen, in denen § 115 FamFG die Zurückweisung neuen Vorbringens vorsieht.

224 Die Vorschrift soll der Fokussierung des Verfahrens auf die wirklichen Streitfragen und damit letztlich der Verfahrensbeschleunigung dienen. Verzichtet der Beschwerdeführer auf eine Begründung muss er damit rechnen, dass das Beschwerdegericht seine Beschwerde „aus den zutreffenden Gründen der angefochtenen Entscheidung" zurückweist.

---

133 Muster unter Rdn 278 ff.

Nach Einlegung der befristeten Beschwerde hat zunächst das Ausgangsgericht nach § 68 Abs. 1 FamFG über die Abhilfe zu entscheiden, es sei denn, es handelt sich um eine Endentscheidung in einer Familiensache. 225

Soweit das Ausgangsgericht der Beschwerde nicht abhilft, legt es diese dem Beschwerdegericht vor. 226

Das Beschwerdegericht kann nach § 64 Abs. 3 FamFG nun zunächst eine einstweilige Anordnung erlassen, insbesondere die Vollstreckung aus dem angefochtenen Beschluss aussetzen.

Sodann sind die Formalien der Beschwerde zu prüfen. Mangelt es hieran, ist die Beschwerde als unzulässig zu verwerfen, anderenfalls deren Begründetheit zu prüfen. Dabei finden die Vorschriften des erstinstanzlichen Verfahrens Anwendung. 227

Das Beschwerdegericht muss allerdings die Beweisaufnahme der ersten Instanz nicht wiederholen und kann auch von einer mündlichen Verhandlung absehen, wenn eine solche bereits in erster Instanz durchgeführt wurde, § 68 Abs. 3 FamFG. 228

Das Beschwerdegericht entscheidet grundsätzlich in voller Besetzung, kann aber die Entscheidung nach § 68 Abs. 4 S. 1 FamFG einem seiner Mitglieder als Einzelrichter übertragen. 229

Grundsätzlich ist in der Sache zu entscheiden. Eine Zurückverweisung kommt nach § 69 Abs. 1 FamFG nur in Betracht, wenn das Erstgericht in der Sache selbst noch nicht entschieden hatte oder das Verfahren an einem wesentlichen Mangel leidet und zur Sachentscheidung eine umfangreiche oder aufwändige Beweisaufnahme notwendig wäre und einer der Beteiligten die Zurückverweisung beantragt. 230

4. Die Anschlussbeschwerde

§ 66 FamFG gibt einem Beteiligten, der bereits auf die Beschwerde verzichtet hat oder für den die Beschwerdefrist verstrichen ist, die Möglichkeit, sich der Beschwerde des Gegners anzuschließen. Die Anschließung erfolgt grundsätzlich durch Einreichung eines Schriftsatzes beim Beschwerdegericht. 231

Wie in der ZPO handelt es sich auch hier allein um eine unselbstständige Beschwerde. 232

5. Die Rechtsbeschwerde

Wie in der ZPO ist auch im Geltungsbereich des FamFG die Rechtsbeschwerde eröffnet, § 70 FamFG. 233

Das FamFG kennt die Zulassung der Rechtsbeschwerde kraft Gesetzes in den Fällen des § 70 Abs. 3 FamFG in bestimmten Betreuungssachen, in Unterbringungssachen und in Freiheitsentziehungsverfahren, d.h. in Verfahren mit besonders einschneidenden Rechtsfolgen.

Grundsätzlich ausgeschlossen ist die Rechtsbeschwerde nach § 70 Abs. 4 FamFG in den dort genannten Verfahren des einstweiligen Rechtsschutzes. 234

235 Im Übrigen muss die Rechtsbeschwerde stets unter den Voraussetzungen des § 70 Abs. 2 FamFG zugelassen werden, um statthaft zu sein.

236 Die Rechtsbeschwerde ist ebenfalls befristet. Es ist nach § 71 FamFG eine Monatsfrist, beginnend mit der schriftlichen Bekanntgabe der angefochtenen Beschwerdeentscheidung zu beachten.

237 Da die Rechtsbeschwerde nur durch einem beim BGH zugelassenen Rechtsanwalt eingelegt werden kann, § 10 Abs. 4 FamFG, muss der vorherige Bevollmächtigte eine rechtzeitige Klärung mit dem Mandanten herbeiführen, ob Rechtsbeschwerde eingelegt werden soll. Nur so ist gewährleistet, dass die Rechtsbeschwerde fristgerecht eingelegt und begründet werden kann.

238 Die Anforderungen an die Begründung der Rechtsbeschwerde können § 71 FamFG entnommen werden. Dabei kann die Rechtsbeschwerde nach § 72 FamFG allein darauf gestützt werden, dass die angefochtene Entscheidung auf der Verletzung materiellen oder formellen Rechts beruht. Neuer Tatsachenvortrag ist mithin mit der Rechtsbeschwerde nicht mehr möglich.

239 Um eine schnelle Rechtsklärung zu ermöglichen, wenn das tatsächliche Geschehen nicht in Streit steht, eröffnet § 75 FamFG die Möglichkeit einer Sprungrechtsbeschwerde.

6. Sonderregelungen in Ehe- und Familienstreitsachen

240 Auch in Ehe- und Familienstreitsachen gelten grundsätzlich die §§ 58 ff. FamFG.

241 Allerdings normiert § 117 FamFG einige Modifikationen, die die Beschwerde in diesen Verfahren dem Berufungsrecht noch weiter anpassen. Dies wird auch dadurch dokumentiert, dass § 520 Abs. 2 S. 2 und 3 ZPO und vor allem § 522 Abs. 1, 2 und 4 ZPO für anwendbar erklärt werden. Vor allem aber bleibt es bei einem streitigen Verfahren, welches vom Beibringungsgrundsatz statt der Amtsermittlung geprägt wird.

242 So fordert § 117 Abs. 1 FamFG in Abweichung von § 65 FamFG die zwingende Begründung der Beschwerde. Daneben bleibt es bei dem Erfordernis, dass die angefochtene Entscheidung bezeichnet und deutlich werden muss, dass Beschwerde erhoben werden soll. Die Begründung muss dann mit einem Sachantrag verbunden werden. Es muss also nicht nur deutlich werden, dass eine Überprüfung durch das Rechtsmittelgericht gewünscht wird, sondern auch, in welcher Weise und mit welchem Ziel die Beschwerde verfolgt wird. Hieran lässt sich zugleich messen, ob und in welcher Weise eine Beschwer gegenüber der erstinstanzlichen Entscheidung geltend gemacht wird.

243 Wie im Berufungsrecht beträgt die Begründungsfrist für die befristete Beschwerde in diesem Fall nach § 117 Abs. 1 S. 2 ZPO zwei Monate, beginnend mit der schriftlichen Bekanntgabe des angefochtenen Beschlusses, spätestens fünf Monate nach dem Erlass des Beschlusses. Die Frist kann nach § 117 Abs. 1 S. 4 i.V.m. § 520 Abs. 2 S. 2, 3 ZPO unter den gleichen Voraussetzungen wie bei der zivilprozessualen Berufung verlängert werden, d.h. ohne Einwilligung des Gegners kann die Beschwerdefrist allein durch den

B. Rechtliche Grundlagen § 18

Vorsitzenden des Beschwerdegerichtes verlängert werden, darüber hinaus nur dann, wenn auch der Gegner zustimmt.

Wird die Beschwerdebegründungsfrist oder die Frist für die Einlegung der Rechtsbeschwerde ohne Verschulden versäumt, kommt die Wiedereinsetzung in den vorigen Stand nach § 117 Abs. 5 FamFG i.V.m. §§ 233, 234 Abs. 1 S. 2 ZPO in Betracht. 244

> *Hinweis* 245
>
> Haben beide Beteiligten Beschwerde eingelegt und ist die eine Beschwerde verfristet, ohne dass eine Wiedereinsetzung in den vorigen Stand in Betracht kommt, bleibt immer noch die Möglichkeit der Anschlussbeschwerde, die nach § 117 Abs. 2 FamFG i.V.m. § 524 Abs. 2 S. 2, 3 ZPO bis zum Ablauf der Beschwerdebegründungsfrist für den Beschwerdeführer eingelegt werden kann. Auch wenn diese akzessorisch zur Hauptbeschwerde ist, kann sich der Beteiligte doch noch aktives Gehör verschaffen.

Das Beschwerdegericht ist in diesen Verfahren nach § 117 Abs. 2 FamFG i.V.m. § 528 ZPO an die Anträge der Parteien gebunden, so dass das Verbot der reformatio in peius gilt. 246

Das Beschwerdegericht kann die Beschwerde dann zunächst nach § 117 Abs. 1 S. 3 FamFG i.V.m. § 522 Abs. 1 S. 1, 2, 4 ZPO als unzulässig verwerfen, wenn den Zulässigkeitsvoraussetzungen nicht Rechnung getragen wurde. Gegen diese Entscheidung ist dann unmittelbar kraft Gesetzes die Rechtsbeschwerde statthaft, § 117 Abs. 1 S. 3 FamFG i.V.m. § 522 Abs. 1 S. 4 ZPO. Einer besonderen Zulassung des Beschwerdegerichtes wie nach § 70 Abs. 1 FamFG erforderlich, bedarf es danach nicht. 247

> *Hinweis* 248
>
> Über diesen Sachverhalt muss der Beteiligte nach § 39 FamFG belehrt werden. Für jeden Beschluss im Anwendungsbereich des FamFG sieht § 39 FamFG eine Belehrung über das statthafte Rechtsmittel, den Einspruch, den Widerspruch oder die Erinnerung sowie das Gericht, bei dem diese Rechtsbehelfe einzulegen sind, dessen Sitz und die einzuhaltende Form und Frist vor.

Anders als im allgemeinen Beschwerderecht kann in Ehe- und Familienstreitverfahren verspätetes Vorbringen nach § 115 FamFG zurückgewiesen werden, soweit der verspätete Vortrag auf grober Nachlässigkeit beruht. Dies wird insbesondere dann zu verneinen sein, wenn es sich um Tatsachen oder Umstände handelt, die sich erst nach Erlass der angefochtenen Entscheidung geändert haben. 249

Beschränkt ist die Prüfungskompetenz des Beschwerdegerichtes bei Versäumnisurteilen. Über § 117 Abs. 2 FamFG kommt hier § 514 ZPO zur Anwendung, so dass nur eingewandt werden kann, dass eine schuldhafte Säumnis nicht vorgelegen hat. 250

Das Beschwerdeverfahren stellt zunächst eine vollwertige zweite Tatsacheninstanz dar. Allerdings kann das Beschwerdegericht nach § 68 Abs. 3 S. 2 ZPO von der Durchführung eines Termins, einer mündlichen Verhandlung oder einzelner Verfahrenshandlungen absehen, wenn diese bereits im ersten Rechtszug vorgenommen wurden und von einer 251

Goebel/Kohlmeyer 1863

erneuten Vornahme keine zusätzlichen Erkenntnisse zu erwarten sind. Nach § 117 Abs. 3 FamFG muss in den Ehe- und Familienstreitverfahren auf diese Absicht aber gesondert hingewiesen werden.

252 *Hinweis*

Dies gibt den Beteiligten nun die Möglichkeit, dieser Verfahrensweise begründet zu widersprechen und im Einzelnen darzulegen, aus welchen Gründen die Wiederholung einer Verfahrenshandlung als erforderlich angesehen wird.

253 Für die Zurückverweisung von Verfahren an das erstinstanzliche Gericht findet nicht § 69 Abs. 1 FamFG, sondern § 538 ZPO Anwendung. Auch das ist ein Ausweis des Streitcharakters der Verfahren.

254 Gegen die Entscheidung in Ehe- und Familienstreitsachen ist ebenfalls die Rechtsbeschwerde nach § 70 ff. FamFG gegeben, so dass sich hier keine Besonderheiten ergeben. Die Zulassungsvoraussetzungen entsprechen § 543 ZPO, so dass auch in der Sache keine Änderungen zum bisherigen Recht zu berücksichtigen sind.

C. Muster

I. Muster: Sofortige Beschwerde gegen eine amtsgerichtliche Entscheidung zum Landgericht – Grundmuster

▼

255 An das

Landgericht

– Beschwerdekammer –

in ▓▓▓

über das

Amtsgericht[134]

in ▓▓▓

Sofortige Beschwerde nach § ▓▓▓

In der ▓▓▓sache

des ▓▓▓

– Beschwerdeführer –

Verfahrensbevollmächtigte: RAe ▓▓▓

gegen

den ▓▓▓

– Beschwerdegegner –

Verfahrensbevollmächtigte: RAe ▓▓▓

---

134 Ausgangsgericht.

an der weiter beteiligt ist: ▓ [135]

wird hiermit namens und in Vollmacht des Beschwerdeführers gegen die Entscheidung des AG vom ▓, Az: ▓, Beschwerde eingelegt.

Es wird beantragt:

> Unter Abänderung der angefochtenen Entscheidung wird ▓.

Zur **Begründung** wird Folgendes ausgeführt:

I.

Mit der angefochtenen Entscheidung vom ▓ hat das Ausgangsgericht beschlossen, dass ▓.

Die Entscheidung ist unzutreffend und im Sinne des vorstehenden Antrags durch das Ausgangsgericht nach § 572 Abs. 1 S. 1 ZPO oder aber das angerufene Beschwerdegericht zu ändern.

Die Entscheidung ist nach § ▓ ZPO ergangen und dementsprechend nach § ▓ ZPO mit der sofortigen Beschwerde angreifbar.

Die angefochtene Entscheidung wurde dem Beschwerdeführer am ▓ zugestellt. Die Notfrist des § 569 Abs. 1 S. 1 ZPO endet damit am ▓ und wird durch den vorliegenden Schriftsatz gewahrt.

☐ Für die Entscheidung über die sofortige Beschwerde ist nach § 72 GVG das Landgericht berufen. Eine abweichende Fallkonstellation nach § 119 Abs. 1 Nr. 1 GVG liegt nicht vor.

☐ Soweit zunächst der originäre Einzelrichter beim zuständigen Beschwerdegericht nach § 568 ZPO zuständig ist, weil die angefochtene Entscheidung von einem
  ☐ Einzelrichter
  ☐ Rechtspfleger
erlassen wurde, wird gebeten, diese nach § 568 S. 2 ZPO
  ☐ der Kammer
  ☐ dem Senat
vorzulegen, da die Rechtssache
  ☐ besondere Schwierigkeiten tatsächlicher oder rechtlicher Art aufweist,
  ☐ grundsätzliche Bedeutung hat,
was sich daraus ergibt, dass ▓.

II.

Die angefochtene Entscheidung erweist sich im Ergebnis als unzutreffend.

☐ Soweit das Ausgangsgericht ausführt, dass ▓, geht es von falschen tatsächlichen Voraussetzungen aus.
  Richtig ist vielmehr, dass ▓.
  Glaubhaftmachung: Eidesstattliche Versicherung des Beschwerdeführers vom ▓, anliegend im Original

☐ Die angefochtene Entscheidung beruht auf § ▓ ZPO. Danach ist ▓, wenn ▓. Diese Voraussetzungen liegen hier nicht vor, weil ▓.

☐ ▓

---

[135] Soweit Dritte noch am Verfahren beteiligt sind.

III.

Soweit das erkennende Beschwerdegericht der diesseitigen Auffassung nicht zu folgen vermag, wird schon jetzt beantragt,

> die Entscheidung über die Beschwerde nach § 568 S. 2 ZPO auf die Kammer zu übertragen

und

> die Rechtsbeschwerde zum Bundesgerichtshof zuzulassen.

Die vom Beschwerdeführer dargelegte Auffassung wird von der Rechtsprechung der Oberlandesgerichte in ▓▓▓ geteilt (vgl. ▓▓▓ [136]). Soweit das angerufene Gericht dieser Auffassung nicht folgt, ist eine Entscheidung des Rechtsbeschwerdegerichts zur Fortbildung des Rechts und Sicherung einer einheitlichen Rechtsprechung erforderlich.

Rechtsanwalt

▲

II. Muster: Sofortige Beschwerde gegen eine landgerichtliche Entscheidung zum Oberlandesgericht – Grundmuster

▼

256

An das

Oberlandesgericht

– Beschwerdesenat–

in ▓▓▓

über das

Landgericht[137]

in ▓▓▓

Sofortige Beschwerde nach § ▓▓▓

In der ▓▓▓ sache

des ▓▓▓

– Beschwerdeführer –

Verfahrensbevollmächtigte: RAe ▓▓▓

gegen

den ▓▓▓

– Beschwerdegegner –

Verfahrensbevollmächtigte: RAe ▓▓▓

an der weiter beteiligt ist: ▓▓▓ [138]

wird hiermit namens und in Vollmacht des Beschwerdeführers gegen die Entscheidung des Landgerichts in ▓▓▓ vom ▓▓▓, Az: ▓▓▓, Beschwerde eingelegt.

---

[136] Fundstellen der abweichenden ober- oder höchstrichterlichen Rechtsprechung.
[137] Ausgangsgericht.
[138] Soweit Dritte noch am Verfahren beteiligt sind.

Es wird beantragt:
> Unter Abänderung der angefochtenen Entscheidung wird ▓▓▓.

Zur **Begründung** wird Folgendes ausgeführt:

I.

Mit der angefochtenen Entscheidung vom ▓▓▓ hat das Ausgangsgericht beschlossen, dass ▓▓▓.
Die Entscheidung ist unzutreffend und im Sinne des vorstehenden Antrags durch das Ausgangsgericht nach § 572 Abs. 1 S. 1 ZPO oder aber das angerufene Beschwerdegericht zu ändern.
Die Entscheidung ist nach § ▓▓▓ ZPO ergangen und dementsprechend nach § ▓▓▓ ZPO mit der sofortigen Beschwerde angreifbar.
Die angefochtene Entscheidung wurde dem Beschwerdeführer am ▓▓▓ zugestellt. Die Notfrist des § 569 Abs. 1 S. 1 ZPO endet damit am ▓▓▓ und wird durch den vorliegenden Schriftsatz gewahrt.
- ☐ Für die Entscheidung über die sofortige Beschwerde ist nach § 119 Abs. 1 Nr. 2 GVG das Oberlandesgericht berufen.
- ☐ Soweit zunächst der originäre Einzelrichter beim zuständigen Beschwerdegericht nach § 568 ZPO zuständig ist, weil die angefochtene Entscheidung von einem
  - ☐ Einzelrichter
  - ☐ Rechtspfleger

  erlassen wurde, wird gebeten, diese nach § 568 S. 2 ZPO
  - ☐ dem Senat

  vorzulegen, da die Rechtssache
  - ☐ besondere Schwierigkeiten tatsächlicher oder rechtlicher Art aufweist,
  - ☐ grundsätzliche Bedeutung hat,

  was sich daraus ergibt, dass ▓▓▓.

II.

Die angefochtene Entscheidung erweist sich im Ergebnis als unzutreffend.
- ☐ Soweit das Ausgangsgericht ausführt, dass ▓▓▓, geht es von falschen tatsächlichen Voraussetzungen aus.
  Richtig ist vielmehr, dass ▓▓▓.
  Glaubhaftmachung: Eidesstattliche Versicherung des Beschwerdeführers vom ▓▓▓, anliegend im Original
- ☐ Die angefochtene Entscheidung beruht auf § ▓▓▓ ZPO. Danach ist ▓▓▓, wenn ▓▓▓. Diese Voraussetzungen liegen hier nicht vor, weil ▓▓▓.
- ☐ ▓▓▓

III.

Soweit das erkennende Beschwerdegericht der diesseitigen Auffassung nicht zu folgen vermag, wird schon jetzt beantragt,
> die Entscheidung über die Beschwerde nach § 568 S. 2 ZPO auf den Senat zu übertragen

und
> die Rechtsbeschwerde zum Bundesgerichtshof zuzulassen.

Die vom Beschwerdeführer dargelegte Auffassung wird von der Rechtsprechung der Oberlandesgerichte in ▓▓▓ geteilt (vgl. ▓▓▓[139]). Soweit das angerufene Gericht dieser Auffassung nicht folgt, ist eine Entscheidung des Rechtsbeschwerdegerichts zur Fortbildung des Rechts und Sicherung einer einheitlichen Rechtsprechung erforderlich.

Rechtsanwalt

▲

III. Muster: Anschlussbeschwerde des Beschwerdegegners

▼

257 An das
Landgericht
– Beschwerdekammer –
in ▓▓▓
über das
Amtsgericht[140]
in ▓▓▓

Anschlussbeschwerde nach § 567 Abs. 3 ZPO

In der ▓▓▓ sache
des ▓▓▓

– Beschwerdeführer –

Verfahrensbevollmächtigte: RAe ▓▓▓
gegen
den ▓▓▓

– Beschwerdegegner –

Verfahrensbevollmächtigte: RAe ▓▓▓
an der weiter beteiligt ist: ▓▓▓[141]

schließt sich der Beschwerdegegner der sofortigen Beschwerde des Beschwerdeführers vom ▓▓▓ nach § 567 Abs. 3 ZPO hiermit an.

Namens und in Vollmacht des Beschwerdegegners wird dementsprechend gegen die Entscheidung des AG vom ▓▓▓, Az: ▓▓▓, Anschlussbeschwerde eingelegt und beantragt:

Unter teilweiser Abänderung der angefochtenen Entscheidung wird ▓▓▓.

---

139 Fundstellen der abweichenden ober- oder höchstrichterlichen Rechtsprechung.
140 Ausgangsgericht.
141 Soweit Dritte noch am Verfahren beteiligt sind.

Zur **Begründung** wird Folgendes ausgeführt:

I.

Mit der angefochtenen Entscheidung vom ▇ hat das Ausgangsgericht beschlossen, dass ▇.

Soweit die Entscheidung den Ausspruch enthält, dass ▇, ist diese unzutreffend und im Sinne des vorstehenden Antrags durch das Ausgangsgericht nach § 572 Abs. 1 S. 1 ZPO oder aber durch das angerufene Beschwerdegericht zu ändern.

Die Entscheidung ist nach § ▇ ZPO ergangen und dementsprechend nach § ▇ ZPO mit der sofortigen Beschwerde angreifbar. Dies hat der Beschwerdeführer mit seiner sofortigen Beschwerde vom ▇ getan.

Auch wenn die Beschwerdefrist des § 569 Abs. 1 S. 1 ZPO für den Beschwerdegegner inzwischen abgelaufen ist, kann sich dieser der Beschwerde des Beschwerdeführers nach § 567 Abs. 3 ZPO noch anschließen.

Für die Entscheidung über die sofortige Beschwerde ist nach § 72 GVG das Landgericht berufen. Eine abweichende Fallkonstellation nach § 119 Abs. 1 Nr. 1 GVG liegt nicht vor.

II.

Die angefochtene Entscheidung erweist sich im Ergebnis in dem aus dem Antrag ersichtlichen Umfange als unzutreffend.

☐ Soweit das Ausgangsgericht ausführt, dass ▇, geht es von falschen tatsächlichen Voraussetzungen aus.
  Richtig ist vielmehr, dass ▇.
  Glaubhaftmachung: Eidesstattliche Versicherung des Beschwerdeführers vom ▇, anliegend im Original
☐ Die angefochtene Entscheidung beruht auf § ▇ ZPO. Danach ist ▇, wenn ▇. Diese Voraussetzungen liegen hier nicht vor, weil ▇.
☐ ▇

III.

Soweit das erkennende Beschwerdegericht der diesseitigen Auffassung nicht zu folgen vermag, wird schon jetzt beantragt,

> die Rechtsbeschwerde zum Bundesgerichtshof zuzulassen.

Die vom Beschwerdeführer dargelegte Auffassung wird von der Rechtsprechung der Oberlandesgerichte in ▇ geteilt (vgl. ▇ [142]). Soweit das angerufene Gericht dieser Auffassung nicht folgt, ist eine Entscheidung des Rechtsbeschwerdegerichts zur Fortbildung des Rechts und Sicherung einer einheitlichen Rechtsprechung erforderlich.

▇

Aus diesem Grunde wird auch beantragt,

> die Entscheidung über die sofortige Beschwerde und die Anschlussbeschwerde nach § 568 S. 2 ZPO auf die Kammer zu übertragen.

Rechtsanwalt

---

[142] Fundstellen der abweichenden ober- oder höchstrichterlichen Rechtsprechung.

IV. Muster: Sofortige Beschwerde gegen die Zurückweisung eines Ablehnungsgesuchs gem. § 46 Abs. 2 ZPO

258 An das

Landgericht/Oberlandesgericht

– Beschwerdekammer/Beschwerdesenat –

in ▓

über das

Amtsgericht/Landgericht[143]

in ▓

In dem Rechtsstreit

Kläger ./. Beklagter
Az: ▓

wird namens und in Vollmacht des
- ☐ Beklagten
- ☐ Klägers

gegen den Beschluss des ▓ vom ▓ in dem Verfahren ▓ hiermit

sofortige Beschwerde gem. § 46 Abs. 2 ZPO

eingelegt.

Namens und in Vollmacht des Beschwerdeführers wird beantragt:

> Unter Abänderung des Beschlusses des ▓ vom ▓, Az: ▓, wird das Ablehnungsgesuch des Beschwerdeführers vom ▓ gegen den Richter ▓ für begründet erklärt.

Zur **Begründung** wird Folgendes ausgeführt:

I.

Mit der angefochtenen Entscheidung vom ▓ hat das Ausgangsgericht das Ablehnungsgesuch des Beschwerdeführers gegen den Richter ▓, der zur Entscheidung in der Hauptsache berufen ist, wegen der Besorgnis der Befangenheit nach § 42 ZPO abgelehnt.

Die Entscheidung ist unzutreffend und im Sinne des vorstehenden Antrags durch das Ausgangsgericht nach § 572 Abs. 1 S. 1 ZPO oder aber das angerufene Beschwerdegericht zu ändern.

Die Entscheidung ist nach §§ 42, 45 ZPO ergangen und dementsprechend nach § 46 Abs. 2 ZPO mit der sofortigen Beschwerde angreifbar.

Die angefochtene Entscheidung wurde dem Beschwerdeführer am ▓ zugestellt. Die Notfrist des § 569 Abs. 1 S. 1 ZPO endet damit am ▓ und wird durch den vorliegenden Schriftsatz gewahrt.

---

[143] Ausgangsgericht.

Für die Entscheidung über die sofortige Beschwerde ist
☐ nach § 72 GVG das Landgericht berufen.
☐ nach § 119 GVG das Oberlandesgericht berufen.
☐ Soweit zunächst der originäre Einzelrichter beim zuständigen Beschwerdegericht nach § 568 ZPO zuständig ist, weil die angefochtene Entscheidung von einem Einzelrichter erlassen wurde, wird gebeten, diese nach § 568 S. 2 ZPO
  ☐ der Kammer
  ☐ dem Senat
  vorzulegen, da die Rechtssache
  ☐ besondere Schwierigkeiten tatsächlicher oder rechtlicher Art aufweist,
  ☐ grundsätzliche Bedeutung hat,
  was sich daraus ergibt, dass ▒▒▒▒.

II.
Die angefochtene Entscheidung erweist sich im Ergebnis als unzutreffend. Nach § 42 ZPO kann ein Richter abgelehnt werden, wenn gegen ihn die Besorgnis der Befangenheit besteht.
Dies ist vorliegend der Fall. Dem mit Schreiben vom ▒▒▒▒ angebrachten Ablehnungsgesuch liegt folgender Sachverhalt zugrunde: ▒▒▒▒
Wegen des Sachverhalts im Einzelnen wird auf das Ablehnungsgesuch vom ▒▒▒▒ nebst dem hiermit zu den Akten gereichten Mittel der Glaubhaftmachung Bezug genommen.
Das Ablehnungsgesuch wurde mit dem angefochtenen Beschl. v. ▒▒▒▒ mit der Begründung abgelehnt, dass ▒▒▒▒.
Die Begründung vermag nicht zu tragen. Entgegen der Auffassung des ▒▒▒▒ ist davon auszugehen, dass ▒▒▒▒.
Dem Ablehnungsgesuch ist damit Rechnung zu tragen.

III.
Soweit das erkennende Beschwerdegericht der diesseitigen Auffassung nicht zu folgen vermag, wird schon jetzt beantragt,

    die Rechtsbeschwerde zum Bundesgerichtshof zuzulassen.

Die vom Beschwerdeführer dargelegte Auffassung wird von der Rechtsprechung der Oberlandesgerichte in ▒▒▒▒ geteilt (vgl. ▒▒▒▒ [144]). Soweit das angerufene Gericht dieser Auffassung nicht folgt, ist eine Entscheidung des Rechtsbeschwerdegerichts zur Fortbildung des Rechts und Sicherung einer einheitlichen Rechtsprechung erforderlich.

Rechtsanwalt
▲

---

[144] Fundstellen der abweichenden ober- oder höchstrichterlichen Rechtsprechung.

V. Muster: Sofortige Beschwerde nach § 91a Abs. 2 ZPO

18.5

259 An das
Landgericht/Oberlandesgericht
– Beschwerdekammer/Beschwerdesenat –
in ▓▓▓
über das
Amtsgericht/Landgericht[145]
in ▓▓▓

Sofortige Beschwerde nach § 91a Abs. 2 ZPO

In dem Rechtsstreit

Kläger ./. Beklagter

Az: ▓▓▓

wird namens und in Vollmacht des ▓▓▓ gegen die Entscheidung des ▓▓▓ vom ▓▓▓, Az: ▓▓▓, sofortige Beschwerde eingelegt.

Es wird beantragt:

In Abänderung des angefochtenen Beschlusses des ▓▓▓ vom ▓▓▓ werden die Kosten des Verfahrens zu ▓▓▓ % dem ▓▓▓ und zu ▓▓▓ % dem ▓▓▓ auferlegt.

Zur **Begründung** wird Folgendes ausgeführt:

I.

Mit der angefochtenen Entscheidung vom ▓▓▓ das Ausgangsgericht dem Beschwerdeführer die Kosten des Verfahrens nach § 91a Abs. 1 ZPO im Umfange von ▓▓▓ % dem ▓▓▓ auferlegt, nachdem der Rechtsstreit von beiden Parteien übereinstimmend für erledigt erklärt wurde.

Die Entscheidung ist unzutreffend und im Sinne des vorstehenden Antrags durch das Ausgangsgericht nach § 572 Abs. 1 S. 1 ZPO oder aber das angerufene Beschwerdegericht zu ändern.

Die Entscheidung ist nach § 91a Abs. 1 ZPO ergangen und dementsprechend nach § 91a Abs. 2 ZPO mit der sofortigen Beschwerde angreifbar.

Der Wert der Hauptsache im Sinne des Wertes einer voraussichtlichen Beschwer (vgl. hierzu BGH, Beschl. v. 29.7.2003 – VIII ZB 55/03 = NJW-RR 2003, 1504 = BGHReport 2003, 1228) übersteigt den Wert von 600 EUR, was sich daraus ergibt, dass ▓▓▓.

Auch der weitere Beschwerdewert des § 567 Abs. 2 S. 1 ZPO von 200 EUR bei der Anfechtung einer Entscheidung über die Pflicht zur Tragung der Prozesskosten wird überschritten, was sich daraus ergibt, dass bei der beantragten abweichenden Kostenentscheidung der Beschwerdeführer eine um ▓▓▓ EUR niedrigere Kostenlast zu tragen hat. Auf die Alternativberechnung in der Anlage zu diesem Schriftsatz wird verwiesen. Hierzu ist darauf hinzuweisen, dass ▓▓▓.

---

145 Ausgangsgericht.

Die angefochtene Entscheidung wurde dem Beschwerdeführer am ▓▓▓▓ zugestellt. Die Notfrist des § 569 Abs. 1 S. 1 ZPO endet damit am ▓▓▓▓ und wird durch den vorliegenden Schriftsatz gewahrt.

Für die Entscheidung über die sofortige Beschwerde ist
☐ nach § 72 GVG das Landgericht berufen.
☐ nach § 119 GVG das Oberlandesgericht berufen.

II.

Die angefochtene Entscheidung erweist sich im Ergebnis als unzutreffend.

Die angefochtene Entscheidung beruht auf § 91a Abs. 1 ZPO. Danach ist über die Kosten des Verfahrens nach billigem Ermessen unter Berücksichtigung des Sach- und Streitstandes zu entscheiden, wenn die Parteien den Rechtsstreit übereinstimmend in der Hauptsache für erledigt erklärt haben.

Danach durften dem Beschwerdeführer vorliegend die Kosten des Verfahrens nicht auferlegt werden.

Die Kosten des Verfahrens sind nach § 91a Abs. 1 ZPO unter Berücksichtigung des bisherigen Sach- und Streitstandes in Höhe von ▓▓▓▓ % dem ▓▓▓▓ und allenfalls in Höhe von ▓▓▓▓ % dem ▓▓▓▓ aufzuerlegen, weil ▓▓▓▓.

III.

Soweit das erkennende Beschwerdegericht der diesseitigen Auffassung nicht zu folgen vermag, wird schon jetzt beantragt,

    die Rechtsbeschwerde zum Bundesgerichtshof zuzulassen.

Die vom Beschwerdeführer dargelegte Auffassung wird von der Rechtsprechung der Oberlandesgerichte in ▓▓▓▓ geteilt (vgl. ▓▓▓▓[146]). Soweit das angerufene Gericht dieser Auffassung nicht folgt, ist eine Entscheidung des Rechtsbeschwerdegerichts zur Fortbildung des Rechts und Sicherung einer einheitlichen Rechtsprechung erforderlich.

Rechtsanwalt

▲

VI. Muster: Sofortige Beschwerde nach § 99 Abs. 2 ZPO

▼

An das

Landgericht/Oberlandesgericht

– Beschwerdekammer/Beschwerdesenat –

in ▓▓▓▓

über das

Amtsgericht/Landgericht[147]

in ▓▓▓▓

---

[146] Fundstellen der abweichenden ober- oder höchstrichterlichen Rechtsprechung.
[147] Ausgangsgericht.

§ 18 Das Beschwerderecht

In dem Rechtsstreit

                Kläger ./. Beklagter

                Az:

wird namens und in Vollmacht des ▒▒▒▒ gegen den Beschluss des ▒▒▒▒ vom ▒▒▒▒ hiermit

sofortige Beschwerde gem. § 99 Abs. 2 S. 1 ZPO

eingelegt und beantragt:

> Unter Abänderung der angefochtenen Entscheidung vom ▒▒▒▒ werden dem ▒▒▒▒ die Kosten des Verfahrens auferlegt.

Zur **Begründung** wird Folgendes ausgeführt:

I.

Mit der angefochtenen Entscheidung des ▒▒▒▒ vom ▒▒▒▒ hat das Gericht beschlossen, dass

☐ der Beklagte die Kosten des Verfahrens gem. § 91 ZPO zu tragen hat.

☐ der Kläger die Kosten des Verfahrens gem. § 93 ZPO zu tragen hat.

☐ der Kläger von den Kosten des Verfahrens ▒▒▒▒ %, der Beklagte ▒▒▒▒ % zu tragen hat.

Der Beschluss ist dem ▒▒▒▒ am ▒▒▒▒ zugestellt worden, so dass der vorliegende Schriftsatz die Notfrist nach § 569 Abs. 1 S. 1 ZPO wahrt.

Die sofortige Beschwerde ist nach § 99 Abs. 2 S. 2 ZPO auch statthaft, da der Streitwert in der Hauptsache ▒▒▒▒ EUR beträgt und damit der Berufungswert nach § 511 Abs. 2 Nr. 1 ZPO von 600 EUR überschritten wird.

Auch der besondere Beschwerdewert des § 567 Abs. 2 S. 1 ZPO in Höhe von 200 EUR wird vorliegend überschritten, da bei einer abweichenden Kostenentscheidung im beantragten Sinne der Beschwerdeführer in Höhe von ▒▒▒▒ EUR nicht mit Kosten belastet wird. Auf die in der Anlage beigefügte Vergleichsberechnung wird verwiesen.

II.

Die getroffene Kostenentscheidung ist unzutreffend. Vielmehr war die Kostenentscheidung dahin gehend zu treffen, dass ▒▒▒▒.

☐ Entgegen dem angefochtenen Beschluss waren dem Beklagten die Kosten des Verfahrens nicht gem. § 91 ZPO aufzuerlegen. Vielmehr hat der Kläger die Kosten des Verfahrens nach § 93 ZPO zu tragen, da der Beklagte den Klageanspruch im Sinne von § 93 ZPO sofort anerkannt hat und zuvor durch sein Verhalten keinen Anlass zur Klageerhebung gegeben hat.

Dies ergibt sich im Einzelnen daraus, dass ▒▒▒▒.

☐ Die angefochtene Kostenentscheidung ist unzutreffend, soweit dem Kläger die Kosten des Verfahrens gem. § 93 ZPO auferlegt wurden. Vielmehr sind die Kosten des Verfahrens dem Beklagten nach § 91 ZPO aufzuerlegen.

Entgegen der Ansicht des Gerichts in dem angefochtenen Beschluss hat der Beklagte

    ☐ kein sofortiges Anerkenntnis abgegeben,

    ☐ Anlass zur Klageerhebung gegeben,

so dass ihm die Kosten des Verfahrens nach § 93 ZPO aufzuerlegen waren. Dies ergibt sich im Einzelnen daraus, dass ▒▒▒▒.

Die Kostenentscheidung in dem angefochtenen Beschluss ist unzutreffend, soweit unter Berücksichtigung des Teilanerkenntnisses vom ▓▓▓ die Kosten zu ▓▓▓ % dem Kläger und zu ▓▓▓ % dem Beklagten auferlegt wurden. Richtigerweise wären die Kosten dem Kläger in Höhe von ▓▓▓ % und dem Beklagten von ▓▓▓ % aufzuerlegen gewesen. Dies ergibt sich aus der Anwendung der §§ 91, 93 ZPO, weil ▓▓▓.

Soweit das Ausgangsgericht der Beschwerde im Sinne der vorstehenden Ausführungen nicht abhilft, wird gebeten, die sofortige Beschwerde unverzüglich dem Beschwerdegericht vorzulegen, wo beantragt werden wird, den angefochtenen Beschluss des ▓▓▓ vom ▓▓▓ im Verfahren Az: ▓▓▓ abzuändern und entsprechend dem Eingangsantrag zu beschließen.

Rechtsanwalt

VII. Muster: Sofortige Beschwerde gegen die Ablehnung des Antrags auf Fristsetzung nach § 109 Abs. 1 ZPO

An das

Landgericht

– Beschwerdekammer–

in ▓▓▓

über das

Amtsgericht[148]

in ▓▓▓

Sofortige Beschwerde nach §§ 109 Abs. 4, 567 ff. ZPO

In der ▓▓▓sache

des ▓▓▓

– Beschwerdeführer –

Verfahrensbevollmächtigte: RAe ▓▓▓

gegen

den ▓▓▓

– Beschwerdegegner –

Verfahrensbevollmächtigte: RAe ▓▓▓

an der weiter beteiligt ist:[149] ▓▓▓

wird hiermit namens und in Vollmacht des Beschwerdeführers gegen die Entscheidung des AG vom ▓▓▓, Az: ▓▓▓, Beschwerde eingelegt.

---

148 Ausgangsgericht.
149 Soweit Dritte noch am Verfahren beteiligt sind.

§ 18 Das Beschwerderecht

Es wird beantragt:

Unter Abänderung der angefochtenen Entscheidung wird das Amtsgericht verpflichtet, gemäß dem Antrag des Beschwerdeführers vom ▒▒▒▒ dem ▒▒▒▒ eine Frist nach § 109 Abs. 1 ZPO zur Einwilligung in die Rückgabe der Sicherheit oder zum Nachweis der Klageerhebung wegen seiner Ansprüche zu setzen.

Zur **Begründung** wird Folgendes ausgeführt:

I.

Mit der angefochtenen Entscheidung hat das Ausgangsgericht es abgelehnt, dem ▒▒▒▒ eine Frist zur Einwilligung in die Rückgabe der von dem Beschwerdeführer geleisteten Sicherheit in Form ▒▒▒▒ gem. § 109 Abs. 1 ZPO zu setzen.

Die Entscheidung ist unzutreffend und im Sinne des vorstehenden Antrags durch das Ausgangsgericht nach § 572 Abs. 1 S. 1 ZPO oder aber das angerufene Beschwerdegericht zu ändern.

Die Entscheidung ist gem. § 109 Abs. 4 S. 1 ZPO mit der sofortigen Beschwerde nach den §§ 567 ff. ZPO anfechtbar.

Die angefochtene Entscheidung wurde dem Beschwerdeführer am ▒▒▒▒ zugestellt. Die Notfrist des § 569 Abs. 1 S. 1 ZPO endet damit am ▒▒▒▒ und wird durch den vorliegenden Schriftsatz gewahrt.

Für die Entscheidung über die sofortige Beschwerde ist nach § 72 GVG das Landgericht berufen.

II.

Die angefochtene Entscheidung erweist sich im Ergebnis als unzutreffend.

Die angefochtene Entscheidung beruht auf § 109 Abs. 1 ZPO. Danach ist eine Frist zu bestimmen, binnen der die Partei, zu deren Gunsten die Sicherheit geleistet ist, die Einwilligung in die Rückgabe der Sicherheit zu erklären oder die Erhebung der Klage wegen ihrer Ansprüche nachzuweisen hat, wenn die Veranlassung für eine Sicherheitsleistung weggefallen ist.

Diese Voraussetzungen liegen vor:

Die Veranlassung zur Sicherheitsleistung ist weggefallen, weil ▒▒▒▒.

Das Ausgangsgericht ist danach verpflichtet, dem ▒▒▒▒ eine Frist zur Einwilligung in die Rückgabe der Sicherheit bzw. zum Nachweis der Klageerhebung wegen der ihm vermeintlich zustehenden Ansprüche zu setzen.

☐ Soweit das Ausgangsgericht der Auffassung ist, dass ▒▒▒▒, ist diese Auffassung unzutreffend, weil ▒▒▒▒.

Rechtsanwalt

▲

VIII. Muster: Sofortige Beschwerde nach § 252 ZPO gegen eine Entscheidung nach §§ 239 ff., 148 ff. ZPO

▼

An das

Landgericht/Oberlandesgericht

– Beschwerdekammer/Beschwerdesenat –

in ▮

über das

Amtsgericht/Landgericht[150]

in ▮

In dem Rechtsstreit

Kläger ./. Beklagter
Az: ▮

wird namens und in Vollmacht des
- ☐ Beklagten
- ☐ Klägers

gegen den Beschluss des ▮ vom ▮ in dem Verfahren ▮ hiermit

sofortige Beschwerde gem. § 252 ZPO

eingelegt.

Es wird beantragt:

Unter Abänderung des angefochtenen Beschlusses wird
- ☐ der Antrag auf Aussetzung des Verfahrens vom ▮ zurückgewiesen.
- ☐ gemäß dem Antrag vom ▮ der Rechtsstreit nach § ▮ ausgesetzt.

Zur **Begründung** wird Folgendes ausgeführt:

I.

Mit der angefochtenen Entscheidung vom ▮ hat das Ausgangsgericht beschlossen, ▮.

Die Entscheidung ist unzutreffend und im Sinne des vorstehenden Antrags durch das Ausgangsgericht nach § 572 Abs. 1 S. 1 ZPO oder aber das angerufene Beschwerdegericht zu ändern.

Die Entscheidung ist nach § ▮ ZPO ergangen und dementsprechend nach § 252 ZPO mit der sofortigen Beschwerde angreifbar.

Die angefochtene Entscheidung wurde dem Beschwerdeführer am ▮ zugestellt. Die Notfrist des § 569 Abs. 1 S. 1 ZPO endet damit am ▮ und wird durch den vorliegenden Schriftsatz gewahrt.

---

150 Ausgangsgericht.

Für die Entscheidung über die sofortige Beschwerde ist
- ☐ nach § 72 GVG das Landgericht berufen.
- ☐ nach § 119 GVG das Oberlandesgericht berufen.
- ☐ Soweit zunächst der originäre Einzelrichter beim zuständigen Beschwerdegericht nach § 568 ZPO zuständig ist, weil die angefochtene Entscheidung von einem Einzelrichter erlassen wurde, wird gebeten, diese nach § 568 S. 2 ZPO
  - ☐ der Kammer
  - ☐ dem Senat

  vorzulegen, da die Rechtssache
  - ☐ besondere Schwierigkeiten tatsächlicher oder rechtlicher Art aufweist,
  - ☐ grundsätzliche Bedeutung hat,

  was sich daraus ergibt, dass ▨.

II.

Die angefochtene Entscheidung erweist sich im Ergebnis als unzutreffend.

Nach § ▨ ZPO ist ▨.

Diese Voraussetzungen liegen hier
- ☐ nicht vor, weil ▨.
- ☐ vor, weil ▨.

III.

Soweit das erkennende Beschwerdegericht der diesseitigen Auffassung nicht zu folgen vermag, wird schon jetzt beantragt,

die Rechtsbeschwerde zum Bundesgerichtshof zuzulassen.

Die vom Beschwerdeführer dargelegte Auffassung wird von der Rechtsprechung der Oberlandesgerichte in ▨ geteilt (vgl. ▨ [151]). Soweit das angerufene Gericht dieser Auffassung nicht folgt, ist eine Entscheidung des Rechtsbeschwerdegerichts zur Fortbildung des Rechts und Sicherung einer einheitlichen Rechtsprechung erforderlich.

Rechtsanwalt

▲

IX. Muster: Sofortige Beschwerde gegen die Kostenentscheidung nach § 269 Abs. 3 S. 3 ZPO

▼

263 An das

Landgericht/Oberlandesgericht

– Beschwerdekammer/Beschwerdesenat –

in ▨

über das

Amtsgericht/Landgericht[152]

in ▨

---

[151] Fundstellen der abweichenden ober- oder höchstrichterlichen Rechtsprechung.
[152] Ausgangsgericht.

Sofortige Beschwerde nach § 269 Abs. 5 ZPO

In dem Rechtsstreit

Kläger ./. Beklagter

Az:

wird namens und in Vollmacht des ▬▬▬ gegen die Entscheidung des ▬▬▬ vom ▬▬▬ , Az: ▬▬▬ , sofortige Beschwerde eingelegt.

Es wird beantragt:

> In Abänderung des angefochtenen Beschlusses des ▬▬▬ vom ▬▬▬ werden die Kosten des Verfahrens dem ▬▬▬ auferlegt.

Zur **Begründung** wird Folgendes ausgeführt:

I.

Mit der angefochtenen Entscheidung vom hat das Ausgangsgericht dem Beschwerdeführer die Kosten des Verfahrens nach § 269 Abs. 3 ZPO auferlegt, nachdem die Klage wegen eines nach Anhängigkeit aber vor Rechtshängigkeit eingetretenen Ereignisses, nämlich ▬▬▬ , zurückgenommen worden ist.

Die Entscheidung ist unzutreffend und im Sinne des vorstehenden Antrags durch das Ausgangsgericht nach § 572 Abs. 1 S. 1 ZPO oder aber das angerufene Beschwerdegericht zu ändern.

Die Entscheidung ist nach § 269 Abs. 3 S. 3, Abs. 4 ZPO ergangen und dementsprechend nach § 269 Abs. 5 ZPO mit der sofortigen Beschwerde angreifbar.

Die angefochtene Entscheidung wurde dem Beschwerdeführer am ▬▬▬ zugestellt. Die Notfrist des § 569 Abs. 1 S. 1 ZPO endet damit am ▬▬▬ und wird durch den vorliegenden Schriftsatz gewahrt.

Für die Entscheidung über die sofortige Beschwerde ist

☐ nach § 72 GVG das Landgericht berufen. Eine abweichende Fallkonstellation nach § 119 Abs. 1 Nr. 1 GVG liegt nicht vor.
☐ nach § 119 GVG das Oberlandesgericht berufen.
☐ Soweit zunächst der originäre Einzelrichter beim zuständigen Beschwerdegericht nach § 568 ZPO zuständig ist, weil die angefochtene Entscheidung von einem Einzelrichter erlassen wurde, wird gebeten, diese nach § 568 S. 2 ZPO
  ☐ der Kammer
  ☐ dem Senat
vorzulegen, da die Rechtssache
  ☐ besondere Schwierigkeiten tatsächlicher oder rechtlicher Art aufweist,
  ☐ grundsätzliche Bedeutung hat,
was sich daraus ergibt, dass ▬▬▬ .

Der Wert in der Hauptsache beträgt ▬▬▬ EUR, so dass auch § 269 Abs. 5 ZPO insoweit der Statthaftigkeit der sofortigen Beschwerde nicht entgegensteht.

II.

Die angefochtene Entscheidung erweist sich im Ergebnis als unzutreffend.

Die angefochtene Entscheidung beruht auf § 269 Abs. 3 S. 3 ZPO. Danach ist über die Kosten des Verfahrens nach billigem Ermessen unter Berücksichtigung des Sach- und

Streitstandes zu entscheiden, wenn eine Klage wegen eines erledigenden Ereignisses nach Anhängigkeit und vor Rechtshängigkeit unverzüglich zurückgenommen wird. Danach durften dem Beschwerdeführer vorliegend die Kosten des Verfahrens nicht auferlegt werden.

- ☐ Vorliegend kommt bereits aus Rechtsgründen eine Entscheidung nach § 269 Abs. 3 S. 3 ZPO nicht in Betracht, da zwischen dem Kläger und dem Beklagten kein Prozessrechtsverhältnis begründet wurde, da die Klage, jedenfalls soweit sie zurückgenommen wurde, dem Beklagten nicht zugestellt wurde. Dies gilt auch für die Erklärung über die Klagerücknahme (vgl. Berlin KGR 2003, 109; OLG Nürnberg MDR 2003, 410; LG Münster NJW-RR 2002, 1221). Daran hat auch die Änderung von § 269 Abs. 3 ZPO durch das Justizmodernisierungsgesetz nichts geändert. Ungeachtet der Frage, ob diese Regelung überhaupt verfassungsgemäß ist (verneinend OLGR Brandenburg 2005, 559), begegnet sie jedenfalls erheblichen rechtsstaatlichen Bedenken (hierzu Zöller/Greger, ZPO, 32. Aufl. 2018, § 269 Rn 18d). Diesen rechtsstaatlichen Bedenken Rechnung tragend, kommt eine Kostenentscheidung zu Lasten des Beklagten nicht in Betracht, wenn die Klage zurückgenommen wird, bevor diese dem Beklagten zugestellt wurde. Nachdem das Erfordernis der „Unverzüglichkeit" entfallen ist, ist es dem Kläger auch zuzumuten, ggf. die Zustellung der Klage abzuwarten. Letztlich ist ein solches Erfordernis auch vertretbar, da damit ein Rechtsverlust des Klägers nicht begründet ist. Soweit dieser – entgegen der tatsächlichen Rechtslage – meint, einen Kostenerstattungsanspruch zu haben, ist er nicht gehindert, diesen materiell-rechtlichen Anspruch anderweitig zu verfolgen.
- ☐ Die Kosten des Verfahrens sind nach § 269 Abs. 3 S. 3 ZPO unter Berücksichtigung des bisherigen Sach- und Streitstandes dem ▬▬▬ aufzuerlegen, weil
  - ☐ die streitige Forderung zum Zeitpunkt der Anhängigkeit der Klage noch überhaupt nicht fällig war und zum Zeitpunkt der Fälligkeit diese unmittelbar ausgeglichen wurde. Dies ergibt sich daraus, dass ▬▬▬.
  - ☐ zum Zeitpunkt der Anhängigkeit der Klage eine angemessene Prüfungs- und Regulierungsfrist für die Beklagte noch nicht verstrichen war und noch vor Ablauf einer solchen Frist die Regulierung vorgenommen wurde. Dies ergibt sich daraus, dass ▬▬▬.
  - ☐ ▬▬▬.

III.

Soweit das erkennende Beschwerdegericht der diesseitigen Auffassung nicht zu folgen vermag, wird schon jetzt beantragt,

> die Rechtsbeschwerde zum Bundesgerichtshof zuzulassen.

Die vom Beschwerdeführer dargelegte Auffassung wird von der Rechtsprechung der Oberlandesgerichte in ▬▬▬ geteilt (vgl. ▬▬▬[153]). Soweit das angerufene Gericht dieser Auffassung nicht folgt, ist eine Entscheidung des Rechtsbeschwerdegerichts zur Fortbildung des Rechts und Sicherung einer einheitlichen Rechtsprechung erforderlich.

Rechtsanwalt

---

[153] Fundstellen der abweichenden ober- oder höchstrichterlichen Rechtsprechung.

X. Muster: Sofortige Beschwerde gegen die Ablehnung der Hinausschiebung der Urteilszustellung nach § 317 Abs. 1 S. 3 ZPO

▼

An das
Landgericht
– Beschwerdekammer–
in ▓▓▓
über das
Amtsgericht[154]
in ▓▓▓

Sofortige Beschwerde nach §§ 317, 567 Abs. 1 Nr. 2 ZPO

In der ▓▓▓sache
des ▓▓▓

– Beschwerdeführer –

Verfahrensbevollmächtigte: RAe ▓▓▓

gegen
den ▓▓▓

– Beschwerdegegner –

Verfahrensbevollmächtigte: RAe ▓▓▓

an der weiter beteiligt ist:[155] ▓▓▓

wird hiermit namens und in Vollmacht des Beschwerdeführers gegen die Entscheidung des AG vom ▓▓▓, Az: ▓▓▓, Beschwerde eingelegt.

Es wird beantragt:

> Unter Abänderung der angefochtenen Entscheidung wird die Zustellung des am ▓▓▓ verkündeten Urteils
> ☐ bis zum ▓▓▓
> ☐ bis auf Weiteres, längstens bis fünf Monate nach der Verkündung des Urteils
> hinausgeschoben.

Zur **Begründung** wird Folgendes ausgeführt:

I.

Mit der angefochtenen Entscheidung hat das Ausgangsgericht es abgelehnt, die Zustellung des am ▓▓▓ verkündeten Urteils in der von beiden Parteien beantragten Form
☐ bis zum ▓▓▓
☐ bis auf Weiteres, längstens bis fünf Monate nach der Verkündung des Urteils
hinauszuschieben.

---

154 Ausgangsgericht.
155 Soweit Dritte noch am Verfahren beteiligt sind.

Die Entscheidung ist unzutreffend und im Sinne des vorstehenden Antrags durch das Ausgangsgericht nach § 572 Abs. 1 S. 1 ZPO oder aber das angerufene Beschwerdegericht zu ändern.

Die Entscheidung ist nach § 317 Abs. 1 S. 3 ZPO ohne mündliche Verhandlung ergangen und dementsprechend nach § 567 Abs. 1 Nr. 2 ZPO mit der sofortigen Beschwerde angreifbar (Zöller/Feskorn, ZPO, 32. Auflage 2018, § 317 Rn 3; Musielak-Voit, ZPO, 14. Auflage 2017, § 317 Rn 6).

Die angefochtene Entscheidung wurde dem Beschwerdeführer am ▓▓▓▓ zugestellt. Die Notfrist des § 569 Abs. 1 S. 1 ZPO endet damit am ▓▓▓▓ und wird durch den vorliegenden Schriftsatz gewahrt.

Für die Entscheidung über die sofortige Beschwerde ist nach § 72 GVG das Landgericht berufen.

☐ Soweit zunächst der originäre Einzelrichter beim zuständigen Beschwerdegericht nach § 568 ZPO zuständig ist, weil die angefochtene Entscheidung von einem
  ☐ Einzelrichter
  ☐ Rechtspfleger
  erlassen wurde, wird gebeten, diese nach § 568 S. 2 ZPO der Kammer vorzulegen, da die Rechtssache grundsätzliche Bedeutung hat, was sich daraus ergibt, dass
  ☐ die Rechtsfrage, ob eine Verpflichtung zum Hinausschieben der Zustellung des Urteils auf Antrag beider Parteien besteht, zwar in der Literatur angenommen, bisher höchstrichterlich aber noch nicht entschieden ist.
  ☐ ▓▓▓▓

II.

Die angefochtene Entscheidung erweist sich im Ergebnis als unzutreffend.

Die angefochtene Entscheidung beruht auf § 317 Abs. 1 S. 3 ZPO. Danach ist die Zustellung eines Urteils hinauszuschieben, wenn beide Parteien dies beantragen.

Der Klägervertreter hat den Antrag mit Schriftsatz vom ▓▓▓▓, der Beklagtenvertreter mit Schriftsatz vom ▓▓▓▓ gestellt.

Das Ausgangsgericht ist danach verpflichtet, die Zustellung des Urteils hinauszuschieben (Musielak/Voit, ZPO, 14. Auflage 2017, § 317 Rn 6; Zöller/Feskorn, ZPO, 32. Auflage 2018, § 317 Rn 3). Allein dies entspricht auch dem Gedanken der Dispositionsbefugnis im Zivilprozessrecht, welche grundsätzlich bei den Parteien liegt.

☐ Soweit das Ausgangsgericht der Auffassung ist, dass ▓▓▓▓, ist diese Auffassung unzutreffend, weil ▓▓▓▓.

III.

Soweit das erkennende Beschwerdegericht der diesseitigen Auffassung nicht zu folgen vermag, wird schon jetzt beantragt,

> die Rechtsbeschwerde zum Bundesgerichtshof zuzulassen.

Die Rechtsfrage, ob eine Verpflichtung zum Hinausschieben der Zustellung des Urteils auf Antrag beider Parteien besteht, wird zwar in der Literatur bejaht. Eine höchstrichterliche Entscheidung liegt hierzu bisher jedoch noch nicht vor.

Rechtsanwalt

XI. Muster: Sofortige Beschwerde nach § 319 Abs. 3 ZPO gegen einen Berichtigungsbeschluss

▼

An das
☐ Landgericht
  – Beschwerdekammer –
☐ Oberlandesgericht
  – Beschwerdesenat –
in ▓▓▓

über das
☐ Amtsgericht
☐ Landgericht
in ▓▓▓

Sofortige Beschwerde nach § 319 Abs. 3 ZPO

In der ▓▓▓ sache
des ▓▓▓

— Beschwerdeführer —

Verfahrensbevollmächtigte: RAe ▓▓▓

gegen

den ▓▓▓

— Beschwerdegegner —

Verfahrensbevollmächtigte: RAe ▓▓▓

an der weiter beteiligt ist:[156] ▓▓▓

wird hiermit namens und in Vollmacht des Beschwerdeführers gegen die Entscheidung des
☐ Amtsgerichts
☐ Landgerichts

in ▓▓▓ vom ▓▓▓, Az: ▓▓▓, sofortige Beschwerde eingelegt.

Es wird beantragt:
☐ Unter Abänderung der angefochtenen Entscheidung wird der Antrag des ▓▓▓ vom ▓▓▓ auf Berichtigung des Urteils vom ▓▓▓, Az: ▓▓▓, zurückgewiesen.
☐ Der Berichtigungsbeschluss vom ▓▓▓ wird aufgehoben.

Zur **Begründung** wird Folgendes ausgeführt:

I.

Mit der angefochtenen Entscheidung vom ▓▓▓ hat das Ausgangsgericht das Urt. v. ▓▓▓ im Verfahren ▓▓▓ dergestalt berichtigt, dass ▓▓▓.

Die Entscheidung ist unzutreffend und im Sinne des vorstehenden Antrags durch das Ausgangsgericht nach § 572 Abs. 1 S. 1 ZPO oder aber das angerufene Beschwerdegericht zu ändern.

---

[156] Soweit Dritte noch am Verfahren beteiligt sind.

§ 18 Das Beschwerderecht

Die Entscheidung ist nach § 319 ZPO ergangen und dementsprechend nach § 319 Abs. 3 ZPO mit der sofortigen Beschwerde angreifbar.

Die angefochtene Entscheidung wurde dem Beschwerdeführer am ▒▒▒▒ zugestellt. Die Notfrist des § 569 Abs. 1 S. 1 ZPO endet damit am ▒▒▒▒ und wird durch den vorliegenden Schriftsatz gewahrt.

II.

Die angefochtene Entscheidung erweist sich im Ergebnis als unzutreffend.

☐ Soweit das Ausgangsgericht ausführt, dass ▒▒▒▒ geht es von falschen tatsächlichen Voraussetzungen aus.
Richtig ist vielmehr, dass ▒▒▒▒.
Glaubhaftmachung: Eidesstattliche Versicherung des Beschwerdeführers vom ▒▒▒▒, anliegend im Original

☐ Die angefochtene Entscheidung beruht auf § 319 ZPO. Danach ist ein Urteil zu berichtigen, soweit es offensichtliche Unrichtigkeiten aufweist.
Soweit das Ausgangsgericht das Urt. v. ▒▒▒▒ dahin gehend berichtigt hat, dass ▒▒▒▒, liegt jedoch eine solche offensichtliche Unrichtigkeit nicht vor, weil ▒▒▒▒.

☐ ▒▒▒▒

III.

Soweit das erkennende Beschwerdegericht der diesseitigen Auffassung nicht zu folgen vermag, wird schon jetzt beantragt,

> die Entscheidung über die Beschwerde nach § 568 S. 2 ZPO auf den Senat zu übertragen

und

> die Rechtsbeschwerde zum Bundesgerichtshof zuzulassen.

Die vom Beschwerdeführer dargelegte Auffassung wird von der Rechtsprechung der Oberlandesgerichte in ▒▒▒▒ geteilt (vgl. ▒▒▒▒ [157]). Soweit das angerufene Gericht dieser Auffassung nicht folgt, ist daher eine Entscheidung des Rechtsbeschwerdegerichts zur Fortbildung des Rechts und Sicherung einer einheitlichen Rechtsprechung erforderlich.

Rechtsanwalt

---

[157] Fundstellen der abweichenden ober- oder höchstrichterlichen Rechtsprechung.

XII. Muster: Sofortige Beschwerde des Zeugen gegen die Auferlegung der Kosten und die Verhängung von Ordnungsmitteln nach § 380 Abs. 3 ZPO

▼

An das
Landgericht/Oberlandesgericht
– Beschwerdekammer/Beschwerdesenat –
in
über das
Amtsgericht/Landgericht[158]
in

Sofortige Beschwerde nach § 380 Abs. 3 ZPO

In dem Rechtsstreit
des

– Kläger –

Verfahrensbevollmächtigte: RAe

gegen

den

– Beklagter –

Verfahrensbevollmächtigte: RAe
zeige ich an, den als Zeugen benannten
Herrn

– Beschwerdeführer –

zu vertreten.

Namens und in Vollmacht des Beschwerdeführers wird gegen die Entscheidung des AG vom , Az: , Beschwerde eingelegt.

Es wird beantragt:

Der Beschluss des vom wird aufgehoben.

Zur **Begründung** wird Folgendes ausgeführt:

I.

Mit der angefochtenen Entscheidung vom hat das Ausgangsgericht dem Beschwerdeführer die durch sein Ausbleiben im Termin zur mündlichen Verhandlung und Beweisaufnahme vom verursachten Kosten auferlegt. Zugleich hat es gegen ihn ein Ordnungsgeld in Höhe von EUR, ersatzweise für den Fall, dass dieses nicht beigetrieben werden kann, Ordnungshaft in Höhe von Tagen verhängt.

---

158 Ausgangsgericht.

§ 18 Das Beschwerderecht

Die Entscheidung ist unzutreffend und im Sinne des vorstehenden Antrags durch das Ausgangsgericht nach § 572 Abs. 1 S. 1 ZPO oder aber das angerufene Beschwerdegericht zu ändern.

Die Entscheidung ist nach § 380 Abs. 1 ZPO ergangen und dementsprechend nach § 380 Abs. 3 ZPO mit der sofortigen Beschwerde angreifbar.

Die angefochtene Entscheidung wurde dem Beschwerdeführer am ▓▓▓▓ zugestellt. Die Notfrist des § 569 Abs. 1 S. 1 ZPO endet damit am ▓▓▓▓ und wird durch den vorliegenden Schriftsatz gewahrt.

Für die Entscheidung über die sofortige Beschwerde ist
☐ nach § 72 GVG das Landgericht berufen. Eine abweichende Fallkonstellation nach § 119 Abs. 1 Nr. 1 GVG liegt nicht vor.
☐ nach § 119 GVG das Oberlandesgericht berufen.
☐ Soweit zunächst der originäre Einzelrichter beim zuständigen Beschwerdegericht nach § 568 ZPO zuständig ist, weil die angefochtene Entscheidung von einem Einzelrichter erlassen wurde, wird gebeten, diese nach § 568 S. 2 ZPO
    ☐ der Kammer
    ☐ dem Senat
vorzulegen, da die Rechtssache
    ☐ besondere Schwierigkeiten tatsächlicher oder rechtlicher Art aufweist,
    ☐ grundsätzliche Bedeutung hat,
was sich daraus ergibt, dass ▓▓▓▓.

II.

Die angefochtene Entscheidung erweist sich im Ergebnis als unzutreffend.

Die angefochtene Entscheidung beruht auf § 380 ZPO. Danach sind einem im Termin zur Beweisaufnahme nicht erschienen Zeugen die durch sein Nichterscheinen entstandenen Kosten aufzuerlegen. Außerdem kann ihm ein Ordnungsgeld ersatzweise Ordnungshaft auferlegt werden. Voraussetzung ist dabei, dass der Zeuge ordnungsgemäß geladen wurde und sein Ausbleiben nicht genügend entschuldigt ist.

Diese Voraussetzungen liegen hier nicht vor, weil ▓▓▓▓
☐ der Beschwerdeführer schon nicht ordnungsgemäß geladen wurde, weil ▓▓▓▓.
☐ der Beschwerdeführer sich
    ☐ rechtzeitig vor dem Termin zur Beweisaufnahme
    ☐ nachträglich
für sein Ausbleiben entschuldigt hat.
Der Beschwerdeführer konnte an dem Termin zur Beweisaufnahme nicht teilnehmen, weil
    ☐ er sich zum Zeitpunkt des Zugangs der Ladung in seinem Erholungsurlaub vom ▓▓▓▓ bis ▓▓▓▓ befunden hat und der Termin bereits durchgeführt war, als er zurückgekehrt ist und die Ladung erhalten hat.
Zur Glaubhaftmachung werden die Buchungsunterlagen in der Anlage in beglaubigter Abschrift beigefügt.
    ☐ er am Terminstage einen schweren Unfall erlitten hat ▓▓▓▓.
Zur Glaubhaftmachung: ▓▓▓▓

☐ es bei der Anreise zum Termin zu einem Unfall gekommen ist, so dass eine rechtzeitige Anreise nicht mehr möglich war, weil ▓▓▓.
Zur Glaubhaftmachung: ▓▓▓

☐ ▓▓▓

☐ Eine rechtzeitige Entschuldigung vor dem Termin war nicht mehr möglich, weil ▓▓▓.
Zur Glaubhaftmachung: ▓▓▓

III.

Soweit das erkennende Beschwerdegericht der diesseitigen Auffassung nicht zu folgen vermag, wird schon jetzt beantragt,

die Rechtsbeschwerde zum Bundesgerichtshof zuzulassen.

Die vom Beschwerdeführer dargelegte Auffassung wird von der Rechtsprechung der Oberlandesgerichte in ▓▓▓ geteilt (vgl. ▓▓▓ [159]). Soweit das angerufene Gericht dieser Auffassung nicht folgt, ist eine Entscheidung des Rechtsbeschwerdegerichts zur Fortbildung des Rechts und Sicherung einer einheitlichen Rechtsprechung erforderlich.

Rechtsanwalt

▲

XIII. Muster: Sofortige Beschwerde nach § 387 Abs. 3 ZPO gegen ein Zwischenurteil über das Bestehen eines Zeugnisverweigerungsrechts

▼

An das
Landgericht/Oberlandesgericht
– Beschwerdekammer/Beschwerdesenat –
in ▓▓▓
über das
Amtsgericht/Landgericht[160]
in ▓▓▓

Sofortige Beschwerde nach § 387 Abs. 3 ZPO

In dem Rechtsstreit
des ▓▓▓

– Kläger –

Verfahrensbevollmächtigte: RAe ▓▓▓
gegen
den ▓▓▓

– Beklagter –

Verfahrensbevollmächtigte: RAe ▓▓▓
zeige ich an, den als Zeugen benannten

---

[159] Fundstellen der abweichenden ober- oder höchstrichterlichen Rechtsprechung.
[160] Ausgangsgericht.

Herrn ▓▓▓▓ – Beschwerdeführer –
zu vertreten.

Namens und in Vollmacht des Beschwerdeführers wird gegen das Zwischenurteil des ▓▓▓▓ vom ▓▓▓▓, Az: ▓▓▓▓, sofortige Beschwerde eingelegt.

Es wird beantragt:

> Unter Abänderung des Zwischenurteils des ▓▓▓▓ vom ▓▓▓▓ wird festgestellt, dass der Beschwerdeführer nach § ▓▓▓▓ berechtigt ist, im Verfahren Az: ▓▓▓▓ bezüglich der Beweisfrage ▓▓▓▓ gemäß dem Beweisbeschluss vom ▓▓▓▓ das Zeugnis nach ▓▓▓▓ zu verweigern.

Zur **Begründung** wird Folgendes ausgeführt

I.

Das angefochtene Zwischenurteil ist unzutreffend und im Sinne des vorstehenden Antrags durch das Ausgangsgericht nach § 572 Abs. 1 S. 1 ZPO oder aber das angerufene Beschwerdegericht zu ändern.

Die Entscheidung ist nach § 387 Abs. 1 ZPO ergangen und dementsprechend nach § 387 Abs. 3 ZPO mit der sofortigen Beschwerde angreifbar.

Die angefochtene Entscheidung wurde dem Beschwerdeführer am ▓▓▓▓ zugestellt. Die Notfrist des § 569 Abs. 1 S. 1 ZPO endet damit am ▓▓▓▓ und wird durch den vorliegenden Schriftsatz gewahrt.

Für die Entscheidung über die sofortige Beschwerde ist
- ☐ nach § 72 GVG das Landgericht berufen. Eine abweichende Fallkonstellation nach § 119 Abs. 1 Nr. 1 GVG liegt nicht vor.
- ☐ nach § 119 GVG das Oberlandesgericht berufen.
- ☐ Soweit zunächst der originäre Einzelrichter beim zuständigen Beschwerdegericht nach § 568 ZPO zuständig ist, weil die angefochtene Entscheidung von einem Einzelrichter erlassen wurde, wird gebeten, diese nach § 568 S. 2 ZPO
  - ☐ der Kammer
  - ☐ dem Senat

  vorzulegen, da die Rechtssache
  - ☐ besondere Schwierigkeiten tatsächlicher oder rechtlicher Art aufweist,
  - ☐ grundsätzliche Bedeutung hat,

  was sich daraus ergibt, dass ▓▓▓▓.

II.

Die angefochtene Entscheidung erweist sich im Ergebnis als unzutreffend.

Die angefochtene Entscheidung beruht auf § 387 ZPO. Danach hatte das Ausgangsgericht durch Zwischenurteil über die Frage zu entscheiden, ob der Beschwerdeführer als Zeuge in dem vorbezeichneten Verfahren berechtigt ist, das Zeugnis nach § ▓▓▓▓ zu verweigern.

Zu Unrecht hat das Ausgangsgericht dem Beschwerdeführer ein Zeugnisverweigerungsrecht verweigert.

Nach § ▓▓▓▓ ZPO kann das Zeugnis verweigert werden, wenn ▓▓▓▓.

Diese Voraussetzungen liegen hier vor, weil ░░░.

Soweit das Ausgangsgericht der Auffassung ist, dass ░░░, ist dies rechtsfehlerhaft, weil ░░░.

Die angefochtene Entscheidung ist damit aufzuheben, und zugleich ist festzustellen, dass der Beschwerdeführer nach § ░░░ ZPO berechtigt ist, sein Zeugnis zu verweigern.

III.

Soweit das erkennende Beschwerdegericht der diesseitigen Auffassung nicht zu folgen vermag, wird schon jetzt beantragt,

> die Rechtsbeschwerde zum Bundesgerichtshof zuzulassen.

Die vom Beschwerdeführer dargelegte Auffassung wird von der Rechtsprechung der Oberlandesgerichte in ░░░ geteilt (vgl. ░░░ [161]). Soweit das angerufene Gericht dieser Auffassung nicht folgt, ist eine Entscheidung des Rechtsbeschwerdegerichts zur Fortbildung des Rechts und Sicherung einer einheitlichen Rechtsprechung erforderlich.

Rechtsanwalt

▲

XIV. Muster: Sofortige Beschwerde des Beweisführers nach § 387 Abs. 3 ZPO gegen ein Zwischenurteil über das Bestehen eines Zeugnisverweigerungsrechts

▼

An das

Landgericht/Oberlandesgericht

– Beschwerdekammer/Beschwerdesenat –

in ░░░

über das

Amtsgericht/Landgericht[162]

in ░░░

Sofortige Beschwerde nach § 387 Abs. 3 ZPO

In dem Rechtsstreit

Kläger ./. Beklagter

Az: ░░░

wird namens und in Vollmacht des

☐ Klägers
☐ Beklagten

gegen das Zwischenurteil des ░░░ vom ░░░, Az: ░░░,

sofortige Beschwerde

eingelegt.

---

[161] Fundstellen der abweichenden ober- oder höchstrichterlichen Rechtsprechung.
[162] Ausgangsgericht.

Es wird beantragt:

> Unter Abänderung des Zwischenurteils des ▢ vom ▢ wird festgestellt, dass der Zeuge ▢ nicht nach § ▢ berechtigt ist, im Verfahren Az: ▢ bezüglich der Beweisfrage ▢ gemäß dem Beweisbeschluss vom ▢ das Zeugnis zu verweigern.

Zur **Begründung** wird Folgendes ausgeführt:

I.

Mit der angefochtenen Entscheidung hat das Ausgangsgericht im Wege des Zwischenurteils festgestellt, dass dem Zeugen ▢ nach § ▢ ZPO im Verfahren ▢ ein Zeugnisverweigerungsrecht zusteht.

Das angefochtene Zwischenurteil ist unzutreffend und im Sinne des vorstehenden Antrags durch das Ausgangsgericht nach § 572 Abs. 1 S. 1 ZPO oder aber das angerufene Beschwerdegericht zu ändern.

Die Entscheidung ist nach § 387 Abs. 1 ZPO ergangen und dementsprechend nach § 387 Abs. 3 ZPO mit der sofortigen Beschwerde angreifbar.

Die angefochtene Entscheidung wurde dem Beschwerdeführer am ▢ zugestellt. Die Notfrist des § 569 Abs. 1 S. 1 ZPO endet damit am ▢ und wird durch den vorliegenden Schriftsatz gewahrt.

Für die Entscheidung über die sofortige Beschwerde ist
- ☐ nach § 72 GVG das Landgericht berufen. Eine abweichende Fallkonstellation nach § 119 Abs. 1 Nr. 1 GVG liegt nicht vor.
- ☐ nach § 119 GVG das Oberlandesgericht berufen.

Soweit zunächst der originäre Einzelrichter beim zuständigen Beschwerdegericht nach § 568 ZPO zuständig ist, weil die angefochtene Entscheidung von einem Einzelrichter erlassen wurde, wird gebeten, diese nach § 568 S. 2 ZPO
- ☐ der Kammer
- ☐ dem Senat

vorzulegen, da die Rechtssache
- ☐ besondere Schwierigkeiten tatsächlicher oder rechtlicher Art aufweist,
- ☐ grundsätzliche Bedeutung hat,

was sich daraus ergibt, dass ▢.

II.

Die angefochtene Entscheidung erweist sich im Ergebnis als unzutreffend.

Die angefochtene Entscheidung beruht auf § 387 ZPO. Danach hatte das Ausgangsgericht durch Zwischenurteil über die Frage zu entscheiden, ob der ▢ als Zeuge in dem Verfahren ▢ berechtigt ist, das Zeugnis nach § ▢ zu verweigern.

Zu Unrecht hat das Ausgangsgericht angenommen, dem Zeugen stehe ein Zeugnisverweigerungsrecht nach § ▢ ZPO zu.

Nach § ▢ ZPO kann das Zeugnis nur verweigert werden, wenn ▢.

Diese Voraussetzungen liegen hier nicht vor, weil ▢.

Soweit das Ausgangsgericht der Auffassung ist, dass ▢, ist dies rechtsfehlerhaft, weil ▢.

Die angefochtene Entscheidung ist damit aufzuheben und zugleich festzustellen, dass der Zeuge ▇▇▇ nicht nach § ▇▇▇ ZPO berechtigt ist, sein Zeugnis zu verweigern.

III.

Soweit das erkennende Beschwerdegericht der diesseitigen Auffassung nicht zu folgen vermag, wird schon jetzt beantragt,

> die Rechtsbeschwerde zum Bundesgerichtshof zuzulassen.

Die vom Beschwerdeführer dargelegte Auffassung wird von der Rechtsprechung der Oberlandesgerichte in ▇▇▇ geteilt (vgl. ▇▇▇ [163]). Soweit das angerufene Gericht dieser Auffassung nicht folgt, ist eine Entscheidung des Rechtsbeschwerdegerichts zur Fortbildung des Rechts und Sicherung einer einheitlichen Rechtsprechung erforderlich.

Rechtsanwalt

▲

▼

XV. Muster: Sofortige Beschwerde gegen die Verpflichtung zur Vorlage eines Augenscheinsobjektes nach §§ 371, 144, 387 Abs. 3 ZPO

18.15

An das

Landgericht/Oberlandesgericht

– Beschwerdekammer/Beschwerdesenat –

in ▇▇▇

über das

Amtsgericht/Landgericht[164]

in ▇▇▇

Sofortige Beschwerde nach §§ 371 Abs. 2, 144, 387 Abs. 3 ZPO

In dem Rechtsstreit

des ▇▇▇

– Kläger –

Verfahrensbevollmächtigte: RAe ▇▇▇

gegen

den ▇▇▇

– Beklagter –

Verfahrensbevollmächtigte: RAe ▇▇▇

zeige ich an, den als Zeugen benannten

Herrn ▇▇▇

– Beschwerdeführer –

zu vertreten.

---

163 Fundstellen der abweichenden ober- oder höchstrichterlichen Rechtsprechung.
164 Ausgangsgericht.

Namens und in Vollmacht des Beschwerdeführers wird gegen das Zwischenurteil des ▨ vom ▨ , Az: ▨ , sofortige Beschwerde eingelegt.

Es wird beantragt:

> Unter Abänderung des Zwischenurteils des ▨ vom ▨ wird festgestellt, dass der Beschwerdeführer nach § ▨ berechtigt ist, im Verfahren Az: ▨ die Vorlage des ▨ als Augenscheinsobjekt gemäß dem Beweisbeschluss vom ▨ zu verweigern.

Zur **Begründung** wird Folgendes ausgeführt:

I.

Das angefochtene Zwischenurteil ist unzutreffend und im Sinne des vorstehenden Antrags durch das Ausgangsgericht nach § 572 Abs. 1 S. 1 ZPO oder aber das angerufene Beschwerdegericht zu ändern.

Die Entscheidung ist nach §§ 371, 144, 387 Abs. 1 ZPO ergangen und dementsprechend nach § 387 Abs. 3 ZPO mit der sofortigen Beschwerde angreifbar.

Die angefochtene Entscheidung wurde dem Beschwerdeführer am ▨ zugestellt. Die Notfrist des § 569 Abs. 1 S. 1 ZPO endet damit am ▨ und wird durch den vorliegenden Schriftsatz gewahrt.

Für die Entscheidung über die sofortige Beschwerde ist

☐ nach § 72 GVG das Landgericht berufen. Eine abweichende Fallkonstellation nach § 119 Abs. 1 Nr. 1 GVG liegt nicht vor.

☐ nach § 119 GVG das Oberlandesgericht berufen.

Soweit zunächst der originäre Einzelrichter beim zuständigen Beschwerdegericht nach § 568 ZPO zuständig ist, weil die angefochtene Entscheidung von einem Einzelrichter erlassen wurde, wird gebeten, diese nach § 568 S. 2 ZPO

☐ der Kammer
☐ dem Senat

vorzulegen, da die Rechtssache

☐ besondere Schwierigkeiten tatsächlicher oder rechtlicher Art aufweist,
☐ grundsätzliche Bedeutung hat,

was sich daraus ergibt, dass ▨ .

Entsprechend den vorstehenden Ausführungen wird sodann beantragt, die Rechtsbeschwerde zuzulassen, soweit nicht im Sinne der diesseitigen Anträge entschieden wird.

II.

Die angefochtene Entscheidung erweist sich im Ergebnis als unzutreffend.

Die angefochtene Entscheidung beruht auf §§ 371, 144, 387 Abs. 1 ZPO. Danach hatte das Ausgangsgericht durch Zwischenurteil über die Frage zu entscheiden, ob der Beschwerdeführer in dem vorbezeichneten Verfahren berechtigt ist, aufgrund eines ihm sonst zustehenden Zeugnisverweigerungsrechts nach § ▨ die Herausgabe des ▨ als Augenscheinsobjekt zu verweigern.

Zu Unrecht hat das Ausgangsgericht dem Beschwerdeführer ein Zeugnisverweigerungsrecht verweigert.

Nach § ▨ ZPO kann das Zeugnis verweigert werden, wenn ▨ .

Diese Voraussetzungen liegen hier vor, weil ▨ .

Soweit das Ausgangsgericht der Ausfassung ist, dass ▨ , ist dies rechtsfehlerhaft, weil ▨ .

Die angefochtene Entscheidung ist damit aufzuheben und zugleich festzustellen, dass der Beschwerdeführer nach § ▨ ZPO berechtigt ist, sein Zeugnis zu verweigern.

III.

Soweit das erkennende Beschwerdegericht der diesseitigen Auffassung nicht zu folgen vermag, wird schon jetzt beantragt,

> die Rechtsbeschwerde zum Bundesgerichtshof zuzulassen.

Die vom Beschwerdeführer dargelegte Auffassung wird von der Rechtsprechung der Oberlandesgerichte in ▨ geteilt (vgl. ▨ [165]). Soweit das angerufene Gericht dieser Auffassung nicht folgt, ist eine Entscheidung des Rechtsbeschwerdegerichts zur Fortbildung des Rechts und Sicherung einer einheitlichen Rechtsprechung erforderlich.

Rechtsanwalt

XVI. Muster: Sofortige Beschwerde gegen die Zurückweisung des Antrags auf Ablehnung eines Sachverständigen nach § 406 Abs. 5 ZPO

An das

Landgericht/Oberlandesgericht
– Beschwerdekammer/Beschwerdesenat –

in ▨

über das

Amtsgericht/Landgericht[166]

in ▨

Sofortige Beschwerde nach §§ 406 Abs. 5, 567 ff. ZPO

In dem Rechtsstreit

Kläger ./. Beklagter

Az: ▨

wird namens und in Vollmacht des

☐ Klägers
☐ Beklagten

gegen die Entscheidung des AG vom ▨ , Az: ▨ , sofortige Beschwerde eingelegt.

---

[165] Fundstellen der abweichenden ober- oder höchstrichterlichen Rechtsprechung.
[166] Ausgangsgericht.

§ 18 Das Beschwerderecht

Es wird beantragt:

Unter Abänderung des angefochtenen Beschlusses des ▬▬ vom ▬▬ wird das Ablehnungsgesuch gegen den Sachverständigen ▬▬ wegen der Besorgnis der Befangenheit für begründet erklärt.

Zur **Begründung** wird Folgendes ausgeführt:

I.

Mit der angefochtenen Entscheidung vom ▬▬ hat das Ausgangsgericht die Ablehnung des Sachverständigen durch den Beschwerdeführer mit Schriftsatz vom ▬▬ zurückgewiesen.

Die Entscheidung ist unzutreffend und im Sinne des vorstehenden Antrags durch das Ausgangsgericht nach § 572 Abs. 1 S. 1 ZPO oder aber das angerufene Beschwerdegericht zu ändern.

Die Entscheidung ist nach §§ 406 Abs. 1, 42 ZPO ergangen und dementsprechend nach § 406 Abs. 5 ZPO mit der sofortigen Beschwerde angreifbar.

Die angefochtene Entscheidung wurde dem Beschwerdeführer am ▬▬ zugestellt. Die Notfrist des § 569 Abs. 1 S. 1 ZPO endet damit am ▬▬ und wird durch den vorliegenden Schriftsatz gewahrt.

Für die Entscheidung über die sofortige Beschwerde ist
☐ nach § 72 GVG das Landgericht berufen. Eine abweichende Fallkonstellation nach § 119 Abs. 1 Nr. 1 GVG liegt nicht vor.
☐ nach § 119 GVG das Oberlandesgericht berufen.

Soweit zunächst der originäre Einzelrichter beim zuständigen Beschwerdegericht nach § 568 ZPO zuständig ist, weil die angefochtene Entscheidung von einem Einzelrichter erlassen wurde, wird gebeten, diese nach § 568 S. 2 ZPO
☐ der Kammer
☐ dem Senat

vorzulegen, da die Rechtssache
☐ besondere Schwierigkeiten tatsächlicher oder rechtlicher Art aufweist,
☐ grundsätzliche Bedeutung hat,

was sich daraus ergibt, dass ▬▬.

Entsprechend den vorstehenden Ausführungen wird sodann beantragt, die Rechtsbeschwerde zuzulassen, soweit nicht im Sinne der diesseitigen Anträge entschieden wird.

II.

Die angefochtene Entscheidung erweist sich im Ergebnis als unzutreffend.

Die angefochtene Entscheidung beruht auf § 406 Abs. 1 ZPO. Danach kann der Sachverständige aus denselben Gründen abgelehnt werden wie ein Richter. Aufgrund dieser Verweisung auf § 42 ZPO kann der Sachverständige deshalb wegen der Besorgnis der Befangenheit abgelehnt werden.

Gegen den durch das Ausgangsgericht mit Beschl. v. ▬▬ bestellten Sachverständigen besteht die Besorgnis der Befangenheit, weil
☐ er eine besondere Nähe zu dem Prozessgegner aufgrund persönlicher und wirtschaftlicher Beziehungen aufweist, nämlich ▬▬.

- ☐ er bereits als Privatgutachter in derselben Sache tätig war, nämlich ▁▁▁.
- ☐ er allein den Prozessgegner zu dem Ortstermin hinzugezogen hat (OLG München NJW-RR 1988, 1687).
- ☐ er im Konkurrenzverhältnis zu dem Beschwerdeführer steht, weil ▁▁▁.
- ☐ er geschäftliche Beziehungen zum Prozessgegner unterhält (BGH NJW-RR 1987, 893), nämlich ▁▁▁.
- ☐ der Sachverständige sich während des bisherigen Verfahrens so verhalten hat, dass hierin ein besonderes Wohlwollen gegenüber dem Prozessgegner bzw. ein unsachliches Missfallen bezüglich des Beschwerdeführers zum Ausdruck kommt (BGH NJW 1981, 2009). Im Einzelnen ergibt sich dies daraus, dass ▁▁▁.
- ☐ ▁▁▁

Zur Glaubhaftmachung: ▁▁▁.

III.

Soweit das erkennende Beschwerdegericht der diesseitigen Auffassung nicht zu folgen vermag, wird schon jetzt beantragt,
- ☐ die Rechtsbeschwerde zum Bundesgerichtshof zuzulassen.

Die vom Beschwerdeführer dargelegte Auffassung wird von der ober- und höchstrichterlichen Rechtsprechung geteilt (vgl. ▁▁▁ [167]). Soweit das angerufene Gericht dieser Auffassung nicht folgt, ist eine Entscheidung des Rechtsbeschwerdegerichts zur Fortbildung des Rechts und Sicherung einer einheitlichen Rechtsprechung erforderlich.

Rechtsanwalt

XVII. Muster: Sofortige Beschwerde des Sachverständigen gegen die Auferlegung eines Ordnungsgeldes nach §§ 411 Abs. 2 S. 4, 409 Abs. 2 ZPO

▼

An das

Landgericht/Oberlandesgericht

– Beschwerdekammer/Beschwerdesenat –

in ▁▁▁

über das

Amtsgericht/Landgericht[168]

in ▁▁▁

Sofortige Beschwerde nach §§ 411 Abs. 2 S. 4, 409 Abs. 2, 567 ff. ZPO

In dem Rechtsstreit

des ▁▁▁

– Kläger –

Verfahrensbevollmächtigte: RAe ▁▁▁

---

[167] Fundstellen der abweichenden ober- oder höchstrichterlichen Rechtsprechung.
[168] Ausgangsgericht.

§ 18 Das Beschwerderecht

gegen
den ▆▆▆▆▆
– Beklagter –
Verfahrensbevollmächtigte: RAe ▆▆▆▆▆
zeige ich an, den als Sachverständigen bestellten
Herrn ▆▆▆▆▆
– Beschwerdeführer –
zu vertreten.

Namens und in Vollmacht des Beschwerdeführers wird gegen die Entscheidung des AG vom ▆▆▆, Az: ▆▆▆, Beschwerde eingelegt.

Es wird beantragt,

    den Beschluss des ▆▆▆ vom ▆▆▆ aufzuheben.

Zur **Begründung** wird Folgendes ausgeführt:

I.

Mit der angefochtenen Entscheidung vom hat das Ausgangsgericht dem Beschwerdeführer die durch die bisher unterbliebene Erstattung des mit Beweisbeschluss vom ▆▆▆ angeordneten Gutachtens verursachten Kosten auferlegt. Zugleich hat es gegen ihn ein Ordnungsgeld in Höhe von ▆▆▆ EUR festgesetzt.

Die Entscheidung ist unzutreffend und im Sinne des vorstehenden Antrags durch das Ausgangsgericht nach § 572 Abs. 1 S. 1 ZPO oder aber das angerufene Beschwerdegericht zu ändern.

Die Entscheidung ist nach § 409 Abs. 1 ZPO ergangen und dementsprechend nach § 409 Abs. 2 ZPO mit der sofortigen Beschwerde angreifbar.

Die angefochtene Entscheidung wurde dem Beschwerdeführer am ▆▆▆ zugestellt. Die Notfrist des § 569 Abs. 1 S. 1 ZPO endet damit am ▆▆▆ und wird durch den vorliegenden Schriftsatz gewahrt.

Für die Entscheidung über die sofortige Beschwerde ist
☐ nach § 72 GVG das Landgericht berufen. Eine abweichende Fallkonstellation nach § 119 Abs. 1 Nr. 1 GVG liegt nicht vor.
☐ nach § 119 GVG das Oberlandesgericht berufen.

Soweit zunächst der originäre Einzelrichter beim zuständigen Beschwerdegericht nach § 568 ZPO zuständig ist, weil die angefochtene Entscheidung von einem Einzelrichter erlassen wurde, wird gebeten, diese nach § 568 S. 2 ZPO
☐ der Kammer
☐ dem Senat
vorzulegen, da die Rechtssache
☐ besondere Schwierigkeiten tatsächlicher oder rechtlicher Art aufweist,
☐ grundsätzliche Bedeutung hat,
was sich daraus ergibt, dass ▆▆▆.

II.

Die angefochtene Entscheidung erweist sich im Ergebnis als unzutreffend.

Die angefochtene Entscheidung beruht auf § 411 Abs. 2 ZPO. Danach kann gegen den Sachverständigen ein Ordnungsgeld festgesetzt werden.

Voraussetzung ist dabei, dass der Gutachter zur Erstattung des Gutachtens verpflichtet ist, ihm Fristen zur Gutachtenerstellung und eine Nachfrist unter Androhung eines Ordnungsgeldes gesetzt wurden, er gleichwohl das Gutachten vorwerfbar nicht vorgelegt hat.

Diese Voraussetzungen liegen hier nicht vor, weil ▨.
- ☐ der Beschwerdeführer schon nicht verpflichtet war, das Gutachten zu erstellen, weil ▨.
- ☐ dem Gutachter wirksam keine Frist zur Erstellung des Gutachtens gestellt wurde, weil ▨.
- ☐ dem Gutachter keine angemessene Nachfrist unter Androhung eines Ordnungsgeldes gesetzt wurde, weil ▨.
- ☐ die nicht fristgerechte Erstellung des Gutachtens nicht von dem Beschwerdeführer zu vertreten ist, weil ▨.

Zur Glaubhaftmachung: ▨.

III.

Soweit das erkennende Beschwerdegericht der diesseitigen Auffassung nicht zu folgen vermag, wird schon jetzt beantragt,
- ☐ die Rechtsbeschwerde zum Bundesgerichtshof zuzulassen.

Die vom Beschwerdeführer dargelegte Auffassung, wonach in der vorliegenden Fallkonstellation eine Festsetzung eines Ordnungsgeldes nicht möglich ist, wird von der Rechtsprechung der Oberlandesgerichte in ▨ geteilt (vgl. ▨ [169]). Soweit das angerufene Gericht dieser Auffassung nicht folgt, ist eine Entscheidung des Rechtsbeschwerdegerichts zur Fortbildung des Rechts und Sicherung einer einheitlichen Rechtsprechung erforderlich.

Rechtsanwalt

▲

XVIII. Muster: Isolierter Antrag auf Übertragung der Beschwerdeentscheidung auf die Kammer oder den Senat nach § 568 S. 2 ZPO

▼

An das
- ☐ Landgericht – Beschwerdekammer –
- ☐ Oberlandesgericht – Beschwerdesenat –

in ▨

In der Beschwerdesache

▨ ./. ▨

Az: ▨ T

ist zunächst der originäre Einzelrichter beim zuständigen Beschwerdegericht nach § 568 ZPO zuständig, weil die angefochtene Entscheidung von einem

---

[169] Fundstellen der abweichenden ober- oder höchstrichterlichen Rechtsprechung.

☐ Einzelrichter
☐ Rechtspfleger

erlassen wurde. Es wird jedoch gebeten, diese Entscheidung über die sofortige Beschwerde nach § 568 S. 2 ZPO

☐ der Kammer
☐ dem Senat

vorzulegen, da die Rechtssache

☐ besondere Schwierigkeiten tatsächlicher oder rechtlicher Art aufweist,
☐ grundsätzliche Bedeutung hat,

was sich daraus ergibt, dass ▨.

Entsprechend den vorstehenden Ausführungen wird sodann beantragt, die Rechtsbeschwerde zuzulassen, soweit nicht im Sinne der diesseitigen Anträge entschieden wird. Eine solche Zulassung der Rechtsbeschwerde durch den Einzelrichter ist nicht möglich (BGH NJW 2003, 1254 = MDR 2003, 588; BGH, Beschl. v. 7.4.2003 – VII ZB 17/02 = BGHReport 2003, 9001 = MDR 2003, 949; BGH WuM 2008, 159).

Rechtsanwalt

▲

XIX. Muster: Isolierter Antrag auf Aussetzung der Vollziehung der angefochtenen Entscheidung nach § 570 Abs. 2 ZPO

▼

273   An das
☐ Amtsgericht
☐ Landgericht

in ▨

Antrag auf Aussetzung der Vollziehung nach § 570 Abs. 2 ZPO

In der ▨sache

des ▨

– Beschwerdeführer –

Verfahrensbevollmächtigte: RAe ▨

gegen

den ▨

– Beschwerdegegner –

Verfahrensbevollmächtigte: RAe ▨

an der weiter beteiligt ist: ▨ [170]

wird hiermit namens und in Vollmacht des Beschwerdeführers beantragt:

> Die Vollziehung des Beschlusses des angerufenen Gerichts vom ▨ wird bis zur rechtskräftigen Entscheidung über die Beschwerde ausgesetzt.

---

[170] Soweit Dritte noch am Verfahren beteiligt sind.

Zur **Begründung** wird Folgendes ausgeführt:

Der Beschwerdeführer hat gegen die Entscheidung des angerufenen Gerichts vom ▓▓▓▓, Az: ▓▓▓▓, sofortige Beschwerde eingelegt.

Es ist bisher weder über die Abhilfe nach § 572 Abs. 1 S. 1 ZPO noch vom Beschwerdegericht über die sofortige Beschwerde entschieden.

Die sofortige Beschwerde hat nach § 570 Abs. 1 ZPO keine aufschiebende Wirkung, da es sich nicht um die Festsetzung eines Ordnungs- oder Zwangsmittels handelt.

Die Vollziehung der Beschwerde würde für den Beschwerdeführer besondere Nachteile mit sich bringen, weil ▓▓▓▓.

Aus diesem Grunde wird gebeten, antragsgemäß die Vollziehung des angefochtenen Beschlusses bis zum rechtskräftigen Abschluss des Beschwerdeverfahrens auszusetzen.

Rechtsanwalt

▲

XX. Muster: Antrag auf Erlass einer einstweiligen Anordnung nach § 570 Abs. 3 ZPO

▼

An das
☐ Landgericht
☐ Oberlandesgericht

in ▓▓▓▓

Antrag auf Erlass einer einstweiligen Anordnung nach § 570 Abs. 3 ZPO

In der ▓▓▓▓ sache

des ▓▓▓▓

– Beschwerdeführer –

Verfahrensbevollmächtigte: RAe ▓▓▓▓

gegen

den ▓▓▓▓

– Beschwerdegegner –

Verfahrensbevollmächtigte: RAe ▓▓▓▓

an der weiter beteiligt ist: ▓▓▓▓[171]

wird hiermit namens und in Vollmacht des Beschwerdeführers beantragt,

> im Wege der einstweiligen Verfügung anzuordnen, dass die Vollziehung der angefochtenen Entscheidung des ▓▓▓▓ vom ▓▓▓▓, Az: ▓▓▓▓, bis zum rechtskräftigen Abschluss des Beschwerdeverfahrens ausgesetzt wird.

Zur **Begründung** wird Folgendes ausgeführt:

Der Beschwerdeführer hat gegen die Entscheidung des ▓▓▓▓ vom ▓▓▓▓, Az: ▓▓▓▓, sofortige Beschwerde eingelegt.

---

[171] Soweit Dritte noch am Verfahren beteiligt sind.

§ 18 Das Beschwerderecht

☐ Es ist bisher weder über die Abhilfe nach § 572 Abs. 1 S. 1 ZPO noch vom angerufenen Beschwerdegericht über die sofortige Beschwerde entschieden worden.

☐ Das Ausgangsgericht hat es abgelehnt, der sofortigen Beschwerde abzuhelfen, und hat diese nach der hier vorliegenden Abgabenachricht dem angerufenen Beschwerdegericht vorgelegt.

Die sofortige Beschwerde hat nach § 570 Abs. 1 ZPO keine aufschiebende Wirkung, da es sich nicht um die Festsetzung eines Ordnungs- oder Zwangsmittels handelt.

Die Vollziehung der Beschwerde würde für den Beschwerdeführer besondere Nachteile mit sich bringen, weil ▬▬▬.

☐ Das Ausgangsgericht hat eine Aussetzung der Vollziehung der angefochtenen Entscheidung abgelehnt, weil ▬▬▬.

Diese Begründung vermag nicht zu bezeugen, weil ▬▬▬.

Aus diesem Grunde wird gebeten, antragsgemäß die Vollziehung des angefochtenen Beschlusses bis zum rechtskräftigen Abschluss des Beschwerdeverfahrens nach § 570 Abs. 3 ZPO auszusetzen.

☐ Das Beschwerdegericht kann nach § 570 Abs. 3 ZPO vor der Entscheidung über die Beschwerde eine einstweilige Anordnung erlassen, insbesondere die Vollziehung der angefochtenen Entscheidung aussetzen. Hierum wird gebeten.

Rechtsanwalt

▲

XXI. Muster: Sofortige Beschwerde bei Vorliegen eines Nichtigkeits- oder Restitutionsgrundes

18.21

▼

275 An das

Landgericht

– Beschwerdekammer –

in ▬▬▬

über das

Amtsgericht[172]

in ▬▬▬

Sofortige Beschwerde nach ▬▬▬

In der ▬▬▬sache

des ▬▬▬

– Beschwerdeführer –

Verfahrensbevollmächtigte: RAe ▬▬▬

gegen

den ▬▬▬

– Beschwerdegegner –

Verfahrensbevollmächtigte: RAe ▬▬▬

---

172 Ausgangsgericht.

an der weiter beteiligt ist: ▓▓▓▓▓[173]

wird hiermit namens und in Vollmacht des Beschwerdeführers gegen die Entscheidung des AG vom ▓▓▓▓▓, Az: ▓▓▓▓▓, Beschwerde eingelegt.

Es wird beantragt:

Unter Abänderung der angefochtenen Entscheidung wird ▓▓▓▓▓.

Zur **Begründung** wird Folgendes ausgeführt:

I.

Mit der angefochtenen Entscheidung vom ▓▓▓▓▓ hat das Ausgangsgericht beschlossen, dass ▓▓▓▓▓.

Die Entscheidung ist unzutreffend und im Sinne des vorstehenden Antrags durch das Ausgangsgericht nach § 572 Abs. 1 S. 1 ZPO oder aber das angerufene Beschwerdegericht zu ändern.

Die Entscheidung ist nach § ▓▓▓▓▓ ZPO ergangen und dementsprechend nach § ▓▓▓▓▓ ZPO mit der sofortigen Beschwerde angreifbar.

Die angefochtene Entscheidung wurde dem Beschwerdeführer am ▓▓▓▓▓ zugestellt. Die Notfrist des § 569 Abs. 1 S. 1 ZPO endete damit am ▓▓▓▓▓ und ist insoweit beim Zugang dieses Schriftsatzes bereits abgelaufen. Die Beschwerde ist jedoch nach § 569 Abs. 1 S. 3 i.V.m. § 586 Abs. 1 und 2 ZPO fristgerecht.

☐ Im Hinblick auf die anzufechtende Entscheidung liegt der Nichtigkeitsgrund nach §§ 569 Abs. 1 S. 3, 579 Nr. ▓▓▓▓▓ ZPO vor. Wie sich nunmehr herausgestellt hat,
　☐ war das erkennende Gericht nicht vorschriftsmäßig besetzt, weil ▓▓▓▓▓.
　　Die Nichtigkeit konnte nicht durch Rechtsmittel geltend gemacht werden, da dem Beschwerdeführer in der Rechtsmittelfrist nicht bekannt war, dass ▓▓▓▓▓.
　☐ hat ein Richter bei der Entscheidung mitgewirkt, der von der Ausübung des Richteramts ausgeschlossen war, nämlich ▓▓▓▓▓. Der Ablehnungsgrund ist mangels Kenntnis hiervon weder mit einem Ablehnungsgesuch noch mit einem Rechtsmittel geltend gemacht worden.
　☐ hat an der Entscheidung ein Richter mitgewirkt, nämlich ▓▓▓▓▓, obwohl er zuvor wegen Besorgnis der Befangenheit abgelehnt und dieses Gesuch auch für begründet erklärt worden war.
　　Beweis: Beschluss des ▓▓▓▓▓ vom ▓▓▓▓▓ über das Ablehnungsgesuch vom ▓▓▓▓▓, in der Anlage in beglaubigter Abschrift.
　　Die Nichtigkeit konnte nicht durch Rechtsmittel geltend gemacht werden, da dem Beschwerdeführer in der Rechtsmittelfrist nicht bekannt war, dass der begründet abgelehnte Richter gleichwohl an der Beratung teilgenommen hat.
　☐ war der Beschwerdeführer in dem Ausgangsverfahren nicht nach den Vorschriften dieses Gesetzes vertreten, weil ▓▓▓▓▓.
☐ Im Hinblick auf die anzufechtende Entscheidung liegt ein Restitutionsgrund nach §§ 569 Abs. 1 S. 3, 580 ZPO vor. Es hat sich zwischenzeitlich herausgestellt, dass
　☐ der Gegner sich durch Beeidigung einer Aussage, auf die das Urteil gegründet ist, einer vorsätzlichen oder fahrlässigen Verletzung der Eidespflicht schuldig gemacht hat.

---

[173] Soweit Dritte noch am Verfahren beteiligt sind.

- ☐ eine Urkunde, auf die die Ausgangsentscheidung gegründet ist, fälschlich angefertigt oder verfälscht war.
- ☐ bei einem Zeugnis oder Gutachten, auf welches die anzufechtende Entscheidung gegründet ist, der Zeuge oder Sachverständige sich einer strafbaren Verletzung der Wahrheitspflicht schuldig gemacht hat.
- ☐ die Ausgangsentscheidung von dem Vertreter des Beschwerdeführers oder von dem Gegner oder dessen Vertreter durch eine in Beziehung auf den Rechtsstreit verübte Straftat erwirkt ist;
- ☐ ein Richter bei der Ausgangsentscheidung mitgewirkt hat, der sich in Bezug auf den Rechtsstreit einer strafbaren Verletzung seiner Amtspflichten gegen die Partei schuldig gemacht hat.
- ☐ das Urteil eines ordentlichen Gerichts, eines früheren Sondergerichts oder eines Verwaltungsgerichts, auf welches die Ausgangsentscheidung gegründet ist, durch ein anderes rechtskräftiges Urteil aufgehoben ist.
- ☐ die Partei
  1. ein in derselben Sache erlassenes, früher rechtskräftig gewordenes Urteil oder
  2. eine andere Urkunde aufgefunden hat oder zu benutzen in den Stand gesetzt wurde, die eine ihr günstigere Entscheidung herbeigeführt haben würde.
- ☐ Hinsichtlich des dargestellten Restitutionsgrundes ist gem. § 581 ZPO
  - ☐ inzwischen das in der Anlage beigefügte rechtskräftige Strafurteil ergangen.
  - ☐ die Einleitung bzw. Durchführung des Ermittlungsverfahrens aus einem anderen Grund als dem Mangel an Beweisen, nämlich ▊▊▊, unterblieben.

Der vorbezeichnete
- ☐ Nichtigkeitsgrund
- ☐ Restitutionsgrund

ist dem Beschwerdeführer am ▊▊▊ bekannt geworden, so dass die Notfrist von einem Monat nach §§ 569 Abs. 1 S. 3, 586 ZPO mit dem vorliegenden Schriftsatz der sofortigen Beschwerde gewahrt ist. Seit dem Ablauf der Frist der sofortigen Beschwerde nach § 569 Abs. 1 S. 1 ZPO sind auch nicht mehr als fünf Jahre vergangen.

Für die Entscheidung über die sofortige Beschwerde ist nach § 72 GVG das Landgericht berufen. Eine abweichende Fallkonstellation nach § 119 Abs. 1 Nr. 1 GVG liegt nicht vor.

II.

Die angefochtene Entscheidung erweist sich im Ergebnis als unzutreffend.

- ☐ Soweit das Ausgangsgericht ausführt, dass ▊▊▊, geht es von falschen tatsächlichen Voraussetzungen aus.
  Richtig ist vielmehr, dass ▊▊▊.
    Glaubhaftmachung: Eidesstattliche Versicherung des Beschwerdeführers vom ▊▊▊, anliegend im Original.
- ☐ Die angefochtene Entscheidung beruht auf § ▊▊▊ ZPO. Danach ist ▊▊▊, wenn ▊▊▊. Diese Voraussetzungen liegen hier nicht vor, weil ▊▊▊.
- ☐ ▊▊▊

III.

Soweit das erkennende Beschwerdegericht der diesseitigen Auffassung nicht zu folgen vermag, wird schon jetzt beantragt,

die Rechtsbeschwerde zum Bundesgerichtshof zuzulassen.

Die vom Beschwerdeführer dargelegte Auffassung wird von der Rechtsprechung der Oberlandesgerichte in   geteilt (vgl.   [174]). Soweit das angerufene Gericht dieser Auffassung nicht folgt, ist eine Entscheidung des Rechtsbeschwerdegerichts zur Fortbildung des Rechts und Sicherung einer einheitlichen Rechtsprechung erforderlich.

Rechtsanwalt

XXII. Muster: Beschwerde im Prozesskostenhilfeverfahren

An das
☐ Landgericht
☐ Oberlandesgericht

in

über das
☐ Amtsgericht[175]
☐ Landgericht[176]

in

Sofortige Beschwerde gem. § 127 Abs. 2 ZPO

In dem Rechtsstreit

Kläger ./. Beklagter

Az:

wird gegen die Entscheidung des   vom   Beschwerde eingelegt.
Es wird beantragt,

unter Abänderung der angefochtenen Entscheidung dem diesseitigen Antrag vom   zu entsprechen und dem

☐ Kläger
☐ Beklagten

Prozesskostenhilfe ohne, hilfsweise mit Ratenzahlung, zu bewilligen und ihm den Unterzeichner als Rechtsanwalt, hilfsweise zu den Bedingungen eines ortsansässigen Kollegen, beizuordnen.

---

[174] Fundstellen der abweichenden ober- oder höchstrichterlichen Rechtsprechung.
[175] Ausgangsgericht.
[176] Ausgangsgericht.

§ 18 Das Beschwerderecht

Zur **Begründung** wird Folgendes ausgeführt:

I.

Mit der angefochtenen Entscheidung vom ▨ hat das Ausgangsgericht die Gewährung von Prozesskostenhilfe mit der Begründung abgelehnt, dass ▨.

Gegen diese am ▨ zugestellte Entscheidung richtet sich die vorliegende sofortige Beschwerde.

Soweit zunächst der originäre Einzelrichter beim zuständigen Beschwerdegericht nach § 568 ZPO zuständig ist, weil die angefochtene Entscheidung von einem
- ☐ Einzelrichter
- ☐ Rechtspfleger

erlassen wurde, wird gebeten, diese nach § 568 S. 2 ZPO
- ☐ der Kammer
- ☐ dem Senat

vorzulegen, da die Rechtssache
- ☐ besondere Schwierigkeiten tatsächlicher oder rechtlicher Art aufweist,
- ☐ grundsätzliche Bedeutung hat,

was sich daraus ergibt, dass ▨.

Entsprechend den vorstehenden Ausführungen wird sodann beantragt,

> die Rechtsbeschwerde zuzulassen, soweit nicht im Sinne der diesseitigen Anträge entschieden wird.

II.

Die angefochtene Entscheidung ist aus folgenden Gründen fehlerhaft: ▨.
- ☐ Die Rechtsverfolgung
- ☐ Die Rechtsverteidigung

bietet hinreichende Aussicht auf Erfolg und ist auch nicht mutwillig. Die Darlegungen des Antragstellers sind schlüssig bzw. erheblich und unter Beweis gestellt. Ohne Beweisaufnahme kann über den Rechtsstreit nicht entschieden werden. Im Einzelnen ist Folgendes zu berücksichtigen: ▨.
- ☐ Das Gericht geht zu Unrecht davon aus, dass der Antragsteller aufgrund seiner persönlichen und wirtschaftlichen Verhältnisse in der Lage wäre, die Prozesskosten zu tragen. Zu den Ansätzen des Gerichts ist Folgendes zu bemerken: ▨.

Es wird gebeten, der Beschwerde durch die Aufhebung der angefochtenen Entscheidung nach § 572 Abs. 1 ZPO abzuhelfen. Anderenfalls wird gebeten, die sofortige Beschwerde dem Beschwerdegericht vorzulegen und die Nichtabhilfegründe mitzuteilen.

Rechtsanwalt

▲

XXIII. Muster: Anschreiben an einen beim BGH zugelassenen Rechtsanwalt zur Einlegung der Rechtsbeschwerde

▼

Herrn

Rechtsanwalt

in

vorab per Fax-Nr.:

Rechtssache

        [Beschwerdeführer] ./.   [Beschwerdegegner]

Hier: Beauftragung zur Einlegung einer Rechtsbeschwerde

Sehr geehrter Herr Kollege   ,

der Unterzeichner vertritt   in einer   sache. Innerhalb des Verfahrens ist es nunmehr notwendig, eine Rechtsbeschwerde zum BGH gegen die Entscheidung des   gerichts vom   im Verfahren   zu erheben.

Namens und im Auftrag meines Mandanten darf ich Ihnen hiermit den Auftrag zur Erhebung der Rechtsbeschwerde erteilen. Eine von meinem Mandanten unterzeichnete Vollmachtsurkunde füge ich bei.

Ich darf Sie um unverzügliche Bestätigung der Mandatsübernahme bitten.

Die in der Anlage beigefügte Beschwerdeentscheidung des   vom   wurde dem Unterzeichner per Empfangsbekenntnis am   zugestellt. Die Rechtsbeschwerdefrist nach § 575 Abs. 1 S. 1 ZPO endet damit am   .

☐ Die Rechtsbeschwerde ist kraft Gesetzes nach § 574 Abs. 1 Nr. 1 ZPO i.V.m. §   statthaft.

    ☐ Die Rechtsbeschwerde hat grundsätzliche Bedeutung, was sich daraus ergibt, dass   .

    ☐ Eine Entscheidung des Rechtsbeschwerdegerichts ist zur Fortbildung des Rechts erforderlich, weil   .

    ☐ Eine Entscheidung des Rechtsbeschwerdegerichts ist zur Sicherung einer einheitlichen Rechtsprechung erforderlich, weil   .

☐ Die Rechtsbeschwerde wurde in dem anzufechtenden Beschl. v. Beschwerdegericht im Sinne des § 574 Abs. 1 Nr. 2 ZPO zugelassen. Der anzufechtende Beschluss ist auch nicht kraft Gesetzes unanfechtbar, so dass auch keine rechtsirrige Zulassung vorliegt (BGH NJW 2003, 70; 2003, 211; 2002, 3554).

Ungeachtet der vorstehenden Ausführungen wird die dortige Prüfung der Zulässigkeit und der hinreichenden Aussicht auf Erfolg vom Mandanten gewünscht.

Wegen des Sachverhalts im Einzelnen darf ich auf meine in der Anlage beigefügten Handakten verweisen.

Rechtsanwalt

▲

XXIV. Muster: Befristete Beschwerde gegen eine amtsgerichtliche Endentscheidung nach §§ 58 ff. FamFG – Grundmuster

▼

An das

Amtsgericht

in ▨

Befristete Beschwerde nach §§ 58 ff. FamFG

In der ▨sache

des ▨

— Beschwerdeführer —

Verfahrensbevollmächtigte: RAe ▨

gegen

den ▨

— Beschwerdegegner —

Verfahrensbevollmächtigte: RAe ▨

an der weiter beteiligt ist: ▨ [177]

wird hiermit namens und in Vollmacht des Beschwerdeführers gegen die Entscheidung des AG vom ▨, Az: ▨, befristete Beschwerde nach §§ 58 ff. FamFG eingelegt. Es wird beantragt:

Unter Abänderung der angefochtenen Entscheidung wird ▨.

Zur Begründung wird Folgendes ausgeführt:

I.

Mit der angefochtenen Entscheidung vom ▨ hat das Ausgangsgericht beschlossen, dass ▨.

Die Entscheidung ist unzutreffend und im Sinne des vorstehenden Antrags durch das Ausgangsgericht nach § 68 Abs. 1 FamFG oder aber das Beschwerdegericht zu ändern.

> Bei der angefochtenen Entscheidung handelt es sich um eine Endentscheidung im Sinne der §§ 58 Abs. 1, 17 FamFG, die mit der befristeten Beschwerde angreifbar ist. Der Beschwerdeführer ist durch den Beschluss in seinen Rechten beeinträchtigt, weil ▨.

> Bei der angefochtenen Entscheidung handelt es sich um eine Endentscheidung im Sinne der §§ 58 Abs. 1, 17 FamFG, die mit der befristeten Beschwerde angreifbar ist. Die angefochtene Entscheidung ergeht nur auf Antrag, den der Beschwerdeführer am ▨ gestellt hat. Da der Antrag des Beschwerdeführers zurückgewiesen wurde, ergibt sich seine Beschwerdeberechtigung aus § 59 Abs. 2 FamFG.

---

[177] Soweit Dritte noch am Verfahren beteiligt sind.

Die angefochtene Entscheidung wurde dem Beschwerdeführer am ▓▓▓ bekannt gemacht. Die gesetzliche Frist des § 63 Abs. 1 FamFG endet damit am ▓▓▓ und wird durch den vorliegenden Schriftsatz gewahrt.

Für die Entscheidung über die sofortige Beschwerde ist nach § 119 GVG das Oberlandesgericht berufen.

> Soweit der befristeten Beschwerde nicht abgeholfen wird, wird das Beschwerdegericht gebeten, davon abzusehen, die Sache einem seiner Mitglieder als Einzelrichter zu übertragen, da die Rechtssache
> - ☐ grundsätzliche Bedeutung hat,
> - ☐ die Fortbildung des Rechtes eine Entscheidung des Beschwerdegerichtes erfordert,
> - ☐ die Sicherung einer einheitlichen Rechtsprechung eine Entscheidung des Beschwerdegerichtes erfordert,
>
> was sich daraus ergibt, dass ▓▓▓.

II.
Die angefochtene Entscheidung erweist sich im Ergebnis als unzutreffend.
- ☐ Soweit das Ausgangsgericht ausführt, dass ▓▓▓, geht es von falschen tatsächlichen Voraussetzungen aus.
Richtig ist vielmehr, dass ▓▓▓.
Glaubhaftmachung: Eidesstattliche Versicherung des Beschwerdeführers vom ▓▓▓, anliegend im Original
- ☐ Die angefochtene Entscheidung beruht auf § ▓▓▓. Danach ist ▓▓▓, wenn ▓▓▓. Diese Voraussetzungen liegen hier nicht vor, weil ▓▓▓.
- ☐ ▓▓▓

III.
Soweit das erkennende Beschwerdegericht der diesseitigen Auffassung nicht zu folgen vermag, wird schon jetzt beantragt,

> die Rechtsbeschwerde zum Bundesgerichtshof zuzulassen.

Die Voraussetzungen für die Zulassung der Rechtsbeschwerde sind gegeben, was sich daraus ergibt, dass ▓▓▓.

Rechtsanwalt

▲

XXV. Muster: Befristete Beschwerde gegen eine amtsgerichtliche Endentscheidung in Ehe- und Familienstreitverfahren

18.25

279

An das

Amtsgericht

in ▓▓▓▓

Befristete Beschwerde nach §§ 58 ff., 117 FamFG

In der ▓▓▓▓sache

des ▓▓▓▓

– Beschwerdeführer –

Verfahrensbevollmächtigte: RAe ▓▓▓▓

gegen

den ▓▓▓▓

– Beschwerdegegner –

Verfahrensbevollmächtigte: RAe ▓▓▓▓

an der weiter beteiligt ist: ▓▓▓▓ [178]

wird hiermit namens und in Vollmacht des Beschwerdeführers gegen die am ▓▓▓▓ verkündete und am ▓▓▓▓ zugestellte Entscheidung des AG vom ▓▓▓▓, Az: ▓▓▓▓,

befristete Beschwerde nach §§ 58 ff., 117 FamFG

eingelegt.

Eine beglaubigte Abschrift der angefochtenen Entscheidung liegt bei.

Die Beschwerdebegründung erfolgt im Rahmen der nach § 117 Abs. 1 S. 3 FamFG maßgeblichen Frist, deren Ablauf hier auf den ▓▓▓▓ notiert ist.

Rechtsanwalt

XXVI. Muster: Fristverlängerungsgesuch Beschwerdebegründung ohne Zustimmung des Gegners

18.26

280

An das

Oberlandesgericht

in ▓▓▓▓

In dem Rechtsstreit

Kläger ./. Beklagter

Az: ▓▓▓▓

wird namens und in Vollmacht des Beschwerdeführers beantragt,

---

[178] Soweit Dritte noch am Verfahren beteiligt sind.

die am ▮ ablaufende Frist zur Begründung der Beschwerde

nach § 117 Abs. 1 S. 4 i.V.m. § 520 Abs. 2 S. 2 ZPO um einen Monat bis zum ▮ zu verlängern.

Der Unterzeichner ist derzeit mit einer Vielzahl von Fristsachen befasst und deshalb nicht in der Lage die Beschwerde in der nach § 117 Abs. 1 S. 3 ZPO vorgegebenen Frist zu begründen. Auch sind noch eine Besprechung mit dem Beschwerdeführer und die Sichtung weiterer Unterlagen erforderlich.

Rechtsanwalt

XXVII. Muster: Weiteres Fristverlängerungsgesuch Beschwerdebegründung mit Zustimmung des Gegners

An das

Oberlandesgericht

in

In dem Rechtsstreit

                Kläger ./. Beklagter

                Az: ▮

wird namens und in Vollmacht des Beschwerdeführers beantragt,

die bereits einmal verlängerte und am ▮ ablaufende Frist zur Begründung der Beschwerde nach § 117 Abs. 1 S. 4 i.V.m. § 520 Abs. 2 S. 3 ZPO um einen weiteren Monat bis zum ▮ zu verlängern.

Der Gegner hat dieser Fristverlängerung gegenüber dem Unterzeichner fernmündlich zugestimmt und wird dies unmittelbar dem Gericht in schriftlicher Form mitteilen.

Der Unterzeichner ist noch immer mit einer Vielzahl von Fristsachen befasst und deshalb nicht in der Lage gewesen, die Beschwerde in der nach § 117 Abs. 1 S. 3 ZPO vorgegebenen und einmal verlängerten Frist zu begründen.

Bisher konnte auch die notwendige Besprechung mit dem Mandanten noch nicht durchgeführt werden, weil ▮.

Der Mandant hat erst am ▮ weitere Unterlagen erhalten, die der Unterzeichner zunächst noch sichten und dann in geordneter Form dem Gericht vorlegen muss.

Rechtsanwalt

XXVIII. Muster: Beschwerdebegründung im Sinne des § 117 FamFG

An das

Oberlandesgericht

in

Beschwerdeschrift

In dem Rechtsstreit

Kläger ./. Beklagter

Az:

Wird auf die am ▒ eingelegte Beschwerde gegen die Endentscheidung des AG ▒ in ▒, Az.: ▒ Bezug genommen.

Es wird nunmehr beantragt,

> unter Abänderung der angefochtenen Entscheidung dem diesseitigen Antrag vom ▒ zu entsprechen und ▒

Zur **Begründung** wird Folgendes ausgeführt:

Die angefochtene Entscheidung erweist sich im Ergebnis in dem aus dem Antrag ersichtlichen Umfange als unzutreffend.

I.

Soweit das Ausgangsgericht ausführt, dass ▒, geht es von falschen tatsächlichen Voraussetzungen aus.

Richtig ist vielmehr, dass ▒.

> Glaubhaftmachung: Eidesstattliche Versicherung des Beschwerdeführers vom ▒, anliegend im Original

Soweit der vorstehende Sachvortrag neue Angriffs- und Verteidigungsmittel enthält, beruht der späte Vortrag im Sinne des § 115 FamFG nicht auf grober Fahrlässigkeit, weil

- ☐ Sich die Verhältnisse erst nach der angefochtenen Entscheidung geändert haben,
- ☐ ▒.

II.

Die angefochtene Entscheidung erweist sich auf der Grundlage des dargestellten Sachverhaltes als unzutreffend.

Nach § ▒ ist ▒.

Diese Voraussetzungen liegen hier

- ☐ nicht vor, weil ▒.
- ☐ vor, weil ▒.

Rechtsanwalt

▲

§ 19 Das Revisionsrecht – die Übergabe an den Revisionsanwalt

Dr. Michael Thielemann/Dr. Hans-Joachim David

Inhalt

	Rdn		Rdn
A. Einleitung	1	b) Prozesshandlungen zur Vorbereitung der Revision vor dem Berufungsgericht	38
B. Rechtliche Grundlagen	2	c) Der maßgebliche Zeitpunkt für die Beauftragung des Revisionsanwalts	40
I. Die Revision aus der Sicht des Revisionsklägers	2	d) Die Mitwirkung bei der zur Durchführung des Revisionsverfahrens erforderlichen Entscheidungsfindung	43
1. Vorüberlegungen	2	e) Die Rechtsanwaltsgebühren für die Stellungnahme zu den Erfolgsaussichten der Revision	45
a) Die Revisionszulassung	2	f) Das Auftragsschreiben an den Revisionsanwalt	46
b) Die inhaltlichen Mindestanforderungen	6	g) Die Entlassung aus der Fristenkontrolle	48
c) Neue Tatsachen in der Revisionsinstanz	12	5. Die Sprungrevision	50
d) Das Revisionsgericht	14	a) Ausgangslage	50
2. Die Zulassung der Revision durch das Berufungsgericht	15	b) Die Einwilligung des Gegners	51
a) Die anwaltliche Vorgehensweise	15	c) Die Zulassung der Sprungrevision durch das Revisionsgericht	52
b) Die Zulassungskompetenz des Berufungsgerichts	16	II. Die Revision aus der Sicht des Revisionsbeklagten	54
c) Beschränkte Revisionszulassung	19	1. Vorüberlegungen	54
d) Risiken bei beschränkter Zulassung der Revision durch das Berufungsgericht	22	a) Präventiver Schutz durch Revisionszulassung	54
e) Vortrag zu den Zulassungsgründen in der Berufungsinstanz	24	b) Die Einwilligungsverweigerung gegen die Verlängerung der Frist zur Begründung der Nichtzulassungsbeschwerde	55
f) Rechtsbehelfe gegen die Nichtzulassung der Revision	25	c) Die Gelegenheit zur Stellungnahme auf die Nichtzulassungsbeschwerde	57
3. Die Fristenkontrolle	28	d) Die Einwilligungsverweigerung für die Verlängerung der Revisionsbegründungsfrist	58
a) Ausgangslage	28	e) Die Revisionserwiderung	60
b) Die Tatbestandsberichtigungsfrist	29	f) Die Anschlussrevision	62
c) Die Urteilsergänzungsfrist	30		
d) Die Revisionsfrist bei Zulassung der Revision	32		
e) Die Einlegungsfrist für die Nichtzulassungsbeschwerde	33		
f) Der Antrag auf einstweilige Einstellung der Zwangsvollstreckung	35		
4. Die Übergabe an den Revisionsanwalt	37		
a) Vorüberlegungen	37		

g) Der Antrag, das Berufungsurteil im nicht angefochtenen Umfang für vorläufig vollstreckbar zu erklären 63
h) Die Säumnis des Revisionsbeklagten in der Revisionsinstanz 64
2. Die Fristenkontrolle 66
   a) Ausgangslage 66
   b) Die Tatbestandsberichtigungsfrist 67
   c) Die Urteilsergänzungsfrist . . 68
   d) Die Frist zur Stellungnahme auf die Nichtzulassungsbeschwerde 69
   e) Abhilfefrist bei Revisionszulassung ohne vorherige Möglichkeit zur Stellungnahme . . 70
   f) Die Frist zur Einlegung und Begründung der Anschlussrevision 71
   g) Die Revisionserwiderungsfrist 72
   h) Der Antrag auf vorläufige Vollstreckbarkeit 73
3. Die Übergabe an den Revisionsanwalt 74
   a) Ausgangslage 74
   b) Prozesshandlungen zur Vorbereitung der Revisionserwiderung vor dem Berufungsgericht 75
   c) Die Beauftragung des Revisionsanwalts zur Abgabe einer Stellungnahme auf die Nichtzulassungsbeschwerde 76
   d) Die Übergabe an den Revisionsanwalt nach Zustellung der Revisionsbegründung . . . 78
4. Die Sprungrevision aus der Sicht des Revisionsbeklagten 79

C. Muster 81
   I. Muster für den Revisionskläger: Urteilsübersendung an die Partei bei Revisionszulassung durch das Berufungsgericht . . . 81
   II. Muster für den Revisionskläger bei rechtmäßigerweise teilweiser Revisionszulassung durch das Berufungsgericht 82
   III. Muster für den Revisionskläger: Urteilsübersendung bei zweifelhafter Beschränkung der Revisionszulassung durch das Berufungsgericht 83
   IV. Muster für den Revisionskläger: Urteilsübersendung ohne Revisionszulassung 84
   V. Muster für den Revisionskläger: Gutachten über die Erfolgsaussichten der Revision 85
   VI. Muster für den Revisionskläger: Revisionsauftrag bei uneingeschränkter Revisionszulassung durch das Revisionsgericht . . . 86
   VII. Muster für den Revisionskläger: Revisionsauftrag bei beschränkter Revisionszulassung durch das Revisionsgericht 87
   VIII. Muster für den Revisionskläger: Auftrag zur Anfertigung der Nichtzulassungsbeschwerde gegen Urteile ohne Revisionszulassung 88
   IX. Muster für den Revisionskläger: Anschreiben an den Gegner mit der Bitte, in die Übergehung des Berufungsverfahrens einzuwilligen 89
   X. Muster für den Revisionskläger: Auftrag zur Anfertigung des Antrags auf Zulassung der Sprungrevision 90
   XI. Muster für den Revisionsbeklagten: Urteilsübersendung bei Revisionszulassung 91
   XII. Muster für den Revisionsbeklagten: Urteilsübersendung ohne Revisionszulassung 92
   XIII. Muster für den Revisionsbeklagten: Die Übersendung der Nichtzulassungsbeschwerde an den Mandanten 93
   XIV. Muster für den Revisionsbeklagten: Die Übersendung der Beschwerdebegründung bei offensichtlich fehlenden Erfolgsaussichten 94

XV. Muster für den Revisionsbeklagten: Die Übersendung der Beschwerdebegründung bei nicht auszuschließenden Erfolgsaussichten 95
XVI. Muster für den Revisionsbeklagten: Übersendung der Revisionszulassung ohne vorherige Gelegenheit zur Stellungnahme nach § 544 Abs. 3 ZPO 96
XVII. Muster für den Revisionsbeklagten: Die Übersendung der Revisionszulassung, wenn noch kein Revisionsanwalt eingeschaltet worden ist 97
XVIII. Muster für den Revisionsbeklagten: Übersendung der Revisionsbegründung (oder des Schriftsatzes, mit dem zur Begründung der Revision auf die Begründung der Nichtzulassungsbeschwerde Bezug genommen wird), wenn Anschlussrevision eingelegt werden soll 98
XIX. Muster für den Revisionsbeklagten: Die Beauftragung des Revisionsanwalts zur Abgabe einer Stellungnahme auf die Begründung der Nichtzulassungsbeschwerde 99
XX. Muster für den Revisionsbeklagten: Die Beauftragung des Revisionsanwalts bei Revisionszulassung ohne vorherige Möglichkeit zur Stellungnahme gem. § 544 Abs. 3 ZPO 100
XXI. Muster für den Revisionsbeklagten: Die Beauftragung eines Revisionsanwalts zur Anfertigung der Anschlussrevision 101
XXII. Muster für den Revisionsbeklagten: Die Beauftragung des Revisionsanwalts nach Vorlage der Revisionsbegründung (oder Bezugnahme auf die Begründung der Nichtzulassungsbeschwerde) 102
XXIII. Muster für den Revisionsbeklagten: Anschreiben an den Mandanten vor Einwilligung in die Übergehung der Berufungsinstanz bei der Sprungrevision 103

Literatur

Bruns, Neue Wiedereinsetzungsmöglichkeiten im Zivilprozeß?, Bemerkungen zum Beschluß des 1. Senats des BVerfG vom 1967–06–06 1 BvR 282/65 (BVerfGE 22, 83), JZ 1968, 456 ff.; *Büttner*, Bericht und erste Erfahrungen mit der neuen Revision in Zivilsachen, BRAK-Mitt 2003, 202 ff.; *Büttner/Tretter*, Irrungen und Wirrungen – Die beschränkte Zulassung von Revisionen in Zivilsachen, NJW 2009, 1905 ff.; *Goebel*, Berufungsverfahren: Statthaftigkeit und Zuständigkeit, PA 2002, 33 ff.; *Kramer*, Die Berufung in Zivilsachen, 8. Aufl. 2015; *Nassall*, Die Rechtsanwaltschaft beim BGH aus rechtshistorischer Sicht, JZ 2009, 1086 ff.; *Wenzel*, Das neue zivilprozessuale Revisionszulassungsrecht in der Bewährung, NJW 2002, 3353 ff.

A. Einleitung

Das Revisionsrecht ist wie das Berufungsrecht eine Ausprägung des prozessrechtlichen Verhältnismäßigkeitsgrundsatzes. Abänderungs- und Bestandsinteressen werden ein zweites Mal gegeneinander abgewogen, nachdem zuvor bereits eine Abwägung in der Berufungsinstanz stattgefunden hat.[1] Der Revisionskläger muss folglich zur Erreichung der Urteilsabänderung gewichtigere Gründe vorbringen als der Berufungskläger, weil das Bestandsinteresse des Revisionsbeklagten nach der Beendigung des Berufungsverfahrens an weiterem Gewicht gewonnen hat. So erklärt es sich, dass die Revision gegen ein Berufungsurteil nicht von selbst statthaft ist. Statthaftigkeit erlangt sie erst, wenn sie entweder vom Berufungsgericht oder nach Einleitung des Nichtzulassungsbeschwerdeverfahrens vom Bundesgerichtshof zugelassen wird.

B. Rechtliche Grundlagen

I. Die Revision aus der Sicht des Revisionsklägers

1. Vorüberlegungen

a) Die Revisionszulassung

2 Die Revision ist gem. § 542 Abs. 1 ZPO nur statthaft gegen Endurteile, die von Landgerichten oder Oberlandesgerichten in der Berufungsinstanz erlassen worden sind. Im Jahr 2017 sind 330 Revisionen beim Bundesgerichtshof eingegangen, die von Oberlandesgerichten bzw. dem Kammergericht zugelassen worden sind und 309 von Landgerichten zugelassene Revisionen. Insgesamt sind über 4.100 Revisionen und Nichtzulassungsbeschwerden beim BGH eingegangen.[2]

3 Demgegenüber findet die Revision nicht statt:
- gegen Urteile im Arrest- oder einstweiligen Verfügungsverfahren (§ 542 Abs. 2 S. 1 ZPO),
- gegen Urteile über die vorzeitige Besitzeinweisung im Enteignungs- oder Umlegungsverfahren (§ 542 Abs. 2 S. 2 ZPO),
- gegen in Urteilsform ergangene gemischte Kostenentscheidungen bei übereinstimmender Teilerledigungserklärung (§ 91a ZPO)[3] und
- gegen Versäumnisurteile, es sei denn, die Revision wird darauf gestützt, dass ein Fall der schuldhaften Versäumung nicht vorgelegen habe (§§ 514 Abs. 2 S. 1, 565 ZPO).

4 Weitere Voraussetzung für die Durchführung des Revisionsverfahrens ist, dass
- das Berufungsgericht die Revision im Urteil (§ 543 Abs. 1 Nr. 1 ZPO) oder
- das Revisionsgericht die Revision auf die Beschwerde gegen die Nichtzulassung (§ 543 Abs. 1 Nr. 2 ZPO)

zugelassen hat.

---

1 Besonderheiten gelten für die Sprungrevision (vgl. Rdn 50 ff. und 79 f.).
2 Vgl. Übersicht über den Geschäftsgang bei den Zivilsenaten des Bundesgerichtshofes im Jahre 2017 – Jahresstatistik –, abrufbar unter www.bundesgerichtshof.de.
3 BGH NJW-RR 1996, 805, 806.

Hinweis 5

Bedeutungsvoll ist die Unterscheidung zwischen der Zulassung der Revision durch das Berufungsgericht und der Zulassung der Revision durch das Revisionsgericht im Hinblick auf die Mindestbeschwer. Auf diese kommt es bei der Zulassung der Revision durch das Berufungsgericht gem. § 543 Abs. 1 Nr. 1 ZPO nämlich nicht an; ausreichend ist, dass die unterlegene Partei an sich beschwert ist.[4] Anders liegt es demgegenüber bei einer angestrebten Revisionszulassung durch das Revisionsgericht; hier muss der Beschwerdewert gem. § 26 Nr. 8 EGZPO den Betrag von 20.000 EUR übersteigen. Diese Regelung sollte ursprünglich nur bis zum 31.12.2006 gelten, ist jedoch abermals – nunmehr bis zum 31.12.2019 – verlängert worden.[5] Maßgeblich für die Wertgrenze der Nichtzulassungsbeschwerde nach § 26 Nr. 8 EGZPO ist nicht die Beschwer aus dem Berufungsurteil, sondern der Wert des Beschwerdegegenstandes aus dem beabsichtigten Revisionsverfahren. Der Beschwerdeführer muss daher innerhalb laufender Begründungsfrist darlegen, dass er mit der beabsichtigten Revision die Abänderung des Berufungsurteils in einem Umfang, der die Wertgrenze von 20.000 EUR übersteigt, erstrebt.[6]

b) Die inhaltlichen Mindestanforderungen

Da die Revision vom Gesetzgeber als Zulassungsrevision ausgestaltet worden ist, kann 6
der Revisionskläger eine Revisionszulassung nur erreichen, wenn er darzulegen vermag, dass:
- die Rechtssache grundsätzliche Bedeutung hat (§ 543 Abs. 2 S. 1 Nr. 1 ZPO) oder
- die Fortbildung des Rechts oder die Sicherung einer einheitlichen Rechtsprechung eine Entscheidung des Revisionsgerichts erfordert (§ 543 Abs. 2 S. 1 Nr. 2 ZPO).

Sinngemäß gilt dasselbe wie bei der Zulassungsberufung.

Hinweis 7

Grundsätzliche Bedeutung[7] hat eine Rechtssache, wenn sie eine entscheidungserhebliche, klärungsbedürftige und klärungsfähige Rechtsfrage aufwirft, die sich in einer unbestimmten Vielzahl von Fällen stellen kann,[8] oder wenn andere Auswirkungen des Rechtsstreits auf die Allgemeinheit deren Interessen in besonderem Maße berühren und ein Tätigwerden des Revisionsgerichts erforderlich machen,[9] oder wenn eine Vorlage an den EuGH in Betracht kommt.[10] Dementsprechend muss

---
4 Umkehrschluss aus § 26 Nr. 8 EGZPO.
5 § 26 Nr. 8 EGZPO geändert mit Wirkung vom 1.7.2018 durch Gesetz vom 21.6.2016 (BGBl I S. 863).
6 BGH NJW 2002, 2720, 2721.
7 *Wenzel*, NJW 2002, 3353, 3354.
8 BGH NJW 2002, 3029; BGH NJW 2003, 1943, 1944.
9 BGH NJW 2003, 1943, 1945.
10 BVerfG NVwZ 1991, 53.

- die durch die angefochtene Entscheidung aufgeworfene Rechtsfrage konkret benannt werden (Aus welchen Gründen, in welchem Umfang und von welcher Seite ist die Rechtsfrage umstritten?),[11]
- die Bedeutung der Sache für eine Unbestimmtheit von Fällen im Einzelnen aufgezeigt werden (wobei ein Hinweis auf Streit in Rechtsprechung und Literatur allerdings dann entbehrlich ist, wenn der entscheidungserheblichen Rechtsfrage bereits wegen ihres Gewichts für die beteiligten Verkehrskreise grundsätzliche Bedeutung zukommt)[12] und
- die Auswirkung des Rechtsstreits auf die Allgemeinheit ein korrigierendes Eingreifen des Revisionsgerichts erfordern.[13]

Die Revision ist zur **Sicherung einer einheitlichen Rechtsprechung**[14] zuzulassen, wenn einem Gericht bei der Anwendung der Rechtsnorm Fehler unterlaufen sind, die die Wiederholung durch dasselbe Gericht oder die Nachahmung durch andere Gerichte erwarten lassen und dadurch so schwer erträgliche Unterschiede in der Rechtsprechung zu entstehen oder fortzubestehen drohen, dass eine höchstrichterliche Leitentscheidung notwendig ist.[15] Unter diesem Aspekt ist die Einheitlichkeit der Rechtsprechung dann gefährdet, wenn

- aufgrund konkreter Anhaltspunkte die Gefahr einer Wiederholung oder Nachahmung desselben Fehlers durch dasselbe oder ein anderes Gericht besteht (Lässt sich die Begründung der angefochtenen Entscheidung in der Weise verallgemeinern, dass die Argumentation auf eine nicht unerhebliche Zahl künftig zu erwartender Sachverhalte übertragbar ist?)[16] oder ein grundlegendes Missverständnis höchstrichterlicher Rechtsprechung vorliegt,[17]
- die angefochtene Entscheidung sich als objektiv willkürlich darstellt, wobei der Verstoß gegen das Willkürverbot nicht offenkundig sein muss,[18]
- Verfahrensgrundrechte einer Partei verletzt werden, wobei es auch hier nicht darauf ankommt, dass die Verletzung des Verfahrensgrundrechts offenkundig ist[19] oder
- ein Fall der Divergenz mit symptomatischer Bedeutung vorliegt.[20]

8 § 545 Abs. 1 ZPO a.F. regelte bislang, dass die Revision nur darauf gestützt werden kann, dass die Entscheidung auf der Verletzung des Bundesrechts oder einer Vorschrift beruht, deren Geltungsbereich sich über den Bezirk eines Oberlandesgerichts hinaus

---

11 BGH NJW 2003, 65, 66; BGH-NJW 2004, 537, 538.
12 BGH WM 2004, 491 f.
13 BGH NJW 2003, 65, 68.
14 *Wenzel*, NJW 2002, 3353, 3355.
15 BGH NJW 2003, 65, 66; BGH NJW-RR 2003, 1074; BGH NJW 2004, 2222, 2223.
16 BGH WM 2003, 259, 260; BGH ZIP 2005, 502, 504.
17 BGH NJW 2004, 1960; BGH NJW 2005, 153, 154.
18 BGH NJW 2004, 2222 unter Aufgabe von BGH NJW 2003, 65; BGH NJW 2005, 153.
19 BGH NJW 2003, 1943; BGH NJW 2005, 153.
20 BGH WM 2002, 2344; BGH NJW 2004, 1167; *Büttner*, BRAK-Mitt 2003, 202, 207.

B. Rechtliche Grundlagen § 19

erstreckt. Diese Eingrenzung wurde mit Wirkung zum 1.9.2009 aufgehoben.[21] Nunmehr ist ausreichend, dass die Entscheidung überhaupt auf einer Verletzung des (nationalen) Rechts beruht. Die alte Gesetzesfassung ist vor dem Hintergrund der Übergangsvorschrift des Art. 111 Abs. 1 FGG-RG jedoch weiterhin von praktischer Relevanz. Wann von einer Rechtsverletzung im Sinne des § 545 Abs. 1 ZPO auszugehen ist, bestimmt sich nach § 546 ZPO. Danach liegt eine solche vor, wenn eine Rechtsnorm nicht oder nicht richtig angewendet worden ist.

Beispiele 9

Rechtsverletzungen im Sinne von § 546 ZPO können darauf gestützt werden, dass dem Berufungsgericht:

- bei der Auslegung einer Rechtsnorm ein Interpretationsfehler unterlaufen ist (z.B. unzutreffende Auslegung der unbestimmten Rechtsbegriffe „gute Sitten",[22] „grobe Fahrlässigkeit"[23] oder „Verwirkung"[24]),[25]
- bei der Subsumtion des festgestellten konkreten Tatbestandes unter die abstrakten Tatbestandsmerkmale der angewendeten Norm ein Subsumtionsfehler unterlaufen ist (z.B. ob die vom Berufungsgericht festgestellten Tatsachen einen Verstoß gegen die guten Sitten nach § 138 BGB ergeben[26]),[27]
- bei der Auslegung von Prozesshandlungen, Willenserklärungen, Verträgen, Allgemeinen Geschäftsbedingungen oder Satzungen Auslegungsfehler unterlaufen sind (z.B. ein Vertrag nur unter Berücksichtigung seines Wortlautes und unter Außerachtlassung des Weiteren, unter Beweis gestellten Auslegungsstoffes ausgelegt worden ist),[28]
- nach Durchführung der Beweisaufnahme Fehler bei der Beweiswürdigung unterlaufen sind (z.B. gesetzliche Vermutungen, Grundsätze des Anscheinsbeweises und anerkannte Erfahrungssätze unangewendet blieben).[29] Demgegenüber gehört die Beweiswürdigung als solche nicht zu den nachprüfbaren Tatsachenfeststellungen. Sie ist nur dahingehend zu überprüfen, ob das Ermessen richtig ausgeübt worden ist und ob die Grenzen der Ermessensausübung eingehalten worden sind,[30]
- bei der grundsätzlich gem. § 540 ZPO zulässigen Bezugnahme auf die erstinstanzliche Tatsachenfeststellung ein Fehler unterlief, indem etwaige Änderungen und Ergänzungen nicht berücksichtigt worden sind und dem Berufungsurteil daher die für die revisionsrechtliche Nachprüfung nach §§ 545, 559 ZPO erforderliche

---

21 Art. 29 Ziff. 14a FGG-RG.
22 BGH NJW 1988, 902, 903.
23 BGH NJW 1994, 2093, 2094.
24 BGH NJW 1993, 2178.
25 MüKo-ZPO/*Krüger*, § 546 Rn 4.
26 BGH NJW 1997, 192.
27 MüKo-ZPO/*Krüger*, § 546 Rn 13.
28 BGH NJW-RR 1996, 932; BGH NJW 1998, 1219; BGH NJW 1998, 3268, 3270; BGH NJW 1999, 1022; BGH NJW 2001, 3777.
29 BGH NJW 1993, 935; BGH NJW 1998, 2736; BGH NJW 1999, 423; BGH NJW 1999, 486.
30 BGH NJW-RR 1992, 866; BGH NJW-RR 1994, 1143; BGH NJW 2004, 2828 f.

§ 19 Das Revisionsrecht – die Übergabe an den Revisionsanwalt

tatsächliche Beurteilungsgrundlage fehlt (beachte aber, dass sich die notwendige tatsächliche Grundlage der Entscheidung auch aus den Urteilsgründen ergeben kann),[31]
- ein Fehler unterlief, weil es von einem falschen Obersatz ausging; dies gilt unabhängig davon, ob ein solcher Obersatz ausformuliert ist, denn das Allgemeininteresse ist auch dann berührt, wenn ein erkennbar unrichtiger Obersatz der Entscheidung zugrunde liegt, der aus diesem Grund verallgemeinerungsfähig ist und somit die Gefahr der Wiederholung oder Nachahmung eines Rechtsfehlers begründet.[32]

10 Schließlich muss grundsätzlich dargelegt werden, dass die angefochtene Entscheidung auf der festgestellten Rechtsverletzung gem. § 545 Abs. 1 ZPO **beruht**. Dies ist der Fall:
- bei materiell-rechtlichen Rechtsverletzungen, wenn die richtige Rechtsanwendung bereits zu dem Ergebnis führen würde, dessen Herbeiführung der Revisionskläger begehrt, und
- bei verfahrensrechtlichen Rechtsverletzungen, wenn es nicht auszuschließen ist, dass die Entscheidung des Berufungsgerichts ohne die Rechtsverletzung anders ausgefallen wäre (§ 561 ZPO).[33]

11 *Hinweis*

Auf den Kausalitätsnachweis kommt es allerdings nicht an, wenn einer der in § 547 ZPO benannten absoluten Revisionsgründe vorliegt,[34] mithin:
- das erkennende Gericht nicht vorschriftsmäßig besetzt war (§ 547 Nr. 1 ZPO),
- bei der Entscheidung ein Richter mitgewirkt hat, der von der Ausübung des Richteramtes kraft Gesetzes ausgeschlossen war, sofern nicht dieses Hindernis mittels eines Ablehnungsgesuchs ohne Erfolg geltend gemacht worden ist (§ 547 Nr. 2 ZPO),
- bei der Entscheidung ein Richter mitgewirkt hat, obgleich er wegen Besorgnis der Befangenheit abgelehnt und das Ablehnungsgesuch für begründet erklärt war (§ 547 Nr. 3 ZPO),
- eine Partei in dem Verfahren nicht nach Vorschrift der Gesetze vertreten war, sofern sie nicht die Prozessführung ausdrücklich oder stillschweigend genehmigt hat (§ 547 Nr. 4 ZPO),
- die Entscheidung aufgrund einer mündlichen Verhandlung ergangen ist, bei der die Vorschriften über die Öffentlichkeit des Verfahrens verletzt sind (§ 547 Nr. 5 ZPO) oder
- die Entscheidung entgegen den Bestimmungen der Zivilprozessordnung nicht mit Gründen versehen ist (§ 547 Nr. 6 ZPO).

---

31 BGH NJW 2004, 293; BGH NJW 2004, 2828.
32 BGH NJW 2004, 1960, 1961.
33 Musielak/Voit/*Ball*, § 545 Rn 11.
34 BGH NJW 2003, 585.

c) Neue Tatsachen in der Revisionsinstanz

Tatsachenvortrag ist in der Revisionsinstanz grundsätzlich weiter reglementiert als in der Berufungsinstanz. Es unterliegt nur dasjenige Parteivorbringen der Beurteilung des Revisionsgerichts, welches aus dem Berufungsurteil oder dem Sitzungsprotokoll ersichtlich ist (§ 559 Abs. 1 S. 1 ZPO).[35] Damit wird zum Ausdruck gebracht, dass es sich bei der Revisionsinstanz um keine Tatsachen-, sondern um eine Rechtsprüfungsinstanz handelt.[36] Jedoch gibt es auch Ausnahmen:

Beispiele

Ausnahmen gelten für Tatsachen:
- von denen die Zulässigkeit der Revision selbst abhängt (z.b. der Wegfall des Feststellungsinteresses in der Revisionsinstanz) und zwar selbst dann, wenn sie bestritten werden,[37]
- die die Zulässigkeit des Verfahrens betreffen (z.B. der Nachweis der Vollmacht des Berufungsanwalts),[38]
- die zur Begründung einer Verfahrensrüge erhoben werden (z.B. die vermeintliche Antwort auf eine Frage, die unter Verletzung gegen § 139 ZPO vom Berufungsgericht nicht gestellt worden ist)[39] oder
- die einen Wiederaufnahmegrund gem. §§ 579 ff. ZPO darstellen (z.B. der Tatsachenvortrag, dass eine Urkunde, auf die das Urteil begründet ist, vom Gegner verfälscht war und dieser deshalb rechtskräftig wegen einer Straftat verurteilt worden ist).[40]

d) Das Revisionsgericht

Das Revisionsgericht ist gem. §§ 123 ff. GVG der BGH. Die Zuständigkeit des Bayerischen Obersten Landesgerichts ist gemäß Gerichtsauflösungsgesetz vom 25.10.2004 fortgefallen.[41]

2. Die Zulassung der Revision durch das Berufungsgericht

a) Die anwaltliche Vorgehensweise

Obwohl das Berufungsgericht gem. § 543 Abs. 2 S. 1 ZPO von Amts wegen[42] über die Zulassung der Revision entscheidet, ist eine ausdrückliche Antragstellung sinnvoll, denn bei vergessener Entscheidung über die Revisionszulassung gilt die Revision vom Berufungsgericht als nicht zugelassen.[43]

---

35 BGH NJW 1988, 3092, 3094; BGH NJW-RR 1993, 774, 776; BGH NJW-RR 2002, 381.
36 MüKo-ZPO/*Krüger*, § 559 Rn 1.
37 BGHZ 18, 98 = BGH NJW 1955, 1513; MüKo-ZPO/*Krüger*, § 559 Rn 25.
38 BGH NJW 2002, 1957.
39 BGH NJW-RR 1988, 208, 209.
40 BGH NJW 1988, 3092, 3094.
41 BayGVBl 2004, 400.
42 BGH NJW 1966, 931.
43 OLG Zweibrücken FamRZ 1980, 614.

b) Die Zulassungskompetenz des Berufungsgerichts

16 Die Zulassungskompetenz des Berufungsgerichts darf im Hinblick auf den eingeschränkten Anwendungsbereich der Nichtzulassungsbeschwerde keinesfalls unterschätzt werden. Die Nichtzulassungsbeschwerde findet nämlich bis einschließlich 31.12.2019 nur für solche allgemeinen Zivilsachen Anwendung, bei denen der Wert der mit der Revision geltend gemachten Beschwer mindestens 20.000 EUR übersteigt (§ 26 Nr. 8 EGZPO). Maßgebend für die Wertgrenze der Nichtzulassungsbeschwerde nach § 26 Nr. 8 EGZPO ist nicht die Beschwer aus dem Berufungsurteil, sondern der Wert des Beschwerdegegenstandes aus dem beabsichtigten Revisionsverfahren. Der Beschwerdeführer muss daher innerhalb laufender Begründungsfrist darlegen, dass er mit der beabsichtigten Revision die Abänderung des Berufungsurteils in einem Umfang, der die Wertgrenze von 20.000 EUR übersteigt, erstrebt.[44]

17 *Hinweis*
Auch wenn der Revisionskläger grundsätzlich Nichtzulassungsbeschwerde einlegen könnte, lohnt der Versuch, eine Revisionszulassung bereits durch das Berufungsgericht zu erreichen, weil das Revisionsgericht gem. § 543 Abs. 2 S. 2 ZPO an die Zulassung durch das Berufungsgericht gebunden ist – und zwar selbst dann, wenn die Entscheidung fehlerhaft ist, weil die Zulassungsvoraussetzungen nicht vorliegen[45] – und es bei der vom Berufungsgericht zugelassenen Revision nicht auf die Mindestbeschwer ankommt.

18 Das Berufungsgericht darf die Revisionszulassung nicht auf bestimmte Rechtsfragen beschränken. Allerdings ist es möglich, die Revision hinsichtlich eines Teils des Streitgegenstandes zuzulassen, der Gegenstand eines Teilurteils sein könnte oder auf den der Revisionskläger selbst seine Revision beschränken könnte.[46] Die beschränkte Zulassung der Revision kann sich sowohl aus dem Entscheidungssatz des Berufungsurteils ergeben als auch aus den Entscheidungsgründen. Bei der Auslegung der Entscheidungsgründe sind die Zulassungsgründe des § 543 Abs. 2 ZPO zu beachten.[47]

c) Beschränkte Revisionszulassung

19 Zwar scheint nach dem Wortlaut des § 543 Abs. 2 S. 1 ZPO eine beschränkte Revisionszulassung nicht möglich zu sein („wenn" statt „soweit"). Gleichwohl ist die beschränkte Zulassung der Revision durch das Berufungsgericht vom Bundesgerichtshof anerkannt.[48] Sie ist möglich:
- bei der subjektiven Klagehäufung im Hinblick auf die Ansprüche einzelner (einfacher) Streitgenossen,[49]

---

44 BGH NJW 2002, 2720.
45 MüKo-ZPO/*Krüger*, § 543 Rn 50.
46 BGH NJW 1987, 2586.
47 BGH NJW 2004, 3264 ff.
48 BGH NJW-RR 2005, 715; BGH NJW-RR 2006, 877.
49 BGH NJW 1995, 2034, 2036.

- bei der objektiven Klagehäufung im Hinblick auf einzelne selbstständig abgrenzbare prozessuale Ansprüche,[50]
- bezogen auf einen Teil des Streitstoffs, wenn dieser teilurteilsfähig i.S.v. § 301 ZPO ist.[51]

Demgegenüber ist eine Beschränkung der Revision nicht zulässig, 20
- wenn der Streitstoff Gegenstand eines Zwischenurteils nach § 303 ZPO sein könnte,[52]
- bei Beschränkung der Revision auf einzelne Anspruchsgrundlagen,[53]
- bei Beschränkung der Revision auf einzelne prozessuale Vorfragen,[54]
- bei Beschränkung der Revision auf das Mitverschulden, es sei denn, das Berufungsgericht wäre befugt gewesen, zunächst ein Grundurteil zu erlassen und das Mitverschulden im Betragsverfahren zu berücksichtigen,[55]
- bei Beschränkung der Revision auf die Verjährung eines Anspruches,[56]
- bei Beschränkung der Revision auf das Zurückbehaltungsrecht.[57]

Hinweis 21
An eine verfahrenswidrige Beschränkung der Revision durch das Berufungsgericht ist der BGH nicht gebunden. Die Revision kann in einem solchen Fall uneingeschränkt zulässig sein, selbst wenn das Berufungsgericht die Zulassung in mehrfacher Hinsicht beschränkt hat.[58] In Betracht kommt aber auch die Umdeutung einer unzulässigen Beschränkung in eine zulässige Beschränkung.[59] Es wird berichtet, dass sich das Revisionsgericht in einer Vielzahl von Entscheidungen mit der Klärung der Frage beschäftigt, ob eine Beschränkung vorliegt, welchen Umfang die Beschränkung hat und ob die Beschränkung wirksam ist.[60] Das bedeutet, dass der Rechtsanwalt bereits im Berufungsverfahren einschätzen muss, ob und in welchem Umfang eine Beschränkung der Revision vorliegt und ob diese wirksam ist.

d) Risiken bei beschränkter Zulassung der Revision durch das Berufungsgericht

Der Rechtsanwalt der unterlegenen Partei im Berufungsverfahren muss die vom Berufungsgericht vorgenommene unbeschränkte oder beschränkte Zulassung der Revision richtig interpretieren. Geht er vom Vorliegen einer ausdrücklichen oder konkludenten Beschränkung der Zulassung aus und hält er diese für wirksam, muss die Revision korrespondierend hierauf beschränkt werden. Bezüglich desjenigen Teils, auf den bezogen keine Revision zugelassen worden ist, muss ggf. die Nichtzulassungsbeschwerde 22

---

50 BGH NJW 1995, 1955, 1956.
51 MüKo-ZPO/*Krüger*, § 543 Rn 39.
52 *Büttner/Bretter*, NJW 2009, 1905, 1906.
53 BGH NJW-RR 2003, 1192; BGH NJW 2008, 3635, 3636.
54 BGH NJW 2008, 1312, 1313.
55 BGH NJW-RR 2009, 46, 47.
56 BGH NJW 2008, 1312, 1313.
57 BGH NJW 2008, 1312, 1313.
58 BGH NJW-RR 2008, 1119, 1120; BGH NJW 2008, 1312.
59 BGH NJW 1987, 2586, 2587.
60 *Büttner/Tretter*, NJW 2009, 1906, 1907.

eingelegt werden. Dabei ist zu überprüfen, ob der Wert dieses Teils eine Beschwer von 20.000 EUR übersteigt.

23 *Hinweis*

Probleme können entstehen, wenn der Rechtsanwalt ohne die erforderliche Überprüfung, ob die Beschränkung der Revisionszulassung wirksam ist, zur Einlegung der Nichtzulassungsbeschwerde rät, soweit die Revision nicht zugelassen worden ist.

Hält der BGH die Beschränkung der Revisionszulassung nämlich für unwirksam, wird die parallel zur Revision eingelegte Nichtzulassungsbeschwerde kostenpflichtig als unstatthaft verworfen. Die in der als unstatthaft verworfenen Nichtzulassungsbeschwerde enthaltenen Angriffe gegen das Berufungsurteil gehen dann verloren; sie hätten in der Revisionsbegründung geltend gemacht werden müssen. In Zweifelsfällen sollte der Rechtsanwalt zur Einlegung der Revision und der Nichtzulassungsbeschwerde raten. Die Revision sollte so, als sei die Beschränkung unwirksam, begründet werden, damit kein Rechtsverlust erlitten wird.[61] Diese Vorsicht hat allerdings ihren Preis. Denn kostenrechtlich liegen zwei selbstständige Verfahren vor (Revision und Nichtzulassungsbeschwerde).[62]

e) Vortrag zu den Zulassungsgründen in der Berufungsinstanz

24 Soweit die Zulassung der Revision in der Berufungsinstanz – hilfsweise – angestrebt wird, muss in der Berufungsinstanz bereits zu den Revisionsgründen Stellung genommen werden. Die Stellungnahme kann sich dabei auch auf einzelne Komplexe beziehen, wenn zumindest eine beschränkte Zulassung der Revision in Betracht kommt. Dies sind jedoch nur solche Fälle, bei denen die ZPO die Aufspaltung des Streitstoffes zulässt, z.B.:

- Fälle, in denen eine Prozesstrennung nach § 145 ZPO möglich ist,
- Fälle, in denen nach § 280 ZPO abgesondert über die Zulässigkeit der Klage verhandelt werden kann
- Fälle, in denen nach § 301 ZPO über Teile des Streitstoffs ein Teilurteil ergehen dürfte und
- Fälle, in denen nach § 304 ZPO ein Zwischenurteil über den Anspruchsgrund ergehen dürfte.

f) Rechtsbehelfe gegen die Nichtzulassung der Revision

25 Wird die Revision vom Berufungsgericht nicht zugelassen, kann die unterlegene Partei:
- gem. § 319 Abs. 1 ZPO die Urteilsberichtigung beantragen (z.B. wenn das Berufungsgericht in den Entscheidungsgründen oder in der mündlichen Verhandlung zum Ausdruck gebracht hatte, die Revision zulassen zu wollen)[63] oder
- die **Nichtzulassungsbeschwerde** gem. § 544 ZPO erheben, soweit diese zulässig ist.

---

61 *Büttner/Tretter*, NJW 2009, 1905, 1908.
62 *Büttner/Tretter*, NJW 2009, 1905, 1909.
63 BGH NJW-RR 2001, 61.

Bei objektiv willkürlicher oder unter Verstoß gegen Verfahrensgrundrechte (z.B. Art. 103 Abs. 1 GG) zustande gekommener Entscheidungen des Berufungsgerichts ist die Einlegung der auf Zulassung der Revision gem. § 543 Abs. 2 ZPO gerichteten Beschwerde wegen des Gebotes der Rechtswegerschöpfung Vorbedingung für die Erhebung einer Verfassungsbeschwerde (§ 90 Abs. 2 S. 1 BVerfGG).[64]

Fällt der im Zeitpunkt der Einlegung der Nichtzulassungsbeschwerde gegebene Zulassungsgrund nachträglich weg, hindert dies nicht die Zulassung der Revision. Vielmehr ist die Revision im Hinblick auf den Zweck des Rechtsmittels dahingehend zu prüfen, ob die (angestrebte) Revision Aussicht auf Erfolg hat.[65]

Nicht erreicht werden kann die Zulassung der Revision mit dem Antrag auf Urteilsergänzung gem. § 321 Abs. 1 ZPO.[66]

Hinweis

In Ausnahmefällen kommt in Betracht:
- die Gehörsrüge nach § 321a ZPO, wenn der „Zulassungsantrag" nicht verbeschieden wurde oder die Nichtzulassung im Urteil mit Gesichtspunkten begründet wurde, welche in der mündlichen Verhandlung nicht thematisiert worden sind, obwohl hierzu angesichts der Parteiausführungen genügend Anlass bestand,[67] und
- die Verfassungsbeschwerde, die unter anderem damit begründet werden kann, dass sich das Berufungsgericht mit dem wohlbegründeten Zulassungsantrag nicht hinreichend auseinandergesetzt hat.[68]

3. Die Fristenkontrolle

a) Ausgangslage

Mit der Zustellung des Berufungsurteils beginnen mehrere Fristen zu laufen, die der Berufungsanwalt mit Vorfrist im Fristenkalender notieren lassen muss.[69] Folgende Fristen sind von Relevanz:

b) Die Tatbestandsberichtigungsfrist

Zur Bedeutung der Tatbestandsberichtigungsfrist für das Revisionsverfahren gelten sinngemäß die Ausführungen zum Berufungsrecht. Genauso wie für das Berufungsgericht der Tatbestand des erstinstanzlichen Urteils maßgeblich ist (§ 529 ZPO), unterliegt der Beurteilung des Revisionsgerichts nur das Parteivorbringen, das aus dem Berufungsurteil oder dem Sitzungsprotokoll ersichtlich ist (§ 559 Abs. 1 S. 1 ZPO). Weist das Berufungsgericht den Tatbestandsberichtigungsantrag zurück, gibt es hiergegen grds. keine Rechtsbehelfe, § 320 Abs. 4 S. 4 ZPO. Die h.M. lässt jedoch eine Anfechtung mittels sofortiger

---

64 BGH NJW 2004, 3029.
65 BGH NJW 2004, 3188.
66 BGH NJW-RR 2009, 1349, 1350; OLG Saarbrücken NJW-RR 1999, 214.
67 Vgl. zur korrespondierenden Problematik bei der Zulassungsberufung *Goebel*, PA 2002, 33, 34.
68 BVerfG NJW 2001, 1125.
69 Vgl. zur entsprechenden Rechtslage bei der Berufung: *Kramer*, S. 28 ff.

Beschwerde dann zu, wenn das Gericht einen Berichtigungsantrag ohne jede sachliche Prüfung aus formalen Gründen zurückweist.[70]

c) Die Urteilsergänzungsfrist

30 Eine Fehlerkorrektur durch Revision ist grundsätzlich nicht möglich, wenn die belastete Partei eine entsprechende Fehlerkorrektur durch Urteilsergänzung hätte erreichen können.[71] Ein von der Partei geltend gemachter Haupt- oder Nebenanspruch ist im Sinne von § 321 Abs. 1 ZPO übergangen, wenn das Gericht über einen prozessualen Anspruch, der entweder von Amts wegen oder wegen des gestellten Antrages einer Entscheidung bedurft hätte, versehentlich nicht entschieden hat.[72] Mit einem Rechtsmittel gegen das Urteil selbst ist die Ergänzung in diesen Fällen grundsätzlich nicht zu erreichen, weil die Beschwer nicht in der getroffenen, sondern in der versehentlich unterlassenen Entscheidung liegt.[73]

31 Auch hier gilt nach Zustellung des Berufungsurteils sinngemäß dasselbe, was nach der Zustellung des erstinstanzlichen Urteils gilt. Das Ergänzungsurteil ist selbstständiges Teilurteil und nach den allgemeinen Bestimmungen revisibel, wobei sich die Zulässigkeit der Revision gegen das Ergänzungsurteil nur nach dessen Inhalt beurteilt.[74] Eine Ausnahme gilt für die Kostenentscheidung. Diese ist im Hinblick auf § 99 ZPO nicht anfechtbar, es sei denn, dass auch gegen das Haupturteil Revision eingelegt worden ist; in diesem Fall kann mit Revision gegen das Ergänzungsurteil auch eine Korrektur der Kostenentscheidung angestrebt werden.[75]

d) Die Revisionsfrist bei Zulassung der Revision

32 Gem. § 548 ZPO beträgt die Frist für die Einlegung der Revision einen Monat; sie ist eine Notfrist und beginnt mit der Zustellung des in vollständiger Form abgefassten Berufungsurteils, spätestens mit dem Ablauf von fünf Monaten nach der Verkündung. Die Ausführungen zur Berufungsfrist gelten sinngemäß.[76] Hat das Berufungsgericht ein Ergänzungsurteil erlassen, beginnt die Revisionsfrist mit der Zustellung der nachträglichen Entscheidung auch für die Revision gegen das zuerst ergangene Urteil; § 518 ZPO gilt entsprechend.[77]

e) Die Einlegungsfrist für die Nichtzulassungsbeschwerde

33 Gem. § 544 Abs. 1 S. 2 ZPO ist die Nichtzulassungsbeschwerde innerhalb einer Notfrist von einem Monat nach Zustellung des in vollständiger Form abgefassten Urteils, spätestens aber bis zum Ablauf von sechs Monaten nach der Verkündung des Urteils bei dem Revisionsgericht einzulegen.

---

70 BVerfG 2005, 657, 658; OLG Düsseldorf NJW-RR 2004, 1723; MüKo-ZPO/*Musielak*, § 320 Rn 11.
71 BGH NJW-RR 2010, 19, 20.
72 BGH NJW-RR 1996, 1238; OLG Hamm NJW-RR 2000, 1524.
73 MüKo-ZPO/*Musielak*, § 321 Rn 12.
74 BGH NJW 2000, 3008.
75 BeckOK-ZPO/*Elzer*, § 321 Rn 53.
76 Saenger/*Koch*, § 548 Rn 1.
77 Saenger/*Koch*, § 548 Rn 1.

Hinweis 34

Zur Fristberechnung gelten auch hier sinngemäß die Ausführungen für die Berechnung der Berufungsfrist.[78]

f) Der Antrag auf einstweilige Einstellung der Zwangsvollstreckung

Genauso wie in der Berufungsinstanz kann in der Revisionsinstanz die einstweilige 35 Einstellung der Zwangsvollstreckung beantragt werden (§ 719 Abs. 2 ZPO). Die Ausführungen zur einstweiligen Einstellung der Zwangsvollstreckung in der Berufungsinstanz gelten sinngemäß. Wichtigste Voraussetzung für den Antrag ist die Darlegung eines unersetzbaren Nachteils. Nicht ausreichend ist die Darlegung solcher Nachteile, die mit der Vollstreckung des betreffenden Titels[79] oder mit der Vorwegnahme des Prozessergebnisses verbunden sind.[80] Regelmäßig versagt wird die einstweilige Einstellung der Zwangsvollstreckung auch dann, wenn der Revisionskläger einen entsprechenden Antrag bereits in der Berufungsinstanz hätte stellen können.[81] Aufgrund der strengen Anforderungen, die die Rechtsprechung an den dem Schuldner drohenden Nachteil stellt, kommt eine Einstellung nach § 719 Abs. 2 ZPO nur in wenigen Ausnahmenfällen in Betracht.[82]

Hinweis 36

Der Antrag hat in der Praxis grundsätzlich nur dann Erfolgsaussichten, wenn in der Revisionsinstanz neue Gründe für den Antrag entstanden sind.[83]

4. Die Übergabe an den Revisionsanwalt

a) Vorüberlegungen

Prozesshandlungen vor dem Bundesgerichtshof können nur von solchen Rechtsanwälten 37 vorgenommen werden, die am Bundesgerichtshof postulationsfähig sind (§ 78 Abs. 1 S. 3 ZPO, § 164 BRAO).[84] Die Zulassung am Bundesgerichtshof ist ausschließlich; die am Bundesgerichtshof zugelassenen Rechtsanwälte unterliegen dem Lokalisationszwang, vgl. § 172 Abs. 1 S. 1 BRAO. Das bedeutet, dass die in der Berufungsinstanz unterlegene Partei zur Durchführung der Revision grundsätzlich einen am Bundesgerichtshof zugelassenen Rechtsanwalt mit der Interessenvertretung beauftragen muss.

b) Prozesshandlungen zur Vorbereitung der Revision vor dem Berufungsgericht

Mit der Zustellung des Berufungsurteils bleibt der Berufungsanwalt für Prozesshandlungen 38 verantwortlich, die nach Zustellung des Berufungsurteils vor dem Berufungsgericht vorgenommen werden können.[85]

---

78 Saenger/*Koch*, § 544 Rn 8.
79 BGH NJW 2000, 3008.
80 BGH ZUM 2015, 53.
81 BGH NJW 1996, 1970; BGH NJW 1996, 2103.
82 Saenger/*Kindl*, § 719 Rn 5.
83 BGH NJW 2001, 375.
84 Zur Rechtsanwaltschaft beim BGH aus rechtshistorischer Sicht vgl. *Nassall*, JZ 2009, 1086.
85 Musielak/Voit/*Weth*, § 78 Rn 14.

39 *Beispiele*

So bleibt der Berufungsanwalt zuständig für die

- Urteilsberichtigung gem. § 319 ZPO (z.B. wenn nur aus den Urteilsgründen hervorgeht, dass die Revision zugelassen werden soll, eine Revisionszulassung aber nicht im Tenor des Berufungsurteils aufgenommen worden ist),
- für die Tatbestandsberichtigung gem. § 320 ZPO (z.B. wenn aus dem Berufungsurteil Tatsachen als streitig dargestellt werden, die in Wirklichkeit unstreitig sind) und
- für die Urteilsergänzung gem. § 321 ZPO (z.B. wenn ein Vorbehalt fehlt, den der Beklagte benötigt, um seine Rechte im Nachverfahren geltend machen zu können).[86]

c) Der maßgebliche Zeitpunkt für die Beauftragung des Revisionsanwalts

40 Bis wann der Revisionsanwalt spätestens beauftragt werden muss, geben die Fristen zur Einlegung der Nichtzulassungsbeschwerde (§ 544 Abs. 1 S. 2 ZPO) und zur Revisionseinlegung (§ 548 ZPO) vor. Danach muss der Revisionsanwalt – ab Zustellung des in vollständiger Form abgefassten Berufungsurteils gerechnet – vor Ablauf eines Monats beauftragt werden.

41 *Hinweis*

Da es sich bei den Fristen zur Einlegung der Nichtzulassungsbeschwerde und zur Revisionseinlegung um Notfristen handelt, kommt eine Beauftragung des Revisionsanwalts gegebenenfalls auch noch nach Fristablauf in Betracht, solange mit der Einlegung der Nichtzulassungsbeschwerde bzw. der Revisionseinlegung ein Antrag auf **Wiedereinsetzung in den vorigen Stand** verbunden werden kann. Dabei ist darauf zu achten, dass die Wiedereinsetzungsfrist gem. § 234 Abs. 1 ZPO eine Zweiwochenfrist ist und mit dem Tag beginnt, an dem die Ursache der Fristverhinderung beseitigt oder das Fortbestehen des Hindernisses von der Partei oder ihrem Vertreter nicht mehr verschuldet ist.[87]

42 Erfolgt keine Zustellung des in vollständiger Form abgefassten Berufungsurteils, muss zur Bestimmung des Zeitraumes, innerhalb dessen die unterlegene Partei noch einen Revisionsanwalt beauftragen kann, differenziert werden: Soll Nichtzulassungsbeschwerde eingelegt werden, bleibt hierzu bis zum Ablauf von **sechs Monaten** nach Urteilsverkündung genügend Zeit, § 544 Abs. 1 S. 2 ZPO. Ist die Revision demgegenüber vom Berufungsgericht zugelassen worden, beginnt die Revisionsfrist spätestens mit dem Ablauf von **fünf Monaten** nach Urteilsverkündung zu laufen, § 548 ZPO.

---

[86] MüKo-ZPO/*Toussaint*, § 78 Rn 42.
[87] Zöller/*Greger*, § 234 Rn 5 ff.

d) Die Mitwirkung bei der zur Durchführung des Revisionsverfahrens erforderlichen Entscheidungsfindung

Der Berufungsanwalt hat seinen Mandanten über die Revisionsmöglichkeit zu belehren. Er muss deswegen prüfen, 43

- ob die Einlegung einer Revision oder einer Nichtzulassungsbeschwerde zulässig ist und
- bis wann die Revisionseinlegung oder die Einlegung der Nichtzulassungsbeschwerde erfolgen muss.

> *Hinweis* 44
> Über die Erfolgsaussichten der Revision muss sich der Berufungsanwalt nicht äußern, weil die Abgabe einer solchen Einschätzung nicht Gegenstand des ihm erteilten Berufungsauftrages ist. Gleichwohl ist es üblich, dass der Berufungsanwalt die ergangene Entscheidung kurz kommentiert und dem Mandanten gegenüber eine Einschätzung dahingehend abgibt, ob es lohnend ist, einen Revisionsanwalt mit der Überprüfung der Erfolgsaussichten der Revision zu beauftragen.

e) Die Rechtsanwaltsgebühren für die Stellungnahme zu den Erfolgsaussichten der Revision

Nimmt der Berufungsanwalt zu den Erfolgsaussichten der Revision Stellung, kann er dafür eine 1,3-Gebühr nach §§ 2 Abs. 2, 13 RVG i.V.m. Nr. 2101 VV abrechnen, wenn er von dem Mandanten damit beauftragt worden ist, über die Aussichten der Revision ein schriftliches Gutachten zu erstellen. Wird der Rechtsanwalt ohne Auftrag tätig, entsteht ihm kein Gebührenanspruch.[88] Derartige Gutachten fallen weder unter die allgemeine Gutachtengebühr (Nr. 2103 VV) noch unter die Erstberatungsgebühr (Nr. 2102 VV). Abrechnungsgrundlage für die Gebühr nach Nr. 2101 VV ist die jeweilige Beschwer. 45

f) Das Auftragsschreiben an den Revisionsanwalt

Soll das Revisionsverfahren durchgeführt werden, muss der Berufungsanwalt den übernahmewilligen[89] Revisionsanwalt darüber informieren, 46

- für wen er in der Revisionsinstanz tätig werden soll,[90]
- gegen welches Urteil Revision oder Nichtzulassungsbeschwerde eingelegt werden soll,[91]
- wer der Gegner ist,[92]
- wann das anzugreifende Urteil zugestellt worden ist und wann die Frist zur Einlegung der Revision abläuft,[93]

---

[88] BeckOK-RVG/*Hofmann*, VV 2101 RVG Rn 2.
[89] Zur anwaltlichen Sorgfaltspflicht bzgl. der Übernahmewilligkeit des Revisionsanwalts vgl. BGH NJW 2014, 2656.
[90] BGH NJW 1998, 2221.
[91] BGH NJW 1997, 3244.
[92] BGH NJW 1997, 3244.
[93] BGH NJW-RR 1986, 614; BGH NJW-RR 2002, 860.

- mit wem die Korrespondenz geführt werden soll,[94]
- ob Prozesskostenhilfe beantragt werden soll,[95]
- ob eine Rechtsschutzversicherung besteht (und ob diese für die Einlegung der Revision oder für die Durchführung des Revisionsverfahrens bereits Deckungsschutz erteilt hat)[96] und
- ob gegebenenfalls Haftpflichtversicherungen oder dritte Personen, welche die Durchführung des Rechtsstreits finanzieren, informiert werden sollen.

47 *Hinweis*

Im Haftpflichtprozess übernimmt der Versicherer im Namen des Versicherungsnehmers die Prozessführung auf seine Kosten (vgl. Ziff. 5.2 AHB des GDV).

g) Die Entlassung aus der Fristenkontrolle

48 Die notierten Fristen dürfen beim Berufungsanwalt erst dann gestrichen werden, wenn der Revisionsanwalt dem Berufungsanwalt die Übernahme des Mandates bzw. die Überwachung der im Revisionsverfahren zu beachtenden Fristen bestätigt hat.[97]

49 *Hinweis*

Fehlt die Bestätigung am letzten Tag vor dem Fristablauf, muss sich der Berufungsanwalt telefonisch beim Revisionsanwalt über die Fristeneinhaltung informieren. Andernfalls besteht die Gefahr, dass bei Fristversäumnis keine Wiedereinsetzung in den vorigen Stand gewährt wird.[98]

5. Die Sprungrevision

a) Ausgangslage

50 Die Sprungrevision ist ein Rechtsmittel zur Beschleunigung des Prozesses.[99] Sie ist alternativ zur Berufung zulässig, wenn der Sachverhalt, der zur Entscheidung ansteht, unstreitig und nicht weiter aufklärungsbedürftig ist. Ausgenommen sind jedoch Arrest- und Verfügungsurteile (§ 542 Abs. 2 ZPO) und Streitigkeiten, bei denen die Beschwer nicht mindestens den Betrag von 600 EUR übersteigt.[100]

b) Die Einwilligung des Gegners

51 Gem. § 566 Abs. 1 S. 1 Nr. 1 ZPO ist die Sprungrevision ohne die Einwilligung des Gegners nicht zulässig. Allerdings reicht es aus, wenn die Einwilligung mit der Revisionsschrift oder innerhalb der Revisionsfrist vorgelegt wird. Zur Beschleunigung eines

---

94 Zöller/*Greger*, § 233 Rn 23 unter „Mehrere Anwälte" und „Rechtsmittelauftrag".
95 Zöller/*Greger*, § 233 Rn 23 unter „Prozesskostenhilfe".
96 OLG Düsseldorf VersR 1976, 892.
97 BGH NJW 2001, 1576.
98 Zöller/*Greger*, § 233 Rn 23 unter „Mehrere Anwälte" und „Rechtsmittelauftrag".
99 MüKo-ZPO/*Krüger*, § 566 Rn 1.
100 BGH NJW 2003, 143; BGH ZIP 2002, 2184.

Rechtsstreits können die Parteien auch vorab wirksam persönlich vereinbaren, dass gegen ein künftiges Urteil der ersten Instanz nur Sprungrevision eingelegt werden darf.[101]

c) Die Zulassung der Sprungrevision durch das Revisionsgericht

Gem. § 566 Abs. 1 S. 1 Nr. 2 ZPO muss das Revisionsgericht die Sprungrevision zulassen; es erfolgt deshalb dieselbe Vorprüfung wie bei der Nichtzulassungsbeschwerde, vgl. § 566 Abs. 4 S. 1 ZPO.

52

Hinweis

53

Der Antrag auf Zulassung der Sprungrevision gilt gem. § 566 Abs. 1 S. 2 ZPO unwiderlegbar als Verzicht auf das Rechtsmittel der Berufung. Die Verzichtswirkung wird weder durch Unzulässigkeit des Antrags, noch durch Antragsrücknahme, noch durch Nichtzulassung der Sprungrevision beseitigt.[102] In der Praxis sollte man deswegen bei der Empfehlung, Sprungrevision einzulegen, Zurückhaltung walten lassen.

II. Die Revision aus der Sicht des Revisionsbeklagten

1. Vorüberlegungen

a) Präventiver Schutz durch Revisionszulassung

Hauptadressat des Revisionsrechts ist diejenige Partei, die eine Abänderung des angefochtenen Berufungsurteils mit der Revision anstrebt oder die sich mit der Nichtzulassungsbeschwerde gegen die Nichtzulassung der Revision durch das Berufungsgericht wendet (nachfolgend: Revisionskläger). Korrespondierend richten sich die Revisionsbestimmungen in zweiter Linie an das Revisionsgericht. Da die Revision vom Berufungsgericht oder vom Revisionsgericht ausdrücklich zugelassen werden muss, ist die in der Berufungsinstanz obsiegende Partei (nachfolgend: Revisionsbeklagter) von Gesetzes wegen also vor der Revisionsdurchführung so lange geschützt, wie noch keine positive Entscheidung über die Revisionszulassung gefällt worden ist.

54

b) Die Einwilligungsverweigerung gegen die Verlängerung der Frist zur Begründung der Nichtzulassungsbeschwerde

Gem. § 544 Abs. 2 S. 2 i.V.m. § 551 Abs. 2 S. 6 ZPO kann der Antrag des Revisionsklägers auf Verlängerung der Frist zur Begründung der Nichtzulassungsbeschwerde ohne Einwilligung des Revisionsbeklagten nur um bis zu zwei Monate verlängert werden.

55

Hinweis

56

Durch die Einwilligungsverweigerung kann der Revisionsbeklagte der Verzögerung des Rechtskrafteintritts entgegenwirken.[103]

---

101 BGH NJW 1986, 198.
102 MüKoZPO/*Krüger*, § 566 Rn 16.
103 *Kramer*, S. 39 ff.

c) Die Gelegenheit zur Stellungnahme auf die Nichtzulassungsbeschwerde

57 Gem. § 544 Abs. 3 ZPO gibt das Revisionsgericht dem Revisionsbeklagten Gelegenheit zur Stellungnahme. Eine Stellungnahme ist erforderlich, wenn dargelegt werden soll, dass Zulassungsgründe für die Revision i.S.v. § 543 Abs. 2 ZPO nicht vorliegen.[104] Unabhängig von der Stellungnahme prüft das Revisionsgericht aber auch von Amts wegen, ob die Zulassungsgründe i.S.v. § 543 Abs. 2 ZPO schlüssig dargelegt sind.[105]

d) Die Einwilligungsverweigerung für die Verlängerung der Revisionsbegründungsfrist

58 Gem. § 551 Abs. 2 S. 5 ZPO kann die Frist zur Begründung der Revision vom Vorsitzenden verlängert werden, wenn der Gegner einwilligt. Gem. § 551 Abs. 2 S. 6 ZPO kann die Frist ohne Einwilligung des Gegners nur um bis zu zwei Monate verlängert werden.

59 *Hinweis*

Auch hier kann der Revisionsbeklagte durch die Einwilligungsverweigerung weitere Verzögerungen des Rechtskrafteintritts verhindern.[106]

e) Die Revisionserwiderung

60 Im Revisionsverfahren gibt es kein schriftliches Vorverfahren. Beraumt das Revisionsgericht Termin zur mündlichen Verhandlung an, beachtet es lediglich gem. § 553 Abs. 2 i.V.m. § 274 Abs. 3 ZPO die **zweiwöchige** Einlassungsfrist.

61 *Hinweis*

Der Revisionsbeklagte sollte daher spätestens nach Zugang der Revisionsbegründung einen Revisionsanwalt mit der Anfertigung der Revisionserwiderung beauftragen.

f) Die Anschlussrevision

62 Gem. § 554 Abs. 2 S. 2 ZPO kann sich der Revisionsbeklagte bis zum Ablauf eines Monats nach Zustellung der Revisionsbegründung der gegnerischen Revision anschließen. Die Anschlussrevision muss innerhalb der Frist auch begründet werden, § 554 Abs. 3 S. 1 ZPO.[107] Eine Verlängerung der Frist ist nicht möglich.[108] Gegen eine Versäumung der Frist kommt Wiedereinsetzung in den vorigen Stand in Betracht.[109]

g) Der Antrag, das Berufungsurteil im nicht angefochtenen Umfang für vorläufig vollstreckbar zu erklären

63 Gem. § 558 ZPO kann der Revisionsbeklagte beantragen, ein nicht oder nicht unbedingt für vorläufig vollstreckbar erklärtes Urteil des Berufungsgerichts insoweit für vorläufig vollstreckbar zu erklären, wie das Urteil durch die Revisionsanträge des Revisionsklägers nicht angefochten wird.

---

104 BGH NJW 2002, 3334.
105 BGH WM 2003, 403.
106 MüKo-ZPO/*Krüger*, § 551 Rn 14..
107 MüKo-ZPO/*Krüger*, § 554 Rn 12.
108 MüKo-ZPO/*Krüger*, § 554 Rn 11.
109 BGH VersR 1977, 152.

h) Die Säumnis des Revisionsbeklagten in der Revisionsinstanz

Werden vom Revisionskläger keine neuen Tatsachen vorgetragen, gelten die bisher streitigen Tatsachen – anders als in der Berufungsinstanz nach § 539 Abs. 2 ZPO – in der Revisionsinstanz **nicht** als zugestanden. Das Revisionsgericht entscheidet den Rechtsstreit also auf der Basis des Tatsachenvortrags aus der Vorinstanz. Auf die Entscheidung des Revisionsgerichts hat die Säumnis des Revisionsbeklagten insoweit keinen Einfluss.[110]

> *Hinweis*
> Werden demgegenüber zulässigerweise neue Tatsachen vorgebracht, gelten diese bei Säumnis des Revisionsbeklagten gem. §§ 331 Abs. 1, 335 Abs. 1 Nr. 3 ZPO als zugestanden. Erweist sich die Revision danach als begründet, ist durch echtes Versäumnisurteil zu entscheiden. Erweist sich die Revision als unbegründet, ist sie durch streitiges Endurteil zurückzuweisen.[111]

2. Die Fristenkontrolle

a) Ausgangslage

Der Revisionsbeklagte muss genauso wie der Revisionskläger verschiedene Fristen unter Kontrolle halten, um zu verhindern, dass ihm in der Revisionsinstanz Nachteile entstehen. Grundsätzlich gilt für ihn bei der Fristenkontrolle dasselbe wie für den Revisionskläger.

b) Die Tatbestandsberichtigungsfrist

Gem. § 559 Abs. 1 S. 1 ZPO legt das Revisionsgericht seiner Beurteilung nur dasjenige Parteivorbringen zugrunde, das sich aus dem Berufungsurteil und dem Sitzungsprotokoll ergibt.[112] Etwaige Fehler müssen gem. § 320 ZPO korrigiert werden.[113] Dafür muss der Revisionsbeklagte die zweiwöchige Tatbestandsberichtigungsfrist beachten. Die Darlegungen zur Bedeutung der Tatbestandsberichtigungsfrist beim Revisionskläger gelten sinngemäß.[114]

c) Die Urteilsergänzungsfrist

Weiter muss der Revisionsbeklagte die Urteilsergänzungsfrist im Auge halten, z.B. dann, wenn über einen laut Tatbestand erhobenen Haupt- oder Nebenanspruch oder über den Kostenpunkt im Berufungsurteil nicht entschieden worden ist. Auch hier wird auf die Ausführungen zur Urteilsergänzungsfrist für den Revisionskläger Bezug genommen.[115]

---

110 MüKo-ZPO/*Krüger*, § 555 Rn 17.
111 MüKo-ZPO/*Krüger*, § 555 Rn 17.
112 BGH NJW 1988, 3094; BGH NJW 1990, 2755.
113 MüKo-ZPO/*Krüger*, § 559 Rn 4.
114 S. Rdn 29.
115 S. Rdn 30 f.

§ 19 Das Revisionsrecht – die Übergabe an den Revisionsanwalt

d) Die Frist zur Stellungnahme auf die Nichtzulassungsbeschwerde

69 Gem. § 544 Abs. 3 ZPO räumt das Revisionsgericht dem Gegner des Beschwerdeführers Gelegenheit zur Stellungnahme auf die Nichtzulassungsbeschwerde ein. Bis wann Stellung genommen werden soll, richtet sich nach der Verfügung des Revisionsgerichts.

e) Abhilfefrist bei Revisionszulassung ohne vorherige Möglichkeit zur Stellungnahme

70 Bei Revisionszulassung ohne vorherige Gelegenheit zur Stellungnahme nach § 544 Abs. 3 ZPO kann der Revisionsbeklagte innerhalb einer Notfrist von zwei Wochen analog § 321a ZPO die Verletzung seines Anspruchs auf rechtliches Gehör rügen.[116]

f) Die Frist zur Einlegung und Begründung der Anschlussrevision

71 Gem. § 554 Abs. 2 S. 2 ZPO ist die Anschlussrevision bis zum Ablauf eines Monats nach Zustellung der Revisionsbegründung zulässig; sie muss gem. § 554 Abs. 3 S. 1 ZPO auch innerhalb dieser Frist begründet werden. Eine Verlängerung der Frist zur Einlegung und Begründung der Anschlussrevision kommt nicht in Betracht, weil § 554 Abs. 3 S. 2 ZPO nicht auf § 551 Abs. 2 ZPO verweist, der die Verlängerungsmöglichkeit für die Revisionsbegründungsfrist enthält.[117] Problematisch ist bei der Anschlussrevision die Wiedereinsetzung in den vorigen Stand. Da es sich bei der Frist zur Einlegung und Begründung der Anschlussberufung weder um eine Notfrist noch um eine andere der in § 233 ZPO genannten Fristen handelt, kann die Wiedereinsetzung in den vorigen Stand nur durch eine analoge Anwendung der §§ 233 ff. ZPO herbeigeführt werden. Die h.M. lässt eine solche Analogie zu.[118]

g) Die Revisionserwiderungsfrist

72 Anders als im Berufungsrecht (vgl. dort § 521 Abs. 2 ZPO) gibt es im Revisionsrecht keine Bestimmung zur Revisionserwiderung. § 551 Abs. 4 ZPO bestimmt lediglich i.V.m. § 550 Abs. 2 ZPO, dass die Revisionsbegründung der Gegenpartei zuzustellen ist. Ab diesem Zeitpunkt hat der Revisionsbeklagte die Möglichkeit, die Revisionserwiderung vorzulegen.

h) Der Antrag auf vorläufige Vollstreckbarkeit

73 Nach Ablauf der Revisionsbegründungsfrist kann der Revisionsbeklagte den Antrag stellen, ein nicht oder nicht unbedingt für vorläufig vollstreckbar erklärtes Urteil des Berufungsgerichts für vorläufig vollstreckbar zu erklären, soweit es mit der Revision nicht angefochten wird. Sinngemäß gilt dasselbe wie bei § 537 Abs. 1 ZPO.[119]

---

[116] Thomas/Putzo/*Reichold*, § 544 Rn 24.
[117] MüKo-ZPO/*Krüger*, § 554 Rn 11.
[118] BGH VersR 1977, 152, 153; *Bruns*, JZ 1968, 456; MüKoZPO/*Krüger*, § 554 Rn 11.
[119] S. § 17 Rdn 379.

3. Die Übergabe an den Revisionsanwalt

a) Ausgangslage

Ist das Berufungsurteil revisibel, muss sich die vor dem Berufungsgericht obsiegende Partei darauf einstellen, dass die unterlegene Partei die Durchführung des Revisionsverfahrens anstreben wird. Um das Interesse am Bestand des Berufungsurteils zu verteidigen, kommt es darauf an, dass der Revisionsbeklagte sein Verteidigungsvorbringen in der jeweils richtigen Verteidigungsphase anbringt; drei Verteidigungsphasen sind zu unterscheiden: 74

b) Prozesshandlungen zur Vorbereitung der Revisionserwiderung vor dem Berufungsgericht

Vor dem Berufungsgericht muss der Berufungsanwalt der obsiegenden Partei nach § 320 ZPO rechtzeitig Tatbestandsberichtigung beantragen, z.B. damit ein vom Berufungsgericht zugunsten der unterlegenen Partei als unstreitig behandelter Teil des Tatbestandes, der tatsächlich streitig war, in der Revisionsinstanz nicht mehr als unstreitig behandelt werden kann. Zur Vorbereitung der Revision auf Seiten des Revisionsbeklagten gilt hier also dasselbe wie für den Revisionskläger.[120] 75

c) Die Beauftragung des Revisionsanwalts zur Abgabe einer Stellungnahme auf die Nichtzulassungsbeschwerde

Im Verfahren über die Nichtzulassungsbeschwerde prüft das Revisionsgericht, ob die vom Beschwerdeführer dargelegten Zulassungsgründe i.S.v. § 543 Abs. 2 ZPO schlüssig und substantiiert sind.[121] Kommt es darauf an, darzutun, dass 76

- die Rechtssache keine grundsätzliche Bedeutung hat (§ 543 Abs. 2 S. 1 Nr. 1 ZPO) oder
- die Fortbildung des Rechts oder die Sicherung einer einheitlichen Rechtsprechung eine Entscheidung des Revisionsgerichts nicht erfordert (§ 543 Abs. 2 S. 1 Nr. 2 ZPO),

muss der Prozessvertreter der obsiegenden Partei in der Berufungsinstanz seinen Mandanten über die Möglichkeiten der Beauftragung eines Revisionsanwalts bereits in diesem Stadium unterrichten.

Hinweis 77

Ob dem Mandanten die Beauftragung eines Revisionsanwalts zur Fertigung einer Stellungnahme nach § 544 Abs. 3 ZPO empfohlen werden soll, hängt in der Praxis davon ab, wie hoch die Wahrscheinlichkeit ist,

- dass der Rechtssache grundsätzliche Bedeutung beikommt oder
- dass die Fortbildung des Rechts oder die Sicherung einer einheitlichen Rechtsprechung eine Entscheidung des Revisionsgerichts erfordert.

---

120 S. Rdn 29.
121 BGH NJW 2002, 3334; BGH WM 2003, 403.

Außerdem fällt die Werthaltigkeit eines etwaigen Kostenerstattungsanspruchs gegen den Beschwerdeführer ins Gewicht. Denn durch die Beauftragung eines Revisionsanwalts mit der Abgabe einer Stellungnahme nach § 544 Abs. 3 ZPO entsteht eine 2,3-Verfahrensgebühr nach §§ 2 Abs. 2, 13 RVG i.V.m. Nr. 3208 VV. Ist bereits im Vorfeld erkennbar, dass die Nichtzulassungsbeschwerde keine Erfolgsaussichten haben wird und der Kostenerstattungsanspruch des Mandanten für die Einschaltung des BGH-Anwalts wegen der Zahlungsschwäche des Gegners nicht werthaltig ist, sollte von der Beauftragung eines BGH-Anwalts zur Fertigung der Stellungnahme nach § 544 Abs. 3 ZPO abgeraten werden.

d) Die Übergabe an den Revisionsanwalt nach Zustellung der Revisionsbegründung

78 Ist die Revision durch das Berufungsgericht oder das Revisionsgericht zugelassen worden, kann eine Urteilsabänderung in der Revisionsinstanz nicht mehr ausgeschlossen werden. Dem Revisionsbeklagten ist deswegen spätestens mit der Zustellung der Revisionsbegründung zu raten, einen Revisionsanwalt mit der Anfertigung der Revisionserwiderung zu beauftragen. Außerdem beginnt mit der Zustellung der Revisionsbegründung die einmonatige Frist zur Einlegung und Begründung der Anschlussrevision. Da diese Frist nicht verlängerbar ist, kommt es unbedingt darauf an, den Revisionsanwalt nach Zustellung der Revisionsbegründung so früh wie möglich zu beauftragen.

4. Die Sprungrevision aus der Sicht des Revisionsbeklagten

79 Gem. § 566 Abs. 1 S. 1 Nr. 1 ZPO kann der Revisionskläger eine Sprungrevision nur dann durchführen, wenn der Revisionsbeklagte einwilligt.

80 *Hinweis*

Der Revisionsbeklagte, der sich noch selbst vorbehalten möchte, gegen das angefochtene Urteil Berufung einzulegen, darf die Einwilligung im Hinblick auf § 566 Abs. 1 S. 2 ZPO nicht erteilen. Denn die Erklärung der Einwilligung gilt gem. § 566 Abs. 1 S. 2 ZPO als Verzicht auf das Rechtsmittel der Berufung.

C. Muster

I. Muster für den Revisionskläger: Urteilsübersendung an die Partei bei Revisionszulassung durch das Berufungsgericht

▼

Frau/Herrn

, den

Unser Zeichen:

Sehr geehrte Frau /Sehr geehrter Herr ,

in der vorstehenden Angelegenheit übersende ich Ihnen beiliegend das mir am zugestellte Urteil des Landgerichts/Oberlandesgerichts . Zwar hat das Landgericht/Oberlandesgericht das angefochtene Urteil des Amtsgerichts/Landgerichts bestätigt; wie aus dem Tenor der Entscheidung hervorgeht, ist allerdings die Revision zugelassen worden.

Wenn Sie die Durchführung des Revisionsverfahrens wünschen, müsste die Revision spätestens bis zum

beim Bundesgerichtshof eingelegt werden. Da ich Sie im Revisionsverfahren vor dem Revisionsgericht nicht vertreten kann, müsste die Revisionseinlegung durch einen am Bundesgerichtshof zugelassenen Rechtsanwalt vorgenommen werden. Bei der Vermittlung eines Kollegen bin ich Ihnen gerne behilflich. Falls ich von Ihnen bis zum

keine anderweitigen Informationen erhalte, gehe ich jedoch davon aus, dass die Revision nicht durchgeführt werden soll. Für Rücksprachen stehe ich Ihnen jederzeit und gerne zur Verfügung und verbleibe

mit freundlichen Grüßen

Rechtsanwalt

II. Muster für den Revisionskläger bei rechtmäßigerweise teilweiser Revisionszulassung durch das Berufungsgericht

▼

Frau/Herr

, den

unser Zeichen:

Sehr geehrte Frau , sehr geehrter Herr ,

in der vorstehenden Angelegenheit übersende ich Ihnen beiliegend das mir am zugestellte Urteil des Landgerichts/Oberlandesgerichts . Zwar hat das Landgericht/Oberlandegericht das angefochtene Urteil des Amtsgerichts/Landgerichts bestätigt; wie aus dem Tenor der Entscheidung hervorgeht, ist die Revision allerdings teilweise zugelassen worden.

Die Revisionszulassung bezieht sich auf folgenden Komplex: ▓▓▓▓. Wenn Sie insoweit die Durchführung des Revisionsverfahrens wünschen, müsste die Revision spätestens bis zum ▓▓▓▓ beim Bundesgerichtshof eingelegt werden. Da ich Sie im Revisionsverfahren vor dem Revisionsgericht nicht vertreten kann, müsste die Revisionseinlegung durch einen am Bundesgerichtshof zugelassenen Rechtsanwalt vorgenommen werden. Bei der Vermittlung eines Kollegen bin ich Ihnen gerne behilflich.

Bezüglich desjenigen Teils der Entscheidung, bezogen auf den die Revision nicht zugelassen worden ist, ist die Nichtzulassungsbeschwerde möglich. Die Nichtzulassungsbeschwerde muss ebenfalls bis spätestens zum

beim Bundesgerichtshof durch einen am Bundesgerichtshof zugelassenen Rechtsanwalt eingelegt werden.

Ich empfehle Ihnen gegen die Entscheidung des Berufungsgerichts die zugelassene Revision einzulegen, weil ▓▓▓▓. Bezüglich der möglichen Nichtzulassungsbeschwerde empfehle ich Ihnen, diese ebenfalls durchzuführen/nicht durchzuführen, weil ▓▓▓▓.

Für eine Rücksprache stehe ich Ihnen jederzeit und gerne zur Verfügung. Falls ich von Ihnen jedoch bis zum

keine anderweitigen Informationen erhalte, gehe ich davon aus, dass Sie die Revision/Nichtzulassungsbeschwerde nicht durchführen wollen.

Ich verbleibe

mit freundlichen Grüßen

Rechtsanwalt

III. Muster für den Revisionskläger: Urteilsübersendung bei zweifelhafter Beschränkung der Revisionszulassung durch das Berufungsgericht

83 Frau/Herr ▓▓▓▓

▓▓▓▓, den ▓▓▓▓, unter Zeichen ▓▓▓▓

Sehr geehrte Frau ▓▓▓▓/sehr geehrter Herr ▓▓▓▓,

ich halte die vom Berufungsgericht vorgenommene Beschränkung der Revision für unwirksam, weil ▓▓▓▓. Dies könnte dazu führen, dass das Revisionsgericht die Revisionszulassung als uneingeschränkte Revisionszulassung betrachtet und das bedeutet, dass sämtliche Angriffe gegen das Berufungsurteil im Revisionsverfahren vorgebracht werden könnten. Dies ist jedoch nicht sicher. Deswegen empfehle ich vorsorglich die Nichtzulassungsbeschwerde einzulegen. Zwar würde die Nichtzulassungsbeschwerde als unstatthaft zurückgewiesen, wenn der BGH zu dem Ergebnis gelangen würde, dass die eingelegte Revision als uneingeschränkt eingelegte Revision zu behandeln ist. Hiermit wären auch Kostennachteile verbunden, die ich Ihnen gerne erläutere, wenn Sie dies wünschen. Käme der BGH allerdings abweichend von meinen Zweifeln zu dem Ergebnis, dass die beschränkte Revisionszulassung rechtmäßig wäre, könnten weitere Angriffe gegen das Berufungsurteil eben nur mit der Nichtzulassungsbeschwerde vorgebracht werden.

Ich verbleibe

mit freundlichen Grüßen

Rechtsanwalt

IV. Muster für den Revisionskläger: Urteilsübersendung ohne Revisionszulassung

Frau/Herrn

, den

Unser Zeichen:

Sehr geehrte Frau   /Sehr geehrter Herr   ,

in vorstehender Angelegenheit übersende ich Ihnen beiliegend das mir am   zugestellte Urteil des Landgerichts/Oberlandesgerichts   . Wie Sie dem Urteil im Einzelnen entnehmen können, hat das Landgericht/Oberlandesgericht das angefochtene Urteil des Amtsgerichts/Landgerichts leider bestätigt. Die Revision ist nicht zugelassen worden.

Gleichwohl besteht die Möglichkeit, gegen die Nichtzulassung der Revision vor dem Bundesgerichtshof bis spätestens zum

die Nichtzulassungsbeschwerde einzulegen. Hierzu ist es erforderlich, einen am Bundesgerichtshof zugelassenen Rechtsanwalt zu beauftragen. Bei der Vermittlung bin ich Ihnen gerne behilflich. Wenn ich von Ihnen bis zum

keine anderweitigen Informationen erhalte, gehe ich jedoch davon aus, dass Sie die Einlegung der Nichtzulassungsbeschwerde nicht wünschen. Für Rücksprachen stehe ich Ihnen jederzeit und gerne zur Verfügung und verbleibe

mit freundlichen Grüßen

Rechtsanwalt

§ 19 Das Revisionsrecht – die Übergabe an den Revisionsanwalt

V. Muster für den Revisionskläger: Gutachten über die Erfolgsaussichten der Revision

85 Frau/Herrn

, den

Unser Zeichen:

Sehr geehrte Frau /Sehr geehrter Herr ,

in vorstehender Angelegenheit erstatte ich Ihnen unter Bezugnahme auf den erteilten Auftrag zur Überprüfung der Erfolgsaussichten der Revision folgendes Gutachten:

.

Mit freundlichen Grüßen

Rechtsanwalt

VI. Muster für den Revisionskläger: Revisionsauftrag bei uneingeschränkter Revisionszulassung durch das Revisionsgericht

86 Rechtsanwalt

, den

Unser Zeichen:

Neue Sache

Sehr geehrter Herr Kollege ,

in der vorstehenden Angelegenheit bitte ich Sie namens des/der gegen das anliegende Urteil des Landgerichts/Oberlandesgerichts vom , mir zugestellt am , Revision einzulegen. Revisionsgegner ist .

Namens und im Auftrag der Mandantin/des Mandanten darf ich Sie ferner bitten, vor Revisionseinlegung die Erfolgsaussichten der Revision zu überprüfen. Falls dies bis zum Ablauf der Revisionsfrist nicht abschließend möglich ist, bitte ich Sie darum, die übliche Fristverlängerung zu beantragen und die Gegenseite zu bitten, noch keinen am Revisionsgericht zugelassenen Rechtsanwalt zu beauftragen.[122]

---

[122] Gegebenenfalls ist dem Revisionsanwalt noch mitzuteilen, ob Prozesskostenhilfe beantragt werden soll, ob eine Rechtsschutzversicherung besteht und ob gegebenenfalls dritte Personen (z.B. eine Haftpflichtversicherung) von der Durchführung des Revisionsverfahrens unterrichtet werden sollen.

Weiter bitte ich Sie, mir die Übernahme des Mandates zu bestätigen und die Korrespondenz mit mir unmittelbar zu führen. Für weitere Rückfragen stehe ich Ihnen jederzeit und gerne zur Verfügung und verbleibe

mit freundlichen kollegialen Grüßen

Rechtsanwalt

VII. Muster für den Revisionskläger: Revisionsauftrag bei beschränkter Revisionszulassung durch das Revisionsgericht

▼

Rechtsanwalt

, den

Unser Zeichen:

Neue Sache

Sehr geehrter Herr Kollege ,

in der vorstehenden Angelegenheit bitte ich Sie namens des/der gegen das anliegende Urteil des Landgerichts/Oberlandesgerichts vom , mir zugestellt am Revision einzulegen. Revisionsgegner ist .

Wie Sie der Entscheidung entnehmen, ist die Revision nur teilweise zugelassen worden. Nach meiner Auffassung ist die teilweise Revisionszulassung rechtmäßig/unrechtmäßig, weil . Ich bitte Sie namens und im Auftrag meines Mandanten/meiner Mandantin zu überprüfen, wie Sie diese Auffassung einschätzen.

Da mein Mandant die Entscheidung vollumfassend erreichen möchte, bitte ich Sie für den Fall, dass Sie zu dem Ergebnis gelangen, dass die teilweise Revisionszulassung rechtmäßig ist, gegen die Entscheidung insoweit, als die Revision nicht zugelassen worden ist, Nichtzulassungsbeschwerde einzulegen. In der Anlage überlasse ich Ihnen auch insoweit mein Anschreiben an den Mandanten. Bitte führen Sie die weitere Korrespondenz unmittelbar mit mir. Für weitere Rückfragen stehe ich Ihnen jederzeit und gerne zur Verfügung und verbleibe

mit freundlichen kollegialen Grüßen

Rechtsanwalt

§ 19 Das Revisionsrecht – die Übergabe an den Revisionsanwalt

VIII. Muster für den Revisionskläger: Auftrag zur Anfertigung der Nichtzulassungsbeschwerde gegen Urteile ohne Revisionszulassung

19.8 ▼

88 Rechtsanwalt

▮

▮, den ▮

Unser Zeichen: ▮

Neue Sache

Sehr geehrter Herr Kollege ▮,

in der vorstehenden Angelegenheit bitte ich Sie namens des/der ▮ gegen das anliegende Urteil des Oberlandesgerichts vom ▮, mir zugestellt am ▮, Nichtzulassungsbeschwerde einzulegen. Beschwerdegegner ist ▮.

Namens der Mandantin/des Mandanten darf ich Sie bitten, vor Einlegung der Nichtzulassungsbeschwerde deren Aussichten zu überprüfen. Falls dies bis zum Ablauf der Frist zur Begründung der Nichtzulassungsbeschwerde nicht abschließend möglich ist, bitte ich Sie, die übliche Fristverlängerung zu beantragen und die Gegenseite zu bitten, zunächst noch keinen am Revisionsgericht zugelassenen Kollegen zu beauftragen.[123]

Ich bitte Sie ferner, mir die Übernahme des Mandates zu bestätigen und die Korrespondenz mit mir unmittelbar zu führen. Für weitere Rückfragen stehe ich Ihnen jederzeit und gerne zur Verfügung und verbleibe

mit freundlichen kollegialen Grüßen

▮

Rechtsanwalt

▲

IX. Muster für den Revisionskläger: Anschreiben an den Gegner mit der Bitte, in die Übergehung des Berufungsverfahrens einzuwilligen

19.9 ▼

89 Rechtsanwalt

▮

▮, den ▮

Rechtsstreit ▮ ./. ▮

Ihr Zeichen: ▮

Sehr geehrter Herr Kollege ▮,

in der vorstehenden Angelegenheit beabsichtigt mein Mandant gegen das erstinstanzliche Urteil des Amtsgerichts/Landgerichts ▮ vom ▮, hier zugestellt am ▮, die Sprungrevision einzulegen. Damit wird eine Beschleunigung des Prozesses

---

123 Gegebenenfalls ist der Revisionsanwalt noch darüber zu informieren, ob Prozesskostenhilfe beantragt werden soll, ob eine Rechtsschutzversicherung besteht und ob gegebenenfalls dritte Personen (z.B. eine Haftpflichtversicherung) über die Durchführung der Nichtzulassungsbeschwerde unterrichtet werden müssen.

bezweckt, die letztlich dem Interesse beider Parteien dient. Da mit der Sprungrevision die Berufungsinstanz übergangen wird, bitte ich Sie namens und im Auftrag meines Mandanten, in die Übergehung der Berufungsinstanz gem. § 566 Abs. 1 S. 1 Nr. 1 ZPO bis spätestens zum

schriftlich einzuwilligen. Wenn eine entsprechende Einwilligung bis dahin nicht vorliegt, gehe ich davon aus, dass Ihre Partei mit der Durchführung des Sprungrevisionsverfahrens nicht einverstanden ist. Mein Mandant wird sich für diesen Fall vorbehalten, das Berufungsverfahren durchzuführen.

Mit freundlichen kollegialen Grüßen

Rechtsanwalt

X. Muster für den Revisionskläger: Auftrag zur Anfertigung des Antrags auf Zulassung der Sprungrevision

▼
Rechtsanwalt

, den

Neue Sache

Sehr geehrter Herr Kollege ,

in vorstehender Angelegenheit bitte ich Sie namens des/der gegen das erstinstanzliche Urteil des Amtsgerichts/Landgerichts vom , hier zugestellt am , gem. § 566 Abs. 2 ZPO die Zulassung der Sprungrevision zu beantragen. Die besonderen Zulassungsgründe (§ 566 Abs. 4 ZPO) halte ich hier für gegeben, weil .

Weiter bitte ich Sie, mir die Übernahme des Mandates zu bestätigen und die Korrespondenz unmittelbar mit mir zu führen. Für weitere Rückfragen stehe ich Ihnen jederzeit und gerne zur Verfügung und verbleibe

mit freundlichen kollegialen Grüßen

Rechtsanwalt

XI. Muster für den Revisionsbeklagten: Urteilsübersendung bei Revisionszulassung

91   Frau/Herrn

, den

Unser Zeichen:

Sehr geehrte Frau /Sehr geehrter Herr ,

in der vorstehenden Angelegenheit kann ich Ihnen die erfreuliche Mitteilung machen, dass das Landgericht/Oberlandesgericht
- ☐ das angefochtene Urteil des Amtsgerichts/Landgerichts entsprechend unserer Berufungsanträge hin abgeändert hat.
- ☐ die gegnerische Berufung gegen das Urteil des Amtsgerichts/Landgerichts vom zurückgewiesen hat.

Das Urteil des Berufungsgerichts ist aber noch nicht rechtskräftig, weil das Berufungsgericht die Revisionseinlegung zugelassen hat. Die Revision muss vom Gegner innerhalb einer Frist von einem Monat ab Zustellung des in vollständiger Form abgefassten Urteils eingelegt werden. Insoweit werde ich von mir aus auf die Angelegenheit zurückkommen und verbleibe

mit freundlichen Grüßen

Rechtsanwalt

XII. Muster für den Revisionsbeklagten: Urteilsübersendung ohne Revisionszulassung

92   Frau/Herrn

, den

Unser Zeichen:

Sehr geehrte Frau /Sehr geehrter Herr ,

in der vorstehenden Angelegenheit kann ich Ihnen die erfreuliche Mitteilung machen, dass das Landgericht/Oberlandesgericht
- ☐ das angefochtene Urteil des Landgerichts auf die Berufung hin abgeändert hat.
- ☐ die gegnerische Berufung zurückgewiesen hat.

Die Revision ist vom Berufungsgericht nicht zugelassen worden. Der Gegner kann aber gegen die Entscheidung innerhalb einer Frist von einem Monat ab Zustellung des in vollständiger Form abgefassten Urteils Nichtzulassungsbeschwerde beim Bundesgerichtshof einlegen. Solange die Möglichkeit der Einlegung der Nichtzulassungsbeschwerde besteht, wird die Entscheidung des Berufungsgerichts noch nicht rechtskräftig. Ich werde von mir aus auf die Angelegenheit zurückkommen und verbleibe bis dahin

mit freundlichen Grüßen

Rechtsanwalt

XIII. Muster für den Revisionsbeklagten: Die Übersendung der Nichtzulassungsbeschwerde an den Mandanten

▼

Frau/Herrn

, den

Unser Zeichen:

Sehr geehrte Frau /Sehr geehrter Herr ,

in der vorstehenden Angelegenheit nehme ich Bezug auf mein Schreiben vom und überlasse Ihnen beiliegend die von der Gegenseite eingelegte Nichtzulassungsbeschwerde. Die Gegenseite muss die Nichtzulassungsbeschwerde bis spätestens zum begründen. Ohne diesseitige Einwilligung kann die Frist zur Begründung der Nichtzulassungsbeschwerde vom Revisionsgericht bis zu zwei Monate verlängert werden. Sobald die Begründung der Nichtzulassungsbeschwerde vorliegt, werde ich von mir aus auf die Angelegenheit zurückkommen und verbleibe bis dahin

mit freundlichen Grüßen

Rechtsanwalt

XIV. Muster für den Revisionsbeklagten: Die Übersendung der Beschwerdebegründung bei offensichtlich fehlenden Erfolgsaussichten

▼

Frau/Herrn

, den

Unser Zeichen:

Sehr geehrte Frau /Sehr geehrter Herr ,

in der vorstehenden Angelegenheit nehme ich Bezug auf mein Schreiben vom und übersende Ihnen beiliegend die Beschwerdebegründung vom mit der Verfügung des Bundesgerichtshofs, wonach Gelegenheit gegeben wird, bis zum

§ 19 Das Revisionsrecht – die Übergabe an den Revisionsanwalt

zur Nichtzulassungsbeschwerde des Revisionsklägers Stellung zu nehmen. Im Verfahren über die Nichtzulassungsbeschwerde wird noch nicht über die Revision als solche entschieden. Der Bundesgerichtshof prüft lediglich, ob
- ☐ die Rechtssache grundsätzliche Bedeutung hat oder
- ☐ die Fortbildung des Rechts oder die Sicherung einer einheitlichen Rechtsprechung eine Entscheidung des Revisionsgerichts erfordert.

Die Stellungnahme müsste von einem am Bundesgerichtshof zugelassenen Rechtsanwalt abgegeben werden; für die Beauftragung entstünde auf der Basis eines Streitwertes von ▬▬▬ EUR eine 2,3-Verfahrensgebühr gem. §§ 2 Abs. 2, 13 RVG i.V.m. Nr. 3208 VV zuzüglich Auslagen und Mehrwertsteuer (entspricht ▬▬▬ EUR). Die Beauftragung eines am Bundesgerichtshof zugelassenen Kollegen ist im jetzigen Verfahrensstadium aber noch nicht zwingend erforderlich.

Für eine Beauftragung spricht zwar, dass die Einwände der fehlenden grundsätzlichen Bedeutung der Rechtssache und der fehlenden Bedeutung für die Fortbildung des Rechts oder die Sicherung einer einheitlichen Rechtsprechung nach Zulassung der Revision nicht mehr vorgebracht werden können. Gegen eine Beauftragung spricht jedoch, dass der Bundesgerichtshof die Zulassungsgründe von Amts wegen prüft und im vorliegenden Fall nicht ausgeschlossen ist, dass der Bundesgerichtshof die Nichtzulassungsbeschwerde schon von sich aus zurückweisen wird. In diesem Fall stünden Sie bei Beauftragung eines am Bundesgerichtshofs zugelassenen Rechtsanwaltes zur Anfertigung der Stellungnahme zur Beschwerdebegründung schlechter, als Sie ohne eine entsprechende Beauftragung stünden, wenn sich Ihr Kostenerstattungsanspruch gegen den – bekanntermaßen zahlungsschwachen – Beschwerdeführer nicht realisieren ließe.

Ich werde deswegen keinen am Bundesgerichtshof zugelassenen Rechtsanwalt mit der Anfertigung einer Stellungnahme zur Beschwerdebegründung beauftragen, wenn ich von Ihnen bis zum

▬▬▬

keine anderweitige Anweisung erhalte. Für etwaige Rückfragen stehe ich Ihnen jederzeit und gerne zur Verfügung und verbleibe

mit freundlichen Grüßen

▬▬▬

Rechtsanwalt

XV. Muster für den Revisionsbeklagten: Die Übersendung der Beschwerdebegründung bei nicht auszuschließenden Erfolgsaussichten

19.15

Frau/Herrn

, den

Unser Zeichen:

Sehr geehrte Frau /Sehr geehrter Herr ,

in der vorstehenden Angelegenheit nehme ich Bezug auf mein Schreiben vom und überlasse Ihnen in der Anlage die Beschwerdebegründung der Gegenseite. Beigefügt ist ebenfalls die Verfügung des Bundesgerichtshofs, wonach die Möglichkeit gegeben wird, bis zum

zu der Beschwerdebegründung Stellung zu nehmen. Das Revisionsgericht prüft im Verfahren über die Nichtzulassungsbeschwerde, ob
☐ der Rechtssache grundsätzliche Bedeutung beikommt oder
☐ die Fortbildung des Rechts oder die Sicherung einer einheitlichen Rechtsprechung eine Entscheidung des Revisionsgerichts erfordert.

Wenn die Revision zugelassen worden ist, können diese beiden Einwände im weiteren Verlauf des Revisionsverfahrens nicht mehr vorgebracht werden. Da im vorliegenden Fall nicht auszuschließen ist, dass die Gegenseite mit der Nichtzulassungsbeschwerde bzw. ihrer Revision durchdringen könnte, empfehle ich Ihnen jetzt schon, einen am Revisionsgericht zugelassenen Rechtsanwalt mit der Anfertigung einer Stellungnahme zu der Beschwerdebegründung zu beauftragen. Bei der Vermittlung bin ich Ihnen gerne behilflich. Wenn ich von Ihnen bis zum

keine anderweitige Anweisung erhalte, werde ich von mir aus jedoch keinen am Bundesgerichtshof zugelassenen Rechtsanwalt mit der Stellungnahme zu der Beschwerdebegründung beauftragen. Für Rückfragen stehe ich Ihnen jederzeit und gerne zur Verfügung und verbleibe

mit freundlichen Grüßen

Rechtsanwalt

XVI. Muster für den Revisionsbeklagten: Übersendung der Revisionszulassung ohne vorherige Gelegenheit zur Stellungnahme nach § 544 Abs. 3 ZPO

▼

Frau/Herrn

▓▓▓▓

▓▓▓▓, den ▓▓▓▓

Unser Zeichen: ▓▓▓▓

Sehr geehrte Frau ▓▓▓▓ /Sehr geehrter Herr ▓▓▓▓,

in der vorstehenden Angelegenheit überlasse ich Ihnen beiliegend den Beschluss des BGH vom ▓▓▓▓, woraus hervorgeht, dass die gegnerische Revision zugelassen werden soll. Da es der BGH versäumt hat, Ihnen gem. § 544 Abs. 3 ZPO Gelegenheit zu geben, zur Beschwerdebegründung der Gegenseite Stellung zu nehmen, kann bis zum

▓▓▓▓

die Verletzung des Anspruchs auf rechtliches Gehör analog § 321a ZPO gerügt werden. Die Rüge und die Stellungnahme zu der Beschwerdebegründung der Gegenseite müsste aber von einem vor dem Bundesgerichtshof zugelassenen Rechtsanwalt erhoben werden. Bei der Vermittlung bin ich Ihnen gerne behilflich. Wenn ich von Ihnen bis zum

keine anderweitige Anweisung erhalte, gehe ich jedoch davon aus, dass Sie die Verletzung des Anspruchs auf rechtliches Gehör nicht rügen wollen. Ich werde dann von mir aus auf die Angelegenheit zurückkommen, sobald die Gegenseite die Revisionsbegründung vorlegt.[124] Für Rückfragen stehe ich Ihnen jederzeit und gerne zur Verfügung und verbleibe

mit freundlichen Grüßen

▓▓▓▓

Rechtsanwalt

▲

---

[124] Wird erwogen Anschlussrevision einzulegen, sollte dem Mandanten schon in dieser Phase angeraten werden, einen Revisionsanwalt zu beauftragen, damit diesem zur Anfertigung der Anschlussrevision genügend Zeit verbleibt.

XVII. Muster für den Revisionsbeklagten: Die Übersendung der Revisionszulassung, wenn noch kein Revisionsanwalt eingeschaltet worden ist

▼

Frau/Herrn

, den

Unser Zeichen:

Sehr geehrte Frau /Sehr geehrter Herr ,

in vorstehender Angelegenheit überlasse ich Ihnen beiliegend den Revisionszulassungsbeschluss vom .

Gem. § 544 Abs. 6 S. 3 i.V.m. § 521 Abs. 2 S. 2 ZPO ist die Gegenseite nun aufgefordert, ihre Revision innerhalb einer Frist von zwei Monaten ab Zustellung des Zulassungsbeschlusses zu begründen. Soweit die Revisionsbegründung vorliegt, werde ich von mir aus auf die Angelegenheit zurückkommen.

Sollten Sie jedoch beabsichtigen, gegen das von der Gegenseite angefochtene Berufungsurteil Anschlussrevision einzulegen, empfehle ich Ihnen bereits jetzt einen am Bundesgerichtshof zugelassenen Rechtsanwalt mit der Überprüfung der Erfolgsaussichten der Anschlussrevision zu beauftragen. Denn die Anschlussrevisionsfrist beträgt gem. § 554 Abs. 2 S. 2 ZPO lediglich einen Monat ab Zugang der Revisionsbegründung. Innerhalb dieser Frist ist die Anschlussrevision sowohl einzulegen als auch zu begründen. Die Anschlussrevisionsfrist kann nicht verlängert werden.

Wenn ich von Ihnen jedoch bis zum

keine anderweitige Anweisung erhalte, gehe ich davon aus, dass Sie jetzt noch keinen am Revisionsgericht zugelassenen Rechtsanwalt beauftragen wollen. Ich werde dann von mir aus auf die Angelegenheit zurückkommen, sobald die Revisionsbegründung vorliegt. Bis dahin verbleibe ich

mit freundlichen Grüßen

Rechtsanwalt

§ 19 Das Revisionsrecht – die Übergabe an den Revisionsanwalt

XVIII. Muster für den Revisionsbeklagten: Übersendung der Revisionsbegründung (oder des Schriftsatzes, mit dem zur Begründung der Revision auf die Begründung der Nichtzulassungsbeschwerde Bezug genommen wird), wenn Anschlussrevision eingelegt werden soll

98 Frau/Herrn

, den

Unser Zeichen:

Sehr geehrte Frau /Sehr geehrter Herr ,

in vorstehender Angelegenheit überlasse ich Ihnen beiliegend die Revisionsbegründung (oder den Schriftsatz, mit dem zur Begründung der Revision auf die Begründung der Nichtzulassungsbeschwerde Bezug genommen wird). Da mir die Revisionsbegründung (oder der Schriftsatz, mit dem zur Begründung der Revision auf die Nichtzulassungsbeschwerde Bezug genommen wird) am zugestellt worden ist, läuft am

die Frist zur Einlegung und Begründung der Anschlussrevision gem. § 554 Abs. 2 S. 2 ZPO ab. Ich empfehle Ihnen daher, bis spätestens zum

einen am Bundesgerichtshof zugelassenen Kollegen mit der Anfertigung der Revisionserwiderung und/oder Anschlussrevision zu beauftragen. Bei der Vermittlung bin ich Ihnen gerne behilflich.

Mit freundlichen Grüßen
Rechtsanwalt

XIX. Muster für den Revisionsbeklagten: Die Beauftragung des Revisionsanwalts zur Abgabe einer Stellungnahme auf die Begründung der Nichtzulassungsbeschwerde

99 Rechtsanwalt

, den

Unser Zeichen:

BGH-Az:

Sehr geehrter Herr Kollege ,

in der vorstehenden Angelegenheit bitte ich Sie namens der/des eine Stellungnahme zu der Begründung der Nichtzulassungsbeschwerde der Gegenseite vom anzufertigen, die ich Ihnen beiliegend nebst Kopie des Berufungsurteils und der Nichtzulassungsbeschwerdeschrift überlasse. Der Bundesgerichtshof hat hierzu eine Frist gesetzt bis zum ▓▓▓▓.

Ich darf Sie bitten, Deckungsschutz für die Revisionsinstanz einzuholen. Weiter bitte ich Sie darum, mir die Übernahme des Mandates zu bestätigen und die Korrespondenz mit mir unmittelbar zu führen.[125] Für weitere Rückfragen stehe ich Ihnen jederzeit und gerne zur Verfügung und verbleibe

mit freundlichen kollegialen Grüßen

▓▓▓▓

Rechtsanwalt

▲

XX. Muster für den Revisionsbeklagten: Die Beauftragung des Revisionsanwalts bei Revisionszulassung ohne vorherige Möglichkeit zur Stellungnahme gem. § 544 Abs. 3 ZPO

▼

Rechtsanwalt ▓▓▓▓

▓▓▓▓

▓▓▓▓, den

Unser Zeichen: ▓▓▓▓

BGH-Az: ▓▓▓▓

Sehr geehrter Herr Kollege ▓▓▓▓,

in der vorstehenden Angelegenheit bitte ich Sie namens und im Auftrag der/des ▓▓▓▓ gegen den Zulassungsbeschluss vom ▓▓▓▓, hier zugestellt am ▓▓▓▓, analog § 321a ZPO die Verletzung des Anspruchs auf rechtliches Gehör zu rügen. Der Bundesgerichtshof hat die Revision im vorliegenden Fall zugelassen, ohne die Möglichkeit zur Stellungnahme nach § 544 Abs. 3 ZPO zu gewähren. Gleichzeitig bitte ich Sie namens und im Auftrag der Mandantin/des Mandanten darum, eine Stellungnahme zu der Nichtzulassungsbeschwerde der Gegenseite abzufassen.

Im Hinblick auf die kurze Zwei-Wochen-Frist füge ich Ihnen meine Handakte in Kopie bei. Ferner bitte ich Sie darum, mir die Übernahme des Mandates zu bestätigen und die Korrespondenz mit mir unmittelbar zu führen.[126] Für weitere Rückfragen stehe ich Ihnen jederzeit und gerne zur Verfügung und verbleibe

mit freundlichen kollegialen Grüßen

▓▓▓▓

Rechtsanwalt

▲

---

125 Außerdem ist der Revisionsanwalt darüber zu unterrichten, ob Prozesskostenhilfe beantragt werden soll, eine Rechtsschutzversicherung besteht oder dritte Personen (z.B. eine Haftpflichtversicherung) informiert werden müssen.
126 Gegebenenfalls ist der Revisionsanwalt noch darüber zu unterrichten, ob Prozesskostenhilfe beantragt werden soll, eine Rechtsschutzversicherung besteht und/oder dritte Personen (z.B. Haftpflichtversicherungen) informiert werden sollen.

XXI. Muster für den Revisionsbeklagten: Die Beauftragung eines Revisionsanwalts zur Anfertigung der Anschlussrevision

101 Rechtsanwalt

, den

Unser Zeichen:

BGH-Az:

Sehr geehrter Herr Kollege ,

in der vorstehenden Angelegenheit bitte ich Sie namens und im Auftrag der/des um die Interessenvertretung in der Revisionsinstanz, nachdem das Berufungsgericht/ der Bundesgerichtshof die Durchführung des Revisionsverfahrens zugelassen hat. Das Berufungsurteil und/oder den Zulassungsbeschluss des Bundesgerichtshofs und die Begründung der Nichtzulassungsbeschwerde überlasse ich Ihnen beiliegend in der Anlage und bitte Sie namens und im Auftrag der Mandantin/des Mandanten schon jetzt um Bestellung und Vorabprüfung der Erfolgsaussichten einer etwaigen Anschlussrevision im Hinblick auf . Ferner darf ich Sie bitten, mir die Mandatsübernahme zu bestätigen und die Korrespondenz mit mir unmittelbar zu führen.[127] Für etwaige Rückfragen stehe ich Ihnen jederzeit und gerne zur Verfügung und verbleibe

mit freundlichen kollegialen Grüßen

Rechtsanwalt

XXII. Muster für den Revisionsbeklagten: Die Beauftragung des Revisionsanwalts nach Vorlage der Revisionsbegründung (oder Bezugnahme auf die Begründung der Nichtzulassungsbeschwerde)

102 Rechtsanwalt

, den

Unser Zeichen:

BGH-Az:

Sehr geehrter Herr Kollege ,

in vorstehender Angelegenheit bitte ich Sie namens und im Auftrag der/des um die Interessenvertretung in der Revisionsinstanz. Die Revisionsbegründung ist am zugestellt worden. Das Urteil des Berufungsgerichts und/oder die Nichtzulassungsbeschwerde und/oder die Begründung der Nichtzulassungsbeschwerde und/oder die Revi-

---

127 Gegebenenfalls ist der Revisionsanwalt darüber zu unterrichten, ob Prozesskostenhilfe beantragt werden soll, eine Rechtsschutzversicherung besteht und dritte Personen (z.B. eine Haftpflichtversicherung) über die Durchführung des Verfahrens unterrichtet werden sollen.

sionsbegründung und/oder die Bezugnahme auf die Begründung der Nichtzulassungsbeschwerde überlasse ich Ihnen in der Anlage.

Weiter bitte ich Sie namens und im Auftrag der Mandantin/des Mandanten die Erfolgsaussichten einer etwaigen Anschlussrevision zu überprüfen im Hinblick auf ▓▓▓▓. Ferner darf ich Sie bitten, mir die Übernahme des Mandates zu bestätigen und die Korrespondenz mir unmittelbar zu führen.[128] Für weitere Rückfragen stehe ich Ihnen jederzeit und gerne zur Verfügung und verbleibe

mit freundlichen kollegialen Grüßen

▓▓▓▓

Rechtsanwalt

XXIII. Muster für den Revisionsbeklagten: Anschreiben an den Mandanten vor Einwilligung in die Übergehung der Berufungsinstanz bei der Sprungrevision

▼

Frau/Herrn

▓▓▓▓

▓▓▓▓, den ▓▓▓▓

Unser Zeichen: ▓▓▓▓

Sehr geehrte Frau ▓▓▓▓/Sehr geehrter Herr ▓▓▓▓,

in vorstehender Angelegenheit beabsichtigt die Gegenseite, gegen das erstinstanzliche Urteil des Amtsgerichts/Landgerichts ▓▓▓▓ Sprungrevision einzulegen. Da die Sprungrevision nur mit Ihrer Einwilligung durchgeführt werden kann und fristgebunden ist, hat die Gegenseite darum gebeten, bis spätestens zum

▓▓▓▓

die Einwilligung in die Übergehung der Berufungsinstanz zu erteilen. Vor diesem Hintergrund empfehle ich Ihnen

☐ die Einwilligung abzugeben, weil im vorliegenden Rechtsstreit in der Tat nur eine Rechtsfrage streitig ist, die unabhängig davon, wie sie in der Berufungsinstanz entschieden würde, voraussichtlich auch nach Durchführung des Berufungsverfahrens dem Bundesgerichtshof zur Überprüfung vorgelegt würde. Mit der Sprungrevision wird erreicht, dass der Prozess beschleunigt und verbilligt wird, weil sie sich die Kosten des Berufungsverfahrens durch die Sprungrevision ersparen können;

☐ die Einwilligung abzugeben, weil der BGH die Sprungrevision voraussichtlich nicht zulassen wird; denn wie dem Anschreiben der Gegenseite zu entnehmen ist, soll die Sprungrevision mit einem Verfahrensmangel begründet werden. Dies ist im Hinblick auf § 566 Abs. 4 S. 2 ZPO aber nicht möglich. Der BGH wird den Antrag auf Zulassung der Sprungrevision höchstwahrscheinlich zurückweisen. Dies führt dazu, dass der Rechtsstreit dann zu Ihren Gunsten rechtskräftig abgeschlossen sein wird, denn der

---

[128] Gegebenenfalls ist der Revisionsanwalt darüber zu informieren, ob Prozesskostenhilfe beantragt werden soll, ob eine Rechtsschutzversicherung besteht und ob dritte Personen (z.B. Haftpflichtversicherungen) über das Revisionsverfahren informiert werden sollen.

Antrag auf Durchführung der Sprungrevision gilt gem. § 566 Abs. 1 S. 2 ZPO als Verzicht auf die Berufung;
- die Einwilligungserklärung nicht abzugeben, weil nicht auszuschließen ist, dass sich die Umstände in naher Zukunft zu Ihren Gunsten verändern werden und neue Tatsachen in der Revisionsinstanz, anders als in der Berufungsinstanz, nicht mehr vorgetragen werden können. Es ist deswegen zur Bewahrung des erstinstanzlichen Urteils für Sie voraussichtlich vorteilhafter, über den Urteilsbestand in der Berufungsinstanz weiter zu streiten;
- die Einwilligung nicht zu erteilen, weil Sie auch selbst im Umfang des Teilunterliegens Berufung einlegen könnten. Die Berufungseinlegung würde aber unzulässig werden, wenn Sie in die Übergehung der Berufungsinstanz einwilligen (§ 566 Abs. 1 S. 3 ZPO). Ich rate Ihnen deswegen von der Einwilligungserteilung ab.

Mit der Bitte um Rücksprache verbleibe ich

mit freundlichen Grüßen

Rechtsanwalt

▲

§ 20 Wiedereinsetzung in den vorigen Stand

Frank-Michael Goebel/Regine Förger

Inhalt

	Rdn
A. Einleitung	1
B. Rechtliche Grundlagen	3
I. Folgen einer Fristversäumung	3
II. Versäumung einer Frist i.S.d. § 233 ZPO	13
III. Die Säumnis	20
1. Einwendungen gegen den Fristbeginn	20
2. Einwendungen gegen die Säumnis	28
IV. Das fehlende Verschulden	35
1. Einleitung	35
2. Das eigene Verschulden der Partei	45
3. Das Verschulden eines Vertreters der Partei	47
4. Schuldhaftes Verhalten des Hilfspersonals des Vertreters und sonstiger Dritter	52
V. Die fehlende Kausalität der verschuldeten Säumnis	62
VI. Einzelfälle	68
1. Verstöße bei der Fristenbearbeitung	68
2. Die versäumte Berufungs- und Berufungsbegründungsfrist	83
3. Die Beantragung von Prozesskostenhilfe zur Einlegung eines Rechtsmittels	92
4. Die versäumte Berufungsfrist – Anschlussberufung	115
VII. Das Wiedereinsetzungsverfahren	120
1. Form der Wiedereinsetzung	120
2. Die Frist für das Wiedereinsetzungsgesuch	130
3. Die Begründung des Wiedereinsetzungsgesuchs	145
4. Die Vornahme der versäumten Prozesshandlung	168
5. Die Kosten des Wiedereinsetzungsverfahrens	175
VIII. Rechtsmittel im Verfahren über die Wiedereinsetzung in den vorigen Stand	181

	Rdn
C. Muster	193
I. Muster: Darlegung der fehlenden Säumnis mangels laufender Frist	193
II. Muster: Darlegung der fehlenden Säumnis wegen rechtzeitiger Vornahme der fristgebundenen Prozesshandlung	194
III. Muster: Wiedereinsetzungsantrag für die Frist zur Abgabe der Verteidigungsanzeige nach Erlass eines Versäumnisurteils	195
IV. Muster: Antrag auf Wiedereinsetzung in die Frist zur Abgabe der Verteidigungsanzeige vor Erlass eines Versäumnisurteils	196
V. Muster: Antrag auf Wiedereinsetzung in den vorigen Stand bei Versäumung der Einspruchsfrist gegen ein Versäumnisurteil	197
VI. Muster: Stellungnahme des Antragsgegners zum Wiedereinsetzungsantrag in die Einspruchsfrist gegen ein Versäumnisurteil	198
VII. Muster: Antrag auf Wiedereinsetzung in den vorigen Stand bezüglich der Berufungs- und der Berufungsbegründungsfrist	199
VIII. Muster: Antrag auf Wiedereinsetzung in den vorigen Stand allein bezüglich der Berufungsbegründungsfrist	200
IX. Muster: Antrag auf Wiedereinsetzung in den vorigen Stand bezüglich der Berufungsfrist bei einem Antrag auf Prozesskostenhilfe	201
X. Muster: Belehrung des Mandanten über Mitteilung von Veränderungen der wirtschaftlichen und persönlichen Verhältnisse	202

XI. Muster: Antrag auf Wiedereinsetzung in die Berufungsfrist nach Rücknahme des Prozesskostenhilfeantrags wegen veränderter Umstände 203

XII. Muster: Wiedereinsetzungsantrag nach der Versäumung der Notfrist zur Verweigerung der Zustimmung zur Klagerücknahme 204

XIII. Muster: Wiedereinsetzungsantrag nach der Versäumung der Notfrist zur Erklärung der Erledigung der Hauptsache 205

XIV. Muster: Sofortige Beschwerde gegen die durch besonderen Beschluss des Gerichts verweigerte Wiedereinsetzung in den vorigen Stand 206

Literatur

Ball, Die Rechtsprechung des Bundesgerichtshofes zur Wiedereinsetzung in den vorigen Stand, JurBüro 1992, 653; *Benkelberg*, Rechtsprechung des BGH zur Berufungsbegründungsfrist, Wiedereinsetzung in den vorigen Stand sowie zur Prozesskostenhilfe, AGS 2008, 426; *Borgmann*, Der Anwalt und sein Büro – Fristverlängerung und Wiedereinsetzung, BRAK-Mitt 1999, 24; *Borgmann*, Zur Verlängerung der Berufungsbegründungsfrist – Zur Wiedereinsetzung in den vorigen Stand bei einem Antrag auf Fristverlängerung, BRAK-Mitt 2000, 179; *Born*, Die Rechtsprechung des BGH zur Wiedereinsetzung in den vorigen Stand, NJW 2005, 2049; *Born*, NJW 2007, 2088; *Bräuer*, Wiedereinsetzung: Der Wegfall des Hindernisses, AnwBl. 2007, 621; *Braunschneider*, Berufungsspezifische Wiedereinsetzungsprobleme nach dem JuModG, ProzRB 2004, 277: *Braunschneider*, JuModG – Fristenregelung zur Wiedereinsetzung bei der Berufungsbegründung, MDR 2004, 1045; *Derleder*, Parteinotlagen und Wiedereinsetzung in den vorigen Stand, JurBüro 1993, 580; *Ennuschat*, Zur Wiedereinsetzung in den vorigen Stand, JR 2001, 370; *Fellner*, Die aktuelle Rechtsprechung zur Wiedereinsetzung in den vorigen Stand, MDR 2007, 71; *Ganter*, Wiedereinsetzung in den vorigen Stand wegen Versäumung der Berufungsbegründungsfrist ohne Nachholung der Berufungsbegründung?, NJW 1994, 164; *Goebel*, Neuregelungen mit Tücken: Wiedereinsetzung in die Rechtsmittelbegründungsfrist, Prozessrecht aktiv 2005, 37; *Goebel*, Die Wiedereinsetzung in den vorigen Stand – Aktuelle Rechtsprechung, PA 2002, 122; *Grams*, Wiedereinsetzung in den vorigen Stand – Antrag wegen Fristversäumnissen, MDR 2002, 1179; *Greger*, Aussetzung des Verfahrens und Wiedereinsetzung in den vorigen Stand – unveröffentlichte Verfahrensrechtsprechung des BGH, MDR 2001, 486; *Guttenberg*, Öffentliche Zustellung und Wiedereinsetzung in den vorigen Stand, MDR 1993, 1049; *Heß*, Die Wiedereinsetzung in den vorigen Stand in der höchstrichterlichen Rechtsprechung, DStZ 1999, 41; *Hüßtege*, Rechtsprechung zum Verfahrensrecht im Zivilprozess bezüglich der Wiedereinsetzung in den vorigen Stand gegen die Versäumung einer Frist zur Einlegung der sofortigen Beschwerde, FamRZ 2008, 2134; *Jungk*, Glaubhaftmachung bei Wiedereinsetzung, BRAK-Mitt 2002, 169; *Kerwer*, Rechtsschutz gegen Wiedereinsetzung in den vorigen Stand bei Verletzung des rechtlichen Gehörs – BGHZ 130, 97, JuS 1997, 592; *Kreuder*, Verfassungsrechtliche Vorgaben zur Wiedereinsetzung in den vorigen Stand, BB 2000, 1348; *Lewinska*, Übersendung von Schriftstücken per Telefax – Zulässigkeit, Beweisbarkeit und Fristprobleme, MDR 2000, 500; *Meyer*, Versäumung der

Berufungsfrist wegen der Beantragung von Prozeßkostenhilfe – wiederholte Antragstellungen und Gegenvorstellungen, NJW 1995, 2139; *Müller*, Typische Fehler bei der Wiedereinsetzung in den vorigen Stand, NJW 1993, 681; *Müller*, Die Rechtsprechung des BGH zur Wiedereinsetzung in den vorigen Stand, NJW 1995, 3224; *Müller*, Die Rechtsprechung des BGH zur Wiedereinsetzung in den vorigen Stand, NJW 1998, 497; *Müller*, Die Rechtsprechung des BGH zur Wiedereinsetzung in den vorigen Stand, NJW 2000, 322; *v. Nemes*, Ist die neue Rechtsprechung zur Wiedereinsetzungsproblematik verfassungskonform?, FuR 2008, 465; *Nickel*, Wiedereinsetzung nach der Bewilligung von PKH, NJ 2009, 93; *Pentz*, Die Rechtsprechung des BGH zur Wiedereinsetzung in den vorigen Stand, NJW 2003, 858; *Prechtel*, Die Wiedereinsetzung in der Praxis, ZAP Fach 13, 1335; *Roth*, Wiedereinsetzung nach Fristversäumnis wegen Belegung des Telefaxempfangsgeräts des Gerichts, NJW 2008, 785; *Saenger*, Die Erweiterung der Berufungsbegründungsfrist bei der Gewährung von Prozesskostenhilfe, ZZP 121, 112; *Schneider, E.*, Kausalität zwischen Mittellosigkeit und Fristversäumung bei Prozesskostenhilfe, ZAP Fach 13, 1521; *Schneider, E.*, Problemfälle aus der Praxis, Unterschriftsmängel und Wiedereinsetzung, MDR 1988, 747; *Schröder*, Die Wiedereinsetzung in den vorigen Stand im Zivilprozess, JA 2004, 636; *Schultz*, Rechtsmittelbegründungsfrist und Prozesskostenhilfe, NJW 2004, 2329; *Schuschke*, Zur Wiedereinsetzung in den vorigen Stand, wenn die Fristversäumnis auf eine Nachlässigkeit in der Rechtsanwaltskanzlei zurückzuführen ist, EWiR 2000, 149; *Schwartmann*, Wiedereinsetzung in den vorigen Stand, ProzRB 2005, 135, 161 und 191; *Undritz/Loszynski*, Zur Wiedereinsetzung bei der Rechtsbeschwerde, EWiR 2008, 541; *Wirges*, Neue Rechtsprechung zum anwaltlichen Organisationsverschulden in Fristsachen, MDR 1998, 1459.

A. Einleitung

Kein Rechtsanwalt ist davor gefeit, dass er eine Frist versäumt. Auch die beste Organisation wird dies nicht verhindern, weil Fehler menschlich sind. Wenn ein solches Fehlverhalten zu einem Schaden des Mandanten führt, kann auch die leichteste Fahrlässigkeit schnell teuer werden. Auch wenn in den meisten Fällen die Haftpflichtversicherung eintrittspflichtig sein wird, bleibt jeder Haftungsfall für die Prämienhöhe und eine mögliche Selbstbeteiligung relevant. Helfen kann in Fällen nicht vorwerfbaren Verhaltens die Wiedereinsetzung in den vorigen Stand nach §§ 233 ff. ZPO. Nachfolgend wird erläutert, bei welchen Fristen eine Wiedereinsetzung in den vorigen Stand in Betracht kommt und welche Tendenzen aus der aktuellen Rechtsprechung abzulesen sind.

Dagegen möchte die Partei, die von der versäumten Frist und nicht nachzuholenden Frist profitiert hat, diesen Zustand erhalten. Im Rahmen der Anhörung zum Wiedereinsetzungsgesuch in den vorigen Stand des Gegners wird ihr Vertreter deshalb ebenso wie das Gericht die Voraussetzungen der Wiedereinsetzung zu prüfen und ggf. darzulegen haben, warum die Voraussetzungen der Wiedereinsetzung in den vorigen Stand nicht vorliegen. Dabei kommt es weniger darauf an, das objektive Fehlverhalten darzulegen, sondern das Verschulden für das Fehlverhalten.

B. Rechtliche Grundlagen

I. Folgen einer Fristversäumung

3   Nach § 230 ZPO hat die Versäumung einer Prozesshandlung die allgemeine Folge, dass die Partei mit der vorzunehmenden Prozesshandlung ausgeschlossen ist, d.h. der Prozess kann trotz des begründeten materiellen Anspruchs verloren werden. § 230 ZPO findet auf gesetzliche wie richterliche Fristen Anwendung.[1] Sie gilt allerdings aufgrund der Besonderheiten des Insolvenzverfahrens dort nicht uneingeschränkt.[2]

4   Dabei kommt es vom Grundsatz her zunächst auf kein Verschulden an. Auch bedarf es nach § 231 ZPO keiner Androhung der gesetzlichen Folgen der Fristversäumung, soweit dies nicht ausdrücklich im Gesetz abweichend geregelt ist.

5   Eine anderweitige Anordnung, d.h. eine **Belehrung über die Fristversäumung** ist in folgenden Fällen vorgesehen:
- § 276 Abs. 2 ZPO: Anordnung des schriftlichen Vorverfahrens,
- § 277 Abs. 2 ZPO: Klageerwiderungsfrist,
- § 335 Abs. 1 Nr. 4 ZPO: Versäumnisurteil,
- § 340 Abs. 3 S. 4 ZPO: Versäumnisurteil,
- § 504 ZPO: Belehrung über die Folgen der rügelosen Einlassung,
- § 510 ZPO: Erklärungsfrist über Urkunden,
- § 692 Abs. 1 Nr. 4 ZPO: Mahnbescheidsverfahren,
- § 890 Abs. 2 ZPO: Zwangsvollstreckung bei Duldung und Unterlassung,
- § 445 FamFG: Aufgebotsverfahren zum Ausschluss des Grundstückseigentümers,
- § 446, i.V.m. § 445 FamFG: Aufgebotsverfahren zum Ausschluss des Schiffseigentümers,
- §§ 452 (i.V.m. 451 Abs. 2) FamFG: Aufgebotsverfahren zum Ausschluss des Grundpfandrechtsgläubigers, entsprechend des Schiffspfandrechtsgläubigers, bzgl. Binnenschifffahrt: § 465 Abs. 6 FamFG
- §§ 453 i.V.m. 451 Abs. 2 FamFG: Aufgebotsverfahren zum Ausschluss des Vormerkungs-, Reallast- oder Vorkaufsberechtigten an Grundstücken oder Schiffen,
- §§ 458 Abs. 1 1. Hs. 460 Abs. 1 S. 2 FamFG: Aufgebotsverfahren Nachlassgläubiger,
- §§ 464 i.V.m. 458 Abs. 1 1. Hs. FamFG: Ausschluss der Gesamtgutsgläubiger,
- § 469 S. 2 FamFG: Aufgebotsverfahren Urkunden.

---

[1] Zöller/*Greger*, vor § 230 Rn 1; BGH NJW 2008, 3494.
[2] Vgl. hierzu BGH NJW 2008, 3494 für die Frist für die Stellung eines eigenen Insolvenzantrags verbunden mit einem Antrag auf Restschuldbefreiung.

B. Rechtliche Grundlagen § 20

Hinweis 6

Fehlt es an der Belehrung über die Folge der Fristversäumung, so kann diese Folge nicht eintreten. Bevor sich der Rechtsanwalt mit der Frage der Wiedereinsetzung in den vorigen Stand befasst, muss er in den vorbezeichneten Fällen also zunächst prüfen, ob eine Fristversäumung wegen fehlender Belehrung über die Folgen der Säumnis schon vom Grundsatz her ausscheidet.[3]

In verschiedenen Fällen tritt die Fristversäumung aber nicht kraft Gesetzes unmittelbar 7 ein, sondern es bedarf eines gesonderten Antrags des Gegners, um die Folgen der Säumnis, d.h. die Präklusion mit der Prozesshandlung eintreten zu lassen.

Ein solches **Antragserfordernis** ergibt sich aus: 8
- § 109 Abs. 2 ZPO: Rückgabe der prozessualen Sicherheit,
- § 113 ZPO: Leistung der Ausländersicherheit,
- § 158 ZPO: Entfernung aus der Verhandlung,
- § 239 Abs. 4 ZPO: Unterbrechung des Verfahrens,
- § 246 ZPO: Aussetzung des Verfahrens,
- § 331 ZPO: Versäumnisurteil,
- § 699 Abs. 1 S. 1 ZPO: Vollstreckungsbescheid,
- § 890 Abs. 1 ZPO: Erzwingung von Duldung und Unterlassung,
- §§ 926, 936 ZPO: Nachträgliche Klageerhebung,[4]
- § 942 Abs. 1, 3 ZPO: Antrag auf mündliche Verhandlung bei einstweiliger Verfügung,
- § 952 ZPO: Ausschlussurteil.

Hinweis 9

In diesen Fällen erlaubt § 231 Abs. 2 ZPO, dass die versäumte Prozesshandlung noch nachgeholt werden kann, solange der Antrag noch nicht gestellt ist und die mündliche Verhandlung über ihn geschlossen werden kann oder der Antrag gestellt ist und es einer mündlichen Verhandlung über den Antrag nicht bedarf.[5] Auch hier hat der Rechtsanwalt nach der Feststellung der Säumnis also zunächst zu prüfen, ob der die Rechtsfolge voraussetzende Antrag gestellt ist.

Beachtet werden muss, dass eine Säumnis nicht nur dann vorliegt, wenn die Frist 10 tatsächlich ohne Vornahme der Prozesshandlung versäumt wurde, sondern auch dann, wenn die Prozesshandlung nicht wirksam innerhalb der Frist vorgenommen wurde und eine Heilung nicht in Betracht kommt. Dies kommt etwa in Betracht, wenn der Rechtsanwalt die Prozesshandlung vornehmen wollte, indem er beispielsweise einen Schriftsatz mit der Verteidigungsanzeige bei Gericht eingereicht hat, diese Prozesshandlung jedoch mangels Unterschrift nicht wirksam war.[6] Zu unterscheiden hiervon ist die inhaltliche Unvollständigkeit einer Rechtsmittelschriftschrift.[7]

---

3 Hierzu auch *Greger*, JZ 2000, 131; *Büttner*, DRiZ 1995, 560.
4 Hierzu OLG Köln OLGZ 1979, 118; KG MDR 1971, 767.
5 Zöller/*Greger*, § 231 Rn 4 m.w.N.
6 BGH NJW 1962, 1248; Zöller/*Greger*, § 233 Rn 9b.
7 BGH MDR 1997, 490 f., BFH, Beschl. v.14.11.2012 – V B 41/11 –, juris.

11 *Hinweis*

Die Darlegungs- und Beweislast für die Einhaltung der richterlichen oder gesetzlichen Frist obliegt grundsätzlich demjenigen, der sich auf die Einhaltung der Frist beruft. Insoweit sollte darauf geachtet werden, dass die Einhaltung aller maßgeblichen Fristen dokumentiert wird. Dies kann etwa dadurch geschehen, dass ein fristwahrender Schriftsatz auch einem Gericht gegen Empfangsbekenntnis übersandt oder durch eine Mitarbeiterin überbracht wird. In letzterem Fall sollte die Form der Überbringung, der Empfänger sowie Datum und Uhrzeit der Übergabe sowie die Art des übergebenen Schriftstücks unmittelbar von dem Boten dokumentiert werden. Auch kann sich der Bote auf einer Zweitschrift einen Eingangsstempel des Gerichts geben lassen. Der gerichtliche Eingangsstempel auf einem Schriftstück erbringt zunächst als Urkunde vollen Beweis für den tatsächlichen Eingang bei Gericht. Das Empfangsbekenntnis erbringt ebenfalls den Beweis als Urkunde, der Bote kann als Zeuge vernommen werden,[8] wobei er sich auf seine unmittelbaren Aufzeichnungen berufen kann. Ob und inwieweit nach dem Justizmodernisierungsgesetz noch der Freibeweis möglich ist,[9] kann streitig sein,[10] da der Gesetzgeber die Zulässigkeit des Freibeweises in § 284 S. 2 ZPO der Zustimmung der Parteien unterworfen hat.

In diesem Sinne hatte die Rechtsprechung zunächst angenommen, dass der Nachweis des Zugangs eines Schriftstückes nicht mit einem Sendeprotokoll eines Telefaxgerätes geführt werden kann, weil dieses zwar die Herstellung einer Verbindung dokumentiert, nicht aber die tatsächliche Übermittlung der fristgebundenen Erklärung. Inzwischen hat der BGH seine Rechtsprechung geändert und entschieden, dass es für den Zugang eines Schreibens nicht mehr auf den Ausdruck, sondern lediglich auf die Speicherung im Empfangsgerät ankommt,[11] so dass auch nur noch dieser Umstand nachzuweisen ist. Es genügt nunmehr der ggf. durch Zeugenbeweis zu führende Nachweis, dass das Fax abgesandt wurde sowie der Sendebericht mit „OK-Vermerk".[12] Ungeachtet dessen kann auch der identische Inhalt des Absende- und des Empfangsberichts einen Beweis des ersten Anscheins begründen.[13] Der Rechtsanwalt sollte mithin die Vorlage des Empfangsberichts des Gerichts verlangen und mit seinem Sendebericht vergleichen. An den Nachweis der gerichtsinternen Vorgänge dürfen ohnehin keine allzu hohen Anforderungen gestellt werden.[14] Das Gericht ist hier auch selbst gehalten, die zur Aufklärung notwendigen Maßnahmen zu ergreifen.[15]

---

8 BGH NJW-RR 2002, 1070.
9 Hierzu BGH MDR 1998, 57; BSG, Beschl. v. 9.3.2011 – B 4 AS 60/10 BH –, juris: dienstl. Äußerung des diensthabenden Justizwachtmeisters.
10 Dagegen Zöller/*Greger*, § 174 Rn 21 (m.w.N.) i.V.m. vor § 230 Rn 2: zumindest strenge Maßstabe anzuwenden.
11 BGH NJW 2006, 2263 = Prozessrecht aktiv 2006, 159; OLG Koblenz, Beschl. vom 15.4.2013 – 12 U 1437/12 –, juris.
12 OLG Karlsruhe OLGR 2008, 897 = Prozessrecht aktiv 2009, 64; OLG Koblenz, Beschl. v. 4.7.2013 – 3 W 298/13 –, juris.
13 BAG NZA 2012, 691 ff.
14 BGH NJW 1997, 1312.
15 BGH NJW-RR 2005, 75 = FamRZ 2004, 1480 = BGH-Report 2005, 49.

Eine eidesstattliche Versicherung genügt zum Nachweis nicht, da sie lediglich der nicht ausreichenden Glaubhaftmachung dient.

Liegt nach diesen Prüfungen eine Säumnis vor und hat der Rechtsanwalt die Frist versäumt, entwickelt sich für ihn hieraus regelmäßig ein Haftungsfall. Dies kann er nur vermeiden, wenn ihm eine Wiedereinsetzung in den vorigen Stand wegen der Fristversäumung seitens des Gerichts gewährt wird oder er nachweisen kann, dass der Rechtsverfolgung oder Rechtsverteidigung auch ohne die Fristversäumung kein Erfolg beschieden gewesen wäre. Mit den nachfolgenden Ausführungen sollen allein die einschlägigen Regelungen zur Wiedereinsetzung in den vorigen Stand in den §§ 233 ff. ZPO erläutert werden. 12

II. Versäumung einer Frist i.S.d. § 233 ZPO

Die Vorschriften über die Wiedereinsetzung in den vorigen Stand bei der Versäumung einer Frist für die Vornahme einer Prozesshandlung kommen direkt bei allen Notfristen der ZPO zur Anwendung. Notfristen sind nach § 224 Abs. 1 S. 2 ZPO nur solche Fristen, die das Gesetz als Notfristen bezeichnet. 13

Als solche sind zu nennen die: 14
- Erklärungsfrist zur Erledigung der Hauptsache nach § 91a Abs. 1 S. 2 ZPO,
- Erklärungsfrist zur Klagerücknahme nach § 269 Abs. 2 S. 4 ZPO,
- Verteidigungsanzeige, § 276 Abs. 1 ZPO,[16]

> *Hinweis*
> Die Anwendung von § 233 ZPO auf die Frist zur Anzeige der Verteidigungsbereitschaft ist umstritten. Insoweit sind die verschiedenen Phasen bis zur Zustellung des Versäumnisurteils und danach zu unterscheiden:[17]
> Geht der Wiedereinsetzungsantrag vor Unterzeichnung des Versäumnisurteils ein, ist der Wiedereinsetzungsantrag geboten, da in diesem Falle ein Versäumnisurteil erst gar nicht ergehen darf.[18] Wurde das Versäumnisurteil bereits unterzeichnet, ist der Antrag bis zur Übergabe an die Geschäftsstelle „unnötig, aber auch unschädlich",[19] danach „angebracht".[20] Ist das Versäumnisurteil bereits zugestellt, ist nur noch der Einspruch statthaft.[21] Dass das Versäumnisurteil trotz Vorliegens eines Wiedereinsetzungsgrundes für die Frist nach § 276 ZPO ergangen ist, kann im Rahmen des Einstellungsantrags zugunsten des Beklagten berücksichtigt wer-

---

16 *Kummer*, Rn 26.
17 Muster Rdn 196.
18 Hanseatisches Oberlandesgericht Bremen, OLGR 2004, 340; Zöller/*Greger*, § 276 Rn 9.
19 MüKo-ZPO/*Prütting*, § 276 Rn 32,
20 MüKo, a.a.O., Rn 33; Zöller/*Greger*, § 276 Rn 10.
21 MüKo-ZPO/*Prütting*, § 276 Rn 34; Zöller/*Greger*, § 276 Rn 10a; OLG Celle, OLGR 1994, 271; KG MDR 1996, 634 („Urteil ergangen" statt „erlassen"); a.A.: *Goebel*, 3. Aufl. m.w.N.

§ 20 Wiedereinsetzung in den vorigen Stand

den.[22] Soweit die Gegenansicht der Auffassung ist, dass das Versäumnisurteil im Falle der Wiedereinsetzung wirkungslos sei, kann dieser Ansicht nicht gefolgt werden. Das Versäumnisurteil ist existent. Allenfalls durch eine Einstellung der Zwangsvollstreckung von Amts wegen kann dem Rechnung getragen werden.

- Rügefrist nach § 321a Abs. 2 S. 1 ZPO,[23]
- Einspruchsfrist gegen ein Versäumnisurteil, § 339 ZPO,[24]
- Berufungsfrist, § 517 ZPO,
- Nichtzulassungsbeschwerdefrist, § 544 Abs. 1 ZPO,
- Revisionsfrist, § 548 ZPO,
- Frist der sofortigen Beschwerde, § 569 Abs. 1 ZPO,
- Erinnerung gegen Entscheidungen des Rechtspflegers, § 11 Abs. 2 S. 2 RPflG,
- Rechtsbeschwerdeanschlussfrist, § 574 Abs. 4 ZPO,
- Rechtsbeschwerdefrist, § 575 Abs. 1 ZPO,
- Nichtigkeitsklagefrist, § 586 ZPO,
- Restitutionsklagefrist, § 586 ZPO,
- Einspruchsfrist gegen einen Vollstreckungsbescheid, §§ 700 Abs. 1, 339 ZPO,
- Beschwerdefrist im Aufgebotsverfahren, §§ 58, 439 FamFG,
- Frist für den Antrag auf einstweilige Einstellung der Zwangsversteigerung, § 869 ZPO, § 30b Abs. 1 S. 1 ZVG,
- Frist für den Antrag auf einstweilige Einstellung der Zwangsversteigerung nach § 869 ZPO, §§ 180 Abs. 2 und 3, 30b ZVG,
- Frist für die Rechtsbeschwerde gegen Entscheidungen nach § 1062 Nr. 2 und 4 ZPO im schiedsrichterlichen Verfahren nach §§ 1065 Abs. 1, 575 Abs. 1 ZPO,
- Nicht: Monatsfrist im Vereinfachten Unterhaltsfestsetzungsverfahren gem. § 251 Abs. 1 S. 1 Nr. 3 FamFG.[25]

15 Der BGH[26] hat den Notfristen außerdem die in § 296 ZPO aufgeführten **Fristen zum Vortrag von Angriffs- und Verteidigungsmitteln** (§§ 273 Abs. 2 Nr. 1 und 5, 275 Abs. 1 S. 1, Abs. 3 und 4, 276 Abs. 1 S. 2, Abs. 3, 277 ZPO) gleichgestellt.

16 Weitere Notfristen können sich aus anderen zivilprozessualen Verfahrensgesetzen wie dem ArbGG, dem GenG oder dem ZVG ergeben. Auch verweisen Vorschriften aus anderen nicht zivilprozessualen Verfahrensvorschriften auf die Regelungen über die Wiedereinsetzung in den vorigen Stand nach der ZPO. Daneben sind die Vorschriften über die Wiedereinsetzung nach dem Gesetzeswortlaut oder der Rechtsfortbildung in Rechtsprechung und Literatur bei folgenden Fristen anwendbar, die keine Notfristen darstellen:

---

22 A,A.: *Goebel*, 3. Aufl.: Auch nach Erlass des Versäumnisurteils verdränge der Einspruch nicht die Wiedereinsetzung in den vorigen Stand. Werde die Wiedereinsetzung nämlich gewährt, sei das Versäumnisurteil gesetzwidrig ergangen und wirkungslos, so dass hieraus auch keine Vollstreckung betrieben werden dürfe. Diese weitere Folge übersehe die Gegenansicht.
23 BGH, BRAK-Mitt 2013, 120.
24 Muster unter Rdn 197.
25 OLG Frankfurt, FamRZ 2018, 115 f.
26 BGH MDR 1980, 573.

- Wiedereinsetzungsfrist, § 234 Abs. 1 ZPO,[27]

   Hinweis

   Ausgeschlossen ist die Wiedereinsetzung in die Wiedereinsetzungsfrist allerdings dann, wenn nicht nur die zweiwöchige Frist, sondern auch die Jahresfrist nach § 234 Abs. 3 ZPO abgelaufen ist.

- Berufungsbegründungsfrist, § 520 Abs. 2 ZPO,[28]

   Hinweis

   Beachtet werden muss also zunächst, dass ungeachtet der Wiedereinsetzung in die Rechtsmittelfrist, die Rechtsmittelbegründungsfrist weiterläuft, so dass ggf. die Wiedereinsetzung in die Rechtsmittel- und die Rechtsmittelbegründungsfrist beantragt werden muss. Weiter muss beachtet werden, dass eine Wiedereinsetzung in den vorigen Stand ausgeschlossen ist, wenn die Frist zur Stellung eines Antrags auf Verlängerung der Berufungsbegründungsfrist[29] oder für die Ergänzung einer fristgerecht vorgelegten, aber unvollständigen Berufungsbegründung versäumt wird.

   Die Wiedereinsetzungsfrist für die Versäumung der Frist zur Begründung eines Rechtsmittels kann in Anlehnung an §§ 575 Abs. 2 S. 3, 551 Abs. 2 S. 6 Hs. 2 ZPO angemessen verlängert werden, wenn dem Rechtsmittelführer die Prozessakten nicht zur Verfügung gestellt werden können.[30]

- Anschlussberufungsfrist, § 524 Abs. 2 S. 2 ZPO,[31]

   Praxistipp

   Wird die Hauptberufung zurückgenommen, verliert die Anschlussberufung ihre Wirkung, § 524 Abs. 4 ZPO. Der Anschlussberufungsführer befindet sich also in den Händen des Hauptberufungsführers. Wurde diese Situation nicht bewusst herbeigeführt, sondern geht sie auf die nicht schuldhafte Versäumung der eigenen Berufungsfrist zurück, so muss der Rechtsanwalt trotz der möglichen Anschlussberufung die Wiedereinsetzung in den vorigen Stand bezüglich der eigenen Berufungs- und ggf. Berufungsbegründungsfrist beantragen, damit er im Falle der Rücknahme der Hauptberufung aufgrund der eigenen Berufung umfänglich die Interessen seines Mandanten wahrnehmen kann.

- Nichtzulassungsbegründungsfrist, § 544 Abs. 2 ZPO,
- Revisionsbegründungsfrist, § 551 Abs. 2 S. 2 ZPO,[32]
- Revisionsanschlussfrist, § 554 Abs. 2 S. 2 ZPO,[33]

---

[27] BGH MDR 2017, 482 f.; Zöller/*Greger*, § 234 Rn 4.
[28] Zöller/*Greger*, § 233 Rn 6.
[29] BGH VersR 1987, 308.
[30] BGH MDR 2007, 1332 f.
[31] OLG Zweibrücken NJW-RR 2003, 1299 = OLGR 2003, 1299; ablehnend: *Gerken*, NJW 2002, 1095; Zöller/*Heßler*, § 524 Rn 10.
[32] Zöller/*Greger*, § 233 Rn 6.
[33] BGH NJW 1952, 425; BGH VersR 1977, 152; Zöller/*Heßler*, § 554 Rn 5.

- Rechtsmittelfristen in familienrechtlichen Folgesachen, § 145 FamFG (früher § 629a Abs. 3 ZPO).[34]

17 *Hinweis*

Nicht möglich ist die Wiedereinsetzung in den vorigen Stand wegen der Versäumung der Frist zum Widerruf eines Vergleichs, da es sich hierbei um eine vertraglich vereinbarte Frist handelt.[35] Hier ist also in der Praxis höchste Sorgfalt bereits bei der Fristeneintragung und Kontrolle angezeigt. Ein Widerruf sollte auch auf jeden Fall per Fax und – sofern die Voraussetzungen hierfür vorliegen – möglichst als elektronisches Dokument (§ 130a ZPO) erfolgen, damit ein entsprechender Nachweis vorhanden ist.

18 *Praxistipp*

Kann in der Widerrufsfrist mit dem Mandanten nicht geklärt werden, ob der Vergleich widerrufen werden soll, kann allerdings eine Verlängerung der Widerrufsfrist beantragt werden. Die Fristverlängerung kann aber nicht allein vom Gericht bewilligt werden. Vielmehr bedarf die Widerrufsfrist als vertraglich vereinbarte Frist der Zustimmung des Gegners.[36] Diese Zustimmung sollte also rechtzeitig eingeholt werden. Ggf. kann aber der Vergleich mit der Erklärung widerrufen werden, diesen erneut abschließen zu wollen, wenn das Hindernis beseitigt wurde, d.h. etwa der urlaubsbedingt nicht erreichbare Mandant erreicht wurde oder eine erforderliche behördliche Auskunft vorliegt. Der erneute Abschluss des Vergleichs kann dann nach § 278 Abs. 6 ZPO im schriftlichen Verfahren festgestellt werden.

Alternativ könnte der Vergleich auch unter der aufschiebenden Bedingung der Bestätigung abgeschlossen werden,[37] was jedoch ebenfalls aus prozessualen Gründen zu befristen sein dürfte, um einen Abschluss des Verfahrens herbeizuführen.

19 Eine Wiedereinsetzung ist auch in den folgenden Fällen mangels einer von § 233 ZPO erfassten Frist nicht möglich:
- Antrag auf Tatbestandsberichtigung nach § 320 ZPO,[38]
- Antrag auf Urteilsergänzung nach § 321 ZPO,[39]
- Versäumung des rechtzeitigen Antrags auf Verlängerung der Berufungsbegründungsfrist,[40]
- Streitwertbeschwerde nach § 68 GKG,[41]
- Ablauf der Widerspruchsfrist im Mahnverfahren.

---

34 MüKo-ZPO/*Feiber*, § 233 Rn 12.
35 BGH NJW 1995, 521 = MDR 1995, 314; KG OLGR 2002, 27; BAG MDR 1998, 794; BVerwG, NVwZ-RR 2000, 255.
36 Zöller/*Greger*, § 233 Rn 7.
37 Zöller/*Greger*, a.a.O.
38 BGHZ 32, 17; Hanseatisches Oberlandesgericht, NJW-RR 2005, 653.
39 BGH NJW 1980, 785; Zöller/*Greger*, § 233 Rn 7; Zöller/*Feskorn*, § 321 Rn 10.
40 BGH VersR 1987, 308.
41 OLG Nürnberg AnwBl 1981, 499, noch zu § 25 GKG a.F.

III. Die Säumnis

1. Einwendungen gegen den Fristbeginn

Die Wiedereinsetzung in den vorigen Stand kommt nur dann in Betracht, wenn eine der bezeichneten Fristen auch tatsächlich versäumt wurde. Dabei ist zu beachten, dass der Fristablauf regelmäßig von anderen Rechtshandlungen, insbesondere einer wirksamen Zustellung abhängig ist. Die Frage des wirksamen Fristbeginns ist daher vor der Stellung eines Wiedereinsetzungsantrags zu prüfen. In Zweifelsfällen kann die Klärung dieser Frage mit einem Hilfsantrag auf Wiedereinsetzung in den vorigen Stand verbunden werden.

Bevor der Rechtsanwalt einen Antrag auf Wiedereinsetzung in den vorigen Stand stellt, muss er an erster Stelle prüfen, ob eine wirksame Zustellung erfolgt ist,[42] die die Frist überhaupt in Gang gesetzt hat. Soweit mehrere Rechtsanwälte beauftragt waren und an diese jeweils eine Zustellung vorgenommen wurde, ist die zeitlich erste Zustellung für den Fristbeginn maßgeblich.[43] Ist die zeitlich erste, nicht aber die zweite Zustellung unwirksam, so muss gleichwohl ein Wiedereinsetzungsgesuch gestellt werden, wenn die zweite Zustellung die Frist in Gang gesetzt hat und damit die beachtliche Frist bereits abgelaufen ist.

Hinweis

Bestellt sich ein neuer Bevollmächtigter für eine Partei bei Gericht, so führt dies nicht dazu, dass nun alle Schriftstücke allein ihm zugestellt werden, da § 84 ZPO erlaubt, dass eine Partei gemeinschaftlich oder einzeln von mehreren Bevollmächtigten vertreten wird. Allein auf die Bestellungsanzeige hin, wird das Gericht also Zustellungen gegenüber beiden Bevollmächtigten bewirken.[44] Dies erhöht die Gefahr unterschiedlicher Zustellungszeitpunkte und damit von Fristversäumnissen. Dies kann nur dadurch verhindert werden, dass der neue Bevollmächtigte mitteilt, dass er an die Stelle des bisherigen Bevollmächtigten tritt und/oder der alte Bevollmächtigte dies zur Gerichtsakte mitteilt. Anderenfalls müssen die Bevollmächtigten sich ohne schuldhaftes Zögern von Zustellungen in Kenntnis setzen.[45]

Praxistipp

Der Rechtsanwalt wird insbesondere zu prüfen haben, ob das in der Zustellungsurkunde dokumentierte Zustellungsverfahren ordnungsgemäß war, insbesondere eine Zustellung an den Adressaten selbst oder einen gesetzlich zugelassenen Empfänger vorgelegen hat. Nicht selten ist hier festzustellen, dass die Zustellungsurkunde hier nur unzureichende Angaben enthält. Auch wenn ein Zustellungsmangel nach § 189

---

42 Hierzu die ausführliche Darstellung in § 10 Rdn 1 ff.
43 BGH NJW 2003, 2100 = MDR 2003, 840 = FamRZ 2003, 1092.
44 BGH BGH-Report 2004, 903 = FamRZ 2004, 865.
45 BFH, Beschl. v. 31.7.2008 – IV B 73/07 –, juris.

ZPO geheilt sein könnte, tritt die Heilung regelmäßig erst zu einem späteren Zeitpunkt als dem dokumentierten Zustellungszeitpunkt ein.

24 *Hinweis*
Auch wenn die Zustellungsurkunde einen Nachweis der ordnungsgemäßen Zustellung erbringt, ist nach § 418 ZPO der Gegenbeweis möglich.[46] Allerdings werden an diesen strenge Anforderungen im Sinne des Vollbeweises[47] gestellt. Das Gericht muss dem Antragsteller allerdings auch Gelegenheit zum Beweisantritt geben.[48] Möglich ist auch der Gegenbeweis, dass das in einem Empfangsbekenntnis bekundete Datum der Kenntnisnahme unzutreffend ist.[49] Dabei ist beachtlich, dass der Rechtsanwalt nicht berechtigt ist, die Datierung des Empfangsbekenntnisses auf seine Mitarbeiter zu delegieren.[50] Hierin würde ein – die Wiedereinsetzung hinderndes – Verschulden zu sehen sein. Das Gericht ist grundsätzlich verpflichtet, allen Beweisangeboten nachzugehen.[51] Dabei muss jede Möglichkeit ausgeschlossen sein, dass das im Empfangsbekenntnis genannte Datum richtig ist.[52]

Trägt das Empfangsbekenntnis kein Datum, ist die Zustellung gleichwohl wirksam.[53]

25 Aus Sicht der anwaltlichen Fristenkontrolle bedarf die mit dem Zustellungsreformgesetz zum 1.7.2002 neu gefasste Heilungsvorschrift des § 189 ZPO besonderer Beachtung. Danach ist – anders als nach § 187 ZPO a.F. – nunmehr auch eine Heilung von Zustellungsmängeln bei einer Notfrist möglich.[54] Dies gilt allerdings nur dann, wenn das Gericht auch mit Zustellungswillen gehandelt hat.[55] Ist also ein Schriftstück formlos übersandt worden, bei dessen Zustellung eine Notfrist zu laufen beginnen würde, ist ausgehend vom Tag des tatsächlichen Zugangs dem Grundsatz des sichersten Weges folgend und aus anwaltlicher Fürsorge die Notfrist nebst Vorfrist zu notieren und das weitere Prozedere so zu betreiben, als sei eine tatsächliche Zustellung erfolgt.

26 *Praxistipp*
Über diese Rechtslage ist das Büropersonal grundsätzlich zu belehren. Dabei soll die – schriftliche – Anweisung ergehen, den Lauf einer Notfrist unabhängig von der Frage einer wirksamen Zustellung beginnend mit dem tatsächlichen Zugang zu notieren. Der Rechtsanwalt sollte sich von seinem Büropersonal schriftlich bestätigen lassen, dass eine solche Belehrung erfolgt ist und dass und wann diese – regelmäßig – wiederholt wurde.

---

46 BGH NJW 2001, 571; NJW 2001, 2722.
47 BGH NJW-RR 2002, 1070; NJW 2001, 2722; NJW-RR 2001, 280; NJW 2000, 2280; NJW 2000, 1872; Zöller/*Greger*, § 174 Rn 21 (m.w.N.) i.V.m. § 230 Rn 2: zumindest strenge Maßstabe anzuwenden.
48 BGH NJW 2000, 814; BGH BRAK-Mitt 2005, 233; *v. Pentz*, NJW 2003, 858.
49 BGH MDR 2012, 1363 f.
50 BGH NJW 1994, 2295 = MDR 1995, 207 = AnwBl 1995, 157.
51 BGH NJW 2003, 2460 = VersR 2004, 625 = MDR 2003, 1193 = RPfleger 2003, 597.
52 BGH NJW-RR 2005, 76; MDR 2012, 1363 f.
53 BGH MDR 2005, 1427.
54 OLG Frankfurt NStZ-RR 2004, 336.
55 BGH NJW-RR 2017, 1086 ff.

Um Rechtsnachteile seines Mandanten zu vermeiden, sollte der Rechtsanwalt den wirksamen Fristbeginn und damit seine Säumnis bestreiten,[56] zugleich aber vorsorglich innerhalb der Wiedereinsetzungsfrist des § 234 Abs. 1 ZPO die Wiedereinsetzung in den vorigen Stand beantragen.[57] Auf jeden Fall ist die unverzügliche Nachholung der versäumten Prozesshandlung erforderlich.

27

2. Einwendungen gegen die Säumnis

Eine Wiedereinsetzung in den vorigen Stand kann aber auch dann entbehrlich werden, wenn der Rechtsanwalt geltend machen kann, dass er die Rechtshandlung rechtzeitig vorgenommen hat.[58] Rechtzeitig ist die Rechtshandlung, wenn sie innerhalb der Frist zur Kenntnis des Gerichts gelangt. Der BGH hat sich dabei genötigt gesehen, die Frage zu entscheiden, dass der auf das Fristende folgende Tag um 0.00 Uhr beginnt.[59]

28

Regelmäßig kommt hier die Rüge in Betracht, dass der maßgebliche Schriftsatz vor Mitternacht in den Gerichtsbriefkasten – Nachtbriefkasten – eingeworfen wurde, gleichwohl der Schriftsatz aber mit dem Eingangsstempel des nachfolgenden Tages versehen wurde.

29

Auch hier ist der Rechtsanwalt verpflichtet, den vollen Beweis für den rechtzeitigen Zugang zu erbringen. Dabei erbringt der gerichtliche Eingangsstempel zunächst den Nachweis für den tatsächlichen Eingang des Schriftsatzes und den Zeitpunkt. Der Rechtsanwalt kann jedoch den Gegenbeweis führen.[60] Dabei war bisher anerkannt, dass das erkennende Gericht im Freibeweis entscheiden kann.[61] Ob dies auch noch unter der Anwendung des neuen § 284 ZPO der Fall ist, kann streitig sein, weil dieser den Freibeweis von der Zustimmung des Gegners abhängig macht.[62]

30

Praxistipp

31

Ist der Einwurf rechtzeitig vor Fristablauf durch eine Büroangestellte erfolgt, so kann diese als Zeugin benannt werden. Diesem Beweisangebot hat das Gericht nachzugehen.[63] Da der Rechtsanwalt keinen Einblick in die gerichtsinternen Organisationsvorgänge hat, bedarf es keines weiteren Nachweises, ob und warum die Nachtbriefkastenanlage des Gerichts keine zutreffende Trennung der Posteingänge um Mitternacht vorgenommen hat. Insoweit dürfen nämlich an den Rechtsanwalt keine zu hohen Anforderungen gestellt werden.[64] Es ist die Sache des Gerichts, hier die zur Klärung

---

56 Muster unter Rdn 193.
57 BGH NJW 2000, 2280; OLG Köln, Beschl. v. 18.9.2008 – 11 U 147/08 –, juris.
58 Muster unter Rdn 194.
59 BGH NJW 2003, 3487; 2005, 678 = FamRZ 2005, 266.
60 BGH NJW 2000, 2280; 2000, 1872.
61 BGH NJW-RR 2002, 1070; MDR 1998, 57.
62 Siehe insgesamt zur Beweislastverteilung oben Rdn 11.
63 BGH NJW 2003, 2460; BRAK-Mitt 2005, 233.
64 BGH NJW 1997, 1312.

des Sachverhalts notwendigen Maßnahmen zu ergreifen,[65] insbesondere dienstliche Stellungnahmen der handelnden Beamten einzuholen.[66]

32 Auch hier gilt, dass der Rechtsanwalt zur Vermeidung von Rechtsnachteilen jedenfalls hilfsweise auch einen Antrag auf Wiedereinsetzung in den vorigen Stand stellen muss. Dies ist nicht nur zulässig,[67] sondern auch geboten.

33 Eine Wiedereinsetzung in den vorigen Stand kommt lediglich bei der Versäumung einer der genannten Fristen in Betracht. Wurde die Frist durch tatsächliche Umstände allein verkürzt – etwa weil der Mandant die ersten drei Wochen der Berufungsfrist verreist war –, ohne dass die Vornahme der Handlung damit objektiv und subjektiv unmöglich wurde, so kann eine gesetzlich nicht vorgesehene Fristverlängerung auch über die §§ 233 ff. ZPO nicht erreicht werden.[68] Ist allerdings ein Schriftsatz unverschuldet erst am letzten Tag der Frist zur Kenntnis gekommen, so kann bei schwieriger Sach- und Rechtslage ein Wiedereinsetzungsgrund gegeben sein.[69] In diesem Fall fehlt es an der objektiven oder subjektiven Möglichkeit der rechtzeitigen Vornahme der fristwahrenden Prozesshandlung. In diesem Fall beginnt die Wiedereinsetzungsfrist aber bereits mit dem Zeitpunkt der Kenntnisnahme von dem Schriftstück, d.h. bereits vor dem Fristablauf.

34 *Hinweis*

Für die Frage der Fristversäumung ist der Wandel der Rechtsprechung für den Zugang eines per Telefax übersandten Schreibens beachtlich. War bisher auf den Ausdruck des übersandten Schreibens abzustellen[70] hat der BGH sich im Jahre 2006 hiervon abgewandt. Für die Beurteilung der Rechtzeitigkeit des Eingangs eines per Telefax übersandten Schriftsatzes kommt es allein darauf an, ob die gesendeten Signale noch vor Ablauf des letzten Tages der Frist vom Telefaxgerät des Gerichts vollständig empfangen (gespeichert) worden sind.[71]

IV. Das fehlende Verschulden

1. Einleitung

35 Nach § 233 ZPO kommt eine Wiedereinsetzung in den vorigen Stand nur in Betracht, wenn die Partei ohne ihr Verschulden gehindert war, die versäumte Frist einzuhalten. Das Nichtverschulden der Fristversäumung ist damit die zentrale Wiedereinsetzungsvoraussetzung. Liegt demgegenüber ein Verschulden vor, so kann der Haftungsfall regelmäßig nur noch verhindert werden, wenn die Frist auch ohne den schuldhaften Fehler versäumt worden wäre.[72]

---

65 BGH NJW 2000, 1872.
66 BSG, Beschl. v.09. 03.2011 – B 4 AS 60/10 BH –, juris.
67 BGH NJW 2000, 2280; OLG Köln, Beschl. v. 18.9.2008 – 11 U 147/08 –, juris.
68 BGH NJW 1976, 626; MDR 2009, 644 f.; Zöller/*Greger*, § 233 Rn 9.
69 OLG Bamberg MDR 1996, 199.
70 So noch BGH NJW 1994, 2097 und sodann in st. Rspr.
71 BGH NJW 2006, 2263 = Prozessrecht aktiv 2006, 159; OLG Koblenz, Beschl. v. 15.4.2013 – 12 U 1437/12 –, juris.
72 Hierzu nachfolgend unter Rdn 62.

Bei der Bestimmung des Zumutbaren dürfen einerseits die Anforderungen nicht überspannt werden, um den nach Art. 19 Abs. 4 und Art. 103 GG verfassungsrechtlich gesicherten Zugang zu den Gerichten nicht unangemessen zu verkürzen. Andererseits müssen die Anforderungen so streng sein, dass die gesetzlichen Fristen ihre Funktion, ein geordnetes und zügiges Verfahren sicherzustellen, erfüllen. 36

Um die Frage des Verschuldens hat sich eine umfangreiche Kasuistik gebildet, die sich im Rahmen eines primär als Formularbuch angelegten Werkes nicht erschöpfend darstellen lässt. Die nachfolgenden Ausführungen sollen sich deshalb auf die Darstellung der Grundsätze und den Hinweis auf wesentliche Einzelfälle beschränken. Im Übrigen wird auf die umfangreichen Nachweise der Literatur[73] verwiesen. 37

Eine schuldhafte Fristversäumung liegt vor, wenn die im Verkehr erforderliche Sorgfalt nicht beachtet wird und damit die Partei vorsätzlich oder fahrlässig die ihr obliegenden Sorgfaltspflichten zur Feststellung und Überwachung der Frist nicht erfüllt. Ein schuldhaftes Verhalten liegt also vor, wenn die Partei nicht das unter den gegebenen Umständen Mögliche getan hat, um die Versäumung der Frist zu vermeiden.[74] Maßstab ist also das subjektiv zumutbare Verhalten, welches für den Einzelfall zu bestimmen ist. 38

Ein Fehlen des Verschuldens wird vermutet, wenn eine Rechtsbehelfsbelehrung gem. § 232 ZPO unterblieben oder fehlerhaft ist, § 233 S. 2 ZPO. 39
Den Rechtsanwalt entlastet das Fehlen oder die Unvollständigkeit der Belehrung nicht.[75] Eine Unrichtigkeit der Belehrung schließt die Kausalität hingegen auch bei anwaltlicher Vertretung nicht aus, wenn sie nicht offenkundig und der durch sie verursachte Irrtum des Rechtsanwalts nachvollziehbar ist.[76] Wenn ein Widerspruch zwischen dem zugelassenen Rechtsmittel und dem Inhalt der Rechtsbehelfsbelehrung vorliegt, der für einen Rechtsanwalt ohne Weiteres erkennbar ist, ist die Wiedereinsetzung hingegen abzulehnen.[77]

Danach scheidet ein Verschulden zunächst immer aus, wenn höhere Gewalt, Naturereignisse oder andere für die Partei nicht abzuwendende Zufälle zur Fristversäumung führen. 40

Checkliste möglicher zufälliger Hinderungsgründe 41
Eine Fristversäumung ist wegen eines für die Partei nicht abzuwendenden Ereignisses unabwendbar, wenn
- die notwendigen Unterlagen durch Diebstahl oder etwa eine staatsanwaltschaftliche Beschlagnahme nicht zur Verfügung stehen und die Partei sich im letzteren Fall um eine fristgerechte Wiedererlangung oder im ersteren Fall um eine Rekonstruktion bemüht hat;
- die Partei oder ihr Vertreter unerwartet erkrankt;[78]

---

73 Zöller/Greger, § 233 Rn 23 ff.; Born, NJW 2005, 2042; v. Pentz, NJW 2003, 858; Müller, NJW 2000, 322; Müller, NJW 1998 497.
74 BGH NJW 1990, 1239.
75 BGH NJW 2012, 2443, 2444.
76 BGH NJW 2012, 2443; MDR 2017, 841; MDR 2016, 1042.
77 BGH NJW 2017, 1112.
78 BGH NJW-RR 1994, 957; VersR 1985, 139; 1989, 931.

- die Partei oder ihr Vertreter von einem Unglücksfall heimgesucht wird;

  Hinweis

  Wenn die Partei plötzlich und unerwartet stirbt, kann es dagegen nicht zu einer Fristversäumung kommen, da in diesem Fall der Prozess nach §§ 239 Abs. 1, 249 Abs. 1 ZPO unterbrochen wird oder jedenfalls auf Antrag, § 246 Abs. 1 ZPO, auszusetzen ist. Letzteres muss der Rechtsanwalt unmittelbar veranlassen.

- eine akute krankhafte Störung der Geistestätigkeit die Einhaltung der Frist verhindert;[79]
- eine unerwartete Verhaftung im In- oder Ausland erfolgt, soweit die Partei sich ohne schuldhaftes Zögern um ihre Angelegenheiten gekümmert hat.[80]

42 *Hinweis*

In allen Fällen wird das Gericht aber jeweils sorgsam prüfen, ob die Säumnis auch kausal auf dieses Ereignis zurückgeht. Hierzu sollte schon rein vorsorglich Stellung genommen werden.

43 An die Sorgfaltspflichten ist zwar ein objektiver und abstrakter Maßstab anzulegen,[81] ohne dass die Anforderungen jedoch überspannt werden dürfen.[82] Die Verhinderung jeder Eventualität kann also nicht verlangt werden. Allerdings kommt es im umgekehrten Fall auch nicht auf die Kenntnisse, Fähigkeiten und Erfahrungen der betroffenen Partei an. Auch Sprachbarrieren einer ausländischen Partei bleiben deshalb außer Betracht.[83]

44 *Hinweis*

Ein erhöhter Sorgfaltsmaßstab kann sich allerdings daraus ergeben, dass die Partei bewusst die Frist „bis zur letzten Sekunde" ausschöpfen will.[84] In diesem Fall erwachsen ihr besondere Sorgfaltspflichten,[85] so dass sie durch zusätzliche Maßnahmen sicherstellen muss, dass die Frist tatsächlich eingehalten wird. So muss darauf geachtet werden, dass nicht ausgeschlossen ist, dass das Empfangsgerät des Gerichts kurz vor Fristablauf wegen anderer Sendungen belegt ist, womit der Rechtsanwalt gerade kurz vor Mitternacht immer rechnen muss.[86]

2. Das eigene Verschulden der Partei

45 Die betroffene Partei hat zunächst für ihr eigenes Verschulden in vollem Umfang einzustehen. Insbesondere obliegt es der Partei, dass diese rechtzeitig einen Bevollmächtigten bestellt, soweit dies – etwa im Anwaltsprozess – erforderlich ist oder sie nicht über die

---

79 BGH NJW 1987, 440.
80 BGH VersR 1984, 850; 1985, 786.
81 Zöller/*Greger*, § 233 Rn 12.
82 Grundlegend: BVerfG NJW 1997, 2941; NZA 2000, 446; NJW 2001, 1566; NJW 2002, 3692; BGH NJW 1998, 2672.
83 BGH VersR 1984, 874; FamRZ 1989, 1287.
84 BGH NJW 1998, 2677.
85 BGH NJW-RR 2004, 1502.
86 BVerfG NJW 2000, 574; BVerwG, AnwBl 2014, 1058.

notwendige Sachkunde verfügt, um einen Prozess zu führen.[87] Zu den Sorgfaltspflichten einer Partei gehört es, sich unmittelbar nach dem Zugang gerichtlicher Mitteilungen über die Form und die Frist möglicher Rechtsmittel zu informieren.[88] Hat sie einen Bevollmächtigten bestellt, ist sie mit diesem zur jeweils unverzüglichen wechselseitigen Information verpflichtet.[89] Eine Partei, die in Kenntnis eines bereits ergangenen Urteils eine Reise antritt, muss noch vor der Abreise Kontakt mit ihrem Prozessbevollmächtigten aufnehmen, ihn jedenfalls über die bevorstehende Abwesenheit unterrichten und sicherstellen, dass rechtzeitig vor Ablauf der Rechtsmittelfrist zumindest telefonisch eine Entscheidung über die – gegebenenfalls vorsorgliche – Einlegung des Rechtsmittels getroffen werden kann.[90]

Hinweis 46

Das fehlende Verschulden wird gem. § 233 S. 2 ZPO vermutet, wenn die Rechtsmittelbelehrung gegenüber der Partei fehlerhaft oder unterblieben ist (vgl. Rdn 39).

3. Das Verschulden eines Vertreters der Partei

Ein Verschulden anderer Personen wird der Partei dabei grundsätzlich nicht zugerechnet. 47
§ 278 BGB findet insoweit keine Anwendung.[91]

Etwas anderes gilt allerdings dann, wenn es sich bei der anderen Person um einen Vertreter handelt. Dies ergibt sich unmittelbar aus § 51 Abs. 2 ZPO für die nicht prozessfähige und gesetzlich vertretene Partei und aus § 85 Abs. 2 ZPO für den Rechtsanwalt als Prozessbevollmächtigten der Partei. Gerade im Hinblick auf den in diesem Werk maßgeblichen Zivilprozess kehrt sich die Grundregel also kraft ausdrücklicher gesetzlicher Anordnung um.

Hat die Partei für das Verschulden ihres Vertreters einzustehen, so steht ihr eine Exkulpa- 48
tionsmöglichkeit nicht zu. Dabei ist zu beachten, dass unter die Regelung des § 85 Abs. 2 ZPO nicht nur der eigentliche bestellte Prozessbevollmächtigte fällt, sondern auch[92]
- der Generalbevollmächtigte,[93]
- der Verkehrsanwalt,[94]
- der Unterbevollmächtigte,[95]
- der angestellte Rechtsanwalt, soweit ihm die juristische Tätigkeit zur selbstständigen Erledigung übertragen ist,

---

87 BGH NJOZ 2004, 673.
88 BGH ZfIR 2003, 748.
89 Zöller/*Greger*, § 233 Rn 23 „Informationspflicht".
90 BGH v. 18.2.299 – IV ZR 193/07, WuM 2009, 248.
91 BayVGH, NJW 2013, 3113; Zöller/*Greger*, § 233 Rn 16.
92 Vgl. Zöller/*Althammer*, § 85 Rn 2: § 85 ZPO betrifft den rechtsgeschäftlich Bevollmächtigten im Gegensatz zum gesetzlichen Vertreter.
93 BGH VersR 1985, 1186.
94 BGH NJW 2001, 1578.
95 BGH VersR 1984, 239; BFH, Beschl. v.11.5.1988 – II B 8/88 –, juris; allgemein für den Untervertreter: BFH, Beschl. v. 11.5.1988 – II B 8/88 –, juris.

§ 20 Wiedereinsetzung in den vorigen Stand

- der Sozius einer Außensozietät, soweit dieser bei dem Gericht zugelassen ist, bei dem die Frist zu wahren ist,[96] dies auch dann, wenn im Innenverhältnis lediglich eine Bürogemeinschaft besteht,[97]
- jede andere für den Prozess bevollmächtigte Person, auch wenn es sich nicht um einen Rechtsanwalt handelt,
- der Haftpflichtversicherer aufgrund der Vollmacht nach Teil E 1.2 AKB 2015.

49 Hat die Partei in diesem Sinne mehrere Vertreter, so scheidet eine Wiedereinsetzung in den vorigen Stand schon dann aus, wenn nur einer der Vertreter schuldhaft gehandelt hat. Gegen diesen muss sich die Partei dann im Wege des Regresses wenden. Andererseits kommt eine Zurechnung des Verschuldens nicht mehr in Betracht, wenn das Mandatsverhältnis wirksam gekündigt ist.[98]

50 *Hinweis*

Der nach § 138 FamFG (früher § 625 ZPO a.F.) in einer Scheidungssache gem. § 138 Abs. 2 FamFG (früher § 625 Abs. 2 ZPO a.F.) als Beistand beigeordnete Rechtsanwalt ist kein Prozessbevollmächtigter, so dass für diesen § 85 Abs. 2 ZPO keine Anwendung findet, sofern die Partei ihm über die Beiordnung hinaus keine Prozessvollmacht erteilt hat. Dies hat zwei Folgen:

- Zustellungen haben weiterhin an die Partei selbst zu erfolgen,[99] so dass Zustellungen an den Rechtsanwalt als Beistand nicht zum Lauf gesetzlicher oder gerichtlicher Fristen führen, mithin eine Wiedereinsetzung mangels Fristversäumung nicht erforderlich ist.
- Ein schuldhaftes Verhalten des Beistands wird der Partei mangels Zuweisungsnorm (§ 85 Abs. 2 ZPO) nicht zugerechnet, so dass eine Wiedereinsetzung im Übrigen zu gewähren ist, wenn die Partei selbst nicht schuldhaft gehandelt hat, etwa ein ihr zugestelltes und eine Frist auslösendes gerichtliches Schriftstück unmittelbar dem Beistand zur weiteren Veranlassung übergeben hat.

51 *Praxistipp:*

Der Rechtsanwalt sollte jede Möglichkeit zur Fristenkontrolle auch unmittelbar nutzen. Teilweise wird dies auch von der Rechtsprechung verlangt. So muss der Rechtsanwalt bei der Vorlage der Handakte zur Einlegung der Berufung zugleich prüfen, ob die Berufungsbegründungsfrist zutreffend notiert wurde.[100]

---

96 BGH NJW 1997, 3177.
97 BGH NJW-RR 2003, 490.
98 BGH VersR 1992, 378; BSG, Beschl. v. 17.6.2009 – B 6 KA 72/07 B –, juris.
99 BGH NJW 1995, 1225.
100 BGH FamRZ 2009, 685; OLG Bremen v. 18.2.2009 – 1 U 75/08, OLGR 2009, 318.

4. Schuldhaftes Verhalten des Hilfspersonals des Vertreters und sonstiger Dritter

Die Vertreterhaftung nach § 85 Abs. 2 ZPO bezieht sich nur auf den Vertreter selbst, nicht aber auf dessen Hilfspersonal.[101] Aus diesem Grunde steht ein Verschulden des Büropersonals der Wiedereinsetzung in den vorigen Stand grundsätzlich nicht entgegen.

52

Das Verschulden des Büropersonals kann sich jedoch als erhebliches Eigenverschulden des Rechtsanwalts in seiner Eigenschaft als Vertreter nach § 85 Abs. 2 ZPO darstellen, wenn das Verhalten des Personals zurückgeht auf ein
- Auswahlverschulden des Rechtsanwalts bezüglich des Personals,
- ein Organisationsverschulden des Rechtsanwalts,

53

> *Hinweis*
>
> Ein wesentliches Organisationsverschulden kann darin liegen, dass der Rechtsanwalt nicht für eine zuverlässige Fristenkontrolle Sorge getragen hat.[102] Er muss also durch entsprechende allgemeine Anweisungen und Weisungen im Einzelfall sicherstellen, dass bei einem normalen Gang der Dinge die von ihm verfügten Fristen eingetragen und beachtet werden, so dass Fristversäumnisse vermieden werden.[103] Die Anweisungen sollten dabei so weit wie möglich dokumentiert werden, d.h. insbesondere die allgemeinen Anweisungen. Dabei kann der Rechtsanwalt sodann auf die Einhaltung seiner konkreten und unmissverständlichen Anweisungen durch Angestellte, die aufgrund ihrer Ausbildung und ihres bisherigen Verhaltens als zuverlässig anzusehen sind, vertrauen.[104]

- ein Belehrungsverschulden des Rechtsanwalts,

> *Praxistipp*
>
> Der Rechtsanwalt sollte alle Mitarbeiter regelmäßig und neue Mitarbeiter unmittelbar über alle maßgeblichen Fristen, die Fristenfeststellung, -eintragung und -kontrolle belehren. Die Belehrung sollte schriftlich fixiert werden und in den Kanzleiräumen zur Verfügung stehen. Auch sollten alle Mitarbeiter unverzüglich bestätigen, dass eine mündliche Belehrung erfolgt ist und Kenntnis über den Ort der schriftlichen Niederlegung besteht. Dies sollte mit jeder „Auffrischung" wiederholt werden. Diese Aufgabe kann auch ein Dritter im Rahmen von In-House-Seminaren übernehmen.[105] Die letzte ausführliche Belehrung darf dabei nicht vor dem Inkrafttreten der ZPO-Reform liegen, da eine Vielzahl von Fristenbestimmungen mit dieser Reform einer Änderung unterzogen worden sind. Empfehlenswert aber auch ausreichend ist eine jährliche Belehrung aller Mitarbeiter

---

101 Zöller/*Greger*, § 233 Rn 18, Rn 23 „Büropersonal und -organisation", „Juristisches Hifspersonal".
102 BGH NJW-RR 1998, 1444; BFH, NJW-RR 2004, 1435 ff.; Zöller/*Greger*, a.a.O.
103 BGH NJW 2002, 1130 m. Anm. *Jungk* in BRAK-Mitt 2002, 119; BGH NJW 1996, 199; NJW 1996, 2514; NJW 1994, 2551.
104 BGH NJW-RR 2001, 209; BFH, Beschl. v. 17.6.2005 – VI R 69/04 –, juris.
105 Vgl. www.inkasso-aktuell.de (DIA).

zur Fristenkontrolle sowie eine regelmäßige Unterrichtung über Neuerungen. Unabdingbar ist eine umfassende Belehrung neuen Personals sowie von Mitarbeitern, denen erstmals Aufgaben in der Fristenkontrolle übertragen werden.
- ein Überwachungsverschulden des Rechtsanwalts.

54 Kein Verschulden des Rechtsanwalts, sondern ein ihm und damit auch der Partei nicht zurechenbares Verschulden eines Dritten liegt vor, wenn der Rechtsanwalt einer bisher zuverlässigen Bürokraft eine konkrete Einzelweisung erteilt hat, deren Einhaltung die Frist gewahrt hätte. Der Rechtsanwalt darf hier darauf vertrauen, dass seiner Einzelweisung Folge geleistet wird.[106]

55 *Hinweis*

Dies ist insbesondere dann als problematisch anzusehen, wenn mit der Einzelweisung in die sonst bestehende Organisation eingegriffen wird.[107]

56 Der BGH hat es als zulässig angesehen, die Einzelanweisung zu erteilen,
- den Namen des Rechtsmittelführers zu korrigieren, die erste Seite der Rechtsmittelschrift sodann auszutauschen und die gesamte Rechtsmittelschrift dann per Fax zu versenden,[108]
- die Postleitzahl des ortsansässigen Gerichts nochmals zu kontrollieren und ggf. zu korrigieren und den Schriftsatz sodann zu versenden,[109]
- eine auf einem Handzettel notierte Frist im Fristenkalender einzutragen.[110]

57 Eine generelle Verpflichtung des Rechtsanwalts, sich der Ausführung seiner Einzelanweisung nochmals zu versichern, hat der BGH nicht gesehen.[111] Gleichzeitig hat er aber die Kontrolle der Ausführung einer Anweisung auf unmittelbare Übermittlung einer Berufungsschrift am Vormittag angenommen.[112] Im Zweifelsfall sollte die Anweisung deshalb kurz notiert und deren Ausführung später noch einmal abgefragt werden.

58 *Hinweis*

Etwas anderes gilt bei zentralen Vorgängen, wie der Eintragung einer dem Hilfspersonal nur mündlich mitgeteilten Rechtsmittelfrist. Hier müssen organisatorische Vorkehrungen getroffen sein, damit die Frist nicht in Vergessenheit gerät. Etwa die Anordnung eines Vier-Augen-Prinzips für die Eintragung der Frist durch die erste Person und die Kontrolle der Eintragung und das Ablegen der Handakte durch eine zweite Person unter gleichzeitiger Anweisung, dass alle Handakten täglich abzulegen sind.

59 Bei Verwendung des elektronischen Rechtsverkehrs ist Wiedereinsetzung nicht zu bewilligen, wenn der Schriftsatz vor Zulassung nach § 130a ZPO bzw. der VO nach § 130a

---

106 BGH NJW-RR 2005, 215; NJW-RR 2004, 711.
107 Hierzu BGH MDR 2016, 294; NJW 2004, 367.
108 BGH MDR 2013, 482–483; NJW-RR 2004, 711.
109 BGH NJW-RR 2003, 1000.
110 BGH NJW 2001, 1578.
111 BGH NJW-RR 2005, 215; NJW-RR 2004, 1361.
112 BGH NJW-RR 2007, 1430–1431; NJW-RR 2004, 1361.

Abs. 2 a.F ZPO elektronisch übermittelt wird.[113] Ist auf Seiten der Justiz der Empfang gestört, stellt dies einen Wiedereinsetzungsgrund dar.[114] Anders hingegen, wenn ein Defekt am Absendergerät vorliegt.[115] Wird der Empfang nach § 130a Abs. 5 S. 2 ZPO nicht bestätigt, ist bei dem Gericht nachzufragen und ggf. für anderweitige Zusendung zu sorgen.[116]

Ist dagegen das Verschulden sonstiger Dritter, wozu insbesondere die Postunternehmen und auch das Gericht selbst gehören,[117] für die Fristversäumung verantwortlich, ist dies weder der Partei noch deren Vertreter zuzurechnen und hat damit grundsätzlich zur Wiedereinsetzung zu führen.

So darf die Partei und ihr Vertreter darauf vertrauen, dass
- die von der Post angegebenen Postlaufzeiten eingehalten werden,[118]
- einem ersten Verlängerungsantrag zur Begründung eines Rechtsmittels entsprochen wird.[119]

V. Die fehlende Kausalität der verschuldeten Säumnis

Ist die Frist schuldhaft versäumt worden, bedeutet dies nicht zugleich auch die Zurückweisung des Wiedereinsetzungsgesuchs. Die Wiedereinsetzung in den vorigen Stand kommt gleichwohl in Betracht, wenn es auch ohne das schuldhafte Verhalten durch einen nicht zu verantwortenden Umstand zur Fristversäumung gekommen wäre.[120]

Beispiel

Entgegen der Weisung des Rechtsanwalts wurde eine ablaufende Berufungsfrist auf den 7. des Monats statt auf den 6. des Monats eingetragen. Das Gericht ist der Auffassung, dass dies auf ein Organisationsverschulden des Rechtsanwalts zurückgeht. Wäre der Schriftsatz rechtzeitig, nämlich am 5. des Monats zur Post gegeben worden, wäre es gleichwohl zur Fristversäumung gekommen, weil die Postgewerkschaft einen unangekündigten und für den Rechtsanwalt nicht voraussehbaren Warnstreik vom 5. bis zum 7. des Monats durchgeführt hat und aus diesem Grunde die gesamte Gerichtspost für diesen Zeitraum erst am 8. des Monats ausgeliefert wurde.

Ist – schuldhaft – keine Weisung erteilt worden, eine Vorfrist einzutragen, so ist die Fristversäumung auch dann nicht kausal auf das schuldhafte Verhalten zurückzuführen, wenn im Einzelfall davon auszugehen ist, dass die sonst zuverlässige Bürokraft auch bei einer Eintragung der Vorfrist diese nicht zum Anlass für eine Wiedervorlage genommen hätte.[121]

---

113 OLG Düsseldorf AnwBl 2014, 91.
114 BT-Drucks 17/12634, 27.
115 OVG Koblenz NJW 2007, 3224.
116 OVG Koblenz NJW 2007, 3224.
117 BGH NJW 1998, 2291.
118 BGH NJW 1998, 1870; MDR 2004, 227 f.; Zöller/*Greger*, § 233 Rn 23: „Postverkehr".
119 BGH MDR 2017, 895; NJW 1999, 3271.
120 BGH FuR 2009, 115; BGH NJW 2001, 76; NJW-RR 2001, 782; NJW 2000, 3649.
121 BGH NJW-RR 1997, 1289.

65 Die Ursächlichkeit des schuldhaften Verhaltens – etwa der mangelnden allgemeinen Organisation der Fristenkontrolle – für eine Fristversäumung kann auch dadurch entfallen, dass im konkreten Fall eine unmissverständliche Einzelweisung erteilt worden war, die geeignet war, die Einhaltung der Frist sicherzustellen, jedoch von einer im Übrigen zuverlässigen Bürokraft nicht beachtet wurde.[122]

66 Die Kausalität des schuldhaften Verhaltens für die Fristversäumung fehlt auch dann, wenn ein Schriftsatz einem unzuständigen Gericht übersandt wurde, die Frist aber gleichwohl gewahrt worden wäre, wenn dieses den Rechtsanwalt unverzüglich informiert oder seiner Verpflichtung zur Weiterleitung des fristgebundenen Schriftsatzes an das zuständige Gericht genügt hätte.[123]

67 Für die fehlende Ursächlichkeit des Verschuldens für die Fristversäumung sind die Partei und damit der Rechtsanwalt in vollem Umfange darlegungs- und beweispflichtig, wobei an den Nachweis strenge Anforderungen gestellt werden.[124] Eine Ausnahme gilt gem. § 233 S. 2 ZPO.

VI. Einzelfälle

1. Verstöße bei der Fristenbearbeitung

68 Besonders kritisch sind die Fälle, in denen die Fristversäumung auf eine fehlerhafte Eintragung der zu beachtenden Frist zurückgeht. Entscheidend ist hier regelmäßig, ob dem Rechtsanwalt ein schuldhafter Verstoß gegen seine Belehrungs-, Organisations- oder Überwachungspflichten zur Last fällt.

69 Als Ausgangspunkt ist zu beachten, dass der Rechtsanwalt die Fristen grundsätzlich selbst zu berechnen und zu verfügen hat.

70 *Hinweis*
Dabei ist insbesondere zu berücksichtigen, dass mit der ZPO-Reform bei Eingang eines Urteils nicht nur die Rechtsmittelfristen, sondern auch die Rechtsmittelbegründungsfristen feststehen, so dass beide Fristen unverzüglich durch den Rechtsanwalt zu berechnen sind und deren Eintragung und Notierung zu gewährleisten ist.[125]

71 Dem Rechtsanwalt ist es allerdings gestattet, die Berechnung einfacher Fristen und die Führung des Fristenkalenders auf seine Mitarbeiter zur selbstständigen Erledigung zu übertragen.[126] Ausnahmen sind die Berechnung solcher Fristen, die selten vorkommen, z.B. materielle Ausschlussfristen, bei deren Berechnung Schwierigkeiten nicht ausgeschlossen sind oder die Fristberechnung nach der Änderung der einschlägigen Normen

---

122 BGH NJW 2005, 215; NJW 2004, 367; NJW-RR 2004, 350; NJW-RR 2004, 711; NJW-RR 2003, 935; NJW-RR 2003, 1000; VersR 2003, 389 = MDR 2002, 1095; BGH VersR 2001, 783 = MDR 2000, 1158 = NJW 2000, 2823; BGH NJW-RR 2001, 872; 2001, 239.
123 BVerfG NJW 1995, 3173; BGH NJW-RR 2000, 1730.
124 BGH NJW 2001, 76.
125 BGH FamRZ 2013, 1117 ff.; FamRZ 2012, 108 f.; FamRZ 2004, 1183; FamRZ 2004, 696.
126 BGH NJW 2009, 854 = MDR 2009, 280; BGH NJW-RR 2004, 350; NJW-RR 2003, 276; NJW 2003, 1815; NJW-RR 2003, 935.

für eine Übergangszeit.[127] Es muss dann durch eindeutige Anweisungen sichergestellt werden, dass die Fristen eingetragen und deren Eintragung kontrolliert wird, wobei insbesondere die Bestimmung klarer Zuständigkeiten zwingend ist. Der Rechtsanwalt hat sich von der gewissenhaften Erfüllung seiner Anweisungen durch regelmäßige stichprobenartige Kontrollen zu überzeugen.[128] Die Anweisungen müssen sich auch darauf beziehen, wann und unter welchen Voraussetzungen die Fristen geändert oder gestrichen werden.[129] Auch muss sichergestellt sein, dass der Rechtsanwalt Kenntnis von gerichtlichen Hinweisen erhält, die Auswirkungen auf den Fristablauf haben können.[130] Vorsorge muss auch für den Fall getroffen werden, dass es zu unerwarteten Störungen im Geschäftsablauf kommt.[131] So muss eine Vertretungsregelung für den Fall existieren, dass die für die Fristenverwaltung primär zuständige Mitarbeiterin kurzfristig erkrankt.

Für die richtige Notierung der Fristen sollte der Rechtsanwalt auf die vom BGH[132] vorgegebene Form abstellen: **72**

- Zunächst muss die Frist vom Rechtsanwalt berechnet und verfügt werden.

  Hinweis

  Der Rechtsanwalt darf nur die Berechnung von Routinefristen auf erfahrene Büroangestellte übertragen.[133] Hierzu gehören keine Fristen, deren Berechnung die Beantwortung von Rechtsfragen voraussetzt.

- Sodann ist die Frist in einer von den sonstigen Wiedervorlagen deutlich unterscheidbaren Form[134] in den Fristenkalender einzutragen.

  Hinweis

  Die Frist ist dabei zum frühestmöglichen Zeitpunkt und in unmittelbarem zeitlichem Zusammenhang zur Bestimmung der Frist im Fristenkalender einzutragen.[135]

- Die Frist ist anschließend auf den Handakten zu vermerken. Damit ist zugleich festgehalten, dass eine Eintragung in den Fristenkalender erfolgt ist.
- Erst wenn durch eine Überwachungsmaßnahme des Rechtsanwalts oder eine entsprechende Mitteilung die Eintragung sichergestellt ist, darf der Rechtsanwalt das Empfangsbekenntnis unterzeichnen.

Praxistipp **73**

Auf den vorbezeichneten Ablauf ist auch im Rahmen der Glaubhaftmachung in Form einer eidesstattlichen Versicherung nach § 294 BGB abzustellen.

---

127 BGH NJW-RR 2004, 350; NJW-RR 2003, 1211.
128 BGH NJW-RR 2004, 350; NJW 2003, 1815; NJW-RR 2003, 276.
129 BGH-Report 2004, 903; FamRZ 2014, 295 f.
130 BGH NJW 2009, 854 = MDR 2009, 280.
131 BGH NJW-RR 2004, 1714; NJW-RR 2004, 1149; NJW 2003, 1815.
132 BGH NJW-RR 2004, 1714; NJW 2003, 1815; MDR 1996, 747.
133 BGH NJW-RR 2000, 1366.
134 BGH NJW-RR 2005, 215; NJW 2004, 688; NJW-RR 2001, 279.
135 BGH NJW-RR 2004, 1714; NJW 2003, 1815.

74 Die Fristen können dabei auch **EDV-gestützt verwaltet** werden, sofern die EDV von einer Fachfirma entwickelt wurde, die Fristen einer der manuellen Kalenderführung entsprechenden Überprüfung unterzogen werden können[136] und bei Störungen eine unverzügliche Störungsbeseitigung sichergestellt ist. Erfolgte Löschungen müssen als Streichungen im Programm und seinen Ausdrucken erkennbar bleiben.[137] Ungeachtet dessen ist die Überprüfung anhand von Ausdrucken geboten.[138]

75 Neben dem Fristende ist auch sicherzustellen, dass jeweils eine Vorfrist von zumindest einer Woche[139] notiert wird, damit für den Rechtsanwalt eine ausreichende Bearbeitungszeit in der Sache verbleibt und auch bei zufälligen Hindernissen noch eine fristgemäße Bearbeitung möglich ist. Dies gilt insbesondere bei Fristen zur Klageerwiderung oder zur Rechtsmittelbegründung.

76 *Hinweis*

Wird für die Einhaltung einer Notfrist zwar eine Vorfrist und eine Wiedervorlagefrist eingetragen, nicht aber das tatsächliche Ende der Notfrist, kann regelmäßig keine Wiedereinsetzung in den vorigen Stand gewährt werden, da darin ein Organisationsverschulden des Prozessbevollmächtigten zu sehen ist.[140]

77 Beachtet werden muss nach der ZPO-Reform, dass mit der Zustellung des erstinstanzlichen Urteils nicht nur die Berufungsfrist nach § 517 ZPO, sondern unmittelbar auch die Berufungsbegründungsfrist nach § 520 Abs. 2 ZPO notiert wird. Diese Frist muss nach der Rechtsprechung mit der Vorlage der Handakte zur Berufungsfrist von dem Rechtsanwalt selbst kontrolliert werden.[141]

78 Wird eine Fristverlängerung beantragt, so muss schon mit der Antragstellung, d.h. organisatorisch bei der Unterschriftsleistung des Rechtsanwalts, die neue Frist notiert werden. Mit Eingang der gerichtlichen Bewilligung der Fristverlängerung ist diese Frist zu überprüfen und unter Umständen anzupassen.

79 Grundsätzlich hat der Rechtsanwalt diese korrekte Fristenerfassung durch organisatorische Maßnahmen der Posteingangsbearbeitung und durch entsprechende, sich regelmäßig wiederholende Belehrungen und Schulungen des Personals sicherzustellen. Die Einhaltung seiner Vorgaben hat er durch regelmäßige Kontrollen zu überwachen. Wird gleichwohl eine Frist unzutreffend eingetragen und deshalb versäumt, so muss der Rechtsanwalt im Verfahren über seinen Antrag nach § 233 ZPO auf Wiedereinsetzung in den vorigen Stand glaubhaft machen, dass diese Vorgaben eingehalten wurden. Hat er allerdings eine konkrete Einzelweisung an eine bisher zuverlässige Kanzleikraft er-

---

136 BGH MDR 2015, 49 f.; NJW 2000, 1957.
137 BGH MDR 2015, 49 f.; NJW 2000, 1957.
138 BGH NJW 1997, 327.
139 BGH NJW-RR 2008, 141 f.; FamRZ 2004, 100; VersR 1994, 1325; NJW-RR 1997, 824.
140 BGH NJW 2001, 2975.
141 OLG Bremen OLGR 2009, 318.

teilt, deren Befolgung die Fristwahrung gesichert hätte, kommt es auf die allgemeinen organisatorischen Anweisungen nicht mehr an.[142]

> *Hinweis* 80
> Wenn eine Anwaltsgehilfin eine ihr erteilte Anweisung, den Ablauf der Berufungsfrist auf einen bestimmten Tag im Kalender einzutragen, eigenmächtig ändert, kann dies auf Organisationsmängel im Anwaltsbüro hinweisen.[143] Diese Vermutung wird der Rechtsanwalt im Einzelfall zu widerlegen haben.

Zur Fristenkontrolle gehört auch eine wirksame Ausgangskontrolle, d.h. die Überprüfung, ob die der Frist zugrunde liegende Prozesshandlung auch tatsächlich ausgeführt wurde.[144] Der Rechtsanwalt muss deshalb sicherstellen, dass die Fristen am Ende eines jeden Arbeitstages noch einmal geprüft werden.[145] Dabei gehört zur Ausgangskontrolle nicht nur die Frage, ob die Tätigkeit überhaupt erledigt wurde, sondern auch die Beantwortung der Frage, ob der fristgebundene Schriftsatz in Erwartung normaler Postlaufzeiten[146] auch bei Gericht eingeht. Dabei ist es ausreichend, dass sichergestellt ist, dass der fristwahrende Schriftsatz vom Postausgangskorb unmittelbar von einem zuverlässigen Mitarbeiter unmittelbar zum Gerichtsbriefkasten verbracht wird.[147] 81

Eine besondere Fristenkontrolle ist bei einem Anwaltswechsel, etwa zwischen der ersten und zweiten Instanz erforderlich. Grundsätzlich ist der abgebende Bevollmächtigte verpflichtet, dem übernehmenden Bevollmächtigten die für die Fristberechnung notwendigen Daten – also nicht nur den Fristablauf – mitzuteilen.[148] Sodann muss der übernehmende Rechtsanwalt dem abgebenden Rechtsanwalt die Übernahme der Fristenkontrolle schriftlich bestätigen.[149] Unmittelbar mit dem Eingang der Handakten oder sonstiger Unterlagen des abgebenden Rechtsanwalts oder der Partei hat der übernehmende Rechtsanwalt die für die Fristberechnung maßgeblichen Daten und die sich daraus abzuleitenden Fristen dann nochmals zu überprüfen. Dies ist jeweils zu dokumentieren. Anders soll es sein, wenn die Instanz-Anwälte jahrelang zusammengearbeitet haben. Dann soll die rechtzeitige Übersendung des Auftrags und der „ok"-Vermerk des Faxes bei Übersendung des Auftrags zur Begründung der Wiedereinsetzung genügen, ohne dass der erstinstanzliche Anwalt zur Prüfung der Fristen verpflichtet sein soll, wenn zugleich glaubhaft gemacht werden kann, dass der Auftrag bei dem zweitinstanzlichen Rechtsanwalt nicht eingegangen ist.[150] 82

---

142 BGH NJW-RR 2005, 215; NJW-RR 2004, 350.
143 OLG Frankfurt/M. MDR 2001, 1436.
144 BGH NJW-RR 2004, 1714; NJW 2004, 688; NJW-RR 2003, 862; NJW-RR 2003, 569.
145 BGH NJW-RR 2005, 215; NJW 2004, 688.
146 BGH MDR 2004, 227 f.
147 BGH NJW-RR 2003, 862.
148 BGH NJW 2003, 2100; BFH, Beschl. v. 31.7.2008 – IV B 73/07 –, juris.
149 BGH NJW 2001, 3195.
150 BGH NJW-RR 2002, 999 f.

2. Die versäumte Berufungs- und Berufungsbegründungsfrist

83 Die Berufung[151] ist nach § 517 ZPO binnen eines Monats nach Zustellung des angegriffenen Urteils einzulegen. Es handelt sich um eine Notfrist, die mit der Zustellung des vollständig abgefassten Urteils beginnt.

84 Schon mit der Zustellung des anzufechtenden Urteils werden erhebliche Sorgfaltspflichten begründet:
- Das Empfangsbekenntnis ist erst dann mit dem Zustellungsdatum zu unterzeichnen, wenn das Zustellungsdatum und die Rechtsmittelfrist in den Fristenkalender und die Handakten sichergestellt ist.[152]
- Es gilt für den Rechtsanwalt zu prüfen, ob er selbst oder jedenfalls der bestimmte Vertreter bei dem Gericht, bei dem das Rechtsmittel anzubringen ist, postulationsfähig ist.[153]
- Auch bei Abgabe des Mandats zur Durchführung des Rechtsmittelverfahrens an einen Kollegen muss der abgebende Rechtsanwalt alle maßgeblichen Fristen prüfen und die zugrunde liegenden Daten und Fristen an den übernehmenden Bevollmächtigten einschließlich der richtigen Parteibezeichnungen mitteilen.[154]

85 Der rechtzeitigen Anfertigung und Übersendung von Rechtsmittelschriften kommt eine überragende Bedeutung zu, weshalb der Rechtsanwalt diese inhaltlich selbst fertigen und die Richtigkeit und Vollständigkeit der Rechtsmittelschrift auch selbst überprüfen muss. Dabei ist insbesondere darauf zu achten, dass zweifelsfrei erkennbar bleibt, wer Rechtsmittelführer ist.[155]

86 *Hinweis*

Verwirft das Berufungsgericht eine Berufung noch vor Ablauf der Berufungsbegründungsfrist als unzulässig, so muss der Bevollmächtigte beachten, dass er ungeachtet des Wiedereinsetzungsantrags wegen der Berufungsfrist, die Berufung in der gesetzlichen Frist begründen muss.[156]

87 Wird die Berufungsfrist versäumt, kann grundsätzlich Wiedereinsetzung in den vorigen Stand gewährt werden.[157] Besonders zu beachten ist dabei, dass nach der ZPO-Reform zugleich mit der Berufungsfrist nach § 520 Abs. 2 S. 1 ZPO auch die zweimonatige Berufungsbegründungsfrist beginnt.

88 Die Berufungsbegründung ist in der Frist des § 520 Abs. 2 ZPO grundsätzlich auch dann vorzulegen, wenn das Wiedereinsetzungsgesuch[158] noch nicht oder abschlägig beschieden wurde und eine Korrektur in der Beschwerdeinstanz möglich erscheint.

---

151 Siehe zum Berufungsrecht ausführlich § 17 Rdn 1 ff.
152 BGH BGH, Beschl. v. 09.10.2007 – XI ZB 14/07 –, juris; NJW 2003, 1528.
153 BGH NJW-RR 2003, 569.
154 BGH NJW-RR 2004, 865; vgl. zur Ausnahme Rdn 82.
155 BGH NJW-RR 2004, 1148.
156 BGH FamRZ 2005, 791 f.; FamRZ 2004, 1783.
157 Hierzu das Antragsmuster unter Rdn 199.
158 Muster unter Rdn 200.

Anderenfalls ist die Berufung auch dann als unzulässig zu verwerfen, wenn dem Wiedereinsetzungsgesuch unmittelbar oder auf ein Rechtsmittel hin stattgegeben wird.[159] Es empfiehlt sich deshalb grundsätzlich, schon mit dem Antrag auf Wiedereinsetzung in den vorigen Stand und der Berufungseinlegung diese auch zu begründen.

> *Praxistipp* 89
>
> Ist die Frist des § 234 Abs. 1 ZPO zu kurz, um neben dem Antrag auf Wiedereinsetzung in den vorigen Stand und der Einlegung der Berufung die Berufung auch noch zu begründen, so kann der Rechtsanwalt auch zunächst die Verlängerung der Berufungsbegründungsfrist beantragen. Dabei ist allerdings zu beachten, dass die Berufungsbegründungsfrist ohne Einwilligung des Gegners nach § 520 Abs. 2 S. 2 und 3 ZPO nur um einen Monat durch das Gericht verlängert werden darf. Mit einer solchen Verlängerung darf der Rechtsanwalt aber auch grundsätzlich rechnen.

Die Berufungsfrist ist grundsätzlich auch dann versäumt, wenn der Rechtsanwalt die 90 Berufung beim falschen Gericht eingelegt hat. Insoweit ist insbesondere darauf zu achten, inwieweit von der Konzentrationsbefugnis gem. § 72 Abs. 2 S. 2 GVG Gebrauch gemacht wurde.[160] Es besteht keine uneingeschränkte Verpflichtung des fälschlich angerufenen Gerichts, die Berufung innerhalb der Berufungsfrist an das tatsächlich zuständige Gericht weiterzuleiten.[161] Anders verhält es sich nur dann, wenn das tatsächlich angerufene Gericht einerseits mit der Sache bereits befasst war und andererseits der fristgebundene Schriftsatz so rechtzeitig eingeht, dass mit dessen Weiterleitung im normalen Geschäftsgang gerechnet werden kann.[162] Der Rechtsanwalt hat dann zwar schuldhaft gehandelt, ohne dass dieses schuldhafte Verhalten aber für die Fristversäumung kausal geworden ist.

Soll die Frist zur Begründung der Berufung verlängert werden, darf der Rechtsanwalt 91 diese Tätigkeit nicht seinem Büropersonal überlassen. Auch hier hat er die Richtigkeit und Vollständigkeit des Fristverlängerungsgesuchs zu kontrollieren.[163] Zu beachten ist insbesondere, dass nach der ZPO-Reform eine zweite Verlängerung der Berufungsbegründungsfrist schon kraft Gesetzes nur mit Zustimmung des Gegners möglich ist, die der Berufungsführer – rechtzeitig – einzuholen hat. Ob ausnahmsweise eine Abweichung von dieser klaren gesetzlichen Regelung möglich ist, wenn der Gegner die Zustimmung rechtsmissbräuchlich verweigert hat, hat der BGH bisher offengelassen.[164]

---

159 BGH NJW 1998, 1155 = MDR 1998, 430 = VersR 1998, 913.
160 Vgl. LG Dessau-Roßlau, Beschl. v. 18.7.2012, 5 S 84/12 – dortige Zuständigkeit für WEG-Berufungen in Sachsen-Anhalt.
161 BGH NJW-RR 2004, 1655.
162 BGH MDR 2011, 747 f.; NJW 2004, 516; NJW-RR 2004, 1655; BVerfG NJW 2003, 3692.
163 BGH NJW-RR 2005, 865.
164 BGH NJW 2004, 1742.

3. Die Beantragung von Prozesskostenhilfe zur Einlegung eines Rechtsmittels

92 Ist die Partei aufgrund ihrer Bedürftigkeit nicht in der Lage, ohne die Bewilligung von Prozesskostenhilfe ein Rechtsmittel einzulegen, so wird selbst bei einer unverzüglichen Vorlage des Prozesskostenhilfegesuchs beim Rechtsmittelgericht über diese nicht in der Rechtsmittelfrist entschieden. Damit wird die Rechtsmittelfrist zunächst versäumt, so dass das Rechtsmittel wegen Fristversäumung zurückzuweisen wäre bzw. die beantragte Prozesskostenhilfe schon mangels Erfolgsaussicht nach Ablauf der Rechtsmittelfrist zu verwehren wäre.

93 Die Mittellosigkeit der Partei kann dieser aber nicht als Verschulden angelastet werden, so dass die Wiedereinsetzung[165] in die Rechtsmittelfrist jedenfalls dann angezeigt ist, wenn im Rahmen der Rechtsmittelfrist ordnungsgemäß um Prozesskostenhilfe nachgesucht wurde.[166] Hierzu gehört nicht nur die Vorlage eines vollständig ausgefüllten und unterschriebenen Vordrucks der Erklärung über die persönlichen und wirtschaftlichen Verhältnisse,[167] sondern auch die fristgemäße Vorlage der nach § 117 Abs. 2 ZPO erforderlichen Belege.[168] In bestimmten Fällen soll auch ein im Rahmen eines Wiedereinsetzungsgesuchs und der diesbezüglichen Frist nach § 234 Abs. 1 ZPO gestellter Prozesskostenhilfeantrag ausreichend sein, wenn die Versäumung der rechtzeitigen Stellung dieses Antrags unverschuldet ist.[169]

94 *Hinweis*

Auch einzelne Lücken bei der Ausfüllung des Vordrucks stehen einer fristgerechten Vorlage der Erklärung nach § 117 ZPO allerdings nicht entgegen, wenn sie nicht zur Versagung von Prozesskostenhilfe berechtigen, weil die fehlenden Angaben ohne weiteres aus dem Antrag und dessen Begründung oder den mit beigefügten Unterlagen entnommen und bestehende Zweifel beseitigt werden können. Der Antragsteller muss dann vernünftigerweise nicht mit der Ablehnung seines Antrags wegen fehlender Bedürftigkeit rechnen, weil er sich für bedürftig i.S.d. §§ 114 ff. ZPO halten darf und aus seiner Sicht alles getan hat, damit aufgrund der von ihm eingereichten Unterlagen ohne Verzögerung über sein Prozesskostenhilfegesuch entschieden werden kann.[170]

95 *Praxistipp*

Der Rechtsanwalt muss aber auf jeden Fall prüfen, ob der Partei unter Umständen ein Prozesskostenvorschussanspruch gegen einen Dritten zusteht,[171] da ein solcher Anspruch die Bewilligung von Prozesskostenhilfe – erkennbar – ausschließt.

---

165 Antragsmuster unter Rdn 201.
166 BGH NJW 2001, 2720; 1998, 1230.
167 BGH MDR 2017, 418 f.
168 BGH FamRZ 2008, 868; BGH FamRZ 2004, 1548; 2004, 1961; 2004, 99.
169 BGH NJW 2002, 2180 = MDR 2002, 774 = BGHR 2002, 570.
170 BGH FamRZ 2009, 318 = NJW-RR 2009, 563; BGH FamRZ 2008, 868.
171 BGH NJW 2001, 1646.

Zu einem ordnungsgemäßen Antrag auf Bewilligung von Prozesskostenhilfe für die Durchführung des Rechtsmittelverfahrens gehört die erneute Vorlage eines vollständig ausgefüllten Vordrucks über die persönlichen und wirtschaftlichen Verhältnisse der Partei.[172] Hier ist in der Praxis immer wieder feststellbar, dass der Bevollmächtigte die Erklärung ohne eigene Prüfung weiterreicht. Der Bevollmächtigte muss jedoch prüfen, ob die Erklärung als solche vollständig ausgefüllt wurde, in sich schlüssig ist, unterschrieben wurde und letztlich mit den sonstigen Erkenntnissen des Bevollmächtigten in Einklang steht. Der Bevollmächtigte kann dann auch die PKH berechnen.[173]

96

Eine Bezugnahme auf den in der ersten Instanz vorgelegten Prozesskostenhilfeantrag genügt nur dann, wenn unmissverständlich zum Ausdruck gebracht wird, dass eine Änderung der wirtschaftlichen und persönlichen Verhältnisse seit dessen Vorlage nicht eingetreten ist.[174]

97

Auch wenn über das Vermögen der Partei bereits das Insolvenzverfahren eröffnet wurde, ist der amtliche Vordruck mit allen Angaben über die wirtschaftlichen und persönlichen Verhältnisse vorzulegen.[175]

98

> *Hinweis*
>
> Auch die Versäumnisse des Rechtsanwalts bei der Beantragung der Prozesskostenhilfe sind nach Auffassung des BGH[176] der Partei nach § 85 Abs. 2 BGB zuzurechnen.

99

Der BGH geht bisher davon aus, dass das Prozesskostenhilfegesuch für das Rechtsmittelverfahren keinerlei Begründung im Hinblick auf die Erfolgsaussichten des Rechtsmittels bedarf.[177] Unter Berücksichtigung der auf die Fehlerkontrolle beschränkten Berufung nach § 520 Abs. 3 ZPO wird dem neuerdings entgegengetreten und zumindest eine kursorische Begründung der Unrichtigkeit der anzufechtenden Entscheidung verlangt.[178] Dem Rechtsanwalt ist immer zu empfehlen, die wesentlichen Ansatzpunkte für eine Kontrolle durch das Rechtsmittelgericht unter besonderer Berücksichtigung der Berufungsgründe in § 520 Abs. 3 ZPO zumindest stichpunktartig zu benennen.

100

> *Hinweis*
>
> Beachtet werden muss, dass die Wiedereinsetzungsfrist nach § 234 Abs. 1 und 2 ZPO nicht nur mit der Entscheidung über das Prozesskostenhilfegesuch endet, sondern auch sobald das Hindernis, d.h. die Bedürftigkeit weggefallen ist.[179] Ändern sich die wirtschaftlichen Verhältnisse der Partei während des Prozesskostenhilfeverfahrens durch zusätzliche Einnahmen, eine Erbschaft, eine Zahlung des Gegners oder sonsti-

101

---

172 BGH NJW 2002, 2793; 2001, 2720; BFH, Beschl. v. 19.10.2017 – X S 9/17 (PKH) –, juris.
173 Vgl. hierzu das ausgesprochen nützliche Freeware-Programm unter www.pkh-fix.de.
174 BGH FamRZ 2004, 1961; NJW 2002, 2793; MDR 2001, 1312 = VersR 2001, 1305.
175 BGH NJW 2002, 2793.
176 BGH NJW 2001, 2720 = MDR 2001, 1312 = VersR 2001, 1305; hierzu *K. Schmidt*, JuS 2001, 1126.
177 BGH NJW-RR 2001, 1146; OLG Düsseldorf, MDR 2013, 1072.
178 *Fischer*, MDR 2004, 1160; siehe hierzu auch bereits OLG Schleswig MDR 1999, 509 zum alten Recht.
179 NJW 1999, 793.

> ger Dritter, die Realisierung von Außenständen oder eine doch noch erfolgte Deckungszusage der Rechtsschutzversicherung,[180] muss also unverzüglich das Rechtsmittel eingelegt und die Wiedereinsetzung in den vorigen Stand bezüglich der versäumten Rechtsmittelfrist beantragt werden.[181]

102 Der Rechtsanwalt ist grundsätzlich verpflichtet, seinen Mandanten darauf hinzuweisen,[182] dass er jede Veränderung seiner wirtschaftlichen und persönlichen Verhältnisse unverzüglich anzuzeigen hat, um einen Rechtsverlust zu vermeiden.[183] Kommt der Rechtsanwalt dem nicht nach und teilt die Partei dies dem Rechtsanwalt deshalb nicht rechtzeitig mit, so muss sich die Partei das Beratungsverschulden ihres Rechtsanwalts zurechnen lassen.[184] Für diesen würde sich die unterlassene Beratung als Haftungsfall darstellen.

103 Wird die Prozesskostenhilfe verweigert, ist eine Wiedereinsetzung in den vorigen Stand nur dann möglich, wenn die Partei und ihr Vertreter vernünftigerweise von der Mittellosigkeit und deren ordnungsgemäßem Nachweis ausgehen durften.[185] Entsprechendes gilt, wenn der Prozesskostenhilfeantrag mangels hinreichender Aussicht auf Erfolg zurückgewiesen wurde.[186]

104 Entfällt die Bedürftigkeit nicht während des Prozesskostenhilfeverfahrens, so beginnt die Wiedereinsetzungsfrist mit der Bekanntgabe der Entscheidung über den Prozesskostenhilfeantrag. Zwar ist dieser nach § 329 Abs. 2 S. 2 ZPO zuzustellen, ohne dass die Zustellung Voraussetzung für den Beginn der Zustellungsfrist wäre. Vielmehr genügt jede, wie auch immer geartete Kenntnisnahme von der Entscheidung, etwa die formlose Übersendung.[187] Soweit zunächst nur Prozesskostenhilfe gewährt wird und die Beiordnung des Bevollmächtigten erst später beginnt, ist nach Auffassung des BGH für den Beginn der Wiedereinsetzungsfrist auf den Beiordnungsbeschluss abzustellen.[188]

105 Ein Antrag auf Wiedereinsetzung in den vorigen Stand wegen der Versäumung der Berufungsfrist ist auch dann möglich, wenn die Entscheidung über das Prozesskostenhilfegesuch zwar noch vor Ablauf der Berufungsfrist bekannt gegeben wird, zwischen der Bekanntgabe und dem Ablauf der Berufungsfrist aber weniger als drei Werktage liegen.[189]

106 Die Wiedereinsetzungsfrist beginnt unmittelbar mit dem Zugang des Beschlusses über das Prozesskostenhilfegesuch. Dies gilt auch dann, wenn die Prozesskostenhilfe nur

---

180 BGH MDR 2017, 418 f.; NJW 1991, 109; hierzu *Schöpf*, NJW 1991, 80.
181 BGH MDR 2014, 1464 f.; Antragsmuster unter Rdn 201.
182 Muster eines Anschreibens unter Rdn 202.
183 BGH MDR 2014, 1464 f.
184 BGH BGHR 2001, 977.
185 BGH MDR 2017, 418 f.; NJW 2001, 2720; NJW 2002, 2793.
186 BGH NJW 2001, 1646.
187 BGH FamRZ 2001, 1606; VersR 1994, 1324.
188 BGH BGHR 2004, 1374.
189 BGH FamRZ 1990, 279–280; NJW 1986, 257 = MDR 1985, 657.

teilweise für die beabsichtigte Berufung bewilligt wurde.[190] Anderes gilt nach der Rspr. des BGH allerdings dann, wenn die Prozesskostenhilfe versagt wird. In diesem Fall steht der Partei zunächst eine Überlegungsfrist von drei Tagen zu, ob sie den Rechtsstreit fortsetzen möchte. Erst nach Anlauf dieser drei Tage beginnt die zweiwöchige Frist zu laufen.[191]

Hinweis 107

Wurde der Partei für das Berufungsverfahren ein neuer Prozessbevollmächtigter beigeordnet, beginnt die Wiedereinsetzungsfrist des § 234 Abs. 1 ZPO schon mit der Bekanntgabe der Entscheidung über das Prozesskostenhilfegesuch gegenüber dem Prozessbevollmächtigten erster Instanz. Unerheblich ist, ob und wann die Entscheidung dem für das Berufungsverfahren beigeordneten Rechtsanwalt zugestellt wird. Diese weitere Zustellung setzt die Frist des § 234 Abs. 1 ZPO auch dann nicht erneut in Lauf, wenn sie später erfolgt.[192] Die Wiedereinsetzungsfrist verlängert sich auch nicht um eine Überlegungsfrist von wenigen Tagen, wenn die Prozesskostenhilfe nur teilweise bewilligt wird.[193] Teilt der bisherige Prozessbevollmächtigte den Zugang der Entscheidung nicht an den neuen Prozessbevollmächtigten mit, liegt hierin ein der Partei zurechenbares Verschulden eines Vertreters nach § 85 Abs. 2 ZPO, was eine Wiedereinsetzung in den vorigen Stand ausschließt.

Achtung 108

Der BGH hat zunächst den Grundsatz bestätigt, dass für den Fall, dass eine Partei innerhalb der Berufungsfrist lediglich Prozesskostenhilfe beantragt hat, die 14-tägige Wiedereinsetzungsfrist der §§ 234 Abs. 1 S. 1, 236 Abs. 2 S. 2 ZPO spätestens mit Zugang der gerichtlichen Entscheidung über diesen Antrag beginnt. Allerdings könne die Frist auch schon früher beginnen, wenn die Partei, etwa nach einem gerichtlichen Hinweis, nicht mehr mit der Bewilligung der beantragten Prozesskostenhilfe rechnen konnte.[194] Hat eine anwaltlich vertretene Partei innerhalb der Rechtsmittelfrist Prozesskostenhilfe beantragt, so beginnt die Frist für den Antrag auf Wiedereinsetzung in die Rechtsmittelfrist ebenfalls spätestens in dem Zeitpunkt, in dem das Gericht ihr unter eingehender Darlegung der Berechnungen mitteilt, dass die Voraussetzungen für die Gewährung von Prozesskostenhilfe (hier: nach § 115 Abs. 4 ZPO) nicht vorliegen. Jedenfalls von diesem Zeitpunkt an muss sie mit der Ablehnung ihres Prozesskostenhilfegesuchs rechnen; sie darf deshalb mit ihrem Wiedereinsetzungsgesuch und der Nachholung der versäumten Prozesshandlung nicht über die 14-Tage-Frist (§§ 234

---

190 BGH NJW-RR 1993, 451; OLG Zweibrücken OLGR 2001, 67 = FamRZ 2001, 291 (nur LS), nachfolgend: BGH FamRZ 2001, 1606.
191 BGH MDR 2009, 462; BGH MDR 2008, 99; BGH VersR 1999, 1123, BFH, Beschl. v. 5.3.2014 – V B 87/13 –, juris.
192 BGH FamRZ 2001, 1606; NJW-RR 1993, 451.
193 BGH NJW-RR 1993, 451; OLG Zweibrücken OLGR 2001, 67.
194 BGH NJW 2009, 854 = MDR 2009, 280.

Abs. 1, 236 Abs. 2 S. 2 ZPO) hinaus zuwarten, bis das Gericht über ihr Gesuch entscheidet.[195]

109 Ist zum Zeitpunkt der Bekanntgabe des Beschlusses über die ganz oder teilweise Bewilligung oder Versagung der Prozesskostenhilfe auch bereits die Berufungsbegründungsfrist nach § 520 Abs. 2 ZPO abgelaufen, so muss auch insoweit die Wiedereinsetzung in den vorigen Stand ausdrücklich beantragt werden.[196]

110 *Hinweis*

Bei Erfolg des PKH-Antrags lässt der III. Senat des BGH die Wiedereinsetzungsfrist ab Bekanntgabe des Bewilligungsbeschlusses laufen, soweit es um die Begründung einer *Rechtsbeschwerde* geht,[197] bei Berufung, Revision und Nichtzulassungsbeschwerde jedoch erst ab Mitteilung der Wiedereinsetzung gegen die Versäumung der Frist zur Einlegung des Rechtsmittels.[198] Der XII. Senat stellt hingegen auf die Zustellung des PKH-Beschlusses ab.[199]

111 Zudem kann der Partei, die zwar keinen Wiedereinsetzungsantrag gestellt, aber die Prozesshandlung innerhalb der Wiedereinsetzungsfrist von einem Monat gem. § 234 Abs. 1 S. 2 ZPO nachgeholt hat, gem. § 236 Abs. 2 S. 2 ZPO Wiedereinsetzung von Amts wegen gewährt werden. Im Falle der Versäumung der Berufungsbegründungsfrist ist Wiedereinsetzung von Amts wegen zu gewähren, wenn der Begründungsschriftsatz rechtzeitig bei Gericht eingeht und der Wille der Partei, den Rechtsstreit fortzuführen und die Voraussetzungen einer Wiedereinsetzung aktenkundig sind.[200]

112 *Hinweis*

Die Berufung ist dann gem. § 236 ZPO auch innerhalb der Wiedereinsetzungsfrist des § 234 Abs. 1 ZPO zu begründen. In Ausnahmefällen verlangt ein Teil der Rspr. zumindest einen Antrag auf Verlängerung der Berufungsbegründungsfrist.[201] Dieser Tendenz in der Rspr. ist zur Vermeidung einer unangemessenen Benachteiligung der bedürftigen Partei grundsätzlich zuzustimmen. Der BGH[202] hat diesen Weg allerdings abgelehnt und entschieden, dass die versäumte Revisionsbegründung grundsätzlich innerhalb der Frist des § 234 Abs. 1 ZPO nachgeholt werden muss; ein zusammen mit dem Wiedereinsetzungsantrag eingereichter Antrag auf Verlängerung der Revisionsbegründungsfrist ersetzt die Einreichung der Revisionsbegründung nicht. Durch eine Verfügung des Senatsvorsitzenden, mit der die begehrte Fristverlängerung gewährt wurde, wird jedoch ein schützenswertes Vertrauen darauf geschaffen, dass das Erfordernis der Nachholung der versäumten Revisionsbegründung innerhalb der

---

195 BGH NJW-RR 2007, 793 = FamRZ 2007, 801.
196 Antragsmuster unter Rdn 200.
197 BGH NJW 2008, 3500.
198 BGH NJW 2014, 2442.
199 NJW-RR 2014, 1347.
200 BGH MDR 2008, 99.
201 So OLG Zweibrücken MDR 2003, 171 zur neuen Rechtslage; *Vollkommer*, EWiR 1999, 1085; vgl. aber die Bedenken bei Zöller/*Greger*, § 236 Rn 8a m.w.N. zur alten Rechtslage.
202 AnwBl. 2007, 388.

durch § 234 Abs. 1 ZPO bestimmten Antragsfrist[203] nicht beachtet werden muss. Noch deutlicher hat der BGH dies in seiner Entscheidung vom 20.9.2006 ausgedrückt: Unter der nachzuholenden Prozesshandlung i.S.v. § 236 Abs. 2 S. 2 ZPO ist bei Versäumung einer Rechtsmittelbegründungsfrist nicht ein Fristverlängerungsantrag, sondern ausschließlich die Rechtsmittelbegründung selbst zu verstehen.[204]

Hat die Partei anlässlich der Beantragung der Prozesskostenhilfe bereits einen den gesetzlichen Anforderungen der Berufungsbegründung entsprechenden Schriftsatz eingereicht, um die Erfolgsaussichten der Berufung darzulegen, so ist im Zweifel anzunehmen, dass dieser auch als Berufungsbegründung dienen soll, wenn ein anderer Wille nicht erkennbar geworden ist.[205]

113

Wird die Berufung zunächst eingelegt und gleichzeitig Prozesskostenhilfe beantragt, d.h. die Einlegung des Rechtsmittels gerade nicht von der Bewilligung der Prozesskostenhilfe abhängig gemacht, muss der Rechtsanwalt die Berufung in der Frist des § 520 Abs. 2 BGB begründen oder aber einen Antrag auf Verlängerung der Berufungsbegründungsfrist stellen. Versäumt er den durch das Prozesskostenhilfegesuch grundsätzlich begründeten Fristverlängerungsantrag,[206] kommt eine Wiedereinsetzung in die Berufungsbegründungsfrist nach bewilligter Prozesskostenhilfe nicht in Betracht.

114

4. Die versäumte Berufungsfrist – Anschlussberufung

Versäumt der Rechtsanwalt die Frist für eine selbstständige Berufung der Partei, so bleibt ihm neben der Wiedereinsetzung grundsätzlich die Möglichkeit der Anschlussberufung nach § 524 BGB, wenn der Gegner in der Berufungsfrist seine Berufung vorgelegt hat.

115

Beachtet werden muss aber, dass der Gesetzgeber mit der ZPO-Reform die Anschlussberufung nur noch als unselbstständige Anschlussberufung zulässt. Sie verliert also nach § 524 Abs. 4 ZPO ihre Wirkung, wenn die Berufung des Gegners zurückgenommen oder durch Beschluss verworfen wird.

116

Hinweis

117

Eine Zurücknahme der Berufung wird immer dann drohen, wenn das Berufungsgericht nach § 522 Abs. 2 S. 2 ZPO darauf hinweist, dass es beabsichtigt, die Berufung zurückzuweisen und der Anschlussberufung stattzugeben.

Zum Zeitpunkt der Zurücknahme der Berufung wird regelmäßig die zweiwöchige Wiedereinsetzungsfrist nach § 234 Abs. 1 ZPO abgelaufen sein, so dass die Partei den Rechtsverlust dann nicht mehr vermeiden kann.

118

---

203 So die bisherige Rspr. – BGH NJW 2004, 2902.
204 BGH FamRZ 2006, 1754 = VersR 2006, 1706.
205 BGH NJW-RR 2001, 789; NJW-RR 1998, 1362.
206 BGH NJW 1999, 3271.

119 *Praxistipp*

Der Rechtsanwalt muss – auch zur Vermeidung eines möglichen Haftungsfalls – deshalb auch in dem Fall, dass die Möglichkeit einer Anschlussberufung besteht, die Wiedereinsetzung in den vorigen Stand wegen der Berufungsfrist beantragen, soweit die weiteren Voraussetzungen vorliegen, und die selbstständige Berufung einlegen.[207] Dabei kann es – je nach Zeitablauf – auch erforderlich sein, diese unmittelbar zu begründen.

VII. Das Wiedereinsetzungsverfahren

1. Form der Wiedereinsetzung

120 Die Wiedereinsetzung in den vorigen Stand kann von der Partei, aber auch einem Nebenintervenienten[208] geltend gemacht werden.

121 Der Wiedereinsetzungsantrag ist nach § 237 ZPO an das **Gericht** zu richten, vor dem die versäumte Prozesshandlung hätte vorgenommen werden müssen und vor dem sie nun nachzuholen ist.

122 *Hinweis*

Soweit die versäumte Prozesshandlung sowohl vor dem Ausgangsgericht als auch dem Rechtsmittelgericht nachgeholt werden kann, kann auch der Wiedereinsetzungsantrag wahlweise bei beiden Gerichten eingelegt werden. Dies gilt insbesondere für den Fall der versäumten Beschwerdefrist nach § 569 Abs. 1 S. 1 ZPO. Hier kann das Wiedereinsetzungsgesuch sowohl an das Ausgangsgericht als auch an das Beschwerdegericht gerichtet werden. Zur Entscheidung berufen ist allerdings nur das Beschwerdegericht.[209] Dies gilt allerdings nicht mehr, wenn das Ausgangsgericht bereits über die Abhilfe entschieden hat.[210]

123 Der versäumte Einspruch gegen einen Vollstreckungsbescheid ist beim Mahngericht mit dem Antrag auf Wiedereinsetzung in den vorigen Stand innerhalb der Wiedereinsetzungsfrist vorzulegen. Diese hat den Einspruch und den Antrag nach § 233 ZPO dann an das Streitgericht mit den Mahnakten oder dem maschinellen Aktenauszug weiterzuleiten.

124 Wird die – erst mit der ZPO-Reform eingeführte – sofortige Erinnerungsfrist nach § 573 ZPO versäumt, entscheidet über die Wiedereinsetzung in den vorigen Stand das Prozessgericht.

125 Wurde die Frist für die befristete Rechtspflegererinnerung nach § 11 RPflG versäumt, ist das Wiedereinsetzungsgesuch beim Rechtspfleger anzubringen, der hierüber im Rahmen seiner Abhilfebefugnis selbst zu befinden hat, sofern er die Wiedereinsetzung und die

---

207 Antragsmuster unter Rdn 200.
208 Zöller/*Althammer*, § 67 Rn 5 zur Abgrenzung §§ 67/69 ZPO: BGH MDR 2008, 761 f.
209 Brandenburgisches Oberlandesgericht OLG-NL 2005, 208 f.
210 OLG Stuttgart FamRZ 2008, 2133 = OLGR 2008, 929.

Erinnerung für begründet erachtet. Anderenfalls legt er das Wiedereinsetzungsgesuch und die Erinnerung dem Richter zur Entscheidung vor.

Die **Form des Wiedereinsetzungsgesuchs** muss dabei der Form der nachzuholenden Prozesshandlung entsprechen, § 236 Abs. 1 ZPO. Eine eigene Formvorschrift für das Wiedereinsetzungsgesuch als solches fehlt. In der Praxis ist das Gesuch also regelmäßig schriftlich abzufassen. Allein im amtsgerichtlichen Verfahren kann der Antrag nach § 496 ZPO auch zu Protokoll der Geschäftsstelle gestellt werden.

126

> *Hinweis*
> Soweit für die nachzuholende Handlung nach § 78 ZPO oder einer sonstigen Vorschrift Anwaltszwang besteht, gilt dieser auch für das Wiedereinsetzungsgesuch.

127

Mit dem Antrag auf Wiedereinsetzung in den vorigen Stand kann nach § 707 ZPO ein Antrag auf einstweilige Einstellung der Zwangsvollstreckung gegen oder in besonders begründeten Ausnahmefällen auch ohne Sicherheitsleistung gestellt werden. Auch kann beantragt werden, dass die Zwangsvollstreckung nur gegen Sicherheitsleistung fortgesetzt werden darf.

128

Dabei ist zu beachten, dass das Gericht die Zwangsvollstreckung ohne Sicherheitsleistung nur dann einstweilen einstellen darf, wenn glaubhaft gemacht ist, dass der Schuldner zur Sicherheitsleistung nicht in der Lage ist oder die Vollstreckung ihm einen nicht zu ersetzenden Nachteil bringt (§ 707 ZPO).

129

2. Die Frist für das Wiedereinsetzungsgesuch

Das Wiedereinsetzungsgesuch ist nach § 234 ZPO an eine Frist gebunden. Danach ist der Antrag auf Wiedereinsetzung in den vorigen Stand binnen einer Frist von zwei Wochen vorzulegen. Mit dem Justizmodernisierungsgesetz wurde § 234 Abs. 1 ZPO um einen Satz 2 ergänzt, der die Schlechterstellung der nicht vermögenden Partei, nämlich das Erfordernis, das Rechtsmittel binnen zwei Wochen zu begründen, beseitigen sollte. Danach beträgt die Frist zur Beantragung der Wiedereinsetzung in den vorigen Stand nunmehr **einen Monat**, wenn die Partei verhindert ist, die Frist zur Begründung der Berufung, der Revision, der Nichtzulassungsbeschwerde, der Rechtsbeschwerde oder der Beschwerde nach §§ 621e, 629a Abs. 2 ZPO einzuhalten.[211]

130

Die Frist beginnt nach § 234 Abs. 2 ZPO mit dem Ablauf des Tages, an dem das Hindernis weggefallen ist, welches zur Säumnis geführt hat. Bestand das Hindernis zunächst unverschuldet, beginnt die Frist auch in dem Zeitpunkt, in dem die – weitere – Säumnis verschuldet ist.[212] Verdachtsmomenten auf eine Säumnis muss unverzüglich nachgegangen werden.[213]

131

---

211 Zur Problematik dieser Vorschrift siehe *Goebel*, Neuregelung mit Tücken: Wiedereinsetzung in die Rechtsmittelbegründungsfrist, Prozessrecht aktiv 2005, 37; *Braunschneider*, OLGR Koblenz, 2004, K 37 und MDR 2004, 1045, *Born*, NJW 2005, 2042, 2044.
212 BGH NJW-RR 2005, 435; NJW-RR 2005, 143; 2004, 282.
213 BGH NJW-RR 2005, 76; NJW-RR 2005, 923 = JurBüro 2005, 111.

§ 20 Wiedereinsetzung in den vorigen Stand

132 *Hinweis*

Dabei kommt es nicht auf die tatsächliche Kenntnis der Säumnis an. Vielmehr ist es ausreichend, dass die Partei oder der Rechtsanwalt als Vertreter der Partei nach § 85 Abs. 2 ZPO bei Beachtung der gebotenen Sorgfalt die Säumnis hätten erkennen können.[214] In diesem Fall ist das Hindernis nicht mehr unverschuldet.[215] Die Frist beginnt damit bereits, wenn dem Rechtsanwalt die Handakten zur Bearbeitung vorgelegt werden, und nicht erst, wenn dieser die Akte tatsächlich bearbeitet.[216]

133 Kann ein Rechtsmittel nur unter der Voraussetzung der Bewilligung von Prozesskostenhilfe eingelegt werden und wird diese nicht bewilligt, so beginnt die Wiedereinsetzungsfrist erst nach einer Überlegungszeit von bis zu drei Werktagen.[217] Wird zunächst gegen die abgelehnte Prozesskostenhilfe Gegenvorstellung erhoben, so beginnt die Wiedereinsetzungsfrist nach der Entscheidung über die Gegenvorstellung erneut.[218]

134 *Hinweis*

Wird die beantragte Prozesskostenhilfe mangels Bedürftigkeit abgelehnt, so setzt das Wiedereinsetzungsgesuch voraus, dass die Partei darlegt, warum sie annehmen durfte, zur Rechtsmitteleinlegung finanziell nicht in der Lage zu sein.[219]

135 Die Wiedereinsetzungsfrist wird § 222 ZPO folgend nach §§ 187 Abs. 1, 188 Abs. 2 Alt. 1 BGB berechnet. Der Tag, an dem das Hindernis entfällt, wird demgemäß in der Berechnung unberücksichtigt gelassen.

136 *Beispiel*

Die Fristversäumung wird am 5.1. entdeckt. Damit beginnt die Frist des § 234 Abs. 1 S. 1 ZPO von zwei Wochen am 6.1. und endet demgemäß mit Ablauf des 20.1.

137 Fällt der letzte Tag der Frist auf einen Sonntag, einen am Gerichtsort staatlich anerkannten Feiertag[220] oder einen Sonnabend (Samstag), so läuft die Frist erst mit dem darauf folgenden Werktag ab.

138 *Praxishinweis*

Auch gegen die Versäumung der Wiedereinsetzungsfrist nach § 234 Abs. 1 ZPO ist grundsätzlich ein Antrag auf Wiedereinsetzung in den vorigen Stand zulässig, wenn die Wiedereinsetzungsfrist ohne Verschulden versäumt wurde.[221]

139 Innerhalb der Wiedereinsetzungsfrist muss das Gesuch umfänglich begründet[222] werden. Ein späteres Nachschieben neuer Wiedereinsetzungsgründe oder Erläuterungen ist

---

[214] BGH NJW-RR 2005, 435; NJW-RR 2005, 143.
[215] BGH NJW-RR 2001, 426; NJW 2001, 1430; NJW 2001, 2336; NJW 2000, 592.
[216] BGH MDR 2003, 299; MDR 2002, 841; MDR 2002, 1194; NJW 1998, 1498 = MDR 1998, 614.
[217] BGH MDR 2008, 99; BGH VersR 1999, 1123; bestätigt durch BGH NJW 2001, 2262.
[218] BGH NJW 2001, 2262.
[219] BGH NJW 2001, 2720; NJW 1997, 1078; VersR 1997, 383.
[220] Siehe hierzu die Übersicht auf der Internetseite www.feiertage.net, geordnet nach allen Bundesländern.
[221] Zöller/*Greger*, § 233 Rn 6.
[222] Siehe dazu die nachfolgenden Ausführungen unter Rdn 145 ff.

grundsätzlich unzulässig.[223] Zulässig ist allein die Ergänzung und Erläuterung unklarer Angaben auf einen entsprechenden gerichtlichen Hinweis nach § 139 ZPO.[224] Diese Präklusion weiteren Vorbringens gilt dann auch für die Beschwerdeinstanz.[225]

Längstens läuft die Wiedereinsetzungsfrist nach § 234 Abs. 3 ZPO ein Jahr, beginnend mit dem Ablauf der versäumten Frist.[226] Die Frist wird über § 222 ZPO nach §§ 187 Abs. 2, 188 Abs. 2 Alt. 2 BGB berechnet, so dass der letzte Tag der versäumten Frist nicht mitgerechnet wird. Die Frist ist nur dann nicht zur Anwendung zu bringen, wenn das Verstreichen der Jahresfrist allein der Sphäre des Gerichts zuzurechnen ist.[227] Dies kann etwa dann angenommen werden, wenn das Gericht über die beantragte Prozesskostenhilfe für ein beabsichtigtes Rechtsmittelverfahren über die Jahresfrist hinaus nicht entscheidet, obwohl alle Voraussetzungen für eine Entscheidung gegeben sind. 140

Eine Wiedereinsetzung in den vorigen Stand ist anders als bei der nach § 234 Abs. 1 ZPO zu beobachtenden Frist nicht möglich, wenn die absolute Jahresfrist des § 234 Abs. 3 ZPO abgelaufen ist.[228] 141

Die Frist beginnt nach § 234 Abs. 2 ZPO mit dem Tage, an dem das Hindernis behoben wird. Eine solche Behebung des Hindernisses liegt nicht nur dann vor, wenn das eigentliche Hindernis für die Partei oder ihren Vertreter entfallen ist, d.h. die Fristversäumung entdeckt wurde, sondern schon dann, wenn die Partei oder ihr Vertreter die Fristversäumung hätten erkennen können.[229] 142

Stehen mehrere Hindernisse der Einhaltung der Frist entgegen, beginnt die Wiedereinsetzungsfrist erst mit der Behebung des letzten Hindernisses.[230] 143

Wird die Prozesskostenhilfe bewilligt, fällt das Hindernis mit der Mitteilung des Prozesskostenhilfebeschlusses an den Antragsteller oder seinen erstinstanzlichen Prozessbevollmächtigten weg, so dass in diesem Zeitpunkt die Wiedereinsetzungsfrist des § 234 Abs. 1 ZPO beginnt.[231] 144

3. Die Begründung des Wiedereinsetzungsgesuchs

Nach § 236 Abs. 2 ZPO muss der Antrag auf Wiedereinsetzung in den vorigen Stand die Angabe der die Wiedereinsetzung begründenden Tatsachen enthalten. 145

Es muss mithin **innerhalb der zweiwöchigen Wiedereinsetzungsfrist**[232] dargelegt werden, dass die Frist ohne Verschulden der Partei oder ihres Vertreters versäumt wurde. 146

---

223 OLGR Koblenz 2005, 870.
224 BGH NJW 2000, 364; NJW 1998, 1498; *Müller*, NJW 2000, 322, 325.
225 BGH NJW 2001, 1576.
226 Zu den Ausnahmen vgl. etwa BGH VersR 1987, 1237; BAG NJW 1982, 1664.
227 BGH FamRZ 2011, 362; NJW-RR 2004, 1651.
228 Zu Ausnahmen vgl. BGH VersR 1987, 1237.
229 BGH NJW 1994, 2831 in st.Rspr.
230 Musielak-*Grandel*, § 234 Rn 3.
231 Vgl. *v. Pentz*, NJW 2003, 858, 860.
232 BGH NJW 2004, 367; NJW 2002, 2107; BGHR 2001, 483; FuR 2001, 285; MDR 1997, 679 = NJW 1997, 2120.

Dabei ist zugleich darzulegen, dass der Antrag rechtzeitig nach dem Wegfall des Hindernisses gestellt wurde.[233]

147 *Hinweis*

Der BGH legt hier strenge Maßstäbe an. So müssen etwa bei der Erkrankung eines Bevollmächtigten Art und Ausmaß der Erkrankung ebenso dargelegt werden wie die darauf beruhende Unmöglichkeit der Aktenbearbeitung durch ihn.[234]

148 Die Tatsachen sind sodann mit dem Antrag, spätestens im Verfahren zur Entscheidung über den Antrag im Sinne des § 294 ZPO, glaubhaft zu machen.

149 Der Rechtsanwalt muss also einerseits den tatsächlichen Fehler darstellen und andererseits begründen, warum dieser weder auf sein noch auf ein schuldhaftes Verhalten seiner Partei zurückgeht. Unter Umständen muss er darlegen, warum der zurechenbare Fehler nicht ursächlich für die Säumnis geworden ist. Die Darlegungen müssen dabei einer Beweisaufnahme zugänglich sein.[235]

150 Dabei muss der Rechtsanwalt seine allgemeinen Anweisungen,[236] d.h. die Organisation der Fristenkontrolle in seinem Büro und deren Überwachung, sowie seine Anweisungen im Einzelfall vollständig darlegen und glaubhaft machen.[237] Im Hinblick auf das bei einer verweigerten Wiedereinsetzung drohende Haftungsrisiko ist hier alle Sorgfalt bei der Begründung angezeigt. Die Begründung sollte dabei anhand der aktuellen Rechtsprechung vor Einreichung überprüft werden.[238] Nach Auffassung des BGH müssen im Rahmen des Antrages auf Wiedereinsetzung in die versäumte Frist die tatsächlichen Abläufe verständlich und geschlossen geschildert werden, aus denen sich ergibt, auf welchen Umständen die Fristversäumnis beruht. Kann eine Partei einen derartigen Sachverhalt nicht darlegen,[239] geht dies auch dann zur ihren Lasten, wenn ihr Unvermögen durch Zeitablauf mitbedingt ist.

151 *Hinweis*

So muss bei einer falschen Übermittlung eines Schriftsatzes per Telefax dargelegt werden, welche Anweisungen zur Überprüfung einer auf dem Schriftsatz angegebenen Faxnummer des Empfängers erteilt wurden.[240]

152 Auch ist darzulegen, dass die mit der Fristenkontrolle beauftragte Angestellte bisher zuverlässig gearbeitet hatte und regelmäßige Überwachungsmaßnahmen hier keinen Anlass zu Beanstandungen gegeben haben. Auch dies ist glaubhaft zu machen.

---

233 BGH NJW-RR 2004, 282.
234 BGH NJW-RR 2004, 1500.
235 BGH NJW 2002, 2180.
236 BGH NJW 2002, 443.
237 BGH NJW-RR 2005, 793; NJW-RR 2001, 782; VersR 2000, 1563; NJW-RR 1992, 1277; BFH, Urt. v. 30.7.2009 – VI R 56/08 –, juris.
238 Hierzu die regelmäßigen Rechtsprechungsübersichten, z.B. *Bernau*, Die Rechtsprechung des BGH zur Wiedereinsetzung in den vorigen Stand, NJW 2015, 2004 ff.; 2016, 1999.
239 BGH MDR 2016, 110 f.; NJW 2008, 3501 = AnwBl. 2008, 716.
240 BGH NJW-RR 2005, 862.

Der Antrag auf Wiedereinsetzung in den vorigen Stand muss die Darlegung enthalten, dass die Wiedereinsetzungsfrist nach § 234 Abs. 1 ZPO gewahrt ist. Auch insoweit ist die Glaubhaftmachung erforderlich! Hiervon kann nur abgesehen werden, wenn die Frist nach Lage der Akten offensichtlich eingehalten worden ist.[241]

153

Der Rechtsanwalt muss auf die Ausarbeitung der Begründung besondere Sorgfalt auch deshalb verwenden, weil eine ganz oder teilweise Nachholung der Begründung oder deren substanzielle Ergänzung nach Ablauf der Wiedereinsetzungsfrist des § 234 Abs. 1 ZPO weder im Ausgangsverfahren noch im Beschwerdeverfahren möglich ist.[242] Zulässig ist allein die Ergänzung und Erläuterung unklarer Angaben auf einen entsprechenden gerichtlichen Hinweis nach § 139 ZPO hin.[243] So hat das Kammergericht[244] entschieden, dass bei der Beurteilung eines Antrags auf Wiedereinsetzung in den vorigen Stand wegen Versäumens der Berufungsfrist keine Berücksichtigung neuen, erst nach Hinweis des Berufungsgerichts nach Ablauf der Frist des § 234 Abs. 1 ZPO vorgebrachten Tatsachenvortrags über organisatorische Maßnahmen in der Kanzlei des Prozessbevollmächtigten erfolgt, die nicht nur der Ergänzung bisherigen Vorbringens dienen.

154

Erreicht ein Schriftsatz das Gericht nicht rechtzeitig, muss die Begründung – wenn schon die Übergabe speziell des in Rede stehenden Schriftstücks in den Postlauf nicht dokumentiert ist oder sonst Gegenstand einer konkreten Wahrnehmung der Kanzleiangestellten war – jedenfalls eine lückenlose, nicht nur auf allgemeine Vermutungen oder Erfahrungswerte gegründete Darstellung des Weges des konkreten Schriftstücks in den dafür vorgesehenen Postausgangskorb als der letzten Station auf dem Weg zum Adressaten enthalten, wobei die Darstellung den hinreichend sicheren Schluss erlauben muss, dass das Schriftstück nach der Unterschrift durch den Prozessbevollmächtigten nur in das Ausgangsbehältnis gelangt sein konnte und nicht unterwegs liegen geblieben, verloren gegangen oder fehlgeleitet worden war. Denn es muss mit überwiegender Wahrscheinlichkeit die Möglichkeit ausgeräumt werden, dass das Schriftstück in der Kanzlei des Prozessbevollmächtigten vor – im Übrigen unterstellt fehlerfreier – Versandfertigmachung verloren gegangen oder sonst auf Abwege geraten und dies aufgrund unzureichender Kontrolle der ausgehenden Post nicht entdeckt worden ist.[245]

155

Die zulässige Form der Glaubhaftmachung ergibt sich dabei aus § 294 ZPO. Zur Glaubhaftmachung wird regelmäßig die Vorlage einer eidesstattlichen Versicherung der Büroangestellten erforderlich sein. Die eidesstattliche Versicherung darf sich dabei nicht lediglich auf den Wiedereinsetzungsantrag beziehen, sondern muss alle relevanten Tatsachen selbst enthalten.[246] Neben der eidesstattlichen Versicherung kommt weiter die

156

---

241 BGH FamRZ 2001, 416; NJW 2000, 592.
242 BGH NJW-RR 2004, 282; NJW 2001, 1576; NJW 2000, 365; NJW 1998, 2678; NJW 1994, 2097; NJW 1991, 1892.
243 BGH NJW 2004, 367; NJW 2000, 364; NJW 1998, 1498; *Müller*, NJW 2000, 322, 325.
244 KG v. 18.3.2008 – 12 U 13/08, NZV 2008, 518.
245 BGH, Beschl. v. 11.7.2017 – VIII ZB 20/17 –, juris.
246 BGH NJOZ 2004, 1430 = JurBüro 2004, 457; BGH VersR 1988, 860.

Vorlage von Urkunden, etwa des Fristenbuches, der Handakte oder ein vollständiger Ausdruck der relevanten Daten aus der EDV-gestützten Fristenverwaltung in Betracht.

157 Die Richtigkeit der in der Wahrnehmung des Rechtsanwalts selbst liegenden Tatsachen kann dieser zur Glaubhaftmachung anwaltlich versichern.[247] Einer besonderen eidesstattlichen Versicherung bedarf es hier nicht. Hierbei darf grundsätzlich von dem anwaltlich als richtig oder an Eides Statt versicherten Vorbringen in einem Wiedereinsetzungsantrag ausgegangen werden. Das gilt aber dann nicht, wenn konkrete Anhaltspunkte es ausschließen, den geschilderten Sachverhalt mit überwiegender Wahrscheinlichkeit als zutreffend zu erachten.[248] Bloße Rückschlüsse aus dem üblichen Kanzleiablauf eignen sich dagegen nicht zur Glaubhaftmachung eines fehlenden Verschuldens des Prozessbevollmächtigten an der Fristversäumung.[249]

158 Der Glaubhaftmachung offenkundiger, gerichtsbekannter und aktenkundiger Tatsachen bedarf es nicht. Gleichwohl empfiehlt es sich, auf diese zumindest ausdrücklich hinzuweisen.

159 Die Glaubhaftmachung muss – anders als die Begründung – nicht innerhalb der Wiedereinsetzungsfrist erfolgen, wenngleich dies zweckmäßigerweise zur Vermeidung der späteren Säumnis angezeigt ist. Ausreichend ist die Glaubhaftmachung innerhalb des Verfahrens.[250] Hierzu soll auch die Glaubhaftmachung noch in der Beschwerdeinstanz ausreichend sein.[251]

160 *Praxistipp*

Soweit über den Antrag auf Wiedereinsetzung in den vorigen Stand mündlich verhandelt wird, sollte der Rechtsanwalt diesen auf jeden Fall selbst wahrnehmen. Zeigen sich nämlich Lücken in der Glaubhaftmachung, kann der Rechtsanwalt diese als präsenter Zeuge gem. den Anforderungen von § 294 Abs. 2 ZPO schließen.

161 Die sich aus der eidesstattlichen Versicherung ergebenden Tatsachen und die Darstellung im Antrag auf Wiedereinsetzung in den vorigen Stand dürfen sich nicht widersprechen. Widersprüche gehen hier allein zu Lasten der Partei.[252]

162 Die Prüfung des Wiedereinsetzungsgrundes erfolgt von Amts wegen, so dass Wiedereinsetzungsgründe nicht „unstreitig" gestellt oder anerkannt werden können.[253]

163 Neben der eigentlichen Begründung des Wiedereinsetzungsgrundes muss nach § 236 Abs. 1 S. 2 ZPO **in der Antragsfrist nach § 234 Abs. 1, 2 ZPO** auch die versäumte **Prozesshandlung nachgeholt** werden. Dies ist Teil der Begründung des Wiedereinsetzungsgesuchs.

---

247 BVerfG NJW 1974, 1902; NJW 1976, 1537; OLG München MDR 1985, 1037; OLG Köln MDR 1986, 152.
248 MDR 2015, 113 f.
249 BGH, Beschl. v. 11.7.2017 – VIII ZB 20/17 –, juris.
250 BGH FamRZ 1989, 373.
251 BGH NJW 1996, 1682; MDR 1992, 1002.
252 BGH NJW 2002, 1429 = MDR 2002, 660 = VersR 2002, 1170.
253 BGH MDR 2017, 106.

Wird nach Ablauf der Frist die Prozesshandlung nachgeholt, ohne dass jedoch ein ausdrücklicher Antrag auf Wiedereinsetzung in den vorigen Stand gestellt wurde, so kann das Gericht die Wiedereinsetzung auch von Amts wegen gewähren. 164

Voraussetzung ist allerdings, dass das fehlende Verschulden sich ohne weitere Ausführungen der Partei oder des Rechtsanwalts feststellen lässt.[254] Dies ist etwa der Fall, wenn sich schon aus der Postsendung, insbesondere dem Poststempel selbst ergibt, dass der Schriftsatz so rechtzeitig abgesandt wurde, dass nach dem normalen Lauf der Dinge, d.h. nach den üblichen Postlaufzeiten, mit einem rechtzeitigen Eingang gerechnet werden konnte. 165

Liegen die Voraussetzungen einer Wiedereinsetzung in den vorigen Stand von Amts wegen vor, steht dem Gericht kein Ermessen zu. Diese ist zu gewähren.[255] Dies kann von der Partei auch im Rechtsmittelwege geltend gemacht werden. 166

Dem Prozessgegner ist grundsätzlich rechtliches Gehör zu dem Wiedereinsetzungsantrag zu gewähren.[256] Hiervon wird das Gericht nur absehen dürfen, wenn es den Antrag ohne Weiteres zurückweisen möchte, weil dieser verfristet oder offensichtlich unbegründet ist. 167

4. Die Vornahme der versäumten Prozesshandlung

Nach § 236 Abs. 2 S. 2 ZPO ist innerhalb der Widerspruchsfrist auch die versäumte Prozesshandlung vorzunehmen. 168

Dies bedeutet, dass die versäumte Prozesshandlung mit dem Wiedereinsetzungsantrag verbunden, aber auch gesondert nachgeholt werden kann. Jedenfalls muss aber auch dies innerhalb der Wiedereinsetzungsfrist erfolgen. Grundsätzlich genügt weder ein Fristverlängerungsantrag[257] noch ein Prozesskostenhilfegesuch. 169

Ist eine Begründungsfrist versäumt worden und wird insoweit die Wiedereinsetzung in den vorigen Stand beantragt, muss innerhalb der einmonatigen Wiedereinsetzungsfrist nach § 234 Abs. 1 S. 2 ZPO auch die Begründung vorgelegt werden.[258] 170

> *Achtung* 171
>
> Die Mediation gewinnt in gerichtlichen Verfahren eine immer größere Bedeutung. Nicht selten bittet der Mediator darum, dass während des Mediationsverfahrens das gerichtliche Verfahren nicht betrieben wird, insbesondere Rechtsmittel nicht begrün-

---

[254] BGH MDR 2011, 184 f.; NJW-RR 2004, 408; NJW 2001, 77; NJW-RR 2000, 1590; BAG, Urt. v. 27.6.2002 – 2 AZR 427/01.
[255] Zöller/*Greger*, § 236 Rn 5; BGH: Nachprüfbar ist in jedem Fall, ob das Gericht im Rahmen seines Ermessens alle wesentlichen festgestellten Tatsachen berücksichtigt hat, MDR 2013, 672 f.
[256] BVerfG NJW 1982, 2234; vgl. auch Muster Rdn 198.
[257] BGH FamRZ 2006, 1754 ff.; NJW 1999, 3051; BGH VersR 1984, 761.
[258] Zur Problematik dieser Vorschrift siehe *Goebel*, Prozessrecht aktiv 2005, 37; *Braunschneider*, OLGR Koblenz, 2004, K 37 und MDR 2004, 1045; *Born*, NJW 2005, 2042, 2044.

det werden sollen. Dies ist gefährlich. Der BGH hat entschieden, dass das Mediationsverfahren die Rechtsmittel- und Rechtsmittelbegründungsfristen nicht hemmt.[259]

172 Nach der bisher überwiegenden Meinung genügt allein die Beantragung einer Verlängerung der Begründungspflicht nicht.[260] Dies hat der BGH nun auch für das neue Recht bestätigt. Unter der nachzuholenden Prozesshandlung i.S.v. § 236 Abs. 2 S. 2 ZPO ist bei Versäumung einer Rechtsmittelbegründungsfrist nicht ein Fristverlängerungsantrag, sondern ausschließlich die Rechtsmittelbegründung selbst zu verstehen.[261] Die abweichende Meinung[262] hat sich insoweit nicht durchsetzen können.

173 Auch ein Prozesskostenhilfegesuch genügt in diesem Stadium ohne Nachholung der versäumten Prozesshandlung nicht.[263] Allerdings hat der BGH umgekehrt entschieden, dass die Berufungsbegründung auch dadurch erfolgen kann, dass auf andere Schriftsätze, z.B. solche im Prozesskostenhilfeverfahren, Bezug genommen wird, wenn diese von einem bei dem Berufungsgericht zugelassenen Rechtsanwalt unterzeichnet sind und inhaltlich den Anforderungen der Berufungsbegründung gerecht werden. Dafür ist nicht erforderlich, dass innerhalb der Begründungsfrist ausdrücklich auf solche Schriftsätze verwiesen wird, wenn sich eine entsprechende Bezugnahme aus den Begleitumständen und aus dem Zusammenhang ergibt.[264]

174 Ist im Zeitpunkt des Wiedereinsetzungsantrags über die versäumte Prozesshandlung bereits abschließend entschieden, muss das Gericht gleichwohl über den Antrag auf Wiedereinsetzung in den vorigen Stand entscheiden und nachfolgend über § 156 ZPO die mündliche Verhandlung wieder eröffnen, soweit diese im Verfahren erforderlich ist.

5. Die Kosten des Wiedereinsetzungsverfahrens

175 Für das Wiedereinsetzungsverfahren entstehen keine besonderen Gerichtsgebühren. Erhoben werden nur die Auslagen.

176 Für den allein die Wiedereinsetzung betreibenden Rechtsanwalt entsteht eine 0,8-Verfahrensgebühr nach Nr. 3403 VV, auf 0,5 ermäßigt bei vorzeitiger Beendigung (Nr. 3405 VV), wenn er nicht schon in derselben Instanz beauftragt war. Für den Fall, dass der Rechtsanwalt bereits in derselben Instanz beauftragt war, gehört der Antrag auf Wiedereinsetzung in den vorigen Stand nach § 15 Abs. 2 RVG zum Rechtszug,[265] so dass keine gesonderte Gebühr entsteht. Vielmehr ist seine Tätigkeit mit der allgemeinen 1,3 Verfahrensgebühr nach Nr. 3100 VV abgegolten. Gegenüber der Rechtslage nach der BRAGO[266] haben sich also keine Änderungen ergeben.

---

259 BGH v. 12.2.2009 – VII ZB 76/07, NJW 2009, 1149.
260 BGH NJW 1999, 3051; MDR 1995, 522; *Ganter*, NJW 1994, 164.
261 BGH FamRZ 2006, 1754 = VersR 2006, 1706.
262 So OLG Zweibrücken MDR 2003, 171 zur neuen Rechtslage; *Vollkommer*, EWiR 1999, 1085.
263 BGH VersR 1984, 761; OLG Bamberg FamRZ 1996, 300; MüKo/ZPO-*Feiber*, § 236 Rn 18.
264 BGH NJW 2008, 1740 = MDR 2008, 705; Landesarbeitsgericht Rheinland-Pfalz, Urt. v. 22.1.2014 – 4 Sa 381/13 –, juris.
265 Zöller/*Greger*, § 238 Rn 12.
266 Hierzu siehe die Ausführungen unter Rn 147 in der 1. Aufl.

Praxistipp 177

Ist die 1,2 Terminsgebühr nach Nr. 3104 VV im laufenden Verfahren nicht anderweitig ausgelöst worden, kann diese allerdings bei einer mündlichen Verhandlung über den Wiedereinsetzungsantrag oder dessen Erörterung gesondert anfallen.

Die Kosten des Wiedereinsetzungsverfahrens trägt nach § 238 Abs. 4 ZPO allein der Antragsteller, soweit diese nicht durch einen unberechtigten Widerspruch des Antragsgegners veranlasst sind. Allerdings wird aufgrund der Amtsermittlung im Wiedereinsetzungsverfahren ein unberechtigter Widerspruch des Antragsgegners, der ggf. zu einer Beweisaufnahme führt, regelmäßig nicht kausal für die entstandenen Kosten geworden sein, da auch von Amts wegen eine Beweisaufnahme durchzuführen gewesen wäre.[267] 178

Wird das Verfahren allerdings durch eine Klage- oder Rechtsmittelrücknahme erledigt, verdrängen die Spezialregelungen der §§ 269 Abs. 3, 516 Abs. 3, 566 ZPO die Kostenregelung in § 238 Abs. 4 ZPO, so dass in diesem Fall der Rücknehmende die Kosten des Wiedereinsetzungsverfahrens auch dann zu tragen hat, wenn er dieses nicht selbst veranlasst hat.[268] 179

Die Kostengrundentscheidung wird regelmäßig in der den Prozess abschließenden Entscheidung zu treffen sein. Sie kann allerdings auch schon in der gesonderten Entscheidung über das Wiedereinsetzungsgesuch enthalten sein. Fehlt die Kostengrundentscheidung, kann eine Ergänzung nach § 321 ZPO[269] beantragt werden. 180

VIII. Rechtsmittel im Verfahren über die Wiedereinsetzung in den vorigen Stand

Bewilligt das Gericht die Wiedereinsetzung in den vorigen Stand, so ist diese Entscheidung nach § 238 Abs. 3 ZPO unanfechtbar. Der Antragsgegner ist deshalb gezwungen, alle Aspekte, die gegen eine Wiedereinsetzung sprechen, insbesondere solche, die ein Fristversäumnis, ein Verschulden und die Kausalität des Verschuldens für die Säumnis begründen, unmittelbar vorzutragen. Dies lohnt sich umso mehr, als seine eigene Rechtsposition aus materiell-rechtlichen Gründen oder wegen einer absehbaren Beweisnot nicht sehr stark ist. Er kann den Prozess dann allein aufgrund des Fehlverhaltens des Gegners gewinnen. 181

Praxistipp 182

Etwas anderes gilt allerdings dann, wenn dem Antragsgegner das rechtliche Gehör verweigert wurde.[270] Der Antragsgegner muss hier zunächst Gegenvorstellung in der zweiwöchigen Frist des § 321a ZPO erheben.[271] Bleibt diese erfolglos, ist die Entscheidung über die bewilligte Wiedereinsetzung auf eine Verfassungsbeschwer-

---

267 Im Ergebnis ebenso Musielak/*Grandel*, § 238 Rn 8.
268 OLG Hamm MDR 1977, 233 für den Fall der Säumniskosten.
269 Siehe hierzu § 15 Rdn 156 ff.
270 BVerfG NJW 1982, 2234.
271 BGH NJW 2002, 1577 = PA 09/2002 m. Anm. *Goebel*; BGH MDR 2014, 986.

de[272] hin aufzuheben und an das Ausgangsgericht zur erneuten Entscheidung nach Anhörung des Antragsgegners zu verweisen. Da es an den gesetzlichen Voraussetzungen einer sofortigen Beschwerde fehlt und eine außerordentliche Beschwerde wegen greifbarer Gesetzwidrigkeit von der Rechtsprechung nicht mehr anerkannt wird,[273] ist nach der erfolglosen Gegenvorstellung unmittelbar Verfassungsbeschwerde zu erheben.

183 Die Gewährung der Wiedereinsetzung in den vorigen Stand bleibt auch dann unanfechtbar, wenn das Beschwerdegericht die Rechtsbeschwerde entgegen § 238 Abs. 3 ZPO zugelassen hat. Die Rechtsbeschwerde ist in diesem Fall unzulässig.[274]

184 Im Übrigen ist zu unterscheiden, ob das Gericht die Entscheidung über den Antrag auf Wiedereinsetzung in den vorigen Stand mit der Entscheidung über die versäumte Prozesshandlung entsprechend § 238 ZPO verbunden hat oder ob es zu einer gesonderten Entscheidung gekommen ist.

185 Wird der Antrag auf Wiedereinsetzung in den vorigen Stand durch einen gesonderten Beschluss des erstinstanzlichen Gerichtes zurückgewiesen, so ist hiergegen die sofortige Beschwerde nach §§ 567 ff. ZPO statthaft.[275]

186 Wird der sofortigen Beschwerde nicht abgeholfen, so kann die Zulassung der Rechtsbeschwerde zu beantragen sein, wenn in der fehlenden Abhilfeentscheidung und der drohenden bestätigenden Entscheidung des Beschwerdegerichts eine Überspannung der Anforderungen an die Partei oder ihren Anwalt liegt oder eine eindeutige Abweichung von der bisherigen Rechtsprechung vorliegt. In diesem Fall ist die Zulassung der Rechtsbeschwerde wegen eines Verstoßes gegen Verfahrensgrundrechte und damit wegen der grundsätzlichen Bedeutung der Sache[276] geboten. Zumindest aber ist zur Sicherung einer einheitlichen Rechtsprechung eine Entscheidung des Rechtsbeschwerdegerichts erforderlich.[277] In jedem Fall muss mit der Beantragung der Zulassung der Rechtsbeschwerde zugleich auch beantragt werden, die Sache auf die Kammer oder den Senat zur Entscheidung zu übertragen, da nur das Kollegialgericht, nicht aber der Einzelrichter die Rechtsbeschwerde zulassen darf.

187 *Praxistipp*

Da das Beschwerdegericht häufig diese Gründe nicht sehen dürfte, empfiehlt es sich, die Zulassung der Rechtsbeschwerde ausdrücklich zu beantragen. Dies zwingt das Beschwerdegericht, sich mit den Zulassungsgründen auseinander zu setzen, und kann so im günstigsten Fall sogar die Bewilligung der Wiedereinsetzung begründen. Die Praxis zeigt – auch wenn dies von BGH-Richtern beklagt wird[278] – aber auch,

---

272 BVerfGE 53, 109; BVerfGE 8, 253.
273 BGH NJW 2002, 1577.
274 BGH NJW 2003, 211; *Goebel*, PA 02/03, S. 18, 19.
275 Antragsmuster unter Rdn 206.
276 BGH NJW 2003, 65.
277 *V. Pentz*, NJW 2003, 858, 867; BGH NJW 2003, 65; NJW 2002, 3029; NJW 2003, 437; NJW 2002, 3636; vgl. aber auch die Einschränkung in BGH DAR 2003, 64.
278 *Kreft*, Missstände bei der Rechtsbeschwerde, ZRP 2003, 77.

dass bei einem solchen Antrag die „Prüfung" häufig dadurch ersetzt wird, dass die
Rechtsbeschwerde schlicht zugelassen wird.

Wird die Wiedereinsetzung in den vorigen Stand dagegen mit der Hauptsacheentscheidung verweigert, so ist das in der Hauptsache statthafte Rechtsmittel gem. § 238 Abs. 2 S. 1 ZPO einzulegen. Gegen ein Urteil ist also das dagegen statthafte Rechtsmittel einzulegen, d.h. Berufung oder Revision. 188

Hinweis 189

Ist über den Wiedereinsetzungsantrag durch ein zweites Versäumnisurteil unter Zurückweisung eines Einspruchs als unzulässig nach § 341 Abs. 2 ZPO durch Urteil entschieden worden, ist ebenfalls Berufung einzulegen.

Hat dagegen das Berufungs- oder Beschwerdegericht die Wiedereinsetzung in den vorigen Stand verweigert, ist hiergegen allenfalls die Rechtsbeschwerde statthaft. Dies setzt allerdings voraus, dass sie auch zugelassen wurde. Ist kein Rechtsmittel statthaft, kann auch hier lediglich mit der Gehörsrüge nach § 321a ZPO, der Gegenvorstellung und nachfolgend der Verfassungsbeschwerde operiert werden. 190

Wird der Antrag auf Wiedereinsetzung in den vorigen Stand abgelehnt und zugleich die Berufung nach § 522 ZPO als unzulässig verworfen, so ist gegen diese Entscheidung nur noch die Rechtsbeschwerde nach § 522 Abs. 1 S. 4 ZPO statthaft.[279] Sie muss also unmittelbar durch einen beim BGH zugelassenen Rechtsanwalt nach § 133 GVG bei diesem eingelegt werden.[280] 191

Hinweis 192

In der Rechtsmittelinstanz ist die Partei nicht berechtigt, zur Organisation der Fristenkontrolle im Allgemeinen oder im konkreten Fall neu oder ergänzend vorzutragen. Dies gilt insbesondere dann, wenn die Ausgangsentscheidung auf fehlenden oder unzureichenden Vortrag gestützt ist.[281] Das Rechtsmittel kann also nur darauf gestützt werden, dass der in der Wiedereinsetzungsfrist nach § 234 Abs. 1 ZPO vorgetragene Sachverhalt eine Wiedereinsetzung wegen unverschuldeter Fristversäumung begründet.

---

[279] BGH VersR 2003, 262, 263.
[280] Vgl. zum Rechtsbeschwerdeverfahren § 18 Rdn 154 ff.
[281] BGH NJW 2001, 1576.

C. Muster

I. Muster: Darlegung der fehlenden Säumnis mangels laufender Frist

▼

193 An das
☐ Amtsgericht
☐ Landgericht
☐ Oberlandesgericht

in ▓▓▓

In dem Rechtsstreit

                  Kläger ./. Beklagter

                  Az: ▓▓▓

wird auf den gerichtlichen Hinweis vom ▓▓▓ wie folgt vorgetragen:

I.

Die mit Schriftsatz vom ▓▓▓ vorgenommene Prozesshandlung in Form ▓▓▓ ist nicht verfristet. Dies ergibt sich daraus, dass die Frist am ▓▓▓ und nicht am ▓▓▓ zu laufen begonnen hat und aus diesem Grunde auch nicht vor dem Zeitpunkt der Vornahme der Prozesshandlung abgelaufen ist.

Der Lauf der Frist beginnt gem. § ▓▓▓ erst mit der Zustellung der ▓▓▓. Eine ordnungsgemäße Zustellung ist jedoch nicht erfolgt, was sich daraus ergibt, dass ▓▓▓

    Beweis: ▓▓▓

Mangels ordnungsgemäßer Zustellung hat die Frist nicht zu laufen begonnen, so dass die Prozesshandlung auch noch mit dem Schriftsatz vom ▓▓▓ vorgenommen werden konnte.

Eine Heilung der mangelhaften Zustellung ist nicht eingetreten. Selbst wenn man von einer Heilung nach § 189 ZPO ausgehen wollte, ist diese jedenfalls nicht vor der tatsächlichen Kenntnisnahme der ▓▓▓ vom ▓▓▓ erfolgt, die erst am ▓▓▓ stattgefunden hat. Ausgehend von dieser tatsächlichen Kenntnisnahme, ist die Frist aber eingehalten worden. Sie ist für diesen Fall frühestens am ▓▓▓ abgelaufen und damit nach Einreichung des Schriftsatzes vom ▓▓▓.

II.

Lediglich aus Gründen der anwaltlichen Fürsorge gegenüber der vom Unterzeichner vertretenen Partei wird hilfsweise beantragt,

    dem ▓▓▓ wegen der Versäumung der ▓▓▓-Frist Wiedereinsetzung in den vorigen Stand zu gewähren.

Zugleich wird

▓▓▓

eingelegt.

1.

Zur Begründung des Wiedereinsetzungsgesuchs wird Folgendes ausgeführt: ▓▓▓

C. Muster § 20

Die Wiedereinsetzungsfrist nach § 234 Abs. 1 ZPO ist gewahrt, da das Hindernis am ▒▒▒▒ weggefallen ist. Dies ergibt sich daraus, dass ▒▒▒▒.

Zur Glaubhaftmachung wird auf ▒▒▒▒ verwiesen.

2.

In der Sache wird zur Begründung der ▒▒▒▒ (Prozesshandlung) auf den bisherigen Schriftverkehr, insbesondere den Schriftsatz vom ▒▒▒▒ verwiesen.

Ergänzend wird vorgetragen, dass ▒▒▒▒.

3.

Soweit seitens des erkennenden Gerichts weitere Ausführungen in tatsächlicher oder rechtlicher Hinsicht für erforderlich gehalten werden oder der Unterzeichner einen wesentlichen tatsächlichen oder rechtlichen Gesichtspunkt übersehen haben sollte, wird um einen unverzüglichen rechtlichen Hinweis nach § 139 ZPO gebeten.

Rechtsanwalt

▲

II. Muster: Darlegung der fehlenden Säumnis wegen rechtzeitiger Vornahme der fristgebundenen Prozesshandlung

▼

An das
☐ Amtsgericht
☐ Landgericht
☐ Oberlandesgericht

in ▒▒▒▒

In dem Rechtsstreit

        Kläger ./. Beklagter

        Az: ▒▒▒▒

wird noch wie folgt vorgetragen:

I.

Entgegen dem Hinweis des Gerichts vom ▒▒▒▒ ist die mit Schriftsatz vom ▒▒▒▒ vorgenommene Prozesshandlung in Form ▒▒▒▒ nicht verfristet.

Die Zustellung des ▒▒▒▒ ist am ▒▒▒▒ erfolgt, so dass die Frist am ▒▒▒▒ zu laufen begonnen hat. Damit ist die Frist am ▒▒▒▒ abgelaufen. Vor Ablauf der Frist, nämlich am ▒▒▒▒ gegen ▒▒▒▒ Uhr ist der Schriftsatz

☐ von dem Unterzeichner persönlich
☐ von der ▒▒▒▒

in den Nachtbriefkasten des Gerichts eingeworfen worden.

Zur Glaubhaftmachung wird auf die als Anlage beigefügte eidesstattliche Versicherung des ▒▒▒▒ vom ▒▒▒▒ verwiesen. Ergänzend wird entsprechender Beweis durch Vernehmung

☐ des Unterzeichners persönlich
☐ der ▒▒▒▒

angeboten (BGH NJW-RR 2002, 1070).

§ 20 Wiedereinsetzung in den vorigen Stand

Warum der Schriftsatz gleichwohl der Eingangspost des Folgetages zugeordnet wurde, vermag der Unterzeichner nicht zu beurteilen. Insoweit kann nicht ausgeschlossen werden, dass entweder die Automatik des Nachtbriefkastens, die zu einer entsprechenden Trennung um Mitternacht führen soll, einer Funktionsstörung unterlegen hat und die Post überhaupt nicht oder zu einem früheren Zeitpunkt getrennt hat oder aber dass bei der Erfassung der Eingangspost die vor Mitternacht eingeworfene Post ganz oder teilweise der nach Mitternacht eingeworfenen Post zugeordnet wurde. Die diesbezügliche Darlegungs- und Beweislast kann allerdings auch nicht der Partei oder dem Unterzeichner aufgebürdet werden, da es sich insoweit um dem hiesigen Wahrnehmungsbereich entzogene gerichtsinterne Vorgänge handelt (BGH NJW 1997, 1312).

II.

Lediglich aus Gründen der anwaltlichen Fürsorge gegenüber der vom Unterzeichner vertretenen Partei wird hilfsweise beantragt,

dem ▒▒▒▒ wegen der Versäumung der ▒▒▒▒-Frist Wiedereinsetzung in den vorigen Stand zu gewähren.

Zugleich wird

▒▒▒▒

eingelegt.

1.

Zur Begründung des Wiedereinsetzungsgesuchs wird Folgendes ausgeführt: ▒▒▒▒
Die Wiedereinsetzungsfrist nach § 234 Abs. 1 ZPO ist gewahrt, da das Hindernis am ▒▒▒▒ weggefallen ist. Dies ergibt sich daraus, dass ▒▒▒▒
Zur Glaubhaftmachung wird auf ▒▒▒▒ verwiesen.

2.

In der Sache wird zur Begründung der ▒▒▒▒ (Prozesshandlung) auf den bisherigen Schriftverkehr, insbesondere den Schriftsatz vom ▒▒▒▒ verwiesen.

Ergänzend wird vorgetragen, dass ▒▒▒▒.

3.

Soweit seitens des erkennenden Gerichts weitere Ausführungen in tatsächlicher oder rechtlicher Hinsicht für erforderlich gehalten werden oder der Unterzeichner einen wesentlichen tatsächlichen oder rechtlichen Gesichtspunkt übersehen haben sollte, wird um einen unverzüglichen rechtlichen Hinweis nach § 139 ZPO gebeten.

Rechtsanwalt

III. Muster: Wiedereinsetzungsantrag für die Frist zur Abgabe der Verteidigungsanzeige nach Erlass eines Versäumnisurteils

195 Grundsätzlich ist dieser Antrag nach den Ausführungen unter Rdn 14 obsolet, da nach Erlass (= Zustellung des Urteils, vgl. Zöller/*Feskorn*, Rn 1 zu § 310 ZPO) nur noch der Einspruch statthaft ist. Anhängern der Mindermeinung sei folgendes Formular bereit gestellt (entsprechend der Vorauflage):

▼

An das
☐ Amtsgericht
☐ Landgericht
in ▓▓▓▓

In dem Rechtsstreit[282]

des ▓▓▓▓

— Kläger —

Prozessbevollmächtigte: RAe ▓▓▓▓

gegen

den ▓▓▓▓

— Beklagter —

Prozessbevollmächtigte: RAe ▓▓▓▓

bestelle ich mich für den Beklagten und zeige in dessen Namen und in dessen Vollmacht an, dass dieser sich gegen die Klage verteidigen wird.

Es wird zugleich beantragt,

1. dem Beklagten wegen der Versäumung der Frist zur Anzeige seiner Verteidigungsbereitschaft nach § 276 Abs. 1 S. 1 ZPO Wiedereinsetzung in den vorigen Stand zu gewähren;

2. die Zwangsvollstreckung aus dem Versäumnisurteil vom ▓▓▓▓ ohne, hilfsweise gegen Sicherheitsleistung, einzustellen;

3. unter Aufhebung des Versäumnisurteils vom ▓▓▓▓ die Klage abzuweisen.

Zur Begründung wird Folgendes vorgetragen:

I.

Durch das Versäumnisurteil des erkennenden Gerichts vom ▓▓▓▓ ist der Beklagte im schriftlichen Verfahren wegen der fehlenden Anzeige seiner Verteidigungsbereitschaft in der Frist des § 276 Abs. 1 S. 1 ZPO nach § 331 ZPO verurteilt worden, ▓▓▓▓

Die Frist zur Anzeige der Verteidigungsbereitschaft wurde durch den Beklagten unverschuldet versäumt, was sich daraus ergibt, dass ▓▓▓▓

Zur Glaubhaftmachung gem. § 294 ZPO wird hierzu vorgelegt: ▓▓▓▓

Nach dem dargestellten Sachverhalt trifft weder die Partei noch den Unterzeichner als Prozessbevollmächtigten ein Verschulden an dem Fristversäumnis, so dass die beantragte Wiedereinsetzung in den vorigen Stand zu gewähren ist.

Die Wiedereinsetzungsfrist nach § 234 Abs. 1 ZPO ist gewahrt, da das Hindernis am ▓▓▓▓ weggefallen ist. Dies ergibt sich daraus, dass ▓▓▓▓

---

282 War der Prozessbevollmächtigte schon bestellt, ist ein abgekürztes Rubrum ausreichend.

Goebel/Förger 2001

§ 20 Wiedereinsetzung in den vorigen Stand

Zur Glaubhaftmachung gem. § 294 ZPO wird hierzu vorgelegt:

II.

Die Zwangsvollstreckung aus dem Versäumnisurteil ist ohne Sicherheitsleistung einzustellen, weil das Versäumnisurteil durch die gewährte Wiedereinsetzung in den vorigen Stand wirkungslos ist, da es für diesen Fall ohne Vorliegen der Voraussetzungen des § 331 Abs. 3 ZPO ergangen ist.

Hilfsweise ist die Zwangsvollstreckung ohne oder gegen Sicherheitsleistung nach § 707 Abs. 1 ZPO vorläufig einzustellen.

Sollte das erkennende Gericht eine Wiedereinsetzung in den vorigen Stand für nicht möglich halten (vgl. OLG Celle, OLGR 1994, 271, KG MDR 1996, 634), wäre das vorliegende Gesuch als Einspruch gegen das ergangene Versäumnisurteil zu behandeln.

Die Zwangsvollstreckung ist dann nach § 707 Abs. 1 S. 2 ZPO auch ohne Sicherheitsleistung einzustellen, weil

☐ *der Schuldner nicht in der Lage ist, die Sicherheitsleistung zu erbringen, weil   . Zur Glaubhaftmachung werden insoweit vorgelegt:*

☐ *die Vollstreckung für den Schuldner einen nicht zu ersetzenden Nachteil mit sich bringen würde, nämlich   . Zur Glaubhaftmachung werden insoweit vorgelegt:*

III.

☐ *Das Versäumnisurteil ist aufzuheben und der Klage entsprechend den Anträgen im Schriftsatz vom   stattzugeben.*

Insoweit wird zur Begründung zunächst auf die bisherigen Schriftsätze nebst den hiermit zu den Akten gereichten Urkunden Bezug genommen.

Ergänzend wird hierzu noch vorgetragen, dass   .

☐ *Das Versäumnisurteil ist aufzuheben und die Klage abzuweisen, weil dem Kläger der geltend gemachte Anspruch nicht zusteht.*

Insoweit wird zur Begründung zunächst auf die bisherigen Schriftsätze nebst den hiermit zu den Akten gereichten Urkunden Bezug genommen.

Zur Begründung des Klageabweisungsantrags ist ergänzend Folgendes auszuführen:

IV.

Es wird gebeten, zunächst kurzfristig über den Antrag auf Einstellung der Zwangsvollstreckung ohne Sicherheitsleistung bzw. nach § 707 ZPO zu entscheiden.

Rechtsanwalt

IV. Muster: Antrag auf Wiedereinsetzung in die Frist zur Abgabe der Verteidigungsanzeige vor Erlass eines Versäumnisurteils

▼

An das
☐ Amtsgericht
☐ Landgericht

in ▓▓▓

In dem Rechtsstreit

         Kläger ./. Beklagter

         Az: ▓▓▓

zeigt der Unterzeichner an, den Beklagten zu vertreten.

Namens und in Vollmacht des Beklagten wird beantragt,

> dem Beklagten für die Erklärung seiner Verteidigungsbereitschaft nach § 276 Abs. 1 S. 1 ZPO Wiedereinsetzung in den vorigen Stand zu gewähren.

Zugleich wird gem. § 236 Abs. 2 S. 2 ZPO erklärt, dass der Beklagte sich gegen die Klage verteidigen wird.

In der Sache wird beantragt,

> die Klage abzuweisen.

Zur **Begründung** der vorstehenden Anträge wird Folgendes ausgeführt:

I.

Das Wiedereinsetzungsgesuch ist gem. § 233 ZPO begründet, da der Beklagte ohne sein Verschulden gehindert war, die Notfrist zur Anzeige der Verteidigungsbereitschaft nach § 276 Abs. 1 S. 1 ZPO einzuhalten. Dies ergibt daraus, dass

> der Entscheidung keine Rechtsmittelbelehrung beigefügt war. Das fehlende Verschulden wird somit gem. § 233 S. 2 ZPO vermutet.

> die der Entscheidung beigefügte Rechtsmittelbelehrung fehlerhaft war, weil ▓▓▓. Das fehlende Verschulden wird somit gem. § 233 S. 2 ZPO vermutet.

> ▓▓▓.

Zur Glaubhaftmachung wird auf ▓▓▓ verwiesen.

Die Wiedereinsetzungsfrist nach § 234 Abs. 1 ZPO ist gewahrt, da das vorbezeichnete Hindernis erst am ▓▓▓ weggefallen ist. Dies ergibt sich daraus, dass ▓▓▓.

Zur Glaubhaftmachung wird auf ▓▓▓ verwiesen.

II.

Dem Beklagten wurde bisher kein Versäumnisurteil zugestellt. Nach Auskunft der Geschäftsstelle vom heutigen Tage ist die Zustellung des Versäumnisurteils auch noch nicht gem. § 310 Abs. 3 ZPO veranlasst worden. Der Beklagte ist aus diesem Grunde berechtigt, die Verteidigungsbereitschaft verbunden mit dem Antrag auf Wiedereinsetzung in den vorigen Stand zu erklären (vgl. Zöller/Greger, ZPO, 32. Aufl., § 276 ZPO Rn 10a).

Die Zustellung des bereits unterzeichneten Versäumnisurteils ist deshalb zunächst bis zur Entscheidung über das Wiedereinsetzungsgesuch zurückzustellen.

III.

In der Sache zeigt der Beklagte an, dass er beabsichtigt, sich gegen die Klage zu verteidigen.

IV.

- ☐ Zur Klageerwiderung wird wie folgt vorgetragen: ▓▓▓
- ☐ Die Klageerwiderung wird in einem gesonderten Schriftsatz in der gesetzten Frist bis zum ▓▓▓ vorgelegt.
- ☐ Im Hinblick auf die vorgeschilderten Umstände ist eine Erwiderung auf die Klage in der am ▓▓▓ ablaufenden Frist nicht möglich. Es wird insoweit um Fristverlängerung zumindest bis zum ▓▓▓ gebeten.

Es wird um antragsgemäße Entscheidung gebeten.

Rechtsanwalt

▲

V. Muster: Antrag auf Wiedereinsetzung in den vorigen Stand bei Versäumung der Einspruchsfrist gegen ein Versäumnisurteil

▼

An das
- ☐ Amtsgericht
- ☐ Landgericht
- ☐ Oberlandesgericht

in ▓▓▓

In dem Rechtsstreit[283]

des ▓▓▓

– Kläger –

Prozessbevollmächtigte: RAe ▓▓▓

gegen

den ▓▓▓

– Beklagter –

Prozessbevollmächtigte: RAe ▓▓▓

bestelle ich mich für den ▓▓▓ und lege namens und in dessen Vollmacht gegen das Versäumnisurteil des erkennenden Gerichts vom ▓▓▓, Az: ▓▓▓,

Einspruch

ein. Es wird zugleich beantragt,

- ☐ dem Kläger
- ☐ dem Beklagten

---

[283] War der Prozessbevollmächtigte schon bestellt, ist ein abgekürztes Rubrum ausreichend.

1. wegen der Versäumung der Einspruchsfrist Wiedereinsetzung in den vorigen Stand zu gewähren;
2. die Zwangsvollstreckung aus dem Versäumnisurteil vom ▇▇▇ ohne, hilfsweise gegen Sicherheitsleistung einzustellen;
3. unter Aufhebung des Versäumnisurteils vom ▇▇▇
   ☐ die Klage abzuweisen.
   ☐ der Klage entsprechend den Klageanträgen im Schriftsatz vom ▇▇▇ stattzugeben.

Zur **Begründung** wird Folgendes vorgetragen:

I.

Durch das Versäumnisurteil des erkennenden Gerichts vom ▇▇▇ ist
☐ die Klage abgewiesen worden.
☐ der Beklagte verurteilt worden, ▇▇▇.

Das Urteil ist dem
☐ Kläger
☐ Beklagten
am ▇▇▇ zugestellt worden, so dass die Einspruchsfrist am ▇▇▇ abgelaufen ist. Die Einspruchsfrist ist jedoch vor Erhebung des Einspruchs abgelaufen, weil
☐ dem Versäumnisurteil keine Rechtsmittelbelehrung beigefügt hat.
☐ die dem Versäumnisurteil beigefügte Rechtsmittelbelehrung fehlerhaft war, weil ▇▇▇.
☐ ▇▇▇

Zur Glaubhaftmachung gem. § 294 ZPO wird hierzu vorgelegt: ▇▇▇

Nach dem dargestellten Sachverhalt trifft weder die Partei noch den Unterzeichner als Prozessbevollmächtigten ein Verschulden an der Fristversäumnis, so dass die beantragte Wiedereinsetzung in den vorigen Stand zu gewähren ist.

Die Wiedereinsetzungsfrist nach § 234 Abs. 1 ZPO ist gewahrt, da das Hindernis am ▇▇▇ weggefallen ist. Dies ergibt sich daraus, dass ▇▇▇.

Zur Glaubhaftmachung gem. § 294 ZPO wird hierzu vorgelegt: ▇▇▇

II.

Die Zwangsvollstreckung aus dem Versäumnisurteil ist nach § 707 Abs. 1 ZPO vorläufig einzustellen.

Die Zwangsvollstreckung ist dabei nach §§ 719 Abs. 1, 707 Abs. 1 S. 2 ZPO auch ohne Sicherheitsleistung einzustellen, weil
☐ der Schuldner nicht in der Lage ist, die Sicherheitsleistung zu erbringen, weil ▇▇▇.
Zur Glaubhaftmachung werden insoweit vorgelegt: ▇▇▇
☐ die Vollstreckung für den Schuldner einen nicht zu ersetzenden Nachteil mit sich bringen würde, nämlich ▇▇▇.
Zur Glaubhaftmachung werden insoweit vorgelegt: ▇▇▇
und
☐ das Versäumnisurteil nicht in gesetzlicher Weise ergangen ist, weil ▇▇▇.
☐ die Säumnis des Beklagten nicht verschuldet war, weil ▇▇▇.

§ 20 Wiedereinsetzung in den vorigen Stand

III.
- ☐ Das Versäumnisurteil ist aufzuheben und der Klage entsprechend den Anträgen im Schriftsatz vom ▒▒▒ stattzugeben.
  Insoweit wird zur Begründung zunächst auf die bisherigen Schriftsätze nebst den hiermit zu den Akten gereichten Urkunden Bezug genommen.
  Ergänzend wird hierzu noch vorgetragen, dass ▒▒▒.
- ☐ Das Versäumnisurteil ist aufzuheben und die Klage abzuweisen, weil dem Kläger der geltend gemachte Anspruch nicht zusteht.
  Insoweit wird zur Begründung zunächst auf die bisherigen Schriftsätze nebst den hiermit zu den Akten gereichten Urkunden Bezug genommen.
  Zur Begründung des Klageabweisungsantrags ist ergänzend Folgendes auszuführen:

IV.
Es wird gebeten, zunächst kurzfristig über den Antrag auf Einstellung der Zwangsvollstreckung nach §§ 719, 707 ZPO zu entscheiden. Nur aus anwaltlicher Fürsorge erlaubt sich der Unterzeichner dabei darauf hinzuweisen, dass dies allein den Antrag auf Wiedereinsetzung in den vorigen Stand, nicht aber dessen positive Entscheidung voraussetzt. Über die Bewilligung der Wiedereinsetzung kann damit auch nachfolgend entschieden werden.

Rechtsanwalt

VI. Muster: Stellungnahme des Antragsgegners zum Wiedereinsetzungsantrag in die Einspruchsfrist gegen ein Versäumnisurteil

An das
- ☐ Amtsgericht
- ☐ Landgericht
- ☐ Oberlandesgericht

in ▒▒▒

In dem Rechtsstreit

    Kläger ./. Beklagter

    Az: ▒▒▒

wird namens und in Vollmacht des Antragsgegners beantragt,

 den Antrag des
- ☐ Klägers
- ☐ Beklagten

wegen der Versäumung der Einspruchsfrist Wiedereinsetzung in den vorigen Stand zu gewähren, zurückzuweisen und

1. den Einspruch gegen das Versäumnisurteil des erkennenden Gerichts vom ▒▒▒ als unzulässig zu verwerfen;

2. den Antrag, die Zwangsvollstreckung aus dem Versäumnisurteil vom ▒▒▒ ohne, hilfsweise gegen Sicherheitsleistung einzustellen, zurückzuweisen.

Zur **Begründung** wird Folgendes ausgeführt:

I.

Der Antrag auf Wiedereinsetzung in den vorigen Stand wegen der Versäumung der Einspruchsfrist ist zurückzuweisen, da die Voraussetzungen für eine Wiedereinsetzung in den vorigen Stand
☐ nicht vorliegen.
☐ nicht glaubhaft gemacht sind.

Zutreffend stellt der Antragsteller dar, dass ihm das Versäumnisurteil ordnungsgemäß am ▒▒▒ zugestellt wurde, damit die Einspruchsfrist am ▒▒▒ abgelaufen ist und ein Einspruch in dieser Frist nicht erfolgt ist. Das Versäumnisurteil ist damit in Rechtskraft erwachsen.

Der Antragsteller war entgegen § 233 ZPO nicht ohne Verschulden daran gehindert, die Einspruchsfrist einzuhalten.
☐ Schon aus dem eigenen Vortrag des Antragstellers ergibt sich, dass er die Einspruchsfrist schuldhaft versäumt hat, weil ▒▒▒.
☐ Das Verschulden des Antragstellers an der Versäumung der Einspruchsfrist ergibt sich daraus, dass ▒▒▒.
☐ Es kann dahingestellt bleiben, ob der Vortrag des Antragstellers zutrifft. Dieser wird vorläufig in zulässiger Weise allein mit Nichtwissen bestritten. Dahingestellt bleiben kann auch, ob dieser Vortrag überhaupt eine Wiedereinsetzung in den vorigen Stand rechtfertigt. Der Antrag muss nämlich schon allein deshalb zurückgewiesen werden, weil der Antragsteller seinen tatsächlichen Vortrag nicht glaubhaft gemacht hat. Er hat nämlich nicht ▒▒▒.

Sollte das Gericht insoweit anderer Auffassung sein, wird ausdrücklich um einen rechtlichen Hinweis nach § 139 ZPO gebeten, der dokumentiert werden möge. Sodann ist beabsichtigt, zur vorwerfbaren Fristversäumung weiter vorzutragen.

II.

Soweit die Wiedereinsetzung in den vorigen Stand wegen der Versäumung der Einspruchsfrist nach den vorherigen Ausführungen versagt wird, steht zugleich nach den eigenen Ausführungen des Antragstellers fest, dass die Einspruchsfrist zum Zeitpunkt des erfolgten Einspruchs abgelaufen war.

Der Einspruch ist damit verfristet und als unzulässig zu verwerfen.

III.

Der Antrag auf Einstellung der Zwangsvollstreckung nach § 707 ZPO ist zurückzuweisen, da dem Antragsteller ausweislich der vorstehenden Ausführungen die Wiedereinsetzung in den vorigen Stand wegen der Versäumung der Einspruchsfrist zu verweigern ist.

Damit besteht auch kein hinreichender Grund für eine einstweilige Einstellung der Zwangsvollstreckung.

Selbst wenn das Gericht anderer Auffassung sein sollte, kann die Einstellung der Zwangsvollstreckung nur gegen Sicherheitsleistung erfolgen. Nach § 707 Abs. 1 S. 2 ZPO ist die Einstellung ohne Sicherheitsleistung nur zulässig, wenn der Schuldner glaubhaft macht,

§ 20 Wiedereinsetzung in den vorigen Stand

dass er zur Sicherheitsleistung nicht in der Lage ist oder die Zwangsvollstreckung ihm einen nicht zu ersetzenden Nachteil bringen würde.

Beide Voraussetzungen liegen nicht vor.

Rechtsanwalt

▲

VII. Muster: Antrag auf Wiedereinsetzung in den vorigen Stand bezüglich der Berufungs- und der Berufungsbegründungsfrist

20.7

▼

An das
☐ Landgericht
☐ Oberlandesgericht

in ▓▓▓

In dem Rechtsstreit

Kläger ./. Beklagter
Az: ▓▓▓

lege ich hiermit namens und in Vollmacht des
☐ Klägers
☐ Beklagten
gegen das Urteil des ▓▓▓ vom ▓▓▓, zugestellt am ▓▓▓,

Berufung

ein. Es wird zugleich beantragt,

1. dem
   ☐ Kläger
   ☐ Beklagten
   wegen der Versäumung der **Berufungs- und Berufungsbegründungsfrist** Wiedereinsetzung in den vorigen Stand zu gewähren.
2. die Zwangsvollstreckung aus dem Urteil des ▓▓▓ vom ▓▓▓ ohne, hilfsweise gegen Sicherheitsleistung, einzustellen.
3. unter Abänderung des Urteils des ▓▓▓ vom ▓▓▓ zu erkennen: ▓▓▓
   ☐ Die Klage wird abgewiesen.
   ☐ Der Klage wird entsprechend den Klageanträgen im Schriftsatz vom ▓▓▓ stattgegeben.

Zur **Begründung** wird Folgendes vorgetragen:

I.

Das erstinstanzliche Urteil des ▓▓▓ vom ▓▓▓ ist dem Unterzeichner am ▓▓▓ zugestellt worden. Die Berufungsfrist lief damit am ▓▓▓ ab. Tatsächlich wurde im Fristenkalender aber das Fristende auf den ▓▓▓ mit einer einwöchigen Vorfrist zum ▓▓▓ eingetragen. Zum Zeitpunkt der Vorlage der Handakten am ▓▓▓, d.h. am Tage der eingetragenen Vorfrist, ist der Fehler sofort festgestellt worden, ohne dass die zu diesem Zeitpunkt schon abgelaufene Berufungs- und Berufungsbegründungsfrist noch gewahrt werden konnte.

Die fehlerhafte Eintragung der Berufungs- und Berufungsbegründungsfrist wurde von der im Übrigen zuverlässigen Büroangestellten ▬ entgegen den allgemeinen Weisungen des Unterzeichners und den Verfügungen im konkreten Einzelfall durchgeführt.

Die Fristennotierung ist im Büro des Unterzeichners wie folgt organisiert: ▬

Über die Regelungen für die Fristenkontrolle und deren Bedeutung sind alle Büroangestellten bei Aufnahme ihrer Tätigkeit belehrt worden. Diese Belehrung wird regelmäßig wiederholt, zuletzt am ▬ und am ▬. Zusätzlich werden gesetzliche Änderungen zum Anlass für gesonderte Belehrungen genommen.

Nach der Feststellung des Fristendes durch den Unterzeichner selbst wurde im konkreten Fall vom Unterzeichner verfügt, dass ▬.

Gleichwohl ist es zu dem Fehler gekommen, weil die Anweisungen nicht befolgt wurden, obwohl der Unterzeichner sich auf deren Einhaltung verlassen konnte.

Die Büroangestellte hat bisher zuverlässig gearbeitet. Regelmäßige Überwachungsmaßnahmen und Kontrollen, zuletzt am ▬ und ▬, haben nie Anlass zu Beanstandungen gegeben. Auch wurden dem Unterzeichner die Handakten nach der Fristenverfügung mit der Ausführungsbestätigung vorgelegt.

Zur Glaubhaftmachung des gesamten Vortrages wird auf die anliegende eidesstattliche Versicherung der Büroangestellten ▬ verwiesen. Zur Glaubhaftmachung der Tatsachen, die im Wahrnehmungsbereich des Unterzeichners liegen, wird deren Richtigkeit anwaltlich versichert (BVerfG NJW 1974, 1902; 1976, 1537).

Die Versäumung der Berufungsfrist ist damit weder der Partei noch dem Unterzeichner als Vertreter zuzurechnen und damit unverschuldet im Sinne von § 233 ZPO. Aus dem glaubhaft gemachten Vortrag ergibt sich zugleich, dass die Wiedereinsetzungsfrist des § 234 Abs. 1 ZPO gewahrt ist. Der Partei ist damit Wiedereinsetzung in die Berufungsfrist zu gewähren.

II.

Entsprechend § 236 Abs. 2 ZPO wird hiermit zugleich die versäumte Prozesshandlung nachgeholt und gegen das erstinstanzliche Urteil des ▬ vom ▬, Az: ▬, Berufung eingelegt.

Mit der Berufung wird die Abänderung des angegriffenen Urteils im Rahmen der eingangs gestellten Berufungsanträge begehrt.

III.

Zur **Berufungsbegründung**[284] wird Folgendes ausgeführt: ▬

Rechtsanwalt

---

[284] Die Berufungsbegründungsfrist beginnt ebenfalls mit der Zustellung des anzugreifenden Urteils. Diese muss auch dann fristgerecht begründet werden, wenn über das Wiedereinsetzungsgesuch noch nicht entschieden ist, BGH NJW 1998, 1155.

VIII. Muster: Antrag auf Wiedereinsetzung in den vorigen Stand allein bezüglich der Berufungsbegründungsfrist

▼

An das
☐ Landgericht
☐ Oberlandesgericht

in ▓▓▓▓

In dem Rechtsstreit

                        Kläger ./. Beklagter

                        Az: ▓▓▓▓

beantrage ich namens und in Vollmacht des Berufungsklägers,

> diesem wegen der Versäumung der Berufungsbegründungsfrist Wiedereinsetzung in den vorigen Stand zu gewähren.

Zur **Begründung** wird Folgendes vorgetragen:

I.

Das erstinstanzliche Urteil des ▓▓▓▓ vom ▓▓▓▓ ist dem Unterzeichner am ▓▓▓▓ zugestellt worden. Die Berufungsfrist lief damit am ▓▓▓▓ ab, die Berufungsbegründungsfrist am ▓▓▓▓.

Die Berufung wurde fristgerecht mit Schriftsatz vom ▓▓▓▓ bei dem erkennenden Gericht eingelegt.

Zur Glaubhaftmachung kann insoweit auf die Gerichtsakten verwiesen werden.

Obwohl die Berufungsbegründungsfrist zutreffend im Fristenkalender eingetragen war, was der Unterzeichner anlässlich der Fertigung der Berufungsschrift nochmals überprüft hat, und auch eine einwöchige Vorfrist notiert worden ist, was ebenfalls der Kontrolle des Unterzeichners unterlegen hat, wurde die Akte entgegen den allgemeinen Anweisungen und den zutreffend notierten Fristen dem Unterzeichner erst nach Ablauf der Berufungsbegründungsfrist vorgelegt.

Die Fristennotierung ist im Büro des Unterzeichners wie folgt organisiert: ▓▓▓▓

Über die Regelungen für die Fristenkontrolle und deren Bedeutung sind alle Büroangestellten bei Aufnahme ihrer Tätigkeit belehrt worden. Diese Belehrung wird regelmäßig wiederholt, zuletzt am ▓▓▓▓ und am ▓▓▓▓. Zusätzlich werden gesetzliche Änderungen zum Anlass für gesonderte Belehrungen genommen.

Nach der Feststellung des Fristendes durch den Unterzeichner selbst wurde im konkreten Fall vom Unterzeichner verfügt, dass ▓▓▓▓.

Gleichwohl ist es zu dem Fehler gekommen, weil die Anweisungen nicht befolgt wurden, obwohl der Unterzeichner sich auf deren Einhaltung verlassen konnte.

Die Büroangestellte hat bisher zuverlässig gearbeitet. Regelmäßige Überwachungsmaßnahmen und Kontrollen, zuletzt am ▓▓▓▓ und ▓▓▓▓, haben nie Anlass zu Beanstandungen gegeben. Auch wurden dem Unterzeichner die Handakten nach der Fristenverfügung mit der Ausführungsbestätigung vorgelegt.

Zur Glaubhaftmachung des gesamten Vortrags wird auf die anliegende eidesstattliche Versicherung der Büroangestellten ▬▬▬ verwiesen. Zur Glaubhaftmachung der Tatsachen, die im Wahrnehmungsbereich des Unterzeichners liegen, wird deren Richtigkeit anwaltlich versichert (BVerfG NJW 1974, 1902; 1976, 1537).

Die Versäumung der Berufungsfrist ist damit weder der Partei noch dem Unterzeichner als Vertreter zuzurechnen und damit unverschuldet im Sinne von § 233 ZPO. Aus dem glaubhaft gemachten Vortrag ergibt sich zugleich, dass die Wiedereinsetzungsfrist des § 234 Abs. 1 ZPO gewahrt ist. Der Partei ist damit Wiedereinsetzung in die Berufungsfrist zu gewähren.

II.

Zur **Berufungsbegründung** als nach § 236 Abs. 1 S. 2 ZPO nachzuholender Prozesshandlung wird Folgendes ausgeführt: ▬▬▬

Rechtsanwalt

IX. Muster: Antrag auf Wiedereinsetzung in den vorigen Stand bezüglich der Berufungsfrist bei einem Antrag auf Prozesskostenhilfe

An das
☐ Landgericht
☐ Oberlandesgericht

in ▬▬▬

In dem Rechtsstreit

               Kläger ./. Beklagter

               Az: ▬▬▬

lege ich hiermit namens und in Vollmacht des
☐ Klägers
☐ Beklagten
gegen das Urteil des ▬▬▬ vom ▬▬▬, zugestellt am ▬▬▬,

               Berufung

ein. Es wird zugleich beantragt,

1. dem
   ☐ Kläger
   ☐ Beklagten

   wegen der Versäumung der Berufungs- und Berufungsbegründungsfrist Wiedereinsetzung in den vorigen Stand zu gewähren.

2. die Zwangsvollstreckung aus dem Urteil des ▬▬▬ vom ▬▬▬ ohne, hilfsweise gegen Sicherheitsleistung, einzustellen.

§ 20 Wiedereinsetzung in den vorigen Stand

3. unter Abänderung des Urteils des ▇▇ vom ▇▇ zu erkennen: ▇▇
  ☐ Die Klage wird abgewiesen.
  ☐ Der Klage wird entsprechend den Klageanträgen im Schriftsatz vom ▇▇ stattgegeben.

Zur **Begründung** wird Folgendes vorgetragen:

I.

Der Kläger war aus finanziellen Gründen nicht in der Lage, die Berufung gegen das Urteil des ▇▇ vom ▇▇, zugestellt am ▇▇, einzulegen.

Insoweit wird zum Nachweis und zur Glaubhaftmachung auf das bei den Gerichtsakten befindliche Prozesskostenhilfegesuch und auf die zu dessen Begründung zu den Gerichtsakten gereichten Nachweise verwiesen.

Der Berufungsführer hat deshalb innerhalb der Berufungs- und Berufungsbegründungsfrist Prozesskostenhilfe beantragt, die
  ☐ durch den Prozesskostenhilfebeschluss des erkennenden Gerichts vom ▇▇, d.h. nach Ablauf der Berufungs- und Berufungsbegründungsfrist auch bewilligt wurde.
  ☐ dem Berufungsführer mit Beschluss des erkennenden Gerichts vom ▇▇ mit der Begründung verweigert wurde, dass die Berufung keine hinreichende Aussicht auf Erfolg biete. Der Berufungsführer ist jedoch anderer Auffassung, so dass er sich entschlossen hat, die Berufung auf eigene Kosten durchzuführen.

Insoweit wird auf die bei den Gerichtsakten befindliche Entscheidung verwiesen. Die Entscheidung ist dem ▇▇ am ▇▇ bekannt gegeben worden, so dass an diesem Tage das Hindernis nach § 234 Abs. 2 ZPO weggefallen ist und mit Ablauf des Tages die zweiwöchige Frist zur Beantragung der Wiedereinsetzung in den vorigen Stand begonnen hat.

Zur Glaubhaftmachung wird auf das bei den Gerichtsakten befindliche Empfangsbekenntnis sowie die anliegende eidesstattliche Versicherung des ▇▇ vom ▇▇ Bezug genommen.

Die Entscheidung über die beantragte Prozesskostenhilfe ist damit erst nach Ablauf der Berufungs- und der Berufungsbegründungsfrist erfolgt.

Die Versäumung der Berufungsfrist und der Berufungsbegründungsfrist ist damit weder der Partei noch dem Unterzeichner als Vertreter zuzurechnen und damit unverschuldet im Sinne von § 233 ZPO (BGH NJW 2001, 2720; BGH NJW 1998, 1230). Aus dem glaubhaft gemachten Vortrag ergibt sich zugleich, dass die Wiedereinsetzungsfrist des § 234 Abs. 1 ZPO gewahrt ist. Der Partei ist damit Wiedereinsetzung in die Berufungsfrist sowie die Berufungsbegründungsfrist zu gewähren.

II.

Entsprechend § 236 Abs. 2 ZPO wird hiermit zugleich die versäumte Prozesshandlung nachgeholt und gegen das erstinstanzliche Urteil des ▇▇ vom ▇▇, Az: ▇▇, Berufung eingelegt.
  ☐ Weiterhin wird unter Ziffer III. die Berufung begründet.
  ☐ Die Berufung wird innerhalb der Monatsfrist des § 234 ZPO erfolgen.
  ☐ Dem Berufungsführer ist es nicht zuzumuten, die Berufung innerhalb der Wiedereinsetzungsfrist von einem Monat nach § 234 ZPO zu begründen, weil ▇▇.

Um eine unangemessene Benachteiligung der mittellosen Partei zu vermeiden, ist es deshalb erforderlich, die Berufungsbegründungsfrist um einen weiteren Monat, d.h. bis zum Ablauf des ████, zu verlängern. Dies ist nach den gesetzgeberischen Änderungen der ZPO zum 1.1.2002 möglich (OLG Zweibrücken MDR 2003, 170). Hieran hat auch die Verlängerung der Wiedereinsetzungsfrist auf einen Monat in § 234 ZPO mit dem Justizmodernisierungsgesetz nichts geändert.

Die Verlängerung der Berufungsbegründungsfrist wird hiermit ausdrücklich um einen Monat, d.h. bis zum Ablauf des ████, beantragt. Es wird gebeten, über den Verlängerungsantrag unverzüglich, auf jeden Fall vor Ablauf der Wiedereinsetzungsfrist zu entscheiden. Es wird um einen unverzüglichen telefonischen Hinweis gebeten, sofern das Gericht beabsichtigt, dem Fristverlängerungsgesuch nicht stattzugeben.

Mit der Berufung wird die Abänderung des angegriffenen Urteils im Rahmen der eingangs gestellten Berufungsanträge begehrt.

III.

Zur **Berufungsbegründung**[285] wird Folgendes ausgeführt: ████

Rechtsanwalt

X. Muster: Belehrung des Mandanten über Mitteilung von Veränderungen der wirtschaftlichen und persönlichen Verhältnisse

▼

Frau/Herrn

████

Sache

████ ./. ████

Sehr geehrte/r Frau/Herr,

in vorbezeichneter Streitsache haben wir entsprechend Ihrer Weisung vom ████ zunächst darauf verzichtet, gegen das Urteil des ████ vom ████, Az: ████, unmittelbar Berufung einzulegen, da Sie aufgrund ihrer wirtschaftlichen und persönlichen Verhältnisse nicht in der Lage sind, die Prozesskosten zu tragen.

Wir haben deshalb zunächst für die Durchführung des Berufungsverfahrens aufgrund des von Ihnen vorgelegten Vordrucks über Ihre wirtschaftlichen und persönlichen Verhältnisse Prozesskostenhilfe beantragt. Der Vordruck war nach unserer Prüfung vollständig ausgefüllt. Wir gehen davon aus, dass keine weiteren Vermögenswerte vorhanden sind. Sollten Sie bei einzelnen Fragen unsicher gewesen sein, was anzugeben ist, bitten wir um unverzügliche Kontaktaufnahme, damit diese Fragen geklärt werden können. Zu diesem Zwecke übersenden wir Ihnen in der Anlage eine Abschrift des von Ihnen ausgefüllten Vordrucks.

---

285 Die Berufungsbegründungsfrist beginnt ebenfalls mit der Zustellung des anzugreifenden Urteils. Diese muss auch dann fristgerecht begründet werden, wenn über das Wiedereinsetzungsgesuch noch nicht entschieden ist, BGH NJW 1998, 1155. Der Verlängerungsantrag bezüglich der Berufungsbegründungsfrist ist nur in Ausnahmefällen statthaft.

§ 20 Wiedereinsetzung in den vorigen Stand

Wird die Prozesskostenhilfe bewilligt, kann trotz Ablaufs der Berufungsfrist Wiedereinsetzung in den vorigen Stand beantragt und die Berufung eingelegt und begründet werden.

Bitte beachten Sie dringend: Wenn sich zukünftig Änderungen Ihrer wirtschaftlichen oder persönlichen Verhältnisse ergeben, bedarf es einer unverzüglichen Information an den Unterzeichner. In Betracht kommen insbesondere Zahlungseingänge aufgrund des Einzugs von Außenständen oder auch ungewöhnliche Ereignisse wie Erbschaften oder Ähnliches. Auch die nachträgliche Deckungszusage einer Rechtsschutzversicherung gehört hierher. Eine wesentliche Änderung liegt immer vor, wenn Sie eine in dem übersandten Vordruck aufgeführte Frage anders als dort geschehen beantworten müssten.

Wenn sich aus der Änderung ergibt, dass die Berufung auch ohne die Bewilligung der Prozesskosten eingelegt werden kann, muss dies unter gleichzeitiger Beantragung der Wiedereinsetzung in den vorigen Stand binnen **einer zweiwöchigen Frist ab dem Wegfall der Bedürftigkeit** geschehen. Beachten Sie dabei bitte auch die hier erforderliche Bearbeitungszeit. Die Mitteilung von Änderungen duldet also keinen Aufschub.

Zu den Berufungsaussichten selbst darf ich Folgendes entsprechend der persönlichen Besprechung nochmals festhalten:

Rechtsanwalt

XI. Muster: Antrag auf Wiedereinsetzung in die Berufungsfrist nach Rücknahme des Prozesskostenhilfeantrags wegen veränderter Umstände

203 An das
☐ Landgericht
☐ Oberlandesgericht

in

In dem Rechtsstreit

Kläger ./. Beklagter

Az:

lege ich hiermit namens und in Vollmacht des
☐ Klägers
☐ Beklagten
gegen das Urteil des   vom   , zugestellt am   ,

Berufung

ein. Es wird zugleich beantragt,

1. dem

    ☐ Kläger

    ☐ Beklagten

    wegen der Versäumung der Berufungs- und Berufungsbegründungsfrist Wiedereinsetzung in den vorigen Stand zu gewähren.

2. die Zwangsvollstreckung aus dem Urteil des ___ vom ___ ohne, hilfsweise gegen Sicherheitsleistung, einzustellen.
3. unter Abänderung des Urteils des ___ vom ___ zu erkennen: ___
   ☐ Die Klage wird abgewiesen.
   ☐ Der Klage wird entsprechend den Klageanträgen im Schriftsatz vom ___ stattgegeben.

Zur **Begründung** wird Folgendes vorgetragen:

I.

Der Kläger war aus finanziellen Gründen nicht in der Lage, die Berufung gegen das Urteil des ___ vom ___, zugestellt am ___, einzulegen.

Insoweit wird zum Nachweis und zur Glaubhaftmachung auf das bei den Gerichtsakten befindliche Prozesskostenhilfegesuch und auf die zu dessen Begründung zu den Gerichtsakten gereichten Nachweise verwiesen.

Die zum Zeitpunkt der Einreichung des Prozesskostenhilfeantrags vorliegenden wirtschaftlichen und persönlichen Verhältnisse haben sich am ___ geändert. Der ___ ist nunmehr in der Lage, das Rechtsmittelverfahren auch ohne die Bewilligung der Prozesskostenhilfe durchzuführen, weil

☐ die Rechtsschutzversicherung inzwischen ihre ursprünglich verweigerte Deckungszusage erteilt hat.
☐ der ___ unerwartet in den Genuss einer Erbschaftssumme gekommen ist.
☐ ein Schuldner des Mandanten unerwartet doch noch seine gegenüber dem Mandanten begründete Forderung erfüllt hat und dieser damit über die erforderlichen Mittel zur Durchführung des Verfahrens verfügt.
☐ ___

Der Prozesskostenhilfeantrag wird entsprechend hiermit zurückgenommen.

Zur Glaubhaftmachung wird auf ___ verwiesen.

Zum Zeitpunkt der Änderung der wirtschaftlichen und persönlichen Verhältnisse des Berufungsführers

☐ war die Berufungsfrist schon verstrichen.
☐ stand der Ablauf der Berufungsfrist am ___ weniger als drei Werktage bevor (BGH NJW 1986, 257 = MDR 1985, 657).

Die Versäumung der Berufungsfrist und der Berufungsbegründungsfrist ist damit weder der Partei noch dem Unterzeichner als Vertreter zuzurechnen und damit unverschuldet im Sinne von § 233 ZPO.

Aus dem glaubhaft gemachten Vortrag ergibt sich zugleich, dass die Wiedereinsetzungsfrist des § 234 Abs. 1 ZPO gewahrt ist. Die Änderung der wirtschaftlichen und persönlichen Verhältnisse ist am ___ eingetreten, so dass die Wiedereinsetzungsfrist am ___ abläuft. Diese Frist wird durch den vorliegenden Schriftsatz gewahrt. Der Partei ist damit Wiedereinsetzung in die Berufungsfrist sowie die Berufungsbegründungsfrist zu gewähren.

§ 20 Wiedereinsetzung in den vorigen Stand

II.

Entsprechend § 236 Abs. 2 ZPO wird hiermit zugleich die versäumte Prozesshandlung nachgeholt und gegen das erstinstanzliche Urteil des ▮▮▮▮ vom ▮▮▮▮, Az ▮▮▮▮, Berufung eingelegt.
- ☐ Weiterhin wird unter Ziffer III. die Berufung begründet.
- ☐ Die Berufung wird innerhalb der Monatsfrist des § 234 ZPO erfolgen.
- ☐ Dem Berufungsführer ist es nicht zuzumuten, die Berufung innerhalb der Wiedereinsetzungsfrist von einem Monat nach § 234 ZPO zu begründen, weil ▮▮▮▮.
Um eine unangemessene Benachteiligung der mittellosen Partei zu vermeiden, ist es deshalb erforderlich, die Berufungsbegründungsfrist um einen weiteren Monat, d.h. bis zum Ablauf des ▮▮▮▮, zu verlängern. Dies ist nach den gesetzgeberischen Änderungen der ZPO zum 1.1.2002 möglich (OLG Zweibrücken MDR 2003, 170). Hieran hat auch die Verlängerung der Wiedereinsetzungsfrist auf einen Monat in § 234 ZPO mit dem Justizmodernisierungsgesetz nichts geändert.
Die Verlängerung der Berufungsbegründungsfrist wird hiermit ausdrücklich um einen Monat, d.h. bis zum Ablauf des ▮▮▮▮, beantragt. Es wird gebeten, über den Verlängerungsantrag unverzüglich, auf jeden Fall vor Ablauf der Wiedereinsetzungsfrist zu entscheiden. Es wird um einen unverzüglichen telefonischen Hinweis gebeten, sofern das Gericht beabsichtigt, dem Fristverlängerungsgesuch nicht stattzugeben.

Mit der Berufung wird die Abänderung des angegriffenen Urteils im Rahmen der eingangs gestellten Berufungsanträge begehrt.

III.

Zur **Berufungsbegründung**[286] wird Folgendes ausgeführt: ▮▮▮▮

Rechtsanwalt

▲

XII. Muster: Wiedereinsetzungsantrag nach der Versäumung der Notfrist zur Verweigerung der Zustimmung zur Klagerücknahme

20.12

▼

204 An das
☐ Amtsgericht
☐ Landgericht
in ▮▮▮▮

Kläger ./. Beklagter
Az: ▮▮▮▮

Es wird beantragt,

dem Beklagten wegen der Versäumung der Verweigerungsfrist des § 269 Abs. 2 S. 4 ZPO Wiedereinsetzung in den vorigen Stand zu gewähren.

---

286 Die Berufungsbegründungsfrist beginnt ebenfalls mit der Zustellung des anzugreifenden Urteils. Diese muss auch dann fristgerecht begründet werden, wenn über das Wiedereinsetzungsgesuch noch nicht entschieden ist, BGH NJW 1998, 1155. Der Verlängerungsantrag bezüglich der Berufungsbegründungsfrist ist nur in Ausnahmefällen statthaft.

Zugleich wird namens und in Vollmacht des Beklagten erklärt, dass dieser
der Klagerücknahme nicht zustimmt.
Zur **Begründung** wird Folgendes vorgetragen:

I.

Der Kläger hat seine Klage mit Schriftsatz vom ▒▒▒▒ zurückgenommen.

Dem Beklagten wurde die Klagerücknahme am ▒▒▒▒ mit der Aufforderung zugestellt, dieser zuzustimmen. Zugleich wurde er darüber belehrt, dass die Zustimmung nach § 269 Abs. 2 S. 4 ZPO als erteilt gilt, wenn er nicht binnen einer Notfrist von zwei Wochen ab Zugang der Klagerücknahme dieser widerspricht.

Die Widerspruchsfrist ist jedoch vor Erhebung des Widerspruchs ohne Verschulden der Partei und des Unterzeichners abgelaufen, weil ▒▒▒▒.

Zur Glaubhaftmachung gem. § 294 ZPO wird ▒▒▒▒.

Nach dem dargestellten Sachverhalt trifft weder die Partei noch den Unterzeichner als Prozessbevollmächtigten ein Verschulden an dem Fristversäumnis, so dass die beantragte Wiedereinsetzung in den vorigen Stand zu gewähren ist.

Die Wiedereinsetzungsfrist nach § 234 Abs. 1 ZPO ist gewahrt, da das Hindernis am ▒▒▒▒ weggefallen ist. Dies ergibt sich daraus, dass ▒▒▒▒.

Zur Glaubhaftmachung gem. § 294 ZPO wird ▒▒▒▒.

II.

Gem. § 236 Abs. 2 S. 2 ZPO wird mit dem Wiedereinsetzungsgesuch hiermit zugleich die versäumte Prozesshandlung nachgeholt und der Klagerücknahme widersprochen.

Die Klage ist von Anfang an unbegründet gewesen. Insoweit kann auf die bisherigen Darlegungen verwiesen werden. Der Beklagte ist zu einer Einwilligung in die Klagerücknahme deshalb nur dann bereit, wenn der Kläger vor dem Hintergrund der Unbegründetheit seiner Klage rein vorsorglich auf den der Klage zugrunde liegenden Anspruch verzichtet. Es ist dem Beklagten nicht zumutbar, dass dieser gegebenenfalls zu einem späteren Zeitpunkt erneut mit einer unbegründeten Klage wegen des gleichen Sachverhalts überzogen wird. Vielmehr hat er ein rechtlich schützenswertes Interesse daran, dass die Streitfrage mit der Klagerücknahme ihren endgültigen Abschluss findet.

Rechtsanwalt

XIII. Muster: Wiedereinsetzungsantrag nach der Versäumung der Notfrist zur Erklärung der Erledigung der Hauptsache

▼

An das
☐ Amtsgericht
☐ Landgericht
in ▆▆▆▆▆

Kläger ./. Beklagter
Az: ▆▆▆▆▆

Es wird beantragt,

dem Beklagten wegen der Versäumung der Erklärungsfrist des § 91a Abs. 1 S. 2 ZPO Wiedereinsetzung in den vorigen Stand zu gewähren.

Zugleich wird namens und in Vollmacht des Beklagten erklärt, dass dieser

der Erklärung der Erledigung der Hauptsache nicht zustimmt.

Zur **Begründung** wird Folgendes vorgetragen:

I.

Der Kläger hat mit Schriftsatz vom ▆▆▆▆▆ den vorliegenden Rechtsstreit in der Hauptsache für erledigt erklärt.

Dem Beklagten wurde die Erklärung am ▆▆▆▆▆ mit der Aufforderung zugestellt, dieser zuzustimmen. Zugleich wurde er darüber belehrt, dass die Zustimmung nach § 91a Abs. 1 S. 2 ZPO als erteilt gilt, wenn er nicht binnen einer Notfrist von zwei Wochen ab Zugang der Erklärung über die Erledigung der Hauptsache widerspricht.

Die Widerspruchsfrist ist jedoch vor Erhebung des Widerspruchs ohne Verschulden der Partei und des Unterzeichners abgelaufen, weil ▆▆▆▆▆.

Zur Glaubhaftmachung gem. § 294 ZPO wird ▆▆▆▆▆.

Nach dem dargestellten Sachverhalt trifft weder die Partei noch den Unterzeichner als Prozessbevollmächtigten ein Verschulden an dem Fristversäumnis, so dass die beantragte Wiedereinsetzung in den vorigen Stand zu gewähren ist.

Die Wiedereinsetzungsfrist nach § 234 Abs. 1 ZPO ist gewahrt, da das Hindernis am ▆▆▆▆▆ weggefallen ist. Dies ergibt sich daraus, dass ▆▆▆▆▆.

Zur Glaubhaftmachung gem. § 294 ZPO wird ▆▆▆▆▆.

II.

Gem. § 236 Abs. 2 S. 2 ZPO wird mit dem Wiedereinsetzungsgesuch hiermit zugleich die versäumte Prozesshandlung nachgeholt und der Erledigung der Hauptsache widersprochen.

☐ Die Klage ist von Anfang an
    ☐ unzulässig
    ☐ unbegründet

gewesen. Insoweit kann auf die bisherigen Darlegungen verwiesen werden. Eine übereinstimmende Erledigung der Hauptsache kommt aber nur in Betracht, wenn die Klage ursprünglich zulässig und begründet war und nach Anhängigkeit ein erledigen-

des Ereignis stattgefunden hat. Hieran fehlt es aus den in der Klageerwiderung und den weiteren schriftlichen Stellungnahmen dargelegten Gründen.
Ergänzend wird noch Folgendes vorgetragen:
Der Rechtsstreit ist in der Hauptsache nicht erledigt, da es an einem erledigenden Ereignis fehlt. Zwar ist es richtig, dass der Beklagte am ▓▓▓▓ an den Kläger einen Betrag von ▓▓▓▓ EUR gezahlt hat. Diese Zahlung ist jedoch nicht auf die bestrittene streitgegenständliche Forderung erfolgt, sondern ausweislich der ausdrücklichen Zahlungsbestimmung auf die nicht rechtshängige Forderung des Klägers gegen den Beklagten vom ▓▓▓▓ aus der Rechnung vom ▓▓▓▓.

 Beweis: Zahlungsbeleg vom ▓▓▓▓ in beglaubigter Kopie

Rechtsanwalt

XIV. Muster: Sofortige Beschwerde gegen die durch besonderen Beschluss des Gerichts verweigerte Wiedereinsetzung in den vorigen Stand

An das
☐ Amtsgericht
☐ Landgericht
☐ Oberlandesgericht

in ▓▓▓▓

In der ▓▓▓▓sache

   ▓▓▓▓ / ▓▓▓▓
   Az: ▓▓▓▓

lege ich namens und in Vollmacht des ▓▓▓▓ gegen den Beschluss des erkennenden Gerichts vom ▓▓▓▓

sofortige Beschwerde

mit dem Antrag ein,

 dem ▓▓▓▓ unter Aufhebung des angefochtenen Beschlusses wegen der Versäumung der ▓▓▓▓frist Wiedereinsetzung in den vorigen Stand zu gewähren.

Zur **Begründung** der sofortigen Beschwerde wird Folgendes ausgeführt:

I.
Die sofortige Beschwerde ist fristgerecht erhoben. Ausweislich des bei den Akten befindlichen Empfangsbekenntnisses vom ▓▓▓▓ wurde dem Unterzeichner der angefochtene Beschluss am ▓▓▓▓ zugestellt, so dass die Beschwerdefrist nach § 569 Abs. 1 S. 1 ZPO am ▓▓▓▓ abläuft. Diese Frist wird durch den vorliegenden Schriftsatz gewahrt.

II.
Entgegen der Entscheidung des Ausgangsgerichts vom ▓▓▓▓ im angefochtenen Beschluss war der vom Unterzeichner vertretenen Partei Wiedereinsetzung in den vorigen Stand in die versäumte ▓▓▓▓frist zu gewähren.

§ 20 Wiedereinsetzung in den vorigen Stand

Die Fristversäumung beruht nicht auf einem Verschulden der Partei noch einem dieser nach § 85 Abs. 2 ZPO zurechenbaren Verschulden ihres Vertreters. Die Voraussetzungen des § 233 ZPO liegen damit vor, so dass die beantragte Wiedereinsetzung zu gewähren war, nachdem das Wiedereinsetzungsgesuch in der Frist des § 234 Abs. 1 ZPO form- und fristgerecht angebracht worden ist und die versäumte Prozesshandlung, nämlich ▓▓▓▓▓, zugleich nachgeholt worden ist.

Das Ausgangsgericht hat die Wiedereinsetzung gleichwohl mit der Begründung abgelehnt, dass ▓▓▓▓▓.

Die Begründung vermag jedoch nicht durchzugreifen, weil ▓▓▓▓▓.

III.

Sollte das erkennende Gericht die sofortige Beschwerde zurückweisen wollen, wird schon jetzt beantragt,

die Rechtsbeschwerde nach § 574 ZPO Abs. 1, 3 ZPO zuzulassen.

Wird der sofortigen Beschwerde nicht abgeholfen und die beantragte Wiedereinsetzung in den vorigen Stand nicht bewilligt, ist zumindest zur Sicherung einer einheitlichen Rechtsprechung eine Entscheidung des Rechtsbeschwerdegerichts erforderlich (v. Pentz, NJW 2003, 858, 867; BGH NJW 2003, 65; 2002, 3029; 2003, 437).

Die Entscheidung des erkennenden Gerichts würde in diesem Fall nämlich von der Entscheidung des ▓▓▓▓▓ und den dort aufgestellten Grundsätzen abweichen.

Vor dem Hintergrund der Beantragung der Zulassung der Rechtsbeschwerde wird schon jetzt beantragt,

die Sache
☐ der Kammer
☐ dem Senat

zur Entscheidung zu übertragen, da der Einzelrichter nicht berechtigt ist, die Rechtsbeschwerde zuzulassen (BGH NJW 2003, 1254; BGH NJW 2004, 856). Dies gilt unabhängig von der Frage, welcher Zulassungsgrund nach § 574 ZPO in Betracht kommt (BGH NJW 2003, 3712; Zöller/Gummer, ZPO, 32. Aufl., 2018, § 574 Rn 9a).

Rechtsanwalt

§ 21 Die Wiederaufnahme des Verfahrens

Dr. Michael Thielemann/Dr. Alexander Walter

Inhalt

	Rdn
A. Einleitung	1
B. Rechtliche Grundlagen	5
I. Überblick	5
1. Abgrenzungen	5
a) Abgrenzung gegenüber der Anhörungsrüge nach § 321a ZPO	5
b) Abgrenzung gegenüber der Vollstreckungsabwehrklage gem. § 767 ZPO	6
c) Abgrenzung gegenüber der Klage aus § 826 BGB	7
d) Abgrenzung gegenüber einem aus § 79 BVerfGG abgeleiteten Vollstreckungsverbot	8
2. Die Dreistufigkeit des Wiederaufnahmeverfahrens	10
a) Prüfung der verfahrensrechtlichen Zulässigkeit (1. Stufe)	11
b) Die Begründetheit der Wiederaufnahmeklage (2. Stufe)	12
c) Die Fortsetzung und Beendigung des alten Prozesses (3. Stufe)	13
3. Der Tatsachenvortrag im Wiederaufnahmeverfahren	14
4. Das für die Wiederaufnahme zuständige Gericht	16
5. Versäumnisurteil im Wiederaufnahmeverfahren	21
II. Erste Stufe: Zulässigkeitsvoraussetzungen	23
1. Ausgangslage	23
2. Die Statthaftigkeit der Wiederaufnahme	24
3. Notwendige Form der Wiederaufnahmeklageschrift	30
4. Die Klagefrist	32
a) Ausgangslage	32
b) Fristbeginn	33
c) Fristende	34
d) Die Unstatthaftigkeit der Wiederaufnahmeklage nach Ablauf der Fünfjahresfrist	36
5. Die Klagebefugnis	37
6. Die Beschwer	40
7. Die Subsidiarität	41
III. Zweite Stufe: Die Begründetheit der Wiederaufnahmeklage als Nichtigkeitsklage	44
1. Ausgangslage	44
2. Die Ungesetzlichkeit der Richterbank	45
3. Mitwirkung eines ausgeschlossenen Richters	48
4. Ablehnung eines Richters	49
5. Vertretungsmängel	50
IV. Zweite Stufe: Die Wiederaufnahmeklage als Restitutionsklage	53
1. Ausgangslage	53
2. Die falsche eidliche Parteiaussage	54
3. Die Urkundenfälschung	57
4. Falsches Zeugnis oder Gutachten	58
5. Die Urteilserschleichung	60
6. Die Amtspflichtverletzung eines Richters	63
7. Die Urteilsaufhebung	65
8. Das Auffinden eines früheren Urteils	68
9. Das Auffinden einer anderen Urkunde	69
10. Verletzung der Europäischen Menschenrechtskonvention	78
V. Die im Wiederaufnahmeverfahren zu stellenden Anträge	81
1. Ausgangslage	81
2. Der Aufhebungsantrag	82
3. Die Anträge im Wiederaufnahmeverfahren vor dem erstinstanzlichen Gericht	87
4. Die Anträge im Wiederaufnahmeverfahren vor dem Berufungsgericht	95

5. Die Anträge im Wiederaufnahmeverfahren vor dem Revisionsgericht 97
VI. Der notwendige Inhalt der Wiederaufnahmeschrift 98
  1. Ausgangslage 98
  2. Die für alle Wiederaufnahmeklagen zu beachtenden Mindestanforderungen 99
  3. Besonderheiten für Restitutionsklagen im Allgemeinen 100
  4. Besonderheiten für Restitutionsklagen nach § 580 Nr. 1–5 ZPO 101
  5. Besonderheiten für die Restitutionsklage nach § 580 Nr. 7b ZPO 103
  6. Besonderheiten für die Restitutionsklage nach § 580 Nr. 8 ZPO 104
VII. Die Rechtsanwaltsgebühren im Wiederaufnahmeverfahren 105
C. Muster 107
  I. Muster: Nichtigkeitsklage bei ausschließlicher Zuständigkeit des erstinstanzlichen Gerichts 107
  II. Muster: Nichtigkeitsklage bei ausschließlicher Zuständigkeit des Berufungsgerichts 108
  III. Muster: Restitutionsklage bei ausschließlicher Zuständigkeit des erstinstanzlichen Gerichts 109
  IV. Muster: Restitutionsklage bei ausschließlicher Zuständigkeit des Berufungsgerichts 110
  V. Muster: Wiederaufnahmeklage bei notwendiger Streitgenossenschaft 111
  VI. Muster: Wiederaufnahmeklage beim unberücksichtigt gebliebenen notwendigen Streitgenossen 112
  VII. Muster: Wiederaufnahmeklage des bereits erstinstanzlich beigetretenen, nichtselbstständigen Streithelfers 113
  VIII. Muster: Wiederaufnahmeklage des noch nicht beigetretenen unselbstständigen Streithelfers, dem der Streit bereits verkündet wurde 114
  IX. Muster: Wiederaufnahmeklage des erstinstanzlich noch nicht beigetretenen unselbstständigen Streithelfers ohne vorangegangene Streitverkündung 115

Literatur

Borck, Wiederaufnahme wegen „greifbarer Gesetzeswidrigkeit"?, WRP 1999, 478; *Braun*, Rechtskraft und Restitution, 1. Teil 1979, 2. Teil 1985; *Braun*, Restitutionsklage wegen Verletzung der Europäischen Menschenrechtskonvention, NJW 2007, 1620; *Heil*, Die Bindung der Gerichte an Entscheidungen anderer Gerichte, 1983; *Lehnenbach*, Die Behandlung von Unvereinbarkeiten zwischen rechtskräftigen Zivilurteilen nach deutschem und europäischem Zivilprozessrecht, 1997; *Nastansky*, Die fehlerhafte öffentliche Zustellung und ihre Auswirkungen auf Rechtsbehelfe, Verjährung und Kosten, MDR 2017, 128; *Prütting/Weth*, Rechtskraftdurchbrechung bei unrichtigen Titeln, 2. Auflage 1994; *Schlosser*, Schiedsgerichtsbarkeit und Wiederaufnahme, in: FS Gaul (1997), S. 679 ff.; *Warga*, Die Verletzung von Verfahrensgrundrechten im Zivilprozess und ihre Korrektur nach Eintritt der Rechtskraft, 2008; *Wax*, Voraussetzungen der Wiederaufnahme des Verfahrens nach rechtskräftiger Entscheidung über die Vaterschaft, LMK 2004, 5.

A. Einleitung

Wird nach Rechtskraft einer Entscheidung bekannt, dass die Entscheidung verfahrensfehlerhaft zustande gekommen ist oder auf einer unrichtigen Tatsachengrundlage beruht, hat dies auf den Bestand der Entscheidung grundsätzlich keine Auswirkung; das Abänderungsinteresse tritt grundsätzlich hinter das **Bestandsinteresse** zurück.

Stellt sich jedoch nach Rechtskraft der Entscheidung heraus, dass die Entscheidung unter **schwersten Verfahrensmängeln** zustande gekommen ist, kann das Bestandsinteresse seinen Vorrang nicht mehr automatisch beanspruchen. Dasselbe gilt, wenn die Tatsachengrundlage der rechtskräftigen Entscheidung deswegen unrichtig ist, weil die Tatsachen unter Einsatz strafbarer Mittel Entscheidungsgrundlage geworden sind oder aber gar keine Entscheidungsgrundlage hätten werden dürfen, weil entgegenstehender Tatsachenvortrag urkundlich belegt werden kann und die benachteiligte Partei kein Verschulden daran trifft, dass die Urkunde nicht schon im rechtskräftig abgeschlossenen Rechtsstreit vorgelegt worden ist.

Nur in diesen **Ausnahmefällen** lässt die Rechtsordnung gem. §§ 578 ff. ZPO die Wiederaufnahme des Verfahrens zu, die ihrem Zweck nach – wie ein Rechtsmittel – darauf abzielt, das belastende rechtskräftige Urteil durch prozessuales Gestaltungsurteil zu beseitigen und den früheren Rechtsstreit von neuem zu verhandeln.

Hinweis

Die Restitutionsgründe können aber auch über Wiederaufnahmeverfahren hinaus Bedeutung erlangen. Über die Beschränkung des vom **Revisionsgericht** zu berücksichtigenden **Parteivorbringens** in § 559 Abs. 1 ZPO hinaus kann nach gefestigter Rechtsprechung des BGH tatsächliches Vorbringen zu den in § 580 ZPO angeführten Restitutionsgründen zu berücksichtigen sein. Dabei ist aber zu unterscheiden: Soweit die Restitutionsgründe auf einer strafbaren Handlung beruhen (§ 580 Nr. 1 bis 5 ZPO), können sie in der Revisionsinstanz geltend gemacht werden, wenn deswegen eine rechtskräftige Verurteilung ergangen ist (vgl. § 581 Abs. 1 ZPO). Entsprechendes gilt für den Restitutionsgrund des § 580 Nr. 6 ZPO. Beruft sich der Revisionskläger in der Revisionsinstanz dagegen auf § 580 Nr. 7b ZPO (Wiederauffinden einer Urkunde oder Möglichkeit, diese zu gebrauchen), kann das neue tatsächliche Vorbringen zugelassen werden, wenn anderenfalls in dem anhängigen Verfahren noch weitere unrichtige Urteile ergehen, die nur durch eine Restitutionsklage beseitigt werden können. Wird der Rechtsstreit durch das Urteil des Revisionsgerichts insgesamt beendet, können dagegen neue Tatsachen und Beweismittel, die einen Restitutionsgrund nach § 580 Nr. 7b ZPO darstellen, grundsätzlich nicht entgegen § 559 Abs. 1 ZPO berücksichtigt werden.[1] Die **Berufung gegen ein zweites Versäumnisurteil** kann allerdings nicht auf den Restitutionsgrund des nachträglichen Auffindens einer

---

[1] Zum Ganzen BGH NJW-RR 2011, 1692 m.w.N.

Urkunde (§ 580 Nr. 7b ZPO) gestützt werden.[2] Allerdings kann eine **Prozesshandlung** – etwa ein Anerkenntnis – im anhängigen Rechtsstreit **widerrufen** werden, wenn die Prozesshandlung von einem Restitutionsgrund nach § 580 ZPO betroffen ist, aufgrund dessen das Urteil, das auf der Prozesshandlung beruht, mit der Wiederaufnahmeklage beseitigt werden könnte.[3]

B. Rechtliche Grundlagen

I. Überblick

1. Abgrenzungen

a) Abgrenzung gegenüber der Anhörungsrüge nach § 321a ZPO

5 Die Bestimmungen über die Wiederaufnahme des Verfahrens sind nicht die einzigen Regelungen in der ZPO, die eine **Durchbrechung der Rechtskraft** ermöglichen; so lässt sich eine Rechtskraftdurchbrechung auch durch die in § 321a ZPO geregelte **Anhörungsrüge** ermöglichen (vgl. § 14 Rdn 100).[4] Hiernach kann die Beschwerdepartei eine Verfahrensfortführung erreichen, wenn ein Rechtsmittel oder ein anderer Rechtsbehelf gegen die Entscheidung nicht gegeben ist und das Gericht den Anspruch der Partei auf rechtliches Gehör in entscheidungserheblicher Weise verletzt hat. Ist die Rüge begründet, hilft das Gericht ab, indem es das Verfahren fortführt, soweit dies aufgrund der Rüge geboten ist.

b) Abgrenzung gegenüber der Vollstreckungsabwehrklage gem. § 767 ZPO

6 Abzugrenzen sind die Bestimmungen über die Wiederaufnahme des Verfahrens ferner von der in § 767 ZPO geregelten **Vollstreckungsabwehrklage**. Die Vollstreckungsabwehrklage unterscheidet sich von der Wiederaufnahme des Verfahrens in ähnlicher Weise wie die Abänderungsklage dadurch, dass **neue Umstände** entstanden sind, die den Inhalt des titulierten Anspruchs als nicht mehr richtig erscheinen lassen. Der hierzu erforderliche Tatsachenvortrag muss genauso wie bei der Abänderungsklage nach dem Schluss der letzten mündlichen Verhandlung entstanden sein (§ 767 Abs. 2 ZPO). Die Vollstreckungsabwehrklage ist aber anders als die Abänderungsklage kein Mittel zur Rechtskraftdurchbrechung; nach h.M. nimmt sie dem Titel lediglich die Vollstreckbarkeit[5] und dient so der Durchsetzung der nach Schaffung des Vollstreckungstitels geänderten Rechtslage.[6]

---

2 BGH NJW-RR 2011, 1692.
3 Vgl. etwa OLG Hamm FamRZ 2017, 1127.
4 *Braun*, NJW 2007, 1620.
5 BGHZ 118, 229.
6 Vgl. Zöller/*Herget*, § 767 ZPO Rn 1.

c) Abgrenzung gegenüber der Klage aus § 826 BGB

Unter der Überschrift „Rechtskraftdurchbrechung"[7] werden schließlich noch Fälle diskutiert, in denen die eigentlichen Rechtsbehelfe der Zwangsvollstreckung ihre Grenze gefunden haben, eine Duldung der Zwangsvollstreckung aber zu einem als sittenwidrig empfundenen Ergebnis führen würde. Hier hilft die **Klage aus § 826 BGB**. Sie ist aber keine Gestaltungsklage, die dem beanstandeten Urteil die Rechtskraft oder die Vollstreckbarkeit nimmt, sondern eine allgemeine Leistungsklage, die auf Unterlassung der weiteren Zwangsvollstreckung, Herausgabe des Vollstreckungstitels und/oder Herausgabe des sittenwidrig erzielten Vollstreckungserfolges gerichtet ist.[8] Die Klage aus § 826 BGB kommt im Hinblick auf die Vorrangigkeit der gesetzlich statuierten Rechtsbehelfe nur dann in Betracht, wenn das allgemeine Billigkeitsgefühl unter Berücksichtigung aller für den Schutz der Rechtskraft sprechenden Umstände die Vollstreckung aus einem unrichtigen Titel ausnahmsweise als **grob sittenwidrig** empfinden lässt.[9]

d) Abgrenzung gegenüber einem aus § 79 BVerfGG abgeleiteten Vollstreckungsverbot

Erklärt das Bundesverfassungsgericht eine Norm für nichtig, auf deren Anwendung ein rechtskräftiges Zivilurteil beruht, bleibt die Wirksamkeit des Zivilrechtsurteils hierdurch unberührt.[10] Allerdings ist die Zwangsvollstreckung aus einem solchen Urteil unzulässig.[11] Dies gilt auch, wenn das Bundesverfassungsgericht die fehlerhafte Anwendung von Generalklauseln feststellt (z.B. § 138 BGB und 242 BGB), bei deren Anwendung gegen verfassungsrechtliche Bestimmungen verstoßen worden ist.

> *Beispiel*
>
> Die Zwangsvollstreckung aus einem Titel aus dem Jahre 1992 über einen Bürgschaftsanspruch ist nicht statthaft, wenn die Bürgschaft nach den Maßstäben der Entscheidung des Bundesverfassungsgerichts vom 19.10.1993[12] sittenwidrig ist.[13] Für die Zwangsvollstreckung aus Titeln, die nach Verkündung der Entscheidung des Bundesverfassungsgerichts vom 19.10.1993 ergangen sind, kommt eine Hinderung der Zwangsvollstreckung indessen nicht in Betracht, da gegen diese Urteil noch Rechtsmittel unter Hinweis auf die neue Rechtsprechung des Bundesverfassungsgerichts hätte eingelegt werden können.

---

7 Vgl. etwa Zöller/*Greger*, Vor § 578 ZPO Rn 17.
8 Palandt/*Sprau*, § 826 BGB Rn 58.
9 BGHZ 13, 71; BGHZ 26, 391.
10 BGH NJW 2006, 2856.
11 BVerfG ZIP 2006, 60 ff.
12 BGHZ 1993, 1795.
13 BGH ZIP 2006, 60 ff.

2. Die Dreistufigkeit des Wiederaufnahmeverfahrens

10 Das Wiederaufnahmeverfahren gliedert sich in drei Stufen. Zum Schutze der Rechtskraft ist es **streng formalisiert**. Jede nachfolgende Stufe wird erst geprüft, wenn die Überprüfung der vorhergehenden Stufe ein positives Ergebnis erbracht hat.[14]

a) Prüfung der verfahrensrechtlichen Zulässigkeit (1. Stufe)

11 Gem. § 589 Abs. 1 S. 1 ZPO prüft das Gericht von Amts wegen, ob die Klage an sich statthaft ist und in der gesetzlichen Form und Frist erhoben wurde. Das Gericht verkündet seine Entscheidung hierüber entweder gem. § 280 ZPO durch Zwischenurteil oder in den Gründen des Endurteils.

b) Die Begründetheit der Wiederaufnahmeklage (2. Stufe)

12 Hat das Gericht die Zulässigkeit der Wiederaufnahmeklage bejaht, prüft es auf der zweiten Stufe von Amts wegen, ob einer der in §§ 579, 580 ZPO abschließend[15] benannten **Wiederaufnahmegründe** gegeben ist.[16] Liegt ein Wiederaufnahmegrund vor, wird das frühere Urteil entweder gem. § 280 ZPO durch Zwischenurteil[17] oder im Endurteil aufgehoben, soweit seine Aufhebung beantragt wurde.[18] Besteht der behauptete Wiederaufnahmegrund indessen nicht, weist das Gericht die Klage als unbegründet ab.[19] Die Begründetheit der Wiederaufnahme wird entweder nach oder zusammen mit der Zulässigkeit verhandelt.[20]

c) Die Fortsetzung und Beendigung des alten Prozesses (3. Stufe)

13 Bejaht das Gericht die Wiederaufnahme, wird der frühere Prozess fortgesetzt, soweit er von dem Wiederaufnahmegrund betroffen ist (§ 590 ZPO). Wenn nur ein Teil des Streitgegenstands betroffen ist, über den zulässigerweise im Wege des Teilurteils entschieden werden kann, ist nur darüber erneut zu verhandeln.[21] Das Gericht entscheidet auf der Basis des neuen Verhandlungsergebnisses und dessen, was aufgrund des früheren Prozessvortrages bindend geworden ist. Weicht das neue Verhandlungsergebnis vom früheren Urteil ab, ist dieses aufzuheben und anderweitig zu entscheiden. Die Kostenentscheidung ergeht einheitlich, weil das frühere und das neue Verfahren eine Einheit bilden.[22] Ist das Ergebnis gleich, kann entweder das frühere Urteil aufgehoben und mit gleichem Inhalt neu gefasst werden oder aber das frühere Urteil wie in § 343 ZPO aufrechterhalten werden, wobei die Kosten der Wiederaufnahme der Kläger trägt.[23]

---

14 BGHZ 2, 247; vgl. als Beispiel für einen schulmäßigen Aufbau BGH NJW 2014, 937.
15 Vgl. auch BGH NJW-RR 2012, 760: Weder eine Nichtigkeitsklage nach § 579 ZPO noch eine Restitutionsklage nach § 580 ZPO kann mit Erfolg darauf gestützt werden, dass ein rechtskräftig gewordenes Endurteil nicht mit Gründen im Sinne von § 547 Nr. 6 ZPO versehen ist.
16 BGH WM 1972, 27.
17 BGH NJW 1979, 427.
18 BAG BB 2000, 2367.
19 Thomas/Putzo/*Reichold*, § 590 ZPO Rn 2.
20 BGH NJW 1979, 427.
21 BGH GRUR 2010, 996, 998.
22 Thomas/Putzo/*Reichold*, § 590 ZPO Rn 5.
23 Thomas/Putzo/*Reichold*, § 590 ZPO Rn 5.

3. Der Tatsachenvortrag im Wiederaufnahmeverfahren

Tatsachen werden auf den ersten beiden Stufen des Wiederaufnahmeverfahrens **von Amts wegen** ermittelt, weil die Durchbrechung der Rechtskraft immer nur im öffentlichen Interesse gerechtfertigt ist. Folglich kann der Wiederaufnahmegrund vom Wiederaufnahmebeklagten nicht durch Anerkenntnis, Geständnis oder unterlassenes Bestreiten unstreitig gestellt werden.[24]

Erachtet das Gericht den Wiederaufnahmegrund jedoch als gegeben und wird der Prozess auf der dritten Stufe fortgesetzt, tritt der **Dispositionsgrundsatz** wieder in Kraft; neue Behauptungen, Beweismittel und Anträge sind in diesem Verfahrensstadium wieder zulässig.[25] Bindende Prozesslagen infolge von Geständnissen, Anerkenntnissen und gem. § 295 ZPO geheilten Mängeln bleiben bestehen, soweit nicht der Restitutionsgrund gerade diese Erklärungen betrifft.[26]

4. Das für die Wiederaufnahme zuständige Gericht

Ist die Sache erstinstanzlich rechtskräftig geworden oder hat das Berufungsgericht eine eingelegte Berufung als unzulässig verworfen, ist gem. § 584 Abs. 1 Hs. 1 ZPO örtlich und sachlich ausschließlich das **erstinstanzliche Gericht** zuständig, es sei denn, in der verwerfenden Entscheidung des Berufungsgerichts selbst liegt ein Wiederaufnahmegrund.[27]

Haben sowohl das erstinstanzliche Gericht als auch das **Berufungsgericht** in der Sache selbst entschieden (auch wenn das Berufungsgericht die Entscheidung des erstinstanzlichen Gerichts nur bestätigt hat), wird die Wiederaufnahmeklage ausschließlich vor dem Berufungsgericht erhoben.[28]

Gem. § 584 Abs. 1 Hs. 2 Alt. 2 ZPO ist das Berufungsgericht für die Wiederaufnahmeklage ferner dann ausschließlich zuständig, wenn ein in der Revisionsinstanz erlassenes Urteil aufgrund des § 580 Nr. 1–3, 6, 7 ZPO angefochten wird, weil davon tatsächliche Feststellungen betroffen sind, die vom Revisionsgericht nicht festgestellt werden können. Dasselbe gilt bei einer Klage nach § 580 Nr. 4 ZPO gegen das Berufungs- und Revisionsurteil, wenn tatsächliche Feststellungen des erstgenannten Gerichts angefochten werden.[29]

Gem. § 584 Abs. 1 Hs. 3 ZPO ist das **Revisionsgericht** ausschließlich zuständig, wenn ein in der Revisionsinstanz erlassenes Urteil aufgrund der §§ 579, 580 Nr. 4, 5 ZPO angefochten wird, und zwar auch dann, wenn von dem Nichtigkeitsgrund auch die Entscheidung der Vorinstanzen betroffen ist.[30] Dasselbe gilt ausnahmsweise in entspre-

---

[24] Thomas/Putzo/*Reichold*, § 581 ZPO Rn 4.
[25] BGH WM 1993, 959.
[26] Thomas/Putzo/*Reichold*, § 590 ZPO Rn 4.
[27] Thomas/Putzo/*Reichold*, § 584 ZPO Rn 2.
[28] Zöller/*Greger*, § 584 ZPO Rn 2.
[29] BGHZ 61, 95.
[30] BGH WM 1980, 1350.

chender Anwendung bei einer Klage nach § 580 Nr. 1–3, 6, 7 ZPO gegen ein Urteil oder einen Verwerfungsbeschluss des Revisionsgerichts, wenn dieses selbst tatsächliche Feststellungen getroffen hat.[31] Dieser Grundsatz ist auch dann heranzuziehen, wenn der Wiederaufnahmegrund auf § 580 Nr. 8 ZPO gestützt wird.[32]

20 Richtet sich das Wiederaufnahmebegehren gegen einen **Vollstreckungsbescheid** im Mahnverfahren, der einem Versäumnisurteil gleichsteht, ist die Wiederaufnahme gem. § 584 Abs. 2 ZPO an das Gericht zu richten, welches im Streitverfahren zuständig gewesen wäre.

5. Versäumnisurteil im Wiederaufnahmeverfahren

21 Da die Zulässigkeit der Wiederaufnahme und das Vorliegen eines Wiederaufnahmegrundes zum Schutze der Rechtskraft auf den ersten beiden Stufen vom zuständigen Gericht von Amts wegen geprüft wird und insoweit keine Parteidisposition besteht, kann die Säumnis des Wiederaufnahmebeklagten bei schlüssigem Vortrag des Wiederaufnahmeklägers nicht schon zur Bejahung der Zulässigkeit und Begründetheit der Wiederaufnahme ausreichen.[33]

22 Ist der Wiederaufnahmekläger bei der Verhandlung über die Zulässigkeit der Wiederaufnahme (1. Stufe) säumig, ist die Klage durch streitiges Endurteil abzuweisen, gegen das der Einspruch nicht zulässig ist, wenn das Wiederaufnahmegericht die Zulässigkeit **verneint** hat.[34] Wird die Zulässigkeit vom Wiederaufnahmegericht demgegenüber bejaht, weist es die Wiederaufnahmeklage durch echtes Versäumnisurteil ab.[35]

II. Erste Stufe: Zulässigkeitsvoraussetzungen

1. Ausgangslage

23 Gem. § 589 Abs. 1 ZPO prüft das zuständige Gericht von Amts wegen, ob die Klage an sich **statthaft** ist und in der **gesetzlichen Form und Frist** erhoben wurde. Hierüber kann das Wiederaufnahmegericht durch Zwischenurteil gem. § 280 ZPO oder in den Gründen des Endurteils entscheiden. Um eine Verwerfung der Wiederaufnahmeklage zu vermeiden, muss der Wiederaufnahmekläger zusätzlich zu den allgemeinen Prozessvoraussetzungen im Wiederaufnahmeverfahren einige **besondere Prozessvoraussetzungen** beachten.

---

31 BGHZ 62, 18; Thomas/Putzo/*Reichold*, § 584 ZPO Rn 5.
32 Zöller/*Greger*, § 584 ZPO Rn 9.
33 Thomas/Putzo/*Reichold*, § 590 ZPO Rn 6 m.w.N.
34 BGH NJW 1959, 1780; Zöller/*Greger*, § 590 ZPO Rn 6.
35 BGH MDR 1966, 40; Zöller/*Greger*, § 590 ZPO Rn 6.

2. Die Statthaftigkeit der Wiederaufnahme

Gem. § 578 ZPO findet die Wiederaufnahme gegen **rechtskräftige Endurteile** beliebiger Art und beliebigen Inhalts statt.[36] Es ist unerheblich, in welcher Instanz das Urteil ergangen ist; erforderlich ist nur seine äußere Rechtskraft. Auch hängt die Statthaftigkeit der Nichtigkeitsklage allein von der Rechtskraft der Ausgangsentscheidung ab; es wird nicht danach unterschieden, auf welche Weise die Rechtskraft (Rücknahme, Verwerfung oder Zurückweisung des Rechtsmittels/Rechtsbehelfs bzw. Verzicht hierauf) eingetreten ist.[37]

24

Beispiele

25

Die Wiederaufnahme des Verfahrens ist somit auch **statthaft** gegen:

- Vollstreckungsbescheide,[38]
- Anerkenntnisurteile gem. § 307 ZPO,
- Versäumnisurteile gem. §§ 330 ZPO,
- Eintragungen in die Insolvenztabelle gem. § 178 Abs. 3 InsO.

Da § 583 ZPO die Wiederaufnahmegründe dahingehend erweitert, dass auch Wiederaufnahmegründe geltend gemacht werden können, durch die eine dem angefochtenen Urteil vorausgegangene Entscheidung betroffen ist, ist die Wiederaufnahmeklage gegen Vorentscheidungen unstatthaft.

26

Beispiele

27

Die Wiederaufnahmeklage ist **unstatthaft** gegen:

- Vorbehaltsurteile gem. §§ 302, 599 ZPO und
- Zwischenurteile gem. §§ 280, 303 ZPO.

„Urteilsvertretende" **Beschlüsse**, die außerhalb des Urteilsverfahrens ergehen und rechtskräftig oder unanfechtbar sind, können ebenfalls mit der Wiederaufnahmeklage angegriffen werden.[39]

28

Beispiele

29

Die Wiederaufnahmeklage ist auch **statthaft** gegen:

- die Berufung als unzulässig verwerfende Beschlüsse gem. § 522 Abs. 1 S. 3 ZPO,
- die Berufung zurückweisende Beschlüsse gem. § 522 Abs. 2 S. 3 ZPO,[40]
- die Revision als unzulässig verwerfende Beschlüsse gem. § 552 Abs. 2 ZPO,
- Beschlüsse betreffend den schuldrechtlichen Versorgungsausgleich,[41]
- Beschlüsse in Zwangsvollstreckungs- und Zwangsversteigerungsverfahren.[42]

---

[36] OLG Köln VersR 1997, 341.
[37] BGH NJW 2014, 937, 939.
[38] Folgerung aus § 584 Abs. 2 ZPO.
[39] Vgl. BGH BeckRS 2016, 19737.
[40] BGH GRUR 2010, 996.
[41] BGH NJW 1984, 2364.
[42] OLG Hamm OLGZ 1984, 454; OLG Oldenburg NJW-RR 1991, 61.

- Beschlüsse in FGG/FamFG-Streitsachen[43] und
- WEG-Beschlüsse.[44]

Unstatthaft ist die Wiederaufnahme gegen die Kostenentscheidung analog § 99 Abs. 1 ZPO,[45] gegen Prozesskostenhilfe versagende Beschlüsse[46] und gegen Prozessvergleiche.[47]

3. Notwendige Form der Wiederaufnahmeklageschrift

30 Gem. § 587 ZPO muss die Klage das Urteil benennen, gegen das die Wiederaufnahmeklage gerichtet wird, und die Erklärung enthalten, welche Klageart erhoben wird. Danach sind **notwendige Klagebestandteile**:
- die Urteilsbezeichnung,[48]
- die Erklärung, ob Nichtigkeitsklage oder Restitutionsklage erhoben wird, wobei es auf den Gebrauch der Worte nicht ankommt, weil sich die Natur der Klage auch aus dem Inhalt der Klageschrift ergeben kann,[49]
- die Einlegung der Klage durch einen beim Gericht zur Klageerhebung zugelassenen Rechtsanwalt,[50]
- die eindeutige Partei- und Gerichtsbezeichnung[51] und
- spezifizierter Tatsachenvortrag.

31 *Hinweis*

Gem. § 588 Abs. 1 Nr. 1 ZPO ist die Bezeichnung des Anfechtungsgrundes – scheinbar – keine zwingende Zulässigkeitsvoraussetzung; dies täuscht aber: Die Bestimmung meint nur, dass bis zum Schluss der mündlichen Verhandlung weitere Tatsachen und Beweismittel vorgebracht werden können, aus denen sich der Anfechtungsgrund ergeben soll.[52] Der Wiederaufnahmekläger muss aber bereits zur Darlegung der Zulässigkeitsvoraussetzungen einen Tatsachenvortrag unterbreiten, aus welchem

- bei Erhebung der Nichtigkeitsklage hervorgeht, dass einer der in § 579 Abs. 1 ZPO genannten Gründe gegeben ist.[53]

---

43 Vgl. etwa KG OLG 1969, 114.
44 BayObLG NJW 1974, 1147.
45 Thomas/Putzo-*Reichold*, § 578 ZPO Rn 3.
46 BGH BeckRS 2016, 19737.
47 BSG NJW 1968, 2396.
48 B/L/A/H-*Hartmann*, § 587 ZPO Rn 2.
49 B/L/A/H-*Hartmann*, § 587 ZPO Rn 3.
50 BGH BeckRS 2016, 19737.
51 B/L/A/H-*Hartmann*, § 587 ZPO Rn 5.
52 BGH VersR 1962, 175.
53 BFH BB 1968, 553; BAG NJW 1985, 1485.

- bei Erhebung der Restitutionsklage hervorgeht, dass einer der in § 580 ZPO genannten Restitutionsgründe vorliegt,[54]
- in den Fällen von § 580 Nr. 1 bis 5 ZPO hervorgeht, dass ein rechtskräftig verurteilendes Strafurteil vorliegt,[55]
- bei Erhebung der Restitutionsklage nach § 580 Nr. 8 ZPO hervorgeht, dass der Europäische Gerichtshof für Menschenrechte eine Verletzung der Europäischen Menschenrechtskonvention zum Schutz der Menschenrechte und Grundfreiheiten festgestellt hat und das Urteil auf dieser Verletzung beruht und
- schließlich hervorgeht, dass der Restitutionsgrund gem. § 582 ZPO bzw. der Nichtigkeitsgrund gem. § 579 Abs. 2 ZPO nicht früher hätte geltend gemacht werden können;[56] eine Ausnahme gilt nur für § 579 Abs. 2 Nr. 2 und Nr. 4 ZPO.[57]

4. Die Klagefrist

a) Ausgangslage

Die Wiederaufnahmeklage ist gem. § 586 Abs. 1 ZPO vor Ablauf der **Notfrist eines Monats** zu erheben. Als Notfrist im Sinne von § 224 Abs. 1 S. 2 ZPO ist die Klagefrist gem. § 233 Abs. 1 ZPO wiedereinsetzungsfähig. Die Klageerhebung zur ersten statt zur höheren Instanz ist abweichend von §§ 519 Abs. 1, 549 Abs. 1 S. 1 ZPO stets fristwahrend.[58]

b) Fristbeginn

Die Frist beginnt gem. § 586 Abs. 2 ZPO mit dem Tag, an dem die Partei **von dem Anfechtungsgrund Kenntnis** erhalten hat, jedoch nicht vor eingetretener Rechtskraft des Urteils. Die Kenntnis des Prozessbevollmächtigten wird der Partei zugerechnet, solange sein Auftrag noch nicht beendet war.[59] Anderes gilt nach § 586 Abs. 3 ZPO für Nichtigkeitsklagen wegen mangelnder Vertretung (§ 579 Nr. 4 ZPO); hier läuft die Frist erst ab Zustellung des rechtskräftigen Urteils an die prozessfähige Partei oder an den gesetzlichen Vertreter der prozessfähigen Partei.[60] Die Voraussetzungen für den Fristbeginn sind gegebenenfalls nach § 589 Abs. 2 ZPO glaubhaft zu machen und von Amts wegen zu prüfen.[61]

c) Fristende

Die Frist endet gem. § 586 Abs. 1 ZPO nach Ablauf eines Monats. Bei rechtzeitiger Geltendmachung eines Restitutionsgrundes kann auf einen anderen Restitutionsgrund,

---

54 BAG NJW 1999, 82.
55 BGH NJW 1983, 230.
56 BGH WM 1975, 736.
57 BGHZ 84, 25.
58 BGHZ 97, 161; BSG NJW 1970, 966.
59 BGHZ 31, 354.
60 BGH NJW 2014, 937 (auch zum Eintritt der Rechtskraft bei Zustellung an eine prozessunfähige Partei); BGH NJW 2007, 303.
61 Hierzu etwa BGH GRUR 2010, 996, 997 f.; zur anwaltlichen Versicherung vgl. BAG NZA 1998, 1301, 1302 f.

für den die Monatsfrist zur Zeit der Klageerhebung bereits verstrichen war, nicht mehr zurückgegriffen werden.[62]

35 *Hinweis*

Der Wiederaufnahmekläger muss **alle ihm bekannten Wiederaufnahmegründe innerhalb der Frist** geltend machen. Nur wenn dem Wiederaufnahmekläger nacheinander mehrere Wiederaufnahmegründe bekannt werden, beginnt für jeden neuen Wiederaufnahmegrund eine neue Frist. Ist noch keine Wiederaufnahmeklage erhoben worden, kann diese auf der Grundlage des später bekannt gewordenen Wiederaufnahmegrundes geltend gemacht werden. Ist schon Wiederaufnahmeklage erhoben worden, muss der weitere Wiederaufnahmegrund unter Beachtung der Frist des § 586 ZPO rechtzeitig eingeführt werden.

d) Die Unstatthaftigkeit der Wiederaufnahmeklage nach Ablauf der Fünfjahresfrist

36 Gem. § 586 Abs. 2 S. 2 ZPO sind Wiederaufnahmeklagen unstatthaft, wenn von dem Tage der **Rechtskraft des Urteils** an gerechnet **fünf Jahre vergangen** sind. Dieser Fristablauf heilt alle Fehler des Urteils.[63] Mit dem Ablauf der Fünfjahresfrist ist auch eine auf § 826 BGB gestützte Klage unstatthaft.[64] Eine **Ausnahme** gilt nach § 586 Abs. 3 ZPO für **Nichtigkeitsklagen wegen mangelnder Vertretung** (§ 579 Nr. 4 ZPO); hier besteht keine Höchstfrist. Die Frist läuft erst ab Zustellung des rechtskräftigen Urteils an die prozessfähige Partei oder an den gesetzlichen Vertreter der prozessfähigen Partei.[65] Eine weitere Ausnahme statuiert § 586 Abs. 4 ZPO für die **Restitutionsklage nach § 580 Nr. 8 ZPO (Verletzung der EGMRK)**, damit die Dauer eines Verfahrens vor dem EGMR nicht zur Aussichtslosigkeit einer Restitutionsklage führt.

5. Die Klagebefugnis

37 Klagebefugt sind grundsätzlich nur die **Parteien des Vorprozesses**.[66] An die Stelle der Parteien können auch deren Gesamtrechtsnachfolger treten.

38 *Hinweis*

Der Einzelrechtsnachfolger kann kein Wiederaufnahmekläger sein, gleichgültig ob die Einzelnachfolge:

- während des Prozesses (§ 265 ZPO),
- nach dessen rechtskräftiger Erledigung oder
- durch Titelumschreibung gem. § 727 ZPO

eingetreten ist.

---

62 BGH VersR 1962, 175.
63 B/L/A/H-*Hartmann*, § 586 ZPO Rn 8.
64 B/L/A/H-*Hartmann*, § 586 ZPO Rn 8.
65 BGH NJW 2014, 937; BGH NJW 2007, 303.
66 OLG Köln VersR 1997, 341.

Klagebefugt ist ferner der **Streithelfer** (§ 66 ZPO). Dies gilt unabhängig davon, ob er dem Vorprozess beigetreten ist oder nicht.[67] Bei einfacher Streitgenossenschaft ist jeder einzelne Streitgenosse zur Erhebung der Wiederaufnahmeklage befugt. Besteht eine notwendige Streitgenossenschaft im Sinne von § 60 ZPO, sind alle Streitgenossen im Wiederaufnahmeverfahren hinzuzuziehen.[68]

6. Die Beschwer

Der Wiederaufnahmekläger muss durch das angefochtene Urteil beschwert sein.[69] Auf das Erreichen eines bestimmten Beschwerdewerts kommt es nicht an.[70]

7. Die Subsidiarität

Wiederaufnahmeklagen sind grundsätzlich nur zulässig, wenn der Wiederaufnahmekläger ohne sein Verschulden außer Stande war, den Wiederaufnahmegrund in einem früheren Verfahren durch **Einlegung eines Rechtsmittels** geltend zu machen. Dies regelt für die Nichtigkeitsklage § 579 Abs. 1 Nr. 2 und Abs. 2 ZPO und für die Restitutionsklage § 582 ZPO. So ist die Restitutionsklage ausgeschlossen, wenn der Restitutionskläger vor Ablauf der Frist für die Einlegung des jeweils statthaften Rechtsmittels oder für einen Antrag auf Wiedereinsetzung in eine etwa bereits abgelaufene Rechtsmittelfrist positive Kenntnis von dem Restitutionsgrund bzw. von den einen Restitutionsgrund begründenden Tatsachen Kenntnis erhalten hat und das Vorbringen Aussicht auf Erfolg gehabt hätte.[71] Es stellt aber grundsätzlich kein eine spätere Restitutionsklage ausschließendes Versäumnis dar, wenn eine Partei es unterlässt, ihr erst in der Revisionsinstanz bekannt gewordene neue Tatsachen, die noch nicht Gegenstand des Berufungsurteils sein konnten, im Revisionsverfahren vorzubringen (vgl. hierzu auch Rdn 5), da sie regelmäßig nicht wissen kann, ob diese Tatsachen unstreitig gestellt und im Revisionsverfahren berücksichtigt werden. Erst recht ist sie nicht gehalten, nur im Hinblick auf solche lediglich möglicherweise zu berücksichtigenden Tatsachen Revision oder Beschwerde gegen die Nichtzulassung der Revision einzulegen.[72]

> *Hinweis*
>
> Der **Begriff des Rechtsmittels** ist weit auszulegen. Hierzu gehören nicht nur Berufung, Beschwerde und Revision, sondern nach zutreffender Auffassung auch der Einspruch und die Anhörungsrüge nach § 321a ZPO.[73]

Ausnahmen regeln § 579 Abs. 1 Nr. 2 und 4 ZPO. Hier kann der Wiederaufnahmekläger die Entscheidung auch rechtskräftig werden lassen und Nichtigkeitsklage erheben.[74]

---

67 B/L/A/H-*Hartmann*, § 578 ZPO Rn 6.
68 B/L/A/H-*Hartmann*, § 578 ZPO Rn 6.
69 BGHZ 39, 179.
70 Thomas/Putzo/*Reichold*, Vor § 578 ZPO Rn 7.
71 BGH GRUR 2017, 428, 430.
72 BGH GRUR 2017, 428, 430 (auch zu den Besonderheiten im Patentverletzungsverfahren).
73 Str.; Thomas/Putzo/*Reichold*, § 579 ZPO Rn 3.
74 BGHZ 84, 25; vgl. auch BGH NJW 2014, 937.

Dabei macht es keinen Unterschied, ob die Partei von vornherein von einem Rechtsmittel abgesehen hat oder ob sie ein zunächst eingelegtes Rechtsmittel zurückgenommen hat.[75]

III. Zweite Stufe: Die Begründetheit der Wiederaufnahmeklage als Nichtigkeitsklage

1. Ausgangslage

44 Ob ein behaupteter **Wiederaufnahmegrund** besteht, prüft das Gericht **von Amts wegen**.[76] Die Nichtigkeitsgründe decken sich mit den absoluten Revisionsgründen des § 547 Nr. 1 bis 4 ZPO; es handelt sich um **schwerwiegende Verfahrensfehler**, weshalb der Partei nicht zugemutet wird, die auf der Grundlage eines solchen Verfahrensfehlers ergangene Entscheidung hinzunehmen.[77] Besteht kein Wiederaufnahmegrund, wird die Klage als unbegründet abgewiesen. Gem. § 587 ZPO hat der Wiederaufnahmekläger klar zum Ausdruck zu bringen, ob er das Wiederaufnahmeverfahren mit der Nichtigkeitsklage oder mit der Restitutionsklage durchführen möchte. Werden beide Klagen von derselben Partei oder verschiedenen Parteien erhoben, setzt das Gericht die Verhandlung und Entscheidung über die Restitutionsklage gem. § 578 Abs. 2 ZPO bis zur rechtskräftigen Entscheidung über die Nichtigkeitsklage aus.

2. Die Ungesetzlichkeit der Richterbank

45 Gem. § 579 Abs. 1 Nr. 1 ZPO findet die Nichtigkeitsklage statt, wenn das erkennende **Gericht nicht vorschriftsmäßig besetzt** war.

46 *Beispiele*

Die Nichtigkeitsklage kommt in Betracht, wenn:
- das erkennende Gericht entgegen den Bestimmungen des GVG nicht ordnungsgemäß besetzt war,
- das Urteil nicht von denjenigen Richtern gefällt worden ist, welche der dem Urteil zugrundeliegenden Verhandlung gem. § 309 ZPO beigewohnt haben,[78]
- ein Verstoß gegen den Geschäftsverteilungsplan gem. § 21e GVG vorliegt, worin auch ein Verstoß gegen Art. 101 Abs. 1 S. 2 GG liegen kann.[79]

47 Liegt demgegenüber lediglich ein **Scheinurteil** vor, ist die **Feststellungsklage** gem. § 256 Abs. 1 ZPO die richtige Klageart.[80]

---

75 BGH NJW 2014, 937, 939.
76 BGH WM 1972, 27.
77 BGH NJW-RR 2012, 760.
78 B/L/A/H-*Hartmann*, § 579 ZPO Rn 3.
79 BVerfG NJW 1993, 3257.
80 B/L/A/H-*Hartmann*, § 579 ZPO Rn 3.

3. Mitwirkung eines ausgeschlossenen Richters

Ferner findet die Nichtigkeitsklage gem. § 579 Abs. 1 Nr. 2 ZPO statt, wenn ein Richter bei der Entscheidung mitgewirkt hat, der von der Ausübung des Richteramtes kraft Gesetzes ausgeschlossen war, sofern nicht dieses Hindernis mittels eines Ablehnungsgesuchs oder eines Rechtsmittels ohne Erfolg geltend gemacht worden ist. Als Richter gelten auch Rechtspfleger, soweit sie richterliche Entscheidungen erlassen, z.B. einen Vollstreckungsbescheid gem. § 699 ZPO.

48

4. Ablehnung eines Richters

Gem. § 579 Abs. 1 Nr. 3 ZPO findet die Nichtigkeitsklage auch dann statt, wenn bei der Entscheidung ein Richter mitgewirkt hat, obgleich er wegen Besorgnis der Befangenheit abgelehnt und das Ablehnungsgesuch für begründet erklärt war. Allein ein Verstoß gegen die Wartepflicht des § 47 Abs. 1 ZPO führt dagegen nicht zur Nichtigkeit nach § 579 Abs. 1 Nr. 3 ZPO.[81] Die bloße Ablehnbarkeit des Richters reicht ebenfalls nicht aus.[82] Die Mitwirkung eines Richters, der wegen Befangenheit abgelehnt werden könnte, jedoch noch nicht abgelehnt wurde, begründet folglich nicht die Nichtigkeit nach § 579 Abs. 1 Nr. 3 ZPO.[83] Als Richter gelten auch Rechtspfleger, soweit sie eine richterliche Entscheidung erlassen können.

49

5. Vertretungsmängel

Wenn eine Partei in dem Verfahren nicht nach Vorschrift der Gesetze vertreten war, bestimmt § 579 Abs. 1 Nr. 4 ZPO, dass die Nichtigkeitsklage stattfinden kann. Die Bestimmung verfolgt den Zweck, die Partei zu schützen, die ihre Angelegenheit nur mit Hilfe Dritter regeln kann.[84] Nur sie kann daher die Nichtigkeitsklage erheben.[85] Dabei ist die Erhebung einer Nichtigkeitsklage wegen unzureichender Vertretung der Partei auch in den Fällen möglich, in denen die Ausgangsentscheidung der prozessunfähigen Partei selbst zugestellt worden ist.[86]

50

Beispiele

51

Die Nichtigkeitsklage kommt in Betracht, wenn:

- eine Partei mindestens vom Zeitpunkt der Vollmachtserteilung bis zum Ende des Vorprozesses geisteskrank war,[87]

---

81 BGH NJW-RR 2016, 1406.
82 BGH NJW 1981, 1274.
83 BGH NJW-RR 2016, 1406.
84 BAG NJW 1991, 1253.
85 BGH MDR 2017, 538; BGH BeckRS 2016, 19737.
86 BGH NJW 2014, 937: Nach der Konzeption und der Funktion der Nichtigkeitsklage soll der Lauf der Einspruchs- und Rechtsmittelfrist also auch durch eine nach § 170 Abs. 1 S. 2 ZPO unwirksame Zustellung an die prozessunfähige Partei in Gang gesetzt werden.
87 OLG Hamburg FamRZ 1981, 962; OLG Stuttgart FamRZ 1980, 379.

§ 21 Die Wiederaufnahme des Verfahrens

- das Urteil einem Geschäftsunfähigen zugestellt und danach rechtskräftig geworden ist,
- ein Dritter entgegen zwingenden Vorschriften nicht am Verfahren beteiligt war,[88]
- ein Versäumnisurteil gegen einen fälschlich Geladenen ergangen ist,[89]
- die Partei im Vorprozess prozessunfähig war,[90]
- der Prozessvertreter von vorneherein keine Vollmacht hatte,[91]
- einer Partei die Handlung eines vollmachtlosen Vertreters nicht zugerechnet werden kann,[92]
- einer Partei kein rechtliches Gehör gewährt wurde, weil sie infolge von Umständen, die sie nicht zu vertreten hat, daran gehindert war, sich im Prozess zu äußern.[93]

Demgegenüber findet die Nichtigkeitsklage nach § 579 Abs. 1 Nr. 4 ZPO **nicht** statt, wenn:

- der Gegner nicht ordnungsgemäß vertreten war,[94]
- der Prozessbevollmächtigte nicht postulationsfähig war,[95]
- die Prozessunfähigkeit nicht während des ganzen Prozesses bestanden hatte,[96]
- der Prozessauftrag sittenwidrig war,[97]
- die Partei durch einen letztlich zu Unrecht vom Gericht bestellten Betreuer vertreten war,[98]
- irgendein Zustellungsmangel vorlag[99] oder
- der Vertretungsmangel gem. § 51 Abs. 1 ZPO geheilt ist.

52 Der gesetzliche Vertreter kann die Prozessführung des prozessunfähig Vertretenen genehmigen. Die Genehmigung ist eine Prozesshandlung. Sie liegt insbesondere in der rügelosen Fortsetzung des Prozesses. Wird die Partei selbst prozessfähig, tritt ihre Genehmigung an die Stelle des gesetzlichen Vertreters. Auch der gesetzliche Vertreter kann genehmigen, wenn er vorher ohne Vertretungsbefugnis gehandelt hat.[100]

---

[88] BGH NJW 2002, 2109.
[89] OLG Nürnberg OLGZ 87, 485.
[90] OLG Hamburg MDR 1998, 985.
[91] BVerfG NJW 1998, 745; BGH NJW 1982, 2449.
[92] BGH NJW 1982, 2449.
[93] BVerfG NJW 1998, 745; BGH NJW 2003, 1326.
[94] BGH FamRZ 1988, 1159.
[95] BAG NJW 1991, 1253; vgl. auch BGH MDR 2017, 538.
[96] BGH ZIP 2007, 144.
[97] B/L/A/H-*Hartmann*, § 579 ZPO Rn 15.
[98] OLG Karlsruhe NJW 2017, 415.
[99] Vgl. etwa BGH NJW 2014, 937.
[100] Thomas/Putzo/*Putzo*, § 51 ZPO Rn 17.

IV. Zweite Stufe: Die Wiederaufnahmeklage als Restitutionsklage

1. Ausgangslage

Wie bei der Nichtigkeitsklage gilt auch hier, dass die Begründetheit erst geprüft wird, nachdem die Zulässigkeit der Wiederaufnahmeklage bejaht worden ist. Das Gericht prüft sodann **von Amts wegen**, ob der behauptete Wiederaufnahmegrund auch tatsächlich gegeben ist. Ist die Restitutionsklage zulässig und der Wiederaufnahmegrund fristgerecht gem. § 586 ZPO in das Verfahren eingeführt worden, kann der Vortrag bis zum Schluss der mündlichen Verhandlung unter ergänzendem Beweismittelantritt weiter spezifiziert werden.[101] Das Gericht wird das frühere Urteil durch Zwischenurteil gem. § 280 ZPO[102] oder in den Gründen des Endurteils[103] aufheben, wenn es davon überzeugt ist, dass einer der nachfolgend benannten **Restitutionsgründe** vorliegt. Die Restitutionsgründe sind abschließend; der Katalog der Restitutionsgründe ist auch im Falle einer Änderung der Rechtsprechung nicht zu erweitern, da selbst eine Nichtigkeitserklärung einer Vorschrift durch das Bundesverfassungsgericht[104] nicht zu einer Wiederaufnahme des Verfahrens, sondern nur zu einem Vollstreckungsverbot führt.[105]

53

2. Die falsche eidliche Parteiaussage

Die Restitutionsklage kann gem. § 580 Nr. 1 ZPO erhoben werden, wenn sich der Gegner durch die Beeidigung einer Aussage, auf die das Urteil gegründet ist, einer vorsätzlichen oder fahrlässigen Verletzung der Eidespflicht schuldig gemacht hat.

54

> *Beispiele*
>
> Vereidigt werden kann der Gegner gem. § 426 Abs. 1 S. 3 ZPO, wenn das Vorgericht ihn über den Verbleib einer Urkunde vernimmt, die sich nach dem Vortrag des Wiederaufnahmeklägers in dessen Besitz befinden soll. Außerdem ordnet § 452 ZPO die Vereidigung der Partei an, wenn das Gericht nach durchgeführter Parteivernehmung noch nicht von der Wahrheit oder Unwahrheit der zu erweisenden Tatsachen überzeugt ist. War dies der Fall, kann der Wiederaufnahmekläger mit der Restitutionsklage eine Aufhebung des früheren Urteils erreichen, wenn der Gegner einen Meineid gem. § 154 StGB leistete oder einen Falscheid gem. § 161 StGB oder aber unter Berufung auf einen früheren Eid gem. § 155 Nr. 2 StGB falsch aussagte.

55

Auf der falschen eidlichen Parteiaussage muss das Urteil **beruhen**. Dies ist immer dann der Fall, wenn die beeidete Aussage des Zeugen teilweise falsch war, weil bereits dieser Umstand der Aussage die Überzeugungskraft nimmt.[106]

56

---

101 BGH VersR 1962, 175.
102 BGH NJW 1979, 427.
103 BAG BB 2000, 2367.
104 BGH NJW 2006, 2856.
105 BVerfG NJW 2007, 1802.
106 OGH NJW 1950, 105; B/L/A/H-*Hartmann*, § 580 ZPO Rn 3.

3. Die Urkundenfälschung

57 Gem. § 580 Nr. 2 ZPO findet die Restitutionsklage statt, wenn eine Urkunde, auf die das Urteil gegründet ist, fälschlich angefertigt oder verfälscht war; Beurteilungsmaßstab sind die §§ 267 ff. StGB. Folglich reicht eine versehentliche falsche Beurkundung nicht aus. Ob der Wiederaufnahmebeklagte Täter war oder von der Tat Kenntnis hatte, ist irrelevant. Das Urteil beruht bereits auf der Urkunde, wenn die Urkunde als bloßes Anzeichen vom Gericht benutzt worden ist.[107]

4. Falsches Zeugnis oder Gutachten

58 Hat sich der Zeuge oder der Sachverständige einer strafbaren Verletzung der Wahrheitspflicht schuldig gemacht, kann der Wiederaufnahmekläger die Restitutionsklage gem. § 580 Nr. 3 ZPO anstrengen. Voraussetzung ist, dass sich der Zeuge oder der Gutachter strafbar gemacht hat:
- wegen falscher uneidlicher Aussage (§ 153 StGB),
- wegen Meineides (§ 154 StGB),
- wegen falscher eidesgleicher Bekräftigung (§ 155 StGB),
- wegen falscher Versicherung an Eides statt (§ 156 StGB) oder
- wegen eines fahrlässigen Falscheides bzw. einer fahrlässigen falschen Versicherung an Eides statt (§ 161 StGB).

59 Gem. §§ 189, 191 GVG stehen **Dolmetscher** dem Sachverständigen gleich. Ausreichend für die Wiederaufnahme ist es bereits, dass die Aussage in einem Punkt falsch war.

5. Die Urteilserschleichung

60 Gem. § 580 Nr. 4 ZPO kann das Urteil angefochten werden, wenn es von dem Vertreter der Partei oder von dem Gegner oder dessen Vertreter durch eine in Beziehung auf den Rechtsstreit verübte Straftat – etwa wissentlich unwahren Prozessvortrag der gegnerischen Partei[108] – erwirkt worden ist. Solche Straftaten können vom Vertreter des Wiederaufnahmeklägers, von seinem Gegner oder von dem Vertreter des Gegners begangen worden sein. Hierunter fallen:
- die falsche Versicherung an Eides statt (§ 156 StGB),
- die Verleitung zur Falschaussage (§ 160 StGB),
- die Nötigung (§ 240 StGB),
- der Betrug (§ 263 StGB) und
- die Untreue (§ 266 StGB).

61 Da der Wiederaufnahmegrund in der Praxis häufig daran scheitern wird, dass dem behaupteten Verfahrensbetrug keine rechtskräftige Verurteilung zugrunde liegt bzw. die Einleitung oder Durchführung eines Strafverfahrens aus anderen Gründen als wegen Mangels an Beweisen nicht erfolgen konnte (§ 581 Abs. 1 ZPO), kann für den Wieder-

---

[107] B/L/A/H-*Hartmann*, § 580 ZPO Rn 4.
[108] Vgl. etwa BGH NJW-RR 2009, 679, 682 (dort freilich ohne Blick auf § 581 ZPO).

aufnahmekläger auch der **Einwand der sittenwidrigen vorsätzlichen Schädigung** (§ 826 BGB) hilfreich sein.

Beispiel 62

Der Schiedskläger veräußerte seine Geschäftsanteile (shares) an einer ausländischen Limited an den Schiedsbeklagten. Beide Parteien stritten um die Höhe des zu zahlenden Kaufpreises. In einem Schiedsvergleich einigten sie sich darauf, dass der Schiedsbeklagte die vom Schiedskläger erstellten Bilanzen als ordnungsgemäß und inhaltlich richtig anerkannte. Gem. § 1053 Abs. 1 S. 2 ZPO hielt das Schiedsgericht den Vergleich in der Form eines Schiedsspruchs mit vereinbartem Wortlaut fest. Der Schiedsbeklagte übernahm die Geschäftsanteile und der Schiedskläger beanspruchte die Zahlung der Vergleichssumme. Hiergegen führte der Schiedsbeklagte an, der Schiedskläger habe den Abschluss des Vergleichs mittels unrichtiger Bilanzen arglistig erschlichen.

Der BGH entschied: Als Aufhebungsgrund des Schiedsvergleichs kommt gem. § 1059 Abs. 2 Nr. 2b ZPO ein Verstoß gegen den „ordre public" in Betracht, dessen Inhalt durch die §§ 580 ff. ZPO konkretisiert werde. Behauptet der Schiedsbeklagte, dass er vom Schiedskläger gem. § 263 StGB betrogen worden sei, deutet dies auf den Restitutionsgrund des § 580 Nr. 4 ZPO hin. Hiermit kann der Schiedsbeklagte aber nicht durchdringen, wenn es an der erforderlichen rechtskräftigen Verurteilung gem. § 581 Abs. 1 ZPO fehlt.

Gleichwohl kann der Schiedsbeklagte analog § 1059 Abs. 2 ZPO gegen die Vollstreckbarkeit aus dem Schiedsvergleich klagen, wenn er eine sittenwidrige vorsätzliche Schädigung im Sinne von § 826 BGB darlegen kann. Auf den Ablauf der in § 1059 Abs. 3 ZPO bestimmten Fristen kommt es bei der vorsätzlichen sittenwidrigen Schädigung im Sinne von § 826 BGB nicht an, wenn der Schiedsbeklagte mittels unrichtiger Bilanzen über die Geschäftsergebnisse arglistig getäuscht wurde und er durch das so erreichte Einverständnis mit einer hohen Vergleichssumme und einem entsprechend gefassten Schiedsspruch mit vereinbartem Wortlaut geschädigt worden ist. Der Schiedsbeklagte kann folglich die Rückgängigmachung des aufgrund der arglistigen Täuschung geschlossenen Vertrages verlangen oder am Vertrag festhalten und zusätzlichen Schadensersatz beanspruchen.[109]

6. Die Amtspflichtverletzung eines Richters

Hat ein Richter bei dem Urteil mitgewirkt und sich in Beziehung auf den Rechtsstreit 63 einer strafbaren Verletzung seiner Amtspflichten gegen die Partei schuldig gemacht, findet die Restitutionsklage gem. § 580 Nr. 5 ZPO statt. In Betracht kommen hier:
- die Bestechung (§ 334 StGB),
- die unerlaubte Schiedsrichtervergütung (§ 337 StGB),

---

[109] BGH NJW 2001, 373 f.

- die Rechtsbeugung (§ 339 StGB) und
- die Falschbeurkundung im Amt (§ 348 StGB).

64 Aufzuheben ist regelmäßig das ganze Urteil, auch wenn von der Rechtsbeugung nur ein teilurteilsfähiger Teil betroffen ist.[110]

7. Die Urteilsaufhebung

65 Weiterer Restitutionsgrund ist die Urteilsaufhebung gem. § 580 Nr. 6 ZPO. Sie liegt vor, wenn das Urteil eines ordentlichen Gerichts, eines früheren Sondergerichts oder eines Verwaltungsgerichts, auf das das Urteil gegründet ist, durch ein anderes rechtskräftiges Urteil aufgehoben ist. Gemeint sind Urteile:
- eines ordentlichen Gerichts, eines Verwaltungsgerichts, eines Arbeits-, Finanz- oder Sozialgerichts,
- des EuGH,
- eines Schiedsgerichts[111] und
- des Patentgerichts.[112]

66 *Hinweis*

Bei Klagen aus **Rechten des gewerblichen Rechtsschutzes** kann die Restitutionsklage, an deren Bestand das Gericht im Verletzungsrechtsstreit gebunden ist, in entsprechender Anwendung des § 580 Nr. 6 ZPO darauf gestützt werden, dass der Bestand des Schutzrechts vor Ablauf der regulären Laufzeit und vor dem für die Beurteilung im Ausgangsverfahren maßgeblichen Zeitpunkt in Wegfall gekommen ist.[113] So findet die Restitutionsklage entsprechend § 580 Nr. 6 ZPO statt, wenn das Patent, auf welches das Urteil des Verletzungsgerichts gegründet ist, im Einspruchsverfahren bestandskräftig widerrufen wird.[114]

67 Das angefochtene Urteil beruht bereits auf dem aufgehobenen Urteil, wenn mindestens eine tatsächliche Feststellung aus ihm benutzt worden ist.[115]

8. Das Auffinden eines früheren Urteils

68 Wenn die Partei ein in derselben Sache erlassenes, früher rechtskräftig gewordenes Urteil auffindet oder zu benutzen in den Stand gesetzt wird, findet die Restitutionsklage gem. § 580 Nr. 7a ZPO statt. Betroffen sind Fälle, in denen:
- ein zwischen den Parteien ergangenes Urteil den betroffenen Streitgegenstand bereits rechtskräftig abgeschlossen hat,

---

110 KG NJW 1976, 1356.
111 BGH MDR 2008, 460, 461.
112 B/L/A/H-*Hartmann*, § 580 ZPO Rn 9.
113 BGH GRUR 2010, 996.
114 BGH GRUR 2012, 753, 754 (auch zum Zeitpunkt des Eintritts des Anfechtungsgrundes); BGH GRUR 2017, 428, 430 (auch zu den Zulässigkeitsanforderungen des § 582 ZPO).
115 BGH VersR 1984, 455; BGHZ 103, 125.

- sich die Rechtskraftwirkung eines anderen Urteils gem. § 325 ZPO auf die Parteien erstreckt,
- zwischen den Parteien gem. § 322 Abs. 2 ZPO rechtskräftig feststeht, dass eine Gegenforderung, mit der die Aufrechnung erklärt worden ist, nicht besteht oder
- ein nach § 328 ZPO anzuerkennendes ausländisches Urteil oder ein inländischer oder ausländischer Schiedsspruch gem. § 1051 ZPO den Streitgegenstand rechtskräftig abgeschlossen hat.

9. Das Auffinden einer anderen Urkunde

§ 580 Nr. 7b ZPO stellt den **wichtigsten Restitutionsgrund** dar, indem er die Restitutionsklage zulässt, wenn die Partei eine andere Urkunde auffindet oder zu benutzen in den Stand gesetzt wird, die eine ihr günstigere Entscheidung herbeigeführt haben würde. Der Wiederaufnahmekläger muss hierzu: 69
- die Urkunde beifügen, die eine ihm günstigere Entscheidung im Vorprozess herbeigeführt haben würde (§ 588 Abs. 2 S. 1 ZPO) oder
- erklären, welchen Antrag er zur Herbeischaffung der Urkunde zu stellen beabsichtigt, wenn sich die Urkunde nicht in seinen Händen befindet (§ 588 Abs. 2 S. 2 ZPO) und
- darlegen, wann er die Urkunde gefunden hat und warum sie nicht im Vorprozess vorgelegt werden konnte (§ 582 ZPO).

Anwendbar ist § 580 Nr. 7b ZPO nur auf Urkunden im Sinne der ZPO, also Verkörperungen einer Gedankenäußerung in Schriftform.[116] Material, Art der Herstellung, Zweck der Errichtung, Bedeutung des Inhalts und Fehlen der Unterschrift spielen für die Urkunde somit keine Rolle.[117] Auf andere Beweismittel ist die Bestimmung **nicht analog anwendbar**; deswegen ist **nicht ausreichend die Vorlage**: 70
- einer nachträglich aufgefundenen Fotografie,[118]
- nachträglich erstellter oder aufgefundener wissenschaftlicher oder sonstiger Sachverständigengutachten,[119]
- einer Privaturkunde, mit der durch die schriftliche Erklärung einer als Zeuge in Betracht kommenden Person der Beweis für die Richtigkeit der in der Erklärung bekundeten Tatsachen geführt werden soll[120] oder
- einer amtlichen Auskunft.[121]

Errichtet gewesen sein muss die Urkunde bereits im **Zeitpunkt des Vorprozesses**, weil der Wiederaufnahmekläger sie andernfalls nicht zu seinen Gunsten hätte in den Prozess einführen können.[122] Eine analoge Anwendung von § 580 Nr. 7b ZPO auf nachträglich erstellte Urkunden ist in der Rechtsprechung des BGH bislang nur für bestimmte Perso- 71

---

116 BGH NJW-RR 2013, 833, 834.
117 OLG Köln NJW 1992, 1774.
118 BGHZ 65, 300.
119 OLG Koblenz NJW-RR 1995, 1278.
120 BGH NJW-RR 2013, 833, 834; vgl. auch BGHZ 80, 389.
121 BGH NJW 1984, 1544.
122 BGH NJW-RR 2015, 513, 516; BGH NJW 2007, 3429.

nenstandsurkunden anerkannt.[123] Im Übrigen ist einer nachträglich errichteten Urkunde die Eignung als Restitutionsgrund in analoger Anwendung von § 580 Nr. 7b ZPO jedenfalls dann abzusprechen, wenn im Vorverfahren die mit der Urkunde nachgewiesene Tatsache auch mit anderen Beweismitteln hätte belegt werden können.[124] Die Vorschrift ist auch nicht anwendbar, wenn im Anschluss an das Urteil im Erstverfahren andere Gerichte dort behandelte Rechtsfragen anders beantworten.[125]

72 *Hinweis*

Findet die unterlegene Partei vor rechtskräftigem Abschluss eines Verfahrens eine ihr nützliche Urkunde auf, die zu einer anderen Beurteilung der Sach- und Rechtslage Anlass geben kann, muss sie:

- vor Ablauf der Berufungsfrist nach § 516 ZPO Berufung einlegen,[126]
- beim Versäumnisurteil/Vollstreckungsbescheid vor Ablauf der Einspruchsfrist nach §§ 338, 700 ZPO Einspruch einlegen,[127]
- bei Fristablauf gegebenenfalls Wiedereinsetzung in den vorigen Stand beantragen[128] oder
- den Restitutionsgrund mittels Anschließung an eine Berufung geltend machen (§ 582 ZPO).

73 **Aufgefunden** wird eine Urkunde, wenn ihre Existenz oder ihr Verbleib der Partei bis zum Schluss der mündlichen Verhandlung des Vorprozesses bzw. bis zum Ablauf der Rechtsmittelfrist in diesem Verfahren unbekannt war. Hierfür genügt nicht, dass die Urkunde an sich bekannt war, lediglich ihr Inhalt von dem vom Gegner behaupteten Inhalt abweicht.[129] Nur dann, wenn eine vor Rechtskraft der Entscheidung errichtete Urkunde dem Restitutionskläger **unverschuldet unbekannt** war oder aber der Restitutionskläger von der Existenz der Urkunde zwar wusste, sie aber unverschuldet nicht benutzen konnte, kommt die Wiederaufnahme gem. § 580 Nr. 7b ZPO in Betracht. Bloße Unkenntnis des Inhalts der Urkunde genügt also nicht.[130] Eine Ausnahme gilt lediglich für Geburtsurkunden.[131]

74 **Zur Benutzung der Urkunde nachträglich in den Stand gesetzt** wird die Partei, wenn ihr die Urkunde bislang nicht zugänglich war, insbesondere wenn die Urkunde sich in Händen eines nicht vorlagebereiten bzw. vorlegungsverpflichteten Dritten befand.[132]

75 Weiter muss die Urkunde, hätte sie schon im Vorprozess vorgelegen, zu einer **günstigeren Entscheidung** für den Wiederaufnahmekläger geführt haben.[133] Bei Verwendung

---

123 BGH NJW 1980, 100, 1001 m.w.N.
124 BGH NJW-RR 2015, 513, 516.
125 OLG Köln BB 2004, 1134.
126 B/L/A/H/*Hartmann*, § 580 ZPO Rn 15; Thomas/Putzo/*Reichold*, § 580 ZPO Rn 20.
127 B/L/A/H/*Hartmann*, § 580 ZPO Rn 15; Thomas/Putzo/*Reichold*, § 580 ZPO Rn 20.
128 Thomas/Putzo/*Reichold*, § 580 ZPO Rn 20.
129 BGH NJW-RR 2013, 833, 834.
130 Thomas/Putzo/*Reichold*, § 580 ZPO Rn 16.
131 KG NJW 1976, 245.
132 BGH NJW-RR 2013, 833, 834 (auch zur Abgrenzung zu § 580 Nr. 4 ZPO).
133 Vgl. etwa BGH NJW-RR 2016, 325, 326; BGH NJW 2013, 2686.

der Urkunde hätte also eine die Vorentscheidung tragende Tatsachenfeststellung zugunsten des Wiederaufnahmeklägers günstiger beurteilt werden müssen. Dabei kann schon ein Beweisbeschluss eine günstigere Entscheidung als das gegen den Wiederaufnahmekläger erkennende Urteil im Vorprozess sein.[134] Entscheidungsgrundlage für das Wiederaufnahmegericht sind insoweit nur die tatsächlichen Ausführungen im Vorprozess und der im Zusammenhang mit der nachträglich aufgefundenen Urkunde vom Wiederaufnahmegericht frei zu würdigende Beweiswert.[135] Maßgebend ist dabei eine Ex-ante-Betrachtung. Es kommt nicht darauf an, wie das Gericht des Wiederaufnahmeverfahrens zu entscheiden für richtig hält, sondern wie es meint, dass das Gericht des Vorprozesses entschieden haben würde, hätte es die Urkunde gekannt.[136] An der erforderlichen Kausalität fehlt es, wenn das erkennende Gericht seine Entscheidung auf mehrere Begründungen gestützt hat.[137]

Hinweis 76

Nicht zu berücksichtigen sind Urkunden, die:

- nur im Zusammenhang mit anderen im Vorprozess nicht vorgetragenen Beweismitteln zu einer für den Wiederaufnahmekläger günstigeren Entscheidung führen,[138]
- dem Wiederaufnahmekläger Anlass geben, eine Behauptung des Gegners, die im Vorprozess unstreitig war, nunmehr zu bestreiten,[139]
- als unbeglaubigte Fotokopie keine Urkundeneigenschaft haben, aber mit dem Angebot eines Zeugenbeweises über die Urkundenerrichtung verbunden werden.[140]

Schließlich muss der Restitutionskläger ohne Verschulden außer Stande gewesen sein, 77 den **Restitutionsgrund in dem früheren Verfahren geltend zu machen** (§ 582 ZPO). Dabei gelten strenge Anforderungen und der Restitutionskläger ist – unbeschadet der Verpflichtung des Gerichts zur Prüfung von Amts wegen – für sein mangelndes Verschulden beweispflichtig.[141] Das Verschulden des Prozessbevollmächtigten steht dabei nach § 85 Abs. 2 ZPO dem der Partei gleich. Als schuldhaft ist es etwa anzusehen, wenn die Partei es unterlässt, die dem Gericht vorgelegten Akten einer Behörde einzusehen und deshalb keine Kenntnis von Urkunden erlangt, die in diesen Akten enthalten sind.[142]

---

134 OLG Schleswig, Urt. v. 19.9.2013 – 5 U 52/13.
135 BGH NJW-RR 1991, 380.
136 OLG Schleswig, Urt. v. 19.9.2013 – 5 U 52/13.
137 OLG Schleswig, Urt. v. 19.9.2013 – 5 U 52/13.
138 BGH WM 1983, 959.
139 OLG Celle NJW 1962, 1401.
140 KG NJW-RR 1997, 123.
141 BGH NJW-RR 2013, 833, 835.
142 BGH NJW-RR 2013, 833, 835.

10. Verletzung der Europäischen Menschenrechtskonvention

78 Durch das zweite Justizmodernisierungsgesetz ist der Restitutionsgrund des § 580 Nr. 8 ZPO in den Katalog aufgenommen worden.[143] Hiernach findet die Wiederaufnahme des Verfahrens statt, wenn der Europäische Gerichtshof für Menschenrechte (EGMR) eine Verletzung der Europäischen Konvention zum Schutz der Menschenrechte und Grundfreiheiten (EGMRK) oder ihrer Protokolle festgestellt hat und das Urteil auf dieser Verletzung beruht. Auf ein Verfahren, das vor dem 31.12.2006 formell rechtskräftig abgeschlossen worden ist, ist § 580 Nr. 8 ZPO indes nicht anzuwenden (§ 35 EGZPO), so dass eine später ergangene Entscheidung des EGMR die Wiederaufnahme eines solchen Verfahrens nicht zu begründen vermag.[144]

79 Hintergrund der Bestimmung ist, dass eine vom EGMR festgestellte Konventionsverletzung die Rechtskraft des mit der Beschwerde angegriffenen Urteils nicht tangiert. Die Rechtsverletzung wird lediglich festgestellt und dem Beschwerdeführer ggf. eine Entschädigung nach Art. 41 EGMRK zugesprochen. Insbesondere bei Verletzungen des Rechts auf ein faires Verfahren gem. Art. 6 EGMRK lässt sich eine Wiederaufnahme des Verfahrens nach § 580 Nr. 8 ZPO möglicherweise unter leichteren Bedingungen als im nationalen Recht erreichen.

80 *Beispiele*

Die Verletzung des Anspruches auf rechtliches Gehör kann nur im qualifizierten Fall des § 579 Abs. 1 Nr. 4 ZPO als Nichtigkeitsgrund vorgebracht werden, während über § 580 Nr. 8 ZPO beliebige Gehörsverletzungen eine Restitutionsklage rechtfertigen können.[145]

Liegen die in § 580 Nr. 1 bis 5 ZPO aufgeführten Verfahrensverstöße vor, findet eine Restitutionsklage nach § 581 ZPO nur statt, wenn wegen der Straftat eine rechtskräftige Verurteilung ergangen ist oder wenn die Einleitung oder Durchführung eines Strafverfahrens aus anderen Gründen als wegen Mangels an Beweis nicht erfolgen kann. Auf die Durchführung eines Strafverfahrens für die Wiederaufnahme kommt es jedoch nicht an, wenn der EGMR eine Verletzung von Art. 6 EGMRK festgestellt hat, auch wenn es an der strafrechtlichen Verurteilung fehlt.

Während nach § 580 Nr. 7b ZPO eine Restitutionsklage nur stattfinden kann, um die Grundlagen des Urteils in tatsächlicher Hinsicht *zu erweitern*, kann die Restitutionsklage nach vorangegangener Feststellung eines Verfahrensverstoßes durch den EGMR auch durchgeführt werden, wenn Beweismittel erhoben oder verwertet worden sind, die nicht hätten erhoben oder hätten verwertet werden dürfen. Denn hierin liegt ebenfalls eine Verletzung des Rechts auf ein faires Verfahren gem. Art. 6 EGMRK.

---

143 BGBl I 2006, 3416, 3421.
144 BGH NJW-RR 2014, 577; BAG NZA-RR 2014, 91.
145 *Braun*, NJW 2007, 1620, 1621.

V. Die im Wiederaufnahmeverfahren zu stellenden Anträge

1. Ausgangslage

Bei der Antragsstellung ist zu berücksichtigen, dass das Wiederaufnahmeverfahren eine **Doppelnatur** hat: Zum einen zielt es – wie ein Rechtsmittel – darauf ab, eine in der Vergangenheit ergangene Entscheidung zu beseitigen. Zum anderen leitet es ein neues selbstständiges Verfahren ein. Dementsprechend enthält jede Wiederaufnahmeklage einen Aufhebungsantrag und einen Sach- bzw. Zurückverweisungsantrag.

2. Der Aufhebungsantrag

Gem. § 587 ZPO muss der Wiederaufnahmekläger in der Klage das Urteil, gegen das die Nichtigkeits- oder Restitutionsklage gerichtet wird, genau bezeichnen und die Erklärung abgeben, welche dieser Klagen erhoben werden soll. Dementsprechend formuliert der Wiederaufnahmekläger bei der Nichtigkeitsklage:

„Namens des von uns vertretenen Klägers/Beklagten und Nichtigkeitsklägers erheben wir Nichtigkeitsklage und beantragen,
1. das rechtskräftige Urteil des [...]gerichts [...] vom [...], Az: [...], aufzuheben."

Der Prozessbevollmächtigte des Restitutionsklägers formuliert demgegenüber:

„Namens und in Vollmacht des von uns vertretenen Beklagten und Restitutionsklägers erheben wir Restitutionsklage und beantragen,
1. das rechtskräftige Urteil des [...]gerichts [...] vom [...], Az: [...], aufzuheben."

Fehlt dem Schriftsatz die Angabe, ob die Klage als Nichtigkeitsklage oder als Restitutionsklage erhoben werden soll, kann die Natur der Klage auch aus dem Inhalt der Klageschrift abgeleitet werden.[146]

3. Die Anträge im Wiederaufnahmeverfahren vor dem erstinstanzlichen Gericht

Ist das erstinstanzliche Gericht gem. § 584 ZPO für das Wiederaufnahmeverfahren ausschließlich zuständig, verbindet der Wiederaufnahmekläger den Aufhebungsantrag regelmäßig mit dem Sachantrag. War der Wiederaufnahmekläger im Vorprozess Kläger, stellt er neben dem Aufhebungsantrag zu 1 den Klageantrag,

„2. den Beklagten zu verurteilen, an den Kläger 10.000 EUR zuzüglich 5 Prozentpunkte über dem Basiszinssatz ab Rechtshängigkeit zu zahlen."

War der Wiederaufnahmekläger im Vorprozess der Beklagte, wird er neben dem Aufhebungsantrag zu 1 regelmäßig beantragen,

„2. die Klage des Klägers und Nichtigkeitsbeklagten/Restitutionsbeklagten abzuweisen."

Bei Zweifeln am Erfolg der Wiederaufnahme kann es für den Beklagten als Wiederaufnahmekläger in Betracht kommen, eine „**Rechtskraftdurchbrechung**" nach § 826 BGB anzustreben. Dann beantragt er,

---

146 Thomas/Putzo/*Reichold*, § 587 ZPO Rn 1.

92 „3. hilfsweise den Wiederaufnahmebeklagten zu verurteilen,
    a) es zu unterlassen, aus dem Urteil des [...]gerichts [...] vom [...], Az: [...], gegen den Wiederaufnahmekläger zu vollstrecken,
    b) an den Wiederaufnahmekläger [...] EUR zu zahlen,[147]
    c) dem Wiederaufnahmekläger die vollstreckbare Ausfertigung des Urteils des [...]gerichts [...] vom [...], Az: [...], herauszugeben."

93 Da der Gegner aus dem rechtskräftigen Urteil ohne Sicherheitsleistung vollstrecken kann, bedarf es zur Sicherheit des Wiederaufnahmeklägers schließlich noch des Antrags auf **einstweilige Einstellung der Zwangsvollstreckung** gem. § 707 ZPO. Der Wiederaufnahmekläger beantragt deswegen noch,

94 „4. vorab die Zwangsvollstreckung aus dem vorgenannten Urteil einstweilen ohne Sicherheitsleistung, hilfsweise gegen Sicherheitsleistung, einzustellen."

4. Die Anträge im Wiederaufnahmeverfahren vor dem Berufungsgericht

95 Ist das **Berufungsgericht** gem. § 584 Abs. 1 Hs. 2 ZPO ausschließlich zuständig, kann auch hier neben dem Aufhebungsantrag der Sachantrag auf Verurteilung oder Klageabweisung bzw. der Zwangsvollstreckungseinstellungsantrag (§ 719 ZPO) gestellt werden. Außerdem kommt der Zurückverweisungsantrag gem. § 538 Abs. 2 ZPO in Betracht.

96 *Hinweis*

Der Zurückverweisungsantrag ist sinnvoll, wenn der Wiederaufnahmekläger in der Sache selbst noch umfangreich vortragen möchte, um auf diese Weise den berufungsrechtlichen Präklusionsbestimmungen zu entgehen. Außerdem kann die Klage nach § 826 BGB vor dem Berufungsgericht nicht anhängig gemacht werden.

5. Die Anträge im Wiederaufnahmeverfahren vor dem Revisionsgericht

97 Ist das **Revisionsgericht** gem. § 584 ZPO für die Wiederaufnahme ausschließlich zuständig, ist das Revisionsgericht ausnahmsweise im Hinblick auf die Ermittlung des Wiederaufnahmegrundes Tatsacheninstanz. Kommt das Revisionsgericht zu dem Ergebnis, dass die Wiederaufnahme zulässig und begründet ist, hebt es die Vorentscheidung auf. Die Sache wird dann gem. § 563 ZPO an das Berufungsgericht zur weiteren Verhandlung zurückverwiesen. Eine Vorabeinstellung der Zwangsvollstreckung kann gem. § 719 Abs. 2 ZPO beantragt werden.

VI. Der notwendige Inhalt der Wiederaufnahmeschrift

1. Ausgangslage

98 Da das Wiederaufnahmeverfahren streng formalisiert ist und die Wiederaufnahmegründe innerhalb der Frist des § 586 ZPO in qualifizierter Form vorgebracht werden müssen,

---

147 Der Zahlungsantrag kommt in Betracht, wenn aus dem Titel bereits vollstreckt worden ist.

muss der Wiederaufnahmekläger darauf achten, dass sein Schriftsatz den gesetzlich statuierten **Mindestanforderungen** entspricht. Ist dies nicht der Fall, wird der Wiederaufnahmeantrag schon auf der Zulässigkeitsstufe gem. § 589 Abs. 1 S. 2 ZPO als unzulässig verworfen. Folgende Fallkonstellationen sind zu unterscheiden:

2. Die für alle Wiederaufnahmeklagen zu beachtenden Mindestanforderungen

Bei jeder Wiederaufnahmeklage muss der Wiederaufnahmekläger:

- den Vorprozess in der Weise schildern, dass daraus hervorgeht, weshalb die Wiederaufnahmeklage statthaft ist und warum der Wiederaufnahmekläger (oder bei Nebenintervenienten: die unterstützte Partei) beschwert ist,
- die Wiederaufnahmegründe (§ 579 ZPO oder § 580 ZPO) darlegen,
- erklären, dass die Wiederaufnahmegründe nicht durch Einspruch, Berufung, Anschlussberufung, Revision oder Anschlussrevision vor Rechtskrafteintritt hätten geltend macht werden können (§ 579 Abs. 2 ZPO und § 582 ZPO),
- ausführen, ab wann die Partei von den Wiederaufnahmegründen im Hinblick auf § 586 ZPO Kenntnis erlangt hat und welche Beweismittel hierfür zur Verfügung stehen (§ 588 Abs. 1 Nr. 2 ZPO) und
- darlegen, woraus sich die Klagebefugnis eines Nebenintervenienten ergibt.

3. Besonderheiten für Restitutionsklagen im Allgemeinen

Bei allen Restitutionsklagen muss vorgetragen werden, weshalb die angefochtene Entscheidung unter Berücksichtigung des Wiederaufnahmegrundes unzutreffend ist, also auf ihm **beruht**. Bei der Nichtigkeitsklage wird das „Beruhen" unwiderleglich vermutet.

4. Besonderheiten für Restitutionsklagen nach § 580 Nr. 1–5 ZPO

Die Restitutionsklagen nach § 580 Nr. 1–5 ZPO sind unzulässig, wenn nicht behauptet und dargelegt wird, dass ein rechtskräftig verurteilendes Strafurteil vorliegt.[148] Nur ausnahmsweise ist das Strafurteil keine Zulässigkeitsvoraussetzung, wenn aus anderen Gründen als Mangel an Beweisen kein Strafverfahren stattgefunden hat, z.B. bei Verjährung, Amnestie, Tod des Täters oder Geringfügigkeit der Tat.[149]

> *Hinweis*
>
> Fehlt es an dem erforderlichen Urteil, kann eine „Rechtskraftdurchbrechung" nach § 826 BGB erwogen werden, die aber ebenfalls nur in eng begrenzten Ausnahmefällen begründet sein wird.[150]

---

148 BGH NJW 1983, 230.
149 Thomas/Putzo/*Reichold*, § 581 ZPO Rn 1.
150 Goebel/*Goebel*, AnwaltFormulare Zwangsvollstreckung, § 14 Rn 398 ff.

5. Besonderheiten für die Restitutionsklage nach § 580 Nr. 7b ZPO

103 Wird als Restitutionsgrund das Auffinden einer **Urkunde** vorgebracht, soll die Urkunde der Klageschrift gem. § 588 Abs. 1 Nr. 2 ZPO **beigefügt** werden. Hierbei handelt es sich zwar um keine zwingende Zulässigkeitsvoraussetzung,[151] die vorgelegte Urkunde kann aber Mängel bei der Darlegung des Restitutionsgrundes heilen und Zweifel daran beseitigen, dass es sich nicht nur um eine – nicht ausreichende – Fotokopie handelt.[152]

6. Besonderheiten für die Restitutionsklage nach § 580 Nr. 8 ZPO

104 Es muss ein Urteil des EGMR erstritten werden, woraus sich die Rechtsverletzung im Sinne von § 580 Nr. 8 ZPO ergibt. Ob der EGMR einen Ausgleich gewährt hat, ist ggf. zu überprüfen. Spricht er beispielsweise eine Entschädigung zu, soll dies dazu führen können, dass die Wiederaufnahme einer Entschädigung nicht in Betracht kommt.[153] I.d.R. wird der Zuspruch einer Entschädigung aber nicht zur Folge haben, dass der Wiederaufnahmegrund in Fortfall gerät.[154]

VII. Die Rechtsanwaltsgebühren im Wiederaufnahmeverfahren

105 Da das Wiederaufnahmeverfahren einen **neuen Gebührenrechtszug** begründet, fallen sämtliche Gebühren gem. §§ 2 Abs. 2, 13 RVG i.V.m. Nr. 3100 ff. VV von neuem an, und zwar unabhängig davon, ob das Wiederaufnahmeverfahren die Fortsetzung des früheren Verfahrens darstellt.[155] Ist das Berufungsgericht gem. § 584 ZPO zuständig, so erhöhen sich die Gebühren gem. §§ 2 Abs. 2, 13 RVG i.V.m. Nr. 3200 VV auf eine 1,6-Verfahrensgebühr bzw. gem. Nr. 3202 VV auf eine 1,2-Terminsgebühr.[156]

106 Der **Streitwert** der Klage auf Wiederaufnahme des Verfahrens entspricht dem Streitwert des zu beseitigenden Urteils, soweit dessen Aufhebung beantragt wird. Die Kosten des Vorprozesses und die inzwischen angelaufenen Zinsen sind gem. § 4 ZPO, § 22 GKG nicht hinzuzurechnen.[157] Der Antrag auf vorläufige Einstellung der Zwangsvollstreckung löst keine gesonderte Gebühr aus.

---

151 Thomas/Putzo/*Reichold*, § 588 ZPO Rn 4.
152 KG NJW-RR 1997, 123.
153 BT-Drucks 16/3038, S. 40.
154 Zöller/*Greger*, § 580 ZPO Rn 31.
155 Zöller/*Greger*, § 578 ZPO Rn 4.
156 Zöller/*Greger*, § 578 ZPO Rn 4.
157 OLG Hamburg MDR 1969, 228.

C. Muster

I. Muster: Nichtigkeitsklage bei ausschließlicher Zuständigkeit des erstinstanzlichen Gerichts

▼

An das

Landgericht ▓▓▓

Nichtigkeitsklage

des ▓▓▓, vertreten durch seinen Betreuer, Herrn ▓▓▓,

– Nichtigkeitskläger und früherer Beklagter –

Prozessbevollmächtigter: RA ▓▓▓

gegen

▓▓▓

– Nichtigkeitsbeklagter und früherer Kläger –

Prozessbevollmächtigter des Vorprozesses:[158] RA ▓▓▓

wegen: Kaufpreisforderung

Streitwert: 20.000 EUR

Namens und in Auftrag des Nichtigkeitsklägers (nachfolgend: Beklagter) erhebe ich, bevollmächtigt durch seinen Betreuer, Herrn ▓▓▓, ausgewiesen durch beigefügte Bestellung, gegen das Urteil des Landgerichts ▓▓▓, Az: ▓▓▓, vom ▓▓▓, **Nichtigkeitsklage** und beantrage,

1. das angefochtene Urteil aufzuheben,
2. die im Verfahren vor dem Landgericht ▓▓▓, Az: ▓▓▓, erhobene Klage des Nichtigkeitsbeklagten und früheren Klägers zurückzuweisen,
3. die Zwangsvollstreckung aus dem angefochtenen Urteil einstweilen einzustellen.

Begründung:

Dem vorliegenden Rechtsstreit ging der vor dem Landgericht ▓▓▓ unter dem Az ▓▓▓ anhängige Rechtsstreit voraus, der mit Urt. v. ▓▓▓ rechtskräftig abgeschlossen worden ist.

Beweis: Beiziehung der Akten des Vorprozesses ▓▓▓

Obwohl der Beklagte zum Zeitpunkt der Klageerhebung nicht mehr geschäftsfähig war und schon unter Betreuung stand,

Beweis: Beiziehung der Vormundschaftsakten des Amtsgerichts ▓▓▓

wurden ihm die Klage und die Ladung zum Termin zur mündlichen Verhandlung persönlich zugestellt.

---

[158] Gem. § 172 ZPO bleibt der Prozessbevollmächtigte beim Wiederaufnahmeverfahren zustellungsbefugt.

> Beweis: Beiziehung der Akten des Vorprozesses

Da der Beklagte die Ladung nicht an seinen Betreuer weitergeleitet hat,

> Beweis: Zeugnis des Betreuers, Herrn ,

konnte sich dieser nicht um eine Vertretung des Beklagten im Prozess bemühen, weshalb gegen den Beklagten Versäumnisurteil erging.

> Beweis: Beiziehung der Akten des Vorprozesses

Sodann wurde das Versäumnisurteil dem Beklagten persönlich zugestellt, ohne dass dieser seinen Betreuer darüber benachrichtigte, mit der Folge, dass das Versäumnisurteil vom rechtskräftig wurde.

> Beweis: Zeugnis des Betreuers, Herrn , b.b.
> Beiziehung der Akten des Vorprozesses

Da der Betreuer von diesen Vorgängen erst zweieinhalb Wochen nach Rechtskrafteintritt erfuhr, als er sich zu dem Beklagten begab und das angefochtene Versäumnisurteil unter mehreren Fernsehzeitschriften auf dem Couchtisch fand,

> Beweis: Zeugnis des Betreuers, Herrn , b.b.

konnte der Rechtskrafteintritt nicht verhindert werden und erweist sich die Nichtigkeitsklage gem. § 579 Abs. 1 Nr. 4 ZPO als begründet.

Die Klage selbst ist nach Aufhebung des Versäumnisurteils abzuweisen, weil die der Klage zugrunde liegende Forderung aus einem Kaufvertrag resultiert, den der Beklagte zu einem Zeitpunkt abschloss, als er bereits geschäftsunfähig war.

> Beweis: Beiziehung der Vormundschaftsakten

Der Antrag auf einstweilige Einstellung der Zwangsvollstreckung beruht auf § 707 Abs. 1 ZPO; der Beklagte ist aufgrund seiner Vermögensverhältnisse nicht zur Sicherheitsleistung in der Lage. Der Gerichtskostenvorschuss in Höhe von EUR ist durch Scheck entrichtet.

Beglaubigte Abschriften für den Beklagten anbei.

Rechtsanwalt

II. Muster: Nichtigkeitsklage bei ausschließlicher Zuständigkeit des Berufungsgerichts

▼

An das
Oberlandesgericht
▒▒▒▒▒

Nichtigkeitsklage

des ▒▒▒▒▒

— Nichtigkeitskläger und Beklagter —

Prozessbevollmächtigter: RA ▒▒▒▒▒

gegen

▒▒▒▒▒

— Nichtigkeitsbeklagter und Kläger des Vorprozesses —

Prozessbevollmächtigter des Vorprozesses: RA ▒▒▒▒▒

wegen: Kaufpreisforderung

Streitwert: 20.000 EUR

Namens und in Auftrag des Nichtigkeitsklägers und Beklagten erhebe ich **Nichtigkeitsklage** gegen das rechtskräftige Urteil des Oberlandesgerichts ▒▒▒▒▒, Az: ▒▒▒▒▒, vom ▒▒▒▒▒, und beantrage,

1. das angefochtene Urteil aufzuheben,
2. das Urteil des Landgerichts ▒▒▒▒▒ vom ▒▒▒▒▒, Az: ▒▒▒▒▒, aufzuheben und die Sache zur weiteren Verhandlung an das Landgericht zurückzuverweisen,
3. vorab die Zwangsvollstreckung aus dem angefochtenen Urteil einstweilen einzustellen.

Begründung:

Der frühere Kläger und jetzige Beklagte hatte die Ehefrau des Nichtigkeitsklägers auf Kaufpreiszahlung verklagt. Nachdem der Prozessbevollmächtigte der Ehefrau den jetzigen Kläger als Zeugen benannt hatte, wollte ihn der frühere Kläger mitverklagen. Deshalb übergab er dem Prozessbevollmächtigten der Ehefrau des jetzigen Klägers den klageerweiternden Schriftsatz „zustellungshalber". Dieser bekannte sich zum Empfang und beantragte auch im Namen des jetzigen Klägers Klageabweisung.

    Beweis: Beiziehung der Akten des Vorprozesses ▒▒▒▒▒

Den jetzigen Kläger hat der Prozessbevollmächtigte hierüber allerdings nicht unterrichtet.

    Beweis: Zeugnis Herr Rechtsanwalt ▒▒▒▒▒

Als das Landgericht der Klage stattgab, legte er, ohne dass der Beklagte dies wusste, gegen das Urteil Berufung ein; die Berufung wurde als unbegründet zurückgewiesen.

    Beweis: wie vor.

Am ▓▓▓ wurde die Entscheidung rechtskräftig. Hiervon erfuhr der jetzige Beklagte erst am ▓▓▓, als er die sich auf dem Schreibtisch des mit seiner Ehefrau gemeinsam genutzten Arbeitszimmers stapelnden Dokumente sortierte.

Beweis: Zeugnis der Ehefrau ▓▓▓

Das angefochtene Urteil kann keinen Bestand haben, weil der Beklagte im Vorprozess nicht ordnungsgemäß vertreten war (§ 579 Nr. 4 ZPO). Es ist anerkannt, dass mit der Nichtigkeitsklage auch das Auftreten von Prozessvertretern angegriffen werden kann, die hierfür von vornherein keine Vollmacht hatten.[159]

Denn § 579 Abs. 1 Nr. 4 ZPO bezweckt den Schutz von Parteien, die ihre Angelegenheiten im Prozess nicht verantwortlich regeln konnten oder denen die Handlungen vollmachtloser Vertreter nicht zugerechnet werden dürfen.[160] Unter diesem Aspekt betrachtet, stellt das Wiederaufnahmeverfahren nach § 579 Abs. 1 Nr. 4 ZPO die nachträgliche Gewährung des rechtlichen Gehörs sicher, wenn eine Partei infolge von Umständen, die sie nicht zu vertreten hat, daran gehindert war, sich im Prozess eigenverantwortlich zu äußern.[161] Da der jetzige Kläger von seiner Vertretung im Vorverfahren durch den Bevollmächtigten seiner Ehefrau nichts wusste, sondern lediglich davon ausging, diese führe einen eigenen Rechtsstreit, ist das angefochtene Urteil aufzuheben.

Die Klage selbst muss nach Aufhebung des erstinstanzlichen Urteils gem. § 538 Abs. 2 Nr. 1 ZPO an das Landgericht zurückverwiesen werden, weil das Verfahren im ersten Rechtszug – wie ausgeführt – an einem wesentlichen Mangel leidet und aufgrund dieses Mangels die im Vorprozess durchgeführte Beweisaufnahme unter Berücksichtigung des Vortrages des bisherigen Klägers wiederholt werden muss. Denn der jetzige Kläger trägt zur Sache selbst wie folgt vor:

Der Antrag auf einstweilige Einstellung der Zwangsvollstreckung rechtfertigt sich aus § 719 ZPO.

Der Gerichtskostenvorschuss in Höhe von ▓▓▓ EUR ist durch Scheck entrichtet.

Beglaubigte und einfache Abschrift für den Beklagten anbei.

Rechtsanwalt

---

[159] BVerfG NJW 1998, 745.
[160] BGH NJW 1982, 2449.
[161] BGH NJW 1982, 2449.

III. Muster: Restitutionsklage bei ausschließlicher Zuständigkeit des erstinstanzlichen Gerichts

An das

Landgericht

Restitutionsklage

des ▓▓▓▓

– Restitutionskläger und Beklagter des Vorprozesses –

Prozessbevollmächtigter: RA ▓▓▓▓

gegen

▓▓▓▓

– Restitutionsbeklagter und Kläger des Vorprozesses –

Prozessbevollmächtigter des Vorprozesses:[162] RA ▓▓▓▓

wegen: Unternehmenskauf

Streitwert: 500.000 EUR

Namens und in Vollmacht des Restitutionsklägers und früheren Beklagten erhebe ich **Restitutionsklage** und beantrage,

1. das rechtskräftige Urteil des Landgerichts ▓▓▓▓ vom ▓▓▓▓, Az: ▓▓▓▓, aufzuheben,
2. die im Verfahren vor dem Landgericht ▓▓▓▓, Az: ▓▓▓▓, erhobene Klage des jetzigen Beklagten und früheren Klägers abzuweisen,
3. hilfsweise zu 2.) den Kläger und Restitutionsbeklagten zu verurteilen,
    a) es zu unterlassen, aus dem angefochtenen Urteil gegen den Restitutionskläger und Beklagten zu vollstrecken,
    b) dem Restitutionskläger und Beklagten die vollstreckbare Ausfertigung des angefochtenen Urteils herauszugeben,
4. vorab die Zwangsvollstreckung aus dem vorgenannten Urteil einstweilen ohne Sicherheit, hilfsweise gegen Sicherheitsleistung, einzustellen.

Begründung:

Im Vorprozess hat der frühere Kläger den jetzigen Kläger auf Zahlung von ▓▓▓▓ EUR aus einem Unternehmenskaufvertrag in Anspruch genommen.

    Beweis: Beiziehung der Akten des Vorprozesses ▓▓▓▓

In diesem Prozess stritten die Parteien über die Kaufpreishöhe, die sich unter anderem aus dem vom früheren Kläger zum 31.12. ▓▓▓▓ aufzustellenden Jahresabschluss ergeben sollte.

---

[162] Der Prozessbevollmächtigte des Vorprozesses ist für die Restitutionsklage gem. § 172 ZPO zustellungsbefugt.

Beweis: wie vor

Das Urteil wurde am ▒▒▒▒ rechtskräftig. Ein Jahr nach Rechtskrafteintritt erfuhr der jetzige Kläger von einem Strafverfahren, welches etwa zwei Monate nach Rechtskrafteintritt eingeleitet wurde und in dessen Zuge der Kläger wegen Insolvenzverschleppung und Bankrott in zahlreichen Fällen verurteilt worden ist.

Beweis: Beiziehung der Strafakten ▒▒▒▒

In diesem Verfahren stellte sich auch heraus, dass der frühere Kläger den Jahresabschluss, auf dessen Grundlage die im Vorverfahren streitgegenständliche Kaufpreisforderung zu zahlen war, gefälscht hatte.

Beweis: wie vor

Da diese Tat vor dem Hintergrund der anderen Straftaten des früheren Klägers aber nicht wesentlich ins Gewicht fiel, erfolgte (drei Wochen vor Absendung dieses Schriftsatzes) eine Einstellung gem. § 154 StPO.

Beweis: wie vor

Daraus folgt, dass das angefochtene Urteil durch eine in Beziehung auf den Rechtsstreit verübte Straftat (§ 263 StGB) erwirkt worden ist. Die Voraussetzungen des § 581 Abs. 1 ZPO liegen vor, weil die Restitutionsklage auch bei Einstellung gem. § 154 StPO zulässig ist.[163]

Folglich war die Klage abweisungsreif, weil der frühere Kläger durch die Vorlage einer gefälschten Bilanz keinen schlüssigen Vortrag zu der ihm angeblich zustehenden Kaufpreisforderung führen konnte. Auf den bisher geführten erstinstanzlichen Vortrag wird insoweit nebst Beweisangeboten vollinhaltlich Bezug genommen.

Der Hilfsantrag zu 3.) ist vorsorglich und für den Fall erhoben worden, dass sich die Kammer der Auffassung des OLG Hamm anschließt, wonach die Einstellung des Ermittlungsverfahrens nach § 154 StPO die besonderen Voraussetzungen der Restitutionsklage gem. § 581 ZPO nicht erfüllt.[164] Für diesen Fall stünde dem jetzigen Kläger ein Schadensersatzanspruch gem. § 826 BGB zu, weil der frühere Kläger den jetzigen Kläger durch die Vorlage gefälschter Bilanzen arglistig über den Wert des erworbenen Unternehmens getäuscht hat und sich der frühere Kläger dieses Verhalten als sittenwidrige vorsätzliche Schädigung zurechnen lassen muss.[165] Der Antrag auf einstweilige Einstellung der Zwangsvollstreckung beruht auf § 707 Abs. 1 ZPO. Der Gerichtskostenvorschuss in Höhe von ▒▒▒▒ EUR ist durch Scheck entrichtet.

Beglaubigte Abschriften anbei.

Rechtsanwalt

▲

---

163 OLG Hamburg MDR 1978, 851.
164 OLG Hamm MDR 1986, 679.
165 BGH NJW 2001, 373, 374.

IV. Muster: Restitutionsklage bei ausschließlicher Zuständigkeit des Berufungsgerichts

An das
Oberlandesgericht

Restitutionsklage

des

— Restitutionskläger, Beklagter und Berufungskläger des Vorprozesses —
Prozessbevollmächtigter: RA
gegen

— Restitutionsbeklagter, Kläger und Berufungsbeklagter des Vorprozesses —
Prozessbevollmächtigter des Vorprozesses vor dem Oberlandesgericht: RA
wegen: Darlehensforderung
Streitwert: 20.000 EUR

Namens und in Vollmacht des Restitutionsklägers erhebe ich **Restitutionsklage** gegen das Urteil des Oberlandesgerichts   vom   , Az: , und beantrage,

1. das angefochtene Urteil aufzuheben,
2. unter Abänderung des Urteils des Landgerichts   vom   , Az: , die im Vorprozess erhobene Klage des jetzigen Beklagten und früheren Klägers abzuweisen,
3. die Zwangsvollstreckung aus dem vorgenannten Urteil einstweilen ohne Sicherheitsleistung, hilfsweise gegen Sicherheitsleistung, einzustellen.

Begründung:

Im Vorprozess wurde der Restitutionskläger in der zweiten Instanz rechtskräftig zur Zahlung von 20.000 EUR verurteilt.

   Beweis: Beiziehung der Akten des Vorprozesses

Grundlage des Rechtsstreits war ein von dem jetzigen Beklagten behaupteter Anspruch auf Darlehensrückzahlung, deren Bezahlung der jetzige Kläger damals nicht nachgewiesen hat.

   Beweis: wie vor

Nach Rechtskraft des Vorprozesses fand der Restitutionskläger am   den Quittungsbeleg über die Rückführung des Darlehens wieder, auf welchem der Restitutionsbeklagte handschriftlich bestätigte, dass er den Betrag von 20.000 EUR vom jetzigen Kläger erhalten hat. Die Urkunde enthält die eigenhändige Unterschrift des früheren Klägers.

   Beweis: Vorlage des Quittungsbelegs vom
            Zeugnis der Frau

Der Restitutionskläger konnte die Urkunde nicht früher vorlegen, weil er infolge der Scheidung von seiner Ehefrau und dem damit verbundenen Auszug aus seiner alten Wohnung viele seiner alten Unterlagen nicht mehr besaß. Vor einer Woche sandte die frühere Ehefrau des Restitutionsklägers diesem nunmehr einen Umschlag mit alten Unterlagen zu.

Beweis: Zeugnis der Frau

In diesem Umschlag fand der Restitutionskläger unter anderem auch den Rückzahlungsbeleg.

Beweis: Zeugnis der Frau

Durch das Auffinden der Urkunde kann bewiesen werden, dass die Darlehensverpflichtung des Restitutionsklägers durch Zahlung erloschen ist. Das Urteil des Oberlandesgerichts vom   wird daher gem. § 580 Nr. 7b ZPO mit der Restitutionsklage angefochten.

Der Gerichtskostenvorschuss in Höhe von   EUR ist durch Scheck entrichtet.

Beglaubigte Abschrift für den Beklagten anbei.

Rechtsanwalt

▲

V. Muster: Wiederaufnahmeklage bei notwendiger Streitgenossenschaft
▼

111 An das
Landgericht

Nichtigkeitsklage/Restitutionsklage

In dem Rechtsstreit
1. des
         – Kläger zu 1 und Nichtigkeitskläger zu 1/Restitutionskläger zu 1 –
Prozessbevollmächtigter: RA
2. des
         – Kläger zu 2 und Nichtigkeitskläger zu 2/Restitutionskläger zu 2 –
Prozessbevollmächtigter: RA
gegen

         – Beklagter, Nichtigkeitsbeklagter/Restitutionsbeklagter –
Prozessbevollmächtigter: RA
lege ich namens und im Auftrag des Nichtigkeitsklägers zu 2/Restitutionsklägers zu 2 gegen das rechtskräftige Urteil des Landesgerichts   , Az: , vom   ,

Nichtigkeitsklage/Restitutionsklage

ein und beantrage,

1. das angefochtene Urteil aufzuheben,
2. den Beklagten entsprechend der vor dem Landgericht ▓▓▓, Az: ▓▓▓, erhobenen Klage aus der ▓▓▓ OHG auszuschließen.

Begründung:

▓▓▓

Rechtsanwalt

▲

VI. Muster: Wiederaufnahmeklage beim unberücksichtigt gebliebenen notwendigen Streitgenossen

▼

An das

Landgericht

▓▓▓

Nichtigkeitsklage/Restitutionsklage

In dem Rechtsstreit
1. des ▓▓▓
   – Kläger zu 1 und Nichtigkeitskläger zu 1/Restitutionskläger zu 1 –
Prozessbevollmächtigter: RA ▓▓▓
2. des ▓▓▓
   – Kläger zu 2 und Nichtigkeitskläger zu 2/Restitutionskläger zu 2 –
Prozessbevollmächtigter: RA ▓▓▓
3. des ▓▓▓
   – Kläger zu 3 und Nichtigkeitskläger zu 3/Restitutionskläger zu 3 –
Prozessbevollmächtigter: RA ▓▓▓

gegen

▓▓▓

– Beklagter und Nichtigkeitsbeklagter/Restitutionsbeklagter –

Prozessbevollmächtigter erster Instanz: RA ▓▓▓

erhebe ich namens und im Auftrag des Klägers zu 3

Nichtigkeitsklage/Restitutionsklage

gegen das rechtskräftige Urteil des Landesgerichts ▓▓▓, Az: ▓▓▓, vom ▓▓▓, und beantrage,

1. das angefochtene Urteil aufzuheben,
2. den Beklagten nach Maßgabe der vor dem Landgericht ▓▓▓ unter dem Az: ▓▓▓ anhängigen Klage aus der OHG ▓▓▓ auszuschließen.

§ 21 Die Wiederaufnahme des Verfahrens

Begründung:

Rechtsanwalt

▲

VII. Muster: Wiederaufnahmeklage des bereits erstinstanzlich beigetretenen, nichtselbstständigen Streithelfers

▼

113 An das
Landgericht

Nichtigkeitsklage/Restitutionsklage

In dem Rechtsstreit
1. des

– Kläger und Nichtigkeitskläger/Restitutionskläger –

Prozessbevollmächtigter: RA
Streithelfer des Klägers:

– Streithelfer des Klägers –

Prozessbevollmächtigter: RA
gegen

– Beklagter und Nichtigkeitsbeklagter/Restitutionsbeklagter –

Prozessbevollmächtigter: RA

erhebe ich namens und im Auftrag des Streithelfers des Klägers gegen das rechtskräftige Urteil des Landgerichts   vom   , Az: ,

Nichtigkeitsklage/Restitutionsklage

und beantrage,

1. das angefochtene Urteil aufzuheben,
2. den Beklagten entsprechend der im Verfahren vor dem Landgericht   , Az: , erhobenen Klage zu verurteilen, an den Kläger 20.000 EUR nebst 5 Prozentpunkten über dem Basiszinssatz ab Rechtshängigkeit zu zahlen.

Begründung:

Rechtsanwalt

▲

VIII. Muster: Wiederaufnahmeklage des noch nicht beigetretenen unselbstständigen Streithelfers, dem der Streit bereits verkündet wurde

▼

An das
Landgericht

Nichtigkeitsklage/Restitutionsklage

des

— Kläger und Nichtigkeitskläger/Restitutionskläger —

Prozessbevollmächtigter: RA
Streithelfer des Klägers:

— Streithelfer des Klägers —

Prozessbevollmächtigter: RA
gegen

— Beklagter und Berufungsbeklagter —

Prozessbevollmächtigter: RA

erhebe ich namens und im Auftrag des Streitverkündeten als Streithelfer des Klägers gegen das rechtskräftige Urteil des Landgerichts vom , Az: ,

Nichtigkeitsklage/Restitutionsklage

und beantrage,

1. das angefochtene Urteil aufzuheben,
2. den Beklagten entsprechend der im Verfahren vor dem Landgericht , Az: , erhobenen Klage zu verurteilen, an den Kläger 20.000 EUR nebst 5 Prozentpunkte über dem Basiszinssatz hieraus seit Rechtshängigkeit zu zahlen.

Begründung:

Rechtsanwalt

§ 21 Die Wiederaufnahme des Verfahrens

IX. Muster: Wiederaufnahmeklage des erstinstanzlich noch nicht beigetretenen unselbstständigen Streithelfers ohne vorangegangene Streitverkündung

▼

An das

Landgericht

Nebenintervention und Nichtigkeitsklage/Restitutionsklage

In dem Rechtsstreit

des

– Kläger und Nichtigkeitskläger/Restitutionskläger –

Prozessbevollmächtigter: RA

Streithelfer des Klägers:

– Streithelfer des Klägers –

Prozessbevollmächtigter: RA

gegen

– Beklagter und Nichtigkeitsbeklagter/Restitutionsbeklagter –

Prozessbevollmächtigter: RA

zeige ich an, dass ich den   vertrete, in dessen Name und aufgrund dessen Vollmacht ich hiermit erkläre, dass der   dem Rechtsstreit auf Seiten des Klägers als Streithelfer gem. § 66 ZPO beitritt. Namens und in Vollmacht des Streithelfers erhebe ich für den Kläger Nichtigkeitsklage/Restitutionsklage gegen das Urteil des Landgerichts   vom   , Az: , und beantrage,

1. das angefochtene Urteil aufzuheben,
2. den Beklagten entsprechend der im Verfahren vor dem Landgericht   , Az: , erhobenen Klage zu verurteilen, an den Kläger 20.000 EUR nebst 5 Prozentpunkten über dem Basiszinssatz ab Rechtshängigkeit zu zahlen.

Begründung:

Das Interesse des Streithelfers an der Durchführung des Wiederaufnahmeverfahrens resultiert daraus, dass

Der Streithelfer muss demnach befürchten, vom Kläger in Regress genommen zu werden, wenn es bei der hier angefochtenen rechtskräftigen Entscheidung des Landgerichts bleibt. Die Wiederaufnahme des Verfahrens ist aus folgenden Gründen gerechtfertigt:

Rechtsanwalt

▲

§ 22 Das familiengerichtliche Verfahren

Dr. Birgit Wilhelm-Lenz/Jochem Schausten

Inhalt

	Rdn
1. Teil: Mandatierung in der Trennungssituation	1
A. Einleitung	1
B. Rechtliche Grundlagen	2
I. Aufklärung des Mandanten über die rechtlichen Folgen der Trennung	2
II. Allgemeine Checkliste für die Mandatsaufnahme in der Trennungssituation	4
III. Der Unterhaltsprozess	5
1. Materiell-rechtliche Grundzüge des Unterhaltsrechts	6
a) Unterhaltstatbestände	6
b) Der Bedarf des Unterhaltsgläubigers	8
c) Die Bedürftigkeit des Unterhaltsgläubigers	18
d) Leistungsfähigkeit des Unterhaltsschuldners	25
e) Die Berechnung des Ehegattenunterhalts	38
f) Neue Partnerbeziehung des Unterhaltsberechtigten	46
g) Verwirkung des Unterhaltsanspruchs	47
2. Prozessführung in Trennungsunterhaltsverfahren außerhalb des Scheidungsverbundes	48
a) Inverzugsetzen des Unterhaltsschuldners	49
b) Welches Gericht ist zuständig?	53
c) Die Unterhaltsverfahrensarten außerhalb des Scheidungsverbundverfahrens	57
aa) Leistungsantrag zur Geltendmachung von Trennungsunterhalt	59
bb) Stufenantrag zur Geltendmachung von Trennungsunterhalt	61
cc) Abänderungsverfahren zum Trennungsunterhalt, §§ 238 ff. FamFG	67

	Rdn
(1) Ziel des Abänderungsverfahrens	68
(2) Abänderbare Trennungsunterhaltstitel	70
(3) Identität der Beteiligten	72
(4) Abänderung gerichtlicher Endentscheidungen, § 238 FamFG	73
(5) Abänderung von Vergleichen und Urkunden, § 239 FamFG	85
(6) Abänderung von Entscheidungen nach §§ 237 und 253 FamFG	90
(7) Zuständigkeit des Gerichts	91
(8) Weitere notwendige Maßnahmen des unterhaltsverpflichteten Abänderungsantragstellers	92
dd) Das Vollstreckungsabwehrverfahren gegen den Trennungsunterhaltstitel	95
(1) Ziel des Vollstreckungsabwehrantrags	95
(2) Anwendbarkeit auf folgende Vollstreckungstitel	97
(3) Nachträglich entstandene Einwendungen, § 767 Abs. 2 ZPO	99
(4) Zuständigkeit des Gerichts	101
ee) Bereicherungsantragsverfahren zur Rückforderung zu viel gezahlten Trennungsunterhalts	102

(1) Ziel des Bereicherungsantragsverfahrens 102
(2) Materiell-rechtliche Besonderheiten ... 103
ff) Negatives Feststellungsverfahren, § 256 ZPO .. 105
(1) Ziel des Verfahrens 105
(2) Unzulässigkeit des Feststellungsverfahrens 106
(3) Verfahrensantrag .. 107
d) Vorläufiger Rechtsschutz wegen Trennungsunterhalts außerhalb des Scheidungsverfahrens 109
aa) Einstweilige Anordnung zur Zahlung von Trennungsunterhalt nach §§ 49 ff., 246 FamFG .. 110
(1) Verfahren der einstweiligen Anordnung 111
(2) Inhalt der einstweiligen Anordnung ... 114
(3) Geltungsdauer der einstweiligen Anordnung 117
(4) Abänderbarkeit der einstweiligen Anordnung 120
(5) Erzwingung eines Hauptsacheverfahrens, § 52 FamFG .. 127
bb) Einstweilige Anordnung zur Geltendmachung des Verfahrenskostenvorschussanspruchs im isolierten Trennungsunterhaltsverfahren 128
cc) Einstweilige Verfügung zur Geltendmachung von Trennungsunterhalt außerhalb des Scheidungsverfahrens 131
e) Rechtsmittel im Trennungsunterhaltsverfahren 132
IV. Steuerrechtliche Probleme in der Trennungszeit 133
1. Wahl der Veranlagungsart nach § 26 Abs. 1 EStG 133

2. Steuerliche Berücksichtigung von Unterhaltszahlungen an den dauernd getrennt lebenden Ehegatten 147
3. Das staatliche Kindergeld 154
V. Das Kindesunterhaltsverfahren ... 156
1. Materiell-rechtliche Grundlagen 156
a) Bedarf des Kindes, § 1610 Abs. 2 BGB 162
aa) Elementarunterhalt ... 164
bb) Mehrbedarf 169
cc) Sonderbedarf 170
b) Bedürftigkeit des unterhaltsberechtigten Kindes, § 1602 BGB 173
c) Ermittlung des relevanten Einkommens – Leistungsfähigkeit des Unterhaltsverpflichteten, § 1603 BGB ... 177
d) Verwirkung 179
2. Prozessführung in Kindesunterhaltsstreitigkeiten 180
a) Inverzugsetzen des Unterhaltsschuldners 181
b) Prozessführung 182
c) Unterhaltsverfahrensarten im Kindesunterhaltsprozess ... 184
C. Muster 190
I. Muster: Stufenmahnung 190
II. Muster: Außergerichtliche Abwehr von Unterhaltsansprüchen wegen mangelnder Leistungsfähigkeit (Mangelfall) ... 191
III. Muster: Außergerichtliche Geltendmachung von Elementar- und Altersvorsorgeunterhalt in der Trennungszeit 192
IV. Muster: Geltendmachung von Trennungsunterhalt bei sehr guten Einkommensverhältnissen (Darlegung des konkreten Bedarfs) 193
V. Muster: Trennungsunterhaltsantrag (Leistungsantrag) 194
VI. Muster: Stufenantrag zur Geltendmachung von Trennungsunterhalt 195
VII. Muster: Negative Mahnung zwecks Herabsetzung des titulierten Trennungsunterhalts ... 196

VIII. Muster: Abänderungsantrag zur Herabsetzung/Aufhebung des Trennungsunterhalts 197
IX. Muster: Abänderungsstufenantrag zur Erhöhung des Trennungsunterhalts 198
X. Muster: Vollstreckungsabwehrantrag mit Antrag auf einstweilige Einstellung der Zwangsvollstreckung 199
XI. Muster: Negativer Feststellungsantrag 200
XII. Muster: Antrag auf einstweilige Anordnung wegen Trennungsunterhalts außerhalb des Scheidungsverbundes 201
XIII. Muster: Antrag auf Aufhebung der einstweiligen Anordnung . . 202
XIV. Muster: Antrag auf einstweilige Anordnung wegen Verfahrenskostenvorschusses im Trennungsunterhaltsverfahren 203
XV. Muster: Antrag auf Zustimmung zur gemeinsamen Veranlagung 204
XVI. Muster: Antrag auf Zustimmung zum begrenzten Realsplitting . . 205
XVII. Muster: Antrag auf Zahlung von Kindesunterhalt nach der Trennung der Eltern 206
XVIII. Muster: Stufenantrag zur Geltendmachung von Kindesunterhalt 207
XIX. Muster: Abänderungsantrag zum Kindesunterhalt mit Hilfsantrag zur Rückzahlung zu viel gezahlten Unterhalts 208

2. Teil: Das Scheidungsverfahren . . 209

A. Einleitung 209

B. Rechtliche Grundlagen 211
  I. Folgen der Einreichung des Scheidungsantrags 211
  II. Das Scheidungsverbundverfahren 222
    1. Die formellen Scheidungsvoraussetzungen 222
    2. Die materiell-rechtlichen Scheidungsvoraussetzungen . . . 243
      a) Getrenntleben 244
      b) Scheidung nach einjähriger Trennung 249
      c) Scheidung nach dreijähriger Trennung 254
      d) Scheidung vor Ablauf des Trennungsjahres oder ohne Trennung 256
    3. Aussetzung des Antrags auf Ehescheidung 259
    4. Familiensachen mit Auslandsbezug 261
      a) Ehesachen mit Auslandsbezug 263
      b) Folgesachen mit Auslandsberührung 283
        (1) Unterhaltssachen 284
        (2) Güterrechtssachen 297
        (3) Versorgungsausgleichssachen 301
        (4) Kindschaftssachen . . . 312
    5. Der Scheidungsverbund 327
    6. Die Auflösung des Scheidungsverbundes 333
    7. Folgesache Versorgungsausgleich 347
  III. Der Trennungsunterhaltsprozess während der Dauer des Scheidungsverfahrens 359
    1. Materiell-rechtliche Besonderheiten 360
      a) Altersvorsorgeunterhalt . . . 360
      b) Leistungsfähigkeit überprüfen! 363
    2. Prozessuale Besonderheiten des Trennungsunterhalts nach Rechtshängigkeit des Scheidungsverfahrens 364
      a) Trennungsunterhaltsverfahren 364
      b) Einstweiliger Rechtsschutz 365
  IV. Der Unterhaltsprozess zur Geltendmachung nachehelichen Unterhalts 369
    1. Materiell-rechtliche Grundlagen 369
      a) Unterhaltstatbestände 372
      b) Der Bedarf des Unterhaltsgläubigers 386
      c) Die Bedürftigkeit des Unterhaltsberechtigten, § 1577 BGB 388
      d) Berechnung des Unterhalts 390
      e) Leistungsfähigkeit des Unterhaltsschuldners 391

f) Erlöschen des Unterhaltsanspruchs 392
g) Maß des nachehelichen Unterhalts, § 1578 BGB ... 394
h) Beschränkung oder Wegfall, § 1579 BGB 397
2. Prozessführung zur Geltendmachung nachehelichen Unterhalts 398
  a) Inverzugsetzen des Unterhaltsschuldners 398
  b) Welches Gericht ist zuständig? 401
  c) Unterhaltsantragsarten 404
V. Die güterrechtliche Auseinandersetzung der Eheleute 405
1. Materiell-rechtliche Grundlagen 405
  a) Allgemeines 405
  b) Abgrenzung des Zugewinnausgleichsverfahrens von anderen Ausgleichsverfahren .. 409
    aa) Haushaltsgegenstände (vorm. Hausrat) 410
    bb) Gegenstände des persönlichen Gebrauchs ... 413
    cc) Versorgungsausgleich .. 414
  c) Ermittlung des Zugewinns .. 416
    aa) Anfangsvermögen 417
    bb) Endvermögen 425
    cc) Ausgleichsforderung, § 1378 BGB 432
    dd) Checkliste zur Ermittlung des Zugewinns ... 434
2. Vorbereitung des Prozesses ... 469
  a) Auskunftsanspruch, § 1379 Abs. 1 BGB 469
  b) Schutz vor Vermögensmanipulationen 470
  c) Wie und wann soll der Ausgleich geltend gemacht werden? 473
3. Örtliche Zuständigkeit, § 262 FamFG 474

C. Muster 478
I. Muster: Antrag auf einverständliche Ehescheidung 478
II. Muster: Antrag auf streitige Scheidung nach Ablauf des Trennungsjahres 479
III. Muster: Antrag auf Ehescheidung nach Ablauf von drei Trennungsjahren 480
IV. Muster: Antrag auf Härtefallscheidung 481
V. Muster: Abweisung der Scheidung wegen unzumutbarer Härte 482
VI. Muster: Antrag auf Scheidung nach türkischem Recht 483
VII. Muster: Antrag auf Feststellung der Trennung nach italienischem Recht 484
VIII. Muster: Antrag auf Scheidung nach italienischem Recht 485
IX. Muster: Antrag auf Abtrennung der Folgesachen 486
X. Muster: Außergerichtliche Geltendmachung von Elementar- und Krankenvorsorgeunterhalt in der Trennungszeit nach Rechtshängigkeit des Scheidungsantrags .. 487
XI. Muster: Leistungsantrag auf Ehegatten- und Kindesunterhalt im Verbundverfahren 488
XII. Muster: Antrag zur Geltendmachung von Scheidungsunterhalt außerhalb des Scheidungsverbundverfahrens 490
XIII. Muster: Auskunftsanspruch zur Berechnung des Zugewinns ... 491
XIV. Muster: Zugewinnausgleich als Folgesache im Scheidungsverfahren 492
XV. Muster: Stufenantrag zur Geltendmachung des Zugewinnausgleichsanspruchs außerhalb des Scheidungsverbundes 493
XVI. Muster: Antrag auf vorzeitigen Zugewinnausgleich 494

3. Teil: Elterliche Sorge und Umgangsrecht 495
A. Rechtliche Grundlagen 495
I. Allgemeine Verfahrensgrundsätze 495
II. Gemeinsame elterliche Sorge .. 517
III. Alleinige elterliche Sorge 521
IV. Elterliche Sorge nicht miteinander verheirateter Eltern 529
V. Kindesherausgabe 533
VI. Umgangsrecht 534

- VII. Auskunftsanspruch gem. § 1686 BGB 549
- VIII. Umgangsrecht mit anderen Bezugspersonen 553
- B. Muster 556
  - I. Muster: Antrag auf Übertragung der alleinigen Entscheidungsbefugnis 556
  - II. Muster: Antrag auf Übertragung der elterlichen Sorge mit Zustimmung des anderen Elternteils ... 557
  - III. Muster: Streitiger Sorgerechtsantrag nach § 1671 Abs. 2 Nr. 2 BGB 558
  - IV. Muster: Antrag auf Übertragung des Aufenthaltsbestimmungsrechts 559
  - V. Muster: Antrag auf Regelung des Umgangs 560
  - VI. Muster: Antrag auf Kindesherausgabe 561
  - VII. Muster: Antrag auf Auskunft nach § 1686 BGB 562
  - VIII. Muster: Einstweilige Anordnung zur elterlichen Sorge 563
  - IX. Muster: Einstweilige Anordnung zum Umgang eines Elternteils .. 564

4. Teil: Haushaltsgegenstände und Ehewohnung 565

- A. Einleitung 565
- B. Rechtliche Grundlagen 569
  - I. Allgemeine Verfahrensfragen ... 571
  - II. Die Verteilung der Haushaltsgegenstände 584
    1. Einleitung 584
    2. Verfahrensrechtliche Besonderheiten 592
    3. Vorläufige Nutzungsregelungen während der Trennungszeit 601
    4. Rückschaffung eigenmächtig entfernter Haushaltsgegenstände 605
    5. Endgültige Regelung für die Zeit nach Scheidung der Ehe 611
  - III. Die Zuweisung der Ehewohnung 618
    1. Einleitung 618
    2. Verfahrensrechtliche Besonderheiten 620
    3. Zuweisung der Ehewohnung an einen Ehegatten zur alleinigen Nutzung während der Trennungszeit 625
    4. Regelung bzgl. der Ehewohnung für die Zeit nach rechtskräftiger Scheidung 633
- C. Muster 653
  - I. Muster: Antrag auf vorläufige Nutzung von Haushaltsgegenständen während der Trennungszeit 653
  - II. Muster: Antrag auf Zuteilung von Haushaltsgegenständen für die Zeit nach der Trennung 654
  - III. Muster: Antrag auf vorläufige Zuweisung der Ehewohnung während der Trennungszeit 655
  - IV. Muster: Antrag auf Überlassung der Ehewohnung für die Zeit nach der Scheidung 656
  - V. Muster: Antrag auf einstweilige Anordnung wegen Haushaltsgegenständen 657
  - VI. Muster: Einstweilige Anordnung wegen Überlassung der Ehewohnung 658

5. Teil: Gewaltschutzsachen 659

- A. Rechtliche Grundlagen 660
  - I. Verfahrensfragen 660
  - II. Materiell-rechtliche Fragen 676
- B. Muster 687
  - I. Muster: Antrag auf Erlass einer einstweiligen Anordnung nach § 1 Gewaltschutzgesetz 687
  - II. Muster: Antrag auf Erlass einer einstweiligen Anordnung nach § 2 Gewaltschutzgesetz 688

… § 22 Das familiengerichtliche Verfahren

1. Teil: Mandatierung in der Trennungssituation

Literatur

Fölsch, Das neue FamFG in Familiensachen, 2. Auflage, 2009; *Gernhardt*, Die Veräußerung des Eigenheims beim Ehegattenunterhalt, FamRZ 2003, 414; *Niepmann/Schwamb*, Die Rechtsprechung zur Höhe des Unterhalts, 13. Auflage 2016; *Klein*, Das neue Unterhaltsrecht 2008, 2008; *Koritz*, Das neue FamFG 2009; *Münch*, Der Wohnwert der eigen genutzten Immobilie bei Trennung und Scheidung, FamRB 2009, 149 ff.; *Wendl/Dose*, Das Unterhaltsrecht in der familienrichterlichen Praxis, 9. Auflage 2015.

A. Einleitung

1 Die Beratung und prozessrechtliche Vertretung des Mandanten in familienrechtlichen Angelegenheiten muss sich danach orientieren, in welcher familiären bzw. partnerschaftlichen Situation sich der Mandant/die Mandantin gerade befindet. Die anwaltliche Tätigkeit während der Trennungszeit erfordert in vielen Punkten eine andere Vorgehensweise und andere taktische Überlegungen als die Mandatierung zur Durchführung des Scheidungsverfahrens.

B. Rechtliche Grundlagen

I. Aufklärung des Mandanten über die rechtlichen Folgen der Trennung

2 Meistens zieht (zumindest) eine der Parteien dann einen Anwalt zu Hilfe, wenn die Trennung der Eheleute beschlossen worden ist.

3 Die Trennung hat folgende rechtliche Konsequenzen, auf die der beauftragte Anwalt seinen Mandanten hinweisen sollte:
- Die Trennung ist grundsätzlich Voraussetzung der Ehescheidung (Ausnahme: Härtescheidung nach § 1565 Abs. 2 BGB).[1] Die Parteien müssen im Zeitpunkt der mündlichen Verhandlung des Scheidungsverfahrens mindestens **ein Jahr getrennt leben**.[2] Die Trennung im Sinne einer zumindest einseitig gewollten Aufhebung der ehelichen Gemeinschaft erfordert nicht zwingend den Auszug eines Partners aus der ehelichen Wohnung. Eine Trennung kann auch in der gemeinsamen Wohnung vollzogen werden, wenn kein gemeinsamer Haushalt mehr geführt wird.[3]

> *Hinweis*
>
> Um im späteren Scheidungsverfahren Streitigkeiten über den Trennungszeitpunkt zu vermeiden, sollte in einem ersten Anschreiben, welches an den Gegner gerichtet ist, der Zeitpunkt der Trennung festgehalten werden.

---

[1] Vgl. hierzu im Einzelnen Rdn 256 ff.
[2] Zu den Voraussetzungen der Scheidung s. Rdn 243 ff.
[3] Palandt/*Brudermüller*, § 1567 Rn 3.

Formulierungsbeispiel: „Da Ihre Ehefrau am 1.8.2017 aus der gemeinsamen Wohnung ausgezogen ist und nicht über eigene Einkünfte verfügt, machen wir hiermit ab August den Anspruch auf Zahlung von Trennungsunterhalt geltend."
- Ist der Ehepartner bereits ausgezogen, so ist dem in der Wohnung verbleibenden Ehegatten zu raten, die **Wohnungsschlösser auszutauschen**, um zu vermeiden, dass hinter dem Rücken des Mandanten der Hausrat ausgeräumt wird.
- Ab der Trennung besteht gem. § 1361 Abs. 1 S. 1 BGB ein Anspruch auf Zahlung von **Trennungsunterhalt**. Ist ein Scheidungsverfahren anhängig, so besteht zudem ein Anspruch auf Zahlung von **Altersvorsorgeunterhalt** (§ 1361 Abs. 1 S. 2 BGB).

Hinweis

Der Unterhalt sollte unverzüglich geltend gemacht werden, da er grundsätzlich nur ab dem Zeitpunkt der Rechtshängigkeit oder ab Verzug verlangt werden kann (Ausnahme: Titel oder Vertrag liegen bereits vor). Da das Einkommen des Unterhaltsverpflichteten oft nicht bekannt ist, empfiehlt sich eine **Stufenmahnung**, mit welcher Auskunft über die Höhe des Einkommens (Stufe 1) und der sich hieraus ergebende Unterhalt verlangt wird (Stufe 2).

- Im Jahr der Trennung können die Parteien noch die **gemeinsame steuerliche Veranlagung** wählen, was in den meisten Fällen erhebliche finanzielle Vorteile bietet, wenn die Einkommen beider Parteien unterschiedlich hoch sind oder ein Ehegatte überhaupt kein Einkommen hat (Splittingvorteil). Ab dem Jahr, welches der Trennung folgt, ist dies nicht mehr zulässig (§ 26 Abs. 1 S. 1 EStG).
Unternehmen die Parteien während des Jahres, welches der Trennung folgt, einen Versöhnungsversuch, so genügt dies für die gemeinsame steuerliche Veranlagung dann, wenn der Ehegatte in die gemeinsame eheliche Wohnung zurückkehrt und die Eheleute die Lebens- und Wirtschaftsgemeinschaft wieder begründen wollen.[4] Scheitert ein Versöhnungsversuch, der nur kürzere Zeit gedauert hat, so wird das Trennungsjahr nicht unterbrochen oder gehemmt (§ 1567 Abs. 2 BGB). Zwar ermittelt das Finanzamt die Feststellung über das nicht dauernde Getrenntleben der Ehegatten von Amts wegen. Gewöhnlich werden aber die Angaben der Eheleute in der Steuererklärung als ausreichend erachtet.
- **Nichtselbstständige Doppelverdiener** wählen bei erheblichen Einkommensdifferenzen meist die Lohnsteuerklassen III und V. Im Jahr der Trennung können die Parteien diese Steuerklassenkombination beibehalten. Im Folgejahr ist dies nicht mehr möglich, sondern die Parteien haben die Steuerklassen I oder II zu wählen. Dies führt dazu, dass sich das Einkommen desjenigen, der die Steuerklasse III hatte, verringert. Bei dem anderen Ehepartner führt der Steuerklassenwechsel von Klasse V in Klasse I oder II zu einer Einkommenssteigerung. Hierauf sollte der Mandant frühzeitig hingewiesen werden, um die Verschlechterung/Verbesserung seines Einkommens in seiner Finanzplanung zu berücksichtigen.

---

[4] Palandt/*Brudermüller*, § 1567 Rn 3.

- Der Mandant sollte über die **Betreuungssituation der Kinder** befragt und darüber aufgeklärt werden, dass grundsätzlich derjenige Ehepartner, bei dem sich die Kinder aufhalten und von dem sie betreut werden, über den Betreuungsunterhalt hinaus keinen weiteren Naturalunterhalt schuldet. Der nicht betreuende Gatte hat grundsätzlich **Unterhalt** für die Kinder (und je nach Alter der Kinder auch Betreuungsunterhalt für den Gatten) nach seinen Einkommens- und Vermögensverhältnissen zu zahlen. Hier sollte mit dem Mandanten besprochen werden, ob die von ihm dargestellte Betreuungssituation mit den unterhaltsrechtlichen Konsequenzen hinnehmbar ist. Ist dies nicht der Fall, ist umgehendes Handeln geboten, um die Situation nicht zu „zementieren".
- **Kindergeldberechtigt** ist vorrangig derjenige Elternteil, der das Kind in seinen Haushalt aufgenommen hat, § 64 Abs. 2 S. 1 EStG. Wird das Kindergeld an den Ehepartner gezahlt, der auszieht und nicht mehr mit den Kindern in einem Haushalt lebt, so sollte von dem anderen Ehepartner sofort ein schriftlicher Antrag bei der zuständigen Familienkasse gestellt werden, das Kindergeld an denjenigen auszuzahlen, der mit den Kindern in einem Haushalt lebt.

  > *Hinweis*
  >
  > Wird der Kindergeldantrag rückwirkend gestellt (z.B. weil die Ehepartner eine Zeit lang das Kindergeld mit anderen Ansprüchen untereinander verrechnet haben, der eigentlich Bezugsberechtigte dies aber nicht mehr will), so ergeht gegen denjenigen, der das Kindergeld zu Unrecht bezogen hat, **ein Aufhebungs- und Rückforderungsbescheid**.[5] Ein Rückgriff gegen den anderen Ehegatten ist dann, wenn es keine schriftliche Vereinbarung über die Verrechnungsabreden gibt, schwierig. Um diesen Streit zu vermeiden, sollte die Kindergeldberechtigung unverzüglich überprüft werden!

- Sollten die Ehepartner noch **gemeinschaftliche Bankkonten** (Und- oder Oder-Konten) haben oder ein Partner kein eigenes Konto führen, so empfiehlt sich die Einrichtung eines **eigenen Kontos**. Darüber hinaus sollte das Kreditinstitut schriftlich darauf hingewiesen werden, dass der Mandant für die weitere Inanspruchnahme des Überziehungskredites oder eine Aufstockung der bereits gewährten Darlehen des Ehepartners nicht mehr haftet.
- Der Mandant sollte darauf hingewiesen werden, dass der während der Ehe erwirtschaftete **Zugewinn** grundsätzlich bei Beendigung der Zugewinngemeinschaft (Scheidung) auszugleichen ist. Zur Ermittlung des während der Ehe erzielten Zugewinns wird der Wert des Endvermögens um den Wert des Anfangsvermögens reduziert. Das Endvermögen wird dabei zum **Zeitpunkt der Rechtshängigkeit des Scheidungsantrags** ermittelt und berechnet. Somit wird alles, was die Eheleute ab der Trennung bis zur Zustellung des Scheidungsantrags sparen (Vermögensbildung durch Einzahlung in Lebensversicherungen, Sparverträge, vermögenswirksame Leistungen u.a.) im Endvermögen desjenigen berücksichtigt, der die Vermögensbildung betreibt.

---

5 FG Rheinland-Pfalz, Urt. v. 25.6.1997 – 1 K 1696/97, NWB Eilnachrichten 1997 F1, S. 229.

Diese Werte vergrößern sein Endvermögen und damit den auszugleichenden Zugewinn. Mit anderen Worten: Jeder während der Trennungszeit gesparte Euro ist mit dem zukünftigen Ex-Ehegatten zu teilen!

- Der **Hausratsversicherungsschutz** entfällt für denjenigen Ehegatten, der einen eigenen Hausstand begründet. Hier muss der Mandant mit der Versicherung Rücksprache nehmen und ggf. eine eigene Versicherung abschließen.
- Bei einer Zusammenveranlagung erfolgt die Anrechnung von Einkommensteuervorauszahlungen, die an das Finanzamt geleistet werden, seitens des Finanzamtes für jeden Ehepartner je zur Hälfte. Dies gilt auch dann, wenn nur einer der Ehegatten ein steuerpflichtiges Einkommen erzielt oder nur einer der Ehepartner ein vorauszahlungspflichtiges Einkommen erzielt. Die hälftige Anrechnung der Einkommensteuervorauszahlungen gilt auch nach einer Trennung bis zu dem Zeitpunkt, zu dem das Finanzamt von der Trennung in Kenntnis gesetzt wird. Das Finanzamt sollte daher unverzüglich von einer Trennung in Kenntnis gesetzt werden! Zudem sollte bei jeder Vorauszahlung angegeben werden, auf wessen Steuerschuld gezahlt wird, um eine hälftige Anrechnung zugunsten des anderen Ehegatten zu vermeiden.

II. Allgemeine Checkliste für die Mandatsaufnahme in der Trennungssituation

Information	Mandant	Gegner
Name, Vorname, Geburtsname, Geburtstag, Anschrift		
Staatsangehörigkeit		
Heiratsdatum/Trennungszeitpunkt		
Letzter gemeinsamer Aufenthaltsort		
Gemeinsame Kinder: Name, Alter, Aufenthaltsort		
Weitere Kinder (nichteheliche, ersteheliche)		
Kindergeldberechtigung und Kindergeldbetrag		
Monatliches Einkommen (Einkünfte aus selbstständiger/nichtselbstständiger Arbeit, Kapitalvermögen, Vermietung und Verpachtung, Rente)		
Sozialstaatliche Zuwendungen (Arbeitslosengeld I, Hartz IV-Bezüge u.a.)		
Anschrift des Arbeitgebers		
Kontoverbindung		
Honorarvereinbarung/Verfahrenskostenhilfe/Beratungshilfe/Vollmacht		

III. Der Unterhaltsprozess

5 Unterhaltsprozesse nehmen in den familiengerichtlichen Verfahren deshalb eine besonders wichtige Stellung ein, weil Unterhaltszahlungen das Leben der Beteiligten auch nach Abschluss des Prozesses und über Jahre hinaus auf der einen Seite belasten und auf der anderen Seite absichern. Anders als eine güterrechtliche Auseinandersetzung oder eine Teilung der Haushaltsgegenstände, bei denen in der Regel eine einmalige Zahlung bzw. endgültige Verteilung begehrt wird, und anders als im Versorgungsausgleichsverfahren, in welchem über zukünftige Rechte gestritten wird, tangieren die Unterhaltszahlungen die Parteien **monatlich und unmittelbar**. Auch die Auswirkungen der Zahlungspflichten auf eine neue Partnerschaft können kaum unterschätzt werden und sind immer wieder Anlass zu Diskussionen in der neuen Verbindung. Vor diesem Hintergrund ist bei der Bearbeitung dieser (regressträchtigen) Streitigkeiten besondere Sorgfalt an den Tag zu legen.

1. Materiell-rechtliche Grundzüge des Unterhaltsrechts

a) Unterhaltstatbestände

6 **Ehepartner** sind sich gegenseitig zum Unterhalt verpflichtet. Das Gesetz unterscheidet drei verschiedene gesetzliche Unterhaltsschuldverhältnisse, und zwar:
- **Familienunterhalt (§§ 1360 ff. BGB):** Beide Ehepartner sind einander verpflichtet, durch ihre Arbeit und mit ihrem Vermögen die Familie, also den anderen Partner und die gemeinsamen Kinder, angemessen zu unterhalten. Da diese wechselseitigen Unterhaltsverpflichtungen während der Dauer der häuslichen Gemeinschaft bestehen, sind sie selten Gegenstand juristischer Auseinandersetzungen.
- **Trennungsunterhalt (§ 1361 BGB):** Leben die Ehepartner voneinander getrennt, so kann ein Ehepartner von dem anderen nach den Lebensverhältnissen und den Erwerbs- und Vermögensverhältnissen angemessenen Unterhalt verlangen. Der Trennungsunterhalt umfasst den Zeitraum von der tatsächlichen Trennung bis zum rechtskräftigen Abschluss des Scheidungsverfahrens. Die ehelichen Lebensverhältnisse sollen während der Trennungszeit fortgeschrieben werden, um es beiden Partnern zu ermöglichen, die Trennung rückgängig zu machen und die Ehe weiterzuführen. Dauert die Trennung lange an, so überwiegt die wirtschaftliche Eigenverantwortung der Partner, wie sie nach der Scheidung gilt.
- **Nachehelicher Unterhalt (§§ 1569 ff. BGB):** Nach rechtskräftigem Abschluss des Scheidungsverfahrens gilt das Prinzip der wirtschaftlichen Eigenverantwortung der geschiedenen Eheleute: Beiden Parteien obliegt es, selbst für ihren Unterhalt zu sorgen. Ein Unterhaltsanspruch besteht nur dann, wenn der Ehepartner sich selbst nicht unterhalten kann:
    - weil er gemeinschaftliche Kinder pflegt oder erzieht (§ 1570 BGB) oder
    - weil er wegen seines Alters keiner Erwerbstätigkeit mehr nachzugehen braucht (§ 1571 BGB) oder

- weil wegen Krankheit oder anderer Gebrechen oder Schwächen seiner körperlichen oder geistigen Kräfte eine Erwerbstätigkeit nicht erwartet werden kann (§ 1572 BGB) oder
- weil er keine angemessene Erwerbstätigkeit findet (§§ 1573 f. BGB) oder
- weil er eine Ausbildung, Fortbildung oder Umschulung absolviert (§ 1575 BGB) oder
- aus Billigkeitsgründen (§ 1576 BGB).

Hinweis 7

Trennungsunterhalt und Geschiedenenunterhalt sind **nicht identisch**. Es reicht also nicht aus, nur den Trennungsunterhalt gerichtlich geltend zu machen, denn aus einem Trennungsunterhaltstitel kann nach rechtskräftigem Abschluss des Scheidungsverfahrens nicht mehr vollstreckt werden. Vollstreckt der Unterhaltsgläubiger gleichwohl weiter, so hat der Unterhaltsverpflichtete einen Vollstreckungsabwehrantrag nach § 767 ZPO zu erheben und die Einwendung des Endes des Trennungsunterhalts zu erheben.[6]

- Der **Verwandtenunterhalt** (§§ 1601 ff. BGB) regelt insbesondere den Unterhalt von Kindern gegen ihre Eltern und umgekehrt.
- Die Mutter des nichtehelichen Kindes hat gegen den Vater des Kindes einen Anspruch auf **Betreuungsunterhalt** nach § 1615l BGB.

b) Der Bedarf des Unterhaltsgläubigers

Die Frage, wie viel Unterhalt jemand benötigt, beurteilt sich danach, welche Art Unterhalt begehrt wird. Der Bedarf des Ehepartners orientiert sich danach, wie die **ehelichen Lebensverhältnisse** geprägt waren: Zu ermitteln ist, was die Eheleute während der Dauer ihres Zusammenlebens zu Konsumzwecken einerseits und zur Vermögensbildung andererseits verwendet haben. 8

Der Unterhaltsanspruch setzt sich zusammen aus dem: 9
- Elementarunterhalt (§ 1361 Abs. 1 S. 1 BGB),
- Krankenvorsorgeunterhalt (§ 1578 Abs. 2 BGB analog),
- Altersvorsorgeunterhalt (§ 1361 Abs. 1 S. 2 BGB),
- Sonderbedarf (§§ 1361 Abs. 4 S. 3, 1360a Abs. 3, 1613 Abs. 2 BGB),
- ausbildungsbedingten Mehrbedarf (§ 1578 Abs. 2 BGB analog),
- trennungsbedingten Mehrbedarf.

Der **Elementarunterhalt** umfasst die Aufwendungen für das tägliche Leben. Sind die ehelichen Lebensverhältnisse von **überdurchschnittlichen wirtschaftlichen Verhält-** 10

---

6 BGH FamRZ 1981, 242, 243.

nissen[7] geprägt, so richtet sich der eheliche Bedarf nicht nach einer Quote,[8] sondern ist konkret aufzuzeigen und nachzuweisen. Es gibt keine absolute Sättigungsgrenze für den Bedarf, aber eine praktische Obergrenze, die dann erreicht ist, wenn im konkreten Fall der gesamte Bedarf gedeckt ist.[9]

11 Checkliste zur Ermittlung des konkreten Bedarfs des Unterhaltsberechtigten
- Wohnkosten inklusive Nebenkosten
- Ernährung
- Kleidung
- Telefon/Handy
- Haushaltshilfen (Gärtner, Hausmeister, Fensterputzer)
- Kraftfahrzeug (Benzin, Versicherung, Steuern, Reparatur, Rücklage für Ersatzbeschaffung)
- Versicherungsbeiträge (Hausrat, Haftpflicht, Krankenvorsorge, Altersvorsorge)
- Kosmetika, Friseur, Massage
- Tierhaltungskosten
- Arzt- und Therapiekosten (Psychotherapie)
- Hobbies (Reiten, Tennis, Golf, Bridge, Theater, Literatur, sonstige Veranstaltungen)
- Urlaub
- Unterjährige Geschenke

12 Der **Krankenvorsorgebedarf** umfasst die Kosten der Krankenversicherung in dem Umfang, wie er während der Dauer des Zusammenlebens gewesen ist sowie die Versicherung für den Fall der Pflegebedürftigkeit.[10]

13 Der **Altersvorsorgeunterhalt** umfasst den Aufwand zur Absicherung des Alters, der Berufs- und Erwerbsunfähigkeit. Da der Ehepartner (nur) bis zum Zeitpunkt der Zustellung des Scheidungsantrags an der Altersversorgung des Ehepartners über den Versorgungsausgleich teilnimmt, besteht ab diesem Zeitpunkt ein Anspruch auf eigene Absicherung.[11]

14 Sonderbedarf entsteht, wenn eine unregelmäßige (überraschende) Situation einen außergewöhnlich hohen zusätzlichen Bedarf entstehen lässt. Er kann geltend gemacht werden, wenn der Unterhaltsgläubiger diesen Bedarf nicht aus seinen laufenden Einkünften (inkl. Unterhalt) und auch nicht aus seinem Vermögen decken kann.

15 Ausbildungsbedingter Mehrbedarf ist neben dem Elementarunterhalt zu zahlen, um z.B. Kosten für Lernmittel zu decken.

---

7 Wann eine konkrete Bedarfsbemessung erforderlich wird, beurteilen die Oberlandesgerichte unterschiedlich und ist in den unterhaltsrechtlichen Leitlinien der Oberlandesgerichte nachzulesen. Z.B.: OLG Koblenz: Leitlinien Ziff. 15.3: die konkrete Bedarfsberechnung bei sehr guten Einkommensverhältnissen liegt in der Regel erst vor, wenn mindestens das Doppelte des Höchstbetrages nach der Düsseldorfer Tabelle als frei verfügbares Einkommen vorhanden ist, das sind 11.000 EUR gemeinsames unterhaltsprägendes Einkommen.
8 Zum Rechenvorgang s. Rdn 38 ff.
9 *Niepmann/Schwamb*, Rn 52.
10 Zur Berechnung des Krankenvorsorgeunterhalts s. Muster Rdn 487.
11 Zur Berechnung des Altersvorsorgeunterhalts s. Muster Rdn 192.

Der eheangemessene Bedarf kann sich durch **trennungsbedingten Mehrbedarf** vergrößern. Das ist der Fall, wenn aufgrund der Trennung höhere allgemeine Lebenshaltungskosten zu tragen sind.

16

Im Verwandtenunterhaltsrecht richtet sich der Bedarf nach den **innerfamiliären Verhältnissen**, denn die Kinder leiten ihre Lebensstellung von den Eltern ab. Den Kindesbedarf haben die Oberlandesgerichte pauschaliert festgelegt. Im zweijährlichen Rhythmus werden Tabellen veröffentlicht („**Düsseldorfer Tabelle**"),[12] in welchen die Bedarfssätze nach Alter des Kindes und Einkommen des Unterhaltsverpflichteten festgelegt werden.

17

c) Die Bedürftigkeit des Unterhaltsgläubigers

Der Unterhaltsgläubiger kann Unterhalt nur dann und nur insoweit verlangen, wie es ihm zum einen nicht möglich und zum anderen nicht zumutbar ist, für seinen Lebensbedarf selbst zu sorgen. Die Frage, ob es dem Unterhaltsgläubiger zumutbar ist, für seinen Unterhalt selbst zu sorgen, richtet sich danach, welche Art Unterhalt begehrt wird.

18

Während der **Trennungszeit** sollen die ehelichen Lebensverhältnisse fortgeschrieben werden. War der Unterhaltsgläubiger schon während des Zusammenlebens berufstätig, so hat er seinen Bedarf mit den Einkünften, die er aus der Berufstätigkeit erzielt, zu befriedigen. Reichen die Einkünfte hierzu nicht aus, besteht der Unterhaltsbedarf in entsprechend geringerem Umfang. Werden sonstige Einkünfte erzielt (z.B. Einkünfte aus Kapitalvermögen, aus Vermietung und Verpachtung), so werden auch diese angerechnet, wenn sie während der Dauer des Zusammenlebens zur Bestreitung des Lebensunterhalts verwendet worden sind.

19

Wird **nachehelicher Unterhalt** begehrt, so ist im Rahmen der Bedürftigkeit nach dem Grundsatz der wirtschaftlichen Eigenverantwortung zu prüfen, ob der Unterhaltsgläubiger verpflichtet ist, seinen Bedarf selbst zu decken.[13]

20

Die Frage, in welcher Höhe der Unterhaltsgläubiger von dem Unterhaltsschuldner Unterhalt verlangen kann, richtet sich danach, wie viel der Unterhaltsberechtigte neben seinem eigenen (anrechenbaren) Einkommen und seinem Vermögen benötigt, um den ehelichen Bedarf zu decken.

21

Lebt der Unterhaltsberechtigte mit einem neuen Partner zusammen und erbringt für diesen Versorgungsleistungen (Haushaltsführung), so ist ihm ein **fiktives Einkommen** für diese Tätigkeit anzurechnen.[14]

22

Bleibt der Unterhaltsberechtigte in der (ehemals) gemeinsamen Wohnung und zahlt keine Miete (z.B. weil die Wohnung Eigentum beider Eheleute ist), so wird ihm ein **Wohnwertvorteil** für das mietfreie Wohnen angerechnet.[15]

23

---

12 Im Internet zu finden unter www.olg-duesseldorf.nrw.de.
13 Vgl. im Einzelnen Rdn 369 ff.
14 *Wendl/Dose*, § 1 Rn 708.
15 Zur Berechnung des Wohnwertvorteils: BGH, Beschl. v. 19.3.2014 – XII ZB 367/12; *Graba*, FamRZ 2009, 553, 557 und *Münch*, FamRB 2009, 149 ff.

24 Freiwillige Leistungen Dritter (z.B. der Eltern) werden nur dann bedarfsmindernd angerechnet, wenn der Dritte mit der Zahlung (auch) bezweckt, den Unterhaltsschuldner zu entlasten. Dies ist aber grundsätzlich nicht der Fall. Liegt ein Mangelfall vor, so kann die freiwillige Leistung auch dann angerechnet werden, wenn der Zuwendende nicht beabsichtigt, den Unterhaltsschuldner zu entlasten.[16]

d) Leistungsfähigkeit des Unterhaltsschuldners

25 Der Unterhaltsverpflichtete ist nur insoweit zur Zahlung von Unterhalt verpflichtet, wie es ihm unter Einsatz seiner tatsächlich erzielten und erzielbaren Mittel und nach Befriedigung seiner eigenen Bedürfnisse zumutbar ist. Durch die Zahlung des Unterhalts darf keine Sozialhilfebedürftigkeit eintreten.[17] Es ist daher zu prüfen:

26 Checkliste zur Ermittlung der Leistungsfähigkeit des Unterhaltsschuldners
- Welche Mittel stehen zur Verfügung? (Einkommen, Vermögen)
- Welche weiteren Mittel kann sich der Unterhaltsschuldner verschaffen? (Aufnahme einer weiteren Erwerbstätigkeit, Veräußerung von Vermögensgegenständen und rentable Anlage)
- Welche Verbindlichkeiten sind zu berücksichtigen?
- Welcher Einsatz ist ihm zumutbar?

27 Bei der Berechnung des Unterhalts werden folgende **Einkünfte des Unterhaltsschuldners berücksichtigt**:
- durchschnittliches monatliches Nettoeinkommen aus Erwerbstätigkeit (inkl. Überstundenvergütungen, Nachtzuschläge, Erschwerniszulagen, vermögenswirksame Leistungen, Weihnachtsgeld, Urlaubsgeld, Gratifikationen, Ortszuschläge),[18]
- geldwerte Zuwendungen des Arbeitgebers (z.B. privater Nutzungsvorteil eines vom Arbeitgeber zur Verfügung gestellten Pkw,[19] freie Kost oder Logis, Einkaufsgutscheine),
- Entgelt für arbeitsbedingte Aufwendungen, soweit diese den tatsächlichen Mehraufwand übersteigen (Spesen, Aufwandsentschädigungen, Fahrgeld),
- Steuererstattungen,
- Abfindungen des ehemaligen Arbeitgebers,[20]
- Renten, Pensionen,
- Einkünfte aus Vermietung und Verpachtung,

---

16 BGH FamRZ 2000, 153.
17 BGH FamRZ 1993, 1186, 1188.
18 Zur Berücksichtigung des Splittingvorteils sowohl bei der Bemessung des Unterhaltsbedarfs als auch bei der Beurteilung der Leistungsfähigkeit des Unterhaltsverpflichteten s. BGH FamRZ 2008, 2189.
19 *Niepmann/Schwamb*, Rn 808 ff. (m.w.N.) setzen für ein Mittelklassefahrzeug 150 EUR pro Monat an; nach OLG Koblenz sind die steuerrechtlichen Ansätze (1 % des Bruttolistenpreises zzgl. 0,03 %/km für Fahrten zwischen Wohnung und Arbeitsstelle) einkommenserhöhend zu berücksichtigen, Urt. v. 9.12.2004 – 7 UF 94/04 – n.v., nach a.A. ist zu differenzieren danach, welche Kosten für ein eigenes angemessenes Fahrzeug entstünden und welche berufsbedingt entstehen, so: *Langheim*, FamRZ 2009, 665 ff., siehe auch: *Galinsky*, Der Firmenwagen im Unterhaltsrecht, NZFam 2015, 951 ff.
20 *Niepmann/Schwamb*, Rn 879 ff.; *Maurer*, Zur Qualifikation arbeitsrechtlicher Abfindungen – Unterhaltsrecht oder Güterrecht?, FamRZ 2005, 757 ff., BGH FamRZ 2010, 1311 ff.

- Wohnvorteil aus mietfreiem Wohnen,[21]
- Einkünfte aus Kapitalvermögen,
- Arbeitslosengeld I, Krankengeld,
- Wohngeld, soweit es nicht erhöhte Wohnkosten deckt,
- BAföG-Leistungen (außer Vorausleistungen),
- Erziehungsgeld,
- Leistungen aus der Pflegeversicherung, Blindengeld, Unfall- und Versorgungsrenten, Schwerbeschädigten- und Pflegezulagen (abzüglich des tatsächlichen Mehraufwandes),
- Pflegegeld (sofern es nicht für den Pflegebedürftigen verbraucht wird).

Dem Unterhaltsverpflichteten obliegt es, seine **Arbeitskraft auszunutzen, zu erhalten und wiederherzustellen sowie sein Vermögen gewinnbringend einzusetzen**, um seiner Unterhaltspflicht zu genügen. 28

Ist der Unterhaltsverpflichtete arbeitslos, so muss er sich nachweisbar um Arbeit bemühen. Dazu reicht es nicht aus, sich arbeitslos zu melden, vielmehr muss er sich intensiv bewerben.[22] 29

Nachfolgend genannte **Mittel hat sich der Unterhaltsschuldner zu verschaffen:** 30
- Ausnutzung aller legalen Steuervorteile (z.B. optimale Wahl der Lohnsteuerklasse, Eintrag aller relevanten Freibeträge auf der Lohnsteuerkarte, Geltendmachung des Realsplittings),
- ertragsoptimierte Vermögensanlage unter Berücksichtigung des individuellen Kapitalanlageverhaltens,
- Wechsel des Arbeitsplatzes, sofern die berufliche Qualifikation bei dem bisherigen Arbeitgeber nicht finanziell honoriert wird,
- Aufnahme einer weiteren Beschäftigung, sofern zumutbar und erforderlich,
- Geltendmachung von Pflichtteilsansprüchen.[23]

Unterlässt der Unterhaltsverpflichtete es, sich in zumutbarer Weise weitere Einkünfte zu beschaffen, so werden ihm die tatsächlich nicht erzielten Einkünfte als **fiktive Einkünfte** zugerechnet und bei der Unterhaltsberechnung berücksichtigt. 31

Folgende **Verbindlichkeiten werden berücksichtigt:** 32
- Berufsbedingte Aufwendungen werden pauschal mit 5 % des Nettoeinkommens berücksichtigt,[24] sofern nicht ein höherer tatsächlicher Aufwand nachgewiesen wird;
- Pkw-Fahrtkosten zur Arbeit werden pro gefahrenen Kilometer mit derzeit 0,30 EUR (in Anlehnung an § 5 Abs. 2 Nr. 2 JVEG) berücksichtigt. Sind die errechneten Kosten höher als die Kosten, die bei der Nutzung von öffentlichen Verkehrsmitteln entstehen, so ist zu prüfen, ob der Unterhaltsverpflichtete auf die Inanspruchnahme dieser

---

21 *Niepmann/Schwamb*, Rn 387b ff.
22 S. zur umfangreichen Rechtsprechung: *Niepmann/Schwamb*, Rn 711 ff.
23 BGH FamRZ 1993, 1065.
24 Anm. 3 zur Düsseldorfer Tabelle: 5 % (maximal werden 150 EUR berücksichtigt). Höherer Aufwand muss konkret nachgewiesen werden.

Verkehrsmittel verwiesen werden kann (die Zumutbarkeit hängt vom Einzelfall ab, so von der Erreichbarkeit des Betriebs und den Arbeitszeiten);

> *Hinweis*
>
> Mit dieser Pauschale sind alle Pkw-Kosten abgedeckt. Wird der Kauf eines Pkw finanziert, so sind die Finanzierungskosten neben der Kilometerpauschale nicht mehr zu berücksichtigen![25]

- konkret nachgewiesene berufsbedingte Aufwendungen (Beiträge zu Gewerkschaften und anderen Berufsverbänden,[26] Sachaufwand, Arbeitskleidung);
- konkret nachgewiesener berufsbedingter Mehraufwand (Kosten auswärtiger Unterbringung, Verpflegungsmehraufwand);
- Absetzung für Abnutzung (AfA): Mittels der AfA werden die Anschaffungs- und Herstellungskosten eines Wirtschaftsgutes auf die Dauer der gewöhnlichen Nutzung verteilt, so dass der Anschaffungspreis nicht bereits im Jahr des Erwerbs in voller Höhe als Betriebsausgabe geltend gemacht werden kann, sondern der Aufwand über mehrere Jahre verteilt wird. Die steuerrechtlich möglichen Wahlrechte hinsichtlich der Art der Abschreibung (vgl. i.E. § 7 EStG) werden unterhaltsrechtlich nicht anerkannt, weil die unterhaltsrechtlich relevante Leistungsfähigkeit anders ermittelt wird als die (einkommen)steuerliche Leistungsfähigkeit und beide Größen nicht kongruent sind.[27] Die lineare Abschreibung wird grundsätzlich unterhaltsrechtlich anerkannt, weil der Wertverzehr gleichmäßig auf die Jahre der Nutzung verteilt wird;
- Verluste aus Vermietung und Verpachtung (Abschreibungen, Instandhaltungskosten) werden unterhaltsrechtlich nur anerkannt, sofern dem ein tatsächlicher Wertverlust gegenübersteht;
- Aufwendungen auf Vermögensgegenstände, mit denen Einkünfte erzielt werden (z.B. Kosten der Wohngebäudeversicherung, Zinsaufwand für Hypothekendarlehen);
- Kosten für Ersatzbeschaffung (Rücklagen für den Erwerb eines neuen Pkw);
- Krankenvorsorgekosten (private Krankenversicherung, Zusatzversicherung, Unfallversicherung) sind zu berücksichtigen, sofern:
- sie die ehelichen Lebensverhältnisse geprägt haben (also auch schon in der Zeit des Zusammenlebens gezahlt worden sind) und
- die Kosten angemessen sind und
- der Unterhalt des Berechtigten gesichert ist;
- krankheitsbedingter Mehrbedarf wird berücksichtigt, soweit er konkret nachgewiesen ist (z.B. Kosten für Medikamente, Fahrtkosten, Kosten für Haushaltshilfe, Diätverpflegung, Krankengymnastik);

---

[25] OLG Hamm FamRZ 1998, 561; BGH FamRZ 2000, 1367; OLG Koblenz, Urt. v. 3.12.2001 – 13 UF 287/07 n.v.
[26] *Niepmann/Schwamb*, Rn 978 ff.
[27] Das Prinzip der Einheit der Rechtsordnung ist noch nicht so weit entwickelt, dass man allein anhand eines Steuerbescheides die Leistungsfähigkeit des Unterhaltsschuldners ermitteln könnte (z.B. unterschiedliche Berücksichtigung von Werbungskosten, Spekulationsverlusten).

- Beiträge zum Aufbau einer zusätzlichen Altersvorsorge[28] neben der gesetzlichen Altersvorsorge werden in Höhe von 4 % des Bruttoeinkommens berücksichtigt (z.B. Riesterrente, Beiträge zur Lebensversicherung).[29] Ist der Unterhaltsverpflichtete selbstständig, so kann er denselben Prozentsatz, den auch ein abhängig Beschäftigter in die Rente einbezahlt (Arbeitgeber- und Arbeitnehmeranteil machen zusammen ca. 20 % des Bruttoeinkommens aus), in die private Vorsorge einbezahlen, muss die Aufwendungen aber konkret nachweisen (insgesamt also bis zu 24 % seines Einkommens vor Steuern);
- trennungsbedingter Mehrbedarf: Mit der örtlichen Trennung der Ehepartner entstehen viele Kosten doppelt (z.B. Miete mit Nebenkosten, Fernsehen, Zeitung, Telefon), die konkret nachgewiesen werden müssen, um anrechenbar zu sein;
- Schulden: Da Unterhaltsschuldner bekanntlich lieber eine Fernreise finanzieren, als an den Ehepartner Unterhalt zu zahlen, wird bei der Frage, ob Schulden zu berücksichtigen sind, genau geprüft, wann sie wozu gemacht worden sind. Es gilt der Grundsatz, dass die ehelichen Lebensverhältnisse maßgeblich sind. Sind die Schulden im Einverständnis mit dem anderen Ehepartner aufgenommen worden, so sind sie grundsätzlich zu berücksichtigen.

> *Hinweis*
>
> Es ist dann zu prüfen, ob die vereinbarte Tilgungsrate unangemessen hoch und daher zu reduzieren ist. Der Unterhaltsverpflichtete muss sich dann um eine Streckung der Tilgung (Herabsetzung der Ratenhöhe) bemühen.
>
> Werden die Schulden ohne Abstimmung mit dem Partner, gegen seinen Willen oder nach der Trennung aufgenommen, so ist zu prüfen, ob die Aufnahme des Kredites erforderlich war (z.B. zum Erwerb einer Wohnungseinrichtung) oder dem Luxus diente.[30] Schulden, die der Vermögensbildung dienen, werden nicht berücksichtigt.

- Angemessene Kosten des Umgangs eines barunterhaltspflichtigen Elternteils mit seinem Kind können zur maßvollen Erhöhung des Selbstbehalts führen, wenn dem Unterhaltpflichtigen das Kindergeld ganz oder teilweise nicht zugute kommt.[31]

> *Hinweis*   33
>
> Notwendige Anwalts- und Gerichtskosten, die im Scheidungsverfahren entstehen, sind zu berücksichtigen. Es sollte daher dem Mandanten empfohlen werden, direkt nach der Beauftragung des Anwalts regelmäßige Ratenzahlungen auf den Honoraranspruch zu leisten, damit diese berücksichtigt werden. Auch die Ratenzahlungen an die Staatskasse bei Verfahrenskostenhilfe werden berücksichtigt. Die Kosten des Unterhaltsverfahrens sind hingegen nicht abzugsfähig.[32]

---

28 Vgl. im Einzelnen BGH FamRZ 2009, 1207; BGH FamRZ 2009, 1308 f.
29 S. z.B.: Unterhaltsrechtliche Leitlinien OLG Koblenz – Stand 1.1.2010, Nr. 10.1.2.
30 Z.B. Erwerb von Schmuck.
31 BGH v. 23.2.2005 – XII ZR – 56/02, Familienrecht kompakt 2005, 73 ff.; *Wendl/Dose*, § 2 Rn 272.
32 *Niepmann/Schwamb*, Rn 1057 ff.

34 Checkliste für grundsätzlich nicht zu berücksichtigende Aufwendungen
- Kosten, die zur Ausübung des Umgangsrechts notwendig sind (z.B. Fahrtkosten)
- Schulden zur Finanzierung von Luxusanschaffungen
- Unangemessene Alters- oder Krankenvorsorgekosten
- Vermögensbildung, sofern nicht angemessen (z.B. Lebensversicherung)

35 Der Unterhaltsanspruch kann gem. § 1361 Abs. 3 BGB **aus Billigkeitsgründen herabgesetzt** werden, wenn **Verwirkungsgründe** nach § 1579 Nr. 2–8 BGB erfüllt sind. Dabei muss aber dem Unterhaltsgläubiger das Existenzminimum bleiben.[33]

36 Der Unterhaltsverpflichtete muss in der Lage bleiben, mit den vorhandenen und den erzielbaren Mitteln nicht nur die Unterhaltsansprüche, sondern auch seinen eigenen Bedarf zu decken. In der Düsseldorfer Tabelle[34] sind die jeweiligen **Selbstbehalte (Eigenbedarf)** festgelegt. Dieser Betrag muss dem Unterhaltsschuldner nach Abzug der Schulden und Befriedigung der Unterhaltsgläubiger mindestens verbleiben. Darüber hinaus darf der **Bedarfskontrollbetrag** der Düsseldorfer Tabelle nicht unterschritten werden, der eine ausgewogene Verteilung des Einkommens zwischen dem Unterhaltsverpflichteten und den Unterhaltsberechtigten gewährleisten soll.[35]

37 Reicht das Einkommen zur Deckung des Bedarfs des Unterhaltspflichtigen und der gleichrangigen Unterhaltsberechtigten nicht aus (sog. **Mangelfall**),[36] ist die nach Abzug des notwendigen Eigenbedarfs des Unterhaltspflichtigen verbleibende Verteilungsmasse auf die Unterhaltsberechtigten im Verhältnis ihrer jeweiligen Einsatzbeträge gleichmäßig zu verteilen.[37]

e) Die Berechnung des Ehegattenunterhalts

38 Grundsätzlich hat der unterhaltsberechtigte Ehegatte während des ersten Trennungsjahres Anspruch darauf, dass die ehelichen Lebensverhältnisse beibehalten werden (**Halbteilungsgrundsatz**). Es gibt verschiedene Methoden zur Berechnung des Ehegattenunterhalts. Die Wahl der richtigen Berechnungsmethode hängt davon ab, wie die ehelichen Lebensverhältnisse geprägt waren.

39 Sind die Einkommensverhältnisse sehr gut, so wird der Bedarf (und damit die Unterhaltshöhe) konkret berechnet.[38]

40 Sind die Einkommensverhältnisse normal oder unterdurchschnittlich, so gilt Folgendes:

41
- Ist nur ein Ehegatte berufstätig, so erhält er $3/7$ des bereinigten Einkommens des anderen Ehegatten.
- Sind beide Parteien berufstätig (Doppelverdienerehe), so erhält der unterhaltsberechtigte Ehegatte $3/7$ der Differenz beider bereinigter Einkommen (**Differenzmethode**).[39]

---

33 BGH FamRZ 1997, 873.
34 Im Internet zu finden unter www.olg-duesseldorf.nrw.de.
35 Vgl. Anm. 6 zur Düsseldorfer Tabelle.
36 S. hierzu Muster Rdn 191.
37 *Klein*, S. 181; zur Berechnung im absoluten Mangelfall; vgl. im Übrigen Düsseldorfer Tabelle, Teil C.
38 S. hierzu Muster Rdn 193.
39 OLG Karlsruhe FamRZ 2002, 820, 999, 1190.

Beispiel 42

Bereinigtes Nettoeinkommen der Ehefrau:		3.000 EUR
Bereinigtes Nettoeinkommen des Ehemannes:		5.000 EUR
Unterhaltsanspruch der Ehefrau:	3/7 × (5.000 EUR − 3.000 EUR)	857 EUR
Damit hat die Ehefrau:	3.000 EUR + 857 EUR	3.857 EUR
Damit hat der Ehemann:	5.000 EUR − 857 EUR	4.143 EUR

- Werden die ehelichen Lebensverhältnisse durch die Vollzeittätigkeit des einen Ehegatten und die Teilzeittätigkeit des anderen Ehegatten geprägt und weitet der teilzeitbeschäftigte Ehegatte wegen der Trennung seine Berufstätigkeit aus, so ist die **Mischmethode** anzuwenden: Zunächst wird die Differenz beider bereinigter Einkommen errechnet und quotiert (3/7, 4/7). Dann wird das bereinigte nicht prägende zusätzliche Einkommen des Unterhaltsgläubigers in Abzug gebracht. Der BGH hat am 13.6.2001 seine Rechtsprechung zur Prägung der ehelichen Lebensverhältnisse geändert.[40] Seither wird der eheprägenden Haushaltsführung ein Wirtschaftswert zugemessen. Damit geht eine Gleichwertigkeit der Familienarbeit mit der Erwerbstätigkeit des anderen Partners einher. Weitet der betreuende Elternteil seine Erwerbstätigkeit nach der Trennung der Parteien aus, so sind die hierbei erzielten Einkünfte bei der Unterhaltsberechnung als **Surrogat** der bisherigen Haushaltstätigkeit anzusehen. Das wird bei der Unterhaltsberechnung dergestalt berücksichtigt, dass nach der **Additions- bzw. Differenzmethode** und nicht mehr nach der Anrechnungsmethode gerechnet wird.[41] Gleichzeitig hat der BGH seine Rechtsprechung zur Veräußerung des Eigenheims grundlegend geändert.[42] Seither sind die Zinsen aus dem Veräußerungserlös als Surrogat des früheren Wohnwerts eheprägend, auch wenn sie diesen übersteigen.[43]

43

- Werden die ehelichen Lebensverhältnisse nicht nur durch Erwerbseinkünfte, sondern auch durch andere Einkünfte geprägt (z.B. Wohnwertvorteil, Mieterträge), wird mit der **Additionsmethode** gerechnet. Dabei ist darauf zu achten, dass der Erwerbstätigenbonus nur auf die Erwerbseinkünfte und nicht auf die anderen Einkünfte berechnet wird.

---

[40] BGH FamRZ 2001, 986; BGH FamRZ 2001, 1140.
[41] BGH FamRZ 2003, 434 f.; *Wendl/Dose*, § 4 Rn 800 ff.
[42] BGH FamRZ 2001, 1140.
[43] Berechnungsbeispiele: *Gernhardt*, FamRZ 2003, 414; *Soyka*, Familienrecht kompakt 2001, 65. s.a.: OLG Düsseldorf FamRZ 2008, 1255 f.; *Wendl/Dose*, § 1 Rn 559 f.

44 *Beispiel*

Bereinigtes Einkommen des Ehemannes:		5.000 EUR
Bereinigtes Einkommen der Ehefrau:		2.000 EUR
Zinseinkünfte der Ehefrau:		1.000 EUR
Bedarf der Ehefrau:	$1/2 \times (6/7 \times 5.000$ EUR $+ 6/7 \times 2.000$ EUR $+ 1.000$ EUR$)$	3.500 EUR
Bedürftigkeit der Ehefrau:	3.500 EUR $- (6/7 \times 2.000$ EUR $+ 1.000$ EUR$)$	785 EUR
Damit hat die Ehefrau:	2.000 EUR + 1.000 EUR + 785 EUR	3.785 EUR
Damit hat der Ehemann:	5.000 EUR − 785 EUR	4.215 EUR

45 Mit Urteil des BGH[44] wurde, sofern der Bedarf aus dem Erwerbseinkommen berücksichtigt wurde, die Unterscheidung zwischen bedarfsbestimmendem und bedarfsdeckendem Einkommen grundsätzlich aufgegeben (Ausnahme: Karrieresprung). Das aus unzumutbarer Tätigkeit erwirtschaftete Einkommen ist grundsätzlich bedarfsprägend und nach Billigkeit zu berücksichtigen.

Neben dem so errechneten Elementarunterhalt kann der Unterhaltsberechtigte darüber hinaus **Altersvorsorgeunterhalt** geltend machen, sobald ein Scheidungsverfahren anhängig ist.

f) Neue Partnerbeziehung des Unterhaltsberechtigten

46 Grob unbillig ist die Inanspruchnahme des anderen Ehepartners dann, wenn der Berechtigte sich gegen den Willen seines Ehegatten einem anderen Ehepartner zuwendet und dem neuen Partner die Hilfe und Fürsorge zukommen lässt, die dem Ehegatten geschuldet ist. Ist das Verhalten des Berechtigten für das Scheitern der Ehe ursächlich, so kann der Unterhalt verwirkt sein, §§ 1361 Abs. 3, 1579 Nr. 7 BGB.[45]

g) Verwirkung des Unterhaltsanspruchs

47 Nach dem Grundsatz von Treu und Glauben kann der Unterhaltsberechtigte seinen Unterhaltsanspruch auch dadurch verwirken, dass er ihn über längere Zeit[46] nicht geltend macht, obwohl er hierzu in der Lage wäre, und sich der Unterhaltsschuldner darauf verlassen darf, dass der Berechtigte den Unterhalt nicht (mehr) geltend machen wird.

---

44 BGH NJW 2005, 2145.
45 BGH FamRZ 2008, 1414.
46 BGH FamRZ 1988, 370: mehr als ein Jahr.

2. Prozessführung in Trennungsunterhaltsverfahren außerhalb des Scheidungsverbundes

Hinweis 48

In den Unterhaltsverfahren besteht grundsätzlich **Anwaltszwang** gem. § 114 FamFG.

Ausnahmen:

- Verfahren der einstweiligen Anordnungen (§ 114 Abs. 4 Nr. 1 FamFG)
- Vertretung des Beteiligten durch das Jugendamt als Beistand (§ 114 Abs. 4 Nr. 2 FamFG)
- Verfahren über die Beantragung von Verfahrenskostenhilfe (§ 114 Abs. 4 Nr. 5 FamFG)

a) Inverzugsetzen des Unterhaltsschuldners

Bevor ein gerichtliches Verfahren eingeleitet wird, ist der Gegner aufzufordern, den geschuldeten Unterhalt zu zahlen. Die Höhe des zu zahlenden Ehegattenunterhalts richtet sich gem. § 1361 Abs. 1 S. 1 BGB nach den Lebensverhältnissen und den Erwerbs- und Vermögensverhältnissen der Ehegatten. Ist das Einkommen des Gegners nicht bekannt, so sollte er im Wege der Stufenmahnung in Anspruch genommen werden,[47] ansonsten kann der Anspruch bereits beziffert werden. 49

Hinweis 50

Der Unterhalt kann gem. §§ 1361 Abs. 4 S. 4, 1360a Abs. 3, 1613 Abs. 1 S. 2 BGB **ab dem Ersten des Monats geltend gemacht werden**, in welchem der Verpflichtete entweder

- in Verzug gekommen ist oder
- aufgefordert worden ist, über seine Einkünfte oder sein Vermögen Auskunft zu erteilen oder
- der Anspruch rechtshängig geworden ist.

Deshalb sollte vor allem zum Monatsende hin auf eine zügige Mandatsbearbeitung geachtet werden, damit eine der vorgenannten Maßnahmen ergriffen wird und nicht ein Monat verstreicht!

Achtung!

Diese Vorschriften gelten nicht für den nachehelichen Unterhalt, § 1585b Abs. 2 BGB!

Ausnahmsweise kann in folgenden Fällen der **Unterhalt für die Vergangenheit** begehrt werden, ohne dass es der Inverzugsetzung bedarf: 51

- Geltendmachung von Sonderbedarf (§ 1613 Abs. 2 Nr. 1 BGB),[48] Jahresfrist beachten!

---

[47] S. Muster Rdn 190.
[48] *Wendl/Dose*, § 6 Rn 1 ff.

- Verhinderung an der Geltendmachung aus rechtlichen oder tatsächlichen Gründen (§ 1613 Abs. 2 Nr. 2 BGB), z.B. unbekannter Aufenthaltsort des Unterhaltsverpflichteten.

52 *Hinweis*

Diese Vorschrift gilt nur für folgende Unterhaltsschuldverhältnisse:
- Verwandtenunterhalt,
- Kindesunterhalt,
- Ansprüche der Mutter gegen den Vater des nichtehelichen Kindes,
- Trennungsunterhalt.

b) Welches Gericht ist zuständig?

53 Für Unterhaltsstreitigkeiten sind die Familiengerichte zuständig.

Die §§ 231–260 FamFG enthalten die Verfahrensvorschriften für die Unterhaltssachen. Sie sind Familienstreitsachen nach § 112 Nr. 1 FamFG mit der Rechtsfolge der grundsätzlichen Anwendung der ZPO.

54 Die **sachliche Zuständigkeit** für Unterhaltssachen (Kindes-, Familien-, Verwandtenunterhalt) ergibt sich aus § 111 Nr. 8 FamFG. Diese Zuständigkeit ist **ausschließlich**.

55 Bei der **örtlichen Zuständigkeit** in Unterhaltssachen ist zu unterscheiden, ob eine Ehesache[49] anhängig ist oder nicht:
- **Die Ehesache[50] ist oder war anhängig:**[51] Ist oder war eine Ehesache anhängig, so ist das Gericht, bei dem die Ehesache im ersten Rechtszug anhängig ist, **ausschließlich** zuständig für die durch die Ehe begründeten gesetzlichen Unterhaltspflichten (§ 232 Abs. 1 Nr. 1 FamFG) und für Unterhaltspflichten gegenüber einem gemeinschaftlichen Kind, nunmehr auch gegenüber einem gleichgestellten volljährigen Kind nach § 1603 Abs. 2 S. 2 BGB (mit Ausnahme von vereinfachten Verfahren zur Abänderung von Unterhaltstiteln, § 232 Abs. 1 Nr. 1 FamFG).
- **Die Ehesache wird rechtshängig:** Wird eine Ehesache rechtshängig, während eine Unterhaltssache bei einem anderen Gericht im ersten Rechtszug anhängig ist, so ist diese von Amts wegen an das Gericht der Ehesache abzugeben (§ 233 S. 1 FamFG).

56 Diese ausschließliche Zuständigkeit in Unterhaltssachen geht gem. § 232 Abs. 2 FamFG der ausschließlichen Zuständigkeit eines anderen Gerichts vor.
- **Die Ehesache ist nicht anhängig:** Grundsätzlich gelten die **allgemeinen Vorschriften** (§ 232 Abs. 3 S. 1 FamFG), mit der Maßgabe, dass der Antrag dort einzureichen ist, wo der Antragsgegner seinen gewöhnlichen Aufenthalt hat.

---

[49] „Ehesachen" sind Verfahren, die auf Scheidung, Aufhebung, Feststellung des Bestehens oder Nichtbestehens einer Ehe gerichtet sind, § 121 FamFG.
[50] Zur Zuständigkeit des Gerichts in Ehesachen vgl. Rdn 223 ff.
[51] Es genügt nicht, dass lediglich ein Antrag auf Verfahrenskostenhilfe hinsichtlich der Ehesache gestellt wird.

- **Wahlweise** ist für die Geltendmachung von Trennungsunterhalt auch zuständig:
- das Gericht, bei dem ein Verfahren über den Unterhalt des Kindes im ersten Rechtszug anhängig ist (§ 232 Abs. 3 S. 2 Nr. 1 FamFG),
- für den Antrag eines Kindes, durch den beide Eltern auf Erfüllung der Unterhaltspflicht in Anspruch genommen werden, das Gericht, das für den Antrag gegen einen Elternteil zuständig ist (§ 232 Abs. 3 S. 2 Nr. 2 FamFG),
- das Gericht, bei dem der Antragsteller seinen gewöhnlichen Aufenthalt hat, wenn der Antragsgegner im Inland keinen Gerichtsstand hat (§ 232 Abs. 3 S. 2 Nr. 3 FamFG).

c) Die Unterhaltsverfahrensarten außerhalb des Scheidungsverbundverfahrens

57 Ist noch keine Ehesache anhängig und sollen Kindes- oder Ehegattenunterhaltsansprüche eingeklagt werden, so ist folgendermaßen zu prüfen:
- Ist die Höhe des Einkommens des Gegners bekannt und liegt nicht bereits ein Titel vor (Urteil, Prozessvergleich, Anwaltsvergleich, Jugendamtsurkunde, notarielle Urkunde), so ist ein **Leistungsantrag** zu stellen.
- Ist die Höhe des Einkommens des Gegners nicht bekannt, so ist der **Stufenantrag** gem. § 254 ZPO die richtige Antragsart.
- **Liegt bereits ein Unterhaltstitel vor** (Urteil, Prozessvergleich, Anwaltsvergleich, Jugendamtsurkunde, notarielle Urkunde), so dass das Rechtsschutzinteresse für einen Leistungsantrag entfällt, so ist der **Abänderungsantrag**, § 238 ff. FamFG, die einschlägige Antragsart.

Hinweis 58

Einstweilige Anordnungen sind keine Titel, die das Rechtsschutzinteresse für einen Leistungsantrag entfallen lassen, weil es sich nicht um materiell-rechtlich wirksame Titel handelt.
- Soll die Vollstreckbarkeit eines Titels beseitigt werden, so ist im Wege der **Vollstreckungsabwehrantrag**, § 767 ZPO, vorzugehen.
- Soll zu Unrecht gezahlter Unterhalt zurückgefordert werden, so ist der **Bereicherungsantrag** nach § 812 BGB zu erheben.

aa) Leistungsantrag zur Geltendmachung von Trennungsunterhalt

59 Zunächst ist darauf hinzuweisen, dass zwischen Trennungsunterhalt[52] und nachehelichem Unterhalt keine Identität besteht. Der Trennungsunterhalt wird nur bis zu dem Monat geschuldet, in welchem die Scheidung rechtskräftig wird. Für die Zeit danach ist der Trennungsunterhaltstitel unwirksam!

60 Soll ein Unterhaltsrückstand geltend gemacht werden, so ist in der Antragsschrift dazu vorzutragen, dass der Unterhaltsschuldner in Verzug gesetzt worden ist. Hierzu genügt es nach der Neufassung des § 1613 BGB, auf den die §§ 1361 Abs. 4 S. 4 und 1360a Abs. 3 BGB verweisen, dass der Unterhaltsverpflichtete aufgefordert worden ist, Aus-

---

[52] Vgl. Muster Rdn 194.

kunft über sein Einkommen zum Zwecke der Geltendmachung des Unterhaltsanspruchs zu erteilen (**Auskunftsverlangen fingiert die Mahnung**).

bb) Stufenantrag zur Geltendmachung von Trennungsunterhalt

61 Ist das Einkommen des Unterhaltsschuldners nicht bekannt und war das außergerichtliche Auskunftsersuchen nicht erfolgreich, so könnte grundsätzlich ein Auskunftsverfahren eingeleitet werden. Dies ist jedoch nicht ausreichend, denn der Unterhaltsberechtigte möchte Geld haben, nicht nur eine Auskunft. Es ist sinnvoll, im Wege der objektiven Antragshäufung (Auskunft, eidesstattliche Versicherung, Zahlung) vorzugehen.[53]

62 *Tipp*

Der Vorteil des Stufenverfahrens liegt darin, dass der Zahlungsantrag zunächst nicht beziffert wird. Trotzdem wird auch der (noch unbezifferte) Zahlungsantrag rechtshängig.

63 Alternativ dazu besteht dann, wenn das Einkommen des Unterhaltsverpflichteten im Wesentlichen bekannt ist, die Möglichkeit, direkt den Zahlungsantrag zu erheben und ein bestimmtes Einkommen des Schuldners zu behaupten. Dies hat den Vorteil, schneller zu einem Titel zu kommen. Es hat den Nachteil, dass der Antragsteller auf einem Teil der Kosten sitzen bleiben kann (vgl. § 243 Abs. 1 S. 2 Nr. 2 FamFG).

64 Es ist auch möglich, den Stufenantrag zu stellen und parallel dazu bereits einen Mindestunterhaltsbetrag (als weiteren Antrag neben dem unbezifferten Zahlungsantrag) geltend zu machen. In diesem Zusammenhang ist auf die Vorschrift des **§ 235 FamFG** hinzuweisen, wonach das Gericht anordnen kann, dass die Beteiligten Auskunft über ihre Einkünfte, ihr Vermögen und ihre persönlichen und wirtschaftlichen Verhältnisse erteilen und entsprechende Belege vorlegen müssen.

65 Wird ein entsprechender Antrag gestellt, so hat das Gericht dem Gegner eine Frist zur Vorlage der Unterlagen zu setzen, § 235 Abs. 2 S. 1 FamFG, wenn der Beteiligte vor Beginn des Verfahrens einer nach bürgerlichem Recht bestehenden Auskunftspflicht, entgegen einer Aufforderung, innerhalb angemessener Frist nicht nachgekommen ist.

66 *Tipp*

Das Gericht kann nach § 117 Abs. 2 S. 2–4 ZPO die im Verfahren auf Bewilligung von Verfahrenshilfe eingereichten Unterlagen dem Antragsgegner auch ohne Zustimmung des Antragstellers zugänglich machen (§ 76 Abs. 1 i.V.m. § 117 Abs. 2 S. 2 ZPO).[54] Auch auf diese Weise kann das Einkommen des anderen Beteiligten schnell und kostengünstig in Erfahrung gebracht werden.

---

53 Vgl. Muster Rdn 195.
54 *Götschke*, FamRZ 2009, 383 ff.

cc) Abänderungsverfahren zum Trennungsunterhalt, §§ 238 ff. FamFG

Während der Trennungszeit können sich die Einkommens- und Vermögensverhältnisse sowohl beim Unterhaltsverpflichteten (Leistungsfähigkeit) als auch beim Unterhaltsberechtigten (Bedarf oder Bedürftigkeit) wesentlich verändern, so dass es erforderlich wird, Urteile, Beschlüsse und sonstige Titel abzuändern.[55]

(1) Ziel des Abänderungsverfahrens

Ziel des Abänderungsverfahrens ist es, vorhandene Titel einer **nachträglichen wesentlichen Änderung** der wirtschaftlichen Verhältnisse anzupassen. Das Abänderungsverfahren unterscheidet sich folgendermaßen von anderen Antragsarten:

- Mit dem **Vollstreckungsabwehrantrag**, § 767 ZPO, kann einem titulierten Anspruch die **Vollstreckbarkeit** aberkannt werden, weil eine rechtshemmende oder rechtsvernichtende Einwendung geltend gemacht wird (z.B. Erfüllung, Stundung). Grundsätzlich schließen sich das Abänderungsverfahren, dessen Ziel die Beseitigung oder Höherstufung eines materiell-rechtlichen Anspruchs ist, und das Vollstreckungsabwehrverfahren, dessen Ziel die Beseitigung der Vollstreckbarkeit ist, aus. Ausnahmsweise können beide Verfahren parallel eingeleitet werden. Dies ist dann möglich, wenn Einwendungen i.S.d. § 767 ZPO (auch) für die Zeit ab Rechtshängigkeit geltend gemacht werden (z.B. Einwand der Verwirkung).[56]

> *Hinweis*
> Werden ausnahmsweise beide Verfahren gleichzeitig eingeleitet, so ist darauf zu achten, dass für das Vollstreckungsabwehrverfahren nicht das Gericht des ersten Rechtszugs, das den angegriffenen Titel erlassen hat, zuständig ist (§ 767 Abs. 1 ZPO), sondern gem. § 232 Abs. 2 FamFG das Familiengericht, das für die Unterhaltssache zuständig ist.

> *Achtung!*
> Beruht die erstinstanzliche Entscheidung auf einer richterlichen Prognoseentscheidung (z.B. Schätzung der Einkommenshöhe) und erweist sich die Prognose als falsch, so ist das Abänderungsverfahren, nicht das Vollstreckungsabwehrverfahren, die richtige Verfahrensart.[57]

- Mit dem Rechtsmittel der **Beschwerde**[58] verfolgt der Antragsteller das Ziel, die erstinstanzliche Entscheidung mit der Begründung abzuändern, dass sie auf einer Rechtsverletzung beruhe oder dass die zugrunde zu legenden Tatsachen eine andere Entscheidung rechtfertigen. Bei einer wesentlichen Änderung der Verhältnisse nach Erlass des erstinstanzlichen Beschlusses haben die Beteiligten ein **Wahlrecht**, ob sie das Abänderungsverfahren einleiten oder das Beschwerdeverfahren durchführen.[59]

---

[55] Vgl. Muster Rdn 197.
[56] BGH FamRZ 1990, 1095; BGH FamRZ 1989, 159.
[57] BGH FamRZ 1981, 862.
[58] Zu den Rechtsmitteln in Familiensachen nach dem FamFG s. *Maurer*, FamRZ 2009, 465 ff.
[59] MüKo-ZPO/*Gottwald* § 323 Rn 40 ff. m.w.N.

Hat einer der Beteiligten das Rechtsmittel der Beschwerde eingelegt, muss nach der Rechtsprechung des BGH[60] **Anschlussbeschwerde** eingelegt werden.

Die Frist zur Einlegung der Anschlussbeschwerde (Ablauf der Frist, die dem Antragsgegner zur Begründung der Beschwerde gesetzt worden ist, § 66 FamFG i.V.m. § 524 Abs. 2 S. 2 ZPO) gilt **nicht,** wenn die Anschlussbeschwerde eine Verurteilung zu künftig fällig werdenden wiederkehrenden Leistungen (also Unterhalt) zum Gegenstand hat, §§ 66, 117 Abs. 2 S. 1 FamFG i.V.m. § 524 Abs. 2 S. 3 ZPO. Die Einlegung der Anschlussbeschwerde ist daher im Beschwerdeverfahren nicht befristet,[61] so dass auch auf diesem Weg neue Tatsachen in das Verfahren eingebracht werden können und müssen!

Die Anschlussbeschwerde verliert jedoch ihre Wirkung, wenn die Beschwerde zurückgenommen wird oder als unzulässig verworfen wird. In diesem Fall muss der Anschlussbeschwerdeführer alsbald ein neues (Abänderungs-)Verfahren einleiten.[62] Sie verliert ihre Wirkung jedoch nicht, wenn die Beschwerde durch Beschluss verworfen wird; dann bedarf es einer Entscheidung über die Zulässigkeit und Begründetheit der Anschlussbeschwerde, § 66 S. 1 und 2 FamFG.[63]

> *Hinweis*
>
> Die Anschlussbeschwerde muss nicht begründet werden, denn § 117 Abs. 2 S. 1 FamFG verweist nicht auf § 524 Abs. 3 ZPO! Der Beschwerdegegner sollte sich jedoch auf seine entsprechenden Ausführungen in der Beschwerdeerwiderung berufen.[64]

Wird die Beschwerde hingegen als unbegründet zurückgewiesen, ist sowohl über die Zulässigkeit als auch die Begründetheit der Anschlussbeschwerde zu entscheiden, § 66 S. 1 und 2 FamFG.

(2) Abänderbare Trennungsunterhaltstitel

70 Folgende Titel sind mit dem Abänderungsantrag abänderbar:
- Endentscheidungen des Gerichts über künftig fällig werdende wiederkehrende Leistungen (Leistungsurteile und -beschlüsse, Anerkenntnisurteile und -beschlüsse, nicht anfechtbare Versäumnisurteile und -beschlüsse) gem. § 238 FamFG;
- Prozessvergleiche (§ 794 Abs. 1 Nr. 1 ZPO) oder vollstreckbare Urkunden über eine Verpflichtung zu künftig fällig werdenden wiederkehrenden Leistungen gem. § 239 Abs. 1 FamFG;
- Im summarischen Verfahren ohne Sachprüfung ergangene Entscheidungen (vereinfachtes Verfahren über den Unterhalt Minderjähriger) gem. § 240 FamFG;
- Einstweilige Anordnungen können gem. §§ 54 ff. FamFG abgeändert werden.

---

60 BGH MDR 1988, 658.
61 MüKo-ZPO/*Gottwald* § 323 Rn 40.
62 Zum weiteren Vorgehen s. im Kapitel „Beschwerderecht", § 18 Rdn 1 ff.
63 *Fölsch*, S. 210.
64 *Wendl/Dose*, § 10 Rn 593.

Achtung!

Wird in einem antragsabweisenden Beschluss begründet, dass kein Unterhaltsanspruch besteht (z.B. weil der Unterhaltsverpflichtete nicht leistungsfähig ist,[65]) so liegt eine „Verpflichtung zu einer künftig fällig werdenden Leistung" i.S.d. § 238 FamFG nicht vor! In diesem Fall kann das Verfahrensziel nicht mit dem Abänderungsantrag verfolgt werden, sondern mit einem Leistungsantrag.

(3) Identität der Beteiligten

Die Beteiligten des Rechtsstreits müssen identisch sein mit denjenigen des Vorprozesses.

(4) Abänderung gerichtlicher Endentscheidungen, § 238 FamFG

Materiellrechtliche Voraussetzung des Abänderungsbegehrens ist, dass eine wesentliche **Veränderung** der für das frühere Urteil/den früheren Beschluss maßgebenden tatsächlichen oder rechtlichen Verhältnisse vorliegt, z.B.:
- Veränderung der Rechtslage,
- Veränderung der höchstrichterlichen Rechtsprechung[66] (z.B. Änderung der BGH-Rechtsprechung zur Anrechnungsmethode),[67]
- Veränderung der Einkommensverhältnisse (z.B. länger dauernde Arbeitslosigkeit,[68] Verrentung, Wegfall einer Rente),
- Veränderungen des zu zahlenden Kindesunterhalts (Änderung der Düsseldorfer Tabelle, Erreichen der nächst höheren Altersstufe des Kindes, Wegfall des Kindesunterhalts nach Beendigung der Ausbildung, Veränderung des Kindergeldes, Geburt eines weiteren unterhaltsbedürftigen Kindes[69]) wirken sich auf den Trennungsunterhalt aus, da der Kindesunterhalt zur Errechnung des Ehegattenunterhalts vorab vom Einkommen des Pflichtigen abgezogen wird,
- Wegfall der Geschäftsgrundlage,
- Zurechnung fiktiver Einkünfte (z.B. Versorgung eines neuen Lebenspartners, Eintritt einer Erwerbsobliegenheit).

Tipp

Um die Berechnung des Unterhalts in dem abzuändernden Titel substantiiert darlegen zu können, empfiehlt es sich, die Unterlagen, aus denen die Berechnungsgrundlage des alten Titels hervorgeht (z.B. alte Düsseldorfer Tabelle, Berechnungsbögen zum Unterhalt), aufzubewahren.

Die Veränderung ist dann **maßgeblich**, wenn die veränderte Tatsache für die Festsetzung des Unterhalts in dem abzuändernden Titel entscheidungserheblich war. Dies hat der Antragsteller darzulegen und zu beweisen.

---

[65] BGH FamRZ 1984, 1001.
[66] OLG Hamm FamRZ 2003, 50.
[67] BGH FamRZ 2001, 986.
[68] KG NJW 1985, 869.
[69] Der BGH berücksichtigt dabei auch Kinder, die während der Trennungszeit bis zur Rechtskraft der Ehescheidung geboren werden, als „eheprägend", BGH FamRZ 1999, 367; BGH FamRZ 1994, 87; BGH FamRZ 1994, 816.

76 Die Veränderung ist **wesentlich**, wenn sie mehr als 10 % ausmacht. Hierbei handelt es sich nur um eine Richtgröße, es ist stets eine Einzelfallprüfung vorzunehmen.[70]

77 Die Veränderung der Verhältnisse muss „**nachträglich**" eingetreten sein. Auf den Zeitpunkt der Kenntnis kommt es nicht an,[71] auch nicht auf die Vorhersehbarkeit (z.B. Schwangerschaft lag im Zeitpunkt der mündlichen Verhandlung vor, Kindesunterhaltspflicht tritt aber erst mit der Geburt, die nach dem erstinstanzlichen Urteil geschieht, ein). Es hängt von der Art des abzuändernden Titels ab, auf welchen Zeitpunkt abzustellen ist:

- Erstinstanzliches/r Leistungsurteil/Leistungsbeschluss: Schluss der letzten Tatsachenverhandlung;
- Versäumnisbeschluss: Erlass des Versäumnisbeschlusses, sofern die veränderten Tatsachen nicht mehr im Einspruchsverfahren geltend gemacht werden können (§ 238 Abs. 2 FamFG);

78 *Tipp*

Ist nicht bekannt, wie genau sich das Einkommen verändert hat, dann kann auch im Wege des „Abänderungsstufenantrags" vorgegangen werden. Der Vorteil des Stufenverfahrens liegt darin, dass der Zahlungsantrag zunächst nicht beziffert wird. Trotzdem wird auch der (noch unbezifferte) Zahlungsantrag rechtshängig (dies ist wichtig für die Zeitschranke beim Abänderungsverfahren: § 238 Abs. 3 S. 1 FamFG!).

79 *Tipp*

Zieht sich das erste Abänderungsverfahren in die Länge (z.B. weil ein ärztliches Sachverständigengutachten hinsichtlich der Arbeitsfähigkeit eingeholt werden muss), so ist darauf zu achten, dass bei Beendigung des Rechtsstreits die **aktuellen Einkommensverhältnisse** zur Grundlage des Beschlusses oder Vergleichs gemacht werden, denn bei einer späteren Abänderung des Titels kommt es wiederum auf die nachträgliche Veränderung der Verhältnisse, nicht auf die Kenntnis an. Es kann im ersten Verfahren gem. **§ 235 Abs. 1 FamFG** angeregt werden, dem Gegner aufzugeben, die aktuellen Verhältnisse offen zu legen. Wird dies vom Gericht angeordnet, so muss der Betroffene während des Verfahrens auch unaufgefordert mitteilen, wenn sich während des Verfahrens Umstände, die Gegenstand dieser Anordnung waren, wesentlich ändern (§ 235 Abs. 3 FamFG).

80 Der **Zeitpunkt**, zu welchem eine Abänderung begehrt werden kann, hängt des Weiteren davon ab, ob der Unterhaltsschuldner oder Unterhaltsgläubiger eine Abänderung begehren. Unterschieden wird somit de facto danach, ob eine Reduzierung oder Erhöhung des Unterhalts begehrt wird.

81 ■ Der **Unterhaltsberechtigte** kann die Abänderung (**Heraufsetzung**) des Titels gem. § 238 Abs. 3 S. 2 FamFG auf den Zeitpunkt verlangen, zu dem der Verpflichtete in

---

70 BGH NJW 1992, 1622; BGH NJW-RR 1991, 514.
71 OLG Köln FamRZ 1987, 84.

Verzug gekommen ist oder er zur Auskunftserteilung zum Zwecke der Unterhaltsberechnung aufgefordert worden ist oder der Antrag rechtshängig wird (§§ 1361a Abs. 3, 1361 Abs. 4 S. 4, 1585b Abs. 2, 1613 Abs. 1 BGB).

Beispiel 82
- Rechtskräftiger Beschluss über Trennungsunterhalt: 20.8.2016,
- Wegfall von Verbindlichkeiten: 16.1.2017,
- Auskunftsverlangen des Unterhaltsberechtigten: 1.8.2017,
- Abänderbarkeit des Titels rückwirkend zum 1.8.2017.
- Begehrt der **Unterhaltsverpflichtete** die **Herabsetzung** des zu zahlenden im Urteil oder Beschluss titulierten Unterhalts, so kann der Titel gem. § 238 Abs. 3 S. 3 FamFG für die Zeit **ab dem Ersten des auf ein entsprechende Auskunfts- oder Verzichtsverlangen des Antragstellers folgenden Monats** herabgesetzt werden. Durch diese Regelung wird für Verfahren, die ab dem 1.9.2009 eingeleitet werden, eine Gleichbehandlung von Gläubiger und Schuldner erreicht.[72] Erforderlich ist daher eine „negative Mahnung".[73] Für die rückwirkende Abänderbarkeit gilt die Zeitschranke des § 238 Abs. 3 S. 4 FamFG (maximal ein Jahr vor Rechtshängigkeit!).
- Im Übrigen ist die Abänderung zulässig für die Zeit ab **Rechtshängigkeit** des Abänderungsantrages.

Hinweis 83

Ist zuvor keine „Negativmahnung" erfolgt, so muss darauf geachtet werden, dass der Eingang des Verfahrenskostenhilfeantrags bei Gericht oder beim Gegner **nicht** die Fiktion der Rechtshängigkeit auslöst![74] Der Anwalt muss also dafür sorgen, dass die Antragsschrift sofort zugestellt wird, indem er erklärt, dass die beabsichtigte Rechtsverfolgung nicht aussichtslos oder mutwillig erscheint und glaubhaft gemacht wird, dass dem Antragsteller die alsbaldige Zahlung der Kosten mit Rücksicht auf seine Vermögenslage oder aus sonstigen Gründen Schwierigkeiten bereiten würde oder eine Verzögerung dem Antragsteller einen nicht oder nur schwer zu ersetzenden Schaden bringen würde; zur Glaubhaftmachung genügt in diesem Fall die Erklärung des zum Bevollmächtigten bestellten Rechtsanwalts, § 15 Nr. 3 FamGKG.
- Wird eine **Anschlussbeschwerde unwirksam**, so kann die Abänderung des Titels 84 rückwirkend geltend gemacht werden.[75]

(5) Abänderung von Vergleichen und Urkunden, § 239 FamFG

Die Voraussetzungen der Abänderung eines Vergleichs oder einer einseitigen Verpflichtungserklärung (z.B. Jugendamtsurkunde) richtet sich nicht nach § 323 ZPO, sondern nach § 239 FamFG und damit materiell-rechtlich nach dem bürgerlichen Recht. 85

---

72 *Fölsch*, § 3 Rn 161.
73 Vgl. Muster Rdn 196.
74 BGH NJW 1982, 1051.
75 BGHZ 103, 393.

86 Bei Abänderung eines **Vergleichs** ist zunächst zu prüfen, ob die Parteien eine vertragliche Regelung über die Abänderbarkeit getroffen haben. Diese ist maßgeblich.

87 Ist dies nicht der Fall, dann richtet sich die Abänderbarkeit nach § 313 BGB, so dass eine Störung der Geschäftsgrundlage vorgetragen und nachgewiesen werden muss (z.B. Änderung der Rechtsprechung).

88 Anders als bei der Abänderung gerichtlicher Endentscheidungen gilt Folgendes:
- Es gibt keine Tatsachenpräklusion.
- **Zeitliche Begrenzungen** für die rückwirkende Abänderung ergeben sich nur aus dem materiellen Recht (s. § 1613, 1360a Abs. 3, 1361 Abs. 4 S. 4, 1615l Abs. 3 und 4, 1585b Abs. 2 und 3 BGB sowie Verwirkung).
Sowohl der Unterhaltsberechtigte als auch der Unterhaltsverpflichtete können die rückwirkende Abänderung des Vergleichs begehren.[76] Die Jahresgrenze nach § 238 Abs. 3 S. 4 FamFG gilt nicht.
- Eine negative Mahnung ist nicht erforderlich, es gibt weder eine Wesentlichkeitsgrenze noch eine zeitliche Grenze.[77]

89 Bei Abänderung einer **einseitigen Verpflichtungserklärung** (z.B. nach § 59 Abs. 1 Nr. 3 oder Nr. 4 SGB VIII) ist zunächst zu prüfen, ob es eine vertragliche Grundlage gibt, aufgrund derer der Unterhalt ermittelt worden ist. Ist dies der Fall, so ist der Titel nach denselben Grundsätzen wie ein Vergleich abzuändern.

Ist dies nicht der Fall, dann erfolgt die neue Festsetzung nach den gesetzlichen Vorschriften des materiellen Rechts.

(6) Abänderung von Entscheidungen nach §§ 237 und 253 FamFG

90 Da diese Titel nicht besonders praxisrelevant sind, wird auf die oben zitierte Literatur verwiesen.[78]

(7) Zuständigkeit des Gerichts

91 Es gilt § 232 FamFG, s. dazu Rdn 56.

(8) Weitere notwendige Maßnahmen des unterhaltsverpflichteten Abänderungsantragstellers

92 Nachdem der Unterhaltsverpflichtete einen Antrag auf Herabsetzung oder Aufhebung des Unterhalts rechtshängig gemacht hat, steht er vor dem Problem, dass der Unterhaltsberechtigte über einen vollstreckbaren Titel verfügt und den titulierten Unterhalt weiter bezahlt haben möchte. Zahlt der Unterhaltsverpflichtete den Unterhalt in selber Höhe wie zuvor weiter, so besteht das Risiko, dass er den zu viel gezahlten Unterhalt nicht zurückerhält (z.B. weil der Unterhaltsberechtigte ihn verbraucht hat und ansonsten mittellos ist). Das FamFG enthält eine Regelung über die verschärfte Bereicherungshaftung

---

[76] BGH FamRZ 2002, 229; OLG Düsseldorf FamRZ 2002, 1574.
[77] *Koritz*, § 17 Rn 10.
[78] S. hierzu *Hütter/Kodal*, FamRZ 2009, 918, 921.

des Unterhaltsberechtigten. Ihm steht der Entreicherungseinwand wegen verbrauchten Unterhalts nach § 818 Abs. 3 BGB nicht mehr zu, da er ab Rechtshängigkeit verschärft haftet nach § 818 Abs. 4 BGB.

Um die Rückzahlung überzahlten Unterhalts sicherzustellen, sollte der **Unterhaltsverpflichtete** wie folgt verfahren:[79]

- Der Antragsteller beantragt die **einstweilige Einstellung der Zwangsvollstreckung** nach § 242 FamFG.[80] Da das Gericht nicht die Erfolgsaussichten des Hauptsacheantrags prüft, sondern nur die drohenden Vor- und Nachteile für Antragsteller und Antragsgegner abwägt, ist die Erfolgsaussicht ungewiss.
- Der Antragsteller vereinbart mit dem Antragsgegner, dass der Unterhalt während des Prozesses von ihm nur **darlehnsweise** gezahlt wird. Der Antragsteller verpflichtet sich, auf die Tilgung des Darlehens zu verzichten, wenn der Abänderungsantrag rechtskräftig abgewiesen wird. Dabei trägt der Antragsteller allerdings das wirtschaftliche Risiko, dass der Unterhaltsberechtigte im Falle des Obsiegens des Antragstellers das Darlehn nicht zurückzahlen kann.
- Der Antragsteller leitet gleichzeitig ein **Bereicherungsverfahren** gegen den Antragsgegner mit dem Ziel ein, dem Antragsgegner aufzugeben, den gezahlten, aber nicht geschuldeten Unterhalt zurückzuzahlen. Da über diesen Antrag nur im Falle des Obsiegens des Antragstellers entschieden werden soll, ist er als **Eventualantrag** zu erheben.[81]

93

Hinweis

94

Der Unterhaltsberechtigte wird in diesem Verfahren einwenden, dass er den während des Abänderungsverfahrens gezahlten Unterhalt verbraucht habe und daher nicht mehr bereichert sei (§ 818 Abs. 3 BGB). Die verschärfte Haftung des § 818 Abs. 4 BGB tritt bereits mit Rechtshängigkeit des Abänderungsantrags ein.

dd) Das Vollstreckungsabwehrverfahren gegen den Trennungsunterhaltstitel

(1) Ziel des Vollstreckungsabwehrantrags

In einem Titel (egal, ob es sich um einen Vergleich, ein Urteil, einen Beschluss oder einen Vertrag handelt) spiegeln sich die Verhältnisse zweier Parteien so wieder, wie sie zum Zeitpunkt des Zustandekommens des Titels sind. Nachträglich entstandene Einwendungen, welche dazu führen, dass die Vollstreckung aus diesem Titel unzulässig wird, können mit dem Vollstreckungsabwehrantrag (Vollstreckungsgegenantrag) geltend gemacht werden.[82]

95

Ziel dieses Verfahrens ist es, dem **Titel die Vollstreckbarkeit zu nehmen**. Zur Abgrenzung des Vollstreckungsabwehrverfahrens von dem Abänderungsverfahren s. Rdn 69.

96

---

79 *Wilhelm*, Familienrecht kompakt 2001, 15 f.
80 S. Muster Rdn 199.
81 BGH FamRZ 1998, 951; s. Muster Rdn 197.
82 S. Muster Rdn 199.

(2) Anwendbarkeit auf folgende Vollstreckungstitel

97
- Endentscheidungen (Leistungsurteile und -beschlüsse, Anerkenntnisurteile und -beschlüsse, nicht anfechtbare Versäumnisurteile und -beschlüsse),
- Prozessvergleiche (§ 794 Abs. 1 Nr. 1 ZPO),
- vollstreckbare notarielle Urkunden (§ 794 Abs. 1 Nr. 5 ZPO),
- vollstreckbare Anwaltsvergleiche (§ 796a ZPO),
- einstweilige Anordnungen (§§ 246 ff. FamFG).

98 *Hinweis*

§ 767 ZPO ist grundsätzlich auf einstweilige Anordnungen nach §§ 54 ff., 246 ff. FamFG anwendbar.[83]

Der Unterhaltsverpflichtete kann wahlweise neben einem Abänderungsantrag nach § 54 FamFG auch mit einem Vollstreckungsabwehrantrag gegen eine einstweilige Unterhaltsanordnung angehen.[84]

(3) Nachträglich entstandene Einwendungen, § 767 Abs. 2 ZPO

99 Mit dem Vollstreckungsabwehrantrag können Einwendungen gegen den Titel geltend gemacht werden, die den titulierten und rechtskräftig zuerkannten sachlich-rechtlichen Anspruch nachträglich vernichten oder in seiner Durchsetzbarkeit hemmen:
- Erfüllung,

    Hinweis

    Bei der Leistung „**unter Vorbehalt**" ist zu unterscheiden:
    - zahlt der Unterhaltsverpflichtete zur Abwendung der Zwangsvollstreckung, tritt keine Erfüllung ein, und er kann nicht nach § 767 ZPO vorgehen,
    - zahlt der Unterhaltsverpflichtete unter Vorbehalt, um den Folgen des § 1360b BGB zu entgehen, so tritt Erfüllung ein,[85] und er kann nach § 767 ZPO vorgehen.

- Erfüllungssurrogate,
- Aufrechnung,
- Erlass,
- fehlende Fälligkeit,
- Insolvenz,
- Rechtsmissbrauch,
- rechtskräftige Scheidung,
- Stundung,
- außergerichtlicher Vergleich,
- Verjährung,
- Verwirkung,

---

83 BGH NJW 1983, 1330; BGH NJW 1985, 428.
84 *Wendl/Dose*, § 10 Rn 299, OLG Stuttgart FamRZ 2013, 646; OLG Brandenburg FamRZ 2012, 1223 f.
85 BGH FamRZ 1984, 470.

- Verzicht,
- Vollstreckungsvertrag,
- Zurückbehaltungsrecht.

Zur Frage der Nachträglichkeit vgl. Rdn 77.   100

(4) Zuständigkeit des Gerichts

Ausschließlich zuständig ist das Familiengericht gem. § 232 FamFG. Diese Zuständigkeit geht der anderer Gerichte vor, § 232 Abs. 2 FamFG.[86]   101

ee) Bereicherungsantragsverfahren zur Rückforderung zu viel gezahlten Trennungsunterhalts

(1) Ziel des Bereicherungsantragsverfahrens

Hat der Unterhaltsverpflichtete zu viel Unterhalt bezahlt und möchte er den nicht geschuldeten Unterhalt zurückhaben, so richtet sich die Rückforderung nach den bereicherungsrechtlichen Vorschriften der §§ 812 ff. BGB. Das Bereicherungsantragsverfahren kommt insbesondere in folgenden Fällen in Betracht: 102

- rückwirkende Abänderung eines Unterhaltstitels;

> **Hinweis**
>
> In diesem Fall kann der Antrag bereits als Eventualantrag (für den Fall des Obsiegens) im Rahmen des Abänderungsverfahrens eingereicht werden (vgl. Muster Rdn 197).

- die Zahlung des Unterhalts erfolgte aufgrund einer einstweiligen Anordnung, die der Höhe nach über den in der Hauptsache titulierten Unterhalt hinausging;
- nach erfolgreicher Anfechtung eines Unterhaltstitels.

(2) Materiell-rechtliche Besonderheiten

Der in Anspruch genommene Unterhaltsschuldner wird einwenden, den zu viel gezahlten Unterhalt verbraucht zu haben und damit entreichert zu sein (§ 818 Abs. 3 BGB). Für die Tatsache, dass der Unterhalt zur Befriedigung des Lebensbedarfs verwendet worden ist, ist der Unterhaltsgläubiger darlegungs- und beweispflichtig.   103

Die verschärfte Haftung des Bereicherungsschuldners (§ 818 Abs. 4 BGB) tritt für Verfahren, die bis zum 31.8.2009 anhängig gemacht worden sind, erst mit der **Rechtshängigkeit des Bereicherungsantrags** ein, so dass der Unterhaltsverpflichtete hier entsprechend agieren muss (vgl. Rdn 93 ff.). Für Verfahren, die ab dem 1.9.2009 anhängig gemacht werden, tritt die verschärfte Haftung ab Rechtshängigkeit des Abänderungsverfahrens ein (§ 241 FamFG).   104

---

86 *Koritz*, § 15 Rn 9.

ff) Negatives Feststellungsverfahren, § 256 ZPO

(1) Ziel des Verfahrens

105 Mit dem negativen Feststellungsverfahren können verschiedene Ziele verfolgt werden:
- der Unterhaltsverpflichtete wehrt sich gegen eine einstweilige Anordnung,
- der Kläger wehrt sich gegen die Berühmung, er müsse Unterhalt bezahlen.

(2) Unzulässigkeit des Feststellungsverfahrens

106 Das Feststellungsverfahren ist unzulässig, wenn:
- während eines isolierten Unterhaltsverfahrens eine einstweilige Anordnung erlassen wird und ein Hauptsacheverfahren hierzu anhängig ist,[87] denn die Anhängigkeit des Hauptsacheverfahrens lässt das Rechtsschutzinteresse des Feststellungsverfahrens entfallen;[88]
- ein Leistungsverfahren mit demselben Streitgegenstand unter umgekehrtem Rubrum anhängig wird.

(3) Verfahrensantrag

107 Es ist darauf zu achten, dass der Verfahrensantrag „negativ" gefasst wird.[89]

108 *Hinweis*

Es sollte auch erwogen werden, einen Antrag auf vorläufige Einstellung der Zwangsvollstreckung analog § 242 FamFG zu stellen.[90]

d) Vorläufiger Rechtsschutz wegen Trennungsunterhalts außerhalb des Scheidungsverfahrens

109 Da sich ein Unterhaltsverfahren oft in die Länge zieht und der/die Unterhaltsberechtigte auf eine schnelle Titulierung und Durchsetzung der Ansprüche angewiesen ist, empfiehlt es sich, neben dem Hauptsacheverfahren auch im vorläufigen Rechtsschutzverfahren vorzugehen. Da die Kosten des einstweiligen Rechtsschutzes deutlich geringer sind als diejenigen des Hauptsacheverfahrens,[91] bietet dieses „vorgeschaltete Mittel" eine kostengünstige Möglichkeit, die Einschätzung des Gerichts kennen zu lernen. Oftmals werden im Hauptsacheverfahren keine anderen Entscheidungen mehr getroffen als in dem Anordnungsbeschluss. Auch sind die Parteien oftmals bereit, die im Anordnungsbeschluss getroffene vorläufige Regelung im Wege des Vergleichs als endgültige zu akzeptieren.[92]

---

[87] Was nicht notwendig ist, vgl. § 52 FamFG.
[88] OLG Köln FamRZ 2001, 106.
[89] OLG Zweibrücken FamRZ 2001, 424; BGH FamRZ 1988, 604; vgl. Muster Rdn 200.
[90] Vgl. Muster Rdn 200.
[91] Der Streitwert ist nur halb so hoch wie der im Hauptsacheverfahren: Im Verfahren der einstweiligen Anordnung ist der Wert in der Regel unter Berücksichtigung der geringeren Bedeutung gegenüber der Hauptsache zu ermäßigen. Dabei ist von der Hälfte des für die Hauptsache bestimmten Werts auszugehen, § 41 FamGKG.
[92] Ein Vergleich kann auch im EA-Verfahren geschlossen werden. Dabei sollte festgehalten werden, ob der Vergleich nur das EA-Verfahren betrifft oder auch eine materiell-rechtlich wirksame Regelung darstellen soll.

aa) Einstweilige Anordnung zur Zahlung von Trennungsunterhalt nach §§ 49 ff., 246 FamFG

Hierbei handelt es sich um ein **summarisches Verfahren**,[93] welches folgende Unterschiede zum Hauptsacheverfahren und Besonderheiten aufweist:

- Die einstweilige Anordnung ist nur ein prozessuales Mittel, um eine schnelle Vollstreckung zu ermöglichen. Es entsteht **keine materielle Rechtskraft**, so dass über denselben Anspruch im Hauptsacheverfahren entschieden werden kann.
- Es bedarf grundsätzlich **keiner mündlichen Verhandlung,** diese findet nur statt, wenn dies zur Aufklärung des Sachverhalts oder für eine gütliche Beilegung des Verfahrens geboten erscheint (§ 246 Abs. 2 FamFG).
- Die vorgetragenen Tatsachen müssen **glaubhaft gemacht werden** (§ 294 ZPO), denn das Gericht erhebt keinen Beweis im summarischen Verfahren.
- Es besteht **kein Anwaltszwang**, vgl. § 114 Abs. 4 Nr. 1 FamFG.
- Ein dringendes Bedürfnis für ein sofortiges Tätigwerden ist nicht erforderlich, allerdings ist ein **Regelungsbedürfnis** notwendig.[94]

(1) Verfahren der einstweiligen Anordnung

Der Unterhaltsberechtigte kann nach § 246 Abs. 1 FamFG vorgehen, wenn:
- das Hauptsacheverfahren (Trennungsunterhaltsverfahren) nach § 231 Abs. 1 Nr. 2 FamFG anhängig ist oder ein Antrag auf Verfahrenskostenhilfe für dieses Hauptsacheverfahren gestellt worden ist. Ein **Hauptsacheverfahren ist jedoch nicht notwendige Voraussetzung für die Einleitung eines einstweiligen Anordnungsverfahrens**. Sinn ist es, die Verfahrensautonomie der Parteien zu stärken und so abzuwägen, ob neben dem Einstweiligen Anordnungsverfahren überhaupt noch ein Hauptsacheverfahren notwendig ist. Bei dieser Abwägung sollte – neben dem Kosteninteresse der Partei – auch berücksichtigt werden, welche Qualität ein Gerichtsbeschluss hat, der auf einer summarischen Prüfung des Sachverhalts beruht und die Parteien unter Umständen über Jahre hinweg bindet.

> *Hinweis*
> Für das einstweilige Anordnungsverfahren muss ein zusätzlicher Antrag auf Verfahrenskostenhilfe gestellt werden, denn die im Hauptverfahren bewilligte Verfahrenskostenhilfe bezieht sich nicht mit auf das EA-Verfahren.

Weiter ist zu beachten, dass
- der Antrag unzulässig ist, wenn der Hauptsacheantrag unzulässig oder evident unbegründet ist;
- der Antrag nur bis zum rechtskräftigen Abschluss des Hauptsacheverfahrens gestellt werden kann, danach ist er unzulässig;
- der Antragsteller ein Regelungsbedürfnis darlegen muss, welches vorliegt, wenn die Zahlung des geltend gemachten Unterhalts notwendig ist.

---
[93] S. Muster Rdn 201.
[94] *Borth*, FamFZ 2007, 1925, 1935.

(2) Inhalt der einstweiligen Anordnung

114 Der Antragsteller muss einen auf die Zahlung eines **bestimmten Betrags** gerichteten Antrag stellen. Der Antrag muss begründet werden. Hier sollte ausführlich vorgetragen werden, wenn beantragt wird, wegen der Dringlichkeit ohne mündliche Verhandlung zu entscheiden. Die vorgetragenen Tatsachen sind **glaubhaft zu machen** durch **eidesstattliche Versicherung**, § 294 Abs. 1 ZPO.

115 Anders als bei der einstweiligen Verfügung kann im Rahmen der einstweiligen Anordnung der **volle Unterhaltsbetrag** gefordert werden, nicht nur der Notunterhalt.

116 Es kann aber nur der laufende Unterhalt geltend gemacht werden, **kein Unterhaltsrückstand**.

(3) Geltungsdauer der einstweiligen Anordnung

117 Ergeht im einstweiligen Anordnungsverfahren ein unbefristeter Beschluss, so tritt die einstweilige Anordnung **automatisch** unter folgenden Voraussetzungen **außer Kraft**:
- es wird eine andere Regelung im Hauptsacheverfahren rechtskräftig wirksam (z.B. Urteil, Beschluss, Vergleich), § 56 Abs. 1 S. 1 und 2 FamFG,
- der Hauptsacheantrag wird zurückgenommen, § 56 Abs. 2 Nr. 1 FamFG,
- der Hauptsacheantrag wird rechtskräftig abgewiesen, § 56 Abs. 2 Nr. 2 FamFG,
- die Hauptsache wird übereinstimmend für erledigt erklärt oder die Erledigung der Hauptsache tritt anderweitig ein (§ 56 Abs. 2 Nr. 3 und 4 FamFG).

118 *Hinweis*

Unterhaltsbeschlüsse werden erst mit Rechtskraft „wirksam" i.S.d. § 56 Abs. 1 S. 2 FamFG.[95] Es ist also möglich, dass der Unterhaltsberechtigte bis zur Rechtskraft weiter aus der einstweiligen Anordnung vollstreckt. Für den Fall, dass der Unterhaltsverpflichtete im Hauptsacheverfahren zu einer geringeren Unterhaltsleistung als im einstweiligen Anordnungsverfahren verurteilt wird, muss er sich gegen die Vollstreckung wehren (§§ 769 f. ZPO, negativer Feststellungswiderantrag).

119 *Hinweis*

Das Gericht ist (auch) befugt, den Unterhalt **befristet** zuzusprechen[96] (vgl. § 56 Abs. 1 S. 1 FamFG). Auf einen entsprechenden Antrag sollte in der Antragserwiderung geachtet werden!

(4) Abänderbarkeit der einstweiligen Anordnung

120 Die einstweilige Anordnung stellt nur einen Vollstreckungstitel dar, welcher der **vorläufigen Vollstreckung** und damit der vorläufigen Sicherstellung des zu zahlenden Unterhalts dient. Dieser Titel kann rückwirkend aufgehoben werden. Eine „Rückwirkungssperre" besteht nicht, da die Abänderungsvorschriften der §§ 238 ff. FamFG keine Anwendung finden!

---

95 BGH NJW 2000, 740 m.w.N.; a.A. OLG Zweibrücken FamRZ 2001, 359.
96 A.A.: *Borth*, FamRZ 2009, 157, 161.

Gegen die einstweilige Unterhalts-Anordnung kann **keine Beschwerde** eingelegt werden, sie ist **unanfechtbar** (§ 57 Abs. 1 S. 1 FamFG). 121

> *Achtung!* 122
>
> Das kann zur Folge haben, dass die einstweilige Anordnung zur Zahlung von **Ehegattenunterhalt** (nicht: Trennungsunterhalt) über den Tag der rechtskräftigen Scheidung hinaus wirksam ist und vollstreckt werden kann![97]

Ist die einstweilige Anordnung ohne mündliche Verhandlung ergangen, so ist **auf Antrag aufgrund mündlicher Verhandlung erneut zu beschließen**, § 54 Abs. 2 FamFG. 123

Es besteht die (nicht fristgebundene) Möglichkeit, gem. § 54 Abs. 1 S. 1 FamFG die **Aufhebung oder Änderung des Beschlusses** zu beantragen.[98] Zuständig ist das Gericht, das die einstweilige Anordnung erlassen hat. 124

> *Tipp* 125
>
> Da der Antrag auf Aufhebung oder Änderung keine aufschiebende Wirkung entfaltet, sollte zugleich ein **Antrag auf Aussetzung der Vollziehung** nach § 55 FamFG gestellt werden.

Hat der Unterhaltsschuldner aufgrund der einstweiligen Anordnung Unterhalt zu zahlen, der höher ist als der Betrag, zu dessen Zahlung er später rechtskräftig verpflichtet wird, so kann er **keinen negativen Feststellungsantrag** erheben, wenn ein positives Leistungsantragsverfahren anhängig ist (das Unterhaltsverfahren).[99] Er riskiert also bei langer Verfahrensdauer, zu hohen Unterhalt zu zahlen, den er nur über die §§ 812 ff. BGB zurückverlangen kann.[100] Hier ist also auf eine Beschleunigung des Verfahrens hinzuwirken! 126

(5) Erzwingung eines Hauptsacheverfahrens, § 52 FamFG

Ist eine einstweilige Anordnung erlassen, hat das Gericht auf Antrag anzuordnen, dass der Beteiligte, der die einstweilige Anordnung erwirkt hat, das Hauptsacheverfahren einleitet oder einen Antrag auf Bewilligung von Verfahrenskostenhilfe für das Hauptsacheverfahren stellt. Die Frist darf drei Monate nicht überschreiten, § 52 Abs. 1 S. 3 FamFG. Kommt der Betroffene dem nicht nach, ist die einstweilige Anordnung aufzuheben. 127

Die Interessen des Unterhaltsschuldners werden also dadurch gewahrt, dass er

- das Hauptsacheverfahren erzwingen kann (§ 52 Abs. 2 FamFG),
- einen Antrag auf Aufhebung oder Änderung der einstweiligen Anordnung stellt (§ 54 FamFG).

---

97 B/L/A/H/*Albers*, ZPO, § 246 FamFG Rn 19.
98 S. Muster Rdn 202.
99 Börger/Bosch/Heuschmid/*Heuschmid*, § 4 Rn 100.
100 Vgl. hierzu Rdn 92 ff.

bb) Einstweilige Anordnung zur Geltendmachung des Verfahrenskostenvorschussanspruchs im isolierten Trennungsunterhaltsverfahren

128 Ist ein Ehegatte nicht in der Lage, die Kosten eines Streitverfahrens zu tragen, so ist der andere Ehegatte verpflichtet, ihm diese Kosten vorzuschießen, soweit dies der Billigkeit entspricht (§ 1361a Abs. 4 BGB).[101] Diese Prozesskostenvorschusspflicht gilt auch bei getrennt lebenden Eheleuten und auch für Verfahren, welche gegen den zur Finanzierung Verpflichteten selbst gerichtet sind, nicht aber unter geschiedenen Ehepartnern.[102]

129 Der Antrag ist zulässig, auch ohne dass ein Hauptsacheverfahren anhängig ist oder im Hauptsacheverfahren ein Antrag auf Verfahrenskostenhilfe gestellt worden ist (§§ 127a, 246 FamFG).

130 Der Unterhaltsberechtigte kann die **notwendigen Kosten des Rechtsstreits** (Gerichtskosten, Anwaltsgebühren, Auslagen und Umsatzsteuer) geltend machen. Er muss einen **bezifferten Leistungsantrag** stellen.

cc) Einstweilige Verfügung zur Geltendmachung von Trennungsunterhalt außerhalb des Scheidungsverfahrens

131 Die einstweilige Anordnung nach §§ 246 ff. FamFG stellt gegenüber der einstweiligen Verfügung **eine gesetzliche Sonderregelung** dar, welche den Rechtsschutz nach §§ 935 ff. ZPO verdrängt.

Da es nicht (mehr) notwendig ist, gleichzeitig mit dem einstweiligen Anordnungsverfahren auch ein Hauptsacheverfahren einzuleiten oder einen entsprechenden Antrag auf Bewilligung von Verfahrenskostenhilfe zu stellen, bleibt für einstweilige Verfügungen in Unterhaltsstreitsachen kein Raum.

e) Rechtsmittel im Trennungsunterhaltsverfahren

132 Die Grundlagen des Berufungs-, Beschwerde- und Revisionsverfahrens sind in §§ 17, 18 und 19 dargestellt, so dass an dieser Stelle nur auf die Besonderheiten im familiengerichtlichen Verfahren hingewiesen wird:
- Zuständig für die Beschwerden gegen Endentscheidungen des Familiengerichts ist gem. § 119 Nr. 1a GVG das **Oberlandesgericht**;
- Beschwerden sind bei dem Gericht einzureichen, dessen Beschluss angefochten wird, vgl. § 64 Abs. 1 FamFG, also regelmäßig beim **Amtsgericht!**
- In isolierten Unterhaltsverfahren ist gegen einen erstinstanzlichen Beschluss das Rechtsmittel der **befristeten Beschwerde** gem. § 58 Abs. 1 FamFG statthaft, sofern der Beschwerdestreitwert (mehr als 600 EUR gem. § 61 Abs. 1 FamFG) überstiegen ist oder die Beschwerde zugelassen wird (§ 61 Abs. 3 S. 1 FamFG);

> *Hinweis*
> Der Zuständigkeitsstreitwert ist nicht identisch mit dem Gebührenstreitwert!

---

101 S. Muster Rdn 203.
102 BGH FamRZ 1984, 148.

Der Zuständigkeitsstreitwert richtet sich nach § 9 ZPO (dreieinhalbfacher Wert des einjährigen Bezugs bei unbestimmter Dauer des Bezugsrechts, § 9 S. 1 ZPO, bzw. Gesamtbetrag der zukünftigen Bezüge bei bestimmter Dauer des Bezugsrechts, § 9 S. 2 ZPO).
- Die in isolierten Unterhaltsverfahren ergangenen einstweiligen Beschlüsse sind **unanfechtbar** (einstweilige Anordnungen nach §§ 246, 49 ff. FamFG);
- Gegen den ablehnenden Beschluss im Verfahrenskostenhilfe-Verfahren ist das Rechtsmittel der **sofortigen Beschwerde** gegeben, § 76 Abs. 2 FamFG. Diese ist nur zulässig, wenn die Hauptsache beschwerdefähig ist, es sei denn, es wird nur gegen die mangelnde Bedürftigkeit der Partei vorgegangen (§ 127 Abs. 2 S. 2 ZPO). Die Beschwerdefrist beträgt **einen Monat** (§ 127 Abs. 2 S. 3 ZPO).

Hinweis
Die Beschwerde muss bei dem Gericht eingelegt werden, dessen Entscheidung angefochten wird, § 64 FamFG!

IV. Steuerrechtliche Probleme in der Trennungszeit

1. Wahl der Veranlagungsart nach § 26 Abs. 1 EStG

Ehegatten, die beide unbeschränkt einkommensteuerpflichtig sind, können dann, wenn sie nicht dauernd getrennt leben, die gemeinsame Veranlagung zur Einkommensteuer wählen.[103] Dies hat zur Folge, dass die Einkünfte beider Parteien addiert werden und die Eheleute so behandelt werden, als seien sie ein Steuerpflichtiger. Die Anwendung des **Splittingtarifs** führt regelmäßig, aber nicht immer,[104] zu einem geringeren Gesamtsteueraufkommen der Eheleute.

Der steuerliche Begriff des „Getrenntlebens" stimmt nicht mit dem familienrechtlichen Begriff überein. Steuerrechtlich ist es ausreichend, wenn die Eheleute nur für wenige Tage im Kalenderjahr zusammengelebt haben, um sich gemeinsam veranlagen lassen zu können.

Die **gemeinsame Veranlagung** ist daher möglich, wenn:
- die Parteien sich am 21.1.2017 trennen: für den Veranlagungszeitraum 2017,
- die Parteien sich am 22.12.2017 trennen und während der Weihnachtsfeiertage 2017versöhnen, sich aber wieder Silvester 2017 trennen: für den Veranlagungszeitraum 2017,
- einer der Ehegatten am 1.1.2018 stirbt: für den Veranlagungszeitraum 2018

Tipp
Wird der Anwalt im letzten Quartal eines Jahres wegen der Probleme einer anstehenden Trennung mandatiert, so sollte er den Mandanten auf diese steuerlichen Vorteile

---

103 Vgl. vertiefend Finke/Garbe/*Arens*/*Spieker*, § 10.
104 Das Gesamtsteueraufkommen kann trotz gemeinsamer Veranlagung z.B. dann höher sein als bei der Einzelveranlagung, wenn bei gewerblichen Einkünften die Tarifbegrenzung des § 32c EStG greift, oder dann, wenn der Mehrverdiener nicht kirchensteuerpflichtig ist.

einer Trennung im Januar des Folgejahres gegenüber der Trennung im Dezember des ablaufenden Jahres hinweisen!

137 Geben die Eheleute keine Erklärung über die Art der Veranlagung ab, so unterstellt das Finanzamt, dass sie die Zusammenveranlagung wählen (§ 26 Abs. 3 EStG). Wählt ein Ehegatte die getrennte Veranlagung, so wird getrennt veranlagt.[105]

138 *Hinweis*

Stellt derjenige Ehegatte, der keine positiven oder negativen Einkünfte erzielt hat oder nur so geringe positive Einkünfte erzielt hat, dass weder eine Einkommensteuer festzusetzen ist, noch die Einkünfte einem Steuerabzug zu unterwerfen sind, einen einseitigen Antrag auf getrennte Veranlagung, so ist dieser Antrag **rechtsunwirksam**.[106] Das Finanzamt führt von Amts wegen eine gemeinsame Veranlagung durch und es bedarf keines Antrags auf Zustimmung zur gemeinsamen Veranlagung.

139 Die getrennte Veranlagung wird meist mit der Begründung gewählt, dass zusammenveranlagte Ehegatten als **Gesamtschuldner für die Steuerschuld haften** (§ 44 Abs. 1 AO), wodurch ein Haftungsrisiko des mitveranlagten Ehegatten für die Steuerschulden seines Partners entsteht.

140 *Tipp*

Nach Bekanntgabe des Steuerbescheides kann jeder Ehegatte einen **Aufteilungsbescheid** bei dem für ihn zuständigen Finanzamt stellen und beantragen, dass die Vollstreckung der Steuerschuld jeweils auf den Betrag beschränkt wird, der sich bei einer fiktiven getrennten Veranlagung ergeben würde (§§ 268 ff. AO).

141 Werden die Ehegatten gemeinsam veranlagt, so sind sie **nicht Gesamtgläubiger des Steuererstattungsanspruchs** (obwohl sie Gesamtschuldner einer Steuerforderung sind!). Das Finanzamt kann so lange mit befreiender Wirkung an einen der beiden Ehegatten zahlen (§ 36 Abs. 4 S. 3 EStG), wie es keine positive Kenntnis davon hat, dass die Eheleute getrennt leben.

142 *Tipp*

Das Finanzamt sollte möglichst unverzüglich davon informiert werden, dass die Eheleute sich getrennt haben, um die befreiende Wirkung der Zahlung an den anderen Ehegatten zu verhindern.

143 Davon unabhängig ist die Frage, wem die **Steuererstattung** im Innenverhältnis der Ehegatten zusteht:
- Erzielt nur einer der Partner steuerpflichtige Einkünfte, so hat er die Steuerlast allein zu tragen. Steuererstattungen stehen ihm allein zu;

---

[105] Ausnahme: Die Wahl der getrennten Veranlagung ist rechtsmissbräuchlich, weil der beantragende Ehegatte keine steuerbelasteten Einkünfte erzielt hat (z.B. BFH, Urt. v. 10.1.1992, NJW 1992, 1471). In diesem Fall nimmt das Finanzamt ohne Mitwirkung des anderen Ehegatten die gemeinsame Veranlagung vor.
[106] Einkommensteuerrichtlinien R 174.

Hinweis

Der andere Ehegatte partizipiert aber mittelbar an der Steuererstattung, indem sie bei der Ermittlung des unterhaltsrelevanten Einkommens berücksichtigt wird: Die Steuererstattung erhöht die wirtschaftliche Leistungsfähigkeit des Unterhaltsverpflichteten in dem Jahr, in welchem die Erstattung gezahlt wird, monatlich um 1/12 des erstatteten Betrags.

- erzielen beide positive steuerpflichtige Einkünfte, so ist umstritten,[107] wie die Steuererstattung aufzuteilen ist. Vertretbar ist es, anhand einer **fiktiven getrennten Veranlagung** die Steuererstattungen aufzuteilen.[108] Es wird auch vertreten, auf die während der Dauer des Zusammenlebens geübte Handhabung abzustellen;[109]
- erzielt ein Ehegatte positive und der andere negative Einkünfte, so ist unter bestimmten Voraussetzungen ein Verlustausgleich möglich (§ 2 Abs. 3 S. 6 EStG). Auch hier ist die Aufteilung umstritten.[110] Und auch hier ist die Aufteilung anhand einer fiktiven getrennten Veranlagung praktikabel.

Tipp 144

Werden die Eheleute von einem Steuerberater vertreten, so ist dieser über die Trennung zu informieren. Es ist ratsam, dass jede Partei einen eigenen Steuerberater wählt. Dies verursacht zwar doppelte Kosten, vermeidet jedoch Interessenkonflikte.

Führt die gemeinsame Veranlagung zu einer Steuerersparnis, so besteht ein **Anspruch** 145 **auf Zustimmung zur gemeinsamen Steuerveranlagung**.[111] Ein entsprechender Antrag ist **eine Familiensache** und daher bei dem zuständigen Familiengericht einzureichen, § 111 Nr. 10 i.V.m. § 266 FamFG.

Hinweis 146

Bei der Ermittlung des unterhaltsrelevanten Einkommens ist darauf zu achten, dass ab dem Folgejahr der Trennung die Lohnsteuerklasse I oder II (Haushaltsfreibetrag) zu wählen ist. War der Mandant während der Dauer des Zusammenlebens in Lohnsteuerklasse III eingruppiert, so verringert sich sein Einkommen erheblich!

2. Steuerliche Berücksichtigung von Unterhaltszahlungen an den dauernd getrennt lebenden Ehegatten

Unterhaltszahlungen,[112] die an den dauernd getrennt lebenden unbeschränkt steuerpflich- 147 tigen Ehegatten[113] gezahlt werden, sind bis zu einem Betrag in Höhe von 13.805 EUR pro Kalenderjahr als **Sonderausgaben** abzugsfähig, wenn der Geber dies mit Zustim-

---

107 S. hierzu *Liebelt*, FamRZ 1993, 626 ff.
108 So z.B. OLG Düsseldorf FamRZ 1998, 1236.
109 BGH FamRZ 2002, 739.
110 Zu verschiedenen Lösungsansätzen s. *Wever*, FamRZ 2000, 993, 997.
111 BGH FamRZ 2005, 182; BGH FamRZ 2002, 1024; vgl. Muster Rdn 204.
112 Für Unterhaltszahlungen an den geschiedenen Ehegatten gilt dasselbe.
113 Der gezahlte Kindesunterhalt kann nicht als Sonderausgabe geltend gemacht werden.

mung des Empfängers beim Finanzamt beantragt (§ 10 Abs. 1a Nr. 1 EStG).[114] Dies ist jedoch nicht im Jahr der Trennung möglich, da in diesem Jahr noch die gemeinsame Veranlagung gewählt werden kann.

148 *Hinweis*

Als „Unterhaltsleistungen" werden nicht nur Geldleistungen verstanden, sondern auch Sachleistungen (z.B. Mietwert eines überlassenen Hauses).[115]

149 Der Antrag (Anlage U) ist nicht befristet und kann auch noch nach bestandskräftiger Steuerfestsetzung gestellt werden.

150 Die Berücksichtigung der Unterhaltsleistungen als Sonderausgaben des Unterhaltsverpflichteten führt bei dem Unterhaltsberechtigten dazu, dass er **sonstige Einkünfte i.S.d. § 22 Nr. 1a EStG** (sowohl im steuerrechtlichen als auch im sozialrechtlichen Sinn!) erzielt.

151 *Hinweis*

Es ist daher sorgfältig zu prüfen, ob die Vorteile der Geltendmachung der Unterhaltsleistungen als Sonderausgaben die Nachteile tatsächlich überwiegen. Nachteilig sind:

- Wegfall der beitragsfreien Mitversicherung des Ehegatten in der Krankenversicherung bei Übersteigen der Einkommensgrenzen,
- höhere Kindergartenbeiträge (sofern nach Einkommen des betreuenden Elternteils gestaffelt),
- Unterhalt ist einkommensteuerpflichtiges Einkommen des Unterhaltsberechtigten.

In Zweifelsfällen sollte ein Steuerberater hinzugezogen werden, um die finanziellen Mehrbelastungen zu kalkulieren.

152 Der Unterhaltsempfänger ist nach den Grundsätzen von **Treu und Glauben** verpflichtet, dem Antrag des Unterhaltsverpflichteten zuzustimmen, sofern dieser ihn **Zug um Zug** von den Nachteilen, die hierdurch entstehen, freistellt. Diese im Einzelnen festzuschreiben, ist nahezu unmöglich, weshalb es an dem Unterhaltsberechtigten ist, diese Nachteile im Einzelnen zu substantiieren. Die Zustimmungserklärung wirkt nur für den Veranlagungszeitraum, für welchen sie erteilt worden ist,[116] so dass die Erklärung für jedes Jahr neu verlangt werden muss.[117]

153 *Tipp*

Möchte der Unterhaltsverpflichtete die Zustimmung zum begrenzten Realsplitting nicht erstreiten, so bleibt ihm die Möglichkeit, den gezahlten Unterhalt bis zu einer bestimmten Summe (im Veranlagungszeitraum 2018: 9.000 EUR) als **außergewöhn-**

---

114 Zahlt der Unterhaltsverpflichtete an mehrere Ex-Ehepartner, so kann er auch mehrere Anträge stellen und jedes Mal den vollen Betrag von 13.805 EUR ausschöpfen.
115 BFH, Urt. v. 14.4.2000, BStBl II 2000, 130.
116 H 86b EStH 2002.
117 Das Finanzamt ist nicht verpflichtet zu prüfen, ob die Verweigerung der Zustimmung rechtsmissbräuchlich ist, BFH, Urt. v. 25.7.1990, BStBl II 1990, 1022.

liche Belastung nach § 33a Abs. 1 S. 1 EStG geltend zu machen. Der Abzug ist um die eigenen Einkünfte des Unterhaltsberechtigten, soweit sie 624 EUR übersteigen, zu kürzen.

Die Berücksichtigung als außergewöhnliche Belastung hat den Vorteil, dass der Unterhaltsempfänger die Unterhaltsleistungen nicht zu versteuern braucht.

3. Das staatliche Kindergeld

Das staatliche Kindergeld wird monatlich an den Kindergeldberechtigten ausgezahlt nach §§ 31, 62 ff. EStG.[118] Das Kindergeld ist als zweckgebundene und existenzsichernde Leistung für das Kind zu verwenden und mindert dessen Unterhaltsbedarf. **154**

Das Kindergeld wird daher nach § 1612b BGB bedarfsmindernd vorweg abgezogen, so dass der Bedarf des Kindes um das Kindergeld gekürzt wird. Dies geschieht zur Hälfte, sofern ein Elternteil barunterhaltspflichtig ist, ansonsten wird es voll abgezogen. Wird das Kind im paritätischen Wechselmodell betreut, erfolgt die hälftige Anrechnung des Kindergelds auf den Barbedarf des Kindes nach § 1612b Abs. 1 Nr. 1 BGB.[119] **155**

V. Das Kindesunterhaltsverfahren

1. Materiell-rechtliche Grundlagen

Die Unterhaltspflicht der Eltern gegenüber Kindern[120] folgt aus der Vorschrift des § 1601 BGB: Verwandte in gerader Linie sind verpflichtet, einander Unterhalt zu gewähren. Hieraus folgt: Eine Unterhaltspflicht gegenüber Stiefkindern und Schwiegerkindern gibt es nicht! **156**

Seit der Reform des Kindschaftsrechts vom 1.7.1998 werden eheliche und nichteheliche Kinder gleich behandelt, sowohl materiell-rechtlich als auch prozessrechtlich. **157**

Der Kindesunterhalt unterscheidet sich sowohl hinsichtlich der prozessualen Geltendmachung als auch materiell-rechtlich vom Ehegattenunterhalt. **158**

Im Ehegattenunterhaltsrecht wird zwischen verschiedenen Zeiträumen differenziert (Trennungsunterhalt und nachehelicher Unterhalt). Beide Ansprüche sind nicht identisch. Im Kindesunterhaltsrecht gibt es diese Differenzierung nicht, was zweierlei zur Folge hat: Zum einen muss der Kindesunterhalt nicht zweimal geltend gemacht werden, denn der während der Trennungszeit erwirkte Titel ist auch nach Abschluss des Scheidungsverfahrens vollstreckbar. Zum anderen gilt der Unterhaltstitel auch dann weiter, wenn das Kind volljährig wird. **159**

Beim Kindesunterhalt ist zu unterscheiden, ob das Kind **minderjährig** oder **volljährig und unverheiratet, aber unter 21 Jahre alt ist, bei den Eltern oder einem Elternteil lebt und eine Ausbildung absolviert** oder ob es **volljährig ist und die anderen** **160**

---

118 Zur Bezugsberechtigung vgl. § 64 EStG, BFH FamRZ 2005, 618 ff.
119 BGH FamRZ 2016, 1053.
120 Und umgekehrt: Auch Kinder sind ihren Eltern gegenüber unterhaltspflichtig.

Voraussetzungen nicht erfüllt sind. Auf die Unterschiede wird im Folgenden jeweils hingewiesen.

161 Beide Elternteile sind dem Kind gegenüber unterhaltsverpflichtet. Leben die Eltern voneinander getrennt, so erbringt der das minderjährige Kind betreuende Elternteil seinen Beitrag zum Unterhalt durch die Betreuungsleistung, wohingegen der andere Elternteil barunterhaltspflichtig wird.

a) Bedarf des Kindes, § 1610 Abs. 2 BGB

162 Das Kind hat gegen seine Eltern einen Anspruch auf Unterhalt, der seinen gesamten Lebensbedarf einschließlich der Kosten einer angemessenen Vorbildung zu einem Beruf deckt. Bei einer der Erziehung bedürftigen Person werden auch die Kosten der Erziehung geschuldet (§ 1610 Abs. 2 BGB):

163

Minderjähriges Kind	Kind, das ■ volljährig ist, ■ unter 21 Jahre alt ist, ■ unverheiratet ist, ■ im Haushalt der Eltern oder eines Elternteils lebt ■ und eine allgemeine Schulausbildung absolviert (§ 1603 Abs. 2 S. 2 BGB)	Volljähriges Kind, das die Voraussetzungen des § 1603 Abs. 2 S. 2 BGB nicht erfüllt
Da minderjährige Kinder noch keine eigene Lebensstellung erwirtschaftet haben, richtet sich der **Bedarf** nach der **Lebensstellung der Eltern**. Zu dem Bedarf des Kindes zählen Kosten der Unterkunft, Verpflegung, Kleidung, Ausbildung, Urlaub, Freizeitgestaltung u.a. Kindergartenkosten, stellen Mehrbedarf des Kindes dar, den die Eltern anteilig nach ihren wirtschaftlichen Verhältnissen zu tragen haben.[121] Der Unterhaltsbedarf wird im Unterhaltsverfahren bei normalen Einkommensverhältnissen der Eltern nicht konkret ermittelt, sondern es wird auf die **Unterhaltsleitlinien der Oberlandesgerichte**[122]	Der Bedarf des volljährigen Kindes, das noch im Haushalt der Eltern oder eines Elternteiles wohnt, bemisst sich nach der 4. Altersstufe der Düsseldorfer Tabelle. Der angemessene Bedarf eines **Studierenden**, der nicht bei seinen Eltern oder einem Elternteil wohnt, beträgt in der Regel **735 EUR**.[123] Dies kann auch für ein **Kind mit eigenem Haushalt** angesetzt werden. Da das volljährige Kind nicht mehr betreuungsbedürftig ist, gilt die **Gleichwertigkeit des Bar- und Betreuungsunterhalts nicht**. Beide Elternteile haften anteilig nach § 1606 Abs. 3 S. 1 BGB (auch wenn das Kind noch im Haushalt eines Elternteils wohnt, in die-	Der angemessene Bedarf eines **Studierenden**, der nicht bei seinen Eltern oder einem Elternteil wohnt, beträgt in der Regel **735 EUR**.[124] Dies kann auch für ein **Kind mit eigenem Haushalt** angesetzt werden. Da das volljährige Kind nicht mehr betreuungsbedürftig ist, gilt die **Gleichwertigkeit des Bar- und Betreuungsunterhalts nicht**. Beide Elternteile haften anteilig nach § 1606 Abs. 3 S. 1 BGB.

---

121 BGH FamRZ 2009, 962.
122 Düsseldorfer Tabelle, im Internet zu finden unter www.olg-duesseldorf.nrw.de.
123 Anm. 7 zu Teil A der Düsseldorfer Tabelle.
124 Anm. 7 zu Teil A der Düsseldorfer Tabelle.

Minderjähriges Kind	Kind, das ■ volljährig ist, ■ unter 21 Jahre alt ist, ■ unverheiratet ist, ■ im Haushalt der Eltern oder eines Elternteils lebt ■ und eine allgemeine Schulausbildung absolviert (§ 1603 Abs. 2 S. 2 BGB)	Volljähriges Kind, das die Voraussetzungen des § 1603 Abs. 2 S. 2 BGB nicht erfüllt
zurückgegriffen, die den Unterhaltsbedarf anhand des Nettoeinkommens des Barunterhaltspflichtigen und des Alters des Kindes festlegen. Das Einkommen des betreuenden Elternteils wird grundsätzlich nicht berücksichtigt, weil Bar- und Naturalunterhalt **gleichwertig** den Bedarf des Kindes befriedigen (§ 1606 Abs. 3 S. 2 BGB).	sem Fall verringert sich der geschuldete Unterhalt dieses Elternteils entsprechend dem Wert dieser Leistung.[125]	

aa) Elementarunterhalt

Der Elementarunterhalt wird pauschaliert oder (bei sehr guten Einkommensverhältnissen konkret) anhand des Alters des Kindes und des Einkommens des Verpflichteten ermittelt (s. Rdn 163 in der Tabelle). Die Düsseldorfer Tabelle geht davon aus, dass der Unterhaltsverpflichtete gegenüber einem Ehegatten und zwei Kindern unterhaltsverpflichtet ist. Weicht die tatsächliche Zahl der Unterhaltsverpflichteten davon ab, so ist eine Höhergruppierung bzw. Herunterstufung in die nächste Stufe vorzunehmen.[126]

164

Wird der Kindesunterhalt anhand der Düsseldorfer Tabelle berechnet, so ist darauf zu achten, dass der **Bedarfskontrollbetrag** nicht unterschritten wird. Dieser gewährleistet eine **Angemessenheitskontrolle** dahin gehend, dass dem Unterhaltsschuldner derjenige Betrag, der in einem angemessenen Verhältnis zu seinem Einkommen steht, verbleibt. Wird der Bedarfskontrollbetrag unterschritten, dann ist für den Kindesunterhalt der Tabellenbetrag der nächst niedrigeren Gruppe anzusetzen, bis der Bedarfskontrollbetrag gewahrt wird.[127]

165

Sind die wirtschaftlichen Verhältnisse der Eltern überdurchschnittlich (unterhaltsrelevantes Nettoeinkommen übersteigt 5.500 EUR), so richtet sich die Höhe des Unterhalts nach dem Einzelfall. In diesen Fällen ist der Bedarf konkret darzulegen.[128]

166

---

125 OLG Hamm FamRZ 1996, 303.
126 Anm. 1 zu Teil A der Düsseldorfer Tabelle, OLG Düsseldorf FamRZ 17, 113 ff.
127 Anm. 6 zu Teil A der Düsseldorfer Tabelle.
128 BGH FamRZ 2000, 358.

167 *Hinweis*

In diesen Fällen muss substantiiert dargelegt werden, welche Aufwendungen für das Kind nachweisbar getätigt werden (z.B. Urlaub, Nachhilfe, psychologische Betreuung, Auslandsaufenthalte, hochpreisige Freizeitaktivitäten, Partybesuche, Handykosten, Friseur, Kleidung).

168 Vom Elementarunterhalt nicht umfasst sind die **Aufwendungen für Kranken- und Pflegeversicherung**, für die der Unterhaltsverpflichtete zusätzlich aufzukommen hat.[129]

bb) Mehrbedarf

169 Hat das Kind regelmäßig erhöhte Kosten, die nicht durch den Barunterhalt abgedeckt werden, so kann es diesen Mehrbedarf geltend machen. Für den Mehrbedarf des Kindes (z.B. Nachhilfekosten) haften die Eltern anteilig nach ihrem Einkommen.

cc) Sonderbedarf

170 Hat das Kind einen Bedarf, welcher der Höhe nach nicht abschätzbar war und unregelmäßig (überraschend) eingetreten ist, so kann es diesen Bedarf neben dem Elementarunterhalt geltend machen (§ 1613 Abs. 2 BGB). Hierzu zählen z.B. Kosten einer Klassenfahrt, Konfirmation/Kommunion.[130]

171 Auch der Anspruch auf **Verfahrenskostenvorschuss** ist ein Fall des Sonderbedarfs. Das Kind kann aber nur dann von dem barunterhaltspflichtigen Elternteil Verfahrenskostenvorschuss verlangen, wenn dieser nicht selbst verfahrenskostenhilfeberechtigt ist.

172 *Hinweis*

Sonderbedarf kann für das Kind innerhalb eines Jahres geltend gemacht werden, ohne dass der Unterhaltsverpflichtete in Verzug gesetzt worden sein muss, § 1613 Abs. 2 Nr. 1 BGB

---

[129] Anm. 9 zu Teil A der Düsseldorfer Tabelle.
[130] Ein Überblick über die umfangreiche Kasuistik findet sich bei *Niepmann/Schwamb*, Rn 336 ff.

b) Bedürftigkeit des unterhaltsberechtigten Kindes, § 1602 BGB

Minderjähriges Kind	Kind, das ■ volljährig ist, ■ unter 21 Jahre alt ist, ■ unverheiratet ist, ■ im Haushalt der Eltern oder eines Elternteils lebt ■ und eine allgemeine Schulausbildung absolviert (§ 1603 Abs. 2 S. 2 BGB)	Volljähriges Kind, das die Voraussetzungen des § 1603 Abs. 2 S. 2 BGB nicht erfüllt
Bedürftigkeit:		
Das minderjährige, unverheiratete Kind braucht sein Vermögen zur Bestreitung seines Unterhalts nicht zu verwerten. Es muss sich allerdings die Einkünfte seines Vermögens und den Ertrag seiner Arbeit anrechnen lassen, § 1602 Abs. 2 BGB. Minderjährige haben grundsätzlich keine Erwerbsobliegenheit, wenn sie eine Ausbildung absolvieren.	Absolviert das Kind eine Ausbildung oder gerät es unverschuldet in Not und ist deshalb nicht imstande, seinen eigenen angemessenen Lebensstandard ganz oder teilweise (auch unter Einsatz seines Einkommens und seines Vermögens) zu decken, ist es bedürftig i.S.d. § 1602 BGB.	Nach Abschluss der Ausbildung hat das volljährige und gesunde Kind eine gesteigerte Erwerbsobliegenheit und muss für seinen Unterhalt selbst aufkommen. Nur unter der strengen Voraussetzung, dass es in einer unverschuldeten Notlage[131] ist und nicht arbeiten oder auf andere Weise für seinen Unterhalt sorgen kann, kann es noch Unterhalt von den Eltern verlangen. **Tipp:** Verlangt das volljährige Kind nach Abschluss seiner Ausbildung von den Eltern Unterhalt, so haftet vorrangig der Ehegatte des Kindes, § 1608 Abs. 1 S. 1 BGB. Lebt das Kind in einer nichtehelichen Lebensgemeinschaft, so sind Zuwendungen des Partners anzurechnen.[132] Das Kind muss auch den Stamm seines Vermögens aufbrauchen.
Eigene Einkünfte des Unterhaltsberechtigten:		
Erzielt das Kind **eigene Einkünfte** aus Arbeitstätigkeit, so sind diese anzurechnen. Absolviert das Kind, das bei den Eltern oder einem Elternteil wohnt, eine Ausbildung,	Das bereinigte Einkommen des volljährigen Kindes wird in der Regel in vollem Umfang auf den Bedarf angerechnet (inkl. BAföG-Darlehn und Ausbildungsbeihilfe).	Das eigene Einkommen des Kindes mindert seinen Unterhaltsbedarf in voller Höhe. **Hinweis:** Die Anrechnung des Einkommens des Kindes erfolgt pro-

---

131 Krankheit (z.B. Neurosen, Alkoholismus).
132 OLG Koblenz FamRZ 1991, 1469.

§ 22 Das familiengerichtliche Verfahren

Minderjähriges Kind	Kind, das ■ volljährig ist, ■ unter 21 Jahre alt ist, ■ unverheiratet ist, ■ im Haushalt der Eltern oder eines Elternteils lebt ■ und eine allgemeine Schulausbildung absolviert (§ 1603 Abs. 2 S. 2 BGB)	Volljähriges Kind, das die Voraussetzungen des § 1603 Abs. 2 S. 2 BGB nicht erfüllt
so werden von der Ausbildungsvergütung monatlich 100 EUR abgezogen, der Rest wird als eigenes Einkommen angerechnet.[133] Sind die Aufwendungen tatsächlich höher (z.B. Fahrtkosten, Ausbildungsliteratur), so sind sie nachzuweisen und sodann zu berücksichtigen. **Ausnahmen:** ■ § 1577 Abs. 2 S. 1 BGB analog: der Unterhaltsverpflichtete zahlt nicht den vollen Kindesunterhalt, ■ § 1577 Abs. 2 S. 2 BGB analog: die Anrechnung widerspricht der Billigkeit. **Hinweis:** Beim minderjährigen Kind wird das verbleibende Einkommen des Kindes zur Hälfte dem betreuenden Elternteil und zur Hälfte dem Barunterhaltspflichtigen entlastend angerechnet.	Da das Kind weiter bei einem Elternteil lebt, wird die Entlastung anteilig an den erbrachten Leistungen der Eltern (Barunterhalt/Naturalunterhalt) verteilt.[134] **Ausnahmen:** ■ § 1577 Abs. 2 S. 1 BGB analog: der Unterhaltsverpflichtete zahlt nicht den vollen Kindesunterhalt, ■ § 1577 Abs. 2 S. 2 BGB analog: die Anrechnung widerspricht der Billigkeit. **Hinweis:** Die Anrechnung des Einkommens des Kindes erfolgt prozentual entsprechend dem Unterhaltszahlbetrag bei jedem Elternteil.	zentual entsprechend dem Unterhaltszahlbetrag bei jedem Elternteil.
Mangelfall: Vorrang		
Das minderjährige, unverheiratete Kind hat im Mangelfall absoluten Vorrang vor den volljährigen Kindern, § 1609 Abs. 1 BGB und allen anderen Unterhaltsberechtigten.	Es steht dem minderjährigen Kind gleich.	Minderjährige Kinder und volljährige unverheiratete Kinder unter 21, die im Haushalt der Eltern leben, und in der Ausbildung sind, und Ehegatten gehen im Rang vor, § 1609 Abs. 1 BGB.

---

133 Anm. zu Teil A der Düsseldorfer Tabelle v. 1.1.2010; im Internet zu finden unter www.olg-duesseldorf.nrw.de.
134 Unterhaltsleitlinien OLG Düsseldorf (Nr. 13); im Internet zu finden unter www.olg-duesseldorf.nrw.de.

Minderjähriges Kind	Kind, das ■ volljährig ist, ■ unter 21 Jahre alt ist, ■ unverheiratet ist, ■ im Haushalt der Eltern oder eines Elternteils lebt ■ und eine allgemeine Schulausbildung absolviert (§ 1603 Abs. 2 S. 2 BGB)	Volljähriges Kind, das die Voraussetzungen des § 1603 Abs. 2 S. 2 BGB nicht erfüllt
Art der Unterhaltsgewährung:		
Der Elternteil, dem die Sorge für die Person des Kindes nicht zusteht, kann die Art der Unterhaltsgewährung nur für die Zeit treffen, in der das Kind in seinem Haushalt aufgenommen ist. Ansonsten muss er eine **Geldrente monatlich im Voraus** zahlen, § 1612 Abs. 1 S. 1, Abs. 2 S. 3 BGB	Ist das Kind unverheiratet, so können die Eltern bestimmen, in welcher Art und für welche Zeit im Voraus der Unterhalt gewährt werden soll, sofern auf die Belange des Kindes die gebotene Rücksicht genommen wird. **(Naturalunterhaltsbestimmungsrecht der Eltern)**, § 1612 Abs. 2 S. 1 BGB.	Ist das Kind unverheiratet, so können die Eltern bestimmen, in welcher Art und für welche Zeit im Voraus der Unterhalt gewährt werden soll, sofern auf die Belange des Kindes die gebotene Rücksicht genommen wird. **(Naturalunterhaltsbestimmungsrecht der Eltern)**, § 1612 Abs. 2 S. 1 BGB. Ist das Kind verheiratet (beachte dann: vorrangige Unterhaltspflicht des Ehegatten!), besteht ein Anspruch auf Geldrente, § 1612 Abs. 1 S. 1 BGB.

Grundsätzlich sind die Eltern verpflichtet, dem Kind eine „**angemessene Ausbildung**" zu ermöglichen und zu finanzieren.[135] Das Kind hat die Ausbildung zielstrebig und ernsthaft zu betreiben, Verzögerungen führen nur dann zu einer längeren Unterhaltszahlungspflicht, wenn das Kind sie nicht verschuldet hat (z.B. durch Krankheit). Grundsätzlich ist das Kind nicht verpflichtet, neben der Ausbildung Geld zu verdienen (z.B. Studentenjob), weil es die Ausbildung zügig absolvieren soll.[136] **174**

Hat das Kind eigene Einkünfte anderer Art (z.B. Zinserträge aus einer Erbschaft, Leistungen aus einer Ausbildungsversicherung), so sind diese anzurechnen. **175**

Sozialstaatliche Zuwendungen werden nur dann als eigene Einkünfte angerechnet, wenn sie nicht subsidiär sind. Einkommen ist also: **176**
- Krankengeld,
- BAföG, sofern es sich nicht um Vorausleistungen handelt,
- Elterngeld,

---

[135] Zur Frage des Studiengangwechsels, zur mehrstufigen Ausbildung (Abitur-Lehre-Studium) und Begabungsfehleinschätzung vgl. *Niepmann/Schwamb*, Rn 373 ff.
[136] OLG Koblenz FamRZ 1996, 382; OLG Düsseldorf FamRZ 1986, 590.

- ALG I,
- Wohngeld.

c) Ermittlung des relevanten Einkommens – Leistungsfähigkeit des Unterhaltsverpflichteten, § 1603 BGB

177 Der Unterhaltsverpflichtete ist entsprechend seiner Leistungsfähigkeit verpflichtet, Kindesunterhalt zu zahlen. Die Anforderungen an die Leistungsfähigkeit sind unterschiedlich, je nachdem, wie alt das unterhaltsberechtigte Kind ist.

178

Minderjähriges Kind	Kind, das - volljährig ist, - unter 21 Jahre alt ist, - unverheiratet ist, - im Haushalt der Eltern oder eines Elternteils lebt - und eine allgemeine Schulausbildung absolviert (§ 1603 Abs. 2 S. 2 BGB)	Volljähriges Kind, bei welchem eine der Voraussetzungen des § 1603 Abs. 2 S. 2 nicht vorliegt
Gesteigerte Erwerbsobliegenheit des Unterhaltsverpflichteten:		
Der Unterhaltsverpflichtete muss sich zur Befriedigung des Bedarfs des minderjährigen unverheirateten Kindes **gesteigert um eine Erwerbstätigkeit bemühen** (sogar u.U. zusätzlich eine Nebentätigkeit ausüben!) und **sein Vermögen einsetzen**, um zumindest den Regelbetrag der Düsseldorfer Tabelle aufbringen zu können.	Der Unterhaltsverpflichtete muss sich zur Befriedigung des Bedarfs des unverheirateten Kindes in der Ausbildung **gesteigert um eine Erwerbstätigkeit bemühen** (sogar zusätzlich eine Nebentätigkeit ausüben!) und **sein Vermögen einsetzen**, um zumindest den Regelbetrag der Düsseldorfer Tabelle aufbringen zu können. Aber: das Kind hat sein eigenes Vermögen einzusetzen, so dass es nicht in demselben Maße wie ein minderjähriges Kind bedürftig ist.	**Keine gesteigerte Erwerbsobliegenheit.**
Selbstbehalt:		
Bei nicht erwerbstätigen Unterhaltsverpflichteten: **880 EUR** Bei Erwerbstätigen: **1.080 EUR**[137]	Bei nicht erwerbstätigen Unterhaltsverpflichteten: **880 EUR** Bei Erwerbstätigen: **1.080 EUR**[138]	Angemessener Eigenbedarf: Mindestens **1.300 EUR**[139]

---

[137] S. Anm. 5 zu Teil A der Düsseldorfer Tabelle v. 1.1.2018.
[138] S. Anm. 5 zu Teil A der Düsseldorfer Tabelle v. 1.1.2018.
[139] S. Anm. 5 zu Teil A der Düsseldorfer Tabelle v. 1.1.2018.

d) Verwirkung

Minderjähriges Kind	Kind, das ■ volljährig ist, ■ unter 21 Jahre alt ist, ■ unverheiratet ist, ■ im Haushalt der Eltern oder eines Elternteils lebt ■ und eine allgemeine Schulausbildung absolviert (§ 1603 Abs. 2 S. 2 BGB)	Volljähriges Kind, bei welchem eine der Voraussetzungen des § 1603 Abs. 2 S. 2 nicht vorliegt
Verwirkung kommt nicht in Frage, § 1611 Abs. 2 BGB.	Ist der Unterhaltsberechtigte durch sein sittliches Verschulden bedürftig geworden, hat er seine eigene Unterhaltspflicht gegenüber dem Unterhaltsverpflichteten gröblich vernachlässigt oder sich vorsätzlich einer schweren Verfehlung gegen den Unterhaltsverpflichteten oder einen nahen Angehörigen des Verpflichteten schuldig gemacht, so braucht der Unterhaltsverpflichtete Unterhalt nur in der Höhe zu leisten, die der Billigkeit entspricht, es sei denn, dies ist grob unbillig (dann fällt die Verpflichtung ganz weg), § 1611 Abs. 1 BGB.	Ist der Unterhaltsberechtigte durch sein sittliches Verschulden bedürftig geworden, hat er seine eigene Unterhaltspflicht gegenüber dem Unterhaltsverpflichteten gröblich vernachlässigt oder sich vorsätzlich einer schweren Verfehlung gegen den Unterhaltsverpflichteten oder einen nahen Angehörigen des Verpflichteten schuldig gemacht, so braucht der Unterhaltsverpflichtete Unterhalt nur in der Höhe zu leisten, die der Billigkeit entspricht, es sei denn, dies ist grob unbillig (dann fällt die Verpflichtung ganz weg), § 1611 Abs. 1 BGB.

2. Prozessführung in Kindesunterhaltsstreitigkeiten

Grundsätzlich besteht die Möglichkeit, den Unterhalt für minderjährige Kinder bis zum 1,2fachen des Mindestunterhalts nach § 1612a Abs. 1 BGB im vereinfachten Verfahren (§§ 249 ff. FamFG) titulieren zu lassen. Hierzu gibt es amtliche Vordrucke. Da jedoch die Verfahren meist streitig durchgeführt werden (und sich somit keine Vorteile aus dem „vereinfachten" Verfahren ergeben), wird auf die Darstellung hier verzichtet und empfohlen, den normalen Klageweg zu wählen.

a) Inverzugsetzen des Unterhaltsschuldners

Der Unterhaltsschuldner muss zunächst in Verzug gesetzt werden, s. hierzu Rdn 190.

§ 22 Das familiengerichtliche Verfahren

b) Prozessführung

182

Minderjähriges Kind	Kind, das ■ volljährig ist, ■ unter 21 Jahre alt ist, ■ unverheiratet ist, ■ im Haushalt der Eltern oder eines Elternteils lebt ■ und eine allgemeine Schulausbildung absolviert (§ 1603 Abs. 2 S. 2 BGB)	Volljähriges Kind, bei welchem eine der Voraussetzungen des § 1603 Abs. 2 S. 2 nicht vorliegt
Prozessvermeidung durch Antrag auf Unterhaltsvorschuss: Bis zur Vollendung des 18. Lebensjahres können Kinder auf Antrag den Regelbetrag gem. § 1 ff. UVG als Unterhaltsvorschuss von der Unterhaltsvorschusskasse verlangen. Höhe: 0–5 Jahre: 154 EUR 6–11 Jahre: 205 EUR 12–18 Jahre: 273 EUR	**Unterhaltsvorschuss gibt es nicht.**	**Unterhaltsvorschuss gibt es nicht.**
Gerichtsstand:		
Ausschließlich zuständig für Streitigkeiten über den Unterhalt eines gemeinschaftlichen Kindes der Ehegatten ist während der Anhängigkeit einer Ehesache das Gericht, bei dem die Ehesache im ersten Rechtzug anhängig ist oder war, § 232 Abs. 1 Nr. 1 FamFG. Ausschließlich zuständig für die Streitigkeiten über den Unterhalt minderjähriger Kinder ist das Gericht, in dessen Bezirk das Kind oder der Elternteil, der auf Seiten des minderjährigen Kindes zu handeln befugt ist, seinen gewöhnlichen Aufenthalt hat, es sei denn, das Kind oder ein Elternteil haben diesen im Ausland, § 232 Abs. 1 Nr. 2 FamFG.	Ausschließlich zuständig für die Streitigkeiten über den Unterhalt ist das Gericht, in dessen Bezirk das Kind seinen gewöhnlichen Aufenthalt hat, es sei denn, das Kind hat diesen im Ausland, § 232 Abs. 1 Nr. 2 FamFG. Nimmt das Kind beide Elternteile in Anspruch, so gilt der Wahlgerichtsstand des § 232 Abs. 3 Nr. 2 FamFG.	Zuständig ist das Gericht, an dem der Unterhaltsverpflichtete seinen gewöhnlichen Aufenthalt hat (§ 232 Abs. 3 S. 1 FamFG). Nimmt das Kind beide Elternteile in Anspruch, so gilt der Wahlgerichtsstand des § 232 Abs. 3 S. 2 Nr. 2 FamFG. Hat der Antragsgegner keinen gewöhnlichen Aufenthalt im Inland, dann ist wahlweise das Gericht zuständig, in dessen Bezirk der Unterhaltsberechtigte seinen gewöhnlichen Aufenthalt hat, § 232 Abs. 3 S. 2 Nr. 3 FamFG).

Minderjähriges Kind	Kind, das - volljährig ist, - unter 21 Jahre alt ist, - unverheiratet ist, - im Haushalt der Eltern oder eines Elternteils lebt - und eine allgemeine Schulausbildung absolviert (§ 1603 Abs. 2 S. 2 BGB)	Volljähriges Kind, bei welchem eine der Voraussetzungen des § 1603 Abs. 2 S. 2 nicht vorliegt
Wird die Ehesache bei einem anderen Gericht rechtshängig, so ist die Kindesunterhaltssache an das Gericht der Ehesache abzugeben, § 233 S. 1 FamFG. Nimmt das Kind beide Elternteile in Anspruch, so gilt der Wahlgerichtsstand des § 232 Abs. 3 Nr. 2 FamFG.		
Titulierungvereinfachung:		
1. Soll der Unterhalt erstmals tituliert werden, so kann dies im **vereinfachten Verfahren** nach § 249 FamFG geschehen. 2. Der Kindesunterhalt kann als Prozentsatz des jeweiligen Mindestunterhalts nach § 1612a BGB von dem Elternteil, mit dem das Kind nicht in einem Haushalt lebt, verlangt werden, § 1612a BGB (**dynamisierter Unterhalt**). 3. Der Unterhaltsverpflichtete kann den Unterhalt **kostenlos beim Jugendamt titulieren lassen**, §§ 59 Abs. 1 Nr. 3, 60 SGB VIII.[140]	1. **Nicht möglich**, §§ 249 ff. FamFG gelten nur für minderjährige Kinder. 2. Der Kindesunterhalt kann als Prozentsatz des jeweiligen Mindestunterhalts nach § 1612a BGB von dem Elternteil, mit dem das Kind nicht in einem Haushalt lebt, verlangt werden, § 1612a BGB (**dynamisierter Unterhalt**), wegen der Gleichstellung zu minderjährigen Kindern in § 1603 Abs. 2 S. 2 BGB.[141] 3. Der Unterhaltsverpflichtete kann den Unterhalt **kostenlos beim Jugendamt titulieren lassen**, §§ 59 Abs. 1 Nr. 3, 60 SGB VIII, sofern der Unterhaltsberechtigte zum Zeitpunkt der Beurkundung	1. **Nicht möglich**, §§ 249 ff. FamFG gelten nur für minderjährige Kinder. 2. **Nicht möglich**. 3. Der Unterhaltsverpflichtete kann den Unterhalt **kostenlos beim Jugendamt titulieren lassen**, §§ 59 Abs. 1 Nr. 3, 60 SGB VIII, sofern der Unterhaltsberechtigte zum Zeitpunkt der Beurkundung das **21. Lebensjahr noch nicht vollendet hat**.

---

[140] *Borth*, FamRZ 2017, 274 ff.
[141] *Schumacher/Grün*, FamRZ 1998, 781 m.w.N.

Minderjähriges Kind	Kind, das ■ volljährig ist, ■ unter 21 Jahre alt ist, ■ unverheiratet ist, ■ im Haushalt der Eltern oder eines Elternteils lebt ■ und eine allgemeine Schulausbildung absolviert (§ 1603 Abs. 2 S. 2 BGB)	Volljähriges Kind, bei welchem eine der Voraussetzungen des § 1603 Abs. 2 S. 2 nicht vorliegt
	dung das **21. Lebensjahr noch nicht vollendet hat**.	
Prozessstandschaft:		
Sind die Eltern des Kindes miteinander verheiratet, so kann ein Elternteil, solange die Eltern getrennt leben oder ein Scheidungsverfahren zwischen ihnen anhängig ist, Unterhaltsansprüche des Kindes gegen den anderen Elternteil **nur im eigenen Namen** geltend machen, § 1629 Abs. 3 S. 1 BGB. Sind die Eltern des Kindes nicht miteinander verheiratet und sind sie beide sorgeberechtigt, so muss derjenige Elternteil, in dessen Obhut sich das Kind befindet, Unterhaltsansprüche des Kindes geltend machen (**aber nicht im eigenen Namen!**), § 1629 Abs. 2 S. 2 BGB.	Wird das Kind während des Prozesses volljährig, dann **enden die Prozessstandschaft** (im Fall des § 1629 Abs. 3 S. 1 BGB) **und die Vertretungsmacht** (im Fall des § 1629 Abs. 2 S. 2 und 3 BGB) und es tritt ein Parteiwechsel ein (ohne dass es der Zustimmung des Unterhaltsverpflichteten bedarf!). Ist das Kind bei Prozessbeginn bereits volljährig, tritt es selbst als Antragsteller auf.	Wird das Kind während des Prozesses volljährig, dann **enden die Prozessstandschaft** (im Fall des § 1629 Abs. 3 S. 1 BGB) **und die Vertretungsmacht** (im Fall des § 1629 Abs. 2 S. 2 und 3 BGB) und es tritt ein Parteiwechsel ein (ohne dass es der Zustimmung des Unterhaltsverpflichteten bedarf!). Ist das Kind bei Prozessbeginn bereits volljährig, tritt es selbst als Antragsteller auf.

183 *Hinweis*

Der Kindesunterhaltstitel wird **nicht** mit Volljährigkeit des Kindes unwirksam! Das Kind kann aus dem Titel mit Eintritt seiner Volljährigkeit selbst vollstrecken, § 798a ZPO. Besteht kein Unterhaltsbedarf mehr (z.B. weil die Ausbildung abgeschlossen ist und das Kind eigene Einkünfte hat), ist rechtzeitig ein negatives Feststellungsklageverfahren bzw. ein Abänderungsklageverfahren einzuleiten.

c) Unterhaltsverfahrensarten im Kindesunterhaltsprozess

184 Das Kindesunterhaltsverfahren[142] unterscheidet sich von dem Ehegattenunterhaltsverfahren dadurch, dass es keinen Unterschied zwischen Trennungsunterhalt und nachehelichem Unterhalt gibt.

185 Hinsichtlich der prozessualen Gestaltungsmöglichkeiten sei auf die Rdn 182 f. verwiesen.

186 **Zum Leistungsantrag zur Geltendmachung von Kindesunterhalt** vgl. Muster Rdn 206.

187 **Zum Stufenantrag zur Geltendmachung von Kindesunterhalt** vgl. Muster Rdn 207.

188 **Zum Abänderungsantrag**[143] vgl. Muster Rdn 208.

189 Der Kindesunterhalt kann auch innerhalb des Scheidungsverbundes geltend gemacht werden, wodurch der Mandant Gebühren spart, vgl. Muster Rdn 488.

C. Muster

I. Muster: Stufenmahnung

▼

Per Einschreiben/Rückschein

190 Herrn
▬▬▬

Sehr geehrter Herr ▬▬▬,

wie Sie anliegender Vollmacht entnehmen können, hat uns Ihre Ehefrau mit der Wahrnehmung ihrer rechtlichen Interessen beauftragt. Unsere Mandantin hat uns mitgeteilt, dass Sie am 17. August 2017 aus der gemeinsamen ehelichen Wohnung ausgezogen sind und erklärt haben, nicht mehr mit Ihrer Ehefrau und den gemeinsamen Kindern zusammenleben zu wollen.

Wie Ihnen bekannt ist, verfügt Ihre Ehefrau über keinerlei eigene Einkünfte, weil sie die beiden minderjährigen schulpflichtigen Kinder versorgt und den Haushalt führt. Sie sind daher verpflichtet, für Ihre Ehefrau und die Kinder Unterhalt zu zahlen.

Da Ihre Ehefrau sich während der Ehe um finanzielle Angelegenheiten nicht gekümmert hat und Ihnen, sehr geehrter Herr ▬▬▬, die Verwaltung der Einkünfte und des Vermögens überlassen hat, ist ihr nicht bekannt, über welche Einkünfte Sie verfügen.

Zur konkreten Berechnung des zu zahlenden Trennungs- und Kindesunterhalts fordern wir Sie daher hiermit auf, Auskunft über das gesamte Einkommen zu erteilen, welches Sie

☐ *[Unterhaltsverpflichteter ist selbstständig tätig:]* in den letzten drei Jahren erzielt haben. Die Auskunft ist zu belegen durch Vorlage der letzten drei Bilanzen, sowie der letzten

---

142 Auch dem volljährigen Kind schulden die Eltern einen Vorschuss für die Kosten eines Rechtsstreits in persönlichen Angelegenheiten, s. hierzu BGH FamRZ 2005, 883, 884.
143 Zur Abänderung einer Jugendamtsurkunde: *Graba*, FamRZ 2005, 678 ff.

drei Gewinn- und Verlustrechnungen und der letzten drei Steuererklärungen und Steuerbescheide.

☐ *[Unterhaltsverpflichteter ist als Angestellter tätig:]* in den letzten zwölf Monaten erzielt haben. Die Auskunft ist zu belegen durch Vorlage der letzten zwölf Verdienstabrechnungen sowie der letzten Einkommensteuererklärung und des letzten Einkommensteuerbescheides.

Werden darüber hinaus weitere Einkünfte erzielt (z.B. aus Kapitalvermögen, Vermietung und Verpachtung), so sind auch diese anzugeben und durch Vorlage geeigneter Belege nachzuweisen. Sofern Sie meinen, dass Sie Belastungen tragen, die bei der Unterhaltsberechnung zu berücksichtigen sind, so müssen Sie diese ebenfalls durch Vorlage geeigneter Belege nachweisen. Die genannten Auskünfte und Unterlagen müssen hier bis zum ▒▒▒▒▒ eingehen, anderenfalls werden wir ohne weitere Aufforderung das Antragsverfahren gegen Sie einleiten.

Gleichzeitig fordern wir Sie hiermit auf, den sich aus der Auskunft ergebenden Kindes- und Ehegattenunterhalt ab dem ▒▒▒▒▒[144] zu zahlen. Wir werden den Unterhalt beziffern, sobald uns Ihre Auskünfte vorliegen.

Mit freundlichen Grüßen

Rechtsanwalt / Rechtsanwältin

Anlage: Vollmacht

Kosten: 1,3-Geschäftsgebühr nach Nr. 2400, 1008 VV; Gegenstandswert: § 23 Abs. 1 S. 1 RVG, § 51 FamGKG (Jahresbetrag des geforderten Unterhalts).

II. Muster: Außergerichtliche Abwehr von Unterhaltsansprüchen wegen mangelnder Leistungsfähigkeit (Mangelfall)

191 Rechtsanwältin

▒▒▒▒▒

Sehr geehrte Frau Kollegin ▒▒▒▒▒,

anwaltliche Vollmacht versichernd zeigen wir Ihnen an, dass wir die rechtlichen Interessen des Herrn ▒▒▒▒▒ vertreten. Unser Mandant legt uns Ihr Schreiben vom ▒▒▒▒▒ vor, mit welchem Sie Unterhalt für Ihre Mandantin und die bei ihr lebenden beiden Kinder ▒▒▒▒▒ und ▒▒▒▒▒ in Höhe von ▒▒▒▒▒ EUR fordern. Die von Ihnen erstellte Berechnung ist unter folgenden Gesichtspunkten zurückzuweisen:

Unser Mandant erzielt ein durchschnittliches monatliches Nettoeinkommen unter Berücksichtigung von berufsbedingten Aufwendungen in Höhe von 5 % in Höhe von 1.600 EUR. Eine weitere Erwerbsobliegenheit trifft unseren Mandanten nicht, da er vollschichtig erwerbstätig ist. Sein Selbstbehalt beträgt daher 1.080 EUR,[145] so dass eine Verteilungsmasse von 700 EUR verbleibt.

---

[144] Unterhalt muss ab dem Ersten des Monats, in welchem die Auskunft verlangt wird, gezahlt werden, §§ 1361 Abs. 4 S. 4, 1360a Abs. 3, 1613 Abs. 1 S. 2 BGB.
[145] Vgl. Düsseldorfer Tabelle.

Der Unterhaltsbedarf des 14-jährigen Sohnes beträgt:[146]	370 EUR
Der Unterhaltsbedarf der 6-jährigen Tochter beträgt:	302 EUR
Der Unterhaltsbedarf des 2-jährigen Sohnes beträgt:	248 EUR
Gesamtbedarf an Kindesunterhalt	**920 EUR**

Da unter Berücksichtigung des notwendigen Selbstbehalts nur ein Betrag in Höhe von 520 EUR
zur Verfügung steht, wird wie folgt gerechnet:

Unterhalt des 14-jährigen Sohnes:	
(370 EUR × 520 EUR : 920 EUR)	209,13 EUR
Unterhalt der 6-jährigen Tochter:	
(302 EUR × 520 EUR : 920 EUR)	170,70 EUR
Unterhalt des 2-jährigen Sohnes:	
(248 EUR × 520 EUR : 920 EUR)	140,17 EUR
Summe an zu zahlendem Kindesunterhalt:	**520,00 EUR**

Unser Mandant wird daher Kindesunterhalt in Höhe von insgesamt 520 EUR zahlen. Weitergehende Unterhaltsansprüche werden als unbegründet zurückgewiesen. Sollten Sie gleichwohl diese vermeintlichen weitergehenden Ansprüche geltend machen wollen, so benennen Sie uns bitte als zustellungsbevollmächtigt.

Mit freundlichen und kollegialen Grüßen

Rechtsanwalt/Rechtsanwältin

Kosten: 1,3-Geschäftsgebühr nach Nr. 2400, 1008 VV; Gegenstandswert: § 23 Abs. 1 S. 1 RVG, § 51 FamGKG (Jahresbetrag des geforderten Unterhalts).

▲

III. Muster: Außergerichtliche Geltendmachung von Elementar- und Altersvorsorgeunterhalt in der Trennungszeit

▼

Herrn

Sehr geehrter Herr ▬▬▬,

bekanntlich vertreten wir die rechtlichen Interessen Ihrer Ehefrau, von der Sie sich am ▬▬▬ getrennt haben. Am ▬▬▬ haben Sie Ihren Ehescheidungsantrag beim hiesigen Amtsgericht eingereicht. Dieser wurde Ihrer Ehefrau am ▬▬▬ zugestellt.

Da Sie ab dem Zeitpunkt der Rechtshängigkeit des Scheidungsantrags neben dem Elementarunterhalt auch Altersvorsorgeunterhalt schulden, machen wir diesen hiermit geltend.

---

[146] Gerechnet nach Düsseldorfer Tabelle, Stand: 1.1.2018.

Im Einzelnen: Ihr durchschnittliches monatliches Erwerbseinkommen beträgt 4.000 EUR. Hiervon werden 150 EUR als berufsbedingte Aufwendungen in Abzug gebracht, so dass 3.850 EUR verbleiben. Hiervon zahlen Sie Ihrer Ehefrau 3/7 Unterhalt, mithin 1.650 EUR.

Dieser Betrag wird zur Ermittlung des Altersvorsorgeunterhalts in ein fiktives Bruttoeinkommen umgerechnet, nach Bremer Tabelle[147] ergeben sich (1.650 + 27 %) = 2.095,50 EUR. Hieraus ergibt sich ein Altersvorsorgebedarf in Höhe von (2.095,50 × 18,6 %)[148] = 389,76 EUR. Dieser Altersvorsorgeunterhalt ist vorweg von dem bereinigten Nettoeinkommen abzuziehen: (3.850 – 389,76), und der Elementarunterhalt errechnet sich aus diesem Betrag abzüglich des Erwerbstätigenbonus (2.965,92 EUR). Hiervon schulden Sie 1/2, also 1.482,96 EUR.

Sie haben demgemäß **390 EUR** Altersvorsorgeunterhalt und **1.483 EUR** Elementarunterhalt, insgesamt

1.873 EUR

ab dem monatlich im Voraus an Ihre Frau zu zahlen, und zwar auf das Ihnen bekannte Konto. Sollten die Zahlungen nicht fristgemäß eingehen, werden wir ohne weitere Aufforderung gerichtliche Hilfe in Anspruch nehmen.

Mit freundlichen Grüßen

Rechtsanwalt/Rechtsanwältin

Kosten: 1,3-Geschäftsgebühr nach Nr. 2400, 1008 VV; Gegenstandswert: § 23 Abs. 1 S. 1 RVG, § 51 FamGKG (Jahresbetrag des geforderten Unterhalts).

IV. Muster: Geltendmachung von Trennungsunterhalt bei sehr guten Einkommensverhältnissen (Darlegung des konkreten Bedarfs)

193 Herrn

Sehr geehrter Herr ,

ausweislich beiliegender Vollmacht zeige ich Ihnen an, dass ich die rechtlichen Interessen Ihrer von Ihnen getrennt lebenden Ehefrau vertrete.

Ihre Frau teilte mir mit, dass Sie als Chefarzt im Klinikum tätig sind. Neben Ihren Einkünften aus nichtselbstständiger Arbeit in Höhe von EUR erzielen Sie auch Einkünfte aus selbstständiger Tätigkeit in Ihrer Praxisklinik in Höhe von EUR. Damit verfügen Sie über jährliche Nettoeinkünfte in Höhe von insgesamt EUR und sind unbeschränkt leistungsfähig, den nachfolgend errechneten Bedarf unserer Mandantin zu befriedigen.

Der Bedarf unserer Mandantin stellt sich wie folgt dar:

1. Wohnkosten:

Frau hat am eine Wohnung angemietet. Diese ist 150 qm groß. Diese Größe entspricht den ehelichen Wohnverhältnissen, denn Sie bewohnen das Einfamilien-

---

[147] Dem Beispiel liegt der Stand: 1.1.2018 zugrunde.
[148] Aktueller Beitragssatz zur gesetzlichen Rentenversicherung.

haus in ▆▆▆, das eine Wohnfläche von 350 qm hat. Frau ▆▆▆ hat monatliche Mietzinsaufwendungen in Höhe von 1.500 EUR zuzüglich Nebenkosten in Höhe von 300 EUR, insgesamt also Mietaufwand in Höhe von **1.800 EUR**. Der Mietvertrag liegt als Anlage 1 anbei.

2. Lebenshaltungskosten:

Während der Dauer des Zusammenlebens haben Sie Ihrer Ehefrau monatlich 4.000 EUR als Haushaltsgeld für den 4-Personen-Haushalt zur Verfügung gestellt. Unsere Mandantin reklamiert nunmehr **1.000 EUR** zur Bestreitung ihres Lebensunterhalts.

3. Haushaltshilfe:

Frau ▆▆▆ hat eine Haushaltshilfe engagiert, die zweimal pro Woche die Wohnung putzt, die Bügelwäsche erledigt und kleinere Einkäufe übernimmt. Sie erhält **500 EUR** pro Monat. Auch in dem gemeinsamen Haushalt gab es eine Zugehfrau, so dass die Inanspruchnahme fremder Hilfe im Haushalt dem ehelichen Lebensstandard entspricht.

4. Kleidung:

Unsere Mandantin hat anhand der Kreditkartenabrechnungen nachvollzogen, dass sie durchschnittlich pro Monat **1.200 EUR** für Kleidung ausgibt. Sofern Sie diese Zahlungen in Zweifel ziehen, können Ihnen die relevanten Abrechnungen gerne vorgelegt werden.

5. Friseur und Kosmetik:

Frau ▆▆▆ besucht zweimal pro Monat den Friseur ▆▆▆, was **200 EUR** pro Monat kostet. Von dort bezieht sie ihre Haarpflegeprodukte der Marke ▆▆▆, was durchschnittlich **50 EUR** pro Monat kostet. Einmal pro Monat sucht Ihre Frau das Kosmetikinstitut ▆▆▆ auf, wo sie für Behandlung und Pflegeprodukte **150 EUR** ausgibt.

6. Massagen:

Ihre Ehefrau lässt sich zweimal pro Woche massieren, was pro Monat **200 EUR** kostet. Diese Kosten werden – wie Ihnen aus der Vergangenheit bereits bekannt ist – nicht von der Krankenkasse übernommen.

7. Versicherungen:

Unsere Mandantin hat eine eigene Haftpflichtversicherung und eine Hausratversicherung abgeschlossen. Hierdurch entstehen Kosten in Höhe von **30 EUR** pro Monat, Beitragsrechnungen anbei.

8. Zeitungen:

Ihre Ehefrau hat folgende Zeitungen und Zeitschriften abonniert: ▆▆▆. Hierdurch entstehen monatliche Kosten in Höhe von **50 EUR**.

9. Telefon und Handy:

Wie Sie anliegenden Abrechnungen entnehmen können, hat unsere Mandantin Telefonkosten in Höhe von **150 EUR** pro Monat.

10. Kfz-Kosten:

Ihre Ehefrau fährt einen Pkw ▆▆▆. Die laufenden Kosten betragen:
- Benzinkosten: **200 EUR**
- Haftpflichtversicherung: **80 EUR**
- Steuern: **40 EUR**

§ 22 Das familiengerichtliche Verfahren

- Rücklage für Ersatzbeschaffung: **500 EUR**
- Reparatur- und Inspektionskosten: **150 EUR**

11. Urlaub:

Während der Dauer des Zusammenlebens hat unsere Mandantin mit Ihnen regelmäßig im Februar einen zweiwöchigen Skiurlaub in der Schweiz verbracht. Über Ostern ist die gesamte Familie regelmäßig nach Sylt gefahren. Die Sommerferien wurden an der Cote d'Azur verbracht. Die Wanderferien im Herbst wurden in verschiedenen Wellness-Hotels gehobenen Standards verlebt. Regelmäßig hat unsere Mandantin Sie zu verschiedenen unterjährigen Fortbildungsreisen nach Berlin, Bad Griesbach, Luzern (um nur einige zu nennen) begleitet. Mithin wurden für Urlaub jährlich ca. 30.000 EUR verbraucht. Unsere Mandantin macht den auf Sie entfallenden Teil in Höhe von **1.000 EUR** pro Monat geltend.

12. Hobbies:

Frau ▓▓▓ ist, wie Sie wissen, aktive Polospielerin. Die Kosten für dieses Hobby belaufen sich auf ca. **500 EUR** pro Monat.

Ihre Frau hat ein Theaterabonnement, welches pro Monat **50 EUR** kostet.

13. Unterjährige Geschenke:

Unsere Mandantin hat eine große Verwandtschaft und drei Patenkinder. Es entsprach den ehelichen Gepflogenheiten, großzügige Geschenke zu den Geburtstagen und Weihnachten zu machen. Hierfür hat Ihre Frau ca. 12.000 EUR pro Jahr, also **1.000 EUR** pro Monat ausgegeben.

Da Ihre Ehefrau nicht berufstätig und ohne eigene Einkünfte ist, und es ihr aufgrund ihres Alters, der 30-jährigen Ehedauer und ihrer gesellschaftlichen Position als Chefarztgattin nicht zumutbar ist, eine Berufstätigkeit aufzunehmen, haben Sie für den vollen Unterhalt aufzukommen.

14. ▓▓▓

Wir fordern Sie daher auf, ab dem ▓▓▓ monatlich im Voraus

▓▓▓ **EUR (Addition der Summen der Positionen des konkreten Bedarfs, hier: 1–14)**

an Ihre Frau zu zahlen, und zwar auf das Ihnen bekannte Konto ▓▓▓. Sollten die Zahlungen nicht fristgemäß eingehen, werden wir ohne weitere Aufforderung gerichtliche Hilfe in Anspruch nehmen.

Mit freundlichen Grüßen

Rechtsanwalt/Rechtsanwältin

Kosten: 1,3-Geschäftsgebühr nach Nr. 2400, 1008 VV; Gegenstandswert: § 23 Abs. 1 S. 1 RVG, § 51 FamGKG (Jahresbetrag des geforderten Unterhalts).

▲

V. Muster: Trennungsunterhaltsantrag (Leistungsantrag)

An das
Amtsgericht
– Familiengericht –[149]

Trennungsunterhaltsantrag[150]

In Sachen
der Frau ▓▓▓, wohnhaft ▓▓▓,

– Antragstellerin –

Verfahrensbevollmächtigte: RAe ▓▓▓

gegen

den Herrn ▓▓▓, wohnhaft ▓▓▓,

– Antragsgegner –

wegen: Trennungsunterhalts

vorläufiger Streitwert:[151] ▓▓▓

zeigen wir unter Bezugnahme auf die beiliegende Vollmacht an, dass wir die Antragstellerin vertreten und werden beantragen,

dem Antragsgegner kostenpflichtig aufzugeben,

1. an die Antragstellerin rückständigen Trennungsunterhalt in Höhe von ▓▓▓ EUR zuzüglich Zinsen in Höhe von 5 Prozentpunkten über dem jeweiligen Basiszinssatz seit Rechtshängigkeit zu zahlen,
2. an die Antragstellerin ab dem ▓▓▓ *[dem der Antragseinreichung folgenden Monat]* ▓▓▓ EUR Trennungsunterhalt monatlich im Voraus, spätestens zum 5. eines jeden Monats, zu zahlen,
3. die sofortige Wirksamkeit des Beschlusses gem. § 116 Abs. 3 S. 3 FamFG anzuordnen.

Begründung:

Die Beteiligten haben am ▓▓▓ die Ehe miteinander geschlossen. Aus der Ehe sind zwei gemeinsame Kinder hervorgegangen, die am ▓▓▓ geborene Tochter ▓▓▓ und der am ▓▓▓ geborene Sohn ▓▓▓. Am ▓▓▓ haben sich die Parteien voneinander getrennt, indem der Antragsgegner aus der ehelichen Wohnung ausgezogen ist. Seither betreut und versorgt die Antragstellerin, die sich auch während der Dauer des Zusammenlebens der Parteien ausschließlich um die Kindererziehung und den Haushalt gekümmert hat, die beiden minderjährigen Kinder allein. ▓▓▓ *[Darstellung der ehelichen Lebensverhältnisse vor und nach der Trennung]*.

---

[149] Zur örtlichen und sachlichen Zuständigkeit s. Rdn 53 ff.
[150] In diesen Verfahren besteht Anwaltszwang, § 114 Abs. 1 FamFG.
[151] Der Streitwert errechnet sich aus dem zwölffachen des geforderten monatlichen Unterhalts (§ 51 Abs. 1 S. 1 FamGKG) zuzüglich des geltend gemachten Rückstands (§ 51 Abs. 2 S. 1 FamGKG).

§ 22 Das familiengerichtliche Verfahren

Da die Antragstellerin kein eigenes Einkommen hat, ist sie auf die Zahlung von Unterhalt dringend angewiesen und macht diesen gem. § 1361 Abs. 1 S. 1 BGB geltend.

Der Antragsgegner ist bei der Firma ▓▓▓ als ▓▓▓ beschäftigt und erzielt dort ein durchschnittliches monatliches Nettoeinkommen in Höhe von ▓▓▓ EUR.[152] Hiervon in Abzug zu bringen sind 5 % berufsbedingte Aufwendungen,[153] sowie die geleisteten Zahlungen in die Altersvorsorgeversicherung in Höhe von monatlich ▓▓▓ EUR,[154] so dass ein anrechenbares Einkommen in Höhe von ▓▓▓ verbleibt.

> Beweis: Verdienstabrechnungen für die Monate ▓▓▓ bis ▓▓▓, Anlage Ast. 1

Die Beteiligten haben in diesem Jahr eine Steuerrückerstattung in Höhe von ▓▓▓ EUR erhalten.[155]

> Beweis: Steuerbescheid vom ▓▓▓ zu Steuernummer ▓▓▓ vom ▓▓▓, Anlage Ast. 2

Sie haben bei der ▓▓▓ Bank im Jahr ▓▓▓ ein Darlehn in Höhe von ▓▓▓ EUR zur Finanzierung des Kaufpreises ihres Familienheims aufgenommen, welches der Antragsgegner mit monatlich ▓▓▓ EUR abzahlt.[156] Darüber hinaus zahlt er ein Darlehn, welches seine Mutter zu Finanzierung eines Hausumbaus im Jahr ▓▓▓ gewährt hatte, mit monatlich ▓▓▓ EUR zurück. Der Antragsgegner bedient eine Kapitallebensversicherung mit ▓▓▓ EUR pro Monat.[157] Diese Versicherung wurde vor ▓▓▓ Jahren abgeschlossen *[Darstellung der familiären Einkommenssituation und des Ausgabeverhaltens]*.

Danach schuldet der Antragsgegner Kindesunterhalt[158] in folgender Höhe:

Für die Tochter ▓▓▓, ▓▓▓ Jahre alt: ▓▓▓ EUR
Für den Sohn ▓▓▓, ▓▓▓ Jahre alt: ▓▓▓ EUR

Den Gesamtbetrag in Höhe von ▓▓▓ abzüglich des anrechenbaren Kindergeldes,[159] welches an die Klägerin ausgezahlt wird,[160] demnach ▓▓▓ EUR, zahlt der Antragsgegner ordnungsgemäß.

Damit verbleibt ein anzurechnendes monatliches Einkommen in Höhe von ▓▓▓ EUR.

Die Antragstellerin hat anlässlich der Geburt des zweiten Kindes ihre Berufstätigkeit im Einvernehmen mit dem Beklagten aufgegeben. Aufgrund des Alters der Kinder (2 Jahre) ist ihr die Aufnahme einer Berufstätigkeit derzeit nicht zuzumuten. Da die Antragstellerin

---

152 Zur Ermittlung des relevanten Einkommens s. Rdn 27 ff.
153 Berufsbedingte Aufwendungen, die sich von den privaten Lebenshaltungskosten nach objektiven Merkmalen eindeutig abgrenzen lassen, sind vom Einkommen abzuziehen, wobei bei entsprechenden Anhaltspunkten eine Pauschale von 5 % des Nettoeinkommens, mindestens 50 EUR (bei Teilzeitarbeit auch weniger) und höchstens 150 EUR monatlich geschätzt werden können. Übersteigen die Aufwendungen diese Pauschale, sind sie insgesamt nachzuweisen (Anm. 3 zu Teil A der Düsseldorfer Tabelle).
154 Bis zu 4 % des Bruttoeinkommens.
155 Steuererstattungen zählen als Einkommensbestandteil und sind daher anzurechnen.
156 Zur Berücksichtigung ehebedingter Verbindlichkeiten s. Rdn 32 ff.
157 Zur Berücksichtigung von Beiträgen zur Alters- und Krankenvorsorge s. Rdn 32.
158 Zur Berechnung des Kindesunterhalts s. Rdn 162 ff.
159 Das auf das jeweilige Kind entfallende Kindergeld ist beim minderjährigen Kind nach § 1612b Abs. 1 BGB grundsätzlich zur Hälfte bedarfsdeckend auf den Tabellenunterhalt anzurechnen. Beim volljährigen Kind wird das Kindergeld in voller Höhe auf den Bedarf angerechnet.
160 Zur Kindergeldberechtigung und bei der Familienkasse zu stellenden Anträgen s. Rdn 5 ff.

mit den beiden Kindern in dem ca. ▓▓▓ qm großen Einfamilienhaus wohnt, welches im Eigentum beider Parteien steht, lässt sie sich einen Wohnwertvorteil[161] in Höhe von ▓▓▓ EUR als Einkommen anrechnen.

Damit ergibt sich folgender Unterhaltsanspruch der Antragstellerin:

durchschnittliches monatliches Nettoeinkommen des Antragsgegners:	▓▓▓ EUR
abzüglich 5 % berufsbedingte Aufwendungen	▓▓▓ EUR
abzüglich Altersvorsorgeaufwendungen	
zuzüglich 1/12 der Steuererstattung	▓▓▓ EUR
abzüglich monatlicher Beitrag zur Lebensversicherung	▓▓▓ EUR
abzüglich monatliche Rate Bankdarlehn	▓▓▓ EUR
abzüglich monatliche Rate Darlehn Mutter	▓▓▓ EUR
abzüglich Kindesunterhalt[162]	▓▓▓ EUR
verbleiben	▓▓▓ EUR

Die Antragstellerin lässt sich den Wohnwert als Einkommen anrechnen, so dass sich folgender Unterhaltsanspruch[163] ergibt:

Bedarf:

$1/2 \times (6/7 \times$ *verbleibendes Einkommen des Unterhaltsverpflichteten + Wohnwert*$) =$ ▓▓▓ EUR.

Unterhaltshöhe:

[Ergebnis der Bedarfsermittlung – Wohnwert].

Dieser Unterhalt wird mit dem Antrag zu 1 gefordert.

Der Antragsgegner ist mit Schreiben vom ▓▓▓ aufgefordert worden, den jetzt gerichtlich geltend gemachten Unterhalt zu zahlen.

    Beweis: Schreiben der Verfahrensbevollmächtigten der Antragstellerin vom ▓▓▓, Anlage Ast. 3

Damit ist der Antragsgegner seit dem ▓▓▓ mit der Unterhaltszahlung in Verzug. Da er bisher keine Zahlung geleistet hat, ist nunmehr die gerichtliche Geltendmachung geboten.

Wir bitten, wie beantragt zu erkennen.

Quittung über ▓▓▓ EUR eingezahlte Gerichtskosten[164] anbei.

Rechtsanwalt/Rechtsanwältin

Streitwert: 12facher geforderter monatlicher Unterhalt zuzüglich geltend gemachter Rückstand, § 51 FamGKG.

---

161 Zur Berücksichtigung und Berechnung des Wohnwertvorteils s. Rdn 23.
162 Hier ist der Tabellenbetrag abzüglich des hälftigen Kindergeldes einzusetzen.
163 Da im Beispielsfall die Antragstellerin keine Einkünfte erzielt und der Wohnwert die Ehe geprägt hat, berechnet sich der Unterhalt nach der Differenzmethode oder der Additionsmethode. Hierzu weiterführend *Klein*, S. 75 ff.
164 Gem. §§ 14, 21 FamGKG, Nr. 1220 KVFamGKG: 3 Gebühren.

Anwaltskosten: Regelgebühren nach Teil 3 Abschnitt 1 VV.
Gerichtskosten: 3,0-Verfahrensgebühr nach Nr. 1220 KVFamGKG.

VI. Muster: Stufenantrag zur Geltendmachung von Trennungsunterhalt

An das
Amtsgericht
– Familiengericht –

▉▉▉▉

                           Stufenantrag[165]

In Sachen
der Frau ▉▉▉, wohnhaft ▉▉▉,

                                                              – Antragstellerin –

Verfahrensbevollmächtigte: RAe ▉▉▉
gegen
den Herrn ▉▉▉, wohnhaft ▉▉▉,

                                                              – Antragsgegner –

wegen: Trennungsunterhalt
vorläufiger Streitwert: ▉▉▉ EUR

zeigen wir unter Bezugnahme auf die beiliegende Vollmacht an, dass wir die Interessen der Antragstellerin vertreten und werden beantragen,

  dem Antragsgegner kostenpflichtig aufzugeben:

  1. Auskunft zu erteilen über sämtliche Einkünfte, die er in der Zeit vom ▉▉▉ bis ▉▉▉ aus selbstständiger/nichtselbstständiger Arbeit, Vermietung und Verpachtung, Kapitalvermögen, und aus sonstigen Einkunftsquellen erzielt hat,

  2. diese Einkünfte zu belegen durch Vorlage

     ☐ der letzten zwölf Verdienstabrechnungen und der letzten Steuererklärung sowie des letzten Steuerbescheides,

     ☐ *[alternativ bei Selbstständigen:]* der Gewinn- und Verlustrechnungen der Jahre ▉▉▉ bis ▉▉▉ sowie der Bilanzen der Jahre ▉▉▉ bis ▉▉▉, der letzten drei Einkommensteuererklärungen und der letzten drei Einkommensteuerbescheide,

  3. die Richtigkeit und Vollständigkeit der erteilten Auskünfte an Eides statt zu versichern,

---
[165] In diesen Verfahren besteht Anwaltszwang, § 114 Abs. 1 FamFG.

4. an die Antragstellerin den nach der Auskunft zu beziffernden Trennungsunterhalt seit Rechtshängigkeit *[alternativ: ab konkretem Datum]* monatlich im Voraus, spätestens zum 5. eines jeden Monats _____ EUR Elementarunterhalt und _____ EUR Altersvorsorgeunterhalt, insgesamt mithin _____ EUR zu zahlen,
5. die sofortige Wirksamkeit des Beschlusses gem. § 116 Abs. 3 S. 3 FamFG anzuordnen.

Begründung:

Die Beteiligten haben am _____ die Ehe miteinander geschlossen. Die Antragstellerin ist 59 Jahre alt, der Antragsgegner ist 63 Jahre alt. Aus der Ehe sind keine gemeinsamen Kinder hervorgegangen. Die Eheleute haben sich vor neun Monaten voneinander getrennt, indem die Antragstellerin aus der ehelichen Wohnung ausgezogen ist.

Während der langen Dauer des Zusammenlebens (29 Jahre) war die Antragstellerin nie berufstätig, weil die Parteien darüber einig waren, dass sie den Haushalt führt und die Repräsentationspflichten, die ihr als Gattin des Antragsgegners, der als Universitätsprofessor tätig ist, übernimmt. Der Antragstellerin ist es demnach weder aufgrund der gelebten ehelichen Verhältnisse noch aufgrund Ihres Alters zumutbar, eine Erwerbstätigkeit aufzunehmen.

Damit hat sie einen Anspruch auf Zahlung von Trennungsunterhalt gem. § 1361 Abs. 1 S. 1 BGB. Da der Antragsgegner vor einer Woche das Scheidungsverfahren anhängig gemacht hat, hat die Antragstellerin auch einen Anspruch auf Zahlung von Altersvorsorgeunterhalt (§ 1361 Abs. 1 S. 2 BGB).

Da die Antragstellerin sich während des Zusammenlebens mit dem Antragsgegner um finanzielle Angelegenheit nie gekümmert hat, ist ihr die Höhe des Einkommens, welches ihr Mann erzielt, völlig unbekannt. Der Antragsgegner ist daher mit Schreiben vom _____ aufgefordert worden, Auskunft über sein Einkommen zu erteilen.

    Beweis: Schreiben der Verfahrensbevollmächtigten der Antragstellerin vom _____, Anlage Ast. 1

Da der Antragsgegner zum einen Einkünfte aus nicht selbstständiger Arbeit aus seiner Tätigkeit als Universitätsprofessor bezieht, ist er zur Vorlage der letzten zwölf Verdienstabrechnungen verpflichtet. Da er darüber hinaus gutachterlich tätig ist und folglich Einkünfte aus selbstständiger Tätigkeit erzielt, hat er auch eine systematische Aufstellung über sämtliche Einnahmen und Ausgaben zu fertigen und entsprechende Einkommensbelege vorzulegen (§ 1605 Abs. 1 S. 2 BGB).

Dem ist er nicht nachgekommen, so dass nunmehr die gerichtliche Geltendmachung geboten ist.

Wir bitten, wie beantragt zu erkennen.

Quittung über _____ EUR eingezahlte Gerichtskosten[166] anbei.

Rechtsanwalt/Rechtsanwältin

Streitwert in der Auskunftsstufe: 1/5 bis 1/3 des Zahlungsanspruchs.

---

[166] Gem. §§ 14, 21 FamGKG, Nr. 1220 KVFamGKG: 3 Gebühren.

Streitwert in der Zahlungsstufe: 12facher geforderter monatlicher Unterhalt zuzüglich geltend gemachter Rückstand, § 51 FamGKG.

Achtung: Es findet keine Streitwertaddition statt, sondern für die letztendliche Streitberechnung ist der höhere Streitwert maßgeblich, § 38 FamGKG.

Anwaltskosten: Regelgebühren nach Teil 3 Abschnitt 1 VV.

Gerichtskosten: 3,0-Verfahrensgebühr nach Nr. 1220 KVGKG.

VII. Muster: Negative Mahnung zwecks Herabsetzung des titulierten Trennungsunterhalts

196 *per Einschreiben / Rückschein*

Frau

Sehr geehrte Frau ,

wie Ihnen aus dem immer noch und jetzt in zweiter Instanz rechtshängigen Scheidungsverbundverfahren bekannt ist, vertrete ich die rechtlichen Interessen Ihres Ehemannes, des Herrn .

Mit Beschluss des Familiengerichts vom Aktenzeichen ist meinem Mandant aufgegeben worden, an Sie Trennungsunterhalt in Höhe von EUR Elementarunterhalt sowie EUR Altersvorsorgeunterhalt, insgesamt also EUR zu zahlen.

Dieser Verpflichtung ist er bislang nachgekommen.

Da sich die rechtlichen als auch die tatsächlichen Verhältnisse seit Erlass des Beschlusses wesentlich verändert haben, steht Ihnen nach diesseitiger Auffassung kein Trennungsunterhalt mehr zu.

Seit mehr als 3 Jahren leben Sie in einer eheähnlich verfestigten Lebensgemeinschaft mit Herrn .

Ferner hat das von Ihnen betreute Kind sein 14. Lebensjahr vollendet, so dass Ihnen auch unter dem Gesichtspunkt der Kindesbetreuung kein Unterhalt mehr zusteht.

Sie werden daher aufgefordert, ab dem (Ersten des Folgemonats der negativen Mahnung, jedoch nicht mehr als ein Jahr vor Rechtshängigkeit) vollständig auf den titulierten Unterhalt zu verzichten und die vollstreckbare Ausfertigung des oben genannten Beschlusses an den Unterzeichner/die Unterzeichnerin bis zum herauszugeben.

Sollten Sie dem nicht fristgemäß nachkommen, so werden wir ohne weitere Aufforderung das gerichtliche Abänderungsverfahren gegen Sie einleiten.

Mit freundlichen Grüßen

Rechtsanwalt/Rechtsanwältin

Kosten: 1,3-Geschäftsgebühr nach Nr. 2400, 1008 VV; Gegenstandswert: § 23 Abs. 1 S. 1 RVG, § 51 FamGKG (Jahresbetrag des geforderten Unterhalts).

VIII. Muster: Abänderungsantrag zur Herabsetzung/Aufhebung des Trennungsunterhalts

An das
Amtsgericht
– Familiengericht –

Abänderungsantrag[167]

In Sachen
des Herrn ▓▓▓, wohnhaft ▓▓▓

– Antragsteller –

Verfahrensbevollmächtigte: RAe ▓▓▓

gegen

die Frau ▓▓▓, wohnhaft ▓▓▓

– Antragsgegnerin –

Verfahrensbevollmächtigte: RAe ▓▓▓

wegen: Abänderung eines Unterhaltstitels

vorläufiger Streitwert: ▓▓▓ EUR

beantragen wir namens und in Vollmacht des Antragstellers:

1. den Beschluss des Amtsgerichts ▓▓▓, Az: ▓▓▓, verkündet am ▓▓▓ dahin gehend abzuändern, dass die Verpflichtung des Antragstellers, an die Antragsgegnerin Trennungsunterhalt zu zahlen, ab dem ▓▓▓, entfällt,
2. die Zwangsvollstreckung aus dem Beschluss des Amtsgerichts ▓▓▓, Az: ▓▓▓, verkündet am ▓▓▓, einstweilen bis zum Erlass des Beschlusses gegen Sicherheitsleistung einzustellen.

Hilfsweise wird für den Fall des Obsiegens beantragt,

der Antragsgegnerin aufzugeben, den ab ▓▓▓ gezahlten Unterhalt in Höhe von monatlich ▓▓▓ EUR zuzüglich 5 Prozentpunkten über Basiszinssatz an den Antragsteller zurückzuzahlen.

Begründung:

Die Beteiligten haben am ▓▓▓ die Ehe miteinander geschlossen. Sie leben seit dem ▓▓▓ voneinander getrennt. Seit dem ▓▓▓ ist das Scheidungsverfahren vor dem Familiengericht ▓▓▓ unter Az: ▓▓▓ rechtshängig.

---

[167] In diesen Verfahren besteht Anwaltszwang, § 114 Abs. 1 FamFG.

Dem Antragsteller ist mit Beschluss des hiesigen Amtsgerichts vom ▓▓▓, Az: ▓▓▓ aufgegeben worden, an die Antragsgegnerin Trennungsunterhalt in Höhe von ▓▓▓ EUR pro Monat zu zahlen.

Beweis: Beschluss des Amtsgerichts ▓▓▓ vom ▓▓▓ zu Az: ▓▓▓, Anlage Ast. 1.

Seither haben sich die wirtschaftlichen Verhältnisse der Beteiligten wesentlich verändert.

Die Antragsgegnerin lebt seit zwei Jahren in einer eheähnlichen Gemeinschaft mit Herrn ▓▓▓. Sie hat mit ihrem Lebensgefährten eine gemeinsame Wohnung bezogen, und zwar in der ▓▓▓-Straße.

Beweis im Bestreitensfall: Auskunft des Melderegisters

Zudem hat die Antragsgegnerin am ▓▓▓ eine Vollzeittätigkeit bei der Firma ▓▓▓ aufgenommen. Hieraus erzielt sie Einkünfte aus nichtselbstständiger Arbeit in Höhe von mindestens ▓▓▓ EUR.

Beweis: Eidliche Vernehmung der Antragsgegnerin als Beteiligte

Die genaue Höhe der Einkünfte ist diesseits nicht bekannt. Die Antragsgegnerin ist vorgerichtlich aufgefordert worden, über die Höhe des von ihr erwirtschafteten Einkommens Auskunft zu erteilen und diese Auskunft zu belegen.

Beweis: Schreiben des Unterzeichners vom ▓▓▓, Anlage Ast. 2

Dem ist sie nicht nachgekommen

Es wird daher weiter beantragt,

der Antragsgegnerin unter Setzung einer angemessenen Frist gem. § 235 Abs. 2 FamFG aufgeben, Auskunft über die Höhe der von ihr erzielten Einkünfte zu erteilen und diese durch Vorlage der letzten sechs Gehaltsabrechnungen zu belegen.

Das Einkommen, welches die Antragsgegnerin nunmehr erzielt, ist eheprägend, weil die ehelichen Lebensverhältnisse durch den lebensstandarderhöhenden Wert der Haushaltsführung geprägt wurden und das nunmehrige Einkommen aus der Berufstätigkeit als Surrogat der früheren Haushaltsführung anzusehen ist (BGH FamRZ 2001, 986).

Zudem führt die Antragsgegnerin neben ihrer Halbtagstätigkeit den Haushalt für sich und ihren Lebensgefährten, so dass ihr fiktive Einkünfte in Höhe von ▓▓▓ EUR pro Monat zuzurechnen sind.

Damit ist der Unterhaltsbedarf der Antragsgegnerin gedeckt und eine Unterhaltspflicht des Antragstellers entfällt.

Der Antrag auf einstweilige Einstellung der Zwangsvollstreckung ist begründet, weil die Antragsgegnerin angedroht hat, die Zwangsvollstreckung aus dem Beschluss des Amtsgerichts ▓▓▓ unter Az: ▓▓▓ zu betreiben, und nicht bereit ist, den Titel herauszugeben.

Beweis: Schreiben des Verfahrensbevollmächtigten der Antragsgegnerin vom ▓▓▓; Anlage Ast. 3

eidesstattliche Versicherung des Antragstellers vom ▓▓▓, Anlage Ast. 4

Wir bitten, wie beantragt zu erkennen.

Quittung über ▨▨▨ EUR eingezahlte Gerichtskosten anbei.

Rechtsanwalt/Rechtsanwältin

Streitwert: 12facher geforderter monatlicher Differenzbetrag, § 51 Abs. 1 FamGKG.

Anwaltskosten: Regelgebühren nach Teil 3 Abschnitt 1 VV, keine gesonderten Gebühren für die vorläufige Einstellung der Zwangsvollstreckung, § 19 Abs. 2 S. 2 Nr. 11 RVG.

Gerichtskosten: 3,0-Verfahrensgebühr nach Nr. 1220 KVFAmGKG.

▲

IX. Muster: Abänderungsstufenantrag zur Erhöhung des Trennungsunterhalts

▼

An das

Amtsgericht

– Familiengericht –

▨▨▨

Abänderungsstufenantrag[168]

In Sachen

der Frau ▨▨▨, wohnhaft ▨▨▨

– Antragstellerin –

Verfahrensbevollmächtigte: RAe ▨▨▨

gegen

den Herrn ▨▨▨, wohnhaft ▨▨▨

– Antragsgegner –

wegen: Auskunft und Abänderung eines Unterhaltstitels

vorläufiger Streitwert: ▨▨▨ EUR

beantragen wir namens und in Vollmacht der Antragstellerin,

1. dem Antragsgegner aufzugeben, Auskunft zu erteilen über sein gesamtes Einkommen, welches er in den letzten drei Jahren aus seiner selbstständigen Tätigkeit, aus Vermietung und Verpachtung, aus Kapitalvermögen und aus sonstigen Einkommensquellen erzielt hat,
2. hierüber Belege vorzulegen, und zwar sämtliche Einnahme-Überschussrechnungen der Jahre ▨▨▨ bis ▨▨▨ sowie die letzten drei Einkommensteuererklärungen und die letzten drei Einkommensteuerbescheide,
3. dem Antragsgegner aufzugeben, die Richtigkeit und Vollständigkeit der erteilten Auskünfte an Eides statt zu versichern,
4. in Abänderung des am ▨▨▨ von Notar ▨▨▨ unter Urkundenrollennummer ▨▨▨ beurkundeten Ehevertrags dem Antragsgegner aufzugeben, ab

---

[168] In diesen Verfahren besteht Anwaltszwang, § 114 Abs. 1 FamFG.

dem ▓▓▓▓▓[169] Trennungsunterhalt in noch zu beziffernder Höhe zu zahlen, und zwar den Rückstand sofort fällig nebst 5 Prozentpunkten über dem Basiszinssatz seit Rechtshängigkeit und den laufenden Unterhalt monatlich im Voraus bis zum 5. eines jeden Monats.

Begründung:

Die Beteiligten haben am ▓▓▓▓▓ die Ehe miteinander geschlossen. Sie leben seit dem ▓▓▓▓▓ voneinander getrennt. Anlässlich der Trennung haben die Parteien einen Ehevertrag geschlossen, in welchem unter Nr. ▓▓▓▓▓ auch eine Vereinbarung über den von dem Antragsgegner zu zahlenden Trennungsunterhalt getroffen worden ist.

    Beweis: Notariell beurkundeter Ehevertrag vom ▓▓▓▓▓, Anlage Ast. 1

Das Beschäftigungsverhältnis, welches der Antragsgegner mit der Firma ▓▓▓▓▓ hatte, wurde am ▓▓▓▓▓ arbeitgeberseitig gekündigt. Wie der Antragstellerin bekannt ist, hat sich der Antragsgegner mit seinem Arbeitgeber in dem vor dem Arbeitsgericht ▓▓▓▓▓ geführten Kündigungsschutzprozess vergleichsweise dahin gehend geeinigt, dass der Arbeitgeber für den Verlust des Arbeitsplatzes eine Abfindung in Höhe von ▓▓▓▓▓ EUR zahlt.

    Beweis: Protokoll der mündlichen Verhandlung vor dem Arbeitsgericht ▓▓▓▓▓ vom ▓▓▓▓▓ zu Az: ▓▓▓▓▓, Anlage Ast. 2

Der Antragsgegner hat vorgerichtlich die Auffassung vertreten, die gezahlte Abfindung habe keine unterhaltsrechtliche Relevanz, er habe den Abfindungsbetrag genutzt, um seinen Urlaub zu finanzieren.

    Beweis: Schreiben des Verfahrensbevollmächtigten des Antragsgegners vom ▓▓▓▓▓, Anlage Ast. 3

Dies ist indes nicht richtig. Nach höchstrichterlicher Rechtsprechung (BGH FamRZ 1987, 559) stellt der gezahlte Abfindungsbetrag einen Ersatz für Arbeitsverdienstmöglichkeiten dar und ist daher unterhaltspflichtiges Einkommen.

Der Antragsgegner hat seit dem ▓▓▓▓▓ eine neue Stelle. Der Antragstellerin ist nicht bekannt, wie hoch das Einkommen ist, welches der Antragsgegner nach seinem Arbeitsplatzwechsel bezieht. Der Antragsgegner wurde außergerichtlich aufgefordert, Auskunft über sein aktuelles Einkommen zu erteilen und den sich hieraus ergebenden Unterhalt zu zahlen.

    Beweis: Schreiben der Verfahrensbevollmächtigten der Antragstellerin vom ▓▓▓▓▓, Anlage Ast. 4

Dem ist er nicht nachgekommen.

In dem Ehevertrag, den die Beteiligten am ▓▓▓▓▓ vor dem Notar ▓▓▓▓▓ geschlossen haben, wurden die Einkünfte des Antragsgegners mit ▓▓▓▓▓ EUR zugrunde gelegt. Die Antragstellerin geht davon aus, dass der Antragsgegner jetzt ein Einkommen erzielt, welches deutlich höher ist als das zuvor erzielte.

---

[169] Vgl. § 239 i.V.m. § 238 Abs. 3 FamFG und § 1613 BGB: ab dem Datum des Auskunftsbegehrens zur Berechnung des Unterhalts.

Wir bitten, wie beantragt zu erkennen.

Quittung über eingezahlte Gerichtskosten in Höhe von ▓▓▓ EUR anbei.

Rechtsanwalt/Rechtsanwältin

Streitwert: 12facher geforderter monatlicher Differenzbetrag, § 51 Abs. 1 FamGKG. Gem. § 38 FamGKG findet keine Addition der Werte der verschiedenen Stufen statt, sondern der höhere Wert ist maßgeblich.

Anwaltskosten: Regelgebühren nach Teil 3 Abschnitt 1 VV.

Gerichtskosten: 3,0-Verfahrensgebühr nach Nr. 1220 KVFamGKG.

X. Muster: Vollstreckungsabwehrantrag mit Antrag auf einstweilige Einstellung der Zwangsvollstreckung

An das

Amtsgericht

– Familiengericht –

Vollstreckungsabwehrantrag und Antrag auf einstweilige Einstellung der Zwangsvollstreckung[170]

In Sachen

des Herrn ▓▓▓, wohnhaft ▓▓▓

– Antragsteller –

Verfahrensbevollmächtigte: RAe ▓▓▓

gegen

die Frau ▓▓▓, wohnhaft ▓▓▓

– Antragsgegnerin –

Verfahrensbevollmächtigte: RAe ▓▓▓

vorläufiger Streitwert: ▓▓▓ EUR

beantragen wir namens und in Vollmacht des Antragstellers,

1. die Zwangsvollstreckung aus dem Beschluss des Amtsgerichts ▓▓▓, Az: ▓▓▓, verkündet am ▓▓▓, ab dem ▓▓▓ für unzulässig zu erklären,
2. die Vollstreckung aus dem Beschluss des Amtsgerichts ▓▓▓, Az: ▓▓▓, verkündet am ▓▓▓, einstweilen ohne Sicherheitsleistung und hilfsweise gegen Sicherheitsleistung einzustellen.

---

[170] In diesen Verfahren besteht Anwaltszwang, § 114 Abs. 1 FamFG.

§ 22 Das familiengerichtliche Verfahren

Begründung:

Die Beteiligten haben am ▓▓▓ die Ehe miteinander geschlossen. Sie haben sich am ▓▓▓ voneinander getrennt. Die Antragsgegnerin hat unter Az: ▓▓▓ beim hiesigen Amtsgericht Ansprüche auf Zahlung von Trennungsunterhalt geltend gemacht, die mit Urt. v. ▓▓▓ tituliert worden sind. Die Ehe der Parteien wurde von dem hiesigen Gericht am ▓▓▓ unter Az: ▓▓▓ geschieden. Der Scheidungsbeschluss ist seit dem ▓▓▓ rechtskräftig.

> Beweis: Scheidungsbeschluss vom ▓▓▓ zu Aktenzeichen ▓▓▓ mit Rechtskraftvermerk, Anlage Ast. 1

Der Antragsteller hat den geschuldeten Trennungsunterhalt bis zu dem Monat, in welchem die Scheidung rechtskräftig geworden ist, gezahlt. Die Antragsgegnerin hat den Antragsteller aufgefordert, den titulierten Unterhalt auch über den Monat, in welchem die Scheidung rechtskräftig geworden ist, hinaus zu zahlen.

> Beweis: Schreiben des Verfahrensbevollmächtigten der Antragsgegners vom ▓▓▓, Anlage Ast. 2

Dem ist der Antragsteller nicht nachgekommen, so dass die Antragsgegnerin die Zwangsvollstreckung betreibt.

> Beweis: Antrag auf Erlass eines Pfändungs- und Überweisungsbeschlusses der Antragsgegnerin vom ▓▓▓, Anlage Ast. 3

Da der Anspruch auf Zahlung von Trennungsunterhalt mit dem rechtskräftigen Abschluss des Scheidungsverfahrens erlischt, ist die Vollstreckung unzulässig.

Der Antrag auf einstweilige Einstellung der Zwangsvollstreckung ist begründet, weil die Antragsgegnerin bereits die unrechtmäßige Vollstreckung betreibt, woraus dem Antragsteller erhebliche finanzielle Nachteile erwachsen, denn er kann die Löhne und Gehälter seiner Angestellten nicht mehr zahlen. Hierdurch wird der Bestand seines Unternehmens gefährdet.

> Beweis: Eidesstattliche Versicherung des Antragstellers vom ▓▓▓, Anlage Ast. 4

Wir bitten, wie beantragt zu erkennen.

Quittung über eingezahlte Gerichtskosten in Höhe von ▓▓▓ EUR anbei.

Rechtsanwalt/Rechtsanwältin

Streitwert: 12facher gezahlter monatlicher Unterhalt, § 51 Abs. 1 FamGKG.

Anwaltskosten: Regelgebühren nach Teil 3 Abschnitt 1 VV; keine gesonderten Gebühren für die vorläufige Einstellung der Zwangsvollstreckung, § 19 Abs. 2 S. 2 Nr. 11 RVG.

Gerichtskosten: 3,0-Verfahrensgebühr nach Nr. 1220 KVFamGKG.

▲

XI. Muster: Negativer Feststellungsantrag

▼

An das

Amtsgericht

– Familiengericht –

Negativer Feststellungsantrag[171]

In Sachen

des Herrn ▓▓▓, wohnhaft ▓▓▓

– Antragsteller –

Verfahrensbevollmächtigte: RAe ▓▓▓

gegen

Frau ▓▓▓, wohnhaft ▓▓▓

– Antragsgegnerin –

Verfahrensbevollmächtigte: RAe ▓▓▓

wegen: negativer Feststellung

vorläufiger Streitwert: ▓▓▓ EUR

beantragen wir namens und in Vollmacht des Antragstellers,

1. festzustellen, dass der Antragsteller in Abweichung von der einstweiligen Anordnung des Amtsgerichts ▓▓▓ vom ▓▓▓ ab dem ▓▓▓ nicht mehr verpflichtet ist, an die Antragsgegnerin Unterhalt zu zahlen
2. die Vollstreckung aus der vorbezeichneten einstweiligen Anordnung einstweilen ohne Sicherheitsleistung und hilfsweise gegen Sicherheitsleistung einzustellen.

Begründung:

Die Beteiligten waren miteinander verheiratet. Die Ehe wurde von dem Amtsgericht ▓▓▓ am ▓▓▓ rechtskräftig geschieden.

>Beweis: Scheidungsbeschluss des Amtsgerichts ▓▓▓ unter Aktenzeichen ▓▓▓ vom ▓▓▓ mit Rechtskraftvermerk, Anlage Ast. 1

Die Antragsgegnerin hat am ▓▓▓ unter Aktenzeichen ▓▓▓ gegen den Antragsteller eine einstweilige Anordnung auf Zahlung von Trennungsunterhalt in Höhe von ▓▓▓ EUR pro Monat erwirkt.

>Beweis: Einstweilige Anordnung des Amtsgerichts ▓▓▓ unter Aktenzeichen ▓▓▓ vom ▓▓▓, Anlage Ast. 2

---

[171] In diesen Verfahren besteht Anwaltszwang, § 114 Abs. 1 FamFG.

Die Antragsgegnerin hat zum damaligen Zeitpunkt Unterhalt geltend gemacht, weil sie kein eigenes Einkommen hatte und unterhaltsbedürftig war. Sie hat nun am ▒▒▒▒ wieder geheiratet,

    Beweis: Beteiligtenvernehmung der Antragsgegnerin

so dass der Unterhaltsanspruch gem. § 1586 Abs. 1 BGB erloschen ist. Zwar betreibt sie derzeit keine Vollstreckung aus dem Titel, sie ist jedoch nicht zur Herausgabe des Titels bereit,

    Beweis: Schreiben der Unterzeichnerin vom ▒▒▒▒, Anlage Ast. 3

so dass der Antragsgegner jederzeit wieder damit rechnen muss, dass sie Unterhalt aus der einstweiligen Anordnung begehrt.

Der Antrag auf einstweilige Einstellung der Zwangsvollstreckung ist begründet, weil die Antragsgegnerin bereits die unrechtmäßige Vollstreckung betreibt, woraus dem Antragsteller erhebliche finanzielle Nachteile erwachsen, denn er kann die Löhne und Gehälter seiner Angestellten nicht mehr zahlen. Hierdurch wird der Bestand seines Unternehmens gefährdet.

Quittung über eingezahlte Gerichtskosten in Höhe von ▒▒▒▒ EUR anbei.

Rechtsanwalt/Rechtsanwältin

Streitwert: 12facher geforderter Abänderungsbetrag, § 51 Abs. 1 FamGKG.

Anwaltskosten: Regelgebühren nach Teil 3 Abschnitt 1 VV.

Gerichtskosten: 3,0-Verfahrensgebühr nach Nr. 1220 KVFamGKG.

XII. Muster: Antrag auf einstweilige Anordnung wegen Trennungsunterhalts außerhalb des Scheidungsverbundes

201 An das

Amtsgericht

– Familiengericht –

▒▒▒▒

Antrag auf einstweilige Anordnung wegen Trennungsunterhalts[172]

In Sachen

der Frau ▒▒▒▒, wohnhaft ▒▒▒▒

– Antragstellerin –

Verfahrensbevollmächtigte: RAe ▒▒▒▒

gegen

Herrn ▒▒▒▒, wohnhaft ▒▒▒▒

– Antragsgegner –

Verfahrensbevollmächtigte: RAe ▒▒▒▒

---

[172] In diesem Verfahren besteht kein Anwaltszwang, § 114 Abs. 4 FamFG.

1. Teil: Mandatierung in der Trennungssituation § 22

wegen: einstweilige Anordnung nach § 246 FamFG

vorläufiger Streitwert: ▒ EUR

beantragen wir, der Dringlichkeit wegen ohne mündliche Verhandlung,

1. der Antragstellerin unter Beiordnung der Unterzeichnerin Verfahrenskostenhilfe zu bewilligen,[173]
2. dem Antragsgegner im Wege der einstweiligen Anordnung aufzugeben, an die Antragstellerin ab dem ▒[174] monatlich im Voraus bis spätestens zum Dritten eines jeden Monats ▒ EUR Trennungsunterhalt zu zahlen.

Begründung:

Die Beteiligten sind miteinander verheiratet. Aus der Ehe sind keine gemeinsamen Kinder hervorgegangen. Die Antragstellerin hat eine Tochter aus erster Ehe, die am ▒ geborene ▒. Die Parteien leben seit dem ▒ voneinander getrennt. Der Antragsgegner ist an diesem Tag aus der ehelichen Wohnung ausgezogen, welche die Antragstellerin seither allein bewohnt.

> Glaubhaftmachung: Eidesstattliche Versicherung der Antragstellerin, Anlage Ast. 1

Die Antragstellerin ist halbtags berufstätig als Verkäuferin in dem Kaufhaus ▒. Dort erzielt sie ein durchschnittliches monatliches Nettoeinkommen in Höhe von ▒ EUR, wie sich aus den als Anlage Ast. 2 beigefügten Verdienstabrechnungen der letzten zwölf Monate ergibt.

Dieser Betrag ist zu reduzieren um 5 % berufsbedingte Aufwendungen, so dass ein bereinigtes Nettoeinkommen in Höhe von ▒ EUR verbleibt.

Die Antragstellerin trägt einen Kredit bei der ▒ mit monatlich ▒ EUR ab. Eine Kopie des Kreditvertrags sowie die Kopie der Kontoauszüge Nr. ▒ bis ▒ fügen wir als Nachweis der Zahlungspflicht und der tatsächlichen Zahlung als Anlage Ast. 3 und 4 bei.

Die Parteien haben diesen Kredit vor zwei Jahren aufgenommen und mit dem Darlehnsbetrag eine Wohnungsrenovierung finanziert.

> Glaubhaftmachung: Eidesstattliche Versicherung der Antragstellerin als Anlage Ast. 1

Der Kredit ist demgemäß ehebedingt und bei der Berechnung des Unterhalts zu berücksichtigen.

Der Antragsgegner ist als angestellter Versicherungsfachwirt bei der ▒-Versicherung tätig. Sein durchschnittliches monatliches Nettoeinkommen inklusive Provisionszahlungen beträgt ausweislich der als Anlage Ast. 5 beigefügten Gehaltsmitteilungen ▒ EUR. Dieser Betrag ist zu reduzieren um 5 % berufsbedingte Aufwendungen, so dass ein bereinigtes Nettoeinkommen in Höhe von ▒ EUR verbleibt. Der Antrags-

---

[173] Für das einstweilige Anordnungsverfahren muss eigens Verfahrenshilfe beantragt werden, unabhängig davon, ob ein Hauptsacheverfahren durchgeführt wird, für welches auch Verfahrenskostenhilfe beantragt wird, oder nicht.

[174] Der Unterhalt kann im EA-Verfahren nur ab dem Datum, an welchem der Antrag bei Gericht eingeht, geltend gemacht werden.

gegner ist seiner Tochter aus erster Ehe unterhaltsverpflichtet. Er ist mit Urteil des Amtsgerichts ▨ vom ▨, Az: ▨, verpflichtet worden, monatlichen Kindesunterhalt in Höhe von ▨ EUR abzüglich anrechenbaren Kindergeldes in Höhe von ▨ EUR zu zahlen. Das Urteil liegt als Anlage Ast. 6 bei.[175]

Die Antragstellerin ist bedürftig, weil ihre Einkünfte nicht ausreichen, um den Lebensunterhalt zu bestreiten. Ihr verbleiben nach Abzug der monatlichen Verbindlichkeiten lediglich ▨ EUR.

> Glaubhaftmachung: Eidesstattliche Versicherung der Antragstellerin als Anlage Ast. 1.

Der Antragsgegner ist leistungsfähig, weil er über ein Einkommen in Höhe von ▨ EUR verfügt, so dass sich ein Unterhaltsanspruch in Höhe von ▨ EUR pro Monat ergibt.

Die Antragstellerin ist dringend auf die Zahlung von Unterhalt angewiesen. Der Antragsgegner weigert sich, Unterhalt zu zahlen, wie sich aus dem Schreiben seines Prozessbevollmächtigten vom ▨, welches wir als Anlage Ast. 7 zu den Akten reichen, ergibt.

Der Antragsgegner hat sämtliche Bankvollmachten, welche die Antragstellerin über die unter Kontonummern ▨ der bei der ▨ Bank geführten Konten hatte, widerrufen. Die Antragstellerin hat kein Bankvermögen oder sonstige flüssige Mittel,

> Glaubhaftmachung: Eidesstattliche Versicherung der Antragstellerin als Anlage Ast. 1

so dass sie dringend auf die Zahlung von Unterhalt angewiesen ist.

Die Antragstellerin ist nicht imstande, die Kosten des Verfahrens aus eigenen Mitteln zu erbringen. Diesbezüglich verweisen wir auf die anliegende Erklärung über die wirtschaftlichen und persönlichen Verhältnisse.

Wir bitten, wie beantragt zu erkennen.

Rechtsanwalt/Rechtsanwältin

Streitwert: Im Verfahren der einstweiligen Anordnung ist der Wert in der Regel unter Berücksichtigung der geringeren Bedeutung gegenüber der Hauptsache zu ermäßigen. Dabei ist von der Hälfte des für die Hauptsache bestimmten Werts auszugehen, also in der Regel: 6facher geforderter monatlicher Zahlbetrag, §§ 41, 51 FamGKG.

Anwaltskosten: Regelgebühren nach Teil 3 Abschnitt 1 VV (zusätzlich zu den Gebühren der Hauptsache, § 18 Nr. 1 Buchst. b RVG!).

Gerichtskosten: 1,5-Verfahrensgebühr nach Nr. 1422 KVFamGKG.

▲

---

175 Bedürftigkeit des Unterhaltsberechtigten und Leistungsfähigkeit des Verpflichteten sind darzulegen und glaubhaft zu machen.

XIII. Muster: Antrag auf Aufhebung der einstweiligen Anordnung

An das
Amtsgericht
– Familiengericht –

Antrag auf Aufhebung der einstweiligen Anordnung[176]

In Sachen

./.

Az:

beantragen wir nunmehr für den Antragsgegner:

1. den Anordnungsbeschluss des Amtsgericht _____ vom _____, Az: _____, aufzuheben;
2. die Vollziehung der einstweiligen Anordnung des Amtsgerichts vom _____, Az: _____, auszusetzen.

Begründung:

Dem Antragsgegner wurde mit Beschluss des hiesigen Amtsgerichts vom _____ unter Az: _____ aufgegeben, an die Antragstellerin Trennungsunterhalt in Höhe von _____ EUR pro Monat zu zahlen. Dies hat der Antragsgegner bisher auch getan.

Am _____ hat der Antragsgegner die betriebsbedingte Kündigung seines Arbeitsverhältnisses zum _____ erhalten.

> Glaubhaftmachung: Eidesstattliche Versicherung des Antragsgegners als Anlage Ag. 1

Der Antragsgegner hat sich bisher vergeblich um einen neuen Arbeitsplatz bemüht. Als Nachweis seiner Arbeitssuche legen wir die 25 Bewerbungen, die der Antragsgegner in der Zeit vom _____ bis _____ versandt hat, als Anlage Ag. 2 zu den Akten.[177]

Der Antragsgegner erhält seit letzter Woche Arbeitslosengeld in Höhe von _____ EUR pro Monat, wie sich aus anliegendem Arbeitslosengeldbescheid des Arbeitsamts _____ vom _____ ergibt (Anlage Ag. 3). Hiervon in Abzug zu bringen sind 5 % berufsbedingte Aufwendungen. Zwar übt der Antragsgegner zurzeit keinen Beruf aus, er hat jedoch aufgrund seiner intensiven Stellensuche erhebliche Kosten (Portokosten, Fotokosten, Materialaufwand), so dass ein Abzug in Höhe von 5 % gerechtfertigt ist.

Trotz dieser Umstände, die der Antragstellerin bekannt sind, weil sie ihr schriftlich mitgeteilt worden sind (Schreiben der Prozessbevollmächtigten vom _____ als Anlage Ag. 4), vollstreckt die Antragstellerin weiter aus der einstweiligen Anordnung, indem sie eine Kontopfändung erwirkt hat (Anlage Ag. 5).

---

[176] In diesen Verfahren besteht kein Anwaltszwang, § 114 Abs. 4 FamFG.
[177] Zu Bewerbungsbemühungen s. Rdn 29.

§ 22 Das familiengerichtliche Verfahren

Der Beschluss ist aufzuheben, weil der Antragsgegner nicht mehr leistungsfähig ist. Die Vollziehung ist auszusetzen, weil der Antragsgegner über kein Bankguthaben mehr verfügt,

> Glaubhaftmachung: Eidesstattliche Versicherung des Antragsgegners Anlage Ag.1

und die Sache eilbedürftig ist.

Wir bitten, wie beantragt zu erkennen.

Rechtsanwalt/Rechtsanwältin

Streitwert: Im Verfahren der einstweiligen Anordnung ist der Wert in der Regel unter Berücksichtigung der geringeren Bedeutung gegenüber der Hauptsache zu ermäßigen. Dabei ist von der Hälfte des für die Hauptsache bestimmten Werts auszugehen, also in der Regel: 6facher geforderter monatlicher Zahlbetrag, §§ 41, 51 FamGKG.

Anwaltskosten: Regelgebühren nach Teil 3 Abschnitt 1 VV (zusätzlich zu den Gebühren der Hauptsache, § 18 Nr. 1 Buchst. b RVG, falls ein solches durchgeführt wird).

Gerichtskosten: keine weiteren

▲

XIV. Muster: Antrag auf einstweilige Anordnung wegen Verfahrenskostenvorschusses im Trennungsunterhaltsverfahren

▼

203 An das

Amtsgericht

– Familiengericht –

Antrag auf einstweilige Anordnung wegen Verfahrenskostenvorschusses[178]

In Sachen

der Frau ▓▓▓▓, wohnhaft ▓▓▓▓

– Antragstellerin –

Prozessbevollmächtigte: RAe ▓▓▓▓

gegen

Herrn ▓▓▓▓, wohnhaft ▓▓▓▓

– Antragsgegner –

wegen: einstweiliger Anordnung nach § 246 FamFG

beantragen wir namens und in Vollmacht der Antragstellerin, aufgrund der Dringlichkeit ohne mündliche Verhandlung,

---

178 In diesen Verfahren besteht kein Anwaltszwang, § 114 Abs. 4 FamFG.

dem Antragsgegner aufzugeben, an die Antragstellerin zu Händen ihrer Prozessbevollmächtigten einen Prozesskostenvorschuss in Höhe von ▓▓▓ EUR für das Hauptsacheverfahren und in Höhe von ▓▓▓ EUR für dieses Anordnungsverfahren zu zahlen.

Begründung:

Die Antragstellerin hat heute gegen den Antragsgegner einen gerichtlichen Antrag auf Zahlung von Trennungsunterhalt gestellt.[179] Den Inhalt dieser Antragsschrift machen wir zum Gegenstand dieses Verfahrens. Der Antrag hat hinreichende Aussicht auf Erfolg und ist nicht mutwillig. Die Antragstellerin hat neben dem geltend gemachten Anspruch auf Trennungsunterhalt einen Anspruch auf Zahlung des Verfahrenskostenvorschusses, weil sie über kein eigenes Einkommen und Vermögen verfügt.

    Glaubhaftmachung: Eidesstattliche Versicherung der Antragstellerin,
    Anlage Ast. 1

Der Antragsgegner ist leistungsfähig. Er hat ein monatliches Nettoeinkommen von ▓▓▓ EUR und verfügt über ein Wertpapierdepot bei der ▓▓▓ Bank, auf welchem nach Kenntnis der Antragstellerin Papiere im Wert von mindestens ▓▓▓ EUR verwahrt werden.

    Glaubhaftmachung: Eidesstattliche Versicherung der Antragstellerin,
    Anlage Ast. 1

Der geltend gemachte Anspruch setzt sich wie folgt zusammen:

1. Hauptsacheverfahren:

Streitwert:	▓▓▓ EUR
Hieraus Gerichtskostenvorschuss:	▓▓▓ EUR
Hieraus 1,3-Verfahrensgebühr nach Nr. 3100 VV	▓▓▓ EUR
Hieraus 1,2-Terminsgebühr nach Nr. 3104 VV	▓▓▓ EUR
Auslagen	▓▓▓ EUR
Umsatzsteuer	▓▓▓ EUR

2. Anordnungsverfahren:

Streitwert: ▓▓▓ EUR	
Hieraus 1,3-Verfahrensgebühr nach Nr. 3100 VV	▓▓▓ EUR
Auslagen	▓▓▓ EUR
Umsatzsteuer	▓▓▓ EUR

3. Gesamtkosten ▓▓▓ EUR

Wir bitten, wie beantragt zu erkennen.

Rechtsanwalt/Rechtsanwältin

Streitwert: Höhe des geforderten Prozesskostenvorschusses.

---

[179] Der Erlass einer einstweiligen Anordnung kann auch beantragt werden, wenn kein Hauptsacheverfahren anhängig ist.

§ 22 Das familiengerichtliche Verfahren

Anwaltskosten: Regelgebühren nach Teil 3 Abschnitt 1 VV. Die Kosten fallen zusätzlich zu den Kosten im Hauptsacheverfahren an, da eine besondere Angelegenheit im Sinne des § 18 Nr. 1 Buchst. b RVG vorliegt.

Gerichtskosten: 1,5-Gebühr gem. Nr. 1422 KVFamGKG.

▲

XV. Muster: Antrag auf Zustimmung zur gemeinsamen Veranlagung

▼

An das
Amtsgericht
– Familiengericht –[180]

Antrag auf Zustimmung zur gemeinsamen Veranlagung[181]

In Sachen
des Herrn ▒▒▒, wohnhaft ▒▒▒

– Antragsteller –

Verfahrensbevollmächtigte: RAe ▒▒▒

gegen

Frau ▒▒▒, wohnhaft ▒▒▒

– Antragsgegnerin –

Verfahrensbevollmächtigte: RAe ▒▒▒

wegen: Zustimmung zur gemeinsamen steuerlichen Veranlagung

Streitwert: ▒▒▒ EUR

beantragen wir namens und in Vollmacht der Antragstellerin, dem Antragsgegner aufzugeben,

> der Zusammenveranlagung mit dem Antragsteller zur Einkommen- und Kirchensteuer für den Veranlagungszeitraum ▒▒▒ zuzustimmen.

Begründung:

Die Beteiligten haben am ▒▒▒ die Ehe miteinander geschlossen. Der Antragsteller ist bei der Firma ▒▒▒ beschäftigt und erzielt dort ein jährliches Bruttoeinkommen in Höhe von ▒▒▒ EUR.

Beweis: Jahresentgeltbescheinigung vom ▒▒▒, Anlage Ast. 1

Die Antragsgegnerin ist bei der Firma ▒▒▒ beschäftigt. Ihr Bruttojahreseinkommen beträgt ▒▒▒ EUR.

Beweis: Fotokopie der Lohnsteuerkarte aus dem Jahr ▒▒▒, Anlage Ast. 2

---

180 Das Familiengericht ist zuständig, § 266 Abs. 1 Nr. 2 FamFG.
181 In diesen Verfahren besteht Anwaltszwang, § 114 Abs. 1 FamFG.

Da das Einkommen des Antragstellers dasjenige der Antragsgegnerin deutlich übersteigt, haben die Beteiligten während der Dauer ihres Zusammenlebens die Steuerklassenkombination III/V gewählt.

Die Eheleute haben sich im vergangenen Jahr am ▒▒▒▒▒▒ voneinander getrennt, indem der Antragsteller aus dem gemeinsamen Haus der Beteiligten ausgezogen ist. Seither zahlt er an die Antragsgegnerin Trennungsunterhalt, was zwischen den Beteiligten unstreitig ist. Da sie im vergangenen Jahr noch zusammengelebt haben, können sie gem. § 26 Abs. 1 EStG für den letzten Veranlagungszeitraum noch die gemeinsame Veranlagung wählen.

Die Antragsgegnerin ist mit Schreiben vom ▒▒▒▒▒▒ aufgefordert worden, für das letzte Kalenderjahr der gemeinsamen steuerlichen Veranlagung zuzustimmen.

  Beweis: Schreiben der Verfahrensbevollmächtigten des Antragstellers vom ▒▒▒▒▒▒, Anlage Ast. 3

Dem hat sie entgegengehalten, dass der Antragsteller enorme Überschüsse aus privaten Veräußerungsgeschäften erzielt habe, und sie für die Steuernachzahlung im Falle einer gemeinsamen Veranlagung als Gesamtschuldnerin hafte.

  Beweis: Schreiben der Verfahrensbevollmächtigten der Antragsgegnerin vom ▒▒▒▒▒▒, Anlage Ast. 4

Der Antragsteller hat mit Schreiben vom ▒▒▒▒▒▒ erklärt, dass er die Antragsgegnerin im Fall einer gemeinsamen Veranlagung von allen wirtschaftlichen Folgen, die sich aus der gemeinsamen Veranlagung zur Einkommen- und Kirchensteuer für sie ergeben, freistellt.[182]

  Beweis: Schreiben des Antragstellers vom ▒▒▒▒▒▒, Anlage Ast. 5

Da die Antragsgegnerin nicht bereit war, dem Begehren des Antragstellers zuzustimmen, ist die gerichtliche Geltendmachung geboten.

Wir bitten, wie beantragt zu erkennen.

Quittung über eingezahlte Gerichtskosten in Höhe von ▒▒▒▒▒▒ EUR anbei.

Rechtsanwalt/Rechtsanwältin

Streitwert: Interesse des Klägers (Steuerersparnis).

Anwaltskosten: Regelgebühren nach Teil 3 Abschnitt 1 VV.

Gerichtskosten: 3,0-Verfahrensgebühr gem. Nr. 1220 KVFamGKG.

▲

---

[182] Nach OLG Hamm FamRZ 1990, 292 f. kann die Zustimmungserklärung nur Zug um Zug gegen die Freistellungserklärung unter Verzicht auf jedwede Aufrechnung und Zurückbehaltung geltend gemacht werden. Da die wirtschaftlichen Nachteile jedoch der Höhe nach noch nicht beziffert werden können, wurde in diesem Muster von einer Zug um Zug Antragstellung abgesehen.

§ 22 Das familiengerichtliche Verfahren

XVI. Muster: Antrag auf Zustimmung zum begrenzten Realsplitting

22.16

▼

205 An das
Amtsgericht
– Familiengericht –[183]

Antrag auf Zustimmung zum begrenzten Realsplitting[184]

In Sachen
des Herrn ▆▆▆, wohnhaft ▆▆▆

– Antragsteller –

Verfahrensbevollmächtigte: RAe ▆▆▆

gegen

die Frau ▆▆▆, wohnhaft ▆▆▆

– Antragsgegnerin –

wegen: Zustimmung zum begrenzten Realsplitting

vorläufiger Streitwert: ▆▆▆ EUR[185]

Namens und in Vollmacht des Antragstellers beantragen wir, der Antragsgegnerin aufzugeben,

> ihre Zustimmung zu dem Sonderausgabenabzug der vom Antragsteller in der Zeit vom ▆▆▆ bis ▆▆▆ an die Antragsgegnerin erbrachten Ehegattenunterhaltsleistungen gem. § 10 Abs. 1 Nr. 1 EStG in Höhe von ▆▆▆ EUR[186] gegenüber dem Finanzamt ▆▆▆ zu Steuernummer ▆▆▆[187] zu erteilen.

Begründung:

Die Beteiligten haben am ▆▆▆ die Ehe miteinander geschlossen. Aus der Ehe sind die beiden minderjährigen Kinder ▆▆▆, geboren am ▆▆▆, und ▆▆▆, geboren am ▆▆▆, hervorgegangen. Beide Kinder leben bei der Antragsgegnerin und werden von dieser versorgt. Die Beteiligten leben seit mehr als zwei Jahren voneinander getrennt. Das Scheidungsverfahren ist unter Az: ▆▆▆ bei dem hiesigen Gericht anhängig. Der Antragsteller hat im vergangenen Kalenderjahr folgende Unterhaltszahlungen an die Antragsgegnerin erbracht:

Kindesunterhalt für ▆▆▆ : ▆▆▆ EUR

Kindesunterhalt für ▆▆▆ : ▆▆▆ EUR

Ehegattenunterhalt ▆▆▆ : ▆▆▆ EUR.

Dies ist zwischen den Beteiligten unstreitig.

---

183 Das Familiengericht ist aufgrund des Sachzusammenhangs zuständig, BT-Drucks 16/6308, §§ 266 ff. FamFG.
184 In diesen Verfahren besteht Anwaltszwang, § 114 Abs. 1 FamFG.
185 Der Streitwert richtet sich danach, wie hoch das Interesse des Antragstellers, also die erwartete Steuerersparnis abzüglich auszugleichender Nachteile ist.
186 Maximal 13.805 EUR pro Veranlagungszeitraum (i.d.R. Kalenderjahr).
187 Steuernummer des Antragstellers einsetzen.

Darüber hinaus hat er der Antragsgegnerin das in seinem Alleineigentum stehende Einfamilienhaus zur Nutzung überlassen, wie dies in der am ▬▬▬ zwischen den Eheleuten geschlossenen Trennungsvereinbarung geregelt worden ist.

    Beweis: Trennungsvereinbarung vom ▬▬▬, Anlage Ast.

Der Mietwert des Hauses liegt bei ▬▬▬ EUR pro Monat.

    Beweis: Sachverständigtengutachten

Addiert man den Jahresmietwert und die gezahlten Ehegatten-Unterhaltsbeträge,[188] so ergeben sich Unterhaltsleistungen des Antragstellers an die Antragsgegnerin in Höhe von ▬▬▬ EUR im vergangenen Kalenderjahr.[189]

Der Antragsteller möchte die Unterhaltsleistungen als Sonderausgaben geltend machen. Er hat die Antragsgegnerin daher mit Schreiben vom ▬▬▬ aufgefordert, die von ihm formulierte Zustimmungserklärung zum begrenzten Realsplitting abzugeben. Dabei hat er sich verpflichtet, die Beklagte von allen nachgewiesenen finanziellen Nachteilen unter Verzicht auf mögliche Aufrechnungen oder Zurückbehaltungsrechte freizustellen. Er hat sich darüber hinaus verpflichtet, seine Steuerangelegenheiten fristgemäß und ordnungsgemäß zu besorgen und der Beklagten den Steuerbescheid so zeitig zu überlassen, dass sie prüfen lassen kann, ob sie einen Einspruch einlegen möchte.

    Beweis: Schreiben des Antragstellers mit Zustimmungserklärung vom ▬▬▬, Anlage A 2

Die Antragsgegnerin hat sich gleichwohl geweigert, die Erklärung abzugeben, so dass nunmehr die Inanspruchnahme gerichtlicher Hilfe geboten ist, denn der Antragsteller hat erhebliche finanzielle Nachteile dadurch, dass er keinen Sonderausgabenabzug geltend machen kann.

Wir bitten, wie beantragt zu erkennen.

Quittung über eingezahlte Gerichtskosten in Höhe von ▬▬▬ EUR anbei.

Rechtsanwalt/Rechtsanwältin

Streitwert: Interesse des Klägers (Steuerersparnis).

Anwaltskosten: Regelgebühren nach Teil 3 Abschnitt 1 VV.

Gerichtskosten: 3,0-Verfahrensgebühr gem. Nr. 1220 KVFamGKG.

▲

---

[188] Nur der Ehegattenunterhalt ist von steuerrechtlicher Relevanz, der für Kinder gezahlte Unterhalt kann steuerlich nicht berücksichtigt werden.

[189] Nach BFH v. 12.4.2000 (BStBl II S. 130), kann bei unentgeltlicher Wohnraumüberlassung der Mietwert als Sonderausgabe abgezogen werden.

XVII. Muster: Antrag auf Zahlung von Kindesunterhalt nach der Trennung der Eltern

206 An das
Amtsgericht
– Familiengericht –

Kindesunterhaltsantrag[190]

In Sachen
der Frau ▓▓▓, wohnhaft ▓▓▓
– Antragstellerin –[191]

Verfahrensbevollmächtigte: RAe ▓▓▓
gegen
Herrn ▓▓▓, wohnhaft ▓▓▓
– Antragsgegner –

wegen: Kindesunterhalts

vorläufiger Streitwert: ▓▓▓ EUR

Namens und in Vollmacht der Antragstellerin beantragen wir, dem Antragsgegner aufzugeben,

für den am ▓▓▓ geborenen Sohn ▓▓▓ zu Händen der Antragstellerin einen monatlichen, im Voraus bis zum 3. eines jeden Monats fälligen und mit 5 Prozentpunkten über dem jeweiligen Basiszinssatz zu verzinsenden Unterhaltsbetrag von 100 % des Mindestunterhalts gem. § 1612a I BGB der jeweiligen Altersstufe – derzeit der 1. Altersstufe – mindestens aber in Höhe von 100 % der in § 36 Nr. 4 EGZPO bestimmten Beträge der jeweiligen Altersstufe abzüglich des auf das 1. Kind entfallende hälftige Kindergeld zu zahlen.

Begründung:

Die Beteiligten haben am ▓▓▓ die Ehe miteinander geschlossen. Sie leben seit dem ▓▓▓ voneinander getrennt. Der Antragsgegner ist an diesem Tag aus dem gemeinsamen ehelichen Anwesen der Beteiligten ausgezogen. Seither kümmert sich die Antragstellerin allein um das Kind.

Zwischen den Beteiligten ist unter Az: ▓▓▓ bei dem hiesigen Amtsgericht ein Scheidungsverfahren anhängig.

Der Antragsgegner ist als Geschäftsführer bei der Firma ▓▓▓ beschäftigt. Er erzielt ein durchschnittliches monatliches Nettoeinkommen in Höhe von ▓▓▓ EUR.

Beweis: Jahresentgeltbescheinigung vom ▓▓▓, Anlage Ast. 1

---

[190] In diesen Verfahren besteht Anwaltszwang, § 114 Abs. 1 FamFG, es sei denn, die Interessen eines Beteiligten werden durch das Jugendamt vertreten, § 114 Abs. 4 Nr. 2 FamFG.

[191] Sind die Eltern des Kindes miteinander verheiratet, so kann ein Elternteil, solange die Eltern getrennt leben oder eine Ehesache zwischen ihnen anhängig ist, Unterhaltsansprüche des Kindes gegen den anderen Elternteil nur im eigenen Namen geltend machen, § 1629 Abs. 3 S. 1 BGB.

Zudem stellt ihm das Unternehmen einen Pkw ▓▓▓▓ zur Verfügung, welchen er auch privat nutzt. Die private Nutzung wird einkommensteuerrechtlich so erfasst, dass 1 % des Bruttolistenpreises des Fahrzeugs dem Bruttogehalt hinzugerechnet und versteuert wird. Der tatsächliche steuerbereinigte Nettogebrauchswert beträgt ▓▓▓▓ EUR, wie sich aus anliegender Vergleichsberechnung[192] ergibt.

Damit verfügt der Antragsgegner über ein monatliches durchschnittliches Einkommen in Höhe von ▓▓▓▓ EUR. Dieser Betrag ist zu reduzieren um 5 % berufsbedingte Aufwendungen, so dass ▓▓▓▓ EUR verbleiben.

Damit schuldet der Antragsgegner Unterhalt gem. der ▓▓▓▓ Gruppe der Düsseldorfer Tabelle.

Da der Antragsgegner keiner weiteren Person zur Zahlung von Unterhalt verpflichtet ist, ist eine Höhergruppierung in die nächsthöhere Einkommensgruppe angemessen.[193]

Zwar zahlt der Antragsgegner den Unterhalt bisher regelmäßig,[194] er war jedoch trotz der Aufforderung vom ▓▓▓▓, den Kindesunterhalt titulieren zu lassen, nicht bereit, eine Jugendamtsurkunde[195] vorzulegen.

> Beweis: Schreiben der Verfahrensbevollmächtigten der Antragstellerin vom ▓▓▓▓; Anlage Ast. 2
>
> ablehnendes Schreiben des Antragsgegners vom ▓▓▓▓, Anlage Ast. 3

Daher ist nunmehr die gerichtliche Geltendmachung geboten.

Wir bitten, wie beantragt zu erkennen.

Quittung über eingezahlte Gerichtskosten in Höhe von ▓▓▓▓ EUR anbei.

Rechtsanwalt/Rechtsanwältin

Streitwert: Bei Kindesunterhaltsansprüchen ist der für die ersten zwölf Monate nach Einreichung des Antrags oder des Antrags geforderte Betrag maßgeblich, höchstens jedoch der Gesamtbetrag der geforderten Leistung. Als Monatsbetrag ist der zum Zeitpunkt der Einreichung des Antrags oder des Antrags geltenden Mindestunterhalts nach der zu diesem Zeitpunkt maßgebenden Altersstufe zugrunde zu legen. Hinzu kommen die Rückstände, die bei Klageeinreichung bereits fällig sind (§ 51 Abs. 2 FamGKG).

Anwaltskosten: Regelgebühren nach Teil 3 Abschnitt 1 VV.

Gerichtskosten: 3,0-Gebühr gem. Nr. 1220 KVFamGKG.

▲

---

192 S. hierzu *Sarres*, Familienrecht kompakt 2003, 89 f.: Das sich ergebende Nettogehalt aus dem Bruttogehalt inklusive Sachbezug wird mit dem Nettogehalt, welches sich aus dem Bruttogehalt ohne Sachbezug ergibt, verglichen.
193 S. Anm. 1 zu Teil A der Düsseldorfer Tabelle (www.olg-duesseldorf.nrw.de).
194 Gleichwohl besteht ein Rechtsschutzbedürfnis, einen vollstreckbaren Titel zu erhalten.
195 Die Titulierung des Unterhalts ist beim Jugendamt kostenfrei.

XVIII. Muster: Stufenantrag zur Geltendmachung von Kindesunterhalt

▼

An das
Amtsgericht
– Familiengericht –

Kindesunterhalts-Stufenantrag[196]

In Sachen
des Kindes ▓▓▓, wohnhaft ▓▓▓

– Antragstellerin –[197]

vertreten durch die Mutter ▓▓▓
Verfahrensbevollmächtigte: RAe ▓▓▓
gegen
den Herrn ▓▓▓, wohnhaft ▓▓▓

– Antragsgegner –

wegen: Kindesunterhalts
vorläufiger Streitwert: ▓▓▓ EUR

Namens und in Vollmacht der Antragstellerin beantragen wir, dem Antragsgegner aufzugeben,

1. der Antragstellerin Auskunft zu erteilen über seine gesamten Einkünfte, die er in der Zeit von ▓▓▓ bis ▓▓▓ erzielt hat, und zwar aus seiner nicht selbstständigen Tätigkeit als ▓▓▓ und aus Kapitalvermögen,
2. hierüber Belege vorzulegen, und zwar sämtliche Gehaltsabrechnungen von ▓▓▓ bis ▓▓▓, sowie den letzten Steuerbescheid,
3. die Richtigkeit und Vollständigkeit der erteilten Auskünfte an Eides statt zu versichern,
4. an die Antragstellerin zu Händen der Kindesmutter, Frau ▓▓▓ ab dem ▓▓▓ den noch zu beziffernden Kindesunterhalt monatlich bis zum Dritten eines jeden Monats im Voraus, die Rückstände sofort und ab jeweiliger Fälligkeit mit 5 Prozentpunkten über dem Basiszins verzinst, Kindesunterhalt zu zahlen.

Begründung:

Die Eltern der Antragstellerin waren miteinander verheiratet. Die Ehe ist am ▓▓▓ rechtskräftig durch das angerufene Gericht geschieden worden (Az: ▓▓▓).

---

[196] In diesen Verfahren besteht Anwaltszwang, § 114 Abs. 1 FamFG, es sei denn, die Interessen eines Beteiligten werden durch das Jugendamt vertreten, § 114 Abs. 4 Nr. 2 FamFG.

[197] Steht die elterliche Sorge für ein Kind den Eltern gemeinsam zu, so kann der Elternteil, in dessen Obhut sich das Kind befindet, Unterhaltsansprüche des Kindes gegen den anderen Elternteil geltend machen (§ 1629 Abs. 2 S. 2 BGB). Sind die Eltern miteinander verheiratet und leben getrennt voneinander oder ist eine Ehesache anhängig, so kann ein Elternteil Unterhaltsansprüche des Kindes gegen den anderen Elternteil nur im eigenen Namen geltend machen (§ 1629 Abs. 3 S. 1 BGB).

Der Antragsgegner ist der Vater der am ▓▓▓ geborenen, minderjährigen Antragstellerin. Er ist am ▓▓▓ aufgefordert worden, Kindesunterhalt zu zahlen.

> Beweis: Schreiben der Verfahrensbevollmächtigten der Antragstellerin vom ▓▓▓, Anlage Ast. 1

Der Antragsgegner hat es abgelehnt, Unterhalt zu zahlen.

> Beweis: Schreiben des Antragsgegners vom ▓▓▓ in Kopie, Anlage Ast. 2

Er ist zur Zahlung von Kindesunterhalt verpflichtet, weil die Antragstellerin nicht länger von ihrem Vater betreut wird, sondern seit dem ▓▓▓ wieder bei ihrer Mutter lebt und von dieser betreut wird.

> Beweis im Bestreitensfall: Zeugnis ▓▓▓

Der Antragstellerin ist nicht bekannt, wie hoch das Einkommen ihres Vaters ist. Da dieser sich geweigert hat, hierüber Auskunft zu erteilen, ist die gerichtliche Geltendmachung geboten.

Wir bitten, wie beantragt zu erkennen.

Quittung über eingezahlte Gerichtskosten in Höhe von ▓▓▓ EUR anbei.

Rechtsanwalt/Rechtsanwältin

Streitwert in der Auskunftsstufe: $1/3$ bis $1/5$ des Zahlungsanspruchs.

Streitwert in der Zahlungsstufe: 12facher geforderter monatlicher Unterhalt zuzüglich geltend gemachter Rückstand, § 51 Abs. 1, 2 FamGKG.

Achtung: Es findet keine Streitwertaddition statt, sondern für die letztendliche Streitberechnung ist der höhere Streitwert maßgeblich, § 38 FamGKG!

Anwaltskosten: Regelgebühren nach Teil 3 Abschnitt 1 VV.

Gerichtskosten: 3,0-Verfahrensgebühr nach Nr. 1220 KVFamGKG.

▲

XIX. Muster: Abänderungsantrag zum Kindesunterhalt mit Hilfsantrag zur Rückzahlung zu viel gezahlten Unterhalts

An das
Amtsgericht
– Familiengericht –

▬▬▬

Abänderungsantrag[198]

In Sachen
des Herrn ▬▬▬, wohnhaft ▬▬▬

– Antragsteller –

Prozessbevollmächtigte: RAe ▬▬▬
gegen
Frau ▬▬▬, wohnhaft ▬▬▬

– Antragsgegnerin –

wegen: Abänderung des Kindesunterhaltstitels
Streitwert: ▬▬▬ EUR
beantragen wir:

1. den Beschluss des Amtsgerichts ▬▬▬ vom ▬▬▬ zu Az: ▬▬▬ abzuändern und festzustellen, dass der Antragsteller ab dem ▬▬▬ nicht mehr verpflichtet ist, an die Antragsgegnerin Kindesunterhalt zu zahlen,
2. die Zwangsvollstreckung aus dem Beschluss des Amtsgerichts ▬▬▬ vom ▬▬▬ zu Az: ▬▬▬ einstweilen ohne Sicherheitsleistung (hilfsweise: mit Sicherheitsleistung) einzustellen.

Hilfsweise für den Fall des Obsiegens,

der Antragsgegnerin aufzugeben, ab dem ▬▬▬ in Höhe von monatlich ▬▬▬ EUR nebst 5 Prozentpunkten Zinsen über Basiszinssatz an den Antragsteller zu zahlen.

Begründung:

Dem Antragsteller ist durch Beschluss des Amtsgerichts ▬▬▬ vom ▬▬▬ zu Az: ▬▬▬ aufgegben worden, an die Antragsgegnerin Kindesunterhalt in Höhe von ▬▬▬ EUR zu zahlen.

Zum Zeitpunkt der Beschlussfassung war die Antragsgegnerin 19 Jahre alt und hat eine Schulausbildung absolviert. Die Antragsgegnerin hat an ihrem 20. Geburtstag geheiratet und ihre Ausbildung abgebrochen. Seither führt sie für ihren Ehemann den Haushalt und geht keiner Berufsausbildung oder Erwerbstätigkeit nach. Der Ehemann der Antragsgeg-

---

[198] In diesen Verfahren besteht Anwaltszwang, § 114 Abs. 1 FamFG, es sei denn, die Interessen eines Beteiligten werden durch das Jugendamt vertreten, § 114 Abs. 4 Nr. 2 FamFG.

nerin ist Geschäftsführer der ▇▇▇ GmbH und bezieht ein respektables Einkommen von mindestens ▇▇▇ EUR pro Monat.

> Beweis im Bestreitensfall: Zeugnis des Ehemannes der Antragsgegnerin, zu laden über diese

Damit entfällt die Unterhaltspflicht des Antragstellers gem. § 1608 S. 1 BGB.

Da die Antragstellerin gleichwohl aus dem Kindesunterhaltstitel weiter vollstreckt, wird die einstweilige Einstellung der Zwangsvollstreckung beantragt.

> Zur Glaubhaftmachung dieser Angaben überreichen wir anliegend eidesstattliche Erklärung des Antragstellers vom ▇▇▇, Anlage Ast. 1

Für den Fall des Obsiegens fordert der Antragsteller den gezahlten Unterhalt zurück (Hilfsantrag).

Die Antragsgegnerin ist mit Schreiben vom ▇▇▇ unter Fristsetzung aufgefordert worden, auf ihre Rechte aus dem Titel ▇▇▇ zu verzichten und die vollstreckbare Ausfertigung des Titels herauszugeben.

> Beweis: Schreiben der Verfahrensbevollmächtigten des Antragstellers vom ▇▇▇, Anlage Ast. 2

Dem ist sie nicht nachgekommen, so dass nunmehr die Inanspruchnahme gerichtlicher Hilfe erforderlich ist.

Wir bitten, wie beantragt zu erkennen.

Rechtsanwalt/Rechtsanwältin

Streitwert: 12facher geforderter monatlicher Differenzbetrag zwischen tituliertem Betrag und begehrtem Betrag, § 51 Abs. 1 FamGKG.

Anwaltskosten: Regelgebühren nach Teil 3 Abschnitt 1 VV, keine gesonderten Gebühren für die vorläufige Einstellung der Zwangsvollstreckung, § 19 Abs. 1 S. 2 Nr. 11 RVG.

Gerichtskosten: 3,0-Verfahrensgebühr nach Nr. 1220 KVFamGKG.

▲

2. Teil: Das Scheidungsverfahren

A. Einleitung

Die anwaltliche Vertretung eines Mandanten in seinem Scheidungsverfahren bedeutet für den Anwalt in der Mehrzahl der Fälle, dass er mit unterschiedlichen Angelegenheiten, die beispielsweise den Kindesunterhalt, den Ehegattenunterhalt, die elterliche Sorge, das Umgangsrecht, den Versorgungsausgleich, den Zugewinnausgleich, etc. betreffen, beauftragt wird. Es empfiehlt sich bei derartigen Mandaten, für jede einzelne Angelegenheit auch eine eigene Akte anzulegen. Abgesehen davon, dass eine derartige Vorgehensweise es leichter macht, den Überblick zu behalten, entspricht dies auch der Vorgehensweise der Gerichte, die beispielsweise für sämtliche Verbundsachen eigene Unterakten führen. Es erleichtert dem Anwalt – unter Zuhilfenahme moderner EDV – und dem

Gericht die Prozessführung, wenn die Schriftsätze jeweils mit dem richtigen gerichtlichen Aktenzeichen inklusive der jeweiligen Ergänzungen versehen sind. So können auch von dem Gericht eingehende Mitteilungen und Schriftsätze schneller der richtigen Akte des Anwalts zugeordnet werden.

210 Die wichtigsten bei den Gerichten gebräuchlichen Abkürzungen in den Verbundsachen sind folgende:
- 67 F 503/09 = Scheidungsverfahren
- 67 F 503/09 UE = Unterhalt Ehegatte
- 67 F 503/09 UK = Unterhalt Kind
- 67 F 503/09 eS = elterliche Sorge
- 67 F 503/09 VA = Versorgungsausgleich
- 67 F 503/09 VKH = Verfahrenskostenhilfe
- 67 F 503/09 UE eA = einstweilige Anordnung Unterhalt Ehegatte

Zudem dient die getrennte Aktenführung auch der besseren Abrechenbarkeit der einzelnen Angelegenheiten.

B. Rechtliche Grundlagen

I. Folgen der Einreichung des Scheidungsantrags

211 Mit der Einreichung und anschließenden Rechtshängigkeit des Scheidungsantrags werden für verschiedene Ansprüche wichtige Stichtage gesetzt, die daraus resultierenden Auswirkungen sind vorab mit dem Mandanten zu klären:

212 ■ Der Tag der Rechtshängigkeit des Scheidungsantrags ist zugleich der Stichtag für die Berechnung des Endvermögens der Ehegatten. Hier sollte nach Möglichkeit darauf geachtet werden, dass die Zustellung nicht zu einem Zeitpunkt erfolgt, zu dem auf dem Konto des Mandanten das monatliche Gehalt bereits eingegangen, die am Monatsanfang regelmäßig fällig werdenden Verbindlichkeiten – gegebenenfalls auch Unterhaltszahlungen – aber noch nicht abgebucht wurden. Denn aufgrund der strengen Stichtagsregelung würden derartige Verbindlichkeiten das Endvermögen des Mandanten nicht schmälern.

213 ■ Der Tag der Rechtshängigkeit des Scheidungsantrags ist auch der Stichtag für die Berechnung des Versorgungsausgleichs. Gem. § 3 Abs. 1 VersAusglG beginnt die Ehezeit i.S.d. Gesetzes am 1. des Monats, in dem die Ehe geschlossen worden ist, und endet am letzten Tag des Monats, der der Zustellung des Scheidungsantrags vorausgeht. Ferner ist in diesem Zusammenhang zu berücksichtigen, dass bei einer Ehedauer von bis zu 3 Jahren der Versorgungsausgleich nur auf Antrag erfolgt (§ 3 Abs. 3 VersAusglG).

214 ■ Der Tag der Zustellung des Scheidungsantrags hat auch Bedeutung für die Ehedauer im unterhaltsrechtlichen Sinne. Im Unterhaltsrecht gilt als Ehedauer immer die Zeit zwischen der Eheschließung und der Zustellung des Scheidungsantrags. Dies hat

Bedeutung sowohl bei § 1579 Nr. 1 BGB, als auch bei der Frage der Begrenzung und Befristung des nachehelichen Unterhalts.

- Ab der Rechtshängigkeit des Scheidungsantrags hat der unterhaltsberechtigte Ehegatte gegebenenfalls auch Anspruch auf Altersvorsorgeunterhalt. 215

- Wird der Scheidungsantrag zugestellt und damit die Ehesache rechtshängig, hat dies eine Zuständigkeitskonzentration bei dem Gericht der Ehesache auch für andere Verfahren zur Folge. Diese Verfahren sind dann von Amts wegen an das Gericht der Ehesache abzugeben. Dies gilt für Kindschaftssachen i.S.d. § 151 FamFG gem. § 153 FamFG, wenn gemeinschaftliche Kinder betroffen sind. Bei Ehewohnungs- und Haushaltssachen i.S.d. § 200 FamFG ergibt sich die entsprechende Regelung aus § 202 FamFG. Für Unterhaltssachen i.S.d. § 231 FamFG gilt dies gem. § 233 FamFG, allerdings nur für solche Unterhaltssachen, die die Unterhaltspflicht für ein gemeinschaftliches Kind der Ehegatten oder die durch die Ehe begründete Unterhaltspflicht betreffen. Für Güterrechtssachen i.S.d. § 261 FamFG ergibt sich die Regelung aus § 263 FamFG, für sonstige Familiensachen i.S.d. § 266 FamFG aus § 268 FamFG. 216

- Zu beachten ist ferner, dass während der Anhängigkeit (also bereits ab Einreichung des verfahrenseinleitenden Antrags) einer Ehesache für danach eingeleitete Kindschaftssachen, die gemeinschaftliche Kinder betreffen, für Ehewohnungs- und Haushaltssachen, für Versorgungsausgleichssachen, für Unterhaltssachen mit Ausnahme der vereinfachten Verfahren über den Unterhalt Minderjähriger, für Güterrechtssachen und für die sonstigen Familiensachen i.S.d. § 166 FamFG das Gericht örtlich zuständig ist, bei dem die Ehesache im 1. Rechtszug anhängig ist oder war. 217

- Die Rechtshängigkeit eines Scheidungsantrags hat darüber hinaus auch erbrechtliche Konsequenzen. Gem. § 1933 BGB ist das Erbrecht des überlebenden Ehegatten sowie das Recht auf den Voraus ausgeschlossen, wenn zur Zeit des Todes des Erblassers die Voraussetzungen für die Scheidung der Ehe gegeben waren und der Erblasser die Scheidung beantragt oder ihr zugestimmt hatte. Gleiches gilt im Übrigen, wenn der Erblasser berechtigt war, die Aufhebung der Ehe zu beantragen und den Antrag gestellt hatte. Gem. § 2077 Abs. 1 BGB ist darüber hinaus eine letztwillige Verfügung, durch die der Erblasser seinen Ehegatten bedacht hat, unwirksam, wenn zur Zeit des Todes des Erblassers die Voraussetzungen für die Scheidung der Ehe gegeben waren und der Erblasser die Scheidung beantragt oder ihr zugestimmt hatte. Gleiches gilt im Übrigen auch hier, wenn der Erblasser im Zeitpunkt seines Todes berechtigt war, die Aufhebung der Ehe zu beantragen und den Antrag gestellt hatte. 218

Die Rechtskraft des Scheidungsbeschlusses kann insbesondere Auswirkungen auf die Krankenversicherung des Mandanten haben. Für den geschiedenen Ehegatten eines Beamten, Richters oder Soldaten entfällt die Beihilfeberechtigung beziehungsweise die freie Heilfürsorge, bei mitversicherten Ehegatten eines gesetzlich Krankenversicherten endet der Versicherungsschutz mit Rechtskraft der Scheidung. Nur wenn der mitversicherte Ehegatte innerhalb von drei Monaten ab Rechtskraft der Scheidung bei der 219

Krankenversicherung den Antrag stellt, dort freiwillig versichert zu bleiben, ist die Versicherung verpflichtet, diesem Antrag zuzustimmen.

220 *Hinweis*

Wird der mitversicherte Ehegatte in dem Scheidungsverfahren vertreten, so darf im Regelfall im Scheidungstermin nicht auf Rechtsmittel gegen den Scheidungsausspruch verzichtet werden. Zum einen entfällt damit sofort der Krankenversicherungsschutz, zum anderen besteht die Mitversicherung weiter für die Zeit bis zur Rechtskraft des Scheidungsbeschlusses, dies erspart dem Mandanten gegebenenfalls nicht unerhebliche Kosten.

221 Ferner endet mit Rechtskraft der Scheidung der Anspruch auf Trennungsunterhalt. Dementsprechend kann ein Ehegatte, der einen Titel zum Trennungsunterhalt erwirkt hatte, nach rechtskräftiger Ehescheidung daraus keinen laufenden Unterhalt mehr geltend machen und gegebenenfalls vollstrecken. Vertritt der Anwalt den unterhaltsberechtigten Ehegatten, ist durch rechtzeitige Einreichung eines Antrags auf nachehelichen Ehegattenunterhalt – gegebenenfalls im Verbund mit der Scheidungssache – der Unterhaltsanspruch des Mandanten auch über die Scheidung hinaus zu sichern.

II. Das Scheidungsverbundverfahren

1. Die formellen Scheidungsvoraussetzungen

222 Die Regelungen zu den Verfahren in Ehesachen finden sich in den §§ 121–150 FamFG. Diese Ehesachen unterliegen im Wesentlichen nicht den Vorschriften des allgemeinen Teils des FamFG, sondern gem. § 113 Abs. 1 FamFG den Regelungen der ZPO. Die Vorschriften in den §§ 121 ff. FamFG gehen den Regelungen der ZPO allerdings vor. Zu den Ehesachen gehören die Verfahren auf Scheidung der Ehe (Scheidungssachen), auf Aufhebung der Ehe und auf Feststellung des Bestehens oder Nichtbestehens einer Ehe zwischen den Beteiligten. Weitere Regelungen zu den Scheidungssachen und den Folgesachen im speziellen sind in den §§ 133–150 FamFG zu finden.

223 Die sachliche Zuständigkeit für die Ehesachen ergibt sich aus §§ 23a Abs. 1 Nr. 1, 23b Abs. 1 GVG, § 111 FamFG.

224 Die örtliche Zuständigkeit in Ehesachen ist in § 122 FamFG geregelt. Es handelt sich dabei um eine ausschließliche Zuständigkeit. Die Aufzählung der Anknüpfungskriterien in den Nr. 1–6 ergibt zugleich die zwingend zu beachtende nachfolgend dargestellte Rangfolge. Demnach ist zuständig,

- das Gericht, in dessen Bezirk einer der Ehegatten mit allen gemeinschaftlichen minderjährigen Kindern seinen gewöhnlichen Aufenthalt hat (Nr. 1);
- das Gericht, in dessen Bezirk einer der Ehegatten mit einem Teil der gemeinschaftlichen minderjährigen Kinder seinen gewöhnlichen Aufenthalt hat, sofern bei dem anderen Ehegatten keine gemeinschaftlichen minderjährigen Kinder ihren gewöhnlichen Aufenthalt haben (Nr. 2);

- das Gericht, in dessen Bezirk die Ehegatten ihren gewöhnlichen Aufenthalt zuletzt gehabt haben, wenn einer der Ehegatten bei Eintritt der Rechtshängigkeit im Bezirk dieses Gerichts seinen gewöhnlichen Aufenthalt hat (Nr. 3);
- das Gericht, in dessen Bezirk der Antragsgegner seinen gewöhnlichen Aufenthalt hat (Nr. 4);
- das Gericht, in dessen Bezirk der Antragsteller seinen gewöhnlichen Aufenthalt hat (Nr. 5);
- das Amtsgericht Schöneberg in Berlin (Nr. 6).

Gewöhnlicher Aufenthalt i.S.d. § 122 FamFG ist der Ort des tatsächlichen Lebensmittelpunktes, der Schwerpunkt der sozialen und familiären Bindungen.[199] Entscheidend hierfür sind die tatsächlichen Verhältnisse, insbesondere die Eingliederung in neue soziale Beziehungen. Hat sich der ausgezogene Ehegatte in einer anderen Gemeinde, wo er wieder bei seiner Mutter wohnt, polizeilich angemeldet, so reicht dies allein nicht für die Annahme, dass er dort einen neuen Wohnsitz begründet hat. Es muss vielmehr festgestellt werden, ob in der anderen Gemeinde ein dauernder – und nicht nur vorübergehender – Lebensmittelpunkt besteht.[200]

225

Der gewöhnliche Aufenthalt i.S.d. Vorschrift wird auch durch den Aufenthalt in einer Justizvollzugsanstalt vermittelt, in der ein Ehegatte eine mehrmonatige[201] oder mehrjährige[202] Haftstrafe verbüßt.

226

Ob durch den Aufenthalt der Ehefrau in einem Frauenhaus ein gewöhnlicher Aufenthalt begründet wird, hängt von den Umständen des Einzelfalls ab. Ein vorübergehender und kurzfristiger, unter drei Wochen liegender Aufenthalt reicht jedenfalls nicht aus. Anders kann bei länger andauerndem Aufenthalt zu entscheiden sein, wenn durch nach außen erkennbare Umstände, etwa durch Anmeldung beim Einwohnermeldeamt, deutlich wird, dass die Ehefrau das Frauenhaus zum ständigen Mittelpunkt ihrer Lebensverhältnisse zu machen gewillt ist.[203]

227

Ein Kind hat seinen gewöhnlichen Aufenthalt dort, wo der Schwerpunkt seiner persönlichen, dem Alter entsprechenden Bindungen, d.h. sein faktischer Daseinsmittelpunkt liegt.[204] Lebt das Kind während der Woche beim Vater und besucht es hier die Schule, so hat es auch dann seinen gewöhnlichen Aufenthalt allein beim Vater, wenn es sich an den Wochenenden bei der Mutter aufhält und das Sorgerecht von den Eltern gemeinsam ausgeübt wird. Durch einen Wechsel des Wohnsitzes entgegen einer einstweiligen Anordnung des Gerichts, den Lebensmittelpunkt des Kindes nicht zu verlegen, wird jedenfalls solange kein neuer gewöhnlicher Aufenthaltsort des Kindes begründet, wie mit dessen Rückführung gerechnet werden muss.[205]

228

---

199 BGH FamRZ 2002, 1182.
200 NJW-RR 1995, 507.
201 SchlHA 1980, 73–73.
202 NJWE-FER 1997, 89.
203 OLGR Zweibrücken 2000, 495.
204 FamRZ 1992, 963.
205 FamRZ 2008, 1258.

229 Sind aus der Ehe mehrere gemeinschaftliche minderjährige Kinder hervorgegangen, die teils bei dem einen Elternteil und teils bei dem anderen Elternteil leben, richtet sich die örtliche Zuständigkeit weder nach § 122 Nr. 1 oder Nr. 2 FamFG, sondern nach den Nr. 3 ff.[206] Gleiches muss im Übrigen gelten, wenn die Ehegatten hinsichtlich der gemeinschaftlichen minderjährigen Kinder ein echtes Wechselmodell praktizieren, die Kinder sich also zu gleichen Teilen bei dem einen wie bei dem anderen Elternteil aufhalten.

230 Die internationale Zuständigkeit deutscher Gerichte für Ehesachen ergibt sich aus § 98 FamFG – soweit nicht Sonderregelungen wie bspw. die EU-Verordnung 2201/2003 vorrangig zu beachten sind (s. dazu unten Rdn 263). Sie liegt vor, wenn ein Ehegatte Deutscher ist oder bei Eheschließung Deutscher war. Sie liegt ferner vor, wenn beide Ehegatten ihren gewöhnlichen Aufenthalt in der Bundesrepublik Deutschland haben. Die internationale Zuständigkeit erstreckt sich bei Vorliegen der Voraussetzungen auch auf die Folgesachen, sofern diese in den Scheidungsverbund fallen. Die internationale Zuständigkeit der deutschen Gerichte ist gem. § 106 FamFG nicht ausschließlich.

231 Der **notwendige Inhalt der Scheidungsantragsschrift** ergibt sich aus § 133 FamFG und § 124 FamFG i.V.m. § 253 ZPO.

232 Die Scheidungsantragsschrift ist durch einen Rechtsanwalt zu stellen. Der **Anwaltszwang** in Ehesachen ergibt sich aus § 114 Abs. 1 FamFG; danach müssen sich die Ehegatten in Ehesachen und Folgesachen und die Beteiligten in selbstständigen Familienstreitsachen vor dem Familiengericht unter dem Oberlandesgericht durch einen Rechtsanwalt vertreten lassen.

233 *Hinweis*
Kein Anwaltszwang besteht für die Zustimmung zur Scheidung, zur Rücknahme des Scheidungsantrags und für den Widerruf der Zustimmung zur Scheidung. Auch der Antrag auf Abtrennung einer Folgesache von der Scheidungssache sowie der Antrag auf Durchführung des Versorgungsausgleichs bei einer Ehezeit von weniger als 3 Jahren kann durch die Beteiligten selbst gestellt werden.

234 § 133 FamFG regelt den über die Voraussetzungen des § 253 ZPO hinausgehenden notwendigen Inhalt der Antragsschrift in einer Scheidungssache. Gem. Abs. 1 Nr. 1 muss der Antrag die **Namen und die Geburtsdaten der gemeinschaftlichen minderjährigen Kinder und deren gewöhnlichen Aufenthalt** enthalten. Dieses Erfordernis besteht, damit das Gericht das Jugendamt korrekt informieren kann (§ 17 Abs. 3 SGB VIII). Zudem ermöglicht die Angabe des gewöhnlichen Aufenthalts der gemeinschaftlichen Kinder ein frühzeitiges Erkennen von Problemen bei der örtlichen Zuständigkeit.

235 Gem. Abs. 1 Nr. 2 hat der Antrag eine Erklärung des Antragstellers darüber zu enthalten, **ob** die Eheleute Einvernehmen über die elterliche Sorge, das Umgangsrecht und den Kindesunterhalt sowie über den Ehegattenunterhalt und die Rechtsverhältnisse an Ehewohnung und Haushaltsgegenständen erzielt haben. Hierdurch sollen die Eheleute veran-

---

206 NJWE-FER 1997, 65.

lasst werden, sich vor Einleitung des Scheidungsverfahrens über die bedeutsamen Scheidungsfolgen Klarheit zu verschaffen. Das Gericht kann dann bereits zu Beginn des Verfahrens feststellen, ob und in welchem Ausmaß über die genannten Punkte Streit besteht und den Ehegatten gezielte Hinweise auf entsprechende Beratungsmöglichkeiten erteilen, um zu einer möglichst ausgewogenen Scheidungsfolgenregelung im Kindesinteresse und im Interesse eines wirtschaftlich schwächeren Ehepartners beizutragen.

236 Mit dieser Regelung wird der Rechtsgedanke des § 630 Abs. 1 ZPO a.F. in das neue Verfahrensrecht übertragen. Zuletzt lief die Norm in der familiengerichtlichen Praxis überwiegend leer, da das Scheitern der Ehe nach dem Vortrag einer zumindest einjährigen Trennungszeit zur Vermeidung unnötiger Formalismen in Fällen unstreitiger Scheidungen schlicht unterstellt wurde. Deshalb wird die hinter dieser Vorschrift stehende Absicht, dass die staatlichen Gerichte ihrer Schutzpflicht gegenüber minderjährigen Kindern und dem wirtschaftlich schwächeren Ehegatten gerecht werden müssen, nunmehr dadurch verwirklicht, dass höhere Anforderungen an den notwendigen Inhalt und damit an die Zulässigkeit eines Scheidungsantrags gestellt werden.

237 Zusätzliche formale Hürden werden durch die Änderung nicht geschaffen, da die Beteiligten das Gericht **nicht über den Inhalt einer Einigung informieren müssen**. Sollte ein Scheidungsantrag wegen einer unterbliebenen Erklärung über das Vorliegen einer Einigung unzulässig sein, hat das Gericht den Antragsteller hierauf nach § 113 Abs. 1 i.V.m. § 139 Abs. 3 ZPO hinzuweisen.

238 § 133 Abs. 1 Nr. 3 FamFG sieht die Angabe vor, ob Familiensachen, an denen beide Ehegatten beteiligt sind, anderweitig anhängig sind. Die Beschränkung auf Verfahren nach dem bisherigen § 621 Abs. 2 S. 1 ZPO ist damit entfallen. Sinn der Vorschrift ist nicht nur, ein Hinwirken auf die Überleitung der anderweitig anhängigen Verfahren zur Herstellung des Verbunds zu ermöglichen, sondern die frühzeitige Information des Gerichts über die zwischen den Ehegatten bestehenden Streitpunkte.

239 Gem. § 133 Abs. 2 FamFG sollen der Antragsschrift die **Heiratsurkunde und die Geburtsurkunden der gemeinschaftlichen minderjährigen Kinder** beigefügt werden. Beglaubigte Abschriften dieser Urkunden erhält der Antragsteller gegebenenfalls bei den Standesämtern, die die Urkunden ursprünglich ausgestellt haben. Grundsätzlich soll nach dem Willen des Gesetzgebers der Antragsteller die genannten Urkunden beibringen, auch wenn die Tatsachenfeststellung im Rahmen der Amtsermittlungspflicht eigentlich dem Gericht obliegt. Ausnahmsweise ist der Antragsteller von dieser Pflicht entbunden; dies gilt insbesondere dann, wenn es unbillig erscheint, den Antragsteller mit der Beibringung der Urkunden zu belasten, beispielsweise dann, wenn die zu scheidende Ehe im Ausland geschlossen wurde und der Antragsgegner die Heiratsurkunde im Besitz hat.

240 Das Verfahren über den Versorgungsausgleich steht grundsätzlich im Zwangsverbund mit der Scheidungssache, wenn der Versorgungsausgleich nach deutschem Recht durchzuführen ist. Dies gilt immer dann, wenn die Ehezeit länger als drei Jahre gedauert hat.

Hat die Ehezeit nicht länger als drei Jahre gedauert, erfolgt die Durchführung des Versorgungsausgleichs gem. § 3 Abs. 3 VersAusglG nur auf Antrag eines der Beteiligten.

241 Haben die Beteiligten eine Vereinbarung i.S.d. § 6 VersAusglG geschlossen, in der sie den Versorgungsausgleich ganz oder teilweise ausgeschlossen oder den Versorgungsausgleich beispielsweise dem schuldrechtlichen Ausgleich der §§ 20–24 VersAusglG vorbehalten haben, sind derartige Vereinbarungen dem Gericht mitzuteilen. Solche Vereinbarungen sind notariell zu beurkunden oder gerichtlich zu protokollieren (§ 7 VersAusglG).

242 *Hinweis*

Eine solche Vereinbarung bedarf nach dem ab dem 1.9.2009 gültigen Recht zum Versorgungsausgleich nicht mehr der familiengerichtlichen Genehmigung. Das Gericht hat aber eine Inhalts- und Ausübungskontrolle vorzunehmen; außerdem muss es die Durchführbarkeit der Vereinbarung im Hinblick auf die Auswirkungen hinsichtlich der beteiligten Versorgungsträger überprüfen.

2. Die materiell-rechtlichen Scheidungsvoraussetzungen

243 Gem. § 1564 BGB kann die Ehe durch Beschluss des Gerichts auf Antrag eines oder beider Ehegatten geschieden werden. Die Voraussetzungen sind in § 1565 Abs. 1 BGB normiert: Danach kann die Ehe geschieden werden, wenn sie gescheitert ist. Die Ehe ist gescheitert, wenn die Lebensgemeinschaft der Ehegatten nicht mehr besteht und nicht erwartet werden kann, dass die Ehegatten sie wiederherstellen.

a) Getrenntleben

244 Voraussetzung für die Ehescheidung ist immer, dass die Lebensgemeinschaft der Ehegatten nicht mehr besteht, sie also i.S.d. Gesetzes getrennt leben. Gem. § 1567 Abs. 1 BGB leben die Ehegatten getrennt, wenn zwischen ihnen keine häusliche Gemeinschaft besteht und ein Ehegatte sie erkennbar nicht herstellen will, weil er die eheliche Lebensgemeinschaft ablehnt. Die häusliche Gemeinschaft besteht auch dann nicht mehr, wenn die Ehegatten innerhalb der ehelichen Wohnung getrennt leben.

245 Der Gesetzgeber stellt für die Feststellung des Getrenntlebens auf zwei Tatbestandsvoraussetzungen ab, zum einen das Nichtbestehen der häuslichen Gemeinschaft als objektives Merkmal, zum anderen den fehlenden Wiederherstellungswillen (Trennungswille) als subjektives Merkmal.

246 Die Feststellung der Aufhebung der häuslichen Gemeinschaft bereitet bei räumlicher Trennung keine Schwierigkeiten. Allerdings ist zu berücksichtigen, dass allein das Fehlen einer häuslichen Gemeinschaft nicht zwingend den Rückschluss auf eine scheidungsbedingte Trennung der Ehegatten zulässt. So sind Fälle denkbar, in denen die Ehegatten räumlich getrennt leben, ohne dass dies in der Absicht, sich voneinander scheiden zu lassen, geschieht. Leistet beispielsweise einer der Ehegatten seinen Wehrdienst ab oder verbüßt eine längere Haftstrafe, muss darin nicht zwingend eine scheidungsbedingte Trennung zu sehen sein. In derartigen Fällen muss der Rechtsanwalt Sorge dafür tragen, dass der Trennungswille zu Beginn des Trennungsjahres nachweisbar dokumentiert wird.

Fälle, in denen die Ehegatten trotz Trennung weiterhin zusammen in einer Wohnung leben, bereiten insbesondere in Fällen von streitigen Verfahren besondere Schwierigkeiten. Die Eheleute dürfen keinerlei haushalterische Verrichtungen – kochen, putzen, waschen, einkaufen, bügeln, etc. – mehr füreinander erbringen, jeder Partner muss sich seinen eigenen, vom anderen getrennten Lebensbereich geschaffen haben. Eine Aufteilung der vorhandenen Räume ist so weit als möglich vorzunehmen.[207]

247

Kürzere Zeiten des erneuten Zusammenlebens, die dem Versuch der Aussöhnung dienen, führen gem. § 1567 Abs. 2 BGB nicht zur Unterbrechung oder Hemmung der Trennungszeit. Dies gilt nur für gescheiterte Aussöhnungsversuche, nicht für tatsächliche Aussöhnungen. Der Begriff „Zusammenleben über kürzere Zeit" ist nach den konkreten Verhältnissen des einzelnen Falles zu bestimmen. Ein Zeitraum von circa drei Monaten dürfte dabei aber die oberste Grenze darstellen.[208]

248

b) Scheidung nach einjähriger Trennung

Gem. § 1566 Abs. 1 BGB wird unwiderlegbar vermutet, dass die Ehe gescheitert ist, wenn die Ehegatten seit einem Jahr getrennt leben und beide Ehegatten die Scheidung beantragen oder der Antragsgegner der Scheidung zustimmt.

249

Zu unterscheiden sind folgende Fallgestaltungen: Zum einen die Fälle, in denen beide Ehegatten einen eigenen Scheidungsantrag stellen oder ein Ehegatte einen Scheidungsantrag stellt und der andere Ehegatte dem Scheidungsantrag zustimmt; zum anderen die Fälle, in denen ein Ehegatte den Scheidungsantrag stellt und der andere Ehegatte keinen Scheidungsantrag stellt und auch der Scheidung nicht zustimmt.

250

In den erstgenannten Fällen ist folgendes zu beachten: Die „einverständliche Scheidung" verlangt keine einvernehmliche Regelung über die Folgesachen mehr. Anders als beim bisherigen § 630 Abs. 1 ZPO a.F. besteht keine Verknüpfung des Verfahrensrechts mit dem materiellen Scheidungsrecht mehr. Damit wird bewirkt, dass eine Regelung über bestimmte Scheidungsfolgen nicht mehr Voraussetzung für das Eingreifen der unwiderlegbaren Vermutung für das Scheitern der Ehe gem. § 1566 Abs. 1 BGB ist. Die Familiengerichte können in den Fällen, in denen die Ehegatten seit mindestens einem Jahr getrennt leben und beide der Scheidung zustimmen, ohne aber eine Regelung über die Scheidungsfolgen getroffen zu haben, kraft dieser Vermutung das Scheitern der Ehe feststellen und die Scheidung aussprechen. Weitere Feststellungen zum Scheitern der Ehe sind bei beiderseitiger Scheidungswilligkeit nicht mehr erforderlich.

251

In den Fällen, in denen die Scheidung selbst zwischen den Ehegatten streitig ist, also der Antragsgegner keinen eigenen Scheidungsantrag stellt und auch dem Scheidungsantrag des anderen Ehegatten nicht zustimmt, hat das Gericht die Voraussetzungen des § 1565 Abs. 1 BGB zu prüfen und in seiner Entscheidung festzustellen. In diesen Fällen ist ergänzender Vortrag zum Scheitern der Ehe erforderlich. Der scheidungswillige Ehepartner ist grundsätzlich nicht auf die dreijährige Trennungszeit gem. § 1566 Abs. 2

252

---

207 Instruktiv: OLG München FamRZ 2001, 1457–1458.
208 OLG Düsseldorf FamRZ 1995, 96–97.

BGB zu verweisen, sondern nur dann, wenn die Voraussetzungen des § 1565 Abs. 1 BGB durch das Gericht nicht festgestellt werden können.

253 Ein Abweisungsantrag kann in beiden Fällen Erfolg haben, wenn die Voraussetzungen der Kinderschutz- oder Härteklausel des § 1568 BGB ausnahmsweise vorliegen.

c) Scheidung nach dreijähriger Trennung

254 Leben die Ehegatten mehr als drei Jahre getrennt voneinander, wird gem. § 1566 Abs. 2 BGB unwiderlegbar vermutet, dass die Ehe gescheitert ist. Auf den Scheidungswillen des Antragsgegners kommt es in diesen Fällen nicht mehr an.

255 Ein Abweisungsantrag kann in diesen Fällen nur Erfolg haben, wenn die Voraussetzungen des § 1568 BGB gegeben sind.

d) Scheidung vor Ablauf des Trennungsjahres oder ohne Trennung

256 Gem. § 1565 Abs. 2 BGB kann die Ehe vor Ablauf des Trennungsjahres nur geschieden werden, wenn die Fortsetzung der Ehe für den Antragsteller aus Gründen, die in der Person des anderen Ehegatten liegen, eine unzumutbare Härte darstellen würde.

257 An die Feststellung der unzumutbaren Härte sind strenge Anforderungen zu stellen. Das Gesetz mutet den Ehegatten, die noch kein Jahr lang getrennt leben, trotz zumindest bei einem Ehegatten vorhandener Überzeugung vom Scheitern der Ehe grundsätzlich zu, die Jahresfrist abzuwarten.[209] Nach dem Willen des Gesetzgebers soll die Vorschrift des § 1565 Abs. 2 BGB voreiligen Scheidungsentschlüssen entgegenwirken.[210] Maßstab für die Zumutbarkeitsprüfung ist, ob dem Antragsteller in seiner konkreten Lage angesonnen werden kann, die eheerhaltenden Chancen des Abwartens eines Trennungsjahres nicht abzubrechen, sondern auszuschöpfen, oder ob zu seinem Schutz doch nicht verlangt werden kann, an seinen Ehepartner noch weiterhin gebunden zu sein. Dieses besonderen Schutzes bedarf ein Ehegatte jedoch nur bei schwerwiegenden Verstößen seines Ehepartners gegen die Gebote der ehelichen Solidarität, die es geradezu als entwürdigendes Unrecht ihm gegenüber erscheinen lassen müsste, würde man ihn noch länger am Eheband festhalten. So erfüllt bspw. nicht jeder Bruch der ehelichen Treue den Ausnahmecharakter des § 1565 Abs. 2 BGB. Bei Aufnahme einer außerehelichen Lebensgemeinschaft des anderen Ehepartners mit einem Dritten müssen weitere Umstände hinzutreten, um die Unzumutbarkeit für den antragstellenden Ehepartner, das Trennungsjahr abzuwarten, zu begründen.[211] Erwartet die Ehefrau aus einem ehebrecherischen Verhältnis ein Kind, kann der Ehemann wegen der Möglichkeit des Ausschlusses der Vaterschaftsvermutung nach § 1599 Abs. 2 S. 1 Hs. 1 BGB schon vor Ablauf des Trennungsjahres die Ehescheidung begehren.[212] Die Tatsache, dass die Ehefrau sich inzwischen einem anderen Partner zugewandt hat, mit ihm zusammenlebt, von ihm ein Kind erwartet und

---

[209] BGH FamRZ 1981, 127.
[210] *Johannsen/Henrich/Jaeger*, Eherecht, 4. Aufl., § 1565 Rn 45 m.w.N.
[211] OLG Rostock NJW 2006, 3648–3649; s. zu weiteren Umständen: AG München FamRZ 2007, 1886.
[212] OLG Karlsruhe FamRZ 2000, 1417; OLG Frankfurt a.M. FamRZ 2006, 625.

ihn deshalb noch vor der Geburt des Kindes heiraten will, stellt im Gegensatz dazu keine unzumutbare Härte i.S.d. § 1565 Abs. 2 BGB dar.[213]

Auch bei Vorliegen der Voraussetzungen des § 1565 Abs. 2 BGB kann der Scheidungsantrag abgewiesen werden, wenn ausnahmsweise die Voraussetzungen des § 1568 BGB gegeben sind.

3. Aussetzung des Antrags auf Ehescheidung

Das Scheidungsverfahren kann auf Antrag des Antragstellers bis zu zweimal und insgesamt für die Dauer von einem Jahr, bei mehr als dreijähriger Trennung bis zu sechs Monaten, ausgesetzt werden (§ 136 Abs. 2 und 3 FamFG).

Das Gericht soll das Scheidungsverfahren aussetzen, wenn nach seiner freien Überzeugung Aussicht auf Fortsetzung der Ehe besteht. Leben die Ehegatten allerdings bereits länger als ein Jahr getrennt, darf die Aussetzung nicht gegen den Widerspruch beider Ehegatten erfolgen.

4. Familiensachen mit Auslandsbezug

Immer häufiger tritt in der anwaltlichen Praxis der Fall auf, dass in familienrechtlichen Angelegenheit einer der oder beide Beteiligten nicht die deutsche Staatsangehörigkeit besitzen. In derartigen Fällen sind stets zwei Fragen zu prüfen:
- Sind die deutschen Gerichte international zuständig?
- Welches materielle Recht ist auf den Fall anzuwenden?

Das seit dem 1.9.2009 geltende FamFG regelt die internationale Zuständigkeit der deutschen Gerichte in den §§ 97–106 FamFG. In der überwiegenden Anzahl der Fälle mit Auslandsberührung wird sich die internationale Zuständigkeit aber gerade nicht aus diesen Paragraphen, sondern aus EU-Verordnungen und anderen völkerrechtlichen Vereinbarungen ergeben, die die §§ 97–106 FamFG verdrängen. Hierauf wollte der Gesetzgeber den Rechtsanwender mit § 97 FamFG, der nach dem Willen des Gesetzgebers eine „Warn- und Hinweisfunktion" erfüllen soll, aufmerksam machen.

a) Ehesachen mit Auslandsbezug

In Ehesachen richtet sich die internationale Zuständigkeit in der Vielzahl der Fälle nach der für alle Verfahren, die ab dem 1.3.2005 eingeleitet wurden, gültigen Verordnung (EG) 2201/2003 vom 27.11.2003 (EuEheVO oder Brüssel IIa-VO), vgl. Art. 1 Abs. 1 lit. a der EuEheVO Diese ist zu beachten, wenn auch nur einer der Ehegatten seinen gewöhnlichen Aufenthalt in einem EU-Mitgliedstaat[214] (außer Dänemark) hat oder die gemeinsame Staatsbürgerschaft eines EU-Mitgliedstaates gegeben ist.[215] Die in der

---
213 OLG Naumburg NJW 2005, 1812.
214 Hierzu gehören mit Stand November 2017: Belgien, Bulgarien, Deutschland, Estland, Finnland, Frankreich, Griechenland, Irland, Italien, Kroatien, Lettland, Litauen, Luxemburg, Malta, Niederlande, Österreich, Polen, Portugal, Rumänien, Schweden, Slowakei, Slowenien, Spanien, Tschechien, Ungarn, Vereinigtes Königreich, Zypern.
215 Dänemark hat sich nicht an der EuEheVO beteiligt, daher bestimmt sich die Zuständigkeit in Ehesachen so wie mit jedem anderen Drittstaat.

EuEheVO geregelt Zuständigkeit ist ausschließlich. Es ist weder ein rügeloses Einlassen möglich, noch können Gerichtsstandsvereinbarungen getroffen werden.

264 Die entsprechenden Zuständigkeitsregelungen finden sich in Art. 3 EuEheVO. Sämtliche dort aufgeführten Alternativen stehen gleichberechtigt nebeneinander, so dass in mehreren EU-Staaten gleichzeitig Zuständigkeiten für das Scheidungsverfahren begründet sein können. Die Ehegatten haben somit ein Wahlrecht.

265 Gem. Art. 3 Abs. 1 dieser Verordnung sind für Entscheidungen über die Ehescheidung, die Trennung ohne Auflösung des Ehebandes oder die Ungültigerklärung einer Ehe die Gerichte des Mitgliedstaates zuständig,

266 a) in dessen Hoheitsgebiet
- beide Ehegatten ihren gewöhnlichen Aufenthalt haben oder
- die Ehegatten zuletzt beide ihren gewöhnlichen Aufenthalt hatten, sofern einer von ihnen dort noch seinen gewöhnlichen Aufenthalt hat, oder
- der Antragsgegner seinen gewöhnlichen Aufenthalt hat oder
- im Fall eines gemeinsamen Antrags einer der Ehegatten seinen gewöhnlichen Aufenthalt hat oder
- der Antragsteller seinen gewöhnlichen Aufenthalt hat, wenn er sich dort seit mindestens einem Jahr unmittelbar vor der Antragstellung aufgehalten hat, oder
- der Antragsteller seinen gewöhnlichen Aufenthalt hat, wenn er sich dort seit mindestens 6 Monaten unmittelbar vor der Antragstellung aufgehalten hat und entweder Staatsangehöriger des betreffenden Mitgliedstaats ist oder, im Fall des Vereinigten Königreichs und Irlands, dort sein „domicile" hat;

b) dessen Staatsangehörigkeit beide Ehegatten besitzen, oder, im Falle des Vereinigten Königreichs und Irlands, in dem sie ihr gemeinsames „domicile" haben.

267 Mit dem gewöhnlichen Aufenthalt ist der Daseinsmittelpunkt gemeint, wobei entweder auf die bisherige tatsächliche Aufenthaltsdauer oder auf die Aufenthaltsplanung des Ehegatten abgestellt wird.

268 Sind in verschiedenen EU-Mitgliedstaaten Scheidungs-, Eheaufhebungs- oder Ehetrennungsverfahren anhängig, ergibt sich die vorrangige Zuständigkeit aus Art. 19 EuEheVO. Danach ist das zuerst angerufene Gericht zuständig.

269 *Hinweis*

Maßgeblicher Zeitpunkt ist im Gegensatz zum deutschen Prozessrecht die Einreichung des verfahrenseinleitenden Schriftstücks bei Gericht (vergleiche Art. 16 EuEheVO).

270 Besteht ein Zuständigkeitskonflikt, setzt das später angerufene Gericht sein Verfahren zunächst aus. Erst wenn das zuerst angerufene Gericht seine Zuständigkeit festgestellt hat, erklärt das danach angerufene Gericht sich für unzuständig.

271 Hat keiner der Ehegatten seinen gewöhnlichen Aufenthalt in einem EU-Mitgliedsstaat (außer Dänemark) und ist auch keine gemeinsame Staatsbürgerschaft eines EU-Mitgliedstaates gegeben, richtet sich die internationale Zuständigkeit der deutschen Gerichte

nach § 98 FamFG. Danach sind die deutschen Gerichte international zuständig, wenn ein Ehegatte bei der Eheschließung Deutscher ist oder bei Eheschließung Deutscher war. Ferner begründet sich die internationale Zuständigkeit dann, wenn mindestens einer der Ehegatten seinen gewöhnlichen Aufenthalt in der Bundesrepublik Deutschland hat. Dies gilt dann nicht, wenn das Scheidungsurteil des deutschen Gerichts in keinem der Staaten, welchen die Eheleute angehören, anerkannt werden würde (vgl. § 98 Abs. 1 Nr. 4 FamFG).

Besteht für das deutsche Gericht in der Ehesache eine internationale Zuständigkeit, erstreckt sich diese Zuständigkeit gem. § 98 Abs. 2 FamFG auch auf die Folgesachen. Dies gilt unabhängig davon, ob die internationale Zuständigkeit über Art. 3 EuEheVO oder über § 98 Abs. 1 FamFG vermittelt wurde.[216] 272

Wenn die Zuständigkeit der deutschen Gerichte feststeht, ist als nächstes die Frage zu prüfen, welches materielle Recht für die Scheidung anzuwenden ist. 273

Das sog. Scheidungsstatut bestimmt sich nach der EU-Verordnung (EU) 1259/2010 vom 20.12.2010 zur Durchführung einer Verstärkten Zusammenarbeit im Bereich des auf die Ehescheidung und Trennung ohne Auflösung des Ehebandes anzuwendenden Rechts (Rom III-VO). 274

Diese regelt, dass auf die Scheidung primär das von den Ehegatten unter den Voraussetzungen des Art. 5 gewählte Recht anzuwenden ist. 275

Hiernach haben die Ehegatten die Möglichkeit der Wahl folgenden Rechtes:
- Recht des gemeinschaftlichen Aufenthaltsortes
- Recht des letzten gemeinschaftlichen Aufenthaltsortes
- Recht der Staatsangehörigkeit eines Ehegatten
- Recht des Staates des angerufenen Gerichtes.

Die Vereinbarung über die Rechtswahl bedarf gem. Art. 7 der Rom III-VO mindestens der Schriftform. Wird die Rechtswahlvereinbarung in Deutschland getroffen, ist diese gem. Art. 46d EGBGB notariell zu beurkunden. 276

Die Rechtswahlvereinbarung kann gem. Art. 5 Abs. 2 der Rom III-VO auch nachträglich getroffen werden, in Deutschland geht dies gem. Art. 5 Abs. 3 der Rom III-VO i.V.m. Art. 46 Abs. 2 EGBGB bis zum Schluss der mündlichen Verhandlung im ersten Rechtszug. 277

Inhaltlich dürfen die Vereinbarungen über die Rechtswahl weder gegen Art. 6 EGBGB noch Art. 10 der Rom III-VO verstoßen. Diese kommen insbesondere zum Tragen, wenn die gewählte Rechtsordnung die Ehescheidung nicht zulässt bzw. gegen den Grundsatz der Gleichberechtigung verstößt. 278

---

216 *Hau*, FamRZ 2009, 821.

279 Haben die Ehegatten keine Rechtswahl getroffen, so bestimmt Art. 8 der Rom III-VO das anzuwendende Recht. Danach gilt für die Ehescheidung folgendes Recht:
- Recht des Staates des gemeinschaftlichen gewöhnlichen Aufenthaltes bei Anrufung des Gerichtes, andernfalls
- das Recht des letzten gemeinschaftlichen Aufenthaltes, sofern dieser nicht mehr als ein Jahr vor der Anrufung des Gerichtes endete und einer der Ehegatten dort noch seinen gewöhnlichen Aufenthalt hat, andernfalls
- das Recht der gemeinschaftlichen Staatsangehörigkeit zum Zeitpunkt der Anhängigkeit, andernfalls
- das Recht des angerufenen Gerichtes.

280 *Hinweis*

Eine Sonderregelung ergibt sich für den Fall, dass beide Ehegatten ausschließlich iranische Staatsbürger sind. Gem. Art. 8 Abs. 3 des deutsch-iranischen Niederlassungsabkommens vom 17.2.1929 ist auf das materielle Scheidungsrecht das iranische Zivilgesetzbuch anzuwenden.

281 Ergibt sich danach die Anwendung ausländischen Rechts, ist es erforderlich, dass sich der Anwalt Kenntnis über die ausländischen Vorschriften verschafft. In Familiensachen ist hier insbesondere die Loseblattsammlung von *Bergmann/Ferid* zu empfehlen. Erste Informationen zu den entsprechenden Rechtsvorschriften der EU-Mitgliedstaaten lassen sich auch auf der Internetseite der Europäischen Kommission unter der Adresse *http://ec.europa.eu/civiljustice/index_de.htm* finden.

282 *Hinweis*

Die EU-Kommission hat im Juli 2006 den Entwurf einer Verordnung[217] vorgelegt, die die EuEheVO teilweise neu fassen und um ein Kapitel zur einheitlichen Regelung des Kollisionsrechts für Ehesachen in den EU-Mitgliedstaaten ergänzen soll. Die Verordnung ist bisher noch nicht in Kraft getreten, wann dies geschehen wird, muss als offen angesehen werden.

b) Folgesachen mit Auslandsberührung

283 In anderen Familiensachen sind die internationale Zuständigkeit und die Frage nach dem anwendbaren Recht jeweils gesondert zu prüfen. Nur wenn die anderen Familiensachen gleichzeitig im Verbund mit der Ehesache geführt werden, folgt die internationale Zuständigkeit automatisch der der Ehesache. Für vermögensrechtliche Scheidungsfolgen, die weder in der Rom III-VO noch in anderen Regelungen (v.a. den im Folgenden aufgeführten) geregelt sind, gilt Art. 17 Abs. 1 EGBGB, welcher wiederum auf die Rom III-VO verweist. Für diese Vorschrift verbleibt jedoch aufgrund der Vielzahl an bestehender Vorschriften nur ein kleiner, nicht explizit geregelter Anwendungsbereich.

---

217 BR-Drucks 531/06.

(1) Unterhaltssachen

In Unterhaltssachen ist im Verhältnis zu den anderen EU-Mitgliedstaaten die Europäische Unterhaltsverordnung (EG) 4/2009 vom 18.12.2008 (EuUnthVO) zu berücksichtigen. In Bezug auf Dänemark ist zu beachten, dass die Kapitel VI und VII der EuUnthVO nicht anwendbar sind.[218]

Die EuUntVO findet Anwendung auf sämtliche gesetzliche Unterhaltsansprüche, die einen familiären Hintergrund haben, sowie auf Ansprüche aus gleichgeschlechtlichen Lebenspartnerschaften.

Wenn die Parteien nicht eine grundsätzlich zulässige Gerichtsstandsvereinbarung getroffen haben (Art. 4 EuUntVO), bestimmt sich die Zuständigkeit der Gerichte nach Art. 3 EuUntVO.

Hiernach ist das für die Entscheidung zuständige Gericht

a) das Gericht des Ortes, an dem der Beklagte seinen gewöhnlichen Aufenthalt hat, oder
b) das Gericht des Ortes, an dem die berechtigte Person ihren gewöhnlichen Aufenthalt hat, oder
c) das Gericht, das nach seinem Recht für ein Verfahren in Bezug auf den Personenstand zuständig ist, wenn in der Nebensache zu diesem Verfahren über eine Unterhaltssache zu entscheiden ist, es sei denn, diese Zuständigkeit begründet sich einzig auf der Staatsangehörigkeit einer der Parteien,

oder

d) das Gericht, das nach seinem Recht für ein Verfahren in Bezug auf die elterliche Verantwortung zuständig ist, wenn in der Nebensache zu diesem Verfahren über eine Unterhaltssache zu entscheiden ist, es sei denn, diese Zuständigkeit beruht einzig auf der Staatsangehörigkeit einer der Parteien.

Gegenüber der Schweiz, Island und Norwegen ist das Luganer Abkommen vom 30.10.2007 vorrangig zu berücksichtigen.

Außerhalb der vorgenannten Übereinkommen gilt, dass die deutschen Gerichte im Bereich des Unterhaltsrechts international zuständig sind, wenn nach deutschem Verfahrensrecht im Inland ein Gerichtsstand vorhanden ist. Hier folgt die internationale Zuständigkeit aus den §§ 105, 232 FamFG.

Die Anwendbarkeit des materiellen Rechts ergibt sich aus Art. 15 der EuUnthVO, welcher auf das Haager Unterhaltsprotokoll vom 23.11.2007 (HUP) verweist.

Dieses gilt universell, d.h. unabhängig davon, ob es sich um Rechtsstreitigkeiten im europäischen Inland oder mit Drittstaaten handelt (Art. 2 HUP).

Auch hier ist vorrangig zu berücksichtigen, ob die Beteiligten gem. Art. 8 HUP eine Rechtswahl getroffen haben.

---

218 S. Mitteilung der Kommission ABl. EU 2009 Nr. L 149, S. 80.

293 Liegt eine solche nicht vor, richtet sich die Unterhaltspflicht gem. Art. 3 HUP grundsätzlich nach dem Recht des gewöhnlichen Aufenthaltsortes des Unterhaltsberechtigten.

294 Eine Ausnahme hiervon gilt für den Ehegattenunterhalt bzw. Unterhaltsansprüche aus eingetragener Lebenspartnerschaft. Nach Art. 5 HUP findet in Bezug auf Unterhaltspflichten zwischen Ehegatten, früheren Ehegatten oder Personen, deren Ehe für ungültig erklärt wurde, Art. 3 HUP keine Anwendung, wenn eine der Parteien sich dagegen wendet und das Recht eines anderen Staates, insbesondere des Staates ihres letzten gemeinsamen gewöhnlichen Aufenthalts, zu der betreffenden Ehe eine engere Verbindung aufweist. In diesem Fall ist das Recht dieses anderen Staates anzuwenden. Zu beachten ist, dass Art. 5 HUP eine klassische Einrede darstellt und demnach nur anzuwenden ist, wenn sich einer der Beteiligten hierauf beruft.[219]

295 Eine weitere Besonderheit normiert Art. 4 HUP in Bezug auf Kindes- und Elternunterhalt. Hiernach ist, wenn die berechtigte Person nach dem in Art. 3 HUP vorgesehenen Recht von der verpflichteten Person keinen Unterhalt erhalten kann, das am Ort des angerufenen Gerichts geltende Recht anzuwenden. Hat der Unterhaltsberechtigte nicht an seinem gewöhnlichen Aufenthaltsort, sondern am Aufenthaltsort des Unterhaltsverpflichteten einen Unterhaltsantrag gestellt, gilt das dortige materielle Recht.

Diese Regelungen gelten für alle EU-Mitgliedstaaten mit Ausnahme von Dänemark, das nicht an Art. 15 EuUnthVO gebunden ist.

296 Ist Unterhalt von einer Person oder an eine Person zu zahlen, die außerhalb der Europäischen Union wohnt, so kann der Unterhaltsanspruch auf der Grundlage des Übereinkommens über die internationale Geltendmachung der Unterhaltsansprüche von Kindern und anderen Familienangehörigen vom 23.11.2007 (HUVÜ) und des Protokolls über das auf Unterhaltspflichten anzuwendende Recht in einem Drittstaat vom 23.11.2007 geltend gemacht werden, wenn dieser Vertragsstaat des Übereinkommens und des Protokolls ist. Das Übereinkommen ist für die EU gegenüber Drittstaaten, die dem Übereinkommen beigetreten, seit dem 1.8.2014 in Kraft.

(2) Güterrechtssachen

297 Wird die Güterrechtssache im Verbund mit der Scheidungssache geführt, folgt die internationale Zuständigkeit aus der Zuständigkeit für die Ehesache, die sich nach Art. 3 EuEheVO richtet.

298 In allen anderen Fällen leitet sich die internationale Zuständigkeit der deutschen Gerichte gem. §§ 105, 262 FamFG von einem im Inland gegebenen Gerichtsstand ab.

299 In allen nach dem 8.4.1983 geschlossenen Ehen richtet sich das Güterrechtsstatut nach Art. 15 EGBGB. Es folgt also dem sich aus Art. 14 EGBGB ergebenden Ehewirkungsstatut, wenn die Eheleute keine Rechtswahl nach Art. 15 Abs. 2 EGBGB getroffen haben. Ein gemeinsames Europäisches Güterrecht besteht noch nicht, jedoch hat die Europäi-

---

219 OLG Köln FamRZ 2012, 1509.

sche Kommission am 16.3.2011 einen Vorschlag für eine Verordnung im Ehegüterrecht (Rom IVa-VO) vorgestellt.

Für iranische Staatsangehörige gilt wiederum das deutsch-iranische Niederlassungsabkommen von 1929.

(3) Versorgungsausgleichssachen

Die internationale Zuständigkeit für die Durchführung des Versorgungsausgleichs ergibt sich in den Fällen, in denen der Versorgungsausgleich im Verbund mit der Ehesache geführt wird, aus der Verbundzuständigkeit gem. § 98 Abs. 2 FamFG.

Wird das Versorgungsausgleichsverfahren als isoliertes Verfahren geführt, ergibt sich die internationale Zuständigkeit der deutschen Gerichte nunmehr aus § 102 FamFG. Danach sind die deutschen Gerichte für die Durchführung des Versorgungsausgleichsverfahrens international zuständig, wenn einer der Ehegatten seinen gewöhnlichen Aufenthalt in Deutschland hat oder über inländische Anrechte zu entscheiden ist oder ein deutsches Gericht die Ehe geschieden hat.

> *Hinweis*
>
> Selbst wenn im Ausland ein Scheidungsverfahren anhängig ist, kann in den meisten Fällen vor einem deutschen Gericht ein isoliertes Versorgungsausgleichsverfahren eingeleitet werden. Dies gilt immer dann, wenn vor dem ausländischen Gericht keine Folgesache Versorgungsausgleich anhängig ist.

Hinsichtlich des anzuwendenden Rechts ist in fast allen Fällen mit Auslandsbezug Art. 17 Abs. 3 EGBGB zu berücksichtigen, der wiederum auf die Rom III-VO verweist. Nur wenn die Ehegatten beide iranische Staatsbürger sind, ist das deutsch-iranische Niederlassungsabkommen zu beachten. Wenn beide Ehegatten iranische Staatsbürger sind, ist das iranische Familienrecht anzuwenden. Zwischen iranischen Ehegatten findet deshalb gem. Art. 8 Abs. 3 des deutsch-iranischen Niederlassungsabkommens ein Versorgungsausgleich auch dann nicht statt, wenn ein Ehegatte während der Ehe in Deutschland Versorgungsanrechte erworben hat; Art. 17 Abs. 3 S. 2 EGBGB findet insoweit keine Anwendung.[220]

Art. 17 Abs. 3 EGBGB enthält zwei Alternativen, nach denen der Versorgungsausgleich in Fällen mit Auslandsbezug durchzuführen ist: Zum einen gem. S. 1 von Amts wegen, zum anderen in bestimmten Fällen auf Antrag eines der Ehegatten gem. S. 2.

Von Amts wegen ist der Versorgungsausgleich gem. Art. 17 Abs. 3 S. 1 EGBGB dann durchzuführen, wenn nach der Rom III-VO das Scheidungsstatut das deutsche Recht ist und ihn das Recht eines der Staaten kennt, denen die Ehegatten im Zeitpunkt des Eintritts der Rechtshängigkeit des Scheidungsantrags angehören. Der Versorgungsausgleich ist also beispielsweise nicht schon dann von Amts wegen durchzuführen, wenn die Ehegat-

---

[220] BGH FamRZ 2005, 1666; OLG Köln FamRZ 2002, 613.

ten unterschiedliche Staatsangehörigkeiten besitzen, aber aufgrund ihres gemeinsamen Aufenthalts in Deutschland das deutsche Scheidungsstatut Anwendung findet.[221]

307 Zu den Staaten, die ein dem deutschen Versorgungsausgleich vergleichbares Rechtsinstitut kennen, gehören Großbritannien, Nordirland, Neuseeland, die Schweiz, Spanien sowie einzelne Provinzen Kanadas und einzelne Staaten der USA.[222]

308 Auf Antrag ist der Versorgungsausgleich gem. Art. 17 Abs. 3 S. 2 EGBGB dann durchzuführen, wenn einer der Ehegatten in der Ehezeit ein Anrecht bei einem inländischen Versorgungsträger erworben hat, soweit die Durchführung des Versorgungsausgleichs insbesondere im Hinblick auf die beiderseitigen wirtschaftlichen Verhältnisse während der gesamten Ehezeit der Billigkeit nicht widerspricht.

309 In beiden Fällen wird der Versorgungsausgleich „regelwidrig" nach deutschem Recht durchgeführt. Als Ehezeit gilt auch hier die Zeit zwischen dem Beginn des Monats, in dem die Ehe geschlossen wurde, bis zum Ende des Monats, der der Rechtshängigkeit des verfahrenseinleitenden Antrags vorausgeht.

310 Die Durchführung des Versorgungsausgleichs auf Antrag eines der Ehegatten darf der Billigkeit nicht widersprechen. Hierdurch soll erreicht werden, dass den Besonderheiten, die aus dem Auslandsbezug herrühren, durch die Gerichte Genüge getan werden kann. Insofern kommt in derartigen Fällen auch ein Teilausschluss des Versorgungsausgleichs in Betracht.

311 Wurde die Durchführung des Versorgungsausgleichs auf Antrag im Scheidungsverbundverfahren versäumt, kann ein Antrag auf Durchführung des Versorgungsausgleichs gem. Art. 17 Abs. 3 S. 2 EGBGB nach deutschem Recht auch noch nachträglich und nach Eintritt der Rechtskraft der Scheidung gestellt werden.[223]

(4) Kindschaftssachen

312 Die EuEheVO ist in Kindschaftssachen im Verhältnis zu anderen EU-Staaten mit Ausnahme von Dänemark für die internationale Zuständigkeit der deutschen Gerichte zu beachten.

313 Gem. Art. 8 Abs. 1 der Verordnung sind für Entscheidungen, die die elterliche Verantwortung betreffen, grundsätzlich die Gerichte des Mitgliedstaates zuständig, in dem das Kind zum Zeitpunkt der Antragstellung seinen gewöhnlichen Aufenthalt hat. Der Begriff der elterlichen Verantwortung ist in Art. 2 Nr. 7 der Verordnung definiert; danach bedeutet „elterliche Verantwortung" die gesamten Rechte und Pflichten, die einer natürlichen oder juristischen Person durch Entscheidung oder kraft Gesetzes oder durch eine rechtlich verbindliche Vereinbarung betreffend die Person oder das Vermögen eines Kindes übertragen wurden. Elterliche Verantwortung umfasst insbesondere das Sorge- und das Umgangsrecht.

---

221 Finke/Ebert/*Motzer*, § 12 Rn 69.
222 *Gutdeutsch*, FamRBint 2006, 54.
223 OLG Düsseldorf FamRZ 1999, 1210.

Die Verordnung kennt drei Ausnahmen von dieser grundsätzlichen Regelung der internationalen Zuständigkeit:

- Beim rechtmäßigen Umzug eines Kindes von einem Mitgliedstaat in einen anderen, durch den es dort einen neuen gewöhnlichen Aufenthalt erlangt, verbleibt abweichend von Art. 8 die Zuständigkeit für eine Änderung einer vor dem Umzug des Kindes in diesem Mitgliedstaat ergangenen Entscheidung über das Umgangsrecht während einer Dauer von drei Monaten nach dem Umzug bei den Gerichten des früheren gewöhnlichen Aufenthalts des Kindes, wenn sich der laut der Entscheidung über das Umgangsrecht umgangsberechtigte Elternteil weiterhin gewöhnlich in dem Mitgliedstaat des früheren gewöhnlichen Aufenthalts des Kindes aufhält (Art. 9 Abs. 1). Dies gilt nach Art. 9 Abs. 2 der Verordnung nur dann nicht, wenn der Elternteil, der in dem früheren Aufenthaltsstaat des Kindes zurückbleibt, sich auf das Verfahren im neuen Aufenthaltsstaat des Kindes ohne Rüge einlässt.
- Wurde der Wechsel des Aufenthalts des Kindes durch eine widerrechtliche Verbringung oder Zurückhaltung des Kindes bewirkt, bleiben die Gerichte des ursprünglichen Aufenthaltsstaates für alle Entscheidungen, die die elterliche Verantwortung betreffen, international zuständig. Dies gilt nur dann nicht, wenn sich entweder alle Sorgeberechtigten nachträglich mit dem Aufenthaltswechsel einverstanden erklären oder wenn während eines Jahres nach dem Verbringen oder Zurückhalten des Kindes kein Antrag auf Kindesrückführung gestellt beziehungsweise ein solcher zurückgewiesen wurde (vergleiche Art. 10 der Verordnung).
- Letztlich bietet Art. 12 der Verordnung den Eltern die Möglichkeit, eine Vereinbarung über die internationale Zuständigkeit für Verfahren der elterlichen Verantwortung zu treffen.

In Ausnahmefällen und sofern dies dem Wohl des Kindes entspricht, kann das Gericht eines Mitgliedstaats, das für die Entscheidung in der Hauptsache zuständig ist, gem. Art. 15 der Verordnung in dem Fall, dass seines Erachtens ein Gericht eines anderen Mitgliedstaats, zu dem das Kind eine besondere Bindung hat, den Fall oder einen bestimmten Teil des Falls besser beurteilen kann, die Prüfung des Falls oder des betreffenden Teils des Falls aussetzen und die Parteien auffordern,

- beim Gericht dieses anderen Mitgliedstaats einen Antrag gemäß Art. 15 Abs. 4 zu stellen,
- oder ein Gericht eines anderen Mitgliedstaats ersuchen, sich gemäß Art. 15. Abs. 5 für zuständig zu erklären.

Findet die EuEheVO keine Anwendung, ist das Haager Kinderschutzübereinkommen (KSÜ) vom 19.10.1996 zu berücksichtigen, welches in Deutschland am 1.1.2011 in Kraft getreten ist. Dem Übereinkommen gehören bereits mehrere Staaten weltweit an, so u.a. die Schweiz, Dänemark, Russland, die Ukraine und Australien.

Das Verhältnis zwischen dem KSÜ und der EuEheVO ist in den Art. 61, 62 EuEheVO, Art. 52 KSÜ geregelt. Nach Art. 61 lit. a EuEheVO sind die Zuständigkeitsvorschriften der EuEheVO vorrangig, wenn das Kind seinen gewöhnlichen Aufenthalt in einem Mitgliedstaat der Europäischen Union hat (mit Ausnahme Dänemarks).

321 Im Verhältnis zur Türkei gilt das durch das KSÜ ersetzte Haager Minderjährigenschutzabkommen vom 5.10.1961 (MSA) fort, da diese nicht Vertragsstaat des KSÜ ist.

322 Sind weder die EUEheVO noch das KSÜ oder das MSA anzuwenden, ergibt sich in den Fällen, in denen das Scheidungsverfahren der Eltern in Deutschland geführt wird, das Kind aber seinen gewöhnlichen Aufenthalt weder in einem der EU-Staaten (mit Ausnahme von Dänemark) noch in einem Vertragsstaat des KSÜ oder des MSA hat, die internationale Zuständigkeit des Gerichts aus der Verbundzuständigkeit gem. § 98 Abs. 2 FamFG.

323 In allen anderen Fällen ergibt sich die internationale Zuständigkeit der deutschen Gerichte aus § 99 FamFG. Danach sind die deutschen Gerichte für Kindschaftssachen international zuständig, wenn das Kind entweder Deutscher ist, oder seinen gewöhnlichen Aufenthalt in Deutschland hat oder es der Fürsorge durch ein deutsches Gericht bedarf.

324 Hinsichtlich des anwendbaren materiellen Rechtes trifft die EuEheVO keine Regelung. Hier gilt Art. 21 EGBGB, wonach das Recht des gewöhnlichen Aufenthaltsortes des Kindes anzuwenden ist.

325 Nach Art. 15 KSÜ ist grundsätzlich das Recht des Staates anzuwenden, dessen Gerichte für die Entscheidung zuständig sind.

326 Art. 2 MSA bestimmt, dass sich das anzuwendende Recht nach dem gewöhnlichen Aufenthaltsort des Kindes richtet.

5. Der Scheidungsverbund

327 Das FamFG hält an dem Verbund von Scheidungssachen und Folgesachen fest. Dieser Verbund dient dem Schutz des wirtschaftlich schwächeren Ehegatten und wirkt übereilten Scheidungsentschlüssen entgegen. Die vorgenommenen Modifikationen gegenüber dem alten Recht betreffen im Wesentlichen die Frage, in welchen Fällen Kindschaftssachen in den Verbund einbezogen werden sowie die Abtrennung von Folgesachen.

328 Folgesachen sind gem. § 137 Abs. 2 FamFG die Versorgungsausgleichssachen, Unterhaltssachen, sofern die Unterhaltspflicht gegenüber einem gemeinschaftlichen Kind oder die durch Ehe begründete gesetzliche Unterhaltsrecht betroffen ist, Ehewohnungs- und Haushaltssachen und Güterrechtssachen. Voraussetzung ist immer, dass eine **Entscheidung für den Fall der Scheidung** zu treffen ist und die Familiensache spätestens **zwei Wochen vor der mündlichen Verhandlung** im ersten Rechtszug in der Scheidungssache von einem Ehegatten anhängig gemacht wird.

329 Die Zwei-Wochen-Frist wurde auf Empfehlung des Bundesrats eingeführt.[224] Nach Auffassung des Bundesrats wurde die bisherige Regelung, die sich auch in dem Entwurf der

---

[224] BR-Drucks 309/07 S. 34.

Bundesregierung wieder fand, häufig dazu benutzt, Folgesachen zum spätestmöglichen Zeitpunkt anhängig zu machen, um dadurch „Verhandlungsmasse" zu schaffen und taktische Vorteile zu sichern. Da eine Vorbereitung auf die neuen Streitpunkte zumindest für das Gericht nicht mehr möglich sei, sei eine Regelung einzuführen, nach der die Möglichkeit zur Anhängigmachung von Verbundsachen bereits vor dem Termin endet. Problematisch erscheint die nunmehr Gesetz gewordene Formulierung deshalb, weil sich aus ihr nicht eindeutig entnehmen lässt, welche mündliche Verhandlung gemeint ist. So ist es durchaus denkbar, dass in einer Scheidungssache aufgrund einer 1. mündlichen Verhandlung keine Entscheidung ergehen kann, weil bspw. die Folgesache Versorgungsausgleich noch nicht entscheidungsreif war. Da der Zweck der Neuformulierung nach Auffassung des Bundesrats im Wesentlichen darin liegt, dem Gericht die Vorbereitung auf die neuen Streitpunkte zu ermöglichen, spricht dies nach der hier vertretenen Auffassung dafür, dass die Zwei-Wochen-Frist vor jeder mündlichen Verhandlung gilt, nicht nur vor der Ersten. Dementsprechend kann beispielsweise auch spätestens zwei Wochen vor der ersten mündlichen Verhandlung ein Antrag in einer Folgesache Unterhalt anhängig gemacht werden. Ist die Folgesache Unterhalt in der dann stattfindenden mündlichen Verhandlung nicht entscheidungsreif und kommt es zu einer weiteren mündlichen Verhandlung zu einem späteren Zeitpunkt, kann mindestens zwei Wochen vor dieser weiteren mündlichen Verhandlung eine weitere Folgesache anhängig gemacht werden.

Hinsichtlich der Folgesache Versorgungsausgleich gilt auch weiterhin, dass es grundsätzlich zur Durchführung des Versorgungsausgleichs keines Antrags bedarf. Ausnahmsweise ist gem. § 3 Abs. 3 VersAusglG ein Antrag auf Durchführung des Versorgungsausgleichs erforderlich, wenn die Ehezeit – also die Zeit zwischen Eheschließung und Rechtshängigkeit des Scheidungsantrags – weniger als 3 Jahre beträgt.

Zu den Folgesachen gehören gem. § 137 Abs. 3 FamFG auch die Verfahren betreffend die Übertragung oder Entziehung der elterlichen Sorge, das Umgangsrecht oder die Herausgabe eines gemeinschaftlichen Kindes der Ehegatten oder das Umgangsrecht eines Ehegatten mit dem Kind des anderen Ehegatten (Kindschaftssachen). Voraussetzung ist weiter, dass ein Ehegatte vor Schluss der mündlichen Verhandlung im 1. Rechtszug in der Scheidungssache die Einbeziehung in den Verbund beantragt. Das Gericht kann die Einbeziehung eines solchen Verfahrens in den Scheidungsverbund ausschließen, wenn es sie aus Gründen des Kindeswohls für nicht sachgerecht erachtet.

Von einer Aufnahme weiterer Familiensachen, wie etwa der sonstigen Familiensachen (vgl. § 266), in den Katalog der möglichen Folgesachen wurde abgesehen, da eine ansonsten denkbare Überfrachtung des Verbundverfahrens zu einer übermäßigen Verzögerung der Scheidung führen könnte.[225] Dementsprechend können andere als die in § 137 FamFG aufgeführten Familiensachen keine Folgesachen werden.

---

[225] BT-Drucks 16/6308 S. 513 (Regierungsentwurf).

6. Die Auflösung des Scheidungsverbundes

333 In § 140 FamFG sind die bislang an verschiedenen Stellen geregelten wesentlichen Möglichkeiten der Abtrennung einer Folgesache zusammengefasst und weitgehend einheitlich ausgestaltet.

334 Abs. 1 entspricht dem bisherigen § 623 Abs. 1 S. 2 ZPO. Das Gericht ist zur Abtrennung verpflichtet, wenn in einer Unterhaltsfolgesache oder Güterrechtsfolgesache außer den Ehegatten eine weitere Person Beteiligter des Verfahrens wird. Zwar umfassen die Begriffe Unterhaltssache bzw. Güterrechtssache weitere Verfahren, als die im bisherigen § 623 Abs. 1 S. 2 ZPO in Bezug genommenen, insbesondere solche der freiwilligen Gerichtsbarkeit, jedoch ist in diesen zusätzlichen Verfahren nicht eine Entscheidung für den Fall der Scheidung zu treffen, so dass sie die Kriterien für eine Folgesache nicht erfüllen. Im Ergebnis erfolgt somit keine Erweiterung der betroffenen Verfahren. Die Rechtsfolgen der Abtrennung sind in § 137 Abs. 5 geregelt.

335 Abs. 2 S. 1 enthält die grundsätzliche Befugnis des Gerichts, Folgesachen vom Verbund abzutrennen. Es handelt sich hierbei in Übereinstimmung mit dem einleitenden Satzteil des bisherigen § 628 S. 1 ZPO um eine Kann-Bestimmung. S. 2 enthält die Voraussetzungen, die für eine Abtrennung erfüllt sein müssen.

336 Nummer 1 entspricht dem bisherigen § 628 S. 1 Nr. 1 ZPO.

337 Nummer 2 entspricht dem bisherigen § 628 S. 1 Nr. 2 ZPO; die Verwendung des Begriffs Anrecht anstelle von Versorgung dient der terminologischen Vereinheitlichung.

338 Durch Nummer 3 werden die Abtrennungsvoraussetzungen für Kindschaftsfolgesachen gegenüber dem bisherigen Rechtszustand vollständig neu geregelt. Dieser Tatbestand ersetzt die voraussetzungslose Abtrennung auf Antrag eines Ehegatten nach dem bisherigen § 623 Abs. 2 S. 2 ZPO, die seit Einführung dieser Vorschrift weitgehend bedeutungslos gewordene Regelung des bisherigen § 627 ZPO sowie § 628 S. 1 Nr. 3 ZPO. An erster Stelle steht nunmehr die Beschleunigung der Kindschaftsfolgesachen im Interesse des Kindeswohls. Besteht aus diesem Grund das Bedürfnis für eine schnelle Entscheidung, an der das Gericht wegen fehlender Entscheidungsreife eines anderen Verfahrensgegenstands im Verbund gehindert ist, kommt danach eine Abtrennung in Betracht. Maßgeblich sind jedoch in jedem Fall die konkreten Umstände des Einzelfalls. Es sind auch Fälle denkbar, in denen ein durch die fehlende Entscheidungsreife einer anderen Folgesache nötig werdendes Zuwarten mit der Entscheidung in der Kindschaftsfolgesache dem Kindeswohl eher nützt, etwa weil Anzeichen dafür bestehen, dass sich dadurch die Chancen für eine einvernehmliche Regelung verbessern, und der Umgang vorläufig durch eine einstweilige Anordnung geregelt ist.

339 An zweiter Stelle in Nummer 3 ist das bereits aus dem bisherigen Recht bekannte Kriterium der Aussetzung der Kindschaftsfolgesache genannt.

340 Nummer 4 enthält eine deutlich erleichterte Abtrennungsmöglichkeit der Folgesache Versorgungsausgleich. Voraussetzung ist zunächst, dass die Ehegatten in der Versorgungsausgleichssache die erforderlichen Mitwirkungshandlungen vorgenommen haben

und übereinstimmend die Abtrennung beantragen. Darüber hinaus muss eine Frist von drei Monaten abgelaufen sein. Diese beginnt grundsätzlich mit Rechtshängigkeit des Scheidungsantrags, im Fall eines verfrühten Scheidungsantrags nach Maßgabe des Abs. 4 jedoch erst mit Ablauf des Trennungsjahres. Die Frist von drei Monaten ermöglicht die Einholung der erforderlichen Auskünfte im Versorgungsausgleich, insbesondere die Klärung des Versicherungskontos der Ehegatten. Bei regulärem Verlauf kann somit nach drei Monaten eine noch offene Versorgungsausgleichsfolgesache abgetrennt und damit die Scheidung selbst entscheidungsreif gemacht werden.

Nummer 5 enthält in modifizierter Form den bisherigen Abtrennungsgrund des § 628 S. 1 Nr. 4 ZPO. Die Verzögerung muss nicht durch die Erledigung der betreffenden Folgesache im Verbund bedingt sein, es reicht, wenn im Übrigen das Kriterium der unzumutbaren Härte zu bejahen ist, nunmehr auch andere Verzögerungsgründe, wie etwa eine Überlastung des Gerichts, aus. Durch das bei dieser Vorschrift erstmals vorgesehene Antragserfordernis wird eine Abtrennung von Amts wegen ausgeschlossen. Die weiteren Kriterien, namentlich dass die Verzögerung außergewöhnlich sein muss und dass ein weiterer Aufschub unter Berücksichtigung der Bedeutung der Folgesache eine unzumutbare Härte darstellen würde, sind in demselben Sinn zu verstehen, wie im geltenden Recht (§ 628 S. 1 Nr. 4 ZPO). Auf die diesbezügliche Rechtsprechung kann also weiterhin zurückgegriffen werden. Für die Ermittlung der Verfahrensdauer ergibt sich gegenüber dem bisherigen Rechtszustand eine gewisse Veränderung durch die Vorschrift des Abs. 4. 341

Abs. 3 enthält die aus dem bisherigen § 623 Abs. 2 S. 3 ZPO bekannte Möglichkeit, im Fall der Abtrennung einer Kindschaftsfolgesache auch eine Unterhaltsfolgesache abzutrennen. Allerdings wird für diese Möglichkeit der erweiterten Abtrennung das Kriterium des Zusammenhangs der Unterhaltsfolgesache mit der Kindschaftsfolge eingeführt, um eine Abtrennung von Unterhaltsfolgesachen, welche nicht durch den Zweck der Vorschrift gedeckt ist, zu vermeiden. Das Erfordernis des Zusammenhangs wird im Regelfall zu verneinen sein, wenn sich die Entscheidung in der Kindschaftsfolgesache nicht auf die konkrete Unterhaltsfolgesache auswirken kann. 342

Hinsichtlich der Folgen einer Abtrennung gilt auch in diesem Fall § 137 Abs. 5, wobei für die Unterhaltsfolgesache dessen S. 1 und für die Kindschaftssache dessen S. 2 maßgeblich ist. 343

Abs. 4 S. 1 bestimmt, dass bei den in Abs. 2 Nr. 4, 5 enthaltenen Zeitkriterien der vor Ablauf des ersten Jahres des Getrenntlebens liegende Zeitraum außer Betracht bleibt. Dies wirkt sich dahingehend aus, dass im Fall des Abs. 2 Nr. 4 die Frist von drei Monaten bei einem vorzeitig gestellten Scheidungsantrag nicht ab Rechtshängigkeit des Scheidungsantrags, sondern erst mit Ablauf des Trennungsjahres beginnt. Im Fall des Abs. 2 Nr. 5 gilt entsprechendes für das Kriterium der außergewöhnlichen Verzögerung. Mit einer verfrühten Einreichung des Scheidungsantrags wird nicht selten die Vorverlagerung des insbesondere für den Versorgungsausgleich und den Zugewinnausgleich maßgeblichen Berechnungsstichtags zum Nachteil des ausgleichsberechtigten anderen 344

Ehegatten bezweckt. Wird der Scheidungsantrag eingereicht, ohne dass die Voraussetzungen für eine Ehescheidung vorliegen, soll der Zeitraum, um den der Antrag zu früh eingereicht wurde, nicht zur Begründung einer verfahrensrechtlichen Privilegierung oder der Voraussetzungen einer Abtrennung wegen unzumutbarer Härte herangezogen werden können. S. 2 sieht eine Ausnahme von S. 1 in den Fällen vor, in denen die Voraussetzungen einer Härtescheidung vorliegen.

345 Abs. 5 bestimmt, dass der Antrag auf Abtrennung zur Niederschrift der Geschäftsstelle oder in der mündlichen Verhandlung zur Niederschrift des Gerichts gestellt werden kann. Damit unterliegt er nicht dem Anwaltszwang und kann auch von dem nicht anwaltlich vertretenen Ehegatten gestellt werden.

346 Abs. 6 ordnet an, dass die Entscheidung in einem gesonderten Beschluss erfolgt. Sie kann also nicht wie bisher als Teil der Endentscheidung, mit der die Scheidung ausgesprochen wird, ergehen. Dass der Beschluss nicht selbstständig anfechtbar ist, ergibt sich bereits aus seinem Charakter als Zwischenentscheidung; es wird gleichwohl zur Klarstellung im Gesetz noch einmal ausdrücklich bestimmt. Die Nichtanfechtbarkeit entspricht für den Fall, dass eine Abtrennung erfolgt, der bisherigen Rechtslage. Für den Fall, dass einem auf Abtrennung gerichteten Antrag nicht entsprochen wird, ist die Frage der Anfechtbarkeit bislang umstritten; ihre Klärung im verneinenden Sinne durch die vorliegende Regelung entspricht dem vom Gesetzgeber verfolgten Bestreben, die selbstständige Anfechtbarkeit von Zwischenentscheidungen einzuschränken.

7. Folgesache Versorgungsausgleich

347 Neben dem Familienverfahrensrecht hat der Gesetzgeber zum 1.9.2009 auch das Recht des Versorgungsausgleichs vollständig neu geregelt. Die bisher im BGB, dem VAHRG und dem VAÜG aufgeteilten Regelungen wurden in dem neu geschaffenen Versorgungsausgleichsgesetz (VersAusglG) gebündelt. Das neue Recht ist in allen Verfahren, die nach dem Inkrafttreten des Versorgungsausgleichsgesetzes eingeleitet werden, anzuwenden. Verfahren, die vor dem 1.9.2009 eingeleitet wurden, und dann vor oder nach Inkrafttreten des Versorgungsausgleichsgesetzes abgetrennt oder ausgesetzt wurden oder werden beziehungsweise deren Ruhen angeordnet war oder wird, sind nach der Wiederaufnahme ebenfalls nach neuem Recht zu behandeln (§ 48 S. 2 VersAusglG).

348 Gem. § 1 Abs. 1 VersAusglG sind die in der Ehe erworbenen Anteile von Anrechten jeweils zur Hälfte zwischen den geschiedenen Ehegatten zu teilen. Im Gegensatz zu dem früheren Recht erfolgt kein Einmalausgleich, sondern ein sog. Hin- und Herausgleich innerhalb des jeweiligen Versorgungssystems. Der Vorteil dieser Vorgehensweise ist, dass die Notwendigkeit, alle Anrechte vergleichbar zu machen und damit auch nicht volldynamische Anrechte in Anrechte der gesetzlichen Rentenversicherung umzurechnen, nunmehr entfällt.

349 § 2 VersAusglG bestimmt, welche Anrechte dem Versorgungsausgleich unterliegen. Neben den auch schon bisher dem Versorgungsausgleich unterfallenden Anrechten sind nunmehr auch betriebliche Kapitalzusagen und Anrechte aus privaten Versicherungsver-

trägen i.S.d. Altersvorsorgeverträge-Zertifizierungsgesetzes (Riester- und/oder Rürup-Verträge) im Versorgungsausgleich auszugleichen. Nach dem früheren Recht fielen derartige Anrechte in den Zugewinnausgleich.

§ 3 VersAusglG definiert die Ehezeit. Diese beginnt mit dem 1. Tag des Monats, in dem die Ehe geschlossen wurde, und endet mit dem letzten Tag des Monats, der der Zustellung des Scheidungsantrags vorausgeht. Gem. § 3 Abs. 3 VersAusglG findet der Versorgungsausgleich bei einer Ehezeit von bis zu drei Jahren nur statt, wenn ein Ehegatte dies beantragt. Hier liegt ein Haftungsrisiko für den Rechtsanwalt. 350

Das gerichtliche Verfahren in den Versorgungsausgleichssachen ist in den §§ 218–229 FamFG geregelt. Wie bisher auch sind die Ehegatten verpflichtet, Auskunft über ihre Versorgungsanrechte zu erteilen (§ 220 Abs. 1 und Abs. 5 FamFG). Übersendet das Gericht entsprechende Formulare, sind diese von den Beteiligten zu verwenden. Kommt einer der Ehegatten seiner Auskunftsverpflichtung nicht nach, kann nach neuem Recht das Gericht auch Zwangshaft anordnen (§ 95 Abs. 1 Nr. 3, Abs. 4 FamFG in Verbindung mit § 888 Abs. 1 ZPO). 351

Hinweis 352

Die Beteiligten tun sich erfahrungsgemäß mit dem Ausfüllen der Formulare schwer. Hilfe bei der Ausfüllung der Formulare und bei der Klärung von Lücken im Versicherungsverlauf bieten die Rentenversicherungsträger, die in ihren örtlichen Geschäftsstellen regelmäßig Sprechstunden abhalten, oder die Versicherungsämter bei den Kreis- oder Stadtverwaltungen.

§ 4 VersAusglG normiert darüber hinaus materiell-rechtliche Auskunftsansprüche der Ehegatten untereinander, zwischen Ehegatten und Versorgungsträgern und zwischen den Versorgungsträgern untereinander. 353

Die Versorgungsträger haben nach neuem Recht selbst den Ehezeitanteil der in den Versorgungsausgleich fallenden Versorgung zu berechnen. Außerdem haben sie dem Gericht einen Vorschlag für die Bestimmung des Ausgleichswerts und, falls es sich dabei nicht um einen Kapitalwert handelte, für einen korrespondierenden Kapitalwert i.S.d. § 47 Versorgungsausgleichsgesetz zu unterbreiten. 354

Aufgabe des Anwalts wird es auch zukünftig sein, die Auskünfte der Versorgungsträger auf ihre inhaltliche Richtigkeit und ihre Vollständigkeit zu überprüfen. In diesem Zusammenhang ist auch § 18 VersAusglG zu berücksichtigen. Danach soll das Familiengericht beiderseitige Anrechte gleicher Art nicht ausgleichen, wenn die Differenz ihrer Ausgleichswerte gering ist, oder wenn einzelne Anrechte nur einen geringen Ausgleichswert haben. Was unter einem geringen Wertunterschied beziehungsweise Ausgleichswert zu verstehen ist, definiert Abs. 3 der Vorschrift. Wird der Ausgleichswert als monatlicher Rentenbetrag angegeben, entspricht dies im Jahr 2010 einem Betrag von monatlich 25,55 EUR, wird der Ausgleichswert nach dem – korrespondierenden – Kapitalwert berechnet, entspricht dies bei einem Ehezeitende im Jahr 2010 einem Betrag in Höhe von 3.066 EUR. 355

356 Es sind durchaus Fälle denkbar, in denen die gesetzliche Regelung unangemessen ist und deshalb seitens des Anwalts vorgetragen werden muss, warum ausnahmsweise der Ausgleich doch erfolgen soll. Benötigt bspw. der ausgleichsberechtigte Ehegatte die Übertragung der Anrechte zwecks Erfüllung einer Wartezeit, kann dies ein Grund dafür sein, den Versorgungsausgleich auch hinsichtlich derartiger geringwertiger Ausgleichswerte durchzuführen. In anderen Fällen können auf Seiten des einen Ehegatten viele geringwertiger Anrechte vom Ausgleich auszuschließen sein, die aber insgesamt dem Wert eines größeren Anrechts des anderen Ehegatten entsprechen. Auch hier ist darauf hinzuwirken, dass der Versorgungsausgleich entweder insgesamt ausgeschlossen oder insgesamt durchgeführt wird.

357 Im Gegensatz zu dem alten Recht bietet das neue Recht nunmehr weitaus umfassendere Möglichkeiten, Vereinbarungen über den Versorgungsausgleich – auch unter Einbeziehung von Ansprüchen auf Zugewinnausgleich, Unterhalt, Vermögensauseinandersetzung – zu treffen. Eine derartige Vereinbarung bedarf nicht mehr der familienrechtlichen Genehmigung. Das Gericht hat nur eine Inhalts- und Ausübungskontrolle (§ 8 VersAusglG) vorzunehmen und zu überprüfen, ob die getroffene Vereinbarung im Hinblick auf die Auswirkungen hinsichtlich der beteiligten Versorgungsträger durchführbar ist.

358 Gem. § 6 VersAusglG können die Beteiligten insbesondere den Versorgungsausgleich ganz oder teilweise ausschließen, eine kombinierte Regelung zum Versorgungs- und Zugewinnausgleich treffen sowie den Versorgungsausgleich gänzlich dem schuldrechtlichen Ausgleich der §§ 20–24 VersAusglG vorbehalten. Derartige Vereinbarungen sind, sofern sie vor Rechtskraft der Entscheidung über den Versorgungsausgleich geschlossen werden, notariell zu beurkunden beziehungsweise gerichtlich zu protokollieren (§ 7 VersAusglG).

III. Der Trennungsunterhaltsprozess während der Dauer des Scheidungsverfahrens

359 Trennungsunterhalt kann bis zum rechtskräftigen Abschluss des Scheidungsverfahrens geltend gemacht werden. Ist ein Scheidungsverfahren anhängig, so ergeben sich einige Besonderheiten materiell-rechtlicher und prozessualer Natur, die nachfolgend aufgezeigt werden. Im Übrigen wird auf die Ausführungen unter Rdn 1–155 verwiesen.

1. Materiell-rechtliche Besonderheiten

a) Altersvorsorgeunterhalt

360 Der Ehepartner nimmt ab dem Monat, welcher der Zustellung des Scheidungsantrags vorangeht, nicht mehr an dem Aufbau der Altersvorsorge teil, denn im Versorgungsausgleich werden nur die bis zu diesem Zeitpunkt erworbenen Anwartschaften berücksichtigt. Deshalb hat der getrennt lebende Ehegatte gem. § 1361 Abs. 1 S. 2 BGB ab Rechtshängigkeit des Scheidungsantrags einen Anspruch auf Zahlung von Altersvorsorgeunterhalt.

Die Höhe des Altersvorsorgeunterhalts berechnet sich folgendermaßen: Zunächst wird der Elementarunterhalt ermittelt. Sodann wird dieser Betrag als Nettobemessungsbetrag in der **Bremer Tabelle**[226] mit einem dort ausgewiesenen Prozentsatz erhöht, so dass sich ein fiktives Bruttoeinkommen ergibt. Von diesem fiktiven Bruttoeinkommen zahlt der Unterhaltsverpflichtete den Beitragssatz zur gesetzlichen Rentenversicherung. In einem weiteren Schritt wird der so ermittelte Altersvorsorgeunterhalt von dem unterhaltsrelevanten Einkommen des Unterhaltsverpflichteten abgezogen und sodann aus dieser Differenzgröße der Elementarunterhalt errechnet.

Damit soll im Ergebnis erreicht werden, dass der Unterhaltsberechtigte seine Altersvorsorge so wie ein Arbeitnehmer betreibt: Der Elementarunterhalt wird wie ein „Nettogehalt" behandelt, die Beiträge zur Rentenversicherung sind aus einem sich hieraus ergebenden „Bruttogehalt" zu zahlen.

b) Leistungsfähigkeit überprüfen!

Wird das Scheidungsverfahren eingeleitet, ist oftmals das Trennungsjahr schon abgelaufen, so dass sich steuerliche Nachteile ergeben:
- die Ehegatten müssen die ungünstigen Steuerklassen I oder II wählen;
- eine gemeinsame Veranlagung ist in dem Jahr, welches der Trennung folgt, nicht mehr möglich;
- lebt der nicht voll berufstätige Unterhaltsberechtigte in einer eheähnlichen Lebensgemeinschaft mit einem neuen Partner, so sind ihm fiktive Einkünfte wegen der vermuteten Versorgung des neuen Partners zuzurechnen.[227]

2. Prozessuale Besonderheiten des Trennungsunterhalts nach Rechtshängigkeit des Scheidungsverfahrens

a) Trennungsunterhaltsverfahren

Der Trennungsunterhalt kann nicht im Scheidungsverbund geltend gemacht werden, weil keine Entscheidung „für den Fall der Scheidung" zu treffen ist, § 137 Abs. 2 FamFG.

Ist bei Rechtshängigkeit einer Ehesache das Trennungsunterhaltsverfahren bei einem anderen Gericht im ersten Rechtszug anhängig, so ist das Trennungsunterhaltsverfahren von Amts wegen an das Gericht der Ehesache abzugeben (§ 233 S. 1 FamFG).

b) Einstweiliger Rechtsschutz

Unabhängig davon, ob eine Ehesache oder ein Trennungsunterhaltsverfahren anhängig ist, kann der Trennungsunterhalt im Wege der Einstweiligen Anordnung geltend gemacht werden.

---

[226] Die aktuelle Tabelle findet sich im Internet unter www.famrz.de.
[227] S. hierzu Unterhaltsrechtliche Leitlinien der Familiensenate des jeweiligen OLG.

366 Die in der Ehesache bewilligte Verfahrenskostenhilfe erstreckt sich nicht automatisch auf das einstweilige Anordnungsverfahren, so dass hierfür ein **eigenständiger Verfahrenskostenhilfeantrag** zu stellen ist.

367 Ergeht im einstweiligen Anordnungsverfahren ein unbefristeter Beschluss, so tritt die einstweilige Anordnung **automatisch** unter folgenden Voraussetzungen **außer Kraft**:
- der Antrag in der Hauptsache wird zurückgenommen, § 56 Abs. 2 Nr. 1 FamFG,
- der Antrag in der Hauptsache wird rechtskräftig abgewiesen, § 56 Abs. 2 Nr. 2 FamFG,
- die Hauptsache wird übereinstimmend für erledigt erklärt oder die Erledigung tritt anderweitig ein, § 56 Abs. 2 Nr. 3 und 4 FamFG.

368 *Hinweis*

Unterhaltsbeschlüsse werden erst mit Rechtskraft „wirksam" i.S.d. § 56 Abs. 1 S. 2 FamFG. Es ist also möglich, dass der Unterhaltsberechtigte bis zur Rechtskraft der Hauptsacheentscheidung weiter aus der einstweiligen Anordnung vollstreckt. Für den Fall, dass dem Unterhaltsverpflichteten im Hauptsacheverfahren aufgegeben wird, eine geringere Unterhaltsleistung als im einstweiligen Anordnungsverfahren zu zahlen, muss er sich gegen die Vollstreckung wehren (§§ 769 f. ZPO, negative Feststellungswiderklage).

IV. Der Unterhaltsprozess zur Geltendmachung nachehelichen Unterhalts

1. Materiell-rechtliche Grundlagen

369 Seit Einführung des Zerrüttungsprinzips am 1.7.1977[228] gilt für die Zeit nach der Scheidung der **Grundsatz der Eigenverantwortung** (§ 1569 BGB).

Dieser Grundsatz wurde durch das UÄndG 2008 nochmals bekräftigt und ausgeweitet: den geschiedenen Ehegatten trifft die Obliegenheit, nach der Scheidung selbst für sein wirtschaftliches Fortkommen zu sorgen. Nur und solange der Unterhaltsberechtigte hierzu nicht imstande ist, kann er Unterhalt von seinem geschiedenen Ehepartner begehren.

Einen Unterhaltsanspruch hat danach nur derjenige, der einen (oder mehrere) der in §§ 1570 ff. BGB aufgeführten Unterhaltstatbestände verwirklicht und deshalb nicht in der Lage ist, selbst für seinen Unterhalt aufzukommen.

Die meisten Tatbestände des nachehelichen Unterhalts setzen voraus, dass die Tatbestandsvoraussetzungen zu einem bestimmten **Einsatzzeitpunkt** erfüllt sind, weil der Unterhaltsschuldner nicht mehr für die Entwicklung nach Ende der Ehe verantwortlich ist. Dies bedeutet, dass sämtliche Tatbestandsmerkmale des Unterhaltsanspruchs im Zeitpunkt der Scheidung erfüllt sein müssen (sog. Unterhaltskette).

---

[228] Für vor diesem Zeitpunkt geschiedene Ehen richtet sich der Unterhaltsanspruch nach §§ 58 ff. EheG.

Ausgenommen von diesem Grundsatz sind folgende Tatbestände: 370
- § 1570 BGB: Betreuungsunterhalt,
- § 1573 Abs. 4 S. 1 BGB: keine nachhaltige Sicherung der Einkünfte aus einer angemessenen Erwerbstätigkeit bei der Scheidung,
- § 1576 BGB: Billigkeitsunterhalt,
- § 1586a Abs. 1 BGB: Wiederaufleben des Unterhaltsanspruchs nach Scheidung einer zweiten Ehe.

Hinweis 371

Soll ein Unterhaltsanspruch **abgewehrt** werden, so ist darauf zu achten, dass neben der Klageabweisung auch beantragt und vorgetragen wird, dass

- der Unterhaltsbetrag herabzusetzen ist und/oder
- der Unterhalt zeitlich zu begrenzen ist (§ 1578b Abs. 1 S. 1 und Abs. 2 S. 2 BGB),
- die Ehe von kurzer Dauer war, § 1579 Abs. 1 Nr. 1 BGB,
- der Berechtigte in einer verfestigten Lebensgemeinschaft lebt, § 1579 Abs. 1 Nr. 2 BGB,
- der Berechtigte sich eines Verbrechens oder eines schweren vorsätzlichen Vergehens gegen den Verpflichteten oder einen nahen Angehörigen des Verpflichteten schuldig gemacht hat, § 1579 Abs. 1 Nr. 3 BGB,
- der Berechtigte seine Bedürftigkeit mutwillig herbeigeführt hat, § 1579 Abs. 1 Nr. 4 BGB,
- der Berechtigte sich über die Vermögensinteressen des Verpflichteten mutwillig hinweggesetzt hat, § 1579 Abs. 1 Nr. 5 BGB,
- der Berechtigte vor der Trennung längere Zeit hindurch seine Pflicht, zum Familienunterhalt beizutragen, gröblich verletzt hat, § 1579 Abs. 1 Nr. 6 BGB,
- dem Berechtigten ein schwerwiegendes Fehlverhalten gegen den Verpflichteten zur Last fällt, § 1579 Abs. 1 Nr. 7 BGB,
- der Anspruch gem. § 1579 BGB zu beschränken oder zu versagen ist (konkreter Vortrag!),

da dann, wenn die zur **Begrenzung oder Herabsetzung** führenden Gründe bereits im Erstprozess vorgelegen haben, mit dieser Begründung **kein Abänderungsantrag mehr gestellt werden kann.**

a) Unterhaltstatbestände

Zu den einzelnen Tatbeständen: 372

Unterhalt wegen Betreuung gemeinschaftlicher Kinder, § 1570 BGB: Betreut[229] der eine Elternteil ein gemeinsames Kind der Parteien und ist er deshalb gehindert, eine Erwerbstätigkeit auszuüben, so hat er einen Unterhaltsanspruch gegen den nicht betreu-

---

229 Zum Betreuungsunterhalt beim „Wechselmodell" s. BGH FamRZ 2007, 707; 2006, 1015; OLG Koblenz FamRZ 2005, 1997.

enden Elternteil, sofern und soweit ihn dies an der Aufnahme einer Erwerbstätigkeit hindert.

Die Beantwortung der Frage, ob, wann und in welchem Umfang dem betreuenden Elternteil neben der Betreuung die Aufnahme einer Erwerbstätigkeit zuzumuten ist, hängt von folgendem ab:

War der betreuende Elternteil auch während der Dauer des Zusammenlebens berufstätig, so hat er seine Berufstätigkeit weiter auszuüben, es sei denn, aufgrund der veränderten Lebenssituation (z.B. Wegfall der Betreuungsleistung des anderen Ehepartners, erhöhter Betreuungsbedarf durch Traumatisierung des Kindes durch die Ehescheidung) ist dies nicht mehr möglich.[230] Hier ist auf die individuelle Situation (Gesundheitszustand, Ausbildungsstand, Alter) abzustellen.

Solange das jüngste Kind noch nicht drei Jahre alt ist, besteht grundsätzlich keine Erwerbsobliegenheit des Unterhaltsberechtigten (es sei denn, eine Berufstätigkeit ist auch während der Ehe ausgeübt worden).[231] Die Notwendigkeit der Kinderbetreuung nimmt mit zunehmendem Alter der Kinder ab.[232] Sobald das jüngste Kind älter als drei Jahre ist, muss eine Erwerbstätigkeit aufgenommen werden, wobei die Möglichkeiten der Fremdbetreuung zu berücksichtigen sind, § 1570 Abs. 1 S. 3 BGB.[233]

Die Dauer und die Höhe des Unterhaltsanspruchs richten sind nach den Belangen und der Anzahl der zu betreuenden Kinder und den bestehenden Betreuungsmöglichkeiten.[234] Das Altersphasenmodell wird nicht mehr schematisch angewendet, sondern es wird eine am Bedarf des Kindes orientierte Betrachtung vorgenommen.[235]

Übt der betreuende Elternteil trotz der Zumutbarkeit der Erwerbsaufnahme keine Berufstätigkeit aus, so sind ihm die zu erzielenden Einkünfte gleichwohl als **fiktive Einkünfte** zuzurechnen.

373 *Hinweis*

Es gibt keine schematischen Grundsätze, wann und in welchem Umfang dem betreuenden Elternteil eine Erwerbstätigkeit neben der Kindererziehung zugemutet werden kann, so dass zu den individuellen Verhältnissen und dem gemeinsamen Lebensplan der Parteien vorgetragen werden sollte! Für jedes Abweichen vom „Normalfall" ist derjenige darlegungs- und beweispflichtig, der dieses Abweichen vorträgt.[236]

---

230 BGH FamRZ 1988, 145.
231 BGH FamRZ 1995, 291.
232 OLG Braunschweig FamRZ 2002, 1711; OLG Bamberg FamRZ 2002, 101.
233 Die Beweislast für die Umstände, die eine Verlängerung des Unterhaltsanspruchs über die Grenze von drei Jahren hinaus rechtfertigen, trägt der Unterhaltsberechtigte, BGH FamRZ 2008, 968.
234 *Klein*, S. 42 ff.
235 *Klein*, S. 45 ff.
236 BGH NJW 1990, 2752.

Die Voraussetzungen des § 1570 BGB müssen nicht im Zeitpunkt der Scheidung vorliegen, so dass der Anspruch auch geltend gemacht werden kann, wenn ein erwachsenes Kind pflegebedürftig wird.[237] 374

Tipp 375

Der Anspruch nach § 1570 BGB ist vorrangig vor dem Anspruch eines weiteren geschiedenen Ehegatten zu befriedigen, der keine Kinder betreut, § 1609 S. 1 Nr. 2 BGB, weil der Schutz der Kindesinteressen eine hervorgehobene Bedeutung hat.

Hinweis 376

Bei der Abwehr eines Unterhaltsanspruchs nach § 1570 BGB ist darauf zu achten, dass eine **zeitliche Befristung und betragsmäßige Begrenzung** beantragt wird, § 1578b BGB!

Der Unterhaltsanspruch lebt nach Scheitern einer zweiten Ehe wieder auf, § 1586a BGB.

Der Anspruch ist auch dann gegeben, wenn der betreuende Ehegatte vermögend ist. Das Vermögen muss nicht aufgebraucht werden, § 1577 Abs. 4 S. 2 BGB.

Unterhalt wegen Alters, § 1571 BGB: Wem es:
- nach der Scheidung oder
- nach Beendigung der Kindesbetreuung oder
- nach Wegfall eines Unterhaltsanspruchs wegen Krankheit/Gebrechen oder
- nach Wegfall eines Unterhaltsanspruchs wegen Erwerbslosigkeit

aufgrund seines Alters nicht mehr zumutbar ist, eine Erwerbstätigkeit auszuüben, hat einen Anspruch auf Altersunterhalt. Dieser Anspruch muss in einem zeitlichen Zusammenhang mit der Scheidung oder dem Wegfall der oben genannten Unterhaltsansprüche stehen. Ob die Aufnahme einer Erwerbstätigkeit unzumutbar ist, bemisst sich anhand **objektiver Kriterien** (Art des Berufs, Arbeitsmarktlage aufgrund des Alters)[238] und anhand **subjektiver Kriterien** (individuelle Entwicklung während der Ehe). Bei einer zumutbaren Teilerwerbstätigkeit ist es möglich, darüber hinaus Unterhalt nach § 1573 Abs. 2 BGB zu beanspruchen.[239]

Unterhalt wegen Krankheit oder Gebrechen, § 1572 BGB: Wem es: 377
- nach der Scheidung oder
- nach Beendigung der Kindererziehung oder
- nach Beendigung einer Ausbildung, Umschulung oder Fortbildung oder
- nach Wegfall eines Anspruchs auf Unterhalt wegen Erwerbslosigkeit oder
- nach Wegfall eines Anspruchs auf Aufstockungsunterhalt

aus gesundheitlichen Gründen unmöglich ist, eine Erwerbstätigkeit aufzunehmen, hat einen Anspruch auf Krankheitsunterhalt.

---

237 BGH NJW 1985, 909.
238 OLG Koblenz NJW-RR 1993, 964.
239 BGH FamRZ 1999, 708.

Die Krankheit muss in einem der oben genannten Einsatzzeitpunkte bereits zumindest latent vorhanden sein und in nahem zeitlichen Zusammenhang hierzu ausbrechen und dazu führen, dass eine Erwerbstätigkeit nicht möglich ist. Es ist nicht erforderlich, dass es sich um eine Krankheit aus der Zeit der Ehe handelt: Auch Krankheiten, die schon zuvor latent vorhanden waren, führen zur Unterhaltspflicht.[240]

Bricht eine latent vorhandene Krankheit erst zu einem späteren Zeitpunkt aus, so besteht ein Unterhaltsanspruch nach § 1572 BGB nur dann, wenn vorher ein anderer Unterhaltstatbestand erfüllt war (sog. **Anschlussunterhalt**).

378   *Hinweis*

Bei der Abwehr eines Unterhaltsanspruchs nach § 1572 BGB ist darauf zu achten, dass eine **zeitliche Befristung und betragsmäßige Begrenzung** beantragt wird, § 1578b BGB!

Eine Beschränkung des Unterhalts nach § 1579 Nr. 7 und Nr. 8 BGB kommt in Betracht, wenn der Unterhaltsgläubiger seine Krankheit in vorwerfbarer Weise (mit-)verursacht, so zum Beispiel bei grundlosem Abbruch von Therapiemaßnahmen, Übergewicht,[241] Alkoholabhängigkeit.

379   **Unterhalt bis zur Erlangung einer angemessenen Erwerbstätigkeit, § 1573 BGB:**
Diese Vorschrift unterscheidet vier verschiedene Unterhaltstatbestände:
- **§ 1573 Abs. 1 BGB – Erwerbslosenunterhalt:** Dieser Anspruch setzt voraus:
  - kein Anspruch nach §§ 1570, 1571 oder 1572 BGB (Subsidiarität des § 1573 Abs. 1 BGB),
  - der Unterhaltsgläubiger findet trotz seiner Erwerbsobliegenheit im Einsatzzeitpunkt nach der Scheidung oder nach Beendigung der Kindererziehung oder nach Wegfall eines Anspruchs wegen Alters, Krankheit, Beendigung einer Ausbildung, Umschulung oder Fortbildung keine **angemessene** Erwerbstätigkeit. Maßstäbe für die Prüfung der „Angemessenheit" der Tätigkeit sind:
    - Ausbildung des Unterhaltsberechtigten[242]
    - Fähigkeiten und Neigungen des Unterhaltsberechtigten
    - Lebensalter und Gesundheitszustand
    - eheliche Lebensverhältnisse (Dauer der Ehe, sozialer Status)
    - reale Möglichkeit, eine Beschäftigung zu bekommen.

380   *Hinweis*

Dieser Unterhaltsanspruch besteht nur dann, wenn im relevanten Einsatzzeitpunkt keine angemessene Arbeit zu finden ist. Ist dies nicht der Fall (z.B. Arbeitslosigkeit tritt ein Jahr nach der Scheidung ein), so besteht kein Unterhaltsanspruch nach § 1573 Abs. 1 BGB!

---

240 BGH FamRZ 1981, 1163.
241 OLG Köln FamRZ 1992, 65.
242 Die Berufstätigkeit in einem früher einmal ausgeübten Beruf ist grundsätzlich immer als angemessen anzusehen.

- **§ 1573 Abs. 2 BGB – Aufstockungsunterhalt:** Dieser Anspruch setzt voraus: 381
- kein Anspruch nach §§ 1570, 1571 oder 1572 BGB (Subsidiarität des § 1573 Abs. 2 BGB),
- der Unterhaltsgläubiger übt eine angemessene Erwerbstätigkeit aus,
- die hierdurch erzielten Einkünfte decken den ehelichen Bedarf nicht (erhebliches Einkommensgefälle), wobei es auf den Einsatzzeitpunkt Scheidung oder Beendigung der Kindererziehung oder Wegfall eines Anspruchs wegen Alters, Krankheit, Beendigung einer Ausbildung, Umschulung oder Fortbildung ankommt.

> *Hinweis* 382
>
> Bei der Abwehr eines Unterhaltsanspruchs nach § 1572 BGB ist darauf zu achten, dass eine **zeitliche Befristung und betragsmäßige Begrenzung** beantragt wird, § 1578b BGB!

- **§ 1573 Abs. 3 BGB – Anschlussunterhalt:** Dieser Anspruch setzt voraus:
- kein Unterhaltsanspruch nach §§ 1570, 1571, 1572 oder 1575 BGB,
- Voraussetzungen des Erwerbslosenunterhaltsanspruchs oder Aufstockungsunterhaltsanspruchs sind im Einsatzzeitpunkt Scheidung oder Beendigung der Kindererziehung oder Wegfall eines Anspruchs wegen Alters, Krankheit, Beendigung einer Ausbildung, Umschulung oder Fortbildung gegeben.
- **§ 1573 Abs. 4 BGB – Unterhalt wegen Wegfalls einer nicht nachhaltig gesicherten Erwerbstätigkeit:** Ist der Bedarf des Unterhaltsgläubigers in engem Zusammenhang mit einem Einsatzzeitpunkt noch nicht nachhaltig gesichert (z.B. Probezeit), so hat der Berechtigte einen Anspruch auf Unterhalt in Höhe der Differenz dessen, was er selbst erwirtschaftet zu dem vollen ehelichen Bedarf.

Unterhalt wegen Ausbildung, Fortbildung und Umschulung, § 1575 BGB: Konnte 383 der Unterhaltsgläubiger **ehebedingt** (z.B. wegen Kinderbetreuung) keine Ausbildung, Fortbildung oder Umschulung absolvieren, hat er einen Anspruch auf Zahlung von Unterhalt während der Dauer der Maßnahme. Die Aus- oder Fortbildung bzw. Umschulung muss voraussichtlich zu einer nachhaltigen Sicherung des Einkommens führen.

> *Hinweis* 384
>
> Einen allgemeinen Ausbildungsanspruch gibt es nicht. Durch § 1575 BGB sollen nur ehebedingte Nachteile ausgeglichen werden.

Billigkeitsunterhalt, § 1576 BGB: Dieser zu den Tatbeständen der §§ 1570–1575 BGB 385 **subsidiäre** Anspruch ist erfüllt, wenn schwerwiegende Gründe vorliegen, die der Aufnahme einer Erwerbstätigkeit entgegenstehen und daher die Bedürftigkeit eintritt. Dieser Anspruch ist nur in Härtefällen gegeben und stellt einen Auffangtatbestand dar (z.B. Betreuung eines Pflegekindes), wenn schwerwiegende Gründe es als grob unbillig erscheinen lassen, den Unterhalt zu versagen.

b) Der Bedarf des Unterhaltsgläubigers

386 Der nacheheliche Bedarf richtet sich nach den ehelichen Lebensverhältnissen und umfasst gem. § 1578 Abs. 2 BGB Folgendes:
- Elementarbedarf,
- Kranken- und Pflegevorsorgebedarf (§ 1578 Abs. 2 BGB),
- Alters- und Invaliditätsvorsorgebedarf (§ 1578 Abs. 3 BGB),
- Ausbildungsbedarf (§ 1578 Abs. 2 BGB).

387 Grundsätzlich bedarf jeder Ehegatte der Hälfte dessen, was während der Ehe von beiden Ehegatten nach Abzug der zu bedienenden Verbindlichkeiten und des Kindesunterhalts gemeinsam ausgegeben wurde. Nach höchstrichterlicher Rechtsprechung[243] ist dem erwerbstätigen Ehegatten ein höherer Anteil des Einkommens zu belassen (sog. **Erwerbstätigenbonus**), der auch pauschaliert berechnet werden kann (das sog. Anreizsiebtel: der nicht erwerbstätige Unterhaltsberechtigte erhält $3/7$ des zu verteilenden Einkommens, der Erwerbstätige erhält $4/7$).

c) Die Bedürftigkeit des Unterhaltsberechtigten, § 1577 BGB

388 Vgl. hierzu Rdn 18 ff. mit der Einschränkung, dass das Maß des Unterhalts nicht nur die ehelichen Lebensverhältnisse sind, sondern auch der nach § 1578b BGB herabgesetzte Unterhalt sein kann.

389 Weiter können auch Einkünfte aus überobligatorischer Arbeit als eheprägend eingestuft und damit in die Unterhaltsberechnung eingestellt werden.[244]

d) Berechnung des Unterhalts

390 Hinsichtlich der Berechnung des Unterhalts vgl. Rdn 38 ff.

e) Leistungsfähigkeit des Unterhaltsschuldners

391 Hinsichtlich der Leistungsfähigkeit vgl. Rdn 25 ff.

f) Erlöschen des Unterhaltsanspruchs

392 Der Unterhaltsanspruch endet mit der Wiederverheiratung, mit der Begründung einer Lebenspartnerschaft oder dem Tod des Berechtigten, § 1586 Abs. 1 BGB (nicht bei Tod des Verpflichteten, § 1586b Abs. 1 BGB).

393 Der Unterhaltsanspruch lebt gem. § 1586a BGB wieder auf, wenn eine neue Ehe des Unterhaltsberechtigten aufgehoben wird (durch Tod oder Scheidung) und der Unterhaltsgläubiger wegen der Erziehung der Kinder aus der ersten Ehe keiner Erwerbstätigkeit nachgehen kann.

---

243 BGH FamRZ 1997, 806.
244 BGH FamRZ 2005, 442; 1154.

g) Maß des nachehelichen Unterhalts, § 1578 BGB

Das UÄndG 2008 sieht grundsätzlich für alle Unterhaltstatbestände eine Billigkeitsregelung vor, die nach Maßgabe des § 1578b BGB eine Herabsetzung und/oder zeitliche Begrenzung der Unterhaltsansprüche vorsieht. 394

Es ist also immer dazu vorzutragen, dass eine an den ehelichen Lebensverhältnissen orientierte Bemessung des Unterhaltsanspruchs auch unter Wahrung der Belange eines dem Berechtigten zur Pflege oder Erziehung anvertrauten gemeinschaftlichen Kindes unbillig wäre. Dabei ist zu berücksichtigen, inwieweit durch die Ehe Nachteile im Hinblick auf die Möglichkeit eingetreten sind, für den eigenen Unterhalt selbst zu sorgen. 395

Der Unterhalt ist zeitlich zu begrenzen, wenn ein zeitlich unbegrenzter Unterhaltsanspruch auch unter Wahrung der Belange eines dem Berechtigten zur Pflege oder Erziehung anvertrauten gemeinschaftlichen Kindes unbillig wäre. 396

h) Beschränkung oder Wegfall, § 1579 BGB

Vgl. hierzu Rdn 371. 397

2. Prozessführung zur Geltendmachung nachehelichen Unterhalts

a) Inverzugsetzen des Unterhaltsschuldners

Anders als beim Trennungs-, Kindes- und Verwandtenunterhalt gilt für den nachehelichen Unterhalt nicht die Vorschrift des § 1613 BGB, so dass der Unterhaltsschuldner nicht bereits durch ein Auskunftsbegehren in Verzug kommt.[245] 398

Eine Mahnung ist erst dann möglich, wenn der Anspruch fällig ist, also mit rechtskräftiger Scheidung. Eine vorherige Mahnung ist unwirksam![246] 399

> *Hinweis* 400
> Unterhalt für die Vergangenheit kann für eine mehr als ein Jahr vor der Rechtshängigkeit des Antrags liegende Zeit nur verlangt werden, wenn anzunehmen ist, dass sich der Unterhaltsverpflichtete seiner Unterhaltsleistung absichtlich entzogen hat (§ 1585b Abs. 3 BGB)!

b) Welches Gericht ist zuständig?

Das **Familiengericht** ist für Anträge zur Geltendmachung nachehelichen Unterhalts gem. § 23a Nr. 2 GVG i.V.m. § 111 Nr. 8 FamFG sachlich zuständig. 401

Die **örtliche Zuständigkeit** unterscheidet danach, ob der Unterhalt im Scheidungsverbundverfahren geltend gemacht wird oder isoliert: Wird der Unterhalt im Verbund geltend gemacht (s. dazu Muster Rdn 488), so ist das Gericht ausschließlich zuständig, bei dem die Ehesache anhängig ist, § 232 Abs. 1 Nr. 1 FamFG. 402

---

245 Zur Stufenmahnung s. *Budde*, Die Stufenmahnung beim nachehelichen Unterhalt, FamRZ 2005, 1217 ff.
246 BGH FamRZ 1992, 920.

403 *Hinweis*

Soll der nacheheliche Unterhalt im Rahmen des Scheidungsverbundes geltend gemacht werden, so muss der Antrag **spätestens 2 Wochen vor dem Termin** zur mündlichen Verhandlung im ersten Rechtszug **anhängig**[247] gemacht werden, § 137 Abs. 2 S. 1 FamFG.[248]

Ist das Scheidungsverfahren nicht mehr anhängig, so richtet sich die Zuständigkeit nach dem Ort, an dem der Antragsgegner seinen gewöhnlichen Aufenthalt hat, § 232 Abs. 3 FamFG.

c) Unterhaltsantragsarten

404
- **Leistungsantrag zur Geltendmachung von nachehelichem Unterhalt im Verbund**, s. Muster Rdn 488,
- **Leistungsantrag zur Geltendmachung von nachehelichem Unterhalt außerhalb des Verbundes**, s. Muster Rdn 490,
- **Stufenantrag zur Geltendmachung von nachehelichem Unterhalt**, entspricht Muster Rdn 195,
- **Abänderungsantrag zur Erhöhung von nachehelichem Unterhalt**, entspricht Muster Rdn 198,
- **Vollstreckungsabwehrantrag**, entspricht Muster Rdn 199,
- **Negativer Feststellungsantrag**, entspricht Muster Rdn 200

V. Die güterrechtliche Auseinandersetzung der Eheleute

1. Materiell-rechtliche Grundlagen

a) Allgemeines

405 Haben die Eheleute keine anders lautende ehevertragliche Vereinbarung[249] geschlossen, so leben sie im gesetzlichen Güterstand der **Zugewinngemeinschaft**,[250] § 1363 Abs. 1 BGB. Dies bedeutet (im Gegenteil zur Gütergemeinschaft), dass die Ehepartner von Gesetzes wegen kein gemeinschaftliches Vermögen haben, § 1363 Abs. 2 S. 1 BGB[251] und jeder Ehegatte sein Vermögen – unter Maßgabe der §§ 1365 ff. BGB – selbstständig verwaltet.

406 Die Zugewinngemeinschaft endet durch:
- rechtskräftigen Abschluss des Scheidungsverfahrens, Eheaufhebung, Nichtigerklärung der Ehe,
- Tod eines Ehegatten,

---

247 Beachte zur rückwärts zu berechnenden Frist: BGH v. 5.6.2013 XII ZB 427/11.
248 Die Frist zur Ladung in Ehesachen beträgt nach § 217 ZPO allerdings nach wie vor eine Woche.
249 Ehevertraglich kann die Zugewinngemeinschaft modifiziert werden. Es kann alternativ dazu auch Gütertrennung oder Gütergemeinschaft vereinbart werden.
250 Zur Entwicklung der Rechtsprechung zum Zugewinnausgleich; s. *Koch*, Die Entwicklung der Rechtsprechung zum Zugewinnausgleich, FamRZ 2016, 1022 ff. Zu den Neuregelungen des Güterrechts im Einzelnen s. *Brudermüller*, FamRZ 2009, 1185 ff.
251 Davon unberührt ist die vertragliche Begründung von Miteigentum, Gesamtgläubigerschaft, Gesamtschuldnerschaft.

- ehevertragliche Vereinbarung (Vereinbarung eines anderen Güterstandes, Aufhebung der Zugewinngemeinschaft, Ausschluss des Zugewinns, § 1414 BGB),
- rechtskräftigen Beschluss über vorzeitige Aufhebung der Zugewinngemeinschaft (i.V.m. vorzeitigem Ausgleich des Zugewinns, §§ 1385–1388 BGB).

Wenn die Zugewinngemeinschaft endet, ist der während der Ehe erwirtschaftete Zugewinn auszugleichen (§ 1363 Abs. 2 S. 2 BGB). Zugewinn ist der Betrag, um den das Endvermögen des einen Ehegatten (§ 1375 BGB) dessen Anfangsvermögen (§ 1374 BGB) übersteigt, § 1373 BGB.   407

Leben die Ehegatten im Güterstand der **Gütertrennung**, so findet keine güterrechtliche Auseinandersetzung anlässlich der Scheidung statt. Der Güterstand der **Gütergemeinschaft** hat seine praktische Relevanz verloren, weil seine Vorzüge durch ehevertragliche Gestaltungsmöglichkeiten genutzt werden können, ohne die Nachteile (Haftung!) in Kauf zu nehmen.   408

b) Abgrenzung des Zugewinnausgleichsverfahrens von anderen Ausgleichsverfahren

Grundsätzlich ist im Zugewinnausgleichsverfahren alles Vermögen (im Sinne einer Differenz zwischen Aktiv- und Passivvermögen) auszugleichen, welches in der Ehe erwirtschaftet worden ist. Hiervon gibt es folgende **Ausnahmen**:   409

aa) Haushaltsgegenstände (vorm. Hausrat)

Alle beweglichen Gegenstände, die nach den ehelichen Lebensverhältnissen üblicherweise in der Familie oder im Haushalt oder zur Freizeitgestaltung verwendet werden, stellen Hausrat dar.[252]   410

Haushaltsgegenstände, welche nach §§ 1568b ff. BGB zu verteilen sind, unterliegen nicht dem Zugewinnausgleich, denn diese Vorschriften verdrängen diejenigen über den Zugewinnausgleich.[253]   411

Alle für den gemeinsamen Haushalt während der Ehe angeschafften Gegenstände gelten als gemeinsames Eigentum, sofern nicht das Alleineigentum feststeht oder bewiesen werden kann. Alle Gegenstände, die im Alleineigentum eines Partners stehen, fallen in den Zugewinnausgleich.[254]

Ein Pkw (ebenso: Wohnmobil, Schiff, Flugzeug) stellt grundsätzlich einen Vermögenswert dar und ist deshalb im Zugewinnausgleichsverfahren zu berücksichtigen. Nur dann, wenn das Fahrzeug ausschließlich der privaten Lebensführung dient, ist es im Hausratsverfahren zu verteilen.[255]   412

---

252 BGH NJW 1984, 484.
253 *Hoppenz*, FamRZ 2008, 1889, 1894.
254 *Hoppenz*, FamRZ 2008, 1889, 1894.
255 BGH FamRZ 1991, 43.

bb) Gegenstände des persönlichen Gebrauchs

413 Gegenstände des persönlichen Gebrauchs (z.B. Schmuck, Computer) sind im Zugewinnausgleichsverfahren zu berücksichtigen, wenn nicht zwischen den Parteien eine anders lautende Vereinbarung besteht (z.B. im Ehevertrag).

cc) Versorgungsausgleich

414 Anwartschaften oder Aussichten, über die ein Versorgungsausgleich[256] stattfindet, sind von der Durchführung des Zugewinnausgleichs ausgenommen.

415 Bei der privaten Altersvorsorge ist zu unterscheiden:
- private Kapitallebensversicherungen werden im Zugewinn ausgeglichen
- private Rentenlebensversicherungen werden im Zugewinn ausgeglichen, wenn der berechtigte Ehegatte vor dem Stichtag die Kapitalleistung gewählt hat.
- Anrechte aus einem Lebensversicherungsvertrag mit Kapitalwahlrecht fallen in den Zugewinnausgleich, wenn der Berechtigte sein Wahlrecht erst nach Rechtshängigkeit des Scheidungsantrags ausübt.[257]

c) Ermittlung des Zugewinns

416 Der während der Ehe erwirtschaftete Zugewinn wird ermittelt, indem für jeden Ehegatten einzeln ermittelt wird, wie hoch der Wert seines Vermögens bei Beginn der Zugewinngemeinschaft (also in der Regel bei Eheschließung) war (sog. **Anfangsvermögen**). Sodann wird für jeden Ehegatten einzeln ermittelt, wie hoch der Wert seines Vermögens bei Beendigung der Zugewinngemeinschaft (wegen § 1384 BGB im Fall der Scheidung im Zeitpunkt der Rechtshängigkeit des Scheidungsantrags) ist (sog. **Endvermögen**). Derjenige Ehegatte, der den höheren Zugewinn erwirtschaftet hat, muss dem anderen Ehegatten die Hälfte der Wertdifferenz als Zugewinnausgleich herausgeben. Im Einzelnen:

aa) Anfangsvermögen

417 Gem. § 1374 Abs. 1 BGB ist Anfangsvermögen das Vermögen, welches einem Ehegatten nach Abzug der Verbindlichkeiten beim Eintritt des Güterstandes gehört. Das Anfangsvermögen kann (rechtlich gesehen) **auch negativ** sein, denn Verbindlichkeiten werden über die Höhe des Vermögens hinaus abgezogen (§ 1974 Abs. 3 BGB). Eine Mithaftung des anderen Ehegatten an den im Anfangsvermögen berücksichtigten Schulden wird damit nicht begründet.[258]

418 **Zum Anfangsvermögen wird gem. § 1374 Abs. 2 BGB hinzugerechnet**, was der Ehegatte von Todes wegen bzw. mit Rücksicht auf ein künftiges Erbrecht oder im Wege der Schenkung erwirbt. Sinn dieser Zurechnungen ist es, den Ehepartner nur an denjenigen Wertzuwächsen teilhaben zu lassen, die während der Ehe von den Parteien selbst erwirtschaftet worden sind. Dadurch dass diese Werte rechnerisch dem Anfangs-

---

256 Zur Reform des Versorgungsausgleichs: *Schmid*, FamRZ 2009, 1269 ff.
257 BGH FamRZ 2003, 664; *Soyka*, Familienrecht Kompakt 2003, 77 f.
258 *Brudermüller*, FamRZ 2009, 1185, 1186.

vermögen zugerechnet werden und sich dieses erhöht, verringert sich die Differenzgröße „Zugewinn".

Hinweis 419

Hat ein Ehegatte zu Beginn der Ehe Schulden und erhält er während der Ehe Zuwendungen i.S.d. § 1374 Abs. 2 BGB, so ist bei der Ermittlung des Anfangsvermögens seit der Neuregelung des Güterrechts[259] eine Saldierung vorzunehmen. Die Zuwendungen sind dann hinzuzurechnen, so dass negatives Anfangsvermögen mit positivem privilegiertem Anfangsvermögen verrechnet werden kann.[260]

Hinweis 420

Arbeitsleistungen von Familienmitgliedern (z.B. beim Bau des Familienheims) stellen nur dann Schenkungen i.S.d. § 1374 Abs. 2 BGB dar, wenn sich durch die Zuwendung das Vermögen des Zuwendenden verringert. Hiervon kann, insbesondere bei Wochenendhilfen, grundsätzlich nicht ausgegangen werden. Eine Vermögenseinbuße erleidet das Familienmitglied aber dann, wenn es seine Arbeitskraft anderweitig hätte einsetzen können oder auf die Erhebung einer Vergütung verzichtet hat.[261]

Bei **Geldzuwendungen naher Angehöriger** ist stets zu prüfen, mit welchem Zweck 421
diese erbracht wurden: Dient die Zuwendung dem Aufbau des Vermögens (z.B. Zuschuss beim Immobilienkauf), so sind die Zuwendungen nach § 1374 Abs. 2 BGB zu berücksichtigen. Handelt es sich hingegen um Unterstützungen zum Lebensunterhalt (z.B. Ausgleich des überzogenen Girokontos), so dienen sie dem laufenden Verbrauch und sind nicht zu berücksichtigen.

Weiter ist zu prüfen, **an wen die Zuwendung fließen soll.** Während der intakten Ehe 422
unterscheiden die Zuwendenden oft nicht danach, auf wessen Konto eine Überweisung getätigt wird, so dass es später schwierig ist nachzuweisen, an wen die Schenkung erfolgen sollte (an beide Ehepartner oder nur an einen Ehegatten). Grundsätzlich ist davon auszugehen, dass Eltern ihrem Schwiegerkind nur um der Ehe willen etwas zuwenden möchten und somit der Bestand der Ehe Grundlage der Schenkung ist. Die Rückabwicklung vollzieht sich nach den Grundsätzen des Wegfalls der Geschäftsgrundlage.[262]

Ehebedingte Zuwendungen unter den Ehegatten fallen nicht unter § 1374 Abs. 2 423
BGB.[263] Diese Zuwendungen sind dadurch gekennzeichnet, dass sie der Verwirklichung der ehelichen Gemeinschaft dienen und ihnen keine bestimmte andere causa zugrunde liegt. Hierunter fallen beispielsweise die unentgeltliche Übertragung eines Miteigentumsanteils an einem Grundstück und der Abbau eines Kredits für den Ehegatten.

---

259 Diese Vorschrift gilt für Verfahren über den Zugewinn, die ab dem 1.9.2009 anhängig werden, Art. 229 § 30 EGBGB.
260 Anders als nach der alten Rechtslage, nach der dies ausgeschlossen war: s. BGH FamRZ 1988, 506.
261 OLG München FamRZ 1995, 1069.
262 Vgl. weiterführend *Schulz*, FamRB 2006, 48 und 84.
263 BGH FamRZ 1988, 373 f.

Diese Zuwendungen unterscheiden sich von echten Schenkungen i.S.d. §§ 516 ff. BGB dadurch, dass sie nur im Zugewinnausgleichsverfahren berücksichtigt werden, und zwar dergestalt, dass der zugewandte Wert nur im Endvermögen des bedachten Ehegatten berücksichtigt wird (sofern er noch wertmäßig vorhanden ist). Die §§ 528 ff. BGB (Rückforderung, Widerruf der Schenkung) sind darüber hinaus nicht anwendbar.

424 **Zuwendungen der Schwiegereltern**, die (auch) das Schwiegerkind begünstigen, werden nur güterrechtlich ausgeglichen,[264] indem der hälftige Wert der Zuwendung gem. § 1374 Abs. 2 BGB nur dem Anfangsvermögen des eigenen Kindes zugerechnet wird und nicht bei dem des Schwiegerkindes. Ist der Wert noch vorhanden, so wird er in jedem Endvermögen der Ehegatten zur Hälfte berücksichtigt.[265]

bb) Endvermögen

425 Endvermögen ist das Vermögen, das einem Ehegatten nach Abzug der Verbindlichkeiten bei der Beendigung des Güterstandes gehört hat, § 1375 Abs. 1 S. 1 BGB. Dabei sind Verbindlichkeiten über die Höhe des Vermögens hinaus abzuziehen, § 1375 Abs. 1 S. 2 BGB.[266] Endet die Zugewinngemeinschaft durch Scheidung, so ist der maßgebliche Zeitpunkt zur Ermittlung des Endvermögens und zur Ermittlung der Höhe der Ausgleichsforderung[267] der Tag der Zustellung des Scheidungsantrags, § 1384 BGB.

426 *Hinweis*

Gehört ein Wirtschaftsgut beiden Ehegatten (z.B. Miteigentum an einem Grundstück, Gesamtgläubiger einer Forderung), so ist darauf zu achten, dass nur der jeweilige Anteil (falls keine andere Bestimmung getroffen worden ist: 50 %) im Endvermögen des jeweiligen Ehepartners berücksichtigt wird und nicht die gesamte Vermögensposition bei einem Ehegatten!

427 **Schulden**, für welche die Eheleute gesamtschuldnerisch haften, sind als Passivposition im Endvermögen jedes Ehegatten mit der Quote zu erfassen, mit der er im Innenverhältnis zum Ausgleich verpflichtet ist.

428 Dem **Endvermögen wird gem. § 1375 Abs. 2 Nr. 1–3 BGB folgendes hinzugerechnet:**
- Hat der Ehegatte **unentgeltliche Zuwendungen** (z.B. an seine Freundin) gemacht, durch die er nicht einer sittlichen Pflicht oder einer auf den Anstand zu nehmenden Rücksicht entsprochen hat, so wird der Wert der Zuwendung dem Endvermögen hinzugerechnet;
- Gleiches gilt für **verschwendetes Vermögen** und für **Handlungen in der Absicht, den anderen Ehegatten zu benachteiligen**, sofern nicht die Vermögensminderung

---

[264] Ausnahme: Zwischen den Schwiegereltern und dem Schwiegerkind besteht ein schuldrechtlicher Vertrag (z.B. Darlehnsvertrag, Betreuungsvertrag).
[265] *Schulz*, FamRB 2006, 48 und 84.
[266] Diese Vorschrift gilt für Verfahren über den Zugewinn, die ab dem 1.9.2009 anhängig werden, Art. 229 § 30 EGBGB.
[267] S. vorige Fußnote.

mehr als zehn Jahre vor Beendigung des Güterstandes vorgenommen worden ist oder der Ehegatte einverstanden gewesen ist (§ 1375 Abs. 3 BGB).

- Ist das Endvermögen eines Ehegatten geringer als das Vermögen, das er in der Auskunft zum Trennungsunterhalt angegeben hat, so hat dieser Ehegatte darzulegen und zu beweisen, dass die Vermögensminderung nicht auf Handlungen i.S.d. 1. Satzes Nr. 1 bis 3 zurückzuführen ist, § 1375 Abs. 2 S. 2 BGB.[268]

Hinweis 429

Durch die Neuregelung des Güterrechts, die für alle ab dem 1.9.2009 anhängigen Verfahren gilt, kann sich die Zugewinnausgleichsberechnung gravierend verändern.

Beispiel 430

Die Eheleute lassen sich nach 20jähriger Ehe scheiden. Der Ehemann hatte bei Eingehung der Ehe 30.000 EUR Schulden. Im Verlauf der Ehe wurden die Schulden zurückgezahlt, weiteres Vermögen wurde nicht aufgebaut. Seine Frau hatte bei Eheschließung keine Schulden und hat auch während der Ehe kein Vermögen aufgebaut.

Nach altem Recht musste der Ehemann keinen Zugewinnausgleich an seine Frau zahlen, 431 da er über kein Vermögen am Ende der Ehe verfügt und seine Schulden bei Eingehung der Ehe unberücksichtigt geblieben sind.

Nach neuem Recht hat die Ehefrau einen Anspruch auf Zahlung von 15.000 EUR, da eine Berücksichtigung des negativen Anfangsvermögens vorgenommen wird. Dabei wird allerdings die Höhe der Ausgleichsforderung durch das bei Ende des Güterstandes (oder des nach § 1384 maßgeblichen Stichtags, also bei Rechtshängigkeit des Scheidungsantrags) vorhandene Vermögen **begrenzt**, § 1378 Abs. 2 BGB. Dadurch wird vermieden, dass der rechnerisch Ausgleichspflichtige Verbindlichkeiten aufnehmen muss, um die Ausgleichszahlung vornehmen zu können. Eine Ausnahme hiervon liegt im Falle der illoyalen Vermögensminderung nach § 1378 Abs. 2 S. 2 BGB vor.

cc) Ausgleichsforderung, § 1378 BGB

Übersteigt der Zugewinn des einen Ehegatten denjenigen des anderen Ehegatten, so 432 steht die Hälfte des Überschusses dem anderen Ehegatten als Ausgleichsforderung zu.

Dabei wird die Höhe der Ausgleichsforderung durch den Wert des Vermögens begrenzt, das nach Abzug der Verbindlichkeiten bei Beendigung des Güterstandes, bzw. der Rechtshängigkeit des Scheidungsantrags[269] vorhanden ist.

Für die Ausgleichsforderung gilt seit dem 1.1.2010 die Regelverjährungsfrist des § 195 BGB. Verjährungsbeginn ist seither der Jahresschluss (§ 199 BGB), die Höchstfrist beträgt gem. § 199 Abs. IV BGB zehn Jahre.

---

[268] S. vorvorherige Fußnote.
[269] *Brudermüller*, FamRZ 2009, 1185, 1188.

433 *Hinweis*

Berechnungsstichtag für die Berechnung des Zugewinns und für die Höhe der Ausgleichsforderung ist für den Fall der Scheidung die Rechtshängigkeit des Scheidungsantrags![270]

dd) Checkliste zur Ermittlung des Zugewinns

434 Um zu ermitteln, wer der beiden Ehepartner den höheren Zugewinn erwirtschaftet hat, ist anhand folgender **Checkliste** unter Berücksichtigung der im Anschluss daran abgedruckten Anmerkungen vorzugehen:

435 **(1) Ermittlung des Endvermögens des Ehemannes**

Schritt 1: Aktivvermögen

- Bankvermögen[271] (z.B. Sparkonten, Girokonten, Festgeldkonten)
- Wertpapiere (Aktien, festverzinsliche Anlagen, Scheck- und Wechselforderungen)
- Immobilien[272] (Grundstücke, Eigentumswohnungen)
- Unternehmen, Unternehmensbeteiligungen, freiberufliche Praxen[273]
- Sammlungen (Kunstsammlungen, Münzsammlungen, Puppensammlungen, Waffensammlungen)
- Sonstige Wertgegenstände (Schmuck, HiFi-Geräte)
- Forderungen (Steuererstattungsansprüche, Forderungen gegen den anderen Ehegatten[274])
- Schenkungen an den anderen Ehegatten (§ 1380 Abs. 2 BGB)

436 **Schritt 2: Passivvermögen**[275]

- Bankschulden[276]
- Darlehensverbindlichkeiten
- Sonstige Schulden (Steuerschulden)

437 **Schritt 3: Saldierung: Aktivvermögen ./. Passivvermögen**

438 **Schritt 4: Hinzurechnungen nach § 1375 Abs. 2 S. 1 BGB, die innerhalb der letzten zehn Jahre vor Beendigung des Güterstandes vorgenommen worden sind:**

- Unentgeltliche Zuwendungen, die nicht einer sittlichen Pflicht oder einer auf Anstand zu nehmenden Rücksicht entsprechen
- Vermögensverschwendungen

---

270 Diese Vorschrift gilt für Verfahren über den Zugewinn, die ab dem 1.9.2009 anhängig werden, Art. 229 § 30 EGBGB.
271 Sind die Ehepartner Gesamtgläubiger der Forderung, so ist bei jedem Ehepartner nur der auf ihn entfallende Anteil zu berücksichtigen.
272 Sind beide Ehepartner Miteigentümer, so ist nur der jeweilige Miteigentumsanteil in die Berechnung einzustellen.
273 Zur Ermittlung des Wertes freiberuflicher Praxen s. BGH FamRZ 2008, 761; OLG Düsseldorf FamRZ 2008, 516.
274 Fällige Ansprüche auf wiederkehrende Zahlungen (Unterhalt) sind in die Unterhaltsbilanz einzustellen, OLG Hamm FamRZ 2007, 1243.
275 Zur Frage der Berücksichtigung von Schulden im Endvermögen, die auch bei der Ermittlung der unerhaltsrechtlichen Leistungsfähigkeit berücksichtigt worden sind, s. OLG Koblenz, FuR 2007, 542.
276 Haften die Eheleute für die Schulden gemeinsam, so ist bei jedem Ehepartner nur der Betrag einzusetzen, für den er haftet, im Zweifel gem. § 426 Abs. 1 S. 1 BGB der hälftige Betrag.

- Handlungen, die in der Absicht, den anderen Ehegatten zu benachteiligen, vorgenommen werden

Schritt 5: Indexierung des Netto-Anfangsvermögens (Aktivvermögen ./. Passivvermögen)[277] = Bereinigtes Anfangsvermögen 439

$$\frac{\text{Nettoanfangsvermögen} \times \text{Lebenshaltungskostenindex im Jahr der Zustellung des Scheidungsantrags}}{\text{Lebenshaltungskostenindex im Jahr der Eheschließung}}$$

Schritt 6: Addition: Ergebnis aus Schritt 3 + Ergebnis Schritt 5 = Endvermögen[278] 440

(2) Ermittlung des Anfangsvermögens des Ehemannes 441

Schritt 1: Aktivvermögen
- Bankvermögen (z.B. Sparkonten, Girokonten, Festgeldkonten)
- Wertpapiere (Aktien, festverzinsliche Anlagen, Scheck- und Wechselforderungen)
- Immobilien (Grundstücke, Eigentumswohnungen)
- Unternehmen, Unternehmensbeteiligungen, freiberufliche Praxen
- Sammlungen (Kunstsammlungen, Münzsammlungen, Puppensammlungen, Waffensammlungen)
- Sonstige Wertgegenstände (Schmuck, HiFi Geräte)
- Forderungen (z.B. Steuererstattungsansprüche)

Schritt 2: Passivvermögen 442
- Bankschulden
- Darlehnsverbindlichkeiten
- Sonstige Schulden (Steuerschulden)

Schritt 3: Saldierung: Aktivvermögen ./. Passivvermögen 443

Hinweis 444

Das Anfangsvermögen (Akivvermögen ./. Passivvermögen) kann negativ sein, da Verbindlichkeiten über die Höhe des Vermögens hinaus zu berücksichtigen sind, § 1375 Abs. 1 S. 2 BGB.[279]

---

[277] Während der Ehe verliert das Netto-Anfangsvermögen durch Inflation an Wert: 20 DM hatten in 1970 einen größeren Wert als 10 EUR in 2018 es haben. Da eine inflationsbedingte Wertsteigerung nicht im Zugewinnausgleichsverfahren ausgeglichen werden soll, wird das Anfangsvermögen um diesen Inflationswert korrigiert.

[278] Stichtag für die Ermittlung des Endvermögens ist der Tag der Zustellung des Scheidungsantrags, § 1384 BGB (bei der Geschäftsstelle des Familiengerichts, bei dem die Scheidung eingereicht worden ist, zu erfragen) bzw. der Tag der Erhebung des Antrags auf vorzeitigen Ausgleich des Zugewinns, § 1387 BGB. Wird der Güterstand ehevertraglich vereinbart, so kommt es auf den im Vertrag festgelegten Zeitpunkt an, mangels eines solchen auf den Zeitpunkt, in welchem der Vertrag geschlossen worden ist.

[279] Diese Vorschrift gilt für Verfahren über den Zugewinn, die ab dem 1.9.2009 anhängig werden, Art. 229 § 30 EGBGB.

445 Schritt 4: Indexierung des Netto-Anfangsvermögens (Aktivvermögen ./. Passivvermögen)[280] = Bereinigtes Anfangsvermögen

$$\frac{\text{Nettoanfangsvermögen} \times \text{Lebenshaltungskostenindex im Jahr der Zustellung des Scheidungsantrags}}{\text{Lebenshaltungskostenindex im Jahr der Eheschließung}}$$

446 Schritt 5: Vermögenszuwendungen während der Ehe

Durch Schenkung, Erbschaft, vorweggenommene Erbfolge, Ausstattung, sofern sie nicht den Umständen nach zu den Einkünften zu rechnen sind (§ 1374 Abs. 2 BGB)[281]

447 Aktivvermögen (zu ermitteln wie bei Rdn 435) – Passivvermögen (zu ermitteln wie bei Rdn 436)

Schritt 6: Indexierung (zu ermitteln wie bei Rdn 445 f.)[282]

448 Schritt 7: Addition = Ergebnis aus Schritt 4 + Ergebnis aus Schritt 6 = Anfangsvermögen[283]

449 (3) Ermittlung des Zugewinns des Ehemannes

Endvermögen des Ehemannes ./. (indexiertes) Anfangsvermögen des Ehemannes ./. (indexierte) Zuwendungen nach § 1374 Abs. 2 BGB = Zugewinn des Ehemannes

450 (4) Ermittlung des Endvermögens der Ehefrau

Schritt 1: Aktivvermögen

- Bankvermögen[284] (z.B. Sparkonten, Girokonten, Festgeldkonten)
- Wertpapiere (Aktien, festverzinsliche Anlagen, Scheck- und Wechselforderungen)
- Immobilien[285] (Grundstücke, Eigentumswohnungen)
- Unternehmen, Unternehmensbeteiligungen, freiberufliche Praxen
- Sammlungen (Kunstsammlungen, Münzsammlungen, Puppensammlungen, Waffensammlungen)
- Sonstige Wertgegenstände (Schmuck, HiFi-Geräte)
- Forderungen (Steuererstattungsanprüche, Forderungen gegen den anderen Ehegatten)
- Schenkungen an den anderen Ehegatten (§ 1380 Abs. 2 BGB)

---

280 Während der Ehe verliert das Netto-Anfangsvermögen durch Inflation an Wert: 20 DM hatten in 1970 einen größeren Wert als 10 EUR in 2018 es haben. Da eine inflationsbedingte Wertsteigerung nicht im Zugewinnausgleichsverfahren ausgeglichen werden soll, wird das Anfangsvermögen um diesen Inflationswert korrigiert.
281 Zur Berechnung von Wertsteigerungen des privilegierten Anfangsvermögens: BGH FamRZ 2007, 978, 981.
282 Es ist darauf zu achten, dass der Lebenshaltungsindex des Jahres, in welchem der Ehegatte die Zuwendung erhalten hat, angewendet wird, nicht derjenige des Jahres der Eheschließung! Vgl. Palandt-*Brudermüller*, § 1376 Rn 25 f.
283 Berechnungsstichtag für das Anfangsvermögen ist der Beginn des Güterstandes (Tag der Eheschließung, §§ 1363, 1374 Abs. 1 BGB, frühestens der 1.7.1958 (Tag des Inkrafttretens des Gleichberechtigungsgesetzes), bei vertraglicher Vereinbarung der vereinbarte Zeitpunkt, mangels eines solchen der Tag, an dem der Vertrag wirksam wird.
284 Sind die Ehepartner Gesamtgläubiger der Forderung, so ist bei jedem Ehepartner nur der auf ihn entfallende Anteil zu berücksichtigen.
285 Sind beide Ehepartner Miteigentümer, so ist nur der jeweilige Miteigentumsanteil in die Berechnung einzustellen.

Schritt 2: Passivvermögen 451
- Bankschulden[286]
- Darlehnsverbindlichkeiten
- Sonstige Schulden (Steuerschulden)

Schritt 3: Saldierung: Aktivvermögen ./. Passivermögen 452

Schritt 4: Hinzurechnungen nach § 1375 Abs. 2 S. 1 BGB, die innerhalb der letzten zehn Jahre vor Beendigung des Güterstandes vorgenommen worden sind: 453
- unentgeltliche Zuwendungen, die nicht einer sittlichen Pflicht oder einer auf Anstand zu nehmenden Rücksicht entsprechen,
- Vermögensverschwendungen,
- Handlungen, die in der Absicht, den anderen Ehegatten zu benachteiligen, vorgenommen werden.

Schritt 5: Indexierung des Netto-Anfangvermögens (Aktivvermögen ./. Passivvermögen)[287] = Bereinigtes Anfangsvermögen

$$\frac{\text{Nettoanfangsvermögen} \times \text{Lebenshaltungskostenindex im Jahr der Zustellung des Scheidungsantrags}}{\text{Lebenshaltungskostenindex im Jahr der Eheschließung}}$$

Schritt 6: Addition = Ergebnis aus Schritt 3 + Ergebnis Schritt 5 = Endvermögen[288] 454

(5) Ermittlung des Anfangsvermögens der Ehefrau 455

Schritt 1: Aktivvermögen
- Bankvermögen (z.B. Sparkonten, Girokonten, Festgeldkonten)
- Wertpapiere (Aktien, festverzinsliche Anlagen, Scheck- und Wechselforderungen)
- Immobilien (Grundstücke, Eigentumswohnungen)
- Unternehmen, Unternehmensbeteiligungen, freiberufliche Praxen
- Sammlungen (Kunstsammlungen, Münzsammlungen, Puppensammlungen, Waffensammlungen)
- Sonstige Wertgegenstände (Schmuck, HiFi Geräte)
- Forderungen (z.B. Steuererstattungsanprüche)

Schritt 2: Passivvermögen 456
- Bankschulden
- Darlehnsverbindlichkeiten
- Sonstige Schulden (Steuerschulden)

---

286 Haften die Eheleute für die Schulden gemeinsam, so ist bei jedem Ehepartner nur der Betrag einzusetzen, für den er haftet, im Zweifel gem. § 426 Abs. 1 S. 1 BGB der hälftige Betrag.

287 Während der Ehe verliert das Netto-Anfangsvermögen durch Inflation an Wert: 20 DM hatten in 1970 einen größeren Wert als 10 EUR in 2018 es haben. Da eine inflationsbedingte Wertsteigerung nicht im Zugewinnausgleichsverfahren ausgeglichen werden soll, wird das Anfangsvermögen um dessen Inflationswert korrigiert.

288 Stichtag für die Ermittlung des Endvermögens und die Höhe der Ausgleichsforderung ist der Tag der Zustellung des Scheidungsantrags, § 1384 BGB (bei der Geschäftsstelle des Familiengerichts, bei dem die Scheidung eingereicht worden ist, zu erfragen) bzw. der Tag der Erhebung des Antrags auf Zahlung eines vorzeitigen Ausgleichs des Zugewinns, § 1387 BGB. Wird der Güterstand ehevertraglich vereinbart, so kommt es auf den im Vertrag festgelegten Zeitpunkt an, mangels eines solchen auf den Zeitpunkt, in welchem der Vertrag geschlossen worden ist.

457 Schritt 3: Saldierung: Aktivvermögen ./. Passivvermögen

458 *Hinweis*

Das Anfangsvermögen (Aktivvermögen ./. Passivvermögen) kann negativ sein, da Verbindlichkeiten über die Höhe des Vermögens hinaus zu berücksichtigen sind, § 1375 Abs. 1 S. 2 BGB.[289]

459 Schritt 4: Indexierung des Netto-Anfangsvermögens (Aktivvermögen ./. Passivvermögen)[290] = Bereinigtes Anfangsvermögen

$$\frac{\text{Nettoanfangsvermögen} \times \text{Lebenshaltungskostenindex im Jahr der Zustellung des Scheidungsantrags}}{\text{Lebenshaltungskostenindex im Jahr der Eheschließung}}$$

460 Schritt 5: Vermögenszuwendungen an die Ehefrau während der Ehe

Durch Schenkung, Erbschaft, vorweggenommene Erbfolge, Ausstattung, sofern sie nicht den Umständen nach zu den Einkünften zu rechnen sind (§ 1374 Abs. 2 BGB)

461 Aktivvermögen (zu ermitteln wie bei Rdn 455) ./. Passivvermögen (zu ermitteln wie bei Rdn 456)

Schritt 6: Indexierung (zu ermitteln wie bei Rdn 459 f.)[291]

462 Schritt 7: Addition = Ergebnis aus Schritt 4 + Ergebnis aus Schritt 6 = Anfangsvermögen[292]

463 (6) Ermittlung des Zugewinns der Ehefrau

Endvermögen der Ehefrau ./. (indexiertes) Anfangsvermögen der Ehefrau = Zugewinn der Ehefrau

464 (7) Zugewinnausgleichsanspruch

$$\frac{\text{Höherer Zugewinn des einen Ehegatten} - \text{niedrigerer Zugewinn des anderen Ehegatten}}{2}$$

465 *Beispiel zur Berechnung der Ausgleichsforderung*

Als der Ehemann den Scheidungsantrag einreicht, hat er einen Zugewinn von 40.000 EUR erzielt. Die Ehefrau hat kein eigenes Vermögen. Nach Einreichung der Scheidung gibt der Ehemann 16.000 EUR für eine Fernreise mit seiner neuen Freundin aus und behauptet, die restlichen 24.000 EUR im Spielcasino verloren zu haben.

---

289 Diese Vorschrift gilt für Verfahren über den Zugewinn, die ab dem 1.9.09 anhängig werden, Art. 229 § 30 EGBGB.
290 Während der Ehe verliert das Netto-Anfangsvermögen durch Inflation an Wert: 20 DM hatten in 1970 einen größeren Wert als 10 EUR in 2018 es haben. Da eine inflationsbedingte Wertsteigerung nicht im Zugewinnausgleichsverfahren ausgeglichen werden soll, wird das Anfangsvermögen um diesen Inflationswert korrigiert.
291 Es ist darauf zu achten, dass der Lebenshaltungsindex des Jahres, in welchem der Ehegatte die Zuwendung erhalten hat, angewendet wird, nicht derjenige des Jahres der Eheschließung! Vgl. Palandt-*Brudermüller*, § 1376 Rn 25 f.
292 Berechnungsstichtag für das Anfangsvermögen ist der Beginn des Güterstandes (Tag der Eheschließung, §§ 1363, 1374 Abs. 1 BGB, frühestens der 1.7.1958 (Tag des Inkrafttretens des Gleichberechtigungsgesetzes), bei vertraglicher Vereinbarung der vereinbarte Zeitpunkt, mangels eines solchen der Tag, an dem der Vertrag wirksam wird.

Bei Beendigung des Güterstandes durch den rechtskräftigen Scheidungsbeschluss ist dem Ehemann kein Vermögen nachzuweisen. Der Ehefrau stehen 20.000 EUR zu.

Obwohl das Vermögen des Ehemannes nach dem Scheidungsantrag „verschwunden" ist, ist die Ehefrau vor solchen Manipulationen geschützt:

Die Güterrechtsreform regelt, dass der Berechnungszeitpunkt „Rechtshängigkeit des Scheidungsantrages" nicht nur für die Berechnung des Zugewinns, sondern auch für die Bestimmung der Höhe der Ausgleichsforderung gilt.

Hinweis 466

Der Mandant sollte insbesondere nach folgenden Vermögenswerten gefragt werden:

- **Abfindungszahlung**, sofern es sich um eine Zahlung für den Verlust des Arbeitsplatzes handelt. Wird die Abfindung hingegen anstelle eines Arbeitsentgelts gezahlt, fällt sie nicht in den Zugewinn (so zum Beispiel bei einer Zahlung aus einem Sozialplan, § 112 Abs. 1 BetrVG, die als unterhaltspflichtiges Einkommen gilt[293]), sondern ist nur unterhaltsrechtlich relevant.
- **Aktien** werden mit dem Tagesbörsenkurs des nächstgelegenen Börsenplatzes bewertet.
- **Antiquitäten** stellen dann keinen Hausrat dar, wenn sie ausschließlich als Kapitalanlage (z.B. zur Altersvorsorge) angeschafft worden sind. Sie sind mit dem Verkehrswert (erzielbarer Veräußerungserlös zu bewerten).
- **Aussteuern** unterliegen dem Zugewinnausgleichsverfahren (Zurechnung zum Anfangsvermögen), sofern sie nicht im Hausratsverfahren zu berücksichtigen sind.
- **Barvermögen** ist im Endvermögen zu berücksichtigen.
- **Bausparvermögen und vermögenswirksame Leistungen** sind im Endvermögen zu berücksichtigen.
- **Forderungen** sind zu berücksichtigen. Sind die Ehegatten Gesamtschuldner oder Gesamtgläubiger, so ist die Forderung bei jedem Ehegatten jeweils in voller Höhe zu berücksichtigen. Die im Innenverhältnis bestehende Ausgleichsforderung aus § 426 Abs. 1 S. 1 BGB ist bei beiden Ehegatten jeweils als Aktivposition einzustellen. Damit wird die Gesamtschuld letztlich in der Höhe der Quote, mit welcher der jeweilige Partner im Innenverhältnis haftet, eingestellt.[294]
- **Geschenke der Schwiegereltern** sind nicht nach § 1374 Abs. 2 BGB bei dem begünstigten Schwiegerkind zu berücksichtigen, sondern nur in dessen Endvermögen. Bei dem eigenen Kind sind die Zuwendungen gem. § 1374 Abs. 2 BGB und im Endvermögen zu berücksichtigen. Hierdurch wird erreicht, dass das Schwiegerkind nicht (mehr) von der Zuwendung profitiert.

---

293 BGH FamRZ 1990, 372.
294 BGH FamRZ 2008, 602, höchst strittig (s. auch mit anderem Ergebnis: BGH FamRZ 1997, 487, 488.

467 *Hinweis*

Handelt es sich um wiederkehrende Leistungen (z.B. zu jedem Weihnachtsfest werden 1.000 EUR geschenkt), so ist zu prüfen, ob es sich um laufende Einkünfte handelt, die im Zugewinnausgleichsverfahren nicht berücksichtigt werden.

- **Grundstücke** werden mit dem Verkehrswert in Ansatz gebracht.
- **Kraftfahrzeuge** werden mit ihrem Verkehrswert berücksichtigt. Zur Ermittlung des Verkehrswertes kann die „Schwackeliste" herangezogen werden.[295]
- **Land- und forstwirtschaftliche Betriebe:** Ist ein solcher Betrieb sowohl im Anfangs- als auch im Endvermögen zu berücksichtigen, so ist auf die besondere Vorschrift des § 1376 Abs. 4 BGB zu achten.[296]
- **Schmuck** ist im Endvermögen mit dem Verkehrswert zu berücksichtigen. Sind die Schmuckstücke geschenkt oder vererbt worden, so ist § 1374 Abs. 2 BGB zu beachten.
- **Unternehmen/Unternehmensbeteiligungen und freiberufliche Praxen** sind im Zugewinnausgleichsverfahren zu berücksichtigen. Das Gesetz schreibt kein bestimmtes Bewertungsverfahren vor, so dass es verschiedene Arten der Unternehmensbewertung gibt,[297] deren gemeinsames Ziel es ist, den **wahren und objektiven** Wert des Unternehmens zu ergründen.

468 *Hinweis*

Die richtige Wahl der Unternehmensbewertungsart ist eine **tatrichterliche** Frage, die zu entscheiden nicht dem Sachverständigen obliegt.[298] Es ist ratsam, zu der Bewertungsart schriftsätzliche Ausführungen zu machen!

- Der **Liquidationswert** ist der niedrigste Wert eines Unternehmens und unterstellt eine Zerschlagung des Unternehmens (z.B. weil es nicht gewinnbringend wirtschaftet) und Veräußerung der im Unternehmen vorhandenen Wirtschaftsgüter.
- Bei der Ermittlung des **Substanzwertes** wird nicht die Zerschlagung des Unternehmens unterstellt, sondern es werden die Wiederbeschaffungskosten aller einzeln veräußerbaren Wirtschaftsgüter ermittelt und addiert.
- Nach dem **Ertragswertverfahren** wird anhand der in den vergangenen drei bis fünf Jahren erwirtschafteten Erträge die zukünftige Ertragslage prognostiziert.
- **Unternehmen**, die personenbezogen sind (z.B. freiberufliche Praxen, Handwerksbetriebe) haben darüber hinaus einen immateriellen Wert, der durch die Reputation, den Kundenstamm und die Kundenbindung geschaffen wird (sog. **good will**). Da es sich hierbei um ein bilanzierbares und abschreibungsfähiges Wirtschaftsgut handelt (vgl. §§ 7 Abs. 1 Nr. 3 EStG, 255 Abs. 4 S. 2 und 3 HGB), ist es im Rahmen der Wertermittlung zu berücksichtigen, sofern unterstellt werden kann,

---

295 Im Internet zu finden unter www.schwacke.de.
296 Weiterführend: *Büte*, Zugewinnausgleich bei Ehescheidung, Rn 108–110.
297 Weiterführend: *Piltz*, Die Unternehmensbewertung in der Rechtsprechung, 1994. Zur Bewertung von Anwaltskanzleien: *Römermann/Schröder*, NJW 2003, 2709 f.
298 BGH FamRZ 1986, 776, 779.

dass ein Erwerber für das Unternehmen mehr zahlen würde als den reinen Substanzwert.[299]

- **Versicherungen:** Kapitallebensversicherungen sind im Zugewinnausgleich zu berücksichtigen und mit dem sog. Fortführungswert zu bewerten. Diesen ermitteln die Versicherungsgesellschaften auf Anfrage.
  Nicht zu berücksichtigen sind Risikolebensversicherungen und Lebensversicherungen auf Rentenbasis,[300] sie sind im Versorgungsausgleichsverfahren zu berücksichtigen.
- **Wertpapiere** sind mit dem zum Stichtag ermittelten Börsenwert (Kurswert) zu berücksichtigen.

2. Vorbereitung des Prozesses

a) Auskunftsanspruch, § 1379 Abs. 1 BGB

469 Zwischen der Trennung der Parteien und der Rechtshängigkeit des Scheidungsantrags werden bekanntermaßen Vermögenswerte verschoben, um sie nicht mit dem zukünftigen Ex-Ehegatten teilen zu müssen. Um dies zu unterbinden, besteht:

- ein Auskunftsanspruch über den Bestand des Vermögens auch bereits zum Zeitpunkt der Trennung, § 1379 Abs. 2 BGB,
- ein Auskunftsanspruch (auch) über das (negative) Anfangsvermögen, § 1379 Abs. 1 S. 1 Nr. 2 BGB.[301] Die Auskunft kann somit auf zwei verschiedene Zeitpunkte bezogen gefordert werden: zum Zeitpunkt der Trennung und zum Zeitpunkt der Rechtshängigkeit des Scheidungsantrags. Wird das Vermögen in dieser Zeit vermindert, hat derjenige, der sich auf die Verminderung beruft, darzulegen und zu beweisen, was mit dem Vermögen geschehen ist, § 1375 Abs. 2 Nr. 2 BGB,
- ein Anspruch auf Belegvorlage, § 1379 Abs. 1 BGB.

S. hierzu Muster Rdn 491.

b) Schutz vor Vermögensmanipulationen

470 Für die Berechnung des Zugewinns kam es nach dem bis zum 31.8.2009 geltenden Recht auf den Zeitpunkt der Zustellung des Scheidungsantrags an. Die endgültige Höhe der Ausgleichsforderung wurde daher bislang durch den Wert begrenzt, den das Vermögen zu einem sehr viel späteren Zeitpunkt hat, nämlich dem der rechtskräftigen Scheidung. In der Zwischenzeit bestand die Gefahr, dass der ausgleichspflichtige Ehegatte sein Vermögen zulasten des ausgleichsberechtigten Ehegatten beiseiteschafft. Diese Gefahr ist nun gebannt, denn Stichtag für die Berechnung der Höhe der Ausgleichsforderung ist ebenfalls der Zeitpunkt der Rechtshängigkeit des Scheidungsantrags.

---

299 BGHZ 70, 224.
300 Weiterführend: *Büte*, Zugewinnausgleich bei Ehescheidung, Rn 113–121.
301 Die Neuregelungen dieser Vorschrift gelten für Verfahren über den Zugewinn, die ab dem 1.9.2009 anhängig werden, Art. 229 § 30 EGBGB.

471 Der Schutz des ausgleichsberechtigten Ehegatten wird aber nicht nur durch den neuen Auskunftsanspruch gestärkt, sondern auch durch eine Modernisierung des **vorläufigen Rechtsschutzes**.

472 *Beispiel*

Die Ehefrau ist unter anderem Alleineigentümerin einer vermieteten Immobilie. Diese Immobilie stellt als Kapitalanlage einen nicht unerheblichen Teil ihres Vermögens dar. Unmittelbar nach der Trennung bietet sie den Grundbesitz zum Verkauf an, obwohl dies wirtschaftlich unsinnig ist. Der Ehemann unterstellt ihr, dass der Verkauf nur dem Zweck dient, den Veräußerungserlös beiseite zu schaffen und so seinen Zugewinnausgleichsanspruch zu reduzieren.

Der Ehepartner, dem hier der Schaden droht, kann den Zugewinn vorzeitig geltend machen und seine Rechte im **einstweiligen Anordnungsverfahren** *sichern, um zu verhindern, dass Vermögen beiseite geschafft wird.*

c) Wie und wann soll der Ausgleich geltend gemacht werden?

473 Bei der Überlegung, wie und wann der **Zugewinnausgleichsanspruch** eingeklagt wird, ist Folgendes zu bedenken:

- Wird der Zugewinnausgleichsanspruch im Rahmen des Scheidungsverfahrens anhängig gemacht,[302] so entsteht ein sog. „freiwilliger Verbund" (Folgesache Güterrecht).[303] Das Gericht soll erst dann über den Scheidungsantrag entscheiden, wenn die Parteien Einigkeit über die Folgen der Ehescheidung erzielt haben bzw. auch die Folgesachen entscheidungsreif sind.

- Grundsätzlich besteht die Möglichkeit, auch nach Abschluss des Ehescheidungsverfahrens das Zugewinnausgleichsverfahren durchzuführen (der Zugewinnausgleichsanspruch verjährt innerhalb der Regelverjährungsfrist (§ 195 BGB), beginnend ab dem Jahresende des Jahres, in dem der Güterstand beendet worden ist). Werden beide Verfahren isoliert voneinander geführt, entstehen höhere Anwalts- und Gerichtskosten, weil nur im Verbundverfahren eine Addition der Gebührenstreitwerte vorgenommen wird. **Auf diese Mehrkosten muss der Anwalt seinen Mandanten hinweisen!** Ist der Mandant **verfahrenskostenhilfeberechtigt**, so ist zu bedenken, dass manche Obergerichte die Bewilligung der Verfahrenskostenhilfe versagen, weil die Geltendmachung außerhalb des Verbundes mutwillig sei.[304] Der BGH hat entschieden, dass die isolierte Geltendmachung einer Scheidungsfolgesache grundsätzlich nicht mutwillig i.S.d. § 114 ZPO ist.[305]

- Der Ausgleichsanspruch entsteht mit der Beendigung des Güterstandes, also regelmäßig mit der rechtskräftigen Scheidung. Erst dann ist er **fällig und verzinslich**.

---

302 Soll der Zugewinn im Rahmen des Scheidungsverbundes geltend gemacht werden, so muss der Antrag **spätestens zwei Wochen vor dem Termin** zur mündlichen Verhandlung im ersten Rechtszug **anhängig** gemacht werden, § 137 Abs. 2 S. 1 FamFG.
303 Vgl. Muster Rdn 492.
304 OLG Schleswig FamRZ 2000, 1021; OLG Thüringen FamRZ 2000, 100.
305 BGH FamRZ 2005, 786, 881.

Tipp

Bei hohen Ausgleichsforderungen sollte erwogen werden, zunächst das Scheidungsverfahren zügig abzuschließen und sodann den Zugewinnausgleichsanspruch gerichtlich geltend zu machen, um die Verzinsung zu sichern. Dabei ist allerdings zu berücksichtigen, dass der Trennungsunterhalt nach der Scheidung nicht mehr geschuldet wird, so dass sich diese Taktik nur dann lohnt, wenn auch nachehelicher Unterhalt in gleicher Höhe wie der Trennungsunterhalt geschuldet wird, ansonsten wird die Rechnung nicht aufgehen.

Soll im Rahmen der Zugewinnausgleichsberechnung Anfangsvermögen berücksichtigt werden, so ist derjenige, der sich hierauf beruft, darlegungs- und beweispflichtig. Will sich ein Ehegatte jedoch auf **negatives Anfangsvermögen** des anderen Ehegatten berufen, so muss er hierfür die Vermutung des § 1377 Abs. 3 widerlegen![306]

- Besteht Anlass für die Vermutung, dass der Ehegatte, der den höheren Zugewinn erzielt hat, den Ausgleichsanspruch des anderen Ehepartners durch illoyale Maßnahmen beeinträchtigen wird, so kann unter nachfolgenden Voraussetzungen bereits während des Getrenntlebens ein Antrag auf den **vorzeitigen Ausgleich des Zugewinns bei vorzeitiger Aufhebung der Zugewinngemeinschaft gestellt werden (§§ 1385 f. BGB), wenn**:[307]
- die Parteien länger als drei Jahre getrennt leben (§ 1385 Nr. 1 BGB) oder
- Handlungen der in § 1365 oder § 1375 Abs. 2 BGB bezeichneten Art zu befürchten sind und dadurch eine erhebliche Gefährdung der Erfüllung der Ausgleichsforderung **zu besorgen ist**,[308] oder
- ein Ehegatte erfüllt seine wirtschaftlichen Verpflichtungen schuldhaft und über einen längeren Zeitraum hinweg nicht und es ist anzunehmen, dass er sie in Zukunft nicht erfüllen wird (§ 1385 Nr. 3 BGB) oder
- sich der andere Ehegatte beharrlich ohne ausreichenden Grund weigert oder sich ohne ausreichenden Grund bis zur Erhebung der Klage auf Auskunft beharrlich geweigert hat, ihm über den Bestand seines Vermögens zu unterrichten, § 1385 Nr. 4 BGB.

Hinweis

Der geschädigte Ehegatte kann durch einen familiengerichtlichen Gestaltungsbeschlusses die Beendigung des Güterstandes erreichen, und damit den Stichtag für die Berechnung des Zugewinns auf den Zeitpunkt der Zustellung dieses Antrags vorverlegen, § 1387 BGB. Er kann neben dem Gestaltungsantrag unmittelbar die

---

[306] *Brudermüller* FamRZ 2009, 1185, 1186; *Hoppenz* FamRZ 2008, 1889, 1890.
[307] Vgl. Muster Rdn 494.
[308] Nach dem bis zum 31.8.2009 geltenden Recht war es erforderlich, dass die illoyale Vermögensminderung bereits eingetreten ist. Dies ist nach der Neufassung nicht mehr notwendig, sondern es genügt darzulegen und zu beweisen, dass Handlungen der in §§ 1365 und 1375 Abs. 2 BGB beschriebenen Art, die eine erhebliche Gefährdung der Ausgleichsforderung bewirken können, zu besorgen sind.

Zahlung beantragen.[309] Dies ist insofern vorteilhaft, als dass die Rechtskraft des Aufhebungsurteils nicht abgewartet werden muss.

Gem. § 1388 BGB tritt mit Rechtskraft des Beschlusses, der die Zugewinngemeinschaft vorzeitig auflöst, Gütertrennung ein.

3. Örtliche Zuständigkeit, § 262 FamFG

474 Während der Anhängigkeit einer Ehesache ist das Gericht ausschließlich zuständig, bei dem die Ehesache im ersten Rechtszug anhängig war oder ist. Diese Zuständigkeit geht der ausschließlichen Zuständigkeit eines anderen Gerichts vor.

475 Im Übrigen bestimmt sich die Zuständigkeit nach der ZPO mit der Maßgabe, dass in den Vorschriften über den allgemeinen Gerichtsstand an die Stelle des Wohnsitzes der gewöhnliche Aufenthalt tritt.

476 Wird eine Ehesache anhängig, während eine Güterrechtssache bei einem anderen Gericht im ersten Rechtszug anhängig ist, ist diese von Amts wegen an das Gericht der Ehesache abzugeben. § 281 Abs. 2 und 3 S. 1 der ZPO gelten entsprechend.

477 *Hinweis*

Wird ein Vollstreckungsabwehrantrag in Güterrechtssachen erhoben, dann gilt auch für diesen Antrag der ausschließliche Gerichtsstand der Ehesache![310]

C. Muster

I. Muster: Antrag auf einverständliche Ehescheidung

▼

478 An das
Amtsgericht
– Familiengericht –

Antrag auf Ehescheidung

In der Familiensache
des ▓▓▓▓, wohnhaft ▓▓▓▓

– Antragstellers –

Verfahrensbevollmächtigte: Rechtsanwälte ▓▓▓▓
gegen
die ▓▓▓▓, geborene ▓▓▓▓, wohnhaft ▓▓▓▓

– Antragsgegnerin –

wegen: Ehescheidung

---

309 Diese Vorschrift gilt für Verfahren über den Zugewinn, die ab dem 1.9.2009 anhängig werden, Art. 229 § 30 EGBGB.
310 *Fölsch*, § 3 Rn 178.

vorläufiger Gegenstandswert: ▓▓▓ Euro

bestellen wir uns aufgrund der beigefügten besonderen Verfahrensvollmacht (§§ 11, 114 Abs. 5 FamFG) des Antragstellers zu dessen Verfahrensbevollmächtigten und kündigen für den Termin zur mündlichen Verhandlung folgenden Antrag an:

Die am ▓▓▓ vor dem Standesbeamten des Standesamts in ▓▓▓ zu der Heiratseintragnummer ▓▓▓ / ▓▓▓ geschlossene Ehe der Parteien wird geschieden.

[*Gleichzeitig beantragen wir,*

dem Antragsteller Verfahrenskostenhilfe zu bewilligen und ihm den Unterzeichner als Bevollmächtigten beizuordnen.]

Begründung:

I.

Die Beteiligten haben am ▓▓▓ vor dem Standesbeamten des Standesamts ▓▓▓ zu der Heiratseintragnummer ▓▓▓ die Ehe miteinander geschlossen.

 Beweis: beigefügte beglaubigte Abschrift der Heiratsurkunde

Der Antragsteller ist am ▓▓▓ geboren und besitzt die ▓▓▓ Staatsangehörigkeit. Die Antragsgegnerin ist am ▓▓▓ geboren und besitzt die ▓▓▓ Staatsangehörigkeit.

[*Aus der Ehe der Parteien sind keine Kinder hervorgegangen.*]

Oder

[*Aus der Ehe der Parteien sind die Kinder*

▓▓▓ *, geboren am* ▓▓▓ *, wohnhaft* ▓▓▓

▓▓▓ *, geboren am* ▓▓▓ *, wohnhaft* ▓▓▓

 Beweis: beigefügte beglaubigte Abschriften der Geburtsurkunden

hervorgegangen.]

II.

Die örtliche Zuständigkeit des Amtsgerichts ▓▓▓ ergibt sich aus dem Umstand, dass die Antragsgegnerin mit den aus der Ehe hervorgegangen Kindern ihren gewöhnlichen Aufenthalt im Bezirk des angerufenen Gerichts hat (§ 122 Nr. 1 FamFG).

III.

Der Scheidungsantrag wird auf §§ 1565 Abs. 1, 1566 Abs. 1 BGB gestützt. Die Ehe der Beteiligten ist gescheitert.

Die Lebensgemeinschaft der Beteiligten besteht nicht mehr. Die Beteiligten leben seit dem ▓▓▓ voneinander getrennt. Zum damaligen Zeitpunkt ist der Antragsteller aus der Ehewohnung ausgezogen. Seither ist mehr als ein Jahr vergangen.

 Beweis: Einvernahme der Beteiligten

Eine Wiederherstellung der ehelichen Lebensgemeinschaft kommt für die Beteiligten nicht mehr in Betracht. Die Antragsgegnerin wird dem Scheidungsantrag zustimmen beziehungsweise einen eigenen Scheidungsantrag stellen.

 Beweis: wie vor

IV.

Eine Regelung i.S.d. § 133 Abs. 1 Nr. 2 FamFG haben die Beteiligten bisher nicht getroffen.

[Gegebenenfalls können – müssen aber nicht – hier Ausführungen zu dem aktuellen Stand der außergerichtlichen Einigung erfolgen, damit das Gericht gegebenenfalls seiner Pflicht zur Förderung der außergerichtlichen Streitbeilegung (§ 135 FamFG) nachkommen kann:

Es soll bei der gemeinsamen elterlichen Sorge für die aus der Ehe hervorgegangen Kinder verbleiben. Den Umgang haben die Beteiligten untereinander einvernehmlich geregelt. Der Hausrat ist aufgeteilt. Kindesunterhalt zahlt der Antragsteller gemäß der Düsseldorfer Tabelle. Streitig ist noch die Unterhaltsverpflichtung des Antragstellers gegenüber der Antragsgegnerin.]

V.

Familiensachen i.S.d. § 133 Abs. 1 Nr. 3 FamFG sind nach Kenntnis des Antragstellers anderweitig nicht anhängig.

VI.

[Gegebenenfalls bei einer Ehedauer von weniger als drei Jahren:

Es wird beantragt,

gem. § 3 Abs. 3 VersAusglG den Versorgungsausgleich stattfinden zu lassen.]

Der Versorgungsausgleich soll durchgeführt werden. Wir bitten um Übersendung der amtlichen Vordrucke zur Einleitung des Versorgungsausgleichsverfahrens.

VII.

Zum Zwecke der Festsetzung des Verfahrenswertes wird folgendes mitgeteilt:

Der Antragsteller erzielt ein durchschnittliches monatliches Nettoeinkommen in Höhe von ca. ▮ EUR, die Antragsgegnerin ein solches in Höhe von ca. ▮ EUR. Vermögen besitzen die Beteiligten in Höhe von ▮ EUR.

[**VIII.**

Dem Antragsteller ist Verfahrenskostenhilfe zu bewilligen.

Der Antragsteller ist nach seinen Einkommens- und Vermögensverhältnissen außer Stande, die Kosten des Verfahrens aufzubringen. Zum Nachweis überreichen wir beigefügt die Erklärung über die persönlichen und wirtschaftlichen Verhältnisse des Antragstellers.

Die beabsichtigte Rechtsverfolgung des Antragstellers bietet auch hinreichende Aussicht auf Erfolg und ist nicht mutwillig, wie sich aus dem Vorstehenden ergibt.

Eine Vertretung durch einen Rechtsanwalt ist in Ehesachen gem. § 114 Abs. 1 FamFG erforderlich, so dass dem Antragsteller gem. § 78 Abs. 1 FamFG der Unterzeichner als Bevollmächtigter beizuordnen ist.]

Rechtsanwalt/Rechtsanwältin

Streitwert Ehesache: 3-faches monatliches Nettoeinkommen der Beteiligten zzgl. eines Anteils des gegebenenfalls vorhandenen Vermögens (§ 43 FamGKG); vergleiche auch die Rechtsprechung zu § 48 Abs. 2, Abs. 3 GKG in der Fassung bis zum 31.8.2009

Streitwert Versorgungsausgleichssache: In Versorgungsausgleichssachen beträgt der

Verfahrenswert für jedes Anrecht 10 % des in drei Monaten erzielten Nettoeinkommens der Ehegatten, der Wert beträgt insgesamt mindestens 1.000 EUR (vergl. § 50 FamGKG).

Anwaltsgebühren: Regelgebühren nach Teil 3 Abschnitt 1 VV

Gerichtskosten: 2,0 Verfahrensgebühr gem. § 28 FamGKG i.V.m. Nr. 1110 KVFamGKG; Ermäßigung gem. Nr. 1111 KVFamGKG möglich.

II. Muster: Antrag auf streitige Scheidung nach Ablauf des Trennungsjahres

Rubrum, Antrag und Begründung wie Muster I. Antrag auf einverständliche Ehescheidung mit Ausnahme von

IV.

Der Scheidungsantrag wird auf § 1565 Abs. 1 BGB gestützt. Die Ehe ist gescheitert. Die eheliche Lebensgemeinschaft der Beteiligten besteht nicht mehr und es ist auch nicht mehr zu erwarten, dass die Beteiligten sie wiederherstellen. Im Einzelnen gilt folgendes:

Die Beteiligten leben seit dem ▓▓▓ getrennt voneinander. Zum damaligen Zeitpunkt ist der Antragsteller aus der vormaligen Ehewohnung ausgezogen. Wechselseitige Versorgungsleistungen wurden seither nicht mehr füreinander erbracht.

    Beweis: Einvernahme der Beteiligten

Der Antragsteller hat sich zwischenzeitlich einer neuen Partnerin zugewandt. Seit dem lebt er mit seiner neuen Partnerin in einer gemeinsamen Wohnung. Er ist nicht bereit, die Beziehung zu seiner neuen Partnerin zu beenden und lehnt die Rückkehr zu der Antragsgegnerin endgültig ab.

    Beweis: wie vor

Streitwert, Kosten und Gebühren wie bei Muster 22.20.

III. Muster: Antrag auf Ehescheidung nach Ablauf von drei Trennungsjahren

Rubrum, Antrag und Begründung wie Muster I. Antrag auf einverständliche Ehescheidung mit Ausnahme von

IV.

Der Antrag wird auf §§ 1565 Abs. 1, 1566 Abs. 2 BGB gestützt. Die Ehe ist gescheitert. Die eheliche Lebensgemeinschaft der Beteiligten besteht nicht mehr und es ist auch nicht zu erwarten, dass die Beteiligten sie wiederherstellen. Im Einzelnen gilt folgendes:

Die Beteiligten leben seit dem ▓▓▓ getrennt voneinander. Zum damaligen Zeitpunkt ist der Antragsteller aus der vormaligen Ehewohnung ausgezogen. Wechselseitige Versorgungsleistungen wurden seither nicht mehr füreinander erbracht.

    Beweis: Einvernahme der Beteiligten

Da die Beteiligten zwischenzeitlich mehr als drei Jahre getrennt voneinander leben, wird gem. § 1566 Abs. 2 BGB unwiderlegbar vermutet, dass die Ehe gescheitert ist.

Streitwert, Kosten und Gebühren wie bei Muster 22.20.

IV. Muster: Antrag auf Härtefallscheidung

▼

481 *Rubrum, Antrag und Begründung wie Muster 22.20 Antrag auf einverständliche Ehescheidung mit Ausnahme von*

IV.

Der Scheidungsantrag wird auf § 1565 Abs. 1, Abs. 2 BGB gestützt. Die Ehe der Beteiligten ist gescheitert. Die eheliche Lebensgemeinschaft der Beteiligten besteht nicht mehr.

Die Beteiligten leben seit dem ▨▨▨▨ getrennt voneinander. Zum damaligen Zeitpunkt ist die Antragsgegnerin mit den aus der Ehe hervorgegangenen Kindern aus der vormaligen Ehewohnung ausgezogen. Wechselseitige Versorgungsleistungen haben die Beteiligten seither nicht füreinander erbracht.

Zwar leben die Beteiligten noch nicht ein Jahr getrennt voneinander, allerdings stellt das Festhalten an der Ehe für den Antragsteller aus Gründen, die in der Person der Antragsgegnerin liegen, eine unzumutbare Härte dar.

Die Antragsgegnerin ist von ihrem neuen Lebensgefährten schwanger. Dieser Umstand ist in der Literatur und Rechtsprechung als Härtegrund i.S.d. § 1566 Abs. 2 BGB anerkannt (vgl.: OLG Karlsruhe in FamRZ 2000, 1417; OLG Frankfurt am Main in FamRZ 2006, 625).

Streitwert, Kosten und Gebühren wie bei Muster 22.20.

V. Muster: Abweisung der Scheidung wegen unzumutbarer Härte

▼

482 In der Familiensache

▨▨▨ ./. ▨▨▨

Az: ▨▨▨

wegen: streitiger Ehescheidung

bestellen wir uns aufgrund der in der Anlage beigefügten besonderen Verfahrensvollmacht der Antragsgegnerin zu deren Verfahrensbevollmächtigten und kündigen für den Termin zur mündlichen Verhandlung folgenden Antrag an:

Der Antrag wird abgewiesen.

Begründung:

Die von dem Antragsteller angegebenen Generalien sind zutreffend.

Richtig ist, dass die Beteiligten seit dem ▨▨▨ und damit seit mehr als einem Jahr getrennt voneinander leben. Dem Scheidungsantrag steht jedoch die Härteklausel des § 1568 Abs. 1 1. Alternative BGB entgegen. Danach soll die Ehe trotz Scheiterns nicht geschieden werden, wenn und solange ihre Aufrechterhaltung im Interesse der aus der Ehe hervorgegangenen minderjährigen Kinder aus besonderen Gründen ausnahmsweise notwendig ist. Diese Voraussetzungen sind vorliegend erfüllt.

Aus der Ehe der Beteiligten ist der minderjährige Sohn ▓▓▓▓, geboren am ▓▓▓▓, hervorgegangen. Nachdem er von den Trennungsabsichten der Eltern erfahren hat, hat er mehrfach in glaubhafter Art und Weise zum Ausdruck gebracht, dass er Selbstmord begehen will, wenn es zu einer Scheidung kommt. Dies hat er mehrfach mündlich, zuletzt aber auch in dem Brief vom ▓▓▓▓ an den Antragsteller schriftlich angekündigt. Der Sohn bezieht sich auf ein früher seitens des Antragstellers gegebenes Ehrenwort, er werde die Familie niemals verlassen.

    Beweis: Vorlage des Briefes vom ▓▓▓▓ im Termin

Der Sohn hat auch bereits gegenüber den Eltern des Antragstellers geäußert, dass er sich umbringen werde, wenn die Ehe der Eltern geschieden würde.

    Beweis: Zeugnis des ▓▓▓▓, wohnhaft in ▓▓▓▓

Diese Ankündigungen der Selbsttötung durch den Sohn sind ernst zu nehmen.

    Beweis: Sachverständigengutachten

Die Antragsgegnerin hat auch bereits veranlasst, dass der Sohn sich in psychologische Behandlung begibt. Der behandelnde Arzt kam zu dem Ergebnis, dass die Ankündigung der Selbsttötung auch deshalb ernst zu nehmen ist, weil der Sohn um seiner eigenen Glaubwürdigkeit willen aufgrund der häufigen Wiederholungen bei einer rechtskräftigen Scheidung die Drohung auch umsetzen müsse.

    Beweis: Sachverständigengutachten

Aufgrund einer ebenfalls diagnostizierten depressiven Phase und psychischen Störung des Sohnes ist eine Behandlung kurzfristig nicht Erfolg versprechend.

    Beweis: Sachverständigengutachten

Der Scheidungsantrag ist daher abzuweisen.

Rechtsanwalt/Rechtsanwältin

▲

VI. Muster: Antrag auf Scheidung nach türkischem Recht

483 An das

Amtsgericht ▓▓▓
– Familiengericht –

Antrag auf Ehescheidung

In der Familiensache
des ▓▓▓, wohnhaft ▓▓▓

– Antragstellers –

Verfahrensbevollmächtigte: Rechtsanwälte ▓▓▓

gegen

die ▓▓▓, geborene ▓▓▓, wohnhaft ▓▓▓

– Antragsgegnerin –

wegen: Ehescheidung

vorläufiger Gegenstandswert: ▓▓▓ Euro

bestellen wir uns aufgrund der beigefügten besonderen Verfahrensvollmacht (§§ 11, 114 Abs. 5 FamFG) des Antragstellers zu dessen Verfahrensbevollmächtigten und kündigen für den Termin zur mündlichen Verhandlung folgenden Antrag an:

Die am ▓▓▓ vor dem Standesbeamten des Standesamts in ▓▓▓ / Türkei zu der Heiratsregisternummer (▓▓▓ / ▓▓▓) geschlossene Ehe der Parteien wird geschieden.

Begründung:

I.

Der Antragsteller ist am ▓▓▓ geboren. Die Antragsgegnerin ist am ▓▓▓ geboren. Beide Beteiligten besitzen die türkische Staatsangehörigkeit.

Die Parteien haben wie im Antrag angegeben die Ehe miteinander geschlossen.

Aus der Ehe sind die Kinder

▓▓▓, geboren am ▓▓▓, wohnhaft ▓▓▓,

▓▓▓, geboren am ▓▓▓, wohnhaft ▓▓▓,

hervorgegangen.

II.

Die internationale Zuständigkeit des angerufenen Gerichts ergibt sich aus § 98 Abs. 1 Nr. 2 FamFG, da beide Beteiligten ihren gewöhnlichen Aufenthalt in der Bundesrepublik Deutschland haben.

Die örtliche Zuständigkeit des Amtsgerichts ▓▓▓ ergibt sich aus dem Umstand, dass die Antragsgegnerin mit den aus der Ehe hervorgegangen Kindern ihren gewöhnlichen Aufenthalt im Bezirk des angerufenen Gerichts hat (§ 122 Nr. 1 FamFG).

III.
Auf das Scheidungsverfahren ist gem. Art. 17 Abs. 1 S. 1 i.Vm. Art. 14 Abs. 1 Nr. 1 EGBGB türkisches Scheidungsrecht anzuwenden. Eine Rückverweisung sieht das türkische Recht nicht vor.

IV.
Gem. Art. 166 des türkischen ZGB kann jeder Ehegatte die Scheidungsklage erheben, wenn die eheliche Gemeinschaft in ihrem Fundament so zerrüttet ist, dass den Ehegatten die Fortsetzung des gemeinsamen Lebens nicht mehr zugemutet werden kann. Hat die Ehe mindestens ein Jahr angedauert, gilt die eheliche Gemeinschaft als grundlegend zerrüttet, wenn beide Ehegatten gemeinsam einen Scheidungsantrags stellen oder wenn ein Ehegatte dem Scheidungsantrag des anderen Ehegatten zustimmt.

Im vorliegenden Fall hat die eheliche Gemeinschaft der Parteien bereits seit mehreren Jahren bestanden.

Die Antragsgegnerin wird dem Scheidungsantrag zustimmen.

      Beweis: Einvernahme der Beteiligten

Beide Beteiligten haben sich freiwillig zur Scheidung der Ehe entschlossen und werden dies im Termin zur mündlichen Verhandlung bestätigen.

      Beweis: wie vor

Im Übrigen ist die Ehe der Parteien auch zerrüttet. Die Beteiligten leben seit dem und damit seit über zwei Jahren getrennt voneinander. Zu diesem Zeitpunkt ist der Antragsteller aus der ehelichen Wohnung ausgezogen. Einer Aufforderung der Antragsgegnerin, die eheliche Lebensgemeinschaft wieder aufzunehmen, ist der Antragsteller nicht nachgekommen.

      Beweis: wie vor

Die Antragsgegnerin hatte außergerichtlich angekündigt, sie wolle der Scheidung der Ehe nach Art. 166 ZGB widersprechen. Dies hält die Antragsgegnerin jedoch nicht aufrecht. Ein solcher Widerspruch der Antragsgegnerin wäre aber auch unbeachtlich, da sie das Verschulden am Scheitern der Ehe trifft. Die Antragsgegnerin hat sich nämlich einem anderen Lebenspartner zugewandt und damit die Zerrüttung der ehelichen Gemeinschaft herbeigeführt.

      Beweis: Zeugnis des N. N.

Das Verschulden der Antragsgegnerin am Scheitern der Ehe ist im Tenor des Scheidungsurteils auszusprechen.

Die vorhandenen Vermögenswerte wurden zwischen den Beteiligten einvernehmlich zur Hälfte geteilt.

Die elterliche Sorge soll nach dem Willen der Beteiligten bei den Eheleuten gemeinsam verbleiben. Die Beteiligten sind sich einig, dass die ehelichen Kinder bei der Antragsgegnerin leben sollen. Dem Antragsteller wird ein großzügiges Umgangsrecht nach vorheriger Absprache gewährt werden.

[V.

Der Antragsteller beantragt,

den Versorgungsausgleich gemäß Art. 17 Abs. 3 S. 2 EGBGB nach deutschem Recht durchzuführen.

Beide Beteiligten haben während der Ehezeit Anwartschaften in der Deutschen Rentenversicherung Bund erworben. Die gesamte Ehezeit haben die Beteiligten in Deutschland verbracht, so dass die Durchführung des Versorgungsausgleichs auch nicht unbillig ist.]

VI.

Zum Zwecke der Streitwertfestsetzung teilen wir mit, dass der Antragsteller ein durchschnittliches monatliches Nettoeinkommen in Höhe von circa ▮▮▮ EUR und die Antragsgegnerin ein monatliches Nettoeinkommen Höhe von circa ▮▮▮ EUR erzielt.

Rechtsanwalt/Rechtsanwältin

Streitwert, Kosten und Gebühren wie bei Muster 22.20.

VII. Muster: Antrag auf Feststellung der Trennung nach italienischem Recht

▼

An das

Amtsgericht ▮▮▮

– Familiengericht –

Antrag auf Ehescheidung

In der Familiensache

des ▮▮▮, wohnhaft ▮▮▮

– Antragstellers –

Verfahrensbevollmächtigte: Rechtsanwälte ▮▮▮

gegen

die ▮▮▮, geborene ▮▮▮, wohnhaft ▮▮▮

– Antragsgegnerin –

wegen: Ehescheidung

vorläufiger Gegenstandswert: ▮▮▮ Euro

bestellen wir uns aufgrund der beigefügten besonderen Verfahrensvollmacht (§§, 11, 114 Abs. 5 FamFG) des Antragstellers zu dessen Verfahrensbevollmächtigten und kündigen für den Termin zur mündlichen Verhandlung folgenden Antrag an:

Die Trennung der am ▮▮▮ in ▮▮▮/Italien zu der Heiratseintragnummer (▮▮▮/▮▮▮) geschlossenen Ehe der Beteiligten von Tisch und Bett wird ausgesprochen.

Begründung:

I.

Der Antragsteller ist am ▮▮▮ geboren. Die Antragsgegnerin ist am ▮▮▮ geboren. Beide Beteiligten besitzen die italienische Staatsangehörigkeit.

Die Parteien haben wie im Antrag angegeben die Ehe miteinander geschlossen.

    Beweis: beigefügte beglaubigte Übersetzung der Heiratsurkunde

Aus der Ehe sind keine minderjährigen Kinder hervorgegangen.

II.

Die internationale Zuständigkeit des angerufenen Gerichts ergibt sich Art. 3 Abs. 1 EU-Verordnung Nr. 2201/2003, weil beide Beteiligten ihren gewöhnlichen Aufenthalt in der Bundesrepublik Deutschland haben.

Die örtliche Zuständigkeit des Amtsgerichts ▓▓▓▓ ergibt sich aus dem Umstand, dass die Antragsgegnerin ihren gewöhnlichen Aufenthalt im Bezirk des angerufenen Gerichts hat (§ 122 Nr. 3 FamFG).

III.

Gem. Art. 17 Abs. 1 in Verbindung mit Art. 14 Abs. 1 Nr. 1 EGBGB ist auf die Trennung und Scheidung der Beteiligten italienisches Scheidungsrecht anzuwenden, weil beide Beteiligten die italienische Staatsangehörigkeit besitzen.

IV.

Um die nach dem italienischen Scheidungsrecht erforderlichen Voraussetzungen für die spätere Scheidung der Beteiligten zu treffen, wird in dem vorliegenden Verfahren die Trennung der Ehe beantragt.

Gem. Art. 151 des italienischen Codice civile (Cc) kann die gerichtliche Trennung von Tisch und Bett beantragt werden, wenn sich auch unabhängig vom Willen eines oder beider Ehegatten Tatsachen ergeben, die die Fortsetzung des Zusammenlebens unerträglich gestalten.

Dies ist vorliegend der Fall. Die Beteiligten leben bereits seit mehr als einem Jahr voneinander getrennt. Sie werfen sich wechselseitig ehewidriges Verhalten vor. Beide Beteiligten lehnen zwischenzeitlich die Wiederherstellung der Ehe unmissverständlich ab.

    Beweis: Einvernahme der Beteiligten

Die Beteiligten wollen die gem. Art. 155, 156 Cc erforderlichen Regelungen [zum Sorge- und Umgangsrecht, zum Kindesunterhalt, zur Verwaltung des Kindesvermögens und] zum Ehegattenunterhalt durch eine vom Gericht zu protokollierenden Vereinbarung treffen. Ein entsprechender Entwurf wird dem Gericht rechtzeitig vor dem Termin zugeleitet.

Ein Antrag nach Art. 151 Abs. 2 Cc, wem die Trennung wegen seines mit den ehelichen Pflichten nicht zu vereinbarenden Verhaltens anzulasten ist, ist nicht beabsichtigt.

V.

Zum Zwecke der Streitwertfestsetzung teilen wir mit, dass der Antragsteller ein durchschnittliches monatliches Nettoeinkommen in Höhe von circa ▓▓▓▓ EUR und die Antragsgegnerin ein monatliches Nettoeinkommen Höhe von circa ▓▓▓▓ EUR erzielt.

Rechtsanwalt/Rechtsanwältin

Streitwert,[311] *Kosten und Gebühren wie bei Muster 22.20.*
▲

---

311 OLG Karlsruhe, FamRZ 1999, 605.

VIII. Muster: Antrag auf Scheidung nach italienischem Recht

485 An das
Amtsgericht ▮
– Familiengericht –

Antrag auf Ehescheidung

In der Familiensache
des ▮, wohnhaft ▮

– Antragstellers –

Verfahrensbevollmächtigte: Rechtsanwälte ▮
gegen
die ▮, geborene ▮, wohnhaft ▮

– Antragsgegnerin –

wegen: Ehescheidung

vorläufiger Gegenstandswert: ▮ Euro

bestellen wir uns aufgrund der beigefügten besonderen Verfahrensvollmacht (§§ 11, 114 Abs. 5 FamFG) des Antragstellers zu dessen Verfahrensbevollmächtigten und kündigen für den Termin zur mündlichen Verhandlung folgenden Antrag an:

Die am ▮ in ▮/Italien zu der Heiratseintragnummer (▮/▮) geschlossene Ehe der Beteiligten wird geschieden.

Begründung:

I.

Der Antragsteller ist am ▮ geboren. Die Antragsgegnerin ist am ▮ geboren. Beide Beteiligten besitzen die italienische Staatsangehörigkeit.

Die Parteien haben wie im Antrag angegeben die Ehe miteinander geschlossen.

        Beweis: beigefügte beglaubigte Übersetzung der Heiratsurkunde

Aus der Ehe sind keine minderjährigen Kinder hervorgegangen.

II.

Die internationale Zuständigkeit des angerufenen Gerichts ergibt sich Art. 3 Abs. 1 EU-Verordnung Nr. 2201/2003, weil beide Beteiligten ihren gewöhnlichen Aufenthalt in der Bundesrepublik Deutschland haben.

Die örtliche Zuständigkeit des Amtsgerichts ▮ ergibt sich aus dem Umstand, dass die Antragsgegnerin ihren gewöhnlichen Aufenthalt im Bezirk des angerufenen Gerichts hat (§ 122 Nr. 3 FamFG).

III.

Gem. Art. 17 Abs. 1 in Verbindung mit Art. 14 Abs. 1 Nr. 1 EGBGB ist auf die Scheidung der Beteiligten italienisches Scheidungsrecht anzuwenden, weil beide Beteiligten die italienische Staatsangehörigkeit besitzen.

IV.

Gem. Art. 3 Nr. 2b des italienischen Gesetzes Nr. 898 vom 1.12.1970 in der Fassung des italienischen Scheidungsreformgesetzes Nr. 72 vom 6.3.1987 kann die Scheidung der Ehe erfolgen, wenn eine gerichtliche Trennung zwischen den Ehegatten durch rechtskräftiges Urteil ausgesprochen oder eine einverständliche Trennung gerichtlich bestätigt worden ist und die Trennung seit dem Erscheinen der Parteien im Trennungsverfahren vor Gericht seit mindestens drei Jahren ununterbrochen bestanden hat.

Diese Voraussetzungen sind vorliegend erfüllt. Die Trennung der Parteien wurde durch das rechtskräftige Trennungsurteil des Amtsgerichts ▓▓▓ vom ▓▓▓ zu dem Aktenzeichen (▓▓▓ / ▓▓▓) ausgesprochen.

    Beweis: beigefügte mit Rechtskraftvermerk versehene Ausfertigung des Urteils des

Amtsgerichts ▓▓▓ zu dem Aktenzeichen (▓▓▓ / ▓▓▓)

Die mündliche Verhandlung in diesem Verfahren hat am ▓▓▓ stattgefunden. Dies ist mehr als drei Jahre her. Seither haben die Parteien auch vollständig voneinander getrennt gelebt.

    Beweis: Einvernahme der Beteiligten

Für beide Beteiligten kommt eine Versöhnung nicht mehr in Betracht.

[V.

Der Antragsteller beantragt,

    den Versorgungsausgleich gem. Art. 17 Abs. 3 S. 2 EGBGB nach deutschem Recht durchzuführen.

Beide Beteiligten haben während der Ehezeit Anwartschaften in der Deutschen Rentenversicherung Bund erworben. Den weitaus überwiegenden Teil der Ehezeit haben die Beteiligten in Deutschland verbracht, so dass die Durchführung des Versorgungsausgleichs auch nicht unbillig ist.]

VI.

Zum Zwecke der Streitwertfestsetzung teilen wir mit, dass der Antragsteller ein durchschnittliches monatliches Nettoeinkommen in Höhe von ca. ▓▓▓ EUR und die Antragsgegnerin ein monatliches Nettoeinkommen Höhe von ca. ▓▓▓ EUR erzielt.

Rechtsanwalt/Rechtsanwältin

Streitwert, Kosten und Gebühren wie bei Muster 22.20.

▲

IX. Muster: Antrag auf Abtrennung der Folgesachen

22.28

An das
Amtsgericht
– Familiengericht –

Antrag auf Abtrennung der Folgesache Güterrecht

In der Familiensache

./.

Az:

beantragen wir,

die Folgesache Güterrecht zu dem Aktenzeichen abzutrennen und dem Scheidungsantrag vorab stattzugeben.

Begründung:

Bei Einreichung des Scheidungsantrags am lebten die Beteiligten seit , also mehr als drei Jahre getrennt voneinander. Seither ist das Scheidungsverfahren bereits mehr als zwei Jahre rechtshängig, was unter anderem darauf zurückzuführen ist, dass die Antragsgegnerin die ihr obliegenden Auskünfte im Versorgungsausgleichsverfahren zuerst gar nicht und später nur unvollständig erteilt hat.

In der Folgesache Güterrecht hat das Gericht nunmehr auf Antrag der Antragsgegnerin ein Sachverständigengutachten zu dem Wert des von dem Antragsteller betriebenen Unternehmens in Auftrag gegeben. Nach Auskunft des Sachverständigen wird dieser mindestens sechs Monate benötigen, um das Gutachten zu erstellen.

Der Antragsteller erwartet gemeinsam mit seiner Lebensgefährtin, mit der er seit drei Jahren zusammenlebt, in zwei Monaten ein gemeinsames Kind. Es ist der Wunsch des Antragstellers und seiner Lebensgefährtin, dass dieses Kind nach Möglichkeit ehelich geboren wird.

Der Ausgang der Folgesache Güterrecht ist für die Antragsgegnerin nicht von wesentlicher Bedeutung. Die Antragsgegnerin besitzt selbst ein nicht unerhebliches Vermögen, wie sich aus ihrer Aufstellung zu ihrem Endvermögen ergibt. Zudem ist die Antragsgegnerin vollzeitig berufstätig und erzielt daraus durchschnittliche monatliche Einkünfte in Höhe von 1.500 EUR.

Dem Antrag auf Abtrennung der Folgesache Güterrecht von dem Verbundverfahren ist daher gem. § 140 Abs. 2 Nr. 5 FamFG stattzugeben.

Rechtsanwalt/Rechtsanwältin

X. Muster: Außergerichtliche Geltendmachung von Elementar- und Krankenvorsorgeunterhalt in der Trennungszeit nach Rechtshängigkeit des Scheidungsantrags

▼

Herrn

Sehr geehrter Herr ▓▓▓▓,

ausweislich anliegender Vollmacht zeigen wir Ihnen an, dass uns Ihre Ehefrau mit der Wahrnehmung ihrer rechtlichen Interessen beauftragt hat. Da Sie sich von Ihrer Frau am ▓▓▓▓ getrennt haben, schulden Sie Ihrer Ehefrau ab dem ▓▓▓▓ Unterhalt, da Ihre Ehefrau über keine eigenen Einkünfte verfügt. Ihre Ehefrau ist über die Familienversicherung während der Trennungszeit weiter krankenversichert. Da Sie jedoch die private Krankenzusatzversicherung unserer Mandantin gekündigt haben, die während der gesamten Ehedauer bestanden hat, machen wir neben dem Elementarunterhalt auch Krankenvorsorgeunterhalt geltend, den Sie gem. § 1578 Abs. 2 BGB analog schulden.

Wie sich aus den uns vorliegenden Gehaltsabrechnungen ergibt, haben Sie in den vergangenen zwölf Monaten ein durchschnittliches monatliches Nettoeinkommen in Höhe von 4.000 EUR erzielt. Dieser Betrag ist zu reduzieren um 150 EUR[312] berufsbedingte Aufwendungen, so dass 3.850 EUR verbleiben. Hiervon in Abzug zu bringen sind 100 EUR, die Ihre Frau als Monatsbeitrag an die Krankenversicherung zahlt.[313] Die Beitragsrechnung liegt anbei. Von den verbleibenden 3.750 EUR haben Sie 3/7, mithin 1.607 EUR an Elementarunterhalt zu zahlen.

Wir fordern Sie daher auf, ab dem ▓▓▓▓ monatlich im Voraus 1.607 EUR Elementarunterhalt und 100 EUR Krankenvorsorgeunterhalt, insgesamt also

1.707 EUR

an Ihre Frau zu zahlen, und zwar auf das Ihnen bekannte Konto. Sollten die Zahlungen nicht fristgemäß eingehen, werden wir ohne weitere Aufforderung gerichtliche Hilfe in Anspruch nehmen.

Mit freundlichen Grüßen

Kosten: 1,3-Geschäftsgebühr nach Nr. 2400, 1008 VV; Gegenstandswert: § 23 Abs. 1 S. 1 RVG, § 51 FamGKG (Jahresbetrag des geforderten Unterhalts).

Rechtsanwalt/Rechtsanwältin

XI. Muster: Leistungsantrag auf Ehegatten- und Kindesunterhalt im Verbundverfahren

In diesem Verfahren besteht Anwaltszwang, § 114 Abs. 1 FamFG.

---

312 S. Anmerkung 3 zu Teil A der Düsseldorfer Tabelle.
313 Die Krankenvorsorgekosten des Unterhaltsberechtigten und des Verpflichteten sind vorab vom Einkommen abzuziehen, BGH FamRZ 1983, 888; *Büte*, Familienrecht kompakt 2003, 72 ff.

§ 22 Das familiengerichtliche Verfahren

22.30 ▼

An das
Amtsgericht
– Familiengericht –

Antrag auf Ehegatten- und Kindesunterhalt im Verbund[314]

In Sachen
der Frau ▓▓▓, wohnhaft ▓▓▓

– Antragstellerin –

Verfahrensbevollmächtigte: RAe ▓▓▓

gegen

Herrn ▓▓▓, wohnhaft ▓▓▓

– Antragsgegner –

Verfahrensbevollmächtigte: RAe ▓▓▓

Az: ▓▓▓ [315]

hier: Folgesache Unterhalt

beantragen wir namens der Antragstellerin **im Scheidungsverbundverfahren**

dem Antragsgegner aufzugeben, an die Antragstellerin ab dem Tag der rechtskräftigen Ehescheidung monatlich im Voraus Unterhalt zu zahlen, und zwar:

1. Nachehelichen Unterhalt in Höhe von ▓▓▓ EUR Elementarunterhalt und ▓▓▓ EUR Altersvorsorgeunterhalt,
2. für die am ▓▓▓ geborene Tochter ▓▓▓ zu Händen der Antragstellerin einen monatlichen, im Voraus bis zum 3. eines jeden Monats fälligen und mit 5 Prozentpunkten über dem jeweiligen Basiszinssatz zu verzinsenden Unterhaltsbetrag von 100 % des Mindestunterhalts gem. § 1612a I BGB der jeweiligen Altersstufe – derzeit der 1. Altersstufe – mindestens aber in Höhe von 100 % der in § 36 Nr. 4 EGZPO bestimmten Beträge der jeweiligen Altersstufe abzüglich des auf das 1. Kind entfallenden hälftigen Kindergeldes.

Begründung:

Zwischen den Beteiligten ist unter obigem Aktenzeichen das Ehescheidungsverfahren rechtshängig. Hinsichtlich der persönlichen und wirtschaftlichen Verhältnisse verweisen wir auf unsere Ausführungen in der Scheidungsantragsschrift. Die Einkommensverhältnisse sind seither unverändert: Der Antragsgegner ist nach wie vor bei der ▓▓▓ GmbH

---

[314] Soll der nacheheliche Unterhalt im Rahmen des Scheidungsverbundes geltend gemacht werden, so muss der Antrag **spätestens zwei Wochen vor dem Termin** zur mündlichen Verhandlung im ersten Rechtszug **anhängig** gemacht werden, § 137 Abs. 2 S. 1 FamFG. Zur Rückwärtsberechnung der Frist siehe § 222 ZPO i.V.m. § 188 BGB, BGH v. 5.6.2013 XII ZB 427/11.

[315] Hier ist das Aktenzeichen des Scheidungsverfahrens anzugeben.

als Vertriebsleiter tätig und erzielt ein monatliches durchschnittliches Einkommen in Höhe von ▓▓▓▓ EUR.

> Beweis: Verdienstabrechnungen der Monate ▓▓▓ bis ▓▓▓, Anlage Ast. 1

Hinzuzurechnen ist die Steuererstattung[316] in Höhe von ▓▓▓ EUR. Um $1/12$ dieses Betrags erhöht sich das monatliche Nettoeinkommen des Antragsgegners.

Die Antragstellerin ist seit der Trennung und nach wie vor halbtags in dem Blumengeschäft ▓▓▓ als Verkäuferin tätig und erzielt dort ein monatliches durchschnittliches Nettoeinkommen in Höhe von ▓▓▓ EUR. Die Antragstellerin betreut daneben die zweijährige Tochter der Parteien.

Während der Arbeitstätigkeit der Beteiligten übernimmt die Mutter der Antragstellerin die Betreuung des Kindes. Die Antragstellerin hat daher ihre Mutter geringfügig beschäftigt und zahlt für die Tätigkeit monatlich ▓▓▓ EUR. Diese Betreuungskosten sind als Erwerbskosten vorweg vom Einkommen der Antragstellerin abzuziehen.[317]

Nach dem Nettoeinkommen des Antragsgegners errechnet sich ein monatlicher Unterhalt für den gemeinsamen Sohn der Parteien in Höhe von ▓▓▓ EUR gem. Düsseldorfer Tabelle. Der Zahlbetrag reduziert sich um das hälftige Kindergeld (derzeit 97 EUR).

Aus dem verbleibenden Einkommen errechnet sich ein Unterhaltsanspruch der Antragstellerin in Höhe von ▓▓▓, wobei der Erwerbstätigenbonus vorweg vom Einkommen der Antragstellerin abgezogen wurde[318] und die Einkünfte nur zur Hälfte berücksichtigt worden sind.

Nach der aktuellen Bremer Tabelle ergibt sich hieraus ein Altersvorsorgeunterhalt in Höhe von ▓▓▓ EUR. Dieser Betrag ist vorweg vom Einkommen des Antragsgegners in Abzug zu bringen, so dass sich ein Elementarunterhalt in Höhe von ▓▓▓ EUR ergibt.

Wir bitten, wie beantragt zu erkennen.

Rechtsanwalt/Rechtsanwältin

Streitwert: Die Streitwerte der Scheidungssache und der Folgesachen werden zusammengerechnet (§ 44 Abs. 2 FamGKG).

Anwaltskosten: Regelgebühren nach Teil 3 Abschnitt 1 VV.

Gerichtskosten: 2,0-Verfahrensgebühr nach Nr. 1110 KVGKG.

▲

---

316 Steuererstattungen, die auf Erwerbseinkünften beruhen, sind bei der Bemessung der Erwerbstätigenbonus zu berücksichtigen. Allerdings ist zu berücksichtigen, dass dem Gläubiger des Steuererstattungsanspruchs der Betrag in voller Höhe zur Verfügung steht. BGH FamRZ 2008, 2644.
317 Konkrete Kinderbetreuungskosten sind als Erwerbskosten abzuziehen, soweit die Betreuung durch Dritte infolge der Berufstätigkeit erforderlich ist.
318 *Niepmann/Schwamb*, Rn 966 ff.

XII. Muster: Antrag zur Geltendmachung von Scheidungsunterhalt außerhalb des Scheidungsverbundverfahrens

An das
Amtsgericht
– Familiengericht –

Antrag auf Scheidungsunterhalt[319]

In Sachen
der Frau ▇▇▇, wohnhaft ▇▇▇

– Antragstellerin –

Verfahrensbevollmächtigte: RAe ▇▇▇
gegen:
den Herrn ▇▇▇, wohnhaft ▇▇▇

– Antragsgegner –

wegen: ▇▇▇
beantragen wir namens der Antragstellerin

    dem Antragsgegner aufzugeben,
    1. an die Antragstellerin rückständigen Unterhalt in Höhe von ▇▇▇ EUR nebst 5 Prozentpunkten Zinsen über Basiszins seit dem ▇▇▇ zu zahlen,
    2. an die Antragstellerin ab dem ▇▇▇ monatlich im Voraus bis zum Dritten eines jeden Monats 1.285 EUR Unterhalt nebst Zinsen in Höhe von 5 Prozentpunkten über Basiszinssatz ab Fälligkeit zu zahlen.

Begründung:

Die Ehe der Beteiligten, die über 25 Jahre gedauert hat, ist von dem Familiengericht ▇▇▇ am ▇▇▇ unter Az: ▇▇▇ rechtskräftig geschieden worden.

Die Antragstellerin macht Aufstockungsunterhalt gem. § 1573 Abs. 2 BGB geltend, weil ihr Einkommen nicht ausreicht, um den ehelichen Bedarf zu decken. Sie arbeitet bereits mehr als vollschichtig, wie zwischen den Beteiligten unstreitig ist.

Im Einzelnen:

Die Antragstellerin ist seit zehn Jahren bei der Firma ▇▇▇ als Abteilungsleiterin beschäftigt und erzielt ein bereinigtes monatliches Nettoeinkommen in Höhe von 3.000 EUR.

    Beweis: Vorlage der Verdienstbescheinigung Dezember 2009, aus der sich die kumulierten Jahreswerte ergeben Anlage Ast. 1.

Die Antragstellerin erzielt darüber hinaus Zinseinkünfte in Höhe von 500 EUR pro Monat.

    Beweis: Vorlage der Bankbescheinigung der ▇▇▇ Bank vom ▇▇▇, Anlage Ast. 2

---

[319] In diesen Verfahren besteht Anwaltszwang, § 114 Abs. 1 FamFG.

Der Antragsgegner ist bei der Firma ▓▓▓▓ als Prokurist tätig. Sein Einkommen beträgt 6.000 EUR pro Monat.

> Beweis: Vorlage der Verdienstbescheinigung Dezember 2009, aus der sich die kumulierten Jahreswerte ergeben, Anlage Ast. 3.

Er erzielt Zinseinkünfte in Höhe von monatlich 500 EUR.

> Beweis: Vorlage der Bankbescheinigung der ▓▓▓▓ Bank vom ▓▓▓▓, Anlage Ast. 4

Während der Ehe haben die Beteiligten das Eigenheim in der ▓▓▓▓ Straße in ▓▓▓▓ gekauft, welches einen Wohnwert von 1.000 EUR hat.

> Beweis im Bestreitensfall: Sachverständigengutachten

Während der Ehe wurde das bei der ▓▓▓▓ Bausparkasse zur Finanzierung des Eigenheims aufgenommene Darlehen mit monatlich 800 EUR getilgt. Dies ist zwischen den Beteiligten unstreitig. Das Haus wurde am ▓▓▓▓ veräußert. Der Veräußerungserlös in Höhe von 200.000 EUR wurde zwischen den Beteiligten aufgeteilt, so dass jeder 100.000 EUR erhalten und angelegt hat (vgl. Zinseinkünfte der Parteien). Auch dies ist unstreitig.

Nach der Rechtsprechung des BGH (BGH FamRZ 2001, 986) sind die Zinsen als Surrogat für den Wohnvorteil eheprägend und es ergibt sich folgender Anspruch:

Bedarf: $1/2 \times (6/7 \times 6.000 + 6/7 \times 3.000 + 1.000) = 4.357$ EUR

Bedürftigkeit: $4.357 - (6/7 \times 3.000 + 500) = 1.285$ EUR

Der Antragsgegner ist mit Schreiben vom ▓▓▓▓ aufgefordert worden, den oben genannten Betrag an die Antragstellerin zu zahlen.

> Beweis: Schreiben der Verfahrensbevollmächtigten der Antragstellerin vom ▓▓▓▓ als Anlage Ast. 5

Dem ist er nicht nachgekommen, so dass nunmehr die gerichtliche Geltendmachung geboten ist.

Der Antragsgegner ist seit dem ▓▓▓▓ in Verzug, weshalb der Antrag zu 1. begründet ist.

Wir bitten, wie beantragt zu erkennen.

Quittung über eingezahlte Gerichtskosten in Höhe von ▓▓▓▓ EUR anbei.

Rechtsanwalt/Rechtsanwältin

Streitwert: 12facher geforderter monatlicher Unterhalt zuzüglich geltend gemachter Rückstand, § 51 Abs. 1 und 2 FamGKG.

Anwaltskosten: Regelgebühren nach Teil 3 Abschnitt 1 VV.

Gerichtskosten: 3,0-Verfahrensgebühr nach Nr. 1220 KVFamGKG.

▲

XIII. Muster: Auskunftsanspruch zur Berechnung des Zugewinns

Sehr geehrter Herr ,

wie Ihnen aus der Ihnen am zugestellten Ehescheidungsantragsschrift bekannt ist, vertrete ich die rechtlichen Interessen Ihrer Ehefrau im Rahmen des Ehescheidungsverfahrens.

Ihre Ehefrau hat mich beauftragt, die Frage der Höhe des von Ihnen zu leistenden Zugewinnausgleichs zu klären. Ich mache daher nunmehr den Anspruch Ihrer Ehefrau auf Auskunft gegen Sie geltend und fordere Sie hiermit auf, mir bis zum

ein Bestandsverzeichnis über Ihr Endvermögen

am Tage der Zustellung des Ehescheidungsantrags sowie

per (Tag Ihres Auszuges aus dem gemeinsamen Haus) sowie über Ihr Vermögen zum Zeitpunkt der Eingehung der Ehe zu übermitteln.

Das Bestandsverzeichnis muss alle Aktiva und Passiva beinhalten, und zwar unter Einschluss aller wertbildenden Faktoren.

Sie werden aufgefordert, für den Fall, dass Sie Ansprüche aus Lebensversicherungen erworben haben, die auf eine Kapitalzahlung gerichtet sind, eine Berechnung Ihrer Versicherungsgesellschaft zu dem Fortführungswert der Lebensversicherung sowie eine Aufstellung über Wertpapiere und sonstiger Barvermögen zu übermitteln, aus der sich die Zusammensetzung und der Wert zum Stichtag im einzelnen entnehmen lässt.

Bei den Angaben zu Ihrem Barvermögen, Ihren Wertpapierdepots etc. wollen Sie bitte angeben und nachweisen, welche Konten als Gemeinschaftskonten für beide Eheleute und welche nur für Sie persönlich geführt werden.

Weiter werden Sie aufgefordert, Auskunft über den Bestand Ihres Vermögens zum Zeitpunkt der Eheschließung zu erteilen und diese zu belegen.

Letztlich werden hiermit aufgefordert, darzustellen und nachzuweisen, in welchem Umfang Ihre Eltern oder andere Verwandte Ihnen während der Ehe Vermögen im Wege einer Schenkung oder vorweggenommenen Erbfolge übertragen haben.

Ihre Ehefrau wird innerhalb der oben genannten Frist ebenfalls ein Verzeichnis Ihres Vermögens vorlegen.

Sollten Ihre Auskünfte nicht fristgemäß eingehen, werden wir die Ansprüche gerichtlich durchsetzen.

Meiner Mandantin ist an einer außergerichtlichen Regelung des Zugewinnausgleichs zur Vermeidung von Kosten und anderen Belastungen gelegen. Wir sehen mit Interesse dem Eingang eines Vorschlags zur einvernehmlichen Regelung der Scheidungsfolgen entgegen.

Mit freundlichen Grüßen

Rechtsanwalt/Rechtsanwältin

XIV. Muster: Zugewinnausgleich als Folgesache im Scheidungsverfahren

▼

An das
Amtsgericht
– Familiengericht –

In Sachen
der Frau ▨▨▨, wohnhaft ▨▨▨

– Antragstellerin –

Verfahrensbevollmächtigte: RAe[320] ▨▨▨

gegen

den Herrn ▨▨▨, wohnhaft ▨▨▨

– Antragsgegner –

Verfahrensbevollmächtigte: RAe ▨▨▨

Az: ▨▨▨[321]

hier: Folgesache Güterrecht

beantragen wir namens der Antragstellerin **im Scheidungsverbundverfahren**,

1. dem Antragsgegner aufzugeben, an die Antragstellerin ▨▨▨ EUR, fällig im Zeitpunkt der Rechtskraft der Scheidung, nebst 5 Prozentpunkten über dem Basiszinssatz seit Rechtskraft der Scheidung zu zahlen,
2. dem Antragsgegner die Kosten der Folgesache Güterrecht aufzuerlegen.

Begründung:

Die Beteiligten sind miteinander verheiratet. Zwischen ihnen ist unter Az: ▨▨▨ beim hiesigen Gericht das Scheidungsverfahren rechtshängig. Mit diesem Antrag macht die Antragstellerin den ihr zustehenden Zugewinnausgleichsanspruch geltend, der mit Rechtskraft der Scheidung fällig wird. Im Einzelnen:

1. Endvermögen des Antragsgegners

Der Antragsgegner hatte am relevanten Stichtag ▨▨▨[322] folgendes Vermögen:

a) Aktivvermögen

aa) Der Antragsgegner hat bei der ▨▨▨ Bank Bankvermögen in Höhe von ▨▨▨ EUR

Beweis: Kontoauszug vom ▨▨▨ als Anlage ASt 1

---

320 In diesen Verfahren besteht Anwaltszwang, § 114 Abs. 1 FamFG.
321 Hier ist das Aktenzeichen des Scheidungsverfahrens anzugeben.
322 Datum der Zustellung des Scheidungsantrags.

bb) Beide Parteien sind Miteigentümer des Einfamilienhauses in der ▮▮▮ Straße in ▮▮▮. Der Verkehrswert des Hauses beträgt per ▮▮▮ mindestens ▮▮▮ EUR,

Beweis im Bestreitensfall: Sachverständigtengutachten,

so dass im Endvermögen der hälftige Miteigentumsanteil des Antragstellers mit ▮▮▮ EUR zu berücksichtigen ist.

cc) Der Antragsteller ist Eigentümer und Halter des Pkw ▮▮▮, Baujahr: ▮▮▮, ▮▮▮ KW, Laufleistung: ca. ▮▮▮, den er im Jahr ▮▮▮ für ▮▮▮ EUR erworben hat. Dieses Fahrzeug hat per ▮▮▮ einen Verkehrswert laut Schwackeliste von mindestens ▮▮▮ EUR.

Beweis: Auszug aus der Schwackeliste[323] als Anlage ASt 2

dd) Der Antragsgegner ist als geschäftsführender Gesellschafter an der ▮▮▮ GmbH mit 15 % beteiligt. Diese Unternehmensbeteiligung an der ▮▮▮ GmbH hat einen Wert von mindestens ▮▮▮ EUR, wie sich aus Folgendem ergibt: ▮▮▮ [Vortrag zu der Bewertungsmethode]

Beweis: Sachverständigtengutachten

ee) Der Antragsgegner hat bei der ▮▮▮ Versicherung am ▮▮▮ einen Kapitallebensversicherungsvertrag geschlossen. Diese Versicherung hatte am ▮▮▮ einen Fortführungswert in Höhe von ▮▮▮ EUR.

Beweis: Auskunft der ▮▮▮ Versicherung AG vom ▮▮▮ als Anlage ASt 3

ff) Damit hat der Antragsgegner zum relevanten Stichtag ein Vermögen im Wert von insgesamt: ▮▮▮ EUR.

b) Passivvermögen

aa) Der Erwerb des Einfamilienhauses, in welchem die Parteien während der Dauer ihres Zusammenlebens gewohnt haben, ist von der ▮▮▮ Bank finanziert worden. Die Schulden valutierten zum Stichtag mit ▮▮▮ EUR.

Beweis: Anliegende Auskunft der ▮▮▮ Bank per ▮▮▮ als Anlagen ASt 3

bb) Da beide Parteien Mitschuldner sind und sich gleichermaßen am Schuldendienst beteiligen, sind die Verbindlichkeiten in hälftiger Höhe im Endvermögen des Antragsgegners zu berücksichtigen.

cc) Der Antragsgegner hat außergerichtlich vortragen lassen, am ▮▮▮ ein Darlehn bei seiner Großmutter aufgenommen zu haben, um sich neuen Hausrat zu kaufen.

Beweis: Schreiben des Verfahrensbevollmächtigten des Antragsgegners vom ▮▮▮ als Anlage ASt 4

Es wird bestritten, dass der Antragsgegner tatsächlich mit seiner Großmutter einen Darlehnsvertrag geschlossen hat. Selbst wenn der Antragsgegner dies nachweisen können sollte, so handelt es sich nicht um ehebedingte Verbindlichkeiten, da sie weder im Einvernehmen mit der Antragstellerin aufgenommen worden sind

---

323 Im Internet unter www.schwacke.de zu finden.

noch notwendig waren. Der Antragsgegner hat nahezu den gesamten Hausrat mitgenommen,

Beweis: Hausratsteilungsliste der Parteien vom ▓▓▓▓ als Anlage ASt 5,

So dass ein vorgetragener Erwerb von neuem Hausrat nicht erforderlich war.

dd) Der Antragsgegner hat vorgerichtlich dargelegt, dass er sein Girokonto zum Stichtag mit ▓▓▓▓ EUR überzogen hatte.

Beweis: Schreiben der Prozessbevollmächtigten des Antragsgegners vom ▓▓▓▓ nebst Kontoauszug vom ▓▓▓▓ als Anlagen ASt 6

ee) Der Antragsgegner hatte damit per ▓▓▓▓ ein Endvermögen (Aktivvermögen – Passivvermögen) in Höhe von ▓▓▓▓ EUR.

2. Anfangsvermögen des Antragsgegners

Der Antragsgegner hatte kein Vermögen bei Eingehung der Ehe.[324]

3. Zugewinn des Antragsgegners

Da der Antragsgegner kein Anfangsvermögen hatte, entspricht der Wert seines Endvermögens dem von ihm während der Ehe erwirtschafteten Zugewinn.

4. Endvermögen der Antragstellerin

a) Aktivvermögen

aa) Die Antragstellerin ist hälftige Miteigentümerin der Immobilie ▓▓▓▓, so dass der hälftige Wert in Höhe von ▓▓▓▓ – wie beim Antragsgegner – in ihrem Endvermögen zu berücksichtigen ist.

bb) Die Antragstellerin ist Inhaberin des Wertpapierdepots bei der ▓▓▓▓ Bank, in welchem per ▓▓▓▓ Wertpapiere zu dem Tageskurs von ▓▓▓▓ EUR vorhanden waren.

Beweis: Depotauszug per ▓▓▓▓ als Anlage ASt 7

b) Passivvermögen

aa) Die Antragstellerin haftet für die gemeinsamen Verbindlichkeiten bei der ▓▓▓▓ Bank in hälftiger Höhe, somit in Höhe von ▓▓▓▓ EUR.

bb) Die Antragstellerin hatte zum Stichtage rückständige Unterhaltsverbindlichkeiten gegenüber ihrem Sohn aus erster Ehe in Höhe von ▓▓▓▓ EUR.

Beweis: Urteil des Familiengerichts ▓▓▓▓ vom ▓▓▓▓ als Anlage ASt 8

cc) Damit hatte die Antragstellerin zum Stichtag ein Vermögen im Wert von ▓▓▓▓ EUR.

---

[324] Gem. § 1377 Abs. 3 BGB wird vermutet, dass das Anfangsvermögen „Null" ist. Will der Antragsgegner Anfangsvermögen berücksichtigt wissen, so ist er hierfür darlegungs- und beweispflichtig.

5. Anfangsvermögen der Antragstellerin

aa) Die Antragstellerin hatte bei Eingehung der Ehe einen Pkw der Marke ▓▓▓, Baujahr ▓▓▓, ▓▓▓ KW. Dieser Pkw hatte im Jahr ▓▓▓ einen Wert in Höhe von ▓▓▓ EUR.

Beweis im Bestreitensfall: Sachverständigengutachten

bb) Die Antragstellerin hat von ihren Großeltern eine Aussteuer bekommen, die aus einem 24-teiligen Silberbesteck, 4 großen Tischdecken aus Leinen mit passenden Servietten (für jeweils 8 Personen), sowie 4 x Bettwäsche der Marke ▓▓▓ bestand. Diese Aussteuer hatte im Jahr ▓▓▓ einen Wert von ▓▓▓ DM (entspricht ▓▓▓ EUR), wie sich aus den Kaufquittungen aus dem Jahr ▓▓▓ ergibt.

cc) Der Wert des Anfangsvermögens in Höhe von ▓▓▓ EUR ist zu indexieren,[325] so dass der Wert mit ▓▓▓ EUR bei der Ermittlung des Zugewinnausgleichs zu berücksichtigen ist.

dd) Die Antragstellerin hat während der Ehe folgende Zuwendungen ihrer Eltern erhalten, die gem. § 1374 Abs. 2 BGB dem Anfangsvermögen hinzuzurechnen sind:

– Im Jahr ▓▓▓ haben die Eltern ihrer Tochter einen Betrag in Höhe von ▓▓▓ EUR zugewandt. Diesen Betrag hat die Antragstellerin in eine Lebensversicherung einbezahlt.

Beweis: Versicherungsschein vom ▓▓▓ in Kopie, Anlage Ast. 9

Anlässlich des Hauserwerbs der Parteien im Jahr ▓▓▓ wurde der Lebensversicherungsvertrag sodann gekündigt,

Beweis: Abrechnungsschreiben der ▓▓▓ Versicherung vom ▓▓▓, Anlage Ast. 10

und die Valuta wurde zum Erwerb des Hauses mit verbraucht.

– Der Vater der Antragstellerin ist gelernter Dachdeckermeister und hat den Dachstuhl für das von den Parteien im Jahr ▓▓▓ erworbene Haus hergestellt. Diese Arbeiten hat er in der Zeit von ▓▓▓ bis ▓▓▓ täglich von ▓▓▓ bis ▓▓▓ ausgeführt. Diese Arbeiten haben einen Wert in Höhe von ▓▓▓ EUR. Gegenstand der Schenkung der Eltern sind die ersparten Aufwendungen, welche die Parteien für die Vergütung an einen Fremdbeauftragten gezahlt hätten.[326]

---

[325] Da der durch die Geldentwertung entstehende „unechte Zugewinn" nicht auszugleichen ist, wird der Geldwert des Wirtschaftsgutes mit dem Lebenshaltungskostenindex, der im Zeitpunkt der Beendigung des Güterstandes relevant ist (bei Scheidung: Zeitpunkt der Rechtshängigkeit des Scheidungsantrags), multipliziert und durch den Lebenshaltungsindex, der für den Zeitpunkt des Beginns des Güterstandes maßgeblich ist, dividiert. Das statistische Bundesamt hat ab Januar 2003 eine Umstellung auf das neue Basisjahr 2000 (vorher: 1995) vorgenommen. Seither gibt es nur noch einen Verbraucherpreisindex Deutschland für alle privaten Haushalte (FamRZ 2003, 81). Zur Umrechnung alte/neue Tabelle s. FamRZ 2003, 507.

[326] Finke/Ebert/*Borth*, § 6 Rn 138.

Die Hälfte des Wertes der Zuwendung ist gem. § 1374 Abs. 2 BGB bei der Antragstellerin zu berücksichtigen.[327]

Dieser Wert ist zu indexieren, so dass sich ein indexiertes Anfangsvermögen in Höhe von ▓▓▓ EUR ergibt.

6. Zugewinn der Antragstellerin

Da das (indexierte) Anfangsvermögen größer ist als das Endvermögen, hat die Antragstellerin keinen Zugewinn erwirtschaftet.

7. Zugewinnausgleichsanspruch der Antragstellerin

Die Antragstellerin hat gegen den Antragsgegner eine Zugewinnausgleichsforderung in hälftiger Höhe des vom Antragsgegner erwirtschafteten Zugewinns, mithin ▓▓▓ EUR.

Der Anspruch ist fällig mit Rechtskraft der Scheidung.

Der Antragsgegner hat mit Schreiben vom ▓▓▓ abgelehnt, diesen Betrag an die Antragstellerin zu zahlen.

Beweis: Schreiben des Verfahrensbevollmächtigten des Antragsgegners vom ▓▓▓ als Anlage ASt 11

Wir bitten, wie beantragt zu erkennen.

Rechtsanwalt/Rechtsanwältin

Streitwert: Wert des Antrags.

Anwaltskosten: Regelgebühren nach Teil 3 Abschnitt 1 VV.

Gerichtskosten: 2,0 Verfahrensgebühr nach Nr. 1110 der Anl. 1 zu § 3 Nr. 2 FamGKG.

▲

---

327 Werden beide Ehepartner von den Eltern des einen Partners schenkweise bedacht, so wird nach BGH NJW 1995, 1889 der hälftige Wert der Schenkung nach § 1374 Abs. 2 BGB bei dem eigenen Kind als privilegierter Erwerb berücksichtigt. Die andere Hälfte wird bei dem Schwiegerkind nicht in dessen Anfangsvermögen berücksichtigt, weil die Schenker für den Fall, dass sie von dem Scheitern der Ehe gewusst hätten, die Schenkung nur an ihr eigenes Kind erbracht hätten. Diese Rechtsprechung ist im Schrifttum umstritten (vgl. Finke/Ebert/*Borth*, § 6 Rn 198 f.), weil im Zugewinnausgleichsverfahren nur die Hälfte des zugewandten Wertes beim Kind der Schenker berücksichtigt werde und die güterrechtlichen Vorschriften grundsätzlich abschließend seien.

XV. Muster: Stufenantrag zur Geltendmachung des Zugewinnausgleichsanspruchs außerhalb des Scheidungsverbundes

22.34

493 An das

Amtsgericht

– Familiengericht –

░░░░░

Stufenantrag[328]

In Sachen

der Frau ░░░░░, wohnhaft ░░░░░

– Antragstellerin –

Prozessbevollmächtigte: RAe ░░░░░

gegen

Herrn ░░░░░, wohnhaft ░░░░░

– Antragsgegner –

wegen: Zugewinnausgleichsanspruch

vorläufiger Streitwert: ░░░░░ EUR

beantragen wir:

der Antragsgegner wird aufgegeben,

1. der Antragstellerin Auskunft über sein Endvermögen per ░░░░░[329] und per ░░░░░[330] zu erteilen, und zwar durch Vorlage eines vollständigen und geordneten Bestandsverzeichnisses, welches seine gesamten Aktiva und Passiva enthält,
2. diese Auskunft zu belegen durch Vorlage des Gesellschaftsvertrags der ░░░░░ GmbH, der letzten drei Bilanzen der ░░░░░ GmbH nebst Anlagespiegel,
3. gegebenenfalls die Richtigkeit der erteilten Auskünfte an Eides statt zu versichern,
4. einen nach Auskunftserteilung zu beziffernden Betrag als Zugewinnausgleich nebst 5 Prozentpunkten über dem Basiszinssatz seit ░░░░░ (Rechtskraft der Scheidung) zu zahlen,
5. dem Antragsgegner die Kosten des Rechtsstreits aufzuerlegen.

Begründung:

Die Beteiligten waren mit einander verheiratet. Sie leben seit dem ░░░░░ voneinander getrennt. Die Ehe der Parteien ist am ░░░░░ durch das angerufene Familiengericht unter Az: ░░░░░ rechtskräftig geschieden worden. Anlässlich der Scheidung haben die

---

328 In diesen Verfahren besteht Anwaltszwang, § 114 Abs. 1 FamFG.
329 Zeitpunkt der Trennung der Parteien.
330 Zeitpunkt der Rechtshängigkeit des Scheidungsantrags.

Beteiligten noch keine Zugewinnausgleichsregelung getroffen, weil beide Interesse an einer zügigen Scheidung hatten.

Die Parteien lebten im Güterstand der Zugewinngemeinschaft.

Die Antragstellerin macht gegen den Antragsgegner den ihr zustehenden Auskunftsanspruch gem. § 1379 Abs. 1 S. 1 und Abs. 2 BGB geltend und fordert von ihm Auskunft über den Bestand des Endvermögens zum Zeitpunkt der Zustellung des Scheidungsantrags (§§ 1378, 1384 BGB) und zum Zeitpunkt der Trennung.

Zwar hat der Antragsgegner außergerichtlich verschiedene Auskünfte erteilt, indem er einzelne Kontoauszüge und Depotübersichten der ▇▇▇▇ Bank vorgelegt hat. Damit genügt er jedoch nicht seiner Auskunftspflicht, denn die Antragstellerin kann sich anhand der erteilten Auskünfte kein Bild über die Vermögenssituation des Antragsgegners im Zeitpunkt der Rechtshängigkeit des Scheidungsantrags sowie im Zeitpunkt der Trennung machen.

Der Antragsgegner ist Gesellschafter der ▇▇▇▇ GmbH, von der er behauptet, das operative Geschäft liege am Boden.

    Beweis: Schreiben des Antragsgegners vom ▇▇▇ als **Anlage Ast. 1**

Die ▇▇▇ GmbH verfügt jedoch nach Kenntnis der Antragstellerin über einen Fuhrpark und eine hochwertige EDV-Anlage, weshalb sie die Herausgabe der letzten Bilanzen nebst Anlagespiegel zur Bemessung des Zugewinns benötigt.

Der Antragsgegner ist mit Schreiben vom ▇▇▇ aufgefordert worden, diese Unterlagen herauszugeben,

    Beweis: Schreiben des Verfahrensbevollmächtigten der Antragstellerin vom ▇▇▇ als **Anlage Ast. 2**

Hierzu war er nicht bereit, so dass nunmehr eine gerichtliche Regelung geboten ist.

Quittung über ▇▇▇ EUR eingezahlte Gerichtskosten anbei.

Rechtsanwalt/Rechtsanwältin

Streitwert: Die Streitwerte der verschiedenen Stufen werden nicht addiert, der höhere ist maßgeblich, § 38 FamGKG.

Anwaltskosten: Regelgebühren nach Teil 3 Abschnitt 1 VV.

Gerichtskosten: 3,0-Verfahrensgebühr, Nr. 1220 der Anl. 1 zu § 3 Nr. 2 FamGKG.

XVI. Muster: Antrag auf vorzeitigen Zugewinnausgleich

An das
Amtsgericht
– Familiengericht –

Antrag auf vorzeitigen Zugewinnausgleich[331]

In Sachen

der Frau ▓▓▓▓▓, wohnhaft ▓▓▓▓▓

– Antragstellerin –

Verfahrensbevollmächtigte: RAe ▓▓▓▓▓

gegen

den Herrn ▓▓▓▓▓, wohnhaft ▓▓▓▓▓

– Antragsgegner –

beantragen wir namens der Antragstellerin

1. die Zugewinngemeinschaft der Parteien vorzeitig aufzuheben und den Zugewinn der Parteien vorzeitig auszugleichen,
2. dem Antragsgegner aufzugeben, der Antragstellerin Auskunft zu erteilen über sein Endvermögen zum Zeitpunkt der Zustellung dieser Klageschrift durch Vorlage eines vollständigen und geordneten Bestandsverzeichnisses,
3. die Richtigkeit und Vollständigkeit der nach Nr. 2 erteilten Auskünfte an Eides statt zu versichern,
4. einen nach Auskunftserteilung zu beziffernden Zugewinnausgleichsbetrag nebst 5 Prozentpunkten Zinsen über dem Basiszins ab Rechtshängigkeit[332] an die Antragsgegnerin zu zahlen.

Begründung:

Die Beteiligten haben am ▓▓▓▓▓ die Ehe miteinander geschlossen und leben seit dem ▓▓▓▓▓ voneinander getrennt.

Der Antragsgegner verschwendet das Vermögen der Eheleute, indem er am ▓▓▓▓▓ eine Party veranstaltet hat, zu der er ▓▓▓▓▓ Personen eingeladen und beköstigt hat. Hierfür hat er nach eigenem Bekunden 30.000 EUR ausgegeben und damit nahezu das gesamte Sparvermögen aufgebraucht. Dies hat er in der vorprozessualen Korrespondenz sogar selbst eingeräumt, indem er ausführt, er verlebe das Geld lieber mit seinen Freunden, anstatt es mit seiner Frau zu teilen.

Beweis: Schreiben des Antragsgegners vom ▓▓▓▓▓ als Anlage Ast. 1

---

[331] In diesen Verfahren besteht Anwaltszwang, § 114 Abs. 1 FamFG.
[332] Für die Berechnung des Zugewinnausgleichs und für die Berechnung der Höhe der Ausgleichsforderung ist der Zeitpunkt der Erhebung der Klage nach §§ 1385 und 1386 BGB maßgeblich, § 1387 BGB.

Durch dieses Verhalten ist die spätere Durchsetzung des Zugewinnausgleichsanspruchs der Antragstellerin gefährdet, denn der Antragsgegner verstößt durch sein ruinöses Verhalten gegen die wirtschaftlichen Interessen der Antragstellerin.

Weiter hat der Antragsgegner gegenüber dem gemeinsamen Freund der Parteien, Herrn ▓▓▓▓ geäußert, dass er beabsichtige, sein ganzes Vermögen nach Luxemburg zu bringen, um es wegzuschaffen.[333]

    Beweis: Zeugnis des Herrn ▓▓▓▓

Wir bitten, wie beantragt zu erkennen.

Quittung über eingezahlte Gerichtskosten in Höhe von ▓▓▓▓ anbei.

Rechtsanwalt/Rechtsanwältin

Streitwert: Die Werte der einzelnen Stufen werden nicht addiert, sondern der höhere Wert ist maßgeblich, § 38 FamGKG.

Anwaltskosten: Regelgebühren nach Teil 3 Abschnitt 1 VV.

Gerichtskosten: 3,0-Verfahrensgebühr, Nr. 1220 der Anl. 1 zu § 3 Nr. 2 FamGKG

▲

3. Teil: Elterliche Sorge und Umgangsrecht

A. Rechtliche Grundlagen

I. Allgemeine Verfahrensgrundsätze

495 Die verfahrensrechtlichen Regelungen für Kindschaftssachen sind in den §§ 151–168a FamFG zusammengefasst. Dabei ist zu berücksichtigen, dass der Gesetzgeber den Begriff der Kindschaftssachen im FamFG neu definiert hat. Nach dem alten Recht verstand man unter Kindschaftssachen im Wesentlichen die das Abstammungsrecht betreffenden Verfahren. Nunmehr ist in § 151 FamFG geregelt, was unter Kindschaftssachen zu verstehen ist. Dazu gehören insbesondere die Verfahren über die elterliche Sorge, das Umgangsrecht und die Kindesherausgabe.

496 Die örtliche Zuständigkeit der Gerichte für Kindschaftssachen ist jetzt in § 152 FamFG geregelt. Es handelt sich bei den dortigen Regelungen um ausschließliche Zuständigkeiten.

497 In erster Linie ist das Gericht zuständig, bei dem die Ehesache im ersten Rechtszug anhängig ist oder war (§ 152 Abs. 1 FamFG). Voraussetzung dafür ist, dass es sich um gemeinschaftliche Kinder der Ehegatten handelt.

498 Ist eine Zuständigkeit nach § 152 Abs. 1 FamFG nicht begründet, bestimmt sich die örtliche Zuständigkeit nach dem gewöhnlichen Aufenthalt des Kindes (§ 152 Abs. 2 FamFG). Es kommt also nicht mehr auf den Wohnsitz des Kindes an, sondern auf dessen

---

333 Es reicht aus, dass Handlungen der in §§ 1365 und 1375 Abs. 2 BGB n.F. bezeichneten Art, die zu einer erheblichen Gefährdung der Ausgleichsforderung führen können, zu besorgen sind.

gewöhnlichen Aufenthalt. Der gewöhnliche Aufenthalt wird von einer auf längere Dauer angelegten sozialen Eingliederung gekennzeichnet und ist allein von der tatsächlichen – ggf. vom Willen unabhängigen – Situation gekennzeichnet, die den Aufenthaltsort als Mittelpunkt der Lebensführung ausweist.[334] Zu fordern ist nicht nur ein Aufenthalt von einer Dauer, die zum Unterschied von dem einfachen oder schlichten Aufenthalt nicht nur gering sein darf, sondern auch das Vorhandensein weiterer Beziehungen, insbesondere in familiärer oder beruflicher Hinsicht, in denen – im Vergleich zu einem sonst in Betracht kommenden Aufenthaltsort – der Schwerpunkt der Bindungen der betreffenden Person zu sehen ist.[335]

499 Hat ein Elternteil den Aufenthalt des Kindes ohne vorherige Zustimmung des anderen Elternteils geändert, ist das nunmehr gem. § 152 Abs. 2 FamFG zuständige Gericht gem. § 154 FamFG befugt, die Kindschaftssache an das Gericht des früheren gewöhnlichen Aufenthalts des betroffenen Kindes zu verweisen. Dies gilt nach § 154 S. 2 FamFG nicht, wenn dem anderen Elternteil das Recht der Aufenthaltsbestimmung nicht zusteht oder die Änderung des Aufenthaltsorts zum Schutz des Kindes oder des betreuenden Elternteils erforderlich war. Die Entscheidung liegt im pflichtgemäßen Ermessen des Gerichts.

500 Der für die Feststellung der örtlichen Zuständigkeit maßgebliche Zeitpunkt richtet sich danach, wann das Gericht erstmalig mit der Sache befasst wurde. Dies ist bei Antragsverfahren dann der Fall, wenn ein entsprechender Antrag bei Gericht eingeht.

501 *Hinweis*

Haben Geschwister unterschiedliche gewöhnliche Aufenthalte, ist eine einheitliche Zuständigkeitsregelung vom Gesetzgeber nicht vorgesehen. In derartigen Fällen kann eine einheitliche Zuständigkeit nur durch Abgabe aus wichtigem Grund gem. § 4 FamFG herbeigeführt werden.

502 Gem. § 153 S. 1 FamFG ist eine Kindschaftssache, die ein gemeinschaftliches Kind der Ehegatten betrifft und in 1. Instanz bei einem anderen Gericht als dem Gericht der Ehesache anhängig ist, an das Gericht der Ehesache abzugeben, wenn dort eine Ehesache rechtshängig wird.

503 Die sachliche Zuständigkeit in Kindschaftssachen ergibt sich aus §§ 23a Abs. 1 Nr. 1, 23b Abs. 1 S. 1 GVG. Die internationale Zuständigkeit ergibt sich vorrangig aus der EuEheVO.[336] Auch hier wird für die Zuständigkeit an den gewöhnlichen Aufenthalt des Kindes angeknüpft. Ist kein Mitgliedsstaat nach Art. 8–13 der Verordnung zuständig, ist das Haager Kinderschutzübereinkommen (KSÜ) vom 19.10.1996 oder das Minderjährigenschutzabkommen vom 5.10.1961, hilfsweise § 99 FamFG zu berücksichtigen.

---

334 BT-Drucks 16/6308 S. 502.
335 BGH FamRZ 1981, 135.
336 EG-Verordnung Nummer 2201/2003 vom 27.11.2003.

504 In den Verfahren nach
- § 1628 BGB (gerichtliche Entscheidung bei Meinungsverschiedenheiten der Eltern),
- § 1632 Abs. 3 BGB (Streitigkeiten über die Herausgabe oder den Umgang des Kindes),
- § 1671 BGB (Sorgerechtsantrags bei Getrenntleben bei gemeinsamer elterliche Sorge),
- § 1672 BGB (Sorgerechtsantrags bei Getrenntleben bei elterliche Sorge der Mutter)

ist zur Einleitung des Verfahrens ein entsprechender Antrag Voraussetzung, in den übrigen Fällen bedarf es zur Einleitung des Verfahrens nur einer Anregung an das Gericht.

505 Anwaltszwang besteht ausweislich § 114 FamFG in isolierten Kindschaftssachen weder im ersten noch im zweiten Rechtszug.

506 Ein wesentliches Ziel des Gesetzgebers bei der Reform des familiengerichtlichen Verfahrens war die Beschleunigung von Umgangs- und Sorgerechtsverfahren. Dementsprechend ist nunmehr in § 155 FamFG ein sogenanntes Vorrang- und Beschleunigungsgebot enthalten, welches für Kindschaftssachen, die den Aufenthalt des Kindes, das Umgangsrecht oder die Herausgabe des Kindes betreffen, sowie Verfahren wegen Gefährdung des Kindeswohls, gilt. Dieses soll verhindern, dass die Entscheidung des Gerichts durch Zeitablauf faktisch präjudiziert wird, weil sich während des Verfahrens Bindungs- und Beziehungsverhältnisse – einschließlich eines etwaigen Kontaktabbruchs – verfestigen oder verändern können und eine zu späte gerichtliche Entscheidung sich den geänderten tatsächlichen Bindungen und Beziehungen nur noch beschreibend anpassen, diese aber nicht mehr im Sinne des ursprünglichen Kindeswohls gestalten kann.[337] Es ist hinsichtlich des konkreten Einzelfalles anhand eines objektiven Maßstabs zu beurteilen, ob ausreichende verfahrensfördernde Maßnahmen getroffen wurden.[338] Gegen einen möglichen Verstoß stehen den Parteien die Rechtsbehelfe der Beschleunigungsrüge gem. § 155b FamFG und Beschleunigungsbeschwerde gem. § 155c FamFG zur Verfügung.

507 Gem. § 155 Abs. 2 FamFG soll in diesem Verfahren spätestens einen Monat nach Beginn des Verfahrens ein Erörterungstermin stattfinden, zu dem alle verfahrensfähigen Beteiligten persönlich zu laden sind.[339] Die Frist beginnt gegebenenfalls auch schon mit dem Eingang eines Antrags auf Verfahrenskostenhilfe für ein entsprechendes Verfahren.

508 Es handelt sich um eine grundsätzlich verpflichtende Vorgabe für das Gericht, die nur in Ausnahmefällen überschritten werden darf, etwa weil eine öffentliche Zustellung der Antragsschrift erforderlich wird oder wenn der Hauptsache bereits ein einstweiliges Anordnungsverfahren vorausgegangen ist, in dem ein Erörterungstermin stattgefunden hat.

---

337 OLG Bremen v. 12.7.2017 – 4 UF 72/17.
338 KG Berlin v. 31.1.2017 –13 WF 12/17.
339 S. dazu: *Rasche*, FF 2009, 192; *Heistermann*, FF 2009, 281; *Coester*, FF 2009, 269.

509 Bei dem Erörterungstermin soll gem. § 155 Abs. 2 S. 3 FamFG das Gericht einen Vertreter des Jugendamtes persönlich anhören. Die Anhörung soll mündlich erfolgen, ein schriftlicher Bericht soll vorher nicht erstellt werden.

510 Gem. § 155 Abs. 2 S. 4 FamFG ist eine Verlegung des Termins nur aus zwingendem Grund (Erkrankung) zulässig, dieser muss im Übrigen glaubhaft gemacht werden. Kein ausreichender Grund ist das Vorliegen einer Terminskollision für einen Beteiligtenvertreter in einem anderen Verfahren, sofern es sich dabei nicht ebenfalls um eine Kindschaftssache i.S.d. § 155 Abs. 1 FamFG handelt. Das andere Gericht muss dem Verlegungsantrag des Beteiligtenvertreters im Hinblick auf den Vorrang der Kindschaftssache stattgeben.

511 Das Gericht soll in Kindschaftssachen, die die elterliche Sorge bei Trennung und Scheidung, den Aufenthalt des Kindes, das Umgangsrecht oder die Herausgabe des Kindes betreffen, in jeder Lage des Verfahrens auf ein Einvernehmen der Beteiligten hinwirken, wenn dies dem Kindeswohl nicht widerspricht. Darüber hinaus kann das Gericht gem. § 156 Abs. 1 S. 4 FamFG die Eltern zur Teilnahme an einer Beratung durch die Beratungsstellen und -dienste der Träger der Jugendhilfe verpflichten. Eine derartige Anordnung des Gerichts ist nicht anfechtbar, sie ist allerdings auch nicht mit Zwangsmitteln durchsetzbar. Allerdings kann die Weigerung, an einer solchen Beratung teilzunehmen, Kostennachteile nach sich ziehen. Gegebenenfalls kann das Gericht aus der Weigerung auch Schlüsse im Hinblick auf das Kindeswohl ziehen.

512 In den §§ 159–162 FamFG finden sich verschiedene Vorschriften, wer in bestimmten Fallkonstellationen in Kindschaftssachen anzuhören ist. Dazu können das Kind, die Eltern, das Jugendamt und gegebenenfalls auch Pflegepersonen oder sog. Bezugspersonen gehören.

513 Das Kind ist in allen Verfahren, die es betreffen, persönlich anzuhören, wenn es das 14. Lebensjahr vollendet hat. Hat das Kind das 14. Lebensjahr noch nicht vollendet, ist für die persönliche Anhörung Voraussetzung, dass die Neigungen, Bindungen oder der Wille des Kindes für die Entscheidung von Bedeutung sind. In derartigen Fällen ist die persönliche Anhörung des Kindes nur dann nicht vorzunehmen, wenn im Hinblick auf das Alter des Kindes kein sinnvolles Ergebnis zu erwarten ist.

514 Der bisher in § 50 FGG geregelte Verfahrenspfleger für minderjährige Kinder wird nunmehr durch den in § 158 FamFG geregelten Verfahrensbeistand ersetzt.[340] Ein solcher Verfahrensbeistand muss seitens des Gerichts immer dann gestellt werden, wenn die Kindschaftssache die Person des Kindes betrifft und die Bestellung zur Wahrnehmung der Interessen des Kindes erforderlich ist. Das Gesetz enthält in § 158 Abs. 2 Nr. 1–5 FamFG einige Regelbeispiele, die als Orientierung zur Auslegung des Begriffs der Erforderlichkeit dienen können. In § 158 Abs. 4 FamFG sind die Aufgaben und die Rechtsstellung des Verfahrensbeistands geregelt. Dabei kann das Gericht dem Verfahrensbeistand sogar die zusätzliche Aufgabe übertragen, Gespräche mit den Eltern und

---

340 Weiterführend: *Trenczek*, ZKJ 2009, 196; *Veit*, FF 2008, 476; *Stötzel*, FPR 2009, 27.

weiteren Bezugspersonen des Kindes zu führen, um am Zustandekommen einer einvernehmlichen Regelung über den Verfahrensgegenstand mitzuwirken. Die Vergütung des berufsmäßig handelnden Verfahrensbeistandes ist in § 158 Abs. 7 FamFG geregelt und beläuft sich regelmäßig auf 350 EUR pro Kind.[341] Mit dieser Vergütung werden auch Aufwendungen und die Umsatzsteuer abgegolten. Vor diesem Hintergrund muss die Vergütung als zu niedrig angesehen werden.

Holt das Gericht in einer Kindschaftssache ein Sachverständigengutachten ein, hat es gem. § 163 Abs. 1 FamFG dem Sachverständigen zwingend eine Frist für die Einreichung des Gutachtens zu setzen. Das Gericht kann den Sachverständigen nunmehr auch beauftragen, auf die Herstellung des Einvernehmens zwischen den Beteiligten hinzuwirken. Dies ist eine deutliche Änderung gegenüber der bisherigen Gesetzeslage und birgt gewisse Gefahren. Denn wenn der Sachverständige auf ein Einvernehmen zwischen den Beteiligten hinwirken soll, verlangt dies wohl eine Festlegung, welche Regelung der elterlichen Sorge oder des persönlichen Umgangs dem Kindeswohl am ehesten entspricht.

Das Gesetz enthält in § 156 Abs. 2 FamFG eine Definition des gerichtlich gebilligten Vergleichs. Erzielen die Beteiligten Einvernehmen über den Umgang oder die Herausgabe des Kindes, ist die einvernehmliche Regelung als Vergleich aufzunehmen, wenn das Gericht diese Regelung billigt. Das Gericht hat die Regelung zu billigen, wenn sie dem Kindeswohl nicht widerspricht.

Das bisher in § 52a FGG geregelte Vermittlungsverfahren ist mit seinem bisherigen Inhalt nunmehr in § 165 FamFG übernommen worden. Macht ein Elternteil also geltend, dass der andere Elternteil die Durchführung einer gerichtlichen Entscheidung oder eines gerichtlich gebilligten Vergleichs über den Umgang mit dem gemeinschaftlichen Kind vereitelt oder erschwert, kann auch weiterhin ein solches Vermittlungsverfahren eingeleitet werden.

II. Gemeinsame elterliche Sorge

Bei ehelichen Kindern üben die Eltern gem. § 1626 BGB die elterliche Sorge gemeinsam aus. Diese bleibt grundsätzlich auch nach Trennung und Scheidung der Eltern bestehen, wenn nicht zumindest ein Elternteil die Übertragung der alleinigen Sorge oder eines Teils hiervon auf sich beantragt.

Nach der Trennung der Eltern besteht die gemeinsame Sorge allerdings nicht unverändert fort. Vielmehr regelt § 1687 BGB, dass nur noch bei Entscheidungen in Angelegenheiten, deren Regelung für das Kind von erheblicher Bedeutung ist, ein gegenseitiges Einvernehmen der Eltern erforderlich ist. Der Elternteil, bei dem sich das Kind dann mit Einwilligung des anderen Elternteils oder aufgrund einer gerichtlichen Entscheidung gewöhnlich aufhält, bestimmt über die Angelegenheiten des täglichen Lebens.

---

341 BGH FamRZ 2010, 1893.

519 Zu den Angelegenheiten von erheblicher Bedeutung zählen beispielsweise die Wahl des Kindergartens,[342] die Wahl der Schulen,[343] ob und gegebenenfalls wie ein Kind geimpft werden soll,[344] medizinische Eingriffe und Behandlungen, soweit sie nicht regelmäßig vorkommende Erkrankungen (Husten, Grippe, Kinderkrankheiten) oder Regeluntersuchungen betreffen,[345] die Entscheidung über den Besuch einer Kindertagesstätte,[346] die Wahl des Ausbildungsberufs und ähnliche Angelegenheiten, die schwer abzuändernde Auswirkungen für die Entwicklung des Kindes haben. Bei Auslandsreisen ist zu differenzieren: diese sind dann nicht mehr von der Alleinentscheidungsbefugnis gedeckt, wenn die konkrete Gefahr einer Entführung des Kindes oder seiner Zurückhaltung im außereuropäischen Ausland besteht, bei einer beabsichtigten Reise in politische Krisengebiete, wenn für die zu besuchende Region im Ausland Reisewarnungen des Auswärtigen Amtes vorliegen oder bei weiten Reisen in einen dem Kind nicht vertrauten, fremden Kulturkreis.[347]

520 Können sich die Eltern in einer Angelegenheit von erheblicher Bedeutung nicht einigen, besteht die Möglichkeit, dass ein Gericht auf Antrag gem. § 1628 BGB einem Elternteil die Entscheidung in dieser Frage überträgt. Eine Aufhebung der gemeinsamen elterlichen Sorge ist damit im Übrigen nicht verbunden.

III. Alleinige elterliche Sorge

521 Leben Eltern, denen die elterliche Sorge gemeinsam zusteht, nicht nur vorübergehend getrennt, so kann jeder Elternteil beantragen, dass ihm das Gericht die elterliche Sorge oder einen Teil derselben allein überträgt (§ 1671 Abs. 1 BGB).

522 Ein solcher Antrag ist unproblematisch, wenn er mit Zustimmung des anderen Elternteils erfolgt. In diesen Fällen muss das Gericht dem Antrag stattgeben, es sei denn, das Kind hat bereits das 14. Lebensjahr vollendet und widerspricht (§ 1671 Abs. 2 Nr. 1 BGB) oder die Übertragung der alleinigen Sorge auf den einen Elternteil würde zu einer Gefährdung des Kindeswohls führen (§ 1671 Abs. 3 BGB).

523 Fehlt die Zustimmung des anderen Elternteils zu einer Alleinsorge, bedarf es gem. § 1671 Abs. 2 Nr. 2 BGB der Feststellung, dass die Aufhebung der gemeinsamen elterlichen Sorge und die Übertragung auf den antragstellenden Elternteil dem Wohl des Kindes am besten entspricht.

524 In diesem Zusammenhang ist in Rechtsprechung und Literatur nach wie vor umstritten, ob die gemeinsame elterliche Sorge den gesetzlichen Regelfall darstellt oder ob im Streitfall die in Betracht kommenden Regelungsmöglichkeiten der gemeinsamen Sorge und der Alleinsorge als gleichrangig zu behandeln sind. Ein ganz wesentlicher Streit-

---

342 OLG Frankfurt FamRZ 2009, 894.
343 OLG Dresden FamRZ 2003, 1489.
344 KG Berlin FamRZ 2006, 142.
345 OLG Bamberg FamRZ 2003, 1403.
346 OLG Brandenburg OLGR Brandenburg 2004, 440.
347 KG Berlin v. 1.8.2016 – 13 UF 106/16; OLG Frankfurt v. 21.7.2016 – 5 UF 206/16 bejaht besondere Gefahren bei einem Türkeiurlaub.

punkt dabei ist die Frage, wie die Fälle zu behandeln sind, in denen es den Eltern an einer Kooperationsfähigkeit oder -bereitschaft fehlt, insbesondere wenn die mangelnde Kooperation wesentlich oder sogar überwiegend auf dem Verhalten des betreuenden Elternteils beruht. Der BGH sieht kein Regel-/Ausnahmeverhältnis zwischen der gemeinsamen und der Alleinsorge,[348] weshalb er auch in den Fällen, in denen der betreuende Elternteil die mangelnde Kooperation zu verantworten hat, eine Übertragung der Alleinsorge auf diesen Elternteil nicht grundsätzlich ausschließt.[349]

Zu beachten ist immer, dass § 1671 Abs. 1 BGB die Möglichkeit eröffnet, die elterliche Sorge nur teilweise auf einen Elternteil allein zu übertragen. Insbesondere wenn die Eltern sich darüber streiten, bei wem das Kind nach der Trennung leben soll, kann hier beispielsweise nur der Teilbereich des Aufenthaltsbestimmungsrechts einem der Elternteile übertragen werden.

Für die Beurteilung dessen, was dem Wohl des Kindes am besten entspricht, haben sich in der Rechtsprechung verschiedene Kriterien entwickelt. Hierzu gehören
- Förderungsprinzip: Welcher Elternteil wird dem Kind voraussichtlich die besten Entwicklungschancen bieten?
- Kontinuitätsprinzip: Welcher Elternteil hat das Kind bisher überwiegend betreut? Welcher Elternteil kann eher gewährleisten, dass die äußeren Rahmenbedingungen (Wohnung, Schule, Vereinsaktivitäten, Freizeitgestaltung, etc.) gleich bleiben?
- Bindungen: Zu welchem Elternteil hat das Kind die tieferen Bindungen? Welche Bindungen an die Geschwister sind zu berücksichtigen?
- Kindeswille: Welche Regelung würde dem Willen und den Neigungen des Kindes am ehesten entsprechen?
- Bindungstoleranz: Welcher Elternteil zeigte die größere Kooperationsbereitschaft im Hinblick auf die Aufrechterhaltung der Kontakte zwischen dem Kind und dem anderen Elternteil?

Die Gewichtung dieser Kriterien ist immer eine Frage des Einzelfalls. Entgegenzuwirken ist der Tendenz der Gerichte, ganz überwiegend auf die Frage, wer das Kind in der Vergangenheit überwiegend betreut hat, abzustellen. Vielmehr sind alle Kriterien des Kindeswohlbegriffs umfassend in die Entscheidung einzubeziehen.

Bei dem Vortrag in derartigen Verfahren ist darauf zu achten, dass die Entscheidung über die Sorgerechtsregelung eine Prognose für die Zukunft beinhaltet. Für das Gericht sollte die bisherige Entwicklung und das Verhalten der Eltern – auch und gegebenenfalls insbesondere in der Trennungszeit – die Grundlage für die Prognose darstellen, bei welchem Elternteil das Kind infolge der dort gegebenen Lebensverhältnisse, der persönlichen Betreuung, der erzieherischen Fähigkeiten unter Berücksichtigung bestehender Bindungen und unter Wahrung der Einheitlichkeit und Gleichmäßigkeit der Erziehung und Entwicklung am besten gefördert werden kann.[350]

---

348 BGH FamRZ 1999, 1646; bestätigend BVerfG FamRZ 2004, 354.
349 BGH FF 2008, 110 mit weiteren Nachweisen zum Streitstand.
350 Finke/Ebert/*Finke*, § 4 Rn 105.

IV. Elterliche Sorge nicht miteinander verheirateter Eltern

529 Am 19.5.2013 traten die §§ 1626a BGB, 155a FamFG bezüglich der elterlichen Sorge nicht miteinander Verheirateter in Kraft. Nach § 1626a Abs. 1 BGB steht den nicht verheirateten Eltern die elterliche Sorge gemeinsam zu, wenn sie erklären, dass sie die Sorge gemeinsam übernehmen wollen, wenn sie einander heiraten oder soweit das Familiengericht ihnen die elterliche Sorge gemeinsam überträgt. Das Familiengericht überträgt nach § 1626a Abs. 2 BGB auf Antrag die elterliche Sorge oder einen Teil auf beide gemeinsam, wenn die Übertragung dem Kindeswohl nicht widerspricht. Trägt der andere Teil keine Gründe vor, die der Übertragung der elterlichen Sorge entgegenstehen können, und sind solche Gründe auch sonst nicht ersichtlich, wird vermutet, dass die gemeinsame elterliche Sorge dem Kindeswohl nicht widerspricht (§ 1626a Abs. 2 S. 2 BGB).

530 Auch bei der „negativen Kindeswohlprüfung" im Rahmen des § 1626a BGB ist das Kindeswohl somit vorrangiger Maßstab für die gerichtliche Entscheidung über die gemeinsame elterliche Sorge, es gelten die zu § 1671 BGB ausgeführten Grundsätze entsprechend.[351] Von der gemeinsamen elterlichen Sorge ist abzuweichen, wenn und soweit die Alleinsorge eines Elternteils dem Kindeswohl besser entspricht. Die Übertragung der gemeinsamen elterlichen Sorge ist folglich unter den gleichen Voraussetzungen abzulehnen, unter denen im Fall des § 1671 Abs. 1 S. 2 Nr. 2 BGB die gemeinsame elterliche Sorge aufzuheben wäre. Die im Gegensatz zu § 1671 Abs. 1 S. 2 Nr. 2 BGB negative Formulierung der Voraussetzungen in § 1626a Abs. 2 S. 1 BGB berücksichtigt lediglich die unterschiedliche rechtliche Ausgangssituation, begründet jedoch im Ergebnis keine materiell-rechtlichen Unterschiede hinsichtlich der Ausübung der gemeinsamen elterlichen Sorge. So ist im Rahmen des § 1626a BGB zu prüfen, ob die gemeinsame elterliche Sorge zu begründen ist, während im Rahmen des § 1671 BGB geprüft werden muss, ob sie aufzuheben ist.

531 In verfahrensrechtlicher Hinsicht bestehen bei § 1626a BGB im Hinblick auf den Umfang der gerichtlichen Sachverhaltsaufklärung Besonderheiten gegenüber § 1671 BGB.[352] Während bei § 1671 BGB, abgesehen vom Fall der Zustimmung des sorgeberechtigten Elternteils, keine Einschränkungen der Amtsermittlungspflicht sowie der gebotenen Anhörung Verfahrensbeteiligter und des Jugendamts vorgesehen sind, genügt es nach § 1626a BGB für die gerichtliche Übertragung der elterlichen Sorge auf die Eltern gemeinsam bereits, dass der andere Elternteil keine Gründe vorträgt, die dem entgegenstehen können und solche Gründe auch sonst nicht ersichtlich sind. Dem entspricht die verfahrensrechtliche Regelung des § 155a Abs. 3 FamFG.

532 Da nach § 1626a Abs. 2 S. 2 BGB bereits die Möglichkeit ausreicht, dass die Gründe einer gemeinsamen Sorge entgegenstehen, sind an deren Darlegung keine hohen Anforderungen zu stellen. Erforderlich ist, dass sich aus den dem Gericht vorliegenden Ent-

---

[351] BGH FamRZ 2016, 1439.
[352] BGH FamRZ 2016, 1439.

scheidungsgrundlagen aufgrund konkreter tatsächlicher Anhaltspunkte die Möglichkeit ergibt, dass die gemeinsame elterliche Sorge nicht mit dem Kindeswohl vereinbar ist. Wobei hinreichende Anhaltspunkte nicht erst dann gegeben sind, wenn der Tatsachenvortrag genügt, um in einer den Maßgaben der Rechtsprechung folgenden umfassenden Abwägung festzustellen, dass die gemeinsame Sorge dem Kindeswohl widerspricht.[353] Liegen hinreichende Anhaltspunkte vor, löst dies die Amtsermittlungspflicht aus und führt zur im normalen Sorgerechtsverfahren durchzuführenden umfassenden Prüfung.

V. Kindesherausgabe

Gem. § 1632 Abs. 1 BGB steht dem Personensorgeberechtigten (und auch dem Inhaber des Aufenthaltsbestimmungsrechts) das Recht zu, die Herausgabe des Kindes von jedem zu verlangen, der es ihm widerrechtlich vorenthält. 533

VI. Umgangsrecht

Gem. § 1684 Abs. 1 BGB hat das Kind das Recht auf Umgang mit jedem Elternteil; jeder Elternteil ist zum Umgang mit dem Kind berechtigt und verpflichtet. 534

Dem Recht des Kindes auf Umgang mit beiden Elternteilen steht die Pflicht jedes Elternteils zum Umgang mit dem Kind gegenüber. Diese Verpflichtung des Elternteils ist allerdings nicht gegen den Willen des betroffenen Elternteils durchsetzbar. Das Bundesverfassungsgericht hat entschieden, dass die zwangsweise Durchsetzung des Umgangsrechts i.d.R. nicht dem Kindeswohl entspricht und nur im Einzelfall unter besonderen Umständen gerechtfertigt sein kann.[354] 535

Das Umgangsrecht soll dem nicht betreuenden Elternteil die Möglichkeit geben, sich über das körperliche und geistige Befinden des Kindes zu informieren, einer Entfremdung vorzubeugen und die verwandtschaftliche Beziehung zu dem Kind aufrechtzuerhalten.[355] 536

§ 1684 Abs. 2 BGB statuiert eine Loyalitätspflicht der Eltern untereinander. Diese haben alles zu unterlassen, was das Verhältnis des Kindes zum anderen Elternteil beeinträchtigt oder die Erziehung erschwert. 537

§ 1684 Abs. 3 BGB gibt dem Gericht die Befugnis, den Umgang des Kindes mit einem Elternteil zu regeln und ermächtigt das Gericht, Anordnungen zur Durchsetzung der Loyalitätspflicht zu treffen. 538

Auch bei der Umgangsregelung ist gem. § 1697a BGB unter Berücksichtigung der tatsächlichen Gegebenheiten und Möglichkeiten sowie der berechtigten Interessen aller Beteiligten die dem Kindeswohl am ehesten entsprechende Entscheidung zu treffen. 539

Dies führt im Ergebnis dazu, dass selbst dann, wenn feststeht, dass die Weigerung des Kindes zum Umgang auf einer Beeinflussung durch den betreuenden Elternteil beruht, 540

---

353 BGH FamRZ 2016, 1439.
354 BVerfG, NJW 2008, 1287.
355 Finke/Ebert/*Finke*, § 4 Rn 135.

der Umgang ausgeschlossen werden kann. Zuvor ist aber zu prüfen, ob die Gründe, die das Kind für die Umgangsverweigerung anführt, plausibel und nachvollziehbar sind. Ebenfalls ist zu prüfen, ob gegebenenfalls ein begleiteter Umgang die Vorbehalte des Kindes beseitigen könnte.

541 Der Umfang des Umgangs richtet sich immer nach dem Einzelfall. Dabei sind gewisse Erfahrungswerte, die sich in der Praxis herausgebildet haben, zu berücksichtigen. Wichtig ist bei jeder Umgangsregelung, dass sie dem Kind eine gewisse Kontinuität und Regelmäßigkeit bietet. Es hat sich in der Praxis eingebürgert, dass das Umgangsrecht alle zwei Wochen von freitags bis sonntags ausgeübt wird. Auch bei sehr kleinen Kindern spricht nichts gegen eine Übernachtung, solange der umgangsberechtigte Elternteil die Pflege und Betreuung des Kindes sicherstellen kann. Einer darüber hinausgehenden Ausweitung des Umgangs steht grundsätzlich nichts entgegen.

542 Immer größere Bedeutung gewinnt auch das sog. paritätische Wechselmodell, wobei sich die Eltern die Betreuung des Kindes hälftig teilen. Dies kann z.B. so ausgestaltet sein, dass das Kind wöchentlich zwischen beiden Elternteilen wechselt. Nachdem dies lange Zeit umstritten war, hat der BGH nun entschieden, dass das paritätische Wechselmodell auch gegen den Willen eines Elternteils angeordnet werden kann, sofern dies dem Kindeswohl am besten entspricht.[356] Dies ist in der Regel nicht der Fall, wenn das Verhältnis der Eltern konfliktbelastet ist und es diesen an Kommunikations- und Kooperationsfähigkeit mangelt.

543 Schwierig sind die Fälle, in denen dem Umgangsberechtigten gegenüber der Vorwurf des sexuellen Missbrauchs erhoben wird. Die Tatsache, dass gegen den Vater ein staatsanwaltliches Ermittlungsverfahren wegen des Verdachts des sexuellen Kindesmissbrauchs läuft, führt als solche weder zum Ausschluss noch zur Einschränkung der Umgangsbefugnis des Beschuldigten. Das Familiengericht muss vielmehr in jedem Einzelfall das Gewicht des Tatverdachts und der möglichen Gefahren für das Kindeswohl selbstständig prüfen und abwägen.[357]

544 Der bloße Umstand, dass der Umgangselternteil aus einem moslemischen Land stammt und enge Beziehungen zu seinem Heimatland unterhält, genügt für sich genommen nicht, von einer konkreten Entführungsgefahr für das Kind auszugehen und deshalb das Umgangsrecht einzuschränken oder gar auszuschließen.[358] Nur wenn konkrete Anhaltspunkte dafür gegeben sind, dass der umgangsberechtigte Elternteil das Kind ins Ausland entführen will, kommt eine Einschränkung des Umgangsrechts in Betracht.[359]

545 Die fortgesetzte Unterbindung von Besuchskontakten durch den betreuenden Elternteil kann zu einem teilweisen Entzug des Aufenthaltsbestimmungsrechts und der Bestellung eines Pflegers zur Sicherung des Umgangsrechts führen. Im Regelfall führt ein solches Verhalten nicht zu einer Übertragung der Alleinsorge auf den bisher umgangsberechtig-

---

356 BGH Beschl. v. 1.2.2017 – XII ZB 601/15.
357 OLG Frankfurt a.M. FamRZ 1995, 1432.
358 OLG Brandenburg FamRZ 2003, 947.
359 OLG München FamRZ 1993, 94.

ten Elternteil, weil bei ansonsten positiver Bewertung der sonstigen Kriterien des Kindeswohls insbesondere im Hinblick auf den Kontinuitätsgrundsatz eine Änderung der bestehenden Sorgerechtsregelung nicht in Betracht kommt.

Während des Umgangs des Kindes mit einem Elternteil entscheidet dieser im Übrigen über die Angelegenheiten des täglichen Lebens. Grundsätzlich entscheidet der umgangsberechtigte Elternteil auch, mit welchen Dritten das Kind Kontakt hat. Das Gericht kann solche Kontakte einschränken, wenn besondere Umstände dies zum Schutz des Kindes erfordern. Grundsätzlich spricht nichts dagegen, dass das Kind den neuen Lebenspartner des umgangsberechtigten Elternteils kennen lernt. Dies hängt aber auch vom Alter des Kindes ab. 546

Bei einer Umgangsregelung ist seitens der Beteiligten darauf zu achten, dass sie genaue und erschöpfende Bestimmungen über Art, Ort und Zeit des Umgangs mit dem Kind enthält. Auch die Ferienzeiten sollten eindeutig geregelt werden. Es ist ferner darauf zu achten, dass das Gericht eine derartige Umgangsregelung gem. § 156 Abs. 2 FamFG gerichtlich billigt. 547

Im Jahr 2013 wurde mit dem Gesetz zur Stärkung der Rechte des leiblichen, nicht rechtlichen Vaters § 1686a BGB neu eingeführt, welcher dem biologischen Vater unabhängig von einer sozial-familiären Beziehung ein Umgangs- und Auskunftsrecht zuerkennt. Diesbezüglich ist die besondere Verfahrensvorschrift des § 167a Abs. 1 FamFG zu beachten, wonach Anträge auf Erteilung des Umgangs- oder Auskunftsrechts nur zulässig sind, wenn der Antragsteller an Eides statt versichert, der Mutter des Kindes während der Empfängniszeit beigewohnt zu haben. Zudem bestimmt § 167a Abs. 2 FamFG, dass jede Person zur Klärung der leiblichen Vaterschaft Untersuchungen, insbesondere die Entnahme von Blutproben, zu dulden hat, es sei denn, dass ihr die Untersuchung nicht zugemutet werden kann. 548

VII. Auskunftsanspruch gem. § 1686 BGB

Jeder Elternteil hat gegen den anderen Elternteil gem. § 1686 BGB einen Auskunftsanspruch über die persönlichen Verhältnisse des Kindes, soweit dies dem Wohl des Kindes nicht widerspricht. Das Auskunftsrecht darf allerdings nicht missbräuchlich ausgeübt werden, zum Beispiel wenn der auskunftsberechtigte Elternteil sich die erforderlichen Informationen anderweitig beschaffen kann.[360] Die Auskunftspflicht erstreckt sich aber nicht auf sämtliche Einzelheiten der täglichen Lebensführung, sondern nur auf das Wichtige im Befinden des Kindes. Zur Vorlage von schriftlichen Unterlagen ist der betreuende Elternteil regelmäßig nicht verpflichtet. So kann auch nicht die Führung und Vorlage eines „Tagebuchs" über die Lebensführung des Kindes verlangt werden.[361] 549

Der Auskunftsanspruch des nicht sorgeberechtigten Elternteils gem. § 1686 BGB hinsichtlich der persönlichen Verhältnisse des Kindes umfasst auch den Aufenthaltsort bzw. 550

---

360 OLG Brandenburg FamRZ 2008, 638.
361 OLG Koblenz FamRZ 2002, 980.

die Wohnanschrift des Kindes.[362] Der Auskunftsanspruch umfasst auch die Übersendung von Kopien von Schulzeugnissen,[363] nicht aber die Vorlage der Schul- und/oder Klassenarbeitshefte.[364]

551 Der nicht-sorgeberechtigte Elternteil hat auch nicht aufgrund § 1686 BGB einen Anspruch, dass der sorgeberechtigte Elternteil die das Kind behandelnden Ärzte von deren Schweigepflicht entbindet,[365] allerdings dürfte er einen Anspruch auf Mitteilung der Diagnose und der Therapie bei einer das Kind betreffenden ärztlichen Behandlung haben.

552 In Fällen, in denen ein Kontakt zwischen dem auskunftsberechtigten Elternteil und dem Kind nicht besteht, dürfte auch Anspruch auf Überlassung eines aktuellen Bildes des Kindes bestehen.

VIII. Umgangsrecht mit anderen Bezugspersonen

553 § 1685 Abs. 1 BGB gewährt unter der Voraussetzung, dass dies dem Wohl des Kindes dient, den Großeltern und den Geschwistern des Kindes ein Umgangsrecht.

554 § 1685 Abs. 2 BGB räumt engen Bezugspersonen des Kindes, soweit sie in einer sozialfamiliären Beziehung tatsächlich für das Wohl des Kindes beitragen oder beigetragen haben, ein Umgangsrecht ein. Eine solche sozial-familiäre Beziehung besteht nach Auffassung des Gesetzgebers in der Regel, wenn die Person längere Zeit mit dem Kind zusammengelebt hat.

555 Der Umstand, dass der Umgang dem Wohl des Kindes dienen muss, führt dazu, dass ein Umgangsrecht eines Dritten nur dann besteht, wenn die Aufrechterhaltung oder Wiederaufnahme der Kontakte zu dem Dritten für die Entwicklung des Kindes von wesentlicher Bedeutung sind.

B. Muster

I. Muster: Antrag auf Übertragung der alleinigen Entscheidungsbefugnis

▼

556 An das

Amtsgericht

– Familiengericht –

Antrag auf Übertragung der Entscheidungsbefugnis gem. § 1628 BGB

In der Kindschaftssache

betreffend das minderjährige Kind , geboren am , wohnhaft

---

362 OLG Stuttgart FamRZ 2006, 1628.
363 OLG Hamm FamRZ 2003, 1583.
364 OLG Hamm FamRZ 2001, 514.
365 OLG Bremen OLGR Bremen 1999, 86.

3. Teil: Elterliche Sorge und Umgangsrecht § 22

Weitere Beteiligte

der ▮▮▮▮, wohnhaft ▮▮▮▮
— Kindesvater und Antragsteller —

Verfahrensbevollmächtigte: Rechtsanwälte ▮▮▮▮

die ▮▮▮▮, wohnhaft ▮▮▮▮
— Kindesmutter und Antragsgegnerin —

wegen: Übertragung der Entscheidungsbefugnis

bestellen wir uns aufgrund der uns erteilten und als Anlage beigefügten Vollmacht des Antragstellers zu dessen Verfahrensbevollmächtigten und kündigen folgenden Antrag an:

> Dem Antragsteller wird das alleinige Entscheidungsrecht betreffend die Einschulung des Kindes ▮▮▮▮, geboren am ▮▮▮▮, übertragen.

Begründung:

Die Beteiligten sind getrennt lebende Eheleute. Das aus der Ehe hervorgegangene Kind ▮▮▮▮, geboren am ▮▮▮▮, lebt im Einverständnis der Antragsgegnerin bei dem Antragsteller.

Der Sohn vollendet im kommenden Monat das sechste Lebensjahr und wird daher ab dem kommenden Sommer die Grundschule besuchen. Die Anmeldung zu einer Grundschule ist in Kürze vorzunehmen.

Zwischen den Beteiligten besteht Streit über die Wahl der Grundschule. Die Antragsgegnerin möchte, dass der Sohn in die Waldorf-Grundschule in ▮▮▮▮ eingeschult wird. Der Antragsteller möchte, dass der Sohn in die katholische Grundschule in ▮▮▮▮ eingeschult wird.

Der Antragsteller hat grundsätzliche Bedenken gegen die pädagogische Ausrichtung der Waldorf-Schulen. Er ist der Überzeugung, dass der Sohn auf einer staatlichen Regelschule besser gefördert werden kann. Zudem werden die Freunde, die der Sohn ▮▮▮▮ im Kindergarten gefunden hat, ganz überwiegend ebenfalls in die katholische Grundschule eingeschult.

Der Sohn ist auch während des Zusammenlebens der Beteiligten nach seiner Geburt katholisch getauft worden.

Die Entscheidungsbefugnis ist vor dem Hintergrund, dass die Beteiligten sich nicht auf eine Schule einigen können, dem Antragsteller zu übertragen. Er betreut und versorgt den Sohn überwiegend allein und regelt sämtliche Dinge des täglichen Lebens für den Sohn. Von daher ist ihm in dieser Angelegenheit von erheblicher Bedeutung auch die Entscheidungsbefugnis zu übertragen. Er hat auch in ganz überwiegende Maße die Folgen der Schulwahl zu tragen (Transport des Sohnes zur Schule und nach Hause, Anfertigung der Hausaufgaben, Wahrnehmung schulischer Termine).

Eine Abschrift des Schriftsatzes für das Jugendamt ist beigefügt.

Rechtsanwalt/Rechtsanwältin

Verfahrenswert: 3.000 EUR, § 45 Abs. 1 FamGKG

Anwaltsgebühren: Regelgebühren nach Teil 3 Abschnitt 1 VV

Gerichtskosten: 0,5-Verfahrensgebühr, Nr. 1310 KVFamGKG

▲

§ 22 Das familiengerichtliche Verfahren

II. Muster: Antrag auf Übertragung der elterlichen Sorge mit Zustimmung des anderen Elternteils

▼

An das

Amtsgericht

– Familiengericht –

Antrag auf Übertragung der alleinigen elterlichen Sorge

In der Kindschaftssache

betreffend das minderjährige Kind , geboren am , wohnhaft

Weitere Beteiligte

die , wohnhaft

– Kindesmutter und Antragstellerin –

Verfahrensbevollmächtigte: Rechtsanwälte

der , wohnhaft

– Kindesvater und Antragsgegner –

bestellen wir uns aufgrund der uns erteilten und als Anlage beigefügten Vollmacht der Antragstellerin zu deren Verfahrensbevollmächtigten und kündigen folgenden Antrag an:

> Der Antragstellerin wird das alleinige Sorgerecht für die Tochter , geboren am , der Beteiligten übertragen.

Begründung:

Die Beteiligten leben seit dem getrennt voneinander. Ein Scheidungsverfahren ist bisher nicht anhängig.

Aus der Ehe ist die Tochter , geboren am , hervorgegangen. Diese lebt seit der Trennung der Beteiligten mit Einverständnis des Antragsgegners bei der Antragstellerin.

Der Antragsgegner ist aufgrund seiner beruflichen Tätigkeit nur selten zuhause. Er arbeitet als internationaler Unternehmensberater und ist viel im Ausland unterwegs. Von daher ist seine Erreichbarkeit auch nicht ständig gesichert. Die Beteiligten sind sich darüber einig, dass die Tochter auch zukünftig bei der Antragstellerin leben soll.

Darüber hinaus haben die Beteiligten Einigkeit dahingehend erzielt, dass die elterliche Sorge auf die Antragstellerin übertragen werden soll. Der Antragsgegner wird deshalb diesem Antrag zustimmen.

Eine Abschrift des Schriftsatzes für das Jugendamt ist beigefügt.

Rechtsanwalt/Rechtsanwältin

Verfahrenswert: 3.000 EUR, § 45 Abs. 1 FamGKG

Anwaltsgebühren: Regelgebühren nach Teil 3 Abschnitt 1 VV

Gerichtskosten: 0,5-Verfahrensgebühr, Nr. 1310 KVFamGKG

III. Muster: Streitiger Sorgerechtsantrag nach § 1671 Abs. 2 Nr. 2 BGB

An das
Amtsgericht
– Familiengericht –

Antrag auf Übertragung der alleinigen elterlichen Sorge

In der Kindschaftssache
betreffend das minderjährige Kind   , geboren am   , wohnhaft
Weitere Beteiligte
die   , wohnhaft

– Kindesmutter und Antragstellerin –

Verfahrensbevollmächtigte: Rechtsanwälte
der   , wohnhaft

– Kindesvater und Antragsgegner –

bestellen wir uns aufgrund der uns erteilten und als Anlage beigefügten Vollmacht der Antragstellerin zu deren Verfahrensbevollmächtigten und kündigen folgenden Antrag an:

> Der Antragstellerin wird das alleinige Sorgerecht für das Kind   , geboren am   , übertragen.

Begründung:

Die Beteiligten sind getrennt lebende Eheleute. Ein Scheidungsverfahren ist bisher nicht anhängig.

Aus der Ehe der Beteiligten ist der Sohn   , geboren am   , hervorgegangen. Nachdem die Beteiligten sich vor der Trennung nicht über den zukünftigen Aufenthalt des Sohnes einigen konnten, hat das angerufene Gericht der Antragstellerin mit Beschl. v.   zu dem Aktenzeichen   das Aufenthaltsbestimmungsrecht für den Sohn übertragen. Seither lebt der Sohn bei der Antragstellerin.

Die Antragstellerin ist zwischenzeitlich zu der Auffassung gelangt, dass die Aufhebung der gemeinsamen und die Übertragung der alleinigen elterlichen Sorge auf sie dem Wohl des Kindes am besten entspricht.

Wie bereits oben dargestellt, kam es bereits anlässlich der Trennung der Beteiligten zu einer Auseinandersetzung über das Aufenthaltsbestimmungsrecht, welches letztlich der Antragstellerin übertragen wurde.

Bereits kurze Zeit später kam es zu einem weiteren Verfahren, weil die Beteiligten sich über die Wahl der Grundschule für den Sohn   nicht einigen konnten. Das angerufene Gericht hatte daraufhin mit Beschl. v.   zu dem Aktenzeichen   die Entscheidungsbefugnis über die Wahl der Grundschule auf die Antragstellerin übertragen.

Nunmehr hat der Antragsgegner mit Schreiben vom   mitgeteilt, dass er nicht damit einverstanden sei, dass der Sohn zur Kommunion gehen würde. Dabei ist zu berücksichtigen, dass der Sohn bereits während des ehelichen Zusammenlebens der Beteiligten im katholischen Glauben getauft wurde.

Zugleich verweigert der Antragsgegner seine notwendige Mitwirkung bei der medizinischen Versorgung des ehelichen Sohnes. Aufgrund einer asthmatischen Erkrankung soll der Sohn gemeinsam mit der Antragstellerin an einer Kur teilnehmen, die bereits von der zuständigen Krankenkasse genehmigt ist. Seine hierfür notwendige Zustimmung hat der Antragsgegner mit Schreiben vom ▓▓▓▓ ausdrücklich verweigert, weil er der Auffassung ist, dass eine Behandlung mit alternativen Heilmethoden den gleichen Erfolg zeigen würde.

Eine mündliche Kommunikation zwischen den Beteiligten erfolgt zudem nicht mehr. Mit Schreiben vom ▓▓▓▓ teilte der Antragsgegner der Antragstellerin mit, dass er zukünftig ausschließlich schriftlich mit ihr kommunizieren werde. Die angeführte Begründung, die Antragstellerin verdrehe ihm immer die Worte im Mund, ist im Übrigen unzutreffend.

Insgesamt bestanden beziehungsweise bestehen in allen Angelegenheiten von erheblicher Bedeutung, die seit der Trennung aufgekommen sind, zwischen den Beteiligten gravierende Meinungsunterschiede. Aufgrund der Weigerung des Antragsgegners, mündlich mit der Antragstellerin zu kommunizieren, ist eine Verständigung in derartigen Fragen erheblich erschwert, wenn nicht gar inzwischen unmöglich.

Insbesondere im Hinblick auf die Weigerung des Antragsgegners, seine Zustimmung zu dem Kuraufenthalt des Sohnes zu erteilen, gefährdet er darüber hinaus die Interessen und das Wohl des aus der Ehe hervorgegangenen Kindes. Die Erfahrungen aus der Vergangenheit lassen auch in der Zukunft nicht erwarten, dass die Beteiligten sich über Angelegenheiten von erheblicher Bedeutung für den Sohn einvernehmlich verständigen können.

Daher entspricht es dem Kindeswohl am besten, der Antragstellerin das alleinige elterliche Sorgerecht zu übertragen. Sie betreut und versorgt das Kind seit der Trennung der Beteiligten, ihr wurde bereits das Aufenthaltsbestimmungsrecht und die Entscheidungsbefugnis zur Auswahl einer Grundschule übertragen. Die Bindungen zwischen ihr und dem Sohn ▓▓▓▓ sind intensiv und stabil.

Eine Abschrift dieses Schriftsatzes für das Jugendamt ist beigefügt.

Rechtsanwalt/Rechtsanwältin

Verfahrenswert: 3.000 EUR, § 45 Abs. 1 FamGKG

Anwaltsgebühren: Regelgebühren nach Teil 3 Abschnitt 1 VV

Gerichtskosten: 0,5-Verfahrensgebühr, Nr. 1310 KVFamGKG

IV. Muster: Antrag auf Übertragung des Aufenthaltsbestimmungsrechts

An das

Amtsgericht ▓▓▓▓

– Familiengericht –

Antrag auf Übertragung des Aufenthaltsbestimmungsrechts

In der Kindschaftssache

betreffend das minderjährige Kind ▓▓▓▓, geboren am ▓▓▓▓, wohnhaft ▓▓▓▓

Weitere Beteiligte

der ▓▓▓, wohnhaft ▓▓▓

– Kindesvater und Antragsteller –

Verfahrensbevollmächtigte: Rechtsanwälte ▓▓▓

die ▓▓▓, wohnhaft ▓▓▓

– Kindesmutter und Antragsgegnerin –

wegen: Übertragung des Aufenthaltsbestimmungsrechts

bestellen wir uns aufgrund der uns erteilten und als Anlage beigefügten Vollmacht des Antragstellers zu dessen Verfahrensbevollmächtigten und kündigen folgenden Antrag an:

> Dem Antragsteller wird das Aufenthaltsbestimmungsrecht für das Kind ▓▓▓, geboren am ▓▓▓, übertragen.

Begründung:

Die Beteiligten sind getrennt lebende Eheleute. Die Trennung erfolgt derzeit noch innerhalb der Ehewohnung, die Antragsgegnerin beabsichtigt, gemeinsam mit dem aus der Ehe hervorgegangenen Sohn ▓▓▓, geboren am ▓▓▓, auszuziehen. Hiergegen wendet sich der Antragsteller.

Eine Einigung über den künftigen Aufenthalt des Sohnes konnten die Beteiligten trotz Vermittlung des Jugendamtes bisher nicht erzielen.

Nach Auffassung des Antragstellers entspricht es dem Kindeswohl am besten, wenn ihm das Aufenthaltsbestimmungsrecht für den Sohn ▓▓▓ übertragen wird.

Der Antragsteller ist selbstständig tätig. Sein Büro befindet sich in der bisherigen Ehewohnung, die in seinem Alleineigentum steht und wo er auch zukünftig wohnen und arbeiten wird. Aufgrund seiner freiberuflichen Tätigkeit ist der Antragsteller sehr gut in der Lage, seine Arbeitszeiten selbst einzuteilen. Dementsprechend hat er schon in der Vergangenheit die Betreuung und Versorgung des Sohnes seit dessen Geburt in ganz überwiegende Maße übernommen.

Die Antragsgegnerin hingegen arbeitet vollschichtig als Krankenschwester im Drei-Schicht-System. Sie beabsichtigt auch nicht, diese Tätigkeit nach der Trennung aufzugeben.

Da die übrigen Kriterien für die Kindeswohlprüfung bei beiden Beteiligten als gleichwertig anzusehen sind, kommt dem Kontinuitätsgrundsatz vorliegend besondere Bedeutung zu. Für ein Kind im Alter von ▓▓▓ sind gleich bleibende, stabile Verhältnisse besonders wichtig. Der Kontinuitätsgrundsatz baut auf der Annahme auf, dass der weitestgehende Erhalt der Einheitlichkeit, Stetigkeit, Gleichmäßigkeit und Stabilität der Lebens- und Erziehungsverhältnisse, wie sie im Zeitpunkt der Sorgerechtsentscheidung aktuell bestehen, dem Wohl des Kindes entspricht. Diese vermag der Antragsteller am ehesten zu gewährleisten.

Dementsprechend ist dem Antragsteller vorliegend das Aufenthaltsbestimmungsrecht zu übertragen.

Eine Abschrift dieses Schriftsatzes für das Jugendamt ist beigefügt.

Rechtsanwalt/Rechtsanwältin

Verfahrenswert: 3.000 EUR, § 45 Abs. 1 FamGKG

Anwaltsgebühren: Regelgebühren nach Teil 3 Abschnitt 1 VV
Gerichtskosten: 0,5-Verfahrensgebühr, Nr. 1310 KVFamGKG

V. Muster: Antrag auf Regelung des Umgangs

560 An das
Amtsgericht
– Familiengericht –

Antrag auf Regelung des Umgangs

In der Kindschaftssache
betreffend das minderjährige Kind ▓▓▓▓, geboren am ▓▓▓▓, wohnhaft ▓▓▓▓
Weitere Beteiligte
der ▓▓▓▓, wohnhaft ▓▓▓▓

– Kindesvater und Antragsteller –

Verfahrensbevollmächtigte: Rechtsanwälte ▓▓▓▓
die ▓▓▓▓, wohnhaft ▓▓▓▓

– Kindesmutter und Antragsgegnerin –

wegen: Regelung des Umgangs

bestellen wir uns aufgrund der uns erteilten und als Anlage beigefügten Vollmacht des Antragstellers zu dessen Verfahrensbevollmächtigten und kündigen folgenden Antrag an:

Das Umgangsrecht des Antragstellers mit dem Kind ▓▓▓▓, geboren am ▓▓▓▓, wird wie folgt geregelt:

1. Der Antragsteller darf das Kind an jedem Wochenende einer ungeraden Kalenderwoche in der Zeit von Freitag 18:00 Uhr bis Sonntag 18:00 Uhr zu sich nehmen.

2. Der Antragsteller darf das Kind während der Hälfte aller Schulferien in ▓▓▓▓ [*Bundesland*] zu sich nehmen. In ungeraden Kalenderjahren gilt dies für die 1. Hälfte der Schulferien, in geraden Kalenderjahren für die 2. Hälfte der Schulferien.

3. Der Antragsteller darf das Kind an jedem Mittwoch nach Schulschluss bis 18:00 Uhr zu sich nehmen.

Begründung:
Der Antragsteller und die Antragsgegnerin leben seit dem ▓▓▓▓ getrennt voneinander. Aus der Ehe ist das Kind ▓▓▓▓, geboren am ▓▓▓▓, hervorgegangen. Das Kind lebt im Einverständnis des Antragstellers bei der Antragsgegnerin.

Dem Antragsteller ist ein regelmäßiger Kontakt zu seinem Kind sehr wichtig. Hierbei ist es in der Vergangenheit immer wieder zu Abstimmungsschwierigkeiten zwischen dem Antragsteller und der Antragsgegnerin gekommen. Deshalb hat der Antragsteller sich auch schon an das Jugendamt gewandt, um dort Beratung und Unterstützung zu erhalten.

3. Teil: Elterliche Sorge und Umgangsrecht § 22

Es hat ein gemeinsames Gespräch mit der Antragsgegnerin, Herrn ▓▓▓▓ vom Jugendamt und dem Antragsteller stattgefunden. Im Rahmen dieses Gesprächs wurde versucht, eine Umgangsregelung zu finden. Hierauf wollte die Antragsgegnerin sich nicht einlassen, obwohl sie von Herrn ▓▓▓▓ eindringlich darauf hingewiesen wurde, dass der Umgang des Kindes ▓▓▓▓ mit dem Antragsteller für das Wohl des Kindes von Wichtigkeit ist.

Die Antragsgegnerin beharrt darauf, dass der Antragsteller das Kind nur in der vormaligen Ehewohnung besuchen darf. Dies ist dem Antragsteller nicht zumutbar.

Die Beziehung zwischen dem Antragsteller und dem Kind ▓▓▓▓ ist gut. Bereits in der Vergangenheit hat sich der Antragsteller viel um das Kind gekümmert, mit ihm auch Ausflüge über mehrere Tage hinweg allein unternommen.

Gründe, dem Antragsteller das Umgangsrecht mit dem Kind ▓▓▓▓ zu verweigern, sind nicht gegeben. Vielmehr wird es dem Kindeswohl dienen, wenn es regelmäßig Kontakt zu seinem Vater hat, ohne dass dieser in der vormaligen Ehewohnung in Anwesenheit der Kindesmutter stattfindet.

Die beantragte Regelung orientiert sich ebenfalls am Kindeswohl. Der Antragsteller ist willens und in der Lage, in den beantragten Zeiträumen die Betreuung des Kindes sicherzustellen.

Eine Abschrift dieses Schriftsatzes für das Jugendamt ist beigefügt.

Rechtsanwalt/Rechtsanwältin

Verfahrenswert: 3.000 EUR, § 45 Abs. 1 FamGKG

Anwaltsgebühren: Regelgebühren nach Teil 3 Abschnitt 1 VV

Gerichtskosten: 0,5-Verfahrensgebühr, Nr. 1310 KVFamGKG

▲

VI. Muster: Antrag auf Kindesherausgabe

▼

An das

Amtsgericht ▓▓▓▓

– Familiengericht –

Antrag auf Herausgabe eines Kindes gem. § 1632 Abs. 1 BGB

In der Kindschaftssache

betreffend das minderjährige Kind ▓▓▓▓, geboren am ▓▓▓▓, wohnhaft ▓▓▓▓

Weitere Beteiligte

der ▓▓▓▓, wohnhaft ▓▓▓▓

– Kindesvater und Antragsteller –

Verfahrensbevollmächtigte: Rechtsanwälte ▓▓▓▓

die ▓▓▓▓, wohnhaft ▓▓▓▓

– Kindesmutter und Antragsgegnerin –

wegen: Herausgabe des Kindes

bestellen wir uns aufgrund der uns erteilten und als Anlage beigefügten Vollmacht des Antragstellers zu dessen Verfahrensbevollmächtigten und kündigen folgenden Antrag an:

Für den Fall der Übertragung der elterlichen Sorge auf den Antragsteller wird der Antragsgegnerin aufgegeben, das Kind an den Antragsteller herauszugeben und gegen die Antragsgegnerin ein Ordnungsgeld – ersatzweise Ordnungshaft – festzusetzen, wenn sie das Kind nicht binnen einer Woche nach Rechtskraft der Entscheidung an den Antragsteller herausgibt.

Begründung:

Die Beteiligten streiten in dem Parallelverfahren zu dem Aktenzeichen (/) über die Übertragung der alleinigen elterlichen Sorge für das Kind , geboren am .

Das Kind hat seinen Lebensmittelpunkt derzeit bei der Antragsgegnerin. Diese hat mehrfach ihren Willen bekundet, das Kind auch dann nicht herauszugeben, wenn das Sorgerecht auf den Antragsteller übertragen werden sollte. Zuletzt äußerte sie dies in der mündlichen Verhandlung in der Sorgerechtsangelegenheit vom .

Der gerichtlich bestellte Sachverständige hat die Übertragung der alleinigen elterlichen Sorge auf den Antragsteller befürwortet, da erhebliche Bedenken gegen die Erziehungsfähigkeit der Antragsgegnerin bestehen. Der Sachverständige sah auch die Gefahr, dass sich ein Verbleiben des Kindes bei der Antragsgegnerin negativ auf das Kindeswohl auswirken könne.

Aus diesem Grund ist auch die Anordnung der Herausgabe begründet, da sie dem Kindeswohl entspricht. Andernfalls besteht aufgrund der bisherigen Äußerungen der Antragsgegnerin die Gefahr, dass die Antragsgegnerin die Herausgabe des Kindes verweigert und so das Wohl des Kindes gefährdet wird.

Eine Abschrift dieses Schriftsatzes für das Jugendamt ist beigefügt.

Rechtsanwalt/Rechtsanwältin

Verfahrenswert: 3.000 EUR, § 45 Abs. 1 FamGKG

Anwaltsgebühren: Regelgebühren nach Teil 3 Abschnitt 1 VV

Gerichtskosten: 0,5-Verfahrensgebühr, Nr. 1310 KVFamGKG

VII. Muster: Antrag auf Auskunft nach § 1686 BGB

An das

Amtsgericht

– Familiengericht –

Antrag auf Auskunft nach § 1686 BGB

In der Kindschaftssache

betreffend das minderjährige Kind , geboren am , wohnhaft

Weitere Beteiligte

der , wohnhaft

– Kindesvater und Antragsteller –

Verfahrensbevollmächtigte: Rechtsanwälte

die ▅▅▅, wohnhaft ▅▅▅

— Kindesmutter und Antragsgegnerin —

wegen: Auskunft über die persönlichen Verhältnisse des Kindes

bestellen wir uns aufgrund der uns erteilten und als Anlage beigefügten Vollmacht des Antragstellers zu dessen Verfahrensbevollmächtigten und kündigen folgenden Antrag an:

> Der Antragsgegnerin wird aufgegeben, alle in dem Schuljahr 2008/2009 erteilten Zeugnisse der gemeinsamen Tochter ▅▅▅, geboren am ▅▅▅, dem Antragsteller in Kopie zukommen zu lassen.

Begründung:

Die Beteiligten sind geschiedene Eheleute. Aus der Ehe ist die Tochter ▅▅▅, geboren am ▅▅▅, hervorgegangen. Die Tochter lebt bei der Antragsgegnerin, der Antragsteller hat nur unregelmäßig Kontakt zu der Tochter, da diese seit etwa einem dreiviertel Jahr den Umgang mit ihm aus Gründen, die sie ihm nicht zu erklären vermag, verweigert.

Die Tochter besucht das Gymnasium ▅▅▅ in ▅▅▅. Nach Ende des Schuljahres 2008/2009 forderte der Antragsteller die Antragsgegnerin auf, ihm Abschriften der Zeugnisse der Tochter zur Verfügung zu stellen, damit er sich über die schulische Entwicklung seiner Tochter informieren könne.

> Beweis: Vorlage des Schreibens vom ▅▅▅ im Termin

Die Antragsgegnerin verweigerte die Herausgabe von Kopien der Zeugnisse mit der Begründung, die Tochter wolle dies nicht. Gründe, warum die Tochter dies nicht will, wurden nicht mitgeteilt.

Allein der Umstand, dass die Tochter die Übergabe der Zeugniskopien an den Antragsteller nicht will, ist kein Grund, die Herausgabe von Kopien der Zeugnisse durch die Antragsgegnerin zu verweigern. Der Antragsteller hat einen Anspruch, sich über die schulische Entwicklung des Kindes zu informieren. Gründe des Kindeswohls, die dagegen sprechen könnten, sind nicht ersichtlich.

Dem Antrag ist daher stattzugeben.

Eine Abschrift dieses Schriftsatzes für das Jugendamt ist beigefügt.

Rechtsanwalt/Rechtsanwältin

Verfahrenswert: 3.000 EUR, § 45 Abs. 1 FamGKG

Anwaltsgebühren: Regelgebühren nach Teil 3 Abschnitt 1 VV

Gerichtskosten: 0,5-Verfahrensgebühr, Nr. 1310 KVFamGKG

▲

§ 22 Das familiengerichtliche Verfahren

VIII. Muster: Einstweilige Anordnung zur elterlichen Sorge

▼

An das

Amtsgericht

– Familiengericht –

Antrag auf Erlass einer einstweiligen Anordnung nach § 1696 Abs. 1 BGB

In der Kindschaftssache

betreffend das minderjährige Kind ▬▬, geboren am ▬▬, wohnhaft ▬▬

Weitere Beteiligte

der ▬▬, wohnhaft ▬▬

– Kindesvater und Antragsteller –

Verfahrensbevollmächtigte: Rechtsanwälte ▬▬

die ▬▬, wohnhaft ▬▬

– Kindesmutter und Antragsgegnerin –

wegen: Übertragung der elterlichen Sorge

bestellen wir uns aufgrund der uns erteilten und als Anlage beigefügten Vollmacht des Antragstellers zu dessen Verfahrensbevollmächtigten und beantragen den Erlass folgender einstweiliger Anordnung:

Dem Antragsteller wird die elterliche Sorge für das Kind ▬▬, geboren am ▬▬, allein übertragen.

Begründung:

Die Beteiligten waren miteinander verheiratet. Die Ehe wurde durch rechtskräftiges Urteil des Amtsgerichts ▬▬ vom ▬▬ geschieden. Aus der Ehe ist das Kind ▬▬, geboren am ▬▬, hervorgegangen. Damals wurde der Antragsgegnerin in der Verbundentscheidung das alleinige Sorgerecht für das Kind ▬▬ mit Zustimmung des Antragstellers übertragen, weil dieser sich zu diesem Zeitpunkt aus beruflichen Gründen oftmals im Ausland aufhielt und nur schwer zu erreichen war.

Das Kind hat seit der Trennung der Beteiligten bis vor wenigen Tagen, nämlich bis zum ▬▬, bei der Antragsgegnerin gewohnt. An diesem Tag hat der Antragsteller das Kind zu sich genommen, es befindet sich seither gegen den Willen der Antragsgegnerin in seiner Obhut. Hintergrund für diese Vorgehensweise ist folgender Sachverhalt:

Der Antragsteller hatte den Elternsprechtag in der von dem Kind ▬▬ besuchten Schule wahrgenommen. Dabei berichtete ihm der Klassenlehrer, dass ▬▬ im 1. Schulhalbjahr mehr als 60 Fehltage gehabt habe. Zudem würde das Kind häufig zu spät in die Schule kommen oder habe die erforderlichen Schulsachen nicht dabei beziehungsweise die Hausaufgaben nicht gemacht. Die schulischen Leistungen würden die im Sommer anstehende Versetzung eher unwahrscheinlich erscheinen lassen. Der Klassenlehrer berichtete dem Antragsteller weiter, er habe mehrfach versucht, die Antragsgegnerin diesbezüglich anzusprechen, entweder habe er sie nicht erreicht oder diese habe die Tatsachen einfach abgestritten.

Daraufhin hat der Antragsteller die Wohnung der Antragsgegnerin aufgesucht. Diese selbst war nicht anwesend, aber das Kind ▒▒▒▒. Als dieses die Wohnungstür öffnete, stellte der Antragsteller fest, dass der gesamte Flurbereich vollständig „zugemüllt" war.

Der Antragsteller stellte ▒▒▒▒ hinsichtlich der von dem Klassenlehrer erhaltenen Informationen zur Rede. ▒▒▒▒ brach in Tränen aus und bestätigte dem Antragsteller die Informationen des Klassenlehrers. Die Antragsgegnerin sei nur noch selten zuhause, dafür aber regelmäßig alkoholisiert. Sie habe sich bereits seit Monaten nicht mehr um seine Hausaufgaben gekümmert. Teilweise sei sie auch morgens nicht zuhause, um ihn zu wecken. Sie habe ihn immer nur angefleht, nur ja nichts davon dem Antragsteller zu erzählen, da er dann in ein Heim käme.

Im Hinblick auf den völlig verwahrlosten Zustand der Wohnung der Antragsgegnerin und die von dem Klassenlehrer erhaltenen Informationen forderte der Antragsteller daraufhin seinen Sohn auf, ein paar Kleidungsstücke einzupacken, und nahm ihn dann mit zu sich nach Hause. Er hinterließ in der Wohnung der Antragsgegnerin einen Zettel, auf dem er dieser mitteilte, dass er den Sohn nunmehr zu sich genommen habe.

Am gleichen Tag informierte er das zuständige Jugendamt, dass und warum er seinen Sohn zu sich genommen hat.

Außerdem musste der Antragsteller von seinem Sohn in der Zwischenzeit erfahren, dass die Antragsgegnerin diesen – wenn auch in seltenen Fällen – auch körperlich misshandelt hat. So zwang sie den Sohn einmal dazu, mehr als zwei Stunden still in einer Ecke zu stehen, weil er eine schlechte Klassenarbeit abgeliefert hatte. Ein anderes Mal warf sie – wohl in alkoholisierten Zustand – einen Kochtopf mit kochendem Wasser in Richtung des Sohnes, wobei sie ihn allerdings verfehlt hat.

Der Antragsteller hat in der Zwischenzeit mehrfach versucht, telefonisch oder persönlich Kontakt mit der Antragsgegnerin aufzunehmen. Dies hat die Antragsgegnerin verweigert, indem sie ihm entweder die Tür nicht geöffnet oder den Telefonhörer wieder aufgelegt hat. Die Antragsgegnerin verweigert beharrlich jede Kommunikation mit dem Antragsteller.

Zwischenzeitlich hat die Antragsgegnerin den Antragsteller mit anwaltlichem Schreiben vom ▒▒▒▒ unter Hinweis auf ihre bestehende alleinige elterliche Sorge aufgefordert, ihr das Kind ▒▒▒▒ wieder herauszugeben und für den Fall einer Zuwiderhandlung einen Antrag auf Herausgabe des Kindes angekündigt.

Der Antragsteller arbeitet bereits seit längerem wieder ausschließlich in Deutschland. Er ist als ▒▒▒▒ bei der Firma ▒▒▒▒ tätig. Aufgrund seiner Aufgaben ist er in der Lage, seine Arbeitszeit frei einzuteilen. Dementsprechend ist er in der Lage, ab sofort die Betreuung seines Sohnes sicherzustellen.

Der Erlass der einstweiligen Anordnung ist im Hinblick auf die Ankündigung der Antragsgegnerin, die Herausgabe des Kindes zu verlangen, dringend erforderlich. Dem Antragsteller ist auch die alleinige elterliche Sorge in Abänderung der ursprünglichen Entscheidung zu übertragen. Aufgrund des oben dargestellten Sachverhalts ist das Wohl des Kindes ▒▒▒▒ bei einem weiteren Verbleiben bei der Antragsgegnerin ernsthaft gefährdet. Dies rechtfertigt die Abänderung der bestehenden Entscheidung zur elterlichen Sorge.

Das zuständige Jugendamt hat dem Antragsteller bereits signalisiert, dass es seinen Antrag auf Übertragung der alleinigen elterlichen Sorge unterstützen wird.

Eine Abschrift des Schriftsatzes für das Jugendamt ist beigefügt.

Rechtsanwältin/Rechtsanwalt
Verfahrenswert: 1.500 EUR, §§ 41, 45 Abs. 1 FamGKG
Anwaltsgebühren: Regelgebühren nach Teil 3 Abschnitt 1 VV
Gerichtskosten: 0,3-Verfahrensgebühr, Nr. 1410 KVFamGKG

IX. Muster: Einstweilige Anordnung zum Umgang eines Elternteils

An das

Amtsgericht

– Familiengericht –

Antrag auf Erlass einer einstweiligen Anordnung zum Umgang

In der Kindschaftssache

betreffend das minderjährige Kind , geboren am , wohnhaft

Weitere Beteiligte

der , wohnhaft

– Kindesvater und Antragsteller –

Verfahrensbevollmächtigte: Rechtsanwälte

die , wohnhaft

– Kindesmutter und Antragsgegnerin –

wegen: vorläufiger Regelung des Umgangs

bestellen wir uns aufgrund der uns erteilten und als Anlage beigefügten Vollmacht des Antragstellers zu dessen Verfahrensbevollmächtigten und beantragen den Erlass folgender einstweiliger Anordnung:

> Dem Antragsteller wird gestattet, das Kind , geboren am , in der Zeit vom bis zum zu sich zu nehmen und mit dem Kind nach zu verreisen. Der Antragsgegnerin wird aufgegeben, dem Antragsteller für diesen Zeitraum den Kinderreisepass für das Kind , geboren am , auszuhändigen.

Begründung:

Der Antragsteller und die Antragsgegnerin leben seit dem getrennt voneinander. Aus der Ehe ist das Kind , geboren am , hervorgegangen. Das Kind lebt mit Einverständnis des Antragstellers bei der Antragsgegnerin.

Eine Umgangsregelung wurde bisher nicht getroffen. Derzeit ist es so, dass der Antragsteller das Kind an jedem 2. Wochenende von Freitags abends 18:00 Uhr bis Sonntag abends 18:00 Uhr zu sich nimmt. Das Verhältnis zwischen dem Antragsteller und ist sehr gut.

Der Antragsteller möchte mit dem Kind in der Zeit vom bis zum eine Flugreise nach unternehmen. Der Zeitraum fällt in die Schulferien von [Bundesland].

Diesbezüglich hat er die Antragsgegnerin mit Schreiben vom ▓▓▓▓ (Anlage) um Bestätigung gebeten, dass sie mit der Reise einverstanden ist, weil er die Buchung vornehmen muss. Daraufhin teilte die Antragsgegnerin dem Antragsteller unter Angabe von Gründen mit, sie sei mit der Urlaubsreise nicht einverstanden, er könne mit dem Kind den Urlaub in Deutschland verbringen.

Glaubhaftmachung: beigefügte eidesstattliche Versicherung des Antragstellers

Die Beteiligten haben auch in der Vergangenheit mit dem Kind ▓▓▓▓ Flugreisen nach ▓▓▓▓ unternommen. Das Kind ▓▓▓▓ war auch im vergangenen Jahr nach der Trennung der Beteiligten schon für mehrere Tage mit dem Antragsteller allein in Urlaub. Der Antragsteller vermutet, dass die Antragsgegnerin seiner Bitte deshalb widerspricht, weil seine neue Lebensgefährtin mit in Urlaub fliegen wird. Das Kind ▓▓▓▓ kennt die neue Lebensgefährtin des Antragstellers aber bereits seit mehreren Monaten. Die Beziehung zwischen ▓▓▓▓ und der neuen Lebensgefährtin ist spannungsfrei.

Da die Reise ins Ausland geht, benötigt der Antragsteller auch den Kinderreisepass für das Kind ▓▓▓▓. Dieser befindet sich im Besitz der Antragsgegnerin. Sie ist verpflichtet, diesen dem Antragsteller für die Zeit der Urlaubsreise auszuhändigen.

Ein Anordnungsgrund ist ebenfalls gegeben. Es besteht ein dringendes Bedürfnis für ein sofortiges Tätigwerden. Für die von dem Antragsteller beabsichtigte Reise sind ausweislich der beigefügten Bestätigung des Reisebüros nur noch wenige Plätze frei.

Glaubhaftmachung: beigefügte Bestätigung des Reisebüros

Es besteht die Gefahr, dass bei weiterem Zuwarten die Reise ausgebucht ist. Zudem benötigt der Antragsteller Planungssicherheit, damit er seinen Urlaub mit seinem Arbeitgeber abstimmen kann.

Eine Abschrift dieses Schriftsatzes für das Jugendamt ist beigefügt.

Rechtsanwalt/Rechtsanwältin

Verfahrenswert: 1.500 EUR, §§ 41, 45 Abs. 1 FamGKG

Anwaltsgebühren: Regelgebühren nach Teil 3 Abschnitt 1 VV

Gerichtskosten: 0,3-Verfahrensgebühr, Nr. 1410 KVFamGKG

▲

4. Teil: Haushaltsgegenstände und Ehewohnung

A. Einleitung

Der Gesetzgeber hat im Zuge der Änderungen des Zugewinnausgleichsrechts[366] auch die Regelungen bezüglich der Ehewohnung und der Haushaltsgegenstände für die Zeit ab Rechtskraft der Scheidung, die sich bisher in der Hausratsverordnung fanden, neu gefasst. Die Neuregelungen traten ebenfalls zum 1.9.2009 in Kraft (Art. 13 des Gesetzes

565

---

[366] Gesetzentwurf der Bundesregierung, BT-Drucksache 16/10798; Beschlussempfehlung des Rechtsausschusses, BT-Drucksache 16/13027.

zur Änderung des Zugewinnausgleichs- und Vormundschaftsrechts), zum gleichen Zeitpunkt wurde die Hausratsverordnung aufgehoben.

566 Für den Anwalt sind die Verfahren auch aufgrund der Neuregelung der Gegenstandswerte in § 48 FamGKG nicht sehr lukrativ. So legt der Gesetzgeber jetzt einen Regelstreitwert von 4.000 EUR für den Anspruch auf Überlassung der Ehewohnung nach rechtskräftiger Scheidung, von 3.000 EUR für die Zuweisung der Ehewohnung während der Getrenntlebens und die endgültige Aufteilung der Haushaltsgegenstände nach rechtskräftiger Scheidung und von 2.000 EUR für die Zuweisung von Haushaltsgegenständen während des Getrenntlebens. Im Falle einer einstweiligen Anordnung sollen die Werte zusätzlich halbiert werden. Zwar hat der Gesetzgeber festgelegt, dass das Gericht einen höheren oder niedrigeren Wert festsetzen kann, wenn die oben genannten Werte unbillig sind – die Erfahrung lässt allerdings befürchten, dass die Gerichte davon eher in der Form Gebrauch machen werden, dass der Wert niedriger festgesetzt wird.

567 Vor diesem Hintergrund ist eine kostendeckende Bearbeitung derartiger Mandate so gut wie unmöglich. Umso wichtiger ist es, in solchen Angelegenheiten mit dem Mandanten die Honorarfrage offen anzusprechen. Am besten vereinbart man einen Gegenstandswert, nach dem dann die anwaltlichen Gebühren abzurechnen sind. Hierbei sollte man sich in allen Verfahren, in denen es um die Überlassung der Wohnung geht, an der Jahreskaltmiete der Wohnung orientieren. Nur eine solche Vereinbarung wird dem Interesse des Mandanten an dem Verfahren gerecht – wie man unschwer an den vergleichbaren Gegenstandswertregelungen bei der Kündigung von Wohnraummietverhältnissen erkennen kann. Warum sollte eigentlich die Tätigkeit eines Familienrechtlers im Zusammenhang mit der Ehewohnung weniger wert sein als die Tätigkeit eines Mietrechtlers bei einer Kündigung?

568 In den Haushaltssachen hingegen sollte man den Wert der Haushaltsgegenstände – und zwar den gesamten Wert – als Gegenstandswert festlegen. Erfahrungsgemäß sind gerade solche Verfahren zeit- und arbeitsintensiv – und es steht im Hinblick auf die nachfolgend dargestellten Möglichkeiten des Gerichts, die Beteiligten zu ergänzendem Sachvortrag anzuhalten, die Gefahr, dass diese Verfahren noch zeit- und arbeitsintensiver werden.

B. Rechtliche Grundlagen

569 Die materiell-rechtlichen Grundlagen der Verfahren bezüglich der Ehewohnung und der Haushaltsgegenstände finden sich in den §§ 1361a und 1361b BGB sowie in den §§ 1568a und 1568b BGB. Die §§ 1361a und 1361b BGB regeln die Verteilung der Haushaltsgegenstände und die Benutzung der Ehewohnung für die Zeit des Getrenntlebens, in den §§ 1568a und 1568b BGB finden sich die entsprechenden Regelungen für die Zeit nach rechtskräftiger Scheidung der Ehe.

570 Das Verfahren richtet sich nach den §§ 200–209 FamFG für Hauptsacheverfahren[367] und nach den §§ 49–57 FamFG für einstweilige Anordnungen.

---

367 S. auch: *Neumann*, FamRB 2009, 351.

I. Allgemeine Verfahrensfragen

Die örtliche Zuständigkeit ergibt sich aus § 201 FamFG. Die in den einzelnen Ziffern aufgeführten ausschließlichen Zuständigkeiten stellen eine Rangfolge dar, die bei der Prüfung der Zuständigkeit zu beachten ist. **571**

Gem. Nummer 1 ist während der Anhängigkeit einer Ehesache das Gericht zuständig, bei dem die Ehesache in 1. Instanz anhängig ist oder war.

Ist eine Ehesache noch nicht oder nicht mehr anhängig, ist gem. Nummer 2 das Gericht zuständig, in dessen Bezirk sich die gemeinsame Wohnung der Ehegatten befindet. Ausweislich der Gesetzesbegründung regelt diese Nummer nur den Fall, dass beide Ehegatten zum Zeitpunkt der Antragstellung ihren gewöhnlichen Aufenthalt in der Ehewohnung haben, wenn also noch kein Ehegatte aus der vormaligen Ehewohnung ausgezogen ist und einen neuen gewöhnlichen Aufenthalt begründet hat. **572**

Nummer 3 stellt, für den Fall, dass eine Zuständigkeit nach einer der vorstehenden Nummern nicht gegeben ist, auf den gewöhnlichen Aufenthalt des Antragsgegners ab. **573**

Hilfsweise ist nach Nummer 4 der gewöhnliche Aufenthalt des Antragstellers maßgeblich. Diese Abfolge entspricht in der Sache dem bisherigen § 11 Abs. 2 S. 2 HausratsV i.V.m. dem bisherigen § 606 Abs. 2 S. 2 ZPO. Für die übrigen von der Verweisung in § 11 Abs. 2 S. 2 der HausratsV umfassten Vorschriften des § 606 Abs. 2, 3 ZPO besteht kein Bedürfnis mehr. **574**

Gem. § 202 FamFG ist eine Ehewohnungs- oder Haushaltssache, die bei einem anderen Gericht als dem Gericht der Ehesache im 1. Rechtszug anhängig ist, an das Gericht der Ehesache abzugeben, sobald eine Ehesache rechtshängig wird. Die Vorschrift verwirklicht die Zuständigkeitskonzentration beim Gericht der Ehesache. Sie entspricht dem bisherigen § 11 Abs. 3 HausratsV und dem bisherigen § 621 Abs. 3 ZPO. **575**

> *Hinweis* **576**
> Die Abgabe der Ehewohnungs- oder Haushaltssachen an das Gericht der Ehesache setzt die **Rechtshängigkeit** der Ehesache voraus, allein die Einreichung eines Antrags auf Verfahrenskostenhilfe für die Ehesache reicht also nicht aus.

Die Abgabe einer Ehewohnungs- oder Haushaltssache an das Gericht der Ehesache führt in den Fällen, in denen eine Entscheidung für den Fall der Scheidung zu treffen ist (also in den Verfahren nach §§ 1568a, 1568b BGB) automatisch dazu, dass diese Angelegenheit zu einer Folgesache i.S.d. § 137 FamFG wird (vgl. § 137 Abs. 4 FamFG). In den übrigen Fällen – wenn also eine Regelung für die Zeit der Trennung begehrt wird – bleibt das abgegebene Verfahren eine selbstständige Ehewohnungs- oder Haushaltssache bei dem Gericht der Ehesache. **577**

Gem. § 204 FamFG sind in Wohnungszuweisungssachen nach § 200 Abs. 1 Nr. 2 auch der Vermieter der Wohnung, der Grundstückseigentümer, der Dritte i.S.d. § 1568a Abs. 4 BGB und Personen, mit denen die Ehegatten oder einer von ihnen hinsichtlich der Wohnung in Rechtsgemeinschaft stehen, zu beteiligen. Abs. 1 entspricht inhaltlich dem **578** bisherigen § 7 HausratsV. Wie bisher ist der Anwendungsbereich auf Wohnungszuweisungssachen beschränkt, die eine endgültige Regelung für die Zeit nach der Scheidung beinhalten. Bei den übrigen Veränderungen gegenüber § 7 der HausratsV handelt es sich um sprachliche Anpassungen. Abs. 1 enthält keine abschließende Regelung der Frage, wer Beteiligter ist. Abgesehen von Abs. 2 kann sich die Beteiligtenstellung insbesondere auch aus § 7 Abs. 2 Nr. 1 FamFG ergeben.

579 § 204 Abs. 2 bestimmt, dass das Jugendamt in Wohnungszuweisungssachen auf seinen Antrag als Beteiligter hinzuzuziehen ist, wenn Kinder im Haushalt der Ehegatten leben. Diese auch in anderen Verfahren vorgesehene „Zugriffslösung" ist flexibel und vermeidet unnötigen Verwaltungsaufwand bei den Gerichten und Jugendämtern.

580 Gem. § 203 Abs. 1 FamFG bedürfen sowohl Ehewohnungs- als auch Haushaltssachen eines Antrags einer der Ehegatten. In den weiteren Absätzen dieses Paragraphen finden sich ergänzende Regelungen, welchen besonderen Inhalt Anträge in Ehewohnungs- oder Haushaltssachen haben müssen, auf die Einzelheiten wird weiter unten eingegangen.

581 Das Gericht soll die Angelegenheit in einem Termin, zu dem das Gericht das persönliche Erscheinen der Ehegatten anordnen soll, mit den Ehegatten erörtern (§ 207 FamFG). Ziel ist es, eine gütliche Einigung der Parteien herbeizuführen.

582 Gem. § 209 Abs. 2 FamFG werden Endentscheidungen in Ehewohnungs- und Haushaltssachen mit ihrer Rechtskraft wirksam. S. 2 regelt als Soll-Vorschrift die Möglichkeit des Gerichts, in Ehewohnungssachen nach § 1361b BGB und § 14 des Lebenspartnerschaftsgesetzes (LPartG) die sofortige Wirksamkeit anzuordnen. Diese Möglichkeit bestand nach früherer Rechtslage nicht. Eine Gleichbehandlung mit den in § 2 des Gewaltschutzgesetzes geregelten Fällen, hinsichtlich derer die sofortige Wirksamkeit angeordnet werden kann, war wegen der Vergleichbarkeit der Sachverhalte aber geboten.

583 Gem. § 209 Abs. 3 kann das Gericht mit der Anordnung der sofortigen Wirksamkeit auch die Zulässigkeit der Vollstreckung vor der Zustellung an den Antragsgegner anordnen. In diesem Fall tritt die Wirksamkeit in dem Zeitpunkt ein, in dem die Entscheidung der Geschäftsstelle des Gerichts zur Bekanntmachung übergeben wird. Dieser Zeitpunkt ist auf der Entscheidung zu vermerken.

II. Die Verteilung der Haushaltsgegenstände

1. Einleitung

584 In der Trennungszeit werden gem. § 1361a Abs. 2 BGB Haushaltsgegenstände, die den Ehegatten gemeinsam gehören, zwischen ihnen nach den Grundsätzen der Billigkeit verteilt. Für die Zeit nach rechtskräftiger Ehescheidung kann gem. § 1568b Abs. 1 BGB jeder Ehegatte verlangen, dass ihm der andere Ehegatte die im gemeinsamen Eigentum stehenden Haushaltsgegenstände überlässt und übereignet, wenn er auf deren Nutzung unter Berücksichtigung des Wohls der im Haushalt lebenden Kinder und der Lebensverhältnisse der Ehegatten in stärkerem Maße angewiesen ist als der andere Ehegatte oder dies aus anderen Gründen der Billigkeit entspricht.

4. Teil: Haushaltsgegenstände und Ehewohnung § 22

Zu den Haushaltsgegenständen gehören alle beweglichen Gegenstände, die unter Berücksichtigung der Vermögens- und Lebensverhältnisse der Ehegatten üblicherweise im Haushalt der Familie oder in der Freizeit von der Familie verwendet wurden. Die entscheidende Schwierigkeit liegt regelmäßig darin, die Haushaltsgegenstände von den dem Vermögen zuzurechnenden Gegenständen, welche bei dem gegebenenfalls vorzunehmenden Zugewinnausgleich zu berücksichtigen sind, abzugrenzen. Haben die Gegenstände unter Berücksichtigung des Lebenszuschnitts der Ehegatten eher der Kapitalanlage gedient, gehören sie zum Vermögen, andernfalls zu den Haushaltsgegenständen. Die Abgrenzung kann insbesondere bei Kunstgegenständen oder antiquarischen Einrichtungsgegenständen schwierig sein. 585

Regelmäßig entsteht Streit, ob ein Pkw zu den Haushaltsgegenständen gehören kann. Ein Pkw ist nach der Verkehrsanschauung nur ausnahmsweise Haushaltsgegenstand, nämlich dann, wenn er von den Ehegatten gemeinschaftlich zum Zwecke der Haushalts- und privaten Lebensführung benutzt wird; ein Pkw, der im Alleineigentum eines Ehegatten steht, unterliegt im Regelfall dem Zugewinnausgleich.[368] 586

Bei der Frage, ob es sich um einen im gemeinsamen Eigentum der Ehegatten oder im Alleineigentum eines Ehegatten stehenden Haushaltsgegenstand handelt, ist § 1568b Abs. 2 BGB zu beachten: Danach gelten Haushaltsgegenstände, die während der Ehe für den gemeinsamen Haushalt angeschafft wurden, als gemeinsames Eigentum der Ehegatten, es sei denn, das Alleineigentum eines Ehegatten steht fest. Für die Annahme von Alleineigentum eines Ehegatten reicht es nicht aus, dass dieser den Gegenstand im eigenen Namen gekauft und/oder mit eigenen Mitteln bezahlt hat.[369] 587

Auch gemeinsame Haustiere unterfallen der Vorschrift des § 1331a BGB. Bei der Entscheidung über die Zuweisung sind das Affektionsinteresse der Beteiligten, die praktizierte Sorge für das Tier und Gesichtspunkte des Tierschutzes – insbesondere die Versorgung und Betreuung des Tieres, aber auch das Zusammenleben mehrerer Tiere in einem Rudel – zu berücksichtigen.[370] 588

Ferner ist auch zukünftig die Sondervorschrift des § 1370 BGB in der bis zum 1.9.2009 geltenden Fassung für solche Haushaltsgegenstände, die vor dem 1.9.2009 angeschafft wurden, zu berücksichtigen. 589

> *Hinweis* 590
>
> § 1370 BGB in der bis zum 1.9.2009 geltenden Fassung lautete: Haushaltsgegenstände, die anstelle von nicht mehr vorhandenen oder wertlos gewordenen Gegenständen angeschafft werden, werden Eigentum des Ehegatten, dem die nicht mehr vorhandenen oder wertlos gewordenen Gegenstände gehört haben.

Nach dieser Vorschrift setzt sich also das Eigentum an dem ersetzten und bislang im alleinigen Eigentum eines Ehegatten stehenden Haushaltsgegenstandes unabhängig von 591

---

368 BGH FamRZ 1991, 43, instruktiv: OLG Saarbrücken OLGR Saarbrücken 2009, 953.
369 BGH FamRZ 1991, 923.
370 OLG Nürnberg FamRZ 2017, 513.

den Umständen des Erwerbs fort. Dies gilt im Übrigen auch, wenn der ersatzweise angeschaffte Haushaltsgegenstand einen erheblich höheren Wert als der ersetzte Haushaltsgegenstand hatte.

2. Verfahrensrechtliche Besonderheiten

592 Der Antrag in Hausratssachen soll gem. § 203 Abs. 2 FamFG die Angabe der Gegenstände enthalten, deren Zuteilung begehrt wird. Dabei ist im Hinblick auf die Vollstreckbarkeit der Entscheidung eine möglichst konkrete Beschreibung der begehrten Gegenstände erforderlich.

593 *Hinweis*

Im Hinblick auf die Vollstreckbarkeit von Entscheidungen in Haushaltssachen empfiehlt es sich, dem Mandanten anzuraten, sämtlichen Hausrat aufzulisten und nach Möglichkeit auch zu fotografieren.

594 Dem Antrag in Haushaltssachen nach § 200 Abs. 2 Nr. 2 soll zudem eine Aufstellung sämtlicher Haushaltsgegenstände beigefügt werden, die auch deren genaue Bezeichnung enthält. Diese Vorschrift bezieht sich also nur auf die Fälle, in denen eine Regelung für die Zeit nach rechtskräftiger Scheidung begehrt wird.

595 Nach § 206 Abs. 1 FamFG kann das Gericht in Haushaltssachen den Ehegatten bestimmte Auflagen erteilen. Hierdurch wird die in § 27 allgemein geregelte Mitwirkungspflicht der Beteiligten im Einzelfall konkretisiert. Eine ausdrückliche gesetzliche Regelung schafft Klarheit über die Befugnisse des Gerichts. Dies ist auch angesichts der in den Absätzen 2 und 3 vorgesehenen Rechtsfolgen von Bedeutung. Für eine stärkere Betonung der Mitwirkungspflichten besteht in Haushaltssachen ein besonderes Bedürfnis. Es handelt sich hierbei typischerweise um Verfahren, die eine Vielzahl von Einzelgegenständen betreffen, wobei hinsichtlich jedes Einzelgegenstands wiederum mehrere Punkte, wie etwa der Verbleib, die Eigentumslage, die Umstände der Anschaffung und der Wert streitig sein können. Das Haushaltsverfahren betrifft lediglich vermögensrechtliche Angelegenheiten, hinsichtlich derer kein gesteigertes öffentliches Interesse besteht. Als kontradiktorisches Streitverfahren hat es gewisse Ähnlichkeiten mit einem regulären Zivilprozess. Daher erscheint es sachgerecht, dass nicht allein das Gericht sondern die Beteiligten für die Beibringung des Tatsachenstoffs verantwortlich sind. Nummer 1 ermöglicht dem Gericht, auf eine Präzisierung des Verfahrensziels durch die Ehegatten hinzuwirken. Diese Möglichkeit wird insbesondere in den Fällen Bedeutung erlangen, in denen der Antragsteller entgegen § 203 Abs. 2 S. 1 diesbezügliche Angaben nicht gemacht hat, sowie allgemein für den Antragsgegner, der von dieser Vorschrift nicht erfasst wird. Die Angabe, welche Gegenstände ein Ehegatte verlangt, ermöglicht eine Beschränkung des Verfahrensstoffs auf die streitigen Punkte. Sie ist den Ehegatten auch zumutbar.

596 Aufgrund der Befugnis nach Nummer 2 kann das Gericht in allen Haushaltssachen, sofern dies erforderlich ist, eine Aufstellung der Haushaltsgegenstände anfordern. Oft-

mals kann über die Zuweisung eines verbliebenen Teils der Haushaltsgegenstände nur sachgerecht entschieden werden, wenn bekannt ist, welche Gegenstände ein Ehegatte bereits erhalten hat. Im Übrigen gilt das zu Nummer 1 Gesagte entsprechend.

Nummer 3 ermöglicht es, den Beteiligten eine Ergänzung ihres Vortrags aufzuerlegen. **597**

Nummer 4 sieht vor, dass das Gericht den Ehegatten die Vorlage bestimmter Belege aufgeben kann. In Betracht kommen beispielsweise Unterlagen über den Kauf von Hausratsgegenständen, die über den Zeitpunkt der Anschaffung, die Person des Käufers und den Anschaffungspreis Auskunft geben können. Das Gericht kann den Ehegatten eine angemessene Frist zur Erledigung der Auflage setzen. **598**

Abs. 2 enthält für den Fall der Versäumung einer nach Abs. 1 gesetzten Frist eine Präklusionsregelung, die in Anlehnung an § 296 Abs. 1 ZPO ausgestaltet ist. Eine derartige Sanktion ist erforderlich, um die Mitwirkung der Ehegatten sicherzustellen. Eine Fristsetzung ohne Rechtsfolgen wäre hierfür nicht ausreichend. Der Präklusion unterliegen nur „Umstände", also insbesondere Vortrag und Beweisangebote für bestimmte Tatsachen. Eine Veränderung des Verfahrensziels wird dadurch nicht ausgeschlossen. Die Ehegatten können insbesondere ihre Angaben dazu, welche Gegenstände sie zugeteilt erhalten möchten, ändern. **599**

Abs. 3 ergänzt die Regelungen der beiden vorhergehenden Absätze. Kommt ein Ehegatte einer Auflage nach Abs. 1 überhaupt nicht oder erst verspätet nach, mit der Folge einer Nichtberücksichtigung gem. Abs. 2, so besteht insoweit keine weitere Verpflichtung des Gerichts, diese Umstände von Amts wegen aufzuklären. Diese Regelung ist erforderlich, da ansonsten ein Verstoß gegen die Mitwirkungspflicht folgenlos wäre und die Präklusionsregelung nach Abs. 2 wirkungslos bliebe. Die Präklusionswirkung kann nach ihrem Sinn und Zweck nur solche Umstände erfassen, die für den Beteiligten, gegen den sich die Auflage richtet, günstig sind. Betrifft die Auflage hingegen für den Beteiligten nachteilige Umstände, ist die Amtsermittlungspflicht des Gerichts nicht eingeschränkt. **600**

3. Vorläufige Nutzungsregelungen während der Trennungszeit

Nach der Trennung der Ehegatten gibt § 1361a Abs. 1 BGB dem Alleineigentümer eines Haushaltsgegenstandes einen Herausgabeanspruch. Benötigt der andere Ehegatte allerdings diesen Gegenstand zur Führung seines Haushalts und entspricht die Überlassung nach den Umständen des Falles der Billigkeit, muss er diesen Haushaltsgegenstandes dem anderen Ehegatten überlassen. In diesen Fällen wird das Gericht regelmäßig gem. § 1361a Abs. 3 S. 2 BGB eine Vergütung für die Benutzung des Haushaltsgegenstandes festsetzen. **601**

Haushaltsgegenstände, die im gemeinschaftlichen Eigentum der Ehegatten stehen, sind gem. § 1361a Abs. 2 BGB nach den Grundsätzen der Billigkeit zwischen den Ehegatten zu verteilen. Die Kriterien für diese Billigkeitsabwägung liegen zuvörderst in der Notwendigkeit der Benutzung durch einen der Ehegatten. Hierbei dürfen die wirtschaftlichen Verhältnisse der Ehegatten und insbesondere die Tatsache nicht unberücksichtigt bleiben, bei wem die gemeinschaftlichen Kinder leben. Andererseits hat das Gericht natürlich **602** auch darauf zu achten, dass die Verteilung der Haushaltsgegenstände zu einem möglichst gleichwertigen Ergebnis führt.

603 Oftmals verzichtet ein Ehegatte auf die Verteilung der Haushaltsgegenstände in der Absicht, entweder eine Vergütung durch den anderen Ehegatten durchzusetzen oder die Aufwendungen für die Neuanschaffung von Hausrat einkommensmindernd im Rahmen der Unterhaltsberechnung geltend zu machen. Derartige Vorgehensweisen sind durch das Gesetz nicht gedeckt. Voraussetzung für die Festsetzung einer Vergütung ist eine ungleichwertige Verteilung der Hausratsgegenstände.

604 *Hinweis*

Wenn das Familiengericht Haushaltsgegenstände einem der Ehegatten zugeteilt hat, ohne dafür eine Vergütung festzusetzen, kann ein entsprechender Zahlungsanspruch nicht mehr in einem weiteren Verfahren gesondert geltend gemacht werden.[371]

4. Rückschaffung eigenmächtig entfernter Haushaltsgegenstände

605 Entfernt ein Ehegatte während der Trennungszeit ohne Einwilligung des anderen Ehegatten eigenmächtig Haushaltsgegenstände, stellt sich die Frage, ob und gegebenenfalls wie dagegen vorgegangen werden kann.

606 In der Rechtsprechung und Literatur ist umstritten, ob der andere Ehegatte eine Rückführung der entzogenen Haushaltsgegenstände gem. § 861 BGB verlangen kann oder gezwungen ist, eine Zuweisungsverfahren gem. § 1361a BGB anzustrengen.

607 Unabhängig von der materiell-rechtlichen Anspruchsgrundlage handelt es sich hier immer dann um eine Familiensache, sobald Haushaltsgegenstände betroffen sind.[372]

608 Ein Teil der Rechtsprechung[373] vertritt die Auffassung, dass § 861 BGB und § 1361a BGB in freier Anspruchskonkurrenz stehen, weil sie unterschiedliche Rechtsschutzziele haben, indem § 1361a BGB durch richterliche Gestaltung das Recht zum Besitz regele, während § 861 BGB unabhängig von einem Recht zum Besitz den Besitzer schütze und dem Ausschluss des Rechts des Stärkeren diene. Dieser Auffassung zufolge soll es auch zwischen Ehegatten kein Faustrecht geben und wenigstens für eine schnelle Wiederherstellung des Rechtsfriedens gesorgt werden.

609 Ein anderer Teil der Rechtsprechung[374] betrachtet § 1361a BGB als lex specialis zu § 861 BGB. Der Vorrang von § 1361a BGB unter Ausschluss des Besitzschutzes wird vor allem damit begründet, dass dieses Verfahren speziell auf die Situation im Zusammenhang mit der Trennung von Ehegatten ausgerichtet sei. Den dort statuierten Billigkeitserwägungen, die zugleich ein Korrektiv für die verbotene Eigenmacht darstellen, müsse vorrangig Rechnung getragen werden. Im Sinne der Prozessökonomie würden so mehrere Prozesse mit ggf. widersprüchlichen Entscheidungen vermieden.

---

371 OLG Bremen OLGR Bremen 1997, 180.
372 BGH FamRZ 1982, 1200.
373 OLG Düsseldorf FamRZ 1984, 1095; OLG Bamberg FamRZ 1993, 335.
374 BGH FamRZ 1982, 1200; OLG Düsseldorf FamRZ 1994, 390.

Nach der in Rechtsprechung[375] und Literatur[376] teilweise vertretenen vermittelnden Auffassung wird der Besitzschutzanspruch nach § 861 BGB zwar nicht durch § 1361a BGB verdrängt, aber überlagert, gleichwohl aber die Zuständigkeit des Familiengerichts begründet. Nach dieser Auffassung können die Gegenstände von dem anderen Ehegatten entweder in analoger Anwendung des § 1361a BGB oder nach § 861 BGB „überlagert" durch den Regelungsinhalt des § 1361a BGB im Rahmen eines Hausratsverteilungsverfahrens zurückverlangt werden, soweit sie nicht der auf Herausgabe in Anspruch genommene Ehepartner zur Deckung seines eigenen notwendigen Bedarfs selbst braucht, wofür selbiger beweisbelastet ist.

5. Endgültige Regelung für die Zeit nach Scheidung der Ehe

Der neu gefasste § 1568b BGB übernimmt im Wesentlichen die Regelung von § 8 HausratsVO. Soweit sich gegenüber dem bisherigen Recht keine Veränderungen ergeben, kann also auf die bisher dazu ergangene Rechtsprechung zurückgegriffen werden.

Nach der bis zum 31.8.2009 gültigen Hausratsverordnung konnte der Richter notwendige Haushaltsgegenstände, die im Alleineigentum eines Ehegatten standen, dem anderen Ehegatten zuweisen. Auf eine ähnliche Regelung hat der Gesetzgeber nunmehr verzichtet. Haushaltsgegenstände, die im Alleineigentum eines Ehegatten stehen, werden nun nur noch im Rahmen eines eventuellen güterrechtlichen Ausgleichs berücksichtigt werden. Es besteht nach Auffassung des Gesetzgebers kein Bedürfnis mehr für einen so starken Eingriff in das Eigentumsrecht eines Ehegatten.

Auch § 10 HausratsVO soll nicht übernommen werden. Danach konnte der Richter bestimmen, welcher Ehegatte im Innenverhältnis zur Zahlung der Schulden verpflichtet ist, die mit dem Hausrat zusammenhängen. Abs. 1 der Bestimmung hatte keine beachtenswerte praktische Bedeutung erlangt, da die Frage der Schuldentilgung regelmäßig im Rahmen der Einkommensermittlung beim Unterhalt berücksichtigt wurde. Die Vorschrift ist nach Auffassung des Gesetzgebers dementsprechend auch nicht erforderlich, weil hausratsbezogene Schulden auf andere Weise rechtlich einfacher gewürdigt werden können. Werden sie nicht verteilt, so mindern sie gegebenenfalls im Zugewinnausgleich das Endvermögen desjenigen Ehegatten, der im Außenverhältnis Schuldner ist.[377] Der ehemalige § 10 Abs. 2 HausratsVO widersprach zudem dem Änderungsvorschlag, wonach Gegenstände, die im Alleineigentum eines Ehegatten stehen oder stehen werden, nicht Gegenstand der Hausratsverteilung sein sollen.

§ 1568b BGB regelt die Verteilung des Hausrats nunmehr entsprechend § 1568a Abs. 1 BGB. Die Bedürftigkeitsprüfung soll insoweit nach den gleichen Maßstäben erfolgen wie bei der Ehewohnung. Zusätzlich wird auch hier auf andere Gründe der Billigkeit abgestellt. Es ist im Einzelfall beispielsweise nicht auszuschließen, dass beide Ehegatten in gleichem Maße und nicht einer in stärkerem Maße auf den Haushaltsgegenstand

---

375 OLG Karlsruhe FamRZ 2001, 760; OLG Köln FamRZ 2001, 174.
376 *Johannsen/Henrich/Brudermüller*, Eherecht, 5. Aufl. 2003, § 1361a BGB Rn 61.
377 BGH NJW-RR 1986, 1325.

angewiesen sind. In diesen Fällen wird eine zweckmäßige und gerechte Verteilung nur dann ermöglicht, wenn auch an andere Umstände angeknüpft werden kann. Es kann beispielsweise darauf abgestellt werden, wer die Anschaffung des Gegenstandes veranlasst oder ihn während der Ehe auf eigene Kosten gepflegt und erhalten hat.

615 § 1568b Abs. 2 BGB übernimmt den Regelungsinhalt des § 8 Abs. 2 HausratsVO, der sich bewährt hat. Für Hausrat, der während der Ehe angeschafft wurde, wird also widerlegbar vermutet, dass er im gemeinsamen Eigentum steht. Allerdings ist zu berücksichtigen, dass für Haushaltsgegenstände, die vor dem 1.9.2009 angeschafft wurden, möglicherweise § 1370 BGB in der bis zum 1.9.2009 gültigen Fassung weiterhin gilt (vgl. Rdn 589).

616 § 1568b Abs. 3 S. 1 BGB entspricht der Regelung des § 8 Abs. 3 S. 2 HausratsVO, der sich bewährt hat. Die Umsetzung erfolgt durch richterliche Entscheidung gem. § 209 Abs. 1 FamFG. Die angemessene Ausgleichzahlung soll grundsätzlich dem Verkehrswert des Gegenstandes zum Zeitpunkt der Verteilung entsprechen. Auf diese Weise wird eine gerechte und abschließende Verteilung der Haushaltsgegenstände im Wege einer dafür vorgesehenen Sonderregelung ermöglicht. Die neue Vorschrift soll wie die Hausratsverordnung eine Sonderregelung für die Verteilung der Haushaltsgegenstände sein, allerdings nur, soweit tatsächlich von ihr Gebrauch gemacht wird. Ansonsten kommt auf die eventuelle Verrechnung des vor und während der Ehe erworbenen gemeinsamen Eigentums der Ehegatten das Ehegüterrecht des BGB zur Anwendung.

617 Auch die Haushaltsgegenstände, für die die Ehegatten im Rahmen der Verteilung wechselseitig Ausgleichszahlungen zu leisten haben, unterfallen dieser Sonderregelung. Die angemessene Ausgleichszahlung wird sich in der Regel am Verkehrswert orientieren müssen, damit gerechte Ergebnisse erzielt werden. Wenn beispielsweise ein Ehegatte gegen Ausgleichszahlung ein Tafelservice erhält, während dem anderen Ehegatten ebenfalls gegen Ausgleichszahlung ein hochwertiges technisches Geräte zugeteilt wird, können die beiden Ausgleichszahlungen unschwer verrechnet werden.

III. Die Zuweisung der Ehewohnung

1. Einleitung

618 Die Zuweisung der Ehewohnung an einen Ehegatten zur alleinigen Nutzung ist für die Trennungszeit in § 1361b BGB geregelt, für die Zeit nach rechtskräftiger Scheidung in § 1568a BGB.

619 Der Begriff der Ehewohnung ist nach allgemeiner Meinung weit auszulegen und erfasst alle Räume, die die Ehegatten zum Wohnen benutzen oder gemeinsam bewohnt haben oder die dafür nach den Umständen bestimmt waren; grundsätzlich kann daher auch eine Wohnlaube oder ein Wochenendhaus, je nach den tatsächlichen Umständen, als Ehewohnung gelten.[378] Zur Wohnung gehören auch Nebenräume wie Keller, Garage, Sport- und Fitnessräume, sofern diese von den Eheleuten vor der Trennung genutzt

---

378 BGH FamRZ 1990, 988.

wurden.[379] Die Wohnung verliert ihren Charakter als Ehewohnung nicht durch den endgültigen Auszug eines Ehegatten, eheliche Spannungen, die alleinige Nutzung eines der Ehegatten oder durch eine vorläufige gerichtliche Zuweisung gem. § 1361b BGB.[380]

2. Verfahrensrechtliche Besonderheiten

Gem. § 203 Abs. 3 FamFG soll der Antrag in Ehewohnungssachen die Angabe enthalten, ob Kinder im Haushalt der Ehegatten leben. Ziel dieser Regelung ist, dem Gericht frühzeitig die sachgerechte Beteiligung des Jugendamtes zu ermöglichen. 620

§ 205 Abs. 1 FamFG bestimmt, dass das Gericht in Wohnungszuweisungssachen das Jugendamt anhören soll, wenn Kinder im Haushalt der Ehegatten leben. Die Bestimmung knüpft an den bisherigen § 49a Abs. 2 FGG an, jedoch ist die Anhörung des Jugendamts unabhängig davon vorgesehen, wie das Verfahren voraussichtlich enden wird. Der eingeschränkten Fassung des bisherigen § 49a Abs. 2 FGG wird dadurch Rechnung getragen, dass die vorliegende Norm, im Gegensatz zu den Regelungen über die Anhörung des Jugendamts in den übrigen Abschnitten des Buches 2, nur als Soll-Vorschrift ausgestaltet ist. Die vorgesehene Neufassung trägt dem Umstand Rechnung, dass die Zuweisung der Wohnung im Regelfall erhebliche Auswirkungen auf das Wohl der betroffenen Kinder hat. 621

Gem. § 205 Abs. 2 FamFG hat das Gericht in den Fällen, in denen Kinder im Haushalt der Ehegatten leben, die Entscheidung dem zuständigen Jugendamt mitzuteilen – unabhängig davon, ob das Jugendamt als Beteiligter hinzugezogen war oder nicht. S. 2 enthält eine von § 59 unabhängige Beschwerdebefugnis des Jugendamts. 622

Bei Ehewohnungssachen, die eine endgültige Regelung i.S.d. § 1568a BGB – also eine Regelung für die Zeit nach rechtskräftiger Scheidung – betreffen, sind gem. § 204 Abs. 1 FamFG der Vermieter der Wohnung, ein möglicher Grundstückseigentümer, ein Dritter i.S.d. § 1568a Abs. 4 BGB oder Personen, mit denen die Ehegatten oder einer von ihnen hinsichtlich der Wohnung in einer Rechtsgemeinschaft stehen, zu beteiligen. Im Umkehrschluss folgt aus der Beschränkung dieser Beteiligung auf die Verfahren nach § 1568a BGB, dass die Vorgenannten in Verfahren, die nur eine vorläufige Regelung für die Zeit des Getrenntlebens nach § 1361b BGB betreffen, nicht zu beteiligen sind. 623

Ferner regelt § 204 Abs. 2 FamFG, dass das Jugendamt auf eigenen Antrag hin als Beteiligter hinzuzuziehen ist, wenn Kinder im Haushalt wohnhaft sind. 624

3. Zuweisung der Ehewohnung an einen Ehegatten zur alleinigen Nutzung während der Trennungszeit

Gem. § 1361b BGB kann jeder Ehegatte die teilweise oder vollständige Zuweisung der Ehewohnung an sich verlangen. Ein solcher Antrag setzt nicht voraus, dass die Ehegatten bereits getrennt voneinander leben; er ist bereits zulässig, wenn ein Ehegatte beabsichtigt, sich von dem anderen zu trennen. 625

---

379 OLG Thüringen FPR 2004, 254.
380 OLG München FamRZ 2007, 836.

626 Voraussetzung für die Zuweisung der Ehewohnung ist die Vermeidung einer unbilligen Härte. Eine „unbillige Härte" i.S.v. § 1361b Abs. 1 BGB ist anzunehmen, wenn auf Dauer angelegte und in ihrer Anhäufung erhebliche ehezerstörerische Vorkommnisse vorliegen, die über die zum regelmäßigen Erscheinungsbild einer zerrütteten Ehe gehörenden Belästigungen hinausgehen. So stellen z.B. wiederholte Besuche der neuen Lebensgefährtin des Ehemannes, teilweise auch über Nacht, zumindest in einer beengten Wohnsituation eine unbillige Härte im Sinne des § 1361b Abs. 1 BGB dar.[381] Steht die Wohnung hingegen im Eigentum des Ehegatten, der die Wohnungszuweisung begehrt, führt dies in der Regel dazu, dass die an das Vorliegen einer unbilligen Härte zu stellenden Anforderungen herabzusetzen sind.[382]

627 Eine unbillige Härte kann auch dann gegeben sein, wenn das Wohl von im Haushalt lebenden Kindern beeinträchtigt ist (§ 1361b Abs. 1 S. 2 BGB). Eine Alleinzuweisung der Ehewohnung an die kinderbetreuende Ehefrau aus Gründen des Kindeswohls kommt auch dann in Betracht, wenn eine Gewaltanwendung durch den Ehemann nicht nachgewiesen werden kann. Insofern reicht es aus, wenn es zwischen den Ehegatten/Eltern gravierende Auseinandersetzungen gegeben hat und ein „Klima der Gewalt" vorherrschte. Die Bedürfnisse der Kinder an einer geordneten, ruhigen und möglichst entspannten Familiensituation haben Vorrang vor dem Interesse des Ehemanns an dem Verbleib in der Wohnung.[383]

628 Gem. § 1361b Abs. 2 BGB ist in der Regel die gesamte Wohnung zur alleinigen Nutzung zuzuweisen, wenn der Ehegatte, gegen den sich der Antrag richtet, gegen den anderen Ehegatten gewalttätig geworden ist oder ihn nicht unerheblich bedroht hat. In diesen Fällen ist eine Zuweisung der Ehewohnung nur dann ausgeschlossen, wenn keine weiteren Taten zu erwarten sind. Die Beweislast liegt hier bei dem Ehegatten, dem die Gewalttaten vorgeworfen werden.

629 § 1361b Abs. 3 BGB gibt dem zur Wohnungsüberlassung Verpflichteten auf, sich jeglicher Maßnahmen zu enthalten, die das Benutzungsrecht des anderen Ehegatten vereiteln könnte. Bisher gingen der Gesetzgeber[384] und ihm folgend die Rechtsprechung und Literatur davon aus, dass das Gericht über den in Verfahren nach § 1361b BGB anwendbaren § 15 Hausratsverordnung flankierende Anordnungen treffen konnte, um diese Verpflichtung durchzusetzen. Dazu sollten beispielsweise Verbote wie ein die Ehewohnung betreffendes Mietverhältnis zu kündigen oder gar die Ehewohnung zu veräußern, durch das Gericht erlassen werden können. Derartige Anordnungen kann das Gericht zukünftig gem. § 209 Abs. 1 FamFG treffen.

630 § 1361b Abs. 3 S. 2 BGB gibt dem weichenden Ehegatten einen Anspruch auf Nutzungsentschädigung gegen den in der Ehewohnung verbleibenden Ehegatten, soweit dies der Billigkeit entspricht. Der Vergütungsanspruch wird in der Regel nur bei dinglicher

---

381 OLG Hamm FamRZ 2016, 1082.
382 OLG Düsseldorf NZFam 2016, 764.
383 OLG Celle FamRZ 2006, 1143.
384 BT-Drucks 14/5429 S. 21; BT-Drucks 14/5429 S. 33.

Berechtigung an der Wohnung (Allein- oder Miteigentum) geltend gemacht, kann aber auch bei einem Mietverhältnis in Betracht kommen.[385] Bei der Festlegung der Höhe der Nutzungsentschädigung ist neben dem Mietwert der Wohnung zu berücksichtigen, wer möglicherweise die Zins- und Tilgungsleistungen beziehungsweise die verbrauchsunabhängigen Nebenkosten für die Wohnung trägt. Ferner kann es zu Konkurrenzen mit der Ermittlung des unterhaltsrechtlich relevanten Einkommens kommen, wenn beispielsweise der Wohnwert dem nutzungsberechtigten Ehegatten dort bereits als fiktives Einkommen zugerechnet wurde, in derartigen Fällen ist keine weitere Nutzungsentschädigung festzusetzen.

Nach der inzwischen wohl h.M.[386] kann auch der freiwillig weichende Ehegatte von dem in der Wohnung verbleibenden Ehegatten gem. § 1361b Abs. 3 S. 2 BGB eine Nutzungsentschädigung verlangen. **631**

Oftmals übersehen wird die Regelung in § 1361b Abs. 4 BGB, wonach unwiderlegbar vermutet wird, dass der Ehegatte, der nach der Trennung der Ehegatten die Ehewohnung verlassen hat und nicht binnen sechs Monaten eine ernstliche Rückkehrabsicht bekannt gibt, dem anderen Ehegatten die Ehewohnung zur alleinigen Nutzung überlassen hat. Dies gilt jedoch nur für die Zeit des Getrenntlebens und hat keine Auswirkungen auf die nach Rechtskraft der Scheidung endgültig zu regelnden Nutzungsverhältnisse.[387] **632**

4. Regelung bzgl. der Ehewohnung für die Zeit nach rechtskräftiger Scheidung

Die Neufassung des § 1568a BGB macht deutlich, dass das Gericht bei der Gestaltung der Rechtsverhältnisse anhand von Anspruchsgrundlagen entscheidet. Die Anspruchsvoraussetzungen entsprechen den Grundsätzen, die sich bei der Anwendung des § 2 HausratsVO herausgebildet haben. **633**

Die Anknüpfung u.a. an die Lebensverhältnisse stellt sicher, dass bei der gerichtlichen Entscheidung wie bisher auch alle Umstände des Einzelfalls Berücksichtigung finden können. Zur Sicherung einer zweckmäßigen und gerechten Zuweisung soll grundsätzlich derjenige Ehegatte die Ehewohnung behalten, der unter Berücksichtigung dieser Umstände stärker auf sie angewiesen ist. Ergänzend wird auf andere Billigkeitsgründe abgestellt. Das kann insbesondere in den Fällen Bedeutung erlangen, in denen keine Kinder vorhanden sind und sich nicht feststellen lässt, ob ein Ehegatte stärker als der andere auf die Ehewohnung angewiesen ist. In diesen Fällen kommt es darauf an, ob ein Ehegatte aufgrund anderer Umstände ein besonderes und schützenswertes Interesse an der Wohnung hat, weil er beispielsweise in ihr aufgewachsen ist, die Wohnung für ihn behindertengerecht umgebaut wurde, er bereits vor der Eheschließung in der Wohnung gewohnt hat oder in nicht unerheblichem Umfang Investitionen in die Wohnung getätigt hat. **634**

---

[385] KG Berlin FamRZ 2015, 1191.
[386] Vgl. OLG Hamm FamRZ 2008, 1935, mit weiteren Nachweisen zum Streitstand.
[387] OLG Brandenburg FamRZ 2015, 1498.

§ 22 Das familiengerichtliche Verfahren

635 Im Interesse der Rechtsklarheit ist aufgrund der ersatzlosen Streichung von § 2 HausratsVO als Rechtsfolge ausschließlich die Begründung oder Fortführung eines Mietverhältnisses vorgesehen, so wie es bereits in der Anwendung des 2. Abschnitts der HausratsVO der Regelfall war.

636 § 1568a Abs. 2 BGB entspricht im Wesentlichen § 3 HausratsVO. Zwischen den Ehegatten wird in derartigen Fällen nach Abs. 5 ein Mietvertrag zu schließen sein.

637 § 1568a Abs. 3 BGB entspricht § 5 Abs. 1 S. 1 HausratsVO. Er ersetzt die Rechtsgestaltung durch den Richter durch eine an den §§ 563, 563a BGB orientierte gesetzliche Nachfolge. Die Vorschrift findet auch dann Anwendung, wenn es sich bei der Ehewohnung um genossenschaftsrechtlich gebundenen Wohnraum handelt. Der Gesetzgeber hat davon abgesehen, im Rahmen der Absätze 3 bis 5 ein bloßes entgeltliches Nutzungsverhältnis der Ehegatten untereinander zuzulassen. Das Mietrecht kennt ein solches entgeltliches Nutzungsverhältnis neben der Miete nicht. Eine solche Regelung wäre systemwidrig.

638 § 1568a Abs. 3 BGB übernimmt die in § 5 Abs. 1 S. 2 HausratsVO enthaltene Regelung, wonach der Richter Anordnungen treffen konnte, die aus dem Mietverhältnis herrührenden Ansprüche des Vermieters zu sichern, nicht. Für diese richterliche Anordnung ist nach Meinung des Gesetzgebers in einem auf Anspruchsgrundlagen umgestellten System kein Platz. Außerdem besteht nach Auffassung des Gesetzgebers aus mietrechtlicher Sicht für eine Nachhaftung kein Bedürfnis, da der Vermieter bei Zahlungsrückständen das Mietverhältnis kündigen kann. Der Zeitpunkt des Wechsels im Mietverhältnis knüpft an die Möglichkeiten an, die Überlassung der Ehewohnung zu regeln:

639
- Durch Zugang der Mitteilung über die Wohnungsüberlassung. Die Mitteilung wird gem. § 130 Abs. 1 BGB mit dem Zugang beim Vermieter wirksam. Die Mitteilung hat durch beide Ehegatten zu erfolgen, muss aber nicht zwingend gemeinsam abgegeben werden. Erfolgen zwei getrennte Erklärungen, kommt es für die Änderung im Mietverhältnis auf den Zugang der letzten Erklärung beim Vermieter an. Das gilt allerdings nicht im Rahmen von Abs. 4, wenn es auf die Zustimmung des Vermieters ankommt und diese noch nicht erteilt ist. Angesichts der besonderen Bedeutung der Wohnung als Lebensmittelpunkt ist die Interessenlage mit dem Eintrittsrecht des Ehegatten bei Tod des Mieters (§ 563 BGB) vergleichbar. Dementsprechend soll dem Vermieter auch in diesen Fällen das besondere Kündigungsrecht gem. § 563 Abs. 4 BGB zustehen.

  > *Hinweis*
  > § 1568a BGB trifft Regelungen nur für die Überlassung der Wohnung ab Rechtskraft der Ehescheidung. Dementsprechend kann die Mitteilung über die Überlassung auch nur eine Änderung des Mietverhältnisses ab Rechtskraft der Ehescheidung bewirken.

- Durch Rechtskraft der richterlichen Entscheidung im Wohnungszuweisungsverfahren. Die Neuregelung ist auf die Endentscheidung abgestellt, so wie es § 209 Abs. 2

FamFG vorsieht. Wird die Endentscheidung in einem Scheidungsurteil im Verbundverfahren getroffen, bedarf es keiner Regelung im Hinblick auf die Rechtskraft der Scheidung. Nach § 148 FamFG werden Entscheidungen in Folgesachen nicht vor Rechtskraft des Scheidungsausspruchs wirksam. Sie können aber z.B. bei Abtrennung der Folgesache oder einem isolierten Rechtsmittel auch später rechtskräftig werden.

Problematisch könnten Fälle sein, in denen die Ehegatten sich zwar hinsichtlich der Überlassung der Wohnung geeinigt haben, der ausgezogene Ehegatte aber nicht an der Mitteilung an den Vermieter mitwirkt. In diesen Fällen wird ein Rechtsschutzbedürfnis für die gerichtliche Geltendmachung des Überlassungsanspruchs anzunehmen sein. 640

Besteht im Zeitpunkt der Rechtskraft der Entscheidung des Gerichts oder der Mitteilung der Ehegatten an den Vermieter überhaupt kein Mietverhältnis mehr bzgl. der Ehewohnung, dürfte ein Ehegatte, der Anspruch auf Überlassung der Wohnung hat, auch einen Anspruch auf Abschluss eines Mietvertrages nach § 1568a Abs. 5 BGB haben. Voraussetzung ist aber eben, dass dieser Ehegatte einen Anspruch auf Überlassung der Wohnung gehabt hätte. Zudem darf auch kein anderes Mietverhältnis über die Wohnung mit einem Dritten bestehen. 641

§ 1568a Abs. 4 BGB ersetzt die in § 4 HausratsVO getroffenen Regelungen bezüglich Wohnungen, die im Rahmen eines Dienst- oder Arbeitsverhältnisses überlassen wurden, und passt den dortigen Regelungsinhalt an, indem es die richterliche Ermessensentscheidung („soll") durch einen Anspruch auf den Abschluss eines Mietvertrages ersetzt. Die in der Praxis entwickelten besonderen Voraussetzungen für die Zuweisung gegen den Willen des Dritten[388] werden im Erfordernis der schweren Härte zusammengefasst. Diese Abstufung zur unbilligen Härte in Abs. 2 soll der besonderen Zweckbindung der Wohnungsüberlassung im Verhältnis zwischen Dienstherr und Dienstverpflichtetem Rechnung tragen. Eine schwere Härte kann zum Beispiel vorliegen, wenn der Ehegatte, der die Wohnung nicht aufgrund eines Dienst- oder Arbeitsverhältnisses innehat, psychisch schwer krank ist und die mit dem Fortzug veranlasste Veränderung seiner Lebensumwelt sich negativ auf seinen Gesundheitszustand auswirken würde.[389] Gleiches hat wohl zu gelten, wenn die Wohnung für diesen Ehegatten behindertengerecht umgebaut worden ist. 642

§ 1568a Abs. 5 BGB ersetzt und konkretisiert § 5 Abs. 2 HausratsVO, wonach der Richter zugunsten eines Ehegatten ein Mietverhältnis begründen kann, wenn kein Mietverhältnis an der Ehewohnung besteht. Besteht kein Mietverhältnis über die Ehewohnung, so können sowohl der Ehegatte, der Anspruch auf Überlassung der Wohnung hat, als auch die zur Vermietung berechtigte Person die Begründung eines Mietverhältnisses zu den ortsüblichen Bedingungen verlangen. Beispielsweise fehlt ein Mietverhältnis häufig bei Wohnungen, die im Alleineigentum des weichenden Ehegatten, im Miteigentum des weichenden Ehegatten und einer dritten Person (Abs. 2) oder im Miteigentum beider 643

---

[388] *Johannsen/Henrich/Brudermüller*, Eherecht, 4. Aufl. 2003, Rn 6 zu § 4 HausratsVO m.w.N.
[389] AG Kerpen FamRZ 1997, 1344, 1345.

Ehegatten (Abs. 1) stehen. Denkbar ist auch der Fall, dass die Ehewohnung im Eigentum der Eltern bzw. Schwiegereltern steht oder dass ein Ehegatte, der alleiniger Mieter ist, das Mietverhältnis an der gemeinsamen Ehewohnung wirksam kündigt.

644 Der Mietvertrag schützt den berechtigten Ehegatten bei Verkauf der Ehewohnung (§ 566 BGB). Bei Ehewohnungen, die im Miteigentum, insbesondere beider Ehegatten, stehen, dient der Mietvertrag – wie schon nach geltendem Recht – insbesondere auch dem Schutz des berechtigten Ehegatten mit Blick auf eine mögliche Teilungsversteigerung nach § 753 BGB. Falls ein gerichtliches Verfahren notwendig wird, legt das Gericht den Inhalt des Mietvertrages durch eine rechtsgestaltende Entscheidung fest.

645 Der Mietvertrag soll sich nach den ortsüblichen Bedingungen richten. Die richterliche Mietfestsetzung wird anstelle des unbestimmten Rechtsbegriffs der Billigkeit (§ 2 HausratsVO) ausdrücklich an die ortsübliche Vergleichsmiete als Regelfall geknüpft, von der aufgrund der persönlichen und wirtschaftlichen Verhältnisse der Betroffenen im Einzelfall abgewichen werden kann.[390]

646 Der berechtigte Ehegatte soll nicht immer einen Anspruch auf Abschluss eines unbefristeten Mietvertrags haben. Zwischen den unterschiedlichen Interessen der Beteiligten ist eine ausgewogene Balance herzustellen. Dabei ist zu berücksichtigen, dass der Mietvertrag nicht aufgrund der freien Entscheidung der Beteiligten zu Stande kommt, sondern weil der berechtigte Ehegatte mit Blick auf die Funktion der Wohnung als Lebensmittelpunkt der Familie einen Anspruch auf Abschluss eines Mietvertrags hat und der Eigentümer diesen erfüllen muss. Außerdem sind Situationen denkbar, in denen geschiedene Ehegatten nicht über ein unbefristetes Mietverhältnis dauerhaft aneinander gebunden sein sollten.

Eine Befristung ist deshalb aus zwei Gründen vorgesehen:

647 Zum einen ist die Befristung des Mietverhältnisses möglich, wenn die Voraussetzungen des § 575 Abs. 1 BGB vorliegen. Die zur Vermietung verpflichtete Person, regelmäßig der Eigentümer, soll wie jeder andere Vermieter auch, das Recht bekommen, eine Befristung des Mietverhältnisses aus den dort genannten engen Gründen zu verlangen.

648 Zum anderen ist die Befristung möglich, wenn die Begründung eines unbefristeten Mietverhältnisses unter Würdigung der berechtigten Interessen des Vermieters ausnahmsweise unbillig ist. Damit soll einerseits eventuellen verfassungsrechtlichen Bedenken gegen die zu weitgehende Ermöglichung eines unbefristeten Mietverhältnisses Rechnung getragen werden. Andererseits sollen aber auch Situationen vermieden werden, in denen eine sofortige Räumung der Wohnung für den berechtigten Ehegatten unzumutbar ist.

649 Bei der Dauer der Befristung sind die Interessen des berechtigten Ehegatten an dem dauerhaften Verbleib in der Wohnung und des Eigentümers an einer anderen Verwendung oder Verwertung der Ehewohnung angemessen zu gewichten.

---

390 BayObLG FamRZ 1977, 467.

§ 1568a Abs. 6 BGB erfüllt als Schutzvorschrift zugunsten Dritter den gleichen Zweck wie § 12 HausratsVO. Mehr als ein Jahr nach Rechtskraft der Scheidung darf nicht mehr gegen den Willen eines Drittbeteiligten in seine Rechte eingegriffen werden. Eine Ausnahme gilt nur, wenn der Anspruch vor Fristablauf rechtshängig gemacht wird. Zwar bezieht sich Abs. 6 nur auf die Abs. 3 und 5 und nicht auf die Regelung in Abs. 4 über die Werkdienst- und Werkmietwohnungen, hierbei dürfte es sich aber nur um Redaktionsversehen des Gesetzgebers handeln. Im Ergebnis muss die Jahresfrist des Abs. 6 auch auf solche Wohnungen Anwendung finden. 650

Es versteht sich angesichts des Grundsatzes der Vertragsfreiheit auch ohne ausdrückliche Regelung von selbst, dass nach Ablauf der Jahresfrist mit Einverständnis des Vermieters oder eines anderen Drittbeteiligten der Eintritt in ein Mietverhältnis bzw. seine Begründung oder Änderung möglich ist. 651

Ansprüche aus Nutzungsentschädigung nach rechtskräftiger Scheidung folgen mangels einer Anspruchsgrundlage in § 1568a BGB aus § 745 Abs. 2 BGB und haben den Charakter einer Familienstreitsache in Gestalt der sonstigen Familiensachen i.S.d. §§ 112 Nr. 3, 266 FamFG, für welche die Familiengerichte sachlich zuständig sind.[391] 652

C. Muster

I. Muster: Antrag auf vorläufige Nutzung von Haushaltsgegenständen während der Trennungszeit

▼

An das 653

Amtsgericht

– Familiengericht –

Antrag auf vorläufige Nutzung von Haushaltsgegenständen

In der Familiensache

der , wohnhaft

– Antragstellerin –

Verfahrensbevollmächtigte: Rechtsanwälte

gegen

den , wohnhaft

– Antragsgegner –

wegen: Nutzung des Hausrats

bestellen wir uns unter Bezugnahme auf die beigefügte Vollmachtsurkunde für die Antragstellerin und kündigen folgende Anträge an:

---

391 OLG Hamm FamRZ 2014, 1031.

§ 22 Das familiengerichtliche Verfahren

1. Die in der nachfolgenden Aufstellung in der Spalte „Zuweisung EF/EM" mit EF gekennzeichneten Haushaltsgegenstände werden der Antragstellerin zur alleinigen Nutzung während des Getrenntlebens zugewiesen.
2. Der Antragsgegner wird verurteilt, die in seinem Besitz befindlichen und der Antragstellerin zur Nutzung zugewiesenen Haushaltsgegenstände an die Antragstellerin herauszugeben.

Begründung:

Die Parteien haben am ▓▓▓ in ▓▓▓ die Ehe miteinander geschlossen. Sie leben seit dem ▓▓▓ voneinander getrennt. Zu diesem Zeitpunkt ist die Antragstellerin mit den aus der Ehe hervorgegangenen Kindern ▓▓▓, geboren am ▓▓▓, und ▓▓▓, geboren am ▓▓▓, aus der vormaligen Ehewohnung ausgezogen und führt seither unter der im Rubrum angegebenen Adresse einen eigenen Haushalt.

Der Haushalt der Beteiligten umfasste die nachfolgend aufgeführten Gegenstände:

Gegenstand/ Beschreibung	Kaufdatum	Kaufpreis	Verkehrswert	Eigentum EF/EM/G	Besitz EF/EM	Zuweisung EF/EM
Küche						
Esszimmer						
Wohnzimmer						
Schlafzimmer						
Kinderzimmer						
Badezimmer						
Keller						

Die in der vorstehenden Aufstellung in der Spalte „Eigentum EF/EM" mit EF gekennzeichneten Gegenstände hatte die Antragstellerin bereits vor der Eheschließung angeschafft.

    Beweis: ▓▓▓

Die Gegenstände ▓▓▓, ▓▓▓ und ▓▓▓ sind zwar während der Ehe durch beide Beteiligten gemeinsam angeschafft worden. Sie stehen aber gem. § 1370 BGB in der Fassung bis zum 1.9.2009 im Alleineigentum der Antragstellerin, da es sich dabei um Ersatzanschaffungen für solche Gegenstände handelt, die bereits vor der Eheschließung von der Antragstellerin erworben und durch die neu angeschafften Gegenstände ersetzt wurden.

    Beweis: ▓▓▓

Diese im Alleineigentum der Antragstellerin stehenden Gegenstände benötigt der Antragsgegner nicht zu seiner persönlichen Haushaltsführung. Teilweise hat er wohl bereits Neuanschaffungen getätigt.

Die in der vorstehenden Aufstellung in der Spalte „Eigentum EF/EM" mit G gekennzeichneten Gegenstände stehen im gemeinsamen Eigentum der Beteiligten. Verschiedene

Bemühungen der Antragstellerin um eine außergerichtliche Einigung mit dem Antragsgegner sind gescheitert. Die Gegenstände, hinsichtlich derer die Antragstellerin nunmehr die Zuweisung der Nutzung begehrt, benötigt sie zur Führung des Haushaltes, in dem sie mit den aus der Ehe hervorgegangenen gemeinsamen minderjährigen Kindern lebt.

Außergerichtlich hat der Antragsgegner die Herausgabe der von der Antragstellerin beanspruchten Gegenstände verweigert, so dass auch der Klageantrag zu 2. begründet ist.

Zum Ausgleich der anfallenden Gerichtskosten überreichen wir beigefügt einen Verrechnungsscheck über ▓▓▓▓ EUR.

Rechtsanwalt/Rechtsanwältin

Verfahrenswert: 2.000 EUR, § 48 Abs. 2 1. Alternative FamGKG (beachte § 48 Abs. 3 FamFG: Danach kann das Gericht einen höheren oder niedrigeren Gegenstandswert festsetzen, wenn der nach den Abs. 1 oder 2 bestimmte Wert nach den besonderen Umständen des Einzelfalls unbillig ist)

Anwaltsgebühren: Regelgebühren nach Teil 3 Abschnitt 1 VV

Gerichtskosten: 2,0-Verfahrensgebühr, Nr. 1320 KVFamGG (mit der Möglichkeit der Ermäßigung, s. Nr. 1321)

II. Muster: Antrag auf Zuteilung von Haushaltsgegenständen für die Zeit nach der Trennung

An das

Amtsgericht ▓▓▓▓

– Familiengericht –

Antrag auf Zuteilung von Haushaltsgegenständen

In der Familiensache

der ▓▓▓▓, wohnhaft ▓▓▓▓

– Antragstellerin –

Verfahrensbevollmächtigte: Rechtsanwälte ▓▓▓▓

gegen

den ▓▓▓▓, wohnhaft ▓▓▓▓

– Antragsgegner –

wegen: Zuteilung von Haushaltsgegenständen

bestellen wir uns unter Bezugnahme auf die in der Ehesache zur Akte gereichte Vollmachtsurkunde für die Antragstellerin und kündigen für den Fall der rechtskräftigen Scheidung folgende Anträge an:

I. Der Antragsgegner wird verurteilt, der Antragstellerin ab Rechtskraft der Scheidung folgende Gegenstände zu überlassen:

1. ▓▓▓▓
2. ▓▓▓▓
3. ▓▓▓▓

II. Der Antragsgegner wird verurteilt, die in den Ziffern 1–8 aufgeführten Gegenstände mit Rechtskraft der Ehescheidung herauszugeben und ihr das Alleineigentum an diesen Gegenständen zu verschaffen.

Begründung:

Die Beteiligten konnten bisher keine Verständigung darüber finden, wie die Haushaltsgegenstände zwischen ihnen aufgeteilt werden sollen. Dementsprechend ist nunmehr eine gerichtliche Entscheidung erforderlich.

Als Anlage überreichen wir beigefügt eine Aufstellung, aus der sich die im gemeinschaftlichen Eigentum der Beteiligten stehenden Haushaltsgegenstände ergeben. Bei den in der Aufstellung unter den Ziffern 1–8 aufgeführten Gegenständen handelt es sich um die im Klageantrag zu I. aufgeführten Gegenstände. Diese Gegenstände befinden sich derzeit im Besitz des Antragsgegners. Die Antragstellerin hat jedoch ein Anspruch auf Überlassung dieser Gegenstände. Im Einzelnen gilt folgendes:

> (Darlegung der Gründe, die für eine Zuteilung an die Antragstellerin sprechen)

Hinsichtlich der in den Ziffern 9–30 aufgeführten Haushaltsgegenstände besteht zwischen den Parteien Einigkeit, dass diese der Antragstellerin zugeteilt werden sollen. Diese Haushaltsgegenstände befinden sich bereits im Besitz der Antragstellerin.

Die weiteren in der Aufstellung befindlichen Haushaltsgegenstände befinden sich im Besitz des Antragsgegners. Zwischen den Beteiligten besteht Einigkeit, dass diese Gegenstände dem Antragsgegner zugeteilt werden und mit Rechtskraft der Ehescheidung in dessen Alleineigentum übergehen.

Rechtsanwalt/Rechtsanwältin

Verfahrenswert: 3.000 EUR, § 48 Abs. 2 2. Alternative FamGKG (beachte § 48 Abs. 3 FamFG: Danach kann das Gericht einen höheren oder niedrigeren Gegenstandswert festsetzen, wenn der nach den Abs. 1 oder 2 bestimmte Wert nach den besonderen Umständen des Einzelfalls unbillig ist)

Anwaltsgebühren: Regelgebühren nach Teil 3 Abschnitt 1 VV

Gerichtskosten: 2,0-Verfahrensgebühr, Nr. 1320 KVFamGKG (mit der Möglichkeit der Ermäßigung, s. Nr. 1321)

▲

III. Muster: Antrag auf vorläufige Zuweisung der Ehewohnung während der Trennungszeit

An das

Amtsgericht

– Familiengericht –

Antrag auf vorläufige Zuweisung der Ehewohnung während der Trennungszeit

In der Familiensache

der   , wohnhaft

– Antragstellerin –

Verfahrensbevollmächtigte: Rechtsanwälte

gegen

den   , wohnhaft

– Antragsgegner –

wegen: vorläufige Zuweisung der Ehewohnung

bestellen wir uns unter Bezugnahme auf die beigefügte Vollmachtsurkunde für die Antragstellerin und kündigen folgende Anträge an:

1. Die Wohnung der Beteiligten in   [Ort],   [Str.], bestehend aus drei Zimmern, Küche, Diele, Bad und zwei Kellerräumen, wird der Antragstellerin während der Trennungszeit zur alleinigen Nutzung zugewiesen.
2. Dem Antragsgegner wird aufgegeben, die in 1. genannte Wohnung binnen einer Frist von zwei Wochen nach Rechtskraft der Entscheidung zu verlassen.
3. Dem Antragsgegner wird untersagt, die genannte Wohnung ohne Zustimmung der Antragstellerin nochmals zu betreten.

Begründung:

Die Beteiligten haben am   in   die Ehe miteinander geschlossen. Aus der Ehe sind die Kinder   , geboren am   und   , geboren am   , hervorgegangen.

Die Beteiligten leben seit dem   innerhalb der oben bezeichneten Wohnung getrennt voneinander. Die Wohnung ist von beiden Beteiligten gemeinsam angemietet. Wechselseitige Versorgungsleistungen sind seither nicht mehr erbracht worden. Die Antragstellerin schläft und wohnt seit der Trennung in dem vormals als Elternschlafzimmer genutzten Raum, der Antragsgegner schläft und wohnt in dem vormals als Wohnzimmer genutzten Raum.

Der Antragsgegner ist nicht bereit, sich mit der Trennung der Beteiligten abzufinden. Er stört auch das Getrenntleben innerhalb der Ehewohnung. So hält er sich bspw. nicht an die verabredeten Zeiten zu Nutzung der Küche und des Zimmers. Außerdem versuchte er ständig, sich zum Essen dazu zusetzen, wenn die Antragstellerin für sich und die Kinder gekocht hat. Es ist nachvollziehbar, dass die Kinder wünschen, dass der Antragsgegner gemeinsam mit ihnen isst. Hierdurch wird aber die Trennung der Ehegatten innerhalb der Ehewohnung gefährdet.

Ferner provoziert der Antragsgegner regelmäßig Auseinandersetzungen mit der Antragstellerin, die die Kinder natürlich mitbekommen. Diese oftmals sehr lauten und lang andauernden Auseinandersetzungen der Eltern verstören die Kinder. Die Antragstellerin wurde bereits von der Kindergärtnerin des jüngsten Sohnes angesprochen, dass dieser in letzter Zeit sehr schweigsam sei und manchmal ohne Grund anfinge zu weinen. Nachdem die Antragstellerin der Kindergärtnerin von der privaten Situation berichtet hatte, führte diese das Verhalten des Sohnes darauf zurück.

Nach diesseitiger Einschätzung kann eine Beeinträchtigung des Wohls der Kinder nicht mehr ausgeschlossen werden.

Die Antragstellerin hat beide Kinder seit ihrer Geburt überwiegend betreut und versorgt. Sie ist die Hauptbezugsperson der Kinder, zwischen den Beteiligten ist letztendlich auch unstreitig, dass die Kinder zukünftig bei der Antragstellerin leben werden.

Zur Vermeidung einer unbilligen Härte ist es daher erforderlich, der Antragstellerin die Ehewohnung zur alleinigen Nutzung zuzuweisen.

Eine Abschrift des Schriftsatzes für das Jugendamt ist beigefügt.

Rechtsanwalt/Rechtsanwältin

Verfahrenswert: 3.000 EUR, § 48 Abs. 1 2. Alternative FamGKG (beachte § 48 Abs. 3 FamFG: Danach kann das Gericht einen höheren oder niedrigeren Gegenstandswert festsetzen, wenn der nach den Abs. 1 oder 2 bestimmte Wert nach den besonderen Umständen des Einzelfalls unbillig ist)

Anwaltsgebühren: Regelgebühren nach Teil 3 Abschnitt 1 VV

Gerichtskosten: 2,0-Verfahrensgebühr, Nr. 1320 KVFamGKG (mit der Möglichkeit der Ermäßigung, s. Nr. 1321)

IV. Muster: Antrag auf Überlassung der Ehewohnung für die Zeit nach der Scheidung

An das

Amtsgericht

– Familiengericht –

Antrag auf Überlassung der Ehewohnung

In der Familiensache

der ▓▓▓▓, wohnhaft ▓▓▓▓

– Antragstellerin –

Verfahrensbevollmächtigte: Rechtsanwälte ▓▓▓▓

gegen

den ▓▓▓▓, wohnhaft ▓▓▓▓

– Antragsgegner –

4. Teil: Haushaltsgegenstände und Ehewohnung § 22

weitere Beteiligte:

Herr ▓▓▓▓▓, wohnhaft ▓▓▓▓▓

wegen: Überlassung der Ehewohnung

bestellen wir uns unter Bezugnahme auf die beigefügte Vollmachtsurkunde für die Antragstellerin und kündigen folgende Anträge an:

1. Der Antragsgegner wird verpflichtet, der Antragstellerin das Haus ▓▓▓▓▓ (*Straße, Hausnummer*) in ▓▓▓▓▓ (*Stadt*), bestehend aus ▓▓▓▓▓ Zimmern, Küche, Diele, Bad, Gäste WC, Kellerräumen und Garage, zur alleinigen Nutzung zu überlassen.
2. Dem Antragsgegner wird aufgegeben, das in 1. genannte Haus binnen einer Frist von zwei Wochen nach Rechtskraft der Entscheidung unter Mitnahme seiner persönlichen Sachen zu verlassen.
3. Dem Antragsgegner wird aufgegeben, der Antragstellerin sämtliche Hausschlüssel herauszugeben.
4. Es wird festgestellt, dass die Antragstellerin ab Rechtskraft dieser Entscheidung das bestehende Mietverhältnis über die in Ziffer 1 bezeichnete Immobilie alleine fortsetzt.

Begründung:

Die Beteiligten haben am ▓▓▓▓▓ in ▓▓▓▓▓ die Ehe miteinander geschlossen. Aus der Ehe sind die Kinder ▓▓▓▓▓, geboren am ▓▓▓▓▓ und ▓▓▓▓▓, geboren am ▓▓▓▓▓, hervorgegangen. Die Kinder werden von der Antragstellerin betreut.

Die Ehe wurde durch Urteil des Amtsgerichts ▓▓▓▓▓ vom ▓▓▓▓▓ rechtskräftig geschieden.

Beweis: Beiziehung der Akte des Amtsgerichts

Mit dem Mietvertrag vom ▓▓▓▓▓ mieteten die Beteiligten gemeinsam von dem weiteren Beteiligten das im Antrag genauer bezeichnete Haus, welches sie seither als Ehewohnung genutzt haben.

Während der Trennung haben die Beteiligten innerhalb des Hauses getrennt voneinander gelebt. Der Antragsgegner hat ein im Dachgeschoss befindliches Zimmer allein und das im 1. Obergeschoss gelegene Bad sowie die Küche mit benutzt.

Mit Schreiben vom ▓▓▓▓▓ hat der Antragsgegner die Antragstellerin aufgefordert, mit den aus der Ehe hervorgegangenen Kindern aus dem Haus auszuziehen und sich mit der alleinigen Weiternutzung durch ihn gegenüber dem Vermieter einverstanden zu erklären.

Beweis: Vorlage des Schreibens vom ▓▓▓▓▓ im Termin

Damit ist die Antragstellerin allerdings nicht einverstanden. Sie ist der Auffassung, dass sie in stärkerem Maße auf die Nutzung der angemieteten Immobilie angewiesen ist als der Antragsgegner.

Dabei ist primär zu berücksichtigen, dass beide Kinder auch in Zukunft von der Antragstellerin betreut werden sollen, diesbezüglich besteht zwischen den Eltern Einigkeit. Die Kinder werden also auch in Zukunft bei der Antragstellerin wohnen. Die Schule, die die Kinder derzeit besuchen, liegt nur 500 m Fußweg von der gemieteten Immobilie entfernt.

Zudem haben die Kinder in der Nachbarschaft ihre Freundinnen und Freunde wohnen. Ein Umzug würde daher das Wohl der aus der Ehe hervorgegangenen Kinder beeinträchtigen. Möglicherweise wäre sogar ein Schulwechsel erforderlich.

Zudem hat die Antragstellerin noch während der bestehenden Ehe einen der Kellerräume mit Zustimmung des Vermieters so ausgebaut, dass sie dort ihrer selbstständigen Tätigkeit als Fußpflegerin nachgehen kann. Wenn sie die Immobilie nunmehr verlassen müsste, liefe sie Gefahr, diese selbstständige Tätigkeit nicht mehr ausüben zu können.

Unter Berücksichtigung dieser Umstände gebieten es sowohl das Wohl der gemeinsamen Kinder als auch die Lebensverhältnisse der Beteiligten, dass die Immobilie der Antragstellerin zur alleinigen Nutzung überlassen wird.

Die Antragstellerin ist auch in der Lage, unter Berücksichtigung ihrer eigenen Einkünfte und der Unterhaltsleistungen des Antragsgegners, wie sie sich aus dem im Scheidungsverfahren abgeschlossenen Vergleich zum nachehelichen Ehegattenunterhalt ergeben, die Mietzahlungen für die Immobilie aufzubringen.

Abschriften des Schriftsatzes für das Jugendamt und den Vermieter sind beigefügt.

Rechtsanwalt/Rechtsanwältin

Verfahrenswert: 4.000 EUR, § 48 Abs. 1 1. Alternative FamGKG (beachte § 48 Abs. 3 FamFG: Danach kann das Gericht einen höheren oder niedrigeren Gegenstandswert festsetzen, wenn der nach den Abs. 1 oder 2 bestimmte Wert nach den besonderen Umständen des Einzelfalls unbillig ist)

Anwaltsgebühren: Regelgebühren nach Teil 3 Abschnitt 1 VV

Gerichtskosten: 2,0-Verfahrensgebühr, Nr. 1320 KVFamGKG (mit der Möglichkeit der Ermäßigung, s. Nr. 1321)

V. Muster: Antrag auf einstweilige Anordnung wegen Haushaltsgegenständen

An das

Amtsgericht

– Familiengericht –

Antrag auf Erlass einer einstweiligen Anordnung wegen Haushaltsgegenständen

In der Familiensache

der , wohnhaft

– Antragstellerin –

Verfahrensbevollmächtigte: Rechtsanwälte

gegen

den , wohnhaft

– Antragsgegner –

weitere Beteiligte:

Herr , wohnhaft

wegen: Überlassung von Haushaltsgegenständen

bestellen wir uns unter Bezugnahme auf die beigefügte Vollmachtsurkunde für die Antragstellerin und kündigen folgenden Antrag an:

Dem Antragsgegner wird im Wege der einstweiligen Anordnung – wegen der Dringlichkeit der Sache ohne vorherige mündliche Verhandlung und Anhörung, hilfsweise nach mündlicher Verhandlung – aufgegeben, an die Antragstellerin die nachfolgend aufgeführten Haushaltsgegenstände herauszugeben:
1. einen Elektroherd der Marke ▓▓▓, Modell ▓▓▓
2. einen Kühlschrank der Marke ▓▓▓, Modell ▓▓▓
3. ▓▓▓

Begründung:

Die Beteiligten sind getrennt lebende Eheleute. Aus der Ehe sind die Kinder ▓▓▓, geboren am ▓▓▓, und ▓▓▓, geboren am ▓▓▓, hervorgegangen. Die Beteiligten haben zuletzt die gemeinschaftlich angemietete Wohnung in ▓▓▓ [*Straße, Hausnummer*] als Ehewohnung genutzt.

Der Antragsgegner ist am ▓▓▓ aus der ehelichen Wohnung ausgezogen. Die Beteiligten hatten sich vorher eigentlich über eine Aufteilung der Haushaltsgegenstände geeinigt. Ungeachtet dessen hat der Antragsgegner bei seinem Auszug auch verschiedene Haushaltsgegenstände mitgenommen, die eigentlich der Antragstellerin verbleiben sollten. Im Einzelnen handelt es sich um folgende Gegenstände:
1. einen Elektroherd der Marke ▓▓▓, Modell ▓▓▓, von den Beteiligten gemeinsam angeschafft am ▓▓▓.

    Glaubhaftmachung: Vorlage des Kaufbelegs vom ▓▓▓

2. einen Kühlschrank der Marke ▓▓▓, Modell ▓▓▓, von den Beteiligten gemeinsam angeschafft am ▓▓▓.

    Glaubhaftmachung: Vorlage des Kaufbelegs vom ▓▓▓

3. ▓▓▓

Die Antragstellerin benötigt diese Gegenstände, um sich und den Kindern Mahlzeiten zubereiten zu können. Derzeit ist sie gezwungen, die vorhandenen Lebensmittel auf dem zu der Wohnung gehörende Balkon aufzubewahren. Um warme Mahlzeiten zubereiten zu können, hat sie sich von ihren Eltern einen Gaskocher ausgeliehen.

Ferner ist zu berücksichtigen, dass der Antragsgegner zumindest seine Mittagsmahlzeiten in der Firmenkantine seines Arbeitgebers einnehmen kann. Die Herausgabe des Elektroherdes wird also nicht dazu führen, dass der Antragsgegner keine warmen Mahlzeiten mehr zu sich nehmen kann.

Aufgrund der finanziellen Verhältnisse ist die Antragstellerin auch nicht in der Lage, die aufgeführten Gegenstände kurzfristig selber anzuschaffen. Ihr fehlen diesbezüglich jedwede finanziellen Mittel.

    Glaubhaftmachung: beigefügte eidesstattliche Versicherung der Antragstellerin

Zudem hatten die Beteiligten sich darauf geeinigt, dass die im Antrag bezeichneten Gegenstände aufgrund des Umstandes, dass die Antragstellerin auch zukünftig die aus der Ehe hervorgegangenen Kinder betreuen soll, im Haushalt der Antragstellerin verbleiben.

    Glaubhaftmachung: wie vor

Aufgrund der Eilbedürftigkeit der Sache ist der Erlass der einstweiligen Anordnung ohne vorherige mündliche Verhandlung geboten.

Rechtsanwalt/Rechtsanwältin

Verfahrenswert: 1.000 EUR, §§ 41 i.V.m. 48 Abs. 2 2. Alternative FamGKG (beachte § 48 Abs. 3 FamFG: Danach kann das Gericht einen höheren oder niedrigeren Gegenstandswert festsetzen, wenn der nach den Abs. 1 oder 2 bestimmte Wert nach den besonderen Umständen des Einzelfalls unbillig ist)

Anwaltsgebühren: Regelgebühren nach Teil 3 Abschnitt 1 VV

Gerichtskosten: 1,5-Verfahrensgebühr, Nr. 1420 KVFamGKG (mit der Möglichkeit der Ermäßigung, s. Nr. 1421)

VI. Muster: Einstweilige Anordnung wegen Überlassung der Ehewohnung

An das

Amtsgericht

– Familiengericht –

Antrag auf Erlass einer einstweiligen Anordnung wegen Überlassung der Ehewohnung

In der Familiensache

der ▬▬▬, wohnhaft ▬▬▬

– Antragstellerin –

Verfahrensbevollmächtigte: Rechtsanwälte ▬▬▬

gegen

den ▬▬▬, wohnhaft ▬▬▬

– Antragsgegner –

wegen: Überlassung der Ehewohnung

bestellen wir uns unter Bezugnahme auf die beigefügte Vollmachtsurkunde für die Antragstellerin und kündigen folgende Anträge an:

1. Der Antragsgegner wird im Wege der einstweiligen Anordnung – wegen der Dringlichkeit der Sache ohne vorherige mündliche Verhandlung, hilfsweise nach mündlicher Verhandlung – verpflichtet, der Antragstellerin die eheliche Wohnung in ▬▬▬ [*Ort, Straße, Hausnummer*] in der ▬▬▬ Etage, bestehend aus ▬▬▬ Zimmern, Küche, Diele und Bad, für die Zeit des Getrenntlebens der Parteien zur alleinigen Nutzung zu überlassen.
2. Der Antragsgegner wird verpflichtet, die in 1. genannte Wohnung binnen einer Frist von einer Woche nach Rechtskraft der Entscheidung unter Mitnahme seiner persönlichen Sachen zu verlassen.
3. Der Antragsgegner wird verpflichtet, der Antragstellerin sämtliche Haus- und Wohnungsschlüssel herauszugeben.
4. Dem Antragsgegner wird untersagt, die in Ziffer 1 bezeichneten Wohnung nach seinem Auszug ohne Einwilligung der Antragstellerin wieder zu betreten.

5. Dem Antragsgegner wird für jeden Fall der Zuwiderhandlung ein Ordnungsgeld, ersatzweise Ordnungshaft, angedroht.

Ferner wird beantragt,

die sofortige Wirksamkeit der Entscheidung anzuordnen und

die Zulässigkeit der Vollstreckung vor der Zustellung der Entscheidung an den Antragsgegner anzuordnen.

Begründung:

Die Beteiligten sind verheiratete Eheleute. Bei der in Ziffer 1 des Antrags bezeichneten Wohnung handelt es sich um die von den Beteiligten gemeinschaftlich angemietete Ehewohnung.

Die Beteiligten leben seit dem ▓▓▓▓ getrennt voneinander. Die Trennung erfolgt derzeit noch innerhalb der Ehewohnung, da eine Einigung über die vorläufige Nutzung der Wohnung für die Trennungszeit bisher nicht erreicht werden konnte.

Aus der Ehe sind die Kinder ▓▓▓▓, geboren am ▓▓▓▓, und ▓▓▓▓, geboren am ▓▓▓▓, hervorgegangen. Beide Kinder sind in der Vergangenheit von der nicht berufstätigen Antragstellerin betreut worden.

Seit der Trennung kommt es zwischen den Beteiligten häufig zu lautstarken verbalen Auseinandersetzungen, weil der Antragsgegner nicht bereit ist, die von der Antragstellerin initiierte Trennung zu akzeptieren. Die aus der Ehe hervorgegangen Kinder werden regelmäßig Zeuge dieser Auseinandersetzungen. Die Kinder fangen dann häufig an zu weinen und flehen die Beteiligten an, sich doch wieder miteinander zu vertragen.

Der jüngere Sohn ▓▓▓▓ nässt seit der vergangenen Woche wieder ein, nachdem er zwischenzeitlich mehr als zwei Jahre trocken war.

Hinsichtlich der älteren Tochter ▓▓▓▓ kam am ▓▓▓▓ die Klassenlehrerin auf die Antragstellerin zu und erkundigte sich, was mit der Tochter los wäre, im Gegensatz zu früher wäre sie in der Schule überaus schweigsam und würde manchmal auch während des Unterrichts grundlos anfangen zu weinen. Als die Lehrerin die Tochter darauf angesprochen habe, habe die Tochter der Lehrerin erklärt, wenn die Beteiligten sich weiterhin so streiten würden, würde sie sich lieber umbringen als wieder nachhause zurückzukehren.

Gem. § 1361b Abs. 1 S. 2 BGB kann eine unbillige Härte auch dann gegeben sein, wenn das Wohl von im Haushalt lebenden Kindern beeinträchtigt wird. Diese Voraussetzung ist vorliegend erfüllt. Die Kinder sind durch die gravierenden Auseinandersetzungen zwischen den Beteiligten verstört. Die Bedürfnisse der Kinder an einer geordneten, ruhigen und möglichst entspannten Familiensituation haben eindeutig Vorrang vor dem Interesse des Antragsgegners am Verbleib in der Ehewohnung (vgl. dazu Brudermüller in Palandt, Bürgerliches Gesetzbuch, § 1361b Rn 11 m.w.N.).

Der Antragsgegner hat die Möglichkeit, vorübergehend bei seinem Bruder in eine leer stehende Einliegerwohnung zu ziehen. Dies hat der Bruder, der zugleich auch Pate der älteren Tochter ist, der Antragstellerin bestätigt.

Die besondere Regelungs- und Eilbedürftigkeit ergibt sich aus den seitens der Tochter geäußerten Selbstmordgedanken. Für die Kinder ist es von immenser Wichtigkeit, dass sie möglichst kurzfristig nicht mehr Zeuge der gravierenden Auseinandersetzungen der Beteiligten werden müssen.

Zur Glaubhaftmachung des vorstehenden Sachvortrags verweisen wir auf die in der Anlage beigefügte eidesstattliche Versicherung der Antragstellerin.

Die Zusatzanordnungen und der weiteren Anträge sind erforderlich, um ein mögliches weiteres Fehlverhalten des Antragsgegners zu unterbinden.

Eine Abschrift des Schriftsatzes für das Jugendamt ist beigefügt.

Rechtsanwalt/Rechtsanwältin

Verfahrenswert: 1.500 EUR, §§ 41 i.V.m. 48 Abs. 1 2. Alternative FamGKG (beachte § 48 Abs. 3 FamFG: Danach kann das Gericht einen höheren oder niedrigeren Gegenstandswert festsetzen, wenn der nach den Abs. 1 oder 2 bestimmte Wert nach den besonderen Umständen des Einzelfalls unbillig ist)

Anwaltsgebühren: Regelgebühren nach Teil 3 Abschnitt 1 VV

Gerichtskosten: 1,5-Verfahrensgebühr, Nr. 1420 KVFamGKG (mit der Möglichkeit der Ermäßigung, s. Nr. 1421)

▲

5. Teil: Gewaltschutzsachen

659 Ab dem 1.9.2009 sind die Familiengerichte gem. § 210 FamFG ausnahmslos für alle Verfahren nach den §§ 1 und 2 des Gewaltschutzgesetzes (GewSchG) zuständig. Bisher waren die Familiengerichte nur dann für Gewaltschutzsachen zuständig, wenn die Beteiligten einen auf Dauer angelegten gemeinsamen Haushalt führten oder innerhalb von sechs Monaten vor Antragstellung geführt hatten. Nunmehr gelangen also auch solche Verfahren zu den Familiengerichten, die nicht durch eine besondere Nähebeziehung zwischen den Hauptbeteiligten geprägt sind. Durch die einheitliche Ausgestaltung der sachlichen Zuständigkeit will der Gesetzgeber erreichen, dass Zweifel an der Zuständigkeit nicht mehr bestehen können und so daraus für den Antragsteller resultierende Nachteile, wie beispielsweise der bei einer Abgabe des Verfahrens eintretende Zeitverlust, vermieden werden.

A. Rechtliche Grundlagen

I. Verfahrensfragen

660 Die sachliche Zuständigkeit der Familiengerichte für die Gewaltschutzsachen ergibt sich aus § 23a Abs. 1 Nr. 1 GVG i.V.m. § 111 Nr. 6 FamFG.

661 Die örtliche Zuständigkeit ist in § 211 FamFG geregelt. Danach sind zuständig
- entweder das Gericht, in dessen Bezirk die Tat begangen wurde,
- oder das Gericht, in dessen Bezirk sich die gemeinsame Wohnung des Antragstellers und des Antragsgegners befindet
- oder das Gericht, in dessen Bezirk der Antragsgegner seinen gewöhnlichen Aufenthalt hat.

Die Wahl zwischen diesen unterschiedlichen Gerichtsständen hat der Antragsteller.

Zur Einleitung des Verfahrens ist ein entsprechender Antrag erforderlich. **662**

In Verfahren betreffend die Überlassung einer gemeinsam genutzten Wohnung i.S.d. § 2 **663** GewSchG ist das Jugendamt auf seinen Antrag hin als Beteiligter hinzuzuziehen, wenn Kinder in dem betroffenen Haushalt leben (§ 212 FamFG). § 213 Abs. 1 FamFG bestimmt, dass das Gericht in diesen Verfahren das Jugendamt anhören soll, wenn Kinder in dem Haushalt leben. Die Anhörung kann bei Gefahr im Verzug unterbleiben, ist dann aber unverzüglich nachzuholen. Gem. § 213 Abs. 2 FamFG hat das Familiengericht das Jugendamt über die ergangene Entscheidung zu unterrichten. Erforderlichenfalls steht dem Jugendamt eine unabhängige Beschwerdebefugnis gegen den Beschluss zu.

Gem. § 214 Abs. 1 FamFG kann das Familiengericht auf Antrag vorläufige Regelungen **664** nach §§ 1 oder 2 GewSchG im Wege einer einstweiligen Anordnung treffen. Auch hier ist die Anhängigkeit eines Hauptsacheverfahrens nicht mehr erforderlich.

Gem. § 214 Abs. 2 FamFG liegt ein dringendes Bedürfnis für ein sofortiges Tätigwerden **665** des Gerichts in der Regel dann vor, wenn bereits eine Tat nach § 1 GewSchG begangen wurde oder aufgrund konkreter Umstände mit einer solchen zu rechnen ist.

Das Gericht kann über den Antrag auf Erlass der einstweiligen Anordnung gem. § 51 **666** Abs. 2 S. 2 FamFG ohne mündliche Verhandlung entscheiden. Das Gericht hat dabei nach pflichtgemäßem Ermessen auch zu prüfen, ob aufgrund einer glaubhaft gemachten Gefahrenlage von einer mündlichen Verhandlung vor Erlass des Beschlusses abzusehen ist.

Der Antragsteller hat gem. § 51 Abs. 1 S. 2 FamFG den Antrag auf Erlass der einstweili- **667** gen Anordnung zu begründen und die Voraussetzungen für den Erlass der Anordnung glaubhaft zu machen. Erlässt das Gericht die einstweilige Anordnung ohne mündliche Verhandlung, gilt der Antrag auf Erlass der einstweiligen Anordnung gem. § 214 Abs. 2 FamFG zugleich auch als Auftrag zur Zustellung durch den Gerichtsvollzieher unter Vermittlung der Geschäftsstelle und als Auftrag zur Vollstreckung. Der Antragsteller kann beantragen, dass die Zustellung nicht vor der Vollstreckung erfolgen soll.

Ist die Entscheidung über den Erlass der einstweiligen Anordnung ohne mündliche **668** Verhandlung ergangen, ist auf Antrag einer der Beteiligten ein Termin zur mündlichen Verhandlung anzuberaumen und dann erneut zu entscheiden (§ 54 Abs. 2 FamFG).

Hat das Gericht in einer Gewaltschutzsache aufgrund mündlicher Verhandlung eine **669** einstweilige Anordnung erlassen, können die Beteiligten ausnahmsweise Beschwerde gegen die einstweilige Anordnung einlegen (§ 57 Nr. 4 FamFG).

> *Hinweis* **670**
>
> Bei Beschwerden gegen einstweilige Anordnungen beträgt die Beschwerdefrist nur zwei Wochen.

Gem. § 64 Abs. 1 FamFG ist die Beschwerde bei dem Gericht einzulegen, dessen Be- **671** schluss angefochten wird, sie soll begründet werden (§ 65 Abs. 1 FamFG).

672 In den Verfahren nach § 2 GewSchG soll das Gericht gem. § 215 FamFG die zur Durchführung der Entscheidung erforderlichen Anordnungen treffen, also insbesondere eine Frist bestimmen, in der der Antragsgegner die Wohnung zu verlassen hat oder beispielsweise die Herausgabe von Haus- und Wohnungsschlüssel durch den Antragsgegner anordnen.

673 Das Gericht ist gem. § 216a FamFG aufgefordert, Anordnungen nach den §§ 1 und 2 GewSchG der zuständigen Polizeibehörde und anderen öffentlichen Stellen, die von der Durchführung der Anordnung betroffen sind, zu unterrichten, soweit nicht schutzwürdige Belange eines Beteiligten der Unterrichtung entgegenstehen. Dies gilt auch dann, wenn entsprechende Anordnungen abgeändert oder aufgehoben werden. Zu den anderen öffentlichen Stellen gehören insbesondere Schulen, Kindergärten und Jugendhilfeeinrichtungen in öffentlich-rechtlicher Trägerschaft. Die Beteiligten sind über die Mitteilung zu unterrichten, von der Unterrichtung kann im Einzelfall abgesehen werden, insbesondere wenn dem Antragsgegner der Aufenthaltsort des Antragstellers oder betroffener Kinder nicht bekannt gemacht werden soll.

674 Endentscheidungen in Gewaltschutzsachen werden gem. § 216 Abs. 1 FamFG mit ihrer Rechtskraft auch wirksam. Diese Regelung entspricht dem bisherigen § 64 Abs. 2 S. 1 FGG. Allerdings soll das Gericht die sofortige Wirksamkeit anordnen, hiervon ist seitens des Gerichts nur in Ausnahmefällen abzuweichen Der Gesetzgeber will mit der Soll-Vorschrift eine effektivere Durchsetzbarkeit von Schutzanordnungen nach dem Gewaltschutzgesetz gewährleisten.

675 § 216 Abs. 2 FamFG regelt, dass das Gericht mit der Anordnung der sofortigen Wirksamkeit auch die Zulässigkeit der Vollstreckung vor der Zustellung an den Antragsgegner anordnen kann. In derartigen Fällen tritt die Wirksamkeit der Endentscheidung in dem Zeitpunkt ein, zu dem der Beschluss der Geschäftsstelle des Gerichts zur Bekanntmachung übergeben wird. Dieser Zeitpunkt ist auf der Entscheidung zu vermerken. Diese Regelungen entsprechen inhaltlich den bisher geltenden § 64 Abs. 2 S. 2 und S. 3 FGG.

II. Materiell-rechtliche Fragen

676 Die materiell-rechtlichen Regelungen in Gewaltschutzsachen finden sich in den §§ 1 und 2 des Gesetzes zum zivilrechtlichen Schutz vor Gewalttaten und Nachstellungen (GewSchG) vom 11.12.2001 (BGBl I S. 3513).

Gem. § 1 Abs. 1 GewSchG können die Gerichte auf Antrag einer verletzten Person die zur Abwendung weiterer Verletzungen erforderlichen Maßnahmen treffen. Voraussetzung dafür ist, dass eine andere Person den Körper, die Gesundheit oder die Freiheit dieser Person verletzt hat. Abs. 2 erweiterte diese Möglichkeit für Fälle, in denen entsprechende Drohungen erfolgt sind oder in die Wohnung oder in das befriedete Besitztum der verletzten Person eingedrungen wurde; außerdem auch auf Fälle des sog. „Stalkings".

Das Gericht kann in derartigen Fällen anordnen, dass der Täter es – soweit dies nicht zur Wahrnehmung berechtigter Interessen erforderlich ist – unterlässt, 677
- die Wohnung der verletzten Person zu betreten
- sich in einem bestimmten Umkreis der Wohnung der verletzten Person aufzuhalten
- zu bestimmende andere Orte aufzusuchen, an denen sich die verletzte Person regelmäßig aufhält,
- Verbindung zur verletzten Person, auch unter Verwendung von Fernkommunikationsmitteln, aufzunehmen
- Zusammentreffen mit der verletzten Person herbeizuführen.

Die Verpflichtung eines Gewalttäters zur Aufgabe einer von ihm und dem Opfer nicht gemeinsam genutzten Wohnung kann ebenfalls Gegenstand und Inhalt einer Anordnung nach § 1 GewSchG sein, wenn sich eine solche Anordnung als rechtlich nicht zu beanstandendes Ergebnis der einzelfallbezogenen Abwägung der kollidierenden Grundrechte von Gewaltopfer und -täter als verhältnismäßig darstellt.[392] 678

Ein berechtigtes Interesse des Täters an einem Zusammentreffen mit dem Opfer kann bspw. in den Fällen zu bejahen sein, in denen Täter und Opfer gemeinsame minderjährige Kinder haben, mit denen der Täter sein Umgangsrecht ausübte. In derartigen Fällen ist durch eine entsprechende Ausgestaltung der Anordnungen einerseits dem Schutzbedürfnis des Opfers Genüge zu tun, andererseits aber auch zu gewährleisten, dass der Täter den Umgang mit den Kindern ausüben kann. 679

§ 2 GewSchG regelt, dass bei Taten nach § 1 die verletzte Person die Überlassung einer gemeinsam mit dem Täter benutzten Wohnung zur alleinigen Benutzung verlangen kann. Liegt eine vollendete Verletzungshandlung vor, ergibt sich ein unmittelbarer Anspruch auf Überlassung der Wohnung, liegt „nur" eine widerrechtliche Drohung mit einer Verletzungshandlung vor, muss die Wohnungsüberlassung erforderlich sein, um eine unbillige Härte zu vermeiden (§ 2 Abs. 6 GewSchG). Das Tatbestandsmerkmal der unbilligen Härte ist entsprechend der Regelung in § 1361b BGB zu interpretieren. Dementsprechend kann eine unbillige Härte insbesondere dann vorliegen, wenn das Wohl von im Haushalt lebenden Kindern beeinträchtigt ist. 680

In den Fällen, in denen Täter und Opfer entweder gemeinschaftlich Eigentümer oder gemeinschaftlich Mieter der Wohnung sind oder aufgrund eines anderen Rechtsverhältnisses gemeinsam an der Wohnung berechtigt sind, ist gem. § 2 Abs. 2 GewSchG die Wohnungsüberlassungsdauer unter Berücksichtigung der Verhältnismäßigkeit zu befristen, wobei eine Höchstdauer im Gesetz nicht vorgesehen ist. Im Regelfall ist die Frist deshalb so zu bemessen, dass während ihrer Dauer eine endgültige Regelung ergehen kann. 681

In den Fällen, in denen der Täter alleine oder mit einem Dritten an der Wohnung berechtigt ist, ist die Dauer der Wohnungsüberlassung an das Opfer auf höchstens sechs Monate zu befristen. Diese Frist kann bei Vorliegen besonderer Ausnahmefällen auf 682

---

[392] BGH FamRZ 2014, 825.

weitere sechs Monate, insgesamt also höchstens ein Jahr, verlängert werden, wenn die Belange des Täters oder eines anderen berechtigten Dritten nicht überwiegen.

683 Eine Befristung der Überlassung kommt dann nicht in Betracht, wenn das Opfer alleine oder mit einem Dritten an der Wohnung berechtigt ist.

684 Nur unter engen und im Gesetz abschließend aufgezählten Voraussetzungen ist der Anspruch auf die Überlassung der Wohnung an das Opfer ausgeschlossen:
- bei fehlender Wiederholungsgefahr; hier liegt die Beweislast im Übrigen bei dem Täter, die Gerichte setzen hier sehr hohe Hürden,
- bei Fristablauf; das Opfer muss innerhalb von drei Monaten nach der Tat gegenüber dem Täter schriftlich die Überlassung der Wohnung verlangen, wobei ein Antrag nach § 2 GewSchG als Überlassungsverlangen angesehen wird,
- bei Anwendung der Härteklausel des § 2 Abs. 3 Nr. 3 GewSchG; also dann, wenn auf Seiten des Täters schwerwiegende Belange der Wohnungszuweisung an das Opfer entgegenstehen, bspw. eine Behinderung oder schwere Erkrankung des Täters, die den Täter auf die Benutzung gerade dieser Wohnung angewiesen sein lassen.

685 Gem. § 2 Abs. 5 GewSchG kann der Täter von dem Opfer die Zahlung einer Nutzungsvergütung verlangen, wenn dies der Billigkeit entspricht. Dies dürfte regelmäßig der Fall sein, wenn der Täter ein auf dem Mietvertrag oder einer dinglichen Berechtigung beruhende Nutzungsbefugnis hat.[393] Die Zahlung einer Nutzungsvergütung entspricht dann nicht der Billigkeit, wenn der Umstand der Wohnungsnutzung durch das Opfer bereits in die Berechnung des Unterhaltsanspruchs des Opfers eingeflossen ist.

686 Soweit Eheleute einen auf Dauer angelegten gemeinsamen Haushalt führen, können sie den Schutz der Vorschrift in Anspruch nehmen.[394] Andererseits schließt § 2 GewSchG nicht den Anspruch auf Wohnungsüberlassung nach § 1361b BGB aus. Vielmehr ist § 1361b BGB in den Fällen, in denen die Wohnungsüberlassung im Hinblick auf eine beabsichtigte Scheidung der Eheleute begehrt wird, die speziellere Vorschrift. Die Wohnungsüberlassung auf der Grundlage von § 1361b BGB ist im Regelfall auch weiterreichend als bei § 2 GewSchG; sie dauert grundsätzlich bis zur Scheidung.[395]

---

[393] Palandt/*Brudermüller*, GewSchG § 2 Rn 13.
[394] BT-Drucks 14/5429 S. 30.
[395] BT-Drucks 14/5429 S. 21.

B. Muster

I. Muster: Antrag auf Erlass einer einstweiligen Anordnung nach § 1 Gewaltschutzgesetz

An das

Amtsgericht

– Familiengericht –

Antrag auf Erlass einer einstweiligen Anordnung nach § 1 GewSchG

In der Familiensache

der , wohnhaft

– Antragstellerin –

Verfahrensbevollmächtigte: Rechtsanwälte

gegen

den , wohnhaft

– Antragsgegner –

wegen: Erlass von Schutzanordnungen

bestellen wir uns unter Bezugnahme auf die beigefügte Vollmachtsurkunde für die Antragstellerin und beantragen im Wege der einstweiligen Anordnung – wegen der Dringlichkeit der Sache ohne vorherige mündliche Verhandlung, hilfsweise nach mündlicher Verhandlung – wie folgt zu beschließen:

1. Der Antragsgegner hat es zu unterlassen:
   - sich im Umkreis von 300 m der Wohnung der Antragstellerin aufzuhalten mit Ausnahme der Zeitpunkte, zu denen der Antragsgegner zwecks Ausübung seines Umgangsrechts mit den aus der Ehe hervorgegangenen gemeinsamen Kindern die Kinder abholt beziehungsweise zurückbringt,
   - die Antragstellerin in irgendeiner Form, auch unter Zuhilfenahme von Fernkommunikationsmittel, zu kontaktieren, insbesondere die Antragstellerin anzurufen, sie anzusprechen, ihr Faxe zu übermitteln, ihr E-Mails oder SMS zu senden, außer diese Kontaktaufnahme ist zwingend erforderlich im Zusammenhang mit der Ausübung seines Umgangsrechts mit den aus der Ehe hervorgegangenen gemeinsamen Kindern,
   - Zusammentreffen mit der Antragstellerin herbeizuführen.
2. Dem Antragsgegner wird ein Ordnungsgeld in Höhe von bis zu 250.000 EUR – und für den Fall, dass dieses nicht beigetrieben werden kann, Ordnungshaft – oder Ordnungshaft von bis zu sechs Monaten angedroht.
3. Die vorstehenden Anordnungen werden auf die Dauer von sechs Monaten ab Wirksamkeit der Entscheidung befristet.
4. Die sofortige Wirksamkeit der Entscheidung wird angeordnet.
5. Die Vollstreckung ist vor der Zustellung an den Antragsgegner zulässig.

Begründung:

Die Beteiligten sind getrennt lebende Ehegatten. Die Trennung erfolgte am . Seither lebt die Antragstellerin mit den aus der Ehe hervorgegangenen minderjährigen Kindern ▒▒▒, geboren am ▒▒▒, und ▒▒▒, geboren am ▒▒▒, unter der im Rubrum angegebenen Anschrift.

Das Umgangsrecht des Antragsgegners mit den aus der Ehe hervorgegangenen Kindern wurde durch Beschluss des angerufenen Gerichts vom ▒▒▒ dergestalt geregelt, dass der Antragsteller die Kinder an jedem Wochenende einer ungeraden Kalenderwoche von Freitag abends 18:00 Uhr bis Sonntag abends 18:00 Uhr zu sich nehmen darf.

Die Antragstellerin hat seit einigen Wochen einen neuen Lebensgefährten. Seit der Antragsgegner davon vor wenigen Tagen erfahren hat, beschimpft, bedroht und belästigt er die Antragstellerin in nicht hinnehmbarer Art und Weise. Im Einzelnen kam es zu folgenden Vorfällen:

[hier die einzelnen Vorfälle ergänzen, substantiierter Sachvortrag ist erforderlich]

Der Antragsgegner lauerte der Antragstellerin dazu regelmäßig im Umkreis ihrer Wohnung auf, wenn sie entweder morgens zur Arbeit fährt oder mittags zurückkehrt. Außerdem führt der Antragsgegner zwischenzeitlich auch Treffen mit der Antragstellerin an Orten herbei, wo sie sich in ihrer Freizeit aufhält, bspw. in dem Fitnessklub ▒▒▒, wo der Antragsgegner selbst nicht Mitglied ist, oder in dem Einkaufszentrum ▒▒▒, welches zwar in der Nähe der Wohnung der Antragstellerin, nicht aber in der Nähe der Wohnung des Antragsgegners liegt. Auch an diesen Orten kam es regelmäßig zu den oben dargestellten Beleidigungen.

Ferner hat der Antragsgegner der Antragstellerin an ihren Arbeitsplatz Faxe mit beleidigendem Inhalt gesandt.

  Glaubhaftmachung: beigefügte beglaubigte Abschriften der Faxsendungen

Zudem hat er in den vergangenen Tagen ca. 100 Mal versucht, die Antragstellerin auf dem Festnetz oder auf dem Handy zu erreichen. Teilweise hat er dabei seine Rufnummer unterdrückt und sofort begonnen, die Antragstellerin zu beschimpfen, wenn diese das Telefon abgenommen hat.

Da die Antragstellerin sich inzwischen überhaupt nicht mehr traut, noch ans Telefon zu gehen, schickt der Antragsgegner ihr nunmehr auch E-Mails, die ebenfalls schwere Beleidigungen und teilweise Bedrohungen der Antragstellerin enthalten.

  Glaubhaftmachung: beigefügte beglaubigte Abschriften der E-Mails

Aufgrund dieses Sachverhalts sind die beantragten Schutzanordnungen erforderlich und im Wege der einstweiligen Anordnung ohne vorherige mündliche Verhandlung zu erlassen, um weitere Belästigungen und Bedrohungen der Antragstellerin zu verhindern.

Soweit der Antragsgegner im Hinblick auf sein Umgangsrecht mit den aus der Ehe hervorgegangenen Kindern ein berechtigtes Interesse an Kontakten zu der Antragstellerin hat, sind die beantragten Schutzanordnungen eingeschränkt worden.

Gem. § 1 Abs. 1 S. 2 GewSchG sind Schutzanordnungen zeitlich zu befristen. Vorliegend erscheint im Hinblick auf die Intensität der Belästigungen, Bedrohungen und Beschimpfungen ein Zeitraum von mindestens sechs Monaten als erforderlich. In diesem Zeitraum wird der Antragsgegner Gelegenheit haben, sich damit abzufinden, dass die Antragstellerin sich einem neuen Lebensgefährten zugewandt hat.

Gem. § 214 Abs. 1 S. 2 FamFG liegt ein dringendes Bedürfnis für den Erlass einer einstweiligen Anordnung in der Regel dann vor, wenn eine Tat nach § 1 GewSchG begangen wurde. Diese Tatbestandsvoraussetzung ist vorliegend erfüllt.

Hinsichtlich der Anträge zu 3. und 4. verweisen wir auf § 216 FamFG, wonach das Gericht grundsätzlich die sofortige Wirksamkeit der Entscheidung anordnen soll. Der Gesetzgeber wollte mit dieser Regelung eine effektive Durchsetzung der Schutzanordnungen gewährleisten, so dass nur in besonderen Ausnahmefällen von der Anordnung der sofortigen Wirksamkeit Abstand zu nehmen ist.

Eine Nutzungsvergütung ist der Antragstellerin nicht aufzugeben. Die Antragstellerin wird – wie dies auch bereits in der Vergangenheit geschehen ist – den Mietzins für die Wohnung von ihrem eigenen Konto zahlen. Eine darüber hinausgehende Nutzungsvergütung an den Antragsgegner wäre unbillig.

Zur Glaubhaftmachung nehmen wir Bezug auf die beigefügte eidesstattliche Versicherung der Antragstellerin.

Eine Abschrift des Schriftsatzes für das Jugendamt ist beigefügt (vergleiche § 213 Abs. 1 FamFG).

Rechtsanwältin/Rechtsanwalt

Verfahrenswert: 1.000 EUR, §§ 41 i.V.m. 49 Abs. 1 FamGKG (beachte § 49 Abs. 2 FamFG: Danach kann das Gericht einen höheren oder niedrigeren Gegenstandswert festsetzen, wenn der nach den Abs. 1 oder 2 bestimmte Wert nach den besonderen Umständen des Einzelfalls unbillig ist)

Anwaltsgebühren: Regelgebühren nach Teil 3 Abschnitt 1 VV

Gerichtskosten: 1,5-Verfahrensgebühr, Nr. 1420 KVFamGKG (mit der Möglichkeit der Ermäßigung, s. Nr. 1421)

II. Muster: Antrag auf Erlass einer einstweiligen Anordnung nach § 2 Gewaltschutzgesetz

An das

Amtsgericht

– Familiengericht –

Antrag auf Erlass einer einstweiligen Anordnung nach § 2 GewSchG

In der Familiensache

der , wohnhaft

– Antragstellerin –

Verfahrensbevollmächtigte: Rechtsanwälte

gegen

den , wohnhaft

– Antragsgegner –

§ 22 Das familiengerichtliche Verfahren

wegen: Überlassung einer Wohnung

bestellen wir uns unter Bezugnahme auf die beigefügte Vollmachtsurkunde für die Antragstellerin und beantragen im Wege der einstweiligen Anordnung – wegen der Dringlichkeit der Sache ohne vorherige mündliche Verhandlung, hilfsweise nach mündlicher Verhandlung – wie folgt zu beschließen:

1. Die im Haus ▓▓▓▓ [Anschrift] im ▓▓▓▓ Geschoss gelegene Wohnung, bestehend aus ▓▓▓▓ Zimmern, Küche, Diele, Bad, Kellerraum, Gäste WC und Garage, wird für die Dauer von drei Monaten ab Rechtskraft der Entscheidung der Antragstellerin zur alleinigen Nutzung zugewiesen.
2. Dem Antragsgegner wird aufgegeben, die in Ziffer 1. genannte Wohnung nicht mehr ohne Einwilligung der Antragstellerin zu betreten. Ihm wird weiter aufgegeben, die in seinem Besitz befindlichen Haus- und Wohnungsschlüssel an die Antragstellerin herauszugeben.
3. Dem Antragsgegner wird ein Ordnungsgeld in Höhe von bis zu 250.000 EUR – und für den Fall, dass dieses nicht beigetrieben werden kann, Ordnungshaft – oder Ordnungshaft von bis zu sechs Monaten angedroht.
4. Die vorstehenden Anordnungen werden auf die Dauer von sechs Monaten ab Wirksamkeit der Entscheidung befristet.
5. Es wird festgestellt, dass die Antragstellerin zur Zahlung einer Nutzungsvergütung nicht verpflichtet ist.
6. Die sofortige Wirksamkeit der Entscheidung wird angeordnet.
7. Die Vollstreckung ist vor der Zustellung an den Antragsgegner zulässig.

Begründung:

Die Beteiligten lebten in einer eheähnlichen Lebensgemeinschaft zusammen. Aus dieser Lebensgemeinschaft sind die Kinder ▓▓▓▓, geboren am ▓▓▓▓, und ▓▓▓▓, geboren am ▓▓▓▓, hervorgegangen.

Die im Antrag in Ziffer 1. bezeichnete Wohnung haben die Beteiligten gemeinsam angemietet. Sie haben dort bis zuletzt einen gemeinsamen Haushalt geführt.

Vor einer Woche, nämlich am ▓▓▓▓, hat die Antragstellerin dem Antragsgegner mitgeteilt, dass sie beabsichtigt, sich von ihm zu trennen. Sie hat ihn gebeten, sich eine neue Wohnung zu suchen, da sie beabsichtigt, mit den gemeinsamen Kindern in der bisher bewohnten Wohnung wohnen zu bleiben. Die ältere Tochter besucht die in der Nähe gelegene Waldorf-Schule, der jüngere Sohn den ebenfalls in der Nähe befindlichen Waldorf-Kindergarten.

Seit der Trennungsankündigung hat der Antragsgegner in dem zuvor als Arbeitszimmer genutzten Raum, in dem sich ein Schlafsofa befindet, übernachtet. Es kam in den letzten Tagen zu verschiedenen verbalen Auseinandersetzungen zwischen der Antragstellerin und dem Antragsgegner.

Am vergangenen Freitag, dem ▓▓▓▓, eskalierte die Situation allerdings. Der Antragsgegner kam gegen 23:00 Uhr alkoholisiert zurück in die Wohnung. Er fing erneut einen Streit mit der Antragstellerin an, die im Wohnzimmer Fernsehen guckte. Weil der Antragsgegner sehr laut wurde, wollte die Antragstellerin der Auseinandersetzung ausweichen und versuchte, ins Schlafzimmer zu gelangen. Hieran hinderte der Antragsgegner die Antragstellerin, indem er die Wohnzimmertür abschloss und den Schlüssel an sich nahm. Dabei schrie er die Antragstellerin weiter an. Durch die lautstarke Auseinandersetzung waren die Kinder wohl wach geworden und standen weinend im Flur und klopften gegen die Wohnzimmertür. Dies veranlasste den Antragsgegner, die Wohnzimmertür wieder auf zu schließen. Der Antragstellerin gelang es, sich mit den Kindern in das Schlafzimmer zurückzuziehen, welches sie von innen abschloss. Daraufhin bekam der Antragsgegner einen Wutanfall und hämmerte mit den Fäusten gegen die Schlafzimmertür. Er wurde immer wütender und forderte die Antragstellerin lautstark schreiend auf, sofort die Tür zu öffnen, andernfalls würde er selbige eintreten. Da die Antragstellerin auf die Aufforderungen nicht reagierte, begann der Antragsgegner, mit den Füßen gegen die Tür zu treten. Mit einem offenbar besonders festen Tritt gelang es dem Antragsgegner, die Tür aufzutreten. Er stürzte daraufhin auf die Antragstellerin, schlug ihr mehrfach mit der flachen Hand ins Gesicht und würgte sie anschließend. Die Kinder begannen lautstark zu heulen und schrien immer wieder, er solle die Mama in Ruhe lassen. Offenbar kam der Antragsgegner dadurch zur Besinnung und ließ von der Antragstellerin ab, er begab sich in sein Arbeitszimmer. Die Antragstellerin rief dann die Polizei, die kurze Zeit später kam und den Antragsgegner aus der Wohnung verwies. Gleichzeitig wurde ihm für zehn Tage, also bis zum ▓▓▓▓▓, untersagt, die Wohnung wieder zu betreten.

  Glaubhaftmachung: beigefügte beglaubigte Abschrift des Einsatzberichtes der Polizei

Aufgrund der Schläge des Antragsgegners erlitt die Antragstellerin Hämatome im Gesichtsbereich, außerdem hatte sie Würgemale am Hals.

  Glaubhaftmachung: beigefügte beglaubigte Abschrift des ärztlichen Attestes vom ▓▓▓▓▓

Gem. § 2 Abs. 1 GewSchG ist die Wohnung der Antragstellerin zur alleinigen Nutzung zu überlassen, da der Antragsgegner eine Tat i.S.d. § 1 Abs. 1 GewSchG begangen hat.

Die Anträge in Ziffer 2. finden ihre Grundlage in § 215 FamFG, sie sind erforderlich, um den beabsichtigten Schutzzweck sicherzustellen.

Da der Antragsgegner gemeinsam mit der Antragstellerin Mieter der Wohnung ist, ist die Anordnung zu befristen. Die vom Gesetz vorgesehene maximale Befristungsdauer von sechs Monaten ist im Hinblick auf die Schwere der Tat gerechtfertigt, zudem steht zu erwarten, dass sich innerhalb dieses Zeitraums die Verhältnisse geklärt haben.

Gem. § 214 Abs. 1 S. 2 FamFG liegt ein dringendes Bedürfnis für das Tätigwerden des Gerichts, also den Erlass der einstweiligen Anordnung, in der Regel vor, wenn eine Tat nach § 1 GewSchG begangen wurde. Diese Voraussetzung ist vorliegend erfüllt.

Die Anträge zu den Ziffern 6. und 7. ergeben sich aus § 216 FamFG.

Zur Glaubhaftmachung des gesamten vorstehenden Sachvortrags verweisen wir auf die ausführliche eidesstattliche Versicherung der Antragstellerin.

Rechtsanwältin/Rechtsanwalt

Verfahrenswert: 2.000 EUR, §§ 41 i.V.m. 49 Abs. 1 FamGKG (beachte § 49 Abs. 2 FamFG: Danach kann das Gericht einen höheren oder niedrigeren Gegenstandswert festsetzen, wenn der nach den Abs. 1 oder 2 bestimmte Wert nach den besonderen Umständen des Einzelfalls unbillig ist)

Anwaltsgebühren: Regelgebühren nach Teil 3 Abschnitt 1 VV

Gerichtskosten: 1,5-Verfahrensgebühr, Nr. 1420 KVFamGKG (mit der Möglichkeit der Ermäßigung, s. Nr. 1421)

§ 23 Die Kostenfestsetzung

Frank-Michael Goebel

Inhalt

	Rdn
A. Einleitung	1
B. Das Kostenfestsetzungsverfahren	7
I. Die Voraussetzungen der Kostenfestsetzung	7
1. Vollstreckungstitel mit Kostengrundentscheidung	7
2. Prozesskosten	9
a) Notwendigkeit	10
b) Praxisrelevante Einzelfälle	11
aa) Anrechnung der Geschäftsgebühr	11
bb) Ablichtungen	30
cc) Reisekosten des Rechtsanwalts	36
dd) Rechtsmittel zur Fristwahrung	39
ee) Privatgutachten	42
ff) Detektivkosten	47
gg) Dolmetscherkosten	51
hh) Vorbereitungskosten	54
ii) Zwangsvollstreckung	57
(1) Einleitung	57
(2) Anwaltliches Aufforderungsschreiben	62
jj) Inkassokosten	64
(1) Außergerichtliche Beauftragung	65
(2) Gerichtliches Mahnverfahren	66
(3) Inkassokosten in der Zwangsvollstreckung	68
kk) Mehrere Schuldner	72
ll) Drittschuldnerklage	78
mm) Ratenzahlungsvergleich	82
II. Das formelle Kostenfestsetzungsverfahren	93
1. Die Beteiligten des Kostenfestsetzungsverfahrens	93
2. Der Kostenfestsetzungsantrag	98
a) Einleitung	98
b) Die Antragsberechtigung des Gläubigers und seines Rechtsnachfolgers	100
c) Der Prozessbevollmächtigte als Antragsteller	101
d) Die Antragstellung mehrerer Streitgenossen	104
e) Antrag bei Prozesskostenhilfe	114
f) Die notwendigen Anlagen des Antrages	116
g) Besonderheiten der Kostenausgleichung	117
h) Rückfestsetzung von Kosten	135
aa) Einleitung	135
bb) Die Voraussetzungen der Rückfestsetzung	137
i) Kostenfestsetzung nach § 11 RVG	144
III. Die Rechtsbehelfe	159
1. Sofortige Beschwerde/Erinnerung gegen die Kostenfestsetzung	159
2. Beschwerde gegen die Wertfestsetzung für Gerichtsgebühren (§ 68 Abs. 1 GKG)	166
3. Beschwerde gegen die Wertfestsetzung für Anwaltsgebühren (§ 33 Abs. 3 RVG)	174
C. Muster	178
I. Muster: Kostenfestsetzungsantrag nach §§ 104, 126 ZPO, § 11 RVG	178
II. Muster: Kostenausgleichungsantrag	179
III. Muster: Antrag auf öffentliche Zustellung des Kostenfestsetzungsantrages nach § 11 RVG	180
IV. Muster: Sofortige Beschwerde gegen Kostenfestsetzung des Rechtsanwalts nach § 126 ZPO in eigenem Namen	181

§ 23 Die Kostenfestsetzung

V. Muster: Sofortige Erinnerung gegen Kostenfestsetzung des Rechtsanwalts nach § 11 Abs. 2 RpflG in eigenem Namen 182

VI. Muster: Sofortige Beschwerde gegen Kostenfestsetzung nach § 104 Abs. 3 ZPO 183

VII. Muster: Sofortige Erinnerung gegen Kostenfestsetzung nach § 11 Abs. 2 RpflG 184

Literatur

Bauerschmidt, Der materiell-rechtliche Anspruch auf Erstattung von Rechtsanwaltskosten, JuS 2011, 601; *Benkelberg*, Der Kostenfestsetzungsantrag des obsiegenden Prozesskostenhilfemandanten gem. §§ 91 ff. ZPO und das Liquidationsrecht des beigeordneten Anwalts nach § 126 ZPO, AGS 2008, 105; *Bittmann*, Der Kostenfestsetzungsbeschluss nach § 104 ZPO als Europäischer Vollstreckungstitel, Rpfleger 2009, 369; *Bruns*, Detektivkosten im Unterhaltsverfahren – sinnvoller Einsatz oder Kostenrisiko, NZFam 2015, 998; *Bühren/Wellner*, Zur Umschreibung eines Kostenfestsetzungsbeschlusses auf den Rechtsschutzversicherer, AGS 2003, 225; *Chemnitz*, Ersatz und Erstattung von Anwaltsgebühren in eigener Sache, AGS 2000, 103; *Damrau*, Die Erstattung außergerichtlicher und gerichtlicher Kosten bei unberechtigtem Arrest oder einstweiliger Verfügung, ZAP Fach 13, 1937; *Dörndorfer*, Das Kostenfestsetzungsverfahren in Familiensachen, FÜR 2012, 261; Enders, Änderung der Kostenfestsetzung nach – geänderter – Streitwertfestsetzung, JurBüro 2017, 113; *Enders*, Anrechnung der Verfahrensgebühr auch bei unterschiedlicher Beteiligung der Mandanten an dem selbständigen Beweisverfahren und der Hauptsache?, JurBüro 2013, 113; *Enders*, Die Kosten des Terminsvertreters in der Kostenfestsetzung, JurBüro2012, 1, 57, 113 und 169; *Fischer*, Materieller und prozessualer Kostenerstattungsanspruch, Jus 2013, 694; *Fölsch*, Kosten und Streitwertes in Mietsachen, NZM 2016, 500; *Goebel/Wagener-Neef*, Anwaltsgebühren im Forderungseinzug, 1. Aufl. 2017; *Goebel*, Kosten der Ladung zur Abnahme der Vermögensauskunft, FoVo 2017, 65; *Goebel*, Kostenpflichtige Abgabe an einen anderen Gerichtsvollzieher, FoVo 2017, 4; *Goebel*, Hat der Gerichtsvollzieher richtig gerechnet, FoVo 2016, 66; *Goebel*, Die Kosten der Titelumschreibung, FoVo 2016, 185; *Goebel*, Erstattungsfähige Rechtsverfolgungskosten bei Inkasso durch einen Rechtsdienstleister, NJW 2016, 3332; *Goebel*, Notwendige Kosten der Zwangsvollstreckung von A – Z, FoVo 2013, 181; *Goebel*, Die verweigerte Erstattung von Inkassokosten in der Zwangsvollstreckung, FoVo 2010, 188; *Goebel*, Anrechnung der Geschäftsgebühr – Sofort und richtig auf § 15a RVG reagieren, Prozessrecht aktiv 2009, 173; *Goebel*, Vergütung des Inkassounternehmens im Mahnverfahren, FMP 2008, 96; *Goebel*, Der zukünftige prozessuale Kostenerstattungsanspruch des Inkassounternehmens im Mahnverfahren, MDR 2008, 542; *Hansens*, Anfall der Terminsgebühr, gesonderte Vertretung der Streitgenossen, RVGreport 2017, 245; *Hansens*, Gebührentipps für Rechtsanwälte, ZAP 2017, 375 und 1249; *Hansens*, Zustellung des Vollstreckungstitels als Voraussetzung für die Festsetzung von Zwangsvollstreckungskosten, RVGreport 2016, 46; *Hansens*, Was gehört zu den Kosten der Säumnis, RVGreport 2015, 50; *Hansens*, Probleme bei der Rückfestsetzung,

RVGreport 2015, 448; *Hansens*, Kostenerstattung bei Berufung zur Fristwahrung mit der Bitte an den Gegner, sich erst nach der Berufungsbegründung zu melden, RVGreport 2013, 187; *Hansens*, Kostenfestsetzung unter Streitgenossen, RVGreport 2011, 167; *Hansens*, Die Kosten des Terminsvertreters im Kostenfestsetzungsverfahren, AnwBl. 2011, 760; *Hansens*, Terminsgebühr für Besprechungen, RVG-Report 2006, 241; *Hansens*, Zur Kostenfestsetzung zugunsten einer nicht existente Partei, zfs 2007, 711; *Hansens*, Beginn der Verzinsung im Kostenfestsetzungsverfahren, RVGreport 2009, 294; *Hansens*, Praktische Auswirkungen der Verpflichtung zur Angabe der Steuernummer, BRAGO-Report 2002, 129; *von Eicken/Hellstab/Dörndorfer/Asperger*, Die Kostenfestsetzung, 23. Aufl. 2018; *Hellstab*, Die Entwicklung des Kostenrechts und des Prozess-, Verfahrenskosten- und Beratungshilferechts seit 2014, Rpfleger 2016, 523; *Heynert*, Detektivkosten, AnwBl. 1999, 140; *Just*, Aktenversendungspauschale und Umsatzsteuer, NJ 2009, 282; *Kessel*, Mehrere Titel = Mehrere Aufträge?, DGVZ 2001, 149.; *Kießling*, Die Kosten der Nebenintervention im selbstständigen Beweisverfahren der §§ 485 ff. ZPO außerhalb des Hauptsacheverfahrens, NJW 2001, 3668 ff.; *Klüsener*, Anwaltswechsel zwischen Mahnverfahren und Streitverfahren, JurBüro 2016, 337; *Knops*, Rückforderung von Prozesskostenvorschuss, FÜR 2003, 195 ff.; *v. König*, Keine Ergänzung der Verzinsung eines rechtskräftigen Kostenfestsetzungsbeschlusses, RpflStud 2003, 44; *Leupertz*, Zur Kostenerstattung für ein vorprozessuales Privatgutachten, AGS 2003, 180; *Madert*, Zur Beschwerde gegen eine vorläufige Wertfestsetzung, AGS 2002, 92; *Madert*, Der Gebührenerstattungsanspruch des Berufungsbeklagten bei nur zur Fristwahrung eingelegter Berufung, NJW 2003, 1496 ff.; *Madert*, Zur Erstattungsfähigkeit von Prozessgebühren bei Rücknahme von Rechtsmitteln vor deren Begründung, AGS 2003, 222; *Mankowski*, Privatgutachten über ausländisches Recht – Erstattungsfähigkeit der Kosten, MDR 2001, 194 ff.; *Meyer*, Zur Aufrechnung gegen eine Kostenfestsetzung nach § 126 ZPO, JurBüro 2015, 299; *Meyer*, Zur Vergütung des Rechtsanwalts für die Abwehr von Zwangsvollstreckungsmaßnahmen bei Kontenpfändung, JurBüro 2012, 15; *Meyer*, Zur Kostenfestsetzung des beigetretenen Streitverkündeten bei Beendigung des Rechtsstreits durch Prozessvergleich, JurBüro 2012, 577; *Meyer*, Zur versehentlichen Bezeichnung einer Nichtpartei im Kostenfestsetzungsbeschluss, JurBüro 2010, 15; *Meyer*, Zum Anfall und zur Festsetzung von Zwangsvollstreckungskosten nach § 788 ZPO, JurBüro 2003, 74 f.; *Onderka*, Vergütung des abgelehnten Sachverständigen, AGS 2006, 305; *Onderka*, Zur Vergütung eines nicht postulationsfähigen Rechtsanwaltes, AGS 2009, 26; *Pauly*, Die Erstattung von Privat- und Schiedsgutachterkosten im Bauprozess, MDR 2008, 777; *Reinelt*, Vergütungsklage versus Kostenfestsetzung nach § 11 RVG; *Saenger/Uphoff*, Die Geltendmachung von Zinsansprüchen für verauslagte Gerichts- und Anwaltskosten, MDR 2014, 192; *Scherer*, Grundlagen des Kostenrechts, 18. Aufl., 2018; *Schmidt-Gaedke/Arz*, Der Kostenerstattungsanspruch des Hinterlegers einer Schutzschrift, WRP 2012, 60; *Schmeel*, Die Ermittlung des Streitwertes bei Nebenintervention, MDR 2012, 13; *Schneider, N.*, Kostenfestsetzung in Familienstreitsachen, NJW-Spezial 2017, 91; *Schneider, N.*, Reisekosten – Aktuelle Rechtsprechung zur Kostenerstattung und zur Abrechnung in PKH- und VKH-Mandaten, ZAP, 2017, 593;

§ 23 Die Kostenfestsetzung

Schneider, N., Kostenfestsetzung bei vorgerichtlicher Teilregulierung, DAR 2015, 57; *Schneider, N.*, Ab wann kann die Kostenfestsetzung beantragt werden, NZFam 2015, 163; *Schneider, N./Thiel*, Über die „Wertlosigkeit" höchstrichterlicher Wertfestsetzungen, NJW 2013, 25; *Schneider, N.*, Gesamtschuldnerische Kostenhaftung bei Vergleich, NJW-Spezial 2013, 155; *Schneider, N.*, Abrechnung des Kostenerstattungsanspruchs bei vorgerichtlicher Teilregulierung, DAR 2008, Extra, 741; *Schneider, N.*, Erstattungsfähige Kosten in Erinnerungs- und Beschwerdeverfahren, DAR 2008, Extra, 759; *Schneider, N.*, Die Festsetzung der Einigungsgebühr nach der Verfahrensbeendigung durch einen Vergleich, DAR 2008, 357; *Schneider, N.*, Verjährung des Kostenerstattungsanspruchs, NJW-Spezial 2009, 187; *Schneider, H.*, Kosten in Urkunden- und Wechselprozessen, AGS 2011, 1; *Schons*, Die Vergütungsklage des Rechtsanwalts – gewusst wie, AnwBl. 2011, 281; *Schreiber*, Erstattung von Kosten für ein prozessbegleitendes Privatgutachten, NJ 2007, 31; *Spickhoff*, Zur Kostenfestsetzung bei der Vollstreckung inländischer Titel im Ausland, IPRax 2002, 290 ff.; *Sticherling*, Zur Vergütung des auswärtigen Rechtsanwaltes im Rahmen der PKH, AGS 2008, 459; *Wittmann*, Zur Erstattungsfähigkeit der Kosten einer durch die obsiegende Prozesspartei erbrachten Sicherheitsleistung zur Abwehr/zur Durchsetzbarkeit der Vollstreckung aus einem vorläufig vollstreckbaren Urteil im Rahmen des Kostenfestsetzungsverfahrens, JurBüro 2009, 404.

A. Einleitung

1 Die im Prozess unterlegene Partei hat der obsiegenden Partei die zur Rechtsverfolgung notwendigen Kosten zu erstatten. Dieser sich aus § 91 ZPO ergebende prozessuale Anspruch kann durch ein besonderes Kostenfestsetzungsverfahren nach §§ 103 ff. ZPO durchgesetzt werden. Kommt es im Prozess zu einem teilweise Obsiegen und teilweise Unterliegen, § 92 ZPO, oder einer vergleichsweisen Regelung ohne Kostenaufhebung, § 98 ZPO, sind die notwendigen Kosten dagegen nicht einseitig festzusetzen, sondern gegeneinander auszugleichen.

Unter den notwendigen Kosten sind insbesondere die Kosten des Rechtsstreits, Gerichts- und Anwaltskosten der obsiegenden Partei nebst Auslagen einschließlich der Vorbereitungskosten zu verstehen. Über § 788 ZPO können auch die nachfolgenden Kosten der Zwangsvollstreckung zur Festsetzung kommen.

2 Voraussetzung eines Kostenerstattungsanspruches gegen den unterlegenen Gegner ist, dass die Kosten zur zweckentsprechenden Rechtsverfolgung notwendig waren. Durch die Voraussetzung der „Notwendigkeit" soll gewährleistet werden, dass jede Partei von vornherein ungeachtet des Ausgangs eines Rechtsstreits zur äußersten Sparsamkeit angehalten wird.[1] Dabei richtet sich die Bewertung vor allem nach den subjektiven, den wirtschaftlichen und insbesondere den intellektuellen Möglichkeiten der Partei. Die wirtschaftliche Betrachtungsweise steht hierbei im Vordergrund und wird durch entspre-

---
1 BGH NJW 2014, 557.

chende Rahmenbedingungen im Rahmen des § 91 Abs. 2 ZPO dahin gehend skizziert, dass möglichst ein örtlich zugelassener Rechtsanwalt den Prozessauftrag ohne Einbeziehung weiterer Anwälte erhält.

Bei den Entscheidungen nach § 91 ZPO handelt es sich um sogenannte **Kostenhöheentscheidungen**, die in den Zuständigkeitsbereich des Rechtspflegers fallen (§ 104 Abs. 1 S. 1 ZPO, § 21 Abs. 1 Nr. 1 RpflG). Dieser ist an die **Kostengrundentscheidungen** des Gerichts gebunden, welches nach § 308 ZPO grundsätzlich festlegt, welche Partei die Kosten ganz oder teilweise zu tragen hat. Probleme bereitet hier immer wieder, dass das Gericht der Hauptsache hinsichtlich eines beigetretenen Streitverkündeten nicht ausspricht, wer dessen Kosten zu tragen hat.

Um spätere Schwierigkeiten im Rahmen der Festsetzung von notwendigen Kosten zu vermeiden, empfiehlt es sich, schon vor der Kostenverursachung die Notwendigkeit bzw. Sachdienlichkeit einzelner Kosten zu prüfen, um somit der Überraschung einer Absetzung und damit Verlagerung auf Parteiseite zu entgehen. Das gilt insbesondere für vorprozessuale Gutachten.

Die Kosten werden durch Beschluss (Kostenfestsetzungsbeschluss) festgesetzt. Hierdurch wird zugunsten der antragstellenden Partei ein separater Titel geschaffen (§ 794 Abs. 1 Nr. 2 ZPO).

> **Hinweis**
>
> Der Kostenfestsetzungsbeschluss ist in der Zwangsvollstreckung der elektronischen Antragstellung nach § 829a ZPO, 754a ZPO nicht zugänglich. Wird aus einem Vollstreckungsbescheid vollstreckt, empfiehlt sich deshalb die Festsetzung der Kosten der Zwangsvollstreckung nach § 788 Abs. 2 ZPO nicht.

B. Das Kostenfestsetzungsverfahren

I. Die Voraussetzungen der Kostenfestsetzung

1. Vollstreckungstitel mit Kostengrundentscheidung

Voraussetzung, um ein Kostenfestsetzungsverfahren einleiten zu können, ist ein zur Zwangsvollstreckung (der Kosten) geeigneter Titel (§§ 103 Abs. 1, 704, 794 ZPO). Titel sind zur Zwangsvollstreckung geeignet, wenn sie eine Pflicht zur Erstattung der Kosten enthalten.[2] Diese Kostengrundentscheidung ist Grundlage dafür, ob und ggf. wer wem in welcher Höhe die Kosten zu erstatten hat. Der Festsetzungstitel muss immer das Verfahren betreffen, in welchem die Kosten entstanden sind.[3] In Betracht für eine Kostenfestsetzung kommen folgende Entscheidungen:

- rechtskräftige bzw. für vorläufig vollstreckbar erklärte (End-, Teil-, Vorbehalts- und Zwischenurteile, sofern sie eine eigenständige Kostengrundentscheidung erhalten,

---

2 Musielak/Voit/*Flockenhaus*, § 103 Rn 3.
3 Zöller/*Herget*, § 104 Rn 2 m.w.N.; Musielak/Voit/*Flockenhaus*, § 103 Rn 4.

- gerichtliche Vergleiche (§ 794 Abs. 1 Nr. 1 ZPO),[4]
- landesrechtliche Titel nach § 801 ZPO,
- rechtskräftige Beschlüsse (Arrestbefehle, einstweilige Verfügungen),
- Kostengrundentscheidungen nach übereinstimmender Erledigungserklärung der Hauptsache gemäß § 91a ZPO,
- Kostengrundentscheidungen nach Klage- bzw. Rechtsmittelrücknahme (§§ 269 Abs. 4, 516 Abs. 3 S. 2 ZPO),
- Beschlüsse zum Ersatz der dem Gegner infolge der Zulassung erwachsenen Kosten bei Verurteilung des einstweilen zur Prozessführung zugelassenen vollmachtlosen Vertreters (§ 89 Abs. 1 S. 3 ZPO),
- Beschlüsse, durch welche dem ordnungsgemäß geladenen, aber nicht erschienenen Zeugen die durch sein Ausbleiben verursachten Kosten auferlegt wurden (§ 380 Abs. 1 S. 1 ZPO).

> *Hinweis*
>
> Ein Zeuge, dem nach § 380 Abs. 1 S. 1 ZPO die durch sein Ausbleiben verursachten Kosten auferlegt worden sind, ist allerdings nur zur Erstattung derjenigen Kosten eines Verfahrensbeteiligten verpflichtet, die zur zweckentsprechenden Rechtsverfolgung oder Rechtsverteidigung notwendig waren. Die Zuziehung des mit der Prozessführung beauftragten Rechtsanwalts einer Partei zur Vernehmung eines Zeugen vor dem durch das Prozessgericht ersuchten Rechtshilfegericht ist in aller Regel als eine Maßnahme zweckentsprechender Rechtsverfolgung oder Rechtsverteidigung anzusehen.[5]

- Beschlüsse, durch welche die durch unbegründete Zeugnisverweigerung verursachten Kosten auferlegt wurden (§ 390 Abs. 1 S. 1 ZPO),
- Beschlüsse, durch welche die durch Nichterscheinen bzw. Weigerung der Gutachtenerstattung des Sachverständigen verursachten Kosten auferlegt wurden (§ 409 Abs. 1 S. 1 ZPO),
- Beschlüsse im Zwangsvollstreckungsverfahren, soweit eine eigene Kostengrundentscheidung enthalten ist.

8 Keine Kostengrundentscheidungen stellen dar:
- außergerichtliche Vergleiche,
- für sofort vollstreckbar erklärte Anwaltsvergleiche nach § 796a ZPO,[6]
- schiedsrichterliche Entscheidungen,

---

[4] Bei fehlender Kostenregelung gilt § 98 ZPO, wonach die Kosten als gegeneinander aufgehoben gelten; insofern besteht i.d.R. ein Erstattungsanspruch des vorschusspflichtigen Klägers auf Zahlung der hälftigen Gerichtskosten.
[5] BGH Rpfleger 2005, 328 ff.
[6] OLG Hamburg NJW-RR 1994, 1408; OLG München NJW-RR 1997, 1293 f.

- Vollstreckungsbescheide, da sie keine Kostengrund-, sondern bereits eine Kostenhöheentscheidung enthalten.[7]

2. Prozesskosten

Erforderlich ist, dass es sich bei den festzusetzenden Kosten um Prozesskosten handelt. Dies sind alle mit dem Verfahren zusammenhängenden Gerichtskosten (Gebühren und Auslagen), Vorbereitungskosten (vorprozessuale Gutachten), sowie außergerichtliche Kosten (z.B. prozessbezogene Rechtsanwaltskosten, Reisekosten, Kosten der Zeitversäumnis). Über § 788 Abs. 2 ZPO fallen auch die Vollstreckungskosten unter die nach §§ 103 ff. ZPO festzusetzenden Prozesskosten. Nicht zu den Prozesskosten gehört die Geschäftsgebühr, die insoweit nicht berücksichtigt werden kann.

a) Notwendigkeit

Zu erstatten sind vom unterlegenen Gegner lediglich die zur zweckentsprechenden Rechtsverfolgung oder Rechtsverteidigung notwendigen Kosten (§ 91 Abs. 1 ZPO). Begrifflich fallen hierunter nur Kosten für solche Maßnahmen, die objektiv erforderlich und geeignet erscheinen, das streitige Recht zu verfolgen oder zu verteidigen.[8] Insofern ist der Zeitpunkt der kostenauslösenden Handlung maßgeblich. Dabei kommt es darauf an, ob eine verständige und wirtschaftlich vernünftige Partei die Kosten auslösende Maßnahme im Zeitpunkt ihrer Veranlassung als sachdienlich ansehen durfte. Dabei darf die Partei ihr berechtigtes Interesse verfolgen und die zur vollen Wahrnehmung ihrer Belange erforderlichen Schritte ergreifen. Sie ist lediglich gehalten, unter mehreren gleichartigen Maßnahmen die kostengünstigste auszuwählen.[9]

b) Praxisrelevante Einzelfälle

aa) Anrechnung der Geschäftsgebühr

Seit dem Inkrafttreten der Neuregelung zur Anrechnung der Geschäftsgebühr nach § 15a RVG im Jahre 2009[10] hat sich die Prozessführung im Hinblick auf die Geschäftsgebühr geändert. Zu beantworten ist die Frage, ob und in welchem Umfang die Geschäftsgebühr neben der Hauptforderung einzuklagen ist und/oder in welchem Umfang diese im Kostenfestsetzungsverfahren Berücksichtigung findet.

Hinweis

Voraussetzung ist allerdings, dass überhaupt eine Geschäftsgebühr entstanden ist. Eine Anrechnung der Geschäfts- auf die Verfahrensgebühr gemäß Teil 3 Vorbemer-

---

7 Zöller/*Herget*, § 104 „Vollstreckungsbescheid" m.w.N.; nach § 699 Abs. 3 ZPO sind bisher entstandene Kosten bereits im Vollstreckungsbescheid enthalten; im Umkehrschluss bedeutet dies, dass nicht enthaltene Kosten gesondert festsetzbar sind; OLG Koblenz Rpfleger 1985, 368; LG Detmold JurBüro 1979, 1715; a.A. KG JurBüro 1995, 428; OLG Schleswig JurBüro 1985, 781; OLG München JurBüro 1997, 256 = Rpfleger 1997, 172; vgl. auch *von Eicken/Hellstab/Lappe/Madert*, Rn B34 m.w.N.
8 BGH MDR 2016, 487; Musielak/Voit/*Flockenhaus*, ZPO, § 91 Rn 8 m.w.N.
9 BGH MDR 2016, 487; BGH NJW-RR 2007, 1575; BGH RVG-Report 2005, 115; BGH NJW 2003, 898, 899; BGH NJW-RR 2004, 430; BGH WRP 2004, 1492, 1493, Unterbevollmächtigter II, m.w.N.
10 BGBl I 2009, 2449, 2470.

kung 3 Abs. 4 S. 1 VV RVG ist ausgeschlossen, wenn zwischen der erstattungsberechtigten Partei und ihrem Prozessbevollmächtigten keine Geschäftsgebühr i.S.v. Nr. 2300 VV RV entstanden ist, sondern vielmehr eine zulässige Honorarvereinbarung getroffen wurde.[11]

13 Während § 15a Abs. 1 RVG das Innenverhältnis zwischen Anwalt und Auftraggeber regelt, befasst sich § 15a Abs. 2 RVG mit der Wirkung im Außenverhältnis. In § 15a RVG wird klargestellt, dass aufeinander anzurechnende Gebühren zunächst unabhängig voneinander in voller Höhe entstehen. Der Anwalt kann grundsätzlich jede abzurechnende Gebühr in vollem Umfang geltend machen. Allerdings bewirkt die Zahlung einer Gebühr, dass im Umfang der Anrechnung auch die andere Gebühr erlischt. Dem Anwalt stehen nicht beide Gebühren zu, sondern insgesamt nur der um die Anrechnung verminderte Gesamtbetrag.

14 Die Geschäftsgebühr kann nach Nr. 2300 VV RVG als allgemeine Geschäftsgebühr oder nach Nr. 2503 VV RVG als Geschäftsgebühr in Beratungshilfemandaten anfallen.

15 *Tipp*

Letzteres sollte ausdrücklich vereinbart werden, wenn der Mandant zwar einen Anspruch auf die Beratungshilfe hat und damit wirtschaftlich gar nicht in der Lage ist, die Geschäftsgebühr nach Nr. 2300 VV RVG zu bezahlen, aus bestimmten Gründen die Beratungshilfe aber tatsächlich nicht beantragt wird. Dies hat Auswirkungen auf das Erstattungsverhältnis. Da vom Gegner nur erstattet verlangt werden kann, was auch tatsächlich an Gebühren angefallen ist (§§ 280, 286 BGB bzw. §§ 91 ff. ZPO), kann auch nur in diesem Umfang der nicht anzurechnende Betrag eingeklagt werden.

16 Die angefallene Geschäftsgebühr ist in beiden Alternativen (Nr. 2300 oder Nr. 2503 VV RVG) auf die im Rechtsstreit anfallende Verfahrensgebühr anzurechnen (Vorbem. 3 Abs. 4 VV RVG und Nr. 2503 Abs. 2 VV RVG). Nach § 15a Abs. 1 RVG kann der Rechtsanwalt nunmehr aber jede Gebühr zunächst ungekürzt von seinem Mandanten fordern, was zur Konsequenz hat, dass im Kostenfestsetzungsverfahren die Geschäftsgebühr nicht mehr auf die Verfahrensgebühr anzurechnen ist.

17 § 15a Abs. 2 RVG schränkt die Einwendungen erstattungspflichtiger Dritter ein. Danach kann sich ein Dritter auf die Anrechnung berufen, soweit
- er den Anspruch auf eine der beiden Gebühren erfüllt hat,
- wegen eines dieser Ansprüche gegen ihn ein Vollstreckungstitel besteht oder
- beide Gebühren in demselben Verfahren gegen ihn geltend gemacht werden.

18 Der erste Fall wird in der Praxis nur selten vorliegen, d.h. dass der Prozessgegner außergerichtlich die auf den Streitgegenstand fallende Geschäftsgebühr bereits ausgeglichen hat. Auch ein Vollstreckungstitel wird in der Regel nicht existieren. Anders sieht es mit der dritten Alternative aus. Nach der bisherigen Rechtsprechung des BGH[12]

---

11 BGH v. 16.10.2014 – III ZB 13/14, AnwBl 2015, 105 = AGS 2015, 147.
12 BGH NJW 2008, 1323, BGH WuM 2008, 618; BGH NJW-RR 2008, 1095; BGH AGS 2008, 441; BGH AGS 2008, 377 jeweils m.w.N.

musste die vorgerichtlich entstandene Geschäftsgebühr im nachfolgenden Kostenfestsetzungsverfahren zwingend auf die Verfahrensgebühr angerechnet werden. Folge war, dass die Geschäftsgebühr im Hauptsacheverfahren vollständig eingeklagt werden musste, soweit ein materiell-rechtlicher Anspruch bestand.

Heute gilt: Soweit der Rechtsanwalt im Kostenfestsetzungsverfahren seine volle 1,3- Verfahrensgebühr nach Nr. 3100 VV RVG festgesetzt erhalten möchte, darf er im Prozess lediglich den nicht anrechenbaren Teil der Geschäftsgebühr einklagen. Im Kostenfestsetzungsverfahren hat der Prozessgegner dann nach § 15a RVG keine Möglichkeit, der Festsetzung der vollen Verfahrensgebühr zu entgehen.

Gehen Sie wie folgt vor:

- Fordern Sie den Gegner unter Fristsetzung außergerichtlich auf, die volle Geschäftsgebühr zu zahlen, sodass er sich insoweit in Verzug befindet.
- Soweit der Gegner die Geschäftsgebühr – wie in der Regel – außergerichtlich nicht zahlt, machen sie den nach Vorbem. 3 Abs. 4 VV RVG nicht anrechenbaren Teil mit der Hauptsacheklage geltend.
- In der nachfolgenden Kostenfestsetzung kann sodann die volle Verfahrensgebühr angemeldet werden. Ein Hinweis darauf, dass ein Fall des § 15a Abs. 2 ZPO nicht vorliegt, weshalb die Geschäftsgebühr nicht anrechenbar ist, kann hilfreich sein.

Sind Sie in entsprechender Weise vorgegangen und gewinnen den Prozess, so erhält der Mandant die hälftige Geschäftsgebühr aus dem Hauptsacheverfahren und die volle Verfahrensgebühr vom Prozessgegner aus der Kostenfestsetzung. Der Mandant trägt so nur noch für die Hälfte der Geschäftsgebühr das Risiko, dass das Gericht einen materiellen Anspruch verneint.

Die vorstehende Verfahrensweise gilt unstreitig für alle Fälle, in denen der unbedingte Auftrag dem Rechtsanwalt nach dem 5.8.2009 erteilt wurde. Fraglich ist allerdings, ob die Regelung auch dann Anwendung findet, wenn der unbedingte Auftrag vor dem 5.8.2009 erteilt wurde. Leider sind immer noch Prozesse anhängig, bei denen dies aufgrund der Verfahrensdauer über die Instanzen und Rückverweisungen von Bedeutung ist.

Nach einer Ansicht[13] ist davon auszugehen, dass § 15a RVG auch in allen noch nicht rechtskräftig abgeschlossenen Kostenfestsetzungsverfahren Anwendung findet, da die Vorschrift am 5.8.2009 unmittelbar in Kraft getreten ist. § 60 Abs. 1 RVG stehe einer solchen Sichtweise nicht entgegen. Nach § 60 RVG ist die Vergütung nach bisherigem Recht zu berechnen, wenn der unbedingte Auftrag zur Erledigung derselben Angelegenheit i.S.d. § 15 RVG vor dem Inkrafttreten einer Gesetzesänderung erteilt oder der

---

13 OLG Koblenz AGS 2009, 420, 421; OLG Düsseldorf AGS 2009, 372, 373; OLG Stuttgart AGS 2009, 371, 372; OLG Köln, Beschl. v. 14.9.2009 – 17 W 195/09 – juris, Tz. 9; LG Saarbrücken, Beschl. v. 3.9.2009 – 5 T 434/09 – juris, Tz. 14; AG Bremen, Beschl. v. 22.9.2009 – 9 C 213/09 – juris, Tz. 6; OVG Münster AGS 2009, 447, 448; VG Osnabrück, Beschl. v. 3.9.2009 – 5 A 273/08 – juris, Tz. 14; *Nickel*, FamRB 2009, 324 f.; *Henke*, AnwBl 2009, 709; *Hansens*, AnwBl 2009, 535, 540; *Enders*, JurBüro 2009, 393, 400; *Kallenbach*, AnwBl 2009, 442; siehe auch AG Wesel AGS 2009, 312.

Rechtsanwalt vor diesem Zeitpunkt gerichtlich bestellt oder beigeordnet worden ist. Dem reinen Wortlaut folgend wäre für die Anwendung des § 15a RVG damit auf den Zeitpunkt der Erteilung des Auftrages abzustellen, wobei an dieser Stelle dahinstehen könnte, ob auf den die Geschäftsgebühr oder den die Verfahrensgebühr auslösenden Zeitpunkt der Auftragserteilung abzustellen ist. Es könne aber nicht unberücksichtigt bleiben, dass der Gesetzgeber davon ausgegangen ist, dass die in § 15a RVG niedergelegten Grundsätze von Anfang an seiner Intention entsprochen haben und aus seiner Sicht der Bundesgerichtshof[14] einer vom wahren Willen des Gesetzgebers abweichenden Auslegung den Vorzug gegeben hat.[15] Ziel der Einführung von § 15a RVG war also nicht eine Änderung des Gesetzes, sondern eine Änderung der Rechtsprechung. Der Gesetzgeber wollte den unverändert vorhandenen Begriff der Anrechnung klären.

24 *Hinweis*

Der Gesetzgeber im Wortlaut (BT-Drucks 16/12717, S. 68)

„Da die Geschäftsgebühr für die außergerichtliche Vertretung nach Vorbemerkung 3 Abs. 4 VV RVG zur Hälfte auf die Verfahrensgebühr für die Vertretung im Prozess anzurechnen ist, mindert sich der Anspruch auf die Erstattung der Verfahrensgebühr entsprechend. Eine kostenbewusste Partei müsste deshalb die außergerichtliche Einschaltung eines Rechtsanwaltes ablehnen und ihm stattdessen sofort Prozessauftrag erteilen. Soweit Rahmengebühren anzurechnen sind, wird das Kostenfestsetzungsverfahren überdies mit einer materiell-rechtlichen Prüfung belastet, für die es sich nicht eignet. Beides läuft unmittelbar den Absichten zuwider, die der Gesetzgeber mit dem Rechtsanwaltsvergütungsgesetz verfolgt hat."

25 Wollte aber der Gesetzgeber mit der Einführung des § 15a RVG im Kern eine Rechtsprechung bei aus seiner Sicht unveränderter Gesetzeslage ändern und nicht das Gesetz selbst, so ist dieser Fall von § 60 Abs. 1 S. 1 RVG nicht erfasst.

26 Nach der Gegenansicht ist durch § 15a RVG die Rechtslage geändert worden, sodass diese Vorschrift gem. § 60 Abs. 1 RVG für Altfälle keine Anwendung findet.[16]

27 Nach einer vermittelnden Meinung hat § 15a Abs. 2 RVG zwar das geltende Recht geändert. Dennoch findet diese Vorschrift ab dem Zeitpunkt ihres Inkrafttretens auch auf Altfälle Anwendung, denn die Übergangsvorschrift des § 60 Abs. 1 RVG greife hier nicht. Diese behandle die Berechnung der Vergütung des Anwalts, nicht jedoch die Frage, was ein Dritter zu ersetzen habe. Geregelt sei in § 60 RVG daher allein das

---

14 BGH NJW 2008, 1323, Tz. 6 ff.; BGH WuM 2008, 618, Tz. 4; BGH NJW-RR 2008, 1095, Tz. 4; BGH AGS 2008, 441; BGH AGS 2008, 377 jeweils m.w.N.
15 BT-Drucks 16/12717, S. 67/68.
16 OLG Celle, Beschl. v. 19.10.2009 – 2 W 280/09 – juris, Tz. 8 ff.; OLG Celle (2. ZS) OLGR 2009, 749, 751 f.; OLG Hamm, Beschl. v. 25.9.2009 – 25 W 333/09 – juris, Tz. 36, 48 ff.; OLG Bamberg, Beschl. v. 15.9.2009 – 4 W 139/09 – n.v.; KG, Beschl. v. 13.10.2009 – 27 W 98/09 – juris, Tz. 16 ff. und v. 10.9.2009 – 27 W 68/09 – juris, Tz. 12 f.; KG, Beschl. v. 13.8.2009 – 2 W 128/09 – juris, Tz. 6; OLG Frankfurt, Beschl. v. 10.8.2009 – 12 W 91/09 – juris, Tz. 6, 8; VG Ansbach, Beschl. v. 23.9.2009 – AN 19 M 08.30392 – juris, Tz. 3; siehe auch OLG Hamm (6. FamS) AGS 2009, 445 sowie LAG Hessen AGS 2009, 373.

Verhältnis des Anwalts zu seinem Auftraggeber und nicht das des Letztgenannten zu einem ersatzpflichtigen Dritten.[17]

Der BGH hat inzwischen eine einheitliche Haltung gefunden. Der II. Zivilsenat hat sich der überwiegenden Auffassung der Oberlandesgerichte angeschlossen und geht davon aus, dass lediglich eine Klarstellung, nicht aber eine (materielle) Änderung des Gesetzes vorliegt.[18] Dem hat dann auch der XII. Zivilsenat des BGH angeschlossen.[19] Der X. Senat des BGH hat die Streitfrage zunächst abweichend beurteilt.[20] Nach seiner Auffassung liegt schon durch die Schaffung einer neuen Norm eine Gesetzesänderung vor. Da der Gesetzgeber nichts anderes bestimmt habe, sei auch § 60 Abs. 1 S. 1 RVG anwendbar. Weder die Gesetzesbegründung noch die Gesetzesgeschichte begründe eine abweichende Auffassung. Diese Auffassung hat er aber inzwischen korrigiert.[21]

Hinweis

Keiner der Senate des BGH erachtete es für notwendig, diese Frage durch den Großen Senat entscheiden zu lassen und so Rechtsklarheit herbeizuführen. Hier wirkt es sich als nachteilig aus, dass der BGH keinen Spezialsenat für Kostensachen hat.

bb) Ablichtungen

Gem. Nr. 7000 Abs. 1a) VV RVG steht dem Rechtsanwalt eine Dokumentenpauschale für Ablichtungen aus Gerichtsakten zu, soweit deren Herstellung zur sachgemäßen Bearbeitung der Rechtssache geboten war. Gleiches gilt nach Nr. 7000 Abs. 1b) und c) VV RVG, für bei mehr als 100 an den Gegner zuzustellende oder zu übermittelnde Seiten, zur Unterrichtung des Auftraggebers, soweit hierfür mehr als 100 Seiten zu fertigen waren, ansonsten, wenn die im Einvernehmen mit dem Auftraggeber zusätzlich zur Unterrichtung Dritter angefertigt worden sind. Für die ersten 50 abzurechnenden Seiten erhält der Rechtsanwalt 0,50 EUR je Seite, darüber hinaus 0,15 EUR je Seite. In den Fällen der Nr. 7000 Abs. 1b) und c) bedeutet dies, dass bis zu 100 Kopien durch die Verfahrensgebühr abgegolten sind.[22] Bei farbigen Seiten erhöht sich die Pauschale auf 1 EUR je Seite bzw. 0,30 EUR ab der 51. Seite.

Im Zeitalter der Digitalisierung hat der Gesetzgeber auch die elektronische Übermittlung bedacht. So ist es für den Rechtsanwalt vielleicht sinnvoll, keine Papierkopien zu fertigen, sondern die abzulichtenden Dokumente unmittelbar zu scannen. Je an den Mandanten überlassener Datei erhält er dann 1,50 EUR, höchstens 5,00 EUR für mehrere in einem Arbeitsgang überlassene Dateien. Hier kann er also auch in den Fällen der Nr. 1b) und c) profitieren, wenn es weniger als 100 abzurechnende Seiten sind.

---

17 Vgl. OLG Dresden, Beschl. v. 13.8.2009 – 3 W 793/09 – juris, Tz. 7 und LG Berlin (82. ZK) AGS 2009, 367, 369 f.; ebenso wohl auch OLG München, Beschl. v. 13.10.2009 – 11 W 2244/09 – juris, Tz. 7 f.
18 BGH v. 2.9.2009 – II ZB 35/07 = NJW 2009, 3101 = AGS 2009, 466 = RVG professionell 2009, 184.
19 BGH v. 4.12.2009 – XII ZB 175/07 – n.v.
20 BGH v. 29.9.2009 – X ZB 1/09 = AGS 2009, 540 = RVG professionell 2010, 1–4 = NJW 2010, 76.
21 BGH v. 17.4.2012 – X ZB 7/11 = JurBüro 2012, 420 = RVGreport 2012, 392.
22 LG Memmingen Rpfleger 2007, 288.

32 *Hinweis*

Werden die Unterlagen zunächst gescannt, so sichert Nr. 7000 Abs. 2 VV RVG, dass die Dokumentenpauschale nach Nr. 2 jedenfalls nicht geringer ausfällt als nach Nr. 1. Hier ist also eine Vergleichsrechnung durchzuführen. Die Bestimmung wirkt sich positiv aus, wenn mehr als 103 Seiten bei einer Datei und mehr als 110 Seiten bei mehreren Dateien gescannt werden.

33 Die Vorschrift der Nr. 7000 VV RVG ist mit dem Justizmodernisierungsgesetz vom 22.3.2005[23] und dem 2. Justizmodernisierungsgesetz vom 22.12.2006[24] neu gefasst worden, sodass ältere Rechtsprechung überholt ist.[25]

34 Lässt der Rechtsanwalt sich Grundbuchauszüge fertigen, fällt dies allerdings nicht unter Nr. 7000 VV RVG, ohne dass dies eine anderweitige Erstattung ausschließt.[26] Gleiches gilt, wenn die gesamte Akte in digitalisierter Form zur Verfügung gestellt wird. Dann bedarf es keiner Ablichtungen mehr.[27]

35 Im Rechtsstreit ist es in der Regel nicht notwendig, Fotokopien vermeintlich einschlägiger Gerichtsentscheidungen vorzulegen, soweit diese in Fachzeitschriften veröffentlicht oder in allgemeinen zugänglichen juristischen Datenbanken abrufbar sind.[28] Die Kosten derartiger Kopien sind nur erstattungsfähig, wenn der Antragsteller darlegt, warum ein Hinweis auf die Entscheidung und deren Fundstelle in der konkreten Prozesssituation unzureichend war.[29]

cc) Reisekosten des Rechtsanwalts

36 Die Erstattungsfähigkeit von Reisekosten des Rechtsanwaltes richtet sich nach dem mit dem Rechtsanwalts-Selbstverwaltungsstärkungsgesetz[30] zum 1.6.2007 neu gefassten § 91 Abs. 2 S. 1 Hs. 2 ZPO. Danach sind Reisekosten eines Rechtsanwalts, der nicht in dem Bezirk des Prozessgerichts niedergelassen ist und am Ort des Prozessgerichts auch nicht wohnt, nur noch insoweit erstattungsfähig, als die Zuziehung zur zweckentsprechenden Rechtsverfolgung oder Rechtsverteidigung notwendig war. Die Frage der Zulassung des Rechtsanwaltes bei dem Gericht hat damit jede Bedeutung verloren, die ältere Rechtsprechung ist überholt.

Die bei der Anwendung von § 91 Abs. 2 S. 1 Hs. 2 ZPO gebotene typisierende Betrachtungsweise führt dazu, dass die Notwendigkeit einer zweckentsprechenden Rechtsverfolgung oder Rechtsverteidigung zu bejahen ist, wenn eine rechtsunkundige Partei einen an ihrem Wohn- oder Geschäftssitz ansässigen Rechtsanwalt mit der Vertretung in einem Prozess beauftragt, der vor einem auswärtigen Gericht geführt wird.[31]

---

23 BGBl I 2005, 837.
24 BGBl I 2006, 3416.
25 Zur älteren Rechtsprechung Zöller/*Herget*, ZPO, 28. Aufl. 2010, § 91 Rn 13 – Ablichtungen.
26 OLG Stuttgart AGS 2009, 197 = Rpfleger 2009, 344.
27 OLG Frankfurt v. 3.4.2018 – 2 Ws 1/18; LG Hannover v. 27.3.2017 – 40 Qs 4/17 = NdsRPfl 2017, 214.
28 OLG Hamburg v. 7.3.2017 – 8 W 23/17 = AGS 2017, 328 = MDR 2017, 972.
29 OLG Koblenz NJW-RR 2008, 375 = AGS 2007, 540 = MDR 2007, 1347.
30 BGBl I 2007, 357.
31 BGH NJW 2007, 2048.

Umgekehrt hat der Bundesgerichtshof die Notwendigkeit der Beauftragung eines am Wohn- oder Geschäftssitz einer Partei ansässigen Anwalts grundsätzlich verneint, wenn es sich bei der Partei um einen als Rechtsanwalt zugelassenen Insolvenzverwalter,[32] einen Verband zur Förderung gewerblicher Interessen,[33] einen Verbraucherverband[34] oder um ein gewerbliches Unternehmen handelt, das über eine eigene, die Sache bearbeitende Rechtsabteilung verfügt,[35] es sei denn es handelt sich nicht um ein Routinegeschäft.[36] In diesen Konstellationen ist nach Ansicht des BGH bei typisierender Betrachtung davon auszugehen, dass die Partei in der Regel auch ohne ein persönliches Gespräch für eine sachgerechte Unterrichtung ihres Prozessbevollmächtigten Sorge tragen kann. Einer ausländischen Partei ist es dagegen unabhängig von ihrer Parteirolle grundsätzlich nicht zuzumuten, die Wahl des deutschen Rechtsanwalts am Sitz des Prozessgerichts auszurichten.[37]

Eine wieder abweichende Fallgruppe stellt der Rechtsanwalt am dritten Ort, d.h. weder dem Wohn- oder Geschäftssitz des Mandanten noch dem Gerichtsort, dar. Grundsätzlich ist davon auszugehen, dass die Reisekosten eines Rechtsanwalts, der weder am Gerichtsort noch am Sitz der vertretenen Partei ansässig ist, nur bis zur Höhe der fiktiv durch die Einschaltung eines an den genannten Orten ansässigen Bevollmächtigten als notwendig und damit erstattungsfähig anzusehen sind.[38] Allerdings können in bestimmten Ausnahmekonstellationen auch die Mehrkosten eines an einem dritten Ort ansässigen Bevollmächtigten notwendig und damit erstattungsfähig sein, so wenn Besonderheiten etwa in der Betriebsorganisation oder in der zu vertretenden Sache bestehen.[39] Letzteres ist insbesondere dann der Fall, wenn ein spezialisierter auswärtiger Rechtsanwalt mandatiert ist und ein vergleichbarer Anwalt am Wohnort der Partei nicht beauftragt werden kann. Solche Spezialkenntnisse hat etwa das OLG Frankfurt bei Wettbewerbsverstößen mit besonderem arzneimittelrechtlichem Hintergrund angenommen.[40]

dd) Rechtsmittel zur Fristwahrung

Gem. § 91 Abs. 2 S. 1 ZPO gehören zu den erstattungsfähigen Kosten die gesetzlichen Gebühren und Auslagen des Rechtsanwalts der obsiegenden Partei. Daraus ergibt sich, dass eine Partei im Prozess einen Rechtsanwalt zu Hilfe nehmen darf und die dadurch entstandenen Kosten erstattungsfähig sind. Eine Einschränkung dieses Grundsatzes für die Fälle, in denen ein Rechtsmittel nur vorsorglich eingelegt wird, ist im Gesetz nicht

---

32 BGH v. 8.3.2012 – IX ZB 174/190 = NJW-RR 2012, 698; BGH, Beschl. v. 13.6.2006 – IX ZB 44/04, NZI 2006, 524 m.w.N., es sei denn, es werden gleichförmige Ansprüche gegenüber einer Mehrzahl von Kommanditisten verfolgt. In dieser besonderen Konstellation sind die Reisekosten bis zur Höhe der Kosten, die im Falle der Beauftragung eines am Sitz des Insolvenzverwalters ansässigen Rechtsanwalts entstanden wären, zur zweckentsprechenden Rechtsverfolgung notwendig, BGH NJW 2018, 1693.
33 BGH, Beschl. v. 18.12.2003 – I ZB 18/03, NJW-RR 2004, 856.
34 BGH, Beschl. v. 21.9.2005 – IV ZB 11/04, NJW 2006, 301, 303.
35 Vgl. BGH, Beschl. v. 10.4.2003 – I ZB 36/02, NJW 2003, 2027 f.
36 BGH JurBüro 2003, 427; OLG Frankfurt NJW-RR 2007, 214.
37 BGH AGS 2017, 537.
38 BGH, NJW-RR 2004, 855; OLG Frankfurt v. 19.1.2018 – 6 W 113/17; OLG Düsseldorf, AGS 2007, 51.
39 BGH, NJW-RR 2009, 283.
40 OLG Frankfurt v. 19.1.2018 – 6 W 113/17.

ausdrücklich vorgesehen.[41] Eine derartige Einschränkung lässt sich auch § 91 Abs. 1 S. 1 ZPO nicht entnehmen. Die Notwendigkeit ist aus Sicht einer verständigen Prozesspartei zu beurteilen.

40 Nach Einlegung der Berufung darf ein Berufungsbeklagter seinen Prozessbevollmächtigten mit der Rechtsverteidigung in der Berufungsinstanz mandatieren. Nur wenn kein Vertretungsauftrag erteilt ist, kommt auch keine Erstattungsfähigkeit in Betracht.[42] Dabei ist nicht entscheidend, ob im konkreten Fall die Beauftragung nützlich oder gar notwendig ist, sondern ob eine verständige Prozesspartei in der gleichen Situation ebenfalls einen Rechtsanwalt beauftragen würde. Dies ist regelmäßig zu bejahen, solange die Berufung nicht zurückgenommen ist, auch wenn sie nur „fristwahrend" eingelegt worden ist. Die mit einem Rechtsmittel überzogene Partei kann regelmäßig nicht selbst beurteilen, was zur Rechtsverteidigung sachgerecht zu veranlassen ist. Ihr kann nicht zugemutet werden, zunächst die weiteren Entschließungen des anwaltlich vertretenen Berufungsklägers abzuwarten.[43] Dies gilt grundsätzlich auch dann, wenn ein Rechtsmittel nur aus Gründen der Fristwahrung eingereicht wurde, verbunden mit der Bitte an den Berufungsbeklagten, einen anwaltlichen Vertreter zur Vermeidung unnötiger Kosten noch nicht zu bestellen.[44] Allerdings entsteht im Berufungsverfahren für den Bevollmächtigten zunächst nur die 1,1-Verfahrensgebühr nach Nr. 3201 VV RVG. Dabei bleibt es auch dann, wenn ein Zurückweisungsantrag gestellt wird, nachdem die Berufung – objektiv – schon zurückgenommen wurde.[45]

41 Nach Begründung des Rechtsmittels hat der Berufungsbeklagte ein berechtigtes Interesse daran, mit anwaltlicher Hilfe in der Sache frühzeitig zu erwidern. Das gilt auch, wenn das Berufungsgericht darauf hingewiesen hat, dass es beabsichtigt, nach § 522 Abs. 2 ZPO zu verfahren, und der Berufungskläger hiergegen Einwände erhoben hat. Ein in dieser Prozesslage gestellter begründeter Antrag auf Zurückweisung der Berufung löst daher grundsätzlich die 1,6-Verfahrensgebühr nach Nr. 3200 VV RVG aus.[46]

ee) Privatgutachten

42 Nach der Rechtsprechung des BGH[47] sind die Kosten für ein vorprozessual erstattetes Privatgutachten zunächst grundsätzlich nur dann als „Kosten des Rechtsstreits" i.S.d. § 91 Abs. 1 ZPO anzusehen, wenn sie unmittelbar prozessbezogen sind. Dagegen sind diejenigen Aufwendungen, die veranlasst werden, bevor sich der Rechtsstreit einigerma-

---

41 BGH NJW 2003, 756 f. = Rpfleger 2003, 217 f. = AnwBl 2003, 242 f. = MDR 2003, 530 f. = JurBüro 2003, 257 f. = AGS 2003, 219 f.
42 OLG Koblenz v. 27.1.2015 – 14 W 45/15, AGS 2015, 441 und v. 23.11.2015 – 14 W 707/15 = AGS 2016, 150; *Müller-Rabe*, in: Gerold/Schmidt, RVG, VV 3200 Rn 2 ff.
43 Vgl. BGH NJW 2008, 1087; BGH, NJW 2003, 756; LAG Rheinland-Pfalz, Beschl. v. 7.7.2006 – 10 Ta 101/06; LAG Schleswig-Holstein, Beschl. v. 1.9.2006 – 1 Ta 53/06; OLG Karlsruhe, Beschl. v. 11.7.2008 – 11 W 19/07; OLG Bremen, Beschl. v. 6.8.2008 – 1 W 26/08.
44 OLG Brandenburg AGS 2008, 621 = OLGR Brandenburg 2009, 271.
45 BGH AGS 2018, 154.
46 BGH NJW 2018, 557 = AGS 2018, 42.
47 Vgl. nur BGH NJW 2017, 1397; BGH NJW 2013, 1820; BGHZ 192, 140; BGHZ 153, 235; BGH VersR 2006, 1236, 1237 f.; BGH VersR 2008, 801.

ßen konkret abzeichnet, regelmäßig nicht erstattungsfähig. Damit soll verhindert werden, dass eine Partei ihre allgemeinen Kosten oder prozessfremde Kosten auf den Gegner abzuwälzen versucht und so den Prozess verteuert. Die Partei hat dabei grundsätzlich ihre Einstandspflicht und ihre Ersatzberechtigung in eigener Verantwortung zu prüfen und den dadurch entstehenden Aufwand selbst zu tragen. Deshalb genügt die Vorlage eines in diesem Zusammenhang erstellten Gutachtens allein grundsätzlich nicht. Die Tätigkeit des Privatsachverständigen muss vielmehr in unmittelbarer Beziehung zu dem sich konkret abzeichnenden Rechtsstreit stehen.[48]

Die in der Praxis nicht selten umstrittene Frage, ob die Prozessbezogenheit gegeben ist, muss anhand der konkreten Umstände des Einzelfalles entschieden werden. Dabei wird auf der Aktivseite auch zu fragen sein, ob eine verständige und wirtschaftlich vernünftig denkende Partei ohne die Einholung des Privatgutachtens nicht zu einem sachgerechten Vortrag in der Lage ist. Gleiches gilt für beide Parteien, wenn ohne die Einholung des Privatgutachtens ein nachteiliges Gerichtssachverständigengutachten nicht zu erschüttern ist.[49] Insgesamt ist stets auch in den Blick zu nehmen, wer die Darlegungs- und Beweislast hat und ob es innerprozessuale Möglichkeiten, wie das selbstständige Beweisverfahren, die Anhörung des Gutachters oder der Antrag auf ein weiteres Gutachten nach § 412 ZPO, gibt, um zunächst dem Kostenminderungsgebot zu genügen.[50] 43

Im Kern umschreibt die Streitfrage allerdings mit dem Erfordernis des sachlichen Zusammenhangs und der Frage nach dem zeitlichen Zusammenhang zwei wichtige Indizien für die allein entscheidende Frage nach der Prozessbezogenheit des Gutachtens. Besonders relevant wird die Frage bei Prozessen, in denen der Frage eines Versicherungsbetruges nachgegangen werden muss,[51] bei vereinbarten Schiedsgutachten,[52] in Arzthaftungssachen[53] und in Bausachen. 44

Die dem Grunde nach erstattungsfähigen Kosten eines prozessbegleitend eingeholten Privatgutachtens können nicht deshalb der Höhe nach begrenzt werden, weil die Partei ihrem Gegner den Kostenrahmen des Gutachtens nicht vor dessen Einholung mitgeteilt hat.[54] Die Erstattungsfähigkeit dieser Kosten richtet sich auch nicht nach den Vergütungssätzen des Justizvergütungs- und -entschädigungsgesetzes (JVEG).[55] Vielmehr müssen diese nur ortsüblich und angemessen sein. Das Risiko trägt allerdings die beauftragende Partei. 45

---

48 BGH MDR 2009, 231 = Prozessrecht aktiv 2009, 68.
49 BGH AGS 2017, 536; BGH NJW 2013, 1820.
50 OLG Koblenz v. 13.4.2017 – 14 W 161/17, MDR 2017, 911 = JurBüro 2017, 483; OLG Koblenz v. 23.6.2016 – 14 W 319/16, NJW-RR 2016, 1273.
51 BGH NJW-RR 2009, 422; BGH MDR 2009, 231 = Prozessrecht aktiv 2009, 68; BGH NJW 2008, 1597.
52 Prozessbezogenheit verneint in BGH BauR 2006, 555 = MDR 2006, 657 = NJW-RR 2006, 212.
53 OLG Karlsruhe OLGR 2005, 639; OLG Saarbrücken JurBüro 1990, 623.
54 BGH NJW 2007, 1532.
55 BGH NJW 2007, 1532.

46 *Hinweis*

Der Bevollmächtigte muss für die Kosten eines Privatgutachtens immer prüfen, ob ggf. ein materiell-rechtlicher Erstattungsanspruch gegen den Prozessgegner besteht. In Betracht kommen hier vertragliche (Schadensersatz-)Ansprüche wie Ansprüche aus §§ 823, 826 BGB. In diesem Fall kann nämlich ein vollständiger Kostenersatz in Betracht kommen, während bei einer Berücksichtigung im Kostenfestsetzungsverfahren bei einem teilweisen Obsiegen und Unterliegen immer nur die Quote gezahlt wird.[56] In diesem Fall sollte der Ersatzanspruch auch zum Gegenstand des Hauptsacheverfahrens gemacht werden.

ff) Detektivkosten

47 Maßgeblich für die Erstattungsfähigkeit von Detektivkosten ist auch hier, ob sie zur zweckentsprechenden Rechtsverfolgung oder -verteidigung notwendig waren (§ 91 Abs. 1 ZPO), ob also eine vernünftige Prozesspartei berechtigte Gründe hatte, eine Detektei zu beauftragen.[57] Hinzukommen muss, dass die Detektivkosten sich, gemessen an den wirtschaftlichen Verhältnissen der Parteien und der Bedeutung des Streitgegenstandes, in vernünftigen Grenzen halten und prozessbezogen waren, die erstrebten Feststellungen wirklich notwendig waren und die Ermittlungen nicht einfacher und/oder billiger erfolgen konnten.[58]

48 *Hinweis*

Die Einschaltung einer Detektei ist nur dann i.S.v. § 91 ZPO erstattungsrechtlich als erforderlich anzusehen, wenn aus vernünftiger Sicht der Partei ein konkreter Anlass oder Verdacht besteht, dass es für eine zweckentsprechende Rechtsverfolgung oder -verteidigung auf die Bestätigung der Verdachtsmomente durch nachvollziehbare Einzeltatsachen ankommen konnte und diese nur durch ein Detektivbüro sachgerecht ermittelt werden konnte.[59]

49 Die Beeinflussung des Prozessausgangs ist regelmäßig ein Indiz für die Notwendigkeit.[60] Allerdings sind grundsätzlich strenge Maßstäbe anzulegen.[61]

50 Besondere Aufmerksamkeit muss der Bevollmächtigte der Partei auf die Frage der Ermittlungsmethoden verwenden. Bedient sich ein von einer Partei beauftragter Detektiv eines heimlich eingesetzten GPS-Senders, um Erkenntnisse über das Bestehen einer nichtehelichen Lebensgemeinschaft zu gewinnen, handelt es sich um eine wegen Verletzung des Rechts auf informationelle Selbstbestimmung unzulässige Ermittlungsmethode. Als unzulässiges Beweismittel sind dadurch gewonnene Ergebnisse nicht prozessual

---

56 OLG Nürnberg NJW-RR 2005, 1664; Zöller/*Herget*, 32. Aufl. 2018, § 91 Rn 13 – „Privatgutachten".
57 BGH NJW 2013, 2668; OLG Köln v. 2.8.2017 – 17 W 175/16.
58 OLG Düsseldorf MDR 2009, 1015 = OLGR Düsseldorf 2009, 410 = AGS 2009, 203; OLG Koblenz OLGR 2006, 1017.
59 KG Berlin KGR 2009, 558.
60 Zöller/*Herget*, ZPO, 32. Aufl. 2018, § 91 Rn 13 Detektivkosten; OLG Köln v. 2.8.2017, 17 W 175/16; KG Berlin KGR 2009, 558.
61 OLG Brandenburg JurBüro 2009, 434 = OLGR Brandenburg 2009, 673.

verwertbar. Die durch die Beauftragung des Detektivs entstandenen Kosten sind dann nicht zu erstatten.[62] Dies wird auch für andere Ermittlungsmethoden gelten, die zu einem zivilprozessualen Verwertungsverbot führen.

gg) Dolmetscherkosten

Eine ausländische, anwaltlich vertretene Prozesspartei, welche der deutschen Sprache nicht mächtig ist, hat Anspruch auf Erstattung der Dolmetscher- bzw. Übersetzungskosten, soweit diese zur ordnungsgemäßen Rechtsverfolgung notwendig waren.[63] Insofern kommt eine Übersetzung aller wesentlichen[64] Schriftstücke sowie der gerichtlichen Entscheidungen und Verfügungen in Betracht.[65] Dies ergibt sich aus dem nach Art. 3 Abs. 1 GG folgenden Grundsatz der Waffengleichheit. Denn soweit die deutsche Partei jederzeit die Möglichkeit hat, die für sie bestimmten Abschriften des gewechselten Schriftverkehrs einzusehen, muss es der ausländischen Prozesspartei möglich sein, dies ebenfalls zu tun. Eine mündliche Übersetzung zum Zwecke der Kosteneinsparung ist hierbei nicht ausreichend. Denn ebenso wie die deutsche Partei besteht bei der ausländischen Partei ein Anspruch darauf, dass der Prozessstoff schriftlich vorliegt.[66] Allerdings obliegt ihr die Verpflichtung, diese Kosten niedrig zu halten.[67] Eine Ausnahme gilt insofern, wenn der deutsche Prozessbevollmächtigte der ausländischen Partei über hinreichende Sprachkenntnisse verfügt und die Partei nicht ernstlich mit ihrer Vernehmung in der mündlichen Verhandlung rechnen musste.[68]

Die Kosten eines ausländischen Verkehrsanwaltes, dessen Hinzuziehung zur zweckentsprechenden Rechtsverfolgung oder Rechtsverteidigung geboten war, sind allerdings nur in Höhe der Gebühren eines deutschen Rechtsanwalts erstattungsfähig.[69]

Simultandolmetscherkosten sind erstattungspflichtig, wenn aufseiten des Parteivertreters keine Fremdsprachenkenntnisse vorhanden sind, die eine mündliche Verständigung mit den Anwälten erlauben, oder wenn ausnahmsweise die ohne Simultandolmetschen eintretenden Erschwernisse bei der Teilnahme an der mündlichen Verhandlung so gravierend sind, dass angesichts der in Rede stehenden Kosten sinnvollerweise von der Möglichkeit einer Simultanübersetzung Gebrauch zu machen ist.[70]

Die Kosten für eine Übersetzung der Streitverkündungsschrift samt Anlagen stellen keine Kosten des Verfahrens dar und sind somit nicht nach der Kostenregelung eines geschlossenen Vergleiches zu verteilen. Denn die Streitverkündung dient nicht der Rechtsverfolgung gegenüber dem Prozessgegner, sondern erfolgt allein im Interesse

---

62 OLG Oldenburg OLGR 2008, 67 = NJW 2008, 3508 = FamRZ 2008, 2138.
63 LG Münster zfs 1991, 197.
64 Urkunden, Beweisprotokolle, Sachverständigengutachten, gerichtliche Protokolle, Verfügungen und Entscheidungen; OLG Köln JurBüro 2002, 591 ff.
65 LG Paderborn zfs 1991, 197 = NZV 1991, 198; OLG Köln JurBüro 2002, 591 ff.
66 LG Bielefeld zfs 1992, 95 f.
67 BVerfG NJW 1990, 3072.
68 OLG Köln, JurBüro 2002, 591.
69 BGH, Beschl. v. 8.3.2005 – VIII ZB 55/04, AGS 2005, 268 ff. = RVG-B 2005, 120 m. Anm. *Goebel*.
70 OLG Düsseldorf v. 13.4.2016 – 15 W 6/16.

der streitverkündenden Partei, die auf diese Weise für den Fall des Unterliegens im Hauptprozess ihre Rechtsverfolgung gegenüber dem Dritten vorbereitet.[71]

52 Erfolgt die Übersetzung durch den Prozessbevollmächtigten selbst, so wird diese Tätigkeit nicht durch die Verfahrensgebühr mit abgegolten. Vielmehr erfolgt hierfür eine zusätzliche Vergütung.[72]

53 Ob diese allerdings nach dem JVEG zu vergüten ist, hängt davon ab, ob das Gericht den Prozessbevollmächtigten mit der Übersetzung beauftragt. Ist dies der Fall, so handelt es sich bei den angefallenen Kosten um Gerichtskosten, für die die Regelungen des JVEG greifen.[73]

hh) Vorbereitungskosten

54 Hierunter versteht man Aufwendungen, welche zur Vorbereitung eines konkret beabsichtigten bzw. sich klar abzeichnenden Rechtsstreits vor dessen Einleitung getätigt wurden. Hinsichtlich ihrer Erstattungsfähigkeit gilt, dass sie hinreichend prozessbezogen und damit zur zweckentsprechenden Rechtsverfolgung notwendig waren. Eine Kosten auslösende Maßnahme ist dabei zweckentsprechend, wenn eine verständige Partei sie bei der konkreten prozessualen Situation als sachdienlich ansehen musste; notwendig sind diejenigen Kosten, ohne die die zweckentsprechende Maßnahme nicht getroffen werden kann. In diesem Zusammenhang ist anerkannt, dass jede Partei die Kosten ihrer Prozessführung, die sie im Falle ihres Obsiegens von dem Gegner erstattet verlangen will, so niedrig zu halten hat, wie sich dies mit der vollen Wahrung ihrer berechtigten prozessualen Belange vereinbaren lässt.[74] Wenn daher eine Partei, die selbst über die erforderliche Sachkunde verfügt, z.B. der von einem Bauamt vertretene öffentliche Auftraggeber im Rahmen einer Restwerklohnklage eines Bauunternehmers, zur Vorbereitung von Klage oder Rechtsverteidigung einen Dritten hinzuzieht (hier: ein Ingenieurbüro), sind die dafür entstehenden Kosten grundsätzlich nicht als zur zweckentsprechenden Rechtsverfolgung bzw. -verteidigung notwendig erstattungsfähig.[75]

55 **Erstattungsfähig sind:**
- Außergerichtliche Kosten einer fehlgeschlagenen obligatorischen Streitschlichtung,[76]
- Kosten eines außergerichtlichen Güteverfahrens, wenn sich der Streitgegenstand mit dem des Rechtsstreites deckt,[77]
- Arbeiten, die eine Partei ausführen lässt, um ein gerichtliches Sachverständigengutachten vorzubereiten, wenn dem Sachverständigen ansonsten entsprechende Kosten durch Zuziehung fremder Hilfspersonen entstanden wären,[78]

---

71 LG Osnabrück v. 31.8.2017 – 18 O 466/16 = JurBüro 2017, 648.
72 OLG Köln JurBüro 591 ff.
73 OLG Koblenz AGS 2002, 137.
74 LAG Berlin MDR 2002, 238 m.w.N.
75 OLG Köln, IBR 2004, 663.
76 OLG Karlsruhe, AGS 2009, 98; Bayerisches OLG, NJW-RR 2005, 724 f. = RVG-Report 2004, 353 f.; LG Freiburg AGS 2009, 99; LG Nürnberg-Fürth, AGS 2004, 83 f.; LG Mönchengladbach Rpfleger 2003, 269 f.
77 OLG Düsseldorf AGS 2009, 352.
78 KG Berlin RVG-Report 2007, 112; OLG Koblenz OLGR Koblenz 2005, 62 = AGS 2004, 495 f.

- Testkaufkosten, insbesondere wenn für die Bestimmtheit der Antragstellung die Darstellung der gekauften Gegenstände notwendig ist. Erfolgt ein konkreter Testkauf vor außergerichtlichen Versuchen, zu einer Einigung zu kommen (Abmahnung etc.), nimmt ihm dies nicht die Eigenschaft einer Vorbereitungshandlung, solange nicht Kosten für eine allgemeine Marktbeobachtung verlangt werden,[79]
- Detektivkosten,[80]
- Aufwendungen für ein vorprozessuales Gutachten über Schönheitsreparaturen,[81]
- Steuerberatungskosten, die im Vorfeld eines Rechtsstreits wegen notwendiger Aufbereitung einer steuerrechtlich komplizierten Materie anfallen,[82]
- Kosten einer Prozessbürgschaft, die zum Zwecke der Vollstreckung aus einem gegen Sicherheitsleistung vorläufig vollstreckbaren Urteil gestellt wird,[83]
- die durch die bloße Mitwirkung bei der Abmahnung vom Patentanwalt verdiente Geschäftsgebühr.[84]

Nicht zu den erstattungsfähigen Vorbereitungskosten gehören dagegen: 56
- Die Kosten einer Strafanzeige gegen einen nicht am Rechtsstreit beteiligten Dritten.[85]
- Die Kosten der im Parteibetrieb erfolgten Zustellung einer einstweiligen Verfügung, die auf die Eintragung eines Widerspruchs im Grundbuch gerichtet ist, gehören zu den Vollstreckungskosten gem. § 788 Abs. 1 S. 2 ZPO und können daher nur durch das Vollstreckungsgericht festgesetzt werden.[86]
- Die dem Beklagten durch ein vorgerichtliches Abwehrschreiben entstandenen Kosten stellen, soweit sie auf die Verfahrensgebühr nicht anrechenbar sind, keine notwendigen Kosten der Rechtsverteidigung i.S.d. § 91 Abs. 1 S. 1 ZPO dar.[87]
- Kosten für ein vorgerichtliches Abwehrschreiben gegen eine wettbewerbliche Abmahnung können (soweit sie auf die Verfahrensgebühr nicht anrechenbar sind) im Kostenfestsetzungsverfahren nicht geltend gemacht werden.[88]

ii) Zwangsvollstreckung

(1) Einleitung

Die Berücksichtigung der Kosten der Zwangsvollstreckung bestimmt sich zunächst nach 57 § 788 ZPO. Eines besonderen Vollstreckungstitels bedarf es danach für die Vollstreckung der Kosten der Zwangsvollstreckung nicht. Soweit diese notwendig waren, fallen sie nach § 788 Abs. 1 ZPO kraft Gesetzes dem Schuldner zur Last und sind mit dem zur Zwangsvollstreckung stehenden Anspruch beizutreiben.

---

79 OLG München AGS 2004, 363.
80 LAG Berlin MDR 2002, 238 f.
81 LG Berlin Grundeigentum 2001, 1198.
82 OLG Karlsruhe, NJW-RR 2002, 499 f.
83 OLG Düsseldorf JurBüro 2003, 47 f.
84 OLG Düsseldorf AnwBl 2001, 187.
85 KG Berlin AGS 2009, 198.
86 OLG Celle NJW-RR 2009, 575.
87 BGH NJW 2008, 2040 = MDR 2008, 833.
88 BGH AGS 2009, 51.

58 Allerdings kann es aus unterschiedlichen Gründen sinnvoll sein, die Kosten der Zwangsvollstreckung nach § 788 Abs. 2 ZPO i.V.m. §§ 103 ff. ZPO festsetzen zu lassen. Zum einen entfällt damit das Erfordernis, die Kosten bei jedem Vollstreckungsauftrag unter Übersendung aller Einzelbelege dem jeweiligen Vollstreckungsorgan vorzulegen, was einen nicht unerheblichen Aufwand verursachen kann und eine kaum wiederbringliche Verlustgefahr in sich birgt. Zum anderen entzieht diese Verfahrensweise dem konkreten Vollstreckungsorgan die immer wiederkehrende Beurteilung der Notwendigkeit der Vollstreckungskosten mit den damit verbundenen Wertungen.

59 *Hinweis*
Insoweit kann es für den Gläubiger sinnvoll sein, die Kosten der Zwangsvollstreckung immer dann festsetzen zu lassen, wenn die Zwangsvollstreckung in dem Bezirk eines Amtsgerichtes erfolgt, in dem seinen Interessen in besonderer Weise Rechnung getragen wird.

60 Allerdings gibt es auch Gründe, die gegen eine solche Festsetzung sprechen. Die festgesetzten Kosten können nämlich nicht im Wege der elektronischen Antragstellung nach §§ 829a, 754a ZPO verfolgt werden. Hier ist nur der Vollstreckungsbescheid als Titel statthaft. Da aber hier ohnehin eine Grenze von 5.000 EUR beachtlich ist, steht der Festsetzung bei höheren Forderungen nichts im Wege.

61 Ob eine Zwangsvollstreckungsmaßnahme notwendig[89] ist, Kosten somit erstattungsfähig sind, bestimmt sich nach dem Standpunkt des Gläubigers zu dem Zeitpunkt, in dem die Kosten durch die Vollstreckungsmaßnahme verursacht wurden.[90] Wesentlich ist, ob der Gläubiger die Maßnahme objektiv für erforderlich halten durfte.[91] Daran kann es bei verfrühten Vollstreckungsmaßnahmen fehlen, d.h. wenn dem Schuldner zunächst keine Möglichkeit gegeben wurde, die titulierte Forderung zu begleichen.

Der Gläubiger muss einen angemessenen[92] Zeitraum zur freiwilligen Erfüllung der titulierten Forderung verstreichen lassen haben. Nur dann sind die Kosten der Zwangsvollstreckungsmaßnahme erstattungsfähig. Dies gilt insbesondere bei Zwangsvollstreckungsmaßnahmen, die an den Eintritt der Rechtskraft des zu vollstreckenden Titels anknüpfen.[93]

(2) Anwaltliches Aufforderungsschreiben

62 Streitig ist, wann durch ein anwaltliches Aufforderungsschreiben eine Vollstreckungsgebühr entsteht. Teilweise wird vertreten, dass dies erst dann der Fall ist, wenn im Zeitpunkt des Aufforderungsschreibens sämtliche Vollstreckungsvoraussetzungen, insbesondere

---

[89] Der Begriff „Kosten der Zwangsvollstreckung" verlangt eine weite Auslegung, LG Wiesbaden DGVZ 2000, 4.
[90] BGH NJW-RR 2015, 59.
[91] BGH, Beschl. v. 14.4.2005 – V ZB 5/05, BGH-Ls 73710 = NSW ZPO § 91; BGH BRAGOreport 2002, 153 ff.
[92] BGH NJW 2012, 3789: 14 Tage; OLG Koblenz JurBüro 1995, 208: 1 Woche bei banküblichen Überweisungslaufzeiten; OLG Köln JurBüro 1993, 602: grds. maximal 14 Tage nach Urteilsverkündung bzw. Vergleichabschluss; OLG Düsseldorf JurBüro 1991 231: drei Wochen bei Haftpflichtversicherung des Schuldners; OLG Karlsruhe AnwBl 1996, 21: 21 Tage; OLG Schleswig SchlHA 1994, 271: 24 Tage seit Rechtskraft.
[93] BGH BRAGOreport 2002, 153 ff.

die Zustellung des Titels, vorliegen.[94] Eine vorherige Zahlungsaufforderung führt demnach bei Nichtvorliegen dieser Voraussetzungen auch nicht zu einer Erstattungsfähigkeit durch den Schuldner.

Der BGH hat sich aber für einen anderen Weg entschieden. Eine anwaltliche Vollstreckungsgebühr für eine an den Schuldner gerichtete Zahlungsaufforderung mit Vollstreckungsandrohung ist – abgesehen von den Fällen des § 798 ZPO – danach bereits dann erstattungsfähig, wenn der Gläubiger eine vollstreckbare Ausfertigung des Titels im Besitz hat und dem Schuldner zuvor ein angemessener Zeitraum zur freiwilligen Erfüllung zur Verfügung stand.[95] 63

Die Zahlungsaufforderung durch einen Rechtsanwalt stellt sich gegenüber der Durchführung der Zwangsvollstreckung als das schonendere Mittel dar. Alternativ könnte der Gläubiger den Titel verbunden mit einem Vollstreckungsauftrag an den Gerichtsvollzieher, zustellen, § 750 ZPO, was in jedem Fall die Vollstreckungsgebühr auslösen würde.

jj) Inkassokosten

Durch die Reform des Rechtsberatungsrechtes ist der Tätigkeitsbereich der Inkassounternehmen deutlich größer geworden. Durften sie in der Vergangenheit auf der Grundlage des Rechtsberatungsgesetzes den Gläubiger nur außergerichtlich vertreten, ist ihnen nunmehr nach § 79 Abs. 2 Nr. 4 ZPO neben der Sachpfändung durch den Gerichtsvollzieher auch die Forderungspfändung und das gerichtliche Mahnverfahren bis zur Abgabe des Widerspruches oder Einspruches an das Streitgericht eröffnet. Im Insolvenzverfahren ist ihnen der Bereich der Forderungsanmeldung nach § 174 InsO erlaubt. Insoweit stellt sich die Frage nach der Erstattungsfähigkeit der Kosten im Kostenfestsetzungsverfahren.[96] Dabei ist nachfolgend nicht zu erörtern, in welchem Umfang Inkassokosten erstattungsfähig sind,[97] sondern allein, in welchem Umfang diese Kosten im Rahmen eines Kostenfestsetzungsverfahren Berücksichtigung finden können. 64

(1) Außergerichtliche Beauftragung

Beauftragt der Gläubiger ein Inkassounternehmen vorgerichtlich, so scheidet ein prozessualer Erstattungsanspruch nach §§ 788, 91 ZPO aus, da sie ein prozessuales Verfahren voraussetzen. Die Erstattung der Inkassokosten erfolgt vielmehr auf vertraglicher Basis oder als Schadensersatzanspruch aus Verzug nach §§ 280, 286 BGB. Diese Ansprüche sind sowohl im gerichtlichen Mahnverfahren als auch im zivilprozessualen Erkenntnisverfahren als materiell-rechtlicher Anspruch in Form einer Nebenforderung geltend 65

---

94 LAG Hamm MDR 1994, 202.
95 BGH NJW-RR 2003, 1581; so schon zuvor: OLG Saarbrücken, 6.11.1981 – 5 W 159/81; KG Berlin, 18.6.1982 – 1 W 1967/82; OLG Köln, 10.3.1986 – 17 W 619/85 und OLG Frankfurt, 28.1.1988 – 14 W 2/88; a.A. OLG Düsseldorf, 27.11.1980 – 10 W 88/80; OLG Bremen, 30.11.1983 – 2 W 65/83 und OLG München, 22.2.1989 – 11 W 3166/88.
96 Umfassend: *Goebel*, Inkassokosten, Ein Praxisleitfaden zur Erstattungsfähigkeit von Inkassokosten, 2. Aufl. 2016.
97 Hierfür wird auf die Spezialliteratur verwiesen: *Goebel*, Inkassokosten, 2. Aufl. 2016 mit der Darstellung des Sach- und Streitstandes in Literatur und Rechtsprechung.

zu machen. Die Sachlage verhält sich nicht anders als bei der Beauftragung eines Rechtsanwaltes.

(2) Gerichtliches Mahnverfahren

66 Für das gerichtliche Mahnverfahren findet sich seit dem 1.7.2008 mit § 4 Abs. 4 RDGEG i.V.m. § 91 ZPO eine prozessuale Kostenerstattungsnorm. Danach sind von dem materiell-rechtlichen Verzugsschadensersatzanspruch bis zu 25,00 EUR als prozess-rechtlicher Kostenerstattungsanspruch festsetzbar. Diese Summe kann schon im Mahnbescheidsantrag berücksichtigt werden.[98]

67 Ein über den Betrag von 25,00 EUR hinausgehender[99] Schadensersatz – etwa wenn der Gläubiger mit dem Inkassounternehmen zulässigerweise eine Vergütung entsprechend dem RVG vereinbart hat – muss im gerichtlichen Mahnverfahren neben der Hauptforderung als weitere materiell-rechtliche Forderung geltend gemacht werden.[100] Auch hier kommen vertragliche Ansprüche wie §§ 280, 286 BGB als Anspruchsgrundlage in Betracht. Den Auftraggebern von Inkassounternehmen einen weitergehenden Erstattungsanspruch zu verweigern und sie insoweit gegenüber Rechtsanwälten zurückzusetzen, wäre verfassungswidrig. Das hat der Gesetzgeber schon im Zusammenhang mit § 4 Abs. 5 RDGEG erkannt.[101]

(3) Inkassokosten in der Zwangsvollstreckung

68 War für die bisher erlaubte Tätigkeit der Inkassounternehmen in der Zwangsvollstreckung die Frage nach der Höhe und dem Verfahren die Kostenerstattung für die Inkassounternehmen lange streitig, hat schon Art. IX Abs. 2, Abs. 1 S. 3 KostÄndG für Klarheit gesorgt. Nach Abs. 1 S. 1 der Vorschrift galt zunächst das Rechtsanwaltsvergütungsgesetz für die Vergütung von Personen, denen die Erlaubnis zur geschäftsmäßigen Besorgung fremder Rechtsangelegenheiten erteilt worden ist, sinngemäß. Diese Vorschrift galt nach allgemeinem Verständnis des Art. IX Abs. 2 KostÄndG allerdings nicht für Inkassounternehmen.[102]

69 Es entspricht demgegenüber einhelliger Rechtsprechung,[103] dass der Gläubiger vom Schuldner die Kosten eines Inkassounternehmens für das Betreiben von Zwangsvollstreckungsmaßnahmen erstattet verlangen kann, wenn die Inkassokosten die Kosten, die für die Einschaltung eines Rechtsanwaltes sonst erforderlich geworden wären, nicht übersteigen. Im Ergebnis können die Inkassokosten damit bis zur Höhe der entsprechenden Rechtsanwaltsgebühren als notwendige Kosten der Zwangsvollstreckung nach § 788

---

98 Zur Problematik der Vorschrift ausführlich *Goebel*, Inkassokosten S. 267; *Goebel*, Vergütung des Inkassounternehmens im Mahnverfahren FMP 2008, 96; *Goebel*, Der prozessuale Kostenerstattungsanspruch des Inkassounternehmens im Mahnverfahren, MDR 2008, 542.
99 Die Norm ist nicht abschließend: vgl. etwa *Krenzler*, Rechtsdienstleistungsgesetz, 2. Aufl. 2018, § 4 Rn 206.
100 Katalogziffer 28 oder 29 – Schadensersatz aus Verzug, §§ 280, 286 BGB.
101 BT-Drucks 18/9521, S. 217.
102 *Seitz*, Inkassohandbuch, 3. Aufl., Rn 846.
103 AG Villingen-Schwenningen v. 15.8.2006 – 4 M 3413/06 = JurBüro 2007, 90; LG Bremen v. 12.12.2001 – 2 T 804/01; LG Hamburg v. 15.1.1990 – 13 T 51/89; AG Duisburg v. 2.6.1998 – 24 M 820/98.

Abs. 1 ZPO vollstreckt und nach § 788 Abs. 2 ZPO auch festgesetzt werden, jedenfalls, soweit dadurch entsprechende Rechtsanwaltskosten gespart wurden.[104] Das ist für vor dem 1.7.2008 entstandene Inkassokosten weiter relevant.

Seit dem 1.7.2008 ist durch Art. 20 Nr. 7 des Gesetzes zur Neuregelung des Rechtsberatungsgesetzes Art. IX KostÄndG in § 4 Abs. 4 S. 1 EGRDG aufgegangen. Danach sind die notwendigen Kosten für die Vertretung eines Gläubigers durch eine Person, die Inkassodienstleistungen in der Zwangsvollstreckung erbringt, d.h. eine nach § 10 Abs. 1 S. 1 Nr. 1 RDG registrierte Person, nach § 788 ZPO erstattungsfähig. Eine Einschränkung in den Absätzen des § 788 ZPO wird nicht vorgenommen, sodass auch die gerichtliche Festsetzung nach § 788 Abs. 2 ZPO i.V.m. §§ 104 ff. ZPO von den Inkassounternehmen betrieben werden kann. 70

Auch hier kommt es für die Höhe wieder nicht zu einer unmittelbaren Anwendung des RVG. Vielmehr können Rechtsanwälte wie Inkassounternehmen die staatlichen Vollstreckungsorgane nur in gleicher Weise durch Anträge steuern. In der Zwangsvollstreckung im engeren Sinne unterscheiden sich die Tätigkeiten von Rechtsanwälten und Inkassounternehmen grundsätzlich nicht, insbesondere da die Informationsbeschaffung im Allgemeinen mit der Verfahrensgebühr abgegolten ist, kann das Inkassounternehmen nicht mehr verlangen, als ein Rechtsanwalt erhalten würde. 71

kk) Mehrere Schuldner

Wurden mehrere Schuldner im Erkenntnisverfahren als Gesamtschuldner verurteilt, so erstreckt sich die gesamtschuldnerische Haftung in der Hauptsache nach § 100 Abs. 4 ZPO auch auf die Kosten des Rechtsstreites.[105] Sind die Kostenschuldner nur zu einem geringen Teil in der Hauptsache als Gesamtschuldner verurteilt worden, gilt dies allerdings nur, wenn die gesamtschuldnerische Kostenhaftung auch im Tenor oder der Begründung der Kostenentscheidung ausgesprochen ist.[106] Hierauf sollte ggfs. gesondert hingewiesen werden. 72

Die solidarische Mithaftung der unterschiedlichen Schuldner findet allerdings ebenfalls nur insoweit ihre Rechtfertigung, als die Kosten zur zweckentsprechenden Rechtsverfolgung notwendig waren (§§ 788 Abs. 1, 91 ZPO). Dies ist beispielsweise nicht gegeben, wenn ein mitverurteilter Räumungsschuldner bereits ausgezogen war und daher die Räumung nur noch gegen den bzw. die anderen Schuldner erfolgen muss.[107] Gleiches gilt für eine Zahlungsaufforderung mit Vollstreckungsandrohung gegen eine Vielzahl von Gesamtschuldnern.[108] 73

Geht aus dem Urteil lediglich hervor, dass es sich bei der unterlegenen Partei um eine Erbengemeinschaft und hinsichtlich des Streitgegenstandes um notwendige Streitgenos- 74

---

104 AG Villingen-Schwenningen JurBüro 2007, 90.
105 LG Frankfurt AGS 2003, 207 m. Anm. *Mock*.
106 OLG Frankfurt JurBüro 2016, 204.
107 LG Kassel Rpfleger 2000, 402; LG Stuttgart Rpfleger 1993, 38.
108 KG Berlin AnwBl 1997, 446; LG Berlin JurBüro 1995, 530; *Hansens*, BRAGOreport 2003, 91, 92.

sen handelt, so ergibt sich daraus nicht eindeutig eine gesamtschuldnerische Kostenhaftung. Es verbleibt daher bei der grundsätzlichen Haftung nach Kopfteilen gem. § 100 Abs. 1 ZPO.[109]

75 Eine gesamtschuldnerische Haftung in Bezug auf die zu erstattenden Prozesskosten kommt gem. § 100 Abs. 4 ZPO allerdings nur dann in Betracht, wenn mehrere Beklagte in der Hauptsache auch als Gesamtschuldner verurteilt werden.[110] Auch aus einem Prozessvergleich muss sich also eine gesamtschuldnerische Haftung ergeben, die als Anknüpfungspunkt für eine gesamtschuldnerische Einstandspflicht der Beklagten für die Prozesskosten dient.[111]

76 *Hinweis*

Hierauf muss der Prozessbevollmächtigte bei der Formulierung eines Vergleiches im Erkenntnisverfahren achten, wenn er sich nicht gegenüber seinem Mandanten als Kostengläubiger haftbar machen will. Die unzutreffende Vorstellung, das Gericht werde solche Aspekte beachten, ist überkommen.

77 Eine gesamtschuldnerische Kostenhaftung mehrerer Unterlassungsschuldner ist grundsätzlich mit dem Wesen der Gesamtschuld unvereinbar.[112] Eine gesamtschuldnerische Kostenhaftung mehrerer Auskunftsschuldner kann nach den Umständen des Einzelfalles in Betracht kommen, wenn die Auskunft des einen zugleich die Verpflichtung des anderen vollständig erfüllt.[113]

II) Drittschuldnerklage

78 Bei der Drittschuldnerklage ergeben sich grundsätzlich keine Besonderheiten gegenüber dem sonstigen Erkenntnisverfahren. Allerdings muss nach der Pfändung von Arbeitseinkommen im Wege der Zwangsvollstreckung eine Besonderheit des arbeitsgerichtlichen Verfahrens bei der Kostenfestsetzung beachtet werden.

79 Erhebt ein Gläubiger nach Erlass eines Pfändungs- und Überweisungsbeschlusses Drittschuldnerklage, so ist für den geltend gemachten Zahlungsanspruch das Arbeitsgericht zuständig. In diesem Fall werden im erstinstanzlichen Verfahren die Kosten nach § 12a ArbGG gegeneinander aufgehoben, d.h. jede Partei muss ihre Kosten selbst tragen. Der pfändende Gläubiger kann die ihm entstandenen Kosten dann allerdings gegenüber dem Schuldner nach § 788 ZPO geltend machen und festsetzen lassen.[114]

80 Hat der Arbeitgeber als Drittschuldner keine Drittschuldnererklärung abgegeben und stellt sich im laufenden Prozess heraus, dass der gepfändete Anspruch nicht besteht, so kann der Gläubiger als Kläger seinen Klageantrag dahin gehend ändern, dass der Drittschuldner als Beklagter für die Nichterfüllung seiner Auskunftsverpflichtung Scha-

---

109 OLG Brandenburg AGS 2009, 49.
110 OLG Saarland NJW-RR 2017, 62.
111 OLG Köln AGS 2007, 323.
112 KG Berlin KGR 2002, 282.
113 KG Berlin KGR 2002, 282.
114 LG Münster RPfleger 2004, 172; LG Leipzig JurBüro 2003, 662; AG Ludwigslust VersR 2009, 521.

densersatz nach § 840 Abs. 2 ZPO zu leisten hat,[115] ansonsten Klageabweisung unter Auferlegung der Kosten erfolgt. Hierzu zählen dann auch die entstandenen Gerichts- und Anwaltskosten des Drittschuldnerprozesses.

Nach der Rechtsprechung des BAG[116] kann der Gläubiger diese Kosten als notwendige Kosten der Zwangsvollstreckung mit dem Hauptanspruch gegen den Drittschuldner beitreiben oder sich diese auch nach § 788 Abs. 2, § 103 ff. ZPO gegen diesen festsetzen lassen.[117] Begründet wird dies damit, dass der Gläubiger von vornherein durch den schweigenden Drittschuldner in einen aussichtslosen Prozess getrieben wird, den dieser niemals begonnen hätte, wäre die Auskunft rechtzeitig erteilt worden. 81

mm) Ratenzahlungsvergleich

Einigen sich die Parteien außergerichtlich über einen Forderungsausgleich in Raten im Wege eines Vergleiches, kommt eine prozessuale Kostenerstattung und damit auch eine Kostenfestsetzung oder Kostenausgleichung mangels Prozessrechtsverhältnis nicht in Betracht. 82

Während des laufenden Erkenntnisverfahrens muss der Kläger sensibel reagieren, wenn er feststellt, dass die Rechtsverteidigung des Schuldners mehr auf die Verfahrensverzögerung als auf das tatsächliche Bestreiten des Anspruches angelegt ist. Dies kann seine Ursache in einer mangelnden Liquidität des Schuldners haben, sodass häufig eine Einigung erzielt werden kann, wenn hierauf im Rahmen eines Ratenzahlungsvergleiches Rücksicht genommen werden kann. Der Gläubiger vermeidet so seine weitergehende Kostentragung, für die er ungeachtet möglicher Erstattungsansprüche dann vorschusspflichtig ist und bei denen er nicht sicher sein kann, dass er sie erstattet erhält. Bei einem entsprechenden Vergleichsabschluss im zivilprozessualen Erkenntnisverfahren entsteht damit die Einigungsgebühr nach Nr. 1003 VV RVG, die problemlos im Kostenfestsetzungsverfahren Berücksichtigung findet. 83

Dabei muss allerdings die Sondervorschrift des § 98 ZPO beachtet werden. Soweit die Parteien in dem Vergleich keine besondere Vereinbarung treffen, gelten die Kosten des Vergleiches als gegeneinander aufgehoben. Auch die Kosten eines im Zwangsvollstreckungsverfahren geschlossenen Vergleichs sind in entsprechender Anwendung von § 98 S. 1 ZPO immer dann als gegeneinander aufgehoben anzusehen, wenn nicht die Parteien anderes vereinbart haben.[118] Nach dem BGH verdrängt § 98 ZPO also die Regelung des § 788 ZPO. § 98 ZPO ist dabei auch auf eine Einigung der Parteien anzuwenden, die kein gegenseitiges Nachgeben enthält.[119] Zur Kostenaufhebung nach § 98 ZPO in Vergleich und Prozess kommt es auch dann, wenn die Parteien einen 84

---

115 BGHZ 79, 275; LAG Baden-Württemberg JurBüro 1994, 135; Zöller/*Stöber*, § 840 Rn 14 m.w.N.
116 NJW 1990 2643 = BAGE 65, 139; ebenso LG Köln JurBüro 2003, 160.
117 LG Oldenburg Rpfleger 1991, 218 m.w.N. m. Anm. *Hintzen*; OLG Karlsruhe MDR 1994, 95; LG Saarbrücken JurBüro 1995, 271; OLG Hamm InVo 1997, 339; a.A. OLG Bamberg JurBüro 1994, 612; OLG München MDR 1990, 931; OLG Schleswig JurBüro 1992, 500.
118 BGH NJW 2007, 1213.
119 BGH NJW 2007, 1213.

außergerichtlichen Vergleich schließen, der die Rücknahme eines Rechtsmittels oder eine Maßnahme beinhaltet, wenn die Parteien nichts anderes vereinbart haben.[120] Bei Erledigung des Rechtsstreits durch Abschluss eines außergerichtlichen Vergleichs, der keine Kostenregelung enthält, ist § 98 ZPO im Rahmen der nach § 91a Abs. 1 ZPO erfolgenden Kostenentscheidung jedenfalls dann sinngemäß zu berücksichtigen, wenn sich aus dem abgeschlossenen Vergleich keine Anhaltspunkte dafür ergeben, dass die Parteien eine Kostenregelung nach anderen Gesichtspunkten im Auge hatten.[121]

85 *Hinweis*

Auch der Bevollmächtigte des Streithelfers ist in besonderer Weise gefordert: Vereinbaren die Parteien in einem Vergleich Kostenaufhebung, steht dem Streithelfer einer Partei selbst dann kein prozessrechtlicher Kostenerstattungsanspruch zu, wenn diese Vereinbarung bezweckte, Kostenerstattungsansprüche des Streithelfers auszuschließen. Etwa bestehende materiell-rechtliche Kostenerstattungsansprüche bleiben davon unberührt.[122]

86 Haben die Parteien in einem gerichtlichen Vergleich keine Abrede bezüglich der Kosten getroffen, ergänzt § 98 ZPO die Vereinbarung der Parteien dahin, dass die Kosten des Rechtsstreits als gegeneinander aufgehoben gelten. Aus § 98 ZPO ergibt sich somit, wer im Falle eines Vergleichs die Kosten des Rechtsstreits zu tragen hat; für eine Kostenentscheidung nach § 91a ZPO ist daneben kein Raum.[123]

87 Wird eine Ratenzahlungsvereinbarung im Rahmen der Zwangsvollstreckung erreicht, lehnen Vollstreckungsorgane die Erstattung der Einigungsgebühr immer wieder ab. Nach der Rechtsprechung muss differenziert werden:

88 Soweit es zu Teilzahlungsvereinbarungen des Schuldners mit dem Gerichtsvollzieher nach § 802b ZPO kommt, hat der BGH die frühere Streitfrage eindeutig entschieden: Erklärt sich der Gläubiger allgemein dem Gerichtsvollzieher gegenüber mit der Gestattung von Ratenzahlungen durch den Schuldner einverstanden, löst dies keine Einigungsgebühr nach Nr. 1000 der Anlage 1 zu § 2 Abs. 2 RVG aus.[124] Insoweit kommt eine entsprechende Festsetzung auch nicht in Betracht.

89 Anders verhält es sich dann, wenn der Schuldner dem Gläubiger durch die Zwangsvollstreckung „zugeführt" wird und es dann zu einer außergerichtlichen Ratenzahlungsvereinbarung kommt, die ggf. auch weitergehende Bestimmungen zu Verjährungsfragen, Sicherheiten und den Kosten trifft.[125] In diesem Fall ist die Einigungsgebühr nach Nr. 1003 angefallen und auch nach § 788 Abs. 2 ZPO i.V.m. §§ 103 ff. ZPO festsetzbar.

---

120 BGH NJW-RR 2006, 1000.
121 BGH NJW-RR 1997, 510.
122 BGH NJW-RR 2005, 1159; BGH NJW 2003, 3354.
123 BGH BGH-Report 2003, 1046.
124 BGH AGS 2006, 496 noch zu §§ 806b, 813, 900 Abs. 3 ZPO; LG Duisburg AGS 2013, 577 mit Anm. *Goebel* in FoVo 2013, 196; AG Augsburg AGS 2014, 119; AG Schleswig AGS 2014, 274; AG Stockach DGVZ 2017, 63; AG Oberndorf JurBüro 2013, 586.
125 Dazu ausführlich *Goebel*, Anwaltformulare Zwangsvollstreckungsrecht, 5. Aufl. 2016, § 1.

Verweigert der Gerichtsvollzieher die Berücksichtigung der Gebühr bei der Vollstreckung nach § 788 Abs. 1 ZPO, kann alternativ auch Erinnerung nach § 766 ZPO erhoben werden.

Hinweis

Ungeachtet dessen muss der Gläubiger eine prozessuale und sollte eine materiell-rechtliche Anspruchsgrundlage gegen den Schuldner durch eine entsprechende Kostenübernahmeerklärung schaffen. In prozessualer Hinsicht ist dies wegen § 98 ZPO zwingend, in materiell-rechtlicher Hinsicht vermeidet es Streit und beseitigt die Prüfung der Notwendigkeit der Kosten.[126] Hierdurch können allerdings nur die gesetzlichen Anwaltsgebühren verlangt werden.[127]

Notwendig sind die entstandenen Vergleichskosten insbesondere deshalb, weil ein Gläubiger nicht länger auf den ungewissen Erfolg von etwaigen Vollstreckungsmaßnahmen zu hoffen braucht, da er davon ausgehen darf, dass der Schuldner die freiwillig getroffene Vereinbarung auch einhalten wird. Umgekehrt ist aber auch aus Schuldnersicht zu bedenken, dass diesem sehr daran gelegen sein dürfte, dass es zumindest vorläufig nicht zu einer Zwangsvollstreckung, mit ihren negativen Folgen, kommen wird. Würde in dieser durch den Schuldner selbst gewählten Situation eine Erstattungsfähigkeit verneint werden, so bliebe einem Gläubiger nichts anderes übrig, als seine prozessualen und vollstreckungsrechtlichen Mittel auszuschöpfen.

Wird ausschließlich eine Zahlungsvereinbarung geschlossen, ist die Streitwertbegrenzung in § 31b RVG zu beachten. Der Gegenstandswert beträgt dann nur 20 % des einzuziehenden Anspruches.

II. Das formelle Kostenfestsetzungsverfahren

1. Die Beteiligten des Kostenfestsetzungsverfahrens

Die Kostenfestsetzung findet ebenso wie die Kostenausgleichung grundsätzlich zwischen den an der Hauptsache beteiligten Personen statt: Dies sind die sich aus dem Vollstreckungstitel ergebenden Parteien der Hauptsache, d.h. Kläger bzw. Beklagter, Antragsteller bzw. Antragsgegner, Beschwerdeführer bzw. Beschwerdegegner etc.

Ein Interesse an der Kostenfestsetzung haben dann aber auch Dritte, soweit sie als Nebenintervenient oder Streithelfer i.S.d. §§ 64 ff. ZPO an dem Prozess beteiligt sind und zu ihren Gunsten oder ihren Lasten auch eine Kostenfestsetzung erforderlich wird.

Voraussetzung ist, dass eine Kostengrundentscheidung nach § 101 ZPO vorliegt. Die durch die einfache bzw. unselbstständige Nebenintervention entstandenen Kosten sind dem Gegner der Hauptpartei aufzuerlegen, soweit er nach §§ 91–98 ZPO die Kosten des Rechtsstreits zu tragen hat, § 100 Abs. 1 Hs. 1 ZPO. Erfolgt keine Kostenentscheidung innerhalb der Hauptsache, so hat der Nebenintervenient die Kosten selbst zu tragen

---

126 LG Wiesbaden DGVZ 2000, 4.
127 OLG München JurBüro 1993, 156; LG Limburg DGVZ 1996, 43; LG Wuppertal DGVZ 1996, 94.

(§ 100 Abs. 1 Hs. 2 ZPO). In der Praxis werden Streithelfer immer wieder in der Kostengrundentscheidung nicht berücksichtigt. Das ist im Kostenfestsetzungsverfahren nicht zu heilen. Vielmehr müssen die Bevollmächtigten hier schon in besonderer Weise auf eine Kostengrundentscheidung hinwirken.

96 Gilt der Nebenintervenient als Streitgenosse der Hauptpartei (§ 69 ZPO), so gilt nach § 101 Abs. 2 ZPO die Bestimmung des § 100 ZPO. Soweit also der Nebenintervenient unterliegt, haftet er in Bezug zur Hauptpartei nach Kopfteilen (§ 100 Abs. 1 ZPO). Werden hingegen die Kosten des Rechtsstreits dem Gegner auferlegt, so sind hiervon automatisch auch die Kosten des Streithelfers mit umfasst. Dieser hat einen eigenen Anspruch auf Festsetzung seiner Kosten.[128]

97 Weitere mit dem Rechtsstreit in einer Verbindung stehende Personen kommen dann als Beteiligte des Kostenfestsetzungsverfahrens in Betracht, wenn sich eine entsprechende Kostengrundentscheidung aus dem Gesetz entnehmen lässt. Dies gilt etwa bei:
- Handlungen des vollmachtlosen Vertreters, § 89 ZPO,
- Kostengrundentscheidungen gegen den säumigen Zeugen nach § 380 ZPO,
- Kostengrundentscheidungen gegen den die Aussage grundlos verweigernden Zeugen, § 390 ZPO,
- Kostenregelungen zulasten eines Dritten, der einem Vergleich beigetreten ist.[129]

2. Der Kostenfestsetzungsantrag

a) Einleitung

98 Das Kostenfestsetzungsverfahren wird nur aufgrund eines Antrages betrieben,[130] der nach § 104 Abs. 1 S. 1 ZPO grundsätzlich beim Gericht des ersten Rechtszuges einzureichen ist. Dies gilt auch dann, wenn die Kostengrundentscheidung erst im Rechtsmittelverfahren getroffen wurde. Zulässig ist auch, dass ein solcher zu Protokoll der Geschäftsstelle gestellt wird. Anwaltszwang besteht nicht. Wie im allgemeinen Zivilprozess darf über den gestellten Antrag hinaus keine Entscheidung erfolgen.[131]

99 *Hinweis*

Aus dem Antrag muss eindeutig hervorgehen, um welche Art von Kosten es sich handelt (§§ 103, 104, 106, 123, 126 ZPO).

b) Die Antragsberechtigung des Gläubigers und seines Rechtsnachfolgers

100 Antragsberechtigt ist grundsätzlich nur der aus der Kostengrundentscheidung Berechtigte, d.h. die obsiegende Partei als Kostengläubiger. Bei einem teilweisen Obsiegen und Unterliegen und einer diesem Verhältnis folgenden Kostengrundentscheidung, § 92 ZPO,

---

128 OLG Hamm JurBüro 2002, 39.
129 *V. Eicken/Hellstab/Dörndorfer/Asperger*, Die Kostenfestsetzung, 23. Aufl., Rn B40.
130 Muster Rdn 178, 179.
131 OLG München JurBüro 1995, 427.

können auch beide Parteien des Hauptprozesses Kostengläubiger sein. Der Rechtsnachfolger[132] ist erst nach Titelumschreibung gem. §§ 727 ff. ZPO antragsberechtigt.

c) Der Prozessbevollmächtigte als Antragsteller

Der Prozessbevollmächtigte der 1. Instanz kann keinen Kostenfestsetzungsantrag im eigenen Namen, sondern allein im Namen der von ihm vertretenen Partei stellen. Die Kostenfestsetzung ist Teil des Rechtsstreites, sodass die Antragstellung von der gesetzlichen Vollmacht des Rechtsanwaltes nach § 81 ZPO umfasst ist. Hingegen benötigen ein Bevollmächtigter einer höheren Instanz sowie der Korrespondenz- bzw. Unterbevollmächtigte eine besondere Vollmacht.[133]

Wurde der Kostenerstattungsanspruch dem Prozessbevollmächtigten abgetreten bzw. der Titel umgeschrieben, so steht einer Antragstellung im eigenen Namen nichts entgegen.

Im eigenen Namen antragsberechtigt ist der im PKH-Verfahren beigeordnete Prozessbevollmächtigte nach § 126 ZPO.[134] Hiernach besteht die Berechtigung, die angefallenen Gebühren und Auslagen vom in die Kosten verurteilten Gegner beizutreiben. Dies muss eindeutig aus dem Antrag hervorgehen.

d) Die Antragstellung mehrerer Streitgenossen

Da nach § 62 ZPO jeder Streitgenosse berechtigt ist, den Prozess zu betreiben, ergibt sich daraus zugleich das Recht, auch die Kostenfestsetzung und die Kostenausgleichung zu beantragen.

Sind Streitgenossen am Ausgang des Verfahrens jedoch unterschiedlich beteiligt und haben sie deshalb verschieden hohe Erstattungsquoten, muss getrennt abgerechnet werden. Dabei ist eine Aufteilung der Kosten des gemeinsamen Prozessbevollmächtigten notwendig. Im Regelfall entfällt auf jeden Streitgenossen ein gleich hoher Kostenanteil. Bei vorzeitigem Ausscheiden eines Streitgenossen sind dabei die bis dahin entstandenen Kosten maßgeblich.[135]

> *Hinweis*
>
> Bei mehreren Streitgenossen besteht grundsätzlich keine kostenrechtliche Verpflichtung zur Bestellung eines gemeinsamen Prozessbevollmächtigten.[136] Kosten von mehreren Prozessbevollmächtigten sind jedoch nach der Rechtsprechung des BGH dann nicht erstattungsfähig, wenn feststeht, dass ein eigener Prozessbevollmächtigter für eine interessengerechte Prozessführung nicht erforderlich sein wird.[137] Wenn man von einem Interessengegensatz zwischen mehreren Streitgenossen ausgehen kann,

---

132 Hierzu zählt auch der Gläubiger eines Pfändungs- und Überweisungsbeschlusses; OLG Frankfurt/M. KostRsp ZPO §§ 103, 104. Allerdings muss zunächst ebenfalls eine Umschreibung erfolgen.
133 *V. Eicken/Hellsta/Dörndorfer/Asperger*, Die Kostenfestsetzung, 23. Aufl., Rn B41.
134 Vgl. auch Muster Rdn 178.
135 OLG Koblenz JurBüro 2003, 93 f.
136 OLG Brandenburg v. 16.4.2008 – 6 W 167/07 n.v.
137 BGH NJW-RR 2004, 536; OLG Koblenz JurBüro 2017, 483; MüKo-ZPO/*Schulz*, 5. Aufl. 2016, § 91 Rn 81.

kann dies also die Beauftragung mehrerer Prozessbevollmächtigter rechtfertigen. Der mögliche Interessengegensatz ist dann darzulegen.

107 Unterlegene Streitgenossen haften gem. § 100 Abs. 1 ZPO nach Kopfteilen. Ausnahmen bestehen dann, wenn das Gericht die Kosten nach §§ 92, 100 Abs. 2, 3 ZPO auf die Parteien verteilt hat oder eine Gesamtschuldnerhaftung besteht. In diesem Fall findet automatisch auch eine gesamtschuldnerische Haftung bezüglich der Kostenerstattung statt (§ 100 Abs. 4 ZPO).

108 Allerdings kann der Rechtsstreit für Streitgenossen auch unterschiedlich ausgehen. Der eine obsiegt, während der andere unterliegt. Nach herrschender Ansicht darf der obsiegende Streitgenosse gegen den Unterlegenen im Innenverhältnis nur eine seinem Kopfteil bzw. Quote entsprechende Erstattung verlangen.[138] Eine Ausnahme besteht, wenn der Antragsteller glaubhaft macht, dass der unterlegene Streitgenosse zahlungsunfähig ist.[139] Einem intern nicht zahlungspflichtigen Beklagten steht daher kein Kostenerstattungsanspruch gegen den unterlegenen Prozessgegner zu.[140]

109 Für den Kfz-Haftpflichtprozess gilt, dass bei einem gemeinsamen Anwalt der obsiegende Streitgenosse vom Gegner nur insoweit Kostenerstattung verlangen kann, als er im Innenverhältnis der Streitgenossen untereinander für die Anwaltskosten tatsächlich aufzukommen hat.[141] Beim Kfz-Haftpflichtversicherer, dem Führer des Automobils und letztlich dem Halter des Fahrzeuges ist nämlich grundsätzlich davon auszugehen, dass der Versicherer die gesamten Anwaltskosten, mithin auch die des Fahrers und des Halters zu begleichen hat.[142] In der Regel wird die Bestellung eines eigenen Rechtsanwaltes durch den Versicherungsnehmer nicht notwendig sein.[143]

110 Wenn aufgrund eines Verkehrsunfalls der Fahrer und/oder der Halter eines beteiligten Kraftfahrzeugs und dessen Haftpflichtversicherung verklagt werden und in diesem Rechtsstreit nur der Fahrer und/oder Halter obsiegt, während die Haftpflichtversicherung unterliegt, kann der obsiegende Streitgenosse, zu dessen Gunsten eine Kostengrundentscheidung ergangen ist, den seiner Beteiligung am Rechtsstreit entsprechenden Anteil der Kosten des gemeinsamen Rechtsanwalts gegen den Erstattungspflichtigen festsetzen

---

138 LAG Köln MDR 2001, 357; OLG Hamm MDR 1994, 102 = Rpfleger 1995, 181 und JurBüro 2005, 91 ff.: Kostenerstattung findet in voller Höhe statt, ohne Rücksicht darauf, wie das Innenverhältnis der Streitgenossen eine Erstattung vorsieht; zur Begründung wird ausgeführt, dass solche materiell-rechtlichen Fragen im formellen Kostenfestsetzungsverfahren nicht zu klären seien und zudem der obsiegende Streitgenosse im Außenverhältnis seinem Anwalt auf die vollen Kosten gesamtschuldnerisch haftet (§ 6 Abs. 3 BRAGO = § 7 Abs. 2 RVG); a.A. Bruchteilsanspruch: BGH VersR 2006, 808; BGH, Beschl. v. 30.4.2003 – VIII ZB 100/02, MDR 2003, 1140 = NJW-RR 2003, 1217 = JurBüro 2004, 197 und BGH, Beschl. v. 17.7.2003 – I ZB 13/03, NJW-RR 2003, 1507; OLG Düsseldorf, Beschl. v. 22.1.2004 – I-10 W 3/04, 10 W 3/04 = JurBüro 2005, 90 f. = AGS 2004, 314.
139 OLG Koblenz JurBüro 2000, 85; OLG Dresden NJW-RR 1999, 293; OLG München Rpfleger 1995, 919; Zöller/Herget, ZPO, 28. Aufl. 2010, § 91 Rn 13 „Streitgenossen" m.w.N.
140 OLG Koblenz, Beschl. v. 17.11.2004 – 14 W 748/04, FamRZ 2005, 737.
141 OLG Koblenz JurBüro 2003, 93 f. und JurBüro 1986, 919 ff. m.w.N.; OLG Celle NdsRpfl 2000, 293.
142 OLG Zweibrücken JurBüro 1988, 354 ff.; a.A. (trotz der fehlenden Kostenhaftung im Innenverhältnis der Streitgenossen kann der allein obsiegende Halter 1/3 der gemeinsamen Anwaltskosten festsetzen lassen): OLG Karlsruhe zfs 1994, 103 f. = Rpfleger 1994, 316 = NZV 1994, 363 = JurBüro 1994, 684 f. = Schaden-Praxis 1994, 229 f. = Justiz 1994, 366 f.; OLG Karlsruhe Justiz 1997, 21 f.; OLG Stuttgart, Justiz 1978, 73.
143 BGH NJW-RR 2004, 536.

lassen, und zwar unabhängig davon, ob im Innenverhältnis die Haftpflichtversicherung diese Kosten in vollem Umfang zu tragen hat.[144]

Hinweis 111

Der Kostenfestsetzungsbeschluss hat auf jeden Fall den sich auf den einzelnen Streitgenossen zu erstattenden Betrag anteils- bzw. quotenmäßig zu benennen.

Obsiegen die am Prozess beteiligten Streitgenossen, so gilt es zu unterscheiden: 112
- Jeder Streitgenosse hat einen **eigenen Rechtsanwalt** beauftragt: In diesem Fall hat der unterlegene Gegner nach einer Ansicht stets in voller Höhe die Kosten der mehreren Anwälte zu erstatten. Dies gilt nur nicht in den Fällen eines Rechtsmissbrauchs.[145] Anderer Ansicht ist das OLG Sachsen-Anhalt.[146] Nach dessen Auffassung sind Streitgenossen, die sich jeweils getrennt haben vertreten lassen, im Kostenfestsetzungsverfahren so zu behandeln, als ob sie einen gemeinsamen Prozessbevollmächtigten bestellt hätten, wenn ihre Rechtsverfolgung aufgrund der Einheitlichkeit des zugrunde liegenden Lebenssachverhaltes identisch ist, die Gefahr eines Interessenwiderstreites nicht besteht und auch keine sonstigen Gründe für die Hinzuziehung jeweils eigener Prozessbevollmächtigter sprechen. Der BGH hat sich weitgehend der zweiten Ansicht angeschlossen und die Kosten von mehreren Prozessbevollmächtigten nur dann für nicht erstattungsfähig gehalten, wenn feststeht, dass ein eigener Prozessbevollmächtigter für eine interessengerechte Prozessführung nicht erforderlich sein wird.[147] Wenn auf denselben Sachverhalt gestützte Ansprüche in getrennten Verfahren geltend gemacht werden, sind die dadurch verursachten Mehrkosten erstattungsfähig, sofern für die getrennte Verfolgung sachliche Gründe bestehen.[148]
- Wenn die obsiegenden Streitgenossen einen gemeinsamen Rechtsanwalt mit der Interessenwahrnehmung beauftragt haben, sind sie nicht Gesamt-, sondern Anteilsgläubiger, sodass im Kostenfestsetzungsbeschluss – mithin auch im Antrag – konkret anzugeben ist, welchen Erstattungsanspruch der einzelne Streitgenosse gegen den Gegner hat.[149]

Nach Ansicht des OLG Düsseldorf[150] besteht allerdings eine Gesamtgläubigerschaft 113 gegenüber dem beauftragten gemeinsamen Anwalt. Sie haften diesem gegenüber gesamtschuldnerisch in Höhe ihrer vollen Kostenschuld nach § 7 Abs. 2 RVG abzüglich der Erhöhungsgebühr nach Nr. 1008 VV RVG, für die sie als Einzelschuldner einzustehen haben, wobei sie für den Differenzbetrag zwischen den gesamtschuldnerisch geschuldeten Gebühren und den vom Rechtsanwalt insgesamt nach § 7 Abs. 1 RVG zu beanspruchenden Gebühren nach Kopfteilen haften.

---

144 OLG München AGS 2013, 44; OLG Karlsruhe JurBüro 1994, 684; OLG Stuttgart JurBüro 1990, 625.
145 BVerfG NJW 1990, 2124; BGH NJW-RR 2018, 124; OLG Schleswig JurBüro 1992, 473; OLG Karlsruhe AnwBl 1994, 41; Zöller/*Herget*, ZPO, § 91 Rn 13 „Streitgenossen" m.w.N.
146 OLG Sachsen-Anhalt, Beschl. v. 27.1.2005 – 12 W 120/04 n.v.
147 BGH NJW-RR 2004, 536.
148 Hans. OLG Hamburg, Beschl. v. 5.2.2004 – 8 W 277/03, MDR 2004, 778.
149 *Hünnekens*, S. 237 m.w.N.
150 JurBüro 1993, 355.

e) Antrag bei Prozesskostenhilfe

114 Die Gewährung von Prozesskostenhilfe führt grundsätzlich nur zur Kostenerstattung der eigenen Kosten der bedürftigen Partei.[151] Dagegen muss die unterliegende bedürftige Partei dem obsiegenden Gegner seine Kosten erstatten, § 123 ZPO. Der Gegner kann also auch in diesem Fall einen Kostenfestsetzungsantrag stellen.

115 Obsiegt die bedürftige Partei, so hat sie den Anspruch, vom Gegner Kostenersatz zu verlangen. Dies gilt allerdings nur in Höhe der Kosten, die der bedürftigen Partei **tatsächlich** entstanden sind.[152] Hat demnach der beigeordnete Anwalt im Wege der Prozesskostenhilfe seine Ansprüche gegenüber der Staatskasse nach § 49 RVG geltend gemacht, so können höchstens noch die Differenzkosten bis zur Höhe der Wahlanwaltsvergütung nach §§ 13, 50 RVG geltend gemacht werden, wenn

- die Partei ihrem Anwalt vor dessen Beiordnung einen Vorschuss nach § 9 RVG gezahlt hat;
- die Partei den Anwalt über den Umfang seiner Beiordnung hinaus beauftragt hat und diesbezüglich auch obsiegt hat;
- eine Aufhebung der Prozesskostenhilfe erfolgt und der Rechtsanwalt infolgedessen seine Vergütung von der (ehemaligen) PKH-Partei verlangt.[153] Hierbei sind zuvor aus der Staatskasse, z.B. nach §§ 47, 49 RVG, erhaltene Beträge in Abzug zu bringen.

f) Die notwendigen Anlagen des Antrages

116 Dem Kostenfestsetzungsantrag sind folgende Unterlagen beizufügen:
- vollständige Kostenberechnung nebst Durchschrift für (jeden) Gegner (vgl. § 10 RVG),
- Kostenberechnung des Verkehrsanwalts bzw. Unterbevollmächtigten, nebst Geltendmachung deren Notwendigkeit,
- Belege zur Glaubhaftmachung von Auslagen (z.B. Einwohnermeldeamtsanfrage etc.),
- Erklärung bzgl. einer Vorsteuerabzugsberechtigung (§ 104 Abs. 2 S. 2 ZPO),
- Antrag auf Verzinsung (§ 104 Abs. 1 S. 1 ZPO),
- anwaltliche Versicherung bzgl. der Richtigkeit der konkret entstandenen Post- und Telekommunikationsentgelte (§ 104 Abs. 2 S. 1 ZPO),
- bei mehreren Gegnern[154] Erklärung darüber, welche Kosten gegen welchen Gegner festzusetzen sind (vgl. § 100 Abs. 1 ZPO),
- Vollmacht (bei Bevollmächtigten zweiter Instanz, Verkehrsanwalt),
- Kostengrundentscheidung, soweit nicht bereits in der Prozessakte vorhanden,
- bei Rechtsnachfolge deren Nachweis in der Form des §§ 727 ff. ZPO.

---

151 Ausführlich dazu *Folgmann* in § 3 Rdn 1 ff.
152 *V. Eicken/Hellstab/Dörndorfer/Asperger*, Die Kostenfestsetzung, 23. Aufl., Rn B48.
153 Die Wirkungen des § 122 Abs. 1 Nr. 3 ZPO entfallen, sodass der Anwalt hierzu berechtigt ist.
154 Eine Ausnahme besteht bei Gesamtschuldnerhaftung.

g) Besonderheiten der Kostenausgleichung

Sind die Prozesskosten ganz oder teilweise nach Quoten verteilt, so hat nach Eingang des Kostenfestsetzungsantrages das Gericht den Gegner aufzufordern, die Berechnung seiner Kosten binnen einer Woche bei Gericht einzureichen (§ 106 Abs. 1 ZPO). Diese sog. Kostenausgleichung bezweckt, im vereinfachten Verfahren festzustellen, bei welcher Partei der notwendige Prozessaufwand höher ist als der Teil, den sie nach der Quote von der Summe der beiderseitigen notwendigen Aufwendungen zu tragen hat.[155] Hat also eine Partei einen überschießenden Kostenerstattungsanspruch, so soll nur ein Kostenfestsetzungsverfahren mit einem Beschluss stattfinden.

117

Eine Quotenverteilung ist gegeben, wenn in der gerichtlichen Kostengrundentscheidung entweder eine Aufteilung nach unterschiedlichen Prozentsätzen oder Bruchteilen erfolgt, insbesondere also bei Kostengrundentscheidungen nach §§ 92, 97 ZPO. Ebenso, wenn die außergerichtlichen Kosten gegeneinander aufgehoben, die Gerichtskosten aber unterschiedlich aufgeteilt wurden. Gleiches gilt auch, wenn die Kosten des Rechtsstreits insgesamt gegeneinander aufgehoben wurden (§ 98 ZPO). Dies hat zwar die Folge, dass jede Partei zunächst ihre eigenen – außergerichtlichen – Kosten und die Gerichtskosten zur Hälfte zu tragen hat. In Bezug auf die angefallenen Gerichtskosten kann dies allerdings bedeuten, dass eine Partei wegen eines zuvor eingezahlten höheren Kostenvorschusses gegen die Gegenseite einen Erstattungsanspruch für verrechnete Vorschüsse hat.[156]

118

Eine Kostenquotelung ist in folgenden Fällen **nicht** gegeben:
- Die Kosten des Rechtsstreits wurden nach Instanzen aufgeteilt.[157]
- Eine Partei trägt Kosten der Säumnis, die Gegenseite die übrigen Kosten.[158]
- Bei einer Quotelung aufgrund eines außergerichtlichen Vergleichs.

119

Auch die Kostenausgleichung findet nur aufgrund eines ausdrücklich gestellten Antrages[159] statt. Der Antrag hat zur Folge, dass das Gericht den Gegner nach § 106 Abs. 1 S. 1 ZPO aufzufordern hat, binnen einer Woche ebenfalls einen Antrag auf Kostenausgleich zu stellen, bzw. seine Kosten für die Kostenausgleichung anzumelden. Dabei ist darauf hinzuweisen, dass nach fruchtlosem Fristablauf eine Entscheidung ohne Rücksicht auf die ihm erwachsenen Kosten ergeht. Es erfolgt dann also nur eine Kostenfestsetzung.

120

---

155 *V. Eicken/Hellstab/Dörndorfer/Asperger*, Die Kostenfestsetzung, 23. Aufl., Rn B 140.
156 Musielak/Voit/*Flockenhaus*, ZPO, § 106 Rn 2; MüKo-ZPO/*Schulz*, § 106 Rn 3; a.A. B/L/A/H/*Hartmann*, ZPO, § 106 Rn 4.
157 Musielak/Voit/*Flockenhaus*, ZPO, § 106 Rn 2; Zöller/*Herget*, ZPO, § 106 Rn 1; Thomas/Putzo/*Putzo*, ZPO, § 106 Rn 2; a.A. LG Aurich JurBüro 1976, 1386.
158 OLG Köln JurBüro 1993, 431 m. Anm. *Mümmler*; OLG Bamberg JurBüro 1982, 1258; a.A. OLG Bremen JurBüro 1981, 1734.
159 Vgl. hierzu Rdn 179.

121 *Hinweis*

Erfolgt die Kostenanmeldung noch bis zur Entscheidung über den ersten Antrag, sind die angemeldeten Kosten noch zu berücksichtigen. Im Übrigen werden diese Kosten später gesondert festgesetzt.

122 Um den Lauf der Frist in Gang zu setzen, ist eine förmliche Zustellung erforderlich (§ 329 Abs. 2 S. 3 ZPO). In der Praxis wird dies allerdings regelmäßig nicht praktiziert, da die Frist häufig zu kurz ist. Obwohl eine Fristverlängerung nicht zulässig ist, § 224 Abs. 2 ZPO, wird sie in der Gerichtspraxis dennoch gewährt.

123 *Hinweis*

Um dies zu umgehen, sollte der Bevollmächtigte des ersten Kostenausgleichungsantrages bereits darauf hinweisen, dass es sich um eine gesetzliche Frist handelt, die nicht verlängert werden kann, da es an einer entsprechenden gesetzlichen Bestimmung fehlt.[160]

124 Kommt der Antragsgegner der Aufforderung des Gerichts zur Anmeldung seiner entstandenen Kosten binnen der einwöchigen Frist nach, so wird regelmäßig dessen Berechnung dem Antragsteller zur Stellungnahme binnen einer zu bestimmenden Frist und damit zur Wahrung des rechtlichen Gehörs übermittelt.

125 Um hiernach eine Ausgleichung vornehmen zu können, muss das Gericht zwischen den außergerichtlichen Kosten und den Gerichtskosten unterscheiden. Hinsichtlich der Gerichtskosten wurde nämlich regelmäßig ein Vorschuss gezahlt.

126 Hat eine Partei die Gerichtskosten als Vorschuss gezahlt, ergibt sich aufgrund der gequotelten Kostengrundentscheidung eine Überzahlung, die am Ende dem Auszugleichenden hinzuzusetzen oder bei einer Ausgleichpflicht der vorschießenden Partei in Abzug zu bringen ist.

127 Hinsichtlich der außergerichtlichen Kosten hat das Gericht zunächst für jeden der vorliegenden Anträge zu prüfen, ob die angemeldeten Kosten notwendig sind. Nicht notwendige Kosten sind nicht zu berücksichtigen, der Kostenausgleichungsantrag insoweit zurückzuweisen. In keinem Fall dürfen Kosten als erstattungsfähig berücksichtigt werden, die nicht entstanden sind.[161]

128 Die notwendigen Kosten werden sodann addiert und entsprechend der Quotelung nach der Kostengrundentscheidung auf die Parteien aufgeteilt. Zeigt das Ergebnis, dass einer Partei höhere Kosten entstanden sind, als sie tatsächlich nach der Quote zu zahlen hat, so stellt der überschießende Betrag ihren Erstattungsanspruch dar.

129 *Hinweis*

Wurde einer Partei bzw. beiden Parteien Prozesskostenhilfe bewilligt, so hat dies auf die Kostenquotelung und damit Kostenausgleichung keinen Einfluss.[162] Dies hat zur

---

160 Vgl. Muster Rdn 179.
161 BVerfGE 62, 189 ff. (LS 2).
162 OLG Koblenz, Beschl. v. 14.3.2001 – 14 W 170/01.

Folge, dass der aus der Staatskasse nach § 49 RVG bereits ausgezahlte Betrag bei der Ausgleichung nicht zu berücksichtigen ist. Vielmehr wird dieser Betrag bei einem eventuellen Erstattungsanspruch nach § 59 RVG in Abzug gebracht.

Hat der Gegner entgegen der Aufforderung nach § 106 Abs. 1 ZPO seine Kosten zur Kostenausgleichung nicht angemeldet, entscheidet das Gericht über den Antrag des Antragstellers ohne Rücksicht auf die dem Gegner entstandenen Kosten, § 106 Abs. 2 ZPO. Geht der Ausgleichsantrag des Gegners aber noch ein, bevor der Kostenfestsetzungsbeschluss ausgefertigt wurde, so ergeht die Entscheidung noch unter Berücksichtigung der nachträglich angemeldeten Kosten.[163] Nach der erfolgten Kostenfestsetzung kann der Gegner seine Kosten ungeachtet dessen durch einen weiteren Kostenfestsetzungsbeschluss gesondert festsetzen lassen, § 106 Abs. 2 S. 1 ZPO. Hierdurch entstandene Mehrkosten, insbesondere Zustellungskosten, sind jedoch dem Verspäteten gegenüber in Rechnung zu stellen, § 106 Abs. 2 S. 2 ZPO. Beachtlicher dürfte sein, dass er damit das volle Liquiditätsrisiko des Kostengegners trägt und sich ggf. dessen Vollstreckung in voller Höhe der festgesetzten Kosten ausgesetzt sieht. 130

Werden Streitgenossen durch einen gemeinsamen Rechtsanwalt vertreten und endigt der Rechtsstreit im Ergebnis unterschiedlich, so ist derjenige Streitgenosse mit dem günstigsten Prozessergebnis berechtigt, die Gebühren und Auslagen, die er dem gemeinsamen Bevollmächtigten nach § 7 RVG schuldet, in voller Höhe nach Maßgabe der Kostengrundentscheidung zu verlangen.[164] Denn als ein förmliches, auf eine rasche betragsmäßige Ausfüllung der Kostengrundentscheidung gerichtetes Verfahren ist das Kostenfestsetzungsverfahren im Gegensatz zu einem prozessualen Erkenntnisverfahren nicht dazu geeignet, materiell-rechtliche Ausgleichungs- und Freistellungsansprüche der Streitgenossen untereinander zu prüfen und in die Kostenfestsetzung einzubeziehen. Denn nach § 426 Abs. 1 S. 1 BGB können sie durch Vereinbarungen, die auch noch nach Erlass der gerichtlichen Entscheidung möglich sind, unterschiedlich ausgestaltet sein. Daher ist davon auszugehen, dass die Streitgenossen untereinander im Innenverhältnis die günstigste Regelung getroffen haben. Der Prozessgegner hat allerdings nach Erfüllung seiner Kostenschuld einen Anspruch gegen den obsiegenden Streitgenossen auf Abtretung des Ausgleichsanspruchs (§ 426 BGB) gegen den unterlegenen Streitgenossen.[165] 131

Dies hat zur Folge, dass der obsiegende Streitgenosse die Anwaltskosten tatsächlich im Umfang seines Obsiegens übernimmt, während die übrigen Kosten vom unterlegenen Streitgenossen zu tragen sind. Darüber hinaus besteht auch keine Verpflichtung der Streitgenossen, bei der Gestaltung ihres Innenverhältnisses die Kosteninteressen des 132

---

163 Zöller/*Herget*, § 106 Rn 4; Musielak/Voit/*Flockenhaus*, § 106 Rn 5 m.w.N.; LG Berlin Rpfleger 1986, 194; a.A. OLG Hamm Rpfleger 1996, 261; LG Hannover Rpfleger 1989, 342.
164 LAG Köln, Beschl. v. 1.10.2000 – 10 (2) Ta 179/00, MDR 2001, 357; OLG Hamm Rpfleger 1995, 181; OLG Düsseldorf JurBüro 1993, 355; OLG München JurBüro 1983, 552; a.A. OLG Koblenz, Beschl. v. 15.10.2003 – 14 W 672/03, NJW-RR 2004, 71 f.; OLG Bamberg JurBüro 1988, 624.
165 LAG Köln, Beschl. v. 1.10.2000 – 10 (2) Ta 179/00, MDR 2001, 357.

unterlegenen Gegners zu berücksichtigen. Ein Anspruch des Gegners hierauf besteht nicht.

133 Der bei der Kostenausgleichung zu berücksichtigende Erstattungsbetrag eines Streitgenossen unterliegt allerdings der sich aus § 7 Abs. 2 S. 1 RVG ergebenden Festsetzungsgrenze. Die mehreren Streitgenossen zugesprochenen Erstattungsbeträge dürfen somit in ihrer Summe aus dem nach § 22 Abs. 1 RVG addierten Streitwert die Vergütung, die der gemeinsam beauftragte Rechtsanwalt verlangen kann, nicht überschreiten.[166]

Werden eine OHG und ihre Gesellschafter als Streitgenossen wegen einer Gesellschaftsschuld in Anspruch genommen, können sie im Falle ihres Obsiegens von der unterlegenen Klägerseite keine Erstattung der Umsatzsteuer verlangen, die sie ihrem gemeinsamen Prozessbevollmächtigten schulden, sofern die vorsteuerabzugsberechtigte OHG – wie im Regelfall – im Innenverhältnis der Streitgenossen die gesamten Kosten des gemeinsamen Prozessbevollmächtigten zu tragen hat.[167]

134 Unterlegene Streitgenossen haften gem. § 100 Abs. 1 ZPO nach Kopfteilen. Ausnahmen bestehen dann, wenn das Gericht die Kosten nach §§ 92, 100 Abs. 2, 3 ZPO auf die Parteien verteilt hat, oder eine Gesamtschuldnerhaftung besteht. In diesem Fall findet automatisch auch eine gesamtschuldnerische Haftung bezüglich der Kostenerstattung statt (§ 100 Abs. 4 ZPO).

h) Rückfestsetzung von Kosten

aa) Einleitung

135 Ist die Kostenfestsetzung nach dem Abschluss der ersten Instanz erfolgt, die erstinstanzliche Kostengrundentscheidung aber im Rechtsmittelverfahren geändert worden, muss auch die Kostenhöhentscheidung wieder geändert werden. Man spricht in diesem Fall von der Rückfestsetzung. In der Praxis kommt ihr durchaus eine große Bedeutung zu.

136 *Hinweis*

Auf die häufig vom Gegner und Kostenschuldner geäußerte Bitte, die Kostenfestsetzung zurückzustellen, weil ein Rechtsmittel eingelegt wurde, muss sich die erstattungsberechtigte Partei nicht einlassen. Vielmehr sollte schon zur Minderung des späteren Insolvenz- und Beitreibungsrisikos des Gegners die Kostenfestsetzung konsequent verfolgt werden.

bb) Die Voraussetzungen der Rückfestsetzung

137 Durch die die Ausgangsentscheidung ändernde Rechtsmittelentscheidung entfällt die Rechtsgrundlage für den bisherigen Kostenfestsetzungsbeschluss. Es fehlt nun an dem „zur Zwangsvollstreckung geeigneten Titel" i.S.d. § 103 Abs. 1 ZPO.[168] Der obsiegenden Partei des Rechtsmittelverfahrens ist es daher zuzumuten, anstatt des Vorgehens im

---

166 OLG München JurBüro 1983, 552; OLG Hamburg JurBüro 1977, 199.
167 OLG Nürnberg Rpfleger 2008, 158 = MDR 2007, 1457.
168 OLGR Hamm 2003, 14 f.: ursprünglicher Kostenfestsetzungsbeschluss verliert ohne Weiteres seine Wirkung; lediglich deklaratorisch ist dies zur Rechtssicherheit nochmals auszusprechen; OLG Düsseldorf BauR 2001, 449 f.

Klageweg den einfacheren, schnelleren und kostenfreien Weg des Rückfestsetzungsverfahrens zur Erlangung eines Titels einzuschlagen. Ein Rechtsschutzbedürfnis für eine Klage ist daher nicht anzuerkennen.[169]

Ein Anspruch auf eine Rückfestsetzung von Kosten besteht auch im Falle der Erledigung der Hauptsache im weiteren Erkenntnisverfahren, wenn zwischen den Parteien kein Streit darüber besteht, dass eine Partei einen aufgrund des gegenstandslos gewordenen Titels gezahlten Betrag zurückzuzahlen hat.[170] 138

Wurde der ursprüngliche Titel durch einen Prozessvergleich aufgehoben bzw. abgeändert, erfolgt eine Rückfestsetzung, wenn sich hierdurch eine abweichende Kostenregelung ergibt.[171] Dies kann sich schon ergeben, wenn der Vergleich keine Kostenregelung enthält, da dann § 98 ZPO zur Anwendung kommt. Die Auslegung einer missverständlichen Kostenregelung im Vergleich erfolgt im Kostenfestsetzungsverfahren.[172] 139

Wird nachträglich die richterliche Entscheidung zum Streitwert abgeändert oder aber der Kostenfestsetzungsbeschluss aufgehoben, abgeändert oder nach § 319 ZPO berichtigt, so richtet sich der Anspruch auf Rückerstattung zu viel erstatteter Kosten nach §§ 812 ff. BGB unter Anwendung der Regelungen des Kostenfestsetzungsverfahrens.[173] 140

Im Rahmen der Kostenrückfestsetzung kann einmal der zu Unrecht festgesetzte und bereits erstattete Anspruch aufgrund des ehemaligen Kostenfestsetzungsbeschlusses als zu erstatten festgesetzt werden.[174] Zusätzlich hierzu können auch noch Zinsleistungen verlangt werden und zwar ab Einreichung des Rückfestsetzungsantrags.[175] Für den davor liegenden Zeitraum sind Zinsen nur dann festzusetzen, wenn solche auf den später wirkungslos gewordenen ursprünglichen Kostenfestsetzungsbeschluss gezahlt worden sind.[176] 141

Darüber hinaus können auch Kosten der Zwangsvollstreckung im Wege der Rückfestsetzung verlangt werden.[177] Denn hierbei handelt es sich ebenfalls um Kosten, die auf der Grundlage des aufgehobenen Titels gezahlt wurden. Somit gelten die Erwägungen, aus denen sich die Zulässigkeit der Rückfestsetzung der aufgrund des früheren Titels gezahlten Kosten des Rechtsstreits ergibt, in gleicher Weise für die Durchsetzung des Rückerstattungsanspruchs des Schuldners wegen von ihm gezahlter Kosten der vom Gläubiger betriebenen Zwangsvollstreckung. Wenn der Gläubiger daher solche Kosten nach § 788 Abs. 1 ZPO ohne Weiteres beitreiben oder sich jedenfalls festsetzen lassen kann, so muss es dem Schuldner umgekehrt ebenfalls gestattet sein, nach Wegfall des für die 142

---

169 OLG Düsseldorf BauR 2001, 449 f.; LG Frankenthal WRP 2000, 1326 f.; a.A. BGHZ 111, 168.
170 LG Frankenthal WRP 2000, 1326 f.
171 OLG München, Beschl. v. 30.8.2005 – 11 W 1695/05 n.v.; OLG Hamburg JurBüro 1996, 593 m.w.N.; *Hansens*, Renopraxis 2003, 68 m.w.N.
172 OLGR Hamm 2003, 14 f.
173 OLG Düsseldorf BauR 2001, 141 m.w.N. und JurBüro 1988, 626 f.
174 BGH NJW-RR 2005, 79 f.
175 OLG Koblenz AGS 2012, 198 = MDR 2012, 51; OLGReport Zweibrücken 2005, 94.
176 OLG Zweibrücken, Beschl. v. 24.8.2004 – 4 W 102/04, 4 W 103/04, OLGR Zweibrücken 2005, 94; KG Berlin, Beschl. v. 29.7.2003 – 1 W 291/03, KGR Berlin 2004, 69 f.
177 KG JurBüro 1991, 389 ff. m.w.N.

Vollstreckung maßgebenden Titels seinen Rückerstattungsanspruch aus § 788 Abs. 2 ZPO im Wege der vereinfachten Kostenfestsetzung durchzusetzen.[178]

143 *Hinweis*

Unter solche Kosten fallen allerdings nur die vom Gläubiger nach § 788 Abs. 1 ZPO beigetriebenen Vollstreckungskosten, nicht hingegen die durch die Vollstreckung verursachten eigenen Kosten des Schuldners. Diese können daher, selbst wenn der Erstattungsanspruch aus § 788 Abs. 2 ZPO festsetzbar sein sollte, nur im anhängigen Rechtsstreit nach § 717 Abs. 2 ZPO oder durch selbstständige Klage geltend gemacht werden.[179]

i) Kostenfestsetzung nach § 11 RVG

144 Nach § 11 RVG kann der Rechtsanwalt seine Vergütung in den dort genannten Fällen gegen seine eigene Partei festsetzen lassen. Die Regelung dient dem Ziel, einen Prozess wegen der dem Rechtsanwalt im Erkenntnisverfahren entstandenen und fälligen Anwaltsgebühren zu vermeiden und zugleich eine schnelle und kostengünstige Überprüfung und Festsetzung der im gerichtlichen Verfahren entstandenen Gebühren durch das mit der Hauptsache befasste Gericht zu ermöglichen.

145 *Hinweis*

Damit fehlt einem Erkenntnisverfahren oder der Einleitung des gerichtlichen Mahnverfahrens regelmäßig das Rechtsschutzbedürfnis, soweit die Voraussetzungen für eine Festsetzung nach § 11 RVG vorliegen.

§ 11 RVG gibt aber nicht nur dem Rechtsanwalt die Möglichkeit, seine Vergütung gegenüber der vertretenen Partei festsetzen zu lassen, sondern auch der vertretenen Partei als Auftraggeber die Möglichkeit, die von dem beauftragten Rechtsanwalt berechneten Gebühren überprüfen zu lassen.

Zuständig für die Kostenfestsetzung ist das Gericht, das als Prozessgericht I. Instanz tätig geworden ist. Handelt es sich bei den Vergütungsansprüchen um Zwangsvollstreckungskosten, so ist sachlich zuständig das Vollstreckungsgericht.[180] Durch den Antrag wird die Verjährung wie durch Klageerhebung gehemmt (§ 11 Abs. 7 RVG).

146 Das Gesetz bezeichnet die Parteien als Antragsteller und Antragsgegner. Zur Kostenfestsetzung berechtigt ist neben der vertretenen Partei jeder Rechtsanwalt bzw. Rechtsbeistand,[181] der die Partei auftragsgemäß in einem gerichtlichen Verfahren vertreten bzw. daran mitgewirkt hat. Insoweit kann ein Rechtsanwalt aufgrund folgender Stellung einen solchen Antrag stellen:
- Prozessbevollmächtigter,
- Unterbevollmächtigter,

---

[178] OLG Celle Rpfleger 1983, 498.
[179] KG Berlin JurBüro 1991, 389 ff. und Rpfleger 1978, 150.
[180] BGH, Beschl. v. 15.2.2005 – X ARZ 409/04, Vollstreckung effektiv 2005, 101 = RVG-Report 2005, 184.
[181] *E. Schneider*, Anm. zu KostRsp BRAGO § 19 Nr. 9; *v. Eicken/Hellstab/Lappe/Madert*, Teil I Rn 18.

- Beistand,
- Verkehrs- bzw. Korrespondenzanwalt,
- Beweisanwalt.

Nicht antragsberechtigt ist hingegen der Patentanwalt. Dessen Gebührenansprüche sind nämlich gesetzlich nicht festgeschrieben.[182] Ebenfalls ausgeschlossen ist der im Rahmen der Prozesskostenhilfe beigeordnete Rechtsanwalt. Für diesen greift nämlich während des Bestehens der Prozesskostenhilfe die Forderungssperre nach § 122 Abs. 1 Nr. 3 ZPO.[183] Im Umkehrschluss ergibt sich die Möglichkeit der Festsetzung nach § 11 RVG erst nach einer Aufhebung der Prozesskostenhilfe-Bewilligung (vgl. § 124 ZPO). Gleiches gilt, wenn zwischen Rechtsanwalt und Auftraggeber überhaupt kein Auftragsverhältnis zustande gekommen ist. Dies ist z.B. der Fall, wenn der Anwalt „kollegialiter" Vergleichsprotokollierungen vornimmt.[184]

147

Festgesetzt werden können grundsätzlich nur die **gesetzliche Vergütung**, d.h. die nach dem RVG berechneten Gebühren und Auslagen (Umsatzsteuer, Schreibauslagen, Post- und Telekommunikationsentgelte, Reisekosten, Tage- und Abwesenheitsgelder), die in dem vorausgehenden Prozess entstanden und zur Zahlung fällig gestellt worden sind. Ansprüche aus Honorarvereinbarungen können also im Verfahren nach § 11 RVG nicht festgesetzt werden.

148

Der Gebührenanspruch muss dem Rechtsanwalt in einem gerichtlichen Verfahren (z.B. Mahn-, Zwangsvollstreckungs-, Zwangsversteigerungs-, Zwangsverwaltungs-, Insolvenzverfahren) entstanden sein. Dies setzt eine Tätigkeit des Anwalts aufgrund eines entsprechenden Auftrags voraus. Gesetzlich in diesem Sinne ist auch so zu verstehen, dass die Vergütung im Rahmen eines gerichtlichen Verfahrens erwachsen sein muss, wobei die Einzeltätigkeit auch einen innerhalb des Prozessauftrages abgeschlossenen außergerichtlichen Vergleich betreffen kann, ebenso die Hebegebühr nach Nr. 1009 VV.[185] Nicht umfasst wird daher die Tätigkeit außerhalb eines gerichtlichen Verfahrens, z.B. nach Nr. 2100 VV oder die Tätigkeit in der Beratungshilfe, Nr. 2600 VV, da es hierbei bereits an einem nach § 11 Abs. 1 S. 1 RVG zuständigen Gericht für die Festsetzung mangelt.[186]

149

Hat der Rechtsanwalt mehrere Auftraggeber (z.B. Streitgenossen[187]) vertreten, so kann er von dem Einzelnen nur das verlangen, was dieser ihm schuldete, wenn der Anwalt nur in dessen Auftrag tätig gewesen sein würde (§ 7 Abs. 2 RVG). Somit scheidet die Festsetzung des sich aufgrund der Mehrheit ergebenden Erhöhungsbetrages nach Nr. 1008 VV aus.[188]

150

---

182 BGH v. 25.8.2015 – X ZB 6/14; BGH AGS 2015, 516.
183 Vgl. hierzu auch *Folgmann* in § 3 Rdn 1 ff.
184 LAG Düsseldorf AnwBl 2000, 69; *v. Eicken/Hellstab/Lappe/Madert*, Teil I Rn 15.
185 OLG Stuttgart JurBüro 1985, 871; OLG München JurBüro 1987, 385; *Hansens*, BRAGO, § 19 Rn 17; *Gerold/Schmidt/v. Eicken/Madert/Müller-Raabe*, RVG, 16. Aufl., § 11 Rn 12; *Mock*, Tipps + Taktik, Rn 1191.
186 *Gerold/Schmidt/v. Eicken/Madert/Müller-Raabe*, RVG, 16. Aufl., § 11 Rn 24; *Mock*, Tipps + Taktik, Rn 1190.
187 Eingehend hierzu *Engels*, MDR 2001, 370, 377.
188 AnwK-RVG/*N. Schneider*, § 11 Rn 65 m.w.N.

Der von einer Gesellschaft bürgerlichen Rechts beauftragte Rechtsanwalt kann seine Gebühren nach § 11 RVG nicht gegen einen Gesellschafter festsetzen lassen, der nicht selbst neben der Gesellschaft Auftraggeber des Anwalts ist.[189]

151 Auch andere als die in Nr. 7000 VV aufgeführten Auslagen sind festsetzbar, sofern sie verfahrensbezogen sind und der Anwalt die Verauslagung glaubhaft machen kann (§ 11 Abs. 1 RVG, § 670 BGB). Hierzu zählen insbesondere aus eigenen Mitteln verauslagte Gerichts- bzw. Gerichtsvollzieherkosten sowie Zeugen- und Sachverständigenauslagen.[190]

152 Eine Festsetzung der anwaltlichen Gebühren für den Rechtsanwalt gegen die eigene Partei erfolgt nur aufgrund eines ausdrücklichen Antrages des Rechtsanwaltes oder der Partei.[191] Dieser kann nach § 11 Abs. 6 RVG zu Protokoll der Geschäftsstelle (§ 129a ZPO) gegeben werden, was wohl in der Praxis nur für die Partei selbst relevant sein kann, oder schriftlich eingereicht werden. Anwaltszwang besteht nach § 78 Abs. 5 ZPO nicht, auch wenn für das Ausgangsverfahren Anwaltszwang vorgeschrieben war.[192]

153 Dem Antrag sind die erforderlichen Anlagen wie z.B. eine Gebührenberechnung beizufügen, was aber nicht unbedingt erforderlich ist. Vielmehr muss die Vergütungsberechnung nachvollziehbar sein.[193] Zulässig ist es hierbei, auf die Gerichtsakten Bezug zu nehmen. Der Antrag muss die Erklärung enthalten, dass die Gebühren fällig sind (§§ 11 Abs. 2 S. 1, 8 RVG) und der Auftraggeber in der Form des § 10 RVG eine Gebührenberechnung erhalten hat. Ebenso sind Vorschüsse bzw. Zahlungen anzugeben, da diese gem. § 11 Abs. 1 S. 2 RVG abzusetzen sind. Hierunter fällt auch eine nach Nr. 2300 VV bereits gezahlte Geschäftsgebühr unter gleichzeitiger Anrechnung auf die Verfahrensgebühr (Vorbemerkung 3 Abs. 4 VV).

154 Anders als im Verfahren nach §§ 103 ff. ZPO ist vor einer Entscheidung über den Antrag nach § 11 RVG dem Gegner durch (regelmäßig) formloses Übersenden einer Antragsabschrift rechtliches Gehör zu gewähren (§ 11 Abs. 2 S. 2 RVG). Dies ist deshalb erforderlich, da nicht gebührenrechtliche Einwendungen wie z.B. Schlechterfüllung des Auftrages, Aufrechnung etc. niemals auszuschließen sind und daher eine Festsetzung nicht erfolgen darf, § 11 Abs. 5 RVG. Im Zweifel, insbesondere wenn der Gegner unbekannten Aufenthalts ist, sollte zugleich eine öffentliche Zustellung beantragt werden.[194]

155 Voraussetzung für den Erlass eines Kostenfestsetzungsbeschlusses ist, dass der Gegner entweder gar keine oder nur gebührenrechtliche Einwände erhebt.

156 Gebührenrechtliche Einwände liegen vor, wenn geltend gemacht wird, die geforderte Vergütung sei nach den Vorschriften des RVG einschließlich der in Bezug genommenen

---

189 BGH, Beschl. v. 14.9.2004 – VI ZB 61/03, AGS 2004, 480 f. = JurBüro 2005, 35 f.
190 A.A. nach BRAGO-Rechtslage BGH, Beschl. v. 16.7.2003 – XII ZB 193/02, AGS 2003, 391 = FuR 2004, 138 f.
191 Muster Rdn 178.
192 Hanseatisches OLG Hamburg NJW-RR 2001, 59; *Engels*, MDR 2001, 370, 373.
193 AnwK-RVG/*N. Schneider*, § 11 Rn 101 m.w.N.
194 Muster hierzu unter Rdn 180.

sonstigen Gebührenvorschriften nicht oder nicht in der geforderten Höhe erwachsen.[195]
Solche gebührenrechtlichen Einwendungen stellen dar:
- Anrechnungsvorschriften, z.B. nach Vorbemerkung 3 Abs. 4 VV, wurden nicht beachtet,
- Gebührentatbestand ist nicht bzw. nur bedingt erfüllt, z.B. Terminsgebühr ist nicht in voller Höhe, sondern nur zu 0,5 entstanden,
- Abrechnung nach einer unzutreffenden Vorschrift,
- unzulässige Nachliquidation,[196]
- Mitwirken des Rechtsanwalts am Vergleichsabschluss sei nicht vorhanden bzw. sei nicht ursächlich,[197]
- keine Fälligkeit der Vergütung,[198]
- Nichtanrechnung von unstreitig durch den Mandanten gezahlte Gebühren[199] bzw. Vorschuss,
- bei Vertretung mehrerer Mandanten Berufung auf lediglich anteilige Haftung,[200]
- Leugnen eines Mandatsauftrages,[201]
- Gebührenberechnung nach falschem Streitwert,[202]
- Bestehen eines Rechtsschutzversicherungsvertrages.[203]

Im Rahmen der Amtsprüfung hat der Rechtspfleger eine Prüfung der vorgebrachten Einwände vorzunehmen und, wenn sie berechtigt sind, Abhilfe zu schaffen. Auf jeden Fall hat eine Festsetzung zu erfolgen. 157

Erhebt der Antragsgegner dagegen nichtgebührenrechtliche Einwände, findet nach § 11 Abs. 5 RVG keine Prüfung statt. Vielmehr hat das Gericht die Festsetzung abzulehnen, sodass nunmehr eine Klärung vor dem ordentlichen Gericht im Rahmen eines ordentlichen Erkenntnisverfahrens (Honorarklage) bzw. Mahnverfahrens stattzufinden hat. Solche Fälle nichtgebührenrechtlicher Einwände sind: 158
- Aufrechnungserklärung mit Schadensersatzansprüchen wegen Schlechterfüllung des Anwaltsvertrages,[204]
- Str.: Behauptung, es sei kein Auftrag erteilt worden,[205]

---

195 *Gerold/Schmidt*, § 11 Rn 48.
196 KG JurBüro 1971, 1029.
197 AnwK-RVG/*N. Schneider*, § 11 Rn 145 m.w.N.; a.A. OLG Frankfurt/M. JurBüro 1987, 1799 = außergerichtlicher Einwand; ebenso KG JurBüro 1990, 72 m. Anm. *Mümmler*.
198 AnwK-RVG/*N. Schneider*, § 11 Rn 145 m.w.N.
199 BGH AGS 1998, 146.
200 AnwK-RVG/*N. Schneider*, § 11 Rn 156.
201 OLG Saarbrücken OLGR 2009, 547.
202 OLG Saarbrücken, AGS 2005, 210 = OLGR Saarbrücken 2005, 154 f.
203 LAG Baden-Württemberg Rpfleger 1982, 485; AnwK-RVG/*N. Schneider*, § 11 Rn 171; Existenz einer solchen Versicherung berührt nicht den Gebührenanspruch des Rechtsanwalts.
204 LG Berlin JurBüro 1996, 88; OLG Koblenz AGS 2000, 37 = JurBüro 2000, 33.
205 OLG München v. 18.4.2016 – 34 Sch 11/13; OLG Koblenz, Beschl. v. 9.9.2004 – 14 W 511/04, AGS 2004, 443 m. Anm. *N. Schneider* = RVG-B 2005, 6 m. Anm. *Goebel* (zwar steht der Festsetzung der Vergütung im Verfahren nach § 11 RVG die Rüge des Mandanten, er habe dem Rechtsanwalt keinen Auftrag erteilt, entgegen. Die Rüge ist jedoch unbeachtlich, wenn sich aus aktenkundigen Schreiben des Mandanten zweifelsfrei ergibt, dass er den Anwalt beauftragt hat, sodass die Einwendung offensichtlich aus der Luft gegriffen ist.); ähnlich OLG Saarbrücken OLGR 2009, 547; OLG Koblenz JurBüro 1986, 1524; a.A. VG Düsseldorf Rpfleger 1983, 125.

- bedingte Auftragserteilung und Behauptung, Bedingung sei nicht eingetreten,[206]
- eine Belehrung über die Kostenpflichten sei nicht erfolgt,[207]
- mangelhafte Belehrung über Kostentragungspflicht,[208] einschließlich der Behauptung, die Kosten könnten über die Prozesskostenhilfe abgerechnet werden,[209]
- Gebührenteilungsvereinbarung zwischen mehreren Anwälten,[210]
- die Schuld sei bereits getilgt,[211]
- eine Stundung der Forderung sei durch den Rechtsanwalt erfolgt,[212]
- ein Dritter habe die Kosten übernommen,[213]
- die Forderung sei verjährt,[214]
- es sei kein Hinweis auf die Kostenbelastung und die Möglichkeit, Prozesskostenhilfe in Anspruch zu nehmen,[215] erfolgt,
- Abschluss einer Honorarvereinbarung,[216]
- Abschluss einer Rechtsschutzversicherung, wenn Anwalt erklärt hat, dass er mit Versicherungsträger abrechnet,[217]
- Tilgungsbestimmung,[218]
- eine anderweitig aufrechenbare Forderung.[219]

Offensichtlich unbegründete, halt- oder substanzlose und aus der Luft gegriffene Einwendungen sind aber unbeachtlich und hindern die Vergütungsfestsetzung nach § 11 RVG nicht.[220]

III. Die Rechtsbehelfe

1. Sofortige Beschwerde/Erinnerung gegen die Kostenfestsetzung

159 Die Kostengrundentscheidung des Gerichts ist nur in Ausnahmefällen (z.B. §§ 91a Abs. 2, 99 Abs. 2 ZPO) isoliert anfechtbar, ansonsten im Regelfall nur zusammen mit der Entscheidung in der Hauptsache. Werden in dem folgenden Kostenfestsetzungsverfahren

---

206 OVG Lüneburg NdsRpfleger 1995, 219; OLG Koblenz JurBüro 1994, 732; AnwK-RVG/*N. Schneider*, § 11 Rn 159 m.w.N.
207 LAG Hamburg MDR 1987, 962.
208 LAG Hamburg MDR 1987, 962.
209 OLG Sachsen-Anhalt v. 10.1.2017 – 12 W 2/17 = RVGreport 2018, 170.
210 OLG Koblenz AnwBl 1992, 284; OLG Karlsruhe JurBüro 1992, 740; AnwK-RVG/*N. Schneider*, § 11 Rn 164 m.w.N.
211 Fraglich kann sein, ob und inwieweit der Erfüllungseinwand substantiiert vorgebracht werden muss (vgl. OLG Koblenz BRAGO Report 2002, 79; Hanseatisches OLG Hamburg JurBüro 1995, 426; LAG Düsseldorf JurBüro 1995, 648; OLG Frankfurt/M. AnwBl 1983, 568).
212 OLG Hamm JurBüro 1963, 777.
213 LG Düsseldorf Rpfleger 1994, 82.
214 LAG Bremen JurBüro 2000, 362; LAG Düsseldorf JurBüro 1992, 799; OLG Hamburg JurBüro 1995, 426; AnwK-RVG-*N. Schneider*, § 11 Rn 179 m.w.N.; a.A. für den Fall, dass die Verjährungseinrede offensichtlich unbegründet ist: LG Saarbrücken AGS 2009, 280.
215 Brandenburgisches OLG Rpfleger 1997, 41.
216 OLG Celle AnwBl 1985, 650; OLG Bamberg JurBüro 1988, 1355; OLG Koblenz JurBüro 1985, 220.
217 OVG Lüneburg NdsRpfleger 1995, 219.
218 AnwK-RVG/*N. Schneider*, § 11 Rn 149.
219 OLG Frankfurt AGS 2017, 399.
220 Vgl. Beck'scher Online-Kommentar RVG/*v. Seltmann*, 32. Edition, § 11 RVG Rn 52; OLG Zweibrücken v. 23.6.2016 – 6 WF 73/16.

(§§ 103 ff. ZPO) Gebühren oder Auslagen nicht oder nicht vollständig anerkannt, kann dies angefochten werden. Der statthafte Rechtsbehelf bestimmt sich nach dem Wert des Beschwerdegegenstandes und zwar:
- die sofortige Beschwerde, wenn der Wert des Beschwerdegegenstandes 200 EUR übersteigt (§ 567 Abs. 2 ZPO),
- die **befristete Erinnerung** (§ 11 Abs. 2 S. 1 RPflG), über die bei unterbliebener Abhilfe des Rechtspflegers der Instanzrichter abschließend entscheidet.

Der Wert des Beschwerdegegenstandes berechnet sich aus der Differenz zwischen den zugebilligten und den mit der Beschwerde erstrebten Gebühren und Auslagen.

Beispiel 160

A klagt gegen B Miete in Höhe von 10.000 EUR ein. Der Klage wird nach mündlicher Verhandlung teilweise stattgegeben und die Kosten des Rechtsstreits werden zwischen A und B im Verhältnis 65 % zu 35 % aufgeteilt. Die von A beantragte Festsetzung von Reisekosten seines Anwalts in Höhe von 250 EUR wird zurückgewiesen.

Da A gegen B nur einen Erstattungsanspruch in Höhe von 65 % hat, kann hinsichtlich des von ihm angefochtenen Teils des Beschlusses (Reisekosten des Anwalts) sein Erstattungsanspruch maximal 162,50 EUR (65 % von 250 EUR) höher ausfallen. Damit hat der Beschwerdegegenstand einen Wert von 162,50 EUR und es ist nur die befristete Erinnerung nach § 11 Abs. 2 RPflG statthaft.

Hat der Rechtspfleger des AG die Kosten festgesetzt, entscheidet über die sofortige 161 Beschwerde das LG; bei einer Festsetzung durch den Rechtspfleger des Landgerichts entscheidet das OLG. Die Partei kann sofortige Beschwerde einlegen, wenn und soweit ihr Antrag (teilweise) zurückgewiesen wurde. Dem Anwalt steht dagegen i.d.R. ein eigenes Beschwerderecht nicht zu. Über die sofortige Erinnerung gegen eine Kostenfestsetzungsentscheidung des Rechtspflegers am AG entscheidet dagegen der Richter am AG bzw. bei der Festsetzung durch den Rechtspfleger beim AG der entsprechende Einzelrichter oder die Kammer.

Ist der Anwalt im Wege von Prozesskostenhilfe beigeordnet worden und hat er im 162 eigenen Namen die Festsetzung seiner Gebühren und Auslagen gegen den Gegner beantragt (vgl. § 126 Abs. 1 ZPO), so steht ihm ausnahmsweise ein eigenes Beschwerderecht zu. Er muss die Beschwerde dann aber auch ausdrücklich im eigenen Namen (und nicht für die Partei) einlegen.[221]

Einzulegen ist die sofortige Beschwerde binnen einer Frist von zwei Wochen ab Zustel- 163 lung des Kostenfestsetzungsbeschlusses beim Beschwerdegericht oder beim Ausgangsgericht (§ 569 Abs. 1 S. 1 ZPO) und zwar schriftlich, zu Protokoll der Geschäftsstelle oder auf elektronischem Wege (§ 130a ZPO); Gleiches gilt für die befristete Erinnerung (§ 11 Abs. 2 RPflG). Die Partei muss sich im Beschwerdeverfahren auch dann nicht anwaltlich vertreten lassen, wenn das Verfahren vor dem OLG durchgeführt wird, da

---

221 Muster Rdn 181.

im ersten Rechtszug – Kostenfestsetzungsverfahren vor dem LG – kein Anwaltszwang besteht (vgl. § 13 RPflG, § 569 Abs. 3 Nr. 1 ZPO).

164 Hilft der Rechtspfleger der sofortigen Beschwerde nicht ab (§ 572 Abs. 1 S. 1 ZPO), muss er sie unverzüglich dem Beschwerdegericht vorlegen. Im Rahmen der Nichtabhilfeentscheidung hat er sich hinreichend mit dem Vorbringen der Parteien auseinanderzusetzen. Die Entscheidung über die sofortige Beschwerde ergeht nach Gewährung rechtlichen Gehörs für alle Beteiligten, im Regelfall ohne mündliche Verhandlung (vgl. §§ 572 Abs. 4, 128 Abs. 4 ZPO). Statt einer eigenen ersetzenden Entscheidung kann das Beschwerdegericht sie auch nach § 572 Abs. 3 ZPO dem Erstgericht übertragen. Gegen die Entscheidung des Beschwerdegerichts ist bei Zulassung die Rechtsbeschwerde statthaft (vgl. § 574 ZPO). Dies kommt allerdings nur in Betracht, wenn die Kammer oder der Senat entschieden hat, nicht aber, wenn die Beschwerdeentscheidung durch den Einzelrichter getroffen wurde.

165 Im Kostenfestsetzungsverfahren fällt für den Prozessbevollmächtigten keine besondere Vergütung an, § 19 Abs. 1 Nr. 14 RVG. Handelt es sich bei dem Festsetzungsverfahren hingegen um eine Einzeltätigkeit, entsteht die Verfahrensgebühr von 0,8 nach Nr. 3403 VV. Im Beschwerde- oder Erinnerungsverfahren des Mandanten erhält der Anwalt die 0,5-Verfahrensgebühr nach Nr. 3500 VV, im Rechtsbeschwerdeverfahren eine 1,0-Verfahrensgebühr nach Nr. 3502 VV jeweils aus dem Wert des (Rechts-) Beschwerdeverfahrens.

2. Beschwerde gegen die Wertfestsetzung für Gerichtsgebühren (§ 68 Abs. 1 GKG)

166 Die Festsetzung des Wertes für die Gerichtsgebühren erfolgt gem. § 63 Abs. 2 GKG, sobald eine Entscheidung über den gesamten Streitgegenstand ergeht oder sich das Verfahren anderweitig erledigt. Diese Festsetzung kann in einem separaten Beschluss oder im Zusammenhang mit der Hauptsacheentscheidung – in der Praxis meist am Ende der Entscheidungsgründe des Urteils – erfolgen. Der Beschluss über die Streitwertfestsetzung ist mit der Beschwerde nach § 68 Abs. 1 GKG anfechtbar.

167 Handelt es sich allerdings um eine nur vorläufige Festsetzung, damit der Gerichtskostenvorschuss berechnet werden kann (vgl. § 63 Abs. 1 S. 1 GKG), können Einwendungen gegen die Höhe des Streitwertes nur im Verfahren der Beschwerde gegen die Vorauszahlungsanordnung geltend gemacht werden (§ 63 Abs. 1 S. 2 i.V.m. § 67 GKG). Es kann also nur der Kostenschuldner (§§ 22 ff. GKG) geltend machen, nicht oder nicht in dieser Höhe zu einer Vorschusszahlung verpflichtet zu sein – ein Verfahren, in dem inzidenter auch die Wertfestsetzung als solche überprüft werden kann. Eine Beschwerde gegen die Wertfestsetzung ist daneben nicht möglich.

168 Die Staatskasse kann gegen einen ihrer Meinung nach zu niedrigen Streitwert Beschwerde im Hinblick auf die damit geringeren Gerichtsgebühren einlegen. Wurde einer Partei Prozesskostenhilfe bewilligt, steht der Staatskasse auch ein Beschwerderecht

gegen eine zu hohe Streitwertfestsetzung zu, da diese Grundlage für den öffentlich-rechtlichen Vergütungsanspruch des Anwalts ist. Die Partei kann Beschwerde gegen einen vermeintlich zu hohen, der Anwalt in eigenem Namen (§ 32 Abs. 2 RVG) gegen einen vermeintlich zu niedrigen Streitwert einlegen.

Soweit eine Beschwerde, mit der die Erhöhung des Streitwertes beantragt wird, nicht ausdrücklich im Namen des Anwalts eingelegt wurde, wird dies in der Praxis meist im Wege der Auslegung geheilt – ungeachtet dessen sollte auf eine eindeutige Bezeichnung des Beschwerdeführers geachtet werden, um eine Verwerfung der Beschwerde als unzulässig zu vermeiden. 169

Weitere Zulässigkeitsvoraussetzung ist, dass der Wert des Beschwerdegegenstandes 200 EUR übersteigt oder die Beschwerde vom Ausgangsgericht wegen grundsätzlicher Bedeutung der Sache zugelassen wurde (§ 68 Abs. 1 S. 1 und 2 GKG). Der Wert des Beschwerdegegenstandes berechnet sich für die Partei aus der Differenz zwischen der Kostenbelastung bei dem festgesetzten und der Kostenbelastung bei dem beantragten Streitwert. 170

Bei einer Beschwerde des Anwalts im eigenen Namen ist auf die Differenz zwischen den sich aus der gerichtlichen Festsetzung ergebenden Gebühren und den Gebühren nach der begehrten Festsetzung abzustellen. 171

Die Beschwerde muss innerhalb einer Frist von sechs Monaten ab Rechtskraft der Hauptsacheentscheidung oder anderweitiger Verfahrenserledigung schriftlich, auf elektronischem Wege oder zu Protokoll der Geschäftsstelle eingelegt werden (§ 68 Abs. 1 S. 3 GKG). Das Beschwerdegericht tritt dann an die Stelle des erstinstanzlichen Gerichts und kann den Streitwert nach eigenem Ermessen bestimmen. Die weitere Beschwerde zum OLG ist nach § 68 Abs. 1 S. 5 i.V.m. § 66 Abs. 4 GKG statthaft, wenn das LG als Beschwerdegericht sie wegen grundsätzlicher Bedeutung zugelassen hat. Die Überprüfung durch das OLG beschränkt sich auf Rechtsfragen (§§ 546, 547 ZPO). 172

Im Verfahren um die Wertfestsetzung erhält der Prozessbevollmächtigte keine gesonderten Gebühren, § 19 Abs. 1 S. 2 Nr. 3 RVG. Handelt es sich bei dem Festsetzungsverfahren um eine Einzeltätigkeit, entsteht die 0,8-Verfahrensgebühr von nach Nr. 3403 VV RVG. Im Beschwerdeverfahren des Mandanten erhält der Anwalt die Verfahrensgebühr von 0,5 nach Nr. 3500 VV RVG; Gleiches gilt für das Verfahren der weiteren Beschwerde. Eine Erstattung der Gebühren durch den Gegner ist in jedem Fall ausgeschlossen (§ 68 Abs. 3 S. 2 GKG). 173

3. Beschwerde gegen die Wertfestsetzung für Anwaltsgebühren (§ 33 Abs. 3 RVG)

Im Regelfall ist die Wertfestsetzung für die Gerichtsgebühren nach § 32 Abs. 1 RVG auch maßgeblich für die Berechnung der anwaltlichen Gebühren. In einigen Fällen weist 174

die Regelung des § 32 Abs. 1 RVG aber auch Lücken auf, sodass es einer selbstständigen Wertfestsetzung bedarf. Dies ist der Fall, wenn
- das Verfahren gebührenfrei ist oder die Gerichtsgebühren sich nicht nach dem Wert richten,
- die Gegenstandswerte der gerichtlichen und der anwaltlichen Tätigkeit nicht übereinstimmen.

175 Hier ermöglicht § 33 Abs. 1 RVG eine selbstständige gerichtliche Wertfestsetzung zur Berechnung der Anwaltsgebühren, wenn es sich um anwaltliche Gebühren in einem Gerichtsverfahren handelt, die sich entweder nicht nach dem Gerichtskostenstreitwert richten oder bei dem es an einem solchen Streitwert fehlt. Bei Einwendungen gegen die Wertfestsetzung können die Antragsberechtigten befristete Beschwerde nach § 33 Abs. 3 S. 1 RVG einlegen, wenn entweder der Wert des Beschwerdegegenstandes 200 EUR übersteigt oder das Gericht die Beschwerde wegen grundsätzlicher Bedeutung zugelassen hat, § 33 Abs. 3 S. 2 RVG. Der Wert des Beschwerdegegenstandes ergibt sich aus der Differenz zwischen den anwaltlichen Gebühren nach dem festgesetzten und den anwaltlichen Gebühren nach dem mit der Beschwerde erstrebten Wert. Beschwerdeberechtigt sind im Hinblick auf eine Erhöhung des Streitwertes der Anwalt, bei beantragter Herabsetzung des Streitwertes der Auftraggeber, der erstattungspflichtige Gegner und schließlich auch die Staatskasse, soweit der Anwalt im Wege der Prozesskostenhilfe beigeordnet wurde, § 33 Abs. 2 S. 2 RVG. Die Beschwerde, für die kein Anwaltszwang besteht, § 33 Abs. 7 RVG i.V.m. § 78 Abs. 5 ZPO muss binnen zwei Wochen ab Zustellung schriftlich, zu Protokoll der Geschäftsstelle oder auf elektronischem Wege, § 130a ZPO, beim Ausgangsgericht eingelegt werden, § 33 Abs. 3 S. 3 und Abs. 7 RVG.

Eine Einlegung beim Beschwerdegericht ist nach § 33 Abs. 7 RVG nicht möglich. Der Anwalt trägt daher das Risiko, dass die Beschwerde innerhalb der Zwei-Wochen-Frist dem zuständigen Gericht übermittelt wird.

176 Gegen die Entscheidung des Beschwerdegerichts ist die weitere Beschwerde statthaft, wenn das LG als Beschwerdegericht entschieden und sie wegen grundsätzlicher Bedeutung zugelassen hat (§ 33 Abs. 6 RVG). Die weitere Beschwerde vor dem OLG ist auf die Überprüfung von Rechtsfragen beschränkt (§§ 546, 547 ZPO).

177 Der Prozessbevollmächtigte erhält für das Festsetzungsverfahren keine gesonderten Gebühren, § 19 Abs. 1 S. 2 Nr. 3 RVG. Handelt es sich bei dem Festsetzungsverfahren um eine Einzeltätigkeit im Auftrag des Mandanten, entsteht die 0,8-Verfahrensgebühr nach Nr. 3403 VVRVG. Im Beschwerdeverfahren des Mandanten erhält der ihn vertretende Anwalt die 0,5-Verfahrensgebühr nach Nr. 3500 VVRVG; Gleiches gilt für das Verfahren der weiteren Beschwerde. Eine Erstattung der Gebühren durch den Gegner ist in jedem Fall ausgeschlossen, § 33 Abs. 9 S. 2 RVG.

C. Muster

I. Muster: Kostenfestsetzungsantrag nach §§ 104, 126 ZPO, § 11 RVG

▼

An das ▓▓▓ gericht

in ▓▓▓

In Sachen

▓▓▓ ./. ▓▓▓

Az: ▓▓▓

wird beantragt,

die Kosten gem.
- ☐ § 104 ZPO festzusetzen
- ☐ § 126 ZPO festzusetzen
- ☐ § 11 RVG gegen den Auftraggeber festzusetzen, nachdem dieser eine Berechnung gem. § 10 RVG erhalten hat. Der Gebührenanspruch ist fällig.

Weiterhin wird beantragt:
1. auszusprechen, dass der festgesetzte Betrag ab Antragstellung mit 5 Prozentpunkten über dem jeweiligen Basiszinssatz zu verzinsen ist.
2. dem Antragsteller eine vollstreckbare Ausfertigung des Kostenfestsetzungsbeschlusses zu erteilen

Darüber hinaus sollen alle – weiter – gezahlten Gerichtskosten hinzugesetzt werden.

Vergütungsberechnung nach RVG:

Gegenstandswert: ▓▓▓ EUR

0,5 Vollstreckungsbescheidgebühr, VV 3308 ▓▓▓ EUR

Verfahrensgebühr, VV 3100, 3200, 3206, 3400, 3401
- ☐ 1,3 aus ▓▓▓ EUR ▓▓▓ EUR
- ☐ 1,6 aus ▓▓▓ EUR ▓▓▓ EUR
- ☐ 0,8 Differenzverfahrensgebühr, VV 3101 ▓▓▓ EUR
- ☐ 1,1 Differenzverfahrensgebühr, VV 3201, 3207 ▓▓▓ EUR

Abgleichung nach § 15 Abs. 3, höchstens
- ☐ 1,3 aus ▓▓▓ EUR ▓▓▓ EUR
- ☐ 1,6 aus ▓▓▓ EUR ▓▓▓ EUR

Erhöhung nach VV 1008 ▓▓▓ EUR

Terminsgebühr, VV 3104, 3202, 3210, 3105, 3203, 3211
- ☐ 1,2 aus ▓▓▓ EUR ▓▓▓ EUR
- ☐ 1,5 aus ▓▓▓ EUR ▓▓▓ EUR
- ☐ 0,5 aus ▓▓▓ EUR, VV 3105, 3203 ▓▓▓ EUR
- ☐ 0,8 aus ▓▓▓ EUR, VV 3211 ▓▓▓ EUR

§ 23 Die Kostenfestsetzung

Einigungsgebühr, VV 1000, 1003, 1004

- ☐ 1,0 aus ▓▓▓ EUR ▓▓▓ EUR
- ☐ 1,3 aus ▓▓▓ EUR ▓▓▓ EUR
- ☐ 1,5 aus ▓▓▓ EUR ▓▓▓ EUR

Abgleichung nach § 15 Abs. 3, höchstens

- ☐ 1,0 aus ▓▓▓ EUR ▓▓▓ EUR
- ☐ 1,3 aus ▓▓▓ EUR ▓▓▓ EUR
- ☐ 1,5 aus ▓▓▓ EUR ▓▓▓ EUR

Beschwerde, Erinnerung, VV 3500, 3513

- ☐ 0,5 Verfahrensgebühr ▓▓▓ EUR ▓▓▓ EUR
- ☐ 1,0 Verfahrensgebühr ▓▓▓ EUR ▓▓▓ EUR
- ☐ 1,6 Verfahrensgebühr ▓▓▓ EUR ▓▓▓ EUR
- ☐ 1,1 Verfahrensgebühr ▓▓▓ EUR ▓▓▓ EUR
- ☐ 2,3 Verfahrensgebühr ▓▓▓ EUR ▓▓▓ EUR
- ☐ 1,8 Verfahrensgebühr ▓▓▓ EUR ▓▓▓ EUR
- ☐ 0,5 Verfahrensgebühr ▓▓▓ EUR ▓▓▓ EUR
- ☐ 0,5 Terminsgebühr ▓▓▓ EUR ▓▓▓ EUR
- ☐ 1,2 Terminsgebühr ▓▓▓ EUR ▓▓▓ EUR

Post- Telekommunikationsentgelte, VV 7001, 7002

- ☐ Pauschale ▓▓▓ EUR
- ☐ konkret – Richtigkeit wird anwaltlich versichert – ▓▓▓ EUR

Schreibauslagen VV 7000 – anwaltlich versichert –

- ☐ ▓▓▓ Seiten zu 0,50 EUR ▓▓▓ EUR
- ☐ ▓▓▓ Seiten zu 1,00 EUR (farbig) ▓▓▓ EUR
- ☐ ▓▓▓ Seiten zu 0,15 EUR ▓▓▓ EUR
- ☐ ▓▓▓ Seiten zu 0,30 EUR (farbig) ▓▓▓ EUR
- ☐ ▓▓▓ Dateien zu 1,50 EUR, höchstens 5 EUR ▓▓▓ EUR

Fahrtkosten, VV 7003, 7004 ▓▓▓ EUR

Tage-/Abwesenheitsgelder, VV 7005 ▓▓▓ EUR

Übernachtungskosten, VV 7006 ▓▓▓ EUR

Umsatzsteuer, VV 7008 ▓▓▓ EUR

- ☐ Antragsteller ist vorsteuerabzugsberechtigt
- ☐ Antragsteller ist nicht vorsteuerabzugsberechtigt
- ☐ ist nach § 11 RVG festzusetzen

Gerichtskosten – aus eigenen Mitteln verauslagt – ▓▓▓ EUR

Zustellungskosten gem. Anlage ▓▓▓ EUR

Bereits festgesetzt/erhalten ▓▓▓ EUR

Summe ▓▓▓ **EUR**

Der Anfall der Gebühren und Auslagen ist aktenkundig und wird im Übrigen anwaltlich versichert.

Rechtsanwalt

II. Muster: Kostenausgleichungsantrag

▼

An das ▨▨▨▨ gericht
in ▨▨▨▨
In Sachen

▨▨▨▨ ./. ▨▨▨▨

Az: ▨▨▨▨

wird beantragt,

die Kosten gemäß § 106 ZPO auszugleichen und dabei die nachfolgend angemeldeten Kosten zu berücksichtigen.

Weiter wird beantragt:
1. auszusprechen, dass der festgesetzte Betrag ab Antragstellung mit 5 Prozentpunkten über dem jeweiligen Basiszinssatz zu verzinsen ist.
2. dem Antragsteller eine vollstreckbare Ausfertigung des Kostenfestsetzungsbeschlusses zu erteilen und
3. alle – weiter – gezahlten Gerichtskosten hinzuzusetzen.

Im Rahmen der Kostenfestsetzung sind für die von dem Unterzeichner vertretene Partei folgende Kosten zu berücksichtigen:

Gegenstandswert: ▨▨▨▨ **EUR**

1,3-Verfahrensgebühr nach Nr. 3100 VV RVG	▨▨▨ EUR
0,3-Erhöhungsgebühr nach Nr. 1008 VV RVG	▨▨▨ EUR
1,2-Terminsgebühr nach Nr. 3104 VV RVG	▨▨▨ EUR
1,0-Einigungsgebühr nach Nr. 1003 VV RVG[222] aus	▨▨▨ EUR

Post- Telekommunikationsentgelte,

☐ Pauschale nach Nr. 7002 VV RVG ▨▨▨ EUR
☐ konkret – Richtigkeit wird anwaltlich versichert – ▨▨▨ EUR

Schreibauslagen VV 7000 – anwaltlich versichert –

☐ ▨▨▨ Seiten zu 0,50 EUR ▨▨▨ EUR
☐ ▨▨▨ Seiten zu 1,00 EUR (farbig) ▨▨▨ EUR
☐ ▨▨▨ Seiten zu 0,15 EUR ▨▨▨ EUR
☐ ▨▨▨ Seiten zu 0,30 EUR (farbig) ▨▨▨ EUR
☐ ▨▨▨ Dateien zu 1,50 EUR, höchstens 5 EUR ▨▨▨ EUR

---

[222] Bei abweichendem Gegenstandswert für den Vergleich durch die Einbeziehung weiterer Ansprüche.

§ 23 Die Kostenfestsetzung

☐ .... Seiten zu 0,15 EUR .... EUR
Fahrtkosten, VV 7003, 7004 .... EUR
Tage-/Abwesenheitsgelder, VV 7005 .... EUR
Übernachtungskosten, VV 7006 .... EUR
Umsatzsteuer, VV 7008 .... EUR

Es wird für die von dem Unterzeichner vertretene Partei erklärt:

☐ Antragsteller ist vorsteuerabzugsberechtigt
☐ Antragsteller ist nicht vorsteuerabzugsberechtigt

Gerichtskosten – aus eigenen Mitteln verauslagt – .... EUR
Zustellungskosten gem. Anlage .... EUR
Bereits festgesetzt/erhalten .... EUR
Summe .... **EUR**

Es wird darauf hingewiesen, dass der Gegner nach § 106 Abs. 1 ZPO aufzufordern ist, die Berechnung seiner Kosten **binnen 1 Woche** einzureichen. Im Kosteninteresse des Antragstellers ist darauf hinzuweisen, dass es sich um eine gesetzliche Frist handelt, die nach § 224 Abs. 2 ZPO mangels gesetzlicher Bestimmung nicht verlängerbar ist. Aus diesem Grunde ist die Aufforderung auch zuzustellen (EB). Nach Fristablauf ist dann unmittelbar über das vorliegende Gesuch zu entscheiden.

Der Anfall der Gebühren und Auslagen ist aktenkundig und wird im Übrigen anwaltlich versichert.

Rechtsanwalt

III. Muster: Antrag auf öffentliche Zustellung des Kostenfestsetzungsantrages nach § 11 RVG

An das .... gericht

in ....

In Sachen

..../. ....

Az: ....

wird beantragt,

> den sich aus der Anlage ergebenden Kostenfestsetzungsantrag vom .... nach § 11 RVG und den Kostenfestsetzungsbeschluss dem Antragsgegner öffentlich zuzustellen.

Begründung:

Der Antragsteller hat den Antragsgegner im zugrunde liegenden Räumungsrechtsstreit anwaltlich vertreten.

Der Antragsgegner ist zwischenzeitlich aus der streitgegenständlichen Wohnung ausgezogen. Eine neue Anschrift hat er dabei nicht hinterlassen.

Eine aktuelle Anfrage beim Einwohnermeldeamt hat ergeben, dass der Antragsgegner noch immer unter der alten Adresse ▓▓▓ polizeilich gemeldet ist.

    Beweis: Kopie der Anfrage beim zuständigen Einwohnermeldeamt ▓▓▓ vom ▓▓▓.

Der Antragsgegner ist daher unbekannten Aufenthalts. Anhaltspunkte, für weitere Ermittlungen liegen dem Antragsteller nicht vor.

Rechtsanwalt

IV. Muster: Sofortige Beschwerde gegen Kostenfestsetzung des Rechtsanwalts nach § 126 ZPO in eigenem Namen

▼

An das ▓▓▓ gericht

in ▓▓▓

In Sachen

                 ▓▓▓ ./. ▓▓▓

                 Az.: ▓▓▓

Sofortige Beschwerde gegen Kostenfestsetzung

Wird im eigenen Namen gegen den Kostenfestsetzungsbeschluss des ▓▓▓ gerichts ▓▓▓ vom ▓▓▓ sofortige Beschwerde eingelegt.

Es wird beantragt:

    In Abänderung des angefochtenen Beschlusses die abgesetzten Kosten festzusetzen.

Soweit das Beschwerdegericht den Ausführungen nicht zu folgen vermag, wird schon jetzt beantragt,

    die Sache zur Entscheidung auf die Kammer zu übertragen und die Rechtsbeschwerde im Hinblick auf eine Rechtsfortbildung und zur Sicherung einer einheitlichen Rechtsprechung zum Bundesgerichtshof zuzulassen.

Zur **Begründung** wird Folgendes ausgeführt: ▓▓▓

Rechtsanwalt

§ 23 Die Kostenfestsetzung

V. Muster: Sofortige Erinnerung gegen Kostenfestsetzung des Rechtsanwalts nach § 11 Abs. 2 RpflG in eigenem Namen

23.5

182 An das ▒ gericht
in ▒

In Sachen

▒ ./. ▒

Az.: ▒

Sofortige Beschwerde gegen Kostenfestsetzung

wird im eigenen Namen gegen den Kostenfestsetzungsbeschluss des ▒ gerichts ▒ vom ▒ sofortige Erinnerung eingelegt.

Es wird beantragt:

> In Abänderung des angefochtenen Beschlusses die abgesetzten Kosten festzusetzen.

Zur **Begründung** wird Folgendes ausgeführt: ▒

Rechtsanwalt

VI. Muster: Sofortige Beschwerde gegen Kostenfestsetzung nach § 104 Abs. 3 ZPO

23.6

183 An das ▒ gericht
in ▒

In Sachen

▒ ./. ▒

Az.: ▒

Sofortige Beschwerde gegen Kostenfestsetzung

Wird namens und in Vollmacht des ▒ gegen den Kostenfestsetzungsbeschluss des ▒ gerichts ▒ vom ▒ sofortige Beschwerde eingelegt.

Es wird beantragt:

> In Abänderung des angefochtenen Beschlusses die abgesetzten Kosten festzusetzen.

Soweit das Beschwerdegericht den Ausführungen nicht zu folgen vermag, wird schon jetzt beantragt,

> die Sache zur Entscheidung auf die Kammer zu übertragen und die Rechtsbeschwerde im Hinblick auf eine Rechtsfortbildung und zur Sicherung einer einheitlichen Rechtsprechung zum Bundesgerichtshof zuzulassen.

Zur **Begründung** wird Folgendes ausgeführt:

Rechtsanwalt

▲

VII. Muster: Sofortige Erinnerung gegen Kostenfestsetzung nach § 11 Abs. 2 RpflG

▼

An das ▓▓▓▓ gericht

in ▓▓▓▓

In Sachen

▓▓▓▓ ./. ▓▓▓▓

Az.: ▓▓▓▓

Sofortige Erinnerung gegen Kostenfestsetzung

wird namens und in Vollmacht des ▓▓▓▓ gegen den Kostenfestsetzungsbeschluss des ▓▓▓▓ gerichts ▓▓▓▓ vom ▓▓▓▓ sofortige Erinnerung eingelegt.

Es wird beantragt:

In Abänderung des angefochtenen Beschlusses die abgesetzten Kosten festzusetzen.

Zur **Begründung** wird Folgendes ausgeführt:

Rechtsanwalt

▲

Stichwortverzeichnis

Fette Zahlen = §§, magere Zahlen = Randnummern, M = Muster unter der folgenden Randnummer

Abhilfe
- Verfahren **17** 83 f., **18** 71 ff.

Abmahnung **16** M 288
- Bedeutung **16** 134 ff.
- Beifügung Vollmacht **16** 144
- Beweislast **16** 146
- Form **16** 142 ff.
- Frist **16** 142
- Inhalt **16** 138 ff.
- Verfügung, einstweilige **16** 134 ff.
- Zugang **16** 146

Abschlussschreiben **16** 199 ff., M 309
- Kosten **16** 206 f.
- Reaktion auf - **16** 210 ff., M 310

Abstammungsuntersuchung **11** 615, M 765, M 769 f.

Akte
- Beiziehung **11** 565 ff., M 760
- Entscheidung nach Lage - **13** 274 ff., **14** 88
- Vorlage **11** 47 ff.

Akteneinsichtsrecht **13** 603 ff.
- Beschwerde wg. Verweigerung **13** M 712
- Dritte **13** 607, 609 f.
- Interesse, rechtliches **13** 610 ff.
- nach § 299 Abs. 1 ZPO **13** 603 ff.
- nach § 299 Abs. 2 ZPO **13** 607, 609 f.
- Prozessparteien **13** 603 ff.
- Verfahren **13** 613 ff.

Aktiengesellschaft **5** M 300
- Abberufung Vorstand/Geschäftsführer **16** 268 f.
- Ausschließung Gesellschafter **16** 258 f.
- Durchsetzung Gesellschafter-Information **16** 278

Akzessorietät **17** 428 f., 431

Alternativität, tatsächliche **7** 9

Amtsgericht **14** 1 ff.
- Abweichungen, prozessuale **14** 9 ff.
- Belehrung nach § 499 ZPO **14** 22 f.
- Beschwerde gg. Handlung **14** M 143
- Erklärung über Urkunden **14** 30 ff.
- Erklärung zu Protokoll **14** 10 ff.
- Gehörsrüge **14** 6
- Grundlagen, rechtliche **14** 9 ff.
- Hinweispflicht **14** 21 f.
- Klagerhebung **14** M 142
- Ladung **14** 16 ff.
- Protokoll **14** 50
- Schriftsatzeinreichung **14** 10 ff., M 142
- Unzuständigkeit **14** 24 ff., 34 ff.
- Urteil auf Handlung **14** 51 ff., M 142
- Verfahrenserleichterungen **14** 10 ff.
- Verhandlung, abgesonderte über Zuständigkeit **14** M 141
- Vollstreckungsgegenklage **14** M 144

Amtshaftung **6** M 296

Anerkenntnis **6** M 297, **13** 304 ff., M 657 f., M 661
- Anlass zur Klageerhebung **13** 330 ff.
- Antrag **13** 307 ff.
- Erklärung **13** 313
- Folgen **13** 311 f.
- Geltendmachung **6** 39
- im Termin **13** 318 f.
- im Verfahren, schriftlichen **13** M 659
- Klageanspruch **6** 21 ff.
- Kosten **6** 21 ff., **13** 317 ff.
- Kosten bei Erlass Urteil **13** 334 ff.
- Kosten Beschwerde **13** M 665
- nach Bestimmung Termin **13** 321
- nach Prozesssituation, gewandelter **6** M 299
- Rechtsmittel Kostenentscheidung **13** 345 ff.
- Schlichtungsverfahren **1** 60

2343

- Schriftsatz nach - **13** M 663 f.
- sofortiges **6** 21 ff., **13** 307 ff., 318 ff.
- spätes **6** 30 ff.
- Teilanerkenntnis **6** M 300, **13** 314, M 659
- Termin, früher erster **6** 25 f.
- unter Verwahrung gegen Kostenlast **6** M 298
- Urkundsprozess **9** 81, 103 ff., 131 f.
- Urteil **5** 214 ff., **13** 324 ff., M 666
- Varianten **13** 307 ff.
- Versäumnisurteil statt - **13** M 662
- Vorverfahren, schriftliches **6** 27 ff.
- Widerruf **13** 317
- Zug-um-Zug **6** M 301, **8** M 249, **13** M 660
- zum Anspruchsgrund **13** 315

Anfangsvermögen **22** 417 ff.
Anhängigkeit **5** 25, **6** 220 ff., **13** 38, 40 f.
Anrechnung **23** 11, 13 f., 20 f.
- Altfälle **23** 23 ff.

Anschlussberufung **17** 388, 416, M 487 ff., **20** 115 ff.
- Akzessorietät **17** 428 f., 431
- Antrag **17** M 494 ff.
- Berufungsschrift **17** 423
- Beschwer **17** 418
- Erwiderung **17** M 494 ff.
- Frist **17** 421
- Gebühren **17** 388
- hilfsweise **17** 426, M 491
- Klageänderung **17** 425
- Klageerweiterung **17** M 490
- Kosten **17** 432 f., M 492
- Risiko **17** 432, 440 f.
- Rücknahme **17** 435 f.
- Statthaftigkeit **17** 416
- Unzulässigkeit **17** 433
- Verhältnis zur Nichtigkeits-/Wiederaufnahmeklage **17** 438
- Verlängerung Begründungsfrist **17** M 493
- Verwerfung **17** 437
- Vorrangigkeit **17** 438
- Vortrag, schriftsätzlicher **17** 442
- Widerklage **17** 425, M 488
- Zurückweisung **17** 434, 437

Anschlussbeschwerde **18** 131 ff., 231 f., M 257
Anschlussrevision **19** 62, 71, M 101
Antrag
- Ablehnung - **11** 458 ff., 476 ff., M 752 ff.
- Ablehnung Sachverständiger **12** 50 ff., M 112
- Anerkenntnis **13** 308 ff.
- Arrest **16** 31 ff.
- Aufhebung Pflichtbeiordnung **2** M 212
- Beratungshilfe **3** 318 ff., M 358
- Beratungshilfe Vergütung **3** M 359
- Berufung **17** 256, 258 f.
- Bestellung Prozesspfleger **5** M 309
- Einleitung Betreuungsverfahren **5** M 308
- Einreichung Antrag **22** 211 ff.
- Einstellung Zwangsvollstreckung **17** 106 ff., M 463, **19** 35 f.
- Erlass Vollstreckungsbescheid **4** 243 ff., 348
- Erzwingung Jahresabschluss **5** M 307
- Fristsetzung zur Abgabe **11** M 747 f.
- Handelsregisterauskunft **5** M 306
- Hinausschieben Termin Verkündung **15** M 237
- Hinausschieben Zustellung, Rechtsmittel **15** M 239
- Hinausschieben Zustellung Urteil **15** 23 ff., M 236, M 238, **18** M 264
- Kosten **5** 208, **17** 267 ff.
- Kostenantrag **17** 267 ff.
- Kostenausgleichung **23** 117 ff., M 179
- Kostenfestsetzungsverfahren **23** 98 ff., M 178
- Ladung Sachverständiger **11** M 743 f.
- Mahnverfahren **4** 52 ff., 212 ff., M 351
- Nachverfahren **9** 186 f.
- Neues Gutachten **11** 449 ff.
- Obergutachten **11** M 745

Stichwortverzeichnis

- Prozesspflegschaft **10** M 345
- Reisekosten **3** M 356
- Revisionszulassung **17** 267 ff.
- Sachstandsanfrage Gutachter **11** M 746
- Scheidung **22** M 478 ff.
- Schlichtungsverfahren **1** 18
- Vergütung, weitere **3** 219 f.
- Verlegung Termin, früher erster **6** 111 ff.
- Verweisung **6** 130 ff., M 309, **8** M 242 f.
- Vollstreckbarkeit **17** 379
- Vollstreckungsschutzantrag **17** 269 f.
- Wiedereinsetzung **10** M 347
- Zurückverweisung **17** 263, 266, M 471 f.
- Zustellung Kostenfestsetzung **23** M 180
- Zustellungsbescheinigung **10** M 352
- Zwangsvollstreckung, Vollstreckbarkeit **19** 63, 73

Anwalt **2** 7 ff., 55 ff.
- Anforderung Handakten **2** M 236
- Anrechnung Geschäftsgebühr **3** 235 ff.
- Antrag Aufhebung Pflichtbeiordnung **2** M 212
- Anzeige Mandatsübernahme **2** M 235
- Aufklärungspflicht **2** 146 ff.
- Ausschluss Mandatsübernahme **2** 19 ff.
- Beratungspflicht **2** 144 ff.
- Berufshaftpflichtversicherung **2** 155 ff.
- Beschwerde gg. Wertfestsetzung **23** 174 ff.
- Einzelne Pflichten **2** 86
- Fristenkalender **2** 142
- Fristenkontrolle **2** 140 ff.
- Gebührenfestsetzung gg. Mandant **23** 144 ff.
- Grundsatz sicherster Weg **2** 150
- Haftung **2** 137 ff.
- Haftungsbeschränkung **2** 154 ff., M 228 ff.
- Honorarvereinbarung **2** 91 ff., **3** 159 ff.

- Honorarvereinbarung, Aufschlag **2** M 217
- Honorarvereinbarung, Pauschale **2** M 215
- Honorarvereinbarung, Streitwert **2** M 214
- Honorarvereinbarung, Zeit **2** M 216
- Interessen, widerstreitende **2** 39 ff., M 213
- Kontakt mit Rechtsschutzversicherung **2** 196 ff., M 237 f.
- Mandatsbestätigung **2** 16, 77 ff., M 211
- Mandatsniederlegung **2** 169 ff., M 231 ff.
- Rechtsprüfungspflicht **2** 147 ff.
- Tätigkeitsverbot **13** 472 ff.
- Terminsvertretung **2** M 227
- Terminsvollmacht **2** M 226
- Untervollmacht **2** M 225
- Vergütung **2** 91 ff.
- Verkehrsanwalt **3** 142 ff.
- Verschwiegenheitspflicht **2** 80, 82 f.
- Vertretungsverbote, gesetzliche **2** 28 ff.
- Vollmacht **2** 107 ff., 133, 135, M 218 ff.
- Zeugnisverweigerungsrecht **2** 81
- Ziele/Interessen Mandant feststellen **2** 10 ff.
- Zwang Mandatsübernahme **2** 19 ff.

Anwaltskosten
- Beweisverfahren, selbstständiges **12** 85 f.
- Gegner im Mahnverfahren **4** 333 ff.
- Mahnverfahren **4** 319 ff., 333 ff.
- Schlichtungsverfahren **1** 83 f.
- Vollstreckungsbescheid **4** 325 ff.
- vorgerichtliche **5** 201 ff.

Anwaltsvertrags **2** 55

Anwaltszwang
- Klagerücknahme **13** 32
- Scheck-/Wechselprozess **9** 221
- Urkundsprozess **9** 89

2345

Stichwortverzeichnis

Arbeitsgerichtsverfahren
- Ansprüche, materiell-rechtliche **16** 243 ff.
- Beschäftigungsanspruch **16** 243
- Fragen, prozessuale **16** 232 ff.
- Rechtsmittel **16** 242
- Rechtsschutz, einstweiliger **16** 232 ff.
- Rücknahme Antrag im einstweiligen Verfügungsverfahren **16** 236
- Streit Ausbilder/Auszubildender **16** 234
- Teilzeitbeschäftigungsanspruch **16** 245
- Urlaubsanspruch **16** 246 f.
- Verhandlung, mündliche **16** 235
- Vollziehung **16** 237 f.
- Weiterbeschäftigungsanspruch **16** 240, 244
- Zuständigkeit **16** 233
- Zuständigkeit Mahnverfahren **4** 41

Arrest **16** 15 ff.
- Anordnung durch Beschwerdegericht **16** 106
- Anspruch **16** 34 ff.
- Anspruch, künftiger **16** 36
- Antrag **16** 31 ff.
- Aufhebung nach § 926 Abs. 1 ZPO **16** 107 ff.
- Aufhebung nach § 927 ZPO **16** 111 ff.
- Ausfertigungsvermerk **16** 72 ff.
- Ausland **16** 42
- Ausschluss Entscheidung **16** 60 f.
- Beweismaß **16** 53 f.
- Beweisverfahren/-würdigung **16** 55 f.
- dinglicher **16** 38 ff., M 293 f.
- Entscheidung durch Beschluss **16** 96 ff.
- Entscheidung durch Urteil **16** 92 ff.
- Grund **16** 37 ff.
- Haftung Vollstreckungsorgane **16** 131 f.
- Heilung Vollziehungsmängel **16** 83 ff., 88
- Kosten **16** M 312
- Nachweis **16** 49 ff.
- persönlicher **16** 41, M 295
- Rechtsbehelf Antragsgegner **16** 92 ff.
- Rechtsbehelf Antragsteller **16** 89 ff.
- Rechtsbehelfe bei Vollziehung **16** 120 ff.
- Sachvortrag **16** 49 ff.
- Schadenersatzrisiko **16** 123 ff.
- Schutzschrift **16** 19, 21 f., M 290
- Sicherung, anderweitige **16** 43 f.
- Verfahrensgang **16** 15 ff.
- Verhandlung, mündliche **16** 45 ff.
- Versicherung, eidesstattliche **16** 59, M 292
- Vollziehung **16** 62 ff., 120 ff., M 296 ff., **17** 383
- Vollziehung, Frist **16** 65 f., **17** 383
- Widerspruch **16** 96 ff., M 312
- Zuständigkeit Anordnung **16** 15 ff.
- Zustellung Abschrift, beglaubigte **16** 76 f.
- Zustellung Ausfertigung **16** 70 ff.
- Zustellungsadressat **16** 78 ff.
- Zustellungsart **16** 66
- Zustellungsauftrag Gerichtsvollzieher **16** M 308
- Zustellungsgegenstand **16** 67 ff.

Aufklärungspflicht
- Anwalt **2** 146 ff.
- Trennungssituation **22** 2 f.

Aufrechnung **6** 94, 96 f., **8** 1 ff., 142 ff., M 247
- Abweisungsantrag **8** M 245
- als Instrument, prozesstaktisches **8** 5 ff.
- als Verteidigungsinstrument **8** 145
- Anspruch, titulierter **8** 188 ff.
- Aussetzung **8** M 250, **13** M 698
- Berufung **8** 224 ff., **17** 412
- Einwand Rechtshändigkeit, anderweitige **8** 155 ff.
- Erledigungserklärung nach erfolgreicher - **8** M 251
- Folgen **8** 218 ff.
- Forderungen, mehrere **8** 210 ff.

- gegenüber Kläger, ausländischem **8** 194 f.
- Grundlagen, rechtliche **8** 5 ff.
- Hilfsanrechnung **6** 94, 96 f.
- Hilfsaufrechnung **8** 47 f., M 237, M 246
- im Urkundsprozess **8** 178 ff.
- in Berufung **8** 224 ff., **17** 326, 329
- isolierte **17** 329
- Kombination Hilfsaufrechnung/Hilfswiderklage **8** 202 ff.
- Lage **8** 161 f., 164
- Präklusion **8** 145, 188 ff., **17** 330
- Teilforderung **8** 42 ff.
- Urkundsprozess **9** 121 ff., 164
- Verbote **8** 170 ff.
- Verhältnis zu Verteidigungsmitteln, anderen **8** 196 ff.
- Verjährung **8** 218 ff.
- Vermeidung Rechtshängigkeit **8** 33
- Voraussetzungen im Prozess **8** 159 ff.
- Vorbehaltsentscheidung **8** 181 ff.
- Vorteile **8** 35 f., 38
- Widerklage bei Ausschluss **8** 8 ff.

Aufrechnungserklärung **8** 146 ff.
- Bestimmtheit **8** 152 f.
- Form **8** 148 ff.
- verspätete **8** 176 f.

Auftraggeber, mehrere **23** 150
Augenschein **11** 589 ff., M 763 ff.
- Antrag Ordnungsmittel **11** M 768
- Beschwerde gg. Vorlage **11** M 767, **18** M 269
- Dokument, elektronisches **11** 620 f.
- nach §§ 371, 144 ZPO **11** 593 ff.
- Vorlage Objekt **11** 47 ff.

Ausfertigung, vollstreckbare **15** 41 ff., M 240 f.
- Antragszeitpunkt **15** 47 ff.
- Erinnerung gg. Verweigerung **15** 51 f., M 244
- Gebühren **15** 54 ff.
- Kosten **15** 54 ff.
- mehrere/weitere **15** 45, M 242 f.

- Verweigerung **15** 51 f.
- Voraussetzungen **15** 42 ff.

Auskunftsanspruch
- Beschwer bei Klage **17** 32 f.
- Sorge-/Umgangsrecht **22** 549 ff., M 562
- Verfügung, einstweilige **16** 170 f.
- Zugewinnausgleich **22** 352, 469

Ausland **13** 455
- Arrest **16** 42
- Ehesache **22** 263 ff.
- FamFG-Verfahren **22** 261 ff.
- Folgesachen **22** 283 ff.
- Güterrecht **22** 297 ff.
- Kindschaftssache **22** 312 ff.
- Scheidung **22** M 483 ff.
- Unterhalt **22** 284 f., 288
- Versorgungsausgleich **22** 301 ff.
- Zuständigkeit Mahnverfahren **4** 35 ff., 352 ff.

Aussetzung **13** 435 ff., 479 ff., M 703
- Aufrechnung **13** M 698
- Beschwerde **13** M 708, **18** M 262
- Beschwerde gegen - **18** M 262
- Beweisverfahren, selbstständiges **12** 56, **13** 483 f.
- Fälle, gesetzliche **13** 481
- Fälle, sonstige **13** 482 ff.
- Hauptintervention Dritter **13** 512 ff.
- nach § 65 ZPO **13** 512 ff., M 704
- nach § 148 ZPO **13** 479 ff., M 697
- nach § 149 ZPO **13** 486 ff., M 699
- nach § 246 ZPO **13** 499 ff., M 702
- Rechtsmittel gegen - **13** 532 ff.
- Scheidung **22** 259 ff.
- Tod Bevollmächtigter **13** 499 ff.
- Tod Partei **13** M 702
- Verdacht Straftat **13** 486 ff., M 699
- Verfahren wegen Aufrechnung **8** M 250
- Vorgreiflichkeit **13** 479 ff., M 697
- Wiederaufnahme nach Aussetzung **13** M 700 f.

Stichwortverzeichnis

Bankkonto **22** 3
Bedarf **22** 386 ff.
- Elementarunterhalt **22** 164 ff.
- Erwerbstätigenbonus **22** 386
- Kind **22** 17, 162 ff.
- konkreter **22** M 193
- Kontrollbetrag **22** 36
- Mehrbedarf **22** 169
- Mehrbedarf, ausbildungsbedingter **22** 9, 15
- Mehrbedarf, trennungsbedingter **22** 9, 16
- Sonderbedarf **22** 9, 14, 170 ff.
- Unterhalt **22** 8 ff., 18 ff.
- Verfahrenskostenvorschuss **22** 171
Bedeutung, grundsätzliche **17** 46 f., **18** 164 f., **19** 7
Bedürftigkeit **22** 388 f.
Beglaubigung, notwendige **10** 29
Begründetheit
- Gehörsrüge **14** 119 ff.
- Wiederaufnahme **21** 12, 44 ff.
Begründung
- Berufung **17** 99 f., 248 f., M 471 ff.
- Kostenentscheidung **13** 110 ff.
- Widerspruch **4** 204 ff.
- Wiedereinsetzung **20** 145 ff., M 194
Beiordnung **3** 129 ff.
- Anrechnung bei Altfällen **3** 250 ff.
- Anrechnung Geschäftsgebühr **3** 235 ff.
- Anrechnung im Rahmen § 15a RVG **3** 238 ff.
- Anrechnung Vorschuss/Zahlung **3** 232 ff.
- Anspruch RA gegen Gegner **3** 164, 227 ff.
- Anspruch RA gg. PKH-Partei **3** 158 ff.
- Anspruchsübergang **3** 154 f.
- Anwalt, auswärtiger **3** 139 f.
- Anwaltsprozess **3** 134 f.
- Beratungshilfe **3** 160
- Einschränkungen **3** 136 ff.
- für Verfahrensabschnitt **3** 145
- Gegenstandswert **3** 287 ff.
- in Zwangsvollstreckung **3** 122 ff.
- Insolvenzverfahren **3** 23
- Mindestanspruch gegen Staatskasse **3** 208 ff.
- Parteiprozess **3** 130 ff.
- Pflichtverteidiger **3** 163
- Prozesskostenhilfeprüfungsverfahren **3** 261 f.
- Reisekosten **3** M 356
- Teilprozesskostenhilfe **3** 146, 161, 253 ff., 279 ff.
- Verfahren, mehrere **3** 282 f., 285
- Verfahrenskostenhilfe **3** 204 ff.
- Vergütungsvereinbarung **3** 159 f.
- Verkehrsanwalt **3** 142 ff.
- Wahlanwaltsvergütung **3** 164
Beiziehung Akte **11** 565 ff., M 760
Beratungshilfe **3** 1 ff., 295 ff.
- Anrechnung **3** 327, 330 ff.
- Antrag **3** 318 ff., M 358
- Antrag Vergütungsfestsetzung **3** M 359
- Auftraggeber, mehrere **3** 334
- Beratungsgebühr (Nr. 2501 VV) **3** 324 ff.
- Beratungshilfegebühr (Nr. 2500 VV) **3** 322 f.
- Besonderheiten Berlin, Hamburg, Bremen **3** 313 ff.
- Einigungs-/Erledigungsgebühr (Nr. 2508 VV) **3** 336
- Gegenstand **3** 298 ff.
- Geschäftsgebühr (Nr. 2503 VV) **3** 329 ff.
- keine andere Hilfsmöglichkeit **3** 303 ff.
- Mittellosigkeit **3** 302
- Mutwilligkeit **3** 317
- Schuldenbereinigung **3** 328, 335
- Schutzgebühr **3** 337 ff.
- Vergütung, anwaltliche **3** 321 ff.
- Voraussetzungen **3** 302 ff.
Beratungspflicht Anwalt **2** 144 ff.
Bereicherungsklage **22** 102 f.
Berufshaftpflichtversicherung **2** 155 ff.

Stichwortverzeichnis

Berufung **17** 1
- Abänderungsinteresse **17** 1
- Abhilfeverfahren **17** 83 f.
- Abstandnahme vom Urkundsprozess **9** 97
- Adressat **17** 151 f.
- Angriff Beweiswürdigung **17** 300, 302
- Angriffs-/Verteidigungsmittel, neue **17** 305, 308 f., 410 f.
- Antrag auf Vollstreckbarkeit **17** 378 f.
- Anträge **17** 256, 258 f.
- Auslegungsgrundsätze **17** 287
- außerordentliche **14** 91 ff.
- Auswirkungen Säumnis vorher **13** 287 ff.
- Begründungsschrift **17** 248 f., M 471 ff.
- Beifügung Urteilsausfertigung **17** 184 f.
- Berufungsschrift **17** 16 f., 19, M 452, M 456
- Berufungsschrift „zur Fristwahrung" **17** M 455
- Beweisaufnahme **17** 61
- Bezugnahmeverbot **17** 338, 340 f.
- Dokument, elektronisches **17** 192
- durch Adressat Streitverkündung **7** M 64
- Einlegung zur Fristwahrung **17** 175
- Einreichung per Telefax **17** 188, 191, 196 f.
- Einreichung sonstige **17** 187
- Einstellung Zwangsvollstreckung **17** 106 ff., M 463
- E-Mail **17** 186, 194
- Endurteil als Ausgangspunkt **17** 4
- Erledigung **17** 374 f.
- Erstattungsfähige Kosten **17** 176
- Erwiderung **17** 363, 384 f., 396, 398, M 478, M 484 f., M 494 ff.
- Feststellungen Ersturteil **17** 295
- Form **17** 54
- Frist **17** 54, 89 f., **20** 77
- Frist Begründung **17** 99 f.

- Fristversäumnis **20** 83 ff., 115 ff.
- gegen erstes VU **17** 9
- gegen Kostenentscheidung **17** 13
- gegen zweites VU **17** 8
- Grenzfälle zum Einspruch **13** 239
- Grundlagen, rechtliche **17** 4, 8 f.
- Kammer für Handelssachen **17** 153
- Klageänderung **17** 326, 329
- Konzentration **17** 156
- Kostenantrag **17** 267 ff.
- Meistbegünstigungsprinzip **17** 10 f.
- Nichterhebung von Beweisen **17** 299
- Präklusion **17** 58 ff., 308, 330, 348, 350 f.
- Rechtsverletzung **17** 271, 273, 277
- Revisionszulassung **17** 267 ff.
- Rücknahme **17** 435 f.
- Sachantrag **17** 259 ff.
- Säumnis **13** 212 ff.
- Säumnis, Flucht in die **17** 371, M 498 f.
- Scheinurteil **17** 15
- Senate, auswärtige **17** 154
- Sicherheitsleistung **17** 111 f.
- Statthaftigkeit **17** 4, 8 f.
- Stellungnahme bei Schriftsatznachlass **17** 368 f., M 480
- Stellungnahme Beweisaufnahme **17** 364 f., M 479
- Stellungnahme zu Erwiderung **17** 363, M 478
- Stellungnahme zu Zurückweisung **17** 354, M 476 f.
- Stichentscheid **17** M 450 f.
- Tatbestandsberichtigung **17** 63
- Tatsachen, neue **17** 58 ff.
- Tatsachenfeststellung, fehlerhafte **17** 290 f.
- Teilurteil **17** 14
- Übertragung Einzelrichter **17** 344
- Umdeutung **17** 209
- Unbedingtheit **17** 174
- Unterschrift **17** 343
- Unterzeichnung **17** 179 f.

2349

Stichwortverzeichnis

- Urteil, amtsgerichtliches **17** 152
- Urteil, falsch getiteltes **17** 10 ff.
- Urteil, landgerichtliches **17** 154
- Urteilsergänzung **17** 76 f.
- Verfahren aus Sicht Beklagter **17** 377 f.
- Verfahren aus Sicht Kläger **17** 4, 8 f.
- Verfahren nach Ermessen, billigem **14** 89 ff.
- Verfahrensrüge **17** 273, 277 f.
- Vergleich, erstmaliger in - **13** M 690
- Verhältnismäßigkeitsgrundsatz **17** 1
- Verlängerung Begründungsfrist **17** 210 f., 378, M 466 ff., M 493
- Verstoß gg. Bestimmungen, materiellrechtliche **17** 286 f.
- Verwerfung **17** 55
- Vollstreckungsschutzantrag **17** 269 f.
- Vollzugsfrist **17** 383
- Vorabentscheidung Vollstreckbarkeit **17** 102, 104, M 462
- Vorabprüfung **17** 16 f., 19
- Vorbringen, neues **17** 58 ff., 347
- Vortrag, schriftsätzlicher **17** 345, 442
- Wiederaufnahme **21** 95 f.
- Wiederaufnahmeklage **17** 389 ff.
- Zulässigkeit **17** 54 f.
- Zurücknahme **20** 118 f.
- Zurückverweisungsantrag **17** 263, 266, M 471 f.
- Zuständigkeit **17** 151 f.
- Zuständigkeitskonzentration **17** 155

Berufungserwiderung **17** 405
- Angriffs-/Verteidigungsmittel, neue **17** 410 f.
- Antrag **17** 398 f.
- Begründung **17** 402
- Bezugnahme **17** 413
- Rügen **17** 406 f.
- Tatsachenausführung **17** 408 f.

Berufungszurückweisung
- Gehörsrüge **17** 361
- Nichtzulassungsbeschwerde **17** 360

Beschwer
- Anschlussberufung **17** 418
- Auskunftsklage **17** 32 f.
- FamFG-Beschwerde **18** 213 ff.
- Gegenstand **17** 19
- notwendige **18** 213 ff.
- persönliche **17** 17
- Teilurteil **17** 30 f.
- Wert **17** 25 f., 28
- Widerklage **17** 28 f.
- Wiederaufnahme **21** 40
- Zeitpunkt Vorliegen **17** 21, 24

Beschwerde **18** 1 ff., M 255 ff.
- Abhilfeverfahren **18** 71 ff.
- Ablehnung Fristsetzung **18** M 261
- Ablehnung Sachverständiger **18** M 270
- Ablehnung Vertagung/VU **13** 191 ff.
- allgemeine **18** 56 f.
- Anerkenntnis **13** M 665
- Anordnung Arrest durch Gericht der - **16** 106
- Anwaltsgebühren **18** 147 ff.
- außerordentliche **18** 138 ff.
- bei Beschränkung Rechtsmittel in Hauptsache **18** 70
- Entscheidung Gericht **18** 109 ff.
- Form **18** 45 ff.
- Frist **18** 33 ff.
- Gerichtsgebühren **18** 144 ff.
- Gesetzwidrigkeit, greifbare **18** 138 ff.
- Grundlagen, rechtliche **18** 9 ff.
- Hinausschiebung Urteilszustellung **18** M 264
- Kosten **18** 144 ff.
- Möglichkeiten Gegner **18** 104 ff.
- nach der ZPO **18** 9 ff.
- Prüfungsumfang **18** 85 ff.
- Richterablehnung **13** 599 ff., **18** M 258
- Sachverständiger gg. Ablehnung **11** M 755
- Sachverständiger gg. Ordnungsmittel **11** M 750, **18** M 271
- Statthaftigkeit **18** 9 ff.
- Statthaftigkeit lt. Gesetz **18** 13 f., 14

Stichwortverzeichnis

- Statthaftigkeit wg. Zurückweisung Antrag **18** 15 ff.
- Streitwert **14** M 147
- Trennungsunterhalt **22** 69
- Urteilsberichtigung **18** M 265
- Vertagung **13** M 654
- Verweigerung Akteneinsichtsrecht **13** M 712
- Vollstreckung auf Handlung **14** M 143
- Vorbringen, neues **18** 91 ff.
- Vorlage Augenscheinsobjekt **11** M 767, **18** M 269
- Wert **17** 344
- Wertfestsetzung **23** 166 ff., 174 ff.
- Wiedereinsetzung **20** 185 ff., M 206
- Wirkung, aufschiebende **18** 96 ff.
- Zeuge **18** M 266 ff.
- Zeuge gg. Kosten **11** 262 f., 265, M 734
- Zeuge gg. Versagung Verweigerungsrecht **11** M 736 f.
- zum OLG **18** M 256
- Zurückweisung **4** 154 ff., 265 ff.
- Zuständigkeit **18** 24 ff.

Bestreiten **6** 254 ff.
Betreuung **5** M 308, **16** 225 ff.
Betreuungsunterhalt **22** 372 f., 375
Beweis **11** 1 ff.
- Anordnung, gerichtliche §§ 142 ff. ZPO **11** 47 ff.
- Antrag **11** 133 f., M 716 ff.
- Beweiswürdigung, Angriff gg. **17** 300, 302
- Beweiswürdigung, freie **9** 63 ff.
- Gegenvorstellung Beweisbeschluss **11** M 775
- Geltendmachung von Auskunftsansprüchen **11** 42 f.
- Grundlagen, rechtliche **11** 7 ff.
- Möglichkeiten, taktische **11** 41 ff.
- Nichterhebung von Beweisen **17** 299
- Offenkundigkeit **9** 80
- Partei, richtige **11** 94 ff.
- Prozessstandschaft **11** 86 ff.
- Teilklage zur Verminderung Kostenrisiko **11** 70 ff.
- Vereinbarung, vertragliche **11** 56 ff.
- Verfahren nach Ermessen, billigem **14** 82 ff.
- Vergleichsgespräch **11** 66 ff.
- Vorlage Urkunden, Akten, Augenscheinsobjekte **11** 47 ff.

Beweisaufnahme **11** 2
- Anordnung **11** 707 ff.
- Berufung **17** 61
- Nichterhebung von Beweisen **17** 299
- Stellungnahme zum Ergebnis **17** 364 f., M 479

Beweislast **9** 47 ff., **11** 7 ff.
- Ausschaltung Zeugen Gegner **11** 81 ff.
- Beeinflussung durch Widerklage **8** 28 f., 31
- Beweiserleichterung **9** 239 ff.
- Erörterung mit Mandanten **11** 23 ff.
- Grundsatz **11** 10
- Grundzüge Verteilung **11** 14 ff.
- Regeln, gesetzliche **11** 15 ff.
- Sachverhalt, schwieriger **11** 38 ff.
- Verbesserung **11** 41 ff.
- Vereinbarung, vertragliche **11** 56 ff.
- Vermutung, gesetzliche **11** 18 f., 19 f.
- Vermutung, gesetzliche, Widerlegung **11** 22
- Wiedereinsetzung **20** 11

Beweismittel **11** 98 ff.
- Behördenauskunft **11** 360 ff., M 742
- subsidiäres **11** 623 ff.

Beweisverfahren
- Arrest **16** 49 ff.
- Freibeweis **16** 55 f.
- isoliertes **12** M 107 ff.
- rechtliches Interesse **12** 21

Beweisverfahren, selbstständiges **12** 5
- Anhörung des Sachverständigen **12** 47
- Antrag **12** 9, 17
- Antragsänderung **12** 57
- Antragstellerwechsel **12** 58
- Anwaltszwang **12** 39

Stichwortverzeichnis

- Aussetzung **12** 56, **13** 483 f.
- Bauteilöffnung **12** 46
- Beendigung **12** 67
- Beweisanordnung **12** 23
- Beweisanträge des Gegners **12** 44
- Eilverfahren **12** 8 f., M 105 f.
- Einwendungen gegen Sachverständigengutachten **12** 48
- Ergänzungsfragen **12** 47
- Frist Klageerhebung **12** 91, 94, M 109 ff.
- gegen Unbekannt **12** 41
- Gericht, zuständiges **12** 27 ff.
- Gerichtliche Prüfung **12** 23
- Gerichtliche Zuständigkeitsbestimmung **12** 38
- Gerichtskosten **12** 89
- Gerichtsstand **12** 36
- Grundlagen, rechtliche **12** 5 ff.
- Insolvenz **12** 79 f.
- isoliertes **12** 15, 17
- Kosten **12** 85 f.
- Kostenentscheidung **12** 90 ff.
- Örtliche Zuständigkeit **12** 34
- Parteiwechsel **12** 59
- Präklusion von Einwendungen **12** 48
- Prozesskostenhilfe **12** 60
- Rechtsmittel **12** 50, 61
- Rechtsmittel gg. Ablehnung **12** 50
- Rechtsschutz, einstweiliger **16** 230 f.
- Ruhen Verfahren **13** 516
- Sachliche Zuständigkeit **12** 31
- Sachverständigenauswahl **12** 25
- Sachverständigenbeweis **12** 24
- Schiedsabreden **12** 4
- Schlichtungsverfahren **1** 6
- Streitverkündung **7** 18, **12** 75 f., 78
- Streitwertabänderung **12** 84
- Streitwertberechnung **12** 81 ff.
- Verbindung **12** 55
- Verjährungshemmung **12** 42, 62 f., 65
- Verweisung **12** 37
- Voraussetzungen, gesetzliche **12** 5 ff.
- Weiteres Gutachten **12** 49
- Wirkungen, materiell-rechtliche **12** 62 f., 65
- Wirkungen, prozessrechtliche **12** 72 ff.
- Zweck **12** 1
- Zweckmäßigkeitserwägungen **12** 2

Bürgschaft **9** 34 ff.

Deckungsschutzanfrage **17** 143 f., 146
- Berufung **17** 395, M 448 f., M 486
- Folgen Ablehnung **17** 147 ff.
- Folgen Nichteinhaltung Vorgaben **17** 146
- Vorgaben, versicherungsrechtliche **17** 143 f.

Dokument, elektronisches
- Augenschein **11** 620 f.
- Berufung **17** 192
- Zustimmung Zustellung **10** 112 ff., M 346

Dolmetscher **11** 195 ff., **21** 59

Dritter
- Akteneinsichtsrecht **13** 607, 609 f.
- Beitritt zu Vergleich **13** M 689

Drittschuldnerklage **23** 78 ff.

Drittwiderklage **8** 16, 98 ff., M 239
- Einlassung, rügelose **8** 104
- Erwiderung **8** M 241
- Gerichtsstand, besonderer **8** 106 f.
- isolierte **8** 104 f.

Düsseldorfer Tabelle **22** 17, 36

Ehegattenunterhalt
- Additionsmethode **22** 43
- Altersversorgungsunterhalt **22** M 192
- Berechnung **22** 38 ff.
- Differenzmethode **22** 41
- Elementarunterhalt **22** M 192
- Halbteilungsgrundsatz **22** 38 ff.
- Inverzugsetzen Schuldner **22** M 190
- Mangelfall **22** M 191
- Mischmethode **22** 43
- Scheidungsunterhalt **22** M 490
- Verbundverfahren **22** 488

Eid **11** 423 ff.

Stichwortverzeichnis

Einheitlichkeit Rechtsprechung **17** 50, **18** 169 ff., **19** 7
Einkommen **22** 22, 27 ff.
Einlassung, rügelose **8** 104 ff.
Einspruch **4** 274 ff., M 350
– Abgabe an Streitgericht **4** 287 ff.
– Form **4** 282 f.
– Frist **4** 276 ff., **13** 227
– Frist, Ausnahmen **4** 281
– gegen Versäumnisurteil **13** 222 ff., M 655 f., **17** M 481 ff., M 498 f.
– Grenzfälle zur Berufung **13** 239
– Kreditverträge, sittenwidrige **4** 305
– Schlüssigkeitsprüfung **4** 301
– teilweiser **13** 234
– Unterschrift **4** 284 ff.
– Verfahren beim Streitgericht **4** 290 ff.
– Verhandlung nach - **13** 251 ff.
– Vollstreckbarkeit VU bei - **13** 242 ff.
– Zuständigkeit **13** 232
Einwendung/Einrede
– Schiedsvertrag **6** 187 ff., M 316
– Urkundsprozess **9** 100 ff., 132, 137 ff.
– Wiedereinsetzung **20** 20 ff., 28 ff.
Einzelrichter **5** 222 ff., M 335 f.
– Berufung **17** 344
– Zuständigkeit **6** 144 ff., M 311 f.
– Zuständigkeit, originäre **5** 225 ff., M 335 f.
Elementarunterhalt **22** 9, 11, 164 ff., M 487
E-Mail **17** 194
Empfangsbekenntnis **10** 94 ff., M 355
Endvermögen **22** 425 ff.
Entscheidung nach Lage Akten **13** 274 ff., **14** 88
Entscheidungserheblichkeit **14** 131 ff.
Entschuldigung **11** 254 ff., M 732 f.
Erfüllung **6** 220 ff.
– nach Anhängigkeit, vor Rechtshängigkeit **6** M 323
– nach Rechtshängigkeit **6** 230 ff., M 324

– zwischen Anhängigkeit und Rechtshängigkeit **6** 221 ff., M 322
Erinnerung
– gegen Verweigerung Ausfertigung **15** 51 f., M 244
– gg. Kostenfestsetzung **23** 159, 161 f., M 182, M 184
– Rechtskraft-/Notfristzeugnis **15** M 250
Erkenntnisverfahren **9** 142 ff.
Erklärung
– Anerkenntnis **13** 313
– Klageerwiderung **6** 99 ff.
– Klagerücknahme **13** 17, 21 ff.
– Schweigepflichtentbindung **11** M 739
– Urkunde **14** 30 ff.
– Verfügung, einstweilige auf - **16** 169, M 302
– Verhältnisse, wirtschaftliche **3** M 361
– Widerruf **13** M 672
Erledigung
– Berufung **17** 374 f.
– Definition/Fälle **13** 84, 86 f.
– Erklärung Kläger **13** 84, 86 f., M 644 f.
– Erklärung nach Aufrechnung, erfolgreicher **8** M 251
– Hauptsache **13** 81 ff.
– Hinweispflicht **13** 100 ff.
– Klageumstellung nach Widerspruch **13** M 649
– Kostenentscheidung **13** 107 ff.
– Kostenentscheidung, Begründung **13** 110 ff.
– Kostenentscheidung, Rechtsmittel **13** 114 ff., M 650
– Reaktion Beklagter **13** 97 ff., M 646
– Streitentscheidungen Rechtsprechung **13** 124 ff.
– Streitwert **13** 119
– Verhandlung nach - **13** 109
– Widerspruch **13** M 648
– Wiedereinsetzung **20** M 205
– Wiedereinsetzung bzgl. Widerspruchsfrist **13** M 647

2353

- Zustimmungsfiktion **13** 100 ff.
Ersatzzustellung **10** 130 ff.
- an einen Empfänger **10** 133 ff.
- an Gegner **10** 165 ff.
- Annahmeverweigerung **10** 185 ff.
- Beschäftigte **10** 144 f.
- Einlegung Briefkasten **10** 171 ff.
- Familienangehöriger **10** 134 f.
- Gemeinschaftseinrichtung **10** 154 ff.
- Geschäftsräume **10** 151 ff.
- Haft **10** 140
- Hauswirt **10** 160 ff.
- Krankenhaus **10** 142 f.
- Mitbewohner/Wohngemeinschaft **10** 146 ff.
- Wohnung **10** 136 ff.
Erwiderung
- Anschlussberufung **17** M 494 ff.
- Revision **19** 60 f., 72
EU-Grundrecht
- Prozesskostenhilfe **3** 3 ff.

FamFG-Beschwerde **18** 199 ff.
- Anschlussbeschwerde **18** 231 f.
- Berechtigte **18** 210 ff.
- Einlegung **18** 219 ff.
- Frist **18** 216 ff.
- Instanzenzug **18** 203 ff.
- Rechtsbeschwerde **18** 233 ff.
- Sonderregelungen Ehe-/Familienstreitsache **18** 240 f., 243
- Statthaftigkeit **18** 207 ff.
- Verfahren **18** 219 ff.
FamFG-Verfahren **3** 17, **22** 1 ff.
- Auslandsbezug **22** 261 ff.
- Ehesache **22** 263 ff.
- Familiengericht, Unzuständigkeit **14** 24 ff.
- Folgesachen **22** 283 ff.
- Gebrauch, persönlicher **22** 413
- Güterrecht **22** 297 ff.
Feststellungsklage **5** 128 f.
- Antrag **5** 174 ff., M 328 f.
- Interesse **5** 176 ff.

- negative **5** 181 f., M 329, **8** M 244, **22** 105 ff., M 200
- Trennungsunterhalt **22** 105 ff., M 200
- Zwischenfeststellungsklage **5** 183, M 331
Form
- Abmahnung **16** 142 ff.
- Anerkenntnisurteil **13** 324 ff.
- Antrag Mahnbescheidsverfahren **4** 55 ff.
- Ausfertigungsvermerk **16** 72 ff.
- Berufung **17** 54
- Beschwerde **18** 45 ff.
- Einspruch **4** 61 ff., 282 f.
- Klageerhebung **5** 9 ff.
- Klageerwiderung **6** 235 ff.
- Neuzustellungsantrag Mahnbescheid **4** 59
- Rechtsbeschwerde **18** 180 ff.
- Scheck-/Wechselprozess **9** 219 ff.
- Scheidung **22** 231 ff.
- Sicherheitsleistung **15** 201
- Streitverkündung **7** 24
- Tatbestandsberichtigung **15** 137 ff.
- Telegramm/Fernschreiben/Fax **5** 12 ff.
- Widerspruch **4** 60, 197 f.
- Wiederaufnahme **21** 30 f.
- Wiedereinsetzung **20** 120 ff.
Freibeweis **11** 703 ff., M 773 f.
Freiheitsentziehung
- Rechtsschutz, einstweiliger **16** 229
Frist
- Abhilfeverfahren **17** 83 f.
- Anforderungen Kontrolle **2** 140 ff.
- Anregung Ausschlussfrist § 356 ZPO **11** M 723
- Anschlussberufung **17** 421
- Antrag Vollstreckungsbescheid **4** 245 ff.
- Arrest **17** 383
- Belehrung über - **20** 5
- Berufung **17** 54, 89 f., 175, 381 f., M 493, **20** 77, 83 ff.
- Berufungserwiderung **17** 384 f., 396

Stichwortverzeichnis

- Beschwerde **18** 33 ff.
- EDV-gestützte Verwaltung **20** 74 ff.
- Einlassungsfrist **9** 235 ff., M 262
- Einspruch **4** 276 ff., **13** 227
- Einstellung Zwangsvollstreckung **17** 107, M 463
- Einwendungen Fristbeginn **20** 20 ff.
- Einzelfälle Fristen **20** 13 f.
- Erfassung **10** 103
- Erledigung Zustimmung **13** 100 ff.
- FamFG-Beschwerde **18** 216 ff.
- Fristsetzung Ablehnung **18** M 261
- Hauptsacheklage nach Verfügung **16** M 314
- Kalender **2** 142
- Klageerhebung nach Beweisverfahren **12** 91, 94, M 109 ff.
- Klageerwiderung **6** 125 ff.
- Ladungsfrist **9** 235 ff.
- Nachverfahren **9** 185
- Notfristen **20** 13 f.
- Rechtsbeschwerde **18** 180 ff.
- Revision **19** 66 ff.
- Richterablehnung **13** 585 ff.
- Ruhen Verfahren **13** 519 ff.
- Säumnisfolgen **20** 3 ff.
- Sicherheitsleistung **15** 199, M 251
- Tatbestandsberichtigung **15** 131 ff., **17** 63
- Trennung **22** 249 ff.
- Urkundsprozess **9** 87, 128 f.
- Urteilsergänzung **15** 169 ff., **17** 76 f.
- Verfügung, einstweilige **16** 186 ff., **17** 383
- Vergütung, weitere **3** 219 ff.
- Verlängerung **17** 210 f., M 466 ff., **20** 78
- Verstoß bei Bearbeitung **20** 68 ff.
- Vollziehung **16** 65 f., 186 ff., **17** 383
- Vortrag von Angriffs-/Verteidigungsmitteln **20** 15 f.
- Widerruf Vergleich **13** 389 ff.
- Widerspruch **4** 190 ff., **13** M 647
- Wiederaufnahme **21** 32 ff.
- Wiederaufnahmeklage **17** 389 ff.

Fristenkontrolle **2** 140 ff., **19** 28 f., 66 ff., **20** 68 ff., 80 ff.
- Berufung **17** 62 f., 381 f.
- Entlassung aus- **19** 48 f.

Gebrauch, persönlicher **22** 413
Gebühren
- Abhilfeverfahren **17** 88
- Anrechnung Geschäftsgebühr **23** 11, 13 f., 20 f.
- Anrechnung Geschäftsgebühr, Altfälle **23** 23 ff.
- Anschlussberufung **17** 388
- Ausfertigung, vollstreckbare **15** 54 ff.
- Berufung **17** 98
- Einstellung Zwangsvollstreckung **17** 113
- Revision **19** 45
- Sicherheitsleistung **15** 218 ff.
- Tatbestandsberichtigung **15** 153 ff., **17** 75
- Urteilsberichtigung **15** 108 ff.
- Urteilsergänzung **15** 193, **17** 82
- Wiederaufnahme **21** 105 f.

Geeignetheit **11** 123 ff.
Gegenstand des **2** 55
Gegenvorstellung **11** M 775, **18** 79
Gehörsrüge **14** 6, 100 ff., M 150 f., M 153
- Begründetheit **14** 119 ff.
- Entscheidungserheblichkeit **14** 131 ff.
- Entstehungsgeschichte **14** 100 f.
- Gebühren/Kosten **14** 139 f.
- gg. Kostenfestsetzungsbeschluss **14** M 152
- Hinweisfälle **14** 125 ff., 134
- Nichtberücksichtigungsfälle **14** 129 ff.
- Pannenfälle **14** 122 f., 132
- Präklusionsfälle **14** 124, 133
- Rechtsfolgen **14** 135 ff.
- Verfahren nach Ermessen, billigem **14** 97

Stichwortverzeichnis

- Verstoß gg. Anspruch auf Gehör **14** 121 ff.
- Wiederaufnahme **21** 5
- Willkürrüge **14** M 149
- Zulässigkeit **14** 102 ff.

Gemeinschaften **5** 73 f.

Gericht
- Bezeichnung **17** 172
- Kosten **4** 310 ff., **5** 255 ff.

Gerichtskosten
- Beweisverfahren, selbstständiges **12** 89

Gerichtsstand **5** 41, **8** M 241
- besonderer **8** 106 f.
- Beweisverfahren, selbstständiges **12** 36
- Urkundsprozess **9** 88
- Vereinbarung, Einzelfall **5** M 290 f.

Gesamtschuldnerschaft **4** 95 ff.

Gesellschaft bürgerlichen Rechts **23** 150
- Abberufung Vorstand/Geschäftsführer **16** 270 f.
- als Partei **5** 68 ff., 293 f., M 295
- Ausschließung Gesellschafter **16** 265
- Durchsetzung Gesellschafter-Information **16** 280 f.

Gesellschaft mit beschränkter Haftung **5** M 298
- & Co. KG **5** M 299
- Abberufung Vorstand/Geschäftsführer **16** 272 ff.
- Ausschließung Gesellschafter **16** 260 ff.
- Durchsetzung Gesellschafter-Information **16** 279, M 306
- Erzwingung Jahresabschluss **5** M 307
- Untersagung Vertretung/Geschäftsführung **16** M 304 f.

Gesellschaftsrecht
- Abberufung Vorstand/Geschäftsführer **16** 267 ff.
- Anfechtung Gesellschafterbeschluss **16** 255

- Ausschließung Gesellschafter **16** 257 ff.
- Durchsetzung Gesellschafter-Information **16** 277 ff., M 306
- Kommanditgesellschaft auf Aktien **16** 278
- Mitwirkung Auflösung Gesellschaft **16** 256
- Rechtsschutz, einstweiliger **16** 252 ff.
- Streit Gesellschafter **16** 253 f.
- Unterlassung Betriebseinstellung **16** M 307
- Untersagung Vertretung/Geschäftsführung **16** M 304 f.
- Verfügung, einstweilige **16** M 304 ff.
- Zwei-Personen-Gesellschaft **16** 266

Gestaltungsklage **5** 130 ff.

Getrenntleben **22** 244 ff.

Gewaltschutz **22** 659 ff.
- Fragen, materiell-rechtliche **22** 676 f., 679
- Rechtsschutz, einstweiliger **16** 221, **22** M 687 f.
- Verfahren **22** 660 ff.

Glaubhaftmachung
- Richterablehnung **13** 576 ff.
- Versicherung, anwaltliche **20** 157
- Wiedereinsetzung **20** 153 f., 156

Grundbucheintrag **16** M 299

Grundlagen, rechtliche
- Amtsgericht, Besonderheiten **14** 9 ff.
- Berufung **17** 4, 8 f.
- Beschwerde **18** 9 ff.
- Beweisverfahren, selbstständiges **12** 5 ff.
- Hausrat/Ehewohnung **22** 569 ff.
- Klageerhebung **5** 8 ff.
- Klagerücknahme **13** 4 ff.
- Klageverzicht **13** 4 ff.
- Mahnverfahren **4** 16 ff.
- Mandatsverhältnis **2** 7 ff.
- Rechtsschutz, einstweiliger **16** 6 ff.
- Sorge-/Umgangsrecht **22** 495 ff.
- Streitverkündung **7** 6 f., 16

– Wiederaufnahme **21** 5 ff.
– Zustellung **10** 10 ff.
Grundsatz sicherster Weg **2** 150
Grundschuld **9** 31 ff.
Güteverhandlung **6** 105 ff.
– absehen von – **5** 248 ff.
– Anregung auf Absehen von – **5** 248 ff.
– Antrag auf Anberaumung **6** M 305
– Mitteilung Einigungsbereitschaft **6** M 302

Haftung
– Anwalt **2** 137 ff.
– Anwalt, Beschränkung **2** 154 ff., M 228 ff.
– Beklagter, Beschränkung **6** 207 ff.
Handelsregisterauskunft **5** M 306
Handlung **16** 166
Hauptintervention **13** 512 ff.
Hausrat/Ehewohnung **22** 410 ff., 565 ff.
– Anordnung, einstweilige **22** M 657 f.
– Besonderheiten, verfahrensrechtliche **22** 592 ff., 620 ff.
– Grundlagen, rechtliche **22** 569 ff.
– Regelungen, endgültige **22** 611 ff., M 654
– Regelungen Trennungszeit **22** 601 ff., M 653
– Rückschaffung Gegenstände **22** 605 ff.
– Verfahrensfragen, allgemeine **22** 571 ff.
– Verteilung Haushaltsgegenstände **22** 584 ff.
– Zuweisung Ehewohnung **22** 618 ff.
– Zuweisung, endgültige **22** 633 ff., M 656
– Zuweisung Trennungszeit **22** 625 ff., M 655
Herausgabe **16** 168, M 298
– Klage **5** M 320
Hinweispflicht
– Amtsgericht, Besonderheiten **14** 21 f.
– Erledigung **13** 100 ff.
– Gehörsrüge **14** 125 ff.

– Richterablehnung **13** 555 ff.
Hypothek **9** 31 ff.

Inhalt
– Klageerwiderung **6** 233 ff.
– Revision **19** 6 ff.
Inhalte des Anwaltsvertrags **2** 70
Inkassokosten **23** 64 ff.
– Beauftragung, außergerichtliche **23** 65
– in der Zwangsvollstreckung **23** 68 ff.
– Mahnverfahren, gerichtliches **23** 66 f.
Insolvenzverfahren **13** 448 ff., M 694 ff.
– Ausland **13** 455
– Beiordnung **3** 23
– Beweisverfahren, selbstständiges **12** 79 f.
– Prozesskostenhilfe **3** 18 ff.
Instanzenzug **18** 203 ff.
Interessen, widerstreitende **2** 39 ff., M 213
Isolierte Drittwiderklage
– Abtretung **8** 111

Kammer **5** 233 ff.
Kammer für Handelssachen **9** 90, **17** 153
Kind
– als Partei **5** M 305
– Betreuungssituation **22** 3
– Kindergeld **3** 57 ff., **22** 154 f.
– Kindergeldberechtigung **22** 3
– Kindesherausgabe **22** 533, M 561
– Trennungssituation Eltern **22** 2 f.
Kindesunterhalt **22** 156 ff., M 206
– Abänderung **22** M 208
– Bedürftigkeit **22** 173 ff.
– Einkommen **22** 177 f.
– Inverzugsetzen Schuldner **22** 181, M 190
– Klagearten **22** 184 ff.
– Leistungsfähigkeit **22** 177 f.
– Mangelfall **22** M 191
– Prozessführung **22** 180 ff., 182
– Stufenklage **22** M 207
– Verbundverfahren **22** 488
– Verwirkung **22** 179

2357

Stichwortverzeichnis

- Zuwendungen, sozialstaatliche **22** 176
Kindschaftssache **16** 220, **22** 312 ff.
Klage
- Abweisung **9** 159 ff.
- Befugnis **21** 37 ff.
- Erhebung **14** M 142
- Gegner **9** 223
Klageänderung **5** 268 ff., M 339 f.
- Berufung **17** 425
- Erledigung Hauptsache zw. An- u. Rechtshängigkeit **13** M 628
- Ermäßigung **5** 267
- Erweiterung **3** M 350, **5** 263 ff., **17** M 490
- in Berufung **17** 326, 329
- isolierte **17** 329
- nach Widerspruch Erledigung **13** M 649
- Präklusion **17** 330
- Prozesskostenhilfeantrag **3** M 344
- Schlichtungsverfahren **1** 65
Klageantrag
- Anerkenntnisurteil **5** 214 ff.
- Anwaltsgebühren, vorgerichtliche **5** 201 ff.
- Ausfertigung, vollstreckbare **5** 217
- Feststellungsantrag **5** 174 ff.
- Fristbestimmung im Urteil **5** 154 ff.
- Haupt-/Hilfsantrag **5** 172 f., M 327
- Kostenantrag **5** 208
- Leistung, künftige **5** 159 ff.
- Leistung Zug-um-Zug **5** 147 ff., M 316
- Leistungsantrag, sonstiger **5** 151 ff.
- Nebenforderungen **5** 190 ff.
- Sachantrag **5** 154 ff.
- Streitwertbestimmung, vorläufige **5** 221, M 334
- Stufenklage **5** 167 ff.
- Teilklage **5** 162 ff.
- Versäumnisurteil **5** 214 ff.
- Vollstreckbarkeit, vorläufige **5** 209 ff.
- Vollstreckungsschutz **5** 209 ff.
- Zahlungsantrag, bezifferter **5** 134 ff., M 311

- Zahlungsantrag, unbezifferter **5** 141 ff., M 315
- Zinsantrag **5** 190 ff., M 312 ff.
- Zuständigkeitsbestimmung, gerichtliche **5** M 292
- Zustellungsbescheinigung **5** 217
Klagearten
- Abänderungsklage **22** 57, 67 ff.
- Bereicherungsklage **22** 58
- Drittschuldnerklage **23** 78 ff.
- Gestaltungsklage **5** 130 ff.
- Klage aus § 826 BGB **21** 7
- Räumungsklage **5** M 321
- Stufenklage **5** 167 ff., M 326
- Teilklage **5** 162 ff., M 325
- Unterhalt, nachehelicher **22** 404
- Unterlassungsklage **5** M 319
Klageerhebung **5** 1 ff.
- Abschriften, Anzahl, erforderliche **5** 261 ff.
- Änderung, wesentliche Prozesslage **5** 237 ff.
- Anhängigkeit **5** 25
- Anlass zur - **13** 330 ff.
- Bezeichnung Gericht, angerufenes **5** 32 ff.
- Form **5** 9 ff.
- Gebührenvorschuss **5** 21 f.
- Gegenstands-/Anspruchsbezeichnung **5** 116 ff.
- Gerichtsbarkeit, besondere **5** 28
- Gerichtskostenvorschuss **5** 255 ff.
- Grundlagen, rechtliche **5** 8 ff.
- Güteverhandlung, abgesehen von **5** 248 ff.
- Inhalt **5** 20 ff., 22 ff., 32 ff., 218 ff., 293 f., M 295
- Prozessbevollmächtigter Beklagter **5** 102
- Prozessfähigkeit **5** 78 ff.
- Prozessführungsbefugnis **5** 85 ff.
- Prozesspflegschaft **10** M 345
- Rechtshängigkeit **5** 25 ff.
- Rubrum **5** 293 f., M 295

- Telegramm/Fernschreiben/Fax **5** 12 ff.
- Übertragung Einzelrichter **5** 222 ff.
- Unterschrift, eigenhändige **5** 10
- Vertretung, ordnungsgemäße **5** 94 ff.

Klageerweiterung **5** M 338
- nach durchgeführtem Schlichtungsverfahren **1** 65 ff.

Klageerwiderung **6** 1 ff.
- Angebot Ratenzahlungsvereinbarung **6** 77 f.
- Angriff Vorbringen, sachliches **6** 254 ff., M 325
- Angriff Zulässigkeit Klage **6** 249 ff.
- Antrag Verlegung Termin, früher erster **6** 111 ff., M 304
- Anträge, prozessuale mit - **6** 129
- Anträge, prozessuale mit ~ **6** 130 f.
- Aufbau **6** 233 ff.
- Aufrechnung **6** 94, 96 f.
- bei Bestimmung Termin, früher erster **6** 100 ff., M 303
- bei Vorverfahren, schriftlichem **6** 115 ff., M 306
- Bestreiten **6** 254 ff., M 325
- Einwendungen/Einreden **6** 287 ff.
- Feststellung Klagerücknahme **6** M 315
- Formalien **6** 235 ff.
- Frist/Verlängerung **6** 125 ff., M 307 f.
- Grundlagen, rechtliche **6** 10 ff.
- Haftung, beschränkte **6** 207 ff.
- Hilfsantrag Zug-um-Zug-Verurteilung **6** 217 ff., M 321
- Inhalt **6** 233 ff.
- Klärung Erfolgsaussichten Verteidigung **6** 13 ff.
- mit Abweisungsantrag wegen Aufrechnung **8** M 245
- mit Aufrechnung/Hilfswiderklage **8** M 247
- mit Feststellungsklage, negativer **8** M 244
- mit Hilfsaufrechnung **8** M 246
- mit Hilfsaufrechnung/-widerklage **8** M 237
- mit Hilfswiderklage **8** M 236
- mit Widerklage **8** M 234
- mit Widerklage/Drittwiderklage **8** M 239
- mit Widerklage/Hilfswiderklage **8** M 238
- mit Widerklage Zug-um-Zug **8** M 248
- mit Widerklageerwiderung **8** M 240
- nach Säumnis Verteidigungsanzeige **13** M 652
- Prozesserklärungen mit - **6** 99 f., 101
- Prozesskostensicherheit, fehlende **6** 173 ff., M 314
- Rechtsausführungen **6** 287 ff.
- Säumnis **6** 93 f., 96
- Scheck-/Wechselprozess **9** M 265
- Schiedsvertragseinrede **6** 187 ff., M 316
- Struktur **6** 235 ff.
- Überlegungen, taktische **6** 12 ff.
- Urkundsprozess **9** 98 ff., 106 f., 109, M 253
- Verlängerung Frist **6** 79 f.
- Verteidigungsanzeige **6** 116 ff.
- Verteidigungsanzeige, Verzicht auf ~ **6** 47 ff.
- Verweisung Kammer für Handelssachen **6** 130 ff., M 309 f.
- Verzögerung Verfahren **6** 74 ff.
- Vollstreckungsschutzantrag **6** 192 ff., M 317 f.
- Vorbehalt Beschränkung auf Nachlass **6** M 319 f.
- Zuständigkeit Einzelrichter **6** 144 ff., M 311 f.

Klagerücknahme **13** 4 ff., M 624
- Antrag Durchführung Verfahren **13** M 643
- Anwaltszwang **13** 32
- Ausschlussgründe **13** 14 ff.
- Beschwerde Kosten **13** M 642
- Erklärung **13** 17, 21 ff.
- Erledigung HS zw. An- u. Rechtshängigkeit **13** 38, 40 f., M 625 f.

Stichwortverzeichnis

- Folgen **13** 23 ff.
- Gründe für - **13** 11
- Grundkonstellationen **13** 37 f., 40
- Grundlagen, rechtliche **13** 4 ff.
- Kosten **13** 12 ff., 25, M 627, M 629 ff.
- Mahnverfahren **13** 18 ff.
- nach mdl. Verhandlung **13** 64 ff., M 634, M 638
- nach Rechtshängigkeit vor mdl. Verhandlung **13** 55 ff.
- nach Urteil **13** M 633
- Rechtsmittelverzicht **13** 30
- Teilklagerücknahme **13** 9
- Verhandlung zur Hauptsache **13** 16
- Widerrufsvergleich **13** 33 ff.
- Wiedereinsetzung **13** M 635, **20** M 204
- Zeitpunkt **13** 28 ff.
- Zustimmung Beklagter **13** 65 ff., M 637
- Zustimmung Beklagter, Fiktion **13** 72 ff.
- Zustimmung Beklagter, Verweigerung **13** 76 f., M 635 f.

Klageschrift **14** M 142
Klageverzicht **13** M 639 ff.
- Einwilligung in Klagerücknahme nach - **13** M 637
- Grundlagen, rechtliche **13** 4 ff.

Kommanditgesellschaft **5** M 297, **16** 278
Kopie **9** 54 f.
Kosten
- Abschlussschreiben **16** 206 f.
- Anschlussberufung **17** 432 f., M 492
- Ausfertigung, vollstreckbare **15** 54 ff.
- Berufung gegen Entscheidung **17** 13
- Beweisverfahren, selbstständiges **12** 85 f.
- Entscheidung nach Lage Akten **13** 301 ff.
- Gehörsrüge **14** 139 f., M 152
- Kostenerstattungsanspruch Gegner **3** 157
- Mahnverfahren **4** 306 ff.
- Nachverfahren **9** 210 ff.

- Rechtsbeschwerde **18** 197 f.
- Rechtsmittel Kostenentscheidung **13** 345 ff.
- Rechtsmittelverzicht **15** 9 ff.
- Säumnisverfahren **13** 301 ff.
- Sicherheitsleistung **15** 218 ff.
- Streitverkündung **7** 55 f.
- Tatbestandsberichtigung **15** 153 ff.
- Urkundsprozess **9** 175 ff., 210 ff.
- Urteilsberichtigung **15** 108 ff.
- Urteilsergänzung **15** 193
- Verfahren nach Ermessen, billigem **14** 99
- Verfahrenskostenvorschuss **22** 171, M 203
- Vergleich **13** 429 ff.
- Versäumnisurteil **13** 218 ff.
- Widerklage **8** 124 ff.
- Wiederaufnahme **21** 105 f.
- Wiedereinsetzung **20** 175 ff.
- Zwangsvollstreckung als Prozesskosten **23** 57 ff.

Kostenfestsetzung
- gg. Zeugen **11** 226 ff., M 734

Kostenfestsetzungsbeschwerde **18** 58 ff., M 259 f., M 263, **23** 159, 161 f., M 181, M 183
- gg. Wertfestsetzung **23** 166 ff., 174 ff.
- Kosten nach Klagerücknahme **13** M 642
- Kostenentscheidung Erledigung **13** 114 ff., M 650

Kostenfestsetzungsverfahren **23** 1 ff.
- Anlagen, notwendige **23** 116
- Antrag **23** 98 ff., M 178
- Antragsberechtigung **23** 100 ff.
- Anwalt **23** 101 ff.
- Besonderheiten Kostenausgleichung **23** 117 ff., M 179
- Beteiligte **23** 93 ff.
- Erinnerung gg. **23** 159, 161 f., M 182, M 184
- formelles **23** 93 ff.
- Kfz-Haftpflichtverletzung **23** 109

2360

Stichwortverzeichnis

- Kostenausgleichung **23** 117 ff., M 179
- Kostengrundentscheidung **23** 7 ff.
- nach § 11 RVG **23** 144 ff.
- Prozesskostenhilfe **23** 114 f.
- Rechtsbehelfe **23** 159, 161 f., M 181 ff.
- Rückfestsetzung **23** 135, 137 f.
- Streitgenossen **23** 104 ff.
- Vollstreckungstitel **23** 7 ff.
- Voraussetzungen **23** 7 ff.
- Zustellung Kostenfestsetzung **23** M 180

Ladung **11** 209 ff., 241 ff., **14** 16 ff.
Leistungsklage **5** 127, 127
- Abgabe Willenserklärung **5** M 322
- Duldung **5** M 323
- Herausgabeklage **5** M 320
- Leistung, künftige **5** 159 ff., M 324
- Leistung Zug-um-Zug **5** 147 ff., M 316
- Leistungsantrag, sonstiger **5** 151 ff.
- Räumungsklage **5** M 321
- Trennungsunterhalt **22** 57 ff., M 194
- Unterlassungsklage **5** M 319
- Vornahme Handlung **5** M 317 f., **14** 51 ff., M 142
- Zahlungsantrag, bezifferter **5** 134 ff., M 311
- Zahlungsantrag, unbezifferter **5** 141 ff., M 315

Leistungsverfügung **16** 162 ff.

Mahnbescheid
- Anwaltskosten **4** 319 ff.
- Erlass **4** 162 ff.
- Inhalt **4** 165 f.
- Wirkung, materiell-rechtliche **4** 183 ff.
- Zustellung **4** 169 ff.

Mahnverfahren **4** 1 ff.
- Abgabe an Kammer für Handelssachen **4** 128
- Anspruch **4** 98 ff.
- Anspruch, abgetretener **4** 118
- Anspruch, Bezeichnung **4** 98 ff.
- Anspruch, gegenleistungsabhängiger **4** 119

- Anspruchsbezeichnung **4** 7 f.
- Antrag **4** 5 ff., 52 ff.
- Antrag, Ausfüllhilfe **4** 65 ff.
- Antragsmuster Onlineverfahren **4** 343 ff.
- Antragsmuster Verfahren, maschinelles **4** 340 ff.
- Anwaltskosten **4** 319 ff.
- Anwaltskosten Gegner **4** 333 ff.
- Anwendungsbereich, sachlicher **4** 16 ff.
- Auslandsverfahren **4** 35 ff.
- Entscheidung Mahnverfahren/Klage **4** 14
- Form **4** 52 ff.
- Gegner, mehrere **4** 129
- Gerichtskosten **4** 310 ff.
- Gesamtschuldnerschaft **4** 95 ff.
- Grundlagen, rechtliche **4** 16 ff.
- Klagerücknahme **13** 18 ff.
- Kosten **4** 306 ff.
- Mahngericht **4** 45 ff., 120 f.
- Monierung **4** 141 ff.
- Neuzustellungsantrag **4** 59, 345, 349
- Parteien **4** 75 ff.
- Prozesskostenhilfe **4** 338
- Prüfungsverfahren **4** 137 ff.
- Schlichtungsverfahren **1** 8
- Streitantrag **4** 212 ff., M 351
- Streitgericht **4** 122 ff., 212 ff.
- Unterschrift **4** 132 ff.
- Verbindung **4** 131
- Verfahren, arbeitsgerichtliches **4** 41
- Verfahren beim Streitgericht **4** 226 ff.
- Vollmacht **4** 136
- Vorteile **4** 2 f.
- WEG-Verfahren **4** 40
- Wirkung, materiell-rechtliche **4** 183 ff.
- Zurückweisung **4** 154 ff.

Mandatsverhältnis **2** 1 ff.
- Anzeige Mandatsübernahme **2** M 235
- Grundlagen, rechtliche **2** 7 ff.
- Kontakt mit Rechtsschutzversicherung **2** 196 ff., M 237 f.

- Mandatsniederlegung **2** 169 ff., M 231 ff.
- Vergütung bei Mandatsniederlegung **2** 194

Mediation **20** 171
Meinungsäußerung **13** 568 ff.
Mietrecht **16** 282 ff.
Mietverhältnis **9** 18 ff.
Minderjähriger **5** M 305

Nachlass
- Beschränkung auf ~ **6** M 319 f.

Nachverfahren **9** 178 ff., M 257
- Antrag **9** 186 f., M 259
- Bindung an Vorverfahren **9** 196 ff.
- eigentliches **9** 196 ff.
- Einleitung **9** 178 ff., M 255
- Frist **9** 185
- Kosten **9** 210 ff.
- Schadensersatzklage **8** M 253
- Urkundsprozess **9** 250 f.
- Verzicht **9** M 258
- Vorbehalt Rechte **9** M 263
- Zuständigkeit **9** 189
- Zwangsvollstreckung **9** M 260

Nebenintervention **7** 4, **13** M 675
Nichtigkeitsklage **17** 438, **21** 44 ff., M 107 f.
- Ablehnung Richter **21** 49
- Mitwirkung Richter, ausgeschlossener **21** 48
- Ungesetzlichkeit Richterbank **21** 45 ff.
- Vertretungsmangel **21** 50 ff.

Nichtzulassungsbeschwerde
- Revision **19** 25 ff., 57, 69, M 88, M 93 ff.

Notfristzeugnis **15** 65 ff., M 249 f.

Offene Handelsgesellschaft **5** M 296
Offenkundigkeit **9** 80
Ordnungsmittel
- Augenschein **11** M 768
- Beschwerde gg. **18** M 271
- Sachverständiger **11** 439 f., M 749
- Zeuge **11** 226 ff.

Ortstermin **11** 416 ff.

Parteiänderung **5** M 340
Parteien **5** 46 ff.
- AG **5** M 300
- Änderung **5** 276 ff.
- Auswahl richtige ~ **11** 94 ff.
- Berufung **17** 167 f.
- Bezeichnung Prozessbevollmächtigter **17** 170
- Bezeichnung Urteil, angefochtenes **17** 171
- gem. §§ 246,249 AktG **5** M 301
- Gemeinschaften **5** 73 f.
- KG **5** M 297
- Kind, minderjähriges **5** M 305
- kraft Amtes **3** 50, 52 f., **5** 75 ff.
- Mahnverfahren **4** 75 ff.
- Notwendigkeit Bezeichnung **17** 167 f.
- OHG **5** M 296
- Parteierweiterung **5** 288 f.
- Parteifähigkeit **5** 53 ff.
- Parteiwechsel **5** 276 ff.
- Parteiwechsel Beklagtenseite **5** 284 ff.
- Parteiwechsel Klägerseite **5** 280 ff.
- Partnerschaftsgesellschaft **5** M 303
- Person, natürliche **5** 55 ff.
- Personen, juristische Öffentliches Recht **5** 66 f.
- Personen, juristische Privatrecht **5** 59 ff., M 298 ff., M 304
- Personen, natürliche **5** M 305
- politische/Verbände **5** 72
- Prozesskostenhilfe **3** 38 ff.
- Rubrum **5** 293 f., M 295
- Tod **13** 438 ff., M 702
- Verein **5** 64 f., M 302
- Wohnungseigentümergemeinschaft **5** M 304
- Zession **3** 43 ff.

Parteien des Anwaltsvertrags **2** 59
Parteivernehmung **11** 623 ff.
- Anhörung nach § 141 ZPO **11** 663 ff.
- Ausbleiben im Termin **11** 665 ff.

- Erscheinen, persönliches **11** 665 ff.
- Fälle, besondere **11** 692 ff.
- nach § 128 FamFG **11** 698 ff.
- nach § 287 ZPO **11** 693 ff.
- Verfahren **11** 672 ff.
- Vernehmung Beweisführer **11** 642, 644 f., M 772
- Vernehmung Beweisgegner **11** 651 ff., M 771
- von Amts wegen **11** 650 ff.

Partnerschaftsgesellschaft **5** M 303

Person, natürliche **5** 55 ff., M 305
- Bestellung Prozesspfleger **5** M 309
- Einleitung Betreuungsverfahren **5** M 308

Personen, juristische **5** 59 ff., 66 f., M 298 ff., M 304

Personenhandelsgesellschaft
- Ausschließung Gesellschafter **16** 264

Persönliches Erscheinen
- absehen von - **5** M 337
- Anregung auf Absehen von - **5** M 337

Pflichtverteidiger **3** 163

Präklusion
- Aufrechnung **8** 145, **17** 330
- Berufung **17** 58 ff., 308, 330, 348, 350 f.
- Gehörsrüge **14** 124
- Klageänderung **17** 330
- Widerklage **17** 330

Protokoll
- Amtsgericht **14** 10 ff., 50
- Berichtigung **15** M 226

Prozess
- Bevollmächtigter **5** 102, 102
- Pfleger **5** M 309, **10** M 345
- Prozessfähigkeit **5** 78 ff., **13** 468 ff.
- Prozessführungsbefugnis **5** 85 ff.
- Sondersituationen **13** 1 ff.
- Voraussetzungen **5** 29 f., 30 f., 31

Prozesskosten **23** 9 ff.
- Ablichtung **23** 30, 33 f.
- Anrechnung Geschäftsgebühr **23** 11, 13 f., 20 f.
- Anrechnung Geschäftsgebühr, Altfälle **23** 23 ff.
- Detektivkosten **23** 47 ff.
- Dolmetscherkosten **23** 51 ff.
- Drittschuldnerklage **23** 78 ff.
- Notwendigkeit **23** 10
- Privatgutachten **23** 42 ff.
- Prozesskostensicherheit **6** 173 ff., M 314
- Rechtsmittel Fristwahrung **23** 39 f., 42
- Reisekosten **23** 36 ff.
- Schuldner, mehrere **23** 72 ff.
- Vorbereitungskosten **23** 54 f., 55 f.

Prozesskostenhilfe **3** 1 ff., **17** 114 f.
- als EU-Grundrecht **3** 3 ff.
- Änderung Verhältnisse **3** 176 ff., M 357
- Anordnung, einstweilige **3** M 362
- Anspruchsübergang **3** 154 f.
- Antrag **3** 101 ff., M 340 ff., M 351, M 360
- Anwendungsbereich, sachlicher **3** 14 ff., 38 ff.
- Aufhebung Bewilligung **3** 195 f.
- Aufhebung Bewilligung, Folgen **3** 197 f.
- Auswirkungen auf Berufungsbegründung **17** 134, 136
- Auswirkungen auf Berufungseinlegung **17** 125 ff.
- Bedeutung **3** 1 f.
- Beifügung Klageentwurf **3** 105, M 342
- Belehrung Mandant **20** M 202
- Berufung **3** M 351, **17** 391 f., M 443 f., M 484 f.
- Beschwerde **3** 95, **18** 117 ff.
- Bewilligungsverfahren **3** 35 ff.
- Einkommensbereinigung **3** 64, 66, 68
- Einsatz von Einkommen **3** 54 ff.
- Einstellung, vorläufige Zahlungen **3** 184 ff.
- Entscheidungsmöglichkeiten Gericht **3** 174 f.

Stichwortverzeichnis

- Erfolgsaussicht **3** 93 f., 107, 113, **17** 394
- Erklärung Verhältnisse, wirtschaftliche **3** M 361
- Ermittlung Ratenhöhe **3** M 355
- Ersuche, ausgehende **3** 7 f.
- Ersuche, eingehende **3** 9 ff.
- Form **17** 115, 118
- Gegenstandswert **3** 287 ff.
- Gerichts-/Gerichtsvollzieherkosten **3** 147 ff., 165 ff.
- Gerichtskostenvorschussbefreiung **3** 106 ff., M 346
- grenzüberschreitende **3** 3 ff.
- in Zwangsvollstreckung **3** 113 ff.
- Inhalt **17** 115, 118
- Insolvenzverfahren **3** 18 ff.
- isolierter **17** 115
- isolierter Antrag **17** 118
- Kindergeld **3** 57 ff.
- Klageänderung **3** M 344
- Klageerhebung, gleichzeitige **3** M 343
- Klageerweiterung **3** M 349
- kombiniert mit Berufung **17** 120 ff.
- Kostenarmut Herbeiführung, willentliche **3** 60 ff.
- Kostenerstattungsanspruch Gegner **3** 157
- Kostenfestsetzungsverfahren **23** 114 f.
- Leistungsvoraussetzungen, wirtschaftliche **3** 54 ff.
- Mahnverfahren **3** 14, **4** 338
- mit Ratenzahlung/Zahlungsbestimmung **3** M 355
- Mutwilligkeit **3** 99 ff., 107
- Notwendigkeit **17** 114, 391
- ohne Ratenzahlung/Zahlungsbestimmung **3** 174
- Partei kraft Amtes **3** 50, 52 f.
- Parteien **3** 38 ff.
- Prozessstandschaft **3** 48 f.
- Prozessvergleich **3** 170, 174 f., M 354
- Prüfungsverfahren **3** 261 f.
- Ratenzahlungsanordnung **3** 151 ff.
- Ratenzahlungsanordnung/Zahlungsbestimmung **3** 175
- Rechtsmittel **17** 132, 142, **20** 92 ff.
- Reisekosten **3** M 356
- Schlichtungsverfahren **1** 85
- Selbstständiges Beweisverfahren **12** 60
- Sicherheitsleistungsbefreiung **3** 156
- Sozialgerichtsverfahren **3** 34
- Sozialhilfeleistungen **3** 56
- Strafverfahren **3** 31
- Teil- **3** 146, 161, 253 ff., 279 ff.
- Umfang Bewilligung **3** 112
- Verbraucherinsolvenzverfahren **3** M 345
- Verfahren, arbeitsgerichtliches **3** 16
- Verfahren, mehrere **3** 282 f., 285
- Verfahrenskostenhilfe **3** 17
- Verhältnisse, Verbesserung **3** 182 ff.
- Verhältnisse, Verschlechterung **3** 192, M 357
- Verwaltungsgerichtsverfahren **3** 32 f.
- Widerklage **3** M 347 f.
- Wiedereinsetzung **17** 125 ff., **20** 92 ff., 173 f., M 201, M 203
- Wirkung **3** 127 ff., 165 ff.
- Zeitpunkt **17** 392
- Zession **3** 43 ff.
- Zwangsvollstreckung **3** 15
- Zwangsvollstreckung, Einstellung, einstweilige **3** M 352 f.

Prozessstandschaft **3** 48 f., **5** 87 ff.
- als taktisches Mittel im Beweisrecht **11** 86 ff.
- gesetzliche **5** 88 f.
- gewillkürte **5** 90 ff.
- Interesse, schutzwürdiges **5** 91 f.
- Klageschrift in - **5** M 310
- Rechtsfolge **5** 93

Räumungsklage **5** M 321
Rechte und Pflichten aus dem Anwaltsvertrag **2** 71
Rechtfertigungsverfahren **16** M 313
Rechtsberatung, Öffentliche **3** 313 ff.

Rechtsbeschwerde **18** 4, 154 ff.
- Bedeutung, grundsätzliche **18** 164 f.
- Einheitlichkeit Rechtsprechung **18** 169 ff.
- FamFG-Beschwerde **18** 233 ff.
- Form/Frist **18** 180 ff.
- Kosten **18** 197 f.
- Rechtsfortbildung **18** 169 ff.
- Rechtsmittel **20** 183
- Rechtsschutz, einstweiliger **18** 192 ff.
- Statthaftigkeit **18** 156 ff.
- Unanfechtbarkeit **18** 174 ff.
- Verfahren **18** 186 ff.
- Wirkung, aufschiebende **18** 192 ff.
- Zuständigkeit **18** 177 ff.

Rechtsfolgen
- Aufrechnung **8** 218 ff.
- Richterablehnung **13** 593 ff.

Rechtsfortbildung **17** 48, **18** 169 ff.

Rechtshängigkeit **5** 25 ff.
- Erfüllung **6** 220 ff.
- Klagerücknahme **13** 38, 40 f., 55 ff.

Rechtskraft
- Durchbrechung **4** 305
- Erinnerung gg. Verweigerung **15** M 250
- formelle **9** 192
- Rechtsschutz, einstweiliger **16** 7 ff.
- Zeugnis **15** 65 ff., M 247 ff.

Rechtsmittel
- Aussetzung **13** 532 ff.
- Beweisverfahren, selbstständiges **12** 50
- Gehörsrüge **20** 182
- Hinausschieben Zustellung Urteil **15** M 239, **18** M 264
- im Wiedereinsetzungsverfahren **20** 181 ff.
- Kostenentscheidung Anerkenntnis **13** 345 ff.
- Prozesskosten bei Fristwahrung **23** 39 f., 42
- Richterablehnung **13** 599 ff.
- Ruhen **13** 532 ff.

- Tatbestandsberichtigung **15** 147 ff., **17** 73 f.
- Trennungsunterhalt **22** 132
- Urteilsberichtigung **15** 101 ff., M 227
- Urteilsergänzung **15** 189 ff., **17** 81
- Verfahren nach billigem Ermessen **14** 89 ff.
- Verfügung, einstweilige **16** 190 ff.
- Verzicht **13** 30, **15** 9 ff., M 222 ff.
- Zulassungsberufung **17** 52

Rechtsprüfungspflicht **2** 147 ff.

Rechtsschutz, einstweiliger **16** 1 ff.
- Anordnung, einstweilige **3** M 362, **16** 217 f., **22** 109 ff.
- Betreuungssachen **16** 225 ff.
- Beweisverfahren, selbstständiges **16** 230 f.
- FamFG-Verfahren **16** 217 f., 222, 224, **22** 109 ff., M 201 ff., 365 ff., M 563 f., M 657 f., M 687 f.
- Freiheitsentziehungssachen **16** 229
- Gewaltschutzsachen **16** 221, **22** M 687 f.
- Grundlagen, rechtliche **16** 6 ff.
- Hausrat/Ehewohnung **22** M 657 f.
- Kindschaftssachen **16** 220
- Mietrecht **16** 282 ff.
- Rechtskraft, eingeschränkte **16** 7 ff.
- Regelungsverfügung **16** 158 ff.
- Schiedsgericht im Arbeitsgerichtsverfahren **16** 234
- Sicherungsverfügung **16** 153 ff., M 300
- Sorge-/Umgangsrecht **22** M 563 f.
- Spezialregelungen **16** 216 ff.
- Streitgegenstand **16** 6
- Streitwert **16** 10 ff.
- Trennungsunterhalt **22** 109 ff., M 201 ff., 365 ff.
- Unterbringungssachen **16** 225 ff.
- Unterhaltssachen **16** 222
- Verfahrenskostenvorschuss **22** M 203
- Verjährung **16** 14
- Versorgungsausgleichssachen **16** 224

- WEG-Verfahren **16** 249 f.
- Zwangsvollstreckung **16** 230 f.

Rechtsschutzversicherung **2** 196 ff.
- Ausschlusstatbestände **2** 200
- Deckungszusage **2** M 237
- Schiedsgutachterverfahren **17** 149
- Stichentscheid **2** M 238, **17** 148, M 450 f.

Rentenschuld **9** 31 ff.

Restitutionsklage **21** 53 ff., M 109 f.
- Amtspflichtverletzung Richter **21** 63
- Auffinden Urkunde, andere **21** 69 ff.
- Auffinden Urteil, früheres **21** 68
- Inhalt **21** 100 ff.
- Parteiaussage, falsche eidliche **21** 54 ff.
- Urkundenfälschung **21** 57
- Urteilsaufhebung **21** 65, 67
- Urteilserschleichung **21** 60 ff.
- Verletzung EMRK **21** 78 ff.
- Zeugnis/Gutachten, falsches **21** 58 f.

Revision **19** 1 ff.
- Anschreiben Mandant wg. - **19** M 81 ff., M 91 ff.
- aus Sicht Beklagter **19** 54 ff., M 91 ff.
- aus Sicht Kläger **19** 2 ff., M 81 ff.
- Bedeutung, rechtliche **19** 7
- Erwiderung **19** 60 f., 72
- Frist **19** 28 f., 66 ff.
- Gebühren **19** 45
- Grundlagen, rechtliche **19** 2 ff.
- Gutachten Erfolgsaussicht **19** M 85
- Inhalt **19** 6 ff.
- Rechtsprechung, einheitliche **19** 7
- Revisionsgericht **19** 14
- Säumnis **19** 64 f.
- Tatbestandsberichtigung **19** 29, 67
- Tatsachen, neue **19** 12 f.
- Übergabe an Revisionsanwalt **19** 37 ff., 74 f., M 86 ff., M 99 ff.
- Urteilsergänzung **19** 30 f., 68
- Vorüberlegungen **19** 2 ff., 54 ff.
- Wiederaufnahme **21** 97
- Wiedereinsetzung **20** 188 ff.
- Zulassungsantrag **17** 267 ff.
- Zwangsvollstreckung, Antrag Einstellung **19** 35 f.
- Zwangsvollstreckung, Antrag Vollstreckbarkeit **19** 63, 73

Richter
- Amtspflichtverletzung **21** 63
- Meinungsäußerung **13** 568 ff.
- Mitwirkung ausgeschlossener **21** 48
- Ungesetzlichkeit Richterbank **21** 45 ff.

Richterablehnung **13** 540 ff., **21** 49
- Ablehnungsgesuch **13** 574
- Aussage als Zeuge **13** 544 f.
- Ausschluss kraft Gesetz **13** 543
- Äußerung, dienstliche **13** 580 ff., 587 ff.
- Befangenheit **13** 190, 547 ff., M 709 f.
- Beschlussunfähigkeit **13** 590
- Beziehung, enge zu Partei **13** 543, 553 f.
- Dauer **13** 594
- Entscheidung **13** 596 ff.
- Frist **13** 585 ff.
- Glaubhaftmachung **13** 576 ff.
- Hinweise, richterliche **13** 555 ff.
- Meinungsäußerung Richter **13** 568 ff.
- Rechtsfolgen **13** 593 ff.
- Rechtsmittel **13** 599 ff.
- Unsachlichkeit **13** 564 ff.
- Verfahren **13** 573 f., 576
- Verfahrensführung **13** 559 ff.
- Willkür **13** 559 ff.
- Zuständigkeit **13** 588 ff.

Rücknahme
- Anschlussberufung **17** 435 f.
- Berufung **17** 435 f.
- Streitverkündung **7** 28

Rüge
- formale **6** 85 ff.
- Klageerhebung, ordnungsgemäße **6** 169 ff., M 313
- Prozesskostensicherheit, fehlende **6** 173 ff., M 314
- Revision **19** 8 ff.

Stichwortverzeichnis

- verfahrensrechtliche **6** 82 f., **17** 273, 277 f.
- Zuständigkeit **6** 103 f., 161 ff., 222, 227, M 295 f.

Ruhen **13** 435 ff., 516 ff., M 705
- Beweisverfahren, selbstständiges **13** 516
- Fristen **13** 519 ff.
- Rechtsmittel gegen - **13** 532 ff.
- Zweckmäßigkeit **13** 525 ff.

Ruhen des Verfahrens **13** M 706 f.

Sachverständiger **11** 341 ff., 439
- Ablehnung **7** M 63, **11** 458 ff., 476 ff., M 752 ff., **12** 50 ff., M 112
- Ablehnung, Rechtsmittel **18** M 270
- Anforderungen, formale **11** 400 ff.
- Anhörung **12** M 113
- Anordnung Einholung Gutachten **11** 344 ff., M 738 ff.
- Antrag auf ein neues Gutachten **11** 449 f.
- Antrag auf neues Gutachten **11** 451
- Antrag auf Obergutachten **11** M 745
- Auslagenvorschuss **11** 391 ff.
- Auswahl **11** 363 ff.
- Begutachtungsvorgang **11** 400 ff.
- Behördenauskunft **11** 360 ff., M 742
- Eid **11** 423 ff.
- Einziehung Auftrag **11** M 751
- Erforderlichkeit **11** 358 f.
- Fristsetzung zur Abgabe **11** M 747 f.
- Gutachten, Ergänzung **11** 473 ff.
- Gutachten, falsches **21** 58 ff.
- Gutachten, medizinisches **11** M 739
- Gutachten Schrift **11** M 761
- Ordnungsmittel **11** 440, M 749
- Ortstermin **11** 416 ff.
- Parteivorschlag **11** M 729
- Privatgutachten **23** 42 ff.
- Sachstandsanfrage **11** M 746
- Schiedsgutachterverfahren **17** 149
- Schweigepflichtentbindungserklärung **11** M 739
- Stellungnahme zum Gutachten **11** 449 ff., M 743 f.
- Zeuge **11** M 721
- Zeuge, sachverständiger **11** 200 ff.

Säumnisverfahren **13** 137 ff., **20** 20 ff.
- Ablehnung Erlass VU **13** M 654
- Alternativen zur Flucht in - **13** 187
- Beklagter im Urkundsprozess **9** 168 ff.
- Berufung **13** 287 ff., **17** 8 f., 371, M 498 f.
- Beschwerde gg. Ablehnung - **13** 191 ff.
- Ehesachen **13** 209 f.
- Einwendungen gegen - **20** 28 ff.
- Entscheidung nach Lage Akten **13** 274 ff.
- Entscheidung nach Lage Akten, Kosten **13** 301 ff.
- Flucht in die Säumnis **6** 93 f., 96, **17** 371, M 498 f.
- im Termin **11** 665 ff., **13** 160 ff., 177, M 653
- Klageerwiderung nach Säumnis **13** M 652
- Klagerücknahme **13** M 629 ff.
- Kosten **13** 218 ff.
- Parteien, beide **13** 274 ff.
- Revision **19** 64 f.
- Stufenklage und Säumnis **13** 205 ff.
- Telefax **20** 33
- Voraussetzungen nach § 331 Abs. 1 ZPO **13** 177
- Voraussetzungen nach § 331 Abs. 3 ZPO **13** 154
- Wiederaufnahmeverfahren **21** 21 f.

Schadenersatz **8** M 253, **16** 123 ff.
Scheck-/Wechselprozess **5** 186 ff., M 332 f., **9** 213 ff.
- Anwaltszwang **9** 221
- Beweiserleichterung **9** 239 ff.
- Einlassungsfrist **9** 235 ff.
- Formalien **9** 219 ff.
- Gegenstand Scheckprozess **9** 217 f.
- Gegenstand Wechselprozess **9** 215 f.

Stichwortverzeichnis

- Klageerwiderung **9** M 265
- Klagegegner **9** 223
- Klageschrift **9** 219, M 261
- Ladungsfrist **9** 235 ff.
- Mahnverfahren **9** 224 ff.
- Nachverfahren **9** 250 f.
- Übergang ins Erkenntnisverfahren **9** M 266, M 269
- Verfahren **9** 239 ff.
- Vorbehalt Rechte **9** M 263, M 267 f.
- Widerspruch **9** M 264
- Zuständigkeit **9** 228 ff.

Scheidung **22** 209 ff.
- Antrag **22** M 478 ff.
- Auslandsbezug **22** M 483 ff.
- Aussetzung **22** 259 ff.
- Einreichung Antrag **22** 211 ff.
- Form **22** 231 ff.
- Getrenntleben **22** 244 ff.
- Grundlagen **22** 211 ff.
- Härtefallentscheidung **22** M 481 f.
- Scheidungsverbund **22** 222 ff., 327 ff.
- Scheidungsverbund, Auflösung **22** 333 ff., M 486
- Verbundverfahren **22** 488
- Versorgungsausgleich **22** 347 ff.
- Voraussetzungen, formelle **22** 222 ff.
- Voraussetzungen, materiell-rechtliche **22** 243 ff.
- Zuständigkeit **22** 223 ff.

Scheinurteil **17** 15
Schiedsgutachten **9** 50
Schiedsgutachterverfahren **17** 149
Schiedsvertrag **6** 187 ff., M 316
Schiffshypothek **9** 31 ff.
Schlichtungsverfahren
- Ablauf **1** 22 ff.
- AGG-Ansprüche **1** 47 ff.
- Anerkenntnis **1** 60
- Antrag **1** M 19
- Ausführungsgesetze, landesrechtliche **1** 11 ff.
- Befangenheit **1** 21

- Bereicherungs- und Schadensersatzansprüche im Nachbarrecht **1** 37
- Beweisverfahren, selbstständiges **1** 6
- Ehrverletzungsstreitigkeiten **1** 40 ff.
- Einigungsverfahren **1** 50
- Erfolglosigkeitsbescheinigung **1** 24, 50 f.
- Gütestellen **1** 16
- Klageerweiterung/-änderung **1** 65
- Klagehäufung **1** 62 ff.
- Kosten/Gebühren **1** 81 ff.
- Nachbarstreitigkeiten **1** 9, 28 ff.
- Nachholbarkeit **1** 53 ff.
- Öffnungsklausel des § 15 a EGZPO **1** 4 ff.
- örtlicher Anwendungsbereich **1** 15
- Parteiwechsel **1** 68
- PKH **1** 85
- Verfahrensablauf **1** 18 ff.
- Verfahrensverstoß **1** 51
- Verfassungsmäßigkeit des § 15a EGZPO **1** 2 ff.
- Verfügungsverfahren, einstweiliges **1** 7, 42
- Verhandlung **1** 22 f.
- Verjährungshemmung **1** 74 ff.
- vermögensrechtliche Streitigkeiten **1** 13, 26 f.
- Verweisung **1** 72 f.
- Voraussetzungen **1** 26 ff.
- Vorgaben, bundesrechtliche **1** 4 ff.
- Wohnungseigentumsverfahren **1** 36
- Zulässigkeit **1** 49 ff.
- Zuständigkeit **1** 20, 30
- Zweck **1** 1 f., 54

Schrift
- Vergleich **11** 574

Schriftsatznachlass **17** 368 f., M 480
Schriftvergleichung **11** 574
Schutzschrift **16** 19, 21 f., M 290
Schweigepflichtentbindungserklärung
- Sachverständiger **11** M 739
- Zeuge/Zeugenaussage **11** M 730

Sicherheitsleistung **17** 111 f.
- Form **15** 201
- Frist **15** 199, M 251, M 255
- Gebühren **15** 218 ff.
- Gründe für Entfallen **15** 197
- Kosten **15** 218 ff.
- Rechtsmittel/Beschwerde **15** M 255
- Rückgabe nach § 109 ZPO **15** 195 ff., M 252 f.
- Rückgabe nach § 715 ZPO **15** 209 ff., M 254
- Zuständigkeit **15** 200
Sicherungsverfügung **16** 153 ff., M 300
Signatur, qualifizierte **10** 112 ff.
Sorge-/Umgangsrecht **22** 495 ff.
- Anordnung, einstweilige **22** M 563 f.
- Aufenthaltsbestimmung **22** M 559
- Auskunftsanspruch **22** 549 ff., M 562
- Grundlagen, rechtliche **22** 495 ff.
- Kindesherausgabe **22** 533, M 561
- Sorge, alleinige elterliche **22** 521 ff., M 556 ff.
- Sorge, gemeinsame elterliche **22** 517 ff.
- Umgangsrecht **22** 534 ff., M 560
- Umgangsrecht, Personen, andere **22** 553 ff.
- Verfahrensgrundsätze **22** 495 ff.
Sozialgerichtsverfahren **3** 34
Sozialhilfeleistungen **3** 56
Sprungrevision **19** 50 ff., 79 f., M 89 f., M 103
Statthaftigkeit
- Anschlussberufung **17** 416
- Beschwerde **18** 9 ff.
- FamFG-Beschwerde **18** 207 ff.
- Rechtsbeschwerde **18** 156 ff.
Stillhalteabkommen **17** 177 f., M 453
Strafklausel **13** 413
Strafverfahren **3** 31
Streitbeilegung
- fakultative Schlichtung **1** 98
- für elektronischer Geschäftsverkehr **1** 100 f.

- in Verbraucherangelegenheiten **1** 102
- Mediation **1** 120
- nach § 278 Abs. 1 ZPO **1** 91
- nach § 278 Abs. 2 ZPO **1** 92
- Ombudsmann **1** 108 ff.
- Schiedsgerichtsbarkeit **1** 122 ff.
- Schlichtungsstellen, gesetzliche **1** 95 ff.
- Schlichtungsstellen, private **1** 108 ff.
- Verbraucherverträge **1** 103
Streitgegenstand **16** 6
Streitgenossenschaft **5** 103 ff.
- Berufung **17** 35 ff., M 456 ff.
- einfache **5** 104 ff., **17** 35
- Kostenfestsetzungsverfahren **23** 109, 111 f.
- notwendige **5** 111 ff., **17** 36
- Prozesskostenhilfe **3** 40 ff.
- Rechtsfolge **5** 115
- VU gg. Streitgenossen **13** 200 ff.
- Wiederaufnahme **21** M 111 ff.
Streithelfer **17** 37 f.
Streitschlichtung, außergerichtliche **5** 240 ff.
Streitverkündung **7** 1 f., 4, 10, 50, 52, 59
- Ablehnung Sachverständiger **7** M 63
- Alternativität, tatsächliche **7** 9
- Beklagter **7** M 61
- Berufung durch Adressat **7** M 64
- Beweisverfahren, selbstständiges **7** 18, M 62, **12** 75 f., 78
- Doppelte Streitverkündung **7** 14
- Entscheidung Beitritt/Nichtbeitritt **7** 48
- Form **7** 24
- Gesamtschuldner **7** 10 ff.
- Grundlagen, rechtliche **7** 6 f., 16
- Handlungen, widersprechende **7** 37 f.
- Hemmung Verjährung **7** 43 ff.
- Insolvenzverfahren **7** 52 f.
- Interventionswirkung **7** 29, 31 f.
- Kläger **7** M 60
- Kosten **7** 55 f.
- Kostenentscheidung, Berichtigung **7** M 67

Stichwortverzeichnis

- Kostenentscheidung, Berichtigung/Ergänzung **7** 57
- Kostenentscheidung, gesonderte **7** 56
- Rücknahme **7** 28
- Rüge Unzulässigkeit **7** M 66
- Streitwert **7** 59
- Vereinbarung **7** 20 f., M 65
- Voraussetzungen, gesetzliche **7** 6 f., 16
- Weitere Streitverkündung **7** 15
- Wirkung **7** 29, 31 f.
- Zulässigkeit **7** 6 f., 16
- Zwischenstreit **7** 50

Streitwert
- Angabe in Klageschrift **5** 218 ff.
- Beschwerde gg. Wertfestsetzung **23** 166 ff.
- Beweisverfahren, selbstständiges **12** 81 ff.
- Erledigung **13** 119
- Gebühren, Zusammenrechnung **8** 125 f.
- Prozesskostenhilfe **3** 287 ff.
- Rechtsschutz, einstweiliger **16** 10 ff.
- Streitwertbeschwerde **14** M 147
- Streitwertbestimmung, vorläufige **5** 221, M 334
- Verfahren nach billigem Ermessen **14** 38, M 147
- Verfahren nach § 124 Nr. 1 ZPO **3** 288 ff.
- Verfahren nach § 124 Nr. 2–4 ZPO **3** 291 ff.
- Wertaddition **3** 294
- Widerklage **8** 73 ff.
- Wiederaufnahme nach Unterbrechung **13** 459
- Zusammenrechnung **8** 74
- Zuständigkeit **14** 38
- Zuständigkeitsstreitwert **5** 219 ff.

Stufenantrag
- Kindesunterhalt **22** M 207
- Trennungsunterhalt **22** M 198

Stufenklage **5** 167 ff., M 326
- Trennungsunterhalt **22** 57, 61 ff., M 195
- Zugewinnausgleich **22** M 493

Subsidiarität **21** 41 f.

Tatbestandsberichtigung **15** 111 ff., **17** 63
- Form **15** 137 ff.
- Frist **15** 131 ff.
- Gebühren/Kosten **15** 153 ff.
- mit Urteilsberichtigung **15** M 229
- Rechtsmittel **15** 147 ff.
- Tatbestand, Begriff **15** 120 ff.
- Tatbestand, Wirkung **15** 114 ff.
- Unrichtigkeit, offensichtliche **15** 126, 128, M 228 f.

Tatsachen
- Berufungserwiderung **17** 408 f.
- neue **17** 58 ff., 410 f., **18** 91 ff., **19** 12 f.

Teilklage **5** 162 ff., M 325
- Risiken **11** 80
- zur Verminderung Kostenrisiko **11** 70 ff.

Teilurteil **17** 14, 30 f.
Teilzeitbeschäftigungsanspruch **16** 245
Telefax **17** 188, 191, 196 f.
Telegramm, Fernschreiber, Telex **17** 187

Termin
- Ausbleiben Partei **11** 665 ff.
- Ausbleiben Zeuge **11** 226 ff.
- früher erster **6** 111 ff., M 303
- Hinausschieben Termin Verkündung **15** M 237
- Ortstermin **11** 416 ff.
- Verlegung **6** 111 ff., M 304

Terminsvertretung **2** 135

Tod
- Bevollmächtigter **13** 499 ff.
- Prozesspartei **13** 438 ff., M 691, M 702
- Vertreter Partei **13** 468 ff., M 692 f.

Trennung
- Antrag **8** M 252
- Frist **22** 249 ff.

- Klage/Widerklage **8** M 242 f.
Trennungssituation **22** 1 ff.
- Altersvorsorgeunterhalt **22** 3
- Aufklärungspflicht **22** 2 f.
- Bankkonten **22** 3
- Betreuungssituation Kinder **22** 3
- Grundlagen, rechtliche **22** 2 f.
- Hausrat/Ehewohnung **22** 601 ff., 625 ff.
- Kindergeld **22** 154 f.
- Kindergeldberechtigung **22** 3
- Steuerrecht **22** 133 ff.
- Unterhaltszahlung, Berücksichtigung **22** 147 ff.
- Veranlagung, steuerliche **22** 3
- Veranlagungsart **22** 133 ff., M 204 f.
- Versicherungsschutz **22** 3
- Zugewinn **22** 3
Trennungsunterhalt **22** 3, 6, 19, M 193
- Abänderungsklage **22** 67 ff.
- Altersvorsorgeunterhalt **22** 360 ff.
- außerhalb Scheidung **22** 48 ff.
- Bereicherungsklage **22** 102 f.
- Berücksichtigung, steuerliche **22** 147 ff.
- Herab-/Heraufsetzung Klage **22** M 197 f.
- Herabsetzung aus Billigkeit **22** M 196
- innerhalb Scheidung **22** 359 ff.
- Inverzugsetzen Schuldner **22** 49 ff.
- Leistungsfähigkeit **22** 363
- Prozessführung **22** 48 ff., 364 ff.
- Rechtsmittel **22** 132
- Rechtsschutz, einstweiliger **22** 109 ff., M 201 ff., 365 ff.
- Verfahrensarten **22** 57 ff.
- Zuständigkeit **22** 53 ff.

Unanfechtbarkeit **18** 174 ff.
Unsachlichkeit **13** 564 ff.
Unterbevollmächtigung **2** 133
Unterbrechung **13** 435 ff.
- Ende Vertretungsbefugnis **13** 468 ff.
- Insolvenzverfahren **13** 448 ff., M 694 ff.
- Krieg **13** 477
- Nacherbenfall **13** 471
- Stillstand Rechtspflege **13** 477
- Tätigkeitsverbot Anwalt **13** 472 ff.
- Tod Prozesspartei **13** 438 ff., M 691
- Tod Vertreter Partei **13** 468 ff., M 692 f.
- Verlust Prozessfähigkeit **13** 468 ff.
Unterbringung **16** 225 ff.
Unterhalt **22** 6 ff.
- Altersversorgungsunterhalt **22** 3, 9, 13
- Anschlussunterhalt **22** 382, 384
- Aufstockungsunterhalt **22** 351, 381 f.
- Aufwendungen, nicht zu berücksichtigende **22** 34
- Auslandsbezug **22** 284 f., 288
- Bedürftigkeit **22** 388 f.
- Berechnung **22** 390
- Beschränkung **22** 397
- Betreuungsunterhalt **22** 6, 372 f., 375
- Billigkeitsunterhalt **22** 385
- Düsseldorfer Tabelle **22** 17
- Eigenbedarf **22** 36
- Einkommen **22** 27 ff.
- Einkommen, fiktives **22** 22
- Erlöschen **22** 392 f.
- Erwerbslosenunterhalt **22** 379
- Familienunterhalt **22** 6
- Grundlagen **22** 369 ff.
- Herabsetzung aus Billigkeit **22** 35
- Inverzugsetzen Schuldner **22** 398 ff.
- Klageart **22** 404
- Krankenversorgungsunterhalt **22** 9, 12
- Leistungsfähigkeit **22** 25 f., 26 f., 391
- Mangelfall **22** 37
- Maß **22** 394 ff.
- nachehelicher **22** 6, 20, 369 ff.
- Partner, neuer **22** 46
- Prozess **22** 5 ff.
- Prozessführung **22** 388 ff.
- Selbstbehalt **22** 36
- Tatbestände **22** 6 ff.

Stichwortverzeichnis

- Verbindlichkeiten **22** 32
- Verwandtenunterhalt **22** 6
- Verwirkung **22** 35, 47
- wegen Alters **22** 376
- wegen Krankheit/Gebrechen **22** 377 f., M 487
- Wegfall **22** 394
- Wohnwertvorteil **22** 23
- Zuständigkeit **22** 401 ff.

Unterhaltssachen
- Rechtsschutz, einstweiliger **16** 222

Unterlassung
- Erklärung **16** 147 ff., 210 ff., M 291
- Klage **5** M 319
- Verfügung, einstweilige **16** 167, M 303, M 307

Unterschrift **4** 132 ff., **17** 343
Untervollmacht **2** M 225 ff.
Urkunde **11** 493 ff.
- Amtsgericht, Besonderheiten **14** 30 ff.
- Begriff **11** 496 ff.
- Beiziehung von Akten **11** 565 ff., M 760
- Beweisantritt **11** 518 ff., M 756
- Beweiskraft **11** 505 ff.
- Echtheit **11** 575 ff.
- Echtheit, Antrag Gutachten **11** M 761
- im Besitz Beweisführer **11** 520 ff.
- im Besitz Beweisgegner **11** 526 ff., M 757 f.
- im Besitz Dritter **11** 541 ff., M 758
- Privaturkunde **11** 513 ff.
- Schriftvergleichung **11** 574
- Vorlage **11** 47 ff.

Urkundsprozess **5** 186 ff., M 332 f., **9** 1 ff.
- Abkürzung Einlassungsfrist **9** M 262
- Abstandnahme **9** 142 ff.
- Abstandnahme im Berufungsverfahren **9** 97
- Anwaltszwang **9** 89
- Anwendungsfelder, praktische **9** 18 ff.
- Beiziehung Akten **9** 76 f.
- Beweiswürdigung, freie **9** 63 ff.
- Bezeichnung Klage **9** 41 ff.
- Bindung an Vorverfahren **9** 196 ff.
- Darlegungs-/Beweislast **9** 47 ff.
- Durchsetzung Mietzinsansprüche **9** 18 ff.
- eigentlicher **9** 137 ff.
- Ergänzung Urteil **9** M 254
- Formalien **9** 41 ff.
- Frist **9** 87, 128 f.
- Gegenstand **9** 11 f., 14
- Gerichtsstand **9** 88
- Grundlagen, rechtliche **9** 10 ff.
- Kammer für Handelssachen **9** 90
- Klageabweisung **9** 159 ff.
- Klageschrift **9** M 252, M 261
- Kopie **9** 54 f.
- Kosten **9** 175 ff.
- Offenkundigkeit **9** 80
- Qualität Urkunde **9** 59 ff.
- Säumnis Beklagter **9** 168 ff.
- Übergang ins Erkenntnisverfahren **9** 142 ff., M 256
- Urkunds-/Scheck-/Wechselklage **5** 186 ff., M 332 f.
- Urkundsbeweis **9** 47 ff.
- Urkundsbeweis, Ausnahmen **9** 79 ff.
- Urkundsbeweis, Bestreiten Echtheit **9** 140 ff.
- Urkundsbeweis, missglückter **9** 91 ff.
- Versäumnisurteil **9** M 255
- Verteidigungsmöglichkeiten Beklagter **9** 98 ff., 106 f., 109
- Verteidigungsmöglichkeiten Beschränkungen **9** 115 ff.
- Vorbehalt Rechte für Nachverfahren **9** 118 f., 125 ff., M 255
- Vorlage **9** 67 ff.
- Widerklage **9** 121 ff.
- Zahlungsansprüche aus Bürgschaft **9** 34 ff.
- Zahlungsansprüche aus Hypotheken/Grundschulden **9** 31 ff.
- Zwangsvollstreckung **9** 190 ff., M 260

Urlaubsanspruch **16** 246 f.

Stichwortverzeichnis

Urteil
- amtsgerichtliches **17** 152
- angefochtenes **17** 171
- Aufhebung **21** 65, 67
- falsch getiteltes **17** 10 ff.
- Fristbestimmung im - **5** 154 ff.
- früheres **21** 68
- Hinausschieben Termin Verkündung **15** M 237
- Hinausschieben Zustellung **15** 23 ff., M 236, M 238 f., **18** M 264
- Klagerücknahme nach - **13** M 633
- landgerichtliches **17** 154
- Scheinurteil **17** 15
- Verfahren nach **15** 1 ff.
- Vollzugsfrist **17** 383
- Wirkungslosigkeit nach Vergleich **13** M 667
- Zahlungsaufforderung an Schuldner **15** M 245

Urteilsberichtigung **15** 83 ff., 105 ff.
- Anwendungsbereich § 319 ZPO **15** 83 ff.
- Beschwerde gegen - **18** M 265
- Gebühren/Kosten **15** 108 ff.
- Rechtsmittel gegen Entscheidung **15** 101 ff., M 227
- Teile, mögliche betroffene **15** 95
- Unrichtigkeit, offensichtliche **15** 90 ff., M 229
- Verfahren **15** 96 ff.
- Wirkungen Beschluss **15** 105 ff.

Urteilsergänzung **15** 156 ff., M 230 ff., **17** 76 f.
- Gebühren/Kosten **15** 193
- Rechtsmittel **15** 189 ff.
- Revision **19** 30 f., 68
- Verfahren **15** 178 ff.
- Voraussetzungen **15** 160

Verbände **5** 72
Verbindung **4** 131
Verbraucherinsolvenzverfahren **3** M 345
Verein **5** 64 f., M 302

Verfahren
- nach Urteil **15** 1 ff.
- Rechtfertigungsverfahren **16** M 313
- schriftliches **13** 398 ff.
- Verfahrensführung **13** 559 ff.
- Vergleichsverfahren **13** 368 ff.

Verfahren nach billigem Ermessen **14** 64 ff.
- Antrag **14** M 145
- Antrag Abstandnahme **14** M 146
- Berufung, außerordentliche **14** 91 ff.
- Besonderheiten **14** 76 ff.
- Beweisrecht **14** 82 ff.
- Endurteil **14** 88
- Entscheidung nach Lage Akten **14** 88
- Gebühren **14** 99
- Mitteilungspflicht **14** 79
- Rechtsmittel **14** 89 ff.
- Streitwert **14** 70
- Streitwertbeschwerde **14** M 147
- Urteil **14** 88
- Verfassungsbeschwerde **14** 98
- Verhandlung, mündliche **14** 80 f., M 148
- Versäumnisurteil **14** 88
- Voraussetzungen **14** 69 ff.

Verfahrenskostenhilfe **3** 17, 199 ff.
- Beiordnung RA **3** 204 ff.
- Rechtsmittel **3** 207
- Voraussetzungen **3** 202 f.

Verfallklausel **13** M 678 f.
Verfassungsbeschwerde **14** 98, **16** 93 f., **17** 84
Verfügung, einstweilige **16** M 300
- Abgabe Willenserklärung **16** 169, M 302
- Abschlussschreiben **16** 199 ff., M 309
- Abschlussschreiben, Reaktion auf - **16** 210 ff., M 310
- Ansprüche, konkurrierende obligatorische **16** 156
- Anwendung Arrestvorschriften **16** 133
- Aufhebung **16** M 315 ff.
- Auskunftsansprüche **16** 170 f.

2373

Stichwortverzeichnis

- Bedingte, betagte und künftige Ansprüche **16** 155
- Erwerbsverbot **16** 157, M 300
- Fristsetzung Hauptsacheklage **16** M 314
- Grundbucheintrag **16** M 299
- Handlung, Vornahme sonstiger **16** 166
- Herausgabe **16** 168, M 298
- Leistung **16** 162 ff., M 301
- Räumung **16** 172
- Rechtfertigungsverfahren **16** M 313
- Rechtsbehelfe **16** 190 ff.
- Regelungsverfügung **16** 158 ff.
- Schadenersatzrisiko **16** 123 ff.
- Sicherungsverfügung **16** 153 ff.
- Verfügungsanspruch **16** 178
- Verfügungsarten **16** 152 ff.
- Verfügungsgesuch **16** 177 f.
- Verfügungsgrund **16** 179 ff.
- Verhandlung, mündliche **16** 183 ff.
- Vollzugsfrist **17** 383
- Widerspruch **16** M 311
- Zahlungsverfügung **16** 165
- Zuständigkeit **16** 173 ff.
- Zustellungsauftrag Gerichtsvollzieher **16** M 308

Vergleich **13** 350 f., M 674 ff.
- Beitritt Dritter **13** M 689
- Doppelnatur **13** 369 ff.
- Formulierungsbeispiel **6** 60
- im Verfahren, schriftlichen **13** 398 ff.
- in Berufungsinstanz **13** M 690
- Inhalt, möglicher **13** 409 ff.
- Klagerücknahme **13** 33 ff.
- Kosten **13** 429 ff.
- Kostenregelung **13** 424 ff.
- Kriterien, zu beachtende bei Abschluss **13** 356 ff.
- Mängel **13** 383 f.
- Protokollierung **13** 375 ff., M 668, M 673
- Prozessrisiko **13** 357 ff.
- Prozessvergleich **3** 170, 174 f., M 354
- Ratenzahlungsvergleich **23** 82 ff.
- Regelungen, bedingungsfeindliche **13** 393 f., 396
- Strafklausel **13** 413
- Teil- **13** 415 ff.
- unwirksamer **13** M 669
- Verfahren **13** 368 ff.
- Verfallklausel **13** M 678 f.
- Vergleichsgespräch **11** 66 ff.
- Verhandlungen **6** 56 ff.
- Vollstreckbarkeit **13** 419 ff.
- Vorteile **13** 354 f.
- Widerrufserklärung **13** M 672
- Widerrufsfrist **13** 389 ff., M 671
- Widerrufsvorbehalt **13** 385 ff., M 670
- Wirkungslosigkeit Urteil nach - **13** M 667
- Zug-um-Zug **13** M 682

Vergütung, weitere **3** 214 ff.
- Antrag **3** 219 f.
- Einfluss Ratenzahlung **3** 225 f.
- Höhe **3** 216 f.
- Vorgehensweise Fristversäumnis **3** 221 ff.

Verhandlung
- Klagerücknahme **13** 55 ff.
- nach Einspruch gg. VU **13** 251 ff.
- nach Erledigungserklärung **13** 109
- Säumnisverfahren **13** 160 ff., 177
- Vergleich **6** 56 ff.
- Zuständigkeit **14** M 141

Verhandlung, mündliche
- Antrag **14** 80, M 148
- Arbeitsgerichtsverfahren **16** 235
- Arrest **16** 45 ff.
- Verfahren nach billigem Ermessen **14** 80 f., M 148
- Verfügung, einstweilige **16** 183 ff.

Verjährung
- Aufrechnung **8** 218 ff.
- Beweisverfahren, selbstständiges **12** 42
- Hemmung **1** 74 ff., **7** 43 ff.
- Klageerwiderung **6** M 313
- Rechtsschutz, einstweiliger **16** 14

2374

Verkehrsanwalt **3** 142 ff.
Vermögen
– Arbeitsmittel, notwendige **3** 88
– Barbeträge/Geldwerte **3** 90
– Einsatz von - **3** 69 ff.
– Familien-/Erbstücke **3** 89
– Hausrat, angemessener **3** 75 ff.
– Kraftfahrzeug **3** 79, 81 f.
– Schmerzensgeld **3** 91 f.
– Schonvermögen **3** 73 ff.
– Verwertbarkeit **3** 71 f.
Versäumnisurteil **5** 214 ff., **20** M 195 ff.
– gg. Beklagten im Vorverfahren **13** 143 ff., 154, M 651
– gg. Kläger **13** 180 ff.
– gg. Parteien, beide **13** 211
– gg. Streitgenossen **13** 200 ff.
– im Berufungsverfahren **13** 212 ff.
– Klageerwiderung **6** 47 ff.
– nach Versäumung Klagefristerwiderung **6** 52 f.
– statt Anerkenntnis **13** M 662
– Urkundsprozess **9** M 255
– Verfahren nach billigem Ermessen **14** 88
– Vorverfahren, schriftliches **6** 54 ff.
– Wiederaufnahmeverfahren **21** 21 f.
– Wiedereinsetzung **20** M 195 ff.
– zweites **13** 256 ff.
– zweites, nach VB **13** 268 f.
– zweites, Rechtsmittel **13** 270 ff.
– zweites, Schlüssigkeitsprüfung **13** 264 ff.
Versicherung, eidesstattliche **16** M 292
Versorgungsausgleich **22** 301 ff., 347 ff., 414 f.
Versorgungsausgleichssachen
– Rechtsschutz, einstweiliger **16** 224
Vertagung **13** 188, 191 ff., M 654
Verteidigungsanzeige **6** 116 ff., M 306, **20** M 195 ff.
Verteidigungsmittel **8** 1 ff., 196 ff.
Verwaltungsgerichtsverfahren **3** 32 f.

Verweisung
– an Kammer für Handelssachen **6** 130 ff., M 309
– von Kammer für Handelssachen **6** 141 ff., M 310
– Widerklage **8** M 235, M 242 f.
– Zurückverweisung **17** 263, 266, M 471 f.
– Zurückweisung **17** 434, 437
Verwerfung
– Anschlussberufung **17** 437
Verwirkung
– Kindesunterhalt **22** 179
Verzicht
– Auslagen Zeuge **11** M 728
Vollmacht **2** 107 ff., M 218 ff., **4** 136, **16** 144
Vollstreckung
– Gegenklage **14** M 144
– Schutzantrag **6** 192 ff., M 317 f.
– Urkundsprozess **9** M 260
– Verbot **21** 8
– Vollstreckbarkeit **17** 379
– Vollstreckungsabwehrantrag **22** M 199
– Vollstreckungsabwehrklage **21** 6, **22** 58, 69, 95 ff.
– Vorabentscheidung Vollstreckbarkeit **17** 102, 104, M 462
– vorläufige **17** 378
Vollstreckungsbescheid **4** 1 ff.
– Antrag **4** 9, 243 ff., 265 ff., 348
– Antragsinhalt **4** 249
– Anwaltskosten **4** 325 ff.
– Einspruch **4** 61 ff.
– Erlass **4** 268 ff.
– Form **4** 56 ff.
– Frist **4** 245 ff.
– Prüfungsverfahren **4** 253
– Rechtskraftdurchbrechung **4** 305
– Teilwiderspruch **4** 250 ff.
– Vollstreckungstitel, europäischer **4** 42 ff., 352 ff.
– Zurückweisung Antrag **4** 265 ff.
– Zustellung **4** 254 ff.

Vollziehung
- Arbeitsgerichtsverfahren **16** 237 f.

Vollziehung/Vollzug
- Aussetzung **18** M 273
- Frist **16** 186 ff.
- Haftung Vollstreckungsorgane **16** 131 f.
- Verfügung, einstweilige **16** 186 ff., **17** 383

Vorabentscheidung **17** 102, 104, M 462
Vorbehaltsentscheidung **8** 181 ff.
Vorbehaltsurteil **9** 154 ff., 190 ff.
- Rechtskraft, formelle **9** 192
- Wirkungen **9** 154 ff.
- Zwangsvollstreckung **9** 190 ff.

Vorschlag
- Sachverständiger **11** M 729

Vorschuss **3** 232 ff., **5** 255 ff., **11** 217 ff., 391 ff., M 725 f.
Vorverfahren, schriftliches **6** 27 ff.

Wahlanwaltsvergütung **3** 164
Wechselprozess **9** 1 ff.
WEG-Verfahren **4** 40, **5** M 304, **16** 249 f.
Weiterbeschäftigungsanspruch **16** 240, 244

Widerklage **8** 1 ff., 49 ff., M 234, M 238 f.
- als Instrument, prozesstaktisches **8** 5 ff.
- Anschlussberufung **17** M 488
- Antrag auf Trennung **8** M 242 f.
- Beeinflussung Zuständigkeit **8** 19 ff.
- Berufung **8** 132 ff., **17** 326, 329, 425
- Beschwer **17** 28 f.
- Einlassung, rügelose **8** 82 ff., 104
- Erwiderung **8** M 240
- Eventualwiderklage **8** 116 ff.
- Flucht in die ~ **6** 94, 96 f., **8** 31
- Gegenstand **8** 93 ff.
- Gerichtsstand **8** 57 ff., 73 ff.
- Grundlagen, rechtliche **8** 5 ff.
- hilfsweise **8** 47 f.
- Hilfswiderklage **8** 116 ff., M 236 ff.
- in Berufung **17** 326, 329
- isolierte **17** 329
- Kombination Hilfsaufrechnung/Hilfswiderklage **8** 202 ff.
- Kosten **8** 14, 124 ff.
- Präklusion **17** 330
- Prozesskostenhilfe + Widerklage **3** M 347 f.
- Rüge Zuständigkeit, sachliche **8** M 235
- Unzulässigkeit **8** 141
- Urkundsprozess **9** 121 ff.
- Verweisungsantrag **8** M 235, M 242 f.
- Voraussetzungen, allgemeine **8** 93 ff.
- Vorteile **8** 8 ff.
- Zeitraum Erhebung **8** 50 ff.
- Zug-um-Zug **8** M 248 f.
- Zurückverweisung **8** 141
- Zusammenhang **8** 64 ff.
- Zuständigkeit **8** 58 ff., 73 ff.
- Zuständigkeit, internationale **8** 87 ff.

Widerruf
- Anerkenntnis **13** 317
- Erklärung **13** M 672

Widerspruch **4** 189 ff., 346 f.
- Abgabe an Streitgericht **4** 220 ff.
- Arrest **16** 96 ff., M 312
- Begründung **4** 204 ff.
- Beklagter gegen Erledigungserklärung **13** 99 ff.
- Erledigung **13** M 648
- Form **4** 197 ff.
- Frist **4** 190 ff.
- Frist, Ausnahmen **4** 195 f.
- Mahnbescheid, Form **4** 60
- Mahnverfahren **4** 9
- Scheck-/Wechselprozess **9** M 264
- Streitantrag **4** 212 ff., M 351
- Teilwiderspruch **4** 250 ff.
- Verfahren beim Streitgericht **4** 226 ff.
- Verfügung, einstweilige **16** M 311
- Wirkung **4** 208 ff.

Wiederaufnahme **21** 1 ff.
- Abgrenzungen **21** 5 ff.
- als Nichtigkeitsklage **21** 44 ff.

- als Restitutionsklage **21** 53 ff.
- Antrag **21** 81 ff.
- Begründetheit **21** 12, 44 ff.
- Berufung **21** 95 f.
- Beschwer **21** 40
- Dreistufigkeit **21** 10 ff.
- Form **21** 30 f.
- Fortsetzung/Beendigung Alt-Prozess **21** 13
- Frist **21** 32 ff.
- Gebühren **21** 105 f.
- Gehörsrüge **21** 5
- Grundlagen, rechtliche **21** 5 ff.
- Inhalt **21** 98 ff.
- Klage **17** 389 ff., 438, **21** 7
- Klagebefugnis **21** 37 ff.
- Kosten **21** 105 f.
- Revision **21** 97
- Säumnis **21** 21 f.
- Statthaftigkeit **21** 24 ff.
- Streitgenossenschaft, notwendige **21** M 111 ff.
- Subsidiarität **21** 41 f.
- Tatsachenvortrag **21** 14 ff.
- Vollstreckungsabwehrklage **21** 6
- Vollstreckungsverbot **21** 8
- Zulässigkeit **21** 11, 23 ff.
- Zuständigkeit **21** 16 ff.

Wiedereinsetzung **20** 1 ff.
- Antragserfordernis **20** 8
- Anwendungsbereich **20** 13 f.
- Ausschluss **20** 19
- Begründung Gesuch **20** 145 ff., M 194
- Darlegungs-/Beweislast **20** 11
- EDV-gestützte Verwaltung **20** 74 ff.
- Einspruchsfrist VU **13** M 656
- Einwendungen Fristbeginn **20** 20 ff.
- Einwendungen Säumnis **20** 28 ff.
- Einzelfälle **20** 68 ff.
- Einzelfälle Fristen **20** 13 f.
- Erledigung Klage **20** M 205
- Folgen Fristversäumnis **20** 3 ff.
- Form **20** 120 ff.
- Frist **17** 201 f., 240, **20** 130 ff., 146 f., M 193
- Glaubhaftmachung **20** 153 f., 156
- Grundlagen, rechtliche **20** 3 ff.
- Hinderungsgründe **20** 41 f.
- Kausalität, fehlende **20** 62 ff.
- Klageerwiderungsfrist **6** M 307
- Klagerücknahme **20** M 204
- Kosten Verfahren **20** 175 ff.
- Mediation **20** 171
- nach Zustellungsmangel **10** M 347
- Postunternehmen **20** 60 f.
- Rechtsmittel **20** 181 ff., M 195, M 206
- Säumnis **20** 20 ff.
- Sorgfaltsmaßstab **20** 43 f.
- Telefax **20** 33
- Verfahren **20** 120 ff.
- Versäumnisurteil **20** M 195 ff.
- Versäumung Frist **20** 13 f.
- Verschulden, fehlendes **20** 35 ff.
- Verschulden Hilfspersonal, Sonstige **20** 52 f.
- Verschulden Partei **20** 45 f.
- Verschulden Parteivertreter **20** 47 ff.
- Verstoß bei Fristbearbeitung **20** 68 ff.
- Verteidigungsanzeige **20** M 195 ff.
- Vornahme Prozesshandlung **20** 168 ff.
- Widerspruchfrist Erledigung **13** M 647
- Zuständigkeit **20** 121 ff.
- Zustellung, wirksame **20** 21 ff.
- Zustimmung Beklagter Klagerücknahme **13** M 635

Wiedereinsetzung, Berufung **17** 163, 165, 191, 198 ff., 236 f., M 445 ff., M 464 ff., **20** 83 ff., 106 ff., 115 ff., 188 ff., M 199 ff.
- Prozesskostenhilfe **17** 125 ff., **20** M 203

Willkür **13** 559 ff., **14** M 149
Wirkung, aufschiebende **18** 96 ff., 192 ff.
Wohnwertvorteil **22** 23

Zahlung **3** 232 ff.
Zession **3** 43 ff.

Stichwortverzeichnis

Zeuge/Zeugenaussage **11** 98 ff.
- Anregung Ausschlussfrist § 356 ZPO **11** M 723
- Anregung Beantwortung, schriftliche **11** 186 ff.
- Ausbleiben im Termin **11** 226 ff.
- Auslagenverzicht **11** M 728
- Auslagenvorschuss **11** 217 ff.
- Auslagenvorschuss, Protest **11** M 725 f.
- Ausschaltung Zeugen Gegner **11** 81 ff.
- Beantwortung, schriftliche **11** M 718
- bei Beurteilung Aussichten **11** 34 ff.
- Beweisantrag **11** 133 f., M 716 f.
- Bezeichnung Tatsachen **11** 161 ff.
- Bezeichnung Zeuge **11** 139 ff.
- Dolmetscher **11** 195 ff.
- Entschuldigung **11** 255 ff.
- Entschuldigung, nachträgliche **11** M 733
- Entschuldigung, vorherige **11** M 732
- Entschuldigungsgründe **11** 254
- falsche **21** 58 ff.
- Fragerecht Partei **11** 326 ff.
- fremdsprachiger **11** 195 ff., M 720
- Geeignetheit **11** 123 ff.
- Hinweise auf Unterlagen **11** 175 ff.
- in Betracht kommende Person **11** 114 ff.
- Kostenfestsetzung gg. - **11** 226 ff., M 734
- Ladung **11** 209 ff., 241 ff.
- Ordnungsmittel **11** 226 ff.
- Probleme bei Abgrenzung **11** 122
- sachverständiger **11** 200 ff., M 721
- Schweigepflichtentbindungserklärung **11** M 730
- telefonische **14** 83
- unbekannter **11** M 722
- Verfahren nach Ermessen, billigem **14** 82 ff.
- Vernehmung **11** 281 ff.
- Vernehmung/Belehrung durch Gericht **11** 281 ff.
- Vernehmung durch Parteien **11** 326 ff.
- Vernehmung durch Rechtshilfe **11** M 724
- Vernehmung vor Richter, beauftragtem **11** 270 ff.
- Vorführung **11** M 727
- Wahrnehmung, unzulässige **11** 128 f.
- Zeugnisverweigerungsrecht **11** 286 ff., 315 ff., M 735, **18** M 267 f.

Zinsen **5** 190 ff., M 312 ff.

Zugewinnausgleich **22** 405 ff., M 492
- Abgrenzung zu anderen Verfahren **22** 409
- Anfangsvermögen **22** 418 ff.
- Ausgleichsforderung **22** 432 f.
- Auskunftsanspruch **22** 469, M 491
- Auslandsbezug **22** 297 ff.
- Endvermögen **22** 425 ff.
- Ermittlung **22** 416 ff., 434 ff.
- Grundlagen **22** 405 ff.
- Schutz vor Manipulation **22** 470 ff.
- Stufenklage **22** M 493
- Vorbereitung Prozess **22** 469 ff.
- vorzeitiger **22** M 494
- Zeitpunkt Geltendmachung **22** 473
- Zuständigkeit **22** 474 ff.

Zug-um-Zug-Leistung **5** 147 ff., M 316
- Anerkenntnis **6** M 301, **8** M 249, **13** M 660
- Anspruch **4** 119
- Beeinflussung durch Widerklage **8** 33 f.
- Hilfsantrag **6** 217 ff., M 321
- Vergleich **13** M 682
- Widerklage **8** M 248 f.

Zulässigkeit
- Anschlussberufung **17** 433
- Berufung **17** 54 f.
- Gehörsrüge **14** 102 ff.
- Widerklage **8** 141
- Wiederaufnahme **21** 11

Zulassung
- beschränkte **19** 19 ff.

- Rechtsbehelf gg. Nichtzulassung **19** 25 ff.
- Revision **17** 267 ff., **19** 2 ff., 15 ff.
- Sprungrevision **19** 52 f.
- Vortrag **19** 24

Zulassungsberufung **17** 39
- Anwendungsbereich **17** 40
- Bedeutung, grundsätzliche **17** 46 f.
- Rechtsbehelfe **17** 52
- Rechtsfortbildung **17** 48
- Sicherheit Rechtsprechung, einheitliche **17** 50
- Vorgehensweise, anwaltliche **17** 39

Zurückweisung
- Anschlussberufung **17** 434, 437
- Antrag MB **4** 154 ff.
- Antrag VB **4** 265 ff.
- Berufung **17** 354, M 476 f.
- Verweisungsantrag **17** 434, 437

Zustandekommen des Anwaltsvertrags **2** 64

Zuständigkeit **5** 41, **22** 474 ff.
- Amtsgericht **5** 41
- Änderung, wesentliche Prozesslage **5** 237 ff.
- Antrag Bestimmung, gerichtliche **5** M 292
- Arbeitsgerichtsverfahren **16** 233
- Arrest **16** 15 ff.
- ausschließliche **8** M 243
- Beeinflussung durch Widerklage **8** 19 ff.
- Berufung **17** 151 f.
- Beschwerde **18** 24 ff.
- Beweisverfahren, selbstständiges **12** 27 ff.
- Einlassung, rügelose **8** 82 ff.
- Einspruch **13** 232
- Einzelrichter **5** 225 ff., M 335 f., **6** 144 ff., M 311 f.
- funktionale **5** 41
- Hinweis bei Unzuständigkeit **14** 24 ff., 34 ff.
- internationale **5** 41, **8** 87 ff.

- Kammer **5** 233 ff.
- Kammer für Handelssachen **17** 153
- Klageerhebung **5** 41
- Konzentration **17** 155 f.
- Landgericht **5** 41
- Nachverfahren **9** 189
- örtliche **6** 161 ff., **9** 228 ff.
- Prozesskostenhilfe **3** 7 ff., 126
- Rechtsbeschwerde **18** 177 ff.
- Richterablehnung **13** 588 ff.
- sachliche **5** 41, **6** 161 ff., **9** 231 ff.
- Scheck-/Wechselprozess **9** 228 ff.
- Scheidung **22** 223 ff.
- Schlichtungsverfahren **1** 30
- Sicherheitsleistung **15** 200
- Trennungsunterhalt **22** 53 ff.
- Verfügung, einstweilige **16** 173 ff.
- Verhandlung, abgesonderte über - **14** M 141
- Verweisung **8** 73 ff.
- Verweisungsantrag **8** M 235
- Wiederaufnahme **21** 16 ff.
- Wiedereinsetzung **20** 121 ff.
- Zivilgerichtsbarkeit **5** 41
- Zugewinnausgleich **22** 474 ff.
- Zwangsvollstreckung **3** 126

Zuständigkeit Mahnverfahren **4** 24 ff., 30
- Auslandsverfahren **4** 35 ff.
- Ausnahmen **4** 35 ff.
- Mahngerichte, zentrale **4** 45 ff.
- Mahnverfahren, europäisches **4** 42 ff., 352 ff.
- örtliche **4** 26 f., 30
- Verfahren, arbeitsgerichtliches **4** 41
- WEG-Verfahren **4** 40

Zustellung **10** 1 ff., 340
- Abschriften **10** 24 f.
- Adressat **10** 30 ff., 63 ff.
- an der Amtsstelle **10** 69
- Antrag auf Prozesspflegschaft **10** M 345
- Ausland **4** 264, **10** 227 ff., 248 ff., 314 ff., M 349 ff., M 357 f.
- außerhalb EU **10** 257 f.

Stichwortverzeichnis

- Beglaubigung, notwendige **10** 29
- Begriff **10** 18 f.
- Bevollmächtigter **10** 55 f., 58
- durch Gerichtsvollzieher **10** 296 ff., M 353 f.
- Durchführung **10** 64 ff.
- Einschreiben/Rückschein **10** 87 ff.
- EMA-Anfrage **10** M 341
- Empfangsbekenntnis **10** 94 ff., M 355
- EU-ZustellungsVO **10** M 359
- Gegenstand **10** 20 ff.
- Gewerberegisteranfrage **10** M 344
- Grundlagen, rechtliche **10** 10 ff.
- Handelsregisteranfrage **10** M 342
- Heilung Mängel **10** 322 ff., M 347
- Hinausschieben **15** 23 ff., M 236, M 238
- Hinausschieben Rechtsmittel **15** M 239, **18** M 264
- im Parteibetrieb **10** 292 f., **15** 59
- Kostenfestsetzung **23** M 180
- Mahnbescheid **4** 169 ff.
- nach EU-ZustellungVO **10** 269 f.
- Nachweis **10** 286 ff.
- Neuzustellungsantrag Mahnbescheid **4** 59, 345, 349
- Niederlegung **10** 197 ff.
- öffentliche **4** 263, **10** 210 ff., M 348 f.
- Parteibetrieb **4** 258 ff.
- Telefax **10** 109 ff.
- Übergabe **10** 70 ff.
- Veranlassung **10** 64 ff.
- Versendung, elektronische **10** 15
- Vertreter, gesetzlicher **10** 39 f.
- Vollstreckungsbescheid **4** 254 ff.
- von Amts wegen **4** 254 ff., **10** 17 ff.
- von Anwalt zu Anwalt **10** 305 ff.
- Wiedereinsetzungsantrag **10** M 347
- wirksame **20** 21 ff.
- Zustellungsbescheinigung **5** 217, **10** M 352, M 356, **15** 58 ff., M 246
- Zustellungsbevollmächtigter, inländischer **10** 280 ff.
- Zustellungsurkunde **10** 70 ff.

Zustimmung
- Fiktion **13** 72 ff., 100 ff.
- Klageverzicht **13** M 637
- Sprungrevision **19** 51

Zwangsvollstreckung **9** M 260
- Antrag Vollstreckbarkeit **19** 63, 73
- Aufforderungsschreiben, anwaltliches **23** 62 f.
- Ausfertigung, vollstreckbare **5** 217
- Ausland **16** 42
- Beschwerde, sofortige gg. Handlung **14** M 143
- Einstellung **19** 35 f.
- Einstellung, einstweilige **3** M 352 f., **17** 106 ff., M 463
- Inkassokosten **23** 68 ff.
- Kosten als Prozesskosten **23** 57 ff.
- Rechtsschutz, einstweiliger **16** 230 f.
- Sicherheitsleistung **17** 111 f.
- Vollstreckbarkeit, vorläufige **5** 209 ff.
- Vollstreckungsgegenklage **14** M 144
- Vollstreckungsschutz **5** 209 ff.
- Vollstreckungsschutzantrag **17** 269 f.
- Vorbehaltsurteil **9** 190 ff.
- VU bei Einspruch **13** 242 ff.

Zwei-Personen-Gesellschaft
- Ausschließung Gesellschafter **16** 266

Installations- und Benutzerhinweise

Installationshinweise zur CD-ROM

Auf der beiliegenden CD-ROM sind sämtliche abgedruckten Formulare als (Word-)Datei enthalten.

Systemvoraussetzungen: Windows Vista, 7, 8 oder 10. Für die optimale Funktionsweise wird außerdem Word 2007, 2010, 2013, 2016 oder Microsoft Office 365 benötigt. Für die Installation müssen Sie über Administrator-Rechte verfügen.

Um das Programm zum Anzeigen und Öffnen der Muster zu installieren, starten Sie bitte das Programm Setup.exe von der CD-ROM. Folgen Sie danach den Anweisungen auf dem Bildschirm.

Während der Installation wird die Programmgruppe „AnwaltVerlag" eingerichtet. **Zum Öffnen der Anwendung genügt ein Doppelklick auf den Buchtitel in der Programmgruppe AnwaltVerlag.**

Bei **Problemen bei der Installation** lohnt sich ein Blick auf www.anwaltverlag.de unter der Rubrik Technik-Support.

Hinweis: Sollten Sie nicht mit dem Betriebssystem Microsoft Windows arbeiten oder das Programm zum Anzeigen und Öffnen der Muster aus anderen Gründen nicht installieren können/wollen, so können Sie, eine entsprechende Textverarbeitung vorausgesetzt, das gewünschte Muster auch direkt aus dem Verzeichnis \Muster der CD öffnen.

Benutzerhinweise

Der Formularbrowser stellt Ihnen sämtliche im Buch enthaltenen Muster zur Verfügung. Sie haben die Möglichkeit, durch Blättern oder Navigieren im Inhaltsverzeichnis ein bestimmtes Muster auszuwählen und dieses dann in Ihrer Textverarbeitung weiterzubearbeiten. Für einige der Funktionen des Formularbrowsers benötigen Sie Word 2007, 2010, 2013, 2016 oder Microsoft Office 365.

Die Aufteilung des Formularbrowserfensters

Das Fenster unterteilt sich in vier Bereiche:

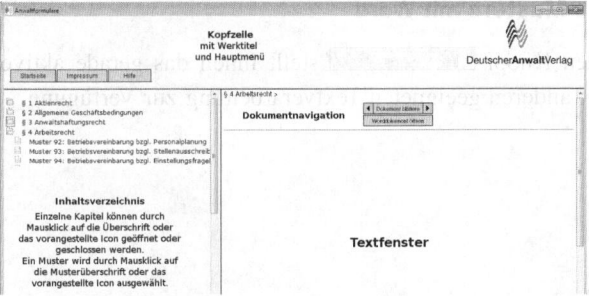

Installations- und Benutzerhinweise

Navigieren

Sie können über zwei Wege zum gewünschten Muster gelangen:

1. **Blättern von Dokument zu Dokument** mit Hilfe der Links-/Rechts-Dreiecke am „Dokument blättern"-Knopf im Bereich Dokumentnavigation:
2. Mausklick auf das gewünschte Muster im **Inhaltsverzeichnis** auf der linken Seite des Fensters:

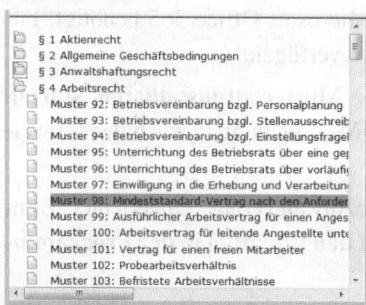

Dabei spielt es keine Rolle, ob Sie auf den Text („Muster ...") oder das vorangestellte Icon () klicken. Das ausgewählte Muster wird im Inhaltsverzeichnis rot unterlegt und im Textfenster angezeigt.

Die einzelnen Ebenen des Inhaltsverzeichnisses können Sie wie gewohnt öffnen und schließen. Ein einfacher Mausklick auf das Icon „geschlossene Ebene" () öffnet diese. Umgekehrt schließt ein einfacher Mausklick auf das Icon für die „geöffnete Ebene" () diese. Beim Öffnen einer Ebene – dies kann auch durch Klicken auf den Text erfolgen – wird automatisch das erste Muster innerhalb des Kapitels aktiviert.

Kopieren von Texten aus dem Textfenster

Die einfachste Möglichkeit, Text aus einem der Muster in Ihre Textverarbeitung zu übertragen ist der klassische Weg über Markieren – Kopieren – Einfügen. Diese Möglichkeit bietet sich vor allem für kurze Textpassagen an. Bitte beachten Sie, dass hierbei die auszufüllenden Formularfelder als Leertasten kopiert werden und ggfs. Zeichenformatierungen verloren gehen.

Öffnen und bearbeiten eines Musters mit Word

Ein einfacher Mausklick auf den Knopf stellt Ihnen das gerade aktive Muster in Word oder ggfs. einer anderen geeigneten Textverarbeitung zur Verfügung.

Benutzerhinweise

Funktionen innerhalb von Word

In Word steht Ihnen für die Bearbeitung der Muster ein zusätzlicher Eintrag in der Multifunktionsleiste zur Verfügung:

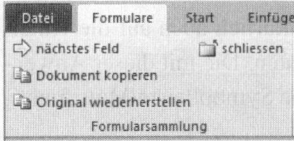

nächstes Feld: Über diese Funktion erreichen Sie das nächste zum Ausfüllen vorgesehene Feld. Im Muster sind Felder durch „___" gekennzeichnet. Diese Feldmarkierung wird automatisch gelöscht und der Einfüge-Modus eingeschaltet, sodass Sie sofort mit dem Ausfüllen beginnen können.

Dokument kopieren: Hiermit wird das gesamte Muster in die Zwischenablage gestellt und kann in der Folge über Strg v bzw. die Funktion „Einfügen" in ein anderes Textdokument übertragen werden.

Original wiederherstellen: Falls Sie bei Ihren vorherigen Arbeiten das Dokument geändert und unter dem Originalnamen abgespeichert, also überschrieben, haben, können Sie hiermit den Originalzustand des Dokuments wiederherstellen.

Schließen: Schließt das gerade aktive Dokument und, abhängig von der Textverarbeitung bzw. Word-Version, ggfs. auch die Textverarbeitung.

Falls Sie Änderungen am Original-Muster vorgenommen haben, die noch nicht abgespeichert sind, erscheint eine Warnmeldung.

Fehlermeldung beim Öffnen eines Dokuments in Word, Makros werden nicht ausgeführt

Das Formularsystem stellt in Word via Multifunktionsleiste zusätzliche Funktionen zur Verfügung (s.o.), die über sog. Makros ausgeführt werden. Diese Makros können nur ablaufen, wenn Sie dies Word vorher „erlaubt" haben. In den verschiedenen Word-Versionen sind die Wege, den Speicherort der Formulardaten als vertrauenswürdig festzulegen, leicht unterschiedlich:

Word 2013 und 2016: Wählen Sie im Menü „Datei | Optionen | Trust Center" ...

Word 2010: Wählen Sie im Menü „Datei | Optionen | Sicherheitscenter" ...

Word 2007: Drücken Sie im Menü „Datei | Word-Optionen" den Knopf „Vertrauensstellungcenter" ...

... und dann „Einstellungen für das Sicherheitscenter" bzw. „... Trust Center". Sie können nun auf der linken Seite das Formular „Vertrauenswürdige Speicherorte" auswählen. Auf diesem können Sie mit Hilfe des Knopfs [Neuen Speicherort hinzufügen ...] den Speicherort Ihrer Formulare hinzufügen (z.B. Windows 7 üblicherweise

C:\AnwaltVerlag\Name des Werks). Bitte schließen Sie nun Word und rufen Sie erneut ein Worddokument auf.

Arbeiten ohne Makros

Sie können während der Bearbeitung der Muster in Word natürlich auch auf die Unterstützung durch die Symbolleiste/Multifunktionsleiste verzichten. Die mit dieser Anwendung gelieferten Word-Dokumente sind auch ohne zusätzliche Symbolleiste/Multifunktionsleiste bearbeitbar.

Bearbeiten der Formulare mit einer anderen Textverarbeitung und/oder einem anderen Betriebssystem

Das Formularsystem ist nicht an Microsoft Word als Textverarbeitung gebunden. Falls auf Ihrem PC eine andere Textverarbeitung für die Bearbeitung von .DOC-Dateien eingerichtet ist (beispielsweise Open Office oder LibreOffice), dann wird das gewünschte Dokument in dieser Textverarbeitung geöffnet. Die im vorherigen Abschnitt behandelten Makros stehen dann nicht zur Verfügung.

Sollten Sie den Formularbrowser nicht installieren können/wollen bzw. die DOC-Dateien nicht über den Formularbrowser öffnen können, so stehen Ihnen im Verzeichnis \Muster auf der CD alle Muster zusätzlich separat zur Verfügung. Bitte beachten Sie, dass Sie ggfs. nach dem Kopieren eines Musters noch das Attribut „schreibgeschützt" entfernen müssen (unter Windows über rechte Maustaste | Eigenschaften und dann bei Attribute das „Schreibgeschützt" aufheben).

Sonstiges

Ein Klick auf das Anwaltverlag-Logo in der Kopfzeile führt Sie auf unsere Homepage mit vielen interessanten Literaturvorschlägen und anderen Angeboten. Hinweis: Diese Funktion steht nicht bei allen Installationen zur Verfügung.